TRATADO DE DERECHO PENAL ESPAÑOL

PARTE ESPECIAL (II)

DELITOS PATRIMONIALES Y ECONÓMICOS

Volumen 2

TRATADO DE DERECHO PENAL ESPAÑOL

PARTE ESPECIAL (II)

DELITOS PATRIMONIALES Y ECONÓMICOS

Volumen 2

2ª Edición

Director

FCO. JAVIER ÁLVAREZ GARCÍA

Coordinadores

ARTURO VENTURA PÜSCHEL

NOEL VILLALBA LÓPEZ

tirant lo blanch

Valencia, 2026

EDITA: TIRANT LO BLANCH
C/ Artes Gráficas, 14 - 46010 - Valencia
TELFS.: 96/361 00 48 - 50
FAX: 96/369 41 51
Email: tlb@tirant.com
www.tirant.com
Librería virtual: www.tirant.es
DEPÓSITO LEGAL: V-489-2026
ISBN: 979-13-7040-006-4 (Volumen 2)
ISBN: 979-13-7021-683-2 (Obra completa)

Listado de autores

ÁLVAREZ GARCÍA, FRANCISCO JAVIER
Catedrático de Derecho Penal, Universidad Carlos III de Madrid

ALONSO RIMO, ALBERTO
Catedrático de Derecho Penal, Universitat de València

ANDRÉS DOMÍNGUEZ, CRISTINA
Profesora Titular de Derecho Penal, Universidad de Burgos

BAÑERES DE FRUTOS, MANUEL
Inspector de Hacienda del Estado

BAÑERES SANTOS, FRANCISCO
Fiscal Superior de la Fiscalía de Cataluña

CARRASCO ANDRINO, MARÍA DEL MAR
Catedrática de Derecho Penal, Universidad de Alicante

CASAS HERVILLA, JORDI
Fiscal adscrito al Fiscal de Sala de Delitos contra la Administración Pública

CUGAT MAURI, MIRIAM
Catedrática de Derecho Penal, Universitat Autònoma de Barcelona

DE LA CUESTA AGUADO, PAZ
Catedrática de Derecho Penal, Universidad de Cantabria

ESCUDERO GARCÍA-CALDERÓN, BEATRIZ
Profesora Titular (A.) de Derecho Penal, CUNEF Universidad

GARROCHO SALCEDO, ANA M.
Profesora Titular (A.) de Derecho Penal, Universidad Carlos III de Madrid

GÓMEZ PAVÓN, PILAR
Profesora Titular de Derecho Penal, Universidad Complutense de Madrid

GUTIÉRREZ CASTAÑEDA, ANA
Profesora Contratada Doctora de Derecho Penal, Universidad de Cantabria

HAVA GARCÍA, ESTHER
Catedrática de Derecho Penal, Universidad de Cádiz

MANJÓN-CABEZA OLMEDA, ARACELI
Catedrática de Derecho Penal, Universidad Complutense de Madrid

MARTÍNEZ GUERRA, AMPARO
Profesora Titular de Derecho Penal, Universidad Complutense de Madrid

MOYA FUENTES, MARÍA DEL MAR
Profesora Titular de Derecho Penal, Universitat d'Alacant

OTERO GONZÁLEZ, PILAR
Catedrática de Derecho Penal, Universidad Carlos III de Madrid

PASTRANA SÁNCHEZ, MARÍA ALEJANDRA
Profesora Ayudante Doctora de Derecho Penal, Universidad de Cádiz

PÉREZ RIVAS, NATALIA
Profesora Contratada Doctora, Universidade de Santiago de Compostela

POMARES CINTAS, ESTHER
Catedrática de Derecho Penal, Universidad de Jaén

REBOLLO VARGAS, RAFAEL
Catedrático de Derecho Penal, Universitat Autònoma de Barcelona

ROCA DE AGAPITO, LUIS
Catedrático de Derecho Penal, Universidad de Oviedo

RODRÍGUEZ MESA, MARÍA JOSÉ
Catedrática de Derecho Penal, Universidad de Cádiz

ROIG TORRES, MARGARITA
Catedrática de Derecho Penal, Universitat de València

SÁNCHEZ TOMÁS, JOSÉ MIGUEL
Profesor Titular de Derecho Penal, Universidad Rey Juan Carlos de Madrid

VÁZQUEZ-PORTOMEÑE SEIJAS, FERNANDO
Catedrático de Derecho Penal, Universidade de Santiago de Compostela

VENTURA PÜSCHEL, ARTURO
Profesor Colaborador de Derecho Penal, Universidad Complutense de Madrid

Índice general

VOLUMEN 1

Prólogo 37

Atribución de epígrafes a cada autor 67

Abreviaturas 69

Bibliografía general 73

Lección 1ª

INTRODUCCIÓN A LOS DELITOS CONTRA EL PATRIMONIO Y CONTRA EL ORDEN SOCIOECONÓMICO

ARTURO VENTURA PÜSCHEL

SUMARIO. I. INTRODUCCIÓN: LA RÚBRICA DEL TÍTULO XIII CP. II. EL PATRIMONIO COMO BIEN JURÍDICO PENALMENTE PROTEGIDO. 1. Concepto de patrimonio. 2. Propuesta de clasificación de los delitos patrimoniales. 3. Estadísticas. III. EL ORDEN SOCIOECONÓMICO: CONCEPTO Y DELIMITACIÓN RESPECTO DE OTROS DELITOS. IV. BIBLIOGRAFÍA 81

Lección 2ª

DELITOS DE HURTO Y *FURTUM POSSESSIONIS*

MARÍA JOSÉ RODRÍGUEZ MESA

SUMARIO. I. EL HURTO EN EL DERECHO HISTÓRICO. II. LAS SUCESIVAS REFORMAS DEL DELITO DE HURTO. III. LA EXACERBADA RESPUESTA PUNITIVA EN LOS DELITOS DE HURTO. 1. La incidencia criminológica del hurto. 2. Hacia una política criminal securitaria y de exclusión. IV. BIEN JURÍDICO PROTEGIDO. V. SUJETOS ACTIVO Y PASIVO. VI. ESTRUCTURA DEL DELITO. VII. EL TIPO BÁSICO DE HURTO (ART. 234.1 CP). TIPO OBJETIVO. 1. Conducta típica. 2. Objeto material. 2.1. La preexistencia de la cosa. 2.2. Cosa mueble. 2.3. Con valor económico. 2.4. La ajenidad de la cosa. 2.4.1. *Res nullius.* 2.4.2. Las cosas perdidas. 2.4.3. La copropiedad de la cosa. 2.4.4. Bienes gananciales. 2.4.5. La herencia yacente. 3. Reglas de valoración. Supuestos específicos. 3.1. Los títulos valores y otros documentos asimilables. 3.2. Las cosas extra comercio (*res extra commercium*). 3.3. Cosas sustraídas en establecimiento público. VIII. EL TIPO BÁSICO DEL HURTO. TIPO SUBJETIVO (ART. 234.1 CP). IX. CAUSAS DE JUSTIFICACIÓN. X. CULPABILIDAD. XI. AUTORÍA Y PARTICIPACIÓN. XII. *ITER CRIMINIS.* XIII. EL DELITO CONTINUADO DE HURTO. 1. Particularidades de la continuidad delictiva en el delito de hurto. 2. La unidad de acción en el delito continuado de hurto. XIV. EL TIPO ATENUADO DE HURTO (ART. 234.2, INCISO 1º, CP). XV. EL DELITO DE HURTO LEVE "HABITUAL" (ART. 234.2, INCISO 2º CP). 1. Cuestiones previas. 2. Fundamento. 3. Tipo objetivo. XVI. EL SUBTIPO CUALIFICADO (ART. 234.3 CP). XVII. LOS TIPOS AGRAVADOS DEL ART. 235.1 CP. 1. Cuestiones generales. 2. Cosas de valor artístico, histórico, cultural o científico. 3. Cosas de primera necesidad y desabastecimiento. 4. Cableado, suministros eléctricos, etc. 5. Productos agrarios o ganaderos. 6. Especial gravedad o perjuicios de especial consideración. 7. Circunstancias que debilitan la defensa del ofendido o facilitan la comisión impune del delito. 8. Multirreincidencia. 9. Utilización de menores de dieciséis años para la comisión del delito. 10. Miembros de una organización o grupo criminal. XVIII. EL TIPO HIPERAGRAVADO DEL ART. 235.2 CP. XIX. EL DELITO DE *FURTUM POSSESSIONIS* (ART. 236 CP). 1. Antecedentes. 2. Bien jurídico. 3. Tipo objetivo. 3.1. Conducta típica. 3.2. Sujetos. 4. Tipo subjetivo. 5. Autoría y participación. 6. Concursos. XX. BIBLIOGRAFÍA........ 105

Lección 3ª

ROBO CON FUERZA EN LAS COSAS

Francisco Javier Álvarez García

SUMARIO. I. CONSIDERACIONES GENERALES. II. CONDUCTA: 1. Generalidades. 2. Modalidades de fuerza en las cosas. 2.1. Escalamiento. 2.2. Fractura exterior. 2.3. Fractura interior. 2.4. Llaves falsas. 2.5. Inutilización de sistemas específicos de alarma o guarda. III. *ITER CRIMINIS*. IV. TIPOS AGRAVADOS: 1. Casa habitada y sus dependencias. 2. Edificio o local abiertos al público y sus dependencias. 3. Cuando los hechos a los que se refieren los apartados anteriores revistan especial gravedad por la forma de comisión o los perjuicios ocasionados. 4. La concurrencia de alguna de las circunstancias expresadas en el art. 235, CP. V. CONCURSOS: 1. De delitos. 2. De leyes. VI. CUESTIONES PROCESALES. VII. BIBLIOGRAFÍA........ 229

Lección 4ª

ROBO CON VIOLENCIA O INTIMIDACIÓN EN LAS PERSONAS Y EXTORSIÓN

Francisco Javier Álvarez García

SUMARIO. I. CONSIDERACIONES GENERALES SOBRE EL ROBO. II. NATURALEZA JURÍDICA. III. BIEN JURÍDICO PROTEGIDO. IV. SUJETOS. V. CONDUCTA TÍPICA. 1. La relación típica de la violencia o intimidación con el apoderamiento. 2. El concepto de violencia. 3. El concepto de intimidación. VI. ELEMENTO SUBJETIVO. VII. AUTORÍA Y PARTICIPACIÓN. VIII. CIRCUNSTANCIAS AGRAVANTES GENÉRICAS: 1. Alevosía. 2. Disfraz. 3. Abuso de superioridad. 4. Reincidencia. IX. *ITER CRIMINIS*. X. CONCURSOS: 1. Por las violencias ejercidas. 2. Otros concursos. XI. EL TIPO AGRAVADO DE ROBO EN CASA HABITADA O SUS DEPENDENCIAS. XII. EL TIPO AGRAVADO DE ROBO CON USO DE ARMAS O INSTRUMENTOS PELIGROSOS Y EL ATAQUE A LOS QUE AUXILIEN A LA VÍCTIMA. 1. Uso de armas. 1.1. Consideraciones generales. 1.2. Ámbito de la agravación. 1.3. Concepto de "armas" e "instrumento igualmente peligroso". 1.4. El uso. 1.5. "Sea al cometer el delito o para proteger la huida". 1.6. Concursos. 1.7. Penalidad. 1.8. Comunicabilidad. 1.9. Cuestiones procesales. 2. Ataque a los que auxilien a la víctima o a los perseguidores. XIII. EL TIPO PRIVILEGIADO. 1. Cuestiones generales. 2. La menor entidad de la violencia o la intimidación ejercidas. 3. La valoración de las "restantes circunstancias del hecho". 4. Concurrencia del tipo privilegiado con la circunstancia genérica de reincidencia y con los tipos agravados de los núm. 2 y 3 del art. 242, CP. 5. Cuestiones procesales. XIV. LA EXTORSIÓN. 1. Consideraciones generales. 2. Bien jurídico protegido. 3. Estructura típica. 4. Conducta típica. 5. *Iter criminis*. 6. Concursos. 7. Cuestiones procesales. XV. BIBLIOGRAFÍA...... 287

Lección 5ª

ROBO Y HURTO DE USO DE VEHÍCULOS

Jordi Casas Hervilla

SUMARIO. I. ANTECEDENTES LEGISLATIVOS. II. BIEN JURÍDICO PROTEGIDO. III. AUTORÍA Y PARTICIPACIÓN. IV. CONDUCTA TÍPICA. 1. Hurto de uso de vehículo a motor y ciclomotor. 1.1. Sustracción de vehículo a motor y ciclomotor. 1.2. Utilización sin la debida autorización. 2. Robo de uso de vehículo a motor y ciclomotor. 2.1. Robo de uso de vehículo a motor y ciclomotor empleando fuerza en las cosas. 2.2. Robo de uso de vehículo a motor y ciclomotor con violencia o intimidación en las personas. V. RESTITUCIÓN DEL VEHÍCULO A MOTOR O CICLOMOTOR. VI. OBJETO MATERIAL DEL DELITO. VII. ELEMENTO SUBJETIVO. VIII. *ITER CRIMINIS*. IX. CONCURSOS. X. PENALIDAD. XI. RESPONSABILIDAD CIVIL. XII. BIBLIOGRAFÍA. 353

Lección 6ª

USURPACIÓN, ALTERACIÓN DE LINDES Y DISTRACCIÓN DE LAS AGUAS

Luis Roca de Agapito

SUMARIO. I. CONSIDERACIONES GENERALES: 1. Introducción. 2. La usurpación como delito contra el patrimonio inmobiliario. 2.1. Contenido del patrimonio inmobiliario. 2.2. Protección subsidiaria del Derecho penal frente a los ataques al patrimonio inmobiliario. 2.3. Justificación de la intervención penal en la protección del patrimonio inmobiliario. II. OCUPACIÓN DE BIENES INMUEBLES. 1. Tipo objetivo. 1.1. Conducta típica: ocupar, usurpar y mantenerse. 1.1.1. Ocupar y usurpar: conductas equivalentes. 1.1.2. Carácter permanente. 1.1.3. Mantenerse. 1.2. Objeto material. 1.2.1. Bien inmueble, viviendas y edificios. 1.2.2. Ajenidad del inmueble o del derecho real inmobiliario. 1.3. Medios comisivos. 1.4. Sin autorización debida o contra la voluntad del titular. 2. Tipo subjetivo. 3. Causas de justificación. 4. Autoría y participación. 5. *Iter criminis*. 6. Concursos. 7. Responsabilidad civil. 8. Aspectos procesales. III. ALTERACIÓN DE LINDES. 1. Bien jurídico protegido. 2. Tipo objetivo. 3. Tipo subjetivo. 4. Penalidad y concursos. 5. Responsabilidad civil. IV. DISTRACCIÓN DE LAS AGUAS. 1. Objeto material: las aguas. 2. Diferencia entre los ilícitos penal y administrativo. 3. Tipo objetivo. 4. Tipo subjetivo. 5. Penalidad y concursos. V. BIBLIOGRAFÍA. 399

Lección 7ª

ESTAFA (I)

Francisco Javier Álvarez García / Amparo Martínez Guerra

SUMARIO. I. CUESTIONES GENERALES. II. CONDUCTA. 1. Generalidades. 2. Estructura típica. 3. El tipo básico del delito de estafa. Tipo objetivo. 3.1 Engaño. 3.1.1. Clases de engaños típicos. 3.2 Error. 3.3. La autoprotección de la víctima. 3.4 Disposición patrimonial. 3.5. Perjuicio. 3.6. Supuestos particulares. 3.6.1. Estafa de polizonaje. 3.6.2. Estafa de hospedaje. 3.6.3. Timo de la estampita. 3.6.4. Timo del nazareno. 3.6.5. Estafa de donación. 3.6.6. Estafa de IVA. 3.6.7. Estafa amorosa o *romance scam*. 3.6.8. Estafa nigeriana 3.6.9. Estafa de inversión 4. Tipo básico de estafa. Tipo subjetivo. III. *ITER CRIMINIS*. IV. CONCURSOS. 1. De delitos. 2. De leyes. 3. Delito continuado. V. PENALIDAD. VI. RESPONSABILIDAD CIVIL. VII. BIBLIOGRAFÍA (remisión). 491

Lección 8ª

ESTAFA (II)

Francisco Javier Álvarez García / Ana M. Garrocho Salcedo

SUMARIO. I. ESTAFAS IMPROPIAS. 1. Estafa cometida mediante manipulación informática [art. 249.1.a) y b), CP]. 2. Adquisición de medios informáticos aptos para la comisión del delito de estafa [art. 249.2.a), CP]. 3. Delito de tenencia o distribución de medios de pago, materiales o inmateriales distintos del efectivo (art. 249.3, CP). II. TIPOS AGRAVADOS DE ESTAFA. 1. Cuestiones generales. 2. Análisis de los concretos tipos agravados. 2.1. "Recaiga sobre cosas de primera necesidad, viviendas u otros bienes de reconocida utilidad social". 2.2. "[A]busando de firma de otro, o sustrayendo, ocultando o inutilizando, en todo o en parte, algún proceso, expediente, protocolo o documento público u oficial de cualquier clase". 2.3. "Recaiga sobre bienes que integren el patrimonio artístico, histórico, cultural o científico". 2.4. "Revista especial gravedad, atendiendo a la entidad del perjuicio y a la situación económica en que deje a la víctima o a su familia". 2.5. "El valor de la defraudación supere los 50.000 euros, o afecte a un elevado número de personas". 2.6. "Se cometa abuso de las relaciones personales existentes entre víctima y defraudador, o aproveche éste su credibilidad empresarial o profesional". 2.7. Estafa procesal. 2.8. Multirreincidencia. 2.9. Especial agravación de las penas. III. MODALIDADES ESPECÍFICAS DE LA ESTAFA. 1. Consideraciones generales. 2. Bien jurídico protegido. 3. Objeto material. 4. Modalidades típicas. 5. *Iter criminis*. 6. Concursos. IV. RESPONSABILIDAD PENAL DE LAS PERSONAS JURÍDICAS. V. BIBLIOGRAFÍA. 563

Lección 9ª

ADMINISTRACIÓN DESLEAL

Luis Roca de Agapito

SUMARIO. I. CUESTIONES GENERALES. 1. Necesidad de la incriminación y naturaleza del delito de administración desleal. 2. Distinción con la apropiación indebida (y con la malversación). II. BIEN JURÍDICO PROTEGIDO Y SUJETO PASIVO. III. TIPO OBJETIVO. 1. Sujetos activos. 2. Objeto material. 3. Conducta típica. 4. Resultado. IV. TIPO SUBJETIVO. V. FORMAS DE APARICIÓN. VI. PENA. VII. CONCURSOS. VIII. RESPONSABILIDAD CIVIL. IX. CUESTIONES PROCESALES. X. BIBLIOGRAFÍA.... 635

Lección 10ª

APROPIACIÓN INDEBIDA

Luis Roca de Agapito

SUMARIO. I. CUESTIONES GENERALES. 1. Regulación legal. 2. Distinción con otras figuras afines. 2.1. Apropiación indebida y hurto. 2.2. Apropiación indebida y estafa. 2.3. Apropiación indebida y administración desleal (remisión). 2.4. Apropiación indebida y malversación. II. BIEN JURÍDICO PROTEGIDO. III. TIPO OBJETIVO. 1. Objeto material. 2. Sujeto pasivo. 3. El sujeto activo y su especial relación con el objeto material. 3.1. La recepción del objeto material. 3.2. Título idóneo para la apropiación indebida: disponibilidad limitada. 4. Conducta típica. 4.1. Apropiarse: única conducta típica. 4.2. La distracción de dinero como conducta apropiadora. 4.3. Negar haber recibido: forma de manifestación de la apropiación ya consumada. IV. TIPO SUBJETIVO. V.

JUSTIFICACIÓN. VI. *ITER CRIMINIS*. VII. AUTORÍA Y PARTICIPACIÓN. VIII. PENA. IX. CONCURSOS. X. MODALIDAD SUBSIDIARIA DE APROPIACIÓN INDEBIDA (ART. 254 CP). 1. Apropiación de bien perdido o de persona desconocida. 2. Apropiación de bien transmitido por error o sin causa. XI. RESPONSABILIDAD CIVIL. XII. CUESTIONES PROCESALES. XIII. BIBLIOGRAFÍA... 725

Lección 11ª
DEFRAUDACIONES DE FLUIDO ELÉCTRICO Y ANÁLOGAS
ALBERTO ALONSO RIMO

SUMARIO. I. ASPECTOS GENERALES. II. BIEN JURÍDICO PROTEGIDO. III. NATURALEZA. IV. MODALIDADES TÍPICAS. 1. Las defraudaciones de fluido eléctrico y análogas del art. 255 CP. 1.1. Conducta. 1.2. El perjuicio económico. 1.3. Objeto material. 1.4. Sujetos. 1.5. Tipo subjetivo. 1.6. *Iter criminis*. 1.7. Autoría y participación. 1.8. Justificación. 1.9. Penalidad. 1.10. Concursos. 1.11. Responsabilidad civil. 2. El uso fraudulento de equipos terminales de telecomunicación del art. 256 CP. 2.1. Conducta. 2.2. El perjuicio económico. 2.3. Objeto material. 2.4. Sujetos. 2.5. Tipo subjetivo. 2.6. *Iter criminis*. 2.7. Penalidad. 2.8. Concursos. V. BIBLIOGRAFÍA................................ 819

Lección 12ª
FRUSTRACIÓN DE LA EJECUCIÓN E INSOLVENCIAS PUNIBLES
FERNANDO VÁZQUEZ-PORTOMEÑE SEIJAS

SUMARIO. I. CONSIDERACIONES GENERALES. II. FRUSTRACIÓN DE LA EJECUCIÓN. 1. Alzamiento de bienes genérico. 1.1. Tipo objetivo. 1.2. Tipo subjetivo. 1.3. Justificación. 1.4. *Iter criminis*. 1.5. Autoría y participación. 1.6. Concursos. 1.6.1. Con el delito concursal. 1.6.2. Con la estafa del art. 248 CP. 1.6.3. Con la estafa del art. 251.2º CP. 1.6.4. Con la estafa del art. 251.3º CP. 1.6.5. Con el fraude fiscal. 1.6.6. Con la malversación impropia. 1.6.7. Con otros delitos. 1.7. Delito continuado. 1.8. Aplicación de la excusa absolutoria del art. 268 CP. 1.9. Responsabilidad civil. 1.10. Perseguibilidad. 2. Alzamiento para eludir la eficacia de un embargo o de un procedimiento ejecutivo o de apremio (art. 257.1.2º CP). 3. Alzamiento para eludir la responsabilidad civil *ex delicto* (art. 257.2 CP). 4. Tipos cualificados de alzamiento (arts. 257.3 y 4 CP). 5. Ocultación de bienes en procedimiento judicial o administrativo de ejecución (art. 258 CP). 5.1. Tipo objetivo. 5.2. Tipo subjetivo. 5.3. Autoría y participación. 5.4. Concursos. 5.4.1. Con el delito de alzamiento del art. 257.1.2º CP. 5.4.2. Con el delito de desobediencia del art. 556 CP. 5.4.3. Con el delito de estafa. 5.5. Aplicación de la causa de levantamiento de la pena del art. 258.3 CP. 6. Uso no autorizado de los bienes embargados (art. 258 bis CP). 7. La responsabilidad de las personas jurídicas (art. 258 ter CP). III. INSOLVENCIAS PUNIBLES. 1. Consideraciones previas. 2. Insolvencia punible (art. 259 CP). 2.1. La condición objetiva de punibilidad de la insolvencia punible (art. 259.4 CP). 2.2. Tipo objetivo. 2.2.1. Tipo objetivo de la insolvencia no causal (art. 259.1 CP). 2.2.2. Tipo objetivo de la insolvencia punible causal (art. 259.2 CP). 2.3. Tipo subjetivo: la insolvencia punible imprudente (art. 259.3 CP). 2.4. *Iter criminis*. 2.5. Autoría y participación. 2.6. Tipos agravados (art. 259 bis CP). 2.7. Relaciones entre la insolvencia punible y el alzamiento de bienes. 2.8. Régimen de perseguibilidad (art. 259.5 inciso primero CP). 2.9. Responsabilidad civil y medidas cautelares (art. 259.5 inciso segundo CP). 3. Favorecimiento injustificado de acreedores (art. 260.1 CP). 4. Favorecimiento ilícito de acreedores (art. 260.2 CP). 4.1. Tipo objetivo. 4.2. Tipo subjetivo. 4.3. *Iter criminis*. 4.4. Autoría y participación. 5. Presentación de datos falsos (art. 261 CP). 5.1. Tipo objetivo. 5.2. Tipo subjetivo. 5.3. *Iter criminis*. 5.4. Autoría y participación. 5.5. Concursos. 6. Responsabilidad penal de las personas jurídicas (art. 261 bis CP). IV. BIBLIOGRAFÍA. 871

Lección 13ª

ALTERACIÓN DE PRECIOS EN CONCURSOS Y SUBASTAS PÚBLICAS

NATALIA PÉREZ RIVAS

SUMARIO. I. INTRODUCCIÓN. II. BIEN JURÍDICO PROTEGIDO. III. TIPO OBJETIVO. 1. Ámbito objetivo de aplicación. 2. Modalidades típicas. 2.1. La solicitud de dádivas o promesas para no tomar parte en un concurso o subasta pública. 2.2. El intento de alejar a los postores. 2.3. El hecho de concertarse entre sí con el fin de alterar el precio del remate. 2.4. El quebrantamiento o el abandono fraudulento de una subasta pública habiendo obtenido la adjudicación. IV. TIPO SUBJETIVO. 1. Dolo general. 2. Dolo específico. V. *ITER CRIMINIS*. VI. AUTORÍA Y PARTICIPACIÓN. VII. PENALIDAD Y OTRAS CONSECUENCIAS JURÍDICAS. 1. La responsabilidad penal de las personas físicas. 2. La responsabilidad penal de las personas jurídicas. 3. Responsabilidad civil. VIII. CIRCUNSTANCIAS MODIFICATIVAS Y EXTINTIVAS DE LA RESPONSABILIDAD PENAL. 1. Tipo agravado. 2. Causa de levantamiento de la pena. IX. CONCURSOS. X. BIBLIOGRAFÍA. 971

Lección 14ª

DAÑOS

ANA CRISTINA ANDRÉS DOMÍNGUEZ

SUMARIO. I. CONSIDERACIONES GENERALES. II. TIPO BÁSICO. 1. Bien jurídico protegido. 2. Los sujetos. 2.1. Sujeto pasivo. 2.2. Sujeto activo. 3. Objeto material. 3.1. Cosa corporal. 3.2. Ajenidad. 3.3. Valor económico. 4. Conducta típica. 4.1. Acción. 4.2. Delimitación daño penal-daño civil. 5. Resultado típico. 6. Tipo subjetivo. 7. *Iter criminis*. 8. Delimitación con los delitos de incendio, estragos y hurto. 8.1. Daños-incendio. 8.2. Daños-estragos. 8.3. Daños-hurto. 9. Concursos. 10. Penalidad. 11. El delito leve de daños. 11.1. Anteproyecto de Ley Orgánica por la que se modifica la Ley Orgánica 10/1995, de 23 de noviembre, del Código Penal, de 2012. 11.2. Proyecto de Ley Orgánica por la que se modifica la Ley Orgánica 10/1995, de 23 de noviembre, del Código Penal, de 2013. 11.3. Ley Orgánica 1/2015, de 30 de marzo por la que se modifica la Ley Orgánica 10/1995, de 23 de noviembre, del Código Penal. III. TIPOS AGRAVADOS. 1. Consideraciones generales. 2. Daños vindicativos. 3. Infección o contagio en el ganado. 4. Sustancias venenosas o corrosivas. 5. Bienes de dominio público o comunal. 6. La ruina del perjudicado. 7. Daños de especial gravedad o afección a intereses generales. IV. DAÑOS INFORMÁTICOS. 1. Consideraciones generales. 2. Evolución histórica. 3. La interferencia ilegal en los datos: art. 264 CP. 3.1. Art. 264.1 CP. 3.1.1. Objeto material. 3.1.2. Comportamiento típico. 3.1.3. Formas imperfectas de ejecución. 3.1.4. Tipo subjetivo. 3.2. Art. 264.2 y 3 CP. 4. La interferencia ilegal en los sistemas de información (art. 264 bis CP). 4.1. Art. 264 bis.1 CP. 4.1.1. Objeto material. 4.1.2. Acción y resultado. 4.1.3. Formas imperfectas de ejecución. 4.1.4 Tipo subjetivo. 4.2. Art. 264 bis.2 y 3 CP. 5. Art. 264 ter CP. 6. Art. 264 quater CP. 7. Reflexión político criminal. V. DAÑOS A

OBJETOS DE LAS FUERZAS ARMADAS O FUERZAS Y CUERPOS DE SEGURIDAD. 1. Consideraciones generales. 2. Bien jurídico protegido. 3. Objeto material. 4. Comportamiento típico. VI. LAS AGRAVACIONES DEL ART. 266 CP. 1. Consideraciones generales. 2. Las cualificaciones de los daños comunes, tipo básico y tipos agravados. 3. Las cualificaciones de los daños de los arts. 265, 323 y 560 CP. 4. Cualificación general. VII. LOS DAÑOS IMPRUDENTES. VIII. BIBLIOGRAFÍA. 1009

Lección 15ª

DISPOSICIONES COMUNES A LOS CAPÍTULOS ANTERIORES (ARTS. 268 Y 269 CP)

Araceli Manjón-Cabeza Olmedo

SUMARIO. I. LA EXCUSA ABSOLUTORIA DE PARENTESCO. 1. Fundamento y naturaleza jurídica. 2. Ámbito de aplicación objetivo. 3. Ámbito de aplicación subjetivo. 3.1 Hermanos. 3.2 Afines en primer grado. 3.3. Análoga relación de afectividad a la matrimonial. 3.4. Cónyuges separados o en proceso de separación, divorcio o nulidad. 3.5. Otros parientes. Herencia yacente. 3.6. Abuso de vulnerabilidad. 4. Efectos. 5. Cuestiones procesales. 6. Consideraciones críticas. II. ACTOS PREPARATORIOS PUNIBLES. III. BIBLIOGRAFÍA. 1073

Lección 16ª

DELITOS RELATIVOS A LA PROPIEDAD INTELECTUAL

María del Mar Carrasco Andrino

SUMARIO. I. CONSIDERACIONES GENERALES: BIEN JURÍDICO PROTEGIDO. II. ELEMENTOS COMUNES. 1. Sujeto activo. 2. Sujeto pasivo. 3. Objeto de la acción. 3.1. El concepto de obra. 3.2. El concepto de prestación. 3.3. Su trasformación, interpretación o ejecución artística. 4. Elementos subjetivos. 5. Ausencia de autorización de los titulares de los derechos de propiedad intelectual o de sus cesionarios. III. MODALIDADES TÍPICAS. 1. El tipo básico del art. 270.1, CP. 1.1. Reproducir. 1.2. Plagiar. 1.3. Distribuir. 1.4. Comunicar. 1.5. Explotar económicamente de cualquier otro modo. 2. El tipo del art. 270.2, CP: facilitar el acceso o la localización en internet. 3. Los tipos atenuados del art. 270.4, CP: la distribución o comercialización ambulante u ocasional. 4. Los tipos de almacenamiento, importación o exportación del apartado 5º del art. 270, CP. 5. Los tipos de favorecimiento o facilitación. 5.1. Las conductas relativas a las medidas tecnológicas eficaces de protección de derechos de propiedad intelectual: apartados c) y d) del art. 270.5, CP. 5.2. Las conductas relativas a los medios dirigidos a facilitar la supresión o neutralización de dispositivos técnicos utilizados para proteger programas de ordenador y cualquiera de las otras obras, interpretaciones o ejecuciones (art. 270.6, CP). IV. *ITER CRIMINIS*. V. CONCURSOS. VI. TIPOS AGRAVADOS. 1. Que el beneficio obtenido o que hubiera podido obtenerse posea especial trascendencia económica. 2. Especial gravedad de los hechos. 3. Pertenencia del culpable a una organización o asociación, incluso de carácter transitorio, que tuviese como finalidad la realización de estos delitos. 4. La utilización de menores de dieciocho años. VII. RESPONSABILIDAD CIVIL Y OTRAS CONSECUENCIAS JURÍDICAS. 1. La responsabilidad civil. 2. La publicación de la sentencia. 3. La retirada de contenidos, interrupción de la prestación y bloqueo de acceso. VIII. CUESTIONES PROCESALES. IX. BIBLIOGRAFÍA. 1091

Lección 17ª

DELITOS RELATIVOS A LA PROPIEDAD INDUSTRIAL

María del Mar Carrasco Andrino

SUMARIO. I. CONSIDERACIONES GENERALES. II. BIEN JURÍDICO PROTEGIDO. III. DELITOS RELATIVOS A INVENCIONES Y CREACIONES INDUSTRIALES. 1. Sujetos. 1.1. Sujeto activo. 1.2. Sujeto pasivo. 2. Conducta típica. 2.1. Modalidades típicas. 2.2. El objeto de la acción. 2.2.1. El art. 273.1, CP, incide sobre las patentes y modelos de utilidad, prohibiendo su fabricación, importación, utilización, ofrecimiento o introducción en el comercio. 2.2.2. El apartado 2 del art. 273, CP, prohíbe utilizar u ofrecer la utilización de un procedimiento objeto de una patente, así como poseer, ofrecer, introducir en el comercio o utilizar el producto directamente obtenido por el procedimiento patentado. 2.2.3. El art. 273.3, CP, tipifica las mismas conductas del apartado 1 respecto de los modelos y dibujos industriales o artísticos y las topografías de un producto semiconductor. 2.3. Ausencia de consentimiento del titular del derecho de exclusiva. 3. Tipo subjetivo. 4. Justificación. 5. *Iter criminis.* 6. Concursos. 7. Cuestiones procesales. IV. DELITOS RELATIVOS A LOS SIGNOS DISTINTIVOS. 1. Sujetos. 1.1. Sujeto activo. 1.2. Sujeto pasivo. 2. El objeto material. 3. Conducta típica. 3.1. Modalidades típicas. 3.1.1. Fabricar, producir o importar productos con un signo distintivo idéntico o confundible con aquel: art. 274.1.a), CP. 3.1.2. Ofrecer, distribuir o comercializar al por mayor productos con signo distintivo idéntico o confundible con aquel y almacenar con esta finalidad: art. 274.1.b), CP. 3.1.3. El ofrecimiento, distribución o comercialización al por menor o prestación de servicios o desarrollo de actividades, que incorporen un signo distintivo idéntico o confundible (art. 274.2 I., CP). 3.1.4. Reproducir o imitar un signo distintivo idéntico o confundible con aquél para su utilización para la comisión de las conductas sancionadas en este artículo (art. 274.2 II, CP). 3.1.5. La venta ambulante u ocasional de los productos que incorporen un signo distintivo idéntico o confundible con aquél (art. 274.3, CP). 4. Ausencia de consentimiento del titular registral del signo distintivo. 5. Tipo subjetivo. 6. Causas de exclusión del tipo de injusto. 7. *Iter criminis.* 8. Concursos. 9. Responsabilidad civil. 10. Cuestiones procesales. V. DELITOS RELATIVOS A LAS OBTENCIONES VEGETALES. 1. Sujetos. 2. Conducta típica. 2.1. Modalidades típicas. 2.2. El objeto material. 3. La ausencia de consentimiento del titular del derecho de obtención vegetal. VI. DELITO RELATIVO A LAS DENOMINACIONES DE ORIGEN O INDICACIONES GEOGRÁFICAS. 1. Bien jurídico protegido. 2. Sujetos. 3. Objeto material. 4. Conducta típica. 5. Tipo subjetivo. 6. Antijuridicidad. 7. *Iter criminis.* 8. Concursos. VII. TIPOS AGRAVADOS. 1. Especial trascendencia económica del beneficio obtenido o que se hubiera podido obtener. 2. Especial gravedad de los hechos. 3. Pertenencia del culpable a una organización o asociación criminal. 4. Utilizar a menores de edad para cometer estos delitos. VIII. REVELACIÓN DE PATENTE SECRETA. 1. Bien jurídico protegido. 2. Sujetos. 3. Conducta típica. 4. Tipo subjetivo. 5. *Iter criminis.* 6. Concursos. IX. BIBLIOGRAFÍA... 1189

Lección 18ª

DELITOS RELATIVOS AL MERCADO Y A LOS CONSUMIDORES (I)

María del Mar Carrasco Andrino

SUMARIO. I. CONSIDERACIONES GENERALES. II. DELITOS RELATIVOS AL SECRETO DE EMPRESA. 1. Consideraciones generales. Bien jurídico protegido. 2. Objeto de la acción: concepto de secreto de empresa. 2.1. Contenido del secreto de empresa. 2.2. Elementos definitorios del secreto de empresa. 2.3. Secreto de empresa y experiencia profesional. 3. El acceso ilícito al secreto de empresa: los tipos de espionaje industrial. 3.1. Tipo básico. 3.1.1. Sujeto activo. 3.1.2. Sujeto pasivo. 3.1.3. Conducta típica. 3.1.4. Elementos subjetivos. 3.1.5. *Iter criminis*. 3.2. Tipo agravado. 3.2.1. Sujetos. 3.2.2. Conducta típica. 3.2.3. Elemento subjetivo. 3.2.4. *Iter criminis*. 3.3. Cláusula concursal. 4. El acceso lícito al secreto de empresa: los tipos de revelación y utilización por quien tiene obligación de guardar reserva. 4.1. Sujetos. 4.1.1. Sujeto activo. 4.1.2. Sujeto pasivo. 4.2. Tipo de revelación (art. 279 I., CP). 4.3. Tipo de utilización en provecho propio (art. 279 II, CP). 4.4. Concursos. 5. La violación de secreto por quien no ha tomado parte en su descubrimiento. 5.1. Sujeto activo. 5.2. Conducta típica: 5.3. Elemento subjetivo. 5.4. Concursos. III. BIBLIOGRAFÍA.......... 1265

Lección 19ª

DELITOS RELATIVOS AL MERCADO Y A LOS CONSUMIDORES (II)

María del Mar Carrasco Andrino

SUMARIO. I. DELITO DE DETRACCIÓN DE MATERIAS PRIMAS O PRODUCTOS DE PRIMERA NECESIDAD. 1. Consideraciones previas. 2. Bien jurídico protegido. 3. Sujetos. 3.1. Sujeto activo. 3.2. Sujeto pasivo. 4. Tipo básico. 4.1. Conducta típica. 4.2. Objeto material. 4.3. Elemento subjetivo. 4.4. *Iter criminis*. 4.5. Concursos. 4.6. Cuestiones procesales. 5. Tipo agravado. II. DELITO DE PUBLICIDAD ENGAÑOSA. 1. Consideraciones generales. Bien jurídico protegido. 2. Sujetos. 2.1. Sujeto activo. 2.2. Sujeto pasivo. 3. Conducta típica. 3.1. Presupuesto de la conducta típica: "sus ofertas o publicidad". 3.2. El engaño publicitario. 3.3. El perjuicio manifiesto y grave. 3.4. Objeto material. 4. Elemento subjetivo. 5. *Iter criminis*. 6. Concursos. 7. Cuestiones procesales. III. DELITO DE FACTURACIÓN FALSA. 1. Consideraciones previas. Bien jurídico protegido. 2. Sujetos. 2.1. Sujeto activo. 2.2. Sujeto pasivo. 3. Conducta típica. 4. Objeto material. 5. Elemento subjetivo. 6. *Iter criminis*. 7. Concursos. 8. Cuestiones procesales. IV. BIBLIOGRAFÍA.......... 1311

Lección 20ª

LOS DELITOS CONTRA EL MERCADO FINANCIERO

José Miguel Sánchez Tomás

SUMARIO. I. CONSIDERACIONES GENERALES. II. EL FALSEAMIENTO DE INFORMACIÓN FINANCIERA OBLIGATORIA PARA LA CAPTACIÓN DE INVERSORES. 1. Consideraciones generales. 2. Sujeto activo. 3. Objeto material. 4. Conducta típica. 5. Elemento subjetivo. 6. Agravaciones. 7. *Iter criminis*, participación y concursos. III. LA MANIPULACIÓN DE LOS PRECIOS. 1. Consideraciones generales. 2. La manipulación personal. 3. La manipulación informativa. 4. La manipulación operativa. 5. Agravaciones. 6. Exención por delación. IV. EL USO DE INFORMACIÓN PRIVILEGIADA. 1. Consideraciones generales. 2. Sujeto activo y accesos reservado y no reservado a la información privilegiada. 3. La información privilegiada. 4. Conductas típicas. 5. Otras circunstancias adicionales de la responsabilidad penal. 6. Agravaciones. 7. *Iter criminis* y participación. 8. Penalidad y concursos. 9. El delito de revelación de información privilegiada. V. BIBLIOGRAFÍA.......... 1357

Lección 21ª

DELITOS CONTRA LOS SERVICIOS DE RADIODIFUSIÓN E INTERACTIVOS Y DELITOS DE MANIPULACIÓN DE EQUIPOS DE TELECOMUNICACIONES

María del Mar Moya Fuentes

SUMARIO. I. CONSIDERACIONES GENERALES. II. DELITOS CONTRA LOS SERVICIOS DE RADIODIFUSIÓN E INTERACTIVOS. 1. Bien jurídico protegido. 2. Sujetos activo y pasivo. 3. Objeto material. 4. Modalidades típicas. 4.1. Tipo básico (art. 286.1, CP). 4.2. Tipo atenuado (art. 286.3, primer inciso, CP). 4.3. Tipo autónomo (art. 286.3, segundo inciso, CP). 4.4. Tipo autónomo (art. 286.4, CP). 5. Elemento subjetivo. 6. Iter criminis. 7. Participación. 8. Concursos. III. DELITOS DE MANIPULACIÓN DE EQUIPOS DE TELECOMUNICACIONES. 1. Bien jurídico protegido. 2. Sujetos activo y pasivo. 3. Objeto material. 4. Modalidades típicas. 4.1. Tipo básico (art. 286.2, CP). 4.2. Tipo atenuado (art. 286.4, CP). 5. Elemento subjetivo. 6. *Iter criminis.* 7. Concursos. IV. CUESTIONES PROCESALES. V. BIBLIOGRAFÍA. 1479

Lección 22ª

CORRUPCIÓN EN LOS NEGOCIOS Y EN EL DEPORTE

Arturo Ventura Püschel

SUMARIO. I. INTRODUCCIÓN Y DELIMITACIÓN DEL OBJETO. REMISIÓN A OTRO LUGAR PARA EL ESTUDIO DEL DELITO DE CORRUPCIÓN DE FUNCIONARIOS EN LAS TRANSACCIONES INTERNACIONALES (ART. 286 TER CP, ANTES ART. 445 CP). II. CORRUPCIÓN EN LOS NEGOCIOS. 1. Antecedentes. Bien jurídico protegido. 2. Análisis de los tipos. 2.1. Sujetos responsables. 2.2. Conductas típicas. 2.3. Tipos agravados. 3. Concursos. 4. Penas. III. CORRUPCIÓN EN EL DEPORTE. 1. Introducción. 2. Conducta típica. Especificidades en materia de sujetos activos y ámbito de aplicación. IV. BIBLIOGRAFÍA. REFERENCIAS LEGALES. 1531

Lección 23ª

DISPOSICIONES COMUNES DEL CAPÍTULO XI DEL TÍTULO XIII

José Miguel Sánchez Tomás

SUMARIO. I. CONSIDERACIONES GENERALES. II. LA EXIGENCIA DE DENUNCIA DEL AGRAVIADO. III. LA PUBLICACIÓN DE LA SENTENCIA. IV. LA RESPONSABILIDAD PENAL DE LAS PERSONAS JURÍDICAS. V. LA EXENCIÓN POR DELACIÓN EN LOS DELITOS DE DETRACCIÓN DE BIENES DE PRIMERA NECESIDAD Y DE MANIPULACIÓN DE LOS PRECIOS. VI. BIBLIOGRAFÍA 1569

VOLUMEN 2

Lección 24ª

SUSTRACCIÓN DE COSA PROPIA A SU UTILIDAD SOCIAL O CULTURAL

Beatriz Escudero García-Calderón

SUMARIO. I. EVOLUCIÓN HISTÓRICA. II. OBJETO MATERIAL DEL DELITO Y BIEN JURÍDICO PROTEGIDO. 1. Objeto material. 2. Bien jurídico protegido. III. SUJETOS ACTIVO Y PASIVO. IV. AUTORÍA Y PARTICIPACIÓN. V. CONDUCTA TÍPICA. 1. Elementos objetivos. 2. Elemento subjetivo. VI. *ITER CRIMINIS*. VII. CONCURSOS. VIII. BIBLIOGRAFÍA 1619

Lección 25ª

DELITOS SOCIETARIOS

Luis Roca de Agapito

SUMARIO. I. CONSIDERACIONES PREVIAS. II. CUESTIONES COMUNES A LOS DELITOS SOCIETARIOS. 1. Concepto penal de sociedad (art. 297 CP); 2. Sujetos activos. 3. Condición de procedibilidad (art. 296 CP). III. FIGURAS DELICTIVAS: 1. Falsificación de documentos sociales (art. 290 CP). 1.1. Bien jurídico protegido y *ratio legis*. 1.2. Sujetos activo y pasivo. 1.3. Objeto material. 1.4. Conducta típica. 1.5. Concursos. 1.6. Responsabilidad civil. 2. Imposición de acuerdos abusivos (art. 291 CP). 2.1. Razón de la intervención penal y bien jurídico protegido. 2.2. Sujetos activo y pasivo. 2.3. Conducta típica. 2.4. Concursos. 2.5. Responsabilidad civil. 3. Imposición o aprovechamiento de acuerdos lesivos (art. 292 CP). 3.1. Bien jurídico protegido. 3.2. Sujeto activo. 3.3. Conducta típica. 3.4. Concursos. 4. Negación del ejercicio de determinados derechos de los socios (art. 293 CP). 4.1. Bien jurídico protegido. 4.2. Sujetos activos y pasivos. 4.3. Conducta típica. 4.4. Concursos. 5. Obstaculización de las labores de inspección y supervisión (art. 294 CP). 5.1. Naturaleza de este delito y bien jurídico protegido. 5.2. Sujetos activos y pasivos. 5.3. Conducta típica. 5.4. Concursos. 6. Administración desleal (remisión). IV. BIBLIOGRAFÍA 1639

Lección 26ª

RECEPTACIÓN Y BLANQUEO DE CAPITALES

Rafael Rebollo Vargas

SUMARIO. I. INTRODUCCIÓN. II. RECEPTACIÓN. 1. Bien jurídico protegido. 2. Tipo básico. 2.1. El comportamiento típico. 2.1.1. La ajenidad del delito: no haber intervenido ni como autor ni como cómplice. 2.1.2. Ayudar o recibir, adquirir u ocultar los efectos del delito. 2.1.3. Los efectos del delito. 2.1.4. El conocimiento previo de la comisión de un delito contra el patrimonio o el orden socioeconómico. 2.1.5. El ánimo de lucro. 3. Tipos cualificados. 4. Los límites de la pena. 5. El sujeto irresponsable y la exención de pena. 6. Consumación y formas imperfectas de ejecución. 7. Concursos. III. BLANQUEO DE CAPITALES. 1. Consideraciones generales. 2. Una breve referencia a la normativa internacional, a las recomendaciones del GAFI y a las directivas europeas. 3. La evolución del código penal español en el tratamiento del delito de blanqueo de capitales. 4. El bien jurídico protegido en el delito de blanqueo de capitales. 4.1. A modo de breve reflexión inicial. 4.2. El blanqueo de capitales como un delito uniofensivo. 4.2.1. El bien jurídico protegido por el delito previo. 4.2.2. La Administración de Justicia como bien jurídico protegido. 4.2.3. Una propuesta indeterminada: el orden socioeconómico. 4.3. El blanqueo de capitales como un delito pluriofensivo. 5. Sujeto activo. 5.1. El autoblanqueo y la finalidad de encubrir u ocultar los bienes o de ayudar a los partícipes del delito previo. 5.2. El delito fiscal y la elusión del pago de tributos como delito previo al delito de blanqueo de capitales. 5.3. Regularización tributaria (amnistía fiscal) y blanqueo de capitales. 6. Tipo básico. 6.1. Comportamiento típico. 6.1.1. Sobre el concepto de "bienes". 6.1.2. La "actividad delictiva". 6.1.3. La inexistencia de condena previa por el delito precedente. 6.1.4. El blanqueo de bienes sustitutivos. 6.1.5. El delito de blanqueo de capitales como delito acumulativo. 7. Tipo subjetivo. 7.1. Blanqueo de capitales y dolo. La ignorancia deliberada, el "sabiendo" y el "a sabiendas". 7.2. El delito de blanqueo de capitales imprudente. El art. 301.3 CP. 7.2.1. Una breve referencia a la normativa internacional. 7.2.2. La incriminación del delito de blanqueo imprudente. 7.2.3. Una nueva duda: ¿el delito imprudente de blanqueo de capitales es un delito común o especial? 7.2.4. La infracción de la norma y del deber objetivo de cuidado. 8. El delito previo o el delito de blanqueo cometido en el extranjero. El falaz principio de justicia universal del art. 301.4 CP. 8.1. Cuestiones previas. 8.2. Una breve sinopsis de la normativa internacional. 8.3. El equívoco reconocimiento del principio de justicia universal. 8.4. El art. 23.4 LOPJ y su relación con el art. 301.4 CP. 9. El comiso: art. 301.5 CP. 10. Tipos cualificados. 10.1. Tipos agravados en función de la procedencia del objeto material. 10.1.1. El blanqueo de bienes procedentes del tráfico de drogas. 10.1.2. El blanqueo de bienes procedentes de delitos urbanísticos y contra la Administración Pública; trata de seres humanos; prostitución, explotación sexual y corrupción de menores; delitos contra los derechos de los ciudadanos extranjeros. 10.2. Tipos agravados en función del sujeto activo. 10.2.1. El blanqueo cometido por personas que pertenezcan o dirijan una organización criminal: art. 302.1 CP. 10.2.2. El blanqueo de capitales cometido por los sujetos especialmente obligados: art. 302.1.2 CP. 10.2.3. Las condiciones personales del sujeto activo: art. 303 CP. 11. Autoría y participación: los actos neutrales. 12. Concursos. 12.1. Concursos de leyes. 12.2. Concurso de delitos. IV. BIBLIOGRAFÍA. 1717

Lección 27ª

DELITOS CONTRA LA HACIENDA PÚBLICA Y LA SEGURIDAD SOCIAL

MIRIAM CUGAT MAURI / FRANCISCO BAÑERES SANTOS / MANUEL BAÑERES DE FRUTOS

SUMARIO. I. CONSIDERACIONES GENERALES Y BIEN JURÍDICO PROTEGIDO. 1. Consideraciones introductorias. 2. Bien jurídico protegido y clasificación de los delitos. 3. *Ultima ratio* del Derecho penal, prejudicialidad penal y *ne bis in idem.* II. ELEMENTOS COMUNES A LAS DIFERENTES MODALIDADES DELICTIVAS. 1. Los elementos normativos. 2. Los sujetos del delito. 2.1. La naturaleza de delito especial. 2.2. La participación del extraneus. 2.3. El testaferro. 2.4. La responsabilidad penal de las personas jurídicas. 2.5. El sujeto pasivo, el perjudicado y la acción popular. 3. El umbral cuantitativo mínimo del delito. 3.1. Naturaleza de las cuantías mínimas. 3.2. Objeto y criterios de cálculo de la cuantía. 3.3. Retroactividad de las cuantías más favorables. 4. Momento de consumación del delito. 4.1. Introducción. 4.2. Autoliquidación. 4.3. Consumación. 4.3.1. Consumación en la modalidad delictiva de elusión de impuestos o de cuotas de la SS. 4.3.2. Consumación en la modalidad delictiva de solicitud de devoluciones. 4.4. El "año natural" como unidad de tiempo. 4.5. Conclusiones. 5. La prescripción del delito. 5.1. La determinación del plazo de prescripción. 5.2. *Dies a quo* y *dies ad quem*. 5.3. El cálculo de la prescripción en supuestos de pluralidad de sujetos o delitos. 6. La regularización voluntaria. 6.1. Introducción. 6.2. Naturaleza jurídica de la regularización. 6.3. Requisitos de la regularización. 6.3.1. La conducta de la regularización: reconocimiento y pago. 6.3.2. El objeto de la regularización: completitud. 6.3.3. El momento de la regularización: espontaneidad. 6.3.4. La prescripción de las facultades administrativas respecto de la deuda objeto de regularización. 6.4. Alcance de la excusa absolutoria. 6.4.1. Alcance objetivo. 6.4.2. Alcance subjetivo. 7. La pena. 8. La responsabilidad civil derivada de delito. 8.1. Objeto y fundamento. 8.1.1. La responsabilidad civil derivada de la conducta de elusión del pago. 8.1.2. La responsabilidad civil derivada de las distintas obtenciones indebidas. 8.2. Los intereses de demora como objeto de la responsabilidad civil. 8.3. Naturaleza del crédito. 8.3.1. La naturaleza pública de la deuda objeto de la responsabilidad civil. 8.3.2. El plazo de prescripción de la deuda objeto de la responsabilidad civil. 8.4. La competencia del Juez de lo penal para la recaudación de la deuda. 8.4.1. Competencia judicial y auxilio de la Administración. 8.4.2. La fijación judicial de la responsabilidad civil y las liquidaciones vinculadas a delito (LVD) en sede administrativa. 8.4.3. Relación de la responsabilidad civil con la liquidación vinculada a delito. 8.5. Conclusiones. 9. Concursos. 9.1. El concurso con los delitos patrimoniales. 9.2. El concurso con las falsedades documentales. 9.3. El concurso con la frustración de la ejecución. III. EL FRAUDE FISCAL. 1. Tipo básico (art. 305 CP). 1.1. Sujetos activo y pasivo. 1.2. Conducta típica. 1.2.1. Modalidades comisivas. 1.2.2. El *consilium fraudis* o componente defraudatorio de la conducta. 1.2.3. La tipicidad de la omisión. 1.2.4. El objeto del delito. 1.2.5. La cuantía mínima. 1.2.6. El dolo típico. 2. El tipo atenuado por regularización extemporánea (art. 305.6 CP). 3. Modalidades cualificadas (art. 305 bis CP). 3.1. La superación de la cuantía de 600.000 euros. 3.2. La actuación en el seno de una organización o grupo criminal. 3.3. La utilización de persona interpuesta y otras maniobras elusivas. 4. Concursos. 4.1. La tributación de rentas de origen delictivo. 4.2. El concurso entre el fraude fiscal y el blanqueo. 4.2.1. Delito fiscal y blanqueo en conductas de elusión. 4.2.2. Delito fiscal y blanqueo en conductas de solicitud de devoluciones. IV. EL FRAUDE A LA SEGURIDAD SOCIAL. 1. Tipo básico (art. 307 CP). 1.1. Sujetos activo y pasivo. 1.2. Conducta típica. 1.3. Objeto material del delito. 1.4. Cuantía mínima. 1.5. Tipo subjetivo. 2. Tipo cualificado (art. 307 bis CP). 3. Concursos. V. EL FRAUDE DE PRESTACIONES DE LA SEGURIDAD SOCIAL (ART. 307 TER CP). 1. Introducción. 2. Tipo objetivo. 2.1. Sujetos. 2.2. Conducta y resultado típico. 2.3. Objeto material del delito. 3. Tipo subjetivo. 4. Tipo atenuado. 5. Tipo cualificado. 6. La regularización y sus efectos. 7. Concursos. VI. EL FRAUDE DE SUBVENCIONES (ART. 308 CP). 1. Sujetos activo y pasivo. 1.1. Sujeto activo. 1.2. Sujeto pasivo. 2. Conducta típica. 2.1. Obtención fraudulenta de subvenciones o ayudas. 2.2. Malversación de subvenciones. 3. Objeto material del delito. 3.1. Las subvenciones. 3.2. Las ayudas. 4. La cuantía mínima. 5. Concursos. VII. LOS FRAUDES A LA HACIENDA DE LA UNIÓN EUROPEA. 1. Introducción. 2. El fraude fiscal (art. 305.3 CP, y subsidiariamente art. 306 CP). 2.1. La conducta típica. 2.2. El objeto del delito. 2.3. La cuantía mínima. 2.4. La aplicación de la excusa absolutoria. 2.5. La relación con el art. 306 CP. 3. Fraude de subvenciones (art. 308 CP, y subsidiariamente art. 306 CP). 3.1. Conducta típica. 3.2. El objeto del delito. 3.3. Cuantías. 3.4. Excusa absolutoria. VIII. BIBLIOGRAFÍA. 1837

Lección 28ª

EL DELITO CONTABLE

Francisco Javier Álvarez García / Margarita Roig Torres

SUMARIO. I. CONSIDERACIONES GENERALES. II. BIEN JURÍDICO. III. SUJETOS ACTIVO Y PASIVO. IV. PRESUPUESTOS DE LAS DISTINTAS MODALIDADES TÍPICAS. V. LOS TIPOS EN PARTICULAR. 1. Incumplimiento absoluto de obligaciones en régimen de estimación directa de bases tributarias. 2. Llevanza de contabilidades distintas referidas a una misma actividad y ejercicio económico, que oculten o simulen la verdadera situación de la empresa. 3. Falta de anotación en los libros obligatorios o constancia inveraz de transacciones económicas. 4. Practicar en los libros obligatorios anotaciones contables ficticias. VI. TIPO SUBJETIVO. VII. *ITER CRIMINIS*. VIII. AUTORÍA Y PARTICIPACIÓN. IX. CONCURSOS. X. EXCUSA ABSOLUTORIA. XI. BIBLIOGRAFÍA. 1977

Lección 29ª

DELITOS CONTRA LOS DERECHOS DE LOS TRABAJADORES

Esther Pomares Cintas

SUMARIO. I. HUIDA DEL DERECHO DEL TRABAJO A LA DEFENSA DE OTROS INTERESES PRIORITARIOS. 1. La reescritura de las reglas del mercado de trabajo. 2. La transformación del Derecho Penal en el contexto del trabajo: el Título XV del CP. 2.1. La estructura original del Derecho Penal laboral en el CP de 1995. 2.2. Impacto de las reformas de 2012 y 2015 en el Derecho Penal del trabajo. 2.3. La contrarreforma laboral de 2021 y su limitado alcance en el Título XV. II. COEXISTENCIA CON EL RÉGIMEN SANCIONADOR ADMINISTRATIVO-LABORAL: EL PRINCIPIO *NON BIS IN IDEM*. 1. Carácter subsidiario del Derecho Penal laboral. 2. Principio *non bis in idem*. III. LA TUTELA PENAL DEL ESTATUTO DE LA PERSONA TRABAJADORA COMO EPICENTRO. 1. Delito de imposición de condiciones lesivas de derechos laborales. 1.1. Consideraciones previas: la persecución penal del abuso laboral y el principio de intervención mínima. 1.2. Bien jurídico protegido. 1.3. Concepto material de autor y sujeto pasivo. 1.4. Conducta típica. 1.4.1. Condiciones laborales o de Seguridad social ilícitas. 1.4.2. Vulneración del estatus jurídico de la persona trabajadora. 1.4.3. Imposición —engañosa o abusiva— de condiciones de trabajo perjudiciales. 1.4.3.1. Imposición engañosa. 1.4.3.2. Imposición abusiva. 1.4.4. Imposición coactiva o intimidatoria de condiciones perjudiciales: art. 311, apartado 5º CP. 1.5. Elemento subjetivo. 1.6. *Iter criminis*. 1.7. Criterios de determinación de la pena. 1.8. Reglas concursales. 1.9. Excurso: reivindicación de un espacio propio de incriminación del trabajo forzoso como práctica de esclavitud moderna. 2. Delito de mantenimiento de las condiciones ilícitas impuestas o establecidas por otro. 2.1. Conducta típica. 2.2. Elemento subjetivo. 2.3. Consumación. 3. La tutela penal de los derechos fundamentales de libertad sindical y de huelga. 3.1. La depreciación penal de los mecanismos colectivos de defensa de las personas trabajadoras (art. 315 CP). 3.2. Bien jurídico protegido. 3.3. Sujetos activo y pasivo. 3.4. Conducta típica. 3.4.1. Impedir o limitar el ejercicio de la libertad sindical o el derecho de huelga. 3.4.2. Medios típicos comisivos. 3.5. Elemento subjetivo. 3.6. *Iter criminis*. 3.7. Concursos. 4. Delito de discriminación en el marco laboral. 4.1. Consideraciones previas. 4.2. Bien jurídico protegido. 4.3. Sujeto activo. 4.4. Conducta típica. 4.4.1. Practicar una diferencia de trato desfavorable por cualquiera de las causas expresamente previstas en el art. 314 CP. 4.4.2. Gravedad de la conducta discriminatoria. 4.4.3. El controvertido requerimiento de restablecimiento de la situación de igualdad ante la ley. 4.5. Elemento subjetivo. 4.6. *Iter criminis*. 4.7. Concursos. 5. La protección penal de la vida y salud de las personas trabajadoras. 5.1. Consideraciones generales. 5.2. Bien jurídico protegido. 5.3. Concepto material de autor. 5.4. Conducta típica. 5.5. Elemento subjetivo (art. 317 CP). 5.6. *Iter criminis*. 5.7. Concursos. 6. Delitos de tráfico ilegal y tráfico fraudulento de mano de obra. 6.1. Consideraciones previas. 6.2. Delito de tráfico ilegal de mano de obra (art. 312.1 CP). 6.3. Delito de reclutamiento mediante oferta fraudulenta de empleo o condiciones de trabajo (art. 312.2, primer inciso CP). 6.3.1. Conducta típica. 6.3.2. Concursos. 6.4. Delito de emigración fraudulenta de trabajadores (art. 313 CP). 6.4.1. Consideraciones generales. 6.4.2. Bien jurídico protegido. 6.4.3. Conducta típica. 6.4.4. *Iter criminis*. 6.4.5. Concursos. IV. LA TUTELA PENAL DE LA LIBRE COMPETENCIA-NO DESLEAL Y EL CONTROL MIGRATORIO EN EL CONTEXTO DEL TRABAJO. 1. Delitos contra el trabajo no declarado y el empleo ilegal. 1.1. Consideraciones previas: las repercusiones en el art. 311 CP de una nueva óptica de fondo. 1.2. Art. 311. 3° CP o el intervencionismo penal de custodia de la libre competencia-no desleal en el contexto del trabajo. 1.2.1. Bien jurídico protegido. 1.2.2. Conducta típica. 1.2.2.1. Primera modalidad típica: cuotas porcentuales de trabajo no declarado. 1.2.2.2. Segunda modalidad típica: cuotas porcentuales de empleo ilegal por la condición migratoria irregular. 1.2.2.3. El relieve penal de las cifras porcentuales de trabajo no declarado o empleo ilegal. 1.2.3. Elemento subjetivo y consumación. 1.2.4. La repercusión real del delito del art. 311.3° CP. 1.3. Art. 311.2° CP: el "delito *rider*" o el factor criminológico de las empresas digitales de trabajo. 1.3.1. Consideraciones previas: las plataformas digitales de trabajo como potencial contexto criminológico. 1.3.2. Conducta típica y la cuestión del bien jurídico tutelado. 1.3.2.1. Conducta típica activa. 1.3.2.2. Conducta típica omisiva. 2. Persecución penal del trabajo del inmigrante irregular (arts. 311 bis CP y 312.2 *in fine* CP). 2.1. Puntos comunes: intereses prioritarios de tutela penal. 2.2. El empleo de extranjeros sin permiso de trabajo como delito común (art. 311 bis CP). 2.2.1. Bien jurídico protegido. 2.2.2. Conducta típica. 2.2.2.1. El término "extranjero". 2.2.2.2. El "permiso de trabajo". 2.2.3. Concursos. 2.3. El empleo ilegal de extranjeros y en condiciones lesivas de sus derechos laborales como delito autónomo (art. 312.2 *in fine* CP). 2.3.1. Repercusión de la estructura del tipo penal en la delimitación del bien jurídico tutelado. 2.3.2. Conducta típica. 2.3.2.1. Contratación ilícita de extranjeros. 2.3.2.2. Prestación laboral en condiciones ilícitas perjudiciales. 2.3.3. Elemento subjetivo. 2.3.4. Concursos. V. LA CLÁUSULA ESPECÍFICA DEL ART. 318 CP. 1. Consideraciones previas: el veto de la responsabilidad penal de las personas jurídicas en el ámbito de los delitos laborales. 2. Criterios de imputación de los delitos laborales atribuidos a la persona jurídica. 3. Medidas aplicables a la persona jurídica a la que se atribuyan delitos laborales. VI. BIBLIOGRAFÍA. ANEXO: REFERENCIAS LEGALES, CIRCULARES Y CONVENIOS.......... 2011

Lección 30ª

EL DELITO DE TRÁFICO ILEGAL DE PERSONAS MIGRANTES

ESTHER POMARES CINTAS

SUMARIO. I. EL BLINDAJE DEL TERRITORIO DE LA UNIÓN EUROPEA Y LOS PILARES DE LA LUCHA CONTRA LA INMIGRACIÓN ILEGAL. 1. Repercusiones del abordaje de la inmigración legal desde la lucha contra la inmigración ilegal. 2. Los pilares de la criminalización de la colaboración en la operación migratoria ilegal. 2.1. La variante europea del delito de tráfico ilegal de personas migrantes. 2.2. La condición migratoria ilegal del extranjero como sustrato. 2.3. Repercusiones. 2.4. Propuestas actuales de reforzamiento de la lucha contra la inmigración ilegal. II. LA PERSECUCIÓN DE LA AYUDA A LA INMIGRACIÓN ILEGAL EN EL CP ESPAÑOL: ART. 318 BIS, CP. 1. Antecedentes legislativos. 1.1. Reformas de 2000, 2003 y 2007. 1.2. Reformas de 2010 y 2015. 2. La versión vigente del delito de tráfico ilegal de personas migrantes. 2.1. Estructura del art. 318 bis, CP. 2.2. Las conductas prohibidas por el art. 318 bis, CP, ¿una cuestión penal? 2.2.1. Vulneración del carácter fragmentario y subsidiario del Derecho Penal. 2.2.2. ¿Es un delito "contra los derechos de los ciudadanos extranjeros"? 2.2.3. ¿A qué valores responde "la defensa de los intereses del Estado en el control de los flujos migratorios" a los efectos del art. 318 bis, CP? 2.2.4. La funcionalidad del art. 318 bis, CP. III. DELITO DE AYUDA A LA ENTRADA O AL TRÁNSITO DE INMIGRANTES IRREGULARES EN TERRITORIO ESPAÑOL (ART. 318 BIS.1, CP). 1. Consideraciones previas. 2. Tipo básico. 2.1. La definición de las personas "objeto" del delito como elemento normativo del tipo. 2.2. Conducta típica. 2.3. Elemento subjetivo. 2.4. Repercusiones de la no exigencia de finalidad lucrativa de la ayuda como elemento del tipo básico. 2.4.1. La singular "excepción humanitaria" como herramienta de "tregua" en el combate contra la inmigración ilegal. 2.4.2. ¿Criminalizar la ayuda solidaria entre familiares? 2.5. *Iter criminis*. 2.6. Autoría y participación. 3. El "ánimo de lucro" como criterio agravante de la pena del tipo básico. 4. Tipos hiperagravados. 4.1. Pertenencia del culpable a una organización dedicada a ayuda a la entrada o tránsito ilegal de extranjeros. 4.2. Puesta en peligro de la vida o riesgo de causación de lesiones graves. 4.3. Prevalimiento de la condición pública del culpable. IV. DELITO DE AYUDA A LA PERMANENCIA ILEGAL EN TERRITORIO ESPAÑOL (ART. 318 BIS.2, CP). 1. Estructura del tipo básico. 1.1. Conducta típica. 1.2. Elemento subjetivo. 1.3. *Iter criminis*. 1.4. Autoría y participación. 2. Supuestos de pertenencia del sujeto activo a un grupo organizado dedicado a las actividades de ayuda a la permanencia ilegal. 3. Tipo agravado por prevalimiento de la condición pública del culpable (art. 318 bis.4, CP). V. RESPONSABILIDAD PENAL DE LAS PERSONAS JURÍDICAS (ART. 318 BIS.5, CP). VI. TIPO ATENUADO FACULTATIVO (ART. 318 BIS.6, CP). VII. CONCURSOS. VIII. BIBLIOGRAFÍA. 2127

Lección 31ª

DELITOS SOBRE LA ORDENACIÓN DEL TERRITORIO Y EL URBANISMO

PAZ DE LA CUESTA AGUADO

SUMARIO. I. CONSIDERACIONES GENERALES. II. BIEN JURÍDICO PROTEGIDO. III. DELITO URBANÍSTICO (ART. 319 CP). 1. Conducta típica. 2. Estructura típica. 3. Sujetos activo y pasivo. 4. Elementos lingüísticos y remisiones normativas: el problema de la aplicación retroactiva de la modificación del planeamiento urbanístico. 5. Elemento subjetivo. 6. Justificación. 7. *Iter criminis*. 8. Concursos. 9. Penalidad. 10. Responsabilidad civil. 10.1. La demolición de la obra y reposición al estado originario de la realidad alterada. 10.2. El decomiso. IV. DELITO DE PREVARICACIÓN URBANÍSTICA (ART. 320 CP). 1. Consideraciones generales. 2. Sujeto activo. 3. Conductas típicas. 3.1. Conductas relacionadas con la infracción de los deberes de control y garantía de la normativa urbanística: art. 320.1 CP. 3.1.1. "Informar favorablemente instrumentos de planeamiento, proyectos de urbanización, parcelación, reparcelación, construcción o edificación o la concesión de licencias contrarias a las normas de ordenación territorial o urbanística vigentes". 3.1.2. Silenciar las infracciones detectadas con motivo de inspecciones. 3.1.3. Omitir la realización de inspecciones de carácter obligatorio. 3.2. Conductas relacionadas con la toma de decisiones en materia urbanística: art. 320.2 CP. 4. Elemento subjetivo. 5. *Iter criminis*. 6. Justificación. 7. Concursos. 8. Penalidad. V. BIBLIOGRAFÍA............ 2189

Lección 32ª

DELITOS SOBRE EL PATRIMONIO HISTÓRICO

PILAR OTERO GONZÁLEZ

SUMARIO. I. PRESUPUESTOS CONSTITUCIONALES DE LA PROTECCIÓN PENAL DEL PATRIMONIO HISTÓRICO. 1. Antecedentes. 2. Breve análisis del art. 46 CE. 2.1 Referencias constitucionales a la cultura. 2.2. Obligación constitucional de penalización. 2.3. Interpretación de la expresión "poderes públicos". 2.4. Interpretación de la expresión "patrimonio histórico, cultural y artístico". 2.5. Interpretación de la expresión "garantizarán la conservación y promoverán el enriquecimiento". 2.6. Interpretación de la expresión "patrimonio de los pueblos de España". 2.7. *Ratio legis* del precepto constitucional. II. CONSIDERACIONES GENERALES. UBICACIÓN SISTEMÁTICA Y BIEN JURÍDICO PROTEGIDO. III. TIPOS DELICTIVOS. 1. Derribo o alteración grave. 1.1. Sujetos activo y pasivo. 1.2. Conducta típica. 1.3. Objeto material. 1.4. Tipo subjetivo. 1.5. Consumación y tentativa. 1.6. Comisión por omisión. 1.7. Medida procesal. 2. Prevaricación de autoridades o funcionarios públicos. 2.1. Conducta típica. 2.2. Comisión por omisión. 2.3. Tipo subjetivo. 2.4. Consumación. 2.5. Delimitación con el delito de prevaricación administrativa genérica del art. 404 CP. Problemas penológicos. 3. El tipo doloso de daños de determinados bienes. 3.1. Sujeto activo. 3.2. Conducta típica. 3.2.1. Especial referencia al expolio como conducta típica. 3.3. Objeto material. 3.4. Atenuación de la pena. Relación con el tipo del art. 321 CP. Configuración como tipo genérico. 3.5. Eliminación del límite cuantitativo como consecuencia de la supresión de la falta del antiguo art. 625.2 CP. 3.6. El nuevo subtipo agravado en el art. 323.2 CP. Determinación de la especial gravedad. 3.7. Posibilidad de daños por omisión. 3.8. Consumación y tentativa. 3.9. Medida procesal. 4. Modalidad imprudente del delito de daños. IV. PROBLEMAS CONCURSALES. V. RESPONSABILIDAD CIVIL. VI. DISPOSICIONES COMUNES AL TÍTULO XVI. VII. APLICABILIDAD DE ESTOS DELITOS. VIII. BIBLIOGRAFÍA............ 2223

Lección 33ª

DELITOS CONTRA LOS RECURSOS NATURALES Y EL MEDIO AMBIENTE

ESTHER HAVA GARCÍA

SUMARIO. I. CONSIDERACIONES GENERALES. 1. Influencia de la Unión Europea en la protección penal del medio ambiente. 2. Accesoriedad administrativa de los delitos ambientales. II. BIEN JURÍDICO PROTEGIDO. III. EL DELITO DE CONTAMINACIÓN DEL ART. 325.1 CP. 1. Sujeto activo. 2. Conducta típica. 2.1. Provocación o realización de la actividad contaminante. 2.2. Infracción de una norma ambiental de carácter extrapenal. 2.3. Desvalor de resultado y resultado material. 3. Tipo subjetivo. 4. Autoría y participación. 5. *Iter criminis*. 6. Penalidad. 7. Cuestiones procesales. IV. LOS TIPOS AGRAVADOS DEL ART. 325.2 CP. 1. Creación de una situación de peligro de perjuicio grave para el equilibrio de los ecosistemas. 2. Creación de un riesgo de grave perjuicio para la salud de las personas. V. DELITOS RELACIONADOS CON EL MANEJO DE

RESIDUOS (ART. 326 CP). 1. Objeto material: concepto jurídico penal de residuo. 2. Tipo básico: gestión ilegal de residuos (art. 326.1 CP). 3. Tipo subsidiario: traslado de residuos (art. 326.2 CP). VI. EXPLOTACIÓN DE INSTALACIONES DEDICADAS A ACTIVIDADES O SUSTANCIAS PELIGROSAS (ART. 326 BIS CP). 1. Conducta típica. 2. Desvalor de resultado. VII. AGRAVACIONES COMUNES DEL ART. 327 CP. 1. Clandestinidad. 2. Desobediencia. 3. Falsedad u ocultación. 4. Obstaculización de la actividad inspectora. 5. Riesgo de deterioro irreversible o catastrófico. 6. Extracción ilegal de aguas en período de restricciones. VIII. CONCURSOS (ARTS. 325, 326 Y 326 BIS CP). IX. RESPONSABILIDAD PENAL DE LAS PERSONAS JURÍDICAS POR DELITOS AMBIENTALES (ART. 328 CP). X. PREVARICACIÓN MEDIOAMBIENTAL (ART. 329 CP). 1. Sujetos activos. 2. Conductas típicas. 2.1. Informar favorablemente la concesión de licencias. 2.2. Silenciar la infracción de leyes o disposiciones normativas. 2.3. Omitir la realización de inspecciones obligatorias. 2.4. Resolver o votar a favor de la concesión de licencias manifiestamente ilegales. 3. Elemento subjetivo. 4. Penalidad. 5. Concursos. XI. DAÑOS EN UN ESPACIO NATURAL PROTEGIDO. 1. Sujeto activo. 2. Conducta típica. 3. Tipo subjetivo. 4. Concursos. XII. PENALIZACIÓN DE COMPORTAMIENTOS IMPRUDENTES. XIII. DISPOSICIONES COMUNES A LOS DELITOS CONTRA LOS RECURSOS NATURALES Y EL MEDIO AMBIENTE. 1. Afectación a un espacio natural protegido. 2. Adopción de medidas judiciales. 3. Reparación voluntaria del daño causado. XIV. BIBLIOGRAFÍA. 2285

Lección 34ª

DELITOS CONTRA LA FLORA Y FAUNA

Esther Hava García

SUMARIO. I. CONSIDERACIONES GENERALES. II. DELITOS RELATIVOS A ESPECIES AMENAZADAS (ARTS. 332 Y 334 CP). 1. Elementos comunes a los tipos. 1.1. Bien jurídico protegido. 1.2. Accesoriedad administrativa. 1.3. Cualificación por la situación de amenaza de la especie y agravación por la afectación a espacio natural protegido. 1.4. Punición de la imprudencia. 2. Delito contra la flora protegida (art. 332 CP). 2.1. Conductas típicas. 2.2. Tipo subjetivo. 2.3. Causas de justificación. 2.4. Concursos. 3. Delito contra la fauna protegida (art. 334 CP). 3.1. Conductas típicas. 3.2. Elemento subjetivo. 3.3. *Iter criminis.* 3.4. Concursos. III. INTRODUCCIÓN O LIBERACIÓN DE ESPECIES EXÓTICAS (ART. 333 CP). 1. Conductas típicas. 2. Tipo subjetivo. 3. Concursos. IV. DELITOS RELATIVOS A LA CAZA Y PESCA (ARTS. 335 Y 336 CP). 1. Consideraciones generales. 2. Captura ilegal de especies "comunes" (art. 335 CP). 2.1. Caza y pesca prohibidas. 2.2. Protección del patrimonio cinegético, piscatorio y marisquero. 3. Empleo para la caza o pesca de medios con eficacia destructiva o no selectiva (art. 336 CP). V. BIBLIOGRAFÍA. 2363

Lección 35ª

DELITOS CONTRA LOS ANIMALES

Esther Hava García

SUMARIO. I. CONSIDERACIONES GENERALES. 1. Introducción. 2. Bien jurídico protegido. 3. Determinación del objeto material: animales tutelados II. CAUSACIÓN DE LESIONES O MUERTE A UN ANIMAL (ART. 340 BIS CP). 1. Tipo básico: lesión que requiera tratamiento veterinario (art. 340 bis.1 CP). 2. Tipo cualificado por la muerte del animal (art. 340 bis.3 CP). 3. Tipos atenuados del art. 340 bis CP aplicables a otros animales vertebrados. 4. Agravaciones comunes (art. 340 bis.2 CP). 5. Tipo residual: lesiones que no requieran tratamiento veterinario o maltrato grave (art. 340 bis.4 CP). III. ABANDONO DE ANIMAL VERTEBRADO (ART. 340 TER CP). IV. PENALIDAD DE LOS DELITOS CONTRA LOS ANIMALES. V. ADOPCIÓN DE MEDIDAS JUDICIALES (ART. 340 QUINQUIES CP). VI. CUESTIONES PROCESALES. VII. BIBLIOGRAFÍA. 2405

Lección 36ª

DELITOS RELATIVOS A LA ENERGÍA NUCLEAR Y RADIACIONES IONIZANTES

Paz de la Cuesta Aguado

SUMARIO. I. DELITOS CONTRA LA SEGURIDAD COLECTIVA Y BIENES JURÍDICOS INDIVIDUALES: ARTS. 341 A 344 CP. 1. Consideraciones generales. 2. Bienes jurídicos protegidos. 3. Sujetos activo y pasivo. 4. Modalidades típicas. 4.1. Art. 341 CP: delito de liberación de energía nuclear o elementos radiactivos. 4.2. Art. 342 CP: delito de perturbación de instalaciones nucleares o radiactivas. 4.3. Art. 343 CP: delito de contaminación radiactiva. 5. Elemento subjetivo. 6. Justificación. 7. *Iter criminis*. 8. Concursos. 9. Imprudencia punible. 10. Penalidad. II. DELITOS CONTRA LA SEGURIDAD NUCLEAR: ART. 345 CP. 1. Consideraciones generales. 2. Bien jurídico protegido. 3. Sujetos activo y pasivo. 4. Delito de tráfico de materiales nucleares y "otras sustancias radiactivas". 4.1. Consideraciones generales. 4.2. Sujeto activo. 4.3. Conductas típicas. 5. El delito de producción de materiales nucleares y sustancias radiactivas. 6. Elemento subjetivo. III. CONCLUSIONES DE POLÍTICA CRIMINAL. IV. BIBLIOGRAFÍA......... 2439

Lección 37ª

ESTRAGOS

Ana Gutiérrez Castañeda

SUMARIO. I. CONSIDERACIONES GENERALES. II. BIEN JURÍDICO PROTEGIDO. III. SUJETOS DEL DELITO. IV. CONDUCTA TÍPICA. V. RESULTADOS TÍPICOS. 1. Los resultados de lesión. 2. El resultado de peligro para la vida o la integridad de las personas. VI. TIPO SUBJETIVO. VII. *ITER CRIMINIS*. VIII. CONCURSOS. 1. Estragos y delitos contra la vida y contra la integridad corporal y la salud. 2. Estragos y delitos de daños. 3. Estragos y delitos contra el orden público. 4. Estragos y delitos de incendio. IX. PENALIDAD. X. ESTRAGOS SIN PELIGRO CONCRETO PARA LAS PERSONAS (ART. 346.2 CP). XI. ESTRAGOS CAUSADOS POR IMPRUDENCIA GRAVE. XII. BIBLIOGRAFÍA. 2483

Lección 38ª

OTROS DELITOS DE RIESGO PROVOCADOS POR EXPLOSIVOS Y OTROS AGENTES

Ana Gutiérrez Castañeda

SUMARIO. I. CONSIDERACIONES GENERALES. 1. Introducción. 2. Cuestiones comunes. 2.1. Bienes jurídicos protegidos. 2.2. Leyes penales en blanco. 2.3. *Iter criminis*. II. DELITOS RELACIONADOS CON LA PRODUCCIÓN, USO Y DISTRIBUCIÓN DE EXPLOSIVOS, SUSTANCIAS, APARATOS O ARTIFICIOS PELIGROSOS O SUSTAN-

CIAS DESTRUCTORAS DEL OZONO (ART. 348 CP). 1. Consideraciones generales. 2. Modalidades delictivas. 2.1. La fabricación, tenencia, transporte y comercialización de sustancias, artificios o aparatos que puedan causar estragos (art. 348.1, inciso primero, CP). 2.1.1. Consideraciones generales. 2.1.2. Sujetos activos. 2.1.3. Objeto material. 2.1.4. Conducta típica. 2.1.5. Resultado. 2.1.6. Tipo subjetivo. 2.1.7. Penalidad. 2.1.8. Concursos. 2.2. La producción, importación, exportación, comercialización y uso ilegal de sustancias destructoras del ozono (art. 348.1, inciso segundo, CP). 2.2.1. Consideraciones generales. 2.2.2. Objeto material. 2.2.3. Conductas típicas. 2.2.4. Tipo subjetivo. 2.2.5. Penalidad. 2.3. El favorecimiento de la pérdida o sustracción de explosivos (art. 348.2 CP). 2.3.1. Consideraciones generales. 2.3.2. Estructura del delito. 2.3.3. Sujetos activos. 2.3.4. Objeto material. 2.3.5. Conducta típica. 2.3.6. Otros elementos del tipo objetivo. 2.3.7. Tipo subjetivo. 2.3.8. Penalidad. 2.4. La obstaculización de la actividad de control de la Administración Pública sobre actividades relacionadas con explosivos (art. 348.4 CP). 2.4.1. Consideraciones generales. 2.4.2. Sujetos activos. 2.4.3. Conductas típicas. 2.4.4. Tipo subjetivo. 2.4.5. *Iter criminis.* 2.4.6. Penalidad. 2.4.7. Concursos. 2.5. Agravación por la especial condición del sujeto activo (art. 348.3 CP). III. DELITOS RELACIONADOS CON LOS ORGANISMOS (ART. 349 CP). 1. Sujetos activos. 2. Objeto material. 3. Conductas típicas. 4. Resultado típico. 5. Tipo subjetivo. 6. Penalidad. 7. Concursos. IV. DELITOS DE RIESGO RELACIONADOS CON LA SEGURIDAD EN LA REALIZACIÓN DE GRANDES OBRAS (ART. 350 CP). 1. Consideraciones generales. 2. Sujetos activos. 3. Conducta típica. 4. Resultado típico. 5. Tipo subjetivo. 6. Penalidad. 7. Concursos. V. BIBLIOGRAFÍA. 2509

Lección 39ª

DELITOS DE INCENDIOS

PAZ DE LA CUESTA AGUADO

SUMARIO. I. CONSIDERACIONES GENERALES. II. BIENES JURÍDICOS PROTEGIDOS. III. SUJETOS ACTIVO Y PASIVO. IV. MODALIDADES DELICTIVAS. 1. Incendio que comporte peligro para la vida o integridad física de las personas (art. 351 CP). 1.1. Conducta típica. 1.2. Resultado y estructura típica. 1.3. Elemento subjetivo. 1.4. Justificación. 1.5. *Iter criminis.* 1.6. Concursos. 1.7. Penalidad. 2. Incendios forestales. 2.1. Art. 352.1 CP: tipo básico. 2.2. Art. 353 CP: circunstancias que agravan la pena. 2.3. Art. 354.1 CP: tipo privilegiado. 2.4. Elemento subjetivo. 2.5. *Iter criminis.* 2.6. Concursos. 2.7. Art. 355 CP: consecuencias accesorias. 3. Incendios no forestales (art. 356 CP). 3.1. Conducta típica. 3.2. Concursos. 4. Incendio en bienes propios (art. 357 CP). 4.1. Consideraciones generales. 4.2. Conductas típicas. 4.3. Elemento subjetivo. 4.4. Concursos. V. IMPRUDENCIA PUNIBLE. VI. PENALIDAD. VII. BIBLIOGRAFÍA. 2541

Lección 40ª

DELITOS CONTRA LA SALUD PÚBLICA

PAZ DE LA CUESTA AGUADO

SUMARIO. I. CONSIDERACIONES GENERALES AL CAPÍTULO. II. DELITOS RELATIVOS A SUSTANCIAS NOCIVAS PARA LA SALUD O PRODUCTOS QUÍMICOS QUE PUEDAN CAUSAR ESTRAGOS: ARTS. 359 Y 360 CP. 1. Consideraciones generales. 2. Bienes jurídicos protegidos. 3. Conductas típicas. 4. Concursos. 5. *Iter criminis.* III. PROVOCACIÓN AL CONSUMO MEDIANTE TICS. 1. Consideraciones generales. 2.

Bien jurídico protegido. 3. Conducta típica. 4. Concursos. IV. DELITOS RELATIVOS A MEDICAMENTOS (DELITOS FARMACOLÓGICOS). 1. Consideraciones previas y objeto material. 1.1. El concepto jurídico penal de medicamento. 1.1.1. Clases de medicamentos. 1.2. Productos sanitarios. 2. Bienes jurídicos protegidos. 3. Sujetos activo y pasivo. 4. El art. 361 CP: la intervención penal en el mercado de los medicamentos y productos sanitarios. 4.1. Conductas típicas. 4.1.1. Fabricación. 4.1.2. Participación en el mercado. 4.1.3. Depósito o almacenamiento. 4.2. Requisitos limitadores de la tipicidad. 4.2.1. Requisitos para el tráfico típico de medicamentos. 4.2.2. Requisitos para el tráfico típico de productos sanitarios. 4.3. La remisión normativa para la interpretación de los requisitos típicos. 4.4. Resultado típico. 4.5. Elemento subjetivo. 4.6. *Iter criminis*. 4.7. Autoría y participación. 5. El art. 362 CP: elaboración de medicamento y productos sanitarios con alteraciones típicas. 5.1. El art. 362.1 CP. 5.2. El art. 362.2 CP. 5.3. Elemento subjetivo y concursos de delitos. 6. Conductas relacionadas con el comercio de medicamentos alterados (art. 362 bis CP). 6.1. El tráfico de medicamentos y productos sanitarios con alteraciones típicas según el art. 362 CP. 6.2. La compra y depósito para destinarlos al consumo. 7. Falsificación documental sobre objetos destinados al uso sanitario (art. 362 ter CP). 8. Penalidad y circunstancias agravantes. V. DELITO DE DOPAJE. 1. Consideraciones generales. 2. Bien jurídico protegido. 3. Sujetos activo y pasivo. 4. Conductas típicas. 4.1. Tipo básico. 4.2. Resultado típico, consumación e *iter criminis*. 5. Tipo subjetivo. 6. Circunstancias y penalidad. 7. Concursos. VI. DELITO ALIMENTARIO. 1. Consideraciones generales. 2. Bienes jurídicos protegidos. 3. Sujetos activos. 4. Conductas típicas. 4.1. Fraude alimentario (art. 363 CP). 4.1.1. Ofreciendo en el mercado productos alimentarios con omisión o alteración de los requisitos establecidos en las leyes o reglamentos sobre caducidad o composición. 4.1.2. Fabricando o vendiendo bebidas o comestibles destinados al consumo público y nocivos para la salud. 4.1.3. Traficando con géneros corrompidos. 4.1.4. Elaborando o comerciando productos cuyo uso no se halle autorizado y sea perjudicial para la salud. 4.1.5. Ocultando o sustrayendo efectos destinados a ser inutilizados o desinfectados, para comerciar con ellos. 4.1.6. Elemento subjetivo. 4.2. Adulteración de alimentos (art. 364.1 CP). 4.3. Delitos relacionados con animales de abasto (art. 364.2 CP). VII. DELITO DE ENVENENAMIENTO. 1. Consideraciones generales y bien jurídico protegido. 2. Conductas típicas. 3. Concursos. VIII. PENALIDAD. IX. BIBLIOGRAFÍA. 2577

Lección 41ª

TRÁFICO DE DROGAS (I)

M. Alejandra Pastrana Sánchez

SUMARIO. I. INTRODUCCIÓN. 1. El prohibicionismo y la guerra contra las drogas. 2. Problemas actuales en España. 3. Una pequeña historia de las drogas. II. EL ORDENAMIENTO INTERNACIONAL. 1. La situación mundial y las Convenciones de Naciones Unidas. 2. La Unión Europea y el Consejo de Europa. III. BIEN JURÍDICO PROTEGIDO Y UBICACIÓN SISTEMÁTICA. IV. TIPO BÁSICO. 1. Estructura del delito de tráfico de drogas. 2. Objeto material. 2.1. Drogas tóxicas, estupefacientes o sustancias psicotrópicas. 2.1.1. Ausencia de tipicidad: crítica a la dosis mínima psicoactiva. 2.1.2. ¿Concepto penal autónomo de droga o vinculación a las Listas de los Convenios Internacionales? 2.2. Drogas que causen grave daño a la salud y aquellas que no lo originen. 3. Conducta típica. 3.1. Cultivo, elaboración y tráfico. 3.2. Promoción, favorecimiento o facilitación del consumo ilegal. 3.3. Posesión. 4. Autoría y participación. 4.1. Agente encubierto y agente provocador. 5. *Iter criminis.* 6. Tipo subjetivo. 7. Supuestos de atipicidad. 7.1. Entregas compasivas. 7.2. Consumo compartido. 7.3. Especial referencia a las asociaciones cannábicas. 8. Estado de necesidad y miedo insuperable. V. TIPO ATENUADO. VI. BIBLIOGRAFÍA........ 2647

Lección 42ª
TRÁFICO DE DROGAS (II)
M. Alejandra Pastrana Sánchez

SUMARIO. I. TIPOS AGRAVADOS. II. ART. 369, CP. 1. El culpable fuere autoridad, funcionario público, facultativo, trabajador social, docente o educador y obrase en el ejercicio de su cargo, profesión u oficio. 2. El culpable participare en otras actividades organizadas o cuya ejecución se vea facilitada por la comisión del delito. 3. Los hechos fueren realizados en establecimientos abiertos al público por los responsables o empleados de los mismos. 4. Las sustancias se faciliten a menores de 18 años, a disminuidos psíquicos o a personas sometidas a tratamiento de deshabituación o rehabilitación. 5. Fuere de notoria importancia la cantidad de las sustancias. 6. Las sustancias se adulteren, manipulen o mezclen entre sí o con otras, incrementando el posible daño a la salud. 7. Las conductas tengan lugar en centros docentes, en centros, establecimientos o unidades militares, en establecimientos penitenciarios o en centros de deshabituación o rehabilitación, o en sus proximidades. 8. El culpable empleare violencia o exhibiere o hiciese uso de armas para cometer el hecho. III. ART. 370, CP. 1. Utilización de menores de 18 años o disminuidos psíquicos. 2. Jefes, administradores o encargados de las organizaciones. 3. La extrema gravedad. 3.1. Exceso notable de la cantidad considerada como de notoria importancia. 3.2. Utilización de buques, embarcaciones o aeronaves como medio de transporte específico. 3.3. Simulación de operaciones de comercio internacional entre empresas. 3.4. Redes internacionales. 3.5. Concurrencia de tres o más circunstancias del art. 369.1, CP. IV. ART. 369 BIS, CP. 1. Organización criminal. 2. Personas jurídicas. V. CONCURSOS. VI. BIBLIOGRAFÍA........ 2781

Lección 43ª
TRÁFICO DE DROGAS (III)
M. Alejandra Pastrana Sánchez

SUMARIO. I. EL TRÁFICO DE PRECURSORES. 1. Introducción. 2. Tipo básico. 2.1. Objeto material. 2.2. Conducta típica. 2.3. Elemento subjetivo. 3. La agravación. II. OTRAS DISPOSICIONES. 1. Inhabilitaciones. 2. Actos preparatorios. 3. Comiso. 4. Reincidencia internacional. 5. Circunstancias de especial atenuación. 5.1. Tipo privilegiado de colaboración. 5.2. La figura del consumidor-traficante. 6. Multas. 7. Imputación de pagos. III. BIBLIOGRAFÍA........ 2851

Lección 44ª
DELITOS CONTRA LA SEGURIDAD DEL TRÁFICO
Pilar Gómez Pavón

SUMARIO. I. CONSIDERACIONES GENERALES. II. ELEMENTOS COMUNES A TODOS LOS DELITOS CONTRA LA SEGURIDAD DEL TRÁFICO. 1. El bien jurídico protegido. 2. El lugar de comisión del delito. III. CLASIFICACIÓN DE LOS DELITOS

RELATIVOS A LA SEGURIDAD DEL TRÁFICO EN FUNCIÓN DE LA CONDUCTA TÍPICA. 1. Delitos cuyo comportamiento típico consiste en conducir. 1.1. Elementos comunes. 1.1.1. El comportamiento típico. 1.1.2. El instrumento comisivo. 1.1.3. El sujeto activo. Problemas de autoría. 1.2. Los diferentes tipos penales. 1.2.1. El delito de conducción con velocidad excesiva. 1.2.1.1. La superación de los límites de velocidad como elemento de la tipicidad: naturaleza de ley penal en blanco. 1.2.1.2. Delito de peligro abstracto. 1.2.1.3. El elemento subjetivo. 1.2.1.4. Problemas específicos en relación con la autoría. 1.2.1.5. Conocimiento, culpabilidad y error. 1.2.2. El delito de conducción bajo la influencia de bebidas alcohólicas, drogas tóxicas, estupefacientes o sustancias psicotrópicas 1.2.2.1 La influencia del alcohol, drogas tóxicas, estupefacientes o sustancias psicotrópicas sobre las capacidades para conducir. 1.2.2.2. Las pruebas de detección de las sustancias típicas: su valor como prueba de cargo en la sentencia condenatoria 1.2.2.3. Delito de peligro abstracto. 1.2.2.4. El *iter criminis*. 1.2.2.5. El elemento subjetivo. 1.2.2.6. Posibilidad de apreciar la circunstancia eximente del número 2º del art. 20 CP o la 2ª del art. 21 CP. 1.2.3. El delito de conducción con tasas de alcohol superiores a las establecidas. 1.2.3.1. El valor de las pruebas de detección alcohólica en este delito. 1.2.3.2. El elemento subjetivo. 1.2.4. El delito de conducción temeraria. 1.2.4.1. Concepto de conducción con temeridad manifiesta. 1.2.4.2. Su naturaleza de delito de peligro concreto. 1.2.4.3. Especial consideración del sujeto pasivo. 1.2.4.4. El *iter criminis*. 1.2.4.5. El elemento subjetivo. 1.2.4.6. La presunción de temeridad manifiesta. 1.2.5. La conducción con manifiesto desprecio de la vida o salud de los demás. 1.2.5.1. El manifiesto desprecio como elemento diferenciador de la conducción temeraria. 1.2.5.2. Modalidades típicas. 1.2.5.3. El *iter criminis*. 1.2.5.4. El elemento subjetivo. 1.2.6. La conducción sin tener el correspondiente permiso o licencia o por haber sido privado del mismo. 1.2.6.1. Modalidades típicas. 1.2.6.2. El *iter criminis*. 1.2.6.3. El elemento subjetivo. 1.2.6.4. Conocimiento, culpabilidad y error. 1.2.6.5. Problemas concursales. 2. Delitos en los que la conducta típica no es conducir. 2.1. La colocación de obstáculos o alteración por cualquier medio de la seguridad del tráfico. 2.1.1. Comportamiento típico. 2.1.2. Delito de peligro. 2.1.3. El *iter criminis*. 2.1.4. Autoría y participación. 2.1.5. El elemento subjetivo. 2.1.6. Problemas concursales. 2.2. El no restablecimiento de la seguridad del tráfico. IV. LA NEGATIVA A SOMETERSE A LAS PRUEBAS DE DETECCIÓN ALCOHÓLICA. 1. Delimitación entre el ilícito penal y el administrativo. 2. Comportamiento típico. 3. Las pruebas legalmente establecidas. 4. El sujeto activo. La autoría. 5. El *iter criminis*. 6. El elemento subjetivo 7. Aplicación de la circunstancia eximente del número 2º del art. 20 o la 1ª o 2ª del art. 21 CP. 8. Problemas concursales. V. ESPECIAL CONSIDERACIÓN DEL DELITO DE ABANDONO DEL LUGAR DEL ACCIDENTE. 1. El bien jurídico protegido. 2. Comportamiento típico. 3. La exigencia de un previo resultado lesivo. 4. Instrumento típico y lugar de comisión. 5. El *iter criminis*. 6. Autoría y participación. 7. El elemento subjetivo. 8. Problemas concursales. VI. LA NORMA CONCURSAL ESPECÍFICA DE ESTOS DELITOS: SUPUESTOS INCLUIDOS. VII. EL COMISO DEL VEHÍCULO DE MOTOR O CICLOMOTOR. VIII. EL ART. 385 TER CP. IX. BIBLIOGRAFÍA. 2885

Lección 45ª

DELITOS DE FALSIFICACIÓN DE MONEDA Y EFECTOS TIMBRADOS

JOSÉ MIGUEL SÁNCHEZ TOMÁS

SUMARIO. I. CONSIDERACIONES GENERALES SOBRE LAS FALSEDADES. II. LA FALSIFICACIÓN DE MONEDA. 1. Consideraciones generales. 2. Bien jurídico protegido. 3. Objeto material: los conceptos de moneda y moneda falsa. 4. Conductas típicas. 4.1. Tipos principales. 4.1.1. La falsificación o alteración de moneda. 4.1.2. La exportación e importación de moneda falsa o alterada. 4.1.3. El transporte, expendición y distribución de moneda falsa o alterada. 4.1.4. La agravación de su puesta en circulación. 4.2. Tipos accesorios. 4.2.1. La tenencia y adquisición de moneda falsa. 4.2.2. El uso de moneda falsa recibida de buena fe. 4.2.3. La fabricación y tenencia de útiles para cometer delitos relativos a la falsificación de moneda. 5. Elemento subjetivo. 6. *Iter criminis* y participación. 7. Concursos. 8. Penalidad. III. LA FALSIFICACIÓN DE EFECTOS TIMBRADOS. 1. Consideraciones generales: Bien jurídico y objeto material. 2. Conductas típicas. IV. LA REINCIDENCIA INTERNACIONAL (ART. 388 CP). V. CUESTIONES PROCESALES. VI. BIBLIOGRAFÍA 2971

Lección 46ª

DELITOS DE FALSEDAD DOCUMENTAL

JOSÉ MIGUEL SÁNCHEZ TOMÁS

SUMARIO. I. CONSIDERACIONES GENERALES. II. BIEN JURÍDICO PROTEGIDO. III. OBJETO MATERIAL: EL CONCEPTO DE DOCUMENTO. IV. LA CONDUCTA FALSARIA. 1. Consideraciones generales. 2. Las conductas de falsificación propia. 2.1. La alteración de elemento esencial. 2.2. La simulación de autenticidad. 2.3. La atribución falsa de intervención o declaración. 2.4. La narración inveraz de hechos. 3. Las conductas de falsificación impropia. 3.1. El tráfico y la tenencia para el tráfico. 3.2. Las falsificaciones de uso. V. LA FALSIFICACIÓN DE DOCUMENTOS PÚBLICOS, OFICIALES, MERCANTILES Y DESPACHOS DE TELECOMUNICACIONES. 1. Consideraciones generales. 2. Objeto material. 3. La falsificación cometida por autoridad o funcionario público. 3.1. Tipo doloso. 3.2. Tipo imprudente. 3.3. Tipo asimilado: la falsificación por responsable de confesión religiosa. 3.4. Tipo privilegiado: la falsificación de despachos de telecomunicaciones. 4. La falsificación cometida por particular. 5. El tráfico y el uso de documentos falsos. VI. LA FALSIFICACIÓN DE DOCUMENTOS PRIVADOS. 1. Consideraciones generales. 2. La falsificación de documentos privados. 3. El uso de documentos privados falsos. VII. LA FALSIFICACIÓN DE CERTIFICADOS. 1. Consideraciones generales. 2. Sujetos activos. 3. Objeto material: el concepto de certificado. 4. La falsificación de certificados. 5. El tráfico y uso de certificado falso. VIII. LA FALSIFICACIÓN DE INSTRUMENTOS DE PAGO DISTINTOS DEL EFECTIVO. 1. Consideraciones generales. 2. La falsificación de estos instrumentos de pago. 3. La tenencia para el tráfico y el uso de estos instrumentos de pago. IX. LA POSESIÓN O TRÁFICO DE ÚTILES PARA LA FALSIFICACIÓN. X. *ITER CRIMINIS* Y PARTICIPACIÓN. XI. CONCURSOS. XII. BIBLIOGRAFÍA. 3033

Lección 47ª

USURPACIÓN DEL ESTADO CIVIL. USURPACIÓN DE FUNCIONES PÚBLICAS E INTRUSISMO

PILAR OTERO GONZÁLEZ

SUMARIO. I. INTRODUCCIÓN. CAPÍTULOS IV Y V: LAS LLAMADAS FALSEDADES PERSONALES. II. DE LA USURPACIÓN DEL ESTADO CIVIL. 1. Consideraciones generales. Ubicación sistemática y bien jurídico protegido. 2. Sujetos activo y pasivo. 3. Conducta típica. 4. El objeto de la usurpación: el estado civil. 5. Tipo subjetivo. 6. Consumación. Autoría y participación. 7. Causas de justificación. 8. Concursos. 9. Breve referencia a las suplantaciones de identidad realizadas a través de internet. III. DE LA USURPACIÓN DE FUNCIONES PÚBLICAS. 1. Bien jurídico protegido. 2. Sujetos activo y pasivo. 3. Conducta típica del art. 402 CP. 4. Conducta típica del art. 402 bis CP. 5. Tipo subjetivo. 6. Consumación. 7. Concursos. IV. DEL INTRUSISMO. 1. Ubicación sistemática y bien jurídico protegido. 2. Sujetos activo y pasivo. Objeto material. 3. Conductas del tipo básico y privilegiado. 3.1 Interpretación de "título académico". 3.2 Interpretación de "título oficial". 3.3 Interpretación de "actos propios". 3.4. Interpretación de "habilite legalmente" y "de acuerdo con la legislación vigente". 3.5. Interpretación de "no estar en posesión del correspondiente título académico". 4. Tipo agravado. 5. Tipo subjetivo. 6. Autoría y participación. 7. Consumación y tentativa. (Remisión a la interpretación de la expresión "actos propios"). 8. Causas de justificación. 9. Problemas concursales. 10. Responsabilidad civil. 11. Consideración final respecto del delito de intrusismo. V. CUESTIONES PROCESALES. VI. BIBLIOGRAFÍA. 3129

Lección 24ª

Sustracción de cosa propia a su utilidad social o cultural

BEATRIZ ESCUDERO GARCÍA-CALDERÓN

SUMARIO. I. EVOLUCIÓN HISTÓRICA. II. OBJETO MATERIAL DEL DELITO Y BIEN JURÍDICO PROTEGIDO. 1. Objeto material. 2. Bien jurídico protegido. III. SUJETOS ACTIVO Y PASIVO. IV. AUTORÍA Y PARTICIPACIÓN. V. CONDUCTA TÍPICA. 1. Elementos objetivos. 2. Elemento subjetivo. VI. *ITER CRIMINIS*. VII. CONCURSOS. VIII. BIBLIOGRAFÍA.

Artículo 289

El que por cualquier medio destruyera, inutilizara o dañara una cosa propia de utilidad social o cultural, o de cualquier modo la sustrajera al cumplimiento de los deberes legales impuestos en interés de la comunidad, será castigado con la pena de prisión de tres a cinco meses o multa de seis a 10 meses.

I. EVOLUCIÓN HISTÓRICA

La naturaleza cuasi absoluta del derecho a la propiedad de estirpe liberal, heredada de la tradición romana, sufre un importante recorte en torno a los años treinta del siglo XX, cuando ese "*derecho de gozar y disponer de una cosa sin más limitaciones que las establecidas en las leyes*" (art. 348 CC) es objeto de dos nuevas precisiones, establecidas, esta vez, por el Legislador penal. En efecto, se atribuye al CP de 1928 ser pionero en la restricción penal a la propiedad privada al tipificar la destrucción o deterioro de objetos de valor artístico o histórico propios (art. 756 CP), poniendo entonces el Legislador el acento únicamente en el valor cultural de los bienes. No obstante, tan solo cuatro años después, el CP de 1932, de acuerdo con los principios rectores de un nuevo modelo de Estado, vendría a restringir de un modo más amplio la facultad de disposición del *dominus*, haciendo referencia a la utilidad social de la propiedad (en el que se entendió comprendida la utilidad cultural) y tipificando, en el art. 555, la conducta de "*El que intencionadamente y por cualquier medio destruyere, inutilizare, o dañare cosa propia de utilidad social o de cualquier otro modo la sustrajere al cumplimiento de los deberes legales impuestos en servicio de la economía nacional* [...]".

Desde entonces un precepto como éste se ha mantenido, en esencia, en los sucesivos Códigos penales, si bien la función social de la propiedad habría de cambiar, lógicamente, de anclajes. Durante la época republicana la utilidad social de la propiedad encontró cobertura en la Constitución de 1931, que consagraba la función social de la propiedad, estableciendo en su art. 44, la subordinación a los intereses de la economía nacional de *"toda la riqueza del país, sea quien fuere su dueño"*. Posteriormente, ya en la época franquista, el art. 30 del Fuero de los Españoles estableció: *"La propiedad privada como medio natural para el cumplimiento de los fines individuales, familiares y sociales, es reconocida y amparada por el Estado. Todas las formas de propiedad quedan subordinadas a las necesidades de la Nación y al bien común"*. Actualmente la vigencia del precepto encuentra amparo constitucional, por una parte, en el art. 33 CE, que reconoce el derecho a la propiedad privada y a la herencia (ap. 1º), se precisa que *"la función social de estos derechos delimitará su contenido, según las leyes"* (ap. 2º), y por otra, en el art. 128 CE, donde queda establecido que *"toda la riqueza del país en sus distintas formas y sea cual fuere su titularidad está subordinada al interés general"*.

Hasta la entrada en vigor del CP 1995 las modificaciones que experimentaría la tipificación de este delito serían de escasa importancia, afectando principalmente a la pena. Ha sido el Legislador de nuestro actual CP el que ha introducido los cambios más significativos, que pasamos a enumerar.

1. Dedica un Capítulo propio, el XII del Título XIII, al delito de la sustracción de la cosa propia a su utilidad social o cultural, extrayéndolo del capítulo de los daños donde se encontraba hasta entonces regulado.

En la discusión doctrinal en torno a dónde debía ubicarse este delito se pueden diferenciar tres posturas principales: la de doctrina mayoritaria, partidaria de incluirlo entre los socioeconómicos; la de quienes defendían su permanencia entre los delitos de daños al tener en común con ellos el comportamiento y el resultado (BAJO FERNÁNDEZ); y una tercera opinión en la que se engloban propuestas de ubicaciones alternativas. Hay, por tanto, una primera toma de postura a la hora de aplaudir o no el cambio de ubicación. Así, en efecto, consideramos adecuada su desaparición del capítulo de daños por el argumento indiscutible de que, siendo el propietario quien destruye la cosa, no hay lesión posible del derecho a la propiedad. Más bien al contrario, cuando el propietario destruye su bien, aunque haya un menoscabo material de la cosa, el derecho a la propiedad, en lugar de afectarse negativamente, se está ejerciendo. Y a ello se añade la consideración, que compartimos, de que la introducción de la expresión "o de cualquier modo sustrajere" implica que la conducta típica no ha de realizarse necesariamente por medios dañosos.

2. Añade el calificativo de "*cultural*" junto al "*social*".

En las regulaciones anteriores la Doctrina entendió de manera generalizada que los bienes de carácter cultural se hallaban comprendidos en los de utilidad social. No obstante, no puede perderse de vista que la primera limitación establecida por el Legislador penal en la propiedad privada hacía referencia, únicamente, a bienes de valor cultural.

3. Los deberes cuyo cumplimiento se ve ahora afectado son los impuestos en interés de la comunidad, y no los establecidos en interés de la economía nacional.

4. Suprime el adverbio "*intencionadamente*".

Al igual que su predecesor, el CP de 1928 exigía que la destrucción del objeto "*ajeno o propio, de relevante interés para el Arte, la Historia o la cultura*" fuera "*a sabiendas*". Por su parte, el art. 562 del CP de 1944 castigaba a quien "*intencionadamente y por cualquier medio destruyere, inutilizare o dañare una cosa propia de utilidad social, o de cualquier otro modo la sustrajere al cumplimiento de los deberes legales impuestos en servicio de la economía nacional*". El legislador ha exigido tradicionalmente un dolo reduplicado, esto es, dirigido no solo a la destrucción de la cosa sino a la sustracción a su utilidad social. Buena muestra de ello es la STS 12-5-1969, donde se afirmaba que "[...] *la vocación de culpabilidad de esta infracción se encuentra necesariamente en la proyección final del deseo o propósito lesivo, constituido por el* animus damnandi *o* nocendi, *que reduplica el dolo, pues se trata de una acción que tiene que ser teleológicamente dirigida*". Sin embargo, en tiempos más recientes se ha prescindido de ese dolo particular. Así, establece la STS de 19 de junio de 1995: "*no siendo preciso para que exista el delito de daños el elemento subjetivo del injusto típico consistente, como requería la antigua jurisprudencia de esta Sala*". Y en este sentido, establece expresamente la SAP, Barcelona, 378/2001, 16-7, que "*los hechos integran efectivamente el delito de daños por el que fue condenada la hoy apelante, considerado por la doctrina como delito contra el patrimonio sin enriquecimiento, esto es, que el menoscabo de bienes ajenos (y excepcionalmente propios en el art. 289 CP) no se impulsa por el ánimo de lucro, ni tampoco un específico* animus nocendi".

5. Reduce notablemente las penas respecto de la regulación anterior.

En el anterior art. 562 del CP, tras la reforma de 1973, las penas eran de arresto mayor y multa del tanto al triplo del valor de la cosa o del daño producidos, "*sin que pueda la multa bajar de 5.000 pesetas*". Con la entrada en vigor del CP de 1995, la pena inicial fue de arresto de siete a veinticuatro fines de semana o multa de cuatro a dieciséis meses. Tras la reforma de 2003, la pena pasó a ser de prisión de tres a cinco meses o multa de seis a 10 meses. La levedad de la pena constituye un dato de particular relevancia para entender la inaplicación de este delito, pues se considera que otorga un trato inmerecidamente privilegiado al titular de un bien de interés social o cultural y, por tanto, se postula su no aplicación a través, principalmente, de su calificación como precepto general o subsidiario frente a otros (MIRA BENAVENT).

La mayor parte de la Doctrina considera que el art. 289 CP sería de aplicación cuando, citando dos ejemplos paradigmáticos, el propietario destruye un Goya —bien de utilidad cultural— y cuando el arrendador de una vivienda provoca daños en la misma para lograr que sus inquilinos renuncien al arrendamiento de la vivienda —bien de utilidad social. No obstante, lo cierto es que la redacción del precepto es muy imprecisa y permite, como veremos, distintas interpretaciones. De hecho, a la deficiencia en su redacción se atribuye la escasísima aplicación de este delito, existiendo pocas resoluciones judiciales que hacen referencia al mismo [por ejemplo, STS 54/2012, 7-2 (*Tol 2451875*); SSAP, Cáceres, 346/2009, 28-7 (*Tol 6893282*), y Barcelona, 5468/2022, 14-8 (*Tol 9132806*)], fundamentalmente en pronunciamientos *obiter dicta* [por todas, SSAP, Barcelona 11219/2004, 23-9 (*Tol 7932561*), FJ 1; Alicante 236/2007, 11-5 (*Tol 7447998*), FJ 1; Albacete,

454/2008, 14-5 (*Tol 7279193*), FJ 2; Ávila, 8/2010, 14-1, (*Tol 1809634*), FJ 3; Granada 528/2018, 22-11, (*Tol 7191291*), FJ 3, y Badajoz, 23/2019, 22-3 (*Tol 7479375*), FJ 4].

II. OBJETO MATERIAL DEL DELITO Y BIEN JURÍDICO PROTEGIDO

De entre las dificultades que surgen a la hora de determinar tanto el objeto material como el bien jurídico destaca la vaguedad de los conceptos "utilidad social" y, sobre todo, "utilidad cultural". Pero es que, además, a la hora de delimitar el objeto material del 289 CP, surge un problema añadido: la redacción por la que ha optado el Legislador en lo que se refiere al orden de los verbos de la conducta típica.

1. Objeto material

La determinación del objeto material de este delito no constituye una cuestión pacífica, salvo en lo que respecta a que la cosa ha de ser de propiedad privada, quedando por tanto excluidas las de titularidad pública [SAP, Cáceres, 473/2009, 28-7 (*Tol 6893282*), FJ 2]. Existen diversas modalidades de conducta (destruir, inutilizar, dañar y sustraer) pero debido a la redacción del 289 CP no queda claro si las primeras (destruir, inutilizar y dañar) se refieren únicamente a bienes culturales y de utilidad social, y la última (sustraer) exige que se trate de bienes sobre los que pese un deber legal. La interpretación adecuada parece ser la siguiente: objeto del delito es un bien de utilidad social o cultural sobre el que exista un deber legal impuesto en interés de la comunidad, independientemente de la modalidad de conducta. El referente ha de ser necesariamente la sustracción de la cosa al cumplimiento de los deberes legales impuestos. Por tanto, el destruir, inutilizar o dañar constituye una redacción meramente ejemplificativa con la que se pretende poner de manifiesto las limitaciones al derecho de propiedad, no ya en su goce o disfrute, sino en la propia existencia de la cosa, y al mismo tiempo se trata de incluir en el tipo cualquiera otra forma de sustraer la cosa al cumplimiento de los deberes legales (que tienen que ser establecidos previamente), como sería el esconder el bien o una conducta similar.

La redacción actual del precepto es susceptible de ser interpretada de dos maneras principales. Así, resulta posible entender, y así lo hizo un sector minoritario (QUINTANO RIPOLLÉS, TERRADILLOS BASOCO) que el objeto material es distinto según la conducta de que se trate, de manera que la destrucción, el daño y el menoscabo ha de ser de una cosa de utilidad social o cultural, mientras que la sustracción se refiere a un bien sobre el que pesa un deber legal impuesto en interés de la comunidad. De acuerdo con esta opinión, existirían dos posibles objetos materiales: los bienes de utilidad social o cultural sobre los que no pesa ningún deber legal, y los bienes de utilidad social y cultural sujetos a deberes legales.

La otra interpretación posible, defendida por la doctrina mayoritaria (MARTÍNEZ-BUJÁN PÉREZ, ANDRÉS DOMÍNGUEZ, MIRA BENAVENT), sostiene que el objeto material es, en todas las modalidades de conducta, el constituido únicamente por el bien de utilidad social o cultural sobre el que pesa un deber legal.

Esta opinión parece adecuada. El referente ha de ser necesariamente la sustracción de la cosa al cumplimiento de los deberes legales impuestos, constituyendo esta violación de los deberes legales impuestos el núcleo de lo injusto.

A favor de este entendimiento habla, para empezar, el hecho de que en el trámite parlamentario del precepto se cambiara la expresión originaria "o de cualquier otro modo" por "o de cualquier modo", y que ello se hiciera, además, para simplificar la redacción y no porque se pretendiera dotar al precepto de un sentido distinto. Por tanto, el destruir, inutilizar o dañar constituye una redacción meramente ejemplificativa, pudiendo considerarse incluida en el tipo otras formas de sustracción de la cosa al cumplimiento de los deberes legales establecidos previamente, como sería el esconder el bien o trasladarlo fuera del país.

Esta interpretación es la que impone, además, la propia redacción literal del precepto, pues se castiga a quien destruya, inutilice o dañe "una cosa de utilidad social o cultural, o de cualquier otro modo *la* sustrajera al cumplimiento de los deberes legales impuestos en interés de la comunidad", por lo que se está refiriendo al mismo objeto material, la cosa de utilidad social o cultural en ambos casos (MIRA BENAVENT).

Por lo demás, consideramos que la primera interpretación debe ser descartada por el resultado contradictorio al que conduce, pues se estaría exigiendo que exista un deber legal sobre el bien de utilidad social o cultural únicamente cuando se trate de la sustracción del mismo por un medio distinto a la destrucción o inutilización, cuando parece que precisamente estas formas de distraer el bien al cumplimiento de su utilidad son las más graves. Dicho de otra manera, estaría estableciéndose una exigencia mayor (la de que pese sobre el bien un deber a favor de la comunidad) cuando la lesión del bien jurídico puede ser menor (sustracción a su utilidad social o cultural por un medio distinto a la destrucción o inutilización).

La configuración del art. 289 CP como un tipo mixto alternativo lleva, además, a resultados indeseables, pues implica extender inadecuadamente el ámbito de intervención del Derecho penal más allá de lo razonable, generando una socialización del derecho a la propiedad impropia de una Economía de mercado. Ello va en contra de la realidad de las cosas, pues son impunes, y así deben permanecer, conductas dañosas sobre bienes de utilidad social como, por ejemplo, la destrucción de productos para mantener el precio de mercado. No puede restringirse la facultad de disposición del dueño si no es por medio de una ley, pues así lo dice la propia Constitución y, además, lo cierto es que, si la propiedad se convierte solo en una carga que debe soportar el propietario en utilidad de todos, entonces esa situación jurídica deja de parecerse ya a la propiedad (RODRÍGUEZ DE SANTIAGO). Por todo ello, si ya parece rechazable impedir esa facultad de disposición del dueño respecto de todo lo que lleve la etiqueta genérica de resultar de utilidad social, más rechazable todavía es llevar a cabo esa restricción a través del recurso al Derecho penal.

Una cuestión tradicionalmente debatida en torno a este delito es la relativa a si ha de exigirse que la utilidad social o cultural esté declarada de algún modo. Ello tiene especial relevancia, pues si no fuera necesaria su declaración, se estaría sosteniendo que el art. 289 CP contiene un concepto valorativo cuya determinación quedaría en manos de los tribunales, mientras que, si se exige esa declaración previa, entonces la utilidad social o cultural constituye un elemento normativo y el art. 289 CP se configura como una norma penal en blanco.

El sector doctrinal mayoritario considera que es necesario que esa utilidad social o cultural haya sido declarada previamente en una norma legal. Con ello, además, se cree que se cumple razonablemente con el principio de legalidad, puesto que no exigir esa declaración previa da lugar a una inadmisible inseguridad jurídica, y con el mandato constitucional del art. 33.2 CE, que establece que la función social del derecho a la propiedad se limitará de acuerdo con las leyes. Por el contrario, un sector doctrinal minoritario no considera imprescindible la declaración legal de la condición del bien, al menos en lo que respecta a la utilidad social. Ésta es la opinión de TERRADILLOS BASOCO, quien considera que se trata de un concepto valorativo cuya determinación corresponde a los Tribunales, y también la de SALINERO ALONSO, que afirma que la concreción del concepto de utilidad social, en cuanto elemento valorativo del tipo, ha de quedar en manos de los tribunales.

Semejante debate tiene sentido, en buena lógica, si lo que se defiende es la interpretación —minoritaria— según la cual el objeto material es doble, porque entonces surge el problema de cómo se determina una utilidad social o cultural del bien que ha de estar abarcada por el dolo a pesar de que no exista un deber legal que la regule. Sin embargo, la controversia perdería su razón de ser con la segunda interpretación, esto es, la que sostiene que el objeto material es único —un bien de utilidad social o cultural sometido al cumplimiento de deberes legales—, porque en este supuesto, es en el establecimiento de ese deber legal sobre el propietario donde se ha de considerar implícitamente declarada esa utilidad social o cultural del bien, ya que es la utilidad en favor del conjunto de la sociedad lo que justifica el establecimiento de límites a la propiedad privada.

De este modo, se ha afirmado que en el art. 289 CP la utilidad social o cultural no constituye un concepto valorativo, a diferencia de lo que sucede, por ejemplo, con las agravantes específicas de contenido similar de determinados delitos —como son el hurto (art. 235.1 CP: *"cuando se sustraigan cosas de valor artístico, histórico, cultural o científico"*), el robo (art. 241.4, remitiéndose a las circunstancias del art. 235.1 CP), la estafa (art. 250 CP: *"recaiga sobre bienes que integren el patrimonio artístico, histórico, cultural o científico"*), la administración desleal y la apropiación indebida (arts. 252 y 253 CP, remitiéndose ambos al art. 250 CP), de la apropiación de cosa mueble ajena (art. 254.1 CP), y la receptación (art. 298.1 CP)—, y a diferencia, también, de lo que sucede con los bienes protegidos en los delitos de daños contra el patrimonio histórico de los arts. 323 y 324 CP.

A este respecto, cabe recordar que, en el ámbito cultural, la protección penal tradicionalmente se dispensa con independencia de que el bien sea o no de los inventariados o declarados de interés cultural, pues en la regulación del delito de daños contra el Patrimonio Histórico de los arts. 323 y 324 CP —a diferencia de lo que sucede con el delito de derribo o alteración grave de edificios singularmente protegidos del art. 321 CP— esa condición no se exige. Con ello, como indica MUÑOZ CONDE, se desliga el legislador de un criterio formalista que, a juicio de algunos, supondría perder de vista que lo realmente importante es el valor cultural de la cosa en sí —eso que denominan los defensores de esta postura el Patrimonio Histórico "real" —y no la mera incorporación a un listado, es decir, la pertenencia al Patrimonio Histórico formalmente declarado.

Como pone de manifiesto GARCÍA CALDERÓN, el art. 46 CE impone una protección de los bienes culturales cualquiera que sea su régimen y titularidad. Por ello, y fundamentalmente con la intención de proteger el patrimonio oculto, el Código penal ha renunciado siempre a exigir la previa catalogación administrativa o la declaración formal del valor cultural de los bienes. Esta interpretación es defendida de manera casi unánime en la doctrina, destacando la opinión discordante de BAJO FERNÁNDEZ Y PÉREZ MANZANO. Respalda este criterio, por lo demás, abundante jurisprudencia, destacando de manera principal la importante STC 181/1998, 17-9, que concluye que la protección penal de los delitos contra el patrimonio histórico se dispensa respecto a los bienes que integran el Patrimonio Histórico, conforme es configurado en la LPHE tengan o no calificación formal como tales, sin que por ello se entienda quebrado el principio de legalidad.

De este modo, parece que mientras que en los delitos de daños contra el patrimonio y en las agravantes específicas se utiliza un criterio no formalista, en el art. 289 CP, por el contrario, hay que negar el carácter puramente valorativo del término "utilidad cultural", pues es imprescindible que existan deberes legales sobre los bienes, con lo que se convierte en obligatoria la remisión a una norma que establezca esos deberes, como es la LPHE.

Sin embargo, la cuestión parece más compleja. Como es sabido, la LPHE establece tres niveles de protección distintos. En el nivel de protección superior se encuentran los bienes de interés cultural (BIC), regulados en el Título I., así declarados *"por ministerio de esta Ley o mediante Real Decreto de forma individualizada"* (art. 9 LPHE). Esos bienes son inscritos en un Registro General dependiente del Estado y gozan de una especial protección que despliega sus efectos también de forma provisional cuando se ha incoado el expediente para la declaración de un bien como de Interés Cultural. Un segundo nivel de protección se refiere a los bienes muebles recogidos en el Inventario General de bienes muebles (art. 26 LPHE), no contenidos en un bien inmueble declarado de bien de interés cultural. Por último, en el grado mínimo de protección se encuentran los restantes bienes inmuebles y objetos muebles de interés artístico, histórico, paleontológico, arqueológico, etnográfico científico o técnico. También forman parte del mismo el Patrimonio documental y bibliográfico, los yacimientos y zonas arqueológicas, los sitios naturales, jardines y parques, que tengan un valor artístico, histórico o antropológico (art. 1 LPHE).

Para asegurar la protección de estos bienes, y con ello la utilidad cultural de los mismos, la LPHE establece unos derechos y obligaciones que varían, como decimos, según el nivel de protección del bien, siendo lógicamente mayores cuanto más elevada es la protección conferida.

Así, y sin ninguna pretensión de exhaustividad, destaca en primer lugar el deber de conservación, mantenimiento y custodia de todos los bienes integrantes del patrimonio histórico que, de acuerdo con el art. 36.1 LPHE, pesa sobre sus propietarios, los titulares de derechos reales y los poseedores. Tratándose de bienes declarados de interés cultural o bienes muebles incluidos en el Inventario general, las restricciones son mayores, pues su utilización quedará subordinada a que no se ponga en peligro su conservación (art. 36.2 LPHE), y en caso de no ejecutarse las actuaciones exigidas a su conservación, mantenimiento y custodia, la Administración puede ordenar su ejecución subsidiaria y realizar directamente las obras necesarias u ordenar el depósito de los bienes en centros de carácter público (art. 36.3 LPHE). En todo caso, el incumplimiento de estas obligaciones será causa de interés social para la expropiación forzosa de aquellos bienes declarados de interés cultural por la Administración competente (art. 36.4 LPHE y de manera muy similar, el art. 37.3 LPHE). Además, sobre los bienes declarados de interés cultural (BIC), el art. 13 LPHE establece deberes de tolerar la inspección y la visita pública.

A propósito de los bienes muebles de especial valor cultural pero no catalogados como de interés cultural, la LPHE establece en el art. 26.4 la obligación de los propietarios de comunicar su existencia a la Administración, antes de proceder a su venta. Junto a ello, los propietarios están obligados a tolerar la inspección de su conservación por parte de la Administración, a permitir su estudio por parte de investigadores y a prestarlos a exposiciones temporales, debiendo comunicar toda transmisión inter vivos o mortis causa del bien, así como cualquier modificación en su situación (art. 26.6 LPHE). Por último, de acuerdo con el art. 5 LPHE, los propietarios o poseedores de bienes integrantes del Patrimonio histórico con más de cien años de antigüedad, y en todo caso de los inscritos en el Inventario General, precisarán para su exportación autorización expresa y previa de la Administración, quedando prohibida la exportación tanto de los bienes declarados de interés cultural como aquellos sobre los que exista un expediente incoado para decidir su posible incorporación a una categoría de especial protección (art. 5.3 LPHE).

Otras muchas limitaciones se establecen a lo largo del articulado de la LPHE. Baste destacar, por ejemplo, la exigencia de autorización para colocar en la fachada o en la cubierta de un Bien de Interés cultural cualquier clase de rótulo, señal o símbolo, así como para realizar obras, o la prohibición de colocar publicidad comercial y cualquier clase de cables, antenas y conducciones aparentes en los Jardines Históricos y en las fachadas y cubiertas declarados de interés cultural.

Ciertamente, el art. 289 CP se constituye como una norma penal en blanco. De esta manera, no basta con que el bien tenga utilidad cultural cualquiera, sino que es necesario que pese sobre el bien un deber legal, y por ello, ha de tratarse de uno de los protegidos por la LPHE. Pero como la propia LPHE, en su tercer nivel de protección introduce un concepto valorativo —ese interés artístico histórico, paleontológico, arqueológico, etnográfico, científico o técnico, o ese valor artístico, histórico o antropológico— para determinar los bienes sobre los que pesa simplemente un deber de conservación sobre el propietario, en definitiva, ese concepto valorativo e indeterminado es asumido por el art. 289 CP.

Junto al deber genérico de conservación, existen otras muchas obligaciones de inspección, de visita, de petición de autorización para su exportación o venta o para la colocación de un rótulo. Lógicamente, aunque todas las obligaciones establecidas en la LPHE van dirigidas a garantizar la satisfacción de la utilidad cultural de los bienes integrantes del Patrimonio Histórico, no todas pueden dar lugar a la aplicación del art. 289 CP, pues el Derecho penal, en tanto que *ultima ratio*, solamente ha de intervenir en aquellos casos en los que el Derecho administrativo no puede dispensar una protección adecuada. Por ello, aunque encaje en la conducta típica del art. 289 CP cualquier incumplimiento de los deberes citados, conviene realizar una interpretación restrictiva: el bien jurídico protegido lo constituye la función social de la propiedad privada, esto es, la utilidad social o cultural de determinados bienes sobre los que pesa un deber legal que restringe la facultad de disposición del propietario en aras del disfrute comunitario de su bien que ha de verse gravemente comprometido. De este modo, será punible todo incumplimiento de un deber destinado a la conservación de la cosa, así como todo incumplimiento grave de un deber orientado al disfrute social de la cosa, como por ejemplo, la ocultación de un bien de manera que se convierte en irrecuperable, la negativa persistente del dueño a que el bien sea visitado o cedido a exposiciones, la exportación no autorizada o la venta no comunicada cuando quede oculta la titularidad del bien. Pero quedarían fuera del ámbito de aplicación del art. 289 CP tanto los incumplimientos no graves de estos deberes —por ejemplo, una ocultación durante un tiempo muy breve o la simple negativa del dueño a una visita o a una inspección— así como el incumplimiento —grave o no— de aquellos deberes de la LPHE que no afecten a esa utilidad de manera relevante, como puede ser la no petición de autorización para colocar una señal, o la colocación de una valla publicitaria delante de un bien de interés cultural.

Por lo que respecta a los bienes de utilidad social, también se exige que pese sobre la cosa un deber idéntico que restrinja las facultades del propietario.

De manera general, tanto la doctrina como la jurisprudencia coinciden en que merecen ser considerados socialmente útiles bienes como la vivienda habitual y aquellos de primera necesidad, entre los que se encuentran los alimentos básicos, el vestido o los medicamentos. A esta categoría pueden sumarse también otros bienes, como los medios de transporte, las instalaciones deportivas, determinados servicios, así como productos o recursos cuyos precios se encuentren regulados o sujetos a autorización administrativa previa, por ejemplo, la energía, los combustibles o el gas. Ello se debe a que la noción de utilidad social no se limita a un ámbito concreto, sino que comprende finalidades diversas: económicas, ornamentales, recreativas e incluso vinculadas a la prestación de servicios públicos. Ahora bien: con independencia de que este concepto tan indeterminado deba concretarse por vía jurisprudencial en los casos de las agravantes específicas (por ejemplo, las cosas de primera necesidad del hurto agravado del art. 235.1 CP o cosas de primera necesidad, viviendas u otros bienes de reconocida utilidad social de la estafa agravada del art. 250.1 CP), no sucede lo mismo en el art. 289 CP, donde no basta con esa utilidad social genérica, sino que es precisa la existencia de deberes legales que limitan las facultades de disposición dominicales y que declaran a la vez su utilidad social.

Quizá convendría puntualizar aquí que el concepto "bienes de primera necesidad" debe ser sometido a revisión, pues tratándose de un concepto indeterminado ha de variar según el contexto social del que se trate. Se tendría, pues, que llevar a cabo una lectura individual/social de lo que ha de entenderse por primera necesidad, superándose la concepción restrictiva imperante como referida únicamente a la alimentación básica, al vestido, etc... Tal vez no deba entenderse como bien de reconocida utilidad social únicamente la primera vivienda, sino también la segunda [en contra, por ejemplo, SSTS 57/2005, 26-1 (*Tol 591077*); 62/2004, 21-1 (*Tol 352489*); 559/2000, 4-4 (*Tol 1790716*); 658/1998, 19-6 (*Tol 77994*); 373/1998, 2-6 (*Tol 223924*), y 971/1995, 6-10 (*Tol 405848*)], en la medida en que parece indudable que la realidad social ha cambiado, y que la segunda vivienda —al alcance, hoy por hoy, de gran parte de la población— está llamada a cumplir la función de un descanso que, según la óptica social actual, es considerado necesario, tanto como si fuera de primera necesidad (ÁLVAREZ GARCIA). En cualquier caso, el hecho de que el arrendamiento constituya un bien de utilidad social se ve reforzado por la circunstancia de que, en la escasa Jurisprudencia existente relativa al art. 289 CP, tres SSTS se refieren al mismo:

– STS, 26-11-1960. El TS confirmó la SAP, Zaragoza, 15-1-1959, absolviendo de un delito de daños en cosa propia de utilidad social a un sujeto propietario de una casa que había sido declarada en ruina, perjudicando a los que allí tenían alquilados pisos y locales.

Si bien la absolución se debió principalmente a problemas formales y probatorios (entre otros que la destrucción de tabiques se llevó a cabo durante el trámite municipal de declaración de obra ruinosa, y no puedo probarse la existencia de un nexo causal con el derribo), tampoco quedó demostrado el dolo del propietario *"operando hacia un fin dañoso"*.

– STS 12-5-1969. El TS confirmó la SAP, Madrid, 13-2-1967, por la que se absolvía al propietario de un edificio que había provocado su ruina.

– STS 17-10-1969. El TS confirmó la SAP, Madrid, 2-1-1968, desestimando el recurso interpuesto por quien, tras haber sido condenado por los daños en cosa ajena producidos con ocasión del desalojo de un local (que había regentado sin ser el arrendatario legal), recurrió alegando que los daños se habían producido en objetos, no ajenos, sino de su propiedad. No se pudo demostrar el pretendido dominio, pero el TS recordó que en caso de que hubieran sido esos objetos de su propiedad, la conducta tampoco sería impune, pues sería de aplicación el art. 562 del CP 1944 *"por haber realizado daños en cosa propia, pero sometida al trascendente servicio social del arrendamiento, ampliamente protegible a la faz del Derecho"*.

En todo caso, conviene recordar que es competencia del legislador configurar el derecho a la propiedad de acuerdo con los imperativos de la función social que la propiedad está llamada a cumplir y en cuya determinación confluyen factores de diversa índole, de carácter económico, político, social y jurídico. De este modo, ya la STC 11/1981, 8-4, declaraba que corresponde al legislador ordinario, como representante de la soberanía popular en cada momento histórico, regular las condiciones del ejercicio de los derechos de manera más restrictiva o menos, de acuerdo con las directrices políticas que lo impulsen, dentro de los límites marcados por la Constitución (FJ 7º).

Como recuerda RODRÍGUEZ DE SANTIAGO, la función social puede plasmarse en el establecimiento de simples limitaciones negativas del contenido de un derecho. Tal sería el caso, por ejemplo, de las restricciones establecidas en la Ley de Costas, que prohíbe, por ejemplo, construir edificaciones destinadas a residencia o instalar carteles de publicidad en la zona de la servidumbre de protección de la ribera del mar, o las restricciones establecidas en distintas normas relativas a la vivienda, que prohíben, por ejemplo, extinguir el contrato de arrendamiento de un inmueble destinado a vivienda llegado el día del vencimiento pactado, enajenar viviendas protegidas sin comunicarlo a la Administración para que pueda ejercer derechos de adquisición preferente, o incumplir con la reserva mínima de suelo residencial de una actuación urbanística para viviendas con régimen de protección pública.

Junto a ello, el legislador también puede, imponer al propietario el cumplimiento de cargas u obligaciones positivas, que determinan, por ejemplo, la manera en que debe obtenerse el aprovechamiento agrícola de fincas de esta naturaleza, o que hacen recaer sobre los propietarios de viviendas el deber de destinarlas efectivamente al uso residencial.

Esos deberes positivos y negativos se repiten en la denominada Ley por el derecho a la vivienda, actualmente en fase de tramitación. Destacan muy particularmente los deberes y cargas del derecho de la propiedad de vivienda que regula el art. 11. En el apartado 1 se regulan como deberes derivados de la función social de la vivienda el uso y disfrute propios y efectivos de la vivienda (letra a), su mantenimiento, conservación y rehabilitación (letra b), la evitación de la sobreocupación o arrendamiento para usos que incumplan las condiciones de habitabilidad legalmente exigidos (letra c), el incumplimiento de los deberes de información en las operaciones de venta o arrendamiento (letra d) y las obligaciones de colaboración con la Administración cuando las viviendas se ubiquen en zonas de mercado residencial tensionado (letra e).

Sin embargo, a pesar de que todas estas obligaciones citadas, antiguas y modernas, positivas y negativas, restringen las facultades del propietario y permiten hablar de la función social de la propiedad, no todas pueden dar lugar a la intervención del Derecho penal.

Al igual que sucede con los deberes establecidos en la LPHE sobre el propietario, no cualquier deber ni cualquier tipo de incumplimiento puede dar lugar a la intervención penal, sino que ha de exigirse, como mínimo, que la sustracción ponga en peligro la utilidad social del bien de manera irreversible o duradera y que las demás formas de tutela, entre las que destaca la expropiación forzosa, se hayan revelado como incapaces para garantizar la función social de la propiedad.

El desarrollo de la función social exige, como recuerda RODRÍGUEZ DE SANTIAGO, no solamente la determinación legislativa previa de carácter positivo, en el sentido de que es la ley la que debe declarar la oportunidad de que un bien se utilice conforme a la función social, sino que también le corresponde a la ley el desarrollo de la función social en un sentido negativo, pues es la ley determina las consecuencias del incumplimiento esa función social. En el ámbito administrativo la consecuencia última es la sanción expropiatoria. Por ello, el art. 71 de la Ley de 16 de diciembre de 1954, sobre Expropiación forzosa, establece que *"existirá causa de interés social para la expropiación forzosa, además de en los casos en que haya lugar con arreglo a las Leyes, cuando con esta estimación expresa se haya declarado específicamente por una Ley la oportunidad de que un bien o una clase de bienes se utilicen en el sentido positivo de una determinada función social y el propietario incumpla esta directiva"*. Y en parecido sentido, la Ley de Suelo establece en el art. 49.1 que *"El incumplimiento de los deberes establecidos en esta ley habilitará a la Administración actuante para decretar* [...] *la expropiación por incumplimiento de la función social de la propiedad"*.

Existiendo, por lo demás, la poderosa tutela que proporciona el mecanismo expropiatorio, el Derecho penal, en cuanto ultima ratio, no debe caer en la tentación de castigar cualquier tipo de sustracción. Por eso, aunque encaje en la descripción de la conducta típica del art. 289 CP cualquier incumplimiento o prórroga forzosa del contrato de arrendamiento, lo cierto es que la doctrina viene sugiriendo castigar conforme a este precepto la sustracción que se lleve a cabo *"por ejemplo, provocando o no evitando la ruina del edificio o convirtiéndolo en inhabitable al cortar la luz, agua, gas, etc."*. No en vano, las sentencias de los años 60 se referían a la provocación del estado de ruina de inmuebles dedicados al fin social del arrendamiento.

2. *Bien jurídico protegido*

El bien jurídico protegido lo constituye la utilidad social o cultural de determinados bienes sobre los que pesa un deber legal, es decir, la función social de la propiedad.

En cualquier caso, a este respecto sigue siendo criticable, repetimos, la vaguedad de los conceptos, que ha acompañado, desde sus comienzos, a esta restricción de la propiedad privada. Bajo la vigencia del CP 1944 se tipificaba la conducta de quien sustrajera la cosa al cumplimiento de los deberes legales impuestos en interés de la economía nacional, lo que llevó a muchos autores a definir el bien jurídico como la utilidad socioeconómica de determinadas cosas de propiedad privada (BAJO FERNÁNDEZ), o la economía nacional (RODRÍGUEZ DEVESA). Dicha concepción resultaba excesivamente amplia, lo que resultaba problemático frente a la exigencia de *lex certa*, al no poder determinarse con precisión si se había producido una afectación a la economía nacional. De ahí que se delimitara el bien jurídico en torno a la utilidad social de ciertos bienes de titularidad privada. Dicha definición es, desde luego, la única posible con la regulación actual, añadiéndose, específicamente, la utilidad cultural. En la actual regulación ha sido eliminada la referencia a la economía nacional, pero consideramos que ni entonces ni ahora se ha dado solución a la falta de taxatividad del precepto. Muy fácilmente podía antes afirmarse que la economía nacional había sido lesionada, y, no tanto, aunque con excesivo margen ahora, que ha sido lesionada la utilidad social o la cultural.

III. SUJETOS ACTIVO Y PASIVO

De la literalidad del precepto se deduce que sujeto activo ha de ser necesariamente el propietario de la cosa. Solo puede ser sujeto activo del art. 289 CP el dueño del bien o uno de los copropietarios tratándose de una titularidad dominical compartida.

La caracterización del sujeto activo del delito, no por la condición de propietario, sino por el hecho de que pese sobre el sujeto la obligación de cumplir determinados deberes en interés de la comunidad se ha llegado a proponer por considerarse coherente con la LPHE, que establece a lo largo de su articulado idénticas obligaciones tanto sobre los propietarios como sobre los poseedores por cualquier título en lo que respecta a la conservación del bien, a facilitar el acceso al mismo de los ciudadanos y a permitir la investigación e inspección por los órganos encargados de su tutela. En efecto, el art. 13.2 LPHE impone determinados deberes legales en interés de la comunidad tanto a los titulares de derechos reales como a los poseedores de estos bienes por cualquier título, pero el tipo exige que la cosa sea "propia", por lo que no se puede construir una imputación distinta. Cuestión distinta es que la afectación del bien jurídico la produzca un tercero que por delegación o representación tenga asumidas las funciones del propietario (actuación en nombre de otro). Pero eso no significa que pueda ser sujeto activo uno distinto al propietario, pues no se puede obviar la exigencia típica de que la cosa sea "propia", especialmente en un sistema penal como el nuestro en el que se distinguen claramente propiedad y posesión.

Tampoco parece aceptable que pueda ser sujeto activo el tercero que actúa con el consentimiento del dueño, porque de ser así, se habría previsto expresamente, como sucede en el *furtum possesionis*. Distinto sería si el tercero actúa siguiendo las órdenes del propietario, es decir, como un mero instrumento, pero entonces no estamos hablando ya de un simple consentimiento.

Sujeto pasivo solo puede serlo la comunidad, porque el bien jurídico protegido es el interés de ésta plasmado en su derecho al disfrute de ciertos bienes.

De ahí que, en su Preámbulo, la LPHE establezca respecto de los bienes culturales: *"En consecuencia, y como objetivo último, la Ley no busca sino el acceso a los bienes que constituyen nuestro Patrimonio Histórico. Todas las medidas de protección y fomento que la Ley establece solo cobran sentido si, al final, conducen a que un número cada vez mayor de ciudadanos pueda contemplar y disfrutar las obras que son herencia de la capacidad colectiva de un pueblo"*.

En contra de la afirmación de QUERALT JIMÉNEZ relativa a que sujeto pasivo de este delito lo es, no solo la comunidad, sino "el ente o servicio al que estuviere la cosa o sus rendimientos eventualmente adscrita o adscritos", se manifiesta MARTÍNEZ-BUJÁN PÉREZ con el argumento de que "aunque la cosa esté eventualmente adscrita a un determinado ente, no por ello puede entenderse que la titularidad del bien jurídico (aunque sea compartida) se traslade al organismo encargado de su custodia. Este organismo y las personas que lo gestionan podrán ser, en su caso, sujetos pasivos de la acción, mas no sujetos pasivos del delito (o sea, titulares del bien jurídico), y por ello, cabe asegurar que, ante una acción típica vulneradora del deber legal impuesto en interés de la comunidad, el consentimiento de tales personas será irrelevante". No obstante, aunque estamos de acuerdo con la solución a la que llega MARTÍNEZ-BUJÁN PÉREZ, podemos realizar la siguiente observación: no se trata de que la titularidad no se traslade, aunque se comparta; es que ni tan siquiera se puede compartir, porque del bien jurídico protegido en este delito —la utilidad social o cultural de un bien— es únicamente titular la sociedad en su conjunto. Además, el que el consentimiento de los entes a los que el bien esté adscrito sea irrelevante no se colige necesariamente de que no sean sujetos pasivos del delito; es más, ni siquiera de que no sean titulares (que no tiene por qué coincidir, pues puede suceder, y sucede en muchos delitos, que el titular que consiente no puede ser considerado sujeto pasivo), sino de que al tratarse de un bien jurídico de carácter colectivo, el consentimiento de los titulares —aunque fuera de todos y cada uno de los miembros de la sociedad— no produce efectos jurídicos.

IV. AUTORÍA Y PARTICIPACIÓN

Para determinar la responsabilidad de los partícipes resulta fundamental dilucidar si nos encontramos ante un delito propio o impropio.

De manera unánime se afirma en la doctrina que estamos ante un delito especial propio, por lo que rigen las reglas aplicables a este tipo de delitos.

Aunque las conductas relativas a la destrucción están previstas en delitos comunes, no sucede lo mismo con la sustracción de la cosa al cumplimiento de sus deberes legales, que solamente se da en este ámbito.

En virtud del principio de unidad de título de imputación, si el propietario induce a un tercero a que destruya la cosa de valor cultural o social, como el tercero es autor de un delito común, el propietario responde con la misma pena que el autor.

Por lo tanto, inducir a un tercero a que destruya la propia se castiga con una pena mayor que cuando es el dueño el que lleva a cabo la destrucción, lo que, aunque a primera vista puede parecer paradójico, se explica en que menor pena del art. 289 CP se establece en atención a que el autor es el dueño.

Y si es el tercero el que participa en el delito cometido por el dueño (a título de inductor o de cooperador necesario o no necesario), la pena que le corresponde es la del art. 289 CP.

V. CONDUCTA TÍPICA

1. Elementos objetivos

La conducta típica puede revestir diversas modalidades susceptibles de ser agrupadas de la siguiente manera:

1. Destrucción, inutilización, o daño.

La Jurisprudencia, si bien exige para la destrucción la pérdida total de la cosa, identifica la inutilización con la pérdida de su eficacia, productividad o rentabilidad, y el daño con la pérdida parcial de quantum, sin hacer referencia a su carácter irreversible. Así, la SAP, Alicante, 108/2002, 7-3, en la que se afirmó procedente la absolución de un individuo que, sin obtener previa licencia del Patronato de El Palmeral de Elche, había arrancado las 252 palmeras datileras que previamente había plantado en el término municipal de Elche con el objetivo de venderlas. La AP estimó que no era aplicable el 289 CP porque arrancar las palmeras, si éstas iban a ser trasplantadas, no podía considerarse daño.

2. Sustracción de la cosa de cualquier modo al cumplimiento de los deberes legales impuestos en interés de la comunidad.

Se trata, por tanto, en ambas modalidades de conducta, de un delito de resultado, y es posible la comisión por omisión.

La segunda modalidad —sustracción— resulta más conflictiva.

Existen autores para los que la sustracción debe realizarse por medios dañosos (claramente, BAJO FERNÁNDEZ/PÉREZ MANZANO).

No obstante, consideramos que, aunque desde luego puede proponerse *de lege ferenda* que la sustracción sea el resultado material de las conductas de dañar, destruir o menoscabar (TERRADILLOS BASOCO), la redacción del precepto no permite identificar *de lege lata* la sustracción con el daño y ello por varios motivos.

En primer lugar, porque el precepto dice "*o de cualquier modo*", por lo que necesariamente ha de ser uno distinto de dañar (lo cual parece olvidar la SAP, Alicante, 108/2002, 7-3, que daba la razón al Juzgado de lo Penal de Elche, considerando que procedía la absolución porque en el simple trasplante de palmeras para su venta sin obtener la previa licencia no podía apreciarse la existencia de daños).

Esta interpretación se ve reforzada por el hecho de que en su redacción inicial de 1932 se hacía referencia a *"o de cualquier otro modo"*, lo que daba a entender que el daño no era sino una modalidad de sustracción del bien, y también porque el Proyecto de Código Penal de 1992, que sentó las bases para la actual redacción, no solo mantuvo la expresión *"o de cualquier otro modo"*, sino que después de los verbos destruir, inutilizar, o dañar, incluyó el de impedir el uso de una cosa propia de utilidad social o cultural. La sustitución de *"cualquier otro modo"* por *"o por cualquier modo"* obedeció únicamente a la "intención de simplificar la redacción y suprimir términos sinónimos o cláusulas innecesarias" (GUARDIOLA GARCÍA).

La desaparición del verbo "impedir" se debió, precisamente, a que ya se consideraba incluida esa modalidad de conducta en la expresión *"o de cualquier modo"*.

Por otro lado, la extracción de este delito del capítulo dedicado a los daños viene a reafirmar la idea de que por sustracción haya de entenderse cualquier otro medio que no suponga el daño, destrucción o deterioro de la cosa.

Y finalmente, ha de tenerse en cuenta que el bien jurídico protegido puede verse igualmente afectado, o incluso con mayor intensidad que con la destrucción.

Si sobre un cuadro de Goya (bien declarado de utilidad cultural), pesa el deber legal de estar expuesto un año en un museo, no se entiende que el bien jurídico protegido —el disfrute del mismo por la sociedad—, solo se vea afectado por un daño que imposibilita su exposición durante ese periodo de tiempo y no, de manera idéntica, por la ocultación del cuadro durante un año. E, introduciendo una variante de este ejemplo, qué duda cabe que mayor afectación sufrirá el bien jurídico cuando el dueño entierra su cuadro de Goya, ocultándolo, y éste no puede ser nunca recuperado, que cuando simplemente lo daña impidiendo su exposición durante el año que conlleva la reparación de los desperfectos.

En cualquier caso, y en todas las modalidades de conducta, nos encontramos ante un abuso de derecho, ejercitándose el derecho a la propiedad de forma antisocial.

En efecto, se ha discutido, tanto con el CP actual como con el anterior, si este delito encierra un abuso de derecho o un fraude de ley. A favor de lo primero se pronunció, por ejemplo, QUINTANO RIPOLLÉS En contra de tal calificación se manifestó RODRÍGUEZ DEVESA al afirmar que no existe ningún derecho —y por tanto es imposible el abuso del mismo— a destruir una cosa propia de utilidad social. Partidaria de su consideración como fraude de ley, en tiempos más recientes, se ha pronunciado SUAY HERNÁNDEZ, con el argumento principal de que para que exista abuso de derecho es necesario, además del ejercicio extralimitado del mismo, la producción de un daño o perjuicio para tercero y la existencia de un nexo causal entre comportamiento y resultado, mientras que el entonces art. 562 CP 1944 no exigía daño para tercero, y en consecuencia mucho menos la existencia de un nexo causal. A juicio de la autora, la conducta quedaría encuadrada en el fraude de ley, para el que basta un acto u actos realizados al amparo de una norma vigente protectora (norma de cobertura), y un resultado prohibido por el ordenamiento o contrario a él. No obstante, no se entiende por qué ha de rechazarse su calificación como abuso de derecho y mantener su naturaleza de fraude de ley. No existe norma alguna que proporcione cobertura a la destrucción de la cosa propia de utilidad social, y por lo que respecta a que el antiguo 562 CP 1944 no exigía daño, a lo que podía referirse la profesora SUAY HERNÁNDEZ es a que la conducta no tiene que consistir necesariamente en un daño, pues junto a ella se tipifica también la destrucción, la inutilización y la sustracción al cumplimiento de determinados deberes. Pero, por un lado, además de que resulta difícilmente imaginable destruir o inutilizar sin dañar, y resulta entonces más admisible la oposición de SUAY HERNÁNDEZ cuando se trata de la sustracción, parece existir aquí una confusión entre el objeto del delito y el bien jurídico protegido, pues aun admitiendo que fuera posible la perfección del tipo sin producirse daño en la cosa, en cualquiera de las modalidades de conducta se daña el bien jurídico protegido, que no es otro que el derecho de la comunidad al disfrute de lo que es de utilidad social. Por lo que respecta a la imposibilidad de calificarlo como abuso de derecho, quizás debería rechazarse el argumento de RODRÍGUEZ DEVESA, pues evidentemente no existe ningún derecho a destruir lo que a uno le pertenece cuando es de utilidad social, como ningún abuso de derecho tiene cobertura legal (si no, no sería abuso). De lo que se abusa es del derecho a la propiedad, ejercitándolo de manera antisocial más allá de donde la ley permite.

2. *Elemento subjetivo*

Ha de tratarse de una conducta dolosa. Ello ha sido así tanto en regulaciones anteriores, que incluían la expresión "*intencionadamente*" (de manera similar al CP de 1928, que exigía que la destrucción del bien cultural fuera "*a sabiendas*"), como en la actual, en la que dicha expresión ha desaparecido.

En el CP anterior la exigencia de la intencionalidad, identificada con el dolo, no podía deberse únicamente a que se trataba de un sistema abierto de recogida de imprudencia, pues como recordaba QUINTANO RIPOLLÉS, los tipos se redactaban en base a conductas dolosas, sino más bien a que el Legislador quiso exigir un dolo reduplicado, esto es, dirigido no solo a la destrucción de la cosa sino a su sustracción a su utilidad social. De ello es prueba la STS de 12 de mayo de 1969, donde se afirmaba que "[...] *la vocación de culpabilidad de esta infracción se encuentra necesariamente en la proyección final del deseo o propósito lesivo, constituido por el* animus damnandi *o* nocendi, *que reduplica el dolo, pues se trata de una acción que tiene que ser teleológicamente dirigida*".

Con la regulación vigente, la conducta debe ser también dolosa. Ello es, además, coherente con la excepcionalidad de la imprudencia en los delitos socioeconómicos (MARTÍNEZ-BUJÁN PÉREZ). No obstante, la omisión de la intencionalidad ha tenido dos consecuencias. Por un lado, pasa a resultar también punible el dolo eventual. Por otro, ya no es necesario el dolo reduplicado [así, la STS, 19-6-1995 (*Tol 405140*); en sentido contrario, la SAP, Alicante, 108/2002, 7-3, que parece olvidar que ha habido un cambio en la regulación].

El dolo debe abarcar, no solo la titularidad de la cosa, sino también su utilidad social o cultural. El desconocimiento de alguna de estas circunstancias constituye un error de tipo, que será siempre impune al no haberse previsto la modalidad imprudente. A este respecto, cabe recordar que hubo quien propuso *de lege ferenda* (TERRADILLOS BASOCO), la incriminación expresa de la imprudencia grave.

VI. *ITER CRIMINIS*

No existen problemas de configuración de la tentativa, que es posible, tanto cuando la conducta es activa, como cuando se realiza el 289 CP en comisión por omisión.

VII. CONCURSOS

Particular interés tiene la relación concursal del art. 289 CP con los delitos sobre el patrimonio histórico, cultural y artístico de los arts. 321 y 323 CP. De acuerdo con la opinión aquí mantenida, se trata de un concurso aparente de normas a resolver en virtud del principio de especialidad (art. 8.1 CP) en favor del art. 289 CP, de aplicación preferente.

Aunque un sector minoritario parece insistir en la distinta naturaleza de los bienes jurídicos protegidos en los delitos de daños contra el patrimonio y sustracción de cosa propia a su utilidad social o cultural (OTERO GONZÁLEZ), la opinión mayoritaria considera que el concurso que se da entre el art. 289 CP y los delitos de daños al patrimonio histórico de los arts. 321 CP y 323 CP es un concurso aparente de normas a resolver conforme al art. 8 CP, si bien no reina el acuerdo acerca de cuál de las reglas del art. 8 es la que procede aplicar.

Según la mayor parte de la doctrina, procede aplicar el apartado 1 del art. 8 CP, de manera que el art. 289 CP quedaría desplazado por los arts. 321 y 323 CP al ser éstos leyes especiales con respecto a aquél. A esta argumentación acerca de la especialidad suele añadirse la coletilla, como parte del mismo razonamiento, de que esos delitos de los arts. 321 y 323 CP están castigados con penas superiores.

La segunda parte de esa afirmación resulta indiscutible, pues la pena es mayor en los arts. 321 y 323 CP. A ello se suma el hecho de que en el 289 CP no se prevé una modalidad imprudente. Precisamente ésa es la razón de fondo que subyace en defender la prevalencia de los arts. 321 ó 323 CP respecto del art. 289 CP: que la pena es más elevada en estos delitos y que se rechaza el trato privilegiado que recibiría el dueño en caso de destrucción de la cosa que le pertenece cuando se tratara de un bien integrante del Patrimonio histórico.

La sanción con la que se castiga el delito de sustracción de cosa propia, como sabemos, disminuyó notablemente con la entrada en vigor de CP 1995. Sin duda, establecer un marco penal único para el castigo de conductas que afectan con tan distinta gravedad al bien jurídico como son la destrucción de la cosa o el daño o la negativa persistente, por ejemplo, a acceder a las visitas de los investigadores o del público en general del art. 13.2 LPHE, resulta criticable, según ya se ha indicado. También lo es, según parece, equiparar la destrucción de determinados bienes de utilidad cultural —por ejemplo, de un Goya— con otras utilidades sociales. Ese marco puede considerarse, además, insuficiente. Ahora bien: que la destrucción de la cosa de utilidad cultural por parte de su propietario merezca una pena inferior a cuando esa destrucción es causada por un tercero, también se deriva de la consagración de un derecho constitucional: el de la propiedad privada (art. 33.1 CE). Asunto distinto es la cuestión, más de fondo y principal, de si debiera permitirse o no que un particular fuera propietario de determinados bienes en los que la sociedad tiene un interés, y cuál es la razón por la que se permite. Pero desde el momento en que eso se permite, la destrucción por su dueño tiene que ser castigada con una pena inferior. Lógicamente, otras interpretaciones son posibles: desde mantener que el propietario ha de merecer idéntica pena, como en la redacción originaria del art. 756 del CP de 1928, hasta que ha de merecer una pena mayor que el tercero, de acuerdo con la especial posición de garante que asume al adquirir el bien. Pero estas interpretaciones parecen más propias de otro modelo de Estado que no es el nuestro actualmente. Menor ha de ser la pena en todo caso cuando la conducta la realiza el propietario, por cuanto el derecho a la propiedad no se ve afectado.

Cuestión distinta es que la pena del art. 289 CP resulte excesivamente benévola. Pero este problema no es sino el derivado de otro problema anterior: la pena excesivamente baja que ya existía para quien dañaba un bien del patrimonio histórico que no era suyo, panorama que con la LO 1/2015 no ha hecho sino empeorar, pues ha reformado el art. 323 CP reduciendo el límite mínimo de la pena de un año a los seis meses de prisión, y ha establecido que la pena de multa deja de ser acumulativa y pasa a ser alternativa.

Sería conveniente, sin duda, proponer *de lege ferenda* un aumento de la pena en ambos delitos —y probablemente, ya puestos a distinguir una utilidad social de una cultural, defender una mayor penalidad en este último supuesto.

Con independencia de estas consideraciones acerca de la pena, la afirmación de que el delito de derribo o alteración grave de edificios singularmente protegidos del art. 321 CP resulta especial respecto al 289 CP creemos que resulta discutible, pues que prevalezca la especialidad del objeto material —edificio de singular protección— frente a la especialidad del sujeto activo que en el 289 CP ha de ser el propietario, parece al menos cuestionable. En todo caso, defender una supuesta especialidad del art. 323 CP respecto del 289 CP resulta más difícil, puesto que en el art. 323 CP el sujeto es indiscutiblemente común y ni siquiera se da un objeto material más específico, sino que se trata simplemente de un bien de valor histórico, científico, cultural o monumental, o de un yacimiento arqueológico, por lo que parece que hay un objeto material coincidente cuando se trata de uno con valor —y por ello utilidad— cultural, sobre el que se han establecido deberes legales en la persona del propietario. Parece claro que el art. 289 CP es especial respecto del art. 323 CP, resultando aquél, según la primera regla del art. 8 CP, de aplicación preferente.

En cualquier caso, de esa dificultad de mantener la especialidad del art. 323 CP frente al 289 CP, es prueba el hecho de que, en tiempos más recientes, MIRA BENAVENT haya defendido la aplicación el principio de subsidiariedad del apartado segundo del art. 8 CP. Nos encontraríamos, según su opinión, ante un supuesto de subsidiariedad tácita: el art. 289 CP actuaría como un tipo de recogida cuya aplicación procedería solamente en los casos en los que no se diera una conducta típica de esos delitos de aplicación preferente contra el medio ambiente, la ordenación del territorio, el patrimonio histórico o la fauna, que también pueden ser cometidos por el propietario de la cosa.

Propone este autor la aplicación del art. 289 CP para los supuestos de bienes inmuebles arrendados para vivienda o para negocio en caso de incumplimiento por parte del propietario de la vigencia o de la prórroga forzosa de contrato de arrendamiento, "por ejemplo, provocando o no evitando la ruina del edificio o convirtiéndolo en inhabitable al cortar la luz, agua, gas, etc.". Y en cuanto al aspecto artístico, considera que si bien el art. 323 CP castiga a quien, siendo o no propietario, cause daños en bienes de valor histórico, artístico, científico, cultural o monumental, o en yacimientos arqueológicos, terrestres o subacuáticos", el art. 289 CP es de aplicación cuando "su propietario no les causa daños materiales sino que los oculta, los exporta ilegalmente o incumple cualesquiera otros deberes legales impuestos sobre tales bienes por la Ley 16/1985, de 25 de junio, del patrimonio histórico español".

No obstante, esta interpretación, en su parte final, resulta difícilmente conciliable con lo único en lo que el legislador ha sido meridianamente claro en el art. 289 CP: que mediante la destrucción, la inutilización y el daño la conducta se lleva a cabo. Cabe destacar aquí la opinión de GUISASOLA LERMA cuando afirma que, frente al art. 321 CP, el art. 289 CP queda reducido al supuesto de incumplimiento de deberes legales de mantenimiento del edificio en detrimento de su utilidad social o cultural, pero sin llegar a provocar derribo o alteración grave, quedando reducidos estos supuestos, como la propia autora indica, a los casos de ruina técnica que puede producirse en algunas ocasiones, aunque se mantenga una cuidadosa conducta de conservación. Esa interpretación resultaría posible, no porque la conducta del 321 CP no coincida en parte con la del art. 289 CP cuando se refiere a la destrucción y al daño, sino porque se considera el art. 321 CP especial respecto del art. 289 CP en virtud del objeto material, más específico, por tratarse de un edificio que, además, es singularmente protegido. Esta lectura sería posible, a nuestro juicio. Sin embargo, rechazamos esta interpretación respecto del art. 321 CP porque consideramos argumentos fundamentales que propietario y tercero no pueden responder con la misma pena y que los delitos de los arts. 321-324 CP no pueden ser cometidos por el propietario.

También es relevante el concurso que puede darse con el delito de contrabando. La LO 12/1995, de 12 de diciembre, de Represión del Contrabando, castiga la conducta de exportar bienes que integren el Patrimonio Histórico español sin autorización del Estado bienes cuyo valor sea igual o superior a 50.000 euros. Si se sostiene, como hace parte de la doctrina, que el bien jurídico protegido en el contrabando de bienes artísticos es el patrimonio histórico como legado que ha de quedar en una determinada sociedad, estamos ante un concurso aparente de normas. Como el delito de contrabando, a diferencia de los daños contra el patrimonio, puede —y suele— cometerlo el propietario, no es el art. 289 CP especial respecto de aquél, por lo que, siendo la pena del delito de contrabando mucho mayor, de acuerdo con el art. 8.4 CP el delito de contrabando es de aplicación preferente. Destaca, en todo caso, la enorme diferencia penológica entre un delito y otro, incomprensible si se tiene en cuenta que en el art. 289 CP se tipifica la destrucción de la cosa.

En lo que respecta al concurso entre el art. 289 CP y el delito de incendio en bienes propios del art. 357 CP, solamente en la modalidad en la que exista un perjuicio para tercero y ese perjuicio consista precisamente en la privación de la utilidad social o cultural de la cosa, el concurso será de normas, resolviéndose a favor del art. 357 CP en virtud del principio de especialidad (art. 8.1 CP).

También se ha planteado en la doctrina el posible concurso entre el art. 289 CP y el delito de defraudación tributaria del art. 305 CP. Para tales casos, MORALES PRATS ha entendido que se trata de deberes legales diversos, y que su consideración de manera aislada no expresa la íntegra desvaloración del hecho, y propone, por ello, apreciar un concurso real de delitos. Distinta opinión mantiene QUERALT JIMÉNEZ, quien considera que el concurso es de normas, siendo de aplicación preferente el art. 289 CP por ser más específico y privilegiado que el art. 305 CP. Nosotros, sin embargo, consideramos que los delitos contra la Hacienda Pública son especiales frente al art. 289 CP, porque el deber legal de pagar tributos es más concreto, y esa misma especialidad se da en los delitos contra la ordenación del territorio y contra el medio ambiente, que consideramos, por tanto, de aplicación preferente en virtud del apartado primero del art. 8 CP.

VIII. BIBLIOGRAFÍA

ANDRÉS DOMÍNGUEZ, A. C. "Artículo 289", en GÓMEZ TOMILLO, M. (Dir.), *Comentarios prácticos al Código penal*, Tomo III, Cizur Menor, 2015; BAJO FERNÁNDEZ, M., PÉREZ MANZANO, M. y SUÁREZ GONZÁLEZ, C. *Manual de Derecho penal, Parte especial, Delitos contra el Patrimonio y el orden socioeconómico*, Madrid, 1993; GUARDIOLA GARCÍA, J. "De la sustracción de cosa propia a su utilidad social o cultural", en *RdPP* 3 (2000), [= *LH-Valle Muñiz*, 2001]; GUISASOLA LERMA, C. "Los delitos sobre el patrimonio histórico en el nuevo Código Penal de 1995", *PJ*, nº 43-44, 1996; id., *Delitos contra el patrimonio cultural: artículos 321 a 324 del Código Penal*, Valencia, 2001; MARTÍNEZ-BUJÁN PÉREZ, C. "Sustracción de cosa propia a su utilidad social o cultural", en *Derecho penal económico*, Valencia, 2002; MIRA BENAVENT, J. "El delito de sustracción de cosa propia a su utilidad social o cultural", en PORTILLA CONTRERAS, G. (Dir.), POMARES CINTAS, E. y FUENTES OSORIO, J. L. (Coords.), *LH - Perfecto Andrés Ibáñez*, 2019; OTERO GONZÁLEZ, P. "Protección penal de los daños al Patrimonio histórico (tras la reforma del Código penal operada por la LO 1/2015)", *AFDUAM*, nº 19, 2015; QUERALT JIMÉNEZ, J. J. *Derecho penal español. Parte especial*, Valencia, 2015; QUINTANO RIPOLLÉS, A. *Tratado de la parte especial del Derecho penal*, Tomo III, Madrid, 1978; RODRÍGUEZ DEVESA, J. M. *Derecho penal español, Parte especial*, Madrid, 1971; ROBLEDO VILLAR, A. *Delitos contra el patrimonio y el orden socioeconómico. Comentarios a los artículos 234 a 289 del nuevo Código Penal*, Barcelona, 1997; SANTA CECILIA GARCÍA, F. *Delito de daños*, Madrid, 2003; RODRÍGUEZ DE SANTIAGO, J. M. "Las garantías constitucionales de la propiedad y de la expropiación forzosa a los treinta años de la Constitución española", *RAP*, nº 177, 2008; SALINERO ALONSO, C. *La protección del patrimonio histórico en el Código Penal de 1995*, Barcelona, 1997; SERRANO BUTRAGUEÑO, I. *Los delitos de daños*, Pamplona, 1994; SUAY HERNÁNDEZ, C. "El delito de daños en cosa propia de utilidad social y el fraude a la ley", *RFDUCM* monográfico nº 11, 1986; TERRADILLOS BASOCO, J. "El delito de sustracción de cosa propia de utilidad social al cumplimiento de sus deberes legalmente impuestos en interés de la economía nacional", *en Documentación jurídica*, enero/diciembre 1983, Monográfico dedicado a la PANCP, Vol. II, Madrid, 1983.

REFERENCIAS LEGALES

- Ley de 16 de diciembre de 1954, sobre Expropiación forzosa (*Tol 137638).*
- Ley 16/1985, de 25 de junio, del Patrimonio Histórico español (*Tol 227904).*
- Ley 22/1988, de 28 de julio, de Costas (*Tol 275172).*
- LO 12/1995, de 12 de diciembre, de Represión del Contrabando (*Tol 220542).*
- Real Decreto Legislativo 7/2015, de 30 de octubre, por el que se aprueba el Texto refundido de la Ley de Suelo y Rehabilitación urbana (*Tol 5534477).*
- Anteproyecto de Ley por el derecho a la vivienda (*Tol 8771245).*

Lección 25ª

Delitos societarios

LUIS ROCA DE AGAPITO

SUMARIO. I. CONSIDERACIONES PREVIAS. II. CUESTIONES COMUNES A LOS DELITOS SOCIETARIOS. 1. Concepto penal de sociedad (art. 297 CP); 2. Sujetos activos. 3. Condición de procedibilidad (art. 296 CP). III. FIGURAS DELICTIVAS: 1. Falsificación de documentos sociales (art. 290 CP). 1.1. Bien jurídico protegido y *ratio legis*. 1.2. Sujetos activo y pasivo. 1.3. Objeto material. 1.4. Conducta típica. 1.5. Concursos. 1.6. Responsabilidad civil. 2. Imposición de acuerdos abusivos (art. 291 CP). 2.1. Razón de la intervención penal y bien jurídico protegido. 2.2. Sujetos activo y pasivo. 2.3. Conducta típica. 2.4. Concursos. 2.5. Responsabilidad civil. 3. Imposición o aprovechamiento de acuerdos lesivos (art. 292 CP). 3.1. Bien jurídico protegido. 3.2. Sujeto activo. 3.3. Conducta típica. 3.4. Concursos. 4. Negación del ejercicio de determinados derechos de los socios (art. 293 CP). 4.1. Bien jurídico protegido. 4.2. Sujetos activos y pasivos. 4.3. Conducta típica. 4.4. Concursos. 5. Obstaculización de las labores de inspección y supervisión (art. 294 CP). 5.1. Naturaleza de este delito y bien jurídico protegido. 5.2. Sujetos activos y pasivos. 5.3. Conducta típica. 5.4. Concursos. 6. Administración desleal (remisión). IV. BIBLIOGRAFÍA.

Artículo 290

Los administradores, de hecho o de derecho, de una sociedad constituida o en formación, que falsearen las cuentas anuales u otros documentos que deban reflejar la situación jurídica o económica de la entidad, de forma idónea para causar un perjuicio económico a la misma, a alguno de sus socios, o a un tercero, serán castigados con la pena de prisión de uno a tres años y multa de seis a doce meses.

Si se llegare a causar el perjuicio económico se impondrán las penas en su mitad superior.

Artículo 291

Los que, prevaliéndose de su situación mayoritaria en la Junta de accionistas o el órgano de administración de cualquier sociedad constituida o en formación, impusieren acuerdos abusivos, con ánimo de lucro propio o ajeno, en perjuicio de los demás socios, y sin que reporten beneficios a la misma, serán castigados con la pena de prisión de seis meses a tres años o multa del tanto al triplo del beneficio obtenido.

Artículo 292

La misma pena del artículo anterior se impondrá a los que impusieren o se aprovecharen para sí o para un tercero, en perjuicio de la sociedad o de alguno de sus socios, de un acuerdo lesivo adoptado por una mayoría ficticia, obtenida por abuso de firma en blanco, por atribución indebida del derecho de voto a quienes legalmente carezcan del mismo, por negación ilícita del ejercicio de este derecho a quienes lo tengan reconocido por la

Ley, o por cualquier otro medio o procedimiento semejante, y sin perjuicio de castigar el hecho como corresponde si constituyese otro delito.

Artículo 293

Los administradores de hecho o de derecho de cualquier sociedad constituida o en formación, que sin causa legal negaren o impidieren a un socio el ejercicio de los derechos de información, participación en la gestión o control de la actividad social, o suscripción preferente de acciones reconocidos por las Leyes, serán castigados con la pena de multa de seis a doce meses

Artículo 294

Los que, como administradores de hecho o de derecho de cualquier sociedad constituida o en formación, sometida o que actúe en mercados sujetos a supervisión administrativa, negaren o impidieren la actuación de las personas, órganos o entidades inspectoras o supervisoras, serán castigados con la pena de prisión de seis meses a tres años o multa de doce a veinticuatro meses.

Además de las penas previstas en el párrafo anterior, la autoridad judicial podrá decretar algunas de las medidas previstas en el artículo 129 de este Código.

Artículo 295 (texto vigente hasta el 30-6-2015)

Los administradores de hecho o de derecho o los socios de cualquier sociedad constituida o en formación, que en beneficio propio o de un tercero, con abuso de las funciones propias de su cargo, dispongan fraudulentamente de los bienes de la sociedad o contraigan obligaciones a cargo de ésta causando directamente un perjuicio económicamente evaluable a sus socios, depositarios, cuentapartícipes o titulares de los bienes, valores o capital que administren, serán castigados con la pena de prisión de seis meses a cuatro años, o multa del tanto al triplo del beneficio obtenido.

Artículo 296

1. Los hechos descritos en el presente Capítulo, sólo serán perseguibles mediante denuncia de la persona agraviada o de su representante legal. Cuando aquélla sea menor de edad, persona con discapacidad necesitada de especial protección o una persona desvalida, también podrá denunciar el Ministerio Fiscal.

2. No será precisa la denuncia exigida en el apartado anterior cuando la comisión del delito afecte a los intereses generales o a una pluralidad de personas.

Artículo 297

A los efectos de este Capítulo se entiende por sociedad toda cooperativa, Caja de Ahorros, mutua, entidad financiera o de crédito, fundación, sociedad mercantil o cualquier otra entidad de análoga naturaleza que para el cumplimiento de sus fines participe de modo permanente en el mercado.

I. CONSIDERACIONES PREVIAS

1. El CP regula en el Cap. XIII del Tít. XIII del Lib. II (arts. 290 a 297 CP) los llamados "*delitos societarios*". Estas disposiciones constituyen una de las novedades más significativas que introdujo en su momento el CP de 1995 en la Parte Especial del Derecho penal español.

Ya el PCP de 1980 contemplaba en los arts. 363 a 369 CP un Capítulo de contenido similar dedicado a los "delitos financieros", incardinado en el Tít. VIII del Lib. II sobre los "delitos contra el orden socio-económico". Del mismo modo, los arts. 294 a 297 de la PANCP de 1983 también preveían un catálogo parecido de delitos. El PCP de 1992, ya bajo la rúbrica de "delitos societarios" del Cap. XV del Tít. XII dedicado a los «delitos contra el patrimonio y el orden socioeconómico», preveía estos delitos en los arts. 299 a 305 CP. Y finalmente, el PCP de 1994 los introdujo en el Cap. XIV del Tít. XII en los arts. 292 a 297 CP, aunque durante la tramitación parlamentaria experimentarían importantes modificaciones.

Con posterioridad los delitos societarios solamente han sido modificados una vez, por la LO 1/2015, de 30 de marzo, hecho que "*ha supuesto una significativa mengua del alcance de estas infracciones*" (QUINTERO OLIVARES). En efecto, la reforma de 2015, según se explicó ya en otro momento (*vid. supra* Lección sobre Administración desleal), ha reducido notablemente el contenido patrimonial de este capítulo, al suprimir el delito societario de administración desleal del art. 295 CP y sustituirlo por otro delito en el art. 252 CP, que puede tener por sujeto pasivo a cualquier persona, tanto física como jurídica.

La decisión de incriminar las conductas previstas en este Capítulo, en principio, se puede valorar de modo positivo, pues como se había puesto de manifiesto desde diversos sectores, nuestro CP adolecía de una grave laguna de punición en este terreno (entre otros, BAJO FERNÁNDEZ, RODRÍGUEZ MOURULLO, TERRADILLOS BASOCO; en contra, a la luz de los PCP de 1980 y de 1992, GÓMEZ BENÍTEZ y MUÑOZ CONDE).

En efecto, como decía la Exposición de Motivos del PCP/1992, "*las figuras comunes de estafa, apropiación indebida y falsedad documental no siempre son aplicables a las peculiares prácticas fraudulentas que pueden producirse en una sociedad mercantil, y ello porque la relación bilateral que en aquellos tipos comunes se aprecia con nitidez, no se presenta con la misma claridad en el ámbito societario, pues la relación jurídico penal puede trazarse entre socios, entre administradores y socios, entre administradores y terceros presentes o futuros, siendo incluso en ocasiones difícil fijar cuánto hay de perjuicio material y cuánto de deslealtad, ingrediente valorable penalmente, pero que no es propio de un clásico delito patrimonial. Todavía hay que añadir otra razón justificante de estas especiales tipificaciones, y que se extrae de la experiencia práctica: la existencia de un sector del sistema jurídico privado dedicado a los incidentes que puedan plantearse en la vida o actividad de las sociedades, ha dado lugar a una inaceptable práctica, según la cual los problemas de esa clase no tienen que ser tratados penalmente, porque ya tienen su específico régimen de solución jurídica. Naturalmente, la consecuencia que «a contrario sensu» se extrae es inadmisible: los delitos de estafa, apropiación indebida, etc., son comisibles en el común de las relaciones entre ciudadanos, mas no cuando en la actividad aparece como cobertura una sociedad anónima. Por último, debe recordarse que los tipos que se crean no son, en manera alguna, una protección «frente» a las sociedades mercantiles, sino una tutela de éstas o de sus miembros, socios o accionistas, frente a lo que puedan hacer algunos de ellos. Incluso la propia eficacia del derecho mercantil, hoy renovado, necesita, pues, de este corolario punitivo".*

Ahora bien, esta decisión político-criminal no ha estado exenta de algún reparo. Por de pronto, hay que resaltar que la incriminación en unos casos pecaba por defecto y en otros por exceso.

En unos casos se puede afirmar que la regulación originaria se había quedado corta al circunscribirse exclusivamente al ámbito societario y, además, se había centrado únicamente en la criminalidad en el seno de la empresa o *ad intra*. Hubiese sido conveniente haber extendido alguna de estas figuras delictivas a otros terrenos fuera del acotado a las sociedades mercantiles y también lo hubiese sido abarcar la llamada criminalidad de la empresa o *ad extra*. En atención a ello, posteriormente, por medio de la LO 5/2010, de 22 de junio, se tomó la decisión de introducir la responsabilidad penal para las personas jurídicas (art. 31 bis CP y concordantes), en virtud de la cual estas dejaron de ser concebidas, a efectos penales, como meros objetos o instrumentos del delito y pasaron a ser auténticos sujetos del delito y, por consiguiente, también sometidas a la imposición de penas. No obstante, el modelo introducido no ha estado exento de polémica en diversos aspectos, en los cuales no vamos a entrar ahora, pero no deja de llamar la atención la ausencia de ciertas figuras delictivas, muy relacionadas con el ámbito societario, dentro del círculo cerrado de delitos para los que se ha previsto la responsabilidad penal de las personas jurídicas. Este sería el caso, por ejemplo, de la administración desleal. Precisamente, respecto de esta conducta delictiva, por medio de la LO 1/2015, de 30 de marzo, se tomó la decisión de extenderla a otros ámbitos fuera del societario, para abarcar también supuestos en los que se administrasen de modo desleal bienes de una persona física y no sólo los de una persona jurídica. De este modo, se habría subsanado aquel defecto, pues la apropiación indebida, a pesar de lo que dijese la Jurisprudencia y cierto sector de la Doctrina, no lo podía cubrir. Con todo, ya hemos visto que la nueva redacción del art. 252 CP relativo a la administración desleal no deja de plantear problemas debido fundamentalmente a su falta de taxatividad.

Por otro lado, la regulación de los delitos societarios, tal y como estaba y sigue estando hoy vigente, se puede criticar que en ciertos aspectos ha ido demasiado lejos, particularmente por lo que se refiere a los arts. 291, 293 y 294 CP, pues en virtud del principio de intervención mínima que debe inspirar al Derecho penal, habría sido suficiente con la protección que se ofrece desde otros sectores del ordenamiento jurídico (muy crítico, por ejemplo, REBOLLO VARGAS; también LASCURAÍN SÁNCHEZ o PAVÓN HERRADÓN, entre otros). A estas críticas en clave político-criminal podemos sumar también otras más técnicas, como los errores de sintaxis que tiene (y no pocos), así como el confuso concepto de sociedad contenido en el art. 297 CP o las tremendas dificultades que se presentan a la hora de delimitar algunos delitos societarios con otras figuras delictivas, como sucede con la conducta prevista en el art. 290 II CP y la estafa del art. 248 CP, cuando el engaño se ha producido a través de una falsificación de documentos sociales, entre otros que iremos viendo.

2. La inclusión de los delitos societarios en el CP y no en Leyes penales especiales, como se ha hecho en otros países de nuestro entorno (p.ej., Alemania, Francia o Italia), demuestra una clara voluntad por parte del Legislador español de otorgarles una especial consideración (hay cierto efecto simbólico en ello). No es evidente que de este modo se incremente la eficacia preventiva de los preceptos penales, pues los posibles destinatarios de estas normas tomarían igualmente conciencia de ellas si estuviesen en Leyes especiales. Sin embargo, sí que por razones de economía legislativa (para no repetir innecesariamente la misma regulación en diferentes Leyes) y de índole sistemática (para unificar criterios a la hora de interpretar y aplicar los tipos penales) se puede valorar positivamente su inclusión en el CP (DEL ROSAL BLASCO).

Esta opción por la codificación de los delitos societarios no significa que la regulación penal sea totalmente independiente del Derecho civil o del mercantil en cuanto a la delimitación del ámbito de lo punible. Existen numerosos elementos típicos que requieren una valoración jurídica a la hora de interpretarlos, como por ejemplo, ¿qué son las "cuentas anuales u otros documentos que *deban* reflejar la situación jurídica o económica de la entidad"? o ¿cuáles son los "derechos de información, participación en la gestión o control de la actividad social, o suscripción preferente de acciones *reconocidos por las leyes*"? o ¿cuándo se puede decir que una sociedad está "*sometida* o actúa en *mercados sujetos a supervisión administrativa*"? El principio de unidad del ordenamiento jurídico obliga a estar a lo dispuesto en estos otros sectores. Sin embargo, dado que las disposiciones penales obedecen a exigencias y finalidades propias, éstas son autónomas del

Derecho privado. De hecho, tanto es así que el CP incluye una definición propia, aunque discutible, de sociedad a efectos de estos delitos.

3. El Cap. XIII del Tít. XIII está compuesto por 7 artículos, tras la derogación del art. 295 CP. Los cinco primeros prevén figuras delictivas: el art. 290 CP castiga la falsificación de determinados documentos sociales; el art. 291 CP, la imposición de acuerdos abusivos; el art. 292 CP, prevé la imposición o el aprovechamiento de acuerdos lesivos; el art. 293 CP, la negación del ejercicio de determinados derechos de los socios; y el art. 294, la obstaculización de las labores de inspección y de supervisión. Los otros dos artículos contienen una condición de procedibilidad (art. 296 CP) y una definición auténtica de sociedad a efectos de estas infracciones (art. 297 CP). En nuestra exposición vamos a invertir el orden legal. Primero trataremos unas cuestiones comunes a todos los delitos societarios y luego analizaremos las figuras delictivas en particular.

II. CUESTIONES COMUNES A LOS DELITOS SOCIETARIOS

1. Concepto penal de sociedad (art. 297 CP)

El art. 297 CP ofrece una definición auténtica de sociedad a efectos de estos delitos (por todos, CASTRO MORENO). Se trata de un concepto amplio de sociedad, que no coincide con los conceptos técnicos que manejan el Derecho civil y el mercantil, y que además adolece de notables incorrecciones, con lo que se puede producir un efecto contrario al pretendido con este precepto. La amplitud de la definición de sociedad hace que no estemos ya ante simples delitos societarios, con lo que se podría poner en cuestión la propia rúbrica del capítulo.

El art. 297 CP se puede dividir en dos partes. Por un lado, la enumeración, a título de ejemplo, de entidades que se consideran sociedad: "*cooperativa, Caja de Ahorros, mutua, entidad financiera o de crédito, fundación y sociedad mercantil*". Y, por otro lado, una cláusula abierta que se refiere a "*cualquier otra entidad de análoga naturaleza que para el cumplimiento de sus fines participe de modo permanente en el mercado*".

La STS 245/2007, 16-3 (*Tol 1075972)*, da a entender, a nuestro modo de ver equivocadamente, que una entidad a efectos del art. 297 CP debe estar contemplada en la enumeración y además reunir los requisitos de la cláusula final. En el caso concreto se trataba de una liquidación del patrimonio inmobiliario que una fundación tenía en Brasil.

1. Por lo que a la enumeración se refiere, se advierten redundancias y superposiciones, que dan la impresión de cierto "batiburrillo". Por otra parte, este concepto amplio de sociedad no se corresponde con el tenor de algunos delitos

societarios, pues entre las que enumera las hay que no tienen «Junta de accionistas», como dispone el art. 291 CP.

Así, las Cajas de Ahorros se puede decir que reúnen ya la condición de fundación y de entidad de crédito; las cooperativas y las mutuas a prima fija son ya sociedades mercantiles; las entidades de crédito pueden adoptar la forma de sociedad mercantil o de fundación, con lo que ya figuran entre otras categorías citadas; y lo mismo se puede decir de las entidades financieras, pues ya son sociedades mercantiles.

Según la normativa europea (arts. 4.1.1 del Reglamento (UE) nº 575/2013, de 26 de junio, y de la Directiva 2013/36/UE, de 26 de junio) y nacional (art. 1 de la Ley 10/2014, de 26 de junio, de ordenación, supervisión y solvencia de entidades de crédito), una **entidad de crédito** se puede definir como *"una empresa cuya actividad consista en recibir del público depósitos u otros fondos reembolsables y en conceder créditos por cuenta propia"*, y en España, dejando al margen al ICO, que es una entidad pública empresarial (RD 706/1999, de 30 de abril), adopta una de estas tres formas (art. 1.2 Ley 10/2014): a) la de *banco*, que se tiene que constituir como sociedad anónima (art. 4 RD 84/2015, de 13 febrero, por el que se desarrolla la Ley 10/2014) —en 2023 en España había 48 bancos; b) la de *caja de ahorros* —tras la crisis financiera de 2008 y su proceso de reestructuración posterior, a finales de 2023 tan sólo quedaban 2, que son: Caixa Ontinyent y Caixa Pollença—, que se constituyen como una fundación jurídico-privada (art. 2 Ley 26/2013, de 27 de diciembre, de cajas de ahorros y fundaciones bancarias); y c) la de *cooperativa de crédito* —en esas mismas fechas eran 61—, que se constituye también como una sociedad (art. 1 Ley 13/1989, de 26 de mayo, de Cooperativas de Crédito).

Según el art. 4.1.26 del Reglamento (UE) nº 575/2013, de 26 de junio, y de la Directiva 2013/36/UE, de 26 de junio, una **entidad financiera** se define como *"una empresa, distinta de una entidad de crédito, cuya actividad principal consiste en adquirir participaciones o en ejercer una o varias actividades de las que se enumeran en los puntos 2 a 12 y 15 del anexo I de la Directiva 2013/36/UE, incluyendo las sociedades financieras de cartera, sociedades financieras mixtas de cartera, entidades de pago y sociedades de gestión de activos, pero excluyendo las sociedades de cartera de seguros y las sociedades mixtas de cartera de seguros"*.

En cuanto a la legislación básica que regula estas entidades, además de la normativa europea y autonómica [una completa base de datos de la legislación del sistema financiero puede consultarse en https://www.bde.es/wbe/es/areas-actuacion/normativa/], téngase en cuenta: para las *cooperativas*, la Ley 27/1999, de 16 de julio, de cooperativas; para las *Cajas de Ahorros*, la Ley 26/2013, de 27 de diciembre, de Cajas de Ahorros y Fundaciones Bancarias; para las *mutuas*, la Ley 20/2015, de 14 de julio, de ordenación, supervisión y solvencia de las entidades aseguradoras y reaseguradoras; para las *entidades de crédito*, la Ley 10/2014, de 26 de junio, de ordenación, supervisión y solvencia de entidades de crédito y el RD 84/2015, de 13 de febrero, por el que se desarrolla la Ley 10/2014; para las *entidades de financiación*, el RD 309/2020, de 11 de febrero, sobre el régimen jurídico de los establecimientos financieros de crédito; para las *fundaciones*, la LO 50/2002, de 26 de diciembre, de fundaciones; y para las *sociedades mercantiles*, el art. 122 CCo, así como el RD-Legislativo 1/2010, de 2 de julio, por el que se aprueba el texto refundido de la Ley de Sociedades de Capital, entre otra normativa de desarrollo.

Según el Registro de Entidades supervisadas por el Banco de España (http://app.bde.es/ren_www/ren_wwwias/xml/Arranque.html), en 2023 en España hay 48 bancos, 2 cajas de ahorros, 61 cooperativas de crédito, 25 establecimientos financieros de crédito, 9 establecimientos financieros de crédito entidades de pago, 10 entidades de dinero electrónico, 51 entidades de pago, 7 sociedades financieras de cartera, 1 sociedad financiera mixta de cartera, 29 oficinas de representación en España de entidades de crédito extranjeras, 18 sociedades de garantía recíproca, 1 sociedad de reafianzamiento, 15 titulares de establecimientos de compra y venta de moneda extranjera, 32 sociedades de tasación, 76 entidades de crédito extranjeras comunitarias con sucursales en España y 4 extracomunitarias, 574 comunitarias operativas en España sin establecimientos, más otras 17 filiales y 3 entidades extracomunitarias operativas en España sin establecimientos, 6 entidades de dinero electrónico extranjeras comunitarias con sucursales en España y 7 entidades de pago extranjeras comunitarias con sucursales.

Con respecto a las sociedades mercantiles, hay que excluir a las sociedades *atípicas* (las no previstas por nuestro Derecho), e incluir a las sociedades *ocultas* (las que operan en el tráfico comercial sin manifestarse como sociedad, de tal modo que los que se relacionan con sus representantes creen hacerlo con particulares, y que el régimen de garantía sería el del art. 1.911 CC, cuando realmente, por tratarse de una sociedad, puede tener un régimen de responsabilidad limitada), a las *ficticias* (las que están correctamente constituidas, pero en un momento determinado de su vida legal se encuentran vacías en su patrimonio), a las *sociedades fachada* (aquellas que se utilizan para disimular la actividad de un comerciante individual y poder beneficiarse del privilegio de la responsabilidad limitada, eludiendo el régimen de garantía del art. 1.911 CC), a las *sociedades o empresas públicas* (en el caso de que fuesen de exclusivo capital público, la administración fraudulenta de sus fondos y las falsedades de documentos societarios habría que reconducirlas a la regulación de la malversación, arts. 432 ss. CP; en cambio, las sociedades con participación mayoritaria pública así como las sociedades de economía mixta, no darían lugar a malversación) y a las *sucursales* (no son sociedades autónomamente consideradas, pero forman parte de ellas, por lo que ya están incluidas dentro de la referencia típica a las sociedades).

Según el Registro Mercantil, en 2022 se habrían constituido algo más de 100.000 sociedades mercantiles, de las cuales alrededor de 65.000 serían unipersonales; y se extinguieron unas 37.000; y la Asociación Española de Fundaciones, estima en 10.511 fundaciones activas en 2020 en España.

2. Con la cláusula final abierta se pretende comprender en el concepto de sociedad otras entidades no recogidas en la anterior enumeración, como pudieran ser, por ejemplo, las asociaciones deportivas que no se hayan transformado en sociedades anónimas (p.ej., el Real Madrid o el Fútbol Club Barcelona) [no obstante, los Tribunales han entendido que no; así la SAP, Granada, Sección 1ª, 520/2008, 23-9 (*Tol 1480379*), confirmada por la STS 1236/2009, 2-12 (*Tol 1762141*), consideró que el Granada C.F. no era una sociedad que participaba de forma permanente en el mercado; o la STS 1014/2022, 13-1-2023, tampoco consideró que el Club Atlético Osasuna, como asociación deportiva de carácter privado, fuese una sociedad a las que se refiere el art. 297 CP; en cambio, al haberse transformado en SAD, la SAP, Huelva, Sección 3ª, 119/2018, 11-6 y la STS 460/2021, 27-5, no tuvieron inconveniente en condenar por un delito societario

de falsedad de las cuentas del Real Club Recreativo de Huelva en el ejercicio 2012/2013]. Para que un ente colectivo quede incluido en el concepto penal de sociedad deberá reunir dos características: ser de análoga naturaleza a las enumeradas expresamente y participar de modo permanente en el mercado.

La *naturaleza análoga* debe ir referida a todas las entidades citadas anteriormente y no sólo a la sociedad mercantil. Esto permite incluir otras entidades como las sociedades civiles (según la Doctrina mayoritaria, aunque un sector matiza que sólo si tienen objeto mercantil, p.ej. FARALDO CABANA; la SAP, Madrid, Sección 29ª, 118/2012, 12-12, negó dicho carácter a una sociedad civil privada cuyo fin era la explotación de un bar de copas; la SAP, Zamora, Sección 1ª, 53/2001, 9-4, también lo descartó respecto a una asociación constituida para la práctica de la caza, porque al "*no tener fines comerciales o industriales, no se constituyó con el fin de incorporarse al tráfico económico…, no mantiene relaciones económicas externas, bien produciendo bienes o servicios a terceros, bien comercializando dichos bienes o servicios*"), pero siempre y cuando tengan personalidad jurídica propia, que es la característica que tienen en común todas ellas (Doctrina mayoritaria; en cambio, no exigen dicha personalidad, entre otros, NIETO MARTÍN, RODRÍGUEZ RAMOS, DEL ROSAL BLASCO). Esto supone que quedan fuera del concepto de sociedad del art. 297 CP: las comunidades de bienes (a veces se las ha querido incluir si tienen CIF propio y son obligados tributarios, pues se puede decir que operan de modo permanente en el mercado, sin embargo, siguen sin tener personalidad jurídica), las comunidades de propietarios, las cuentas en participación, las UTEs (las uniones temporales de empresas, según el art. 7.2 Ley 18/1982, de 26 de mayo, carecen de personalidad jurídica; así, la SAP, Valladolid, Sección 4ª, 407/2012, 27-9, confirmada por la STS 670/2013, 30-7), pero podrían incluirse hasta asociaciones, según CASTRO MORENO, como partidos políticos, sindicatos, peñas de fútbol, o la asociación entre factor y principal.

La *participación de modo permanente en el mercado*, que algunos convierten en el núcleo central de la definición, implica que se desarrolle una actividad mercantil, aunque no es necesario que lo haga con ánimo de lucro. El requisito de permanencia se suele interpretar de un modo flexible (permitiendo incluir las sociedades ocasionales o las UTEs, sin embargo, como antes hemos señalado, éstas carecen de personalidad jurídica, por lo que deberían quedar fuera del art. 297 CP), en el sentido de que lo determinante será la creación de una estructura societaria estable y definida, con independencia de que se constituya por un plazo temporal más o menos dilatado (GARCÍA DE ENTERRÍA).

Por otra parte, en casi todos los delitos societarios, salvo en el art. 292 CP, se menciona expresamente junto a la sociedad ya constituida, también la *sociedad "en formación"*, esto es, en términos jurídico-mercantiles estrictos, aquella sociedad que está en trámite de constitución (existe un pacto social de crear la sociedad, sin que ésta se haya inscrito todavía en el Registro mercantil, pero existiendo en los fundadores la intención de cumplir con el requisito registral) (arts. 33 y 37 LSC). Puesto que el CP sólo menciona a la sociedad en formación, varios autores (entre ellos, GARCÍA DE ENTERRÍA) consideran que no estaría comprendida la llamada *sociedad irregular*, esto es, aquella que voluntariamente no se inscribe en el Registro mercantil (arts. 39 y 55 LSC). No obstante, es posible incluirla si se acepta un concepto penal autónomo y más amplio de sociedad en formación que el mercantil (como hace RODRÍGUEZ RAMOS) o bien se la considera como una sociedad de análoga naturaleza que participa de modo permanente en el mercado (como hace la Doctrina mayoritaria).

Finalmente, la *sociedad de hecho* (aquella sociedad constituida, pero que posee un vicio de nulidad sobre un elemento esencial —art. 56 LSC) no es en términos estrictos una sociedad en formación, puesto que ya está constituida, ni tampoco es una entidad de análoga naturaleza que participe de modo permanente en el mercado, puesto que en puridad nunca habría existido como tal sociedad y por tanto tampoco se podría considerar de análoga naturaleza a una sociedad de derecho, máxime cuando, como veremos a continuación, el Legislador sí ha equiparado expresamente el administrador de hecho al administrador de derecho (MARTÍNEZ-BUJÁN PÉREZ; a favor de su inclusión en el art. 297 CP, entre otros CASTRO MORENO, invocando argumentos político-criminales y los arts. 35.2 LSA y 17.2 LRSL —hoy art. 57 LSC).

2. Sujetos activos

1. Todos los delitos societarios tienen como sujeto activo a los administradores de una sociedad constituida o en formación, en unos casos en exclusiva (arts. 290, 293 y 294 CP), en otros junto a los socios (art. 292 CP) o a los accionistas (art. 291 CP). Los delitos societarios son, por tanto, *delitos especiales propios*, con las repercusiones que ello tiene respecto de la autoría y participación [p.ej., la STS 413/2009, 11/3 (*Tol 1525326*), en aplicación de lo dispuesto en el art. 65.3 CP, rebajó la pena a una auxiliar administrativa encargada de la llevanza de la contabilidad de la empresa que participó en la falsificación de documentos contables].

Aunque en los arts. 291 y 292 CP no se menciona expresamente a los administradores, sino sólo a los accionistas y socios, nada impide que aquellos puedan ser también socios, y, por tanto, sujetos activos de estos delitos [véanse los arts. 93 c), 159 y 448 LSC].

El concepto de socio o de accionista no plantea excesivos problemas, ni tampoco el de administrador de derecho (en el sistema dual de administración de una sociedad anónima europea sería la “dirección”, según el art. 479 LSC, pues es la que tiene encomendada la gestión y representación de la sociedad). En cambio, el de administrador de hecho sí.

El *socio* y el *accionista* se pueden definir como aquellas personas que son titulares de las acciones, participaciones o aportaciones en las que está dividido el capital de la sociedad (p.ej., art. 91 LSC). Accionista, en términos estrictos, es únicamente el socio de las sociedades anónimas o de las sociedades en comandita por acciones.

El *administrador de derecho* es, en sentido estricto, quien tuviera formalmente aceptado, inscrito y publicado su nombramiento conforme a la legislación mercantil (arts. 214, 215 LSC, 138 Rgto. Rgtro. Merc.). Pero, además, en los arts. 290, 293 y 294 CP se han equiparado a éstos los *administradores de hecho*. Si no se hubiera hecho así, se habría favorecido injustamente a quienes por desidia no se hubiesen preocupado de regularizar la sociedad o la designación de administradores, y, lo que sería peor, a quienes intencionadamente hubiesen creado la situación irregular para sustraerse del ámbito de los delitos societarios, si estos solamente se hubiesen referido a los administradores de derecho (RODRÍGUEZ MOURULLO).

En torno al concepto de administrador de hecho se han barajado dos alternativas: una, desde un ángulo jurídico-mercantil, consiste en considerar como tal al administrador cuyo nombramiento adolece de algún defecto que lo convierte en anulable, o cuando el mismo ya ha caducado, o cuando falta su inscripción en el Registro Mercantil (GARCÍA DE ENTERRÍA). La otra alternativa, de índole fáctica y que es sostenida por la Doctrina y Jurisprudencia penales [p.ej., entre otras, las SSTS 59/2007, 26-1 (*Tol 1036584*), 286/2012, 19-4, y 424/2018, 26-9], considera que tanto en los supuestos acabados de mencionar como en los de ausencia de nombramiento formal, administrador de hecho sería quien efectivamente ejerce los poderes y facultades de administrador con al menos una tolerancia o aceptación tácita por parte de la sociedad [estos requisitos no se daban, por ejemplo, en el supuesto juzgado en la STS 565/2008, 30-9 (*Tol 1384032*)].

P.ej., la STS 369/2019, 22-7 —caso Titulizaciones de la CAM—, consideró como administradores de hecho a la Directora General de la CAM y a su Director General de Planificación y Control, en la parcela concreta de confeccionar los estados financieros del primer trimestre y del primer semestre de 2011 de la entidad bancaria que debían reflejar fielmente su situación económica y remitírsela al Banco de España. Con cita a su vez de la STS 94/2018, 23-2, señala que *"es administrador de hecho el que, sin título suficiente, desempeñe, sin embargo, las funciones propias del administrador en la materia que resulta fácticamente de su competencia, adoptando decisiones que son respetadas y ejecutadas por los demás como si procediesen de un administrador nombrado con todas las formalidades previstas en la ley. En este mismo sentido, se decía en la STS nº 86/2017, de 16 de febrero) que "se entenderá por "administrador de hecho" a toda persona que por sí sola o conjuntamente con otras, adopta e impone las decisiones de la gestión de una sociedad y concretamente las expresadas en los tipos penales, quien de hecho manda o quien gobierna desde la sombra (STS 816/2006, de 26-7). La condición del sujeto activo debe, por ello, vincularse a la disponibilidad de los poderes o facultades que permiten la ofensa del bien jurídico protegido,* la condición de sujeto activo lo define el dominio sobre la vulnerabilidad jurídico penalmente relevante del bien jurídico".

La razón por la que la Doctrina penal ha optado por esta segunda alternativa estriba en la autonomía del Derecho penal y porque, como dice FARALDO CABANA, el centro de gravedad recae en la relación material, efectiva y real del sujeto con el bien jurídico penalmente protegido por los tipos, respecto del cual ha asumido el dominio social y la posición de garante (también MARTÍNEZ-BUJÁN PÉREZ, RODRÍGUEZ MONTAÑÉS, DEL ROSAL BLASCO, TERRADILLOS BASOCO, VALLE MUÑIZ, entre otros). Sobre la figura del administrador de hecho en la administración desleal del patrimonio de una sociedad mercantil, *vid. supra* III.1. Lección sobre la Administración desleal. Allí apuntábamos las dudas que se suscitan con respecto al actual art. 252 CP, pues no existe tal equiparación expresa, y, además, la delimitación del sujeto activo se hace no sólo en términos materiales, en cuanto a ejercer realmente las funciones de administración, sino que se exige también un título formal que le habilite para ello (por ley, por encomienda de la autoridad o por negocio jurídico), aunque pueda ser entendido en términos amplios llegando a incluir la mera aquiescencia o el consentimiento tácito por parte del titular, de tal manera que se pueda entender que asumen la administración "*mediante negocio jurídico*". Quedarían fuera del ámbito de la administración desleal los simples los gestores de negocio ajeno sin mandato.

Conforme a estas definiciones se pueden resolver algunos supuestos dudosos: 1) El *administrador oculto* o *en la sombra*, esto es, aquel que aun teniendo el control de la sociedad lo ejerce a través de hombres de paja nombrados regularmente, no se le puede considerar administrador de hecho. Habiendo un administrador de derecho, la conducta del administrador oculto tras él deberá encuadrarse en la participación en el delito societario cometido por el administrador (GÓMEZ BENÍTEZ admite la autoría mediata en estos casos). 2) Cuando el *administrador sea una persona jurídica*, tal hipótesis se resolverá aplicando el art. 31 CP (no se puede aplicar el art. 31 bis CP, porque no se ha previsto la responsabilidad penal de las personas jurídicas para los delitos societarios). Ello es también coherente con lo dispuesto en el art. 212 bis LSC, en virtud del cual, si la administración de una sociedad recae sobre otra persona jurídica, *"será necesario que ésta designe a una sola persona natural para el ejercicio permanente de las funciones propias del cargo"*. 3) El *presidente* y el *secretario de la Junta General de accionistas* pueden pertenecer al órgano de administración, en cuyo caso serían administradores de derecho, pero si no forman parte de dicho órgano sólo se les podría llegar a considerar administradores de hecho respecto de los arts. 290 y 293 CP, si reúnen los requisitos necesarios para ello. 4) El *letrado asesor*, que tiene que ser nombrado cuando la sociedad reúna ciertos requisitos (Ley 39/1975, de 31 de octubre) para colaborar con la administración, puesto que no ejerce de hecho tales funciones, sino que se limita a asesorar, no puede ser considerado autor de los delitos societarios. 5) Los *fundadores* y *promotores* no son administradores de derecho, ya que la legislación mercantil los distingue claramente de los administradores, pero para evitar que en la etapa inicial de vida de la sociedad los bienes jurídicos protegidos en los delitos societarios queden indefensos frente a la actuación de estos sujetos, se les puede considerar administradores de hecho cuando efectivamente asumen funciones de administración con el consentimiento al menos tácito de la entidad y frente a terceros (MARTÍNEZ-BUJÁN PÉREZ, en contra RÍOS CORBACHO). 6) Los *liquidadores*, que constituyen el órgano de gestión y administración durante la fase de extinción del ente social, se les puede considerar administradores de hecho [en contra, DEL ROSAL BLASCO; a favor la STS 932/2006, 5-10 (*Tol 1002305)*, aunque en este caso acabase absolviéndose al liquidador por otros motivos; incluso hay quien los considera administradores de derecho, como RÍOS CORBACHO]. 7) Los *administradores judiciales* (arts. 630 ss. LEC) y los *concursales* (arts. 26 ss. LC) son administradores de derecho.

2. En el caso de las sociedades anónimas suele ser habitual que la gestión de la sociedad no sea desarrollada por el propio órgano de administración, sino que éste delega en otros o que aquél o éstos nombren apoderados generales o singulares.

La delegación de funciones debe recaer en miembros del consejo de administración (art. 249 LSC, que se refiere a la "comisión ejecutiva" y a los "consejeros delegados"). Estos *delegados* (consejeros delegados o comisiones ejecutivas) son administradores de derecho, por lo que su consideración como sujeto activo de los delitos societarios no es problemática. Lo complicado es determinar la posible responsabilidad que pueda corresponder al órgano delegante (autoría o participación activas o en comisión por omisión).

Por lo que a la comisión por omisión se refiere, existe gran dificultad a la hora de constatar en estos supuestos todos los requisitos del art. 11 CP [véase, en este sentido, la STS 234/2010, 11-3 (*Tol 1808644)* (con voto particular de Bacigalupo Zapater); en cambio, la STS 1251/2006, 12-12 (*Tol 1026936)*, ve indicios de responsabilidad por omisión en el Consejo Rector y en los interventores de una cooperativa y casa un Auto de sobreseimiento de la AP Jaén]. En nuestro ordenamiento jurídico no existe expresamente ninguna obligación legal de vigilancia por parte del consejo de administración sobre los delegados, tampoco la injerencia tiene mucho sentido en estos casos de delegación (más bien su sentido se encuentra en el marco de la responsabilidad penal por el producto), y en cuanto a una posible obligación contractual de control o vigilancia por parte del órgano delegante sobre los delegados, que puede estar prevista en los propios estatutos de la sociedad, la responsabilidad no puede operar de forma automática. En estos casos, la no evitación del resultado tiene que equivaler según el sentido del texto de la Ley a su causación, para lo cual habrá que constatar las posibilidades reales de control por parte del órgano delegante. FERNÁNDEZ TERUELO ha sugerido, como indicios para poder determinar dicha capacidad, atender a las dimensiones de la empresa (a mayor tamaño, en principio, mayores dificultades para el control), a la falta de injerencia real en los asuntos propios de la delegación (a mayor injerencia, mayor capacidad de control), a que la delegación responda a objetivas exigencias organizativas para mejor funcionamiento de la empresa (y no simplemente a que el órgano delegante quiera sustraerse de toda responsabilidad), o a que el hecho ilícito del delegado sea una acción o una omisión (si la conducta ilícita es activa, las posibilidades reales de control son mucho menores que si se trata de una omisión).

Los *apoderados* (directores generales, gerentes o directores gerentes) no tienen la naturaleza de órgano social, ni forman parte del consejo de administración como los cargos delegados, ni son representantes necesarios o legales de la sociedad, sino puramente voluntarios. Por lo tanto, no se les puede considerar administradores de derecho. Tampoco se puede aplicar la cláusula de la actuación en nombre o representación de otro del art. 31 CP, porque el otro en cuyo nombre actúan es la sociedad y ésta no es sujeto activo de los delitos societarios. La laguna de punibilidad que se produciría sólo se puede cubrir si se admite que los apoderados son administradores de hecho (así, entre otros, FARALDO CABANA, siempre que tengan acceso al dominio social sobre la vulnerabilidad del bien jurídico protegido, o la STS 369/2019, 22-7 —caso Titulizaciones de la CAM—, antes citada; en contra, RODRÍGUEZ MOURULLO o DEL ROSAL BLASCO, pues los apoderados no son administradores, con lo que se estaría vulnerando el tenor literal del precepto). Ahora bien, como advierte MARTÍNEZ-BUJÁN PÉREZ, una cosa es que los apoderados se puedan concebir como administradores de hecho a efectos penales, y otra distinta es que estén en condiciones de ejecutar la conducta delictiva, pues difícilmente resulta imaginable que un simple apoderado pueda cometer los delitos societarios previstos en los arts. 290, 293 y 294 CP.

3. En la práctica empresarial también es frecuente que la administración recaiga sobre un órgano colegiado (p.ej., en las sociedades anónimas el Consejo de administración) (véase el art. 210 LSC). Esta realidad plantea el problema de cómo deben responder los miembros de dicho órgano ante una decisión que sea constitutiva de delito.

En el Derecho mercantil existe una responsabilidad solidaria de todos los miembros del órgano colegiado de administración, frente a la sociedad, los accionistas y los acreedores sociales, por el daño causado al realizar el acto o al adoptar el acuerdo lesivo, salvo que prueben que, no habiendo intervenido en su adopción y ejecución, desconocían su existencia o, conociéndola, hicieron todo lo conveniente para evitar el daño o, al menos, se opusieron expresamente a aquél (art. 251 LSC, que establece un plazo de 30 días, desde que se conoce el acuerdo y dentro del año, para que los administradores/socios puedan impugnarlo).

Dado que la responsabilidad penal es personal, la circunstancia de que un delito societario se ejecute por un órgano colegiado no implica que todos sus miembros sean automáticamente responsables, o que todos ellos respondan de igual modo. Es obligado individualizar la responsabilidad de cada uno, lo cual no es tarea sencilla.

La Doctrina que se ha ocupado monográficamente del tema (PÉREZ CEPEDA, SUÁREZ GONZÁLEZ) desglosa dicha individualización en tres grandes cuestiones: A) *¿cuándo* se responde por participar en la toma de decisión de un órgano colectivo?; B) *¿cómo* se responde una vez adoptado el acuerdo?; y C) *¿de qué modo* se establece la responsabilidad individual por la participación en la adopción del acuerdo?

A) La primera de las cuestiones exige a su vez dividirla en varios supuestos distintos: a) En caso de que la decisión se adopte por *votación nominal no secreta* hay que plantearse dos hipótesis: que la votación sea simultánea o que sea sucesiva. Si es *simultánea*, sólo el voto a favor de la adopción del acuerdo ilícito daría lugar a responsabilidad, mientras que el voto en contra, en blanco o la abstención no. Si la votación fuese *sucesiva*, el voto a favor emitido antes de que se haya alcanzado la mayoría da lugar a responsabilidad, ahora bien, dicha responsabilidad no surge hasta que el acuerdo se haya efectivamente adoptado. Si no se llegase a adoptar, el voto sería una participación en un acto preparatorio que no es punible en los delitos societarios. El voto a favor emitido después de que ya exista una mayoría suficiente da lugar a responsabilidad, e incluso el voto en contra, en estos casos, también puede hacer surgir tal responsabilidad si el comportamiento real del sujeto ha discurrido en la misma dirección que el sentir mayoritario (p.ej., puede haber sido el inductor).

b) Si la votación fuese *nominal secreta* no podrá exigirse responsabilidad alguna, ya que la presunción de inocencia lo impediría. Sólo si el acuerdo fuese adoptado por unanimidad, todos serían responsables.

c) El caso del llamado *colaborador disidente*, esto es, aquel que vota en contra del acuerdo, pudiendo haberlo evitado mediante su negativa a tomar parte en la decisión, no da lugar a responsabilidad, porque el mero hecho de intervenir en una votación no puede entenderse como aceptación del resultado, ni tampoco tiene la posición de garante de que los demás se comporten de manera correcta. Sin embargo, en la doctrina se ha suscitado la cuestión del deber de ser proactivo, denunciando, tratando de evitar las consecuencias del acuerdo.

d) La *ausencia en la votación* no siempre excluye la responsabilidad, pues puede que su comportamiento real haya contribuido a la formación del acuerdo.

e) La *no solicitud de la anulación de la votación* en la que se acuerda la decisión ilícita y en la cual concurre un defecto invalidante, puede dar lugar a responsabilidad por cooperación en comisión por omisión, si se dan todos sus requisitos.

B) En cuanto a la segunda cuestión, la responsabilidad dependerá del tipo delictivo de que se trate. Si el delito consiste precisamente en la adopción de un acuerdo lesivo, como acontece con los delitos societarios previstos en los arts. 291 y 292 CP, el sujeto que respalde el acuerdo responde por un delito consumado, siempre y cuando el acuerdo alcance a producir un perjuicio, como exigen estos delitos. En caso de que el perjuicio no se produzca, se habría cometido una tentativa. Si el delito tiene otra configuración, por ejemplo, el delito del art. 290 CP, el acuerdo del órgano colegiado viene a ser un simple paso previo necesario para la realización del tipo, con lo que su conducta, en función de las circunstancias del caso, sería constitutiva de un acto preparatorio no punible, o a lo sumo una tentativa.

C) Por lo que a la tercera cuestión se refiere, en la medida en que el funcionamiento del órgano colegiado puede articularse sobre una división del trabajo (p.ej., un miembro del órgano colegiado toma su decisión en función de la información que proporciona otro miembro experto en el asunto), SUÁREZ GONZÁLEZ ha propuesto recurrir al *principio de confianza*, en virtud del cual cada miembro del órgano colegiado puede confiar en que los demás actuarán diligentemente, a menos que existan indicios concretos que hagan pensar lo contrario.

3. Condición de procedibilidad (art. 296 CP)

El art. 296.1 CP establece una condición de procedibilidad para los delitos societarios: la previa denuncia de la persona agraviada o su representante legal. No obstante, si se tratase de un menor de edad, persona con discapacidad necesitada de especial protección, persona desvalida o si se viesen afectados los intereses generales o una pluralidad de personas, también puede denunciar el Ministerio Fiscal.

La LO 1/2015, de 30 de marzo, sustituyó el término "*incapaz*", que figuraba en la redacción originaria del CP/1995, por la expresión "*persona con discapacidad necesitada de especial protección*".

Por de pronto llama la atención que figuras como la estafa, la administración desleal, la apropiación indebida o la falsedad documental sean delitos perseguibles de oficio, pero en cambio los delitos societarios lo sean, en principio, únicamente a instancia de parte, cuando éstos pueden llegar a afectar indirectamente a intereses colectivos como, por ejemplo, la confianza en el tráfico mercantil, el equilibrio del mercado o la competencia (Doctrina mayoritaria crítica con esta condición de procedibilidad, entre otros, CASTRO MORENO, DÍAZ-MAROTO VILLAJERO, FARALDO CABANA; en cambio favorable, entre otros, VALLE MUÑIZ). No obstante, esta regla general de la perseguibilidad privada de los delitos societarios tiene algunas excepciones, lo que convierte a estas infracciones en *delitos semipúblicos o cuasipúblicos.* En efecto, basta con la simple denuncia (no querella de la víctima, como se exigía en los PCP de 1992 y de 1994; en los anteriores no existía tal condición de procedibilidad), el perdón del ofendido no tiene eficacia extintiva de la responsabilidad penal (art. 130.4 CP, sin perjuicio del art. 106 LECrim) y además en algunos casos la víctima comparte con el Fiscal la potestad para activar la intervención punitiva (así sucede también en los arts. 191, 201 y 287 CP).

La STS 1256/2004, 10-12 (*Tol 556689)*, ha admitido una convalidación aun cuando el procedimiento se inició a instancias del Ministerio Fiscal sin el requisito de la denuncia previa del agraviado, pero posteriormente éste se personó antes de la celebración del juicio. Si falta esta subsanación, el vicio procesal tendría como efecto la nulidad de todas las actuaciones, no el dictar una sentencia absolutoria (SAP, Sevilla, Sección 4ª, 192/2006, 21-4, a propósito de una denuncia de la SGAE no válidamente formulada por un delito contra la propiedad intelectual, que por aquel entonces precisaba de denuncia de la persona agraviada, según la redacción originaria del art. 287 CP).

Una vez interpuesta la denuncia, parece que el agraviado también tiene que personarse como parte acusadora en el proceso [art. 106 LECrim; en la Doctrina, entre otros, MARTÍN PALLÍN, y en la Jurisprudencia, entre otras, la SAP, Málaga, Sección 7ª, 47/2002, 22-7 (*Tol 225325)*, que admite el desistimiento de la acción penal por acuerdo entre las partes, o las SSAP, Madrid, Sección 2ª, 321/2001, 3-9; Almería, Sección 3ª, 96/2003, 5-5 (*Tol 293513)*; en contra, entre otros, GARBERÍ LLOBREGAT o DÍAZ-MAROTO VILLAREJO, quienes consideran, a diferencia de lo que es práctica usual, que el procedimiento lo podría continuar el Ministerio Fiscal]. Además, según lo dispuesto en el art. 103 LECrim, los cónyuges, ascendientes, descendientes y hermanos no podrán ejercer entre sí la acción penal por un delito societario; sólo podrán formular la correspondiente denuncia, quedando condicionada su eficacia procesal a que lo haga el Ministerio Fiscal [AAP, Zaragoza, Sección 3ª, 532/2006, 27-10 (*Tol 1066051)*, que además aplicó incorrectamente la excusa absolutoria del art. 268 CP a un delito de administración desleal, ya que antes de 2015 no abarcaba este delito; correctamente, el AAP, Barcelona, Sección 3ª, 755/2008, 4-11, la descarta]. Y también, según lo dispuesto en el art. 80.6 CP, antes de conceder la suspensión de la ejecución de la pena privativa de libertad, el Juez o Tribunal tendrá que oír al ofendido.

En cuanto a las personas legitimadas para interponer la denuncia (la persona agraviada o su representante legal, por un lado, y el Ministerio Fiscal, por otro) conviene hacer algunas aclaraciones. Por *persona agraviada* cabe entender los sujetos pasivos de los distintos delitos societarios (sociedad, socios —lo que plantea graves problemas en un supuesto de una sociedad compuesta por dos socios al 50% con un órgano de administración mancomunado integrado por ambos—, terceros, depositarios, cuentapartícipes, etc.) (así la SAP, Barcelona, Sección 8ª, 54/2019, 31-1 —caso Catalunya Caixa—, que admitió la condición de agraviado del FROB al haber adquirido con posterioridad el 100% del capital de la entidad; en un sentido más amplio, entre otros, DÍAZ-MAROTO VILLAREJO).

La Jurisprudencia afirma que la persona agraviada no tiene por qué coincidir necesariamente con los perjudicados (STS 620/2004, 4-6) y, además, lo que la regla prosecutoria impone es la existencia de una denuncia o querella de quienes soportan efectivamente los perjuicios (STS 425/2016, 19-5), lo que no es sino el concreto reflejo de una protección penal orientada a aquellos que ostentan posiciones minoritarias en el capital o el entramado social. En la medida en que la mayoría de los delitos societarios los deben cometer los administradores, lo habitual es que la denuncia o querella sea formulada por algún socio, que será el perjudicado o el agraviado (SSTS 512/2018, 29-10, y 279/2020, 3-6, entre otras).

En la STS 460/2021, 27-5 —caso Recreativo de Huelva—, se admitió que la denuncia se presentase a través de una asociación de aficionados del club de fútbol (Trust de aficionados recreativistas). *"Esté o no dicha asociación legitimada como acusación particular, tenga o no la consideración de 'agraviada', lo cierto es que socios concretos, que lo eran al tiempo de los hechos, están detrás de la notitia criminis (denuncia), aunque sea mediante el instrumento de dicha asociación"*. *"Se cumple así* —dice— *la finalidad de lo establecido en el artículo 296.1, que consiste en que la persecución de los delitos societarios no proceda de una instancia exterior a la misma, a fin de preservar el funcionamiento y los conflictos endosocietarios de la intromisión del Derecho penal"*.

Conforme a esta interpretación, no sería admisible la acusación popular en los delitos societarios, salvo que se viesen afectados los intereses generales o una pluralidad de personas, pudiendo entonces ejercer la acción penal, por ejemplo, una asociación de consumidores y usuarios. En el caso de la legitimación del *Ministerio Fiscal*, los supuestos en que su intervención obedezca a la presencia de *menores o personas con discapacidad necesitadas de especial protección* no plantean excesivos problemas (arts. 12 CE, 240, 247 CC y 25 CP). Sin embargo, en el caso de tratarse de una persona desvalida, o de que resulten afectados los intereses generales o una pluralidad de personas sí que los plantea. Por *persona desvalida* cabe entender, en paralelo a los menores o discapacitados, aquellas personas que no puedan defender sus intereses por sí mismas (art. 3.7 EOMF), pero no queda claro quiénes puedan ser. La Doctrina ha incluido a los ausentes (CASTRO MORENO, invocando los antecedentes prelegislativos); a aquellos que, por la circunstancia que sea (abandono, enfermedad, etc.), no reúnen las capacidades normales para presentar la denuncia (FERNÁNDEZ TERUELO) o aquellas personas que carecen de recursos económicos propios o de ayuda ajena para emprender la defensa de sus intereses (DEL ROSAL BLASCO). Por lo que se refiere al supuesto de *afectación a los intereses generales o a una pluralidad de personas*, en principio, parece que hay que exigir la presencia de un perjuicio, menoscabo o daño efectivo a unos, a otros o a ambos (CASTRO MORENO). Lo que sean *intereses generales* es una cuestión discutible, pero la Jurisprudencia los ha interpretado como los intereses económicos de amplios sectores de la población o de sectores especialmente relevantes o trascendentes para el correcto funcionamiento de la economía general [SAP, Almería, Sección 3ª, 96/2003, 5-5 (*Tol 293513)*]. La afectación a los intereses generales se producirá siempre en el art. 294 CP, pero en los demás casos habrá que constatarla, lo cual no necesariamente tiene que ver con el tamaño de la sociedad. Es evidente que no todo delito societario cometido en una gran empresa o en un gran banco afecta necesariamente a los intereses generales. Es más, parece difícil imaginar cómo el delito de negación del derecho de información del art. 293 CP puede llegar a afectar a los intereses generales (CASTRO MORENO). En cuanto a la afectación a una *pluralidad de personas* (p.ej., STS 889/2021, 17-11: una cooperativa de viviendas), tampoco queda claro cuántas son. Hay quien se ha conformado con la presencia de tres o más personas (FARALDO CABANA, MARTÍNEZ-BUJÁN PÉREZ), otros se refieren a la idea de multiplicidad, esto es, múltiples (muchas) personas (DEL ROSAL BLASCO, FERNÁNDEZ TERUELO). La Jurisprudencia se ha inclinado por seguir un planteamiento similar al mantenido en el delito patrimonial masa o la circunstancia 8ª del art. 529 ACP, aludiendo a una generalidad de personas o a múltiples perjudicados [STS 620/2004, 4-6 (*Tol 483657)* —caso Atlético de Madrid—, sin que se apreciase la pluralidad de personas].

Conviene advertir con CASTRO MORENO, que todos estos conceptos no deben ser interpretados en un sentido tan amplio que en la práctica signifique desnaturalizar la condición de procedibilidad e invertir la pretensión del Legislador en este punto —que es restrictiva, no expansionista— amparando una intervención del Ministerio Fiscal en cualquier caso, y particularmente, de la Fiscalía Especial para la Represión de los Delitos Económicos Relacionados con la Corrupción. El Legislador penal, como dice este autor, ha decidido asumir un mayor nivel de riesgo en este ámbito societario y dejar al criterio de los sujetos pasivos de estos delitos —salvo en el caso del art. 294 CP, en que la afectación a los intereses generales se produciría siempre— la posibilidad de su persecución en vía penal o la de acudir simplemente a la vía civil o mercantil en la que también se pueden ventilar estas cuestiones.

Entre los diversos supuestos en los que la Audiencia Nacional puede conocer el enjuiciamiento de delitos societarios, dejando al margen los cometidos en el extranjero por nacionales españoles, el más importante es el previsto en la letra c) del art. 65.1

LOPJ, según el cual la AN es competente para conocer de las *"defraudaciones... que produzcan o puedan producir grave repercusión en la seguridad del tráfico mercantil, en la economía nacional o perjuicio patrimonial en una generalidad de personas en el territorio de más de una Audiencia"* (*vid.*, por ejemplo, las SSAN 22/2016, 27-7 —caso Afinsa; 13-7-2018 —caso Forum filatélico; 13/2020, 29-9 —caso Bankia—, y 14/2020, 6-10 —caso Pescanova).

El TS ha interpretado en sentido material el término *"defraudaciones"*, como equivalente a "conductas que causan daño patrimonial por medio del engaño, el fraude o el abuso del derecho penalmente tipificado", y no en términos estrictamente formales como figuras delictivas incluidas en el CP bajo dicha rúbrica. *Vid.* los AATS, 8-2-2007, 17-1-2005 y 22-4-1999. Pero la competencia de la AN para conocer de esas defraudaciones depende a su vez de que concurra alguno de estos tres requisitos: 1) que *"produzcan o puedan producir grave repercusión en la seguridad del tráfico mercantil"*, entendida como alarma en términos financieros, generando desconfianza en los mecanismos de cambio establecidos legalmente; 2) grave repercusión *"en la economía nacional"*, lo cual tendrá lugar cuando se altere la actividad ordinaria del sistema de mercados; o 3) *"perjuicio patrimonial en una generalidad de personas en el territorio de más de una Audiencia"*. La Junta General de la Sala 2ª del TS celebrada el 30-4-1999 interpretó "finalísticamente" la expresión *"generalidad de personas"*, "en función de la posibilidad de instrucción, valorando la trascendencia económica, así como si la necesidad de una jurisdicción única sobre todo el territorio servirá para evitar dilaciones indebidas". Se conjugan, por tanto, criterios de gravedad de los hechos con los de economía procesal, eficacia y operatividad de la investigación, todo ello interpretado en términos restrictivos, pues la competencia de la AN es excepcional, frente a los principios de territorialidad y conexidad (ATS, 17-1-2005). Los AATS, 8-2-2007 y 12-7-2004, han afirmado que "a efectos de competencia, debe interpretarse la expresión *"generalidad de personas"* en el sentido de pluralidad importante de sujetos pasivos, que cuando se encuentran dispersos por el territorio de varias Audiencias, justifican la aplicación de la norma especial de competencia".

III. FIGURAS DELICTIVAS

1. *Falsificación de documentos sociales (art. 290 CP)*

1.1. Bien jurídico protegido y ratio legis

La protección penal de la veracidad de las informaciones sociales es necesaria por diversas razones. Por un lado, es evidente que, desde un punto de vista económico, sobre todo si se tiene en cuenta la enorme importancia que las sociedades tienen hoy en día en nuestra economía, es absolutamente imprescindible contar con una información lo más fiable posible de la situación patrimonial de las empresas con las que se pretenda entablar negocios (particularmente en el campo del mercado de valores, de seguros o de créditos).

De hecho, los primeros intentos de armonizar el Derecho penal en la entonces CEE tuvieron que ver con el Derecho de sociedades, y en particular, con la falsedad en los balances y en las cuentas anuales. Véanse, los arts. 6 de la 1ª Directiva de sociedades

—la 68/151/CEE, del Consejo de 9 de marzo de 1968; 51.3 de la 4ª Directiva de sociedades —la 78/660/ CEE, del Consejo de 28 de julio de 1978; y 38.6 de la 7ª Directiva de sociedades —la 83/349/CEE del Consejo, de 13 de junio de 1983—, en los cuales se establecía que los Estados miembros introducirán en su legislación sanciones *apropiadas* para el caso ciertas infracciones relativas a las cuentas anuales (una compilación del Derecho de sociedades de la UE se puede consultar en los siguientes enlaces: https://www.europarl.europa.eu/factsheets/es/sheet/35/el-derecho-de-sociedades; https://commission.europa.eu/business-economy-euro/doing-business-eu/company-law-and-corporate-governance_es).

Como es sabido, la STJCE, caso Berlusconi, 3-5-2005, se ocupó de si el Derecho penal italiano, que fue reformado *ex professo* (mediante el Decreto Legislativo del Presidente de la República nº 61, de 11 de abril de 2002, *Gazetta Ufficiale* nº 88, de 15 abril 2002) para evitar que Berlusconi fuese condenado por unos casos de falsificación de las cuentas del grupo Fininvest, se ajustaba al Derecho comunitario, y en particular a esas exigencias de las Directivas de sociedades (sanciones apropiadas se consideran aquellas que son eficaces, disuasivas y proporcionadas). La conclusión a la que llegó el TJCE en este caso fue que no es posible utilizar el efecto directo de una Directiva contra reo (FOFFANI).

Por otro lado, desde un punto de vista jurídico también es necesario garantizar la veracidad de aquellos documentos que deban reflejar una "*imagen fiel*" (art. 34 CCo y art. 254.2 LSC) de la sociedad para así evitar que bienes jurídicos importantes (individuales o colectivos) puedan verse lesionados o puestos en peligro.

Para hacer frente a la necesidad de proteger estos documentos el Derecho penal español ya contaba con el delito de falsedad en documento mercantil. Sin embargo, hay que resaltar que el CP de 1995 considera atípicas las falsedades ideológicas cometidas por particulares (el art. 392 CP sólo se refiere a los tres primeros números del art. 390.1 CP, quedando fuera el nº 4, que consiste en faltar a la verdad en la narración de los hechos). Con lo cual, de no existir el art. 290 CP la falsedad ideológica cometida por un administrador de una sociedad sería impune. El art. 290 CP ha venido a cubrir esta laguna de punibilidad, aunque con ciertos requisitos.

"Con este delito —dice la STS 369/2019, 22-7, caso Titulizaciones de la CAM— *se trata de fortalecer los deberes de veracidad y transparencia que en una libre economía de mercado incumben a los agentes económicos y financieros"*, a lo que en algunas resoluciones se añade que el bien jurídico protegido es *"el derecho de los destinatarios de la información social, a la sociedad, los socios o terceros a obtener una información completa y veraz sobre la situación jurídica y economía de la sociedad"* (SAN 13/2020, 29-9 —caso Bankia) o que es *"para permitir la seguridad del tráfico mercantil, servir de garantía a los socios y a quienes contratan con la empresa y prevenir perjuicios patrimoniales"* (SAN 22/2016, 27-7 —caso Afinsa).

En efecto, no es infrecuente que una manipulación contable sirva como instrumento para la comisión o la ocultación de otros delitos, como puedan ser una administración fraudulenta, una estafa, una defraudación tributaria, un alzamiento de bienes o un blanqueo de capitales, por poner algunos ejemplos. Lo que sucede es que estos delitos no siempre abarcan todos los hechos merecedores de sanción penal relacionados con la falsificación de documentos sociales. Así, verbigracia, en muchas ocasiones sucederá que no se reúnan todos los requisitos típicos de la estafa, y, sin embargo, la conducta llevada a cabo revista ya la suficiente gravedad como para afectar al patrimonio de la propia sociedad, de los socios o de terceros. Con el fin de conseguir la máxima transparencia en la información societaria y disminuir así el riesgo que toda operación mercantil pueda entrañar para el patrimonio de los sujetos involucrados en ella, se ha considerado oportuno adelantar las barreras de la intervención penal a un estadio previo a su lesión o su puesta en peligro concreto. De esta manera, en el párrafo 1º del art. 290 CP se ha tipificado un delito de aptitud o de peligro hipotético o posible para el patrimonio y en el párrafo 2º un delito de lesión.

De la propia configuración típica de estas modalidades delictivas ("*de forma idónea para causar un perjuicio económico*", dice el párr. 1º del art. 290 CP, o "*si se llegare a causar el perjuicio económico*", dice el párr. 2º) se desprende claramente que el bien jurídico protegido en ellas es el patrimonio de la sociedad, de los socios o de un tercero, siendo éstos, por tanto, los sujetos pasivos de este delito. Hay que distinguir, pues, lo que es la *ratio legis* o el propósito que se persigue con esta norma, que es garantizar la veracidad de la información societaria como pilar básico del tráfico comercial, y lo que es el bien jurídico, que es el patrimonio de los sujetos implicados.

La Jurisprudencia a veces los confunde, como en la STS 1217/2004, 2-11 (*Tol 514624*); o en la 625/2009, 17-6 (*Tol 1567577*), donde se afirma que el bien jurídico es el derecho de los destinatarios de la información social (sociedad, socios o terceros) a obtener una información completa y veraz sobre la actuación jurídica o económica de la entidad.

Sin embargo, resulta que la peligrosidad o lesividad para este bien jurídico proviene de una conducta que ya de por sí lesiona otro bien jurídico, como es la funcionalidad del documento mercantil (si es así como se concibe el bien jurídico protegido en los delitos de falsedad documental —entre otros, GARCÍA CANTIZANO). Es decir, el delito de falsificación de documentos sociales viene a ser un delito pluriofensivo, en el que se protegerían dos bienes jurídicos: el patrimonio de la sociedad, de los socios o de terceros y la funcionalidad de los documentos sociales que deban reflejar la situación económica o jurídica de la entidad (así, entre otros, FARALDO CABANA o la SAP, Islas Baleares, Sección 1ª, 71/2000, 4-5; también lo considera pluriofensivo DEL ROSAL BLASCO, aunque refiriéndose, en vez de a la funcionalidad del documento, al interés en obtener una información completa y veraz sobre la situación jurídica o económica de la entidad; en cambio, otros lo consideran exclusivamente como uniofensivo para el patrimonio, como TERRADILLOS BASOCO; o uniofensivo al interés de veracidad de la información, como BAJO FERNÁNDEZ/BACIGALUPO SAGGESE, o la SAN 16/2000, 31-3 —caso Banesto).

1.2. Sujetos activo y pasivo

Sujetos activos son los "*administradores de hecho o de derecho, de una sociedad constituida o en formación*", que ya hemos examinado. No se han incluido, en cambio, a los auditores de cuentas (el PCP/2007 los pretendía incluir), a pesar de que tienen importantes funciones de verificación contable (arts. 263 y 268 LSC; Ley 22/2015, de 20 de julio, de Auditoría de Cuentas; RD 2/2021, de 12 de enero, por el que se aprueba el Reglamento de desarrollo la citada Ley; así como la Directiva 2006/43/CE, de 17 de mayo, relativa a la auditoría legal de las cuentas anuales y de las cuentas consolidadas, y la Directiva 2013/34/UE, de 26 de junio de 2013, sobre los estados financieros anuales, los estados financieros consolidados y otros informes afines de ciertos tipos de empresas) (una compilación de la normativa de la UE sobre la auditoría de cuentas se puede consultar en este enlace: https://finance.ec.europa.eu/capital-markets-union-and-financial-markets/company-reporting-and-auditing_es). Éstos, al igual que los directores financieros o los responsables de contabilidad, sólo podrán ser partícipes o encubridores, pero nunca autores, pues no son administradores (en la STS 688/2019, 4-3-2020 —caso Fórum Filatélico—, se confirmó la condena como cooperadores necesarios a los auditores que admitieron desde 1999 a 2004 que las cuentas reflejaban la imagen fiel, a pesar de saber que no era así: se reconocían unos compromisos con los clientes de 3.800 millones de €, que no se incorporaban al pasivo, y, por ejemplo, el último auditor se limitó a reflejar y aceptar como suficiente, una provisión de 58 millones de €).

Como dice la STS 313/2019, 17-6, los administradores no pueden justificar su conducta "*alegando que la llevanza de la contabilidad fuera responsabilidad primordial de la gestoría a la que tenían encomendada la gestión de la documentación. El artículo 25 del Código de Comercio dispone que «la contabilidad será llevada directamente por los empresarios o por otras personas debidamente autorizadas, sin perjuicio de la responsabilidad de aquéllos» y el artículo 253.1 de la Ley de Sociedades de Capital atribuye a los administradores la función de la llevanza de los libros fundamentales de toda sociedad… La responsabilidad por las falsedades contables no puede delegarse en una Gestoría. La gestión contable forma parte esencial de las funciones de administración y sus irregularidades son atribuibles al propio administrador*".

Por otra parte, la Jurisprudencia delimita también el círculo de sujetos activos en este delito en función del "*dominio que* [estos] *ejercen sobre la concreta estructura social en la que el bien jurídico se halla necesitado de protección y el Derecho penal, a través de semejantes tipos, protege*" (STS 228/2016, 17-3). De ello extrae la consecuencia de que "*es preciso recoger expresamente en el relato fático, no solo las competencias del sujeto en la dirección de la empresa y el uso efectivo que hizo de ellas, con la finalidad de establecer el ejercicio y facultades de dirección y decisión, sino, además, precisar los ámbitos de funcionamiento en los que tales competencias o facultades se ejercían para afirmar el dominio sobre esa parcela de responsabilidades*" (STS 94/2018, 23-2).

Sujetos pasivos son la "*entidad, alguno de sus socios o un tercero*". En cuanto a la sociedad y a los socios me remito a lo ya dicho en el epígrafe relativo a los elementos comunes. El problema está en circunscribir el alcance del concepto de tercero, pues de no hacerlo, prácticamente cualquier ciudadano podría ser considerado sujeto pasivo de este delito. El "*tercero*" debe tener alguna relación, jurídica o económica, con la sociedad, o al menos, poseer expectativas legítimas y razonables de establecerla (debiendo ser demostradas), pues, de otro modo, no podría irrogársele ningún perjuicio efectivo o al menos un riesgo de causárselo. Conforme a ello, cabe incluir a los acreedores actuales o potenciales de la sociedad, a los empleados y trabajadores, a clientes y a entidades de crédito, entre otros. Sin embargo, por la relación con los delitos contra la Hacienda pública y la Seguridad social habrá que excluir a estas entidades del concepto de tercero, no siendo sujeto pasivo del art. 290 CP. En todo caso, como dice la STS 884/2016, 24-11, sujeto pasivo "*ha de serlo una persona determinada o varias. No la generalidad, por más que a veces se indique que el bien jurídico protegido es plural y alcanza incluso al tráfico mercantil*".

1.3. Objeto material

El objeto material está constituido por ciertos documentos (art. 26 CP, no están incluidas, por tanto, manifestaciones puramente orales), de carácter mercantil, como son "*las cuentas anuales u otros documentos que deban reflejar la situación jurídica o económica de la entidad*". Se trata de una cláusula abierta en la que a modo de ejemplo se mencionan las cuentas anuales, pero que comprende todos aquellos documentos que puedan (dependiendo del grado de afectación que la inexactitud o falsedad pueda comportar para el reflejo de la imagen fiel de la sociedad) y deban (según la normativa correspondiente) demostrar la situación jurídica y/o económica de la empresa. No se trata, por tanto, de cualquier documento social, sino de documentos mercantiles que merecen una especial protección al tener como función legalmente encomendada el dar a conocer a socios y terceros la situación jurídica y/o económica de la entidad [p.ej., la STS 822/2015, 14-12, sí consideró idóneas las actas de juntas universales inexistentes, que no se celebraban y se presentaron en el registro mercantil, con perjuicio para uno de los socios que había invertido más de 500.000 € en la sociedad del acusado y nunca se le rindió cuentas de lo que se hizo con su dinero; en cambio, la STS 932/2006, 5-10 (*Tol 1002305*), no consideró documentos idóneos para este delito los poderes especiales a letrados y procuradores para realizar actos procesales otorgados por el liquidador de la entidad]. Las falsedades en documentos sociales que no tengan esta función serán sancionadas a través del art. 392 CP, lo que implica que no se castigan las falsedades ideológicas en estos casos.

Como dice la STS 1458/2003, 7-11: "*El objeto material sobre el que debe recaer este delito... se determina en la definición legal con un 'numerus apertus' en el que sólo se singulariza, a modo de ejemplo, las cuentas anuales... Entre los demás documentos cuyo contenido no puede ser falseado so pena de incurrir en el tipo del art. 290 del C. Penal se encontrarán, sin que esto signifique el cierre de la lista de los posibles objetos del delito, los libros de contabilidad, los libros de actas, los balances que las sociedades que cotizan en Bolsa deben presentar a la Comisión Nacional del Mercado de Valores, los que las entidades de crédito deben presentar al Banco de España y, en general, todos los documentos destinados a hacer pública, mediante el ofrecimiento de una imagen fiel de la misma, la situación económica o jurídica de una entidad que opera en el mercado"* (citada, entre otras, por las SSTS 558/2018, 15-11; 369/2019, 22-7; 693/2019, 29-4-2020, y 279/2020, 3-6). Conforme a este criterio, la STS 228/2016, 17-3, consideró objeto material idóneo un Informe Activo-Pasivo que se había elaborado para que el Consejo Rector de una cooperativa aprobase la absorción de otra, y que pretendía reflejar el estado económico de esta. Sin embargo, en dicho informe no se incluían determinados créditos que la absorbente tenía frente a la absorbida, creando así una situación económica más favorable a esta de la realmente existente en más de 71.000 €. Por el contrario, la STS 153/2019, 21-3, no consideró objeto material idóneo los anexos a los contratos de préstamo suscritos por las respectivas sociedades mercantiles en los cuales se recogía un inventario de los bienes inmuebles que se ponían como garantía. En dichos anexos se afirmó falsamente que una serie de fincas eran de su propiedad, cuando no era cierto. Sin embargo, tales anexos de los contratos de préstamo, dice la STS, *"no son certificaciones de la sociedad ni pueden calificarse de documentos de la sociedad o sociales y no pueden integrar la previsión típica del artículo 290 Código Penal. Con independencia de que se haya o no faltado a la verdad en la incorporación de algunos y puntuales datos, estos documentos integran los contratos de préstamo y son una parte inescindible de ellos hasta el punto de que tales documentos fueron firmados por los prestamistas…, lo que implica un acuerdo o conformidad de ambas partes sobre su contenido. La eventual falsedad de estos documentos sólo puede sancionarse con arreglo a los tipos generales de los artículos 390 y siguientes del Código Penal"*, que también descartó, por cuanto que los anexos serían documentos mercantiles (contratos de préstamo en los que una de las partes contratantes es una sociedad mercantil) y la mención de datos falsos en su contenido constituye una falsedad ideológica, que es atípica según el art. 392 CP.

Las "*cuentas anuales*" comprenden el balance, la cuenta de pérdidas y ganancias, el estado de cambios en el patrimonio neto, el estado de flujos de efectivo (del que están dispensadas aquellas empresas que puedan aprobar cuentas abreviadas) y la memoria (arts. 34 ss. CCo y art. 253 LSC, y, respecto al contenido de los documentos, arts. 254 y ss. LSC —Cuentas Anuales—, arts. 259 y ss. —Memoria— y arts. 262 y ss. —Informe de Gestión; también el RD 1514/2007, de 16 de noviembre, por el que se aprueba el Plan General de Contabilidad y el RD 1515/2007, de 16 de noviembre, por el que se aprueba el Plan General de Contabilidad de Pequeñas y Medianas Empresas y los criterios contables específicos para microempresas). Las cuentas anuales constituyen una unidad, de tal manera que las posibles irregularidades de alguno de los documentos contables pueden resultar subsanadas en otros [STS 1318/2000, 14-7 (*Tol 273-226*)].

El *balance* representa todos los bienes, derechos y obligaciones de la sociedad en un momento determinado. El balance comprende, por un lado, los bienes y derechos que constituyen el activo de la empresa, y por otro, las obligaciones y fondos propios que forman su pasivo. La *cuenta de pérdidas y ganancias* da a conocer el resultado económico del ejercicio, a través de la diferencia entre los ingresos y beneficios, por un lado, y los gastos y pérdidas por otro. El *estado de cambios del patrimonio neto* ofrece información sobre todas las operaciones que afectan a los fondos propios, ya deriven del resultado económico del ejercicio (beneficio o pérdida), de operaciones imputadas al patrimonio neto directamente (subvenciones, donaciones...), o de operaciones realizadas con los propietarios del capital (ampliaciones de capital, reparto de dividendos...). El *estado de flujos de efectivo* ofrece información sobre las operaciones de tesorería de la empresa o *cash-flow*, lo que permite conocer la capacidad de hacer frente a sus necesidades financieras. Y la *memoria* completa, amplía y comenta la información contenida en las otras cuentas anuales. En particular, tendrá mucha importancia el apartado correspondiente a la propuesta de aplicación del resultado del ejercicio.

Además de las cuentas anuales y por referirnos sólo a las sociedades anónimas, en el ámbito típico del art. 290 CP deben incluirse también otros documentos, como el *libro de inventarios* y el *libro diario* (arts. 25 y 28 CCo), los *libros de actas* (arts. 26 CCo), así como las *actas de la junta de accionistas* (art. 202 LSC), las *actas de los Consejos de Administración* (art. 250 LSC) o *sus certificaciones*, porque aunque simplemente dan fe de los asuntos allí tratados, no se puede descartar que el contenido de éstas pueda tener trascendencia jurídica o económica, sin perjuicio de aplicar, en caso contrario, el art. 392 CP [así la STS 648/2003, 23-4, consideró falsedad en documento mercantil la alteración de certificaciones de las actas de una junta general de accionistas; en cambio, la STS 791/2008, 20-11 (*Tol 1424237)*, no consideró las actas como objeto material idóneo de este delito], la *escritura de constitución* de la sociedad y los *estatutos sociales* (arts. 22 y 23 LSC), el *programa de fundación* en la fundación sucesiva (art. 42 LSC) y si la sociedad cotiza en Bolsa también el *informe técnico de viabilidad* y el *folleto informativo* que se debe aportar a la CNMV (arts. 43 LSC y 38 de la Ley 6/2023, de 17 de marzo, de los Mercados de Valores y de los Servicios de Inversión; sin perjuicio de aplicar, en su caso, el art. 282 bis CP —*vid. infra* III.1.5 la compleja relación entre el art. 290 y el 282 bis CP), el *informe del experto* o de los administradores en aportaciones no dinerarias (arts. 67 y 70 LSC), el *libro registro de socios* (art. 104 LSC) (p.ej., STS 897/2022, 16-11) o *el de acciones nominativas* (art. 116 LSC), los *informes que deben elaborar los administradores* para la adopción de determinados acuerdos sociales [como la modificación de los estatutos (art. 286 LSC); el aumento de capital (art. 300 LSC); la exclusión del derecho de suscripción preferente (art. 308 LSC); la emisión de obligaciones convertibles (art. 414 LSC)], el *informe de gestión* (art. 262 LSC; este informe incluirá no sólo indicadores financieros, sino también de carácter no financiero, a los cuales viene prestando especial interés la UE: *vid.* MONTANER FERNÁNDEZ; también la última Directiva (UE) 2022/2464, de 14 de diciembre de 2022, por lo que respecta a la presentación de información sobre sostenibilidad por parte de las empresas), el *proyecto* y los *informes necesarios* para una modificación estructural de la sociedad (transformación por cambio de tipo social, fusión, escisión y cesión global de activo y pasivo) [RD-Ley 5/2023, de 28 de junio, que traspone la Directiva (UE) 2019/2121, de 27 de noviembre de 2019, en lo que atañe a las transformaciones, fusiones y escisiones transfronterizas intracomunitarias], los *documentos antes, durante y al final de la liquidación* (el inventario y balance de la sociedad al comenzar sus funciones el órgano de liquidación, el estado anual de cuentas durante la liquidación y el balance final de la liquidación) (art. 383 ss. LSC), la *escritura de emisión de obligaciones* (art. 407 LSC), el *folleto explicativo* en caso de una OPA (art. 18 RD 1066/2007, de 27 de julio, sobre el régimen de las ofertas públicas de adquisición de valores; fruto de la Directiva 2004/25/CE, de 21 de abril, relativa a las ofertas públicas de adquisición), los documentos informativos para los inversores en Instituciones de Inversión Colectiva (ICC), *folleto, documento de datos fundamentales, informes anual y semestral* (art. 17 Ley 35/2003, de 4 de noviembre, de instituciones de inversión colectiva; Reglamento (UE) nº 1286/2014, de 26 de noviembre, sobre los documentos de datos fundamentales relativos a los productos de inversión minorista vinculados y los productos de inversión basados en seguros); el *informe financiero anual* de entidades admitidas a negociación en un mercado regulado (art. 99 LMVSI; y RD 1362/2007, de 19 de octubre, en relación con los requisitos de transparencia relativos a la información sobre los emisores cuyos valores estén admitidos a negociación en un mercado secundario oficial o en otro mercado regulado de la Unión Europea); el *informe de la administración concursal* (arts. 289 ss. RD-Legislativo 1/2020, de 5 de mayo, por el que se aprueba el texto refundido de la Ley Concursal), etc.

La SAN 13/2020, 29-9 —**caso Bankia**— (confirmada íntegramente por la STS 839/2022, 24-10), de un modo más que discutible (según PUENTE ABA, con ulteriores referencias), negó que existiese objeto material idóneo del art. 290 CP, pues entendió que la formulación de las cuentas anuales del ejercicio 2011 de BFA y de Bankia no llegó a convertirse en verdaderas cuentas, sino que estaríamos ante "*meros proyectos*" y que "*las cuentas formuladas en marzo de 2012 no llegaron a ser «cuentas anuales» y no pueden constituir el objeto material del delito de falsedad por carecer de potencialidad lesiva, al no haber estado a disposición de los usuarios de la contabilidad*" (FJ 14º).

Recordemos que BFA son las siglas del *Banco Financiero y de Ahorros*, que en diciembre de 2010 se formó de la unión de 7 Cajas de ahorros (Caja Madrid, Bancaja, Caja de Canarias, Caja de Ávila, Caixa Laietana, Caja Segovia y Caja Rioja) en lo que se conoce como un Sistema Institucional de Protección (SIP), o fusión fría. Comenzó a operar en enero de 2011 y de mano recibió un crédito inicial del FROB de más de 4.000 millones de euros. Según la Memoria publicada en 2019 por este organismo, disponible en http://www.frob.es/, "10 años del FROB (2009-2019). Una década por la estabilidad financiera", de los 58.871 millones de euros de ayudas concedidas al sector bancario, casi un 40%, exactamente 22.424 millones de euros, fueron a BFA-Bankia; de los cuales, según la "Memoria de Actividades 2022", se habrían recuperado 6.344 millones de euros, algo menos del 30%. Por cierto, las cuentas de las 7 Cajas de ahorros correspondientes al ejercicio 2010 quedaron fuera del proceso penal ante la AN, no se acusó a ninguno de sus responsables, ni se practicó prueba pericial alguna sobre ellas, por lo que no se entró a valorar su posible falsedad. Lo que se enjuició fue lo acaecido con posterioridad. En abril de 2011 BFA decidió crear *Bankia*, una filial que, a través de lo que se denominó "Proyecto de Segregación", se quedaría con el negocio bancario de los clientes minoristas de las antiguas Cajas de ahorros, mientras que BFA se quedaría con los activos tóxicos, lo que permitiría a Bankia ser una entidad solvente y salir a Bolsa. Esta se produjo en julio de 2011. Salió el 55% de Bankia, pero el 45% restante permaneció en manos de su matriz BFA. En mayo de 2012 se produce la dimisión del entonces Presidente de Bankia, Rodrigo Rato, y le sucede en su puesto José Ignacio Goirigolzarri, quien todavía sigue al frente de la dirección de la entidad bancaria. Inmediatamente después del cambio de equipo gestor, el FROB inyecta más dinero en BFA, quedándose con el 100% de su capital y, por tanto, también con el 45% de Bankia. A finales de mayo de 2012, las acciones de Bankia habían perdido ya un 60% de su valor con respecto al de su salida en julio de 2011, que fue de 3,75 €/acción, la CNMV suspendió su cotización y el Consejo de Administración de BFA-Bankia decidió pedir una nueva inyección de dinero público de casi 20.000 millones de euros. Tras todos estos acontecimientos dicho Consejo de Administración reformula las cuentas correspondientes al ejercicio 2011, que a principios de mayo había presentado a la CNMV el anterior equipo de dirección y que arrojaban más de 306 millones de euros de beneficios, pasando tras la reformulación a tener BFA-Bankia unas pérdidas de más de 3.030 millones de euros. El valor de las acciones de Bankia seguía cayendo y a principios de 2013 dicha entidad bancaria fue excluida del Ibex 35 y no volvió a cotizar hasta finales de año. Durante este período se llevó a cabo un contrasplit de 100:1, cuando su valor tocó fondo con 0,17 €/acción, de tal manera que el precio de referencia de las acciones pasó a ser de 17 €. Tras otros muchos avatares financieros, a finales de 2020 CaixaBank y Bankia deciden fusionarse, fusión que se produciría en marzo de 2021 por absorción de Bankia por CaixaBank, convirtiéndose así en el banco de mayor tamaño por activos de España en la actualidad (el mayor banco español en el mundo es el Banco Santander, seguido del BBVA). Valga este recordatorio para tener presente la magnitud del asunto enjuiciado.

Con independencia de si la información contable de Bankia en el momento de su salida a Bolsa el 20 de julio de 2011 reflejaba fielmente o no su situación económica, que pudiera dar lugar a un delito de estafa de inversores del art. 282 bis CP (el folleto de emisión incluía por referencia información financiera de las 7 Cajas de ahorros y fueron el punto de partida de los estados financieros de BFA, matriz de Bankia, pero la AN absolvió en este punto porque dichas cuentas no fueron objeto de enjuiciamiento en dicho procedimiento —FFJJ 6º y 7º; también descartó la falsedad de la información no financiera contenida en el folleto, pues en él se advirtieron de hasta de 36 riesgos que tenía la inversión en acciones de Bankia —FJ 9º), puede ser discutible que no estemos ante un objeto material idóneo del art. 290 CP. Como reconoce la propia SAN 13/2020, 29-9, lo cierto es que más adelante, en marzo de 2012, al elaborar las cuentas de la matriz, BFA, del ejercicio 2011 "*no se hizo referencia a deterioro alguno en la participación de BFA en Bankia, participación que con motivo de la salida a Bolsa de la segunda se redujo, pasando de un montante de 12.031 millones de euros resultado de multiplicar el coste de la acción, 13,25 euros, por el número de acciones, 908.000.000, a un total de 3.405 millones de euros, a consecuencia del precio fijado en la OPS de 3,75 euros por acción*". Esta ausencia en la contabilidad "*suponía una amenaza relevante para la valoración de la cartera de valores de la matriz en la filial y eso podría provocar una salvedad por parte del auditor*", ante lo cual se propuso un "*Plan de actuación*", confeccionado por la auditora, consistente en hacer una "*absorción inversa*", traspasando la mayor parte del activo y pasivo de BFA a Bankia, constituyéndose la primera en una sociedad patrimonial y dejando de ser una entidad de crédito, Plan que fue remitido al BdE el 3 de abril de 2012 y aprobado por su Comisión Ejecutiva el 17 de abril de 2012 —FJ 14º. La referida omisión en las cuentas de BFA puede poner en cuestión, como decíamos, que no estemos ante un posible delito tipificado en el art. 290 CP.

El Ministerio Fiscal, en sus conclusiones definitivas, aunque no en sus conclusiones provisionales, apoyándose en la STS 94/2018, 23-2, consideró que la mera formulación de las cuentas anuales, incluso sin informe de auditoría y sin aprobación por la Junta General, podía constituir objeto material del art. 290 CP.

Por el contrario, la SAN, haciendo una interpretación distorsionada —a nuestro modo de ver— de la citada STS, afirma rotundamente que "***el informe de auditoría constituye un requisito insoslayable para poder integrar la tipicidad del artículo 290 del Código Penal,*** *ya que solo entonces podría apreciarse la potencialidad lesiva exigida por el artículo 290 del Código Penal*" (FJ 1°, resaltado añadido), "*aunque también es verdad* —continúa— *que, aun careciendo de ese informe, las cuentas se enviaron a la CNMV, procurando de esa forma cumplir con la obligación legal de remisión de las mismas al Supervisor en el plazo máximo de cuatro meses tras el cierre del ejercicio*".

El problema que se planteaba en la STS 94/2018, 23-2, era si un socio que aprobase y firmase las cuentas falsas respondía como partícipe o no, y el Alto Tribunal entendió que no, porque se trataría de una participación posterior a la consumación. "*La firma de las cuentas por los socios o su aprobación por ellos* —dice—, *es un acto posterior a la consumación, por lo que no puede calificarse como un caso de cooperación necesaria, que necesariamente ha de ser anterior o simultánea a la ejecución, aunque quepa considerar cooperador necesario a quien hace una aportación esencial posterior a la ejecución, pero pactada de antemano, de forma que durante la ejecución opere como garantía y seguridad de su éxito*".

En el caso Bankia, incluso parece que la AN exige haber completado todo el proceso de publicación de las cuentas anuales previsto en la LSC para que podamos apreciar la tipicidad del art. 290 CP: "*lo cierto y verdad* —dice— *es que ese descenso del precio de la acción en la salida a Bolsa de Bankia, no solventado después de tantos meses, no se reflejó en la formulación de las cuentas anuales del ejercicio 2011 de BFA (única accionista), por lo que si esa formulación de las cuentas por el Consejo de Administración de BFA* ***hubiese observado el posterior recorrido para convertirse jurídicamente en cuentas*** *(que hubiera precisado: la emisión de informe de auditoría suscrito por el socio Auditor en el plazo de 1 mes a computar desde la fecha de formulación; registro telemático en la CNMV de la formulación, de las cuentas anuales e informe de auditoría, aprobación de las cuentas anuales en la Junta General de accionistas en el plazo máximo de 6 meses posteriores al cierre del ejercicio social, o 3 meses desde la formulación de las cuentas anuales, y por último, depósito de las cuentas en el Registro Mercantil), nos podríamos plantear si nos encontramos ante un delito de falsedad contable*" (FJ 14°, resaltado añadido).

Sin embargo, aparte de que el art. 290 CP incluye "*las cuentas anuales u otros documentos...*" (p.ej., compárese con lo decidido en la STS 369/2019, 22-7 —caso de las Titulizaciones de la CAM—, que consideró que entraban dentro del ámbito de tipicidad del art. 290 CP los llamados estados financieros intermedios), lo decisivo a efectos de determinar la tipicidad de la conducta no es si las cuentas cumplen o no con el requisito formal de contar con el informe de auditoría, o si han observado el posterior recorrido completo exigido legalmente para su publicación, sino si aquellas reflejan fielmente la situación económica de la entidad y si no lo hacen, si tienen idoneidad para causar un perjuicio a alguien, lo cual sucederá en cuanto hayan trascendido del ámbito estrictamente interno de la sociedad y otras personas o instituciones hayan podido tener conocimiento de ellas.

Si se nos permite el símil, es como si en la difusión de bulos o noticias falsas que puedan poner en peligro la salud de las personas se exigiese para su reprobación que antes un verificador externo compruebe si la noticia es cierta o no. Lo importante no es si alguien ha contrastado o no la veracidad de la noticia, sino el riesgo que dicha comunicación genera para la salud de las personas. Lo reprobable no sería difundir noticias sin control, sino difundir noticias que puedan poner en peligro la salud de las personas. En el delito de falsedades societarias del art. 290 CP sucedería algo parecido, pero en relación con el patrimonio. Lo importante no es si el auditor ha emitido o no su informe sobre el ajuste de las cuentas de la sociedad mercantil a la normativa contable vigente, sino si el documento elaborado puede poner en peligro el patrimonio de la entidad, de los socios o de terceros. Y dicha potencialidad lesiva se materializa con independencia de que exista o no el informe del auditor de cuentas. El art. 290 CP no se trata de una infracción puramente formal en la cual se difunden o publican las cuentas societarias sin control del auditor (a esto es a lo que vendría a reducir este precepto la interpretación de la AN), sino de una infracción con contenido material de ofensividad hacia el patrimonio de terceras personas por *"falsear las cuentas... de forma idónea para causar un perjuicio económico..."*. Por tanto, habría que distinguir dos cosas. Una es si la información falsa contenida en el documento tiene capacidad para perjudicar a alguien. Incorrecciones o inexactitudes de escasa importancia no la tendrán, pero, en nuestra opinión, un desfase de 8.000 millones de euros en el balance de BFA, como el que se ha mencionado antes, claro que tiene dicha capacidad para perjudicar; y lo mismo se podría decir de la diferencia de más de 3.300 millones de euros en la cuenta de pérdidas y ganancias de Bankia, también mencionada antes. Y otra cuestión es cuándo se manifiesta dicho peligro, o, en otros términos, cuándo se consuma el delito del art. 290 CP. Esto fue lo que vino a delimitar la STS 94/2018, 23-2, citada por el Ministerio Fiscal, y ello se produciría cuando dicho documento se publica o difunde, cuando sale del ámbito estrictamente privado o reservado del responsable de su elaboración. *"El delito de falsedad de las cuentas anuales del artículo 290 CP* —dice esta STS— *es un delito de peligro hipotético que se consuma cuando los administradores, de hecho o de derecho, formulan las cuentas y éstas pueden ser accesibles por terceros, de manera que pueda afirmarse su idoneidad para causar un perjuicio a la sociedad, a los socios o a un tercero"*, a lo que añade: *"Tras la formulación de las cuentas, y la auditoría en los casos en los que es necesaria, ya puede valorarse si concurre esa idoneidad, y por lo tanto, el delito se consuma"*. ¿Quiere con esto decir que el TS mantiene que el informe de auditoría es un elemento determinante del objeto material del delito del art. 290 CP? A nuestro modo de ver, no, pues no era esa la cuestión que se sometió al TS en dicho procedimiento, sino cuándo se consuma este delito. Insistimos: cuando se *"formulan las cuentas y éstas pueden ser accesibles a terceros"*. En el caso Bankia esto sucedió el **4 de mayo de 2012** cuando tanto las cuentas del BFA y de Bankia correspondientes al ejercicio 2011 (aun sin contar con los informes de auditoría) se comunicaron a la CNMV y se publicaron como hechos relevantes en su página web. La información contenida en ellas con los desfases aludidos no se rectificó hasta que se aprobaron nuevas cuentas el **25 de mayo de 2012** y se comunicaron de nuevo a la CNMV ese mismo día. Según consta en la página web de la CNMV, tanto Bankia como BFA remitieron sus cuentas individuales y consolidadas el 4 de mayo de 2012: Bankia a las 8:22 y 8:26 con los números de registro 162929 y 162930 (en www.cnmv.es, en el apartado consultas a registros oficiales, hechos relevantes de emisores de valores se pueden descargar, enlace aquí); y BFA a las 8:30 y 8:32 con los números 162931 y 162933 (enlace aquí). Por tanto, no se puede negar que dichas cuentas se publicaron como hechos relevantes concernientes a resultados y situación financiera de dichas entidades. En nuestra opinión, durante ese período es cuando el "bulo societario" manifestó su peligro posible para terceros, con independencia de si contaba o no con el informe de auditoría.

Pero para la AN dicha publicación a través de la CNMV no es importante, pues entiende que en términos jurídicos, las cuentas formuladas en marzo "*ni fueron objeto de auditoría ni se aprobaron por las Juntas Generales de BFA y de Bankia*", por lo tanto, "*no llegaron a ser 'cuentas anuales' y no pueden constituir el objeto material del delito de falsedad por carecer de potencialidad lesiva, habida cuenta que no estuvieron a disposición de los usuarios de la contabilidad (accionistas, acreedores, inversores…), esto es, nunca entraron en el tráfico jurídico mercantil*".

"En el límite del plazo legal, el 30 de abril de 2012, BANKIA Y BFA depositaron copias impresas de las cuentas formuladas anuales del ejercicio 2011 sin los correspondientes informes de auditoría, siendo publicadas como hecho relevante en la CNMV el viernes 4 de mayo de 2012. El siguiente lunes día 7 de mayo D. Rodrigo Rato anunció su decisión de dimitir como Presidente de BFA y BANKIA, decisión esta que hizo efectiva el 9 de mayo de 2012 en las sesiones del Consejo de Administración de ese día de ambas entidades proponiendo el Sr. Rato su sustitución por D. José Ignacio Goirigolzarri. El referido anuncio fue enormemente publicitado, circunstancia que alertaría a cualquier inversor, por muy obtuso que fuera, de la absoluta inconveniencia de colocar su dinero en acciones de BANKIA, no siendo susceptibles de considerar que tales proyectos de cuentas entraron en el tráfico jurídico-mercantil toda vez que, desde la tarde del viernes a la mañana del siguiente lunes, el mercado bursátil no se encontraba operativo" (así finaliza el FJ 14º de la SAN).

Sin embargo, creemos que este argumento no es determinante de una absolución, pues que el mercado bursátil no esté abierto durante el fin de semana, no significa que después no lo estuviese. Pero lo que habrá que valorar, a nuestro modo de ver, no es, una vez abierto de nuevo el mercado bursátil, si la dimisión de Rodrigo Rato era una llamada de atención a posibles inversores para que no lo hiciesen, lo cual puede ser relevante a efectos de aplicar el tipo agravado del párr. 2º del ar. 290 CP e imputar o no un resultado de perjuicio real, sino si la contabilidad presentada a la CNMV y publicada como hecho relevante reflejaba o no fielmente la situación financiera de BFA-Bankia y si era idónea para causar perjuicio. Téngase en cuenta que la falta de credibilidad de dicha contabilidad puede perjudicar a la propia entidad bancaria por pérdida de confianza de los inversores.

1.4. Conducta típica

La conducta típica consiste en falsear los documentos sociales antes referidos, pero no de cualquier manera, sino de forma que sea idónea para causar un perjuicio económico a la entidad, a los socios o a terceros. De no serlo, la conducta no sería punible según el art. 290 CP, aunque sin perjuicio de aplicar, en su caso, el art. 282 bis CP relativo a la falsificación de información económico-financiera de los emisores de valores admitidos a negociación en un mercado de valores (p.ej., la STS 369/2019, 22-7 —caso Titulizaciones de la CAM—, condenó a la Directora General de la CAM por el art. 290 CP y a su Director General de Planificación y Control por el art. 282 bis CP; en cambio, la SAN 13/2020, 29-9, confirmada por la STS 839/2022, 24-10 —caso Bankia—, absolvió a todos los acusados de los delitos de los arts. 290 y 282 bis CP), o el propio art. 392 CP, dejando al margen las falsedades ideológicas.

En los Proyectos de CP también se restringía el alcance de la conducta de falsificación, pero se hacía mediante un elemento subjetivo de injusto: *"para causar un perjuicio económico..."*. Sin embargo, este requisito fue criticado por la Doctrina por las dificultades probatorias que presentaba (entre otros, por TERRADILLOS BASOCO). Por cierto, argumento al cual se recurrió también en el caso Bankia, como veremos luego.

Falsear significa alterar, manipular, simular, aparentar la veracidad de algo, en este caso de los aludidos documentos. Incluye tanto las falsificaciones materiales (de los números 1° y 2° del art. 390.1 CP) como las ideológicas (de los números 3° y 4° del art. 390.1 CP) [así la Consulta de la FGE 15/1997, 16-12, o las SSTS 1256/2004, 10-12 (*Tol 556689*); 932/2006, 5-10 (*Tol 1002305*), y 625/2009, 17-6 (*Tol 1567577*)] y puede consistir en cualquier acto que dé lugar a una imagen que no se corresponda con la auténtica situación jurídica o económica de la entidad.

Como dice la STS 259/2013, 19-3, el tipo previsto en el art. 290 CP encierra una modalidad falsaria, en la cual *"su componente esencial es el faltar a la verdad en la narración de los hechos... Y es que, aunque el legislador resultó condescendiente con las falsedades ideológicas en términos generales, al mismo tiempo, a lo largo de numerosos artículos del Código Penal, introduce figuras concretas de falsedades ideológicas que por su especial relevancia con bienes jurídicos especialmente protegidos son elevadas de manera específica a la categoría de delitos. Esto sucede, entre otros casos, en los delitos societarios en relación con la obligación de que las actividades societarias, que tanto repercuten sobre la vida económica de un país, reflejen de manera fiel la realidad de sus verdaderos contenidos y resultados. Por esta razón, faltar a la verdad en la realidad contable de una sociedad tiene su adecuada sanción en el art. 290 del CP"*. Esta decisión absolvió del delito de falsedad societaria, porque los traspasos y los préstamos concedidos sin ningún tipo de interés ni fecha de devolución de los que se apropiaron los administradores en ningún momento fueron objeto de ocultación, ni fue alterada su cantidad, ni siquiera se camuflaron sus verdaderos beneficiarios.

La STS 760/2015, 3-12, afirma que *"el delito de falsedad contable mantiene la estructura de las falsedades documentales"*, y trayendo a colación las SSTS 305/2011, 12-4, y 781/2014, 18-11, como estos no son delitos de propia mano que requieran la realización corporal de la acción prohibida, *"para ser autor no se exige que materialmente la persona concernida haya falsificado de su propia mano los documentos correspondientes, basta que haya tenido el dominio funcional de la acción y que otra persona, aun desconocida, haya sido el autor material, de modo que tanto es autor quien falsifica materialmente, como quien se aprovecha de la acción con tal que tenga el dominio funcional sobre la falsificación"* (también la STS 528/2020, 21-10). *"Dominio funcional* —dice respecto del administrador de la mercantil— *predicable en quien decide ocultar la transmisión de la nave y congruentemente dotar de opacidad contable a la salida de ese activo"*.

Normalmente consistirá en la ocultación o simulación de beneficios o pérdidas que haya podido tener la entidad.

Por poner tan solo un ejemplo extraordinario: Afinsa elaboraba sus cuentas anuales ocultando en el pasivo sus obligaciones de recompra con los clientes y sobrevalorando en el activo la filatelia respecto a su precio de mercado, lo que impedía conocer su verdadero estado patrimonial. En el pasivo no se computaban las obligaciones de recompra con los clientes, o no se reflejaba la realidad de las obligaciones suficientemente, porque, como muy gráficamente dice la SAN 22/2016, 27-7, y reproduce la STS 749/2017, 21-11, *"con las provisiones se cubría una mínima parte de la pérdida, pues Afinsa había comprado a 8, vendido al cliente a 100, precio de catálogo, y recomprado a 107, y solo se atendían las dos últimas magnitudes para calcular la pérdida"*. Existía una abismal diferencia entre la apariencia contable y la realidad del estado económico de la compañía, que, conforme a esa contabilidad creativa, empeoraba, paradójicamente, cuanto mayor era su volumen de negocio. En total, según el procedimiento concursal nº 208/2006 llevado a cabo en el Juzgado de lo Mercantil nº 6 de Madrid, hubo más de 190.000 perjudicados por esta estafa piramidal con un importe total de 2.574 millones de €. Prácticamente idéntico fue el caso Fórum Filatélico, cuyo procedimiento concursal nº 209/2006 tramitado en el Juzgado de lo Mercantil nº 7 de Madrid, tuvo el mismo número de perjudicados y cuyo importe total se cuantificó en más de 3.707 millones de €.

Esta ocultación o simulación tiene que ir referida a datos. Por tanto, en principio, la falsedad no podría comprender valoraciones o juicios de valor. La Jurisprudencia considera que "*solo cabe falsear lo que es susceptible de ser tenido por verdadero*", y que "*cuando se trata de juicios de valor, aunque pueda predicarse la incorrección, no puede decirse que su enunciado sea o no falso. Y en contabilidad, además de datos, se manejan juicios de valor. Como lo que corresponde emitir sobre la calificación contable de un dato de hecho. De tal suerte que el resultado de unas cuentas puede ser incorrecto, sin falsedad, si las partidas no son correctamente consideradas desde esa perspectiva*" (STS 884/2016, 24-11).

La STS 369/2019, 22-7, afirma que *"no se comete cuando se incorporan juicios de valor, de los que no puede afirmarse la falsedad, sino el acierto o el error. Es posible, sin embargo, construir un juicio de valor erróneo sobre la base de la ocultación de un dato verdadero o la introducción de un dato falso. Existirá entonces falseamiento de las cuentas, apoyado en la falsedad de un dato fáctico y expresada mediante un juicio de valor"* (también la STS 693/2019, 29-4-2020). Asimismo, *"anudar sin más una falsedad contable a las irregularidades expresadas para integrar el delito del art. 290 CP, resulta arriesgado e incorrecto penalmente, porque no toda irregularidad es equivalente a una falsedad de contenido penal"* (STS 439/2016, 24-5).

A este respecto, en la STS 839/2022, 24-10 —caso Bankia—, aun aceptando como modalidad falsaria la referida a cálculos de valor o pronósticos de eventuales detrimentos, el Alto Tribunal tuvo en cuenta *"la relevancia de la intervención de los supervisores que resultó en este caso... particularmente intensa. De hecho* —dice— *determinadas dudas, que surgieron en el seno de la dirección de las compañías respecto al adecuado modo de aplicar particulares normas contables, fueron planteadas al supervisor, siendo resueltas por éste en un sentido favorable. Y en este escenario, por más que puede comprenderse que algún perito (los de las acusaciones) no compartan esa decisión o les parezca inadecuada para mejor transmitir la imagen fiel de la empresa, y por mucho que incluso en el ámbito interno de los servicios del BdE pudiera haber existido cierta controversia al respecto, admitida la aplicación de normas contables por dicho organismo (y avalada también por el criterio conteste de otros peritos), difícilmente podría sostenerse la comisión de un delito de falsedad sobre esa base. Dicho de otra forma: las normas contables no dejan de resultar, como todas las otras, susceptibles de diversas interpretaciones, sin que la opción por una de ellas, máxime avalada por el BdE, pudiera reputarse aquí como en sí misma delictiva".*

Dice la STS 884/2016, 24-11, que *"contabilidad inexistente no es contabilidad falsa", "y tampoco irregularidades relevantes implican falsedad". "Tales términos* [scil. irregularidades, insuficiencias en la articulación de la contabilidad o incluso su total omisión] *son equívocos, pues albergan tanto el concepto de falsedad como el de incorrección valorativa. Y esa equivocidad descriptiva acarrea la consecuencia de no poder afirmarse concluyentemente la tipicidad penal"* (STS 884/2016, 24-11).

En cualquier caso, siempre vamos a estar ante una modalidad activa, porque, aunque la falsificación consista en silenciar u ocultar ciertos datos, el hecho es que se ha elaborado un documento falso. No es posible, por tanto, la comisión por omisión, ni siquiera acudiendo a lo dispuesto en el art. 11 CP, pues éste se refiere a "*los delitos que consistan en la producción de un resultado*" y el art. 290 I CP es un delito de peligro hipotético o de aptitud [en cambio, la STS 625/2009, 17-6 (*Tol 1567577*), admite la comisión por omisión].

Como es sabido, con la aprobación del CP/1995 se ha producido un debate acerca de si la confección de un documento mercantil que no se corresponde con ningún negocio jurídico realmente efectuado (contrato simulado, apócrifo o fingido) constituye una simulación total del documento (art. 390.1.2° CP) o supone faltar a la verdad en la narración de los hechos (art. 390.1. 4° CP), con lo que podría no resultar punible el particular que la cometiese (art. 392 CP). El TS se ha pronunciado en dos importantes sentencias en sentido diverso. En el caso Filesa se inclinó por la primera solución [STS 1/1997, 28-10 (*Tol 73465*)], en el caso Argentia Trust por la segunda [STS 224/1998, 26-2 (*Tol 78342*)]. Esta postura es la que se ha consolidado [STS 932/2000, 29-5 (*Tol 1002305*); MORENO-TORRES HERRERA, QUINTERO OLIVARES, entre otros], de tal modo que habrá que entender que el art. 390.1.2° CP exige la simulación de un documento, no la simulación del negocio jurídico que se documenta, conducta que aparece tipificada de forma autónoma en el art. 251.3 CP. Este problema se ha planteado recientemente en el caso Pescanova (véase la STS 89/2023, 10-2, FJ 3°, la cual ratifica este criterio, trayendo a colación, entre otras, las SSTS 905/2014, 29-12; 784/2009, 14-7; 278/2010, 15-3; 1064/2010, 21-10, y 1100/2011, 27-10, según las cuales, *"si el documento no obedece en verdad al origen objetivo en cuyo seno aparentemente se creó, trayendo causa de él su existencia como tal documento, será éste inauténtico porque su elaboración es en tal caso simulada, al igual que si aparece originado subjetivamente por persona distinta de la que en realidad fue su autora. Ambos serán, por su origen falso, supuestos de inautenticidad, subsumibles en el número 2 del artículo 390, frente a los casos de inveracidad de contenido, propio del número 4° del artículo 390 del Código penal, en donde, siendo el origen subjetivo y objetivo verdadero, es decir, auténtico, el documento es simplemente inveraz en su contenido"; "se subraya* —continúa— *que el apartado segundo del art. 390.1 comprende aquellos supuestos en que la falsedad no se refiera exclusivamente a alteraciones de la verdad en algunos de los extremos consignados en el documento, que constituirían la modalidad despenalizada para los particulares de faltar a la verdad en la narración de los hechos, sino al documento en sí mismo en el sentido de que se confeccione deliberadamente con la finalidad de acreditar en el tráfico jurídico una relación jurídica absolutamente inexistente".*

La falsedad debe tener una aptitud o potencialidad lesiva hacia el patrimonio de los sujetos pasivos, que hay que demostrar.

P.ej., la STS 764/2009, 3-7, consideró que no puede existir idoneidad para causar perjuicio a los socios, cuando éstos actúan de común acuerdo; no obstante, cabría preguntarse si ello significa identificar la sociedad con todos sus socios a efectos del delito de falsedad societaria, pues este puede también afectar a terceros. La STS 369/2019, 22-7 —caso Titulizaciones de la CAM—, revocó la condena respecto de la falsedad de las cuentas de la CAM correspondientes al ejercicio 2010, porque no quedó suficientemente demostrado si el hecho de dar de baja en el balance los activos titulizados dio lugar a una alteración de la imagen fiel que pudiese considerarse relevante desde la perspectiva de su idoneidad para causar el perjuicio al que alude el tipo. En cambio, la STS 460/2021, 27-5 —caso del Recreativo de Huelva—, dio por buena la idoneidad para perjudicar a la entidad deportiva simplemente al hacer constar en el balance de la temporada 2012/2013 una inversión o anticipo con cargo a la sociedad tendente a la adquisición de un inmovilizado, unos terrenos que serían destinados a la construcción de una ciudad deportiva, cuando no existe soporte documental que acredite los pagos cargados a la sociedad para tal fin. Al año siguiente se corrigió o compensó, también contablemente, con una deuda frente a la mercantil Gildoy España, SL, y por ello no hubo perjuicio y no se apreció un delito de administración desleal. Sin embargo, el TS considera que *"la contabilización como anticipo de inmovilizado de una serie de gastos repercutidos a la sociedad que no han sido acreditados [por importe total de 483.661 €] presenta un activo ficticio de la sociedad, lo que desfigura la realidad económica de la misma"*. En el informe de auditoría de esas cuentas se califica tal alteración contable como un *"aspecto significativo"* sobre la imagen del patrimonio y situación financiera de la entidad. La AP tiene en cuenta también el estado financiero del club y la magnitud de su importe para justificar la idoneidad perjudicial de la falsedad, que el TS acaba dando por buena simplemente diciendo que siendo ficticio dicho apunte contable *"en la medida en que no refleja fielmente la situación de la entidad, tiene la aptitud para causar un perjuicio potencial por la inexacta imagen contable de la entidad"*. Nada más.

El art. 290 I CP no es un puro delito de peligro abstracto, en el que se presuma por ley la peligrosidad de la conducta (p.ej., conducir sin carné del art. 384 CP), sino un delito de aptitud, de peligro hipotético o posible (STS 94/2018, 23-2), en el cual hay que comprobar la peligrosidad de la conducta (p.ej., conducir bajo la influencia de bebidas alcohólicas en el art. 379.2 primer inciso CP). Esto significa que habrá que examinar, por un lado, si la conducta es conforme a la experiencia general (*ex ante*) potencialmente lesiva, y por otro, si atendiendo al modo y circunstancias con que ha sido llevada a cabo (*ex post*), dicha aptitud lesiva aún subsiste, pero sin que se requiera la concreta puesta en peligro, ni tampoco el efectivo menoscabo del bien jurídico. Si éste se llegase a producir, el párr. 2º del art. 290 CP agrava la pena en la mitad superior.

La STS 369/2019, 22-7 —caso de las Titulizaciones de la CAM—, que estimó los recursos de casación interpuestos y revocó la condena de la SAN 28/2017, 17-10, en lo que respecta a la falsedad de las cuentas de la CAM en el ejercicio 2010, afirma lo siguiente: *"la existencia de una alteración se establece por comparación con lo que debería haber constado en los documentos falseados, de manera que es necesario que conste cuál debería haber sido la imagen correcta emanada de aquellos"* y *"a estos efec-*

tos reviste especial importancia la prueba pericial". En el caso concreto, la STS estima que para los peritos que examinaron la cuestión, *"no habría diferencias sustanciales entre los resultados de 2010 consignados en las cuentas de la entidad y los que deberían haber sido consignados de no haber dado de baja en el balance los activos titulizados, si, manteniéndolos en el balance, se hubiera tenido en cuenta el valor de las garantías inmobiliarias"*. Para el TS: *"Los datos disponibles mediante la valoración pericial y la ausencia de razonamientos sobre este particular dan lugar, al menos, a la existencia de una duda razonable respecto de las bases fácticas de ese elemento del tipo penal, que no puede resolverse en perjuicio de los acusados"*. La condena inicial obedecía a que las operaciones de titulización se realizaron para *"aparentemente reducir la tasa de mora que acuciaba a las maltrechas arcas de la CAM"*. Pero el TS señala que *"en los hechos probados no se recoge expresamente ninguna disminución relevante de la tasa de mora vinculada a estas operaciones de titulización, ni, por lo tanto, se establece su relevancia ni se valora su idoneidad para causar un perjuicio"*. No obstante, mantuvo la condena por el falseamiento de los llamados *"estados financieros intermedios"* correspondientes al primer trimestre y al primer semestre de 2011, en los que se ofrecía una imagen económica de la entidad que no se correspondía con la realidad, al consignar unos beneficios de alrededor de 60 millones de €, mientras que las cuentas suscritas por los administradores del FROB [la CAM fue intervenida en julio de 2011] apreciaban unas pérdidas superiores a 1.000 millones de €. En diversos informes de los inspectores del Banco de España —dice el TS— *"se deduce con claridad que, para hacer constar beneficios ficticios en las informaciones remitidas al Banco de España, se procedió a rehabilitar o reclasificar como normales, riesgos que deberían haber permanecido en situación inicial de mora"*. Y *"aunque es cierto que estas cifras* [scil. las contenidas en los informes de los inspectores del BdE] *no cubren toda la diferencia entre ambas cuentas, son suficientes para establecer más allá de toda duda razonable que las informaciones aportadas desde la CAM... no reflejaban la realidad económica de la entidad, o, dicho con otras palabras, su imagen fiel, de una forma que no puede menos que considerarse relevante a efectos de establecer su idoneidad para causar un perjuicio económico a la sociedad, a los socios o a terceros"*. Como los estados financieros intermedios son documentos que *"han de ser remitidos obligatoriamente al BdE, que, con toda evidencia, deben reflejar fielmente la situación económica de la entidad"*, *"la idoneidad para la causación de un perjuicio económico... puede resultar de la imposibilidad de que el BdE, en cumplimiento de sus funciones, resulte impedido o seriamente dificultado para adoptar las medidas necesarias, no solo respecto de la misma entidad que se encuentra en una situación problemática y ofrece una imagen que la oculta, sino también para la salvaguarda y garantía de la estabilidad y correcto funcionamiento del sistema económico y financiero del país"*.

La STS 760/2015, 3-12, absuelve del delito de insolvencia punible, pero mantiene la condena por el delito de falsedad societaria, ya que *"goza de autonomía propia, más allá de que criminológicamente se presente frecuentemente como instrumental de otros ilícitos penales"*. *"En autos —dice—, aunque no se llegara a causar un perjuicio económico..., es obvio que la opacidad contable falsaria sobre la transmisión del único bien inmueble de la sociedad, integra una forma idónea de originar un perjuicio en el tráfico mercantil, tanto a la propia sociedad, que se le priva del importe de la transmisión..., como a otros acreedores que no fueron atendidos, pese a su mayor diligencia y en todo caso carecieron de la posibilidad de decidir sobre el ejercicio de los derechos que potencialmente el ordenamiento les otorgaba en defensa de su crédito [...]"*.

El concepto de perjuicio económico se debe interpretar según el criterio del saldo total, esto es, la comparación entre el estado patrimonial anterior a la acción delictiva y el estado patrimonial posterior, debiendo incluirse en esta comparación el lucro cesante (DEL ROSAL BLASCO, entre otros; FARALDO CABANA añade también el criterio de la influencia individual del daño, que atiende al valor de la utilidad individual del elemento patrimonial, lo cual permitiría afirmar también el perjuicio patrimonial en casos de escasa o nula utilidad individual pese al saldo económico equivalente). No parece que pueda identificarse "*perjuicio económico*", que exige el tipo, con el riesgo de que el accionista no pueda adoptar las decisiones acertadas necesarias para mantener el valor de su inversión a causa de su ignorancia de la situación real de la entidad debido a la información falseada que consta en las cuentas o en otros documentos.

Como dice la STS 369/2019, 22-7 —caso Titulizaciones de la CAM—, "*este riesgo existe siempre que se desconozca la situación real de la entidad, es decir, siempre que la falsedad sea idónea para causar un perjuicio*", con lo que "*esta interpretación dejaría sin aplicación el tipo básico*". Y añade: "*Es cierto que es posible causar perjuicios con las cuentas falseadas a quienes han iniciado con anterioridad su relación con la entidad. Si, por ejemplo, se ocultan beneficios para no pagar dividendos. Pero si los perjuicios se derivan de la adquisición efectuada sobre la base de la información falseada, solo será posible apreciarlos en relación con la falsedad cuando sean posteriores*". Por ello, el TS ratificó la decisión de la SAN de limitar la cuestión de los posibles perjuicios derivados de la falsedad de las cuentas de la CAM a aquellos adquirentes posteriores a la publicación de dichas cuentas (entre el 1 de marzo y el 22 de julio de 2011, fechas en que estuvieron publicadas). Además, en esta resolución se consideró que no se podía establecer la necesaria imputación objetiva del perjuicio con la falsedad de las cuentas de la CAM. Concretamente, pone de relieve que "*en el mercado no solo se manejaban como datos relevantes los publicados por los acusados en relación al estado económico de la entidad, sino que se disponía de otros. Si todas las informaciones hubieran sido falseadas, si lo hubiera sido la única disponible por los inversores, o si ésta tuviera una importancia muy especialmente relevante respecto de las demás, podría establecerse esa vinculación de manera que podría afirmarse que el valor del producto financiero adquirido por quienes operan en el mercado no coincidía con el que tendría en el mercado en el caso de conocerse la situación económica real*". Y continúa: "*…los resultados del primer trimestre de 2011 se publicaron por la CNMV el 27 de mayo de 2011. La cotización de las cuotas no varió entre el 25 y el 29, manteniéndose en 6,33 euros, por lo que ha de reconocerse que la publicación de la información no causó efecto alguno en el precio, al menos inmediato. Pero, desde esa fecha, la cotización bajó progresivamente hasta el 21 de julio, día anterior a la intervención, en que cotizó a 4,82 euros. Lo cual, habiéndose publicado beneficios, puede encontrar explicación en la concurrencia de otras informaciones que permitían poner en duda la fiabilidad de lo publicado*". Todo ello sin perjuicio de que se pueda reclamar en vía civil la nulidad de pleno derecho por vicio en el consentimiento del contrato de suscripción de cuotas participativas (p.ej., la STS, Sala 1ª, 439/2017, 13-7; en igual sentido véase también la STS, Sala 1ª, 26/2016, 3-2, —caso Bankia—, procedente de una reclamación interpuesta contra Bankia ante el Juzgado de 1ª Instancia nº 10 de Oviedo; el Alto Tribunal señala que en el "*proceso civil no se discute si los administradores de Bankia incurrieron en una conducta delictiva de falseamiento de los datos incluidos en el folleto, sino si estos datos, por su inexactitud, provocaron el error de vicio de los demandantes*"; y como recuerda la STS, 839/2022, 24-10 —caso Bankia—, en su FJ 2º, "*esas valoraciones responden a parámetros diferentes en el proceso penal*", "*en cuanto a la valoración probatoria, porque en el proceso* *penal se exige un estándar de prueba más alto que en el proceso civil"*; y en cuanto a la valoración jurídica, ya que *"en el proceso penal no es relevante cualquier inexactitud de los datos contables, ni cualquier aplicación controvertida de la normativa contable y del mercado de valores, sólo lo es aquella inexactitud y aquellos incumplimientos que permitan calificar de delictiva la actuación de los administradores"*).

En el art. 290 CP pueden tener cabida aquellas conductas constitutivas de la llamada "estafa de crédito", en las que el administrador de una sociedad, para conseguir un crédito bancario, presenta al banco un estado de cuentas en el que se rebaja el pasivo o se aumenta ficticiamente el valor del activo y como consecuencia de ello consigue obtener un crédito que piensa devolver si la actividad que pretende emprender con la consecución del crédito tiene éxito (entre otros, MUÑOZ CONDE, NÚÑEZ CASTAÑO).

Al no estar incriminada expresamente la comisión por imprudencia, el delito de falsificación de documentos sociales del art. 290 CP sólo se puede cometer dolosamente. El dolo debe abarcar todos los elementos objetivos del tipo, en particular, la idoneidad de la falsificación para causar un perjuicio económico a los sujetos pasivos. Por tanto, no basta con que el administrador sea consciente de la falsedad de los documentos, sino que también tiene que conocer la idoneidad de la falsedad para perjudicar. Cabe tanto el dolo directo de primer grado (cuando se falsifican los documentos con la intención de perjudicar a los sujetos pasivos), como el de segundo grado (cuando el perjuicio resulte ser una consecuencia necesaria de la propia falsificación, aunque no sea el propósito que se persigue) y el dolo eventual (cuando se represente como posible la idoneidad de la falsificación para perjudicar a los sujetos pasivos y actúe consintiendo en ella) (algunos autores han admitido la posibilidad, incluso, de que en el párr. 2º estemos en presencia de un delito cualificado por el resultado en el que bastaría que el perjuicio efectivo estuviese abarcado tan solo por imprudencia; nosotros no lo compartimos).

La Jurisprudencia señala en cuanto al tipo subjetivo, que *"es bastante con el conocimiento de los elementos del tipo objetivo, es decir, que el documento contiene datos que no responden a la realidad, bien porque se hayan incluido inicialmente o bien porque hayan sido alterados con posterioridad. Respecto del perjuicio, basta el dolo eventual"* (entre otras, SSTS 558/2018, 15-11; 369/2019, 22-7; 693/2019, 29-4-2020, y 279/2020, 3-6).

La SAN 13/2020, 29-9 —caso Bankia—, también descartó la presencia de dolo en la ausencia de referencias a deterioros en la formulación de las cuentas anuales del ejercicio 2011 de BFA, porque *"no se produjo con la finalidad de ocultarlos, sino en el convencimiento de que esa situación se solventaría con la adopción del 'Plan de Actuación' confeccionado el 30 de marzo de 2012 con las medidas que tenía previsto adoptar el Grupo BFA para gestionar su situación de la matriz y devolver un importe sustancial de lo debido al FROB, remitido al Banco de España el 3 de abril de 2012, siendo aprobado por la Comisión Ejecutiva el 17 de abril de 2012"*. *"Avala el contenido de esta deducción* —continúa—, *la inmediatez que se detecta entre la fecha de la formulación de las cuentas referidas con la tan reiterada omisión, 28 de marzo de 2012, y la de la elaboración dos días después, el 30 de marzo de 2012, del 'Plan de Actuación' remitido al Banco de España el 3 de abril de 2012... realizado para eliminar los efectos de tal omisión, y ello evidencia la ausencia de intencionalidad de falsificar las cuentas para alterar la imagen fiel de la entidad, al ejecutarse tan prontamente actos que, de forma indubitada, iban dirigidos a lograr la adecuación de esas cuentas a la realidad, a través de una operación respaldada por el Banco de España"* (FJ 14º). Más que inmediatez, lo que otros podrían observar en este proceder son prisas, pues acuciaba el plazo de presentación de las cuentas.

Por último, la consumación se producirá en momentos distintos según la modalidad típica. El tipo cualificado del párr. 2º del art. 290 CP es un delito de resultado que requiere la efectiva producción del perjuicio patrimonial para los sujetos pasivos. En cambio, el tipo básico del párr. 1º, si se concibe como un delito de mera actividad, bastará con que se lleve a cabo la acción falsaria con la idoneidad lesiva patrimonial, sin necesidad de que se produzca algún otro hecho posterior como la entrega a los auditores o a algunos de los socios. Por tanto, la aprobación de las cuentas falseadas por los socios vendría a ser una participación postconsumativa que quedaría, en principio, fuera del ámbito punible del art. 290 CP (así la STS 94/2018, 23-2, aunque no descarta una cooperación necesaria sucesiva, en el caso de que el socio firmante se hubiese comprometido previamente a su aprobación posterior y ello opera como un elemento de garantía y refuerzo de su comisión).

La STS 94/2018, 23-2, al analizar esta cuestión, parte de que *"solamente pueden ser autores los administradores de hecho o de derecho, aunque cabe la posibilidad de considerar partícipes* extraneus *a título de inducción, cooperación necesaria o complicidad a otros intervinientes"* y que *"el delito del artículo 290 se consuma cuando las cuentas, ya elaboradas y, en su caso, auditadas, inician su camino para la presentación a los socios que han de aprobarlas. La actividad de estos firmando las cuentas se produce, pues, con posterioridad a la consumación del delito, por lo que no es posible calificar su conducta como un supuesto de cooperación necesaria. Los casos en los que se declare probado que quienes intervienen posteriormente a la consumación del delito comprometieron previamente a los hechos una aportación relevante que, aunque se produzca con posterioridad a la consumación, opera durante la ejecución como un elemento de garantía y seguridad de su éxito, pueden merecer otras consideraciones, que no es preciso examinar aquí, al no haberse declarado probado ese compromiso previo. Por lo tanto, ha de concluirse que la intervención del recurrente en la firma como socio de las cuentas anuales no es constitutiva del delito del artículo 290 CP"*.

Por lo demás, *"el tipo delictivo del falseamiento de las cuentas anuales* —dice la STS 528/2020, 21-10— *se comete en el momento en que se consignan o se omiten dolosamente datos propios de las mismas, resultando irrelevante que dichas cuentas así falseadas sean o no posteriormente aprobadas o rechazadas por la Junta General, pues en ambos casos el ilícito ya se habría consumado, de suerte que la decisión del órgano soberano de la sociedad cualquiera que fuese, no privaría de antijuridicidad, tipicidad y responsabilidad al hecho previo del incumplimiento"*.

Por tanto, en ambos casos es posible la tentativa. De modo evidente en el tipo agravado del párr. 2°, pero también (al menos en la modalidad inacabada) en el tipo básico del párr. 1°. Otra cosa es que sea conveniente su punibilidad desde un punto de vista político criminal, pues el adelantamiento de la intervención penal podría ser ya excesivo, al constituir un tipo de peligro hipotético o posible.

1.5. Concursos

1. El concurso homogéneo de delitos no presenta excesivos problemas. Si resultasen afectados los patrimonios de distintas personas, habrá un solo delito (como en el alzamiento de bienes) (p.ej., en la STS 693/2019, 29-4-2020 —caso Palau de la Música—, se falsearon las cuentas del Consorcio —entidad pública— y de la Asociación y de la Fundación —entidades privadas).

No obstante, en este caso al final se condenó por dos delitos continuados de falsedades societarias, porque no se podía entender que todas ellas obedeciesen a un único plan preconcebido. Unas, las falsedades societarias en concurso con los delitos de malversación de caudales y apropiación indebida, *"respondía a una ideación generalizada de enriquecerse a costa de los fondos del Palau de la Música"*; otras, las falsedades societarias en concurso con el blanqueo de capitales, *"obedecían a una planificación singularizada, sobrevenida, autónoma, en beneficio propio pero en mayor medida de terceros, cual era el ocultamiento y opacidad del abono de comisiones por parte de Ferrovial a Convergencia, a cambio de obra pública"*. Por eso se estimó la comisión de dos delitos diferenciados de falsedad societaria y no un único delito continuado.

En cambio, si se falsifican varios documentos, en principio habrá tantas falsedades como documentos se hayan falsificado, salvo que el falseamiento de la situación real de la sociedad requiera la realización de una pluralidad de actos, en cuyo caso se puede entender que hay unidad de acción (STS 867/2002, 29-7). No hay inconveniente, si se dan los requisitos del art. 74 CP, en apreciar un delito continuado [SSTS 1256/2004, 10-12 (*Tol 556689*): administrador que falsificó las cuentas de la sociedad en tres anualidades, pero no considera que haya delito continuado en relación con los actos falsarios cometidos dentro del mismo ejercicio anual; 413/2009, 11-3 (*Tol 1525326*): se modificaron documentos contables para reflejar pagos a proveedores por cantidades mayores a las reales quedándose con el exceso; 94/2018, 23-2, y 89/2023, 10-2 —caso Pescanova].

La STS 369/2019, 22-7 —caso de las Titulizaciones de la CAM—, al anular la condena por las falsedades de las cuentas correspondientes al 2010, entendió que no cabía apreciar delito continuado respecto de la falsificación de los estados financieros intermedios correspondientes al primer trimestre y primer semestre de 2011, en atención a que *"cuando el falseamiento se produce en el mismo ejercicio y sobre los mismos aspectos, con reiteración del mismo dolo, aunque se manifieste en distintos actos, el recurso a la figura de los actos o comportamientos globales permite apreciar un solo delito aunque ejecutado en distintas acciones"*.

2. En cambio, la cuestión del concurso heterogéneo, es decir, la relación con otros delitos es mucho más compleja. Así, cabe referirse a las falsedades de los arts. 392 y 282 bis CP, a las defraudaciones de los arts. 248 y ss. CP (particularmente, la estafa, la administración desleal y la apropiación indebida), a los delitos contra la Hacienda Pública y la Seguridad Social de los arts. 305 ss. CP, al delito concursal del art. 261 CP y a otros delitos societarios.

Con las **falsedades en documento mercantil cometidas por particular** (art. 392 CP) la relación es de concurso aparente de leyes penales a resolver en favor de la aplicación del art. 290 CP, tanto si se considera ley especial (por el sujeto activo y el objeto material), como si se la considera ley consumidora (por añadir a la acción falsaria la idoneidad para causar un perjuicio patrimonial). P.ej., en la STS 1014/2022, 13-1-2023 —caso Osasuna—, al considerar que los clubs de fútbol no se encuentran incluidos en el concepto de sociedad del art. 297 CP, absolvió por el delito de falsedad societaria del art. 290 CP, pero mantuvo la condena por el delito de falsedad de documento mercantil cometida por particular del art. 392 CP.

No obstante, como dice la STS 313/2019, 17-6, la relación entre los arts. 290 y 392 CP es más compleja. Así, la Consulta de la FGE 15/1997, llega a las siguientes conclusiones: 1º) en el delito falsario societario del art. 290 CP, la conducta típica expresada en el verbo falsearen comprende cualquiera de las modalidades falsarias del art. 390 CP (incluida la falsedad ideológica del número 4, que para los documentos privados se encuentra destipificada actualmente); 2º) si se dieren todos los requisitos de tipicidad de los arts. 290 y 392 CP, el concurso de Leyes debe ser resuelto a favor del 290 en virtud del principio de especialidad; 3º) la falta de requisito de procedibilidad o de alguno de los elementos típicos específicos del delito societario del art. 290 CP, determinará la aplicación de la falsedad en documento mercantil del art. 392 CP, siempre que la conducta falsaria tenga encaje en alguna de las modalidades de los tres primeros apartados del art. 390 CP (no la ideológica).

La misma relación de concurso aparente de leyes penales existe con la llamada **estafa de inversores** del art. 282 bis CP, en este caso resuelta por especialidad a favor de ésta (así la STS 369/2019, 22-7 —caso Titulizaciones de la CAM; por el contrario, la STS 89/2023, 10-2 —caso Pescanova—, apreció un concurso medial). Ahora bien, hay que tener en cuenta que los administradores de la sociedad emisora del folleto tienen que "falsear la información económico-financiera contenida" en él, por lo que, como advierte PUENTE ABA, "*si quienes incluyen la información falsa en el folleto (para su remisión a la CNMV y posterior publicación) no son los mismos sujetos que han elaborado la falsedad, no se cumplen las exigencias típicas del artículo 282 bis. Por este motivo* —continúa—, *hubiera sido más adecuado que el comportamiento delictivo se centrase en la publicación de datos falsos, no en la confección misma de la falsedad*".

La STS 369/2019, 22-7 —**caso Titulizaciones de la CAM**—, parte igualmente de recordar que el delito del art. 282 bis "*consiste en falsear la información económico-finan-*

ciera", y que *"no se sanciona, pues, a quien la publica o difunde o la remite a otros para su publicación o difusión, sino a quien la falsea"*. Además, señala que *"la conducta tipificada en el artículo 290 es más amplia que la descrita en el artículo 282 bis, siendo esta, por ello, de mayor especialidad"*. No obstante, también advierte que *"en la definición típica no concurren en el delito más especial todos los elementos del delito más general, pues en el caso del artículo 282 bis no se exige que la falsedad sea idónea para causar un perjuicio"*. Para el TS, *"en relación con estos dos preceptos, ha de partirse de que es posible que los hechos que se declaren probados no permitan siempre la aplicación de ambos tipos, ya que puede ocurrir que no concurran todos los elementos exigibles por alguno uno de ellos. No habrá entonces concurrencia aparente. Puede suceder, sin embargo, como en el caso presente, que la falsedad de las cuentas o de los otros documentos mencionados en el artículo 290 sea idónea para causar un perjuicio económico y que la publicación de esa información tenga como finalidad la captación de inversiones o de financiación"*. En estos casos, *"cuando ambos preceptos fueran aplicables al concurrir todos los requisitos de ambos delitos, resultaría de aplicación el artículo 282 bis, más especial en cuanto que se refiere a entidades emisoras de valores, lo que no se exige en el artículo 290, con mayor concreción respecto del objeto material. O, en un segundo aspecto, prescindiendo de la especialidad y atendiendo al principio de alternatividad, castigando con mayor pena que el artículo 290 CP. En cualquier supuesto, resultaría de aplicación el artículo 282 bis"*. Conforme a ello, el TS revocó la previa condena por parte de la SAN 28/2017, 17-10, al Director General de Planificación y Control de la CAM por un concurso de delitos entre los arts. 290 y 282 bis CP, y le absolvió del delito de falsedades en las cuentas anuales del art. 290 CP.

En cambio, la SAN 14/2020, 6-10 —**caso Pescanova**—, condenó a su Presidente, además de por un delito de alzamiento de bienes, también por un concurso medial formado por cuatro delitos: un delito continuado de falsedad en las cuentas anuales del art. 290 CP, un delito también continuado de estafa de inversores del art. 282 bis CP, y otros delitos previos de falsedad en documento mercantil y de estafa agravada, por haber simulado sucesivas compraventas de pescado para después negociar con distintas entidades bancarias y así obtener financiación de ellas (descontándolos, cediendo los créditos al banco, etc.). El TS le absolvió de esta artimaña previa con los bancos, por entender que ello presentaba una dinámica similar a las llamadas "letras de favor" (FJ 4º de la STS 89/2023, 10-2). Por lo que se refiere a los otros dos delitos (arts. 290 y 282 bis CP), según la AN, la citada STS en el caso de las Titulizaciones de la CAM, *"se inclina por entender que la relación entre ellos es la de un concurso medial"*. Como hemos expuesto antes, la fundamentación de la STS 369/2019, 22-7, más bien dice lo contrario. La SAN basó su condena en *"la ocultación de cantidades millonarias derivadas del endeudamiento bancario de la matriz y su grupo, lo que se tradujo en la elaboración de unas cuentas anuales, documentos contables o folletos informativos con resultados positivos, colaborando así a la formulación de las cuentas anuales de los ejercicios 2009, 2010 y 2011 que, tras su aprobación y depósito en el Registro Mercantil y publicados a través de la CNMV, transmitieron unos datos que no se correspondían con la imagen fiel de la situación económica y financiera real de la Sociedad y su grupo"*. Y en defensa de su tesis del concurso medial trae a colación la STS 668/2019, 4-3-2020 —caso Fórum Filatélico—, la cual *"da un paso más —dice— y aunque no aplica al caso el concurso medial, sí prevé la posibilidad de que exista una relación concursal entre la estafa (art. 248), el falseamiento de las cuentas anuales u otros documentos (art. 290) y el falseamiento de información económica y financiera (art. 282 bis)"*. El problema que se planteó en los casos Afinsa y Fórum filatélico, que son muy similares, no es la relación entre el art. 290 y el 282 bis CP, sino si se daba un concurso real o medial entre el delito de falsedad en las cuentas anuales y el delito de estafa, que vamos a ver inmediatamente a continuación más abajo. La opción por el concurso de delitos presupone que el peligro inherente al delito de falsedad en las cuentas es más amplio que el que se materializó en la estafa. Por eso estaría justificada la apreciación de un concurso de delitos. Sin embargo, por lo dicho antes en la STS del caso de las Titulizaciones de la CAM, esa relación no está tan clara entre el art. 290 y el art. 282 bis CP.

El TS, en la Sentencia que resolvió los recursos de casación interpuestos contra la SAN 14/2020, 6-10, concretamente en el FJ 5º de la STS 89/2023, 10-2 —caso Pescanova—, confirma la apreciación de un concurso medial entre el art. 290 y 282 bis CP. El Alto Tribunal no expresa de modo claro cuáles son las razones por las que se decanta ahora por un concurso de delitos, pero podemos intuir que es por el distinto ámbito en el que se cometen dichos delitos, por lo que podría estar apuntando a un diferente contenido de injusto y no bastaría con condenar por un solo delito para comprender todo el desvalor del hecho. Dicho en otros términos, el peligro inherente a la falsedad de las cuentas anuales del art. 290 CP no sería el mismo que el peligro inherente a la falsedad del art. 282 bis CP referida a la información económico-financiera contenida en los folletos de emisión o a las informaciones que la sociedad que participa en mercados de valores tiene el deber de publicar y difundir conforme a la normativa vigente. El TS parece que apunta en esta dirección y a que serían diferentes los sujetos potencialmente perjudicados en uno y otro delito. Dice así: *"mientras el artículo 290 del Código Penal requiere que la conducta se realice de forma idónea para causar un perjuicio económico a la propia sociedad o a alguno de los socios (incapaces de conocer de ese modo la verdadera situación jurídica o económica de la entidad), enmarcándose la figura delictiva entre los denominados delitos societarios; en el caso de este artículo 282 bis, —delitos relativos al mercado y a los consumidores—, la conducta falsaria se orienta a captar inversores o depositantes"*. Sin embargo, este modo de concebir ambos delitos puede ser discutible, pues no debemos perder de vista que el art. 290 CP incluye no sólo a la propia sociedad o a alguno de sus socios entre las potenciales víctimas, sino también *"a un tercero"* (*vid. supra* III.1.2). En nuestra opinión, la relación entre el art. 290 y el art. 282 bis CP debería interpretarse como un concurso aparente de leyes penales, siendo precepto prevalente el art. 282 bis CP, pues en él ya está incluida la falsedad de la información de la contabilidad societaria (*"falsearen la información económico-financiera contenida en... las informaciones que la sociedad debe publicar y difundir conforme a la legislación del mercado de valores"*). Problema diferente es cómo habría que resolver los supuestos en los que el peligro inherente a estos delitos de falsedad de la información societaria acaba materializándose en un perjuicio efectivo a la entidad *"misma, a alguno de sus socios, o a un tercero"*. Para resolver esta cuestión podemos analizar su relación con las defraudaciones: el delito de estafa, la administración desleal y la apropiación indebida.

Con la **estafa** (art. 248 CP) hay que partir del siguiente dato: el párr. 2º del art. 290 CP castiga una falsedad documental que causa un efectivo perjuicio patrimonial, pero sin que sea necesario que se den todos los requisitos del delito de estafa. Si el perjuicio patrimonial se produce con independencia de la falsedad, de modo que ésta no pueda ser considerada parte del engaño, en estos casos habría que admitir un concurso real de delitos (por un lado, falsea las cuentas, por otro lado, engaña y estafa a alguien). Pero si la falsedad ha sido utilizada como medio para cometer la estafa y el peligro inherente a la falsedad del art. 290 CP es el mismo que en la estafa, entonces, la relación entre ambos delitos será de un concurso aparente de leyes penales a resolver por una relación de subsidiariedad, siendo precepto principal la estafa. Ahora bien, si el peligro inherente a la falsedad de la información societaria trasciende del que se materializa en la estafa, esto es, en el caso de que el peligro que conlleva la acción falsaria no afecte sólo al/a los sujeto/s estafado/s, entonces habría que apreciar un concurso medial o real de delitos —en función de que la falsedad haya sido o no utilizada como medio para cometer la estafa— entre el párr. 1º del art. 290 CP y la estafa (paradigmáticos en este sentido fueron los casos Afinsa y Fórum Filatélico: SSTS 749/2017, 21-11, y 688/2019, 4-3-2020, respectivamente).

En el caso Afinsa, la SAN 22/2016, 27-7, consideró que las inexactitudes de las cuentas anuales no aparecían necesariamente vinculadas al engaño escenificado frente a los clientes, *"quienes no consultaban* —dice— *los estados de cuentas antes de confiar su dinero y controlar la inversión en filatelia, pues se fiaban por la imagen de solvencia y rigor empresarial de Afinsa"*. Por ello apreció un concurso real de delitos entre la estafa y la falsedad societaria. Sin embargo, la STS 749/2017, 21-11, entendió que *"la valoración de la aportación de los acusados al formular las cuentas anuales en la forma en la que lo hacían, conduce a admitir que constituían un elemento esencial para que la actividad de Afinsa pudiera mantenerse en el tiempo, prolongando así su defraudación, ya que de no aparecer como una entidad solvente, o dicho de otra forma, de resultar de las cuentas anuales su situación de permanente y creciente insolvencia, no habría sido posible que continuara su actividad durante el tiempo en el que la llevó a cabo"*. *"Por lo tanto* —concluye—, *es posible apreciar un concurso medial, al entender que la falsedad de las cuentas era, en el caso, el medio necesario para cometer el delito de estafa"*. En igual sentido, la STS 688/2019, 4-3-2020 —caso Fórum—, recalca que se declaró probado que el falseamiento de las cuentas se hacía *"para presentar una imagen de solidez del negocio y aparentar la existencia de beneficios"*. Por ello, *"tal apariencia era un medio necesario para continuar cometiendo la estafa, ya que, de conocerse la insolvencia, los clientes no entregarían más cantidades de dinero"*.

La Jurisprudencia admite también un concurso medial o real, según los casos, con la **apropiación indebida**: SSTS 1217/2004, 2-11; 413/2009, 11-3 (*Tol 1525326*); 1248/2009, 14-12 (*Tol 1768848*); 78/2014, 28-1; 528/2020, 21-10, y 179/2018, 12-4 —caso Luis del Olmo—, entre otras.

Como dice la STS 179/2018, 12-4 —caso Luis del Olmo—, trayendo a colación la STS 1217/2004, 2-11, en contestación a la alegación por parte de la defensa de que la falsedad societaria sería un acto posterior copenado con la apropiación indebida, *"en modo alguno, se puede entender que la teoría de la consunción, que uno de los delitos por el que fue condenado, falsificación art. 290, fue absorbido por el otro, apropiación indebida, cuando son totalmente distintos, como distinto es el bien jurídico protegido en una y otra infracción, siendo perfectamente autónomos e independientes sin que entre ellos exista la relación que haga posible un supuesto de progresión o se dé el caso de que uno de los preceptos en que el hecho es subsumible comprenda en su injusto el todo, de modo que el supuesto fáctico previsto por una de las normas constituye parte integrante del previsto por otra. Por ello si se penara sólo la apropiación y no la falsedad societaria, quedaría impune una parte injusta del hecho delictivo"*. En este mismo sentido se han pronunciado, entre otras, las SSTS 413/2009, 11-3; 78/2014, 28-1; 179/2018, 12-4; 528/2020, 21-10, y 11/2021, 14-1.

Con el delito de **administración desleal** (art. 252 CP) hay que distinguir varios supuestos: si la falsedad se ha cometido para ocultar la administración desleal habrá que admitir un concurso real de delitos entre el art. 290 I y el art. 252 CP (no se puede aplicar el párr. 2º del art. 290 CP, porque el perjuicio patrimonial no tiene su origen en la falsedad); por el contrario, si la falsedad ha constituido el medio de comisión de la administración desleal, se aplica un concurso medial de delitos entre los arts. 290 I y 252 CP, salvo que no concurran los requisitos de la administración desleal, en cuyo caso bastaría con aplicar el art. 290 II CP (ley subsidiaria). Si el perjuicio exigido en el art. 290 II CP se causa a una persona distinta de la perjudicada por la administración desleal, entonces también cabría apreciar un concurso medial entre ambos delitos (FARALDO CABANA).

La STS 259/2013, 19-3, absuelve del delito de falsedad societaria, porque en ningún momento los traspasos y los préstamos concedidos sin ningún tipo de interés ni fecha de devolución de los que se apropiaron los administradores fueron objeto de ocultación, ni fue alterada su cantidad, ni siquiera se camuflaron sus verdaderos beneficiarios. También absolvió de la apropiación indebida, porque no consta que dichas extracciones efectuadas careciesen de legitimidad.

Incluso también ha entrado en concurso con la **malversación** (STS 693/2019, 29-4-2020 —caso Palau de la Música). Hoy en día, en caso de falsificación de la contabilidad de entes públicos, como era el *Consorci del Palau de la Música Catalana*, el precepto aplicable preferentemente sería el art. 433 bis CP, introducido por la LO 7/2012, de 27 de diciembre, que presenta una estructura típica casi idéntica al art. 290 CP.

Con los **delitos contra la Hacienda Pública y la Seguridad Social** (arts. 305 ss. CP), en principio, no hay un concurso aparente de leyes penales, porque hay que excluir del ámbito de los sujetos pasivos del art. 290 CP a estas entidades. En el delito societario se protege el patrimonio privado, mientras que en los fraudes fiscales es el erario público. Por tanto, si la falsedad en la información social sólo tiene como objetivo defraudar a la Hacienda pública y sólo es idónea para causar un perjuicio a ella, el hecho de que no alcance la cuantía establecida para ser constitutiva de delito hará que la conducta quede impune. No obstante, si la falsificación de los documentos sociales no sólo supone un fraude al erario público, sino que también pone en peligro el patrimonio de la entidad, los socios o terceros, habría que apreciar un concurso ideal de delitos con el art. 290 CP.

La STS 136/2017, 2-3, estima que la Hacienda Pública no puede ser sujeto pasivo del art. 290, *"no será ella nunca el tercero perjudicado a que se alude allí; lo impide el principio de especialidad (art. 8.1 CP): hay un delito específico para esa situación con unas exigencias peculiares; que, además, tiene asignada una penalidad inferior... Pensamos en el delito del art. 310 CP que establece penas de prisión de entre cinco y siete meses anudadas a casos de contabilidades ficticias, no veraces o dobles. De ser la segunda de las hipótesis la ajustada a la realidad —las cuentas falseadas eran las presentadas a Hacienda— el tipo aplicable sería el art. 310 y no el 290 CP"*.

Con el **delito concursal de presentación de datos falsos** (art. 261 CP) la relación es de concurso aparente de leyes penales a resolver por especialidad o subsidiariedad en favor del art. 290 CP [MARTÍNEZ-BUJÁN PÉREZ considerando el art. 261 CP como un acto posterior copenado; en sentido contrario, considerando preferente el art. 261 CP, entre otros, DEL ROSAL BLASCO y la STS 1458/2003, 7-11 (*Tol 327720*)].

En relación con **otros delitos societarios**, el art. 290 CP puede concurrir con el delito de obstaculización de los derechos de los socios (art. 293 CP), pues éste también se refiere al derecho de información de los socios. La concurrencia de ambos preceptos, en este caso, deberá resolverse por especialidad a favor del art. 290 CP. Mientras que el art. 293 limita su tutela a la esfera interna de la información (dirigida a los socios), el art. 290 tutela tanto la esfera interna como la externa de la información (dirigida al público), aunque con mayor énfasis en esta última. Con el delito de obstrucción de las labores de inspección o supervisión administrativa (art. 294 CP), en el caso de que la forma de obstruir sea la elaboración y envío de documentos falsos, a la vista de los distintos bienes jurídicos protegidos por estos delitos, habrá que apreciar un concurso ideal (en contra FARALDO CABANA opina que hay un concurso aparente de leyes penales a resolver por una relación de consunción a favor del art. 290 CP).

Por último, la falsedad societaria puede servir también como medio para cometer un **blanqueo de capitales**. En la STS 693/2019, 29-4-2020 —caso Palau de la Música—, se consideró demostrado que se utilizaron las cuentas de la Asociación y de la Fundación para aparentar un patrocinio de más de 11 millones de euros al Palau por parte de Ferrovial, pero que luego se derivaban a Convergència i Unió.

En este caso se constató la idoneidad de la falsedad para causar perjuicio económico al Palau, pues "*dichas cantidades* —dice— *no se habrían ingresado en favor de las entidades del Palau, si no fuera por su funcionalidad de opacidad en el abono de comisiones por obra pública adjudicada. [...] Por ello, señala la sentencia recurrida, Ferrovial se beneficiaba de unos servicios que le prestaba el Palau, al darle en esas manifestaciones la consideración de patrocinador, de las que carecía; y por eso indica un perjuicio, que no dejaba de tener, por obvio, contenido económico. [Pero además] ese simulado patrocinio impedía que cualquier otra entidad que real y materialmente deseara realizar ese concreto patrocinio en exclusiva (con la correlativa y efectiva aportación), lo hiciera. Además del riesgo efectivo, que una vez se fuera conociendo la artimaña, el patrocinio para los demás eventos culturales resultara seriamente afectado, ante la eventualidad de quedar en entredicho su efectiva aportación a las diversas actividades y necesidades del Palau, con menoscabo del efecto positivo de la publicidad, finalidad inherente a todo patrocinio. No aludimos ahora al perjuicio reputacional, sino a la depreciación de la publicidad, que era la contraprestación que recibía el patrocinador*".

1.6. Responsabilidad civil

El pronunciamiento en torno a la responsabilidad civil puede conllevar, además de la reparación del perjuicio económico ocasionado, la restauración del orden jurídico alterado por la acción falsaria, declarando, por ejemplo, la nulidad del acuerdo de la Junta general aprobando las cuentas anuales falsificadas y la nulidad de su inscripción registral (DEL ROSAL BLASCO).

2. *Imposición de acuerdos abusivos (art. 291 CP)*

2.1. Razón de la intervención penal y bien jurídico protegido

El Legislador ha querido garantizar el correcto funcionamiento de los órganos sociales a través del respeto al deber de fidelidad que tienen los administradores y los socios hacia los demás socios y hacia la propia sociedad. Conforme a esta finalidad, el CP/1995 criminaliza en este precepto la adopción, prevaliéndose de una posición dominante, de acuerdos abusivos que perjudiquen el patrimonio de los socios minoritarios. El bien jurídico protegido, por tanto, no es ese deber de fidelidad de socios y administradores, sino el patrimonio de los demás socios. Con ser este bien jurídico merecedor de protección penal, sin embargo, la Doctrina dominante ha criticado la falta de necesidad de la intervención penal con respecto a estas conductas. Por un lado, porque los comportamientos más graves que puedan atacar a los intereses económicos de los socios minoritarios ya han sido incriminados expresamente en otros preceptos (p.ej., el delito de administración desleal antes en el art. 295 CP y ahora en el art. 252 CP). Por otro lado, el régimen de impugnación de acuerdos sociales previsto en la legislación mercantil (arts. 204 y ss. LSC; art. 7 CC; art. 249.3° LEC, entre otros) ofrece ya una respuesta suficiente. Por estas razones, existe acuerdo en la Doctrina en que hay que interpretar el art. 291 CP del modo más restrictivo posible, para así tratar de ajustar la regulación penal al principio de intervención mínima.

Ya han advertido otros autores del peligro que genera la intervención penal en este terreno si no se acotan adecuadamente sus límites y si no se coordinan adecuadamente los mecanismos jurídicos (penales y extrapenales) de protección de los socios minoritarios, pues se potencia aún más la posibilidad de instrumentalizar el proceso penal de un modo injustificado. Se dice que, en la Edad Media, se entabló un pleito entre comerciantes catalanes y genoveses, estos reclamaron a aquellos el cumplimiento de un contrato, pero los catalanes respondieron interponiendo una querella contra los genoveses con la finalidad de hacer infructuosa la reclamación civil. Ante el temor a ser castigados penalmente, probablemente los genoveses tuvieron que desistir y llegar a un acuerdo, cediendo en sus pretensiones. Desde entonces se conoce a este fraude procesal con el nombre de "*querella catalana*" o "*querella a la catalana*". Dada la prejudicialidad penal vigente (art. 40 LEC), resulta posible que los socios minoritarios puedan servirse de este fraude procesal acusando a los socios mayoritarios de un delito societario del art. 291

CP para frustrar las estrategias empresariales de la mayoría y paralizar así la actividad orgánica de la sociedad.

2.2. Sujetos activo y pasivo

1. La delimitación del ámbito de los sujetos activos no está exenta de problemas, debido a una deficiente descripción típica, con errores en la redacción e incoherencias internas en el art. 291 CP y externas con otros preceptos del Capítulo.

En efecto, el art. 291 CP se refiere a los sujetos activos con la expresión: "*los que, prevaliéndose de su situación mayoritaria en la Junta de accionistas o* [*scil.* en] *el órgano de administración de cualquier sociedad constituida o en formación...*". En primer lugar, falta la preposición "en" antes de "el órgano de administración". En segundo lugar, el precepto exige, por un lado, que el sujeto activo sea socio, pues se habla de situación mayoritaria en la Junta de *accionistas* y en perjuicio de los *demás socios*, aunque por otro, dicha condición no es necesaria en el caso de actuar como miembro del órgano de administración. Pero es que el propio concepto de socio ni siquiera está claro, pues en el concepto amplio de sociedad previsto en el art. 297 CP hay entidades que carecen de socios, como las Cajas de Ahorro o las fundaciones. En tercer lugar, la expresión Junta de accionistas tampoco se corresponde con la legislación mercantil, que habla de Junta general de la sociedad o de socios (arts. 159 ss. LSC), ni con el concepto de sociedad del art. 297 CP, pues el calificativo de "accionistas" sólo está presente en las sociedades anónimas y en las sociedades en comandita por acciones (arts. 1.3 y 1.4 LSC). No parece conveniente (por respeto a los principios de legalidad y de intervención mínima) interpretar en sentido amplio la expresión «Junta de accionistas», y hay que hacerlo más bien en el sentido estricto del Derecho mercantil, por más que de ello se deriven lagunas de punibilidad (en particular, tendrían que quedar fuera las sociedades de responsabilidad limitada, pues el capital está dividido en participaciones, art. 1.2 LSC), que hay que achacar exclusivamente a una deficiente técnica legislativa (entre otros, FERNÁNDEZ TERUELO, y ahora también FARALDO CABANA). Y, en cuarto lugar, no hace referencia expresa a los administradores de hecho, como sí se hace en los demás preceptos de este Capítulo que tienen por sujeto activo a los administradores, lo cual puede tener sentido pues el tipo exige un prevalimiento de situación mayoritaria en un órgano (junta, consejo, varios administradores), que no casa con la figura del administrador de hecho.

El art. 291 CP contempla, pues, dos tipos de sujetos activos: los accionistas mayoritarios y los administradores (sean socios o no, y sean uno, dos o más mancomunados o solidarios o un consejo de administración) también mayoritarios, en el sentido de que representen los intereses de ese sector mayoritario de accionistas.

2. Los sujetos pasivos son los demás socios, que pueden ser minoritarios, pero no necesariamente, pues pueden ser también mayoritarios, aunque sin el "control" de los órganos (Junta general o Consejo de administración). La sociedad no es sujeto pasivo, sino todo lo más perjudicada. Aunque el art. 291 CP utilice el plural, basta con que resulte perjudicado un solo socio. Si se llegase a perjudicar a varios socios a la vez estaríamos ante un único delito (de modo similar a lo que acontece en el alzamiento de bienes).

2.3. Conducta típica

La conducta típica consiste en la imposición de acuerdos abusivos prevaliéndose de la situación mayoritaria que se tenga en la junta de accionistas o en los órganos colegiados de administración. Además, para que esta conducta sea punible el sujeto activo tiene que actuar con ánimo de lucro propio o ajeno, tiene que causar un perjuicio a los demás socios y el acuerdo impuesto no puede reportar beneficios a la entidad.

Imponer significa obligar a aceptar algo, en este caso el acuerdo abusivo (en cuanto ejercicio abusivo de un derecho perjudicando no sólo a los restantes socios, sino también a los intereses de la sociedad), mediante la utilización de los mecanismos legales que, de por sí, se ponen al servicio de los miembros con mayoría (control) del órgano social o de administración, y que les confieren esa situación de superioridad o prevalencia frente a los socios minoritarios (sin el control) (DEL ROSAL BLASCO). A diferencia que lo que acontece en el artículo siguiente, en el que la mayoría es ficticia y se alcanza de un modo ilícito, en este precepto el sujeto activo obtiene la mayoría de un modo legal, pero se aprovecha de esa situación y abusa de ella, tratando de beneficiarse él mismo o de beneficiar a un tercero, a costa de causar un perjuicio a los restantes socios y sin repercutir tampoco en beneficio de la sociedad (siempre y cuando éste o aquél no sean nimios). Por tanto, lo que se castiga en este precepto es el prevalimiento de posición dominante, en el que se da un trato perjudicial a los socios minoritarios sin que ello tampoco beneficie a la sociedad [p.ej., las SSTS 654/2002, 17-4 (*Tol 162246*); 172/2010, 4-3 (*Tol 1798226*); 698/2019, 19-5, y 359/2022, 7-4].

La situación mayoritaria o de poder en la Junta o en el Consejo no quiere decir que se tenga la mayoría de las acciones, sino simplemente que se tiene el control de la mayoría del voto a la hora de decidir. En las grandes compañías suele ser muy frecuente que los pequeños accionistas sean el sector mayoritario, pero su peso en la toma de decisiones sea nulo. Pero no basta con que se tenga esa situación de mayoría, es preciso que el sujeto se aproveche de un modo consciente y voluntario de ella para conseguir así más fácilmente la imposición del acuerdo abusivo.

El acuerdo sólo puede considerarse abusivo, por tanto, cuando además de perjudicar a algunos socios, perjudique también a la sociedad. Para ello bastaría con probar que no se beneficia a la misma cuando era posible. "*Si el fin de las sociedades mercantiles es la obtención del máximo beneficio económico, el solo hecho de impedirlo, cuando éste fuera posible, constituye el perjuicio típico del presente delito*" (CUGAT MAURI). No obstante, el carácter beneficioso o perjudicial de un acuerdo puede valorarse también desde el punto de vista de la "*necesidad social*", entendida como su conformidad o no con el *interés social* (o interés común de los socios), lo cual tiene que examinarse caso a caso y ver en qué se concreta en cada supuesto particular (STS 661/2022, 30-6). A tenor de lo dispuesto en el art. 204.1 LSC, habrá que ver si el acuerdo responde o no a la "*necesidad razonable de la sociedad*", aparte de que "*se adopte por la mayoría en interés propio y en detrimento injustificado de los demás socios*".

Según el art. 204.1 LSC, los acuerdos sociales impugnables son aquellos que "*sean contrarios a la Ley, se opongan a los estatutos o al reglamento de la junta de la sociedad o lesionen el interés social en beneficio de uno o varios socios o de terceros*". Y a continuación especifica que: "*La lesión del interés social se produce también cuando el acuerdo, aun no causando daño al patrimonio social, se impone de manera abusiva por la mayoría. Se entiende que el acuerdo se impone de forma abusiva cuando, sin responder a una necesidad razonable de la sociedad, se adopta por la mayoría en interés propio y en detrimento injustificado de los demás socios*".

La STS 661/2022, 30-6, hace una interpretación muy fundamentada de cómo interpretar el carácter abusivo del acuerdo en función de si responde o no a una necesidad razonable de la sociedad:

"[...] *el carácter beneficioso o no beneficioso de un acuerdo al que se refiere el tipo penal depende de su conformidad o disconformidad con el interés social, así que este último concepto es la clave para resolver el problema interpretativo.*

1.– Según la tesis institucionalista, *el interés social se suele definir como el logro de beneficios repartibles entre los socios. Conforme a esto, el interés social es independiente de la voluntad social definida por la mayoría y se debe determinar con base en criterios de racionalidad económica —así pues, criterios "externos" a la sociedad—.*

Por ello, se considera que una decisión del órgano de gobierno o del órgano de gestión de la sociedad es perjudicial para esta última cuando sea contraria a ese fin de obtener beneficios, aunque el acuerdo esté respaldado por la mayoría de la sociedad o, incluso, por la mayoría del capital social.

2.– En cambio, para la tesis contractualista, *actualmente dominante, el interés social se identifica con el interés común de los socios, siendo esta última la más aceptable y protectora de ese interés común, y no particular de uno o pocos socios que es lo que sanciona el tipo penal.*

La doctrina más autorizada participa de la opinión, sin embargo, de que tras la reforma del RDL 1/2010 por la Ley 31/2014, el art. 204 LSCap parece trazar límites materiales para considerar que un acuerdo mayoritario pertenece al espacio permitido de actuación de la mayoría, optando por una tesis que puede denominarse "contractualista con límites institucionalistas" *que pivota sobre el criterio de la «necesidad razonable de la sociedad». Dicha racionalidad social aparece, pues, como una realidad distinta de la racionalidad de la mayoría y con primacía sobre esta última".*

En aquel caso, la lesión del interés social resultaba evidente, ya que el acuerdo tenía por fin un aumento del capital social en 535.439 €, por compensación de un crédito que afirmaba ostentar el administrador, pero sin que resultara acreditada la efectiva existencia de ese crédito. De este modo, vería aumentado su porcentaje de participación en la sociedad y su enriquecimiento por beneficiarse del diferencial entre el valor nominal de las participaciones social y su valor real que era muy superior, y en perjuicio del resto de socios minoritarios que veían rebajar sus participaciones por debajo del 5% para restarles derechos sociales, sin que de ello resultara beneficio alguno para la sociedad.

La expresión "*en perjuicio de...*" es, igual que en otros delitos, difícil de interpretar. No está claro si se refiere a un elemento subjetivo del injusto o a una cualidad objetiva de la acción. Hay quien considera que se trata de un elemento subjetivo del injusto, como el ánimo de lucro (por ejemplo, BAJO FERNÁNDEZ/BACIGALUPO SAGGESE). Otros, en cambio, la han interpretado en sentido objetivo, aunque discrepando si se trata de un resultado de lesión (ahora tanto MARTÍNEZ-BUJÁN PÉREZ como FARALDO CABANA, así como DEL ROSAL BLASCO o TERRADILLOS BASOCO, que han cambiado de opinión, entre otros), de peligro concreto (SUÁREZ GONZÁLEZ, entre otros; también la STS 654/2002, 17-4, a la que sigue la STS 698/2019, 19-5, para la que el perjuicio real pertenecería a la fase de agotamiento, bastando para su consumación la adopción del acuerdo abusivo) o de peligro hipotético para el patrimonio de los socios minoritarios (VALLE MUÑIZ, entre otros).

Si hemos tomado como punto de partida la necesidad de llevar a cabo una interpretación restrictiva del tipo, creemos que político-criminalmente es más conveniente considerar este requisito como la expresión de un resultado de lesión para el patrimonio de los demás socios. Además, hay que tener en cuenta que la pena de multa se determina en función del *"beneficio obtenido"*, por lo que no tendría sentido determinar de esta manera la multa si no es porque se está suponiendo que para la consumación del delito es necesaria también la causación efectiva de dicho perjuicio (DEL ROSAL BLASCO). El beneficio obtenido sería el correlato del perjuicio causado a los socios, como si de vasos comunicantes se tratasen, aunque no necesariamente siempre que unos resulten beneficiados otros tengan que sufrir perjuicios. Ello depende de las alternativas que se ofrezcan, como por ejemplo la posibilidad de comprar acciones de otras sociedades participadas por los socios mayoritarios.

Esta interpretación se basa también en que sería un contrasentido castigar con mayor pena (prisión siempre, pues la multa no se podría cuantificar) un hecho menos grave (si no se obtiene beneficio alguno), frente al hecho de mayor gravedad (con beneficio) que tendría una pena alternativa (prisión o multa proporcional).

El resultado típico consiste, entonces, en la lesión del patrimonio de los restantes socios con obtención de un beneficio por el sujeto activo o por un tercero. Esto a su vez tiene consecuencias en el ámbito de la consumación, pues si no se llega a producir el perjuicio a los socios ni paralelamente el beneficio, el hecho habría quedado en grado de tentativa. Pero todo ello si se perjudica a la sociedad, en el sentido ya apuntado, de impedir la obtención de beneficio económico, cuando fuese posible, o de que carezca de una necesidad social razonable. De este modo, el requisito típico de que la imposición de los acuerdos sea "*sin que reporten beneficios a la misma*" viene a ser una concreción del carácter "*abusivo*" de dichos acuerdos.

La STS 906/2012, 2-11, consideró que "*destituir al Presidente y convocar una nueva reunión para cesar como socia a su esposa... no contiene de por sí datos que permitan hablar de un acuerdo abusivo, ni tampoco que se adoptara con ánimo de lucro en perjuicio de tercero, que son los requisitos que exige el art. 291*". "*Para apreciar indicios delictivos* —continúa— *de una actuación abusiva subsumible en la referida norma penal no es suficiente con dictar un acuerdo en el que se expulse de la misma a uno de los socios, sino que deben describirse datos objetivos susceptibles de constatar que ese acuerdo mayoritario se ha dictado de forma sustancialmente arbitraria y sin fundamento material alguno, de modo que no resulte justificado que los socios mayoritarios sacrifiquen injustificadamente los intereses patrimoniales de los socios minoritarios sin beneficio para la entidad. Y tales circunstancias no consta que concurren en ese acuerdo, que resulta de por sí neutro o aséptico, ya que no figuran hechos complementarios que revelen connotaciones punibles en su adopción que legitimen la aplicación de un precepto penal y no de una norma civil que resulte idónea para dejarlo sin efecto*".

Del mismo modo, la STS 413/2017, 7-6, tampoco consideró abusivo, en cuanto perjudicial para la sociedad, la sustitución del consejo de administración por un administrador único, quien luego constituiría unas sociedades filiales con la supuesta finalidad de desviar hacia estas toda la actividad mercantil de la sociedad matriz, sin que revirtieran los beneficios a ella, defraudando así los derechos de los accionistas titulares del 46,25% de la entidad. La AP considera, y el TS lo ratifica, que el nombramiento del nuevo administrador, ante el enfrentamiento y disconformidad de la familia, "*no equivale a que el mismo fuera perjudicial para los intereses de la sociedad. No se ha acreditado el perjuicio causado a VIASA con esa designación*" y respecto de la creación de tres sociedades filiales, no es posible considerar acuerdo abusivo su creación si "*no media prueba de que fueron creadas con la finalidad de desviar fondos de VIASA hacia terceras sociedades*".

Por tanto, en el caso de que se reporten beneficios a la sociedad (aunque el acuerdo beneficie a la mayoría que lo ha adoptado y perjudique a los demás socios) o de que dichos beneficios fuesen imposibles de obtener, no es que estemos ante una tentativa, por ausencia del resultado típico, sino que sería una acción atípica por ausencia de una característica esencial de la conducta típica, que es que el acuerdo sea «*abusivo*» porque perjudica a la sociedad.

Como dice la STS 150/2011, 18-2, "*cualquier decisión que, examinada a la luz de los intereses sociales, pueda ser considera como beneficiosa para la sociedad, excluye la tipicidad*".

En cuanto al tipo subjetivo y siguiendo con esta interpretación restrictiva, el ánimo de lucro propio o ajeno que exige el art. 291 CP, además del carácter eminentemente intencional de la conducta de "imponer un acuerdo abusivo", y hacerlo "prevaliéndose de su situación mayoritaria", implican que haya que limitar este delito exclusivamente a la modalidad de dolo directo.

La Jurisprudencia, en cambio, ha dado importancia al elemento del ánimo de lucro, pues ha visto en él la diferencia entre el ilícito mercantil y el ilícito penal, véase la STS 654/2002, 17-4 (*Tol 162246)*, en la que se consideró una cuestión civil la adopción de un acuerdo de la mayoría de no cobrar el alquiler de ciertos bienes, sin que durante varias anualidades se auditaran las cuentas; en el mismo sentido la STS 796/2006, 14-7 (*Tol 979519)*.

2.4. Concursos

La utilización del plural (acuerdos abusivos) no impide que el delito se cometa con la imposición de un solo acuerdo, pero lo que sí comporta es que si se impusiesen varios acuerdos no habrá concurso de delitos (delito continuado), sino un solo delito.

Si el acuerdo abusivo adoptado implica la negación de uno de los derechos de los socios del art. 293 CP, estaríamos ante un concurso aparente de leyes penales entre el art. 291 y el art. 293 CP a resolver por una relación de subsidiariedad, siendo precepto principal el primero. Si la negación de los derechos sociales es autónoma, independiente del acuerdo abusivo, podemos calificar los hechos como un concurso de delitos (p.ej., la STS 661/2022, 30-6, confirmó una condena por los dos delitos en un supuesto en que el administrador negó la información solicitada por los socios minoritarios que afectaba a un acuerdo que luego se adoptó en la junta y que fue abusivo); y entre el art. 291 CP y el art. 252 CP es también de subsidiariedad, pero en este caso el precepto principal es el segundo (la STS 661/2022, 30-6, también condenó por los dos delitos, pero la apropiación indebida no se refería al acuerdo abusivo constitutivo del art. 291 CP, sino que estaba relacionada con la percepción por el desempeño del cargo de administrador de retribuciones injustificadas).

2.5. Responsabilidad civil

Igual que se ha señalado para el art. 290 CP, el pronunciamiento en torno a la responsabilidad civil debería restaurar el orden jurídico alterado por la acción abusiva y declarar nulo el acuerdo de la Junta general, aparte de la correspondiente reparación del perjuicio económico (DEL ROSAL BLASCO), sin perjuicio de la responsabilidad en que hayan podido incurrir también los miembros del órgano colegiado de administración (arts. 236 ss. LSC).

3. Imposición o aprovechamiento de acuerdos lesivos (art. 292 CP)

Este delito guarda mucha similitud con el anterior, pues ambos consisten en la imposición de acuerdos adoptados en perjuicio de otros socios. De hecho, tienen señalada la misma pena, lo cual no deja de ser discutible. Sin embargo, entre uno y otro existen grandes diferencias que no sólo los hacen incompatibles entre sí, sino que dichas diferencias son las que precisamente permiten legitimar, en mayor medida que en el art. 291 CP, la intervención penal.

DIFERENCIAS ENTRE LOS ARTS. 291 Y 292 CP	
Art. 291	**Art. 292**
Imponer acuerdos abusivos	Imponer acuerdos lesivos o aprovecharse de ellos
Prevaliéndose de la situación mayoritaria	Mayoría ficticia, obtenida por determinados medios
Ánimo de lucro	No lo exige
En perjuicio de los demás socios	En perjuicio de la sociedad o de alguno de sus socios
Sin que reporte beneficios a la sociedad	No dice nada, por lo que puede reportarlos

3.1. Bien jurídico protegido

En efecto, la diferencia más importante entre ambos delitos es que en el art. 292 CP la conducta puede ser punible, aunque produzca beneficios a la sociedad, mientras que en el art. 291 CP en tal caso la conducta dejaría de ser típica. No obstante, nada impide que en el delito del art. 292 CP la sociedad resulte también perjudicada, por lo que cabe entender que el bien jurídico protegido es doble: por un lado, los intereses económicos de los restantes socios, y por otro, el patrimonio de la propia sociedad, como cabe deducir de la referencia expresa a que la conducta se lleve a cabo "*en perjuicio de la sociedad o de alguno de sus socios*".

> A este respecto conviene resaltar la incorrección gramatical con la que se ha redactado el precepto. La expresión *"en perjuicio de la sociedad o de alguno de sus socios"* sintácticamente sólo se refiere a la conducta de aprovecharse para sí o para un tercero. Sin embargo, parece lógico interpretar que comprende también la conducta de imponer. Lo correcto hubiese sido decir: *"La misma pena del artículo anterior se impondrá a los que, en perjuicio de la sociedad o de alguno de sus socios, impusieren o se aprovecharen para sí o para un tercero..."*.

Sujetos pasivos de este delito son, pues, tanto la sociedad como uno o varios de sus socios. Hay que volver a subrayar que el delito subsiste si resulta perjudicado uno de sus socios, aunque los demás o la sociedad misma resulten beneficiados. "*Quedan extramuros del tipo acuerdos lesivos para terceros, sean personas físicas o jurídicas*" (STS 1032/2013, 19-12).

3.2. Sujeto activo

A primera vista, y puesto que en el art. 292 CP se utiliza la expresión genérica "*los que...*" (el uso del plural no impide que el delito se pueda cometer por una sola persona) para referirse al sujeto activo, parece que pudiese serlo cualquiera. Sin embargo, resulta preciso referirse a las conductas típicas para delimitar el ámbito del sujeto activo, porque no cualquier persona puede llevar a cabo dichas conductas.

En cuanto a la primera modalidad, en principio, sujetos activos serían los socios o administradores que impongan el acuerdo. Sin embargo, existen algunas excepciones a ello. Así, hay que tener presente que cabe la representación voluntaria de los socios para acudir a las Juntas (arts. 183 y 184 LSC), por lo que el representante también podría cometer este delito si, por ejemplo, vota en sentido distinto a lo establecido en la representación otorgada. Aquellos a quienes se les haya conferido el voto sin tener derecho a él también cometerían este delito, y no precisan ser socios o administradores de la sociedad. Quienes les hayan otorgado el voto responden también, pero antes que como cooperadores en la imposición del acuerdo, lo harían como autores de la segunda modalidad (aprovecharse para sí o para un tercero).

Por lo que a la segunda modalidad se refiere, parece que habrá que limitar de algún modo el círculo de sujetos activos, pues resultaría excesivo, máxime si están equiparadas en pena ambas conductas, que se le pueda reprochar a un extraño, que no haya intervenido en modo alguno en la adopción del acuerdo, que se beneficie de él. Estas conductas habría que reconducirlas al delito de receptación, que también es punible si trae causa en un delito societario (art. 298 CP). Por tanto, habrá que entender que sujeto activo sólo puede ser aquel que esté en condiciones de ejecutar la acción de imponer los acuerdos, es decir, los mismos sujetos de la primera modalidad.

3.3. Conducta típica

En el art. 292 CP se prevén dos conductas: *imponer* un acuerdo lesivo adoptado ilegalmente o *aprovechar* para sí o para un tercero tal acuerdo. Ambas se encuentran unidas por la conjunción disyuntiva "o", dando lugar a un tipo mixto alternativo (si se dan las dos no hay un concurso de delitos), y ambas se encuentran también equiparadas en pena, lo cual resulta criticable, porque es más grave haber impuesto un acuerdo lesivo a través de una mayoría ficticia, que simplemente aprovecharse de éste sin haberlo impuesto. Se están equiparando una autoría y una intervención postejecutiva.

La primera conducta consiste en imponer un acuerdo lesivo adoptado por una mayoría ficticia, que se ha obtenido ilegalmente. Imponer cabe interpretarlo en el mismo sentido que en el art. 291 CP. Lo que se impone es un acuerdo lesivo, es decir, aquel que es tomado con la intención de lucrarse en perjuicio de la sociedad y de los demás socios. Conforme a ello, este delito es de lesión (así, entre otros, FERNÁNDEZ TERUELO, DEL ROSAL BLASCO, para quienes —por las mismas razones que para el art. 291 CP y porque el art. 292 CP requiere que el acuerdo sea "lesivo" y que se imponga "en perjuicio de la sociedad o de alguno de sus socios"— la consumación requeriría la producción del perjuicio económico; en cambio, lo consideran como un delito de peligro concreto, entre otros, FARALDO CABANA, VALLE MUÑIZ, para quienes el perjuicio formaría tan solo parte de la fase de agotamiento del delito). Sin embargo, no basta con imponer un acuerdo lesivo, sino que el núcleo del desvalor de acción de esta conducta gira en torno a la utilización de una mayoría ficticia para lograr adoptar el acuerdo. Dicha mayoría se tiene que haber conseguido por determinados medios ilícitos. Si no se utilizan estos medios espurios, aunque el acuerdo sea lesivo, sólo cabe la vía del art. 204 LSC: impugnación de acuerdos contrarios a la ley, a los estatutos, al reglamento de la Junta de la sociedad o lesivos del interés social en beneficio de uno o varios socios o de terceros. Igual que se ha hecho en el concepto de sociedad (art. 297 CP), el Legislador ha optado por utilizar una ejemplificación de tales medios, para finalizar con una cláusula analógica de carácter abierto que resta taxatividad al presente tipo. En efecto, después de decir que la mayoría se tiene que obtener por abuso de firma en blanco (interprétese como en el delito de estafa del art. 250 CP), por atribución indebida del derecho de voto a quienes legalmente carezcan de él o por negación ilícita del ejercicio de este derecho a quienes lo tengan reconocido por la ley (ley en blanco que obliga a completar la norma penal con la legislación mercantil, incluyendo casos como el de otorgar voto a quien no es socio, o a quien es titular de acciones sin voto o con limitaciones de asistencia y voto), termina con una cláusula abierta que alude a cualquier otro medio o procedimiento semejante (otras formas irregulares de obtener la mayoría, como por ejemplo haciendo figurar en el acta accionistas que no asistieron a la Junta o engañando a algún accionista sobre el lugar, fecha y hora de la convocatoria; pero parece discutible que se incluya la violencia o la intimidación: a favor de incluirlas, entre otros, VALLE MUÑIZ; en contra FERNÁNDEZ TERUELO, porque no son medios semejantes a los anteriores).

La segunda conducta consiste en sacar beneficio o ventaja patrimonial del acuerdo, sin que, en principio, tuviese que haber tomado parte en él. Sin embargo, entendida así esta conducta, como ya se indicó, conduciría a un ámbito de lo punible excesivamente amplio. Para evitarlo, además de la restricción del sujeto activo antes efectuada, en el terreno de la conducta típica resulta también conveniente exigir que el sujeto haya intervenido en la formación de la mayoría ficticia, o que al menos, como dice VALLE MUÑIZ, pudiendo evitar la adopción del acuerdo y consciente de las maniobras que se han llevado a cabo para configurar una mayoría ficticia, decide apoyar con su voto la decisión lesiva del órgano societario, en provecho propio o ajeno.

En cuanto al tipo subjetivo, a diferencia de lo establecido en el art. 291, el art. 292 CP no exige el ánimo de lucro, y aunque técnicamente es admisible la comisión con dolo eventual (respecto del perjuicio, porque respecto de la formación de la mayoría ficticia tiene que ser directo), razones político-criminales abogan por que se limite su castigo únicamente a conductas llevadas a cabo con dolo directo (principio de intervención mínima).

3.4. Concursos

El art. 292 CP contiene al final una cláusula concursal (no una cláusula de subsidiariedad, aunque algunos la interpretan en este sentido), en virtud de la cual habrá que apreciar un concurso de delitos si el hecho constituyese otro delito ("*sin perjuicio de castigar el hecho como corresponda si constituyese otro delito*", dice). No es extraño que para lograr la mayoría ficticia se cometa ya otro delito, como una falsedad documental; o un engaño que pueda dar lugar a una estafa si los sujetos pasivos son diferentes (la estafa no absorbería al delito societario, salvo que se hubiese utilizado la modalidad de abuso de firma en blanco, en cuyo caso la estafa agravada del art. 250.1.2º CP ya comprendería todo el contenido de injusto del hecho). También puede haber concurso de delitos con el art. 293 CP, salvo que éste consista en la negación ilícita del ejercicio del derecho de voto, en cuyo caso se da un concurso aparente de leyes penales a resolver por consunción, pues se trata de un supuesto de progresión delictiva (VALLE MUÑIZ). Si el acuerdo impuesto implica la disposición fraudulenta de bienes de la sociedad o la asunción de obligaciones a cargo de ésta puede haber un concurso aparente de leyes penales con el delito de administración desleal, si se dan los demás requisitos del art. 252 CP, a resolver por especialidad a favor de este último (la STS 1032/2013, 19-12, dice que "*el art. 295 (ó 252) absorbe el desvalor del art. 292*").

4. Negación del ejercicio de determinados derechos de los socios (art. 293 CP)

4.1. Bien jurídico protegido

La Doctrina mayoritaria, con razón, califica de injustificada la intervención penal para castigar este tipo de conductas obstaculizadoras de los derechos de los socios. No sólo porque cabe acudir a la vía subsidiaria de la impugnación de los acuerdos sociales (arts. 204 ss. LSC), a la que se sumaría además la del ejercicio de la acción individual de responsabilidad contra los administradores por los efectivos daños y perjuicios ocasionados (art. 241 LSC), sino que también resulta criticable porque las conductas incriminadas no son más que un simple ilícito civil o mercantil elevado a la categoría de delito, sin suficiente contenido de lesividad para que esté justificada la imposición de una pena. Por tanto, de nuevo aquí existe la necesidad de realizar una interpretación restrictiva que reconduzca la normativa penal al principio de intervención mínima [p.ej., las SSTS 650/2003, 9-5; 1351/2009, 22-12 (*Tol 1776385*) —caso Eganorsa, empresa participada por Hunosa— dicen que la restricción debe alcanzarse a través de una interpretación del precepto sujeta a su fundamentación material, en el triple ámbito del objeto, de la conducta típica y del elemento normativo «sin causa legal»; en igual sentido, las SSTS 413/2017, 7-6, y 661/2022, 30-6].

> *"Concretándonos al derecho de información* [...] como **objeto del tipo penal** —dicen estas SSTS (resaltados añadidos)— *el ámbito del derecho no alcanza a los supuestos razonablemente discutibles..., por lo que únicamente serán típicos aquellos supuestos de denegación de información a la que los socios tienen derecho de modo manifiesto, como sucede con los prevenidos en los arts. 112 LSA* [hoy art. 197 LSC] *(derecho de los accionistas a los informes o aclaraciones que estimen precisos acerca de los asuntos que figuren en el orden del día de una Junta General) y 212 LSA* [hoy art. 272 LSC] *(derecho de los accionistas a obtener cualquiera de los documentos que habrán de ser sometidos a la aprobación de la Junta)... Y en cuanto a los derechos de participación en la gestión o control de la actividad social, bajo este enunciado deben englobarse sin duda los derechos de asistencia y voto en las juntas generales* [...]
>
> *En el ámbito de la* **conducta típica** *ha de considerarse que el precepto no penaliza cualquier comportamiento que meramente dificulte el ejercicio de los referidos derechos del socio* [...]. *Se requiere expresamente 'negar', que en este contexto equivale a desconocer dichos derechos, o 'impedir', que equivale a imposibilitar. En consecuencia, cuando el derecho se reconoce y se atiende, proporcionando al socio una información básicamente correcta, las alegaciones sobre demoras, omisiones o simples dificultades quedan al margen del comportamiento típico* [...]. *No es exigible que el comportamiento sea reiterado, pues no lo requiere el precepto, ni tampoco se exige un elemento subjetivo específico (el legislador suprimió en la redacción final del artículo las expresiones maliciosa y reiteradamente que figuraban en el proyecto), pero sí una abierta conculcación de la Legislación en materia de sociedades, como se ha señalado ya por esta misma Sala, pudiendo constituir la persistencia en la negativa a informar una manifestación de este carácter manifiesto de la conculcación del derecho de información* [...]
>
> *Por lo que se refiere al* **elemento normativo** *'sin causa legal'* [...] *basta para excluir la responsabilidad en el ámbito penal que dicha causa resulte razonablemente aplicable, y no manifiestamente abusiva. Cuando los Administradores no desconocen el derecho ni impiden su ejercicio, y únicamente lo limitan amparándose en una causa expresamente reconocida en la ley, los supuestos en los que resulta jurídicamente dudoso el ámbito de concurrencia de la causa legal deben quedar al margen del ámbito penal* [...], *por lo que el tipo se limita a supuestos en los que los administradores nieguen o impidan el derecho sin alegar causa alguna, a aquellos en que alegan una causa legalmente inexistente o a aquellos en que la alegación de una causa legal sea manifiestamente abusiva.*

Es frecuente señalar que lo que se protege en este artículo son los derechos inherentes a la condición de socio previstos en el tipo (DEL ROSAL BLASCO, VALLE MUÑIZ, entre otros), y eso es cierto.

P.ej., RODRÍGUEZ ALMIRÓN observa dos aspectos en el contenido de injusto de este delito: por un lado, el patrimonio de los socios, que se traduce en el derecho de poder suscribir de modo preferente acciones, y, por otro lado, el derecho a participar en la gestión y control de la sociedad, para lo que es necesario que el socio pueda acceder a la información de la mercantil.

La SAP, Granada, Sección 1ª, 404/2016, 12-7, apunta incluso a la *"transparencia en la gestión societaria, lo que se va a conseguir mediante la tutela de los derechos fundamentales del accionista o socio, que es el auténtico bien jurídico protegido"*. En nuestra opinión, la transparencia no puede constituir un bien jurídico protegido, ni en el ámbito societario, ni en el de la Administración pública. La transparencia es simplemente una medida de prevención situacional de posibles abusos. Su propósito es incrementar la percepción del riesgo de su detección, y sin descartar tampoco el incremento de los sentimientos de vergüenza o de culpabilidad en el infractor.

Sin embargo, conviene tener presente que la razón de ser de tales derechos estriba en garantizar los intereses patrimoniales de los socios, con lo cual, en esto se centraría en última instancia el contenido material de injusto de estos delitos. Ahora bien, hay que precisar que en ningún momento se exige que este bien jurídico sea lesionado, ni puesto en peligro concreto, ni tan siquiera que sea posible ponerlo en peligro [así, las SSTS 796/2006, 14-7, y 1351/2009, 22-12 (*Tol 1776385*); por el contrario, las SSTS 330/2013, 26-3, y 477/2014, 10-6, afirman que el tipo penal exige "*idoneidad lesiva para el patrimonio del socio concernido*"]. Basta con constatar formalmente la vulneración de tales derechos para afirmar ya un mero peligro abstracto para el patrimonio que los socios han invertido en la entidad (MARTÍNEZ-BUJÁN PÉREZ, FARALDO CABANA). Desde un punto de vista político criminal, esto resulta criticable.

Para SÁNCHEZ DAFAUCE *"la* ratio legis *del art. 293 [...] ha de buscarse fuera de la protección de los derechos políticos"*, de tal manera que *"el núcleo de la protección penal del derecho de suscripción preferente de acciones es la protección del derecho a su participación en el patrimonio social"*. Sostiene *"una interpretación patrimonial del subtipo de negación de este derecho para cuya tipicidad no hace falta ni porcentajes ni cantidades mínimas, como, por ejemplo, tampoco hacen falta para el hurto"*. Así, no hace falta que la negación o el impedimento del derecho de suscripción preferente diluya la participación social por debajo de determinados porcentajes especialmente relevantes según la LSC, como, por ejemplo, los necesarios para poder convocar la junta general (art. 168 LSC), para oponerse a la renuncia a la acción social de responsabilidad de los administradores (art. 239 LSC) o para fijar los límites del derecho de información (art. 197 LSC), como había propuesto, entre otros, GÓMEZ BENÍTEZ, que, por otra parte, podría ser un criterio político-criminal adecuado para restringir este tipo penal. Para SÁNCHEZ DAFAUCE las palabras confiscación o expropiación son gráficas y precisas para referirse al contenido de injusto que debería darse a este delito y pone el siguiente ejemplo: *"Un acuerdo de exclusión por debajo del valor razonable y sin interés social es una expropiación patrimonial de los accionistas excluidos en favor de los nuevos suscriptores. Así, por ejemplo, tomemos un capital de 60.000 euros divididos en 60.000 acciones de 1 euro con un patrimonio neto social de 120.000 euros. Si hay tres socios antiguos con 20.000 acciones cada uno y si la ampliación de capital para un determinado nuevo socio se hace por 20.000 nuevas acciones cuyo valor nominal se gira sobre el valor no-*

minal de las antiguas acciones (1 euro) y no sobre su valor razonable (2 euros), el nuevo socio aportará 20.000 euros e inmediatamente tendrá una participación del 25% en el patrimonio social (35.000 euros). Cada antiguo socio habrá sufrido una expropiación de 5.000 euros. Si esta operación no está aconsejada por el interés social y, en consecuencia, no hay perspectiva de crecimiento, el trasvase patrimonial en detrimento de los antiguos socios se asemeja a los delitos clásicos de desplazamiento posesorio". Aclara también que *"si, en nuestro ejemplo, la ampliación se hace sobre el valor razonable, el nuevo socio aporta 40.000 euros, el patrimonio social se eleva a 160.000 euros y cada antiguo socio mantiene su 25% en el patrimonio social (40.000 euros)"*.

4.2. Sujetos activos y pasivos

Sujetos activos son los administradores de hecho o de derecho de una sociedad constituida o en formación. Cabe remitirse a lo ya indicado más arriba. MARTÍNEZ-BUJÁN PÉREZ ha subrayado "*una discordancia del tipo penal con la legislación mercantil... dado que el aumento de capital y la exclusión del derecho de suscripción preferente exigen el acuerdo de la Junta general (art. 308 LSCap)*", por lo que "*no es imaginable que un administrador pueda realizar, por sí mismo, esta modalidad de conducta típica, salvo que este consiga el control mayoritario de dicha Junta y pueda ser considerado como un autor mediato, lo cual ofrece evidentes dificultades a la vista de la naturaleza colectiva e indeterminada del instrumento*". SÁNCHEZ DAFAUCE no lo descarta, "*habida cuenta de la gran complejidad del procedimiento exigido por la LSCap [art. 308] para la exclusión del derecho de suscripción preferente de acciones...*", por lo que "*el engaño a los accionistas que componen la junta general no es ni mucho menos descartable*", y pone tres ámbitos en los que se podría manipular a los accionistas: en el informe del administrador explicando el *interés social* del aumento de capital con exclusión del derecho de suscripción preferente; en la obligación de los administradores de informar sobre el valor nominal de las nuevas acciones que se debe corresponder con el *valor razonable* de las antiguas; y en la posible *connivencia entre el administrador y el experto independiente* que debe elaborar otro informe sobre dicho valor razonable. Además, cuando el administrador, en connivencia con parte de los accionistas, ejecute e inscriba un acuerdo ilegal de exclusión del derecho de preferencia de algún socio particular, se le puede considerar perfectamente autor del subtipo denegatorio. Y, por último, en las sociedades cotizadas se permite que la Junta pueda delegar en los administradores, junto a la decisión sobre el aumento de capital, la facultad de excluir el derecho de suscripción preferente (art. 506 LSC), por lo que no habría inconveniente en considerarles autores inmediatos o coautores del subtipo denegatorio del art. 293 LSC en el momento del acuerdo.

Sujeto pasivo de este delito sólo puede serlo el socio (la STS 514/2008, 30-7, considera que no se puede cometer respecto del socio titular del 100% de las acciones y que tiene el efectivo control de la sociedad). A pesar del amplio concepto de sociedad previsto en el art. 297, otras personas a quienes la legislación extrapenal les otorga ciertos derechos cuyo ejercicio debe ser respetado por parte de los administradores, sin embargo, como no son socios, tienen que quedar fuera del ámbito de tipicidad. Tal es el caso, por ejemplo, del comité de empresa (art. 64 ET), del comisario del sindicato de obligacionistas (art. 421 LSC), de los titulares de bonos de disfrute (art. 341.2 LSC), o de los acreedores, administradores o consejeros de la sociedad no socios, entre otros (FARALDO CABANA).

4.3. Conducta típica

La conducta típica consiste en negar o impedir (tipo mixto alternativo) a un socio el ejercicio de determinados derechos, que vendrían a constituir el objeto sobre el cual recae la acción.

"*Impedir*" se puede interpretar como en el delito de coacciones, esto es, como imposibilitar hacer algo, y, por tanto, consiste en un delito de resultado, que entre otras cosas supone que se admita la comisión por omisión y que la consumación se produzca en el momento en que se consigue que el sujeto pasivo no realice lo que quería. En cambio, "*negar*" da lugar más bien a un tipo de mera actividad (así, SÁNCHEZ DAFAUCE; y SSTS 1953/2002, 26-11, y 1351/2009, 22-12), que consiste en dejar de reconocer una cosa o en no admitir su existencia, por lo que no sería posible su comisión por omisión y el momento consumativo se produciría en el instante en que se lleva a cabo la actividad denegatoria, si bien se trata de un delito de efectos permanentes, cuya consumación se prolonga en el tiempo en tanto el administrador incumpla, desoyendo los requerimientos de los socios, las obligaciones que le impone la legislación mercantil (SSTS 1953/2002, 26-11, y 284/2015, 12-5). La STS 1953/2002, 26-11, afirma que "*en caso de reiteración de la negativa, tal reiteración lejos de constituir un delito por cada negativa viene a constituir una consolidación de la misma y, por tanto, existe un solo delito máxime, cuando como es el caso, se trata de Juntas Universales muy próximas en el tiempo*". Lo cual viene a descartar la posibilidad de delito continuado (así, las SSTS 330/2013, 26-3; 413/2017, 7-6, y las SSAP, Valladolid, Sección 4ª, 437/2013, 2-12; Madrid, Sección 23ª, 98/2016, 25-1, y Cáceres, Sección 2ª, 69/2017, 9-3; por el contrario, sí lo apreció la STS 119/2010, 1-2, que confirma la SAP, Madrid, Sección 17ª, 430/2009, 27-4).

En el art. 293 CP no se exigen otros requisitos, como el que la negación o el impedimento se hiciesen "*maliciosa y reiteradamente*" (tal como se preveía en el art. 303 PCP de 1992, que es cuando apareció por primera vez esta figura delictiva; no lo exige la STS 969/2010, 29-10, pero sí una abierta conculcación de la legislación en materia de sociedades). No obstante, y con plena justificación desde el punto de vista del principio de intervención mínima, la Jurisprudencia ha considerado que no basta con una negativa ocasional o puntual, sino que debe existir cierta persistencia en ella, quedando excluidos los comportamientos que simplemente dificulten el ejercicio de tales derechos o que lo demoren u obstaculicen temporalmente [SSTS 1953/2002, 26-11; 650/2003, 9-5; 796/2006, 14-7 (*Tol 979519*); 1351/2009, 22-12 (*Tol 1776385*), y SAP, Granada, Sección 1ª, 404/2016, 12-7].

La negativa ha de ser total, rotunda y plena, y no abarcaría aquellos supuestos en los que existen dudas o en los que la información proporcionada a los socios ha sido incompleta (SAP, Madrid, Sección 23ª, 98/2016, 25-1). La STS 91/2013, 1-2, afirma que "*cuando el derecho se reconoce y se atiende, proporcionando al socio una información básicamente correcta, las alegaciones sobre demoras, omisiones o simples dificultades quedan al margen del comportamiento típico, sin perjuicio de la responsabilidad que proceda en el ámbito mercantil*". Y la STS 330/2013, 26-3, establece que "no toda negativa de información puede constituir *sic et simpliciter* la acción típica del delito del art. 293 Cpenal, por ello *sólo cuando la negativa de la información solicitada supusiera una efectiva limitación de la condición de socio se estaría dentro del ámbito penal*".

También parece oportuno desde esta perspectiva político criminal, restringir el alcance del tipo subjetivo al dolo directo (SAP, Navarra, Sección 2ª, 84/2000, 19-9, considera que no cabe el dolo eventual; FARALDO CABANA exige una actitud manifiestamente obstruccionista).

Los derechos de los socios que se impiden o niegan son los de "*información, participación en la gestión o control de la actividad social, o suscripción preferente de acciones reconocidos por las leyes*". Estamos, por tanto, ante una ley penal en blanco, cuyo contenido habrá que completar con lo dispuesto en la legislación mercantil. No se incluyen, sorprendentemente, derechos básicos en las sociedades mercantiles, como son el derecho del socio a participar en el reparto de ganancias y en el patrimonio resultante de la liquidación de la sociedad.

Concretamente, los derechos previstos en el tipo penal engloban los siguientes: 1) Los *derechos de información* comprenden básicamente la petición de información y aclaración a los administradores sobre los puntos comprendidos en el orden del día de la junta, así como la solicitud de datos suficientes para acreditar la situación patrimonial de la sociedad o sobre las circunstancias relativas a su gestión [arts. 93, 196 y 197 LSC] (p.ej., la STS 661/2022, 30-6, confirma la condena al administrador de la sociedad que negó sin causa justificada alguna la información solicitada por los socios minoritarios previamente por burofax y al inicio de la junta sobre las inversiones realizadas por la sociedad en ejercicios anteriores a los que se destinaba el aumento de capital y la tesorería disponible por la sociedad al momento de convocarse la junta, cuando dicha información resultaba necesaria para valorar la conveniencia del aumento de capital propuesto por compensación de un supuesto crédito que afirmaba ostentar el administrador contra la sociedad; en cambio, la STS 863/2009, 16-7, ha señalado que el hecho de que en el acta se recoja la protesta de un socio sobre la dificultad para obtener información sobre la marcha de la empresa, no es prueba suficiente para demostrar que se ha cometido este delito; *vid*. también la SAP, Granada, Sección 1ª, 404/2016, 12-7). 2) Los *derechos de participación* en la gestión aglutinan, entre otros, el derecho de asistencia a las juntas (art. 179 LSC), de voto (art. 188 LSC), de representación (arts. 183 ss. LSC) y de voz (tácitamente deducible de diversos artículos de la LSC y del RRM) (el ATS 395/2012, 1-3, considera constitutivo de delito el hecho de que la administradora desatendiese tres requerimientos notariales para convocar Junta General de accionistas; por el contrario, la SAP, Granada, Sección 1ª, 404/2016, 12-7, considera que el mero hecho de no convocar maliciosamente las preceptivas juntas de accionistas no resulta punible, pues existen instrumentos en el ámbito mercantil para provocar la convocatoria solicitándola del juez competente, y una vez convocada judicialmente, solicitar la información pretendida). 3) Los *derechos de control* de la actividad social incluyen el derecho a examinar diversas cuestiones (por ejemplo, la propuesta de modificación de los estatutos de la sociedad, art. 287 LSC), el derecho a que se practique una auditoría (art. 265 LSC) y el derecho de impugnación de los acuerdos sociales (art. 204 LSC). 4) El *derecho de suscripción preferente de acciones* (art. 304 LSC). Este derecho sólo está presente en aquellas sociedades que tengan representado su capital en acciones, por lo que el tipo penal no incluiría el derecho de suscripción preferente de participaciones sociales nuevas en una sociedad de responsabilidad limitada (así, p.ej., la SAP, Zaragoza, Sección 6ª, 344/2013, 5-12). SÁNCHEZ DAFAUCE considera que se debe corregir en un futuro esta falta, y propone un tipo penal que dijera «suscripción preferente de acciones o participaciones». Ni siquiera en una sociedad anónima se extendería al derecho de suscripción preferente de obligaciones convertibles; ni tampoco al derecho de asignación gratuita de acciones o participaciones, lo cual, como dice SÁNCHEZ DAFAUCE, resulta incomprensible *"habida cuenta de que su negación constituye una simple expropiación de los derechos patrimoniales del socio sobre la cantidad que ha pasado a capital"*; ni tampoco, por no reunir la cualidad especial para ser sujeto pasivo, cuando se impide a los obligacionistas la suscripción preferente de acciones (por otra parte, prohibido por la STJCE, 18-12-2008).

Por último, la conducta típica se tiene que realizar "*sin causa legal*" para ello (la SAP, Granada, Sección 1ª, 404/2016, 12-7, entiende que se produciría tanto cuando no se opone causa alguna, como cuando la opuesta resulta palmariamente ilegal; y la STS 650/2003, 9-5, precisa que "[*no*] *es exigible un análisis riguroso de la cobertura mercantil de los supuestos en que los administradores se amparen expresamente en una causa legal reconocida, sino que basta para excluir la responsabilidad en el ámbito penal que dicha causa resulte razonablemente aplicable, y no manifiestamente abusiva*"). Más que una referencia expresa a la ausencia de causas de justificación, se trata de un elemento normativo del tipo de carácter negativo (FARALDO CABANA, entre otros), que requiere completar su contenido con lo dispuesto en la legislación extrapenal e incluso con lo dispuesto en los propios estatutos de la sociedad, pues pueden estar previstas ciertas exclusiones o limitaciones a estos derechos (en cambio, LLOBET ANGLÍ considera que sólo la cláusula "*derechos reconocidos por las leyes*" es la única que se remite al Derecho mercantil; mientras que "*sin causa legal*" sería una cláusula de contenido penal, que aludiría a una ponderación de intereses propia del estado de necesidad, aunque produciría efectos anticipados en sede de tipicidad). Por ejemplo, el accionista que se hallare en mora en el pago de los dividendos pasivos no podrá ejercitar el derecho de voto (art. 82 LSC), o se podrá denegar la información requerida si el accionista la ha solicitado después del plazo establecido para ello (art. 197 LSC: 7 días antes de la celebración de la Junta) o quien incumpla la obligación de formular una oferta pública de adquisición, no podrá ejercer los derechos políticos derivados de ninguno de los valores de la sociedad cotizada cuyo ejercicio le corresponda por cualquier título (art. 112 LMVSI). Por otra parte, al tratarse de un elemento del tipo, el error vencible sobre dicha causa legal conlleva la impunidad, al no estar prevista su comisión por imprudencia (SAP, Valencia, Sección 3ª, 415/2000, 10-7).

4.4. Concursos

Cabe el concurso de delitos con las amenazas y coacciones, y aunque teóricamente sería posible un concurso de delitos con otros delitos patrimoniales como la estafa, la apropiación indebida o la administración fraudulenta, porque el art. 293 CP es un mero delito de peligro abstracto, habría que inclinarse por considerar a este delito como un acto copenado que quedaría consumido en el desvalor del delito patrimonial de lesión (MARTÍNEZ-BUJÁN PÉREZ; en contra, la SAP, Barcelona, Sección 2ª, 444/2021, 14-6, apreció un concurso real de delitos entre el art. 252 y el art. 293 CP).

La Jurisprudencia ha considerado un acto posterior copenado el hecho de expedir certificaciones falsas para la presentación de las cuentas anuales en el Registro Mercantil (art. 290 CP), después de haber impedido a los socios perjudicados participar en las Juntas Generales (art. 293) [STS 119/2010, 1-2 (*Tol 1824991*), que condenó al acusado además por un delito de administración desleal del art. 295 CP en concurso real, porque se trataba de acciones independientes]. La SAP, Almería, Sección 3ª, 498/2016, 13-10, considera que *"es necesario distinguir entre lo ocurrido antes de la interposición de la querella y lo ocurrido después. Efectivamente, sólo podría constituir el referido delito la conducta previa a la interposición de la querella, pues la presunta actitud del acusado, caso de no atender los requerimientos del Juzgado a petición de los peritos, en su caso podrían ser constitutivos de un delito de desobediencia, pero no integrarían el tipo penal por el que ahora se acusa"*.

5. Obstaculización de las labores de inspección y supervisión (art. 294 CP)

5.1. Naturaleza de este delito y bien jurídico protegido

Un delito como el previsto en el art. 294 CP (del cual no tengo constancia de que se haya aplicado alguna vez; lo descartó la SAN, Sección 4ª, 14/2020, 6-10 —caso Pescanova—, FJ 8°, y también la SAP, Valencia, Sección 2ª, 59/2009, 28-1) carece de todo antecedente legislativo en nuestro país (en otros países sí, como Francia, Italia o Alemania). Ni siquiera figuraba en el PCP de 1994 (tampoco en los anteriores PCP), y fue introducido durante la tramitación parlamentaria fruto de la enmienda n° 615 del grupo socialista (BOCG - Congreso, Serie A, n° 77-6, 6 marzo 1995, 264, la motivación era lacónica: "Necesidad de prever tal supuesto").

La SAN, Sección 4ª, 14/2020, 6-10 —caso Pescanova—, descartó la comisión de este delito, porque *"de las respuestas dadas por los servicios administrativos de Pescanova a los requerimientos realizados por la CNMV no se ha constatado una voluntad obstaculizadora de la entidad a la actuación inspectora del organismo regulador, sin perjuicio de reconocer que aun siendo las respuestas de la matriz incompletas o el organismo supervisor detectara múltiples incorrecciones en las cuentas acerca de no considerar deuda los créditos documentarios, el factoring, o la práctica sistemática de los neteos en los ajustes del consolidado, la ocultación de filiales extranjeras, los artificios contables para disminuir la deuda financiera o la irregularidad de las denominadas prácticas irregulares, también es cierto que en esas defectuosas e incompletas contestaciones, la matriz fue aportando datos de su incorrecta contabilidad y de la existencia de una abultada deuda financiera que facilitó y orientó, en definitiva, la labor de auditoría de KPMG"*.

La SAP, Valencia, Sección 2ª, 59/2009, 28-1, revocó una previa condena por este delito, a quien no atendió a varios requerimientos por parte del liquidador de una sociedad, pero dice que el art. 294 CP no recoge esa conducta. En dicho precepto *"el concepto de sociedad mercantil* —dice— *es más restringido y queda circunscrito a aquellas sociedades que operan en el mercado financiero y desarrollan una actividad especialmente reglamentada, sometida a un régimen particular de intervención administrativa directa, como puede ser el Banco de España, el Mercado de Valores, el Ministerio de Economía y otros organismos"*, *"circunstancia que no concurre en la sociedad de que se trata"*.

Según FARALDO CABANA, la creación de este nuevo delito responde a un factor de carácter extradogmático, como es el hecho de que las entidades de crédito se han mostrado siempre renuentes a dar a conocer su verdadera situación patrimonial, además de manifestar su desconfianza frente a los riesgos de la burocracia derivada de la existencia de órganos de inspección. No obstante, para garantizar la transparencia y el control de la actividad de determinadas sociedades, particularmente de las que operan dentro del sector financiero, del mercado de valores, de los seguros y de otros sectores importantes en nuestra economía, se han creado diversos órganos administrativos con facultades de inspección y de supervisión (p.ej., CNMV, Banco de España, Dirección General de Seguros, etc.). Pues bien, con el fin de hacer efectivas tales facultades existen a lo largo de una extensa normativa administrativa numerosas infracciones (muy graves, graves y leves) que castigan su obstaculización o impedimento.

Véanse, entre otros, los arts. 92 i) y j) Ley 10/2014, de 26 de junio, de ordenación, supervisión y solvencia de entidades de crédito; 291.g) LMVSI; 53.p) RD-Ley 24/2021, de 2 de noviembre, de transposición de directivas de la Unión Europea en las materias de bonos garantizados; 40.3.m) RD-Legislativo 6/2004, de 29 de octubre, por el que se aprueba el texto refundido de la Ley de ordenación y supervisión de los seguros privados; 107.36 Ley 11/2022, de 28 de junio, General de Telecomunicaciones; 35.3.m) RD-Legislativo 1/2002, de 29 de noviembre, por el que se aprueba el texto refundido de la Ley de Regulación de los Planes y Fondos de Pensiones; 50.3 Ley 21/2003, de 7 de julio, de Seguridad Aérea).

En la misma línea se puede decir que se orienta el art. 294 CP, lo cual plantea importantes problemas a la hora de delimitar el ilícito penal del ilícito administrativo o a la hora de compaginar sanciones (principios *non bis in idem* y proporcionalidad). Habrá que entender que para que haya ilícito penal, por lo menos, se tienen que reunir todos los requisitos de la infracción administrativa, en particular, en muchos de los preceptos que se acaban de citar se alude a que medie «requerimiento expreso y por escrito al respecto». Si ni siquiera hay infracción administrativa muy grave (no ya grave o leve), no hay tampoco ilícito penal. Sin embargo, más allá de esta restricción (MARTÍNEZ RUIZ sugiere también recurrir a la institución del riesgo jurídico penalmente relevante para tratar de reconducir el precepto penal al principio de intervención mínima) resulta prácticamente imposible diferenciar ambos ilícitos.

El bien jurídico protegido de modo directo o inmediato, tanto en la infracción penal como en las administrativas, es el mismo, esto es, la claridad y transparencia que deben observar las sociedades sometidas a supervisión administrativa en sus relaciones con las personas, entidades u órganos inspectores o supervisores (MARTÍNEZ-BUJÁN PÉREZ, FARALDO CABANA), lo cual repercute de modo mediato en la protección del orden económico en sentido estricto, es decir, en la regulación jurídica de la intervención estatal en la economía.

No es, por tanto, un delito de naturaleza patrimonial-individual, sino de naturaleza económica-colectiva, siendo el único delito societario de estas características. Los demás son todos delitos que protegen intereses patrimoniales de alguien concreto. En este sentido, el delito del art. 294 CP se presenta como un cuerpo extraño en el Cap. XIII del Tít. XIII, pues no haría referencia a un supuesto de criminalidad en la empresa, sino de criminalidad de empresa, lo que puede justificar sanciones específicas para ella, como las consecuencias accesorias del art. 129 CP, según prevé el párr. 2º del art. 294 CP (el Proyecto de reforma del CP/2007 preveía aquí un supuesto de responsabilidad penal de las personas jurídicas; el PCP/2009, en cambio, no; y no se ha vuelto a contemplar tal posibilidad, pese a las numerosas incorporaciones que ha habido de figuras delictivas que pueden dar lugar a la RPPJ).

5.2. Sujetos activos y pasivos

Por la naturaleza que tiene el bien jurídico protegido en este delito el sujeto pasivo es la colectividad.

Sujetos activos son los administradores de hecho (aunque parece discutible que éstos puedan llegar a ser autores de este delito) o de derecho de una sociedad constituida o en formación, sometida o que actúe en mercados sujetos a supervisión administrativa. En estos momentos sólo hay que hacer referencia a la necesaria supervisión administrativa a la que tiene que estar sometida la sociedad, pues las otras características del sujeto activo ya han sido explicadas.

El ámbito de las sociedades a que se refiere el art. 294 CP es, por tanto, más restringido que el que se desprende del concepto contemplado en el art. 297 CP, porque en el art. 294 CP sólo deben quedar comprendidas aquellas sociedades que desarrollan una actividad especialmente reglamentada (autorización administrativa previa, instrucciones posteriores...) y sometida a un régimen particular o específico de intervención o supervisión (no genérico de vigilancia y policía, como pueda ser la inspección tributaria, de trabajo, de Seguridad Social, de protección de datos, de protección del informante, de consumo, como sería el caso de sociedades de inversión en bienes tangibles, tipo *Forum* y *Afinsa* —véase la Ley 43/2007, de 13 de diciembre, de protección de los consumidores en la contratación de bienes con oferta de restitución del precio). La referencia adicional a una sociedad que actúe en mercados sujetos a supervisión resulta necesaria, puesto que, si no se hiciese, quedarían fuera aquellas sociedades que por su naturaleza no están supervisadas (una sociedad anónima, por ejemplo), pero que sí lo están cuando actúan en un determinado mercado (el de valores, por ejemplo).

Tales sociedades se pueden circunscribir a cuatro grandes grupos:

1. Las *entidades que intervienen en el mercado de valores*, que quedan sometidas la supervisión e inspección de la **Comisión Nacional del Mercado de Valores** (CNMV) (véase fundamentalmente los art. 18 y 232 y ss. LMVSI), sin perjuicio de la competencia que corresponda al organismo rector de los centros de negociación (arts. 44.c) y 53 LMVSI), así como de la que corresponda a las Comunidades Autónomas con competencias en materia de Bolsas de Valores (arts. 67 LMVSI), o también al Banco de España (art. 249 LMVSI). En particular, según el art. 232 LMVSI, están sujetas a la supervisión, inspección y sanción de la CNMV: los organismos rectores de centros de negociación (los mercados bursátiles o Bolsas), las empresas de servicios de inversión españolas y extranjeras que operen en España (sociedades de valores, agencias de valores, sociedades gestoras de carteras y empresas de asesoramiento financiero), la sociedad gestora del fondo de garantía de inversiones, las agencias de calificación crediticia establecidas en España, las sociedades gestoras de Instituciones de Inversión Colectiva, las sociedades financieras de cartera y las entidades de crédito en cuanto a sus actuaciones relacionadas con el mercado de valores, entre otras. *Vid.* una recopilación normativa de este mercado regulado en la página web de la CNMV: https://www.cnmv.es/Portal/legislacion/legislacion/tematico.aspx

2. Las *entidades financieras*, que están sujetas a la supervisión del **Banco de España**, sin perjuicio también de la competencia que corresponda a las Comunidades Autónomas y de la cooperación entre éstas y el Banco de España, o entre éste y la CNMV. Conviene tener presente que desde el 4 de noviembre de 2014 la supervisión de las entidades de crédito españolas y del resto de países de la Eurozona se encuentra a cargo del **Mecanismo Único de Supervisión**, un sistema dirigido por el Banco Central Europeo en el que participan las autoridades supervisoras nacionales, como el Banco de España (Reglamento nº 1024/2013, de 15 de octubre, que encomienda al BCE tareas específicas respecto de políticas relacionadas con la supervisión prudencial de las entidades de crédito). Dentro de este Mecanismo Único de Supervisión, al Banco de España le compete la supervisión de las entidades de crédito españolas (bancos, cajas de ahorro y cooperativas de crédito) (art. 4, 50 y 56 Ley 10/2014, 26 de junio, de ordenación, supervisión y solvencia de entidades de crédito). Esta función supervisora se extiende a los grupos consolidables de entidades de crédito con matriz en España y a las sucursales

de entidades de crédito de Estados no miembros de la UE que operen en España. En caso de sucursales de entidades de crédito de Estados miembros de la UE, el Banco de España tiene competencia para realizar comprobaciones e inspecciones in situ de sus actividades. También tiene atribuida la supervisión de las sociedades de tasación (art. 21 del RD-Ley 24/2021, de 2 de noviembre, de transposición de directivas de la UE en las materias de bonos garantizados), de las sociedades de garantía recíproca y de las sociedades de reafianzamiento (art. 66 Ley 1/1994, de 11 de marzo, de Régimen Jurídico de las Sociedades de Garantía Recíproca), de los establecimientos de cambio de moneda (casas de cambio autorizadas para la compra y venta de billetes extranjeros y cheques de viaje) (art. 178.2 Ley 13/1996, de 30 de diciembre, de Medidas Fiscales, Administrativas y del Orden Social), de las entidades de pago y entidades prestadoras del servicio de información sobre cuentas (art. 26 RD-Ley 19/2018, de 23 de noviembre, de servicios de pago y otras medidas urgentes en materia financiera), de las entidades de dinero electrónico (art. 20 Ley 21/2011, de 26 de julio, de dinero electrónico), de los establecimientos financieros de crédito (art. 12 Ley 5/2015, de 27 de abril, de fomento de la financiación empresarial), y de algunos aspectos de la Sociedad de gestión de activos procedentes de la reestructuración bancaria (SAREB) (DA 7ª Ley 9/2012, de 14 de noviembre, de reestructuración y resolución de entidades de crédito). *Vid.* una recopilación normativa de la supervisión del Banco de España en la página web de este organismo: https://www.bde.es/wbe/es/areas-actuacion/normativa/

3. Las *entidades aseguradoras y reaseguradoras*, que están sujetas a la supervisión de la **Dirección General de Seguros y Fondos de Pensiones**, sin perjuicio de la competencia que hayan asumido las Comunidades Autónomas (art. 7 Ley 20/2015, de 14 de julio, de ordenación, supervisión y solvencia de las entidades aseguradoras y reaseguradoras). Este órgano administrativo es la autoridad de supervisión nacional, que forma parte de la **Autoridad Europea de Seguros y Pensiones de Jubilación** (AESPJ) [creada por el Reglamento (UE) nº 1094/2010, de 24 de noviembre; y hace cumplir la Directiva 2009/138/CE, de 25 de noviembre, sobre el acceso a la actividad de seguro y de reaseguro y su ejercicio (Solvencia II)]. Entra dentro de su competencia no sólo la supervisión de las conductas y prácticas de mercado de las entidades aseguradoras y reaseguradoras, sino también de los mediadores de seguros y reaseguros y demás personas que operen en el mercado de seguros, y de las personas y entidades que operen en relación con los planes y fondos de pensiones y sus entidades gestoras. *Vid.* la normativa general sobre la función de supervisión de la DGSFP, así como las Circulares, Resoluciones y Guías técnicas que dicta este organismo en https://dgsfp.mineco.gob.es/es/Regulacion

4. Otras entidades pertenecientes a los mercados de *comunicaciones electrónicas y comunicación audiovisual*, al *sector eléctrico* y al *sector del gas natural*, al *sector ferroviario* y al *mercado postal*, que están sujetas a la supervisión de la **Comisión Nacional de los Mercados y la Competencia** (arts. 5.3 y 6-11 Ley 3/2013, de 4 de junio, de creación de la Comisión nacional de los Mercados y la Competencia), sin perjuicio de la competencia supervisora o inspectora que pueda compartir con otros órganos administrativos (*vid.* al respecto, la Ley 11/2022, de 28 de junio, General de Telecomunicaciones; la Ley 24/2013, de 26 de diciembre, del Sector Eléctrico; la Ley 34/1998, de 7 de octubre, del sector de hidrocarburos; la Ley 38/2015, de 29 de septiembre, del sector ferroviario; y la Ley 43/2010, de 30 de diciembre, del servicio postal universal). Una recopilación normativa de la supervisión sobre estos sectores empresariales en la página web de la CNMC: https://www.cnmc.es/sobre-la-cnmc/normativa. Asimismo, entre las entidades supervisadas o inspeccionadas también cabría incluir a las *compañías de transporte aéreo*, sujetas a la inspección de la Dirección General de Aviación Civil, dependiente del Ministerio de Fomento (arts. 21 y 22.1 B. Ley 21/2003, de 7 de julio, de Seguridad Aérea). *Vid.* https://www.mitma.gob.es/aviacion-civil/normativa-procedimientos

5.3. Conducta típica

La conducta típica es similar a la del art. 293 CP, pues consiste en negar o impedir, pero en este caso referida a la actuación de las personas, órganos o entidades inspectoras o supervisoras. No obstante, negar no se puede interpretar del mismo modo que en aquel delito, pues es evidente que no se puede negar, en el sentido de decir que no existe, la labor de inspección o supervisión. Negar viene a ser equivalente a impedir, por tanto, su mención expresa es superflua (así, entre otros, RODRÍGUEZ MOURULLO, VALLE MUÑIZ).

Impedir significa imposibilitar hacer algo, que para tratar de restringir en la medida de lo posible el alcance del tipo para hacerlo compatible con el principio de subsidiariedad de la intervención penal, se podría exigir además que fuese un impedimento de carácter absoluto, sin que sea suficiente con una simple excusa o resistencia a la actuación de tales personas, órganos o entidades (VALLE MUÑIZ; cita expresamente la opinión de este autor la SAP, Valencia, Sección 2ª, 59/2009, 28-1).

5.4. Concursos

Al tratarse de un delito de naturaleza socioeconómica y de peligro abstracto, esto hace posible la aparición de un concurso de delitos con los demás delitos societarios y también con otros delitos patrimoniales. También será posible un concurso de delitos con las amenazas, coacciones, atentado y resistencia grave a la autoridad. En cambio, habrá que apreciar un concurso aparente de leyes penales con la desobediencia, siendo precepto especial el art. 294 CP.

6. Administración desleal (remisión)

El delito de administración societaria desleal o fraudulenta (art. 295 CP antes de 2015) fue quizás, junto con el de falsificación de documentos sociales, el más destacado de los delitos societarios. No en vano, la discusión Doctrinal y Jurisprudencial sobre aquel delito ha sido muy notable (véase la abundante bibliografía recogida al final; también nos remitimos a la 1ª ed. de este Tomo del Tratado) y se puede decir que todavía se encuentra abierta en muchos puntos trasladada a la figura genérica de administración desleal del art. 252 CP, que es donde se regulan ahora estas conductas con carácter general, y no únicamente circunscritas al ámbito de las sociedades. Por eso, ahora simplemente corresponde remitirnos a la Lección de la *Administración desleal*.

IV. BIBLIOGRAFÍA

Bibliografía general: AREÁN LALÍN, M. "Conceptos mercantiles tipificados en los delitos societarios", en AA.VV.: *El nuevo Código Penal y los delitos societarios,* 1998; ARROYO ZAPATERO, L. "Los delitos societarios en el proyecto de 1992", en *Estudios de Derecho Penal Económico,* Cuenca, 1994; BACIGALUPO SAGGESE, S. y SÁNCHEZ-VERA GÓMEZ-TRELLES, J. *Cuestiones prácticas en el ámbito de los delitos de empresa,* Madrid, 2006; BACIGALUPO ZAPATER, E. "Los delitos societarios en el nuevo Código penal", en *Anales de la Academia Matritense del Notariado, nº* 37, 1998; BAJO FERNÁNDEZ, M. "Los delitos societarios en el nuevo Código Penal español de 1995", en *El nuevo Código Penal y la Ley del Jurado,* Sevilla, 1996; BARBERO SANTOS, M. "Introducción a los delitos socioeconómicos. Los delitos societarios", en AA.VV.: *Derecho penal económico,* Oviedo, 1997; BRETONES ALCARAZ, F. J. "Delitos societarios. Una visión jurisprudencial", en FERNÁNDEZ BERMEJO, D. (dir.), *Delincuencia económica,* Cizur Menor, 2018; CUGAT MAURI, M. "Delitos societarios", en CÓRDOBA RODA, J. y GARCÍA ARÁN, M. (dirs.), *Comentarios,* t. I.; ead. "Responsabilidades penales de los administradores en las Sociedades en crisis", *La Ley Penal: LL-penal,* nº 15, 2005; ead. "La capacidad del Derecho Penal ante la mala gestión bancaria", *LL-penal,* nº 105, 2013; DELGADO SANCHO, C. D. "Los delitos societarios: doctrina legal tras la reforma de la Ley Orgánica 1/2015", *Revista de Derecho y Proceso Penal: RdPP,* nº 55, 2019; DÍAZ-MAROTO Y VILLAREJO, J. "Los delitos societarios en la Reforma penal", *LH-Tiedemann,* 1995; DÍAZ-MAROTO Y VILLAREJO, J./POLO VEREDA, J. *Problemas generales de aplicación de los delitos societarios,* Madrid, 2002; DOLZ LAGO, M. J. "Los delitos societarios ante la legislación gatopardiana de la crisis económica", *Diario La Ley: LL,* nº 8875, 1 diciembre 2016; EIRANOVA ENCINAS, E. *La responsabilidad penal en el ámbito de las sociedades mercantiles,* Madrid, 1998; id. *La responsabilidad penal por operaciones económicas de alto riesgo,* Madrid, 2002; ESCUDERO MORATALLA, J. F. y otros: *Delitos societarios, de la receptación y contra la Hacienda Pública: arts. 290 a 310 del Código Penal,* Barcelona, 1998; FARALDO CABANA, P. *Los Delitos Societarios. Presupuestos de su Criminalización en España,* Tesis doctoral, La Coruña, 1995 (disponible en http://ruc.udc.es); ead. *Los delitos societarios,* Valencia, 1ª ed., 1996; 2ª ed., 2000; ead. *Los delitos societarios. Incluye la reforma del Código Penal de 2015,* 2ª ed., 2015; ead. "Delitos societarios", en CAMACHO VIZCAÍNO, A. (dir.), *Tratado de Derecho Penal Económico,* Valencia, 2019; FERNÁNDEZ TERUELO, J. G. *Los delitos societarios en el Código Penal español,* Madrid, 1998; id. "El caso del Banco Español de Crédito: un «banco de pruebas» para la determinación del sentido de los delitos societarios", *LL,* 2002-5; FERRÉ OLIVÉ, J. C. "Sujetos responsables en los delitos societarios", *Revista Penal: RP,* nº 1, 1998; FLORES DOÑA, M. S. "Los negocios de Banesto sobre sus acciones a examen judicial. STS de 28 de mayo de 2001 y sus precedentes de instancias", en *Derecho de Sociedades* nº 18, 2002; FOFFANI, L. "Delitos societarios", en AA.VV.: *I. Congreso hispano-italiano de Derecho penal económico,* 1998; id. "Delitos concursales y societarios", en AA.VV.: *Eurodelitos. El Derecho penal económico en la Unión Europea,* Cuenca, 2004; id. "Crónica de una muerte anunciada»: la reforma de los delitos societarios en Italia", *RP,* nº 15, 2005 (trad. M. J. Pifarré de Moner) [= AA.VV.: *Protección penal del consumidor en la Unión Europea,* 2005]; GALLEGO SOLER, J. I. "El concepto de administrador de hecho como criterio de imputación de la autoría en Derecho penal", en AA.VV.: *Derecho penal de la empresa,* Pamplona, 2002; id. "Política criminal en materia de delitos societarios", en GÓMEZ MARTÍN, V. (coord.), *Nuevas tendencias en política criminal. Una auditoría al Código Penal español de 1995,* Madrid/ Buenos Aires, 2006; id. "Dudas en la persecución de los delitos societarios", *Iuris,* nº 109, 2006; GÁLVEZ JIMÉNEZ, A. "La responsabilidad penal del administrador derivada de los delitos societarios y conductas afines", en *La administración de las Sociedades de Capital desde una perspectiva multidisciplinar,* Cizur Menor, 2019; GARBERÍ LLOBREGAT, J. "Derecho penal de la empresa (delitos económicos delitos societarios): aspectos procesales", *Actualidad Jurídica Aranzadi: AJA,* nº 345, 4 julio 1998; GARCÍA CAVERO, P. *La responsabilidad penal del administrador de hecho de la empresa. Criterios de imputación,* Barcelona, 1999; GARCÍA DE ENTERRÍA, J. *Los delitos societarios. Un enfoque mercantil,* Madrid, 1996; GARCÍA-PITA Y LAS-

TRES, J. L. "La responsabilidad por delitos societarios, desde la perspectiva del seguro privado. Reflexiones sobre la posibilidad de cobertura de las responsabilidades derivadas de la comisión de delitos societarios", en AA.VV.: *El nuevo Código Penal y los delitos societarios,* 1998; GARRETA SUCH, J. M. *La responsabilidad civil, fiscal y penal de los administradores de las sociedades,* 4ª ed., Madrid, 1997; GOENECHEA DOMÍNGUEZ, J. "Responsabilidad de los administradores y directores en el nuevo Código Penal", en *El nuevo Código Penal. Delitos societarios e insolvencias punibles,* Madrid, 1996; GÓMEZ BENÍTEZ, J. M. "Notas para una discusión sobre los delitos contra el orden socio-económico y el patrimonio", *Anuario de Derecho Penal y Ciencias Penales: ADCPC,* 1980; id. "Delitos contra el patrimonio", *Documentación Jurídica: D. J.,* nº 37-40, 1983, vol. 1; id. "Administradores de hecho y de derecho en el nuevo Código Penal", en *El nuevo Código Penal. Delitos societarios e insolvencias punibles,* Madrid, 1996 [=*Estudios penales,* 2001]; id. *Curso de Derecho penal de los negocios a través de casos. Reflexiones sobre el desorden legal,* Madrid, 2001; id. "Delitos societarios", en GONZÁLEZ RUS (coord.), *El Código Penal de 1995, cinco años después,* Córdoba, 2002 [=*Manuales de Formación Continua: MFC,* nº 14, 2001]; GONZÁLEZ RUS, J. J. "Reformas pretendidas en los delitos relativos al mercado y los consumidores y en los delitos societarios por el proyecto de Ley Orgánica 121/000119, de modificación del Código Penal", en AA.VV.: *Reforma del Código Penal,* 2009; GONZÁLEZ VIZCAYA, E. "Los delitos societarios en el nuevo Código Penal", *Actualidad Penal: AP,* 1997; DE LAS HERAS ALONSO, R. *Delitos societarios: la lesión de derechos sociales,* Tesis doctoral, Universidad de Valladolid, 2021; HEREDERO, J. L. *Los delitos financieros en la Jurisprudencia española,* Barcelona, 1969; HORMAZÁBAL MALARÉE, H. "Los delitos socioeconómicos, el bien jurídico, el autor, su hecho y la necesaria reforma del sistema penal español", *LH-Tiedemann,* 1995; JORDANA DE POZAS, L. "La responsabilidad penal en los delitos societarios", *Cuadernos de Derecho Judicial: CDJ,* nº 5, 1999 («Responsabilidad civil derivada de los procesos concursales»); JUAN, J., JUFRESA, F., GARCÍA, C. y MARTELL, C. *Delitos societarios, de la receptación, y contra la Hacienda Pública. Artículos 290 a 310 del Código Penal,* Barcelona, 1998; LACABA SÁNCHEZ, F. "Responsabilidad penal de los administradores de sociedades mercantiles", *LL,* 2001-1; LASCURAÍN SÁNCHEZ, J. A. "Delitos societarios", AA. VV., *Derecho penal económico y de la empresa,* Madrid, 2018, 469; MAGRO SERVET, V. "Persecución penal de los ilícitos cometidos por los administradores de hecho", *LL,* 2006-4; MANZANARES SAMANIEGO, J. L. "Los administradores y altos directivos en el nuevo Código penal", *AP,* 1997; MARCO CACHO, C. "Responsabilidad de los administradores de Sociedades Anónimas y de responsabilidad limitada: reseñas Jurisprudenciales", en *Revista del Ilustre Colegio de Abogados del Señorío de Vizcaya,* 1996-4; MARTÍN PALLÍN, J. A. "Los delitos societarios", *CDJ,* nº 20, 1996; MARTÍNEZ-BUJÁN PÉREZ, C. "Delitos societarios", *Estudios de Derecho Judicial: EDJ,* nº 2, 1996; id. *Derecho penal económico. Parte Especial,* Valencia, 1ª ed., 1999; 7ª ed., 2023; MATA MARTÍN, R. M. "Los delitos societarios en el Código Penal de 1995", en *Revista de Derecho de Sociedades,* nº 5, 1995; MAZZACUVA, N. "Sanciones administrativas y sanciones penales en materia de ilícitos societarios", *LH-Tiedemann* (trad. C. Suárez González), 1995; MONGE GIL, A. L. "La responsabilidad de los administradores de las sociedades de capital: aspectos civiles, penales y fiscales", *Revista de Derecho Mercantil,* nº 228, 1998; MORENO CÁNOVES, A. y RUIZ MARCO, F. *Delitos socioeconómicos. Comentario a los art. 262, 270 a 310 del nuevo Código Penal (concordados y con Jurisprudencia),* Zaragoza, 1996; MORENO CHAMARRO, I. *Delitos societarios. Las diferentes figuras delictivas y su aplicación en los tribunales,* Madrid, 2005; MOYA JIMÉNEZ, A. *La responsabilidad penal de los administradores: delitos societarios y otras formas delictivas,* Barcelona, 2007; 2ª ed., 2010; MUÑOZ CONDE, F. "La ideología de los delitos contra el orden socio-económico en el Proyecto de Ley orgánica de Código penal", *Cuadernos de Política Criminal: CPC,* 1982 (=*Revista Jurídica de Cataluña: RJCat,* 1982); id. "La reforma de los delitos contra el patrimonio", *D. J.,* nº 37/40, 1983, vol. 1 [=*Revista de la Facultad de Derecho de la Universidad Complutense de Madrid: RFDUCM,* monogr. 6, 1983]; id. "Delincuencia económica: estado de la cuestión y propuestas de reforma", *LH-Tiedemann,* 1995; id. "Delitos societarios", *LH-Tiedemann,* 1997; id. "Cuestiones dogmáticas básicas en los delitos económicos", *RP,* nº 1, 1998; MUÑOZ CONDE y MOYA AMAYA, "Delitos socio-económicos", *Enciclopedia Jurídica Básica*; MUÑOZ CONDE y NÚÑEZ CASTAÑO, "Delitos socio-económicos", *Enciclopedia Penal Básica*; NEILA NEILA, J. M. *Manual de responsabilidad penal de los administradores de las sociedades de capital*, Madrid, 2002; NÚÑEZ CASTAÑO, E. *Responsabilidad penal en el ámbito empresarial*, Valencia, 2001; OLIVA GARCÍA, H. "Sobre el llamado delito financiero. Notas a una Sentencia del Tribunal Supremo", *RFDUCM*, nº 43, 1972; PASTOR MUÑOZ, N. "Los delitos societarios y su incidencia en la actividad notarial", en FUENTES MARTÍNEZ, J. J. (coord.): *Delitos económicos: la función notarial y el Derecho penal. Seminario organizado por el Consejo General del Notariado en la UIMP en agosto de 2006*, Cizur Menor, 2007; ead. "Los delitos societarios", en SILVA SÁNCHEZ, J. M. (dir.), *Lecciones de Derecho penal económico y de la empresa: Parte general y especial*, Barcelona, 2020; PAVÓN HERRADÓN, D. "Principio de mínima intervención y delitos societarios", en BUSTOS RUBIO, M. y RODRÍGUEZ ALMIRÓN, F. J. (dirs.), *El sistema socioeconómico desde el prisma del Derecho penal y la Criminología*, Cizur Menor, 2019; PÉREZ VALERO, I. "Los distintos conceptos de delito societario del Código Penal de 1995", *LL*, 2001-2; PIQUÉ VIDAL, J. "La protección penal de los accionistas", *RJCat*, nº extr. 1980; POLO VEREDA, J. "Delitos societarios: reflexiones para una selección de aspectos polémicos", *LL*, 1998-2; QUERALT JIMÉNEZ, J. J. "Delitos societarios e información privilegiada en el Código Penal de 1995", *Boletín Oficial del Ministerio de Justicia*, nº 128, 1996; QUINTERO OLIVARES, G. "Sobre los delitos societarios en el nuevo código Penal. (Cuestiones generales)", en ASÚA BATARRITA (ed.), *Jornadas sobre el nuevo Código Penal de 1995*, San Sebastián, 1998; id. "Administradores de hecho y de derecho ante la reforma del Código Penal", *Iuris*, nº 142, 2009; REBOLLO VARGAS, R. "Función real y función simbólica de los delitos societarios", *Estudios Penales y Criminológicos: EPC*, nº 26, 2006; REMÓN PEÑALVER, A. *Delitos societarios: comentarios a los artículos 290 a 297 del código penal*, Barcelona, 2017; RÍOS CORBACHO, J. M. *El administrador de hecho en los delitos societarios*, Universidad de Cádiz, 2005; id. "El fantasma del administrador de hecho y otras cuestiones fundamentales en los delitos societarios", *LH-Terradillos Basoco*, 2018; RODRÍGUEZ MONTAÑÉS, T. "Delitos societarios", *Enciclopedia Penal Básica*; RODRÍGUEZ MOURULLO, G. "Algunas consideraciones político-criminales sobre los delitos societarios", *ADPCP*, 1984; id. "Consideraciones generales sobre los delitos societarios", en *Anales de la Academia Matritense del Notariado*, nº 44, 2006; RODRÍGUEZ RAMOS, L. "Aspectos generales de los delitos societarios", en ASÚA BATARRITA (ed.), *Jornadas sobre el nuevo Código Penal de 1995*, San Sebastián, 1998; DEL ROSAL, J. *Derecho penal de sociedades anónimas*, Madrid, 1971; DEL ROSAL BLASCO, B. *Los delitos societarios en el Código Penal de 1995*, Valencia, 1998; id. "Los nuevos delitos societarios en el Código Penal de 1995", en AA.VV.: *I. Congreso hispano-italiano de Derecho penal económico*, 1998; id. "Delitos societarios", en DEL ROSAL BLASCO, B. (coord.), *Derecho penal de sociedades mercantiles*, Cizur Menor, 2022; SALOM ESCRIVÁ, J. S. "La investigación de los delitos societarios", *EDJ*, nº 64, 2004; SÁNCHEZ ÁLVAREZ, M. *Los delitos societarios*, Pamplona, 1996 [=*Revista de Derecho de Sociedades*, nº 6, 1996]; SEQUEROS SAZATORNIL, F. "Los difusos contornos de los delitos societarios y su imprecisa frontera con otras conductas afines", *AP*, 2002; id. *Delitos societarios y conductas afines. La responsabilidad penal y civil de la sociedad, sus socios y administradores*, Madrid, 1ª ed., 2003; 2ª ed., 2006; 3ª ed., 2017; SERRANO BUTRAGUEÑO, I. "Los delitos societarios en el Nuevo Código Penal", *AJA*, nº 48, 1995; SILVA SÁNCHEZ, J. M. "El Derecho penal bancario en España", *AP*, 1994; id. "Els delictes societaris en Dret comparat, el Dret vigent i el nou Codi penal", en *El Codi penal de 1995: part especial*, Barcelona, 1996; SIMONS VALLEJO, R. "Reflexiones en torno al sistema de tutela del inversor en valores mobiliarios frente a los actos de administración abusiva en las instituciones de inversión colectiva", en AA.VV.: *Temas de Derecho penal económico*, 2004; SOTO NIETO, F. "Delitos societarios. Ámbito de la responsabilidad civil inherente a los mismos: Nulidad de los acuerdos sociales", *LL*, 1998-6; id. "Responsabilidad civil derivada de la penal ante los delitos [societarios]", *Revista Canaria de Ciencia Penal*, nº 3, 1999; STAMPA BRAUN, J. M. y BACIGALUPO ZAPATER, E. *La reforma del derecho penal económico español. Informe sobre el Título VIII del Proyecto de Código Penal de 1980*, Madrid, 1980; SUÁREZ GONZÁLEZ, C. J. "Aspectos político-criminales de los delitos socioeconómicos en el Código Penal de 1995, con especial referencia a los delitos societarios", en AA.VV. *Derecho penal de la empresa*, Pamplona, 2002; TERRADILLOS BASOCO, J. M. "Delitos financieros", *D. J.*, nº 37-40, 1983, vol. 2; id. *Delitos societarios. El Derecho Penal en las sociedades mercantiles a la luz de nuestra adhesión a la CEE*, Madrid, 1987; id. "Delitos societarios y grupos de empresas", en AA.VV.: *Grupos de empresas y Derecho del trabajo*, Madrid, 1994; id. "Delitos societarios", en *Derecho Penal de la empresa*, Madrid, 1995; "Delitos societarios. Cuestiones generales", en *El nuevo Código Penal y la Ley del Jurado*, Sevilla, 1996; id. "Delitos contra el orden socioeconómico: los nuevos delitos societarios", en ASÚA BATARRITA (ed.), *Jornadas sobre el nuevo Código Penal de 1995*, San Sebastián, 1998; AA.VV.: *El nuevo Código Penal. Delitos societarios e insolvencias punibles*, Ed. BCH, Madrid, 1996; AA.VV. (Bufete de Ramón Hermosilla): *Los delitos societarios en el Código Penal de 1995*, Ed. Compañía General de Inversiones/Mc Graw Hill, Madrid, 1996; AA.VV.: *El nuevo Código Penal y los delitos societarios. Ponencias de las Jornadas organizadas por la Fundación Caixa Galicia, octubre de 1996*, Santiago de Compostela, 1998; AA.VV.: *La responsabilidad de los administradores de las sociedades de capital. Aspectos civiles, penales y fiscales*, Madrid, 1999 (coord. GALÁN CORONA, E. y GARCÍA-CRUCES GONZÁLEZ, J. A.); AA.VV.: "La administración desleal", *CDJ*, nº 7, 1999; AA.VV. (Cátedra de Investigación Financiera y Forense Universidad Rey Juan Carlos-KPMG): "Los delitos societarios", *LL*, nº 7405, 19 mayo 2010; ZABALA LÓPEZ-GÓMEZ, C. "Algunas cuestiones sobre la prejudicialidad penal en el arbitraje y los delitos societarios", *LL*, nº 7403, 17 mayo 2010; ZÚÑIGA RODRÍGUEZ, L. "Los delitos societarios: entre las transformaciones del Derecho penal y del Derecho de sociedades", en AA.VV.: *Hacia un Derecho penal sin fronteras*, Madrid, 2000.

Falsificación de documentos sociales: BACIGALUPO ZAPATER, E. "Responsabilidad de los auditores, causalidad e imputación objetiva. [Sobre las SSTS 798/2008 y 869/2008 de 16 de mayo de 2008]", *LL*, nº 7137, 18 marzo 2009; CANCIO MELIÁ, M. "Caso Bankia/preferentes: fraude masivo y Derecho penal", en CORCOY BIDASOLO, M. y GÓMEZ MARTÍN, V. (dirs.), *Fraude a consumidores y Derecho penal. Fundamentos y talleres de* leading cases, Madrid/Buenos Aires, 2016; CARREÑO AGUADO, J. A. "Falsedades cometidas sobre actas societarias: un estudio 'de campo' sobre el estado de la jurisprudencia", *RdPP*, nº 30, 2012; id. *El tratamiento jurídico-penal de la inveracidad en la información social: una propuesta de revisión del artículo 290 del Código penal*, Madrid, 2013; CHOCLÁN MONTALVO, J. A. "Información societaria y protección penal del inversor", *LL*, 2002-7; id. *Responsabilidad penal de auditores de cuentas y asesores fiscales*, Barcelona, 2003; CORTÉS LABADÍA, J. P. y SOLÍS BENJUMEA, I. "Régimen de responsabilidad penal de las sociedades profesionales: a vueltas con el Caso Bankia", *LL*, nº 9794, 18 febrero 2021; CUAIRÁN, J. "Caso Bankia. Un análisis de la Sentencia en 20 claves", *LL*, nº 9730, 2020; DÍAZ-MAROTO Y VILLAREJO, J./POLO VEREDA, J. "Sobre el objeto material y la conducta típica en el delito societario de falsedad en documentos sociales", *LH-Rodríguez Mourullo*, 2005; FARALDO CABANA, P. *El delito societario de falsedad en documentos sociales*, Valencia, 2003; FERRÉ OLIVÉ, J. C. "Las falsedades en la información social: artículo 290 del Código Penal", *AP*, 1998 [=AA.VV.: *La responsabilidad de los administradores de las sociedades de capital* (1999)]; FOFFANI, L. "Verso una europeizzazione del Diritto penale dell'economia: la sentenza della Corte di Giustizia delle Comunità Europee sul falso in bilancio (caso Berlusconi)", *Anuario de la Facultad de Derecho de la Universidad de La Coruña*, nº 12, 2008; id. "Bienes jurídicos de relevancia comunitaria y protección penal: el caso de las falsedades en las cuentas de sociedades mercantiles", *RP México*, nº 3, 2012; FRANCÉS LECUMBERRI, P. "A vueltas con el bien jurídico protegido en el art. 290 CP", *RP*, nº 39, 2017; ead. *El delito de falsedad documental societaria y la contabilidad creativa*, Valencia, 2017; GARCÍA DE CECA, C. "De los delitos societarios. El artículo 290 del Código Penal", en *El nuevo Código Penal. Delitos societarios e insolvencias punibles*, Madrid, 1996; GIMÉNEZ-SALINAS, J. C. "Las consecuencias penales del falseamiento de la certificación del acta de junta general en una sociedad mercantil", *LL*, nº 9766, 8 enero 2021; GÓMEZ BENÍTEZ, J. M. "Facturas y documentos mercantiles o societarios de contenido falso", *LL*, 1997-4 [=*Estudios penales*, 2001]; GONZÁLEZ CUSSAC, J. L. "Responsabilidad penal sobre OPS de acciones en el mercado bancaria: el caso BFA-Bankia", en MARIMÓN DURÁ, R. (dir.), *La oferta pública de suscripción de acciones desde la perspectiva judicial: análisis de la OPS de Bankia de 2011*, Cizur Menor, 2016; GONZÁLEZ GUERRA, C. M. "El nuevo «falso in bilancio» y su relación con el delito de falsedad en los documentos societarios del CP español. Reflexiones en torno al proceso de reforma del emblemático delito de falsedad en los documentos societarios del art. 2621 núm. 1 del Codice Civile italiano", *AP*, 2002; id. "La protección penal del derecho a la verdad sobre la información empresa— rial. Espacios de riesgo penalmente irrelevante en el delito de falsedad en documentos sociales", en SILVA SÁNCHEZ, J. M. (coord.), *¿Libertad económica o fraudes punibles? Riesgos penalmente relevantes e irrelevantes en la actividad económico-empresarial*, Madrid, 2003; GONZÁLEZ-CUÉLLAR SERRANO, N. "La responsabilidad de la auditoría por falsedad contable: De chivo expiatorio a cordero pascual", *LL*, nº 10018, 2022; LANZI, A. "Consideraciones en tema de responsabilidad de los auditores de sociedades mercantiles por delitos societarios y de quiebras", *LH-Barbero Santos*, II, 2001; LARA GONZÁLEZ, R. "El falseamiento de la información social a través del informe de gestión", en AA.VV. *Derecho penal de la empresa*, Pamplona, 2002; MARTÍN PALLÍN, J. A. "La represión penal de las actividades económicas irregulares. Especial referencia a las falsedades contables y la administración desleal", *CDJ*, nº 2, 2003; MARTÍNEZ-BUJÁN PÉREZ, C. "Los delitos societarios de falsedades documentales y de administración fraudulenta", en AA.VV.: *El nuevo Código Penal y los delitos societarios*, 1998; MARTÍNEZ-PEREDA RODRÍGUEZ, J. M. "Los delitos societarios en el proyecto de Ley Orgánica del Código Penal", *Revista Poder Judicial: PJ*, nº 28, 1992; id. "Los delitos societarios", en AA.VV. *El nuevo Código penal y su aplicación a empresas y profesionales*, vol. IV, Madrid, 1996; MONTANER FERNÁNDEZ, R. "Las auditorías sociales y su posible trascendencia para el Derecho penal", *RECPC*, nº 24-33, 2022; MUÑOZ CUESTA, J. "El delito societario de falseamiento de las cuentas de la sociedad: relación con la falsedad documental. Estudio del art. 290 CP. Comentario a la STS, Sala 2ª, de 10 diciembre 2004", *Repertorio de Jurisprudencia Aranzadi: RJA*, 2005-7; MUSCO, E. "La tutela penal societaria y la falsedad en el balance entre los límites normativas y las ambigüedades interpretativas", *RP*, nº 5, 2000; NÚÑEZ CASTAÑO, E. "La falsa información de la actividad de los auditores de cuentas", *RP*, nº 10, 2002; PALMA HERRERA, J. M. "Sobre la posible responsabilidad penal de Bankia, BFA y algunos de sus administradores por el tema de las preferentes", en *La protección de los consumidores en tiempos de cambio: Ponencias y comunicaciones del XIII Congreso de la Asociación Sainz de Andino*, Madrid, 2015; PAREDES MAZÓN, A. "Delito societario y supervisión bancaria", *LL-penal*, nº 101 y 104, 2013; PASTOR MUÑOZ, N. "Algunos problemas interpretativos del art. 290 del Código Penal a la luz de los casos de la Jurisprudencia", *LL*, 2006-4; ead. "La protección penal del socio frente a la información societaria falsa y los acuerdos abusivos de la mayoría: una revisión del injusto de los delitos societarios de los arts. 290 y 291 CP", *LLP*, nº 129, 2017; PASTOR MUÑOZ, N. y ROBLES PLANAS, R. "Sobre la responsabilidad penal del auditor de cuentas por el delito de falseamiento del artículo 290 del Código penal", *LL*, nº 9977, 2021; PAVÓN HERRADÓN, D. "Una nueva perspectiva en relación con el bien jurídico protegido en el delito de falsedad de los documentos societarios", *RP*, nº 38, 2016; id. *El delito de falsedad documental societaria*, Barcelona, 2016; PÉREZ VALERO, I. *El delito societario de falsedad en las cuentas anuales*, Valencia, 2001; id. "Delitos societarios e información en las instituciones de inversión colectiva", en AA.VV.: *Temas de Derecho penal económico*, 2004; PUENTE ABA, L. M. "Las relaciones concursales entre la falsedad en la inversión en mercados de valores, la falsedad en documentos sociales y la estafa (a propósito de los casos CAM y Bankia)", *LH-Muñagorri Laguía*, 2021; ead. "Los perjuicios patrimoniales derivados de las falsedades en documentos sociales: ¿a quién pueden afectar y cómo se sancionan?", en PUENTE ABA, L. M. (dir.): *Ganancias ilícitas y Derecho penal*, Granada, 2021; ead. "El caso Bankia: cuestiones sobre la interpretación de los artículos 282 bis y 290 del Código penal", *LH-Corcoy Bidasolo*, 2022; REVUELTA DEL PERAL, J. "De los delitos societarios. El artículo 290 del código Penal", en *El nuevo Código Penal. Delitos societarios e insolvencias punibles*, Madrid, 1996; RÍOS CORBACHO, J. M. "Algunas reflexiones sobre el delito de falseamiento de cuentas (art. 290 CP)", *RdPP*, nº 13, 2005; RODRÍ-

GUEZ MONTAÑÉS, T. "Algunas reflexiones acerca de la Sentencia del «Caso Argentia Trust»", *TSJyAP* 1998-5; DEL ROSAL BLASCO, B. "El delito de falsedad en la información social del art. 290 del Código Penal de 1995", *CDJ*, nº 5, 1998; RUANO MOCHALES, T.: *Los administradores y auditores en la manipulación de las cuentas anuales. Posición de garante y responsabilidad penal*, Cízur Menor, 2017; ead. "El tipo de manipulación de las cuentas anuales como delito de infracción de deber", *LL-penal*, nº 150, 2021; SOTO NIETO, F. "Falsedad ideológica y falsedad contable", *LL*, 2005-2; id. "Administrador de hecho o de derecho en el delito del artículo 290 del Código Penal", *LL*, 2007-2; SOUTO GARCÍA, E. M. "Algunas consideraciones penales sobre el caso Gowex: ¿Fraude de inversores y/o delito societario?, en PUENTE ABA, L. M. (dir.), *Corrupción y fraudes a consumidores: perspectivas y casos actuales*, Granada, 2016; VILLACAMPA ESTIARTE, C. "Las falsedades contables en el proyecto de Ley Orgánica de modificación del Código Penal de 2007", en AA.VV.: *La adecuación del Derecho penal español al ordenamiento de la Unión Europea*, 2008; ZUGALDÍA ESPINAR, J. M. "Delito corporativo, el rescate de las Cajas de Ahorro y el caso Bankia SA", *LH-Morillas Cueva*, 2018.

Imposición de acuerdos abusivos y de acuerdos lesivos: BAJO FERNÁNDEZ, M. "Delitos de prevalimiento de situación mayoritaria", en AA.VV.: *El nuevo Código Penal y los delitos societarios*, 1998; COSTA BIDEGARAY, E. "El comportamiento abusivo de la mayoría: una visión desde la perspectiva del artículo 291 del Código penal", *AP*, 1999; FERNÁNDEZ DE LA GÁNDARA, L. y SÁNCHEZ ÁLVAREZ, M. M. "Los delitos societarios: reflexiones preliminares sobre la imposición de acuerdos sociales abusivos (art. 291 del Código Penal)", *AJA*, nº 238, 21 marzo 1996; GÓMEZ BENÍTEZ, J. M. "Acuerdos sociales abusivos: ¿impugnación o querella?", *LL*, 2000-6 [=*Estudios penales*, 2001]; GRAMÁTICA BOSCH, G. *Los acuerdos abusivos en las sociedades mercantiles: el delito del art. 291 CP*, Barcelona, 2016; GRANADOS PÉREZ, C. "Problemática de los arts. 291 y 292 del Código Penal", *CDJ*, nº 2, 1997 («Empresa y delito en el nuevo Código Penal»); MARTÍN PÉREZ, L. "Imposición de acuerdos abusivos, adopción de acuerdos lesivos", en *El nuevo Código Penal. Delitos societarios e insolvencias punibles*, Madrid, 1996; MORALES PRATS, F. "Dos cuestiones sobre delitos societarios: La frontera entre apropiación indebida y administración fraudulenta de sociedades, y el ámbito incriminador de los artículos 291 y 292 CP", *RdPP*, nº 2, 1999; PASTOR MUÑOZ, N. "La protección penal del socio frente a la información societaria falsa y los acuerdos abusivos de la mayoría: una revisión del injusto de los delitos societarios de los arts. 290 y 291 CP", *LL-penal*, nº 129, 2017; SÁEZ-SANTURTÚN PRIETO, M. *Imposición de acuerdos abusivos y lesivos adoptados por una mayoría ficticia en perjuicio de la sociedad o de los socios y en beneficio propio o de un tercero (arts. 291 y 292 del CP)*, Tesis doctoral, UPV, 2011; SÁNCHEZ MELGAR, J. "El abuso de posición de dominio: imposición de acuerdos abusivos y lesivos (arts. 291 y 292 del Código Penal)", en AA.VV.: *La responsabilidad de los administradores de las sociedades de capital*, 1999 [= *LH-Hernández Gil*, vol. 3, 2001]; STAMPA BRAUN, J. M. "Imposición de acuerdos abusivos, adopción de acuerdos lesivos", en *El nuevo Código Penal. Delitos societarios e insolvencias punibles*, Madrid, 1996; URRAZA ABAD, J. "La adopción de «acuerdos abusivos» como conducta constitutiva del delito societario del artículo 291 CP", en *Revista del Ilustre Colegio de Abogados del Señorío de Vizcaya*, 1996-2; VÁZQUEZ ALBERT, D. "Abuso de mayoría y solapamiento de ilícitos mercantiles y penales en los delitos societarios", *LH-Queralt Jiménez*, 2021).

Impedimento de derechos sociales: ALBIÑANA CILVETI, C. "Delitos societarios. El artículo 293 del nuevo Código Penal", en *El nuevo Código Penal. Delitos societarios e insolvencias punibles*, Madrid, 1996; COBO DEL ROSAL, M. "Esquema jurídico-penal para la protección penal de los derechos de información, participación y suscripción preferente en las sociedades", *LH-Sánchez Calero*, t. V, 2002 [= "Artículo 293", COBO DEL ROSAL (dir.), *Comentarios*, t. IX]; GARCÍA PÉREZ, J. J. "La responsabilidad penal de los administradores de sociedades por impedimento o negativa del ejercicio de los derechos del socio y del ejercicio de la actuación supervisora e inspectora de la Administración", en AA.VV.: *La responsabilidad de los administradores de las sociedades de capital*, 1999; DE LAS HERAS ALONSO, R. "La protección penal de los derechos del socio minoritario, art. 293 CP", *RdPP*, nº 60, 2020; LLOBET ANGLÍ, M. "Administradores sociales y colisión de deberes: información a los socios vs. secreto empresarial", *LL*, nº 7409, 25 mayo 2010; MAYO CALDERÓN, B. "La aplicación Jurisprudencial del delito de negación o impedimento de determinados derechos del socio", *RGDP*, nº 6, 2006; RODRÍGUEZ MONTAÑÉS, T. "Delitos contra los derechos de los socios y delitos de obstrucción", en AA.VV.: *El nuevo Código Penal y los delitos societarios*, 1998; RODRÍGUEZ RAMOS, L. "Delitos societarios. Denegación de derechos sociales", en *El nuevo Código Penal. Delitos societarios e insolvencias punibles*, Madrid, 1996; SÁNCHEZ DAFAUCE, M. "La protección penal del derecho de suscripción preferente de acciones en el artículo 293 del Código Penal: Objeto material y conducta típica", *ADPCP*, 2021; VIEIRA MORANTE, F. J. "El impedimento de los órganos de gobierno al socio en el ejercicio de los derechos sociales: artículo 293 del Código Penal", *EDJ*, nº 91, 2006.

Obstaculización de inspección y supervisión: FARALDO CABANA, P. "El artículo 294 del Código Penal Español de 1995: incriminación de las conductas contrarias al ejercicio de las facultades de inspección y supervisión de determinadas personas, órganos o entidades", en AA.VV.: *Temas de Derecho penal económico*, 2004; FERNÁNDEZ TERUELO, J. G. "Algunos apuntes acerca del delito societario de obstrucción al control administrativo", en AA.VV.: *Temas de Derecho penal económico*, 2004; GÁLVEZ JIMÉNEZ, A. "El delito de obstaculización de los derechos del socio (artículo 293 del Código Penal), en *El sistema socioeconómico desde el prisma del Derecho penal y la Criminología*, Cizur Menor, 2019; ead. "El delito societarios de obstrucción a la actuación de personas, órganos o entidades inspectoras o supervisoras en sociedades sometidas o que actúen en mercados sujetos a supervisión administrativa", *LH-Martínez Ruiz*, 2022; GARCÍA PÉREZ, J. J. "La responsabilidad penal de los administradores de sociedades por impedimento o negativa del ejercicio de los derechos del socio y del ejercicio de la actuación supervisora e inspectora de la Administración", en AA.VV.: *La responsabilidad de los administradores de las sociedades de capital*, 1999; MARTÍNEZ RUIZ, J. *La tutela jurídico-penal de las potestades administrativas de supervisión e inspección de los mercados financieros*, Madrid, 2001; MEJÍAS VILLATORO, P. "Obstrucción en la labor de organismos inspectores o supervisores", en *El nuevo Código Penal. Delitos societarios e insolvencias punibles*, Madrid, 1996; POLO VEREDA, J. "El administrador societario frente a la potestad inspectora y supervisora de la Administración pública. El supuesto del art. 294 del Código Penal", *AJA*, nº 346, 11 junio 1998; RODRÍGUEZ ALMIRÓN, F. "El delito de obstaculización de los derechos de información y participación de los socios", *RdPP*, nº 48, 2017; RODRÍGUEZ MOURULLO, G. "Obstrucción en la labor de organismos inspectores o supervisores", en *El nuevo Código Penal. Delitos societarios e insolvencias punibles*, Madrid, 1996.

Administración desleal: *vid. supra* IX Lección sobre Administración desleal.

Condición de procedibilidad: CASTRO MORENO, A. "Análisis teórico-práctico de la condición objetiva de procedibilidad en los delitos societarios (especial referencia a la legitimación activa del Ministerio Fiscal)", *RdPP*, nº 19, 2008; DÍAZ-MAROTO Y VILLAREJO, J. "Las condiciones objetivas de perseguibilidad en los delitos societarios: el artículo 296 del Código Penal", *LL*, 2000-7; FARALDO CABANA, P. "Rasgos comunes a todos los delitos societarios. Los artículos 296 y 297 del Código Penal de 1995", en AA.VV.: *El nuevo Código Penal y los delitos societarios* (1998); SERRANO GÓMEZ, A. "Delitos societarios y condiciones objetivas de perseguibilidad", *Revista de Derecho de la UNED: RDUNED*, nº 2, 2007; GARCÍA-BERRO MONTILLA, C. "La legitimación de la administración concursal para ejercer la acción penal en los delitos societarios", *LL*, nº 8996, 2017.

Concepto de sociedad: AGUIRRE LÓPEZ, J. "El artículo 297 del Código Penal", *CDJ*, nº 7, 1999; CASTRO MORENO, A. "El concepto penal de sociedad en los delitos societarios", *JpD*, nº 31, 1998; FARALDO CABANA, P. "Rasgos comunes a todos los delitos societarios. Los artículos 296 y 297 del Código Penal de 1995", en AA.VV.: *El nuevo Código Penal y los delitos societarios*, 1998; GALLEGO DÍAZ, M. "Los delitos societarios y las fundaciones", *Revista de Derecho Penal: RDP*, nº 14, 2005; GARCÍA-CRUCES GONZÁLEZ, J. A. "El concepto de sociedad en la tipificación de los delitos societarios", *AJA*, nº 389, 6 mayo 1999; PORTERO HENARES, M. "El concepto de sociedad en el Código penal. Análisis del artículo 297", *Revista de Ciencias Penales,* nº 4, 2002.

REFERENCIAS LEGALES

- Directiva 2004/25/CE, de 21 de abril, del Parlamento Europeo y del Consejo, relativa a las ofertas públicas de adquisición (*Tol 870458*).
- Directiva 2006/43/CE, de 17 de mayo, relativa a la auditoría legal de las cuentas anuales y de las cuentas consolidadas (*Tol 2009567*).
- Directiva 2009/138/CE, de 25 de noviembre, sobre el acceso a la actividad de seguro y de reaseguro y su ejercicio (Solvencia II).
- Directiva 2013/34/UE del Parlamento Europeo y del Consejo, de 26 de junio de 2013, sobre los estados financieros anuales, los estados financieros consolidados y otros informes afines de ciertos tipos de empresas.
- Directiva 2013/36/UE del Parlamento Europeo y del Consejo, de 26 de junio de 2013, relativa al acceso a la actividad de las entidades de crédito y a la supervisión prudencial de las entidades de crédito y las empresas de inversión.
- Directiva 2014/65/UE del Parlamento Europeo y del Consejo, de 15 de mayo de 2014, relativa a los mercados de instrumentos financieros.
- Directiva (UE) 2017/1132 del Parlamento Europeo y del Consejo, de 14 de junio de 2017, sobre determinados aspectos del Derecho de sociedades.
- Directiva (UE) 2019/2121, de 27 de noviembre de 2019, en lo que atañe a las transformaciones, fusiones y escisiones transfronterizas intracomunitarias.
- Directiva (UE) 2022/2464, de 14 de diciembre de 2022, por lo que respecta a la presentación de información sobre sostenibilidad por parte de las empresas.
- Reglamento (UE) nº 575/2013 del Parlamento Europeo y del Consejo, de 26 de junio de 2013, sobre los requisitos prudenciales de las entidades de crédito y las empresas de inversión.
- Reglamento (UE) nº 1024/2013, de 15 de octubre, que encomienda al BCE tareas específicas respecto de políticas relacionadas con la supervisión prudencial de las entidades de crédito.
- Reglamento (UE) nº 1286/2014, de 26 de noviembre, sobre los documentos de datos fundamentales relativos a los productos de inversión minorista vinculados y los productos de inversión basados en seguros.
- Código de Comercio (*Tol 322190*).
- Ley 39/1975, de 31 de octubre, sobre designación de letrados asesores del órgano administrador de determinadas sociedades mercantiles (*Tol 151990*).
- Ley 18/1982, de 26 de mayo, sobre régimen fiscal de agrupaciones y uniones temporales de empresas y de las sociedades de desarrollo industrial regional.
- Ley 13/1989, de 26 de mayo, de Cooperativas de Crédito.
- Ley 1/1994, de 11 de marzo, sobre Régimen Jurídico de las Sociedades de Garantía Recíproca (*Tol 151646*).
- Ley 13/1996, de 30 de diciembre, de Medidas Fiscales, Administrativas y del Orden Social, en la redacción dada por el art. 36 de la Ley 44/2002, de 22 de noviembre, de Medidas de Reforma del Sistema Financiero (*Tol 74750*).
- Ley 34/1998, de 7 de octubre, del sector de hidrocarburos.

- Ley 27/1999, de 16 de julio, de cooperativas (*Tol 123560*).
- Ley 1/2000, de 7 de enero, de Enjuiciamiento Civil (*Tol 172336*).
- RD Legislativo 1/2002, de 29 de noviembre, por el que se aprueba el texto refundido de la Ley de Regulación de los Planes y Fondos de Pensiones (*Tol 223314*).
- Ley Orgánica 50/2002, de 26 de diciembre, de fundaciones.
- Ley 21/2003, de 7 de julio, de Seguridad Aérea (*Tol 275057*).
- Ley 35/2003, de 4 de noviembre, de instituciones de inversión colectiva (*Tol 313982*).
- RD-Legislativo 6/2004, de 29 de octubre, por el que se aprueba el texto refundido de la Ley de ordenación y supervisión de los seguros privados (*Tol 151057*).
- RD-Legislativo 1/2010, de 2 de julio, por el que se aprueba el texto refundido de la Ley de Sociedades de Capital) (*Tol 1880028*).
- Ley 43/2007, de 13 de diciembre, de protección de los consumidores en la contratación de bienes con oferta de restitución del precio (*Tol 1210857*).
- Ley 43/2010, de 30 de diciembre, del servicio postal universal.
- Ley 21/2011, de 26 de julio, de dinero electrónico.
- Ley 9/2012, de 14 de noviembre, de reestructuración y resolución de entidades de crédito.
- Ley 3/2013, de 4 de junio, de creación de la Comisión nacional de los Mercados y la Competencia.
- Ley 24/2013, de 26 de diciembre, del Sector Eléctrico.
- Ley 26/2013, de 27 de diciembre, de cajas de ahorros y fundaciones bancarias.
- Ley 10/2014, de 26 de junio, de ordenación, supervisión y solvencia de entidades de crédito.
- Ley 5/2015, de 27 de abril, de fomento de la financiación empresarial.
- Ley 20/2015, de 14 de julio, de ordenación, supervisión y solvencia de las entidades aseguradores y reaseguradoras.
- Ley 22/2015, de 20 de julio, de Auditoría de Cuentas.
- Ley 38/2015, de 29 de septiembre, del sector ferroviario.
- RD-Ley 19/2018, de 23 de noviembre, de servicios de pago y otras medidas urgentes en materia financiera.
- RD-Legislativo 1/2020, de 5 de mayo, por el que se aprueba el texto refundido de la Ley Concursal.
- RD-Ley 24/2021, de 2 de noviembre, de transposición de directivas de la Unión Europea en las materias de bonos garantizados.
- Ley 11/2022, de 28 de junio, General de Telecomunicaciones.
- Ley 6/2023, de 17 de marzo, de los Mercados de Valores y de los Servicios de Inversión.
- RD-Ley 5/2023, de 28 de junio, que traspone la Directiva (UE) 2019/2121, de 27 de noviembre de 2019, en lo que atañe a las transformaciones, fusiones y escisiones transfronterizas intracomunitarias.
- RD 1784/1996, de 19 de julio, por el que se aprueba el Reglamento del Registro Mercantil (*Tol 220247*).
- RD 1066/2007, de 27 de julio, sobre el régimen de las ofertas públicas de adquisición de valores (*Tol 1115468*).
- RD 1362/2007, de 19 de octubre, en relación con los requisitos de transparencia relativos a la información sobre los emisores cuyos valores estén admitidos a negociación en un mercado secundario oficial o en otro mercado regulado de la Unión Europea (*Tol 1152047*).

- RD 1514/2007, de 16 de noviembre, por el que se aprueba el Plan General de Contabilidad (*Tol 1173846*).
- RD 1515/2007, de 16 de noviembre, por el que se aprueba el Plan General de Contabilidad de Pequeñas y Medianas Empresas y los criterios contables específicos para microempresas (*Tol 1173849*).
- RD 84/2015, de 13 febrero, por el que se desarrolla la Ley 10/2014.
- RD 309/2020, de 11 de febrero, sobre el régimen jurídico de los establecimientos financieros de crédito.
- RD 2/2021, de 12 de enero, por el que se aprueba el Reglamento de desarrollo de la Ley 22/2015, de 20 de julio, de Auditoría de Cuentas.

PÁGINAS WEB DE INTERÉS

- Derecho de sociedades de la UE:
  http://europa.eu/legislation_summaries/internal_market/businesses/company_law/index_es.htm
  http://ec.europa.eu/internal_market/company/index_en.htm
  https://www.europarl.europa.eu/factsheets/es/sheet/35/el-derecho-de-sociedades
- Derecho de la UE relativo a la auditoría de cuentas:
  http://ec.europa.eu/internal_market/auditing/in— dex_en.htm
- Base de datos de la legislación del sistema financiero en la página web del Banco de España:
  https://www.bde.es/wbe/es/areas-actuacion/normativa/
- Registro de Entidades supervisadas por el Banco de España:
  http://app.bde.es/ren_www/ren_wwwias/xml/Arranque.html
- Recopilación normativa del mercado de valores en la página web de la CNMV
  https://www.cnmv.es/Portal/legislacion/legislacion/tematico.aspx
- Registros oficiales de la CNMV con información referida a valores y sociedades emisoras de valores, a los mercados de valores e intermediarios y a instituciones de inversión colectiva:
  http://www.cnmv.es/Portal/Menu/Registros-Oficiales.aspx
- Normativa general sobre la función de supervisión de la DGSFP, así como las Circulares, Resoluciones y Guías técnicas que dicta este organismo:
  https://dgsfp.mineco.gob.es/es/Regulacion
- Recopilación normativa de la supervisión sobre estos sectores empresariales en la página web de la CNMC:
  https://www.cnmc.es/sobre-la-cnmc/normativa
- FROB: http://www.frob.es/

Lección 26ª

Receptación y blanqueo de capitales

RAFAEL REBOLLO VARGAS

SUMARIO. I. INTRODUCCIÓN. II. RECEPTACIÓN. 1. Bien jurídico protegido. 2. Tipo básico. 2.1. El comportamiento típico. 2.1.1. La ajenidad del delito: no haber intervenido ni como autor ni como cómplice. 2.1.2. Ayudar o recibir, adquirir u ocultar los efectos del delito. 2.1.3. Los efectos del delito. 2.1.4. El conocimiento previo de la comisión de un delito contra el patrimonio o el orden socioeconómico. 2.1.5. El ánimo de lucro. 3. Tipos cualificados. 4. Los límites de la pena. 5. El sujeto irresponsable y la exención de pena. 6. Consumación y formas imperfectas de ejecución. 7. Concursos. III. BLANQUEO DE CAPITALES. 1. Consideraciones generales. 2. Una breve referencia a la normativa internacional, a las recomendaciones del GAFI y a las directivas europeas. 3. La evolución del código penal español en el tratamiento del delito de blanqueo de capitales. 4. El bien jurídico protegido en el delito de blanqueo de capitales. 4.1. A modo de breve reflexión inicial. 4.2. El blanqueo de capitales como un delito uniofensivo. 4.2.1. El bien jurídico protegido por el delito previo. 4.2.2. La Administración de Justicia como bien jurídico protegido. 4.2.3. Una propuesta indeterminada: el orden socioeconómico. 4.3. El blanqueo de capitales como un delito pluriofensivo. 5. Sujeto activo. 5.1. El autoblanqueo y la finalidad de encubrir u ocultar los bienes o de ayudar a los partícipes del delito previo. 5.2. El delito fiscal y la elusión del pago de tributos como delito previo al delito de blanqueo de capitales. 5.3. Regularización tributaria (amnistía fiscal) y blanqueo de capitales. 6. Tipo básico. 6.1. Comportamiento típico. 6.1.1. Sobre el concepto de "bienes". 6.1.2. La "actividad delictiva". 6.1.3. La inexistencia de condena previa por el delito precedente. 6.1.4. El blanqueo de bienes sustitutivos. 6.1.5. El delito de blanqueo de capitales como delito acumulativo. 7. Tipo subjetivo. 7.1. Blanqueo de capitales y dolo. La ignorancia deliberada, el "sabiendo" y el "a sabiendas". 7.2. El delito de blanqueo de capitales imprudente. El art. 301.3 CP. 7.2.1. Una breve referencia a la normativa internacional. 7.2.2. La incriminación del delito de blanqueo imprudente. 7.2.3. Una nueva duda: ¿el delito imprudente de blanqueo de capitales es un delito común o especial? 7.2.4. La infracción de la norma y del deber objetivo de cuidado. 8. El delito previo o el delito de blanqueo cometido en el extranjero. El falaz principio de justicia universal del art. 301.4 CP. 8.1. Cuestiones previas. 8.2. Una breve sinopsis de la normativa internacional. 8.3. El equívoco reconocimiento del principio de justicia universal. 8.4. El art. 23.4 LOPJ y su relación con el art. 301.4 CP. 9. El comiso: art. 301.5 CP. 10. Tipos cualificados. 10.1. Tipos agravados en función de la procedencia del objeto material. 10.1.1. El blanqueo de bienes procedentes del tráfico de drogas. 10.1.2. El blanqueo de bienes procedentes de delitos urbanísticos y contra la Administración Pública; trata de seres humanos; prostitución, explotación sexual y corrupción de menores; delitos contra los derechos de los ciudadanos extranjeros. 10.2. Tipos agravados en función del sujeto activo. 10.2.1. El blanqueo cometido por personas que pertenezcan o dirijan una organización criminal: art. 302.1 CP. 10.2.2. El blanqueo de capitales cometido por los sujetos especialmente obligados: art. 302.1.2 CP. 10.2.3. Las condiciones personales del sujeto activo: art. 303 CP. 11. Autoría y participación: los actos neutrales. 12. Concursos. 12.1. Concursos de leyes. 12.2. Concurso de delitos. IV. BIBLIOGRAFÍA.

Artículo 298

1. El que, con ánimo de lucro y con conocimiento de la comisión de un delito contra el patrimonio o el orden socioeconómico, en el que no haya intervenido ni como autor ni como cómplice, ayude a los responsables a aprovecharse de los efectos del mismo, o reciba, adquiera u oculte tales efectos, será castigado con la pena de prisión de seis meses a dos años.

Se impondrá una pena de uno a tres años de prisión en los siguientes supuestos:

a) Cuando se trate de cosas de valor artístico, histórico, cultural o científico.

b) Cuando se trate de cosas de primera necesidad, conducciones, cableado, equipos o componentes de infraestructuras de suministro eléctrico o de servicios de telecomunicaciones, o de otras cosas destinadas a la prestación de servicios de interés general, productos agrarios o ganaderos o de los instrumentos o medios que se utilizan para su obtención.

c) Cuando los hechos revistan especial gravedad, atendiendo al valor de los efectos receptados o a los perjuicios que previsiblemente hubiera causado su sustracción.

2. Estas penas se impondrán en su mitad superior a quien reciba, adquiera u oculte los efectos del delito para traficar con ellos. Si el tráfico se realizase utilizando un establecimiento o local comercial o industrial, se impondrá, además, la pena de multa de doce a veinticuatro meses. En estos casos los jueces o tribunales, atendiendo a la gravedad del hecho y a las circunstancias personales del delincuente, podrán imponer también a éste la pena de inhabilitación especial para el ejercicio de su profesión o industria, por tiempo de dos a cinco años y acordar la medida de clausura temporal o definitiva del establecimiento o local. Si la clausura fuese temporal, su duración no podrá exceder de cinco años.

3. En ningún caso podrá imponerse pena privativa de libertad que exceda de la señalada al delito encubierto. Si éste estuviese castigado con pena de otra naturaleza, la pena privativa de libertad será sustituida por la de multa de 12 a 24 meses, salvo que el delito encubierto tenga asignada pena igual o inferior a ésta; en tal caso, se impondrá al culpable la pena de aquel delito en su mitad inferior.

Artículo 300

Las disposiciones de este capítulo se aplicarán aun cuando el autor o el cómplice del hecho de que provengan los efectos aprovechados fuera irresponsable o estuviera personalmente exento de pena.

Artículo 301

1. El que adquiera, posea, utilice, convierta, o transmita bienes, sabiendo que éstos tienen su origen en una actividad delictiva, cometida por él o por cualquiera tercera persona, o realice cualquier otro acto para ocultar o encubrir su origen ilícito, o para ayudar a la persona que haya participado en la infracción o infracciones a eludir las consecuencias legales de sus actos, será castigado con la pena de prisión de seis meses a seis años y multa del tanto al triplo del valor de los bienes. En estos casos, los jueces o tribunales, atendiendo a la gravedad del hecho y a las circunstancias personales del delincuente, podrán imponer también a éste la pena de inhabilitación especial para el ejercicio de su profesión o industria por tiempo de uno a tres años, y acordar la medida de clausura temporal o definitiva del establecimiento o local. Si la clausura fuese temporal, su duración no podrá exceder de cinco años.

La pena se impondrá en su mitad superior cuando los bienes tengan su origen en alguno de los delitos relacionados con el tráfico de drogas tóxicas, estupefacientes o sustancias psicotrópicas descritos en los artículos 368 a 372 de este Código. En estos supuestos se aplicarán las disposiciones contenidas en el artículo 374 de este Código.

También se impondrá la pena en su mitad superior cuando los bienes tengan su origen en alguno de los delitos comprendidos en el título VII bis, el capítulo V del título VIII, la sección 4ª del capítulo XI del título XIII, el título XV bis, el capítulo I del título XVI o los capítulos V, VI, VII, VIII, IX y X del título XIX.

2. Con las mismas penas se sancionará, según los casos, la ocultación o encubrimiento de la verdadera naturaleza, origen, ubicación, destino, movimiento o derechos sobre los bienes o propiedad de los mismos, a sabiendas de que proceden de alguno de los delitos expresados en el apartado anterior o de un acto de participación en ellos.

3. Si los hechos se realizasen por imprudencia grave, la pena será de prisión de seis meses a dos años y multa del tanto al triplo.

4. El culpable será igualmente castigado aunque el delito del que provinieren los bienes, o los actos penados en los apartados anteriores hubiesen sido cometidos, total o parcialmente, en el extranjero.

5. Si el culpable hubiera obtenido ganancias, serán decomisadas conforme a las reglas del artículo 127 de este Código.

Artículo 302

1. En los supuestos previstos en el artículo anterior se impondrán las penas privativas de libertad en su mitad superior a las personas que pertenezca a una organización dedicada a los fines señalados en los mismos, y la pena superior en grado a los jefes, administradores o encargados de las referidas organizaciones.

También se impondrá la pena en su mitad superior a quienes, siendo sujetos obligados conforme a la normativa de prevención del blanqueo de capitales y de la financiación del terrorismo, cometan cualquiera de las conductas descritas en el artículo 301 en el ejercicio de su actividad profesional.

2. En tales casos, cuando de acuerdo con lo establecido en el artículo 31 bis sea responsable una persona jurídica, se le impondrán las siguientes penas:

a) Multa de dos a cinco años, si el delito cometido por la persona física tiene prevista una pena de prisión de más de cinco años.

b) Multa de seis meses a dos años, en el resto de los casos.

Atendidas las reglas establecidas en el artículo 66 bis, los jueces y tribunales podrán asimismo imponer las penas recogidas en las letras b) a g) del apartado 7 del artículo 33.

Artículo 303

Si los hechos previstos en los artículos anteriores fueran realizados por empresario, intermediario en el sector financiero, facultativo, funcionario público, trabajador social, docente o educador, en el ejercicio de su cargo, profesión u oficio, se le impondrá, además de la pena correspondiente, la de inhabilitación especial para empleo o cargo público, profesión u oficio, industria o comercio, de tres a diez años. Se impondrá la pena de inhabilitación absoluta de diez a veinte años cuando los referidos hechos fueren realizados por autoridad o agente de la misma.

A tal efecto, se entiende que son facultativos los médicos, psicólogos, las personas en posesión de títulos sanitarios, los veterinarios, los farmacéuticos y sus dependientes.

Artículo 304

La provocación, la conspiración y la proposición para cometer los delitos previstos en los artículos 301 a 303 se castigará, respectivamente, con la pena inferior en uno o dos grados.

I. INTRODUCCIÓN

En el Capítulo XIV del Título XIII del CP, "*Delitos contra el patrimonio y el orden socioeconómico*", se tipifican los delitos de receptación y de blanqueo de capitales. Se trata de unos delitos que han estado, en realidad están, en continuo proceso de reforma ya que el Legislador, por uno u otro motivo, los ha sometido a revisiones de mayor o menos calado en prácticamente todas las reformas de una cierta envergadura del CP. Una muestra de ello es la operada a través de la LO 5/2010, de 22 de junio, que no se limitó únicamente a la denominación de la rúbrica, sino que en el delito de blanqueo de capitales, como veremos en su momento, se introducen cambios de indudable relevancia, a los que no se hacía referencia en el Preámbulo de la referida LO 5/2010, de 22 de junio, lo que causó una cierta extrañeza dada su entidad, por lo que las conjeturas que se desprenden son también múltiples, dado que ni la normativa internacional ni las disposiciones procedentes de la Unión Europea parece que la hacían necesaria en sede penal (MANJÓN-CABEZA OLMEDA). Otra cosa es que desde un punto de vista político criminal se adoptara una determinada opción sin que, por otro lado, se hubieren dispuesto los mecanismos para evitar algunas superposiciones normativas. En cualquier caso, y en cuanto a la rúbrica, se modifica la anterior referencia a la receptación y otras conductas afines por la de receptación y blanqueo de capitales que, ciertamente, se ajusta en mayor medida al contenido típico de sus preceptos.

Seguidamente, la LO 1/2015, de 30 de marzo, modificó, asimismo, el delito de receptación, básicamente, derogando el contenido del art. 299 CP, donde se regulaba la receptación de las faltas, y dando una nueva redacción al art. 298 CP, en el que se incorporan, también, unos subtipos agravados que se añaden al inicialmente previsto en el mismo precepto. Y, finalmente, la LO 6/2021, de 28 de abril, cuyo objeto fue el de trasponer la Directiva (UE) 2018/1673, del Parlamento Europeo y del Consejo, de 23 de octubre de 2018, relativa a la lucha contra el blanqueo de capitales mediante el Derecho penal, modifica el último párrafo del apartado 1 del art. 301 CP e introduce cambios en el tipo agravado del art. 302 CP.

Así las cosas, el art. 298 CP incrimina la receptación, mientras que los arts. 301, 302 y 303 CP castigan el delito de blanqueo de capitales, y los artículos 300 y 304 CP contienen disposiciones comunes. El primero de ellos se destina a mantener la responsabilidad del receptador aun cuando el autor o el cómplice fueran irresponsables o estuvieran exentos de pena, mientras que en el segundo se castigan los actos preparatorios punibles relativos al blanqueo de capitales.

II. RECEPTACIÓN

1. Bien jurídico protegido

La ubicación sistemática del art. 298 CP, así como las referencias expresas en la descripción típica del precepto a la previa comisión de un delito contra el patrimonio o contra el orden socioeconómico, supone que la mayoría de la Doctrina (ABEL SOUTO, PALMA HERRERA, VIDALES RODRÍGUEZ) concluya que el bien jurídico protegido en el delito de receptación es el patrimonio. Sin embargo, más allá de ese objeto de tutela estrictamente patrimonial, en contraposición a lo previsto en el CP 1973 en el que la descripción típica del delito de receptación se refería a "*cualquier delito contra los bienes*", con la actual configuración parece fuera de duda que también pueden verse afectados distintos intereses colectivos de carácter socioeconómico.

En efecto, el delito de receptación se estructura como un delito de referencia, dado que el receptador ayuda al autor del ilícito previo a aprovecharse de los efectos de un delito ya cometido. Así, el bien jurídico protegido en la receptación es el mismo que resulta lesionado en el delito antecedente, esto es, se trata de un delito contra el patrimonio o el orden socioeconómico, sin perjuicio de que, además, resulte afectada la Administración de Justicia, al dificultar la persecución y castigo de los delitos:

> *"El delito de receptación se define como un delito de referencia, esto es, que precisa de la ejecución previa de otro delito del que obtiene o aprovecha las ventajas que del*

> *mismo se derivan. Por esta razón su naturaleza es pluriofensiva, manteniendo el ataque al bien protegido en el delito previo a la vez que supone, de forma autónoma, un ataque contra la Administración de Justicia, al dificultar la persecución y castigo de los delitos dada la adhesión indirecta a los mismos de quien se beneficia de su comisión por atacar el tráfico lícito de bienes al facilitar el de los de naturaleza ilícita".* [SAP A Coruña, Sección 1ª, 619/2015, 27-11 (*Tol 5592882)*, FD 2].

Al respecto, la Doctrina es prácticamente unánime al señalar que se trata de un delito pluriofensivo (por todos, OLMEDO CARDENETE), no sólo porque no es difícil imaginar comportamientos típicos muy próximos al favorecimiento real propio del encubrimiento —del que se distingue por la existencia de ánimo de lucro a diferencia de aquél—, sino porque su comisión, en cualquiera de sus modalidades típicas, supone que se dificulta la persecución y/o descubrimiento del delito previo; relación, entre la receptación y el delito antecedente, que se estructura no sólo en clave de bien jurídico ya que el propio Código —como veremos más adelante— establece un límite penológico, en cuanto que la pena a imponer no puede ser superior a la del delito encubierto. Ahora bien, una vez dicho lo anterior, cabe añadir que el favorecimiento a los autores de un delito previo, que no pudiera subsumirse bajo la rúbrica del Título XIII del CP, no supone su atipicidad ya que podría reconducirse al blanqueo de capitales.

En efecto, como pone de relieve un reputado sector doctrinal, de la misma forma que el encubrimiento pactado antes de la ejecución del delito desplaza a esa calificación en favor de las formas de participación, lo mismo puede decirse cuando se prueba la pertenencia a la organización criminal, donde se distribuyen tareas, lo cual puede hacer preferente el art. 371 CP frente a la receptación (QUINTERO OLIVARES). Así es, el TS en el FD 13 de su Sentencia 56/2014, 6-2, considera que:

> *"Es claro que todo coautor tiene en común con el integrante de una organización criminal que comparte el fin, que efectúa aportes relevantes para su consecución, que por tanto el dolo es, idéntico al del integrante, pero se diferencia en que no está integrado en la red, no forma parte de la organización ni tiene un lugar en la misma, ni por tanto está en lo que pudiera llamarse su 'organigrama'. La distinción es —reiteramos— dificultosa en la práctica precisamente porque la opacidad y la destrucción de todo elemento probatorio constituye el modus operandi de toda organización criminal. Puede decirse que el integrante en toda organización criminal colabora al fin de la misma por lo que es integrante como un aliud a su condición de coautor, ahora bien, el argumento expuesto no es reversible, es decir, todo coautor, por serlo no es necesariamente un miembro de la organización".*

Finalmente, la existencia del vínculo entre la receptación y el delito previo debe circunscribirse a las particularidades que acabamos de referir ya que, en todo caso, la receptación es un delito autónomo con sustantividad propia. Se trata de un ilícito distinto del delito previo que se caracteriza por ayudar a los responsables de éste a aprovecharse de los efectos que se desprendan del mismo.

2. *Tipo básico*

2.1. El comportamiento típico

2.1.1. La ajenidad del delito: no haber intervenido ni como autor ni como cómplice

Uno de los requisitos del delito de receptación es que el receptador no haya intervenido en el delito previo, ni como autor ni como cómplice. Sin embargo, una cuestión a dilucidar es si, efectivamente, existía el conocimiento de la comisión del delito (*infra* 2.1.4). A este respecto, es particularmente interesante la STS 986/2021, 15-12 (*Tol 8704819*), donde, en su FD 1, se afirma lo siguiente:

> *"Nuestra reciente sentencia número 841/2021, de 4 de noviembre, entre muchas otras, ya observaba al respecto que: El conocimiento por el sujeto activo de la comisión antecedente de un delito contra el patrimonio o contra el orden socioeconómico, del que proceden los efectos objeto de aprovechamiento, no exige una noticia exacta, cabal y completa del mismo, ni implica el de todos los detalles o pormenores del delito antecedente, ni siquiera el 'nomen iuris' que se le atribuye (si proceden de un robo, un hurto o una estafa, por ejemplo), pues no se requiere un conocimiento técnico bastando un estado de certeza que equivale a un conocimiento por encima de la simple sospecha o conjetura (SSTS 859/2001, de 14 de mayo, y 1915/2001, de 11 de octubre). A diferencia del blanqueo de capitales, que admite la comisión imprudente (art. 301.3° del Código Penal), el delito de receptación es necesariamente doloso, pero puede ser cometido tanto por dolo directo (conocimiento con seguridad de la procedencia ilícita de los efectos), como por dolo eventual, cuando el receptador realiza sus actos a pesar de haberse representado como altamente probable que los efectos tienen su origen en un delito contra el patrimonio o el orden socioeconómico, es decir, cuando el origen ilícito de los bienes receptados aparezca con un alto grado de probabilidad, dadas las circunstancias concurrentes (SSTS 389/97, de 14 de marzo y 2359/2001, de 12 de diciembre, entre otras)".*

En todo caso, los actos posteriores realizados por alguno de los responsables del ilícito destinados al agotamiento del delito, o a prestar ayuda al resto de los autores para aprovecharse de los efectos del delito, no pueden subsumirse en el delito de receptación, ya que se trata de actos copenados con el hecho principal que quedan subsumidos en éste (GONZÁLEZ CUSSAC). En todo caso, la condición de autor no debe limitarse únicamente al autor material, sino que incluye a todos los previstos en el art. 28 CP, es decir, autoría mediata, coautoría, inducción y cooperación necesaria.

Una cuestión que, ciertamente, había despertado alguna duda, pero sobre la que la Jurisprudencia parece inequívoca es el hecho de que en la receptación, a diferencia de lo que ocurre con el blanqueo de capitales, no se requiere que el delito antecedente se encuentre sancionado penalmente. Así, la STS 144/2023, 01-03, (*Tol 9448769*), considera en su FD 2 que:

> *"Es claro en nuestra jurisprudencia que tal delito no exige, como ocurre igualmente con el blanqueo de capitales, que el delito antecedente se encuentre sancionado pe-*

nalmente, con tal de que la sentencia recurrida razone adecuadamente que los objetos adquiridos son procedentes de un delito contra el patrimonio o el orden socioeconómico, y que en su adquisición el acusado pretenda lucrarse mediante su futuro tráfico, conociendo naturalmente tal delictivo origen".

2.1.2. Ayudar o recibir, adquirir u ocultar los efectos del delito

Con respecto a las modalidades delictivas, el tipo se estructura a partir de un comportamiento mixto alternativo que viene caracterizado por el "*ayudar*" a los responsables a aprovecharse de los efectos del delito o, bien, por el que se "*reciban, adquieran u oculten tales efectos*", de lo que se infieren dos modalidades comisivas distintas: el aprovechamiento ajeno (el del autor del delito previo) y el aprovechamiento propio (el del receptador), ambas presididas por el ánimo de lucro del receptador; tipificación que es más amplia que la prevista en el CP 1973, donde la conducta punible se limitaba al aprovecharse para sí.

En el mismo sentido, nótese la amplitud de la conducta ya no sólo referido a ensanchar la descripción típica al aprovechamiento, sino que se trata de una fórmula particularmente abierta donde es posible incluir situaciones que consistan en cualquier modalidad de ayuda al autor del delito previo; así, es posible subsumir en ella al intermediario que actúa con ánimo de lucro, es decir, la actuación de quien pone en contacto al autor del delito previo con otros que contribuyan a que éstos se aprovechen del ilícito y por lo que, desde luego, obtienen un beneficio económico por realizar esa labor de intermediación (QUINTERO OLIVARES).

Permítasenos insistir en la amplitud de la conducta y, por lo tanto, en el requisito objetivo esencial del delito que queda de manifiesto, entre otras en la STS 335/2010, 19-6, (*Tol 7983499*) donde en su FD 7, la Sala acentúa el hecho de que:

> *"Ha de concurrir una actuación de aprovechamiento para sí de los efectos del delito, lo que constituye el núcleo de esta infracción y determina el momento de la consumación; en concreto, el tipo penal requiere un acto de ayuda a los responsables a aprovecharse de los efectos del mismo, o un acto receptor de encubrimiento, de manera que el autor reciba, adquiera u oculte tales efectos".*

Una "situación límite" sería la de un favorecimiento inicial sin ánimo de lucro realizado, simplemente, para evitar el descubrimiento del delito que, más adelante, se vuelve lucrativo, ya sea por una decisión de los responsables del delito que deciden compensar económicamente al receptor, lo cual generaría serios problemas de subsunción en el delito de receptación dado que el dolo no es inicial (QUINTERO OLIVARES).

La otra modalidad típica: el "*recibir, adquirir u ocultar*" los efectos del delito, implica alguna particularidad ya que el "adquirir" abarca cualquier clase de adquisición, onerosa o lucrativa que comporte un aprovechamiento para sí (GONZÁLEZ CUSSAC); mientras que el "recibir", presidido asimismo por el ánimo de lucro, deberá interpretarse como el acogimiento de un envío. Por su parte, la modalidad de "ocultar" puede presentar, inicialmente, algún problema de delimitación con el encubrimiento, aunque lo determinante para excluirlo será la presencia del ánimo de lucro en el receptador.

2.1.3. *Los efectos del delito*

En cuanto a la delimitación de los efectos del delito, mayoritariamente se entiende que se trata de los efectos directos del delito anterior, es decir, los que constituyen su objeto material, con la particularidad de que algún autor (QUINTERO OLIVARES) lo interpreta en sentido amplio y considera que la fórmula utilizada en el precepto puede acoger todos los frutos provenientes del delito contra el patrimonio o contra el orden socioeconómico que sean susceptibles de generar beneficios para el receptador, esto es, añadiríamos, aquéllos que se hayan obtenido como derivación de los efectos directos. Ahora bien, tal interpretación nos llevaría a aceptar la receptación sustitutiva. En otras palabras, cuando los efectos originarios del delito previo han sido sustituidos por otros; sin embargo, entendemos que esa hipótesis podría reconducirse al blanqueo y no a la receptación dado que esos efectos ya no provienen del delito inicial. En efecto, la SAP Barcelona (Sección 2ª), 675/2009, 28-9, (*Tol 1778719)* FD 10, entiende que:

> *"En el marco interpretativo de la receptación se entiende mayoritariamente (y fundamentalmente para marcar la frontera entre esta figura y el blanqueo) que los efectos del delito a cuyo aprovechamiento se ayuda, deben coincidir con el objeto material del mismo, es decir, "los efectos" típicos a los que se refiere el precepto son los efectos directos del delito y no aquellos otros que se hayan obtenido como derivación de los efectos directos tras negociarlos, trasmitirlos etc., que no son efectos directos sino que constituyen el provecho obtenido en términos generales con la comisión del delito(efectos indirectos) Así, el acusado con el dinero obtenido, objeto del delito y por tanto efecto directo, se compró (le compró a su esposa) un coche (efecto indirecto). Ello conduce a negar la inclusión en el artículo 298 del CP de la llamada receptación sustitutiva, es decir, la receptación de bienes producto de una transacción realizada con los bienes que son efecto del delito (recibir un coche comprado con el dinero obtenido del delito), denominación ésta que expresa que el efecto originario del delito (el dinero apropiado) ya ha sido sustituido por otro (el coche) que deviene efecto indirecto y, por lo tanto, atípico".*

Una cuestión distinta, relacionada con la anterior, es la denominada receptación en cadena: cuando los efectos son objeto de sucesivas receptaciones. Se trata, por lo tanto, de una receptación en la que los efectos objeto de receptaciones sucesivas son los mismos que se obtuvieron como consecuencia del delito originario. Supuesto que tradicionalmente ha sido admitido por la Jurisprudencia y que, técnicamente no presenta ningún problema para admitir la receptación de bienes previamente receptados. Entre otras, *vid.*, STS 476/2012, 12-6 (*Tol 2565339)*, FD 4:

> *"Cabe, en efecto, sancionar como autor de un delito de receptación a quien interviene cuando ya se ha consumado un primer delito de receptación a través de la compra de los bienes a los autores de un precedente delito contra el patrimonio, ayudando a los responsables de dicho delito de receptación a aprovecharse de los efectos del mismo, porque la receptación también es un delito contra el patrimonio que puede actuar como delito precedente, dando lugar a lo que se podría calificar de receptación en cadena.*
>
> Y cabe también, considerar en el mismo tipo delictivo de receptación la concurrencia de una sucesión de conductas desde la ayuda a los autores del delito inicial para su aprovechamiento de los bienes obtenidos, por ejemplo comprándoles los objetos procedentes del delito antecedente (primera modalidad del tipo), a la adquisición o recepción posterior por terceros de algunos de dichos bienes, con conocimiento de su ilícita procedencia y ánimo de lucro (segunda modalidad del tipo), lo que configura una especie de receptación sucesiva.
>
> *En consecuencia, el hecho de que el recurrente interviniese en una fase posterior a la inicial adquisición por el resto de los condenados de los bienes robados no excluye su condena como autor de receptación, pues recibió parte de los efectos procedentes del robo, con conocimiento de su ilícita procedencia, y ánimo de lucro".*

2.1.4. El conocimiento previo de la comisión de un delito contra el patrimonio o el orden socioeconómico

En directa relación con lo acabado de mencionar, esto es, al conocimiento previo de la comisión de un delito, conviene matizar distintas cuestiones que nos parecen esenciales en relación con el alcance del conocimiento, en tanto que el TS se considera que:

> *"La presencia del elemento anímico en la actuación del acusado es un juicio de inferencia obtenido por el juzgador del análisis racional de los datos fácticos que figuran en el relato de los Hechos Probados; y en este punto es donde interviene el principio de presunción de inocencia, toda vez que el juicio de valor acerca de la participación dolosa del agente debe estar sustentado en unos elementos de hecho, plurales, interrelacionados entre sí y —sobre todo— cumplidamente probado por prueba válida y suficiente [...]"* [STS 296/2006, 16-3 (*Tol 867034*)].

Es más, el propio Tribunal ha entendido que no es exigible conocer el "*nomen iuris*" del delito anterior, ni el conocimiento detallado y pormenorizado de todas las circunstancias, pero sí su procedencia antijurídica [STS 56/2006, 25-1 (*Tol 839472)*], por encima de la simple sospecha o conjetura [STS 1345/2002, 18-7 (*Tol 213390)*], un conocimiento que, en todo caso, ha de ser anterior o coetáneo al comportamiento típico, lo cual no impide la posibilidad de admitir la existencia de dolo eventual cuando existe un alto grado de probabilidad de la procedencia ilícita de los efectos del delito [STS 56/2006, 25-1 (*Tol 839472)*].

"Este delito exige entre sus requisitos como elemento subjetivo del tipo el conocimiento de la comisión de un delito contra el patrimonio. Para ello no basta con una simple sospecha, duda o recelo, sino que se ha de tener la certidumbre (estado anímico de certeza) de que los objetos adquiridos proceden de un delito contra los bienes, o sea que son de procedencia delictiva (STS 1591/1997, 12 de diciembre; 447/1999, 15 de marzo; 610/1999, 20 de abril y 1422/1999, 6 de octubre y 8/2000, 21 de enero de 2000); sin que ello deba suponer un conocimiento detallado de las circunstancias concretas del delito del que proceden los objetos" [STS 991/2007, 16-11 (*Tol 1213989*), FD 2].

Todo ello, sin perjuicio de si el conocimiento del origen ilícito es un elemento subjetivo del tipo de naturaleza psicológica:

"Su acreditación habrá de establecerse normalmente por inducción a través de inferencias lógicas o inequívocas (STS 1347/1997, 12 de noviembre), a partir de datos objetivos o de circunstancias materiales acreditadas, siendo de las más significativas la irregularidad de la compra, o el precio vil, es decir, la compra del objeto por precio desproporcionadamente inferior al de mercado. Ese conocimiento —concluye la STS 1128/2001, 8 de junio— no implica el de todos los detalles o pormenores del delito antecedente, ni el 'nomen iuris' que se le atribuye, pero no basta tampoco la simple sospecha de su procedencia ilícita sino la seguridad de la misma que, como hecho psicológico ha de inferirse por hechos externos, demostrados por la posesión de los efectos, y todas las circunstancias concurrentes, como el precio vil o mezquino en la operación de compraventa" [STS 57/2209, 2-2 (*Tol 1459590*), FD 2].

Finalmente, con relación a qué debe de entenderse por delito y con lo previsto en el art. 300 CP, es suficiente de que se trate de hechos típicos y antijurídicos, por lo que resulta indiferente que el autor sea irresponsable o se halle exento de pena.

2.1.5. El ánimo de lucro

El ánimo de lucro es uno de los elementos característicos de la receptación que, como es sabido, lo diferencia del delito de encubrimiento. Tradicionalmente la Jurisprudencia la ha interpretado en un sentido muy amplio y se le ha caracterizado como: cualquier tipo de utilidad, beneficio o ventaja, incluso las de finalidad meramente contemplativa o de ulterior beneficencia. Nótese, por otro lado, que la pena prevista para el encubrimiento del art. 451 CP es superior a la dispuesta para la receptación, por lo que un comportamiento presidido por un simple *animus adiuvandi* y, por lo tanto, carente de ánimo de lucro, resulta a efectos de pena más gravoso que un comportamiento subsumible en el delito de receptación lo cual, a todas luces, es una muestra de la poca fortuna del Legislador en la descripción típica del comportamiento.

En directa relación con lo anterior, los problemas con la presencia o la ausencia del ánimo de lucro y la tipificación del comportamiento respectivo como un delito de receptación o de encubrimiento, no se circunscriben a las consecuencias penológicas de uno u otro ilícito, sino que se plantean en otras situaciones como el comportamiento que inicialmente viene caracterizado por el *animus adiuvandi* para posteriormente aparecer un ánimo de lucro sobrevenido. En este caso, y utilizando el mismo criterio que hemos señalado con anterioridad con respecto al dolo, un ánimo de lucro *subsequens* sería, a nuestro entender, intrascendente dado que el *animus* es el elemento que caracteriza a la receptación, así su ausencia inicial haría que ese favorecimiento debiera de subsumirse en el encubrimiento; otro supuesto distinto al anterior reconducible también al encubrimiento, es el caso del favorecedor que posteriormente recibe una gratificación por el favorecido que no estuviera inicialmente acordada.

Un problema distinto es la acreditación de la existencia de ánimo de lucro. Circunstancia sobre la que la Jurisprudencia se ha manifestado en distintas ocasiones. Así, ante la negativa del mismo, la Sala 2ª determina lo siguiente:

> *"Cierto que este elemento de la infracción penal, no expresamente exigido en el texto del art. 546 bis a) del CP anterior, se halla implícito en el núcleo del tipo que aparece definido con la expresión 'se aprovechare para sí de los efectos del mismo'. Sí aparece, por el contrario, específicamente exigido en el art. 298 del CP ahora en vigor. La posesión en su domicilio de los múltiples objetos que se encontraron, cinco de ellos de acreditada procedencia ilícita, a lo que repetidamente nos venimos refiriendo, acredita no sólo tal ánimo de lucro, sino la realidad de un lucro efectivo: quedó enriquecido porque vio su patrimonio aumentado con tales objetos y ello con intención de apoderamiento definitivo, pues había pagado un dinero por ellos. Así lo revela, además, el dato antes referido de que la esclava de oro fue objeto de un cambio en los nombres que aparecían inscritos en la misma, eliminando los de los dueños anteriores y poniendo en su lugar el del acusado Francisco y el de su esposa"* [STS 649/1997, 12-5 (*Tol 407556)*, FD 3].

3. Tipos cualificados

La LO 1/2015, de 30 de marzo, introdujo una serie de tipos agravados en el primer párrafo del art. 298 CP, de modo que la pena básica establecida en prisión de seis meses a dos años puede llegar a alcanzar entre uno y tres años de prisión. Supuestos que, por otro lado, se corresponden con algunas de las agravaciones del hurto (art. 235 CP, véase, sobre el particular, la Lección de este Tratado). El primero es "*cuando se trate de cosas de valor artístico, histórico, cultural o científico*", que, no precisa la existencia de una declaración administrativa a tal efecto, sino que es suficiente con la apreciación discrecional por el Juez o Tribunal que, normalmente, atenderá a la correspondiente pericial (OLMEDO CARDENETE). El segundo se refiere a: "*cosas de primera necesidad, conducciones, cableado, equipos o componentes de infraestructuras de suministro eléctrico o de servicios de telecomunicaciones, o de otras cosas destinadas a la prestación de servicios de interés general, productos agrarios o ganaderos o de los instrumentos o medios que se utilizan para su obtención*", alguno de cuyos objetos responden a la enorme alarma social generada por la sustracción de esos materiales, como puede ser el caso del cableado ferroviario. Finalmente, el tercero atiende a la gravedad de los hechos, así como al valor de los efectos receptados y el perjuicio ocasionado por la sustracción. Es evidente que se trata de una previsión que no viene presidida por el principio de taxatividad, pero es que además de su indeterminación resulta que algunos supuestos previstos en el apartado b) de ese art. 298.1 CP, en particular, los relativos a la receptación de cable de las catenarias de las instalaciones ferroviarias serán, a la vez, subsumibles en este apartado c) dado el perjuicio al interés general causado por su sustracción.

En el segundo párrafo del art. 298 CP se contemplan dos modalidades agravatorias relacionadas con los tipos del párrafo primero. La primera es cuando se destinen los efectos del delito para traficar con ellos. Mientras que la segunda agravación, referida a la utilización de establecimiento o local comercial o industrial, dispone la imposición adicional de una pena multa de doce a veinticuatro meses, contemplándose también la posibilidad de aplicar una pena de inhabilitación especial además de una medida de clausura temporal o definitiva del establecimiento, que no podrá exceder de cinco años. En cuanto a la primera de referidas las agravaciones, es importante destacar que el tipo establece que se aplicará la pena en su mitad superior "*a quien reciba, adquiera u oculte los efectos del delito para traficar con ellos*". Así, nótese que en el precepto se excluye el primero de los comportamientos del tipo básico, esto es, el "ayudar" a los responsables a aprovecharse de los efectos del delito, por lo que esta modalidad agravatoria se circunscribe a lo que hemos denominado receptación en beneficio propio: la receptación que beneficia a su autor; por lo tanto, cuando la tenencia de los efectos del delito viene presidida por el propósito de traficar, la consumación delictiva se produce con la simple tenencia de esos objetos [SAP, Álava, Sección 2ª, 198/2003, 14-11 (*Tol 342961*)].

Asimismo, cuando el receptador pretenda vender esos objetos sería aplicable el tipo agravado, incluso tratándose de comportamientos aislados o puntuales. Es más, ese tráfico de efectos no requiere que la conducta del receptador venga precedida por una sucesión de diversos actos de tráfico. En ese sentido se pronuncia la Sala 2ª, en su STS 673/2018, 19-12 (*Tol 6976942*), FD 2:

> *"El artículo 298.2 CP, en la redacción dada por la Ley Orgánica 10/1995, de 23 de noviembre, prevé, en su inciso primero, la imposición en su mitad superior de la pena básica prevista por el apartado primero del artículo 298 CP para el delito de receptación a quien reciba, adquiera u oculte los efectos del delito para traficar con ellos.*
>
> *A partir de dicha delimitación, son diversos los pronunciamientos que han concluido la existencia de tal propósito de traficar sin necesidad de vincularlo a la constatación de una habitualidad o reiteración de actos de venta. La STS 581/1999, de 21 de abril, aplicó el artículo 298.2 CP a un solo acto de venta. La STS 1034/2013, de 30 de diciembre, afirmó que basta para integrar el subtipo del artículo 298.2 CP 'que se vaya a revender uno solo de los efectos receptados'. Incluso se ha supuesto ese ánimo tendencial sin acreditar intento alguno de venta o transmisión de los efectos, sino en consideración a otras circunstancias concurrentes reveladoras de dicho propósito, singularmente en aquellos*

supuestos donde son hallados en posesión del acusado múltiples efectos de origen ilícito junto con otros indicios. Entre otras en las SSTS 1100/2010, de 13 de diciembre; o la 1202/2011, de 15 de noviembre. Por su parte, el auto ATS 981/2017, de 25 de mayo, reprodujo la doctrina de la ya citada STS 1583/98, de 16 de diciembre al afirmar, con remisión a ella, que el ánimo de traficar es la intención de comerciar o negociar con los efectos receptados, mediante permuta, venta o cualquier otro acto semejante de naturaleza civil o mercantil, y que se aprecia dicho ánimo de traficar en casos en que se posee un efecto, proveniente de un delito, para entregarlo a tercero a cambio de una contraprestación".

Por su parte, en relación con la segunda de las modalidades agravatorias previstas en el art. 298.2 CP, se contempla la hipótesis de que el tráfico de los efectos tiene lugar utilizando un establecimiento o local comercial. Supuesto para el que la Sala 2ª exige una homogeneidad entre los objetos ilícitos y el comercio que se realiza en el establecimiento, STS 103/1998, 3-2 (*Tol 8438*): "*cuando el establecimiento se utiliza como cobertura se prevé la imposición adicional de una pena de multa de doce a veinticuatro meses. Además de lo anterior, y con carácter potestativo, atendiendo a la gravedad del hecho y las circunstancias personales del delincuente, cabe la posibilidad de imponer una pena de inhabilitación especial de dos a cinco años, así como la clausura temporal o definitiva del local o establecimiento*". Ahora bien, a este respecto, el TS rechaza la imposición de la inhabilitación "*cuando el autor no es peligroso para su profesión al no haber aplicado sus conocimientos a la ejecución delictiva*" [STS 519/2000, 31-3 (*Tol 273382)*], del mismo modo que para determinar la gravedad del hecho, interpreta que es necesario atender al número de actos "*y a su dificultad de detección como referencia a tener en cuenta*" [STS 1514/2005, 7-11 (*Tol 795461)*].

El último apartado del art. 298 CP dispone una limitación material a la pena correspondiente al delito de receptación: no podrá exceder de la señalada al delito encubierto. Se trata, en primer lugar, de un límite que obedece al principio de proporcionalidad, lo que impide sancionar con una pena más grave las conductas subsiguientes al ilícito inicial, STS 1689/2002, 14-10 (*Tol 222597*). Por otro lado, se prevé también el apartado tercero del art. 298, que, si la pena fuere de otra naturaleza, la pena privativa de libertad será sustituida por la de multa de 12 a 24 meses, "*salvo que el delito encubierto tenga asignada pena igual o inferior a ésta, en tal caso, se impondrá al culpable la pena de aquel delito en su mitad superior*". En todo caso, la limitación a la pena privativa de libertad debe interpretarse en clave de bien jurídico ya que la afección inicial es más grave que la posterior y, por lo tanto, tratándose del mismo objeto de protección (sin olvidar la pluriofensividad del delito) no puede castigarse con mayor gravedad una conducta posterior que la llevada a cabo previamente por los autores del delito inicial. Así:

"Constatamos la existencia de un error en la imposición de la pena que es preciso corregir. La sentencia impugnada impone una pena al delito de receptación de 15 meses y un día de prisión 'tope máximo del delito de hurto encubierto', penalidad que de acuerdo a la limitación no es acertado. El art. 278 CP al señalar la pena del delito de receptación

(art. 298 CP) expresa 'en ningún caso podrá imponerse pena privativa de libertad que exceda de la pena señalada al delito encubierto'. El error resulta de no haber tenido en cuenta los efectos penológicos de la atenuación declarada concurrente que, de acuerdo a las reglas del art. 66 CP, impone un marco punitivo de la mitad inferior, en el caso de 6 a 12 meses, la pena en su mitad inferior. La calificación por la acusación era alternativa de un delito de hurto y de receptación. En la sentencia, el acusado fue condenado por delito de receptación y absuelto del delito de hurto, por lo que la atenuante declarada concurrente las dilaciones indebidas actuaban con la misma intensidad, respecto de ambas subsunciones planteadas al órgano jurisdiccional. Consecuentemente, el tipo penal encubierto no merecería una pena superior a los 12 meses de prisión que opera como límite a la correspondiente al delito de receptación por el que ha sido condenado. Error en la determinación de la pena que ha de ser corregido en esta casación" [STS 867/2024, 16-10 (*Tol 10247724*), FD Único].

Por otro lado, quisiéramos llamar la atención sobre una cuestión particular, ya que el TS se ha manifestado en reiteradas ocasiones en relación a que las circunstancias del delito contra los bienes de los que provienen los efectos receptados no forman parte del delito de receptación: "*no es el valor de las cosas receptadas lo que determina la pena de receptación, sino la gravedad genérica del delito encubierto*" [STS 859/1992, 12-4 (*Tol 398890)*]. En directa relación con lo acabado de mencionar, ya hicimos mención de ello al referirnos al bien jurídico protegido en el delito de receptación (*supra*, II.1), nos parece oportuno insistir en la estrecha relación entre el delito previo y el de receptación. Se trata de dos comportamientos distintos que es preciso diferenciar y no confundir a pesar de estar estrechamente relacionados; así, en primer lugar, el delito previo tiene como objeto la comisión de un delito contra el patrimonio o el orden socioeconómico, sin embargo, la receptación es un delito autónomo con sustantividad propia y distinto del delito previo ya que el sujeto activo no ha intervenido ni como autor ni como cómplice en el delito antecedente (o previo), sino que la actuación del receptador tiene lugar con posterioridad y se realiza con el propósito de ayudar a los responsables a aprovecharse de los efectos del delito o, en su caso, los recibe, los adquiere o los oculta. Comportamiento que viene presidido por el ánimo de lucro del receptador.

5. El sujeto irresponsable y la exención de pena

Como dijimos al inicio, los efectos de esta disposición general prevista en el art. 300 CP son extensivos tanto para la receptación como para el blanqueo de capitales ya que el propio precepto así lo establece, si bien lo coherente hubiera sido situarla al final del Capítulo y no inmediatamente después de la tipificación del delito de receptación.

En el precepto se alude a dos situaciones distintas en las que se mantiene la responsabilidad del receptador aun y cuando el autor del delito previo fuere irresponsable o estuviere exento de pena, a lo que cabe añadir que la referencia a los autores debe entenderse en sentido amplio, esto es, todos los supuestos recogidos en el art. 28 CP, mientras que los cómplices son los sujetos a los que se refiere el art. 29 CP; por otro lado —también nos referimos a ello—, el término delito ha de entenderse como el hecho típico y antijurídico, con independencia de que el autor del delito previo sea irresponsable o esté exento de pena. Como dice el TS: "*es bastante con que el delito antecedente esté descrito en sus elementos de tipicidad y de antijuridicidad, para integrar el delito antecedente sobre el que se actúa en la forma descrita en el delito de receptación*" [STS 56/2006, 25-1 (*Tol 839472)*].

En cuanto a la primera de las previsiones: la irresponsabilidad personal del autor del hecho principal se trata de los supuestos contemplados en el art. 19 CP (minoría de edad) así como los del art. 20 CP, relativos a las causas de exculpación: las situaciones de inimputabilidad previstas en los apartados 1, 2 y 3 y la circunstancia 6, miedo insuperable, por lo que quedan excluidas el resto de las causas de justificación del mencionado art. 20 CP. Se trata de una materialización del principio de accesoriedad limitada que rige en el ámbito de la participación que, como es sabido, exige, para que la participación sea punible, que el hecho principal sea típico y antijurídico sin necesidad de que el autor sea culpable. Ahora bien, debe tenerse en cuenta que la receptación es un delito autónomo con sustantividad propia y no una forma de participación en el delito, por lo que ello nos lleva a cuestionarnos la utilidad de una previsión que, quizá, no era necesaria.

Por otro lado, en relación con la exención de pena del autor o del cómplice, el precepto se refiere a los supuestos personales previstos en el art. 268 CP. Pero, téngase en cuenta que la citada cláusula, recogida en el Capítulo X, se circunscribe a los delitos patrimoniales cometidos entre parientes cuando no concurra ni violencia ni intimidación y se limita exclusivamente a los Capítulos anteriores, esto es, a los Capítulos I a IX, por lo que la receptación está excluida, de manera que quien recepta los bienes de un delito previamente cometido por cualquiera de los parientes allí recogidos no se encuentra beneficiado por cláusula alguna de exención de pena. Extremo que nuevamente nos lleva a poner en tela de juicio el art. 300 CP ya que es, a todas luces superfluo.

6. *Consumación y formas imperfectas de ejecución.*

Con respecto a la tentativa en el delito de receptación, ésta tiene lugar con la mera disponibilidad de los efectos por parte del receptador, sin que sea necesario un aprovechamiento real y efectivo por el autor o autores del delito precedente. En efecto, la SAP Barcelona (Sección 5ª), 11-03-2004, *(Tol 1019586)*, entiende que:

"El aprovechamiento efectivo pertenece a la fase de agotamiento del delito (SSTS. 20-1-84, 25-4-85, 17-3 y 28-11-90), lo mismo que el lucro efectivo tampoco se requiere para la consumación. Es un delito de resultado que se consuma con la mera disponibilidad (SSTS. 27-1-92, 12-5-97, 20-2-98). Es posible la tentativa, pero la misma aparecería, por ejemplo, en supuestos tales como aquel en el que el receptador es sorprendido policialmente en el momento de adquirir la cosa. Pero la disponibilidad de los efectos, tal como decimos y tal como aquí ocurrió, lleva necesariamente a la consumación del delito que nos ocupa".

En cuanto a la consumación delictiva, la Jurisprudencia de la Sala 2ª la ha fijado, como en todo delito donde concurra el ánimo de lucro, no en el hecho real y efectivo del logro del fin lucrativo propuesto por el culpable a través de un acto posterior —como puede ser la reventa—, sino en la mera receptación de los efectos por el agente, en condiciones de disponibilidad de la "res delictiva" (*vid.* sentencias de 20 de mayo de 1959, 17 de mayo de 1963, 12 de octubre de 1974, 28 de septiembre de 1978, 16 de diciembre de 1985 y 12 de diciembre de 1987). Por lo tanto:

"Basta para para la consumación del delito de receptación con la mera disponibilidad de los objetos receptados (vid. sentencias de 29 de enero de 1985 y de 19 de diciembre de 1986), El relato fáctico refiere que el recurrente alojó parte de la mercancía en una furgoneta que fue seguida por la investigación y que se perdió su vista, de manera que se generó la disponibilidad que permite la consumación del hecho delictivo. El que posteriores investigaciones, incluso que las cajas estuvieron marcadas para permitir constatar la correspondencia de lo sustraído, no evita la consumación del hecho delictivo en la medida en que el autor aprovechó para sí la mercancía ilícitamente adquirida en los términos expuestos. Es reiterada jurisprudencia la que recuerda los distintos momentos de consumación en los delitos patrimoniales: a) la "contrectatio" que supone el contacto o tocamiento de la cosa; b) la "aprehenssio", o aprehensión de la cosa; c) la "ablatio", que implica la separación de la cosa del lugar donde se halla; y d) la "illatio", que significa el traslado de la "res furtiva" a un lugar que permite la disponibilidad de la misma (SSTS. 2530/2001 de 18 de abril de 2002, 1502/2003 de 14 de noviembre); no se consuma el robo con la mera aprehensión de la cosa (contrectatio) ni con el hecho de separarla de la posesión material del ofendido (ablatio), sino cuando el sujeto agente obtiene la disponibilidad de la cosa, siquiera sea potencialmente, aunque no se llegue a disponer de ella de manera efectiva (illatio) porque así obtiene la facultad esencial del dominio, siquiera sea durante un lapso temporal breve (SSTS. 212/2002 de 15 de febrero, 1122/2003 de 8 de septiembre, 213/2007 de 15 de marzo). Así en la STS 353/2014, de 8 de mayo, se consideró consumado un robo donde, los acusados salieron de la vivienda y huyeron en su vehículo siendo perdidos de vista hasta que poco después fueron localizados y detenidos; por lo que se concluye que tuvieron la plena disponibilidad del dinero; pues es la ideal o potencial capacidad de disposición o realización de cualquier acto de dominio de la cosa sustraída la que determina la consumación. La efectiva y real disposición, no afecta a la consumación, sino que pertenece a la fase de agotamiento del delito; se alcanza la consumación con la disponibilidad de la cosa sustraída por el sujeto activo, siquiera sea potencialmente, sin que se precise la efectiva disposición del objeto material (STS 304/2013, de 26 de abril; y 65/2013, de 39 de enero)" [STS 526/2019, 31-10 (*Tol 7569541*), FD 9].

7. Concursos

El ámbito concursal en el delito de receptación presenta distintas variables, de manera que trataremos de realizar una aproximación que nos permita vislumbrar algunas de las hipótesis más frecuentes. Es cierto que ya nos hemos referido a ello de forma implícita a lo largo de lo hasta ahora dicho, pero, en este momento, es inevitable insistir en la relación existente entre el delito de receptación y el delito de encubrimiento. En ese caso, la primera cuestión a abordar es determinar si, para la consumación del delito de receptación, se requiere que los responsables del delito patrimonial o socioeconómico del que proceden los efectos obtengan un aprovechamiento efectivo gracias a la ayuda del sujeto activo de la receptación:

> *"Mientras en el delito de encubrimiento se castiga a quien, sin ánimo de lucro, "auxilia a los autores o cómplices para que se beneficien del provecho, producto o precio del delito", expresión con un nítido sentido finalístico de la que se desprende con claridad que no es necesario que los responsables del delito alcancen efectivamente el beneficio pretendido para que se consume el delito de encubrimiento; la perífrasis verbal utilizada por el legislador en el artículo 298.1 del Código Penal ("ayude a los responsables a aprovecharse de los efectos del mismo") sí parece reclamar —como reconoce la jurisprudencia citada por el recurrente— que los responsables del delito patrimonial hayan alcanzado un aprovechamiento efectivo de los efectos para que pueda apreciarse un delito de receptación en grado de consumación"* [SAP Barcelona, Sección 5ª, 45/2010. 14-1 (*Tol 1815510*), FD 2].

Por otro lado, en cuanto a la receptación y el delito de robo con fuerza, a simple vista, parece que son delitos heterogéneos por lo que, sólo a priori, sería imposible una condena por robo si la acusación lo fue por receptación y viceversa. Sin embargo, el requisito de la homogeneidad no ha de contemplarse desde una perspectiva meramente formal, nominal o retórica, interpretándolo con tal automatismo que la mera modificación del título de imputación por otro no comprendido en el mismo capítulo del texto legal concluya necesariamente la vulneración del principio acusatorio. Por lo tanto:

> *"los criterios de interpretación han de ser mucho más sustanciales y relevantes, descartando por tanto una visión meramente formal o superficial de la cuestión. Debe atenderse, consiguientemente, a que la sustitución del precepto en sentencia genere una real y efectiva indefensión en el acusado por no poder alegar a su debido tiempo argumentos jurídicos susceptibles de desvirtuar la subsunción jurídica que realiza el Tribunal. De la misma forma en la STS 428/2021, de 20 de mayo establece que sin variar los hechos que han sido objeto de acusación es posible —respetando el principio acusatorio— condenar por delito distinto, siempre que sea homogéneo con el imputado, es decir de la misma naturaleza y especie, aunque suponga una modalidad distinta dentro de la tipicidad penal y sea de igual o menor gravedad que la expresamente imputada. A esto es a lo que se refieren los conceptos de identidad fáctica y de homogeneidad en la calificación jurídica: a la existencia de una analogía tal que entre los elementos esenciales de los tipos delictivos que la acusación por un determinado delito posibilita también per se la defensa*

en relación con los homogéneos respecto a él" [SAP Barcelona, Sección 10ª, 773/2022, 12-2 (*Tol 9375005)*, FD 1].

Además de lo anterior, otra de las cuestiones importantes a dirimir en esta sede es la admisibilidad del delito continuado en la receptación. Al respecto, la Sala 2ª es inequívoca, si bien establece determinados requisitos:

> *"Según la jurisprudencia reiterada de esta Sala (SSTS 1038/2004, de 21-9; 820/2005, de 23-6; 309/2006, de 16 —III; 553/2007, de 18-6; y 8/2008, de 24-1,* entre otras*), los requisitos del delito continuado son los siguientes:*
>
> *a) pluralidad de hechos delictivos ontológicamente diferenciables; b) identidad de sujeto activo; c) elemento subjetivo de ejecución de un plan preconcebido, con dolo conjunto y unitario, o de aprovechamiento de idénticas ocasiones en las que el dolo surge en cada situación concreta pero idéntica a las otras; d) homogeneidad en el modus operandi, lo que significa la uniformidad entre las técnicas operativas desplegadas o las modalidades delictivas puestas a contribución del fin ilícito; e) elemento normativo de infracción de la misma o semejante norma penal; y f) una cierta conexidad espacio-temporal" STS 650/2010, 21-6,* (*Tol 1918226*)" [STS 163/2024, 22-2 (*Tol 9904164)*, FD. 2.3].

Es indudable, afirma la Sala, la viabilidad del delito continuado de receptación cuando se suceden diversas recepciones o actos de auxilio destinados al aprovechamiento del botín obtenido en distintos delitos. No obstante, se trata de una hipótesis que no es admisible en el caso reseñado dado que en el relato de hechos probados se describe una tenencia de diversas piezas de procedencia ilícita manifestada mediante la ocultación simultánea de esos objetos, sin que se describa el modo y momento en que el acusado adquirió su posesión. Sin embargo, la posibilidad de que fueran adquiridos por el recurrente en la misma ocasión, habida cuenta el tiempo transcurrido entre las distintas sustracciones y la fecha de su incautación, sin añadirse ningún otro elemento de inferencia en el comportamiento, determina que no exista prueba ni descripción fáctica de que concurra la reiteración en la acción delictiva que resultaría obligada para la proclamación del delito continuado, por más que la decisión de actuar del recurrente abarcara (lo que tampoco se proclama en el relato fáctico) a todos los delitos contra la propiedad de los que los bienes proceden. En definitiva, no puede presumirse contra reo que la tenencia de una pluralidad de efectos deriva de tantos actos de recepción como objetos se detenten. Por otro lado, cuando la acción delictiva consiste en ocultar simultáneamente diversos efectos, es evidente que el acto trasgresor de la prohibición penal descansa en una única acción natural.

En todo caso, el delito continuado aparece integrado por varias unidades típicas de acción que, al darse ciertos supuestos objetivos y subjetivos previstos en el artículo 74 del Código Penal, se integran en una unidad jurídica de acción. Esto es, aparece constituido por varias realizaciones típicas individuales que acaban siendo abrazadas en una unidad jurídica a la que, por su intensificación del injusto, se aplica una pena agravada con respecto al delito único propio de la unidad típica de acción. Para ello tiene en cuenta el legislador que las acciones obedezcan a un plan preconcebido o al aprovechamiento de idéntica ocasión, así como a la homogeneidad de la infracción de la misma norma penal o a preceptos de igual o semejante naturaleza. De no darse tales condiciones, las acciones habrían de subsumirse en un concurso real de delitos.

III. BLANQUEO DE CAPITALES

1. Consideraciones generales

Una simple ojeada a los catálogos especializados o a las bibliografías que aparecen en el apartado final de una lección o capítulo de cualquier Manual, Comentario o Tratado de Parte Especial nos confirma una percepción en relación con el delito de blanqueo de capitales, y, es que: los trabajos que lo abordan son prácticamente inabarcables. Así, desde su tipificación mediante la LO 1/1988, de 24 de marzo, que introduce el ilícito en el art. 546 bis f), en relación con los delitos contra la salud pública, y, en particular, con su incriminación en el art. 301 CP 1995, bajo la rúbrica del Capítulo XIV, "*De la receptación y conductas afines*", es un comportamiento que despertó un importante interés en la Doctrina, lo que dio lugar a la elaboración de diversas tesis doctorales, algunas de las cuales se convirtieron en monografías que, desde distintas perspectivas, han abordado el tema (entre otros, ABEL SOUTO, ARÁNGUEZ SÁNCHEZ, ARÍAS HOLGUÍN, BLANCO CORDERO, DEL CARPIO DELGADO, FABIÁN CAPARRÓS, GÓMEZ INIESTA, ORTÍZ DORANTES, PALMA HERRERA, VIDALES RODRÍGUEZ).

En todo caso, las reformas de las que ha sido objeto el delito de blanqueo han sido numerosas y, a la vez, controvertidas. Modificaciones legislativas que tienen su origen en exigencias internacionales, en la asunción de las recomendaciones del Grupo de Acción Financiera Internacional (más conocido como GAFI o FAFT, en sus siglas en inglés) por las Directivas comunitarias y, en definitiva, por la transposición de variables para hacer frente al blanqueo de capitales desde todos los ámbitos. Nuevas perspectivas que, entre otras medidas, dio lugar a la Ley 10/2010, de 28 de abril, de prevención del blanqueo de capitales y de financiación del terrorismo, así como al Real Decreto 304/2014, de 5 de mayo, mediante el que se aprueba su Reglamento.

Huelga decir que a pesar de los numerosísimos trabajos dedicados a las distintas cuestiones que subyacen a este delito, continúan abiertas polémicas sobre las que no hay un consenso doctrinal y/o jurisprudencial. Obviamente, nos referimos a cuestiones como el autoblanqueo [a pesar de lo dispuesto en el art. 1.2.d) de la Ley 10/2010], la defraudación tributaria como delito previo, la interpretación que debe dispensarse a determinadas modalidades del comportamiento típico, como es el caso de la "posesión" o de la "utilización" o la ignorancia deliberada, el alcance de las conductas neutrales o de la imprudencia y el deber de cuidado exigible en atención al sujeto activo. Sea como fuere, en lo que sigue trataremos de abundar en esos y en otros temas que continúan abiertos.

2. *Una breve referencia a la normativa internacional, a las recomendaciones del GAFI y a las directivas europeas*

Antes de iniciar el análisis de la configuración típica del precepto nos referiremos, brevemente, a los instrumentos internacionales más relevantes de los que se ha dotado la comunidad internacional para abordar la lucha contra el blanqueo de capitales. Una comunidad internacional que, desde los años ochenta del pasado siglo, empezó a considerar que nos hallábamos ante un fenómeno de carácter transnacional y que, por lo tanto, sólo podría paliarse mediante una armonización legislativa entre los diferentes países (FABIÁN CAPARRÓS).

El primer referente que es necesario mencionar es la Declaración de Principios de Basilea, aprobada el 12 de diciembre de 1988, mediante la que se impulsa un Código de Conducta, acordado por las autoridades de supervisión bancaria del Grupo de los Diez, denominado: "*Prevención del uso ilícito del sistema bancario para actividades del blanqueo de capitales*". Texto que, en realidad, constituye únicamente un código deontológico (PALMA HERRERA), de carácter exclusivamente programático, que desde un punto de vista jurídico carece de carácter vinculante (ARÁNGUEZ SÁNCHEZ).

Solamente unos días después de ese primer acuerdo en Basilea, se aprobaría en Viena la "*Convención de Naciones Unidas contra el tráfico ilícito de estupefacientes y sustancias psicotrópicas*", de 20 de diciembre de 1988, ratificado por España el 10 de noviembre de 1990, y que, en virtud de lo previsto en el art. 3 de la Convención, donde se definen los delitos y sanciones, los estados se comprometen a adoptar las medidas apropiadas para tipificar conductas constitutivas de blanqueo de capitales.

> *"Art. 3.1 Cada una de las Partes adoptará las medidas que sean necesarias para tipificar como delitos penales en su derecho interno, cuando se cometan intencionalmente:*
>
> *b) i) La conversión o la transferencia de bienes a sabiendas de que tales bienes proceden de alguno o algunos de los delitos tipificados de conformidad con el inciso a) del presente párrafo (estupefaciente o sustancia psicotrópica), o de un acto de participación en tal delito o delitos, con objeto de ocultar o encubrir el origen ilícito de los bienes o de ayudar a cualquier persona que participe en la comisión de tal delito o delitos a eludir las consecuencias jurídicas de sus acciones".*

Texto que, como veremos más adelante, supuso la incorporación al CP del art. 546 bis f), introducido mediante la LO 1/1988, de 24 de marzo, de reforma del Código penal en materia de tráfico ilegal de drogas.

Por otro lado, en este contexto es necesario destacar el protagonismo que tuvo el G-7 o Grupo de los 7. Como es de todos sabido, se trata de una asociación intergubernamental, creada en marzo de 1973, en la que se reúnen los ministros de finanzas de Alemania, Canadá, Estados Unidos, Francia, Italia, Japón y Reino Unido, donde también tiene representación la Unión Europea, que constituye el núcleo inicial del mencionado más atrás GAFI, y que, en la actualidad, está integrada por cuarenta miembros (treinta y ocho jurisdicciones más dos organizaciones regionales: la Comisión Europea y el Consejo de Cooperación para los Estados Árabes del Golfo Pérsico). En todo caso, poco después de los acuerdos adoptados en la Convención de Viena, el G-7 anuncia, el 16 de julio de 1989, la creación de dicho Grupo de Acción Financiera Internacional (GAFI), que, se constituye para consolidar la cooperación internacional, fundamentalmente, en el ámbito del blanqueo de capitales.

En abril de 1990, el GAFI emitió un informe con Cuarenta Recomendaciones para combatir los usos indebidos de los sistemas financieros que lavaban el dinero del tráfico de drogas (ABEL SOUTO, GÓMEZ INIESTA). Recomendaciones que fueron revisadas en 1996 para incorporar las nuevas técnicas de blanqueo de capitales y ampliar su ámbito de actuación más allá del blanqueo procedente de actividades relacionadas con el tráfico de drogas. Asimismo, en el año 2001, como consecuencia de los atentados del 11-S., contra las Torres Gemelas, se extendió a la financiación del terrorismo, así como a la financiación de la proliferación de armas de destrucción masiva, por lo que se incluyeron otras ocho Recomendaciones Especiales (más tarde serían nueve) sobre financiación del terrorismo, que volverían a revisarse en junio de 2003 para incluir otros aspectos relacionados con la identificación y verificación de las identidades de los clientes, así como de aquellas situaciones en las que concurre un mayor o menor riesgo y con ello la adopción de medidas más o menos estrictas (BLANCO CORDERO).

> *"Recomendación 3 (Lavado de activos y decomiso):*
>
> *Los países deben tipificar el lavado de activos en base a la Convención de Viena y la Convención de Palermo. Los países deben aplicar el delito de lavado de activos a todos los delitos graves, con la finalidad de incluir la mayor gama posible de delitos determinantes".*

Más adelante volveremos sobre ello, pero, en este momento, quisiéramos evidenciar que la Recomendación se refiere a "*todos los delitos graves*", lo que amplía su elenco y, por lo tanto, ya no los circunscribe al tráfico de drogas como en el caso del CP vigente en ese momento. Opción político criminal que encuentra acomodo en las Directivas comunitarias y, por lo tanto, posteriormente en nuestro CP. Recomendaciones que, es preciso señalar, no tienen carácter vinculante, pero que instan a los Estados a que las incorporen en su legislación interna.

Por otro lado, los instrumentos internacionales con iniciativa en Naciones Unidas no se limitan al Convenio de Viena. En diciembre del año 2000, se adoptó el Convenio de Palermo, Convención contra la Delincuencia organizada Transnacional y sus protocolos, donde en sus arts. 6 y 7 se disponen medidas de "*penalización del blanqueo del producto del delito*", así como "*medidas para combatir el blanqueo de dinero*".

Asimismo, Naciones Unidas adopta en Mérida, en junio de 2003, una Convención contra la corrupción, donde destina su art. 23 al "*Blanqueo del producto del delito*", en unos términos similares al Convenio de Viena, para preceptuar la adopción por cada Estado Parte de las "*medidas legislativas y de otra índole que sean necesarias para tipificar como delito, cuando se cometan intencionadamente*":

> *"Artículo 23. Blanqueo del producto del delito 1. Cada Estado Parte adoptará, de conformidad con los principios fundamentales de su derecho interno, las medidas legislativas y de otra índole que sean necesarias para tipificar como delito, cuando se cometan intencionalmente:*
>
> *a) i) La conversión o la transferencia de bienes, a sabiendas de que esos bienes son producto del delito, con el propósito de ocultar o disimular el origen ilícito de los bienes o ayudar a cualquier persona involucrada en la comisión del delito determinante a eludir las consecuencias jurídicas de sus actos; ii) La ocultación o disimulación de la verdadera naturaleza, el origen, la ubicación, la disposición, el movimiento o la propiedad de bienes o del legítimo derecho a éstos, a sabiendas de que dichos bienes son producto del delito;*
>
> *b) Con sujeción a los conceptos básicos de su ordenamiento jurídico: i) La adquisición, posesión o utilización de bienes, a sabiendas, en el momento de su recepción, de que son producto del delito; ii) La participación en la comisión de cualesquiera de los delitos tipificados con arreglo al presente artículo, así como la asociación y la confabulación para cometerlos, la tentativa de cometerlos y la ayuda, la incitación, la facilitación y el asesoramiento en aras de su comisión".*

Más allá de los instrumentos de Naciones Unidas o de las Convenciones del Consejo de Europa sobre blanqueo (Estrasburgo y Varsovia), en este momento nos interesan las Directivas del Parlamento Europeo y del Consejo de la Unión Europea dada la enorme incidencia que van a reportar por su incorporación al derecho interno de la Unión. Ahora bien, con carácter previo, no podemos dejar de mencionar el Convenio Europeo de Estrasburgo, de 8 de noviembre de 1990, relativo al blanqueo, seguimiento, embargo y decomiso de los productos del delito, donde en su art. 6.1.a), sobre los delitos de blanqueo, ya no los circunscribe a los delitos relacionados con el tráfico de drogas, sino que, genéricamente, se refiere a "*La conversión o transmisión de bienes* [...] *con el fin de ocultar o disimular la procedencia ilícita de esos bienes* [...]". Pero, como anticipábamos al inicio del párrafo, en lugar de adentrarnos en otros instrumentos internacionales nos centraremos en las Directivas comunitarias.

Así, la primera Directiva de la Unión Europea es la 91/308/CE del Consejo, de 10 de junio de 1991, relativa a la prevención de la utilización del sistema financiero para el blanqueo de capitales, es una muestra de las incertezas del momento en cuanto a las competencias del Consejo (FABIÁN CAPARROS, GÓMEZ INIESTA). Una muestra de ello es el Considerando Cuarto de la Directiva, en el que se refiere a la necesidad de adoptar medidas, principalmente, de carácter penal para combatir el blanqueo de capitales. No obstante, en el siguiente Considerando afirma que las medidas no sólo han de revestir carácter penal, para en su art. 2 limitarse a afirmar que: "*Los Estados velarán para que el blanqueo de capitales, tal y como se define en la presente Directiva, quede prohibido*". En todo caso, resulta significativo que en ese mismo Considerando Cuarto, que se reproduce seguidamente, se alude al Convenio de Estrasburgo, de 8 de noviembre de 1990, y, con ello a que el blanqueo de capitales no se circunscribe a las actividades relacionadas con el tráfico de drogas, sino a "*todas las actividades delictivas*".

> *"Considerando que el blanqueo de capitales debe combatirse principalmente con medidas de carácter penal y en el marco de la cooperación internacional entre autoridades judiciales y policiales, tal como propugna, en lo que se refiere a las drogas, la Convención de las Naciones Unidas contra el tráfico ilícito de estupefacientes y sustancias sicotrópicas, aprobada en Viena el 19 de diciembre de 1988 (denominada en lo sucesivo «Convención de Viena»), y como lo ha ampliado a todas las actividades delictivas el Convenio del Consejo de Europa sobre el blanqueo, identificación, embargo y comiso de los productos del delito, abierto a la firma el 8 de noviembre de 1990 en Estrasburgo;*
>
> *Considerando, no obstante, que la estrategia de lucha contra el blanqueo de capitales no debe limitarse al enfoque penal, ya que el sistema financiero puede desempeñar una función sumamente eficaz; que, en este contexto, cabe referirse a la recomendación del Consejo de Europa, de 27 de junio de 1980, así como a la declaración de principios adoptada en Basilea en diciembre de 1988 por las autoridades de supervisión bancaria del Grupo de los Diez, dos textos que constituyen un paso importante en la prevención de la utilización del sistema financiero para el blanqueo de capitales".*

Una década después aparecerá la segunda Directiva 2001/97/CE del Parlamento Europeo y del Consejo, de 4 de diciembre de 2001, por la que se modifica la Directiva 91/308/CEE relativa a la prevención de la utilización del sistema financiero para el blanqueo de capitales. Como afirma en su Considerando Primero, su finalidad es la de actualizar la anterior Directiva además de garantizar la protección del sector financiero y de otras actividades que pueden resultar afectadas por la práctica de actividades delictivas. Sin embargo, a nuestro entender, hay dos elementos que resultan de especial interés en el mencionado texto y que van más allá de lo que podría ser una simple actualización del instrumento anterior. Así, junto a las "*acciones realizadas intencionadamente*" que constituyen conductas susceptibles de ser subsumidas en blanqueo de capitales (art. 1.c), se incluyen los "*bienes*" (art. 1.d), esto es, "*todo tipo de activos, tanto materiales como inmateriales, muebles o inmuebles, tangibles o intangibles, así como los documentos o instrumentos jurídicos que acrediten la propiedad de dichos activos o un derecho sobre los mismos*". La otra cuestión que hemos de referir es el concepto auténtico que nos proporciona la Directiva en cuánto a qué debe entenderse por "*actividad delictiva:* cualquier tipo de participación en la comisión de un delito grave" (art. 1.e), a los que se refiere seguidamente de forma abierta: "*se consideran delitos graves, como mínimo, los siguientes*", para acabar con una cláusula abierta mediante la que faculta a los estados a que puedan considerar como actividad delictiva "*cualquier otro delito*".

> *"E) 'Actividad delictiva': cualquier tipo de participación delictiva en la comisión de un delito grave.*
> *Se considerarán delitos graves, como mínimo, los siguientes:*
> *– cualquiera de los delitos contemplados en la letra a) del apartado 1 del artículo 3 de la Convención de Viena,*
> *– las actividades de las organizaciones delictivas definidas en el artículo 1 de la Acción común 98/733/JAI,*
> *– el fraude según se define en el apartado 1 del artículo 1 y el artículo 2 del Convenio relativo a la protección de los intereses financieros de las Comunidades Europeas, al menos en los casos graves,*
> *– la corrupción,*
> *– los delitos que puedan generar beneficios considerables y que sean sancionables con pena grave de prisión de acuerdo con el Derecho penal del Estado miembro.*
> *Los Estados miembros modificarán antes del 15 de diciembre de 2004 la definición que figura en el presente guion con objeto de alinearla con la definición de delito grave de la Acción común 98/699/JAI. El Consejo invita a la Comisión a presentar antes del 15 de diciembre de 2004 una propuesta de directiva que modifique a este respecto la presente Directiva.*
> *Los Estados miembros podrán considerar actividad delictiva a efectos de la presente Directiva cualquier otro delito".*

La tercera Directiva, 2005/60/CE del Parlamento Europeo y del Consejo, de 26 de octubre de 2005, relativa a la prevención de la utilización del sistema financiero para el blanqueo de capitales y para la financiación del terrorismo, entre otras medidas, actualiza sus previsiones atendiendo a las Recomendaciones del GAFI, que se revisaron y ampliaron sustancialmente en 2003, además de introducirse importantes cambios en lo relacionado con los sujetos obligados (art. 2), la identificación de los clientes y comprobación de su identidad (arts. 8 y 9) y las medidas de diligencia debida simplificadas y reforzadas con respecto al cliente (arts. 11 y 13). Pero, con independencia de lo acabado de referir, hay otras tres novedades importantes. En primer lugar, en cuanto a qué debe considerarse actividad delictiva: "*cualquier tipo de participación en la comisión de un delito grave*" (art. 3.4). Pero, no es eso todo ya que, seguidamente, recoge un listado de delitos graves a los que añade una cláusula abierta: todos aquellos comportamientos que tengan prevista una pena privativa de libertad superior a un año o, en su caso, superior a seis meses (art. 3.5.f).

> *"f) todos los delitos que lleven aparejada una pena privativa de libertad o medida de seguridad de duración máxima superior a un año o, en los Estados en cuyo sistema jurídico exista un umbral mínimo para los delitos, todos los delitos que lleven aparejada*

una pena privativa de libertad o medida de seguridad de duración mínima superior a seis meses".

Si lo anterior pudiera ser una evidencia del endurecimiento normativo que se corrobora con los umbrales punitivos establecidos para esas actividades ilícitas susceptibles de ser subsumidas bajo el delito de blanqueo de capitales, resulta que ello se constata en el hecho de que las disposiciones de la Directiva son de mínimos. Así, en su art. 5 se prevé que los Estados podrán adoptar disposiciones "*más estrictas para impedir el blanqueo de capitales y la financiación del terrorismo*". Mecanismo que será habitual en las siguientes Directivas y que, como veremos más adelante, es la vía utilizada por el Legislador español para introducir en el Código Penal medidas más rigurosas que las recogidas en la normativa comunitaria. Finalmente, en el art. 21 de la Directiva se dispone la creación de las denominadas Unidades de Inteligencia Financiera, que serán las responsables de analizar y transmitir a las autoridades la información relacionada con el blanqueo de capitales.

La cuarta Directiva (UE) 2015/849, del Parlamento Europeo y del Consejo, de 20 de mayo de 2015, relativa a la prevención de la utilización del sistema financiero para el blanqueo de capitales o la financiación del terrorismo, en la que, entre otras medidas, como se afirma en su Considerando 4, se tienen especialmente en cuenta las Recomendaciones del GAFI, revisadas en febrero de 2012. Así, en directa relación con ellas, una de las variables más significativas de la Directiva es lo dispuesto en el Considerando 11 y en el art. 3.4 f), donde se afirma que los delitos fiscales, ya recaigan sobre impuestos indirectos o indirectos, "*están incluidos en la definición de actividad delictiva*".

> *"f) todos los delitos, incluidos los delitos fiscales relacionados con los impuestos directos e indirectos definidos en la legislación nacional de los Estados miembros, que lleven aparejada una pena privativa de libertad o medida de seguridad privativa de libertad de duración máxima superior a un año o, en los Estados miembros en cuyo sistema jurídico exista un umbral mínimo para los delitos, todos los delitos que lleven aparejada una pena privativa de libertad o medida de seguridad privativa de libertad de duración mínima superior a seis meses".*

Asimismo, la Directiva amplía notablemente el elenco de los sujetos obligados (art. 2), además de introducir en el Considerando 22 un nuevo elemento: "el riesgo", lo cual "*implica tomar decisiones basadas en hechos para centrarse mejor en el riesgo de blanqueo de capitales y financiación del terrorismo a que se enfrenta la Unión Europea y quienes operan en ella*", al que, posteriormente, destina los arts. 6 y ss.

La quinta Directiva (UE) 2018/843, del Parlamento Europeo y del Consejo, de 30 de mayo de 2018, modifica la anterior de 2015, relativa a la prevención de la utilización el sistema financiero para el blanqueo de capitales o la financiación del terrorismo, que, en realidad, adapta las previsiones de la Directiva a las nuevas tecnologías, medios de pago, transacciones comerciales. En definitiva, a los nuevos avances tecnológicos en el mercado financiero. En todo caso, no puede pasar desapercibido el enunciado de un principio al que no siempre se le ha prestado la atención que merece, como es lo afirmado en el Considerando 5, donde se destaca que el objetivo de la Unión en materia de lucha contra el terrorismo y su financiación no es incompatible con el respeto al derecho fundamental a la protección de datos, así como al principio de proporcionalidad:

> *"Si bien deben seguir persiguiéndose los objetivos de la Directiva (UE) 2015/849 y toda modificación de esta debe ser coherente con la actual política de la Unión en materia de lucha contra el terrorismo y su financiación, tales modificaciones deben hacerse dentro del respeto del derecho fundamental a la protección de los datos de carácter personal, así como del cumplimiento y la aplicación del principio de proporcionalidad".*

La sexta Directiva es la (UE) 2018/1673, del Parlamento Europeo y del Consejo, de 23 de octubre de 2018, relativa a la lucha contra el blanqueo de capitales mediante el Derecho penal, que, en realidad, como se dispone en el primer Considerando lo que pretende es completar y reforzar la aplicación de la Directiva (UE) 2015/849 (DEL CARPIO DELGADO). Ese es el motivo por el que, entre otras medidas, le lleva a insistir en que los delitos antecedentes, a efectos del blanqueo de capitales, deben de tener una regulación suficientemente uniforme en todos los Estados miembros (Considerando 5); a la posibilidad de prever sanciones más severas para los sujetos que ostenten un cargo público (Considerando 7); o, la insistencia en que los delitos fiscales, en consonancia con las recomendaciones revisadas del GAFI, deben de estar comprendidos dentro de la "*actividad delictiva*" (Considerando 8); asimismo, se refiere de manera inequívoca a que deben de ser punibles las actividades de blanqueo cuando las cometa el autor de la actividad delictiva que haya generado los bienes —autoblanqueo— (Considerando 11). La Directiva, se constituye una vez más como una previsión de mínimos (art. 1), e introduce elementos novedosos como es el que los Estados "podrán" adoptar medidas para castigar las conductas en las que "*el autor sospechara o debiera haber sabido que los bienes provenían de la actividad delictiva*", y, en todo caso, otras previsiones relacionadas con el mínimo de pena a imponer (art. 2.1), circunstancias agravantes (art. 6), responsabilidad penal de las personas jurídicas (arts. 7 y 8); o decomiso (art. 9). Previsiones que nuestro país tiene ya implementadas en su mayoría.

La sucesión de instrumentos normativos es ingente, lo que nos lleva hasta la última Directiva (UE) 2024/1640, del Parlamento Europeo y del Consejo, de 31 de mayo de 2024, relativa a los mecanismos que deben establecer los estados miembros a efectos de la prevención de la utilización del sistema financiero para el blanqueo de capitales o la financiación del terrorismo, por la que se modifica la Directiva (UE) 2018/1937 y se modifica y deroga la Directiva (UE) 2015/849. Instrumento mediante el que se pretende atenuar los riesgos y detectar el uso indebido del sistema financiero de la Unión, por lo que se introducen modificaciones para dotar al sistema de los instrumentos precisos para prevenir el blanqueo de capitales y la financiación del terrorismo (Considerando 1 y 2). Texto que, en estos momentos, se encuentra en fase de consulta pública para su transposición.

Además de lo anterior, el Parlamento Europeo aprobó en abril de 2024 un paquete legislativo para reforzar la lucha de la Unión Europea contra el blanqueo de capitales y financiación del terrorismo 2024, que consta de tres instrumentos: una nueva Directiva, el Reglamento sobre el Código normativo único de la Unión Europea, además de la conformación de un nuevo órgano de supervisión a las entidades financieras de mayor riesgo: la Autoridad de lucha contra el blanqueo de capitales y financiación del terrorismo (AMLA). Cambios legislativos que supondrá la transposición de alguna de esas medidas al ordenamiento jurídico español, aunque, algunas parece que serán de aplicación directa sin necesidad de trasponerlas (CARLOS DE OLIVEIRA).

3. La evolución del código penal español en el tratamiento del delito de blanqueo de capitales

Como acabamos de ver, los textos normativos aprobados por distintos organismos internacionales ya sean los de Naciones Unidas (Viena, Palermo y Mérida) o los Convenios del Consejo de Europa (Estrasburgo y Varsovia) en los que nuestro país ha sido parte o que ha ratificado, en materia de blanqueo de capitales, no sólo son muy numerosos, sino que en el caso de las Directivas comunitarias tienen previsto un periodo de transposición a la legislación española. Tarea que no siempre se ha realizado de la manera más acertada por lo que es necesario evidenciar la crítica que, en un determinado momento, realizaron algunos autores (DÍEZ RIPOLLÉS, FABIÁN CAPARRÓS, GÓMEZ INIESTA) y que, hoy en día, sigue siendo plenamente vigente. Nos referimos a que, en ocasiones, esa transposición viene presidida por un traslado mecánico, pleno de reiteraciones, que se ha llevado a cabo sin esforzarse en adecuar su integración a nuestro ordenamiento constitucional, en particular, en lo relativo al principio de legalidad, que sitúa en serias dificultades al mandato de determinación ya que se combinan el casuismo anglosajón con la indeterminación de los documentos internacionales (FABIÁN CAPARROS), lo cual ha llevado a calificar la transposición mimética realizada por el Legislador como un sometimiento de nuestro Estado a una suerte de "colonización jurídica" (DÍEZ RIPOLLÉS).

Hemos referido al inicio, que la incriminación inicial del delito de blanqueo de capitales se produce mediante la LO 1/1988, de 24 de marzo, de reforma del Código penal en materia de tráfico de drogas, que introduce el delito en el art.

546 bis f), y cuya Exposición de Motivos es muy significativa en relación con la necesidad de criminalizar el blanqueo.

> *"En tercer término, con el objetivo de hacer posible la intervención del Derecho Penal en todos los tramos del circuito económico del tráfico de drogas, se incorpora un nuevo precepto al capítulo VII del título XIII del libro II del Código, que sanciona las conductas de aprovechamiento de los efectos y ganancias de aquel tráfico, o lo que es lo mismo, que pretende incriminar esas conductas que vienen denominándose de «blanqueo» del dinero de ilícita procedencia".*

Como consecuencia de la ratificación, de la Convención de Viena de 20 de diciembre de 1988, vuelve a modificarse el Código penal en materia de tráfico de drogas, mediante la LO 8/1992, de 23 de diciembre, que introdujo los arts. 344 bis h) y 344 bis i), que realiza una transposición prácticamente literal de los arts. 3.1.b) i y ii), así como del art. 3.1.c) i. Más allá de esa afortunada o desafortunada técnica legislativa utilizada en la transposición de la Convención de Viena, nos interesa destacar que las conductas ilícitas descritas en el art. 3 del Convenio son de carácter doloso (art. 3.1: "*Cada una de las Partes adoptará las medidas que sean necesarias para tipificar como delitos penales en su derecho interno, cuando se cometan intencionalmente*"). Sin embargo, el Legislador español adopta una controvertida decisión político criminal que positiviza en el art. 344 bis h) 3, que es la criminalización de las conductas de blanqueo imprudente, que, como hemos visto, va más allá de lo previsto en la Convención de Viena y que más tarde será refrendada en el CP 1995 (art. 301.3).

El vigente CP se aprueba mediante la LO 10/1995, de 23 de noviembre, donde se desgaja el blanqueo de capitales del delito de tráfico de drogas para ubicarlo bajo la rúbrica del Capítulo XIV, "*De la receptación y conductas afines*", del Título XIII, "*Delitos contra el patrimonio y el orden socioeconómico*", donde en su art. 301.1 se dispone que los bienes que tienen su origen en un "*delito grave*" serán castigados con la pena de prisión de seis meses a seis años y multa del tanto al triple del valor de los bienes; mientras que cuando estos provienen del tráfico de drogas tóxicas, estupefacientes o sustancias psicotrópicas, la pena se aplicará en su mitad superior.

La siguiente reforma del delito de blanqueo de capitales tiene lugar mediante la LO 15/2003, de 25 de noviembre, donde además de modificarse la redacción del art. 301.1 CP para estipular que el origen ilícito de los bienes ya no se refiere a un "*delito grave*", como en la redacción original del CP 1995. La modificación del Código disminuye el desvalor del comportamiento típico para circunscribirlo a la existencia de un "*delito*"; por otro lado, introduce una pena facultativa de inhabilitación especial junto a una medida de clausura temporal o definitiva del establecimiento o local. Además de que el blanqueo tiene su origen en la comisión de un delito, seguramente, lo más significativo de la reforma es la ampliación del comiso, ya sea con la adición de un apartado 5 al precepto, mediante el que se vincula el decomiso de las ganancias obtenidas con la previsión del art. 127 CP. Asimismo, se introduce un nuevo apartado segundo al art. 302 CP, mediante el que se agravan las penas del tipo básico y se impone el decomiso de los bienes objeto del delito cuando, éste, se halla cometido en organizaciones crimínales dedicadas al blanqueo.

La modificación más importante del delito de blanqueo de capitales es la operada a través de la LO 5/2010, de 22 de junio. Reforma a la que, curiosamente, no se hace mención en su Preámbulo y que nos parece francamente discutible ya que, en algún caso, propicia aún más la ceremonia de confusión que se desprende de este delito (ABEL SOUTO). Es más, en la Disposición Final Sexta de la LO 5/2010, donde se detallan las normas de la Unión Europea que se integran en el Derecho español, no se menciona la incorporación a nuestro Ordenamiento jurídico de ningún texto normativo referido al blanqueo de capitales (MANJÓN-CABEZA OLMEDA). Sin embargo, la Ley 10/2010, de 28 de abril, de prevención del blanqueo de capitales y de la financiación del terrorismo, sí incluye, en su también Disposición Final Sexta, la Directiva 2005/60/CE del Parlamento Europeo y del Consejo, de 26 de octubre de 2005, relativa a la prevención de la utilización del sistema financiero para el blanqueo de capitales y para la financiación del terrorismo. Otra cosa distinta es que la transposición de la mencionada Directiva hiciera necesaria la reforma del delito de blanqueo de capitales; modificación que tampoco estaba prevista en los anteriores proyectos de reforma del texto punitivo.

Sea como fuere, los cambios introducidos en materia de blanqueo por la reforma del CP de junio de 2010 son las siguientes:

(i) se sustituye la rúbrica del Capítulo que pasa a denominarse: "*De la receptación y el blanqueo de capitales*" en lugar de la anterior: "*De la receptación y otras conductas afines*".

(ii) en cuanto a la redacción del artículo 301.1 CP, el precepto continúa estructurado como un tipo mixto alternativo, aunque, ahora, junto al sujeto que "*adquiera, convierta o transmita bienes* [...]", a la par que se añaden también las conductas de quien "*posea*" y "*utilice*".

(iii) se amplía el origen ilícito de los bienes, ya que mientras que la redacción hasta ahora vigente se refería a los que tuvieran origen en "*un delito*", la nueva lo amplía genéricamente a "*una actividad delictiva*".

(iv) igualmente, incrimina expresamente el denominado autoblanqueo, ya que el texto punitivo se refiere a la actividad delictiva: "*cometida por él o por cualquiera tercera persona*".

(v) el último párrafo del artículo 301.1 CP, amplía los delitos a los que preceptivamente se impone la pena en su mitad superior, ya que la redacción anterior se refería a los "*bienes que tengan su origen en alguno de los delitos relacionados con el tráfico de drogas tóxicas, estupefacientes o sustancias psicotrópicas de los descritos en los artículos 368 a 372 de éste Código*", mientras que, ahora, se refiere, además, a los bienes que tengan su origen en "*alguno de los delitos comprendidos en los Capítulos V, VI, VII, VIII, IX y X del Título XIX o en alguno de los delitos del Capítulo I del Título XVI*".

(vi) finalmente, en cuanto al 302.2 CP, el precepto se sustituye por otro de nuevo cuño. En el texto hasta ahora vigente se podían acordar (con carácter facultativo) la adopción de distintas medidas, mientras que la nueva redacción dispone con carácter preceptivo las penas a imponer a las personas jurídicas que resulten responsables del delito.

Por otro lado, no podemos dejar de mencionar la entrada en vigor de la aludida Ley 10/2010, de 28 de abril, de prevención del blanqueo de capitales y de la financiación del terrorismo, que, en ese caso, tiene un objeto distinto al del injusto típico del delito (RUANO MOCHALES), que, además, vuelve a reproducir la indeseada superposición entre el ilícito penal y el ilícito administrativo. En todo caso, una de las particularidades de la Ley es que su entrada en vigor se produce al día siguiente de su publicación, es decir, el 29 de abril de 2010; sin embargo, la reforma del CP lo hará el día 24 de diciembre de 2010). Pero, más allá del desajuste temporal de fechas, resulta que la Ley 10/2010, de 28 de abril, considera que constituye blanqueo de capitales el autoblanqueo: "*Existirá blanqueo de capitales aun cuando las conductas descritas en las letras precedentes sean realizadas por la persona o personas que cometieron la actividad delictiva que haya generado los bienes*" (art. 1.2.d), previsión que ya se contempla indirectamente en unos párrafos precedentes (art. 1.2. a).

Por último, en cuanto a la diferenciación entre el delito de blanqueo y la infracción administrativa, dado que ciertas conductas ilícitas pudieran subsumirse indistintamente en el tipo penal o en la correspondiente infracción administrativa, la Ley 10/2010, de 28 de abril, parece atender en alguno de esos supuestos de doble tipificación a criterios cuantitativos, a pesar de que expresamente no hace ninguna alusión al respecto; así resulta en el Capítulo V, destinado a los medios de pago (papel moneda y moneda metálica, cheques bancarios al portador o cualquier otro medio físico, incluidos los electrónicos, concebidos para ser utilizado como medio de pago al portador, art. 34.2), que establece la obligación de declarar cuando se salga o entre en territorio nacional con un importe igual o superior a 10.000 euros o su contravalor en moneda extranjera (art. 34.1.a), o, en el caso de los movimientos por territorio nacional de medios de pago cuando el importe es igual o superior a 100.000 euros o su contravalor en moneda extranjera; mientras que, en el caso del comercio de bienes, el importe se fija en 15.000 euros, ya se realicen en una o varias operaciones entre las que "*parezca existir algún tipo de relación*".

La última reforma del CP en materia de blanqueo de capitales tiene lugar mediante la LO 6/2021, de 28 de abril. Es uno de los lamentables ejemplos de política legislativa a las que nos tiene tan acostumbrados un Legislador que parece no reparar en las consecuencias de una Ley Orgánica "ómnibus" en la que se incluyen materias del Registro Civil, de la LO 6/1985, de 1 de julio, del Poder Judicial, así como de modificación del Código penal. En todo caso, el Preámbulo de la Ley Orgánica, manifiesta expresamente dos cuestiones. En primer lugar, que se incorpora a nuestro Ordenamiento el contenido de la Directiva (UE) 2018/1673 del Parlamento Europeo y del Consejo, de 23 de octubre de 2018. Y, en segundo lugar, que la transposición de la directiva requerirá una "*mínima intervención normativa, pues los principales elementos de la norma europea vienen ya recogidos en nuestra norma penal*". En todo caso, las reformas se circunscriben a la consideración de una agravante específica de carácter obligatorio en atención a la condición del sujeto activo del delito, como sujeto obligado (art. 302 CP). Y, en segundo lugar, a la introducción de (otra) una agravante, de carácter potestativo (art. 301.1 CP), que supone un mayor reproche penal como consecuencia de que "los bienes objeto del blanqueo proceden de determinados delitos, que además de los ya contemplados en nuestro Código penal", como es el caso del tráfico de drogas, estupefacientes o sustancias psicotrópicas o los relacionados con la corrupción, se amplían ahora a: "*los delitos de trata de seres humanos, delitos contra los ciudadanos extranjeros, prostitución, explotación sexual y corrupción de menores, así como aquellos delitos vinculados a la corrupción en los negocios. La reforma, de forma consistente con lo ya regulado, incluye estos tipos agravados al considerarse estas sanciones penales más eficaces, proporcionadas y disuasorias en aquellos supuestos en los que el delito previo sea de tal gravedad*".

4. El bien jurídico protegido en el delito de blanqueo de capitales

4.1. A modo de breve reflexión inicial

Con carácter previo al inicio del análisis del bien jurídico protegido en el delito de blanqueo de capitales, no es superfluo realizar una primera reflexión sobre la oportunidad o la necesidad de incriminar este tipo de comportamientos. Lo traemos a colación porque algunos autores no sólo habían dudado de la idoneidad de la tipificación de este tipo de conductas, sino que, al contrario, entendían que se trataba de una actividad que debía de ser promocionada por los poderes públicos, a lo que añadían que el blanqueo no hay que obstaculizarlo ni impedirlo, "lo que hay que hacer es conducirlo". Se trata de una actividad, añadían, que carece de valoración negativa (BAJO FERNÁNDEZ). Es más, continúan, el blanqueo debe ser valorado positivamente ya que el dinero pasa a ser controlado, es decir, va a estar sujeto a los mismos controles que el dinero lícito (SUÁREZ GONZÁLEZ). A lo que puntualizaban que la Hacienda Pública de nuestro país financió en los años 80 del siglo pasado el déficit público mediante la "oferta de opacidad fiscal para pagarés del tesoro como refugio de dinero negro" (BAJO FERNÁNDEZ/BACIGALUPO SAGESSE).

Con independencia de que objetivamente la última de las afirmaciones sea cierta y de que se trató de una opción político criminal del Legislador del momento que, por otro lado, puede ser compartida o abiertamente criticada [como es el caso de la amnistía fiscal de 2012 que, como se recordará, fue declarada inconstitucional por la STC 73/2017, 18-6 (*Tol 6150996*)], las críticas de la doctrina fueron prácticamente unánimes ya que la propuesta de BAJO FERNÁNDEZ no distinguía entre dinero negro —que tiene su origen en una evasión tributaria— y dinero sucio —que procede de una actividad delictiva— y dado el origen distinto de ambos no parece lógico dispensarles el mismo tratamiento (FABÍAN CAPARRÓS, PALMA HERRERA) puesto que, si bien el dinero negro puede ser reintegrado en la economía legal mediante una regularización fiscal y con ello se repara el daño causado por la conducta evasiva, esa misma estrategia no puede ser utilizada con el dinero sucio (BLANCO CORDERO). Nótese que la propuesta de BAJO FERNÁNDEZ, aunque más tarde mantuvo otro criterio, parte exclusivamente desde una perspectiva de origen económico mediante la que pretende reintroducir en el mercado fondos con origen delictivo; sin embargo, el blanqueo de capitales no puede analizarse desde una óptica carente de valores (ARÁNGUEZ SÁNCHEZ, GÓMEZ INIESTA).

En todo caso, unánimemente, la Doctrina y la Jurisprudencia consideran que este tipo de comportamientos determinan un componente de lesividad que precisa de la correspondiente tutela penal (ABEL SOUTO). Otra cosa distinta es concretar cuál es el bien jurídico protegido. Al inicio de estas páginas se citaban una serie de trabajos que inicialmente fueron concebidos como tesis doctorales y que, posteriormente, se convirtieron en monografías, pues, no es aventurado afirmar que en cada una de esas aportaciones, como en otras que se han dedicado al estudio de este delito, se realizan propuestas que si bien en algún caso pueden ser coincidentes en otras disienten abiertamente entre sí, por lo que nos hallamos ante una cuestión sobre la que existe un abierto disenso doctrinal ya que se trata de determinar el bien jurídico protegido en un comportamiento punible que está directamente vinculado con una actividad criminal anterior (FERRÉ OLIVÉ).

Por ello, las propuestas que se formulan en cuanto a determinar cuál es el bien jurídico protegido en estos delitos son muy numerosas y, en ocasiones, hasta pintorescas, por lo que nos centraremos en las más significativas. En orden a abordarlas sistemáticamente, las distinguiremos entre las que consideran que el bien jurídico protegido es único y las que asumen su carácter pluriofensivo (ampliamente, entre otros, ARÁNGUEZ SÁNCHEZ, DEL CARPIO DELGADO).

4.2. El blanqueo de capitales como un delito uniofensivo

4.2.1. El bien jurídico protegido por el delito previo

Se trata de una propuesta, la denominada teoría del mantenimiento, que parte del criterio de que el bien jurídico protegido en el delito de blanqueo es el mismo que el protegido en el delito previo del que procede el dinero blanqueado (BAJO FERNÁNDEZ/BACIGALUPO SAGESSE, LASCURAÍN SÁNCHEZ).

Seguramente, su fundamento se encuentra en que la incriminación inicial el delito de blanqueo de capitales se limitaba a las ganancias obtenidas en los delitos de narcotráfico, por lo que podía tener una cierta lógica considerar que existía un único bien jurídico protegido de forma distinta, de manera que el blanqueo era un acto posterior copenado que añadía un desvalor adicional al hecho delictivo anterior. Otra cosa distinta es la discusión que se deriva de la punición efectiva del acto copenado (PALMA HERRERA).

Propuesta que, por otro lado, se desvirtúa con el CP vigente por la desvinculación del blanqueo con los delitos contra la salud pública y ampliarse la configuración típica a los bienes que tuvieran origen en una actividad delictiva. Sin olvidar, además, las consecuencias que devienen de su ubicación sistemática entre los delitos socioeconómicos. Opción interpretativa que se complica aún más como consecuencia de la modificación operada por la LO 5/2010 y la incriminación del autoblanqueo, pues con ello se constata la existencia de un vínculo entre el delito precedente y el blanqueo, lo que inexorablemente nos llevaría a considerar que el blanqueo es un acto posterior copenado (FERRÉ OLIVÉ). A lo anterior cabe añadir que, de ser así, esa propuesta podría suponer una vulneración del principio de *non bis in idem*, con la particularidad de que la pena del blanqueo no debería ser superior a la prevista para el delito precedente (BUSTOS RUBIO).

4.2.2. La Administración de Justicia como bien jurídico protegido

Se trata de una propuesta que la mayoría de sus defensores vinculaban con el art. 546 bis f) del Código penal anterior, al considerar que la conducta del autor estaba orientada a impedir el descubrimiento del delito previo (DE LA MATA BARRANCO). Opción interpretativa que aproxima el blanqueo al encubrimiento, convirtiéndolo de hecho en una modalidad de favorecimiento del delito previo, de manera que, con ese tipo de conductas, se afirma, se afectan a las funciones de averiguación e investigación de la Administración de Justicia y, con ello, a su normal funcionamiento (BUSTOS RUBIO). Criterio que ha llegado a defenderse incluso con la entrada en vigor del CP 1995, al interpretarse que la finalidad del blanqueo es la incriminación de toda colaboración posterior con el autor del delito previo, protegiéndose, de esta forma, la Administración de Justicia (BACIGALUPO ZAPATER).

Ahora bien, sin perjuicio de que lleguemos a considerar que el blanqueo puede implicar siempre una afección a dicha administración, que es inherente a él, también es cierto que el comportamiento afecta, a la vez, a otros intereses merecedores de protección (BLANCO CORDERO).

Con independencia de lo anterior, existen otros sólidos argumentos que cuestionan la viabilidad de la Administración de Justicia como único bien jurídico protegido en el delito de blanqueo, como es la gravedad de la pena con la que se castiga el blanqueo de capitales en relación con las previstas para la receptación y el encubrimiento; sin olvidar que en el blanqueo no opera la limitación de la pena dispuesta para el delito previo (ABEL SOUTO).

4.2.3. Una propuesta indeterminada: el orden socioeconómico

En el Preámbulo del CP de 1995 se dice que, para su elaboración, se tuvo muy en cuenta el Proyecto CP de 1992 (MARTÍNEZ-BUJÁN PÉREZ). En efecto, allí se afirma que:

> *"En la elaboración del proyecto se han tenido muy presentes las discusiones parlamentarias del de 1992, el dictamen del Consejo General del Poder Judicial, el estado de la jurisprudencia y las opiniones de la doctrina científica. Se ha llevado a cabo desde la idea, profundamente sentida, de que el Código Penal ha de ser de todos y de que, por consiguiente, han de escucharse todas las opiniones y optar por las soluciones que parezcan más razonables, esto es, por aquéllas que todo el mundo debería poder aceptar".*

Por otro lado, la Exposición de Motivos del Proyecto de CP de 1992 asumía la condición del blanqueo como un delito de carácter socioeconómico. Comportamiento que se ubicó en el Capítulo XVI, bajo la rúbrica de: "*La receptación y del blanqueo de dinero*", arts. 306 y ss., del Título XII, "*Delitos contra el patrimonio y el orden socioeconómico*".

> *"Naturalmente existen en el texto que se propone delitos que «genuinamente» tienen el carácter de agresión contra el orden socioeconómico, como son los relativos al mercado y a los consumidores, los delitos contra los derechos de los trabajadores o el blanqueo de dinero".*

En este sentido, la voluntad del Legislador es inequívoca pero, a la vez, no es aventurado entender que la categorización del delito de blanqueo de capitales como un ilícito que tutela el buen funcionamiento del sistema socioeconómico, no sólo es de una utilidad cuestionable por su extraordinaria amplitud sino que, en realidad, describe un objetivo político criminal que resulta de utilidad como criterio de agrupación sistemática de determinados delitos que lesionan o ponen en peligro la producción, distribución y consumo de bienes o servicios (DEL CARPIO DELGADO), pero esa caracterización genérica sin mayor precisión es insuficiente para determinar el bien jurídico (BLANCO CORDERO).

4.3. El blanqueo de capitales como un delito pluriofensivo

La consideración del delito de blanqueo de capitales como un delito pluriofensivo es, probablemente, la mayoritaria en la Doctrina. Así, atendiendo a ello, además de al carácter preponderante de la Administración de Justicia, las propuestas que se formulan son de lo más diverso, por lo que nos centraremos en la que nos parece más acertada y que no es otra que la de entender que el objeto de protección reside en la Administración de Justicia y el orden socioeconómico, lo cual no empece para que seguidamente concretemos el alcance de la perspectiva socioeconómica, además de la intensidad de la afectación en cada uno de los ámbitos respectivos (FERRÉ OLIVÉ).

En el mismo sentido, parece que existe una cierta línea jurisprudencial consolidada al postular que:

> *"ha de entenderse que dentro del orden socioeconómico existen intereses concretos susceptibles de ser tutelados materialmente por el sistema punitivo, tales como el interés del Estado en controlar el flujo de capitales procedentes de actividades delictivas ejecutadas a gran escala y que pueden menoscabar el sistema económico, y que afectan también al buen funcionamiento del mercado y de los mecanismos financieros y bursátiles. Por lo demás, tampoco debe obviarse que un sector posiblemente mayoritario de la doctrina mantiene que son dos los bienes jurídicos los que tutela la figura del blanqueo de capitales: la Administración de Justicia, al facilitar la persecución de los delitos antecedentes cometidos por el acusado que le permitieron obtener una importantísima cantidad de dinero, y el orden socioeconómico, criterio que también se ha acogido por algunas de las resoluciones de esta Sala"* [STS 165/2016, 2-3 (*Tol 5674627)*].

Línea jurisprudencial que se afianza y que más recientemente enfatiza en que:

> *"Nos hallamos ante un delito pluriofensivo que incide en el orden socioeconómico, como bien jurídico protegido, en la medida en que la solidez y transparencia sobre los que se asienta el sistema financiero se ven afectados por la afluencia de recursos económicos que se generan al margen del sistema regular, con sus secuelas sobre la financiación ilegal de empresas, competencia desleal, consolidación de organizaciones que contamina el orden económico y merman la credibilidad en el mercado. Por otra parte, se destaca como bien infringido el normal funcionamiento de la Administración de Justicia, concretado en el interés público en la averiguación de los delitos y de sus responsables. La STS 279/2013, de 6 de marzo, declara que el bien jurídico que da autonomía al delito es, desde una visión genérica, el orden socioeconómico, y dentro de este, los intereses concretos susceptibles de ser tutelados materialmente por el sistema punitivo. Entre otros, el interés del Estado en controlar el flujo de capitales procedentes de actividades delictivas ejecutadas a gran escala y que pueden menoscabar el sistema económico, afectando también al buen funcionamiento del mercado y de los mecanismos financieros y bursátiles"* [STS 876/2022, 2-11 (*Tol 9305504)*].

Vía interpretativa similar a las anteriores que se evidencia en una resolución inmediatamente posterior:

> *"Así las cosas, y al seguir ubicado el precepto dentro de los delitos contra el orden socioeconómico, ha de entenderse que el bien jurídico se halla comprendido en ese ámbito. Se ha dicho por la Doctrina que el orden socioeconómico más que un bien jurídico sería un objetivo político criminal, lo que unido a su naturaleza supraindividual dificultaría con su abstracción la concreción del bien tutelado por la norma. Sin embargo, ha de entenderse que dentro del orden socioeconómico existen intereses concretos susceptibles de ser tutelados materialmente por el sistema punitivo, tales como el interés del Estado en controlar el flujo de capitales procedentes de actividades delictivas ejecutadas a gran escala y que pueden menoscabar el sistema económico, y que afectan también al buen funcionamiento del mercado y de los mecanismos financieros y bursátiles. Por lo demás, tampoco debe obviarse que un sector posiblemente mayoritario de la doctrina mantiene que son dos los bienes jurídicos los que tutela la figura del blanqueo de capitales: la administración de justicia, al facilitar la persecución de los delitos antecedentes cometidos por el acusado que le permitieron obtener una importantísima cantidad de dinero, y el orden socioeconómico, criterio que también se ha acogido por algunas de las resoluciones de esta Sala"* [STS 904/2022, 17-11 (*Tol 9296728)*].

En orden a delimitar, desde un criterio material, el bien jurídico protegido es imprescindible aproximarnos a la descripción del comportamiento típico ya que en el primer párrafo del art. 301 CP es posible distinguir conductas relativas a "*ocultar o encubrir su origen ilícito*" o para "*ayudar*" a la persona a eludir las consecuencias legales de sus actos, y, por otro, las relativas a quien "*adquiera, posea, utilice, convierta o transmita bienes*", sabiendo que tienen su origen en una actividad delictiva.

En la primera conducta se identifican comportamientos de ocultación o de encubrimiento de bienes de procedencia delictiva, además de favorecimiento personal para eludir las consecuencias de sus actos, sin que en ninguna de las dos hipótesis se requiera ánimo de lucro. Actuaciones, que menoscaban el normal funcionamiento de la Administración de Justicia en sus funciones de averiguación y resolución, esto es, con esas conductas se pretende evitar el descubrimiento del delito y del delincuente. En otras palabras, en ese caso, el desvalor del comportamiento afecta a la Administración de Justicia.

Por su parte, FERRÉ OLIVÉ, desde un criterio distinto a los anteriores, formula una aportación en clave pluriofensiva, aunque prescinde de la lesión a la Administración de Justicia y la circunscribe al ámbito "económico" distinguiendo, asimismo, dos niveles de bienes jurídicos: mediatos o genéricos y bienes jurídicos técnicos o inmediatos. Por lo tanto, el bien jurídico mediato o lo que denomina "el motivo de criminalización o *ratio legis*" es lo que dota de legitimidad a la intervención penal, que, estará integrado por el orden público económico concretado en la "licitud de los medios de pago que circulan y que generan confianza", de modo que el blanqueo afectaría a la credibilidad del mercado y al prestigio de las instituciones que operan en él. Por otro lado, el bien jurídico inmediato precisa de un bien jurídico mediato para evidenciar la lesividad concreta que, en este caso, recae en el acceso igualitario a los mercados, bienes o servicios. Construcción que prescinde de la afección a la Administración de Justicia y que, asimismo, atribuye "un cierto grado de afección al bien jurídico delito precedente" en las modalidades previstas en los párrafos segundo y tercero del art. 301.1 CP.

Por otro lado, además de lo acabado de mencionar, es interesante enunciar con algo más de detalle la propuesta de BLANCO CORDERO, ya que, a juicio de FERRE OLIVÉ, se trata de una formulación que partiría de un triple bien jurídico protegido. Así, por un lado, la Administración de Justicia (en los términos que hemos señalado) y, por otro, desde una interpretación teleológica del orden socioeconómico como bien jurídico protegido, para BLANCO CORDERO resultaría directamente afectado un bien jurídico que menoscabaría la libre competencia; y, por otro lado, de forma subsidiaria, afectaría la estabilidad y la solidez del sistema financiero. A ese respecto, FERRÉ OLIVÉ considera que esos intereses dignos de protección constituirían, en realidad, un triple bien jurídico. A nuestro parecer, esa diferenciación de bienes jurídicos protegidos en el ámbito socioeconómico, hasta el punto de considerar que la afección directa y la subsidiaria son dos manifestaciones distintas, es equivoca, ya que ambas afectan al ámbito socioeconómico desde diversas vertientes, de manera que la afección subsidiaria al orden socioeconómico (la estabilidad y la solidez del sistema financiero) es un efecto derivado de la afección a la libre competencia, por lo que es incorrecto sostener la existencia de un triple bien jurídico.

En definitiva, la mayoría o, mejor dicho, una buena parte de la Doctrina más autorizada participa de la tesis de que el bien jurídico protegido en el delito de blanqueo de capitales es de carácter pluriofensivo, en su doble vertiente de afección a la Administración de Justicia, en su función de averiguación y resolución de delitos, así como al ámbito socioeconómico; sin embargo, ya hemos anticipado que esta última particularización es una formula vaga e imprecisa por lo que es imprescindible determinar qué aspectos pueden verse lesionados o puestos en peligro como consecuencia de su afectación y que, en nuestro caso, es similar a la mayoría de autores que se refieren seguidamente que, salvo pequeños matices, no difieren sustancialmente entre ellas. En todo caso, la primera fórmula del comportamiento típico descrito en el tipo, que lo configura como un tipo mixto alternativo, se refiere a diversas modalidades de conductas que son idóneas para lesionar o poner en peligro al orden socioeconómico. Así, quien "*posea, utilice, convierta o transmita bienes*" con origen ilícito, está originando determinados perjuicios en el orden socioeconómico que pueden concretarse en la afección a la libre competencia que resulta condicionada por la ilicitud de los bienes con los que se lleva a cabo el tráfico financiero y económico (entre otros, ABEL SOUTO, ARÁNGUEZ SÁNCHEZ, BLANCO CORDERO, DEL CARPIO DELGADO).

5. Sujeto activo

5.1. El autoblanqueo y la finalidad de encubrir u ocultar los bienes o de ayudar a los partícipes del delito previo

La primera consideración que debemos realizar es que el autoblanqueo no es una fórmula desconocida para nuestro Legislador, sino que las conductas de "posesión" y "utilización" de bienes con origen en una actividad delictiva ya se tipificaban en el art. 344 bis i) del Código penal anterior, en relación con los bienes procedentes del tráfico de drogas; previsión que, posteriormente, desaparece del texto inicial del Código penal de 1995 para volver a incorporarse mediante la reforma introducida por la LO 5/2010, de 22 de junio. A pesar de todo, lejos de considerar que el autoblanqueo era una conducta atípica, en realidad, suscitó una problemática que no estaba exenta de debate y en la que es posible distinguir distintas fases (FERNÁNDEZ BERMEJO, MATALLÍN EVANGELIO).

La primera de ellas, hasta 2006. Entonces, el criterio jurisprudencial mayoritario era que el autoblanqueo no debía ser castigado, ya que, se afirmaba, que, se trataba de actos copenados que quedaban absorbidos en el delito previo del tráfico de drogas. En otras ocasiones, y en directa relación con lo anterior, se alegaba la vulneración del principio de non bis in idem e incluso, en algún supuesto, se atendió a criterios de interpretación gramatical restrictiva, en realidad, al principio de legalidad, para resolver a favor del reo (FARALDO CABANA). En todo caso, otro de los sólidos argumentos de los autores que negaban la punición del autoblanqueo era el que, en el caso de que se sancionara, supondría una vulneración de la culpabilidad, teniendo en cuenta la inexigibilidad de otra conducta conforme a derecho (LASCURAÍN SÁNCHEZ), ya que no se puede exigir a nadie que se descubra. En otras palabras, no se puede castigar al autor de un delito por ocultar o encubrir el origen delictivo de los bienes, ya que ello supondría una autoincriminación (VEGA GUTIÉRREZ).

Una segunda etapa, donde el elemento clave fue el Pleno no Jurisdiccional del Tribunal Supremo, de 18-7-2006, en el que se adopta el acuerdo siguiente: "*El artículo 301 Código penal no excluye, en todo caso, el concurso real con el delito antecedente*". A lo que se añade seguidamente: *"Para el conocimiento de estos supuestos, la Sala Segunda se constituirá siempre con un mínimo de cinco magistrados"*. Acuerdo que la propia Sala en STS 1102/2024, 28-11 (*Tol 10312838)*, FD 4.6, califica de "ambiguo" y que propicia que se continuara dictando puntualmente alguna resolución en la línea de no castigar el autoblanqueo. Sin embargo, progresivamente se va consolidando la tendencia interpretativa sentada en el Pleno no Jurisdiccional y se inicia una nueva etapa en la que las Sentencias del Tribunal Supremo se reafirman en el Acuerdo de 18-7-2006:

"En esa nueva etapa de punición clara del 'autoblanqueo' pueden citarse, remontándonos ya a las primeras sobre la materia, las siguientes sentencias: 1293/2001, de 28 de julio; 1070/2003, de 22 de julio; 1359/2004, de 15 de noviembre; 1597/2005, de 21 de diciembre; 449/2006, de 17 de abril; 1260/2006, de 1 de diciembre; 483/2007, de 4 de junio; 57/2008, de 25 de enero; 145/2008, de 8 de abril; 960/2008, de 26 de diciembre; 737/2009, de 6 de julio; 313/2010, de 8 de abril; 796/2010, de 17 de septiembre; 811/2012, de 30 de octubre; 884/2012, de 8 de noviembre; 997/2012, de 5 de diciembre; y 974/2012, de 5 de diciembre" [STS 1102/2024, 28-11 (*Tol 10312838*), FD 4.6; asimismo, STS 279/2013, 6-3 (*Tol 3530613*)].

Finalmente, la reforma introducida por la LO 5/2010, de 22 de junio, además de incorporar el "poseer" y el "utilizar", como modalidades del comportamiento típico, incluye, a la vez, que la actividad delictiva de donde provienen los bienes aflorados puede haber sido cometida por el propio autor o por cualquier tercera persona, lo que supone que el sujeto que ha llevado a cabo la actividad delictiva previa puede, también, cometer un delito de blanqueo de capitales. Se trata de una decisión de política criminal que viene a confirmar la línea jurisprudencial que aplicaba el concurso real de delitos entre el delito de tráfico de drogas y el blanqueo de capitales que, posteriormente, fue adoptada formalmente por el Pleno no Jurisdiccional señalado. Una decisión que fue duramente criticada por un sector de la doctrina al considerarlo como una muestra de la más radical versión del expansionismo punitivo (MORILLAS CUEVA; asimismo, *vid.*, FERNÁNDEZ BERMEJO, quien recoge un elenco de autores que se manifiestan expresamente en contra de la punición del autoblanqueo).

Uno de los criterios, una vez más, aducidos para legitimar la reforma es la necesidad de transponer o de adecuar nuestro Ordenamiento jurídico a las exigencias internacionales. Consideración que, nuevamente, es incierta (DEL CARPIO DELGADO). Así el art. 6.2.b) del Convenio de Estrasburgo, de 8 de noviembre de 1990; y, el art. 9.2.b) del Convenio de Varsovia, de 16 de mayo de 2005, permiten a los Estados miembros regular que los delitos de blanqueo no sean de aplicación para las personas que cometieron el hecho principal. Previsiones que, asimismo, se encuentran en el art. 6.2.e) de la Convención de Palermo, de 15 de noviembre de 2000, como en el art. 23.2.e) de la Convención de Mérida, de 31 de octubre de 2003, donde se admite que "si así lo requieren los principios fundamentales del derecho interno de un Estado Parte, podrá disponerse que los delitos tipificados en el párrafo 1 del presente artículo no se aplicarán a las personas que hayan cometido el delito determinante" (FARALDO CABANA, MORILLAS CUEVA).

A lo anterior cabe añadir que el Consejo General del Poder Judicial en su Informe, de 18 de febrero de 2009, al Anteproyecto de Ley Orgánica por la que se modifica la Ley Orgánica 10/1995, de 23 de noviembre, es particularmente crítico con la nueva redacción del art. 301.1 CP, además de poner de manifiesto, entre otras muchas objeciones, que las conductas recogidas en los Convenios y

Tratados internacionales acabados de referir y suscritos por nuestro país, relativos a la punición de las conductas de autoblanqueo, no son de obligatoria tipificación por los Estados Parte; reparos que no se limitan a cuestionar la dudosa transcripción de la normativa internacional, sino que, desde un punto de vista sustantivo, evidencian los inconvenientes dogmáticos y de técnica legislativa de una reforma de esa entidad.

> *"La posesión de bienes procedentes de un delito patrimonial o socioeconómico ya está tipificada en el artículo 298.1 como delito de receptación —delito que se refiere a quien 'adquiera' o, simplemente, 'reciba' los bienes (con ánimo de lucro)—, así como en el artículo 451.1º como delito de encubrimiento (cuando el tenedor carece de ánimo de lucro). Pero, en ambos casos los tipos se encuentran limitados a quienes no hayan intervenido como autores o cómplices en el delito del que procede el bien 'recibido'. Una exclusión que no se produce, sin embargo, en los tipos de blanqueo, por lo que la única posibilidad de evitar que el autor o cómplice de un delito patrimonial o socioeconómico sea penado, también, como blanqueador por poseer los bienes objeto de su delito patrimonial será la prohibición constitucional de* bis in idem. *Este argumento vale, sin embargo, solo para la posesión, pues ésta forma parte de la consumación de estos delitos, pero no para la utilización de los bienes, que, en consecuencia, provocará un concurso real de delitos entre el patrimonial o socioeconómico y el de blanqueo, con la consiguiente desproporción de la pena. Es, pues, muy necesaria una cláusula que excluya del tipo, al menos, a quienes han intervenido como autores o partícipes en el delito patrimonial o socioeconómico.*
>
> *Por otra parte, según la propuesta del Anteproyecto puede resultar más gravemente penado el hecho de poseer o utilizar los bienes sin haber intervenido en la comisión del delito del que proceden (el artículo 301.1 prevé penas de seis meses a seis años de prisión y multa del tanto al triplo) que haber cometido el propio delito patrimonial de hurto, estafa, apropiación indebida, etcétera, del que proceden los bienes. Esta conclusión carece de toda justificación lógica y político-criminal y excede con mucho el principio constitucional de proporcionalidad de las penas. Es imprescindible, pues, si, pese a todo, se mantienen estas dos formas de la acción típica, incluir una cláusula como la de los artículos 298.3 y 452 (referidos a la receptación y al encubrimiento, respectivamente): en ningún caso podrá imponerse pena privativa de libertad que exceda de la señalada al delito encubierto".*

Sea como fuere, la configuración del delito de blanqueo al que se le incorporan, como consecuencia de la reforma introducida mediante la LO 5/2010, de 22 de junio, no sólo las modalidades típicas consistentes en "poseer" y "utilizar", sino, que, también, incrimina el autoblanqueo, supone que la propia Sala 2ª en el FD 7 de su STS 335/10, 19-6 (*Tol 7983499*), considere:

> "[...] *La impetuosa voracidad de la nueva tipicidad de blanqueo de capitales que ha ido conquistando territorios y espacios progresivamente a impulsos sobre todo legales, pero también jurisprudenciales, pese a su vida relativamente corta. Un brutal crecimiento ha caracterizado su evolución arrolladora*".

En efecto, existe una cierta tendencia en un determinado sector de la Sala 2ª del Tribunal Supremo a establecer, digámoslo así, unas "vías de contención" al tipo del blanqueo de capitales, ya que una interpretación amplia en la que no se establecieran límites a las modalidades de conducta constitutivas de blanqueo, nos llevaría a una tipicidad ilimitada de conductas y a una inadmisible situación concursal entre el delito precedente y el posterior autoblanqueo por el simple hecho de que el autor del delito previo utilice el bien que tiene origen en su propio delito (DEL CARPIO DELGADO). En esa misma línea de consideraciones, el Tribunal Supremo consolida en su STS 265/2015, 29-4 (*Tol 4988931*), unos criterios que ya había establecido y, con ello, determina unos parámetros para restringir teleológicamente la interpretación del tipo y, por lo tanto, considerar atípicas aquellas situaciones que, en sentido contrario, supondrían la inviabilidad de la actividad económica de cualquier ciudadano a quien no se le puede privar de las actividades de compra cotidiana que de otro modo estarían proscritas. Por lo tanto, no sería autoblanqueo el hecho de que se hicieran pagos recurrentes en una panadería con dinero que procede de un delito previamente cometido por el sujeto que adquiere el pan, como no sería autoblanqueo la posesión de un cuadro por el mismo sujeto que lo ha robado, ni la utilización de un vehículo por aquél mismo que lo ha sustraído. Una muestra de lo anterior es el FD 2 de la STS 809/2014, 26-11 (*Tol 4578278*):

> "[...] *En las actividades típicas donde el autoblanqueo no conlleva un doble desvalor, la aplicación del criterio del concurso real no pude devenir automática, tanto más con la expansión del tipo de blanqueo tras la reforma de 2010, que puede conllevar en el sentir de la doctrina a 'un resultado insatisfactorio'* [...]*; de modo que al menos, se propone su restricción teleológica, para considerar atípicos todos los objetos materiales de cuantía irrelevante, en virtud del principio de insignificancia, por su nula incidencia en el orden socioeconómico, así como en virtud de la inviabilidad de la absoluta exclusión de la actividad económica de cualquier ciudadano, que no puede serle privada las actividades de compra diaria para atender a las necesidades vitales cotidianas, de otro modo proscritas*".

En el FD 8 de la STS 265/2015, 29-4 (*Tol 4988931*), se incide en que la esencia el tipo es la fórmula: "con la finalidad de ocultar o encubrir el origen ilícito. Finalidad de la conducta que debe encontrarse presente en todos los comportamientos típicos descritos en el tipo".

Es más, continúa la Sala, en el art. 301 CP sólo se tipifica una modalidad de conducta, consiste en la realización de actos encaminados a ocultar o encubrir bienes de procedencia delictiva o a ayudar al autor de esta actividad a eludir la sanción correspondiente. Interpretación que permite, añade, evitar excesos como los de sancionar por autoblanqueo al responsable de la actividad delictiva previa, por el simple hecho de utilizar los bienes que son consecuencia inmediata de la realización de su delito o, entre otros, la de considerar blanqueo de capitales el comportamiento que viene presidido por la utilización de dinero para realizar pagos ordinarios, sin que concurra finalidad de ocultación. En definitiva:

"La finalidad de encubrir u ocultar la ilícita procedencia de los bienes o ayudar a los participantes del delito previo, constituye, en consecuencia, un elemento esencial integrante de todas las conductas previstas en el art. 301.1 CP. Esta conclusión se justifica porque el blanqueo pretende incorporar esos bienes al tráfico económico legal y la mera adquisición, posesión, utilización, conversión o transmisión constituye un acto neutro que no afecta por sí mismo al bien jurídico protegido. (...) para colmar el juicio de tipicidad no bastará, por tanto, con la constatación del tipo objetivo. Será indispensable acreditar la voluntad de activar un proceso de integración o reconversión de los bienes obtenidos mediante la previa comisión de un hecho delictivo, logrando así dar apariencia de licitud a las ganancias asociadas al delito" [STS 265/2015, 29-4 (*Tol 4988931)*].

En realidad, la STS 265/2015, 29-4 (*Tol 4988931)*, aúna los criterios dispersos en otros pronunciamientos de la Sala Segunda que pusieron en tela de juicio, con distintos argumentos, la legitimidad del autoblanqueo como infracción asociada a otra de carácter principal, esto es, recurrieron a un doble elemento que venía presidido por la finalidad de "ocultar" o de" encubrir" (MATALLÍN EVANGELIO). Parámetros que parece que se han consolidado en la Jurisprudencia de la Sala ya que se incide en la idoneidad de los comportamientos para incorporar bienes ilícitos al tráfico económico y, desde luego, que esa idoneidad esté abarcada por la intención del autor: "a través de su propósito de rentabilizar en canales financieros seguros las ganancias obtenidas" [SSTS 677/2019, 23-1 (*Tol 7709593)*, FD 5, y 520/2025, 4-6 (*Tol 10569146)*, FD 3].

En definitiva, el autoblanqueo será punible cuando ese comportamiento, presidido por la finalidad de ocultar o de encubrir el origen ilícito de los bienes que tienen su origen en una actividad delictiva previa, implique una afección al bien jurídico protegido, por lo que, desde esa perspectiva, quedarían extramuros del tipo las conductas que impliquen el mero disfrute de ganancias ilícitas o las actuaciones que estén orientadas a satisfacer necesidades cotidianas básicas (VEGA GUTIÉRREZ).

5.2. El delito fiscal y la elusión del pago de tributos como delito previo al delito de blanqueo de capitales

Al inicio de estas páginas hemos referido el inabarcable número de aportaciones dedicadas al estudio del delito de blanqueo de capitales en general. Lo que se constata al abordar una de sus variables más polémicas, como es que la elusión del pago de tributos se convierta en delito previo y, por lo tanto, que fundamente la investigación por un delito de blanqueo de capitales.

En directa relación con lo anterior, antes de continuar es necesario realizar una puntualización, y es que la descripción del comportamiento típico del art. 305 CP se configura como un tipo mixto alternativo donde se recogen distintos comportamientos susceptibles de subsumirse en el referido precepto: la elusión del pago de tributos, el importe no ingresado de las retenciones o ingresos en cuenta, el importe de las devoluciones indebidamente obtenidas y de beneficios fiscales indebidamente disfrutados.

Se trata de modalidades de conductas diferenciadas en las que es preciso destacar que en la elusión del pago de tributos no existe ningún incremento ilícito de los bienes del deudor, lo que ocurre es que éste oculta la deuda y pretende hacer creer que no existe o, bien, que la deuda es inferior. Comportamiento, insistimos, que es necesario diferenciar del resto, en particular, de las devoluciones indebidamente obtenidas y de los beneficios fiscales indebidamente disfrutados que, en ese caso, sí suponen un incremento ilícito que se incorpora al acervo patrimonial del sujeto activo. Esto es, en el caso de la obtención indebida de devoluciones o de beneficios fiscales, que responden a la estructura de la estafa, no surge ningún inconveniente en considerarlos como delito antecedente al del blanqueo de capitales ya que no se encontraban con anterioridad a disposición del defraudador y, por lo tanto, pueden blanquearse tras su obtención ilícita (CHOCLÁN MONTALVO, MANJÓN-CABEZA OLMEDA).

En todo caso, las posiciones a favor o en contra de que el delito fiscal en su modalidad de elusión del pago de tributos puede ser un delito antecedente al de blanqueo, están muy polarizadas, aunque, a nuestro juicio, un importante sector de la doctrina —quizá mayoritaria— se posiciona de forma contraria a esa hipótesis (entre otros, MARTÍNEZ-BUJÁN PÉREZ), mientras que otro sector, también sólido, se muestra partidario de ello, en especial tras la Ley 10/2010, de 28 de abril, de prevención del blanqueo de capitales y de financiación del terrorismo, ya que su art. 1.2.d) dispone que la cuota defraudada es un bien procedente de una actividad delictiva (BLANCO CORDERO).

Opinión que, además, se corrobora en la STS 974/2012, 5-12 (*Tol 2721470)*, en cuyo FD 37 la Sala considera que el delito fiscal previsto en el art. 305 CP, en su modalidad de elusión del pago de tributos, puede ser delito antecedente del blanqueo de capitales ya que la cuota tributaria tiene procedencia u origen delictivo o ilícito. Resolución que no se adopta por unanimidad y que cuenta con un fundamentado Voto Particular que discrepa de la mayoría en esta cuestión y sobre el que, a su vez, pivotan algunos de los argumentos contrarios a esa hipótesis. No obstante, un importante sector de la Doctrina ya se había manifestado, previamente al dictado de la Sentencia, contrario a que el delito fiscal pudiera fundamentar la actividad ilícita previa que requiere el blanqueo de capitales (CHOCLÁN MONTALVO, QUINTERO OLIVARES).

Sin embargo, antes de detenernos en ello es esencial realizar una breve reflexión acerca del porqué de la controversia. Y, sobre ello, se afirma —lo compartimos—, que es evidente una cierta "voracidad fiscal" de los Estados desarrollados el haber desplazado el delito de blanqueo de capitales desde su ubicación original en los delitos de narcotráfico, a situarlo como un instrumento de control y recaudación fiscal (GÓMEZ BENÍTEZ). Es más, que el delito fiscal fuese un antecedente del delito fiscal era una aspiración "de la Fiscalía y de la Agencia Tributaria" (MANJÓN-CABEZA OLMEDA). En este sentido, debemos recordar que el Informe del Consejo Fiscal al Anteproyecto de Ley de prevención del blanqueo de capitales, de 28 de septiembre de 2009, no planteaba reparos con respecto a la redacción del párrafo tercero del apartado segundo del art. 1, al considerar que traspone lo previsto en el art. 3.3 de la Directiva, adicionando la expresión "la cuota defraudada en el caso de los delitos contra la Hacienda Pública", de la misma forma que el Consejo General del Poder Judicial, en su informe de 29 de septiembre de 2009, se refiere expresamente a que la cuota defraudada, cuando constituya el producto de un delito fiscal, puede ser objeto de blanqueo de capitales.

En efecto, es innegable la existencia de una tendencia político criminal "internacionalmente impuesta" que evidencia la instrumentalización del delito de blanqueo como un instrumento para combatir el fraude fiscal (FERRÉ OLIVÉ). Opción que se puede constatar a partir de una presión normativa con un doble origen. En primer lugar, a partir de las Recomendaciones revisadas del GAFI, de febrero de 2012, donde, entre los aspectos más novedosos incorpora a los delitos fiscales como hechos delictivos previos susceptibles de constituirse en delito precedente del blanqueo de capitales; previsión que, si bien, carecía de antecedentes en las Convenciones de Naciones Unidas, se recoge posteriormente en la Directiva (UE) 2015/849, de 20 de mayo de 2015, en cuyo Considerando 11 se anticipa que los delitos fiscales se incluyen dentro de la definición de "actividad delictiva", lo que se materializa en el art. 3.4.f), donde se estipula que una actividad delictiva se corresponde con cualquier tipo de participación en la comisión de un delito grave, entre ellos, "los delitos fiscales relacionados con los impuestos directos o indirectos definidos en la legislación nacional de los Estados miembros".

Es evidente que las previsiones de la Directiva (UE) 2015/849, no responden a una "simple coincidencia" con las Recomendaciones del GAFI, sino que son la muestra de una determinada opción político criminal que tiene el objetivo inequívoco de combatir el fraude fiscal (GÓMEZ INIESTA). Tendencia que se confirma en la Directiva (UE) 2018/1673, de 23 de octubre, donde en el Considerando 8 vuelve a admitir que, siguiendo las Recomendaciones revisadas del GAFI, los delitos fiscales deben estar incluidos en la definición de la actividad delictiva, previsión que se materializa en su art. 2.1.q).

En este contexto internacional, el Legislador español vuelve a abordar la situación con una disposición que, una vez más, va mucho más allá de lo que se le exigía desde las instancias comunitarias. Así, como acabamos de referir, la Ley 10/2010, de 28 de abril, de prevención de blanqueo de capitales y de financiación del terrorismo, en su art. 1.2.d) considera que la cuota defraudada es un bien procedente de una actividad delictiva. En este sentido, en su Preámbulo se dice que la Ley responde a una transposición de la Directiva 2005/60/CE, que, en realidad, incorporaba las Recomendaciones del GAFI en su revisión de 2003, a lo que añade que la Directiva era una “norma de mínimos”, lo que justifica, puntualiza, que la norma contenga algunas disposiciones que son más rigurosas que las contempladas en el texto de la Unión Europea. En efecto, como hemos visto, el art. 1.2 d) de la Ley se prevé que la cuota defraudada es un bien procedente de una actividad delictiva, previsión que no se menciona en la Directiva 2005/60/CE.

Una de las opciones para dirimir controversias interpretativas implica acudir al análisis del Derecho comparado para disponer de una visión que nos permita vislumbrar cómo se ha abordado el problema en los países de nuestro entorno. Sin embargo, el problema reside en trasladar miméticamente determinadas soluciones al Ordenamiento jurídico de nuestro país de instituciones que, en ocasiones, no sólo no son similares, sino que responden a necesidades y a realidades jurídicas que no tienen por qué coincidir con las nuestras. Sea como fuere ese mecanismo, de acudir al Derecho comparado, es uno de los utilizados por Sala Segunda en su STS 974/2015, 5-12 (*Tol 2721470)*. Lo cual le lleva a analizar de forma genérica el tratamiento de esta cuestión en Francia, Bélgica, Alemania, Italia y Portugal, lo que le permite concluir que algunos tribunales de esos países se han pronunciado a favor de admitir que “el fraude fiscal constituya delito previo del blanqueo”. Sin embargo, el tratamiento normativo del blanqueo de capitales y el delito fiscal como delito previo en cada uno de esos estados, reviste distintas particularidades por lo que no parece afortunado una aseveración tan rotunda por parte de la Sala 2ª. Así, es cierto que en Francia no hay ningún inconveniente en afirmar que el delito fiscal constituye un delito previo al blanqueo de capitales; pero, la situación es distinta en Bélgica, con un escenario similar al de nuestro país, dado que los delitos previos del blanqueo de capitales no coincidían en el Código penal y en la Ley de prevención, disfunción que no se resuelve hasta la modificación del art. 505 CP belga del año 2007. Estableciéndose, asimismo, diferencias entre el “fraude fiscal grave y organizado”, en el que se persigue el blanqueo cuando el delito previo consista en un fraude fiscal y el “fraude fiscal ordinario”, donde no se persigue el blanqueo a pesar de que el delito antecedente sea un fraude fiscal.

Cada uno de esos Ordenamientos reviste sus particularidades y una u otra opción, con las variables que presentan, responden al tratamiento jurídico que se les dispensa en cada uno de esos países, lo que responde a una voluntad primigenia del Legislador o, en su caso, se incorpora esa opción —el delito fiscal como delito previo al blanqueo— como consecuencia de una decisión político criminal que puede responder a distintos factores. Sin embargo, esa posibilidad, que sí se asumió en Bélgica, no se ha adoptado por el Legislador de nuestro país

(BLANCO CORDERO). Es inevitable entonces preguntarse por qué el Legislador español, que ha reformado la redacción original del delito de blanqueo de capitales hasta en tres ocasiones, no lo ha hecho para clarificar de una vez por todas si el delito fiscal puede considerarse un delito previo al blanqueo de capitales, lo cual abona el criterio de que si no ha incorporado expresamente esa posibilidad —como así sucede también en el parágrafo 261 StGB—, se trata de una alternativa que nuestro Código penal no contempla, con independencia de que interpretativamente la Sala 2ª le haya otorgado una dimensión que no se corresponde con el texto del precepto ni con la voluntad expresa del Legislador. En realidad, llamemos las cosas por su nombre: el Tribunal Supremo lleva a cabo una interpretación extensiva que fundamenta en una pretendida "armonización" interpretativa entre la Ley 10/2010, de 28 de abril y lo dispuesto en el art. 301 CP.

A este respecto, como decíamos al inicio de este apartado, existen dos posiciones netamente diferenciadas.

La primera de ellas, en síntesis, considera que el delito fiscal puede ser antecedente del delito de blanqueo de capitales, ya que los bienes que tienen su origen en él proceden de una actividad delictiva y, por lo tanto, constituyen el objeto material de un delito de blanqueo.

La segunda opción niega que el delito fiscal pueda ser antecedente del delito de blanqueo ya que no origina los fondos que son objeto del delito, es más, los bienes que integran la cuota defraudada ya se encontraban en el patrimonio del deudor.

El argumento fundamental de esa primera opción, que no es la mayoritaria en la doctrina española a pesar de que un importante sector la avala (ARÁNGUEZ SÁNCHEZ, BLANCO CORDERO, PALMA HERRERA), es que el art. 1.2.d) de la Ley 10/2010, de 28 de abril, sobre prevención del blanqueo de capitales y financiación del terrorismo, considera que, a los efectos de esa Ley, son bienes procedentes de una actividad delictiva: "todo tipo de activos cuya adquisición o posesión tenga su origen en un delito, tantos materiales como inmateriales, muebles o inmuebles, tangibles o intangibles, así como los documentos o instrumentos jurídicos con independencia de su forma, incluidas la electrónica o la digital, que acrediten la propiedad de dichos activos o un derecho sobre los mismos, con inclusión de la cuota defraudada en el caso de los delitos contra la Hacienda Pública".

Se añade que el delito fiscal puede ser antecedente del delito de blanqueo ya que el objetivo de la Ley 10/2020, de 28 de abril, es el de "armonizar la definición de blanqueo que se contiene en ella con la del Derecho penal" (BLANCO CORDERO). Quisiéramos enfatizar en la utilización de ese vocablo ("armonizar") y en la frase que lo acompaña, ya que es reproducida literalmente por el

Tribunal Supremo en el FD 37 de su STS 974/2012, 5-12 (*Tol 2721470)*, para, junto al criterio de los antecedentes de Derecho Comparado, constituirse en el argumento esencial para fundamentar su posición Sin embargo, no puede obviarse que esa pretendida pretensión armonizadora tiene su origen en una norma de carácter administrativo y que el precepto limita su aplicación a los "efectos de esta Ley", es decir, a la prevención del blanqueo de capitales y de la financiación del terrorismo (FERRÉ OLIVÉ). Por lo tanto, a nuestro juicio, hay que descartar que la citada Ley nos proporcione una interpretación auténtica en el ámbito penal del delito de blanqueo de capitales, ya que configuraría el tipo del art. 301 CP como una norma penal en blanco, remisión normativa que no tiene lugar en la descripción típica del art. 301 CP (BACIGALUPO ZAPATER, MANJÓN-CABEZA OLMEDA).

Por otro lado, abundando en la misma cuestión, llama la atención que se afirme que la intención del Legislador no era establecer que el fraude fiscal es un delito previo al blanqueo, sino la de "despejar las posibles dudas que parece haber en la doctrina a la hora de interpretar la legislación penal vigente, que admite cualquier actividad delictiva como previa del blanqueo" (BLANCO CORDERO). No obstante, a nuestro parecer, las dudas continúan existiendo, por más que la Sala Segunda haya optado por esa vía interpretativa, ya que, entre otras razones, el Legislador podía haber reformado expresamente el CP en esa materia y, a diferencia de los ordenamientos jurídicos de otros países que sí lo han hecho, lo mantiene en los mismos términos sin que, por otro lado, el hecho de que lo haya incluido en una norma de carácter administrativa pero no en la penal no aclara ninguna duda sino que las acentúa.

En sentido contrario, como se afirma en el Voto Particular del Magistrado DEL MORAL GARCÍA a la tantas veces ya referida STS 974/2012, 5-12 (*Tol 2721470)*, la interpretación literal y gramatical del art. 301 CP, son tan claras que ni el elemento teleológico, ni atendiendo al Derecho comparado, ni a normas extrapenales, ni los instrumentos internacionales pueden ponerla en duda. El precepto dice lo que dice; y castiga lo que castiga, a lo que añade: "La elusión del pago de tributos no genera un incremento patrimonial. Permite un ahorro, pero no aporta nada al patrimonio. No pueden blanquearse efectos o bienes procedentes de un delito que no los genera...ganancia y ahorro son realidades diferentes. Quien ahorra, no está ganando, no está obteniendo ningún bien; sencillamente lo está manteniendo". Es más, del ámbito típico del art. 301 CP deben excluirse aquellos comportamientos que no producen un incremento del patrimonio material de sus autores, al margen de que con ese comportamiento se alcancen objetivos injustos (QUINTERO OLIVARES).

Es preciso subrayar que la misma línea de argumentación asentada en el Voto Particular, ya había sido apuntada por la Doctrina al abundar en que el fraude fiscal consistente en eludir el pago es un delito de omisión que no puede servir de delito previo de un delito de blanqueo, pues no es posible establecer una relación de causalidad, entre la acción omitida y los bienes ya incorporados al patrimonio del sujeto, en virtud de un hecho positivo previo no constitutivo de delito (CHOCLÁN MONTALVO). Es más, la cuota tributaria defraudada no tiene su origen en una actividad delictiva defraudatoria, sino en actividades lícitas —en un ahorro— y, por ello, no tiene un origen ilícito (MANJÓN— CABEZA OLMEDA). Un argumento complementario al anterior es que el castigo por la comisión de un delito de defraudación tributaria abarca todo el desvalor que supone el hecho de que el obligado tributario utilice o continúe poseyendo el dinero correspondiente a la cuota defraudada, por lo que las conductas de "posesión" o de "utilización" supondrían actos posteriores impunes que, en el caso de ser castigadas, implicarían una quiebra del principio de *non bis in idem* (MARTÍNEZ-BUJÁN PÉREZ, BACIGALUPO ZAPATER).

5.3. Regularización tributaria especial (amnistía fiscal) y blanqueo de capitales

Una cuestión sobre la que puede parecer que ha decaído el interés por el tiempo transcurrido desde la adopción de las medidas que vamos a analizar seguidamente pero que, a la vez, nos parece de indudable actualidad es la derivada del Real Decreto-Ley 12/2012, de 30 de marzo, dado que no sólo se siguen dirimiendo en nuestros Tribunales causas que se encuentran incursas en esa situación, sino que continúa presentando extraordinarias dudas acerca de algunos aspectos, como es el caso de la concurrencia o de la inexigencia de responsabilidad penal de los partícipes en la regularización fiscal.

Como es bien sabido, no es la primera ocasión que, en nuestro país, se acuerdan amnistías o regularizaciones fiscales, como ya ocurrió en los años 1977 (Ley 50/1977, de 14 de noviembre, de medidas urgentes para la reforma fiscal), 1985 (Ley 14/1985, de 29 de mayo, de régimen fiscal de determinados activos financieros) y 1991 (Disposiciones adicionales 13 y 14 de la Ley 18/1991, de 6 de junio, del IRPF, donde se preveían medidas de canje de activos financieros y regularización de situaciones tributarias). Medidas que exoneraban el pago de recargos o de intereses de demora cuando la regularización alcanzaba la cuota tributaria correspondiente (entre otros, LÓPEZ LÓPEZ/CAMPIONE, SANZ DÍAZ-PALACIOS).

Sin embargo, antes de continuar, es necesario puntualizar alguna cuestión en relación a la denominación de las medidas adoptadas en el Real Decreto-Ley 12/2012, de 30 de marzo, al que un sector de la doctrina califica como "amnistía fiscal" (LÓPEZ LÓPEZ/CAMPIONE) denominación que, a nuestro parecer, no es la más correcta ya que, con independencia de las dudas que una decisión de esas características nos merezca, lo pretendido por el Legislador en ese momento fue la vuelta a nuestro país de capitales que habían salido ilícitamente de territorio español (BLANCO CORDERO), y si bien se trató de forma especialmente ventajosa a los obligados tributarios que regularizaron su situación fiscal, en ningún caso ello supuso el perdón de delitos o de infracciones, sino que una vez se hubo liquidado un porcentaje (limitadísimo) del valor de los bienes o derechos ocultos hasta ese momento al fisco, se articuló una excusa absolutoria específica limitada a determinados impuestos. Por el contrario, la consideración de esas medidas como una auténtica amnistía hubiera supuesto la extinción de los efectos jurídicos negativos de la conducta, de manera que no es correcto calificar esa decisión como amnistía fiscal, sino de una regularización fiscal extraordinaria (BLANCO CORDERO, FERRÉ OLIVÉ).

Como anticipábamos, el último de esos acuerdos es una decisión adoptada por el Gobierno del momento, que generó una importante discusión doctrinal (DEL ROSAL BLASCO, LÓPEZ LÓPEZ/CAMPIONE), mediante la que se disponía un mecanismo de regularización tributaria del Impuesto para la Renta de las Personas Físicas, del Impuesto de Sociedades, así como del Impuesto sobre la Renta de los no Residentes, que facultaba a los obligados tributarios, que estando obligados, no hubieren declarado bienes o derechos, para presentar una declaración tributaria especial que se correspondiera con el 10% del importe o valor de adquisición de los bienes o derechos, sin que les fueran exigibles sanciones, intereses ni recargos (CARRIÓN MORILLO, SÁNCHEZ HUETE).

En efecto, nos referimos al Real Decreto-Ley 12/2013, de 30 de marzo, por el que se introducían medidas tributarias y administrativas especiales dirigidas a la reducción del déficit público, esto es, lo que comúnmente se conoció como "amnistía fiscal". Disposición contra la que el Grupo Parlamentario Socialista formuló un recurso de inconstitucionalidad a la Disposición adicional primera del citado Real Decreto y que, finalmente, fue declarada inconstitucional por la STC 73/2017, 8-6 (*Tol 6150996*), por vulnerar el art. 86.1 CE, ya que el citado precepto prohíbe el uso del Decreto-Ley cuando las medidas adoptadas afecten "de forma relevante o sustancial" a los deberes consagrados en el Título I de la Constitución, como es el caso del "deber constitucional de todos de contribuir al sostenimiento de los gastos públicos" (art. 31.1 CE).

Disposición adicional primera. Declaración tributaria especial (Real Decreto Ley 12/2012, de 30 de marzo):

> "*1. Los contribuyentes del Impuesto sobre la Renta de las Personas Físicas, Impuesto sobre Sociedades o Impuesto sobre la Renta de no Residentes que sean titulares de bienes o derechos que no se correspondan con las rentas declaradas en dichos impuestos, podrán presentar la declaración prevista en esta disposición con el objeto de regularizar su situación tributaria, siempre que hubieran sido titulares de tales bienes o derechos con anterioridad a la finalización del último período impositivo cuyo plazo de declaración hubiera finalizado antes de la entrada en vigor de esta disposición.*
>
> *2. Las personas y entidades previstas en el apartado 1 anterior deberán presentar una declaración e ingresar la cuantía resultante de aplicar al importe o valor de adquisición*

de los bienes o derechos a que se refiere el párrafo anterior, el porcentaje del 10 por ciento.

El cumplimiento de lo dispuesto en el párrafo anterior determinará la no exigibilidad de sanciones, intereses ni recargos.

Junto con esta declaración deberá incorporarse la información necesaria que permita identificar los citados bienes y derechos.

3. El importe declarado por el contribuyente tendrá la consideración de renta declarada a los efectos previstos en el artículo 39 de la Ley 35/2006, de 28 de noviembre, del Impuesto sobre la Renta de las Personas Físicas y de modificación parcial de las leyes de los Impuestos sobre Sociedades, sobre la Renta de no Residentes y sobre el Patrimonio, y en el artículo 134 del texto refundido de la Ley del Impuesto sobre Sociedades, aprobado por el Real Decreto Legislativo 4/2004, de 5 de marzo.

4. No resultará de aplicación lo establecido en esta disposición en relación con los impuestos y períodos impositivos respecto de los cuales la declaración e ingreso se hubiera producido después de que se hubiera notificado por la Administración tributaria la iniciación de procedimientos de comprobación o investigación tendentes a la determinación de las deudas tributarias correspondiente a los mismos.

5. El Ministro de Hacienda y Administraciones Públicas aprobará el modelo de declaración, lugar de presentación e ingreso de la misma, así como cuantas otras medidas sean necesarias para el cumplimiento de esta disposición.

El plazo para la presentación de las declaraciones y su ingreso finalizará el 30 de noviembre de 2012".

La razón de la adopción de tal medida se dice en el Apartado I del Preámbulo del Real Decreto-Ley, es la de reducir el déficit público mediante una declaración tributaria especial "para determinadas rentas y se adoptan medidas de carácter administrativo que contribuyan a generar ahorros en la gestión del patrimonio y sector público". En todo caso, en virtud del principio de seguridad jurídica, la Sentencia del Tribunal Constitucional concluye que su resolución no afecta a las regularizaciones tributarias firmes que se realizaron al amparo de la norma anulada.

Con anterioridad nos hemos detenido en las dudas que suscita el hecho de que la cuota defraudada en el delito contra la Hacienda Pública constituya un bien susceptible de integrar el delito de blanqueo de capitales (MANJÓN-CABEZA OLMEDA). En todo caso y con independencia de nuestras reservas, hemos visto que un determinado sector de la Doctrina ya afirmaba que no existía ninguna razón para excluir el delito fiscal de las actividades delictivas previas del blanqueo de capitales. En este escenario, es decir, con la previsión de la declaración tributaria especial dispuesta en el Real Decreto-Ley 12/2012, de 30 de marzo, podría ocurrir que el contribuyente que presentara su declaración tributaria especial quedara exento de responsabilidad criminal por un delito contra la Hacienda Pública; aunque, a la vez, no se descartaba la atribución de un delito de blanqueo de capitales. Criterio que, como es sabido, posteriormente resultó avalado por el Tribunal Supremo en su STS 974/2012, 5-12 (*Tol 2721470*), donde la Sala 2ª se pronuncia sobre la idoneidad del delito fiscal como delito previo al de blanqueo de capitales ya que, considera, la cuota defraudada constituye un bien procedente de una actividad delictiva previa y, por lo tanto, susceptible de ser blanqueado.

Las dudas suscitadas por el Real Decreto-Ley, en el aspecto mencionado eran evidentes, por lo que la Secretaría General del Tesoro y Política Financiera dio a conocer una Nota, de 11 de mayo de 2012 que, como poco, abundó más en la confusión al afirmar que "la naturaleza y finalidad de la disposición adicional primera del Real Decreto-Ley 12/2012 es estrictamente tributaria y no afecta, limita o excepciona en modo alguno las obligaciones de prevención del blanqueo de capitales". A lo que añadía que "las obligaciones de debida diligencia e información serán aplicables en relación con cualesquiera activos declarados o repatriados de conformidad con la disposición adicional primera del Real Decreto-Ley 12/2012. Obligaciones que deben cumplirse con particular rigor respecto de aquellos clientes que se muestren no cooperativos o remisos a facilitar a los sujetos obligados la información necesaria para practicar la debida diligencia o determinar el origen lícito de los bienes o derechos declarados".

Como se desprende de lo anterior, si con carácter previo a la Nota de la Secretaría General del Tesoro y Política Financiera, las dudas que suscitaba la declaración tributaria especial entre los sujetos obligados en disposición de regularizar su situación era indudables, con la publicación de la Nota se evidenciaba que quienes presentaran la declaración tributaria especial saldaban su deuda con la Hacienda Pública pero, asimismo, podían ser objeto de la atribución de un delito de blanqueo de capitales, lo que frustraba la expectativa recaudatoria del Gobierno para reducir el déficit público (BLANCO CORDERO, DEL ROSAL BLASCO, FERRÉ OLIVÉ). Así, resultaba una mayúscula incoherencia el instar al obligado tributario a regularizar su situación, que se le exonerara de responsabilidad penal por el delito fiscal cometido y, acto seguido, se le persiguiera por la comisión de un delito de blanqueo de capitales cuando hubiere regularizado su situación tributaria ya que había llevado a cabo actos para ocultar o encubrir el origen ilícito de sus bienes.

En ese contexto de enorme confusión, la Secretaría General del Tesoro y Política Financiera se vio obligada a publicar una segunda Nota, de 24 de mayo de 2012, donde ahora se afirma que la declaración tributaria especial no es incompatible con la Ley de Prevención del Blanqueo de Capitales, a lo que añade que "al igual que ocurre con las operaciones financieras vinculadas a otras regularizaciones tributarias, no resultará preceptiva ninguna comunicación cuando respondan únicamente a eventuales infracciones tributarias que deban reputarse regularizadas de conformidad con la disposición adicional primera del Real Decreto-Ley 12/2012". Consideración que, una vez más, no sólo no arrojaba demasiada luz sobre los efectos de la regularización extraordinaria prevista en la disposición adicional primera del Real Decreto-Ley 12/2012, de 30 de marzo, sino que, obsérvese, en la Nota se hace referencia a "infracciones tributarias". Fórmula de la que podría deducirse que no había obligación de informar cuando la infracción tributaria era, asimismo, constitutiva de un delito fiscal. Interpretación que era la prevalente en ese momento y a la que se le objetaba con toda lógica que una Nota no puede contravenir lo dispuesto en los arts. 1 y 2 de la Ley 10/2010, de 28 de abril, de prevención del blanqueo de capitales y de la financiación del terrorismo (BLANCO CORDERO, CARRIÓN MORILLO).

En este contexto de inseguridad jurídica abismal, el Legislador consideró necesario adecuar el Código penal al objeto del Real Decreto-Ley 12/2012, de 30 de marzo. Con ese propósito se modificó el Código penal mediante la LO 7/2012, de 27 de diciembre, en materia de transparencia y lucha contra el fraude fiscal y en la Seguridad Social, en el que se le daba una nueva redacción al art. 305 CP (IGLESIAS CAPELLAS). En realidad, la reforma del Código penal de 2012 debe de situarse en el contexto que corresponde, ya que pretendía evitar que quienes se acogieran a la declaración tributaria especial pudieran incurrir en un delito de blanqueo de capitales. Como decía el Real Decreto-Ley, con la regularización se producía un pleno retorno a la legalidad y con ello no podía haber lugar a la responsabilidad penal por blanqueo de capitales al no existir actividad delictiva previa. Es más, de no ser así, la amnistía fiscal habría sido una "trampa" para los defraudadores ya que únicamente habrían eludido la responsabilidad por delito fiscal (SANZ-DÍAZ PALACIOS).

Ahora bien, como veremos seguidamente, si la Secretaría General del Tesoro y Política Financiera no estuvo demasiado afortunada en la emisión de sus Notas aclaratorias al Real Decreto-Ley, ya que no sólo eran contradictorias, sino que no disiparon las dudas interpretativas que la citada norma generaba, el Legislador, mediante la LO 7/2012, de 27 de diciembre, abrió nuevos interrogantes en uno de los elementos claves de la reforma: la naturaleza jurídica de la previsión del art. 305.4 CP.

En apretada síntesis, podemos destacar que la reforma instaura un tipo agravado en el art. 305 bis CP, donde se ubican los fraudes de mayor gravedad, que eleva la pena de prisión del tipo básico al quedar establecida entre dos a seis años, además de determinar que la multa oscilará del doble al séxtuplo de la cuota defraudada. La consecuencia inmediata de lo anterior es que se amplía el plazo de prescripción a diez años (art. 131 CP). Y, por otro lado, aumenta las posibilidades del cobro de la deuda tributaria al impedir la paralización del procedimiento administrativo por el proceso penal (CARRIÓN MORILLO).

Sin embargo, más allá de esas cuestiones, interesa sobre manera la nueva redacción del art. 305.4 del CP, así como del apartado III del Preámbulo de la referida LO 7/2012, de 27 de diciembre, del que vamos a analizar algunos de sus aspectos (y contradicciones) más relevantes. Aunque, con independencia de lo que sigue a continuación, nos parecen muy ilustrativas las consideraciones recogidas por la FGE en la Consulta 4/1997, de 19 de febrero, sobre la extensión a terceros partícipes de los efectos de la regularización fiscal:

> *"De lo anterior se desprende que la terminología del Código no es pauta segura para averiguar la verdadera naturaleza de la regularización fiscal. Nada obsta a su consideración como excusa absolutoria el que en los arts. 305, 307 y 308 del Código (o en el antiguo art. 349.3) se diga «Quedará exento de responsabilidad penal el que...» en lugar de emplear otra fórmula directamente referida a la exención de la pena".*

Pues, bien, además del matiz acabado de referir, en el citado Preámbulo se afirma que: "se considera que la regularización de la situación tributaria hace desaparecer el injusto derivado del inicial incumplimiento de la obligación tributaria y así se refleja en la nueva redacción del tipo delictivo que anuda a ese retorno a la legalidad la desaparición del reproche penal". A este respecto conviene recordar que la redacción de la Exposición de Motivos es modificada para luego convertirse en el Preámbulo de la LO 7/2012. Así, se deja de mencionar la regularización de la situación tributaria como elemento del tipo penal, de la misma forma que no puede considerarse la citada regularización como una "atipicidad sobrevenida" por inexistencia de hecho sancionable (IGLESIAS CAPELLAS, SANZ DÍAZ-PALACIOS). Concepto que resulta incompatible con la teoría jurídica del delito (FERRÉ OLIVÉ), ya que:

> *"La tipicidad es un concepto que viene referido al momento en el que se realizó la acción u omisión típica, y en dicho momento no cabe duda alguna de la concurrencia de la deuda tributaria y de su elusión en forma típica, por lo que se consumó la actuación delictiva sin que pueda incidir en la tipicidad, ya realizada, una eventual extinción posterior de la deuda. En el momento de realizarse la acción típica el delito quedó consumado, concurriendo todos los elementos exigibles para el nacimiento de la responsabilidad penal. A partir de ahí la extinción de la responsabilidad penal se producirá por las causas legalmente establecidas"* [STS 1590/2003, 22-4 (*Tol 564827*), FD 4].

Por otro lado, obsérvese como en el cuarto párrafo del apartado III del Preámbulo se afirma que la regularización tributaria "neutraliza el desvalor de la conducta y el desvalor de resultado", es más, "hace desaparecer el injusto" derivado del incumplimiento de la obligación tributaria, lo que supone un "retorno a la legalidad que pone fin a la lesión provisional del bien jurídico" y con ello "la desaparición del reproche penal". Al respecto, MARTÍNEZ-BUJÁN PÉREZ califica el Preámbulo de "desdichado" al considerar que, si la regularización a efectos penales requiere que se neutralice el desvalor de resultado y que, si ello implica un "pleno retorno a la legalidad", no supone que la naturaleza jurídica de la regularización se convierta en "causa de exclusión del injusto", a lo que añade que la naturaleza jurídica de la regularización es una causa de anulación o levantamiento de pena. En realidad, la única vía para hacer desaparecer el injusto sería apreciar una causa de justificación que debería concurrir en el mismo momento de la consumación delictiva, pero, no olvidemos, que el delito no puede dilatar su consumación hasta que se aprecie alguna de las causas de bloqueo de la regularización tributaria (FERRÉ OLIVÉ, 2014), es decir, las causas de justificación deben de concurrir, de ser coetáneas, en el momento de la consumación delictiva y ello no podría extenderse a las regularizaciones extemporáneas relativas al delito fiscal (SANZ DÍAZ-PALACIOS).

En todo caso, el criterio más consolidado en la Doctrina para dirimir la naturaleza jurídica de la regularización tributaria es el de atribuirle el carácter de excusa absolutoria (FERRÉ OLIVÉ, SANZ DÍAZ-PALACIOS), de manera que la nueva redacción del art. 305.4 CP seguiría manteniendo una naturaleza similar a la regularización tributaria del anterior art. 305.4 CP. La existencia de un comportamiento consumado supone la afirmación de un desvalor de acción y de un desvalor de resultado que no pueden neutralizarse; ni tampoco supone un "pleno retorno a la legalidad", ni es posible aseverar que la regularización supone el "reverso del delito". Se trata, como señala MANJÓN-CABEZA OLMEDA, de expresiones muy gráficas que no alteran las categorías dogmáticas, ya que, consumado el delito, éste no puede neutralizarse, y, no resulta admisible que la regularización actúe como una causa de justificación, "ni que sea el reverso del delito, que lleve a la plena legalidad".

Como es sabido, la excusa absolutoria debe su origen a razones de política criminal que *"aconsejan dejar sin punición determinados hechos delictivos no obstante estar presentes en ellos las notas de antijuricidad tipificada y culpabilidad"* [STS 26-12-1986 (*Tol 2322800*)]. A tal efecto, MARTÍNEZ-BUJÁN PÉREZ considera que toda excusa absolutoria, ya se trate de una causa de exclusión de pena o de una causa de anulación de pena, excluye el carácter delictivo del hecho, ya que falta el elemento de la punibilidad, por lo que la conducta amparada por una causa de esta índole no puede constituir una "actividad delictiva previa a los efectos del delito de blanqueo del art. 301". En todo caso, la naturaleza jurídica de esa exención es la de una causa de anulación o de levantamiento de la pena en atención a un comportamiento posterior a la comisión del hecho delictivo "que anula la punibilidad que en principio merecería por el hecho" (FGE, Consulta 4/1997, de 19 de febrero, sobre la extensión a terceros partícipes de los efectos de la regularización fiscal; igualmente, MARTÍNEZ-BUJÁN PÉREZ, 2015).

Ahora bien, una vez dicho lo anterior es necesario referir igualmente que el último párrafo del art. 305.4 CP dispone que una vez que haya tenido lugar la regularización tributaria, no se perseguirá al contribuyente por las irregularidades contables u otras falsedades instrumentales que se hubieren cometido en relación con la deuda tributaria objeto de regularización. Previsión que no se contemplaba en el Real Decreto-Ley 12/2012, de 30 de marzo. Asimismo, hay un aspecto que únicamente hemos mencionado, pero en el que es preciso detenerse. En efecto, en la Disposición adicional primera del Real Decreto-Ley 12/2012, de 30 de marzo, donde se regula la Declaración tributaria especial, se prevé en su apartado segundo que el contribuyente que pretenda corregir su situación tributaria deberá presentar una declaración a ingresar del 10% del valor o importe de adquisición de los bienes o derechos a regularizar. Es decir, la Declaración tributaria especial es, en realidad, una condonación parcial de la deuda tributaria, que, además, tal y como se dispone en el segundo párrafo del mencionado apartado, supone un pago "limpio", dado que no se le aplicarán sanciones, intereses ni recargos. Sin embargo, el art. 305.4 CP, tras la reforma operada mediante la LO 7/2012, de 27 de diciembre, prevé que la regularización de la situación tributaria implicará el pleno reconocimiento y pago de la deuda tributaria, es decir, el pago integro de la cuota defraudada con los correspondientes intereses y recargos, que pueden llegar hasta el 20%. Sin olvidar que la regularización extraordinaria estaba limitada a algunos impuestos concretos (IRPF, IS, IRNR), mientras que la regularización ordinaria no limita los tributos a los que pueda aplicarse.

En todo caso, después de lo hasta ahora visto parece que no existen dudas de que el contribuyente que se acogiera en su momento a la Declaración tributaria especial o, en su caso, a la previsión del art. 305.4 CP y, por lo tanto, haya regularizado su situación tributaria retorna a la legalidad fiscal. Ahora bien, si llevamos la reflexión anterior más lejos, resulta que el delito de blanqueo de capitales requiere la existencia de una actividad delictiva previa, pero, si por esa actividad delictiva previa no se puede derivar ningún tipo de responsabilidad penal ya que la regularización fiscal extraordinaria, mediante la Declaración tributaria especial, o, en su caso, la regularización fiscal ordinaria, a través del art. 305.4 CP, actúan como excusa absolutoria, resulta que de esa actividad delictiva previa, en virtud de la regularización tributaria, no se desprende ningún tipo de responsabilidad. En definitiva, no se podrían derivar actuaciones por la existencia de un delito de blanqueo de capitales, ya que si no hay un delito fiscal no existiría el delito antecedente sobre el que fundamentar el blanqueo (CARRIÓN MORILLO, SANZ DÍAZ-PALACIOS).

La conclusión anterior, a la vez, no está exenta de matices ya que es inevitable volver a traer a colación otro elemento capital con relación a si el delito fiscal puede considerarse una actividad delictiva previa, esto es, las dudas que suscita en un importante sector de la Doctrina que considera que la tenencia de dinero no declarado, procedente del trabajo legal y legítimo, no significa que su origen sea ilícito. Dudas que, por otro lado, se acentúan a tenor de la STS 265/2015, 29-4 (*Tol 4988931*), donde la Sala 2ª, en el FD Noveno de la resolución, realiza una interpretación estricta del tipo de blanqueo de capitales y concluye que el precepto exige la finalidad de ocultar o encubrir las ganancias ilícitamente obtenidas o, en su caso, la de ayudar a la persona que haya participado en los hechos a eludir las consecuencias legales de sus actos.

Finalmente, no por obvio es innecesario dejar de mencionarlo y es, que, el beneficio de la exención de responsabilidad penal por la regularización de la obligación tributaria no se proyecta únicamente sobre el defraudador obligado al pago, sino que ésta alcanza también a los partícipes (MARTÍNEZ-BUJÁN PÉREZ). Criterio que, asimismo, es el sostenido con matices, como luego veremos, por la FGE en su Consulta 4/1997, de 19 de febrero, sobre la extensión a terceros partícipes de los efectos de la regularización fiscal, donde se afirma:

> *"La excusa absolutoria de los arts. 305 y siguientes se extenderá o no a los partícipes en atención a las reglas generales del Código, según las cuales, como ahora veremos, la regularización no solamente afecta, y en todo caso, al deudor tributario, en tanto único sujeto con capacidad para regularizar, sino que se extenderá a los partícipes según que éstos hayan o no intervenido (desde el punto de vista de la acción penal y no de la tributaria) en tal conducta... La interpretación que se sostiene se ve reforzada con la cita del auto del Tribunal Supremo de apertura del juicio oral en la Causa Especial número 880/1991 (Caso Filesa), de fecha 22 de diciembre de 1995. El auto señala «... es posible sostener que la eximente de pena contenida en el segundo párrafo del art. 349.3 CP (equivalente al art. 305.4 del vigente Código), debe ser entendida como una excusa objetiva y por lo tanto aplicable también al partícipe [...]".*

Abundando en esa misma línea de consideraciones, y más allá de la interpretación que acabamos de proponer, resulta sorprendente que el Código penal no haya previsto ningún mecanismo, en uno u otro sentido, para resolver la responsabilidad penal de los partícipes en los delitos fiscales. Como señala un sector de la Doctrina se trata de una "incomprensible laguna" (SUÁREZ GONZÁLEZ) que si bien pasó inadvertida durante el trámite de gestación y deliberación parlamentaria del precepto (LASCURAÍN SÁNCHEZ) es, como poco, sorprendente que un vacío legislativo de esa naturaleza volviera a ser inadvertido para el Legislador durante el trámite parlamentario del Real Decreto-Ley 12/2012, de 30 de marzo, así como en el de la LO 7/2012, de 27 de diciembre, cuando se trataba de una circunstancia que la doctrina había evidenciado prácticamente desde la entrada en vigor del CP 1995 (MORALES PRATS).

Es cierto que de una primera lectura estrictamente formal del precepto parece desprenderse que la circunstancia que prevé la exención de responsabilidad penal en el art. 305.4 CP tiene un alcance limitado al obligado tributario por tratarse de una excepción estrictamente personal, por lo que los partícipes quedarían fuera de su ámbito de aplicación (BRANDARIZ GARCÍA). A lo anterior habría que añadir otro argumento complementario y es que, atendiendo a la teoría de la accesoriedad limitada en la participación, que, como es de sobra conocido, determina que para el castigo del partícipe es suficiente con que el autor del delito haya realizado un hecho típico y antijurídico, sin que sea necesario considerar la culpabilidad del autor, de manera que el cooperador necesario o el cómplice serían plenamente responsables por la comisión de un ilícito penal.

Ahora bien, en sentido contrario existen sólidos argumentos de justicia material que nos permiten concluir una interpretación que vaya más allá de la estrictamente gramatical. Por lo tanto, y, en primer lugar, atendiendo a criterios axiológicos resulta que el partícipe contribuye causalmente a la ejecución del delito con una aportación cuantitativa y cualitativa de menor entidad que la realizada por al autor, por lo que sería valorativamente ilógico e injusto no permitir la regularización el partícipe (que realiza lo menos) y levantar la pena al autor (que realiza lo más) en un delito fiscal (IGLESIAS RÍO).

Un argumento complementario que refuerza el criterio relativo a que los partícipes son también beneficiarios del levantamiento de pena es que la norma no menciona expresamente, a diferencia de lo previsto en el art. 268.2 CP, que la regularización no puede ser llevada a cabo por los partícipes. Previsión que no deja de tener una cierta lógica dado que el alcance del precepto acabado de mencionar es de índole subjetiva y, por lo tanto, no es extensivo a los sujetos que no reúnan las circunstancias personales requeridas, mientras que las previstas en el art. 305.4 CP son de naturaleza objetiva, esto es, con relación al comportamiento del obligado tributario y, por ello, pueden ser aplicables a los sujetos que materializan una conducta post delictiva; por lo tanto, todos los intervinientes en el hecho, esto es, autores y partícipes, son acreedores de la "anulación de pena" (BRANDARIZ GARCÍA).

En todo caso, una interpretación que parece contar con un mayor número de partidarios en la Doctrina es la que considera que los efectos de la regularización tributaria deberían de ser aplicables automáticamente a los partícipes (BRANDARIZ GARCÍA), sin necesidad de que lleven a cabo una conducta post delictiva propia que, en buena medida, lo haría depender de la conducta del autor, como sería el caso de quien pretende contribuir a la regularización del obligado tributario y no puede materializar su colaboración dado que el autor ya lo ha hecho o, por otro lado, la dificultad que reporta el hecho de acreditar su contribución a la regularización (LASCURAÍN SÁNCHEZ). Abundando en ello, a la vez, se cuestiona la exigencia de alguna actividad del partícipe para que se le extienda el levantamiento de pena ya que, se afirma, la regularización depende del obligado tributario, lo que significa que su conducta sería o no punible en atención a que éste le comunicara sus pretensiones, o de que tuviese conocimiento de la decisión del autor.

Para concluir, y seguir abundando en la polémica, resulta que la Jurisprudencia en una resolución puntual, pues salvo error u omisión por nuestra parte no conocemos que haya ningún pronunciamiento expreso a tal efecto, de forma muy matizada consideró que, para hacer merecedor al partícipe de la exención de responsabilidad, sería necesaria la autodenuncia para aflorar el fraude ya que, se afirma, no tendría sentido beneficiar con la no punibilidad a quien nada hizo para reparar la ilicitud fiscal en la que colaboró (ATS, 22-12-1995). Línea interpretativa que, en relación con lo que aquí interesa, es acogida de forma abierta por la FGE en la Consulta 4/1997, de 19 de febrero, sobre la extensión a terceros partícipes de los efectos de la regularización fiscal, donde distingue distintos supuestos. En primer lugar, entiende que cuando los partícipes del delito hayan cooperado de alguna forma a la regularización se verán favorecidos por la exención de responsabilidad; en segundo lugar, y en sentido contrario, cuando conste en la causa la existencia de algún acto del partícipe para que el deudor tributario no regularice, obviamente, no le será de aplicación la excusa absolutoria. Situaciones que revisten una cierta lógica atendiendo a la realización de actos por parte del partícipe tendentes a la regularización tributaria o, en su caso, el rechazo a que éste se beneficie de la excusa absolutoria cuando se opone a la citada regularización por parte del obligado tributario. Sin embargo, en segundo término, existe otro grupo de casos que, como se dice en la Consulta "no representan fácil respuesta", por lo que se deja al criterio de la Fiscalía examinar las circunstancias del hecho para valorar si la conducta del partícipe puede ser amparada por la excusa absolutoria o, en su caso, si le es de aplicación la entonces vigente atenuante del art. 21.6° CP en relación con el apartado 5°, cooperación del tercero. Evidentemente, se trata de aquellos casos, que seguramente son los más frecuentes, en los que el deudor tributario regulariza su deuda fiscal sin contar con el partícipe en el delito fiscal. Situaciones que la Doctrina más autorizada (entre otros, IGLESIAS RÍO), anterioridad, considera que deberían de beneficiar al partícipe.

6. Tipo básico

6.1. Comportamiento típico

6.1.1. Sobre el concepto de "bienes"

En este caso, sobre el concepto de bienes, se puede afirmar de forma categórica que el "bien" es el objeto sobre el que recae la acción, es decir, el comportamiento típico.

Vaya por adelantado que el término "bienes" es un concepto propio del Derecho privado, que se recoge en el art. 333 CC, refiriéndose a él como "*Todas las cosas que son o pueden ser objeto de apropiación se consideran bienes muebles o inmuebles*". En todo caso, la Doctrina penal es prácticamente unánime al considerar que la interpretación que se ha de dispensar a los "bienes" es la misma que la otorgada a ese mismo concepto en el delito de alzamiento de bienes, por lo que comprende bienes muebles o inmuebles, ya sean corporales o incorporales, derechos o valores y, también, los créditos (MARTÍNEZ-BUJÁN PÉREZ). En consecuencia, el hecho de asumir un concepto amplio de bienes permite abarcar todas las conductas que recaigan sobre cualquier modalidad que puedan revestir los beneficios, ganancias o productos, que tengan su origen en la comisión de una actividad delictiva (DEL CARPIO DELGADO, GÓMEZ INIESTA, VIDALES RODRÍGUEZ).

En virtud de lo anterior, es inevitable preguntarse si los bienes que tienen su origen en una actividad delictiva, al carecer de valor económico, son susceptibles de ser objeto de blanqueo. En buena lógica con lo acabado de referir, los bienes sobre los que recae el comportamiento típico han de ser idóneos para ser incorporados al patrimonio, de modo que los que carecen de tal valor no son susceptibles de formar parte del objeto sobre el que recae el comportamiento típico del delito de blanqueo. Consideración que, sin duda, hay que poner en directa relación con el bien jurídico desde su perspectiva socioeconómica, lo que nos permite concluir que los bienes que no son idóneos para ser incorporados al tráfico económico, ya sea porque carecen de valor o porque este únicamente es de carácter afectivo o sentimental, no son bienes idóneos para integrar el tipo (DEL CARPIO DELGADO).

Además de lo anterior, hay otra cuestión a dirimir en relación con la posibilidad de que el objeto material del delito previo sea susceptible de convertirse en objeto material del delito de blanqueo. Como en su momento se planteó DEL CARPIO DELGADO, "¿puede ser objeto de blanqueo el coche robado?" A ese respecto, la referida autora considera, y estamos de acuerdo, que sólo sería posible que el objeto material del delito previo fuera objeto del delito de blanqueo, cuando el bien fuera valorado económicamente y, por lo tanto, fuere susceptible de ser incorporado al conjunto del patrimonio y, en segundo lugar, a que los actos sobre ese objeto material no constituyan el delito previamente cometido (asimismo, ARÁNGUEZ SÁNCHEZ, ABEL SOUTO, PALMA HERRERA). Sería el caso, por ejemplo, de los delitos de tráfico de drogas donde la realización de cualquier conducta para las finalidades que contempla el tipo sería, asimismo, constitutiva de un delito del art. 368 CP (DEL CARPIO DELGADO), esto es, el comportamiento que recae sobre ese objeto es consumido por el delito previo (ARÁNGUEZ SÁNCHEZ).

Asimismo, tampoco pueden convertirse en objeto material del delito de blanqueo los instrumentos del delito previo ya que no tienen su origen en el hecho precedente, a excepción de que esos instrumentos devenguen en ganancias, como sería el caso de quien remunera al partícipe en el delito con el coche que utilizó para el transporte de los estupefacientes (MARTÍNEZ-BUJÁN PÉREZ).

6.1.2. *La "actividad delictiva"*

En un trabajo en el que se cuestionaba si la cuota tributaria defraudada constitutiva de un delito contra la Hacienda Pública, puede ser objeto posterior de un delito de blanqueo, su autor lo titulaba: "Si todo es blanqueo, nada es blanqueo"

(DOPICO GÓMEZ-ALLER). Esa misma consideración se puede o, mejor dicho, es inevitable concluir de las reflexiones que se van a realizar seguidamente sobre algunas de las cuestiones esenciales de este controvertido e intrincado precepto, donde el Legislador no ha sido demasiado afortunado y en cuya interpretación la Jurisprudencia ha llegado, al menos en nuestra opinión, a rebajar, en determinadas categorías, las garantías constitucionales hasta prácticamente desdibujarlas.

Con carácter previo, hemos de volver insistir en una cuestión particularmente significativa en el tratamiento penal de este delito, Así, al referirnos a la evolución del delito de blanqueo de capitales hemos hecho mención a su *iter* legislativo, desde su nexo inicial con los delitos relacionados con el tráfico de drogas, a su inclusión en el Código penal de la democracia y, en ese caso, a su vinculación con los bienes que tuvieren su origen en un "delito grave", a más tarde, mediante la reforma operada a través de la LO 15/2003, de 25 de noviembre, ampliar extraordinariamente el origen ilícito de esos bienes para situar el límite en los "delitos" y, finalmente, a través de la reforma vehiculada mediante la LO 5/2010, de 22 de junio, difuminar aún más el límite de la conducta ilícita y ubicarla en una "actividad delictiva". Una de las consecuencias de esa decisión, esto es, de asumir una fórmula tan amplia relativa al delito previo y su sustitución por "actividad delictiva" en lugar de las fórmulas "delito grave" o "delito", que iban más allá de los delitos relacionados con el narcotráfico, es que se diluye la propuesta de adoptar un catálogo cerrado de delitos previos que pudiere contribuir a aportar unas dosis de seguridad jurídica nada desdeñable, con el inconveniente de las previsibles posteriores reformas para añadir otros delitos. Sin embargo, la propuesta carece de sentido con la reforma operada mediante la LO 5/2010, de 22 de junio y, posteriormente, con el art. 2.1 de la Directiva (UE) 2018/1673, 23 de octubre, contra el blanqueo de capitales mediante el Derecho penal.

A tal efecto, si bien la tipificación del delito de blanqueo en el CP 1995 tuvo una cierta lógica al vincular el origen de esos bienes a un delito grave, lo que era lógico atendiendo a que pueden ser objeto de blanqueo otros comportamientos delictivos susceptibles de generar enormes flujos monetarios, que no fueran los delitos relacionados con el tráfico de drogas; pero, mediante la reforma a través de la LO 15/2003, de 25 de noviembre, y rebajar el origen de esos bienes a "delitos", resulta que la mencionada reforma consideró como delitos menos graves la prisión de tres meses hasta cinco años (arts. 13.2 y 33.3.a. CP). La consecuencia de ello, en el ámbito del blanqueo de capitales es que se ponen en tela de juicio algunas garantías inherentes al Derecho penal que, sea como fuere, no pudieron pasar desapercibidos para el Legislador y sobre las que la Doctrina ha insistido con reiteración. Evidentemente, nos referimos a que, con esa tipificación, el Legislador cuestiona los principios de *ultima ratio* y de intervención mínima del Derecho penal, lo cual, y no es poco, abría la posibilidad de incriminar como blanqueo de capitales conductas que tuvieren origen en cualquier delito previo (ABEL SOUTO).

Si lo anterior puede generar, por sí mismo, una cierta inquietud ya que el Legislador adoptó una decisión político criminal controvertida, la sustitución de la fórmula "delito" por la de "actividad delictiva" es una muestra de la precipitación y/o de la ausencia de reflexión en este ámbito. Iniciativa que, parece ser, está fundamentada en el Informe del Consejo Fiscal al Anteproyecto de reforma del Código penal de 2008, donde expresamente manifiesta la idoneidad de utilizar la fórmula "actividad delictiva" en lugar de "delito", ya que, afirma, "*se corresponde mejor con la autonomía del delito de blanqueo y con la no exigencia de una resolución judicial que se pronuncie sobre un delito antecedente concreto conforme a lo establecido también por la doctrina de la Sala Segunda del TS* (STS 115/2007, de 22 de enero de 2007)". Máxima que fue incorporada a la Jurisprudencia de la Sala 2ª, que, todavía hoy se mantiene [*vid.*, STS 592/2023, 13-7 (*Tol 9657570*), FD 2.2, con cita de la perenne STS 115/2007, 22-1 (*Tol 1044204*)].

> *"En este sentido, en STS 667/2020, de 9 de diciembre de 2020, decíamos que la reforma que tiene lugar en el CP mediante LO 5/2010, de 22 de junio de 2020, 'supone, pues, una novedad la sustitución del término «delito», por la expresión «actividad delictiva», para referirse al antecedente del blanqueo, porque, así, se resalta de mejor manera la autonomía del propio delito de blanqueo, en la medida que viene a evidenciar la innecesariedad de una previa sentencia firme sobre algún otro delito, y es que, con anterioridad a la reforma, puesto que la existencia del delito antecedente era un elemento normativo del tipo, necesario para la subsunción de la conducta, a partir de la jurisprudencia de la Sala Segunda, se acabó imponiendo el criterio de que no era preciso una anterior sentencia condenatoria firme, sino que bastaba con conocer la relevancia penal del hecho precedente'. Así en STS 115/2007, de 22 de enero de 2007"* [STS 592/2023, 13-7 (*Tol 9657570*)].

Resolución que no atiende a las consideraciones que en su momento le formuló la Doctrina, sino que, derivado de ese Informe, que venía a dar carta de naturaleza a una nueva doctrina del Tribunal Supremo que ya no requería la existencia por delito precedente, ni el que se identificara a los autores del delito base del que procedían los bienes objeto de blanqueo, se consolida una línea interpretativa del blanqueo de capitales que viene presidida por el debilitamiento de las garantías constitucionales (MATALLÍN EVANGELIO).

6.1.3. La inexistencia de condena previa por el delito precedente

El derecho a la presunción de inocencia, como no puede ser de otra manera, precisa confirmar que los bienes pretendidamente blanqueados tienen su origen en una actividad delictiva previa. En ese caso, como señala BLANCO CORDERO, caben dos opciones, o, disponer de una resolución judicial que acredite la existencia de un ilícito penal o, en su defecto, será el Juez quien determine que ha existido previamente tal delito, de modo que requerirá la prueba de la existencia de un delito antecedente, además de que deberá acreditarse el origen ilícito de los bienes.

A tal efecto, el Tribunal Supremo sienta un criterio discutible, en especial, por la laxitud interpretativa de la que ha sido objeto y sobre el que la Doctrina apenas ha manifestado sus objeciones. Criterio que, en definitiva, concluye que no es necesaria una sentencia condenatoria por el delito previo [entre otras, STS 1704/2001, 29-9 (*Tol 4976429)*], con el argumento de que el tipo no lo requiere y ello es absolutamente lógico dado que, si se pretende combatir el tráfico de drogas en todos los circuitos económicos, carecería de sentido esperar: "*en la persecución penal de estas conductas, a que se declarase la responsabilidad de quien en el tráfico hubiera participado*".

La Jurisprudencia del Tribunal Supremo está trufada de aseveraciones en ese sentido, como es el hecho de que no es preciso que queden acreditadas determinadas circunstancias del hecho previo, como su autoría [STS 1505/2005, 23-2 (*Tol 619686)*], lo cual le lleva a realizar afirmaciones del tenor: "[...] *no cabe exigir la prueba precisa de un ilícito penal concreto y determinado generador de los bienes y ganancias que son blanqueados*" [STS 331/2017, 10-5 (*Tol 6129081)*]. Añadiendo, además, como elemento de equilibrio, que si bien no se requiere prueba de los datos concretos y específicos de los delitos previos, se descarta categóricamente la configuración del blanqueo de capitales como un delito de sospecha, de manera que es necesario que el bagaje probatorio permita llegar a una convicción sin margen de duda razonable del origen criminal, delictivo y no meramente ilícito o ilegal de los bienes objeto del blanqueo y que esa actividad criminal previa deba concretarse mínimamente [SSTS 133/2025, 19-2 (*Tol 10434017)*, y 520/2025, 4-6 (*Tol 10569146)*].

Una vez esbozado el escenario en el que el Tribunal Supremo legitima la respuesta punitiva al delito de blanqueo de capitales, a nuestro entender, las dudas sobre la flexibilidad interpretativa que se dispensa a las garantías procesales son palpables, lo cual, en consonancia con lo anterior, lleva a afirmar a algún autor que, no es necesaria ni la demostración plena de un acto delictivo específico generador de los bienes ni de los concretos partícipes en el mismo (ZARAGOZA AGUADO).

En todo caso, a falta de prueba directa sobre el origen ilícito de los bienes y de la ausencia de una condena previa por el delito anterior, el Tribunal Supremo recurre a la prueba indiciaria o prueba de indicios, lo que requiere que han de constatarse más de uno, que deben de estar acreditados más allá de toda duda razonable y que su interpretación conjunta no ha de permitir otra inferencia más lógica y racional de acuerdo con criterios jurídicos, que a la acreditación de la comisión del delito o de la intervención en el mismo del sujeto imputado (BUSTOS RUBIO). Ahora bien, permítasenos insistir en que no sería legítimo relajar las exigencias de que el sujeto conocía el origen ilícito de los bienes, ni admitir presunciones contrarias al reo (ARÁNGUEZ SÁNCHEZ), como sería el caso de que el sujeto tuviera un mero conocimiento genérico o abstracto del origen ilícito de los bienes, sin que sea necesario que conozca el origen concreto de los mismos (CASTRO MORENO, 2013). Criterio que es el adoptado por el Tribunal Supremo al considerar que "*no se exige un conocimiento preciso o exacto del delito previo*" sino que "*basta con la conciencia de la anormalidad de la operación a realizar y la razonable inferencia de que procede de un delito*" [STS 40/2021, 21-1, (*Tol 8290759*)].

Volviendo sobre lo anterior, esto es, sobre la prueba de indicios, la STS 725/2020, 3-3 (*Tol 8420671*), en su FD 11, determina que es preciso atender a:

> *"1) La importancia de la cantidad blanqueada; 2) La vinculación de los autores con actividades ilícitas o grupos o personas relacionada con ellas; 3) Lo inusual o desproporcionado del incremento patrimonial del sujeto; 4) La naturaleza y características de las operaciones económicas llevadas a cabo, por ejemplo, con el uso de abundante dinero en metálico; 5) La inexistencia de justificación lícita de los ingresos que permitan la realización de esas operaciones; 6) La debilidad de las explicaciones acerca del origen lícito de esos capitales; 7) La existencia de sociedades 'pantalla', personas interpuestas o entramados financieros que no se apoyan en actividades acreditadamente ilícitas (SSTS 1260/2006, de 1-12; 28/2010, de 28-1; 975/2015, de 12-11)".*

Asimismo, la STS 171/2021, 25-2 (*Tol 8356647*), en un asunto relacionado con el tráfico de drogas, considera en su FD 3 que, con respecto a la prueba de indicios,

> *"Los marcadores que deben concurrir son: a) El incremento inusual del patrimonio o el manejo de cantidades de dinero que por su elevada cantidad, dinámica de las transmisiones y tratarse de efectivo pongan de manifiesto operaciones extrañas a las prácticas comerciales ordinarias; b) La inexistencia de negocios lícitos que justifiquen el incremento patrimonial o las transmisiones dinerarias; y c) La constatación de algún vínculo o conexión con actividades de tráfico de estupefacientes o con personas o grupos relacionados con las mismas".*

Como muy bien señala la propia Sala 2ª, los indicios no pueden ser confundidos con meras sospechas acerca de cuál es el origen del dinero ilícito para el operativo del blanqueo y tratar de "cuadrar" ese origen con una actuación delictiva que pueda haberse cometido en el entorno de un acusado para de ahí hilar que sus operaciones están relacionadas con esa actuación de la que debe quedar al margen salvo pruebas que corroboren su conexidad. Además de ello, debe existir una explicación clara, precisa y concreta acerca del engarce que existe entre los que son considerados indicios (a no confundir, —y sin incluir— con las meras sospechas) para llevar a una conclusión de condena. En todo caso, una prueba indiciaria ha de partir de unos hechos (indicios) plenamente probados, pues no cabe evidentemente construir certezas sobre la base de simples probabilidades. Por otro lado, no se puede fundamentar el fallo de la Sentencia en su simple y puro convencimiento subjetivo. No se trata de que el Juez o Tribunal se convenzan de que el acusado cometió el hecho, sino de que motiven porqué la suma de los indicios determina la condena, ni, desde luego, puede fundamentarse la condena en la creencia del Juez, Tribunal, de que "creen" que los hechos ocurrieron como relatan, sino que "están convencidos" de que ocurrieron así, sin duda alguna, porque la suma de esos indicios "que deben explicar con detalle" es lo que los lleva a esa convicción. Es más, la motivación en la sentencia, respecto a la concurrencia de indicios y su consecuencia, debe ser más sólida y precisa que en los casos de prueba directa, ya que esta es clara y diáfana, pero no lo son los indicios, porque si lo fueran sería prueba directa y no indiciaria [STS 982/2021, 15-2 (*Tol 8705023*), FD 3; asimismo, *vid.*, STS 532/2019, 4-11 (*Tol 1564650*), FD 2].

En cuanto a la jurisprudencia constitucional sobre la prueba indiciaria, en resumida síntesis, es necesario recordar que:

> *"La STC 133/2014, FJ 8, en la que se señalaba que el Tribunal, en la STC 126/2011, de 18 de julio, recordando lo establecido en la STC 109/2009, de 11 de mayo, FJ 3, afirma 'que según venimos sosteniendo desde la STC 174/1985, de 17 de diciembre, a falta de prueba directa de cargo también la prueba indiciaria puede sustentar un pronunciamiento condenatorio, sin menoscabo del derecho a la presunción de inocencia, siempre que se cumplan los siguientes requisitos: 1) el hecho o los hechos base (o indicios) han de estar plenamente probados; 2) los hechos constitutivos de delito deben deducirse precisamente de estos hechos base completamente probados; 3) para que se pueda comprobar la razonabilidad de la inferencia es preciso, en primer lugar, que el órgano judicial exteriorice los hechos que están acreditados, o indicios, y sobre todo que explique el razonamiento o engarce lógico entre los hechos base y los hechos consecuencia; 4) y, finalmente, que este razonamiento esté asentado en las reglas del criterio humano o en las reglas de la experiencia común' o, en palabras de la STC 169/1989, de 16 de octubre (FJ 2), 'en una comprensión razonable de la realidad normalmente vivida y apreciada conforme a criterios colectivos vigentes' (SSTC 220/1998, de 16 de noviembre, FJ 4; 124/2001, de 4 de junio, FJ 12; 300/2005, de 21 de noviembre, FJ 3; 111/2008, de 22 de septiembre, FJ 3)".*

Criterio, el de la prueba indiciaria, al que ya se hacía mención en el art. 3.3 de la Convención de Naciones Unidas contra el tráfico ilícito de estupefacientes y sustancias psicotrópicas, Viena, 20 de diciembre de 1988, para obtener el juicio de certeza sobre el conocimiento, intención o finalidad requeridos como elementos de los delitos que se describen en el párrafo 1 de dicho artículo.

Por otro lado, con respecto a la no exigencia de condena previa por el delito precedente ya se preveía en el Considerando 12 de la Directiva (UE) 2018/1673, del Parlamento Europeo y del Consejo, de 23 de octubre de 2018, relativa a la lucha contra el blanqueo de capitales mediante el Derecho penal, donde se afirmaba:

> *"(12). A fin de garantizar la eficacia de las medidas penales contra el blanqueo de capitales, debe resultar posible la condena por blanqueo sin que sea necesario determinar con precisión qué actividad delictiva generó los bienes, ni exigir una condena previa o*

simultánea por dicha actividad delictiva, siempre que se tengan en cuenta todas las circunstancias y pruebas pertinentes. Los Estados miembros deben poder, de conformidad con sus ordenamientos jurídicos nacionales, velar por ello mediante otros medios distintos de los legislativos. Asimismo, resulta oportuno que la investigación y el enjuiciamiento del blanqueo de capitales no se vean obstaculizados por el hecho de que la actividad delictiva se haya cometido en otro Estado miembro o en un tercer país, con sujeción a las condiciones establecidas en la presente Directiva".

Indicador que, más adelante, se positiviza en los arts. 3.1.a) y b) de la Directiva, donde se estipula que la condena previa por los comportamientos que provienen de una "actividad delictiva" —en el art. 2.1 de la Directiva se incorpora ese concepto— no constituye un requisito previo para la condena ni, tampoco, los elemento o circunstancias relativas a dicha actividad delictiva, y, ni siquiera, la identidad del autor.

"3. Los Estados miembros adoptarán las medidas necesarias para garantizar que: a) La existencia de una condena previa o simultánea por la actividad delictiva de la que provienen los bienes no constituya un requisito previo para una condena por los delitos mencionados en los apartados 1 y 2; b) sea posible una condena por los delitos mencionados en los apartados 1 y 2 cuando se determine que los bienes provienen de una actividad delictiva, sin que sea necesario establecer todos los elementos fácticos o todas las circunstancias relativas a dicha actividad delictiva, incluida la identidad del autor".

Como es fácilmente imaginable el hecho de que el Parlamento Europeo y el Consejo adoptaran una decisión de semejante calado consolida la interpretación jurisprudencial que, al menos, desde el año 2007 venía pronunciándose en el mismo sentido, lo cual, no contribuye a disipar las críticas y las dudas que, a nuestro entender, suscita.

Se trata de un criterio que la Jurisprudencia ha consolidado y que la mayoría de la Doctrina, como ya se señaló, ha asumido con una quietud acrítica sorprendente, sin ponderar exactamente sus consecuencias o, simplemente, las variables que se pueden vislumbrar, sin dar una respuesta a situaciones que son más frecuentes de lo imaginable. En todo caso, sí quisiéramos destacar algunas reflexiones críticas, que compartimos, dado que el efecto de lo anterior, esto es, la inexistencia de una resolución previa por un delito precedente y, por lo tanto, la corroboración de que el comportamiento posterior tiene origen en un precedente ilícito nos aboca a un debilitamiento de garantías difícilmente explicable. En este sentido, es insoslayable partir de la premisa de que la existencia de una sentencia condenatoria previa relativa al origen de los bienes objeto de blanqueo debería de ser inobjetable dado que el dolo preside todos los elementos objetivos del tipo; por lo tanto, la existencia de una sentencia condenatoria previa tendría que ser un requisito de este elemento normativo. Es más, en el caso de que ésta no existiera debería de llevar aparejada la absolución del supuesto autor del blanqueo por la atipicidad de su conducta (GÓMEZ BENÍTEZ).

Por su parte, FERRÉ OLIVÉ pone de manifiesto que el razonamiento jurisdiccional basado en indicios debería de acreditar la existencia de un delito concreto. Es más, continúa, los problemas serían evidentes si la conducta de la que se derivan los bienes pretendidamente blanqueados se encuentra amparada por una causa de justificación ya que, en tal caso, desaparecería la naturaleza delictiva del comportamiento previo, lo que supone que no podría (o, mejor dicho, debería) utilizarse para fundamentar la responsabilidad penal por un inexistente delito de blanqueo. Situación que se evidencia con mayor claridad si se pretende aplicar una modalidad agravada de las previstas en los párrafos segundo o tercero del art. 301.1 CP cuando los bienes provienen de determinados delitos. O, asimismo, puede suceder que de la actividad delictiva de la que provienen los bienes objeto de enjuiciamiento resulte una sentencia condenatoria mientras que, con posterioridad, esos hechos antecedentes son enjuiciados y de ellos se derive una sentencia absolutoria respecto del delito antecedente por no resultar acreditado (FERRÉ OLIVÉ), como así sucede en la STS 961/2021, 10-2 (*Tol 8704951*), donde lo determinante, nos permitimos añadir, debería ser la pretendida relevancia del hecho precedente. En relación con ello resulta particularmente significativa, la relativización de la absolución por el delito previo ya que, en realidad, siempre debería ser trascendente en la apreciación del delito de blanqueo puesto que podría descartar el elemento típico de la actividad delictiva previa (MATALLÍN EVANGELIO).

> *"Hemos dicho reiteradamente que la afirmación respecto a la existencia del delito antecedente del blanqueo no exige de una previa condena. Ahora bien, un pronunciamiento absolutorio respecto al mismo no puede rechazarse como intrascendente, en cualquier caso. No lo será si la absolución deriva de la declaración de inexistencia del hecho o de no participación en el mismo del acusado. La STS 341/2013, de 9 de abril, en un asunto también de blanqueo de capitales, eliminó la agravación por proceder los fondos de un delito contra la salud pública, precisamente por el desenlace absolutorio del proceso seguido por los hechos que se habían considerado antecedente. Pero habrá supuestos en que esa absolución no sea determinante, lo que plantea como imprescindible la indagación acerca de las circunstancias que pudieron motivarla"* [STS 507/2020, 14-10 (*Tol 8147989*)].

A este respecto, parece fuera de cualquier conjetura que la tipificación del delito de blanqueo de capitales es, sin ninguna duda, de carácter expansivo, lo que viene apuntalado por una interpretación jurisprudencial que en más ocasiones de lo deseable orilla el carácter subsidiario del Derecho penal, lo que le lleva a realizar interpretaciones de la prueba del dolo de forma poco garantista, hasta el punto de que es absolutamente habitual que en sede de delitos económicos, la acusación de un delito de esa naturaleza vaya siempre aparejada por la imputación de un delito de blanqueo de capitales. Es más, se ha llegado a afirmar que, en materia de presunción de inocencia, la imputación subjetiva de estos delitos viene presidido por el "*in dubio contra reo*" (CASTRO MORENO).

En directa relación con la anterior, la Jurisprudencia del Tribunal Supremo no siempre ha sido todo lo diligente que debiera en cuanto a dispensar al derecho a la presunción de inocencia del haz de garantías que le es inherente, por lo que es absolutamente necesario que la fórmula "actividad delictiva" se configure como prueba de cargo, aunque sea a través de la prueba de indicios sin que resulte admisible la condena por un delito de blanqueo, entre otros, tras la mera comprobación de ausencia de ingresos legítimos ya que, de ser así, su legitimidad probatoria es cuestionable. Dudas que se acentúan con lo afirmado en alguna resolución, como es el caso de la STS 667/2020, 9-12 (*Tol 8271605*), FD 1.2:

> *"Supone, pues, una novedad la sustitución del término "delito", por la expresión "actividad delictiva", para referirse al antecedente del blanqueo, porque, así, se resalta de mejor manera la autonomía del propio delito de blanqueo, en la medida que viene a evidenciar la innecesaridad de una previa sentencia firme sobre algún otro delito, y es que, con anterioridad a la reforma, puesto que la existencia del delito antecedente era un elemento normativo del tipo, necesario para la subsunción de la conducta, a partir de la jurisprudencia de la Sala Segunda, se acabó imponiendo el criterio de que no era preciso una anterior sentencia condenatoria firme, sino que bastaba con conocer la relevancia penal del hecho precedente".*

Advierte aquí el TS que el elemento "actividad delictiva" ya no es un elemento normativo del tipo, por lo que ya no es preciso que sea objeto de prueba con todas las garantías. "Lo que no podemos inferir de lo anterior es que la falta de prueba del elemento típico actividad delictiva admita la condena por un delito de blanqueo" (MATALLÍN EVANGELIO).

En suma, lo anterior es un simple ejemplo del afán punitivo del Legislador y de una línea interpretativa consolidada en la Sala Segunda que viene presidida, en esta clase de delitos, por una dudosa seguridad jurídica, que vulnera el principio de *ultima ratio* del Derecho penal, además de poner en tela de juicio el Derecho a la presunción de inocencia mediante resoluciones controvertidas que, en todo caso, no son limitadoras de los excesos punitivos de un Legislador que va más allá de las tan socorridas llamadas a la necesidad de adecuar nuestra regulación a la normativa internacional.

6.1.4. El blanqueo de bienes sustitutivos

En el delito de blanqueo de capitales es una práctica absolutamente habitual el hecho de que los bienes originariamente obtenidos de la comisión de un delito sean transformados para encubrir su origen ilícito, darles una apariencia de legalidad e incorporarlos al tráfico económico. Por lo tanto, la pregunta que se desprende de esa hipótesis es la de si los bienes que han sido transformados o sustituidos por otros, es decir, que tienen un origen indirecto en la comisión delictiva son, también, objeto de un delito de blanqueo de capitales, ya que, asimismo, son idóneos para lesionar el bien jurídico objeto de protección (DEL CARPIO DELGADO).

Al respecto, repárese que el apartado primero del art. 301.1 CP se refiere a los bienes que tienen su "origen" en una actividad delictiva, además de a encubrir su "origen" ilícito; y, por otro lado, que el art. 301.2 CP alude a la de bienes que "proceden" de algunos de los delitos comprendidos en el párrafo anterior, de manera que el propio precepto admite el blanqueo de los bienes sustitutivos derivados de una actividad criminal previa (MARTINEZ-BUJÁN PÉREZ). Interpretación que no parecía tan evidente con el texto previo al CP 1995 (FABIÁN CAPARROS, VIDALES RODRÍGUEZ).

Una vez dicho lo anterior, se debe añadir que el Código penal no establece los criterios para dirimir cuándo o hasta qué momento existe una conexión entre los bienes transformados (sucesivamente) y el delito previo. Cuestión para la que se proponen mecanismos de índole causal para dirimir la conexión entre ambos, con la evidente necesidad de establecer límites que permitan interrumpir el vínculo entre el bien transformado y el bien originariamente ilícito (CARLOS DE OLIVEIRA).

"La conexión entre el bien y la actividad delictiva previa ha de ser de tipo causal, en el momento en que esto sea así, se dice que los bienes están "contaminados". Las teorías desarrolladas por la ciencia jurídico-penal para afirmar la existencia de una relación a la causalidad entre un comportamiento y un resultado nos sirven para determinar qué bienes están conectados causalmente con una actividad delictiva previa, y así se puede afirmar que un bien procede de una actividad delictiva previa cuando, suprimiendo mentalmente tal actividad previa, el bien desaparecería en su concreta configuración que incluye todo lo relacionado con la existencia, composición material, valor o titularidad económica del bien En sentido negativo, no existirá nexo causal si la actividad previa no constituye una condición de la situación patrimonial actual o la existencia del bien. Una actividad delictiva previa es causa de un bien cuando repercute directa o indirectamente en su existencia, composición material, valor, en su titularidad, posesión o custodia. Existe también conexión causal y, por lo tanto, contaminación, cuando suprimiendo mentalmente la actividad delictiva —en este caso el delito grave (delito fiscal)— el bien no se encuentra en el patrimonio de un sujeto. En este caso, se puede afirmar que el bien tiene su origen en aquel delito. Los autores que niegan que el delito fiscal puede ser delito procedente del blanqueo señalan que la relación causal con la actividad delictiva precisa que el autor obtenga algo que no tenía antes del delito y que éste produzca un incremento del patrimonio material de sus autores o participes, pero es evidente que aplicando las teorías causales válidas en la ciencia jurídico-penal (sin recurrir a causalidades hipotéticas), —argumenta el sector doctrinal favorable— el delito fiscal supone un incremento del patrimonio del defraudador, con bienes que de otro modo no estarían en el mismo. Y ello viene avalado por la propia descripción del art. 305 CP, que cuantifica la cantidad de dinero que constituye la cuota defraudada en más de 120.000 euros, que son los que incrementan el patrimonio del defraudador. Este dinero no estaría en su patrimonio si no hubiera defraudado a la Hacienda Pública y tiene, por lo tanto, su origen y procedencia en el delito fiscal" [STS 974/2012, 5-12 (*Tol 2721470*), FJ 37].

En todo caso, sobre esta cuestión, en la que podemos encontrar múltiples variaciones, hay dos hipótesis muy interesantes, a los que alude BLANCO CORDERO, y cuya propuesta asumimos. La primera es la relativa a los supuestos de mezcla o de contaminación, esto es, la mezcla de bienes con origen en actividades delictivas con otros bienes de carácter legítimo, de manera que unos son confundidos con otros y, además, se llevan a cabo actuaciones constitutivas de blanqueo sobre esos bienes mezclados. A tal efecto, habría que distinguir dos hipótesis. En primer lugar, para el caso del decomiso de esos bienes se ha de partir del criterio de la contaminación parcial. La solución más razonable es la que se desprende de la normativa internacional, en este caso, del art. 5.6.b) del Convenio de Viena y del art. 31.5 del Convenio de Mérida, en los que se prevé que únicamente podrán decomisarse los bienes hasta el valor estimado del producto de origen delictivo mezclado. El segundo caso, es la mezcla de bienes de origen ilícito con otros bienes de origen lícito cuando ello haya tenido como propósito borrar el rastro de los primeros. Entonces, si se determina que la mezcla tiene como propósito utilizar dinero limpio para lavar el sucio, resultaría contaminada la totalidad de la mezcla ya que el dinero limpio constituiría el instrumento del delito de blanqueo, por lo que se habría contaminado (BLANCO CORDERO). A este respecto es particularmente interesante la STS 299/2021, 28-2 (*Tol 8394411*), donde en el FD 5.3, la Sala Segunda asevera que la puesta en marcha de una estructura de transformación contamina, mientras se mantenga activa, todas las operaciones de diversificación o integración. Así:

> *"El delito de blanqueo puede ser descrito como un proceso temporal— dinámico lo que explica su singular estructura comisiva integrada por una pluralidad de acciones. Cada una de las transformaciones sucesivas sigue formado parte del delito unitario de blanqueo, lo que permite establecer como último momento consumativo el de la última acción de transformación.*
>
> *Solo en el caso de rupturas temporales muy prolongadas —por ejemplo, las que coinciden o se aproximan con el plazo prescriptivo del delito— entre los actos originarios de transformación y los siguientes puede producirse el efecto desconexión al debilitarse la necesaria representación del origen delictivo del bien previamente transformado —vid. STS 893/2013, de 22 de noviembre, en la que se analiza el caso consistente en la transmisión de una licencia de taxi, diecisiete años después de haberse adquirido con fondos provenientes del narcotráfico".*

Otra variable, en ocasiones, no infrecuente, es la del tercero de buena fe que adquiere unos bienes con origen en un hecho delictivo previo, aunque desconoce su origen. Lo prioritario, en ese caso, es determinar si el pago realizado es el justo precio del valor del bien, sin perjuicio de que, de no ser así, la confiscación pueda dirigirse contra un tercero que haya obtenido ganancias ilícitas de un delito realizado por otro. En sentido contrario, si la contraprestación se adecúa al valor del bien adquirido, no puede hacerse perder al tercero de buena fe lo aportado como contraprestación (BLANCO CORDERO).

"[...] *Tanto el art. 127 como el art. 374, incluyen dentro del objeto del comiso las ganancias provenientes del delito, cualesquiera que sean las transformaciones que hayan podido experimentar. Se trata así de establecer claramente como consecuencia punitiva la pérdida del provecho económico obtenido directa o indirectamente del delito. Sobre las ganancias procedentes de operaciones anteriores a la concreta operación descubierta y enjuiciada, la Sala Segunda en Pleno de 5.10.98, acordó extender el comiso "siempre que se tenga por probada dicha procedencia y se respete en todo caso el principio acusatorio.*

Finalmente, el límite a su aplicación vendría determinado por su pertenencia a terceros de buena fe no responsables del delito que los hayan adquirido legalmente, bien entendido que la jurisdicción penal tiene facultades para delimitar situaciones fraudulentas y a constatar la verdadera realidad que subyace tras una titularidad jurídica aparente empleada para encubrir o enmascarar la realidad del tráfico jurídico y para enmascarar el origen ilícito del dinero empleado en su adquisición" [STS 974/2012, 5-12 (*Tol 2721470*), FD 13].

6.1.5. El delito de blanqueo de capitales como delito acumulativo

Como es sabido, desde determinados sectores de la Doctrina alemana, se considera que es posible sancionar penalmente una conducta a pesar de que individualmente considerada no sea lesiva para un bien jurídico por carecer de la idoneidad suficiente para ello, incluso cuando el ataque sea inminente o se lleve a cabo por otros sujetos, pero, siempre que el conjunto global de esos comportamientos resulte idóneo para lesionar el bien jurídico (BLANCO CORDERO). Lo determinante, entonces, es que la acumulación de tales actos sí tiene la capacidad de producir efectos lesivos. Comportamientos, por lo tanto, de los que se desprende no sólo su tipicidad formal, sino, también, su tipicidad material. Es lo que se conoce como delitos cumulativos o acumulativos (SILVA SÁNCHEZ).

La propuesta del referido sector de la doctrina alemana ejemplifica su propuesta en base al análisis del parágrafo 324 StGB, delito de contaminación de aguas. En el fondo de éste subyace el dar respuesta a futuros problemas medio ambientales de mayor entidad, a pesar de que la conducta aisladamente considerada no constituya, por sí misma, ningún riesgo jurídicamente relevante para el bien jurídico protegido (SILVA SÁNCHEZ).

Si trasladamos esa propuesta al delito de blanqueo de capitales, se ha dicho que tras la reforma operada mediante la LO 5/2010, de 22 de junio, y la sustitución de la exigencia del conocimiento de que los bienes tuvieran origen en un delito por la fórmula mucho más amplia relativa a que los bienes tuvieren su origen en una "actividad delictiva", supone que los bienes procedentes de cualquier delito leve (no olvidemos que con la LO 1/2015, de 30 de marzo, la mayoría de faltas se convierten en delitos leves) son susceptibles de convertirse en objeto de un delito de blanqueo con independencia de la entidad o del valor del bien producto de la actividad delictiva (BUSTOS RUBIO).

Lo anterior implica que un único acto de blanqueo, en particular si se trata de bienes con un valor relativo o modesto, no puede afectar el bien jurídico protegido, por lo que la única forma de perturbar el orden socioeconómico sería una sucesión de actos reiterados idóneos para menoscabar este sector del ordenamiento jurídico (BUSTOS RUBIO). Con independencia de lo anterior, la Doctrina, salvo alguna excepción, se ha limitado a exponer el problema de la potencial relevancia penal derivada de comportamientos vinculados al blanqueo con independencia del valor del bien producto de la actividad delictiva y manifestar con ello la posibilidad de que tales conductas sean punibles mediante el mecanismo de los delitos de acumulación (CARLOS DE OLIVEIRA, FERRÉ OLIVÉ). La consecuencia directa de ello, de interpretar el tipo en clave estrictamente literal es la criminalización de cualquier conducta incluso de las que se desprendiera una cuantía o un valor insignificante y, más importante aún, el hecho de que el marco punitivo sería idéntico para los sujetos que blanquearan cantidades ingentes de dinero o de bienes, que las aplicables al que blanquca una cantidad testimonial o irrelevante de dinero (MARTÍNEZ-BUJÁN PÉREZ). La consecuencia directa de lo anterior es que la sanción penal vulneraría abiertamente el principio de proporcionalidad (SILVA SÁNCHEZ).

Abundando en lo hasta ahora dicho, resulta que, a diferencia de otros ilícitos, como es el caso de los delitos contra la Hacienda Pública y la Seguridad Social en los que se establecen importes que determinan la ilicitud del comportamiento típico, ello no ocurre en el delito de blanqueo de capitales. Sin embargo, el Tribunal Supremo en su STS 644/2018, 13-12 (*Tol 6962964*), atendiendo a la recomendación del GAFI sobre el importe que obliga a una especial vigilancia de las operaciones de blanqueo, así como a la Directiva Europea 2015/849 del Parlamento Europeo y del Consejo de 20 de mayo, donde se establecen, asimismo, la aplicación de medidas de diligencia debida con respecto al cliente, establece que la cantidad susceptible de incriminarse como un delito de blanqueo de capitales es de un valor igual o superior a 15.000 euros (BUSTOS RUBIO).

> *"En todo caso, la evaluación de la insignificancia debe de hacerse desde parámetros objetivos que definan el contorno del bien jurídico objeto de protección, habiendo utilizado esta Sala (STS 809/2014, de 26 de noviembre) como claramente significativa la referencia cuantitativa de 15.000 euros, que el Grupo de Acción Financiera Internacional (GAFI) fija como importe que obliga a una especial vigilancia respecto de operaciones de blanqueo, y que se recoge también la Directiva europea 2015/849 del Parlamento Europeo y del Consejo, de 20 de mayo de 2015, relativa a la prevención de la utilización del sistema financiero para el blanqueo de capitales, cuando dispone en su artículo 11 que los Estados miembros velarán por que las entidades obligadas apliquen medidas de diligencia debida con respecto al cliente, cuando estos realicen transacciones ocasionales por un valor igual o superior 15.000 euros"* (FD 6).

Asimismo, la propia Sala, en el FD 2 de su STS 809/2014, 26-11 (*Tol 457827*), propone una interpretación restrictiva del tipo desde un punto de vista teleológico para evitar consecuencias indeseadas y, por lo tanto, en virtud del principio de insignificancia considerar atípicos los objetos materiales de cuantía irrelevante:

> *"[...] con la expansión del tipo de blanqueo tras la reforma de 2010, que puede conllevar en el sentir de la doctrina a "un resultado insatisfactorio", "desmedido", "cuestionable desde consideraciones dogmáticas y político-criminales" que produce "perplejidad", "extrañas consecuencias", "absurdas", así como "supuestos paradójicos" que nos colocan en los límites de lo punible y pueden rozar el "esperpento" o "alcanzar niveles ridículos"; de modo que al menos, se propone su restricción teleológica, para considerar atípicos todos los objetos materiales de cuantía irrelevante, en virtud del principio de insignificancia, por su nula incidencia en el orden socioeconómico, así como en virtud de la inviabilidad de la absoluta exclusión de la actividad económica de cualquier ciudadano, que no puede serle privada las actividades de compra diaria para atender a las necesidades vitales cotidianas, de otro modo proscritas".*

En efecto, en esta última resolución la Sala 2ª señala una doble línea de argumentación para evitar las consecuencias derivadas de una interpretación exclusivamente literal del precepto que, en su momento, fueron propuestas por la Doctrina (ABEL SOUTO) y que han sido asumidas por el Tribunal Supremo.

El principio de insignificancia es una vía que no resulta novedosa en la Jurisprudencia del Tribunal Supremo, dado que es el criterio seguido en los delitos contra la salud pública ya que el Código penal tampoco establece cantidades, por ello la Sala 2ª concluye la atipicidad de las conductas de tráfico de drogas cuando debido a su absoluta nimiedad la sustancia intervenida no constituye, por sus efectos, una droga tóxica o sustancia estupefaciente, sino un producto inocuo por su precaria toxicidad [STS 587/2017, 20-7, (*Tol 6213755*)]. Motivo por el que el Instituto Nacional de Toxicología elabora un informe (nº 12691/03), en el que aporta datos sobre las denominadas: dosis de abuso habitual, dosis de consumo estimado diario y dosis mínima psicoactiva como criterios para dirimir entre la tipicidad y la atipicidad de determinadas conductas. Criterios que, desde entonces, son seguidos por el Tribunal Supremo (MANJÓN-CABEZA OLMEDA).

La pregunta que se deriva de lo anterior es evidente, ya sea atendiendo al principio de insignificancia y a la correspondiente atipicidad del comportamiento o, bien, en una interpretación teleológica del tipo presidida por la dimensión socioeconómica del bien jurídico protegido y, por lo tanto, en la inviabilidad de que un comportamiento de esa naturaleza carezca de la entidad suficiente para afectarlo: ¿esa conducta que consiste en el blanqueo de un bien cuyo valor es inidóneo para lesionar o poner en peligro el bien jurídico, carece de relevancia jurídica?

En su momento, SILVA SÁNCHEZ, al abundar en los delitos de acumulación y en las dudas que le suscitaba el hecho de que se le otorgara relevancia penal a comportamientos atribuidos a la conducta de un sujeto concreto por carecer de la lesividad suficiente ya que ello suponía una vulneración de los principios de culpabilidad y de proporcionalidad, propuso una vía que nos parece correcta y es la de, que, en esos supuestos donde el comportamiento carece de antijuridicidad material, el mecanismo sancionador debería ser el del Derecho administrativo. En efecto, la Ley 10/2010, de 28 de abril, de prevención del blanqueo de capitales y de la financiación del terrorismo, en su art. 1.2 establece que, a los efectos de esa Ley, las actividades que se "considerarán" blanqueo de capitales. En ese epígrafe se recogen cuatro apartados en los que la descripción del comportamiento típico del art. 301 CP es similar a los supuestos previstos en el referido art. 1.2. Se trata, una vez más, de la superposición de comportamientos, esto es, de la doble tipificación penal y administrativa por la comisión de unos mismos hechos, a lo que cabe añadir la ausencia de criterios o de indicadores materiales para subsumir la conducta en uno u otro régimen sancionador. Sea como fuere, en la referida Ley 10/2010, de 28 de abril, en el Capítulo VII se dispone su régimen sancionador, arts. 51 (infracciones muy graves), 52 (infracciones graves) y 53 (infracciones leves), mientras que en los arts. 56, 57 y 58 se determinan las cuantías de las multas, que pueden oscilar desde los 10 millones de euros hasta los 60 mil euros, en atención, desde luego, a la gravedad de la infracción.

Propuesta que parece haber asumido el Tribunal Supremo [SSTS, 809/2014, 26-11 (*Tol 4578278*); 491/2015, 23-7 (*Tol 5390995*); 165/2016, 2-3 (*Tol 5674627*), y 644/2018, 13-12 (*Tol 6962964*)] y que, permítasenos insistir, atendiendo al principio de insignificancia les resta relevancia penal a comportamientos inanes para afectar al bien jurídico objeto de protección en el delito de blanqueo de capitales. Criterio que, por otro lado, posibilita la delimitación entre el ilícito penal y el ilícito administrativo. A pesar de todo, también es cierto que algunos autores consideran que el criterio de la insignificancia es insuficiente (MORILLAS CUEVA), por lo que continúan insistiendo en la necesidad de una reforma legal que cuantifique el citado límite mínimo ya que, desde la reforma de 2010, los "bienes" engloban a cualquiera susceptible de valoración económica (MATALLÍN EVANGELIO).

Sea como fuere, es indiscutible que en este ámbito nos encontramos en una situación en la que, si bien la interpretación jurisprudencial parece consolidada, sería preferible que se adoptara una posición que no admitiera dudas. En este sentido, lo ideal hubiera sido o sería que el Legislador se manifestara expresamente y en una de esas (tantas) reformas que ha sufrido el Código penal y, más aún, la propia redacción del art. 301 CP, hubiera establecido unos mínimos a partir de los que determinados comportamientos pudieran subsumirse en el delito de blanqueo, pero, es cierto, puede que ello sea esperar demasiado de quien se limita a transponer directivas europeas aunque ello signifique reiterar conductas en la descripción típica o incrimine comportamientos, como es el caso del blanqueo imprudente, para (tratar de) evidenciar su lucha contra este delito aunque, a la vez, se hayan adoptado medidas como la eufemísticamente denominada Declaración Tributaria Especial, para aflorar el dinero que los defraudadores habían ocultado al fisco. Pues bien, en este contexto, de la misma forma que en su momento hizo el Tribunal Supremo con los delitos contra la salud pública para establecer el quantum de las dosis lesivas (aunque el mecanismo utilizado fue distinto) no sería aventurado y, desde luego, muchísimo más ágil, que la Sala Segunda en un Pleno no Jurisdiccional adoptara un acuerdo donde estableciera las cantidades o el valor de los bienes blanqueados susceptibles de incurrir en el tipo. Posibilidad que asentaría una seguridad jurídica que no está demasiado afianzada y que comportaría, a su vez, dos efectos adicionales. En primer lugar, descartar los blanqueos bagatela que, por otro lado, resultan particularmente discutibles si interpretamos el tipo en atención a su ubicación sistemática bajo la rúbrica del T. XIII del L. II del CP; y, en segundo lugar, dada la similitud de los comportamientos ilícitos descritos en el art. 1.2 de la Ley 10/2010, de 28 de abril, con los previstos en el art. 301 CP, ello nos permitiría perfilar con nitidez las difusas fronteras entre el ilícito penal y el ilícito administrativo en el delito de blanqueo de capitales.

7. Tipo subjetivo

7.1. Blanqueo de capitales y dolo. La ignorancia deliberada, el "sabiendo" y el "a sabiendas"

Como se recordará, los antecedentes inmediatos del delito de blanqueo de capitales se encuentran en los arts. 344 bis.h) números 1 y 2 del CP anterior, redactado en términos similares al actual, si bien en el apartado 3 del mismo precepto se preveía la comisión imprudente. En todo caso, en el apartado 1 del referido precepto se utilizaba la locución "a sabiendas". Fórmula que ha sido trasladada a la descripción actual del comportamiento típico del delito de blanqueo, donde se emplea el "sabiendo" que los bienes tienen su origen en una actividad delictiva (art. 301.1 CP), además del "a sabiendas" de que proceden de determinados delitos (art. 301.2). Previsión que, asimismo, se encuentra recogida en el Considerando 13 de la Directiva (UE) 2018/1673, del Parlamento Europeo y del Consejo, de 23 de octubre de 2018, relativa a la lucha contra el blanqueo de capitales mediante el Derecho penal: "*La finalidad de la presente Directiva es tipificar como delito el blanqueo de capitales cuando se haya cometido intencionadamente y a sabiendas de que los bienes provenían de una actividad delictiva*". Fórmula que, asimismo, se recoge en el art. 3.1 de la Directiva, al disponer que los Estados miembros adoptarán las medidas necesarias para que las conductas que se describen a continuación sean castigadas como delito cuando "*se comentan intencionadamente*". Además de lo anterior, en el apartado 1 del art. 301 CP concurren también una suerte de elementos subjetivos distintos del dolo, unas "finalidades" específicas, que configuran los apartados anteriores con un carácter eminentemente doloso, sin perjuicio de que en el apartado 3 del mismo se prevea, asimismo, su comisión por imprudencia grave. Precepto que, como decíamos al inicio, tiene una importante semblanza con el derogado art. 344 bis.h).

Sea como fuere, ese conocimiento se perfila en una doble dirección. Por un lado, en relación con el conocimiento de que los bienes tienen su origen en una actividad delictiva y, por otro lado, que esos bienes proceden de la comisión de determinados delitos. Ahora bien, antes de continuar, debemos realizar dos precisiones. A la primera de ellas nos hemos referido en el párrafo anterior. Es la relativa a la presencia de determinadas finalidades, como es el caso de la realización de cualquier otro acto "para" ocultar o encubrir su origen ilícito o "para" ayudar a las personas que han participado en la infracción a eludir las consecuencias legales de sus actos. Es cierto que determinado sector doctrinal entendió que esa finalidad específica denotaba la presencia de un elemento subjetivo especial del injusto, característico de los delitos de resultado cortado, distinto del dolo (DEL CARPIO DELGADO, VIDALES RODRÍGUEZ); sin embargo, la Doctrina (entre otros, MARTÍNEZ-BUJÁN PÉREZ) y la Jurisprudencia mayoritaria considera que se trata de ánimos o finalidades que están integradas en cualquiera de las modalidades del comportamiento típico, que se recogen en el tipo y que se encuentran referidas específicamente al elemento volitivo (BLANCO CORDERO). "*La finalidad de encubrir u ocultar la ilícita procedencia de los bienes o ayudar a los participantes del delito previo, constituye, en consecuencia, un elemento esencial integrante de todas las conductas previstas en el art. 301.1 CP*" [SSTS 506/2015, 27-7 (*Tol 5391372*), FD 4, y 265/2015, 29-4 (*Tol 4988931*), FD 9].

Aunque, más allá de la interpretación de la preposición "para" y con ello dirimir o no la presencia de determinados elementos subjetivos especiales del injusto distintos del dolo, debemos señalar que en el blanqueo de capitales, a diferencia del delito de receptación, el tipo no precisa la presencia de ánimo de lucro propio o ajeno, esto es, que el comportamiento del autor venga presidido por la obtención de una ventaja o beneficio económico, sino que lo único requerido es que el sujeto actúe dolosamente, con conocimiento de que los bienes proceden de una actividad delictiva.

Por otro lado, una segunda cuestión a la que queríamos referirnos es la relativa al momento del conocimiento del hecho previo, de que el origen de los bienes reside en una actividad delictiva. A ese respecto, parece indubitado que el dolo debe de estar presente durante la consumación delictiva. En otras palabras, el dolo debe ser previo o simultáneo a la realización del comportamiento típico (BLANCO CORDERO), ya que si es posterior (*dolus subsequens*) no tiene ninguna consecuencia, dado que del conocimiento posterior no se deriva efecto jurídico penal. Si el sujeto realiza determinadas conductas prohibidas penalmente (adquirir, poseer, utilizar, convertir o transmitir bienes) sin tener conocimiento de que los bienes proceden de una actividad delictiva, la conducta carecerá de relevancia jurídico penal (FERRÉ OLIVÉ).

Llegados a este punto, permítasenos polemizar sobre el conocimiento del origen ilícito de los bienes, ya que la Convención de las Naciones Unidas contra el tráfico ilícito de estupefacientes y sustancias sicotrópicas, Viena 20 de diciembre de 1988, dispone en su art. 5.7 una previsión de indudable calado y de dudoso encaje constitucional, aunque con algún contrapeso, ya que contempla la inversión de la carga de la prueba respecto del conocimiento del origen de los bienes.

> *"Cada una de las Partes considerará la posibilidad de invertir la carga de la prueba respecto del origen lícito del supuesto producto u otros bienes sujetos a decomiso, en la medida en que ello sea compatible con los principios de su derecho interno y con la naturaleza de sus procedimientos judiciales y de otros procedimientos".*

Vaya por adelantado que, como señalan los Comentarios de la propia Naciones Unidas a la Convención, no se impone ninguna obligación a las partes, sino que se plantea una "posibilidad" que, añaden, ha sido adoptada en algunos ordenamientos jurídicos, aunque en otros, como es el caso del nuestro, supondría una vulneración del derecho a la presunción de inocencia (FABIÁN CAPARRÓS).

Es cierto que en epígrafes anteriores al referirnos a la "*actividad delictiva*" hemos hecho mención a que no es necesaria la existencia de una condena previa por el delito precedente, aunque debemos insistir en ello ya que la Sala 2ª ha advertido en distintas ocasiones que el delito de blanqueo de capitales no es un delito de sospecha.

> *"El blanqueo de capitales no es un delito de sospecha: exige como cualquiera otra prueba de la concurrencia de todos y cada uno de sus elementos típicos, entre los que se cuenta el origen criminal (y no meramente ilícito, ilegal o antijurídico) de los bienes. El art. 301 CP no es una puerta falsa por la que introducir, como de contrabando en nuestro ordenamiento penal un delito de enriquecimiento ilícito que ha sido recibido en algunos países con alborozo e incluso entusiasmo, pese a las complejidades dogmáticas que trae consigo (... y en algún otro, muy cercano culturalmente al nuestro, ha merecido el boicot de la correspondiente jurisdicción constitucional). El delito de blanqueo de capitales tipificado en el art. 301 CP no goza de un régimen probatorio relajado, ni legal ni jurisprudencial. Solo cuando el bagaje probatorio permita llegar a una convicción sin margen para una duda razonable, de que un sujeto maneja con alguna de las finalidades previstas en el precepto fondos o bienes que proceden de actividades constitutivas de delito, conociendo ese origen, o, al menos, representándoselo y mostrando indiferencia frente a ello (dolo eventual), puede abrirse paso una condena por delito doloso de blanqueo de capitales"* [STS 292/2017, 26-4 (*Tol 6085409*), FD 5].

Igualmente hemos mencionado que la existencia de una actividad delictiva previa requiere el conocimiento por parte del sujeto de que los bienes tienen una procedencia ilícita, lo cual supone que nos encontramos ante un elemento de carácter normativo que precisa, cierto, de la constatación de un juicio de valor, pero no de una calificación exacta de los hechos, sino de una valoración que le lleve a la convicción de que los bienes que se van a blanquear tienen su origen en un delito previo.

Nótese que utilizamos el término "convicción" de que los bienes tienen su origen en una actividad delictiva previa. Obviamente, la gran duda que se desprende de lo anterior es la posibilidad de que en lugar de utilizar esa fórmula empleáramos una expresión propia del dolo eventual como, por ejemplo, "admitir la probabilidad" de que el origen de los bienes es ilícito. La Jurisprudencia es prácticamente unánime al admitirlo, entre las resoluciones más recientes, la STS 815/2024, 26-9, (*Tol 10218402)*, FD 1, no sólo lo admite, sino que lo reconduce a la ignorancia deliberada:

> *"Nuestra jurisprudencia referente al concepto de dolo eventual ha establecido que en aquellos supuestos en los que se haya probado que el autor decide la realización de la acción, no obstante haber tenido consistentes y claras sospechas de que se dan en el hecho los elementos del tipo objetivo, manifestando indiferencia respecto de la concurrencia o no de estos, no cabe alegar un error o ignorancia relevantes para la exclusión del dolo en el sentido del art. 14.1 CP. Esta situación, como se ha dicho, es de apreciar en aquellos casos en los que el autor incumple conscientemente obligaciones legales o reglamentarias de cerciorarse sobre los elementos del hecho, como en el delito de blanqueo de capitales, o cuando el autor tuvo razones evidentes para comprobar los hechos y no lo hizo porque le daba igual que concurrieran o no los elementos del tipo; es decir: cuando está acreditado que estaba decidido a actuar cualquiera fuera la situación en la que lo hacía y que existían razones de peso para sospechar la realización del tipo(SSTS 849/2023 de 20 de noviembre y 415/2016, de 17 de mayo, entre otras). Prescindiendo así de cuestiones relativas al acierto o equivocidad de la expresión 'ignorancia deliberada', lo cierto es que el debate debe reconducirse a las exigencias propias del dolo eventual…".*

Pero más allá de esas resoluciones favorables a la admisión del dolo eventual en el delito de blanqueo de capitales, en general, también la Doctrina se muestra favorable a esa interpretación (entre otros, BUSTOS RUBIO, CARLOS DE OLIVEIRA, LASCURAÍN SÁNCHEZ). Sin embargo, otro sector, del que participamos, matiza esa esa línea interpretativa al entender que las finalidades de ocultar o de encubrir el origen ilícito de los bienes o el ayudar a quienes hayan participado en esas infracciones a eludir las consecuencias legales de sus actos, excluyen el dolo eventual (ARÁNGUEZ SÁNCHEZ, FABIÁN CAPARRÓS, PALMA HERRERA). Por lo tanto, a nuestro parecer, deberíamos diferenciar entre las dos modalidades típicas previstas en el art. 301.1, por un lado, la de adquirir, poseer, utilizar, convertir o transmitir bienes que, en principio, no se opondrían a la admisión del dolo eventual y, por otro lado, las conductas presididas por el favorecimiento personal, esto es, por ocultar, encubrir o ayudar a las personas a eludir las consecuencias legales. Finalidades que excluirían el dolo eventual (BLANCO CORDERO, 2015).

En directa relación con lo anterior, sobre el "sabiendo" y el a "sabiendas" se ha escrito mucho, pero si hay algo que nos suscita enormes dudas es considerar que el "sabiendo" es una "simple licencia literaria", antes que un propósito dogmático del Legislador (FABIÁN CAPARRÓS).

Como es sabido, las fórmulas acabadas de mencionar, "sabiendo" y a "sabiendas" se recogen en los apartados 1 y 2 del art. 301 CP, lo que supone que el autor del delito conoce que los bienes a blanquear tienen su origen en una actividad delictiva. Locuciones que, un sector de la Doctrina y de la Jurisprudencia, como veremos inmediatamente, consideran que admiten el dolo eventual. A nuestro juicio, con esa interpretación se debilitan las, llamémoslo así, barreras de contención que impiden una interpretación desmesurada del tipo que, en línea de principio, implica que de todo delito con consecuencias económicas se derive una doble tipicidad.

Una muestra de esa interpretación tan laxa de la descripción típica se manifiesta, como decíamos, en la admisión del dolo eventual para ambas locuciones. Así, en el FJ 96 de la STS 688/2019, 27-4-2000 (*Tol 10218402)*, se afirma:

> *"En cuanto al aspecto subjetivo, tiene declarado esta Sala, como recuerda la STS 366/2019, antes citada, que las SSTS 974/2012, de 5 de diciembre y 279/2013, de 6 de marzo, que sobre el conocimiento de que el dinero procede de un delito previo, el referente legal lo constituye la expresión 'sabiendo', que en el lenguaje normal equivale a* ***tener conciencia o estar informado****.*
>
> *No implica, pues, saber —como el que podría derivarse de la observación científica de un fenómeno—, o de la implicación directa, en calidad de protagonista, en alguna conducta, sino* ***conocimiento práctico, del que se tiene por razón de la experiencia y que permite representarse algo como lo más probable en la situación dada****.*
>
> *Así, la STS 1637/2000, de 10 de enero, destaca que el único dolo* ***exigible al autor*** *y que debe objetivar la Sala sentenciadora es* ***precisamente la existencia de datos o indicios bastantes para poder afirmar el conocimiento de la procedencia de los bienes de un delito grave*** *(STS 2410/2001, de 18-12), o del tráfico de drogas, cuando se aplique el subtipo agravado previsto en el art. 301.1, habiéndose admitido el dolo eventual como forma de culpabilidad (SSTS. 1070/2003, 22-7; y 2545/2001, 4-1-2002)"* (subrayados y negrita en el original).

A pesar de todo, de esa evolución interpretativa que, desde luego, no es ajena a una opción político criminal determinada, la propia Sala ha puesto de relieve lo siguiente:

> *"No siendo ocioso recordar que la jurisprudencia ha venido sosteniendo que, a pesar de los términos utilizados en el tipo, debe entenderse comprendido en él el dolo eventual"* [STS 457/2007, 29-5 (*Tol 1081774*), FD 15].

O, en el mismo sentido, relativa a la exigencia del dolo directo, a pesar de la fórmula utilizada en el tipo, llega a afirmar lo siguiente:

"Se abandonó hace tiempo una concepción que exigiera un dolo directo sobre el conocimiento de la ilícita procedencia de los bienes, siendo suficiente el dolo eventual para su conformación conscientemente, puede afirmarse ese conocimiento cuando el autor ha podido representarse la posibilidad de la procedencia ilícita y actúa para ocultar, encubrir o ayudar a la persona que haya participado en la ilícita actividad, sin que deba exigirse una concreta calificación, siendo bastante un conocimiento genérico de la naturaleza delictiva del hecho sobre cuyos efectos actúa. En otras palabras, basta con un conocimiento de las circunstancias del hecho y no de su significación social" [STS 483/2007, 4-6 (*Tol 1106849)*, FD 18].

Llegados a este punto nos parece interesante realizar un brevísimo apunte sobre la interpretación judicial del elemento "a sabiendas", es decir, de cómo la Jurisprudencia ante esa misma locución, que el Legislador utiliza con una cierta profusión en los Delitos contra la Administración Pública, es menos exigente en su interpretación en los delitos de blanqueo de capitales. Así, entre otros, en el delito de prevaricación administrativa del art. 404 CP, la Sala Segunda, de forma prácticamente unánime, rechaza el dolo eventual en la prevaricación administrativa, a pesar de que el elemento subjetivo del tipo empleado en la descripción típica del comportamiento es el mismo: el dictado de resolución arbitraria "a sabiendas" de su injusticia.

"El delito de prevaricación no puede cometerse mediante dolo eventual, requiriendo dolo directo (al exigirse actuar a sabiendas de la injusticia de la resolución), con la finalidad de dictar una resolución arbitraria en un asunto administrativo" [STS 288/2019, 30-5, (*Tol 7271630)*, FD 4].

En el mismo sentido, la STS 654/2018, 14-12 (*Tol 6958244)*, afirma que:

"El delito de prevaricación solo puede cometerse dolosamente; ni siquiera resultaría suficiente un dolo eventual, ni, por supuesto, por imprudencia" [asimismo, *vid.* STS 57/2020, 20-2 (*Tol 792121)*, FJ 11].

Más allá de evidenciar ese tratamiento dispar de la Sala Segunda para la fórmula "a sabiendas" en el delito de blanqueo de capitales y en el delito de prevaricación administrativa, lo pretendido es poner de manifiesto la elasticidad interpretativa de la Sala que le lleva, incluso, a admitir la ignorancia deliberada como una posición "*inserta en el dolo eventual*" [STS 30/2010, 29-1 (*Tol 781376*)].

Vaya por adelantado que no podemos detenernos en el análisis detallado de la ignorancia deliberada o "*willful blindness*" (ceguera voluntaria), que supone, en resumida síntesis, una indiferencia deliberada ante una actuación ilícita previa, es decir, un no querer saber (RAGUÉS I VALLÈS).

En efecto, el origen moderno de la propuesta se ubica en el Derecho Estadounidense a mediados del siglo pasado, aunque se trata de una construcción que fue abordada por PACHECO mucho tiempo atrás. A su juicio, no era posible alegar desconocimiento cuando los hechos eran notorios y de los que todo el mundo hubiera sospechado. Propuesta que le lleva a situar en un mismo plano "la posibilidad de conocer" y el "deber de conocer" (BLANCO CORDERO). En otras palabras, si a pesar de las sospechas sobre la ilicitud del carácter delictivo de lo que va a realizar, el sujeto opta por llevar a cabo la operación, se le van a exigir responsabilidades por lo que podría haber llegado a conocer y no hizo por su propia decisión personal, es decir, por incumplir un deber de conocer. Una variable distinta sería el supuesto en el que el sujeto no se decide a aclarar sus dudas, en sentido contrario al anterior, por la confianza que tiene respecto a aquel que actúa y por las ventajas económica obtenidas (FERRÉ OLIVÉ).

Criterio que, asimismo, se asume en la Directiva (UE) 2018/1673, del Parlamento Europeo y del Consejo, de 23 de octubre de 2018, relativa a la lucha contra el blanqueo de capitales mediante el Derecho Penal, dispone en su art. 3.2 que:

> *"Los Estados miembros podrán adoptar las medidas necesarias para garantizar que las conductas a que se refiere el apartado 1 sean castigadas como* ***delito cuando el autor sospechara o debiera haber sabido*** *que los bienes procedían de una actividad delictiva"* (subrayados y negrita añadidos).

Más allá del carácter potestativo de la previsión o de que se afirme que el precepto positiviza una inversión de la carga de la prueba (FERRÉ OLIVÉ), se trata de una medida, efectivamente, polémica pero que la Sala 2ª ya había "importado" unos años antes. En efecto, FEIJOO SÁNCHEZ señala que hay que estar especialmente atentos a la traslación de forma aislada y descontextualizada de figuras jurídicas que pueden generar disfuncionalidades. Eso es lo que ocurre, señala, con el blanqueo de capitales en una época en la que proliferan "delitos globales" que están conduciendo a una "americanización del Derecho Penal" (FEIJOO SÁNCHEZ). Sea como fuere, en el propio Tribunal Supremo existe una abierta polémica dado que se trata de una figura controvertida sobre la que no existe consenso, lo cual se refleja en resoluciones oscilantes que reflejan la pluralidad de criterios en la propia Sala, lo que contribuye a avivar una polémica alrededor de una institución sobre la que, en general, la Doctrina se ha mostrado crítica.

La primera sentencia donde la Sala 2ª menciona la figura de la ignorancia deliberada, es en el FJ 5 de la STS 1637/1999, 10-1-2000 (*Tol 4924826*), donde se refiere a ésta como aquella situación en la que no se quiere saber aquello que puede y debe conocerse, por lo que está asumiendo y aceptando todas las posibilidades del origen del negocio en el que participa y, por lo tanto, debe responder por sus consecuencias. Idea que ha venido reiterándose en otros muchos pronunciamientos hasta, incluso, cuestionarla porque en sí misma constituye una *contradictio in terminis*. Es el caso de la STS 797/2006, 20-7 (*Tol 1019330*), FJ 16, donde se afirma lo siguiente:

"Sobre estas bases la Audiencia dijo no tener dudas sobre la existencia de dolo directo de este recurrente y de los otros que se encuentran en situación similar, descartando que hayan obrado con imprudencia grave (cuestión relevante a los efectos de la posible aplicación del art. 303.3 CP). En este contexto hizo referencia a una doctrina a la que atribuye proceder del derecho de los EEUU, según la cual se trataría de casos de 'ignorancia deliberada' o de 'ignorancia intencional'. Tales expresiones no resultan ni idiomática ni conceptualmente adecuadas, dado que si se tiene intención de ignorar es porque, en realidad, se sabe lo que se ignora. Nadie puede tener intención de lo que no sabe [...]".

Como anticipábamos, la sucesión de resoluciones de la Sala 2ª sobre la ignorancia deliberada, ya sea a favor o en contra son permanentemente matizadas o, permítasenos la expresión, de lo más variopinto, desde las que inciden en la ignorancia deliberada como elemento volitivo del dolo, como elemento cognitivo del dolo, las que la insertan en el dolo eventual, las que le dispensan un tratamiento doloso o imprudente o, en su caso, como expresión de indiferencia (BEL GONZÁLEZ, RAGUÉS I VALLÈS), de manera que, en unos casos, se responderá a título de dolo eventual y en otros a título de imprudencia (BLANCO CORDERO).

Sea como fuere, lo que está fuera de duda es que en el Derecho de nuestro país no cabe la presunción del dolo, ni eliminar sin más las exigencias probatorias del elemento cognitivo del dolo ni, en consecuencia, cuestionar la aplicación del *in dubio pro reo* sobre los hechos en apoyo de un supuesto "principio de ignorancia deliberada" [SSTS 68/2011, 15-2 (*Tol 2052636*), FD 1, y 704/2018, 15-1 (*Tol 6996552*), FD 36].

En esta misma línea de consideraciones, el FD 1 de la STS 57/2009, 2-2 (*Tol 1459590*), afirma que:

"Sustituir el conocimiento o la representación de los elementos del delito por la prueba de que el sujeto activo ha evitado deliberadamente abarcar esos elementos, puede implicar nuestro apoyo a una verdadera desnaturalización del desafío probatorio que incumbe a las acusaciones. En supuestos como el que nos ocupa, la condena del acusado sólo puede basarse en lo que éste sabía, no en lo que debió conocer. El reproche penal por lo que se debió conocer y, sin embargo, no se conoce, no puede servir, sin más, de fundamento para la afirmación del dolo.

Dicho esto, la experiencia ofrece numerosos ejemplos en los que se producen verdaderas situaciones de ignorancia deliberada. Son casos en los que el autor, pese a colmar todas las exigencias del tipo objetivo, ha incorporado a su estrategia criminal, de una u otra forma, rehuir aquellos conocimientos mínimos indispensables para apreciar, fuera de toda duda, una actuación dolosa, si quiera por la vía del dolo eventual. De esa manera, se logra evitar el tratamiento punitivo que el CP reserva a los delincuentes dolosos, para beneficiarse de una pena inferior —prevista para las infracciones imprudentes— o de la propia impunidad, si no existiera, como sucede en no pocos casos, una modalidad culposa expresamente tipificada.

De lo que se trata, en fin, es de fijar los presupuestos que permitan la punición de aquellos casos de ignorancia deliberada en los que se constate la existencia de un acto de indiferencia hacia el bien jurídico que sugiera la misma necesidad de pena que los casos de dolo eventual en su sentido más estricto".

A nuestro parecer, la Sala introduce dos consideraciones que no pueden pasar desapercibidas. En primer lugar, la afirmación del dolo debe basarse exclusivamente en lo que el acusado sabía, no en lo que debió conocer y no conocía. Y, en segundo lugar, se refiere a que la indiferencia del autor hacia el bien jurídico determina la "misma necesidad de pena" que los supuestos de dolo eventual. Situación para la que, seguidamente, determina los criterios en los que la ignorancia deliberada puede dar lugar al dolo eventual:

1. Falta de representación suficiente de todos los elementos que definen el tipo delictivo de que se trate.
2. Una decisión del sujeto de permanecer en la ignorancia, aun hallándose en condiciones de disponer, de forma directa o indirecta, de la información que se pretende evitar.
3. Un componente motivacional, inspirado en el propósito de beneficiarse del estado de ignorancia alentado por el propio interesado.

En todo caso, decíamos al inicio que, si bien la Jurisprudencia ha sido en buena medida permeable a la recepción en sus resoluciones de la ignorancia deliberada, asimismo, no existe una línea interpretativa consolidada dada la variabilidad de criterios manifestados. Por el contrario, la Doctrina ha sido menos receptiva a esta propuesta (entre otros, FERRÉ OLIVE, LASCURAÍN SÁNCHEZ, LORENZO SALGADO, MARTÍNEZ-BUJÁN PÉREZ).

Por otro lado, existe una cuestión de enorme trascendencia que subyace en la ignorancia deliberada y sobre la que no se ha reparado con el detenimiento que merece, aunque, es cierto, su incidencia en el delito de blanqueo de capitales es menor ya que se prevé su comisión imprudente. Como sabemos, la asunción de la doctrina de la ignorancia deliberada supone la imputación a título de dolo eventual, aunque no haya sido posible constatar el conocimiento del sujeto, siempre y cuando pueda acreditarse que debería haber conocido el alcance de esa actividad y que si no la conoció fue porque él mismo provocó esa situación de desconocimiento por acción o por omisión, lo que está directamente relacionado con el propósito de obtener un beneficio económico generado por la actividad desarrollada en ese estado de ignorancia que él ha posibilitado. En directa relación con lo anterior, conviene recordar que la mayoría de los delitos de naturaleza económica o empresarial no tienen prevista la comisión imprudente, de manera que el cuestionamiento del dolo nos llevaría inevitablemente a concluir con la exclusión de la responsabilidad penal (SILVA SÁNCHEZ). Aunque, más allá de la cuestionable oportunidad del "merecimiento" de pena cuando el sujeto no es que desconozca en sentido estricto la situación, sino que carece de interés en conocerla y, por lo tanto, se muestra indiferente, es indudable que no dispone del conocimiento exigido por el dolo, por ello algún autor propone la consideración de una tercera vía de imputación subjetiva para dirimir esa zona intermedia entre el dolo y la imprudencia, con una pena adecuada a su gravedad (RAGUÉS I VALLÈS).

Llegados a este punto, y atendiendo a la complejidad de lo expuesto, lo más razonable es puntualizar dos situaciones distintas. En primer lugar, aquellas en las que el sujeto no tiene interés en conocer, pero se representa la situación como "probable", es decir, se representa el riesgo que genera su comportamiento. Se trata de situaciones que son susceptibles de ser calificadas como de dolo eventual; escenarios en los que acudir a la doctrina de la ignorancia deliberada es puramente retórica ya que el sujeto dispone del conocimiento propio atribuible al dolo eventual (MARTÍNEZ-BUJÁN PÉREZ, RAGUÉS I VALLÈS). Situación que hay que diferenciar, en segundo lugar, de aquella otra en la que el sujeto carece de una representación absoluta del origen delictivo de los bienes, por lo que el dolo eventual queda descartado y será preciso valorar si el sujeto actúa de forma imprudente (SILVA SÁNCHEZ), sin perjuicio de que se deba dirimir la entidad de ésta (BLANCO CORDERO).

> "[...] *Aún justificadas las premisas externas constituidas por los datos objetivos que se declaran probados, de ellos, en lo interno, no cabe llegar coherentemente, con aval de la lógica y de la experiencia, a la inferencia en lo empírico de que el acusado sabía del origen delictivo del dinero transferido. Las inferencias posibles a partir de aquellos datos constatados pueden llevar en lo subjetivo a otras inferencias alternativas no menos razonables. Como cualesquiera que supongan a lo sumo una sospecha de irregularidad, pero que puede ser de naturaleza no delictiva. 'Ad exemplum': la burla de normas fiscales o de circulación de capitales.*
>
> *Y en lo normativo tampoco convenimos en que le fuera exigible un deber de investigación, ni siquiera de adecuar el comportamiento a una mera sospecha de la posibilidad de que la ilicitud del movimiento de dinero partiera de un hecho criminal en la obtención del dinero transferido. En ningún caso la desatención a la cautela puede ser tildada de temeraria dadas sus circunstancias personales, la mediación de una entidad bancaria la apariencia generada por los interlocutores y la escasa cuantía del dinero manejado y del beneficio obtenido.*
>
> *Por lo que, considerando que no se han probado todos los elementos del tipo penal debemos absolver al acusado, previa estimación del recurso*" [STS 830/2016, 3-11 (*Tol 5871290)*, FJ 5.e].

Al margen de la mayor o menor receptividad hacia la teoría de la ignorancia deliberada, incluso desde los sectores más próximos, se ha evidenciado que un sistema de imputación subjetiva como el nuestro, donde no existen diferencias penológicas en relación a las distintas modalidades dolosas que podrían plasmarse en atención al grado de indiferencia mostrado hacia el bien que objetivamente se lesiona, configura una situación que no contribuye a dispensar a cada supuesto una respuesta adecuada a su gravedad; sin perjuicio, por otro lado, de las dudas que suscita el hecho de aceptar una forma de dolo que no requiera conocimiento (RAGUÉS I VALLÈS).

Es cierto que a diferencia de otros ordenamientos en los que se dispone un concepto auténtico de dolo, en nuestro Código penal no se recoge, aunque, a la vez, está fuera de cualquier duda de que existe un vínculo indisociable entre dolo y conocimiento, esto es, el elemento cognitivo del dolo constituye una circunstancia de la responsabilidad penal que debe ser probado en el proceso, por lo que no cabe argüir una presunción de dolo ni eliminar, sin más, las exigencias probatorias del elemento cognitivo del dolo. Otra cosa distinta es que se acredite que el autor decide llevar a cabo el comportamiento, a pesar de haber dispuesto de consistentes y claros indicadores que le permitan representarse que concurren en el hecho los elementos del tipo objetivo, y, aun así, decide materializar su acción. En todo caso, mientras el sujeto actúe sin representación y con indiferencia hacia los hechos castigar ese comportamiento a título de dolo eventual nos parece abiertamente insatisfactorio. Lo contrario, supondría castigar la actitud del agente. Actitud que puede existir tanto en los casos de conocimiento como de desconocimiento, que es sustancialmente diferente a la exigencia de responsabilidad por el verdadero conocimiento de los elementos objetivos del tipo. Esa exigencia de responsabilidad fundamentada en una determinada actitud del agente supone eliminar la voluntad del concepto tradicional de dolo, de modo que el único referente se traslada al conocimiento, esto es, a lo que sujeto debería conocer (BEL GONZÁLEZ).

Para finalizar, es preciso recordar un viejo corolario: “no se puede obligar a decir al Código lo que no dice”. Es más, no se puede convertir al dolo en lo que no es a partir de la valoración de emociones, motivaciones, actitudes o disposiciones morales del agente. En suma, si lo que se pretende es modificar el objeto del dolo y, en ese caso, únicamente importa la constatación de una indiferencia, de una indolencia o de una disposición como elementos configuradores de un juicio moral de reproche, se modifica el “hecho esencial que adquiere relevancia para el Derecho Penal, esto es, el objeto de desvalor, reproche o censura que merece la conducta y que legitima la imposición de una pena contemplada legalmente” (FEIJOO SÁNCHEZ).

7.2. El delito de blanqueo de capitales imprudente. El art. 301.3 CP

7.2.1. Una breve referencia a la normativa internacional

El delito de blanqueo de capitales imprudente es un comportamiento particularmente controvertido sobre cuya utilidad/necesidad la Doctrina ha manifestado sus dudas, sin perjuicio de que algún sector sea partidario de su incriminación, y sobre la que, además, los instrumentos internacionales, en general, han sido prudentes hasta que, finalmente, se incluyó en la Directiva (UE) 2018/1673, de 23 de octubre, relativa a la lucha contra el blanqueo de capitales mediante el Derecho penal.

Sin ánimo de exhaustividad, resulta que ningún Convenio de Naciones Unidas sobre la materia (Viena, Palermo, Mérida) contempla la posibilidad de la tipificación imprudente del delito de blanqueo de capitales, sin perjuicio de que algunos Estados decidan castigarla puesto que esos Convenios constituyen normas de mínimos y, éstos, pueden disponer medidas más rigurosas que las suscritas en los Convenios internacionales (BLANCO CORDERO, FABIÁN CAPARRÓS).

En el ámbito del Consejo de Europa la situación es similar, aunque con algún matiz y es que tanto en el Convenio de Estrasburgo de 1990, en cuyo art. 6.3.a) se prevé que cada Parte podrá adoptar las medidas que considere necesarias para tipificar en su legislación nacional cuando el sujeto: "*Debería haber presumido que los bienes eran producto de un delito*"; como el art. 9.3 del Convenio de Varsovia de 2005, se refiere a los supuestos en los que el autor: "*a) albergaba sospechas de que los bienes eran producto de un delito; y b) debería haber presumido de que los bienes eran producto de un delito*". Previsiones que podrían subsumirse no sólo en el ámbito de los comportamientos imprudentes sino, también, en la ignorancia deliberada, con las consecuencias interpretativas que derivan los Tribunales de nuestro país para esa figura. Aun así, debemos insistir en que esas previsiones no tienen carácter imperativo, sino que son de carácter potestativo y, por lo tanto, no se trata de normas preceptivas para los Estados, sino orientaciones de política criminal.

En términos similares la Directiva (UE) 2018/1673, de 23 de octubre, en su Considerando 13, tras recordar que se trata de un texto de mínimos, dispone que: "[...] *Los Estados miembros deben poder, por ejemplo, establecer que el blanqueo de capitales cometido temerariamente o por negligencia grave sea constitutivo de delito. Las referencias de la presente Directiva al blanqueo de capitales cometido por negligencia deben considerarse como tales para los Estados miembros en los que dicha conducta sea punible*", para prever en su art. 3.3 que los Estados podrán adoptar medidas para castigar determinadas conductas cuando "*el autor sospechara o debiera haber sabido que los bienes provenían de una actividad delictiva*".

La Doctrina española se muestra dispar en sus opiniones sobre la oportunidad de la incriminación del delito de blanqueo de capitales imprudente. Así, se afirma que en la Unión Europea han proliferado las legislaciones que han optado por incriminar el delito de blanqueo imprudente. Es el caso de Alemania, Bélgica, Reino Unido, Luxemburgo, Italia, etc. (BLANCO CORDERO); no obstante, otros autores, desde un punto de vista distinto, consideran que, si bien la modalidad culposa del delito de blanqueo de capitales se encuentra tipificada en algunos de los países de nuestro entorno, no sólo no suponen la mayoría, sino que se encuentra rechazada en "muchos otros", por lo que no es una prioridad a nivel internacional (FABIÁN CAPARRÓS). A lo que se añaden las dudas que reporta el hecho de que desde un punto de vista político criminal se opte por la tipificación de estos comportamientos, cuando existe un régimen administrativo sancionador muy severo en la Ley 10/2010, de 28 de abril, en la que se prevén multas que pueden alcanzar hasta los diez millones de euros (FERRÉ OLIVÉ).

En todo caso, por lo que se refiere a la incriminación del blanqueo de capitales imprudente se debe recordar que fue introducido en nuestro ordenamiento jurídico mediante la LO 8/1992, de 23 de diciembre, en el ámbito de los delitos relacionados con el narcotráfico, aunque su antecedente inmediato fue el delito de receptación del art. 546 bis f), incorporado mediante la LO 1/1988, de 24 de marzo, como un tipo penal relativo al aprovechamiento de los efectos y ganancias provenientes del narcotráfico. Delitos que posteriormente se trasladaron al CP 1995, con la particularidad de que se amplió de forma notable el ámbito material de los delitos de blanqueo de capitales, ya que se pasó del narcotráfico a cualquier delito grave (VARELA).

7.2.2. *La incriminación del delito de blanqueo imprudente*

Los argumentos que cuestionan la incriminación del delito de blanqueo imprudente son muchos, desde los que hacen referencia a los límites del *ius puniendi* y al principio de intervención mínima (VARELA); a que en los estados democráticos no es habitual la incriminación de comportamientos culposos en la protección penal de bienes jurídicos colectivos (ABEL SOUTO); a que las sanciones previstas en el tipo rebasan los límites que se derivarían del principio de proporcionalidad (LOMBARDERO EXPÓSITO); hasta quien aboga abiertamente por su inconstitucionalidad por ser un delito común, a lo que se añade que en un Estado de derecho es inadmisible que se imponga a los ciudadanos un deber de investigación de los movimientos económicos ajenos así como de los posibles delitos que hayan cometido otros (BLANCO LOZANO); al propio Consejo General del Poder Judicial, quien en su Informe al Anteproyecto del Código penal de 1992 (p. 246), afirma que: "*aunque razones de política criminal puedan justificar la penalización de la imprudencia grave, no es menos cierto que tal posibilidad es dogmáticamente muy discutible*".

En sentido contrario, existen argumentos de índole procesal que fundamentan su incriminación, básicamente, los relativos a las dificultades de prueba que se plantean en el ámbito del blanqueo doloso, de modo que se pretende eludir la presunción de inocencia mediante el Derecho material (BLANCO CORDERO). A ello se añade un argumento adicional relativo a que el tipo imprudente favorecería la prueba del delito evitando con ello lagunas de punibilidad dado que la prueba del dolo suele plantear graves dificultades (FERRER OLIVÉ). Criterios que, en realidad, incriminan al pretendido autor de unos hechos en casos no plenamente probados de realización dolosa en un tipo de recogida que pone en grave peligro el derecho a la presunción de inocencia (ARÁNGUEZ SÁNCHEZ, FABIÁN CAPARRÓS).

Se trata de una solución, llamémosla así, posibilista que en su momento encontró una cierta compresión en algún autor, quien manifestaba que con la incriminación imprudente del delito de blanqueo de capitales se evita que los Tribunales sean obligados a elegir entre "castigar a título de dolo aquellos supuestos en los que no puede probarse un conocimiento cierto de la ilícita procedencia de los bienes, o dejarlos sin castigar, aún en los casos de patente ceguera jurídica" (VIDALES RODRÍGUEZ), por lo que la tipificación del blanqueo imprudente se constituye en un instrumento legal para evitar la impunidad (FABIÁN CAPARROS).

7.2.3. Una nueva duda: ¿el delito imprudente de blanqueo de capitales es un delito común o especial?

Una de las cuestiones más controvertidas en este delito es la determinación del sujeto activo, esto es, si se trata de un delito común o de un delito especial. Es cierto que el tipo no hace ninguna mención a ello y, a la vez, que el grado de diligencia exigible a un ciudadano común es distinto del requerido a cualquiera de los sujetos obligados que se recogen en el art. 2 de la Ley 10/2010, de 28 de abril; dudas a las que también contribuyó la Jurisprudencia dado que, como afirma la propia Sala 2ª en su STS 158/2023, 8-3 (*Tol 4921031*), se produjo "*alguna vacilación interpretativa*".

Por razones evidentes no vamos a reproducir la discusión originada en su momento, pero, en resumida síntesis, resulta que el sector doctrinal que defendía el carácter especial del delito y, por lo tanto, que únicamente podían ser sujetos activos quienes estaban especialmente obligados por la normativa administrativa en el art. 2 de la Ley 10/2010, sujetos a quienes se les requiere legal o reglamentariamente unos deberes especiales de cuidado en consideración al desempeño de determinadas actividades profesionales, esto es, a quienes les es exigible un "*deber de diligencia intensificado que podría derivar en una auténtica negligencia profesional*" [STS 924/2005, 17-6 (*Tol 674681*)]. A lo anterior se añadían una serie de argumentos complementarios como era el hecho de que, en sentido contrario, esto es, de tratarse de un delito común, se decía que a la ciudadanía que interviene en asuntos de índole económica no puede exigírsele un deber de cuidado que vaya más allá de lo razonable y se le conmine a tomar una serie de obligaciones adicionales ante la eventualidad de que puedan estar ligados a un delito cometido por terceros (VARELA), además de los deberes de información y denuncia que se imponen a los sujetos obligados a quienes se les conmina a actuar como "auténticos informantes policiales a título gratuito" (FERRÉ OLIVÉ).

En cuanto a la tesis contraria relativa a considerar al blanqueo de capitales como un delito común se argumentaba que el precepto no requiere del sujeto activo ninguna particularidad especial, de modo que puede ser cometido por cualquier persona. El precepto penal no restringe el circulo de sus posibles sujetos activos. Es decir, ni el tipo doloso ni el imprudente distinguen entre sujetos obligados y no obligados, de la misma forma que tampoco concretan posiciones de garante ni determinadas cualidades en el sujeto activo (VARELA). Por lo tanto, cualquier ciudadano puede cometer un delito de blanqueo imprudente que se materializa en la infracción de una norma de cuidado y del deber de cuidado (BLANCO CORDERO).

Más allá de que en el epígrafe siguiente abordemos el deber de cuidado, existe un argumento adicional que corrobora que el delito de blanqueo imprudente es un delito común. Consideración que recientemente ha puesto de manifiesto FERRÉ OLIVÉ al evidenciar que estamos ante un delito de esa naturaleza por imperativo del Legislador europeo, en particular, por el art. 6.1.b) de la Directiva (UE) 2018/1673, de 23 de octubre. Previsión que ha llevado al Legislador español, mediante la LO 6/2021, de 28 de abril, a introducir un segundo párrafo al art. 302.1 CP, que prevé la imposición de la pena en su mitad superior, a los sujetos obligados que realicen en el ejercicio de su actividad profesional cualquiera de las conductas descritas en el art. 301 CP.

En virtud de lo anterior, pueden diferenciarse dos clases de delitos de blanqueo de capitales imprudentes en atención al sujeto activo, uno común y otro especial. En primer lugar, los dispuestos en el art. 301.3 CP, que se corresponde con un delito común y, por lo tanto, cuyos autores no son sujetos obligados, a los que les corresponderá una pena de prisión de seis meses a dos años y una multa del tanto al triplo. Y, en segundo lugar, el art. 302.1 CP, segundo párrafo, deviene en un delito especial que se atribuye a los sujetos obligados en el ejercicio de una actividad profesional, esto es, los dispuestos en el art. 2 de la Ley 10/2010, de 28 de abril, a quienes les corresponderá una pena de prisión de quince a veinticuatro meses y una multa del doble al triplo, además de la correspondiente inhabilitación especial de tres a diez años, art. 303 CP.

7.2.4. La infracción de la norma y del deber objetivo de cuidado

En atención a lo que acabamos de referir y, por lo tanto, a la consideración del ilícito como un delito común y, a la vez, como un delito especial, resulta que la infracción de la norma reviste una particularidad distinta que es necesario diferenciar en virtud de quien sea el sujeto activo del delito, esto es, de si el comportamiento es subsumible en el art. 301.3 CP o en el segundo párrafo del art. 302.1 CP.

Sin embargo, antes de detenernos en ello es esencial realizar una breve aproximación a una cuestión debatida en la Doctrina y sobre el que la Jurisprudencia, al menos a nuestro entender, no se ha manifestado con la precisión que sería deseable. Nos referimos a que la fórmula utilizada en la descripción del blanqueo de capitales imprudente parece que está referida a los comportamientos que se describen en los apartados primero y segundo del art. 301 CP. La pregunta, obviamente es si todos ellos admiten la comisión imprudente. Es decir, si esos hechos típicos de los apartados 1 y 2 del art. 301 CP son compatibles con la estructura del delito imprudente (GÓMEZ INIESTA).

En este sentido, en relación con el inciso segundo del párrafo primero del art. 301 CP, un sector de la Doctrina considera que es necesario deslindar la culpa de la existencia de elementos subjetivos en el tipo doloso y con ello no rechazar la posibilidad de la comisión imprudente ya que de otra manera se estaría contrariando la voluntad del legislador (FERRÉ OLIVÉ). Criterio que, por otro lado, de forma indirecta, es el que manifiesta el Tribunal Supremo, quien tras afirmar que el blanqueo imprudente presenta dificultades dogmáticas, y más cuando se trata, añade, de un comportamiento que incorpora un elemento subjetivo del injusto "*consistente en conocer la ilícita procedencia de los bienes y la intención de coadyuvar a su ocultación o transformación*". A pesar de todo, concluye que el principio de legalidad obliga a considerar la comisión imprudente del delito [STS 120/2013, 20-2 (*Tol 3239100*), FD 6].

Ahora bien, una cuestión tan compleja no se puede abordar con ligereza puesto que se trata de dos cuestiones distintas. La primera es que esos comportamientos del inciso segundo del art. 301.1 CP están presididos por un elemento subjetivo del injusto, esto es, por la preposición "*para*": "*para ocultar o encubrir su origen ilícito, o para ayudar a la persona* [...]". Obviamente, lo que cabe preguntarse es si dogmáticamente esos elementos subjetivos son compatibles con un comportamiento imprudente. Situación que nos suscita enormes dudas ya que se trata de comportamientos antagónicos. Esto es, la comisión imprudente es incompatible con la exigencia de elementos subjetivos del tipo que se contienen en la segunda parte del art. 301.1 CP (DEL CARPIO DELGADO). Otra cosa distinta es que el delito de blanqueo de capitales sea un delito esencialmente doloso, como recuerda la propia Sala en el FD 6 de su STS 120/2013, 20-2 (*Tol 3239100*), a lo que cabe matizar que el principio de legalidad y, por supuesto, la voluntad del legislador, habilitan la comisión imprudente del delito de blanqueo. Ahora bien, esa comisión imprudente únicamente estaría referida a la primera parte del art. 301.1 CP. Comportamientos en los que no se requiere el elemento subjetivo del injusto, así como al párrafo segundo del mismo precepto que tampoco lo precisa y que, por ello, admite la comisión imprudente. (MARTÍNEZ-BUJÁN PÉREZ).

Volviendo al principio y, en este caso, a la comisión imprudente del delito de blanqueo por parte de los sujetos obligados, el segundo párrafo del art. 302.1

CP reenvía a la "normativa de prevención del blanqueo de capitales [...]". Así, el precepto se configura como una norma penal en blanco que remite a la ya tantas veces citada Ley 10/2010, de 28 de abril, donde se establecen para los sujetos obligados (art. 2) especiales deberes de vigilancia; así como al Real Decreto 304/2014, de 5 de mayo, por el que se aprueba el Reglamento de la Ley 10/2010. En suma, se trata de determinadas normas de conducta que se imponen, legal o reglamentariamente, a los sujetos obligados que incumplen deberes específicos de cuidado, como las medidas de diligencia debida (arts. 3 y ss.), obligaciones de información (arts. 17 y ss.), obligaciones de control interno (arts. 26 y ss.), medios de pago (arts. 34 y ss.), etc. Ahora bien, obsérvese que el precepto se refiere a imprudencia "grave", por lo que no todo incumplimiento de las obligaciones prescritas en la Ley o en el Reglamento generarán responsabilidad penal, sino que, únicamente, tendrán esa relevancia cuando del referido incumplimiento se infiera una concreta operación de blanqueo de capitales (BLANCO CORDERO).

En cuanto a la imprudencia grave dispuesta en el art. 301.3 CP, ésta viene caracterizada por la infracción de las normas de cuidado, por lo que ha de determinarse cuál era el comportamiento objetivamente debido en una situación en particular y si ese comportamiento puede ser requerido al autor atendiendo a sus capacidades individuales. Ello implica identificar los deberes de previsibilidad que obligan al sujeto que creó esa situación de riesgo y, desde luego, es necesario que se evalúen cuáles eran sus circunstancias personales. Sin olvidar, por otro lado, una valoración cuantitativa y cualitativa del grado de incumplimiento con respecto a la producción del resultado. En efecto, la Sala 2ª en el FD Único de su STS 47/2021, 21-1 (*Tol 8301820*), concluye que:

> *"El injusto imprudente del delito de blanqueo reclama identificar el incumplimiento de dos deberes normativos principales relacionados en términos de interdependencia condicionada: uno, el deber de evitación del resultado de favorecer una precedente actividad delictiva mediante alguna de las acciones que se describen en el tipo objetivo del artículo 301.1°CP; otro, el deber de activar los mecanismos instrumentales de comprobación, indagación y representación sobre el origen del bien o el dinero recibido. Siendo el incumplimiento de este segundo a consecuencia de una conducta gravemente descuidada del agente, el que explique el incumplimiento del primero. Pero como toda fórmula de injusto imprudente debe examinarse la capacidad individual del agente de advertir y evitar el peligro. Para responder penalmente por un delito imprudente, la persona debe no solo haber introducido un peligro no permitido que se encuentre dentro del ámbito de protección de la norma. Además, la creación del peligro no permitido y el nexo o conexión con el fin de protección deberían haber sido advertidos subjetivamente por el autor y el resultado, en consecuencia, poder haber sido también evitable".*

En directa relación con lo anterior, una cuestión importante, en la que convergen de forma prácticamente unánime la Jurisprudencia y la Doctrina es que el comportamiento penalmente relevante está circunscrito al conocimiento del origen delictivo de los bienes. Esto es, la imprudencia no recae sobre la forma en la que se ejecuta el hecho, sino sobre el conocimiento del origen delictivo de los bienes (entre otros, BLANCO CORDERO, GÓMEZ INIESTA, VIDALES RODRÍGUEZ).

Criterio que, como anticipábamos es también el asumido por el TS, quien en el FD 5 de su Sentencia 506/2015, 27-7 (*Tol 5391372*) afirma:

> "[...] *La imprudencia no recae sobre la conducta en sí misma, sino sobre el conocimiento de la procedencia delictiva de los bienes* [...] *ha de estimarse que actúa imprudentemente quien ignora el origen ilícito de los bienes por haber incumplido el deber objetivo de cuidado que impone el art. 301 3°"* [...] *En este tipo no es exigible que el sujeto sepa la procedencia de los bienes, sino que por las circunstancias del caso esté en condiciones de conocerlas sólo con observar las cautelas propias de su actividad y, sin embargo, haya actuado al margen de tales cautelas o inobservando los deberes de cuidado que le eran exigibles y los que, incluso, en ciertas formas de actuación, le imponían normativamente averiguar la procedencia de los bienes o abstenerse de operar sobre ellos, cuando su procedencia no estuviere claramente establecida* [...] *la imprudencia recae, no sobre la forma en que se ejecuta el hecho, sino sobre el conocimiento de la naturaleza delictiva de los bienes, de tal modo que debiendo y pudiendo conocer la procedencia delictiva de los bienes, actúe sobre ellos, adoptando una conducta de las que describe el tipo y causando así objetivamente la ocultación de la procedencia de tales bienes (su blanqueo) con un beneficio auxiliador para los autores del delito de que aquéllos procedan"*.

8. El delito previo o el delito de blanqueo cometido en el extranjero. El falaz principio de justicia universal del art. 301.4 CP

8.1. Cuestiones previas

El art. 301.4 CP es una nueva muestra de la política criminal llevada a cabo por un Legislador al que, como poco, hay que calificar de confuso o, simplemente, de precipitado e incapaz de articular unas previsiones que no resulten contradictorias con otros sectores del ordenamiento. Como hemos tenido ocasión de poner de manifiesto en distintas ocasiones, la tipificación del delito de blanqueo de capitales y la interpretación que, a la vez, le dispensa la Jurisprudencia es manifiestamente mejorable. Una muestra evidente de ello es la decisión de prever una especie de justicia universal en el Código penal que no concuerda con el art. 23.4 LOPJ.

En todo caso, es necesario poner de manifiesto que la redacción actual del art. 301.4 CP se corresponde con el texto original de la LO 10/1995, de 23 de noviembre, del Código penal y que, a pesar de las sucesivas reformas en esta materia, su texto ha permanecido inalterado desde su redacción inicial:

"El culpable será igualmente castigado aunque el delito del que provinieren los bienes, o los actos penados en los apartados anteriores hubiesen sido cometidos, total o parcialmente, en el extranjero".

En una primera lectura del precepto se pueden distinguir dos momentos distintos. Uno en clave sustantiva y otro en clave procesal. En efecto, el primero de ellos se desprende de la estructura objetiva del delito de blanqueo que, como es sabido, requiere la comisión de una actividad delictiva previa a la que se refiere la misma descripción típica: "*el delito del que provinieren los bienes*", con lo que se acota el objeto material del delito de blanqueo a la existencia de éste. Y, por otro lado, el precepto determina que aún y cuando el delito hubiere sido cometido "*total o parcialmente, en el extranjero*", los tribunales españoles tienen competencia para enjuiciarlos. Fórmula mediante la que se dota a los órganos judiciales de nuestro país, en un texto penal sustantivo, de una competencia territorial que no se compadece con lo dispuesto en el art. 23.4 LOPJ (FABIÁN CAPARRÓS, NIETO MARTÍN). Parece que, como avanzábamos al inicio, la previsión de atender a una cuestión procesal de esta naturaleza, como es la extensión de la jurisdicción universal en un texto sustantivo, no sólo es desafortunada, sino que presenta serias dudas con lo previsto en la LOPJ.

8.2. Una breve sinopsis de la normativa internacional

Con carácter general, se puede afirmar que los delitos de blanqueo de capitales cometidos a gran escala tienen un carácter transnacional que, en principio, dificulta su persecución, ya sea porque la normativa internacional no prevé los mecanismos idóneos para su persecución extraterritorial; porque a pesar de que aún y siendo típico ese comportamiento no se persigue en el Estado donde se cometió el delito; porque los Ordenamientos jurídicos de los Estados parte no incriminan esas conductas; por las reservas que algunos países puedan manifestar sobre ello o, incluso, por la aparición de inmunidades que vinculan a la persona, física o jurídica, con el Estado o con la organización internacional que las otorga. El resultado es que la aplicación de la norma del Estado con competencia para enjuiciar esos hechos se encuentra con enormes problemas de índole procesal y con otros derivados de la fragmentación normativa de los delitos transnacionales (MARTÍNEZ GUERRA).

En cuanto a los instrumentos internacionales relativos a la extraterritorialidad del delito previo, es sabido que el Convenio de Viena, de 19 de diciembre de 1988, fue el primero que determinó la obligación de tipificar el delito de blanqueo de capitales, aunque limitado al ámbito del narcotráfico (art. 3.1.b), estableciéndose, además, que las facultades de las Partes, en cuanto a su competencia sobre los delitos cometidos fuera de su territorio, eran de carácter facultativo (art. 4.1.b). Asimismo, la Convención de Palermo, de 15 de noviembre de 2000, en su art. 6.2.c) relativo a la penalización del producto del delito, dispone que los delitos determinantes incluirán "*los delitos cometidos dentro como fuera de la jurisdicción del Estado Parte interesado*". Previsión que seguidamente exige la doble incriminación en el Estado donde se comete el delito previo y en el Estado donde se lleva a cabo la persecución del subsecuente. En todo caso, en el momento de determinar los criterios para la persecución de los delitos, el Convenio determina que la extraterritorialidad en la persecución de los delitos es potestativa y sólo en determinados supuestos, art. 15.1.c (MARTÍNEZ GUERRA). Igualmente, la Convención de Mérida contra la corrupción, de 31 de octubre de 2003, se refiere al blanqueo del producto del delito (art. 23) en términos similares a la Convención de Palermo, y como ella, requiere la doble incriminación en la consideración del precedente. Por otro lado, el ámbito jurisdiccional se establece en el art. 42, previéndose de forma facultativa la posibilidad de que los Estados extiendan su jurisdicción extraterritorialmente en determinadas circunstancias, art. 42.2. A pesar de todo, de esa, digamos, disposición formal, por parte de los Estados, favorable a responder a esta clase delitos, es necesario evidenciar que las reservas manifestadas por algunos de ellos relativas no sólo a la tipificación del blanqueo de capitales sino también a su persecución extraterritorial, dificultan e incluso impiden la persecución de estas conductas (MARTÍNEZ GUERRA).

En directa relación con ambas Convenciones, debemos recordar que la Recomendación 3 del GAFI con respecto al "*delito de lavado de activos*" estipula que esos delitos deben tipificarse en base a la Convención de Viena y la Convención de Palermo. A lo que añade que debe aplicarse a todos los "*delitos graves*" con la finalidad de "*incluir la mayor gama de delitos determinantes*". Aunque, más allá del ámbito expansivo de la previsión, lo que nos interesa en particular es la Nota interpretativa de la Recomendación 3, en cuyo ordinal 5º se dispone lo siguiente:

> *"Los delitos predicados para el lavado de activos deben extenderse a la conducta que ocurrió en otro país, que constituye un delito en ese país y que hubiera constituido un delito determinante de haber tenido lugar internamente. Los países pueden disponer que el único prerrequisito sea que la conducta hubiera constituido un delito determinante, de haber tenido lugar internamente".*

Criterios, los establecidos en las Convenciones de Naciones Unidas que acabamos de referir, así como en las "omnipotentes" y "omnipresentes" Recomendaciones del GAFI que, como no puede ser de otra manera, determinan los criterios de persecución del blanqueo de capitales en el ámbito comunitario.

En efecto, la persecución del blanqueo de capitales en la Unión Europea ha seguido una trayectoria muy similar a la referida en el párrafo anterior. Como vimos al inicio, hasta la fecha se han aprobado siete Directivas comunitarias en materia de blanqueo, que se han tratado de armonizar con las Recomendaciones del GAFI y con la normativa internacional aunque, también es verdad, el elevado incumplimiento por parte de los Estados a transponerlas en sus respectivos ordenamientos genera una inseguridad jurídica evidente, hasta el punto de que se ha llegado a plantear un cambio de estrategia normativa como es la utilización del Reglamento comunitario, a excepción de los aspectos de naturaleza penal, como el mecanismo más idóneo para la armonización en la materia (MARTÍNEZ GUERRA).

En todo caso, en la Directiva (UE) 2018/1673 del Parlamento Europeo y del Consejo, de 23 de octubre de 2018, relativa a la lucha contra el blanqueo de capitales mediante el Derecho penal, se establecen criterios jurisdiccionales en su art. 10, algunos de carácter preceptivo con respecto a la persecución territorial y extraterritorial del blanqueo de capitales. Así, el art. 10.1.a) dispone que los Estados miembros adoptarán las medidas necesarias para extender su jurisdicción cuando el delito se haya cometido total o parcialmente en su territorio o cuando el autor sea uno de sus nacionales (art. 10.1.b). Igualmente, aunque ahora con carácter potestativo, los Estados tienen la facultad de extender extraterritorialmente su jurisdicción cuando el autor del delito tenga su residencia habitual en su territorio (art. 10.2.a) o cuando el delito se haya cometido en beneficio de una persona jurídica establecida en él (art. 10.2.b). Ahora bien, en el supuesto de que adopte esa decisión, es preceptivo que el Estado que pretenda extender su jurisdicción informe a la Comisión, sin que se establezca en el precepto que deba recibir autorización para esa persecución extraterritorial del delito. Asimismo, en la hipótesis de que existan conflictos de jurisdicción, se disponen en el art. 10.3 de la Directiva los criterios para que los Estados miembros acuerden cuál de ellos emprenderá las acciones judiciales. Otra cosa es que la disputa competencial se acentúe, que no se llegue a ningún acuerdo y que no se establezca cómo resolverlo ni qué órgano adopte la decisión que corresponda. Como se infiere de lo hasta anterior, así como, entre otros, de cómo determinar que el autor de un delito o una persona jurídica tienen su domicilio en el territorio de un Estado, la inseguridad jurídica que se desprende del texto de la Directiva en ese y otros aspectos es de un indudable calado y deberá de ser el mismo Legislador comunitario o, en su caso, el TJUE quienes lo determinen.

8.3. El equívoco reconocimiento del principio de justicia universal

Como hemos visto al inicio, el art. 301.4 le atribuye a la jurisdicción de nuestro país la competencia para juzgar los delitos de blanqueo de capitales previstos en los apartados anteriores cuando hubiesen sido cometidos total o parcialmente en el extranjero, entre los que tendrían, lógicamente, encaje los delitos de blanqueo imprudente cometidos fuera de España.

Nótese que el precepto se refiere a dos situaciones distintas. Una, es la referida al delito del que provienen los bienes, que puede haberse cometido total o parcialmente en el extranjero; y, otro supuesto diferente, es, el relacionado con los actos de blanqueo que, como en el caso anterior, se han realizado total o parcialmente en el extranjero (BLANCO CORDERO). Esa modalidad de comportamiento, esto es, la persecución de conductas de blanqueo realizadas totalmente en el extranjero genera un rechazo mayoritario en la doctrina ya no sólo porque no cuenta con precedentes en el Derecho comparado, sino porque denota "un cierto y trasnochado imperialismo jurídico" (MORENO CÁNOVES/RUIZ MARCO), además de un carácter desproporcionado y poco realista en relación con la importancia del delito, ya que, en realidad, supone la aplicación del principio de jurisdicción universal al delito de blanqueo de capitales. La consecuencia de ello es que el Legislador de 1995, probablemente sin ser consciente del calado de la previsión adoptada en el CP, extendió la jurisdicción de los Tribunales españoles para enjuiciar cualquier delito de blanqueo de capitales cometido en cualquier lugar del mundo, por ciudadanos de cualquier país (ARÁNGUEZ SÁNCHEZ, FABIÁN CAPARRÓS).

Pues bien, más allá de la modalidad del comportamiento previsto en este tipo, esto es, de que se trate de un delito antecedente o actos de blanqueo, lo que nos interesa es el lugar de la comisión del delito. Así, cuando el hecho se ha realizado parcialmente en el extranjero parece que no habría duda de que la jurisdicción española sería la competente en atención al principio de ubicuidad y del Acuerdo del Pleno no Jurisdiccional del TS, de 3-2-2005, que determina que el delito se comete en todas las jurisdicciones en la que se haya realizado algún elemento del tipo, por lo que sería competente para la instrucción de la causa el Juez que primero hubiere iniciado las actuaciones procesales. Por lo tanto, no habría dudas en considerar que nuestros tribunales ostentarían la jurisdicción para conocer de esos comportamientos (MARTÍN SAGRADO). Otra cosa distinta es que esa arrogación de competencias llegara a generar conflictos entre Estados, para lo que, como hemos visto en el epígrafe anterior, el art. 10.3 de la Directiva (UE) 2024/1640, de 31 de mayo de 2024, establece algunos criterios (indeterminados) para dirimirlos.

Sin embargo, el escenario es distinto cuando el delito del que provienen los bienes o los actos de blanqueo han tenido lugar en su totalidad en el extranjero. La primera duda que genera la previsión, ya nos hemos referido a ella, es si puede una disposición de carácter procesal vehicularse a través de una norma penal sustantiva. En otras palabras, ¿cómo es posible que una norma penal le atribuya, en virtud del principio de justicia universal, a la jurisdicción española la competencia para enjuiciar un delito precedente cometido en el extranjero? Con independencia de las consideraciones relativas a que, con esa previsión, se invadiría la soberanía de otros países que supone una extensión material del Derecho penal español, de ello se derivan dos nuevos interrogantes. El primero es determinar cuál sería el Ordenamiento jurídico aplicable, el del Estado donde tiene lugar el delito previo o lo actos de blanqueo o, por el contrario, es necesario determinar si el Ordenamiento prevalente es el español. Como es fácilmente imaginable, no existe ninguna previsión al respecto de manera que volvemos a encontrarnos con esa duda permanente en la que nos sitúa una regulación que no tiene antecedentes en el Derecho Comparado, sino que es, a todas luces, precipitada o presidida por la irreflexión.

En todo caso, la literalidad del precepto posibilita una doble vía. En primer lugar, si el delito previo o el blanqueo han tenido lugar en el extranjero, parece que lo coherente es que la Ley aplicable para dirimir la relevancia penal de los hechos debería de ser la Ley del país donde estos han tenido lugar. Aunque, de ser así, obligaría al Juez español a resolver atendiendo a un derecho extranjero, el vigente en el lugar donde tuvieron lugar (ARÁNGUEZ SÁNCHEZ, FABIÁN CAPARRÓS). El segundo interrogante que anunciábamos, estrechamente relacionado con el primero, es la necesidad de la doble incriminación ya que se van a enjuiciar unos hechos que han tenido lugar en un país extranjero atendiendo al Derecho español, de manera que podrían no ser constitutivos de delito en el país donde acontecieron, por lo que resulta inviable que unos hechos impunes en el lugar de su realización resulten constitutivos de delito en atención al Ordenamiento jurídico español. Es más, esa situación nos llevaría a una situación absolutamente insalvable, ya que, si los bienes proceden de una acción que no es punible en el país de origen, no es posible invocar la asistencia policial y judicial precisa para verificar las actividades delictivas que se atribuyen (ARÁNGUEZ SÁNCHEZ). Por lo tanto, la exigencia de la doble incriminación es un requisito necesario para que el tipo penal no sólo no vulnere el principio constitucional de proporcionalidad, sino que lo contrario no resultaría compatible con el principio de determinación (MARTÍNEZ-BUJÁN PÉREZ).

Como se recordará, en el presente epígrafe nos hemos referido a la irreflexión del Legislador al introducir en el CP una previsión de estas características, a lo que hemos añadido que en estos treinta años de vigencia no sólo no ha considerado oportuna su reforma, pero, como todo puede empeorar, resulta que la Ley 10/2010, de 28 de abril, de prevención del blanqueo de capitales y de la financiación del terrorismo, dispone en el párrafo tercero de su art. 1.2.d), que: "*Se considerará que hay blanqueo de capitales aun cuando las actividades que hayan generado los bienes se hubieren desarrollado en el territorio de otro Estado*". Es decir, los problemas interpretativos del art. 301.4 CP a los que hemos aludido, vuelven a plantearse a tenor de esta norma; ahora bien, nótese como a diferencia de la previsión del CP, la Ley 10/2010, de 28 de abril, se refiere de forma genérica a las actividades que hayan generado los bienes y que se han desarrollado en el extranjero, de manera que si es discutible la atribución de competencia extraterritorial a la jurisdicción española a través de una norma sustantiva, más paradójico resulta que una norma administrativa considere que existe blanqueo cuando las actividades pretendidamente ilícitas hayan tenido lugar en otro Estado. En todo caso, si las resoluciones que se han ocupado de resolver algunas de las cuestiones que subyacen en el art. 301.4 son prácticamente testimoniales y relacionadas con la exigencia de la doble incriminación (NIETO MARTÍN), las vinculadas con el art. 1.2.d) de la Ley 10/2010, de 28 de abril, son inexistentes.

8.4. El art. 23.4 LOPJ y su relación con el art. 301.4 CP

Como es sabido, en virtud del principio de justicia universal, en el art. 23.4 LOPJ se disponen una serie de delitos sobre los que la jurisdicción española extiende su competencia, ya fueren cometidos por españoles o por extranjeros fuera del territorio nacional, y, entre los que no se contempla el delito de blanqueo de capitales. El precepto, desde su entrada en vigor, ha experimentado un total de siete reformas, pero en ninguna de ellas se incorporó el delito de blanqueo de capitales. Más allá de la perplejidad que suscita el que una norma de carácter sustantivo se arrogue unas competencias de carácter procesal que, en buena lógica, deberían de encontrar acomodo en la LOPJ, lo cierto es que se trata de una decisión, que, por controvertida que sea, no suscita ningún problema desde el punto de vista del principio de legalidad ya que el rango normativo de ambas normas es el mismo.

Sea como fuere, permítasenos insistir, el art. 23.4 LOPJ ha sido modificado en diversas ocasiones y entre los supuestos que allí se contemplan no sólo no se recoge el delito de blanqueo de capitales, sino que de la dicción del precepto se desprende que se trata de esos delitos y no de otros. Es más, tras la reforma de 2009 se incorporan a los supuestos recogidos en el listado una serie de requisitos adicionales de carácter alternativo (como que: "*el delito haya sido cometido por un ciudadano español*; o, "*que se haya cometido contra una aeronave que navegue bajo pabellón español*"), que, en algún caso lo convierten materialmente en inaplicable. Aun así, algún autor considera que la cláusula "p" del art. 23.4 LOPJ permitiría extender la aplicación de la Ley española cuando los Tratados o los Convenios internacionales suscritos por nuestro país lo faculten (MARTÍNEZ-BUJÁN PÉREZ).

> *"p) Cualquier otro delito cuya persecución se imponga con carácter obligatorio por un Tratado vigente para España o por otros actos normativos de una Organización Internacional de la que España sea miembro, en los supuestos y condiciones que se determine en los mismos".*

El argumento que se aduce es que esa cláusula residual prevista en el apartado "p" del art. 23.4 puede entrar en juego en virtud del art. 4 de la Convención de

Viena, de 20 de diciembre de 1988. Discusión que, permítasenos el atrevimiento, es completamente estéril dada la intrincada redacción de unos preceptos que en lugar de aclarar enrevesan todavía más una reflexión que, a la vez, encuentra la respuesta pertinente en el art. 301.4 CP.

9. El comiso: art. 301.5 CP

La reforma operada mediante la LO 15/2003, de 25 de noviembre, incorpora un apartado quinto al art. 301 CP en el que reenvía al art. 127 CP:

> *"Si el culpable hubiera obtenido ganancias, serán decomisadas conforme a las reglas del artículo 127 de este Código".*

Se trata de una remisión expresa que devenía innecesaria y a la que algún autor reprocha que declaraciones de esa índole contribuyen a hacer más difícil la aplicación del comiso en otras infracciones en las que no se recoge una invocación expresa del art. 127 (QUINTERO OLIVARES, 2024); se trata de un marco general que poco después fue condicionado por la Decisión Marco 2005/212/JAI del Consejo, de 24 de febrero de 2005, relativa al decomiso de los productos instrumentos y bienes relacionados con el delito, donde en su Considerando 6 se estipulaba:

> *"(6) En virtud del artículo 12, sobre decomiso e incautación, de la Convención de las Naciones Unidas contra la Delincuencia Organizada Transnacional, de 12 de diciembre de 2000, los Estados parte* **pueden considerar la posibilidad de exigir a un delincuente** *que demuestre el origen lícito del presunto producto del delito o de otros bienes expuestos a decomiso en la medida en que ello sea conforme con los principios de su Derecho interno y con la índole del proceso judicial"* (subrayado añadido).

Una vez más, quisiéramos llamar la atención como en el citado Considerando se establece una facultad de carácter potestativo a los Estados miembros para que exijan al "delincuente" que acredite el origen de los bienes; de la misma forma que en el art. 2 de la Decisión Marco se establece lo que se denomina: "Potestad de decomiso ampliada" que, más tarde, el legislador asume con carácter preceptivo. En efecto, la regulación del decomiso resulta ampliamente reformada a través de la LO 1/2015, de 30 de marzo, de modificación de la LO 10/1995, de 23 de noviembre.

Es evidente que no podemos detenernos en este momento en el análisis del comiso o decomiso (QUINTERO OLIVARES); sin embargo, en sentido contrario, es necesario enunciar algunas de las novedades más controvertidas de éste. En primer lugar, el decomiso ampliado, art. 127 bis CP, en el que se determinan un amplio elenco de delitos —el blanqueo se recoge en el apartado i) de ese mismo precepto—, en cuya virtud se prevé que el Juez o Tribunal ordene el decomiso de bienes, efectos y ganancias de una persona condenada cuando no sea capaz de dar una explicación razonable, a partir de "*indicios objetivos fundados*" sobre su origen.

Por otro lado, el art. 127 quater CP contiene otra previsión no exenta de polémica, como es el que los jueces y tribunales "*podrán acordar*" el decomiso de los bienes, efectos y ganancias transferidas a terceras personas, o de su valor equivalente, cuando el adquirente tuviere conocimiento de su origen ilícito o cuando "*una persona diligente*", debería haber tenido motivos para sospechar de su origen ilícito (DEL CARPIO DELGADO). Es evidente que las consideraciones que se desprenden de una previsión de esas características acerca de la persona diligente que habría de tener motivos para sospechar del origen ilícito de esos bienes son innumerables. Ciertamente, no nos referimos a que haya recibido los bienes a un precio inferior al de mercado o, desde luego, a título gratuito (CARLOS DE OLIVEIRA), pero determinar la existencia de circunstancias que impliquen que una "*persona diligente*" debería de haber tenido "*motivos para sospechar*" es una previsión indeterminada, abierta, que alienta la inseguridad jurídica y que, en definitiva, introduce una inversión de la carga de la prueba.

Sin embargo, la controversia más acentuada reside en lo dispuesto en el art. 127 octies CP, donde se prevé un decomiso de carácter cautelar durante la tramitación de las actuaciones en su apartado 1, lo que puede tener lugar "*desde el momento de las primeras diligencias*". Pero, no es eso todo, ya que se añade en el apartado 2 que el juez o tribunal, conforme a lo previsto en la Ley de Enjuiciamiento Criminal, podrá resolver "*sobre la realización anticipada o utilización provisional de los bienes y efectos intervenidos*". En otras palabras, al órgano judicial se le dotan de facultades para disponer, ya no del embargo o depósito de los bienes de forma cautelar, sino que tiene la opción de disponer sobre los bienes. Esto es, se le atribuye la facultad de enajenarlos anticipadamente, así como de decidir sobre su utilización provisional desde la existencia de unas primeras diligencias de instrucción. Previsión que nos hace albergar serias dudas sobre su constitucionalidad.

Por otro lado, y además del reenvío expreso en el art. 301.5 CP al art. 127 CP, el tipo agravado del párrafo segundo del art. 301.1 CP, donde se estipula la imposición de una pena en su mitad superior cuando los bienes tengan su origen en alguno de los delitos de los artículos 368 a 372 CP, previene que se aplicarán las disposiciones dispuestas en el art. 374 CP, relativo al decomiso. Precepto que también fue objeto de profundas reformas mediante las LO 15/2003 y 1/2015. A tal efecto, es importante destacar que algún autor se cuestiona la idoneidad de aplicar el art. 374 CP al delito de blanqueo, dado que la esencia de ambas previsiones es distinta. Así, el fundamento de las disposiciones específicas en materia de tráfico de drogas se afirma, que, viene presidido por el decomiso de drogas, equipos y bienes que constituyen el objeto material del delito, lo que no permite la regulación genérica del art. 127 CP. En el blanqueo el objeto del delito no son las drogas, sino los bienes procedentes de un delito previo de tráfico de drogas, esto es, por cualquier cosa o derecho de lícito comercio valorable económicamente. Por lo tanto, en el delito de blanqueo sólo serán decomisables los efectos, instrumentos y ganancias derivados de esta infracción, pero éstos ya están incluidos en la regulación general del art. 127, por lo que la remisión es materialmente superflua (MARTÍNEZ-BUJÁN PÉREZ).

10. Los tipos cualificados

Los tipos cualificados del delito de blanqueo de capitales pueden agruparse en dos grandes bloques. El primero de ellos, en relación con la procedencia del objeto material, que se corresponde con los párrafos segundo y tercero del art. 301.1 CP; y, un segundo bloque, directamente imbricado con la condición del sujeto activo del delito, art. 302.1 CP y sus condiciones personales, art. 303 CP (BUSTOS RUBIO). En todo caso, los tipos cualificados dispuestos en los apartados 2 y 3 del art. 301 CP, así como en el art. 302.1, en realidad, se corresponden con los supuestos más frecuentes de blanqueo de capitales, es decir, conforman la regla ya que se trata de los supuestos más frecuentes, mientras que el tipo básico previsto en el art. 301.1 CP, se configura como la excepción (LORENZO SALGADO).

10.1. Tipos agravados en función de la procedencia del objeto material

10.1.1. El blanqueo de los bienes procedentes del tráfico de drogas

Se trata de una circunstancia, con razón, muy discutida por la Doctrina desde un punto de vista político criminal (LORENZO SALGADO), ya que la estrecha relación entre el tráfico de drogas y el blanqueo de capitales no sólo es evidente, sino que no puede olvidarse que la LO 1/1988, de 24 de marzo, fue el instrumento normativo que incorporó el blanqueo de capitales al Código penal en el art. 546 bis f) CP, con la particularidad de que el único delito antecedente era el tráfico de drogas. Previsión que se mantuvo en esos términos hasta la entrada en vigor del vigente CP.

Ahora bien, conviene recordar que, más allá de las dudas que suscita un tipo cualificado que prevé la imposición de la pena en su mitad superior, la consideración del blanqueo de capitales provenientes del narcotráfico como una modalidad agravada se encuentra directamente relacionada con la previsión del art. 3.1.a) de la Convención de Viena, de 20 de diciembre de 1988; aunque, también es cierto, que no existe ningún Convenio que obligue a sancionar más gravemente el blanqueo de los bienes que tiene su origen en el narcotráfico por lo que, una vez más, el Legislador de nuestro país va más allá de lo suscrito en sus compromisos internacionales (ABEL SOUTO, BLANCO CORDERO).

10.1.2. El blanqueo de bienes procedentes de delitos urbanísticos y contra la Administración pública; trata de seres humanos; prostitución, explotación sexual y corrupción de menores; delitos contra los derechos de los ciudadanos extranjeros

Circunstancias agravantes que inicialmente se circunscribían en este apartado a algunos delitos contra la Administración pública, además de a los delitos contra la ordenación del territorio y el urbanismo, en los que se preveía la aplicación de la pena en su mitad superior. Sin embargo, a través de la LO 6/2021, de 28 de abril, con el objeto de trasponer la Directiva 2018/1673 del Parlamento Europeo y del Consejo, de 23 de octubre de 2018, relativa a la lucha contra el blanqueo de capitales mediante el Derecho penal, el Legislador vuelve a tomar la iniciativa, llamémosle así, para introducir en el CP determinados supuestos que eran de carácter potestativo para los Estados miembros. En efecto, tal y como se recoge en el Preámbulo de la referida LO:

> *"En segundo lugar, dentro de las agravantes de carácter potestativo para los Estados miembros, la Directiva (UE) 2018/1673 permite a los Estados miembros un mayor reproche penal como consecuencia de que los bienes objeto del blanqueo procedan de determinados delitos, entre los que se encuentran además de los ya contemplados en nuestro Código Penal (cuando los bienes tienen su origen en determinados delitos como el tráfico de drogas tóxicas, estupefacientes o sustancias psicotrópicas o aquellos especialmente relacionados con la corrupción), los delitos de trata de seres humanos, delitos contra los ciudadanos extranjeros, prostitución, explotación sexual y corrupción de menores, así como aquellos delitos vinculados a la corrupción en los negocios. La reforma, de forma consistente con lo ya regulado, incluye estos tipos agravados al considerarse estas sanciones penales más eficaces, proporcionadas y disuasorias en aquellos supuestos en los que el delito previo sea de tal gravedad".*

Ahora bien, en directa relación con la contrastada hiperactividad del Legislador en materia de blanqueo y con la incorporación a nuestro ordenamiento jurídico como tipos agravados de supuestos que la Directiva contemplaba como previsiones de carácter potestativo, resulta que en su art. 6.2.a) se recogía la posibilidad de incorporar un tipo agravado referido a: "*que el valor de los bienes objeto del blanqueo sea considerable*", lo que no se ha hecho. En suma, la simple lectura del último párrafo del apartado 1 del art. 301 nos aboca a una amalgama incomprensible de número romanos referidos a Títulos, Capítulos o Secciones del Libro II del CP, para incrementar la pena de determinados bienes que tienen su origen en el narcotráfico, a pesar de que no es posible acreditar un desvalor que implique una mayor afección en el bien jurídico tutelado en el delito de blanqueo (FERRÉ OLIVE).

10.2. Tipos agravados en función del sujeto activo

10.2.1. El blanqueo cometido por personas que pertenezcan o dirijan una organización criminal: art. 302.1 CP

En el supuesto del art. 302.1 CP se prevé la imposición de una pena privativa de libertad en su mitad superior para las personas que pertenezcan a una organización criminal dedicada al blanqueo de capitales, así como una pena superior en grado para los jefes, administradores o encargados de éstas. Se trata de un precepto introducido por la LO 6/2021, al igual que la agravante anterior, con el objeto de completar la incorporación a nuestro ordenamiento jurídico del contenido de la Directiva (UE) 2018/1673, del Parlamento Europeo y del Consejo, de 23 de octubre de 2018, quien en su art. 6.1.a) preveía esa misma hipótesis con carácter preceptivo, esto es, como medida a adoptar por los Estados miembros.

Si bien es cierto que el concepto de organización criminal fue objeto de discusión, tanto en la Doctrina como en la Jurisprudencia, lo cierto es que tras la reforma del CP a través de la LO 5/2010, de 23 de noviembre, y la incorporación del art. 570 bis CP, a partir de la definición auténtica que allí se recoge no existen dudas acerca de sus características: "*A los efectos de este Código se entiende por organización criminal la agrupación formada por más de dos personas con carácter estable o por tiempo indefinido, que de manera concertada y coordinada se repartan diversas tareas o funciones con el fin de cometer delitos*". Pero, adviértase que el art. 282 bis.4. e) LECrim preceptúa como "*delincuencia organizada*" las conductas que, entre otros fines, tengan por objeto la comisión de "*Delitos contra el patrimonio y contra el orden socioeconómico previstos en los arts. 237, 243, 244, 248 y 301 del Código penal*". Previsión que requiere la asociación de tres o más personas para realizar, de forma permanente o reiterada, las conductas que se describen seguidamente, entre las que se encuentra el delito de blanqueo de capitales. Es cierto que ambas previsiones no son plenamente coincidentes, pero, asimismo, no resultan incompatibles, aunque la mayoría de la Doctrina se manifiesta partidario de acudir al art. 570 bis CP (FERRÉ OLIVÉ, MARTÍNEZ-BUJÁN PÉREZ, NUÑEZ CASTAÑO). Por otro lado, hay una cuestión no exenta de polémica como es el caso de las organizaciones que se dedican puntual o parcialmente al blanqueo de capitales y combinan su actividad con otros negocios lícitos. En este sentido, algún autor se muestra partidario de aplicar la agravante en esas hipótesis, combinación de negocios lícitos con actividades de blanqueo de capitales, pero siempre que exista una actividad recurrente —aunque fuere espaciada— de manera que no sería suficiente la realización de un hecho aislado (LORENZO SALGADO).

10.2.2. El blanqueo de capitales cometido por los sujetos especialmente obligados: art. 302.1.2 CP

Se trata de una previsión que al igual que las anteriores se incorporó al Código penal como consecuencia de la reforma operada mediante la LO 6/2021, de 28 de abril, con origen en el art. 6.1.b) de la tantas veces citada Directiva (UE) 2018/1673, de 23 de octubre de 2018, donde se previene como agravante: "*que el autor sea una entidad obligada en el sentido del art. 2 de la Directiva (UE) 2015/849, y haya cometido el delito en el ejercicio de su actividad profesional*".

Tipo agravado mediante el que se atribuye a los sujetos obligados una especial responsabilidad, ya sea porque el Estado deposita en ellos un deber de salvaguarda para garantizar sus intereses y, por lo tanto, evitar que se lleven a cabo operaciones con capitales de procedencia ilícita o, ya sea porque se les reprocha la realización de actividades relacionadas con el blanqueo de capitales (CARLOS DE OLIVEIRA). En directa relación con lo anterior, el art. 2 de la Ley 10/2010, de 28 de abril, de prevención de blanqueo de capitales y de la financiación del terrorismo, determina en un amplísimo listado los sujetos obligados por razón de su actividad a los que se les ordena la implantación de procedimientos, tanto preventivos como de detección y comunicación de operaciones sospechosas cuyo incumplimiento da lugar a la agravante prevista en el párrafo segundo del art. 302.1 CP. En todo caso, a pesar de que en el art. 2 se incluyen tanto personas físicas como jurídicas, la mayoría de ellas son personas jurídicas, por lo que para poder afirmar que el delito de blanqueo de capitales lo ha realizado una persona jurídica será necesario estar a lo dispuesto en el art. 31 CP. Ahora bien, nótese como la previsión penológica del tipo básico del art. 301.1 CP es una pena de prisión de seis meses a seis años, que, en este caso, deberá ser impuesta en su mitad superior, por lo que parece que el legislador sólo piensa en personas físicas ya que, es evidente, se trata de una pena privativa de libertad que no puede imponerse a personas jurídicas (QUINTERO OLIVARES).

10.2.3. Las condiciones personales del sujeto activo: art. 303 CP

El subtipo agravado relativo a la concurrencia de determinadas condiciones personales del sujeto activo es una reproducción de lo previsto en el art. 372 CP para los delitos contra la salud pública, lo que evidencia aún más al estrecho vínculo entre ambos grupos de delitos, aunque nada justifique su extensión a los delitos de blanqueo de capitales (FERRÉ OLIVÉ).

Sin embargo, no podemos dejar de mencionar un "pequeño detalle" que, una vez más, es una muestra de la precipitación del legislador (cuando no torpeza) por la técnica legislativa empleada en la incriminación de los delitos de blanqueo de capitales. Tipificación de conductas que es manifiestamente mejorable y que, como poco, debería de evitar algunos errores palmarios, como es lo previsto en este art. 303 CP.

Es cierto que hay decisiones de política criminal que podemos compartir o de las que podemos disentir abiertamente; es inevitable, también, que se produzcan errores técnicos o de cualquier otra índole; pero, lo que nos parece inaceptable es que estos delitos hayan sido reformados en tres ocasiones desde su entrada en vigor y no se haya reparado en el art. 303, donde se previene una pena de inhabilitación especial si los comportamientos anteriores "*fueran realizados por empresario, intermediario en el sector financiero, facultativo, funcionario público, trabajador social, docente o educador, en el ejercicio de su cargo, profesión u oficio, se le impondrá, además de la pena correspondiente, la de inhabilitación especial para empleo o cargo público, profesión u oficio, industria o comercio, de tres a diez años*". Incluyéndose entre los facultativos a los médicos, psicólogos, sanitarios, veterinarios, farmacéuticos y sus dependientes. Previsión que, insistimos, es una muestra del vínculo que los delitos de blanqueo de capitales tuvieron en su origen con el narcotráfico pero que, en estos momentos, después de que estos delitos, hemos de reiterar, hayan sido reformados hasta en tres ocasiones desde la entrada en vigor del CP 1995, resulta grosero que se prevea la imposición de una pena de inhabilitación a determinados profesionales cuya actividad es absolutamente ajena al blanqueo de capitales (FABIÁN CAPARRÓS).

11. Autoría y participación: los actos neutrales

En el delito de blanqueo de capitales son de aplicación las reglas generales de la autoría y la participación (DEL CARPIO DELGADO, PALMA HERRERA); no obstante, en este ámbito, hemos de detenernos en los actos neutrales. En una primera aproximación, al referirnos a actos neutrales estaríamos describiendo contribuciones que, en principio, serían subsumibles en formas de participación, ya fueran en la cooperación necesaria o en la complicidad. Se trata de aportaciones a la realización de un comportamiento típico que suponen su favorecimiento, pero, asimismo, se trata de aportes que vienen presididas por la normalidad cotidiana y que, por lo tanto, deberían quedar extramuros del Derecho penal. Los ejemplos que se citan son de los más diverso, y, ampliamente conocidos, ya sea el del ferretero que vende un destornillador a un cliente a pesar de que sabe (o no) que lo utilizará para cometer un robo, el panadero que vende panecillos aún y conociendo (o no) que el comprador pretende envenenarlos para dárselos a su mujer, etc. Se trata de contribuciones al comportamiento llevado a cabo por el autor que pueden suscitar importantes dudas en el ámbito de la participación penal. Casos que, con carácter sistemático, se agrupan en constelaciones que no siempre resultan clarificadores debido a su complejidad. Son los supuestos de intercambio de objetos, ya sea en el ámbito de una relación laboral o en el cumplimiento de otras obligaciones jurídicas; de prestación de servicios laborales o profesionales; de cumplimiento de obligaciones jurídicas no penales, etc. (LANDA GOROSTIZA, ROCA DE AGAPITO).

Sea como fuere, se trata de una institución jurídica en la que es discutible hasta su propia denominación. Así, se habla de actos neutrales, acciones cotidianas, estándar, conductas socialmente adecuadas, acciones conforme al ordenamiento jurídico, etc. (ROCA DE AGAPITO). No obstante, en lo que sigue, y acotando el ámbito de estudio, vamos a referirnos a ellas como conductas neutrales, inocuas, que, en definitiva, no son merecedoras de reproche penal (LAPEÑA AZURMENDI), ya que se trata de comportamientos que no tienen como propósito el favorecimiento de la comisión delictiva ajena a pesar de que su acción contribuye al hecho antijurídico del autor (BLANCO CORDERO). Otra cuestión no menos compleja que la anterior es cuando concurren determinados "conocimientos adicionales del sujeto" que podrían otorgar una tendencia objetiva a las acciones que desde la perspectiva del observador imparcial carecen de ella (BLANCO CORDERO), es decir, cuando mediante su contribución, el sujeto favorece el hecho delictivo principal mediante un aumento del riesgo que revele una relación de sentido delictivo por adaptación al ilícito plan del autor, o bien cuando, al superar los límites del papel social/profesional del cooperante, su conducta deje de ser considerada como profesionalmente adecuada (ALONSO GONZÁLEZ). Sin embargo, debemos dilucidar si el favorecimiento al hecho delictivo principal se realiza de forma consciente.

Cuestiones que la Sala 2ª ha tratado en diversas ocasiones, y, de la que es una buena muestra la STS 507/2020, 14-12 (*Tol 8147989*), FD 326:

> *"Se decía en la STS 34/2007, de 1 de febrero, respecto de los llamados actos neutrales que la 'doctrina reciente estima que estos actos son comportamientos cotidianos, socialmente adecuados, que por regla general no son típicos. Tal es el caso del que aparece como adquirente de un inmueble en un contrato de compraventa. Lo que plantea esta cuestión es la exigencia de que toda acción típica represente, con independencia de su resultado, un peligro socialmente inadecuado. Desde este punto de partida, una acción que no representa peligro alguno de realización del tipo carece de relevancia penal. El fundamento de esta tesis es la protección del ámbito general de libertad que garantiza la Constitución'. Y se argumenta, más adelante, que '... la teoría y algunas jurisprudencias europeas han elaborado diversos criterios para establecer las condiciones objetivas en las que un acto «neutral» puede constituir una acción de participación. En este sentido se atribuye relevancia penal, que justifica la punibilidad de la cooperación, a toda realización de una acción que favorezca el hecho principal en el que el autor exteriorice un fin delictivo manifiesto, o que revele una relación de sentido delictivo, o que supere los límites del papel social profesional del cooperante, de tal forma que ya no puedan ser consideradas como profesionalmente adecuadas, o que se adapte al plan delictivo del autor, o que implique un aumento del riesgo'".*

En todo caso, el núcleo de la discusión reside en dilucidar si las aportaciones realizadas por el sujeto son inocuas para la ejecución del delito o, por el contrario, contribuyen a su ejecución, es decir, constituyen una forma de participación. Pensemos en el caso de un asesor fiscal que recibe el encargo de ocultar y dar cobertura legal a unos bienes para eliminar el rastro de un delito previo que genera la ganancia sobre la que se va a actuar. Se le contrata para ocultar y encubrir la naturaleza de un bien con origen en una actividad delictiva anterior con el encargo de otorgarle un origen distinto que disfrace su naturaleza delictiva inicial (RÓDENAS MOLINA).

Llegados a este punto, es necesario tener presente la evolución legislativa del delito de blanqueo de capitales y, con ello, el endurecimiento creciente de un Legislador que considera a determinados ciudadanos como factores de riesgo para la seguridad, lo que le lleva a actuar ante determinadas formas de criminalidad mediante un denominado "Derecho penal de estado de necesidad" (BLANCO CORDERO). Eso es precisamente lo que se desprende de la incorporación al Código penal, a través de la LO 8/1992, de 23 de diciembre de modificación del Código penal y de la Ley de Enjuiciamiento Criminal en materia de tráfico de drogas, de un nuevo art. 344 bis.i) CP, que incriminaba la "adquisición, posesión o utilización de bienes, a sabiendas, en el momento de recibirlos", de que procedían de un delito relacionado con el tráfico de drogas.

Mediante esa previsión se incriminaban conductas de manera amplísima, es más, del precepto se desprendía la exigencia de responsabilidad criminal por cualquier relación que se tuviera con bienes de origen delictivo. Con ello se está exigiendo a la familia del narcotraficante que lo abandonen ya que, como saben que sus bienes son de origen ilícito, no pueden convivir con él dado que la vivienda la pagó con dinero que tenía origen en el narcotráfico. Se transmuta en un tipo de aislamiento mediante el que se pretende inocuizar al autor de un delito previo y a sus ganancias delictivas, de manera que quien realice negocios con él, conociendo el origen ilícito de sus bienes, estará sujeto a responsabilidad penal (ABEL SOUTO, BLANCO CORDERO).

Se trata de una decisión político criminal que no se recogió en la redacción original del Código penal de 1995, donde únicamente se hacía referencia a las conductas relativas a adquirir, convertir o transmitir bienes, sabiendo que éstos tienen su origen en un delito grave; pero que volvió a ser modificado mediante la LO 5/2010, de 14 de diciembre, e incorpora parcialmente esas conductas ya que se incluyen comportamientos típicos presididos por "poseer" y "utilizar".

En todo caso, nos encontramos ante la descripción de un comportamiento típico particularmente amplio donde, como hemos visto, uno de sus núcleos esenciales es la interpretación del "sabiendo" que esos bienes tienen su origen en una actividad delictiva. A ese respecto, hemos manifestado nuestras dudas acerca de que una interpretación de esa locución de forma amplia nos llevaría a un precepto desmedido que, por si fuera poco, acaba con una fórmula abierta: "cualquier otro acto", que, en ocasiones, ha llevado al Tribunal Supremo a dispensarle una interpretación excesivamente amplia. A ese respecto, cabe añadir que, desde la Doctrina, con el propósito de limitar el tipo, se han llevado a cabo distintas propuestas interpretativas que, en esencia, pueden agruparse en dos grandes opciones. Una que inciden en el ámbito subjetivo y otras que cabe ubicarlas en clave objetiva.

Los autores que sostienen que la singularidad de estos supuestos reside en el tipo subjetivo consideran que el dolo es el elemento esencial para valorar la neutralidad de una conducta, esto es, por quien desea realizar un acto de favorecimiento delictivo. En otras palabras, un comportamiento deja de ser socialmente adecuado al llevarse a cabo con dolo directo, ya sea para contribuir a la actuación antijurídica de otro o, incluso, cuando constituya una actuación delictiva como tal (BLANCO CORDERO, LAPEÑA AZURMENDI). Sin embargo, el gran escollo en esta propuesta son los comportamientos que se llevan a cabo desde el ámbito del dolo eventual, para lo cual proponen la consideración de distintas opciones para solucionar los supuestos de blanqueo de capitales. En primer lugar, atender a si los negocios diarios susceptibles de blanquear bienes con origen delictivo se desenvuelven en el marco del riesgo permitido. Y, alternativamente al anterior, la necesidad de distinguir dos categorías de acciones socialmente adecuadas. La primera de ellas, las que serían susceptibles de ser realizadas por cualquier persona y, por otro lado, las que únicamente pueden realizarse por aquéllos a los que se les imponen especiales obligaciones de cuidado. Comportamientos que devendrían punibles por la dificultad de explicar determinadas situaciones dudosas. Por lo tanto, ante la existencia de sospechas de que el origen de los bienes proviene de una actividad delictiva, se deberían llevar a cabo las investigaciones que correspondieran para confirmarlo o, en su caso, no realizar el negocio (BLANCO CORDERO, MÉNDEZ GALLO).

En todo caso, es significativo que BLANCO CORDERO parece pronunciarse por la exigencia del dolo directo para limitar la excesiva amplitud del art. 301.1 CP: "Quien vende y recibe dinero de un traficante de drogas, pese a que conozca su origen delictivo, sino actúa con la intención de ocultar o encubrir el origen de tales bienes, o de ayudar al delincuente a eludir las consecuencias jurídicas de sus actos, no realiza el tipo del delito de blanqueo de capitales". Aunque, a la vez, deja abierta la posibilidad de que las acciones socialmente adecuadas queden excluidas en el marco del tipo objetivo.

En cuanto a las propuestas que residen en el ámbito objetivo, lo relevante no es el ánimo del sujeto, sino el comportamiento externo que realiza, esto es, su contribución de forma objetiva a la comisión del hecho delictivo realizado por el autor (LAPEÑA AZURMENDI). En todo caso, las propuestas doctrinales en el plano objetivo para dirimir la tipicidad de la contribución mediante un acto neutral, con sus correspondientes variables, son prácticamente inabarcables (entre otros, LANDA GOROSTIZA, MÉNDEZ GALLO); por lo tanto, vamos a asumir que la opción que nos parece más correcta es que los comportamientos socialmente adecuados, que son constitutivos de cooperación necesaria o de complicidad, han de ubicarse en el tipo objetivo desde criterios de imputación objetiva. Esto es, la simple contribución de un partícipe con un comportamiento neutral no supone su relevancia penal; sino que, atendiendo a criterios de imputación objetiva, se ha de valorar si éste es subsumible en el tipo objetivo, por lo que ha de ponderarse si la contribución ha creado un peligro jurídicamente desaprobado (para lo que deberá atenderse a criterios de previsibilidad objetiva del resultado y a que la conducta supere el riesgo permitido), que, por otro lado, debe de materializarse en el resultado consistente en la ejecución del hecho antijurídico del autor. Así, "tanto el requisito de la imputación objetiva relativo a la creación del riego desaprobado, como el relativo a la realización de ese riesgo en el resultado, son elementos del tipo objetivo" (BLANCO CORDERO).

Ahora bien, lo que no resulta viable es la prohibición de todas las conductas que objetivamente sean peligrosas, a no ser que el comportamiento del tercero (del partícipe) vaya más allá de los límites del riesgo permitido. Así, todos aquellos comportamientos que se encuentren en el ámbito de lo profesionalmente adecuado carecerán de relevancia penal. En este sentido, ya hemos referido el FD 326 de la STS 507/2020, 14-10 (*Tol 8147989*), donde, con relación a los actos neutrales, trae a colación el FD Único de su STS 34/2007, 1-2 (*Tol 1036595*), donde afirma lo siguiente:

> *"En este sentido se atribuye relevancia penal, que justifica la punibilidad de la cooperación, a toda realización de una acción que favorezca el hecho principal en el que el autor exteriorice un fin delictivo manifiesto, o que revele una relación de sentido delictivo, o que supere los límites del papel social profesional del cooperante, de tal forma que ya no puedan ser consideradas como profesionalmente adecuadas, o que se adapte al plan delictivo del autor, o que implique un aumento del riesgo [...]".*

En suma, la Sala Segunda del Tribunal Supremo asume criterios de imputación objetiva para dilucidar la relevancia penal de los actos neutrales que, en consecuencia, se deben dirimir en sede de tipicidad. El comportamiento de los autores ha de tener un "sentido per se delictivo" o un sentido "objetivamente delictivo" o favorecer "el hecho en el que el autor principal exteriorice un fin delictivo manifiesto" o que "se adapte al plan delictivo del autor", de lo contrario no serán constitutivos de un delito de blanqueo y permanecerán ajenos a su comisión (LAPEÑA AZURMENDI). En suma:

> *"La distinción entre los actos neutrales y las conductas delictivas de cooperación puede encontrar algunas bases ya en los aspectos objetivos, especialmente en los casos en los que la aparición de los actos, aparentemente neutrales, tiene lugar en un marco de conducta del tercero en el que ya se ha puesto de relieve la finalidad delictiva. Dentro de estos aspectos objetivos se encuentra no solo la conducta del sujeto, aisladamente considerada, sino también el marco en el que se desarrolla. Y a ello ha de añadirse el conocimiento que el sujeto tenga de dicho marco. Pues resulta difícil disociar absoluta-*

mente aquellos aspectos objetivos de los elementos subjetivos relativos al conocimiento de que, con la conducta que se ejecuta, que es externamente similar a otras adecuadas socialmente por la profesión o actividad habitual de su autor, se coopera a la acción delictiva de un tercero" [STS 942/2013, 11-12 (*Tol 4042386)*, FD 4].

En todo caso, si lo acabado de referir hasta ahora lo trasladamos, por ejemplo, al comportamiento de un asesor fiscal para determinar si su comportamiento es o no delictivo, es esencial constatar que su conducta se lleva a cabo dentro de los parámetros de adecuación social, esto es, si se adecúa al estándar del riesgo permitido, ya que si su comportamiento excede de esos parámetros e implica un riego jurídicamente desaprobado, esto es, va más allá de la adecuación social profesional, su conducta podría ser típica. A lo anterior cabe añadir que el elenco de sujetos obligados en el art. 2.1 de la Ley 10/2010, de 28 de abril, de prevención de blanqueo de capitales y de la financiación del terrorismo, es particularmente amplio y, por lo tanto, sobre todos ellos recae el compromiso de ponderar si en su actuación profesional exceden de los límites del riesgo permitido. Por lo tanto, si su ejercicio profesional se compadece con la previsión normativa, su actividad se adecuará al ejercicio exigido por la Ley 10/2010, de 28 de abril, por lo que no supondrá un comportamiento reprobable, sino que se tratará de actos neutrales que resultan atípicos ya que su comportamiento se ha ajustado a los contornos de la adecuación social. Una vez dicho lo anterior, nos parece interesante hilvanar una reflexión en sentido contrario, ya que al asesor fiscal no le corresponde idear entramados societarios tendentes a legitimar ganancias con origen en actividades ilícitas, por lo que cuando la contribución del asesor fiscal es esencial para blanquear los beneficios ilícitos obtenidos responderá penalmente por su comportamiento siempre que pueda acreditarse el conocimiento que tenía del origen ilícito de los bienes. En definitiva, lo determinante será la contribución que el asesor fiscal haya realizado y que, ésta, suponga un incremento del riesgo o la creación de un riesgo jurídicamente desaprobado (RÓDENAS MOLINA).

"Los hechos declarados probados no describen participaciones causales neutrales o neutras del recurrente mediante conductas profesionalmente adecuadas que simplemente facilitan la comisión del delito por un tercero de quien dependerá, a la postre, su realización. Lo que obliga a identificar específicos criterios de imputación que permitan atribuir sentido criminal a dicha participación. La actividad gerencial desarrollada por el Sr. Pedro Antonio, encomendada por un tercero, ni es cotidiana ni responde a un canon profesional objetivo. Sencillamente, se inserta en el propio plan de ejecución. No es un partícipe neutral. Es un coautor que comparte designio criminal y dolo de ejecución con el resto de los coautores. El hecho describe una clara relación de pertenencia basada en la respectiva aportación causal y de incremento del riesgo desaprobado entre todos los coautores. Codecidió el plan, lo co-ejecutó y, además, co-gestionó en la fase de agotamiento el ilícito resultado de enriquecimiento" [STS 808/2021, 21-12 (*Tol 8634762)*, FD 12].

En definitiva, para valorar la trascendencia de la contribución del asesor fiscal se debe atender a la tipología de los actos realizados con el dinero de procedencia ilícita como, entre otros, las acciones ejecutadas y si, éstas, han contribuido a desvincularlas del origen ilícito de los bienes. Actos que necesariamente han de relacionarse con su condición de sujeto obligado y, por lo tanto, de si estaba en condiciones de conocer con un mínimo de diligencia el origen ilícito de esos bienes, es decir, si cumplió con las medidas de diligencia debida previstos en la Ley 10/2010, de 28 de abril, que, como es sabido, tienen distinta intensidad o nivel de exigencia en función de diferentes tipologías, circunstancias y sujetos (medidas normales, medidas simplificadas y medidas reforzadas de diligencia debida) por lo que, en caso contrario, el incumplimiento de tales previsiones colmaría sin demasiadas dificultades el juicio de tipicidad para imputar un delito de blanqueo de capitales al asesor fiscal (RÓDENAS MOLINA).

12. Concursos

Las hipótesis concursales que se plantean entre el delito de blanqueo de capitales y otros ilícitos conexos son verdaderamente complejas. Se trata de una situación que tiene su origen en la especial (y confusa) configuración de este delito, en el que se plantean dos situaciones concursales que no siempre se resuelven con la claridad que sería deseable, y, que atienden tanto al concurso de leyes como al concurso de delitos.

12.1. Concursos de leyes

En el ámbito del conflicto de leyes, son dos las situaciones en las que es preciso diferenciar el blanqueo de capitales de la receptación y del encubrimiento. Así, con respecto a las diferencias entre el blanqueo y la receptación (MARTÍNEZ-BUJÁN PÉREZ), hemos visto con anterioridad que la STS 265/2015, 29-4 (*Tol 4988931*), es una resolución que resuelve distintas controversias relativas al delito de blanqueo de capitales que, hasta ese momento, eran particularmente discutibles. Esencialmente, con respecto a la conducta típica, la Sala concluye una lectura restrictiva que permite evitar excesos interpretativos, como que la mera tenencia o la utilización de fondos ilícitos en gastos ordinarios de consumo no constituye autoblanqueo, ya que no se realizan con la finalidad u objeto de ocultar o encubrir bienes. En otras palabras, que todas las actuaciones descritas en el comportamiento típico, esto es, el adquirir, poseer, utilizar, convertir o transmitir bienes, vienen presididas por la finalidad de ocultar o encubrir el origen ilícito de los bienes o de ayudar a los autores a eludir las consecuencias de sus actos. En directa relación con lo anterior, esto es, que el comportamiento típico viene presidido por la finalidad de ocultar o encubrir el origen ilícito de los bienes o de ayudar a los autores del delito, permite distinguir con una cierta nitidez el blanqueo de capitales de la receptación (DEL CARPIO DELGADO, PALMA HERRERA).

> *"1º) Ambos delitos presuponen un delito precedente que ha producido ganancias a sus autores, si bien la receptación exige que sea en todo caso un delito contra el patrimonio o el orden socioeconómico, y el blanqueo puede tener como antecedente cualquier actividad delictiva, no estrictamente patrimonial, por ejemplo, el tráfico de estupefacientes o la corrupción urbanística.*
>
> *2º) En ambos delitos se exige el conocimiento de la procedencia ilícita de los bienes, pero en la receptación se exige además que el receptador no haya participado en la actividad delictiva previa ni como autor ni como cómplice, mientras que en el blanqueo las ganancias blanqueadas pueden proceder de la propia actividad delictiva del blanqueador.*
>
> *3º) Ambos delitos se refieren a una intervención postdelictiva, pero la actividad que se sanciona tiene una finalidad distinta. En la receptación lo que se prohíbe, esencialmente, es que el tercero se beneficie del resultado de la actividad delictiva previa, o ayude al autor a que se aproveche de los efectos del delito, pero en todo caso con ánimo de lucro propio. En el blanqueo lo que se trata de evitar es que los bienes de origen delictivo se integren en el sistema económico legal con apariencia de haber sido adquiridos de forma lícita, sin que se exija necesariamente ánimo de lucro en la operación específica de blanqueo.*
>
> *4º) Ambos delitos están sancionados con pena de prisión, con el mismo límite mínimo, seis meses, pero la pena máxima es superior en el blanqueo, seis años frente a dos años, y además la receptación contiene una limitación punitiva que no existe en el blanqueo: en ningún caso podrá imponerse una pena privativa de libertad que exceda a la señalada al delito encubierto.*
>
> *El solapamiento puede producirse cuando las conductas de blanqueo recaigan sobre efectos que constituyen el objeto material de un delito contra el patrimonio o contra el orden socioeconómico, ejecutadas por un no interviniente en el delito previo.*
>
> *En estos casos debe aplicarse el principio de alternatividad del art. 8.4 CP, sancionando el delito más grave que es el blanqueo, siempre que se trate de un acto idóneo para incorporar las ganancias delictivas al tráfico económico, con el fin de no privilegiar la conducta del sujeto sancionando el comportamiento más leve, pese a resultar afectado el bien jurídico protegido por el blanqueo"* [STS 265/2015, 29-4 (*Tol 498893*)].

Tal y como se señala expresamente en FD 11 de la resolución que acabamos de transcribir, el conflicto se produce cuando las conductas de blanqueo recaen sobre los efectos que constituyen el objeto material de un delito contra el patrimonio o contra el orden socioeconómico. Hipótesis para la que un sector doctrinal, a diferencia de lo que postula el Tribunal Supremo, considera que atendiendo al principio de especialidad debe de prevalecer el delito de receptación (VIDALES RODRÍGUEZ). Otro sector, del que participamos y cuyo criterio fue refrendado posteriormente por la Sala 2ª, entiende que lo más ajustado a Derecho y, en todo caso, atendiendo al principio de proporcionalidad y al desvalor ético-social de las conductas realizadas, "es que en cuanto los hechos supongan un menoscabo al bien jurídico protegido por el delito de blanqueo debe ser aplicado el art. 301" (DEL CARPIO DELGADO).

Por otro lado, la relación entre el blanqueo de capitales y el encubrimiento es todavía más próxima de manera que la delimitación entre ambos ilícitos no es pacífica, ni en la Doctrina ni en la Jurisprudencia, ya que se discute hasta la zona de conflicto entre ambos (MARTÍNEZ-BUJÁN PÉREZ) de modo que para un sector existe un amplio espacio común entre ambos ilícitos, por lo que consideran que el blanqueo es ley especial frente al encubrimiento (BAJO FERNÁNDEZ-BACIGALUPO SAGGESE). Criterio que parece es el asumido por la Sala 2ª en su Sentencia 162/2022, 23-2 (*Tol 8876522*), FD 1.3, 2.2:

> *"Ambos dos están ligados a la previa comisión de un delito, sin que sea necesario que se trate de un delito contra el patrimonio y el orden socioeconómico; ambos exigen que se conozca su existencia; y se sustentan sobre actos de favorecimiento real y personal a sus autores para ocultar el origen ilícito de los fondos procedentes de su actividad delictiva, beneficiarse de ellos y para procurar su impunidad, sin requerir en ninguno de los dos casos un ánimo de lucro propio...Cierto es que, mientras el encubrimiento requiere que no se haya participado en la actividad delictiva previa, el tipo previsto en el artículo 301 CP admite el autoblanqueo, lo que no resulta significativo de cara al parangón de homogeneidad o similitud que tratamos de establecer proyectado en este caso (FD 1.3)* [...] *ha sido implícitamente reconocido por esta Sala, en cuanto ha admitido que una misma conducta pueda encajar en ambos tipos, supuestos que ha reconducido al concurso de normas del artículo 8 CP (STS 155/2002, de 19 de febrero; 16/2009, de 27 de enero; 974/2012, de 5 de diciembre; 138/2013, de 6 de febrero; 279/2013, de 6 de marzo; 228/2013, de 22 de marzo; 182/2014, de 11 de marzo; 644/2018, de 13 de diciembre; o 553/2019, de 12 de noviembre) atribuyendo un carácter genérico al encubrimiento y mayor especificidad al blanqueo"* (FD 2.2).

Ahora bien, otro sector circunscribe el ámbito de conflicto a los arts. 451.1 y 301.2, rechazando el criterio de la especificidad y, asimismo, el de la subsidiariedad, por lo que proponen resolver el conflicto atendiendo al principio de consunción, esto es, al art. 8.3 CP, en virtud del cual, "el precepto penal más amplio o complejo absorberá a los que castiguen las infracciones consumidas en aquél", por lo que en el contenido del injusto del blanqueo se recoge también el contenido del injusto complementario (DEL CARPIO DELGADO).

12.2. Concursos de delitos

Como hemos visto, las hipótesis concursales entre el blanqueo de capitales y otros delitos están estrechamente vinculadas al Acuerdo del Pleno no jurisdiccional de la Sala Segunda del Tribunal Supremo, de 18-7-2006, donde se acuerda que: "El art. 301 del Código penal no excluye, en todo caso, el concurso real con el delito antecedente. Para el conocimiento de estos supuestos, la Sala Segunda se constituirá siempre con un mínimo de cinco Magistrados"; decisión que supuso un auténtico punto de inflexión en la Jurisprudencia y, por lo tanto, la consolidación de una opción interpretativa que hasta ese momento se había manifestado oscilante. El Acuerdo del Pleno propicia, además, la reforma operada mediante la LO 5/2010, de 22 de junio, y la modificación del art. 301 que sanciona expresamente el autoblanqueo de capitales. Por lo tanto, las hipótesis concursales entre el delito de blanqueo de capitales y el delito de falsedad documental, el delito de defraudación tributaria o el delito de tráfico de drogas, entre otros muchos, son de lo más frecuente, manifestando expresa y reiteradamente la Sala Segunda en relación a este último que: "el blanqueo de las ganancias procedentes de una actividad delictiva por su propio autor, debe sancionarse autónomamente en atención a la especial protección que requiere el bien jurídico que conculca, distinto del que tutela el delito al que subsigue" [STS 265/2015, 29-4 (*Tol 4988931*)].

Sin embargo, una cuestión que suscita una interesante controversia es la viabilidad del delito continuado de blanqueo de capitales más allá, desde luego, que se afirme que resulta factible siempre que concurran los requisitos dispuestos en el art. 74 CP. En este sentido, nos parece de interés uno de los últimos pronunciamientos de la Sala 2ª a este respecto, donde en el FD 5 de su Sentencia 904/2022, 17-1 (*Tol 9296728*), manifiesta que:

> "[...] *en el delito de blanqueo de capitales estamos ante lo que un sector doctrinal denomina "tipos que incluyen conceptos globales", es decir, hechos plurales incluidos en una única figura delictiva, lo que obliga a considerar que una variedad de acciones punibles de contenido semejante no constituyen un delito continuado sino una sola infracción penal; de modo que las actividades plurales tenemos que considerarlas integradas en el tipo penal del blanqueo como un delito único, equiparándolas así a los casos de los delitos contra la salud pública de tráfico de drogas (SSTS 974/2012, de 5-12, y 257/2014, de 1-4, que a su vez se remiten a las sentencias 519/2002, de 22-3; 986/2004, de 13-9; 595/2005, de 9-5; y 413/2008, de 20-6)* [...]. *Con relación a la posibilidad de admitir, para el delito de blanqueo de capitales, un delito continuado, es cierto que para la STS 141/2018, de 22 de marzo, no es posible apreciar tal figura cuando el tipo ya acoge una pluralidad de acciones, como ocurre en este delito de blanqueo (en el mismo sentido: SSTS 974/2012, de 5 de diciembre; 257/2014, de 1 de abril; y 165/2016, de 2 de marzo). Por tanto, aunque se hayan realizado varios de los actos enumerados en el artículo 301, en ejecución de un plan preconcebido del autor, o aprovechando idéntica ocasión en virtud de los elementos que se exigen para conformar el delito continuado, no será posible apreciar este ni tampoco un concurso de delitos: se deberá calificar como un solo delito del artículo 301 CP*".

En definitiva, como consecuencia de lo anterior se puede concluir lo siguiente:

1.– En el delito de blanqueo de capitales estamos ante lo que un sector doctrinal denomina "tipos que incluyen conceptos globales", es decir, hechos plurales incluidos en una única figura delictiva, lo que obliga a considerar que una variedad de acciones punibles de contenido semejante no constituye un delito continuado sino una sola infracción penal.

2.– El hecho de que el art. 301 CP no contenga una redacción en plural de los actos que integran la conducta delictiva, como sí sucede en cambio con el tipo penal del art. 368 (tráfico de sustancias estupefacientes), no excluye que nos hallemos ante un tipo penal que incluye conceptos globales.

3.– El delito de blanqueo se ejecuta en la práctica mediante actos reiterados, de modo que los capitales de procedencia delictiva se incorporan generalmente al mercado lícito de forma discontinua y fraccionada con el fin de no levantar sospechas.

4.– El tipo del art. 301 CP ha de ser contemplado como un delito único y no como un delito continuado.

5.– Ante una descripción de varios actos ejecutados en el curso del tiempo se debe optar por considerarlos como una unidad típica de acción concebida como un único delito.

IV. BIBLIOGRAFÍA

ABEL SOUTO, M. "Algunas consideraciones sobre la receptación y otras conductas afines en el Código penal de 1995", *RCCPP*, nº 2, 1999; id. *El blanqueo de dinero en la normativa internacional*, Santiago de Compostela, 2002; id. "Ocultación de dinero procedente del narcotráfico en una caja de seguridad. (Comentario a la sentencia del Tribunal Supremo nº 155, de 19 de febrero)", *RDPC*, nº 13, 2004); id. *El delito de blanqueo en el Código penal español*, Barcelona, 2005; id. "La comisión del delito de blanqueo de dinero mediante las nuevas tecnologías y la internacionalización del Derecho penal, en *VIII Congreso internacional sobre prevención y represión del blanqueo de dinero*, Valencia, 2021; ALONSO GONZÁLEZ, A. B. "Coparticipación en el delito y actos neutrales, ¿dónde fijar la línea divisoria en la actuación profesional del abogado", *AJA*, nº 843, 2012; ÁLVAREZ PASTOR, D. y EGUIDAZU PALACIOS, F. *La prevención del blanqueo de capitales*, Pamplona, 1998; ARÁNGUEZ SÁNCHEZ, C. *El delito de blanqueo de capitales*, Madrid, 2000; ARIAS HOLGUÍN, D. P. *Aspectos político-criminales y dogmáticos del tipo de comisión doloso de blanqueo de capitales (art. 301 CP)*, Madrid, 2011; BACIGALUPO SAGGESE, S. *Ganancias ilícitas y Derecho penal*, Madrid, 2002; BAJO FERNÁNDEZ, M./BACIGALUPO SAGGESE, S. "Las medidas administrativas y penales de prevención del blanqueo de capitales en el ámbito urbanístico: límites entre las infracciones administrativas y delito", *AFDUAM*, nº 12, 2008; BAJO FERNÁNDEZ, M./BACIGALUPO SAGGESE, S. (eds.) *Política criminal y blanqueo de capitales*, Madrid, 2009; BEL GONZÁLEZ, E. "La ignorancia deliberada en el Derecho penal español", *RJUAM*, 2018; BLANCO CORDERO, I. "Negocios socialmente adecuados y delito de blanqueo de capitales", *ADPCP*, 1997; id. *Responsabilidad penal de los empleados de banco por el blanqueo de capitales. (Estudio particular de la omisión de la comunicación de las operaciones sospechosas de estar vinculadas al blanqueo de capitales)*, Granada, 1999; id. *Límites a la participación delictiva*, Granada, 2001; id. "El delito fiscal como actividad delictiva previa del blanqueo de capitales", *RECPC*, 13-1, 2011; id. "La cuota tributaria defraudada como objeto material del delito de blanqueo de capitales, en *II Congreso de prevención represión del blanqueo de dinero*, Valencia, 2011; id., *El delito de blanqueo de capitales*, 4ª ed., Pamplona, 2015; BRANDARIZ GARCÍA, J. A. "La regularización postdelictiva en los delitos contra la hacienda pública y la seguridad social", *EPC*, nº 24, 2004; BUSTOS RUBIO, M. "El delito de blanqueo de capitales", *Delitos económicos*, Madrid, 2019; CALDERÓN CEREZO, A. "Blanqueo de capitales: aspectos penales y administrativos", *Gaceta Fiscal*, nº 185, 1999; id. "Análisis sustantivo del delito (I): prevención y represión del blanqueo de capitales", *EDJ*, nº 28 (2000); id. "Algunos aspectos críticos del blanqueo de bienes: legislación y jurisprudencia", *CDJ*, T. X, 2006; CAMPOS NAVAS, D. "Lavado de dinero y delito fiscal. Posibilidad de que el delito fiscal sea el delito precedente al de blanqueo", *LL*, nº 5, 2005; CARLOS DE OLIVEIRA, A. C. "Blanqueo de capitales", en SILVA SÁNCHEZ, J. Mª (dir). *Lecciones de Derecho penal económico y de la empresa*, 2ª ed., Barcelona, 2023; CARMONA SALGADO, C. "La receptación", *CDJ*, 1995; CARRIÓN MORILLO, D. "Una aproximación a los problemas actuales del blanqueo de capitales y el delito fiscal", *Revista de Estudios Jurídicos*, nº 15, 2015; CASTRO MORENO, A. "Reflexiones críticas sobre las nuevas conductas de posesión y utilización en el delito de blanqueo de capitales en la reforma del Anteproyecto de 2008, *LL*, nº 7277, 2009; id. "Consideraciones críticas sobre la aplicación e interpretación del tipo subjetivo de los delitos de blanqueo de capitales", *LH Rodríguez Ramos*, 2013; CASAS HERVILLA, J. *Malversación y blanqueo en la contratación pública de abogados defensores*, Madrid, 2019; CHOCLÁN MONTALVO, J. A. "La investigación del patrimonio de origen criminal", *EDJ*, nº 42, 2002; id. "Protección penal del sistema financiero", *LL*, nº 4, 2003; id. "Blanqueo de capitales y retribución del abogado: El pago de honorarios con cargo al patrimonio presuntamente criminal", *LLP*, nº 53, 2008; COBO DEL ROSAL, M., y ZABALA LÓPEZ-GÓMEZ, C. *Blanqueo de capitales. Abogados, procuradores y notarios, inversores, bancarios y empresarios*, Madrid, 2005; CÓRDOBA RODA, J. *Abogacía, secreto profesional y blanqueo de capitales*, Madrid, 2006; id. "Blanqueo de capitales, delitos contra la Hacienda Pública y garantías del Derecho penal, *LH Santiago Mir Puig*, 2017; DEL CARPIO DELGADO, J. *El delito del blanqueo de bienes en el nuevo Código Penal*, Valencia, 2007; id. "La posesión y la utilización como nuevas conductas en el delito de blanqueo", *RGDP*, nº 15, 2011; id. "Sobre la necesaria interpretación y aplicación restrictiva del delito de blanqueo de capitales" *Indret*, nº 4, 2016; id., "Adquisición de bienes de procedencia delictiva: ¿decomiso o blanqueo de capitales" *RGDP*, nº 28, 2017; id. "El objeto material del blanqueo de capitales en la Directiva 2018/1673: a la vez sobre la necesidad o no de modificar el Código penal para dar cabida a las nuevas formas en las que puede representarse", *RECPC*, 25-27, 2023; DÍAZ-MAROTO Y VILLAREJO, J. *Blanqueo de capitales en el Derecho español*, Madrid, 1999; DÍEZ RIPOLLÉS, J. L. "El blanqueo de capitales procedentes del tráfico de drogas. La recepción de la legislación internacional en el ordenamiento penal español", *AP* 1994; DOPICO GÓMEZ-ALLER, J. "Si todo es blanqueo nada es blanqueo", www.legaltoday.com, 2010; FABIÁN CAPARRÓS, E. "Consideraciones de urgencia sobre la LO 8/1992, de 23 de diciembre, de modificación del CP y de la LECrim en materia de tráfico de drogas" *ADP*, 1993; id. *El delito de blanqueo de capitales*, Madrid, 1998; id. "Consideraciones dogmáticas y político-criminales sobre el blanqueo imprudente de capitales", *RGDP*, nº 16, 2011; id. "La aplicación territorial del delito de blanqueo de capitales en el Derecho español", en PÉREZ CEPEDA, A. I. (dir.) *El principio de justicia universal*, Valencia, 2012; FARALDO CABANA, P. "Aspectos básicos del delito de blanqueo de bienes en el Código penal de 1995", *EPC*, 1998; id. "Cuestiones relativas a la autoría de los delitos de blanqueo de bienes", en PUENTE ABA, L. M., ZAPICO BARBEITO, M., y RODRÍGUEZ MORO, L. (coords.) *Criminalidad organizada, terrorismo e inmigración*, 2008; id., "Antes y después de la tipificación expresa del autoblanqueo de capitales", *EPC*, nº 34, 2014; FEIJOO SÁNCHEZ, B. "La teoría de la ignorancia deliberada en Derecho penal: una peligrosa doctrina jurisprudencial", *InDret*, 2015; FERNÁNDEZ BERMEJO, D. "En torno al concepto de blanqueo de capitales. Evolución normativa y análisis del fenómeno desde el Derecho penal", *ADPCP*, 2016; id., "El abogado ante el blanqueo de capitales y el secreto profesional", *Revista Aranzadi Doctrinal*, nº 8, 2017; FERRÉ OLIVÉ, J. C. "Blanqueo de capitales y criminalidad organizada", en FERRÉ OLIVÉ, J. C. y ANARTE BORRALLO, E. (coords.) *Delincuencia organizada. Aspectos penales, procesales y criminológicos*, Huelva, 1999; id. "Corrupción, crimen organizado y "blanqueo" de capitales en el mercado financiero", en FERRÉ OLIVÉ, J. C. (ed.) *Delitos financieros, fraude y corrupción en Europa*, volumen II, Salamanca, 2002; id. "Una nueva trilogía en Derecho Penal tributario, fraude, regularización y blanqueo de capitales, *Revista de Contabilidad y Tributación*, nº 372, 2014; id. "La imprudencia en los delitos de blanqueo de capitales y financiación del terrorismo", *RGDP*, nº 33, 2020; *El delito de blanqueo de dinero*, Valencia, 2024; GÓMEZ BENÍTEZ, J. M. "Reflexiones técnicas y de política criminal sobre el delito de blanqueo de bienes", *CPC*, nº 91, 2007; GÓMEZ INIESTA, D. *El delito de blanqueo de capitales en el Derecho Español*, Barcelona, 1996; id. "El uso de las tarjetas de prepago para el blanqueo y la financiación terrorista y la Directiva 843/2018, en *VII Congreso sobre prevención y represión del blanqueo de dinero*, Valencia, 2020; GÓMEZ PAVÓN, P. "El bien jurídico protegido en la receptación, blanqueo de dinero y encubrimiento", *CPC*, 1994; GONZÁLEZ CUSSAC, J. L. en CUERDA ARNAU, M. L. (dir.) *Comentarios al Código penal*, Valencia, 2023; GONZÁLEZ RUS, J. J. "Receptación de delitos", en *Diccionario de DPE* (2008); GONZÁLEZ-CUÉLLAR SERRANO, N. "Blanqueo de capitales y secreto profesional del abogado", *AJA*, nº 546 y 547, 26 septiembre y 3 octubre 2002; IGLESIAS CAPELLAS, J. "Efectos del proceso penal por delito contra la Hacienda Pública sobre el procedimiento de Inspección Tributaria", *Rev. CEF*, 2013; IGLESIAS RIO, M. A. *La regularización fiscal en el delito de defraudación tributaria. Un análisis de la autodenuncia, art. 305.4 CP*, Valencia, 2003; id. "Las cláusulas de regularización tributaria y relativas a las subvenciones de los arts. 305.4 y 308.4 del Código penal", en OCTAVIO DE TOLEDO Y UBIETO, E. (coord.) *Delitos e infracciones contra la Hacienda Pública*, Valencia, 2009; LANDA GOROSTIZA, J. M. *La complicidad delictiva en la actividad laboral cotidiana*, Granada, 2002; LAPEÑA AZURMENDI, J. *Actos neutrales en el delito de blanqueo de capitales*, Pamplona, 2024; LASCURAÍN SÁNCHEZ, A. "Tres problemas de aplicación del delito fiscal: retroactividad, prescripción y exención de los partícipes por regularización", *CGPJ*, 1999; id. "Blanqueo de capitales", en DE LA MATA BARRANCO, N., DOPICO GÓMEZ-ALLER, J., LASCURAÍN SÁNCHEZ, J. A. y NIETO MARTÍN, A. *Derecho penal económico y de la empresa*, 2ª ed., Madrid, 2024; LOMBARDERO EXPÓSITO, L. M. *Blanqueo de capitales: prevención y represión del fenómeno desde la perspectiva penal, mercantil, administrativa y tributaria*, Barcelona, 2009; LÓPEZ LÓPEZ, H. y CAMPIONE, R. "La regularización tributaria prevista en el Real decreto-Ley 12/2012, de 30 de marzo", *Eunomía*, nº 3, 2012; LORENZO SALGADO, J. M. "El tipo agravado de blanqueo cuando los bienes tengan su origen en el delito de tráfico de drogas", *LH - Suárez Montes*, 2013; id. "El blanqueo de dinero procedente de los delitos descritos en los arts. 368 a 372 del CP y las nuevas tendencias de financiación del terrorismo advertidas por las directivas de 2018", en *VII Congreso sobre prevención y represión del blanqueo de dinero*, Valencia, 2020; LUZÓN CÁNOVAS, A. "Lavado de dinero y delito fiscal. Posibilidad de que delito fiscal sea el delito precedente al delito de blanqueo", *LL*, nº 5, 2005; MANJÓN-CABEZA OLMEDA, A. "Receptación y blanqueo de capitales", en ÁLVAREZ GARCÍA, F. J., y GONZÁLEZ CUSSAC, J. L. (dirs.) *Comentarios a la reforma penal de 2010*, Valencia, 2010; id. "Blanqueo de capitales", en ÁLVAREZ GARCÍA, F. J., y GONZÁLEZ CUSSAC, J. L. (dirs.) *Consideraciones a propósito del Proyecto de ley de 2009 de modificación del Código Penal*, Valencia, 2010; id. "Ganancias criminales y ganancias no declaradas (el desbordamiento del delito fiscal y del blanqueo", *LH-Rodríguez Ramos*, 2013; MARTÍN SAGRDO, O. "Principio de justicia universal y blanqueo de capitales: dificultades interpretativas derivadas de la deficiente técnica legislativa", *LL*, nº 8978, 2017; MARTÍNEZ ARRIETA, A. "Blanqueo de capitales", *CDJ*, 2001; MARTÍNEZ-BUJÁN PÉREZ, C. "La dimensión internacional del blanqueo de dinero", *EDJ* 61, 2004; id. "El bien jurídico protegido en el delito de blanqueo de bienes", en *VII Congreso sobre prevención y represión del blanqueo de dinero*, Valencia, 2020; id. *Derecho penal económico y de la empresa. Parte Especial*, 7ª ed., Valencia, 2023; MARTÍNEZ GUERRA, A. "El blanqueo de la corrupción y las inmunidades internacionales: el peso del derecho consuetudinario", *ADPCP*, 2024; id. "Blanqueo de capitales y persecución extraterritorial. Opciones internacionales, supranacionales y comunitarias", *RGDP*, nº 39, 2023; MATALLÍN EVANGELIO, A. "El autoblanqueo de capitales", *RGDP*, nº 20, 2013; id. "Fases y conductas típicas del delito de lavado de activos", *RP México*, nº 23, 2023; MÉNDEZ GALLO, D. "Los actos neutrales y el delito de blanqueo de capitales", *RJUAM*, nº 37, 2018; MORALES PRATS, F. "Delito de defraudación tributaria y blanqueo de capitales. Reflexiones en supuestos de regularización tributaria con efectos penales", *LH-Terradillos Basoco*, 2018; MORENO CÁNOVES, A/RUIZ MARCO, F. *Los delitos socioeconómicos*, Madrid, 1996; MORILLAS CUEVA, L. "Aspectos dogmáticos y político-criminales del delito de blanqueo de capitales", *Revista Foro FICP*, nº 2, 2013; NIETO MARTÍN,

A. "Blanqueo de capitales: extraterritorialidad y doble incriminación", *LH-Corcoy Bidasolo*, Madrid, 2022; NUÑEZ CASTAÑO, E. "Blanqueo de capitales", en GALÁN MUÑOZ, A. y NÚÑEZ CASTAÑO, E., *Manual de Derecho penal económico y de la empresa*, 5ª ed., Valencia, 2023; OLMEDO CARDENETE, M. "Lineamientos actuales del delito de blanqueo de capitales", *LH-Morillas Cueva*, t. II, 2018; id. en MORILLAS CUEVA, L. (dir.) *Sistema de Derecho Penal. Parte Especial*, 5ª ed., Madrid, 2024; PALMA HERRERA, J. M. *Los delitos de blanqueo de capitales*, Madrid, 2000; id., *Los actos copenados*, Madrid, 2004; PÉREZ MANZANO, M. "El tipo subjetivo en los delitos de receptación y blanqueo de dinero", *CDJ*, 1994, QUINTERO OLIVARES, G. "El delito fiscal y el ámbito material del delito de blanqueo", *AJA*, nº 698, 2006; id. "Sobre la ampliación del comiso y el blanqueo, y la incidencia en la receptación civil", *RECPC*, 2010; id. "La lucha contra la corrupción y la pancriminalización del autoblanqueo", *EPC*, nº 38, 2018; id. en QUINTERO OLIVARES, G. (dir.) *Comentarios al Código penal* español, 8ª ed., Pamplona, 2024; RAGUÉS I VALLÈS, R. "Blanqueo de capitales y negocios standard. Con especial mención a los abogados como potenciales autores de un delito de blanqueo", en SILVA SÁNCHEZ, J. Mª (dir.) *¿Libertad económica o fraudes punibles? Riesgos penalmente relevantes e irrelevantes en la actividad económico-empresarial*, Madrid, 2003; id. *La ignorancia deliberada en Derecho penal*, Barcelona, 2007; ROCA DE AGAPITO, L. *Las acciones cotidianas como problema de la participación criminal*, Valencia, 2013; RÓDENAS MOLINA, J. *El delito de blanqueo de capitales*, Madrid, 2022; RUANO MOCHALES, T. "Apuntes sobre el Proyecto de Ley de Prevención del Blanqueo de Capitales y de la Financiación del Terrorismo", *LL*, n-º 2, 2010; SÁNCHEZ HUETE, M. A. "Medidas tributarias anticrisis en España", *Revista de Derecho*, nº 26, 2013; SÁNCHEZ-VERA GÓMEZ-TRELLES, J. "Blanqueo de capitales y abogacía. Un necesario análisis crítico desde la teoría de la imputación objetiva", *InDret*, nº 1, 2008; SANZ-DÍAZ PALACIOS, J. A. *Las amnistías fiscales en España: la Declaración tributaria especial del año 2012 y el delito de blanqueo de capitales*, Pamplona, 2014; id. "A vueltas con la trascendencia penal de la amnistía fiscal de 2012", *Rev. AD*, nº 4, 2015; SOTO NIETO, F. "El delito de blanqueo de dinero", *LL*, nº 2, 1996; id. "Blanqueo de capitales. Connotaciones jurisprudenciales", *LL*, nº 3, 2002; id. "Blanqueo de capitales. Nueva aportación jurisprudencial", *LL*, nº 5, 2005; SUÁREZ GONZÁLEZ, C. J. "Blanqueo de capitales y merecimiento de penal: consideraciones críticas a la luz de la legislación española", *CPC* 1996; VEGA GUTIÉRREZ, J. Z. "Problemas de tipicidad en el delito de blanqueo. Especial referencia al autoblanqueo y a la defraudación tributaria como delito previo", *LLP*, nº 164, 2023; VARELA, L. "25 aniversario del blanqueo imprudente: un par de cuestiones aún por debatir", *LLP*, 2017; VIDALES RODRÍGUEZ, C. *Los delitos de receptación y legitimación de capitales en el Código penal de 1995*, Valencia, 1997; id. "Blanqueo", en BOIX REIG, J. (dir.) *Diccionario de Derecho Penal Económico*, Valencia, 2008; ZARAGOZA AGUADO, J. "El blanqueo de bienes de origen criminal", en CGPJ, *Manuales de formación continuada*, nº 14, 2001; id. "Receptación y blanqueo de capitales", en AA.VV. *El nuevo Código penal y su aplicación a empresas y profesionales*, Madrid, 1996.

REFERENCIAS LEGALES

Normativa nacional

- Ley Orgánica 9/2022, de 28 de julio, por la que se establecen normas que facilitan el uso de información financiera y de otro tipo para la prevención, detección, investigación o enjuiciamiento de infracciones penales.
- Ley 10/2010, de 28 de abril, de prevención del blanqueo de capitales y de la financiación del terrorismo.

- Ley 19/2003, de 4 de julio, sobre régimen jurídico de los movimientos de capitales y de las transacciones económicas con el exterior.
- Ley 12/2003, de 21 de mayo, de bloqueo de la financiación del terrorismo.
- Ley 19/1993, de 28 de diciembre, sobre determinadas medidas de prevención del blanqueo de capitales.
- Ley 40/1979, de 10 de diciembre, sobre Régimen jurídico de Control de Cambios.
- Real Decreto 413/2015, de 29 de mayo, por el que se aprueba el Reglamento de la Comisión de Vigilancia de Actividades de Financiación del Terrorismo.
- Real Decreto 304/2014, de 5 de mayo, por el que se aprueba el Reglamento de la Ley 10/2010, de 28 de abril, de prevención del blanqueo de capitales.
- Real Decreto 925/1995, de 9 de junio, por el que se aprueba el Reglamento de la Ley 19/1993, de 28 de diciembre, sobre determinadas medidas de prevención del blanqueo de capitales.
- Real Decreto 1816/1991, de 20 de diciembre, sobre Transacciones Económicas con el Exterior.
- Orden EHA/114/2008, de 29 de enero, reguladora del cumplimiento de determinadas obligaciones de los notarios en el ámbito de la prevención del blanqueo de capitales.
- Orden EHA/2444/2007, de 31 de julio, por la que se desarrolla el Reglamento de la Ley 19/1993, de 28 de diciembre, sobre determinadas medidas de prevención del blanqueo de capitales, aprobado por Real Decreto 925/1995, de 9 de junio, en relación con el informe externo sobre los procedimientos y órganos de control interno y comunicación establecidos para prevenir el blanqueo de capitales.
- Orden EHA 1439/2006, de 3 de mayo, reguladora de la declaración de movimientos de medios de pago en el ámbito de la prevención del blanqueo de capitales realicen actividad de cambio de moneda o gestión de transferencias con el exterior.

Normativa Comunitaria

- Directiva 91/308/CEE del Consejo, de 10 de junio de 1991, relativa a la prevención de la utilización del sistema financiero para el blanqueo de capitales.
- Directiva 2001/97/CE del Parlamento Europeo y del Consejo, de 4 de diciembre de 2001, por la que se modifica la Directiva 91/308/CEE del Consejo relativa a la prevención de la utilización del sistema financiero para el blanqueo de capitales.
- Directiva 2005/60/CE del Parlamento Europeo y del Consejo, de 26 de octubre de 2005, relativa a la prevención de la utilización del sistema financiero para el blanqueo de capitales y para la financiación del terrorismo.
- Directiva (UE) 2015/849 del Parlamento Europeo y del Consejo, de 20 de mayo de 2015, relativa a la prevención de la utilización del sistema financiero para el blanqueo de capitales o la financiación del terrorismo.
- Directiva (UE) 2018/843 del Parlamento Europeo y del Consejo, de 30 de mayo de 2018, por la que se modifica la Directiva (UE) 2015/849 relativa a la prevención de la utilización del sistema financiero para el blanqueo de capitales o la financiación del terrorismo.
- Directiva (UE) 2018/1673 del Parlamento Europeo y del Consejo, de 23 de octubre de 2018, relativa a la lucha contra el blanqueo de capitales mediante el Derecho penal.
- Directiva (UE) 2024/1640 del Parlamento Europeo y del Consejo, de 31 de mayo de 2024, relativa a los mecanismos que deben establecer los Estados miembros a efectos de la prevención de la utilización del sistema financiero para el blanqueo de capitales o la financiación del terrorismo.

Otra normativa internacional

- Convención de las Naciones Unidas contra el tráfico ilícito de estupefacientes y sustancias sicotrópicas. Convención de Viena, 1988.
- Convenio relativo al blanqueo, seguimiento, embargo y decomiso de los productos del delito, hecho en Estrasburgo el 8 de noviembre de 1990.
- Convención de las Naciones Unidas contra la delincuencia organizada transnacional. Convención de Palermo, 2000.
- Convención de las Naciones Unidas contra la corrupción. Convención de Mérida, 2003.
- Convenio relativo al blanqueo, seguimiento, embargo y comiso de los productos del delito y la financiación del Terrorismo. Convenio de Varsovia, 2005.

Lección 27ª

Delitos contra la Hacienda Pública y la Seguridad Social

MIRIAM CUGAT MAURI / FRANCISCO BAÑERES SANTOS / MANUEL BAÑERES DE FRUTOS[1]

SUMARIO. I. CONSIDERACIONES GENERALES Y BIEN JURÍDICO PROTEGIDO. 1. Consideraciones introductorias. 2. Bien jurídico protegido y clasificación de los delitos. 3. *Ultima ratio* del Derecho penal, prejudicialidad penal y *ne bis in idem*. II. ELEMENTOS COMUNES A LAS DIFERENTES MODALIDADES DELICTIVAS. 1. Los elementos normativos. 2. Los sujetos del delito. 2.1. La naturaleza de delito especial. 2.2. La participación del extraneus. 2.3. El testaferro. 2.4. La responsabilidad penal de las personas jurídicas. 2.5. El sujeto pasivo, el perjudicado y la acción popular. 3. El umbral cuantitativo mínimo del delito. 3.1. Naturaleza de las cuantías mínimas. 3.2. Objeto y criterios de cálculo de la cuantía. 3.3. Retroactividad de las cuantías más favorables. 4. Momento de consumación del delito. 4.1. Introducción. 4.2. Autoliquidación. 4.3. Consumación. 4.3.1. Consumación en la modalidad delictiva de elusión de impuestos o de cuotas de la SS. 4.3.2. Consumación en la modalidad delictiva de solicitud de devoluciones. 4.4. El "año natural" como unidad de tiempo. 4.5. Conclusiones. 5. La prescripción del delito. 5.1. La determinación del plazo de prescripción. 5.2. *Dies a quo* y *dies ad quem*. 5.3. El cálculo de la prescripción en supuestos de pluralidad de sujetos o delitos. 6. La regularización voluntaria. 6.1. Introducción. 6.2. Naturaleza jurídica de la regularización. 6.3. Requisitos de la regularización. 6.3.1. La conducta de la regularización: reconocimiento y pago. 6.3.2. El objeto de la regularización: completitud. 6.3.3. El momento de la regularización: espontaneidad. 6.3.4. La prescripción de las facultades administrativas respecto de la deuda objeto de regularización. 6.4. Alcance de la excusa absolutoria. 6.4.1. Alcance objetivo. 6.4.2. Alcance subjetivo. 7. La pena. 8. La responsabilidad civil derivada de delito. 8.1. Objeto y fundamento. 8.1.1. La responsabilidad civil derivada de la conducta de elusión del pago. 8.1.2. La responsabilidad civil derivada de las distintas obtenciones indebidas. 8.2. Los intereses de demora como objeto de la responsabilidad civil. 8.3. Naturaleza del crédito. 8.3.1. La naturaleza pública de la deuda objeto de la responsabilidad civil. 8.3.2. El plazo de prescripción de la deuda objeto de la responsabilidad civil. 8.4. La competencia del Juez de lo penal para la recaudación de la deuda. 8.4.1. Competencia judicial y auxilio de la Administración. 8.4.2. La fijación judicial de la responsabilidad civil y las liquidaciones vinculadas a delito (LVD) en sede administrativa. 8.4.3. Relación de la responsabilidad civil con la liquidación vinculada a delito. 8.5. Conclusiones. 9. Concursos. 9.1. El concurso con los delitos patrimoniales. 9.2. El concurso con las falsedades documentales. 9.3. El concurso con la frustración de la ejecución. III. EL FRAUDE FISCAL. 1. Tipo básico (art. 305 CP). 1.1. Sujetos activo y pasivo. 1.2. Conducta típica. 1.2.1. Modalidades comisivas. 1.2.2. El *consilium fraudis* o componente defraudatorio de la conducta. 1.2.3. La tipicidad de la omisión. 1.2.4. El objeto del delito. 1.2.5. La cuantía mínima. 1.2.6. El dolo típico. 2. El tipo atenuado por regularización extemporánea (art. 305.6 CP). 3. Modalidades cualificadas (art. 305 bis CP). 3.1. La superación de la cuantía de 600.000 euros. 3.2. La actuación en el seno de una organización o grupo criminal. 3.3. La utilización de persona interpuesta y otras maniobras elusivas. 4. Concursos. 4.1. La tributación de rentas de origen delictivo. 4.2. El concurso entre el fraude fiscal y el blanqueo. 4.2.1. Delito fiscal y blanqueo en conductas de elusión. 4.2.2. Delito fiscal y blanqueo en conductas de solicitud de devoluciones. IV. EL FRAUDE A LA SEGURIDAD SOCIAL. 1. Tipo básico (art. 307 CP). 1.1. Sujetos activo y pasivo. 1.2. Conducta típica. 1.3. Objeto material del delito. 1.4. Cuantía mínima. 1.5. Tipo subjetivo. 2. Tipo cualificado (art. 307 bis CP). 3. Concursos. V. EL FRAUDE DE PRESTACIONES DE LA SEGURIDAD SOCIAL (ART. 307 TER CP). 1. Introducción. 2. Tipo objetivo. 2.1. Sujetos. 2.2. Conducta y resultado típico. 2.3. Objeto material del delito. 3. Tipo subjetivo. 4. Tipo atenuado. 5. Tipo cualificado. 6. La regularización y sus efectos. 7. Concursos. VI. EL FRAUDE DE SUBVENCIONES (ART. 308 CP). 1. Sujetos activo y pasivo. 1.1. Sujeto activo. 1.2. Sujeto pasivo. 2. Conducta típica. 2.1. Obtención fraudulenta de subvenciones o ayudas. 2.2. Malversación de subvenciones. 3.

[1] Este capítulo ha sido redactado por MIRIAM CUGAT MAURI y FRANCISCO BAÑERES SANTOS, excepto los apartados II, 6 (La regularización voluntaria) y 8 (La responsabilidad civil derivada de delito), que han corrido íntegramente a cargo de MANUEL BAÑERES DE FRUTOS.

Objeto material del delito. 3.1. Las subvenciones. 3.2. Las ayudas. 4. La cuantía mínima. 5. Concursos. VII. LOS FRAUDES A LA HACIENDA DE LA UNIÓN EUROPEA. 1. Introducción. 2. El fraude fiscal (art. 305.3 CP, y subsidiariamente art. 306 CP). 2.1. La conducta típica. 2.2. El objeto del delito. 2.3. La cuantía mínima. 2.4. La aplicación de la excusa absolutoria. 2.5. La relación con el art. 306 CP. 3. Fraude de subvenciones (art. 308 CP, y subsidiariamente art. 306 CP). 3.1. Conducta típica. 3.2. El objeto del delito. 3.3. Cuantías. 3.4. Excusa absolutoria. VIII. BIBLIOGRAFÍA.

Artículo 305 (texto vigente desde el 13-3-2019)

1. El que, por acción u omisión, defraude a la Hacienda Pública estatal, autonómica, foral o local, eludiendo el pago de tributos, cantidades retenidas o que se hubieran debido retener o ingresos a cuenta, obteniendo indebidamente devoluciones o disfrutando beneficios fiscales de la misma forma, siempre que la cuantía de la cuota defraudada, el importe no ingresado de las retenciones o ingresos a cuenta o de las devoluciones o beneficios fiscales indebidamente obtenidos o disfrutados exceda de ciento veinte mil euros será castigado con la pena de prisión de uno a cinco años y multa del tanto al séxtuplo de la citada cuantía, salvo que hubiere regularizado su situación tributaria en los términos del apartado 4 del presente artículo.

La mera presentación de declaraciones o autoliquidaciones no excluye la defraudación, cuando ésta se acredite por otros hechos.

Además de las penas señaladas, se impondrá al responsable la pérdida de la posibilidad de obtener subvenciones o ayudas públicas y del derecho a gozar de los beneficios o incentivos fiscales o de la Seguridad Social durante el período de tres a seis años.

2. A los efectos de determinar la cuantía mencionada en el apartado anterior:

a) Si se trata de tributos, retenciones, ingresos a cuenta o devoluciones, periódicos o de declaración periódica, se estará a lo defraudado en cada período impositivo o de declaración, y si éstos son inferiores a doce meses, el importe de lo defraudado se referirá al año natural. No obstante lo anterior, en los casos en los que la defraudación se lleve a cabo en el seno de una organización o grupo criminal, o por personas o entidades que actúen bajo la apariencia de una actividad económica real sin desarrollarla de forma efectiva, el delito será perseguible desde el mismo momento en que se alcance la cantidad fijada en el apartado 1.

b) En los demás supuestos, la cuantía se entenderá referida a cada uno de los distintos conceptos por los que un hecho imponible sea susceptible de liquidación.

3. Las mismas penas se impondrán a quien cometa las conductas descritas en el apartado 1 y a quien eluda el pago de cualquier cantidad que deba ingresar o disfrute de manera indebida de un beneficio obtenido legalmente, cuando los hechos se cometan contra la Hacienda de la Unión Europea, siempre que la cuantía defraudada excediera de cien mil euros en el plazo de un año natural. No obstante lo anterior, en los casos en los que la defraudación se lleve a cabo en el seno de una organización o grupo criminal, o por personas o entidades que actúen bajo la apariencia de una actividad económica real sin desarrollarla de forma efectiva, el delito será perseguible desde el mismo momento en que se alcance la cantidad fijada en este apartado.

Si la cuantía defraudada no superase los cien mil euros pero excediere de diez mil, se impondrá una pena de prisión de tres meses a un año o multa del tanto al triplo de la citada cuantía y la pérdida de la posibilidad de obtener subvenciones o ayudas públicas y del derecho a gozar de los beneficios o incentivos fiscales o de la Seguridad Social durante el período de seis meses a dos años.

4. Se considerará regularizada la situación tributaria cuando se haya procedido por el obligado tributario al completo reconocimiento y pago de la deuda tributaria, antes de que por la Administración Tributaria se le haya notificado el inicio de actuaciones de comprobación o investigación tendentes a la determinación de las deudas tributarias objeto de la regularización o, en el caso de que tales actuaciones no se hubieran producido, antes de que el Ministerio Fiscal, el Abogado del Estado o el representante procesal de la Administración autonómica, foral o local de que se trate, interponga querella o denuncia contra aquél dirigida, o antes de que el Ministerio Fiscal o el Juez de Instrucción realicen actuaciones que le permitan tener conocimiento formal de la iniciación de diligencias.

Asimismo, los efectos de la regularización prevista en el párrafo anterior resultarán aplicables cuando se satisfagan deudas tributarias una vez prescrito el derecho de la Administración a su determinación en vía administrativa.

La regularización por el obligado tributario de su situación tributaria impedirá que se le persiga por las posibles irregularidades contables u otras falsedades instrumentales que, exclusivamente en relación a la deuda tributaria objeto de regularización, el mismo pudiera haber cometido con carácter previo a la regularización de su situación tributaria.

5. Cuando la Administración Tributaria apreciare indicios de haberse cometido un delito contra la Hacienda Pública, podrá liquidar de forma separada, por una parte los conceptos y cuantías que no se encuentren vinculados con el posible delito contra la Hacienda Pública, y por otra, los que se encuentren vinculados con el posible delito contra la Hacienda Pública.

La liquidación indicada en primer lugar en el párrafo anterior seguirá la tramitación ordinaria y se sujetará al régimen de recursos propios de toda liquidación tributaria. Y la liquidación que en su caso derive de aquellos conceptos y cuantías que se encuentren vinculados con el posible delito contra la Hacienda Pública seguirá la tramitación que al efecto establezca la normativa tributaria, sin perjuicio de que finalmente se ajuste a lo que se decida en el proceso penal.

La existencia del procedimiento penal por delito contra la Hacienda Pública no paralizará la acción de cobro de la deuda tributaria. Por parte de la Administración Tributaria podrán iniciarse las actuaciones dirigidas al cobro, salvo que el Juez, de oficio o a instancia de parte, hubiere acordado la suspensión de las actuaciones de ejecución, previa prestación de garantía. Si no se pudiese prestar garantía en todo o en parte, excepcionalmente el Juez podrá acordar la suspensión con dispensa total o parcial de garantías si apreciare que la ejecución pudiese ocasionar daños irreparables o de muy difícil reparación.

6. Los Jueces y Tribunales podrán imponer al obligado tributario o al autor del delito la pena inferior en uno o dos grados, siempre que, antes de que transcurran dos meses desde la citación judicial como imputado satisfaga la deuda tributaria y reconozca judicialmente los hechos. Lo anterior será igualmente aplicable respecto de otros partícipes en el delito distintos del obligado tributario o del autor del delito, cuando colaboren activamente para la obtención de pruebas decisivas para la identificación o captura de otros responsables, para el completo esclarecimiento de los hechos delictivos o para la averiguación del patrimonio del obligado tributario o de otros responsables del delito.

7. En los procedimientos por el delito contemplado en este artículo, para la ejecución de la pena de multa y la responsabilidad civil, que comprenderá el importe de la deuda tributaria que la Administración Tributaria no haya liquidado por prescripción u otra causa legal en los términos previstos en la Ley 58/2003, General Tributaria, de 17 de diciembre, incluidos sus intereses de demora, los Jueces y Tribunales recabarán el auxilio de los servicios de la Administración Tributaria que las exigirá por el procedimiento administrativo de apremio en los términos establecidos en la citada Ley.

Artículo 305 bis (texto vigente desde el 17-1-2013)

1. El delito contra la Hacienda Pública será castigado con la pena de prisión de dos a seis años y multa del doble al séxtuplo de la cuota defraudada cuando la defraudación se cometiere concurriendo alguna de las circunstancias siguientes:

a) Que la cuantía de la cuota defraudada exceda de seiscientos mil euros.

b) Que la defraudación se haya cometido en el seno de una organización o de un grupo criminal.

c) Que la utilización de personas físicas o jurídicas o entes sin personalidad jurídica interpuestos, negocios o instrumentos fiduciarios o paraísos fiscales o territorios de nula tributación oculte o dificulte la determinación de la identidad del obligado tributario o del responsable del delito, la determinación de la cuantía defraudada o del patrimonio del obligado tributario o del responsable del delito.

2. A los supuestos descritos en el presente artículo les serán de aplicación todas las restantes previsiones contenidas en el artículo 305.

En estos casos, además de las penas señaladas, se impondrá al responsable la pérdida de la posibilidad de obtener subvenciones o ayudas públicas y del derecho a gozar de los beneficios o incentivos fiscales o de la Seguridad Social durante el período de cuatro a ocho años.

Artículo 306 (texto vigente desde el 3-7-2021)

El que por acción u omisión defraude a los presupuestos generales de la Unión Europea u otros administrados por esta, en cuantía superior a cincuenta mil euros, eludiendo, fuera de los casos contemplados en el apartado 3 del artículo 305, el pago de cantidades que se deban ingresar o, dando, fuera de los casos contemplados en el artículo 308, a los fondos obtenidos una aplicación distinta de aquella a que estuvieren destinados u obteniendo indebidamente fondos falseando las condiciones requeridas para su concesión u ocultando las que la hubieran impedido, será castigado con la pena de prisión de uno a cinco años y multa del tanto al séxtuplo de la citada cuantía y la pérdida de la posibilidad de obtener subvenciones o ayudas públicas y del derecho a gozar de los beneficios o incentivos fiscales o de la Seguridad Social durante el período de tres a seis años.

Si la cuantía defraudada o aplicada indebidamente no superase los cincuenta mil euros, pero excediere de cuatro mil, se impondrá una pena de prisión de tres meses a un año o multa del tanto al triplo de la citada cuantía y la pérdida de la posibilidad de obtener subvenciones o ayudas públicas y del derecho a gozar de los beneficios o incentivos fiscales o de la Seguridad Social durante el período de seis meses a dos años.

Artículo 307 (texto vigente desde el 17-1-2013)

1. El que, por acción u omisión, defraude a la Seguridad Social eludiendo el pago de las cuotas de ésta y conceptos de recaudación conjunta, obteniendo indebidamente devoluciones de las mismas o disfrutando de deducciones por cualquier concepto asimismo de forma indebida, siempre que la cuantía de las cuotas defraudadas o de las devoluciones o deducciones indebidas exceda de cincuenta mil euros será castigado con la pena de prisión de uno a cinco años y multa del tanto al séxtuplo de la citada cuantía salvo que hubiere regularizado su situación ante la Seguridad Social en los términos del apartado 3 del presente artículo.

La mera presentación de los documentos de cotización no excluye la defraudación, cuando ésta se acredite por otros hechos.

Además de las penas señaladas, se impondrá al responsable la pérdida de la posibilidad de obtener subvenciones o ayudas públicas y del derecho a gozar de los beneficios o incentivos fiscales o de la Seguridad Social durante el período de tres a seis años.

2. A los efectos de determinar la cuantía mencionada en el apartado anterior se estará al importe total defraudado durante cuatro años naturales.

3. Se considerará regularizada la situación ante la Seguridad Social cuando se haya procedido por el obligado frente a la Seguridad Social al completo reconocimiento y pago de la deuda antes de que se le haya notificado la iniciación de actuaciones inspectoras dirigidas a la determinación de dichas deudas o, en caso de que tales actuaciones no se hubieran producido, antes de que el Ministerio Fiscal o el Letrado de la Seguridad Social interponga querella o denuncia contra aquél dirigida o antes de que el Ministerio Fiscal o el Juez de Instrucción realicen actuaciones que le permitan tener conocimiento formal de la iniciación de diligencias.

Asimismo, los efectos de la regularización prevista en el párrafo anterior, resultarán aplicables cuando se satisfagan deudas ante la Seguridad Social una vez prescrito el derecho de la Administración a su determinación en vía administrativa.

La regularización de la situación ante la Seguridad Social impedirá que a dicho sujeto se le persiga por las posibles irregularidades contables u otras falsedades instrumentales que, exclusivamente en relación a la deuda objeto de regularización, el mismo pudiera haber cometido con carácter previo a la regularización de su situación.

4. La existencia de un procedimiento penal por delito contra la Seguridad Social no paralizará el procedimiento administrativo para la liquidación y cobro de la deuda contraída con la Seguridad Social, salvo que el Juez lo acuerde previa prestación de garantía. En el caso de que no se pudiese prestar garantía en todo o en parte, el Juez, con carácter excepcional, podrá acordar la suspensión con dispensa total o parcial de las garantías, en el caso de que apreciara que la ejecución pudiera ocasionar daños irreparables o de muy difícil reparación. La liquidación administrativa se ajustará finalmente a lo que se decida en el proceso penal.

5. Los Jueces y Tribunales podrán imponer al obligado frente a la Seguridad Social o al autor del delito la pena inferior en uno o dos grados, siempre que, antes de que transcurran dos meses desde la citación judicial como imputado, satisfaga la deuda con la Seguridad Social y reconozca judicialmente los hechos. Lo anterior será igualmente aplicable respecto de otros partícipes en el delito distintos del deudor a la Seguridad Social o del autor del delito, cuando colaboren activamente para la obtención de pruebas decisivas para la identificación o captura de otros responsables, para el completo esclarecimiento de los hechos delictivos o para la averiguación del patrimonio del obligado frente a la Seguridad Social o de otros responsables del delito.

6. En los procedimientos por el delito contemplado en este artículo, para la ejecución de la pena de multa y la responsabilidad civil, que comprenderá el importe de la deuda frente a la Seguridad Social que la Administración no haya liquidado por prescripción u otra causa legal, incluidos sus intereses de demora, los Jueces y Tribunales recabarán el auxilio de los servicios de la Administración de la Seguridad Social que las exigirá por el procedimiento administrativo de apremio.

Artículo 307 bis (texto vigente desde el 17-1-2013)

1. El delito contra la Seguridad Social será castigado con la pena de prisión de dos a seis años y multa del doble al séxtuplo de la cuantía cuando en la comisión del delito concurriera alguna de las siguientes circunstancias:

a) Que la cuantía de las cuotas defraudadas o de las devoluciones o deducciones indebidas exceda de ciento veinte mil euros.

b) Que la defraudación se haya cometido en el seno de una organización o de un grupo criminal.

c) Que la utilización de personas físicas o jurídicas o entes sin personalidad jurídica interpuestos, negocios o instrumentos fiduciarios o paraísos fiscales o territorios de nula tributación oculte o dificulte la determinación de la identidad del obligado frente a la Seguridad Social o del responsable del delito, la determinación de la cuantía defraudada o del patrimonio del obligado frente a la Seguridad Social o del responsable del delito.

2. A los supuestos descritos en el presente artículo le serán de aplicación todas las restantes previsiones contenidas en el artículo 307.

3. En estos casos, además de las penas señaladas, se impondrá al responsable la pérdida de la posibilidad de obtener subvenciones o ayudas públicas y del derecho a gozar de los beneficios o incentivos fiscales o de la Seguridad Social durante el período de cuatro a ocho años.

Artículo 307 ter (texto vigente desde el 17-1-2013)

1. Quien obtenga, para sí o para otro, el disfrute de prestaciones del Sistema de la Seguridad Social, la prolongación indebida del mismo, o facilite a otros su obtención, por medio del error provocado mediante la simulación o tergiversación de hechos, o la ocultación consciente de hechos de los que tenía el deber de informar, causando con ello un perjuicio a la Administración Pública, será castigado con la pena de seis meses a tres años de prisión.

Cuando los hechos, a la vista del importe defraudado, de los medios empleados y de las circunstancias personales del autor, no revistan especial gravedad, serán castigados con una pena de multa del tanto al séxtuplo.

Además de las penas señaladas, se impondrá al responsable la pérdida de la posibilidad de obtener subvenciones y del derecho a gozar de los beneficios o incentivos fiscales o de la Seguridad Social durante el período de tres a seis años.

2. Cuando el valor de las prestaciones fuera superior a cincuenta mil euros o hubiera concurrido cualquiera de las circunstancias a que se refieren las letras b) o c) del apartado 1 del artículo 307 bis, se impondrá una pena de prisión de dos a seis años y multa del tanto al séxtuplo.

En estos casos, además de las penas señaladas, se impondrá al responsable la pérdida de la posibilidad de obtener subvenciones y del derecho a gozar de los beneficios o incentivos fiscales o de la Seguridad Social durante el período de cuatro a ocho años.

3. Quedará exento de responsabilidad criminal en relación con las conductas descritas en los apartados anteriores el que reintegre una cantidad equivalente al valor de la prestación recibida incrementada en un interés anual equivalente al interés legal del dinero aumentado en dos puntos porcentuales, desde el momento en que las percibió, antes de que se le haya notificado la iniciación de actuaciones de inspección y control en relación con las mismas o, en el caso de que tales actuaciones no se hubieran producido, antes de que el Ministerio Fiscal, el Abogado del Estado, el Letrado de la Seguridad Social, o el representante de la Administración autonómica o local de que se trate, interponga querella o denuncia contra aquél dirigida o antes de que el Ministerio Fiscal o el Juez de Instrucción realicen actuaciones que le permitan tener conocimiento formal de la iniciación de diligencias.

La exención de responsabilidad penal contemplada en el párrafo anterior alcanzará igualmente a dicho sujeto por las posibles falsedades instrumentales que, exclusivamente en relación a las prestaciones defraudadas objeto de reintegro, el mismo pudiera haber cometido con carácter previo a la regularización de su situación.

4. La existencia de un procedimiento penal por alguno de los delitos de los apartados 1 y 2 de este artículo, no impedirá que la Administración competente exija el reintegro por vía administrativa de las prestaciones indebidamente obtenidas. El importe que deba ser reintegrado se entenderá fijado provisionalmente por la Administración, y se ajustará después a lo que finalmente se resuelva en el proceso penal.

El procedimiento penal tampoco paralizará la acción de cobro de la Administración competente, que podrá iniciar las actuaciones dirigidas al cobro salvo que el Juez, de oficio o a instancia de parte, hubiere acordado la suspensión de las actuaciones de ejecución previa prestación de garantía. Si no se pudiere prestar garantía en todo o en parte, excepcionalmente el Juez podrá acordar la suspensión con dispensa total o parcial de garantías si apreciare que la ejecución pudiese ocasionar daños irreparables o de muy difícil reparación.

5. En los procedimientos por el delito contemplado en este artículo, para la ejecución de la pena de multa y de la responsabilidad civil, los Jueces y Tribunales recabarán el auxilio de los servicios de la Administración de la Seguridad Social que las exigirá por el procedimiento administrativo de apremio.

6. Resultará aplicable a los supuestos regulados en este artículo lo dispuesto en el apartado 5 del artículo 307 del Código Penal.

Artículo 308 (texto vigente desde 13-3-2019)

1. El que obtenga subvenciones o ayudas de las Administraciones Públicas, incluida la Unión Europea, en una cantidad o por un valor superior a cien mil euros falseando las condiciones requeridas para su concesión u ocultando las que la hubiesen impedido será castigado con la pena de prisión de uno a cinco años y multa del tanto al séxtuplo de su importe, salvo que lleve a cabo el reintegro a que se refiere el apartado 6.

2. Las mismas penas se impondrán al que, en el desarrollo de una actividad sufragada total o parcialmente con fondos de las Administraciones públicas, incluida la Unión Europea, los aplique en una cantidad superior a cien mil euros a fines distintos de aquéllos para los que la subvención o ayuda fue concedida, salvo que lleve a cabo el reintegro a que se refiere el apartado 6.

3. Además de las penas señaladas, se impondrá al responsable la pérdida de la posibilidad de obtener subvenciones o ayudas públicas y del derecho a gozar de beneficios o incentivos fiscales o de la Seguridad Social durante un período de tres a seis años.

4. Si la cuantía obtenida, defraudada o aplicada indebidamente no superase los cien mil euros pero excediere de diez mil, se impondrá una pena de prisión de tres meses a un año o multa del tanto al triplo de la citada cuantía y la pérdida de la posibilidad de obtener subvenciones o ayudas públicas y del derecho a gozar de los beneficios o incentivos fiscales o de la Seguridad Social durante el período de seis meses a dos años, salvo que lleve a cabo el reintegro a que se refiere el apartado 6.

5. A los efectos de determinar la cuantía a que se refiere este artículo, se atenderá al total de lo obtenido, defraudado o indebidamente aplicado, con independencia de si procede de una o de varias Administraciones Públicas conjuntamente.

6. Se entenderá realizado el reintegro al que se refieren los apartados 1, 2 y 4 cuando por el perceptor de la subvención o ayuda se proceda a devolver las subvenciones o ayudas indebidamente percibidas o aplicadas, incrementadas en el interés de demora aplicable en materia de subvenciones desde el momento en que las percibió, y se lleve a cabo antes de que se haya notificado la iniciación de actuaciones de comprobación o control en relación con dichas subvenciones o ayudas o, en el caso de que tales actuaciones no se hubieran producido, antes de que el Ministerio Fiscal, el Abogado del Estado o el representante de la Administración autonómica o local de que se trate, interponga querella o denuncia contra aquél dirigida o antes de que el Ministerio Fiscal o el juez de instrucción realicen actuaciones que le permitan tener conocimiento formal de la iniciación de diligencias. El reintegro impedirá que a dicho sujeto se le persiga por las posibles falsedades instrumentales que, exclusivamente en relación a la deuda objeto de regularización, el mismo pudiera haber cometido con carácter previo a la regularización de su situación.

7. La existencia de un procedimiento penal por alguno de los delitos de los apartados 1, 2 y 4 de este artículo, no impedirá que la Administración competente exija el reintegro por vía administrativa de las subvenciones o ayudas indebidamente aplicadas. El importe que deba ser reintegrado se entenderá fijado provisionalmente por la Administración, y se ajustará después a lo que finalmente se resuelva en el proceso penal.

El procedimiento penal tampoco paralizará la acción de cobro de la Administración, que podrá iniciar las actuaciones dirigidas al cobro salvo que el juez, de oficio o a instancia de parte, hubiere acordado la suspensión de las actuaciones de ejecución previa prestación de garantía. Si no se pudiere prestar garantía en todo o en parte, excepcionalmente el juez podrá acordar la suspensión con dispensa total o parcial de garantías si apreciare que la ejecución pudiese ocasionar daños irreparables o de muy difícil reparación.

8. Los jueces y tribunales podrán imponer al responsable de este delito la pena inferior en uno o dos grados, siempre que, antes de que transcurran dos meses desde la citación judicial como investigado, lleve a cabo el reintegro a que se refiere el apartado 6 y reconozca judicialmente los hechos. Lo anterior será igualmente aplicable respecto de otros partícipes en el delito distintos del obligado al reintegro o del autor del delito, cuando colaboren activamente para la obtención de pruebas decisivas para la identificación o captura de otros responsables, para el completo esclarecimiento de los hechos delictivos o para la averiguación del patrimonio del obligado o del responsable del delito.

Artículo 308 bis (texto vigente desde el 1-7-2015)

1. La suspensión de la ejecución de las penas impuestas por alguno de los delitos regulados en este Título se regirá por las disposiciones contenidas en el Capítulo III del Título III del Libro I de este Código, completadas por las siguientes reglas:

1ª La suspensión de la ejecución de la pena de prisión impuesta requerirá, además del cumplimiento de los requisitos regulados en el artículo 80, que el penado haya abonado la deuda tributaria o con la Seguridad Social, o que haya procedido al reintegro de las subvenciones o ayudas indebidamente recibidas o utilizadas.

Este requisito se entenderá cumplido cuando el penado asuma el compromiso de satisfacer la deuda tributaria, la deuda frente a la Seguridad Social o de proceder al reintegro de las subvenciones o ayudas indebidamente recibidas o utilizadas y las responsabilidades civiles de acuerdo a su capacidad económica y de facilitar el decomiso acordado, y sea razonable esperar que el mismo será cumplido. La suspensión no se concederá cuando conste que el penado ha facilitado información inexacta o insuficiente sobre su patrimonio.

La resolución por la que el juez o tribunal concedan la suspensión de la ejecución de la pena será comunicada a la representación procesal de la Hacienda Pública estatal, autonómica, local o foral, de la Seguridad Social o de la Administración que hubiera concedido la subvención o ayuda.

2ª El juez o tribunal revocarán la suspensión y ordenarán la ejecución de la pena, además de en los supuestos del artículo 86, cuando el penado no dé cumplimiento al compromiso de pago de la deuda tributaria o con la Seguridad Social, al de reintegro de las subvenciones y ayudas indebidamente recibidas o utilizadas, o al de pago de las responsabilidades civiles, siempre que tuviera capacidad económica para ello, o facilite información inexacta o insuficiente sobre su patrimonio. En estos casos, el juez de vigilancia penitenciaria podrá denegar la concesión de la libertad condicional.

2. En el supuesto del artículo 125, el juez o tribunal oirán previamente a la representación procesal de la Hacienda Pública estatal, autonómica, local o foral, de la Seguridad Social o de la Administración que hubiera concedido la subvención o ayuda, al objeto de que aporte informe patrimonial de los responsables del delito en el que se analizará la capacidad económica y patrimonial real de los responsables y se podrá incluir una propuesta de fraccionamiento acorde con dicha capacidad y con la normativa tributaria, de la Seguridad Social o de subvenciones.

Artículo 309 *(Precepto derogado por la Lo 7/2012)*

Artículo 310 (texto vigente desde el 1-10-2004)

Será castigado con la pena de prisión de cinco a siete meses el que estando obligado por ley tributaria a llevar contabilidad mercantil, libros o registros fiscales:

a) Incumpla absolutamente dicha obligación en régimen de estimación directa de bases tributarias.

b) Lleve contabilidades distintas que, referidas a una misma actividad y ejercicio económico, oculten o simulen la verdadera situación de la empresa.

c) No hubiere anotado en los libros obligatorios negocios, actos, operaciones o, en general, transacciones económicas, o los hubiese anotado con cifras distintas a las verdaderas.

d) Hubiere practicado en los libros obligatorios anotaciones contables ficticias.

La consideración como delito de los supuestos de hecho, a que se refieren los párrafos c) y d) anteriores, requerirá que se hayan omitido las declaraciones tributarias o que las presentadas fueren reflejo de su falsa contabilidad y que la cuantía, en más o menos, de los cargos o abonos omitidos o falseados exceda, sin compensación aritmética entre ellos, de 240.000 euros por cada ejercicio económico.

Artículo 310 bis (texto vigente desde el 17-1-2013)

Cuando de acuerdo con lo establecido en el artículo 31 bis una persona jurídica sea responsable de los delitos recogidos en este Título, se le impondrán las siguientes penas:

a) Multa del tanto al doble de la cantidad defraudada o indebidamente obtenida, si el delito cometido por la persona física tiene prevista una pena de prisión de más de dos años.

b) Multa del doble al cuádruple de la cantidad defraudada o indebidamente obtenida, si el delito cometido por la persona física tiene prevista una pena de prisión de más de cinco años.

c) Multa de seis meses a un año, en los supuestos recogidos en el artículo 310.

Además de las señaladas, se impondrá a la persona jurídica responsable la pérdida de la posibilidad de obtener subvenciones o ayudas públicas y del derecho a gozar de los beneficios o incentivos fiscales o de la Seguridad Social durante el período de tres a seis años. Podrá imponerse la prohibición para contratar con las Administraciones Públicas.

Atendidas las reglas establecidas en el artículo 66 bis, los Jueces y Tribunales podrán asimismo imponer las penas recogidas en las letras b), c), d), e) y g) del apartado 7 del artículo 33.

I. CONSIDERACIONES GENERALES Y BIEN JURÍDICO PROTEGIDO

1. Consideraciones introductorias

El delito fiscal se incrimina por primera vez en nuestro país en 1977, como una de las condiciones necesarias para la transformación de España en un Estado moderno que necesitaba recaudar para poder gastar y, como poco después proclamaría la Constitución de 1978, subvenir las necesidades financieras del Estado social.

Ahora bien, la consecución del cumplimiento de las obligaciones fiscales no podía depender sólo de la implacabilidad del Estado en la recaudación y sanción tributaria. Además, era preciso poder confiar en la bondad del sistema para desactivar el discurso legitimador del infractor que había calado no sólo entre los contribuyentes, sino en la misma Administración a la que le faltaba la fuerza moral y el apoyo social necesario para perseguir eficazmente el fraude. Debía terminarse con la idea del "terrorismo fiscal" del Estado ante el que el contribuyente podía actuar en "legítima defensa" (RODRÍGUEZ DEVESA).

Especialmente reveladoras de la situación a la que se había llegado al tiempo de la reforma de 1977 son las palabras de FUENTES QUINTANA —Catedrático de Economía Política y Hacienda Pública y Ministro de Economía al tiempo de su aprobación—, según quien "La reforma era necesaria por los visibles defectos que la opinión de los contribuyentes, la de la administración tributaria y los hacendistas coincidían en atribuir a los impuestos existentes (y que los programas de los partidos políticos denunciaban también). En efecto, los impuestos se evadían (el 76% de los contribuyentes se consideraban a sí mismos como defraudadores), los impuestos eran injustos (el 80% de los contribuyentes y de los delegados de Hacienda los consideraban así), los impuestos no eran comprensibles, porque su asistemática y su multiplicidad impedían entender la lógica (si es que existía) de impuestos sedimentados en la Hacienda, y exigidos más por rutina que con una base racional." En el mismo sentido, se pronunciaba Francisco FERNÁNDEZ ORDÓÑEZ —Ministro de Hacienda bajo cuyo mandato se aprobó la reforma fiscal de 1977—, quien en su discurso ante Las Cortes a propósito de la misma sostuvo que "el fraude ha estado desigualmente repartido en la sociedad española, y las oportunidades de fraude han estado en relación inversa con los niveles de bienestar económico o social. Esta situación, este convencimiento popular de injusticia presentida ha producido un resultado de profunda desmoralización colectiva y nuestra legislación fiscal ha sufrido un efecto de desprestigio derivado de su propio incumplimiento." En la misma línea, reflexionaba SANTILLANA: "Dicha ley nace del convencimiento de que debe cambiarse radicalmente la actitud del contribuyente español, que hasta ahora incluso presumía de defraudador, para transformarlo en, contribuyente responsable, para quien el pago del impuesto constituya un honor y un origen de derechos que le permitan exigir del Estado las cuentas que justifiquen el buen uso del dinero que aporta."

Con todo, una mejora en la legitimación del sistema fiscal no podía ser la única garantía de la desaparición del fraude, pues sería tanto como suponer que para combatir el delito basta con la prevención general positiva o integradora y no es preciso, además, recurrir a la prevención general negativa o intimidatoria por si a pesar de todo subsistiera la atracción por el delito. De modo que también era preciso procurar el buen funcionamiento del sistema de Inspección, que los ciudadanos reconocen como el motivo principal del efectivo cumplimiento de las obligaciones fiscales en evitación de sanciones penales o administrativas, y que es la principal fuente de conocimiento del delito.

Según el "barómetro fiscal" del Instituto de Estudios Fiscales correspondiente al año 2010 (Nota de prensa del Ministerio de economía y hacienda, agosto, 2010): "Los ciudadanos que perciben una evolución positiva en el pago de los impuestos atribuyen esta mejora a dos factores esenciales, las retenciones aplicadas sobre los salarios (93%) y el mayor control que la Inspección de Hacienda mantiene sobre los contribuyentes (88%), otorgando una influencia significativamente menor a la existencia de una mayor conciencia social sobre la necesidad de pagar impuestos". En el mismo sentido, véanse las SSTC 110/1984, 26-11 (*Tol 79399)*, FJ 3° o 76/1990, 26-4 (*Tol 80368)*, que subrayan la importancia de garantizar el buen funcionamiento de la actividad inspectora para la realización del sistema de justicia fiscal. Esta opinión se mantiene en el tiempo. Según el Documento de trabajo 7/2023 sobre las Opiniones y actitudes fiscales de los españoles en 2022, pág. 38, se mantiene la idea de que entre los factores que influyen en el cumplimiento fiscal (1998-2022), el prioritario es la retención, seguido del control, y en tercer lugar, la moral.

La reclamada reforma del sistema de justicia tributaria habría de llegar de la mano de la misma ley que incorporó el delito fiscal al Código: la Ley 50/1977, 14-11 sobre medidas urgentes de reforma fiscal.

Bien es cierto que, desde 1870, el CP había castigado la "ocultación fraudulenta de bienes o de industria" cometida "con el propósito de eludir el pago de los impuestos", que llegaría hasta el Código de 1973, en el art. 319 CP. Sin embargo, no sería hasta la reforma de 1977 cuando adquiriría perfil propio dentro del mismo Título III de las Falsedades, con la reforma del artículo 319 CP y la alusión en la rúbrica del Capítulo al "Delito fiscal".

La importancia histórica de esta ley no deja lugar a dudas. Con todo, la aplicación de las disposiciones penales fue escasa, en buena parte por las trabas a la perseguibilidad que oponía el requisito de denuncia previa por parte de la Administración tributaria (la llamada prejudicialidad administrativa), prevista en el art. 37 de la misma.

De hecho, la inaplicación de las normas penales tributarias ha sido una de las principales constantes en una materia en la que el delincuente tributario ha contado con la preocupante complicidad de buena parte de sus conciudadanos, especialmente en los primeros tiempos de vida del delito. De acuerdo con los datos ofrecidos por el "Primer informe del Observatorio administrativo previsto en el Convenio de 30 de junio de 2005 entre la Agencia estatal de administración tributaria y la Secretaría de estado de justicia en materia de prevención y lucha contra el fraude fiscal", de diciembre de 2006: entre 1977 y 1985, *"Según la estadística de la Unidad Especial de Vigilancia y Represión del Fraude Fiscal (hoy desaparecida) la inspección incoó 1519 expedientes por delito fiscal de los que 512 fueron remitidos al Ministerio Fiscal. De éstos fueron devueltos a la inspección 216 y tramitados 296. Se dictaron 13 sentencias, 10 de ellas en sentido absolutorio y en 1985 estaban aún pendientes 283 casos". El panorama era tan desolador que, como se ha adelantado, la misma Exposición de Motivos de la LO 2/1985, 29-4 reconocía que: "La previsión legislativa no ha tenido, por muchas razones, los frutos deseados y, especialmente el efecto de prevención general al que tiende todo precepto penal, pues existen todavía no pocas situaciones fraudulentas en las que, mediante acciones u omisiones deliberadas, se atenta de hecho contra los principios de generalidad y capacidad del articulo 31 de la Constitución."*

Desde entonces, el panorama ha cambiado drásticamente, hasta el punto de que, de acuerdo con la Memoria FGE de 2024, en 2023: *"La cuantía de la deuda total denunciada —defraudada— en esos expedientes asciende a 849.524.167,20 euros, siendo la mayor de los últimos años. El número total de sentencias firmes dictadas en el año 2023 por delito contra la Hacienda Pública es de 139. Las sentencias condenatorias han sido 113, que representan el 81,29% sobre el total. De este total de sentencias condenatorias, el 31,86% lo ha sido por conformidad. El número de expedientes remitidos por la AEAT con liquidación vinculada a delito (LVD) ha sido 103, lo que representa el 65,60% de todos los remitidos (157%). Las cantidades que han sido efectivamente ingresadas y cobradas por la AEAT respecto a las cuantías de las cuotas defraudadas reconocidas en sentencia suponen: 1. En expedientes con responsabilidad civil (no LVD), el 14,26%. 2. En expedientes con LVD, el 69,59%."* Para llegar a esta situación serían precisas muchas reformas, tanto penales como administrativas, como se explica, a continuación.

La superación de la situación anterior precisaba reformas a fin de promover una mayor adhesión social a la norma y una más eficaz persecución del infractor. En materia penal, estos cambios se iniciaron con la Ley 10/1985, 26-4, de modificación parcial de la Ley General Tributaria y la LO 2/1985, 29-4, de reforma del Código penal en materia de delitos contra la hacienda pública. De todas, la novedad más relevante quizás fuera la supresión de la prejudicialidad administrativa que se había advertido como uno de los principales obstáculos a la eficacia de la norma; pero no fue el único. La creación de un Título específicamente dedicado a los delitos contra la Hacienda pública, autonomizado de las falsedades, contribuía poderosamente al refuerzo del mensaje penal. Pero tampoco bastaba con eso. A su vez, debía reformarse el contenido de la regulación sustantiva para responder a los vacíos detectados y adaptarla al nuevo modelo de Estado surgido de la Constitución de 1978. Desde este punto de vista, despunta: la tipificación ex novo del fraude de subvenciones (art. 350 CP) y del delito contable (art. 350 bis CP); así como la reforma del delito tributario (ahora, en el art. 349 CP) para vertebrarlo en torno al componente defraudatorio. En un segundo orden de consideraciones, hay que mencionar también: la concreción del objeto del fraude en la "cuota", con elevación de su umbral mínimo a 5 millones de pesetas; la sustitución de la mención de los impuestos por la de los tributos, con inclusión de los autonómicos —los europeos todavía tardarían en llegar al Código penal—; la mención de los de declaración periódica en la regla de cálculo de la cuantía mínima; y, por fin, la introducción de una pena privativa de derechos. CP).

Exposición de Motivos de la LO 2/1985: *"Se quiere, en efecto, que dicha conducta no sea tanto la falta de pago de los tributos, cuanto la actitud defraudatoria mediante actos u omisiones tendentes a eludir la cuantificación de los elementos que configuran la deuda tributaria y, por tanto, su pago.*

Para ello, no sólo se ha modificado la redacción de dicho precepto, sino que también se ha introducido un nuevo artículo, el 350 bis, que sanciona el incumplimiento de obligaciones formales como infracción autónoma, dada la trascendencia que la colaboración activa de los sujetos pasivos de los tributos tiene en nuestro sistema".

La anterior reforma llevó a una mayor aplicación del delito y con ello al planteamiento de problemas interpretativos y detección de vacíos punitivos a los que se intentó dar respuesta mediante la LO 6/1995, 29-6 por la que se modifican determinados preceptos del Código penal relativos a los delitos contra la Hacienda pública y la Seguridad social, coetánea a la Ley 25/1995, de 20 de julio, de Modificación Parcial de la Ley General Tributaria. Entre los cambios introducidos en el delito de defraudación tributaria están: la explícita exigencia de dolo; la expresa extensión del tipo a la omisión, retenciones e ingresos a cuenta de retribuciones en especie y obtención indebida de devoluciones; y la tipificación de formas cualificadas. Además, se procedió a la general elevación de las cuantías y el reconocimiento del efecto exonerante de la reparación del daño. Por fin, se tipificó el fraude a la Seguridad social al que a partir de entonces se referiría la rúbrica. En suma, si, por un lado, la reforma ampliaba el ámbito aplicativo y elenco de tipicidades, por otro, introducía límites a su persecución y sanción mediante la elevación de la cuantía mínima y el reconocimiento de la excusa absolutoria de regularización tributaria, ahondando en las diferencias entre estos delitos y los patrimoniales.

Tras la anterior reforma, pocas mejoras técnicas quedaban por realizar cuando, al cabo de pocos meses, se aprobó el Código penal de 1995 en vigor. Sólo una cuestión verdaderamente importante quedaba por resolver: la protección penal de la Hacienda pública europea con la que España estaba comprometida desde que, en 1986, se incorporara a la Comunidad Económica Europea.

A partir de la STJCE 1990/32, 21-9-1989, "Comisión contra Grecia" ("caso del Maíz griego") se opera un giro radical en materia de protección de los intereses financieros de las Comunidades europeas, al proclamar que el principio de fidelidad comunitaria (art. 5 TCE) obligaba a los Estados a proteger los intereses comunitarios con la misma intensidad que los propios: "23 (...) cuando una normativa comunitaria no contenga disposición específica alguna que prevea una sanción en caso de infracción o cuando remita en este aspecto, a las disposiciones legales, reglamentarias y administrativas nacionales, el artículo 5 del Tratado exige de los Estados miembros la adopción de todas las medidas apropiadas para asegurar el alcance y la eficacia del Derecho comunitario.– 24. Para ello, aun conservando la elección de las sanciones, los Estados miembros deben procurar, en particular, que las infracciones del Derecho comunitario sean sancionadas en condiciones análogas de fondo y de procedimiento a las aplicables a las infracciones del Derecho nacional cuando tengan una índole y una importancia similares y que, en todo caso, confieran un carácter efectivo, proporcionado y disuasorio a la sanción.– 25. Además, en relación con las infracciones del Derecho comunitario, las autoridades nacionales deben proceder con la misma diligencia que utilizan para la aplicación de las respectivas legislaciones nacionales." En la misma línea también, la STJCE (1ª) 1999/164, 8-7 (*Tol 105081)*, Caso "Nunes y De Matos". Ello implicaba la obligación de tipificación penal del fraude a la Hacienda pública comunitaria en aquellos Estados que, como el nuestro, tuvieran tipificado el fraude a la Hacienda pública nacional. Ese es el motivo por el que España no esperara a la entrada en vigor del Convenio establecido sobre la base del artículo K.3 del Tratado de la Unión Europea, relativo a la protección de los intereses financieros de las Comunidades Europeas, de 26-7-1995, con entrada en vigor el 17-10-2002.

Con ese fin nuestro Código penal (LO 10/1995, 23-11) introdujo tipos específicos de fraude a la Hacienda pública comunitaria en los arts. 305.3, 306, 309 CP —este último hoy vacío de contenido— y, entre las faltas, en los arts. 627 y 628 CP —elevadas a delito en 2012—. Todos ellos con variantes respecto de los fraudes nacionales en cuanto a la cuantía mínima, la excusa absolutoria y la previsión de infracciones de menor entidad.

Desde la aprobación del CP vigente, las reformas pueden agruparse en torno a los siguientes objetivos:

a) *La mejora técnica de los delitos contra la Hacienda pública europea,* que nunca han presentado simetría con el resto de las tipicidades y han planteado problemas de solapamiento normativo de todo tipo. Al objeto del cumplimiento de las directrices europeas, se han dirigido las reformas introducidas por LO 5/2010, LO 7/2012, LO 1/2015, LO 1/2019 y LO 9/2021, que sin embargo no han conseguido terminar con todos los conflictos normativos.

b) El *refuerzo de la función recaudadora,* a través de: i) la exigencia explícita del pago de la deuda para la "regularización" en los arts. 305 y 307 CP (LO 7/2012), en línea con la obligación de reintegración de las cantidades que ya exigía el art. 308 CP (desde la LO 6/1995) y ahora el nuevo art. 307 ter (LO 7/2012); ii) la introducción de un tipo atenuado por regularización extemporánea para promover el pago in extremis, en los arts. 305, 307, 307 ter y 308 (LO 7/2012); iii) la alteración de la regla e la prejudicialidad penal mediante la atribución a la Administración tributaria de la facultad de liquidar los conceptos vinculados a delito (art. 305, desde LO 7/2012), así como la posibilidad de continuar el procedimiento administrativo una vez iniciado el penal, en los arts. 305, 307, 307 ter y 308 CP (LO 7/2012); iv) la atribución a la Administración tributaria de funciones auxiliares en la ejecución de las responsabilidades pecuniarias derivadas de delito, en los arts. 305 CP (LO 5/2010), 307 y 307 ter CP (art. LO 7/2012); v) la inclusión de la deuda prescrita e intereses de demora en la responsabilidad civil derivada de delito, en el art. 305.5 (LO 5/2010) y art. 307.6 (LO 7/2012).

c) La *lucha contra la criminalidad organizada*, a cuyo fin la LO 7/2012: i) anticipa las posibilidades de persecución del fraude fiscal cometido en el seno de organizaciones o grupos criminales al momento en el que se alcanza la cuantía mínima, sin esperar al fin del periodo impositivo o de declaración, o el transcurso del año natural (art. 305 CP); ii) introduce una modalidad cualificada por esta circunstancia, a la vez que la traslada a un tipo autónomo (arts. 305 bis y 307 bis CP) en el que se eleva el límite máximo de la pena, con la consiguiente ampliación del plazo de prescripción.

d) *Responder al fraude en el disfrute de prestaciones de la Seguridad social que por su reducida cuantía no alcanzaban el límite mínimo del art. 308 CP*, mediante la introducción del art. 307 ter CP, sin cuantía mínima alguna (LO 7/2012).

e) *Compensar las facilidades para quien regulariza su situación con Hacienda, con el recrudecimiento de la respuesta penal para quien no lo hace*, mediante: la general elevación de la pena de prisión (LO 5/2010), la autonomización y elevación de pena de los tipos agravados (LO 7/2012), la generalización de las penas privativas de derechos, desde la reforma de 1985; todo ello con el único alivio de las mayores facilidades para la suspensión de la pena, de nuevo, para quien repare el daño (art. 308 bis, introducido por LO 1/2025).

f) *Reacción ante el fraude de las personas jurídicas*, que se hallan en el centro de las preocupaciones del legislador, atendido que entre los tributos que más impago concentran están el IVA e IS. Para ello se incluyen estos delitos en el listado de los que pueden generar responsabilidad penal (LO 5/2010), y se asegura la imposición de penas privativas de derechos especialmente eficaces en este tipo de delincuencia (LO 7/2012).

A lo largo de todo este tiempo también van variado las cuantías mínimas, aunque es difícil apreciar un criterio lineal en las sucesivas elevaciones y reducciones, que además oscilan en unos y otros delitos. Excepto en el caso del delito tributario (art. 305 CP), cuyo umbral mínimo ha ido aumentando progresivamente desde los 2 millones de pesetas (1977) hasta los 120.000 euros actuales (inmutables desde 2003), el resto ha sufrido todo tipo de cambios. El delito de fraude a la Seguridad social (art. 307 CP), que desde su introducción (en 1995) había previsto la misma cuantía que el delito tributario, en 2012, rebajó el umbral mínimo de 120.000 euros a 50.000, acumulables a lo largo de 4 años. En el delito de fraude de subvenciones (art. 308 CP) la cuantía también ha ido subiendo, pero si hasta la reforma de 2003 siempre se mantuvo por debajo de la del delito tributario (a la sazón, 80.000 euros frente a los 120.000 euros de aquel), con la reforma de 2010 se equipara al mínimo del delito fiscal, precisándose (en 2010 y 2012) que los 120.000 debían alcanzarse por año y actividad; para luego (2019) bajar a los 100.000 euros para el tipo básico y 10.000 para el atenuado, con supresión de la limitación temporal anual. Todo ello a la vez que se introduce un nuevo delito de fraude en las prestaciones de la Seguridad social (art. 307 ter CP) que permite prescindir del límite mínimo que hasta la fecha imponía el art. 308 CP.

La visión de conjunto de la anterior sucesión de reformas permite llegar a la conclusión de un general endurecimiento de la represión penal. Sin embargo, no puede afirmarse en términos absolutos. Cada vez que las cuantías mínimas se elevan por encima de lo que marca la devaluación del precio del dinero se restringe su ámbito aplicativo en sentido favorable al reo. Sin embargo, no siempre apuntan al alza; en ocasiones, han sufrido rebajas. A ello se añade que las alteraciones en los criterios de cálculo también pueden determinar que la reforma sea más o menos favorable, según lo defraudado en cada plazo (anual, cuatrienal) o por cada concepto. Por todo ello, para afirmar la posibilidad de aplicación retroactiva de las sucesivas reformas legales es preciso un estudio particularizado de cada caso.

2. Bien jurídico protegido y clasificación de los delitos

Teniendo en cuenta lo acabado de decir, podemos afirmar que, en un Estado social y democrático de derecho, la protección de las obligaciones tributarias y ayudas públicas dirigidas al fomento de fines de interés general conforma un bien jurídico que no requiere de especiales esfuerzos de justificación y presenta una dimensión colectiva que permite su protección autónoma respecto de los delitos patrimoniales. Más bien, al contrario, lo inexplicable sería la ausencia de sistemas de control y sanción del incumplimiento de las obligaciones tributarias e indebido empleo de las ayudas y subvenciones, con directo impacto sobre la liquidez necesaria para el mantenimiento de los servicios públicos.

Como dato sobre la gravedad del fraude fiscal para los fines del Estado social, valga la cuantificación de la deuda total denunciada como defraudada, en 2023, que ascendía a los 849.524.167,2 euros, según la Memoria FGE de 2024.

En atención a las diferentes dimensiones del bien jurídico, por lo común, se distingue entre los delitos que afectan a la función recaudatoria —arts. 305 CP y 307 CP— y los que atacan a la función prestacional —arts. 307 ter y 308 CP—. Otra cosa es que la frontera entre unos y otros no ha sido siempre ha sido completamente nítida.

Aunque la discusión acerca del bien jurídico siempre presenta un componente inaprehensible y voluntarista, en ocasiones tiene consecuencias aplicativas tangibles, como se ha puesto de manifiesto en la discusión acerca de si las desgravaciones debían considerarse incluidas en el art. 308 o en el art. 305 CP, en función de su función y bien jurídico afectado (Informe del CGPJ al Anteproyecto de 2012); o si los ataques al patrimonio de la Administración que concede la subvención deben ubicarse en el art. 248 o 308 CP, en especial, tras la reforma de 2012 [STS 1030/2013, 28-11 (*Tol 4111894*)].

Por otro lado, el bien jurídico tiene también una dimensión territorial, directamente relacionada con la de las Haciendas o Administraciones afectadas, que van desde la local a la europea.

En atención a la trascendencia de los principios constitucionales que informan el sistema de recaudación y distribución de los fondos públicos (art. 31 CE, 2.1 LGT), la Doctrina mayoritaria admite que no nos hallamos ante meros delitos patrimoniales. Su particularidad yace en que afectan a los valores que encarna el sistema de justicia tributaria, que además está en la base del Estado social. Y, de hecho, alguna sentencia sostiene que en algún delito puede no afectarse el patrimonio, sino otros valores [STS 1030/2013, 28-11 (*Tol 4111894*)].

En este sentido, véase la STC 110/1984, 26-11 (*Tol 79399*), FJ 3.º: "*Y parece inútil recordar que en el mundo actual la amplitud y la complejidad de las funciones que asume el Estado hace que los gastos públicos sean tan cuantiosos que el deber de una aportación equitativa para su sostenimiento resulta especialmente apremiante. De otra forma se produciría una distribución injusta en la carga fiscal, ya que lo que unos no paguen debiendo pagar, lo tendrán que pagar otros con más espíritu cívico o con menos posibilidades de defraudar*".

En el mismo sentido, sobre la extensión del bien jurídico más allá de la protección del patrimonio público, véase, por ejemplo, la STS 952/2006, 6-10 (*Tol 1014240*), que parte de esa idea para excluir la posibilidad de aplicar la regla del art. 74.2 CP al delito fiscal: "Es indudable, pues, que el bien jurídico protegido no es exclusivamente el patrimonio estatal, afectado indirectamente, sino la perturbación ocasionada a la actividad recaudatoria del mismo, como presupuesto básico para cubrir patrimonialmente imperiosas necesidades públicas."

Llevando esta posición al extremo, en relación con el delito de fraude de subvenciones, debe hacerse mención de la STS 1030/2013, 28-11 (*Tol 4111894*), por el impacto que ha tenido sobre la Jurisprudencia posterior en materia de resolución de concursos entre los delitos de este Título y los patrimoniales. Según esta: "Esto explica que pueda existir un delito del art. 308.1 sin lesión patrimonial (falsificación de condiciones para la obtención, aunque la subvención haya sido íntegramente destinada a la actividad cuya promoción buscaba). Una óptica exclusivamente patrimonialista del art. 308 alejaría de su ámbito de aplicación conductas que claramente han de quedar incardinadas en su esfera. El desvalor del delito del art. 308 se encuentra más en la perturbación del plan de la subvención de acuerdo con las condiciones prefijadas en el programa, que en el menoscabo del erario público. No es una modalidad de estafa. La tipificación de conductas que no estarían abarcadas por el delito de estafa tiene sentido".

Con ello no se niega que estos delitos afecten al patrimonio público —existente o expectante—, como corrobora el hecho de que la reparación incluya el pago o devolución de lo debido, o que los concursos con los delitos patrimoniales deban considerarse de normas y no de delitos.

Como se verá (*vid. infra*, el comentario a los arts. 305 y 307 CP), hasta la llegada de estos delitos, los supuestos de impago de las cantidades retenidas a cuenta del IRPF o de la cuota obrera de la Seguridad Social se habían calificado como apropiación indebida, sobre la ficción de que, a partir del momento en que nacía la obligación pública, se pasaba a poseer los bienes propios como ajenos ("*constitutum posesorium*").

Para completar las consideraciones en torno al daño social provocado por estos delitos también hay que hacer mención del impacto negativo que el fraude tiene sobre las posibilidades de acceso al mercado en condiciones de igualdad por parte de las empresas cumplidoras.

En este sentido, la Exposición de Motivos de la *Ley 36/2006, de 29 de noviembre, de medidas para la prevención del fraude fiscal* declara: "*El fraude fiscal es un fenómeno del que se derivan graves consecuencias para la sociedad en su conjunto. Supone una merma para los ingresos públicos, lo que afecta a la presión fiscal que soportan los contribuyentes cumplidores; condiciona el nivel de calidad de los servicios públicos y las prestaciones sociales; distorsiona la actividad de los distintos agentes económicos, de tal modo que las empresas fiscalmente cumplidoras deben enfrentarse a la competencia desleal de las incumplidoras; en definitiva, el fraude fiscal constituye el principal elemento de inequidad de todo sistema tributario*".

En la misma línea, véase también la Instrucción FGE 3/2007, 30-3, sobre la actuación del Ministerio Fiscal en la persecución de los delitos de defraudación tributaria cometidos por grupos organizados en relación con las operaciones intracomunitarias del impuesto sobre el valor añadido, en la que se denuncia que "*En última instancia, el delito provoca con carácter general la expulsión del mercado de los operadores honrados*".

3. Ultima ratio *del Derecho penal, prejudicialidad penal y* ne bis in idem

Como en todos los ámbitos en que confluye la regulación penal con la administrativa, contamos con una serie de reglas para la delimitación de espacios aplicativos y evitación de conflictos de jurisdicción y doble sanción. Lo mismo sucede en materia tributaria, aunque aquí la fuerza del fin recaudatorio actúa como un arma de doble filo que tanto sirve para ampliar la actuación administrativa en detrimento de la prejudicialidad penal, como para reforzar la implacabilidad de la respuesta penal más allá de lo que aconsejaría el principio de ultima ratio, como sucede cuando ante la imposibilidad de aplicar los delitos contra la Hacienda pública o la Seguridad Social por no alcanzar la cuantía mínima, se recurre a los delitos patrimoniales, ignorando el sentido político criminal de las condiciones objetivas de punibilidad.

En esta senda, la reforma de 1985 terminó con la prejudicialidad administrativa prevista en la originaria regulación del "delito fiscal", que subordinaba el inicio del procedimiento penal a la denuncia de la Administración (art. 37 de la Ley 50/1977). En la actualidad, cabe iniciar el procedimiento penal sin necesidad de esperar a la finalización del procedimiento administrativo ni la interposición de denuncia por parte de la Administración [STS 1017/2007, 15-11

(*Tol 1235269*)]. Ahora bien, desde la reforma del Código penal de 2010 y luego la de 2012, la actuación administrativa ha ido ganando terreno a la jurisdicción penal en cuestiones como: la liquidación vinculada a delito (art. 305 CP y 250 LGT), que puede realizarse en sede administrativa, en paralelo a la apertura del procedimiento penal, así como la ejecución de las responsabilidades pecuniarias (arts. 305, 307 CP y art. 255 LGT).

En la práctica, como se recoge en la Memoria FGE 2023, se ha generalizado la utilización por parte de la AEAT de las liquidaciones vinculadas a delito y, así, en el año 2022 del total de 165 expedientes por delito contra la Hacienda Pública que aquella remitió al Ministerio Fiscal, un total de 134 lo fueron con LVD lo que representa un 81,21%.

En el marco de este nuevo sistema, desde la reforma del Código penal por LO 7/ 2012 (arts. 305, 307, 307 ter y 308 CP), el inicio del procedimiento penal ha dejado de determinar la suspensión del administrativo. En consonancia con ello, mediante la Ley 34/2015 de reforma de la LGT, se sustituye la regla de la prejudicialidad penal que imponía la suspensión del procedimiento administrativo hasta la resolución del penal (art. 180 LGT) por otra que permite la continuación del procedimiento administrativo constante el penal (arts. 250 ss. LGT).

Según el art. 180 LGT hasta la reforma de 2015:

"1. Si la Administración tributaria estimase que la infracción pudiera ser constitutiva de delito contra la Hacienda Pública, pasará el tanto de culpa a la jurisdicción competente, o remitirá el expediente al Ministerio Fiscal y se abstendrá de seguir el procedimiento administrativo, que quedará suspendido mientras la autoridad judicial no dicte sentencia firme, tenga lugar el sobreseimiento o el archivo de las actuaciones o se produzca la devolución del expediente por el Ministerio Fiscal. La sentencia condenatoria de la autoridad judicial impedirá la imposición de sanción administrativa. De no haberse apreciado la existencia de delito, la Administración tributaria iniciará o continuará sus actuaciones de acuerdo con los hechos que los tribunales hubieran considerado probados, y se reanudará el cómputo del plazo de prescripción en el punto en el que estaba cuando se suspendió. Las actuaciones administrativas realizadas durante el período de suspensión se tendrán por inexistentes."

Según los arts. 250 y 251 LGT introducido con la reforma de 2015:

"Artículo 250. Práctica de liquidaciones en caso de existencia de indicios de delitos contra la Hacienda Pública. 1. Cuando la Administración Tributaria aprecie indicios de delito contra la Hacienda Pública, se continuará la tramitación del procedimiento con arreglo a las normas generales que resulten de aplicación, sin perjuicio de que se pase el tanto de culpa a la jurisdicción competente o se remita el expediente al Ministerio Fiscal, y con sujeción a las reglas que se establecen en el presente Título." Artículo 251. "Excepciones a la práctica de liquidaciones en caso de existencia de indicios de delito contra la Hacienda Pública."

Es más, en los supuestos de regularización tributaria, el art. 252 LGT permite no llegar a pasar el tanto de culpa a la jurisdicción penal, aunque con alguna puntual excepción.

Artículo 252. *"Regularización voluntaria. La Administración Tributaria no pasará el tanto de culpa a la jurisdicción competente ni remitirá el expediente al Ministerio Fiscal salvo que conste que el obligado tributario no ha regularizado su situación tributaria mediante el completo reconocimiento y pago de la deuda tributaria antes de que se le hubiera notificado..."*

En contra de esta regla se manifiesta la STS (3ª) 1831/2017, 28-11 (*Tol 6454489*): *"Lo que ha hecho esta reforma, con una técnica dudosamente respetuosa con el orden jurisdiccional penal, ha sido permitir a la Administración Tributaria valorar la excusa absolutoria recogida en el artículo 305.4 del Código Penal que, por constituir uno de los elementos configuradores del tipo, le correspondía naturalmente al orden jurisdiccional penal."*

Sin embargo, con posterioridad, el criterio del art. 252 LGT se ha impuesto hasta el punto de determinar la declaración de nulidad del ap. 2 art. 197 bis del Real Decreto 1065/2007 por STS (3ª) 1246/2019, 25-9 (*Tol 7531387*), BOE 275/2019, 15-11.

En suma, el conjunto de reformas del CP y la LGT determina el fin de la prejudicialidad penal tal como se había entendido hasta la fecha. Ya no es preciso el inmediato y generalizado pase del tanto de culpa a la jurisdicción penal con suspensión del procedimiento administrativo y, en su lugar, la Administración tributaria puede proseguir con la LVD, no comunicar los indicios de delito en caso de regularización, y hasta auxiliar en la ejecución de las responsabilidades pecuniarias derivadas de delito, incluida la multa penal. El tiempo dirá las consecuencias que puede llegar a tener el curso paralelo de ambos procedimientos.

Al respecto, son interesantes las reflexiones de la SAP Madrid 322/2011, 20-6 (*Tol 9202329*), confirmada por STS 92/2025, 6-2 (*Tol 10416965*) acerca de la posible incidencia de la continuación del procedimiento administrativo sobre el derecho a no declarar contra uno mismo, que en el caso enjuiciado no se considera vulnerado, a salvo la posibilidad de descontar la sanción administrativa de la penal para no incurrir en bis in idem.

Sobre el problema de la validez en el procedimiento administrativo de la declaración de hechos probados en el proceso penal, de interés también la STS 1149/2024, 18-12 (*Tol 10330858*).

Lo único que queda a salvo es la competencia de la jurisdicción penal en la constatación de los elementos del tipo penal como la cuota tributaria (sobre la jurisprudencia en este sentido, RODRÍGUEZ ALMIRÓN); así como la prohibición de *bis in idem*, que deberá hacer frente a la eventualidad de que hechos constitutivos de delito puedan llegar a sancionarse en vía administrativa antes que en la penal.

Acerca de la posibilidad de descuento de la sanción administrativa de la penal, STC 2/2003 16-1 (*Tol 228958*) y STS 434/2021, 20-5 (*Tol 8463738*), con profusa fundamentación en la jurisprudencia europea y nacional.

II. ELEMENTOS COMUNES A LAS DISTINTAS MODALIDADES DELICTIVAS

1. Los elementos normativos

La descripción de las conductas delictivas está plagada de manifiestos elementos normativos para cuya interpretación debe acudirse a las leyes administrativas, como el concepto de tributo definido en el art. 2 de la Ley 58/2003, 17-12, General Tributaria (LGT), o el de subvención, en el art. 2 de la Ley 38/2003, 17-11, General de subvenciones (LGS).

STC 87/2001, 2-4 (*Tol 81453*): *"el delito contra la Hacienda pública constituye una norma penal en blanco, cuyo supuesto de hecho se configura a partir de los elementos esenciales precisados en la norma penal y su complemento determinado en la normativa tributaria"*. STS 160/2009, 12-2 (*Tol 1474898*): *"La aplicación del tipo penal en blanco exige que el Tribunal complete el tipo con el deber fiscal previsto en la ley fiscal, pondere las circunstancias que permiten subsumir las operaciones bajo el concepto de hecho imponible de la misma, y establezca las demás condiciones, objetivas y subjetivas del tipo, así como la condición objetiva de punibilidad."* Por lo tanto, el primer escollo será identificar la ley tributaria aplicable. Sobre los elementos normativos comunitarios, STS 1220/2006, 15-12 (*Tol 1026943)*.

Por esa vía el Derecho penal accede a un aparato interpretativo alóctono, que si por un lado sirve a la unidad y coherencia en la aplicación de las normas penales y tributarias, por otro, abre la puerta a conflictos normativos por los distintos fines y garantías que caracterizan a uno y otro sector del ordenamiento. Como ejemplo de las controversias que puede llegar a suscitar la asunción de conceptos y criterios tributarios en la interpretación y aplicación de las normas penales puede hacerse mención de los problemas que plantea la determinación de la residencia fiscal, la obligación de tributación por incrementos patrimoniales no justificados o el sistema de estimación indirecta, que solo pueden llegar a tener cabida en el Derecho penal la medida en que se apliquen de modo respetuoso con las garantías propias de este.

Acerca del necesario respeto de las reglas sobre la valoración de la prueba en el proceso penal (BOIX REIG), que, en su caso, deben imponerse a la presunción de veracidad de las actas de inspección (art. 144 LGT): STS 38/2005, 28-1 (*Tol 564850*): *"El delito fiscal debe ser determinado por los jueces y no por funcionarios de la Agencia Tributaria. En todo caso es necesario, consecuentemente, que se haga constar también de qué manera se estableció la deuda tributaria, pues al respecto, en el proceso penal rigen las reglas de prueba que le son propias y no las reglas que reconoce para su ámbito específico el derecho tributario"*; STS 952/2006, 6-10 (*Tol 1014240*): *"múltiples elementos normativos tributarios, y será al campo administrativo al que debemos recurrir para completar el injusto típico con los pertinentes conceptos (art. 7 LECrim), como la determinación de la deuda tributaria, su cuantificación, etc. pero en última instancia el juez penal, en lo atinente a la valoración probatoria, principios procesales, presunciones procesales y demás cuestiones estrictamente materiales, debe quedar sometido al derecho penal como regulación sustantiva esencial, siempre regido por el principio de presunción de inocencia"*; STS 717/2016, 27-9 (*Tol 5832598*): *"las presunciones que en ocasiones contiene la legislación tributaria no resultan trasladables directamente al ámbito penal, en el que no puede prescindirse de la presunción de inocencia"*; STS 917/2021, 24-11 (*Tol 8674481*): *"Las presunciones que en ocasiones contiene la legislación tributaria no resultan trasladables directamente al ámbito penal, en el que no puede prescindirse de la presunción de inocencia y de sus efectos."*

Sobre la facilidad con la que se niega la realidad de la residencia fiscal en el extranjero en consideración a la "mala" voluntad del contribuyente, QUINTERO OLIVARES, críticamente con la STS 381/2022, 20-4 (*Tol 8927536*), considera que para fijar la residencia fiscal no basta con tener en cuenta el indeterminado criterio del art. 9 LIRPF relativo al lugar en el que se radica el núcleo principal de actividades o intereses económicos, sino que también debe tenerse en cuenta el resto de *"las normas de Derecho internacional multilateral o bilateral que determinen dónde una persona tiene la condición de deudor tributario" (...) pues también esas ... son fuente determinante de la condición de deudor tributario, y escapa a la competencia de los Tribunales «reinterpretar» los Tratados prescindiendo de los sistemas establecidos para resolver las dudas que su aplicación suscite, y, por esa vía, concretamente, negar a una persona la condición de residente o domiciliado en el Reino Unido, aunque el Reino Unido se la reconozca."*

Sobre el problema que plantean los incrementos patrimoniales no justificados: la STS 274/1996, considera que: *"no existe una presunción respecto de la suma calculada, sino una comprobación de la desproporción entre el valor del bien y la renta o patrimonio declarado o la ocultación de determinados bienes"*; STS 974/2012, 5-12 (*Tol 2721470*): *"como hemos dicho en STS 872/2002 de 16.5—, para que la Hacienda Pública pueda cumplir la importantísima función constitucional de que todos contribuyan a los gastos públicos, según su capacidad económica, mediante un sistema tributario justo (art. 31.1 CE), el legislador crea técnicas eficaces frente a los defraudadores y entre ellas está la figura de los incrementos no justificados de patrimonio, mediante un sistema de presunciones legales siempre que no sean iuris et de iure y permitan la prueba en contrario, pues el art. 24.2 de la CE rechaza rotundamente la responsabilidad objetiva y la inversión de la carga de la prueba."*

Sobre la aplicación del sistema de estimación indirecta: STS 88/2017, 15-2 (*Tol 5973361*), según la que *"El método de estimación indirecta es aplicado en la liquidación del impuesto ante la ausencia de una contabilidad adecuada y ante la constatación de una confusión de los patrimonios del recurrente y de sus empresas"*; y la STS (Pleno) 357/2020, 30-6 (*Tol 8000920*), que exige el respeto de la presunción de inocencia en estos supuestos.

Ahora bien, una cosa son los problemas de prueba de la base fáctica del delito y otra, la discusión acerca de las normas aplicables a realidades simuladas, como la existencia de una operación sujeta al IVA o una relación contractual.

En este sentido, la STS (Pleno) 357/2020, 30-6 (*Tol 8000920*) niega que para el cálculo de la cuota defraudada deba deducirse el IVA que hubiera debido imputarse a las ventas no declaradas; o la STS 115/2021, 11-2 (*Tol 333744*), que niega que deba deducirse el IVA soportado, pero no ingresado, en las facturas por ventas simuladas.

En el plano procesal, los elementos normativos quedan sujetos a las mismas garantías que los descriptivos, desde el punto de vista de las posibilidades de interposición del recurso de casación por motivos como el quebrantamiento de forma por falta de claridad y coherencia en la fijación de los hechos (art. 851.1° LECrim) o infracción de precepto penal de carácter sustantivo (art. 849, 1° LE-Crim.).

Sobre lo primero, la STS 209/2019, 22-4 (*Tol 7205216*): "la configuración del delito fiscal como tipo penal en blanco —destacada por esta Sala en distintos pronunciamientos— conlleva la necesidad, a fin de evitar un posible quebrantamiento de forma del art. 851.1° LECrim, de que la determinación de los hechos que constituyen la infracción de la norma fiscal se refleje con claridad en el hecho probado, de modo que éste no sólo plasme los aspectos fácticos sino también los normativos, relativos a las disposiciones fiscales infringidas".

Sobre lo segundo, STS 892/2016, 25-11 (*Tol 5899707*): "Es factible fundar un motivo de esta naturaleza en legislación extrapenal: son normas que han de ser tenidas en cuenta en la aplicación de la ley penal; máxime cuando, como en este caso, nos enfrentamos a una norma penal en blanco como es el delito de defraudación tributaria"; STS 810/2023, 31-10 (*Tol 9763812*): "La jurisprudencia viene proclamando que el concepto "precepto penal sustantivo" comprende exclusivamente las normas que definen los tipos penales además de otras disposiciones normativas llamadas a conformar los perfiles de una conducta delictiva (así acontece con las denominadas normas penales en blanco —como es el art. 305 CP aquí aplicado—"; STS 381/2022, 20-4 (*Tol 8927536*), que en el marco de este motivo de recurso analiza la aplicabilidad de la regulación sobre residencia habitual a los efectos del impuesto sobre la renta, o del Convenio sobre doble imposición: "el presupuesto legal para la determinación de la residencia fiscal es eminentemente valorativo pues los términos deben ser objeto de la concreta prueba sobre lo que deba entenderse por núcleo principal o base de sus actividades económicas".

Asimismo, en su calidad de elementos del tipo penal, quedan sujetos a la garantía de ley previa [STS 13/2006, 20-1 (*Tol 815705*)], con la única excepción de lo más favorable (art. 2.2 CP). De acuerdo con ello, se considera irretroactiva la elevación del límite máximo de la pena de prisión de cuatro a cinco años introducida por LO 5/2010 en el art. 305 CP. Inversamente, es retroactiva la reducción del límite mínimo de pena del tipo cualificado de fraude fiscal que, con su traslado del art. 305 al art. 305 bis CP, en 2012 se redujo de 3 a 2 años. Lo mismo es extrapolable a la declaración de inconstitucionalidad de la norma penal, de acuerdo con el art. 40 LOTC.

Más discutido es si la progresiva dulcificación de la legislación administrativa a la que debe atenderse para afirmar la existencia del incumplimiento tributario puede determinar la atipicidad sobrevenida de determinadas conductas. Piénsese, por ejemplo, en las reformas que reducen carga fiscal, por ejemplo, a través de la previsión de considerables deducciones en el impuesto de sucesiones, como ha sucedido en algunas Autonomías. En contra de la posibilidad de aplicación retroactiva de tales reformas se manifiesta, por todos, MARTÍNEZ-BUJÁN, así como la Jurisprudencia del TS, en cuyos argumentos subyace la idea de la temporalidad de las leyes tributarias que —salvo previsión expresa— las sustrae de la regla de la retroactividad de lo más favorable (art. 10.2 LGT).

En este sentido, STS 539/2003, 30-4 (*Tol 276376*): "*si una reforma fiscal como la llevada a cabo por la Ley 18/1991 no se hace con efecto retroactivo, las deudas tributarias nacidas bajo la vigencia de la legalidad anterior no se extinguen, por lo que no es permisible su elusión ni ésta deja de ser constitutiva de delito si concurren los demás elementos que configuran el delito fiscal. Y por último, no tiene razón la parte recurrente, como acertadamente subraya el Ministerio Fiscal, cuando alega que una reforma fiscal como la que funda este motivo de impugnación supone una nueva valoración jurídico-penal de las conductas infractoras de la legalidad preexistente. La legislación tributaria se inspira en criterios generales de política económica que responden a la ponderación de las circunstancias económicas por las que atraviesa en cada momento la sociedad, así como de las concretas exigencias recaudatorias que son consecuencia de dichas circunstancias, por lo que las modificaciones normativas de los presupuestos de las obligaciones tributarias no suponen un cambio en la valoración de los deberes —ni consiguientemente en la desvaloración de las infracciones de los deberes— nacidos de una normativa vigente cuando las circunstancias eran otras. No cabe reprochar, en consecuencia, a la Sentencia recurrida que haya infringido las normas invocadas en el enunciado del quinto motivo del recurso ni que se haya violado el principio de retroactividad de la Ley penal más favorable*". En el mismo sentido, SSTS 751/2003, 28-11 (*Tol 341467*); 445/2010, 13-5 (*Tol 1862122*), y 182/2014, 11-3 (*Tol 4152875*).

2. *Los sujetos del delito*

2.1. La naturaleza de delito especial

Aparentemente reina acuerdo acerca de que la generalidad de los delitos contra la Hacienda pública son *delitos especiales propios*, lo que significa que sólo pueden ser cometidos a título de autor por un círculo cerrado de personas: quienes, en palabras del art. 31 CP, reúnen "*las condiciones, cualidades o relaciones que la correspondiente figura de delito requiera para poder ser sujeto activo del mismo*".

STS 163/2008, 8-4 (*Tol 1297071*): "*subsiste la calificación del delito contra la Hacienda Pública y la Seguridad Social como un delito especial propio, que, como tal, solo puede cometer como autor el obligado tributario*". En el mismo sentido, entre otras, SSTS 1505/2005, 25-11 (*Tol 809309*), y 974/2012, 5-12 (*Tol 2721470*), respecto del delito tributario: "*el sujeto activo del delito se corresponde con el sujeto pasivo de la obligación tributaria a tenor de lo dispuesto en el art. 30 Ley General Tributaria que se refiere al sujeto pasivo como la persona obligada a cumplir con las prestaciones tributarias establecidas en la Ley, entre las que se encuentra como principal el pago de la deuda tributaria según establece el art. 35.1 de la LGT*"; STS 374/2017, 24-5 (*Tol 6110618*) "Caso Messi".

Sin embargo, tal caracterización ni es indiscutida ni está libre de excepciones. Ni tan siquiera el delito de fraude tributario (art. 305 CP) puede apoyar tal cualidad en la literalidad del tipo penal que —a diferencia de lo que sucede con otros delitos como el de frustración de la ejecución (art. 257 CP)—, no limita explícitamente el círculo de autores al deudor. Mucho menos, el delito de defraudación en las prestaciones del Sistema de la Seguridad Social (art. 307 ter CP), en el que expresamente se eleva a la condición de autor a quienes facilitan a otros su obtención. En cuanto al fraude de subvenciones (art. 308 CP), también se discute si en la modalidad de "estafa" solo puede ser autor el beneficiario o también el "conseguidor", o en la de malversación, el beneficiario o el ejecutante. En suma, en contra de lo que inicialmente pudiera parecer, los supuestos indubitados de delito especial son la minoría, entre los que sin duda se halla el delito contable (art. 310 CP), que solo puede cometer a título de autor el "*obligado por la ley tributaria a llevar contabilidad mercantil, libros o registros fiscales*".

Menos discusión existe en torno a las consecuencias de tal afirmación, de la que se deriva la exclusión de la autoría —mediata o inmediata— o coautoría del extraneus, esto es, de quien no reúne las mencionadas cualidades subjetivas.

En este sentido, STS 539/2003, 30-4 (*Tol 276376*): "*El delito contra la Hacienda Pública está legalmente configurado como un tipo especial propio en tanto su autor tiene que tener forzosamente la cualidad de sujeto del impuesto cuyo pago se elude. Y como el IRPF es un impuesto que grava la renta de cada persona física, el acusado José María V. V. únicamente pudo cometer el delito concretado en la elusión fraudulenta de la cuota tributaria que pesaba sobre él. No pudo ser autor, ni directa ni mediatamente, de los delitos que pudieron haber cometido los otros acusados omitiendo el pago de las cuotas tributarias que a cada uno de ellos correspondía*". En el mismo sentido, según la STS 1027/2003, 14-7 (*Tol 305598*): "*El delito contra la Hacienda Pública de la(sic) art. 349 CP anterior, que se corresponde con el 305 CP actual, es un delito que únicamente puede cometer la persona obligada al pago del tributo correspondiente, sin perjuicio de que otros sujetos diferentes pudieran responder en calidad de inductores, cooperadores necesarios o cómplices*".

El impacto que ello tiene sobre la limitación de responsabilidades penales de los asesores fiscales es indiscutido, pues si afirmamos que el delito tributario es un delito especial, estos no pueden ser considerados autores excepto cuando actúen en nombre o por cuenta del obligado tributario (art. 31 CP). Pero no son los únicos sujetos afectados por la declaración de la naturaleza especial del delito. En la jurisprudencia, también se ha invocado esta condición para considerar inaplicable el delito tributario a los supuestos en los que el carácter simulado de la operación (como puede ser la constitución de empresas ficticias con el único fin de la obtención indebida de devoluciones) impide afirmar la existencia de la relación jurídico-tributaria que debe concurrir en el autor.

Algunas sentencias consideran que la simulación de la relación tributaria permite rechazar la aplicación del fraude fiscal, como, por ejemplo, la STS 40/2020, 6-2 (*Tol 7798262*). Otras resoluciones admiten la aplicación del delito tributario, en consideración a que la simulación de un derecho inexistente forma parte de la misma esencia del delito, como la STS 751/2017, 23-11 (*Tol 6441722*); o la STS 89/2019, 19-2 (*Tol 7083082*). Así, la STS 40/2020, 6-2 (*Tol 7798262*) admite "*la posibilidad de calificar como estafa conductas que suponen la existencia de engaño sobre la propia existencia del obligado tributario para conseguir de la Hacienda Pública la entrega de cantidades de dinero en concepto de devolución*", aunque en el caso concreto aprecia delito fiscal por la declaración de un IVA soportado que no se correspondía con la realidad.

En todo caso, parece sensato distinguir entre los supuestos en que la empresa tiene actividad ordinaria y simula una operación de aquellos en los que el único fin de la empresa es el fraude, en los que, además, el régimen de consecuencias accesorias aplicable a las asociaciones delictivas debería desplazar al de la responsabilidad penal de las personas jurídicas.

Como se ha adelantado, el *extraneus* solo puede responder a título de autor del delito especial cuando por actuar en nombre del *intraneus* se le trata como a este, en aplicación de la regla del actuar por otro (art. 31 CP). Ni que decir tiene que para ello no basta con ser administrador de la persona física o jurídica defraudadora, sino que es preciso que se cumplan las condiciones necesarias para la responsabilidad penal.

Históricamente, no siempre ha sido así. En la primera regulación del delito fiscal de 1977, los Directores, Gerentes, Consejeros Delegados, o personas que efectivamente ejercían la administración de una sociedad, Entidad o Empresa podían ser imputados a título de autor, a menos que quedara demostrada su ausencia de responsabilidad (art. 319.3 CP 1973), en una clara inversión de la carga de la prueba. Por ello debe considerarse un progreso la derogación de esta norma por la LO 2/1985, poco después de la introducción de la regla del actuar en nombre de otro en el art. 15 bis CP 1973 por LO 8/1983, de la que es sucesor el art. 31 del CP actual.

En este sentido, sobre el art. 15 bis que precedió al actual art. 31 CP, véase la STC 253/1993, 20-7 (*Tol 82274*): *"Su incorporación al Código Penal, en efecto, no vino en modo alguno a introducir una regla de responsabilidad objetiva que hubiera de actuar indiscriminada y automáticamente, siempre que, probada la existencia de una conducta delictiva cometida al amparo de una persona jurídica, no resulte posible averiguar quiénes, de entre sus miembros, han sido los auténticos responsables de la misma, pues ello sería contrario al derecho a la presunción de inocencia y al propio tenor del precepto. Lo que el mismo persigue, por el contrario, es obviar la impunidad en que quedarían las actuaciones delictivas perpetradas bajo el manto de una persona jurídica por miembros de la misma perfectamente individualizables, cuando, por tratarse de un delito especial propio, es decir, de un delito cuya autoría exige necesariamente la presencia de ciertas características, éstas únicamente concurrieren en la persona jurídica y no en sus miembros integrantes. La introducción del art. 15 bis CP tuvo el sentido de conceder cobertura legal a la extensión de la responsabilidad penal en tales casos, y sólo en ellos, a los órganos directivos y representantes legales o voluntarios de la persona jurídica, pese a no concurrir en ellos, y sí en la entidad en cuyo nombre obraren, las especiales características de autor requeridas por la concreta figura delictiva. Mas, una vez superado así el escollo inicialmente existente para poderles considerar autores de la conducta típica, del citado precepto no cabe inferir que no hayan de quedar probadas, en cada caso concreto, tanto la real participación en los hechos de referencia como la culpabilidad en relación con los mismos. Así lo declaramos, por lo demás, en un supuesto semejante (STC 150/1989), donde estimamos vulnerado el derecho a la presunción de inocencia por haberse impuesto al gerente de una empresa una condena a título de falta de imprudencia con resultado de daños, sin que en ningún momento hubiese quedado acreditado que la producción de los mismos fuera consecuencia, directa o indirecta de la omisión por el condenado de la debida diligencia para impedirlos o de una actuación imprudente por su parte, ni se hubiese hecho razonamiento alguno encaminado a fundamentar la convicción alcanzada por los órganos judiciales respecto de su participación en los mismos"*.

En el mismo sentido se ha pronunciado la jurisprudencia del TS: SSTS 1027/2003, 14-7 (*Tol 305598*): *"desde luego, no habría de derivar del carácter meramente formal de administrador único, cargo que tenía Tomás, sino de su actuar concreto en cada uno de esos dos hechos delictivos"*; 1563/2005, 30-12 (*Tol 809369*); 606/2010, 25-6 (*Tol 1911252*): *"a) ni basta ser administrador para recibir la transferencia de esa responsabilidad y b) ni siquiera es necesario ser formalmente administrador para poder recibirla"*, aunque previene acerca de que "La excesiva laxitud en la asignación del rol de "administrador de hecho" puede acabar por diluir la naturaleza misma del *delito* especial propio", a partir de lo que concluye que los recurrentes no reunían esa condición; 203/2011, 22-3 (*Tol 2032011*): *"el antiguo art. 15 bis, ahora 31, no establece una presunción de autoría del administrador, sino que la responsabilidad penal es personal y participa, como no podía ser de otra manera, del derecho fundamental a la presunción de inocencia"*; 810/2015, 1-12 (*Tol 5605889*); 407/2018, 18-9 (*Tol 6810293*): *"lógicamente no basta ser administrador para recibir la transferencia de esa responsabilidad, pero no es necesario ser formalmente administrador para poder recibirla. Lo exigido es, que quien sea administrador de hecho o de derecho ostente el dominio funcional del hecho por poseer capacidad de dirección y control sobre las operaciones de defraudación"*; 496/2020, 8-10 (*Tol 8131274*): *"El artículo 31 CP no puede ser interpretado, por tanto, como una presunción de culpabilidad, sin perjuicio de que puedan entrar en juego las presunciones, de forma que el administrador si ejerce las funciones propias de su cargo aparecerá indiciariamente como responsable de la decisión criminal, lo que unido a las restantes pruebas podrá permitir concluir, en su caso, que tuvo que intervenir o tuvo que conocer la acción ilícita en cuestión"*; también la STS 560/2023, 6-7 (*Tol 9652213*), subraya la necesidad de que *"quien sea administrador de hecho o de derecho ostente el dominio funcional del hecho por poseer capacidad de dirección y control sobre las operaciones de defraudación"*, y STS 951/2023, 21-12 (*Tol 9856663*).

Ahora bien, el hecho de que el intraneus delegue su representación en el extraneus no significa que solo por ello pueda quedar exento de responsabilidad penal.

El problema se plantea en la STS 374/2017, 24-5 (*Tol 6110618*), "Caso Messi". En este la defensa del principal imputado invoca que *"éste quedó desvinculado de las declaraciones a Hacienda en virtud de la delegación que hizo en los asesores fiscales"*, que *fueron quienes idearon el plan y presentaron las declaraciones. Sin embargo, se rechaza el motivo de impugnación, en consideración a que "una cosa es que esa representación por razón del artículo 31 del Código Penal pueda suponer una traslación de las calidades exigidas en el sujeto especial, convirtiéndolo en criminalmente responsable por el dominio del hecho que adquiere, y otra que el representado quede desprovisto de tales calidades y por ello, en caso de representación, deba ser eximido de responsabilidad penal" (...) "Tal dominio del devenir delictivo no desaparece, como pretende el recurrente, por delegar actuaciones en otros sujetos, si conserva la competencia para recabar la información de su cumplimiento por el delegado y si puede revocar la delegación."*

2.2. La participación del extraneus

Lo dicho hasta aquí sobre la autoría de los delitos especiales no obsta la posibilidad de participación del *extraneus*, sea a título de inductor, cooperador necesario o cómplice simple [STS 560/2023, 6-7 (*Tol 9652213)*], como admite la doctrina (por todos, QUINTERO OLIVARES), la jurisprudencia [a título de ejemplo, STS 264/2001, 16-2 (*Tol 31376)*, e indirectamente la ley (art. 65.3 CP)].

La hipótesis de la inducción del extraneus es difícil concebir en un delito en el que su natural beneficiado no es este sino el obligado tributario. Sin embargo, no está completamente descartada, desde el momento en que la defraudación fiscal puede reportar beneficios a terceros que por ello mismo quieran promover su comisión. Cuando así suceda y, por ejemplo, el asesor o el familiar empuje al deudor tributario a un fraude del que uno ha de beneficiarse tributariamente y el otro profesional o personalmente, no se aprecia obstáculo alguno a su castigo como inductor.

El problema técnico se plantea cuando, en sentido estricto, no nos hallamos ante una inducción, sino un hecho con la estructura propia de la autoría mediata, en la que el no obligado tiene el dominio del hecho, mientras que el obligado actúa en la absoluta ignorancia del fraude. En tales casos, no cabe castigar al extraneus como autor mediato por impedirlo la naturaleza especial del delito, ni como inductor cuando el hecho principal es atípico por falta de dolo y lo impide el principio de accesoriedad limitada en la participación. En todo caso, lo que no parece admisible es que ante tales dificultades se aplique al asesor la regla de actuar en nombre de otro (art. 31 CP) por el mero hecho de actuar en su beneficio.

Sin embargo, la STS 539/2003, 30-4 (*Tol 276376)* FD 16, condena en concepto de inductor al socio que había diseñado y dirigido el fraude cometido desde una empresa familiar en régimen de transparencia fiscal, mientras que el resto de los socios fueron absueltos por falta de dolo. Valga decir que esta sentencia parte de la teoría causalista, según la que el dolo se sitúa en la culpabilidad, y por lo tanto, la falta de mismo en el autor no impide afirmar la tipicidad y antijuridicidad del hecho principal, que deben concurrir para el castigo del partícipe: *"la inducción, como cualquier otra forma de participación está regida por el principio que la doctrina y la práctica judicial denomina de "accesoriedad media o limitada" conforme al cual* ***es suficiente, para que el tipo de inducción quede integrado, que el hecho principal sea típicamente antijurídico aunque su autor no sea culpable por falta de dolo*** *o concurra en él una causa de impunidad como el error de prohibición."* (negrilla nuestra). El problema que plantea la sentencia es que frente al impedimento de considerar autor mediato al extraneus, incurre en el defecto castigar a un partícipe sin autor. En la STS 892/2016, 25-11 (*Tol 5899707)* también se plantea la *"debatida posibilidad del castigo del extraneus cuando el intraneus opera sin dolo en hipótesis que no siempre será tan descabellada, ni fáctica ni jurídicamente... Aunque basta el dolo eventual, es imaginable y no extravagante la hipótesis del contribuyente que actúa confiando plenamente en las indicaciones de quien le presta asesoramiento jurídico"*.

Menos problemas plantea el castigo del extraneus como cómplice simple o cooperador necesario —sin entrar aquí en el difícil deslinde entre una y otra forma de participación—. Así se ha hecho cuando: proporciona los conocimientos técnicos o medios materiales precisos para facilitar el fraude como la constitución o representación de sociedades "off shore" [STS 264/2003, 30-3; STS

774/2005, 2-6 (*Tol 2039433*); STS 182/2014, 11-3 (*Tol 4152875*)]; suministra facturas falsas para la disminución ficticia de la carga fiscal [STS 264/2001, 16-2 (*Tol 31376*); STS 494/2014, 18-6 (*Tol 4462389*)]; figura como administrador formal de la empresa [STS 160/2021, 24-2 (*Tol 8337411*)]; el Inspector de Hacienda contribuye a ocultar la deuda mediante el "conforme" de las actas suscritas [STS 17/2005, 3-2 (*Tol 646484*)]; o el Agente de aduanas facilita el fraude mediante la alerta acerca de los controles [STS 407/2018, 18-9 (*Tol 6810293*)].

Así, la STS 274/1996, 2-5 (*Tol 406698*): "*La Jurisprudencia de esta Sala viene sosteniendo desde la STS 14 enero 1994 que el texto del art. 14 CP no requiere que los partícipes (inductores, cooperadores necesarios y cómplices) en un delito especial propio —...— tengan la misma condición jurídica que el autor. Dicho en la terminología tradicional: la ley no impide la punibilidad del extraneus como partícipe en el delito propio del intraneus*"; también la STS 1231/1999, 26-7 (*Tol 272755*), que condena como cooperador al asesor fiscal responsable del diseño de la estrategia defraudatoria: "*su profesión de asesor fiscal le permitió aportar en la realización del delito unos conocimientos técnicos al alcance de pocas personas (teoría de los bienes escasos), de tal modo eficaces en la realización del hecho que sin ellos no habría sido posible su ejecución*"; en el mismo sentido, la STS 264/2001, 16-2 (*Tol 31376*), que condena como cooperador necesario al asesor contable y fiscal que presenta las facturas correspondientes a operaciones ficticias que se registran en los libros contables con el fin de reducir la cantidad que debía abonarse en concepto de impuesto. Así, también, la STS 17/2005, 3-2 (*Tol 646484*), que condena como cooperador necesario al Inspector de Hacienda que extendía las actas de comprobado y conforme a las empresas defraudadoras, absolviéndole del delito de omisión del deber de promover la persecución de delitos del art. 408 CP. Igualmente, la STS 774/2005, 2-6 que condena como cooperadores necesarios a los responsables de la entidad bancaria que ofrecían participaciones en fondos de inversión fiscalmente opacos, pues constituyen "*actos positivos concretos de suscribir participaciones concretas con sujetos carentes de identidad o jurídicamente inexistentes*" calificables de "*aportación concreta y determinante al hecho delictivo materializado por cada uno de los autores...*". En todo caso, huelga decir que para ello será precisa la acusación del partícipe, lo que no sucede, por ejemplo, en el "Caso Messi", STS 374/2017, 24-5 (*Tol 6110618*).

Admitida la posibilidad de castigo del extraneus a título de partícipe, para su condena será precisa la prueba de la concreta aportación objetiva y subjetiva al fraude, que puede no concurrir cuando quien presta servicios profesionales al obligado tributario ignora contribuir al fraude.

Absuelve por falta de prueba la STS 40/2020, 6-2 (*Tol 7798262*), que no considera acreditada la aportación y conocimiento del fraude de los meros transportistas a los que unía una simple relación laboral con los autores del fraude. Sobre los supuestos de "ignorancia deliberada", *vid. infra*, en la tipicidad subjetiva del fraude fiscal.

En su caso, el condenado a título de inductor o cooperador necesario puede beneficiarse de la facultad que se otorga al Juez de rebajar la pena en un grado prevista en el art. 65.3 CP (introducido por LO 15/2003, recogiendo un criterio ya presente en la jurisprudencia).

La rebaja de pena para el *extraneus*, que se introduce en el CP por LO 15/2003, ya se había aplicado con anterioridad a la reforma, con fundamento en la atenuante analógica, en sentencias como la STS 274/1996, 20-5 (*Tol 406698*): *"La jurisprudencia, siguiendo de esta manera una doctrina fuertemente consolidada, ha entendido que lo único que debe ser tenido en favor del partícipe en cuenta es que éste no infringe el deber específico del autor y que, por tal razón el partícipe puede ser condenado con una pena atenuada respecto del autor. La falta de infracción del deber especial del autor importa, por regla general, un menor contenido de la ilicitud del partícipe, pero no elimina su cooperación en la infracción del deber del autor y en la lesión del bien jurídico. En este sentido esta Sala ha mantenido la aplicación de los arts. 9.10ª y 60 CP en sus SSTS 26 enero 1994 y 24 junio 1994, en la que, por esta vía apreció como atenuante que el partícipe no fuera funcionario público"*

Más recientemente, la aplica, por ejemplo, la STS 494/2014, 18-6 (*Tol 4462389)*, casando la sentencia que no motiva su inaplicación, considerada excepción a la norma; también, la STS 40/2020, 6-2 (*Tol 7798262)* al Director financiero de la empresa calificado de cooperador necesario. Sin embargo, no la aplica la STS 523/2024, 3-6 (*Tol 10053376*) por considerar *"la contribución causal y participación de los dos acusados fue igual de determinante ya que actuaron de forma concertada, según se declara en el relato fáctico, siendo esta operación una maniobra más de la dinámica delictiva, muy compleja y extendida en el tiempo, por lo que consideramos improcedente aplicar la atenuación pretendida."* Dejando de lado la solución concretamente aplicada en este caso, la sentencia presenta especial interés por exponer las dos líneas interpretativas en torno a los criterios de resolución de la casación por falta de motivación de la inaplicación del art. 65.3 CP: *"En el presente caso la sentencia de instancia no ha aplicado la atenuante y ante esa omisión caben dos caminos: Sancionar la falta de motivación mediante la aplicación de la atenuante o suplir la deficiencia, aplicando o no la atenuante en función de lo declarado probado en la sentencia impugnada. La doctrina de esta Sala no ha sido uniforme y ha admitido las dos posibilidades. Mientras que en la STS 213/2018, de 7 de mayo, se estimó que la falta de motivación vulneraba el mandato contenido el artículo 72 CP y obligaba a aplicar la atenuación, en la STS 508/2015, de 27 de julio se procedió a subsanar la deficiencia.*

Este último criterio se viene consolidando en los variados supuestos en que la falta de motivación afecta a la determinación de la pena. Así, en la STS 162/2019, de 26 de marzo, hemos declarado que las deficiencias de motivación no deben dar lugar a la nulidad de la sentencia y, en aras al principio de economía procesal la falta de motivación y al deber de dar respuesta en un tiempo razonable, la deficiencia de motivación puede ser subsanada en casación siempre que del relato histórico de la sentencia se deduzcan de forma incuestionable los datos fácticos que permitan efectuar la determinación de la pena.

En este caso la contribución causal y participación de los dos acusados fue igual de determinante ya que actuaron de forma concertada, según se declara en el relato fáctico, siendo esta operación una maniobra más de la dinámica delictiva, muy compleja y extendida en el tiempo, por lo que consideramos improcedente aplicar la atenuación pretendida.".

Obsérvese que esta atenuación no se extiende al cómplice simple.

Con anterioridad a la reforma ya se había pronunciado en este sentido la STS 13/2006, 20-1 (*Tol 815705)*, justificando la exclusión del cómplice de la rebaja de pena.

2.3. El testaferro

Si desde el punto de vista de la técnica legislativa uno de los rasgos distintivos de estos delitos es la aparente restricción del círculo de autores, desde el punto de vista de su ejecución material, se caracterizan por la utilización de tramas de personas y entes que dificultan la localización del verdadero obligado tributario.

Motivo, por cierto, de queja de la Fiscalía de Pontevedra (Memoria FGE, 2018), que denuncia el riesgo de prescripción que encierra el hecho de iniciar la investigación por quienes ni tienen el dominio del hecho ni muchas veces la capacidad de responsabilidad penal y mucho menos la solvencia necesaria para proceder a la reparación del daño: *"Este tipo de tácticas, si son utilizadas con un mínimo de ingenio e inteligencia, transforman la instrucción en un auténtico lodazal del que se sirven los autores reales y beneficiarios del delito. Es imposible avanzar en la investigación cuando los titulares formales de las sociedades son extranjeros ilocalizables, indigentes que no son capaces de saber cómo se llama la sociedad a la que representan, quien es el notario y quien les dio 100 € para ir hasta la notaría. El entramado se complica todavía más cuando se suceden personas físicas de las características de las indicadas representando a una sucesión de personas jurídicas que únicamente tienen vida en el registro mercantil. (...) Ante esta situación deberían potenciarse principios como el de oportunidad que, con el asesoramiento de técnicos como los funcionarios de la AEAT, permitiese dirigirse contra quienes, desde un estudio serio, lógico y racional, son los artífices del delito, obviando la persecución imposible de todos aquellos que son puestos como piedras en el camino para evitar que se llegue a los verdaderos responsables"*.

Cuando así suceda y se nombre a un "hombre de paja" o "testaferro" como administrador formal de la sociedad con el fin de desviar la atención y ocultar a quien efectivamente administra la empresa, la técnica del levantamiento del velo permite imputar a título de autor del delito fiscal a quien ejerce la administración de hecho ex art. 31 CP [STS 160/2021, 24-2 (*Tol 8337411*)].

2.4. La responsabilidad penal de las personas jurídicas

Históricamente, se había evitado que los fraudes en el cumplimiento de las obligaciones tributarias de las personas jurídicas quedaran en la impunidad mediante la aplicación de la regla del "actuar por otro" en los delitos especiales que, como mínimo, permitía la sanción del administrador o representante legal en quien no concurriera la cualidad de obligado tributario (*vid. supra*).

Así, STS 1027/2003, 14-7 (*Tol 305598*); o STS 1599/2005, 14-11 (*Tol 809370*): *"Tanto en el CP 73 (art. 15 bis) como en el vigente (art. 31) lo que se trata, en lo que aquí interesa, es de atribuir responsabilidad penal, dada la exclusión de las personas jurídicas, a sujetos individuales vinculados a las entidades cuando en éstas, y no en aquéllos, se dan las características exigidas en los delitos especiales propios."*

Desde la entrada en vigor de la LO 5/2010, junto a la responsabilidad del administrador de hecho o derecho, cabe también la de la propia persona jurídica (arts. 31 bis y 310 bis para estos delitos), de forma autónoma a la de la persona física (art. 31 ter CP). Sólo quedan excluidas las personas jurídico-públicas mencionadas en el primer apartado del art. 31 *quinquies* CP. No así los Partidos políticos y Sindicatos que, desde la reforma de 2012, pueden tener responsabilidad penal.

Así, solo a título de ejemplo, la STS 89/2019, 19-2 (*Tol 7083082*): *"la doctrina de esta Sala vienen entendiendo de forma constante que cuando la condición de obligado tributario recae en una persona jurídica resultará de aplicación la norma contenida en el artículo 31 del Código Penal, de modo que la responsabilidad penal por el delito fiscal se atribuirá al representante de hecho o de derecho del obligado tributario y tras la reforma operada por la Ley Orgánica 5/2010, vigente en el momento de cometerse los hechos, la persona jurídica también responderá penalmente ex artículo 31 bis del Código Penal."* Ello sin perjuicio de que, en el caso enjuiciado, la referida sentencia asuma la doctrina de la STS 751/2017, según la que el fraude por solicitud indebida de devoluciones es de carácter común.

Las personas jurídicas pueden responder por todos los delitos de este Título, como se deriva de la literalidad del art. 310 bis CP. Sin embargo, no se ha previsto su responsabilidad por todos los delitos que pueden entrar en concurso con estos, como, por ejemplo, las falsedades genéricas que pueden recaer sobre las facturas que se presentan para la simulación de inexistentes costes de producción. De acuerdo con ello, en su caso, de estos delitos solo responderán las personas físicas, aun cuando se realicen en nombre y provecho de las jurídicas.

En su caso, de admitirse la responsabilidad de la persona jurídica por actos de participación (lo que es discutido), debería beneficiarse de la regla del art. 65.3 CP que permite la rebaja de la pena.

En contra de la responsabilidad de las personas jurídicas a título de partícipe se han manifestado autores como GÓMEZ TOMILLO o LASCURAÍN, que consideran que cuando el art. 31 bis CP dice que las personas jurídicas responden por los delitos "cometidos" por quienes actúan en su nombre o por su cuenta, sólo incluye a los realizados a título de autor. Sin embargo, este criterio no ha tenido recepción jurisprudencial [expresamente en contra, STS 298/2024, 8-4 (*Tol 9980988*)]. Distinto es el supuesto en que la persona jurídica no tiene responsabilidad porque el delito no se ha realizado en su beneficio [así se plantea en la ya citada STS 298/2024, 8-4 (*Tol 9980988*)].

En los casos en que proceda castigar tanto a la persona física como a la jurídica, el art. 31 ter CP prevé la posibilidad de moderar la pena de multa, en aras del principio de proporcionalidad.

En este sentido, la STS 409/2022, 26-4 (*Tol 8920387*); también la STS 746/2018, 13-2 (*Tol 7065071*), que lo considera especialmente procedente cuando la persona física condenada es socia mayoritaria de la empresa, y ofrece criterios de cálculo de la pena "moderada". Con todo, la aplicación de esta regla no puede llegar al punto de eximir de pena a la persona física [STS 118/2020, 12-3 (*Tol 7935537*): "*suprimir es mucho más que modular*"].

A ello la jurisprudencia añade la posibilidad de no sancionar a la persona jurídica cuando se aprecie una identidad sustancial con la física.

En este sentido, SSTS 747/2022, 27-7 (*Tol 9213265*), y 1073/2024, 26-1 (*Tol 10303763*), en línea con la Circular FGE 1/2011.

En los supuestos en que el obligado tributario sea una entidad sin personalidad jurídica (como contempla el art. 35.4 LGT), podrá ser objeto de las consecuencias accesorias previstas en el art. 129 CP.

Art. 35.4 LGT: "*Tendrán la consideración de obligados tributarios, en las leyes en que así se establezca, las herencias yacentes, comunidades de bienes y demás entidades que, carentes de personalidad jurídica, constituyan una unidad económica o un patrimonio separado susceptibles de imposición*".

2.5. El sujeto pasivo, el perjudicado y la acción popular

El sujeto pasivo del delito es la Hacienda o Administración que ve frustradas sus legítimas expectativas de ingresos o cuyos fondos se destinan a beneficiarios o fines inadecuados.

Ello excluye del círculo de sujetos pasivos a los particulares directamente afectados como, por ejemplo, el sustituto que, habiendo satisfecho el importe de las obligaciones tributarias, no recibe del contribuyente el importe exigible conforme al art. 36.3, 2° párr. LGT.

De acuerdo con ello, la Administración pública directamente afectada es la que puede ejercer la acción particular y comparecer en el proceso como ofendida por el delito, a través de los respectivos Abogados del Estado, de las Comunidades Autónomas, etc. Además, desde que en 1985 se eliminara la condición de procedibilidad, el delito puede perseguirse de oficio o a instancias del actor popular, con las limitaciones procesales que a tal figura correspondan.

La primera regulación del delito fiscal (1977) contempló una condición de procedibilidad, de acuerdo con la cual, para la incoación del procedimiento penal se precisaba la denuncia por parte de la Administración tributaria. Sin embargo, esta se suprimió con la reforma de 1985, tras constatar que se había erigido en uno de los principales obstáculos en la lucha contra el fraude.

En cuanto al ejercicio de la acción popular por delito fiscal y sus límites hay que tener presente la STS 1045/2007, 17-12 (*Tol 1223036*), en el llamado "Caso Botín o de las cesiones de crédito" que, en interpretación del art. 782 LECrim, sienta el criterio de acuerdo con el cual en el procedimiento abreviado, cuando el Ministerio Fiscal y el acusador particular soliciten el sobreseimiento, el juez deberá acordarlo, *sin tener en cuenta la petición del acusador popular de apertura del juicio oral*. Ahora bien, de prosperar la doctrina de acuerdo con la cual, desde la reforma de 2012, el art. 308 CP protege un bien jurídico diverso del patrimonio público, principalmente protegido a través de la estafa [STS 1030/2013, 28-11 (*Tol 4111894*)], la doctrina "Botín" podría quedar aquí desplazada por la doctrina "Atutxa".

3. El umbral cuantitativo mínimo del delito

Una de las manifestaciones más expresivas del principio de *ultima ratio* en la regulación de estos delitos es la previsión de unos límites cuantitativos mínimos que varían en función de la figura delictiva, y que en líneas generales —aunque con alguna excepción— han ido aumentando a lo largo del tiempo.

La previsión de tales umbrales cuantitativos se ha criticado en consideración a que hacen al defraudador fiscal de mejor condición que al autor de otros delitos patrimoniales —como el hurto o la estafa— en los que la más mínima afectación al patrimonio puede tener relevancia penal. Algo que, por cierto, no puede decirse del art. 307 ter CP que carece de cuantía mínima, sin perjuicio de que pueda ser objeto de crítica por otros motivos.

En todo caso, este requisito determina que sea difícil cometer el delito tributario por el impago de impuestos como el IBI o el ITP, las tasas o las contribuciones especiales, y se concentre en los supuestos de fraude del IRPF o, más aún, el IS o el IVA, que por ello son los que acaparan la atención de la Agencia tributaria. Así lo reconoce, por ejemplo, la Memoria de la FGE de 2012, que observa que: *"Han aumentado de forma significativa las investigaciones por defraudación de IVA, mientras permanecen estables o se reducen algo las referidas a IRPF. Parece que este hecho puede deberse en gran medida a que la política de la Agencia Tributaria se ha orientado en esa dirección."*

3.1. Naturaleza de las cuantías mínimas

Constituye una cuestión discutida en Doctrina y Jurisprudencia si las cuantías mínimas deben considerarse resultado típico (MARTÍNEZ-BUJÁN PÉREZ, MORALES PRATS, BOIX/MIRA, DE LA MATA BARRANCO) o condición objetiva de punibilidad (MUÑOZ CONDE, ARROYO).

Según la jurisprudencia mayoritaria, tales cuantías constituyen una condición objetiva de punibilidad, de lo que, en principio, deberían seguirse algunas consecuencias que, sin embargo, no siempre se asumen:

Sobre las consecuencias jurídicas que debería conllevar la afirmación de la categoría: STS 464/2025, 22-5, F.1.4 (*Tol 10548507*), que afirma que si se considera la cuantía mínima una condición objetiva de punibilidad: no debe ser abarcada por el dolo, el error sobre ella es irrelevante, no admite la tentativa, y por debajo de la misma solo cabe aplicar sanciones administrativas.

a) Para empezar, la ubicación de la cuantía al margen del tipo objetivo debería llevar a excluir la necesidad de ser abarcada por el dolo. Sin embargo, no siempre se asume tal implicación dogmática.

En la práctica, podría considerarse un falso problema, pues lo normal será que se quiera defraudar lo máximo posible, con lo que el requisito de que la cuantía sea alcanzada por el dolo podría darse prácticamente por descontado, aunque solo fuera a título de dolo eventual. En especial, cuando en ningún caso es preciso el conocimiento de la cuantía concretamente defraudada, sino únicamente que supere el mínimo (al respecto, STS 27-12-1999, "Caso Lola Flores").

Sin embargo, hay supuestos problemáticos como los que se plantean cuando alguien vende facturas falsas (los "factureros") por un importe inferior a la cuantía mínima pero que sumado a lo aportado por otros supera los 120.000 euros. En tales casos, si se considera que la cuantía mínima forma parte del tipo, puede plantearse la atipicidad por falta de dolo del partícipe. Ahora bien, ello no significa que el partícipe quede libre de responsabilidad penal por el solo hecho de que la operación en la que interviene directamente no alcance el umbral cuantitativo mínimo. En este sentido, la STS 951/2023, 21-12 (*Tol 9856663*) subraya que no es preciso que el partícipe contribuya con una operación por medio de la cual se alcance directamente la cantidad mínima, siempre que "tenga pleno conocimiento de su aportación al delito". En todo caso, antes de examinar el dolo del partícipe, habrá que afirmarse la contribución causal del mismo a la comisión del delito, lo que, por ejemplo, descarta la STS 464/2025, 22-5, F.1.4 (*Tol 10548507)*.

b) En segundo lugar, la afirmación de la presencia de una condición objetiva de punibilidad debería llevar a la exclusión de la tentativa, pues o se supera la cuantía y se castiga como consumado, o no se alcanza y queda impune. Sin embargo, tampoco se asume siempre tal postulado.

La STS 316/2017, 35 (*Tol 6085602)* reconoce que la consecuencia jurídica necesaria de la afirmación de la cuantía mínima como condición objetiva de punibilidad debería ser el rechazo de la tentativa, que sin embargo, no llega a plantearse por cuestiones probatorias. Ahora bien, frente a lo afirmado en esta sentencia, en la jurisprudencia se admite la tentativa (*infra*).

c) Por fin, la última manifestación de la naturaleza de la cuantía como condición objetiva de punibilidad habría de ser la impunidad de los fraudes que aun consumados no la alcancen y su consiguiente remisión al Derecho administrativo sancionador (arts. 183 ss. LGT). Por supuesto, tampoco ese postulado se asume incontrovertidamente.

Para unos, la previsión de una cuantía mínima supone una señal de autocontención del Derecho penal en favor del Derecho administrativo sancionador. En este sentido, Consulta FGE 2/1996, Acuerdo TS (2ª) de 17-11-1997, y, entre otras, SSTS 760/1997, 18-11 (*Tol 407014)* o 725/2002, 25-4 (*Tol 162360)*. Así, según la STS 725/2002, 25-4 (*Tol 162360*): "Resulta cierto que la conducta empresarial de dejar de ingresar las cuotas obreras de la Seguridad Social fue calificada con anterioridad a las Leyes Orgánicas 6 y 10 septiembre 1995, respectivamente, de 29 junio y 23 noviembre, como constitutivas de delito de apropiación indebida del artículo 535 del derogado Código Penal. Mas tal criterio se cuestionó cuando la Ley Orgánica 6/1995, creó una figura especial, en el artículo 349 bis, que luego en el nuevo Código pasaría a constituir el artículo 307. La Sala Plena de este Tribunal en su reunión de 17 de noviembre de 1997, acordó estimar que las defraudaciones a la Seguridad Social inferiores a la suma indicada de quince millones de pesetas carecían de tipicidad y se habían trocado en meros ilícitos administrativos. En consecuencia, las Sentencias de 18 y 21 de noviembre de 1997, ratificando el Acuerdo citado Pleno de esta Sala Segunda declararon que por aplicación del principio de especialidad, debe actualmente sostenerse que el impago de cuotas obreras a la Seguridad Social que venía siendo considerando, antes de la LO 6/1995, de 29 junio, como un delito de apropiación indebida, aun con algunas disidencias de la doctrina, se integra en el tipo específico del anterior artículo 349 bis o el 307 del actual Código Penal. Mucho más claro es el caso de las retenciones no ingresadas a la Hacienda Pública, ya que el art. 305 del Código Penal (idéntico al 349 del anterior texto punitivo), se refiere explícitamente a la defraudación eludiendo el pago (ingreso) de «cantidades retenidas o que se hubieran debido retener», siempre que «el importe no ingresado de las retenciones» exceda de quince millones de pesetas." De hecho, el Preámbulo de la LO 7/2012, da por supuesta la impunidad de los fraudes de menor entidad al referirse al umbral mínimo del art. 307 CP que rebaja de 120.000 a 50.000 euros: "La reducción de la cuantía del tipo delictivo permite que sean objeto de punibilidad penal hechos que actualmente sólo son sancionables administrativamente y que son objeto de un contundente reproche social en momentos de especial dificultad económica en el ámbito empresarial como los actuales."

Con todo, ello no ha impedido, en alguna controvertida sentencia, admitir un delito de fraude de subvenciones por la participación en pluralidad de infracciones administrativas cuando el conjunto superaba el límite legal. Al respecto, la STS 1197/2001, 20-6, invocando la teoría de la accesoriedad limitada y sin acoger plenamente la doctrina del delito continuado (que sólo invoca para proceder al "salto de tipo"), condena penalmente al Alcalde que participó en pluralidad de infracciones administrativas cometidas por sujetos diversos (el "fraude de las peonadas").

Asimismo, otras sentencias admiten la aplicación de los delitos patrimoniales por debajo de la cuantía mínima. Así, por ejemplo, STS 428/1997, 31-3 (*Tol 407216)*]; STS 751/2017, 23-11 (*Tol 6441722*), en un supuesto de tentativa en la solicitud de devoluciones indebidas; o STS 262/2024, 18-3 (*Tol 9955860)*.

Por todo ello, puede decirse que, con frecuencia, la consideración de la cuantía como condición objetiva de punibilidad no pasa de adorno dogmático vacío de contenido, ante las reticencias que suscita la retirada del Derecho penal en favor del Derecho administrativo sancionador, como si fuera incomparablemente menos duro o eficaz

3.2. Objeto y criterios de cálculo de la cuantía

La cuantía del fraude no puede confundirse con el monto total de la deuda (CÓRDOBA, MORALES PRATS, BOIX/MIRA, MARTÍNEZ-BUJÁN), del mismo modo que debe diferenciarse entre el importe total de la subvención recibida y la parte desviada de su fin. A efectos del delito lo que importa es la cuota tributaria impagada, el monto de las retenciones no ingresadas, de la subvención malversada, etc. Es indiferente si la cuantía mínima se alcanza mediante el completo impago del tributo (se deja de pagar la totalidad de los 300.000 euros adeudados) o solo parte del mismo (se pagan 150.000, pero se omiten otros 300.000). Lo importante es que lo no satisfecho supere el mínimo legal.

Así se prevé expresamente en la regulación del delito de fraude de subvenciones, en la que, desde la reforma de 2012, en la modalidad de "malversación", ya no se refiere a quien "en el desarrollo de una actividad subvencionada con fondos de las Administraciones públicas cuyo importe supere los diez millones de pesetas, incumpla las condiciones establecidas alterando sustancialmente los fines...", sino a quien "los aplique en una cantidad superior a" cien mil euros (desde 2019).

En el cálculo de la cuantía solo debe computarse lo correspondiente a la cuota, retenciones, etc. que forman parte estricta del objeto del delito. Este debe distinguirse de la totalidad de la deuda ante Hacienda, que puede verse incrementada con otros conceptos como los intereses de demora que, en todo caso, integrarán la responsabilidad civil derivada de delito (ap. 7 del art. 305 CP).

De acuerdo con el art. 19 LGT, la cuota es el objeto de la "obligación tributaria principal", por lo que no incluye las "obligaciones tributarias accesorias" (art. 25 LGT) como el "interés de demora, los recargos por declaración extemporánea, o los recargos del período ejecutivo", que según el art. 58 LGT también forman parte de la deuda tributaria.

El hecho de que el art. 307 CP se refiera no solo a las cuotas de la Seguridad social, sino también a los "conceptos de recaudación conjunta", no altera el criterio de exclusión de intereses y recargos.

De acuerdo con la STS 1115/2024, 4-12 (*Tol 10307747*), con este concepto se haría referencia a *"primas por accidente de trabajo y enfermedad profesional, aportación al Fondo de Garantía Salarial y cuotas para formación profesional y desempleo"*. Por lo tanto, puede considerarse superado el criterio de la STS 523/20026, 19-5 (*Tol 945182)*, que incluye los recargos por mora y apremio e intereses en el concepto de "recaudación conjunta".

Los criterios aplicables para el cálculo de la cuantía mínima (plazo temporal, etc.) varían para cada delito, lo que justifica su trato particularizado en el lugar correspondiente. Aun así, procede hacer una breve mención a una asunción que no por extendida es más cierta. Nadie discute que para el cálculo de la cuantía mínima del delito fiscal no cabe acumular ejercicios ni conceptos diversos, pues lo impide el art. 305.2 CP.

"2. a los efectos de determinar la cuantía mencionada en el apartado anterior: a) si se trata de tributos, retenciones, ingresos a cuenta o devoluciones, periódicos o de declaración periódica, se estará a lo defraudado en cada período impositivo o de declaración, y si éstos son inferiores a doce meses, el importe de lo defraudado se referirá al año natural. (...) b) en los demás supuestos, la cuantía se entenderá referida a cada uno de los distintos conceptos por los que un hecho imponible sea susceptible de liquidación".

Por lo mismo, se admite generalmente que ello lleva a descartar la aplicación de la regla del "salto de tipo" del art. 74.2 CP.

"2. Si se tratare de infracciones contra el patrimonio, se impondrá la pena teniendo en cuenta el perjuicio total causado".

Más discutible es que ello determine la simultánea imposibilidad de aplicar la regla del art. 74.1 para la determinación de la pena en caso de delito continuado, cuando todos y cada uno de los fraudes se sitúan por encima de la cuantía mínima —respetando la regla de cómputo del art. 305.2 CP— y puede afirmarse la unidad de plan u ocasión, además de la similitud o hasta identidad del precepto infringido.

En contra de la aplicación del delito continuado aun cuando las cuantías individualmente consideradas superan el umbral mínimo, solo a título de ejemplo, STS 2476/2001, 26-12 (*Tol 4976151*). Sin embargo, *obiter dicta*, la STS 952/2006, 6-10 (*Tol 1014240*) no cierra la posibilidad de aplicar el art. 74.1 al delito fiscal.

En sentido distinto admite la posibilidad de delito continuado del art. 307 CP, en la redacción previa a la reforma de 2012 la STS 552/2019, 12-11 (*Tol 7591924*): *"Si bien la objeción de estanqueidad, al menos en la redacción inicial y en la resultante de la reforma de 2003, del artículo 307, podría superarse, en cuanto deriva fundamentalmente de una jurisprudencia antigua, interpretativa del artículo 74 que residenciaba la punición de los delitos "patrimoniales" continuados en el apartado segundo con exclusión del primero, pero obvia que resulta superada con el Acuerdo del Pleno de la Sala Segunda del Tribunal Supremo, de 30 de octubre de 2007, que conlleva que el delito continuado siempre se sancione con la mitad superior de la pena, lo que posibilita proyectar también la continuidad sobre aquellos delitos defraudatorios, no estrictamente patrimoniales, donde la cantidad a ponderar, viene determinada y acotada típicamente por el conjunto de la defraudada en un concreto lapso de tiempo, generalmente el año natural."* Con todo, advierte *obiter dicta* que la situación podría haber cambiado a partir de la reforma de 2012, que amplía el plazo temporal a cuatro años. Aun así, considera que la ausencia de defraudación en un ejercicio fiscal interrumpe la necesaria continuidad fáctica.

Desde el punto de vista procesal, la fijación de la cuantía mínima se considera una cuestión prejudicial no devolutiva para cuya apreciación debe atenderse a la legislación extrapenal, sin detrimento de las reglas relativas a la valoración de la prueba propias de la jurisdicción penal (*vid. supra*).

Afirman que nos hallamos ante una cuestión prejudicial no devolutiva: STS 1336/2002, 15-7 (*Tol 203097*): *"la fijación de la cuota defraudada como elemento del tipo delictivo del art. 305 Código Penal..., constituye una cuestión prejudicial de naturaleza administrativa-tributaria que, conforme a la regla del art. 10.1 LOPJ debe resolver el propio órgano jurisdiccional penal. Criterio mantenido asimismo en sentencias de 24 de febrero de 1993, 25 de febrero de 1998 y de 30 de octubre de 2001 (STS 2486/2001, de 21 de diciembre)"*. En cuanto a los criterios para la valoración de la prueba: STC 76/1990, 26-4 (*Tol 80368*): *"A la luz de esta doctrina constitucional, no es admisible que el proceso penal pueda resultar condicionado por una presunción previa derivada del procedimiento administrativo de inspección y comprobación de la situación tributaria del contribuyente* [...] *el acta de la Inspección contiene la constatación de unos hechos de los cuales se infiere una notitia criminis suficiente para la apertura de un proceso penal, dentro del cual y en la fase del juicio oral tendrá el valor probatorio como prueba documental que el Juez penal libremente aprecie, con respecto a todos los derechos reconocidos por el art. 24 de la Constitución y ... la exigencia, entre otros, del principio acusatorio, el principio de contradicción y los de publicidad, libre defensa del acusado y libre apreciación judicial de la prueba"*. En el mismo sentido, las SSTS 1940/2000, 18-12 (*Tol 117674*): *"como señala la Sentencia de este Alto Tribunal citada de 3-12-1991 «la deuda tributaria resultante del expediente administrativo no pasa al debate judicial como un dato predeterminado, intangible e invariable, inmune a la contradicción procesal», sino que es precisamente la sentencia penal la que determina su cuantía pasando por ello en autoridad de cosa juzgada, sin posibilidad de revisión administrativa ulterior habida cuenta el principio de preferencia de la Jurisdicción Penal (artículo 44 LOPJ)"*; y 952/2006, 6-10 (*Tol 1014240*): *"2. La descripción típica del art. 349 del CP/1973 (ahora 305 CP) es indudable que encierra una norma penal en blanco implícita, al contemplar múltiples elementos normativos tributarios, y será al campo administrativo al que debemos recurrir para completar el injusto típico con los pertinentes conceptos (art. 7 LECrim), como la determinación de la deuda tributaria, su cuantificación, etc. pero en última instancia el juez penal, en lo atinente a la valoración probatoria, principios procesales, presunciones procesales y demás cuestiones estrictamente materiales, debe quedar sometido al derecho penal como regulación sustantiva esencial, siempre regido por el principio de presunción de inocencia"*. La STS 499/2016, 9-6 (*Tol 5745426*), se plantea el problema de determinar la cuantía defraudada, cuando se entremezcla actividad lícita e ilícita: *"En la sentencia no se explicitan las razones ni las pruebas tenidas en cuenta para llegar a la conclusión de que todas las operaciones con las mencionadas sociedades eran simuladas [...]. Tampoco se explica la razón de calcular la cuota defraudada sobre el total de las ventas"*. Por consiguiente, no considera probada la necesaria superación de la cuantía mínima.

En los supuestos en que el medio defraudatorio consiste en la creación de un entramado de empresas dirigido a ocultar al obligado tributario o a fragmentar la deuda, cabe aplicar la técnica del levantamiento del velo para descubrir al verdadero deudor y, eventualmente, unificar la deuda aparentemente fragmentada a través de la miríada de deudores aparentes.

En este sentido, la STS 957/2023, 21-12 (*Tol 9863412*): *"las estrechas relaciones entre todas las empresas y la común o casi común titularidad consiente esa contemplación global o conjunta: estamos ante un único empresario y un único negocio aunque formalmente esté despiezado y diversificado a través de entes societarios diferenciados. No puede convertirse esa metodología en una forma de eludir la responsabilidad penal por la vía de fraccionar artificiosamente la deuda con la seguridad social que materialmente ha de asumir un empresario. El mecanismo de interponer varias personas jurídicas detrás de las cuales se halla el mismo sujeto invita levantar al velo a estos efectos: un velo que en este caso es transparente. No logra tapar —ni lo intenta seguramente— la realidad empresarial única"*.

3.3. La retroactividad de las cuantías más favorables

Con las primeras reformas del delito, el legislador fue elevando las cuantías mínimas a la par o incluso a mayor velocidad que la de la depreciación del valor del dinero. Desde este punto de vista, se considera que su efecto iba más allá de la mera actualización del tipo, sirviendo al objetivo político criminal (Exposición de Motivos de la LO 6/1995) de ampliar las facultades de la Administración tributaria en detrimento de la jurisdicción penal (MORALES PRATS), lo que necesariamente había de tener efectos retroactivos.

A propósito de la entrada en vigor de la LO 15/2003, debe citarse la Circular 1/2004 sobre régimen transitorio aplicable a la reforma 15/2003, según la que: "*También se despenalizan determinadas conductas como consecuencia de la elevación de las cuantías mínimas típicas en los delitos contra la Hacienda Pública y Seguridad Social (arts. 305 y 307), fraude de subvenciones (art. 308), daños imprudentes (art. 267), falsedades contables (art. 310) y uso de información privilegiada (art. 285). El tratamiento habrá de ser idéntico: las causas en tramitación que versen sobre cuantías que no alcancen el mínimo típico habrán de ser archivadas y cuando los hechos despenalizados puedan ser constitutivos de infracciones administrativas, los Sres. Fiscales habrán de instar la remisión del correspondiente testimonio a la autoridad administrativa a los efectos procedentes, simultáneamente a la solicitud de archivo del procedimiento. Tratamiento análogo habrá de dispensarse en estos casos a las sentencias condenatorias firmes pendientes de ejecución, siempre que se constate efectivamente que la cuantía determinante de la tipificación conforme a la legislación derogada no alcanza el límite cuantitativo fijado en cada caso por la reforma operada por LO 15/2003*".

Explícitamente a favor de su aplicación retroactiva, también, el Acuerdo del Pleno no jurisdiccional de la Sala 2ª del TS, de 25-10-2005, según el que: "*Es aplicable el principio de retroactividad de la ley penal más favorable a los delitos contra la Hacienda Pública, en relación con la elevación de la cuantía defraudada*".

En este sentido se han pronunciado también las: SSTS 17/2005, 3-2 (*Tol 646484*); 1138/2005, 11-10 (*Tol 731540*); 571/2006, 21-4 (*Tol 956103*); 827/2006, 10-7 (*Tol 1002337*); 874/2006, 18-9 (*Tol 998558*).

Sin embargo, no puede ignorarse que últimamente algunas figuras han sufrido un descenso en la cuantía mínima y alguna hasta carece de ella, lo que inversamente, no puede tener efecto irretroactivo.

Como se verá en el estudio particularizado de las diversas figuras delictivas, la cuantía mínima ha descendido en: el fraude a la Seguridad social (art. 307 CP), que con la reforma de 2012 se reduce de 120.000 a 50.000 euros; o el fraude de subvenciones (art. 308 CP) que la reforma de 2019 recorta de 120.000 a 100.000 euros, además de modificar la regla de cálculo de la misma en sentido asimismo extensivo del tipo penal. Por otro lado, se ha introducido el nuevo tipo de fraude de prestaciones de la Seguridad Social (art. 307 ter CP, con la reforma de 2012) carente de límite mínimo.

4. Momento de consumación del delito

4.1. Introducción

La consumación del delito se define como "la realización perfecta de todos los elementos, tanto objetivos como subjetivos de la figura legal de delito" (QUINTANO RIPOLLÉS). Se trata de un momento concreto en que se perfecciona la afectación del bien jurídico protegido, pone punto final a la posibilidad de desistimiento voluntario y fija el inicio de cómputo de la prescripción.

Los delitos que estamos abordando (contra la Hacienda Pública, la Seguridad Social y el fraude de subvenciones) implican todos ellos una relación jurídica con la Administración (contribuyente, empresario o solicitante).

Dejando momentáneamente al margen el delito de fraude de subvenciones, en el que la relación entre sujeto activo y víctima no viene impuesta, en los dos primeros casos —Hacienda Pública y Seguridad Social—, la relación entre el obligado y la administración viene establecida en la ley, la cual determina los supuestos en que el sujeto se halla obligado a contribuir por un determinado impuesto (IVA, IRPF etc.) o, por una determinada relación de seguridad social. En otras palabras, la condición de contribuyente o empleador se atribuye de manera directa por la ley.

La ley igualmente establece los aspectos formales, el cómo debe cumplirse con la obligación, estableciendo plazos, obligaciones accesorias, modelos, tipos de declaración etc. Todo este sistema, tiene su fundamento en los arts. 31 y 33 CE y descansa en la necesidad de contribuir al sostenimiento de las cargas públicas y al mantenimiento del régimen de SS.

4.2. Autoliquidación

El modo general de determinar el importe de la obligación cifrándolo en una concreta suma de dinero, se establece a través del sistema de autoliquidación. Con arreglo a dicho sistema, se impone al sujeto que reúna las condiciones de contribuyente o de empresario-empleador un deber de declarar, de manera veraz, los pormenores del hecho que da lugar al nacimiento de sus obligaciones para con la Hacienda o con la SS, deber que se extiende a practicar por sí mismo la "liquidación". El sujeto obligado debe, no sólo confesar los pormenores de su actividad sino también precisar la cantidad líquida que resulte como consecuencia de aplicar las oportunas tarifas y bases previstas en la ley. El momento de presentación de las declaraciones (autoliquidaciones), no es elegible por el sujeto obligado, sino que viene igualmente fijado en las leyes y reglamentos y se conoce como "periodo voluntario" (art. 62 LGT). A la conclusión de ese periodo voluntario (distinto en cada tributo), nace en la administración la facultad de comprobar la veracidad de lo declarado —o de la obligación de tener que declarar— por el sujeto a través de los oportunos procedimientos de inspección.

4.3. Consumación

La estructura típica de estos delitos exige un acto de defraudación y causalmente enlazado con éste la ocultación de una cuota superior a 120.000 euros o la que se establezca para cada delito; a su vez, no podemos olvidar que, junto a las conductas de elusión de impuestos o cuotas, se incluye el comportamiento consistente en solicitar indebidamente devoluciones. Esa doble modalidad comisiva incidirá en la determinación del momento de consumación de los delitos.

4.3.1. Consumación en la modalidad delictiva de elusión de impuestos o de cuotas de la SS

La consumación del delito se produce en el momento en el que el sujeto quebranta su deber ya sea omitiendo la presentación de declaraciones ante Hacienda o la SS (modalidad omisiva), ya formulándolas de manera inveraz para minorar la cantidad (modalidad activa) siempre y cuando, en cualquiera de los dos casos, el montante total ocultado supere la cifra de 120.000 euros, 10.000 euros, en el caso de la Hacienda europea, o 50.000 euros en los fraudes a la Seguridad social.

Ese "momento" al que nos referimos es el de la finalización del periodo voluntario para la presentación de la declaración por parte del obligado tributario [STS 740/2018, 6-2 (*Tol 7059107*); STS 209/2019, 22-4 (*Tol 7205216*)]. Hasta que no transcurre el periodo voluntario para declarar la deuda (el 30 de junio para el IRPF, 30 de enero para el IVA, el 25 de julio para el IS, etc.): la deuda no es exigible, la administración (tributaria o de SS) no puede contar con esos recursos o con ese crédito, no puede entenderse producido aún el perjuicio, cabe el desistimiento, y no es posible el ejercicio de facultades de comprobación o de inspección.

En tales supuestos, aun cuando la declaración fraudulenta se presenta días antes de la conclusión de ese plazo, el delito no puede entenderse consumado entonces, sino que hay que aguardar a que concluya dicho periodo [SSTS 1231/1999, 26-7 (*Tol 272755*); STS 10/2025, 16-1 (*Tol 103622271*)], determinando dicha fecha el dies "a quo" para el cómputo del plazo de prescripción. Por consiguiente, hasta entonces, es posible desistir voluntariamente mediante la declaración complementaria.

Si se parte de que la reforma de 2012 no ha alterado la naturaleza de excusa absolutoria de la regularización tributaria, nada ha cambiado en punto a la determinación del momento de consumación e inicio de la prescripción. Sin embargo, para quienes transmuta su naturaleza en causa de atipicidad, mientras sea posible regularizar no cabe la consumación, lo que la deja al albur de la producción de un hecho ajeno a la voluntad del autor como es el inicio de actuaciones de comprobación o investigación.

En cuanto a los tributos liquidados por la Administración, algún autor ha propuesto como momento de consumación el de la finalización del plazo para el ingreso de la deuda por parte del obligado tributario (así, Informe CGPJ de 28-6-2012 al Anteproyecto de reforma de 2012; en el mismo sentido, DE LA MATA, poniendo el ejemplo del IIVT). Sin descartar de raíz la posibilidad de fraude fiscal en los tributos que liquida la Administración (como también el IBI), hay que advertir que, cuando lo único que se afecta es la fase ejecutiva de la deuda, sería de preferente aplicación el delito de alzamiento de bienes.

Problema especial plantea la determinación del momento de comisión en los supuestos en que se actúa en el seno de una organización o grupo criminal, o por parte de personas o entidades que aparentan una actividad económica real sin desarrollarla de forma efectiva. Para estos (desde la reforma de 2012) el art. 305 prevé que: "el delito será perseguible desde el mismo momento en que se alcance la cantidad fijada en el apartado 1".

Este inciso se introduce por LO 7/2012, a fin de poder perseguir a quienes, de otro modo, podrían desaparecer antes de la finalización del plazo de declaración voluntaria del tributo, como sucede con las tramas del IVA (Informe del CGPJ al Anteproyecto de reforma de 2012, p. 20).

Si se entiende que en estos casos la anticipación del momento en que puede perseguirse el delito determina su simultánea consumación, se adelantaría el *dies a quo*. No así, si se escinde el momento de consumación del inicio de persecución, como entienden las SSTS 586/2020, 5-11 (*Tol 8205153*), o 10/2025, 16-1 (*Tol 10362227*).

STS 586/2020, 5-11 (*Tol 8205153*): respecto del fraude del IVA: "No procede modificar nuestra jurisprudencia en interpretación del precepto. La posibilidad de anticipar el mecanismo de reacción penal frente al delincuente fiscal no altera el carácter de impuesto periódico con posibilidades de actuar para evitar la continuación del hecho delictivo. Una cuestión es la naturaleza del delito, periódico y anual, y otra distinta es la posibilidad de su persecución. La modificación del Código no altera esa naturaleza, por lo tanto, el plazo de prescripción y su cómputo. Consecuentemente, se mantiene la doctrina jurisprudencial sobre el inicio del cómputo de la prescripción de un delito fiscal en el mes siguiente al de la anualidad correspondiente, coincidente con la elaboración del resumen anual."

En todo caso es indiscutido que no puede confundirse el momento en el que se realiza el hecho imponible y el de comisión del delito, que es el de incumplimiento de la obligación tributaria o frente a la Seguridad Social y que tiene relevancia a efectos de la ley aplicable en el tiempo y el espacio.

En este sentido, STS 740/2018, 6-2 (*Tol 7059107*): *"En 2012 solo se producen los ingresos que determinan el nacimiento de la obligación tributaria, lo que es presupuesto del delito, pero no es, obviamente conducta típica"*.

A efectos de la determinación de la competencia jurisdiccional, la STS 15-11-2013 (*Tol 4933810)* parte de que *"siendo el delito fiscal de naturaleza omisiva, esta Sala se ha pronunciado en reiteradas ocasiones (ver sentencia de 25/10/2004 entre otras muchas) y ha establecido que el lugar de comisión del delito será aquel en el que debió realizarse la declaración del impuesto"*.

Atendida la configuración delictiva, son difícilmente imaginables conductas de tentativa en estas modalidades de elusión.

4.3.2. Consumación en la modalidad delictiva de solicitud de devoluciones

En los casos de solicitud indebida de devoluciones, (igualmente extensible a la "estafa" de subvenciones y el nuevo delito de fraude en las prestaciones de la Seguridad social) la estructura delictiva cambia. El quebranto del deber de veracidad se computa también desde la finalización del periodo voluntario, sin embargo, el perjuicio no se produce sino cuando las cantidades son efectivamente libradas al autor del delito, ése será el momento de consumación, pues, será entonces cuando se produzca el perjuicio al patrimonio público.

En este sentido, a propósito de la determinación del dies a quo para la prescripción, STS 17/2005, 3-2 (*Tol 646484)*; en sentido distinto, algunas sentencias consideran que el momento de consumación es el del mandamiento de devolución [STS 619/2021, 9-7 (*Tol 8547142*)].

En consecuencia, en los supuestos en que la Administración sospeche de la improcedencia de las devoluciones y no dé lugar a las mismas nos hallaremos frente a un supuesto de tentativa acabada en los que el sujeto ha realizado todos los actos de ejecución sin conseguir su propósito.

Como mínimo esa es la doctrina jurisprudencial mayoritaria, de acuerdo con la cual, no obstante reconocer, mayoritariamente, que la cuantía mínima es una condición objetiva de punibilidad, castiga la tentativa. La admiten, por ejemplo, las SSTS 89/2019, 19-2 (*Tol 7083082*): *"Efectivamente en la sentencia 751/2017, 23 de noviembre, señalábamos que "la exigencia de los 120.000 euros no es el resultado causal respecto a la acción defraudatoria, sino un elemento del delito consistente en la superación de determinada cantidad para diferenciar la infracción administrativa de la penal y requiere su efectiva concurrencia como elemento definidor del delito. Como tal condición de punibilidad, no requiere ser abarcada por el dolo, y su concurrencia es obligada como elemento del delito…Sin embargo, tal elemento concurre desde el momento en que las cantidades que se reclamaron a la Agencia Tributaria en cada uno de los cinco supuestos contemplados en el apartado de hechos probados superaban los 120.000 euros que exige la norma penal"*; 305/2022, 25-3 (*Tol 8903360*), que *"rechaza que tal mecanismo fuera burdo, como parece sugerir el recurrente, pues cumplimentó los impresos con todos los elementos necesarios para obtener la devolución, que no fue efectiva por la actividad inspectora de los funcionarios de Hacienda*"; 409/2022, 26-4 (*Tol 8920387*), en un supuesto de compra simulada de un inmueble con solicitud de devolución del IVA que no se había llegado a soportar, y 239/2023, 30-3 (*Tol 9501491*).

4.4. El "año natural" como unidad de tiempo

La organización del régimen tributario y de Seguridad Social determina plazos para presentar las respectivas declaraciones que no siempre coinciden con el año natural, por ejemplo: el Impuesto Sobre el Valor Añadido (IVA) debe declararse —en el régimen más extendido— cada tres meses, las retenciones también se liquidan en plazos inferiores al año etc.

Con el fin de procurar cierta cohesión del sistema evitando computar un sinfín de plazos diferentes según cuál sea el tributo defraudado, el art. 305 CP contiene la regla, en virtud de la cual: "Si se trata de tributos, retenciones, ingresos a cuenta o devoluciones, periódicos o de declaración periódica, se estará a lo defraudado en cada período impositivo o de declaración, y si éstos son inferiores a doce meses, el importe de lo defraudado se referirá al año natural." La existencia de este precepto provoca ciertas distorsiones. Así, p. ej: si una persona defrauda más de 120.000 euros en el primer trimestre de IVA y declara correctamente los otros tres, el delito no se entenderá cometido sino tras la finalización del cuarto trimestre y será entonces cuando se inicie el cómputo del plazo de prescripción y no nueve meses atrás cuando quebrantó el deber de declarar verazmente. Así, en los casos de devengo de tributos u obligaciones de declarar inferiores al año se produce una acumulación de las cuotas defraudadas en las sucesivas declaraciones que se cierra con la conclusión del año natural el cual se erige como módulo o unidad de cómputo. Como se ha adelantado, la única excepción se prevé para los supuestos de delincuencia organizada (*supra*).

Hasta la reforma de 2012, se preveía el mismo periodo temporal para el art. 307 CP, en su apartado 2. Sin embargo, desde entonces, se ha ampliado el plazo de cálculo a los cuatro años. Al margen de otras consecuencias como la mayor facilidad para alcanzar la cuantía mínima por acumulación, desde el punto de vista de la consumación se discute si puede apreciarse a partir del momento en que se alcanza tal cuantía, o bien debe esperarse al transcurso de los cuatro años, con impacto directo sobre las posibilidades de regularización e inicio del cómputo de prescripción (*vid. infra*).

4.5. Conclusiones

a) El momento de consumación de los delitos contra la Hacienda Pública y la SS, dependerá de cuál sea la modalidad de comisión.

b) En los casos de elusión de impuestos o cuotas por omisión de la declaración o por presentación de declaraciones deliberadamente inexactas, el delito se consuma a la finalización del periodo voluntario de declaración. Si se trata de impuestos o cuotas con devengo inferior al año, para calcular su importe se estará al año natural. Si se acepta la posibilidad de comisión del delito cuando la liquidación la realice la Administración, el delito puede considerarse consumado a la finalización del plazo para el ingreso de la deuda tributaria.

c) En los supuestos en que "*la defraudación se lleve a cabo en el seno de una organización o grupo criminal, o por personas o entidades que actúen bajo la apariencia de una actividad económica real sin desarrollarla de forma efectiva*", el delito es *perseguible desde el mismo momento en que se alcance la cantidad fijada en este apartado.* Se discute si con ello también se adelanta el momento de consumación.

d) En los casos de solicitud indebida de devoluciones, fraude de prestaciones de la Seguridad social y fraude de subvenciones, consideramos que la consumación tiene lugar en el momento en que se libran los fondos y se ponen a disposición del solicitante, aunque (excepto en lo relativo al art. 307 ter CP) existen opiniones en favor de considerar que basta con la resolución favorable

e) En los casos de "malversación" de subvenciones, el debate gira en torno a si el delito se consuma a partir del momento en que se desvían los fondos de modo objetiva y subjetivamente irreversible, o bien cuando el particular tiene que rendir cuentas y la Administración está en condiciones de descubrir el desvío.

5. *La prescripción del delito*

Como no podía ser de otro modo, no existen unas reglas específicas para la prescripción de estos delitos, aunque haya habido propuestas en ese sentido. Sin perjuicio de ello, la aplicación de las reglas comunes ha suscitado algunos problemas que son los que aquí se abordan.

> Durante la tramitación de la reforma de 2010, se barajó la posibilidad de introducir un plazo específico de prescripción que fuera acorde con la especial complejidad que suele plantear su persecución y prueba. Finalmente, se descartó la introducción de una *lex specialis* para el defraudador fiscal criticada desde el punto de vista del principio de igualdad, aunque se consiguió el mismo objetivo mediante el traslado de los supuestos más graves y complejos a los arts. 305 bis y 307 bis CP (con la reforma de 2012), donde se elevó su límite máximo de 5 a 6 años y con ello, el plazo de prescripción de 5 a 10 años.

5.1. La determinación del plazo de prescripción

De modo prácticamente unánime se entiende que el delito de fraude fiscal prescribe a los cinco años, y lo mismo se predica del resto de los delitos del Título.

A esta conclusión se llega a partir de la exclusiva consideración al plazo prescriptivo que corresponde a la pena de prisión y el general desprecio por el plazo prescriptivo que de otro modo determinaría la pena de inhabilitación especial consistente en la "*pérdida de la posibilidad de obtener subvenciones, etc. durante el periodo de tres a seis años*", que podría llevar a ampliar el plazo de prescripción hasta los diez años. En efecto, si partimos de que las penas privativas de concretos derechos tienen la naturaleza de inhabilitación especial [art. 39.b) CP], y que "*imponiéndolas especialmente la ley*" no pueden ser consideradas accesorias sino principales (art. 54 CP, a contrario), deberían ser determinantes a la hora de fijar el plazo prescriptivo, por lo que, siendo el límite máximo de esta pena de 6 años, el plazo prescriptivo debería quedar fijado en 10 (art. 131 CP).

Solo a título de ejemplo, sobre la general asunción del plazo de cinco años, SSTS 586/2020, 5-11 (*Tol 8205153)*, y 160/2021, 24-2 (*Tol 8337411)*. Con todo, alguna sentencia ha abierto la puerta a la revisión de este criterio. Así, STS 1033/2024, 14-11 (*Tol 10275978)*: "*La medida de pérdida de la posibilidad de obtener determinadas ayudas o beneficios carecía del carácter de pena según convenían doctrina y práctica (art. 33 CP). Por tanto, no operaba para determinar el plazo de prescripción como pretende alguna acusación. Reformas posteriores invitan a replantear esa temática. ¿se ha convertido esa medida en una variedad de la pena de inhabilitación? No es momento para especular sobre ello, aunque es cuestión, al menos, controvertida cuando la medida se proyecta sobre personas físicas. En el caso de imposición a personas jurídicas es clara su genuina naturaleza de pena*".

Así las cosas, desde la reforma de 1998 de la LGT, el plazo de prescripción del delito fiscal se diferencia del plazo de prescripción de la infracción tributaria, reducida desde entonces a cuatro años.

En su día, la entrada en vigor de la hoy derogada Ley 1/1998, de 26 de febrero, de derechos y garantías de los contribuyentes por la que se modificaba el art. 64 de la LGT, llevó a plantear si la reducción del plazo de prescripción de la deuda y la infracción tributaria de cinco a cuatro años debía repercutir en la correlativa reducción del plazo de prescripción del delito a los cuatro años, sobre la base de que, no existiendo deuda reclamable, desaparecía el sentido de la persecución del fraude de esta.

En la Doctrina, desde el primer momento, se barajaron interpretaciones a favor y en contra de tal posibilidad. Sin embargo, la Jurisprudencia absolutamente dominante del Tribunal Supremo impuso el criterio del doble plazo prescriptivo, entendiendo que no cabe apreciar una suerte de atipicidad sobrevenida por prescripción de la deuda tributaria. Para empezar, no repugna a los principios generales ni es el único caso en que la infracción penal y la administrativa tienen distintos plazos de prescripción. Además, no pueden confundirse los criterios para apreciar la tipicidad de la conducta en el plano penal con los que determinan la extinción de la deuda en el plano tributario. De modo que, aunque tras el plazo de prescripción administrativa ya no pueda exigirse el pago de la deuda, ello no obsta la existencia y perseguibilidad del delito, del mismo modo que en los supuestos de devolución del objeto del delito patrimonial, la extinción de la responsabilidad civil no determina la de la responsabilidad penal.

Entre la Jurisprudencia del Tribunal Supremo que se manifestó en este sentido, véanse, por ejemplo, las: SSTS 1688/2000, 6-11 (*Tol 4923280)*; 404/2003, 21-3 (*Tol 375552)*;

751/2003, 28-11 (*Tol 341467*); 1599/2005, 14-11 (*Tol 809370*), y 952/2006, 6-10 (*Tol 1014240*). Entre la Jurisprudencia del Tribunal Constitucional, AATC 346/2006, 9-10, y 347/2006, 9-19.

Sólo una sentencia introdujo una variante —afortunadamente superada— en la anterior doctrina: la STS 1629/2001, 10-10 (*Tol 66757*), según la que, para que el procedimiento se dirija contra el culpable y por lo tanto interrumpa la prescripción es precisa la determinación del hecho punible que se condiciona a la previa liquidación de la deuda por parte de la Administración tributaria, y que debe tener lugar antes del transcurso del plazo de prescripción administrativa de cuatro años: "*En el caso del delito fiscal, a su vez, el hecho sólo estará determinado a los efectos de la dirección del procedimiento contra el culpable en la medida en la que la autoridad tributaria haya procedido, por alguno de los métodos autorizados por los arts. 47/51 LGT, a la liquidación, al menos provisional (art. 123.1.2º párrafo LGT), del impuesto, es decir, a la determinación de la deuda fiscal, proveniente del hecho imponible y del sujeto obligado, y sobre esa base haya dado impulso a la iniciación del procedimiento. Sólo a partir de ese momento se puede considerar que existe una determinación del hecho imputable a una persona, pues precisamente la liquidación del impuesto presupone la comprobación de un hecho imponible (según el art. 28.1 LGT: «el presupuesto de naturaleza jurídica o económica fijado por la ley para configurar cada tributo y cuya realización origina el nacimiento de la obligación tributaria») y la imputación del mismo a un sujeto pasivo del tributo (según el art. 31.1 LGT: «es contribuyente la persona natural o jurídica a quien la ley impone la carga tributaria del hecho imponible»). Sin una liquidación al menos provisional, sería jurídicamente imposible que el Juez que recibe la denuncia de la evasión tributaria pueda llegar a pronunciarse sobre los extremos que establecen los arts. 269 y 313 LECrim así como informar al imputado en la forma prevista en el art. 118 de la misma ley. La liquidación provisional del impuesto, por lo tanto, es un presupuesto de procedibilidad, en el sentido técnico que le da la doctrina, es decir: como «circunstancias de las que depende la admisión del proceso en su totalidad o ciertas partes del mismo».*"

En contra del criterio de la sentencia, ya antes de la reforma de 2012, se pronunció SILVA SÁNCHEZ, según quien, precisamente en los supuestos en los que se aprecian indicios de delito no tiene que practicarse la liquidación por la Administración tributaria.

En la actualidad, las previsiones del CP y la LGT admiten la posibilidad de LVD por parte de la Administración tributaria. Sin embargo, ello no resta un ápice de validez a la crítica a la referida sentencia, en el sentido de que no hay prejudicialidad administrativa alguna, y el Juez penal conserva la competencia para la determinación de la deuda objeto del delito. Precisamente por ello, en el inciso final del art. 305.5, pár. 2 dice que la LVD se practicará "*sin perjuicio de que finalmente se ajuste a lo que se decida en el proceso penal*".

En favor de la autonomía del Juez penal en la determinación de la cuota objeto de delito, sometido a plazos autónomos de los administrativos, se ha pronunciado, por ejemplo la STS 774/2005, 2-6 (*Tol 2039433*): "*Esto dicho, en realidad, el artículo 24 y la disposición final Primera.1 de la Ley 1/1998, no introducen novedades en la regulación del delito fiscal, ni concretamente, se refieren a su plazo de prescripción. En realidad no disponen tampoco que prescriban todas las deudas tributarias. Las citadas disposiciones se limitan a reducir los plazos de prescripción anteriormente vigentes, en cuanto se referían, en primer lugar, al derecho (o la facultad) de la Administración para determinar la deuda tributaria mediante la oportuna liquidación, lo cual solo podía referirse, antes y después de la modificación de los plazos, a las deudas tributarias respecto a las que la Administración tenía la facultad de liquidar, y no a aquellas otras respecto de las cuales el impago pudiera resultar delictivo, pues respecto de éstas, como antes se puso de relieve, la Administración está obligada a suspender su actuación remitiendo el tanto de culpa, y la determinación de la cuota es cuestión que corresponderá hacer al Tribunal penal tras la valoración de la prueba practicada en el juicio oral (STS núm. 1807/2001, de 30 de octubre y las en ella citadas). Y no puede confundirse la determinación de la deuda tributaria mediante la oportuna liquidación, que es un acto administrativo tributario sometido al correspondiente régimen como tal, con una prueba pericial practicada por funcionarios públicos en el seno de un proceso penal, sujeta a sus reglas propias, y sometida al oportuno debate y contradicción entre las partes y a la posterior valoración por el Tribunal, que puede asumir sus conclusiones o no hacerlo en función del resto de pruebas disponibles. Es cierto que la prescripción de las acciones supone la extinción de la deuda, (artículo 62.4 del Real Decreto 1684/1990, de 20 diciembre, Reglamento General de Recaudación), pero solo de aquellas deudas a las que se refiere la acción cuya prescripción se establece. Las acciones que prescriben a los cuatro años son las que se refieren a aquellas deudas que la Administración puede liquidar lo que excluye las superiores a quince millones de pesetas cuando haya transcurrido el plazo de pago voluntario, momento en el que se consuma el delito, pues desde entonces, la liquidación corresponde al Tribunal penal, en su caso (STS 30-10-01)".* En la misma línea: STS 636/2003, 30-5 (*Tol 731508*); STS 17/2005, 3-2 (*Tol 646484*): "*pasados cuatro años, ..., subsistente la acción penal por ese motivo, ésta pueda perfectamente ser ejercitada, por ejemplo, por el Fiscal que disponga de la correspondiente notitia criminis.*"; STS 267/2014, 3-4 (*Tol 4217943*): "*La sentencia citada por el auto, de 10 de octubre de 2001, fue desautorizada de inmediato por una serie de resoluciones de esta Sala que sostienen que no se puede calificar de condición de procedibilidad la liquidación provisional del impuesto hecho por las autoridades financieras, ya que tal liquidación corresponderá en exclusiva a los órganos judiciales en la fase de enjuiciamiento. No es admisible que la Ley General Tributaria modifique o altere los plazos prescriptivos establecidos en el Código Penal o incluya condicionamientos no exigidos por nuestras leyes procesales o sustantivas de* naturaleza penal. Entenderlo de otra manera sería interpretar el art. 77.6 de la Ley General Tributaria derogada "contra legem". Entre las sentencias que confirman esta última tendencia cabe reseñar: SSTS 1688/2000 de 6 de noviembre; 1807/2001 de 30 de octubre; 2115/2002 de 3 de enero; 15 de julio de 2002; 5 de diciembre de 2002; 21 de marzo de 2003; 44/2003 de 3 de abril; 636/2003 de 30 de mayo, etc."; STS 974/2012, 5-12 (*Tol 2721470*): "*1.– La determinación de la cuota tributaria se erige en elemento objetivo del tipo que habrá de ser fijado por la Jurisdicción penal*"; STS 917/2021, 24-11 (*Tol 8674481*): "*Ciertamente esta Sala, SSTS 267/2014, de 3-4; 456/2014, de 5-6; 717/2016, de 27-9, ha afirmado que el cálculo de la cuota es responsabilidad y competencia del Tribunal penal y que, por lo tanto, debe hacerse en el proceso penal. No existe una especie de prejudicialidad administrativa tributaria, de forma que haya de partirse de la liquidación efectuada por las autoridades o funcionarios de la Agencia Tributaria, o que ésta sea necesaria para la causa penal (STS nº 267/2014, de 3 de abril). Pero de esta afirmación de principio no puede extraerse que haya que prescindir de la normativa tributaria, ni tampoco que resulte absolutamente desechable la eventual liquidación que pudieran realizar los funcionarios de la Administración tributaria." (...) "aunque no exista vinculación alguna del Tribunal con las conclusiones alcanzadas por la Administración tributaria en cuanto a la cuota defraudada, nada impide valorarlas en contraste con el resto de los elementos sometidos a la consideración del órgano jurisdiccional, pues las razones que las sustentan no dejan de ser atendibles por su procedencia*"; STS 1021/2022, 15-2 (*Tol 9490815*); STS 951/2023, 21-12 (*Tol 9856663*): "*esta Sala ha afirmado que el cálculo de la cuota es responsabilidad y competencia del Tribunal penal y que, por lo tanto, debe hacerse en el proceso penal. No existe una especie de prejudicialidad administrativa tributaria, de forma que haya de partirse de la liquidación efectuada por las autoridades o funcionarios de la Agencia Tributaria, o que ésta sea necesaria para la causa penal (STS 267/2014, de*

3 de abril)"; STS 810/2023, 31-10 (*Tol 9763812*): *"la valoración de todos los datos fácticos que nutren el juicio de tipicidad ha de ser efectuada por el Juez o Tribunal, también en los delitos contra la Hacienda Pública. Al órgano judicial le corresponde determinar cuál es la cuota tributaria que debía abonarse, a la vista de la configuración del hecho imponible, y la aplicación de la normativa tributaria específica. No puede delegar tal función en la Agencia Tributaria."*

Por consiguiente, la reducción del plazo de prescripción tributaria no impide el inicio del procedimiento penal durante el "cuarto año", que está sometido a plazos distintos de los tributarios y no depende de la producción de una condición de perseguibilidad que exija el previo pronunciamiento o liquidación por parte de la Administración tributaria. El hecho de que, desde la reforma del art. 305 CP por LO 7/2012, la Administración pueda liquidar los conceptos vinculados a delito e incluso que así suceda en la mayoría de los casos (RODRÍGUEZ ALMIRÓN) no significa que no pueda iniciarse el procedimiento penal sin ello (arts. 250 ss. LGT), pues, como subraya la Memoria FGE 2023, no existe condición de procedibilidad alguna.

Otra cosa es que si la *notitia criminis* procede exclusivamente de una actuación de la Agencia tributaria realizada fuera de plazo y absoluta carencia de competencias no pueda surtir efectos en el orden penal ex art. 11.1 LOPJ. En este sentido se pronuncia la STS 586/2020, 5-11 (*Tol 8205153)* acerca de un supuesto en el que la actuación investigadora de la AT tuvo lugar una vez transcurrido el plazo de 4 años de prescripción administrativa (art. 66 LGT) y fuera de los supuestos autorizados por el art. 66 bis, en relación con el art. 115 LGT, para supuestos de bases o cuotas compensadas o pendientes de compensación, etc. En el mismo sentido, STS 1182/2024, 7-1-2025 (*Tol 10352534*): *"La indagación por la Administración Tributaria de las bases de una deuda fiscal prescrita administrativamente, al margen de toda cobertura legal que lo autorice, es un ejemplo paradigmático de vulneración de principios constitucionales y derechos fundamentales. Y esto es lo que sucedería si la Sala admitiera una autonomía investigadora de la AEAT más allá incluso del período legal que, a raíz de la reforma de 2015, limita el ejercicio de su potestad de comprobación, investigación y sanción. Se resentirían los principios de legalidad, seguridad jurídica (art. 9.3 de la CE) y, por supuesto, el derecho a un proceso con todas las garantías (art. 24.2 de la CE)"*.

Por lo general, se considera que los únicos supuestos a los que no se aplica el plazo de 5 años son los recogidos en los tipos cualificados de los arts. 305 bis, 307 bis y 307 ter.2 CP, que, contando con una pena máxima de 6 años de prisión, prescriben a los diez.

Con anterioridad, mientras los fraudes europeos de menor entidad estuvieron tipificados como faltas (hasta la LO 7/2012), contaron con un plazo prescriptivo más breve: 6 meses. Sin embargo, desde su elevación a delitos menos graves, pasan a sujetarse al plazo común de 5 años.

En los frecuentes supuestos de concurso medial con los delitos falsedad documental, se aplica el plazo del más grave [SSTS 407/2018, 18-9 (*Tol 6810293*); 619/2021, 9-7 (*Tol 8547142*), y 951/2023, 21-12 (*Tol 9856663*)].

5.2. Dies a quo y dies ad quem

De acuerdo con el art. 132.1 CP, el *dies a quo* o de inicio del cómputo de la prescripción es el "*día en que se haya cometido la infracción punible*". Es decir, el de la consumación, y, en caso de admitirse la tentativa, el del último acto ejecutivo.

En este sentido, STS 619/2021, 9-7 (*Tol 8547142*): "*No llegando a perfeccionarse el delito, el dies a quo para el cómputo de la prescripción, será el último acto ejecutivo*".

En cuanto al *dies ad quem* o momento de interrupción de la prescripción, es aquel en que "*el procedimiento se dirija contra la persona indiciariamente responsable del delito*" (art. 132.2 CP) y se dicte una "*resolución judicial motivada en la que se atribuya su presunta participación en un hecho que pueda ser constitutivo de delito*" (regla 1ª del art. 132.2 CP).

En este sentido, se entiende que puede interrumpir "*Toda resolución judicial que suponga poner en el foco de la investigación a una persona determinada, —o determinable fácilmente, sin necesidad de elucubraciones ni deducciones—, implica que el procedimiento penal encara esa dirección y se pone de nuevo a cero el crono de la prescripción*" [STS 1033/2024, 14-11 (*Tol 10275978*)]. Así, por ejemplo, una providencia en la que, junto a otras cuestiones, se recaba un informe pericial de la AEAT sobre la eventual trascendencia jurídico-penal de las contingencias tributarias en que podían haber incurrido ciertas personas.

Por lo tanto, no basta con la interposición de la denuncia o querella, a la que, desde 2010, se le atribuye explícitamente un efecto meramente suspensivo (regla 2ª del art. 132.2 CP).

En contra del efecto interruptivo de la denuncia o querella ya se había pronunciado la STC 63/2005, 14-3 (*Tol 609870*), seguida por las SSTC 29/2008, 20-2, caso "los Albertos" (*Tol 1251215*), y 147/2009, 15-6 (*Tol 1565841*); y a favor, la STS 1604/2005, 21-11 (*Tol 809362*) y posteriores, así como los Acuerdos no jurisdiccionales de la Sala Segunda del TS, de 12 de mayo de 2005, 25 de abril de 2006 y 26 de febrero de 2008, explícitamente en contra de la STC 63/2005, 14-3). Sin embargo, no sería hasta 2010 cuando se declarara la eficacia meramente suspensiva.

Ello vale para el expediente que la Administración tributaria remite al órgano judicial a título de denuncia, al que solo cabe reconocer efecto suspensivo. Por consiguiente, en la actualidad, la Administración tributaria debe apresarse a pasar el tanto de culpa (como ya recomendaba la Instrucción 5/2005 de la FGE), ya que el momento de interrupción de la prescripción ha dejado de estar en sus manos.

Precisamente por ello, el art. 251.a) LGT prevé la posibilidad de que la AT no proceda a la LVD cuando con ello se pusiera en riesgo la posibilidad de perseguir el delito.

5.3. El cálculo de la prescripción en supuestos de pluralidad de sujetos o delitos

En los supuestos —frecuentes— de defraudación reiterada, debe tenerse en cuenta que el general rechazo a la aplicación de la regla de la continuidad delictiva (*vid. supra* críticamente) impide aplicar la regla del art. 132.1 CP, según la que "*En los casos de delito continuado* [...] *tales términos se computarán, respectivamente, desde el día en que se realizó la última infracción* [...]".

Por consiguiente, en los supuestos en que, tras el descubrimiento de una irregularidad tributaria, se investiga la situación fiscal de los años precedentes y se descubre que el fraude se extiende a más de un ejercicio, no hay un *dies a quo* común a toda la serie de infracciones determinado por el momento de consumación de la última, o del último acto ejecutivo, en caso de admitir la punibilidad de la tentativa. Cada delito prescribe por separado. Por lo tanto, no pueden perseguirse los delitos cometidos antes de los últimos cinco años (diez para los tipos cualificados), quedando prescritos los anteriores [al respecto, véase la STC 147/2009, 15-6 (*Tol 1565841*), FD 2], sin perjuicio de lo que a continuación se dirá acerca de los delitos conexos.

Para los supuestos de concurso con otros delitos como, por ejemplo, las falsedades o la apropiación indebida, la Jurisprudencia ya apreciaba la unidad del plazo de prescripción antes de la codificación de la regla del art. 131.4 CP por LO 5/2010, según la cual, "*5. En los supuestos de concurso de infracciones o de infracciones conexas, el plazo de prescripción será el que corresponda al delito más grave*".

Con especial referencia al delito fiscal, véanse, por ejemplo, las SSTS 146/2008, 8-4 *(Tol 1311936)*, y 827/2006, 10-7 (*Tol 1002337)*. En relación con la falsedad, como medio de comisión del delito fiscal, véase la STS 827/2006, 10-7 (*Tol 1002337)*: *"en casos de concurso ideal y medial no puede computarse la prescripción de forma independiente para cada uno de los delitos que integran el concurso, por existir una conexión natural íntima en todos los hechos realizados (STS 21-12-99 y 14-2-2000).* [...] *Pero, además, no puede olvidarse que tal relación de medio a fin entre uno y otro delito —como apunta el Ministerio Fiscal— ni siquiera es necesaria al efecto pretendido, bastando con la consideración de delitos conexos para llegar a la misma conclusión, cuando se da una unidad delictiva íntimamente cohesionada de modo material, excluyéndose sólo la conexión meramente procesal (SSTS de 21 de diciembre de 1999 y de 21 de mayo de 1999)".*

En tales supuestos, el *dies a quo* es común a ambos delitos, con apoyo implícito en la anterior regla

En este sentido, SSTS 951/2023, 21-12 (*Tol 9856663)*, y 10/2025, 16-1 (*Tol 10362227)*.

En cuanto a los partícipes, siendo su contribución al delito accesoria, el *dies a quo* es el mismo que para los autores del hecho principal, variando en función de si queda consumado o solo intentado —si se admite esta posibilidad—. No sucede lo mismo con el *dies ad quem*, que es personal y varía en función del momento en el que se haya iniciado el delito respecto de cada sujeto.

En este sentido, STS 10/2025, 16-1 (*Tol 103622271*): *"la interrupción de la prescripción donde efectivamente opera individualmente respecto de cada uno de los sujetos; y al cómputo de la prescripción en las infracciones conexas; pero* [...] *los términos previstos para la prescripción se computarán desde el día en que se haya cometido la infracción punible; es decir, la fecha de su consumación"*.

6. La regularización voluntaria

6.1. Introducción

A pesar de la consumación del delito, el CP dispone que se aprecien favorablemente aquellas conductas postdelictivas dirigidas a esclarecerlo o a reparar o evitar los perjuicios a él asociados.

Estos comportamientos postdelictivos que la legislación penal toma en consideración para disminuir la pena se distinguen generalmente en función de su calificación como atenuantes generales, números 4º y 5º del art. 21 CP, o como atenuantes específicas del propio delito (por ejemplo, el art. 434 CP para el delito de malversación, o el art. 305.6 CP en el delito fiscal).

Sin embargo, en algunos delitos, este comportamiento postdelictivo se valora tan positivamente que incluso se le anuda la supresión de toda consecuencia punitiva por el ilícito cometido. Como se indicó en la versión anterior de este Tratado, se prevé esta opción de política criminal, entre otros, en los casos de delitos de incendios forestales (354.2 CP), de rebelión (art. 480 CP) y, también, en los delitos contra la Hacienda Pública (art. 305.4 CP), contra la Seguridad Social (art. 307.3 CP), fraudes a las prestaciones de la Seguridad social (art. 307 ter.3 CP) y fraude de subvenciones (art. 308.6 CP), que ahora desarrollamos.

En el estudio de esta figura, especialmente para el delito fiscal, creemos que se hace patente el fenómeno que se ha identificado como una "colonización del Derecho penal por el Derecho tributario" (BAÑERES SANTOS), tratando éste de reducir a aquél a un instrumento más al servicio de sus objetivos. Hasta el punto de que, como lo interpretamos nosotros, pese a la comisión de un delito, el logro del objetivo tributario (el pago voluntario de la deuda tributaria) expulsaría la intervención punitiva propia de la jurisdicción penal, por valoración de la propia Administración tributaria (art. 252 LGT).

6.2. Naturaleza jurídica de la regularización

La regularización voluntaria es objeto de los artículos 305.4 CP para el delito contra la Hacienda Pública, 307.3 CP para el delito contra la Seguridad Social, 307 ter.3 para el fraude de prestaciones de la Seguridad Social y 308.6 CP para el delito de fraude de subvenciones.

Los efectos de esta figura, tanto antes como después de la reforma de la LO 7/2012, se siguen identificando por la jurisprudencia y doctrina mayoritaria con los propios de una excusa absolutoria, entendida como una causa de exclusión de la responsabilidad penal por un hecho posterior a su consumación.

> Jurisprudencialmente sólo se ha reiterado el carácter de excusa absolutoria en materia del delito contra la Seguridad Social [STS 551/2022, 2-6 (*Tol 9009789*)]. En cuanto al delito contra la Hacienda Pública no nos consta ningún pronunciamiento al respecto tras la reforma, habiendo llegado a rehuir la cuestión en varias ocasiones [SSTS 298/2024, 8-4 (*Tol 9980988*) y 746/2018, 13-2-2019 (*Tol 7065071*)]. No obstante, dado que los pronunciamientos recientes acerca de la comisión del delito y su consumación no atienden a la falta de concurrencia de este elemento negativo, parece que por la jurisprudencia se sigue apreciando como excusa absolutoria [STS 876/2016, 22-11 (*Tol 5899897*), FJ 2º].

A pesar de que, según se desprende del Preámbulo de la LO 7/2012, mediante esta reforma se podría haber transformado esta regularización en un elemento negativo del tipo, con la consiguiente pérdida de su carácter de excusa absolutoria a partir de entonces (dado que la concibe como "*el verdadero reverso del delito*", con el que resulta "*neutralizado no solo el desvalor de la acción…sino también el desvalor del resultado*", con "*equivalencia práctica con el pago tempestivo del impuesto*"), esta pretensión ha sido acogida tan solo por algunas voces doctrinales (MUÑOZ CUESTA).

Las razones que permitirían sostener que la regularización voluntaria, a pesar de la nueva redacción legal, no habría perdido su condición de excusa absolutoria para convertirse en un elemento negativo del tipo, serían las siguientes:

i) Su calificación como elemento negativo del tipo impediría fijar con certeza el momento de consumación de estos delitos, pues el delito sólo se podría entender consumado cuando no concurriese la regularización voluntaria.

ii) tal imposibilidad tendría a su vez repercusión con respecto al régimen de prescripción del delito, haciendo depender de la Administración denunciante el dies a quo del cómputo de este plazo;

> Estas dificultades se erigieron pronto en el principal obstáculo para poder identificar la regularización voluntaria con un elemento negativo del tipo. De hecho, la prolongación del momento de consumación del delito y sus consecuencias para con la prescripción fueron ya advertidas por el CGPJ en el informe al Anteproyecto de Ley Orgánica de reforma del CP.

iii) Las circunstancias que se toman en consideración para exonerar del reproche penal no concurren en el momento de la realización del hecho, sino que son posteriores a la comisión del delito.

Como ha señalado DÍEZ LIRIO, el texto legal finalmente articulado no ha conseguido transmutar la naturaleza jurídica de la regularización, pues *"la consideración de la falta de regularización como un elemento integrante del tipo resulta difícilmente asumible desde una perspectiva dogmática. En buena lógica, sólo es posible reparar lo que previamente ha sido dañado; por ello, no deja de ser un contrasentido que la reparación integral del perjuicio causado también se incluya dentro de la estructura del delito"*.

iv) Por último, si operase como elemento negativo del tipo, no sería necesario exigir que la regularización fuese completa, pues no habiéndose consumado el delito bastaría con una regularización que situase la defraudación por debajo del umbral delictivo.

En conclusión, tanto jurisprudencialmente como de forma casi unánime en la doctrina (por todos, MANJÓN-CABEZA OLMEDA), se sigue tratando a la regularización voluntaria como una "excusa absolutoria".

Las razones de esta intención fallida por mutar la naturaleza de la regularización voluntaria sólo podrán comprenderse desde el contexto político-económico que motivó, en parte, la reforma del delito fiscal. En concreto, con la reforma del CP se pretendió dar efectividad a la "declaración tributaria especial" del Real Decreto-ley 12/2012, de 30 de marzo, también conocida como "amnistía fiscal", al tratar de evitar que las situaciones tributarias regularizadas a través de este régimen especial pudiesen ser denunciadas por delito de blanqueo o autoblanqueo de capitales [debemos recordar que en ese momento aún no se había acotado la conducta del tipo de este delito por parte de la STS 265/2015, 29-4 (*Tol 4988931*), a pesar de algún pronunciamiento en ese sentido, y la literalidad del tipo penal de blanqueo era —y es— lo suficientemente amplia como para que pudiese descartarse esa opción de antemano]. En otras palabras, era preciso que la regularización suprimiera la tipicidad del inicial incumplimiento para que con ello desapareciera la posibilidad de apreciar el delito fiscal antecedente del blanqueo.

La explicación de los medios que las legislaciones tributaria y penal pusieron a disposición de este fin, así como las incongruencias de tal articulación, exceden en mucho al objeto de este apartado, habiendo sido ya además objeto de atención por la doctrina (SANZ DÍAZ-PALACIOS; DEL ROSAL BLASCO; BAÑERES SANTOS; MANJÓN-CABEZA OLMEDA).

La "declaración tributaria especial" fue declarada inconstitucional por contravenir el art. 86.1 CE, según la STC 13/2017, de 8 de junio. Si bien, la misma sentencia declaró *"no susceptibles de ser revisadas como consecuencia de la nulidad de la disposición adicional primera del Real Decreto-ley 12/2012 las situaciones jurídico-tributarias firmes producidas a su amparo, por exigencia del principio constitucional de seguridad jurídica del artículo 9.3 CE."*

6.3. Requisitos de la regularización

6.3.1. La conducta de la regularización: reconocimiento y pago

Con anterioridad a la reforma de la LO 7/2012, y mientras que para los delitos de fraude de subvenciones sí se exigía entonces el completo reintegro de las cantidades recibidas, para los delitos contra la Hacienda Pública y contra la Seguridad Social no se utilizaba la misma fórmula, y la exigencia o no del pago para poder aplicar esta figura dependía del significado y alcance que se le diera al término "regularizar".

Aunque la jurisprudencia ya se había pronunciado al respecto [por ejemplo, SSTS 1336/2002, 15-7 (*Tol 203097*) y 539/2003, 30-4 (*Tol 276376*)], entendiendo que la ausencia de restitución pecuniaria impedía la exoneración, la reforma zanja la cuestión en la misma línea, y actualmente sólo se considera que concurre la regularización voluntaria cuando se haya procedido al completo reconocimiento y pago, en coherencia con el propósito de que mediante esta figura se neutralice también "el desvalor de resultado". El solo reconocimiento de los hechos delictivos no permitiría, pues, aplicar esta figura mientras no vaya acompañado del completo pago de la deuda resultante [STS 426/2018, 26-9 (*Tol 6861850*)].

6.3.2. El objeto de la regularización: completitud

El requisito de completitud no se limita al pago del importe defraudado, sino al total de la deuda tributaria o a la deuda contra la Seguridad Social (arts. 58 LGT y 28 LGSS), conceptos éstos más amplios que aquél, por incluir, además de la obligación incumplida, una serie de componentes adicionales cuyo devengo no responde al daño producido sino a otros hechos, como sería el caso de los recargos (cuya naturaleza podría ser discutida, puesto que presentan notas de carácter sancionador).

A priori, la restitución del importe defraudado, pero no del resto de componentes que integren la deuda tributaria o de la Seguridad Social impediría la apreciación de esta excusa absolutoria (en este sentido, SAP Barcelona 14789/2022, de 31 de octubre). No obstante, esta interpretación podría ser discutida, en cuanto que si su finalidad es, según declara el Preámbulo de la reforma que la introdujo, neutralizar "*no solo el desvalor de la acción (...) sino también el desvalor del resultado*", con la exigencia de este requisito se iría más allá. Así, en el ámbito tributario, el recargo por declaración extemporánea se devengaría por haberse presentado una declaración o autoliquidación con posterioridad al plazo establecido (y, por tanto, con posterioridad a la consumación del delito) pero con carácter previo a cualquier requerimiento por parte de la Administración (art. 27 LGT). Este incremento sobre la obligación tributaria incumplida respondería pues a un hecho posterior a la consumación del delito, por lo que su reconocimiento y abono no repararían las consecuencias del delito, sino otras distintas. Sin embargo, parece que por el CP se exige que la completitud alcance también a éste, y eso a pesar de que precisamente por no guardar relación con el delito, no podría incluirse en la responsabilidad civil que eventualmente cuantificase la defraudación. Es decir, a efectos de beneficiarse de la excusa absolutoria, el CP exigiría una reparación mayor, que alcanzaría a aspectos no penales, que la que procedería en caso de condena.

La misma valoración nos merece el caso de que se hubiesen devengado también los recargos del período ejecutivo. La relación de estos recargos, así como del incremento del interés de demora con la responsabilidad civil la analizamos en el apartado 8 de este capítulo.

Respecto de la reintegración en el fraude de subvenciones, ésta exige su actualización conforme al tipo de interés de demora correspondiente, en este caso, por previsión explícita del art. 308.6 CP.

Además, hay que recordar que estos delitos exigen el traspaso de un umbral cuantitativo para su punibilidad (ya se defina este umbral como condición de punibilidad, ya como elemento del tipo). La regularización tampoco operará si se limita tan solo a situar la defraudación en una cuantía inferior al importe delictivo, pues la figura jurídica exige que sea completa.

Por último, la prescripción en sede administrativa de las facultades de regularización propias de la Administración no puede entenderse como equivalente a la reparación del perjuicio [STS 1336/2002, 15-7 (*Tol 4922354*)]. Cuestión distinta sería que hubiese prescrito el delito, pero porque en ese caso se aplicarían los efectos de la institución de la prescripción del delito, no los de la regularización voluntaria

6.3.3. El momento de la regularización: espontaneidad

El CP, en los distintos artículos que regulan esta excusa absolutoria, exige que la conducta descrita sea anterior a un momento temporal objetivamente identificable, de tal manera que quepa predicar de ella una espontaneidad que no viene motivada por la inminencia del descubrimiento.

Sin embargo, la legislación identifica la supuesta espontaneidad de esta regularización con "*parámetros estrictamente normativos de naturaleza jurídico-formal*" (BAÑERES SANTOS), al margen de cualquier valoración de las intenciones o motivos del deudor. Siendo, por lo tanto, espontánea a estos efectos, cualquier regularización que se efectúe antes de que el sujeto tenga conocimiento formal, bien del inicio de las actuaciones de comprobación en sede administrativa de las concretas obligaciones cuyo incumplimiento pudiera ser constitutivo de delito o, en su defecto, antes del conocimiento de las actuaciones desarrolladas en el seno de las diligencias de investigación judiciales o de la interposición de la querella o denuncia contra él dirigida. Hasta el punto de que se consideraría espontánea la regularización de una obligación tributaria efectuada con posterioridad al conocimiento formal de un procedimiento de investigación que tuviese por objeto unos mismos hechos, pero circunscrito a un ejercicio distinto.

Así, sería espontánea, por ejemplo, la regularización de la situación tributaria correspondiente al IRPF-2019, a pesar de haberse notificado el inicio de un procedimiento de comprobación relativo al IRPF-2018, donde la conducta defraudatoria fuese idéntica. En este sentido, STS 746/2018, 13-2-2019 (*Tol 7065071*).

Incluso el pleno conocimiento por el deudor de la marcha de una investigación acerca de su situación delictiva tampoco enervaría la posibilidad de regularizarla en los términos exigidos por esta excusa absolutoria, mientras tal conocimiento no hubiese tenido un carácter formal (por ejemplo, si ese conocimiento le llegase a través de la prensa).

La cuestión que permanece abierta es la virtualidad de esta figura cuando la regularización se produce con posterioridad al inicio de un procedimiento administrativo que después excede del plazo de duración previsto en la Ley, de tal manera que la comunicación de inicio del procedimiento pierde los efectos administrativos que le son propios (para el ámbito tributario, art. 150.6 LGT).

A priori, de una interpretación literal de los apartados que regulan esta figura podría interpretarse que, ante esta situación, no cabría apreciar sus efectos absolutorios y, en su caso, lo procedente sería la aplicación de las atenuantes de los artículos 305.6, 307.5 ó 308.8 CP, o las genéricas del CP, porque aun siendo una norma penal en blanco, una cosa es que el ordenamiento administrativo considere una determinada actuación como carente de ciertos efectos, y otra muy distinta que esa actuación no se haya producido formalmente y no pueda ser apreciada como tal por el orden penal.

No obstante, algún pronunciamiento se inclina por resolver esta cuestión desde el marco administrativo, considerando que en estos casos la regularización debe entenderse como espontánea, lo que permite la aplicación de la excusa absolutoria (SAP Barcelona 14789/2022, de 31 de octubre)

Sobre la cuestión es de especial interés el comentario a los Decretos de archivo de las diligencias de investigación relativas al Rey Emérito, recogido en la Memoria FGE 2023.

6.3.4. *La prescripción de las facultades administrativas respecto de la deuda objeto de regularización*

Con la reforma de LO 7/2012, al incluir una referencia específica a la regularización de aquellas deudas tributarias respecto de las cuales no hubiese transcurrido el plazo de prescripción del delito fiscal (5 ó 10 años), pero sí el plazo de comprobación en sede administrativa (4 años, art. 66 LGT) se cuestionó la virtualidad de la figura en este lapso de tiempo concreto.

Como hemos indicado en el punto anterior, el hecho de que la Administración no pueda regularizar la situación tributaria por haber transcurrido el plazo de prescripción para el ejercicio de esta potestad no significa ni que se haya reparado el perjuicio asociado al delito ni tampoco que éste haya prescrito.

En realidad, la mayoría de la doctrina tributaria (por todos, SANZ DÍAZ-PALACIOS) siempre parte de un punto equivocado en este debate, cual es el de otorgarle importancia, en este asunto, a la prescripción de la potestad administrativa para regularizar. La Administración no tiene potestad para determinar la deuda tributaria en los casos de delito fiscal. Como señaló el TS (SSTS 2069/2002, de 5 de diciembre; 2316/2003, de 3 de abril), y numerosos pronunciamientos de la jurisprudencia menor (por ejemplo, SAP de Palencia 4/2002, de 11 de febrero), ante un delito fiscal es indiferente que haya transcurrido el plazo previsto para el ejercicio de las potestades de comprobación de la Administración tributaria, porque nunca las ha ostentado. No habiendo prescrito el delito fiscal, no vemos razón para limitar o distinguir el régimen de regularización voluntaria en función de unas potestades que la Administración no habría ostentado.

Otra cosa es que la única *notitia criminis* deriva de actuaciones de la Administración fuera del ámbito de sus competencias por superar los límites temporales máximos, como ya se planteó en las SSTS 586/2020, 5-11 (*Tol 8205153*), y 1182/2024, 7-1-2025 (*Tol 10352534*) a las que nos hemos referido más arriba.

6.4. Alcance de la excusa absolutoria

6.4.1. Alcance objetivo

La aplicación de estos preceptos no se limita sólo a exonerar de pena por el delito que se repara, sino que además "*impedirá que a dicho sujeto se le persiga por las posibles irregularidades contables u otras falsedades instrumentales que, exclusivamente en relación a la deuda objeto de regularización, el mismo pudiera haber cometido con carácter previo a la regularización de su situación*".

En el caso del fraude de prestaciones a la Seguridad social (art. 307 ter CP) y de subvenciones (art. 308.6 CP) la excusa absolutoria se limita sólo a las falsedades instrumentales.

6.4.2. Alcance subjetivo

La cuestión de si los efectos de esta regularización voluntaria por el obligado pueden alcanzar al resto de partícipes en el delito principal, dependerá de la naturaleza objetiva (CHOCLÁN MONTALVO) o personal (LUZÓN PEÑA) que se atribuya a esta excusa absolutoria; siendo afirmativa en el primer caso y negativa en el segundo.

El alcance subjetivo de la regularización fue objeto de atención por la Fiscalía en la respuesta a la Consulta nº 4/1997, de 19 de febrero, sobre la extensión a terceros partícipes de los efectos de la regularización fiscal, que fijó como regla general que pudiese alcanzar a los partícipes salvo que hubiesen llevado a cabo alguna conducta obstativa o impeditiva.

En términos prácticos, no obstante, y de acuerdo con una interpretación sistemática, debe entenderse que esta figura jurídica sólo está a disposición del obligado tributario, del obligado frente a la Seguridad Social o de quien percibió las subvenciones, pero no del resto de partícipes. Porque aunque efectivamente el pago pueda realizarse por cualquiera, el reconocimiento de la deuda sólo podrá efectuarlo quien la debe, estando al alcance de los partícipes tan solo la posibilidad de poner los hechos en conocimiento de la autoridad competente, (por ejemplo a través de la correspondiente denuncia, ya sea penal o tributaria), por lo que parecería razonable que les alcanzasen los efectos de una regularización efectuada por el obligado y que ellos no pueden hacer; incluso, en nuestra opinión, al margen de cual haya sido su participación, a favor o en contra, en esta conducta postdelictiva de reparación.

Conclusión acorde con la instrumentalización de esta figura del Derecho Penal por el Derecho tributario para el logro de sus fines, de forma que, una vez conseguido el objetivo, éste ya no necesita al Derecho penal y a través del artículo 305.4 CP rechaza su intervención mediante la supresión de las consecuencias punitivas de la conducta delictiva.

Cuestión distinta sería la extensión de efectos absolutorios respecto de los delitos auxiliares cometidos por los partícipes. El propio texto normativo limita la extensión de efectos de esta figura a aquellas falsedades instrumentales que "el mismo (obligado tributario) pudiera haber cometido con carácter previo a la regularización de su situación", pero no a las cometidas por otros intervinientes, lo que a priori permitiría sancionarlos como autores de estos delitos autónomos.

7. La pena

Son varias las penas previstas para el condenado por alguno de estos delitos. En primer lugar, se prevé la pena de prisión, con la que el Código hace una clara opción por tratar a los delincuentes de "cuello blanco" con los medios represivos ordinarios del Derecho penal, el más expresivo de los cuales es la privación de libertad que se ha ido endureciendo a lo largo del tiempo.

La reforma de 2010 elevó la duración de la pena de prisión del tipo básico de las diversas figuras delictivas (arts. 305, 307 y 308 CP) de cuatro a cinco años. Sin embargo, ello no repercutió sobre el plazo de prescripción que, conforme al opinable criterio general, continuó situado en los cinco años. Para ello debería esperarse a la reforma de 2012 que elevó el límite máximo de los nuevos tipos cualificados (arts. 305 bis y 307 bis) de cinco a seis años, aquí sí con impacto directo sobre la determinación del plazo de prescripción, que se ampliaría de los cinco a los diez años; como también se prevé en el tipo cualificado del nuevo delito de fraude de prestaciones de la Seguridad social (art. 307 ter.2 CP).

Como era de esperar, la mayor gravedad de la pena de prisión se ha traducido en una presencia cada vez mayor de defraudadores fiscales en la cárcel. A la fecha de la Memoria FGE de 2024, p. 950, la población reclusa por este delito ascendía a 229 condenados.

Con todo, la amenaza penal convive con la posibilidad de suspensión de la ejecución, que a su vez facilita los pactos de conformidad. Ésta cabe en todos los delitos, incluidas las modalidades cualificadas cuando se castiguen con la pena mínima o se beneficien de alguna atenuante muy cualificada como puede ser la de regularización o reparación del daño o dilaciones indebidas [solo a título de ejemplo, STS 258/2024, 14-3 (*Tol 9950634)*].

La LO 1/2015 introdujo el art. 308 bis CP con una regla aparentemente específica para la suspensión de la ejecución de la pena de prisión en estos delitos, aunque, de hecho, abunda en la regulación general prevista en los arts. 80 y ss CP. Su mayor virtualidad podría hallarse en salir al paso del debate acerca de si el pago de la deuda integra la responsabilidad civil derivada de delito, aclarando que es condición para la suspensión.

Junto a la pena de prisión y en algún caso en lugar de esta —como en el tipo atenuado de fraude a la Hacienda de la UE—, se prevé la imposición de la pena de multa que, apartándose del criterio ordinario del sistema de días multa, será proporcional a la cuantía defraudada. Por consiguiente, en su cálculo se replantean los problemas de cuantificación del monto del fraude (inclusión o no de los intereses, etc.), expuestos en el apartado correspondiente, al que aquí nos remitimos.

Los únicos delitos para los que no se prevé pena de multa son: a) el tipo básico del fraude de prestaciones del Sistema de la Seguridad social; y b) el delito contable, por su carácter formal, sin perjuicio de que cuando desemboque en el fraude y conlleve un efectivo perjuicio patrimonial pueda aplicarse la multa prevista para este.

Por fin, a las anteriores, se suma la pena privativa del derecho a "obtener subvenciones o ayudas públicas y del derecho a gozar de los beneficios o incentivos fiscales o de la Seguridad Social" (art. 305.1, párr. 3º; art. 305 bis.2; art. 307.1, párr. 3º; art. 307 bis, 308 CP).

Inicialmente, solo se preveía la pena privativa de derechos para el fraude fiscal del art. 305 CP y el de subvenciones del art. 308 CP. Sin embargo, hoy se extiende a todas las tipicidades, incluidos los fraudes europeos. Solo se exceptúa el delito contable, y se limita su ámbito aplicativo para el nuevo delito de fraude de prestaciones de la Seguridad social, en el que no incluye la recepción de "ayudas" (art. 307 ter.1, párr. 3 CP), lo que en su día ya mereció la crítica del Informe del CGPJ al Anteproyecto de 2012.

En consecuencia, a estos efectos ya no es preciso acudir a las penas accesorias del art. 56.1, 3ª CP.

El Preámbulo de la LO 7/2012 califica la pena privativa de derechos prevista en el art. 307 como pena accesoria. Sin embargo, de acuerdo con el art. 54 CP, a contrario, debería considerarse una pena principal, a todos los efectos, pues está prevista por la ley para este concreto delito, y por lo tanto, debería tomarse en cuenta en la determinación del plazo de prescripción.

Mediante esta pena —como sucede con la multa— se intenta conseguir la contramotivación del posible infractor mediante el impacto directo del mensaje penal sobre sus expectativas económicas y estrategias de actuación, lo que no puede sino aplaudirse.

Por fin, para las personas jurídicas se prevén las siguientes penas (art. 310 bis CP):

a) *La pena de multa*, cuya imposición y duración está, como regla general, condicionada a la previsión y duración de la pena de prisión aplicable a las personas físicas.

Así, si el delito cometido por la persona física tiene prevista una pena de prisión de más de dos años, la pena de multa aplicable a la persona jurídica será del tanto al doble de la cantidad defraudada o indebidamente obtenida [art. 310 bis CP, pár. 1° apartado a)]; mientras que, si la pena de prisión es de más de cinco años, la multa será del doble al cuádruple [art. 310 bis CP, pár. 1° apartado b)]. El único supuesto en el que la multa de la persona jurídica es autónoma de la pena aplicable a la persona física es el del delito contable [art. 310 bis CP, pár. 1° apartado c)].

De lo anterior se deduce que la persona jurídica no puede ser condenada con una pena de multa cuando no se prevea pena de prisión para la persona física (teóricamente, el art. 307 ter.1, pár. 2 CP, aunque es difícil que la defraudación de prestaciones de la Seguridad social beneficie a la persona jurídica), o la pena de prisión aplicable a la persona física no supere los dos años (como sucede con los tipos atenuados, p.ej. art. 305.3, pár. 2° CP). De modo que podría suceder que la multa solo fuera aplicable a la persona física, aun cuando hubiera actuado en beneficio de la persona jurídica.

b) Junto a la multa, en el segundo párrafo, se prevé la imposición imperativa de la *pérdida de la posibilidad de obtener o disfrutar de subvenciones, ayudas públicas, beneficios o incentivos fiscales o de la Seguridad Social.*

Se trata de una pena privativa de derechos ya prevista en el catálogo del art. 33.7 CP al que ya se remite el siguiente párrafo, pero que aquí tiene carácter imperativo.

La cuestión a dilucidar es si la regla del segundo párrafo solo rige, como parece, en los supuestos en que proceda imponer la multa, pues empieza diciendo "Además de las señaladas" en el párrafo anterior, donde se recoge la multa.

Además, en este mismo párrafo segundo, se prevé la posibilidad (facultativa) de imponer la prohibición de contratar con las Administraciones.

Esta podría considerarse redundante a la vista de las previsiones del siguiente párrafo que se remite al art. 33.7 CP, cuya letra e) prevé la "prohibición de realizar en el futuro las actividades en cuyo ejercicio se haya cometido, favorecido o encubierto el delito" que se trata a continuación. Ahora bien, con su previsión específica se evitan posibles problemas interpretativos acerca de si puede identificarse la "contratación" con la "actividad", reforzando el contenido admonitorio de la norma.

c) Por fin, se prevé la imposición facultativa del resto de las penas privativas de derechos previstas en las letras b), c), d), e) y g) del apartado 7 del art. 33 CP.

Entendemos que, en los casos de personas jurídicas a las que no les fueran aplicables las anteriores previsiones por impedirlo la pena máxima prevista para al delito, inferior a 2 años de prisión (p.ej. fraudes comunitarios de 10.000 a 100.000 euros, art. 305.3, pár.2 CP), el Juez deberá recurrir a esta facultad para castigar de algún modo la conducta delictiva que, de otro modo, quedaría libre de pena.

A las anteriores previsiones cabe añadir otras consecuencias jurídicas que pueden servir al mismo fin contramotivador como la publicidad de la condena que sirve de altavoz del juicio de reproche.

El Código penal la prevé para algunos delitos (como la injuria o calumnia, en el art. 216 CP), entre los que no se halla el delito fiscal. Sin embargo, al margen de las previsiones de la legislación tributaria sobre la publicación de los listados de grandes deudores (art. 95 bis LGT), desde la LO 10/2015 por la que se reforma la LOPJ e introduce el art. 235 ter, se prevé el acceso público a los datos personales contenidos en los fallos de las sentencias firmes condenatorias por los delitos de fraude fiscal (arts. 305, 305 bis y 306 CP), frustración de la ejecución contra la Hacienda Pública, y contrabando con perjuicio para la Hacienda Pública estatal o de la Unión Europea. Sólo se exceptúan los supuestos en que *"el condenado o, en su caso, el responsable civil, hubiera satisfecho o consignado en la cuenta de depósitos y consignaciones del órgano judicial competente la totalidad de la cuantía correspondiente al perjuicio causado a la Hacienda Pública por todos los conceptos, con anterioridad a la firmeza de la sentencia."*

El legislador sabrá el motivo de la limitada selección de delitos dentro de la lista de todos los que afectan a la Hacienda pública, pero lo que es cierto es que, respecto de los que rige, aumenta exponencialmente el efecto intimidante de la amenaza penal.

8. La responsabilidad civil derivada de delito

La comisión del delito da lugar al nacimiento de la obligación de resarcir los daños y perjuicios que por él se ocasionan (artículos 109 CP y 1.089 y 1092 CC).

También en los delitos estudiados en este capítulo se producen perjuicios patrimoniales concretos que llevan consigo tal obligación de reparación. Sin embargo, en el ámbito de estos delitos, esta figura presenta unas peculiaridades que son objeto de atención a continuación.

8.1. Objeto y fundamento

El CP identifica la responsabilidad civil de estos delitos con el importe de la obligación defraudada o de la cuantía indebidamente obtenida, actualizada conforme al correspondiente interés de demora (arts. 305.7 CP y 307.6 CP).

La reforma de la LO 7/2012 introdujo esta regla para el delito contra la Seguridad Social, regla que desde la LO 5/2010 ya venía rigiendo para el delito fiscal, en el entonces art. 305.5 CP.

No obstante, la cuestión no es tan pacífica como parece, y debe analizarse en función de la modalidad de comisión.

8.1.1. La responsabilidad civil derivada de la conducta de elusión del pago

Actualmente, la jurisprudencia reiterada del TS ya no duda en identificar la responsabilidad civil con la misma obligación tributaria o de la Seguridad Social defraudada, a pesar de que, en la modalidad de elusión del pago de lo debido, ambas serían previas al delito.

Para el delito fiscal: STS 277/2018, 8-6 (*Tol 6634012)* —rec. casación 1206/2017, STS 704/2018, 15-1-2019 (*Tol 6996552)* —rec. casación: 1385/2016—, y STS 10/2025, 16-1 (*Tol 103622271*), (rec. 5139/2022), FJ 4º. Para el delito contra la Seguridad Social: STS 680/2019, 23-1-2000 (*Tol 7831830)* —rec. 1914/2018—.

Esta condición de la deuda previa sería consecuencia de que, al ser obligaciones de origen legal, y tal y como están configurados los sistemas tributario y de la Seguridad Social, el nacimiento de la deuda se produciría con la realización del hecho que fija la ley (en el ámbito fiscal sería mediante la realización del hecho imponible, art. 20 LGT). De tal forma que cuando se trate de esta modalidad delictiva la deuda no nacería del delito, sino que el delito consistiría, en su caso, en el incumplimiento de la obligación ya nacida.

Así, en la ya identificada STS de 8 de junio de 2018, FJ 50º: "*[L]as indemnizaciones en favor de la Hacienda Pública que pueden fijarse en un proceso penal (...) seguido por alguno de los delitos del art. 305 no constituyen en rigor responsabilidad civil nacida de delito (regida por los arts. 110 a 122 CP); sino una deuda tributaria, regida por la legislación tributaria (...). La deuda tributaria es el presupuesto del delito; no su consecuencia".*

Esta condición de la deuda tributaria (o de la deuda a la Seguridad Social) como presupuesto del delito no queda reducida a una "rara avis" penal de irrelevantes consecuencias, sino que arrastra consigo la necesidad de justificar el hecho de que una deuda previa al delito sea exigible en el proceso penal tras su pertinente fijación por parte del Tribunal. Así, esta condición exige diferenciar este tipo delictivo tanto de aquellos delitos en los que la obligación de reparar surgiría con la misma causación del daño como de aquellos otros en los que la deuda, siendo previa a la comisión del delito, no se liquidaría ni cuantificaría en el proceso penal (por ejemplo, los casos de delito de alzamiento de bienes o de impago de pensiones), y sin perjuicio de que su comisión pudiera dar lugar a una nueva obligación (la obligación de resarcir los daños causados).

Por esta dificultad dogmática, la jurisprudencia del Tribunal Supremo se ha negado en ocasiones a considerar que la responsabilidad civil, especialmente en el caso de los delitos contra la Hacienda Pública, pudiese ser identificada ontológicamente con la deuda tributaria defraudada, por más que ésta fuese la cuantía que le sirviese de referencia para fijarla. Como ejemplo, STS 13/2006, 20-1 (*Tol 815705)*, FJ 12º: "[*S.*]*i bien el perjuicio fiscal causado determina cuantitativamente el daño producido por el delito fiscal, la responsabilidad civil derivada del delito no es el pago del tributo evadido, sino la reparación del daño ocasionado a la Hacienda Pública*".

Sin embargo, si se exige la deuda tributaria en el proceso penal a través de la figura de la responsabilidad civil no es por una cuestión práctica, ajena a toda la dogmática penal, sino porque los propios tipos exigen del Juez Penal la cuantificación de la cuota tributaria o de la Seguridad Social defraudadas.

El tipo describiría una conducta más restringida de lo que puede intuirse desde la simple expresión "eludir el pago en más de 120.000 euros" (se toma como modelo al delito fiscal), ya que no toda elusión fraudulenta y dolosa del pago de una deuda tributaria (y superior a dicha cuantía) atribuiría la competencia a la jurisdicción penal de valorar la cuantía de la cuota defraudada, sino sólo aquellas conductas que tratasen de eludir el pago mediante la ocultación o negación de su mismo nacimiento, no en cambio aquellas que se articulasen a través de un vaciamiento patrimonial. Así, STS 785/2023, de 24 de octubre de 2023 (rec. 5112/2021), FJ 2º; STS 209/2019, 22-4 (*Tol 7205216)* (rec. 659/2018), FJ 2º y STS 1505/2005, 25-11 (*Tol 809309)* (rec. 788/2004), FJ 2º. En contra, a través de una interpretación amplia del tipo, STS 747/2022, 27-07 (*Tol 9213265)* (rec. 594/2020), FFJJ 4º y 5º.

La cuota impagada puede considerarse objeto de la responsabilidad civil derivada del delito, en la medida en que, si bien la deuda es preexistente, la conducta que causa el fraude consiste en ocultar su nacimiento, no la suficiencia de recursos con los que hacerle frente. Si la valoración del fraude es competencia de la jurisdicción penal, esta valoración pasará necesariamente también por pronunciarse acerca de la realidad e importe de la deuda presuntamente ocultada.

Así, el Preámbulo de la LO 2/1985 por la que se reformó el anterior CP 1973, y de la que trae origen la configuración actual de estos delitos (entonces art. 349 CP 1973): "[A]*vanzar en la delimitación de la conducta típica del delito fiscal por antonomasia. Se quiere, en efecto, que dicha conducta no sea tanto la falta de pago de los tributos, cuanto la actitud defraudatoria mediante actos u omisiones tendentes a eludir la cuantificación de los elementos que configuran la deuda tributaria y, por tanto, su pago*".

De ahí también la referencia al fin del plazo de declaración o autoliquidación como momento de consumación del delito en esta modalidad [STS 876/2016, 22-11 (*Tol 5899897*), FJ 2°]. De lo contrario, si bastase cualquier elusión del pago de tributos, la consumación del delito podría prolongarse indefinidamente.

8.1.2. La responsabilidad civil derivada de las distintas obtenciones indebidas

En esta modalidad, en cambio, la obligación de restituir nacería efectivamente de la comisión del delito.

Aun cuando no perdiese por ello su carácter de deuda tributaria, de la Seguridad Social, o crédito público en el caso del fraude de subvenciones, esta deuda no respondería a un hecho previo al delito (como en el caso anterior), sino que sería la consecuencia de haber percibido ilícitamente esas cuantías [STS 10/2025 (*Tol 10362227*), 16-1, FJ 4°].

8.2. Los intereses de demora como objeto de la responsabilidad civil

Según dispone el CP, la responsabilidad civil derivada de estos delitos comprende la obligación defraudada actualizada conforme a los intereses de demora que se hubiesen devengado (arts. 305.7 y 307.6 CP).

En el caso del delito fiscal, la deuda tributaria se define en el art. 58 LGT, e incluye, al margen de la cuota tributaria o cantidad a ingresar, el interés de demora tributario, que es el correspondiente al interés legal incrementado en un 25% (así como una serie de recargos que no son aplicables en la responsabilidad civil, salvo lo que se explicará al tratar las nuevas liquidaciones vinculadas a delito).

Frente a aquella postura que sostenía que, para el cómputo del importe de la responsabilidad civil, la obligación defraudada debía actualizarse conforme a los tipos de interés legal procedentes, las reformas por la LO 5/2010 para el delito fiscal, y la LO 7/2012 para el delito contra la Seguridad Social, habrían optado por la alternativa de incrementar este interés en los términos fijados por la normativa tributaria (art. 26.6 LGT) o de la Seguridad Social (art. 31.3 LGSS), al incluir expresamente la referencia al interés de demora en su alcance.

No obstante, la jurisprudencia alcanzó idéntica conclusión para aquellos delitos cometidos con anterioridad a las mencionadas reformas, sobre la base de que su condición de norma penal en blanco remitiría también a la normativa tributaria para el cálculo de los intereses. Así, la STS 832/2013, 24-10 (*Tol 4039147*), FJ 6º. Criterio reiterado en STS 88/2017, 15-2 (*Tol 5973361)* y en STS 336/2023, 10-5 (*Tol 9556526*). Previamente, y contraria a esta postura, la STS 827/2006, 10-7 (*Tol 1002337)*, FJ 18º, pero sostenida desde el presunto carácter sancionador del incremento del interés del dinero; carácter sancionador que fue descartado por STC 76/1990, de 26 de abril.

Sin embargo, esta interpretación por remisión a la normativa tributaria o de la Seguridad Social sería cuestionable, tanto antes como después de las reformas. En el ámbito penal, el perjuicio a cuya reparación se condene debiera ser tan probado como la misma comisión del ilícito; por lo que la magnitud de este perjuicio no debería poder incrementarse por razón de una presunción iuris et de iure, aun cuando se remita a ella el mismo Código Penal. En consecuencia, creemos que penalmente no debería identificarse el concepto de interés de demora con el propio del ordenamiento tributario o de la Seguridad Social, siendo el interés aplicable en este caso el interés legal, salvo que el perjudicado pudiese probar efectivamente que le ha supuesto un perjuicio financiero mayor.

8.3. Naturaleza del crédito

8.3.1. La naturaleza pública de la deuda objeto de la responsabilidad civil

Aun cuando la responsabilidad civil en estos delitos se identifica, normativa y jurisprudencialmente, con la deuda tributaria o con la deuda defraudada a la Seguridad Social (arts. 305.7 y 307.6 del CP), el debate en torno a si es un crédito público o privado subsiste en el ordenamiento administrativo, especialmente en el tributario.

El Tribunal Económico-administrativo Central (TEAC), en su resolución de 17 de febrero de 2022, ha afirmado el carácter de crédito privado de la responsabilidad civil derivada de delito contra la Hacienda Pública, proscribiendo la posibilidad de que su importe pudiese ser exigido a los responsables tributarios, puesto que los créditos privados no gozarían de tal prerrogativa (art. 19 Ley 47/2003, de 26 de noviembre, General Presupuestaria, en adelante LGP).

Sin embargo, la propia Sala 2ª del TS, en la STS 8-6-2018, arriba referenciada ha sostenido lo contrario: *"No rige respecto de [la responsabilidad civil derivada de delito contra la Hacienda Pública] la previsión del art. 122 CP que no va anudada a la capacidad económica (...), ni se corresponde con las personas que la ley tributaria considera responsables cuando se elude el pago de impuestos. Ese régimen no varía por el hecho de que se haya producido un delito"*.

Al margen de la propia identificación de la responsabilidad civil con la deuda tributaria que efectúa el art. 305.7 CP, esta misma regulación creemos que también le reconocería, al menos, el carácter de crédito público sujeto a la normativa tributaria y presupuestaria (BAÑERES DE FRUTOS), al disponer que la exigencia de la responsabilidad civil (y de la multa) en estos delitos se efectúe —previa remisión de la jurisdicción penal— por parte de la Administración tributaria a través del procedimiento administrativo de apremio.

El procedimiento administrativo de apremio es una prerrogativa de la que gozarían los créditos públicos frente a los créditos privados (arts. 10.1 y 19 LGP). Las prerrogativas a favor de la Administración se conceden en atención a los intereses generales cuya satisfacción tiene encomendada, por lo que su disposición para fines de interés particular, aun cuando sean titularidad de la misma Administración Pública sería contraria a "los fines que [las] justifican" (arts. 103.1 y 106 CE). La habilitación de este procedimiento supondría, en nuestra opinión, su reconocimiento como crédito público o, de lo contrario, sería inconstitucional.

En consecuencia, según nuestra interpretación, debería quedar sujeta a los mecanismos de protección y régimen de prescripción propios de los créditos públicos.

8.3.2. El plazo de prescripción de la deuda objeto de la responsabilidad civil

El debate anterior tiene trascendencia práctica en lo que concierne a la prescripción de la acción de cobro de esta responsabilidad civil.

Si se sostuviese que la responsabilidad civil es deuda tributaria, el ejercicio de la acción de cobro debería estar sujeto a sus mismos plazos de prescripción (4 años), tal y como están regulados en los artículos 66 y siguientes de la LGT.

En esta línea, AAP, Barcelona, 146/2024, 12-2 (rec. 18/2024).

Por el contrario, si se sostuviese que es responsabilidad civil al uso, podría serle de aplicación la jurisprudencia fijada por la STS 607/2020, 13-11, FJ 2º: "*Declarada la firmeza de la sentencia, la ejecución de sus pronunciamientos civiles puede continuar hasta la completa satisfacción del acreedor, según previene el artículo 570 de la LEC, sin que le sea de aplicación ni la prescripción ni la caducidad*".

8.4. La competencia del Juez de lo penal para la recaudación de la deuda

8.4.1. Competencia judicial y auxilio de la Administración

La recaudación de la responsabilidad civil derivada de los delitos contra la Hacienda Pública y contra la Seguridad Social sigue siendo exclusiva competencia de la jurisdicción penal, en cuanto que manifestación de la potestad de "hacer ejecutar lo juzgado" (art. 117.3 CE). No obstante, los artículos 305.7, 307 ter.5 y 307.6 del CP exigirían que los Juzgados y Tribunales recabasen el auxilio de la Administración tributaria o de la Seguridad Social en su exacción, quienes se servirían a su vez del procedimiento administrativo de apremio. A pesar de recaudarse por este procedimiento, la cuantía fijada no podría incrementarse en ninguno de sus recargos (art. 128.1 RGR).

STS, Sala Tercera, 1440/2016, 16-6, FJ 5º: *"La ejecución de la responsabilidad por delito contra la Hacienda Pública no se hace de forma directa por los órganos del orden jurisdiccional penal, como ocurría con anterioridad [...]. (D)ebe entenderse que lo que se ha establecido es una fórmula de colaboración de la AEAT con los Juzgados y Tribunales del orden jurisdiccional penal (...), lo que viene autorizado por el artículo 118 de la Constitución".*

El art. 128.2 RGR dispone una serie de reglas con las que aclarar los conflictos y competencias jurisdiccionales de los distintos órdenes afectados en función del tipo de controversia que pudiese surgir en esta ejecución.

Art. 128. Exacción de la responsabilidad civil y multa por delito contra la Hacienda Pública:

"2. Contra los actos del procedimiento administrativo de apremio dictados por los órganos de recaudación de la Agencia Estatal de Administración Tributaria para la exacción de la responsabilidad civil y de la multa por delito contra la Hacienda pública podrá interponerse recurso de reposición o reclamación económico-administrativa, salvo que los motivos de impugnación aducidos se refieran a la adecuación o conformidad de los actos de ejecución impugnados con la sentencia que hubiese fijado las deudas objeto de exacción por el procedimiento de apremio; en este caso, la cuestión deberá plantearse ante el juez o tribunal competente para la ejecución".

A pesar de que en la práctica las líneas podrían ser menos claras que en la teoría, parece que la competencia varía en función de si se discute la adecuación del acto administrativo de ejecución al ordenamiento administrativo o su adecuación al contenido de la sentencia y el marco fijado en la ejecutoria.

8.4.2. La fijación judicial de la responsabilidad civil y las liquidaciones vinculadas a delito (LVD) en sede administrativa

La reforma introducida por la LO 7/2012, con la finalidad de "situar al presunto delincuente en la misma posición que cualquier otro deudor tributario", facultaría desde el ordenamiento penal (arts. 305.5, 307.4 y 308.7 CP) que las distintas Administraciones Públicas continuasen con aquellas actuaciones administrativas tendentes a regularizar la situación tributaria del presunto delincuente a través de la denominada liquidación vinculada a delito (LVD), seguida de las posteriores acciones administrativas de cobro correspondientes a estos títulos administrativos. Es decir, antes de que el Juez Penal haya fijado la responsabilidad civil por el fraude de este delito, la Administración podría haber dictado un acto administrativo, la LVD, que le permitiría exigir y recaudar la cuantía que ella misma denunciase como presuntamente defraudada.

En el ámbito tributario, el art. 255 LGT somete el inicio de la exigibilidad de la liquidación vinculada a delito a, al menos, la admisión a trámite de la querella o denuncia correspondiente.

Si finalizase el plazo de pago que el ordenamiento tributario concede (art. 62.2 LGT) sin ser satisfecha, se iniciaría el período ejecutivo y podría ser exigida a través del procedimiento administrativo de apremio. A diferencia de lo que sucedía con la responsabilidad civil, las LVD, en cuanto que títulos administrativos, sí podrían devengar el recargo del período ejecutivo correspondiente.

Todo ello salvo que el Juez Penal hubiese ordenado la suspensión del cobro previa prestación de garantía o, sin ella, cuando la recaudación pudiese producir perjuicios irreparables o de muy difícil reparación (arts. 305.5, 307.4 ó 308.6 CP, y 621 bis y 621 ter LECrim).

En el ámbito tributario, el procedimiento de liquidación y cobro de las LVD se reguló en la Ley 34/2015, de 21 de septiembre, de modificación parcial de la Ley 58/2003, de 17 de diciembre, General Tributaria, que introdujo un Título VI en la LGT. La finalidad de anticipar la acción de cobro a un momento anterior al del pronunciamiento judicial es, como declara el Preámbulo de esta Ley y de la LO 7/2012, la de situar al presunto delincuente en la misma posición recaudatoria que un obligado tributario corriente.

8.4.3. Relación de la responsabilidad civil con la liquidación vinculada a delito

La virtualidad de estas nuevas figuras administrativas no habría contemplado sin embargo su ulterior traspaso al régimen propio del Derecho Penal. Así, para el caso del delito fiscal, desde el artículo 305.5 CP, segundo párrafo, y especialmente desde el art. 257 LGT, se inferiría que el título que condena a la responsabilidad civil sería la LVD, habiendo reducido el papel del Juez Penal a decidir la cuantía a la que tal título debería finalmente ajustarse. Para el caso del delito contra la Seguridad Social, esta inferencia se desprendería de la literalidad del propio art. 307.4 CP.

En nuestra opinión, una alternativa nada más lejos de lo posible. Como se ha señalado en el apartado 8.1 relativo al fundamento de la responsabilidad civil, será a la jurisdicción penal a quien corresponda fijar la cuota defraudada y consiguiente deuda tributaria pendiente de resarcimiento, en cuanto que el engaño sobre su misma existencia es el eje en torno al cual se articula el tipo penal, y por lo tanto exige un pronunciamiento de esta jurisdicción sobre esta misma existencia y su correspondiente cuantía. La jurisdicción penal sería la única autoridad competente para cuantificar la deuda tributaria en los casos de delito contra la

Hacienda Pública, por ser ésta, y no la Administración tributaria, la autoridad revestida de la "facultad de juzgar" (art. 117 CE).

Así lo entiende también la Sala 2ª del TS, por todas, STS 717/2016, 27-9, FJ 9º: "*El cálculo de la cuota es responsabilidad y competencia del Tribunal penal y que, por lo tanto, debe hacerse en el proceso penal. No existe una especie de prejudicialidad administrativa tributaria, de forma que haya de partirse de la liquidación efectuada por las autoridades o funcionarios de la Agencia Tributaria, o que ésta sea necesaria para la causa penal*".

La LVD se dictaría por la Administración tributaria en el ejercicio de una potestad que le reconocería el ordenamiento penal con carácter claudicante (STS 1021/2022, 15-2 (*Tol 1021*/2022), nº de recurso: 5.072/2020—), esto es, limitando la virtualidad temporal del título administrativo hasta el pronunciamiento judicial correspondiente. Una competencia o potestad que claudicaría frente al título emanado de la única autoridad con competencia para juzgar, que es la sentencia. No habría pues ajuste en la LVD, sino un título que cede, el acto administrativo de liquidación, frente a un título que condene, en su caso, a la responsabilidad civil, como sería la sentencia. Si la autoridad a quien corresponde decidir acerca de la defraudación es el Juez Penal, el único título será el que proceda de su pronunciamiento.

Respecto de la sentencia como título, STS 2069/2002, 5-12: "[C.]*onstituyendo la sentencia que declara la misma el título de ejecución único para hacer efectiva la deuda tributaria*".

También, STS 12865/1991, 3-12, FJ 5º: "[E.]*l pronunciamiento penal* [...] *provee a la Hacienda Pública de un nuevo y único título —judicial— para hacer efectiva la deuda tributaria*".

Todo lo anterior puede tener relevancia especialmente en lo relativo a los regímenes de los recargos y el de la eventual prescripción de la deuda tributaria.

El hecho de que se anticipe la acción de cobro a través de la LVD a un momento anterior al pronunciamiento del único título legítimo para cuantificar definitivamente los perjuicios asociados al delito contra la Hacienda Pública (la sentencia) implicaría que tal acción administrativa pudiese prescribir con anterioridad a dicho título (BAÑERES DE FRUTOS). Es decir, podría prescribir la acción de cobro vinculada a la LVD para poder ser luego exigida como responsabilidad civil.

Asimismo, a diferencia de la responsabilidad civil, la liquidación vinculada a delito (LVD) sí devengaría los recargos del período ejecutivo (arts. 255). Estos recargos incrementan la deuda en diversos porcentajes en función del momento temporal en que se satisfaga una vez finalizado el período voluntario de pago (art. 28 LGT). Sin embargo, este incremento de la deuda tributaria no podrá ser incluido en el perjuicio a cuya reparación se condene por la sentencia penal (responsabilidad civil), ya que su exigencia respondería a un hecho distinto y posterior a la consumación del delito (BAÑERES DE FRUTOS).

Es decir, como consecuencia de este nuevo régimen administrativo, respecto de la misma deuda podría exigirse durante un tiempo su importe incrementado en concepto de recargos y, posteriormente, si se confirmase el perjuicio por la autoridad judicial debería dejar de exigirse, dado que el título administrativo cedería frente a la sentencia y ésta no puede condenar a reparar un perjuicio que no proviene de la comisión del ilícito. En este sentido, respecto al delito contra la Seguridad Social, STS 1115/2024, 4-12 (*Tol 10307747).*

8.5. Conclusiones

La reforma de la LO 5/2010 habría tratado de identificar, para el delito fiscal, el importe de la responsabilidad civil con el importe de la deuda tributaria. Asimismo, habría establecido que su exacción, pese a quedar siempre en la órbita de "hacer ejecutar lo juzgado" que corresponde a la jurisdicción penal, se efectúe por la Administración Tributaria a través del procedimiento administrativo de apremio. Idéntica situación, pero con respecto a la Seguridad Social, operó la reforma de la LO 7/2012.

A pesar de que en la modalidad de elusión del pago de cantidades debidas a la Hacienda Pública o a la Seguridad Social, la obligación tributaria sería efectivamente previa al delito, la jurisprudencia del TS afirma que la responsabilidad civil puede identificarse ontológicamente con la obligación tributaria o cuota defraudadas.

Sin embargo, a pesar de esta identificación, el concepto de deuda tributaria no puede ser cuantitativamente idéntico a nivel penal y tributario, pues el primero no debiera incluir (pese a la jurisprudencia mayoritaria) los incrementos que sobre el interés legal establece la legislación tributaria, por tratarse de un perjuicio presumido pero no probado, ni tampoco los distintos recargos que podrían devengarse cuando se hubiese practicado previamente una LVD, por responder éstos a hechos y aspectos posteriores y distintos a la comisión del delito.

Con la reforma de la LO 7/2012 se permite a las distintas Administraciones liquidar anticipadamente las cuantías vinculadas con el posible delito, a resultas de lo que finalmente se decida en el proceso penal. La relación entre esta liquidación y la responsabilidad civil fijada en la sentencia no queda clara tras la citada reforma, de cuya literalidad podría desprenderse improcedentemente que la liquidación priva a la sentencia su condición de título, aun cuando sí exige que se ajuste al importe de ésta. Esta falta de precisión en la relación entre ambos títulos se hace patente en las incongruencias que se han detectado tanto para el régimen de los recargos del período ejecutivo como en la eventual prescripción del título administrativo con carácter previo a la sentencia.

En el orden penal la identificación de la responsabilidad civil con la obligación tributaria parece pacífica, pero no es así en el orden tributario, donde los tribunales económico— administrativos rechazan su carácter de crédito público. Esta calificación tendría trascendencia respecto a su régimen de ejecución, puesto que por un lado, la Administración tributaria no podría exigir el importe a otros responsables que los fijados en sentencia, pero por otro lado, aún restaría por esclarecerse cuál sería su plazo de prescripción, si el propio de las deudas tributarias o el correspondiente a la responsabilidad civil ordinaria.

9. Concursos

9.1. El concurso con los delitos patrimoniales

Como ya se ha dicho, la entrada de este grupo de delitos en el Código penal no supuso la incriminación de conductas totalmente impunes. Ciertamente, en su día, cubrieron algunos vacíos de punibilidad. Piénsese solo a título de ejemplo, en las conductas de impago de la cuota obrera que solo podían calificarse como apropiación indebida a través de una controvertida ficción de que lo no pagado a la Seguridad social había sido previamente recibido del trabajador, o en el delito de desvío de subvenciones al que difícilmente podía alcanzar el tipo de malversación que exige la condición de funcionario público de su autor, con las excepciones de la malversación impropia que tampoco encajaban a la perfección. Ahora bien, en otros casos, ya cabía la aplicación de los delitos patrimoniales clásicos de los que la Administración pública también puede ser víctima. Así, por ejemplo, la estafa aplicable a supuestos de solicitud indebida de devoluciones o subvenciones.

Desde estas premisas, se comprende que sean planteables concursos entre los nuevos y los viejos delitos. Más discutido puede ser el tipo de concurso que deba apreciarse entre unos y otros, pues depende de lo que se sostenga acerca de la naturaleza del bien jurídico y el contenido de cada una de las tipicidades.

Para algunos, en caso de solapamiento, los delitos contra la Hacienda pública prevalecen frente a delitos patrimoniales como la estafa o la apropiación indebida en aplicación del principio de especialidad, y eso vale tanto para lo bueno (la previsión del límite cuantitativo mínimo, la posibilidad de exención de la pena por regularización, o el cálculo individualizado de la prescripción) como para lo malo (la mayor gravedad de la pena o la exclusión de la pena unificada por continuidad delictiva).

En este sentido, sobre el art. 307 CP, Acuerdo del Pleno no jurisdiccional de la Sala Segunda del Tribunal Supremo, 17 de noviembre de 1997, sobre si constituye apropiación indebida el impago de las cuotas obreras a la Seguridad Social por un importe que supere los 15 millones de pesetas (*Tol 2118978*): "El legislador ha pretendido aquí parificar, aunque no de modo absoluto, las defraudaciones fiscales con las de la Seguridad Social y ha dejado unas sumas inferiores al tope señalado como constitutivas de mera infracción administrativa".

Sin embargo, para otros, la imposibilidad de aplicar el delito contra la Hacienda pública o la Seguridad social por no alcanzar la cuantía mínima no impide acudir, subsidiariamente, a los delitos contra el patrimonio, cuando la literalidad de la ley lo permite.

En favor de la aplicación subsidiaria de la estafa cuando no se alcancen los 120.000 euros, por ejemplo: STS 261/2024, 18-3 (*Tol 9955861*): "*El estado actual de la jurisprudencia no ofrece, por tanto, apoyo a un desenlace absolutorio en el que el razonamiento se base en calificar como ley especial el delito contra la Hacienda Pública del art. 305.1 del CP para, a continuación, en aquellos casos en los que el importe defraudado —o intentando defraudar— no alcance los 120.000 euros, en lugar de subsumir el hecho en el precepto general —en este caso, la estafa del art. 248 del CP— se proclame la atipicidad de la conducta*"; STS 262/2024, 18-3 (*Tol 9955860*).

No terminan ahí todos los criterios en liza para la resolución de los conflictos aplicativos entre unas y otras tipicidades. Una tercera vía iniciada con la STS 1030/2013, 28-11 (*Tol 4111894*) plantea otro modo de concebir las relaciones entre el delito de fraude de subvenciones y la estafa.

El criterio recuerda la metáfora de los círculos tangentes que ya había sido utilizada para describir las relaciones que se producen entre el delito de apropiación indebida y la administración desleal, en la STS 867/2002, 29-7 (*Tol 1551737*), "Caso Banesto", corrigiendo el criterio aplicado en la STS 224/1998, 26-2 (*Tol 3673670*), "Caso "Argentia Trust", que considera que la imagen que mejor se adecúa es la de los círculos secantes.

Así, según esta sentencia, tratándose de fraude en las subvenciones, o se afecta al patrimonio, protegido a través del art. 248 CP, cuando no hubiera la más mínima intención de aplicar los fondos al fin para el que fueron otorgados, o las condiciones de las subvenciones, que son las que quedan protegidas por el art. 308 CP.

Siguiendo explícitamente esta sentencia, por ejemplo, la STS 439/2020, 10-9 (*Tol 8091083*), que aplica el delito de estafa en un supuesto en el que los acusados (con actividad empresarial en Levante) constituyen una empresa en Andalucía con el único fin de aparentar cumplir el requisito territorial exigido para cobrar una subvención para el empleo de discapacitados, a los que contrataron formalmente sin ofrecerles ningún trabajo. El hecho de que en este caso se alcanzara la cuantía mínima del art. 308 CP no condujo a la automática aplicación de este. Asimismo, sigue explícitamente la STS 1030/2013, la STS 354/2022, 6-4 (*Tol 8913319*), que aplica la apropiación indebida en un supuesto de falta de reintegro de la subvención ilícitamente apropiada con desvío de los fines, aquí, por cierto, en cuantía inferior al mínimo legal del art. 308 CP.

9.2. El concurso con las falsedades documentales

El concurso con las falsedades documentales es habitual, atendida su instrumentalidad para el fraude. Sin embargo, ello no significa que cualquier mendacidad de lugar a un concurso medial con el fraude a la Hacienda pública o Seguridad social.

Carece de relevancia penal autónoma la incorporación de datos falsos a la autoliquidación o solicitud de devolución que es consustancial al fraude, además de que, siendo de carácter ideológico, en cuanto falsedad, es impune para el particular.

En este sentido, la STS 261/2024, 18-3 (*Tol 9955861)* considera que faltar a la verdad en la comunicación del inicio de una actividad empresarial en declaración censal del IVA (modelo 036, previamente descargado de la página oficial de la AEAT) es constitutiva de falsedad ideológica, impune.

Del mismo modo, cuando las falsedades contables (art. 310 CP) sirvan a la comisión del fraude fiscal (art. 305 CP), mayoritariamente se entiende que el castigo de este absorbe al anterior por su estructura de acto preparatorio.

Así, SSTS 27 de diciembre de 1990; 2401/1992, 31-10 (*Tol 397731)*; 181/1993, 9-3 (*Tol 443163)*; 2021/2000, 28-12 (*Tol 117612)*, y 1211/2002, 29-6 (*Tol 203267)*.

Distinta es la solución en los supuestos en que, a diferencia de lo que sucede con el delito contable, se atribuye autonomía a la falsedad documental, que por ello puede entrar en concurso medial con el delito fiscal.

Así las SSTS 494/2014, 18-6 (*Tol 4462389)*; 622/2015, 23-10 (*Tol 5542982)*; 632/2018, 12-12 (*Tol 6958035)*; 619/2021, 9-7 (*Tol 8547142)*; 249/2003, 30-3 (*Tol 420803)*; 10/2025, 16-1 (*Tol 10362227)*, y 210/2025, 5-3 (*Tol 10449318)*.

Pero, antes, será preciso dilucidar si la conducta falsaria se trata de una falsedad material o, por el contrario, es ideológica e impune para el particular (art. 392 en relación con el art. 390.1, 4º CP). Así se ha planteado en torno a la facturación de servicios supuestos destinada a la reducción de la base imponible y la correspondiente cuota tributaria.

De acuerdo con la doctrina "Filesa" (STS 1/1997, 28-10), se trata de falsedades materiales punibles para el particular, en la medida en que, no existiendo negocio jurídico de referencia, la factura debe considerarse simulada *in totum*. Por el contrario, de acuerdo con el caso "Argentia Trust" [STS 224/1998, 26-2 (*Tol 78342*)] se trata de falsedades ideológicas impunes, pues la factura entendida como orden de pago existe, aunque lo que en ella se declara no sea cierto.

Con posterioridad, el Acuerdo del Pleno no jurisdiccional de la Sala 2ª de 26 de febrero de 1999, sobre facturas falsas, declararía: *"1) La despenalización para particulares de la "falsedad ideológica". 2) El resultado práctico de esa despenalización no es la impunidad, sino la aplicación de otras figuras delictivas que cubren los supuestos de mentiras documentadas"*. Con posterioridad, el criterio sería avalado por STC 123/2001, 4-6 (*Tol 12984*), en el sentido de considerar que tal interpretación no vulnera las posibilidades del tipo penal. En la misma línea, siguen explícita o implícitamente el mismo criterio, la STS 542/2021, 21-6 (*Tol 8493988*), según la que tan asentada está la anterior doctrina, que afirma la *"ausencia de interés casacional en la reiteración de la consolidada doctrina jurisprudencial sobre la falsedad documental en la confección de facturas respecto de operaciones inexistentes en relación a la defraudación en el IVA, que recalcan su naturaleza típica, en concurso con un delito fiscal"*; la STS 269/2023, 19-4 (*Tol 9519638*); o la STS 633/2023, 20-7 (*Tol 9662802*).

Sin embargo, la STS 298/2024, 8-4 (*Tol 9980988*) podría determinar un cambio de orientación jurisprudencial al considerar que la facturación de negocios simulados debe calificarse como falsedad ideológica, impune para el particular, pues: *"Los documentos en sí son auténticos: exteriorizan lo que realmente han querido plasmar sus intervinientes. La falsedad es ideológica: se ha hecho constar una realidad negocial simulada. Pero el documento, como base que plasma las manifestaciones realizadas, no se ha fingido. Lo simulado es el contrato; no el documento"*.

No deben confundirse estos supuestos con aquellos en los que la operación es real, pero se altera la cuantía o alguno de los datos. En estos casos, no surge duda alguna de que se trata de una falsedad ideológica impune para el particular [(STS 1033/2024, 14-11 (*Tol 10275978*)].

Por el contrario, cuando no se trate de un supuesto de creación del documento falso [y para ello basta con tener el dominio del hecho sobre su creación: STS 40/2020, 6-2 (*Tol 7798262*)], sino de mero uso del que ha sido falsificado por otro, la conducta queda absorbida por el delito tributario, del mismo modo que también la absorbe la estafa [STS 336/2023, 10-5 (*Tol 9556526*)].

9.3. El concurso con la frustración de la ejecución

La Memoria FGE de 2024 "*constata que cada vez es más frecuente que la lesión al patrimonio público se produzca, no en la fase de la declaración tributaria o de cuotas, sino en la de ejecución del crédito público que no ha sido satisfecho*". Cuando así suceda, cabe plantear el delito de frustración de la ejecución, que puede entrar en concurso con los delitos aquí analizados. En concreto, con el tipo cualificado aplicable a los supuestos en que: "*la deuda u obligación que se trate de eludir sea de Derecho público y la acreedora sea una persona jurídicopública, o se trate de obligaciones pecuniarias derivadas de la comisión de un delito contra la Hacienda Pública o la Seguridad Social*" (ap. 3 del art. 257 CP, tras las reformas de 2010 y 2015).

Sin embargo, en algunos casos la maquinación dirigida al impago puede haberse iniciado antes del nacimiento de la deuda, como puede suceder cuando se presenta la autoliquidación de la deuda que se prevé dejar de pagar gracias a la paralela creación de un entramado de empresas que se reparten estratégicamente los medios materiales y humanos a fin de asegurar que las que formalmente aparecen como deudoras no dispongan de fondos para hacer frente a sus obligaciones. A estos supuestos se dirige el inciso introducido por la reforma de 2012 en el art. 305 CP, según el que: "*La mera presentación de declaraciones o autoliquidaciones no excluye la defraudación, cuando ésta se acredite por otros hechos*", y otro análogo en el art. 307 CP referido a los "*documentos de cotización*".

En tales supuestos, la aplicación del fraude fiscal podría absorber el alzamiento de bienes

> En este sentido también, la STS 747/2022, 27-7 (*Tol 9213265*): "*Aquí el castigo del delito de defraudación tributaria engloba por sí la simultánea entrega del importe —incrementado— de la deuda tributaria a un tercero, para sobrepagos no estrictamente debidos. Estas ideas deben llevar a estimar el motivo parcialmente para decretar la absolución por la insolvencia punible por ser calificable de concurso normativo*"; o la STS 47/2023, 2-2 (*Tol 9415026*).

Ello no ha impedido a la Jurisprudencia admitir un concurso de delitos cuando cabe distinguir entre el hecho dirigido a ocultar la deuda y el impeditivo de su cobro.

> Así, las SSTS 494/2014, 18-6 (*Tol 4462389*); 717/2016, 27-9 (*Tol 5832598*); 209/2019, 22-4 (*Tol 7205216*); 747/2022, 27-7 (*Tol 9213265*), que admite que, en función del caso, podrían apreciarse ambos delitos: "*El delito de alzamiento de bienes es básicamente una modalidad defraudatoria (no en vano en códigos anteriores se encuadraba en el capítulo destinado a las defraudaciones; en la actualidad la remisión al art. 250.1.5º evoca también esa morfología defraudatoria tendente a impedir el cobro de un crédito). Cuando temporalmente, e incluso materialmente, se solapan dos conductas que en definitiva son derivaciones de un mismo y único propósito defraudatorio, las dos acciones aparecen como anverso y reverso de una misma moneda.* [...] *Cosa diferente sería si se identifican acciones posteriores tendentes a vaciar el propio patrimonio para impedir el cobro de la deuda generada con el delito. Pero ha de ser conducta separable temporal y ontológicamente*"; también la STS 213/2023, 23-3 (*Tol 9487605*), admite la posibilidad de concurso de normas o delitos, en función del caso: "*Y concluíamos señalando que "Entre los delitos de los arts. 305 y 257 se produciría una relación de concurso de normas y no de concurso delictivo; salvo que se produzca una ruptura temporal y secuencial que permita identificar dos conductas defraudatorias diferenciadas con distintas morfologías y situadas en momentos diferentes y ante realidades diferentes. No cuando no existe solución de continuidad y se contemplan dos vertientes de una única defraudación." (...) Solo cuando el alzamiento se convierta en una conducta posterior y autónoma (v.gr., producción del alzamiento después del descubrimiento de la ocultación) y existe solución de continuidad, podremos hablar de concurso de delitos*".

Con todo, no siempre que nos hallemos ante un entramado o sucesión de empresas habrá fraude. No cabe criminalizar una figura admitida en el Derecho, sin perjuicio de que pueda considerarse un indicio, en todo caso, requerido de confirmación.

En este sentido, por ejemplo, la STS 957/2023, 21-12 (*Tol 9863412)*, absuelve por falta de prueba del fraude: *"en este caso no parece (...) que esa pluralidad de empresas inequívocamente ligadas entre sí haya servido para ocultar deudas o para dificultar de una forma relevante el cobro* [...] *no basta hablar de entramado de empresas para que quede dibujado el elemento de fraude"*. Asimismo, absuelve por falta de dolo defraudatorio la STS 1050/2024, 20-11 (*Tol 10296336)*, en la que la constitución de nuevas empresas al corriente de pagos con la Seguridad social tenía como único fin poder continuar con la actividad empresarial, tras la crisis inmobiliaria, pero no eludir el pago de la deuda, aunque se hallaran dificultades para ello. También la STS 564/2018, 19-11 (*Tol 6931320)*.

III. EL FRAUDE FISCAL

1. Tipo básico (art. 305 CP)

1.1. Sujetos activo y pasivo

De acuerdo con la opinión mayoritaria en la Doctrina y la Jurisprudencia, nos hallamos ante un delito especial del que sólo puede ser autor el obligado tributario (*vid supra*, críticamente).

De acuerdo con la Jurisprudencia y Doctrina penal mayoritarias (MUÑOZ CONDE, MARTÍNEZ-BUJÁN PÉREZ, BAJO FERNÁNDEZ, MORALES PRATS), sólo puede cometer el delito la persona sobre la que recaen determinadas obligaciones tributarias, pues sólo de ella se espera que cumpla con los deberes cuya infracción es constitutiva de delito. En contra, según otro sector de la Doctrina (CÓRDOBA, RODRÍGUEZ MOURULLO, PÉREZ ROYO), puede ser considerado autor cualquiera que realice la conducta típica.

Uno de los principales argumentos que se esgrimen en defensa de la tesis del delito común (así, PÉREZ ROYO) reside en el hecho de que la literalidad de la ley no exige que la conducta típica recaiga sobre las propias deudas, como por el contrario sucede con el delito de alzamiento de bienes o frustración de la ejecución. A ello se añade que el tipo tampoco explicita las características que debe reunir el autor, a diferencia de lo que, por ejemplo, sucede con el delito de malversación de caudales públicos o el fraude contable. Frente a ello, quienes sostienen que nos hallamos ante un delito especial (MORALES PRATS) consideran que su tesis se ha visto confirmada a partir de la tipificación expresa de la conducta omisiva (en 1995) de la que sólo puede ser autor quien, teniendo la obligación, la incumple.

La (controvertida) afirmación de que nos hallamos ante un delito especial lleva a la inmediata necesidad de identificar a quienes pueden ser reconocidos como autor. Generalmente, se entiende que autor del delito es el sujeto pasivo del tributo. Esto es, "el obligado tributario que, según la ley, debe cumplir la obligación tributaria principal, así como las obligaciones formales inherentes a la misma, sea como contribuyente o como sustituto del mismo" (art. 36.1 LGT).

Se trata de un criterio dominante en la jurisprudencia, por lo que huelga la cita individualizada de todas las sentencias en las que se acoge. Con todo, por la singularidad del problema que plantea, puede citarse la STS 643/1999, 30-4 (*Tol 5151126*) que condena por fraude fiscal al administrador societario que al tiempo de la presentación de la declaración ya había sido sucedido por su hijo: *"El delito se perfecciona en el momento de la presentación de la declaración eludiendo los impuestos correspondientes a los beneficios desviados, pero su ejecución se inicia ya cuando se realiza la acción fraudulenta, de forma tal que predetermina el resultado al ocultar determinados ingresos que no aparecerán en los libros de la empresa y en consecuencia tampoco habrán de figurar en la declaración que se formule en su momento"*. En el mismo sentido, también, la STS 356/2013, 19-4 (*Tol 3706678*): *"lo atribuido al que recurre es la realización de una venta de la empresa con el fin de sustraerse a la obligación legal de referencia; y por eso, es indiferente que en la fecha de la consumación del delito hubiera perdido la titularidad formal de aquella, al ser esta circunstancia una de las condiciones del resultado final perseguido y efectivamente logrado."* También, la STS 290/2018, 14-6 (*Tol 6648246*): *"Siendo así, no cabe, obviamente, que por el hecho de que dos días antes a la presentación de la declaración del Impuesto de Sociedades correspondiente al ejercicio del 2007 haya cesado en su función de secretario, se diluya o se volatilice toda la conducta realizada con anterioridad por el acusado que se acabó plasmando y materializando en el último delito fiscal."*

Ello incluye tanto al contribuyente (el que "realiza el hecho imponible", art. 36.2 LGT) como al sustituto (el que "por imposición de la ley y en lugar del contribuyente, está obligado a cumplir la obligación tributaria principal, así como las obligaciones formales inherentes a la misma" art. 36.3 LGT) y, por supuesto, a los retenedores u obligados a la realización de ingresos a cuenta que, desde la LO 6/1995, se mencionan expresamente en el tipo para extenderlo a sujetos distintos del contribuyente.

Con anterioridad a la entrada en vigor de la mencionada reforma de 1995 y la introducción explícita del impago de *"cantidades retenidas o que se hubieran debido retener o ingresos a cuenta"*, ya se había admitido la posibilidad de comisión del delito por parte de persona distinta al contribuyente. Al respecto es de capital importancia la STC 83/1995, 5-6 (*Tol 82822*), que considera admisible la interpretación según la cual puede ser autor del fraude fiscal el empresario que incumple *"la obligación legal de «detraer, con ocasión de los pagos que realicen a otras personas, el gravamen tributario correspondiente, asumiendo la obligación de efectuar su ingreso en el Tesoro* (...) *el sustituto del contribuyente, que tiene legalmente sus mismos deberes, puede considerarse autor de la defraudación castigada. Lo cual no excede de la típica operación de interpretación y aplicación de la Ley, atribuida a los Tribunales ordinarios y en la que nosotros no podemos entrar"*. Sobre el sistema de recaudación del IVA, véase, por ejemplo, la STS 83/2005, 2-3 (*Tol 667637*).

Por fin, respecto de la modalidad de solicitud de devoluciones indebidas se plantea si solo puede ser autor quien previamente ha efectuado un ingreso y se halla incurso en una verdadera relación jurídico-tributaria; o también quien simula tal condición al único fin de obtener una cantidad "en concepto de devolución".

Al respecto, véanse las Memorias FGE de 2016 y 2024, que abordan el fenómeno de las falsedades que sirven para simular la relación tributaria que ha de permitir el cobro de devoluciones indebidas, sobre el que dicen que "no existe hecho imponible, presupuesto indeclinable para la constitución de la relación jurídica tributaria" (art. 20 LGT), y por lo tanto, "tampoco existe obligado tributario, lo que impide estar en presencia del delito del artículo 305 CP, que es un delito especial propio" (*vid. supra*). Así, la STS 40/2020, 6-2 (*Tol 7798262)*, sobre un supuesto de fraude del IVA en las adquisiciones intracomunitarias, admite la teórica "*posibilidad de calificar como estafa conductas que suponen la existencia de engaño sobre la propia existencia del obligado tributario para conseguir de la Hacienda Pública la entrega de cantidades de dinero en concepto de devolución*". En otro sentido, STS 751/2017, 23-11 (*Tol 6441722)*, entiende que "*aunque de ordinario el sujeto infractor es el sujeto a quien compete el deber de pagar el impuesto, por lo tanto un sujeto con un elemento especial de autoría, el defraudador fiscal, en la modalidad de cobro indebido de devoluciones, el sujeto activo no es obligado tributario sino quien aparenta ser titular del derecho a percibir una devolución de un IVA soportado. (...) Esta interpretación es congruente con la previsión del art. 305.2 CP, tras la reforma operada por la LO 7/2012, que al disponer un criterio delimitador del periodo impositivo refiere la posibilidad de comisión de la modalidad defraudatoria por recepción de devoluciones indebidas a situaciones en las que el hecho se desarrolla en el seno de una organización o grupo criminal o por personas o entidades que actúen bajo la apariencia de una actividad económica real sin desarrollarla de forma efectiva.*" En la misma línea, la STS 523/2024, 3-6 (*Tol 10053376*).

En todo caso, el hecho de considerar que nos hallamos ante un delito especial no impide el castigo del extraneus a título de autor cuando actúe como administrador de hecho o de derecho de una persona jurídica, o en nombre o representación legal o voluntaria de otro tal como prevé el art. 31 CP y sería aplicable a los supuestos de representación legal, voluntaria o de no residentes (arts. 45-47 LGT).

En la condición de sujetos pasivos del delito se incluyen: desde la primera versión de 1977, la Hacienda pública estatal y local; desde 1985, la autonómica; desde la LO 6/1995, la foral; y por fin, desde la aprobación del Código vigente por LO 10/1995, la comunitaria o, de acuerdo con la nueva denominación incorporada por la LO 5/2010, de la Unión Europea.

De acuerdo con la STS 20/2001, 28-3 (*Tol 4914117)* el hecho de que no se introdujera mención expresa a la Hacienda foral hasta 1995 no significa que con anterioridad las conductas contra la misma fueran atípicas, pues podían reconducirse a la Hacienda autonómica o local: "*Ya con anterioridad las denominadas Haciendas Forales se encontraban protegidas por el tipo del delito fiscal (desde la perspectiva general del Derecho Penal Español, que es único para todo el territorio del Estado) al estar incluídas en el término de Hacienda Autonómica (en el caso de Navarra que constituye una Comunidad Autónoma, en el sentido de los arts. 133-2° y 137 de la Constitución Española, sin perjuicio de sus respetables peculiaridades forales) o en el de Hacienda Local (en el caso de las Haciendas de las Diputaciones del País Vasco, que tienen ámbito Provincial, y constituyen también a efectos tributarios Corporaciones Locales, en el sentido de los arts. 133-2° y 140 de la Constitución Española, sin perjuicio de su régimen peculiar)."*

1.2. Conducta típica

Por expresa dicción legal, el delito admite las formas activa y omisiva (ésta, explícitamente, desde la LO 6/1995), es de medios determinados (el fraude), y de resultado, consistente en dejar de pagar lo debido u obtener una devolución indebida

Además, exige la superación de una cuantía mínima que algunos consideran que forma parte del tipo, mientras que otros, de la punibilidad (*vid supra*).

Desde la reforma de 2012, también se discute si la ausencia de regularización forma parte del tipo o de la categoría de la punibilidad, como consideramos (*vid supra*).

1.2.1. Modalidades comisivas

Todas las formas comisivas pueden reconducirse a dos supuestos: la falta de pago de lo debido o la recepción de lo indebido. Entre ambos estaría el indebido disfrute de beneficios fiscales reconducible a uno u otro, en función de si sirve para pagar de menos o cobrar de más. Desde este punto de vista, se ha considerado superfluo.

En la configuración originaria del delito (art. 319 CP 1973, introducido por la Ley 50/1977) la conducta típica se limitaba a la *"elusión del pago de impuestos o el disfrute ilícito de beneficios fiscales"*. No sería hasta la LO 6/1995 cuando se ampliaría el objeto del delito a las cantidades retenidas, que hubieran debido de retenerse, los ingresos a cuenta y las devoluciones. A partir de entonces, quedarían incluidas las devoluciones que no se debieran a la imputación indebida de beneficios, pero estos pasarían a ser superfluos.

La distinta dinámica comisiva de uno y otro supuesto explica que, con anterioridad a la existencia de estos delitos, los delitos patrimoniales aplicados a unos y otros variaran, en correspondencia. Así, mientras que la falta de ingreso de las cantidades retenidas había sido calificada como apropiación indebida, la indebida obtención de devoluciones era tipificable como estafa.

Con anterioridad a la reforma de junio de 1995, la Jurisprudencia había calificado el impago de las cantidades retenidas a cuenta del IRPF como apropiación indebida (STS de 3 de diciembre de 1991), siguiendo la doctrina jurisprudencial que, desde principios de los años setenta, se había aplicado a los supuestos de impago de la cuota obrera de la Seguridad social (*vid. infra*).

Sin embargo, esta solución no estaba exenta de problemas, pues exigía partir de una ficción, de acuerdo con la que, a partir del momento en que nacía la obligación tributaria, se pasaba a poseer los bienes propios como ajenos (*"constitutum posesorium"*), a pesar de no haber mediado un previo acto de transmisión patrimonial (*infra*).

Por otro lado, la apropiación indebida no podía alcanzar las cantidades "que se hubieran debido retener" representativas de la economía sumergida en la que todo discurre al margen de lo debido, ya que respecto de ellas no podía presuponerse la *"traditio ficta"*.

Por fin, la obtención indebida de devoluciones se había castigado como estafa. En este sentido, STS 17/2005, 3-2 (*Tol 646484)*: o STS 163/2008, 8-4 (*Tol 1297071)*, que califica como estafa la aportación de facturas falsas para el indebido cobro de la devolución del IVA.

En la actualidad, la convivencia de las diversas modalidades comisivas en un solo precepto no impide diferenciar sus posibilidades aplicativas. Así, la modalidad de obtención de devoluciones indebidas es la única que no parece permitir la comisión por omisión (*vid. infra*), a la vez que es la única en la que son imaginables formas de imperfecta ejecución por cuanto permite separar el momento de presentación de la declaración de la obtención del ingreso indebido (*vid. supra*).

Por fin, desde el punto vista de la determinación de la pena, de aceptarse que el daño a la Hacienda pública es mayor en los casos de egresos indebidos (devoluciones) que en los de falta de ingreso (impago de la deuda), podría justificarse un mayor castigo para los primeros, dentro de las posibilidades de recorrido del marco penal y sin perjuicio de la consideración a otros factores concurrentes.

1.2.2. El consilium fraudis o componente defraudatorio de la conducta

Del componente defraudatorio se ha dicho que es el nervio o esencia del delito, sin el cual nos hallaríamos ante una mera infracción administrativa. Por lo tanto, para la condena penal no basta con no pagar, sino que es preciso hacerlo de modo fraudulento.

Sobre el necesario componente defraudatorio, entre otras: STS 801/2008, 26-11 (*Tol 1413517)*: *"Para que se produzca la conducta típica del art. 305 CP no basta el mero impago de las cuotas, porque el delito de defraudación tributaria requiere, además, un elemento de mendacidad, ya que el simple impago no acompañado de una maniobra mendaz podrá constituir una infracción tributaria, pero no un delito. La responsabilidad penal surge no tanto del impago como de la ocultación de las bases tributarias (véase STS de 20 de junio de 2006, entre otras)"*. En el mismo sentido, STS 737/2006, 20-6 (*Tol 964514)*. Así, por ejemplo, se aprecia el componente defraudatorio en los supuestos que, en la declaración del Impuesto de Sociedades, se incluye el abono de servicios supuestos con el fin de reducir la base imponible [STS 520/2008, 15-7 (*Tol 1366359)*]. La STS 116/2017, 23-2 (*Tol 5969881)*, aprecia el delito en un supuesto en que el fraude consistiría en la ocultación de fondos en un paraíso fiscal (Caso HSBC-Lista Falciani). Más recientemente, la STS 587/2025, 26-6 (*Tol 10610349)*, con cita de la doctrina jurisprudencial dominante en este sentido, así como de la inicial doctrina minoritaria en contra para la que bastaba con la falta de pago. En el mismo sentido: STS 785/2023, 24-10 (*Tol 9800092)* "Caso Xabi Alonso", que exige el componente defraudatorio que sin embargo no halla probado: *"entre la simple omisión de la declaración tributaria y la creación de un entramado societario para ocultar rentas existen situaciones intermedias que no deberían hacernos perder la referencia de que aquel precepto exige una conducta defraudatoria sin cuya concurrencia el tipo subjetivo se desmorona y la estructura típica no ofrece ya un adecuado marco de subsunción. Conforme a esta idea, deberían considerarse atípicas aquellas acciones, ajenas a cualquier propósito de ocultación de rentas, en las que lo que está en juego no es la acreditación de una voluntad defraudatoria, sino una controversia jurídica entre la inspección de Hacienda y el contribuyente que entiende que el marco normativo vigente le permite una liquidación tributaria más beneficiosa. La discrepancia jurídica entre el contribuyente y la Hacienda Pública acerca del cuánto de la tributación no colma, desde luego, el tipo previsto en el art. 305 del CP"*. También subraya la necesidad del componente defraudatorio la STS 381/2022, 20-4 (*Tol 8927536)*, en un supuesto de deslocalización de plusvalías.

Afirmada la necesaria presencia de fraude, el problema está en saber cuándo podemos apreciarlo. Es evidente que puede apreciarse cuando se declaran gastos inexistentes o con precios inflados. Sin embargo, es discutido saber en qué consiste la omisión fraudulenta y si se satisface con la mera omisión de la declaración.

Dejando para más adelante el tratamiento de la omisión, aquí debe hacerse referencia al fenómeno que ha llevado al legislador de 2012 a introducir un nuevo inciso de acuerdo con el cual: "*La mera presentación de declaraciones o autoliquidaciones no excluye la defraudación, cuando ésta se acredite por otros hechos*" (art. 305 CP). Obviamente, no se refiere a las declaraciones con datos falsos que no suscitan duda alguna acerca de su tipicidad, sino a los supuestos en los que se declara la deuda que no se tiene intención de pagar, y para ello se recurre a la paralela creación de entramados de empresas que ocultan al verdadero obligado tributario. Este es el motivo por el que se ha considerado que puede existir fraude, aun cuando la cuantificación de la deuda sea veraz.

Como se recoge en el Preámbulo de la LO 7/2012, IV, en relación con el inciso contenido en los arts. 305 y 307 CP: *"El inciso no supone modificación conceptual alguna, sino que trata de fijar la interpretación auténtica de la norma"*, ante una práctica en la que, en ocasiones, la mera presentación de documentos parece negar el delito, con independencia de si son veraces y completos, como debería comprobarse.

Uno de los mayores problemas en la interpretación y aplicación de este elemento es la delimitación entre el fraude típico y el fraude de ley (art. 6.4 CC) o conflicto en la aplicación de la norma tributaria (art. 15 LGT) atípico.

De acuerdo con la STC 75/1984, 27-6 (*Tol 79365)*, y STC 120/2005, 10-5 (*Tol 636367)*, FJ 4º (negrilla nuestra): *"Sentado lo anterior, procede asimismo señalar que el concepto de fraude de ley (tributaria o de otra naturaleza) nada tiene que ver con los conceptos de fraude o de defraudación propios del Derecho penal ni, en consecuencia, con los de simulación o engaño que les son característicos. La utilización del término «fraude» como acompañante a la expresión «de Ley» acaso pueda inducir al error de confundirlos, pero en puridad de términos se trata de nociones esencialmente diversas.*

En el fraude de ley (tributaria o no) no hay ocultación fáctica sino aprovechamiento de la existencia de un medio jurídico más favorable (norma de cobertura) previsto para el logro de un fin diverso, al efecto de evitar la aplicación de otro menos favorable (norma principal)*. Por "****lo que se refiere en concreto al fraude de ley tributaria,*** *semejante «rodeo» o «contorneo» legal se traduce en la realización de un comportamiento que persigue alcanzar el objetivo de disminuir la carga fiscal del contribuyente aprovechando las vías ofrecidas por las propias normas tributarias, si bien utilizadas de una forma que no se corresponde con su espíritu. De manera que* ***no existe simulación o falseamiento alguno de la base imponible, sino que, muy al contrario, la actuación llevada a cabo es transparente, por más que pueda calificarse de estratagema tendente a la reducción de la carga fiscal; y tampoco puede hablarse de una actuación que suponga una violación directa del ordenamiento jurídico que, por ello mismo, hubiera que calificar per se de infracción tributaria o de delito fiscal.*** *Por ello mismo, la consecuencia que el art. 6.4 del Código Civil contempla para el supuesto de actos realizados en fraude de ley es, simplemente, la aplicación a los mismos de la norma indebidamente relegada por medio de la creación artificiosa de una situación que encaja en la llamada «norma de cobertura»; o, dicho de otra manera, la vuelta a la normalidad jurídica, sin las ulteriores consecuencias sancionadoras que generalmente habrían de derivarse de una actuación ilegal"*. En el mismo sentido, siguiendo a la anterior, STC 48/2006, 13-2 (*Tol 834057*), y STS 587/2025, 26-6 (*Tol 10610349*).

Este es el motivo por el que la calificación penal de muchos supuestos haya sido cuestionada por la Doctrina.

En algunos casos, existiendo la ocultación de un hecho (simulación), no hay problema para la apreciación del fraude, por ejemplo, cuando se engaña acerca del lugar de efectiva de residencia [STS 892/2016, 25-11 (*Tol 5899707*), aunque en el caso no lo considera probado; STS 970/2016, 21-12 (*Tol 5926164*); STS 381/2022, 22-4 (*Tol 8927536*)], o sobre quien realiza el hecho imponible [STS 277/2018, 8-6 (*Tol 6634012*), "Caso Noos": *"Lo que eran percepciones como persona física y rendimientos sujetos a la tributación del IRPF se facturaban por una mercantil, consiguiendo así reconducir tales ingresos al impuesto de sociedades con tipos impositivos más beneficiosos. Esa apariencia se mantenía frente a todos: solicitantes de servicios —a quienes les facturaba la mercantil— y Hacienda"*; STS 441/2019, 2-10 (*Tol 7531348*)].

En ocasiones, se ha apreciado el fraude por la simulación de domicilio fiscal o la deslocalización simulada, STS 892/2016, 25-11 (*Tol 5899707*), aunque en el caso no lo considera probado;

Sin embargo, en otros, la Doctrina critica la expansión del ámbito de aplicación de la defraudación tributaria en detrimento del fraude de ley. Así, RUIZ ZAPATERO, pronunciándose acerca de las SSTS 1336/2002, 15-7 (*Tol 203097*), 539/2003, 30-4 (*Tol 276376*), 643/2005, 19-5 (*Tol 758473*) y 13/2006, 20-1 (*Tol 815705*)]; y SILVA SÁNCHEZ.

Sería ingenuo intentar ofrecer una solución definitiva a un problema sobre el que tanto ha discutido la doctrina tributaria como la penal y por encima de todas la constitucional. Con todo, puede aventurarse que uno de los problemas que puede presentar la apreciación de la simulación es que esta no siempre afecta a datos de hecho como el lugar efectivo de residencia fiscal, sobre el que podemos afirmar cuál era el real y cuál el simulado, sino también "realidades jurídicas", en las que es difícil distinguir lo aparente de lo real.

1.2.3. La tipicidad de la omisión

En la actualidad, ha quedado zanjada la cuestión relativa a la tipicidad de la omisión, a la que, desde la reforma por LO 6/1995, se hace expresa mención en el art. 305 CP.

> STS 810/2015, 1-12 (*Tol 5605889*): *"si bien es cierto que con anterioridad a la vigencia del Código Penal de 1995 se produjeron ciertos pronunciamientos contrarios a la consideración de la conducta omisiva en la declaración de los actos sometidos a tributación como infracción penal (por ej. la STS de 12 de marzo de 1986, citada por el Recurso), no lo es menos que otra corriente, más numerosa, de Resoluciones de esta Sala (vid. SsTS de 29 de junio de 1985, 12 de mayo de 1986, 2 de marzo de 1988 o 20 de noviembre de 1992, entre las anteriores a los hechos que aquí se enjuician) resolvieron en sentido contrario, mencionando no sólo la desfiguración de las bases tributarias con el fin de eludir la obligación de satisfacer los impuestos sino también, y expresamente, la ausencia de presentación de las declaraciones de los hechos sometidos a obligaciones fiscales, puesto que ello constituía igualmente una forma de "eludir" los pagos, que es el término nuclear contenido en la formulación legal del ilícito, sumándose así a la mayor parte de la doctrina científica (Rodríguez Mourullo, Bajo Fernández, Bacigalupo Zapater, Martínez Pérez, Muñoz Conde, Pérez Royo, etc.) frente a una minoría que lo negaba (así, Córdoba Roda o Quintero Olivares). Línea doctrinal la preponderante que ya se había impuesto cuando el Legislador incluye expresamente la acción omisiva en el* ***delito fiscal****, en el ulterior artículo 305 del Código de 1995, no tanto porque fuera necesaria su mención para hacer posible su aplicación, como en el Recurso se afirma, cuanto precisamente haciéndose eco, recogiendo y consolidando normativamente la Jurisprudencia existente al respecto"*.

El problema surge en el momento de dotar de contenido a tal omisión. Reina acuerdo acerca de que el mero incumplimiento de la obligación de pago por quien ha presentado una declaración veraz es atípico (por todos, PÉREZ ROYO o BOIX/MIRA). De tal solución solo se exceptuarían los supuestos en que puede apreciarse el fraude a pesar de la veracidad de la declaración, a los que nos hemos referido en el apartado precedente. Ahora bien, cuando no sea ese el caso, solo queda recurrir a la ejecución de la deuda en vía tributaria en la que rige el principio de autotutela de la Administración, y, en su caso, perseguir las eventuales insolvencias punibles.

Más discutido es si comete el delito quien no solo omite pagar, sino también declarar. La doctrina está dividida entre quienes consideran que basta con eso para cometer el delito, y quienes exigen que se realice un hecho adicional que dote a la conducta del componente defraudatorio que la caracteriza. En el fondo, el punto de discrepancia entre las distintas posturas gira en torno al significado que deba darse al silencio del contribuyente, pues mientras que para unos equivale a un engaño por omisión que permite apreciar el componente defraudatorio nuclear del delito, para otros no pasa del incumplimiento de una obligación formal (art. 29 LGT) de naturaleza administrativa.

En la Jurisprudencia, parece imperar la primera interpretación, de acuerdo con la cual la omisión de la declaración seguida de impago es delictiva siempre que se actúe intencionadamente. Con ello, se dice, se evita el trato más favorable que, de otro modo, obtendría quien ni tan siquiera se toma la molestia de presentar la declaración frente a quien la presenta alterada

En la fundamentación de la incriminación de la omisión se ha repetido un argumento que, entre otras, recoge la STS 274/1998, 25-2 (*Tol 78299)*, invocando la STS 2-3-1988: *"y es patente —añadimos que quien omite la declaración exigida con intención de eludir el impuesto «totalmente» no debe ser de mejor condición de quien, en su declaración, desfigura o manipula las bases tributarias para pagar «menos de lo debido"*; en este sentido, STS 20-11-1991 (*Tol 459601*): *"Se recuerda que este delito se comete, no sólo por acción, sino también por omisión, incumpliendo el contribuyente la obligación legal de presentar ante los órganos competentes de la Hacienda Pública las pertinentes declaraciones y autoliquidaciones y realizar después el correspondiente pago de las cuotas tributarias resultantes de éstas, (...) Pero esto es una cosa y otra muy distinta es que de ese silencio —cualquier medio comisivo está en condiciones de integrar la plataforma de hecho del delito— haya de obtenerse, con una especie de presunción indestructible, la existencia de dolo. Por eso enseguida hay que añadir que siempre que se halle presente el ánimo defraudatorio (S. 2-3-1988) habrá delito, no cuando este «animus» no esté presente pues otra interpretación conduciría a la resurrección de la definitivamente destruida prisión por deudas"*. Asimismo, SSTS 1590/2003, 22-4-2004 (*Tol 564827)*: *"El motivo debe ser desestimado. Ha señalado esta Sala reiteradamente que el delito fiscal, como se infiere de su definición típica, no constituye una modalidad del delito de estafa que requiera una determinada mise en scene o comportamiento engañoso para provocar un desplazamiento patrimonial inducido por error, sino un delito de infracción de deber que se comete por la elusión dolosa del tributo (desvalor de la acción) en su cuantía típica (desvalor del resultado), consistiendo el dolo o ánimo defraudatorio en el conocimiento de las circunstancias que generan el deber de declarar y en la voluntariedad de la conducta elusiva, generalmente omisiva"*, y 209/2019, 22-4 (*Tol 7205216*).

Ahora bien, alguna sentencia va un poco más allá y exige que en la comprobación del componente defraudatorio se examine si la omisión "supone una ocultación de la realidad tributariamente relevante", lo que puede depender del tipo de tributo y de si su conocimiento se fía esencialmente a la declaración del obligado tributario (MORALES PRATS) o, por el contrario, la Administración puede tener conocimiento del hecho imponible al margen de la declaración, como sucede cuando se escritura la compraventa por la que no se abona el IVA (DE LA MATA BARRANCO).

En este sentido apunta la STS 1505/2005, 25-11 (*Tol 809309*): *"El deber impuesto, deber de contribuir, se cumple, pues, atendiendo a dos aspectos: declarar y pagar. La infracción de cualquiera de ellos podría tener consecuencias de naturaleza tributaria. Sin embargo, lo que penalmente se sanciona no es la omisión de la declaración por sí misma, formalmente considerada, aislada de cualquier valoración. Ni tampoco el impago, entendido como omisión del ingreso material del dinero, si ha mediado una declaración veraz. Pues el tipo exige una conducta defraudatoria y no el mero incumplimiento de deberes tributarios. De esta forma, la omisión de la declaración solo será típica si supone una ocultación de la realidad tributariamente relevante. Es cierto que normalmente la omisión de la declaración supone la ocultación dolosa del hecho imponible, y la declaración presentada falseando los datos implica una ocultación de las características de aquél que dan lugar a la deuda, tratándose de conductas equiparables. Es por eso que, en principio, una vez finalizado el plazo para la declaración voluntaria en los tributos periódicos con autoliquidación, sin que se haya presentado ésta, el delito se considera consumado, bastando en esos casos con la mera omisión, puesto que es interpretada y valorada razonablemente como una conducta suficientemente idónea para la elusión del pago del impuesto en cuanto supone la ocultación de la misma existencia del hecho imponible o de sus características".*

En este sentido, véase también la STS (3ª) 29-04-2004 (*Tol 443503)*, que niega la infracción tributaria grave, cuando el Ayuntamiento tenía todos los datos para practicar una liquidación provisional. Así pues, si la conducta no se considera bastante para integrar la infracción administrativa, *ad minus ad maius*, menos aún el ilícito penal.

Reflexión aparte merece la forma omisiva en la modalidad de obtención indebida de devoluciones. Si estas se obtienen con la mera pasividad del beneficiario y no mediante el fraude, queda descartado del delito fiscal (FERRÉ OLIVÉ), sin perjuicio de la posibilidad de plantear el tipo residual de apropiación indebida del art. 254 CP, donde tradicionalmente se ha incluido la apropiación de cosa recibida por error, siempre que pueda afirmarse que la cuantía recibida tiene consideración de "cosa mueble".

1.2.4. El objeto del delito

A través de las sucesivas reformas, el objeto del delito se ha ampliado, pasando de la inicial limitación a los impuestos y beneficios fiscales a la siguiente lista de conceptos.

1.2.4.1. El "*tributo*" (en 1977 solo se hacía mención de los "impuestos" y desde 1985, todos los "tributos"). Este concepto incluye los impuestos, tasas y contribuciones especiales, aunque, en la práctica totalidad de los casos, la cuantía mínima solo se alcance con el fraude de impuestos, y más concretamente, IS, IVA e IRPF.

Según la LGT, los tributos son los *"los ingresos públicos que consisten en prestaciones pecuniarias exigidas por una Administración pública como consecuencia de la realización del supuesto de hecho al que la ley vincula el deber de contribuir, con el fin primordial de obtener los ingresos necesarios para el sostenimiento de los gastos públicos"* (art. 2.1 LGT), e incluyen las *"tasas, contribuciones especiales e impuestos"* (art. 2.2 LGT).

Si bien la ampliación del objeto del delito del "impuesto" al "tributo" se produjo con la reforma de 1985, con anterioridad a la misma, alguna sentencia había admitido su equiparación, acudiendo al concepto social o vulgar de impuesto. Así, la STS 29-6-1985: *"a) la utilización del término impuesto lo ha de ser en relación al artículo 26 de la Ley general tributaria de 1963 (tributos en sus variantes de tasas, contribuciones especiales e impuestos)".*

Entre estos, de acuerdo con el Primer Informe del Observatorio del delito fiscal de la Agencia tributaria y el Ministerios de Justicia, 2006, de todos los tributos, son los impuestos y, en especial, el IRPF, el IS y el IVA, los que protagonizan la mayor parte de delitos fiscales.

1.2.4.2. Las "*cantidades retenidas o que se hubieran debido retener*" (desde 1995). Estas son las cantidades que se deben "*detraer e ingresar en la Administración tributaria, con ocasión de los pagos que deba realizar a otros obligados tributarios*" (art. 37.2 LGT), así, por ejemplo, las referidas en el art. 99.1, a) de la Ley 35/2006, 28-11, del impuesto sobre la renta de las personas físicas.

La inclusión de las cantidades "que se hubieran debido retener" permite aplicar el delito en el ámbito de la economía sumergida.

1.2.4.3. Los "ingresos a cuenta" (desde 1995, y modificado en 2012). A tales ingresos se refiere el art. 37.3 LGT, que incluye tanto las rentas en especie como las dinerarias. Quedan indistintamente incluidas en el tipo desde que la LO 7/2012 diera respuesta al vacío de punibilidad denunciado por la Doctrina (MUÑOZ CONDE).

1.2.4.4. Las "devoluciones" (desde 1995). De acuerdo con los arts. 31 y 32 LGT, las devoluciones tienen por objeto las cantidades previamente ingresadas o soportadas como consecuencia del cumplimiento de las obligaciones tributarias o el pago de sanciones. Se discute si cabe incluir en el tipo los supuestos en que se reclaman en concepto de devolución cantidades no ingresadas con anterioridad, o si deben reconducirse al delito de estafa.

1.2.4.5. Los "beneficios fiscales" (desde la primera versión del delito). El concepto de beneficio fiscal puede considerarse inclusivo de las deducciones, reducciones, exenciones, bonificaciones y desgravaciones tributarias (BOIX REIG/ MIRA BENAVENT; MORALES PRATS).

Inicialmente, se planteó el problema de delimitación entre los beneficios fiscales del art. 305 y las desgravaciones objeto del fraude de subvenciones del art. 308 CP. La trascendencia del problema quedó mitigada con la equiparación del límite cuantitativo mínimo de los arts. 305 y 308 CP por LO 5/2010. Por fin, con la reforma de 2012 parecería resolverse el problema de solapamiento, pues el art. 308 ha dejado de hacer referencia a las "desgravaciones". Sin embargo, para quienes consideran que cabe distinguir entre las desgravaciones que afectan al bien jurídico protegido por el art. 305, por un lado, y por el 308, por otro, la cuestión queda abierta.

1.2.5. La cuantía mínima

La cuantía mínima del fraude fiscal se ha elevado paulatinamente hasta alcanzar el actual umbral de 120.000 euros en el caso de los fraudes nacionales y 100.000 euros en los europeos, descendiendo a 10.000 en el tipo atenuado.

En la versión original del delito —el art. 349 del CP 1973 que data de 1977— la cuantía mínima se situó en 2 millones de pesetas; se elevó a 5 millones, en 1985; 15 millones, en 1995; hasta llegar a 120.000 euros, desde 2003 a la actualidad.

Como recuerda MORALES PRATS, en el debate parlamentario de la reforma de 1995 se descartó la adición de un criterio correctivo de la cuantía mínima cifrado en un porcentaje sobre la suma total debida. Entre nuestros antecedentes, solo encontramos una mínima recepción del criterio de la proporcionalidad en la primera versión del delito, en la que, junto a la pena de multa, se preveía la imposición de la pena de prisión solo cuando el fraude superara los diez millones de pesetas y la cantidad defraudada excediera de la décima parte de la cuota procedente.

En cuanto a los fraudes europeos: a) por un lado, la cuantía mínima del tipo básico se ha elevado de los 50.000 ecus originales (LO 10/1995) —convertidos en euros, con la LO 15/2003— a los 100.000 euros actuales (desde la LO 1/2019); b) mientras que el tipo atenuado (solo previsto para los fraudes europeos) ha pasado del arco inicial de 4.000 a 50.000 euros (primero, en la falta del art. 627, y, desde la LO 7/2012, en el delito del art. 305), al actual de 10.000 a 100.000 euros (desde la LO 1/2019). Por otro lado, desde la LO 7/2012, se introduce el criterio del año natural como regla de cálculo de la cuantía.

Como en el resto de los delitos, el art. 305.2 CP dispone unas reglas de cálculo de la cuantía mínima (*vid. supra* ap. II, 3.2).

A la luz de la literalidad del art. 305.1 CP, la cuantía debe referirse a la cuota defraudada objeto de la obligación tributaria principal (art. 19 LGT), el importe no ingresado de las retenciones o ingresos a cuenta o el correspondiente a las devoluciones o beneficios fiscales indebidamente obtenidos o disfrutados. Ello excluye el resto de los conceptos a los que se refiere el art. 58.2 LGT: "a) El interés de demora. b) Los recargos por declaración extemporánea. c) Los recargos del período ejecutivo. d) Los recargos exigibles legalmente sobre las bases o las cuotas, a favor del Tesoro o de otros entes públicos".

Por otro lado, según la regla de cómputo del ap. 2 del mismo artículo, en el caso de tributos periódicos o de declaración periódica, se estará a lo defraudado en cada período impositivo o de declaración, siendo el plazo mínimo de un año—. En el resto de los casos, se estará a lo defraudado por cada concepto.

Art. 305.2 CP:

"Si se trata de tributos, retenciones, ingresos a cuenta o devoluciones, periódicos o de declaración periódica, se estará a lo defraudado en cada período impositivo o de declaración, y si éstos son inferiores a doce meses, el importe de lo defraudado se referirá al año natural. No obstante lo anterior, en los casos en los que la defraudación se lleve a cabo en el seno de una organización o grupo criminal, o por personas o entidades que actúen bajo la apariencia de una actividad económica real sin desarrollarla de forma efectiva,

el delito será perseguible desde el mismo momento en que se alcance la cantidad fijada en el apartado 1.

b) En los demás supuestos, la cuantía se entenderá referida a cada uno de los distintos conceptos por los que un hecho imponible sea susceptible de liquidación".

La regla prevista en el ap. a), es aplicable a los tributos que se hallan en el centro del fenómeno criminal: IRPF, IS e IVA.

Esta norma impide sumar periodos y/o conceptos.

Así, solo a título de ejemplo, STS 290/2018, 14-6 (*Tol 6648246*): "*La redacción típica del delito fiscal, con la doble exigencia de un periodo impositivo, en el caso de un año de duración, y la exigencia de una cuota defraudada de 120.000 euros, permite establecer que en su conformación no pueden adicionarse otros impuestos distintos entre sí, que no caben formas imperfectas y que no cabe conformar la cantidad con defraudaciones de distinta anualidad. Se alude así a un criterio que en la jurisprudencia se ha identificado como de «estanqueidad» en referencia a la exigencia de una cuota tributaria defraudada, 120.000 euros, en un concreto periodo del tributo correspondiente. Esa conformación supone que cada periodo impositivo sea distinto del anterior y del subsiguiente, de manera que cada periodo impositivo habrá de comprobarse, de forma individualizada, la concurrencia del resultado defraudatorio por el importe previsto en la norma penal, los 120.000 euros.*"

De acuerdo con ello, se considera incompatible con la regla del salto de tipo (art. 74.2 CP) que, de otro modo, permitiría acumular las cuantías por fraudes cometidos en distintos periodos o por conceptos diversos. Más controvertida ha sido la interpretación de acuerdo con la cual de lo anterior se sigue la imposibilidad de aplicar la regla del delito continuado del art. 74.1 CP.

En la jurisprudencia, es mayoritaria la posición contraria a la aplicación de la regla del delito continuado prevista en el art. 74.1 CP [entre otras, SSTS 2476/2001, 26-12 (*Tol 130208*); 1590/2003, 22-4-2004 (*Tol 564827*); STS 88/2017, 15-2 (*Tol 5973361*); STS 290/2018, 14-6 (*Tol 6648246*)], apoyándose en los siguientes argumentos: a) La referencia del art. 74.2 CP a los delitos patrimoniales de los que se consideran excluidos los delitos contra la Hacienda Pública; b) La previsión en el art. 305 CP de una regla específica para el cálculo de la cuota que impide acumular los distintos periodos y conceptos; c) Las indeseables repercusiones que la admisión de la continuidad delictiva tendría sobre la extinción de la responsabilidad penal, en la medida en que impediría que ninguna de las infracciones delictivas que pasaran a integrar el delito continuado pudiera prescribir mientras respecto de la última de ellas no hubiera transcurrido el plazo legal (BAÑERES SANTOS); d) y, por fin, que "Sería ilógico que pudiera establecerse una continuidad delictiva respecto a periodos de tributación largos, como el año, pues la esencia de la continuidad radica en la proximidad temporal de las defraudaciones tributarias" [STS 290/2018, 14-6 (*Tol 6648246*)].

En contra, algunos autores (BOIX/MIRA, FARALDO CABANA, DE LA MATA) y alguna sentencia [STS 83/2005, 2-3 (*Tol 667637*)] han defendido la posibilidad de apreciar la continuidad delictiva. Entre los argumentos en favor de esta posición se aduce: que: a) si bien es cierto que el apartado 2º del art. 74 CP restringe su ámbito de aplicación a los delitos "patrimoniales", no sucede lo mismo con el apartado primero; b) además, mientras existieron, las faltas contra la Hacienda europea se consideraron "contra el patrimonio"; c) y el hecho de que el art. 305 sea incompatible con el art. 74.2 no lo hace incompatible con el art. 74.1, de modo que no habría obstáculo a apreciar la continuidad delictiva entre hechos que autónomamente cumplieran el requisito de superar la cuantía mínima por periodo o concepto. Más recientemente, también, Votos particulares a la STS 374/2017, 24-5 (*Tol 6110618*), "Caso Messi", de los magistrados Luciano Varela y Andrés Palomo, que consideraron que debió apreciarse un delito fiscal continuado.

Del periodo anual solo se exceptúan (desde la LO 7/2012) los fraudes cometidos en el seno de organizaciones o grupos criminales o por personas o entidades que actúen bajo la apariencia de una actividad económica real sin desarrollarla de forma efectiva para los que se prevé que el delito sea "*perseguible desde el mismo momento en que se alcance la cantidad fijada en este apartado*".

Regla directamente aplicable a las tramas de fraude del IVA respecto de las que la espera al transcurso del plazo mínimo de un año haría inviable la actuación contra las empresas instrumentales (truchas) de efímera existencia que aparecen como importadoras en las transacciones comerciales intracomunitarias para luego desaparecer, al único efecto de que la destinataria final de la mercancía pueda deducirse un IVA no soportado materialmente, e incluso solicitar devoluciones. Sobre el modus operandi de las tramas de fraude del IVA, que han proliferado en el mercado de material informático, automóviles o hidrocarburos, véase la Instrucción 3/2007 sobre la actuación del ministerio fiscal en la persecución de los delitos de defraudación tributaria cometidos por grupos organizados en relación con las operaciones intracomunitarias del impuesto sobre el valor añadido. En la jurisprudencia, entre otras, STS 717/2016, 27-9 (*Tol 5832598*); o STS 817/2010, 30-9 (*Tol 1972785*).

El mismo supuesto de hecho que da lugar a la aplicación de esta regla es el que fundamenta la aplicación del tipo cualificado del art. 305 bis CP, también introducido en 2012, y que es respecto del que tiene sentido la regla de anticipación del momento de consumación.

Inicialmente, se había discutido si la regla de cálculo del ap. 2 alcanzaba a los fraudes europeos, sitos en el ap. 3. Desde la LO 7/2012 se establece que la cuantía mínima debe alcanzarse "*en el plazo de un año natural*", si se considera que antes no era aplicable la regla del ap. 2, podría ser aplicable retroactivamente en lo favorable.

1.2.6. El dolo típico

El carácter defraudatorio de la conducta hace que solo sea concebible la forma dolosa, lo que queda confirmado por la ausencia de la previsión específica de la imprudencia que de otro modo sería precisa para su sanción (art. 12 CP).

Mientras estuvo vigente el sistema de incriminación abierta de la imprudencia, la LO 6/1995 introdujo el requisito expreso del dolo para salir al paso de posibles dudas. Sin embargo, no habría de durar ni medio año, pues con la aprobación del Código por LO 10/1995 y la previsión del sistema de incriminación específica (art. 12 CP), en la actualidad, puede deducirse del mero silencio legal. En la jurisprudencia, solo a título de ejemplo, STS 1599/2005, 14-11 (*Tol 809370*).

Otra cosa es que la forma imprudente pueda castigarse en vía administrativa. Como prevé el art. 183 LGT: *"Son infracciones tributarias las acciones u omisiones dolosas o culposas con cualquier grado de negligencia que estén tipificadas y sancionadas como tales en esta u otra ley."* Fuera de estos supuestos, no cabe responsabilidad penal ni administrativa (STC 76/1990, 26-4), sino sólo la reclamación de la deuda.

La misma suerte que la imprudencia corre el error de tipo. De modo que, en los supuestos de declaración improcedente por una interpretación equivocada de las normas aplicables la conducta será penalmente impune, con independencia de la posibilidad de responsabilidad administrativa.

Lógicamente, para quienes el error sobre la existencia de la obligación tributaria debe tratarse como error de prohibición la respuesta penal varía. En todo caso, como recoge MARTÍNEZ-BUJÁN, cada vez son más las voces que se inclinan por considerar el error con relación a la obligación tributaria como error de tipo.

Ahora bien, nada permite excluir el dolo eventual [a favor de su admisión, por ejemplo, MARTÍNEZ-BUJÁN PÉREZ; SSTS 523/2015, 5-10 (*Tol 5537036*); 951/2023, 21-12 (*Tol 9856663*); 298/2024, 8-4 (*Tol 9980988*), y 645/2025, 4-7 (*Tol 10629355*)], como tampoco el dolo de consecuencias necesarias.

Se ha planteado el dolo eventual y el de consecuencias necesarias en supuestos en que el objetivo último de la presentación de las facturas falsas no ha sido el impago del tributo societario, sino la ocultación de la apropiación indebida de bienes sociales por parte del administrador. En tales casos, a la apreciación de un fraude fiscal por dolo eventual [como plantea la STS 523/2015, 5-10 (*Tol 5537036*)] o de consecuencias necesarias [como aprecia la STS 665/2016, 20-7 (*Tol 5785328*)], se opone el sinsentido que entraña integrar en la base imponible del tributo societario los fondos de los que no ha disfrutado la sociedad, como indirectamente reconoce la STS 665/2016 que solo declara la responsabilidad civil derivada del delito al administrador. A lo sumo, podría apreciarse un delito tributario por parte del autor de la apropiación indebida si concurrieren los requisitos de la doctrina de la tributación de rentas ilícitas [STS 1493/1999, 21-12, "Caso Roldán" (*Tol 5160255*), FD 29 ss.; o STS 20/2001, 28-3, "Caso Urralburu", (*Tol 4914117*), FD 28 s].

El dolo debe abarcar el conocimiento de la existencia de la deuda y la falta de cumplimiento de la correspondiente obligación de pago, pudiendo hacerlo. En palabras de la STS 801/2008, 26-11 (*Tol 1413517*): "*conciencia clara y precisa del deber de pagar y la voluntad de infringir ese deber*".

Constituye una cuestión debatida si la superación de la cuantía mínima debe ser abarcado por el dolo. Para quienes esta constituye una condición objetiva de punibilidad (Jurisprudencia mayoritaria), la consecuencia lógica habría de ser que no tuviera que ser abarcada por el dolo, aunque no siempre se asumen las implicaciones jurídicas de esta teoría hasta sus últimas consecuencias. Precisamente por este motivo, se plantea el problema del conocimiento de la cuantía defraudada y la superación del límite mínimo por parte del cooperador necesario (*vid supra*).

Para su afirmación deberá estarse a las reglas ordinarias de prueba de los elementos subjetivos en el proceso penal.

Queda fuera de toda duda el rechazo de presunciones legales como la prevista en la originaria regulación del delito de 1977 que deducía automáticamente el ánimo de defraudar de la concurrencia "de falsedades o anomalías sustanciales en la contabilidad y en el de negativa u obstrucción a la acción investigadora de la Administración tributaria."

En la práctica, es frecuente la alegación de falta de conocimientos fiscales y conciencia de la infracción por parte de quienes actúan apoyados en la labor profesional de asesores o gestores. Sin embargo, no basta con la delegación de tareas para la negación del dolo [SSTS 145/2022, 17-2 (*Tol 8818511*), y 645/2025, 4-7 (*Tol 10629355*)]. También es frecuente la invocación del desconocimiento de la maquinación defraudatoria por parte de quien consta como mero administrador formal de la empresa sin los conocimientos técnicos precisos. Sin embargo, ese mismo hecho puede ser un indicio de todo lo contrario, como en la STS 601/2021, 7-7 (*Tol 8511140*).

Tratándose de un elemento subjetivo, la solución no admite generalizaciones y dependerá necesariamente de las circunstancias concurrentes en cada caso. Así, aprecia el dolo, criticando el indiscriminado empleo de la expresión "ignorancia deliberada", la STS 374/2017, 24-5 (*Tol 6110618*), "Caso Messi", en un supuesto de uso de personas interpuestas y deslocalización de la deuda; niega la responsabilidad de la esposa del condenado la STS 726/2020, 11-3 (*Tol 8401538*), que confirma la ausencia de dolo; afirma la responsabilidad por ignorancia deliberada del administrador formal la STS 296/2020, 10-6 (*Tol 8071754*); la STS 619/2021, 9-7 (*Tol 8547142*), sin entrar en la general admisibilidad del dolo en supuestos de "ignorancia deliberada", se limita a analizar si en el caso concreto concurrieron los elementos intelectivos y volitivos que lo conforman, que en el caso considera probados: "*Esa doctrina no puede convertirse en una varita mágica que, debidamente agitada en cualquier contexto propicio, diluya groseramente todos los problemas probatorios atinentes a elementos internos o subjetivos. Esa herramienta dogmática —ignorancia deliberada— está vinculada al dolo eventual, cuya base fáctica debe estar descrita, de forma explícita o implícita —pero clara e inequívoca en cualquier caso—, en el hecho probado. No es suficiente con argüir que se actuó con desidia; o que era exigible mayor atención; o que es incorrecto y reprochable desentenderse de esos temas; o que la titularidad material hace responsable, sin matiz posible, al obligado tributario de su imprudente indolencia o de un cómodo dejar hacer. Es necesario acreditar que actuó con indiferencia hacia un resultado delictivo imaginado o sopesado; es decir, que prefería no saber precisamente porque se representaba de forma real la posibilidad de que se estuviese incurriendo en una conducta defraudatoria y sin importarle esa consecuencia, ni su contribución a ella; que, justamente por ello, optó por mantenerse al margen de los detalles, sin cerciorarse de que no era así*".

En todo caso, debe diferenciarse el dolo de la finalidad última del mismo: El delito no exige ningún elemento subjetivo añadido, pero tampoco decae por el solo fin de refinanciar la empresa si para ello se recurre al fraude [STS 639/2021, 15-7 (*Tol 8521855*)].

2. El tipo atenuado por regularización extemporánea (art. 305.6 CP)

Desde la LO 7/2012, se prevé un tipo atenuado por regularización extemporánea. En esencia, coincide con la atenuante genérica de reparación del daño (art. 21.5 CP), que en caso de aplicarse como muy cualificada también permitiría la reducción de la pena en uno o dos grados (art. 66.1, 2ª CP). Ahora bien, mediante su sustracción de las reglas del art. 66 CP se evita que la concurrencia de una agravante, como, por ejemplo, la reincidencia, bloquee la rebaja de hasta dos grados, como sucedería en caso de aplicación del art. 66 CP (art. 66.1, 7ª CP). Con ello se blinda el incentivo en favor de la reparación, también para los reincidentes. En contrapartida, se endurecen los requisitos. Para empezar, se adelanta el límite temporal respecto de la atenuante genérica que puede tener lugar hasta las puertas del juicio oral, aunque para que se aprecie como muy cualificada suele exigirse mayor celeridad. Por otro lado, no presenta ninguna diferencia en cuanto al contenido de la reparación, que como en la excusa absolutoria total, aquí también exige que "satisfaga la deuda tributaria". La cuestión es la determinación del contenido de tal deuda. En caso de que se haya practicado la LVD podría haberse devengado algún recargo ejecutivo. En tal caso debería decidirse si forma parte o no, como creemos, de la deuda a cuya satisfacción se condiciona la aplicación del tipo atenuado (*vid. supra*). Por fin, si se exige el pago completo deja fuera supuestos incluidos en la atenuante genérica de pago parcial con especial esfuerzo reparador, que, si bien es más difícil que permitan la atenuante muy cualificada, no está del todo excluido [la aplica, por ejemplo, la SAP de Madrid, núm. 469/2017, 24-7 (*Tol 6379360*), aunque rebaja la pena en un solo grado por el carácter parcial de la misma].

En suma, el ámbito aplicativo de esta cualificación es más estrecho, lo que abre la duda acerca de la posibilidad de aplicación subsidiaria de las atenuantes de confesión y reparación del art. 21.4 y 5 CP cuando no concurran todos los requisitos de la regla específica para el delito fiscal [a favor, por ejemplo, SAP de Vizcaya 86/2018, 17-12 (*Tol 7072123*), o SAP de Madrid, 53/2019, 22-1 (*Tol 7168238*)].

Para terminar con las diferencias entre la atenuante específica y la genérica, debe notarse la distinta redacción utilizada para referirse a las condiciones aplicativas de la rebaja, pues mientras que en el art. 305 se dice que los Jueces y Tribunales "*podrán imponer … la pena inferior en uno o dos grados*", en el art. 66, se prevé que la "*aplicarán*". A pesar de ello, cabe sostener que en aquel la rebaja es también obligatoria, y la discrecionalidad judicial queda reducida a la decisión acerca de si es en uno o dos grados, como también se interpretó respecto de los arts. 66 y 68 CP antes de la reforma de 2003.

3. Modalidades cualificadas (art. 305 bis CP)

El 305 bis CP recoge un tipo cualificado, cuyo núcleo originario procede de la LO 6/1995. Con la reforma de 2012, la conducta pasa del art. 305 al art. 305 bis y con ello del marco penal de 3 a 5 años (mitad superior de la pena que va de 1 a 5) al de 2 a 6.

No es ningún secreto que el objetivo principal de la reforma no era tanto la agravación de la pena cuanto la ampliación del plazo de prescripción, que por esta vía se amplía de 5 a 10 años. De hecho, solo se agrava el límite máximo de la pena de prisión (ni tan siquiera la de multa), que basta para la ampliación de la prescripción, mientras que el límite mínimo que es el que con más frecuencia se aplica, se atenúa [así se destaca en la STS 410/2020, 20-7 (*Tol 8020606)* al hilo de la discusión sobre la competencia jurisdiccional]. En suma: se amplían las posibilidades de persecución del delito sin agravar, necesariamente, la respuesta penal.

Por consiguiente, a efectos de aplicación retroactiva de la ley penal, la reforma del límite máximo (desfavorable) es irretroactiva, mientras que la del límite mínimo (favorable), admite la retroactividad.

Ahora bien, si se tiene en cuenta que, en la realidad criminológica será frecuente la superposición de los tres motivos de agravación, hay también motivos para pensar que la pena no se impondrá en el límite mínimo de dos años, que es el único que ofrece la posibilidad de suspensión de la ejecución.

En cuanto al contenido del tipo cualificado, este coincide, en esencia, con el que tenía antes de su reubicación en el art. 305 bis CP, con algunas modificaciones que afectan a la concreción de la especial gravedad, la normativización de los supuestos de criminalidad organizada y la ampliación de los medios defraudatorios que fundamentan la especial gravedad.

Para terminar con las generalidades sobre el precepto, debe advertirse que, de acuerdo con el ap. 2: "*A los supuestos descritos en el presente artículo les serán de aplicación todas las restantes previsiones contenidas en el artículo 305.*" Por consiguiente, también la posibilidad de atenuación cualificada por regularización extemporánea.

3.1. La superación de la cuantía de 600.000 euros

La reforma de 2012 concreta y cuantifica en 600.000 euros la anterior modalidad cualificada por la "*especial trascendencia y gravedad de la defraudación atendiendo al importe*".

Con anterioridad, el intérprete no contaba con criterios determinados para la apreciación de la cualificación por la *"especial trascendencia y gravedad de la defraudación"*, como observa la STS 31/2012, 19-1 (*Tol 2436612).*

De todos modos, ya se había apreciado en supuestos en que ésta multiplicaba el mínimo legal [SSAP, Guipúzcoa, Sección 2ª, 30-3-2000, y Valencia, Sección 1ª, 20/2000, 1-2]. Por fin, con la STS 31/2012, 19-1, se establecería el criterio del múltiplo por 5 de la cantidad mínima del tipo básico (120.000 euros), que precisamente resulta en 600.000 euros. En este sentido también, la STS 336/2023, 10-5 (*Tol 9556526)*, citando a la STS 31/2012, de 19 de enero, la nueva cuantía resulta de multiplicar por cinco la cuantía del tipo básico y, con anterioridad, ya podía dar lugar a la aplicación del tipo cualificado: *"No nos sirve el criterio cuantitativo determinado y previsto en los delitos contra el patrimonio ya que en ellos se parte de bases absolutamente dispares, en cuanto en esas figuras delictivas, con independencia de la cuantía, siempre constituiría una infracción penal, que será delito si supera los 400 euros y falta si no alcanza esa suma, a diferencia del delito fiscal que sólo es infracción penal, como delito, a partir de los 120.000 euros; igualmente difieren en los bienes jurídicos que se pretende proteger, sin que pueda olvidarse que de seguirse una mera regla de tres con aplicación del criterio que se recoge en el artículo 250.5° del Código Penal, se exigiría una suma defraudada de más de 15.000.000 de euros lo que supondría tanto como hacer* ilusoria la aplicación de esta agravante específica, que supondría un hecho imponible difícilmente alcanzable. (...) Con esas miras, se han tenido en cuenta las cuantías defraudadas en los diferentes delitos *fiscales de que ha conocido esta Sala desde el año 1990, siempre que se hubieran superado los 120.000 euros" (...) nos da una media de cuota defraudada de 519.117,54. La agravante tiene que estar por encima de esa media, que supera el resultado de multiplicar por cuatro la cuantía exigida para que la defraudación pueda ser constitutiva de delito. Así las cosas, atendido que el artículo 305 del Código Penal, en lo que se refiere a la cuota defraudada, exige una especial trascendencia y gravedad de la defraudación para imponer la pena en la mitad superior, pena que podría alcanzarse aunque no concurriese agravante alguna, se considera adecuada y proporcionada a esa especial trascendencia la suma que resulte de multiplicar por cinco el límite de los 120.000 euros, es decir, seiscientos mil euros, que supera en bastante la media a la que se hacía antes referencia".*

Por consiguiente, se cierra definitivamente la puerta a atender a la capacidad económica del sujeto para valorar la gravedad del hecho (que como recuerda MORALES PRATS ya había sido descartada por la jurisprudencia previa a la reforma), sin perjuicio de su consideración a efectos de la determinación de la cuota diaria de la pena de multa, de acuerdo con el art. 50 CP.

Desde el punto de vista procesal, la especial magnitud del fraude entra en consideración entre los criterios de atribución de la competencia a la Audiencia Nacional ex art. 65.1.c) LOPJ. Así, STS 6-6-2013 (*Tol 3878392)*, acerca de un fraude en el IVA, en el sector de los hidrocarburos, de cuantía superior a 68 millones de Euros, con ubicación de parte de la trama fuera del territorio nacional, lo que por sí solo ya permitiría acudir al art. 65.1.e) LOPJ.

3.2. La actuación en el seno de una organización o grupo criminal

La previsión de esta modalidad se inscribe en la órbita de la política criminal de lucha contra la criminalidad organizada, que en materia de fraude fiscal había mostrado su potencial criminógeno en hechos como el que es objeto de la Instrucción de la Fiscalía General del Estado 3/2007, sobre la actuación del Ministerio Fiscal en la persecución de los delitos de defraudación tributaria cometidos por grupos organizados en relación con las operaciones intracomunitarias del impuesto sobre el valor añadido.

Según la FGE 3/2007, el fraude se comete "*cuando, para evitar que la empresa que realiza una adquisición intra— comunitaria pague el IVA correspondiente, se simula que no es ella quien la efectúa, sino otra sociedad que, por tanto, es presentada como el sujeto que ha de asumir el pago del tributo. Esta sociedad interpuesta, conocida en la práctica comunitaria como missig trader, y en la española como "trucha", porque suele desaparecer cuando la Administración Tributaria se dirige a ella por primera vez, a continuación finge transmitir los bienes a la empresa que desde el inicio era su verdadero destinatario —a la que en español se da el nombre, entre otros, de "mayorista" o "destinatario final" y en inglés el de broker—, a la que emite una factura, en la que se consigna el IVA correspondiente a esta operación interior*".

También aquí podemos hallar un antecedente directo en la anterior modalidad cualificada, que la nueva regulación contribuye asimismo a concretar y perfeccionar.

Con anterioridad a la LO 6/1995 por la que se introdujo el tipo cualificado que precede al actual, para el castigo de la criminalidad organizada se recurría al concurso del delito fiscal con el de asociación ilícita. Así, STS 45/2018, 26-1 (*Tol 6499063)*, aprecia el delito de asociación ilícita, en concurso con el delito fiscal, en un supuesto de "*creación de un entramado de sociedades que han sido empleadas en la adquisición y comercialización de aparatos de telefonía y material informático aprovechándola legislación comunitaria para adquirir sin IVA pro empresas que a su vez revendían, esta vez con el importe del impuesto, desapareciendo sin dejar rastro*"; STS 310/2018, 26-6 (*Tol 6672268*): "*En realidad los acusados ... convirtieron a sus sociedades DMJ y Woxter en asociaciones ilícitas, en empresas criminales, porque defraudaban sistemáticamente sus deberes tributarios, al tiempo que pactaban con los otros acusados un acuerdo estable para el suministro de facturas falsas con las que aparentar y declarar un Iva no soportado. Aunque solo este último hecho haya sido contemplado por las acusaciones y sea objeto de imputación*".

La actual redacción sustituye la anterior referencia a la "estructura organizativa" por la más precisa mención de la "organización y grupo criminal" definidos normativamente en los arts. 570 bis y 570 ter CP que entran en concurso de leyes con este. El hecho de que ambos fenómenos se reúnan en una única modalidad cualificada no impide utilizar la discrecionalidad judicial para diferenciar la pena aplicable a uno y otro.

Por otro lado, se suprime la anterior referencia a que el fraude "afecte o pueda afectar a una pluralidad de obligados tributarios", que había sido objeto de crítica por incomprensible por la doctrina (MORALES PRATS).

Por fin, aunque no se diga explícitamente, en la aplicación del tipo habrá de atenderse a la funcionalidad del grupo u organización a la comisión del delito (MORALES PRATS), pues lo contrario convertiría a esta norma en una manifestación del derecho penal de autor.

3.3. La utilización de persona interpuesta y otras maniobras elusivas

El contenido básico de esta modalidad también se hallaba en la versión original de la cualificación, si bien, desde 2012, se amplía a más supuestos.

Con anterioridad, la aplicó, por ejemplo, la SAP, Valladolid, Sección 4ª, 24/2006, 20-1 (*Tol 824875*).

Se ha discutido acerca de la posibilidad de *bis in idem* cuando el medio defraudatorio consiste precisamente en la utilización de persona interpuesta. No aprecia tal vulneración, sin embargo, la STS 740/2018, 6-2 (*Tol 7059107*) en un supuesto de cesión de derechos de imagen a una empresa domiciliada en un paraíso fiscal inserta en una estructura societaria con sede varios países.

Por un lado, la cualificación se aplica a supuestos de utilización de persona interpuesta, como ya se preveía en su primera versión, especificándose ahora que puede ser física (hombres de paja) o jurídica (sociedades instrumentales o de fachada, "truchas", etc.), además de entes sin personalidad jurídica.

La STS 974/2012, 5-12 (*Tol 2721470*), subraya que la anterior regulación no especificaba si el tipo se extendía a personas físicas y jurídicas, a pesar de lo cual la cualificación ya era extensible a estas: "*Resulta clara la extensión a éstas, cuyo empleo resulta generalizado —sobre todo en sectores como el inmobiliario: mediante —la interposición en transacciones de bienes inmuebles, o derechos sobre los mismos, de sociedades sin actividad para residenciar en las mismas las plusvalías o incrementos de patrimonio obtenidos en la operación, que luego no declaran, resultando para la Hacienda Pública difícil o imposible cobrar los impuestos correspondientes a dichas entidades al carecer de patrimonio y ser sus socios insolventes o encontrarse en paradero desconocido, ya que los beneficios, tras seguir caminos más o menos intrincados terminan en manos del primer vendedor. Estas sociedades interpuestas llamadas también fachada o pantalla —pueden dificultar el descubrimiento del verdadero destinatario de las ventas de diversas formas. Es frecuente hacer figurar al frente de las mismas a personas ajenas al negocio, bien mediante el pago de un precio por acudir simplemente a firmar los documentos o escrituras a notarias o registros públicos, o bien simplemente usurpando directamente la personalidad de terceras personas mediante utilización de documentos de identidad falsos o sustraídos a sus propietarios. Existe otra forma de dificultar la identificación de los titulares, más sofisticada, que consiste en el enmascaramiento de los titulares mediante el empleo de sociedades cuyos accionistas son a su vez otras entidades mercantiles, cuando así sin entramado de sociedades, concurriendo a veces que las compañías participes figuran con domicilio en el extranjero, principalmente en los denominados paraísos fiscales, siendo el acceso a sus registros mercantiles y entidades de crédito —a través de las correspondientes comisiones rogatorias— complejo y las más de las veces infructuoso. Por tanto, con el empleo de estas entidades, se consigue la opacidad de operación al desconocerse la identidad de los verdaderos socios y el destino formal de los beneficios obtenidos. Por ello los tribunales han tratado de evitar la impunidad de las operaciones efectuadas sirviéndose de sociedades mercantiles, venciendo las dificultades probatorias respecto de aquellas personas físicas que amparan sus conductas bajo una apariencia societaria. Dicha andadura se inició dentro de la jurisdicción civil, mediante sentencia Sala 1ª del Tribunal Supremo de 28.5.84, trasladándose al ámbito penal mediante las sentencias de la Sala Segunda de 24.7.89, respecto de un delito de alzamiento de bienes —y finalmente aplicada a un supuesto de delito fiscal en la de 20.5.96—. Esta doctrina denominada del "levantamiento del velo", tiene su origen en Estados Unidos precisamente para salvar la amenaza de que en determinados sectores industriales las empresas pudiesen eludir el control fiscal, mediante su constitución y domicilio en países extranjeros, basándose en la idea de "mirar la sustancia y despreciar la forma".*

Sobre el problema de persecución de los fraudes realizados utilizando personas físicas y jurídicas interpuestas, son de especial interés las reflexiones del Fiscal de Pontevedra recogidas en la Memoria FGE de 2018.

Nada dice el tipo acerca de que la persona interpuesta no pueda tener actividad económica lícita junto a la ilícita. Por lo tanto, de la mención del Preámbulo de la LO 7/2012 (sobre la cualificación análoga del art. 307 bis) a las "*empresas ficticias creadas con el único fin de obtener prestaciones del Sistema*" no puede derivarse una inexistente restricción típica, pues el hecho de que estén en el centro de las preocupaciones del legislador no significa que el tipo se acote a ellas. Ello sin perjuicio de poder tenerlo en cuenta a los efectos de que la entidad quede sujeta al régimen del art. 31 bis o 129 CP.

Por otro lado, la cualificación también es aplicable al empleo de "*negocios o instrumentos fiduciarios o paraísos fiscales o territorios de nula tributación*".

Tal como advierte el Preámbulo de la LO 7/2012, para la interpretación del concepto de paraíso fiscal o territorio de nula tributación puede acudirse a la Disposición adicional primera de la Ley 36/2006, de 29 de noviembre, de medidas para la prevención del fraude fiscal, en la que se define el concepto de *"jurisdicción no cooperativa"*.

Ahora bien, para la aplicación del tipo cualificado no basta con el recurso a tales técnicas, es preciso que con ello se "oculte o dificulte la determinación de la identidad del obligado tributario o del responsable del delito, la determinación de la cuantía defraudada o del patrimonio del obligado tributario o del responsable del delito". En la actualidad, no es preciso que se llegue a ocultar la identidad (como en la anterior versión), basta con que se dificulte, como por lo general sucederá en los supuestos en que se llega a descubrir la trama. Además, puede aplicarse no solo cuando ello afecta al obligado tributario, sino también al responsable del delito (lo que según MORALES PRATS es superfluo por el carácter especial del delito), o a la cuantificación de la deuda

4. Concursos

4.1. La tributación de rentas de origen delictivo

Antes de decidir si es posible cometer un delito fiscal por la falta de tributación de rentas de origen delictivo, es preciso afirmar la existencia de tal obligación, lo que es discutido. En contra, se alzan quienes consideran que sería inconstitucional obligar a declarar las rentas procedentes del delito. En primer lugar, por lo que supondría de vulneración del derecho a no declarar contra uno mismo ni a confesarse culpable (art. 24 CE). En segundo lugar, porque de admitirse, podría vulnerar la prohibición de *bis in idem* por castigar primero la obtención de los ingresos y luego su disfrute, dejando de lado los añadidos problemas concursales que podrían plantearse con el delito de blanqueo de bienes procedentes de un delito fiscal.

La solución del TS es ambigua. No excluye absolutamente la posibilidad de castigo de la omisión de tributación de las rentas de origen delictivo, excepto cuando: "*...1º) nos encontremos ante ingresos de una pluralidad de fuentes o que sólo de manera indirecta tengan un origen delictivo porque los beneficios del delito han sido reinvertidos y han dado lugar a nuevas ganancias, no cabe apreciar el concurso normativo 2º) Que el delito inicial sea efectivamente objeto de condena. Cuando no suceda así, por prescripción, insuficiencia probatoria u otras causas, debe mantenerse la sanción por delito fiscal, dado que el desvalor de la conducta no ha sido sancionado en el supuesto delito fuente y 3º) que la condena penal del delito fuente incluya el comiso de las ganancias obtenidas en el mismo o la condena a su devolución como responsabilidad civil* [...]" [STS 769/2008, 30-10 (*Tol 1413534*) y citadas a continuación].

La primera de estas sentencias fue la STS 649/1996, 7-12 (*Tol 6467*), "Caso Nécora", que aprecia un delito fiscal por falta de tributación de las ganancias ilícitas. En la misma línea se pronuncia la STS 1493/1999, 21-12 (*Tol 272623*)," *Caso Roldán"*, en la que se aprecia un concurso de delitos entre las infracciones antecedentes (delitos continuados de cohecho, malversación, estafa y falsedades) y los delitos fiscales por los que se condena a uno de los imputados; así como entre el encubrimiento y el delito fiscal por el que se condena al otro. La apreciación del concurso de delitos se fundamenta en este caso en la existencia de hechos distintos, pues no sólo se dejó de pagar a Hacienda, sino que, además, se obtuvieron devoluciones indebidas: (FFJJ 32º a 35º) *"no nos encontramos ante una única acción doblemente sancionada sino ante una actividad delictiva plural en la que la sanción de alguna de las conductas no absorbe todo el disvalor y reproche que la totalidad de la conducta merece".* En la misma línea, se pronuncia la STS 20/2001, 28-3 "Caso Urralburu", que a diferencia de la anterior sólo aprecia un concurso de leyes entre los delitos antecedentes y el delito fiscal: *"cuando los incrementos patrimoniales que generan el delito fiscal proceden de modo directo e inmediato de un hecho delictivo que también es objeto de condena (con la consiguiente pérdida de los beneficios derivados del mismo por comiso o indemnización) dado que en estos concretos supuestos la condena por el delito que constituye la fuente directa e inmediata del ingreso absorbe todo el desvalor de la conducta y consume al delito fiscal derivado únicamente de la omisión de declarar los ingresos directamente procedentes de esta única fuente delictiva" (FJ 27º). En esta sentencia, el TS se reafirma en su doctrina previa, según la que el principio de igualdad tributaria impide dispensar un trato más favorable al infractor de la ley, rechazando la vulneración del art. 24 CE, a la vez que afirma que en este caso procede apreciar un mero concurso de leyes, que debe resolverse a favor del delito antecedente cuando sobre aquél hubiera recaído condena.* La misma doctrina sigue la STS 113/2005, 15-9 (*Tol 738501*), que manteniendo la condena por apropiación indebida absuelve por fraude fiscal; y STS 906/2009, 23-9 (*Tol 1639030*), que absorbe el delito fiscal en el de apropiación indebida. Sobre los problemas de prueba de la tributación de incrementos de patrimonio no justificados, la STS 284/2019, 30-5 (*Tol 7296399*) considera que

"La afirmación de que proceden de operaciones realizadas en ese ejercicio y que, en consecuencia, deben ser computadas en la liquidación del impuesto correspondiente al mismo, requiere de la existencia de indicios que corroboren ese primer dato, consistente en el mismo hecho del afloramiento en ese concreto ejercicio fiscal. Para desvirtuar el significado de ese primer indicio, basta que el acusado aporte "una explicación alternativa mínimamente razonable o plausible no desvirtuada por la acusación, pues en tal caso la duda razonable ha de resolverse a favor del acusado".

4.2. El concurso entre el fraude fiscal y el blanqueo

La posibilidad de que el delito fiscal sea presupuesto del blanqueo de capitales se deduce por algunos del art. 1.2 de la Ley 10/2010 que califica la cuota defraudada como bien procedente delito.

De acuerdo con el art. 1.2, párr. 2 de la Ley 10/2010: *"A los efectos de esta Ley se entenderá por bienes procedentes de una actividad delictiva todo tipo de activos cuya adquisición o posesión tenga su origen en un delito* [...] *con inclusión de la cuota defraudada en el caso de los delitos contra la Hacienda Pública"*. Sin embargo, se discute su validez para el Derecho penal.

Como es sabido, fue precisamente la asunción de tal posibilidad la que llevó al legislador de 2012 a reformular la regularización tributaria con el objetivo —frustrado, por cierto— de definirla como una causa de atipicidad sobrevenida que impidiera la responsabilidad tanto por uno como por otro delito. Por esta vía se pretendía incentivar al pago de la deuda sin miedo a la subsidiaria sanción por blanqueo —aunque el legislador hubiera podido conseguir idéntico resultado mediante la introducción del blanqueo en la lista de los delitos beneficiados por la excusa absolutoria—.

El efecto de la admisión del delito de blanqueo de los bienes procedentes del delito fiscal había de ser el castigo del defraudador respecto del que hubiera transcurrido el plazo de prescripción por el delito fiscal.

La Memoria FGE de 2018 se manifiesta abiertamente acerca de los beneficios prácticos de la solución: *"El blanqueo, como figura subsidiaria, puede ser una construcción típica razonable a aplicar a conductas de testaferros, en los casos en los que no es posible aplicar la cooperación necesaria en el delito base, y en otros casos en los que el derecho penal, con sus tipos clásicos de defraudación llega tarde para aplicarse o se presentan razones procesales insalvables de calidad probatoria; no debemos olvidar que, generalmente, estamos ante grupos que manejan sociedades interpuestas o se sirven de típica transacciones informáticas para diluir el producto económico del delito previo"*.

Sin embargo, la solución es controvertida, y los argumentos basados en lo que disponen las leyes administrativas, la voluntad del legislador, o las ventajas prácticas de la misma son insuficientes. En todo caso, es preciso distinguir entre las diversas modalidades comisivas, como a continuación se explica.

4.2.1. Delito fiscal y blanqueo en conductas de elusión

El delito fiscal, en su modalidad de elusión de impuestos (no declaro o declaro menos de lo que corresponde), tiene como punto de partida que la actividad de la que obtengo la riqueza es lícita. Las rentas procedentes de actividades delictivas, en principio no son susceptibles de tributación sino de comiso. El enriquecimiento que el autor obtiene, al evitar la cuota impositiva, no tiñe de ilícito el origen de los recursos procedentes de su actividad laboral o negocial. Además, entender como constitutivo de un delito de blanqueo de capitales el empleo en cualquier actividad de los recursos ocultos al fisco, llevaría aparejado como consecuencia propia de este delito el comiso de estos (art. 127.1), lo cual supondría una consecuencia absolutamente desproporcionada y lesiva para con el principio "*ne bis in idem*".

A pesar de ello, en la jurisprudencia se admite, desde la STS 974/2012, 5-12, FD 37 (*Tol 2721470), "*Caso Ballena Blanca"): "La postura favorable a que el *delito fiscal* pueda ser antecedente del delito de blanqueo parte de una premisa básica cual es que no se debe confundir el blanqueo de la cuota defraudada con el blanqueo de los fondos que dan lugar a la cuota defraudada"; también la STS 182/2014, 11-3 (*Tol 4152875)*, aunque en el caso concreto no la aprecie por falta de precisión de la concreta cuota blanqueada, y STS 277/2018, 8-6 (*Tol 6634012)*, "Caso Noos".

4.2.2. Delito fiscal y blanqueo en conductas de solicitud de devoluciones

Distinto resultado se produce en aquellos casos en los que el delito fiscal se comete mediante la solicitud indebida de devoluciones. En tales supuestos el enriquecimiento del autor no deriva de la actividad negocial o mercantil lícita, cuyos beneficios son ocultados al fisco, sino que la causa directa de su incremento patrimonial es la propia conducta delictiva.

Quizá en estos supuestos de percepción indebida de cantidades cabe imaginar teóricamente que la disposición de las sumas así percibidas pudiera integrar una conducta propia de blanqueo, sin embargo, presenta dificultades de orden práctico. Así, en caso de que la Hacienda detecte que la entrega de las devoluciones fue indebida y denuncie o inste al sujeto a su devolución, si este oculta o transforma los bienes la conducta se acomodaría mejor con el tipo de frustración de la ejecución. Por otro lado, en los casos en que las devoluciones obtenidas se destinen a la propia actividad empresarial empleándolas para abaratar el producto —fenómeno frecuente en los conocidos "fraudes carrussel" o "tramas de IVA"—, no resultará fácil escindir la conducta defraudatoria de la conducta propia de blanqueo. Por último, tampoco será posible usar los medios de detección habituales en los procedimientos por blanqueo de capitales consistentes en indicios de ingresos o nivel de vida elevado sin justificación aparente, ya que, los recursos obtenidos por esta vía nunca podrán ser calificados como clandestinos al derivar su procedencia nada más y nada menos que de las arcas del Ministerio de Hacienda

A título de ejemplo, aprecia delito fiscal por obtención de devoluciones indebidas, junto con contrabando y blanqueo la STS 649/2017, 3-10 (*Tol 6375521)*.

IV. EL FRAUDE A LA SEGURIDAD SOCIAL

Este tipo se introdujo con la reforma de junio de 1995 para poder perseguir los fraudes contra la función recaudatoria de la Seguridad social, que hasta la fecha sólo podían tener cabida en los delitos patrimoniales clásicos como la apropiación indebida (con matices y problemas), los delitos contra los derechos de los trabajadores o las infracciones administrativas [Real Decreto Legislativo 5/2000, de 4 de agosto, por el que se aprueba el texto refundido de la Ley sobre infracciones y sanciones en el orden social (LISOS), arts. 22 ss.].

Hasta 1995, Doctrina y Jurisprudencia habían rechazado la calificación del impago de la cuota de la Seguridad social como delito fiscal, en atención a que no constituía un tributo, y la Hacienda de la Seguridad social tenía su propia caja (MARTÍNEZ— BUJÁN, BRANDÁRIZ GARCÍA, DE VICENTE MARTÍNEZ). Sin embargo, la Jurisprudencia no deducía de ello la impunidad de la conducta, sino que admitía la calificación como "apropiación indebida" a partir de la construcción civil de la *constitutum possessorium*, por la que, a partir del momento de pago del salario con obligación de retención de la cuota obrera, el empresario pasaba a considerarse mero poseedor de la parte de sus bienes que quedaban afectados por la obligación.

Sobre la evolución jurisprudencial de este criterio interpretativo, véase la Consulta 2/1996, 19-2 FGE, acerca de la Consideración penal sobre el impago de la cuota obrera, que sitúa el inicio de esta doctrina en la STS 30-10-1971, luego recogida en la STC 8/1981, 30-3. En palabras de la citada STS 30-10-1971: "*Desde el momento* —razona la Sentencia de 1971— *en que el empresario pagaba los salarios de sus productores, se producía un desplazamiento patrimonial de su importe que se desintegraba del empresarial para insertarse en el de los respectivos obreros, de tal forma que la retención que realizaba de parte de tal salario por mandato legal, para abono de la participación obrera en las cuotas de la Seguridad Social, quedaba ya en su poder no como propietario, sino en calidad de mero depositario que venía, también por ministerio de ley, obligado a entregar lo retenido y depositado en el Instituto Nacional de Previsión*".

Sin embargo, esta solución presentaba algunos problemas y límites aplicativos (críticamente, MARTÍNEZ-BUJÁN PÉREZ, BRANDARIZ GARCÍA). En primer lugar, se denunciaba que la doctrina de la *constitutum possessorium* se apoyaba en una ficción, pues en ningún momento el empresario había recibido bienes ajenos para destinarlos a un fin determinado, como exige el tipo de apropiación indebida. Además, esa construcción sólo servía para los supuestos en que efectivamente se hubiera retenido la cantidad correspondiente. Por lo tanto, no resolvía los supuestos en que, por no haberse practicado la retención, ni se afectaba al patrimonio del particular que no veía mermado su salario, ni al de la Seguridad social que mantenía su derecho de crédito. Por último, se aducía que esta figura no podía servir para sancionar el impago de la cuota empresarial de la que no podía afirmarse que se hubiera recibido de manos ajenas, ni de forma ficticia.

1. Tipo básico (art. 307 CP)

1.1. Sujetos activo y pasivo

Como en el fraude fiscal, la doctrina mayoritaria entiende que se trata de un delito especial propio, del que sólo puede ser autor el obligado al cumplimiento de la obligación frente a la Seguridad social. Por lo tanto, el empresario puede cometer el delito a título de autor, tanto respecto de la cuota empresarial como obrera, atendido que, según el art. 142 LGSS, es el "responsable del cumplimiento de la obligación de cotizar e ingresará las aportaciones propias y las de sus trabajadores, en su totalidad" [en este sentido, STS 760/1997, 18-11 (*Tol 5140140*)].

Los trabajadores no pueden ser autores del delito, excepto en los supuestos en que recaiga sobre ellos la obligación frente a la Seguridad social, como en el caso al que alude MORALES PRATS de artistas y representantes de comercio.

En los casos en que el sujeto sobre el que recaiga la obligación sea una persona jurídica (art. 18.3 LGSS), el juego combinado de los arts. 31 y 31 bis CP permite hacer responder del delito a la persona física que obra en su nombre y a la jurídica en cuyo nombre y beneficio se actúa; mientras que el art. 129 CP permite aplicar las consecuencias accesorias a los entes sin personalidad jurídica a los que también se refiere el art. 18.3 LGSS, así como a las sociedades ficticias cuya única finalidad es la comisión de delitos.

El sujeto pasivo es la Hacienda de la Seguridad social, además del Fondo de Garantía Salarial y el Instituto Nacional de Empleo, en lo relativo a las cuotas y conceptos de recaudación conjunta, aunque no sean los recaudadores de las correspondientes prestaciones (DE LA MATA). Por consiguiente, estos son quienes pueden ejercer la acción particular.

Problema específico se plantea en los supuestos de obtención indebida de devoluciones, pues cuando se constituyen sociedades instrumentales con ese único fin, se discute si nos hallamos ante un obligado tributario que como tal puede ser autor del delito, o bien un simple particular que simula ser obligado, pero que al no serlo verdaderamente solo puede ser sancionado con recurso a delitos comunes como la estafa.

1.2. Conducta típica

El precepto describe tres formas comisivas que, a grandes trazos, responden a las mismas dinámicas delictivas que las contenidas y analizadas en el art. 305 CP, y que como en este, pueden reconducirse a dos:

a) La elusión del pago de las cuotas de la Seguridad social.

b) La obtención indebida de devoluciones.

c) El indebido disfrute de deducciones, que, en realidad, puede encuadrarse en alguno de los dos primeros supuestos.

En todas las modalidades debe mediar el consustancial componente defraudatorio. El problema, de nuevo, es saber cuándo apreciarlo.

Queda fuera de toda duda que la presentación de la declaración seguida de impago es impune. Ello vale tanto para los supuestos en que no existe capacidad de pago, como en los que sí, pues en estos la Administración ya cuenta con medios bastantes para ejecutar la deuda.

En este sentido, la STS 582/2018, 22-11 (*Tol 6940616*): "*Al exigir no solo la elusión del pago, sino que ello se haga mediante defraudación, no puede entenderse que se persigue penalmente a quien no puede, temporal o definitivamente, pagar lo que corresponde, o a quien, simplemente ha decidido no pagar, aun cuando deba luego hacer frente a las correspondientes sanciones administrativas a causa del impago*"; también la STS 833/2021, 29-10 (*Tol 8637967*): "*el delito previsto en el art. 307 del CP no castiga la iliquidez de las empresas, ni resucita la prisión por deudas. Exige una conducta defraudatoria*".

Ahora bien, cuando la declaración es veraz en cuanto a las operaciones y la cuantía de la deuda, pero oculta al verdadero obligado tributario que se esconde tras el entramado de empresas, puede apreciarse el delito. Para estos supuestos la reforma de 2012 introdujo un inciso paralelo al ya analizado a propósito del delito fiscal, según el que "*La mera presentación de los documentos de cotización no excluye la defraudación, cuando ésta se acredite por otros hechos.*" En la medida en que existe fraude, a pesar de la apariencia de actuación conforme a la norma, puede considerarse que no añade nada esencial, como afirma la Exposición de Motivos de la LO 7/2012, según la que su función es meramente "aclaratoria", o la STS 421/2023, 31-5 (*Tol 9617134*).

Sobre el fraude en supuestos de sucesión de empresas, véanse, por ejemplo, las SSTS 551/2022, 2-6 (*Tol 9009789*); 71/2024, 25-1 (*Tol 9863435*); 27/2025, 20-1 (*Tol 10362345*); 464/2025, 22-5 (*Tol 10548507*).

Si embargo, no basta con ello para apreciar el delito, pues sería tanto como criminalizar a los grupos o sucesiones de empresas por la puntual falta de capacidad económica de una. Es preciso el dolo defraudatorio. Por ello absuelve por falta del elemento subjetivo la STS 1050/2024, 20-11 (*Tol 10296336*), en la que la constitución de nuevas empresas al corriente de pagos con la Seguridad social tenía como único fin poder continuar con la actividad empresarial tras la crisis inmobiliaria, pero no eludir el pago de la deuda, aunque surgieran dificultades para ello; o la STS 564/2018, 19-11 (*Tol 6931320*).

También son controvertidos los supuestos en que ni tan siquiera se presenta declaración y debe decidirse si tal omisión es bastante para apreciar el fraude o es precisa alguna maquinación añadida.

La STS 582/2018, 22-11 (*Tol 6940616*) considera que "*la sanción penal está prevista para quien defrauda eludiendo, es decir, para quien ocultando la realidad no declara correctamente o simplemente no declara y, además, no paga* [...] *Lo cual puede producirse mediante la mera omisión de la declaración o bien mediante una declaración incompleta, pues tanto una como otra ocultan la realidad y en ese sentido suponen una defraudación"*, si bien en el caso enjuiciado el fraude consistió en el recurso a un entramado de empresas para ocultar la situación tributaria de la empresa. Aprecia el fraude la STS 745/2022, 21-7 (*Tol 919592)*, en un supuesto en el que, a pesar de la alta a los trabajadores en el régimen general de la Seguridad Social, no se facilitan las bases de cotización ni los conceptos de recaudación conjunta, además de omitir o alterar la información sobre el objeto social, el domicilio o la de relevancia fiscal; STS 957/2023, 21-12 (*Tol 9863412)*; según la STS 677/2025, 11-7 (*Tol 10641300)*, FD 4.3.1: *"Sobre la conducta típica, como bien indica la sentencia de instancia, nuestra jurisprudencia ha expresado que el hecho de no pagar las cuotas debidas a la Seguridad Social no supone sin más una defraudación constitutiva del delito que contemplamos, sino que es preciso que concurra un elemento añadido de mendacidad o engaño. Defraudar, hemos dicho, significa eludir o burlar el pago de lo debido, de modo que la elusión del ingreso tiene que estar acompañada de una intención abusiva de escamotear los fondos", y en el caso enjuiciado, se presentaron los boletines de cotización, pero no se pagó por una "voluntad decidida de incumplir", facilitada por el mantenimiento de las sociedades en estado de iliquidez.*

Sobre la falta de encuadramiento característica de la "economía sumergida", en la Doctrina se admite el delito, en atención a que, de acuerdo con el art. 18.2 RDL 8/2015, la obligación de cotizar no nace del acto de encuadramiento sino de la misma relación laboral (BRANDARIZ GARCÍA, DE LA MATA BARRANCO), sin perjuicio del concurso con el delito contra los derechos de los trabajadores (MORALES PRATS).

Cuando, por el contrario, el fraude consiste en insolventarse ficticiamente para frustrar el pago, tras la adecuada declaración de la deuda, procede la aplicación del delito de frustración de la ejecución, y no el fraude a la Seguridad social.

Así se plantea en la STS 1050/2024, 20-11 (*Tol 10296336)*.

1.3. Objeto material del delito

El objeto del delito son las cuotas y los conceptos de recaudación conjunta a los que se refieren los arts. 18 y ss. LGSS

Art. 18 LGSS:
"La cotización por la contingencia de desempleo así como al Fondo de Garantía Salarial, por formación profesional y por cuantos otros conceptos se recauden conjuntamente con las cuotas de la Seguridad Social [...]*".*

En la actualidad, no hay duda alguna acerca de que el delito puede recaer tanto sobre la cuota empresarial (supuesto que, hasta la reforma de junio de 1995, había quedado extramuros del Derecho Penal, pues ni podía calificarse como fraude fiscal ni como apropiación indebida), como la obrera (MARTÍNEZ-BUJÁN PÉREZ, MORALES PRATS; Consulta FGE 2/1996, 19-2).

La Consulta 2/1996, 19-2 FGE acerca de la Consideración penal sobre el impago de la cuota obrera se pronuncia a favor de la inclusión de estos supuestos en el art. 307 CP, fundamentando la inclusión de la cuota obrera en los siguientes argumentos: En primer lugar, entiende que está totalmente superada la doctrina según la cual autor de este delito especial sólo puede serlo el deudor tributario "directo", que en este caso sería el trabajador. En segundo lugar, considera que no cabe extrapolar irreflexivamente la construcción sobre el delito especial del art. 305 al art. 307 CP, toda vez que en el Régimen general de la Seguridad social el único que puede eludir el pago de las cuotas es el empresario, pues es el único obligado. En tercer lugar, en contra del establecimiento de paralelismos automáticos con el art. 305 CP, subraya que: "las cantidades retenidas por el empresario a los distintos trabajadores no podían acumularse para formar una «cuota» en sentido estricto. Por tanto, era necesaria una mención expresa, que no lo es sin embargo en la defraudación de cuotas de la Seguridad Social por cuanto, se trate de cuota empresarial o se trate de cuota obrera integrada por las retenciones, estaremos ante una cuota propiamente dicha." En cuarto lugar, el Código no se refiere específicamente a la cuota empresarial como se había previsto en la PANCP de 1983, de modo que, *Ubi lex non distinguet, nos nec debemus distinguere*. En quinto lugar, para el cálculo de la cuantía debe estarse a lo defraudado en cada liquidación, de modo que teniendo en cuenta que se hace de forma conjunta para los distintos tipos de cuotas, es lógico pensar que se incluyen las correspondientes a ambos conceptos. En sexto lugar, de otro modo, se incurriría en una disparidad penológica, pues los fraudes por cuantía superior al mínimo legal recibirían más pena cuando afectaran a la cuota empresarial que a la cuota obrera. En séptimo lugar, el verdadero perjudicado por estas conductas no es el trabajador, que mantiene la cobertura social a pesar del impago de las cuotas, sino la Seguridad social que debe ofrecer la prestación en todo caso. Por último, se defiende esta misma solución para los supuestos en que el fraude no alcanza el umbral cuantitativo mínimo y no llega a plantearse el concurso entre el fraude a la Seguridad social y la apropiación indebida, toda vez que la voluntad del Legislador ha sido, precisamente, excluirlos del Derecho penal. En este sentido, según la STS 1017/2007, 15-11 (*Tol 1235269*): "*La doctrina jurisprudencial —sentencias de 24/11/1997 y 21/11/1997, TS— señala que han de comprenderse todas las cuotas, tanto empresariales como obrera.; sin que, atendido el art. 8.1ª CP, que recoge el principio de especialidad, pudiera entenderse que el art. 307.1 quedara limitado a las cuotas empresariales para reconducir las cuotas obreras a la apropiación indebida que tipifica el art. 252; (descartada la impunidad en cuanto a la defraudación afectare a la cuotas obreras, como sostiene alguna corriente extrajurisdiccional)*".

Además, el objeto del delito se extiende a las deducciones sobre las anteriores cuotas y conceptos, así como las devoluciones de parte de lo ingresado en virtud de alguno de aquellos títulos.

1.4. Cuantía mínima

La cuantía mínima hoy se sitúa en los 50.000 euros (ap. 1), para cuyo cálculo "*se estará al importe total defraudado durante cuatro años naturales*" (ap. 2) que, por cierto, es el plazo de prescripción de la deuda administrativa.

Al tiempo de la introducción del delito el límite mínimo se situaba en los 15 millones de pesetas (LO 6/1995), para ascender a los 120.000 euros en un año natural por LO 15/2003, y descender a los 50.000 euros en cuatro años naturales (LO 7/2012).

Desde la reforma de 2012, se pone fin a la tradicional equiparación cuantitativa con el delito de fraude fiscal y la correspondiente contención punitiva que, hasta la fecha, había caracterizado a estos delitos.

En unos casos, la extensión del plazo de uno a cuatro años determinará la sanción de conductas que hasta la fecha eran impunes, mientras que, en otros, al reunir en un solo delito lo que antes podía dar lugar a uno por ejercicio, puede suponer un privilegio. Así, MARTÍNEZ-BUJÁN PÉREZ, y siguiéndolo, STS 657/2017, 5-10 (*Tol 6388474)*, en un caso en el que la aplicación del nuevo criterio de cálculo resultó beneficiosa: "*Pues efectivamente, con la nueva redacción, lo defraudado en un período determinado cuatrienal, integra un solo delito; con la única matización de que si sobrepasa los ciento veinte mil, incurre en el tipo agravado del 307 bis; pero elude en ese cuatrienio, cualesquiera que sea el número de defraudaciones perpetradas, que resultarían calificadas en concurso real (o eventualmente en su caso, como delito continuado)*." Aunque admite que en otras circunstancias podría suceder lo contrario, por lo que la solución que deba darse a la retroactividad de lo más favorable dependerá del caso.

La referencia al plazo de los cuatro años ha suscitado dudas acerca del momento de la consumación, que para unos se produce en el momento en el que se supera la cuantía mínima [STS 551/2022, 2-6 (*Tol 9009789)*], mientras que, para otros, no puede afirmarse hasta el agotamiento del cuarto año (MORALES PRATS; DE LA MATA BARRANCO, que añade que debe tratarse de años consecutivos), con todas las consecuencias que de ello se derivan en punto a la posibilidad de desistimiento, y fijación del *dies a quo* para la prescripción.

Según la STS 551/2022, 2-6 (*Tol 9009789) "no será necesario, en todo caso, esperar a que transcurran los cuatro años, porque, si en un periodo de tiempo inferior, desde la primera elusión hasta completar ese exceso de los 50.000 euros, no se ha llegado a ellos, habrá quedada cumplida la condición objetiva de punibilidad que permite acudir a la vía penal; de manera que, si con anterioridad se alcanza dicha cuantía y se incoa, por ello, proceso penal, las eventuales cantidades siguientes que se pudieran ir defraudando podrían abrir el paso, caso de mediar ruptura jurídica, a precisar en atención a las circunstancias concurrentes en cada caso, a un nuevo delito a enjuiciar con independencia del anterior*".

Sin embargo, este criterio entraña problemas si se tiene en cuenta que, incluso cuando el Código admite anticipar el cómputo de la cuantía mínima en supuestos de criminalidad organizada, etc. [art. 305.2, a) CP para el fraude fiscal], la jurisprudencia niega el adelantamiento del momento consumativo [STS 586/2020, 5-11 (*Tol 8205153)*].

En la práctica, podría suceder que, una vez advertido un fraude de cuantía superior a 50.000 euros, se computara el plazo temporal "hacia atrás" para de ese modo "numerar" el año del impago como el cuarto y no tener que esperar más para perseguir el delito. El problema radica en si puede considerarse que la conducta defraudatoria pudo iniciarse años antes cuando todavía se cumplía con las obligaciones tributarias.

Se sobreentiende que en el cálculo de la cuantía sólo puede atenderse a lo que adeuda cada obligado tributario. Con todo, cuando nos hallemos ante sociedades pantalla que encubren deudas atribuibles a la misma persona física podrán sumarse las cuantías correspondientes a las deudas aparentemente imputables a sociedades distintas, pues en estos casos solo hay un obligado real [SSTS 552/2019, 12-11 (*Tol 7591924*); 957/2023, 21-12 (*Tol 9863412*), y 464/2025, 22-5 (*Tol 10548507*), FD 1.4].

Sobre la discutida naturaleza de la cuantía, como resultado típico o condición objetiva de punibilidad [en este sentido, STS 551/2022, 2-6 (*Tol 9009789*)], *vid. supra* ap. II, 3.1; sobre la exclusión de intereses y recargos, *vid. supra* ap. II, 3.2; sobre la naturaleza y condiciones de la regularización, *vid. supra* ap. III, 6.

1.5. Tipo subjetivo

La exigencia de un componente defraudatorio hace que, como en el fraude fiscal sea inconcebible la comisión imprudente y por lo mismo, quede descartado el error de tipo.

2. Tipo cualificado (art. 307 bis CP)

Esta modalidad cualificada es esencialmente idéntica a la prevista en el art. 305 bis CP al que nos remitimos, con la única excepción de que la agravación por razón de la cuantía aquí es aplicable a partir de los 120.000 euros —frente a los 600.000 del art. 305 bis CP—, que pueden alcanzarse a lo largo de 4 años naturales, pues el ap. 2 del art. 307 bis CP remite a las reglas del art. 307 CP que incluye la regla de cálculo del ap. 2.

3. Concursos

Junto a los delitos que de ordinario entran en concurso con los de este grupo de delitos, como las falsedades o las insolvencias punibles, debe hacerse mención específica de los delitos contra los derechos de los trabajadores del art. 311 CP, cuando la falta del alta del trabajador en el régimen de la Seguridad Social (tipificada en el ap. 3º del art. 311 CP) afecta a la vez a sus derechos y la SS.

V. EL FRAUDE DE PRESTACIONES DE LA SEGURIDAD SOCIAL (ART. 307 TER CP)

1. Introducción

La introducción de esta tipicidad no viene a cubrir un absoluto vacío de punibilidad, sino a revisar la regulación en la materia a fin de agravar la respuesta penal.

En primer lugar, atrae hacia sí conductas hasta la fecha calificadas ora como fraude de subvenciones ora como estafa, zanjando los problemas concursales planteados entre el art. 308 y el 248 CP a propósito de las prestaciones de la Seguridad social (*vid. infra*).

Sobre la previa aplicabilidad de la estafa, SSTS 42/2015, 28-1 (*Tol 4851998*), y 355/2020, 26-6 (Pleno) (*Tol 8001309*): *"En este contexto, el nuevo artículo 307 ter CP se incorpora al panorama normativo como ley especial respecto al* ***delito de estafa*** *en los comportamientos que impliquen la precepción fraudulenta de prestaciones de la Seguridad Social"*.

En segundo lugar, al carecer de cuantía mínima, el tipo básico permite incluir los fraudes que por no alcanzarla quedaban extramuros del art. 308 CP.

En tercer lugar, sitúa la cuantía mínima del tipo cualificado (50.000 euros) por debajo del tipo básico del fraude de subvenciones (120.000 euros, en 2012, y 100.000, desde 2019)

De acuerdo con ello, la STS 561/2022, 8-6 (*Tol 9010119*), aplica el fraude de subvenciones, por irretroactividad del tipo cualificado del art. 307 ter.

En cuarto lugar, asimila conductas con estructura de complicidad a las propias de la autoría, al tipificar la mera "facilitación" a otros la indebida obtención de la prestación.

Por fin, refuerza la amenaza penal para los supuestos de criminalidad organizada, incluyendo un tipo agravado con idéntico contenido al del art. 307 bis CP [letras b) y c) de su ap. 1], si bien con un umbral cuantitativo inferior a este, situado en los 50.000 euros (art. 307 ter.2 CP), en lugar de 120.000 euros [letra a) del ap. 1 del art. 307 bis CP].

La Exposición de Motivos de la LO 7/2012 manifiesta que *"El artículo 307 ter, en el tratamiento específico que realiza de estas conductas fraudulentas, viene también a facilitar la persecución de las nuevas tramas organizadas de fraude contra la Seguridad Social que, mediante la creación de empresas ficticias, tienen por único fin la obtención de prestaciones del Sistema con la consiguiente agravación de la pena"*. Para ello crea este nuevo tipo con un límite cuantitativo más bajo que el previsto en el art. 308 CP. La realidad criminológica está plagada de este tipo de tramas en las que tanto se recurre a empresas ficticias creadas con el único fin de defraudar, como otras que, teniendo actividad lícita, pueden cometer fraudes puntuales: STS (Pleno) 355/2020, 26-6 (*Tol 8001309*), o STS 150/2020, 18-5 (*Tol 7935541*), como ejemplo de la utilización de empresas con actividad real, pero engaño respecto de los puestos de trabajo

En suma, la nueva regulación es coherente con el fin de sancionar los fraudes de prestaciones de escasa importancia, aunque al precio de un trato absolutamente dispar respecto del resto de los delitos del Título.

Críticamente, contra la disparidad de cuantías previstas para el art. 305 y el 307 ter CP se manifiesta el Fiscal de Sevilla (Memoria FGE de 2021): *"En materia de fraudes a la Seguridad Social (art. 307 y siguientes) se sorprende de la aparente desigualdad de trato que parece deducirse de su regulación: las conductas delictivas de empresarios solo serán punibles si el daño a la Seguridad Social supera los 50.000 euros, mientras que el fraude cometido por los trabajadores (parte, en principio, más débil y desprotegida) se castiga cualquiera que sea su cuantía."*

Cuesta ver el motivo por el que el fraude en las prestaciones de la Seguridad social merezca el trato penal más riguroso del nuevo art. 307 ter frente al dispensado al fraude en las cuotas de la Seguridad social (art. 307 CP), o el resto de ayudas públicas que se mantienen en el art. 308 CP. Se entendería si el nuevo tipo penal quedara acotado a los supuestos a los que alude la Exposición de Motivos de la LO 7/2012 de fraudes cometidos mediante tramas organizadas, dirigidas al único fin de dar el alta a trabajadores ficticios en sociedades instrumentales como paso previo al posterior despido y subsiguiente cobro indebido del subsidio de desempleo.

Sin embargo, esa preocupación político criminal no se ha traducido en una restricción de un tipo tan duro a tales supuestos de indiscutible gravedad. La literalidad de la ley permite aplicarlo a fraudes puntuales y de entidad ínfima, como la omisión temporal de la comunicación de fallecimiento del beneficiario de la prestación que continúa cobrando el familiar, lo que aconseja una pronta revisión legislativa de una norma que se desmarca de la tónica general de los delitos del Título en abierta contradicción con el principio de ultima ratio y aparente ignorancia de las posibilidades sancionadoras del Derecho administrativo de aplicación subsidiaria (DE VICENTE MARTÍNEZ).

2. *Tipo objetivo*

2.1. Sujetos

Se trata de un delito común (MORALES PRATS, DE LA MATA BARRANCO) del que puede ser autor cualquiera que, mediante fraude, consiga el disfrute de una prestación para sí o para otro, su prolongación indebida, o simplemente facilite su obtención "a otros".

Algunos autores consideran que, por el contrario, la modalidad típica consistente en la prolongación indebida de las prestaciones es de carácter especial (así, por ejemplo, FERNÁNDEZ BERMEJO). Sin embargo, no observamos diferencia alguna respecto de la primera modalidad, pues, del mismo modo que allí no se exige el disfrute en primera persona, aquí tampoco la prolongación del propio disfrute, sino simplemente la obtención de su prolongación.

De acuerdo con ello, junto al beneficiario y atendida la amplitud con la que se describe la conducta típica, puede ser autor desde el empresario que da de alta al trabajador ficticio al médico que firma el certificado falso. También se ha planteado la posibilidad de que cometa el delito a título de autor el funcionario [así se plantea obiter dicta en la STS (Pleno) 355/2020, 26-6 (*Tol 8001309*)]. Si se parte de que la conducta consiste en obtener la prestación mediante la inducción a error en otro, no puede ser autor el funcionario que, víctima del error concede la prestación (MARTÍNEZ-BUJÁN), ahora bien, de ello no se deduce que ningún funcionario pueda cometer el delito, como se deriva del hecho de que se hayan elevado a la categoría de autor conductas con estructura de participación.

2.2. Conducta y resultado típico

Las diversas modalidades consisten en: la obtención del disfrute de la prestación, para sí o para otro; su prolongación indebida; y la facilitación a otros de la obtención.

En todos los supuestos debe mediar fraude. A diferencia de la estafa, no se habla de "engaño", sino de la "*simulación o tergiversación de hechos*" u "*ocultación consciente de hechos de los que tenía el deber de informar*", lo que aquí disipa las dudas acerca de la admisibilidad de la forma omisiva, que puede plantearse cuando se silencian las condiciones impeditivas de la prestación.

Sobre la forma omisiva, la STS 42/2015, 28-1 (*Tol 4851998)* condena por estafa omisiva en un supuesto de cobro de la pensión de jubilación de la madre fallecida, gracias a la no comunicación al banco y la Seguridad social del fallecimiento; la STS 1191/2024, 27-1 (*Tol 10371202)*, admite la conducta omisiva del fraude de prestaciones: *"La conducta típica (como se admite en la estafa, aunque en este campo no sin polémica) puede ser omisiva: se aparenta ante la Administración Pública una situación que no se ajusta a la realidad, un hecho inexistente, alterado o desfigurado. Se oculta aquello que se estaba obligado a comunicar. La omisión punible abarca no solo los supuestos de ocultación consciente de hechos de los que se tenía el deber de informar. Puede abrazar casos de aceptación y mantenimiento de una prestación que fue otorgada y/o prolongada por error del propio sistema"*; *vid.* también la STS (Pleno) 355/2020, 26-6 (*Tol 8001309)*.

En todo caso, como en la estafa, el fraude debe llevar a "error" y éste a la causación de un perjuicio. En la medida en que la consumación exige el "disfrute" de las prestaciones, para la completud del tipo no basta con la resolución favorable —que es uno de los criterios consumativos que se debaten en torno al art. 308 CP—, sino que es precisa la percepción que permite el disfrute.

La consumación se produce con la obtención de la prestación [STS 150/2020, 18-5 (*Tol 7935541)*, el delito se consuma con la obtención de la prestación, no con el alta del trabajador; STS (Pleno) 355/2020, 26-6 (*Tol 8001309)*].

Como en los delitos patrimoniales, tampoco hay aquí un umbral cuantitativo mínimo que lleve a plantear la presencia de una condición objetiva de punibilidad. El tipo básico no depende de la superación de ninguna cuantía, y el umbral mínimo del tipo cualificado —idéntico al de la estafa, art. 250.1, 5° CP, y el alzamiento de bienes, art. 257.4 CP por remisión al anterior— presenta las mismas características que en la estafa, de factor de agravación de la pena, que no impide la punibilidad por debajo de tal cuantía a través del tipo básico.

Con ello se evitan problemas de determinación del monto de la prestación directamente imputable a la conducta defraudatoria, que podría plantear especiales problemas en supuestos de prestaciones en especie.

STS 150/2020, 18-5 (*Tol 7935541*): *"es indiferente de la existencia de empleadores anteriores o de cual fuere el periodo de cotización base de la prestación, pues fue la conducta llevada a cabo por el acusado, simulando la existencia de una relación laboral de los trabajadores con Suministros Maol S.L., lo que determinó el devengo de las prestaciones que de otra forma no se hubiera producido)"*.

Ahora bien, surge otro tipo de problemas por la falta de previsión de una regla de cómputo. El hecho de que el tipo se refiera a las prestaciones en plural permite acumular cuantías. Sin embargo, no está tan claro por cuántos conceptos o beneficiarios. Si la conducta del empresario fuera tratada como un acto de participación podría defenderse su intervención en un delito por cada uno de los beneficiarios, al margen de la posibilidad de plantear la continuidad delictiva (que en el art. 307 CP se ha admitido). Sin embargo, la elevación de una conducta con estructura de participación a la categoría de autoría abre la puerta a castigar el cúmulo de fraudes como un solo delito.

Alguna sentencia de la jurisprudencia menor ha apreciado la continuidad delictiva en este delito [SAP, Alicante 80/2020, 26-2 (*Tol 9846929*)], aunque faltan pronunciamientos del TS que permitan hablar de doctrina consolidada.

2.3. Objeto material del delito

El objeto del delito son las "*prestaciones del Sistema de la Seguridad social*", que se describen en los arts. 42 y ss. LGSS.

Sin lugar a dudas incluye las prestaciones dinerarias como las recogidas en el apartado c) del art. 42.1 LGSS: "*Las prestaciones económicas en las situaciones de incapacidad temporal; nacimiento y cuidado de menor; riesgo durante el embarazo; riesgo durante la lactancia natural; ejercicio corresponsable del cuidado del lactante; cuidado de menores afectados por cáncer u otra enfermedad grave; incapacidad permanente contributiva e invalidez no contributiva; jubilación, en sus modalidades contributiva y no contributiva; desempleo, en sus niveles contributivo y asistencial; protección por cese de actividad; pensión de viudedad; prestación temporal de viudedad; pensión de orfandad; prestación de orfandad; pensión en favor de familiares; subsidio en favor de familiares; auxilio por defunción; indemnización en caso de muerte por accidente de trabajo o enfermedad profesional; ingreso mínimo vital, así como las que se otorguen en las contingencias y situaciones especiales que reglamentariamente se determinen por real decreto, a propuesta del titular del Ministerio competente*".

Además, se ha reconocido también la posibilidad de incluir las prestaciones en especie (FERNÁNDEZ BERMEJO).

3. Tipo subjetivo

Como el resto de los fraudes del Título, también este es eminentemente doloso, aunque presenta algunas particularidades dignas de mención.

En especial, el hecho de que cuantía mínima del tipo cualificado forme parte del resultado, exige que sea abarcada por el dolo, sin que se planteen los problemas que acucian a otras tipicidades.

4. Tipo atenuado

Integran la modalidad atenuada los hechos que no revisten especial gravedad, en consideración, no solo al importe defraudado, sino también a los medios empleados y las circunstancias personales del autor.

La necesaria consideración conjunta de los diversos criterios de valoración hace que un fraude por escaso valor pueda quedar excluido de la atenuación si lo impiden razones relativas a los medios o circunstancias subjetivas. A pesar de ello, la naturaleza del delito aconseja la especial consideración al monto defraudado.

En este sentido, la STS (Pleno) 355/2020, 26-6 (*Tol 8001309)*, que sin embargo, en el caso enjuiciado descarta aplicar el tipo atenuado a un fraude que no superó los 10.000 euros, por cuanto se había realizado a través de una empresa ficticia con potencial criminógeno.

5. Tipo cualificado

El tipo cualificado se construye por remisión a las circunstancias agravantes del art. 307 bis CP a las que nos remitimos, con la excepción de la recogida en la letra a) relativa a la cuantía, que aquí no es de 120.000 euros, sino 50.000.

La agravación por razón de la cuantía coincide con la de la estafa (art. 250.1, 5º CP) y el alzamiento de bienes (art. 257.4 CP por remisión al anterior). Por lo tanto, las conductas que antes se consideraban subsumibles en la estafa mantendrán una línea de continuidad punitiva. No así las que con anterioridad se hubieran ubicado en el art. 308 CP, a las cuales se rebajaría el límite cuantitativo, sin posibilidad de aplicación retroactiva.

Como hace ver MORALES PRATS, el automatismo en la configuración de un tipo cualificado idéntico —excepto en lo relativo a la cuantía— al de los arts. 305 bis y 307 bis CP, lleva a prever formas comisivas impropias de este delito, como la relativa al uso de paraísos fiscales.

6. La regularización y sus efectos

Más allá de las cuestiones generales sobre el contenido, requisitos y efectos de la regularización (expuestos *supra*), cabe hacer algunas observaciones específicas sobre su formulación en este delito.

Para empezar, en la regulación de este delito no se contiene una cláusula análoga a la que en otras figuras del Título lleva a discutir acerca de si nos hallamos ante una causa de atipicidad o una excusa absolutoria (así, el inciso final del primer párrafo del art. 305.1 CP, que dice "salvo que hubiere regularizado su situación tributaria..."), de modo que este es el único modo de entenderla aquí.

En segundo lugar, a diferencia del art. 308 CP que, desde la reforma de 2012, exige que a la devolución de lo recibido se sume "el interés de demora aplicable en materia de subvenciones desde el momento en que las percibió", el art. 307 ter exige que se satisfaga "un interés anual equivalente al interés legal del dinero aumentado en dos puntos porcentuales, desde el momento en que las percibió" (como en la versión original del art. 308 hasta la reforma de 2012).

Entre las semejanzas, se observa que, como en el resto de los artículos la regularización alcanza a las falsedades instrumentales, y se prevé la posibilidad de atenuación cualificada de la pena por regularización extemporánea.

7. Concursos

7.1. El concurso con las falsedades documentales. Como todos los delitos del Título, el fraude puede apoyarse en falsedades documentales. En el caso del art. 307 ter CP, su introducción en el Código se acompañó de la reforma del delito de falsedad de certificados del art. 398 CP, que, desde la LO 7/2012, queda restringido ex lege (antes, por vía interpretativa) a los de "escasa trascendencia" de los que expresamente se excluyen in totum todos los relativos a la Seguridad Social y a la Hacienda pública (párrafo segundo).

7.2. El concurso con el delito de estafa. Como antes sucedía con el art. 308 CP, también ahora se plantea la posible colisión de esta norma con la reguladora de la estafa, con la que presenta una estrecha similitud en su estructura y elementos. Sin embargo, como también sucede con el art. 308 CP (*vid. supra*), el carácter de lex specialis del art. 307 ter impone su aplicación en detrimento de la estafa.

7.3. El concurso con la malversación. La elevación de la "participación del extraneus" a forma de autoría abre la puerta a que el funcionario que concede la ayuda pueda cometer una conducta subsumible a la vez en una y otra norma, suscitando los mismos problemas concursales que se plantean entre la malversación y la cooperación al fraude de subvenciones.

7.4. Con los delitos contra los derechos de los trabajadores. En el análisis del anterior delito, habíamos dicho que cabe plantear el concurso entre el fraude a la SS y los delitos contra los derechos de los trabajadores. Distinto es lo que sucede cuando se constituyen empresas ficticias con el único fin de simular la relación laboral para, a continuación, cobrar el subsidio de desempleo. Si la condición de trabajador no depende de la existencia de un contrato formal ni de su encuadramiento en la Seguridad social, sino de la efectiva relación de prestación de servicios por cuenta ajena, en los casos de contrato simulado deberá negarse que nos hallemos ante un trabajador y por lo tanto no se planteará el concurso.

Ahora bien, ello no significa que en algún supuesto no puedan cometerse a la vez hechos constitutivos del art. 307 y el art. 307 ter.

> La STS 256/2023, 7-4 (*Tol 9514583)*, admite la posibilidad de un delito continuado, que englobe los actos del art. 307 y 307 ter CP: *"tratándose del mismo bien jurídico protegido y de una mecánica fraudulenta en ambos casos, es difícil negar la semejanza de naturaleza a los efectos del art. 74 CP. De no existir un dolo unitario —que en absoluto es descartable dada la secuencia delictiva— no podría dudarse de la identidad de ocasión. La agrupación de todos los comportamientos, dejando a salvo la instrumentalidad de la actividad falsaria (art. 77 CP), resulta no solo que más natural sino que, además, arroja un resultado penológico más proporcionada. En este particular debemos casar la sentencia impugnada dando lugar a una segunda sentencia"*.

VI. EL FRAUDE DE SUBVENCIONES (ART. 308 CP)

Con la introducción de este delito por LO 2/1985 (a la sazón, en el art. 350 CP 1973), se protege la función prestacional del Estado frente a conductas hasta la fecha calificadas, a lo sumo, como estafa o falsedad documental (CUGAT MAURI), que se ampliaron con la reforma de 1995 para la protección penal del presupuesto de la UE (arts. 306 y 309 y 628, estos dos últimos ya desaparecidos), y de las que con la reforma de 2012 algunas de ellos se reubicaron en el art. 307 ter, sin límite cuantitativo mínimo.

Sin entrar aquí en la calificación que merecerían hoy, valga la referencia a las siguientes sentencias como mera muestra de las posibilidades de la estafa con anterioridad a la introducción de estos delitos: STS de 8 de julio de 1988, que condenó por estafa a quien había simulado trabajar para una empresa para luego poder disfrutar de las prestaciones por desempleo; la STS 1714/1992, 10-7 (*Tol 398484)*, que condenó por estafa en concurso con falsedad a quien consiguió unas subvenciones para la explotación minera mediante declaración de datos falsos; la STS de 10 de febrero de 1995 (*Tol 405503)*, que condenó por estafa por un fraude en el subsidio de desempleo en el marco del PER; la STS 94/1995, 31-1-1996 (*Tol 406222)*, que sancionó la falsificación dirigida a obtener la prestación por fallecimiento en accidente laboral (PER) de quien no tenía relación contractual con el Ayuntamiento; la STS 200/1996, 8-3, que condenó por estafa y falsedad en un caso de fraude en el subsidio por desempleo en el marco del PER. También, la STS 603/1998, 4-5 (*Tol 77114*): *"De ahí que, en pura correspondencia con tal descripción típica —de cuyos elementos dan razón los propios recurrentes con cita expresa de la construcción jurisprudencial del Delito de Estafa— haya de homologarse la decisión de la Sala de instancia que califica los hechos de acuerdo con la previsión normativa del precepto sustantivo que se dice infringido en términos contundentes y a través de la motivada exposición del fundamento jurídico segundo de su resolución, que se asume en su integridad, pues si todos los acusados confeccionaron un documento engañoso, por cuanto afirmaban en él que eran trabajadores de una empresa para la que nunca trabajaron ni percibieron remuneración de ella; sí mintieron igualmente al simular un despido y repitieron su mendacidad al solicitar una prestación por desempleo, hemos de concluir que tales conductas, todas documentadas —pues la mentira fue por escrito— son engaño bastante para inducir a error a la Administración y obtener así una indebida prestación, ya que «si advertimos las fechas de alta y baja en la Seguridad Social, las relaciones familiares que unen a algunos de ellos, su conducta como persona interpuesta para la realización de defraudación a la Seguridad Social, sólo puede concluirse que la estafa al Instituto Nacional de Empleo es colofón de otra más amplia, que no por atípica fue menos perjudicial para las arcas de la Tesorería de la Seguridad Social» en tanto que «el solo hecho de atribuirse la falsa condición de trabajador de una empresa y en base a ese ficticio despido solicitar desempleo, ya es engaño casual bastante, resultando indiferente si se tenía o no carencia suficiente en otra empresa anterior»*.

Problema distinto es si, tras la tipificación específica del fraude de subvenciones puede continuar acudiéndose a la estafa, en los supuestos en que no se alcance la cuantía mínima.

1. Sujetos activo y pasivo

1.1. Sujeto activo

Constituye una cuestión controvertida la delimitación del círculo de autores de este delito.

En relación con la primera modalidad, algunos consideran que se trata de un delito común, desde la doble premisa de que a priori cualquiera puede solicitar una subvención y la condición de beneficiario no es previa sino posterior a la conducta típica (MARTÍNEZ-BUJÁN PÉREZ, DE LA MATA BARRANCO); mientras que otros consideran que se trata de un delito especial del que el autor no es el "solicitante" sino "el que obtenga" la subvención (ARROYO ZAPATERO), es decir, el beneficiario que, según el art. 11 LGS, puede ser una persona física o jurídica (ap. 2) y hasta agrupaciones de personas, públicas o privadas y otros entes sin personalidad jurídica (ap. 3).

En todo caso, como advierte la STS 1030/2013, 28-11 (*Tol 4111894)*, aun en el supuesto de que nos halláramos ante un delito especial, el art. 31 CP permitiría considerar autores del delito a los mediadores en la gestión de las subvenciones que actúan ante la Administración en nombre del beneficiario. Ahora bien, en contra de la naturaleza de delito especial opone el hecho de que el tipo no castiga al beneficiario, sino a quien "obtiene" la subvención; además de que la LGS impone obligaciones a las entidades colaboradoras.

La discusión se reproduce en relación con la segunda modalidad, aunque hay más argumentos para considerarla especial, pues, por amplio que pueda ser el círculo de personas que pueden cometer la conducta de desviación de ayudas o subvenciones (el beneficiario o alguien subcontratado por aquél), parece lógico excluir a quien no tiene encomendada función alguna en la ejecución de los fondos de procedencia pública a los fines preestablecidos. De modo que el tercero ajeno a la relación podría cometer un robo si los sustrae, pero no incurrir en esta figura delictiva.

El art. 310 bis CP contempla la posibilidad de RPPJ por este delito, con las limitaciones generales del art. 31 quinquies CP y la exclusión de los entes sin personalidad jurídica (que según el art. 11.3 LGS también pueden ser beneficiarios de ayudas), que se remiten al régimen de consecuencias accesorias del art. 129 CP.

Los partidos políticos y sindicatos, que pueden ser beneficiarios de subvenciones o ayudas públicas (LOFPP), también quedan sujetos a RPPJ por este delito (desde que la reforma de 2012 pusiera fin a su anterior exención de responsabilidad penal).

En cuanto a los entes públicos, no hay duda alguna acerca de que, con la excepción del art. 31 quinquies.2 CP, quedan excluidos de responsabilidad, lo que se discute es si las ayudas que reciben pueden ser objeto del delito, pues, en su caso, podría plantearse la responsabilidad penal de quien actuara en su nombre. Algunos autores se han manifestado en contra [ARROYO ZAPATERO; STS 2052/2002, 11-12 (*Tol 240844*)], sin perjuicio de la posibilidad de aplicar el delito de malversación de caudales públicos (MORALES PRATS). Ahora bien, el hecho de que el actual concepto de subvención incluya las disposiciones dinerarias a favor de personas públicas o privadas (art. 2.1 LGS), favorece la inclusión en el tipo de las aportaciones a las Administraciones (MARTÍNEZ-BUJÁN PÉREZ), con las limitaciones que sean precisas.

En este sentido, el art. 2.2 LGS excluye los fondos destinados a *"financiar globalmente la actividad de la Administración a la que vayan destinadas"*, o en general todas las *"que se realicen entre los distintos agentes de una Administración cuyos presupuestos se integren en los Presupuestos Generales de la Administración a la que pertenezcan, tanto si se destinan a financiar globalmente su actividad como a la realización de actuaciones concretas a desarrollar en el marco de las funciones que tenga atribuidas, siempre que no resulten de una convocatoria pública"*.

Otra cosa es que solo pueda responder del delito la persona física (por ejemplo, el alcalde) y no la jurídico-pública (el Ayuntamiento) por las restricciones a la RPPJ del art. 31 quinquies CP.

1.2. Sujeto pasivo

Pueden ser sujeto pasivo del delito todas las "Administraciones públicas", sin que del art. 308 CP se derive limitación alguna. Desde la reforma de 2019, además, se incluye explícitamente a la UE.

Por ello sorprende que en la regulación de la excusa absolutoria se haga mención del Abogado del Estado y el representante de la Administración autonómica o local, sin mención de la foral (que en la LGS no aparece en el art. 3.1, aunque sí en las Disposiciones adicionales).

2. Conducta típica

El art. 308 CP recoge dos modalidades típicas alternativas, que tradicionalmente y con todas las salvedades precisas, se han bautizado como "estafa de subvenciones" y "malversación de subvenciones".

STS 523/2006, 19-5 (*Tol 945182*): *"El delito de fraude de subvenciones está regulado por medio de dos alternativas típicas: la obtención fraudulenta de una subvención y el empleo desviado de los fondos obtenidos mediante una subvención. Se trata de alternativas típicas independientes, es decir, ninguna de ellas depende de la comprobación de la otra. De ello se deduce que, una vez acreditada la desviación antijurídica de los fondos recibidos por la subvención, la cuestión de si, además, la subvención fue obtenida fraudulentamente se torna irrelevante"*.

Formalmente, se trata de dos modalidades alternativas, aunque pueden concurrir ambas a la vez. Cuando así suceda, la malversación de la subvención se considerará un acto de agotamiento del delito previo que no merece sanción separada (acto copenado impune). Ahora bien, desde el punto de vista de la consumación, parece razonable que sea la segunda modalidad la que marque el momento final del delito y el inicio del cómputo prescriptivo a fin de evitar el sinsentido de que pudiera empezar a prescribir el delito mientras todavía se desvían fondos.

2.1. Obtención fraudulenta de subvenciones o ayudas

Esta modalidad típica guarda semejanza morfológica con la estafa, en consideración al medio defraudatorio con el que se consigue la disposición patrimonial consistente en falsear las condiciones requeridas para su concesión u ocultar las que la hubiesen impedido.

A diferencia del apartado segundo —en el que hasta la reforma de 2012 se exigía que se alteraran sustancialmente los fines para los que la subvención fue concedida [STS 1223/1999, 14-10 (*Tol 272399)*]—, para esta modalidad aparentemente basta con falsear cualquiera de las condiciones de las que depende la obtención de la subvención (ARROYO ZAPATERO, MORALES PRATS), con la sola exclusión de las estrictamente burocráticas (BOIX REIG/MIRA BENAVENT).

2.2. Malversación de subvenciones

No se concreta la clase de condiciones que pueden ser objeto de incumplimiento, pero se requiere que afecten a los fines para los que la subvención fue concedida. Hasta la reforma de 2012, se exigió que la afectación fuera "sustancial", por lo que, con la supresión del requisito [STS 1223/1999, 14-10 (*Tol 272399)*] queda clara la voluntad extensiva del legislador. Otra cosa es que el principio de *ultima ratio* permita continuar considerando limitado el tipo a las alteraciones de mayor gravedad. En todo caso, la autorización pública para la variación de las condiciones de cumplimiento impide apreciar el delito por coherencia del ordenamiento (SAP, Granada, 20-3-2000).

En cuanto a los fraudes europeos, podría considerarse que los supuestos en que no se afecte a los fines quedan remitidos al art. 306, aplicable de modo subsidiario al art. 308 CP. Sin embargo, el hecho de que ambos preceptos prevean la misma pena impide considerar que uno de ellos se aplique a supuestos de menor entidad. De acuerdo con ello, el art. 306 solo puede referirse a supuestos distintos y no simplemente menos exigentes.

3. Objeto material del delito

En la actualidad, los fondos objeto de la primera modalidad delictiva consisten en las *subvenciones* o *ayudas* públicas (introducidas por LO 6/1995).

Desde la reforma de 2012, deja de hacerse referencia a las desgravaciones.

Para algunos autores no había diferencia entre las desgravaciones y los beneficios fiscales, lo que hacía aconsejable su supresión del art. 308 para evitar enojosos concursos normativos (MARTÍNEZ-BUJÁN PÉREZ). Para otros, existen diferencias. Así lo entiende el CGPJ (Informe al Anteproyecto de 2012, p. 68), según el que cabe distinguir entre las desgravaciones de naturaleza fiscal incardinables en el art. 305 CP y las que tiene naturaleza de subvenciones y ayudas, que pueden continuar manteniéndose en el art. 308 CP. De modo que se prolonga el problema concursal, con la agravante de que, desde 2019, el límite cuantitativo del art. 308 CP se ha reducido, lo que vuelve a dotar de trascendencia a la ubicación de las desgravaciones en uno u otro tipo.

En la misma línea diferenciadora, con anterioridad a la reforma de 2012, se había recurrido al criterio de la existencia de una relación crediticia previa entre la Administración tributaria y el perceptor del beneficio, a la que en su día —respecto de la situación anterior a la introducción del IVA— hizo referencia PÉREZ ROYO para situar las desgravaciones fiscales a la exportación en la órbita del art. 308 CP.

En cuanto a la segunda modalidad, allí donde antes se hacía referencia a la "actividad subvencionada" (desde la primera versión del delito de LO 2/1985), hoy se habla de "actividad sufragada" (desde la LO 7/2012), concepto más amplio que el anterior y que permite hacer coincidir el objeto de ambas modalidades.

En la interpretación de la anterior redacción, algún autor había considerado que las desgravaciones y ayudas quedaban tácitamente excluidas de la segunda modalidad. Así, MORALES PRATS o MARTÍNEZ-BUJÁN PÉRZ; en contra, ARROYO ZAPATERO o STS 709/2022, 13-7 (*Tol 9140676*), según la que la literalidad de la primera versión del tipo obviaba la mención de las ayudas y desgravaciones por pura economía legislativa, de lo que se derivaría que la reforma de 2012 no vino a cubrir ningún vacío de punibilidad.

En todo caso, la evolución del concepto de subvención, hoy recogido en el art. 2 LGS (*infra*), permite relativizar la importancia de la delimitación conceptual entre subvenciones y ayudas, que había sido máxima cuando las primeras se condicionaban a la realización de una actividad, dejando fuera a las dirigidas a cumplir fines sociales sin necesidad de desarrollar actividad alguna por parte del beneficiario, como sucedió con el escándalo de las "peonadas" o subsidios de desempleo.

Como se expone más abajo, la Ley 31/1990, de 27 de diciembre, de Presupuestos Generales del Estado (LPE), por la que se reformaba la Ley General presupuestaria (LGP), eliminó de su art. 81.2 *la necesaria vinculación de la subvención al desarrollo de una actividad futura.*

3.1. Las subvenciones

El principio de unidad y coherencia del ordenamiento jurídico exige partir de un concepto penal de subvención armónico con la definición contenida en la legislación administrativa (GÓMEZ RIVERO/NIETO MARTÍN). De acuerdo con ello, a los efectos del tipo penal, puede partirse de la definición de "subvención" del art. 2 LGS.

> Artículo 2. Concepto de subvención:
> *"1. Se entiende por subvención, a los efectos de esta ley, toda disposición dineraria realizada por cualesquiera de los sujetos contemplados en el artículo 3 de esta ley, a favor de personas públicas o privadas, y que cumpla los siguientes requisitos:*
> *a) Que la entrega se realice sin contraprestación directa de los beneficiarios.*
> *b) Que la entrega esté sujeta al cumplimiento de un determinado objetivo, la ejecución de un proyecto, la realización de una actividad, la adopción de un comportamiento singular, ya realizados o por desarrollar, o la concurrencia de una situación, debiendo el beneficiario cumplir las obligaciones materiales y formales que se hubieran establecido.*
> *c) Que el proyecto, la acción, conducta o situación financiada tenga por objeto el fomento de una actividad de utilidad pública o interés social o de promoción de una finalidad pública".*

Este concepto está en sintonía con el que hasta la fecha había elaborado la Doctrina, que la definía como una prestación de contenido económico, de carácter gratuito o no devolutivo, sujeta a condiciones y orientada a la realización de una actividad o la satisfacción de un fin de interés público.

De todos modos, se discuten algunos extremos como, por ejemplo, si a efectos penales puede considerarse subvención la que se otorga por un ente público a otro (en este sentido, MARTÍNEZ-BUJÁN; en contra, ARROYO).

Por otro lado, la perfecta delimitación del significado de subvención puede perder sentido cuando lo que se excluye por este concepto entra por la vía de las "ayudas", como sucede con "las prestaciones a favor de los afectados por el síndrome tóxico y las ayudas sociales a las personas con hemofilia u otras coagulopatías congénitas que hayan desarrollado la hepatitis C." [art. 2.4, d) LGS].

3.2. Las ayudas

La mención explícita a las ayudas se introduce por LO 6/1995, cuando, por cierto, ya se había resuelto el problema de la extensión del delito a los supuestos en que la prestación pública no estaba dirigida al desarrollo de una actividad (como inicialmente exigía el concepto de subvención) sino al objetivo más amplio de realización de un fin público, como se planteó en el caso del "fraude de peonadas" [STS 10-2-1995 (*Tol 405503*)]. Para entonces, la ampliación del concepto administrativo de subvención por la Ley 31/1990, 27-12 de reforma de la Ley General presupuestaria, ya lo permitía [STS 213/1997, 19-4 (*Tol 408437*)].

> Poco antes de la incriminación del fraude de subvenciones por LO 2/1985, 29-4, se había aprobado el Real Decreto 2298/1984, 26-12, por el que se modificaba *"la regulación del subsidio de desempleo para trabajadores eventuales incluidos en el Régimen*

Especial Agrario de la Seguridad Social", bajo cuya cobertura se cometió uno de los casos más sonados de fraude al erario público —como mínimo por su carácter masivo y resonancia política, pero no así por la gravedad material de cada una de las conductas individualmente consideradas—, el llamado "fraude de peonadas". La citada ley ofrecía un subsidio de desempleo para los trabajadores por cuenta ajena incluidos en el régimen especial agrario de la Seguridad Social de las zonas territoriales declaradas de especial protección, exigiendo para el nacimiento del derecho, entre otros requisitos: Art. 2.1, c) *"Estar inscrito en el censo del Régimen Especial Agrario de la Seguridad Social y en situación de alta o asimilado a ella, conforme a lo establecido en el número 2 de este artículo. Tener cubierto en el Régimen Especial Agrario de la Seguridad Social un mínimo de sesenta jornadas reales cotizadas en los doce meses naturales inmediatamente anteriores a la situación de desempleo* [...]". El fraude consistió en simular la previa realización de las jornadas cotizadas, a lo que se prestaron alcaldes y empresarios agrícolas. Así, en 1985, poco después de la introducción del fraude de subvenciones en el Código, los primeros problemas interpretativos que se plantearon surgieron a propósito de estos hechos (al respecto, extensamente, CUGAT MAURI).

En contra de la consideración de las prestaciones por desempleo como "subvenciones" se alzaba la definición que las vinculaba al desarrollo de una concreta actividad de interés público por parte de su beneficiario [como más tarde se plasmaría en la STS de 10 de febrero de 1995 (*Tol 405503)*], lo que no se cumplía con las ayudas del Régimen Especial Agrario de la Seguridad Social, que no se otorgaban con miras a la realización de un acto futuro sino en consideración a la concurrencia de una condición previa.

Tal obstáculo consiguió salvarse con la aprobación de la Ley de Presupuestos del Estado (LPE) 31/1990, 27-12 por la que se reformaba la Ley General presupuestaria (LGP), de cuyo art. 81.2 se eliminaba la necesaria vinculación de la subvención al desarrollo de una actividad futura. A partir de ese momento, la LPE abrió la puerta a la aplicación del delito a los supuestos en que los fondos públicos no se destinaran a la realización de una actividad concreta sino a la promoción de un genérico fin de trascendencia pública, por lo que, aunque el Código penal continuara limitando el objeto a las "subvenciones o desgravaciones", permitía la inclusión en el tipo de las ayudas no condicionadas a la realización de una actividad.

En este sentido, haciéndose eco de la ampliación del concepto de subvención, se pronuncia la STS 213/1997, 19-4 (*Tol 408437)*, que considera aplicable el tipo de fraude de subvenciones (y no el de estafa) al fraude en el subsidio de desempleo. En el mismo sentido, respecto de supuestos análogos, pueden verse las siguientes sentencias (pronunciadas todas ellas sobre hechos acaecidos con anterioridad a la expresa inclusión de las ayudas en el tipo por la reforma de 1995: SSTS 969/1997, 4-7 (*Tol 408043)*; 1156/1997, 29-9 (*Tol 408182)*; 1161/1998, 25-11 (*Tol 78328)*, y 677/2001, 19-4 (*Tol 27688)*; o SAP, Granada, 8-7-2000.

Sin embargo, los fraudes de peonadas cometidos antes de la LPE de 1990 nunca llegaron a ser sancionados por la vía del tipo de fraude subvenciones, por la prohibición de aplicación retroactiva de lo desfavorable que alcanza a las leyes administrativas que se integran en el tipo por la vía de los elementos normativos y normas penales en blanco, sin perjuicio de la condena por las tan socorridas falsedades documentales.

Por fin, mediante la LO 6/1995, se introdujo en el tipo (art. 350 CP1973) expresa mención a las "ayudas", abundando en la ya reconocida tipicidad del fraude de prestaciones no condicionadas al desarrollo de una actividad (al respecto, véase por ejemplo, la SAP Ciudad Real de 27 de junio de 2000). Con ello, en palabras de la STS 213/1997, 19-4 (*Tol 408437)* "se evita también la injusta situación en la que se encontraban los trabajadores en paro, sometidos a un régimen más riguroso que los empresarios con dificultades económicas que recurrieran a la obtención fraudulenta de una subvención", pues los tipos de falsedad y estafa que se les aplicaban no tenían un límite cuantitativo mínimo como el del fraude de subvenciones.

Otra cosa es que probablemente esta solución presentara inconvenientes, pues o bien se admitía que el concepto amplio de "subvención" —desde la LPE de 1990— se solapaba con la nueva referencia a las "ayudas" —introducida en 1995— y, por lo tanto, era redundante; o bien, si se sostenía una concepción restrictiva de subvención debía reconocerse el vacío de punibilidad preexistente.

En todo caso, el Tribunal Supremo, en Acuerdo del Pleno no jurisdiccional de la Sala Segunda 1/2002, 15-2, afirmó que *"El fraude en la percepción de las prestaciones por desempleo constituye una conducta penalmente típica prevista en el art. 308 del CP"*. La realidad es que, a la sazón, ya se habían dictado prácticamente todas las sentencias sobre el fraude del PER.

Tras el mencionado Acuerdo, la Jurisprudencia del TS ha considerado aplicable ya sin controversias el art. 308 CP a los supuestos de fraude del subsidio de desempleo. Así, por ejemplo, las SSTS 435/2002, 1-3 (*Tol 155067*); 2052/2002, 11-12 (*Tol 240844*), y 514/2002, 29-5 (*Tol 203265*).

Además, se consideran ayudas: las que se otorgan a las víctimas del terrorismo, el crédito oficial o los avales del Tesoro, en la cuantía equivalente a la diferencia respecto del precio de mercado (MARTÍNEZ-BUJÁN PÉREZ), o los premios o primas (SAP, Córdoba, 21-6-1999).

Ahora bien, algunas de las ayudas que ofrece la Seguridad Social que pertenecían al ámbito aplicativo del art. 308 CP, como las ayudas en concepto de incapacidad laboral [STS 2052/2002, 11-12 (*Tol 240844*), y SAP, Ciudad Real, 27-6-2000], han pasada al art. 307 ter CP procedente de la reforma de 2012.

Con anterioridad, algunas sentencias excluyeron las "ayudas contributivas" por carecer del carácter de "gratuidad" característico del art. 308 CP. En este sentido por ejemplo, véase el Auto de la Audiencia Provincial de Sevilla de 22-9-1999, respecto de prestaciones de naturaleza contributiva por concepto de incapacidad, invalidez, jubilación y viudedad y algunas por desempleo: *"En suma como con acierto razonan las partes recurrentes, estamos en esos casos en presencia de prestaciones que retribuyen al trabajador ante un hecho causante, derivadas de su cotización previa por lo que presentan un carácter onoreso (sic), frente a la naturaleza gratuita de las ayudas a que se refiere el tan controvertido artículo 308 del vigente Código Penal." (…) "la necesidad de la continuación del procedimiento por el delito de estafa contra quienes de forma fraudulenta han percibido prestaciones…"*. En el mismo sentido se pronuncia, por ejemplo, la STS 1752/2000, 17-11 (*Tol 8560*) que, con relación a una prestación por desempleo, considera que debe apreciarse el delito de estafa por el carácter contributivo de aquella.

La misma posición se mantiene en sentencias posteriores al Acuerdo del Pleno de la Sala Segunda del TS de 15 de febrero de 2002, a pesar de que este admite la aplicación del art. 308 al fraude en las prestaciones por desempleo, sin exclusión expresa de las contributivas. Así, la STS 830/2003, 9-6 (*Tol 305477*), por un lado, considera que *"la pensión por jubilación no puede constituir objeto del delito de fraude de subvenciones por ser consecuencia de la previa cotización"*, ante lo que sólo admite la estafa (intentada en este caso); por otro, siguiendo el Acuerdo del TS, considera que sí que concurren los elementos típicos del art. 308 CP en el fraude en las prestaciones por desempleo, aunque en el caso enjuiciado se absuelve en atención a que la cuantía no alcanza el mínimo del delito.

En mi opinión, la exigencia de que las subvenciones o ayudas sean "gratuitas" sólo puede significar que sean "no devolutivas", "a fondo perdido" o "sin contrapartida". En este sentido, STS 2052/2002, 11-12 (*Tol 240844)*. Sin embargo, no puede significar que no se hubiere cotizado por ellas. En primer lugar, porque restringir el objeto del delito de fraude de subvenciones a las prestaciones no contributivas (las "ayudas de asistencia social" recogidas en los arts. 55 y 56 Ley General de la Seguridad Social") conduciría al absurdo de hacerlo prácticamente inaplicable por las restricciones que se derivan de la existencia de un umbral cuantitativo mínimo [como subraya la STS 1161/1998, 25-11 (*Tol 78328*)]. En segundo lugar, porque esta solución se asienta sobre la falsa correspondencia entre prestaciones contributivas y no contributivas con las "onerosas" y "gratuitas". Ninguna de las prestaciones de la Seguridad social guarda paralelismo con los negocios "bilaterales" o sinalagmáticos en los que una parte recibe un bien o servicio de la otra como consecuencia de un deber de contraprestación recíproco (como ocurre en los negocios jurídicos respecto de los que puede apreciarse el delito de estafa). La cotización es un "requisito" legal para obtener las prestaciones, pero no la "causa" (onerosa) de su obtención. Quien hoy recibe es porque otro ingresa, y no solo porque haya contribuido con anterioridad, lo que es un requisito necesario, pero no suficiente. La cotización no constituye el precio pagado para la futura obtención de la prestación pública, lo que llevaría a afirmar un derecho a la obtención de la ayuda que lamentablemente no existe; inversamente, la pensión es un derecho que se disfruta si existen fondos y se cumplen determinados requisitos, pero no es la contraprestación que el Estado está obligado a ofrecer a cambio de la previa cotización [al respecto, véase la STC 186/2004, 2-11 (*Tol 508776*)]. El sistema de Seguridad Social no se basa en la capitalización mediante la que el contribuyente asegura su propia pensión en el futuro a modo de los planes de pensiones, sino un sistema de reparto entre los actuales cotizantes y beneficiarios. En tercer lugar y siguiendo con los argumentos críticos con la aplicación del criterio de la gratuidad así entendido, debería matizarse mucho más en torno a los supuestos que satisfarían esa condición. En concreto, de aceptarse tal criterio no podrían expulsarse del tipo todas las prestaciones por jubilación sin más [como podría desprenderse de la lectura de la STS 830/2003, 9-6 (*Tol 305477*)], sino sólo las que de acuerdo con aquél fueran contributivas. Por otro lado, tampoco podrían excluirse todas las prestaciones en concepto de baja por incapacidad temporal por enfermedad, pues pueden calificarse de "asistenciales" en la medida en que, por lo general, para obtenerlas no se requiere cotización, a pesar de que a efectos de Seguridad Social se encuentren entre las prestaciones contributivas [al respecto véase la STS 2052/2002, 11-12 (*Tol 240844*)], que enjuicia un fraude al que considera aplicable el art. 308, aunque finalmente absuelva por ser la cuantía defraudada inferior a la legal].

4. La cuantía mínima

Siguiendo la tónica general del grupo, la cuantía mínima del delito de fraude de subvenciones ha ido ascendiendo hasta alcanzar los 120.000 euros previstos para el fraude fiscal, en 2010, y descender a 100.000 euros con la reforma de 2019.

Al tiempo de su introducción en el Código anterior (LO 5/1985), la cuantía mínima fijada en el art. 308 CP era de 2,5 millones de pesetas; se elevó a 10 millones con la LO 6/1995; luego, a 80.000 euros, con la LO 15/2003; y 120.000 euros con la LO 5/2010.

Finalmente, descendería hasta 100.000 euros, con la LO 1/2019, coincidiendo con la reordenación de los fraudes a la Unión europea.

Además de la cuantía mínima, a lo largo del tiempo, ha variado también la regla de cálculo de la misma, lo que también habrá de tomarse en consideración a efectos de la aplicación retroactiva de las normas penales.

De la redacción inicial del tipo podía deducirse que la cuantía debía alcanzarse respecto de cada actividad subvencionada, aunque no se previera ninguna regla de cálculo ad hoc. La primera vez que se introdujo fue con la LO 5/2010 que, a la vez que elevaba la cuantía mínima a 120.000 euros, para la primera modalidad exigía que se alcanzaran en un año natural, por actividad. Con la LO 7/2012, la regla de cálculo se extendió a las dos modalidades, a la vez que se reformaba la segunda en el sentido de que a estos efectos no podía tomarse en cuenta el monto total de la subvención, sino solo a la parte desviada de su fin. Por fin, desde la LO 1/2019, desaparece de la regla de cálculo la limitación a lo defraudado por cada actividad y año. A pesar de ello, la literalidad del art. 308.2 CP (malversación de subvenciones) permite continuar sosteniendo que solo puede tenerse en cuenta lo defraudado por cada actividad.

Tras la supresión del criterio de cálculo del año natural (desde 2019), MARTÍNEZ-BUJÁN PÉREZ señala que se produce la agravación de la represión para los fraudes que por no alcanzar la cuantía mínima en cada uno de los años antes quedaban impunes; mientras que se mitiga la respuesta penal en los supuestos en que se excede de la cuantía mínima cada año, que en adelante quedarán reunidos en un solo delito. Como observa MORALES PRATS, ello es todavía más grave si se tiene en cuenta la nueva cuantía mínima de 10.000 euros para la modalidad atenuada.

Más discutible es si la supresión del referido criterio de cómputo permite la acumulación de ayudas relacionadas con distintas actividades. A pesar del actual silencio legal, existen argumentos para continuar defendiendo la subsistencia de este criterio restrictivo. De hecho, la segunda modalidad todavía hace referencia a las ayudas recibidas en el desarrollo de "una" actividad, lo que podría servir para extender el criterio a la primera modalidad desde una interpretación integrada de ambas.

5. Concursos

5.1. Concurso con el fraude fiscal. Desde la supresión de la mención a las desgravaciones del art. 308 CP, las de naturaleza fiscal pueden ubicarse en el art. 305 CP (*vid. supra*), sin perjuicio de que el resto puedan continuar manteniéndose en el art. 308 CP.

5.2. Concurso con el delito de estafa. Se discute si la consideración del art. 308 CP como lex specialis, determina la impunidad del fraude de ayudas de cuantía inferior, o bien permite la aplicación subsidiaria de la estafa.

La STS 1030/2013, 28-11 (*Tol 4111894*), considera que de admitirse que, cuando se supera la cuantía mínima, existe un concurso de normas entre el art. 308 y el art. 248 que debe resolverse en favor del primero, en aplicación del principio de especialidad, lo mismo debería afirmarse cuando no llega a superarse. Con todo, considera que no es ese el criterio de resolución aplicable, pues cada uno de los preceptos tiene un ámbito aplicativo distinto. "*No existe lesión patrimonial cuando la cantidad recibida se destina a la actividad subvencionada pero se ha ocultado alguna condición que vetaba la subvención. Tal acción debe ser sancionada conforme al art. 308. Para la tutela de su patrimonio frente a conductas de particulares la Administración cuenta con los tipos penales ordinarios de los que no se ve apartada, en especialidad que no se entendería. ¿Por qué el patrimonio de la Administración ha de estar infratutelado?*". En el mismo sentido, STS 676/2019, 23-1-2020 (*Tol 7740730)*, siguiendo a la STS 1030/2013, 28-12, la relación concursal entre el fraude de subvenciones y la estafa debe considerarse también modificada a partir de la reforma de 2012.

5.3. Concurso con el art. 306 CP. Desde la LO 9/2021 se establece la expresa subsidiariedad del art. 306 CP (*vid. infra*) respecto del art. 308 CP, sin que estén claros los criterios aplicables.

VII. LOS FRAUDES A LA HACIENDA DE LA UNIÓN EUROPEA

1. Introducción

La necesidad de proteger a la Hacienda pública comunitaria surge a partir de la reforma del modelo de financiación de la Unión europea y el nacimiento en 1970 de los "recursos propios", que requerían tanta protección como los nacionales. Como en su día declaró la STJCE 1990/32, 21-9-1989 ("caso del maíz griego"), el art. 10 TCE obligaba a proteger los recursos europeos tanto como los de cada país; y como hoy declara el art. 325 TFUE: "*Los Estados miembros adoptarán para combatir el fraude que afecte a los intereses financieros de la Unión las mismas medidas que para combatir el fraude que afecte a sus propios intereses financieros*".

Con ese fin, en su día, se aprobó el Convenio establecido sobre la base del artículo k.3 del Tratado de la Unión europea, relativo a la protección de los intereses financieros de las comunidades europeas) para la protección de los intereses financieros de las Comunidades europeas (PIF) de 26-7-1995, recientemente sustituido por la Directiva (UE) 2017/1371 del Parlamento Europeo y del Consejo de 5 de julio de 2017 sobre la lucha contra el fraude que afecta a los intereses financieros de la Unión a través del Derecho penal.

El Convenio PIF de 1995 preveía que:

a) los fraudes de cuantía inferior a 4.000 euros que no revistieran gravedad pudieran castigarse con sanciones no penales, como así se hizo.

b) Sin embargo, los de cuantía superior a 4.000 euros debían castigarse penalmente, lo que se hizo a través de las faltas recogidas en los arts. 627 y 628, que no tenían parangón entre los fraudes a la Hacienda española.

c) Por fin los de más de 50.000 euros debían castigarse con una sanción penal que permitiera la extradición, lo que obligaba a tipificar delitos con penas de prisión superior a un año, como se hizo, con creces, al prever un delito con un umbral cuantitativo mínimo inferior a los fraudes nacionales, y, sin embargo, la misma pena que para estos.

El mandato europeo hubiera podido cumplirse con una pena superior a un año, pero inferior a la aplicable para fraudes de más de 15 millones de pesetas primero, y 120.000 euros después. Sin embargo, se optó por la equiparación de penas sin homogeneidad de cuantías.

Estos mínimos cuantitativos se han actualizado por medio de la Directiva (UE) 2017/1371 *del Parlamento europeo y del Consejo de 5 de julio de 2017 sobre la lucha contra el fraude que afecta a los intereses financieros de la Unión a través del Derecho penal*, que prevé que estos fraudes sean castigados con penas de al menos cuatro años de prisión cuando supongan daños y perjuicios o ventajas considerables, y, en todo caso, por encima de los 100.000 euros, excepto en el caso del fraude "en materia de ingresos procedentes de los recursos propios del IVA", que carecen de cuantía mínima.

Su recepción en nuestro Derecho ha conducido a la elevación de la cuantía mínima de los 50.000 euros hasta 100.000 euros, en el tipo básico, así como la de 4.000 a 10.000, en el tipo atenuado.

Como es sabido, las normas europeas establecen criterios de mínimos, por lo que no hay óbice absoluto a la ampliación de la protección penal por debajo de las cuantías previstas en la Directiva o la previsión de una pena por encima de la mínima exigible. De hecho, así lo ha hecho el legislador español. El problema es la doble vara de medir que se ha aplicado en comparación con la regulación de los fraudes nacionales.

Desde entonces, mejor o peor, la Hacienda pública europea ha sido objeto de tutela penal y ha sido protegida no solo tanto como la nacional sino, en ocasiones, incluso más que esta, atendida la previsión de umbrales mínimos más bajos y la tradicional exclusión de la excusa de regularización tributaria, hoy en parte superada. El único precepto que dispensa el mismo trato a los fraudes nacionales que a los europeos es el art. 308 CP, desde que por LO 1/2019 se unificaran normativamente, con el efecto de arrastrar a los primeros (hasta entonces con un umbral mínimo de 120.000 euros para el tipo básico) hacia el régimen de protección más amplio previsto para los fraudes europeos (que, desde 2019, se castigan a partir de los 100.000 euros).

En todo caso, sin cuestionar la importancia de este grupo normativo, no hay que olvidar que, en la actualidad, el número de condenas es irrisorio, lo que no es de extrañar si se tiene en cuenta que, en la actualidad, son pocos los tributos directamente recaudados por la Hacienda europea (FERRÉ OLIVÉ).

2. *El fraude fiscal (art. 305.3 CP, y subsidiariamente art. 306 CP)*

2.1. La conducta típica

Entre las conductas que afectan a la función recaudatoria, se halla la contenida en el art. 305.3 CP, que se construye sobre el tipo básico del ap. 1, al que se añaden dos supuestos más.

Por un lado, la elusión del "pago de cualquier cantidad que deba ingresar", que no queda limitada a los "tributos", "retenciones", "ingresos a cuenta", "devoluciones" o "beneficios fiscales". Es evidente que esta mayor amplitud está en sintonía con la referencia de la Directiva PIF 2017 que cuando se refiere al fraude en "materia de ingresos" [art. 3.2, letras c) y d)] solo exige que "*tenga por efecto la disminución ilegal de los recursos del presupuesto de la Unión o de los presupuestos administrados por la Unión, o en su nombre*". Sin embargo, todavía se discute acerca del ámbito aplicativo de esa aparente extensión de la conducta típica, que exigiría identificar obligaciones de ingreso distintas a los tributos y el resto de conceptos incluidos en el art. 305 CP.

Por otro lado, el ap. 3 prevé un segundo supuesto añadido a los propios del ap. 1, consistente en el "*disfrute de manera indebida de un beneficio obtenido legalmente*", del que también se discute su ámbito aplicativo, pero que, en todo caso, se halla en la línea de las previsiones del Convenio PIF 1995 y Directiva PIF 2017.

Esta última conducta se corresponde con la tipificada en el art. 1.b) del Convenio PIF de 1995 que, en materia de ingresos, recoge el *"desvío de un derecho obtenido legalmente que tenga el mismo efecto"* (la disminución ilegal de los recursos del presupuesto general de las Comunidades Europeas o de los presupuestos administrados por las Comunidades Europeas o por su cuenta).

A su vez, se prevé en el art. 3.2, letra c), iii) Directiva PIF 2017, aplicable a los fraudes "en materia de ingresos distintos de los procedentes de los recursos propios del IVA [...] mediante acciones u omisiones relativas a "el uso indebido de un beneficio obtenido legalmente".

2.2. El objeto del delito

Desde la premisa de que el bien jurídico es la función recaudadora, puede concluirse que los fondos objeto del delito deben ser los recaudados directamente por la Unión Europea, mientras que quedarían fuera los recaudados por los propios Estados.

Desde este punto de vista, existe acuerdo en torno a que se incluyen los gravámenes sobre el azúcar y los productos lácteos (NIETO MARTÍN, FERRÉ OLIVÉ, DE LA MATA BARRANCO).

Al respecto, por ejemplo, STS 606/2010 (*Tol 1911252)*, en un supuesto sobre sobreproducción y elusión de la cuota reguladora como la salida clandestina y la elusión de la compensación por gastos de almacenaje.

Sin embargo, se discute si incluye otros supuestos que, a pesar de cumplir con aquel requisito, quedan suficientemente cubiertos por el delito de contrabando, como las exacciones agrícolas reguladoras o *prélèvements* o los aranceles aduaneros (NIETO MARTÍN, FERRÉ OLIVÉ).

Los derechos de importación, que constituyen un recurso propio directo y que, según el Informe del CGPJ al Anteproyecto de 2012 podría ubicarse tanto en el art. 305.3 como en el art. 306 CP).

Por el contrario, se excluye el porcentaje europeo del IVA o del PNB (FERRÉ OLIVÉ, DE LA MATA BARRANCO), por ser objeto de recaudación por las Autoridades nacionales.

Como se ha adelantado, tras la reforma de 2019, puede plantearse si el objeto de los fraudes europeos coincide con el de los nacionales o se ha ampliado, por mor de inclusión adicional de "*cualquier cantidad que deba ingresar*", *además del* "*beneficio obtenido legalmente*".

2.3. La cuantía mínima

Por fin, como se ha adelantado, la cuantía mínima es más baja que en los fraudes nacionales, aunque, desde la reforma de 2019 por la que se transpone la Directiva PIF de 2017, ha ascendido de los 4.000 y 50.000 euros a los 10.000 euros para el tipo atenuado (privativo de los europeos) y 100.000 para el tipo básico (cuantía más baja que en los nacionales, aunque con la misma pena).

Inicialmente, la franja inferior del fraude se había tipificado como falta, en el art. 627 CP, hasta la reforma de 2012 que lo elevó a la modalidad atenuada del art. 305.3 CP.

En cuanto a la regla de cálculo, como en los fraudes nacionales, desde 2012, se limita al año natural, aunque, a diferencia de estos no prevé una análoga prohibición de acumulación de conceptos distintos. Como en aquellos también, se prevé el adelantamiento del momento de perseguibilidad del delito para supuestos de criminalidad organizada o utilización de personas interpuestas.

Como explica el Informe del CGPJ al Anteproyecto de reforma de 2012, se introdujo la mención al "año natural" frente a la interpretación mayoritaria de acuerdo con la cual el criterio de cálculo del ap. 2 no era extensible a los fraudes europeos, citando en este sentido a la SAN 26/11/2008, que consideró aplicable el art. 74 CP.

En adelante, como subraya MORALES PRATS, será posible acumular todos los DUAS de un año, lo que facilita la superación del umbral mínimo del tipo básico, pues el del tipo atenuado es de más fácil cumplimiento.

No se halla problema alguno a la aplicación del tipo cualificado del art. 305 bis CP a los fraudes europeos, en tanto que se allí se realiza una mención genérica a la Hacienda pública que no excluye la europea.

2.4. La aplicación de la excusa absolutoria

Inicialmente, se había considerado que no cabía la aplicación de la excusa absolutoria a los fraudes europeos. Sin embargo, en la actualidad, se ha abierto la posibilidad a aplicar la excusa absolutoria, desde que la reforma de 2012 incluyó en el ap. 1 (al que se remite el ap. 3) la condición negativa de regularización — sin entrar aquí en si se considera causa de atipicidad o excusa absolutoria.

2.5. La relación con el art. 306 CP

Subsidiaria de la anterior modalidad es la recogida en el art. 306 CP, primer inciso CP, que se comete "*eludiendo* [...] *el pago de cantidades que se deban ingresar*".

A fin de hallar un espacio aplicativo propio, algunos autores han interpretado que se refiere al fraude sobre "retenciones indebidas" (FERRE OLIVÉ); otros (MARTÍNEZ-BUJÁN PÉREZ) consideran que con esta expresión podría hacerse referencia a los supuestos en que, tras el fin de la situación habilitante, no se devuelve la cantidad recibida en concepto de subvención (como antes sostuviera NIETO MARTÍN en relación con el art. 306 CP previo a la reforma de 2012). El problema es que una interpretación en tal sentido acercaría la conducta a la órbita del art. 308 y no a la del art. 305 del que hoy (desde 2012) se declara subsidiaria.

En todo caso, la distinta cuantía mínima podría ofrecer un criterio de aplicación diferenciada. Mientras que en el art. 305 se sitúa en los 10.000 y 100.000 euros; en el art. 306 CP, son 4.000 y 50.000 euros. Ahora bien, el criterio cuantitativo no basta para la delimitación entre uno y otro precepto, pues existe un terreno común que empieza en los 10.000 euros

3. Fraude de subvenciones (art. 308 CP, y subsidiariamente, art. 306 CP)

En la actualidad, el tipo principal de fraude de subvenciones europeas queda ubicado en el art. 308 CP, donde se regula con identidad de requisitos, umbral cuantitativo mínimo, pena y posibilidades de regularización que los nacionales, lo que plasmaría la idea de la asimilación de la tutela penal, fundamental en el proceso de construcción europea (NIETO MARTÍN). Ahora bien, el legislador no ha querido prescindir del antiguo art. 306 CP, provocando enojosos problemas concursales entre uno y otro que solo podrán resolverse satisfactoria mediante la supresión de raíz del art. 306.

El artículo 306 no se limita a la regulación de la modalidad de fraude "tributario" subsidiaria del art. 305 a la que ya se ha hecho referencia. Además, recoge una modalidad subsidiaria del fraude de subvenciones del art. 308 CP.

De hecho, desde la primera versión del Código, el art. 306 CP ha reunido en su seno ataques a las distintas dimensiones del bien jurídico (recaudatoria y prestacional), que en los delitos contra la Hacienda pública nacional siempre han merecido trato diferenciado; a la vez que inicialmente había dejado al margen la llamada estafa de subvenciones, ubicada en el art. 309, hasta su supresión en 2012.

La reforma de 2012 termina con la incongruencia de regular separadamente las dos modalidades de fraude de subvenciones en los arts. 306 y 309, por medio de trasladar la "estafa de subvenciones" desde éste a aquél, donde comparte espacio con la "malversación de subvenciones". Sin embargo, en especial, desde la reforma de 2019 por la que se introduce expresamente la protección de la Hacienda europea en el art. 308, la actual regulación será fuente de conflictos normativos entre este y el art. 306.

3.1. Conducta típica

En la actualidad, el tipo principal de fraude de subvenciones europeas se recoge en el art. 308 CP, que las hace objeto de trato unitario con las nacionales, por lo que para su análisis nos remitimos a lo ya dicho más arriba.

La especificidad de los fraudes europeos se halla en la previsión de la modalidad subsidiaria del art. 306 CP, que de modo paralelo al art. 308 CP recoge una modalidad defraudatoria afín a la malversación" y otra a la "estafa", consistentes en defraudar "dando, fuera de los casos contemplados en el artículo 308, a los fondos obtenidos una aplicación distinta de aquella a que estuvieren destinados u obteniendo indebidamente fondos falseando las condiciones requeridas para su concesión u ocultando las que la hubieran impedido".

El evidente solapamiento (si es total o parcial está discutido) entre ambos preceptos solo se explica por el horror vacui que atenaza al legislador español, que temeroso ante la posibilidad de incumplir los mandatos europeos, no queda satisfecho con la asimilación de la tutela de la Hacienda europea a la nacional (a través de su equiparación en el art. 308 CP), sino que prevé un tipo específico adicional para los fraudes europeos que más que transponer calca la literalidad europea en el art. 306 CP, ignorando lo que ya prevé el art. 308. La paradoja es que el tipo específicamente europeo (el art. 306 CP) tampoco sirve actualizar las cuantías conforme a la Directiva PIF 2017, que si no puede decirse que incumpla —pues es de mínimos—, sí que ha quedado desfasado.

Como puede fácilmente observarse, la conducta recogida desde el inicio en el art. 306 CP, consistente en defraudar por acción u omisión los presupuestos generales de la Unión europea u otros administrados por esta, ***dando a los fondos obtenidos una aplicación distinta*** de aquella a la que estuvieren destinados, se corresponde con la conducta tipificada en el art. 1.a), segundo inciso, del Convenio de 26-7-1995: *"A efectos del presente Convenio será constitutivo de fraude que afecta a los intereses financieros de las Comunidades Europeas: a) en materia de gastos, cualquier acción u omisión intencio-*

nada relativa: [...] ***al desvío de esos mismos fondos con otros fines*** *distintos de aquéllos para los que fueron concedidos en un principio"*. La Directiva 2017 actualiza la tipicidad, recogida en el art. 3.2, a): *"a) en materia de gastos no relacionados con los contratos públicos, cualquier acción u omisión relativa a:* [...] *el uso indebido de esos fondos o activos para fines distintos de los que motivaron su concesión inicial"*.

Por otro lado, la conducta —inicialmente en el art. 309 y hoy en el art. 306 CP—, consistente en obtener indebidamente fondos de los presupuestos generales de la Unión europea u otros administrados por esta ***falseando las condiciones requeridas para su concesión u ocultando las que la hubieren impedido***, se corresponde con la conducta tipificada en el art. 1.a), primer inciso, del mismo Convenio: *"A efectos del presente Convenio será constitutivo de fraude que afecta a los intereses financieros de las Comunidades Europeas: a) en materia de gastos, cualquier acción u omisión intencionada relativa:* [...] *- a la utilización o a la* ***presentación de declaraciones o de documentos falsos****, inexactos o incompletos, que tengan por efecto* ***la percepción o la retención indebida de fondos*** *procedentes del presupuesto general de las Comunidades Europeas o de los presupuestos administrados por las Comunidades Europeas o por su cuenta; - al* ***incumplimiento de una obligación expresa de comunicar una información*** *que tenga el mismo efecto"*. La Directiva 2017 actualiza la tipicidad, recogida en el art. 3.2, a): *"a) en materia de gastos no relacionados con los contratos públicos, cualquier acción u omisión relativa a:* [...] *"i) el uso o la presentación de declaraciones o documentos falsos, inexactos o incompletos, que tenga por efecto la malversación o la retención infundada de fondos o activos del presupuesto de la Unión o de presupuestos administrados por la Unión, o en su nombre, ii) el incumplimiento de una obligación expresa de comunicar una información, que tenga el mismo efecto"*.

Inicialmente, se había considerado que la conducta consistente en eludir el pago de cantidades que debieran ingresarse podía aplicarse a supuestos de revocación de la subvención o cese del derecho a recibirla (NIETO MARTÍN). Sin embargo, desde que por la reforma de 2012 esta conducta solo entra en aplicación de modo subsidiario del fraude tributario del art. 305.3, esta lectura del tipo pierde apoyo legal, toda vez que en este se protege la función recaudatoria y no la función prestacional que quedaría afectada mediante tal disfrute indebido de subvenciones.

3.2. El objeto del delito

El objeto de tutela es el fondo concedido directamente por la Unión europea (FERRÉ OLIVÉ, DE LA MATA BARRANCO), tanto si pertenece a sus presupuestos generales u otros administrados por esta. En este sentido, generalmente se incluyen los fondos a la exportación o de productos agrícolas.

Más difícil es incluir a los fondos administrados por otros entes que actúan "por cuenta de" la UE, en los que se hayan descentralizado funciones de relevancia europea (planteado por NIETO MARTÍN, seguido por MORALES PRATS y discutido por FERRÉ OLIVÉ). En la medida en que el art. 306 exige que el fraude afecte a los "presupuestos generales", solo podrían incluirse los fondos administrados "por cuenta de la UE" en la medida en que todavía pertenecieran a aquellos.

Tras la unificación de la regulación del fraude de subvenciones europeas y nacionales no se halla problema alguno a incluir en el art. 308 CP las ayudas cofinanciadas (sobre las que reclamaba especial atención NIETO MARTÍN).

De acuerdo con lo anterior, los fondos de procedencia europea que ya hayan sido distribuidos a las Administraciones nacionales para, a su vez, otorgarlos a particulares, deben ser tratados como fraudes a la Hacienda nacional que solo permiten la aplicación del art. 308 CP (común a los fraudes UE), y no así el art. 306 CP.

Aunque es difícil hallar diferencias entre los supuestos que pueden subsumirse en uno u otro precepto, desde el punto de vista del objeto, mientras que el art. 308 recae sobre las "subvenciones" o "ayudas" (y hasta la reforma de 2012 también las "desgravaciones"), el art. 306 recae sobre los "fondos". Con todo, la amplitud del concepto de "ayuda" hace difícil ver diferencias con los "fondos" que se otorgan para realizar la función prestacional que es objeto de tutela

> A pesar de ello, en el foro se ha planteado la posible discrepancia entre uno y otro concepto. En este sentido, la SAP, Murcia 369/2017, 11-9 (*Tol 6467542)*, confirmada por STS 81/2019, 13-2 (*Tol 7065087)*: *"Es obvio que el presupuesto de aplicación del tipo lo da su tenor literal, y éste habla de fondos de los presupuestos, es decir, dinero procedente de las arcas comunitarias; por lo tanto, la acotación restrictiva que parece regir la interpretación pretendida por las Defensas, en orden a señalar que las compensaciones financieras no estarían comprendidas en el tipo, por no ser ayudas o subvenciones, sino un mero adelanto del precio político fijado por la Comunidad Europea como renta agraria a percibir por el productor, tal y como viene a significar la Defensa del acusado Jose Ignacio en su informe: (…) Es por ello que el tipo penal lo que sancionaba, y sanciona, es la obtención indebida de fondos procedentes de las Comunidades Europeas, […] sin que se refiera a ayudas, subvenciones o desgravaciones, por lo que el intento de reconducir el tipo a lo que no sanciona es una tentativa estéril. Resultando evidente que los fondos procedentes de la Comunidades Europeas, en el concepto de medidas especiales para fomentar la transformación de determinados cítricos en zumos (en este caso, referido a las naranjas), comprende esa consideración típica, al tratarse de dinero cuyo origen era el presupuesto comunitario y estaba dirigido a incentivar la estrategia de la política agraria común, en su faceta de una concreta materia prima (las naranjas), con proyección en una doble faz: productores de naranjas y empresas transformadoras de las naranjas para zumo"*.

3.3. Cuantías

Tanto en el art. 306 como 308 CP la cuantía se refiere a lo defraudado, que difiere en cada uno de ellos.

En el primero se sitúa en los 4.000 y 50.000 euros, mientras que, en el segundo, en los 10.000 y 100.000. euros; en ambos casos, sin limitación temporal— a diferencia de lo que se previó en el art. 308, entre la reforma de 2010 y la de 2019, que ceñía el cómputo al año natural—. Si se limita o no a lo defraudado por actividad —como expresamente se exigió el art. 308 entre 2010/2012 y 2019— está más abierto a la interpretación.

El fraude entre 4.000 y 10.000 euros solo está previsto en el art. 306.

En el pasado, estos fraudes por cuantía inferior se habían tipificado como falta en el art. 628, hasta la reforma de 2012 que los elevó a la modalidad atenuada del art. 306 CP.

Por encima de esta cantidad, en la franja que va de los 50.000 a los 100.000 euros es más favorable aplicar el tipo atenuado del art. 308 que el tipo básico del art. 306 CP.

Tras la reforma de 2019, se ha admitido la sucesión de leyes penales entre el art. 306 y 308 CP. Así, la STS 804/2021, 20-10 (*Tol 8634811)*, enjuicia unos hechos consistentes en el desvío de fondos europeos de Orientación y de Garantía Agrícola (FEOGAFEGA) destinados a la transformación de naranjas en zumo. Respecto del fraude cifrado en 70.196,4 euros considera la **posible aplicación retroactiva del tipo atenuado del art. 308.4 para fraudes de entre 10.000 y 100.000 euros**, castigado con una pena de prisión de 3 meses a un año, más multa y privación de derechos, **frente** a la pena de prisión de 1 a 4 años prevista para el **art. 306, para fraudes de más de 50.000** euros. La sentencia descarta la aplicación retroactiva de la norma, pues, aunque en abstracto la pena de prisión es más beneficiosa en la norma posterior, la pena concretamente impuesta era susceptible de suspensión y no incluía la privación de derechos.

En suma, la duplicidad sancionatoria es un desacierto, en especial cuando no existen criterios distintivos claros entre el art. 308 y el 306, más allá del relativo a la cuantía, que es el único al que no debería acudirse si no quiere ignorar la decisión del legislador de elevar el límite mínimo del art. 308 CP para ajustarlo a las indicaciones de la Directiva PIF 2017.

3.4. Excusa absolutoria

El delito de fraude de subvenciones del art. 308 CP cuenta con una excusa absolutoria, que ahora también es aplicable a los fraudes europeos, que mientras estuvieron ubicados en el art. 309 carecieron de ella. Sin embargo, se mantiene el silencio del art. 306, abundando en las contradicciones que suscita la regulación paralela del fraude de subvenciones en ambos preceptos.

Sobre la imposibilidad de aplicación analógica de la excusa absolutoria, SAP, Murcia 279/2018, 27-6 (*Tol 6652508)*.

VIII. BIBLIOGRAFÍA

APARICIO PÉREZ, A. *Los delitos contra la Hacienda Pública*, Oviedo, 1990; id. *El delito fiscal a través de la jurisprudencia*, Pamplona, 1997; ARAGONÉS BELTRÁN (coord.), *Nueva regulación del delito fiscal y contra la Seguridad Social*, Barcelona, 1995; ARROYO ZAPATERO, L. *Delitos contra la Hacienda Pública en materia de subvenciones*, Madrid, 1987; ARROYO ZAPATERO, L. y NIETO MARTÍN, A. "El fraude de subvenciones en la UE y en el CP", *MFC*, nº 14, 2001; BAENA AGUILAR, A. y CUGAT MAURI, M. "Efectos del nuevo plazo de prescripción de la deuda tributaria sobre el plazo de prescripción del delito fiscal: Comentario a la STSJ Cataluña 22-1-1999", *RDPP*, nº 2, 1999; BAJO FERNÁNDEZ, M. (dir.) *Política fiscal y delitos contra la Hacienda Pública: Mesas redondas de Derecho y Economía*, Madrid, 2007; BAJO FERNÁNDEZ, M. y BACIGALUPO SAGGESE, S. *Delitos contra la Hacienda Pública*, Madrid, 2000; BAÑERES DE FRUTOS, M. "La naturaleza de la Responsabilidad Civil derivada del delito contra la Hacienda Pública a la luz de la reforma operada por la Ley 34/2015. Un comentario a la RTEAC 081518-2021 de 17 de febrero de 2022", *Quincena Fiscal*, nº 11, 2022; *id.* "Reconstrucción de la naturaleza de la liquidación vinculada a delito. Competencia para dictarla y el peculiar régimen de prescripción del derecho a exigir su pago", *Documentos Instituto de Estudios Fiscales*, 2023; *id.* "Los recargos del período ejecutivo en la responsabilidad civil por delito fiscal. Su adulteración a través de la liquidación vinculada a delito", *Crónica Tributaria*, nº 197, 2025; BAÑERES SANTOS, F. "En torno a la nueva regulación del delito fiscal: medida y alcance de las exenciones de responsabilidad criminal contempladas en su texto", en ARAGONÉS BELTRÁN, E. (coord.) *Nueva regulación del delito fiscal y contra la Seguridad Social*, Barcelona, 1995; *id.* "Delito fiscal, arts. 305, 305 y 307 CP", en QUINTERO OLIVARES, G. (dir.), *La reforma Penal de 2010: Análisis y comentarios*, Cizur Menor, 2010; *id.* "Delitos contra la Hacienda Pública, contra la Seguridad Social y de fraude de subvenciones" en QUINTERO OLIVARES, G. (dir.) *Comentario a la reforma penal de 2015*, Aranzadi, 2015; *id.* "Reflexiones en torno a la naturaleza jurídica y requisitos para la aplicación de la exención por regularización contenida en el art. 305.4 del Código Penal" [Ponencia], 2018; BERDUGO GÓMEZ DE LA TORRE, I. y FERRÉ OLIVÉ, J. C. *Todo sobre el fraude tributario*, Barcelona, 1994; BOIX REIG, J. y MIRA BENAVENT, J. *Los delitos contra la Hacienda Pública y contra la Seguridad Social*, Valencia, 2000; BOIX REIG, J. "X.2-Reflexiones sobre la reforma del delito fiscal", *Boletín de la Real Academia de Jurisprudencia y Legislación de las Illes Balears*, nº 14, 2013; BRANDÁRIZ GARCÍA, J. A. *El delito de defraudación a la Seguridad Social*, Valencia, 2000; CAMPOS NAVAS, D. "Lavado de dinero y delito fiscal. Posibilidad de que el delito fiscal sea el delito precedente al de blanqueo", *LL*, 2005-5; CARDENAL MONTRAVETA, S. "La respuesta del derecho penal a los delitos fiscales de Cristiano Ronaldo (y de otros)", *LLP*, nº 136, 2019; CASADEVALL, J. y GARCÍA LLAMAS M. "Delitos contra la Hacienda pública", en AA.VV., *Delitos societarios, de la receptación, y contra la Hacienda pública*, Barcelona, 1998; CASTIÑEIRA PALOU, M. T. "El impago a la Seguridad Social de las cuotas retenidas a los trabajadores como delito de apropiación indebida", *ADPCP*, 1985; CASTRO MORENO, A. *Elusiones fiscales atípicas*, Barcelona, 2008; *id.* "Un problema de delito fiscal: los incrementos patrimoniales no justificados y de la obtención ilícita de rentas como posibles fuentes de delito", *LH-Gimbernat Ordeig*, 2008; CÓRDOBA RODA, J. "El nuevo delito fiscal", *RJCat*, 1985; *id.* "Fraude fiscal y falsedad documental", *CDJ*, 1995 t. XI; *id.* "Prescripción tributaria y delitos contra la Hacienda Pública", *LL*, 1999-5; *id.* "Fraude de ley tributario no es delito contra la Hacienda Pública", *LL*, 2005-5; CUGAT MAURI, M. "El concepto de subvención en los delitos contra la Hacienda Pública", *RJCat*, 2008; CHOCLÁN MONTALVO, J. A. *La aplicación práctica del delito fiscal: cuestiones y soluciones*, 2ª ed., Madrid, 2016; CHOZA CORDERO, A. y RIZO LEÓN, A. "Reparación del daño en los delitos contra la Hacienda Pública: Atenuante simple o atenuante muy cualificada", *RAD*, nº 4, 2020; DE LA MATA MARTÍN, N. J. "Delitos contra la Hacienda Pública y la Seguridad social", en AA.VV. *Derecho penal económico y de la empresa*, 2ª ed., Madrid, 2024; DE VICENTE MARTÍNEZ, R. *Los delitos contra la Seguridad Social en el Código Penal de la democracia*, Madrid, 1996; *id* "Los delitos contra la Seguridad Social tras la reforma operada en el Código Penal por la Ley Orgánica 7/2012, en materia de transparencia y lucha contra el fraude fiscal y en la Seguridad Social", en DEMETRIO CRESPO, E. (dir.). *Crisis financiera y Derecho Penal Económico*, Madrid, 2014; DEL ROSAL BLASCO, B. "Reflexiones de urgencia sobre la trascendencia penal de la regularización fiscal extraordinaria del Real Decreto-Ley 12/2012", *DLL*, nº 7893, 2012; DELGADO GARCÍA, J. "De los delitos contra la Hacienda Pública y contra la Seguridad Social", *LL*, 1996-2; DELGADO SANCHO, C. "Problemas constitucionales de la nueva regulación del delito fiscal", *Zergak. Gaceta tributaria del País Vasco*, 2018-55; DEMETRIO CRESPO, E. (dir.), *El delito fiscal. Aspectos penales y tributarios*, Barcelona, 2019; DÍEZ LIRIO, L. C. "La naturaleza jurídica de la regularización tributaria tras la entrada en vigor de la LO 7/2012", *Blog El Derecho.com*, 2013; DOLZ LAGO, M. J. "Los delitos contra la Seguridad Social: perspectivas jurisprudenciales", *DLL*, nº 9036, 7-9-2017; FARALDO CABANA, P. "¿Un delito continuado de defraudación tributaria? Comentario a la SAP de Barcelona (Sección 9ª) de 20 de abril de 2002 (ARP 510). Ponente: Ilmo. Sr. Jordi Palomer i Bou", *RDPC*, nº 12, 2003; FERNÁNDEZ ALBOR, A. "Política Criminal del delito fiscal", *EPC*, t. V, 1982; FERNÁNDEZ BERMEJO, D. "El delito de fraude de prestaciones de la Seguridad Social. Comentarios sobre su regulación normativa, elementos del delito y algunas propuestas relativas a su redacción", *RP*, nº 56, 2025; FERNÁNDEZ ORDÓÑEZ, F. "Exposición del Proyecto de Ley sobre medidas urgentes de reforma fiscal", Diario de Sesiones del Congreso de los Diputados, nº 6 de 1977, de 9 de agosto; FERRÉ OLIVÉ, J. C. *Tratado de los delitos contra la Hacienda Pública y contra la Seguridad social*, Valencia, 2018; FUENTES BARDAJÍ, J. *Manual de delitos contra la Hacienda Pública*, Pamplona, 2008; FUENTES QUINTANA, E. "La reforma fiscal pendiente", *El País*, 25/7/1982; GARCÍA ARÁN, M. "Delito contable", en *Diccionario de DPE*, 2008; GARCÍA NOVOA, C. "El delito fiscal: aspectos jurídico-tributarios", *RXUSC*, 12-2, 2003; *id.* "La Sentencia del Tribunal Constitucional 120/2005, de 10 de mayo. Fraude de ley y delito fiscal", *LL*, 2005-5; GARCÍA NOVOA, C. y LÓPEZ DÍAZ, A. (eds.) *Temas de Derecho penal tributario*, Madrid, 2000; GÓMEZ INIESTA, D. J. "Aspectos jurídico-administrativos y penales de la falsificación de la información contable de las sociedades anónimas cotizadas", en AA.VV. *Protección penal del consumidor en la Unión Europea*, Cuenca, 2005; GÓMEZ PAVÓN, P., ARMENDÁRIZ LEÓN, C., PEDREIRA GONZÁLEZ, F. y BUSTOS RUBIO, M. *Delitos de defraudación a la Seguridad Social y delitos contra los derechos de los trabajadores*, Barcelona, Bosch, 2015; GÓMEZ RIVERO, C. y NIETO MARTÍN, A. "El delito de fraude de subvenciones ante la Ley General de Subvenciones", *RGDP*, nº 2, 2004; GÓMEZ TOMILLO, M. *Introducción a la responsabilidad penal de las personas jurídicas*, 2ª ed., Cizur Menor, 2015; GRACIA MARTÍN, L. *Las infracciones de deberes contables y registrales tributarios en Derecho Penal*, Madrid, 1990; HERRERO DE EGAÑA Y ESPINOSA DE LOS MONTEROS, J. M. "Prejudicialidad penal y delito fiscal", *DLL*, 2011-7741; IJALBA PÉREZ, J. "La evolución normativa de los delitos contra la Seguridad Social", *RSistPC*, nº 4, 2023; LASCURAÍN SÁNCHEZ, J. A. "Tres problemas de aplicación del delito fiscal: retroactividad, prescripción y exención de los partícipes por regularización", *MFC*, nº 4, 1999; LASCURAÍN SÁNCHEZ, J. A. "¿Penamos a la persona jurídica por conductas de participación?", *Almacén de Derecho*, 13-3-2019; LUZÓN PEÑA, D. M. *Lecciones de Derecho Penal. Parte General*, 3ª ed., Valencia, 2016; MARTELL PÁREZ-ALCALDE, C. y QUINTERO GARCÍA, D. "Fraude de subvenciones", en QUINTERO OLIVARES, G. (dir.) *La reforma Penal de 2010: Análisis y comentarios*, Cizur Menor, 2010; MARTÍN QUERALT, J. M. y GARCÍA MORENO, V. A. "Código Penal y Ley General Tributaria: un enamoramiento que no fue fugaz (I)" *El cronista*, 2013-34; MARTÍN QUERALT, J. M. y GARCÍA MORENO, V. A. "Código Penal y Ley General Tributaria: un enamoramiento que no fue fugaz (II)", *El cronista*, 2013-34; MARTÍNEZ-BUJÁN PÉREZ, C. *Derecho Penal económico y de la empresa. Parte especial*, 7ª ed., Valencia, 2023; *id.* "Autoría y participación en el delito de defraudación tributaria", en BAJO FERNÁNDEZ, M. (dir.) *Política fiscal y delitos contra la Hacienda pública*, Madrid, 2007; MERINO JARA, I. y SERRANO GONZÁLEZ DE MURILLO, J. L. *El delito fiscal*, 1ª ed., Madrid, 2000; 2ª ed., 2004; MERINO SÁENZ, L. "La nueva Ley General Tributaria y el delito fiscal", *EDJ*, nº 86, 2006; MESTRE DELGADO, E. *La defraudación tributaria por omisión*, Madrid, 1991; MORALES PRATS, F. "Comentario al Título XIV", en QUINTERO OLIVARES, G. (dir.) *Comentarios al Código Penal. Tomo II. Parte especial*, 8ª ed., Cizur Menor, 2024; MORILLO MÉNDEZ,

A. *Infracciones, sanciones y delitos contra la Hacienda Pública*, Valencia, 2001; MUÑOZ BAÑOS, C. *Infracciones tributarias y delitos contra la Hacienda Pública*, Madrid, 1999; MUÑOZ CONDE, F. "El error en el delito de defraudación tributaria del artículo 349 CP", *ADPCP*, 1986; MUÑOZ CONDE, F. *Derecho Penal. Parte Especial*, Valencia, 2023; MUÑOZ CUESTA, F. J. "La reforma del delito fiscal operada por la LO 7/2012, de 27 de diciembre", *RAD*, nº 11, 2013; NIETO MARTÍN, A. "Derecho comunitario y Derecho Penal económico español: relaciones en el presente y futuro", *AP*, 1995; *id. Fraudes comunitarios. Derecho Penal económico europeo*, Barcelona, 1996; OBSERVATORIO DEL DELITO FISCAL, "Primer informe del Observatorio administrativo previsto en el Convenio de 30 de junio de 2005 entre la Agencia estatal de administración tributaria y la Secretaría de estado de justicia en materia de prevención y lucha contra el fraude fiscal", 2006; OCTAVIO DE TOLEDO Y UBIETO, E. "Los delitos relacionados con la observancia, a efectos tributarios, de la actualización y el orden en la contabilidad mercantil y en los libros y registros fiscales (art. 310 CP): revisión del bien jurídico y características comunes", *LL*, 2003-2; OCTAVIO DE TOLEDO Y UBIETO, E. (dir.) *Delitos e infracciones contra la Hacienda Pública*, Valencia, 2009; PEDREIRA GONZÁLEZ, F. M. "Acerca de la prescripción del delito fiscal. (Comentario a la sentencia de la Sala Segunda del Tribunal Supremo de 10 de octubre de 2001)", *CPC*, 2001; DE LA PEÑA VELASCO, G. *Algunas consideraciones sobre el delito fiscal*, Murcia, 1984; PÉREZ ROYO, F. *Infracciones y sanciones tributarias*, Madrid, 1972; *id. Los delitos y las infracciones en materia tributaria*, Madrid, 1986; *id.* "El estado del arte de la aplicación del delito fiscal en España", *LL*, 2005-3; id. PÉREZ ROYO, F. "Delito fiscal y ocultación", en BAJO FERNÁNDEZ, M. (dir.) *Política fiscal y delitos contra la Hacienda pública*, Madrid, 2007; QUINTANO RIPOLLÉS, A. *Curso de Derecho Penal*, I., Madrid, 1963; QUINTERO OLIVARES, G. "El nuevo delito fiscal", RDFHP, nº 137, 1978; *id.* "Los escándalos financieros por falsedad en la contabilidad y la función del Derecho penal económico", en AA.VV. *Protección penal del consumidor en la Unión Europea*, Cuenca, 2005; *id.* "El delito fiscal y el ámbito material del delito de blanqueo", *AJA*, 698, 9-2-2006; *id.* "Delito fiscal de español no residente en España: inaplicación de un convenio internacional e inversión de la carga de la prueba", *LLP*, nº 158, 2022; RANCAÑO MARTÍN, M. A. *El delito de defraudación tributaria*, Madrid, 1997; RODRÍGUEZ ALMIRÓN, F. J. "Evolución de los delitos contra la Hacienda Pública a través de la Jurisprudencia del Tribunal Supremo", *ADPCP*, LXXIII, 2020; RODRÍGUEZ DEVESA, J. M. "El «terrorismo fiscal»", *ADPCP*, nº 1, 1981; RODRÍGUEZ MOURULLO, G. "El nuevo delito fiscal", *CLP*, t. II, 1983; RODRÍGUEZ RAMOS, L. "Delitos contra la Hacienda comunitaria" en BAJO FERNÁNDEZ, M. (dir.) *Política fiscal y delitos contra la Hacienda pública*, Madrid, 2007; RUIZ ZAPATERO, G. *Simulación negocial y delito fiscal*, Cizur Menor, 2004; SAMPOL PUCURRUL, M. y REDONDO ANDREU, I. "Capítulo XII", en DE FUENTES BARDAJÍ, J., CANCER MINCHOT, P. y FRÍAS RIVERA, R. (dirs.) *Manual de Delitos contra la Hacienda Pública*, Cizur Menor, 2008; SÁNCHEZ-OSTIZ GUTIÉRREZ, P. *El delito contable tributario. Interpretación y análisis del artículo 350 bis del Código Penal*, Pamplona, 1995; SANTILLANA, A. "La reforma fiscal", *El País*, 1-2-1978; SANZ DÍAZ-PALACIOS, J. A. "A vueltas con la trascendencia penal de la Amnistía Fiscal de 2012", *RAD*, nº 4, 2015; *id.* "La regularización del <<quinto año>> en supuestos de delito fiscal: ¿un caso de renuncia a la prescripción ganada?", *Crónica tributaria*, nº 170, 2019; SILVA SÁNCHEZ, J. M. *El nuevo escenario del delito fiscal en España*, Barcelona, 2005; SIMÓN ACOSTA, E. *El delito de defraudación tributaria*, Pamplona, 1998; SOTO NIETO, F. "Sobre la declaración de responsabilidad civil por delito fiscal y su ejecución por la administración tributaria", *DLL*, nº 5653, 2002; TERRADILLOS BASOCO, J. M. *Derecho Penal de la empresa*, Madrid, 1995; *id* "Fraude de subvenciones comunitarias. Los medios de control", en TERRADILLOS BASOCO, J. (coord.) *Protección de los intereses financieros de la Comunidad Europea*, Madrid, 2001; *id* "Cuatro décadas de política criminal en materia socioeconómica", en DEMETRIO CRESPO, E. (dir.) *Crisis financiera y derecho penal económico*, Madrid, 2014; TIEDEMANN, K. *Lecciones de Derecho penal económico*, Barcelona, 1993.

Lección 28ª

El delito contable

FRANCISCO JAVIER ÁLVAREZ GARCÍA / MARGARITA ROIG TORRES

SUMARIO. I. CONSIDERACIONES GENERALES. II. BIEN JURÍDICO. III. SUJETOS ACTIVO Y PASIVO. IV. PRESUPUESTOS DE LAS DISTINTAS MODALIDADES TÍPICAS. V. LOS TIPOS EN PARTICULAR. 1. Incumplimiento absoluto de obligaciones en régimen de estimación directa de bases tributarias. 2. Llevanza de contabilidades distintas referidas a una misma actividad y ejercicio económico, que oculten o simulen la verdadera situación de la empresa. 3. Falta de anotación en los libros obligatorios o constancia inveraz de transacciones económicas. 4. Practicar en los libros obligatorios anotaciones contables ficticias. VI. TIPO SUBJETIVO. VII. *ITER CRIMINIS*. VIII. AUTORÍA Y PARTICIPACIÓN. IX. CONCURSOS. X. EXCUSA ABSOLUTORIA. XI. BIBLIOGRAFÍA.

Artículo 310

Será castigado con la pena de prisión de cinco a siete meses el que estando obligado por ley tributaria a llevar contabilidad mercantil, libros o registros fiscales

a) Incumpla absolutamente dicha obligación en régimen de estimación directa de bases tributarias.

b) Lleve contabilidades distintas que, referidas a una misma actividad y ejercicio económico, oculten o simulen la verdadera situación de la empresa.

c) No hubiere anotado en los libros obligatorios negocios, actos, operaciones o, en general, transacciones económicas, o los hubiese anotado con cifras distintas a las verdaderas.

d) Hubiere practicado en los libros obligatorios anotaciones contables ficticias.

La consideración como delito de los supuestos de hecho, a que se refieren los párrafos c) y d) anteriores, requerirá que se hayan omitido las declaraciones tributarias o que las presentadas fueren reflejo de su falsa contabilidad y que la cuantía, en más o menos, de los cargos o abonos omitidos o falseados exceda, sin compensación aritmética entre ellos, de 240.000 euros por cada ejercicio económico.

I. CONSIDERACIONES GENERALES

El delito contable fue introducido en nuestro ordenamiento por la LO 2/1985, de 29 abril, de reforma del Código Penal en materia de delitos contra la Hacienda Pública. La razón genérica de la reforma —que afectó también al delito fiscal— fue, según se declaraba expresamente en la Exposición de Motivos, la lucha contra el fraude fiscal. Para ello, buscando efectos de prevención general negativa, se amenazaba el incumplimiento de determinados deberes formales con la imposición de sanciones penales, lo que se justificaba por la trascendencia que la colaboración activa de los sujetos pasivos de los tributos tiene en nuestro sistema impositivo. Con esta decisión el Legislador español optaba por el modelo italiano de penalización (*Legge* nº 516, de 7 de agosto de 1982, de conversión del DL nº 429, de 10 de julio de 1982) frente al alemán que conservaba en el ámbito puramente administrativo la inobservancia de las obligaciones formales (parágrafo 379 de la *Abgabenordnung*).

En realidad, la elección de la criminalización venía a ser consecuencia de la absoluta incapacidad de la Hacienda Pública a la hora de evitar la defraudación; y como en tantas ocasiones ha ocurrido esa ineptitud para la contención de la conducta en instancias previas, ha llevado a "elevar el tono" de la represión. Obviamente la tipificación de esta figura provocó las críticas previsibles: vulneración del principio de mínima intervención en materia penal, conversión de meras infracciones de policía en delito, imposibilidad o suma dificultad para diferenciar el ilícito tributario del delito contable [véanse en este sentido los arts. 184.3 a) y 200 LGT], excesivo adelantamiento de la tutela, etc.

> BAJO FERNÁNDEZ enmarca el Derecho penal económico en el llamado "Derecho penal del riesgo", caracterizado por un adelanto indebido en la línea de defensa, el incremento de los delitos de peligro abstracto, las leyes penales en blanco y el uso excesivo de elementos normativos del tipo. SILVA SÁNCHEZ apunta la defraudación tributaria como ejemplo de la expansión del Derecho penal producida en las últimas décadas, en respuesta a la demanda de seguridad por parte de la sociedad frente a los nuevos riesgos, flexibilizándose los principios propios del Derecho penal liberal. En este sentido apunta que una defraudación no pone realmente en peligro relevante el bien jurídico, ya se entienda éste en el sentido del patrimonio de la Hacienda Pública, ya en el de las funciones de los tributos. Lo peligroso, dice, sería aquí el efecto sumativo. Entonces, no es la conducta individual la lesiva, sino su acumulación y globalización. Sin embargo, MARTÍNEZ-BUJÁN PÉREZ combate la presunta deslegitimación general de los delitos económicos y destaca la importancia de analizar cada ilícito individual. Ahora bien, cita como ejemplo en que puede no estar plenamente justificada la intervención penal el art. 310 CP, donde el injusto se construye esencialmente sobre la simple infracción de determinados deberes extrapenales.

En todo caso la decisión significó —lo que determina la naturaleza jurídica del delito y la resolución de ciertos concursos— la elevación a delito autónomo de lo que no son más que actos preparatorios del delito de fraude fiscal, "actos preparatorios criminalizados" en expresión de RODRÍGUEZ MOURULLO (contrastando, por cierto, con la impunidad general de los actos preparatorios). Así lo ha venido admitiendo la Jurisprudencia que es unánime al declarar que "*nos encontramos ante un supuesto que viene a suponer, con respecto al delito previsto en el art. 305, una anticipación de la protección penal, puesto que el art. 310 operaría como 'acto preparatorio' específicamente incriminado, o incluso como tentativa de aquél, aceptándose también esta peculiaridad por la doctrina mayoritaria*" [STS 1115/2009, 12-11 (*Tol 1747845*); igualmente, SSTS 480/2009, 22-5 (*Tol 1525289*); 827/2006, 10-7 (*Tol 1002337*), y 1211/2002, 29-6 (*Tol 203267*)]. El delito contable, pues, es un delito instrumental [SSTS 498/2006, 17-4 (*Tol 941531*); en igual dirección, SSAP, Zaragoza, Sección 3ª, 31/2023, 6-2; Valencia, Sección 2ª, 650/2022, 30-12; Madrid, Sección 29ª, 257/2022, 20-5; Guadalajara, Sección 1ª, 317/2021, 6-7 (*Tol 8615583*); A Coruña, Sección 2ª, 180/2021, 6-4; La Rioja, Sección 1ª, 90/2019, 11-7 (*Tol 7403769*), y Madrid, Sección 1ª, 315/2005, 23-6 (*Tol 743801*); puede verse jurisprudencia anterior en GIL MARTÍNEZ, GONZÁLEZ-CUÉLLAR GARCÍA, MARTÍN PALLÍN, MERINO SÁENZ]. De hecho, hasta la incorporación de esta figura al Código Penal, las falsedades en la contabilidad se recogían expresamente en el tipo del delito fiscal como un supuesto que podía dar lugar a la presunción del ánimo de defraudar (art. 319.1 I., *in fine* CP 1973: "*Se entiende que existe ánimo de defraudar en el caso de falsedades o anomalías sustanciales en la contabilidad...*").

Esa naturaleza instrumental del delito contable es lo que fuerza su configuración como delito de peligro abstracto [véase, por ejemplo, SSAP, Valencia, Sección 2ª, 485/2021, 30-9 (*Tol 8699004*); A Coruña, Sección 6ª, 88/2019, 27-5 (*Tol 7258105*), e Illes Balears, Sección 1ª, 252/2011, 21-7 (*Tol 2221882*)]; técnica contestada por alguna Doctrina, pero necesaria para la tutela de determinados bienes jurídicos, al no entrar debidamente en juego otros sectores del ordenamiento que debían ser prioritarios al Derecho penal. De todas formas, en nuestra opinión, la afirmación de que se trata de un delito de peligro abstracto es exacta sólo respecto a los apartados a) y b) del art. 310 CP, pero no en cuanto a los apartados c) y d). En efecto, el párrafo final de dicho artículo incorpora a estos dos apartados la exigencia de que "*la cuantía, en más o menos, de los cargos o abonos omitidos o falseados exceda, sin compensación aritmética entre ellos, de 240.000 euros por cada ejercicio económico*". Esta dicción supone ya no sólo el peligro para el bien jurídico protegido sino su efectiva lesión, en tanto, como veremos, el aumento de los cargos (debe) o la minoración de los abonos (haber) produce una reducción de la base imponible, que habrá de concretarse en cada caso.

Finalmente, indicar que estamos ante un precepto que ha tenido una aplicación limitada. La razón de ello pudiera estribar, en opinión de SÁNCHEZ-OSTIZ GUTIÉRREZ, en los problemas de Política Criminal —a los que más arriba hemos aludido— que acompañaron su tipificación, así como a defectos en la redacción del precepto; MARTÍNEZ—BUJÁN PÉREZ añade a estas explicaciones el efecto, saludable consideramos nosotros, que desde el punto de vista de la prevención general causó la tipificación de la conducta. Además, cuando la falsedad contable culmina en un delito de fraude fiscal, concurre un concurso de normas y se aplica solo este más grave. De todos modos, en los últimos años se ha experimentado un incremento notable en la apreciación de esta figura.

II. BIEN JURÍDICO PROTEGIDO

Existe coincidencia, tanto en la Jurisprudencia [SSTS 1115/2009, 12-11 (*Tol 1747845*), y 480/2009, 22-5 (*Tol 1525289*)] como en la Doctrina (entre otros, BAJO FERNÁNDEZ/BACIGALUPO SAGGESE, DÍAZ MORGADO, FERNÁNDEZ BERMEJO, FERRÉ OLIVÉ, GALÁN MUÑOZ, GARCÍA ARÁN, GIL MARTÍNEZ, MORILLAS CUEVA, NIETO MARTÍN, OCTAVIO DE TOLEDO Y UBIETO/DELGADO GIL, SOLA RECHE, SUÁREZ GONZÁLEZ), a la hora de considerar que el bien jurídico protegido en el delito contable tributario es el mismo que en el delito fiscal, lo que facilita extraordinariamente la opción por el concurso de leyes en caso de concurrencia de ambos. En ese sentido, la Jurisprudencia señala que el objeto de tutela es "*el patrimonio público entendido como substrato económico que permite la realización de las finalidades socio-económicas previstas constitucional y legalmente*" [STS 1115/2009, 12-11 (*Tol 1747845*)]. Así, se realiza un compendio de dos de las direcciones doctrinales en la materia: la que señala al erario público (BACIGALUPO SAGESSE, BAJO FERNÁNDEZ/BACIGALUPO SAGGESE, GARCÍA ARÁN, MARTÍNEZ-BUJÁN PÉREZ, MORALES PRATS) y la que hace hincapié en la función que cumple el tributo (GRACIA MARTÍN, OCTAVIO DE TOLEDO Y UBIETO/DELGADO GIL, VILLACORTA HERNÁNDEZ). No obstante, como pone de relieve FERRÉ OLIVÉ, se advierte una tendencia a adoptar posiciones eclécticas por parte de quienes en principio defendieron una de esas posturas, aceptando la funcionalidad del tributo, pero concretando el objeto formal en los intereses patrimoniales del Estado (ARROYO ZAPATERO, MARTÍNEZ-BUJÁN PÉREZ, SILVA SÁNCHEZ). A pesar de esa identidad de bien jurídico entre los ilícitos recogidos en los arts. 305 y 310 CP, no hay que olvidar, como señalan algunos autores (CISNEROS GONZÁLEZ, FERRÉ OLIVÉ, MARTÍNEZ-BUJÁN PÉREZ), que la intensidad del ataque al objeto de tutela es muy inferior en el art. 310 que en el art. 305 CP, por cuanto en el primer supuesto no estamos ante un delito de lesión sino de simple peligro —a nuestro juicio, en los dos primeros apartados del art. 310 CP—. Según indican APARICIO PÉREZ/ÁLVAREZ GARCÍA y MARTÍN FERNÁNDEZ, la justificación político criminal del art. 310 CP reside, precisamente, en la imposibilidad de establecer la base imponible y, consecuentemente, la deuda fiscal real, [en este sentido, SSAP, A Coruña, Sección 6ª, 88/2019, 27-5 (*Tol 7258105*), y Valladolid, 243/2017, 11-9 (*Tol 6410533*), donde se fundamenta la tipificación de este ilícito menor: "*Se tutela la veracidad y transparencia en la información mercantil con relevancia fiscal que opera como única forma de control que tiene la Administración Tributaria para la corrección del obligado tributario en el cumplimiento de las obligaciones tributarias pecuniarias. En definitiva, no se protege tanto la información mercantil en sí misma, como el perjuicio que se irroga al Erario Público si se actúa voluntariamente falseando datos que afectan a la obligación tributaria. Se protege por tanto el procedimiento de gestión tributaria*"].

No obstante, la cuestión de la naturaleza del delito es sumamente controvertida. Respecto a la conducta recogida en el apartado a), FERRÉ OLIVÉ afirma que, en la medida en que se incumplen absolutamente deberes tributarios en régimen de estimación directa de bases, es un delito de lesión. El motivo radica en la mayor importancia que revisten las obligaciones contables en dicho régimen de cara a la determinación del impuesto adeudado. "En otras palabras, la conducta descrita genera una indeterminación del tributo que deviene punible". Esta tesis la hace extensible al apartado b), puesto que de la ocultación o simulación de la verdadera situación de la empresa debe derivar una indeterminación de las situaciones que se adeudan. También OCTAVIO DE TOLEDO Y UBIETO/DELGADO GIL consideraban que son tipos de lesión, partiendo de su concepción del bien jurídico protegido, integrado por la efectividad del derecho de crédito tributario. En cambio, la Doctrina mayoritaria sostiene que esos apartados recogen delitos de peligro abstracto (entre otros, BACIGALUPO SAGGESE, BOIX REIG/GRIMA LIZANDRA, BOIX REIG/MIRA BENAVENT, CHOCLÁN MONTALVO, DÍAZ MORGADO, FERNÁNDEZ BERMEJO, GONZÁLEZ-CUÉLLAR GARCÍA, GRACIA MARTÍN, MARTÍNEZ-BUJÁN PÉREZ, MORALES PRATS, MORILLAS CUEVA, NIETO MARTÍN, QUERALT JIMÉNEZ, SOLA RECHE, SUÁREZ-MIRA RODRÍGUEZ, VILLACORTA HERNÁNDEZ); postura que compartimos teniendo en cuenta que el art. 310 CP es una figura instrumental respecto al fraude fiscal y que en los apartados a) y b) se sanciona, respectivamente, el hecho de incumplir absolutamente la obligación establecida en la Ley Tributaria de llevar contabilidad en régimen de estimación directa, y la llevanza de contabilidades distintas en la forma expresada en dichos tipos. Sin embargo, algunos autores entienden que constituyen delitos de peligro concreto, ya que la situación de peligro es muy próxima para el bien jurídico protegido (GALÁN MUÑOZ, SÁNCHEZ-OSTIZ GUTIÉRREZ). También en cuanto a los apartados c) y d) hay opiniones distintas, considerándolos delitos de lesión (FARALDO CABANA, FERRÉ OLIVÉ, MARTÍNEZ-BUJÁN PÉREZ, OCTAVIO DE TOLEDO Y UBIETO/DELGADO GIL), de peligro abstracto (DÍAZ MORGADO, GONZÁLEZ-CUÉLLAR GARCÍA, GRACIA MARTÏN, QUERALT JIMÉNEZ, SOLA RECHE), de peligro concreto (CHOCLÁN MONTALVO, FERNÁNDEZ BERMEJO, NIETO MARTÍN, SÁNCHEZ-OSTIZ GUTIÉRREZ, VILLACORTA HERNÁNDEZ) o de peligro hipotético (como señalan BOIX REIG/GRIMA LIZANDRA, en tanto tales tipos exigen defraudación —omisión de declaración o declaración falsaria— y, consecuentemente, la aptitud para crear un peligro concreto al bien jurídico, pero sin que conste efectivo perjuicio). A nuestro juicio, el requisito previsto en el último párrafo para los apartados c) y d) y que no rige en los anteriores, consistente en que "la cuantía, en más o menos, de los cargos o abonos omitidos o falseados exceda, sin compensación aritmética entre ellos, de 240.000 euros por cada ejercicio económico", determina su configuración como delitos de lesión, puesto que siempre habrá un perjuicio patrimonial para la Hacienda Pública, al reducirse la base imponible, aunque no puede concretarse de antemano porque variará en cada caso concreto.

III. SUJETOS ACTIVO Y PASIVO

Sujeto activo lo puede ser únicamente aquel que está obligado por ley tributaria a llevar contabilidad mercantil, libros o registros fiscales [STS 264/2001, 16-2 (*Tol 31376*)]. Nos encontramos, pues, ante una remisión que posee doble contenido: en primer lugar, hay que determinar el sujeto pasivo del impuesto y, en segundo lugar, establecer qué obligaciones penden sobre él en lo que atañe a la llevanza de contabilidad, libros o registros. Así pues, solamente unos determinados sujetos —cuyo círculo se encuentra previsto en la ley— pueden realizar los elementos típicos, por lo que nos hallamos ante un delito especial propio [STS 480/2009, 22-5 (*Tol 1525289*)].

Sin embargo, no debe olvidarse que a veces ese sujeto pasivo del impuesto —que será activo del delito— carece de capacidad penal, como sucede con los inimputables por minoría de edad o por discapacidad psíquica. Pero también hay supuestos en los que el sujeto pasivo del impuesto no posee la necesaria personalidad jurídica, como en los casos de herencia yacente, comunidades de bienes, etc. (véase el art. 35.4 LGT), respecto de los cuales existe una amplia controversia acerca de su representación (véanse, los arts. 39 y 40 de la LGT) y de su responsabilidad (véase el art. 129.1 CP).

La última resolución citada aborda el problema del delito cometido por el administrador o representante de la sociedad en nombre de la misma. Los presupuestos de esta sentencia cambiaron a partir de la LO 2/2010, de 10 de junio, que prevé la responsabilidad penal de las personas jurídicas —art. 310 bis CP—, pero sigue rigiendo respecto a la responsabilidad individual: "*Cuando esa condición recae sobre una persona jurídica, que no puede ser sujeto activo del delito, en la medida que carece de capacidad de acción y de culpabilidad, la responsabilidad personal y por tanto autoría se desplaza a la persona o personas físicas que tienen las facultades de dirección, gestión, representación o de hecho gobiernan la misma, adoptando y llevando a cabo los acuerdos que constituyen la decisión social. Bien entendido que no basta con ser administrador, componente del Consejo de Administración, directivo, etc. Sino que habrá, además de acreditarse que en la persona física concurren los elementos propios del tipo penal y la culpabilidad que exigen los arts. 5 y 10 CP* [...]. *Siendo una persona jurídica el sujeto pasivo la responsabilidad penal ha de polarizarse en los directores, gerentes, consejeros, delegados o personas que efectivamente, ejerzan su administración, advirtiéndose por la doctrina que al no recoger el art. 31 CP, como requisito específico para su aplicación la ejecución material de la acción prevista en el tipo penal, se vincula sin fundamentación probatoria la condición de administrador o representante de la sociedad con la autoría delictiva, sin entrar a analizar si en el caso concreto el administrador, representante o gerente incurrió en la conducta punible, ya por acción o por omisión. De otra forma se convertiría el precepto en una cláusula de 'presunción de autoría' o en expediente justificador de pautas de responsabilidad objetiva. Y así lo ha advertido el Tribunal Constitucional al controlar por vía de amparo algunas sentencias en las que se hacía una interpretación contra reo del art. 15 bis del anterior Código*".

En cuanto al sujeto pasivo del delito, y teniendo en cuenta el bien jurídico protegido, lo será la Hacienda cuyo patrimonio se ve comprometido por el comportamiento del sujeto activo, ya sea la estatal, la autonómica, o la local.

IV. PRESUPUESTOS DE LAS DISTINTAS MODALIDADES TÍPICAS

El párrafo introductorio del precepto establece como presupuesto la existencia de una obligación, impuesta por la ley tributaria, de llevar contabilidad mercantil, libros o registros fiscales.

1. El significado de la remisión a la "ley tributaria" ha generado desacuerdo doctrinal entre aquellos que (como CÓRDOBA RODA, GALÁN MUÑOZ, QUERALT JIMÉNEZ) entienden que la referencia debe ser efectuada únicamente a una ley en sentido formal y quienes diferencian entre la norma que establece genéricamente la obligación —que ha de tener carácter formal de ley— y la que desarrolla esa obligación, que puede ser de rango inferior (entre otros, BACIGALUPO SAGGESE, BAJO FERNÁNDEZ/BACIGALUPO SAGGESE, DÍAZ MORGADO, DOPICO GÓMEZ-ALLER, FERRÉ OLIVÉ, GARCÍA ARÁN, GRANADOS PÉREZ, MARTÍN FERNÁNDEZ, MARTÍNEZ-BUJÁN PÉREZ, MERINO SÁENZ, MORALES PRATS, OCTAVIO DE TOLEDO Y UBIETO/DELGADO GIL, RODRÍGUEZ DOMÍNGUEZ). En esta materia, creemos, le asiste la razón a MARTÍNEZ-BUJÁN PÉREZ cuando sostiene que el mantenimiento de la primera postura convertiría en "letra muerta" el delito contable, en tanto el deber de llevar contabilidad mercantil o libros o registros fiscales, se fija mayoritariamente por vía reglamentaria. En efecto, como las obligaciones formales (deber de llevar contabilidad, registros, etc.) no son parte esencial del tributo, no están protegidos por la reserva de ley tributaria, de ahí que el grueso de su regulación se lleve a cabo a través de normas reglamentarias. Con todo, la existencia de estos deberes y su alcance básico sí aparece definido en la ley tributaria. (No obstante, FERRÉ OLIVÉ y MORALES PRATS matizan que esta segunda interpretación, orientada a colmar el principio de vigencia del precepto —en evitación de una *interpretatio abrogans* del mismo—, sugiere interrogantes en torno a la función que, en realidad, cumple la referencia típica a la "ley" tributaria). A este respecto, la STS 480/2009, 22-5 (*Tol 1525289*), determina que "*es la Ley Tributaria la que debe imponer los deberes de llevanza de contabilidad, sin que sea suficiente la declaración general contenida en el Código de Comercio o la Ley de Sociedades Anónimas*", pero, en la medida en que es una ley penal en blanco, admite la remisión a otras normas legales o reglamentarias [en este sentido se pronunció ya el AAP, Madrid, Sección 6ª, 17-11-1997, y más recientemente, las SSAP, A Coruña, Sección 6ª, 88/2019, 27-5 (*Tol 7258105*), y Gipuzkoa, Sección 1ª, 269/2017, 18-12 (*Tol 6528384*)].

En todo caso, es esencial que la obligación haya sido impuesta por una norma de naturaleza tributaria, de tal forma que si la disposición que la establece tuviera otro carácter la conducta resultaría atípica.

2. Por "contabilidad mercantil" hay que entender aquella que según las leyes mercantiles deben llevar los comerciantes y sociedades (véanse, particularmente,

los artículos 253 y ss. LSC; los arts. 25 y ss. y, especialmente, los arts. 34 y ss. CCo; la Ley 16/2007, de 4 de julio, de reforma y adaptación de la legislación mercantil en materia contable, para su armonización internacional con base en la normativa de la Unión Europea; el RD 1514/2007, de 16 de noviembre, por el que se aprueba el Plan General de Contabilidad; el RD 1515/2007, de 16 de noviembre, por el que se aprueba el Plan General de Contabilidad de Pequeñas y Medianas Empresas y los criterios contables específicos para microempresas. Igualmente, es "contabilidad mercantil" la que recoge como obligación formal la legislación tributaria (véase la Ley 58/2003, de 17 de diciembre, General Tributaria, especialmente el art. 29).

3. Por "libros o registros fiscales" deben entenderse los obligatorios según la regulación de los distintos tributos. Así, por ejemplo, el art. 120.1 de la Ley 27/2014, de 27 de noviembre, del Impuesto sobre Sociedades, determina que "Los contribuyentes de este Impuesto deberán llevar su contabilidad de acuerdo con lo previsto en el Código de Comercio o con lo establecido en las normas por las que se rigen" (ley complementada por el RD 634/2015, de 10 de julio, por el que se aprueba el Reglamento del Impuesto sobre Sociedades). Similares deberes prevén, el art. 164.4 de la Ley 37/1992, de 28 de diciembre, del Impuesto sobre el Valor Añadido y los arts. 62 y ss. del RD 1624/1992, de 29 de diciembre, por el que se aprueba el Reglamento del Impuesto sobre el Valor Añadido; el art. 104 de la Ley 35/2006, de 28 de noviembre, del Impuesto sobre la Renta de las Personas Físicas y el art. 68 del RD 439/2007, de 30 de marzo, por el que se aprueba el Reglamento del Impuesto sobre la Renta de las Personas Físicas.

Así pues, no debe confundirse la contabilidad mercantil, integrada por un todo sistemático que implica la suma de diversos elementos, con los libros y registros, que se unen para formar la contabilidad. Por otra parte, los libros contables recogen las transacciones económicas de la empresa de un modo cronológico y sistematizado, mientras los registros son documentos más específicos que suelen consignar transacciones o grupos de transacciones más reducidos.

Resulta oportuno destacar en este punto, por haber sido planteado en distintas ocasiones ante los Tribunales, que el hecho de que los libros se lleven mediante un procedimiento informático y el que se establezca la obligación legal de proceder a su encuadernación, a efectos de su legalización, no puede entenderse en el sentido de que tales libros, cuya llevanza resulta obligatoria, no existen hasta que se produzca aquella encuadernación. Por tanto, la obligación de llevar libros se puede cumplir mediante los listados de ordenador, de modo que las anotaciones que se hagan en ellos han de entenderse como anotaciones realizadas en los libros [STS 264/2001, 16-2 (*Tol 31376)*]. En este sentido el art. 27.2 CCo dispone que: *"Será válida* [...] *la realización de asientos y anotaciones por cualquier procedimiento idóneo sobre hojas que después habrán de ser encuadernadas correlativamente para formar los libros obligatorios, los cuales serán legalizados antes de que transcurran los cuatro meses siguientes a la fecha de cierre del ejercicio. En cuanto al libro de actas, se estará a lo dispuesto en el Reglamento del Registro Mercantil"* [véanse, como ejemplos, la SAP, Valencia, Sección 2ª, 485/2021, 30-9 (*Tol*

8699004), donde los administradores condenados por el art. 310.b) CP llevaron la doble contabilidad de la empresa a través de un programa informático; la SAP, Gipuzkoa, Sección 1ª, 269/2017, 18-12 (*Tol 6528384)*, en la que se condena en virtud del apartado a) al administrador de la sociedad por no presentar debidamente la contabilidad que alegaba haber perdido en un proceso de desahucio, pero que poseía en soporte informático; y el AAP, Burgos, Sección 1ª, 16-12-2002 (*Tol 253461)*, que desestimó el recurso de queja interpuesto contra el Auto que ordenaba las diligencias de investigación necesarias por un presunto delito contable al haber indicios suficientes de la llevanza de contabilidad paralela de la empresa mediante asientos informáticos].

V. LOS TIPOS EN PARTICULAR

1. *Incumplimiento absoluto de obligaciones en régimen de estimación directa de bases tributarias*

1.1. El fundamento de esta modalidad típica se encuentra en la decisiva importancia que adquiere la llevanza de contabilidad mercantil y de los libros o registros fiscales en la determinación del impuesto en régimen de estimación directa de bases tributarias (FERRÉ OLIVÉ), ya que en estos casos, a diferencia de lo que sucede en los regímenes de estimación objetiva e indirecta, el tributo se calcula sobre la riqueza efectiva (no estimada), para cuya concreción se requiere la información suministrada por la contabilidad y por ciertos registros. Es en este sentido en el que abundaba la Exposición de Motivos de la LO 2/1985, al decir: "Se ha introducido un nuevo artículo, el 350 bis, que sanciona el incumplimiento de obligaciones formales como infracción autónoma, dada la trascendencia que la colaboración activa de los sujetos pasivos de los tributos tiene en nuestro sistema".

En la misma dirección es sumamente ilustrativa la lectura del art. 51 de la LGT: *"El método de estimación directa podrá utilizarse por el contribuyente y por la Administración Tributaria de acuerdo con lo dispuesto en la normativa de cada tributo.*

A estos efectos, la Administración Tributaria utilizará las declaraciones o documentos presentados, los datos consignados en libros y registros comprobados administrativamente y los demás documentos, justificantes y datos que tengan relación con los elementos de la obligación tributaria". Es la frustración sustancial en el método de cálculo del tributo —aunque aparezcan datos aislados— lo que permite hablar de "incumplimiento absoluto de la obligación".

En cambio, en el régimen de estimación objetiva la base imponible se calcula a partir presunciones, mediante magnitudes, índices, módulos o datos previstos en la normativa propia de cada tributo (art. 52 LGT). El régimen de estimación indirecta se aplica cuando la Administración Tributaria no puede disponer de la información necesaria para la determinación completa de la base imponible, debido a las maniobras obstructivas de los contribuyentes (art. 53 LGT). En este caso se otorga una gran capacidad de maniobra a la Administración, permitiéndole recurrir a indicios para concretar la base tributaria —datos y antecedentes disponibles, elementos que indirectamente acrediten los ingresos y costes, etc.—. Por eso, matizan algunos autores, (BAJO FERNÁNDEZ/BACIGALUPO SAGGESE, FERRÉ OLIVÉ, MERINO SÁENZ) que el apartado a) del art. 310 CP es aplicable, también, a quienes en principio están sujetos al régimen de estimación directa, pero se acude al de estimación indirecta precisamente por no llevar la contabilidad debida.

Se trata de un tipo omisivo, de omisión propia, en el que se exige un "incumplimiento absoluto" de las obligaciones que penden sobre el sujeto, consumándose el tipo con la mera omisión de la llevanza de los libros, etc., sin necesidad de que se cause perjuicio alguno a la Hacienda Pública [SAP, Valencia, Sección 1ª, 75/2004, 8-3; sin embargo, la SAP, Málaga, Sección 8ª, 423/2019, 28-5 (*Tol 8698218*), estima que no basta la no llevanza de contabilidad, sino que debe estar unida a la producción de perjuicios tributarios: "[...] *Tampoco integran el delito contable del art. 310, a y b) del Código Penal. La actualización y el orden de los libros y registros de contabilidad no es el objeto de protección de la norma incriminadora a la que alude la acusación, sino la no obtención de los ingresos tributarios generados por la actividad de la empresa a través de la manipulación de los libros o ausencia de llevanza... Lo único acreditado en la causa es que el acusado no ha llevado una contabilidad de su empresa, pero esta circunstancia, en ausencia de datos tributarios, no implica el delito objeto de la acusación*")]. A la hora de interpretar qué se entiende por ese absoluto incumplimiento, en la práctica judicial se viene afirmando que se trata no tanto de una ausencia absoluta sino sustancial. Así lo expresa la SAP, Melilla, Sección 7ª, 34/2009, 31-3: "*No es obstáculo... la circunstancia que tuvieran alguna documentación contable de la empresa..., pues por el término 'incumpla absolutamente', que utiliza el art. 310 apartado a) del Código Penal, debe entenderse la falta de llevanza de libros de contabilidad mercantil, libros o registros fiscales de tal manera que impida su determinación en régimen de estimación directa es decir que sea necesario para su determinación la realización y la utilización de medios materiales y personas para la estimación de las bases tributarias. Interpretación que impide que la simple aportación de cualquier documento o un libro determine la inaplicación del tipo, lo que vaciaría de contenido la figura delictiva, pues sería suficiente un mero apunte contable para no apreciar el delito*" [(en el mismo sentido, y entre otras, SSAP, Gipuzkoa, Sección 1ª, 269/2017, 18-12 (*Tol 6528384*), y Ciudad Real, Sección 1ª, 13/2000, 18-1)]. En idéntica dirección se manifiesta mayoritariamente la Doctrina (por todos, FERRÉ OLIVÉ). En cualquier caso, es evidente que entre un incumplimiento absoluto —o asimilado al absoluto— y un cumplimiento sustancialmente correcto, se pueden plantear una gran variedad de hipótesis, de casuística. Pues bien, el criterio para decidir la tipicidad o no de la conducta está en que sea o no posible —aun con dificultades, incluso importantes dificultades, que puedan dar lugar a la comisión de infracciones administrativas— la determinación de la base en régimen de estimación directa. No se trata, pues, de que el intérprete se encuentre o no con algo que pueda ser equiparado a una contabilidad. Lo importante para excluir esta modalidad delictiva es que el cumplimiento de las obligaciones llevado a cabo por el sujeto permita ejecutar el régimen de estimación directa (por lo tanto, la conducta no sería típica si la obligación de tributar lo fuera en régimen de estimación objetiva, es decir, en uno distinto al de estimación directa).

Como ejemplo, la STS 472/2003, 28-3 (*Tol 4929033)*, afirma que no bastan unos *"listados desordenados* —que— *no proporcionaban una visión del estado financiero y evolución de las sociedades"* a efectos del Impuesto de Sociedades y del IVA, apreciando un incumplimiento absoluto de las obligaciones contables como requiere el tipo.

Dentro del absoluto incumplimiento de las obligaciones de llevanza de contabilidad, libros o registros, BREZMES MARTÍNEZ DE VILLARREAL incluye —y a él seguimos en lo que continúa— en este art. 310 a) CP supuestos como los siguientes: 1°) Las operaciones realizadas mediante "sociedades pantalla", especialmente cuando se encuentran domiciliadas en paraísos fiscales [véanse, las SSAP, Barcelona, Sección 10ª, 15-1-2010 (*Tol 1833310)*, y Barcelona, Sección 5ª, 71/2004, 22-11 (*Tol 580539)*]; 2°) Los casos en los que se procede a la interposición de varias sociedades de forma sucesiva, de manera que se impida u obstaculice gravemente el conocimiento del destinatario último de los fondos originados [véase el supuesto de hecho contemplado en el ATC 98/2009, 23-3; también SSAP, Islas Baleares, Sección 2ª, 97/2009, 8-10 (*Tol 1762704)*; Barcelona, Sección 6ª, 244/2008, 17-3 (*Tol 1321496)*, o Barcelona, Sección 10ª, 704/2007, 29-10 (*Tol 1235888)*].

Por lo que respecta a este último caso, resulta sumamente ilustrativa la mención que se hace en la SAP, Sevilla, Sección 4ª, 449/2005, 28-10 (*Tol 824132)*, sobre las razones de la introducción del régimen de trasparencia fiscal: *"En efecto, no hace falta ser un especialista en Derecho tributario para saber que el hoy desaparecido régimen de transparencia fiscal (sustituido por el régimen de sociedades patrimoniales por la Ley 46/2002, de 18 de diciembre) constituía un sistema de integración entre el Impuesto de Sociedades y el IRPF que trataba de evitar que determinadas personas físicas con elevados niveles de renta pudieran eludir la progresividad del IRPF mediante la interposición de sociedades sin auténtica actividad empresarial, haciendo aparecer como beneficios de las sociedades interpuestas rendimientos cuya fuente era en realidad una actividad personal del socio, que de este modo limitaba la tributación de los mismos al tipo proporcional del 35% correspondiente al Impuesto de Sociedades, escapando a los tipos marginales máximos del IRPF, notablemente superiores a aquél. Para evitar o paliar esta práctica elusiva, el régimen de transparencia fiscal consistía, a grandes rasgos, en obligar a tributar a determinadas categorías de sociedades (de mera tenencia de bienes, de cartera, de profesionales y de actividades artísticas y deportivas) por el Impuesto de Sociedades, al tiempo que se imputaba como renta de cada socio la parte proporcional a su participación de la base imponible del Impuesto de Sociedades, con sus deducciones y bonificaciones, permitiéndole que se dedujera en el IRPF la cantidad correspondiente del Impuesto de Sociedades ya pagado por la sociedad".*

Asimismo, es muy interesante la lectura de los medios defraudatorios referidos al IVA, expuestos en la Instrucción de la FGE 3/2007, 30-3, sobre la actuación del Ministerio Fiscal en la persecución de los delitos de defraudación tributaria cometidos por grupos organizados en relación con las operaciones intracomunitarias del impuesto sobre el valor añadido.

Por otra parte, hay que diferenciar la omisión en el cumplimiento de las obligaciones de referencia del simple retraso en la ejecución de las mismas, pues en este último caso no se realizaría el tipo (SÁNCHEZ-OSTIZ GUTIÉRREZ) por no encontrarnos ante un verdadero incumplimiento. Además, como indica SUÁREZ GONZÁLEZ, esta omisión debe referirse a todo un período impositivo, dejando al margen de la tipicidad, pues, los incumplimientos meramente parciales de las obligaciones formales, que pasarán a constituir simples infracciones administrativas [en este sentido, el art. 200.1.e) LGT: "*Constituye infracción tributaria el incumplimiento de obligaciones contables y registrales, entre otras: El retraso en más de cuatro meses en la llevanza de la contabilidad o de los libros y registros establecidos por las normas tributarias*"].

Finalmente, conviene señalar que, como indica la STS 827/2006, 10-7 (*Tol 1002337*), "[*e*]*l delito contable para su punición necesariamente ha de afectar a hechos que pudieran ser constitutivos de delito fiscal, pues en otro caso no existiría reproche en la conducta prefijada*".

Así pues, la consumación se produce al finalizar el periodo impositivo del correspondiente tributo que debe ser determinado en régimen de estimación directa (FERRÉ OLIVÉ, MARTÍNEZ-BUJÁN PÉREZ). Además, tratándose de un acto preparatorio elevado a la categoría de delito, de carácter omisivo, no es posible la tentativa (CORTÉS BECHIARELLI, FERRÉ OLIVÉ, GARCÍA ARÁN, MARTÍNEZ-BUJÁN PÉREZ).

1.2. Debe tenerse en cuenta que, sobre el mismo conjunto de actividades pueden recaer varios impuestos, de forma que al sujeto le incumban diversas obligaciones contables. Sin embargo, a diferencia de los deberes de pago tributario (que son distintos para cada tributo —IVA, IRPF, Impuesto de Sociedades, etc.), la obligación de llevar la contabilidad tributaria es una, dando lugar su inobservancia a un único delito.

2. *Llevanza de contabilidades distintas referidas a una misma actividad y ejercicio económico, que oculten o simulen la verdadera situación de la empresa*

En este apartado se recoge la llamada "doble contabilidad", entendiendo por tal el supuesto en el que el comerciante lleva dos o más libros iguales en los que viene a anotar de forma diferente las mismas operaciones, resultando falseada la contabilidad de la empresa, de modo que es imposible conocer la real situación económica de la sociedad [STS 498/2006, 17-4 (*Tol 941531)*].

La virtualidad de la llevanza de una doble contabilidad para los sujetos obligados, queda claramente expresada en el supuesto contemplado en la SAP, Burgos, Sección 1ª, 1040/2006, 19-7 (*Tol 1034343*): *"Del examen de la documentación incautada que se refiere, en su mayor parte, a los ejercicios 1999 a 2001, resulta que la entidad..., llevaba una doble contabilidad, que de forma completa y exhaustiva le permitía controlar las cuentas de sus clientes y proveedores, tanto lo que se hallaba contabilizado como lo no contabilizado, con ello conseguía aparentar y declarar unos beneficios mínimos en cada ejercicio, ello le permitió a la entidad presentar unas declaraciones de los distintos impuestos durante los ejercicios 1996 a 2001 que, al ocultar la mayor parte de las operaciones y beneficios obtenidos por la actividad de la empresa, que no se correspondían con la realidad pero que le permitió no pagar impuesto de sociedades y una disminución importante de las bases imponibles del IVA".*

2.1. Hemos indicado antes que estamos ante un delito especial porque el sujeto activo se restringe "al obligado por ley tributaria a llevar contabilidad mercantil...". En este apartado, entiende algún autor que nos encontramos ante un tipo "doblemente especial" (CORTÉS BECHIARELLI, FERRÉ OLIVÉ), porque a la citada restricción de la autoría se une la exigencia de que el sujeto activo sea "empresario". Sin embargo, consideramos que la referencia que se efectúa a la "empresa" en el apartado b) del art. 310 CP, no supone una mayor concreción —en cuanto al sujeto activo— de la que ya se deriva de la expresión utilizada en el párrafo introductorio del precepto al que "estando obligado...", en tanto "el que", quien "lleva" la doble contabilidad de la empresa y a quien cabe exigir responsabilidades penales, es el que "está obligado" por las normas tributarias. Pero esa posición no sólo, o no siempre, la ostenta quien —especialmente en sociedades complejas— técnicamente es considerado como "el empresario", sino los que representan o actúan en nombre de la sociedad —por más que el obligado tributario sea la empresa— (POLAINO NAVARRETE argumenta que no es un delito especial propio limitado a la empresa, puesto que no existe una específica limitación del alcance de la autoría a los órganos de gestión y administración de la Sociedad sujeta a la obligación tributaria de llevanza de contabilidad mercantil o fiscal).

Al contrario que en el tipo plasmado en el apartado a) del art. 310 CP, nos hallamos ante un delito comisivo, de acción, que para su consumación exige la producción de un resultado. En efecto, el sujeto activo ha de desplegar una conducta positiva consistente en la llevanza de esa doble contabilidad, y que como resultado se oculte o simule la verdadera situación de la empresa. Este ocultamiento o simulación no son cualidades que deban predicarse de la doble contabilidad, es decir, no pertenecen al concepto de doble contabilidad, sino que constituyen una consecuencia de esta. De forma que puede existir esa doble contabilidad sin simulación u ocultamiento (al igual que puede suceder lo contrario, y un ejemplo se encuentra en la modalidad comisiva que se contempla en el apartado anterior de este precepto).

El AAP, Valladolid, Sección 4ª, 200/2017, 28-4 (*Tol 6173058)* afirma que "[*l*]*a finalidad de esta doble contabilidad es siempre la de simular la verdadera situación fiscal de la empresa, simulando su situación financiera, de tal modo que se impide la determinación de la verdadera obligación tributaria pecuniaria*". Incluso, la SAP, A Coruña, Sección 6ª, 88/2019, 27-5 (*Tol 7258105)*, requiere que la cuantía ocultada alcance la constitutiva de delito fiscal: *"En definitiva, es necesario distinguir el ilícito penal del administrativo. Dada la redacción similar del art. 310 b del Código Penal y 200 d de la LGT (si bien la norma penal describe la acción nuclear como ocultar o simular y la norma sancionatoria administrativa como dificultar el conocimiento de la verdadera situación) cabe considerar como criterio aceptable o lógico que la contabilidad doble será sancionada penalmente cuando además de ocultar o simular el conocimiento de la verdadera situación en el caso de alcanzar el estadio de lesión del bien jurídico el comportamiento fuere punible como delito de defraudación tributaria. Para poder apreciar el plus de injusto que permite diferenciar el delito contable de la mera infracción administrativa es necesario sostener la siguiente tesis: adicionalmente debe poder acreditarse un mínimo de lesividad para el bien jurídico protegido, coincidente con el que tutela el delito fiscal. Para ello, es preciso que la alteración contable tenga tal significación económica que pueda llegarse a la convicción de que, dado el volumen de negocio ocultado, el sujeto hubiera defraudado al fisco una cuota superior al mínimo punitivo del delito fiscal. Sería un contrasentido configurar un delito de peligro que pretende prevenir un fraude fiscal constitutivo de mera infracción administrativa*".

2.2. El tipo penal exige la llevanza de "contabilidades distintas", es decir: contabilidades paralelas que representen de forma diferente una misma realidad económica, y ello sucederá generalmente porque los asientos contables inclusos en una u otra contabilidad sean distintos —por omisión o alteración de los mismos. Algunos autores (PÉREZ ROYO) entienden que para que concurra este elemento —"contabilidades distintas"— es preciso, asimismo, que haya un ánimo defraudatorio. Desde aquí mantenemos, sin embargo, que tal elemento intencional no resulta preciso, si bien habitualmente siempre que existan contabilidades diferentes —con las excepciones a las que nos referiremos a continuación— normalmente existirá dicho propósito encaminado al engaño (al Fisco, en el tipo que estamos examinando; a los otros socios en el supuesto del delito contable del art. 290 CP, etc.).

Sin embargo, cabe señalar algunas excepciones a lo que acabamos de manifestar; en primer lugar, nos referiremos a sociedades cuya matriz está en un determinado país pero que poseen sucursales operativas en otro distinto. Pues bien, puede ocurrir que los sistemas contables aplicables en el país de la matriz sean diferentes de los vigentes en el país o países de las sucursales; estas últimas, normalmente, vendrán obligadas a presentar sus estados financieros de acuerdo con las normas contables tanto del país de su ubicación como del de la matriz. En este caso, las diferencias, normalmente, vendrán derivadas de la aplicación de diferentes criterios de valoración de los elementos patrimoniales: de existencias de materias primas o de productos semiterminados o terminados, de las distintas velocidades aplicables a la amortización del inmovilizado, etc.; también pueden variar las contabilidades por la diversa cuantificación de las denominadas provisiones (insolvencia, obsolescencia, garantías adjudicadas en pago de deudas u otras). Por lo que respecta a estas últimas —las provisiones y su monto—, suele haber diferencias en las contabilidades tanto de carácter subjetivo como objetivo: objetivo, debido a los distintos calendarios o porcentajes de exigencia según los países a proveer y el deterioro de determinados activos (como "clientes" o "provisión por insolvencia"); subjetivo, cuando determinadas situaciones por las que pasa un deudor de la empresa (como pueden ser casos de quita o espera, suspensión de pagos, pérdidas continuadas, patrimonio neto negativo), pueden implicar una mayor o menor provisión según las normas aplicables en los diversos países.

Otro motivo de discrepancia entre contabilidades son las distintas leyes fiscales según los países; incluso dentro de un mismo país las normas fiscales aplicables no siempre coinciden con las contables, produciéndose ajustes y reclasificaciones en las cuentas de pérdidas y ganancias de las compañías para adaptar el resultado contable al resultado fiscal. Normalmente las disposiciones fiscales tienden a ser menos conservadoras o prudentes que las contables en materia de velocidad en la aplicación de calendarios de amortización o de provisiones; ello implica que el resultado contable suele ser inferior al resultado fiscal en los primeros años, aunque necesariamente tienen que converger en el tiempo.

Esta disparidad de contabilidades no debe plantear excesivos problemas para la decisión de la tipicidad o atipicidad de la conducta, si se toman en cuenta los siguientes criterios: 1º) Que el tipo requiere que sean normas tributarias —y no contables— las que impongan la correlativa obligación; 2º) Que la duplicidad de contabilidades económicas/fiscales no resulta típica si la disparidad no provoca ocultación o simulación de la verdadera situación de la empresa; 3º) Que estando el bien jurídico enmarcado en intereses de la Hacienda Pública, carece de relevancia típica la existencia de una contabilidad que no incida en los aludidos intereses por más que sí lo haga en la valoración económico/contable de la empresa —lo que, eso sí, puede ser relevante a efectos de otros tipos penales, de las leyes mercantiles, etc.; 4º) Que las realidades contable y fiscal no coinciden necesariamente, por lo que una discrepancia en esa situación no supone llevar "contabilidades distintas" en el sentido del tipo.

En todo caso el tipo exige que se lleve una verdadera "contabilidad distinta", es decir: dos contabilidades que puedan competir estructuralmente; por lo tanto, no bastarán unos simples apuntes contables paralelos de determinadas operaciones aisladas [que, en su caso, pudieran encontrar asiento en otro apartado de este art. 310 CP, principalmente en la letra c)], sino que se precisa la existencia de asientos contables sistematizados, de dos contabilidades materiales paralelas, de una actividad continuada en el tiempo. Obviamente no se requiere que, desde el punto de vista formal, la que pudiéramos llamar "segunda contabilidad" se realizara con respeto externo al Plan de Contabilidad de que se trate o a cualesquiera normas formales, pues en ese caso el tipo resultaría inaplicable en buena parte de los casos.

En este sentido, la SAP, Pontevedra, Sección 5ª, 24/2007, 1-2 (*Tol 1051723)*, indica: *"Pues bien no cabe apreciar en el presente supuesto el delito del art. 310 b), porque los únicos datos probatorios con los que contamos es con la existencia de tres cheques y un recibo sin contabilizar, que no constituyen acreditación suficiente de la existencia de llevanza de contabilidades distintas, tal como en la doctrina científica y la pequeña jurisprudencia configuran este delito"*. Asimismo, la SAP, Navarra, Sección 3ª, 42/2020, 28-1 (*Tol 8124226*) afirma lo siguiente: *"La doble contabilidad..., tiene que definirse como el supuesto en que un comerciante concursado lleva dos o más libros iguales, en los que registra en forma diferente las mismas operaciones, o cuando tiene distintos soportes documentales de los mismos actos. Lo que se califica de doble contabilidad es la llevanza por el concursado de libros paralelos, con unas mismas operaciones, pero registradas en forma distinta, o respaldadas en comprobantes distintos, es decir la incompatibilidad de los libros..., la doble contabilidad no es la ausencia de anotación contable, ni la anotación de operaciones ficticias, y no cabe reconstruir una contabilidad desde las faltas, inexactitudes numéricas, o ficciones contables, en paralelo a la oficial y pública, para mantener que hay doble contabilidad"*.

No obstante, como apunta PÉREZ ROYO el problema que plantea esta modalidad típica es la prueba de la doble contabilidad, pues se puede constatar que la presentada es falsa o no refleja la verdadera situación patrimonial de la empresa, pero, además, hace falta demostrar que existe otra cierta. El elemento determinante para saber si se está ante un caso de contabilidades distintas es la publicidad, cuando el obligado muestra datos contables diferentes a la Administración o a terceros. No obstante, este hecho solo será prueba concluyente del delito si esa información se acompaña de la contabilidad verdadera. De todos modos, según el tipo la consumación se produce con la simple llevanza de esa doble contabilidad (de esta opinión, GRACIA MARTÍN, MARTÍNEZ-BUJÁN PÉREZ, NIETO MARTÍN; en cambio, señalan que es necesario que el autor haga valer frente a terceros una contabilidad distinta a la entregada a la Hacienda Pública, CÁMARA BARROSO, PÉREZ ROYO, RODRÍGUEZ DOMÍNGUEZ, VILLACORTA HERNÁNDEZ).

2.3. Las contabilidades distintas han de imputarse a la misma actividad y ejercicio económico. Por este último debe entenderse la unidad temporal a la que se refieren las diferentes operaciones a realizar con la Hacienda, lo que normalmente coincidirá con el año natural.

En cuanto al significado de la "misma actividad económica" MARTÍNEZ-BUJÁN PÉREZ lo circunscribe, y compartimos criterio, a las "actividades estrictamente empresariales (comerciales, industriales, etc.) quedando excluidas las de profesionales, artistas o arrendadores no empresarios afectados por el IVA", y ello por la adjetivación como "económica" de la actividad y su relación necesaria con el mundo de la empresa, tal y como precisa el tipo (incluyen esas otras actividades, cuando quienes las desempeñan están obligados a llevar contabilidad, libros o registros fiscales, (CHOCLÁN MONTALVO, FERRÉ OLIVÉ).

2.4. Por "simular" hay que entender "representar algo, fingiendo o imitando lo que no es", y por "ocultar" "esconder, tapar, disfrazar, encubrir a la vista" (DRAE). Obviamente estos verbos, para encontrar su verdadero significado en el contexto normativo del que nos estamos ocupando, hay que ponerlos en conexión con lo que se quiere alterar: la verdadera situación de la empresa en lo que atañe a su relación con el Fisco; es decir: se trata de "comunicar" a la Hacienda una imagen de la empresa que no se corresponde con la realidad. En este sentido el acto de "comunicación" (de simular u ocultar algo a alguien) resulta un elemento esencial de la figura delictiva, de forma tal que la consumación del tipo requerirá la creación de una apariencia comunicada a la Hacienda, mediante la cual se le transmita una imagen distorsionada de la realidad empresarial.

En este apartado, y a diferencia del anterior en el que bastaría el simple incumplimiento de las obligaciones de llevanza de contabilidad, libros o registros, debe exigirse que la "contabilidad distinta" fabricada por el sujeto sea capaz de lograr el efecto buscado; esto es: que tenga aptitud para presentar una imagen de la empresa que no se corresponda con la realidad. Por lo tanto, no ha de tratarse de una maniobra (de una contabilidad) burda, grosera, incapaz de generar una imagen distinta de la empresa por la evidencia de su falacia, lo que significa que deben exigirse determinados requisitos de idoneidad para reforzar la magnitud lesiva de la conducta. En cambio, no es necesario que efectivamente se llegue a producir error en la Administración. Con esta interpretación nos alejamos de una comprensión de lo injusto referida exclusivamente al incumplimiento de determinados deberes, y realzamos el papel del bien jurídico protegido en la constitución de lo injusto penal.

3. Falta de anotación en los libros obligatorios o constancia inveraz de transacciones económicas

3.1. Con carácter general —y tanto respecto a este apartado como al siguiente— debe decirse que, tal y como adelantamos más arriba, nos encontramos no ante tipos de peligro sino de lesión, pues el precepto exige en su último párrafo la producción de un desfase que exceda de 240.000 euros, como resultado de las declaraciones omitidas o de las falsamente reflejadas, y ese desfase generará un perjuicio a la Hacienda Pública que habrá de calcularse a partir de la minoración de la base tributaria.

Lo primero que debe decirse de este precepto es que no es una muestra de buena redacción, pues el pasaje: "*Que la cuantía, en más o menos, de los cargos o abonos omitidos o falseados exceda, sin compensación aritmética entre ellos, de 240.000 euros por cada ejercicio económico*", es, cuando menos, enigmático. A nuestro modo de ver, la interpretación más correcta sería la siguiente: que la suma de las cuantías que represente el exceso en los cargos (debe) o la disminución de los abonos (haber) supere conjuntamente —es decir, como resultado de la suma de todos los asientos mal contabilizados— los 240.000 euros por período impositivo. Esa disminución en el resultado económico, obviamente, ha de llevar como consecuencia la reducción de la base sobre la que se calculará la cuantía del impuesto (o la afectación al régimen de deducciones de la figura impositiva correspondiente). Por lo que importa a la mecánica comisiva resulta indiferente que se emplee la omisión o el falseamiento en los cargos o en los abonos, pues lo relevante es que la información sobre el patrimonio de la empresa resulte alterada.

En cuanto a la alusión legal a que la cuantía exceda de 240.000 euros en cada ejercicio económico, decir que nos reconduce automáticamente a la solución del concurso de delitos en el caso de que las maniobras contables se hayan realizado en diversos ejercicios, y en cada uno de ellos el resultado contable supere la cantidad indicada en el precepto.

3.2. En este apartado se recogen dos tipos penales diferentes: 1. La falta de anotación en los libros obligatorios de negocios, actos, operaciones o, en general, transacciones económicas, y 2. La anotación de estos con cifras distintas a las verdaderas.

Por lo que respecta al primer caso estamos ante un supuesto de omisión (y resultado, como hemos indicado más arriba), y que supone la ausencia total de constancia de cualesquiera operaciones.

En lo que atañe al segundo supuesto lo más relevante es que el tipo se refiere exclusivamente a una alteración en la cifra del asiento (a la que se puede llegar por muy diversos artificios contables, como algunos de los indicados antes: amortizaciones o provisiones indebidas, repercusiones impositivas deficientemente reflejadas, imputación a la baja del valor de los títulos, etc.), de forma tal que cualquier otra alteración (en el concepto, fechas —a no ser que afecten a la imputación a un determinado ejercicio económico—, etc.) resultará, *per se*, penalmente atípica. Asimismo, es irrelevante la cuantía individualmente alterada cada vez, ya que lo trascendente es que sumadas todas las anotaciones y omisiones inveraces se alcance la cifra señalada en el tipo.

4. Practicar en los libros obligatorios anotaciones contables ficticias

Mientras que en el apartado c) de este artículo se alude, en su último inciso, a la alteración del real significado económico de las transacciones económicas efectivamente acaecidas, en este apartado d) se trata de que el sujeto activo introduce en los libros anotaciones contables que se vinculan con operaciones inexistentes; el caso más habitual es el de las facturas falsas que permiten reducir el beneficio o deducirse cuotas de IVA que realmente no se han soportado.

La STS 520/2008, 15-7 (*Tol 1366359)*, expresa con claridad cuáles son las finalidades que de ordinario se pretenden alcanzar acudiendo a las facturas falsas: "*Que ambos acusados acordaron presentar una declaración tributaria inexacta, correspondiente al Impuesto de Sociedades del ejercicio 1994, y a fin de reducir la base imponible, generada por la venta de una parcela, simularon la adquisición de servicios mediante facturas que no correspondían a servicios efectivamente prestados. Aparecen, pues, las facturas como medio instrumental, creadas exclusivamente para casi eludir el pago del Impuesto de Sociedades al reducir sensiblemente la base imponible".*

En este caso, para la consumación del delito, y como expresa la STS 264/2001, 16-2 (*Tol 31376*), no basta con "[...] *el mero hecho de practicar anotaciones contables ficticias, sino que es necesario que se presente la contabilidad falseada o se deje transcurrir el plazo en que debió presentarse*".

En buena parte de los supuestos que se pueden encajar en este precepto nos encontraremos —y claramente en el caso de las facturas falsas— ante concursos con delitos de falsedad en documento mercantil. En este sentido la STS 325/2004, 11-3 (*Tol 365486*), afirmaba: "*Como señalan las SSTS 1647/1998, de 28 de enero de 1999 y 1649/2000, de 28 de octubre, entre otras, la diferenciación entre los párrafos 2º y 4º del art. 390.1 debe efectuarse incardinando en el párrafo segundo del art. 390.1 aquellos supuestos en que la falsedad no se refiera exclusivamente a alteraciones de la verdad en algunos de los extremos consignados en el documento, que constituirían la modalidad despenalizada para los particulares de faltar a la verdad en la narración de los hechos, sino al documento en sí mismo en el sentido de que se confeccione deliberadamente con la finalidad de acreditar en el tráfico jurídico una relación jurídica absolutamente inexistente, criterio acogido en la STS de 28 de octubre de 1997 y que resultó mayoritario en el Pleno de esta Sala de 26 de febrero de 1999*" [en igual dirección, STS 278/2010, 15-3, y SSAP, Madrid, Sección 23ª, 19/2022, 24-1 (*Tol 8941148*), y 645/2017, 2-10]. Estos concursos han sido resueltos como ideales ya desde la STS 1/1997, 28-10 (*Tol 407979*). De todos modos, a este punto nos referiremos con más detenimiento en el epígrafe dedicado a los concursos.

La afirmación de que nos encontramos con un concurso ideal —que en la mayoría de los casos lo será entre la falsedad y el fraude fiscal, por absorber este último el delito contable, como hemos explicado más arriba— tiene su relevancia de cara a la prescripción de los delitos (enfoque que es radicalmente diferente si se trata de un concurso real). Así pues, como señala la STS 827/2006, 10-7 (*Tol 1002337*): *"No puede acogerse tal alegación [la de que uno de los injustos estaba prescrito] pues este delito está unido al delito también imputado por ambas acusaciones del art. 349 del CP/1973 por una relación medial, siendo unánime la Jurisprudencia que establece que en casos de concurso ideal y medial no puede computarse la prescripción de forma independiente para cada uno de los delitos que integran el concurso, por existir una conexión natural íntima en todos los hechos realizados".*

Como hemos visto, en los dos últimos apartados (c y d) se precisan dos requisitos que no contemplan los anteriores, en concreto, que se hayan omitido las declaraciones tributarias, o que las presentadas reflejen la falsa contabilidad, y que la cuantía en más o en menos de los cargos o abonos omitidos o falseados exceda, sin compensación aritmética entre ellos, de 240.000 euros por cada ejercicio económico. Normalmente esto supondrá que la base imponible del impuesto se habría incrementado en esta suma de haberse anotado correctamente las cantidades (NIETO MARTÍN, SOLA RECHE). Según indica FERRE OLIVÉ, durante la tramitación parlamentaria, el Grupo Socialista justificó el distinto tratamiento, señalando que las conductas de los dos primeros apartados (a y b) conducen a frustrar la inspección fiscal, y en definitiva llevan a una mayor impunidad. Por eso, merecen mejor trato quienes lleven contabilidad con algunas anomalías (apartados c y d), añadiéndose para castigarlos esos presupuestos adicionales.

Por lo que se refiere a la participación, "*la cooperación de quienes emiten facturas falsas para que el contribuyente pueda, sobre esa base, declarar gastos que minoran la base imponible y con ella la cuota debida, ha de calificarse de eficaz, necesaria y trascendente en el resultado finalístico de la acción*" [SAP, Illes Balears, Sección 1ª, 71/2013, 13-3 (*Tol 3729037*), y SAP, Sevilla, Sección 1ª, 391/2007, 28-6 (*Tol 1632800*), con cita de la STS 2403/2001, 19-12 (*Tol 156561*)]. Ciertamente se puede plantear el problema de si el dolo del partícipe ha de abarcar la exigencia de que la cuantía exceda de 240.000 euros. A esta cuestión respondió la Sentencia de la Audiencia de Sevilla citada, en relación con la falsificación de facturas para cometer un delito fiscal, señalando lo siguiente: "El dolo específico necesario no ha de incluir que la defraudación supere los 120.000 euros de cuota eludida, sino que basta con que la acción dolosa del partícipe haya contribuido eficazmente para que se alcance tal cifra".

VI. TIPO SUBJETIVO

A falta de previsión expresa de tipo imprudente, los delitos del art. 310 CP exigen la presencia del dolo.

Algunos autores, y es el caso de MARTÍNEZ-BUJÁN PÉREZ, propugnan, desde una perspectiva político-criminal, excluir el dolo eventual en el caso de los apartados a) y b) del art. 310 CP, atendiendo a su escaso contenido de injusto, propuesta que también justifica desde un punto de vista estrictamente dogmático al tratarse de tipos de peligro abstracto. En cambio, sería admisible en las conductas de los apartados c) y d) en la medida en que se configuran como delitos de lesión, según afirma este mismo autor.

A nuestro juicio, el dolo ha de abarcar los requisitos establecidos en el último párrafo del art. 310 CP para las conductas de los apartados c) y d): la omisión de las declaraciones o la presentación de declaraciones que reflejen la falsa contabilidad, y que "la cuantía, en más o menos, de los cargos o abonos omitidos o falseados exceda, sin compensación aritmética entre ellos, de 240.000 euros por cada ejercicio económico". Son elementos del delito, pues las omisiones o alteraciones han de tener cierta relevancia para merecer el reproche penal, de manera que es necesario el conocimiento y la voluntad por parte del autor de esas actuaciones, y de alterar dicha cantidad señalada en la norma (de esta opinión, entre otros, BOIX REIG/MIRA BENAVENT, DOPICO GÓMEZ-ALLER, GALÁN MUÑOZ, GARCÍA ARÁN, MARTÍNEZ-BUJÁN PÉREZ, MORILLAS CUEVA, MORALES PRATS, MUÑOZ CONDE, OCTAVIO DE TOLEDO Y UBIETO/DELGADO GIL, SERRANO GÓMEZ/SERRANO MAÍLLO). En este sentido, declara la jurisprudencia que de esa cuantía depende la "existencia del delito contable" [STS 1115/2009, 12-11 (*Tol 1747845)*]; que es un "elemento objetivo" del tipo [AAP, Álava, 140/2018, 23-3 (*Tol 6668722)*]; es un "requisito legal" [SAP, Guadalajara, Sección 1ª, 317/2021, 6-7 (*Tol 8615583)*]. No obstante, un sector doctrinal entiende que se trata de condiciones objetivas de punibilidad (MESTRE DELGADO, PÉREZ ROYO, quien argumenta que esos requisitos se regulan en un apartado separado, que dice "La consideración como delito" de los supuestos de hecho anteriores, por lo que el delito ya existe); y también algunas resoluciones judiciales [STS 1629/2001, 10-10 (*Tol 66757)*; SSAP, Madrid, Sección 17ª, 312/2015, 30-4, (*Tol 5164826)*, y León, Sección 3ª, 301/2014, 9-6, (*Tol 4429633)*].

Como dice MARTÍNEZ-BUJÁN PÉREZ, la cifra de 240.000 euros no alude a un perjuicio patrimonial, a diferencia del límite cuantitativo de 120.000 euros en el delito del art. 305 CP. Ahora bien, semejante afirmación no significa que estemos ante una condición objetiva de punibilidad. El referido límite es una característica del objeto material y, por tanto, un elemento del tipo que debe ser abarcado por el dolo del autor. El hecho de que este límite cuantitativo no desempeñe la misión de fijar el perjuicio patrimonial causado no comporta rechazar que la figura delictiva descrita en el art. 310 entrañe alguna clase de perjuicio de esta índole. Así pues, si se interpreta el requisito del último párrafo circunscribiéndolo a los supuestos de "incremento de cargos" o "disminución de los abonos", con la consiguiente minoración de la base imponible, entonces tendrá lugar en todo caso un perjuicio patrimonial cuando se ejecute alguna de las conductas de los apartados c) y d), aunque evidentemente tal perjuicio no podrá ser concretado *a priori*, dependiendo de cada supuesto concreto. Con ello, según indica SÁNCHEZ-OSTIZ GUTIÉRREZ, el legislador ha pretendido dotar de relevancia a unas anotaciones contables incorrectas, contribuyendo a esclarecer la diferencia entre la conducta delictiva y la infracción tributaria. De manera que, cuando las falsedades contables descritas en estos apartados se dirijan a defraudar a la Hacienda Pública, y la cantidad eludida no supere los 120.000 euros, se aplicará el art. 310 CP, prevaleciendo sobre la infracción administrativa tributaria. Esta figura actúa, así, como tipo de recogida respecto al delito fiscal (BOIX REIG/MIRA BENAVENT, NIETO MARTÍN).

Incluso, al constituir un acto preparatorio punible de defraudación tributaria, un sector doctrinal propugna una interpretación restrictiva conforme al fin de la norma, que se materializaría sancionando exclusivamente los delitos contables que se encaminen hacia un delito de defraudación tributaria que supere los 120.000 euros, pues de lo contrario "se sancionaría con una pena una mera tentativa de infracción administrativa" (CHOCLÁN MONTALVO). Es decir, se castigaría un acto preparatorio de un hecho no punible (FERRÉ OLIVÉ). Como vimos, también se ha pronunciado en este sentido alguna resolución judicial, como la SAP, A Coruña, Sección 6ª, 88/2019, 27-5 (*Tol 7258105)*, que para diferenciar el delito contable de la infracción administrativa requiere que la alteración contable tenga tal significación económica que pueda llegarse a la convicción de que, dado el volumen de negocio ocultado, el sujeto hubiera defraudado al fisco una cuota superior al mínimo punitivo del delito fiscal.

En cambio, como indican APARICIO PÉREZ/ÁLVAREZ GARCÍA, el art. 310 CP no recoge ningún elemento subjetivo del injusto, aunque en la práctica totalidad de los casos la actuación del autor está motivada por la intención de evasión del tributo (entienden que sí es necesario este fin, PÉREZ ROYO, VILLACORTA HERNÁNDEZ). En la Jurisprudencia alguna resolución, como la STS 1115/2009, 12-11 (*Tol 1591298*), declara que la finalidad de defraudación tributaria es un elemento subjetivo imprescindible para la aparición del delito, [también, AAP, Álava, 140/2018, 23-3 (*Tol 6668722*); por el contrario, niegan la exigencia de elemento subjetivo alguno, SSAP, A Coruña, Sección 6ª, 88/2019, 27-5 (*Tol 7258105*); Gipuzkoa, Sección 1ª, 269/2017, 18-12 (*Tol 6528384*), y Burgos, Sección 1ª, 224/2007, 28-9 (*Tol 7528055*)].

Por lo que respecta al error, y con carácter general, debe decirse que el tipo se encuentra —como expresa SÁNCHEZ-OSTIZ GUTIÉRREZ— "cargado" de elementos normativos que han de ser integrados por normas que tienen un origen externo al ordenamiento penal (aunque a nuestro modo de ver el autor, quizás, se excede al considerar que poseen naturaleza de elementos normativos relevantes como el "ocultar" o "simular", que para nosotros tienen naturaleza claramente descriptiva), lo que no empece para que el error sobre esos elementos constituya un error de tipo. El mayor problema en este ámbito se encuentra en determinar si el error es vencible o invencible, para lo que se debe acudir —cuando se trate de elementos normativos— a la fórmula acuñada por BINDING, y popularizada por MEZGER, del conocimiento paralelo en la esfera del profano [que acogen expresamente, entre otras, las SSTS 844/2021, 4-11 (*Tol 8649663*); 181/2019, 2-4 (*Tol 7235646*); 710/2017, 27-10 (*Tol 6413682*); 829/2008, 5-12 (*Tol 1438928*), y 411/2006, 18-4 (*Tol 948903*)], "*sin que sea preciso para integrar el dolo, un concreto conocimiento de la normativa fiscal y su alcance*" (SAP, Barcelona, Sección 8ª, 30-6-2001). Hay que tener en cuenta que inclinarse por la vencibilidad es lo mismo que optar —ante la ausencia de tipo imprudente— por la impunidad de la conducta.

Son pocas las resoluciones en las que se ha planteado el problema del error con relación al delito contable. Así la SAP, Ciudad Real, Sección 1ª, 13/2000, 18-1, deja establecido que no puede alegar ignorancia acerca de sus obligaciones contables quien se dedica a la actividad empresarial, habiendo reconocido que era el encargado de llevar la contabilidad. Igualmente, la SAP, Pontevedra, Sección 5ª, 297/2015, 18-6 (*Tol 5205638*), rechaza que quepa alegar error o ignorancia: "*Se ha producido también una discusión acerca de si se alteró o no la contabilidad de la empresa, minorando las ventas para que cuadrasen con la cifra declarada en el impuesto de sociedades, tal como dice la sentencia apelada, o si por el contrario se hicieron constar todas las operaciones de compraventa salvo una, lo que posibilitaría que en una comprobación la AEAT se pudiera haber percatado del descuadre existente* [...]. *Se quiere introducir la cuestión de que no puede existir intencionalidad fraudulenta por el solo impago, cuando al mismo tiempo se comunican por fedatarios públicos a la Administración los datos suficientes como para conocer la falsedad de la declaración efectuada, y además se incluyen esas operaciones en las cuentas de la sociedad, con lo que la inspección puede controlar el desfase existente* [...]. *En relación con esta cuestión la STS 586/2014 de 23 julio dice que 'Nuestra jurisprudencia referente al concepto de dolo eventual ha establecido que en aquellos supuestos en los que se haya probado que el autor decide la realización de la acción, no obstante haber tenido consistentes y claras sospechas de que se dan en el hecho los elementos del tipo objetivo, manifestando indiferencia respecto de la concurrencia o no de estos, no cabe alegar un error o ignorancia relevantes para la exclusión del dolo en el sentido del art. 14.1 CP. Esta situación, como se ha dicho, es de apreciar en aquellos casos en los que el autor incumple conscientemente obligaciones legales o reglamentarias de cerciorarse sobre los elementos del hecho*". Excusa, sin embargo, la SAP, Madrid, Sección 15ª, 61/2002, 11-2, al acusado porque estima error de tipo: "*Cuando el imputado manifestó que nombró a un gestor para que se encargara de todos los temas tributarios, porque 'tiene dificultades para leer y escribir por su bajo nivel social y cultural, lo que desde niño le llevó a buscar comida en los cubos de basura del barrio de la Ventilla'. Entiende este tribunal que en el presente caso debe desestimarse el dolo eventual, ya que en la sentencia de Instancia al considerar el Juez que el autor 'si bien era conocedor in genere de sus obligaciones fiscales, desconocía lo más elemental no solo del impuesto del IVA, sino de cualquier otro impuesto* [...] *así como de que su gestor hubiera o no dado cumplimiento a la obligación tributaria, siendo que Luis Manuel manifestó que siempre dio órdenes a aquel a pagar sin pretexto a los trabajadores e impuestos', parece desprenderse que el autor en ningún momento se representó, ni siquiera eventualmente, que se pudiera estar quebrantando la obligación de tributar, siendo que el Juez entendió que no quedó acreditado que existiera una indiferencia del autor frente a la posible infracción de la norma, dado el bien jurídico en cuestión y las medidas de control que para respetarlo parece acreditado que empleó*".

Pues bien, a nuestro modo de ver, no cabe el error en los supuestos de ignorancia deliberada, como el que se recoge en la SAP, Barcelona, Sección 8ª, 241/2009, 23-3 (*Tol 1591298*):

> *"Deviene de todo punto inadmisible que hechos reconocidos por el acusado en su declaración en el plenario —como que firmaba talonarios enteros de cheques en blanco porque X le decía que eran para pagos de la sociedad, firmar para todas las delegaciones un poder, desconocer si se llevaban libros de contabilidad, presentar papeles porque se lo decía el gestor, ignorar si se hacían, o no, retenciones, no haber firmado declaraciones de IVA o retenciones de IRPF, no haber presentado cuentas, no tener acceso a la contabilidad de la empresa, no tener conocimientos de contabilidad, constituir PRONUBELT como favor, en definitiva, mostrar la más absoluta negligencia, la más absoluta falta de interés y el más evidente descontrol sobre la sociedad— resulta inadmisible, decimos, que estas circunstancias signifiquen que se ignoraba y desconocía el quehacer fraudulento que se desarrollaba entre INTEGRAL y PRONUBELT e impiden a la Sala, en coinciden-*

cia con lo que se recoge en la sentencia, considerar que el Sr. Y nada sabía, porque, en realidad, querer mantenerse en la ignorancia, asumiendo un cargo de responsabilidad como el que firmó el acusado, consintiendo en la firma y disponibilidad de las cuentas bancarias de la sociedad no puede amparar un actuar delictivo".

Al margen de esos casos, los criterios que deben usarse para deslindar vencibilidad de invencibilidad serían los siguientes: a) Formación del sujeto (le asiste la razón a SÁNCHEZ-OSTIZ GUTIÉRREZ cuando llama la atención sobre la necesidad de excluir cualquier presunción en la valoración de esa formación); b) Conocimientos especiales; c) Experiencia en la gestión empresarial; d) Otras circunstancias personales del sujeto; e) El asesoramiento buscado (lo que puede ilustrar sobre la indiferencia del sujeto respecto al cumplimiento de las obligaciones tributarias), tanto con relación a particulares como a las propias Administraciones.

VII. *ITER CRIMINIS*

En lo que concierne a los tipos omisivos propios contenidos en este precepto, la consumación tiene lugar cuando ha transcurrido el último momento que tuvo el sujeto para cumplir con la obligación (lo que, obviamente, dependerá de la regulación de cada impuesto). De ahí, precisamente, la dificultad para —en este tipo y en cualquiera otro de omisión pura— señalar un momento de tentativa. En el caso de tipos de acción —verbigracia el apartado b)— la elaboración de "contabilidades distintas" no basta para la consumación, exigiéndose un resultado: precisamente la simulación u ocultamiento, por lo que no hay problemas especiales, en principio, para afirmar la posibilidad de formas imperfectas de ejecución. Sin embargo, desde una perspectiva de política-criminal no podemos olvidar, como dicen Jurisprudencia y Doctrina mayoritaria, "[*q*] *ue nos encontramos ante un supuesto que viene a suponer con respecto al delito previsto en el art. 305 una anticipación de la protección penal, puesto que el art. 310 operaría como 'acto preparatorio' específicamente incriminado, o incluso como tentativa de aquel*" [STS 1115/2009, 12-11 (*Tol 1591298)*]; lo que debe llevar a ser especialmente restrictivo en la apreciación de la tentativa por más que se trate de una figura autónoma. Alguna resolución estima que la naturaleza de tentativa respecto del delito fiscal, únicamente lo ostentan los apartados c) y d) del art. 310 [véase la STS 480/2009, 22-5 (*Tol 1525289)*].

En el supuesto del apartado d) —o en el del último inciso del apartado c)— el momento consumativo viene determinado por la "presentación" de las declaraciones (último párrafo del art. 310 CP), por lo que, para autores como MARTÍNEZ-BUJÁN PÉREZ, queda totalmente claro que a fin de fijar el momento consumativo no es necesario esperar al transcurso del último día hábil consignado para el ingreso voluntario. Sin embargo, y a pesar de lo autorizado de la opinión, nosotros no podemos coincidir plenamente con dicha tesis, por lo siguiente: estos deberes formales (llevanza de contabilidad, de registros, …) se suelen imponer en tributos que se exigen mediante autoliquidación; es decir, el contribuyente debe presentar una declaración en la que él mismo calcula la cuota tributaria que ha de abonar. Para satisfacer estas obligaciones (que se suelen cumplir en unidad de acto —salvo que se pida un aplazamiento o un fraccionamiento de pago), se concede el llamado periodo de ingreso voluntario: tiempo que el contribuyente posee para autoliquidar y pagar el tributo. Pues bien, entendemos que dentro de este periodo podría presentar una segunda autoliquidación que corrigiera la primera, sin que por ello pudiera ser sancionado ni verse obligado a pagar recargo o interés alguno; y ello porque si puede elegir, dentro de este periodo, el día que quiera para autoliquidar, no tendría sentido que no pudiera corregir la autoliquidación presentada unos días o unas semanas antes. En rigor, pues, no cabe hablar de incumplimiento hasta el día siguiente de haber expirado aquel periodo. Por lo tanto, a diferencia del citado autor, entendemos que el momento consumativo ha de referirse al último día hábil establecido para el ingreso voluntario. Por eso, si el sujeto ha presentado la declaración y resta aún plazo suficiente para efectuar la corrección, estaremos ante actos de tentativa (que, por supuesto, admiten desistimiento), y la continuación de la ejecución estará constituida por la omisión de la presentación de autoliquidaciones correctoras de la primera —deber que pende sobre el sujeto—, y que hubieran podido evitar la consumación del hecho ilícito (admite la subsanación para excluir el delito, FERNÁNDEZ BERMEJO).

Finalmente, y en lo que hace a la primera posibilidad de las mencionadas en el último párrafo del art. 310 en relación con los apartados c) y d) ("que se hayan omitido las declaraciones tributarias"), la consumación acaecerá con el transcurso del plazo de presentación de la declaración sin que el sujeto la haya efectuado. Las mismas dificultades que antes se plantean en cuanto a la tentativa.

VIII. AUTORÍA Y PARTICIPACIÓN

Tratándose de un delito especial propio regirán las reglas previstas para estas tipologías en materia de autoría y participación (particularmente, y por lo que respecta a esta última, lo dispuesto en el art. 65.3 CP: "*Cuando en el inductor o en el cooperador necesario no concurran las condiciones, cualidades o relaciones personales que fundamentan la culpabilidad del autor, los jueces o tribunales podrán imponer la pena inferior en grado a la señalada por la ley para la infracción de que se trate*").

Especial atención, por su habitual presencia en estos delitos contables, debe prestarse a la participación de asesores. Al respecto el Tribunal Supremo [STS

264/2001, 16-2 (*Tol 31376)*] se pronunció en el siguiente sentido: "[...] *Sólo puede considerarse autor directo del delito sancionado el obligado por ley tributaria a llevar los libros y la demás contabilidad de la empresa* [...] *la conducta de UV 'se configura como un auténtico cooperador necesario al realizar una actividad imprescindible, en pactum sceleris con los restantes acusados, para la perpetración del ilícito penal' sancionado* [...] *de la prueba practicada en el acto del juicio oral queda perfectamente acreditado: a) Que UV era el asesor contable y fiscal de los acusados y empresas a que se refieren las actuaciones. b) Que en el ejercicio de estas funciones, para reducir las cantidades que debían abonar como pago de impuestos, les suministró facturas falsas que no respondían a operaciones mercantiles reales. c) Que dichas facturas y las correspondientes operaciones ficticias fueron registradas en los libros contables de las empresas propiedad de los restantes acusados con su anuencia, extendiendo él mismo la diligencia de cierre de cada ejercicio impositivo. d) Que las facturas falsas correspondían a empresas de la titularidad de X y de su esposa, que ninguna actividad comercial realizaban. No hay duda de que nos encontramos con una cooperación eficaz con efectiva transcendencia en el resultado final de la operación planeada, que si no puede ser encuadrada en el párrafo primero del art. 28 del Código Penal por no ser el acusado sujeto pasivo de ninguna obligación tributaria, sí supone la prestación de una indispensable colaboración en la realización del delito cometido, incluible en el apartado b) del párrafo segundo del citado artículo [310 CP]*" [en el mismo sentido SAP, Burgos, Sección 1ª, 79/1999, 29-3].

Otro de los supuestos habituales en delitos contra la Hacienda Pública es el de la intervención de administradores de sociedades pantalla que son utilizadas para falsear la contabilidad de las empresas. Pues bien, a estos administradores la Jurisprudencia les atribuye la condición de cooperadores necesarios [véanse STS 1336/2002, 15-7 (*Tol 203097*), y SAP, Barcelona, Sección 10ª, 15-1-2010 (*Tol 1833310)*].

En cuanto a los que proporcionan (en realidad, venden) facturas falsas con objeto de incrementar falsamente el IVA soportado, la Jurisprudencia les viene caracterizando, también, como cooperadores necesarios [STS 249/2003, 30-3-2004 (*Tol 420803)*].

> En cambio, la SAP, Lugo, Sección 2ª, 199/2017, 20-11 (*Tol 6436653)*, condenó como cómplices de un delito contable del art. 310 CP a los encargados del departamento de contabilidad de la empresa, a quienes los administradores encomendaron la llevanza simultánea de dos sistemas contables diferentes, a lo que aquéllos accedieron con pleno conocimiento del alcance de sus actos.

Así pues, el asesor fiscal o contable, el gestor, o el abogado, pueden realizar el delito cuando colmen los elementos del tipo, respondiendo como cooperadores necesarios, inductores o cómplices [BONMATÍ MARTÍNEZ, DÍAZ MORGADO, RODRÍGUEZ DOMÍNGUEZ, VILLACORTA HERNÁNDEZ; también, SAP, Gipuzkoa, Sección 1ª, 269/2017, 18-12 (*Tol 6528384)*, y SAP, Lugo, Sección

2ª, 199/2017, 20-11]. No obstante, si son empleados externos e incorporan a la contabilidad los datos proporcionados por el obligado tributario desconociendo la verdadera situación financiera, cabe la autoría mediata. Al contrario, si el obligado les encomienda las actuaciones necesarias para cumplir fiscalmente e incumplen dolosamente el mandato recibido por propia iniciativa, sin saberlo el deudor, la conducta de esos terceros no encajará en el art. 310 CP, al no reunir la condición exigida al sujeto activo, e igualmente quedará exento el obligado tributario (VILLACORTA HERNÁNDEZ). Por otra parte, el administrador o el representante normalmente responderán como autores si eran los encargados de llevar la contabilidad de la empresa [STS 480/2009, 22-5 (*Tol 1525289)*], complementándose su responsabilidad con la de la persona jurídica prevista ahora en el art. 310 bis CP.

IX. CONCURSOS

Como ya hemos puesto de manifiesto, entre este tipo y el del art. 305 CP se plantea un concurso de normas en el que este último delito absorberá el del art. 310 CP [según señalan las SSTS 1033/2024, 14-11; 183/2023, 15-3; 1211/2002, 29-6 (*Tol 203267*), y 28-12-2000 (*Tol 117612*); en igual dirección, SSAP, Sevilla, Sección 4ª, 315/2024, 10-9; Illes Balears, Sección 2ª, 239/2023, 25-5; Alicante, Sección 1ª, 389/ 2022, 6-7; Murcia, Sección 3ª, 252/2021, 16-9 (*Tol 8666413*), y 409/2019, 16-12 (*Tol 7812574*); La Rioja, Sección 1ª, 90/2019, 11-7 (*Tol 7403769*); Castellón, Sección 2ª, 546/2011, 7-12 (*Tol 2482614*); Illes Balears, Sección 1ª, 252/2011, 21-7 (*Tol 2221882*); Murcia, Sección 3ª, 58/2009, 24-9 (*Tol 1648988*); Pontevedra, Sección 5ª, 15/2008, 22-1 (*Tol 1316946*), y Valencia, Sección 2ª, 474/2004, 9-7 (*Tol 567884*)]. De modo que, sólo cuando la defraudación tributaria no se haya llegado a consumar, por ejemplo, por no haber alcanzado la cantidad defraudada la cuantía mínima exigida por el tipo, cabrá afirmar la comisión del delito contable [SSAP, Murcia, Sección 2ª, 256/2019, 20-9 (*Tol 7537619*), y Ciudad Real, Sección 1ª, 13/2000, 18-1; pueden verse resoluciones anteriores en BLANCO CORDERO].

La STS 407/2018, 18-9 (*Tol 6810293*), recoge un supuesto en el que los acusados realizaron anotaciones contables ficticias que dieron lugar a varios delitos contra la Hacienda Pública, prevaleciendo el art. 305 CP sobre el art. 310 CP: *"Aunque formalmente 'Carburantes Acibro SL' y 'Depogal' eran dos sociedades distintas, de hecho, funcionaban como una única, sirviendo la segunda como soporte de cuadre contable de las operaciones realizadas por la primera y para la generación de una bolsa de carburantes sin sujeción a las cargas impositivas mediante la aparente circulación del gasóleo desde el depósito fiscal, 'Depogal', al almacén fiscal, 'Carburantes Acibro SL'. Así, 'Depogal' daba cobertura a unos transportes que nunca se habían hecho y 'Carburantes Acibro SL' justificaba el destino dado al gasóleo que recibía en régimen exento. De forma sistemática, llevaban a cabo la creación de una estructura contable para dar cobertura a los desvíos*

> *de gasóleo, mediante la llevanza de una contabilidad que no respondía a la realidad, alterándola a conveniencia, y mediante la manipulación de los documentos exigidos por la normativa fiscal* [...]. *En realidad, la transformación por 'Depogal' de gasóleo A en gasóleo bonificado o exento, su posterior entrega a 'Carburantes Acibro, SL' y su venta por esta a terceros, eran meras simulaciones, pues el gasóleo que realmente comercializaba esta última era gasóleo A, sujeto a tributación plena, que vendía, de forma generalmente clandestina o sin factura, a consumidores finales. Con ello, la trama, en lugar de abonar a Hacienda la abultada factura fiscal inherente a la comercialización de gasóleo A, tanto en concepto de Impuesto sobre Hidrocarburos como de IVA, abonaban cantidades mucho menores por presunta comercialización de gasóleo bonificado o exento"*. Como resultado de todas estas actividades resultó una cuota defraudada por el Impuesto Especial sobre Hidrocarburos durante los años 1998, 1999 y 2000 y por IVA, en los mismos años, una suma total, de las seis cuotas resultantes superior a quince millones de euros. El TS confirmó la sentencia que condenaba a los acusados por seis delitos contra la Hacienda Pública, en concurso ideal con un delito continuado de falsedad en documento oficial y mercantil de los arts. 392 y 390 CP.

Por otra parte, las conductas tipificadas en el art. 310 CP constituyen en puridad falsedades ideológicas impunes, elevadas a la categoría de delito autónomo. No obstante, la del apartado d), consistente en realizar en los libros obligatorios anotaciones contables ficticias, a veces puede ir acompañada de algún documento falso dirigido a acreditar esas partidas irreales. En este caso, se entendía que cabía un concurso ideal de delitos entre el del art. 310 CP y el de falsedad en documento mercantil si se elabora *ex novo*, como en el supuesto, por ejemplo, de las facturas falsas emitidas para acreditar servicios no prestados realmente. Entonces no estaríamos ante una mera falsedad ideológica realizada por el particular que miente en cuanto al contenido de las operaciones reales realizadas (en favor del concurso de leyes DÍAZ MORGADO, LINARES, MIR PUIG). Con carácter general, esta tesis se recoge en la STS 645/2017, 2-10: "*Según nuestra consolidada doctrina, constituye falsedad la simulación consistente en la completa creación 'ex novo' de un documento con datos inveraces y relativos a un negocio o a una realidad cuya existencia se pretende simular* [...]. *De modo que estaremos ante un supuesto atípico cuando el particular* [...] *introduzca mendazmente un elemento falsario de estricta aportación personal en un documento que, a su vez, debe ser auténtico, o verdadero, si se quiere... Pero nunca podrá producirse la aludida atipicidad si lo que se lleva a cabo es una simulación completa del documento, de modo que en apariencia se trate de un documento verdadero, siendo falso en su totalidad o en su mayor parte, de manera que la mendacidad suponga simular 'un documento en todo o en parte, de manera que induzca a error sobre su autenticidad*'" [reproduce esta argumentación, por ejemplo, la SAP, Madrid, Sección 23ª, 451/2023, 13-10]. Es ilustrativo el AAP, Álava, 140/2018, 23-3 (*Tol 6668722)*]: "*La fijación de un precio exagerado o superior al real podría ser subsumible en la modalidad falsaria del art. 390.1.4 CP (faltar a la verdad en la narración de los hechos), pero que, cometida por particular, no es típica, atendido el art. 392.1 CP* [...]. *Sucede sin embargo que en la querella se mencionan otras facturas que* [...] *no responderían a operaciones o trabajos reales* [...] *en concreto, las emitidas por FRONTCOST a PYFE*

[…]. *A este otro tipo de facturas es aplicable la Doctrina del Tribunal Supremo (por todas: STS 645/2017 de 2.10) que, en consonancia con lo que ya había dejado sentado en Pleno no Jurisdiccional de 26 de febrero de 1999, declaró que: 'la completa creación «ex novo» de un documento relativo a un negocio u operación absolutamente inexistente cuya realidad se pretende simular o aparentar, pues verdaderamente no existe en modo alguno, conteniendo datos que, por lo tanto, son inveraces o inexactos, constituye una conducta subsumible en el art. 390.1.2º CP*".

La STS 483/2019, de 14 de octubre (*Tol 7544490)*, ratificó la condena por un delito continuado de falsedad en documento mercantil y por cuatro delitos contables del art. 310 CP, que fueron castigados por separado. En este caso, el condenado emitió facturas a nombre de la mercantil de la que era administrador por servicios irreales prestados por varias sociedades a dicha entidad, con el fin de minorar las cuotas tributarias de la misma. Las facturas fueron incluidas en el libro registro de tal entidad, realizando anotaciones contables ficticias, de forma que se computaron esas cantidades en las auto declaraciones de IVA e Impuesto de Sociedades.

Ahora bien, la STS 298/2024, 8-4, modifica esa postura, declarando que no constituyen delito de falsedad documental del art. 392.1.2º CP las facturas con contenido mendaz. De modo que las facturas falsas que recogen actividades económicas irreales dejan de castigarse como falsedad documental. La sentencia diferencia entre el contrato o negocio jurídico entre las partes, de carácter mendaz, y el documento que lo recoge, que es auténtico puesto que refleja la realidad jurídica. "*Los documentos en sí son auténticos: exteriorizan lo que realmente han querido plasmar sus intervinientes. La falsedad es ideológica: se ha hecho constar una realidad negocial simulada. Pero el documento, como base que plasma las manifestaciones realizadas, no se ha fingido. Lo simulado es el contrato; no el documento*". En consecuencia, casa y deja sin efecto la Sentencia de la Audiencia Provincial de Castellón recurrida, absolviendo a los acusados por el delito de falsedad documental por el que habían sido condenados, en concurso con otro de defraudación tributaria. (El Tribunal Supremo sigue la tesis de SEGRELLES DE ARENAZA).

Por otra parte, según señalan las SSTS 736/2018, 5-2-2019 (*Tol 7059204*), y 136/2017, 2-3 (*Tol 5984371*), cuando la falsedad contable se hace para defraudar a la Hacienda Pública, no resulta de aplicación el art. 290 CP, sino el art. 310 CP, en virtud del principio de especialidad: "*Del delito del art. 290 no puede ser sujeto pasivo la Hacienda Pública. No será ella nunca el tercero perjudicado a que se alude allí; lo impide el principio de especialidad (art. 8.1 CP): hay un delito específico para esa situación con unas exigencias peculiares; que, además, tiene asignada una penalidad inferior; y que es perseguible de oficio*". En este sentido, apuntan RAYÓN BALLESTEROS/SANTOS JAÉN, que la principal diferencia entre ambos delitos radica en la naturaleza del sujeto pasivo, ya que en el previsto en el art. 290 CP puede ser la propia sociedad, los socios o un tercero, mientras que en el regulado en el art. 310 CP es el acreedor tributario (igualmente, FERRANDO MONTALVA). Por otra parte, subraya RODRÍGUEZ RAMOS que ese carácter de acto preparatorio que hemos apuntado hace que este tipo prevea una penalidad inferior a la establecida en el art. 290 CP y también a la de la falsedad genérica del art. 392 CP. (Sin embargo, DOPICO GÓMEZ-ALLER señala que supone un contrasentido legal que las falsedades idóneas para perjudicar a la Hacienda Pública —art. 310 CP— tengan una pena tan notoriamente inferior a las falsedades idóneas para perjudicar a cualquier otro sujeto).

Si el delito de falsedad contable concurre con un delito contra la Hacienda pública y con otro contra la Seguridad Social, el primero quedará absorbido por el de fraude fiscal, apreciándose un concurso real con el relativo a la Seguridad Social. Pero si el primero solo concurre con este, cabrá apreciar un concurso de delitos entre ambos en la medida en que no afectan al mismo bien jurídico protegido, aunque es improbable que la falsedad contable sea adecuada para defraudar a la Seguridad Social (FERRÉ OLIVÉ).

X. EXCUSA ABSOLUTORIA

Al contrario de lo que sucede con otros tipos referidos a delitos contra la Hacienda Pública (arts. 305.4, 307.3 y 308.4 CP) en el delito contable no se prevé ninguna excusa absolutoria. Sin embargo, si consideramos (con la totalidad de Doctrina y Jurisprudencia) que se trata de un delito instrumental respecto al de fraude fiscal, carece de sentido que sí se regule en este último y no en el ilícito contable.

No obstante, la Disposición Final Quinta del Código Penal establece lo siguiente: "La exención de responsabilidad penal contemplada en los párrafos segundos de los arts. 305, apartado 4; 307, apartado 3, y 308, apartado 4, CP resultará igualmente aplicable, aunque las deudas objeto de regularización sean inferiores a las cuantías establecidas en los citados artículos". De manera que, la regularización por el obligado de su situación tributaria impedirá que se le castigue por las posibles irregularidades contables, aunque la cuantía defraudada no alcance la prevista en esos tipos para que surja el delito (SAP, Toledo, 124/2024, 4-6).

XI. BIBLIOGRAFÍA

APARICIO PÉREZ, A./ÁLVAREZ GARCÍA, S. "El llamado delito contable", *Crónica Tributaria*, nº 136, 2010; ARIAS SENSO, M. A. "Delitos contra la Hacienda Pública: subtipos agravados y regularización fiscal", *AP*, nº 32, 1999; ARROYO ZAPATERO, L. *Los delitos contra la Hacienda Pública en materia de subvenciones*, Madrid, 1987; *id.* "Derecho penal económico y Constitución", *RP*, nº

1, 1998; BACIGALUPO SAGGESE, S. *Delitos contra la hacienda pública: fiscal, seguridad social y subvenciones*, Madrid, 2022; BAJO FERNÁNDEZ, M., y BACIGALUPO SAGGESE, S. *Delitos contra la Hacienda Pública*, Madrid, 2000; BAJO FERNÁNDEZ, M. "Los delitos económicos como manifestación característica de la expansión del Derecho penal", en *LH-Rodríguez Ramos*, 2013; BLANCO CORDERO, I. "Delitos contra la Hacienda Pública y la Seguridad Social", *Eguzkilore*, nº 14, 2000; BOIX REIG, J./MIRA BENAVENT, J. "De los delitos contra la Hacienda Pública y contra la Seguridad Social", en VIVES ANTÓN, T. S. (dir.) *Comentarios al Código Penal de 1995*, vol. II, Valencia, 1995; *id. Los delitos contra la Hacienda Pública y contra la Seguridad Social*, Valencia, 2000; BOIX REIG, J./GRIMA LIZANDRA, V. "Delitos contra la Hacienda Pública y contra la Seguridad Social", en BOIX REIG, J. (dir.) *Derecho penal. Parte especial*, vol. II, Madrid, 2022; BONMATÍ MARTÍNEZ, J. "El delito contable", *Cont4bl3*, nº LXIX, 2019; BREZMES MARTÍNEZ DE VILLAREAL, A. "El delito contable: artículos 310, 261 y 290 del Código Penal", en DE FUENTES BARDAJÍ, J. y otros (dirs.) *Manual de delitos contra la Hacienda Pública*, Madrid, 2008; CÁMARA BARROSO, M. C. "El delito contra la Hacienda Pública (II). El delito fiscal (aspectos procedimentales y regularización voluntaria). El delito contable", en FERNÁNDEZ BERMEJO, D./MALLADA FERNÁNDEZ, C. (dirs.) *Delincuencia económica*, Pamplona, 2018; CHOCLÁN MONTALVO, J. A. *La aplicación práctica del delito fiscal: cuestiones y soluciones*, Barcelona, 2016; CISNEROS GONZÁLEZ, J. M. *Análisis práctico del delito fiscal. Modalidades, seguridad jurídica y prevención del delito*, Pamplona, 2022; CÓRDOBA RODA, J. "El nuevo delito fiscal", *RJCat*, vol. 84, nº 4, 1985; CORTÉS BECHIARELLI, E. "Delitos contra la hacienda pública", en SERRANO GONZÁLEZ DE MURILLO, J./CORTÉS BECHIARELLI, E. *Delitos contra la Hacienda Pública*, Madrid, 2002; DE LA PEÑA VELASCO, G. "Notas acerca de los delitos contemplados en el artículo 350 bis del Código Penal", *Revista Española de Derecho Financiero*, nº 49, 1986; DE LA ROSA VARGAS, G. *El delito contable tributario: artículo 350 bis del Código Penal*, I. y II, Carta Tributaria Monografías, nº 123, 1990; DÍAZ MORGADO, C. "Delitos tributarios y contra la seguridad social: III. Delito contable", en CORCOY BIDASOLO, M., y GÓMEZ MARTÍN, V. (dirs.) *Derecho penal económico y de la empresa. Parte general y Parte especial*, Valencia, 2020; DOPICO GÓMEZ-ALLER, J. "De los delitos contra la Hacienda Pública y contra la Seguridad Social", en CUERDA ARNAU, M. L. (dir.) *Comentarios al Código Penal*, Tomo II, Valencia, 2023; FARALDO CABANA, P. "Artículo 310", en M. GÓMEZ TOMILLO (director) *Comentarios al Código Penal*, Valladolid, 2011; FERNÁNDEZ BERMEJO, D. "El llamado delito contable del artículo 310 del Código Penal. Análisis penal, doctrinal y jurisprudencial", *Revista CEFLegal*, 2021; *id.* "Delitos contra la Hacienda Pública y la Seguridad Social", en SERRANO TÁRREGA, M. D. (coord.) *Derecho penal. Parte especial*, Valencia, 2024; FERRANDO MONTALVA, M. C. "Las dificultades en los procedimientos criminales por delitos societarios", *Cuadernos Digitales de Formación*, nº 44, 2010; FERRÉ OLIVÉ, J. C. *El delito contable: análisis del artículo 350 bis del Código Penal*, Madrid, 1988; *id.* "A vueltas con la regularización tributaria", *Cuadernos Digitales de Formación*, nº 10, 2017; *id.* "El bien jurídico protegido en los delitos tributarios", *Revista Justiça e Sistema Criminal*, vol. 6, nº 11, 2014; *id. Tratado de los delitos contra la Hacienda Pública y contra la Seguridad Social*, Valencia, 2018; GALÁN MUÑOZ, A. "Delitos contra la Hacienda Pública", en GALÁN MUÑOZ, A. y NÚÑEZ CASTAÑO, E. *Manual de Derecho penal económico y de la empresa*, Valencia, 2023; GARCÍA ARÁN, M. "Delito contable", en BOIX REIG, J. (dir.) y LLORIA GARCÍA, P. (coord.) *Diccionario de Derecho penal económico*, Madrid, 2018; GIL MARTÍNEZ, A. "Instrucción de los delitos fiscales y contra la Hacienda Pública", *EDJ*, nº 64, 2004; GONZÁLEZ-CUÉLLAR GARCÍA, A. "Defraudaciones a la Hacienda Pública en el ámbito empresarial", *CDJ*, nº 5, 1998; GRACIA MARTÍN, L. *La infracción de deberes contables y registrales tributarios en el Derecho penal*, Madrid, 1990; *id.* "Nuevas perspectivas del Derecho penal tributario (Las "funciones del tributo" como bien jurídico)", *AP*, nº 10, 1994; GRANADOS PÉREZ, C. "Delitos contra la Hacienda Pública y la Seguridad Social", en GRANADOS PÉREZ, C., y BARJA DE QUIROGA, J. *Manual de Derecho penal. Parte especial*, Tomo II, Pamplona, 2018; LINARES, M. B. *El delito de defraudación tributaria. Análisis dogmático de los Artículos 305 y 305 bis del Código Penal Español*, Barcelona, 2020; LUCAS DURÁN,

M. "El sujeto activo en el delito contable tributario (art. 310 del nuevo Código Penal): autoría y participación", *Quincena Fiscal. Revista de Actualidad Fiscal,* nº 16, 1996; MAGRANER MORENO, F. J., y QUILES BODÍ, F. J. "La reciente configuración del delito contable en el Código Penal de 1995", en *LH-Casabó Ruiz,* vol. II, 1997; MARTÍN FERNÁNDEZ, J. *Tratado práctico de Derecho tributario general español. Una visión sistemática de la Ley General Tributaria,* Valencia, 2017; MARTÍN PALLÍN, J. A. "La represión penal de las actividades económicas irregulares. (Especial referencia a las falsedades contables y la administración desleal)", *CDJ,* nº II, 2003; MARTÍNEZ-BUJÁN PÉREZ, C. "El delito de defraudación tributaria", *Revista Penal,* nº 1, 1988; *id. Los delitos contra la hacienda pública y la seguridad social: estudio de las modificaciones introducidas por la Ley orgánica 6/1995, de 29 de junio,* Madrid, 1995; *id.* "Algunas reflexiones sobre la moderna teoría del "Big Crunch" en la selección de bienes jurídico penales (especial referencia al ámbito económico)", *Anuario da Facultade de Dereito da Universidade da Coruña,* 2003; *id. Derecho penal económico y de la empresa. Parte especial,* Valencia, 2023; *id.* "Delitos contra la Hacienda Pública y la Seguridad Social", en GONZÁLEZ CUSSAC, J. L. (coord.) *Derecho penal. Parte especial,* Valencia, 2023; MERINO SÁENZ, L. "El IVA y los delitos fiscal y contable", *EDJ,* nº 86, 2006; MESTRE DELGADO, E. *La defraudación tributaria por omisión,* Madrid, 1991; *id.* "Delitos contra la Hacienda Pública y la Seguridad Social", en LAMARCA PÉREZ, C., ALONSO DE ESCAMILLA, A. MESTRE DELGADO, E., y RODRÍGUEZ NÚÑEZ, A. *Delitos. La parte especial del Derecho penal,* Madrid, 2022; MIR PUIG, S. "Facturas falsas para defraudar a Hacienda", *LLP,* nº 62, 2009; MORALES PRATS, F. "De los delitos contra la Hacienda Pública y contra la Seguridad Social", en QUINTERO OLIVARES, G. (dir.), y MORALES PRATS, F. (coord.) *Comentarios al Código Penal español,* Pamplona, 2016; *id.* "Delito de defraudación tributaria y blanqueo de capitales", en *LA-Terradillos Basoco,* Valencia, 2018; MORILLAS CUEVA, L. "Delitos contra la Hacienda Pública y la Seguridad Social", en MORILLAS CUEVA, L. (dir.) *Sistema de Derecho penal. Parte especial,* Madrid, 2024; MUÑOZ CONDE, F. *Derecho penal. Parte especial,* Valencia, 2023; NIETO MARTÍN, A. "Falsedades en la empresa", en DE LA MATA BARRANCO, N., DOPICO GÓMEZ-ALLER, J., LASCURAÍN SÁNCHEZ, J. A., y NIETO MARTÍN, A. *Derecho penal económico y de la empresa,* Madrid, 2024; *id.* "Delitos contra la Hacienda Pública y la Seguridad Social. Delitos de contrabando" en GÓMEZ RIVERO, P. (dir.) *Nociones fundamentales de Derecho penal: parte especial,* II, Madrid, 2019; OCTAVIO DE TOLEDO Y UBIETO, E., y DELGADO GIL, A. "Los "delitos contra la Hacienda Pública" relativos a los ingresos tributarios: el llamado "delito contable" del artículo 310 del Código Penal", en OCTAVIO DE TOLEDO Y UBIETO, E. (dir.) *Delitos e infracciones contra la Hacienda Pública,* Valencia, 2009; PÉREZ ROYO, F. *Los delitos y las infracciones tributarias,* Madrid, 1986; POLAINO NAVARRETE, M. "El delito fiscal. Secuencias fallidas de una reforma penal", *EPC,* nº 9, 1994-1995; QUERALT JIMÉNEZ, J. J. *Derecho penal español. Parte especial,* Valencia, 2015; RAYÓN BALLESTEROS, M. C./SANTOS JAÉN, J. M. "El delito contable y la necesidad de implementar Programas de Cumplimiento Penal en la empresa para evitar su comisión", *Anuario Jurídico Económico Escurialense,* LIV, 2021; RODRÍGUEZ DOMÍNGUEZ, L. "Análisis de delitos económicos con base en la información contable", *Revista Contable,* nº 58, 2017; RODRÍGUEZ RAMOS, L. "¿Cuándo deben considerarse penalmente mercantiles los documentos privados?, *DLL,* nº 9090, 2017; SÁNCHEZ-OSTIZ GUTIÉRREZ, P. *El delito contable tributario. Interpretación y Análisis Dogmático del Artículo 350 bis del Código Penal,* Elcano, 1995; SEGRELLES DE ARENAZA, I. "Documentos mercantiles: ¿falsedad ideológica atípica o simulación típica? Estado de la cuestión y vías de solución", *LLP,* nº 165, 2023; SERRANO GÓMEZ, A/SERRANO MAÍLLO, A. "La reforma de los delitos contra la Hacienda Pública y la Seguridad Social", *Revista de Derecho UNED,* nº 14, 2014; SILVA SÁNCHEZ, J. M. *La expansión del Derecho penal. Aspectos de la política criminal en las sociedades postindustriales,* Madrid, 1999; *id.* "Allende de las fronteras de la «defraudación» típica", en *LH-Rodríguez Ramos,* 2013; SOLA RECHE, E. "Delitos contra la Hacienda Pública y contra la Seguridad Social", en ROMEO CASABONA, C. M., SOLA RECHE, E., y BOLDOVA PASAMAR, M. A. (coords.) *Derecho penal. Parte especial,* Granada, 2023; SUÁREZ GONZÁLEZ, C. J. "Sobre la tipificación del delito contable en el Derecho español", en *Hacia un derecho penal económico europeo. Jornadas en honor del profesor Klaus Tiedemann*, Universidad Autónoma de Madrid, 14-17 de octubre de 1992, Madrid, 1995; SUÁREZ-MIRA RODRÍGUEZ, C., JUDEL PRIETO, Á. y PIÑOL RODRÍGUEZ, J. R. *Manual de Derecho penal II. Parte especial*, Navarra, 2020; VILLACORTA HERNÁNDEZ, M. A. "Novedades y mejoras en la configuración del delito contable. Responsabilidad penal de las personas jurídicas y la necesidad de establecer un programa de prevención del delito", *Revista de Contabilidad y Tributación*, nº 358, 2013; *id.* "Necesaria revolución en la configuración legislativa del delito contable", *Revista de Contabilidad y Tributación*, nº 389-390, 2015; *id.* "Propuestas de cambios legislativos sobre los delitos de naturaleza contable", *Revista CEFLegal*, nº 243, 2021; ZUGALDÍA ESPINAR, J. M. "Delitos contra la Hacienda Pública y la Seguridad Social", en MARÍN DE ESPINOSA CEBALLOS, E. (dir.), y ESQUINAS VALVERDE, P. (coord.) *Lecciones de Derecho penal. Parte especial*, Valencia, 2023.

REFERENCIAS LEGALES

- Ley 37/1992, de 28 de diciembre, del Impuesto sobre el Valor Añadido *(Tol 224743)*.
- Real Decreto 1624/1992, de 29 de diciembre, por el que se aprueba el Reglamento del Impuesto sobre el Valor Añadido *(Tol 349044)*.
- Ley 58/2003, de 17 de diciembre, General Tributaria *(Tol 327278)*.
- Ley 35/2006, de 28 de noviembre, del Impuesto sobre la Renta de las Personas Físicas *(Tol 1009222)*.
- Real Decreto 439/2007, de 30 de marzo, por el que se aprueba el Reglamento del Impuesto sobre la Renta de las Personas Físicas *(Tol 1044498)*.
- Ley 16/2007, de 4 de julio, de reforma y adaptación de la legislación mercantil en materia contable, para su armonización internacional con base en la normativa de la Unión Europea *(Tol 1083434)*.
- Real Decreto 1514/2007, de 16 de noviembre, por el que se aprueba el Plan General de Contabilidad *(Tol 1173846)*.
- Real Decreto 1515/2007, de 16 de noviembre, por el que se aprueba el Plan General de Contabilidad de Pequeñas y Medianas Empresas y los criterios contables específicos para microempresas *(Tol 1173846)*.
- Real Decreto Legislativo 1/2010, de 2 de julio, por el que se aprueba el texto refundido de la Ley de Sociedades de Capital *(Tol 1880028)*.
- Ley 27/2014, de 27 de noviembre, del Impuesto sobre Sociedades (*Tol 4554400*).
- Real Decreto 634/2015, de 10 de julio, por el que se aprueba el Reglamento del Impuesto sobre Sociedades (*Tol 5200313*).

Lección 29ª

Delitos contra los derechos de los trabajadores[1]

ESTHER POMARES CINTAS

SUMARIO. I. HUIDA DEL DERECHO DEL TRABAJO A LA DEFENSA DE OTROS INTERESES PRIORITARIOS. 1. La reescritura de las reglas del mercado de trabajo. 2. La transformación del Derecho Penal en el contexto del trabajo: el Título XV del CP. 2.1. La estructura original del Derecho Penal laboral en el CP de 1995. 2.2. Impacto de las reformas de 2012 y 2015 en el Derecho Penal del trabajo. 2.3. La contrarreforma laboral de 2021 y su limitado alcance en el Título XV. II. COEXISTENCIA CON EL RÉGIMEN SANCIONADOR ADMINISTRATIVO-LABORAL: EL PRINCIPIO *NON BIS IN IDEM*. 1. Carácter subsidiario del Derecho Penal laboral. 2. Principio *non bis in idem*. III. LA TUTELA PENAL DEL ESTATUTO DE LA PERSONA TRABAJADORA COMO EPICENTRO. 1. Delito de imposición de condiciones lesivas de derechos laborales. 1.1. Consideraciones previas: la persecución penal del abuso laboral y el principio de intervención mínima. 1.2. Bien jurídico protegido. 1.3. Concepto material de autor y sujeto pasivo. 1.4. Conducta típica. 1.4.1. Condiciones laborales o de Seguridad social ilícitas. 1.4.2. Vulneración del estatus jurídico de la persona trabajadora. 1.4.3. Imposición —engañosa o abusiva— de condiciones de trabajo perjudiciales. 1.4.3.1. Imposición engañosa. 1.4.3.2. Imposición abusiva. 1.4.4. Imposición coactiva o intimidatoria de condiciones perjudiciales: art. 311, apartado 5º CP. 1.5. Elemento subjetivo. 1.6. *Iter criminis*. 1.7. Criterios de determinación de la pena. 1.8. Reglas concursales. 1.9. Excurso: reivindicación de un espacio propio de incriminación del trabajo forzoso como práctica de esclavitud moderna. 2. Delito de mantenimiento de las condiciones ilícitas impuestas o establecidas por otro. 2.1. Conducta típica. 2.2. Elemento subjetivo. 2.3. Consumación. 3. La tutela penal de los derechos fundamentales de libertad sindical y de huelga. 3.1. La depreciación penal de los mecanismos colectivos de defensa de las personas trabajadoras (art. 315 CP). 3.2. Bien jurídico protegido. 3.3. Sujetos activo y pasivo. 3.4. Conducta típica. 3.4.1. Impedir o limitar el ejercicio de la libertad sindical o el derecho de huelga. 3.4.2. Medios típicos comisivos. 3.5. Elemento subjetivo. 3.6. *Iter criminis*. 3.7. Concursos. 4. Delito de discriminación en el marco laboral. 4.1. Consideraciones previas. 4.2. Bien jurídico protegido. 4.3. Sujeto activo. 4.4. Conducta típica. 4.4.1. Practicar una diferencia de trato desfavorable por cualquiera de las causas expresamente previstas en el art. 314 CP. 4.4.2. Gravedad de la conducta discriminatoria. 4.4.3. El controvertido requerimiento de restablecimiento de la situación de igualdad ante la ley. 4.5. Elemento subjetivo. 4.6. *Iter criminis*. 4.7. Concursos. 5. La protección penal de la vida y salud de las personas trabajadoras. 5.1. Consideraciones generales. 5.2. Bien jurídico protegido. 5.3. Concepto material de autor. 5.4. Conducta típica. 5.5. Elemento subjetivo (art. 317 CP). 5.6. *Iter criminis*. 5.7. Concursos. 6. Delitos de tráfico ilegal y tráfico fraudulento de mano de obra. 6.1. Consideraciones previas. 6.2. Delito de tráfico ilegal de mano de obra (art. 312.1 CP). 6.3. Delito de reclutamiento mediante oferta fraudulenta de empleo o condiciones de trabajo (art. 312.2, primer inciso CP). 6.3.1. Conducta típica. 6.3.2. Concursos. 6.4. Delito de emigración fraudulenta de trabajadores (art. 313 CP). 6.4.1. Consideraciones generales. 6.4.2. Bien jurídico protegido. 6.4.3. Conducta típica. 6.4.4. *Iter criminis*. 6.4.5. Concursos. IV. LA TUTELA PENAL DE LA LIBRE COMPETENCIA-NO DESLEAL Y EL CONTROL MIGRATORIO EN EL CONTEXTO DEL TRABAJO. 1. Delitos contra el trabajo no declarado y el empleo ilegal. 1.1. Consideraciones previas: las repercusiones en el art. 311 CP de una nueva óptica de fondo. 1.2. Art. 311. 3º CP o el intervencionismo penal de custodia de la libre competencia-no desleal en el contexto del trabajo. 1.2.1. Bien jurídico protegido. 1.2.2. Conducta típica. 1.2.2.1. Primera modalidad típica: cuotas porcentuales de trabajo no declarado. 1.2.2.2. Segunda modalidad típica: cuotas porcentuales de empleo ilegal por la condición migratoria irregular. 1.2.2.3. El relieve penal de las cifras porcentuales de trabajo no declarado o empleo ilegal. 1.2.3. Elemento subjetivo y consumación. 1.2.4. La repercusión real del delito del art. 311.3º CP. 1.3. Art. 311.2º CP: el "delito *rider*" o el factor criminológico de las empresas digitales de trabajo. 1.3.1. Consideraciones previas: las plataformas digitales de trabajo como potencial contexto criminológico. 1.3.2. Conducta típica y la cuestión del bien jurídico tutelado. 1.3.2.1. Conducta típica activa. 1.3.2.2. Conducta típica omisiva. 2. Persecución penal del trabajo del inmigrante irregular (arts. 311 bis CP y 312.2 *in fine* CP). 2.1. Puntos comunes: intereses

1 Este trabajo se enmarca en el Proyecto de Investigación (Ministerio de Ciencia e Innovación) "Análisis de las propuestas legislativas de lucha contra la esclavitud moderna y de las obligaciones de diligencia debida de las empresas en España" (APROES). PID2022-141837OB-I00. Universidad de Granada.

prioritarios de tutela penal. 2.2. El empleo de extranjeros sin permiso de trabajo como delito común (art. 311 bis CP). 2.2.1. Bien jurídico protegido. 2.2.2. Conducta típica. 2.2.2.1. El término "extranjero". 2.2.2.2. El "permiso de trabajo". 2.2.3. Concursos. 2.3. El empleo ilegal de extranjeros y en condiciones lesivas de sus derechos laborales como delito autónomo (art. 312.2 *in fine* CP). 2.3.1. Repercusión de la estructura del tipo penal en la delimitación del bien jurídico tutelado. 2.3.2. Conducta típica. 2.3.2.1. Contratación ilícita de extranjeros. 2.3.2.2. Prestación laboral en condiciones ilícitas perjudiciales. 2.3.3. Elemento subjetivo. 2.3.4. Concursos. V. LA CLÁUSULA ESPECÍFICA DEL ART. 318 CP. 1. Consideraciones previas: el veto de la responsabilidad penal de las personas jurídicas en el ámbito de los delitos laborales. 2. Criterios de imputación de los delitos laborales atribuidos a la persona jurídica. 3. Medidas aplicables a la persona jurídica a la que se atribuyan delitos laborales. VI. BIBLIOGRAFÍA. ANEXO: REFERENCIAS LEGALES, CIRCULARES Y CONVENIOS.

Artículo 311

Serán castigados con las penas de prisión de seis meses a seis años y multa de seis a doce meses:

1.º Los que, mediante engaño o abuso de situación de necesidad, impongan a los trabajadores a su servicio condiciones laborales o de Seguridad Social que perjudiquen, supriman o restrinjan los derechos que tengan reconocidos por disposiciones legales, convenios colectivos o contrato individual.

2.º Los que impongan condiciones ilegales a sus trabajadores mediante su contratación bajo fórmulas ajenas al contrato de trabajo, o las mantengan en contra de requerimiento o sanción administrativa.

3.º Los que den ocupación simultáneamente a una pluralidad de trabajadores sin comunicar su alta en el régimen de la Seguridad Social que corresponda o, en su caso, sin haber obtenido la correspondiente autorización de trabajo, siempre que el número de trabajadores afectados sea al menos de:

a) el veinticinco por ciento, en las empresas o centros de trabajo que ocupen a más de cien trabajadores,

b) el cincuenta por ciento, en las empresas o centros de trabajo que ocupen a más de diez trabajadores y no más de cien, o

c) la totalidad de los mismos, en las empresas o centros de trabajo que ocupen a más de cinco y no más de diez trabajadores.

4.º Los que en el supuesto de transmisión de empresas, con conocimiento de los procedimientos descritos en los apartados anteriores, mantengan las referidas condiciones impuestas por otro.

5.º Si las conductas reseñadas en los apartados anteriores se llevaren a cabo con violencia o intimidación se impondrán las penas superiores en grado.

Artículo 311 bis

Será castigado con la pena de prisión de tres a dieciocho meses o multa de doce a treinta meses, salvo que los hechos estén castigados con una pena más grave en otro precepto de este Código, quien:

a) De forma reiterada, emplee o dé ocupación a ciudadanos extranjeros que carezcan de permiso de trabajo, o

b) emplee o dé ocupación a un menor de edad que carezca de permiso de trabajo.

Artículo 312

1. Serán castigados con las penas de prisión de dos a cinco años y multa de seis a doce meses, los que trafiquen de manera ilegal con mano de obra.

2. En la misma pena incurrirán quienes recluten personas o las determinen a abandonar su puesto de trabajo ofreciendo empleo o condiciones de trabajo engañosas o falsas, y quienes empleen a súbditos extranjeros sin permiso de trabajo en condiciones que perjudiquen, supriman o restrinjan los derechos que tuviesen reconocidos por disposiciones legales, convenios colectivos o contrato individual.

Artículo 313

El que determinare o favoreciere la emigración de alguna persona a otro país simulando contrato o colocación, o usando de otro engaño semejante, será castigado con la pena prevista en el artículo anterior.

Artículo 314

Quienes produzcan una grave discriminación en el empleo, público o privado, contra alguna persona por razón de su ideología, religión o creencias, su situación familiar, su pertenencia a una etnia, raza o nación, su origen nacional, su sexo, edad, orientación o identidad sexual o de género, razones de género, de aporofobia o de exclusión social, la enfermedad que padezca o su discapacidad, por ostentar la representación legal o sindical de los trabajadores, por el parentesco con otros trabajadores de la empresa o por el uso de alguna de las lenguas oficiales dentro del Estado español, y no restablezcan la situación de igualdad ante la ley tras requerimiento o sanción administrativa, reparando los daños económicos que se hayan derivado, serán castigados con la pena de prisión de seis meses a dos años o multa de doce a veinticuatro meses.

Artículo 315

1. Serán castigados con las penas de prisión de seis meses a dos años o multa de seis a doce meses los que, mediante engaño o abuso de situación de necesidad, impidieren o limitaren el ejercicio de la libertad sindical o el derecho de huelga.

2. Si las conductas reseñadas en el apartado anterior se llevaren a cabo con coacciones serán castigadas con la pena de prisión de un año y nueve meses hasta tres años o con la pena de multa de dieciocho meses a veinticuatro meses.

Artículo 316

Los que con infracción de las normas de prevención de riesgos laborales y estando legalmente obligados, no faciliten los medios necesarios para que los trabajadores desempeñen su actividad con las medidas de seguridad e higiene adecuadas, de forma que pongan así en peligro grave su vida, salud o integridad física, serán castigados con las penas de prisión de seis meses a tres años y multa de seis a doce meses.

Artículo 317

Cuando el delito a que se refiere el artículo anterior se cometa por imprudencia grave, será castigado con la pena inferior en grado.

Artículo 318

Cuando los hechos previstos en los artículos de este título se atribuyeran a personas jurídicas, se impondrá la pena señalada a los administradores o encargados del servicio que hayan sido responsables de los mismos y a quienes, conociéndolos y pudiendo remediarlo, no hubieran adoptado medidas para ello. En estos supuestos la autoridad judicial podrá decretar, además, alguna o algunas de las medidas previstas en el artículo 129 de este Código.

I. HUIDA DEL DERECHO DEL TRABAJO A LA DEFENSA DE OTROS INTERESES PRIORITARIOS

1. La reescritura de las reglas del mercado de trabajo

Tras el impacto de la crisis económica y financiera global, a partir de 2008, se refuerza el prisma de un mercado de trabajo plasmado en la ecuación del máximo rendimiento-beneficio, mínimo coste laboral, y productos y servicios competitivos bajo reglas flexibles y pragmáticas. La visión neoliberal que se ha consagrado en la Unión Europea (UE) pivota encriptada en el lema de una "*economía social de mercado altamente competitiva*", que se institucionaliza en el Tratado de la Unión Europea (art. 3), y se perfecciona ulteriormente en el Tratado de Funcionamiento de la Unión Europea (TFUE), que entró en vigor el 1 de diciembre de 2009. Si miramos más hacia el fondo, se hilvana una política económica dispuesta a garantizar el "*funcionamiento del mercado interior*" (arts. 114 y 207 TFUE), que debe discurrir "de conformidad con el respeto al principio de una *economía de mercado abierta y de libre competencia*" (art. 119 TFUE). Y si recorremos un tramo más del laberinto característico de los Tratados constitutivos de la UE, encontraremos el auténtico significado del principio de libre competencia, que "incluye un sistema que garantiza que no se falsea la competencia": este principio clave se contempla expresamente en el Protocolo nº 6 "*sobre mercado interior y competencia*", que se incorpora como anexo al TFUE. Lo que significa, ni más ni menos, la exclusión del Estado de la esfera económica, sólo presente a la hora de poner en práctica medidas "contracíclicas" encaminadas exclusivamente a compensar las repercusiones de las crisis económicas (NAÏR).

Son reveladoras sus repercusiones: las reglas de la libre competencia propias del sector privado se apoderan de todas las esferas esenciales de la emancipación de las personas (sanidad, pensiones, vivienda digna, educación, abastecimiento energético, etc.), que, como el estatuto del trabajador asalariado, se arrojan a la lógica del mercado, a la semántica de la competitividad-rentabilidad.

El sistema de producción experimenta una profunda transformación. En un contexto de interdependencia de las economías, que implica a trabajadores del mundo entero a través de las cadenas de suministro mundiales, se generaliza la externalización de las condiciones de trabajo a través de modelos de subcontratación —el uso de intermediarios. Estos fundan relaciones laborales cada vez más complejas a medida que lo es la cadena de producción o de suministro, y a medida en que se deslocaliza la periferia del núcleo empresarial hacia países con mano de obra de bajo coste, aprovechando la profunda brecha de las desigualdades socioeconómicas entre los territorios.

Este sistema de producción interdependiente, que tutela como epicentro la libre competencia-no desleal, propugna un programa de liberalización global del mercado de trabajo. Es una hoja de ruta que ha subastado a la baja los derechos laborales, económicos y garantías sociales y debilitado, a su vez, su cadena de custodia (NAÏR, GIL Y GIL).

La política de inflación de herramientas (también penales) dirigidas a garantizar la libre competencia y las condiciones para incentivar a los inversores (véase, más adelante, la reforma laboral de 2012 en España) ha asentado, a su vez, las bases de la depreciación del estatuto del trabajador asalariado, que ha incrementado su vulnerabilidad y dificultad de emancipación. A ello ha contribuido un clima de debilitamiento de los mecanismos de negociación colectiva para promover el diálogo social, esterilizados por el recurso generalizado de la subcontratación. Son las reminiscencias de los primeros tiempos de la revolución industrial la seña de identidad de la cuarta (POMARES CINTAS). Es este paradigma el que se proyecta sobre los emergentes modelos de negocio en la economía digital o "Trabajo 4.0". Las denominadas *plataformas digitales de trabajo*, basadas en la gestión algorítmica del servicio y de las condiciones de trabajo, discurren en torno a un mecanismo tramposo de "autogestión" del propio trabajador, difuminando peligrosamente los límites entre la laboralidad de la relación de trabajo y el trabajo autónomo.

Este exponencial proceso de flexibilización y pragmatismo del mercado de trabajo ha abonado la huida del Derecho del trabajo hacia un Derecho que vela por los intereses de la empresa privada. Al mismo tiempo, ha desencadenado la irrupción del concepto de "*trabajo decente*", que es un programa de condiciones y derechos laborales que toma como referente el esqueleto del derecho del trabajo "desde sus orígenes, con la revolución industrial" (GIL Y GIL).

La versatilidad del "*trabajo decente*" ha facilitado su integración, en 2015, en el constructo de la así llamada *sostenibilidad* del sistema socioeconómico vigente, situándose dentro de los objetivos de la Agenda 2030 de la ONU para el *Desarrollo Sostenible* (ODS nº 8), y en el acervo de la UE (Comunicación de la Comisión Europea, de 23 de febrero de 2022, sobre el trabajo digno en todo el mundo para una transición justa a escala mundial y una recuperación sostenible). Téngase en cuenta que el TFUE concibe al trabajador como "mano de obra" "adaptable" a "mercados laborales con capacidad de respuesta al cambio económico" (art. 145), por ende, *fuerza de trabajo* sacrificable para responder a las variables del mercado y las crisis económicas.

Por ejemplo:

El aprovechamiento de la población envejeciente, o el lema de la prolongación de la vida laboral, emerge como cadena de valor para la *sostenibilidad* del sistema socioeconómico (Estrategia Europa 2020: el "envejecimiento activo").

La implementación de canales de denuncia dentro de las empresas es una estrategia promovida por la así conocida Directiva *Whistleblowing* (Directiva UE 2019/1937, de 23 de octubre de 2019, relativa a la protección de las personas que denuncien infracciones del Derecho de la Unión). Sin embargo, este marco normativo no institucionaliza un mecanismo de tutela de las personas trabajadoras frente a la explotación laboral, sino para incentivar las denuncias sobre irregularidades relativas al suministro de productos o la prestación de servicios que *"falsean la competencia, incrementan los costes para las empresas, vulneran los intereses de inversores y accionistas y, en general, hacen menos atractiva la inversión"*.

En síntesis, en el ideario neoliberal, la Agenda de la UE no se encuentra centrada en implementar herramientas de lucha contra la explotación laboral en todas sus diversas variantes, sino que el eje descansa en una óptica de fondo distinta: garantizar el *establecimiento y el funcionamiento del mercado interior*, anclado en el respeto del principio fundamentalista de una "*economía de mercado abierta y de libre competencia*" (arts. 114, 119 y 207 TFUE). En otras palabras, la UE toma iniciativas en el mercado de trabajo dirigidas a neutralizar las distorsiones de las condiciones de concurrencia equitativas entre las empresas dentro del mercado. Es ese interés cardinal el valor que ha informado toda una batería de estrategias de lucha contra el *trabajo no declarado* y otras manifestaciones que se consideran fuente de *competencia desleal*, como el *empleo ilegal* de inmigrantes irregulares, o la presencia en el mercado de productos derivados del *trabajo forzoso*. En estos ejes discurren, con denominaciones eufemísticas, la Directiva 2009/52/CE, por la que se establecen normas mínimas sobre las sanciones y medidas aplicables a los empleadores de nacionales de terceros países en situación irregular, la Directiva (UE) 2024/2831, de 23 de octubre de 2024, relativa a la mejora de las condiciones laborales en el trabajo en plataformas, o el Reglamento UE 2024/3015, de 27 de noviembre de 2024, por el que se prohíben en el mercado de la Unión los productos realizados con trabajo forzoso.

Es, pues, esta plataforma de fondo la que ha informado la transformación del Derecho penal en el contexto del trabajo en España, y corrompido el Título XV, cuya rúbrica primigenia está dedicada a los "*delitos contra los derechos de los trabajadores*".

2. *La transformación del Derecho Penal en el contexto del trabajo: el Título XV del CP*

2.1. La estructura original del Derecho Penal laboral en el CP de 1995

Arbitrar un espacio específico de protección penal de los derechos laborales ha sido una decisión legislativa apoyada sobre criterios político-criminales que han propiciado que se hable del *Derecho Penal laboral* con entidad propia (BAYLOS GRAU/TERRADILLOS BASOCO; entre otras, SSTS 500/1993, 3-3; 995/2000, 30-6, y 247/2017, 5-4).

El Legislador de 1995 había tomado la decisión de crear un título —el Título XV— dedicado exclusivamente a los "*delitos contra los derechos de los trabajadores*". Abarca los arts. 311 a 318 CP.

El Título XV encarnó el canal de reivindicación de salvaguarda de derechos laborales y garantías sociales consagrados en la Constitución española y desarrollados en la legislación laboral: los derechos fundamentales a la igualdad y no discriminación (art. 14 CE), la libertad sindical y el derecho de huelga (art. 28 CE), la promoción en el empleo, la remuneración suficiente para satisfacer las necesidades de la persona trabajadora y de su familia (art. 35.1 CE), y otras condiciones básicas que forman parte de los principios rectores de la política social del Estado como lo son la seguridad y salud en el desempeño de la prestación del trabajo (art. 40.2 CE), el descanso necesario mediante la limitación de la jornada laboral, las vacaciones periódicas retribuidas (art. 40.2 CE), o las prestaciones sociales en caso de desempleo (art. 41 CE).

El sustrato-base del perímetro de justicia social, en cambio, no goza de la naturaleza de derecho fundamental: el derecho al trabajo, reconocido a los ciudadanos españoles (art. 35.1 CE), regulado de forma restringida a los extranjeros, y negado al inmigrante irregular.

A grandes rasgos, sin perjuicio de otras consideraciones sobre el relieve de la condición migratoria irregular, el Derecho Penal en el contexto del trabajo había girado, con anterioridad a la reforma de 2012 (LO 7/2012), en torno a una doble dimensión, siempre centrada en la tutela de los derechos de las personas trabajadoras:

a) La vertiente principal oscilaba originalmente en torno a perfiles graves de explotación laboral (art. 311.1º/3º CP, art. 315.1 y 2 CP, antes de la reforma de 2012), incluidos el delito de discriminación laboral (art. 314 CP) y los delitos relativos a la siniestralidad laboral (arts. 316, 317 CP). La tipificación respectiva filtraba los criterios de subsidiariedad y fragmentariedad del derecho penal laboral.

b) La segunda dimensión se dirigía a incriminar conductas de tráfico ilegal o fraudulento de mano de obra (art. 312, números 1 y 2, primer inciso, CP), materialmente distintas del perfil de la trata de seres humanos con la finalidad de sometimiento a actividades de explotación forzosa.

2.2. Impacto de las reformas de 2012 y 2015 en el Derecho Penal del trabajo

El prisma del Título XV primigenio, sobre el cual había girado esencialmente la edición de 2011 de este Tratado, hoy conjuga en pasado.

Desde entonces, ha llovido torrencialmente y con granizos afilados sobre los pilares del edificio del Derecho del Trabajo y del estatuto del trabajador asalariado. El Real Decreto-Ley 3/2012, de 6 de julio, de medidas urgentes para la reforma del mercado laboral, apostó rotundamente por anclar el ideario de la precariedad estructural y del trabajador como fuerza de trabajo adaptable y plegado a las exigencias de la demanda en el mercado. Gestó un esqueleto descarnado del Estatuto de los Trabajadores (aprobado por Real Decreto Legislativo 2/2015, de 23 de octubre, en su redacción anterior a la contrarreforma laboral de 2021). En dicho proceso, implantó también la visión del envejecimiento activo como vector de sostenibilidad del sistema: es el Real Decreto-Ley 5/2013, de 15 de marzo, de medidas para favorecer la continuidad de la vida laboral de los trabajadores de mayor edad y promover el envejecimiento activo; asimismo respaldó, sin diálogo social, la flexibilidad en el ámbito del teletrabajo por cuenta ajena, o el trabajo a distancia basado en el uso intensivo de las nuevas tecnologías, que luego emergería con fuerza en la pandemia de la *Covid-19*.

Por la misma vía de "urgencia", esta impronta de fondo se trasladó a la LO 7/2012, de 27 de diciembre, que modifica el Código Penal en materia de transparencia y lucha contra el fraude fiscal y en la Seguridad Social: alumbró nuevas herramientas penales dispuestas a distorsionar el entendimiento del objeto de tutela —"*derechos de los trabajadores*"— y, a su vez, la estructura y coherencia interna del Título XV. Añade un delito autónomo en el corazón del art. 311 CP, concebido, como explica inequívocamente el Preámbulo, como instrumento "contra la competencia desleal" por "los perniciosos efectos que presenta para las relaciones económicas y empresariales el hecho de que haya quienes producen bienes y servicios a unos costes laborales muy inferiores a los que han de soportar aquellos otros que lo hacen cumpliendo con sus obligaciones legales en la materia". Introduce en el Título XV la semántica de cuotas porcentuales de trabajo no declarado o de empleo ilegal sobre el conjunto de la plantilla de la "*empresa*" o "*centro de trabajo*" (actual art. 311.3º CP).

La tutela penal de la libre competencia-no desleal ha sido el motor para duplicar el límite máximo de la pena de prisión del art. 311 CP (6 años), porque "permite incrementar el plazo de prescripción hasta los diez años", señala el Preámbulo: se sortea así la conculcación manifiesta del principio de proporcionalidad. Por razones de economía legislativa, esa elevación de pena se ha extendido al resto de las conductas reguladas en el articulado del 311 CP.

Con esta óptica se aprobó, por Resolución de 4 de noviembre de 2013, el Convenio relativo a la coordinación entre la Inspección de Trabajo y Seguridad Social y las Fuerzas y Cuerpos de Seguridad del Estado, en materia de lucha contra el empleo irregular y el fraude a la Seguridad Social (actualizado luego por Resolución de 28 de abril de 2023). Véase, en el epígrafe IV, el análisis del art. 311.3º CP.

No se puede dejar de recordar, sin embargo, que la primera política precursora de la transformación del derecho penal laboral tuvo lugar mucho antes, en el año 2000 (POMARES CINTAS). Con el objetivo de ajustarse a los criterios de la Unión Europea en la lucha contra la inmigración ilegal, la Disposición Final 1ª de la legislación de extranjería (LO 4/2000, de 11 enero) elevó significativamente el marco de la pena de prisión (de 2 a 5 años) pensando en el delito de colaboración en la inmigración clandestina de trabajadores (extranjeros) a España, que, hasta la reforma de 2010, se regulaba en el art. 313.1 CP; afectó, asimismo, a la persecución del trabajo de inmigrantes irregulares (art. 312.2 *in fine* CP).

El interés del incentivo de la inversión empresarial y de la libre competencia-no desleal se apodera del Título XV (TRAPERO BARREALES, TERRADILLOS BASOCO, HORTAL IBARRA).

Dos años más tarde de la entrada en vigor de la reforma de 2012, la LO 1/2015, de 30 de marzo, muestra una doble cara de esta corriente.

a) Tomando como referente los fundamentos de la Directiva 2009/52/CE, relativa a las sanciones y medidas aplicables a los empleadores de nacionales de terceros países en situación irregular (véase *supra*), añade un nuevo número al Título XV. El art. 311 bis CP tipifica, como delito autónomo, la ocupación o empleo reiterado de extranjeros sin la autorización preceptiva para trabajar, o de un menor de edad carente de dicha autorización. Véase, en el epígrafe IV, el análisis del art. 311 bis CP.

b) Se sitúa, sin ambages, en la línea de la depreciación del ejercicio de la libertad sindical y el derecho de huelga (véase *supra*), ejecutando una transformación ideológica sin precedentes desde el texto original del CP de 1995. Pese a ser derechos fundamentales, la LO 1/2015 efectúa una drástica reducción del marco punitivo del art. 315 CP: establece la pena de multa (sistema días-multa) como *pena alternativa* a una pena de prisión que se atenúa. Véase, en el epígrafe III, el análisis del art. 315 CP.

Este paso atrás fue el precio que hubo que pagar a cambio de reducir el tratamiento punitivo desproporcionado que se había vinculado originariamente al delito de coacciones para secundar una convocatoria de huelga (anterior apartado 3º del art. 315 CP). Pese a un clima social favorable a su derogación, el Legislador de 2015 no se atrevió a dar el paso de suprimir una rémora del régimen franquista (DE VICENTE MARTÍNEZ) y culminar "un rosario inacabado de actuaciones jurisdiccionales contra los piquetes de extensión de la huelga que han hecho tambalear, y así lo han denunciado organizaciones internacionales, el reconocimiento real del derecho de huelga en nuestro país" (TERRADILLOS BASOCO). No obstante, el fruto de esa modificación no convenció porque equiparó, a efectos de pena, las coacciones a la huelga con el menoscabo, por medios coercitivos, del ejercicio del derecho fundamental de huelga (art. 315.2 CP).

2.3. La contrarreforma laboral de 2021 y su limitado alcance en el Título XV

Un clima político propicio a otra óptica de fondo fue el presupuesto para pilotar una contrarreforma laboral. A finales de 2021, se implementa en España una plataforma normativa que pretende contrarrestar las graves repercusiones del modelo laboral de 2012 para el estatuto de los trabajadores. El Real Decreto-Ley 32/2021, de 28 de diciembre, de medidas urgentes para la reforma laboral, la garantía de la estabilidad en el empleo y la transformación del mercado de trabajo, se encamina a neutralizar (en el umbral permitido por la UE) la precariedad laboral y, particularmente, solventar el alto grado de temporalidad en España.

> La contrarreforma de 2021 no ha podido vencer aún los flecos de los despidos injustificados que cuestionan la estabilidad laboral (PIQUERAS GARCÍA), ni la idiosincrasia —más allá de la cuestión de la laboralidad— de las plataformas digitales de trabajo, proclive a vaciar de contenido derechos de los trabajadores (TODOLÍ SIGNES, ÁLVAREZ ALONSO/MARTÍNEZ MORENO).

Esta nueva visión de fondo conllevó reformas de calado en la legislación laboral:

a) En el ámbito de la relación laboral de carácter especial del servicio del hogar, que es fuente de condiciones laborales adversas, se construye un cordón jurídico protector frente al abuso y la explotación. Es el Real Decreto-ley 16/2022, de 6 de septiembre, para la mejora de las condiciones de trabajo y de Seguridad Social de las personas trabajadoras al servicio del hogar. España ratificó el Convenio de la OIT núm. 189 sobre el Trabajo Decente para las trabajadoras y los trabajadores domésticos (2011), que entró en vigor el 29 de febrero de 2024. Sobre esta materia, véase PÉREZ GONZÁLEZ.

b) Se prevé la regulación del teletrabajo por cuenta ajena en clave de igualdad con los trabajadores que ejercen sus actividades en los locales de la empresa. Es la Ley 10/2021, de 9 de julio, de trabajo a distancia. España ratificó, el 8 de junio de 2022, el Convenio OIT, nº 177, de 20 de junio de 1996, sobre el trabajo a domicilio.

c) En relación con la dinámica de las plataformas digitales de trabajo, se promulga la Ley 12/2021, de 28 de septiembre, para garantizar la relación de laboralidad en estos modelos de negocio.

d) Respecto del derecho de igualdad ante la ley, se aprueba la Ley 15/2022, de 12 de julio, integral para la igualdad de trato y la no discriminación, y, particularmente, la Ley 4/2023, de 28 de febrero, para la igualdad real y efectiva de las personas trans y para la garantía de los derechos de las personas LGTBI, y el Real Decreto 1026/2024, de 8 de octubre, por el que se desarrolla el conjunto planificado de las medidas para la igualdad y no discriminación de las personas LGTBI en las empresas.

En la rama penal, salvo la derogación del delito de coacciones a la huelga por la LO 5/2021, de 22 de abril, el resto de las reformas (por ahora) del Título XV han sido aisladas y no resuelven los problemas de fondo.

El delito de discriminación laboral, previsto en el art. 314 CP, fue modificado por la LO 8/2021, de 4 de junio, que introdujo la *edad*, la *identidad sexual o de género*, las *razones de género*, la *aporofobia* y la *exclusión social* en el catálogo de factores discriminatorios. Pero se perdió la oportunidad de emprender una reforma de fondo del precepto para neutralizar el vaciado de contenido de la tutela del derecho a la no discriminación (véase más adelante, epígrafe III).

Aunque también vinculada al contexto de la contrarreforma laboral, la última versión del art. 311 CP resulta llamativa: se suma otro delito autónomo, al ya trastocado art. 311 CP, por decisión de la LO 14/2022, de 22 de diciembre, de transposición de directivas europeas y otras disposiciones para la adaptación de la legislación penal al Ordenamiento de la Unión Europea, y reforma de los delitos contra la integridad moral, desórdenes públicos y contrabando de armas de doble uso. El nuevo apartado 2º del art. 311 CP extiende las penas de prisión de 6 meses a 6 años y multa de 6 a 12 meses a "*los que impongan condiciones ilegales a sus trabajadores mediante su contratación bajo fórmulas ajenas al contrato de trabajo, o las mantengan en contra de requerimiento o sanción administrativa*". La cuestión sobre la oportunidad del precepto no resulta ajena a los objetivos comunitarios de neutralización de actos de competencia desleal, que constituye el eje esencial de la Directiva UE 2024/2831, de 23 de octubre, relativa a la mejora de las condiciones laborales en el trabajo en plataformas digitales. Se analizará en el epígrafe IV.

En síntesis, las reformas de 2012 y 2015 han conseguido corromper el Titulo XV para doblegarlo a la salvaguarda de los intereses de la competitividad no falseada en la empresa privada y el incentivo empresarial. La política criminal derivada de la contrarreforma laboral de 2021 no ha eliminado ese sello.

En realidad, no es aumentar la plantilla delictiva del Título XV lo que se necesita, sino solucionar su "talón de Aquiles" por falta de coherencia con la importancia de las sanciones en el orden social que reprimen la explotación laboral ilícita (TERRADILLOS BASOCO, DE VICENTE MARTÍNEZ, FERNÁNDEZ ORRICO). La reforma de 2022 no incidió en la revisión del conocido efecto beneficioso de la pena de multa en el contexto del trabajo, en comparación con la magnitud de las sanciones económicas del régimen administrativo-laboral correspondiente, que aplica una infracción por cada trabajador afectado. Tampoco es disuasoria la pena de prisión porque se acusa una clara tendencia al recurso de la suspensión (sin un programa de rehabilitación para delincuentes laborales, POMARES CINTAS). Por otro lado, no se arbitra, como pena principal, la inhabilitación o suspensión para la profesión u oficio, ni se da el paso para implicar a la empresa en el sistema de responsabilidad penal de la persona jurídica con las sanciones correspondientes —multa proporcional, prohibición de obtener subvenciones públicas o beneficios fiscales, suspensión de actividades, etc. Véase, en el epígrafe V, la controvertida cláusula del art. 318 CP. En definitiva, como señala TERRADILLOS BASOCO, el Derecho penal protector de los derechos de las personas trabajadoras acaba siendo arrinconado como "*nulla ratio*".

II. COEXISTENCIA CON EL RÉGIMEN SANCIONADOR ADMINISTRATIVO-LABORAL: EL PRINCIPIO NON BIS IN IDEM

1. Carácter subsidiario del Derecho Penal laboral

La relevancia penal de las conductas contempladas en el Título XV (arts. 311-318 CP) dependerá siempre del marco normativo que regula la prestación de trabajo, la estructura de las relaciones laborales y el estatus jurídico de las personas trabajadoras en la esfera pública y privada. Esto significa que, en virtud del carácter subsidiario del derecho penal en el contexto del trabajo, su aplicación se encuentra necesariamente condicionada por dicho marco normativo extrapenal: el punto de partida lo constituirán aquellos comportamientos que se consideran ilícitos según la legislación administrativa— laboral.

A pesar de la pretensión de aglutinar en un mismo Título los delitos vinculados al contexto del trabajo, encontramos en otros Títulos del CP figuras delictivas que persiguen también comportamientos que se desenvuelven en ese mismo contexto y vulneran derechos laborales: el delito de acoso sexual laboral (art. 184 CP), dentro de los delitos contra la libertad sexual, y el delito de acoso moral laboral (art. 173.1 III CP), dentro de los delitos contra la integridad moral.

Precisamente por la naturaleza subsidiaria del derecho penal laboral, éste no va a servir para neutralizar la flexibilización del mercado de trabajo, no desarrolla ninguna función promocional de los derechos laborales más allá del marco que establece la legislación en el tiempo —y en el contexto socioeconómico— en que se aplica.

2. *Principio* non bis in idem

Como se ha apuntado, los delitos agrupados en el Título XV han de coexistir con un importante régimen administrativo-laboral sancionador. Ello plantea dos cuestiones principales:

a) La tipificación de los delitos laborales no puede ser una mera operación de criminalizar ilícitos laborales. El Legislador penal debe arbitrar criterios que permitan trazar las fronteras del correlativo ordenamiento jurídico sancionador, en aras del respeto de las reglas de la subsidiariedad y fragmentariedad de la intervención penal como ultima ratio.

b) La segunda cuestión va dirigida a resolver los supuestos en los que una misma conducta es constitutiva de delito laboral y también de un ilícito en la esfera administrativo-laboral.

Esta situación de concurrencia deberá dirimirse a través del principio non bis in idem (véase, al respecto, STS, Sala de lo Social, 469/2020, 18-6, en relación con la STC 70/2012, 16-5).

El art. 3.1 del Real Decreto Legislativo 5/2000, de 4 de agosto, por el que se aprueba el texto refundido de la Ley sobre Infracciones y Sanciones en el Orden Social (LISOS), solventa el conflicto dando preferencia al orden jurisdiccional penal, siempre que se acredite, en el supuesto concreto, identidad de sujeto, de hecho y de bien jurídico tutelado (fundamento). En tales casos, la Administración "*se abstendrá de seguir el procedimiento sancionador mientras la autoridad judicial no dicte sentencia firme o resolución que ponga fin al procedimiento o mientras el Ministerio Fiscal no comunique la improcedencia de iniciar o proseguir actuaciones*" (art. 3.2 LISOS). Véase el art. 5 Real Decreto 928/1998, de 14 de mayo, que aprueba el Reglamento general sobre procedimientos para la imposición de sanciones por infracciones de orden social. Asimismo, en la esfera pública, el principio *non bis in idem* se reconoce en el art. 94.3 Real Decreto Legislativo 5/2015, de 30 de octubre, por el que se aprueba el texto refundido de la Ley del Estatuto Básico del Empleado Público (EBEP).

A continuación, se va a proceder al análisis sistemático del Título XV. Se propone una clasificación en función del bien jurídico esencial o prioritariamente protegido por los respectivos delitos integrados en su seno.

III. LA TUTELA PENAL DEL ESTATUTO DE LA PERSONA TRABAJADORA COMO EPICENTRO

1. Delito de imposición de condiciones lesivas de derechos laborales

1.1. Consideraciones previas: la persecución penal del abuso laboral y el principio de intervención mínima

La incriminación de las conductas contempladas en los apartados primero y quinto del art. 311 CP (según la enumeración del articulado resultante de las reformas de 2012 y 2022) es la espina dorsal de un derecho penal dirigido a la protección del estatuto de la persona trabajadora frente a graves situaciones de abuso (STS 543/2023, 5-7). Se castiga con las penas de prisión de 6 meses a 6 años y multa de 6 a 12 meses a "*Los que, mediante engaño o abuso de situación de necesidad, impongan a los trabajadores a su servicio condiciones laborales o de Seguridad Social que perjudiquen, supriman o restrinjan los derechos que tengan reconocidos por disposiciones legales, convenios colectivos o contrato individual*" (apartado 1°). Si esta conducta se lleva a cabo "*con violencia o intimidación se impondrán las penas superiores en grado*" (apartado 5°).

La tutela penal de los derechos laborales no se restringe a las situaciones de explotación del trabajador que buscan un provecho económico mediante el abaratamiento ilícito de costes de producción (SSTS 995/2000, 30-6; 438/2004, 29-3; 1613/2005, 29-12, y 221/2005, 24-2, y SAP, Sevilla, Sección 3ª, 85/2002, 14-3, entre otras). Ni la finalidad productiva es un elemento subjetivo del injusto de este delito, ni debe entenderse implícita (POMARES CINTAS): el art. 311.1° CP da cabida a cualesquiera otras modalidades de abuso en el trabajo que sean un fin en sí mismo: piénsese en la imposición de condiciones laborales ilícitas encaminada a castigar o reprender al trabajador (sin finalidad productiva), en represalia por una denuncia, por una actitud reivindicativa o por no plegarse a una pretensión sexual (véase, STS 2140/1994, 12-12, y SAP, Asturias, 234/2005, 9-11). Es el perfil del acoso laboral —sexual o no— basado en la alteración ilícita de condiciones de trabajo (POMARES CINTAS).

Ahora bien, tutelar el estatuto de la persona trabajadora es también la función del derecho sancionador administrativo-laboral, que contempla un amplio catálogo de infracciones dirigidas a esa finalidad [LISOS; Real Decreto Legislativo 5/2015, de 30 de octubre, por el que se aprueba el texto refundido de la Ley del

Estatuto Básico del Empleado Público (EBEP)]. El respeto del principio de intervención mínima del Derecho penal, su carácter subsidiario y fragmentario, exige delimitar materialmente el bien jurídico del delito del art. 311.1º CP y perseguir por la vía penal exclusivamente los comportamientos más graves susceptibles de menoscabarlo: en otras palabras, no se trata simplemente de elevar a la categoría de delito ilícitos administrativos-laborales (SSTS 543/2023, 5-7; 247/2017, 5-4; 494/2016, 9-6, y 160/2011, 15-3; SAP, Madrid, Sección 6ª, 115/2004, 27-2). De este modo, la mayor gravedad de las conductas de explotación/abuso laboral recae sobre los medios que definen la *imposición* de condiciones ilícitas perjudiciales para los derechos laborales —*engaño, abuso de situación de necesidad* o *violencia o intimidación*. Su concurrencia implica un mayor contenido de injusto de la conducta en contraste con las infracciones administrativas laborales (STS 543/2023, 5-7).

El límite máximo de la pena de prisión (6 años) que contempla el art. 311 CP se debe a la LO 7/2012, de 27 de diciembre, que modifica el Código Penal en materia de transparencia y lucha contra el fraude fiscal y en la Seguridad Social. El Legislador de 2012 pensaba en otros escenarios para posibilitar la prescripción del delito hasta los 10 años, a costa de vulnerar manifiestamente el principio de proporcionalidad (véase *infra* el Apartado III relativo a los delitos contra el trabajo no declarado).

1.2. Bien jurídico protegido

En primer lugar, el delito de imposición de condiciones ilícitas lesivas de derechos laborales tutela la prestación del trabajo en las condiciones reconocidas por la legalidad vigente, también en el momento de la contratación o acceso al puesto de trabajo. Como sostiene el criterio jurisprudencial dominante, se trata de salvaguardar "las condiciones laborales mínimas a las que no pueden renunciar los trabajadores", es decir, el régimen que diseña la ejecución de la prestación laboral en relación con el "contenido, modo, tiempo, lugar, remuneración, límites de las facultades del empresario, etc." (SSTS 543/2023, 5-7, y 270/2016, 5-4), así como el modelo de contratación, en el entorno privado o público.

> Art. 3.5 Real Decreto Legislativo 2/2015, de 23 de octubre, por el que se aprueba el texto refundido de la Ley del Estatuto de los Trabajadores (ET): *"Los trabajadores no podrán disponer válidamente, antes o después de su adquisición, de los derechos que tengan reconocidos por disposiciones legales de derecho necesario. Tampoco podrán disponer válidamente de los derechos reconocidos como indisponibles por convenio colectivo"*. Véase también el art. 4.2 ET.
>
> Art. 3 Real Decreto Legislativo 8/2015, de 30 de octubre, por el que se aprueba el texto refundido de la Ley General de la Seguridad Social (LGSS): *"Será nulo todo pacto, individual o colectivo, por el cual el trabajador renuncie a los derechos que le confiere la presente ley"*.

Sin embargo, sostener el carácter esencial e irrenunciable de la esfera de los derechos susceptibles de ser cubiertos por el art. 311.1° CP es un planteamiento que queda desvirtuado por la inclusión en el precepto del *contrato individual* como fuente de otros derechos laborales. El precedente de este delito, el art. 499 bis 1° CPTR 1973, no contemplaba esta hipótesis. Y es cuestionable arbitrar la vía penal para amparar derechos que se deriven del pacto individual y superen el umbral mínimo de Derecho necesario (LASCURAÍN SÁNCHEZ).

De otro lado, como se ha señalado, el delito del art. 311.1° CP requiere hacer soportar al trabajador un atropello de sus derechos laborales a través de *engaño, abuso de situación de necesidad,* o en su caso, recurriendo a procedimientos violentos o intimidatorios (apartado 5°). La función de tales medios típicos comisivos es esencial por tres razones:

a) Sirven para indicar la frontera con el Derecho sancionador administrativo— laboral (SSTS 543/2023, 5-7, y 247/2017, 5-4).

b) Sirven para configurar el verbo rector "imponer", teniendo en cuenta que el sujeto pasivo se desenvuelve en el marco de una relación de desequilibrio basada en la dependencia estructural respecto de la persona explotadora o abusadora laboral.

c) Sirven para completar el objeto de tutela (ORTUBAY FUENTES, ROSO CAÑADILLAS): la libertad de decisión de la persona trabajadora —ya en el momento de la contratación o acceso al trabajo, o en el desempeño de la prestación—, que se verá gravemente afectada en virtud de cualquiera de esos medios típicos.

Tanto la utilización de *engaño o abuso de situación de necesidad,* como el recurso a la *violencia o intimidación,* invalidan cualquier consentimiento, acto de disposición o renuncia de derechos laborales (sean de Derecho necesario o no). Y es indicativo del perjuicio del estatuto jurídico de la persona trabajadora (véase más adelante).

El bien jurídico del art. 311.1° CP es, por lo tanto, de naturaleza intermedia, individual y colectiva, según la vertiente que se analice (STS 543/2023, 5-7).

Ahora bien, aunque los medios típicos comisivos recaen sobre el trabajador individual, el art. 311.1° CP no se dirige a garantizar la libertad genérica de autodeterminación o decisión de las personas como tales (bien jurídico de los delitos contra la libertad individual). Hablamos de un sujeto pasivo específico, cuya capacidad de autodeterminación viene limitada en la medida en que se desenvuelve en el ámbito de la organización del trabajo, marcada por relaciones de dependencia y una posición de vulnerabilidad (ORTUBAY FUENTES, PÉREZ MANZANO, MOLINA NAVARRETE).

El contexto normativo extrapenal servirá para configurar la conducta típica, como punto de partida para determinar si el comportamiento en cuestión se deriva de un ejercicio arbitrario o abusivo (constituye un ilícito administrativo-laboral) o bien forma parte del poder discrecional de dirección/organización empresarial. Téngase en cuenta que el interés prioritario de la competencia-productividad empresarial puede apoderarse de un importante margen de instrumentalización del trabajador que la legislación laboral permite.

El art. 41.1 ET posibilita acordar, en virtud de una decisión unilateral de la dirección de la empresa, modificaciones sustanciales de las condiciones de trabajo (jornada laboral, distribución del tiempo de trabajo, sistema de trabajo y rendimiento, sistema de remuneración y cuantía salarial), cuando sea necesario para favorecer la *"posición competitiva"* de la empresa en el mercado o *"una mejor respuesta a las exigencias de la demanda"*, según los términos arrojados por la reforma del Real Decreto-Ley 3/2012 al art. 41. La redacción vigente de este precepto sigue aludiendo a las razones de *"competitividad"* y *"productividad"*. Esta forma lícita de instrumentalización de los derechos de los trabajadores en aras de intereses empresariales no constituiría, pues, una práctica ilícita de abuso/explotación, porque forma parte del poder discrecional en la dirección u organización de la empresa (MORALES GARCÍA). En consecuencia, el art. 311 CP responde a la prohibición de instrumentalizar al trabajador más allá de la zona de licitud.

1.3. Concepto material de autor y sujeto pasivo

Si bien es cierto que el tipo del art. 311 CP está condicionado por elementos normativos, los conceptos de empresario y trabajador provenientes del Derecho laboral-administrativo se modulan a los efectos penales, en aras del bien jurídico protegido: es una expresión del principio de autonomía del Derecho penal (ORTUBAY FUENTES, NARVÁEZ BERMEJO, DÍAZ Y GARCÍA-CONLLEDO, SEMPERE NAVARRO; SSTS 995/2000, 30-6; 837/2003, 30-5, y 438/2004, 29-3, entre otras).

No se trata de proteger contratos formalmente válidos, una relación laboral formal, sino de impedir que la prestación del trabajo se realice en condiciones lesivas de derechos, cualquiera que sea su naturaleza, lícita o no, medie contrato o no, sea éste nulo o no (LASCURAÍN SÁNCHEZ, NAVARRO CARDOSO).

Por ejemplo, la ocupación de menores de edad laboral —16 años, art. 6.1 ET— o las personas que realizan por cuenta ajena servicios sexuales (prostitución) bajo condiciones abusivas. *"De lo contrario el más desprotegido debería cargar también con las consecuencias de su desprotección"* (SSTS 490/1991, 12-4; 293/2004, 8-3; 438/2004, 29-3; 1390/2004, 22-11; 160/2011, 15-3; 378/2011, 17-5, y 270/2016, 5-4).

Este planteamiento abre necesariamente el círculo de los sujetos abarcados por el art. 311.1° CP.

El alcance del tipo penal queda determinado por la exigencia de que el sujeto pasivo —trabajador— esté al "*servicio*" de "*los que*" "imponen" condiciones ilícitas perjudiciales, expresiones que han planteado la cuestión sobre su calificación como delito especial o común (TERRADILLOS BASOCO, DOPICO GÓMEZ-ALLER).

El autor puede serlo el empleador o empresario, un término que tampoco tiene que corresponderse con el concepto jurídico-laboral, que entiende por tal las personas físicas o jurídicas que reciban la prestación de servicios de los trabajadores por cuenta ajena (art. 1.2 ET). Con arreglo al art. 318 CP, que no quiere reconocer la responsabilidad penal de las personas jurídicas en el ámbito de los delitos laborales atribuidas a ellas, debe ser siempre una *persona física* la que responda penalmente, reconduciendo la responsabilidad penal a los "*administradores o encargados del servicio*" (véase *infra* apartado V). Ello ha permitido ampliar la esfera de los posibles autores del delito, al tiempo que posibilita responder a la complejidad de la estructura organizativa empresarial.

La Doctrina dominante ha construido y consolidado una interpretación material de autor sin contradecir el principio de legalidad: "*a su servicio*" incluye la existencia de una relación de dependencia y subordinación respecto de otros sujetos distintos del empresario o empleador, pero que realizan de hecho su mismo papel de mando o dirección efectiva (el "*encargado del servicio*"; véase, TERRADILLOS BASOCO, LÓPEZ GARRIDO/GARCÍA ARÁN, SUANZES PÉREZ, NARVÁEZ BERMEJO, NAVARRO CARDOSO, LASCURAÍN SÁNCHEZ). En consecuencia, puede ser también autor del 311.1° CP quien actúe en nombre o por cuenta del empresario, siempre que revele capacidad resolutoria o poder efectivo e idóneo para establecer o modificar condiciones de trabajo, cualquiera que sea el "concreto cargo, función o categoría que se ostente" (NAVARRO CARDOSO, TERRADILLOS BASOCO, LASCURAÍN SÁNCHEZ). En virtud de ello, adquiere también voluntariamente el deber de garantizar el respeto de los derechos laborales. Véase, por ejemplo, SAP, La Rioja, Logroño, Sección 1ª, 96/2010, de 31-3.

Esta amplia interpretación del sujeto activo repercute en la definición del *sujeto pasivo* del art. 311.1° CP (SSTS 995/2000, 30-6, y 270/2016, 5-4). Serán sujetos pasivos las personas trabajadoras que realizan una actividad lucrativa o remunerada al servicio del empleador o empresario (art. 1.1 ET) o bajo la dirección del "*encargado del servicio*" (*ex* art. 318 CP). Se incluyen los que van a incorporarse a un puesto de trabajo y son sometidos a condiciones ilícitas en el momento de la contratación (NAVARRO CARDOSO).

Ahora bien, dado que el art. 312.2. *in fine* CP persigue de modo autónomo y separado (con menores exigencias) el trabajo de inmigrantes irregulares explotados, los sujetos pasivos del delito del 311.1° CP sólo pueden serlo los trabajadores españoles, los nacionales de los Estados miembros de la UE y aquellos a quienes sea de aplicación el régimen comunitario, los extranjeros inmigrantes regulares, y aquellos irregulares excluidos del ámbito del 312.1 *in fine* por inidoneidad de la exigencia de la autorización para trabajar en España (véase *infra* Apartado III). En cualquier caso, habida cuenta de este dislate del Título XV ante situaciones de explotación efectiva, no son pocas las sentencias que han aplicado el art. 311.1° CP cuando el sujeto pasivo es un inmigrante irregular (entre otras, STS 1311/2006, 28-1; SSAP, Segovia, Sección 1ª, 14/2023, 7-12; Granada, Sección 2ª, 599/2008, 17-10; Zaragoza, Sección 3ª, 597/2008, 11-11; Lleida, Sección 1ª, 227/2004, 13-5; Madrid, Sección 23ª, 63/2004, 12-7, y Albacete, Sección 2ª, 190/2004, 27-5).

Por otro lado, también gozan de la cobertura del art. 311.1° CP aquellas personas que prestan servicios en el ámbito de la Administración pública, en virtud de una relación de carácter especial, o de naturaleza administrativa o estatutaria (empleados públicos, *vid.* NARVÁEZ BERMEJO, SUANZES PÉREZ, NAVARRO CARDOSO). En este marco, será autor aquél que detenta una posición idónea o un poder efectivo para establecer o modificar las condiciones del empleado adscrito al servicio de que se trate (entre otras, SSTS 648/2007, 28-6, y 2140/1994, 12-12; SSAP Lleida, Sección 1ª, 360/2008, 20-10, y Madrid, Sección 16ª, 431/2008, 1-7; AAAP Madrid, Sección 30ª, 333/2010, 12-11; Salamanca, Sección 1ª, 319/2009, 16-10, y Lleida, Sección 1ª, 94/2008, 25-2).

> El art. 1. 2 de la LO 11/1985, de 2 de agosto, de Libertad Sindical, considera trabajador *"tanto aquellos que sean sujetos de una relación laboral como aquellos que lo sean de una relación de carácter administrativo o estatutario al servicio de las Administraciones Públicas".* Asimismo, el art. 3.1 *in fine* de la Ley 31/1995, de 8 de noviembre, de Prevención de Riesgos Laborales considera "trabajadores" también al personal civil con relación de carácter administrativo o estatutario al servicio de la Administración pública.

En última instancia, la relevancia penal de la conducta perjudicial para los derechos laborales dependerá de la concurrencia de los restantes requisitos típicos.

1.4. Conducta típica

El art. 311.1° CP prohíbe imponer condiciones laborales o de Seguridad social perjudiciales para los derechos reconocidos a las personas trabajadoras. En virtud del carácter subsidiario y fragmentario del Derecho Penal, se pretende castigar las situaciones de explotación o abuso más graves sin que ello suponga elevar automáticamente a la categoría de delito ilícitos laborales: las vías típicas de imposición de condiciones ilícitas —engaño, abuso de situación de necesidad o violencia o intimidación (en cuyo caso se agrava la pena, según el apartado 5°)— garantizan el *plus* de injusto en contraste con el Derecho Administrativo sancionador (en este sentido, entre otras, SSTS 995/2000, 30-6; 438/2004, 29-3; 221/2005, 24-2, y 543/2023, 5-7).

La aplicación de este delito requiere, ante todo, franquear un primer paso: su consideración como norma penal en blanco.

1.4.1. Condiciones laborales o de Seguridad social ilícitas

En primer lugar, el término "*condiciones*" utilizado por el tenor del art. 311.1° CP alude al régimen de la relación de trabajo relativo a la jornada laboral, distribución del tiempo de trabajo, sistema de trabajo, funciones y rendimiento, modalidad de remuneración y cuantía salarial, etc. Asimismo, el precepto incluye expresamente la integración del trabajador en el sistema de la Seguridad Social que corresponda para acceder a las distintas prestaciones sociales (art. 16.1 LGSS y art. 36.2 LO 4/2000, de 11 enero, sobre derechos y libertades de los extranjeros en España y su integración social —LOEx).

En segundo lugar, es imprescindible acudir a la normativa extrapenal para acreditar el punto de partida: las "*condiciones*" a las que se refiere el art. 311.1° CP no deben encontrar acomodo en la normativa administrativa-laboral, esto es, deben ser *ilícitas* o contrarias a Derecho.

Serán ilícitas cuando constituyan infracciones laborales o administrativas (arts. 7, 8, 22, 23 LISOS, art. 95 EBEP). La dificultad se acentúa en el entorno público por el carácter discrecional de la potestad administrativa de organización (véase, por ejemplo, STS 2140/1994, 12-12).

Ejemplos: Se imponen condiciones laborales ilícitas cuando se exige, para acceder al trabajo o para conservarlo, la firma (anticipada) de un documento en blanco de renuncia "voluntaria" al puesto de trabajo y al finiquito para su uso oportuno por parte del empresario (véanse, SSAP, Asturias, Sección 2ª, 4/2000, 13-1, y SAP, Valladolid, Sección 2ª, 773/2001, 31-10). Asimismo, cuando se exige la realización de jornadas laborales superiores a la legal, o hacer el pago de parte del salario "en negro", es decir fuera de nómina, de modo que por dicha cantidad no se efectúa la cotización correspondiente a la Seguridad Social (AAP, Barcelona, Sección 8ª, 10-1-2002). O cuando no se afilia a los trabajadores a la Seguridad Social (SAP, Zaragoza, Sección 1ª, 68/1999, 12-2).

1.4.2. Vulneración del estatus jurídico de la persona trabajadora

Es necesario, además, que las condiciones ilícitas impuestas "*perjudiquen, supriman o restrinjan*" derechos de los trabajadores "*que tengan reconocidos por disposiciones legales, convenios colectivos o contrato individual*" en cuanto fuentes de la relación de trabajo (arts. 3.1, 4 ET, arts. 14 y 15 EBEP, art. 7.1.a) LGSS).

En la expresión "*disposiciones legales*" se incluye toda normativa, cualquiera que sea su rango, que contemple la regulación de derechos básicos. La remisión al *convenio colectivo* comprende aquellos derechos derivados del acuerdo de los representantes sindicales y los empresarios en el sector de que se trate (art. 82.1

ET). Por último, a través del *contrato individual* no se pueden establecer "en *perjuicio del trabajador condiciones menos favorables o contrarias a las disposiciones legales y convenios colectivos*" (art. 3.1.c ET), pero es posible pactar condiciones y derechos superiores a los mínimos (art. 4.2.h ET).

Hay que tener en cuenta la especial protección que se dispensa al trabajo de los menores entre 16 y 18 años. Existe una prohibición expresa de realizar horas extraordinarias, trabajos nocturnos o aquellas actividades o puestos de trabajo que se declaren insalubres, penosos, nocivos o peligrosos, tanto para su salud como para su formación profesional y humana (art. 6, apartados 2 y 3, ET).

En realidad, la amplia redacción del art. 311.1° CP ampara todos los derechos laborales básicos, esto es, también los que se ejercen colectivamente, como la libertad sindical y el derecho de huelga, si bien éstos gozan de tutela específica en el art. 315 CP, que será de aplicación preferente por su especialidad (véase más adelante).

Por último, como se desprende del tenor legal, las condiciones ilícitas impuestas han de perjudicar derechos laborales del trabajador afectado. Según el criterio jurisprudencial, los términos "perjudicar", "suprimir" o "restringir" han de adquirir un significado equivalente al de "privar" ilícitamente derechos esenciales (SSTS 270/2016, 5-4, y 543/2023, 5-7), tanto en el desempeño de la prestación laboral como a la hora de acceder al puesto de trabajo.

Es posible pensar en situaciones en las que el trabajador acepta o "pacta" condiciones de trabajo ilegales precisamente para no verse perjudicado en determinados casos, por ejemplo, cuando se emplea sin contrato de trabajo ni afiliación en la Seguridad Social, con la connivencia de éste, para seguir cobrando el subsidio de desempleo (SAP, Ávila, 81/2002, 22-5). Según este planteamiento, la conducta constituirá un ilícito administrativo-laboral (si no constituye otro tipo penal) por la sencilla razón de que la condición ilícita no se "impone" en el sentido del precepto (TERRADILLOS BASOCO, NARVÁEZ BERMEJO), es decir, no quebranta su libertad de decisión. Por ello, en última instancia, la relevancia penal de la situación ilícita y perjudicial para los derechos laborales dependerá de la concurrencia de las vías de imposición de las condiciones ilícitas (STS 543/2023, 5-7): los medios comisivos expresamente previstos en los apartados 1° y 5° del art. 311 CP.

1.4.3. Imposición —engañosa o abusiva— de condiciones de trabajo perjudiciales

Una vez acreditada la contrariedad a Derecho de las condiciones perjudiciales para los derechos laborales de que se trate, la conducta adquiere relevancia penal, a efectos del art. 311, apartado 1°, CP únicamente cuando se lleva a cabo a través de *engaño* o *abuso de situación de necesidad* (critican la exigencia expresa de tales elementos por la necesidad de acreditarlos, TERRADILLOS BASOCO, BAYLOS GRAU/TERRADILLOS BASOCO).

Como se ha señalado, estos medios comisivos son los que dotan de significado al verbo típico "imponer" (LASCURAÍN SÁNCHEZ) por su idoneidad para quebrantar la libertad de decisión del trabajador afectado por las condiciones ilícitas y, en esa medida, para poder neutralizar, en el momento de la conducta, su reacción en defensa de sus derechos (SSTS 286/1998, 2-3; 247/2017, 5-4, y 543/2023, 5-7; SAP, Sevilla, Sección 3ª, 85/2002, 14-3).

Por lo tanto, "imponer" significa hacer soportar a la persona trabajadora condiciones ilícitas, ya en el momento de la contratación o acceso al puesto de trabajo, o bien durante el desarrollo de la prestación (ORTUBAY FUENTES; STS 543/2023, 5-7, SSAP, Santa Cruz de Tenerife, Sección 2ª, 164/2002, 15-2, y Córdoba, Sección 3ª, 34/2002, 7-5), incluso cuando suponga "la finalización de la relación laboral" (RUEDA GARCÍA).

La conducta de "imponer" también puede dar cabida a comportamientos omisivos basados en el incumplimiento reiterado, o que se prolonga "durante amplios períodos de tiempo" de la normativa reguladora del concreto contexto laboral; si se lleva a cabo a través de cualquiera de los mencionados medios típicos, equivalen (a efectos del art. 11 CP) a "hacer soportar" condiciones ilícitas que revelan "una auténtica negación" de derechos laborales (ORTUBAY FUENTES, MORALES GARCÍA).

Si no concurre ninguno de los medios típicos comisivos, o no se acreditan, la conducta deberá resolverse, si no constituye otro tipo penal, a través de la jurisdicción laboral-administrativa.

1.4.3.1. Imposición engañosa

A los efectos del art. 311.1° CP, por *engaño* debe entenderse cualquier procedimiento, maniobra o estrategia idóneos para originar un error en el trabajador sobre las condiciones que se adoptan, de tal manera que le impida comprender su significado o sus repercusiones perjudiciales para los derechos de que se trate. Aquí se maneja un concepto más amplio que el engaño "bastante" en el delito de estafa (NAVARRO CARDOSO, NARVÁEZ BERMEJO, ORTUBAY FUENTES, MORALES GARCÍA; SSTS 543/2023, 5-7; 247/2017, 5-4, y 125/1999, 5-2; SAP, Ciudad Real, Sección 1ª, 17/2021, 13-7).

Ejemplo 1 (SAP, Valladolid, Sección 2ª, 773/2001, 31-10): El empresario de un restaurante, a través de la encargada de las tareas administrativas, hace firmar un documento en blanco de baja laboral "voluntaria" (y de renuncia a reclamar a la empresa por concepto salarial alguno) a cuatro trabajadoras contratadas de modo indefinido. Logra sus firmas mediante engaño, en un momento en el que no podían percatarse de la trascendencia que comportaba la firma en su perjuicio: el documento en blanco se presentó cuando las trabajadoras (cocineras) se encontraban realizando su actividad, es decir, sin posibilidad de leer atentamente su contenido; además, la encargada les manifiesta que el documento no tiene importancia, que muchos trabajadores de la empresa ya lo habían firmado porque únicamente tenía la finalidad de evitar que el jefe tuviera que desplazarse a Valladolid en el hipotético caso de que ellas decidieran marcharse de la empresa.

En el Ejemplo 1 se apreció engaño, ya no sólo por el modo en que se presentó el documento en blanco a las trabajadoras, sino también por *"hacer constar en un documento una manifestación de voluntad atribuida al firmante en blanco del mismo, que ni éste hizo ni deseaba hacer"*. Es una declaración de voluntad de renuncia —a iniciativa del trabajador— al puesto de trabajo que queda a merced del autor (véase, SSTS 1613/2005, 29-12, y 350/2007, 30-4; SSAP, Asturias, Sección 2ª, 4/2000, 13-1, y Santa Cruz de Tenerife, Sección 2ª, 164/2002, 15-2).

A pesar de la tendencia de algunos pronunciamientos judiciales a considerar improbable una imposición engañosa de condiciones ilícitas a un funcionario público (véase, SAP, Madrid, Sección 16ª, 431/2008, 1-7), esta situación puede darse en supuestos de acoso en el ámbito de la Administración Pública. Probablemente la estabilidad en el empleo dificulta abusar de una situación de necesidad, pero no impide recurrir a estrategias o ardides que pueden lograr someter al empleado público a una situación ilícita y perjudicial para sus derechos como coartada para que abandone el puesto de trabajo (STS 2140/1994, de 12-12). Piénsese, por ejemplo, en la incoación sucesiva de expedientes disciplinarios injustificados o arbitrarios que no se tramitan, pero que consiguen el efecto de perpetuar un calvario de medidas de suspensión cautelar de empleo y sueldo por períodos de tiempo más o menos amplios (SAP, Ávila, Sección 1ª, 33/2010, 22-2).

1.4.3.2. Imposición abusiva

La expresión "*abuso de una situación de necesidad*" como medio típico comisivo del delito del 311.1º CP admite dos interpretaciones, una amplia y otra restringida.

Según la interpretación amplia, la situación de necesidad se apoya en una vulnerabilidad genérica derivada de la desigualdad estructural existente entre trabajadores y empleadores en el mercado laboral, de la inestabilidad y de la precariedad laboral que hacen difícil acceder al empleo, o mantenerlo. Bastaría alegar ese desequilibrio para entender que existe aprovechamiento del trabajador porque es lo que le conduce a soportar condiciones ilícitas perjudiciales para sus derechos (TERRADILLOS BASOCO, RUEDA GARCÍA).

Ejemplo 2: Con arreglo a esta interpretación, la SAP, Santa Cruz de Tenerife, Sección 2ª, 164/2002, 15-2, estimó la concurrencia de abuso de situación de necesidad en el siguiente supuesto. Para la contratación de servicios de limpieza y vigilancia nocturna, se exigía a los trabajadores que accedían por primera vez al empleo la firma de un documento a través del cual el trabajador abandonaba a fecha fija el puesto de trabajo. En todas las ocasiones, el documento original se quedaba en poder de la empresa, no entregándose la copia correspondiente al trabajador afectado. Véase, también, STS 1611/2000, 19-10.

En realidad, esta amplia interpretación del abuso de situación de necesidad proviene del criterio jurisprudencial consolidado en torno al precepto que ha precedido al art. 311 CP —el art. 499 bis 1° CPTR 1973—, que sólo exigía expresamente el uso de "*maquinaciones o procedimientos maliciosos*" (SSTS 286/1998, 2-3, y 995/2000, 30-6). De mantenerse ese planteamiento, bastaría establecer condiciones ilícitas perjudiciales utilizando el eje de desequilibrio intrínseco a la relación de trabajo (SAP, Madrid, Sección 6ª, 115/2004, 27-2), una vía que no alcanza tampoco el grado de desvalor del método engañoso (SAP, Salamanca, 103/2002, 10-12; SAP, Sevilla, Sección 3ª, 85/2002, 14-3). Por lo tanto, este prisma interpretativo no ayuda a establecer la frontera con los ilícitos administrativos dirigidos precisamente a proteger al trabajador de los abusos de la situación de desequilibrio en la relación de trabajo.

El medio típico comisivo del *abuso de la situación de necesidad* debe exigir algo más, un telón de fondo que revele el prevalimiento de una situación de vulnerabilidad del trabajador más allá de la desigualdad entre las partes de la relación de trabajo y con un efecto equivalente a la gravedad del medio engañoso (es criterio mayoritario: ORTUBAY FUENTES, PÉREZ MANZANO, CARDENAL MONTRAVETA/CARDENAL ALEMANY, LASCURAÍN SÁNCHEZ, VILLACAMPA ESTIARTE/SALAT PAISAL, DÍAZ Y GARCÍA-CONLLEDO; STS 247/2017, 5-4; SSAP, Sevilla, 85/2002, 14-3; Salamanca, 103/2002, 10-12; Asturias, Sección 8ª, 234/2005, 9-11, y Zaragoza, Sección 1ª, 64/2022, 3-3, entre otras). Este elemento se ha visualizado de manera expresa a propósito del delito de trata de seres humanos (art. 177 bis.1 CP): "*Existe una situación de necesidad o vulnerabilidad cuando la persona en cuestión no tiene otra alternativa, real o aceptable, que someterse al abuso*" (véase, STS 639/2017, 28-9).

Ejemplo 3: Según la SAP, Asturias, Sección 8ª, 234/2005, 9-11, el abuso de la situación de necesidad del trabajador se deriva no sólo de la posición del empresario a través de su poder de dirección en la relación laboral, sino, además, de las siguientes circunstancias:

– "de la grave situación de precariedad laboral existente no sólo en España sino especialmente en Asturias (hechos graves y notorios actuales lo ponen lamentablemente de manifiesto, y el propio acusado reconoce esa precariedad laboral y la utiliza nada sibilinamente)".

– de la discapacidad visual del trabajador afectado, "condición por la que fue contratado y por la que en 2005 percibe una pensión de tan sólo 480,05 euros al mes, pensión que no le permite prescindir de su trabajo para subsistir y minusvalía que no le sitúa en una posición de ventaja en el mercado laboral".

– "de la edad" del trabajador, "que le sitúa lejos de la jubilación (a no ser que se le reconozca una incapacidad permanente laboral, que en 1997 le fue denegada) y en una posición no muy favorable para encontrar otro trabajo".

En síntesis, para alegar *abuso de situación de necesidad* es necesario acreditar una concreta posición de vulnerabilidad del concreto trabajador de la que el autor se prevale, vinculada a una situación coyuntural —desempleo o escasez de puestos de trabajo en un sector de actividad determinado—, personal —dificultad de acceso al trabajo por razones de edad, salud, formación, discapacidad, causas familiares, o que sea el puesto de trabajo su única fuente de recursos económicos—, o cualesquiera otras que neutralicen la negativa del trabajador a "aceptar" condiciones ilícitas lesivas de sus derechos tanto para acceder como para mantenerse en el empleo.

1.4.4. Imposición coactiva o intimidatoria de condiciones perjudiciales: art. 311, apartado 5º CP

El apartado 5º del art. 311 CP castiga con las *penas superiores en grado,* esto es, prisión de 6 años y un día a 9 años y multa de 12 a 18 meses, cuando "*las conductas reseñadas en los apartados anteriores se llevaren a cabo con violencia o intimidación*".

En realidad, la equívoca redacción del apartado 5º se debe a una defectuosa técnica legislativa porque no es comprensible que su aplicación exija, a través de la remisión a las conductas reseñadas, en este caso, en el apartado 1º del art. 311 CP, la concurrencia de abuso de situación de necesidad o engaño en la imposición de condiciones ilícitas. Son seguramente razones de economía legislativa las que han provocado esa confusión tanto tiempo denunciada por la Doctrina como mantenida por el Legislador (ORTUBAY FUENTES, MUÑOZ SÁNCHEZ, DE VICENTE MARTÍNEZ, MARTÍNEZ-BUJÁN PÉREZ, VILLACAMPA ESTIARTE/SALAT PAISAL).

El CP de 1995 dio un paso cualitativo en la incriminación de la conducta de imponer condiciones laborales ilícitas al graduar y distinguir expresamente la gravedad de los distintos medios comisivos a través de los que se manifiesta el verbo "imponer". En cambio, con arreglo a la interpretación jurisprudencial que se había consolidado en torno al art. 499 bis 1º CPTR 1973, los medios coactivos o intimidatorios se equiparaban con los demás porque se integraban en el medio genérico del uso de "*maquinaciones o procedimientos maliciosos*" (SSTS 15-3-1990 y 27-5-1992). Todavía se observan pronunciamientos judiciales que aplican este mismo criterio, vaciando de contenido el apartado 5º del art. 311 CP (SSAP Córdoba, Sección 3ª, 34/2002, 7-5; Madrid, Sección 1ª, 112/2002, 13-3, y Madrid, Sección 23ª, 63/2004, 12-7.

Téngase en cuenta que el Proyecto de Ley Orgánica del CP de 1994 quiso mantener la equiparación jurisprudencial de los medios comisivos de imposición de condiciones ilícitas. El art. 285.1º CP proponía sancionar con la pena de prisión de 6 meses a 3 años y multa de 6 a 12 meses a *"Los que mediante violencia, amenaza, engaño o abuso de situación de necesidad impusiesen a los trabajadores a su servicio condiciones laborales o de Seguridad Social que perjudiquen, supriman o restrinjan los derechos que tuviesen reconocidos por disposiciones legales, convenios colectivos o contrato individual"*. El CP alemán (parágr. 233) y el italiano (art. 603 bis) contemplan el medio violento o intimidatorio como un tipo agravado, pero sin salir del marco de la pena del tipo principal.

Por lo tanto, no se presenta, en puridad, como un tipo agravado respecto del apartado 1º, sino, como afirma la Doctrina mayoritaria, un tipo autónomo cuyo mayor injusto descansa en la utilización de medios violentos o intimidatorios para imponer condiciones ilícitas lesivas de derechos laborales (DE VICENTE MARTÍNEZ). La pena superior en grado comprende el desvalor del empleo de *violencia física* sobre el sujeto pasivo o *intimidación*, idóneos y de suficiente entidad para imponer condiciones ilícitas lesivas de derechos laborales. La pena permite graduar la gravedad del medio utilizado (y la afectación de la libertad de decisión del trabajador).

La violencia o intimidación a la que se refiere el art. 311.5º CP puede integrar un delito de coacciones (art. 172 CP) o de amenazas condicionales del art. 171.1 CP, respectivamente. Piénsese en la advertencia de frustrar expectativas legítimas laborales o causar perjuicios relativos al régimen de la propia actividad laboral, de modo que la realización del mal se percibe directamente dependiente de la voluntad del autor (véase el supuesto de la SAP, Lleida, Sección 1ª, 360/2008, 20-10). O el supuesto de obligar al trabajador, bajo el anuncio de un despido ilícito o de impedir promocionar en el empleo, a realizar horas extraordinarias sin ser retribuidas, conculcando el derecho a la estabilidad en el empleo (véase, AAP, Barcelona, Sección 8ª, 10-1-2002).

Con todo, quizá exista una razón de fondo que explique la resistencia de los tribunales a aplicar este tipo penal, pese a acreditarse en los hechos probados la existencia de vías intimidatorias (SSAP, Madrid, 63/2004, 12-7, y Córdoba, 34/2002, 7-5): supera —hoy con creces— el umbral punitivo que permitiría suspender el cumplimiento de la pena de prisión. Es una pena desproporcionada.

En cualquier caso, este tipo penal puede revitalizarse en el campo del acoso basado en estrategias ilícitas organizativas de la prestación de trabajo, cuando crea un entorno intimidatorio a la víctima que le obliga a soportar condiciones lesivas de sus derechos (POMARES CINTAS; *vid.*, por ejemplo, anunciando un mal que repercute sobre los derechos laborales de la víctima, SAP, Lleida, Sección 1ª, 360/2008, 20-10).

La posibilidad de aplicar el art. 311.5º CP a estas hipótesis conviene ser subrayada por abarcar elementos no comprendidos expresamente, ni se entienden absorbidos, en el delito de acoso laboral (art. 173.1 III CP). Téngase en cuenta que la protección frente al acoso es una manifestación del básico derecho a la consideración debida a la dignidad del trabajador [art. 4.2.e) ET, art. 14.h) EBEP]. En esta línea, el Informe del Consejo Fiscal sobre el Anteproyecto de reforma del CP de 2008 ha reivindicado el espacio de aplicación del delito del art. 311 para perseguir tales comportamientos, por la impronta intimidatoria en la alteración de condiciones laborales.

Ejemplo (SAP, Castellón, Sección 2ª, 36/1999, 5-7): los acusados amenazan a un empleado público con el anuncio de un mal que repercute ilícitamente sobre sus derechos laborales, bajo una condición indebida (art. 171.1 CP): renunciar a su puesto de trabajo.

A cambio de abandonarlo, se le ofrecía archivar los expedientes disciplinarios que habían abierto de modo arbitrario contra él, con esa pretensión; se acredita que, de esta forma, los acusados "quisieron determinar la voluntad del Secretario para que hiciera lo que no quería, dejar de forma aparentemente voluntaria la Secretaría del Ayuntamiento de Peñíscola (...). En todo caso ello constituye un acto de presión o compulsión".

1.5. Elemento subjetivo

El delito contemplado en el art. 311.1° CP sólo prevé la comisión dolosa. El dolo exige en el autor, en el momento de la acción, el conocimiento y dirección de la voluntad de realización de todos los elementos de la conducta típica que se han descrito. Debe abarcar, por lo tanto, la imposición de condiciones perjudiciales ilícitas, así como el medio concreto de imposición de las mismas: el sujeto activo debe conocer que utiliza la situación de necesidad o vulnerabilidad que sufre la persona trabajadora, o que le induce a error sobre su régimen laboral (art. 311.1° CP), o, en su caso, que doblega su voluntad por medios coercitivos o intimidatorios (art. 311.5° CP).

Así, en el Ejemplo 1 (SAP, Valladolid, 773/2001, 31-10), se debe acreditar que el autor conoció *ex ante* el procedimiento engañoso empleado por la encargada de las tareas administrativas del restaurante para imponer a las trabajadoras condiciones lesivas perjudiciales de sus derechos. Ella podría ser calificada como partícipe —cooperadora necesaria— del delito.

No se prevé la modalidad imprudente. Eso significa que el error de tipo vencible (art. 14.1 CP) impedirá, por falta de tipicidad, la aplicación de este delito.

1.6. Iter criminis

El delito de imposición de condiciones laborales ilícitas a través de medios que afectan a la libertad de decisión del sujeto pasivo es un delito de resultado. Admite la tentativa.

Para su consumación es necesario que se consiga imponer efectivamente las condiciones ilícitas perjudiciales de los derechos laborales de que se trate. No se requiere un perjuicio económico (BAYLOS GRAU/TERRADILLOS BASOCO, MARTÍNEZ-BUJÁN PÉREZ, MUÑOZ SÁNCHEZ; STS 543/2023, 5-7), no estamos ante un delito de naturaleza patrimonial. En consecuencia, la consumación, es decir, la "imposición" perjudicial, se produce desde el momento en que las condiciones perjudiciales para los derechos del trabajador comienzan a vincular a éste (PÉREZ MANZANO, LASCURAÍN SÁNCHEZ, MUÑOZ SÁNCHEZ), porque, sólo desde entonces, sus derechos se verán menoscabados (STS 247/2017, 5-4). Por lo tanto, la intervención correctiva posterior del autor, así, por reclamaciones del trabajador afectado, no impedirá la consumación del delito (TERRADILLOS BASOCO).

En los ejemplos propuestos basados en la firma de un documento en blanco de "renuncia voluntaria" al puesto de trabajo, como condición para acceder o mantenerse en el empleo, si concurre cualquiera de los medios comisivos típicos, el delito se consuma desde la imposición de dicha condición ilícita perjudicial, es decir, desde la "aceptación" de dichas condiciones: el mantenimiento en el puesto de trabajo quedará sujeto a la latente decisión unilateral y arbitraria del autor, con independencia de que haga uso o no de dicho documento para dar término a la relación laboral, y por tanto, ya se habrá producido el perjuicio jurídico de la estabilidad en el empleo (SAP, Santa Cruz de Tenerife, Sección 2ª, 164/2002, de 15-2).

Además, es un delito de consumación instantánea y de efectos permanentes: persiste mientras se mantiene la situación ilícita (DE VICENTE MARTÍNEZ; STS 543/2023, 5-7; SAP, Santa Cruz de Tenerife, 164/2002, 15-2; véase la repercusión práctica de la naturaleza permanente de este delito, SAP, Barcelona, Sección 3ª, 30-4-2004). De este modo, el plazo de prescripción de 10 años (desde la reforma de 2012) empieza a contar a partir del momento en que cesa la situación perjudicial ilícita (arts. 131.1 y 132.1 CP).

1.7. Criterios de determinación de la pena

Entre las sentencias condenatorias por el delito del 311.1 CP (permanece enmascarado, en la *praxis*, el apartado 5°), destaca la tendencia a aplicar la pena mínima dentro del marco penal previsto (véase el análisis penológico, POMARES CINTAS). Con todo, es posible articular los siguientes criterios de determinación de la pena:

a) Cabe valorar la trascendencia de los derechos laborales afectados y la duración de la situación ilícita (SAP, Barcelona, Sección 7ª, 408/2007, 2-5), por ejemplo, si se coloca a la víctima en grave situación económica, como ocurre en los casos de retención parcial o total del salario correspondiente (es una circunstancia agravante del parágr. 233 CP alemán).

b) La minoría de edad, y particularmente la minoría de *edad laboral* (véase el supuesto de la SAP, Valencia, Sección 1ª, 280/2002, 10-12) debe contemplarse como criterio de agravación de la pena, siempre que no haya sido un elemento esencial para fundar el medio típico comisivo (en virtud del principio *non bis in idem*), por razón de una particular vulnerabilidad ante una situación de explotación o abuso laboral (GONZÁLEZ AGUDELO).

Se debe garantizar una protección específica del *menor de edad*. Es un deber de diligencia derivado del Convenio nº 182 de la OIT, de 17 de junio de 1999, sobre la prohibición de las peores formas de trabajo infantil y la acción inmediata para su eliminación (art. 3.d), en vigor en España desde el 2 de abril de 2002. Véase la protección especial que dispensa el ET al menor de edad (art. 6), precisamente por su particular vulnerabilidad. La LO 8/2021, de 4 de junio, de protección integral a la infancia y la adolescencia frente a la violencia, pretende salvaguardar a los menores también de la explotación laboral. Se contempla como circunstancia agravante específica en el art. 603 bis CP italiano y el parágr. 233 CP alemán.

Por otra parte, sería pertinente alegar la aplicación de penas accesorias privativas de derechos, como la suspensión de empleo o cargo público o la inhabilitación especial para empleo o cargo público, profesión, oficio, industria o comercio, "*si estos derechos hubieran tenido relación directa con el delito cometido, debiendo determinarse expresamente en la sentencia esta vinculación*" (art. 56.1, 1° y 3° CP). Véanse SSTS 543/2023, 5-7; 417/2003, 20-3; 1613/2005, 29-12, y 378/2011, 17-5.

1.8. Reglas concursales

1.8.1. Tratamiento de los supuestos de pluralidad de conductas de imposición de condiciones ilícitas y/o pluralidad de trabajadores afectados. Es cierto que, en la praxis judicial, no se suele plantear el *concurso real de delitos* del 311.1° CP, pero también es cierto que no se distinguen situaciones:

- Cuando la imposición de condiciones ilícitas a una pluralidad de trabajadores deriva de un único comportamiento. En este caso, se aprecia un solo delito con independencia del número de trabajadores afectados (entre otras, SSAP Madrid, Sección 23ª, 63/2004, 12-7, y 738/2001, 3-12; Navarra, Sección 3ª, 47/2004, 29-4, y Albacete, Sección 2ª, 190/2004, 27-5). En estas situaciones, la existencia de una pluralidad de trabajadores afectados simultáneamente deberá tenerse en cuenta para graduar la pena (constituye una circunstancia agravante en el art. 603 bis CP italiano).
- Cuando el autor realiza una pluralidad de conductas de imposición de condiciones perjudiciales que afectan a un trabajador o a una pluralidad de trabajadores.

  Por ejemplo, para cada trabajador solicitante de empleo, y en las respectivas ocasiones, el autor impone, como condición ilícita perjudicial, la firma de un documento en blanco de "renuncia voluntaria" al puesto de trabajo, bien como medio engañoso o aprovechándose de la particular (y conocida) situación de necesidad de la víctima.

En tales hipótesis, no existe inconveniente para aplicar un concurso real de delitos (BAYLOS GRAU/TERRADILLOS BASOCO, ORTUBAY FUENTES; parece admitir esta posibilidad la SAP, Sevilla, Sección 7ª, 216/2003, 14-5).

También se plantea un concurso real de delitos cuando los trabajadores afectados por las prácticas perjudiciales del autor son, por un lado, sujetos pasivos del delito del art. 311.1° CP, y por otro, inmigrantes irregulares (sujetos pasivos ex art. 312.2 *in fine* CP). Véanse SSAP, Zaragoza, Sección 1ª, 68/1999, 12-2, y Sevilla, Sección 7ª, 216/2003, 14-5.

Podrían aplicarse, asimismo, las reglas del delito continuado (art. 74.1 CP) cuando el autor, aprovechando idéntica ocasión, realiza una pluralidad de conductas —o temporalmente diferenciadas— de imposición de condiciones ilícitas respecto de uno o varios trabajadores a su servicio. Una solución factible porque el delito del art. 311.1º CP, basado sobre la premisa de un trabajo (en sí) *voluntario,* en cuyo desarrollo se transgreden garantías laborales o sociales (véase *infra* el Excurso), no protege un bien jurídico *eminentemente personal,* es decir, no estaría condicionado por los límites que establece el art. 74.3 CP: la libertad de decisión del trabajador está enmarcada dentro de su estatus jurídico como tal. Los tribunales han admitido, en ocasiones, la continuidad delictiva en este contexto (STS 1613/2005, de 29-12; SSAP, Santa Cruz de Tenerife, Sección 2ª, 164/2002, 15-2, y León, Sección 2ª, 109/2001, 16-11).

1.8.2. Como se ha adelantado, la amplia redacción del art. 311.1º CP tutela todos los derechos laborales, también los relativos al ejercicio de la libertad sindical y el derecho de huelga. Sin embargo, éstos se encuentran específicamente previstos en el art. 315 CP, apartados 1 y 2, que será de aplicación preferente por la regla de la especialidad —art. 8.1ª CP— (PÉREZ MANZANO, MARTÍNEZ-BUJÁN PÉREZ), si bien su marco punitivo es notablemente menor (véase más adelante).

1.8.3. Por último, en las hipótesis de acoso laboral basado en estrategias ilícitas organizativas de la prestación de trabajo, el delito del 311.1º CP (o el apartado 5º, en su caso) podría concurrir con el delito de acoso laboral del art. 173.1 III CP. Se plantea así un concurso de normas que se resuelve, en virtud de las reglas del art. 8.3ª CP, a favor del delito laboral (art. 311, apartados 1º ó 5º CP) en la medida en que abarca particularidades que no se incluyen expresamente en la tipificación del acoso laboral (POMARES CINTAS). Aunque, paradójicamente, desde la LO 10/2022, aplicar el delito de acoso laboral permitiría imputar este delito a las personas jurídicas (art. 173.1, último CP), posibilidad que se rechaza en el contexto del Título XV (véase *infra* epígrafe V).

1.9. Excurso: reivindicación de un espacio propio de incriminación del trabajo forzoso como práctica de esclavitud moderna

Un último apunte. El ámbito de aplicación del Estatuto de los Trabajadores (art. 1.1) recae sobre los contextos de prestación voluntaria de actividades o servicios retribuidos por cuenta ajena y dentro del ámbito de organización y dirección de otra persona, (empleador o empresario). Y, en ese marco, los delitos laborales del Título XV, en particular los relativos a la explotación efectiva (art.

311, apartados 1º y 5º CP, y art. 312.2 *in fine* CP), persiguen situaciones de explotación sobre la premisa de un trabajo *voluntario* pero que se desarrolla bajo condiciones ilícitas que vulneran la normativa laboral (garantías socio-laborales). Extramuros del Título XV —y del derecho sancionador administrativo— quedan las hipótesis de imposición del trabajo mismo, es decir, de la condición de trabajador a quien no desea serlo, bajo un régimen de total disponibilidad a la esfera de otra persona como si de un objeto se tratara.

Esta dimensión —las situaciones de explotación *forzosa*— cobra sustantividad propia:

a) Trasciende la cuestión de la ilicitud de las condiciones laborales o garantías sociales, por ende, trasciende también la cuestión de la delimitación de la frontera entre el delito laboral y el régimen sancionador administrativo en la materia.

b) Destruye, desde la base, el concepto jurídico de "trabajador" por ausencia de voluntariedad; la explotación forzosa no puede reconducirse al solo lenguaje de una transgresión de derechos y garantías laborales, porque no se reduce a un asunto de "explotación por el trabajo y la sumisión a unas condiciones laborales" ilícitas. Es la doctrina del Tribunal Europeo de Derechos Humanos (STEDH, asunto Siliadin contra Francia, 26-10-2005, nº 73316/01).

c) La explotación forzosa (los trabajos o servicios forzosos), figura base de la fenomenología de la "esclavitud moderna", adquiere un significado equivalente al de una práctica de cosificación humana que encarna el aprovechamiento, más allá del trabajo, que reduce al ser humano a la condición de objeto (STEDH 26-10-2005). Es un salto cualitativo, porque es el presupuesto que funda *deberes de diligencia erga omnes* derivados del art. 4 del Convenio Europeo de Derechos Humanos. El Protocolo de la Organización Internacional del Trabajo (OIT), de 11 de junio de 2014, relativo al Convenio núm. 29 sobre el Trabajo Forzoso, en vigor en España desde el 20 de septiembre de 2018, obliga a incriminar de forma autónoma situaciones de explotación forzosa. Asimismo, la Directiva (UE) 2024/1712, de 13 de junio de 2024, relativa a la lucha contra la trata de seres humanos, obliga a tipificar como delito la explotación y el uso de servicios de una víctima de trata (art. 18 bis).

d) En contraste con países de nuestro entorno, particularmente Alemania, Francia e Italia, el Código penal español no cuenta aún con herramientas suficientes ni apropiadas para perseguir, con identidad propia, el sometimiento a explotación forzosa: ante esta grosera laguna de visualización del perfil del trabajo forzoso, los Tribunales han reconducido las respuestas al campo de los delitos contra los derechos de los trabajadores (art. 312.2 *in fine*, art. 311.1º CP), que no tutelan bienes jurídicos individuales, castigan de modo separado situaciones de explotación ilícita en función de la condición migratoria del trabajador, y no absorben el desvalor que implica el trabajo forzoso, la servidumbre o la esclavitud (POMARES CINTAS, TERRADILLOS BASOCO).

Ejemplos: SSTS 995/2000, 30-6; 372/2005, 17-3, y 348/2017, 1-5; STSJ, Andalucía, 37/2023, 8-2; SSAP, Granada, 281/2004, 14-5; Huelva, 77/2006, 23-3; Albacete, 190/2004, 27-5; Madrid, 100/2002, 13-12, y Madrid, 63/2004, 12-7, entre otras.

El "Plan de Acción Nacional contra el Trabajo Forzoso" (2021) es una llamada a perseguir la explotación forzosa con nombre e identidad propios, así como proteger a las víctimas de situaciones que trascienden la explotación laboral.

El Convenio para la coordinación entre la Inspección de Trabajo y Seguridad Social y las Fuerzas y Cuerpos de Seguridad del Estado en materia de lucha contra el empleo irregular y el fraude a la Seguridad Social (Resolución de 28 de abril de 2023) distingue entre explotación forzosa (trabajos o servicios forzosos, servidumbre, esclavitud) y "Explotación laboral y otros delitos contra los derechos de los trabajadores".

La voluntad de encarar el deber de diligencia estatal para perseguir y prevenir las actividades humanas forzosas —hoy englobadas en la categoría de la "esclavitud moderna"— a la luz de las condiciones de vida y trabajo en el contexto económico actual, ha sido el objetivo del Anteproyecto de Ley Orgánica integral contra la Trata y la Explotación de seres humanos (texto articulado aprobado por el Consejo de Ministros el 29 de noviembre de 2022 y, posteriormente, el 8 de marzo de 2024).

Frente a la política de inflación de tipos penales dirigidos a custodiar la libre competencia empresarial y las iniciativas de los inversores en el modelo neoliberal (véase el epígrafe IV), el fortalecimiento de la cadena de tutela penal frente a la explotación laboral sigue siendo aún una tarea pendiente.

2. *Delito de mantenimiento de las condiciones ilícitas impuestas o establecidas por otro*

2.1. Conducta típica

El número 4 del art. 311 CP contiene una figura delictiva específica *omisiva* que se encuadra en los supuestos de transmisión o sucesión de empresas, caracterizados por un cambio de titularidad de la empresa, de modo que al cesionario se le transmiten los derechos y obligaciones laborales del cedente.

Art. 44. 1 ET: *"El cambio de titularidad de una empresa, de un centro de trabajo o de una unidad productiva autónoma no extinguirá por sí mismo la relación laboral, quedando el nuevo empresario subrogado en los derechos y obligaciones laborales y de Seguridad Social del anterior, incluyendo los compromisos de pensiones, en los términos previstos en su normativa específica, y, en general, cuantas obligaciones en materia de protección social complementaria hubiere adquirido el cedente"*.

Se aplica la pena de prisión de 6 meses a 6 años y multa de 6 a 12 meses a "[*l*]*os que en el supuesto de transmisión de empresas, con conocimiento de los procedimientos descritos en los apartados anteriores, mantengan las referidas condiciones impuestas por otro*".

El apartado 4°, que nació para incriminar a quien mantiene en la empresa las condiciones ilícitas que había impuesto el cedente a través de *engaño* o *abuso de situación de necesidad*, como "*procedimientos descritos*" en el apartado 1°, hoy pretende abarcar también —aludiendo a los "*procedimientos*" de los "*apartados anteriores*"— la conducta de mantener la ocupación de trabajadores bajo fórmulas ajenas al contrato de trabajo impuestas por el cedente (apartado 2°) y la de mantener cifras porcentuales simultáneas de trabajadores no registrados en el sistema de la Seguridad Social por el empleador cedente (apartado 3°). Sobre los apartados 2° y 3° del art. 311 CP, véase *infra* epígrafe IV.

Se contempla así un delito de omisión de garante porque, tras la sucesión de la empresa, el cesionario adquiere también un especial deber jurídico o posición de garante respecto de los derechos de los trabajadores cedidos que se encuentran bajo su dirección u organización.

Con todo, cuando la conducta punible se atribuya a una persona jurídica, la cláusula del art. 318 CP permite imputar la responsabilidad penal a "*quienes, conociéndolos* (así, los hechos de los apartados 1°, 2° o 3 del art. 311 CP) *y pudiendo remediarlo, no hubieran adoptado medidas para ello*", teniendo en cuenta, además, la naturaleza permanente de los delitos del art. 311 CP (DE VICENTE MARTÍNEZ).

A los efectos del art. 311.4° CP, y en relación con los procedimientos previstos en los apartados 1° y 2°, se entiende que el autor que mantiene las condiciones ilícitas lesivas de los derechos de los trabajadores cedidos las sigue imponiendo, por omisión, por los respectivos procedimientos, siempre que se acredite la equivalencia valorativa entre la conducta omisiva y la activa relacionada con el verbo rector "imponer" (*ex* art. 11 CP). El art. 311.4° CP no es una cláusula en blanco para relajar las exigencias de la comisión por omisión: téngase en cuenta que la conducta omisiva se castiga con la misma pena que la activa. Al autor (cesionario) se le exige, por tanto, subsanar el régimen laboral ilícito previamente impuesto, obligación que incumple. No era necesaria, por tanto, la previsión expresa de esta modalidad delictiva en relación con los del art. 311.1° y 2° CP, que son delitos de efectos permanentes.

Ejemplo (AAP, Barcelona, Sección 8ª, 10-1-2002): se ceden tres de los cuatro locales donde la empresa realizaba su actividad, junto a la maquinaria y trabajadores (en las mismas condiciones ilícitas) a una sociedad dedicada a la misma actividad industrial que la cedente (cliente de la cesionaria). Era una maniobra para perjudicar los derechos derivados de la antigüedad de los trabajadores en el puesto de trabajo.

Por lo que respecta a la conducta del apartado 3º, que no gira en torno a la imposición de condiciones ilícitas, regulando un delito de simple actividad (DE VICENTE MARTÍNEZ), basta que el autor mantenga las cifras porcentuales simultáneas de trabajadores no registrados en el sistema de la Seguridad Social, o extranjeros empleados ilegalmente, por el empleador cedente. El art. 311.4º CP tendría aquí el sentido de cubrir la modalidad omisiva de un delito de simple actividad, aunque esta función se solapa con la de la cláusula del art. 318 CP, como se ha señalado.

2.2. Elemento subjetivo

El apartado 4º del art. 311 CP sólo castiga la modalidad dolosa. Se requiere que el autor (cesionario) conozca las condiciones ilícitas impuestas —o establecidas, en el supuesto del apartado 3º— por el cedente y decida mantener la misma situación. También debe conocer (es una exigencia expresa) los medios o procedimientos típicos de imposición de condiciones ilícitas previstos, según el caso, en los apartados 1º y 2º CP.

2.3. Consumación

Este delito de omisión de garante —en relación con las conductas del art. 311.3º CP—, y de comisión por omisión —en relación con las de los apartados 1º y 2º— se consuma cuando el autor cesionario no subsana, desde que es exigible, las condiciones ilícitas impuestas o establecidas por el transmitente (las del apartado 1º, 2º o 3º, según el caso) y mantiene en dicha situación a los trabajadores afectados (DE VICENTE MARTÍNEZ).

3. La tutela penal de los derechos fundamentales de libertad sindical y de huelga

3.1. La depreciación penal de los mecanismos colectivos de defensa de las personas trabajadoras (art. 315 CP)

Por su importancia crucial como mecanismo para la defensa de los intereses colectivos económicos y sociales de las personas trabajadoras, el CP de 1995, desde sus inicios, había articulado, a través del art. 315 CP, una tutela específica y autónoma de los derechos de libertad sindical y de huelga, que gozan del rango de derechos fundamentales. Ambos están garantizados en el art. 28 CE. Asimismo, la normativa laboral regula de modo separado los derechos que se ejercitan de modo colectivo (véase el art. 4.1 ET y el art. 15 EBEP), que garantiza a través del correspondiente régimen sancionador (véase más adelante).

En virtud del principio de intervención mínima, se restringe la respuesta penal a las situaciones más graves de atropello de tales derechos fundamentales, de modo paralelo al delito de imposición de condiciones ilícitas perjudiciales para los derechos laborales previsto en los apartados 1° y 5° del art. 311 CP: impedir o limitar el ejercicio de la libertad sindical o el derecho de huelga "*mediante engaño o abuso de situación de necesidad*" (art. 315.1 CP), o por medios coactivos, en cuyo caso la pena se agrava (art. 315.2 CP). Se exige, pues, como medio típico, menoscabar la libertad de decisión de la persona trabajadora como tal, que se integra en el bien jurídico protegido.

Por esta razón, desde el texto primigenio de 1995, se equiparaba su tratamiento punitivo con el previsto para el mencionado delito del art. 311 CP. Ahora bien, esta política criminal en el contexto del trabajo se quiebra rotundamente a propósito de la reforma de 2012, que duplica el límite máximo de la pena de prisión para los delitos del art. 311 CP, dejando, desde entonces, en segundo plano, el relieve penal de una de las vertientes más graves de la explotación laboral ilícita. Frente a la política de inflación de tipos penales dirigidos a custodiar la libre competencia empresarial y las iniciativas de los inversores en el modelo neoliberal (a partir de la reforma de 2012), se asientan las bases de la depreciación de los mecanismos colectivos de defensa y reivindicación de anhelos sociales o de las conquistas sociales perdidas. Como se ha indicado *supra* en el apartado introductorio del Título XV, esa depreciación exponencial ha venido, particularmente, de la mano de la generalización del sistema de subcontratación y de los nuevos modelos de negocio en la economía digital o "Trabajo 4.0", como las plataformas digitales de organización del trabajo. En otras palabras, en estos modelos productivos que ponen en peligro la categoría misma de trabajador, el efecto de desaliento de la negociación colectiva para promover el diálogo social, como seña de identidad, ha logrado que este eslabón esencial de la cadena de tutela y garantía de los derechos laborales ocupe un lugar secundario en el Título XV.

La reforma de 2015 (LO 1/2015, de 30 de marzo) ha mostrado la cara de este ideario neoliberal, consolidando el sello de la precariedad laboral del Real Decreto-Ley 3/2012, de 10 de febrero. Quedaba pendiente tocar el tratamiento penal relacionado con las conductas que limitan los derechos fundamentales de libertad sindical y huelga (art. 315, apartados 1 y 2 CP): se contempla aquí, por primera vez desde 1995, la multa como *pena alternativa* a la pena de prisión, cuyo marco también se atenúa. Véase la siguiente Tabla comparativa.

Art. 315 CP antes de la reforma de 2015	Art. 315 CP vigente
1. Serán castigados con las penas de prisión de 6 meses a 3 años y multa de 6 a 12 meses los que mediante engaño o abuso de situación de necesidad impidieren o limitaren el ejercicio de la libertad sindical o el derecho de huelga. 2. Si las conductas reseñadas en el apartado anterior se llevaren a cabo con fuerza, violencia o intimidación se impondrán las penas superiores en grado (prisión de 3 años y un día a 4 años y 6 meses y multa de 12 a 18 meses).	1. Serán castigados con las penas de prisión de 6 meses a 2 años o multa de 6 a 12 meses los que, mediante engaño o abuso de situación de necesidad, impidieren o limitaren el ejercicio de la libertad sindical o el derecho de huelga. 2. Si las conductas reseñadas en el apartado anterior se llevaren a cabo con coacciones serán castigadas con la pena de prisión de 1 año y 9 meses hasta 3 años o con la pena de multa de 18 meses a 24 meses.

El art. 315 CP encarna una manifiesta colisión del principio de proporcionalidad, si se toma como referencia la importancia del bien jurídico y las conductas que lo lesionan, en la medida en que menoscaban la libertad de decisión del trabajador por el recurso a medios abusivos o engañosos (apartado 1) o coactivos (apartado 2). Reviste la gravedad del delito del 311.1° y 5° CP (respectivamente), pero se sanciona con una pena extraordinariamente inferior. Una modificación de este calado no aparece siquiera justificada en el Preámbulo de la reforma de 2015.

Asistimos, pues, a la conversión de la tutela penal del ejercicio de los derechos fundamentales de libertad sindical y huelga en un tipo privilegiado (de escaso relieve en la *praxis* judicial, DE VICENTE MARTÍNEZ) frente a la protección que brindaría el art. 311, apartados 1° y 5° CP. Peor aún: es la expresión de un desagravio frente a los delitos insertos en el paradigma de la lucha contra la competencia desleal (apartados 2 y 3° del art. 311 CP). Nótese que esta depreciación de la tutela penal de los derechos fundamentales de libertad sindical y huelga (que proviene de una Enmienda del Grupo Parlamentario Popular) no ha sido, sin embargo, neutralizada por la reforma penal de 2022.

3.2. Bien jurídico protegido

Por un lado, el delito del art. 315 CP se dirige a la protección específica del ejercicio de derechos fundamentales de particular relieve para el Estado social y democrático de Derecho, en la medida en que constituyen los cauces idóneos para la reivindicación y salvaguarda de garantías sociales y económicas de las personas trabajadoras. La libertad sindical y el derecho de huelga son derechos fundamentales *individuales ejercidos colectivamente,* como señala el art. 15 EBEP, y forman parte del cordón jurídico irrenunciable (art. 3.5, en relación con el art. 4.1 ET).

Consagrados tanto en la esfera laboral privada como en la pública, están íntimamente relacionados con otros derechos laborales reconocidos: negociación colectiva, adopción de medidas de conflicto colectivo y reunión. La libertad sindical se encuentra regulada en la LO 11/1985, de 2 de agosto, de Libertad Sindical (LOLS).

A su vez, el delito del art. 315 CP exige similares procedimientos comisivos a los previstos en el delito de imposición de condiciones ilícitas perjudiciales para los derechos laborales (apartados 1° y 5° del art. 311 CP). Sin embargo, los recursos engañosos, abusivos o coactivos no se corresponden aquí con el verbo rector "imponer" condiciones ilícitas, ni con el amplio perfil fenomenológico de las conductas que comprometen el ejercicio de la libertad sindical o el derecho a secundar una huelga (ROJO TORRECILLA, DE VICENTE MARTÍNEZ, LASCURAÍN SÁNCHEZ). El art. 177 bis del CPTR 1973 —su precedente— no los exigía.

Por lo tanto, en virtud de los medios comisivos típicos, el delito del 315 CP protege también la libertad de decisión del trabajador como tal, porque se le obliga a soportar un atropello de los derechos fundamentales de libertad sindical y huelga. En todo caso, los procedimientos de ataque a tales derechos —*engaño* o *abuso de situación de necesidad* (apartado 1) o *coacciones* (apartado 2)— invalidan cualquier acto de disposición o renuncia a los mismos. Véase *supra* el análisis del art. 311.1° CP.

3.3. Sujetos activo y pasivo

El art. 315.1 CP regula un delito común (DE VICENTE MARTÍNEZ). No exige una condición especial para realizar la conducta consistente en impedir o limitar el ejercicio de la libertad sindical o el derecho de huelga. Si se observa detenidamente, no plantea la problemática del delito del 311.1° CP, porque no se requiere que se menoscaben los derechos sindicales o de huelga de los trabajadores "al servicio" del autor (que será, por otro lado, el telón de fondo más frecuente, CARBONELL MATEU/GONZÁLEZ CUSSAC). No es necesario ese tipo de vinculación. Incluso podrá ser sujeto activo un trabajador, teniendo el amplio marco previsto en el art. 13 LOLS (NAVARRO CARDOSO, TERRADILLOS BASOCO/BOZA MARTÍNEZ, MARTÍNEZ-BUJÁN PÉREZ, VILLACAMPA ESTIARTE/SALTA PAISAL, AGUADO LÓPEZ; véase AAP, Vizcaya, Sección 2ª, 54/2001, 13-2).

Sujetos pasivos serán las personas trabajadoras, tanto en el entorno laboral privado como en el público (art. 1. 2 LOLS). Asimismo, se reconoce el derecho a afiliarse a organizaciones sindicales a los "*trabajadores por cuenta propia que no tengan trabajadores a su servicio, los trabajadores en paro y los que hayan cesado en su actividad laboral, como consecuencia de su incapacidad o jubilación*" (art. 3.1 LOLS). Asimismo, a partir de la LO 2/2009, de 11 de diciembre, que modifica la legislación de extranjería en virtud de las SSTC 236/2007, 7-11, y 259/2007, 19-12, se incorporan estos derechos fundamentales al precario estatus jurídico del inmigrante irregular, que no dispone, sin embargo, del derecho a acceder a un puesto de trabajo en España. El art. 11 LOEx señala que "*Los extranjeros tienen derecho a sindicarse libremente o a afiliarse a una organización profesional, en las mismas condiciones que los trabajadores españoles*" (apartado 1), asimismo, "*podrán ejercer el derecho a la huelga en las mismas condiciones que los españoles*" (apartado 2).

3.4. Conducta típica

La relevancia penal de la tutela de los derechos fundamentales del delito del art. 315.1 CP está condicionada por una doble dimensión:

3.4.1. Impedir o limitar el ejercicio de la libertad sindical o el derecho de huelga

Conforme a su tenor literal, se requiere impedir o limitar el ejercicio de la libertad sindical o el derecho de huelga. El menoscabo del ejercicio de esos derechos debe entenderse, por tanto, ampliamente: no sólo consiste en impedirlo, en el sentido de privar la posibilidad de su ejercicio o vaciarlo completamente de contenido; el perjuicio jurídico también se puede hacer derivar de conductas que lo obstaculizan, perturban o acotan. Pero, en todo caso, la conducta, a efectos del art. 315 CP, debe "*afectar al contenido esencial de alguno de estos dos derechos*" (SSAP, Salamanca, 103/2002, 10-12, y Tarragona, Sección 2ª, 139/2003, 11-4; AAP, Vizcaya, Sección 2ª, 54/2001, 13-2).

Hay que tener en cuenta que la libertad sindical se puede interpretar, en virtud del art. 28.1 CE, desde una vertiente positiva —"*el derecho a fundar sindicatos y a afiliarse al de su elección*"—, y negativa —"*Nadie podrá ser obligado a afiliarse a un sindicato*" (véase art. 2.1 LOLS)—. Asimismo, la libertad sindical comprende otros derechos íntimamente relacionados, como los derechos de reunión e información, cuyo contenido se encuentra regulado en el art. 2 LOLS (sobre los derechos de información sindical, véase STC 94/1995, 19-6). La vulneración de estos derechos se encuentra castigada tanto en la LOLS (arts. 12, 13), como en la LISOS, que ofrece un amplio catálogo de infracciones graves (art. 7, apartados 7 y ss.) y muy graves (art. 8, apartados 5 y ss.). En el ámbito de la Administración pública, las infracciones muy graves contrarias a la libertad sindical están previstas en el art. 95.2.k) EBEP.

Son infracciones laborales favorecer la creación de un sindicato controlado por la empresa (art. 13 LOLS), así como la transgresión de los derechos de información, audiencia y consulta de los representantes de los trabajadores y de los delegados sindicales (art. 7 LISOS). Son infracciones muy graves (art. 8 LISOS), la transgresión de las cláusulas normativas sobre materia sindical establecidas en los convenios colectivos, las acciones u omisiones que impidan el ejercicio del derecho de reunión de los trabajadores, de sus representantes y de las secciones sindicales o la vulneración del derecho de asistencia y acceso a los centros de trabajo de quienes ostenten cargos electivos a nivel provincial, autonómico o estatal en las organizaciones sindicales más representativas.

En cambio, el ejercicio del derecho de huelga únicamente comprende su vertiente positiva porque sólo cobra sentido si es utilizado como mecanismo de tutela de intereses de los trabajadores o medida de conflicto colectivo (art. 37.2 CE). Así cabe interpretar el art. 28.2 CE —"*se reconoce el derecho a la huelga de los trabajadores para la defensa de sus intereses*". En el régimen sancionador administrativo-laboral se protege el derecho de huelga frente a las conductas que lo menoscaban.

Se consideran infracciones muy graves (art. 8 LISOS) la negativa del empresario, en los casos de cierre patronal, a la reapertura del centro de trabajo en el plazo establecido, cuando fuera requerido por la autoridad laboral competente (art. 8.9); asimismo, la conducta de esquirolaje, es decir, los actos del empresario lesivos del derecho de huelga de los trabajadores consistentes en la sustitución de los trabajadores en huelga por otros no vinculados al centro de trabajo al tiempo de su ejercicio (art. 8.10). En la esfera laboral pública, el art. 95.2. l) EBEP califica como falta muy grave "*la realización de actos encaminados a coartar el libre ejercicio del derecho de huelga*".

En consecuencia, el derecho de huelga no comprende el no-ejercicio de la misma, pues éste forma parte de la libertad de decisión personal genérica.

Resulta aquí oportuno traer a colación el derogado apartado 3° del art. 315 CP, que incriminaba conductas de presión para secundar una convocatoria de huelga. El texto original del CP de 1995 imponía las penas de prisión de 3 años y un día a 4 años y 6 meses y multa de 12 a 18 meses a "*los que, actuando en grupo, o individualmente pero de acuerdo con otros, coaccionen a otras personas a iniciar o continuar una huelga*". La reforma de 2015, que no se atrevió a suprimir una rémora del régimen franquista que vacía de contenido el derecho a la huelga (DE VICENTE MARTÍNEZ), sustituyó el desproporcionado marco punitivo por la pena de prisión de 1 año y 9 meses hasta 3 años o, como alternativa, la multa de 18 a 24 meses. Fue un elemento detonante la SAP, Granada, Sección 1ª, 280/2014, 20-5, máxima expresión del afán jurisprudencial por incriminar, precisamente en momentos de declive de los servicios públicos, piquetes informativos (DOLZ LAGO, SAN MILLÁN FERNÁNDEZ). La sentencia confirmó la pena de prisión de 3 años y un día (no sujeta a la medida de suspensión) a un joven estudiante de Medicina y a una mujer integrante de un piquete informativo en el fragor de una huelga general en marzo de 2012.

El delito finalmente acaba siendo derogado en virtud de la LO 5/2021, de 22 de abril, pero no la posibilidad de trasladar ese acervo denegatorio jurisprudencial al campo del delito genérico de coacciones (art. 172.1 CP), que "puede llevar a una penalidad superior en el caso, que será regla general, de pluralidad de coaccionados", como observa audazmente TERRADILLOS BASOCO.

Con todo, no pueden merecer idéntico tratamiento punitivo conductas que no son valorativamente equiparables, porque no puede obviarse que estos comportamientos parten del ejercicio legítimo del derecho fundamental de huelga. El Tribunal Constitucional ha señalado que debe ser asumible la creación de un cierto clima intimidatorio o de presión en un momento en el que los intereses de los trabajadores están en juego: "en estas circunstancias no puede exigírseles que, en el legítimo desarrollo de sus facultades de información, proselitismo y presión, guarden unas pautas de comportamiento corteses, propias de momentos de normalidad" (STC 21-7-1997). Esta situación, si se dan los elementos del delito de coacciones, podría reconducirse al campo del art. 455 CP (realización arbitraria del propio derecho), o fundar la aplicación del estado de necesidad incompleto, o del ejercicio legítimo de un derecho, por un exceso intensivo del mismo.

En síntesis, a los efectos del art. 315 CP, atentar contra los derechos de huelga o libertad sindical (y los que forman parte de su contenido esencial) puede significar:

- Eliminar por completo la posibilidad de ponerlos en práctica, es decir, vaciar definitivamente de contenido su ejercicio (en este sentido, SAP, Salamanca, 103/2002, 10-12).

  Por ejemplo, exigiendo, como condición necesaria para acceder, mantenerse o promocionar en el puesto de trabajo, la renuncia a la representación sindical o la afiliación a un sindicato "doméstico (art. 13 LOLS); o los supuestos de cierre patronal frente a una huelga, o el recurso al esquirolaje externo (SAP, Lugo, Secc. 1ª, 110/2002, 21-5) o interno (TERRADILLOS BASOCO/BOZA MARTÍNEZ).

- Restringir o perturbar su ejercicio sin anularlo, por ejemplo, dificultando el acceso a la información sindical a través de la retirada temporal de los tablones de anuncio, obstaculizando el acceso a los locales en período de elecciones, o a través de la toma de fotografías y filmación en vídeo por la policía autonómica de un piquete de huelga informativo (STC 37/1998, 17-2).

3.4.2. Medios típicos comisivos

En segundo lugar, el tipo penal del art. 315 CP es un delito de medios legalmente determinados. El procedimiento comisivo para menoscabar la libertad sindical o el derecho de huelga deberá ser cualquiera de los expresados: *engaño* o *abuso de situación de necesidad* (apartado 1), o *coacciones*, en cuyo caso el marco punitivo alternativo se agrava (apartado 2: pena de prisión de 1 año y 9 meses hasta 3 años o pena de multa de 18 meses a 24 meses).

Esta otra vertiente de la conducta típica obedece al entendimiento, en este contexto, del carácter subsidiario y fragmentario del Derecho Penal. Los medios típicos comisivos, que han de ejecutarse de forma previa o simultánea a la conducta lesiva de tales derechos fundamentales, dotan de particular entidad a los verbos "limitar" o "impedir" utilizados por el art. 315 CP (DE VICENTE MARTÍNEZ; SAP, Tarragona, Sección 2ª, 139/2003, 11-4; AAP, Cuenca, Sección 1ª, 81/2007, de 19-6).

En lo que concierne al alcance del medio engañoso o abusivo idóneo para perjudicar la libertad sindical o el derecho de huelga (art. 315.1), cabe trasladar aquí las consideraciones realizadas a propósito del análisis del delito del 311.1° CP.

Ejemplos de aplicación del delito del art. 315.1 CP:

– SAP, Lugo, Sección 1ª, 110/2002, 21-5: empresario que impide, vaciándolo de contenido, el ejercicio del derecho de huelga de los trabajadores que la secundaban; utilizó un procedimiento fraudulento y contrató a trabajadores no vinculados a la empresa para sustituir a los huelguistas (esquirolaje externo).

– SAP, Lugo, Sección 1ª, 257/2006, 1-9: un despido fraudulento que impide a los candidatos de un sindicato concurrir a las elecciones.

El apartado 2 del art. 315 CP construye un tipo autónomo (DE VICENTE MARTÍNEZ), enfocado a los supuestos de menoscabo coactivo del ejercicio de la libertad sindical o el derecho de huelga. El Legislador de 2015 decidió sustituir los medios típicos comisivos —*fuerza, violencia o intimidación* (véase *supra* la Tabla comparativa)— por el término "*coacciones*". Remite pues, para la interpretación de su alcance, al delito de coacciones del art. 172 CP, reproduciendo la controversia de lo que es integrable en el término "*violencia*", esto es, si cabe encajar en él la *vis in rebus*.

No obstante, la Circular de la FGE 3/2015, de 22 de junio, sobre el régimen transitorio tras la reforma de 2015, interpreta que el cambio de denominación operado por la reforma de 2015 obedece más a un criterio de economía de las palabras *fuerza, violencia o intimidación,* que acaban siendo refundidas en la voz "*coacciones*"; por lo tanto, entiende que la fuerza sobre las cosas seguirá siendo, como antes de la modificación del precepto, un medio típico (en sentido crítico, VILLACAMPA ESTIARTE/SALAT PAISAL). Así, conforme a esta amplia interpretación, entraría dentro del término "*coacciones*" cambiar (o bloquear) la cerradura de acceso a los locales habilitados para las reuniones sindicales, o hacer inservible el tablón de anuncios que canaliza la información sindical de la empresa, son conductas subsumibles en la fuerza sobre las cosas.

Ejemplos:

La SAP, Castellón, Sección 2ª, 7/2009, 7-1, acreditó la existencia de "violencia" por parte del gerente de la empresa, una "actuación agresiva" como "reacción a una conducta determinada en el ejercicio de libertad sindical" del único miembro del comité de empresa, además de "una actitud decididamente intimidante", de suficiente entidad, a los efectos del art. 315.2 CP, para menoscabar el ejercicio de la libertad sindical. Sin embargo, pese a constatar los elementos típicos de esta modalidad delictiva agravada, el Tribunal aplicó el marco punitivo correspondiente al art. 315.1 CP.

Como conducta intimidatoria se podría citar la práctica de amenazar con abrir de modo arbitrario expedientes disciplinarios y pliegos de cargos a los trabajadores que se sumen a la huelga.

Si nos fijamos en el marco punitivo previsto para las conductas de menoscabo coactivo del ejercicio de la libertad sindical o el derecho de huelga (apartado 2, art. 315 CP), probablemente el Legislador ha querido equipararlo con el tipo agravado de coacciones que tiene por objeto impedir el ejercicio de un derecho fundamental (art. 172.1 II CP). Sin embargo, esta percepción política deja de lado la clave original del Título XV en el que se encuadra el delito del art. 315 CP: hablamos de abusos laborales que atraviesan el corazón de derechos fundamentales especialmente significativos para la salud del Estado social y democrático, porque son el cauce de participación social en los asuntos públicos para la defensa colectiva de los derechos sociales y económicos básicos para la emancipación de la persona, así como la expresión del pluralismo político e ideológico. No se alcanza a comprender, entonces, por qué es extraordinariamente más grave (pena de prisión de 6 años y un día a 9 años y multa de 12 a 18 meses) imponer condiciones laborales ilícitas mediante violencia o intimidación —*ex* art. 311.5° CP—, que impedir coactivamente los mecanismos que se arbitran constitucionalmente para reivindicar condiciones laborales dignas (pena de prisión de 1 año y 9 meses hasta 3 años o, alternativamente, pena de multa de 18 a 24 meses). Para compensar en cierta medida este desagravio comparativo, un sector doctrinal propone aplicar un concurso ideal de delitos entre el art. 315.2 CP y el 172.1 II CP, por razón de la naturaleza colectiva de los derechos de libertad sindical y de huelga (TERRADILLOS BASOCO/BOZA MARTÍNEZ, DE VICENTE MARTÍNEZ).

3.5. Elemento subjetivo

Este delito sólo prevé la modalidad dolosa. El dolo debe abarcar tanto los derechos que se menoscaban como el medio utilizado para vulnerarlos (engaño, abuso de la situación de necesidad conocida por el autor, o coacciones, según el caso). Véase SAP, Castellón, Sección 2ª, 7/2009, 7-1. Un sector doctrinal admite el dolo eventual (DE VICENTE MARTÍNEZ).

3.6. Iter criminis

Es un delito de resultado. Se consuma cuando se produce un efectivo menoscabo del contenido esencial de la libertad sindical o el derecho de huelga (SAP, Castellón, Sección 2ª, 7/2009, 7-1). Por otro lado, al igual que los delitos del art. 311 CP, es una figura delictiva de consumación instantánea y de efectos permanentes. En este sentido, las SSAP, Lugo, 110/2002, 21-5, y 257/2006, 1-9, han aplicado este delito a un comportamiento contrario al ejercicio del derecho de huelga (mediante engaño) que se inicia bajo la vigencia del CPTR 1973 (art. 177 bis CP), pero que entienden que continúa bajo la regulación del CP de 1995 (art. 315.1 CP).

3.7. Concursos

Al igual que se ha defendido respecto del delito de imposición de condiciones ilícitas laborales del art. 311.1° CP, no existe inconveniente para aplicar un concurso real de delitos del art. 315 CP o la continuidad delictiva (véase *supra*).

Por otro lado, en los supuestos en los que la conducta lesiva de los derechos protegidos por el art. 315 CP sea también constitutiva del delito de discriminación del art. 314 CP, cabrá plantear un concurso de normas. Es lo que puede ocurrir ante un despido fraudulento antisindical motivado por la circunstancia de ser la víctima un representante sindical (véanse, AAAP, Barcelona, Sección 5ª, 20-12-1999, y Sevilla, Sección 1ª, 71/2006, 13-2). La aplicación del delito del art. 315 CP será preferente, no sólo por el criterio de especialidad (art. 8.1ª CP), también por contener un mayor injusto en virtud de los medios típicos comisivos (art. 8.3ª CP). Con la finalidad de cubrir todo el desvalor de la conducta, cabrá aplicar la agravante genérica de discriminación del art. 22.4ª CP (TERRADILLOS BASOCO), siempre que el factor discriminatorio no se entienda ya integrado. Un sector doctrinal plantea la alternativa de un concurso ideal de delitos sobre la base de bienes jurídicos distintos (VILLACAMPA ESTIARTE/SALAT PAISAL).

Por último, sobre la problemática que genera la concurrencia del art. 312.2 *in fine* CP (la persecución penal del trabajo de los inmigrantes irregulares), véase más adelante el epígrafe IV.

4. Delito de discriminación en el marco laboral

4.1. Consideraciones previas

Tiene razón TERRADILLOS BASOCO cuando señalaba que la reforma de 2010 había desaprovechado la oportunidad de modificar aspectos sustanciales del delito de discriminación previsto en el art. 314 CP; hoy podemos decir lo mismo de la LO 8/2021, de 4 de junio, que integró la edad, la identidad sexual o de género, las razones de género, la aporofobia y la exclusión social en el catálogo de factores discriminatorios: tenía en sus manos activar un precepto que, hoy por hoy, vacía de contenido la tutela penal del derecho fundamental a la igualdad (art. 14 CE) en el contexto del trabajo.

El art. 314 CP castiga a "*Quienes produzcan una grave discriminación en el empleo, público o privado, contra alguna persona por razón de su ideología, religión o creencias, su situación familiar, su pertenencia a una etnia, raza o nación, su origen nacional, su sexo, edad, orientación o identidad sexual o de género, razones de género, de aporofobia o de exclusión social, la enfermedad que padezca o su discapacidad, por ostentar la representación legal o sindical de los trabajadores, por el parentesco con otros trabajadores de la empresa o por el uso de alguna de las lenguas oficiales dentro del Estado español, y no restablezcan la situación de igualdad ante la ley tras requerimiento o sanción administrativa, reparando los daños económicos que se hayan derivado* [...]".

El delito de discriminación laboral, introducido por el CP de 1995, constituye probablemente un espejismo. Por dos razones. En primer lugar, el art. 314 CP se articula como un tipo privilegiado, sobre todo si lo contrastamos con la pena de prisión prevista —desde 2012— para los delitos del art. 311 CP; el tratamiento punitivo ante prácticas de discriminación "grave" en el empleo alterna la pena de prisión de 6 meses a 2 años con la de multa de 12 a 24 meses. La pena pecuniaria fue elevada por LO 15/2003, de 25 de noviembre, pero sin neutralizar su efecto beneficioso en este campo: por lo general, será de cuantía inferior al importe que se impondría por la sanción administrativa correspondiente (TERRADILLOS BASOCO). En segundo lugar, su particular estructura centra la atención, en última instancia, no en el sometimiento efectivo de la persona trabajadora a una situación *grave* de abuso laboral, sino en la *actitud rebelde* del autor a la actuación de la autoridad administrativa (o judicial) que le exige subsanar la situación discriminatoria que ha creado previamente (SAP, Navarra, Sección 1ª, 112/1998, 28-5).

4.2. Bien jurídico protegido

El art. 314 CP tutela el derecho constitucional a la igualdad ante la ley garantizado en el art. 14 CE. Aplicado al contexto laboral, este derecho fundamental, en su vertiente negativa, comprende el derecho de la persona trabajadora a no ser discriminada en el empleo público o privado, tanto en el momento de acceso al puesto de trabajo como durante el desarrollo del mismo. Este derecho básico se reconoce en la esfera normativa laboral.

> El art. 4.2.c) ET establece el derecho de las personas trabajadoras "*A no ser discriminadas directa o indirectamente para el empleo o, una vez empleados, por razones de estado civil, edad dentro de los límites marcados por esta ley, origen racial o étnico, condición social, religión o convicciones, ideas políticas, orientación sexual, identidad sexual, expresión de género, características sexuales, afiliación o no a un sindicato, por razón de lengua dentro del Estado español, discapacidad, así como por razón de sexo, incluido el trato desfavorable dispensado a mujeres u hombres por el ejercicio de los derechos de conciliación o corresponsabilidad de la vida familiar y laboral*". Se ha subrayado especialmente la no discriminación por razón de sexo en materia de remuneración por la pres-

tación de un trabajo de igual valor (art. 28 ET). Y, en el ámbito público, el art. 14.i) EBEP reconoce, como "derecho individual", el derecho a la "no discriminación por razón de nacimiento, origen racial o étnico, género, sexo u orientación e identidad sexual, expresión de género, características sexuales, religión o convicciones, opinión, discapacidad, edad o cualquier otra condición o circunstancia personal o social".

Pese a su naturaleza individual, es, asimismo, un derecho irrenunciable con arreglo a los términos del art. 3.5 ET. Desde esta perspectiva, el bien jurídico protegido por el art. 314 CP es de naturaleza colectiva (BAYLOS GRAU/TERRADILLOS BASOCO, SIERRA HERNAIZ).

Ahora bien, la *ratio* de este delito no reside en el comportamiento discriminatorio en sí, en tanto decisión arbitraria que atenta contra derechos laborales básicos, sino en la exigencia de *contumacia* de la situación discriminatoria ya efectuada: bajo un entendimiento intrigante de los criterios de subsidiariedad y fragmentariedad del Derecho penal, su relevancia penal se condiciona al incumplimiento de una sanción administrativa o la desobediencia a un requerimiento de restablecimiento de la situación de igualdad y reparación del perjuicio económico ocasionado. En consecuencia, el fundamento de la intervención penal en materia de discriminación en el trabajo no se centra en producir una discriminación grave a la persona trabajadora, sino en *mantenerla,* pero no por un incumplimiento de una posición material de garante (BAYLOS GRAU/TERRADILLOS BASOCO, LASCURAÍN SÁNCHEZ) sino por infringir un requerimiento formal, "un deber específico impuesto por una actuación administrativa o judicial previa" preordenado a la restauración de la situación de igualdad y al resarcimiento del perjuicio económico producido a la víctima gravemente discriminada (NAVARRO CARDOSO). Ello confiere a este delito una inoportuna naturaleza patrimonial, ajena a la esencia del Título XV.

Si es ésta la ratio del precepto, es decir, el "reforzamiento de las facultades sancionadoras de la administración o ejecutivas de la jurisdicción social" (NARVÁEZ BERMEJO), esa función ya la garantiza el delito de desobediencia grave a la autoridad administrativa o judicial (art. 556 CP). En esta línea, NARVÁEZ BERMEJO, BAYLOS GRAU/TERRADILLOS BASOCO, SUANZES PÉREZ, MARTÍNEZ-BUJÁN PÉREZ, DÍAZ Y GARCÍA CONLLEDO. Por otro lado, la vía laboral-administrativa dispone de instrumentos suficientes para hacer posible esa reparación y restablecimiento de la situación de igualdad (SIERRA HERNAIZ).

En síntesis, la estructura bifásica del delito del 314 CP, que no guarda paralelismo con ningún otro delito discriminatorio, ha cuestionado su objeto primordial de tutela. No es en sí proteger al trabajador frente a comportamientos que conculcan de modo grave el derecho fundamental a la igualdad, sino perseguir comportamientos desobedientes posteriores que afectan al derecho individual de la persona trabajadora a ser reparada en la vía administrativa o judicial y a ser indemnizada (SIERRA HERNAIZ).

4.3. Sujeto activo

En un principio, el tenor literal del art. 314 CP parece no expresar una cualidad o condición específica para ser autor del delito de discriminación laboral. Sin embargo, la fragmentación de la conducta típica en dos partes diferenciadas —(a) producir una situación discriminatoria grave y (b) mantenerla desatendiendo el requerimiento para restablecer la situación de igualdad y reparar el perjuicio económico— compromete seriamente el perfil de los posibles autores del delito.

Un sector doctrinal afirma que este delito sólo lo puede cometer el empresario, en el sentido material del término, es decir, aquel sujeto idóneo para someter a la víctima trabajadora a un trato discriminatorio en el empleo público o privado, siempre que también pueda ser destinatario idóneo del preceptivo restablecimiento de la igualdad (VILLACAMPA ESTIARTE/SALAT PAISAL, DOPICO GÓMEZ-ALLER).

Otra línea doctrinal admite la posibilidad de construir aquí una suerte de autoría accesoria (TERRADILLOS BASOCO, DÍAZ Y GARCÍA-CONLLEDO).

a) De un lado, puede ser autor la persona física que, con capacidad resolutoria o poder efectivo dentro de la estructura organizativa empresarial, crea la situación grave discriminatoria.

b) De otro lado, también puede ser autor el destinatario del requerimiento, en la medida en que mantiene la situación discriminatoria creada por otro y deba eliminarla. Esta posibilidad se ve reforzada por la estructura de la comisión por omisión, bien a través del art. 11 CP (posición de garante respecto de los derechos del sujeto pasivo), o bien en virtud del art. 318 CP cuando el hecho se atribuya a una persona jurídica; asimismo, se funda en los efectos permanentes de la situación discriminatoria, que persiste mientras no se restablezca la situación de igualdad. En otras palabras, se entiende que quien no atiende al requerimiento para restablecer la situación de igualdad también está produciendo, bajo parámetros de equivalencia valorativa, la situación de discriminación.

Dentro de la esfera de los sujetos pasivos del art. 314 CP, cabe integrar también a aquellas personas solicitantes de empleo que van a incorporarse a un puesto de trabajo.

4.4. Conducta típica

El tipo penal del art. 314 CP requiere realizar una conducta discriminatoria (a) y grave (b) contra la víctima en el contexto laboral y no restablecer la situación de igualdad, reparando los perjuicios económicos, en virtud de un preceptivo requerimiento de hacerlo (c).

4.4.1. *Practicar una diferencia de trato desfavorable por cualquiera de las causas expresamente previstas en el art. 314 CP*

En primer lugar, es necesario llevar a cabo un comportamiento que suponga una diferencia de trato desfavorable contra una determinada persona "carente de justificación objetiva" (SIERRA HERNAIZ), arbitraria o sin cobertura legal (TAPIA BALLESTEROS).

La conducta discriminatoria puede recaer en el empleo público o privado, sobre las condiciones de acceso al puesto de trabajo (momento de la contratación) o puede repercutir sobre las condiciones de la prestación laboral que se desarrolla, es decir, durante la vigencia de la relación de trabajo o en la finalización de la misma (NAVARRO CARDOSO, SUANZES PÉREZ, SIERRA HERNAIZ, DÍAZ Y GARCÍA-CONLLEDO, TAPIA BALLESTEROS).

Ahora bien, el trato desfavorable debe fundarse en los factores o motivos discriminatorios expresamente previstos en el art. 314 CP. El precepto ofrece un catálogo cerrado, ampliado por LO 8/2021, de 4 de junio: el origen nacional, la raza, pertenencia a una etnia, el uso de alguna de las lenguas oficiales dentro del Estado español, religión o ideología, ostentar la representación legal o sindical de los trabajadores, la situación familiar (estado civil, situación de embarazo o vínculos de parentesco con otros trabajadores de la empresa), enfermedad o discapacidad, la edad, la aporofobia o la exclusión social, el sexo, la orientación sexual, la identidad sexual o de género, las razones de género.

La mención expresa a la *identidad sexual o de género*, o el sentimiento de pertenencia a uno u otro sexo al margen del sexo biológico o físico, permite canalizar la protección frente a la discriminación de las personas trans (véase, por ejemplo, la STJCE, 1996/77, 30-4), reforzada por la Ley 4/2023, de 28 de febrero, para la igualdad real y efectiva de las personas trans y para la garantía de los derechos de las personas LGTBI, también en el contexto del trabajo (art. 15), y el Real Decreto 1026/2024, de 8 de octubre, por el que se desarrolla el conjunto planificado de las medidas para la igualdad y no discriminación de las personas LGTBI en las empresas.

Salvo el uso de alguna de las lenguas oficiales dentro del Estado español y el motivo específico relativo a los vínculos de parentesco con otros trabajadores de la empresa, el resto de los factores discriminatorios están abarcados por la circunstancia agravante genérica del art. 22.4ª CP.

El art. 314 CP, en su última redacción (2021), constata la tendencia a integrar las causas discriminatorias previstas en el ámbito específico laboral (véase arts. 2.1, 9-12 Ley 15/2022, de 12 de julio, integral para la igualdad de trato y la no discriminación). Téngase en cuenta que el derecho administrativo-laboral sancionador prohíbe la discriminación en el empleo público y privado a través de un importante catálogo de infracciones: art. 8. 12 LISOS (infracción muy grave), art. 16.1 c) LISOS (infracción muy grave en el momento de acceso al empleo), art. 8.13 bis LISOS (acoso discriminatorio), art. 95.2. b) EBEP (infracción disciplinaria muy grave). Véase, también, el art. 12 LO 11/1985, de Libertad Sindical.

4.4.2. Gravedad de la conducta discriminatoria

Con la finalidad de trazar la frontera con el derecho administrativo-laboral sancionador, el art. 314 CP exige, en una primera instancia, producir *una grave discriminación*, que se traduce en la práctica de una diferencia arbitraria de trato desfavorable *grave.*

> Ejemplo: la SAP, Navarra, Sección 1ª, 112/1998, 28-5, consideró grave el despido discriminatorio de una trabajadora basado en su vínculo de parentesco con una socia de la empresa (su hermana) que mantenía con el resto de los socios un clima tenso (causa discriminatoria contemplada en el art. 314 CP).

El criterio de "gravedad" no se supedita a la calificación de la gravedad de las infracciones en el orden social y administrativo en esta materia. En el ámbito penal, tiene carácter sustantivo, es decir, va asociada al efecto de minusvaloración o degradación que la conducta represente (BAYLOS GRAU/TERRADILLOS BASOCO, SIERRA HERNAIZ). Ahora bien, la alusión que hace el tenor legal a la existencia de un requerimiento que obligue a restablecer la situación de igualdad, reparando los daños económicos que se hayan derivado, reorienta el criterio de gravedad más allá de la discriminación en sí misma: se centra, en realidad, en los efectos que la conducta discriminatoria haya ocasionado sobre los derechos de la víctima en el contexto laboral, público o privado (BERNAL DEL CASTILLO, SIERRA HERNAIZ, TAPIA BALLESTEROS; véase SAP, Navarra, Sección 1ª, 112/1998, 28-5).

Como se ha adelantado, la relevancia penal de la discriminación laboral no se reduce a la acreditación de una diferencia de trato arbitraria y grave por cualquiera de las causas expresamente contempladas en el art. 314 CP (en el ejemplo, no basta el despido discriminatorio). Se exige, además, no restablecer la situación de igualdad por incumplimiento de un requerimiento para hacerlo.

4.4.3. El controvertido requerimiento de restablecimiento de la situación de igualdad ante la ley

La segunda vertiente del art. 314 CP exige no restablecer "*la situación de igualdad ante la ley tras requerimiento o sanción administrativa, reparando los daños económicos que se hayan derivado*". Ello significa que es necesario que el sujeto activo no subsane la situación discriminatoria grave creada, siempre y cuando sea exigible restablecer a la víctima las condiciones de igualdad ante la ley, *además* de reparar los perjuicios económicos causados por la práctica discriminatoria. La intrigante estructura del precepto no encuentra parangón con otros delitos discriminatorios, y ese incumplimiento previo tampoco es una condición para aplicar las infracciones administrativas discriminatorios. En este requisito adicional recae la clave de la inaplicación de este delito (BAYLOS GRAU/TERRADILLOS BASOCO, NAVARRO CARDOSO, NARVÁEZ BERMEJO, LASCURAÍN SÁNCHEZ, DÍAZ Y GARCÍA-CONLLEDO, TAPIA BALLESTEROS).

En el ejemplo (SAP, Navarra, Sección 1ª, 112/1998, 28-5), es este elemento del art. 314 CP lo que impidió condenar al autor del despido discriminatorio de la trabajadora: reparó el daño económico.

La exigencia de subsanar la situación y reparar el daño económico tiene que proceder de un "*requerimiento o sanción administrativa*" que han de ser cumplidos; la confusión que genera el término "requerimiento" ha sido reconocida unánimemente por los tribunales (SSAP, Navarra, Sección 1ª, 112/1998, 28-5; Asturias, Sección 8ª, 234/2005, 9-11; AAAP Madrid, Sección 15ª, 682/2007, 6-11, y Madrid, Sección 2ª, 522/2003, 30-12).

Aunque el tenor legal sólo vincula la naturaleza administrativa a la "*sanción*", cabría pensar que el término "*requerimiento*" se identifica con aquellos actos de la Inspección de Trabajo y Seguridad Social cuya finalidad es la de advertir o recomendar, en el marco de un expediente sancionador (acta de infracción), la adopción de medidas correctoras para hacer cesar una determinada situación que afecta a los derechos del trabajador (art. 49 LISOS) y, de este modo, evitar el procedimiento sancionador o la imposición de una sanción administrativa (SUANZES PÉREZ, NAVARRO CARDOSO). Por lo tanto el "*requerimiento*" no es equiparable a la "*sanción administrativa*" ni en su fuerza obligatoria, ni en su fundamento ni en sus efectos. En otras palabras, el incumplimiento de la medida requerida sólo puede dar lugar al inicio del procedimiento sancionador en el orden social.

Por otro lado, apelando a la autonomía del Derecho penal frente a los términos normativos extrapenales, la Doctrina mayoritaria entiende que, sin riesgo de vulnerar el principio de legalidad penal, es posible integrar en la expresión "*requerimiento*" el de naturaleza judicial (BAYLOS GRAU/TERRADILLOS BASOCO, NARVÁEZ BERMEJO, NAVARRO CARDOSO, DÍAZ Y GARCÍA-CONLLEDO, MARTÍNEZ-BUJÁN PÉREZ, SIERRA HERNAIZ, TAPIA BALLESTEROS, VILLACAMPA ESTIARTE/SALAT PAISAL; véase, SAP, Asturias, 234/2005, 9-11); esto es, el requerimiento derivado de la jurisdicción laboral o administrativa que culmina con una sentencia condenatoria (firme).

De este modo, cabe incluir en el ámbito del delito de discriminación laboral la negativa del empleador a readmitir a un trabajador cuyo despido discriminatorio haya sido judicialmente declarado nulo. Pero, además, hay que tener en cuenta que la reparación económica, en sentido estricto, "sólo puede tener lugar cuando dichos perjuicios han sido declarados judicialmente" (NARVÁEZ BERMEJO, NAVARRO CARDOSO).

En suma, esta cláusula final del art. 314 CP articula una conducta desobediente que persevera en los efectos discriminatorios contra la víctima (TAPIA BALLESTEROS). Se ha entendido como manifestación del principio de intervención mínima lo que, en realidad, es una clara perturbación de las reglas de resolución del conflicto laboral (BERNAL DEL CASTILLO, NARVÁEZ BERMEJO): el delito del art. 314 CP da entrada preferente a la vía laboral— administrativa para perseguir y dirimir conductas graves discriminatorias ya efectuadas.

Sólo hay una cosa clara: la regulación del delito de discriminación laboral sumerge a la víctima trabajadora que ya ha sido discriminada (a) gravemente (b) en un laberinto burocrático (c): se hace depender la aplicación del delito de la incoación de un expediente sancionador que culmine en la imposición efectiva de una sanción administrativa de obligado cumplimiento, o bien de la incoación, a instancia de la víctima, de un procedimiento judicial tendente a reconocer la vulneración de derechos laborales, y de una sentencia firme que obligue al penalmente responsable de la situación discriminatoria grave a restablecer la situación de igualdad. En otras palabras, no sólo es necesario acreditar la práctica discriminatoria grave, sino "volver a denunciar al empresario" y probar el incumplimiento de su deber de restituir la situación de igualdad. Todo ese laberinto en el marco del desequilibrio estructural que define la relación de trabajo no consigue sino desanimar a la persona trabajadora discriminada para acudir a la vía penal (SIERRA HERNAIZ).

El delito de discriminación laboral lleva implícita, pues, una cláusula que distorsiona su efecto protector y disuasorio.

4.5. Elemento subjetivo

El delito de discriminación laboral sólo prevé la modalidad dolosa. El dolo debe abarcar los elementos de la conducta típica: el trato desigual (grave) realizado contra la víctima por cualquiera de los motivos discriminatorios previstos y la existencia del requerimiento que exige restablecer la situación de igualdad (y las obligaciones en que consista), como elemento normativo del tipo (BAYLOS GRAU/TERRADILLOS BASOCO, TAPIA BALLESTEROS).

Por la referencia a las razones discriminatorias, no se sostiene aquí la figura del dolo eventual (BAYLOS GRAU/TERRADILLOS BASOCO, BERNAL DEL CASTILLO, SIERRA HERNAIZ, TAPIA BALLESTEROS). Tampoco se exige la acreditación, junto al dolo, de un elemento subjetivo del injusto formado por una específica finalidad discriminatoria, ni es necesario acreditar la voluntad de mantener la situación discriminatoria (basta el conocimiento del incumplimiento del requerimiento).

Téngase en cuenta que, a partir de la reforma por LO 6/2022, de 12 de julio, se posibilita aplicar la circunstancia agravante genérica de discriminación (art. 22.4ª CP) *"con independencia"* de que las condiciones o circunstancias discriminatorias *"concurran efectivamente en la persona sobre la que recaiga la conducta"*.

4.6. Iter criminis

Es particularmente confusa la estructura típica del delito del art. 314 CP, o mejor dicho, "endiablada", en palabras de TERRADILLOS BASOCO, porque la técnica legislativa que hay detrás de esa estructura *difiere* la tutela del derecho de la persona trabajadora a no ser discriminada ¡ante graves abusos laborales! (véase, SSAP, Navarra, 112/1998, 28-5, y Madrid, 4/2010, 13-1). De ahí que, por razones de justicia material, un sector doctrinal haya forzado esa estructura, trasladando al terreno de las condiciones objetivas de punibilidad (LÓPEZ GARRIDO/ GARCÍA ARÁN, NAVARRO CARDOSO, BERNAL DEL CASTILLO, SUANZES PÉREZ), o al de las excusas absolutorias (NARVÁEZ BERMEJO), el requisito de la desobediencia del requerimiento de restablecer la situación de igualdad ante la ley y reparar el perjuicio económico. Es una vía para situar este elemento en la fase de agotamiento del delito, y no de la consumación, con importantes repercusiones en cuanto al contenido del dolo del autor y a la esfera de la autoría.

4.7. Concursos

Como se ha observado, el delito de discriminación laboral lleva implícita la cláusula que obstaculiza su aplicación y que distorsiona su efecto protector y disuasorio frente a graves abusos laborales. Al mismo tiempo, constituye un tipo "privilegiado", a pesar de conculcar gravemente un derecho fundamental (TERRADILLOS BASOCO).

Esta inaceptable técnica legislativa conduce a la necesidad de arbitrar alternativas para proteger las personas trabajadoras frente a los comportamientos abusivos discriminatorios (DOPICO GÓMEZ-ALLER). Esta tutela debe encauzarse a través de la aplicación preferente de otros instrumentos penales (DÍAZ Y GARCÍA-CONLLEDO), como el delito de imposición de condiciones laborales ilícitas (apartados 1º y 5º art. 311 CP), que tutela cualquier derecho laboral, o el art. 315 CP, relativo a la libertad sindical y el derecho de huelga (LASCURAÍN SÁNCHEZ). El desvalor discriminatorio podrá quedar abarcado por la circunstancia agravante genérica del art. 22.4ª CP.

Si no se estiman estas alternativas es por la sencilla razón de su olvido en el escrito de calificación del Ministerio Fiscal.

Ejemplos:

– La SAP, Asturias, Sección 8ª, 234/2005, 9-11 señala que, aunque los hechos podrían integrarse en el art. 314 CP, "atendiendo al contenido y a los efectos sobre los derechos del trabajador de la actuación del acusado, encajan mejor en el tipo del artículo 311 número 1 del Código Penal, calificación esta última que (en la referida hipótesis) debería prevalecer tanto por el principio de especialidad como por el principio de alternatividad o pena más grave".

– Respecto de las conductas que perjudican el ejercicio de la libertad sindical, motivadas por la pertenencia del trabajador a un determinado sindicato, o por realizar actividades de representación legal de los trabajadores, si concurren sus requisitos, el delito del art. 315.1 CP será de aplicación preferente, también por el principio de alternatividad (art. 8.4ª CP).

Por otro lado, todo acto encaminado a restaurar la situación de igualdad ante la ley y reparar a la víctima el perjuicio económico causado es susceptible de valorarse en la circunstancia atenuante genérica de reparación del daño (art. 21.5ª CP), o como circunstancia atenuante analógica (art. 21.7ª CP), si no concurrieran estrictamente sus requisitos.

Tan llamativo es el rechazo unánime de la Doctrina penal a esta técnica legislativa como la absoluta indiferencia y contumacia del Legislador que, en las sucesivas reformas del Código Penal, ha desatendido siempre la evidencia de un precepto que guarda, de modo premeditado, las claves que impiden su aplicación en la práctica (es "inédito judicialmente hablando": HORTAL IBARRA, TAPIA BALLESTEROS).

5. La protección penal de la vida y salud de las personas trabajadoras

5.1. Consideraciones generales

Los delitos previstos en los arts. 316 y 317 CP constituyen el cordón de tutela penal frente a la vertiente de la explotación enmarcada en el fenómeno de la siniestralidad laboral.

Según los datos facilitados por el Ministerio de Trabajo y Economía Social correspondientes al año 2024, en España se produjeron 556.385 accidentes de trabajo, en jornada, con baja de los trabajadores asalariados, de los cuales 3.164 son graves y 608 mortales. El 29% son mujeres, índice que aumentó en un 0,7% respecto del año anterior. También experimentó un incremento la siniestralidad laboral con resultados mortales. Dentro de los sectores que presentan mayor incidencia de siniestralidad destaca la construcción, la industria manufacturera y el transporte y almacenamiento. Véase "Estadística de accidentes de trabajo. Año 2024" (disponible en el siguiente enlace web: https://www.mites.gob.es/es/estadisticas/condiciones_trabajo_relac_laborales/EAT/welcome.html). Son factores relevantes la precariedad laboral, la subcontratación, la falta de formación, y una cultura deficiente en torno a la trascendencia de la prevención de riesgos laborales en la pequeña y mediana empresa.

Las graves repercusiones humanas y sociales de la siniestralidad laboral han conducido al Legislador penal a adelantar la barrera de intervención: los arts. 316 CP (modalidad dolosa) y 317 CP (modalidad imprudente) castigan situaciones de peligro grave de la vida, integridad física o salud de las personas trabajadoras por ausencia o insuficiencia de medidas de prevención de riesgos laborales. Sendas herramientas penales se articulan, pues, con la técnica de los delitos de peligro concreto.

En efecto, el art. 316 CP impone las penas de prisión de 6 meses a 3 años y multa de 6 a 12 meses a "*los que con infracción de las normas de prevención de riesgos laborales y estando legalmente obligados, no faciliten los medios necesarios para que los trabajadores desempeñen su actividad con las medidas de seguridad e higiene adecuadas, de forma que pongan así en peligro grave su vida, salud o integridad física*".

Por otro lado, se crea en 2006 una Unidad Especializada de Seguridad y Salud en el Trabajo de la Fiscalía General del Estado, encargada de coordinar la actuación del Ministerio Fiscal en todo el territorio nacional en relación con los mencionados delitos laborales.

A su vez, el Derecho sancionador administrativo-laboral tipifica infracciones que salvaguardan a los trabajadores frente a situaciones de riesgo grave para su integridad o salud (art. 13 LISOS), derivadas de la inobservancia de la legislación de prevención de riesgos laborales: Ley 31/1995, de 8 de noviembre, de Prevención de Riesgos Laborales (LPRL).

Sin embargo, la aplicación de los mencionados delitos de riesgos laborales (arts. 316 y 317 CP), sin la concurrencia de resultados lesivos —lesiones o muertes—, es todavía una anécdota, al igual que lo es la concienciación de los trabajadores como víctimas de un delito perseguible de oficio en tales casos.

No es de recibo el papel principal que desempeña la Inspección de Trabajo y Seguridad Social (ITSS) a la hora de promover la persecución de los delitos de riesgo laboral (*vid.* art. 5 Real Decreto 928/1998, de 14 de mayo, que aprueba el Reglamento general sobre procedimientos para la imposición de sanciones por infracciones de orden social). Porque, en los casos en que se genere una situación de peligro grave (sin resultado lesivo) para la seguridad y salud de los trabajadores por infracción de la normativa de prevención de riesgos laborales, si no media denuncia de las organizaciones sindicales o los trabajadores (no suelen denunciar si no se produce el accidente laboral), sólo se puede tener conocimiento de dichas situaciones a través de la actuación de la ITSS.

Se han arbitrado medidas para reforzar el papel de la ITSS en la detección de indicios delictivos en un expediente sancionador. En un primer momento, la Instrucción 1/2001 de la FGE, sobre actuación del Ministerio fiscal en torno a la siniestralidad laboral, y la Instrucción 104/2001, sobre Relaciones de la ITSS con la FGE en materia de ilícitos penales contra la seguridad y salud laboral, se dirigían a solventar los supuestos en los que el peligro ya se ha materializado en el menoscabo de la salud, integridad o vida del trabajador: no se insistía en la propia ratio de los delitos de peligro de los arts. 316 y 317 CP. Fue necesaria otra Instrucción, años después: la 1/2007 de la Dirección General de la ITSS sobre profundización de las relaciones entre la ITSS y la FGE en materia de ilícitos penales contra la seguridad y salud laboral. Se obliga a la ITSS a remitir al Ministerio Fiscal expedientes sancionadores por infracciones muy graves, o por algunas infracciones graves en materia de prevención de riesgos laborales, con la finalidad de detectar indicios de los mencionados delitos de peligro. Las líneas generales se encuentran también en el Protocolo Marco, de 19 de septiembre de 2007, de Colaboración entre el Consejo General del Poder Judicial, el Ministerio del Interior, el Ministerio de Trabajo y Asuntos Sociales y la Fiscalía General del Estado para la investigación eficaz y rápida de los delitos contra la vida, la salud y la integridad física de los trabajadores y la ejecución de las sentencias condenatorias, especialmente, en el Anexo II "Protocolo de actuación para la indagación de los delitos de riesgo". Véase también la Circular de la FGE 4/2011, sobre criterios para la unidad de actuación especializada del Ministerio fiscal en materia de siniestralidad laboral.

No fue suficiente. En enero de 2023 se publica, por Resolución de 20 de enero de 2023, un Convenio de colaboración entre el Consejo General del Poder Judicial, el Ministerio Fiscal y los Ministerios del Interior, de Justicia, y de Trabajo y Economía Social, con el mismo objetivo, al que se suma "la toma de conciencia social de este problema" por la grave y creciente siniestralidad laboral en España. Con todo, ha aumentado la persecución de esta modalidad de delitos laborales y el número de condenas (DE VICENTE MARTÍNEZ).

5.2. Bien jurídico protegido

El art. 40.2 CE establece la obligación del Estado de velar por la "*seguridad e higiene en el trabajo*". Se ha entendido por seguridad laboral la ausencia de riesgos —o la minimización de su incidencia— para la integridad física o salud de las personas trabajadoras en el desempeño de la actividad laboral, tanto en el entorno privado como en el público. Estos derechos básicos se encuentran reconocidos en el ordenamiento jurídico laboral y administrativo. El art. 4.2 ET garantiza el derecho a la "*integridad física y a una adecuada política de prevención de riesgos laborales*", y el art. 14. l) EBEP contempla el derecho a "*la protección eficaz en materia de seguridad y salud en el trabajo*". La tutela de este bien jurídico se desarrolla principalmente en la Ley 31/1995, de 8 de noviembre, de Prevención de Riesgos Laborales (LPRL): el art. 14.1 establece el derecho de los trabajadores a una protección eficaz en materia de seguridad y salud en el trabajo, que genera el correlativo deber de protección en la empresa privada y en el seno de las Administraciones públicas respecto del personal a su servicio.

También el Código Penal ha querido reivindicar, en el Título XV, su compromiso con la tutela de la seguridad —*salud e integridad física*— de los trabajadores ante situaciones de peligro grave derivadas de la omisión o insuficiencia de medidas adecuadas y eficaces en el desempeño de la prestación del trabajo (el principio *non bis in idem* le otorga carácter preferencial, véase *supra* epígrafe II).

Se observa que el tenor literal del art. 316 CP ha dado entrada a los términos en los que se expresa la normativa laboral específica, que alude a la *integridad física o la salud*; en realidad, la referencia a la protección de la "*vida*" no es necesaria: intervenir ante la detección de una situación de riesgo grave para la integridad física o la salud de la persona trabajadora simboliza un castigo de mínimos que garantiza, asimismo, el valor máximo: la vida.

El bien jurídico de los delitos relativos a la prevención de riesgos laborales (arts. 316 y 317 CP) es de naturaleza colectiva. Es un valor indisponible o irrenunciable, es decir, el trabajador no puede aceptar válidamente ponerse en peligro ante un incumplimiento de las medidas que debieran evitar o minimizar la clase de riesgos a la que se expone con ocasión de la prestación laboral. El art. 2.2 LPRL subraya su carácter de "*Derecho necesario mínimo indisponible*".

Por otro lado, es cierto que los informes sobre siniestralidad laboral se centran fundamentalmente en los riesgos *tradicionales* basados en las condiciones materiales de trabajo y vinculados con el menoscabo de la integridad o salud física o la vida. Ahora bien, el art. 316 CP incluye, junto a la integridad *física*, la tutela expresa de la *salud* en el trabajo, lo que permite abarcar también la salud o integridad *psíquica* frente a las situaciones que la ponen en peligro grave de quebranto en el contexto de la actividad laboral. Hablamos de los denominados *riesgos psicosociales* en el lugar de trabajo, susceptibles de deteriorar gravemente la salud o integridad psíquica de las personas trabajadoras. Éstos se anudan estrechamente a la organización del trabajo y la gestión empresarial, es decir, a "la manera en que se planea, organiza y gestiona el trabajo, así como con el contexto socioeconómico de trabajo"; asimismo, aluden a una "relación nociva entre la organización del trabajo y el individuo" (Guía explicativa y de buenas prácticas para la detección y valoración de comportamientos en materia de acoso y violencia en el trabajo, que complementa el Criterio Técnico 69/2009 sobre las actuaciones de la ITSS en materia de acoso y violencia en el trabajo; DE LA CUESTA AGUADO). Por eso han recibido también la denominación de "riesgos organizativos" (VELÁZQUEZ FERNÁNDEZ, MOLINA NAVARRETE), que pueden afectar a cualquier lugar de trabajo y a cualquier trabajador, independientemente del tamaño de la empresa, o centro de trabajo, de su ámbito de actividad o del tipo de contrato o relación laboral (POMARES CINTAS). Los riesgos psicosociales más identificados son el estrés, la violencia y el acoso ligados al lugar de trabajo. Piénsese que esta modalidad de riesgo laboral puede culminar en accidente de trabajo (trastornos y enfermedades psíquicas). El 8 de junio de 2022 España ratificó el Convenio de la OIT nº 190, sobre la eliminación de la violencia y el acoso en el mundo del trabajo, de 21 de junio de 2019.

Los riesgos psicosociales como "riesgos emergentes" en el lugar de trabajo están ocupando un lugar significativo en el ámbito de la Unión Europea. Esta atención particular se debe a dos razones. De un lado, su potencialidad para perjudicar la salud de los trabajadores y, de otro lado, porque dichos riesgos representan un obstáculo para la productividad empresarial: se reduce la eficacia en el trabajo, la rentabilidad de los trabajadores y, con ello, la productividad por el absentismo que implica. Es precisamente esta vertiente el motor de las iniciativas de la UE en esta materia. El Acuerdo Marco Europeo, de 8 de octubre 2004, sobre el Estrés ligado al Trabajo, fue transpuesto como Anexo al Acuerdo Interconfederal para la Negociación Colectiva 2005 (ANC 2005, BOE de 16-3-2005). Tiene la finalidad de integrar la gestión de los riesgos psicosociales en el contexto más amplio de la gestión de la seguridad y salud en el trabajo y consolidar, con ello, la obligación empresarial de evaluar y prevenir los riesgos psicosociales como cualquier otro riesgo en el trabajo. Asimismo, el Acuerdo Marco Europeo, de 26 de abril de 2007, sobre el Acoso y la Violencia en el Trabajo, resalta el papel que ha cumplido la Agencia Europea para la Seguridad y la Salud en el Trabajo (EU-OSHA) en la labor de integrar los riesgos psicosociales en el deber de prevención empresarial (Acuerdo transpuesto como Anexo al ANC 2007, BOE de 14-1-2008).

Pese a la *ratio* de los delitos de prevención de riesgos graves en el trabajo, que comprometen valores tan esenciales como la vida, integridad física o salud de las personas trabajadoras, la pena de prisión prevista (de 6 meses a 3 años) se aleja notablemente del límite máximo de la contemplada para los delitos del art. 311 CP (6 años). La preocupación de la reforma de 2012 por extender el plazo de prescripción de los delitos del 311 CP acaba en la lucha contra el empleo no declarado. Incluso la pena de prisión es inferior a la del delito de tráfico ilegal de mano de obra (art. 312.1 CP). En el CPTR 1973 se consideraba un tipo penal privilegiado, ofreciendo la aplicación alternativa de la pena de multa, cuyo importe también era inferior al del resto de los delitos laborales [art. 348 bis.a)].

5.3. Concepto material de autor

El tipo penal del art. 316 CP es un delito especial (VILLACAMPA ESTIARTE/ SALAT PAISAL lo consideran delito especial propio). Sin embargo, cuando alude expresamente a quienes están "*legalmente obligados*" a facilitar las medidas de seguridad adecuadas, no significa necesariamente que el autor lo sea el empresario en sentido estricto, porque es posible ampliar la esfera de los autores, como así mantiene el criterio doctrinal y jurisprudencial dominante (véase también, Circular FGE 4/2011, sobre criterios para la unidad de actuación especializada del Ministerio fiscal en materia de siniestralidad laboral). Se ha consolidado una interpretación material del concepto de autor, a efectos del art. 316 CP, sin contradecir por ello el término "*legalmente obligados*". A su vez, la apertura del tipo penal a otros sujetos activos distintos del empresario o empleador, pero que desempeñan su mismo cometido, permite abordar la problemática de la responsabilidad penal en los supuestos de externalización del control y adopción de medidas de prevención de riesgos laborales.

Dicho de otro modo, se admite la posibilidad de extender la obligación del empresario de adoptar medidas de seguridad laboral (art. 14.1 LPRL) a otras personas en las que delegue idóneamente esas funciones y las asuman voluntariamente (BAYLOS GRAU/TERRADILLOS BASOCO, DOPICO GÓMEZ-ALLER, DE VICENTE MARTÍNEZ, VILLACAMPA ESTIARTE/SALAT PAISAL). En consecuencia, el elemento objetivo del tipo —"*legalmente obligados*"— también comprende a aquella persona que desempeñe de forma efectiva e idónea "*funciones de vigilancia y supervisión (...) que le convierte en garante y responsable del cumplimiento de las medidas*" (SSTS 1188/1999, 4-7, y 1654/2001, 26-9; SSAP, Sevilla, Sección 3ª, 160/2004, 12-3, y Huelva, Sección 2ª, 23/2005, 2-2, entre otras).

La delegación de atribuciones de protección de la seguridad de los trabajadores debe respetar unos requisitos mínimos:

(a) En primer lugar, las funciones han de ser delegables (no lo es, por ejemplo, el control sobre la seguridad de las obras por parte del arquitecto y aparejador, véase STS 1654/2001, 26-9, y SAP, Teruel, 4/2000, 31-1).

(b) En segundo lugar, en función del tipo de actividad, se requiere la idoneidad técnica y profesional del delegado, además de dotarle de los medios necesarios para el ejercicio de sus funciones. La figura del delegado debe mostrar experiencia profesional y diligencia en el cumplimiento de la tarea de facilitar los medios necesarios para la prevención de riesgos en el trabajo (SSTS 1105/1992, 19-5, y 1188/1999, 14-7).

Si estos mínimos no se observan, se entenderá entonces que la mencionada función no se ha delegado materialmente, y por lo tanto, ese esencial deber de garante no se habrá transmitido (véase el supuesto de la STS 1329/2001, 5-9, en el que delegante no sustituye al encargado —delegado— cuando estaba de baja).

Si tales exigencias se cumplen, la discusión se centra en si esa transmisión personal de funciones de garante puede eximir de responsabilidad penal al sujeto delegante. La respuesta dependerá del contenido y alcance del *nuevo* deber de garante del delegante: el deber de controlar y supervisar el cumplimiento de la tarea del delegado, que implica corregirle, o sustituirle, en caso de que sea necesario (LASCURAÍN SÁNCHEZ, SERRANO-PIEDECASAS FERNÁNDEZ, DE VICENTE MARTÍNEZ, HORTAL IBARRA, MARTÍNEZ-BUJÁN PÉREZ). Con arreglo al art. 16.2.b) LPRL, el empresario puede designar responsables, debiendo "*asegurarse de la efectiva ejecución de las actividades preventivas* [...] *efectuando para ello un efectivo seguimiento continuo de la misma*". Incluso se puede delegar esa función de vigilancia, creando una cadena de delegaciones, de deberes de supervisar el cumplimiento de la función de control.

Véase la SAP, Almería, Sección 2ª, 198/2015, 28-4, que valora las actuaciones del gestor de la empresa, el jefe y encargado de la obra, y el arquitecto; también SAP, Almería, 126/2013, 13-5; en el marco de la subcontratación, STS 8-7-2021.

En consecuencia, a los efectos del art. 316 CP, el sujeto delegante puede quedar penalmente exento cuando se haga constar fehacientemente que ha delegado su cometido a una persona competente para ello y siempre que la conducta típica se sitúe "en el alcance y contenido de la delegación" supervisada (NARVÁEZ BERMEJO, LASCURAÍN SÁNCHEZ). Si no es así, responderá del delito del art. 316, o bien del art. 317 CP (por imprudencia grave).

Ahora bien, en las hipótesis de delegación idónea pero no suficientemente supervisada, se plantea si el delegante responde a título de autor o partícipe en comisión por omisión (véase el análisis de MARTÍNEZ-BUJÁN PÉREZ, y la SAP, Madrid, 862/2015, 22-12).

El art. 316 CP articula, por tanto, un delito de omisión de garante, que se extiende materialmente a posiciones de garante derivadas de la asunción voluntaria del control de una fuente de peligro: el autor asume funciones de supervisión y vigilancia respecto del cumplimiento de medidas tendentes a eliminar, o reducir al mínimo legal, los riesgos para la vida, la integridad física o salud de las personas trabajadoras destinatarias de las mismas. Por lo tanto, no es necesario que el autor de este delito coincida con el sujeto de la infracción laboral en materia de seguridad (véase, art. 2 LISOS).

La consolidación de un concepto material de autor a los efectos del art. 316 CP se legitima, a su vez, a través de la cláusula del art. 318 CP, frecuentemente alegada por la jurisprudencia en materia de seguridad laboral. El recurso a esta herramienta interpretativa, circunscrita exclusivamente a los delitos laborales atribuibles a una persona jurídica (incluida aquí la Administración pública, o los organismos que forman parte de ella con personalidad jurídica autónoma —arts. 3. 1 *in fine* y 14.1 LRPL), permite hacer responsables penalmente a los "*administradores y encargados del servicio que, conociendo el riesgo existente en una determinada situación, no hubieren adoptado las medidas necesarias para evitarlo mediante la observancia de las normas de prevención atinentes al caso*" (SSTS 131/1998, 12-11; 642/2001, 10-4; 1233/2002, 29-7, y ATS 2382/2001, 6-11).

Ejemplos: gerente de la empresa (SSTS 1233/2002, 29-7; 131/1998, 12-11; SSAP, Madrid, Sección 2ª, 447/2007, 19-10, y Girona, Sección 3ª, 554/2009, 3-9); representante legal o administrador de la empresa (SSAP, Valencia, Sección 2ª, 528/2006, 12-9, y Madrid, Sección 15ª, 433/2005, 27-9); arquitectos (STS 1329/2001, 5-9; SSAP, Alicante, Sección 2ª, 144/2009, 12-2, y Almería, Sección 2ª, 198/2015, 28-4); encargado de obra (SSTS 1188/1999, 14-7, y 1654/2001, 26-9; SAP, Madrid, Sección 15ª, 482/2007, 16-11); jefe de obra y coordinador de Seguridad (SAP, Barcelona, Sección 7ª, 585/2007, 21-6); jefe de taller (STS 131/1998, 12-11); subcontratista (STS 1036/2002, 4-6); jefe de ventas que ocasionalmente asume funciones de responsabilidad (STS 30-4-1982). También se ha extendido la autoría del delito del art. 316 CP a los técnicos en prevención de riesgos laborales (DE VICENTE MARTÍNEZ).

5.4. Conducta típica

Como se ha subrayado, el art. 316 CP tipifica un delito de omisión de garante y de peligro concreto. La conducta típica exige la concurrencia de los siguientes requisitos: (a) "no *facilitar los medios necesarios para que los trabajadores desempeñen su actividad con las medidas de seguridad e higiene adecuadas*", (b) "*infracción de las normas de prevención de riesgos laborales*", (c) poner "*en peligro grave*" la "*vida, salud o integridad física*" de los trabajadores.

5.4.1. Como modalidad delictiva de omisión de garante, el art. 316 CP requiere, por parte del sujeto activo garante, infringir el deber de facilitar los medios preceptivos para garantizar la seguridad de la persona trabajadora en el desempeño de su actividad laboral.

"*No facilitar los medios necesarios*" significa no proporcionar, o hacerlo de modo incompleto o inidóneo, las herramientas y condiciones encaminadas a proteger eficazmente la integridad física y salud del trabajador en el desempeño del trabajo (DE VICENTE MARTÍNEZ). Más discutido es determinar la clase de "*medios necesarios*" no facilitados a la que se refiere el art. 316 CP, es decir, si son exclusivamente de índole material (equipos de trabajo individuales o colectivos en función de la naturaleza de la actividad que se presta, por ejemplo, cascos, mascarillas, sistemas de seguridad en la maquinaria, barandillas, redes, etc.), o bien cabe incluir cualquier medio dirigido a la finalidad mencionada. El art. 4.1° LPRL alude al "*conjunto de actividades o medidas adoptadas o previstas en todas las fases de actividad de la empresa con el fin de evitar o disminuir los riesgos derivados del trabajo*". Desde una interpretación material comprensiva del bien jurídico protegido, es factible defender un concepto amplio de "*medios*": por lo tanto, también cabe integrar las herramientas relacionadas con las características del trabajo, incluidas las relativas a su organización "*que influyan en la magnitud de los riesgos a que esté expuesto el trabajador*" [art. 4.7°.d) LPRL]: en este sentido, ocupa aquí un papel significativo el deber de proporcionar información y formación suficiente y adecuada (arts. 14.1, 15.3 LPRL), la vigilancia del estado de salud de los trabajadores (art. 22 LPRL), la necesidad de adaptar el trabajo a las capacidades profesionales del trabajador (art. 15.2 LPRL), o a sus características personales o condiciones psicofísicas (art. 25 LPRL), o al perfil de los menores de edad (art. 27 LPRL) o de la maternidad (art. 26 LPRL).

Ahora bien, se exige que los medios no facilitados sean los "*necesarios*" para garantizar la seguridad y salud de los trabajadores en el desempeño de su actividad. Serán necesarios aquellos que sean *adecuados* en el marco de la prestación laboral de que se trate —dependerá de la naturaleza y características de la actividad o puesto de trabajo, lugar de realización, clase y entidad del riesgo al que se expone el trabajador, y sus capacidades tanto profesionales como personales—, y *eficaces* para cumplir la finalidad de eliminar riesgos o reducir aquellos que no se pueden evitar (el art. 14.1 LPRL exige un deber de protección "*eficaz*"). Así, ante riesgos reales y previsibles que sólo cabe minimizar, las medidas de prevención aplicables han de ser idóneas para evitar que lleguen a materializarse. Por otro lado, la efectividad de las medidas preventivas también "*deberá prever las distracciones o imprudencias no temerarias que pudiera cometer el trabajador*" en el ejercicio de la prestación laboral (art. 15.4 LPRL).

Ejemplo: no es suficiente, por ende, no es eficaz, proteger un hueco de la escalera de 2,5 x 3 metros a través de unos simples tablones sin sujetar, que se pueden poner y quitar con suma facilidad (STS 1329/2001, 5-9).

La obligación de adoptar medidas adecuadas y eficaces de prevención de riesgos laborales alcanza a los riesgos *psicosociales* (a los que son aplicables las reglas generales de los arts. 15, 16 LPRL). El Tribunal Constitucional ha interpretado que la obligación preventiva establecida en la LPRL (art. 14) es extensible a las situaciones de riesgo psicosocial motivadas por la organización del trabajo, cuando tales riesgos sean ciertos y previsibles (SSTC 62/2007, 27-3, y 160/2007, 2-7); asimismo, el Criterio Técnico 69/2009, sobre las actuaciones de la Inspección de Trabajo y Seguridad social en materia de acoso y violencia en el trabajo, extiende los criterios de la LPRL "a la diversa y variada casuística de los riesgos psicosociales en general, y dentro de ellos al acoso y la violencia en el trabajo en particular".

El art. 15 de la Ley 4/2023, de 28 de febrero, para la igualdad real y efectiva de las personas trans y para la garantía de los derechos de las personas LGTBI, establece la obligación de las empresas de más de cincuenta personas trabajadoras de adoptar un protocolo de actuación para la atención del acoso laboral o la violencia contra las personas LGTBI. Esta vertiente se ha plasmado en el Real Decreto 1026/2024, de 8 de octubre, por el que se desarrolla el conjunto planificado de las medidas para la igualdad y no discriminación de las personas LGTBI en las empresas. Véase el Anexo II del citado RD y el art. 17.1 *in fine* ET.

5.4.2. El art. 316 CP es una norma penal en blanco, requiere la "*infracción de las normas de prevención de riesgos laborales*". Es decir, el alcance de la tutela de la vida, integridad física o la salud de las personas trabajadoras como tales está condicionado al contexto normativo regulador de la prestación de su actividad laboral.

Para que la conducta omisiva de garante sea penalmente relevante se exige que contravenga las "*normas de prevención de riesgos laborales*" a las que el precepto penal remite expresamente, cualquiera que sea su rango, incluidos los convenios colectivos que regulen este ámbito (art. 5.2 LISOS). Las infracciones en materia de prevención de riesgos laborales se encuentran en la Sección 2ª de la LISOS, arts. 12 (infracciones graves) y 13 (infracciones muy graves).

5.4.3. La tutela penal frente a los riesgos derivados del trabajo exige, además, una situación de puesta en peligro grave para la vida, integridad física o salud de los trabajadores.

Es necesario, como tercer elemento objetivo de la conducta típica, que el comportamiento omisivo infractor de la normativa sobre seguridad y salud laboral genere una situación de *peligro* concreto y *grave* para la vida, salud o integridad física de las personas trabajadoras en el desempeño de su actividad laboral. La gravedad de la situación de peligro filtra los criterios de subsidiariedad y fragmentariedad del derecho penal laboral. Sin embargo, el art. 316 CP coincide con algunas infracciones laborales que también exigen la gravedad del peligro creado (véanse arts. 12.16, 13.10, 13.3 LISOS).

El umbral de la gravedad de la situación de peligro discurre siempre al albur de las circunstancias del caso concreto. El art. 4. 2º LPRL señala que, para "*calificar un riesgo desde el punto de vista de su gravedad, se valorarán conjuntamente la probabilidad de que se produzca el daño y la severidad del mismo*", es decir, el grado de probabilidad de que se materialice en un resultado lesivo, y su magnitud, para la vida, integridad física o la salud de los trabajadores en el marco de la actividad de que se trate (por ejemplo, SSTS 537/2005, 25-4, y 8-7-2021; SAP, Almería, Sección 2ª, 198/2015, 28-4).

Asimismo, es necesario establecer un nexo de imputación objetivo-subjetiva entre el comportamiento omisivo del autor y la concreta situación de grave peligro creada para los trabajadores en el desempeño de la actividad laboral. Frente a la relajación de este requisito en el derecho sancionador administrativo-laboral, en el ámbito penal tiene una "importancia capital" (SAP, Lleida, Sección 1ª, 13-10-1998, que absuelve por falta de imputación objetiva; AAAP, Barcelona, Sección 2ª, 9-3-2004; SAP, Salamanca, 41/1997, 11-4), "no pudiendo en modo alguno derivarse toda infracción en materia laboral hacia el campo de la responsabilidad penal" (SAP, Almería, Sección 2ª, 198/2015, 28-4).

> Ejemplo: la SAP, Almería, 198/2015, 28-4, absolvió a los acusados del delito del art. 316 CP (gestor de la empresa, jefe y encargado de la obra, y arquitecto), porque fue el propio trabajador siniestrado quien entró "motu proprio" en la zona cuyo acceso debía él mismo evitar para sí y para el resto de las personas: esa zona fue acordonada y no consta en modo alguno que le fuera ordenado o indicado que accediese a dicho perímetro.

5.5. Elemento subjetivo (art. 317 CP)

El delito del art. 316 CP exige la comisión dolosa. Es un dolo de peligro que requiere el conocimiento del incumplimiento de las medidas preceptivas de prevención de riesgos laborales y de la situación de grave peligro derivada del trabajo (SAP, Murcia, Sección 2ª, 67/2009, 23-4). También se admite el dolo eventual, cuando el autor se representa la posibilidad de provocar dicha situación de grave peligro y cuenta con ella, omitiendo su obligación de evitarla (SSAP, Girona, Sección 3ª, 554/2009, 3-9, y Salamanca, 41/1997, 11-4).

En contraste con el resto de las modalidades delictivas insertas en el Título XV, este delito de peligro concreto prevé expresamente la comisión imprudente (art. 317 CP), cuando la situación de peligro grave generada por el incumplimiento de las medidas de prevención de riesgos laborales se haya producido por *imprudencia grave* (GARCÍA RIVAS, TERRADILLOS BASOCO; STS 1233/2002, 29-7). Esta situación puede darse, por ejemplo, porque el autor, en las circunstancias concretas, en virtud de una infracción grave del deber de cuidado, pensaba que había facilitado los medios que proporcionaban una protección adecuada y eficaz de la seguridad del trabajador, o bien porque, aun cuando se representa la posibilidad de crear una situación de peligro, no la considera grave (siéndolo), o confía en que no se va producir. El art. 317 CP prevé la aplicación de la *pena inferior en grado* respecto de la pena del art. 316 CP: prisión de 3 a 6 meses y multa de 3 a 6 meses. En virtud del principio de intervención mínima, no se sanciona penalmente la imprudencia *menos grave* (sobre esta problemática, CUENCA GARCÍA).

Sin embargo, hay que hacer notar que no se ha previsto efecto jurídico-penal alguno para la modalidad de *imprudencia profesional*, esto es, el Legislador no se ha planteado, desde criterios político-criminales, la oportunidad de imponer, en tales hipótesis, la pena de inhabilitación especial para empleo, profesión, oficio, industria o comercio o, al menos, la suspensión de empleo o cargo (véase esta pena privativa de derechos en los arts. 142 y 152 CP). El Anexo III del "Protocolo de actuación para la ejecución de las sentencias condenatorias", derivado del Convenio de colaboración (2023) para la investigación eficaz y rápida de los delitos de los arts. 316 y 317 CP y la ejecución de las sentencias condenatorias, reconoce que, dado que la pena de prisión suele ser suspendida ("y así debe ser", según señala), las penas de inhabilitación de derechos "cobran especial relevancia como consecuencia aflictiva" del delito.

5.6. *Iter criminis*

Como delito de peligro concreto, sea doloso (art. 316 CP) o imprudente (art. 317 CP), se consuma cuando se constata la creación de una situación de grave riesgo para la integridad física o salud de las víctimas trabajadoras. No es preciso, por tanto, que dicho peligro se manifieste en una lesión efectiva de bienes jurídicos individuales (vida, integridad física o salud). Véanse, SSAP, Girona, Sección 3ª, 554/2009, 3-9; Madrid, Sección 15ª, 482/2007, 16-11, y La Rioja, Sección 1ª, 118/2008, 24-9.

Sin embargo, como se ha adelantado, la *praxis* judicial demuestra que los mecanismos de persecución penal de estos comportamientos peligrosos para las personas trabajadoras suelen llegar tarde: generalmente interviene la vía penal cuando el peligro grave ya se ha materializado en el menoscabo de la salud o integridad física, o en la muerte de la *acreditada víctima del peligro grave.* A continuación, se analizará cómo se resuelven estos supuestos.

5.7. Concursos

Desde la perspectiva dogmática, y también político-criminal, las hipótesis en las que la situación de peligro grave para la persona trabajadora se materializa en el menoscabo de su integridad física, salud, o en su muerte, deben ser resueltas a través de las reglas de un concurso *ideal* de delitos (art. 77.2 CP). De este modo, concurrirá el delito de peligro doloso (art. 316 CP) o, en su caso, imprudente (art. 317 CP) con un delito de homicidio o de lesiones imprudentes (arts. 142 y 152 CP, respectivamente). La aplicación del art. 77.2 CP obedece a la protección de bienes jurídicos distintos, uno colectivo (la seguridad de las personas trabajadoras como tales), y el otro individual (la vida, integridad o salud física o psíquica de la víctima como persona).

Por las razones sustantivas mencionadas, esta solución no puede hacerse depender, en modo alguno, de factores cuantitativos: aplicar el concurso ideal de delitos exclusivamente cuando la situación de peligro grave afecte a más trabajadores de los que efectivamente resulten siniestrados —lesionados o muertos— (SSTS 1188/1999, 14-7, y 1036/2002, 4-6; AAP, Barcelona, 9-3-2004). Alegar, por el contrario, un *concurso aparente de normas penales* cuando el único trabajador en peligro resulte lesionado o muerto en el puesto de trabajo, de tal modo que los delitos de homicidio o lesiones imprudentes absorban (*ex* art. 8.3ª CP) el desvalor de la situación de grave peligro tiene el significado simbólico de eludir la tutela penal del estatuto de seguridad del trabajador asalariado (como sí hacen, por ejemplo, las SSTS 1036/2002, 4-6, y 1329/2001, 5-9; SSAP, Granada, Sección 1ª, 163/1999, 8-3, y La Rioja, Sección 1ª, 20/2007, 2-2). La solución del concurso de normas penales para el tratamiento de los supuestos de progresión delictiva no se puede sostener aquí en modo alguno: no es un problema de fondo de violación del principio *non bis in idem* porque no reúne el requisito de identidad de fundamento (bien jurídico). Esta vía dejará huérfano el bien jurídico tutelado por los delitos de riesgos laborales (arts. 316 y 317 CP).

Por último, cuando el homicidio o lesiones se produzcan por *imprudencia profesional*, llama la atención que el Anexo III del "Protocolo de actuación para la ejecución de las sentencias condenatorias", derivado del Convenio de colaboración (2023) para la investigación eficaz y rápida de los delitos del 316 y 317 y la ejecución de las sentencias condenatorias, recuerde al Ministerio Fiscal que, en su escrito de calificación, solicite la pena de inhabilitación especial para el ejercicio de la profesión, oficio o cargo. Esta pena es de carácter *principal* (arts. 142 y 152 CP), no está sujeta al régimen de las penas accesorias, como parece apuntar dicho Anexo III.

6. Delitos de tráfico ilegal y tráfico fraudulento de mano de obra

6.1. Consideraciones previas

El Título XV del CP reserva el ámbito de los arts. 312 y 313 a la incriminación de conductas de tráfico ilegal o fraudulento de mano de obra, distintas del perfil de los supuestos de explotación y abuso laboral comprendidos en los delitos contra el estatuto de la persona trabajadora hasta ahora analizados.

En el término tráfico ilegal de mano de obra se encuadran conductas de recluta, colocación o empleo al margen del modelo o régimen legal de contratación (art. 312.1 CP). De otro lado, el tráfico fraudulento de mano de obra integra (a) la recluta o utilización de procedimientos fraudulentos de contratación —reclutar personas o determinarlas a abandonar su puesto de trabajo "*ofreciendo empleo o condiciones de trabajo engañosas o falsas*" (art. 312.2, primer inciso, CP)—, y, asimismo, (b) una modalidad de intervención en migraciones laborales fraudulentas a otro país —determinar o favorecer "*la emigración de alguna persona a otro país simulando contrato o colocación, o usando de otro engaño semejante*" (art. 313 CP).

Los delitos de tráfico ilegal o fraudulento de mano de obra son herramientas penales para detectar y sancionar conductas que ponen en peligro derechos y garantías laborales esenciales. Por esta razón sustantiva, el art. 312.2 CP (primer inciso), y el art. 313 CP figuran dentro de los delitos contra el estatuto de la persona trabajadora, como bien jurídico *esencialmente* protegido (criterio que ha inspirado el análisis sistemático del Título XV que aquí se postula).

En cambio, la persecución penal del trabajo de los inmigrantes irregulares (arts. 312.2, *in fine*, y 311 bis CP) se abordará en un apartado específico dedicado a los delitos relativos al empleo ilegal y al interés de tutela del control de los flujos migratorios (véase *infra* epígrafe IV).

A continuación, se pondrán de relieve las particularidades de las mencionadas modalidades de tráfico ilegal o fraudulento de mano de obra.

6.2. Delito de tráfico ilegal de mano de obra (art. 312.1 CP)

El apartado 1 del art. 312 CP castiga a "*los que trafiquen de manera ilegal con mano de obra*". Tipifica un delito común, y de peligro, que gira en torno a la colocación o recluta de trabajadores al margen del modelo o régimen de contratación legalmente previsto; es una herramienta cardinal para la tutela de los derechos de las personas trabajadoras (STS 321/2005, 10-3). Como norma penal en blanco, requiere necesariamente tomar como punto de partida una conducta infractora de la normativa administrativo-laboral reguladora del régimen de las contrataciones y de la cesión de trabajadores.

Es una infracción laboral muy grave, prevista en el art. 8. 2 LISOS, "[*l*]*a cesión de trabajadores en los términos prohibidos por la legislación vigente*" (véase, art. 43.1 ET, Ley 14/1994, de 1 de junio, por la que se regulan las empresas de trabajo temporal); asimismo, es un ilícito laboral muy grave "[*l*]*os actos del empresario lesivos del derecho de huelga, consistentes en la sustitución de trabajadores en huelga por otros puestos a su disposición por una empresa de trabajo temporal*" (art. 19. 3 LISOS).

Las infracciones muy graves relativas a las agencias de colocación o actividades de intermediación laboral, se encuentran en el art. 16 LISOS.

Dado que ni cabe inferir del término "tráfico" el ánimo de lucro (TERRADILLOS BASOCO), ni el tenor del art. 312.1 CP ofrece expresamente criterios que permitan fundar un *plus* de gravedad respecto del régimen laboral sancionador (MARTÍNEZ-BUJÁN PÉREZ), es la aplicación del principio de subsidiariedad y fragmentariedad del Derecho penal el filtro que debe condicionar el alcance de este delito a las conductas que comporten un grave ataque al bien jurídico protegido: situaciones de recluta por agentes intermediarios, o a través de fórmulas ajenas al contrato de trabajo u otro tipo de modelo de negocio, que ponen en grave peligro o vacían de contenido los derechos esenciales laborales o las garantías sociales (NAVARRO CARDOSO, TERRADILLOS BASOCO, DE VICENTE MARTÍNEZ, VILLACAMPA ESTIARTE/SALAT PAISAL; SSTS 143/1998, 5-2, 293/2004, 8-3, 372/2005, 17-3, 1471/2005, 12-12; SAP, Tarragona, 422/2014, 3-11; exige ánimo de lucro la STS 678/2014, 23-10).

Bajo estas premisas, podrían subsumirse en el ámbito de aplicación del art. 312.1 CP los supuestos más graves de cesión temporal de trabajadores sin la intermediación de agencias de trabajo temporal autorizadas, o bajo su intermediación, pero de modo abusivo (véase AAP, Madrid, 294/2009, 26-1). Téngase en cuenta que el Informe de Evaluación sobre España (2023)10 del Grupo de Expertos contra el Tráfico de Seres Humanos del Consejo de Europa (GRETA) sugiere reforzar el control de las agencias de contratación en el trabajo temporal. El art. 43.1 ET señala que la "*contratación de trabajadores para cederlos temporalmente a otra empresa solo podrá efectuarse a través de empresas de trabajo temporal debidamente autorizadas en los términos que legalmente se establezcan*". Podrá tener relevancia penal la cesión temporal de trabajadores, por su idoneidad para vaciar de contenido derechos básicos y garantías sociales, cuando "*la empresa cedente carezca de una actividad o de una organización propia y estable, o no cuente con los medios necesarios para el desarrollo de su actividad*" (art. 43.2 ET).

También reúne esa gravedad la cesión de trabajadores para hacer inefectivo el derecho de huelga sustituyendo a los que la secundan (esquirolaje externo). En estos casos, el delito del 312.1 CP podría concurrir, si se dan los respectivos elementos típicos, con el delito del 315 CP (concurso ideal).

De igual manera, el delito de tráfico ilegal de mano de obra podría dar cabida a la ocupación irregular de menores, especialmente protegidos en el orden social (art. 6 ET), o de menores de edad laboral (véase el supuesto de la SAP, Badajoz, Sección 1ª, 49/2021, 12-11) o a las prácticas de contratación reiterada —o la colocación simultánea— de extranjeros sin autorización administrativa para trabajar (véase, SAP, Albacete, Sección 2ª, 190/2004, 27-5). El delito del 312.1 CP, será de aplicación preferente respecto del art. 311 bis CP, que es un precepto subsidiario (véase *infra* el epígrafe IV).

Por otro lado, el 312.1 CP es la herramienta penal adecuada hoy para responder a estrategias sistemáticas de recluta al margen del modelo de contratación (camuflajes de la laboralidad, MARTÍNEZ MORENO), como los "falsos cooperativistas de trabajo asociado", o las utilizadas por plataformas digitales de trabajo (véase la STS, Sala de lo Social, 2924/2020, 25-9, sobre la fórmula de falsos trabajadores autónomos de la empresa *Glovo*). El "Trabajo 4.0", como caldo de cultivo de condiciones laborales adversas que ponen en cuestión el estatuto jurídico del trabajador asalariado, es susceptible de encarnar el nuevo campo de aplicación del delito de tráfico ilegal de mano de obra.

Pese a no constituir un comportamiento de mayor entidad que la que comportan los delitos de los arts. 311.1°, 314, 315 ó 316 CP, el límite mínimo de la pena de prisión prevista para el delito de tráfico ilegal de mano de obra (312.1 CP) es notablemente superior —2 años—, y el límite máximo —5 años— se aproxima al previsto en el art. 311 CP. Este particular marco punitivo se deriva directamente de la Disposición Final 1ª de la legislación de extranjería (LO 4/2000, de 11 enero) y se había vinculado a la persecución de las conductas de favorecimiento de la inmigración irregular, es decir, al interés estatal del control del flujo migratorio y anejos. La elevación de la pena estaba pensada entonces para el delito de colaboración en la inmigración clandestina laboral (art. 313.1 CP, derogado a partir de 2010), y el delito relativo al empleo ilegal de inmigrantes irregulares explotados (art. 312.2 *in fine* CP).

6.3. Delito de reclutamiento mediante oferta fraudulenta de empleo o condiciones de trabajo (art. 312.2, primer inciso CP)

Una de las modalidades específicas de tráfico fraudulento de mano de obra se regula en el art. 312.2, primer inciso CP, que castiga con la misma pena del delito de tráfico ilegal de mano de obra (prisión de 2 a 5 años y multa de 6 a 12 meses) a "*quienes recluten personas o las determinen a abandonar su puesto de trabajo ofreciendo empleo o condiciones de trabajo engañosas o falsas*". Es un delito de medios determinados que afecta a la seguridad de las condiciones laborales lícitas y las garantías sociales de las personas trabajadoras. Además, en virtud del medio típico comisivo basado en maniobras engañosas, el delito afecta a la libertad personal de decisión (MARTÍNEZ-BUJÁN PÉREZ 2023).

Ejemplos:

– El acusado, a través de la apariencia de una cooperativa de trabajo asociado, ofertaba puestos de trabajo (transportistas) a través de anuncios publicitarios por Internet. La oferta aseguraba la integración de los trabajadores como autónomos y socios en la cooperativa, bajo unas condiciones laborales falsas. Los trabajadores afectados por la maniobra fraudulenta —que se hallaban en situación de paro— fueron sometidos a condiciones de trabajo ilícitas y perjudiciales. Se les hacía cotizar en el régimen de autónomos, percibían una remuneración inferior a la acordada —o ninguna— por el trabajo desempeñado, no siendo abonadas tampoco por la cooperativa. Hechos basados en la STS 543/2023, 5-7.

– El administrador de una Comunidad de propietarios oferta un puesto de trabajo a una persona afectada por una discapacidad, con el objetivo exclusivo de obtener una subvención pública y luego "deshacerse del mismo de forma fraudulenta". Para ello se le presentó a la firma un documento en blanco de renuncia al puesto de trabajo "y sin asumir coste alguno", que oportunamente se utilizó. Hechos basados en la SAP, Madrid, Sección 1ª, 20/2006, 23-1.

6.3.1. Conducta típica

El art. 312.2, primer inciso CP, sanciona dos modalidades alternativas de tráfico fraudulento de trabajadores. Comprende dos conductas distintas cuyo denominador común es el medio engañoso empleado: una oferta de empleo inexistente (SAP, Cádiz, Sección 5ª, 13-11-2000), o que no se corresponde con el empleo real, o bien una oferta de condiciones laborales falsas porque se ocultan las verdaderas condiciones (SAP, Madrid, Sección 2ª, 121/2002, 20-3; STS 543/2023, 5-7). En cualquier caso, estos procedimientos deben ser idóneos para generar error en la víctima, creando falsas expectativas de trabajo.

El precepto castiga la conducta de "reclutar" trabajadores en el sentido de emplear o conseguir la aceptación de la víctima para desempeñar el puesto de trabajo ofrecido, por cualquiera de los procedimientos descritos. De otro lado, prevé una conducta alternativa: conseguir, por cualquiera de esas vías fraudulentas, que la víctima, que previamente ocupaba un puesto de trabajo, decida abandonarlo para aspirar a otro, que es distinto al prometido o es inexistente (SSAP Zaragoza, Sección 3ª, 365/2003, 13-11, y A Coruña, Sección 6ª, 16/2009, 19-2). Esta última conducta, que afecta a la permanencia o estabilidad en el empleo, revela una mayor gravedad por sus repercusiones sociales (VILLACAMPA ESTIARTE/SALAT PAISAL), factores que deben reflejarse en la graduación de la pena.

Ejemplo: embaucar a la víctima ofreciéndole un supuesto trabajo de jardinero (falso) en una cadena hotelera, determinando que se quedara sin empleo al abandonar el que tenía en esos momentos (SAP A Coruña, 16/2009, de 19-2).

6.3.2. Concursos

Es posible aplicar las reglas del concurso ideal de delitos si la conducta reúne los elementos típicos del delito de estafa (la STS 543/2023, 5-7, aplica directamente el delito de estafa), o con el delito del art. 311.1 CP, cuando, mediante engaño, también se imponen condiciones laborales ilícitas (BAYLOS GRAU/TERRADILLOS BASOCO, MARTÍNEZ-BUJÁN PÉREZ, DE VICENTE MARTÍNEZ; véase la STS 543/2023, 5-7).

Ejemplo (STS 125/1999, 5-2): El acusado decide establecer en Salamanca una empresa mercantil, careciendo de patrimonio y actividad real, con el propósito de realizar operaciones en el sector de los seguros. Sin ánimo de cumplir ninguno de los compromisos que ofertaba, logró contratar a varias personas a través de anuncios publicados en la prensa local. En todos los casos se les realizó supuestamente un contrato en prácticas por dos años, con un salario de 90.000 ptas. mensuales más comisiones, firmando para ello un contrato del que no se entregó copia; todos los empleados, desde las fechas de incorporación, realizaron labores administrativas relacionadas con el campo del seguro. Sin embargo, durante ese tiempo (aproximadamente tres meses), el acusado no les dio de alta en la Seguridad Social, ni abonó salario alguno; un cierto día, al ir a trabajar, los empleados encontraron el domicilio comercial de la supuesta empresa cerrado y vacío.

6.4. Delito de emigración fraudulenta de trabajadores (art. 313 CP)

6.4.1. Consideraciones generales

El art. 313 CP se enmarca dentro de los movimientos migratorios transnacionales. La LO 5/2010, de 22 de junio, había introducido una importante modificación del precepto al suprimir la tipificación específica de la colaboración en la inmigración clandestina de trabajadores extranjeros a España, o a otro país de la Unión Europea, que estaba contemplada, desde el CP de 1995, en el apartado 1° de este precepto (PORTILLA CONTRERAS/POMARES CINTAS). A partir de la entrada en vigor de la reforma de 2010, la persecución de las conductas contempladas en el derogado apartado 1° del art. 313 quedaría integrada en el delito del art. 318 bis CP (tráfico ilícito de inmigrantes). De este modo, el **art. 313 CP** recobra el formato de un delito que procedía del CPTR 1973 —la intervención en "*migraciones laborales fraudulentas*" (art. 499 bis 3°). Castiga con las mismas penas del tráfico ilegal de mano de obra (art. 312.1 CP) a quien "*determinare o favoreciere la emigración de alguna persona a otro país simulando contrato o colocación, o usando de otro engaño semejante*".

6.4.2. Bien jurídico protegido

El delito de emigración fraudulenta de trabajadores constituye una modalidad específica y fraudulenta de tráfico de mano de obra, que adquiere naturaleza transnacional.

Frente al delito de tráfico ilegal de inmigrantes (art. 318 bis CP), el art. 313 CP no requiere la clandestinidad o ilegalidad del movimiento migratorio transfronterizo. No se orienta a tutelar, como el art. 318 bis CP, el interés estatal del control de los flujos migratorios, sino que su preocupación se centra exclusivamente en la utilización de engaño como medio típico comisivo: la víctima actúa motivada por una finalidad laboral construida sobre presupuestos falsos creados por el autor, y, en esa medida, su consentimiento (libertad de decisión) en el desplazamiento a otro país se encuentra viciado.

Por tanto, el bien jurídico protegido por el delito del art. 313 CP está relacionado con las expectativas de acceso al empleo, frustradas por el medio fraudulento, además de la puesta en peligro de derechos laborales básicos (STS 385/2012, 10-5).

6.4.3. Conducta típica

Es un delito común que incrimina la intervención fraudulenta (dolosa) en el desplazamiento transfronterizo de personas presidido por la finalidad de trabajar en otro país.

Los términos empleados por la literalidad del art. 313 CP son excesivamente amplios: determinar o favorecer la emigración de alguna persona a otro país. Por "determinar" se entiende promover, incitar o inducir, es decir, lograr convencer a una persona a trasladarse y establecerse en otro país; en cambio, el verbo "favorecer" abarca cualquier conducta de apoyo o ayuda que facilite o haga posible dicho desplazamiento transfronterizo con finalidad laboral.

El criterio doctrinal circunscribe la esfera de los posibles sujetos pasivos al español o extranjero residente en España (CARBONELL MATEU/GONZÁLEZ CUSSAC, MARTÍNEZ-BUJÁN PÉREZ, VILLACAMPA ESTIARTE/SALAT PAISAL). En efecto, es una interpretación material condicionada por la expresión "*emigración de alguna persona a otro país*", entendiendo por tal "abandonar" el propio país o el país de residencia para establecerse en "otro", y tomando como punto de referencia el territorio español y, por lo tanto, el estatuto jurídico de los trabajadores reconocido en la normativa nacional y puesto en peligro por la conducta típica. Sin embargo, el criterio jurisprudencial ha pretendido reproducir la derogada redacción del art. 313 CP relativa a la colaboración en la "*inmigración*" clandestina de trabajadores extranjeros a España, porque entiende que el delito "no ha de limitarse, exclusivamente, a la salida del trabajador desde España a un tercer país, sino que abarca también la llegada del mismo a nuestro territorio proveniente de otro lugar" (STS 1056/2005, 24-2, y SAP, Asturias, Sección 3ª, 119/2007, 21-5); se fuerza así el término *emigración*, porque se interpreta "desde la perspectiva del sujeto pasivo" (STS 385/2012, 10-5).

Esta interpretación jurisprudencial *ad hoc* del concepto de emigración plasmado en el art. 313 CP no se puede aceptar por dos razones.

(a) Se solapa con el vigente delito de colaboración en la "inmigración" ilegal del art. 318 bis CP, perturbando con ello el entendimiento del bien jurídico protegido por el art. 313 CP.

Ejemplo: la STS 1056/2005, 24-2, entiende que constituye el delito del art. 313 CP la captación fraudulenta, mediante promoción publicitaria, de ciudadanos extranjeros (búlgaros) para trabajar en España, previo abono de diversas cantidades de dinero a cambio de facilitación de vivienda, permisos de residencia y contratos laborales.

(b) Olvida que la redacción vigente del delito del art. 313 CP, cuyo precedente inmediato se encuentra en el CP de 1973, posee un perfil distinto: es una secuela de los escenarios de *migraciones* laborales de españoles a otro país. Articula, pues, una tutela particular, protegiendo a éstos —o residentes en España— de maniobras fraudulentas que los determinen a establecerse en otro territorio. Precisamente por ello, y frente a la amplitud del delito del art. 318 bis CP, la relevancia penal del 313 CP va a depender exclusivamente del medio comisivo empleado: el engaño. Este delito no se centra, pues, en el interés del control migratorio.

La conducta típica consiste en determinar a una persona a emigrar a otro país, o en favorecer su emigración, "*simulando contrato o colocación, o usando de otro engaño semejante*". Éste puede consistir en el ofrecimiento de un puesto de trabajo o un contrato falso o inexistente, o un trabajo que contenga condiciones laborales falsas (CARBONELL MATEU/GONZÁLEZ CUSSAC). El precepto admite cualquier otra maniobra engañosa de entidad similar, es decir, objetivamente idónea *ex ante* para "crear una falsa expectativa de lograr trabajo en otro país" (DE VICENTE MARTÍNEZ) y, asimismo, para influir en la decisión del trabajador a trasladarse a otro país. Con estas exigencias, el delito del art. 313 CP pone en peligro el estatus jurídico del trabajador afectado por la maniobra engañosa, que es el valor que justifica la integración del precepto penal dentro del Título XV (GARRIDO PÉREZ).

6.4.4. *Iter criminis*

El delito del art. 313 CP es un delito de simple actividad, que se consuma con el comportamiento fraudulento que influye idóneamente en la decisión del sujeto pasivo para emigrar a otro país. La consumación requiere que el desplazamiento transnacional se produzca, aunque no llegue al país de destino.

6.4.5. *Concursos*

Es posible aplicar las reglas del concurso ideal de delitos si la conducta reúne los elementos típicos del delito de estafa (SSAP, Valencia, Sección 5ª, 255/2002, 6-11, y Asturias, Sección 3ª, 119/2007, 21-5).

Puede plantearse un problema concursal con el delito de trata de seres humanos cometido por medios engañosos (art. 177 bis.1 CP), castigado con una pena más grave que la prevista para el delito del art. 313 CP. La relación entre ellos se producirá cuando la intervención fraudulenta en el desplazamiento de una persona a otro país responda a la finalidad (real) de someterla a una situación de explotación forzosa (trabajos o servicios forzados, servidumbre o esclavitud). En tales hipótesis, el desvalor del art. 313 CP quedaría absorbido por el delito de trata.

IV. LA TUTELA PENAL DE LA LIBRE COMPETENCIA-NO DESLEAL Y EL CONTROL MIGRATORIO EN EL CONTEXTO DEL TRABAJO

Como se ha adelantado en el apartado introductorio (epígrafe I), se han filtrado por el articulado del Título XV tipos penales que responden de modo prioritario a intereses distintos de los derechos de los trabajadores (TRAPERO BARREALES, HORTAL IBARRA, TERRADILLOS BASOCO). Bajo el armazón del incentivo de la inversión empresarial y de la libre competencia-no desleal, giran en torno al *trabajo no declarado* y/o el *empleo ilegal* en sectores productivos.

1. Delitos contra el trabajo no declarado y el empleo ilegal

1.1. Consideraciones previas: las repercusiones en el art. 311 CP de una nueva óptica de fondo

La reforma llevada a cabo en España por el Real Decreto-Ley 3/2012, de 10 de febrero, de medidas urgentes para la reforma del mercado laboral, se trasladó sin ambages al ámbito penal. La LO 7/2012, de 27 de diciembre, que modifica el Código Penal en materia de transparencia y lucha contra el fraude fiscal y en la Seguridad Social, ha distorsionado profundamente la estructura y la coherencia interna de lo que había sido hasta entonces la espina dorsal del Derecho Penal laboral: el art. 311 CP, que no se había reformado desde que se aprobara el CP de 1995 y que hacía descansar el centro de tutela en los derechos de las personas trabajadoras frente a la imposición de condiciones ilícitas y perjudiciales (art. 311.1° CP).

Con el pretexto de la crisis económica, y de las dificultades de acreditación de los medios típicos comisivos del 311.1° CP (véase *supra* epígrafe III), irrumpe un tipo penal autónomo en el seno mismo del art. 311 CP, que desplaza el foco de atención a otra parte. El Preámbulo de la LO 7/2012 lo señala con suma claridad al poner de relieve "los perniciosos efectos que presenta para las relaciones económicas y empresariales el hecho de que haya quienes producen bienes y servicios a unos costes laborales muy inferiores a los que han de soportar aquellos otros que lo hacen cumpliendo con sus obligaciones legales en la materia, lo que distorsiona la competitividad y desincentiva la iniciativa empresarial". A partir de la reforma de 2022 (LO 14/2022, de 22 de diciembre), se traslada al apartado 3° del art. 311 CP.

> Tipifica como delito dar "*ocupación simultáneamente a una pluralidad de trabajadores sin comunicar su alta en el régimen de la Seguridad Social que corresponda o, en su caso, sin haber obtenido la correspondiente autorización de trabajo, siempre que el número de trabajadores afectados sea al menos de*:
>
> *a) el veinticinco por ciento, en las empresas o centros de trabajo que ocupen a más de cien trabajadores,*
>
> *b) el cincuenta por ciento, en las empresas o centros de trabajo que ocupen a más de diez trabajadores y no más de cien, o*
>
> *c) la totalidad de los mismos, en las empresas o centros de trabajo que ocupen a más de cinco y no más de diez trabajadores*".

Bajo ese prisma, y con el sello de la precariedad laboral que inspiró el Real Decreto-Ley 3/2012, de 6 de julio, de medidas urgentes para la reforma del mercado laboral, se incrimina como delito la ocupación simultánea de una significativa cifra porcentual de trabajadores (en función del tamaño de la empresa o centro de trabajo) sin registrarles en el régimen de la Seguridad Social que corresponda, o, en el caso de extranjeros, sin haber obtenido éstos la preceptiva autorización para trabajar. Respecto de esta segunda modalidad de conducta —*empleo ilegal* por la condición migratoria irregular—, la reforma sitúa el nuevo tipo penal, además, en el marco reproductor de la Directiva 2009/52/CE relativa a las sanciones y medidas aplicables a los empleadores de nacionales de terceros países en situación irregular, que ordena tipificar como delito doloso el "empleo simultáneo de un número importante de nacionales de un tercer país en situación irregular" (art. 9.1 b). La tutela del interés en la detección y control de la inmigración irregular derivada de los desplazamientos contemporáneos adquiere carta de naturaleza en el Título XV; la segunda variante del delito procedente de la plataforma ideológica de 2012 complementa también las herramientas penales dirigidas a la persecución del trabajo de los inmigrantes irregulares: el art.

312.2 *in fine* CP, y, particularmente, el art. 311 bis CP, incorporado por la reforma de 2015 (véase *infra*).

A la revisión sustantiva del bien jurídico le ha acompañado la revisión de la pena de prisión. La tutela penal de la libre competencia-no desleal, un interés que también inspira la lucha contra la inmigración ilegal, ha sido la vertiente detonante para duplicar el límite máximo de la pena de prisión del art. 311 CP (6 años), porque "permite incrementar el plazo de prescripción hasta los diez años", señala el Preámbulo de la LO 7/2012: sortea así la conculcación manifiesta del principio de proporcionalidad. Por razones de economía legislativa, esa elevación de pena se ha extendido al resto de las conductas reguladas en el art. 311 CP.

Pero ésta no fue la primera revisión de ese calado que sufrió el Título XV. La primera señal de identidad de una política precursora de la transformación del Derecho Penal laboral tuvo lugar mucho antes, en el año 2000. La Disposición Final 1ª de la Ley Orgánica 4/2000, de 11 enero (LOEx) elevó de modo todavía más significativo el marco de la pena de prisión (¡de 2 a 5 años!), con el objetivo de ajustarse a los criterios político-criminales de la Unión Europea en la lucha contra la inmigración ilegal. Ese incremento de pena se vinculaba directamente a la custodia del control migratorio [art. 2 bis, g) LOEx], y se adjudicó precisamente al delito de colaboración en la inmigración clandestina de trabajadores (extranjeros) a España, que, hasta la reforma de 2010, se regulaba en el art. 313.1 CP; afectó, asimismo, al art. 312.2 *in fine* CP, enfocado exclusivamente en el contexto del trabajo de inmigrantes irregulares. Y, también por razones de economía legislativa, al resto de las conductas del art. 312 CP.

Una visión de fondo distinta de la tutela centrada en los "*derechos de los trabajadores*" quiebra, como una lengua de lava, los pilares primigenios del Título XV. La reforma, que entró en vigor con urgencia el 17 de enero de 2013, consagró la primera restructuración del precepto cardinal de los delitos laborales: la lucha contra la explotación se desplaza a un segundo plano. Ahora el Título XV se convierte en gendarme frente a la competencia desleal y garante del incentivo de los inversores en el mercado de trabajo.

El modelo de tipificación promovido por la LO 7/2012, que resquebraja el imperio del principio de intervención mínima del Derecho penal, abrió la espita para albergar en el Título XV otros tipos penales de similar calado: el art. 311 bis CP es un ejemplo de esta corriente.

La última (hasta hoy) versión del art. 311 CP resulta llamativa: se suma otro tipo penal autónomo al ya trastocado precepto. Sin embargo, la nueva incorporación fruto de la LO 14/2022, de 22 de diciembre, de transposición de directivas europeas y otras disposiciones para la adaptación de la legislación penal al Ordenamiento de la Unión Europea (...), no se muestra con la vehemencia ideológica puesta de relieve por la reforma de 2012.

Anclada en el contexto de la contrarreforma laboral de 2021 (véase *supra* epígrafe I), la LO 14/2022 muestra la voluntad de intervenir en la controversia generada por el modelo de organización de la actividad laboral en las denominadas plataformas digitales de trabajo, basado en la gestión algorítmica del servicio y de las condiciones de trabajo. Este modelo de negocio emergente, de óptimo rendimiento económico en los ejes del sistema neoliberal, se suma al abanico de los sectores precarios y no cualificados que son fuente de condiciones laborales adversas.

El nuevo delito pretende canalizar el impacto de la extendida dinámica de los falsos trabajadores autónomos en la actividad de los servicios de reparto a domicilio de cualquier producto de consumo o mercancía: los "*riders*". Por eso, el delito incorporado por la reforma de 2022 tiene nombre y apellidos: el "delito *rider*", como lo llama HORTAL IBARRA. El apartado 2° del art. 311 CP aplica las penas de prisión de 6 meses a 6 años y multa de 6 a 12 meses a "*los que impongan condiciones ilegales a sus trabajadores mediante su contratación bajo fórmulas ajenas al contrato de trabajo, o las mantengan en contra de requerimiento o sanción administrativa*".

Sin embargo, la oportunidad de este delito no puede ocultar el verdadero motor de las iniciativas legislativas de la UE en este sector del mercado de trabajo: la señal de alarma se encuentra en el exponencial incremento de cuotas de *trabajo no declarado* a través de falsos trabajadores autónomos que, traducido en el abaratamiento ilícito de costes laborales, provoca graves distorsiones de la libre competencia en el mercado interior; en otras palabras, son *actos de competencia desleal*. La Directiva UE 2024/2831, de 23 de octubre, relativa a la mejora de las condiciones laborales en el trabajo en plataformas digitales, pone el acento en el objetivo comunitario de garantizar el *establecimiento y el funcionamiento del mercado interior* (arts. 114 y 207 TFUE); el marco de armonización legislativa apuesta por unos mínimos relacionados con la organización del trabajo de las plataformas digitales —así, el reconocimiento de la presunción de laboralidad de la relación—, precisamente para evitar la distorsión de la libre competencia-no desleal. Se relega al campo de la incertidumbre el resto de condiciones esenciales de trabajo que penden en la cuerda floja en estos modelos de "Trabajo 4.0", y que son clave de la explotación laboral.

El cuadro resultante de las mencionadas reformas se sintetiza en el "aglomerado" en que se ha convertido el art. 311 CP. Analizaremos a continuación la respectiva problemática de los delitos previstos en los apartados 3° (reforma de 2012) y 2° (reforma de 2022) del malogrado precepto penal.

1.2. Art. 311.3º CP o el intervencionismo penal de custodia de la libre competencia no desleal en el contexto del trabajo

1.2.1. Bien jurídico

El apartado 3º del art. 311 CP incrimina la ocupación simultánea de "*una pluralidad de trabajadores sin comunicar su alta en el régimen de la Seguridad Social que corresponda o, en su caso*", "*sin haber obtenido la correspondiente autorización de trabajo*", cuando el número de trabajadores empleados corresponda con la totalidad de los ocupados en las empresas o centros de trabajo con más de 5 y no más de 10 trabajadores (c), o cuando represente, "*al menos*", el 25%, o el 50%, en las empresas o centros de trabajo con más de 100 trabajadores (a) o entre 11 y 100 (b), respectivamente.

El art. 311.3º CP castiga con las penas de prisión de 6 meses a 6 años y multa de 6 a 12 meses a "*Los que den ocupación simultáneamente a una pluralidad de trabajadores sin comunicar su alta en el régimen de la Seguridad Social que corresponda o, en su caso, sin haber obtenido la correspondiente autorización de trabajo, siempre que el número de trabajadores afectados sea al menos de:*

a) el veinticinco por ciento, en las empresas o centros de trabajo que ocupen a más de cien trabajadores,

b) el cincuenta por ciento, en las empresas o centros de trabajo que ocupen a más de diez trabajadores y no más de cien, o

c) la totalidad de los mismos, en las empresas o centros de trabajo que ocupen a más de cinco y no más de diez trabajadores".

El tipo penal aglutina dos supuestos diferentes: de un lado, el trabajo no declarado, y de otro, el empleo ilegal basado en la condición migratoria irregular, siempre y cuando uno y otro incidan, como elemento cuantitativo típico, sobre una determinada cifra porcentual de trabajadores, en función de la envergadura de la empresa o centro de trabajo, como unidad productiva autónoma.

Como se ha señalado *supra*, no es la tutela penal de los derechos de los trabajadores el sustrato principal que lo inspira (DE VICENTE MARTÍNEZ). La falta de reconocimiento de derechos sociales se traduce aquí en clave de cuotas porcentuales de trabajo no declarado sobre el conjunto de la plantilla, por su idoneidad para constituir una situación de competencia desleal (véase el art. 15.2 Ley 3/1991 de Competencia Desleal); asimismo, el empleo de trabajadores inmigrantes irregulares (empleo ilegal) tampoco se relaciona con el menoscabo de sus derechos laborales, sino con las cuotas de plantilla en la que se encuentran "*simultáneamente*" ocupados, porque esta modalidad de empleo ilegal también es fuente de competencia desleal (expresamente, art. 15.3 Ley 3/1991, introducido por LO 14/2003, de 20 de noviembre).

Es precisamente el objetivo comunitario del funcionamiento del mercado interior, como garante de la libre competencia-no desleal, el soporte de la creación de la "Plataforma europea para reforzar la cooperación en materia de lucha contra el trabajo no declarado" (Decisión UE 2016/344, de 9 de marzo de 2016).

El Convenio para la coordinación entre la Inspección de Trabajo y Seguridad Social y las Fuerzas y Cuerpos de Seguridad del Estado en materia de lucha contra el empleo irregular y el fraude a la Seguridad Social, creado por Resolución de 4 de noviembre de 2013, es el marco de persecución de este delito laboral desnaturalizado. Dicho Convenio, con la misma denominación, fue actualizado por Resolución de 28 de abril de 2023.

En definitiva, tales hipótesis alternativas, o cumulativas, de trabajo no declarado y empleo ilegal (como modalidad sui generis de trabajo no declarado) interesan en la medida en que revelan una situación de abaratamiento ilícito de los costes laborales a los que tiene que hacer frente la empresa que contrata a los trabajadores, lo que supone un menor coste de producción que posibilita abaratar bienes y servicios. Es esta vertiente la que ha inspirado la tutela penal del incentivo de la inversión empresarial en sectores productivos, garantizando unas relaciones económicas basadas en las reglas leales de la competencia: el delito del art. 311.3° CP es, como sostiene la Doctrina mayoritaria, una llamada a intervenir para neutralizar situaciones de ventaja empresarial derivada de la técnica "*dumping*" (TERRADILLOS BASOCO, TRAPERO BARREALES, HORTAL IBARRA, DE VICENTE MARTÍNEZ, LASCURAÍN SÁNCHEZ, MARTÍNEZ-BUJÁN PÉREZ, BENÍTEZ ORTÚZAR, GARCÍA AMEZ; destaca esta vertiente, STS 478/2015, 17-7; STSJ, Castilla y León, 78/2024, 28-6; STSJ, Cantabria, 13/2020, 24-11; la SAP, Asturias, Sección 3ª, 406/2017, 29-9, menciona expresamente el eje de la competencia desleal en el contexto de las actividades de alterne). Éstas son las razones puestas por escrito en el Preámbulo de la Ley que alumbró este delito "laboral" impostor. Irrumpe, además, en el marco de una reforma laboral que propugna el abaratamiento del estatuto del trabajador asalariado para adaptarse a los vaivenes del mercado (Real Decreto-Ley 3/2012, de 6 de julio, de medidas urgentes para la reforma del mercado laboral).

Esta política criminal ha conseguido corromper el Título XV (TERRADILLOS BASOCO; HORTAL IBARRA plantea integrar la conducta del 311.3° CP a los delitos contra la Seguridad Social —arts. 307 ss. CP—, por las implicaciones para la sostenibilidad del sistema de protección social).

1.2.2. Conducta típica

El tipo penal previsto en el apartado 3° del art. 311 CP se concibe como delito (doloso) autónomo, porque sus pautas se distancian tanto del objeto de tutela como de las coordenadas de relevancia penal del delito de imposición de condiciones ilícitas lesivas de los derechos laborales (art. 311.1° CP).

Se sitúa en los contextos del trabajo no declarado (primer inciso), y/o del empleo ilegal basado en la condición migratoria irregular (segundo inciso), y persigue patrones de conducta empresarial de "ocupación colectiva ilegal", que debe alcanzar un número mínimo por porcentajes de plantilla (FERNÁNDEZ ORRICO, ARMENTEROS LEÓN).

1.2.2.1. Primera modalidad típica: cuotas porcentuales de trabajo no declarado

En el primer inciso, el art. 311.1° CP castiga la conducta de ocupar "simultáneamente", es decir, en un mismo periodo de tiempo de desarrollo de la relación laboral (LAFONT NICUESA, DE VICENTE MARTÍNEZ, ARMENTEROS LEÓN), a "*una pluralidad de trabajadores sin comunicar su alta en el régimen de Seguridad Social que corresponda*".

La exigencia de trabajo no declarado simultáneo determina la naturaleza colectiva de este delito, por estar basado en prácticas empresariales de efectos colectivos (DE VICENTE MARTÍNEZ). Las SSTS 478/2015, 17-7, y 121/2017, 23-2, subrayan el alcance "masivo" de la conducta típica, que abarca todo tipo de contrataciones, sean a tiempo completo o parcial. También "es irrelevante que se trate de una sola jornada de trabajo puesto que mientras que no se está de alta no se puede iniciar la actividad" (SAP, Valladolid, Sección 2ª, 228/2024, 23-9).

La conducta prevista por el precepto penal es también constitutiva de infracción administrativa-laboral (arts. 22.2 y 23 LISOS; véase detenidamente, FERNÁNDEZ ORRICO).

En coherencia con el bien jurídico relacionado con la libre competencia-no desleal, y como norma penal en blanco (STS 308/2023, 27-4), el tenor del art. 311.3° CP excluye de su alcance el desarrollo de actividades que no requieren objetivamente el registro en la Seguridad social por no ser objeto de contrato lícito, como, por ejemplo, el ejercicio de la prostitución ajena. Estos supuestos se suelen solventar recurriendo eufemísticamente al concepto del "alterne" como actividad laboral complementaria a la prostitución (SSTS 34/2023, 25-1, 792/2022, 29-9, y 162/2019, 26-3; STSJ, Cantabria, 13/2020, 24-11; SSAP, Badajoz, Sección 1ª, 90/2023, 22-6; Valencia, Sección 3ª, 25/2020, 17-1; Granada, Sección 2ª, 121/2021, 29-3, entre otras).

El relieve penal del trabajo no declarado, a efectos del art. 311.3° CP, trasciende la relación de laboralidad como valor a proteger, no busca la salvaguarda de los derechos sociales de los trabajadores individualmente ocupados, porque de su tutela se encarga específicamente el delito del art. 311.1°, CP (véase *supra* epígrafe III). La exigencia expresa de alcanzar, como mínimo, cuotas simultáneas de trabajo no declarado, en proporción al tamaño de la plantilla de la empresa o centro de trabajo, no es tampoco expresión de un pretendido respeto del principio de intervención mínima (HORTAL IBARRA, DE VICENTE MARTÍNEZ, FERNÁNDEZ ORRICO). La traducción de las personas trabajadoras no registradas en la Seguridad social en la semántica de cuotas porcentuales de trabajo no declarado es el sustrato portador del desvalor que motivó la incorporación del delito del 311.3° CP: conductas que, por revelar patrones de carácter masivo, son susceptibles de integrar actos de competencia desleal (art. 15.2 Ley 3/1991, de Competencia Desleal). Es el desvalor que destaca el Preámbulo de la LO 7/2012.

1.2.2.2. Segunda modalidad típica: cuotas porcentuales de empleo ilegal por la condición migratoria irregular

El segundo inciso del art. 311.3° CP está relacionado directamente con el empleo ilegal de extranjeros, en tanto colectivo que requiere la obtención previa de la preceptiva autorización para trabajar en España (presupuesto para su registro en el sistema de la Seguridad social). La ocupación simultánea "de una pluralidad de trabajadores [...] sin haber obtenido la correspondiente autorización de trabajo" traslada el marco persecutorio (y el ideario) de la Directiva 2009/52/CE relativa a las sanciones y medidas aplicables a los empleadores de nacionales de terceros países en situación irregular, que obliga a tipificar como delito doloso el "empleo simultáneo de un número importante de nacionales de un tercer país en situación irregular" (art. 9.1.b). La ilegalidad de esta modalidad de ocupación, que reside exclusivamente en la condición migratoria irregular del trabajador [arts. 2.d), 3.1 Directiva 2009/52/CE], constituye infracciones administrativas muy graves conforme a los arts. 54.1.d) LOEx y 37.1 LISOS.

El apartado 3° del art. 311 CP incrimina un perfil específico de persecución del trabajo de los inmigrantes irregulares, como complemento de los delitos previstos en los arts. 311 bis y 312.2 *in fine* CP (véase más adelante). El delito que analizamos concibe valorativamente equivalente el trabajo de los inmigrantes irregulares y la repercusión del trabajo no declarado. Téngase en cuenta que la contratación de extranjeros sin autorización para trabajar se encuadra también —incluso expresamente— en los ejes de la competencia desleal (art. 15.3 Ley 3/1991, de Competencia Desleal). En otras palabras, como en la persecución del trabajo no declarado, se pretende evitar aprovechar los menores costes laborales —y sociales— que supone para la actividad empresarial el empleo simultáneo de una pluralidad de inmigrantes irregulares.

Esta segunda modalidad típica encarna, además, una auténtica llamada a la tarea de detección, no de la explotación de este colectivo o el menoscabo de sus derechos, sino de la inmigración irregular misma (BENÍTEZ ORTÚZAR, GARCÍA AMEZ). El citado Convenio para la coordinación entre la Inspección de Trabajo y Seguridad Social y las Fuerzas y Cuerpos de Seguridad del Estado en materia de lucha contra el empleo irregular y el fraude a la Seguridad Social, actualizado por Resolución de 28 de abril de 2023, es, ante todo, una vía de fortalecimiento de la detección de la inmigración irregular en el contexto del trabajo: entre los supuestos contemplados, figura el "Empleo de extranjeros sin autorización de residencia y trabajo, y demás supuestos de irregularidades en materia de trabajo de extranjeros".

1.2.2.3. El relieve penal de las cifras porcentuales de trabajo no declarado o empleo ilegal

Una y otra versión del trabajo no declarado pueden concurrir simultáneamente en la misma actividad empresarial, siempre que esa concurrencia comprenda, como mínimo, las siguientes cuotas porcentuales sobre el conjunto de la plantilla de la "empresa" o "centro de trabajo", que, como unidades productivas autónomas, se deben interpretar en términos de "homogeneidad" (STS 478/2015, 17-7):

– cuando el número de trabajadores irregularmente empleados corresponda con la totalidad de los ocupados en las empresas o centros de trabajo con más de 5 y no más de 10 trabajadores (apartado c, art. 311.3° CP).

– cuando el número de trabajadores irregularmente ocupados represente, "al menos", el 50% en las empresas o centros de trabajo que empleen entre 11 y 100 trabajadores (apartado b).

– cuando el número de trabajadores irregularmente empleados represente, "al menos", el 25% en las empresas o centros de trabajo con más de 100 trabajadores (apartado a).

Sobre la dificultad de cotejar las cuotas señaladas en el precepto, y sus paradojas, véase, FERNÁNDEZ ORRICO; STS 478/2015, 17-7, y SAP, Vizcaya, Sección 6ª, 14/2019, 26-2.

1.2.3. Elemento subjetivo y consumación

En realidad, el art. 311.3° CP enmascara un delito de medios determinados. En él, la ausencia de aseguramiento obligatorio en el sistema de Seguridad social, así como la utilización, "en su caso", de la condición migratoria ilegal de los trabajadores ocupados como mano de obra barata, conforman (traducidos en cuotas porcentuales) los medios comisivos idóneos para fundar el contenido de injusto de este delito autónomo: la puesta en peligro de las condiciones de competencia equitativas entre las empresas que contratan trabajadores por cuenta ajena en el sector de actividad de que se trate. Es el núcleo del bien jurídico protegido, como afirma el criterio doctrinal dominante y el Preámbulo de la LO 7/2012. Basta recordar que ha sido esta dimensión la detonante de una pena de hasta 6 años de prisión.

El formato del art. 311.3° CP no puede soslayar, pues, la necesidad de acreditar que las cuotas alcanzadas de trabajo no declarado o de empleo ilegal fundan el sustrato objetivamente idóneo para afectar, de modo relevante, a la igualdad de condiciones respecto de las empresas que operan en el sector de actividad de que se trate y en el momento de la conducta. La conducta debe encaminarse también, subjetivamente, a obtener de forma indebida una posición de ventaja competitiva en el sector del mercado de que se trate.

El bien jurídico principalmente tutelado articula, pues, un singular delito de peligro abstracto y de efectos permanentes mientras no se subsanen las cuotas porcentuales de trabajo no declarado o empleo ilegal.

1.2.4. La repercusión real del delito del art. 311.3° CP

Los pronunciamientos judiciales que han recaído a propósito de este precepto penal hacen oídos sordos a la ratio que motivó su incorporación, es decir, a la vertiente de puesta en peligro de la libre competencia-no desleal (véase, por ejemplo, STS 478/2015, 17-7; SAP, Badajoz, Sección 1ª, 38/2018, 9-10, o las no pocas sentencias de conformidad en este ámbito, que ni siquiera entran en el fondo, como las SSAP, Badajoz, Sección 1ª, 34/2018, 27-6, y 13/2017, 30-10; SAP, Madrid, Sección 7ª, 456/2020, 12-11, y Badajoz, Sección 1ª, 49/2021, 12-11).

En la práctica, este delito, desprendido de la visión de fondo explotadora del art. 311.1° CP, se ha convertido en una recurrente herramienta de control represivo de locales de alterne en los que hay destacada presencia de inmigración irregular: gran parte de las sentencias condenatorias se enfocan sobre este sector dedicado, además, a la actividad de la prostitución (SSTS 308/2023, 27-4; 34/2023, 25-1; 792/2022, 29-9; 121/2017, 23-2; 162/2019, 26-3; SSAP, Asturias, Sección 3ª, 406/2017, 29-9, y Sección 2ª, 303/2020, 14-9; Badajoz, Sección 1ª, 90/2023, 22-6; 35/2019, 6-11; 38/2018, 9-10, y 34/2018, 27-6; Valencia, Sección 3ª, 25/2020, 17-1; Granada, Sección 2ª, 121/2021, 29-3, y STSJ, Cantabria, 13/2020, 24-11, entre otras).

Hoy el delito del art. 311.3° CP ocupa las primeras posiciones del podio persecutorio en el campo del Título XV. Como había vaticinado la FGE, su repercusión se proyectaría particularmente en el contexto del trabajo de los inmigrantes irregulares (Memoria de la FGE, 2013). En este sentido, la deriva del delito que se incorporó, como impostor, a la plantilla del art. 311 CP, coincide con la llamada al control de la economía informal como factor de atracción de flujos migratorios irregulares (Directiva 2009/52/CE, Considerando 33 y art. 1). La tarea de detección de la inmigración irregular, la que se encomienda a las Brigadas Provinciales de Extranjería y Fronteras del Cuerpo Nacional de Policía (UCRIF), ha sido reforzada por la incorporación del art. 311 bis CP, con el mismo telón de fondo. Véase más adelante.

1.3. Art. 311.2º CP: el "delito rider" o el factor criminológico de las empresas digitales de trabajo

La LO 14/2022, de 22 de diciembre, reestructura, por segunda vez, el art. 311 CP. El (reenumerado) apartado 2º, que entró en vigor el 12 de enero de 2023, aplica las penas de prisión de 6 meses a 6 años y multa de 6 a 12 meses a "*los que impongan condiciones ilegales a sus trabajadores mediante su contratación bajo fórmulas ajenas al contrato de trabajo, o las mantengan en contra de requerimiento o sanción administrativa*".

1.3.1. Consideraciones previas: las plataformas digitales de trabajo como potencial contexto criminológico

Asentada en el marco de la contrarreforma laboral de 2021, la LO 14/2022 ha mostrado la voluntad de intervenir en la controversia generada por el modelo de organización de la actividad laboral en las denominadas plataformas digitales de trabajo, basado en la gestión algorítmica del servicio y de las condiciones de trabajo (véase el Preámbulo).

Esta modalidad de empresas constituye hoy un extendido y rentable sector de prestación de servicios de baja cualificación, con una elevada rotación de personal, y caracterizado por la tendencia a la subcontratación. La mayor parte de la actividad de estas plataformas está ocupada por servicios de reparto a domicilio de cualquier producto de consumo (alimentos y comidas, p.ej.) o mercancía (servicio de paquetería): los *riders*. La Unión Europea llama a cristalizar este modelo de negocio porque su particular flexibilidad en virtud de la dinámica algorítmica, y su óptima rentabilidad económica, proporcionan una prueba de resistencia en tiempos de crisis económicas (Informe del Parlamento europeo sobre la propuesta de Directiva relativa a la mejora de las condiciones laborales en el trabajo en plataformas digitales, de 21-12-2022).

> Téngase en cuenta el incremento del 125% en el sector de los *riders* en el periodo de la pandemia de la Covid-19 (Informe del Parlamento europeo sobre la propuesta de Directiva relativa a la mejora de las condiciones laborales en el trabajo en plataformas digitales, de 21-12-2022).

La digitalización ha reescrito la organización del trabajo y removido el concepto mismo de trabajador asalariado. El trabajo en plataformas se organiza, controla y supervisa a través de una infraestructura basada en algoritmos, en sistemas automatizados de seguimiento y de toma de decisiones. La controversia que suscita se ha planteado en dos niveles distintos.

En primer lugar, este modelo de negocio emergente, expresión por antonomasia de la transformación del mercado de trabajo y del concepto mismo de trabajador ("trabajador 4.0" de la cuarta revolución industrial), es caldo de cultivo de condiciones laborales desfavorables: es el legado de la "pandemia de precariedad" (ALOISI/RAINONE/COUNTOURIS).

- Ha borrado el tiempo de trabajo al hilo del *contrato cero* y a través de una retórica eufemística de la "autogestión" del trabajo por parte del prestador del servicio. La imprevisibilidad de los horarios de trabajo, y de la duración de la jornada laboral, es una de sus señas; las condiciones de trabajo fluctúan permanentemente según un sistema informático de puntuación (una suerte de *ranking*) y concesión de incentivos (y desincentivos), en función de criterios de rendimiento en los que se da cabida también a la valoración que suministra el usuario del servicio.
- La ausencia de sede empresarial presencial, de centros de trabajo donde los trabajadores puedan conocerse y comunicarse entre sí para promover la negociación colectiva sobre las condiciones laborales, es otro de los sellos de un modelo con tendencia a la subcontratación: la calle de cualquier sitio es el lugar de trabajo (ALOISI/RAINONE/COUNTOURIS).

Sin embargo, no es esta la perspectiva de fondo que ha interesado a la UE, porque teme obstaculizar un modelo de negocio tan rentable y adaptable a los vaivenes del mercado. De hecho, amenaza con ofrecerlo como solución "para la adaptación del modelo social europeo a las realidades del siglo XXI" (Informe del Parlamento europeo sobre la propuesta de Directiva relativa a la mejora de las condiciones laborales en el trabajo en plataformas digitales, de 21-12-2022).

La Directiva UE 2024/2831, de 23 de octubre, relativa a la mejora de las condiciones laborales en el trabajo en plataformas digitales, no responde al talón de Aquiles del ecosistema digital de trabajo 4.0: extramuros del marco normativo armonizador se encuentra la definición de tiempo de trabajo aplicada al tiempo de espera de un nuevo pedido, al tiempo dedicado para seleccionar las opciones mejor remuneradas, o al tiempo de desplazamiento; tampoco se garantiza el ejercicio de los derechos laborales colectivos (POMARES CINTAS).

En segundo lugar, el auge de este mercado de trabajo ha incrementado de modo significativo cuotas de trabajo no declarado a través del disfraz de falsos trabajadores autónomos (véase STS 2924/2020, 25-9, en relación con prácticas sistemáticas de la empresa *Glovo*, que han favorecido una posición de ventaja en el sector en España). La distorsión que esta situación implica para las condiciones de competencia equitativas dentro del mercado, tanto con la pequeña y mediana empresa "tradicional" como entre las plataformas digitales de trabajo que contratan trabajadores por cuenta ajena, ha sido la voz de alarma que ha motivado a la UE a tomar cartas en el asunto. A ello se suman las implicaciones para la sostenibilidad de los sistemas de protección social de los Estados miembros.

1.3.2. Conducta típica y la cuestión del bien jurídico tutelado

Como el delito del apartado 3º, el del apartado 2º del art. 311 CP es un formato de tipificación que relaja las coordenadas típicas del delito de imposición de condiciones ilícitas lesivas de derechos laborales (art. 311.1º CP). Introduce, en clave de un delito (doloso) autónomo, una modalidad alternativa de conducta:

- Imponer condiciones ilícitas a los trabajadores por cuenta ajena "*mediante su contratación bajo fórmulas ajenas al contrato de trabajo*".
- Mantener las mencionadas condiciones ilícitas "*en contra de requerimiento o sanción administrativa*".

La interrogante sobre la (in)oportunidad del precepto puede plantearse desde distintos ángulos.

En primer lugar, a través de la expresión —"*contratación bajo fórmulas ajenas al contrato de trabajo*"—, el tipo penal del art. 311.2º CP se circunscribe a los contextos del trabajo no declarado. Los precedentes de esta iniciativa legislativa hablan por sí solos.

Tras el impacto social de la STS 2924/2020, de 25 de septiembre, que reconoce la extendida dinámica de los falsos trabajadores autónomos en la actividad de los "*riders*" organizada por la empresa digital *Glovo*, se incorporó al Estatuto de los Trabajadores una *cláusula de presunción de laboralidad* en el seno de las plataformas digitales de trabajo (Disposición adicional vigesimotercera, en relación con el art. 8.1 ET). Ese paso lo dio la así conocida "*ley rider*" (Ley 12/2021, de 28 de septiembre, para garantizar los derechos laborales de las personas dedicadas al reparto en el ámbito de plataformas digitales).

Sin embargo, la dinámica tramposa de *Glovo* (la recluta sistemática de falsos trabajadores autónomos), y su contumaz incumplimiento de los requerimientos administrativos (de la ITSS) que obligaban a la empresa a restablecer la laboralidad en la prestación de la actividad de sus "*riders*", construyeron el relato de una respuesta "en caliente" del Legislador de 2022. El delito del 311.2º CP cubre las dos modalidades de conducta que se identifican precisamente con esa problemática: la conducta activa se contempla en el primer inciso, y la omisiva en el segundo.

La cuestión principal es si, desde un análisis reflexivo, esta iniciativa viene a cubrir alguna laguna que dejara sin resolver el articulado del Título XV del CP.

1.3.2.1. Conducta típica activa

Por un lado, la conducta típica activa —imponer condiciones ilícitas a los trabajadores por cuenta ajena "m*ediante su contratación bajo fórmulas ajenas al contrato de trabajo*"— es una modalidad que se identifica con el verbo rector "imponer" utilizado por el delito que se regula en el apartado inmediatamente anterior (art. 311.1° CP, véase *supra*, epígrafe III).

Por lo tanto, a los efectos del art. 311.2° CP, "imponer" también significa contrariar la voluntad del trabajador (SAP, Madrid, Sección 16ª, 122/2016, 3-3) haciéndole soportar condiciones ilícitas inherentes a una forma de contratación que no reconoce la laboralidad de una relación de trabajo por cuenta ajena, como puede serlo el formato de un falso trabajo autónomo. Téngase en cuenta, además, que la conducta prevista en el primer inciso del mencionado precepto penal es constitutiva de ilícitos administrativo-laborales: concretamente, las infracciones graves de los arts. 7.2 y 22.2 LISOS.

> Véase el concepto de trabajador autónomo en el art. 1.1 Ley 20/2007, de 11 de julio, del Estatuto del Trabajo Autónomo; el art. 11.1 regula el perfil del "trabajador autónomo económicamente dependiente", con criterios organizativos propios. Esta modalidad se ha difuminado a partir de la Ley 31/2015, de 9 de septiembre, por la que se modifica y actualiza la normativa en materia de autoempleo y se adoptan medidas de fomento y promoción del trabajo autónomo y de la Economía Social (CUADROS GARRIDO); el Informe del Consejo General del Poder Judicial, de 3 de noviembre de 2006, sobre el Anteproyecto de reforma penal de 2006, advertía que, al albur de esta figura, pueden enmascararse "formas de dependencia efectiva próximas a la relación laboral".

Si quien detenta funciones de control efectivo de las condiciones laborales dentro de la empresa proyecta la apariencia de un contrato de servicios autogestionado por el propio trabajador, está utilizando medios tramposos (engaño) en la contratación (este extremo se puede comprobar en los hechos valorados por la STS, Sala de lo Social, 2924/2020, 25-9). El propio Preámbulo de la LO 14/2022 ofrece la clave de los escenarios que se anudan al tipo penal del art. 311.2° CP: es un delito específico (es decir, autónomo) porque tipifica un "modus operandi" basado en la "utilización espuria de un contrato" que encarna "el camuflaje jurídico del trabajo por cuenta ajena bajo otras fórmulas que niegan a las personas trabajadoras los derechos individuales y colectivos que a tal condición reconoce, con carácter de indisponibles e irrenunciables, la legislación laboral".

Con este delito, señala el Preámbulo, se "pretende cubrir una laguna de punibilidad sobre hechos vinculados, en general (...) a nuevas tecnologías (...) a partir del uso de sistemas automatizados (...)"; sin embargo, el tenor legal no incluye elemento adicional alguno que revele la exigencia de una utilización masiva o sistemática de un modelo de contratación que camufla la laboralidad de la relación de trabajo. Por consiguiente, no se comprende la laguna de punibilidad ni la razón por la que no pueda reconducirse esta conducta al ámbito del delito central de persecución de la explotación laboral (art. 311.1° CP). En esta línea, HORTAL IBARRA.

Tomando como ejemplo el caso de los "*riders*" como falsos autónomos, la relevancia penal descansa en una estrategia de contratación manipuladora que menoscaba los derechos laborales y sociales, haciendo creer al repartidor que se le recluta en calidad de trabajador autónomo *económicamente dependiente* (CUADROS GARRIDO), bajo el eufemismo de la autogestión digital del trabajo. Esta conducta es, desde luego, como indica el Preámbulo, una forma de "criminalidad grave"; se puede subsumir sin obstáculo en el apartado 1° del art. 311 CP (véase la STS 543/2023, 5-7), también presidido por el verbo "imponer" condiciones ilícitas perjudiciales, y concebido precisamente para el objetivo que subraya el Preámbulo: "garantizar la indemnidad de la propia relación laboral mediante la sanción de aquellas conductas que atenten de forma más grave contra los derechos y condiciones laborales de las personas trabajadoras". Es, además, idóneo para dar cabida a una amplia fenomenología que se adapta a la idiosincrasia de los modelos que organizan "Trabajo 4.0".

Ahora bien, como se ha señalado al comienzo, es probable pensar que la incorporación del tipo penal del 311.2° CP sea una llamada a eludir la necesidad de acreditar los medios típicos del apartado 1° (abuso de situación de necesidad o engaño), y justificar este delito, según el Preámbulo, por acotar el medio de imposición de condiciones ilícitas en el trabajo (MARTÍNEZ-BUJÁN PÉREZ, MUÑOZ CONDE, FERNÁNDEZ NIETO, CUADROS GARRIDO). Sin embargo, no puede burlar la obligación de acreditar la situación de sometimiento del trabajador a tales condiciones ilícitas "impuestas", que sólo podrá materializarse idóneamente por medio de un mecanismo tramposo o abusivo (CUADROS GARRIDO); de no ser así, la conducta deberá resolverse, si no constituye otro tipo penal, a través de la jurisdicción administrativa-laboral. Desde este prisma, el "delito *rider*" no viene a cubrir laguna de punibilidad alguna.

De otra parte, esas estrategias de "camuflaje jurídico del trabajo por cuenta ajena", objeto de preocupación de la reforma de 2022, pueden tener encaje en el delito de tráfico ilegal de mano de obra (art. 312.1 CP), que, como delito de peligro, es una arteria esencial del Título XV. Téngase en cuenta que las estrategias sistemáticas de recluta al margen del modelo de contratación previsto en la legislación laboral es un *modus operandi* propicio para vaciar de contenido derechos y garantías laborales. Los contextos del "Trabajo 4.0", que trascienden el problema del trabajo no declarado, son campo abonado para el delito del art. 312.1 CP (véase *supra* epígrafe III).

Un apunte más. Utilizar como modo de recluta de trabajadores un sistema que induce a una clasificación errónea de falsos "contratistas independientes", ofreciendo condiciones engañosas de "autogestión" del trabajo por parte del prestador del servicio, también puede constituir una conducta de tráfico fraudulento de mano de obra, contemplado en el art. 312.2, primer inciso CP (en esta línea, LÓPEZ BERMEJO). Véase, por ejemplo, el supuesto de los "falsos cooperativistas de trabajo asociado", un auténtico camuflaje de la laboralidad valorado por la STS 543/2023, 5-7.

Cabe observar, además, que los delitos de tráfico ilegal de mano de obra prevén una pena de prisión de mayor efecto disuasorio que la del delito del art. 311 CP: el límite mínimo es de 2 años.

1.3.2.2. Conducta típica omisiva

La modalidad omisiva prevista en el segundo inciso del art. 311.2° CP consiste en *mantener* las condiciones ilícitas *impuestas* mediante estrategias de contratación ajenas al contrato de trabajo "*en contra de requerimiento o sanción administrativa*". Cabe preguntarse si era necesario incorporar un nuevo delito para responder a empresas digitales de trabajo —como *Glovo*— en su empeño contumaz por esquivar los costes derivados del correcto modelo de contratación.

En primer lugar, no es ocioso recordar que el delito de imposición de condiciones ilícitas lesivas de derechos laborales (art. 311.1° CP), como delito de resultado y de consumación permanente, permite encuadrar conductas omisivas (en comisión por omisión) basadas en el incumplimiento reiterado, o que se prolonga "durante amplios períodos de tiempo", de la normativa laboral, porque equivalen a imponer (hacer soportar) condiciones ilícitas perjudiciales (ORTUBAY FUENTES, MORALES GARCÍA). Por lo mismo, el art. 311.4° CP responde a los escenarios de transmisión de empresas cuando se mantienen condiciones ilícitas previamente "impuestas" por el empleador cedente (véase *supra* epígrafe III).

El Preámbulo de la LO 14/2022 justifica la variante omisiva del delito del art. 311.2° CP —como modalidad autónoma— por la oportunidad de acotar también su *modus operandi*: "la desatención del llamamiento a adecuarse a la legalidad que se le ha hecho" "al infractor o infractora" "mediante requerimiento o sanción". Sorprende, a estas alturas, que se haga depender la relevancia penal de la conducta omisiva —en contraste con el ámbito de aplicación del 311.1° CP— de una condición adicional: la previa actuación administrativa (o judicial). Este elemento —recordemos— ha sido rechazado por la Doctrina de forma unánime a propósito del delito de discriminación laboral, que exigía no restablecer "*la situación de igualdad ante la ley tras requerimiento o sanción administrativa*" (art. 314 CP, véase *supra* epígrafe III).

La necesidad de que medie "*requerimiento o sanción administrativa*" reproduce, pues, el elemento normativo típico más controvertido del Título XV, porque es un retroceso en el entendimiento de la naturaleza de un delito laboral (HOR-

TAL IBARRA, FERNÁNDEZ ORRICO). Es una técnica legislativa no centrada en el incumplimiento de una posición material de garante en relación con los derechos laborales afectados, sino en la distorsión de las reglas de resolución del conflicto laboral. Hace recaer la *ratio* del segundo inciso del art. 311.2° CP —lo señala expresamente el Preámbulo— en el reforzamiento de "la efectividad del ordenamiento jurídico laboral y de su sistema de control administrativo ante incumplimientos del mismo en detrimento de los derechos, individuales y colectivos, de las personas trabajadoras". Y, como recuerda HORTAL IBARRA, los incumplimientos contractuales constituyen "el hábitat natural de los ilícitos administrativo-laborales".

Este elemento típico adicional viene a poner en tela de juicio el objeto primordial de tutela del art. 311.2° *in fine* CP, frente a la garantía de los derechos laborales que ofrece el art. 311.1° CP. Cabe, por tanto, reproducir aquí la problemática planteada con ocasión del delito de discriminación laboral (véase *supra* epígrafe III).

En cualquier caso, como ocurre con la conducta activa analizada, tampoco la estructura de la modalidad omisiva cubre el significado que, según el Preámbulo, justificaría el delito del art. 311.2° CP: responder al "incumplimiento *masivo* de la correcta utilización del contrato de trabajo" (la cursiva ha sido añadida).

En síntesis, el "delito *rider*" no sólo se antoja innecesario, sino que es en sí mismo un "antojo", un golpe de efecto político. Denota el calado casuístico que impregna este tipo penal: es un pulso "en caliente" a la conducta empresarial desobediente de *Glovo* que, de modo perseverante y contumaz desprecio, no había atendido a los requerimientos de la Inspección de Trabajo encaminados a restablecer la relación de laboralidad de sus *riders*.

En última instancia, si, como se ha explicado, la incorporación de este delito autónomo resulta innecesaria, ¿cuál es entonces el mensaje de tutela que queda por trasladar?

La oportunidad del delito de 2022 corre el riesgo cierto de ser interpretada desde el cristal del Derecho de la UE en el campo de las plataformas digitales de trabajo: la Directiva UE 2024/2831. Téngase en cuenta que la *presunción legal de laboralidad* incorporada en el ET por la "ley *rider*" —y que se pretende reforzar por la vía penal— ha sido precisamente la estrategia de armonización legislativa arbitrada por dicha Directiva, con el objetivo de prevenir las distorsiones de las condiciones equitativas de concurrencia en el mercado (principio de libre competencia-no desleal) que se derivarían del incremento exponencial de cuotas de trabajo no declarado en este contexto: el derecho de la UE ha puesto el acento en dicha vertiente, junto a las implicaciones de estas prácticas de camuflaje de la laboralidad para la sostenibilidad de los sistemas de Seguridad social (véase HORTAL IBARRA, 2024).

Por lo tanto, en este sentido, la reforma de 2022 no ha conseguido neutralizar el impacto de la reforma de 2012 (art. 311.3º CP) sobre la metamorfosis del Derecho Penal en el contexto del trabajo.

2. *Persecución penal del trabajo del inmigrante irregular (arts. 311 bis CP y 312.2 in fine CP)*

2.1. Puntos comunes: intereses prioritarios de tutela penal

El eje de la rentabilidad económica del ser humano ha inspirado también las políticas de gestión de los flujos migratorios contemporáneos; la inmigración se concibe en función de su vertiente económica, es decir, como una variable de ajuste del mercado de trabajo mundial. Desde el paradigma del control de las fronteras exteriores de la UE, se aborda, hoy por hoy, la inmigración legal desde la óptica del combate contra la inmigración irregular. Este ideario se ha reforzado en el nuevo Pacto europeo sobre Migración y Asilo (2023). Dentro de esta retórica, en el contexto del *funcionamiento del mercado interior*, que incluye un sistema que garantiza la libre competencia-no desleal (arts. 114, 119, 207 TFUE, véase *supra* epígrafe I), la figura del inmigrante irregular es considerada la fuente por excelencia de competencia desleal o *dumping* social. Por otro lado, la economía informal se califica particularmente como foco problemático cuando se transforma en "atractivo" para la inmigración ilegal. Por ello se insta a "*identificar a los empleadores que contratan a migrantes irregulares* [...], *especialmente en aquellos sectores económicos en los que la subcontratación está muy extendida*", como las plataformas digitales de trabajo "*que ofrecen trabajo de corta duración*" (Comunicación de la Comisión, de 29-9-2021, sobre la aplicación de la Directiva 2009/52/CE).

La Directiva 2008/115/CE, relativa a normas y procedimientos comunes en los Estados miembros para el retorno de los nacionales de terceros países en situación irregular, implementa en territorio europeo un estatus denegatorio e inocuizador pensado para el inmigrante irregular. Será reforzado por la Propuesta de Reglamento UE para establecer un sistema común de retorno de nacionales de terceros países en situación irregular, de 11 de marzo de 2025. A ello se añade la Directiva 2009/52/CE, por la que se establecen normas mínimas sobre las sanciones y medidas aplicables a los empleadores de nacionales de terceros países en situación irregular, que les elimina toda prestación social si es incompatible con su situación administrativa.

El abaratamiento del trabajador inmigrante irregular ante una situación de ocupación efectiva se materializó en España con la LO 2/2009, de 11 de diciembre, que reforma la LOEx (arts. 10, 36.2, 36.5). Un paso que se suma a otro anterior, cuando, a fines de 2003 (LO 14/2003, de 20 de noviembre), se integra el trabajo del inmigrante irregular en los ejes de la competencia desleal: se califica como tal "*la contratación de extranjeros sin autorización para trabajar obtenida de conformidad con lo previsto en la legislación sobre extranjería*" (art. 15.3 de la Ley 3/1991, de 10 de enero, de Competencia Desleal).

La persecución penal del trabajo del inmigrante irregular está determinada, pues, por un doble factor: como fuente de competencia desleal y como herramienta de tutela del interés del control del flujo migratorio.

Cierto es que este doble interés ya había irrumpido en el texto original del Título XV a través de la incriminación de la colaboración en la inmigración clandestina de trabajadores a España (art. 313.1 CP; véase DAUNIS RODRÍGUEZ). Finalmente, por obra de la LO 5/2010, de 22 de junio, esta conducta acabó fundiéndose en el amplio delito de tráfico ilegal de migrantes (art. 318 bis CP), ubicado en el Título XV bis.

Asimismo, esa doble dimensión es lo que explica la regulación autónoma y separada de la explotación del trabajo del inmigrante irregular (art. 312.2 *in fine* CP), que relaja las exigencias típicas del art. 311.1° CP.

> El art. 312. 2 *in fine* CP impone las penas de prisión de 2 a 5 años y multa de 6 a 12 meses a *"quienes empleen a súbditos extranjeros sin permiso de trabajo en condiciones que perjudiquen, supriman o restrinjan los derechos que tuviesen reconocidos por disposiciones legales, convenios colectivos o contrato individual"*.

Frente al delito de imposición de condiciones ilícitas perjudiciales (art. 311.1°, CP), en el tipo penal del art. 312.2 *in fine* CP el verbo rector es "emplear" a "*súbditos extranjeros sin permiso de trabajo*", lo que ha determinado su entendimiento como modalidad delictiva autónoma de tráfico de mano de obra que gira en torno a la contratación ilícita de trabajadores. El límite mínimo de la pena de prisión que prevé, mucho más elevado (2 años) que el del 311 CP, fue fruto de la Disposición Final 1ª de la legislación de extranjería (LO 4/2000, de 11 enero).

La LO 1/2015, de 30 de marzo, incorpora otra modalidad delictiva autónoma que atiende al mismo ideario. El nuevo art. 311 bis CP persigue tanto la ocupación reiterada de "*ciudadanos extranjeros*" "*sin permiso de trabajo*", como el empleo de un menor de edad "*sin permiso de trabajo*". Este tipo penal, que podría integrarse en el ámbito del delito de tráfico ilegal de mano de obra (art. 312.1 CP), viene a completar las piezas del puzle contra la competencia desleal, bajo el mismo telón de fondo de las directrices de la reforma penal de 2012 (véase *supra* el análisis del art. 311.3° CP). Téngase en cuenta que el Convenio para la coordinación entre la Inspección de Trabajo y Seguridad Social y las Fuerzas y Cuerpos de Seguridad del Estado en materia de lucha contra el empleo irregular y el fraude a la Seguridad Social (Resolución de 28 de abril de 2023, que actualiza el anterior aprobado por Resolución de 4 de noviembre de 2013), contempla, dentro de su área de competencia, el "[*e*]*mpleo de extranjeros sin autorización de residencia y trabajo, y demás supuestos de irregularidades en materia de trabajo de extranjeros*". El

Convenio dirige también la atención hacia las prácticas de abaratamiento de "*los costes a los que tiene que hacer frente la empresa que contrata a los trabajadores*".

A su vez, estas dos herramientas penales (arts. 311 bis y 312.2 *in fine* CP) son el marco reproductor de la Directiva 2009/52/CE relativa a las sanciones y medidas aplicables a los empleadores de nacionales de terceros países en situación irregular, que apuntala la tutela del interés en la contención de los flujos migratorios contemporáneos: como vías de lucha contra la inmigración irregular (art. 1), obliga a tipificar penalmente determinadas prácticas dolosas de empleo ilegal de extranjeros en situación de irregularidad migratoria [art. 9.1, a), c) e)].

En síntesis, las conductas abarcadas por sendos tipos penales podrían haber tenido cabida en los delitos laborales relativos a la salvaguarda del estatuto de la persona trabajadora como epicentro (arts. 311.1º y 312.1 CP) y, sin embargo, su persecución ha discurrido por derroteros políticos muy distintos, bajo una óptica de fondo distinta. No es, pues, la tutela penal de los derechos de los trabajadores la clave principal que los inspira; su respectiva tipificación autónoma es una llamada a la defensa prioritaria de intereses distintos: el Legislador ha doblegado el Título XV a la custodia de los objetivos comunitarios directamente relacionados con el funcionamiento del mercado interior, así como el encaminado a "*garantizar, en todo momento, una gestión eficaz de los flujos migratorios*" (art. 79, apartados 1 y 2.d) TFUE). Véase epígrafe I.

Dar cobertura a este doble juego de intereses funda la regulación penal separada y autónoma en torno a un empleo irregular cuya singularidad reside exclusivamente en la *condición migratoria* de la persona trabajadora. En efecto, la ilicitud de la ocupación sobre la que giran los dos tipos penales (arts. 311 bis y 312.2 *in fine* CP) no recae sobre la actividad laboral desempeñada por el trabajador, o sobre otras circunstancias, no es cualquier contratación ilícita: el art. 2 d) Directiva 2009/52/CE considera "empleo ilegal" la contratación de un extranjero en situación irregular; es decir, es esa condición la que funda la prohibición (art. 3.1). De hecho, ni el art. 311 bis CP, ni el art. 312.2 *in fine* CP utilizan el término "trabajadores", sino "*ciudadanos extranjeros*"/"*súbditos extranjeros*" sin permiso de trabajo ("aún no disponen del permiso necesario para ser considerados legalmente como trabajadores en nuestro país", señalaba la STS 30-1-2003, así como la SAP, Zaragoza, Sección 1ª, 77/2004, 24-2; críticamente, ACALE SÁNCHEZ).

Por lo tanto, la especificidad de ambos delitos deriva exclusivamente del objeto material sobre el que recae la conducta: ser *extranjero-inmigrante-ilegal*. No sólo se trata de un empleado y/o explotado, sino que es también, y sobre todo, sujeto activo de infracciones administrativas contrarias a la legislación de extranjería que llevan consigo la posibilidad de expulsión del territorio nacional; así, el art. 53.1.b) LOEx los sanciona por "[*e*]*ncontrarse trabajando en España sin haber obtenido autorización de trabajo o autorización administrativa previa para trabajar, cuando no cuente con autorización de residencia válida*".

Son, pues, delitos autónomos dirigidos exclusivamente a la figura del inmigrante ilegal que ocupa un puesto de trabajo en España. Hablamos, en definitiva, de la lucha contra el empleo ilegal, que se concibe, a su vez, como fuente de inmigración irregular.

Tan significativos bienes jurídicos han obstaculizado implementar un imprescindible *cortafuegos* entre la tarea institucional de detección proactiva de indicios de explotación efectiva de inmigrantes irregulares —o la finalidad de protección de sus derechos laborales— y el interés del control migratorio —la detección de la inmigración irregular— (véase, en este sentido, Informe de la Relatora Especial sobre la trata de personas, M.G. Giammarinaro, de 17 de julio de 2020 —A/75/169). Este factor probablemente explica su mayor índice de persecución penal (POMARES CINTAS, 2013).

2.2. El empleo de extranjeros sin permiso de trabajo como delito común (art. 311 bis CP)

2.2.1. Bien jurídico protegido

Dos años más tarde de la entrada en vigor de la desestructuración del art. 311 CP (véase *supra*), la LO 1/2015 arroja al Título XV un delito común y autónomo. El art. 311 bis CP, volcado en incriminar la colocación de extranjeros sin autorización administrativa para trabajar, transcribe literalmente el mandato de tipificación penal de la Directiva 2009/52/CE. Castiga, con la pena de prisión de 3 a 18 meses o multa de 12 a 30 meses, a quien "*a) de forma reiterada, emplee o dé ocupación a ciudadanos extranjeros que carezcan de permiso de trabajo, o b) emplee o dé ocupación a un menor de edad que carezca de permiso de trabajo*". Conductas que se corresponden con las previstas en los apartados a) y e), respectivamente, del art. 9.1 de la Directiva.

De un lado, este tipo penal se inscribe en las mismas coordenadas de la reforma penal de 2012, que lo encauzan como herramienta de lucha contra la competencia desleal (véase *supra*). Como el art. 311.3° CP, pretende evitar aprovechar los menores costes laborales y sociales que supone emplear, con habitualidad, a extranjeros sin autorización para trabajar, o bien a menores extranjeros. Es una práctica que se encuentra en la línea del art. 15.3 Ley 3/1991, de Competencia Desleal, que califica como tal "*la contratación de extranjeros sin autorización para trabajar* [...]", y se enmarca en las directrices del mencionado Convenio (2023) para la coordinación entre la Inspección de Trabajo y Seguridad Social y las Fuerzas y Cuerpos de Seguridad del Estado en materia de lucha contra el empleo irregular y el fraude a la Seguridad Social.

De otro lado, traslada los fundamentos de la Directiva 2009/52/CE, que prohíbe el empleo de inmigrantes irregulares como herramienta de lucha contra la inmigración ilegal (Considerando 33 y art. 1).

En este sentido, lo que otorga relevancia penal a la conducta del art. 311 bis CP es exclusivamente la *condición migratoria irregular* de quienes *legalmente* no gozan del derecho al acceso al puesto de trabajo, ni al sistema de la Seguridad Social (art. 10.1 LOEx). No es, por lo tanto, como se ha observado en el apartado anterior, cualquier empleo irregular: son cuotas de un trabajo no declarado que no es susceptible de ser declarado en virtud de la condición migratoria ilegal de quien presta la actividad laboral.

Por razón de la tutela de este doble juego de intereses que subyacen a dicha condición, los "*ciudadanos extranjeros*" sin "*permiso de trabajo*" no se postulan, en puridad, como sujetos pasivos del delito del art. 311 bis CP: ¡son fuente de competencia desleal! y sujetos activos de infracciones administrativas (véase apartado anterior). El protagonismo se desplaza a la custodia de las expectativas de las empresas que contratan trabajadores por cuenta ajena para concurrir en el mercado en condiciones equitativas, junto al interés estatal (y de la UE) de contención de la inmigración irregular (NAVARRO CARDOSO; DE VICENTE MARTÍNEZ, 2020; TRAPERO BARREALES, FARALDO CABANA, GARCÍA AMEZ; HORTAL IBARRA, 2024). En síntesis, el art. 311 bis CP encarna la persecución penal de quienes colaboran en la inmigración ilegal y la competencia desleal empleando de forma reiterada a ciudadanos extranjeros (a), o a un menor de edad extranjero (b), sin la autorización preceptiva para trabajar.

2.2.2. *Conducta típica*

El art. 311 bis CP es un tipo doloso alternativo que se proyecta sobre el trabajo de los inmigrantes irregulares.

El primer inciso castiga el empleo —como sinónimo de ocupación (MARTÍNEZ-BUJÁN PÉREZ, 2023)— "*de forma reiterada*" de extranjeros sin permiso de trabajo (apartado 2.2.1). La reiteración, como requisito típico, funda un patrón de conducta acumulativo pues debe entenderse como un *modus operandi* en la contratación ilegal de trabajadores por cuenta ajena por parte del autor en un determinado sector de actividad: debe revelar las notas de regularidad, continuidad o habitualidad (FARALDO CABANA; sostienen una interpretación restrictiva de este elemento las SSAP, Vizcaya, Sección 1ª, 90140/2021, 25-5, y 167/2024, 23-5).

Ese *modus operandi* también se puede inferir del empleo simultáneo de una pluralidad de inmigrantes irregulares, siempre que sea valorativamente equivalente a la ocupación reiterada (SAP, Segovia, Sección 1ª, 14/2023, 7-12). Con todo, el ámbito de aplicación del art. 311 bis CP puede solaparse con la conducta regulada en el art. 311.3° CP, que castiga con las penas de prisión de 6 meses a 6 años y multa de 6 a 12 meses dar "*ocupación simultáneamente a una pluralidad de trabajadores*" "*sin haber obtenido la correspondiente autorización de trabajo*", cuando se alcance, al menos, las cuotas porcentuales que establece el precepto. En caso de solapamiento, se aplicará el art. 311.3° CP (SAP, Madrid, Sección 7ª, 456/2020, 12-11; véase más adelante).

El segundo inciso del art. 311 bis CP incrimina el empleo de "*un menor de edad*" sin la autorización preceptiva para trabajar (apartado b), transcribiendo, de nuevo, la misma fórmula en singular del art. 9.1.e) de la Directiva 2009/52/CE; por lo tanto, en estos supuestos, no se exige ni reiteración, ni pluralidad de menores empleados (véase, SAP, Almería, Sección 2ª, 197/2019, 10-5).

Como se ha señalado, el texto del art. 311 bis CP no incluye elemento adicional alguno que sea portador de la afectación de los derechos laborales de los inmigrantes irregulares ocupados. Eleva, pues, a la categoría de delito conductas que no se distancian del umbral de una infracción administrativa-laboral, o, en su caso, de una reincidencia administrativa (la SAP, Vizcaya, Sección 1ª, 90140/2021, 25-5, considera este delito una "infracción formal").

El art. 54.1.d) LOEx castiga, como infracción administrativa muy grave, "*La contratación de trabajadores extranjeros sin haber obtenido con carácter previo la correspondiente autorización de residencia y trabajo, incurriéndose en una infracción por cada uno de los trabajadores extranjeros ocupados, siempre que el hecho no constituya delito*". Esta infracción está sancionada con multa desde 10.001 hasta 100.000 euros [art. 55.1.c)].

El art. 37.1 LISOS también sanciona, como infracción muy grave, a "[l]*os empresarios que utilicen trabajadores extranjeros sin haber obtenido con carácter previo el preceptivo permiso de trabajo, o su renovación, incurriendo en una infracción por cada uno de los trabajadores extranjeros que hayan ocupado*".

La tipificación del delito del 311 bis CP no sólo prescinde de un sustrato material que legitime la intervención penal (NAVARRO CARDOSO, 2018; FARALDO CABANA, BENITEZ ORTÚZAR; DE VICENTE MARTÍNEZ, 2020; HORTAL IBARRA, 2024; RODRÍGUEZ-LÓPEZ, GARCÍA AMEZ), sino que imposibilita aplicar, por el principio *non bis in idem*, el régimen sancionador administrativo, que es más eficaz y disuasorio:

- Las infracciones previstas en los arts. 54.1.d) LOEx y 37.1 LISOS, que integran asimismo la reiteración en la ocupación de extranjeros sin permiso de trabajo, o las situaciones de empleo simultáneo, sancionan al autor por cada uno de los extranjeros ocupados.
- En la vía penal, se aplicará un solo delito (art. 311 bis CP) ante una pluralidad de inmigrantes irregulares empleados; la pena de multa, basada en el patrón días-multa, será, por lo general, de cuantía inferior al importe que se impondría por la sanción administrativa correspondiente (FERNÁN-

DEZ ORRICO). Por otro lado, esta pena se entiende aquí como alternativa a una pena de prisión de 3 a 18 meses.

Antes de entrar a valorar la innecesaria incorporación del art. 311 bis CP al Título XV, cabría definir el alcance de sus elementos normativos.

2.2.2.1. El término "*extranjero*"

Es un concepto normativo que se define por exclusión: la persona no-nacional de los Estados miembros de la Unión Europea y aquellas a quienes no sea de aplicación el régimen comunitario (art. 1.3 LOEx). No goza del derecho a la libre circulación, de residencia, ni de acceso al trabajo, sólo bajo las condiciones que impone el Estado receptor a las que estará permanentemente sometida: las distintas autorizaciones que habilitan para entrar, residir y trabajar en España. Así, el art. 36.1 LOEx exige a la persona extranjera mayor de 16 años, si quiere ejercer en España una actividad laboral, la autorización administrativa previa y conjunta "de residencia y trabajo"; como contrapartida, se exige a la persona empleadora solicitar dicha autorización "*que en todo caso deberá acompañarse del contrato de trabajo que garantice una actividad continuada durante el periodo de vigencia de la autorización*" (art. 36. 4 LOEx). Además, la eficacia de la autorización quedará condicionada al alta en la Seguridad Social (art. 36.2 LOEx).

2.2.2.2. El "*permiso de trabajo*"

La alusión al otro elemento nuclear —el "*permiso de trabajo*"— es legalmente obsoleta (MARTÍNEZ-BUJÁN PÉREZ, 2023; TERRADILLOS BASOCO, 2021; VILLACAMPA ESTIARTE/SALAT PAISAL). Téngase en cuenta que el Convenio para la coordinación entre la ITSS y las Fuerzas y Cuerpos de Seguridad del Estado en materia de lucha contra el empleo irregular y el fraude a la Seguridad Social (2023) se refiere al empleo de extranjeros "sin autorización de residencia y trabajo", en consonancia con la legislación de extranjería.

Este elemento típico normativo plantea una problemática particular: el "*permiso de trabajo*" del que carece la persona extranjera ilegalmente empleada debe ser objetivamente requerido para realizar la prestación laboral de que se trate (MARTÍNEZ-BUJÁN PÉREZ, 2023; FARALDO CABANA; DE VICENTE MARTÍNEZ, 2020; VILLACAMPA ESTIARTE/SALAT PAISAL). Por esta misma razón, habrá que excluir del ámbito de aplicación del art. 311 bis CP dar ocupación a personas extranjeras para realizar actividades en sí ilícitas o que no requieren la obtención previa de autorización para trabajar (por ejemplo, el ejercicio de la prostitución ajena, más allá de la actividad de alterne). Asimismo, el empleo de extranjeros menores de edad laboral (por debajo de 16 años, ex art. 36.1 LOEx) queda extramuros de este elemento del tipo (DE VICENTE MARTÍNEZ, 2020; HORTAL IBARRA, 2015; FARALDO CABANA, VILLACAMPA ESTIARTE/SALAT PAISAL; en otra línea, véase la SAP, Badajoz, Sección 1ª, 49/2021, 12-11, que, sin embargo, no entra en el fondo por ser una sentencia de conformidad).

2.2.3. Concursos

El art. 311 bis CP lleva incorporada una cláusula que declara expresamente su aplicación subsidiaria —"*salvo que los hechos estén castigados con una pena más grave en otro precepto de este Código*". Esto significa que impone aplicar, en su caso, el precepto penal más grave que dé cabida a las conductas previstas en aquél. Partiendo de esta premisa, el delito que analizamos es innecesario:

– Si además del empleo reiterado de inmigrantes irregulares, o de un menor inmigrante irregular, se perjudica sus derechos laborales, se aplicará el delito del art. 312. 2 *in fine* CP, que regula de modo separado la explotación ilícita de este colectivo (DE VICENTE MARTÍNEZ, 2020; VILLACAMPA ESTIARTE/SALAT PAISAL; SAP, Vizcaya, Sección 1ª, 90140/2021, 25-5). De esta línea se separa la SAP, Segovia, Sección 1ª, 14 /2023, 7-12, que aplica el delito del art. 311.1° CP (concurre el medio típico engañoso) en concurso real con el delito del art. 311 bis CP.

– Las conductas previstas en el art. 311 bis CP pueden subsumirse, si se dan sus requisitos, en el art. 311.3° CP (VILLACAMPA ESTIARTE/SALAT PAISAL, GARCÍA AMEZ; SAP, Madrid, Sección 7ª, 456/2020, 12-11).

– El delito de tráfico ilegal de mano de obra (art. 312.1 CP) permite dar cabida, bajo su óptica de fondo, a la conducta de dar ocupación reiterada a inmigrantes sin autorización para trabajar en el inicio de la relación laboral, o la de emplear simultáneamente un número considerable de extranjeros en situación de irregularidad migratoria a través de una empresa intermediadora (por ejemplo, AAP, Madrid, 294/2009, 26-1; véase STS 321/2005, 10-3), o contratar a un menor de edad que carezca de permiso de trabajo, o un menor de edad laboral. La pena de prisión prevista en el art. 312 CP —de 2 a 5 años—, que se acumula junto a la pena de multa, es extraordinariamente superior a la impuesta por el art. 311 bis CP, que contempla la pena de prisión de 3 a 18 meses como alternativa a la pena de multa de 12 a 30 meses.

Ejemplo: la conducta de contratar como camarera a una menor extranjera de 16 años sin autorización para residir y trabajar en España, bajo la oferta engañosa de regularizarla administrativamente, y con el verdadero propósito de ocuparla en el ejercicio de la prostitución podría ser constitutiva, si no del delito de tráfico fraudulento de mano de obra (art. 312.1, primer inciso CP), del delito de trata de seres humanos (art. 177.1 bis CP), si la finalidad es la explotación sexual forzosa (véase, STS 298/2015, 13-5). En cambio, el delito del 311 bis CP determinó la calificación de la mencionada conducta (SAP, Almería, Sección 2ª, 197/2019, 10-5).

Asimismo, se ha defendido la hipótesis de un concurso real de delitos con el art. 318 bis CP (SAP, Granada, Sección 1ª, 416/2019, 17-10), aunque la conducta del art. 311 bis CP puede integrarse en éste por concebirse como una modalidad de colaboración en la inmigración ilegal.

Estas reflexiones que cuestionan la oportunidad del delito del art. 311 bis CP han sido respaldadas por la mayoría de los grupos parlamentarios que presentaron Enmiendas en el Senado a propósito de la reforma de 2015 (POMARES CINTAS, 2015). En consecuencia, el art. 311 bis CP es perturbador, no debería aplicarse, no sólo por razón de la cláusula expresa de subsidiariedad, sino por razones de fondo: es superfluo y no encarna un modelo tuitivo de los derechos de los trabajadores, porque no es su objetivo principal.

2.3. El empleo ilegal de extranjeros y en condiciones lesivas de sus derechos laborales como delito autónomo (art. 312.2. in fine CP)

El CP castiga en el art. 312.2 *in fine* CP el empleo de inmigrantes irregulares en condiciones perjudiciales para sus derechos laborales. Impone las penas de prisión de 2 a 5 años y multa de 6 a 12 meses a "*quienes empleen a súbditos extranjeros sin permiso de trabajo en condiciones que perjudiquen, supriman o restrinjan los derechos que tuviesen reconocidos por disposiciones legales, convenios colectivos o contrato individual*".

2.3.1. *Repercusión de la estructura del tipo penal en la delimitación del bien jurídico tutelado*

El Legislador ha decidido perseguir y sancionar, como delito autónomo, los supuestos de explotación de inmigrantes irregulares, al margen, por lo tanto, del precepto portador de la relevancia penal de las situaciones de explotación laboral efectivas (art. 311, apartados 1° y 5° CP). En efecto, la conducta típica del art. 312.2 *in fine* CP no está centrada, como el art. 311.1° CP, en el verbo rector "imponer" condiciones ilícitas, porque no exige medios comisivos que afectan a la libertad de decisión de las personas trabajadoras (engaño, abuso de situación de necesidad) o violencia o intimidación (art. 311.5° CP).

El delito del 312.2 *in fine* CP se contempla en otro frente, dentro de las modalidades de *tráfico ilegal de mano de obra* que giran, como el 311 bis CP (o el 311.3°), en torno al trabajo de los inmigrantes irregulares.

Si se analiza con detenimiento, la conducta típica presenta una doble vertiente: por un lado, está presidida por el verbo emplear a "*súbditos extranjeros sin permiso de trabajo*", lo que le confiere un desvalor de tintes simbólicos y excluyentes porque, como se ha señalado, es la *condición migratoria ilegal* del trabajador el sustrato de la ilicitud de esta clase de empleo (no es cualquier trabajo no declarado, véase *supra* el análisis del art. 311 bis CP); por otro, es necesario que el *empleo ilegal* se desarrolle en condiciones perjudiciales para los derechos que los afectados "*tuviesen reconocidos por disposiciones legales, convenio colectivo o contrato individual*".

Esta doble composición guarda relación con la estructura de la conducta prohibida en la Directiva 2009/52/CE, relativa a las sanciones y medidas aplicables a los empleadores de nacionales de terceros países en situación irregular [véanse, arts. 2 d), 3.1 y 9.1 c)]. Por lo tanto, el delito del art. 312. 2 *in fine* CP representa algo más que un relato de vulneración de derechos laborales porque pone el acento en otro lugar.

La *condición migratoria ilegal*, como elemento normativo del tipo, es la pieza clave de esa doble vertiente: es determinante tanto de la ilegalidad del empleo como del particular estatuto jurídico del inmigrante irregular ante situaciones de ocupación efectiva, previsto en el art. 36.5 LOEx.

La doble estructura del delito revela su naturaleza pluriofensiva.

La primera vertiente del delito —"emplear" a "*súbditos extranjeros sin permiso de trabajo*"— se sitúa de modo directo, como el art. 311 bis CP, en las coordenadas oficiales de la lucha contra el empleo ilegal, que se considera, a su vez, foco de atracción de inmigración irregular. Este delito protege, pues, la libre competencia-no desleal, al tiempo que salvaguarda la política de control migratorio, es decir, el régimen de concesión de autorizaciones para trabajar y permanecer en España (CARDENAL MONTRAVETA/CARDENAL ALEMANY; STS 762/2003, 30-5). En este sentido, es un modo específico de colaboración en la inmigración ilegal del art. 318 bis CP (MIRÓ LLINARES, ACALE SÁNCHEZ). Basta recordar que el límite mínimo de la pena de prisión asociada al delito del art. 312.2 *in fine* CP (2 años), supera con creces el del art. 311 CP (6 meses). Se encuentra en el borde que posibilitaría acceder a la medida de suspensión. Esa elevación de la pena tuvo su origen en la Disposición Final 1ª de la LOEx, que se relaciona con la defensa del interés del control migratorio (POMARES CINTAS, 2013).

La segunda vertiente tutela los derechos laborales de los inmigrantes irregulares en casos de prestación laboral efectiva, que no se equiparan a los del resto de los trabajadores ante supuestos de trabajo no declarado, ya que la normativa "lo impide" (FARALDO CABANA). Conforme al art. 36.5 LOEx, y en consonancia con la mencionada Directiva 2009/52/CE, se les reconocen derechos laborales derivados de la relación de trabajo, pero se les eliminan derechos o prestaciones sociales por no ser "*compatibles*" con la *condición migratoria ilegal*, como el derecho a obtener prestaciones por desempleo o el derecho a la reincorporación al puesto de trabajo.

En otra línea, un sector doctrinal establece, como punto de referencia, el estatuto de los trabajadores inmigrantes regulares (MARTÍNEZ-BUJÁN PÉREZ, 2023; DE VICENTE MARTÍNEZ, 2020; FARALDO CABANA) que, sin embargo, ya se encuentra cubierto por el delito del art. 311.1º CP (véase SAP, Ciudad Real, Sección 1ª, 17/2021, 13-7).

Con todo, en el contexto del trabajo de los inmigrantes irregulares, la Directiva 2009/52/CE distingue, de un lado, los *derechos* reconocidos a este colectivo en caso de ocupación efectiva, cuyo régimen recorta; de otro lado, las *condiciones* esenciales del desarrollo del trabajo: aquí la Directiva hace corresponder la relevancia penal de la explotación de este colectivo con "una desproporción flagrante con respecto a las condiciones de empleo que disfrutan los trabajadores empleados legalmente" [art. 2.i) en relación con el art. 9.1.c)]. Es decir, con un perfil de abuso que casi bordea las hipótesis de esclavitud moderna (véanse *supra*, epígrafe III, las observaciones sobre la explotación forzosa).

Estos problemas interpretativos —y los que analizaremos más adelante— no son sino secuelas de una inaceptable regulación separada de las situaciones de explotación, determinada por la *condición migratoria ilegal*.

Véase el siguiente cuadro comparativo:

Art. 311.1º CP	**Art. 312.2 in fine CP**
Prisión de 6 meses a 3 años y multa de 6 a 12 meses (anterior a la LO 7/2012) Prisión de 6 meses a 6 años y multa de 6 a 12 meses (desde la LO 7/2012)	Prisión de 2 a 5 años y multa de 6 a 12 meses (desde LO 4/2000).
Trabajadores al servicio del sujeto activo	*Emplear a "súbditos extranjeros sin permiso de trabajo"*
Imponer "mediante engaño o abuso de situación de necesidad, condiciones laborales o de Seguridad Social que perjudiquen, supriman o restrinjan los derechos que tengan reconocidos por disposiciones legales, convenio colectivo o contrato individual"	*"en condiciones que perjudiquen, supriman o restrinjan los derechos que tuviesen reconocidos por disposiciones legales, convenio colectivo o contrato individual"*

2.3.2. Conducta típica

El art. 312.2 *in fine* CP regula un delito autónomo que discurre, como se ha señalado, sobre dos conductas diferenciadas.

2.3.2.1. Contratación ilícita de extranjeros

La ilicitud del empleo reside exclusivamente aquí en la ausencia de autorización administrativa para trabajar. Sobre las particularidades de esta modalidad de empleo ilegal y su régimen administrativo sancionador, véase *supra* a propósito del análisis del art. 311 bis CP.

La exigencia de la falta de obtención previa del "*permiso de trabajo*", como elemento normativo del tipo, restringe el campo de aplicación del delito. Plantea inconvenientes de importante calado:

– El "*permiso de trabajo*" debe ser objetivamente requerido para realizar la actividad laboral de que se trate. Por esta razón, frente a lo que señalan las SSTS 792/2022, 29-9, y 372/2005, 17-3, sí importa la clase de trabajo ocupado por la persona inmigrante irregular: habrá que excluir del ámbito típico del art. 312.2 *in fine* CP, la realización de actividades en sí ilícitas o aquéllas que no requieren la obtención previa de autorización para trabajar (véase SAP, Málaga, Sección 3ª, 45/2002, 6-3).

  Normalmente, la explotación de la prostitución ajena se ha entendido vinculada a la realización de otras prestaciones de naturaleza laboral que se incluyen dentro de la actividad de alterne: servir copas y captar clientes, atender llamadas y otras funciones dentro del establecimiento, incluso labores de limpieza del local, que objetivamente sí requieren autorización administrativa (SSTS 1045/2003, 18-7; 293/2004, 8-3; 837/2003, 30-5; 1106/2009, 10-11; 208/2010, 18-3, y 792/2022, 29-9, entre otras; sobre esta materia, HAVA GARCÍA, CRUZ MÁRQUEZ; MARTÍNEZ MORENO, 2020).

– Por idénticas razones, habrá que excluir del alcance del art. 312.2 *in fine* CP, los supuestos de extranjeros *menores de edad laboral* ocupados (*ex* art. 36.1 LOEx) Véanse los supuestos valorados por las SSAP, Madrid, Sección 23ª, 63/2004, 12-7; Girona, Sección 3ª, 630/2004, 14-7, y Madrid, Sección 23ª, 738/2001, 3-12.

– Por falta de previsión expresa, tampoco podrá incluirse en la conducta típica la contratación del extranjero que no haya renovado un "permiso de trabajo" anteriormente obtenido y caducado (FARALDO CABANA). Es una conducta que no se encuentra específicamente contemplada en la infracción administrativa muy grave del art. 54.1.d) LOEx, sí, en cambio, en la infracción laboral muy grave del art. 37.1 LISOS: "*Los empresarios que utilicen trabajadores extranjeros sin haber obtenido con carácter previo el preceptivo permiso de trabajo, o su renovación* [...]".

Estas conductas excluidas del tipo podrán encuadrarse en el delito del art. 312.1 CP, como modalidades de tráfico ilegal de mano de obra, o, si se dan sus requisitos, en el ámbito del art. 311.1° CP, centrado en la protección de los derechos laborales frente a situaciones de explotación que vulneran la libertad de decisión del trabajador.

2.3.2.2. Prestación laboral en condiciones ilícitas perjudiciales

La aplicación del art. 312.2 *in fine* CP, exige, además, que el trabajador extranjero *ilegalmente empleado* (sin permiso de trabajo) desarrolle la actividad laboral en condiciones ilícitas perjudiciales para los derechos "*que tuviesen reconocidos por disposiciones legales, convenio colectivo o contrato individual*". Se requiere el menoscabo del estatus jurídico-laboral de este colectivo de trabajadores (entre otras, SSTS 293/2004, 8-3, y 221/2005, 24-2; SSAP, Navarra, Sección 3ª, 47/2004, 29-4, y Madrid, Sección 7ª, 100/2002, 13-12).

Este precepto penal relaja las exigencias típicas del delito de explotación del art. 311.1° CP, porque no requiere "imponer" condiciones ilícitas por medios abusivos o engañosos, o bien, intimidatorios o coactivos (art. 311.5° CP). Por lo tanto, desde este prisma, la conducta típica no franquea el umbral de los ilícitos administrativos-laborales (véase SAP, Almería, Sección 2ª, 420/2000, 24-11).

> La Doctrina mayoritaria ha criticado la regulación penal separada de las situaciones de explotación laboral de los inmigrantes irregulares. Al mismo tiempo, ha pretendido asimilar dichas situaciones al contenido de injusto del delito del art. 311.1° CP, considerando implícito en el art. 312.2 *in fine* CP, el abuso de situación de necesidad (BAYLOS GRAU/TERRADILLOS BASOCO, NAVARRO CARDOSO, ORTUBAY FUENTES, CARDENAL MONTRAVETA/CARDENAL ALEMANY, MARTÍNEZ-BUJÁN PÉREZ, PÉREZ ALONSO; SSTS 1311/2006, 28-11, y 1045/2003, 18-7). Sin embargo, es éste un planteamiento difícil de aceptar, por dos razones. En primer lugar, la relativa al principio de legalidad penal (GARCÍA ARÁN, MORILLAS CUEVA, MUÑOZ CONDE, LÓPEZ CERVILLA; DÍAZ Y GARCÍA-CONLLEDO, 2007; DAUNIS RODRÍGUEZ), porque el art. 312.2 *in fine* CP, no exige expresamente la intervención de medios comisivos que afecten a la libertad de decisión del trabajador; al contrario, huye de la formulación del 311.1° CP. También hay una razón material. La situación de necesidad o vulnerabilidad del trabajador inmigrante-ilegal es singular, se deriva precisamente de la ausencia de permiso de trabajo, una circunstancia que niega legalmente el derecho a acceder al empleo a unas personas que lo necesitan como medio de supervivencia; es una vulnerabilidad institucional que forma parte esencial de la estrategia estatal de lucha contra la inmigración ilegal. Por eso, es difícil sostener que, a través del art. 312.2 *in fine* CP, el Legislador desvalore penalmente (y con pena más grave en su límite mínimo) una situación de necesidad que administrativamente no desvalora.

Esta segunda vertiente de la estructura típica plantea otro problema interpretativo: la conducta ha de suponer un quebranto de los derechos laborales del trabajador afectado más allá de los derivados del hecho de su *condición migratoria ilegal* (STS 1390/2004, 22-11; SSAP, Barcelona, Sección 9ª, 283/2019, 28-5, y Madrid, 642/2016, 24-11). Por lo tanto, aunque los tribunales han ofrecido soluciones muy dispares, es acertado el criterio doctrinal mayoritario que considera que deben quedar fuera del campo de aplicación del art. 312.2 *in fine* CP (como norma penal en blanco) las hipótesis en las que el empleador se limita a no reconocer derechos que el Estado niega al inmigrante irregular, como el alta en el sistema de Seguridad social (arts. 10, 36.2 LOEx; en esta línea, BAYLOS GRAU/TERRADILLOS BASOCO, CARDENAL MONTRAVETA/CARDENAL ALEMANY; MARTÍNEZ-BUJÁN PÉREZ, 2023; DÍAZ Y GARCÍA-CONLLEDO).

El art. 53.2.a) LOEx considera infracción grave *"No dar de alta, en el Régimen de la Seguridad Social que corresponda, al trabajador extranjero cuya autorización de residencia y trabajo por cuenta ajena hubiera solicitado* [...], *cuando el empresario tenga constancia de que el trabajador se halla legalmente en España habilitado para el comienzo de la relación laboral"*.

En consecuencia, no se le puede requerir al empleador suplir lo que el Estado deniega a los trabajadores-inmigrantes irregulares (SSTS 208/2010, 18-3; 1638/2002, 11-12; 1390/2004, 22-11; 540/2006, 17-5, y 1471/2005, 12-12; SSAP, Huelva, Sección 2ª, 152/2002, 28-5; Alicante, Sección 2ª, 453/2003, 17-10, y Girona, Sección 3ª, 417/2000, de 26-9). Por ello no se entienden los pronunciamientos judiciales que condenan al empleador por no realizar una póliza privada de seguros (véase SAP, Barcelona, Sección 6ª, 25-3-2010).

2.3.3. *Elemento subjetivo*

Este delito sólo admite la comisión dolosa (STS 1471/2005, 12-12, y SAP, Valencia, Sección 2ª, 127/2012, 30-1). El desconocimiento de la condición de extranjero "*sin permiso de trabajo*" determinará un error de tipo sobre los elementos esenciales (la condición migratoria ilegal) que conduce, sea vencible (no prevé la modalidad imprudente) o invencible, a la atipicidad de la conducta a los efectos del art. 312.2 *in fine* CP. Véanse, SSAP, Cádiz, Sección 7ª, 21/2001, 30-1, y 83/2002, 19-6; Madrid, Sección 7ª, 11/2005, 10-2. En estos casos, la protección de los derechos laborales del trabajador inmigrante ilegal podría reconducirse al art. 311.1° CP, siempre que se acrediten sus elementos típicos.

2.3.4. *Concursos*

En virtud de la naturaleza supraindividual del bien jurídico protegido por este delito, se aplicará un solo delito cuando sean varios los trabajadores inmigrantes irregulares afectados. Con todo, la existencia de este delito autónomo conduce a una situación, al menos, llamativa: es posible condenar a una persona como autora del delito del art. 311.1° CP y también del delito del art. 312.2 *in fine* CP, en el caso de que los sujetos pasivos sean, respectivamente, trabajadores inmigrantes legales (o nacionales) e irregulares (*vid.* SJP, n° 5, Sevilla, 2-12-2002, y SAP, Zaragoza, Sección 1ª, 68/1999, 12-2; véase una situación paradójica respecto de ciudadanos rumanos en las SSAP, Salamanca, Sección 1ª, 31/2007, 29-3, y Alicante, Sección 2ª, 310/2008, 14-5).

Se considera que el art. 312.2 *in fine*, CP, es ley especial respecto del art. 311.1° CP, porque la voluntad del Legislador es ofrecer un tratamiento separado de las situaciones de explotación por la *condición migratoria ilegal* de la persona trabajadora. Sin embargo, hay sentencias que, en esas situaciones, aplican el art. 311.1° CP, por razón del medio típico comisivo acreditado (el engaño: SAP, Segovia, Sección 1ª, 14 /2023, 7-12, o el abuso de una situación de necesidad: SAP, Vizcaya, Sección 1ª, 2/2021, 22-1; por su parte, la SAP, Valladolid, Sección 2ª, 77/2024, 12-3, hace derivar el medio abusivo de la carencia de permiso de trabajo).

Con la finalidad de regular las conductas de explotación/abuso laboral en un mismo precepto penal, se propone, de *lege ferenda*, revisar la redacción del art. 311.1° CP en relación con el elemento típico "*abuso de situación de necesidad*", de modo que integre, asimismo, la condición migratoria. Bastaría añadir las situaciones de *abuso de una situación de desamparo relacionada con la condición migratoria o de extranjería de la persona trabajadora*. Esta propuesta sortearía la particular problemática que encierra la interpretación y aplicación del art. 312.2 *in fine* CP (inciso que se suprimiría), y, al mismo tiempo, garantizaría la implementación de un necesario "cortafuegos" entre la tarea institucional de detección proactiva de indicios de explotación y la de detección de la inmigración irregular.

Por otro lado, si la conducta menoscaba, por los medios comisivos del art. 315 CP, el ejercicio de los derechos fundamentales de la libertad sindical y de huelga del trabajador inmigrante ilegal (consagrados en el art. 11 LOEx), se planteará un concurso ideal de delitos: el contenido de injusto y los bienes jurídicos de los arts. 312.2 *in fine* y 315 CP son distintos.

V. LA CLÁUSULA ESPECÍFICA DEL ART. 318 CP

1. *Consideraciones previas: el veto de la responsabilidad penal de las personas jurídicas en el ámbito de los delitos laborales*

Paradójicamente, la declaración de la responsabilidad penal de las personas jurídicas (art. 31 bis CP) no ha llegado —ni se le espera— a la parcela de los delitos del Título XV (críticamente, TERRADILLOS BASOCO, 2021; MUÑOZ CONDE; HORTAL IBARRA, 2018; DE VICENTE MARTÍNEZ, 2020; CUADROS GARRIDO; SSTS 162/2019, 26-3, y 121/2017, 23-2; SSAP, Madrid 804/2019, 3-12, y Cáceres, 430/2023, 15-6). Ni la reforma de 2010 (LO 5/2010, de 22 de junio) ni las posteriores —tampoco la última que ha afectado al Título XV (LO 14/2022)— han mostrado la voluntad de hacerlo en un ámbito en el que "normalmente, el sujeto activo lo será el empresario que (...) actúa con el revestimiento de una persona jurídica" (TERRADILLOS BASOCO, 2010) y caracterizado por "la proliferación de personas jurídicas interrelacionadas, cuando no interpuestas, sobre todo en torno al fenómeno de la subcontratación", que puede facilitar el ocultamiento de delitos laborales (Informe del Consejo Fiscal sobre el Anteproyecto de reforma penal de 2006).

En cambio, es particularmente llamativo que dicha voluntad se haya manifestado en los delitos de acoso que tienen lugar en el contexto del trabajo: la LO 10/2022, de 6 de septiembre, ha reconocido la responsabilidad penal de las personas jurídicas tanto en el delito de acoso sexual (art. 184.5 CP), como en el de acoso laboral (art. 173.1, último CP).

En tales supuestos, una vez acreditados los fundamentos de imputación penal de los delitos de acoso a la persona jurídica (art. 31 bis CP), a la empresa se le impondrá la pena de multa de 6 meses a 2 años. Se considera facultativa la aplicación de las restantes penas previstas en el art. 33.7 CP (arts. 184.5, 173.1, último CP): disolución de la persona jurídica; prohibición de realizar las actividades en cuyo ejercicio se haya cometido, favorecido o encubierto el delito; inhabilitación para obtener subvenciones y ayudas públicas, para contratar con el sector público y para gozar de beneficios e incentivos fiscales o de la Seguridad Social; suspensión de sus actividades; clausura de sus locales y establecimientos; intervención judicial para salvaguardar los derechos de los trabajadores. Incluso es posible acordar las tres últimas mencionadas como medida cautelar durante la instrucción de la causa. Sobre ello, véase DE FUENTES GARCÍA-ROMERO DE TEJADA.

En el marco del Título XV continúa vigente una cláusula específica que reproduce el art. 499 bis *in fine* CPTR 1973, cuando reconducía a las personas físicas la responsabilidad penal por los delitos laborales "realizados por personas jurídicas" (MARTÍNEZ-BUJÁN PÉREZ, 2023). Es el art. 318 CP:

"Cuando los hechos previstos en los artículos de este título se atribuyeran a personas jurídicas, se impondrá la pena señalada a los administradores o encargados del servicio que hayan sido responsables de los mismos y a quienes, conociéndolos y pudiendo remediarlo, no hubieren adoptado medidas para ello. En estos supuestos la autoridad judicial podrá decretar, además, alguna o algunas de las medidas previstas en el artículo 129 de este Código".

En el caso de que los delitos del Título XV "*se atribuyeran a personas jurídicas*", el art. 318 CP reconduce la responsabilidad penal exclusivamente a las personas físicas, y, para las personas jurídicas, prevé la imposición facultativa de "*medidas*" contempladas en el art. 129 CP —las denominadas *consecuencias accesorias.* Estas medidas sancionatorias se introdujeron en el art. 318 CP por LO 11/2003, de 29 de septiembre, es decir, mucho antes de la entrada en el Código Penal español del paradigma de la responsabilidad penal de la persona jurídica, porque obedecían a una finalidad muy precisa: "combatir el tráfico ilegal de personas" —inmigrantes irregulares—, como así lo justificaba el Preámbulo de la citada ley.

El delito que motivó la redacción vigente del art. 318 CP era el relativo a la colaboración en la inmigración clandestina de trabajadores, que desapareció del Título XV tras la LO 5/2010. Desde entonces, esa conducta se resuelve a través del art. 318 bis CP, que sí asigna expresamente responsabilidad penal a las personas jurídicas (apartado 5).

Téngase en cuenta que, en el ámbito de la contratación de inmigrantes ilegales, la Directiva 2009/52/CE señala que las personas jurídicas también deben poder ser consideradas responsables de los delitos regulados en ella, ya que muchos empleadores son personas jurídicas (art. 11.1). Véase, en este sentido, FARALDO CABANA.

Desde la consagración del sistema de responsabilidad penal de la persona jurídica (RPPJ) por la reforma de 2015, el art. 318 CP atesora hoy un significado adicional: es una declaración expresa de veto, a cal y canto, de este modelo de responsabilidad penal en la esfera de los delitos del Título XV.

Se trata de una línea de política económica que mide la repercusión para la rentabilidad empresarial que tendría, en este ámbito, la obligación de implementar, evaluar y mejorar programas de cumplimiento para prevenir delitos laborales: es decir, la adopción y ejecución eficaz de un modelo de organización y gestión, que implica gestión de los recursos financieros de la empresa, verificación periódica del modelo y de su eventual modificación, el establecimiento de un sistema disciplinario, etc. (véase art. 31 bis, apartados 4 y 5 CP). El mensaje es claro: la simplificación de los mecanismos públicos de control de los derechos laborales comportará menores costes y mayores posibilidades de incentivar las inversiones empresariales. Basta comprobar la finalidad de los denominados paquetes *Ómnibus* (abril de 2025).

El ideario neoliberal de la UE se encuentra hoy en plena ebullición (NAÏR). A iniciativa de la Comisión Europea, se ha condenado al ostracismo la implantación de líneas directrices sobre conducta empresarial socialmente responsable: la Directiva (UE) 2024/1760, sobre diligencia debida de las empresas en materia de sostenibilidad, está en punto muerto (véase PÉREZ CEPEDA), merced a los paquetes *Ómnibus*. El objetivo es simplificar, a su más mínima expresión, los deberes de diligencia empresarial en materia de sostenibilidad, burlando cualquier hoja de ruta incómoda al son del respeto de los derechos laborales y derechos humanos universales: se elimina "la legitimación de organizaciones de la sociedad civil, sindicatos y entidades defensoras de derechos humanos para presentar acciones representativas en defensa de las víctimas" de abusos empresariales; se favorece la falta de control de gran parte de las cadenas de suministro, y se elimina el carácter disuasorio del régimen sancionador dirigido a la conducta empresarial, incluidas las cláusulas sobre la responsabilidad civil. En esta línea, la Directiva (UE) 2025/794 —*Stop-the-Clock*— procrastina el lema "Empresa y derechos humanos" (véase el informe de la Asociación Proderechos humanos de España sobre *Derechos humanos y Empresas, la Directiva europea de la diligencia debida de las empresas en materia de sostenibilidad ante el impacto del paquete Ómnibus*, abril 2025).

2. *Criterios de imputación de los delitos laborales atribuidos a la persona jurídica*

Con arreglo al art. 318 CP, la responsabilidad penal por los delitos del Título XV que se atribuyan a una persona jurídica solo podrá recaer sobre la *persona física.*

El art. 318 CP contiene, en primer lugar, las reglas que posibilitan individualizar la esfera de los posibles autores en tales hipótesis. Reconduce la responsabilidad penal a un círculo de personas vinculadas de forma efectiva con la organización de la empresa: los "*administradores o encargados del servicio*" y a quienes, conociendo la situación de peligro para los bienes jurídicos de que se trate, y pudiendo evitarlo, no adopten medidas para ello. En segundo lugar, tras la determinación de la responsabilidad penal de la persona física por el concreto delito laboral, el art. 318 CP prevé, para la persona jurídica, la aplicación potestativa de consecuencias accesorias a la pena del autor (*ex* art. 129 CP).

De una parte, a los efectos de desentrañar la autoría de delitos laborales que se atribuyen a la persona jurídica, se entiende por *administrador* o *encargado del servicio,* quienes, con capacidad resolutoria, ejerzan de forma efectiva funciones o posiciones de control de las actividades laborales en la empresa (DE VICENTE MARTÍNEZ, 2020; STS 34/2023, 25-1; SSAP, Badajoz, Sección 1ª, 90/2023, 22-6; Asturias, Sección 3ª, 406/2017, 29-9; Alicante, Sección 10ª, 361/2020, 26-10), con independencia de que se ostente jurídicamente o no dicha condición. A su vez, esta fórmula permite imputar conjuntamente la responsabilidad penal a través de la modalidad de autoría accesoria (véanse las sentencias señaladas en el análisis del art. 316 CP).

En realidad, el art. 318 CP no se distancia del concepto material de autor que se desprende del art. 31 CP, que contempla las hipótesis de actuación en nombre de otro (de una persona jurídica, o física) y en delitos especiales (BAYLOS GRAU/TERRADILLOS BASOCO, VILLACAMPA ESTIARTE/SALAT PAISAL; RAMÓN RIBAS, 2018). En otra línea, se ha entendido que, frente al 31 CP, el art. 318 CP es ley especial porque extiende expresamente el círculo de autoría a la figura del "encargado del servicio" (así, PÉREZ MANZANO; MARTÍNEZ-BUJÁN PÉREZ, 2023; DE FUENTES GARCÍA-ROMERO DE TEJADA).

La cláusula del 318 CP contiene, asimismo, una regla de imputación de responsabilidad penal en comisión por omisión: se aplica a quienes tienen un deber de garante de impedir el hecho típico atribuido a la empresa, cuando se acredita el conocimiento del mismo y la capacidad para evitarlo (TERRRADILLOS BASOCO, 2016; DE VICENTE MARTÍNEZ, 2020; SSAP, Madrid, 862/2015, 22-12, y Ciudad Real, 16/2019, 24-1). Es una expresión concreta de la regla del art. 11 CP (BAYLOS GRAU/TERRADILLOS BASOCO; MARTÍNEZ-BUJÁN PÉREZ, 2023), que responde, asimismo, a los delitos de peligro concreto contemplados en el Título XV (véase *supra*, arts. 316, 317 CP); en otra línea, HORTAL IBARRA, 2015.

De acuerdo con la Doctrina mayoritaria, el art. 318 CP se reduce a individualizar los contornos de un concepto material de autor previsto en preceptos penales generales (arts. 31 y 11 CP), y aplicado a los delitos laborales que se atribuyen a personas jurídicas. No obstante, cabe situar su singularidad en otra parte.

3. Medidas aplicables a la persona jurídica a la que se atribuyan delitos laborales

Como advierten las SSTS 162/2019, 26-3, y 792/2022, 29-9, el art. 318 CP es un precepto "singular". Su extraordinaria singularidad estriba en una suerte de tratamiento penal que dispensa a las personas jurídicas a las que quepa atribuir delitos laborales, siempre condicionado, como premisa, a la determinación de la responsabilidad penal de las personas físicas conforme a los criterios previstos en él. De ahí que remita directamente a las "*medidas previstas en el artículo 129 de este Código*", en calidad de *consecuencias accesorias* a la pena que corresponda al autor del delito, para prevenir la continuidad de la actividad delictiva en el marco de la empresa (STS 308/2023, 27-4).

> Art. 318 CP:
>
> "[...] *En estos supuestos la autoridad judicial podrá decretar, además, alguna o algunas de las medidas previstas en el artículo 129 de este Código*".
>
> Art. 129 CP:
>
> "*1. En caso de delitos cometidos en el seno, con la colaboración, a través o por medio de empresas, organizaciones, grupos o cualquier otra clase de entidades o agrupaciones de personas que, por carecer de personalidad jurídica, no estén comprendidas en el artículo 31 bis, el juez o tribunal podrá imponer motivadamente a dichas empresas, organizaciones, grupos, entidades o agrupaciones una o varias consecuencias accesorias a la pena que corresponda al autor del delito, con el contenido previsto en las letras c) a g) del apartado 7 del artículo 33. Podrá también acordar la prohibición definitiva de llevar a cabo cualquier actividad, aunque sea lícita.*
>
> 2. *Las consecuencias accesorias a las que se refiere en el apartado anterior sólo podrán aplicarse a las empresas, organizaciones, grupos o entidades o agrupaciones en él mencionados cuando este Código lo prevea expresamente, o cuando se trate de alguno de los delitos por los que el mismo permite exigir responsabilidad penal a las personas jurídicas.*
>
> 3. *La clausura temporal de los locales o establecimientos, la suspensión de las actividades sociales y la intervención judicial podrán ser acordadas también por el Juez Instructor como medida cautelar durante la instrucción de la causa a los efectos establecidos en este artículo y con los límites señalados en el artículo 33.7*".

A partir de la modificación del art. 129 CP por obra de la LO 5/2010, la cláusula específica del art. 318 CP se ha convertido, como advierte la Circular FGE 1/2011, de 1 de junio, en un auténtico despropósito, por varias razones:

- La previsión de las medidas aplicables es potestativa, y limitadas en duración.
- Se exceptúan del catálogo de medidas la multa (por cuotas o proporcional), junto a la disolución de la persona jurídica [art. 129.1 CP en relación con el art. 33.7, apartados c) a g) CP].
- El tratamiento sancionador del art. 129 CP no puede responder adecuadamente a las hipótesis prototípicas que contempla el art. 318 CP porque se reserva para los delitos cometidos "*en el seno, con la colaboración, a través o por medio de empresas, organizaciones, grupos o cualquier otra clase de entidades o agrupaciones de personas que, por carecer de personalidad jurídica, no estén comprendidas en el artículo 31 bis*" (art. 129.1 CP), o cuando se trate de delitos que permiten exigir RPPJ (art. 129.2 CP). Sobre la crítica a esta regulación, RAMÓN RIBAS, 2024.

Aplicar, por lo tanto, estas medidas a entidades con personalidad jurídica (por la vía del art. 318 CP) supone una patente vulneración del principio de prohibición de analogía in *malam partem* (MARTÍNEZ GARAY/MIRA BENAVENT; DOPICO GÓMEZ-ALLER, 2010; RAMÓN RIBAS, 2018; DE FUENTES GARCÍA-ROMERO DE TEJADA).

Con todo, la citada Circular FGE 1/2011 ha pretendido corregir esta cadena de despropósitos, al considerarla "una antinomia normativa" o un olvido del Legislador de 2010 (véase, VILLACAMPA ESTIARTE/SALAT PAISAL). Entiende por ello que la remisión que efectúa el art. 318 al art. 129 CP es sólo formal, es decir, "solo es al catálogo de medidas imponibles y no al presupuesto material de las consecuencias accesorias", de modo que su nuda aplicación "se contrae expresamente para los delitos contra los derechos de los trabajadores" (DE VICENTE MARTÍNEZ, 2020; admite este planteamiento, FARALDO CABANA).

En la *praxis* judicial, las consecuencias accesorias por la vía del art. 318 CP se han impuesto contra los clubes de alterne (SSTS 162/2019, 26-3, y 308/2023, 27-4). Por ejemplo, la suspensión de las actividades y la clausura, durante el plazo de 2 años, del club de alterne "más famoso de Asturias" (SAP, Asturias, 406/2017, 29-9); en esta línea, SSAP, Asturias, Sección 2ª, 303/2020, 14-9; Badajoz, Sección 1ª, 90/2023, 22-6; 34/2018, 27-6, y 38/2018, 9-10. La STS 792/2022, 29-9, aplica la suspensión de la actividad del club por tiempo de 2 años, como medida cautelar *ex* art. 129.3 CP.

Ahora bien, conceder a la cláusula del 318 CP la virtud de extender —*contra legem*— las medidas del art. 129 CP a las empresas con personalidad jurídica significa también soslayar los requisitos materiales de las consecuencias accesorias, corriendo el riesgo de "una inadmisible responsabilidad objetiva" (Circular FGE 1/2016, de 22 de enero).

Por otro lado, la vía del art. 318 CP sortearía la vulneración del principio *non bis in idem,* posibilitando aplicar también a la persona jurídica el régimen sancionador administrativo-laboral correspondiente (LISOS). En tales hipótesis, no concurrirá identidad de fundamento respecto de la finalidad de las medidas penales del art. 129 CP (véanse los criterios consagrados por la STS, Sala de lo Social (Pleno), 469/2020, 18-6, en relación con la STC 70/2012, 16-5). Véase ALABAU PEREIRO.

No queda, pues, otra alternativa que la del reclamo urgente de una reforma legislativa (vía por la que apuesta, con razón, la Circular FGE 1/2011; véase también MARTÍNEZ GARAY/MIRA BENAVENT). No es una cuestión baladí porque, se mire por donde se mire, la cláusula singular del art. 318 CP no sólo es un veto al reconocimiento de la RPPJ cuando los delitos laborales se cometan por cuenta y a beneficio de la empresa; especula también con la impunidad "por partida doble" de la persona jurídica en estos contextos: ni se puede someter al régimen sancionador de los arts. 31 bis y 33.7 CP, ni tampoco a las medidas del art. 129 CP, por conculcación del principio de legalidad, como sostiene el criterio doctrinal mayoritario (MARTÍNEZ GARAY/MIRA BENAVENT).

En síntesis, este particular precepto, que se articula como "ley especial", ha construido una artificiosa y deficiente "tercera vía de responsabilización de la persona jurídica al margen del artículo 31 bis" (Circular FGE, 2011), "una disfunción político-criminal" (HORTAL IBARRA, 2024) que no ha sido subsanada ¡desde 2010!, como ya había denunciado la Circular FGE 1/2016, de 22 de enero.

VI. BIBLIOGRAFÍA

ACALE SÁNCHEZ, M. "Regulación penal de diversos aspectos de la extranjería", en BOZA MARTÍNEZ/DONAIRE VILLA/MOYA MALAPEIRA (Coords.), *La nueva regulación de la inmigración y la extranjería en España. Régimen jurídico tras la LO 2/2009, el Real Decreto 557/2011 y la Ley 12/2009*, Valencia, 2012; Id., "El delito de imposición de condiciones ilegales de trabajo o de seguridad social", en CORCOY BIDASOLO/MIR PUIG (dirs.), *Comentarios al Código Penal. Reformas LLOO 1/2023, 3/2023 y 4/2023*, Valencia, 2024; AGUADO LÓPEZ, S. *El delito contra la seguridad en el trabajo. Artículos 316 y 317 CP*, Valencia, 2001; Id., *"Delitos contra los derechos de los trabajadores"*, en BOIX REIG (Dir.)/LLORIA GARCÍA (Coord.), *Diccionario de Derecho Penal Económico*, 2ª ed., Madrid, 2017; APARICIO TOVAR, J. "La obligación de seguridad y los sujetos obligados. La panoplia de responsabilidades y los sujetos responsables", *CDJ*, 2005; ALABAU PEREIRO, P. "¿Imponer o mantener? Consideraciones en torno al nuevo delito de imposición o mantenimiento de condiciones ilegales mediante fórmulas ajenas al contrato de trabajo", *Revista de Derecho Penal y Criminología*, nº 31, 2024; ALOISI, A. RAINONE, S. y COUNTOURIS, N., *¿Una tarea inconclusa? Armonizar la directiva relativa al trabajo en plataformas con el acervo social de la Unión Europea e internacional.* Documento de Trabajo de la OIT 101, 2024; ÁLVAREZ ALONSO, D. y MARTÍNEZ MORENO, C., "Trabajo y plataformas digitales, primera sentencia del Tribunal Supremo a propósito de un repartidor de Glovo", *Trabajo y derecho: nueva revista de actualidad y relaciones laborales*, nº 72, 2020; ARMENTEROS LEÓN, M. "Respuesta penal a la contratación de extranjeros sin permiso de trabajo, tras la reforma operada en el Código Penal por Ley Orgánica 7/2012", *La Ley* 2013-1; ARROYO ZAPATERO, L. *La protección penal de la seguridad en el trabajo*, Madrid, 1981; Id., "Los delitos contra los derechos de los trabajadores. (Especial consideración del art. 499 bis, Cp)", *Revista Española de Derecho del Trabajo*, nº 15, 1983; Id., "El *ne bis in idem* en las infracciones al orden social, la prevención de riesgos laborales y los delitos contra los derechos de los trabajadores y la seguridad social", *CDJ* 1997, t. XI; Id., "Tráfico ilegal de mano de obra", en AA.VV. *Eurodelitos. El Derecho penal económico en la Unión Europea*, Cuenca, 2004; BAJO FERNÁNDEZ, M. "Delitos contra la libertad y seguridad en el trabajo. Consideraciones sobre modalidades de comisión, concurso y consumación. (A propósito de la sentencia 13 abril 1976)", *CPC*, nº 6, 1978; BAYLOS GRAU, A. y TERRADILLOS BASOCO, J. M., *Derecho penal del trabajo*, Madrid, 2ª ed., 1997; BENÍTEZ ORTÚZAR, I. "A propósito de los nuevos artículos 311. 2 y 311 bis CP, ¿delitos contra los derechos de los trabajadores?", en DE LA CUESTA AGUADO *et al.* (Coords.), LH-*Terradillos Basoco*, Valencia, 2018; BERNAL DEL CASTILLO, J. *La discriminación en el Derecho penal*, 1998; BUENO ARÚS, F. "La protección penal del trabajador en la Propuesta de Anteproyecto del Nuevo Código Penal de 1983 (I)", *Actualidad Laboral*, nº 12, 1986; CARDENAL MONTRAVETA, S. y CARDENAL ALEMANY, F., "El delito contra los derechos de los trabajadores extranjeros sin permiso de trabajo (art. 312.2 *in fine* CP). Especial referencia a su aplicación jurisprudencial", *PJ*, nº 66, 2002; CASAS BARQUERO, E. "Observaciones sobre la libertad y la seguridad en el trabajo en los aspectos penal y constitucional", *CPC*, 1982; CASTELLANO RAUSELL, P. "La imprudencia en el ámbito laboral", *CDJ*, 2002; CASTIÑEIRA PALOU, M. T., LLOBET ANGLÍ, M. y MONTANER FERNÁNDEZ, R., "Concurrencia de culpas en accidentes laborales. Comentario a la SAP de Barcelona de 2 de septiembre de 2003", *ADPCP*, 2005; CUADROS GARRIDO, Mª E. "Camuflaje de la contratación laboral (CP Art. 311.2º)", en, ABELEIRA COLAO/CARRASCOSA BERMEJO/SEMPERE NAVARRO, (Dirs.), *Los delitos laborales*, Madrid, 2024; COBO DEL ROSAL, M. y SÁNCHEZ-VERA GÓMEZ-TRELLES, J., "Responsabilidad penal por accidentes laborales: riesgo permitido y autopuesta en peligro", *CPC*, nº 82, 2004; CORCOY BIDASOLO, M. "Delitos laborales. Ámbito y eficacia de la protección penal de los derechos de los trabajadores", *CDJ*, 2003; CORCOY BIDASOLO, M., CARDENAL MONTRAVETA, S. y HORTAL IBARRA, J. C., "Protección penal de los accidentes laborales. [A propósito de la Sentencia de la Audiencia Provincial de Barcelona (Sección 2ª) 2 de septiembre de 2003]", *PJ*, nº 71, 2003; COTILLAS MOYA, J. C., "La intervención culpable del trabajador en los delitos contra la seguridad en el trabajo", *LL-penal* 16, 2005; CRUZ MÁRQUEZ, B. "Proxenetismo lucrativo: ¿una modalidad diferente de explotación laboral?", en, DE LA CUESTA AGUADO *et al.* (Coords.), L.-H *Terradillos Basoco*, Valencia, 2018; CUENCA GARCÍA, Mª J. "Prevención penal y extrapenal de la siniestralidad laboral", *Estudios penales y criminológicos*, nº 33, 2013; Id., "La incidencia de la "nueva" imprudencia menos grave en la siniestralidad laboral en, DE LA CUESTA AGUADO *et al.* (Coords.), L.-H *Terradillos Basoco*, Valencia, 2018; DAUNIS RODRÍGUEZ, A. *El derecho penal como herramienta de la política migratoria*, Granada, 2009; DE FUENTES GARCÍA-ROMERO DE TEJADA, C. "Responsabilidad de las personas jurídicas, sus administradores y encargados por delitos laborales (CP art. 318)", en, ABELEIRA COLAO, CARRASCOSA BERMEJO y SEMPERE NAVARRO (dirs.), *Los delitos laborales*, Agencia Estatal Boletín Oficial del Estado, Madrid, 2024; DE LA CUESTA AGUADO, P. "Tratamiento jurisprudencial de los supuestos complejos de explotación sexual y laboral", *Revista de Derecho y Proceso Penal*, nº 19, 2008; Id., "Mujeres inmigrantes y siniestralidad laboral: acoso, explotación y esclavitud", *Revista de Derecho Social*, nº 41, 2008; DE VICENTE MARTÍNEZ, R. "El derecho de huelga y el delito de coacciones. (A propósito de la sentencia de la Sala Segunda del Tribunal Constitucional de 21 de diciembre de 1988)", *Poder Judicial*, nº 15, 1989; Id., *Seguridad en el trabajo y derecho penal*, Barcelona, 2001; Id., "Sujetos responsables de la seguridad y salud en el trabajo en el ámbito laboral y en el ámbito penal. En especial la responsabilidad penal de los técnicos en prevención de riesgos laborales", *Actualidad Penal*, nº 12, 2003; Id., *Los delitos contra los derechos de los trabajadores*, Valencia, 2008; Id., *La respuesta penal a la siniestralidad laboral*, Barcelona, 2013; *Id.*, en GÓMEZ TOMILLO (Dir.) *Comentarios prácticos al Código penal*, Tomo III, Pamplona, 2015; Id., *Derecho penal del trabajo. Los delitos contra los derechos de los trabajadores y contra la Seguridad Social*, Valencia, 2020; DEL RÍO MONTESDEOCA, L. "Imposición de condiciones ilegales de trabajo o de seguridad social", *La Ley*, 1999-5; DEMETRIO CRESPO, E. y NIETO MARTÍN, A. (dirs.), *Derecho penal económico y derechos humanos*, Valencia, 2018; DÍAZ Y GARCÍA CONLLEDO, M. "El delito contra la seguridad en el trabajo. Algunos problemas del dolo y la imprudencia, concursales y relativos al artículo 318 del Código Penal", *PJ*, nº 80, 2005; DÍAZ Y GARCÍA CONLLEDO, M. (Dir.), *Protección y expulsión de extranjeros en Derecho penal*, 2007; DOLZ LAGO, M. J. *Las imprudencias punibles en la construcción*, Granada, 1996; Id., "Crisis económica y criminalización de los piquetes de huelga: claves para juristas", *La Ley*, 23-10-2014; DOPICO GÓMEZ-ALLER, J. "El argumento de la 'imprudencia temeraria del trabajador' (art. 15.4 LPRL) y la responsabilidad penal del constructor y arquitectos y otros garantes por lesiones o muertes laborales", *RGDP*, nº 6, 2006; Id., "¿Qué salvar del art. 318 CP? La responsabilidad de administradores y encargados del servicio en los delitos contra los derechos de los trabajadores "atribuidos a una persona jurídica". Consideraciones de *lege ferenda*", en ÁLVAREZ GARCÍA (Dir.), *La adecuación del derecho penal español al ordenamiento de la Unión Europea. La Política criminal europea*, 2009; Id., "Responsabilidad de personas jurídicas", en ORTIZ DE URBINA GIMENO (Coord.), *Memento experto. Reforma penal 2010*, Madrid, 2010; FABIÁN CAPARRÓS, E., "Tráfico ilegal de mano de obra", En, DIEGO DÍAZ SANTOS/SÁNCHEZ LÓPEZ (coords.), *Nuevas cuestiones penales*, 1998; FARALDO CABANA, C. "Emplear a ciudadanos extranjeros o menores sin permiso de trabajo ¿un nuevo delito contra los derechos de los trabajadores?", *Revista de Derecho social*, nº 78, 2017; FERNÁNDEZ ENTRALGO, J. "Autoría y participación, problemas de asignación de responsabilidad: delegación, especialización y trabajo en equipo. El caso de la construcción, subcontratación", *CDJ*, 2005; FERNÁNDEZ NIETO, L., "Los delitos contra los derechos de los Trabajadores, El tipo especial del nuevo artículo 311.2.º del Código Penal", *Diario La Ley*, 3146/2023; FERNÁNDEZ ORRICO, F. J. "Ocupación de trabajadores sin alta en la Seguridad social (CP Art. 311.3º), en, ABELEIRA COLAO, CARRASCOSA BERMEJO y SEMPERE NAVARRO (dirs.), *Los delitos laborales*, Madrid, 2024; FUENTES OSORIO, J. L. "¿El legislador penal conoce la normativa sancionadora laboral? Superposición del ilícito penal y el administrativo-laboral. El ejemplo del tráfico ilegal de mano de obra", *Estudios Penales y Criminológicos*, nº 36, 2016; GARCÍA AMEZ, J. "La imposición y mantenimiento de condiciones ilegales y otras formas delictivas en las relaciones laborales como herramienta de protección de colectivos vulnerables por el Derecho penal", *Revista Penal*, nº 51, 2023; GARCÍA ARÁN, M. (Dir.), *Delincuencia económica: prevenir y sancionar*, Valencia, 2014; GARCÍA MORENO, J. M. "El delito de empleo de súbditos extranjeros sin permiso de trabajo en condiciones que restrinjan o supriman sus derechos laborales: su interpretación jurisprudencial", *CDJ*, 2008; GARCÍA RIVAS, N. "Reflexiones sobre inseguridad laboral e imprudencia. (A propósito de la Sentencia de la AP de Barcelona de 2 de septiembre de 2003)", *RdPP*, nº 12, 2004; Id., "Delitos contra la seguridad en el trabajo. Estructura típica, bien jurídico y concurso de delitos", *CDJ* 2005; Id., "¿Directivas penales de la Unión Europea en materia de salud laboral?", *LH-Vives Antón*, 2009; GIL Y GIL, J. L. "El trabajo decente como objetivo de desarrollo sostenible", *Lex Social*, 1-2020; GONZÁLEZ AGUDELO, G. "Incidencia de las normas internacionales y comunitarias en la protección penal de los derechos laborales del menor de edad", *Revista Electrónica de Ciencia Penal y Criminología*, 14-03 (2012); GRACIA MARTÍN, L. "Instrumentos de imputación jurídico-penal en la criminalidad de empresa y reforma penal", *AP*, 1993; HAVA GARCÍA, E. "Prostitución y delitos contra los derechos de los trabajadores", *Revista de Derecho Social*, nº 11, 2000; HORTAL IBARRA, J. C. *Protección penal de la seguridad en el trabajo*, Barcelona, 2005; Id., "Delimitación del riesgo típico en el delito contra la seguridad en el trabajo (art. 316 CP): especial atención a la relevancia jurídico-penal de la infracción del deber de vigilancia", *CPC*, nº 96, 2008; Id., "Contratación de trabajadores «irregulares», inmigración clandestina, tráfico ilegal de personas y derecho penal", *CDJ*, 2008; Id., "De los delitos contra los derechos de los trabajadores", en CORCOY BIDASOLO y MIR PUIG (Dirs.), *Comentarios al Código penal. Reforma LO 1/2015 y LO 2/2015*, Valencia, 2015; Id., "Tutela de las condiciones laborales y reformas penales: ¿el ocaso del Derecho Penal del Trabajo?", *Revista de Derecho Penal y Criminología*, nº 20, 2018;

Id., "El «delito rider» (art. 311.2.º CP): el derecho penal del trabajo a la carrera", en GARCÍA MOSQUERA *et al.* (Dirs.), *L.-H De Vicente Remesal,* Madrid, 2024; Id., "*De los delitos contra los derechos de los trabajadores*", en CORCOY BIDASOLO y MIR PUIG (Dirs.), *Comentarios al Código Penal. Reformas LL. OO. 1/2023, 3/2023 y 4/2023,* Valencia, 2024 b; JORGE BARREIRO, A. "Cuestiones conflictivas de los tipos penales contra la vida, la salud y la integridad física de los trabajadores y sus repercusiones procesales", *CDJ,* 2008; LAFONT NICUESA, L. "El delito de ocupación ilegal de trabajadores extranjeros", *Revista de Derecho y Proceso Penal,* nº 36, 2014; LASCURAIN SÁNCHEZ, J. A. *La protección penal de la seguridad e higiene en el trabajo,* Madrid, 1994; Id., "Los delitos contra los derechos de los trabajadores: lo que sobre y lo que falta", *Anuario de Derecho Penal y Ciencias Penales,* nº LVII, 2004; Id., "La imputación penal del accidente de trabajo", *Tutela penal de la seguridad en el trabajo,* Cuadernos penales José María Lidón, nº 3, 2006; Id., "Aspectos constitucionales del Derecho penal del trabajo", *CDJ,* 2008; Id., "La delegación como mecanismo de prevención y de generación de deberes penales", en NIETO MARTÍN (Dir.), *Manual de cumplimiento penal en la empresa,* Valencia, 2015; Id., "Delitos contra los derechos de los trabajadores", en DE LA MATA BARRANCO, DOPICO GÓMEZ-ALLER, LASCURAÍN SÁNCHEZ y NIETO MARTÍN, *Derecho penal económico y de la empresa,* 2ª ed., Madrid, 2024; LÓPEZ BARJA DE QUIROGA, J. *La responsabilidad penal en actividades arriesgadas: el caso de la construcción,* Madrid, 2000; LÓPEZ GARRIDO, D. y GARCÍA ARÁN, M., *El Código penal de 1995 y la voluntad del legislador,* Madrid, 1996; LORENZO SALGADO, J. M. "La protección de las condiciones laborales o de seguridad social en los arts. 311 y 312.2, inciso 2º, CP", *CDJ,* 2008; MACHADO RUIZ, Mª D. "Una aproximación al art. 314 del Código Penal", en AA.VV. *El Derecho Penal ante el fenómeno de la inmigración,* Valencia, 2007; MARCOS, J. I. y VELÁZQUEZ, M. (Coords.), *Casos reales de Violencia y Acoso en el Trabajo. Observatorio Vasco sobre el Acoso Moral,* 2010; MARTÍNEZ-BUJÁN PEREZ, C. "El nuevo delito de imposición o mantenimiento de condiciones ilegales a los trabajadores mediante su contratación con fórmulas ajenas al contrato de trabajo", en GONZÁLEZ CUSSAC (Dir.), *Comentarios a la LO 14/2022 de Reforma del Código Penal,* Valencia, 2023; Id., *Derecho Penal Económico y de la Empresa. Parte Especial,* 7ª ed., Valencia, 2023; MARTÍNEZ GARAY, L. y MIRA BENAVENT, J., "Las referencias al art. 129 CP en el libro II del código penal tras la lo 5/2010: una antinomia normativa que no resuelve el anteproyecto de 2012", *Revista General de Derecho Penal,* nº 18, 2012; MARTÍNEZ MORENO, C., "¿Tiene el Derecho del Trabajo alguna respuesta ante la prostitución?", *Labos: Revista de Derecho del Trabajo y Protección Social,* nº 2, 2020; Id., "Sobre externalización, precariedad, falsos autónomos y prestamismo laboral. De nuevo, al hilo del asunto Servicarne", *Revista de derecho social,* nº 109, 2025; MATA MARTÍN, RM, "Derecho penal y siniestralidad laboral: los concursos de infracciones", *RGDP,* nº 10, 2008; MEGÍAS-BAS, A. *Análisis jurídico-laboral del tráfico ilegal de mano de obra,* Albacete, 2021; MIRA BENAVENT, J. "Las coacciones laborales. Los párrafos 2º y 3º del artículo 496 del Código penal", *Anales de la Facultad de Derecho de la Universidad de Alicante,* nº 2, 1983; MIRANDA HERRÁN, E. "Los sujetos activos en los delitos contra la seguridad y salud en el trabajo", *Tutela penal de la seguridad en el trabajo, Cuadernos Penales José María Lidón,* nº 3, 2006; MIRÓ LLINARES, F. "Política comunitaria de inmigración y política criminal en España. ¿Protección o "exclusión" penal del inmigrante?", *Revista Electrónica de Ciencia Penal y Criminología,* 10-05, 2008; MOLINA NAVARRETE, C. "La tutela frente a la 'violencia moral' en los lugares de trabajo: entre prevención e indemnización", *Aranzadi Social,* nº 5, 2001; Id., "La situación actual del tratamiento jurídico-preventivo de los riesgos psicosociales en España: resistencias y avances", En, Mobbing-Opinión.com, Estudios Jurídicos, 2007; MORALES GARCÍA, O. "Mobbing: ¿un hecho penalmente relevante o un delito específico?", en MIR PUIG, C. (Dir.), *El mobbing desde la perspectiva social, penal y administrativa,* Madrid, 2007; MORILLAS CUEVA, L. "La responsabilidad penal en materia de seguridad y salud laboral", *CDJ,* 2004; MUÑOZ CUESTA, F. J. "Imposición de condiciones lesivas a los trabajadores", *Revista Aranzadi Doctrinal,* nº 1, 2018; MUÑOZ SÁNCHEZ, J. *El Delito de imposición de condiciones ilegales de trabajo del Art. 311 del Código Penal en el marco del Derecho Penal del trabajo,* Pamplona, 2008; MUSACCHIO, V. "Contratación ilegal y tutela penal de los trabajadores extranjeros: problemas y propuestas de reforma entre Italia y Europa", *Revista General de Derecho Penal*, nº 14, 2010; NAÏR, S. *Europa encadenada: el neoliberalismo contra la Unión* (trad. de E. Pomares Cintas), Barcelona, 2025; NARVÁEZ BERMEJO, J. M., *Delitos contra los derechos de los trabajadores y la Seguridad Social*, Valencia, 1997; NAVARRO CARDOSO, F. *Los delitos contra los derechos de los trabajadores*, Valencia, 1998; Id., "La protección penal de la libertad sindical. (Comentario a la sentencia de la AP de Palma de Mallorca de 7 de marzo de 1997)", *Relaciones laborales*, nº 2, 1998; Id., "Los delitos contra los derechos mínimos de los trabajadores nacidos de la relación laboral", en GIMENO SENDRA, QUERALT, MARTÍN PALLÍN y MARCHENA GÓMEZ (Dirs.), *Estudio y aplicación práctica del Código penal de 1995*, Tomo II, Madrid, 1997; Id., "El delito de contratación ilegal del art. 311 bis CP: un nuevo despropósito, y un viejo vicio legislativo", en DE LA CUESTA AGUADO *et al.* (Coords.), L.-H *Terradillos Basoco*, Valencia, 2018; NIETO MARTÍN, A. "Delitos contra los derechos de los trabajadores", en AA.VV. *Eurodelitos. El Derecho penal económico en la Unión Europea*, Cuenca, 2004; OLAIZOLA NOGALES, I. "Delitos contra los derechos de los trabajadores (arts. 316 y 317 CP) y su relación con los resultados lesivos", *InDret* 2/2010; ORTUBAY FUENTES, M. *Tutela penal de las condiciones de trabajo. Un estudio del artículo 311 del Código penal*, Bilbao, 2000; PALOMO DEL ARCO, A. "Delitos contra los derechos de los trabajadores", en CAMACHO VIZCAÍNO (Dir.), *Tratado de Derecho Penal Económico*, Valencia, 2019; PEDREIRA GONZÁLEZ, FM, "Delitos contra los derechos de los trabajadores (I)", en, GÓMEZ PAVÓN, ARMENDÁRIZ LEÓN, PEDREIRA GONZÁLEZ y BUSTOS RUBIO, *Delitos de defraudación a la Seguridad Social y delitos contra los derechos de los trabajadores*, Barcelona, 2015; PEREZ ALONSO, E. *Tráfico de personas e inmigración clandestina (un estudio sociológico, internacional y jurídico-penal)*, Valencia, 2008; PÉREZ ALONSO, E. y ZUGALDÍA ESPINAR, J. M. "Responsabilidad penal del empresario y del técnico en prevención de riesgos laborales", *LH-Cerezo Mir*, 2002; PÉREZ CEPEDA, A· "La posible responsabilidad penal derivada de la directiva de diligencia debida y sostenibilidad", en LLABRÉS FUSTER et al. (Coords.) L.-H *Carbonell Mateu*, Valencia, 2025; PÉREZ GONZÁLEZ, S. "Tutela penal laboral del trabajo doméstico", *Revista de Derecho Penal y Criminología*, nº 30, 2023; PÉREZ MANZANO, M. "Delitos contra los derechos de los trabajadores", *Relaciones Laborales*, nº 3, 1997; PIQUERAS GARCÍA, J. "La reducción del coste del despido en el empleo indefinido: aproximación a las tendencias de extinción tras la reforma de 2021", *Lan Harremanak*, nº 53, 2025; POMARES CINTAS, E. "La inmigración laboral del extranjero en el Derecho penal", *CPC*, nº 86, 2005; Id., "El acoso en el trabajo basado en la alteración de condiciones de prestación de la actividad laboral. Análisis de los planteamientos prelegislativos, jurisprudenciales y doctrinales sobre su regulación penal", *CPC*, nº 97, 2009; Id., "La protección penal de los trabajadores frente a los riesgos psicosociales a través de los artículos 316 y 317 del Código penal", *Revista de Derecho Penal*, 2011; Id., *El Derecho penal ante la explotación laboral y otras formas de violencia en el trabajo*, Valencia, 2013; Id., "La revisión de los delitos contra los derechos de los trabajadores según la reforma de 2015", en QUINTERO OLIVARES (Dir.), *Comentarios a la Reforma del Código Penal de 2015*, Pamplona, 2015; Id., "Problemática regulación separada de las modalidades de acoso laboral vertical (descendente) previstas en el Código penal español", en LAFONT NICUESA (coord.), *Los delitos de acoso moral: mobbing, acoso inmobiliario, bullying, stalking, escraches y ciberacoso. Adaptado a la Ley Orgánica 1/2015, de 30 de marzo*, Valencia, 2017; Id., "Un nuevo modelo, otros deberes de diligencia para afrontar la esclavitud moderna: el Anteproyecto de Ley Orgánica integral contra la Trata y la Explotación de seres humanos (2022)", *Revista Sistema Penal Crítico*, nº 4, 2023; Id., "La normalización de la explotación del ser humano: la reescritura de las reglas del mercado de trabajo", En, BARTOLI, BENÍTEZ ORTÚZAR, GUERRINI Y NOTARO (coords.), *Le nuove frontiere della tutela penale della persona/ Las nuevas fronteras de la protección penal de la persona*, Collana Studi «Pietro Rossi», Napoli, 2025; PORTILLA CONTRERAS, G. "Delitos en los que concurre un móvil discriminatorio basado en la identidad sexual de la víctima, art. 22. 4º CP", en QUINTERO OLIVARES (Dir.), *La Reforma Penal de 2010: análisis y comentarios*, Navarra, 2010; PORTILLA CONTRERAS, G. y POMARES CINTAS, E., "Los delitos relativos al tráfico ilegal o la inmigración clandestina de personas (arts. 313 y 318 bis)", en ÁLVAREZ GARCÍA y GONZÁLEZ CUSSAC (Dir.), *Comentarios a la Reforma Penal de 2010.* Valencia, 2010; POZUELO PÉREZ, L. (Coord.), *Derecho penal de la construcción: aspectos urbanísticos, inmobiliarios y de seguridad en el trabajo,* Granada, 2006; QUINTERO OLIVARES, G. "Los delitos laborales: perspectivas de reforma", *RGD,* 1986; RAMÓN RIBAS, E. "Delitos contra los derechos de los trabajadores: ¿responsabilidad penal de la empresa?", en DE LA CUESTA AGUADO *et al.* (Coords.), L.-H *Terradillos Basoco,* Valencia, 2018; Id., "Comentarios a los arts. 127 a 129 bis", en QUINTERO OLIVARES (Dir), *Comentarios al Código Penal Español,* Tomo I. (arts. 1 a 233), 8ª ed., 2024; REMERSARO CORONEL, L. "La afectación de la vida y salud de los trabajadores más vulnerables y su repercusión penal", en DEMELSA BENITO SÁNCHEZ y GIL NOBAJAS (Coords.), *Alternativas político-criminales frente al derecho penal de la aporofobia,* Valencia, 2022; RODRÍGUEZ-LÓPEZ, S., "El delito de ocupación reiterada de personas extranjeras sin autorización de trabajo (art. 311 bis CP)", en FERNÁNDEZ CABRERA/FERNÁNDEZ DÍAZ (Dirs.), *Retos del Estado de Derecho en materia de inmigración y terrorismo,* 2022; RODRÍGUEZ MONTAÑÉS, T. "Responsabilidades penales. Análisis jurisprudencial", en FERNÁNDEZ PASTRANA (Coord.), *Responsabilidades por riesgos laborales en la edificación,* Madrid, 1999; RODRÍGUEZ RAMOS, L., "Responsabilidades penales", en FERNÁNDEZ PASTRANA (Coord.), *Responsabilidades por riesgos laborales en la edificación,* Madrid, 1999; ROJO TORRECILLA, E., *Delitos contra los derechos de los trabajadores y contra la Seguridad Social,* Barcelona, 1998; ROSO CAÑADILLAS, R., "El contrato de trabajo como fuente de derechos en la nueva redacción del artículo 311", *Revista de Derecho Penal y Criminología,* nº 15, 2005; SÁEZ VALCÁRCEL, R. "Morir en el trabajo. Política criminal frente a los accidentes laborales", *CDJ,* 2005; RUEDA GARCÍA, L. "Delitos contra los derechos de los trabajadores (I)", en DEL ROSAL BLASCO (Dir.), *Empresa y Derecho penal,* 1999; SÁINZ CANTERO, J. A., *En torno a los delitos contra la libertad y seguridad en el trabajo,* Murcia, 1972; SAN MILLÁN FERNÁNDEZ, B. "Reflexiones críticas en torno al delito de coacciones a la huelga", *Revista de derecho y proceso penal,* nº 52, 2018; Id., "Coacciones a la huelga: perspectivas de futuro ante la crisis económica derivada de la covid-19", *La ley penal: revista de derecho penal, procesal y penitenciario,* nº 146, 2020; SEMPERE NAVARRO, A. V., "El delito laboral (art. 311.1.º CP) y la STS 247/2017", *Revista Aranzadi Doctrinal,* nº 9, 2017; SERRANO-PIEDECASAS FERNÁNDEZ, J. R. "La responsabilidad penal del empresario, personal técnico y de los servicios de prevención en los delitos contra la seguridad e higiene en el trabajo", *RP,* nº 10 2002; SIERRA HERNAIZ, E. "La represión penal de la discriminación laboral. Análisis del artículo 314 CP", en CORCOY BIDASOLO (Dir.), *Derecho Penal de la Empresa,* 2002; SUANZES PÉREZ, F. "Delitos contra los derechos de los trabajadores", *Delitos económicos en el nuevo Código penal, Cuadernos de Derecho Judicial,* 1996; SUBIJANA ZUNZUNEGUI, IJ, "Los delitos imprudentes en el ámbito laboral", *AP,* 2000; TAPIA BALLESTEROS, P. *La discriminación laboral. Análisis del artículo 314 del Código penal,* Valencia, 2012; TERRADILLOS BASOCO, J. M., *Derecho penal de la empresa,* Madrid, 1995; Id., "Coacciones en el ámbito laboral", *Cuadernos de Derecho Judicial,* 1996; Id., "Empresa y delito en el nuevo Código penal", *Cuadernos de Derecho Judicial,* 1997; Id., "Delitos contra los derechos de los trabajadores (II): arts. 314, 315, 316 y 317 del Código Penal", *CDJ,* 1998; Id., "Delitos contra la seguridad en el trabajo. Cuestiones concursales. Calificación de la imprudencia", *Revista de Derecho Social,* n. 3, 1998; Id., "Migraciones ilegales", *Revista de Derecho social,* nº 4, 1998; Id., "El delito de discriminación laboral", *Revista de Derecho Social,* nº 7, 1999; Id., "La responsabilidad penal en materia de seguridad y salud en el trabajo", *Temas laborales: Revista andaluza de trabajo y bienestar social,* n. 50, 1999; Id., "El Estado y los conflictos sociales: la función del sistema penal", *Revista de Derecho social,* nº 9, 2000; Id., "Diez cuestiones en torno a los denominados «delitos sociales»", en AA.VV. *El trabajo ante el cambio de siglo. Un tratamiento multidisciplinar (aspectos laborales, fiscales, penales y procesales),* Madrid, 2000; Id., *Los delitos contra la vida y la salud de los trabajadores,* Valencia, 2002; Id., "Respuesta penal frente a la siniestralidad laboral", *Tutela penal de la seguridad en el trabajo,* Cuadernos penales José María Lidón, nº 3, 2006; Id., "Derechos de los trabajadores", En, ÁLVAREZ GARCÍA y GONZÁLEZ CUSSAC (Dirs.), *Consideraciones a propósito del Proyecto de ley de 2009 de modifi-*

cación del Código penal, Valencia, 2010; Id., *Aporofobia y Plutofilia: La deriva jánica de la política criminal contemporánea*, Barcelona, 2020; Id., "Delitos contra los derechos de los trabajadores: veinticinco años de política legislativa errática", *Estudios Penales y Criminológicos*, 2021; Id., "Trabajo forzoso, servidumbre, esclavitud: ¿aggiornamento de la respuesta penal a la explotación laboral grave?", *Revista Sistema Penal Crítico*, nº 5, 2024; TERRADILLOS BASOCO, J. M. (Dir.) y ACALE SÁNCHEZ, M. (Coord.), *La siniestralidad laboral. Incidencia de las variables "género", "inmigración" y "edad"*, Albacete, 2009; TERRADILLOS BASOCO, J. M., ACALE SÁNCHEZ, M. y GALLARDO GARCÍA, RM, *Siniestralidad laboral. Un análisis criminológico y jurisprudencial*, Cádiz, 2006; TERRADILLOS BASOCO, J. M. y BOZA MARTÍNEZ, D. *El Derecho penal aplicable a las relaciones laborales*, Albacete, 2017; TODOLÍ SIGNES, A. "Cambios normativos en la digitalización del trabajo: comentario a la "ley rider" y los derechos de información sobre los algoritmos", *IUSLabor* 2/2021; VEGA LÓPEZ, J. J. (Coord.), *Responsabilidades y responsables en materia de prevención de riesgos laborales*, Las Palmas, 2004; VELÁZQUEZ FERNÁNDEZ, M. "La prevención de las conductas inseguras", *MC Salud Laboral*, nº 14, 2009; ZÚÑIGA RODRÍGUEZ, L. "Problemas de responsabilidad (penal, administrativa y civil) en el ámbito empresarial por accidentes de trabajo", *RECPC*, 10-10, 2008.

ANEXO: REFERENCIAS LEGALES, CIRCULARES Y CONVENIOS

- Decreto 3096/1973, de 14 de septiembre, por el que se publica el Código Penal, Texto Refundido.
- Ley Orgánica 10/1995, de 23 de noviembre, del Código Penal.
- Real Decreto Legislativo 1/1995, de 24 de marzo, por el que se aprueba el Texto Refundido de la Ley del Estatuto de los Trabajadores.
- Real Decreto Legislativo 2/2015, de 23 de octubre, por el que se aprueba el texto refundido de la Ley del Estatuto de los Trabajadores.
- Real Decreto Legislativo 5/2000, de 4 de agosto, por el que se aprueba el texto refundido de la Ley sobre Infracciones y Sanciones en el Orden Social.
- Real Decreto Legislativo 1/1994, de 20 de junio, por el que se aprueba el Texto Refundido de la Ley General de la Seguridad Social.
- Decreto Legislativo 8/2015, de 30 de octubre, por el que se aprueba el texto refundido de la Ley General de la Seguridad Social.
- Ley 7/2007, de 12 de abril, del Estatuto Básico del Empleado Público.
- Ley 20/2007, de 11 de julio, del Estatuto del Trabajo Autónomo.
- Ley 31/1995, de 8 de noviembre, de Prevención de Riesgos Laborales.
- Ley Orgánica 11/1985, de 2 de agosto, de Libertad Sindical.
- Ley Orgánica 4/2000, de 11 enero, sobre derechos y libertades de los extranjeros en España y su integración social.
- Directiva 2009/52/CE, del Parlamento Europeo y del Consejo, de 18 de junio de 2009, por la que se establecen normas mínimas sobre las sanciones y medidas aplicables a los empleadores de nacionales de terceros países en situación irregular.
- Directiva UE 2024/2831, de 23 de octubre, relativa a la mejora de las condiciones laborales en el trabajo en plataformas digitales.
- Instrucción FGE 1/2001, de 9 de mayo de 2001, sobre actuación del Ministerio fiscal en torno a la siniestralidad laboral.

- Instrucción FGE 104/2001, sobre Relaciones de la Inspección de Trabajo y Seguridad Social con la Fiscalía General del Estado en materia de ilícitos penales contra la seguridad y salud laboral.
- Circular FGE 1/2011, de 1 de junio, relativa a la responsabilidad penal de las personas jurídicas conforme a la reforma del Código Penal efectuada por Ley Orgánica 5/2010.
- Circular FGE 3/2015, de 22 de junio, sobre el régimen transitorio tras la reforma operada por Ley Orgánica 1/2015.
- Circular FGE 1/2016, de 22 de enero, sobre la responsabilidad de las personas jurídicas conforme a la reforma del Código Penal efectuada por Ley Orgánica 1/2015.
- Instrucción, la 1/2007 de la Dirección General de la ITSS sobre profundización de las relaciones entre la ITSS y la FGE en materia de ilícitos penales contra la seguridad y salud laboral.
- Criterio Técnico 69/2009 sobre las actuaciones de la Inspección de Trabajo y Seguridad Social en materia de acoso y violencia en el trabajo.
- Convenio entre el Consejo General del Poder Judicial, el Ministerio Fiscal, el Ministerio del Interior, el Ministerio de Justicia, y el Ministerio de Trabajo y Economía Social, para la investigación eficaz y rápida de los delitos contra la vida, la salud y la integridad física de los trabajadores y la ejecución de las sentencias condenatorias, y para la toma de conciencia social de este problema (Resolución de 20 de enero de 2023).
- Convenio para la coordinación entre la Inspección de Trabajo y Seguridad Social y las Fuerzas y Cuerpos de Seguridad del Estado en materia de lucha contra el empleo irregular y el fraude a la Seguridad Social (Resolución de 28 de abril de 2023).

Lección 30ª

El delito de tráfico ilegal de personas migrantes[1] [2]

ESTHER POMARES CINTAS

SUMARIO. I. EL BLINDAJE DEL TERRITORIO DE LA UNIÓN EUROPEA Y LOS PILARES DE LA LUCHA CONTRA LA INMIGRACIÓN ILEGAL. 1. Repercusiones del abordaje de la inmigración legal desde la lucha contra la inmigración ilegal. 2. Los pilares de la criminalización de la colaboración en la operación migratoria ilegal. 2.1. La variante europea del delito de tráfico ilegal de personas migrantes. 2.2. La condición migratoria ilegal del extranjero como sustrato. 2.3. Repercusiones. 2.4. Propuestas actuales de reforzamiento de la lucha contra la inmigración ilegal. II. LA PERSECUCIÓN DE LA AYUDA A LA INMIGRACIÓN ILEGAL EN EL CP ESPAÑOL: ART. 318 BIS, CP. 1. Antecedentes legislativos. 1.1. Reformas de 2000, 2003 y 2007. 1.2. Reformas de 2010 y 2015. 2. La versión vigente del delito de tráfico ilegal de personas migrantes. 2.1. Estructura del art. 318 bis, CP. 2.2. Las conductas prohibidas por el art. 318 bis, CP, ¿una cuestión penal? 2.2.1. Vulneración del carácter fragmentario y subsidiario del Derecho Penal. 2.2.2. ¿Es un delito "contra los derechos de los ciudadanos extranjeros"? 2.2.3. ¿A qué valores responde "la defensa de los intereses del Estado en el control de los flujos migratorios" a los efectos del art. 318 bis, CP? 2.2.4. La funcionalidad del art. 318 bis, CP. III. DELITO DE AYUDA A LA ENTRADA O AL TRÁNSITO DE INMIGRANTES IRREGULARES EN TERRITORIO ESPAÑOL (ART. 318 BIS.1, CP). 1. Consideraciones previas. 2. Tipo básico. 2.1. La definición de las personas "objeto" del delito como elemento normativo del tipo. 2.2. Conducta típica. 2.3. Elemento subjetivo. 2.4. Repercusiones de la no exigencia de finalidad lucrativa de la ayuda como elemento del tipo básico. 2.4.1. La singular "excepción humanitaria" como herramienta de "tregua" en el combate contra la inmigración ilegal. 2.4.2. ¿Criminalizar la ayuda solidaria entre familiares? 2.5. *Iter criminis*. 2.6. Autoría y participación. 3. El "ánimo de lucro" como criterio agravante de la pena del tipo básico. 4. Tipos hiperagravados. 4.1. Pertenencia del culpable a una organización dedicada a ayuda a la entrada o tránsito ilegal de extranjeros. 4.2. Puesta en peligro de la vida o riesgo de causación de lesiones graves. 4.3. Prevalimiento de la condición pública del culpable. IV. DELITO DE AYUDA A LA PERMANENCIA ILEGAL EN TERRITORIO ESPAÑOL (ART. 318 BIS.2, CP). 1. Estructura del tipo básico. 1.1. Conducta típica. 1.2. Elemento subjetivo. 1.3. *Iter criminis*. 1.4. Autoría y participación. 2. Supuestos de pertenencia del sujeto activo a un grupo organizado dedicado a las actividades de ayuda a la permanencia ilegal. 3. Tipo agravado por prevalimiento de la condición pública del culpable (art. 318 bis.4, CP). V. RESPONSABILIDAD PENAL DE LAS PERSONAS JURÍDICAS (ART. 318 BIS.5, CP). VI. TIPO ATENUADO FACULTATIVO (ART. 318 BIS.6, CP). VII. CONCURSOS. VIII. BIBLIOGRAFÍA.

Artículo 318 bis

1. El que intencionadamente ayude a una persona que no sea nacional de un Estado miembro de la Unión Europea a entrar en territorio español o a transitar a través del mismo de un modo que vulnere la legislación sobre entrada o tránsito de extranjeros, será castigado con una pena de multa de tres a doce meses o prisión de tres meses a un año.

---

1 Este trabajo se enmarca en el Proyecto de Investigación (Ministerio de Ciencia e Innovación) "Análisis de las propuestas legislativas de lucha contra la esclavitud moderna y de las obligaciones de diligencia debida de las empresas en España" (APROES). PID2022-141837OB-I00. Universidad de Granada.

2 La primera edición de esta Lección (2011) la realizó Guillermo Portilla Contreras, Catedrático de Derecho penal de la Universidad de Jaén, a quien agradezco su ayuda y solidaridad con las ideas plasmadas en esta segunda edición del análisis del art. 318 bis, CP, que adopta una configuración distinta.

Los hechos no serán punibles cuando el objetivo perseguido por el autor fuere únicamente prestar ayuda humanitaria a la persona de que se trate.

Si los hechos se hubieran cometido con ánimo de lucro se impondrá la pena en su mitad superior.

2. El que intencionadamente ayude, con ánimo de lucro, a una persona que no sea nacional de un Estado miembro de la Unión Europea a permanecer en España, vulnerando la legislación sobre estancia de extranjeros será castigado con una pena de multa de tres a doce meses o prisión de tres meses a un año.

3. Los hechos a que se refiere el apartado 1 de este artículo serán castigados con la pena de prisión de cuatro a ocho años cuando concurra alguna de las circunstancias siguientes:

a) Cuando los hechos se hubieran cometido en el seno de una organización que se dedicare a la realización de tales actividades. Cuando se trate de los jefes, administradores o encargados de dichas organizaciones o asociaciones, se les aplicará la pena en su mitad superior, que podrá elevarse a la inmediatamente superior en grado.

b) Cuando se hubiera puesto en peligro la vida de las personas objeto de la infracción, o se hubiera creado el peligro de causación de lesiones graves.

4. En las mismas penas del párrafo anterior y además en la de inhabilitación absoluta de seis a doce años, incurrirán los que realicen los hechos prevaliéndose de su condición de autoridad, agente de ésta o funcionario público.

5. Cuando de acuerdo con lo establecido en el artículo 31 bis una persona jurídica sea responsable de los delitos recogidos en este Título, se le impondrá la pena de multa de dos a cinco años, o la del triple al quíntuple del beneficio obtenido si la cantidad resultante fuese más elevada.

Atendidas las reglas establecidas en el artículo 66 bis, los jueces y tribunales podrán asimismo imponer las penas recogidas en las letras b) a g) del apartado 7 del artículo 33.

6. Los tribunales, teniendo en cuenta la gravedad del hecho y sus circunstancias, las condiciones del culpable y la finalidad perseguida por éste, podrán imponer la pena inferior en un grado a la respectivamente señalada.

I. EL BLINDAJE DEL TERRITORIO DE LA UNIÓN EUROPEA Y LOS PILARES DE LA LUCHA CONTRA LA INMIGRACIÓN ILEGAL

1. *Repercusiones del abordaje de la inmigración legal desde la lucha contra la inmigración ilegal*

El eje de la rentabilidad económica de las personas en el *mantra* neoliberal, y la transformación del sistema de producción mundial, basado en economías interdependientes, han provocado un vertiginoso incremento de las desigualdades socioeconómicas entre los territorios.

Este prisma ha afectado también a las políticas globales de gestión de los flujos migratorios (PORTILLA CONTRERAS, 2007; ÁLVAREZ GARCÍA). La inmigración se concibe en función de su vertiente económica, es decir, como una variable de ajuste del mercado de trabajo mundial (NAÏR). Esta visión quedó ya plasmada en el Pacto Europeo sobre Inmigración y Asilo de 2008, "como parte de un enfoque basado en las necesidades de los Estados miembros" e íntimamente ligado a los ejes de "la competitividad y el crecimiento económico".

En esta línea, véase la Directiva (UE) 2021/1883, de 20 de octubre de 2021, relativa a las condiciones de entrada y residencia de nacionales de terceros países con fines de empleo de alta cualificación, y por el que se deroga la Directiva 2009/50/CE.

Los incesantes movimientos de personas provenientes de sectores empobrecidos y no cualificados hacia las regiones más industrializadas son el signo de la época; a ello se suma, desde 2015, el fenómeno de los llamados "modernos grandes desplazamientos mixtos", caracterizados por la confluencia, en las mismas rutas, de inmigrantes económicos y solicitantes de asilo o protección internacional, que huyen de conflictos armados o de la erosión medioambiental. Y, en 2016, se reconoce que "los factores que impulsan los flujos migratorios actuales tienen vocación de permanencia" (Comunicación de la Comisión europea sobre el Primer informe de situación sobre el Marco de Asociación con terceros países en el contexto de la Agenda Europea de Migración) y que "se han vuelto habituales" las afluencias de solicitantes de asilo y protección internacional prolongadas (Declaración de Naciones Unidas para los Refugiados y los Migrantes, de 19 de septiembre de 2016). Es el perfil de los flujos migratorios contemporáneos.

Sin embargo, la respuesta de la ONU ante las presiones migratorias se proyectó exclusivamente sobre la punta del iceberg, atacando a los pasadores de fronteras que facilitan, a cambio de precio, traslados a quienes desean establecerse en otro país, ya que no cuentan con la posibilidad legal de hacerlo. El Protocolo de Palermo, de 15 de noviembre de 2000, *contra el Tráfico ilícito de Migrantes por tierra, mar y aire*, se concibió como complemento de la *Convención contra la delincuencia organizada transnacional*, como lo fue también, por ejemplo, el Protocolo *contra la fabricación y el tráfico ilícitos de armas de fuego*. Este es un dato significativo porque denota que el instrumento internacional que obligó a tipificar como delito el tráfico ilegal de personas migrantes nació descontextualizado. No se encaminaba a comprometer conjuntamente a los Estados a hacer frente, por vías de cooperación, a las causas de los desplazamientos migratorios contemporáneos, ni articuló una plataforma para neutralizar las brechas de desigualdad entre los territorios. Las raíces del problema y la necesaria visión de fondo quedaron ocultas tras el nuevo delito. Debido a su naturaleza penal, el Protocolo de Palermo de 2000 desencadenó políticas migratorias represivas en los países más desarrollados (véase, en este sentido, Informe de la Relatora Especial sobre la trata de personas, M.G. Giammarinaro, de 17 de julio de 2020 —A/75/169).

En el marco de la Unión Europea (UE), el blindaje frente a las migraciones de nacionales de terceros países es un objetivo comunitario relacionado con el control en las fronteras. Se plasma en el Capítulo II del Tratado de Funcionamiento de la Unión Europea, de 13 de diciembre de 2007 (TFUE). La "*lucha reforzada*" contra "*la inmigración ilegal*", incluso la lucha contra la trata de seres humanos, son vertientes de "*una política común de inmigración destinada a garantizar, en todo momento, una gestión eficaz de los flujos migratorios*" (arts. 79.1, 79.2 c. TFUE).

La UE aborda la inmigración legal a partir de la óptica centrada en el combate de la inmigración ilegal: es el ideario del Pacto Europeo sobre Inmigración y Asilo de 2008 que se reproduce, reforzado, en el Nuevo Pacto sobre Migración y Asilo de 2023. Esta política ha ido reduciendo severamente los canales y sistemas legales de entrada, circulación, permanencia y trabajo en el territorio de la UE, y ha alcanzado de lleno, asimismo, al estatuto de las personas solicitantes de asilo y protección internacional, cuyo tratamiento, a partir de 2015, ha acabado asimilándose a una cuestión de inmigración ilegal (POMARES CINTAS, 2014; 2019).

Las repercusiones de esta política son evidentes. Endurecer las condiciones de entrada, permanencia y trabajo (así, consolidar el tándem de la autorización de residencia-trabajo y la contratación en el origen) ha producido el efecto de mermar drásticamente oportunidades de migración regular y aumentar exponencialmente la población inmigrante irregular en territorio europeo; y, al mismo tiempo, ha fomentado la ocupación de este colectivo en sectores productivos no cualificados, o bien no regulados (como el ejercicio de la prostitución).

Dentro de esta retórica, la figura del inmigrante irregular es considerada fuente por excelencia de competencia desleal o *dumping*. La economía informal, que en Europa representa entre el 13,2 y el 16,8% del empleo total, se califica como foco problemático cuando se transforma en "atractivo" para la inmigración ilegal. Y, al hilo de ello, los sectores etiquetados hoy con el sello de "alto riesgo" de explotación ilícita no son sino espacios llamados al control por la presencia de inmigrantes (Comunicación de la Comisión europea, de 29 de septiembre de 2021, sobre la aplicación de la Directiva 2009/52/CE).

2. *Los pilares de la criminalización de la colaboración en la operación migratoria ilegal*

2.1. La variante europea del delito de tráfico ilegal de personas migrantes

En primer lugar, tráfico ilegal de personas migrantes y colaboración de terceros en la inmigración ilegal son términos equivalentes (*smuggling of migrants/ pasadores de fronteras*). Giran en torno a la ayuda al desplazamiento transfronterizo de extranjeros que pretenden establecerse en el territorio de otro país, careciendo de la autorización preceptiva para hacerlo (BAUCELLS LLADÓS, DÍAZ Y GARCÍA-CONLLEDO).

En el núcleo competencial de la UE, la decisión de prohibir la colaboración de terceros en la inmigración ilegal había operado al margen del Protocolo de Palermo de 2000. Estaba vinculada, desde los inicios, al Convenio de aplicación del Acuerdo de Schengen, de 19 de junio de 1990, y se asentaba sobre dos ejes principales que comprometían a los Estados miembros:

- Instando a declarar responsable al extranjero por entrar sin autorización, o fuera de los pasos fronterizos (art. 3.2), o dejar de cumplir los requisitos de permanencia en el territorio respectivo.
- Instando a prohibir la ayuda a la entrada o permanencia en el territorio de un Estado miembro, quebrantando su legislación de extranjería (art. 27.1). Dicha prohibición no necesariamente debía de articularse como delito.

El paso cualitativo de *criminalizar* la intervención de terceros en la operación migratoria ilegal tuvo lugar años antes de la entrada en vigor del Protocolo de Palermo (el 28 de enero de 2004), y de la integración del mismo en el Derecho de la UE (el 24 de julio de 2006). En efecto, el 28 de noviembre de 2002, la UE aprueba la Directiva 2002/90/CE, destinada a definir la ayuda a la entrada, a la circulación y a la estancia irregulares y la Decisión marco 2002/946/JAI, destinada a reforzar el marco penal para la represión de la ayuda a la entrada, tránsito y estancia irregulares.

La Directiva 2002/90/CE sanciona dos modalidades de conducta:

- La ayuda a "*entrar*" en el territorio de un Estado miembro, o a "*transitar*" a través de éste, "*vulnerando la legislación del Estado de que se trate sobre entrada o tránsito de extranjeros*" [art. 1.1.a)].
- La ayuda a "*permanecer*" en el territorio de un Estado miembro, "*vulnerando la legislación del Estado de que se trate sobre estancia de extranjeros*", siempre que esté presidida por fines lucrativos [art. 1.1.b)].

Hasta tal punto llega el celo represivo de la Directiva, que ha sobrepasado el campo de aplicación del delito de tráfico ilegal de migrantes tipificado en el Protocolo de Palermo. La normativa comunitaria es un cheque en blanco que permite a los Estados miembros perseguir con el arma penal cualquier ayuda a la inmigración ilegal, también la individual o esporádica —no se exige el componente de la delincuencia organizada—, o la que se produce entre familiares o bajo la noción de "ayuda humanitaria" —no se exige ánimo de lucro.

No son, pues, las mafias o grupos dedicados a pasar fronteras el objeto único, ni esencial, de persecución penal. Téngase en cuenta que la Directiva incluye una suerte de cláusula (art. 1.2) que permite a los Estados miembros no criminalizar la ayuda a la entrada cuando responda al objetivo de "*prestar ayuda humanitaria a la persona de que se trate*". Lo mismo hace la Directiva 2009/52/CE, por la que se establecen normas mínimas sobre las sanciones y medidas aplicables a los empleadores de nacionales de terceros países en situación irregular, cuando autoriza a los Estados miembros a no sancionar la prestación de asistencia jurídica a inmigrantes irregulares en causas por delitos de explotación laboral: en tales casos, "no se considerará facilitación de la estancia irregular" (art. 13.3). Lo verdaderamente preocupante de estas cláusulas de "caridad" es que las instituciones comunitarias no impidan criminalizar la solidaridad respecto de las personas inmigrantes. Que el Derecho penal intervenga en estos escenarios también es un signo del "ideario UE".

Se observa, pues, que el delito de tráfico ilegal de personas migrantes procedente del pabellón europeo se desmarca completamente de las coordenadas del marco internacional (ONU). Ninguna de las conductas nucleares previstas en la Directiva sería constitutiva del delito de tráfico ilegal tipificado en el Protocolo de Palermo, que condiciona el relieve penal a la concurrencia de tres elementos: carácter transnacional, intervención de un grupo organizado dedicado al cruce ilegal de fronteras y la finalidad de obtener un beneficio material a cambio de la operación migratoria ilegal (art. 6, en relación con el art. 4.2). Véase Notas interpretativas sobre los *travaux préparatoires* de la negociación de la Convención de las Naciones Unidas contra la Delincuencia Organizada Transnacional y sus protocolos (A/55/383/Add.1). Téngase en cuenta, además, que, en estos contextos, ni la finalidad lucrativa, ni el factor de los pasadores organizados de fronteras, invalidan el consentimiento del extranjero en su migración (UNODC, Marco de Acción Internacional para la aplicación del Protocolo contra el tráfico ilícito de migrantes, 2012).

El Derecho de la UE ha construido el delito a la altura del objetivo comunitario consagrado en el mencionado art. 79 TFUE. Se entiende que toda ayuda a la entrada, circulación o permanencia ilegales de extranjeros representa una ofensiva para las fronteras exteriores. Sobre la base de un amplio crisol de comportamientos punibles, la Decisión Marco 2002/946/JAI destinada a reforzar el marco penal para la represión de la ayuda a la entrada, circulación, y estancia irregulares, establece las directrices que deben regir su tipificación penal: la intervención de la delincuencia organizada solo se prevé como modalidad agravada.

2.2. La condición migratoria ilegal del extranjero como sustrato

Como se observa en la tipificación internacional y europea del delito de tráfico ilegal de migrantes, la conducta colaboradora parte del consentimiento del extranjero en la operación migratoria ilegal y gravita en torno del quebrantamiento de la normativa administrativa sobre entrada, circulación o permanencia en el territorio de que se trate. Este modelo de tipificación registra un doble significado:

- No se considera consustancial la utilización de procedimientos que menoscaban la libertad de decisión del extranjero. El recurso a tales medios abona el perfil característico del delito de *trata de seres humanos* (*trafficking in human beings*), que alude a desplazamientos de personas —no necesariamente extranjeras— preordenados al sometimiento de las mismas a situaciones de explotación forzosa (POMARES CINTAS).
- En el delito de tráfico ilegal de migrantes, el extranjero no es considerado víctima.

En consecuencia, la singularidad de este delito deriva exclusivamente del objeto material sobre el que recae la conducta de ayuda: ser *extranjero-inmigrante-irregular.* En otras palabras, es la *condición migratoria ilegal* del extranjero la pieza clave que asigna la relevancia penal a la conducta colaboradora en su entrada, circulación o permanencia en territorio ajeno.

La lucha de la UE contra la inmigración ilegal se apoya en un sustrato simbólico de peligrosidad, arrojado sobre una condición en la que lo que prima no es el comportamiento sino la pertenencia del extranjero a una seña de identidad colectiva: extranjero-inmigrante-irregular o clandestino, que no ha sido invitado para entrar ni para estar o trabajar, pero se encuentra —o puede intentarlo— "entre nosotros". El sistema le atribuye la responsabilidad de su condición de inmigrante "malo" (DE LUCAS MARTÍN).

Los términos "clandestinidad", "irregularidad" o "ilegalidad" de la operación migratoria van anudados, pues, a esa seña de identidad para denotar que el inmigrante no es sólo el objeto material del delito, sino, ante todo, el objeto de control, aquello que se pretende combatir (HORTAL IBARRA). Por ello se inscribe toda ayuda, en todas sus etapas (entrada, traslado, permanencia), en la retórica de peligrosidad para las condiciones de seguridad dentro de las fronteras interiores de la UE.

El marco normativo armonizador de la UE ha ido perfeccionando su estrategia de control construyendo la *condición migratoria ilegal* bajo un estatus jurídico denegatorio en dos niveles.

En primer lugar, al extranjero se le inhabilita: no goza de los derechos a la entrada, libre circulación, residencia, acceso a un puesto de trabajo, o al sistema de protección social, sólo bajo las condiciones que impone el Estado receptor, a las que estará permanentemente sometido; precisa, por tanto, de unos presupuestos que son los que le capacitan, pero limitadamente, a participar en la sociedad de acogida.

En segundo lugar, con el objetivo de neutralizar la presencia del inmigrante irregular en territorio europeo, se ha logrado normalizar una singular semántica de carácter excluyente e inocuizador, sin parangón en las tradiciones constitucionales de los sistemas democráticos europeos (PORTILLA CONTRERAS, DE LUCAS MARTÍN, PÉREZ ALONSO, BRANDARIZ GARCÍA, POMARES CINTAS). Se consolida una plataforma pragmática, salpicada de figuras jurídicas e infraestructuras híbridas en torno al denominado "efecto útil de la expulsión" como respuesta principal.

La Directiva 2008/115/CE, relativa a normas y procedimientos comunes en los Estados miembros para el retorno de los nacionales de terceros países en situación irregular, es la tabla de consagración de un modelo que implica también la expulsión del extranjero de la universalidad de derechos fundamentales: la condición migratoria ilegal es la llave que habilita detener al extranjero (sin causa por delito) y encerrarlo (administrativamente) en centros de internamiento creados para extranjeros (art. 16), por un tiempo que puede alcanzar hasta 12 meses (art. 15, apartados 5 y 6). Además, como medida complementaria a la expulsión, se le prohíbe volver a intentar entrar en el territorio de ningún Estado miembro (art. 11.1).

La ola de pragmatismo en torno a la lucha contra la inmigración ilegal ha encontrado también la complicidad de la institución que había sido, en estos contextos, guardián de las garantías: el Tribunal Europeo de Derechos humanos, que ha dado luz verde a la práctica de devoluciones colectivas o rechazos de extranjeros en frontera (sin una infracción administrativa como base) por la vía de hecho —"en caliente"—, imposibilitando solicitudes de asilo o protección internacional (STEDH, asunto N.D. y N.T. contra España, 13-2-2020, doctrina que amplía la STC 172/2020, 19-1; véase FERNÁNDEZ PÉREZ).

A este estatuto jurídico denegatorio se suma el abaratamiento del trabajador inmigrante irregular en situaciones de ocupación efectiva: la Directiva 2009/52/CE les elimina cualquier prestación social que se considere incompatible con la condición migratoria ilegal.

2.3. Repercusiones

Las repercusiones globales del marco estratégico de la UE en nombre de la lucha contra la inmigración ilegal han marcado también el signo de la época:

- Se ha construido, a través de decisiones inútilmente represivas, una nueva categoría de "*enemigo*" (PORTILLA CONTRERAS, BRANDARIZ GARCÍA, BONSIGNORE FOUQUET) que trasciende el territorio del Estado-nación. Encarna hoy el "chivo expiatorio", utilizado sistemáticamente en la retórica política conservadora y de la extrema derecha, y consentido por la socialdemocracia.
- Produce el efecto de aumentar la demanda de servicios de ayuda ilegal para eludir sistemas de entrada y permanencia cada vez más rígidos en relación con inmigrantes económicos no cualificados. Ello ha alentado la industria de los pasadores de fronteras, porque convierte el cruce de fronteras en un "bien preciado" y sumamente encarecido en virtud de la prohibición (GARCÍA ARÁN, BONSIGNORE FOUQUET; UNODC, Marco de Acción Internacional para la aplicación del Protocolo contra el tráfico ilícito de migrantes, 2012).
- Ha impulsado una maquinaria global de vigilancia permanente por tierra, mar y aire, especializada en la tarea de detección de inmigración ilegal. La vertiente policial está representada por la Agencia Europea de la Guardia de Fronteras y Costas (Frontex), también conocida por prácticas degradantes infligidas a inmigrantes (RUIZ BENEDICTO/FRAILE YUNTA/LADAN). El aparato militar ha sido protagonizado por la operación EUNAVFORMED SOPHIA (2015-2020), reemplazada después por EUNAVFOR MED IRINI.

2.4. Propuestas actuales de reforzamiento de la lucha contra la inmigración ilegal

La acumulación de población inmigrante irregular, los problemas para gestionar y financiar su expulsión, las inversiones en Centros de Internamiento de extranjeros y los gastos sociales derivados de su presencia, siguen removiendo la agenda política europea. No fue suficiente el impacto de la Directiva de retorno 2008/115/CE, como tampoco lo fue la Directiva 2009/52/CE, que impone al empleador la obligación de sufragar los gastos de repatriación o retorno (art. 5.2 b) del inmigrante ocupado, además de eximir a los Estados miembros de la obligación de afrontar el impago del salario pendiente (art. 6).

Hoy el tráfico ilegal de personas migrantes hacia la UE alcanza cifras récord y se atribuye a las sucesivas crisis económicas, las emergencias medioambientales (por el cambio climático) y los conflictos en terceros países [Comisión Europea, 2023; Plan de Acción renovado de la UE contra el Tráfico Ilícito de Migrantes (2021-2025)]. Pero, ante todo, es una muestra contundente de que la intervención del Derecho Penal en esta esfera sigue siendo sólo la punta del iceberg: el delito configurado por el marco armonizador comunitario no sirve para prevenir —sino enmascarar— el factor humano, es decir, las necesidades de migrar, que incluyen, como única hoja de ruta posible, la de recurrir a medios encarecidos y, en muchas ocasiones, peligrosos. La política criminal europea, como la del Protocolo de Palermo, no incide en la raíz del problema, porque no se formuló sobre la premisa de comprometer a los Estados miembros a hacer frente a las causas de los desplazamientos migratorios contemporáneos; al contrario, es parte del problema. Es el relato anunciado por HASSEMER: "*no se trata de compensar la injusticia* [...] *sino de controlar*". Por eso, la maquinaria europea de vigilancia policial y militar en el campo de la inmigración es, en realidad, un fin en sí mismo.

Una política que endurece los canales legales de la migración económica no cualificada, y enfocada exclusivamente en el efecto útil de la expulsión, es un sistema condenado al colapso.

Como vía para salir del estancamiento, y sin variar la óptica de fondo, la Comisión europea ha presentado un paquete de medidas en el marco del Nuevo Pacto sobre Migración y Asilo (2023).

En primer lugar, se pretende ampliar el ámbito de aplicación del delito de ayuda a la inmigración ilegal y agravar su marco punitivo. Es la Propuesta de Directiva, de 28 de noviembre de 2023, por la que se establecen normas mínimas para prevenir y combatir la ayuda a la entrada, a la circulación y a la estancia irregulares en la Unión y por la que se sustituyen la Directiva 2002/90/CE y la Decisión marco 2002/946/JAI (COM/2023/755 final). Se verá más adelante.

La segunda consigna es expulsar más, encerrar más, y durante más tiempo (hasta 24 meses), en campos de concentración fuera del territorio UE. Es, sin signos de rubor, la moneda de cambio para mejorar la gestión de las personas solicitantes de protección internacional (Amnistía Internacional, 2024). Se encuentra en la Propuesta de Reglamento UE, de 11 de marzo de 2025, para establecer un sistema común de retorno de nacionales de terceros países en situación irregular. Su objetivo es dar carta de naturaleza jurídica a la Orden europea de expulsión o retorno forzoso y a la práctica de externalización del control de las fronteras exteriores de la UE. La idea es consolidar la delegación de la función de custodia de las fronteras de la UE a países terceros "seguros" (Albania, Serbia, Turquía, Bangladés, India, Marruecos, Túnez, entre otros). Estos países serán los encargados del "trabajo sucio" de contener, devolver y privar de libertad (y otros derechos) a inmigrantes irregulares expulsados del territorio UE.

Este paseo panorámico por la agenda europea de lucha contra la inmigración ilegal contribuye a dar contenido al objeto de tutela del delito de tráfico ilegal de personas migrantes articulado por la UE: un modelo jurídico sin precedentes en las tradiciones constitucionales de los sistemas democráticos europeos, que instrumentaliza los derechos humanos de los extranjeros (inmigrantes económicos y solicitantes de protección internacional) en nombre del blindaje (imposible) de las fronteras del territorio de la UE. Es, además, una plataforma de idearios que hilvana definitivamente el discurso del odio contemporáneo por antonomasia. El signo de la época.

II. LA PERSECUCIÓN DE LA AYUDA A LA INMIGRACIÓN ILEGAL EN EL CP ESPAÑOL: ART. 318 BIS, CP

La progresiva transformación de España —sobre todo desde la década de 1990— como país de destino de inmigrantes y, asimismo, lugar estratégico de tránsito hacia otros países de la Unión Europea (movimientos migratorios secundarios), ha consolidado su papel de "gendarme" de la frontera sur europea (especialmente, de norteafricanos y subsaharianos que acceden a la península a través del Estrecho de Gibraltar, las Islas Canarias o las Islas Baleares).

El entendimiento de las conductas sancionables bajo el concepto de tráfico ilegal de migrantes ha sufrido constantes e importantes variaciones en la legislación penal española hasta la última (por ahora) articulada por la Ley Orgánica 1/2015, de 30 de marzo, de la que resulta el texto vigente del art. 318 bis, CP.

Integrado en el Título XV bis "*Delitos contra los derechos de los ciudadanos extranjeros*", el art. 318 bis, CP sanciona hoy, por separado, estas dos conductas (tipos básicos alternativos):

- Ayudar "*intencionadamente*" "*a una persona que no sea nacional de un Estado miembro de la Unión Europea*" "*a entrar en territorio español o a transitar a través del mismo de un modo que vulnere la legislación sobre entrada o tránsito de extranjeros*" (apartado 1). Se castiga con la pena de multa de 3 a 12 meses o prisión de 3 meses a 1 año. Introduce, a renglón seguido, una suerte de cláusula de no punibilidad de la conducta colaboradora cuando "el *objetivo perseguido*" fuera "*únicamente*" "*prestar ayuda humanitaria a la persona de que se trate*".
- Ayudar "*intencionadamente*", "*con ánimo de lucro*", "*a una persona que no sea nacional de un Estado miembro de la Unión Europea*" "*a permanecer en España, vulnerando la legislación sobre estancia de extranjeros*" (apartado 2). Se castiga con la pena de multa de 3 a 12 meses o prisión de 3 meses a 1 año.

Con la finalidad de comprender la evolución de la política criminal española en la lucha contra la inmigración ilegal, es preciso desentrañar la enredada génesis del vigente art. 318 bis, CP hasta su adaptación al marco normativo de la UE en esta materia (véase epígrafe I).

1. Antecedentes legislativos

La política criminal que ha desarrollado España para contener, como miembro de la Unión Europea, operaciones migratorias ilegales de ciudadanos extracomunitarios, se ha proyectado a través de una cadena inconsistente de reformas legislativas. El hilo conductor había obedecido al doble objetivo de luchar contra la trata de seres humanos y la ayuda a la inmigración clandestina. Eran las directrices primigenias del Consejo Europeo de Tampere de octubre de 1999, años antes de la configuración del marco normativo armonizador que deslinda ambos fenómenos.

En el texto original del CP de 1995, se castigaba, con la pena de prisión de 6 meses a 3 años y multa de 6 a 12 meses, promover o favorecer "por cualquier medio" la "*inmigración clandestina*" de extranjeros a España con la finalidad de trabajar. Esa era la función primigenia del art. 313.1, CP, que, ubicado dentro del Título (XV) dedicado a los "*delitos contra los derechos de los trabajadores*", tipificaba una modalidad de tráfico ilegal de mano de obra (extranjera). La LO 13/2007, de 19 de noviembre, añadió el inciso "*o a otro país de la Unión europea*", para extender el ámbito punible y habilitar la persecución extraterritorial del delito. Por otro lado, la pena de prisión que figuraba inicialmente (6 meses a 3 años) fue extraordinariamente elevada (de 2 a 5 años) por la Disposición Final 1ª de la LO 4/2000, de 11 enero, sobre derechos y libertades de los extranjeros en España y su integración social (LOEx).

Para colmar las posibles lagunas punitivas a que conducía un precepto que se supeditaba a la acreditación de la finalidad de trabajar del inmigrante objeto de ayuda, la Disposición Final 2ª de la mencionada LO 4/2000 crea una versión genérica, y a la vez singular, del delito de tráfico ilegal de personas migrantes —el nuevo art. 318 bis, CP. En atención a su singularidad, incorpora un nuevo Título donde ubicarlo —XV bis—, bajo la rúbrica "*delitos contra los derechos de los ciudadanos extranjeros*".

1.1. Reformas de 2000, 2003 y 2007

El recién creado precepto penal sancionaba, con la pena de prisión de 6 meses a 3 años y multa de 6 a 12 meses, la conducta de promover, favorecer o facilitar "*el tráfico ilegal de personas desde, en tránsito o con destino a España*". Incluía tipos agravados en función de diferentes criterios: (a) *ánimo de lucro*, o empleo de "*violencia, intimidación, engaño o abuso de una situación de necesidad*"; (b) minoría de edad o puesta en peligro de la "*vida, la salud o la integridad de las personas*"; (c) abuso de la condición pública o pertenencia del culpable a una organización.

No tardó en ser sustancialmente modificado. La LO 11/2003, de 29 de septiembre, plantea "una tarea de consolidación y perfeccionamiento" de las medidas relativas a la lucha contra el "tráfico de seres humanos y la inmigración clandestina". Este objetivo se tradujo en la elevación desproporcionada de la pena de prisión (suprime la pena de multa) para quienes colaboran en la entrada, circulación y estancia irregulares de extranjeros, "sean o no trabajadores" y en la reestructuración del ámbito de aplicación del precepto.

La reforma de 2003 amplía ilimitadamente el tipo básico del art. 318 bis, CP: castiga con la pena de 4 a 8 años de prisión al "*que, directa o indirectamente, promueva, favorezca o facilite el tráfico ilegal o la inmigración clandestina de personas* desde, *en tránsito o con destino a España*". Planteaba definitivamente problemas concursales de difícil solución con el delito del art. 313.1, CP, anunciando, en realidad, la derogación tácita de este precepto.

Se incorporan dos tipos agravados a la plantilla del art. 318 bis, CP; uno, basado en la finalidad de "*explotación sexual*" del tráfico ilegal de migrantes, es decir, pensado para perseguir la ayuda a mujeres extranjeras que voluntariamente buscan en el trabajo sexual una vía para migrar; el otro, para dar cobertura específica a las personas discapacitadas, junto a los menores de edad.

Conviene recordar que la LO 11/1999, de 30 de abril, incorporó, dentro de los delitos relativos a la prostitución, una modalidad delictiva *sui generis* de trata de seres humanos con fines de explotación sexual (anterior art. 188.2). Sancionaba, con las penas de prisión de 2 a 4 años y multa de 12 a 24 meses, al "*que directa o indirectamente favorezca la entrada, estancia o salida del territorio nacional de personas, con el propósito de su explotación sexual empleando violencia, intimidación o engaño, o abusando de una situación de superioridad o de necesidad o vulnerabilidad de la víctima*". Esta figura de trata sexual fue suprimida por la LO 11/2003, que la convierte en una modalidad agravada de tráfico ilegal de personas que buscan en el trabajo sexual la vía para migrar (POMARES CINTAS, 2020; 2024).

Por último, como cauce para corregir marcos punitivos exacerbados, se contempla un tipo atenuado facultativo (pena inferior en un grado) en función de las singularidades del hecho, las circunstancias personales y finalidad perseguida por el autor del delito.

La LO 13/2007, al igual que hizo con art. 313.1, CP, completó el inciso del tipo básico del art. 318 bis, CP para perseguir las conductas de ayuda cuando el destino de la operación migratoria ilegal sea "*a otro país de la Unión europea*".

A partir del texto resultante de la reforma de 2003, dos cuestiones principales quedaban pendientes de resolver. La primera, derogar el delito de inmigración *laboral* clandestina (anterior art. 313.1, CP) porque materialmente se solapaba con el art. 318 bis, CP. La otra, políticamente más incómoda, provenía del Derecho de la UE que obligaba a separar marcos penales para realidades distintas: el delito de tráfico ilegal de personas o ayuda a la inmigración ilegal (Directiva 2002/90/CE), y el delito de trata de seres humanos, que, presidido por la finalidad de explotación forzosa, "constituye una grave violación de los derechos fundamentales de la persona y la dignidad humana e implica prácticas crueles, como el abuso y el engaño de personas vulnerables, así como el uso de violencia, amenazas (...) y coacción" (Considerando 3, Decisión Marco 2002/629/JAI, sustituida por la Directiva 2011/36/UE, actualizada por la Directiva UE 2024/17129).

El Informe de la Comisión europea [COM (2006) 770] subrayaba la necesidad de establecer en las legislaciones penales de los Estados miembros una distinción clara entre ambas fenomenologías.

En efecto, el art. 318 bis, CP, con una redacción particularmente confusa, distorsionaba inexplicablemente conductas de tráfico ilegal de migrantes y de trata de personas. Aquella regulación supeditaba la protección de las personas frente a auténticos comportamientos de trata a la contravención de las normas sobre entrada, traslado o permanencia de extranjeros (PÉREZ ALONSO, CUGAT MAURI).

En otras palabras, el art. 318 bis, CP castigaba comportamientos de trata de personas como si fueran una mera modalidad de colaboración en la inmigración clandestina y, viceversa, comportamientos de tráfico ilegal de migrantes como si fueran trata, contando con el consentimiento válido de las personas objeto de la ayuda y convirtiéndolas en víctimas en supuestos en los que no lo son (MAQUEDA ABREU, DAUNIS RODRÍGUEZ).

Este grave desconcierto desde diversos flancos impulsó dos iniciativas legislativas de extraordinario calado. Es la reforma de 2010.

1.2. Reformas de 2010 y 2015

La LO 5/2010, de 22 de junio, pretendió deslindar los ámbitos delictivos respectivos del tráfico ilegal de personas migrantes y de la trata de seres humanos, además de reconocer la responsabilidad penal de las personas jurídicas por estos delitos.

De un lado, incorporó el delito de trata de seres humanos en el art. 177 bis, CP, que inauguró un nuevo Título —VII bis— bajo esa misma denominación. Esta figura delictiva alude al ejercicio de un poder de control sobre personas, que pivota, en todos los casos, en torno a la ausencia de consentimiento válido y al objetivo de someterlas a una situación de explotación forzosa. En este sentido, los medios comisivos que implican anular la voluntad de la víctima —"*engaño, vio-*

lencia, intimidación, abuso de situación de vulnerabilidad, necesidad o superioridad"—, o la mención a las personas menores de edad o discapacitadas, han quedado integrados en la noción de trata de personas (art. 177 bis.1 y 2, CP). Son contextos de violación de derechos humanos *erga omnes* y por ello "prevalece la protección de la dignidad y la libertad" de las personas, al margen de su nacionalidad o condición migratoria (Preámbulo de la LO 5/2010).

De otro lado, como señala también el citado Preámbulo, se deroga el delito relativo a la inmigración clandestina de trabajadores (anterior art. 313.1, CP) y se reestructura el art. 318 bis, CP; éste, como "delito de inmigración clandestina, siempre tendrá carácter trasnacional, predominando, en este caso, la defensa de los intereses del Estado en el control de los flujos migratorios".

Sin embargo, la reformulación conceptual del delito de tráfico ilegal de personas migrantes fue inacabada, a pesar de las presiones doctrinales y de la Fiscalía General del Estado (Circular 5/2011, de 2 de noviembre, sobre criterios para la unidad de actuación especializada del Ministerio Fiscal en materia de extranjería e inmigración). Las razones que habían movido al Legislador de 2010 quedaron en el aire al no querer suprimir, en la tipificación del delito del art. 318 bis, CP, el apartado referido a la intervención de violencia, intimidación, abuso o engaño, en tanto elementos característicos del delito de trata de seres humanos (art. 177 bis, CP); a este manifiesto desatino cabía añadir la conculcación del principio de proporcionalidad de las penas, porque el marco punitivo previsto excedía de los límites —en sí elevados— fijados por la Decisión Marco 2002/946/JAI (GUISASOLA LERMA, TERRADILLOS BASOCO, LAURENZO COPELLO, RODRÍGUEZ MESA, POMARES CINTAS/PÉREZ ALONSO).

La LO 1/2015, de 30 de marzo, viene a culminar, de acuerdo con las directrices comunitarias, la distancia cualitativa y punitiva entre el delito de trata de seres humanos (art. 177 bis, CP) y la persecución penal de la colaboración en la inmigración ilegal (art. 318 bis, CP).

Ha revisado sustancialmente el modelo de tipificación del art. 318 bis, CP, atendiendo a dos objetivos principales, como subraya el Preámbulo: definir las conductas punibles de ayuda a la inmigración ilegal y evitar equiparar su penalidad a la del delito de trata de seres humanos (art. 177 bis, CP).

Para lograr el primero de los objetivos, se elimina definitivamente del texto del precepto todo elemento que implique forzar la voluntad, comprometer la libertad de decisión, o viciar el consentimiento del extranjero objeto de la ayuda, en la medida en que son característicos del concepto de trata de seres humanos —"*engaño, violencia, intimidación, abuso de situación de vulnerabilidad, necesidad o superioridad*"—, al tiempo que se suprime la referencia a la "*víctima*" "*menor de edad o incapaz*". El texto vigente utiliza la expresión "*personas objeto de la infracción*" (art. 318 bis.3.b, CP).

Asimismo, se reduce significativamente el marco punitivo correspondiente a los tipos básicos de ayuda a la inmigración ilegal (apartados 1 y 2, art. 318 bis, CP): se contempla, en primera instancia, una pena de multa (de 3 a 12 meses) alternativa a la pena de prisión (de 3 meses a 1 año). Ambas penas tienen la consideración de "*menos graves*" (art. 33.3, CP).

En síntesis, el art. 318 bis, CP, se articula exclusivamente como herramienta de persecución penal de conductas de colaboración en la inmigración ilegal, a iniciativa y con el consentimiento del extranjero.

Véase el siguiente cuadro comparativo:

Art. 318 bis, CP (según la reforma de 2010)	**Art. 318 bis, CP (texto vigente)**
1. El que, directa o indirectamente, promueva, favorezca o facilite el tráfico ilegal o la inmigración clandestina de personas desde, en tránsito o con destino a España, o con destino a otro país de la Unión Europea, será castigado con la pena de cuatro a ocho años de prisión.	*1. El que intencionadamente ayude a una persona que no sea nacional de un Estado miembro de la Unión Europea a entrar en territorio español o a transitar a través del mismo de un modo que vulnere la legislación sobre entrada o tránsito de extranjeros, será castigado con una pena de multa de tres a doce meses o prisión de tres meses a un año.* *Los hechos no serán punibles cuando el objetivo perseguido por el autor fuere únicamente prestar ayuda humanitaria a la persona de que se trate.* *Si los hechos se hubieran cometido con ánimo de lucro se impondrá la pena en su mitad superior.* *2. El que intencionadamente ayude, con ánimo de lucro, a una persona que no sea nacional de un Estado miembro de la Unión Europea a permanecer en España, vulnerando la legislación sobre estancia de extranjeros será castigado con una pena de multa de tres a doce meses o prisión de tres meses a un año.* *3. Los hechos a que se refiere el apartado 1 de este artículo serán castigados con la pena de prisión de cuatro a ocho años cuando concurra alguna de las circunstancias siguientes:* *a) Cuando los hechos se hubieran cometido en el seno de una organización que se dedicare a la realización de tales actividades. Cuando se trate de los jefes, administradores o encargados de dichas organizaciones o asociaciones, se les aplicará la pena en su mitad superior, que podrá elevarse a la inmediatamente superior en grado.* *b) Cuando se hubiera puesto en peligro la vida de las personas objeto de la infracción, o se hubiera creado el peligro de causación de lesiones graves.*

Art. 318 bis, CP (según la reforma de 2010)	Art. 318 bis, CP (texto vigente)
2. Los que realicen las conductas descritas en el apartado anterior con ánimo de lucro o empleando violencia, intimidación, engaño, o abusando de una situación de superioridad o de especial vulnerabilidad de la víctima, o poniendo en peligro la vida, la salud o la integridad de las personas, serán castigados con las penas en su mitad superior. Si la víctima fuera menor de edad o incapaz, serán castigados con las penas superiores en grado a las previstas en el apartado anterior.	
3. En las mismas penas del apartado anterior y además en la de inhabilitación absoluta de seis a 12 años, incurrirán los que realicen los hechos prevaliéndose de su condición de autoridad, agente de ésta o funcionario público.	*4. En las mismas penas del párrafo anterior y además en la de inhabilitación absoluta de seis a doce años, incurrirán los que realicen los hechos prevaliéndose de su condición de autoridad, agente de ésta o funcionario público.*
4. Se impondrán las penas superiores en grado a las previstas en los apartados 1 a 3 de este artículo, en sus respectivos casos, e inhabilitación especial para profesión, oficio, industria o comercio por el tiempo de la condena, cuando el culpable perteneciera a una organización o asociación, incluso de carácter transitorio, que se dedicase a la realización de tales actividades. Cuando se trate de los jefes, administradores o encargados de dichas organizaciones o asociaciones, se les aplicará la pena en su mitad superior, que podrá elevarse a la inmediatamente superior en grado.	
Cuando de acuerdo con lo establecido en el artículo 31 bis una persona jurídica sea responsable de los delitos recogidos en este Título, se le impondrá la pena de multa de dos a cinco años, o la del triple al quíntuple del beneficio obtenido si la cantidad resultante fuese más elevada. Atendidas las reglas establecidas en el artículo 66 bis, los jueces y tribunales podrán asimismo imponer las penas recogidas en las letras b) a g) del apartado 7 del artículo 33.	*5. Cuando de acuerdo con lo establecido en el artículo 31 bis una persona jurídica sea responsable de los delitos recogidos en este Título, se le impondrá la pena de multa de dos a cinco años, o la del triple al quíntuple del beneficio obtenido si la cantidad resultante fuese más elevada.* *Atendidas las reglas establecidas en el artículo 66 bis, los jueces y tribunales podrán asimismo imponer las penas recogidas en las letras b) a g) del apartado 7 del artículo 33.*
5. Los tribunales, teniendo en cuenta la gravedad del hecho y sus circunstancias, las condiciones del culpable y la finalidad perseguida por éste, podrán imponer la pena inferior en un grado a la respectivamente señalada.	*6. Los tribunales, teniendo en cuenta la gravedad del hecho y sus circunstancias, las condiciones del culpable y la finalidad perseguida por éste, podrán imponer la pena inferior en un grado a la respectivamente señalada.*

2. *La versión vigente del delito de tráfico ilegal de personas migrantes*

2.1. Estructura del art. 318 bis, CP

El texto del art. 318 bis, CP resultante de la reforma de 2015 distingue el relieve penal de la "ayuda" "intencionada" a la inmigración ilegal, según gire en torno a la vulneración de la legislación administrativa sobre entrada o tránsito de extranjeros en territorio español (apartado 1), o sobre la permanencia en el mismo (apartado 2). Construye un tipo mixto alternativo como sinónimo de lo que es punible en concepto de tráfico ilegal de personas migrantes.

a) El tipo básico relativo a la ayuda a una persona no nacional de un Estado miembro de la Unión Europea a entrar o transitar ilegalmente en territorio español no exige finalidad lucrativa (art. 318 bis.1, CP). Se castiga con la pena de multa de 3 a 12 meses o prisión de 3 meses a 1 año.

- Se introduce, como elemento novedoso, una cláusula que declara no punible la conducta colaboradora "*cuando el objetivo perseguido por el autor fuere únicamente prestar ayuda humanitaria a la persona de que se trate*" (art. 318 bis.1.II, CP).
- Tipo agravado: se aplica la pena del tipo básico en su mitad superior cuando la ayuda se cometa con "*ánimo de lucro*" (art. 318 bis.1.III, CP).
- Tipos hiperagravados: se aplica la pena de prisión de 4 a 8 años en los siguientes supuestos:
- Cuando la ayuda a la entrada o al tránsito en territorio español tenga lugar en el seno de una "*organización*" dedicada "*a la realización de tales actividades*" [art. 318 bis.3.a), CP].
- Cuando el comportamiento colaborador ponga en peligro la vida o haya creado "el *peligro de causación de lesiones graves*" a "las *personas objeto de la infracción*" [art. 318 bis.3.b), CP].
- Cuando la ayuda se lleve a cabo mediante el prevalimiento del carácter público del autor ("*condición de autoridad, agente de ésta o funcionario público*"). En estos casos, se impone, además, la pena de inhabilitación absoluta de 6 a 12 años (art. 318 bis.4, CP).

b) El tipo básico relativo a la ayuda a la permanencia ilegal en territorio español de una persona no nacional de un Estado miembro de la Unión Europea se condiciona a la concurrencia de "*ánimo de lucro*" (art. 318 bis.2, CP). Se castiga con las mismas penas del tipo básico de ayuda a la entrada o circulación ilegales.

- Tipo hiperagravado por razón del prevalimiento del carácter público del autor. El art. 318 bis.4, CP es aplicable también a esta modalidad de ayuda.

Se imponen las penas de prisión de 4 a 8 años e inhabilitación absoluta de 6 a 12 años.

c) Cláusula de reconocimiento expreso de la responsabilidad penal de las personas jurídicas (art. 318 bis.5, CP). Se prevé la aplicación de la pena de multa de 2 a 5 años, "*o la del triple al quíntuple del beneficio obtenido si la cantidad resultante fuese más elevada*". Son facultativas las penas contempladas en el art. 33.7, letras b) a g), CP.

d) Tipo atenuado potestativo —"*pena inferior en un grado a la respectivamente señalada*"—, que atiende a la importancia del hecho "*y sus circunstancias, las condiciones del culpable y la finalidad perseguida por éste*" (art. 318 bis.6, CP).

2.2. Las conductas prohibidas por el art. 318 bis, CP, ¿una cuestión penal?

2.2.1. Vulneración del carácter fragmentario y subsidiario del Derecho Penal

El texto vigente del art. 318 bis, CP asume la *nuda forma* de un delito cuya relevancia penal pivota sobre la vulneración de la legislación de extranjería (LOEx), la condición migratoria ilegal del extranjero objeto de la ayuda, y su consentimiento en la operación migratoria de que se trate. Se consagra así su finalidad de tutelar el bien jurídico que había reconocido abiertamente el Preámbulo de la LO 5/2010, "la defensa de los intereses del Estado en el control de los flujos migratorios".

La regulación vigente del delito de tráfico ilegal de personas migrantes plantea interrogantes de importante calado.

Ante todo, cabe preguntar si podría concebirse este delito como refuerzo del régimen administrativo sancionador previsto en la legislación de extranjería ante las conductas más graves. En este sentido, basta recordar que el Estado español cuenta con un prolífico Ordenamiento administrativo sancionador precisamente enfocado a la tarea de reprimir la ayuda a la inmigración ilegal o clandestina. La LOEx ha experimentado una adaptación paulatina a las directrices europeas (véase el Preámbulo respectivo de las LLOO 14/2003 y 2/2009).

Inicialmente la LOEx perseguía, como *infracción muy grave*, la ayuda a la inmigración clandestina cuando se producía en el seno de organizaciones dedicadas a tales actividades, siempre que estuviera presidida por una finalidad lucrativa [art. 54.1.b), LOEx, antes de la reforma de 2003]. Anticipaba así el formato del Protocolo de Palermo de 2000. Sin embargo, la LO 14/2003, pese a que reconocía estar ante un fenómeno "cada vez más organizado", desvirtúa la narrativa original incluyendo la prohibición de la colaboración *individual*. La LO 2/2009 viene a reforzar el marco sancionador. De este modo, hoy se castiga administrativamente *todo* comportamiento colaborador en la inmigración clandestina, incluida la ayuda a la permanencia: constituye una infracción muy grave "*Inducir, promover, favorecer o facilitar con ánimo de lucro, individualmente o formando parte de una organización, la inmigración clandestina de personas en tránsito o con destino al territorio español o su permanencia en el mismo, siempre que el hecho no constituya delito*" [art. 54.1.b), LOEx].

Otras infracciones previstas en la LOEx sobre la materia:

– Es infracción muy grave "*Simular la relación laboral con un extranjero, cuando dicha conducta se realice con ánimo de lucro o con el propósito de obtener indebidamente derechos reconocidos en esta Ley, siempre que tales hechos no constituyan delito*" [art. 54.1.f), LOEx].

– Es infracción grave "*Contraer matrimonio, simular relación afectiva análoga o constituirse en representante legal de un menor, cuando dichas conductas se realicen con ánimo de lucro o con el propósito de obtener indebidamente un derecho de residencia, siempre que tales hechos no constituyan delito*" [art. 53.2.b), LOEx].

– Es infracción grave "*Promover la permanencia irregular en España de un extranjero, cuando su entrada legal haya contado con una invitación expresa del infractor y continúe a su cargo una vez transcurrido el período de tiempo permitido por su visado o autorización. Para graduar la sanción se tendrán en cuenta las circunstancias personales y familiares concurrentes*" [art. 53.2.c), LOEx].

A su vez, la responsabilidad administrativa derivada de las infracciones tipificadas en la LOEx también se extiende a los partícipes (art. 51.1).

Se observa, pues, que ambas esferas sancionadoras (la administrativa y la penal) se solapan para el mismo objetivo (NAVARRO CARDOSO, GARCÍA ESPAÑA/RODRÍGUEZ CANDELA, RODRÍGUEZ MESA, GUISASOLA LERMA, TERRADILLOS BASOCO). La descripción de las conductas típicas del art. 318 bis, CP, no hace posible descifrar la frontera *material* respecto del Derecho sancionador administrativo: la prohibición penal de la ayuda a la inmigración ilegal no revela un mayor injusto (así, SSTS 396/2109, 24-7, y 422/2020, 23-7).

Pero no sólo cabe objetar la conculcación de los criterios de fragmentariedad y subsidiariedad del Derecho Penal en este terreno. Se acusa aquí, además, una manifiesta falta de coherencia del Ordenamiento jurídico, que es contumaz porque no ha sido aún resuelta. En la legislación española se han invertido los términos de la resolución de los conflictos entre ámbitos sancionadores: el art. 54.1.b), LOEx, frente al art. 318 bis.1, CP, sólo castiga la conducta colaboradora cuando concurre *ánimo de lucro;* ello significa la posibilidad de sancionar penalmente conductas que no alcanzan siquiera la gravedad de las infracciones administrativas (advierten esta problemática, SSTS 212/2012, 9-3, y 466/2012, 28-5).

Por otro lado, conviene tener en cuenta que las infracciones administrativas muy graves, como las de los apartados b) y f) del art. 54.1, LOEx, están sancionadas con multa desde 10.001 hasta 100.000 euros (art. 55.1.c), que probablemente será siempre de mayor entidad que la que cabría imponer, en su caso, por los tipos básicos del art. 318 bis, CP: pena de multa de 3 a 12 meses como alternativa a la prisión de 3 meses a 1 año.

Por lo tanto, el texto del art. 318 bis, CP ha desatendido completamente lo actuado en el régimen sancionador de la legislación de extranjería. La redacción del delito es un fiel trasunto de un marco normativo armonizador cuya función es establecer directrices para su tipificación (art. 1.1, Directiva 2002/90/CE). En realidad, no ha tenido lugar una tarea de *transposición* porque no se ha adaptado la normativa comunitaria a la idiosincrasia y coherencia del Ordenamiento Jurídico nacional en su conjunto; como ha reconocido la Resolución del Parlamento Europeo, de 22 de mayo de 2012, sobre un enfoque de la UE acerca del Derecho Penal, la transposición de las Directivas "*ha de satisfacer principios básicos, como el de* "ultima ratio" [...], *el mandato de taxatividad, o el principio de proporcionalidad de las penas*".

La amplitud del campo de aplicación del art. 318 bis, CP, sigue siendo su seña de identidad: ninguna de las conductas reguladas en los tipos básicos alternativos sería constitutiva de delito de tráfico ilegal de migrantes en la versión más restringida del Protocolo de Palermo de 2000. Sí lo sería, en cambio, la infracción administrativa tipificada en el art. 54.1.b) LOEx, como herramienta de custodia del modelo oficial de la política inmigratoria. Por esta razón, la otra interrogante que plantea el formato vigente del delito es previa: "la defensa de los intereses del Estado en el control de los flujos migratorios", como subrayaba el Preámbulo de la LO 5/2010, no es un bien jurídico de entidad suficiente para justificar la intervención penal en esta materia (PORTILLA CONTRERAS/POMARES CINTAS, DÍAZ Y GARCÍA-CONLLEDO, LAURENZO COPELLO, GARCÍA ÁLVAREZ).

2.2.2. ¿Es un delito "contra los derechos de los ciudadanos extranjeros"?

El hecho de transcribir literalmente la variante europea del delito de tráfico ilegal de migrantes (Directiva 2002/90/CE) es sumamente revelador. Téngase en cuenta que España asume íntegramente la misión de abordar la inmigración legal desde el paradigma comunitario del combate de la inmigración irregular. Lo sella por escrito en el art. 2 bis. g) y h), LOEx, incorporado por la LO 2/2009, de 11 de diciembre: "*la lucha contra la inmigración irregular y la persecución del tráfico ilícito de personas*, al igual que "*la persecución de la trata de seres humanos*", son "*principios*" de la "*política inmigratoria*". Este precepto se encuentra en perfecta armonía con los objetivos comunitarios del art. 79 TFUE (véase epígrafe I).

En realidad, desde 2000 hasta la reforma de 2010 (incluida), la política criminal española en torno al tráfico ilegal de migrantes se había desenvuelto con un objetivo claro: el art. 318 bis, CP, había sido una herramienta estratégicamente diseñada a medio camino entre la trata de seres humanos y la ayuda a la inmigración ilegal, porque se sabía que era el único modo de legitimar su relevancia como *delito*. Era la forma, como bien aprecia MAQUEDA ABREU, de atribuir a los pasadores de fronteras el semblante criminal de "nuevos negreros", y a las personas inmigrantes irregulares la categoría de "víctimas", cercana a la condición de "esclavos".

Una vez deslindadas definitivamente las conductas de trata de seres humanos (art. 177 bis, CP) y de tráfico ilegal de migrantes, el art. 318 bis, CP deja al descubierto, como audazmente describe LAURENZO COPELLO, su franca finalidad, y, con ello, su conformación como delito *formal* (en esta línea, DE LA MATA BARRANCO, LÓPEZ PEREGRÍN).

El valor de "la defensa de los intereses del Estado en el control de los flujos migratorios", que saca a la luz el Legislador de 2010, ya figuraba en letra pequeña tras la rúbrica del Título XV bis "*Delitos contra los derechos de los ciudadanos extranjeros*" (PORTILLA CONTRERAS, DIAZ Y GARCÍA-CONLLEDO; POMARES CINTAS, 2006; GARCÍA ESPAÑA/RODRÍGUEZ CANDELA, RODRÍGUEZ MONTAÑÉS; SSTS 762/2003, 30-5; 479/2006, 28-4, y 618/2007, 26-6). En el texto vigente del art. 318 bis, CP, ese bien jurídico adquiere carta de naturaleza principal. Ahora bien, el Legislador español no apostó por la versión auténtica del Protocolo de Palermo de 2000, que vincula de manera indisoluble el delito de tráfico ilegal de migrantes con el negocio lucrativo de los pasadores de fronteras organizados. Incluir este doble factor como elemento del tipo básico serviría, al menos, para alimentar su potencialidad para poner en peligro la política oficial de control de fronteras (GUARDIOLA GARCÍA, LAURENZO COPELLO, PÉREZ ALONSO/POMARES CINTAS).

> De ahí que un sector doctrinal haya reivindicado —como alternativa a la supresión del delito formal del art. 318 bis, CP— la definición de un tipo básico que contenga la intermediación de una organización que se lucre de tales actividades de ayuda a la inmigración ilegal y garantice su carácter trasnacional (GUARDIOLA GARCÍA, LAURENZO COPELLO, POMARES CINTAS/PÉREZ ALONSO).

En consecuencia, el formato del delito cuestiona la supervivencia de la rúbrica del Título XV bis que engloba únicamente el art. 318 bis, CP. La denominación —"*Delitos contra los derechos de los ciudadanos extranjeros*"— atendía originariamente a una redacción premeditadamente confusa, que combinaba elementos del tráfico ilegal de migrantes y de la trata de personas. En efecto, como subraya LAURENZO COPELLO, "la coartada de presentar como víctimas a los propios migrantes" desaparece desde el momento en el que el delito gravita sobre su consentimiento válido en el cruce de fronteras, y porque la ayuda a la inmigración ilegal parte, además, "de su propia iniciativa". En otras palabras, el texto vigente del art. 318 bis, CP, consagra un "delito sin víctimas" en la medida en que el punto de partida es un acto de libre disposición (PORTILLA CONTRERAS, VALLE MARISCAL DE GANTE, VILLACAMPA ESTIARTE, DE LA FUENTE CARDONA).

De otro lado, el Título XV bis emplea el término "*ciudadanos*" sin las propiedades de la ciudadanía, que es la clave del disfrute de todos los derechos fundamentales y otros relativos a la emancipación de la persona, como lo son las condiciones mínimas que posibilitan su participación en el sistema social. Y alude a la noción "*extranjeros*", que es un concepto normativo que se define por exclusión: personas no nacionales de los Estados miembros de la Unión Europea y aquellas a quienes no sea de aplicación el régimen comunitario (art. 1.3, LOEx).

Como se ha señalado, los "*ciudadanos extranjeros*" del Título XV bis no se postulan, en modo alguno, como sujetos pasivos del delito sino como sujetos responsables de infracciones administrativas graves que llevan consigo la *expulsión* del territorio nacional (art. 57.1, LOEx): la permanencia irregular o el acceso a un puesto de trabajo sin haber obtenido con carácter previo autorización administrativa válida de residencia y/o de trabajo [art. 53.1.a) y b), LOEx]. Son considerados, además, potencial fuente de competencia desleal (expresamente, art. 15.3 Ley 3/1991, de Competencia Desleal, introducido por la mencionada LO 14/2003, que amplió la infracción administrativa de colaboración en la inmigración ilegal).

Por lo tanto, los "*ciudadanos extranjeros*" encarnan el auténtico objeto de control y contención; sobre ellos recae la *condición migratoria ilegal*, esto es, la premisa que fundamenta la criminalización de quienes ayudan a su entrada, circulación o permanencia en territorio ajeno. Es lo que explica que el delito cubra un amplio espectro de conductas colaboradoras en la entrada o circulación ilegal, con o sin ánimo de lucro, con o sin intervención de pasadores de fronteras organizados, o incluso intermediando la generosidad de las ayudas entre familiares. Y lo que explica también el alto porcentaje de sentencias condenatorias.

Ahora la rúbrica del Título XV bis, que el Legislador de 2015 no revisó, ha quedado vacía de contenido (PORTILLA CONTRERAS, MARTÍNEZ ESCAMILLA, DAUNIS RODRÍGUEZ, CANCIO MELIÁ/MARAVER GÓMEZ, HORTAL IBARRA, GARCÍA ÁLVAREZ, DE LA FUENTE CARDONA; en esta línea, SSTS 144/2018, 22-3; 512/2016, 10-6, y las objeciones señaladas en la Circular de la FGE 5/2011).

> Podría esperarse la sustitución de la rúbrica del Título XV bis por una más gráfica —"delitos de tráfico ilegal de personas migrantes", por ejemplo—, de la misma manera que el Título VII bis se denomina *"De la trata de seres humanos"*, sin comprometer el bien jurídico protegido.

2.2.3. *¿A qué valores responde "la defensa de los intereses del Estado en el control de los flujos migratorios" a los efectos del art. 318 bis, CP?*

La estructura del delito de tráfico ilegal de migrantes esclarece rotundamente el objeto de tutela. Pero todavía se puede plantear una interrogante más incómoda que apunta a los "valores" que conforman el bien jurídico relativo al control de los flujos migratorios.

El art. 318 bis, CP, como herramienta penal por excelencia contra la inmigración ilegal, no se puede interpretar al margen de los objetivos comunitarios. Al hilo de ello, basta recordar que fue la LO 2/2009 la que integró, en el Ordenamiento Jurídico español, "*la lucha contra la inmigración irregular y la persecución del tráfico ilícito de personas*", como principio de la "política inmigratoria" (art. 2 bis.g), LOEx.). Es un paso cualitativo que involucra expresamente el delito del art. 318 bis, CP, en la defensa de intereses que trascienden la custodia del modelo oficial de concesión de autorizaciones de entrada, tránsito, trabajo y permanencia regular de extranjeros en territorio nacional. Las SSTS 2636/2020, 23-7, y 108/2018, 6-3, y la SAP, Vizcaya, Sección 1ª, 90140/2021, 25-5, subrayan "la finalidad de respetar la unidad del Derecho Europeo" en el "control de los flujos migratorios", o de atraer "al Derecho interno las previsiones normativas europeas sobre tales extremos", como sostiene la STS 23/2015, 4-2. Asimismo, la Memoria de la FGE, Unidad de Trata de Personas y Extranjería 2024, reconoce que el art. 318 bis, CP es una herramienta de protección de las "fronteras exteriores de la Unión Europea". Ello significa, en última instancia, encaminar el Título XV bis a la custodia del arsenal, de sello europeo, inútil pero rotundamente represivo para el inmigrante irregular por su carácter inocuizador y excluyente de derechos y libertades fundamentales (véase *supra* epígrafe I). Por ello, criminalizar la sola ayuda a la inmigración ilegal supondría tutelar un modelo que ya había sido cuestionado por el Comité Económico y Social Europeo por alejarse de los principios democráticos del Estado Social de Derecho [Dictamen de 4-11-2009, sobre "El respeto de los derechos fundamentales en las políticas y la legislación europeas en materia de inmigración" (SOC/335 - CESE 1710/2009)].

En síntesis, no sólo se trata de la ausencia de un bien jurídico merecedor de tutela penal, sino que el juego de intereses construidos en torno a la *condición migratoria ilegal*, sin precedentes en las tradiciones constitucionales de los sistemas democráticos europeos, convierte en *ilegítimo* el bien jurídico del único precepto del Título XV bis (PORTILLA CONTRERAS, LAURENZO COPELLO, MAQUEDA ABREU, MARTÍNEZ ESCAMILLA, TERRADILLOS BASOCO). Esta razón basta para cuestionar "el papel del derecho penal en la gestión migratoria y sus implicaciones en el contexto europeo actual" (CABEZAS VICENTE, 2025).

Apoyada esencialmente en la *condición migratoria ilegal* de quienes son el auténtico objeto de control, la prohibición penal de la sola ayuda a la inmigración ilegal, con el consentimiento de los "*ciudadanos extranjeros*", contribuye, en definitiva, a "agravar, aún más si cabe, su situación" (PORTILLA CONTRERAS).

Un sector doctrinal había defendido la supresión de este delito (PORTILLA CONTRERAS, LAURENZO COPELLO, PÉREZ ALONSO, POMARES CINTAS, cuyas reflexiones fueron respaldadas por la mayoría de los Grupos Parlamentarios que presentaron Enmiendas en el Senado con ocasión del proyecto de reforma penal de 2015).

Sin embargo, la de 2015 no será la *última* reforma. La Comisión europea amenaza con endurecer y ampliar el marco penal vigente, bajo un concepto adulterado de tráfico ilegal de migrantes que incorpora elementos característicos de la trata (véase Propuesta de Directiva, de 28 de noviembre de 2023, por la que se establecen normas mínimas para prevenir y combatir la ayuda a la entrada, a la circulación y a la estancia irregulares en la Unión). Es una estrategia política conocida en el panorama internacional en torno a estos contextos (POMARES CINTAS, 2020), seguramente para neutralizar el impacto de algunas legislaciones penales de Estados miembros, así como acallar líneas doctrinales y jurisprudenciales que cuestionan la legitimidad de un delito formal, sin proyección tuitiva individual (véase el interesante análisis de CABEZAS VICENTE, 2025).

2.2.4. *La funcionalidad del art. 318 bis, CP*

La tipificación de la noción europea de tráfico ilegal de migrantes sólo obedece a un imperativo de instituciones que adolecen de un *patente déficit democrático* (NAÏR), al alto precio de vaciar de contenido el crisol de garantías que informan la intervención del Derecho Penal en un Estado Democrático de Derecho.

En realidad, la razón que explica el recurso a la vía penal en este contexto está en otro lugar. Tiene que ver con el paradigma contemporáneo del Derecho Penal de la peligrosidad y seguridad como conceptos autónomos y versátiles, hasta el punto de asimilarse la lucha contra la inmigración ilegal a las estrategias elaboradas por la UE en relación con la prevención del terrorismo internacional [véase, por ejemplo, la Comunicación de la Comisión europea relativa a una política común de inmigración ilegal (COM 2001, 672 final)]. Sobre ello, PORTILLA CONTRERAS, 2007; TERRADILLOS BASOCO, 2022; POMARES CINTAS, 2022. De ahí que el modelo de tipificación del delito del art. 318 bis, CP, se inscriba en la línea de excepción de garantías penales característica del *Derecho Penal del enemigo*. Basta comprobar el tratamiento jurídico vigente del inmigrante irregular y el porvenir que le dispensa el acervo normativo de la UE (epígrafe I).

Por lo tanto, el art. 318 bis, CP, es una herramienta funcional a ese paradigma: etiquetar la ayuda a la inmigración ilegal como delito es precisamente la llave y el título jurídico que habilita a los mecanismos policiales de persecución penal a rastrear y detectar huellas de inmigración ilegal. La finalidad última es habilitar una poderosa maquinaria —y una industria— de vigilancia global por tierra, mar y aire, incluso militar, de control masivo y sistemático en las fronteras de los países democráticos.

Téngase en cuenta que el art. 318 bis, CP, ha sido el enlace que, en nombre de la "justicia universal", ha extendido la competencia de los Tribunales españoles "*para conocer de los hechos cometidos por españoles o extranjeros fuera del territorio nacional susceptibles de tipificarse, según la ley penal española* [...]" como delito "*contra los derechos de los ciudadanos extranjeros*" [art. 23.4.d), LO 6/1985, de 1 de julio, del Poder Judicial, introducido por LO 13/2007, de 19 de noviembre, para la persecución extraterritorial del tráfico ilegal o la inmigración clandestina de personas]. Permite, pues, interceptar en alta mar embarcaciones (pateras, cayucos...) que se dirigen a territorio español (sobre la controvertida corriente jurisprudencial que había "creado" la competencia a través de criterios de "justicia supletoria", véase STS 618/2007, 26-6, y el interesante análisis de PÉREZ ALONSO).

En España, esa tarea de control fluye incesantemente a través de una maquinaria policial *especializada* —Unidad Central de Redes de Inmigración y Falsedades Documentales (UCRIF), y Centro Nacional de Inmigración y Fronteras (CENIF)—, y en el seno de los procesos penales abiertos en causas por delitos relativos al factor migratorio irregular (se observa un importante índice de persecución en zonas próximas a la frontera Sur o las Islas Canarias). La herramienta penal permite incluso la intervención de la figura del "*agente encubierto*" [art. 282 bis.1, en relación con el apartado 4.h), LECrim]. El art. 318 bis, CP representa el eslabón de la cadena de tutela de los objetivos comunitarios. Lamentablemente, el imperio de esa razón ha convertido en baldío el debate doctrinal dirigido a cuestionar el delito desde el cristal de las garantías democráticas.

III. DELITO DE AYUDA A LA ENTRADA O AL TRÁNSITO DE INMIGRANTES IRREGULARES EN TERRITORIO ESPAÑOL (ART. 318 BIS.1, CP)

1. Consideraciones previas

La redacción del art. 318 bis, CP, no es que esté mal formulada, es simplemente indolente porque procede de un Legislador que transcribe literalmente el texto de la versión europea del delito de tráfico ilegal de migrantes (art. 1.1, Directiva 2002/90/CE). Por lo tanto, tan amplio es el campo de aplicación del precepto penal español como los objetivos del formato transcrito.

El delito del art. 318 bis, CP, constituye un tipo mixto alternativo. Distingue el relieve penal de la colaboración en la operación migratoria ilegal, según gire en torno a la vulneración de la legislación administrativa sobre entrada o tránsito de extranjeros (apartado 1), o la permanencia en territorio español (apartado 2).

Analizaremos, en primer lugar, el delito de ayuda a la entrada o tránsito de inmigrantes irregulares en territorio español (art. 318 bis.1, CP).

2. *Tipo básico*

El art. 318 bis.1, CP, concibe, como modalidad delictiva de tráfico ilegal de personas migrantes, la "ayuda" "intencionada" a una persona no nacional de un Estado miembro de la Unión Europea a "*entrar en territorio español*", o a "*transitar*" a través del territorio español, "*de un modo que vulnere la legislación sobre entrada o tránsito de extranjeros*". Le asigna la pena de multa de 3 a 12 meses o de prisión de 3 meses a 1 año.

El tipo básico constituye un delito común y doloso que se sustenta en torno a estos elementos esenciales:

- Reviste carácter transnacional.
- La relevancia penal se funda exclusivamente en la *condición migratoria ilegal* de las personas que son objeto de la ayuda.
- Se basa en el consentimiento válido del inmigrante irregular en la operación migratoria.
- No exige ánimo de lucro, ni una finalidad más allá de la colaboración en la operación migratoria ilegal.
- Se introduce una cláusula que declara "no punible" la conducta colaboradora "*cuando el objetivo perseguido por el autor fuere únicamente prestar ayuda humanitaria a la persona de que se trate*" (art. 318 bis.1 II, CP).

Los serios inconvenientes que plantea la interpretación de sus elementos derivan de una regulación que no ha sido fruto de una auténtica labor de transposición del marco penal de la Directiva 2002/90/CE.

2.1. La definición de las personas "objeto" del delito como elemento normativo del tipo

El art. 318 bis.1, CP alude "*a una persona no nacional de un Estado miembro de la Unión Europea*" como objeto de la ayuda que se criminaliza. Este término, que es una copia literal del art. 1.1 Directiva 2002/90/CE, no excluiría del alcance del delito a los nacionales que pertenecen al Espacio Económico Europeo. El texto anterior a la reforma de 2015 aludía —y en plural—, a la colaboración en la inmigración ilegal "*de personas*" (véase *supra*, epígrafe II, el cuadro comparativo).

La fórmula en singular referida a la "*persona*" objeto de la ayuda solo se debe a la transcripción del texto del art. 1.1 Directiva 2002/90/CE. Téngase en cuenta que el término *"personas"* aparece a propósito del tipo agravado previsto en el apartado 3.b), art. 318 bis, CP.

La conducta típica recae sobre la persona extranjera-migrante. Como se ha señalado, ser "extranjero" es un concepto normativo que se define por exclusión: la persona no-nacional de los Estados miembros de la Unión Europea y aquellas a quienes no sea de aplicación el régimen comunitario, es decir, los nacionales de los Estados parte en el Acuerdo sobre el Espacio Económico Europeo (art. 1.3, LOEx).

Véase el Real Decreto 240/2007, de 16 febrero, sobre entrada, libre circulación y residencia en España de ciudadanos de los Estados Miembros de la Unión Europea y de otros Estados parte en el Acuerdo sobre el Espacio Económico Europeo. La LOEx sólo se les aplicará "en aquellos aspectos que pudieran ser más favorables" (art. 1.3).

Las personas apátridas también son extranjeras. El art. 67.2 TFUE los asimila "*a los nacionales de terceros países*" en el marco de la política común de inmigración, asilo y control de las fronteras exteriores. A ellas va dirigida la Convención de la ONU sobre el Estatuto de Apátridas, de 28 de septiembre de 1954.

Son, pues, los "*ciudadanos extranjeros*" del Título XV bis el objeto de la ayuda transfronteriza que persigue el art. 318 bis, CP. Ellos no gozan de los derechos de entrada, libre circulación, residencia, o acceso al trabajo en territorio español, si no cumplen las condiciones que establece la legislación de extranjería (LOEx).

Se les considera, además, sujetos responsables de infracciones administrativas graves que llevan consigo la *expulsión* del territorio nacional (art. 57.1 LOEx): "*Encontrarse irregularmente en territorio español* [...]" [art. 53.1.a), LOEx] y "*Encontrarse trabajando en España sin haber obtenido autorización de trabajo o autorización administrativa previa para trabajar, cuando no cuente con autorización de residencia válida*" [art. 53.1.b), LOEx].

En cualquier caso, no resulta ocioso recordar que la represión de la ayuda al desplazamiento transfronterizo no puede perjudicar los derechos de las personas que buscan protección internacional bajo circunstancias que permitirían solicitarla. Así lo establece la cláusula del art. 6 Decisión Marco 2002/946/JAI. En este sentido, el art. 25.3, LOEx exceptúa del cumplimiento de los requisitos de entrada —por ejemplo, el acceso por los puestos habilitados al efecto— "*a los extranjeros que soliciten acogerse al derecho de asilo en el momento de su entrada en España, cuya concesión se regirá por lo dispuesto en su normativa específica*". Véase la Ley 12/2009, de 30 de octubre reguladora del derecho de asilo y de la protección subsidiaria.

Ahora bien, otra cosa es la realidad. Desde el fenómeno de los "modernos grandes desplazamientos mixtos" de personas (véase *supra* epígrafe I), las compañías de transporte, obligadas a comunicar los datos de las personas transportadas (art. 66.3, LOEx), se ven incapaces de identificar *a priori* a las personas que buscan legítimamente protección internacional en la UE. Se niegan a trasladarlas porque prefieren no arriesgarse a ser objeto de elevadas sanciones económicas (*ex* art. 54.2, LOEx) o de medidas prohibitivas de derechos (*ex* art. 61.2, LOEx.), o ser acusadas por el delito de tráfico ilegal de migrantes, que podría conllevar el decomiso del medio de transporte utilizado, e incluso la responsabilidad penal de la propia empresa (véase *infra*).

En estas situaciones, si se subsume en el ámbito del tipo básico (art. 318 bis.1, CP) la utilización irregular de los procesos de solicitud de asilo o protección internacional, ello contribuirá a agravar más el calvario que sufren estas personas, particularmente desde la severa restricción del derecho de entrada y de las condiciones de solicitud de amparo internacional a través de políticas de externalización (POMARES CINTAS, 2019). Son razones materiales para rebatir el carácter delictivo de la colaboración en su desplazamiento transnacional.

2.2. Conducta típica

Con la pretensión de delimitar la esfera punible de la ayuda a la inmigración ilegal, se abandona la anterior formulación del art. 318 bis.1, CP, mucho más amplia: "promover, favorecer o facilitar, directa o indirectamente, el tráfico ilegal o la inmigración clandestina de personas" (véase *supra*, epígrafe II, el cuadro comparativo). El precepto vigente ha trasladado los mismos términos del art. 1.1 a) Directiva 2002/90/CE, que se centran en el verbo rector "ayudar" a entrar en España, "*o a transitar a través*" del territorio español, y en la vulneración de "*la legislación sobre entrada o tránsito de extranjeros*". Las repercusiones del tenor literal son sustanciales.

En primer lugar, "ayudar", según el *Diccionario de la Lengua española*, tiene el significado de "prestar cooperación", poner los medios para la consecución del objetivo de que se trate. Dado que se ha cerrado el paso al verbo "promover", la conducta de prestar cooperación en el desplazamiento migratorio ilegal ha de partir de la iniciativa de la persona migrante objeto de la ayuda (LAURENZO COPELLO). Queda fuera del ámbito del art. 318 bis.1, CP, toda colaboración que consista en impulsar u originar la decisión de migrar mediante el cruce irregular de fronteras (DE LA FUENTE CARDONA; SSTS 466/2012, 28-5, y 261/2017, 6-4).

No se prevé expresamente la ayuda a la salida ilegal del territorio español; en su lugar, el art. 318 bis.1, CP, tipifica la ayuda a "*transitar a través del mismo*", situando así a España como "país de tránsito" en los circuitos que entran por su territorio (RODRÍGUEZ MESA). Se incluyen aquí los denominados movimientos migratorios secundarios entre países de la Unión Europea, que son objeto de particular atención por la política comunitaria (véase Propuesta de Reglamento UE, de 11 de marzo de 2025, para establecer un sistema común de retorno de nacionales de terceros países en situación irregular). Al hilo de ello, se castigan, como infracción administrativa grave, "*Las salidas del territorio español por puestos no habilitados, sin exhibir la documentación prevista o contraviniendo las prohibiciones legalmente impuestas*" [art. 53.1.g), LOEx].

Por lo tanto, la ayuda a "*transitar*" a través del territorio español, como modalidad de tráfico ilegal de migrantes (art. 318 bis.1, CP), debe cobrar también la nota de *transnacionalidad* como parte de la hoja de ruta consentida por el extranjero, cuyo destino no es España (p.ej., STS 616/2012, 10-7; SAP, Málaga, Sección 7ª, 45/2004, 13-7). Se concibe, pues, como facilitación de la migración de personas en tránsito por el territorio español que buscan establecerse en otro país.

El art. 318 bis, CP, es una norma penal en blanco (DAUNIS RODRÍGUEZ, MARTÍNEZ ESCAMILLA, MARTOS NÚÑEZ) que sustituye la "clandestinidad" de la inmigración por el requisito de "vulneración" de "*la legislación sobre entrada o tránsito de extranjeros*" como elemento esencial (véase *supra*, epígrafe II, el cuadro comparativo). Dar este paso no es baladí, aunque haya sido producto de una copia literal de la Directiva 2002/90/CE. En efecto, es posible interpretar que ya no basta que la operación migratoria en la que se colabore sea "clandestina" u oculta (véase STS 23/2015, 4-2), que no basta que el extranjero-migrante no reúna las condiciones administrativas necesarias para entrar en España o para salir del territorio español; desde la literalidad del precepto, se exige expresamente que la ayuda a la entrada, o al tránsito a través del territorio español, sea "*de un modo que vulnere la legislación sobre entrada o tránsito de extranjeros*". Es decir, la prestación de asistencia debe identificarse con una infracción administrativa de las contempladas en el régimen sancionador de la legislación de extranjería (*Título III,* LOEx). Sostienen esta interpretación, expresamente, SSTS 646/2015, 20-10, y 261/2017, 6-4, y DE LA FUENTE CARDONA. Como indica la STS 646/2015, 20-10, "solamente" ante la completa identificación de la conducta con la infracción administrativa de que se trate "cabrá ejercitar una adecuada defensa".

En consecuencia, este delito defectuosamente estructurado requiere una operación de "hetero-integración administrativa" (STS 396/2019, 24-7). La dificultad estriba, como también se ha objetado *supra,* en la falta de coherencia interna del Ordenamiento Jurídico sancionador. Por ejemplo, la conducta de ocultar al inmigrante dentro de un vehículo en el paso por el puesto de control fronterizo integraría la infracción administrativa de colaboración en la inmigración ilegal del art. 54.1.b), LOEx, siempre que esté guiada por una finalidad lucrativa que el art. 318 bis.1, CP, no incluye como factor inherente.

La relevancia penal del tipo básico pivota esencialmente sobre la *condición migratoria ilegal,* como elemento normativo del tipo, de quienes son objeto de la ayuda transfronteriza; es decir, personas que, en el momento de la operación migratoria, no reúnen los requisitos necesarios para entrar en España, o para salir del territorio español, con arreglo a los arts. 25.1 y 53.1.g), LOEx, respectivamente.

Es esa la clave que justifica la desmesurada amplitud de un tipo penal que legitima, además, la excepcionalidad de declarar delictiva la colaboración de terceros en un hecho principal penalmente impune (PORTILLA CONTRERAS, 2011), o ni siquiera constitutivo de infracción administrativa, como la entrada en territorio español careciendo de la documentación exigible, o fuera de los puestos fronterizos.

> Conviene recordar que, recién aprobada la LOEx, la LO 8/2000, de 22 de diciembre, eliminó del catálogo de infracciones graves "la entrada en territorio español careciendo de la documentación o de los requisitos exigibles, por lugares que no sean los pasos habilitados o contraviniendo las prohibiciones de entrada legalmente previstos" (anterior art. 49 d). La finalidad de esa "despenalización" era dar la bienvenida a la controvertida figura *ad hoc* de la *devolución* en frontera de inmigrantes *no infractores de nada*; un cauce flexible e inmediato respaldado por la STC 17/2013, 31-1, que promueve el abuso de derechos a través de la devolución "en caliente", amparada también por la STC 172/2020, 19-1.

Ahora bien, la necesaria referencia al bien jurídico relativo a la defensa de los mecanismos estatales de control de la inmigración ilegal, junto a la exigencia de gravedad de los comportamientos que se elevan a la categoría de delito, son los criterios que abonan una interpretación restringida del alcance del art. 318 bis, CP (GARCÍA ÁLVAREZ, DAUNIS RODRÍGUEZ).

Con arreglo al apartado 1 del art. 318 bis, CP, la ayuda de que se trate debe revelar, como intermediaria en la inmigración ilegal, "*un modo*" objetivamente idóneo que posibilite al extranjero administrativamente indocumentado la *entrada* en España, o el *tránsito* a través del territorio español hacia otro país, y "*que vulnere la legislación sobre entrada o tránsito de extranjeros*".

Con la finalidad de restringir el amplio campo de aplicación de esta figura delictiva, la posición jurisprudencial dominante hace equivaler la colaboración punible con la ayuda encaminada a eludir o burlar, de forma subrepticia, los mecanismos legales de control y detección de la inmigración ilegal, para posibilitar así la consecución del objetivo perseguido (la entrada en España o la salida hacia otro país). Véanse, entre otras, SSTS 147/2005, 15-2; 536/2016, 17-6; 807/2016, 27-10, y 253/2023, 12-4.

Se han considerado maniobras subrepticias idóneas para afectar al bien jurídico tutelado por el art. 318 bis.1, CP, la facilitación de la entrada fuera de los puestos habilitados para el acceso al territorio español (SSAP, Cádiz, Sección 3ª, 177/2019, 3-6, y Málaga, Sección 7ª, 31/2020, 26-11), esconder al extranjero indocumentado en el vehículo que le conduce a la frontera (SSAP, Málaga, Sección 7ª, 5/2014, 23-1, y 19/2013, 21-3), o un abanico de conductas que remueven obstáculos, como aportar documentos falsos para justificar en el control fronterizo los requisitos legales indispensables (pasaportes manipulados: SSTS 1531/2005, 7-12, y 1352/2005, 10-11; tarjeta de residencia: STS 46/2016, 3-2; simulación de contratos de trabajo en el origen: SAP, Granada, Sección 1ª, 416/2019, 17-10; celebración de matrimonios ficticios: STS 261/2017, 6-4, etc.).

En el régimen administrativo sancionador también se contemplan conductas subrepticias de colaboración con la inmigración ilegal que no exigen necesariamente ánimo de lucro. Así, se considera infracción muy grave simular una relación laboral "*con un extranjero, cuando dicha conducta se realice* [...] *con el propósito de obtener indebidamente derechos reconocidos en esta Ley*" [art. 54.1.f), LOEx]; es infracción grave contraer, de modo fraudulento, matrimonio o una unión de hecho de análoga significación, o constituirse en representante legal de un menor, con esa finalidad [art. 53.2.b), LOEx].

2.3. Elemento subjetivo

El tipo básico del art. 318 bis.1, CP, sólo admite la comisión dolosa. Del art. 1.1.a) Directiva 2002/90/CE traslada la expresión de ayuda "intencionada", que restringe su relevancia penal a los supuestos de dolo directo (GARCÍA ÁLVAREZ).

Se requiere que el sujeto activo conozca la condición de irregularidad administrativa del extranjero a cuya inmigración presta asistencia y encamine ésta a la consecución de la entrada ilegal en territorio español o, en su caso, la salida ilegal de España.

El desconocimiento de la condición de ilegalidad migratoria del extranjero determinará un error de tipo sobre los elementos esenciales (art. 14.1, CP). Dado que no se prevé la modalidad imprudente, el carácter vencible del error conducirá a la impunidad de la conducta por falta de tipicidad.

> Ejemplos:
>
> – El acusado no era conocedor de que la persona que lo acompañaba en el vehículo careciera de la documentación necesaria para entrar en España y que portara un documento de identidad falsificado (véase SAP, Cádiz, Sección 6ª, 170/2005, 19-5, aplicando un error de tipo invencible).
>
> – Supuesto de autoría mediata: la propietaria del vehículo, donde viajaba escondido su cuñado, desconocía que su marido, que conducía el coche, lo había ocultado previamente para facilitarle la entrada ilegal en España (véase, SAP, Málaga, Sección 7ª, 25/2007, 19-4, que apreció un error de tipo invencible).

El art. 318 bis.1, CP, no exige un elemento subjetivo del injusto adicional al dolo; la concurrencia de ánimo de lucro conforma un tipo agravado, con arreglo al párr. 3º del apartado 1. Tampoco se requiere una finalidad más allá de la ayuda a la entrada o al tránsito ilegales.

2.4. Repercusiones de la no exigencia de finalidad lucrativa de la ayuda como elemento del tipo básico

La retórica de la condición migratoria ilegal forma parte sustancial del contenido de injusto de la conducta de ayuda en los desplazamientos transfronterizos. Es elemento clave que ha determinado —hasta ahora— al Derecho de la UE a separarse rotundamente del Protocolo de Palermo, que, como se ha señalado, marca la finalidad lucrativa y la intermediación de grupos organizados como ejes cardinales de la criminalización del tráfico ilegal de personas migrantes.

Véase, en la línea restrictiva del Protocolo de Palermo, el objetivo 9 del Pacto Mundial para la Migración Segura, Ordenada y Regular (Resolución de la Asamblea General de la ONU de 19 de diciembre de 2018).

El tipo básico plasmado en el art. 318 bis.1, CP, ha albergado esa misma sintonía política de la variante europea. Minimizar los elementos de prueba y no dar el paso de exigir, al menos, ánimo de lucro en la conducta de ayuda a la inmigración ilegal tiene repercusiones que afectan al corazón del *factor humano de las migraciones*. Veamos:

2.4.1. La singular "excepción humanitaria" como herramienta de "tregua" en el combate contra la inmigración ilegal

Considerar el ánimo de lucro inherente a la noción de tráfico ilegal de personas migrantes tenía, en el marco internacional, una finalidad primordial: "*destacar que el propósito es* [...] *excluir las actividades de quienes apoyan a los migrantes por motivos humanitarios o familiares*". Este principio fundamental emergió en los *travaux préparatoires* del Protocolo de Palermo de 2000 a modo de proscripción universal del arma (y el estigma) penal para "criminalizar" las actividades de quienes prestan apoyo a los migrantes por motivos humanitarios, y las de ayuda de familiares que mantienen "vínculos estrechos" con quienes necesitan migrar y legalmente no pueden (UNODC, Marco de Acción Internacional para la aplicación del Protocolo contra el tráfico ilícito de migrantes, 2012).

Se hace difícil pensar que, desde la perspectiva constitucional y democrática de un Estado de Derecho, cuyo pilar es la dignidad humana (art. 10.1, CE), el Legislador llegue al extremo de verse obligado a declarar "no punibles" conductas de *solidaridad humana* cuando de extranjeros necesitados se trata, y a hacerlo a través de la incorporación expresa de una cláusula de "excepción humanitaria".

Probablemente la respuesta sea más sencilla y se deba a un Legislador que se ha limitado a copiar una disposición de la UE que se atribuye el poder de autorizar, a los Estados miembros, "*no imponer sanciones*" cuando la conducta colaboradora tenga el significado de "***prestar ayuda humanitaria***" al extranjero de que se trate (art. 1.2, Directiva 2002/90/CE). Véase *supra* epígrafe I.

Las reivindicaciones de plataformas como "S*alvemos la hospitalidad*", y similares, pusieron contra las cuerdas al Legislador español. El art. 318 bis.1, CP, introduce, en su párr. 2°, una cláusula *ad hoc* de no punibilidad cuando "el *objetivo perseguido*" fuera "*únicamente*" "*prestar ayuda humanitaria a la persona de que se trate*".

Sea como fuere, el Legislador de 2015 se acogió a esta herramienta de "tregua" en el combate contra la inmigración ilegal que le concede el Derecho de la UE. Sin embargo, no define la "*ayuda humanitaria*", que ha de estar vinculada al momento de la ayuda a la entrada o al tránsito del extranjero de que se trate, y ha de ser el "único" "*objetivo perseguido*" por quien la lleva a cabo.

Siendo el Estado español consciente del acervo represivo de la política europea sobre la materia, esta cláusula excepcional es de corto alcance: la "*ayuda humanitaria*" es un concepto normativo paralelo a la noción internacional de "acción humanitaria" que, regida por el Derecho Internacional Humanitario, reviste características propias: es un conjunto de acciones de auxilio solidario orientadas a proteger y salvar vidas, prevenir y aliviar el sufrimiento humano y atender necesidades básicas e inmediatas (art. 13.1 Ley 1/2023, de 20 de febrero, de Cooperación para el Desarrollo Sostenible y la Solidaridad Global).

En definitiva, en los contextos a que se refiere el párr. 2° del art. 318 bis.1, CP, la "*ayuda humanitaria*" se encamina a la salvaguarda de la dignidad humana, reduciendo las vulnerabilidades de las personas afectadas por las necesidades de migrar. Cualquiera que sea la situación en que se encuentre el extranjero afectado, la ayuda debe estar presidida por los "principios de humanidad, imparcialidad, neutralidad e independencia" (art. 13. 3 Ley 1/2023; Reglamento UE 2021/888, de 20 de mayo de 2021, por el que se establece el Programa del Cuerpo Europeo de Solidaridad, que respalda operaciones de ayuda humanitaria en terceros países no pertenecientes a la UE). Como se subrayó en los *Travaux préparatoires* del Protocolo de Palermo de 2000, esta ayuda se identifica con la prestación de asistencia a inmigrantes que proporcionan "organizaciones no gubernamentales o agrupaciones de apoyo religiosas" (UNODC, Marco de Acción Internacional para la aplicación del Protocolo contra el tráfico ilícito de migrantes, 2012). Dichas acciones incluyen la realización de operaciones de búsqueda y salvamento de conformidad con el Derecho internacional, la prestación de asistencia médica o sanitaria, y también la asistencia jurídica.

Cabe destacar aquí la "flota" de barcos civiles de salvamento vinculados a ONGs: Open Arms (operado por la ONG Médicos Sin Fronteras), "Acuarius", "Ocean Viking" (operados por Médicos Sin Fronteras y SOS Mediterranée), "Alan Kurdi" (ONG Sea-Eye),

"Alex" (colectivo italiano Mediterranea), Sea Watch 3 (Sea Watch), "Aita Mari" (ONG Salvamento Marítimo Humanitario, proyecto Maydayterraneo, 2018).

Dados los términos recelosos en los que se expresa la cláusula de "tregua", será la modalidad neutral, imparcial e independiente de la ayuda la que garantice que "el *objetivo perseguido*" sea "*únicamente*" "*prestar ayuda humanitaria*"; seguramente se entiende que, en este contexto, pesará más el perfil humano —"*persona*"— que la condición migratoria ilegal del extranjero. Como afirma GARCÍA ÁLVAREZ (2023), no sabemos si se admitiría esta excepción si la ayuda humanitaria también persiguiera denunciar la política represiva europea contra la inmigración ilegal (véase acerca del Open Arms, SÁNCHEZ LEGIDO).

Por otro lado, la doctrina se ha detenido a descifrar la naturaleza de esta controvertida cláusula.

Los precedentes de la reforma de 2015 son elocuentes. El Anteproyecto de octubre de 2012 concebía la cláusula como vía para otorgar al Ministerio Fiscal la potestad discrecional de no emprender acciones penales para perseguir las conductas colaboradoras que obedezcan únicamente a fines humanitarios; pero ese formato no obtuvo el respaldo del Consejo General del Poder Judicial (Informe de 17-1-2013) ni del Consejo Fiscal (Informe de 8-1-2013). La fórmula de la ayuda humanitaria como *excusa absolutoria* fue propuesta finalmente por el mencionado Informe del CGPJ (defienden la naturaleza de una causa de justificación, MUÑOZ RUIZ, SANTANA VEGA). Ello significa que no evita la apertura del proceso penal contra la persona que presta esa modalidad de asistencia.

En síntesis, la excusa absolutoria de base humanitaria plantea importantes objeciones desde varias vertientes.

- Es un criterio de exención de pena que significa invertir la carga de la prueba: requerirá que la persona acusada acredite la concurrencia de un propósito *humanitario*, lo que contradice el principio de presunción de inocencia como derecho fundamental.
- Es una forma de no comprometer el alcance del delito que resultaría de la exigencia de ánimo de lucro. Es fruto de la actual política inútilmente represiva de lucha contra la inmigración ilegal.
- Es una forma de reconocer oficialmente las situaciones extremas que atraviesan los inmigrantes con necesidades de migrar, que se deben, sobre todo, a las políticas que merman drásticamente los canales de la migración regular (CABEZAS VICENTE).
- Se articula como una "excepción humanitaria" y, como tal, de recortado alcance bajo los principios de humanidad, imparcialidad, neutralidad e independencia. La cláusula del art. 318 bis.1 II, CP, confina el perfil de la solidaridad humana que debe ser salvada de la hoguera penal (GARCÍA

ÁLVAREZ, MUÑOZ RUIZ, CABEZAS VICENTE). El impulso despenalizador no llega a otras solidaridades que también salvaguardan la dignidad humana pero que responden a motivaciones de índole familiar.

En última instancia, esta cláusula "de caridad" enmascara la cuestión esencial: las conductas de colaboración en la inmigración ilegal no son un problema del Derecho Penal, como advierte la doctrina dominante en España (PORTILLA CONTRERAS, LAURENZO COPELLO, MAQUEDA ABREU, DE LA MATA BARRANCO, GARCÍA ÁLVAREZ, DE LA FUENTE CARDONA, etc.).

La Propuesta de Directiva, de 28 de noviembre de 2023, que sustituye a la Directiva 2002/90/CE, si bien indica el propósito de no criminalizar "la asistencia humanitaria o el apoyo a las necesidades humanas básicas de los nacionales de terceros países en cumplimiento de las obligaciones legales", y de no tipificar "la asistencia prestada a los familiares", sigue siendo una incógnita si y cómo lo impedirá (CABEZAS VICENTE, 2025).

2.4.2. *¿Criminalizar la ayuda solidaria entre familiares?*

Respecto de las actividades de ayuda de familiares que mantienen "vínculos estrechos" con quienes necesitan migrar y legalmente no pueden, el Protocolo de Palermo de 2000 las excluye firmemente del ámbito del delito de tráfico ilegal de migrantes (UNODC, Marco de Acción Internacional para la aplicación del Protocolo contra el tráfico ilícito de migrantes, 2012). Sin embargo, dado que esta ayuda generosa no es neutral, ni imparcial, ni desinteresada, y porque generalmente se efectúa entre extranjeros o de similar procedencia de terceros países, no queda cubierta por la cláusula de "tregua" que concede el Derecho de la UE. Estas otras hospitalidades familiarmente motivadas serán susceptibles de constituir delito de tráfico ilegal de migrantes en la versión europea (art. 1.1 a) Directiva 2002/90/CE).

Por lo tanto, el tipo básico de ayuda a la entrada o al tránsito de inmigrantes administrativamente indocumentados (art. 318 bis.1, CP) formalmente está preparado para albergar también este espectro de conductas. Es la señal de que el Estado cierra las puertas a la aplicación del estado de necesidad justificante para amparar conductas de colaboración familiar, seguramente porque se entiende que esas auténticas situaciones de necesidad que hay detrás de la de migrar deben ser resueltas por la política de migración [véase SAP, Las Palmas, Sección 2ª, 142/2008, 5-11, y STS 1146/2009, 18-11; las ayudas entre familiares pueden tener respuesta en el ámbito administrativo, véase el art. 53.2.c), LOEx].

Ejemplo: es paradigmática la STS 1146/2009, 18-11, que etiquetó como delincuente a la acusada —residente legal en España— que se desplazó a Togo para ayudar a entrar en España a su sobrina de corta edad, que se encontraba en grave situación de desamparo en su ciudad natal. Pretendió hacerla entrar por los puestos aeroportuarios con el pasaporte de su propia hija, de la misma edad. En todo momento, la ayuda prestada sólo estuvo presidida por la generosidad de ofrecer lo mejor que tenía a la niña. Actitud que fue reconocida por el Tribunal que la condenó a 2 años de prisión por delito de tráfico ilegal de migrantes.

Con todo, se abre una línea jurisprudencial que se resiste a aceptar criminalizar contextos en los que prevalece el factor humano solidario: esta postura se convierte en garante de la dignidad humana como contrapeso de los derroteros del modelo penal *funcionalista-normativista* (véase epígrafe II). Conforma, como afirma DONINI, una "*hermenéutica de la resistencia*", o la nueva corriente del "uso alternativo del Derecho". Se esgrimen dos razones: (a) en las ayudas entre familiares intermedia la generosidad de favorecer, además, la situación personal del inmigrante irregular; (b) responden a casos individuales, aislados o puntuales, y, en este sentido, no reúnen el mínimo de lesividad exigible para el bien jurídico protegido (principio de insignificancia por su escasa ofensividad). Véanse SSTS 1378/2011, 14-12; 212/2012, 9-3; 1077/2012, 28-12; 466/2012, 28-5; 261/2017, 6-4; 545/2006, 23-5, y 479/2006, 28-4. Esta posición debería estar avalada también por el criterio jurisprudencial que se aferra, con un hilo muy fino, a la rúbrica del Título XV bis para señalar, como bien jurídico, la protección de la dignidad de los "ciudadanos extranjeros" (así, SSTS 2636/2020, 23-7; 11/2018, 15-1; 108/2018, 6-3; 388/2018, 25-7, y 400/2018, 12-9), porque no quedaría en absoluto afectada estos supuestos. También podría servir, como criterio exegético, los principios que subyacen a la elaboración del Protocolo de Palermo, que forma parte del Ordenamiento Jurídico español desde su entrada en vigor el 28 de enero de 2004 (Instrumento de Ratificación, BOE núm. 295, 10 diciembre 2003; véase, por ejemplo, STS 618/2007, 26-6). Por último, es interesante el paso dado por la STS 261/2017, 6-4, que, en estas hipótesis, decide aplicar por analogía la excusa absolutoria de la "*ayuda humanitaria*" prevista en el art. 318 bis.1 II, CP.

Hoy por hoy, el Legislador ha dejado al albur de los tribunales el etiquetamiento delictivo de la ayuda hospitalaria entre familiares (por ejemplo, entre otras, SSTS 1146/2009, 18-11; 526/2007, 6-6; 1109/2007, 19-12, y 659/2016, 19-7; SAP, Vizcaya, Sección 1ª, 90140/2021, 25-5). En caso afirmativo, ocupará, en nombre de la política represiva de lucha contra la inmigración ilegal, el almacén del tipo atenuado facultativo (art. 318 bis.6, CP), que atiende a las circunstancias del hecho, las condiciones personales del culpable y la finalidad perseguida por éste. Esta vía de solución no sería sino una suerte de derecho de "media gracia" en casos de solidaridad familiar, cuya virtualidad se explicaba en la regulación anterior del art. 318, bis, CP, por permitir aplicar al familiar la suspensión de la pena de prisión (el tipo básico preveía entonces la pena de 4 a 8 años de prisión), como en el caso descrito por la STS 1146/2009, 18-11.

Hoy el tipo atenuado ha dejado de tener ese efecto práctico si se aplica la pena inferior en grado a la pena de prisión de 3 meses a 1 año prevista para el tipo básico del art. 318 bis.1, CP. La condena de la solidaridad familiar solo se justificaría por una finalidad de prevención general positiva e intimidatoria (en esta línea, SAP, Vizcaya, Sección 1ª, 90140/2021, 25-5), que no servirá de barrera en estos contextos.

2.5. *Iter criminis*

El tenor literal confiere una estructura inextricable al delito del art. 318 bis.1, CP, en la medida en que requiere que la ayuda prestada se efectúe de un modo que vulnere la legislación de extranjería sobre entrada o tránsito de extranjeros, según el caso.

Es un delito de simple actividad (SSTS 809/2012, 25-10; 790/2011, 27-6; 651/2010, 24-6, y 545/2006, 23-5), y de consumación anticipada porque se perfecciona con el mismo acto idóneo de colaboración, con independencia de la consecución o no del objetivo perseguido (MUÑOZ CONDE, GARCÍA ÁLVAREZ, DE LA FUENTE CARDONA, DAUNIS RODRÍGUEZ, MARTOS NÚÑEZ, LACRUZ LÓPEZ; entre otras, SSTS 582/2007, 21-6; 618/2007, 26-6; 790/2011, 27-6; 809/2012, 25-10, y 1077/2012, 28-12). Por lo tanto, para la consumación, no es necesario hacer efectiva la entrada ni, en su caso, la salida ilegal del territorio español para establecerse en otro país (en otra línea, VILLACAMPA ESTIARTE, RODRÍGUEZ MESA, SÁINZ-CANTERO CAPARRÓS, MARTÍNEZ-BUJÁN PÉREZ, SANTANA VEGA), pero sí es indispensable que el acto de ayuda vulnere la legislación de extranjería.

La *ratio* del delito del art. 318 bis.1, CP, reside en su potencialidad para poner en peligro el bien jurídico que tutela (las herramientas de control y detección de la inmigración ilegal). Es, pues, un delito de peligro abstracto o hipotético (PÉREZ CEPEDA), y expresión por antonomasia de un Derecho penal máximo sin proyección individual.

Con todo, se plantea si sería posible apreciar las reglas de la tentativa (así, GARCÍA ARÁN, MORÓN LERMA) cuando, iniciados los actos de ayuda (por ejemplo, los trámites para un contrato de trabajo ficticio o un matrimonio fraudulento), se interceptan antes de perfeccionar la situación fraudulenta. Tales actos no podrían constituir siquiera una conducta infractora con arreglo a los arts. 54.1.f) y 53.2.b), LOEx, y representarían una más que remota (insignificante) potencialidad para afectar al bien jurídico. Y ello sin perjuicio de las objeciones sobre la imprecisión misma de este tipo penal.

2.6. Autoría y participación

Atrás quedó la expresión —"promover, favorecer o facilitar" "indirectamente" la inmigración clandestina de personas—, utilizada por la redacción anterior al texto vigente del art. 318 bis.1, CP (véase *supra*, epígrafe II, el cuadro comparativo). Encarnaba la tendencia a equiparar penalmente, a modo de un "concepto unitario de autor" (PÉREZ CEPEDA, DAUNIS RODRÍGUEZ), supuestos de autoría y participación, conculcando manifiestamente el principio de proporcionalidad (PÉREZ FERRER, RODRÍGUEZ MESA, VILLACAMPA ESTIARTE).

El formato actual del tipo penal permitiría distinguir teóricamente grados de intervención delictiva, es decir, figuras de participación dolosa en tanto modalidades de facilitación accesoria que remueven obstáculos, o de apoyo logístico a la prestación de asistencia principal realizada por el autor, como "conseguidor" del cruce irregular de fronteras. Han de ser aportaciones realizadas al inicio o durante el desarrollo de la conducta llevada a cabo por el autor en el ciclo migratorio. Además, la conducta del partícipe también sería susceptible de vulnerar la legislación de extranjería: el art. 51.1, LOEx, reconoce la responsabilidad administrativa tanto de los "*autores*" como de las personas que "*participen en cualquiera de las infracciones tipificadas…*" en la citada ley.

Esa clase de aportaciones accesorias puede albergar un amplio espectro de conductas (vigilancia, información de medios de locomoción o de contactos, etc.; DÍAZ Y GARCÍA-CONLLEDO, SERRANO-PIEDECASAS).

Ejemplo: la SAP, Las Palmas, Sección 1ª, 68/2004, 22-3, calificó de complicidad la conducta de proporcionar comida a los inmigrantes en el desarrollo de la operación migratoria ilegal.

3. El "ánimo de lucro" como criterio agravante de la pena del tipo básico

Como en la variante europea, el relieve penal de la modalidad de ayuda a la entrada o circulación irregulares no está condicionado por ningún elemento subjetivo del injusto distinto del dolo. El párrafo 3° del art. 318 bis.1, CP, articula un tipo agravado "*Si los hechos se hubieran cometido con ánimo de lucro*". En tal caso, se impondrá en su mitad superior la pena de multa de 3 a 12 meses o de prisión de 3 meses a 1 año.

Se entiende por "*ánimo de lucro*" la finalidad de obtener *un beneficio de contenido económico, a modo de contraprestación por la ayuda prestada. En los contextos* de la colaboración en la entrada o circulación irregulares *debe consistir en el propósito de un provecho* indebido, más allá del coste del desplazamiento en un medio de transporte comercial (no son servicios gratuitos), o del precio de los costes de gestión encaminados al disfrute de una situación de regularidad migratoria administrativa (véase, por ejemplo, SAP, Granada, Sección 1ª, 416/2019, 17-10).

Ejemplos:
– Cobrar por el trayecto entre Argelia y las Islas Baleares aprox. 1600 euros por ocupante de la embarcación (SAP, Islas Baleares, Sección 2ª, 72/2023, 27-2).

– Cobrar 300 euros por mantener al inmigrante escondido en el maletero del vehículo que le conducía a Melilla (SAP, Málaga, Sección 7ª, 5/2014, 23-1).

– El cobro revertido del "impuesto revolucionario" que tienen que pagar algunas organizaciones dedicadas al tráfico de migrantes por transitar por determinados lugares que se encuentran bajo control de otros grupos organizados [escenarios descritos en el Plan de Acción renovado de la UE contra el Tráfico Ilícito de Migrantes (2021-2025)].

En realidad, es el precio a pagar por la prestación de una asistencia que se sabe encarecida precisamente por la condición migratoria ilegal de quien es objeto de la ayuda y por el etiquetamiento delictivo que pesa sobre quien ayuda porque es una colaboración "criminalizada". Precisamente de esta doble característica los tribunales deducen la existencia de ánimo de lucro, "puesto que tal ánimo se desprende de que nadie comete un delito por otro que no conoce" (STS 297/2009, 20-3). Es, pues, un gravamen que la criminalización añade a la necesidad de migrar del extranjero.

Por lo tanto, el factor lucrativo ni aporta desvalor alguno a la conducta colaboradora —es intrínseco a la noción de tráfico ilegal de personas migrantes según el Protocolo de Palermo— ni interfiere en la relevancia del consentimiento de la persona a la que se ayuda. Como señala CABEZAS VICENTE, "el mero hecho de pagar una contraprestación económica no es visto por parte de los migrantes como un comportamiento inmoral que atente contra su propia dignidad".

Paradójicamente, este tipo penal agravado se identifica con la infracción administrativa muy grave del art. 54.1.b), LOEx: "[...] *favorecer o facilitar con ánimo de lucro (...) la inmigración clandestina de personas en tránsito o con destino al territorio español o su permanencia en el mismo, siempre que el hecho no constituya delito*".

Del ánimo de lucro no cabe inferir conceptualmente el aprovechamiento de la situación de necesidad de la persona objeto de la ayuda (SAP, Málaga, Sección 7ª, 25/2005, 14-4), porque el tipo penal no exige este elemento.

Por otro lado, es posible traer aquí a colación otros escenarios: el factor lucrativo puede concebirse también como medio de pago para facilitar la propia migración del que realiza la conducta típica (STS 164/2023, 8-3).

4. *Tipos hiperagravados*

Los apartados 3 y 4 del art. 318 bis, CP, contemplan supuestos agravatorios de diferente naturaleza. En ellos, la elevación de la pena no toma como punto de referencia el marco punitivo del tipo básico (apartado 1), o, en su caso, el correspondiente al tipo agravado basado en el ánimo de lucro (párr. 2º, apdo. 1), sino que encarna un salto cualitativo: la pena de prisión de 4 a 8 años.

En el apartado 3 se regulan dos tipos hiperagravados, articulados exclusivamente para el delito de ayuda a la entrada o al tránsito de inmigrantes irregulares (art. 318 bis.1, CP) en los siguientes supuestos:

- Cuando la ayuda a la entrada o al tránsito de inmigrantes irregulares tenga lugar en el seno de una "*organización*" dedicada "*a la realización de tales actividades*" [art. 318 bis.3.a), CP].
- Cuando el comportamiento colaborador ponga en peligro la vida o haya creado "el *peligro de causación de lesiones graves*" a "las *personas objeto de la infracción*" [art. 318 bis.3.b), CP].

El apartado 4 del art. 318 bis, CP, contempla un tipo agravado aplicable a cualquier modalidad de tráfico ilegal de personas migrantes que se cometa mediante el prevalimiento del carácter público del autor ("*condición de autoridad, agente de ésta o funcionario público*"). En estos casos, se impone, además, la pena de inhabilitación absoluta de 6 a 12 años.

4.1. Pertenencia del culpable a una organización dedicada a ayuda a la entrada o tránsito ilegal de extranjeros

El art. 318 bis.3.a), CP, impone la pena de prisión de 4 a 8 años a la conducta de facilitación de la entrada o tránsito ilegal de extranjeros cuando se cometa "*en el seno de una organización que se dedicare a la realización de tales actividades*". Este tipo hiperagravado sólo se aplica, como así se indica expresamente, a las conductas abarcadas en el "*apartado 1*" del art. 318 bis, CP. Se enfoca, pues, a la delincuencia organizada de carácter trasnacional relacionada con el cruce ilegal de fronteras.

La intermediación de grupos organizados dedicados a tales actividades, junto a la finalidad lucrativa que los inspira, funda la noción internacional de tráfico ilícito de personas migrantes (arts. 4 y 6, Protocolo de Palermo).

La estructura organizada facilita la comisión del delito y la impunidad de los sujetos que la integran. Por otro lado, como *lucrativo negocio contemporáneo* (CABEZAS VICENTE), revela una mayor potencialidad, un *plus* de peligrosidad, para afectar al bien jurídico por su capacidad para burlar o frustrar las herramientas de control y lucha contra la inmigración ilegal (DAUNIS RODRÍGUEZ).

Sin embargo, paradójicamente, tampoco este tipo penal hiperagravado se distancia del Derecho Administrativo sancionador: no constituye más que una infracción administrativa muy grave [*ex* art. 54.1.b), LOEx] que se eleva a la categoría de delito. Este precepto, de ámbito más amplio, sanciona las conductas de "*Inducir, promover, favorecer o facilitar con ánimo de lucro (…), formando parte de una organización, la inmigración clandestina de personas en tránsito o con destino al territorio español o su permanencia en el mismo, siempre que el hecho no constituya delito*".

Por lo tanto, si la entidad de la pena debe estar ligada a un comportamiento colaborador que gravita en torno a la vulneración de la legislación de extranjería, la pena de prisión de 4 a 8 años, sólo fundamentada en la intervención de una organización, es desproporcionada (véase, también, VILLACAMPA ESTIARTE). Téngase en cuenta que la intermediación de una estructura organizada dedicada a facilitar la operación migratoria ilegal (pasadores de fronteras) no invalida tampoco el consentimiento del extranjero objeto de la ayuda: es un acuerdo mutuo del cruce de fronteras (UNODC, Marco de Acción Internacional para la aplicación del Protocolo contra el tráfico ilícito de migrantes, 2012). No hablamos en absoluto de las actividades de trata de seres humanos, orientadas a las finalidades de explotación asimilada a la esclavitud moderna (art. 177 bis.1, CP). La elevación del marco punitivo responde, pues, a la única razón de plegarse a los imperativos del art. 1. 3 Decisión Marco 2002/946/JAI, que permite rebajar el límite máximo de la pena de prisión hasta 6 años "para salvar la coherencia" del régimen sancionador interno.

En contraste con la regulación anterior, el campo de aplicación de este tipo cualificado se reduce expresamente a las *organizaciones*, excluyendo al resto de agrupaciones —grupos o asociaciones— "incluso de carácter transitorio", porque no reúnen las características de aquéllas con arreglo al art. 570 bis.1 II, CP: agrupación estructurada de carácter estable, con una distribución coordinada de tareas o roles que facilite llevar a cabo las conductas previstas en el art. 318 bis.1, CP.

> Ejemplo: la organización "concertaba la entrada en España de personas de nacionalidad marroquí, a los que se proporcionaba una documentación falsa, se posibilitaba el acceso a medios de transportes burlando los mecanismos de control de documentación, sobornando a los funcionarios de policía, y se disponía su acogida en territorio peninsular, incluso proporcionando asistencia letrada si eran detenidos, y reteniendo la documentación hasta el abono del precio de la operación de inmigración clandestina" (STS 1294/2006, 27-12).

Esta restricción también diferencia el delito de tráfico ilegal de migrantes de las conductas de trata vinculadas a la delincuencia organizada (art. 177 bis.6, CP).

Un criterio expreso que sirve para delimitar, a su vez, el alcance del tipo agravado es la exigencia de una *organización* "dedicada" "*a la realización de tales actividades*", es decir, las previstas en el art. 318 bis.1, CP: conductas de colaboración en la entrada o en la migración irregular de personas en tránsito a otro país. En este sentido, la LECrim restringe el concepto de *delincuencia organizada* a la "*asociación de tres o más personas para realizar, de forma permanente o reiterada, conductas que tengan como fin cometer* ..." el delito del art. 318 bis, CP [art. 282 bis.4.h, LECrim], sin que sea necesario una dedicación exclusiva a tales actividades. Véase SAP, Málaga, Sección 7ª, 28/2005, 26-4, y STSJ Andalucía, 280/2020, 20-10.

En la *praxis* judicial se aprecia con mayor frecuencia supuestos de codelincuencia en los que no se puede acreditar las características esenciales de la organización criminal: SSAP, Cádiz, Sección 3ª, 177/2019, 3-6; Málaga, Sección 7ª, 31/2020, 26-11; Islas Baleares, Sección 1ª, 449/2022, 28-10, y Sección 2ª, 72/2023, 27-2; véanse, al respecto, las objeciones vertidas por Memoria de la FGE, Unidad de Trata de Personas y Extranjería 2024.

El tratamiento punitivo de este supuesto cualificado varía sólo en función de la posición del sujeto activo en la organización [art. 318 bis.3.a), CP]. Cuando se trate "*de los jefes, administradores o encargados de dichas organizaciones*", es decir, quienes toman de forma efectiva las decisiones y estrategias en el seno de las mismas (SAP, Madrid, Sección 7ª, 139/2008, 13-10), la pena de prisión de 4 a 8 años se aplica "*en su mitad superior*". De modo potestativo, y siempre que las circunstancias lo motiven, "*podrá elevarse a la inmediatamente superior en grado*" (pena de prisión de 8 a 12 años).

> El art. 570 bis.2, CP, baraja, como criterios que deben concurrir para incrementar en un grado la pena, al menos dos entre los siguientes: que la organización se componga de "*un elevado número de personas*", que disponga "*de medios tecnológicos avanzados de comunicación o transporte que por sus características resulten especialmente aptos para facilitar la ejecución de los delitos o la impunidad de los culpables*", o de "*armas o instrumentos peligrosos*".

El factor organizativo de efectos agravantes no alcanza, como se ha señalado, a otras agrupaciones contingentes que se encuentran a caballo entre la organización criminal y la codelincuencia. Pero ello no significa que existan lagunas punitivas en este terreno; la respuesta al resto de los fenómenos organizativos a los que se refiere el marco internacional y el europeo (UNODC, Marco de Acción Internacional para la aplicación del Protocolo contra el tráfico ilícito de migrantes, 2012; Decisión Marco 2008/841/JAI, de 24 de octubre de 2008) se reconduce al concepto de "*grupo criminal*" previsto en el art. 570 ter.1 *in fine*, CP. Por lo tanto, si las conductas comprendidas en el art. 318 bis, CP, se cometen en el seno de un grupo criminal que "*tenga por finalidad o por objeto la perpetración concertada*" de las mismas, se aplicará a los miembros activos (con independencia del rol que asuman en el grupo) la pena de 3 meses a un 1 de prisión [art. 570 ter.1.c), CP], o, en su caso, la resultante de la concurrencia de circunstancias agravantes específicas (art. 570 ter.2, CP), en concurso real con el delito del art. 318 bis, CP, de que se trate, según sea la modalidad de ayuda a la entrada o tránsito ilegales (apartado 1), o la colaboración en la permanencia ilegal (apartado 2).

A este enjambre conceptual de agrupaciones, hay que añadir las *asociaciones* ilegales *de más de dos personas*, definidas en el art. 515.1º, CP, sin que quepa equipararlas a las dos estructuras organizativas respectivamente definidas por los arts. 570 bis y 570 ter, CP (PORTILLA CONTRERAS, 2011). Se contempla una pena más grave que la prevista para el grupo criminal (véase, art. 517, CP).

4.2. Puesta en peligro de la vida o riesgo de causación de lesiones graves

El tipo hiperagravado del apartado 3.b) del art. 318 bis, CP, se aplica exclusiva y expresamente a las hipótesis de ayuda a la entrada o tránsito ilegales (art. 318 bis.1, CP) cuya ejecución pone en peligro la vida del migrante de que se trate o le generen riesgo de causación de lesiones graves. Se impone la pena de prisión de 4 a 8 años.

Ante todo, cabe observar dos puntos principales que sirven para entender el peculiar relieve de esta circunstancia agravante. De un lado, pese a fundamentarse en una situación de peligro para la vida e integridad física de las personas, como también se hace a propósito del delito de trata (art. 177 bis.4, CP), este tipo cualificado no se contempla en primer lugar, sino en el apartado b), tras el tratamiento punitivo del factor organizativo. De otro lado, no atribuye la condición de "víctimas" a las personas puestas en peligro por la conducta típica: son "*personas objeto de la infracción*" (apartado b). Ambas señales son indicativas de la fenomenología a la que se suele vincular esta circunstancia específica: la situación de peligro que se describe en el apartado b) del art. 318 bis.3, CP, no interfiere en la validez del consentimiento de la persona extranjera de que se trate en el cruce irregular de fronteras o en el tránsito ilegal hacia otro país (véase, por ejemplo, STS 1183/2006, 21-11). Este factor agravatorio enlaza directamente con el propio encarecimiento y precariedad de las operaciones clandestinas de traslado a que han conducido la condición migratoria ilegal que recae sobre el propio extranjero y la política de criminalización de las conductas de los pasadores de fronteras, muy distintas de la trata. Han retroalimentado una variada y peligrosa fenomenología.

> Por ejemplo, desplazamientos en medios precarios o frágiles de transporte por tierra o por mar, o sin suministrar a los ocupantes chalecos salvavidas, suficiente agua y alimentos para garantizar su seguridad durante la travesía (ATS 1063/2022, 24-11; SSTS 22/2012, 23-1; 886/2008, 19-12; 186/2009, 27-2, y 1268/2009, 7-12; SAP, Las Palmas, Sección 1ª, 245/2020, 30-10); viajes en el capot de una furgoneta (STS 1183/2006, 21-11), en un habitáculo creado en el maletero del coche (SAP, Málaga, Sección 7ª, 5/2014, 23-1), embarcaciones cuya envergadura difícilmente soporta el número de ocupantes, o no preparadas para la duración del recorrido —por ejemplo, 800 km.— (STS 152/2010, 2-3), etc.

La aplicación de este tipo cualificado específico exige una puesta en peligro *concreta* y *dolosa* generada por la ayuda al desplazamiento para la entrada ilegal en España o para el tránsito ilegal a través del territorio español (PÉREZ CEPEDA, GARCÍA ÁLVAREZ, DE LA FUENTE CARDONA; SSTS 22/2012, 23-1; 11/2018, 15-1, y 388/2018, 25-7; AATS 1063/2022, 24-11, y 197/2023, 23-2). Se valora *ex ante* teniendo en cuenta las circunstancias concurrentes (SSTS 1089/2010, 10-12, y 503/2014, 18-6; ATS 369/2023, 14-4; SSAP, Cádiz, Sección 3ª, 177/2019, 3-6;

Málaga, Sección 7ª, 31/2020, 26-11; Islas Baleares, Sección 1ª, 449/2022, 28-10, y Sección 2ª, 72/2023, 27-2).

La situación de peligro deberá ponderarse en función de su magnitud y el grado de probabilidad de que se materialice en un resultado lesivo (STS 1268/2009, 7-12). Sin embargo, la defectuosa técnica empleada en el segundo inciso del apartado b) del art. 318 bis.3, CP (SÁINZ-CANTERO CAPARRÓS) hace recaer expresamente la gravedad sobre el resultado de "*causación de lesiones graves*", que puede ser fruto del azar.

Como se ha señalado, también cabría valorar si la persona afectada acepta la situación de peligro con conocimiento del alcance y características del medio precario de desplazamiento. Si es así, esta circunstancia debilitará el fundamento material de la agravación (PORTILLA CONTRERAS, 2011; argumento que subyace en la STS 1183/2006, 21-11), resultando también desmesurada la pena de prisión de 4 a 8 años: no son conductas constitutivas del delito de trata. En efecto, como sostiene GARCÍA ÁLVAREZ (2014), "no puede agravar automáticamente la pena el que la vida o la integridad física de la persona a la que se ayuda corra peligro, en la medida en que tanto la vida como la integridad física son bienes jurídicos disponibles por su titular cuando se trata de conductas meramente peligrosas". De manera que si la persona asume voluntariamente los riesgos que una actividad clandestina conlleva, "no podrá exigírsele responsabilidad penal por ello al que le ayuda".

Por último, cabe distinguir las siguientes hipótesis en los supuestos de causación de resultados lesivos objetivamente imputables a la conducta típica.

a) Si de la situación de peligro deriva la muerte o lesiones graves de alguna o algunas de las personas afectadas, se planteará un concurso ideal entre el tipo cualificado del art. 318 bis.3.b), CP, y el delito de homicidio o lesiones imprudentes (SSTS 637/2021, 15-7; 22/2012, 23-1; 177/2010, 3-3; 186/2009, 27-2, y 886/2008, 19-12; SAP, Las Palmas, Sección 1ª, 245/2020, 30-10; RODRÍGUEZ MESA, GUARDIOLA LAGO, DE LA FUENTE CARDONA, GARCÍA ÁLVAREZ).

b) Si las personas muertas o lesionadas coinciden con las afectadas por el peligro, el resultado lesivo absorberá el desvalor de la situación previa de peligro de la que deriva (GARCÍA ÁLVAREZ). En tal caso, se aplicarán las reglas del concurso ideal de delitos entre el tipo básico art. 318 bis.1, CP, y los delitos de homicidio o lesiones imprudentes (STS 1418/2005, 13-12).

4.3. Prevalimiento de la condición pública del culpable

El apartado 4 del art. 318 bis, CP contempla un tipo hiperagravado aplicable a cualquier modalidad de tráfico ilegal de personas migrantes que se cometa mediante el prevalimiento del carácter público del autor ("*condición de autoridad, agente de ésta o funcionario público*"). En estos casos, se impone la pena de inhabilitación absoluta de 6 a 12 años (la misma que para el delito de trata con arreglo al art. 177 bis.5, CP), que se suma a la pena de prisión de 4 a 8 años (a la que remite expresamente).

La *ratio* de esta cualificación reside en la utilización del cargo, aprovechando los poderes inherentes a la función pública, para llevar a cabo las conductas de colaboración en la inmigración ilegal (entrada, tránsito o permanencia) bajo la apariencia de licitud; asimismo, favorece la impunidad del culpable (PORTILLA CONTRERAS, 2011). Se ha aplicado, particularmente, a funcionarios públicos destinados en puestos de control fronterizo o migratorio (STS 740/2009, 30-6; SSAP, Cádiz, Sección 6ª, 46/2015, 13-4; Málaga, Sección 7ª, 19/2013, 21-3, y 10/2011, 4-2).

Ahora bien, este tipo agravado se aplicará siempre que la condición pública no constituya por sí sola el modo subrepticio —precisamente por la apariencia de licitud— para burlar o eludir los mecanismos oficiales de control y detección de la inmigración ilegal, porque es el criterio que funda la gravedad que requiere el tipo básico de que se trate (*vid. supra*, y también más adelante a propósito del art. 318 bis.2, CP).

Véanse, por ejemplo, los hechos valorados en las SSTS 773/2006, 10-7, y 740/2009, 30-6. En esta última se reconoce que "la clandestinidad no provenía de la ocultación de los personajes sino del concurso (...) del agente policial que controlaba el acceso". En cambio, en la SAP, Cádiz, Sección 6ª, 46/2015, 13-4, el agente policial había facilitado, además, documentación falsa.

Si no se aplicara por esas razones este tipo cualificado, y hay dádiva por medio, el bien jurídico del funcionamiento correcto de la Administración Pública que discurre sobre los ejes de imparcialidad, objetividad y legalidad de la condición pública podrá quedar tutelado, según el caso, por los delitos de cohecho por parte de funcionario público (art. 419, CP) y por particular (art. 424, CP).

IV. DELITO DE AYUDA A LA PERMANENCIA ILEGAL EN TERRITORIO ESPAÑOL (ART. 318 BIS.2, CP)

1. Estructura del tipo básico

El Legislador de 2015 trasladó al art. 318 bis. 2, CP, el tenor literal del art. 1.1.b) de la Directiva 2002/90/CE. Ello significó castigar de modo separado las conductas de ayuda "intencionada" y "*con ánimo de lucro*", a una persona no nacional de un Estado miembro de la Unión Europea "*a permanecer en España*", "*vulnerando la legislación sobre estancia de extranjeros*".

La relevancia penal del delito de ayuda a la permanencia ilegal depende de dos factores: la *condición migratoria ilegal* de las personas que son objeto de la ayuda, como elemento normativo del tipo, y la concurrencia de "*ánimo de lucro*" en la conducta colaboradora. Como en el tipo básico del apartado 1 del art. 318 bis, CP, no se requiere menoscabar la libertad de decisión del extranjero, porque no es un delito de trata de seres humanos (art. 177 bis.1, CP).

Esta modalidad delictiva de tráfico ilegal de migrantes se castiga con las mismas penas del tipo básico de ayuda a la entrada o al tránsito de ciudadanos extranjeros administrativamente indocumentados (multa de 3 a 12 meses o de prisión de 3 meses a 1 año), a pesar de que éste no requiere la presencia de ánimo de lucro. Por lo tanto, la finalidad lucrativa no añade desvalor alguno a la conducta de ayuda a la permanencia ilegal ni interfiere en la validez del consentimiento de la persona a la que se ayuda, respecto de su iniciativa de su hoja de ruta para establecerse en España.

Sin embargo, las objeciones a este tipo penal autónomo trascienden esas consideraciones.

En primer lugar, el objetivo de delimitar las conductas punibles de colaboración en la entrada o en el tránsito de inmigrantes irregulares —reconocido en el Preámbulo de la LO 1/2015—, no se puede predicar respecto de la ayuda a la permanencia ilegal. Si nos detenemos en el tenor literal del art. 318 bis.2, CP, aparentemente no persigue la prestación de cooperación en la *inmigración* ilegal. Regular de forma autónoma la ayuda a la permanencia ilegal del extranjero de que se trate, sin exigir haber intervenido en su desplazamiento transfronterizo, es desnaturalizar la dimensión *trasnacional* inherente a la noción de tráfico ilegal de personas que desean migrar, es decir, trasladarse de un país para establecerse en otro: es una característica esencial subrayada por el Protocolo de Palermo, por el Preámbulo de la LO 5/2010 (el delito del art. 318 bis, CP "siempre tendrá carácter trasnacional") y en el marco normativo de donde procede este delito (Directiva 2002/90/CE, Decisión Marco 2002/946/JAI). Es oportuno señalar aquí que la Propuesta de Directiva, de 28 de noviembre de 2023, que sustituye a la Directiva 2002/90/CE, no separa la regulación de la ayuda a la permanencia ilegal (art. 3.1), insistiendo, asimismo, en la vertiente trasnacional del tráfico ilegal de migrantes.

En consecuencia, la incriminación independiente de la ayuda a la permanencia ilegal del extranjero, en los simples términos del art. 318 bis.2, CP, equivaldría a elevar a la categoría de delito el *mero favorecimiento del inmigrante* y no de la *inmigración* ilegal (en este sentido crítico, SSTS 1397/2003, 16-10; 284/2006, 6-3, y 1304/2005, 19-10; DÍAZ Y GARCÍA-CONLLEDO, CABEZAS VICENTE), con lo que se estaría coartando la libertad de obrar de los ciudadanos hasta límites insoportables para un Estado Democrático de Derecho (POMARES CINTAS/PÉREZ ALONSO, LAURENZO COPELLO, GARCÍA ÁLVAREZ).

Seguramente estas serias objeciones de fondo se deben más a la indolencia de un Legislador que se limita a copiar literalmente un precepto de un marco normativo cuya misión es la de establecer directrices para la tipificación de delitos, sin cuestionar la naturaleza transnacional de las conductas inscritas en el concepto de tráfico ilegal de personas migrantes. Téngase en cuenta que la ayuda a la permanencia ilegal se identifica con la infracción administrativa muy grave prevista en el art. 54.1.b), LOEx: "[...] *favorecer o facilitar con ánimo de lucro, individualmente o formando parte de una organización, la inmigración clandestina de personas en tránsito o con destino al territorio español o su permanencia en el mismo, siempre que el hecho no constituya delito*". La infracción administrativa castiga un mayor espectro de conductas porque abarca las de "*inducir*" *o* "*promover*" colaboraciones en las que la iniciativa no parte del inmigrante objeto de la ayuda (véase más adelante).

En suma, por razones de fondo, el formato de una transposición defectuosa de la Directiva 2002/90/CE para tipificar una segunda modalidad de tráfico ilegal de personas migrantes (art. 318 bis.2, CP) no puede inhabilitar criterios jurisprudenciales restrictivos de largo recorrido que han insistido en mantener la dimensión transnacional de la ayuda a la permanencia ilegal; en otras palabras, la prestación de cooperación a la permanencia de inmigrantes irregulares tiene que estar conectada con otras conductas que guarden el significado de facilitación de su inmigración. No basta, por ejemplo, alojar a inmigrantes irregulares a cambio de precio porque "el alojamiento en sí, sin otras connotaciones, es un acto penalmente impune" (STS 1304/2005, 19-10). La LOEX contempla infracciones administrativas que sancionan el favorecimiento de la permanencia irregular sin la nota de transnacionalidad, como "[*c*]*onsentir la inscripción de un extranjero en el Padrón Municipal por parte del titular de una vivienda habilitado para tal fin, cuando dicha vivienda no constituya el domicilio real del extranjero*" (art. 53.2.d).

Téngase en cuenta, además, que la modalidad delictiva de favorecimiento de la permanencia ilegal, sin requerir la vertiente transfronteriza, se encuentra regulada en el Título XV del CP, en los tipos penales de persecución del trabajo de inmigrantes irregulares, que se derivan de la Directiva 2009/52/CE, por la que se establecen normas mínimas sobre las sanciones y medidas aplicables a los empleadores de nacionales de terceros países en situación irregular, y se inscriben también en las herramientas de lucha contra la inmigración ilegal. Son los arts. 311 bis y 312.2 *in fine*, CP (véase *supra*, Lección 29ª).

Probablemente la incriminación específica y autónoma de la colaboración en la permanencia ilegal del extranjero responda a criterios de política criminal que condicionan esta modalidad de tráfico ilegal de migrantes a la concurrencia de "*ánimo de lucro*", y la excluyen expresamente del ámbito de aplicación de los tipos hiperagravados relativos a la delincuencia organizada y a la puesta en peligro de la vida o integridad física de las personas objeto de la ayuda (art. 318 bis.3, CP).

En última instancia, esta regulación separada y perturbadora del entendimiento del fenómeno migratorio ilegal sólo es la repercusión de la resistencia del Legislador a exigir, como mínimo, el ánimo de lucro en *toda* conducta de ayuda a la operación migratoria ilegal.

1.1. Conducta típica

Como en el tipo básico del art. 318 bis.1, CP, el del apartado 2 es un delito común cuyo verbo rector —"ayudar" "*a permanecer en España*"— requiere que la prestación de asistencia parta de la iniciativa de la persona extranjera que se desplaza desde otro país con la finalidad, más allá de la entrada, de *establecerse* en España como país de destino. Quedan fuera del ámbito típico las conductas que tengan el significado de "promover" la ayuda, que se reconducirán al régimen administrativo sancionador del art. 54.1.b), LOEx.

Asimismo, la relevancia penal de este tipo básico alternativo también pivota sobre la *condición migratoria ilegal*, como elemento normativo del tipo, de quienes son objeto de la ayuda: personas que, en el momento de la operación migratoria, no cumplen los requisitos necesarios para residir en territorio español, y, en su caso, realizar una actividad lucrativa, por cuenta propia o ajena, con arreglo a los arts. 30 bis y ss., y 36 y ss., LOEx, relativos a la obtención de la autorización de residencia y/o trabajo.

El art. 318 bis.2, CP, es, asimismo, una norma penal en blanco que sustituye la "clandestinidad" de la inmigración por el requisito de "vulneración" de "*la legislación sobre estancia de extranjeros*" como elemento esencial de la conducta típica (véase *supra*, epígrafe II, el cuadro comparativo). Es decir, la prestación de asistencia debe identificarse con una infracción administrativa de las contempladas en el régimen sancionador de la legislación de extranjería en esta materia. Véase más adelante.

Ahora bien, no es una prestación de asistencia que se inicia una vez que el autor de la misma tiene conocimiento de que el extranjero administrativamente indocumentado se encuentra en España. También en el tipo penal del art. 318 bis.2, CP, como delito de tráfico ilegal de personas migrantes, debe estar presente la connotación transfronteriza. Es decir, se requiere que el "conseguidor" de la permanencia ilegal haya intervenido, de algún modo, en la operación de entrada en territorio español, como parte del circuito migratorio de quien desea establecerse en España.

Esta interpretación no colisiona con el principio de legalidad y se sitúa en la línea del bien jurídico tutelado relativo a la defensa de los mecanismos oficiales de control y detección de la inmigración ilegal (véase *supra* epígrafe III). El objetivo de este tipo básico (alternativo) es cubrir posibles lagunas punitivas que resultarían de las conductas de ayuda a la entrada en territorio español formalmente legal, pero con propósitos fraudulentos que vulneran la legislación administrativa sobre permanencia de extranjeros. Es una de las repercusiones de una técnica legislativa que abandona el formato unitario que aglutinaba las conductas de ayuda a la entrada, circulación y permanencia tras el término "*inmigración clandestina*" (BAUCELLS LLADÓS, PÉREZ FERRER). Esta idea de *autonomía* de la ayuda a la permanencia ilegal, sin prescindir de la connotación trasnacional de la operación migratoria, se pone de relieve en la legislación de extranjería. Así, se considera infracción grave "*Promover la permanencia irregular en España de un extranjero, cuando su entrada legal haya contado con una invitación expresa del infractor y continúe a su cargo una vez transcurrido el período de tiempo permitido por su visado o autorización* [...]" [art. 53.2.c), LOEx].

El art. 318 bis.2, CP, como modalidad autónoma de ayuda a la inmigración ilegal, permitiría encajar las hipótesis en las que el autor colabora previamente en la entrada formalmente legal en España, así, facilitando la expedición de un "visado de turista" o una corta estancia a través de una carta de invitación expresa, con el objetivo de lograr la permanencia (residencia) del extranjero de que se trate transcurrido el período de tiempo permitido por el visado o la autorización de estancia (en esta línea, VILLACAMPA ESTIARTE; en cambio, acogiéndose al criterio jurisprudencial de la regulación anterior, la STS 253/2023, 12-4, aplica en estos casos el art. 318 bis.1, CP). La relevancia penal de tales prestaciones de ayuda estará condicionada a la concurrencia de ánimo de lucro, tal y como dispone el art. 318 bis.2, CP.

La necesaria ofensividad al bien jurídico relativo a la defensa de los mecanismos estatales de control y detección de la inmigración ilegal, junto a la exigencia de gravedad de los comportamientos que se elevan a la categoría de delito, son los criterios que también deben guiar la interpretación de la modalidad típica del apartado 2 del art. 318 bis, CP.

La colaboración (facilitación o favorecimiento) punible debe equivaler a la puesta en marcha de maniobras o medios subrepticios idóneos para burlar los mecanismos legales de detección de la inmigración ilegal, posibilitando al extranjero de que se trate eludir, con su consentimiento, los requisitos para residir en España. El régimen sancionador de la legislación de extranjería presenta un elenco de actos de ayuda basados en la utilización de medios fraudulentos con el propósito de obtener indebidamente el derecho de residencia. Por ejemplo, simular una relación laboral [art. 54.1.f), LOEx], o facilitar la inscripción indebida del extranjero en el Padrón Municipal [art. 53.2.d), LOEx], o contraer uniones de hecho o matrimonios simulados, o constituirse fraudulentamente en representante legal de un menor [art. 53.2.b), LOEx]. Como se reconoce en la Memoria de la FGE, Unidad de Trata de Personas y Extranjería 2024, "los supuestos más habituales de ayuda a la permanencia siguen residiendo en las acciones de quienes, simulando un contrato de trabajo o a través de la celebración de matrimonio o inscripción en el registro de parejas de hecho con personas españolas o comunitarias, tratan de regularizar fraudulentamente, previo cobro de dinero, la situación de un ciudadano extranjero".

Ejemplo: adjuntar a una solicitud de acogimiento familiar documentación falsa para acreditar una relación materno-filial ficticia con extranjero con el propósito de obtener su residencia en España (STS 399/2009, 11-4).

1.2. Elemento subjetivo

El tipo básico del art. 318 bis.2, CP incrimina un delito doloso, bajo la expresión de ayuda "intencionada" que traslada del art. 1.1.b), Directiva 2002/90/CE. Es una formulación que restringe el campo del tipo a los supuestos de dolo directo.

Se requiere que el sujeto activo conozca la condición de irregularidad administrativa del extranjero de que se trate y encamine la prestación de asistencia a la consecución de la permanencia ilegal del mismo en territorio español.

El desconocimiento de la condición de ilegalidad migratoria del extranjero determinará un error de tipo sobre los elementos esenciales (art. 14.1, CP). Dado que no se prevé la modalidad imprudente, el carácter vencible del error conducirá a la impunidad de la conducta por falta de tipicidad.

A su vez, la aplicación de la modalidad específica de ayuda a la permanencia ilegal está condicionada por un elemento subjetivo del injusto adicional al dolo: se exige que el comportamiento colaborador se realice "*con ánimo de lucro*" (art. 318 bis.2, CP). No se contempla una finalidad más allá de la ayuda a la permanencia ilegal (STS 482/2016, 3-6).

El "*ánimo de lucro*", que debe inspirar la conducta colaboradora, es también el término empleado en el art. 1.1.b), Directiva 2002/90/CE. *En esos contextos debe consistir en el propósito de un* provecho económico indebido, más allá del precio de los costes de gestión encaminados al disfrute de una situación de regularidad migratoria administrativa o de la *contraprestación por un alojamiento que no es* gratuito. Como se ha señalado en el epígrafe III, es el precio a pagar por la prestación de una asistencia que se sabe encarecida precisamente por la condición migratoria ilegal de quien es objeto de la ayuda y por el etiquetamiento delictivo que pesa sobre quien ayuda —es una colaboración "criminalizada". Es, pues, un gravamen que la criminalización añade a la necesidad de migrar del extranjero. Por lo tanto, como se ha subrayado, el factor lucrativo ni aporta desvalor alguno a la conducta ni interfiere en la relevancia del consentimiento de la persona a la que se ayuda.

1.3. *Iter criminis*

Respecto a la determinación del momento de consumación de la modalidad autónoma de ayuda a la permanencia ilegal, cabe extender las observaciones vertidas a propósito del tipo básico del apartado 1 del art. 318 bis, CP.

Dado que la redacción del apartado 2 tampoco es fruto de una labor de transposición del marco penal de la Directiva 2002/90/CE, se ha configurado un tipo penal que dispone que la ayuda prestada al inmigrante administrativamente indocumentado se efectúe "*vulnerando la legislación sobre estancia de extranjeros*", es decir, requiere la identificación de la conducta colaboradora con la infracción administrativa de que se trate.

El art. 318 bis. 2, CP, regula un delito de simple actividad y de consumación anticipada porque se perfecciona con la realización del acto idóneo de colaboración, con independencia de la consecución o no del objetivo perseguido. No es necesario, por tanto, para la consumación, hacer efectiva la permanencia en territorio español, pero sí es preciso que el acto de ayuda vulnere la legislación de extranjería [véanse, los arts. 54.1.b) y f), y 53.2.b) y c), LOEx]

La estructura *ad hoc* de un delito formal sin proyección individual, que cuenta con el consentimiento del extranjero, sustenta una modalidad de peligro abstracto en relación con el bien jurídico exclusivamente concerniente a la tutela de las herramientas estatales de lucha contra la inmigración ilegal.

1.4. Autoría y participación

Como ocurre con el apartado 1 del art. 318 bis.1, CP, el formato del tipo penal del apartado 2 posibilita distinguir teóricamente grados de intervención delictiva, es decir, figuras de participación dolosa en tanto modalidades de facilitación accesoria a la prestación de asistencia principal realizada por el autor, en su rol de "conseguidor" de la permanencia ilegal del extranjero de que se trate. Han de ser aportaciones realizadas al inicio, o durante el desarrollo de la conducta llevada a cabo por el autor, que también serían susceptibles de vulnerar la legislación de extranjería: el art. 51.1, LOEx, reconoce la responsabilidad administrativa tanto de los "*autores*" como de las personas que "*participen en cualquiera de las infracciones tipificadas* [...]" en la citada ley.

En esta dirección, tanto el Tribunal Supremo como algunas Audiencias Provinciales han apreciado figuras de complicidad encaminadas a la ayuda a la permanencia ilegal.

Ejemplos:

– La esposa del autor, que se encarga de "cocinar la comida de los ocupantes de la vivienda con conocimiento de la procedencia de éstos y de lo irregular de la situación de los extranjeros que alojaban en la misma" (STS 1735/2003, 26-12).

– Atender el teléfono y dar comida a los inmigrantes que se alojaban en la vivienda (SAP, Valencia, Sección 5ª, 40/2002, 15-3).

2. *Supuestos de pertenencia del sujeto activo a un grupo organizado dedicado a las actividades de ayuda a la permanencia ilegal*

En el tipo básico del art. 318 bis.2, CP, cabría situar también la intermediación del factor organizativo. Son hipótesis de ayuda efectuada en el marco de un grupo organizado que gestiona, junto a la entrada por cauces formalmente legales, la permanencia ilegal como final de ruta incluida en el precio de la operación migratoria. Sin embargo, el apartado 3 del art. 318 bis, CP, impide expresamente aplicar a las conductas típicas de ayuda a la permanencia ilegal el tipo agravado concerniente a la delincuencia organizada (véase *supra* epígrafe III].

Por tanto, en el contexto del art. 318 bis.2, CP, estos supuestos se resolverán a través de la aplicación de los delitos relativos a la organización (art. 570 bis, CP) o grupo criminal (art. 570 ter, CP), según el caso.

(a) Si los hechos se cometen en el seno de una organización dedicada a tales actividades (art. 570 bis.1, CP), la pena varía según se trate de los jefes, administradores o encargados de la misma (prisión de 3 a 6 años) o de sus integrantes activos (prisión de 1 a 3 años), y en función de la concurrencia o no de circunstancias agravantes específicas (art. 570 bis.2, CP). Se aplicarán las reglas del concurso real con el delito de ayuda a la permanencia ilegal (art. 318 bis.2, CP).

b) Si los hechos se cometen en el seno de un grupo criminal que tenga por objeto la realización concertada de dichas actividades, se aplicará a sus integrantes activos la pena de 3 meses a un 1 año de prisión [art. 570 ter.1.c) CP], o, en su caso, la resultante de la concurrencia de circunstancias agravantes específicas (art. 570.ter.2, CP), en concurso real con el delito de ayuda a la permanencia (art. 318 bis.2, CP).

3. *Tipo agravado por prevalimiento de la condición pública del culpable (art. 318 bis.4, CP)*

El apartado 4 del art. 318 bis, CP, prevé el único supuesto agravatorio específico aplicable también al delito de facilitación de la permanencia ilegal, que incluye la concurrencia de ánimo de lucro (*ex* art. 318 bis.2, CP). Este tipo cualificado por razón del sujeto activo se apreciará cuando la conducta típica se realice abusando de los poderes inherentes a la función pública, que le permite al autor llevar a cabo la ejecución del delito bajo la apariencia de licitud. En esos casos, se impone la pena de inhabilitación absoluta de 6 a 12 años, que se suma a la pena de prisión de 4 a 8 años. Véanse otras observaciones, *supra* el epígrafe III.

V. RESPONSABILIDAD PENAL DE LAS PERSONAS JURÍDICAS (ART. 318 BIS.5, CP)

En cumplimiento del mandato del art. 2 Decisión Marco 2002/946/JAI, el apartado 5 del art. 318 bis, CP, declara la responsabilidad penal de las personas jurídicas cuando sea posible atribuirles, en virtud de los criterios de imputación del art. 31 bis, CP, delitos de tráfico ilegal de migrantes previstos en dicho precepto. Se trata de conductas de ayuda a la inmigración ilegal cometidas en nombre o por cuenta de la persona jurídica, y para su provecho. En consecuencia, la finalidad lucrativa debe estar presente.

En tales casos, se le impondrá a la persona jurídica la pena de multa de 2 a 5 años, "*o la del triple al quíntuple del beneficio obtenido*" con la ayuda a la entrada o tránsito ilegal de extranjeros, o la colaboración en la permanencia ilegal, "*si la cantidad resultante fuese más elevada*". Se observa aquí un tratamiento punitivo similar al aplicable a las personas jurídicas responsables del delito de trata de seres humanos (art. 177 bis.7, CP).

Tienen carácter potestativo las restantes penas comprendidas en las letras b) a g) del art. 33.7, CP, que también reúnen la consideración de graves: disolución de la persona jurídica; prohibición de realizar las actividades en cuyo ejercicio se haya cometido, favorecido o encubierto el delito; inhabilitación para obtener subvenciones y ayudas públicas, para contratar con el sector público y para gozar de beneficios e incentivos fiscales o de la Seguridad Social; suspensión de sus actividades; clausura de sus locales y establecimientos; intervención judicial para salvaguardar los derechos de los trabajadores. Incluso es posible acordar las tres últimas mencionadas como medida cautelar durante la instrucción de la causa. El catálogo de sanciones coincide con las sugeridas en el art. 3.1, Decisión Marco 2002/946/JAI.

Por último, partiendo de la autonomía de la responsabilidad penal de las personas jurídicas, dicho estatuto se entenderá sin perjuicio de las acciones penales que puedan emprenderse contra las personas físicas que sean autores, o partícipes, de los delitos de tráfico ilegal de personas migrantes en los que esté implicada la persona jurídica.

VI. TIPO ATENUADO FACULTATIVO (ART. 318 BIS.6, CP)

El último apartado del art. 318 bis CP incorpora un tipo atenuado de carácter potestativo que permite imponer la "*pena inferior en un grado a la respectivamente señalada*", atendiendo a "*la gravedad del hecho y sus circunstancias, las condiciones del culpable y la finalidad perseguida por éste*".

Este tipo privilegiado en el seno de los delitos de tráfico ilegal de personas migrantes fue introducido por la reforma penal de 2003, la que abría la corriente del populismo punitivo. La LO 11/2003, de 29 de septiembre, al mismo tiempo que elevaba bruscamente las penas, pretendía aliviar por esta vía la conculcación manifiesta del principio de proporcionalidad de las penas aplicables (prisión de 4 a 8 años) a meras modalidades de colaboración en la inmigración clandestina de personas (véase *supra* epígrafe II). El propio Tribunal Supremo, más diplomático, había concebido el tipo atenuado como "un mecanismo de corrección de la pena cuando la aplicación estricta pueda quebrantar el principio de proporcionalidad en el caso concreto, en atención a sus circunstancias específicas" (STS 399/2009, 11-4); y el Consejo General del Poder Judicial lo articulaba como almacén de conductas de ayuda presididas por razones familiares o humanitarias (Informe de 17-1-2013).

La virtualidad de dulcificar facultativamente el marco punitivo se explicaba, sobre todo, por posibilitar la suspensión de la pena de prisión a perfiles singulares de colaboración en la inmigración ilegal: ausencia de ánimo de lucro (DE LA FUENTE CARDONA), finalidades lucrativas prácticamente irrelevantes (STS 503/2014, 18-6), insignificancia de la conducta para el bien jurídico tutelado (SSTS 616/2012, 10-7, y 1025/2012, 26-12), o la situación personal del autor que destila generosidad solidaria entre familiares (véase *supra*), o la finalidad de "lograr su propia inmigración" (Circular FGE 5/2011, de 2 de noviembre, sobre criterios para la unidad de actuación especializada del Ministerio Fiscal en materia de extranjería e inmigración).

> Ejemplo: la STS 1146/2009, 18-11, aplicó el tipo atenuado a la acusada —residente legal en España— que, tras una llamada de emergencia, se desplazó a Togo para ayudar a entrar en España a su sobrina de corta edad, que se encontraba en grave situación de desamparo en su ciudad natal por el internamiento de la madre en un centro psiquiátrico. Pretendió hacerla entrar por los puestos aeroportuarios con el pasaporte de su propia hija, de la misma edad. En todo momento, la ayuda prestada sólo estuvo presidida, como señaló el Tribunal, por un "acto generoso a fin de mejorar la vida" de la niña, que "ha resultado favorecida por la conducta delictiva de su tía, ya que en la actualidad reside en España, donde está escolarizada y con sus necesidades personales cubiertas". Fue condenada por el delito de tráfico ilegal de migrantes a 2 años de prisión. En línea similar, SSTS 399/2009, 11-4, y 46/2016, 3-2; SSAP, Málaga, Sección 7ª, 45/2004, 13-7, y 15/2004, 30-3.

El tipo atenuado del art. 318 bis.6, CP, ha dejado de tener esa repercusión práctica si se aplica sobre la pena de los tipos básicos de los apartados 1 y 2.

> Ejemplo: la STS 46/2016, 3-2, aplicó el tipo atenuado en un caso de ayuda entre familiares, condenando al padre de quien intentó entrar con su ayuda a la pena de multa de un mes y quince días con una cuota diaria de 2€/día.

Ahora bien, se ha apreciado la atenuación en casos de concurrencia del tipo cualificado basado en la puesta en peligro de la vida o integridad física de quienes se ayuda con su consentimiento en la situación de peligro. Señala la STS 164/2023, 8-3, que "dicha posibilidad excepcional debe reservarse a supuestos en los que exista un vínculo de parentesco entre el autor del delito y los pasajeros, sin que concurra otra intención que colaborar con estos a su petición o en su beneficio"; o "cuando quede fehacientemente acreditado que los acusados realizaron la actividad delictiva —pilotaje de la embarcación— como medio de pago de su propio transporte para lograr ellos mismos una inmigración irregular y siempre, además, que el riesgo de la travesía no fuera excesivamente alto". Admite también esta posibilidad la STSJ, Andalucía, 58/2021, 9-3. Incluso se ha estimado cuando el autor utiliza la condición pública (SAP, Cádiz, Sección 6ª, 46/2015, 13-4).

En realidad, más que un mecanismo corrector de la desproporción manifiesta de la pena, la herramienta del apartado sexto del art. 318 bis, CP, despliega hoy la función fundamentalmente estratégica de eludir afrontar la cuestión principal. De un lado, el tipo atenuado se ha convertido en un almacén de conductas que deben considerarse penalmente atípicas por no alcanzar la nota de gravedad o por su insignificancia respecto del bien jurídico (DÍAZ Y GARCÍA-CONLLEDO; PORTILLA CONTRERAS, 2011; GARCÍA ÁLVAREZ; STS 479/2006, 28-4). De otro lado, encarna la estrategia de seguir manteniendo un delito formal que sólo satisface la vertiente funcionalista-normativista en nombre de la política de lucha contra la inmigración ilegal.

VII. CONCURSOS

En la *praxis* judicial se ha estimado la aplicación del art. 318 bis, CP, en concurso real con el delito previsto en el art. 311 bis, CP (SSAP, Granada, Sección 1ª, 416/2019, 17-10, y Vizcaya, Sección 1ª, 90140/2021, 25-5), una herramienta penal de persecución del trabajo de inmigrantes irregulares que tutela también la política de lucha contra la inmigración ilegal. Véase *supra* Lección 29ª.

A lo largo del análisis del art. 318 bis, CP, se han mencionado otras hipótesis concursales con el art. 570 ter, CP, relativo a la intermediación de un grupo criminal, y con los delitos de homicidio o lesiones imprudentes (arts. 142, 152, CP), en casos de travesías peligrosas con resultados lesivos.

En otro orden de cosas, cabe cuestionar la posibilidad de apreciar un concurso con el delito de trata de seres humanos (art. 177 bis, CP).

El apartado 9 del art. 177 bis, CP, contempla una cláusula específica que señala que, "*En todo caso, las penas previstas en este artículo se impondrán sin perjuicio de las que correspondan, en su caso, por el delito del artículo 318 bis de este Código* [...]". Sorprende que, desde la reforma de 2015, no se haya suprimido dicho inciso concursal expreso entre el delito de trata y el delito de colaboración en la inmigración ilegal porque son conductas que no tienen materialmente nada en común y son excluyentes entre sí (POMARES CINTAS, VILLACAMPA ESTIARTE, DE LA FUENTE CARDONA; véase el Informe del Consejo General del Poder Judicial sobre el Anteproyecto de Ley Orgánica Integral contra la Trata y la Explotación de Seres Humanos, de 29 de noviembre de 2022).

Como se ha señalado, el delito del art. 318 bis, CP, gravita en torno al consentimiento del inmigrante objeto de la ayuda de que se trate, y ese elemento es incompatible en un desplazamiento que persigue la cosificación del ser humano para ser sometido a una situación de explotación forzosa (art. 177 bis, CP). En consecuencia, la relación entre sendos delitos, si se vincula a un solo comportamiento de desplazamiento de personas, deviene excluyente: la conducta en cuestión no puede constituir ambas figuras delictivas a la vez. Todo lo más, el autor del delito de trata podría incurrir en una infracción administrativa de las contempladas en la LOEx.

Esa cláusula concursal del art. 177 bis.9, CP, proviene de la reforma de 2010 que retenía premeditadamente una redacción del art. 318 bis, CP, salpicada de elementos característicos de la trata (véase *supra* epígrafe II). Por lo tanto, mantenerla hoy traslada una inercia que aferra peligrosamente al imaginario colectivo la confusión entre trata de seres humanos y la ayuda a la inmigración ilegal (BONSIGNORE FOUQUET). Véase, en este sentido, la STS 298/2015, 13-5, que aprecia un delito de colaboración en la inmigración ilegal (art. 318 bis, CP) donde hay un auténtico delito de trata con la finalidad de someter a la víctima —inmigrante irregular— a una situación de servidumbre sexual; o la SAP, Barcelona, Sección 5ª, 200/2019, 20-3, que confunde el delito de ayuda a la permanencia ilegal (art. 318 bis.2, CP) con una conducta de participación en un delito relacionado con la explotación sexual forzosa de una víctima de trata.

VIII. BIBLIOGRAFÍA

ÁLVAREZ GARCÍA, F. J., "Criterios de armonización de la legislación penal centroamericana en materia de trata de personas", en PÉREZ ALONSO y POMARES CINTAS (Coords.), *La trata de seres humanos en el contexto penal iberoamericano,* Valencia, 2019; ARAGUÁS CEREZO, M. "Política europea y migraciones; la necesidad de un enfoque de derechos humanos de cuarta generación frente a la mirada securitaria", *Revista Crítica Penal y Poder,* nº 18, 2019; BAUCELLS LLADÓS, J. "El tráfico ilegal de personas para su explotación sexual", en RUÍZ RODRÍGUEZ y RODRÍGUEZ MESA (Coords.), *Inmigración y sistema penal. Retos y desafíos para el siglo XXI,* Valencia, 2006; BARBERO, I. (Ed.), *El tránsito de personas migrantes desde la perspectiva de los derechos y la acogida digna,* Valencia, 2022; BARBERO GONZÁLEZ, I. "Lectura contemporánea del régimen de frontera en Europa: un coste inhumano", *Revista de Derecho Migratorio y Extranjería*, nº 46, 2017; BONSIGNORE FOUQUET, D. *La construcción del sujeto peligroso. Historia, función y formas de la peligrosidad criminal*, Madrid, 2022; Id., "Proteger a las víctimas de los otros y de nosotros. Sobre la dirección victimocéntrica de la lucha contra la trata", *Revista de Victimología*, nº 18, 2024; BRANDARIZ GARCÍA, J. A., *Sistema penal y control de los migrantes. Gramática del migrante como infractor penal*, Granada, 2011; Id., "La construcción de los migrantes como categoría de riesgo: fundamento, funcionalidad y consecuencias para el sistema penal", en CANCIO MELIÁ y POZUELO PÉREZ (Coords.), *Política criminal en vanguardia. Inmigración clandestina, terrorismo y criminalidad organizada*, Navarra, 2008; CABEZAS VICENTE, M. "El control penal de la inmigración irregular a través del delito de tráfico ilícito de inmigrantes", *Revista Sistema Penal Crítico*, nº 2, 2021; Id. "La propuesta de Directiva para prevenir y combatir la ayuda a la entrada, a la circulación y a la estancia irregulares en la Unión. ¿Una solución garantista y efectiva?", *Revista Penal*, nº 56, 2025; CANCIO MELIÁ, M. y /MARAVER GÓMEZ, M., "El Derecho español ante la inmigración: un estudio político-criminal", en BACIGALUPO SAGGESE y CANCIO MELIÁ (Coords.), *Derecho Penal y política transnacional*, Barcelona, 2005; CARMONA SALGADO, C., "La nueva regulación del tráfico legal de personas con fines de explotación sexual según la LO 11/2003: reflexiones críticas acerca de un injustificado despropósito legislativo", En, ZUGALDÍA ESPINAR (Dir.), *El Derecho penal ante el fenómeno de la inmigración*, Valencia, 2007; CONDE-PUMPIDO TOURÓN, C. "Delitos contra los derechos de los extranjeros", en MARTÍN PALLÍN (Dir.), *Extranjeros y Derecho Penal, Cuadernos de Derecho Judicial*, nº 4, 2003; CUGAT MAURI, M. "Las repercusiones de la incorporación de Rumanía y Bulgaria a la UE en la interpretación del delito de tráfico de extranjeros (art. 318 bis CP): Comentario a la STS de 29 de mayo de 2007", *Diario La Ley*, nº 6873, 31 enero de 2008; Id, "La trata de seres humanos: la universalización del tráfico de personas y su disociación de las conductas infractoras de la política migratoria (arts. 177 bis, 313, 318 bis)", en QUINTERO OLIVARES (Dir.), *La Reforma Penal de 2010: análisis y comentarios*, Navarra, 2010; DAUNIS RODRÍGUEZ, A. *El Derecho penal como herramienta de la política migratoria*, Granada, 2009; Id., "Sobre la urgente necesidad de una tipificación autónoma e independiente de la trata de personas", *InDret*, nº 1, 2010; Id., "La criminalización de la inmigración como factor de la construcción del mito inmigrante-delincuente", en DEL ÁLAMO GÓMEZ y PICADO VALVERDE (Dirs.), *Políticas públicas en defensa de la inclusión, la diversidad y el género III. Migraciones y derechos humanos*, Salamanca, 2021; DE LA FUENTE CARDONA, F. S. "¿Los derechos de los extranjeros o la política migratoria? Aproximación jurisprudencial al bien jurídico protegido en el delito de ayuda a la inmigración irregular", *Revista Crítica Penal y Poder*, nº 18, 2019; Id., "El tratamiento jurisprudencial del delito de tráfico ilegal de personas cuando se pone en peligro la vida o la salud", en FERNÁNDEZ CABRERA y FERNÁNDEZ DÍAZ (Dirs.), *Retos del Estado de Derecho en materia de inmigración y terrorismo*, Madrid, 2022; Id., "Análisis dogmático y jurisprudencial del delito de tráfico de personas", *Revista de Derecho Penal y Criminología*, nº 32, 2024; DE LA MATA BARRANCO, N. "Trata de personas y favorecimiento de la inmigración ilegal, dos conductas de muy distinto desvalor", *Revista Electrónica de Ciencia Penal y Criminología*, 2021; DE LEÓN VILLALBA, J. *Tráfico de personas e inmigración ilegal*, Valencia, 2003; DE LUCAS MARTÍN, F. J. "Las razones de la exclusión: ¿Qué derechos para los extranjeros?", *Jueces para la Democracia*, nº 43, 2002; *Mediterráneo: el naufragio de Europa*, Valencia, 2016; DE OLIVEIRA SOUZA TOURINHO, L. *Necropolítica y discursos de calificación de migrantes y refugiados como enemigos: de la crimigración a la construcción de instrumentos normativos de protección y promoción de derechos humanos*, Tesis doctoral, Universidad de Salamanca, 2024; DE PRADA SOLAESA, J. R. "A propósito del régimen jurídico sancionador referido a la lucha contra la inmigración clandestina y el tráfico de seres humanos", *Jueces para la Democracia*, nº 43, 2002; DÍAZ Y GARCÍA CONLLEDO, M. (Dir.), *Protección y expulsión de extranjeros en Derecho penal*, Madrid, 2007; DONINI, M. "El ciudadano extracomunitario: de "objeto material" a "tipo de autor" en el control penal de la inmigración", *Revista Penal*, nº 4, 2013; DUARTE CUNHA MEDEIROS, T. *Inmigración. Tratamiento Jurídico Penal en el Derecho Español*, Oporto, 2015; ESCOBAR VEAS, J. "Il fine di profitto nel reato di traffico di migranti: analisi critica della legislazione europea", *Diritto Penale Contemporaneo*, nº 1, 2018; ESCRIBANO ÚBEDA-PORTUGUÉS, J. "Evolución y desarrollos normativos en el derecho internacional y europeo en la lucha contra la trata de personas y el tráfico ilícito de migrantes", *Nova et Vétera*, 20 (64), 2011; ESQUINAS VALVERDE, P. "Análisis comparado de las legislaciones penales sobre tráfico ilegal e inmigración clandestina de personas", en ZUGALDÍA ESPINAR (Dir.), *El Derecho Penal ante el fenómeno de la inmigración*, Valencia, 2007; FARALDO CABANA, P. *et al* (Coords.), *Derecho penal de excepción. Terrorismo e inmigración*, Valencia, 2007; FERNÁNDEZ BESSA, C. "Movilidad bajo sospecha. El conveniente vínculo entre inmigración y criminalidad en las políticas migratorias de la Unión Europea", *Revista Interdisciplinar da Mobilidade Humana*, nº 35, 2010; FERNÁNDEZ PÉREZ, A. "La ilegalidad del rechazo en frontera y de las devoluciones "en caliente" frente al Tribunal de Derechos humanos y al Tribunal Constitucional", *Cuadernos de Derecho Transnacional*, nº 2, 2021; GARCÍA ÁLVAREZ, P. "El vigente artículo 318 bis y su nueva redacción en el Proyecto de Ley Orgánica por el que se modificaría la Ley Orgánica 10/1995, de 23 de noviembre, del Código penal", *Revista General de Derecho Penal*, nº 21, 2014; Id., "El tenor literal del artículo 318 bis CP y su contribución a una mayor vulnerabilización de los extranjeros. Propuesta reinterpretativa", *Revista Electrónica de Ciencia Penal y Criminología*, nº 25, 2023; GARCÍA ARÁN, M. "Los tipos penales acogedores del Tráfico de personas: el tráfico de personas en general (art. 318 bis del Código Penal)", en GARCÍA ARÁN (Coord.), *Trata de personas y explotación sexual*, Granada, 2006; GARCIA ESPAÑA, E. y RODRÍGUEZ CANDELA, J. L., "Delitos contra los derechos de los extranjeros (artículo 318 bis del Código penal)", *Actualidad Penal*, 2002-1; GARCÍA SÁNCHEZ, B. "La pretendida protección jurídico-penal de los inmigrantes en el artículo 318 bis del Código Penal", *Anuario de Derecho Penal y Ciencias Penales*, 2005; GOIG MARTÍNEZ, J. M. "La política común de inmigración en la Unión Europea en el sesenta aniversario de los Tratados de Roma (o la historia de un fracaso)", *Revista de Derecho de la Unión Europea*, nº 32, 2017; GÓMEZ NAVAJAS, J. "Inmigración ilegal y delincuencia organizada", En, *El Derecho penal ante el fenómeno de la inmigración*, Valencia, 2007; GUANARTEME SÁNCHEZ LÁZARO, F., "El nuevo delito de tráfico ilegal de personas". En, LAURENZO COPELLO (Dir.), *Inmigración y Derecho penal. Bases para un debate*, Valencia, 2002; GUARDIOLA GARCÍA, J. "Tráfico ilegal o inmigración clandestina de personas: comentario a la reciente reforma del art. 318 bis del CP", *Revista de Derecho y Proceso penal*, nº 13, 2005; GUARDIOLA LAGO, Mª J El *tráfico de personas en el Derecho penal español*, Navarra, 2007; HORTAL IBARRA, J. C., "¿Por qué los llaman delitos contra los derechos de los ciudadanos extranjeros cuando —siempre— quisieron reforzar el control estatal sobre los flujos migratorios irregulares (art. 318 bis CP)?", En, JOSHI JUBERT *et. al.* (Dirs.), *Un modelo integral de Derecho penal. L.-H- Corcoy Bidasolo*, Madrid, 2022; IGLESIAS SKULJ, A. "Artículo 318 bis: Delitos contra los ciudadanos extranjeros", en GONZÁLEZ CUSSAC (Dir.), *Comentarios a la reforma del Código penal de 2015*, Valencia, 2015; JANER TORRENS, JD, "La cláusula de exención humanitaria y la criminalización de las organizaciones de rescate en el mar", en LIROLA DELGADO y GARCÍA PÉREZ (Coords.), *Seguridad y fronteras en el mar*, Valencia, 2020; LACRUZ LÓPEZ, J. M., *Inmigración y extranjería, Régimen jurídico básico*, 5ª ed., Madrid, 2011; LAURENZO COPELLO, P. "Últimas reformas en el Derecho penal de extranjeros: un nuevo paso en la política de exclusión", *Jueces para la Democracia.* Información y debate, nº 50, 2004; Id., "El modelo de protección penal de los inmigrantes: de víctimas a excluidos", en CANCIO MELIÁ y POZUELO PÉREZ (Coords.), *Política criminal en vanguardia. Inmigración clandestina, terrorismo, criminalidad organizada*, Madrid, 2008; Id., "Inmigración clandestina", en ÁLVAREZ GARCÍA (Coord.), *Estudio crítico sobre el anteproyecto de reforma penal de 2012*, Valencia, 2013; LOPEZ CERVILLA, J. M. "Tráfico ilícito de personas. La Reforma del artículo 318 bis del Código Penal (I)". *Boletín del Ministerio de la Presidencia, Justicia y relaciones con las Cortes*, 58 (1977), 2004; LÓPEZ PEREGRÍN, C. "La protección de la dignidad humana a través del delito de trata de seres humanos", en DEL CARPIO DELGADO y GARCÍA ÁLVAREZ (Coords.), *Derecho penal: la espada y el escudo de los derechos humanos*, Valencia, 2018; MAQUEDA ABREU, MªL "*A propósito de la trata y de las razones que llevan a confun-*

dir a l@s inmigrantes con esclav@s", en CARBONELL MATEU, *et al* (Dirs.), *Constitución, Derechos Fundamentales y Sistema penal, L.-H, Vives Antón)*, Tomo II, Valencia, 2009; MAPELLI CAFFARENA, B. "Tráfico ilegal e inmigración clandestina con fines de explotación sexual", *La Ley Penal*, nº 59, 2009; MARTÍNEZ ESCAMILLA, M. *La inmigración como delito. Un análisis político-criminal, dogmático y constitucional del tipo básico del art. 318 bis CP*, Barcelona, 2007; Id., "¿Puede utilizarse el Derecho penal en la lucha contra la inmigración irregular?, Un análisis del tipo básico del art. 318 bis CP en clave de legitimidad", *Revista Electrónica de Ciencia Penal y Criminología*, 2008; Id., "Inmigración, Derechos Humanos y Política Criminal: ¿Hasta dónde estamos dispuestos a llegar?", *InDret*, 2009; Id., "La criminalización de la solidaridad», *Crítica Penal y Poder*, nº 18, 2019; MARTOS NÚÑEZ, J. A., "La protección jurídicopenal de los derechos de los ciudadanos extranjeros", *Revista General de Derecho penal*, nº 11, 2009; MAYORDOMO RODRIGO, V. "Nueva regulación de la trata, el tráfico ilegal y la inmigración clandestina de personas", *Estudios Penales y Criminológicos*, nº 31, 2011; MIRÓ LLINARES, F. "Política comunitaria de inmigración y política criminal en España. ¿Protección o "exclusión" penal del inmigrante?", *Revista Electrónica de Ciencia Penal y Criminología*, nº 10, 2008; MITSILEGAS, V. "Cartografía de la externalización del control migratorio. Ideas a partir de régimen de la UE sobre tráfico ilícito de migrantes", *Revista de Derecho Europeo*, 2020; MORÓN LERMA, E. "Los tipos penales acogedores del Tráfico de personas: el favorecimiento de la inmigración clandestina de trabajadores", en GARCÍA ARÁN (Dir.), *Trata de personas y explotación sexual*, Granada, 2006; MUÑOZ RUIZ, J. "La ayuda humanitaria: ¿una excusa absolutoria o una causa de justificación?, *Revista Electrónica de Ciencia Penal y Criminología*, 2016; NAÏR, S. *Europa encadenada: el neoliberalismo contra la Unión* (trad. de E. Pomares Cintas), Barcelona, 2025; ORTUBAY FUENTES, M., "El impreciso concepto de tráfico ilícito de personas o la mentalidad de fortaleza sitiada", en ECHANO BASALDUA (Coord.), *Estudios jurídicos en memoria de José María Lidón*, 2002; PARDO MIRANDA, M. "Delitos contra los derechos de los ciudadanos extranjeros", *Cuadernos de Política Criminal*, nº 139, 2023; PÉREZ ALONSO, E. "Regulación internacional y europea sobre el tráfico ilegal de personas", en ZUGALDÍA ESPINAR (Dir.), *El Derecho Penal ante el fenómeno de la inmigración*, Valencia, 2007; Id., *Tráfico de personas e inmigración clandestina (un estudio sociológico, internacional y jurídico-penal)*, Valencia, 2008; Id., "Consideraciones político-criminales sobre el fenómeno migratorio actual y el tráfico de personas", en MIR PUIG y CORCOY BIDASOLO (Dirs.), *Protección penal de los derechos de los trabajadores, seguridad en el trabajo, tráfico ilegal de personas e inmigración clandestina*, Buenos Aires, 2009; Id., "Las últimas reformas del principio de justicia universal legalizadoras de la jurisprudencia 'creativa' del Tribunal Supremo español", *Estudios Penales y Criminológicos*, 2012; PÉREZ CEPEDA, AI, *Globalización, tráfico internacional ilícito de personas y Derecho penal*, Granada, 2004; Id., "Delitos contra los derechos de los ciudadanos extranjeros (art. 318 bis Reformado por LO 11/2003", en *Inmigración y sistema penal. Retos y desafíos para el siglo XXI*, Valencia, 2006; PÉREZ FERRER, F. *Análisis dogmático y político-criminal de los delitos contra los derechos de los ciudadanos extranjeros*, Madrid, 2006; POMARES CINTAS, E. "La inmigración laboral del extranjero en el Derecho penal", *Cuadernos de Política Criminal*, n. 86, 2005; Id., "Las incongruencias del Derecho penal de la inmigración ilegal", *Revista General de Derecho Penal*, nº 5, 2006; Id., "La Unión Europea ante la inmigración ilegal: la institucionalización del odio", *Eunomía. Revista en Cultura de la Legalidad*, nº 7, 2014; Id., "La colaboración de terceros en la inmigración ilegal a partir de la reforma de 2015 (artículo 318 bis CP): ¿una cuestión penal?", en QUINTERO OLIVARES (Dir.), *Comentarios a la reforma penal de 2015*, Pamplona, 2015; Id., "Reforma del Código penal español en torno al delito de tráfico ilegal de migrantes como instrumento de lucha contra la inmigración ilegal en la Unión Europea", *Revista de Estudios Jurídicos*, UNESP, nº 29, 2015; Id., "La generalizzazione della privazione di libertà dei richiedenti protezione internazionale nello spazio giuridico europeo", Rivista *Altre Modernitá*, Universitá degli Studi di Milano, 2019; Id., "Metamorphosis of the White Slave Trade Concept within the League of Nations: paradigm of contemporary migratory flows", *Journal of Law and Criminal Justice*, 2021; Id., "Un nuevo modelo, otros deberes de diligencia para afrontar la esclavitud moderna: el Anteproyecto de Ley Orgánica integral contra la Trata y la Explotación de seres humanos (2022)", *Revista Sistema Penal Crítico*, nº 4, 2023; Id., "¿Necesidad de una "ley seca" en España en el ámbito de las prestaciones sexuales voluntarias de personas adultas?", *Cuadernos de RES PUBLICA en Derecho y Criminología*, nº 4, 2024; Id., "La normalización de la explotación del ser humano: la reescritura de las reglas del mercado de trabajo", En, BARTOLI, BENÍTEZ ORTÚZAR, GUERRINI y NOTARO (Coords.), *Le nuove frontiere della tutela penale della persona/ Las nuevas fronteras de la protección penal de la persona*, Napoli, 2025; POMARES CINTAS, E. y PÉREZ ALONSO, E., "Inmigración clandestina", en ÁLVAREZ GARCÍA (Coord.), *Estudio crítico sobre el anteproyecto de reforma penal de 2012*, Valencia, 2013; PORTILLA CONTRERAS, G., "La exclusión de la inmigración ilegal en el debate entre las teorías universalistas y postmodernistas", en ZUGALDÍA ESPINAR (Dir.), *El Derecho Penal ante el fenómeno de la inmigración*, Valencia, 2007; Id., *El Derecho Penal entre el cosmopolitismo universalista y el relativismo posmodernista*, Valencia, 2007; Id., "La inmigración bajo sospecha en el Derecho penal europeo", en FERNÁNDEZ CABRERA y FERNÁNDEZ DÍAZ (Dirs.), *Retos del Estado de Derecho en materia de inmigración y terrorismo*, Madrid, 2022; PORTILLA CONTRERAS, G. y POMARES CINTAS, E., "Los delitos relativos al tráfico ilegal o la inmigración clandestina de personas (arts. 313 y 318 bis)", en ÁLVAREZ GARCÍA/GONZÁLEZ CUSSAC (Dirs.), *Comentarios a la reforma penal de 2010*, Valencia, 2010; RODRÍGUEZ CAMEJO, R. "Migración, seguridad y falta de solidaridad en la Unión Europea", *Revista internacional de estudios migratorios*, nº 1, 2021; RODRÍGUEZ MESA, Mª J., *Delitos contra los derechos de los ciudadanos extranjeros*, Valencia, 2001; RODRÍGUEZ MONTAÑÉS, T. "Ley de extranjería y Derecho Penal", *La Ley*, 2001; ROJO TORRECILLA, E. "Inmigración y derechos humanos: retos y perspectivas", en *Jueces para la Democracia*, nº 44, 2002; SAINZ-CANTERO CAPARRÓS, J. E., *Los delitos contra los derechos de los ciudadanos extranjeros*, Barcelona, 2002; RUIZ BENEDICTO, A., FRAILE YUNTA, Mª y LADAN, S., "¿Quién vigila al vigilante? Violencia en las fronteras e impunidad en Frontex", *Mientras Tanto*, nº 232, 2024; SÁNCHEZ DOMINGO, B. "Trata de personas, delitos contra los derechos de los trabajadores y ciudadanos extranjeros", *Revista General de Derecho Penal*, nº 34, 2020; SÁNCHEZ GARCÍA DE PAZ, I. "Inmigración ilegal y tráfico de seres humanos para su explotación laboral o sexual", en DIEGO DÍAZ-SANTOS y FABIÁN CAPARRÓS (Coords.), *El sistema penal frente a los retos de la nueva sociedad*, 2003; SERRANO-PIEDECASAS, J. R., "Los delitos contra los derechos de los ciudadanos extranjeros", En, LAURENZO COPELLO, (Coord.), *Inmigración y Derecho penal. Bases para un debate*, Valencia, 2002; SILVA CASTAÑO, M. L., "Estudio del artículo 318 bis del CP español", en ZUGALDÍA ESPINAR (Dir.), *El Derecho Penal ante el fenómeno de la inmigración*, Valencia, 2007; TAPIA BALLESTEROS, P., "Ley Orgánica 1/2015, de 30 de marzo: ¿por fin una tutela para la persona «no nacional» en el ordenamiento jurídico penal español", *Diario La Ley*, nº 8597, de 3 de septiembre de 2015; TERRADILLOS BASOCO, J. M., "Sistema penal e inmigración". en PÉREZ ÁLVAREZ (Ed.), *L.-H Baratta*, Salamanca, 2004; Id., "Política penal europea de inmigración", en MUÑOZ CONDE (Dir.), *Problemas actuales del Derecho penal y de la Criminología. L.-H Díaz Pita*, Valencia, 2008; Id., "Inmigración-Terrorismo: estigmas y criterios de exclusión", en FERNÁNDEZ CABRERA y FERNÁNDEZ DÍAZ (Dirs.), *Retos del Estado de Derecho en materia de inmigración y terrorismo*, Madrid, 2022; VALLE MARISCAL DE GANTE, M., "Tráfico ilícito de migrantes y trata de seres humanos: ¿realidades divergentes o convergentes?, en FERNÁNDEZ CABRERA y FERNÁNDEZ DÍAZ (Dirs.), *Retos del Estado de Derecho en materia de inmigración y terrorismo*, Madrid, 2022; VILLACAMPA ESTIARTE, C. "Consideraciones acerca de la reciente modificación del delito de tráfico de personas", *Revista Penal*, nº 14, 2004; Id., "Delitos contra los derechos de los ciudadanos extranjeros", en QUINTERO OLIVARES (Dir.), *Comentarios al Código penal, Tomo II, Parte Especial*, 5ª ed., Pamplona, 2008; SÁNCHEZ LEGIDO, A. "¿Héroes o villanos? las ONG's de rescate y las políticas europeas de lucha contra la inmigración irregular (a propósito del caso Open Arms)", *Revista General de Derecho Europeo*, nº 46, 2018.

Lección 31ª

Delitos sobre la ordenación del territorio y el urbanismo

PAZ DE LA CUESTA AGUADO

SUMARIO. I. CONSIDERACIONES GENERALES. II. BIEN JURÍDICO PROTEGIDO. III. DELITO URBANÍSTICO (ART. 319 CP). 1. Conducta típica. 2. Estructura típica. 3. Sujetos activo y pasivo. 4. Elementos lingüísticos y remisiones normativas: el problema de la aplicación retroactiva de la modificación del planeamiento urbanístico. 5. Elemento subjetivo. 6. Justificación. 7. *Iter criminis*. 8. Concursos. 9. Penalidad. 10. Responsabilidad civil. 10.1. La demolición de la obra y reposición al estado originario de la realidad alterada. 10.2. El decomiso. IV. DELITO DE PREVARICACIÓN URBANÍSTICA (ART. 320 CP). 1. Consideraciones generales. 2. Sujeto activo. 3. Conductas típicas. 3.1. Conductas relacionadas con la infracción de los deberes de control y garantía de la normativa urbanística: art. 320.1 CP. 3.1.1. "Informar favorablemente instrumentos de planeamiento, proyectos de urbanización, parcelación, reparcelación, construcción o edificación o la concesión de licencias contrarias a las normas de ordenación territorial o urbanística vigentes". 3.1.2. Silenciar las infracciones detectadas con motivo de inspecciones. 3.1.3. Omitir la realización de inspecciones de carácter obligatorio. 3.2. Conductas relacionadas con la toma de decisiones en materia urbanística: art. 320.2 CP. 4. Elemento subjetivo. 5. *Iter criminis*. 6. Justificación. 7. Concursos. 8. Penalidad. V. BIBLIOGRAFÍA.

Artículo 319

1. Se impondrán las penas de prisión de un año y seis meses a cuatro años, multa de doce a veinticuatro meses, salvo que el beneficio obtenido por el delito fuese superior a la cantidad resultante en cuyo caso la multa será del tanto al triplo del montante de dicho beneficio, e inhabilitación especial para profesión u oficio por tiempo de uno a cuatro años, a los promotores, constructores o técnicos directores que lleven a cabo obras de urbanización, construcción o edificación no autorizables en suelos destinados a viales, zonas verdes, bienes de dominio público o lugares que tengan legal o administrativamente reconocido su valor paisajístico, ecológico, artístico, histórico o cultural, o por los mismos motivos hayan sido considerados de especial protección.

2. Se impondrá la pena de prisión de uno a tres años, multa de doce a veinticuatro meses, salvo que el beneficio obtenido por el delito fuese superior a la cantidad resultante en cuyo caso la multa será del tanto al triplo del montante de dicho beneficio, e inhabilitación especial para profesión u oficio por tiempo de uno a cuatro años, a los promotores, constructores o técnicos directores que lleven a cabo obras de urbanización, construcción o edificación no autorizables en el suelo no urbanizable.

3. En cualquier caso, los jueces o tribunales, motivadamente, podrán ordenar, a cargo del autor del hecho, la demolición de la obra y la reposición a su estado originario de la realidad física alterada, sin perjuicio de las indemnizaciones debidas a terceros de buena fe. En todo caso se dispondrá el comiso de las ganancias provenientes del delito cualesquiera que sean las transformaciones que hubieren podido experimentar.

4. En los supuestos previstos en este artículo, cuando fuere responsable una persona jurídica de acuerdo con lo establecido en el artículo 31 bis de este Código se le impondrá la pena de multa de uno a tres años, salvo que el beneficio obtenido por el delito fuese superior a la cantidad resultante en cuyo caso la multa será del doble al cuádruple del montante de dicho beneficio.

Atendidas las reglas establecidas en el artículo 66 bis, los jueces y tribunales podrán asimismo imponer las penas recogidas en las letras b) a g) del apartado 7 del artículo 33.

Artículo 320

1. La autoridad o funcionario público que, a sabiendas de su injusticia, haya informado favorablemente instrumentos de planeamiento, proyectos de urbanización, parcelación, reparcelación, construcción o edificación o la concesión de licencias contrarias a las normas de ordenación territorial o urbanística vigentes, o que con motivo de inspecciones haya silenciado la infracción de dichas normas o que haya omitido la realización de inspecciones de carácter obligatorio será castigado con la pena establecida en el artículo 404 de este Código y, además, con la de prisión de un año y seis meses a cuatro años y la de multa de doce a veinticuatro meses.

2. Con las mismas penas se castigará a la autoridad o funcionario público que por sí mismo o como miembro de un organismo colegiado haya resuelto o votado a favor de la aprobación de los instrumentos de planeamiento, los proyectos de urbanización, parcelación, reparcelación, construcción o edificación o la concesión de las licencias a que se refiere el apartado anterior, a sabiendas de su injusticia.

I. CONSIDERACIONES GENERALES

1. El CP de 1995 introdujo en el Capítulo I del Título XVI del Libro II los denominados *delitos sobre la ordenación del territorio* —o delitos urbanísticos— o que significó otorgar, por primera vez en nuestro Ordenamiento, competencia a los tribunales penales en relación con el control de la actividad urbanística en un intento de frenar el desorden territorial y la corrupción urbanística. Posteriormente, la LO 5/2015 de 22/6 modificó la rúbrica del capítulo para introducir la mención expresa al urbanismo y, así, el capítulo pasó a intitularse *delitos sobre la ordenación del territorio y el urbanismo.*

Para ello, en los arts. 319 y 320 CP se reproduce la estructura triangular de la corrupción que se caracteriza por tres elementos: 1) un funcionario o autoridad que incumple un deber y abusa de la especial posición jurídica que ostenta; 2) un particular que obtiene un beneficio (económico o no) gracias a la infracción del deber del funcionario o autoridad y 3) un riego o perjuicio efectivo para terceros o bienes públicos. Así, en tanto que el art. 319 CP está destinado a prevenir las actividades de construcción que infringen la normativa administrativa realizadas por constructores, promotores o técnicos directores, el art. 320 CP se dirige contra autoridades o funcionarios públicos que incumplen sus deberes de control y protección en materia urbanística. En este sentido, el delito urbanístico responde a conductas depredadoras sobre bienes colectivos que afectan a las bases del propio sistema económico y político del Estado: sobre el sistema económico, porque quiebra el principio de igualdad y libre concurrencia en el mercado, favoreciendo a los infractores, y sobre el sistema político porque menoscaba el sistema democrático al implicar a políticos y autoridades administrativas, generando y fortaleciendo modelos corruptos de toma de decisiones. Esta decisión político-criminal, que responde a la desconfianza que genera el control meramente administrativo de la ordenación del territorio, hoy en día no se cuestiona, pero su aplicación práctica está plagada de déficits.

El análisis y la reflexión en torno a los delitos contra la ordenación del territorio y el urbanismo debe hacerse partiendo de dos textos de singular importancia: La Resolución Auken y la LO 5/2010, de 22 de junio, de reforma del Código penal.

La Resolución Auken (Informe del Parlamento Europeo 2008/2248(INI)) sobre el impacto de la urbanización extensiva en España en los derechos individuales de los ciudadanos europeos, el medio ambiente y la aplicación del Derecho comunitario, con fundamento en determinadas peticiones recibidas hacía una durísima crítica de la situación urbanística en España. La actividad constructora y el urbanismo durante años, pero muy especialmente en la última década del siglo XX y primeros años del XXI se han convertido, junto al turismo, en motor de la economía en España; a costa de la destrucción de grandes zonas con valor ecológico o histórico y un cuestionable enriquecimiento, como ha puesto de manifiesto la Resolución Auken.

En aquellos momentos, mientras la sociedad española padecía los resultados de la crisis económica debida, en gran parte, a la burbuja urbanística, se produjo un lento, pero paulatino incremento de las sentencias condenatorias en aplicación de los delitos tipificados en este capítulo. Según las estadísticas de condenados, se pasó de un 0,1% del total de las condenas en España en el año 2004 a un 0,2% en el año 2008, quintuplicándose prácticamente el número de condenas en términos absolutos. En los años posteriores, sin embargo, aunque se han seguido incrementando el número de condenados por sentencia firme en España, el porcentaje de los condenados por delitos urbanísticos ha bajado del 0,193 en 2013 al 0,095% en 2023. Este cambio de tendencia parece vinculado, al menos en parte, a la reforma de 2010 del precepto que introdujo una importantísima novedad en el art. 319 CP. Hasta ese momento la tipicidad de la conducta del primer párrafo del citado precepto se hacía depender de la ausencia de autorización (construcción no autorizada, rezaba el precepto). A partir de la reforma del 2010, ya no era precisa la ausencia de autorización para que la conducta fuera típica. Ahora solo serían típicas las construcciones no autorizables, respondiendo a la posición de cierto sector doctrinal y a una línea jurisprudencial que, en ocasiones, daba por "autorizable" prácticamente cualquier perspectiva futura de licencia urbanística, amplísima interpretación que, como veremos, ha sido rechazada por el Tribunal Supremo.

En cualquier caso, el devenir económico también ha incidido en la detección y aplicación de estos preceptos. Si hasta 2010 la construcción era el motor económico de España, con una fortísima demanda que propició numerosas situaciones de ilegalidad; a partir de ese momento la actividad económica relacionada con la construcción quedó prácticamente paralizada hasta que en torno a la segunda década de este siglo ha recuperado, de nuevo, un crecimiento superior a las dos cifras anuales. A los efectos que nos interesa, esto significa que, durante este periodo, las irregularidades urbanísticas se han visto muy mermadas (porque no se construía), pero que, con la nueva coyuntura económica y la actual escasez y demanda de primera vivienda que padece España, los riesgos pueden repuntar.

Hasta 2010, una somera revisión jurisprudencial ponía de manifiesto que, en porcentajes altos, las sentencias condenatorias por cualquiera de los dos artículos (319 y 320 CP) estaban muy vinculadas a lo que podríamos denominar como "pequeña delincuencia urbanística" (particulares que actúan como promotores respecto de su propia vivienda o pequeñas empresas locales en muchos casos denunciadas por el propio ayuntamiento respecto del art. 319 CP) o miembros de corporaciones municipales que son denunciados por vecinos, asociaciones, etc. y que son condenado por conductas de prevaricación urbanística aparentemente desvinculadas de constructores o promotores a quienes no se procesa. Junto a lo anterior, se pudo observar el inicio de una tendencia a hacer desaparecer la autonomía del delito urbanístico cuando concurre con atentados contra el medio ambiente o el patrimonio histórico, o a hacerlo desaparecer, sin más, en los macroprocesos por delitos urbanísticos iniciados por la fiscalía anticorrupción (donde eran prácticamente absorbidos por prevaricaciones, blanqueo de capital, cohechos y un largo etcétera de conductas).

A la espera de lo que depare la nueva ola constructiva no se puede negar que el Derecho penal es imprescindible para la protección de los intereses comunes que subyacen a la regulación urbanística, pero que es insuficiente para prevenir nuevos procesos delictivos, entre otras razones, porque, en este ámbito, el Derecho Administrativo es un significativo factor criminógeno, en la medida en que es quien determina qué construcciones son típicas, qué inspecciones son obligatorias y, en definitiva, el régimen de ordenación y protección del suelo y el urbismo. En esta situación, de incremento de actividad económica relacionada con la construcción, sobre todo en zonas turísticas —ya no solo de costa— destinadas a fines distintos a la vivienda habitual o la tendencia actual a sustituir la autorización urbanística (o licencia) por "declaraciones responsables", no auguran mayores posibilidades de control, sobre todo, cuando las administraciones competentes no cuentan con servicios de inspección eficaces para comprobar la veracidad y el cumplimiento de la declaración responsable (o, directamente, no cuentan con ninguno).

En este punto, por tanto, será esencial la iniciativa de la fiscalía para impulsar procesos penales por delitos urbanísticos.

2. La reforma del CP introducida por LO 5/2010 modificó sustancialmente el contenido de los arts. 319 y 320 CP y la rúbrica del Título XVI y el Capítulo I —al introducir el término "urbanismo". La reforma amplía de forma significativa el ámbito de las conductas punibles y ataca el enriquecimiento derivado del delito mediante la pena de multa proporcional y el comiso (que, de forma inexplicable, no se venía aplicando en muchos casos, en este sentido DOPICO GÓMEZ-ALLER/POZUELO PÉREZ).

El concepto de ordenación del territorio hace referencia a la política de gestión del espacio físico y la atribución democrática de usos específicos, y tiene como finalidad la mejora de la calidad de vida (SAP, Alicante, Sección 1ª, 107/2005, 9-2). El urbanismo, por el contrario, se centra en el desarrollo de las ciudades y centros urbanos. Ambos conceptos son tributarios, sin embargo, de múltiples disciplinas sociales (geografía, economía, historia...), naturales (ecología, física...) y artísticas (paisajismo, arte...). En este sentido, el urbanismo se tiende a concebir como el arte de ordenar y construir ciudades de forma armónica y agradable para la vida, lo que incluye un factor del que la ordenación del territorio carece. La tendencia jurisprudencial se ha orientado —siguiendo a la Doctrina— a incluir ambas cuestiones en un concepto amplio de urbanismo de forma que, según el Tribunal Supremo, "*[L]a disciplina urbanística trasciende de lo que pudiera considerarse un puro problema de construcciones y licencias a ventilar por los interesados con la Administración. En el urbanismo se encierra, nada más y nada menos, que el equilibrio de las ciudades y de los núcleos de población en general y, como el concepto de ciudad es abstracto, también incorpora el equilibrio físico y psíquico de las personas que en ellos viven: la armonía, la convivencia, las exigencias inexcusables de la ecología, de la naturaleza y del hombre, que tienen que coexistir buscando el ser humano el equilibrio mismo con el medio ambiente que le rodea y en el que vive. La humanidad, inmersa en sus exigencias respecto al modo de vivir de todos, al "hábitat" de cada uno, que sin dejar de ser titular de ese inmueble o parte de él, también afecta a todos los demás ciudadanos, ha tomado ya conciencia del problema. Todo ello exige unos planes y el sometimiento riguroso a unas normas. En el sistema se pone en juego nuestro porvenir*" [así, STS 586/2017,

19-7 (*Tol 6213719*), o SSTS 592/2012, 21-6, y 691/2019, 10-3 (*Tol 7935546*), que remiten a otras anteriores].

Con la anterior redacción del CP, la mayoría de la Doctrina identificaba el bien jurídico protegido con el *nomen iuris* de ordenación del territorio, de forma que el urbanismo se consideraba como una técnica de ataque (la más usual) de este bien jurídico. La actual redacción ha de ser interpretada en sentido procedimental, como sugiere GÓRRIZ ROYO, sin que ello signifique la introducción de un nuevo bien jurídico protegido. No obstante, la referencia al urbanismo da carta de naturaleza a la expresión usual en la Doctrina para referirse a este conjunto de conductas delictivas como "delitos urbanísticos" y obliga a reconocer como valores protegidos en los tipos penales los derivados propiamente del "urbanismo" en el sentido de desarrollo urbano, ajenos al concepto estricto de ordenación del territorio.

Las diversas modalidades de delitos urbanísticos del art. 319 CP se construyen sobre la previa infracción de la normativa administrativa, materializada, a partir de la reforma de 2010 en el hecho de que la construcción o edificación no sea autorizable. Esta dependencia del Derecho administrativo ha permitido que se abriera el debate sobre el carácter de *ultima ratio* del Derecho penal y la posibilidad de exonerar de responsabilidad penal a quienes realizaron conducta típicas en aplicación de los principios de intervención mínima y fragmentariedad del Derecho penal, así como a plantea reiteradamente la cuestión de la necesidad de justificar en las conductas típicas lesividad suficiente para justificar la intervención penal —o sea, la imposición de la pena en el caso concreto. Así, algunas sentencias exigen que se constate en el caso concreto la gravedad de la conducta, bajo la premisa de que el Derecho penal solo debe intervenir frente a las conductas más graves e intolerables, sin que los delitos contenidos en el art. 319 CP puedan ser considerados delitos meramente formales [STC 24/2004, 24-2 (*Tol 351791*)]. Sin embargo, el Tribunal Supremo, en doctrina consolidada, se ha manifestado en contra de esta posibilidad, recordando "*que, si el principio de intervención mínima orienta al legislador a la hora de ordenar los instrumentos de protección de los distintos bienes jurídicos, es el principio de legalidad el que rige la actuación de jueces y tribunales* [...]. *Consecuentemente una cosa es que el principio de intervención mínima presuponga que solo se castiguen las conductas más graves de quebranto de la disciplina urbanística contenidas en la normativa de ordenación del territorio, y otra completamente distinta es que la interpretación del artículo 319 haya de hacerse excluyendo de ámbito de aplicación comportamientos que cumplen con claridad los elementos constitutivos que el propio legislador contempló como definitorios de la actuación del derecho punitivo, pues es al legislador a quien incumbe decidir, mediante la fijación de los tipos y la penas, cuáles deben ser los límites de la intervención del sistema penal*" [en este sentido, entre otras, STS 691/2019, 10-3 (*Tol 7935546*)].

En caso de reiteración de la conducta, la sanción penal es compatible con la sanción administrativa que afecta a aspectos parciales [STS 1250/2001, 26-6 (*Tol 103283)*].

II. BIEN JURÍDICO PROTEGIDO

La delimitación del bien jurídico protegido en los arts. 319 y 320 CP es cuestión controvertida en la doctrina. Para la mayoría, el bien jurídico protegido es la "ordenación del territorio", que es responsabilidad de la Administración Pública, de forma que la función del Derecho penal se ve comprometida hasta el punto de que algún sector doctrinal considera que nos encontramos ante delitos meramente formales (MUÑOZ CONDE). No obstante, la mayoría de la Doctrina y la Jurisprudencia realiza un esfuerzo interpretativo afirmando el contenido de lesividad material y la autonomía de este bien jurídico protegido (así, entre otros, DE LA CUESTA ARZAMENDI). El Derecho penal, se afirma, no protege la normativa urbanística sino "lo mismo que protege la normativa urbanística" (DE LA MATA BARRANCO) que, según la STS 2067/2006, 28-3 (*Tol 1022896),* sería la "utilización racional del suelo orientada a los intereses generales (arts. 45 y 47 CE)" —entre otras, STS 691/2019, 10-3 (*Tol 7935546),* y, en idéntico sentido, GÓRRIZ ROYO. Pero esta postura no es unánime. En contra, un sector doctrinal prefiere considerar que estamos ante tipos pluriofensivos relacionados con valores ambientales, de calidad de vida o con la función social de la propiedad (ACALE SÁNCHEZ), y en el art. 320 CP, además, el recto funcionamiento de la administración (BOLDOVA PASAMAR).

En cuanto a su configuración, aunque alguna sentencia considera que puede tratarse de un bien jurídico difuso [véase STS 691/2019, 10-3 (*Tol 7935546)*], es aceptado que nos encontramos ante un bien jurídico colectivo de carácter general (MARTÍNEZ-BUJÁN PÉREZ).

La segunda cuestión en conflicto es si el bien jurídico protegido en ambos artículos es el mismo o, por el contrario, el art. 320 CP es un tipo independiente que contiene una prevaricación agravada (MORALES PRATS/TAMARIT SUMALLA) o especial [STS 613/2017, 28-11 (*Tol 6955627)*], y, por tanto, el bien jurídico protegido no sería la ordenación del territorio, sino el correcto funcionamiento de la Administración Pública en materia de ordenación del territorio y urbanismo [así también STS 363/2006, 28-3 (*Tol 1022896)*]. En este punto, es preciso no olvidar que los delitos relativos a la ordenación del territorio y el urbanismo se enmarcan en la lucha contra la corrupción urbanística, que atenta contra las bases democráticas de los sistemas políticos y el uso equitativo de bienes comunes. Como consecuencia no puede darse un tratamiento unitario a los arts. 319 y 320 CP porque, aunque ambos atacan al mismo fenómeno (corrupción urbanística), lo hacen desde diversas perspectivas: así el bien jurídico protegido en el art. 319 CP es la "Ordenación del Territorio" en el sentido de la justa y libre concurrencia o competencia en el acceso al territorio y los valores y bienes a él asociados (o igualdad de condiciones en el acceso al territorio), incluyendo la referencia estética, de ordenación de medios urbanos y a la calidad de vida propia del urbanismo, y en el art. 320 CP, al tratarse de una prevaricación específica, sería el correcto funcionamiento de la Administración en la distribución de los recursos urbanísticos y relacionados con la ordenación del territorio.

En contra, un sector doctrinal considera que los tipos del art. 320 CP también son pluriofensivos de forma que, además de proteger lo mismo que el art. 319 CP, se protege la legalidad urbanística o el buen funcionamiento de la Administración Pública, lo que explica la agravación de la pena respecto del tipo básico del art. 404 CP (entre otros, BOLDOVA PASAMAR). No se puede negar, y esta postura lo pone de manifiesto, que la razón político criminal que justifica el art. 320 CP —y la agravación de la pena— es, precisamente, que, para la protección del bien jurídico protegido en el art. 319 CP, es imprescindible que las autoridades y funcionarios responsables en materia de ordenación del territorio y urbanismo actúen conforme a la normativa vigente en el ejercicio de sus funciones. Pero ello nos remite, de nuevo, a un bien jurídico distinto: el correcto funcionamiento de la Administración competente en materia de ordenación del territorio y el urbanismo.

Esta postura, que se centra en la naturaleza de los tipos contenidos en el art. 320 CP como delitos de prevaricación, ha sido, sin embargo, puesta en tela de juicio por DIPSE. Esta autora no niega la importancia funcional del correcto funcionamiento de la administración en materia de ordenación del territorio y urbanismo y que su configuración con bien jurídico protegido es fundamental para legitimar la incriminación de la infracción de los deberes que impiden su correcto funcionamiento. Pero, considera esta autora, estas modalidades típicas se agotan con la mera infracción de deberes extrapenales, que delimitan la conducta típica y, en su caso, el contenido de la acción esperada y son, además, el fundamento legitimante del tipo, lo que convertiría estos preceptos en delitos de infracción de deber [también, con diversa fundamentación STS 613/2017, 28-11 (*Tol 6955627*)]. Así configurados, como delitos de infracción de deber, serían constitucionalmente compatibles en la medida en que tales deberes están reconocidos expresamente en la Constitución.

En resumen, por tanto, nos encontraríamos ante tipos penales que no protegen el mismo bien jurídicos, dirigiéndose a la protección del bien jurídico protegido "ordenación del territorio" —que incluiría aquellos valores propios del urbanismo—, tan solo el art. 319 CP; bien jurídico que, tal y como lo hemos definido, es colectivo, general y autónomo de otros bienes jurídicos protegidos como el "medio ambiente" o el "patrimonio histórico".

El Tribunal Supremo, como hemos visto, ha definido el bien jurídico protegido, vinculándolo a la importancia del suelo como valor ambiental para las futuras generaciones, [STS 691/2019, 10-3 (*Tol 7935546)*]. Cuando el desorden urbanístico se ha instaurado, posteriores conductas típicas también lesionan el bien jurídico protegido. Así, el hecho de que existan en el entorno otras construcciones ilegales, que se pague el IBI o que sea manifiesta la tolerancia que muestre la administración [caso de la SAP, Alicante, Sección 7ª, 105/2008, 7-3 (*Tol 1275571)*], no implica que el bien jurídico protegido no esté afectado y que, por tanto, la conducta típica no merezca sanción penal. La previa destrucción ambiental ya fue un argumento que se intentó utilizar para excluir de la tipicidad conductas gravemente atentatorias contra el medio ambiente y responde, ciertamente, a una forma de concebir la protección ambiental y de bienes ecológicos comunes, pero, siguiendo a la doctrina, el Tribunal Supremo la ha rechazado por carecer de soporte dogmático.

Algunas de las conductas que el CP tipifica como delito son susceptibles, también, de ser sancionadas administrativamente, pero la primacía del Ordenamiento penal queda garantizada en el art. 56 del Real Decreto Legislativo 7/2015, de 30 de octubre, por el que se aprueba el texto refundido de la Ley de Suelo y Rehabilitación Urbana, según el cual "[*c*] *uando con ocasión de los expedientes administrativos que se instruyan por infracción urbanística o contra la ordenación del territorio aparezcan indicios del carácter de delito del propio hecho que motivó su incoación, el órgano competente para imponer la sanción lo pondrá en conocimiento del Ministerio Fiscal, a los efectos de exigencia de las responsabilidades de orden penal en que hayan podido incurrir los infractores, absteniéndose aquél de proseguir el procedimiento sancionador mientras la autoridad judicial no se haya pronunciado. La sanción penal excluirá la imposición de sanción administrativa sin perjuicio de la adopción de medidas de reposición a la situación anterior a la comisión de la infracción*".

III. DELITO URBANÍSTICO (ART. 319 CP)

1. Conducta típica

1.1. La reforma introducida por LO 5/2010, amplía de forma significativa las conductas típicas contenidas en el art. 319 CP y unifica la condición de "no autorizable" de la actuación (hasta 2010, el primer párrafo exigía que la construcción fuera "no autorizada"), por lo que, ahora, la diferencia fundamental entre el primer y el segundo párrafo del art. 319 CP es el tipo de suelo.

En definitiva, la conducta típica en ambos párrafos exige *llevar a cabo obras de urbanización, construcción o edificación no autorizables.*

a) Obras de urbanización son todas aquellas que implican movimientos de tierra o fijación de elementos constructivos que alteren sustancialmente los elementos geográficos con vocación de permanencia y que tiendan a convertir el suelo en apto para la ulterior construcción o edificación. Se incluyen aquí tanto las parcelaciones como las obras de preparación del suelo, construcción de calles, caminos o pistas, balsas, movimientos de tierra o desmontes, formación de terrazas, etc. Las demoliciones previas a la construcción o edificación deben considerarse, según el plan del autor, o bien actos preparatorios o, todo lo más, tentativa.

La conducta típica del art. 319.1 CP antes de la reforma consistía en "llevar a cabo una construcción no autorizada en suelos destinados a viales, zonas verdes, bienes de dominio público o lugares que tengan legal o administrativamente reconocido su valor paisajístico, ecológico, artístico, histórico o cultural, o por los mismos motivos hayan sido considerados de especial protección". Según la STS 1182/2006, 29-11 (*Tol 1018978*), la construcción debe alterar el suelo de forma artificial o por medios mecánicos o técnicos y significar una sustancial modificación con vocación de permanencia, lo que permitiría incluir en el tipo la construcción de caminos o pistas, balsas, movimientos de tierra o desmontes, formación de terrazas y —en contra de la opinión doctrinal mayoritaria— las obras de preparación del suelo que signifiquen una sustancial alteración de los elementos geográficos con vocación de permanencia. Únicamente quedarían excluidas de la tipicidad, en base al principio de insignificancia, las conductas mínimamente lesivas —pequeño exceso constructivo, remodelación interior del inmueble, etc.

b) Construcción es una obra artificial que añade elementos físicos permanentes al suelo con vocación de permanencia [STS 1182/2006, 29-11 (*Tol 1018978*)]. Serían atípicas las reformas de construcciones de escasa entidad, movimientos de tierra, excavaciones o instalaciones en tanto no incorporen elementos físicos permanentes.

c) Edificación es una construcción permanente realizada con materiales fijos, cerrada, al menos en parte, y techada, generalmente destinada a acoger personas o a actividades que le son propias.

1.2. La diferencia entre los dos párrafos ahora analizados del art. 319 CP estriba en la categoría del suelo sobre el que se realiza la conducta típica. El art. 319.1 CP tutela suelos especialmente protegidos y, en concreto, *"los suelos destinados a viales, zonas verdes, bienes de dominio público o lugares que tengan legal o administrativamente reconocido su valor paisajístico, ecológico, artístico, histórico o cultural, o por los mismos motivos hayan sido considerados de especial protección"*. Para determinar qué suelos reúnen alguna de las características indicadas habrá que acudir a la normativa administrativa (local, autonómica o estatal).

a) Son "viales" los espacios destinados a usos dotacionales para el transporte y las comunicaciones, tanto en movimiento como estacionados. "Zonas verdes" serán las zonas urbanas dotadas (quizá con vegetación) destinadas a fines fundamentalmente recreativos. No pueden incluirse en este concepto otros suelos con usos dotacionales comunitarios (sanitarios, educativos u otro tipo de uso común). La determinación y establecimiento de las zonas verdes compete al Plan General Municipal de Ordenación Urbana, y como tales se integran en el dominio público municipal, pero el tipo penal incluye también los "suelos destinados a" estos fines; es decir, a aquellos que tan solo están proyectados en el PGOU, aunque no hayan sido adquiridos por el Ayuntamiento (RENART GARCÍA) siempre que exista una declaración formal previa de los mismos (DE LA CUESTA ARZAMENDI). Para la determinación de los lugares que tengan legal o administrativamente reconocido su valor paisajístico o ecológico, artístico, histórico o cultural, será preciso acudir a un complejo conjunto normativo que incluye normas de Derecho urbanístico y para la protección del medio ambiente y del patrimonio cultural e histórico. Ahora bien, solo integran el tipo del art. 319. 1 CP aquellos lugares que han sido objeto de una previa declaración formal, no bastando con que se haya incoado el expediente. La protección del dominio público debe entenderse en sentido estricto, sin incluir los bienes patrimoniales de las Administraciones. Por otro lado, conviene recordar que los dominios de terreno público marítimo son intangibles, e incluyen la zona marítimo terrestre, las playas, el mar territorial, los recursos naturales de la zona económica y la plataforma continental [STS 1067/2006, 17-10 (*Tol 1009749*)].

b) La tipicidad de la conducta, en el art. 319.1 CP depende de que se haya realizado sobre algunas de las modalidades de suelo descritas en el precepto. Cuando la conducta típica se realice sobre *suelo no urbanizable* será de aplicación el segundo párrafo de este mismo artículo. Será el Juez Penal el que tendrá que determinar, según la situación del suelo en el planeamiento, el carácter urbanizable del suelo, dependiendo de cada legislación urbanística.

2. *Estructura típica*

A la hora de pronunciarse sobre la estructura típica, las posiciones doctrinales son tan variadas como en relación con el bien jurídico protegido. Así, y dependiendo del concepto de bien jurídico protegido que apoye cada autor, se afirma que los delitos urbanísticos son delitos de peligro abstracto (ALONSO ÁLAMO) o hipotético (BERNAL DEL CASTILLO), delitos de acumulación (SILVA SÁNCHEZ) o de lesión (entre otros, ACALE SÁNCHEZ, BOLDOVA PASAMAR, GÓMEZ TOMILLO, GÓRRIZ ROYO).

En nuestra opinión, sin embargo, los delitos contenidos en los párrafos 1º y 2º de este art. 319 CP son tipos de resultado de medios determinados (lo que implica que no se puede realizar en comisión por omisión) que exigen la alteración del suelo de forma permanente mediante la instalación fija de elementos constructivos (en contra, la mayoría de la Doctrina considera que son de mera actividad).

3. *Sujetos activo y pasivo*

3.1. Hemos puesto de manifiesto con anterioridad cómo los tipos contenidos en los arts. 319 y 320 CP reproducen la estructura triangular de la corrupción urbanística. Como consecuencia de ello, los sujetos activos deben encontrarse en determinadas posiciones jurídicas por lo que se configuran como delitos especiales propios: Así, el sujeto activo del art. 320 CP solo puede serlo la autoridad o funcionario público (que desde su especial posición jurídica respecto del bien protegido incumple su deber); en tanto que sujetos activos del art. 319 CP serán promotores, constructores o técnicos directores.

La legislación administrativa define qué debe entenderse, en el ámbito urbanístico, por "promotores, constructores o técnicos directores", definiciones que servirán de base para la delimitación del círculo de posibles sujetos activos del art. 319 CP. En este sentido "promotor" sería cualquier persona que, individual o colectivamente, decide, impulsa, programa y financia, con recursos propios o ajenos, las obras de edificación para sí o para su posterior enajenación, entrega o cesión a terceros bajo cualquier título (según el art. 9 de la Ley 38/1999, de 5 de noviembre, de Ordenación de la Edificación), aunque no sea el propietario del suelo (BOLDOVA PASAMAR). La cuestión sobre la condición de profesional o no del promotor queda zanjada con la STS 1250/2001, 26-6 (*Tol 103283*), que lo niega —es decir: promotor puede ser cualquier persona, aunque no tenga titulación técnica y no sea promotor profesional.

La mayoría de la Doctrina y de la Jurisprudencia [entre otras, la citada STS 1250/2001, 26-6 (*Tol 103283*)] consideran que, en relación con el promotor, nos encontramos ante un delito común, pues cualquier persona puede serlo. Esta conclusión merece ser revisada. Es cierto que cualquier persona puede ser promotor, pero solo puede ser sujeto activo del delito la persona que se encuentre en la posición jurídica de promotor: esto es, que asuma este rol, con lo que significa de asunción de responsabilidades derivadas del conjunto normativo que define el rol. Esta posición jurídica determinante de la condición del sujeto activo es de gran importancia a la hora de delimitar la obligación de conocer la legalidad de su actuación (cuestión esencial en relación con el conocimiento de la antijuridicidad del hecho y el error de prohibición).

"Constructor" será quien realice *de facto* la construcción o edificación (en ocasiones promotor y constructor coinciden) sin que se requiera profesionalidad, sino tan solo capacitación profesional. También deben ser considerados constructores quienes realizan la obra para sí mismo (autoconstrucción) o quienes la realizan para otros, pero de forma temporal o circunstancialmente, siempre que (unos y otros) asuman las funciones de organización propias del constructor y tengan el dominio del hecho —lo que excluye como autores a albañiles, facultativos asociados o subordinados que realizan tareas parciales, etc.; sin perjuicio, en su caso, de que puedan ser partícipes.

"Técnicos directores" serán los arquitectos, arquitectos técnicos o ingenieros a quienes corresponda la concepción y dirección de la ejecución del proyecto. Los técnicos directores normalmente contarán con titulación técnica y profesional habilitante. Sin embargo, cuando la dirección técnica corresponda a persona con habilitación profesional (maestro de obras o similar) pero sin titulación académica, también puede ser considerado sujeto activo del delito.

En numerosas ocasiones, constructores o promotores revestirán la forma de persona jurídica, en cuyo caso, según el art. 319.4 CP, "*de acuerdo con lo establecido en el artículo 31 bis de este Código se le impondrá la pena de multa de uno a tres años, salvo que el beneficio obtenido por el delito fuese superior a la cantidad resultante en cuyo caso la multa será del doble al cuádruple del montante de dicho beneficio*". Ahora bien, sigue vigente la nada fácil cuestión de determinar quiénes tomaron las decisiones (DE LA MATA BARRANCO).

3.2. Dado que el bien jurídico protegido es de carácter colectivo, no va a ser posible individualizar a sujetos pasivos, si bien en algunos supuestos podemos encontrar personas directamente perjudicadas o afectadas por las conductas típicas que habrán de ser tratados como víctimas del delito a efectos criminológicos y procesales (en contra un sector doctrinal considera que, en los delitos que protegen bienes jurídicos colectivos, también son identificables sujetos pasivos).

4. *Elementos lingüísticos y remisiones normativas: el problema de la aplicación retroactiva de la modificación del planeamiento urbanístico*

Tras la reforma penal de 2010, es requisito típico que las obras de urbanización, construcción o edificación no sean "autorizables".

La opinión mayoritaria es que el tipo contiene una ley penal en blanco [STS 1127/2009, 27-11 (*Tol 1762127)*]. En consecuencia, la norma extrapenal objeto de reenvío se integrará en el tipo y, en consecuencia, será considerada "ley penal" a los efectos de aplicación del principio de retroactividad de la ley más beneficiosa. En nuestra opinión, sin embargo, el término típico "no autorizado" constituye un elemento normativo que, efectivamente, remite a la normativa administrativa y a las reglas del planeamiento urbanístico —a las que ha de acudir el juez para realizar el juicio normativo sobre el carácter "no autorizable" de la obra.

Se ha pretendido fundamentar la obligatoriedad de aplicación retroactiva de la normativa administrativa en la necesidad de pena o en el principio de unidad del Ordenamiento Jurídico. Pero el principio de legalidad se vería gravemente comprometido si posteriores "legalizaciones" —muchas de ellas *ad hoc*— tuvieren efectos retroactivos. Por otro lado, impera en nuestro Ordenamiento Jurídico la obligación de actuar conforme a Derecho, y admitir eficacia a la ulterior legalización significaría una quiebra injustificada de este principio.

Por su parte, la jurisprudencia del Tribunal Supremo más actual ha adoptado la postura aquí defendida y rechaza la posibilidad de la atipicidad *ex post*. Así, SSAP, Valencia, Sección 1ª, 265/2000, 19-10; Alicante, 626/2014, 12-11 (*Tol 4713068*), y STS 691/2019, 10-3 (*Tol 7935546*). Esta última sentencia expresamente afirma: "*el término "no autorizable" significa que la obra, ya iniciada o realizada, no pueda ser reconocida posteriormente como ajustada a la legalidad, tal y como aquí acontece. Pretender que el contenido semántico de la expresión "no autorizable", permite sostener la atipicidad de los hechos cuando exista una posibilidad de autorización potencial y remota de la edificación, no es aceptable. El tipo penal no contempla una remisión a cualquier hipotético tiempo futuro y a la posibilidad de que pueda llegar a modificarse la legalidad urbanística, o a que concurra un momento en el que ya no sea posible actuar por haberse cerrado la vía contencioso administrativa por falta de ejercicio de la acción o por defectos formales en su planteamiento. Tal consideración vaciaría de contenido el precepto sancionador por la siempre posible eventualidad de que llegue a alterarse la legalidad urbanística. El término "no autorizable" hace referencia al momento de la edificación y contempla la naturaleza de la ilegalidad material que rodea a la construcción, esto es, si se ajusta o no a la ordenación entonces vigente*".

Con ello, por tanto, no cabe considerar tampoco como autorizable la construcción que actualmente no lo es aunque sea inminente el cambio en el planeamiento urbanístico que la convertirá en autorizable [SAP, Ciudad Real, Sección 2ª, 185/2005, 25-11 (*Tol 778882*)].

Y, por el contrario, aunque la obra se realice sin licencia (autorización) —bien porque, aunque se ha solicitado, aún no se ha concedido, bien porque no se ha solicitado— si la construcción se adecua a la legalidad —es decir, si es autorizable— la conducta no sería típica. En este sentido se pronuncia la STS 691/2019, 10-3 (*Tol 7935546*), según la cual "[*p*]*ara la existencia del delito no basta que la edificación se levante sin licencia, sino que es necesario que sea contraria a la legalidad urbanística vigente en ese momento, supuesto en el que quedaría excluida toda autorización (STS 73/2018, de 13 de enero)*".

Al margen de lo anterior, la expresión "no autorizable" habrá que tener en cuenta los siguientes supuestos:

a) Cuando la autoridad administrativa deniegue indebidamente la licencia a una obra que se ajusta a la legalidad, la obra será autorizable y, por tanto, atípica.

Sin embargo, los actos administrativos gozan de presunción de validez, lo que puede generar inseguridad jurídica o errores sobre el carácter autorizable.

b) La continuación de unas obras autorizadas cuando existe una orden de suspensión administrativa no convierte la conducta en típica en relación con el delito urbanístico [STEDH, caso Pessino contra Francia, 10-10-2006 (*Tol 996612)*], pero cuando la orden de suspensión responda a un cambio en el planeamiento o en la legislación que ha convertido la obra (que contaba con autorización) en no autorizable —y sin perjuicio de los derechos adquiridos—, la realización de obra nueva ya "no autorizable" puede ser típica a efectos del art. 319.1 CP.

Estas consideraciones serán también de aplicación *mutatis mutandis* al art. 319.2 CP.

5. *Elemento subjetivo*

La conducta ha de realizarse con dolo, incluso eventual. A diferencia de lo que sucede en el Capítulo III de este Título XVI, no cabe la realización imprudente de estas conductas.

El error sobre el carácter autorizable de la obra debe ser considerado como error de tipo, lo que implica que, al no estar tipificada la imprudencia, el error vencible excluye la tipicidad de la conducta. Esta opción no conduce a la impunidad de quien, sabiendo que debe solicitar autorización no lo hace con la finalidad de que no se la denieguen y poder alegar error en el carácter "autorizable" de las obras, porque el sujeto ha actuado ya con dolo eventual —sin que ello implique presumir la existencia de dolo. Por su parte, el Tribunal Supremo es contundente al afirmar que existe la obligación de cerciorarse de la legalidad de la obra [STS 830/2017, 17-12 (*Tol 6462816)*] y que es de común conocimiento que la realización de una construcción requiere licencia, así que no cabe error de tipo [STS 586/2017, 19-7 (*Tol 6213719)*]. Lo cierto es, sin embargo, que habida cuenta de la diversidad normativa en las distintas CCAA y la posibilidad en algún supuesto de recurrir a la "declaración responsable" que permitiría iniciar las obras sin esperar respuesta de la Administración competente, no es conveniente cerrar completamente la posibilidad de la concurrencia de error de tipo, siquiera vencible, con las consecuencias advertidas.

6. *Justificación*

La tolerancia administrativa frente a situaciones manifiestamente antijurídicas o la autorización informal no pueden en ningún caso excluir la antijuridicidad de la conducta —tampoco, como hemos visto, la tipicidad.

Alguna sentencia anterior a 2010 ha considerado que concurre error de prohibición vencible cuando el sujeto construyó sin autorización sabiendo que era ilegal hacerlo, pero confiando en que el Ayuntamiento legalizara su situación ya que la zona contaba con red de abastecimiento de aguas y numerosas edificaciones [SAP, Albacete, Sección 2ª, 27-2007, 5-2 (*Tol 1121038*), o STS 1067/2006, 17-10 (*Tol 1009749)*].

7. *Iter criminis*

La amplitud de la redacción típica ("*llevar a cabo obras* [...]") parece excluir la posibilidad de apreciar tentativa, al menos desde el momento en que se inician las obras, por cuanto que todos los actos ejecutivos consistentes en construir (en sentido amplio) ya consumarían el delito. Así, desde el momento en que se inician las obras efectivas de urbanización, construcción o edificación se ha consumado el tipo, por lo que a partir de ese momento no puede alegarse desistimiento, sin perjuicio de lo previsto en el art. 340 CP que impone la pena inferior en grado cuando el culpable hubiera procedido a reparar el daño causado.

Así, por ejemplo, en el momento en que se inicien las obras de movimiento de tierras o excavaciones para preparar el terreno para la construcción de los cimientos o los viales ya se habría consumado el tipo. No así si meramente se han instalado vallas metálicas u otros accesorios móviles o que no se encuentren fijados al suelo de forma permanente.

No se tipifican expresamente los actos preparatorios.

8. *Concursos*

Cuando la conducta pueda ser integrada en cualquiera de los párrafos del art. 319 CP en base al principio de alternatividad, recogido en el art. 8.4 CP, será de aplicación preferente el primer párrafo. Por su parte, MARTÍNEZ-BUJÁN PÉREZ considera que el delito del segundo párrafo constituye el tipo básico y el del primero un tipo agravado por razón de su especialidad.

Pero los mayores problemas los plantean los concursos con los arts. 321 CP (delitos contra el patrimonio histórico-artístico) y art. 325 CP (delitos contra el medio ambiente). El Tribunal Supremo, en doctrina consolidada [así la STS 1182/2006, 29-11 (*Tol 1018978)*], considera que cuando una conducta típica a efectos del art. 319 CP también lo es en base a los arts. 321 o 325 CP, se debe acudir a un concurso de normas a resolver conforme al art. 8.4 CP, cuando la razón de su inclusión en el art. 319 CP sea que afecta a valores ecológicos (cuando se realiza sobre suelos que tengan reconocido legal o administrativamente valor paisajístico o ecológico) o al patrimonio histórico-artístico (cuando afecta a suelos que tengan reconocido su valor histórico, artístico o cultural).

Si esto fuera así nos encontraríamos con las siguientes consecuencias lógicas: 1°) el art. 319.1 sería un delito pluriofensivo: protegería diversos bienes jurídicos según las características del suelo; 2°) entre el art. 319.1 CP y 325 CP o 321 CP —según el caso— no cabe concurso ideal, pues el art. 319.1 CP protege los mismos bienes jurídicos que los otros preceptos citados (medio ambiente o patrimonio histórico); 3°) No se puede explicar qué bienes jurídicos subyacen a la protección de viales, zonas verdes y bienes de dominio público. Además de lo anterior, si los arts. 321 (sobre suelos que tengan reconocido valores histórico, artístico o cultural) y 325 CP (sobre suelos que tengan reconocido valor paisajístico y ecológico) son de aplicación preferente, de hecho, el art. 319.1 CP solo sería de aplicación cuando afectara a viales, zonas verdes y bienes de dominio público. En nuestra opinión, por ello, el art. 319 CP goza de autonomía respecto de los bienes jurídicos "medio ambiente" o "patrimonio histórico" por lo que nos encontraríamos ante un concurso (ideal) de delitos.

Cuando las conductas típicas a efectos del art. 319 CP afecten a algún espacio natural protegido, se le impondrán las penas superiores en grado a las respectivamente previstas, según lo prescrito en el art. 338 CP.

9. Penalidad

	Prisión	Multa	Otras
319.1	1 año y 6 meses a 4 años	12 a 24 meses, salvo que el beneficio obtenido fuese superior a la cantidad resultante, en cuyo caso la multa será del tanto al triplo del montante de dicho beneficio	Inhabilitación especial para profesión u oficio por tiempo de 1 a 4 años
319.2	1 a 3 años	12 a 24 meses, salvo que el beneficio obtenido por el delito fuese superior a la cantidad resultante, en cuyo caso la multa será del tanto al triplo del montante de dicho beneficio	Inhabilitación especial para profesión u oficio por tiempo de 1 a 4 años
319.4		1 a 3 años, salvo que el beneficio obtenido por el delito fuese superior a la cantidad resultante, en cuyo caso la multa será del doble al cuádruple del montante de dicho beneficio	Art. 33.7, b) a g) CP

Como novedad, cuando fuere responsable una persona jurídica de acuerdo con lo establecido en el art. 31 bis CP, la pena a imponer será de multa de uno a tres años salvo que el beneficio obtenido por el delito fuese superior a la cantidad resultante, en cuyo caso la multa será del doble al cuádruple del montante de dicho beneficio. Finalmente, se podrán asimismo imponer las penas recogidas en las letras b) a g) del art. 33.7 CP.

Tanto este artículo como el siguiente contienen referencias a la legislación administrativa que deben ser resueltas como cuestiones prejudiciales puramente incidentales (art. 2 LECrim y 10 LOPJ).

La STS 1067/2006, 17-10 (*Tol 1009749*), considera que es adecuado que el propio condenado derribe la obra que excede de lo permitido como "trabajo en beneficio de la comunidad", lo que no deja de ser criticable, por cuanto convierte en pena una obligación de legalmente prevista y podría tener como consecuencia la impunidad.

10. Responsabilidad civil

El art. 319.3 CP establece que "*los jueces o tribunales, motivadamente, podrán ordenar, a cargo del autor del hecho, la demolición de la obra y la reposición a su estado originario de la realidad física alterada, sin perjuicio de las indemnizaciones debidas a terceros de buena fe, y valorando las circunstancias, y oída la Administración competente, condicionarán temporalmente la demolición a la constitución de garantías que aseguren el pago de aquéllas. En todo caso se dispondrá el decomiso de las ganancias provenientes del delito cualesquiera que sean las transformaciones que hubieren podido experimentar*".

El precepto, por tanto, prevé dos medidas, la primera, aparentemente al menos, discrecional, consistente en ordena la demolición de la obra y la reposición a su estado original de la realidad física alterada; la segunda, de obligado cumplimiento, que es el decomiso.

10.1. La demolición de la obra y reposición al estado originario de la realidad alterada

El Derecho Administrativo impone el deber de devolver la situación a la situación previa, lo que implica la demolición de la obra. Desde esta perspectiva, es preciso interpretar la aparente facultad de demolición que otorga el art. 319.3 CP en sentido estricto, de forma que el juez penal deberá ordenar la demolición, salvo en aquellos supuestos en los que el derribo de la obra ilegal pueda causar un perjuicio mayor que su mantenimiento (DOPICO GÓMEZ-ALLER/POZUELO PÉREZ), todo ello sin olvidar lo dispuesto en los arts. 109 y ss. CP, así como la obligatoriedad de cumplir las sentencias, ex art. 118 CE.

La demolición y restauración en que consiste la reposición a su estado originario de la realidad física alterada son medidas de naturaleza civil, *ex* art. 110

CP, de modo que si el infractor no ejecutara a su costa la demolición no podría suspenderse la pena (art. 81 CP) —en contra GÓRRIZ ROYO. En esta línea, la STS 619/2019, 10-3 (*Tol 7935546*), consolida una línea jurisprudencial que otorga a la demolición y restauración de la realidad física alterada la naturaleza jurídica de una medida de responsabilidad civil derivada de delito, lo que significa que "*es renunciable y tiene carácter ultrapersonal, que en las exigencias de reparación puedan operar mecanismos de subsidiariedad que en el plano estrictamente penal serían ciertamente inconcebibles. La demolición consiste en una obligación de hacer que conecta* —sigue diciendo la sentencia— *con los art. 109 y ss. del Código Penal, que prevén la reparación con carácter general, por lo que tiene carácter necesario*". Ahora bien, como consecuencia jurídica del delito puede ser suspendida por dos razones: cuando los perjuicios derivados sean desproporcionados (criterio de proporcionalidad) y cuando una modificación del planeamiento la convierta en innecesaria. Cuando la alteración del planeamiento incurra en desviación de poder, al margen de la responsabilidad penal que de ello se derive, procederá declarar la nulidad de pleno derecho del cambio urbanístico por ser de origen delictivo (DOPICO GÓMEZ-ALLER/ POZUELO PÉREZ). La citada sentencia amplía, además, las posibilidad de demolición "*cuando exista causa suficientemente motivada, atendiendo a la gravedad del hecho y la naturaleza de la construcción; la proporcionalidad de la medida en relación con el daño que causaría al infractor, en caso de implicarse solo intereses económicos o de verse afectados derechos fundamentales, como el uso de la vivienda propia; la naturaleza de los terrenos en que se lleva a cabo la construcción, tomando en distinta consideración los que sean de especial protección, los destinados a usos agrícolas; etc.*", lo que, de hecho, es establecer una absoluta discrecionalidad judicial.

10.2. El decomiso

El art. 319.3 CP prevé, además, "en todo caso" el comiso de las ganancias provenientes del delito cualesquiera que sean las transformaciones que hubieren podido experimentar. Esta previsión recuerda que, aún en caso de que el juez penal no ordene la demolición, también debe ordenar el comiso. El comiso debe abarcar los efectos y ganancias del delito, incluso la propia construcción o edificación (cuando no proceda la demolición). En cualquier caso, debe ser solicitado por la parte acusadora (SAP, Cádiz, Sección 1ª, 380/2008, 21-11) sin que pueda estimarse solicitado el comiso en la petición genérica de la imposición de penas accesorias [SSTS 1349/2002, 19-7 (*Tol 213405*), y 619/2019, 10-3 (*Tol 7935546*), entre otras muchas].

IV. DELITO DE PREVARICACIÓN URBANÍSTICA (ART. 320 CP)

1. Consideraciones generales

El segundo plano de protección penal de la ordenación del territorio se centra en el acto administrativo autorizante en sí mismo considerado. La LO 5/2010 amplía el ámbito de los delitos de prevaricación urbanística del art. 320 CP, tipificando por primera vez la conducta omisiva de autoridades o funcionarios encargados de la inspección urbanística. La citada reforma de 2010, como vimos, incluyó en la rúbrica del Título el término "urbanismo", lo que permitió introducir el urbanismo como objeto de tutela. Además, la reforma incluye nuevas modalidades de conducta en este art. 320 CP. Resumidamente, esta reforma introdujo un nuevo objeto sobre el que puede recaer la conducta típica (informar favorablemente) y dos conductas omisivas nuevas, equiparando la protección del suelo a la prevaricación ambiental del art. 329 CP.

Este precepto, sin embargo, también ha sido escasamente aplicado por los tribunales.

2. Sujeto activo

El art. 320 CP contiene, como ya hemos advertido, tipos especiales propios, cuyos sujetos activos han de ser autoridades o funcionarios públicos, cuyo concepto, a efectos penales, se contiene en el art. 24 CP. De esta forma, solo podrán ser sujetos activos aquellas autoridades o funcionarios que sean competentes para realizar la conducta típica; es decir, que tengan atribuidas las competencias de informar o de inspección. Para determinar dicha competencia será preciso acudir a la normativa extrapenal que regula la materia y que, en nuestro ordenamiento jurídico, está atribuida a las CCAA o ayuntamientos, lo que, como es evidente, puede generar problemas añadidos de desigualdad en el tratamiento penal de dichas conductas (DIPSE).

En general, las funciones de inspección urbanística son desempeñadas por "inspectores urbanísticos", que suelen revestir la condición de "agentes de la autoridad", lo que, por cierto, no está claro que sea para ellos más beneficioso a efectos de su protección, y, desde luego, no incide en absoluto a efectos de su responsabilidad penal a efectos de estas concretas modalidades delictivas, puesto que, como veremos, en la medida en que sean funcionarios públicos o autoridad, conforme al art. 24 CP, deben ser tratados como tal.

En el ámbito autonómico, las CCAA que cuentan con cuerpos específicos de inspección urbanística no son mayoría, por lo que las inspecciones urbanísticas se llevan a cabo, generalmente, por personal adscrito a las unidades administrativas autonómicas que detentan tales funciones; personal que, desde el punto de vista del Derecho penal, tiene la consideración de funcionario público, por cuanto, se trata de sujetos adscritos a la Administración Pública que ejercen funciones, asimismo, públicas (DIPSE). Cuando el servicio de inspección esté privatizado (externalizado) y, siguiendo a DIPSE, desde el momento en el que dichos sujetos participan en la función pública en virtud de "nombramiento" —autorización o concesión— han de ser considerados funcionarios públicos a efectos penales y, por lo tanto, posibles sujetos activos del delito de prevaricación urbanística, especialmente omisiva, del art. 320.1 CP.

El ejercicio de estas funciones, en el ámbito municipal, corresponde a los empleados públicos adscritos a las unidades administrativas que detentan tales funciones, así como, a los cuerpos de la Policía Local. De este modo, pueden ser sujetos activos del art. 320 CP los facultativos técnicos —normalmente arquitectos o asesores jurídicos— competentes por razón de la materia para realizar las conductas típicas, tanto si legalmente tienen la consideración de funcionarios públicos como cuando ejerzan o participen en la función pública por contrato o nombramiento, cualquiera que sea la entidad pública a la que pertenezca (Comunidad Autónoma, Ayuntamiento, Diputación). Aunque con opiniones encontradas, también serán sujetos activos los técnicos o asesores independientes vinculados a la Administración con un contrato de servicios, aunque sea temporal, en la medida en que para ello tiene que existir un nombramiento y ejercen funciones públicas.

Mayores dudas se plantean con relación a los técnicos de los Colegios profesionales que deben "visar" el proyecto. Podrían ser integrados en el círculo de posibles sujetos activos del delito del art. 320 CP, cuando el visado contenga un informe positivo en aquellas CCAA en las que el visado implique un control de legalidad.

En numerosas ocasiones en las que la autoridad o funcionario público actúan en connivencia con particulares que realizan actuaciones típicas a efectos del art. 319 CP, la aplicación aislada del art. 320 CP que realizan los tribunales no solo da una visión distorsionada de la realidad que subyace a este fenómeno delictivo, sino que la sanción penal impuesta no comprende la totalidad del injusto atribuible a la conducta del funcionario, por lo que habrá que analizar la posible existencia de concursos de delitos entre ellos (con independencia de otros concursos con otras posibles modalidades delictivas, como cohecho, etc.).

A la autoridad o funcionario público que, de acuerdo con el autor de una conducta típica del art. 319 CP, interviene favoreciendo o realizando las conductas típicas del art. 320 CP, no se le puede considerar coautor o autor mediato de un delito urbanístico del art. 319 CP, por cuanto que éste contiene tipos especiales propios y porque la naturaleza de la intervención no puede considerarse acto de realización material de la conducta típica, pero sí partícipe (cooperador necesario o cómplice, según el caso) del delito del particular —en el mismo sentido BOLDOVA PASAMAR. Lo mismo vale para la autoridad o funcionario que facilita la obtención de la licencia, pero que no realiza por sí mismo la conducta del art. 320 CP, sin perjuicio de que pueda estar realizando otros tipos delictivos (cohecho, tráfico de influencias, etc.).

Ahora bien, los tipos del art. 320 CP no se limitan a ser formas de participación en el delito del art. 319 CP o una mera cualificación del tipo básico del art. 404 CP, sino que tienen su propio ámbito de protección y justificación de ser, puesto que tipifican conductas (votar e informar) que, en caso contrario, solo podrían ser consideradas como actos preparatorios (informar) o tentativa (votar) del tipo básico del art. 404 CP. Es decir: respecto de estas conductas, el art. 320 CP está adelantando las barreras de protección penal y elevando a la categoría de delitos consumados conductas que, de otra forma, serían o bien actos preparatorios o tentativas.

3. Conductas típicas

La reforma introducida por la LO 5/2010, amplía sensiblemente el catálogo de conductas típicas a efectos de este precepto, en el que el Legislador impone una pena más grave que en el delito de prevaricación del art. 404 CP —al que se remiten expresamente los tipos— a las autoridades o funcionarios públicos que, en el ejercicio de sus competencias en materia urbanística, infrinjan las obligaciones derivadas de su cargo con conductas que inciden en la toma de decisiones por parte de la autoridad administrativa en materia urbanística.

3.1. Conductas relacionadas con la infracción de los deberes de control y garantía de la normativa urbanística: art. 320.1 CP

El párrafo 1° del art. 320 CP tipifica tres modalidades de acción distintas. Tienen en común todas ellas que inciden en momentos previos a la toma de decisiones urbanísticas, ya sea respecto de un informe, ya sea con relación a una sanción. En este sentido, nos encontramos ante tipos que elevan a la categoría de delito consumado conductas que, en caso contrario, serían como máximo actos preparatorios impunes que han sido calificados por la Doctrina como prevaricaciones impropias o *sui generis*, y cuya fundamentación político-criminal hay que buscarla en la importancia que tienen para la toma de decisiones urbanísticas el informe técnico, por un lado, y el control de la realidad urbanística —tanto en cuanto a la ejecución acorde a la licencia como en cuanto a la realización de obras sin licencia— por los órganos administrativos de inspección.

3.1.1. "Informar favorablemente instrumentos de planeamiento, proyectos de urbanización, parcelación, reparcelación, construcción o edificación o la concesión de licencias contrarias a las normas de ordenación territorial o urbanística vigentes"

a) La conducta típica de esta primera modalidad delictiva consiste en emitir informe favorable respecto de determinados instrumentos urbanísticos que expresamente enuncia el tipo (instrumentos de planeamiento, proyectos de urbanización, parcelación, reparcelación, construcción o edificación o licencias).

Instrumento de planeamiento sería cualquier plan relativo a la ordenación del territorio o urbanístico, ya sea competencia de los Ayuntamientos o de otras Administraciones; esto permite la intervención penal en cualquier tipo de "plan" aunque no esté relacionado con la concesión de licencias, especialmente en las denominadas calificaciones y recalificaciones de suelo (GÓRRIZ ROYO). Por el contrario, los proyectos de urbanización, parcelación, reparcelación, construcción o edificación sí están vinculados con expedientes de concesión de licencias relacionadas con la vivienda u otros usos.

El informe favorable ha de versar sobre alguno de los instrumentos enunciados en el tipo que sea contrario a las normas de ordenación territorial o urbanísticas vigentes. La Doctrina entiende que, para que la conducta sea típica, el informe favorable ha de ir referido a proyectos o licencias que sean contrarios (tanto los proyectos como las licencias) a las normas de ordenación territorial y urbanísticas vigentes, pese a la evidente incongruencia gramatical del tipo que parece dar a entender, al utilizar en femenino el adjetivo "contrarias", que se refiere solo a las licencias. El Legislador que ha modificado sustancialmente este precepto introduciendo nuevos instrumentos de planeamiento en el tipo, debería haber corregido el error gramatical. Es evidente que los informes favorables sobre "instrumentos de planeamiento, proyectos de urbanización, parcelación, reparcelación, construcción o edificación" que no sean *contrarios* a las normas vigentes no son típicos.

Por otro lado, la inclusión en este párrafo de la distinción entre "normas de ordenación del territorio y normas urbanísticas" marca las diferencias entre unas y otras, delimitando dos ámbitos que el Legislador penal considera distintos: la ordenación del territorio y el urbanismo, en el sentido descrito con anterioridad.

b) En cuanto al objeto sobre el que versa la conducta típica, será alguno de los descritos en el tipo: un instrumento de planeamiento, proyecto de urbanización, parcelación, reparcelación, construcción o edificación, o la concesión de una licencia urbanística, siempre y cuando, infrinjan las normas urbanísticas vigentes.

El tipo contiene una remisión genérica y material al Derecho Administrativo que afecta a todas las disposiciones, ya sean estatales, autonómica o locales —aunque formalmente no reciban la calificación de normas urbanísticas o relativas a la ordenación del territorio— y pueden versar sobre la competencia, sobre el procedimiento o el contenido sustancial de la resolución. Ahora bien, esta remisión expresa a las normas urbanísticas vigentes, generalmente de leyes autonómicas específicas, plantea el problema añadido de que tales leyes suelen incluir su propia catalogación de infracciones. Si las normas urbanísticas extrapenales contienen su propio catálogo, las infracciones urbanísticas con relevancia penal deberían ser, al menos, muy graves y la remisión no puede entenderse dirigida, *stricto sensu,* a dicho catálogo de infracciones.

Precisamente, en relación con esta cuestión —la magnitud de la infracción— se suele recurrir a los criterios doctrinal y jurisprudencialmente ya delimitados a efectos del art. 404 CP. Ahora bien, el art. 404 CP exige que la resolución sea "arbitraria", término que no se incluye en el art. 320.1 CP, por lo que será preciso entender que, efectivamente, sólo las infracciones burdas o groseras de la legalidad que revistan notoriedad y gravedad sean susceptibles ser integradas en el tipo del art. 320.1 CP, pero bastaría con que el informe no respondiera a ninguna interpretación razonable o defendible con argumentos jurídicos, sin que sea necesario constatar que la ilegalidad es tan patente y notoria —arbitraria— que es evidente para cualquiera —criterio ciertamente impreciso y de dudosa comprobación, habida cuenta la complejidad del sistema normativo que regula la ordenación del territorio y el urbanismo— (en contra, SAP, Cantabria, Sección 1ª, 15/2002, 24-6). De modo que bastará la simple contradicción objetiva (es decir, más allá de lo interpretable) para que se cumpla el tipo de delito.

Como consecuencia, quedarían subsumidas en el tipo objetivo las infracciones que se deben a olvido o desconocimiento, que solo quedarían excluidas por la ausencia de elemento subjetivo (a sabiendas de su injusticia).

c) La conducta típica consiste en "informar favorablemente"; conducta activa que parece difícil que pueda ser cometida por omisión Es indiferente que el informe sea preceptivo o facultativo, vinculante o no, si bien lo normal es que sea preceptivo y vinculante. Informar favorablemente implica la emisión de un informe en el que se aporte un criterio técnico que ha de servir al órgano competente para dictar la resolución administrativa para tomar su decisión. Autores serán, por tanto, quienes, sin decidir, emitan el citado informe [así, STS 613/2017, 28-11 (*Tol 6955627)*]. La tipificación expresa de esta modalidad típica impide que, además, se pueda considerar al informante partícipe en la conducta del concedente.

La conducta es típica, decíamos, aunque el informe no sea vinculante en la medida en que también puede servir como fundamento de una decisión urbanística, en especial cuando se solicita precisamente con la finalidad de fundamentar una resolución no adecuada a Derecho en un informe contradictorio con otro previo negativo. Los informes negativos que infringen la legalidad son atípicos, lo que ha servido a parte de la Doctrina para argumentar el carácter pluriofensivo del tipo (correcto funcionamiento de la Administración Pública y ordenación del territorio) del art. 320 CP; y puesto que no son típicos a efectos del art. 404 CP, resultarán impunes. Cabe destacar cómo la Jurisprudencia aplica en ocasiones directamente a los tipos del art. 320 CP los principios y criterios definidos por doctrina reiterada del TS en relación con el art. 404 CP —así, entre otras STS 663/2005, 23-5—, aunque los tipos no son idénticos y algunos criterios interpretativos, como ya hemos puesto de manifiesto, no pueden ser trasladados automáticamente del 404 CP al 320 CP.

La consumación se produce cuando se ha emitido el informe. Se trata de un delito de peligro abstracto que no requiere la comprobación de situación alguna de peligrosidad (en contra, BOLDOVA PASAMAR lo considera un delito de aptitud), aunque, si bien se mira, más allá de la *ratio legis,* el tipo se acerca excesivamente a la estructura de la infracción de un deber.

3.1.2. Silenciar las infracciones detectadas con motivo de inspecciones

Esta modalidad omisiva, introducida por LO 5/2010, incluye en el círculo de sujetos activos del art. 320.1 CP a los funcionarios encargados de la inspección, con lo que se integran en el tipo supuestos en los que la ilegalidad de la actuación del funcionario recae en un momento ulterior a la realización de una conducta típica del artículo anterior. Con ello se pretende atajar uno de los grandes problemas que el incumplimiento urbanístico plantea, cual es la inactividad de la inspección. La situación típica surge cuando el funcionario competente en materia urbanística y de ordenación del territorio, en el ejercicio de una inspección —generalmente debida a una denuncia previa—, conoce la existencia de una infracción de la que deba dar cuenta mediante acta de inspección. La omisión de tal deber de actuación viene descrita por el verbo típico "silenciar". Silenciar consiste en no levantar acta, levantar acta sin hacer constar la infracción, no tramitar el acta o no realizar alguno de los trámites administrativamente previstos para erradicar o adecuar a la legalidad la situación urbanística ilegal detectada dentro de los plazos previstos o habituales.

En consecuencia, nos encontramos ante un delito de omisión pura —mera actividad— y propia —expresamente tipificado. En este sentido, siguiendo a DIPSE, para poder determinar la efectiva concurrencia de una omisión que consume el tipo, es necesario, en primer lugar, que concurra, como situación típica, una infracción de las normas sobre ordenación del territorio o urbanísticas vigentes verificada por un funcionario público durante la realización de una inspección urbanística. A partir de este momento, se genera un deber de actuar que vincula al inspector o a quien esté ejerciendo las funciones de inspección y únicamente vincula a este, de modo que, el tipo no extiende ese deber a terceros, autoridades o funcionarios públicos que hubieran tenido noticia de la infracción. En consecuencia, es atípica la conducta de la autoridad o funcionario público que, habiendo tenido conocimiento de la existencia de tal infracción por medio de un tercero —inspector urbanístico que levanta acta de infracción, agente de la Policía Local o colaborador privado— decide "silenciarla".

Como consecuencia, se está abriendo un espacio de impunidad en favor de los titulares de las unidades administrativas que tienen encomendada la potestad inspectora y que, en contra de sus deberes, ocultan las infracciones de las que tienen noticia, lo que, desde una perspectiva político criminal, resulta inadmisible (DIPSE).

En cuanto al objeto sobre el que versa la omisión, así como a la magnitud de la infracción de las normas jurídicas, nos remitimos a lo ya dicho en relación con la conducta anterior.

3.1.3. Omitir la realización de inspecciones de carácter obligatorio

Finalmente, la reforma operada en 2010 introduce una segunda modalidad omisiva —delito de mera actividad u omisión pura— que tipifica la mera infracción del funcionario de realizar las inspecciones a las que la normativa vigente sobre ordenación del territorio y urbanismo le obliga.

Como hemos visto, en mayor o menor medida, son las leyes autonómicas las que prevén (o deberían hacerlo) tanto el o los servicios de inspección urbanística, sus competencias, así como las inspecciones que serán obligatorias. Habida cuenta la notable ausencia de inspecciones legalmente previstas como obligatorias y, para limitar la discrecionalidad, algunas CCAA (por ejemplo, Andalucía) o municipios (por ejemplo, Valencia) cuentan con planes de inspección, que determinarán y asignarán a determinados funcionarios-inspectores la obligación de realizar determinadas inspecciones.

Serán obligatorias aquellas inspecciones que vengan determinadas como tal en la normativa extrapenal, incluyendo normas de desarrollo como los planes de inspección (DIPSE), lo que, desde el punto de vista del principio de legalidad plantea serias dudas y, desde el punto de vista de la igualdad material ante la ley penal, también, por cuanto que, en aquellas comunidades o municipios que no cuenten con tales planes, las inspecciones obligatorias se reducirán sensiblemente, reduciéndose, en su caso, a aquellas derivadas de denuncia que sean calificadas como obligatorias.

3.2. Conductas relacionadas con la toma de decisiones en materia urbanística: art. 320.2 CP

El segundo párrafo del art. 320 CP tipifica un conjunto de actos ejecutivos o resolutivos imprescindibles para la aprobación de los instrumentos a los que se refiere el tipo. La norma prevé dos modalidades de conducta:

1ª) Votar a favor (como miembro de un órgano colegiado) de la aprobación de los instrumentos de planeamiento, los proyectos de urbanización, parcelación, reparcelación, construcción o edificación o la concesión de las licencias a que se refiere el apartado anterior.

2ª) Resolver favorablemente, por sí mismo (autoría) o como miembro de un órgano colegiado (coautoría, cuando exista un acuerdo previo —expresa o tácita, pero no presunta— entre todos los autores).

En ambos supuestos lo típico consiste en "resolver la aprobación", lo que debe ser entendido como tomar una decisión en sentido positivo: aprobar, los instrumentos y proyectos a los que se refiere el tipo. La conducta consistente en votar la aprobación (segunda modalidad típica del art. 320.2 CP) se ha de realizar en sentido activo (esto es, emitiendo efectivamente voto favorable), sin que sean típicas la abstención, el voto en blanco o el voto nulo, aunque se sepa y quiera facilitar con ello la resolución favorable. Ahora bien, estas conductas sí pueden tener significación típica en relación con la primera modalidad (resolver la aprobación), pues si con la abstención se favorece (previo acuerdo) la resolución, quien se abstiene podrá ser considerado partícipe si en ese caso en concreto la normativa administrativa permite la abstención. Cuando el sujeto activo tenga administrativamente determinada la obligación de votar (es decir, no pueda legalmente abstenerse o votar en blanco) y con la abstención facilite o consiga la resolución favorable por el juego de las mayorías, no podría ser considerado coautor (BOLDOVA PASAMAR). A tales efectos, se tomarán en consideración los art. 17.6 y 19.3 de la Ley 40/2015, de 1 de octubre, de Régimen Jurídico del Sector Público, así como las normas específicas que regulen determinados órganos colegiados, en su caso.

No es típico votar en contra de una resolución ajustada a Derecho. Cuando el silencio administrativo tenga carácter positivo y no se trate de una decisión discrecional, el funcionario competente que —dolosamente— incumple su obligación de resolver para que como consecuencia del juego de los plazos el acto se otorgue por silencio administrativo, está resolviendo en comisión por omisión —en contra se alega que no se puede adquirir por silencio licencias o derechos contrarios a la normativa urbanística.

En cuanto a la estructura típica, algunas sentencias consideran que nos encontramos ante tipos penales en blanco [entre otras SAP, Granada, Sección 1ª,

78/2005, 21-2 (*Tol 666643)*], confundiendo la remisión material (e interpretativa) derivada de la exigencia de juicios normativos exigida por el propio tipo penal, con la remisión formal y expresa propia de la ley penal en blanco (DE LA CUESTA AGUADO, DIPSE).

4. Elemento subjetivo

El art. 320 CP exige la concurrencia de dolo y un específico elemento subjetivo del injusto, de contenido cognitivo: el sujeto activo debe actuar "a sabiendas de su injusticia", expresión que tradicionalmente se ha utilizado en nuestro Ordenamiento Jurídico para excluir el dolo eventual y la imprudencia —efectos que cumple específicamente en el art. 320.2 CP. El dolo del autor debe abarcar "*sin soluciones de continuidad, dentro del plan unitario, la irregularidad en el informe, la consiguiente resolución administrativa y el final quebrantamiento de la ordenación territorial*" [STS 1127/2009, 27-11 (*Tol 1762127)*]. La opinión doctrinal y jurisprudencial mayoritaria identifica el conocimiento de la injusticia con la arbitrariedad en la resolución (entre otros, MORALES PRATS/TAMARIT SUMALLA). Ahora bien, esta posición —que significa la aplicación "automática" de la doctrina del Tribunal Supremo en relación con el art. 404 a este precepto— merece ser revisada. A tales efectos, el tipo subjetivo estaría haciendo referencia a un metaconcepto con un aspecto material y otro formal.

a) En cuanto al aspecto material, será injusto el acto que discrimine ilegalmente en el acceso a los valores asociados al suelo y a la ordenación urbanística.

b) El concepto de "Justicia" en sentido procedimental (formal) hace referencia a la validez y legitimación que, en un sistema democrático, se presume a las normas jurídicas aprobadas conforme al procedimiento formalmente establecido. La justificación procedimental de la validez de la norma es esencial en los sistemas democráticos, de ahí que la infracción de la normativa urbanística (procedimentalmente correcta) haya fundamentado la decisión político criminal de tipificar específicamente estas conductas que, como vimos, en caso contrario serían atípicas (art. 320.1 CP). Como consecuencia, ilegalidad e injusticia no son conceptos identificables, sino que la ilegalidad es un elemento normativo del tipo objetivo, en tanto que el conocimiento de la injusticia es un elemento subjetivo del injusto que exige que el sujeto conozca que su comportamiento es injusto, esto es, contrario al modelo de Justicia que impone la normativa administrativa (en materia de ordenación del territorio y urbanismo) ya sea en sentido material (despojo o discriminación en la asignación o reconocimiento de derechos o ruptura del principio de igualdad ante la ley) o procedimental (infracción de las normas procedimentales para la creación de una norma o acto administrativo válido).

En este sentido ha de entenderse la Doctrina jurisprudencial que considera que el elemento "a sabiendas" es un elemento normativo [STS 1127/2009, 27-11 (*Tol 1762127)*] que incluye el conocimiento de la ausencia de requisitos o condiciones [STS 1043/04, 27-3 (*Tol 514542)*] y que afecta a la vulneración de la legalidad urbanística aplicable, ya sea en cuanto al fondo, a la competencia o al procedimiento [STS 363/2006, 28-3 (*Tol 1022896)*] —si bien no, como hemos visto, a la magnitud de la vulneración, que es un elemento objetivo del tipo que debe ser abarcado por el dolo. Por tanto, el desconocimiento del carácter procedimental de la injusticia (que es más amplio que el mero conocimiento de la ilegalidad o la contradicción de la norma con el Ordenamiento Jurídico) excluye el tipo subjetivo.

No basta para excluir la tipicidad con afirmar que las conductas no afectan "materialmente" a la ordenación del territorio si la infracción implica un trato de favor, aunque no implique un perjuicio personal evidente. Tampoco cabe excluir la tipicidad cuando el sujeto activo pretende lo que él (e incluso una gran mayoría) considera "fines justos", si lo realiza con conocimiento de la injusticia en sentido procedimental. Este es el caso de la STS 363/2006, 28-3 (*Tol 1022896)*, que exonera de pena a la conducta que, en su opinión, comporta un "beneficio social", olvidando que este beneficio social implica también una lesión de los valores urbanísticos y afecta al correcto funcionamiento de la Administración. Como hemos visto, una autoridad o funcionario o una Administración Pública no puede decidir "obviar" el procedimiento que es garante de la Justicia en sentido procedimental, ni siquiera por razones de "discriminación positiva" pues la Ley no le otorga esa competencia. Por el contrario, para salvar casos que considere materialmente injustos (o necesarios) deberá acudir al procedimiento previsto para la modificación del planeamiento urbanístico y la calificación del suelo, pues solo de esta forma se garantiza el correcto funcionamiento de la Administración y, respecto de los ciudadanos, la apariencia de legitimidad de las decisiones administrativas en la resolución de conflictos sociales, en un ámbito en el que el reconocimiento de derechos urbanísticos implica, en todo caso, la privación de derechos a terceros.

5. *Iter criminis*

Como delito de mera actividad que se consuma en un solo acto (emisión del informe) no caben formas imperfectas de ejecución. Cualquier acto preparatorio anterior (preparación del informe, estudio de la normativa, redacción previa) es impune —y no solo por razones de política-criminal (GÓMEZ TOMILLO) sino también por motivos derivados de la estructura típica del delito (GONZÁLEZ CUSSAC). Para la consumación en cualquiera de los párrafos no es necesario que se conceda la licencia o se apruebe el instrumento urbanístico.

La resolución favorable adoptada por órgano colegiado del art. 320.2 CP consume la conducta de votar a favor en el mismo órgano.

6. Justificación

No puede servir como causa de justificación la finalidad de conseguir un beneficio para la comunidad [STS 363/2006, 28-3 (*Tol 1022896)*], un fin público o una finalidad política.

7. Concursos

Los tipos contenidos en el art. 320 CP han sido considerados por la Jurisprudencia como una especialidad dentro del delito más genérico de prevaricación [STS 363/2006, 28-3 (*Tol 1022896)*]. Cabe concurso (que puede ser medial o real según que el art. 320 CP sea objetiva y realmente medio necesario para cometer el delito contenido en el art. 319 CP en cualquiera de sus dos párrafos [STS 1127/2009, 27-11 (*Tol 1762127)*], sin que ello implique lesionar el principio *non bis in idem* pues, se dice, el bien jurídico protegido en ambos preceptos es distinto. Tampoco existe, según aprecia con razón la última de las sentencias citadas, ni relación de consunción ni de subsidiariedad entre ambos preceptos.

8. Penalidad

La LO 5/2010 eleva significativamente las penas previstas en el art. 320 CP igualándolas a las del primer párrafo del art. 319 CP, con la finalidad de evitar que resulten privilegiados los funcionarios cuyas conductas puedan ser calificadas, además, de cooperación necesaria en las del art. 319 CP.

V. BIBLIOGRAFÍA

ACALE SÁNCHEZ, M. *Delitos urbanísticos*, Barcelona, 1999; *id.* "El artículo 319.2: "edificación no autorizable en suelo no urbanizable", en DE LA MATA BARRANCO, N. (dir.), *Delitos contra el urbanismo y ordenación del territorio*, Oñate, 1998; *id.* "Ordenación del Territorio: Rúbrica Título XVI CP, arts. 319 y 320 CP", en ÁLVAREZ GARCÍA, F. J. Y GONZÁLEZ CUSSAC, J. L. (dir.), *Consideraciones a propósito del Proyecto de Ley de 2009 de modificación del Código Penal*, Valencia, 2010; ALONSO ALAMO, M. "Delitos contra la ordenación del territorio y el urbanismo", *Cuadernos de la Guardia Civil*, nº 17, 1997; ARENAS CABELLO, F. J. "El arquitecto técnico frente a los delitos urbanísticos y los riesgos en la edificación", *Revista de Derecho y Proceso penal*, nº 12, 2004; BARRIENTOS PACHO, J. M. "El delito urbanístico en los Tribunales de Justicia", en DE LA MATA BARRANCO, N. (dir.), *Delitos contra el urbanismo y ordenación del territorio*, Oñate, 1998; *id.* "Delitos relativos a la ordenación del territorio", *LL*, 1996; BACIGALUPO SAGGESE, S. "Responsabilidad penal de la empresa en los delitos contra la ordenación del territorio y el medio ambiente", *Revista de Derecho urbanístico y medio ambiente* nº 195, 2002; BENÍTEZ ORTUZAR, I. "Delimitación normativa del delito urbanístico en la ordenación territorial del Estado diseñada por el VIII de la Constitución Española de 1978", *CPCrim.* nº 81, 2003; BERNAL DEL CASTILLO, J. "Delimitación del bien jurídico protegido en los delitos urbanísticos", *RDPC*, nº 3, 1999; BETRÁN ABADÍA, R./CORVINOS BASECA, P., y FRANCO HERNÁNDEZ, Y. "Los nuevos delitos sobre ordenación del territorio y la disciplina urbanística", *Revista de Derecho urbanístico, nº* 151, 1997; BLANCO LOZANO, C. *El delito urbanístico*, Madrid, 2001; BOLDOVA PASAMAR, M. A. *Los delitos urbanísticos*, Barcelona, 2007; CARMONA SALGADO, C. "Consideraciones críticas en torno a algunos delitos urbanísticos", *LH-Cerezo Mir*, 2002; CASTILLEJO MANZANARES, R. "Cuestiones procesales en la perseguibilidad de los delitos sobre la ordenación del territorio. El artículo 319 CP", *Revista de Derecho y Proceso penal*, nº 7, 2002-1; CONDE PUMPIDO-TOURÓN, C. "El artículo 320.1 del CP: prevaricación especifica en el caso de informes favorables a proyectos de edificación o concesión de licencias contrarias a las normas urbanísticas", en DE LA MATA BARRANCO, N. (dir.), *Delitos contra el urbanismo y ordenación del territorio*, Oñate, 1998; DE LA CUESTA AGUADO, P. M. "Urbanismo y corrupción", en MARTIN REBOLLO, L. (dir.), *Fundamentos de Derecho urbanístico*, 2ª ed., Navarra, 2009; *id.*, "Acceso al Territorio y Medio Ambiente. (Comentario de Jurisprudencia en torno al bien jurídico protegido en el art. 319 del Código Penal)", *Revista de Derecho y Proceso penal*, nº 24, 2010; *id.* "La aplicación retroactiva de la norma de planeamiento urbanístico en el art. 319 CP", en *RDPCr* nº 6, 2011; DE LA CUESTA ARZAMENDI, J. L. "Protección penal del territorio y del ambiente" (Título XII, PANCP 1983), *Documentación Jurídica, nº* 37/4, vol. 2, Madrid, 1983; *id.* "Delitos relativos a la ordenación del Territorio en el nuevo Código penal de 1995", *AP*, nº 15, 1998; DE LA MATA BARRANCO, N. "Los delitos relativos a la ordenación del territorio y al Urbanismo", en *Fundamentos de Derecho urbanístico*, Tomo II, 2ª ed., Navarra, 2009; DE VICENTE MARTÍNEZ, R. "La responsabilidad penal de la Administración Urbanística: el párrafo 2º del artículo 320 del Código Penal", en DE LA MATA BARRANCO, N. (dir.), *Delitos contra el urbanismo y ordenación del territorio*, Oñate, 1996; DÍEZ RIPOLLÉS, J. L./GÓMEZ-CÉSPEDES, A. "La corrupción urbanística: estrategias de análisis", *Urbanismo y corrupción, Anuario de la Facultad de Derecho de la UAM*, nº 12, 2008; DÍEZ RIPOLLÉS, J. L./ GÓMEZ CÉSPEDES, A., PRIETO DEL PINO, AM, STANGELAND, P., y VERA JURADO, D. J. *Prácticas ilícitas en la actividad urbanística. Un estudio de la Costa del Sol*, Valencia, 2004; DIPSE, V. *Las omisiones típicas en el delito de prevaricación urbanística*, Valencia, 2021; DOMÍNGUEZ LUIS, J. A. y FARRÉ DÍAZ, E. *Los delitos relativos a la ordenación del territorio*, Valencia, 1998; DOPICO GÓMEZ-ALLER, J. y POZUELO PÉREZ, L. "Demolición o comiso", *LL*, nº 6948, 2008; GARCÍA PLANAS, G. "El artículo 319.1: construcción no autorizada en espacios protegidos", en DE LA MATA BARRANCO, N. (dir.), *Delitos contra el urbanismo y ordenación del territorio*, Oñate, 1998; *id. El delito urbanístico*, Valencia, 1997; GARCÍA PÉREZ, O. "Algunas reflexiones sobre la denominada prevaricación específica del artículo 320 del Código penal", *LH-Cerezo Mir*, 2002; GARCÍA RUBIO, F. "Ética pública, corrupción y urbanismo", en *Actualidad Administrativa*, nº 6, 2007; GÓMEZ-CÉSPEDES, A. "Urbanismo y delincuencia: el caso de la Costa del Sol", en ALCARÁZ RAMOS, M. (dir.), *El estado de derecho frente a la corrupción urbanística*, Madrid, 2007; GÓMEZ MARTÍN, V. "¿Es el delito urbanístico (art. 319 CP) un delito especial?", *LH-Prats Canut*, 2008; GÓMEZ TOMILLO, M. "Estado actual de la discusión en torno a los delitos sobre la ordenación del territorio (I): La construcción y edificación ilegal, *Revista de Derecho Urbanístico y Medio Ambiente*, nº 223, 2006; *id. Urbanismo, función pública y Derecho penal*, Granada, 2000; *id.* "De los delitos relativos a la ordenación del territorio y protección del patrimonio histórico y medio ambiente", en COBO DEL ROSAL, M. (dir.) *Comentarios al Código penal*, Tomo X (Vol. II), Madrid, 2006; GÓMEZ RIVERO, M. C. *El régimen de autorizaciones en los delitos a la protección del medio ambiente y ordenación del territorio*, Valencia, 1999; GONZÁLEZ CUSSAC, J. L. *El delito de prevaricación de autoridades y funcionarios públicos*, 2ª ed., Valencia, 1997; GÓRRIZ ROYO, E. *Protección penal de la ordenación del territorio*, Valencia, 2003; *id.* "Ordenación del Territorio: Rúbrica

Título XVI CP, arts. 319 y 320 CP", en ÁLVAREZ GARCÍA, F. J. y GONZÁLEZ CUSSAC, J. L. (dir.), *Consideraciones a propósito del Proyecto de Ley de 2009 de modificación del Código Penal*, Valencia, 2010; *id.* "Comentario a los delitos sobre la ordenación del territorio: rúbrica Título XVI CP, arts. 319 y 320 CP" en ÁLVAREZ GARCÍA, F. J. y GONZÁLEZ CUSSAC, J. L. (dir.), *Comentarios a la reforma penal de 2010*, Valencia, 2010; IBAÑEZ GARCÍA, I. "El delito urbanístico ¿delito demagógico?", *AP*, nº 46, 1998; JAÉN VALLEJO, M. "Delitos urbanísticos", *CPC, nº* 99, 2009; LASO MARTÍNEZ, J. L. *Urbanismo y medio ambiente en el nuevo Código penal (con referencias a la Sentencia del Tribunal Constitucional de 20 de marzo de 1997)*, Madrid, 1997; LÓPEZ RAMÓN, F. "Aspectos administrativos de los delitos urbanísticos", *Revista de Derecho urbanístico*, nº 31, 1997; MAGRO SERVET, V. "Los particulares y la autoría en los delitos de construcción ilegal", en *LL* 2001-1; *id.* "¿Puede un particular ser autor de un delito del art. 319 del CP contra la ordenación del territorio?", *LL-penal*, nº 40, 2007; MATALLANES RODRÍGUEZ, N. "Algunas notas sobre la dificultad de demarcar un espacio de tutela penal para la ordenación del territorio", *Revista Penal*, nº 8, 2001; NARVÁEZ RODRÍGUEZ, A. "Los delitos de ordenación del territorio: la responsabilidad penal de la Administración urbanística", *AP*, nº 16, 1997; *id.* "Análisis del artículo 320: la responsabilidad penal de la Administración urbanística", en DE LA MATA BARRANCO, N. (dir.), *Delitos contra el urbanismo y ordenación del territorio*, Oñate, 1998; ORTS BERENGUER, E. "El delito urbanístico en los Tribunales de Justicia", en DE LA MATA BARRANCO, N. (dir.), *Delitos contra el urbanismo y ordenación del territorio*, Oñate, 1998; POZUELO PÉREZ, L. "Notas sobre la denominada "expansión del derecho penal" un análisis al hilo de los delitos contra la ordenación del territorio", *Revista de Derecho y Proceso penal*, nº 9, 2003-1; *id.* "El delito de prevaricación administrativa en los supuestos de aprobación o modificación arbitraria de planes urbanísticos", *LH-González-Cuellar García*, 2006; QUINTERO OLIVARES, G. "Infracciones urbanísticas y delitos relativos a la ordenación del territorio", *Cuadernos de Derecho Judicial*, 1997; RENART GARCÍA, F. "Urbanismo y Derecho penal. Una aproximación a la problemática del tipo de injusto del art. 319.1 del Código Penal de 1995 (I. y II)", *Doctrina y Jurisprudencia*, nº 42, 2001; ROCA AGAPITO, L. "Los delitos contra la ordenación del territorio en la Jurisprudencia de los tribunales de justicia", *RDP*, nº 5, 2002; RODRÍGUEZ FERNÁNDEZ, I. "El restablecimiento del orden jurídico urbanístico en vía penal: La demolición de la construcción o edificación ilegal", *Boletín de Información del Ministerio de Justicia*, nº 2055, 2008; *id.* "Demolición por delito: el restablecimiento de la legalidad urbanística en la vía penal", *El cronista del Estado social y democrático de Derecho, nº* 2, 2009; RODRÍGUEZ PUERTA, M. J. "La responsabilidad penal del funcionario público en materia urbanística", *LH-Valle Muñiz*, 2001; ROMERO REY, C. "Interrelaciones entre la protección penal y la protección administrativa de la ordenación del territorio. En especial el art. 319 del Código Penal", *Revista de Derecho Urbanístico y medio ambiente*, nº 177, 2000; SÁENZ DE PIPAÓN Y MENGS, F. J. "El destinatario del tipo en el delito urbanístico", *LH-Gimbernat Ordeig*, 2008; SALINERO ALONSO, C. "Delitos contra la ordenación del territorio I. y II", *LL*, 1997-4; SÁNCHEZ MARTÍNEZ, F. "Delitos sobre la ordenación del territorio: el delito urbanístico en el nuevo Código Penal", *CPC*, nº 63, 1997; *id.* "Alcance y límites a la cláusula agravatoria de la responsabilidad de los funcionarios en materia urbanística", *CPC*, nº 65, 1998; SANTANA VEGA, D. M. "Delitos urbanísticos (o de cómo no legislar en Derecho penal)", en CORCOY BIDASOLO, M. y MIR PUIG, S. (dir.) *Nuevas tendencias en política criminal. Una auditoría al Código Penal español de 1995*, Madrid-Buenos Aires, 2006; SIERRA LÓPEZ, M. V. "La prevaricación específica del funcionario público en el marco de los delitos recogidos en el Título XVI: su relación con la prevaricación genérica del art. 404 del Código penal", *AP*, nº 36, 2000; SILVA FORNÉ, D. "Delitos sobre la ordenación del territorio: bien jurídico tutelado y política criminal", *Revista de Ciencias Penales*, Vol. I., nº 2, 1998; SILVA SÁNCHEZ, J.-M. "Responsabilidad del funcionario público en delitos relativos a la ordenación del territorio y la protección penal del patrimonio histórico y medio ambiente, *Estudios penales y criminológicos*, nº 20, 1997; *id* "¿Política criminal moderna: consideraciones a partir de ejemplos de delitos urbanísticos?, *AP*, nº 34, 1998; VERCHER NOGUERA, A. "La especial forma de prevaricación de los delitos contra la ordenación del territorio", *LL*, 1997-1; *id.* "Constructores, promotores y técnicos directores en los delitos contra la ordenación del territorio a la luz de la reciente Jurisprudencia penal", *Actualidad Jurídica Aranzadi*, nº 357, 1998; *id.* "Delitos sobre la ordenación del territorio y la corrupción urbanística: notas sobre su tratamiento por el ministerio fiscal", *Cuadernos de Derecho público*, nº 31, 2007; *id.* "La corrupción urbanística: una nueva expresión delictiva", *Claves de razón práctica*, nº 139, 2004.

REFERENCIAS LEGALES

- Real Decreto Legislativo 7/2015, de 30 de octubre, por el que se aprueba el texto refundido de la Ley de Suelo y Rehabilitación Urbana.
- Instrucción 4/2007, 10-4 sobre el Fiscal Coordinador de Medio Ambiente y Urbanismo y las Secciones de Medio ambiente de las fiscalías.
- Circular 7/2011, de 16 de noviembre, sobre criterios para la unidad de actuación especializada del Ministerio Fiscal en materia de medio ambiente y urbanismo.

Lección 32ª

Delitos sobre el patrimonio histórico

PILAR OTERO GONZÁLEZ

SUMARIO. I. PRESUPUESTOS CONSTITUCIONALES DE LA PROTECCIÓN PENAL DEL PATRIMONIO HISTÓRICO. 1. Antecedentes. 2. Breve análisis del art. 46 CE. 2.1 Referencias constitucionales a la cultura. 2.2. Obligación constitucional de penalización. 2.3. Interpretación de la expresión "poderes públicos". 2.4. Interpretación de la expresión "patrimonio histórico, cultural y artístico". 2.5. Interpretación de la expresión "garantizarán la conservación y promoverán el enriquecimiento". 2.6. Interpretación de la expresión "patrimonio de los pueblos de España". 2.7. *Ratio legis* del precepto constitucional. II. CONSIDERACIONES GENERALES. UBICACIÓN SISTEMÁTICA Y BIEN JURÍDICO PROTEGIDO. III. TIPOS DELICTIVOS. 1. Derribo o alteración grave. 1.1. Sujetos activo y pasivo. 1.2. Conducta típica. 1.3. Objeto material. 1.4. Tipo subjetivo. 1.5. Consumación y tentativa. 1.6. Comisión por omisión. 1.7. Medida procesal. 2. Prevaricación de autoridades o funcionarios públicos. 2.1. Conducta típica. 2.2. Comisión por omisión. 2.3. Tipo subjetivo. 2.4. Consumación. 2.5. Delimitación con el delito de prevaricación administrativa genérica del art. 404 CP. Problemas penológicos. 3. El tipo doloso de daños de determinados bienes. 3.1. Sujeto activo. 3.2. Conducta típica. 3.2.1. Especial referencia al expolio como conducta típica. 3.3. Objeto material. 3.4. Atenuación de la pena. Relación con el tipo del art. 321 CP. Configuración como tipo genérico. 3.5. Eliminación del límite cuantitativo como consecuencia de la supresión de la falta del antiguo art. 625.2 CP. 3.6. El nuevo subtipo agravado en el art. 323.2 CP. Determinación de la especial gravedad. 3.7. Posibilidad de daños por omisión. 3.8. Consumación y tentativa. 3.9. Medida procesal. 4. Modalidad imprudente del delito de daños. IV. PROBLEMAS CONCURSALES. V. RESPONSABILIDAD CIVIL. VI. DISPOSICIONES COMUNES AL TÍTULO XVI. VII. APLICABILIDAD DE ESTOS DELITOS. VIII. BIBLIOGRAFÍA.

Artículo 321

Los que derriben o alteren gravemente edificios singularmente protegidos por su interés histórico, artístico, cultural o monumental serán castigados con las penas de prisión de seis meses a tres años, multa de doce a veinticuatro meses y, en todo caso, inhabilitación especial para profesión u oficio por tiempo de uno a cinco años.

En cualquier caso, los Jueces o Tribunales, motivadamente, podrán ordenar, a cargo del autor del hecho, la reconstrucción o restauración de la obra, sin perjuicio de las indemnizaciones debidas a terceros de buena fe.

Artículo 322

1. La autoridad o funcionario público que, a sabiendas de su injusticia, haya informado favorablemente proyectos de derribo o alteración de edificios singularmente protegidos será castigado además de con la pena establecida en el artículo 404 de este Código con la de prisión de seis meses a dos años o la de multa de doce a veinticuatro meses.

2. Con las mismas penas se castigará a la autoridad o funcionario público que por sí mismo o como miembro de un organismo colegiado haya resuelto o votado a favor de su concesión a sabiendas de su injusticia.

Artículo 323

1. Será castigado con la pena de prisión de seis meses a tres años o multa de doce a veinticuatro meses el que cause daños en bienes de valor histórico, artístico, científico, cultural o monumental, o en yacimientos arqueológicos, terrestres o subacuáticos. Con la misma pena se castigarán los actos de expolio en estos últimos.

2. Si se hubieran causado daños de especial gravedad o que hubieran afectado a bienes cuyo valor histórico, artístico, científico, cultural o monumental fuera especialmente relevante, podrá imponerse la pena superior en grado a la señalada en el apartado anterior.

3. En todos estos casos, los jueces o tribunales podrán ordenar, a cargo del autor del daño, la adopción de medidas encaminadas a restaurar, en lo posible, el bien dañado.

Artículo 324

El que por imprudencia grave cause daños, en cuantía superior a 400 euros, en un archivo, registro, museo, biblioteca, centro docente, gabinete científico, institución análoga o en bienes de valor artístico, histórico, cultural, científico o monumental, así como en yacimientos arqueológicos, será castigado con la pena de multa de tres a 18 meses, atendiendo a la importancia de los mismos.

Artículo 339

Los Jueces o Tribunales ordenarán la adopción, a cargo del autor del hecho, de las medidas encaminadas a restaurar el equilibrio ecológico perturbado, así como adoptar cualquier otra medida cautelar necesaria para la protección de los bienes tutelados en este Título.

Artículo 340

Si el culpable de cualquiera de los hechos tipificados en este Título hubiera procedido voluntariamente a reparar el daño causado, los Jueces y Tribunales le impondrán la pena inferior en grado a las respectivamente previstas.

I. PRESUPUESTOS CONSTITUCIONALES DE LA PROTECCIÓN PENAL DEL PATRIMONIO HISTÓRICO

1. Antecedentes

La normativa protectora del patrimonio histórico español tiene orígenes muy antiguos, pudiéndose encontrar de forma indirecta tanto en el Derecho Romano del alto Imperio, como en los fueros medievales de los siglos XIII y XIV (especialmente en la legislación de Partidas de Alfonso X el Sabio), donde se hace referencia a la conservación de construcciones públicas (GUISASOLA LERMA). No obstante, es en el Derecho ilustrado español donde de forma específica y directa se tutelan los valores histórico-artísticos. Posteriormente, resulta imprescindible destacar la Constitución republicana de 1931, cuyo art. 45 es el precedente del actual 46 CE.

La previsión constitucional actual de la protección del patrimonio histórico responde, fundamentalmente, a la reacción generada ante la triste situación que se dio en nuestro país a partir de los años cincuenta con los expolios a que fue sometido nuestro patrimonio histórico, con saqueos sistemáticos a iglesias, o los daños producidos al patrimonio arqueológico atacado por diversos colectivos como los "piteros" (ciudadanos armados de detectores de metales que tradicionalmente han expoliado el patrimonio histórico menos vigilado).

En la historia del deterioro del patrimonio histórico español pueden diferenciarse dos etapas:

La primera signada por factores como el constante estado de guerra civil vivido por nuestro país desde principios del siglo XIX hasta 1939 con sus secuelas de destrucción, saqueos e incautaciones, a lo que se unió el desinterés por el patrimonio. Según un Informe elaborado por la Dirección General de Regiones Devastadas en 1943, las iglesias arrasadas durante la última guerra civil fueron 150, los edificios prácticamente demolidos sumaban 1850 y los templos seriamente dañados se situaban en torno a los 4850 (FERNÁNDEZ PARDO). Como es sabido, la destrucción no sólo afectó a nuestro patrimonio monumental, pictórico, musical y escultórico sino también a nuestra platería y orfebrería, al patrimonio documental (destacamos la destrucción de la iglesia y convento de Santo Domingo en Oviedo, donde pereció la biblioteca con sus más de 12.000 volúmenes) y archivístico. A fin de producir pasta de papel, solamente en los archivos madrileños se destruyeron 300 toneladas de documentación archivística en la contienda civil. La destrucción también afectó a numerosos archivos y bibliotecas privadas (por ejemplo, el valioso archivo de la Casa de Alba en Madrid resultó especialmente dañado en la guerra civil pues de los 15.000 legajos que llegó a tener, tras el incendio de 1936, el volumen se vio dramáticamente reducido hasta alcanzar unos pocos centenares). Tras la guerra, la cruzada se emprendió contra las bibliotecas públicas y privadas con el propósito no tanto de quemar joyas bibliográficas como de destruir multitud de libros y revisar archivos para extraer documentos comprometidos e incoar expedientes eliminando las obras y las publicaciones contrarias a las ideas del nuevo régimen.

La segunda gran etapa que llega a la actualidad, se caracteriza en un primer momento (años 50 y 60) por la degradación urbanística a expensas de eliminar monumentos de gran valor histórico promovida por la ciega especulación. No en vano esta regulación penal específica de los delitos sobre el patrimonio histórico, contenida en el Capítulo II, Título XVI del CP, está íntimamente vinculada con los delitos sobre la ordenación del territorio y el urbanismo prevista en el Capítulo I del mencionado Título; después (años 60 y 70) por una venta indiscriminada de objetos religiosos coincidiendo con la reforma en el ritual religioso, sin que por entonces existiera la menor sensibilidad ni protección hacia la conservación del patrimonio artístico. Y, posteriormente, por el deterioro del patrimonio arqueológico cuyos factores más destacados los encontramos en el mercado "lícito" de arte y antigüedades (sobre la cuestión, ampliamente, ROMA VALDÉS; resulta también interesante consultar www.guardiacivil.org), y la venta de bienes culturales por parte de la iglesia católica y el robo y expolio de no pocos establecimientos eclesiales en los que frecuentemente colaboraron sus responsables. Véase en este último sentido STS 189/2003, 12-2 (*Tol 254124*). En ella se condena por hurto continuado al director del archivo diocesano y a un tercero por la venta de libros integrantes del patrimonio cultural. Se describe una estrecha colaboración entre ambos acusados para proceder al apoderamiento de los fondos bibliográficos del Obispado en la que los pagos efectuados al responsable de la biblioteca más que verdadero precio de compra de los libros era retribución por su colaboración en la sustracción de los mismos.

Según la UNESCO (https://www.unesco.org/es), este mercado sobre el patrimonio arqueológico mueve en el mundo unos 7.000 millones de euros, después del tráfico de armas y de drogas, aunque la naturaleza ilícita de la actividad hace difícil cuantificarla con exactitud. De este tráfico ilegal no se salva ningún país. Por resaltar un ejemplo reciente, en marzo de 2022 la Guardia Civil de España dirigió una operación en 28 países, bautizada como Pandora VI, que tuvo como resultado la incautación de 9.408 artículos de un valor incalculable que incluyeron objetos arqueológicos, muebles, monedas, pinturas, instrumentos musicales y estatuillas.

Finalmente, las últimas décadas se están caracterizando por la codicia del arte: las inversiones en arte han sido cuantiosísimas. Los millonarios coleccionistas se han afanado en recolectar grandes piezas de arte al precio y con los medios que fueran necesarios, lo que ha motivado el aumento del contrabando, de los robos y la exportación de objetos saqueados, sin que los museos ni los coleccionistas particulares respeten las leyes de los países expoliados. Así se comprende el negocio que rodea muchas transacciones encubiertas y, por supuesto, las subastas que actúan sin ningún género de escrúpulos. Hace décadas quedó demostrado que las dos mayores casas de subastas del mundo —Christie's y Sotheby's— se habían puesto de acuerdo en secreto para no cobrar comisiones a sus mejores clientes, por lo que, en septiembre de 2000, para evitar los inconvenientes de un proceso judicial, accedieron a pagar 512 millones de dólares, pactando así el cierre del caso antimonopolio. Tal importante cantidad es indicativo del dinero y negocio que tales casas mueven (ampliamente FERNÁNDEZ PARDO).

Esta tutela se corresponde con la llamada *tercera generación* de derechos incluidos en las constituciones a partir de los años 70, momento que coincide con la promulgación de nuestra CE, donde se incluyen nuevos derechos de carácter social que afectan a nuevas realidades. Ya no se trata de derechos negativos frente al poder ni derechos de participación, sino de que el Estado garantice el bienestar realizando determinadas prestaciones públicas. Son Constituciones dentro del Estado no sólo *Democrático* sino Social de Derecho. Con ello pretende protegerse algunos bienes comunes: la protección del medio ambiente, la protección de datos informáticos o la protección del *patrimonio histórico, cultural y artístico.*

2. Breve análisis del art. 46 CE

La previsión constitucional se inserta en el art. 46 CE, que proclama:

"Los poderes públicos garantizarán la conservación y promoverán el enriquecimiento del patrimonio histórico, cultural y artístico de los pueblos de España y de los bienes que

lo integran, cualquiera que sea su régimen jurídico y su titularidad. La Ley penal sancionará los atentados contra ese patrimonio".

2.1. Referencias constitucionales a la cultura

Se trata de un precepto que está relacionado con el art. 44.1 CE (GONZÁLEZ RUS):

> *"Los poderes públicos promoverán y tutelarán el acceso a la cultura, a la que todos tienen derecho"* y con *"la preocupación general que la cultura y el acceso a ella recibe en la Constitución, apreciable ya en el propio Preámbulo y en los numerosos preceptos que directa o indirectamente aluden a la misma".*

En efecto, ya en el Preámbulo del texto fundamental se incluye una referencia a que:

> *"La Nación española* [...], *proclama su voluntad de* [...] *Proteger a todos los españoles y pueblos de España en el ejercicio de los derechos humanos, sus culturas y tradiciones, lenguas e instituciones. Promover el progreso de la cultura y de la economía para asegurar a todos una digna calidad de vida".*

Asimismo, y además de los ya señalados, se realizan alusiones directas a la cultura en los siguientes artículos constitucionales: 3.3, 9.2, 25.2, 48, 50, 143.1, 148.1.15, 16 y 17, 149.1.28 y 149.2.

Como puede comprobarse, la cultura es constitucionalmente concebida como uno de los referentes del contenido de la voluntad de la Nación española que deben protegerse y promoverse (Preámbulo) y, a los efectos de estos delitos, como concepto dotado de contenidos que deben ser objeto de conservación, promoción y enriquecimiento (art. 46) y, desde luego, como bien jurídico penal expresamente constitucionalizado (art. 46 *in fine*) (STS 6-6-1988).

2.2. Obligación constitucional de penalización

En relación con esta última cuestión debe subrayarse (ÁLVAREZ GARCÍA) que salvo contadas excepciones no existen obligaciones constitucionales de penalización; entre esas excepciones se encuentra —además de la recogida en el art. 55.2, último, CE— la que se plasma en el art. 46 *in fine* CE. Fuera de estos supuestos, el Legislador posee plena libertad para optar por el sistema de protección que considere más adecuado (penal, civil, administrativo, etc.) para los bienes dignos de una especial tutela. La verdad es que no se entiende muy bien el porqué de que el Constituyente decidiese establecer esas obligaciones de tutela penal, y no se comprenden bien ni en sí mismas ni en relación con otros bienes jurídicos de especial importancia —piénsese, por ejemplo, en la libertad personal— aludidos expresamente en el texto constitucional. Algún autor (ARIAS EIBE), para justificar la previsión constitucional, se remite al expolio que el patrimonio histórico español ha sufrido a partir de 1950; no obstante, la mayoría de los autores coinciden en el sentido de considerar un exceso la presencia de estas obligaciones constitucionales de penalización.

Tema distinto es si, al margen de la existencia o no de la obligación constitucional de penalización, resulta adecuada una protección penal del patrimonio cultural. La cuestión no es "protección penal sí o no", sino arbitrar todo un entramado represivo (penal, sí, pero también, y fundamentalmente, administrativo y civil) que permita una adecuada tutela del bien. En todo caso es evidente que el expolio al que ha sido, y sigue siendo, sometido nuestro patrimonio histórico es escandaloso, y el problema es que eso se ha hecho con la connivencia, o al menos la complacencia, de autoridades de todo orden. Un ejemplo claro de ello se produce en lo relativo al patrimonio arqueológico: es conocido cómo desde hace muchos años en aquellas ciudades en las que en las excavaciones para preparar los cimientos se suelen encontrar restos de civilizaciones anteriores, la "consigna" es llamar de inmediato a la hormigonera para "tapar" lo aparecido y evitar, así, la paralización de la obra.

En todo caso, el que el texto constitucional exija protección penal para el patrimonio histórico, cultural y artístico, no significa que todas las normas protectoras de dicho objeto hayan de tener naturaleza penal, pues el principio de fragmentariedad obliga a otro planteamiento que, en la práctica, se plasma en combinar diferentes niveles de protección que están más acordes con la idea de una teoría general del ilícito del cual el penal solo sería una parte. De cualquier forma, es evidente que el Legislador español ha satisfecho la obligación de penalización establecida en el citado art. 46 CE, como veremos en epígrafes posteriores al analizar los delitos sobre el patrimonio histórico.

2.3. Interpretación de la expresión "poderes públicos"

El segundo problema que plantea este art. 46 CE es el de la determinación de la expresión "poderes públicos" que son quienes deben garantizar la conservación y el enriquecimiento del patrimonio histórico, artístico y cultural. El Tribunal Constitucional aportó, desde un principio, una noción general de lo que deba entenderse por "poderes públicos": se trata, dijo el Tribunal, de un "concepto genérico que incluye a todos aquellos entes (y sus órganos) que ejercen un poder de imperio, derivado de la soberanía del Estado y procedente, en consecuencia a través de una mediación más o menos larga, del propio pueblo" [*vid.*, por todas, STC 35/1983, 11-5 (*Tol 79202)*].

A este respecto el Tribunal Constitucional, en su STC 71/1997, 10-4 (*Tol 83214)*, ha establecido que de la expresión "poderes públicos" no puede deducirse la existencia de un título competencial autónomo del Estado; y en este sentido, la Jurisprudencia del Tribunal Supremo [STS 189/2003, 12-2 (*Tol 254124)*] insiste en que la referencia a los "poderes públicos" implica a todos ellos, sin distinción alguna, y el Tribunal Constitucional la entiende dirigida a la entera actividad pública: legislativa, ejecutiva y judicial. Así se integrarían en la dicción no sólo las Administraciones Públicas del tipo o clase que fuere (estatal, autonómica y local), sino también el Poder Judicial [STC 230/2002, 9-12 (*Tol 224809)*], el Consejo General del Poder Judicial [ATC 166/2005, 19-4 *(Tol 636373)*], y el Legislador [STC 7/2007, 15-1 (*Tol 1032869)*]. Alguna resolución engloba también en esta noción de "poderes públicos" a los Colegios Profesionales [STC 146/2007, 18-6 (*Tol 1090667)*], lo que difícilmente en— caja con la noción general que acuñó el Tribunal Constitucional en la Sentencia 35/1983, 11-5 (*Tol 79202)*, más arriba citada; y es que, en efecto, de los Colegios Profesionales difícilmente puede decirse "que ejercen un poder de imperio, derivado de la soberanía del Estado": porque una cosa es que se trate de Corporaciones Públicas y otra muy distinta es que sean reflejo de la soberanía del Estado.

En todo caso, la expresión "poderes públicos" hay que examinarla en este supuesto no sólo como concepto general, sino en el marco de la distribución de competencias en la materia; distribución de competencias que provoca concurrencia en el mismo objeto entre las Comunidades Autónomas y el Estado (arts. 148.1.15, 16 y 17, 149.1.28 y 149.2 CE).

Como consecuencia de esta concurrencia competencial (ALEGRE ÁVILA), no resultan admisibles algunas aseveraciones de determinados Estatutos de Autonomía y de algunas leyes autonómicas del Patrimonio Histórico [así, Ley del Patrimonio Cultural de Galicia 5/2016, de 4 de mayo, que en su artículo 2 preceptúa: "Competencia y políticas sectoriales. 1. Corresponde a la Comunidad Autónoma la competencia "exclusiva" sobre el patrimonio cultural de Galicia". O la Ley 9/1993, de 30 de septiembre, del Patrimonio cultural catalán (*Tol 74808)*, modificada parcialmente por la Ley 6/2022, de 7 de abril, del patrimonio cultural catalán, para la preservación de los establecimientos emblemáticos, en la que, sencillamente, se ignora al Estado y se reclaman las competencias que tiene atribuido éste por el artículo 149.1.28 CE; y en parecida situación se encuentra la Ley 6/2019, de 19 de mayo, de Patrimonio Cultural Vasco, cuyo apartado II de la Exposición de Motivos mantiene que la presente Ley tiene por objeto la defensa, enriquecimiento y protección, así como la difusión y fomento del Patrimonio Cultural Vasco, de acuerdo con la competencia "exclusiva" atribuida a la Comunidad Autónoma por el artículo 10, puntos 17, 19 y 20 del Estatuto de Autonomía] en el sentido de que exista en la materia una competencia "exclusiva" de las Comunidades Autónomas. A estos efectos, tal como lo ha manifestado el Tribunal Constitucional, hay que dejar constancia del carácter equívoco y anfibológico de esta sedicente exclusividad competencial de las Comunidades Autónomas.

2.4. Interpretación de la expresión "patrimonio histórico, cultural y artístico"

Más problemas plantea el precisar qué deba entenderse por "patrimonio histórico, cultural y artístico". Entendemos que el conjunto de las expresiones utilizadas en el precepto constitucional hace referencia a una determinada realidad social, a saber: a los bienes de todo tipo (muebles, inmuebles, de titularidad pública o privada) que por sus características "tienen en común poseer valor cultural objetivo" (GONZÁLEZ RUS); y ello con independencia de su substrato material o inmaterial (*cfr.* el art. 2.1 de la Convención para la Salvaguardia del Patrimonio Cultural inmaterial hecho en París el 3 de noviembre de 2003; en contra OROZCO PARDO/PÉREZ ALONSO). Resulta evidente que la integración en el objeto de protección de bienes como estos denominados "inmateriales", convierten en inviables las definiciones tradicionales de "patrimonio artístico", o "monumental" o, incluso, "histórico", imponiéndose el más abstracto de "patrimonio cultural" (terminología utilizada por primera vez en la Convención para la Protección de los Bienes Culturales en caso de Conflicto Armado, hecha en La Haya el 14 de mayo de 1954, cuyo art. 1 incluye una definición de "bienes culturales" bastante más omnicomprensiva que las que figuran en buena parte de nuestra legislación sobre patrimonio histórico), pues solamente este concepto es capaz de abarcar objetos como "expresiones", "conocimientos" y otros similares, que no encajarían de ninguna manera en las denominaciones tradicionales.

> Hoy no cabe duda de que el patrimonio oral, declarado por la UNESCO como "patrimonio intangible" forma parte del concepto de patrimonio cultural. Se trata de proteger a través del mismo la transmisión de determinadas tradiciones, por ejemplo, los cánticos polifónicos georgianos, el tango argentino, el teatro japonés, los carnavales y demás tradiciones y espacios donde se transmite y practica la cultura en manifestaciones vivas, así, por ejemplo, la Plaza Djema-el-Fna en Marrakech.

A idéntica conclusión puede llegarse examinando la legislación patria, en este sentido merece tenerse en cuenta lo preceptuado en el art. 46 de la Ley del Patrimonio Histórico Español (LPHE):

> *"Forman parte del Patrimonio Histórico Español los bienes muebles e inmuebles y los conocimientos y actividades que son o han sido expresión relevante de la cultura tradicional del pueblo español en sus aspectos materiales, sociales o espirituales"*.

En cuanto a la expresión "patrimonio" debe entenderse no en su sentido jurídico habitual, sino como mero conjunto de bienes de todo tipo, con independencia de su titularidad, valor económico o régimen jurídico. Ese es el sentido de la norma constitucional —recuérdese que en el precepto la protección se otorga al patrimonio "cualquiera que sea su régimen y su titularidad"— y su finalidad.

Cuando se habla de "valor" la referencia no debe comprenderse como "valor económico", pues éste resultaría, en algunas ocasiones, imposible de determinar, e, incluso de verificar su existencia. Lo dicho se pone cada vez más de relieve con la integración de los ya citados "bienes inmateriales", y la incorporación al concepto de "Patrimonio Cultural" de los intereses paisajísticos. Pues bien, en casos como éste resulta imposible la referencia a un valor económico, lo que no impide afirmar que estamos ante un bien "valioso" en otro sentido, esto es "en cuanto testimonio de la civilización humana" (BARRERO RODRÍGUEZ).

2.5. Interpretación de la expresión "garantizarán la conservación y promoverán el enriquecimiento"

Estimamos que la expresión "*conservación* [...] del patrimonio" no se refiere a un mero mantenimiento, pues ello no encajaría ni con la función social de la cultura ni con la necesidad sentida por los ciudadanos de "disfrutar" del patrimonio; en este sentido, pues, mantenimiento se refiere a los cuidados necesarios y puesta a disposición de los bienes de que se trate, obviamente con las restricciones y limitaciones que, en cada caso, sean procedentes.

En cuanto a la expresión "promoverán", viene a poner de manifiesto que la protección otorgada por el texto constitucional al Patrimonio Cultural no es una protección estática sino dinámica, generadora, incrementadora del Patrimonio Cultural, que tiende a incentivar la creación del mismo. Es decir: los poderes públicos están constitucionalmente empeñados, obligados, en una tarea de fomento del Patrimonio Cultural.

2.6. Interpretación de la expresión "patrimonio de los pueblos de España"

¿Qué significa la referencia constitucional que se efectúa en el precepto a que el patrimonio a proteger debe ser el "de los pueblos de España"? ¿Acaso esto implica que los especiales deberes de los poderes públicos no se extienden a la protección de bienes que no puedan considerarse expresión "de los pueblos de España", por más que estén en España y tengan "titularidad" española? ¿Qué sucede entonces con las obras de arte u otras expresiones culturales "propias" de otros pueblos que, por las razones que sean, se encuentren físicamente en territorio español? ¿Carecen de protección los bienes procedentes de otras culturas llegados a España, en estos años de fortísima inmigración, de la mano de extranjeros que han venido a establecerse en nuestro país?

Desde luego una de las posibles interpretaciones es la que refiere la protección únicamente a las expresiones culturales propias del pueblo español. A esa conclusión se puede llegar utilizando otros contextos normativos referidos, precisamente, a los diferentes "pueblos" que integran España.

Así, por ejemplo, si acudimos a la Ley 7/2004, de 18 de octubre, de Patrimonio Cultural, Histórico y Artístico de La Rioja (*Tol 500289)*, nos encontraremos que al definir en el art. 1 el objeto de la ley, se hace en los siguientes términos:

"La presente Ley tiene por objeto la protección, conservación, rehabilitación, revitalización, mejora y fomento, así como el conocimiento, investigación y difusión del patrimonio cultural, histórico y artístico de La Rioja".

Precisándose en el art. 2.1 que:

"El patrimonio cultural, histórico y artístico de La Rioja está constituido por todos los bienes muebles o inmuebles, relacionados con la historia y la cultura de la Comunidad Autónoma [...]".

En parecido sentido del concepto localista de Patrimonio Cultural utilizado en la Ley La Rioja, se encuentran: la Ley 1/2001, de 6 de marzo, del Patrimonio Cultural, de la Comunidad Autónoma del Principado de Asturias (*Tol 100509)*; la Ley 2/1999, de 29 de marzo, de Patrimonio Histórico y Cultural de Extremadura (*Tol 74809)* modificada parcialmente por Ley 3/2011, de 17 de febrero; la Ley 3/1999, de 10 de marzo, del Patrimonio Cultural Aragonés (*Tol 600476)*; la Ley 11/1998, de 13 de octubre, de Patrimonio

Cultural de Cantabria (*Tol 174577)*; la Ley 5/2006, de 4 de mayo, del Patrimonio Cultural de Galicia, la Ley 14/2007, de 26 de noviembre del Patrimonio histórico de Andalucía y la Ley 9/1993, de 30 de septiembre, del Patrimonio cultural catalán (*Tol 74808)*.

No siguen este modelo, por fortuna, otras leyes autonómicas; así, por ejemplo, la Ley 4/2007, de 16 de marzo, de Patrimonio Cultural de la Comunidad Autónoma de la Región de Murcia (*Tol 1050383)*, delimita su objeto, en su art. 1.2, de la siguiente forma:

"El patrimonio cultural de la Región de Murcia está constituido por los bienes muebles, inmuebles e inmateriales que, independientemente de su titularidad pública o privada, o de cualquier otra circunstancia que incida sobre su régimen jurídico, merecen una protección especial para su disfrute por parte de las generaciones presentes y futuras por su valor histórico, artístico, arqueológico, paleontológico, etnográfico, documental o bibliográfico, técnico o industrial, científico o de cualquier otra naturaleza cultural".

En la misma dirección se mueve la legislación de otras Comunidades como la Ley 12/1998, de 21 de diciembre, del Patrimonio Histórico de las Illes Balears (*Tol 74806)*; la Ley 4/2013, de 16 de mayo, del Patrimonio Histórico de Castilla-La Mancha, y la Ley 6/2019, de 9 de mayo, de Patrimonio Cultural Vasco.

En este mismo sentido, incluso acentuando el "despegue" del patrimonio cultural de la vinculación con las concretas tradiciones de la Comunidad Autónoma, se expresa el artículo 2.1 de la Ley Foral 14/2005, de 22 de noviembre, del Patrimonio Cultural de Navarra (*Tol 736175)* [y en esa misma dirección la Ley 8/2023, de 30 de marzo, de Patrimonio Cultural de la Comunidad de Madrid; y la Ley 4/1998, de 11 de junio, del Patrimonio Cultural Valenciano (*Tol 74813)*] al decir:

"El Patrimonio Cultural de Navarra está integrado por todos aquellos bienes inmuebles y muebles de valor artístico, histórico, arquitectónico, arqueológico, etnológico, documental, bibliográfico, industrial, científico y técnico o de cualquier otra naturaleza cultural, existentes en Navarra o que, estando fuera de su territorio, tengan especial relevancia cultural para la Comunidad Foral de Navarra".

En una línea más ambigua se sitúan: la Ley 12/2002, de 11 de julio, de Patrimonio Cultural de Castilla y León (*Tol 169160)*, y la Ley 11/2019, de 25 de abril, de Patrimonio Cultural de Canarias.

Afortunadamente en otras normas, y singularmente en la LPHE [véase también STC 17/1991, 31-1 (*Tol 80431)*], el planteamiento es completamente diferente; así, en el art. 1 de la citada norma se preceptúa:

"1. Son objeto de la presente Ley la protección, acrecentamiento y transmisión a las generaciones futuras del Patrimonio Histórico Español.

2. Integran el Patrimonio Histórico Español los inmuebles y objetos muebles de interés artístico, histórico, paleontológico, arqueológico, etnográfico, científico o técnico. También forman parte del mismo el patrimonio documental y bibliográfico, los yacimientos y zonas arqueológicas, así como los sitios naturales, jardines y parques, que tengan valor artístico, histórico o antropológico".

Pues bien, a la vista de la legislación, tanto estatal como autonómica, dictada en protección del patrimonio cultural, es evidente que cabe una interpretación alternativa, basada en la diferencia entre el genitivo [el patrimonio del Estado o de las Comunidades Autónomas] y el locativo [el patrimonio radicado, situado, en las distintas Comunidades Autónomas, que no dejan de ser sino el patrimonio histórico en su conjunto], de forma tal que la referencia a "los pueblos de España" debe entenderse en el sentido de "bienes que estén ubicados en los pueblos de España" (locativo) y no sólo que estén vinculados a la concreta y particular historia y cultura de la Comunidad, del pueblo, de que se trate (genitivo). A esta realidad normativa se suma la realidad social, es decir: como integrante del propio patrimonio cultural se entiende que forman parte todas aquellas realizaciones, tengan el origen que sea, que expresen "valor" cultural. En ese sentido la gran pintura holandesa o francesa que esté ubicada en "los pueblos de España", se entiende que forma parte del patrimonio cultural español, se quiere que forme parte del patrimonio cultural español. La salida del Museo del Prado de la pintura renacentista italiana, hecha por italianos en Italia, pero perteneciente al Museo del Prado desde hace siglos, se entendería socialmente como constitutiva de un despojo de parte importante del patrimonio cultural español.

En conclusión, pues, la expresión "de los pueblos de España" debe entenderse en el sentido de ubicación física de los objetos con valor cultural destacando que el sentido constitucional de esta expresión no deja de ser sino una referencia constitucional hacia la plural realidad de España, sin mayores consecuencias desde una estricta perspectiva jurídica. El planteamiento jurídico es, precisamente, la aludida contraposición entre el genitivo (el único patrimonio es el español, en su conjunto) y el locativo (los patrimonios de las comunidades autónomas no son sino las porciones de aquel patrimonio radicado en las distintas comunidades autónomas).

Desde luego que ello no impide que la referencia a "los pueblos de España" suponga, al mismo tiempo, un reconocimiento de una doble realidad: la unidad y la diversidad de las distintas culturas que forman España; es decir, y en la concepción de PRIETO DE PEDRO, la cultura común que compartimos todos los españoles y las distintas culturas particulares de las diferentes comunidades que integran España.

2.7. Ratio legis del precepto constitucional

¿Cuál es la *ratio legis* de la protección a la que se refiere el precepto constitucional? Desde luego no puede ser, al menos no únicamente, la protección de las señas de identidad de la comunidad nacional a la que se pertenezca; y esta conclusión es obligada desde el momento en que integramos en el "patrimonio cultural" bienes que no se identifican, que no se integran en las citadas "señas de identidad". Por lo tanto, la razón de la protección debe ser otra, que no puede consistir más que en el valor objetivo de los bienes culturales de que se trata; valor de esos bienes que a los poderes públicos se les obliga a proteger y que se expresa en los siguientes aspectos: 1°) que sirven a la finalidad de facilitar el acceso y participación en la cultura de todos los ciudadanos (PÉREZ LUÑO habla de democratización de la cultura), 2°) que contribuyen al aglutinamiento entre los individuos que se integran en la Comunidad, 3º) que, obviamente, cumplen una finalidad económica esencial de cara a la atracción de sustanciosos ingresos, etc. Es decir, que no sólo estamos hablando de una función meramente cultural o social de los bienes de que se trate, sino también económica e identitaria.

II. CONSIDERACIONES GENERALES. UBICACIÓN SISTEMÁTICA Y BIEN JURÍDICO PROTEGIDO

El Legislador penal da cumplimiento al mandato constitucional previsto en el art. 46, del que hemos hablado en el epígrafe anterior, a través de una incriminación autónoma de los delitos sobre el patrimonio histórico, cultural y artístico, recogida en el Capítulo II del Título XVI del CP de 1995, el cual abarca los arts. 321 a 324 CP. Con ello pretende protegerse un bien jurídico dotado de autonomía, como interés colectivo, que va más allá de la protección aislada y fragmentaria del patrimonio a través de los delitos de hurto, robo, estafa o daños.

En efecto, este Capítulo amplía la protección dispersa que el CP vigente otorga a estos bienes, contemplada en varios preceptos del Código que vienen igualmente a tutelar esta dimensión supraindividual y pública del dominio (MUÑOZ CONDE). Así,

(i) Entre las formas cualificadas de hurto, el art. 235 CP prevé los casos en los que la sustracción recae sobre cosas de valor artístico, histórico, cultural o científico [STS 189/2003, 12-2 (*Tol 254124*); SSAP, Burgos, Sección 1ª, 107/2004, 25-6; Soria, 20-4-2001; La Rioja, Sección 1ª, 146/2019, 28-10; Zaragoza, Sección 6ª, 199/2018, 16-7; SJP, nº 4, Cádiz, 84/2017, 13-3; SSAP, Madrid, 137/2020, 28-5, y Lleida, Sección 1ª, 138/2019, 20-3] y lo mismo ocurre en relación con el robo con fuerza [art. 240.2 CP: SSAP, Sevilla, Sección 3ª, 61/2002, 6-11; Lugo, Sección 1ª, 193/2005, 17-6 (*Tol 677719)*; Navarra, Sección 1ª 121/2015, 16-6; SJP, nº 4, Pamplona, 25/2015, 29-1, y AAP, León, Sección 3ª, 1035/2022, 8-11].

(ii) El art. 250.1 CP, entre las cualificaciones del tipo de estafa, recoge los casos en que recae sobre bienes que integren el patrimonio artístico, histórico, cultural o científico (art. 250.1.3º CP). En relación con esta estafa agravada, debe advertirse que la falsificación de bienes de valor cultural puede constituir, a su vez, estafa, pero no del tipo agravado al ser bienes que no integran el patrimonio histórico, cultural, etc. [así, STS 357/2004, 19-3; SSAP, Madrid, Sección 1ª, 117/2023, 15-2; Valencia, Sección 1ª, 221/2013, 2-5].

iii) El art. 253 CP [apropiación indebida: STS 143/2005, 10-2 (*Tol 591084)*]; la STS, 827/2021, 28-10, se remite expresamente al art. 250 CP, como forma cualificada de la apropiación indebida, contemplando los casos en que su objeto sean cosas de valor histórico, cultural o científico.

iv) Finalmente, en relación con el delito de malversación, el art. 432.2.c) CP agrava la pena cuando las cosas malversadas hubieran sido declaradas de valor *artístico, histórico, cultural o científico* (SAP, Barcelona, Sección 10ª, 287/2005, 30-3). Obsérvese que en todos estos preceptos se añade el término "científico" que va más allá de la previsión establecida en la CE. Toda esta tutela penal dispersa sobre este tipo de bienes proveniente del Código penal anterior y que se mantiene, en los términos señalados, en el actual, no se corresponde con un bien jurídico dotado de sustantividad propia, sino que se sigue subordinando la tutela del patrimonio histórico a la del patrimonio individual y, como consecuencia de ello, (TAMARIT SUMALLA) no podrían ser punibles, por ejemplo, los daños sobre el patrimonio histórico realizados por el mismo propietario.

Por otra parte, hay que tener en cuenta que la LO 6/2011, de 30 de junio, por la que se modifica la LO 12/1995, de 12 de diciembre, de Represión del Contrabando (*Tol 220542)*, considera delito en su art. 2.2.a) la conducta de sacar del territorio español bienes que integren el Patrimonio Histórico Español, sin la autorización de la Administración competente, cuando ésta sea necesaria siempre que su valor alcance los 50.000 € (SAP, Madrid, Sección 1ª, 398/2020, 1-9).

No debemos olvidar, por último, la protección de los bienes culturales en casos de conflicto armado prevista en los artículos 613 y 614 CP.

En definitiva, la tipificación autónoma introducida en el CP de 1995 de los ataques a este tipo de bienes, no ha logrado evitar la fragmentariedad normativa.

La propia Exposición de Motivos de la LO 10/1995, de 23 de noviembre, por la que se aprobó el CP actual, alude a que la nueva regulación de estos delitos constituye un ejemplo paradigmático de la opción legislativa de resolución de "*la antinomia existente entre el principio de intervención mínima y las crecientes necesidades de tutela penal en una sociedad cada vez más compleja*". Ello quiere decir que el Legislador ha sido consciente de la necesidad de otorgar protección penal a nuevos bienes jurídicos, supraindividuales o de titularidad colectiva, como el que nos ocupa, que no constituyen derechos fundamentales pero que conforman un ámbito esencial para el desarrollo de la vida social; aunque bien es cierto que la Exposición de Motivos se refiere a la "*nueva regulación de los delitos relativos a la ordenación del territorio y de los recursos naturales*" olvidándose de los tipos relativos a la protección del patrimonio histórico, lo que denota la falta de reflexión del Legislador sobre este tema (RODRÍGUEZ NÚÑEZ), lo que es trasladable igualmente a este Capítulo que analizamos incardinado, de la misma forma que los dos anteriores, en el Título XVI.

Por tanto, la tipificación autónoma de estos delitos acoge la dimensión constitucional de este bien jurídico entendido como (GONZÁLEZ RUS) "*conjunto de bienes que tiene en común poseer valor cultural objetivo, lo que les dota de una característica común capaz de aglutinarlos bajo una referencia única*", pasando a un segundo plano su valor económico. De hecho, para MUÑOZ CONDE, "*son perfectamente imaginables bienes de gran valor cultural cuyo valor económico, por ejemplo, por el estado ruinoso en que se encuentran, sea nulo*".

Nos encontramos, en definitiva, ante un bien de dimensión social y colectiva, cifrado en la conservación del patrimonio histórico y cultural [STS 189/2003, 12-2 (*Tol 254124*): son bienes "*pertenecientes y a disposición de la colectividad y formando parte del patrimonio global cultural de la Nación*", y SAP, Sevilla, Sección 1ª, 490/2022, 16-9]. Sobre la base de esta trascendencia, el bien jurídico es indisponible por el propietario que, eventualmente, pudiera consentir un comportamiento lesivo de su derecho. E igualmente es indiferente que la titularidad de estos bienes sea pública o privada, de naturaleza mueble o inmueble, así como el régimen jurídico a que se encuentren sometidos.

La exigencia de dicha protección penal enlaza con la esencia del Estado democrático, pues de conformidad con lo dispuesto en el art. 9.2º CE "*corresponde a los poderes públicos facilitar la participación de todos los ciudadanos en la vida política, económica, cultural y social*", y se vincula igualmente con el eje del Estado social, ya que la especial protección del acervo cultural de toda nación trasciende a la mera tutela de la titularidad individual de los bienes patrimoniales y se materializa en la función social que debe asimismo cumplir la propiedad (art. 33.2º CE). Desde dicha perspectiva, parece evidente la legitimación de la intervención penal en esta materia. Ahora bien, pese a lo dicho, y como se viene manteniendo (*cfr.*, *supr*a, el epígrafe anterior), no debe acudirse sin más al Ordenamiento punitivo como instrumento principal de tutela de esta específica materia para paliar ciertas carencias de que adolecen los mecanismos administrativos protectores de la misma, según los postulados del principio de intervención mínima.

De hecho, la legislación administrativa aplicable a la materia, la LPHE contiene esencialmente dos niveles de protección de este tipo de bienes. El primer nivel de protección acoge los llamados bienes de interés cultural (los previstos en el Título I) declarados así "*por ministerio de esta Ley o mediante Real Decreto de forma individualizada*" (art. 9 LPHE). El segundo nivel de protección se refiere a los bienes muebles registrados en el Inventario General de bienes muebles (art. 26 LPHE) no contenidos en un inmueble declarado bien de interés cultural y que formen parte esencial de su historia. Todo ello sin perjuicio de los bienes incluidos en los catálogos municipales que prevean las correspondientes leyes autonómicas. Por tanto, los bienes más relevantes del PHE deberán ser registrados, inventariados o declarados bien de interés cultural. Esta concepción formalista es necesaria por virtud del principio de seguridad jurídica porque, de lo contrario, quedaría en manos de los tribunales penales la valoración del carácter histórico, artístico o cultural del bien. A pesar de ello, (SALINERO ALONSO) se trata de una técnica discutible por su falta de sistemática y armonía, lo que provoca confusión y superposición de las distintas categorías.

El siguiente paso a resolver es si los tipos penales deben integrarse, o no, con las referidas categorías de protección, de modo que sólo resulten penalmente protegidos los bienes históricos, culturales o artísticos, declarados conforme a las categorías de protección legalmente previstas. Esta discusión teórica fue zanjada por el Tribunal Constitucional en su Sentencia 181/1998, 17-9 (*Tol 81035)*, afirmando que el principio de legalidad penal no se veía afectado por el hecho de que los bienes de cuyo daño o alteración se tratara no hubieran sido objeto de una específica declaración protectora (SAP, Badajoz, 166/2021, 10-11).

Precisamente, y como consecuencia de la doctrina emanada en la mencionada sentencia, la existencia en las leyes autonómicas de otras categorías de protección distintas de las previstas en la legislación del Estado, pone de relieve la relevancia, desde el punto de vista penal, de la tipificación penal construida sobre la expresión "bienes de interés", que permite la inclusión en los tipos penales de bienes históricos o culturales declarados de conformidad a las leyes autonómicas, que, en este sentido, otorgarían (con la ventaja añadida de la ganancia que supone el principio de seguridad jurídica) una protección penal a bienes no declarados según la LPHE, pero que sí lo han sido según las leyes autonómicas.

Los bienes objeto de protección se individualizan, en definitiva, por su valor social (MUÑOZ CONDE) en la medida en que son expresión de su cultura y de sus señas mismas de identidad. En este sentido, el art. 1.2 LPHE dispone que integran el mismo

> *"los inmuebles y objetos muebles de interés artístico, histórico, paleontológico, arqueológico, etnográfico, científico o técnico. También forman parte del mismo el patrimonio documental y bibliográfico, los yacimientos y zonas arqueológicas, así como los sitios naturales, jardines y parques, que tengan valor artístico, histórico o antropológico".*

El patrimonio *etnográfico*, a que hace referencia el art. 1.2 de la mencionada Ley, está conformado por todos los bienes muebles, inmuebles, conocimientos y actividades que son expresión relevante de la cultura de un pueblo. Cuando se masacra ese patrimonio *etnográfico*, vinculado al acervo cultural de un pueblo, se habla del llamado "genocidio cultural", que puede concretarse en actos de opresión sobre grupos humanos, consistentes, por ejemplo, en la prohibición del uso del idioma propio, el impedimento para la utilización de bibliotecas, etc., es decir, actos de opresión al sustrato ideológico de un grupo, raza, etnia o religión. Este sustrato ideológico implica el reconocimiento del pluralismo universal de religiones, grupos, razas o etnias y del nivel de igualdad en el que todas se encuentran. Sin embargo, el genocidio *cultural*, es decir la violación de ese sustrato ideológico, no está tipificado como tal, pues como es sabido el delito de genocidio previsto en el art. 607 CP comprende únicamente el sustrato físico y el biológico. La única posibilidad actual de subsunción de hipotéticas conductas de genocidio cultural sólo se podría efectuar a través de los delitos que castigan los ataques contra bienes culturales en caso de conflicto armado de los arts. 613 y 614 CP, bienes que constituyen el patrimonio cultural de los pueblos, causando como consecuencia extensas destrucciones, pudiéndose imponer, en virtud del art. 613.2 CP, la pena superior en grado en los supuestos de extrema gravedad. Esta previsión es importante, pues los supuestos de genocidio cultural suelen llevarse a cabo con ocasión de conflictos armados. Para estas conductas especialmente graves de ataque a los bienes culturales los tipos penales relativos al patrimonio histórico se muestran insuficientes, pues no acogen el total desvalor de estas conductas, especialmente el elemento tendencial, esto es, la intención de destruir el idioma, la religión o la cultura de un grupo nacional, racial o religioso por razón del origen nacional o racial o de las creencias religiosas de sus miembros.

El art. 6 del Estatuto de Roma confiere al Tribunal Penal Internacional jurisdicción respecto del genocidio tal como se define en el artículo II de la Convención para la Prevención y Sanción del Delito de Genocidio, de 1948, cuyos actos objeto de su competencia son: los que con intención de destruir total o parcialmente a un grupo nacional, étnico, racial o religioso, consisten en alguno o algunos de los siguientes:

– Matanza de miembros del grupo.
– Lesión grave a la integridad física o mental de los miembros del grupo.
– Sometimiento intencional del grupo a condiciones de existencia que hayan de acarrear su destrucción física, total o parcial.
– Medidas destinadas a impedir nacimientos en el seno del grupo.
– Traslado por la fuerza de niños del grupo a otro grupo.

En consecuencia, el genocidio cultural, esto es, los actos cometidos con la intención de impedir a los miembros de un grupo utilizar su idioma, practicar su religión o realizar las actividades culturales propias del grupo, no está incluido en la definición de genocidio utilizada en el Estatuto de Roma si no comporta ninguno de los cinco actos prohibidos ni se comete con la intención requerida.

Benjamín Whitaker, Relator Especial designado por la Subcomisión de Prevención de Discriminaciones y Protección a las Minorías (subórgano de las Naciones Unidas), redactó en 1985 un informe sobre la cuestión de la "Prevención y Sanción del crimen de genocidio". Aunque en esa ocasión no fue incluido en el Tratado, el Genocidio Cultural expresado en el informe se define como "*todo acto premeditado cometido con la intención de destruir el idioma, la religión o la cultura de un grupo nacional, racial o religioso por razón del origen nacional o racial o de las creencias religiosas de sus miembros, actos tales como: 1) la prohibición de emplear el idioma del grupo en las relaciones cotidianas o en las escuelas o la prohibición de imprimir o de difundir publicaciones redactadas en el idioma del grupo; 2) la destrucción de las bibliotecas, los museos, las escuelas, los monumentos históricos, los lugares de culto u otras instituciones y de los objetos culturales del grupo o la prohibición de usarlos*".

Desgraciadamente hay muchos ejemplos de genocidio cultural en el mundo. Por destacar algunos: en el Tíbet, el máximo líder tibetano denunció las trabas y restricciones que, a su juicio, las autoridades chinas imponen al desarrollo de la educación y la formación en los monasterios tibetanos, y alertó del riesgo de desaparición al que se enfrenta el patrimonio cultural del Tíbet. O con ocasión del genocidio armenio cometido por los turcos-otomanos a fines de su imperio y por el Estado Turco a comienzos de la República kemalista, se produjo al mismo tiempo un genocidio cultural del que abundan referencias, y del que constituyen un testimonio irrefutable la gran cantidad de referencias arquitectónicas que se encuentran esparcidas por toda Turquía y que, justamente, no son producto de la cultura de esa nación. Esas referencias arquitectónicas, sean iglesias, capillas, fortalezas, cruces de piedra (*jachkars*), inscripciones y demás objetos de origen armenio, testimonian lo que fue la demografía armenia en la Turquía actual. Los actos de este genocidio van desde la destrucción directa de muchos de estos monumentos hasta la distorsión historicista de los propagandistas turcos, que ubican a monumentos armenios de suficiente relevancia para la comunidad internacional bajo cualquier otro origen menos el armenio (como sucede con la ciudad de Aní), pasando por la dejadez por parte del Estado ante el deterioro de estos monumentos por la acción del tiempo, o por la conversión (prohibida por el Islam, aunque se practica) por la cual grandes iglesias han sido transformadas en prisiones, establos, mezquitas, hoteles y hasta gimnasios. El genocidio cultural en Iraq se saldó con un millón de libros destruidos (BÁEZ), entre otros textos desaparecieron ediciones antiguas de *Las mil y una noches*, de los tratados matemáticos de Omar Khayyam, los tratados filosóficos de Avicena (en particular su Canon), Averroes, Al Kindi y Al Farabi, las cartas del Sharif Hussein de la Meca o manuales de Historia sobre la civilización sumeria. Además de esta biblioteca, en el museo arqueológico se saquearon tablillas con las primeras muestras de escritura y ardieron más de 700 manuscritos. En la Casa de la Sabiduría (Bayt al— Hikma) cientos de volúmenes desaparecieron por el fuego, e igualmente en la Academia de Ciencias de Iraq (al-Majma' al— 'Ilmi al-Iraqi) se quemaron el 60% de los textos. En África, las terribles guerras internas, como el caso de Angola, Nigeria, etc., las crisis socioeconómicas y los gobiernos dictatoriales han provocado, además de miles de muertes, la pérdida de una parte importante de su rico patrimonio cultural. En efecto, África está siendo despojada constantemente de sus objetos culturales (como por ejemplo las terracotas *nok y kwatakwashi* de 2.000 años de antigüedad de Sokoto en Nigeria, las máscaras *fang*, relicarios de Benín y bronces *sao*), y distribuido entre instituciones públicas (museos europeos y norteamericanos) y colecciones privadas. Estas últimas, con la manida afirmación de que el continente africano no está preparado para resguardar su patrimonio cultural, se encuentran inmersas en el gigantesco mercado de arte legal, y principalmente ilegal, que mueve miles de millones de euros al año, siendo uno de los negocios más rentables después de la venta de armas y drogas. Por ejemplo, en la cuenca de Níger es posible que un agricultor o un pastor encuentren una cerámica *nok* del siglo XII, al venderla a un intermediario puede comprar mijo, su alimento básico, para nutrir a su numerosa familia durante por lo menos un mes, lo cual significa mucho para esta persona, pero en el mercado de arte europeo, esta pieza puede llegar a venderse a un valor que oscila entre los 1.500 y 10.000 euros, según el tamaño, la época y la calidad. A ello cabe añadir la aniquilación del saber (epistemocidio), a través de la educación occidentalizada de las élites, despojándoles de autonomía de pensamiento y de capacidad de concepción de un proyecto cultural propio. Finalmente, un informe realizado por miembros de la Academia Serbia de Ciencias (conocido como informe SANU), daba cuenta, en 1986, del genocidio cultural sufrido por los serbios en Kosovo.

El título donde se ubican estos preceptos de clara concomitancia con la rúbrica de la LPHE, resulta acertado en la medida en que, precisamente, la noción que consagra la LPHE de "bien histórico" es la que aglutina esas diferentes dimensiones (el valor, mérito o interés artístico, monumental, documental, arqueológico...).

En cualquier caso, como se ha puesto de manifiesto, los tipos que vamos a analizar en los epígrafes posteriores son normas penales en blanco [STS 654/2004,

25-5 (*Tol 448609*); SAP, Badajoz, Sección 3ª, 166/2021, 10-11, y STS 641/2019, 20-12] con respecto a las cuales surgen problemas de delimitación con los diversos ilícitos administrativos. A tal efecto, el art. 76 d LPHE recoge una serie de conductas que llevan aparejada una multa de hasta cien millones de pts. (600.000 €), como es el derribo de cualquier inmueble declarado *bien de interés cultural.* La pregunta que surge de inmediato es: ¿dónde radica la diferencia entre esta infracción y la del art. 321 del CP (derribo de edificios singularmente protegidos)? Trataremos de encontrar en lo que sigue la respuesta adecuada.

III. TIPOS DELICTIVOS

1. Derribo o alteración grave

El art. 321 CP tipifica un delito de daños específico por razón de la dimensión supraindividual del objeto sobre el que recae.

1.1. Sujetos activo y pasivo

Sujeto activo de este delito puede ser cualquiera [SSTS 654/2004, 25-5 (*Tol 448609*), y 273/2022, 23-3], ya que el tipo no establece restricción alguna al respecto, empleando la usual forma legal "los que". Por tanto, se trata de un delito común; sin embargo, la imposición por dicho precepto de la pena de inhabilitación especial "en todo caso", permite entender que el Legislador pensaba en los profesionales de la construcción cuando lo redactó. A pesar de ello, el anuncio de esta pena no es prueba suficiente para considerarlo delito especial, pues, aunque la norma esté pensando implícitamente en tales profesionales, por imposición del principio de tipicidad tendría que haberse incluido expresamente esta restricción, como se ha contemplado en otros preceptos (por ejemplo, el art. 319 CP, que alude a los "promotores, constructores, o técnicos directores"). Otra cuestión es que desde el punto de vista político criminal (TAMARIT SUMALLA) parezca preferible esta restricción para evitar, por ejemplo, que los operarios de una empresa de construcción posean la condición de sujetos activos, teniendo que relegar la solución de este problema a la vía del error de prohibición. Del mismo modo, al encontrarnos ante un delito común permite incluir también como sujeto activo al propietario del edificio, dado que el bien jurídico *valor cultural del bien* es indisponible por el propietario.

En este punto debe hacerse referencia al art. 289 CP que tipifica la sustracción de cosa propia de utilidad social o cultural. La delimitación sólo puede venir de la mano del distinto bien jurídico protegido en ambos tipos: *utilidad social o cultural* del bien en el art. 289 CP, frente al *valor cultural* de los bienes de los arts. 321 y 323 CP que, a su vez, guarda relación con la delimitación del objeto material tal como está definido en la LPHE; sólo éstos están contenidos en el concepto de bien de interés cultural recogido en los arts. 9 y 11 de la Ley e integrantes por ello, por el valor cultural ínsito del edificio, en el patrimonio histórico español, mientras que aquéllos —los referidos en el art. 289 CP— son bienes relevantes por la función social o cultural que desempeñan (por ejemplo, un centro de la tercera edad).

Por tanto, la delimitación no viene determinada por el sujeto activo de la conducta: propietario o no (pues de mantenerse esta opinión implicaría para el propietario autor de la conducta un injustificado trato privilegiado a efectos punitivos dada la diferencia penológica entre el art. 289 y los arts. 321 y 323 todos del CP (de otra opinión MUÑOZ CONDE), sino por el objeto material, del que el contenido en el tipo del art. 289 es (GUISASOLA LERMA) el género respecto del previsto en los arts. 321 y 323 CP, pues en estos el bien tiene valor cultural, entre otros motivos, por la utilidad social y cultural de los mismos. A mayor abundamiento, como mantiene RENART GARCÍA, el Legislador no ha previsto la modalidad imprudente en el delito de sustracción de cosa propia a su utilidad social o cultural, a diferencia de la tipificación del delito de daños imprudentes al patrimonio histórico español en el art. 324 CP, configurado éste como delito común, lo que permite interpretar —con mayor motivo— que el propietario pueda causar daños a estos bienes, pues de lo contrario el trato del propietario en estos casos sería aún más privilegiado.

El sujeto pasivo, en consecuencia, e íntimamente vinculado con la concreción del bien jurídico protegido —valor cultural de estos bienes— es la sociedad en su conjunto en cuanto beneficiaria de la función social y cultural que estos bienes desempeñan en nuestro Estado Social y Democrático (CARMONA SALGADO, RENART GARCÍA).

1.2. Conducta típica

La conducta típica consiste en el derribo o alteración grave de edificios singularmente protegidos. Por *derribo* debe entenderse tanto la demolición total como parcial del edificio, siempre que en ambos casos sea ilegal. Si, por el contrario, se trata de una autorización procedente de derribo en situaciones de ruina, el hecho será atípico ante la falta de valor cultural del bien (BOIX REIG, CARMONA SALGADO, GUISASOLA LERMA). En cambio, si la autorización fuera improcedente, independientemente de la posible calificación de prevaricación del funcionario que la otorga, podría dar lugar por parte del que procede a la demolición a que se le apliquen las reglas del error de prohibición. La *alteración* consiste en la producción de un daño o cualquier otra modificación del edificio que lo desnaturalice, que cambie sus cualidades. El precepto exige que sea grave, lo que debe medirse en función de sus posibilidades de restauración (SALINERO ALONSO, MUÑOZ CONDE, TAMARIT SUMALLA). La gravedad también deberá valorarse atendiendo a la forma en que se ha visto dañada la parte del edificio de especial protección. No resulta defendible tener en cuenta el global del perjuicio en el conjunto del edificio si el mismo no afecta de forma importante a la parte de interés histórico o cultural (TAMARIT SUMALLA, TERRADILLOS BASOCO, PÉREZ ALONSO).

En este sentido la SAP, Lugo, Sección 1ª, 17/2005, 25-1 (*Tol 564720)*, exige que la alteración sea "cuantitativamente importante" y "cualitativamente relevante" en cuanto a la finalidad que la norma penal tiene: la protección del interés histórico o asimiladas expresadas en el tipo; de modo que, en caso de alteración parcial, ésta debe afectar a la parte del edificio en la que ese interés protegido se concrete. Por su parte, la STS, Sala de lo Civil, 932/2016, 15-11, caso explosión de artefacto explosivo en la Basílica del Pilar, considera inaplicable este tipo por la explosión de artefacto en el interior de la Basílica del Pilar de Zaragoza habida cuenta que los bienes afectados no tuvieron tal consideración patrimonial.

Esta exigencia de *gravedad* permite excluir del ámbito típico conductas difícilmente equiparables a la destrucción, como la realización de pintadas en las fachadas de los edificios, en la medida en que puedan eliminarse sin dañarlos, casos en los que antes de la reforma del CP operada por LO 1/2015 —que, como es sabido, suprimió el Libro III del CP—, podían ser subsumibles en la falta del ya derogado art. 626 CP.

Así, la SAP, Cuenca, 107/2001, 10-12, revoca la SJP, Cuenca, 31-7-2001, que había condenado a los autores por un delito de daños contra el patrimonio histórico del art. 323 CP por realizar pintadas en la fachada del museo Arqueológico, sin causar detrimento alguno a la misma al poder quitarla con agua y jabón, condenándoles a una falta de deslucimiento de bienes inmuebles de dominio público del art. 626 CP. Suprimidas las faltas, actualmente alguno de estos supuestos de pintadas o deslucimiento de fachadas que conllevara algún tipo de daños podría incardinarse en el art. 323 CP, que no exige gravedad en el daño a estos bienes. Así, SAP, Burgos, Sección 1ª, 198/2022, 30-5, califica de daños del art. 323 CP la pintada en el muro de una iglesia que al retirarla supuso una disminución en el espesor de la piedra. Si, por el contrario, estas conductas no ocasionan ningún daño, serían atípicas penalmente aun cuando pudieran quedar en algún caso relegadas al ámbito administrativo.

Por otro lado, contamos con el art. 323 CP —reformado por la mencionada LO 1/2015—, que en su tipo básico tipifica entre otros supuestos la producción de daños sin especificar que deban ser *graves.* Este dato permitía entender a parte de la doctrina (MUÑOZ CONDE, TAMARIT SUMALLA) antes de la reforma que los daños graves debían reconducirse al art. 321 CP, en tanto que los que no alcanzaran tal carácter habrían de ubicarse en el art. 323 CP.

En este sentido, incorrectamente a nuestro entender, la STS 654/2004, 25-5 (*Tol 448609)*, analiza los requisitos del art. 321 CP diferenciándolos del art. 323 CP sobre la base de la gravedad de la alteración: *"la gravedad es una cuestión de valoración difícil de precisar. Tres cosas hemos de decir aquí: a) Ha de ser cuantitativamente importante. b) Ha de ser cualitativamente relevante en cuanto a la finalidad que esta norma penal tiene: la protección del interés histórico o asimilados expresados en la norma, de modo que caso de alteración parcial, ésta afecte a la parte del edificio en la que ese interés protegido se concreta. c) Cuando tal gravedad no exista, se plantea el problema de la posible aplicación del art. 323, que no exige esa gravedad y parece una norma genérica frente a la del 321, más específica. Aunque lo más adecuado con tal sistemática —y sobre todo con la pena más importante de las previstas, la de prisión, que paradójicamente es más grave en el art. 323 en cuanto a su duración mínima—, quizá tenga que ser relegar estas conductas al Derecho administrativo sancionador".*

Sin embargo, frente a esta opinión, ya indicamos que un análisis comparativo de la penalidad entre estos dos preceptos antes de su modificación (el art. 323 CP antes de la reforma por LO 1/2015 castigaba los daños con pena de prisión de uno a tres años y multa de doce a veinticuatro meses) impedía calificar al tipo del art. 321 CP como cualificado respecto del 323 CP, pues la pena de inhabilitación de aquél se veía compensada con la menor gravedad del mínimo de la pena de prisión. Este criterio deber mantenerse más aún si cabe después de la reforma del CP por LO 1/2015, pues, aunque ha rebajado la pena del tipo básico, ha añadido un subtipo agravado que exige la *gravedad* de los daños. En efecto, ahora el art. 323 CP se compone de un tipo básico que conlleva alternativamente la pena de prisión de seis meses a tres años o multa de doce a veinticuatro meses; por su parte el subtipo agravado permite alcanzar la pena superior en grado (de 3 años y un día a 4 años y medio de prisión).

Finalmente, una tercera interpretación, con la que tampoco coincidimos (SUÁREZ LÓPEZ), se inclina por considerar que los daños que no puedan ser valorados como *graves* ni siquiera entrarían dentro de la esfera penal (puesto que sería una contradicción acudir al art. 323 CP en estos casos, ya que, como he señalado, podía tener más pena), debiendo quedar relegados al ámbito administrativo (arts. 75 y ss. LPHE).

En esta última argumentación se aprecia una cierta desconexión sistemática con el tipo básico de daños, puesto que, si ocasionamos daños a un bien particular, carente de valor histórico, constituirá delito si supera los 400 € (art. 263 CP); si el importe de los daños no excede de 400 € la conducta encontrará acomodo en el delito leve del art. 263.1 II CP. Con este marco referencial no se entiende que se pretenda desviar a la legislación administrativa los supuestos de daños menos graves en el caso del art. 321 CP.

A nuestro juicio, deben ser matizadas las opiniones anteriores. Más bien parece que el Legislador ha pensado en supuestos distintos para cada uno de estos preceptos. Así, a través del primero —art. 321 CP— deben incriminarse aquellos casos en los que, por ejemplo, con ocasión de la realización de obras se produzcan graves alteraciones en los *edificios* mismos (sustitución de una fachada de elevado valor artístico por otra de inferior valor); mientras que mediante el art. 323 CP se quiere sancionar la causación intencionada de menoscabos por cualquier circunstancia. Por ello, el objeto material de esta última conducta no sólo abarca los edificios, sino que de forma genérica se refiere a daños a bienes que tengan "valor" histórico, artístico, etc., es decir, los bienes inmuebles que, integrantes del genérico Patrimonio Histórico o Cultural, no hayan sido objeto de una declaración protectora o que, contando con dicha declaración, no sean específicamente "edificios": Jardines Históricos, Sitios Históricos, los inmuebles comprendidos en un Conjunto Histórico que no tengan una declaración individualizada como Bienes de Interés Cultural y las Zonas Arqueológicas (RODRÍGUEZ MORO, ARIAS EIBE, CARMONA SALGADO, CORTÉS BECHIARELLI, RENART GARCÍA), amén de todos los demás bienes muebles (objeto o no de una declaración protectora), como Bienes Inventariados del artículo 26 LPHE, o las categorías de protección que prevean las leyes autonómicas.

En consecuencia, el art. 321 CP no es tipo cualificado con respecto al art. 323 CP, sino que acogen ámbitos de aplicabilidad distintos. La relación entre ambos preceptos es de concurso de leyes siendo prevalente el art. 321 CP por principio de especialidad (RODRÍGUEZ MORO).

> Este parece ser en parte el sentido de la SAP, Huelva, Sección 2ª, 15/2005, 18-2 (*Tol 655666)*, que alude a la especialidad del art. 321 CP aplicándose subsidiariamente el art. 323 CP cuando el objeto del daño no sea un edificio. En efecto, esta Sentencia diferencia los arts. 321 y 323 CP de la siguiente forma: *"El art. 321 está referido a la causación de unos desperfectos de la mayor importancia o trascendencia que se produzcan en edificios; alude la norma penal al derribo o grave alteración de edificios; con lo cual en principio no parece correcto técnicamente el empleo de esta figura penal ni para sancionar daños que no sean referidos a edificaciones y que no lleven aparejado el derribo, que hemos de entender como demolición total, o la grave alteración como pérdida sustancial de la forma o contenido de la fábrica originaria. Siguiendo este razonamiento, el art. 321 no sería de aplicación cuando el objeto del daño sea un componente del patrimonio histórico diferente del edificio"*.

1.3. Objeto material

La acción de alteración o derribo ha de recaer sobre edificios *especialmente protegidos.* Esta expresión, tal como se ha especificado en el epígrafe anterior, se construye sobre la previa existencia de una declaración protectora (o, en su caso, de la inclusión del edificio en un catálogo municipal), siempre y cuando, naturalmente, el bien inmueble sea propiamente un "edificio", es decir, un "Monumento Histórico" declarado Bien de Interés Cultural o un inmueble objeto de una declaración protectora (como bien catalogado o inventariado) según la oportuna legislación autonómica.

Por tanto, el concepto "*singularmente protegidos*" supone la entrada en juego de las categorías de protección ya previstas en la LPHE [en concreto, los arts. 9 y 11 de la LPHE, y los arts. 11 y ss. RD 111/1986 (*Tol 148308)*, modificado por RD 64/1994, según el cual gozan de especial protección los bienes integrantes del patrimonio histórico español declarados de interés cultural por esta Ley o mediante RD de forma individualizada [SSAP, Burgos, Sección 1ª, 35/2005, 22-7

(*Tol 793336*), y Ciudad Real, Sección 1ª, 105/2022, 15-9], ya en las leyes autonómicas en materia de patrimonio histórico o cultural, ya, finalmente, en la propia legislación urbanística (al margen, por tanto, de la legislación específica, estatal o autonómica, sobre patrimonio histórico o cultural). De este modo quedarían incluidos: los Bienes de Interés Cultural, siempre, obviamente, que sean bienes inmuebles a los efectos previstos en el art. 321 CP (y con la precisión que se dirá a continuación acerca de qué inmuebles pueden imbricarse en la noción de "edificios"); los bienes catalogados o inventariados de la legislación autonómica, siempre, por supuesto, que se trate de bienes inmuebles (y con la misma precisión antes apuntada) y los bienes catalogados según la legislación urbanística (catálogos municipales).

STS 654/2004, 25-5 (*Tol 448609*): *"El art. 9.1 de la Ley 16/1985, de 25 de junio, sobre patrimonio histórico, dice así: «Gozarán de singular protección y tutela los bienes integrantes del patrimonio histórico español declarados de interés cultural por ministerio de esta Ley 16/1985 (véase su disposición adicional segunda) o mediante Real Decreto de forma individualizada». En todo caso, esa singular protección ha de venir determinada por alguno de esos cuatro intereses que han de constituir el fundamento o razón de ser de esa protección y que viene precisado en los adjetivos: histórico, artístico, cultural o monumental"*. En igual sentido, la SAP, Soria, 33/2001, 17-5 (*Tol 101401*), excluye la aplicación del art. 321 CP por no ser bien de interés cultural el objeto material del derribo o alteración.

La siguiente cuestión a resolver sobre el objeto material es, por tanto, lo que se entiende por *edificios*. La legislación administrativa utiliza un concepto amplio de *edificio* equiparándolo al de *bien inmueble*, dentro del que se entienden incluidos además de los primeros, monumentos, jardines, conjuntos y sitios históricos, así como las zonas arqueológicas (art. 14 a 16 LPHE). Sin embargo, el derribo o alteración grave de bienes tales como un acueducto o una cueva de alto valor rupestre no pueden ser reconducidas al art. 321 CP (reza "edificios") sino al tipo alternativo de daños (art. 323 CP). En consecuencia, *edificio* del art. 321 CP debe entenderse en sentido estricto como obra construida para habitación o para otros usos análogos de habitáculo humano, que no alcanza a otros bienes inmuebles (CASTRO SIMANCAS). Consecuentemente el art. 323 CP queda destinado a aquellos bienes inmuebles (también a los muebles) singularmente protegidos o no, que no sean estrictamente edificios, así como los edificios que no han sido objeto de previa declaración administrativa como bien de interés cultural (RENART GARCÍA).

Si se realiza la conducta típica en relación con un bien objeto de un expediente de declaración que finalmente no ha sido objeto de la referida declaración, parece claro que esta conducta es atípica respecto del art. 321 CP. Cabría plantear, no obstante, la posibilidad de su subsunción en el art. 323 CP (que se construye sobre la noción más genérica de "valor"). Aunque, en principio, podría sostenerse esta posibilidad, la no declaración del bien bajo alguna de las categorías de protección previstas en la legislación o la anulación de una previa declaración protectora, constituirían un elemento indiciario importante acerca de la no concurrencia del meritado "valor", es decir, de la no realización siquiera de la conducta típica del art. 323 CP, aunque, ciertamente, es aventurado sostener, sin matices, una afirmación radical en tal sentido. Habría que analizar cada caso particularmente.

Si después se anula una previa declaración protectora de un edificio, en principio no afectaría a la realización del delito si en el momento de producirse el derribo o la alteración grave el edificio se encontraba singularmente protegido. Sin embargo, coincido con TAMARIT SUMALLA en la atipicidad de la conducta si se declara la nulidad del acto administrativo por el que se acordó, de forma contraria a Derecho, la declaración protectora.

Al igual que los tipos agravados por razón del objeto material previstos en los artículos 235, 241.4, 250.1 y 253.1 todos del CP, añaden el adjetivo "científico" a la exigencia prevista en el art. 46 CE cuya fórmula tripartita se limita al patrimonio "histórico, cultural y artístico", también el tipo que analizamos añade el adjetivo "monumental" a la caracterización de los "edificios singularmente protegidos". Si acudimos a la definición de *monumento* prevista en el art. 15.1 LPHE, según la cual son monumentos "*aquellos bienes inmuebles que constituyen realizaciones arquitectónicas o de ingeniería, u obras de escultura colosal siempre que tengan interés histórico, artístico, científico o social*", deberemos interpretar que el objeto material del delito son los edificios que constituyan *realizaciones arquitectónicas siempre que tengan un interés histórico o* artístico y, por tanto, *cultural*. Es decir, a nuestro juicio el adjetivo monumental no implica ampliar el ámbito de la conducta típica a los monumentos (en sentido contrario TAMARIT SUMALLA), sino interpretar el término *edificios*, en una de sus dimensiones, conforme a la definición del art. 15.1 LPHE. De lo contrario se difuminan las posibilidades de delimitación entre el objeto material de este tipo penal y el del art. 323 CP. En cualquier caso, se trata de una alusión poco afortunada (GUISASOLA LERMA), confusa y, a nuestro modo de ver, innecesaria puesto que la definición de *monumento* ya está contenida en la de *edificio especialmente protegido por su interés histórico, artístico y cultural*.

Si la acción de derribo o alteración recae sobre un edificio que forma parte de un conjunto histórico, aunque el edificio en cuestión no ostente esta singularidad por su interés histórico o artístico, por interpretación literal del tipo penal no puede extenderse la tipicidad al derribo o alteración de ese edificio.

En efecto, la STS 654/2004, 25-5 (*Tol 448609)*, diferencia edificio singularmente protegido de edificio integrado en un conjunto histórico pero sin estar el edificio mismo singularmente protegido de forma individualizada, anulando así la SAP, Cantabria, Sección 2ª, 24/2002, 29-10, que había condenado por delito contra el patrimonio histórico por derribar el edificio integrado en un conjunto histórico, del modo siguiente: "*debe decirse que queda incluido dentro del objeto material a que se refiere el tipo penal no sólo los edificios singularmente protegidos e individualmente considerados, sino también los que gozan de tal protección por su pertenencia a un bien de interés cultural formado por plurales edificaciones y ello por cuanto la especial referencia que se hace con la expresión «singularmente protegidos» es la misma que utiliza el art. 9.1 de la LPH para los bienes de interés cultural, que no necesariamente están constituidos por construcciones individuales"*. Sin embargo, acertadamente a nuestro juicio, la STS citada casa la anterior sentencia con el argumento siguiente: "la expresión «mediante real decreto de forma individualizada» nos conduce a la necesidad de que haya una disposición administrativa que de modo concreto declare a un determinado objeto como bien de interés cultural. También es aquí muy revelador el uso de la palabra "individualizada". Hablar de singular (con referencia a los bienes) o de individualizada (con referencia a la declaración por decreto) es algo contrario a la expresión conjunto histórico, aunque los edificios incluidos en éste sean también bienes de interés cultural (art. 14.2 de tal Ley 16/1985). Estos conjuntos históricos aparecen definidos en el art. 15.3 como *"agrupación de bienes inmuebles o como núcleo individualizado de inmuebles comprendidos en una unidad superior* [...]". Ciertamente, la inclusión de un edificio en la declaración de conjunto histórico artístico hecho por Decreto no convierte a cada uno de los edificios comprendidos dentro del perímetro definido en la propia norma jurídica en singularmente protegido. En el mismo sentido, las SSAP, Castellón, Sección 1ª, 371/2003, 26-12, y León, 3ª, 330/2020, 7-10.

1.4. Tipo subjetivo

Se trata de un tipo doloso. El dolo requiere tanto la intención de la conducta de derribo o alteración grave, como el conocimiento de que el inmueble tiene la cualidad requerida en el precepto (STS 273/2022, 23-3). El error al respecto habrá de tratarse, pues, conforme a las reglas generales del error de tipo, por lo que en caso de vencibilidad, la conducta será punible si se admite la incriminación por imprudencia [STS 654/2004, 25-5 (*Tol 448609)*].

Por ejemplo, en relación con el conocimiento sobre la cualidad de pertenencia al patrimonio histórico del bien vinculado al delito de contrabando, la SAP, Girona, Sección 3ª, 479/2000, 7-11, absolvió del mencionado delito de contrabando basándose en el desconocimiento por parte de los acusados de que los bienes que habían sacado de España pertenecían al Patrimonio Histórico Español. Se calificó como un error de tipo vencible, impune, al no estar expresamente prevista la forma imprudente.

Dicha regla general debe subrayarse en el caso que nos ocupa en la medida en que contamos con una modalidad imprudente del delito de daños contenida en el art. 324 CP que debe vincularse a ambos tipos dolosos de daños referidos en los arts. 321 y 323 CP. Antes de la reforma por LO 1/2025, el art. 324 CP reproducía textualmente el objeto material del delito doloso de daños contenido en el art. 323 CP (ahora modificado por la citada Ley Orgánica), por lo que *a priori* parecía limitar a él su alcance. No obstante, ya habíamos desechado esta interpretación, pues resultaba incoherente penar la causación imprudente de un daño leve (aunque superior a 400€) y quedar impune, en cambio, por esta vía el derribo culposo de un edificio histórico, manteniéndose como única posibilidad de castigar las conductas imprudentes antes de la citada reforma conforme a la modalidad del delito de daños del art. 267 CP, punible cuando superaran los 80.000 €.

En consecuencia, ya entonces consideramos más correcto entender que la referencia del art. 324 CP a los bienes de valor artístico, histórico, cultural, científico o monumental permitía incluir también los atentados contemplados en el art. 321 CP. Con la nueva redacción del delito doloso de daños del art. 323 CP, cuyo objeto material ya no coincide exactamente con el del art. 324 CP, queda corroborada *ope legis* esta interpretación, siendo así que la referencia del art. 324 CP a los bienes de valor artístico, histórico, cultural científico o monumental permite, sin ningún género de dudas, incluir también los atentados contemplados en el art. 321 CP.

1.5. Consumación y tentativa

Al tratarse de un delito de resultado caben las formas imperfectas de ejecución [STS 654/2004, 25-5 (*Tol 448609)*]. Ese resultado no exige un perjuicio patrimonial al titular del bien porque no se protege el valor económico del bien; en consecuencia: se trata de un delito de daños aun en los supuestos en los que el titular obtenga un beneficio derivado de la acción dañosa (SALINERO ALONSO), por ejemplo, si con la destrucción del edificio histórico se aumenta el valor del solar por convertirse, tras tal demolición, en terreno edificable (MESTRE DELGADO).

1.6. Comisión por omisión

Tratándose de un tipo de resultado sin especiales limitaciones en la conducta, resulta perfectamente admisible la comisión por omisión [STS 654/2004, 25-5 (*Tol 448609)*].

1.7. Medida procesal

El art. 321 II CP prevé la posibilidad de que el órgano judicial pueda decretar motivadamente a cargo del autor la reconstrucción o restauración de la obra. Es una medida de naturaleza procesal civil que forma parte de la reparación y resulta criticable que se haya impuesto la obligación exclusivamente al autor cuando también el cómplice debería asumir su cuota de responsabilidad correspondiente.

Asimismo, en muchas ocasiones será imposible técnicamente proceder a la restauración cuando la demolición haya sido definitiva, o imposible por la escasa capacidad económica por parte del autor del delito (SERRANO GÓMEZ).

En estos últimos casos, la ley debería haber adoptado medidas subsidiarias (por ejemplo, la prohibición del uso del bien).

2. *Prevaricación de autoridades o funcionarios públicos*

2.1. Conducta típica

Al igual que en el ámbito de los delitos sobre la ordenación del territorio (art. 320 CP), se prevé un tipo cualificado de prevaricación aplicable al funcionario público que, alternativamente, realice una de estas dos conductas: bien *informe favorablemente*, a sabiendas de su injusticia, de un proyecto de derribo o alteración de edificios singularmente protegidos, o bien *resuelva* (si el órgano competente es unipersonal) o *vote a favor* (si el órgano es colegiado) de la concesión de la licencia que autoriza el derribo, a sabiendas de su injusticia, por ejemplo haciendo caso omiso al preceptivo informe del funcionario competente.

La modalidad de "resolver" debe interpretarse conforme a la propia definición del acto administrativo en tanto que declaración unilateral ejecutiva. La ejecutividad de aquél se desdobla en dos planos, la presunción de validez, de un lado, y la eficacia, de otro. Eficacia que, entre otros supuestos, está supeditada (es el caso típico) a la notificación al interesado.

Las conductas de *informar favorablemente* o *votar a favor* tiene sentido que se incluyan como conductas típicas de esta prevaricación específica si se quiere incriminarlas, dado que no representan *resolución* en sentido estricto, aunque sean próximas a ella y, por tanto, de no especificarse expresamente no podrían subsumirse en la conducta genérica de prevaricación ("dictar una resolución injusta"). Se trata de adelantar la barrera punitiva puesto que contribuyen o proporcionan elementos para una posterior resolución (de un proyecto de derribo o alteración de un edificio singularmente protegido). En efecto, la conducta de *votar a favor* del proyecto de derribo a sabiendas de su injusticia, se dará en los supuestos de actuación de órganos colegiados y, en consecuencia, todavía no es propiamente una resolución. Por tanto, como decimos, se trata de adelantar la barrera punitiva, equiparando la tentativa a la consumación de la lesión al patrimonio histórico —que estaría conformada por la propia resolución. Es decir, aunque por el juego de las mayorías se resuelva colegiadamente en contra de ese proyecto de derribo en el que el funcionario ha votado a favor, nos encontramos ante supuestos de tentativa inidónea punible del funcionario que vota a favor, equiparándose esta conducta a la consumación siempre que se den los requisitos de la tentativa inidónea: peligrosidad *ex ante* para el bien jurídico protegido.

En otras palabras, en la medida en que estas conductas se encuentran incluidas dentro de esta prevaricación agravada, no pueden construirse como mera infracción de deberes de normas administrativas, sino que deben implicar asimismo un riesgo penalmente típico contra el patrimonio histórico (SILVA SÁNCHEZ, MONTANER FERNÁNDEZ).

Esta incriminación específica permite también que se sancione la participación de terceros en esta conducta, aunque en ambos casos estén muy alejadas de la lesión del bien jurídico *patrimonio cultural*.

En Derecho Administrativo cuando se alude al carácter *favorable* de un informe o dictamen (así, por ejemplo, art. 106 de la Ley 39/2015, de 1 de octubre, del Procedimiento Administrativo Común de las Administraciones Públicas, a propósito de la revocación de los actos nulos de pleno derecho), se quiere decir que tiene carácter vinculante para el órgano que ha de dictar la resolución (de ahí que sea excepcional, frente a la regla general de los informes o dictámenes no vinculantes). Sin embargo, no parece que éste sea el sentido del adverbio "favorablemente" empleado en el art. 322 CP, pues el carácter "vinculante" no aparece en la legislación administrativa para este tipo de supuestos. Más bien, por lo antes señalado, parece que la conducta típica estriba en que el informe (preceptivo o no, y, en todo caso, no vinculante) se pronuncie ("a sabiendas de su injusticia") en el sentido de que es procedente el derribo o alteración del edificio. Sin embargo, hay que tener en cuenta que para que ese informe produzca un riesgo penalmente típico para el patrimonio histórico, lo habitual será que sea preceptivo y vinculante.

El AAP, Zaragoza, Sección 3ª, 94/2002, 19-4 (*Tol 174476)*, absuelve del delito de prevaricación por tratarse de una irregularidad administrativa no de una decisión deliberada, pues no se trató de una ilegalidad evidente, patente, flagrante y clamorosa, sino que se omitió un dictamen previo y la consiguiente autorización para solucionar un problema urgente ante el mal estado que presentaba la iglesia románica.

Por lo que se refiere a la *abstención* en los supuestos de actuación colegiada, el precepto penal no contempla de forma expresa la conducta de la autoridad o funcionario que en la correspondiente votación se limita a abstenerse, consciente de que por el juego de las mayorías el proyecto será resuelto favorablemente. Si, como consecuencia de su ilegal abstención se produce un riesgo penalmente relevante para el patrimonio histórico, se podrá calificar su conducta como cooperación necesaria en el delito de daños del art. 321 CP.

Otros responsables que sin poseer la condición de funcionario puedan realizar tareas de asesoramiento decisivamente influyentes en la concesión de la autorización, pueden ser castigados como cómplices o cooperadores necesarios del delito del art. 321 CP.

2.2. Comisión por omisión

Sobre la posibilidad de cometer estas conductas típicas por omisión, debemos tener en cuenta el Pleno no jurisdiccional de la Sala Segunda del TS, que en su reunión de 30-6-1997 se decantó por la admisibilidad de la comisión por omisión en los casos especiales en los que fuera imperativo para el funcionario dictar resolución, y su omisión tuviera efectos equivalentes a una denegación. Este criterio es consecuencia del significado jurídico que tiene el silencio de la Administración, que equivale a una denegación, abriendo la vía del recurso correspondiente conforme al art. 24 de la Ley 39/2015, de 1 de octubre, del Procedimiento Administrativo Común de las Administraciones Públicas. Por tanto, la cuestión está resuelta por el Pleno anteriormente citado en relación con la conducta de la prevaricación genérica del artículo 404 CP "dictar resolución", pero resta resolver si cabe la comisión por omisión relativa a las conductas de *informar favorablemente y votar a favor.*

Parece evidente que "informar favorablemente proyectos de derribo o alteración de edificios singularmente protegidos" y "votar a favor" son modalidades típicas de mera actividad, en las que basta con cumplir los mencionados verbos típicos sin necesidad de un resultado separable de la conducta. Aunque, como decimos, de esa mera actividad deba constatarse un peligro de daños contra el patrimonio histórico para que pueda distinguirse de la mera infracción administrativa. Es decir, se requiere que con el informe *favorable* o con la *votación a favor* se ponga, al menos, en peligro o se posibilite una conducta penalmente típica contra el patrimonio histórico. En consecuencia, *a sensu contrario*, la no evitación de estas conductas cuando de ella derive un peligro para el bien jurídico penalmente protegido, debe ser interpretada en clave de comisión por omisión.

No obstante, resulta llamativo que la LO 5/2010 de modificación del CP haya incorporado una prevaricación especial por omisión en los delitos contra la ordenación del territorio y urbanismo (art. 320 CP) y en los delitos contra el medio ambiente (art. 329 CP), y se haya olvidado de incluirla expresamente en los delitos sobre el patrimonio histórico (error que tampoco se ha subsanado en la LO 1/2015).

No resulta, pues, justificable, por coherencia sistemática (GUISASOLA LERMA), que se pretenda salvar una laguna de punibilidad con la introducción expresa de estas dos omisiones (silenciar una infracción u omitir la realización de una inspección obligatoria) en las materias de los otros Capítulos del Título XVI tan relacionadas con el patrimonio histórico, y no se haga en la materia que nos ocupa, teniendo en cuenta que la génesis legislativa de los delitos que abordamos es la misma que la de los comprendidos en el capítulo I (ordenación del territorio y urbanismo). Si se ha considerado necesaria en estos casos la previsión expresa de estas dos modalidades omisivas, debería haberse contemplado igualmente en los delitos sobre el patrimonio histórico, dado que en estos supuestos al funcionario correspondiente le competen igualmente labores de inspección. En otros términos, independientemente de que técnicamente pueda construirse una comisión por omisión en relación con los verbos típicos anteriormente mencionados cuando se den los requisitos, si se quiere incriminar los supuestos de silencio de la infracción o de omisión de inspecciones por parte del funcionario, deben tipificarse expresamente, pues no caben —bajo ninguna interpretación posible— en las prevaricaciones previstas.

Distinto es el caso del funcionario que no emite el informe técnico necesario para la investigación penal cuando se le insta a ello o se demora sistemáticamente a la hora de emitirlo, hasta el punto de que pueda provocar —como así ha sido en ocasiones— retrasos considerables en las diligencias de investigación y en la instrucción judicial. O incluso, un mayor problema cual es "*que los expedientes remitidos están al borde de la prescripción cuando llegan al Juzgado, de hecho, se han producido varios sobreseimientos por ese motivo*" (Memoria de la Fiscalía del Medio Ambiente, 2012).

En estos casos, hay que distinguir los dos supuestos planteados: si el perito (funcionario) se niega sistemáticamente a emitir el informe que se le requiere (a través de un requerimiento formal con la advertencia correspondiente y especificándole el plazo que tiene para ello) para la investigación penal podría incurrir en delito de desobediencia del art. 412 CP. Por su parte, si este funcionario, perito al servicio de la Administración de Justicia se retrasa en la emisión del mismo podrá cometer el delito de retardo malicioso del art. 449.2 CP si se dan el resto de los requisitos. De no subsumirse su conducta en los mencionados tipos penales —lo que será habitual—, podría merecer la correspondiente sanción administrativa.

2.3. Tipo subjetivo

El tipo subjetivo exige la actuación dolosa del funcionario ("*a sabiendas de su injusticia*"), no estando prevista la comisión imprudente. No obstante, se puede defender la posibilidad de responder a título de imprudencia grave no por prevaricación sino por la vía del art. 324 CP en la medida en que su conducta imprudente pueda contribuir a la causación negligente de los daños, salvándose así por esta vía la consecuencia de impunidad en supuestos de error de tipo vencible. Cualquier otra actuación imprudente que no suponga una causación negligente de los daños puede constituir, no obstante, un ilícito administrativo.

2.4. Consumación

Nos encontramos ante un tipo pluriofensivo que necesita para consumarse la lesión de ambos bienes jurídicos: de un lado, el correcto funcionamiento de la actuación pública y, de otro, la puesta en peligro, al menos, del valor cultural de los bienes objeto de tutela en este Título, lo que justifica el incremento de pena respecto de la figura de la prevaricación administrativa genérica. De lo contrario, no tendría sentido duplicar en el CP conductas constitutivas de prevaricación.

Este delito de prevaricación específica está conformado por varias estructuras típicas distintas (*cfr.* PEDREIRA GONZÁLEZ). Por un lado, las conductas de "informar favorablemente" y "votar a favor" son modalidades típicas de mera actividad, en las que para la consumación basta con cumplir los mencionados verbos típicos sin necesidad de un resultado separable de la conducta.

Como adelantábamos anteriormente, sin embargo, la modalidad de "resolver" debe interpretarse conforme a la propia definición del acto administrativo en tanto que declaración unilateral ejecutiva. La ejecutividad de aquél se desdobla en dos planos, la presunción de validez, de un lado, y la eficacia, de otro. Eficacia que, entre otros supuestos, está supeditada (es el caso típico) a la notificación al interesado. Por tanto, esta última modalidad típica permite admitir supuestos de tentativa incluso acaba— da, que no cabrían si fuera de mera actividad (ejemplo: casos en que la decisión no llega a notificarse al destinatario o no llega a aparecer en la publicación oficial correspondiente o cuando, por una errata en la transcripción, se altera el sentido de la conclusión). Con base en esta estructura típica, es perfectamente admisible la comisión por omisión, fundamentalmente para resolver los supuestos de silencio administrativo tal y como hemos apuntado en el subepígrafe anterior.

2.5. Delimitación con el delito de prevaricación administrativa genérica del art. 404 CP. Problemas penológicos

No olvidemos que nos encontramos ante un tipo pluriofensivo que necesita para consumarse la lesión (o al menos puesta en peligro) de ambos bienes jurídicos: de un lado, el correcto funcionamiento de la actuación pública y, de otro, la puesta en peligro, al menos, del valor cultural de los bienes objeto de tutela en este Título, lo que justifica el incremento de pena respecto de la figura de la prevaricación administrativa genérica del art. 404 CP. De lo contrario, no tendría sentido duplicar en el CP conductas constitutivas de prevaricación.

En efecto, además de la inhabilitación especial establecida en el delito de prevaricación se les impondrá la alternativa de prisión o multa. Esta agravación, al tiempo que pone en evidencia la ineficacia del tipo genérico de prevaricación administrativa (art. 404 CP) para resolver estos casos, sólo puede justificarse en la posición de garante (GUISASOLA LERMA) que adopta el funcionario en la tutela del patrimonio histórico, derivada del art. 46 CE "*Los poderes públicos garantizarán...*". Y tiene, en fin, una función de llamada al aplicador del Derecho ante la falta de hábito por parte de los jueces de aplicar en estos casos el delito de prevaricación.

Parece que la intención del Legislador de castigar más gravemente a estos funcionarios a través de este precepto que contiene una prevaricación administrativa agravada por razón de la materia específica a la que se refiere [STS 654/2004, 25-5 (*Tol 448609)*], puede, sin embargo, en determinados casos suponer una menor sanción que si se acudiere a las reglas generales previstas en el delito de prevaricación administrativa del art. 404 CP, ya que si el informe, resolución o votación favorables son tan esenciales que sin ellos no se hubiese efectuado el correspondiente derribo o alteración grave del edificio, al funciona— rio se le hubiese podido sancionar por el art. 404 CP en concurso ideal con el art. 321 CP por cooperación necesaria (CARMONA SALGADO, SALINERO ALONSO, MUÑOZ CONDE, MESTRE DELGADO) habida cuenta de que este último precepto aplica acumulativamente las penas que el 322 CP sólo contempla como alternativas, siendo además la pena de prisión más elevada (hasta tres años) que la prevista en el art. 322 CP (hasta dos años). Por ello, para salvar este efecto distorsionador, habrá de entenderse (GUISASOLA LERMA, SUÁREZ LÓPEZ) que dicha previsión del art. 322 CP es aplicable exclusivamente en aquellos casos en que por no llegar a realizarse el derribo o la alteración grave del edificio esta conducta no pueda incardinarse en la cooperación necesaria del art. 321 CP, habiéndose consumado la de la prevaricación específica, del art. 322 CP, cuya pena es, en todo caso, más grave que la del art. 404 CP.

Por el contrario, cabría castigar por el art. 404 CP (prevaricación administrativa genérica) en concurso ideal, por cooperación necesaria, con el art. 321 CP si el derribo o alteración grave del edificio singularmente protegido se hubiera realizado o al menos iniciado.

El art. 322 CP pretende no sólo esta extensión de la responsabilidad del funcionario en los supuestos anteriormente contemplados (en los que el acto prevaricador no haya sido seguido posteriormente por parte de otra persona de un delito de daños contra el patrimonio histórico, ni siquiera en grado de tentativa, y, por tanto, en los que no sea posible castigar al funcionario por una participación en un acto preparatorio impune), sino también permite sancionar la participación en el delito de prevaricación que de otra manera no sería posible (SILVA SÁNCHEZ, MONTANER FERNÁNDEZ).

Finalmente, no hay motivo que justifique la sanción penal de estas conductas de prevaricación cuando se efectúen respecto de edificios y no cuando se cometen respecto de otros bienes inmuebles que disfruten de singular protección (RODRÍGUEZ MORO). No obstante, el precepto es coherente con la especificación del edificio en el art. 321 CP, e indicativo, al mismo tiempo, de la relación que guardan estos tipos delictivos con los delitos contra la ordenación del territorio, consecuencia de que en la génesis legislativa que dio origen a esta tipificación, estaba este precepto ubicado entre los delitos sobre la ordenación del territorio. En consecuencia, hay que tener en cuenta que lo habitual es que se produzcan este tipo de prevaricaciones relacionadas con proyectos de derribo o alteración de edificios singularmente protegidos siendo poco probable, por el contrario, que se plantee, por ejemplo, un caso de prevaricación (informar favorablemente, resolver o votar a favor) relacionada con proyectos de derribo o alteración de un acueducto, de un paraje natural, etc. Por ello, correctamente, esta prevaricación agravada se encuentra ubicada inmediatamente después del delito doloso de daños en edificios singularmente protegidos.

3. El tipo doloso de daños de determinados bienes

El art. 323 CP tipifica una conducta de daños agravados por razón de la relevancia o especial valor cultural de su objeto, sustituyendo así a la antigua figura agravada del delito de daños, aunque con esta tipificación autónoma, como venimos manteniendo, el daño no comporta necesariamente un perjuicio en el patrimonio del titular del bien, pues, recordemos, no se protege el valor económico sino cultural del mismo.

3.1. Sujeto activo

Es un delito común cuyo autor puede ser cualquier persona incluido el propietario, tal como se ha resuelto en el art. 321 CP.

3.2. Conducta típica

Nos encontramos ante un delito resultativo puesto que no está especificada la modalidad comisiva, englobando cualquier comportamiento que cause el resultado típico tales como la destrucción, la inutilización, la alteración, el deterioro, la desfiguración, degradación o perjuicio del bien de que se trate (MESTRE DELGADO; SAP, Valladolid, Sección 2ª, 172/2022, 23-6), y siempre que mediante tales comportamientos se produzca una pérdida o grave minoración del valor cultural de la cosa o una pérdida o grave minoración de la función socio-cultural que le corresponde desempeñar, teniendo en cuenta que la afección al valor cultural requiere, en todo caso, una afectación, siquiera mínima (RENART GARCÍA, SALINERO ALONSO) de la sustancia, debido a las características singulares que provocan que un determinado bien presente un valor histórico. Como consecuencia de la configuración de la conducta típica resulta perfectamente admisible la comisión por omisión.

3.2.1. Especial referencia al expolio como conducta típica

Resulta acertado que la LO 1/2015 haya tipificado expresamente la conducta del *expolio*, aunque se ha efectuado con una defectuosa técnica legislativa y con una ubicación discutible. Defectuosa técnica porque al especificarse, como objeto de protección de los daños, los yacimientos arqueológicos, *terrestres y subacuáticos*, y a continuación referirse a "*con la misma pena se castigarán los actos de expolio en estos últimos*", se presta a confusión si el expolio se refiere a los yacimientos, en general, o a los subacuáticos, en particular. Evidentemente, por lo argumentado en el epígrafe anterior, el expolio como conducta típica debe abarcar todo tipo de yacimientos arqueológicos, por lo que debe denunciarse, una vez más, la precipitada y defectuosa técnica legislativa de la reforma de 2015.

Por otra parte, respecto a esta introducción debemos hacernos varias preguntas: primera, ¿qué es el expolio? Según el diccionario de la RAE es la *acción y efecto de expoliar*. Si acudimos al término *expoliar*, se define como *despojar con violencia o iniquidad*. Hasta este momento, y, por supuesto, salvando las exigencias del Principio de Tipicidad, no sería muy difícil diferenciarlo de un delito de robo. En consecuencia, esta definición debe completarse con la que deriva del artículo 4 LPHE que reza: "*A los efectos de esta Ley se entiende por expoliación toda acción u omisión que ponga en peligro de pérdida o destrucción todos o algunos de los valores de los bienes que integren el Patrimonio Histórico Español o perturbe el cumplimiento de su función social*". Ambas definiciones abundan en el despojo, saqueo y evitación del cumplimiento de la finalidad de los bienes (ROMA VADÉS).

"Destrucción" (más difícilmente "pérdida") se identifica en el ámbito jurídico penal con los delitos de daños, que, en relación con el objeto material que nos ocupa, acertadamente la LPHE lo equipara a la *perturbación del cumplimiento de la función social de estos bienes* —aunque no se destruyan.

Por tanto, parece, que es una figura a caballo entre los delitos de daños y los de apoderamiento. La ventaja que añade el citado art. 4 LPHE es que no se trata de una acción u omisión que *destruya* estos bienes sino de una acción u omisión que *los ponga en peligro* de pérdida o destrucción, lo que, trasladado al ámbito penal, supone el adelantamiento de la barrera punitiva a momentos en los que todavía no se ha dañado el bien cultural —no se ha lesionado el bien jurídico— tal como están descritos los daños previstos en el capítulo II del Título XVI del CP vigente.

En consecuencia, si los actos de expolio son *aquellas acciones u omisiones que ponen en peligro de pérdida o destrucción o perturban la función social de los yacimientos arqueológicos*, deben incluirse expresamente: en primer lugar, porque estas acciones u omisiones tienen difícil encaje (GUISASOLA LERMA) en los delitos de apoderamiento o en los delitos de daños.

En los delitos de daños, porque la *pérdida* no siempre implica *causar daño*, tal como se concibe el daño en derecho penal como "destrucción del bien" independientemente de las posibilidades de reparación posterior del yacimiento.

Por lo que respecta a los delitos de apoderamiento han existido no pocas controversias para subsumir las conductas de expolio en la regulación penal. En efecto, el expolio a veces se ha calificado como hurto agravado por el valor cultural del bien o como apropiación indebida básica o como apropiación indebida específica —en su modalidad de apropiación de cosa perdida o de dueño desconocido. Sin embargo, su calificación como hurto agravado planteaba dificultades porque no son *cosas ajenas.* Es decir, la Administración tiene el dominio, pero no la posesión y en la medida en que alguna corriente doctrinal (MUÑOZ CONDE) considera que el Bien Jurídico protegido en el hurto es la posesión, impedía subsumir estas conductas en el hurto. También había dificultades para subsumirlo en el hurto de hallazgo puesto que no se trataba de cosa perdida ni de dueño desconocido (FARALDO CABANA) —antiguo art. 253 CP, hoy diluido en el genérico art. 254 CP, construido como cajón de sastre. Asimismo, podía considerarse, antes de la reforma, que sí era hurto cuando había previa declaración administrativa y apropiación indebida del entonces art. 253 CP —apropiación de cosa perdida o de dueño desconocido—, cuando no la había. En otras palabras, en este último caso, se podía aplicar esta específica apropiación indebida pues cabía hablar de cosas perdidas en el sentido de no halladas, de modo que permitía la subsunción en este tipo penal de la sustracción de piezas arqueológicas que no contaran con la previa declaración administrativa. Finalmente, podía considerarse que la apropiación del tesoro arqueológico hallado daba lugar a un delito propio de apropiación indebida del antiguo art. 252 CP —hoy 253 CP—, ya que el sujeto tiene una cosa por un título —el depósito— que obliga a devolver a su titular: el Estado.

Antes de la reforma de 2015, estas vacilaciones, en efecto, se trasladaron a la Jurisprudencia que mostró resoluciones discrepantes a la hora de calificar la destrucción de yacimientos para la posterior adquisición del material arqueológico. Se califica, por ejemplo, como delito de hurto en la SAP, Córdoba, Sección 2ª, 37/2003, 25-2. Se califica como delito de daños del art. 323 CP, por ejemplo, en la SAP, Pontevedra, Sección 2ª, 129/2005, 29-9 (*Tol 785940)*.

No obstante, cuando se calificaran estas conductas como hurto o apropiación indebida podrían entrar, a su vez, en concurso ideal con el correspondiente delito de daños anteriormente expuesto en la medida en que los yacimientos tienen una dimensión inmueble vulnerándose también mediante el despojo el patrimonio histórico, es decir el vestigio arqueológico como fuente de información científica (GARCÍA CALDERÓN). Debe advertirse, no obstante, que la apreciación del concurso ideal debía efectuarse por lo general entre el delito de daños al patrimonio histórico del artículo 323 CP y el delito de hurto básico, para no infringir el *bis in ídem,* salvo que cupiera apreciar la circunstancia cualificada de bienes de especial valor —art. 235.1ª CP— por la excepcional valoración de las piezas sustraídas (TASENDE CALVO).

En este sentido, SAP, Zaragoza, Sección 6ª, 199/2018, 16-7, sobre hechos acaecidos bajo la vigencia de la tipificación anterior a la reforma de 2015, aplicó concurso —en este caso, medial— entre el art. 323 CP —por el expolio de piezas celtíberas prerromanas, de excepcional valor científico, histórico y cultural pertenecientes al yacimiento arqueológico de la antigua necrópolis de Aratikosel, causando la destrucción del contexto arqueológico del yacimiento, e impidiendo que los especialistas conocieran datos fundamentales que podían haber modificado la información y el conocimiento de los pueblos prerromanos de la Península Ibérica— y delito continuado de hurto por realizar la extracción de un extraordinario e imponente conjunto de armas de hierro celtíberas, entre las que se encontraban dieciocho cascos celtíberos, diversos elementos de panoplia defensiva, monedas de bronce con caracteres ibéricos, monedas romanas, así como puntas de flecha, fíbulas, útiles de trabajo y multitud de efectos, todo ello, de incalculable valor arqueológico y gran valor económico, y con intención de venderlo a terceras personas, con conocimiento de que las piezas más valiosas podrían salir de España, pues se iban a vender a terceros, además del correspondiente delito de blanqueo de capitales por la venta de los efectos sustraídos del yacimiento arqueológico.

Por todos estos problemas aplicativos, debe aplaudirse la configuración propia de un delito de expolio en el art. 323 CP, por lo que la conducta de destrucción de yacimientos podrá ser subsumible, como veremos, en el art. 323.1, primer o segundo inciso, CP, según los supuestos.

A pesar de ello, lo habitual es que la Jurisprudencia en casos de expolio no distinga el art. 323.1, primer o segundo inciso, CP. Esto es, al expoliar ya se presupone el delito de daños del 323.1, primer inciso, CP por lo que se aplica únicamente el art. 323.1 CP sin especificar.

Véase SAP, Ciudad Real, Sección 1ª, 78/2022, 9-6: donde se aplica delito continuado de daños a yacimientos arqueológicos por realizar desplazamientos a lugares incluidos en Ámbitos de Prevención y Protección identificados en las cartas arqueológicas de diversos municipios de la provincia de Ciudad Real, portando detectores de metales y utensilios para localizar, extraer e incautarse de los objetos de valor arqueológico que encontrasen, para después venderlos en internet. Igualmente, SAP, Burgos, Sección 1ª, 111/2023, 24-3, que califica como delito de expolio y daños en yacimiento arqueológico.

Corresponde ahora analizar esta regulación. A pesar de que la vinculación de este nuevo tipo con la definición del mismo en el art. 4 LPHE ayuda a entender y a ubicar sistemáticamente el delito, sin embargo, por exigencias del Principio de Taxatividad ello no resulta suficiente; no cumple con los estándares mínimos del mandato de determinación de los tipos penales. En efecto, si volvemos al precepto de la LPHE: "*acción u omisión que ponga en peligro* [...] *el valor de los bienes*", conforme a esta definición, todo lo que ponga en peligro estos bienes sería expolio. Por tanto, *de lege ferenda*, en todo caso, debe concretarse la indeterminación del tipo especificándose las intervenciones que producen o pueden producir los daños en los yacimientos arqueológicos, centradas, en nuestra opinión, en las excavaciones y remociones de tierras no autorizadas (también ROMA VALDÉS,

GUISASOLA LERMA) para obtener los restos de los yacimientos arqueológicos (terrestres y subacuáticos). En consecuencia, se construiría como un delito mutilado de dos actos en el que basta la excavación ilegal con ánimo de obtención de restos, aunque luego no se obtengan, lo que supone un —adecuado— adelantamiento de la barrera punitiva (de acuerdo con el art. 4 LPHE), respecto del propio delito de daños a los yacimientos arqueológicos del art. 323.1, primer inciso, CP, que debe, en efecto, ser castigado con la misma pena, porque en el caso del expolio (art. 323.1 *in fine* CP) —excavación y remoción de tierras— el daño es al inmueble como fuente de conocimiento científico.

Una vez destacado el acierto de la previsión de esta figura —con sus correspondientes defectos de técnica legislativa subsanables *de lege ferenda*—, sin embargo, la ubicación dentro de los delitos de daños, aunque discutible, la creemos adecuada, en primer lugar, porque en coherencia con la definición del art. 4 LPHE vinculada más propiamente a los daños que al apoderamiento, cualquier remoción o excavación de tierras aunque sólo hubiera puesto en peligro el objeto arqueológico en cuestión pero no lo hubiera destruido o dañado, este acto ya supone o puede suponer muy probablemente un daño al entorno del yacimiento como bien inmueble, como fuente de conocimiento científico, por lo que resultaba necesaria esta especificación del *expolio*; si, por el contrario, se daña el yacimiento arqueológico como bien de valor cultural, la conducta será subsumible en el art. 323.1, primer inciso, CP (DE LA CUESTA AGUADO); en segundo lugar, para no acrecentar la dispersión normativa; en tercer lugar, porque con esta ubicación se destaca que el bien jurídico es el valor cultural del bien independientemente del valor económico, aunque quizá debería haberse ubicado en un subtipo independiente del art. 323 CP al ser calificado como delito *sui generis* de daños.

Por el contrario, no calificar estas conductas como delitos contra el patrimonio imposibilita aplicar posteriormente un delito de receptación si el bien expoliado se ha adquirido, ocultado o recibido por un tercero.

Sin embargo, a nuestro modo de ver, esto tampoco supone un obstáculo, ya que el tipo de expolio del art. 323.1 *in fine* CP, no acoge el total desvalor que supone el expolio en sí, entendido como esa remoción de tierras que pone en peligro o daña el yacimiento arqueológico, junto con la posterior sustracción de alguna o algunas de sus piezas —para venderlas, por ejemplo—, por lo que no vemos inconveniente en aplicar concurso medial entre el delito de daños del art. 323.1, primer inciso, CP —si se produce un daño al bien mueble del yacimiento—, o bien el de expolio del art. 323.1 *in fine* CP —si el daño es al bien inmueble como fuente de información científica— y el correspondiente delito de apoderamiento (hurto o apropiación indebida) agravado por afectar a un bien del patrimonio histórico, al menos en piezas de gran valor histórico y económico (GARCÍA CALDERÓN).

Esta línea del concurso de delitos se ha plasmado en la Memoria de la FGE (medio ambiente y urbanismo, 2012), a raíz de una Consulta de la Fiscalía de Lleida en relación con el delito continuado de daños del art. 323.1 CP en un supuesto de expolio de yacimientos arqueológicos. Así, tal y como se trató en la VIII Reunión de la Red de Fiscales Especialistas: «los actos de apoderamiento o sustracción de piezas arqueológicas habrán de seguir siendo perseguidos, como hasta ahora, como delitos agravados de hurto o apropiación indebida (según el yacimiento esté previamente declarado administrativamente como tal o no) en concurso medial con el delito de daños del primer inciso del art. 323.1 CP (si se trata de daños materiales de importancia) o de expolio del último inciso, según los casos. La tipificación de la conducta de expolio en el mismo precepto y apartado que los daños materiales avala, a nuestro juicio, esta solución de no incluir en aquélla los actos de apoderamiento».

En contra, RUFINO, esto es, aplicando únicamente el subtipo agravado del art. 323.2º CP cuando se sustraen piezas del yacimiento que tengan especial valor. Esta agravación se prevé tanto por razón del valor relevante del bien cultural, como por la *especial gravedad* (afortunadamente no cuantificada) del daño causado.

En este sentido, esto es, aplicando concurso de leyes entre el hurto o apropiación indebida y el expolio: SAP, Sevilla, Sección 1ª, 490/2022, 16-9, pero admite que, de *lege ferenda*, cabe sostener una reforma del tipo de expolio que, por una parte, y de forma expresa, incluya los actos de apoderamiento, con una mayor pena que la actual, acorde con la gravedad de los hechos, y, por otra, incluya, los supuestos de obras y excavaciones ilegales que sin llegar a causar daños materiales alteren el contexto arqueológico y científico del yacimiento.

Ello permitiría, de otro lado, imputar la correspondiente receptación al autor que se beneficiara de estas piezas robadas o hurtadas conforme al art. 298 CP, que prevé, además, una penalidad agravada cuando la cosa objeto de receptación sea de valor histórico, artístico, cultural o científico, que podrá imponerse, a su vez, en su mitad superior cuando se reciban, adquieran u oculten estos bienes con la intención de traficar con ellos. A pesar de ello y aun cuando no pudiera aplicarse el delito de receptación, siempre queda abierta la posibilidad de estimar el delito de blanqueo.

En efecto, tal como queda configurado el delito de blanqueo en el art. 301 CP tras la reforma del CP por LO 5/2010, con una ampliación de las conductas típicas tan desmesurada y con unos contornos tan diluidos respecto de la figura de la receptación, y teniendo, a su vez, en cuenta la implicaciones de este delito con el crimen organizado en la medida en que los actos de expolio de bienes culturales tienen como destino natural y habitual el tráfico ilícito de los mismos, no hay inconveniente en castigar la compraventa de este tipo de bienes previamente expoliados como delito de blanqueo, con lo cual ya pierde sentido el condicionar la ubicación del delito de expolio dentro de los delitos contra el patrimonio y el orden socioeconómico para permitir una hipotética posterior receptación.

La STS 2563/2014, 9-6 (caso Malaya), mantiene al respecto: "*La adquisición de obras de arte es una modalidad muy utilizada de cara al reciclaje del dinero ilegalmente obtenido*", porque "*es un mercado poco controlable, ya que la identificación de los objetos a comprar o vender puede ser particularmente difícil, y a veces imposible*"; porque "*la valoración de un objeto de arte es muy subjetiva* [...]. *La compraventa de objetos de arte es una de las alternativas tradicionales para el blanqueo de capitales dado que se trata de*

> *bienes de alto valor, que pueden ser fácilmente realizables, y que por las características del mercado de los mismos se facilita el anonimato, se garantiza la ocultación y se dificulta la investigación, tanto de los delitos antecedentes de donde proceden los fondos, como de la detentación de su propiedad a los fines de incautación".*

Es más, *de lege ferenda*, por coherencia sistemática, debería castigarse como modalidad agravada de blanqueo (es decir, en su mitad superior, en relación con el tipo básico de blanqueo). Desde esta perspectiva, resulta significativo que, por ejemplo, la última reforma del CP español por LO 5/2010 por lo que respecta al blanqueo haya introducido como modalidad agravada de este delito el tener los bienes su origen en los delitos contra la ordenación del territorio y no, en cambio, cuando tengan su origen en alguno de los delitos relativos al patrimonio histórico. Más incoherente aún si tenemos en cuenta que hay que imbricar la protección penal del urbanismo y de la ordenación del territorio con la del patrimonio histórico pues las excavaciones clandestinas en la mayoría de los casos son compartidas con los grandes proyectos de construcción.

Por otro lado, conforme a la regulación vigente, resulta especialmente útil la aplicación del actual delito de blanqueo imprudente del art. 301.3 CP a estas conductas, habida cuenta de que en este ámbito, y como ya se ha señalado, el dolo es muy difícil de probar, pues en la mayoría de los casos se alega ausencia de conocimiento del valor cultural de los bienes, lo que determina un error de tipo, que si es vencible, quedaría impune de no haberse incluido la modalidad imprudente en el delito de blanqueo.

Finalmente, en relación con el expolio, *de lege ferenda*, debería, además, preverse el adelantamiento de la barrera punitiva castigándose como consumación (y equiparándose a la acción misma del expolio) conductas que constituyen actos preparatorios, como es el portar detectores de metales, necesarios para tal fin, que afecta especialmente al patrimonio numismático (ROMA VALDÉS; por el contrario, abogando en estos casos por la sanción administrativa, GUISASOLA LERMA, GARCÍA CALDERÓN).

3.3. Objeto material

Recordemos que el Legislador de 1995 optó por una enumeración ejemplificativa a la hora de determinar el objeto material de la acción, incluyendo expresamente "*archivo, registro, museo, biblioteca, centro docente, gabinete científico*" y añadiendo una fórmula final abierta "*institución análoga o en bienes de valor histórico, artístico, científico, cultural o monumental, así como en yacimientos arqueológicos*". Esta técnica legislativa fue criticada unánimemente por la Doctrina por dos razones fundamentales: en primer lugar, porque dentro de la heterogeneidad de los bienes que preveía tenía difícil encaje los bienes inmateriales (RENART GARCÍA).

Independientemente de los problemas probatorios que pudieran plantearse, la lesión de estos bienes inmateriales se llevaría a cabo a través de su documentación. Y, en segundo lugar, porque la cláusula final abierta hacía innecesaria esa especificación, pues cualquier atentado a estos bienes era subsumible, en todo caso, en el segundo inciso del primer párrafo del antiguo art. 323 CP: "*bienes de valor* [...]".

Consecuencia o no de las citadas críticas, lo cierto es que la regulación actual tras su modificación por LO 1/2015 mantiene únicamente la cláusula de cierre genérica "*bienes de valor histórico, artístico, científico, cultural o monumental*", así como la alusión expresa —que ya existía— a los yacimientos arqueológicos (añadiéndose conforme a la LO 1/2015 la especificidad de que sean terrestres o subacuáticos).

Obsérvese que tanto en el CP en su versión de 1995, como la derivada de la LO 1/2105, se especifica el adjetivo "científico" y "monumental" que va más allá de la previsión establecida en la CE ("histórico", "artístico" y "cultural").

Por lo que respecta al valor *monumental*, y de acuerdo con la definición estatuida en el 15.1 LPHE según la cual son monumentos "*aquellos bienes inmuebles que constituyen realizaciones arquitectónicas o de ingeniería, u obras de escultura colosal siempre que tengan interés histórico, artístico, científico o social*", debe interpretarse de forma coherente con lo manifestado en relación con el art. 321 CP. En consecuencia, esta cláusula permite la protección de los bienes inmuebles de interés histórico o artístico que no hayan sido declarados *edificios singularmente protegidos*, en los términos que ya conocemos, incluyendo cualquier realización arquitectónica, de ingeniería y obras de escultura colosal.

En cuanto al valor *científico* debe ser interpretado restrictivamente no perdiéndose nunca la perspectiva del valor cultural del bien, de modo que no se protegen en este tipo penal aquellos bienes materiales que presentan un interés estrictamente científico, si ellos no contribuyen decisivamente al conocimiento de nuestra cultura (RENART GARCÍA). La alusión al valor "científico" permite, de este modo, cerrar el círculo de la protección, amparando, por ejemplo, a bienes que no estén reunidos o comprendidos en un gabinete científico como tal, pero con una dimensión científica y, por tanto, cultural, en cuanto contribución al conocimiento de la cultura.

Aun considerando todas las pautas anteriores, el problema se mantiene a la hora de determinar qué significa "valor cultural" (elemento normativo del tipo) que, como referencia genérica, justifique la protección de estos bienes. La Doctrina mayoritaria y la Jurisprudencia [SAP, Huelva, Sección 2ª, 15/2005, 18-2 (*Tol 655666*), y STS 641/2019, 20-12] estiman que no es preciso que exista una declaración formal (ni su catalogación en los correspondientes registros de bienes de interés cultural, ni en el inventario general de bienes muebles de notable valor) por la que se reconozca un especial *status* a esos bienes (SALINERO ALONSO, RENART GARCÍA, MUÑOZ CONDE; en contra SERRANO GÓMEZ, CASTRO SIMANCAS, quienes, por seguridad jurídica, consideran que debería haberse reducido expresamente a aquellos bienes incluidos en los respectivos Registros o Inventarios que no alcanzan la categoría de Bien de Interés Cultural, de acuerdo con lo previsto en el art. 26 LPHE, aunque tengan singular relevancia, por su "*notable* valor", cuya vinculación con el precepto penal no es exacta ya que se refiere a "valor") bastando con que tengan signos externos que permitan reconocer su trascendencia o relevancia (MESTRE DELGADO) incluidos los bienes incursos en procesos de catalogación.

Así, SAP, Burgos, Sección 1ª, 198/2022, 30-5, siguiendo la STS 641/2029, 20-12: "*El artículo 323 del Código Penal, cuando establece como elemento típico que el daño recaiga sobre bienes de valor histórico, artístico, científico, cultural o monumental (o en yacimientos arqueológicos, terrestres o subacuáticos), remite a un elemento normativo cultural, para cuya valoración el juzgador debe atender a elementos o valores que configuran la normativa administrativa en esta materia; sin necesidad de que ese bien previamente haya sido administrativamente declarado, registrado y/o inventariado formalmente con ese carácter, pues no es exigencia prevista en la norma y no satisfaría adecuadamente el mandato del artículo 46 CE*".

Se trata, pues, de una correlación excesivamente amplia sujeta a libre valoración que queda avalada, como afirma GUISASOLA LERMA, por el propio art. 46 CE que no sólo no exige la previa declaración administrativa para sancionar penalmente dichas conductas, sino que expresamente alude a "*cualquier régimen jurídico o titularidad*" de los mencionados bienes, desempeñando la LPHE y la normativa internacional sobre la materia únicamente una función indiciaria (RENART GARCÍA). En estos casos, pues, será el criterio discrecional del juez (MESTRE DELGADO, TAMARIT SUMALLA) el que determine cuándo nos encontramos ante este tipo de bienes.

Así, la SAP, Badajoz, Sección 3ª, 276/2001, 11-12 (*Tol 150460)*, por ejemplo, aplicó este delito para condenar a una persona que había manipulado una cabeza retrato femenina romana de mármol, original, de procedencia hispana y cuya datación cronológica se sitúa entre los siglos I antes o después de Cristo, retallándola al objeto de resaltar sus rasgos faciales y de peinado que el paso del tiempo había difuminado, e instalándola sobre una peana. O, por ejemplo, se aplica a libros y partidas sacramentales: STS 33/2024, 12-1. Sin embargo, la STS 654/2004, 25-5 (*Tol 448609)*, absolvió al recurrente al no considerar el edificio por él construido como de valor "cultural".

A nuestro modo de ver y siendo coherentes con los criterios de aplicación fijados para el art. 321 CP, concluimos que este precepto protege los inmuebles que tengan específicamente la consideración de "edificios" (no, por tanto, todos los tipos de bienes inmuebles que pueden ser declarados bienes de interés cultural, según los arts. 14.2 y 15 LPHE) y hayan sido objeto de una declaración protectora, ya al amparo de la LPHE (bienes de interés cultural), ya de las leyes autonómicas (bienes catalogados, bienes inventariados), así como los inmuebles que, al margen de la legislación histórica o cultural, hayan sido objeto de inclusión en los oportunos catálogos urbanísticos municipales. Todos los demás bienes integrantes de la amplia noción de patrimonio histórico o cultural, hayan sido o no objeto de una declaración protectora, caen bajo el amparo del tipo del art. 323 CP.

Debido a la indeterminación de esta cláusula de cierre, y puesto que estos bienes no han sido objeto de una declaración protectora, será más factible alegar en estos supuestos la concurrencia de un error sobre estos elementos normativos aplicándose las correspondientes reglas del error de tipo que, si es vencible, será punible conforme a lo preceptuado en el artículo 324 CP, habida cuenta, además, de que en estos casos no precederá, de ordinario, la oportuna autorización administrativa.

La previsión expresa de los *yacimientos arqueológicos* —que ya existía en la regulación anterior a la LO 1/2015— puede obedecer (SALINERO ALONSO) al expolio que ha venido sufriendo nuestro patrimonio arqueológico, fundamentalmente por parte de algunos coleccionistas. El Legislador penal lo limita a los *yacimientos* y no lo extiende a la *zona arqueológica*, a pesar de que la LPHE (art. 1.2) los diferencia, aunque sólo define la *zona arqueológica* en el art. 15.5 LPHE, como "*el lugar o paraje natural donde existen bienes muebles o inmuebles susceptibles de ser estudiados con metodología arqueológica, hayan sido o no extraídos y tanto si se encuentran en la superficie, en el subsuelo o bajo las aguas territoriales españolas*". La referencia a los "yacimientos arqueológicos" permite la protección de aquellos yacimientos que no han sido formalmente declarados bienes de interés cultural como *zonas arqueológicas* [este era, precisamente, el supuesto de la STC 181/1998, 17-9 (*Tol 81035)*], de suerte que, como es obvio, si se ha producido la declaración de bien de interés cultural como *zona arqueológica*, los daños a los yacimientos en la misma existentes caerán sin género de duda bajo el tipo de la segunda parte del primer párrafo del art. 323 CP.

La SAP, Valencia, Sección 1ª, 269/2003, 8-10 (*Tol 325362)*, castiga por el delito de daños del art. 323 CP por empezarse unas obras en terreno cercano a un yacimiento arqueológico, sin la precisa autorización pertinente de un estudio previo de afección de dichas obras al mencionado yacimiento arqueológico.

En otras palabras, el término *patrimonio arqueológico* debe abarcar el *yacimiento arqueológico* en sí y la *zona arqueológica*, permitiéndose así la protección de aquellos yacimientos que no han sido formalmente declarados bienes de interés cultural como *zonas arqueológicas*. Por tanto, debe entenderse en sentido amplio, no sólo el inventariado sino el sitio donde se encuentran restos arqueológicos. En definitiva, forman parte elementos geológicos y paleontológicos de idéntica protección penal que los arqueológicos. Además, como es muy común el carácter desconocido u oculto que se predica del yacimiento, será evidente que los daños típicos no son los que se reducen como consecuencia de las excavaciones en ejecución o ya ejecutadas, sino que el ámbito de protección de la norma debe abarcar también lo todavía oculto.

La LO 1/2015 ha añadido expresamente como objeto de protección los yacimientos arqueológicos *terrestres* y *subacuáticos.* Previsión, a mi modo de ver, innecesaria (de otra opinión GUISASOLA LERMA), pues la alusión genérica a los *yacimientos arqueológicos* permitía interpretar sin ningún género de dudas que estaban incluidos dentro de ese concepto, lo que debía ser así, además, en cumplimiento de las previsiones de la Convención de la UNESCO para la protección del Patrimonio Cultural Subacuático aprobada en París en el año 2001, ratificada por España el 6-6-2005 y que está en vigor desde el 2 de enero de 2009.

Véase, con respecto a expolio de yacimientos arqueológicos subacuáticos, el caso "Cazatesoros", donde se expoliaron pecios en la costa de Cádiz: ocupación de piezas extraídas removiendo el fondo marino sin rigor científico, deterioradas por no haber sido conservadas convenientemente; se aplica tipo básico del art. 323.1 CP [SAP, Cádiz, Sección 4ª, 94/2019, 5-4; hechos anteriores a 2015: aplicación retroactiva del 323.1 CP por ser más favorable].

3.4. Atenuación de la pena. Relación con el tipo del art. 321 CP. Configuración como tipo genérico

Como adelantábamos anteriormente, el precepto redactado conforme a la LO 1/2015 apuesta en el tipo básico por atenuar la pena con respecto al tipo del anterior art. 323 CP (antes de la reforma estos daños conllevaban la pena de prisión de uno a tres años y —acumulativamente— multa de doce a veinticuatro meses, frente a la pena actual que queda cifrada en prisión de seis meses a tres años o —alternativamente— multa de doce a veinticuatro meses). Esto podría llevar a pensar *a priori* que este tipo penal se configura como el tipo básico respecto del art. 321 CP vigente (que no se ha reformado), en primer lugar porque rebaja notablemente la pena resultando ésta inferior a la del art. 321 CP —anteriormente la comparación entre ambas penas ofrecía dudas sobre cuál era el tipo penal más grave—, y, en segundo lugar, porque el art. 323.1 CP en su primer párrafo no exige el criterio de la *gravedad* de los daños.

Sin embargo, hay que destacar dos datos: en primer lugar, que el precepto prevé en el art. 323.2 CP un subtipo agravado cuando los daños fueran de *especial gravedad,* y en este caso, tanto la pena de prisión como la de multa en su margen mínimo son superiores a las del art. 321 CP —aunque la multa se prevé de forma alternativa y no se acompaña de la pena de inhabilitación prevista en el art. 321 CP. En segundo lugar, que no se reforma el objeto material de ambos tipos penales, sino que solamente se simplifica en el art. 323.1 CP, lo que lleva a concluir, con más claridad que en el texto anterior de ambos preceptos, que el presente art. 323 CP (al igual que el precepto anterior) sigue sin ser un tipo atenuado respecto del art. 321 CP sino que acogen ámbitos de aplicación diferentes (cuyos criterios de delimitación ya se han expuesto anteriormente).

En definitiva, tanto en el CP vigente como antes de la reforma por LO 1/2015, la relación entre ambos tipos penales es de especialidad del art. 321 CP frente al genérico 323 CP. La naturaleza genérica de este tipo penal se corrobora, por otro lado, por la redacción del art. 266.3 CP —que no se ve modificado— al prever una agravación cuando se producen los daños del art. 323 CP en determinadas circunstancias (incendio, explosión o cualquier otro medio de similar potencia destructiva, poniendo en peligro la vida o la integridad de las personas).

Configurado el art. 323 CP como tipo genérico, interpretamos que no hay laguna de punibilidad cuando se producen daños en edificios singularmente protegidos en estas circunstancias —incendio, explosión, etc.—, pues estas conductas podrán subsumirse en el citado art. 323 CP, teniendo en cuenta, por otro lado, que, tal como se ha delimitado este precepto del tipo penal del art. 321 CP, éste está previsto generalmente en aquellos casos en que los daños en los edificios singularmente protegidos se produzcan con ocasión de obras (no con ocasión de las circunstancias anteriormente descritas en el art. 266.3 CP).

Coherentemente con lo manifestado, en los casos de deslucimiento de fachadas de edificios (*cfr.* epígrafe 1.2 relativo al delito doloso de daños del art. 321 CP), los desperfectos ocasionados en los bienes de valor histórico a los que hace referencia el art. 323 CP que fueran más allá de un mero deslustre fácilmente reparable (en cuyo caso sería una conducta atípica), por ejemplo, el deslucimiento de un bien que implique una pérdida de su valor o suponga una necesidad de reparación evaluable económicamente, ha de ser reconducido a este delito de daños.

Así, la STS 273/2022, 23-3, condena por este delito por pintadas realizadas con rotulador especial en escultura propiedad del Estado inventariada como mueble artístico e histórico: la restauración requirió de operaciones específicas necesarias para eliminar los restos de pintura que habrían quedado en la misma tras una simple limpieza.

3.5. Eliminación del límite cuantitativo como consecuencia de la supresión de la falta del antiguo art. 625.2 CP

Conviene recordar, al igual que en relación con los demás tipos penales relativos al patrimonio histórico, que a veces se produce un deterioro sin que haya daño físico o material, o, si lo hay, en la mayoría de los casos es de imposible cuantificación económica. Por ello, resulta plausible que se haya prescindido del límite cuantitativo mínimo para apreciar el delito del art. 323 CP (por efecto de la supresión de la falta, que fijaba el límite de la misma en 400€ (antiguo art. 625.2 CP) en los daños sobre estos bienes de especial valor cultural, particularmente, en los yacimientos, pues en este caso, más que en ningún otro, el daño no resulta evaluable.

En efecto, la ya derogada falta del art. 625.2 CP que imponía pena *"a los que intencionadamente causen daños cuyo importe no supere los 400 €"*, aplicándose ésta en su mitad superior si *"los daños se causaran en los lugares o bienes a que se refiere el artículo 323 de este Código"*, obligaba, por estricto cumplimiento del Principio de Tipicidad, a interpretar que estos daños del artículo 323 CP eran los que superaban los 400€ (SÁNCHEZ GARCÍA DE PAZ, FARALDO CABANA). Se trataba, en todo caso, de un criterio delimitador contradictorio (TAMARIT SUMALLA), por cuanto la gravedad de la conducta debe valorarse siempre en este ámbito atendiendo al valor cultural de los bienes dañados, no relacionado en ningún caso con su valor económico, en muchos casos, nulo o imposible de determinar.

Según la Memoria de la Fiscalía de Medio ambiente y urbanismo, 2012, el tema de la valoración de los bienes históricos ha sido una investigación recurrente en las Memorias de las Secciones de Medio Ambiente de las Fiscalías españolas, posiblemente debido a que fue tratado en la V Reunión de la Red de Fiscales Delegados de Medio Ambiente y Urbanismo. Dicho esto, la Memoria de la Fiscalía de Tarragona plantea interesantes referencias en relación con este tema, como consecuencia del caso conocido como de los ataúdes de Astari. El asunto en cuestión se refiere a la destrucción intencionada de todo el ataúd de plomo y los restos óseos correspondientes al enterramiento, según los ritos romanos, de un niño, datado en el siglo III d. C., así como la ocultación de los restos posteriores a la destrucción bajo una zona ajardinada. Otros restos correspondientes a un enterramiento similar, pero de un adulto, habían sido ocultados bajo las riostras de una edificación, pero pudieron ser recuperados con pocos daños. Los acusados eran los responsables de empresas constructoras que edificaban unos trasteros sin licencia, razón por la cual no comunicaron las obras, como era preceptivo, a la autoridad arqueológica municipal ni dieron cuenta de los hallazgos. Según la Memoria, la experta que valoró el supuesto descrito, tras insistir en la inestimabilidad de los daños ocasionados, aplicó el criterio del valor de la reparación material del ataúd de plomo del adulto y el del precio que podía alcanzar todo el conjunto de ataúd y restos óseos del niño en el mercado de antigüedades. Sin embargo, y según la misma Fiscalía, *"este criterio tampoco es asumible porque, al no ser de lícito comercio los restos arqueológicos, su valoración resulta absolutamente imprecisa y subjetiva. Otra cosa es cuando se trata de obras de arte de lícito comercio como cuadros o esculturas de autores conocidos, respecto a las cuales existen tablas de valoración y otras referencias"*. Ante estos problemas de cuantificación, seguramente el criterio más sólido, según el Fiscal Delegado de Medio Ambiente, "[...] *es el del importe alzado para cuya fijación se tengan en cuenta todas las circunstancias históricas, culturales, contextuales, artísticas e incluso científicas. Este tipo de indemnización alzada sería similar a lo que se hace en los casos de indemnización por daño moral en los casos de delitos contra la libertad sexual o contra la vida"*. El Fiscal, por las razones que se acaban de exponer, consideró como límite mínimo la valoración efectuada por la experta y aumentó la cantidad indemnizatoria en la pérdida de contextualización. Asumió el valor propuesto por la destrucción absoluta del ataúd del niño, pero no por el criterio del precio de venta en mercado de antigüedades sino porque venía a coincidir con la cantidad alzada a la que antes se ha hecho referencia. Al igual que en los casos de atentados al medio ambiente cuando hay imposibilidad de restitución o de reparación, el Fiscal consideró destinatario de la indemnización a la entidad administrativa competente en materia de protección del patrimonio cultural pero no como destinatario final sino sólo como gestor de la protección de bienes de dominio público, con la obligación de proceder a la reparación del ataúd dañado y de aplicar el importe del completamente destruido a labores de hallazgo, restauración y facilitación de acceso al público de bienes de similar importancia. Según el Fiscal Delegado, es importante señalar el destino de la indemnización cuando no quepan la reparación ni la restitución directa para evitar el fácil error de considerar que se trata de un ingreso más para la Administración siendo así que, en realidad, no se trata de bienes privativos sino de dominio público.

Siguiendo con el tema de las valoraciones, con frecuencia las mismas son de un muy elevado importe. Por ejemplo, la Consejería de Cultura andaluza valoró los daños al patrimonio histórico en Jaén por la cantidad de 1.879.664,88 euros, por la construcción de una balsa sobre un área de gran valor arqueológico. Según la Memoria de Jaén, se trataba de la construcción de una balsa para regar el olivar sobre un suelo clasificado como *"No Urbanizable de Especial Protección por Zona de Yacimientos Arqueológicos"* que ha supuesto la destrucción de un yacimiento arqueológico en una superficie de terreno de unos 13.276,52 metros cuadrados, afectando a estructuras y niveles de la época romana con posible afectación a edificios de carácter religioso o funerario, habiendo sido extraídos, además, sillares de gran tamaño, fragmentos de cornisas molduradas y fustes de columnas.

A mayor abundamiento, desde el punto de vista del bien jurídico protegido, resulta adecuado que el art. 323 CP se aplique aun cuando el valor económico no alcance tal cuantía (o cuando ésta no sea determinable) si se afecta esencialmente al valor cultural de los bienes dolosamente dañados, tal como se configura actualmente.

En este sentido parte de la Doctrina (RENART GARCÍA) consideraba inexacto interpretar que el art. 625.2 CP constituía la falta correlativa del delito previsto en el art. 323 CP, salvo que el Legislador pretendiera proteger exclusivamente el valor económico de determinados bienes históricos. Por todo ello, se consideraba que el olvido del Legislador no consistía *"en haber obviado la previsión de un mínimo cuantitativo en el artículo 323 CP, sino en no haber suprimido el segundo párrafo del actual artículo 625 CP"*. El Legislador, que evidentemente no tenía en mente esta distorsión en el ámbito del patrimonio histórico, ha provocado a través de la LO 1/2015 como saludable efecto colateral la supresión de toda referencia al valor económico de estos bienes, quedando subsumidos en el mencionado precepto todos los daños dolosos en estos bienes (con la delimitación ya especificada en relación con el art. 321 CP).

A pesar de este acierto, la supresión de la falta, tal como se ha configurado en la LO 1/2015, no ha ido acompañada de la necesaria previsión de un subtipo atenuado en el propio art. 323 CP (sin límite cuantitativo) para acoger las infracciones en el ámbito de los delitos leves, lo cual resulta criticable.

3.6. El nuevo subtipo agravado en el art. 323.2 CP. Determinación de la especial gravedad

Coherentemente con lo señalado en el epígrafe anterior, el Legislador de 2015 acuña un concepto de daño modulado en función de la *especial gravedad* y, en consecuencia, no condicionado por el valor económico. No obstante, es un concepto indeterminado: ¿qué es especial gravedad?; en nuestra opinión, puede concretarse con dos pautas: una primera, que debe tener en cuenta un baremo tanto cuantitativo como cualitativo, basada en la irreparabilidad del bien (GUISASOLA LERMA), y una segunda que se vincula al segundo párrafo del precepto, esto es, que la parte afectada del bien atendiendo a su valor cultural *sea especialmente relevante* aun cuando el daño no sea *grave*, lo cual, por cierto, será difícil de determinar, pues no ha de olvidarse que se trata de bienes que, integrantes del genérico Patrimonio Histórico o Cultural, no han sido objeto de una declaración protectora que acote ese específico valor cultural *relevante*, lo que conllevará la concreción caso por caso. No obstante, debe advertirse que los gastos de restauración deberán tomarse en cuenta para el cálculo de la responsabilidad civil, no para dotar de contenido el subtipo agravado (FARALDO CABANA).

Asimismo, esta modalidad agravada se aplicará en la mayoría de los supuestos de excavaciones ilegales en los yacimientos arqueológicos por dos razones fundamentales. Primera, porque estos daños tienen una triple dimensión: daños a los objetos robados en sí, daños al entorno como bien inmueble, y son objetos que proporcionan además una información valiosa científica (con estos daños se producen pérdidas de referencia del contexto histórico); y segunda, conforman una forma de riqueza natural (sin olvidar en este caso muy especialmente la riqueza de los yacimientos subacuáticos) que se atenta de forma muy variada por la especulación urbanística, que no respeta zonas arqueológicas, y por el mercado ilegal (que afecta a todo tipo de yacimientos).

3.7. Posibilidad de daños por omisión

Nos encontramos ante un delito resultativo puesto que no está especificada la modalidad comisiva, englobando cualquier comportamiento que cause el resultado típico tales como la destrucción, la inutilización, la alteración, el deterioro, la desfiguración, degradación o perjuicio del bien de que se trate siempre que mediante tales comportamientos se produzca una pérdida o grave minoración del valor cultural de la cosa. Como consecuencia de la configuración de la conducta típica, resulta perfectamente admisible la comisión por omisión.

Esta modalidad comisiva (bien en relación con el delito doloso de daños del art. 323 CP, bien con la modalidad imprudente del art. 324 CP según los casos) debe ser aplicable a aquellos supuestos en que las autoridades competentes de las correspondientes administraciones públicas que, teniendo encomendada la conservación y gestión de bienes de valor cultural, su desidia y negligencia han propiciado el deterioro de tales monumentos históricos.

Sirvan como ejemplo el caso del Conjunto Paleocristiano de Tárraco declarado Patrimonio de la Humanidad por la UNESCO en el año 2000.

El Museo Paleocristiano de Tárraco, integrado por un yacimiento al aire libre y el museo propiamente dicho, que fueron declarados Patrimonio de la Humanidad por la UNESCO en el año 2000, junto a otros elementos romanos de la ciudad es uno de los monumentos histórico-artísticos por los que Tarragona fue declarada conjunto histórico-artístico en 1966, declaraciones vigentes que imponen obligaciones de conservación. El conjunto recoge unos dos millares de ataúdes, sarcófagos y mausoleos de características diversas, datados en los siglos III a V d.C., conteniendo el grupo de inscripciones latinas más importante de la Hispania romana. En el sarcófago de una niña de seis años se encontró una de las piezas más características de la época romana en Tarragona, una muñeca de marfil articulada o «*Nina d'ivori*», como es popularmente conocida. Se trata, por lo tanto, del yacimiento paleocristiano más importante de todo el Mediterráneo occidental, formando parte del Museo Nacional Arqueológico de Tarragona, de titularidad estatal, si bien la gestión fue encomendada a la Generalitat de Cataluña por Resolución del Ministerio de Cultura de 16/4/1982, a la que se encomendaba especialmente para la adopción de medidas de seguridad sobre su conservación, evitación de su deterioro y exposición al público, manteniéndose la titularidad por parte del Estado. Sin embargo, por razones que se escapan a la ciudadanía, "[...] *el cementerio y el museo están cerrados al público y en situación de aparente abandono desde hace más de diecisiete años. Para conocer las causas del cierre y el estado exacto del yacimiento, se incoaron en año 2010 las Diligencias Informativas... y se encomendó la investigación de los detalles a la Guardia Civil, la cual elaboró un pormenorizado informe ya en 2011, en donde se constata la paulatina degradación del conjunto y la facilidad de acceso de personas y animales especialmente a la zona descubierta. Las diligencias siguen vivas para determinar si los hechos pueden ser constitutivos de alguna infracción penal y su tipificación (tanto del deterioro como del cierre al público); el responsable o responsables de la situación actual, así como el destino de los fondos asignados para la conservación*" (*cfr*. Memoria de la Fiscalía Especializada Medio ambiente, urbanismo y patrimonio histórico, 2012).

O el Palacio Casa de la Duquesa de Sueca, cuyo estado de abandono y deterioro han provocado su demolición por ruina, inmueble que formaba parte del Conjunto Histórico de la Villa de Madrid, Cerca y Arrabal de Felipe II, declarado Bien de Interés Cultural de la Comunidad de Madrid mediante Decreto 41/1995, de 27 de abril.

El edificio está protegido en el Plan General de Ordenación Urbana de Madrid con Nivel 1 Grado Integral, lo que implica la obligación de mantener sus características arquitectónicas y constructivas, volúmenes, formas y elementos decorativos, al tratarse de un edificio de gran calidad, que presenta importantes valores arquitectónicos y ambientales. También forma parte del entorno del Bien de Interés Cultural, con categoría de Monumento, la Iglesia de San Isidro (antigua catedral), sita en la calle de Toledo. Dado el mal estado de conservación del edificio de sus anteriores titulares, el mismo fue expropiado por el Ayuntamiento en 1999 que pasó a ser su propietario y habiendo pasado por numerosas vicisitudes administrativas en cuanto a su destino y uso final, lo que se acreditaba es que desde 1998 no constaba la realización de actuación alguna de seguridad, mantenimiento, conservación o rehabilitación del edificio. La Fiscalía ha podido comprobar que la omisión de las actuaciones precisas de mantenimiento, reparación y conservación de este inmueble que goza del más alto nivel de protección hadado lugar a la agravación progresiva de los desperfectos que ya presentaba cuando fue adquirido por el Ayuntamiento y que determinó en 2013 la declaración de ruina inminente de alguna de sus partes y su posible demolición —como así ha sido— para evitar eventuales daños a las personas o a otros bienes protegidos.

En efecto, las omisiones de las actuaciones precisas de mantenimiento, reparación y conservación de estos inmuebles por parte de las personas competentes de las correspondientes administraciones públicas pueden subsumirse en el delito de daños del art. 323 CP (siempre que exista, al menos, dolo eventual —sobre la determinación de la existencia del dolo eventual en esta materia, *vid.* SAP, Lugo, Sección 2ª, 147/2009, 27-7, y AAP, Vizcaya, Sección 2ª, 90525/2022, 31-10; si, por el contrario, fuera una omisión imprudente podrían incurrir en el art. 324 CP) en comisión por omisión, siempre que estas omisiones, como aquí se manifiesta, supongan la destrucción, la inutilización, la alteración o el deterioro del valor cultural del bien, y que los responsables que omiten tales actuaciones de conservación ostenten posición de garantes. Así, en la medida en que el personal al servicio de estas administraciones asume la conservación de este patrimonio, la no asunción del específico control del foco de peligro, equivale al deterioro mismo del bien.

3.8. Consumación y tentativa

Se trata de un delito de resultado, admitiéndose las formas imperfectas. (Remisión al epígrafe 1.5 correspondiente al tipo del art. 321 CP).

3.9. Medida procesal

De modo parecido al 2º párrafo del art. 321, se contiene un art. 323.3 CP donde se dispone que "*los Jueces o Tribunales podrán ordenar, a cargo del autor del daño, la adopción de medidas encaminadas a restaurar, en lo posible, el bien dañado*". Se trata, igualmente, de una medida de naturaleza procesal civil que forma parte de la reparación y resulta del mismo modo criticable que se haya impuesto la obligación exclusivamente al autor, cuando también el cómplice debería asumir su cuota de responsabilidad correspondiente. Sin embargo, la técnica legislativa en relación con la adopción de esta medida es algo más correcta dado que se añade expresamente la obligación a los casos en los que sea posible la restauración, por lo que se salva con respecto a este precepto las críticas vertidas en relación con el 2º párrafo del art. 321 CP (cuando sea imposible técnicamente o cuando no tenga el autor capacidad económica para restaurarlo), aunque igualmente, debería haberse previsto para estos casos medidas subsidiarias.

4. Modalidad imprudente del delito de daños

El tipo imprudente de daños (art. 324 CP) reproduce literalmente la dicción del objeto material del antiguo art. 323 CP (delito doloso de daños) tal como estaba redactado antes de la reforma por LO 1/2015, manteniendo la enumeración ejemplificativa. Ello evidencia nuevamente la precipitación del Legislador a la hora de abordar la reforma al no percatarse de que un tipo iba anudado indefectiblemente al otro. A pesar de esta incoherencia, la referencia genérica en el inciso último del precepto a los "*daños en bienes de valor artístico, histórico, cultural, científico o monumental*" permite no sólo la vinculación de la modalidad imprudente con las conductas dolosas del art. 323 CP, sino también la inclusión en el citado precepto del art. 324 CP de las conductas imprudentes de derribo y alteración grave de edificios previstas en su modalidad dolosa en el artículo 321 CP (MUÑOZ CONDE, GUISASOLA LERMA, BAUCELLS LLADÓS, ARIAS EIBE, RODRÍGUEZ MORO). De no llegarse a esta interpretación se derivarían dos consecuencias indeseables: primera, no sería justificable la no previsión de una modalidad imprudente específica del art. 321 CP (por ejemplo, el derribo culposo de un edificio histórico); segunda, la única posibilidad de castigar estas conductas imprudentes sería por la vía del delito de daños del art. 267 CP, punible cuando superen los 80.000 €. Por tanto, como se ha señalado, parece más correcto entender que la referencia del art. 324 CP a los bienes de valor artístico, histórico, cultural científico o monumental permite incluir también los atentados contemplados en el art. 321 CP.

Esta modalidad específica imprudente de daños reduce, en efecto, extraordinariamente la cuantía de los daños imprudentes en bienes de valor cultural a partir de la cual resulta punible la conducta, porque mientras la incriminación genérica de los daños patrimoniales por imprudencia grave requiere que se supere la cuantía de los 80.000€, el límite de la incriminación en el art. 324 CP son 400€, lo que determina que prácticamente cualquier daño en los referidos bienes resulte punible como delito. De no sobrepasarse esta cuantía la conducta quedará impune.

Por coherencia con lo argumentado con respecto del acierto de la supresión de la cuantía mínima como condición de punibilidad en el art. 323 CP tras su modificación por LO 1/2015, debe criticarse que se haya mantenido en el precepto ahora estudiado la exigencia de superar el límite de los 400€ para castigar por el delito imprudente, pues no sólo resulta contradictorio con la modalidad dolosa sino que distorsiona el mantenimiento de estos criterios cuantitativos, lo que parece indicar o bien que el Legislador quiere seguir protegiendo el valor económico del patrimonio individual y no el interés cultural del objeto dañado, o bien un nuevo defecto de técnica legislativa ocasionado por la precipitación.

La Jurisprudencia antes de la reforma, en efecto, se refería al valor económico del bien. Así, la SJP, nº 14, Madrid, 27-4-2004, se refiere a que: *"El valor de la porción de estatua fracturada supera con creces los 300,51 € y el importe de su reposición ha ascendido a 23.918 €"*. La SAP, Zamora, 56/2003, 17-5, alude a: *"daños superiores a los 300,51 €"*; daños imprudentes en restos arqueológicos por valor de más de 4.000 €"; La SAP, Murcia, Sección 5ª, 46/2003, 22-5, absolvió del delito de daños imprudentes del art. 324 CP por la escasa consideración de los daños, sin especificar la cuantía.

En todo caso, al tratarse la cuantía de una condición objetiva de punibilidad, no requiere que sea abarcada por el dolo del autor.

Se analizan los requisitos de la imprudencia en este delito, entre otras, en las siguientes sentencias: en La SJP, nº 14, Madrid, 27-4-2004, se condenó a los acusados por subirse a la estatua Cibeles, rompiendo uno de sus brazos al apoyarse en el mismo con la intención de encaramarse sobre ella: *"actuación negligente que no puede ser imputada a título de dolo directo ni eventual, puesto que aun siendo el resultado previsible en ningún momento fue asumido ni querido por el acusado. Concurren, sin embargo, los elementos integrantes de la imprudencia grave: a) acción negligente, no intencionada del sujeto activo, que no respete las reglas de la mínima diligencia exigible a la persona media; b) resultado dañoso de cierta entidad, de tal modo, que en el presente caso supere los 300,51 € y c) relación de causalidad entre la acción del sujeto activo y el resultado lesivo. Atenta contra un elemental deber de cuidado subirse a una estatua y para hacerlo apoyarse en una parte saliente y sin sujeción. Con el peso del acusado era previsible (posiblemente no probable en la mente del acusado) que la mano cediera y se rompiera. Se ha infringido una norma elemental de cuidado cual es la de no subirse a las estatuas que constituyen monumento histórico y sobre todo la de hacerlo sin la mínima precaución para evitar un resultado previsible"*. La SAP, Pontevedra, 11-2-1999, castiga por este delito por desplomarse la fachada de un edificio, a cuya conservación sin derribo obligaba la licencia de obras, por ausencia de apuntalamiento de la misma, que ni previó la dirección técnica de la obra, ni realizó el acusado, provocando con ello daños que notoriamente superan la cantidad de 50.000 pts. También castiga por esta modalidad imprudente la SAP, A Coruña, Sección 6ª, 30/2004, 30-4: en el encargo de las labores de limpieza y desbroce de una finca en cuyo subsuelo se ubica yacimiento arqueológico, se produjo la infracción de los más elementales deberes de cuidado, provocando la desfiguración casi total de las estructuras arqueológicas. Asimismo, analiza los requisitos de la imprudencia en el delito de daños del art. 324 CP la SAP, Huelva, 15/2005, 18-2. Por su parte, la SAP, Palencia, Sección 1ª, 19/2002, 8-3, castiga por el delito de daños imprudentes en un archivo por no adoptar las precauciones mínimas para salvar un archivo en la demolición de un ayuntamiento, aunque no estuvieran inventariados, al ser documentos antiguos del mencionado ayuntamiento. La Memoria de la Fiscalía de Medio Ambiente y urbanismo, 2012, ya citada, expone (pp. 810-811) un interesante supuesto en el que el Juzgado de lo Penal nº 6 de Granada condenó por delito contra el patrimonio histórico, realizado por imprudencia grave, en relación al desplome acaecido en el año 2000 de un edificio sito dentro del Conjunto Histórico de la ciudad de Granada, declarado como Bien de Interés Cultural. El derrumbe se produjo cuando se realizaban labores de desmonte utilizando maquinaria pesada por la empresa constructora de las obras, infringiendo con ello la autorización municipal, previamente concedida, en virtud de la cual únicamente se permitía llevar a cabo la labor de desmonte a mano. La Fiscalía de Ourense alude a dos asuntos, el primero se refiere al derribo de la iglesia de Santa Marta de Fontao por parte de la empresa Iberdrola. Dicho derribo se produjo en el contexto de una demolición general de las edificaciones de lo que antaño era una aldea habitada ribereña al río Sil. El otro asunto viene referido a la realización de restauraciones de retablos de Iglesias en diversas localidades de las provincias de Ourense y Lugo; restauraciones que se encomendaron por la Administración Autonómica a dos empresas de restauración, constatándose que las mismas se produjeron de manera burda provocándose en algunos casos daños en los propios retablos objeto de restauración.

Por ello, debe subsanarse el error, que implica una incongruencia con respecto a la tipificación actual de los daños dolosos, y propugnarse (RENART GARCÍA) de *lege ferenda* la supresión de todo límite cuantitativo. De igual modo, por coherencia con la reforma del tipo doloso y para evitar los problemas interpretativos ya señalados, debe redactarse el tipo del art. 324 CP en idénticos términos genéricos a los previstos en el art. 323 CP sin ninguna enumeración ejemplificativa sobre el objeto material.

IV. PROBLEMAS CONCURSALES

La relación concursal entre los arts. 321, 322, 323, 289 y 404, todos del CP ya ha sido analizada en los tipos correspondientes (remisión). Igualmente ha sido analizado en el epígrafe 3.2.1 el problema concursal que plantea el nuevo delito de expolio en relación con el delito de daños del art. 323 CP y los correspondientes delitos de apoderamiento, así como la venta posterior de las piezas expoliadas.

En los supuestos de robo con fuerza en las cosas cuando éste recaiga sobre bienes que integren el patrimonio artístico, histórico, cultural o científico, podrá aplicarse, además, en concurso real el delito del art. 323 CP cuando se hayan causado desperfectos innecesarios que excedan de la fractura propia de los efectos del robo, si estos desperfectos afectan al valor cultural del bien. Si, por el contrario, el menoscabo ocasionado en este tipo de bienes es consecuencia de la fuerza implícita en el robo, la figura del art. 241.1.4º CP desplaza por consunción al delito de daños del art. 323 CP.

Asimismo, el delito de construcción y edificación ilegal del art. 319 CP podrá entrar en concurso ideal (GUISASOLA LERMA opta por concurso real) con el delito de daños del art. 323 CP, en aquellos supuestos en que, con ocasión de la realización de movimiento de tierras necesario para la construcción de una edificación no autorizada, se lleven a cabo excavaciones que produzcan daños en yacimientos arqueológicos.

La SJP, nº 2, Valencia, 155/2003, 13-3, condenó por ambos delitos porque el acusado inició la obra careciendo de las autorizaciones pertinentes, esto es: la necesaria para la construcción de un centro de actividades recreativas, y la ineludible por tratarse de un terreno próximo a un yacimiento arqueológico que necesitaba la previa determinación del grado de afección de las mencionadas obras en el patrimonio arqueológico.

Tampoco hay inconveniente en aplicar un concurso ideal entre el delito de daños del art. 323 CP y el delito de contrabando del art. 2.2.a) de la LO 6/2011, de 30 de junio, que modifica la LO 12/1995, de 12 de diciembre, de Represión del Contrabando, cuando se produzcan daños exportando ilegalmente el bien de valor cultural.

V. RESPONSABILIDAD CIVIL

* Remisión a los comentarios de los arts. 321.2 y 323.3 CP.

Uno de los problemas más frecuentes detectados en la aplicación de los delitos sobre el patrimonio histórico, radica en las dificultades de concretar la indemnización por parte de la jurisdicción penal derivadas de la imposibilidad, en la mayoría de los casos, de cuantificar el valor cultural del bien.

Ejemplos de sentencias en las que se especifican detalladamente las cantidades indemnizatorias: STS 189/2003, 12-2 (*Tol 254124)*, o SJP, nº 14, Madrid, 27-4-2004 (*Tol 223636)*, que determina la indemnización por la rotura del brazo de la Cibeles, que debe pagarse al Ayuntamiento de Madrid, en 24.000 euros.

VI. DISPOSICIONES COMUNES AL TÍTULO XVI

Nos encontramos con unos preceptos cuya estructura y contenido está imbuido de las normas de Derecho Administrativo relativas a urbanismo, medio ambiente y patrimonio cultural.

En virtud del art. 339 CP, los jueces y tribunales ordenarán la adopción de cualquier medida cautelar necesaria para la protección de los bienes tutelados en este Título. Se trata de un precepto obligatorio para el Juez ("ordenarán") a diferencia de la redacción antes de la reforma de 2015 que era una facultad discrecional del juez (lo que había sido denunciado por parte de la Doctrina como ROMA VALDÉS). En los casos de fractura parcial o de destrucción, y cuando sea posible, la solución consistirá en la reconstrucción. Cuando, por el contrario, se producen daños irreversibles en el patrimonio arqueológico, el tribunal deberá acordar como medida complementaria, al amparo del art. 339 CP, la prohibición del uso del bien (ROMA VALDÉS).

La SAP, La Coruña, Sección 6ª, 30/2004, 30-4 (*Tol 849673)*, condenó por el delito del art. 324 CP al que destruyó imprudentemente un castro, y aplicó la medida prevista en el art. 339 CP que consideró "*necesaria y proporcionada a fin de proteger los restos arqueológicos a la vista de que la mera protección administrativa mediante la concesión de la licencia se ha revelado insuficiente de modo que resulta prudente la adopción de la consecuencia accesoria y cautelar en cuanto preventiva de ulteriores daños por cuanto la prohibición adoptada se limita a las actividades incompatibles con el desarrollo, fomento o difusión de la cultura castresa".* Sin embargo, la SAP, Cádiz, Sección 7ª, 44/2002, 17-6, aplicó, al amparo del art. 339 del CP, una serie de medidas encaminadas a la restauración (del equilibrio ecológico en este supuesto) acercándose a la naturaleza de responsabilidad civil o, al menos, desvinculándose de su carácter estrictamente cautelar (ROMA VALDÉS).

Finalmente, en el art. 340 CP se contempla una atenuante específica, en virtud de la cual, "*si el culpable de cualquiera de los hechos tipificados en este Título hubiera procedido voluntariamente a reparar el daño causado, los jueces y tribunales le impondrán la pena inferior en grado a las respectivamente previstas*". Se trata de una atenuante cualificada que se aplica con preferencia a las reglas generales sobre atenuantes.

VII. APLICABILIDAD DE ESTOS DELITOS

Las estadísticas judiciales demuestran que, desde su incorporación a nuestro nuevo CP, el número de denuncias y querellas que tienen por objeto los delitos relativos a la protección del patrimonio cultural no han cesado de crecer. La sociedad española se encuentra muy sensibilizada ante los atentados a estos bienes jurídicos y reclama de forma cada vez más decidida la intervención penal para combatirlos (MESTRE DELGADO). Sin embargo, del análisis de la Jurisprudencia del TS se desprende la escasa incidencia práctica de estos tipos penales, que es inversamente proporcional, paradójicamente, al gran número de actos lesivos en este tipo de bienes (RENART GARCÍA). La Memoria de la Fiscalía del año 2023 arroja los siguientes datos: en el año 2022, se incoaron 84 diligencias de investigación relativas a patrimonio histórico, en el año 2021, 94. En 2022 hubo 270 procedimientos judiciales incoados por patrimonio histórico; en 2021, 269; 44 escritos de acusación en 2022 y en 2021, 59. Las sentencias condenatorias fueron 37 en 2022 y 32 en 2021; y las absolutorias fueron 24 en 2022 y 9 en 2021.

Por tanto, aunque estable, el número de sentencias sobre la materia constituye una cifra muy pequeña en relación con las denuncias presentadas, lo que pone de manifiesto que estos delitos contra el patrimonio histórico en muchas ocasiones quedan solapados por otras muchas figuras delictivas, como los delitos contra la ordenación del territorio, y contra el medio ambiente o contra la propiedad, existiendo una tendencia generalizada a computar este tipo de hechos que generan algún tipo de actuación policial o judicial con la denominación del hecho delictivo que no es el de *contra el patrimonio histórico.*

VIII. BIBLIOGRAFÍA

AA.VV. *La protección jurídico internacional del patrimonio cultural. Especial referencia a España* (C. Fernández Liesa; J. Prieto de Pedro —directores), Madrid, 2009; AA.VV. *La lucha contra el tráfico ilícito de Bienes Culturales*, Madrid, 2006; AA.VV. *Protección del patrimonio histórico. La Guardia Civil y la conservación de los bienes culturales*, Valladolid, 1998; ALEGRE ÁVILA, J. M. *Evolución y régimen jurídico del Patrimonio Histórico (La configuración dogmática de la propiedad histórica en la Ley 16/1985, de 25 de junio, del Patrimonio Histórico Español)*, T. II, Madrid, 1994; ALMELA VICH, C. "Delitos sobre el patrimonio histórico", *AP* nº 41, 2000; ÁLVAREZ ÁLVAREZ, J. L. *Estudios sobre el patrimonio histórico español y la ley de 25 de junio de 1985*, Madrid, 1989; ÁLVAREZ GARCÍA, F. J.; OTERO GONZÁLEZ, P. "La protección penal del patrimonio cultural en la Constitución española (presupuestos constitucionales a la protección penal del patrimonio histórico", *RDP*, 35, 1, 2012; ANTÓN Y ABAJO, A. "El delito de expolio y su problemática concursal (Un caso paradigmático: la SAP Lleida, Sección 1ª, de 20 de marzo de 2019)", *DLL* nº 9508, 29 de octubre de 2019; ARIAS EIBE, M. J. *El patrimonio cultural. La nueva protección en los arts. 321 a 324 del Código Penal de 1995*, Granada, 2001; BADENES CASINO, M. *La protección de los bienes culturales durante los conflictos armados. Especial referencia al conflicto armado en el territorio de la antigua Yugoslavia*, Valencia, 2005; BARBERO RODRÍGUEZ, M. C. *La ordenación jurídica del Patrimonio histórico*, Madrid, 1990; BAUCELLS LLADÓS, J. "De los delitos sobre el patrimonio histórico", en CÓRDOBA RODA, J. y GARCÍA ARÁN, M. (Dirs.), *Comentarios al Código Penal. Parte Especial*, T. I., Madrid, 2004; BENÍTEZ DE LUGO y GUILLÉN, F. *El patrimonio cultural español (aspectos jurídicos, administrativos y fiscales)*, Granada, 1988; BERMEJO LATRE, J. L. "La indeterminación y amplitud del concepto de expolio del Patrimonio Cultural", *Patrimonio Cultural y Derecho*, 20, 2016; BOIX REIG, J.; JUANATEY DORADO, C. "De los delitos sobre el patrimonio histórico", en VIVES ANTÓN, T. (coord.), *Comentarios al CP de 1995*, vol. II, Valencia, 1996; BORRELL CALONGE, A. "Los nuevos delitos sobre la ordenación del territorio y sobre el patrimonio arquitectónico. Aspectos técnicos", *Seminario sobre protección del medio ambiente en el nuevo Código Penal*, UIMP, Valencia, 1996; CAAMIÑA DOMÍNGUEZ, C. "El comercio internacional de obras de arte robadas: United States v. Frederick Schultz, *Estudios sobre contratación internacional*, Madrid, 2006; CÁCERES RUIZ, L. *Delitos contra el patrimonio histórico. Sustracción de la cosa propia a su utilidad cultural*, Madrid, 2008; CARMONA SALGADO, C. "Delitos sobre la ordenación del patrimonio y la protección del patrimonio histórico", en COBO DEL ROSAL, M. (coord.), *Derecho penal español. Parte especial*, 2ª ed., Madrid, 2005; CARRASCO GUZMÁN, A. "El bien jurídico protegido en los delitos contra el patrimonio arquitectónico", *Derecho Penal y Criminología latinoamericana*, www.carlosparma.com.ar; CARMONA SALGADO, C. "Delitos sobre el patrimonio histórico", en COBO DEL ROSAL, M. —Dir.-*Curso de Derecho Penal Español*), Madrid, 1996; CASTRO SIMANCAS, P. R. "Los delitos sobre el patrimonio histórico en el Código Pernal de 1995", *Tapia*, nº 99, marzo— abril, 1998; CORTÉS BECHIARELLI, E. "Función social y tutela penal del patrimonio arqueológico", en *RP*, 2004; CORTÉS BECHIARELLI, E., *et. al. Tres estudios sobre el patrimonio histórico*, Sevilla, 2005; CORTÉS RUIZ, A. "Actuaciones policiales contra expolios arqueológicos", en *la Protección del patrimonio arqueológico contra el expolio*, Junta de Andalucía, Sevilla, 2002; *Id.* "Investigación de delitos contra o patrimonio histórico", *O Patrimonio cultural, valía e protección*, Xunta de Galicia, Santiago, 2006; *Id.* "Actuaciones policiales en la protección del patrimonio arqueológico", en *Curso sobre la protección del patrimonio arqueológico en Andalucía*, Sevilla, 2006; DE LA CUESTA AGUADO, P. "La reforma de los delitos contra el patrimonio histórico", *Comentarios a la reforma penal de 2015* (Gonzalo Quintero Olivares —dir.), Navarra, 2015; DE LA CUESTA ARZAMENDI, J. L. "Los delitos relativos a la ordenación del territorio y sobre el patrimonio histórico en el nuevo Código Penal de 1995, en *Actas de las Jornadas sobre la protección del medio ambiente en el nuevo Código Penal*, UIMP, Valencia, junio 1996; DELGADO GIL, A. "Los delitos de daños al patrimonio cultural", *RGDP*, nº 13, 2010; DEMURO, G. P. *Beni Culturali et tecniche di tutela penale*, Dott. A., Milano, 2002; DOMÍNGUEZ LUIS, J.

A.; FARRÉ DÍAZ, E. (et. al.) *Delitos relativos a la ordenación del territorio y protección del patrimonio histórico, medio ambiente y contra la seguridad colectiva (delitos de riesgo catastrófico e incendios)*, (Ganzenmüller Roig, Escudero Moratalla y Frigola Vallina dirs.)— Barcelona, 1999; FARALDO CABANA, P. "Faltas", en FARALDO CABANA, P. (dir.) *Ordenación del territorio, Patrimonio histórico y Medio ambiente en el Código penal y en la legislación especial*, Valencia, 2011; *Id* "El delito de contrabando de bienes integrantes del patrimonio histórico español. Comentario al art. 2.1 e) de la Ley Orgánica 12/1995, de 12 de diciembre, de represión del contrabando", en SERRANO-PIEDECASAS FERNÁNDEZ, J. R./ DEMETRIO CRESPO, E. (Dirs.): *El derecho penal económico y empresarial ante los desafíos de la sociedad mundial del riesgo*, Madrid, 2010; *Id* "La protección del Patrimonio Histórico en el Código Penal Militar", *Patrimonio Cultural y Derecho*, 15, 2011: *Id* "Del hurto de hallazgo al expolio de yacimientos arqueológicos ¿una oportunidad perdida?, *Estudios Penales y Criminológicos*, nº 40, 2020; FERNÁNDEZ ALBOR, A. "El patrimonio artístico y su protección penal", en *LH-Antón Oneca*, Salamanca, 1982; FERNÁNDEZ APARICIO, J. M. *La protección penal del patrimonio histórico*, Junta de Andalucía, Sevilla, 2004; FERNÁNDEZ PARDO, F. *Destrucción y dispersión del patrimonio artístico español*, Vol. I., Madrid, 2007; FUENTES CAMACHO, V. *El tráfico ilícito internacional de bienes culturales, Beramar*, Madrid, 1993; GARCÍA CALDERÓN, J. M. "La protección penal del patrimonio histórico", *Estudios Jurídicos. Ministerio Fiscal IV*, 1997; *Id.* "Los daños por imprudencia al patrimonio histórico", *Estudios Jurídicos. Ministerio Fiscal VIII*, 1998; *Id. La protección penal del patrimonio histórico mueble*, GARCÍA Y ARROYO (eds.), 2001; *Id.* "La protección penal del patrimonio arqueológico", *Patrimonio Cultural y Derecho*, nº 7, 2003; *Id* "La relación del patrimonio histórico con el Derecho penal". *La lucha contra el tráfico ilícito de bienes culturales*, Ministerio de Cultura, 2006; *Id* "Los delitos sobre el Patrimonio histórico español. Los daños dolosos a los bienes culturales (art. 323)", en MORILLAS CUEVA, L. (dir.) *Estudios sobre el CP reformado* (Madrid, 2015; *Id La defensa penal del Patrimonio arqueológico*. Madrid, 2016; *Id* "Expolio y blanqueo de capitales. El expolio "invertido". *V Jornadas sobre prevención y represión del blanqueo de capitales*, Palma de Mallorca, 2017; *Id* "La falsificación de bienes culturales y su tratamiento penal en España", *Delitos contra el patrimonio histórico. Especial referencia al patrimonio arqueológico*, Madrid, 2017; GARCÍA MAGNA, D. "La protección penal frente al expolio del patrimonio cultural subacuático", en ÁLVAREZ GONZÁLEZ, E. M. (Dir.) *Patrimonio arqueológico sumergido: una realidad desconocida*, Málaga, 2009; GÓMEZ DE LIAÑO POLO, G. *Delitos contra el patrimonio cultural, especial estudio de contrabando de patrimonio histórico artístico*, Doc. Núm. 12/06, Madrid, 2001; GONZÁLEZ GONZÁLEZ, J. "Protección penal del patrimonio histórico español: aproximación a la actual situación y Proyecto de reforma", *CPC*, nº 53, mayo— agosto, 1994; GONZÁLEZ RUS, J. J. "Puntos de partida de la protección penal del patrimonio histórico, cultural y artístico", *ADPCP*, 1995; *Id* "Presupuestos constitucionales a la protección penal del patrimonio histórico, cultural y artístico", *Estudios Penales y Jurídicos. LH-Casas Barquero*, Córdoba, 1996; *Id.* "Protección penal del patrimonio artístico", en TERRADILLOS BASOCO. J. (coord.), *Reforma Penal y Delitos contra el orden socioeconómico*, Actas del XVI Curso de verano San Roque, Cádiz, 1996; GUISASOLA LERMA, C. "Los delitos sobre el patrimonio histórico en el nuevo Código Penal de 1995", *Poder Judicial*, nº 43-44, 1996; *Id. Delitos contra el patrimonio cultural: artículos 321 a 324 del Código Penal*, Valencia, 2001; *Id.* "Turismo cultural y preservación del patrimonio histórico y su entorno", *Turismo 1999, II Congreso Universidad y* Empresa, Valencia, 2000; *Id* "Preservación de bienes culturales como instrumentos de progreso intelectual y social. Especial atención a las exposiciones de arte y al patrimonio arqueológico", *Turismo 2001, IV Congreso Universidad y* Empresa, Valencia, 2002; *Id.* "Una aproximación a la función de las normas penales en la protección del patrimonio cultural", *Patrimonio Cultural y Derecho*, nº 14, 2011; *Id* "Los delitos sobre el patrimonio histórico", en ÁLVAREZ GARCÍA, F. J. (dir.), *Estudio crítico sobre el Anteproyecto de reforma penal* de 2012 (Valencia, 2013; *Id* "Delitos contra bienes culturales: una aproximación al concepto de expolio en derecho penal", *Revista General de Derecho Penal*, 27, 2017; INIESTA SANMARTÍN, A., "Los daños sobre el patrimonio arqueológico: actividades que los generan y actuación policial sobre el terreno", *Protección del patrimonio ar-*

queológico, dirigido a los cuerpos y fuerzas de seguridad del Esta— do, Murcia, 1996; LAMAS PUUCIO, L. "Los delitos contra el patrimonio cultural", *Revista del Foro,* año XXI, nº 1, Lima, 1984; *Id.* "Sanción penal y patrimonio cultural", *Themis. Revista de la Facultad de Derecho de la Pontificia Universidad Católica del Perú,* nº 5, Lima, 1986; MAGÁN PERALES, J. M., "La protección policial del patrimonio histórico: aspectos legales y organizativos", *Patrimonio Cultural y Derecho,* nº 5, 2001; *Id La circulación ilícita de bienes culturales,* Valladolid, 2001; MANTOVANI, F. "Lineamenti della tutela penale del patrimonio artístico, *RitDPP,* Milano, 1976; MARTÍNEZ ARRIETA, A. "De los delitos sobre el patrimonio histórico", en CONDE PUMPIDO, C. (Dir.), *Comentarios al Código penal,* Barcelona, 2007; MAZA MARTÍN, J. M. "La sustracción de bienes de interés cultural y su restitución desde el interés de protección del patrimonio histórico español", en *LH-Bacigalupo Zapater,* Madrid, 2004; MESTRE DELGADO, E., en LAMARCA PÉREZ, C. (Coord.), *Delitos y Faltas. La Parte Especial del Derecho Penal,* 2ª ed., Madrid, 2013; MILANS DEL BOSCH Y JORDÁN DE URÍES, S. "Delitos sobre el patrimonio histórico", en LESMES SERRANO, C.; ROMÁN GARCÍA, F.; ORTEGA MARTÍN, E. *Derecho Penal Administrativo (ordenación del territorio, patrimonio histórico y medio ambiente),* Granada, 1997; *Id* "Monografías de jurisprudencia", sobre el monográfico "Los bienes protegidos en los delitos sobre el patrimonio cultural", *LLP,* nº 29, 2006; MORALES BRAVO DE LAGUNA, J. "La Guardia Civil y la lucha contra el expolio arqueológico", *Cuadernos de Prehistoria y Arqueología de la Universidad de Granada,* 25, 2015; MUÑOZ CONDE, F. "El tráfico ilegal de obras de arte", *EPyC,* XVI, Santiago de Compostela, 1993; NÚÑEZ SÁNCHEZ, A. M. "El expolio de yacimientos arqueológicos", *La lucha contra el tráfico ilícito de bienes culturales,* Madrid, 2006; OCTAVIO DE TOLEDO, E. *La prevaricación del funcionario público,* Madrid, 1980; *Id.* "El delito de prevaricación de los funcionarios públicos en el Código Penal", *LL,* 1996-5; OROZCO PARDO, G. y PÉREZ ALONSO, E. *La tutela civil y penal del Patrimonio histórico, cultural o artístico,* Madrid, 1996; ORTS BERENGUER, E. "Exportación sin autorización de obras u objetos de interés histórico o artístico", *Comentarios a la Legislación Penal. Tomo III (Delitos e infracciones de contrabando),* Madrid, 1984; OTERO GONZÁLEZ, P. "Respuesta jurídico-penal a la falsificación de obras de arte", *LLP: RDPPyP,* 116, 2015; *Id* "La punición de la falsificación de obras de arte", *Patrimonio Cultural y Derecho,* 19, 2015; OTERO GONZÁLEZ, P., VERÓN BUSTILLO, E. J. "La falsificación de obras de arte: casuística criminal, investigación y punición", *Derecho del Arte. Anuario Iberoamericano 2017.* Madrid/Navarra, 2017; *Id* "La respuesta Jurídico-penal contra el tráfico ilícito de bienes culturales en Iberoamérica", *Patrimonio Cultural y Derecho,* nº 18, 2014; *Id* "Protección penal de los daños al patrimonio histórico (tras la reforma del código penal operada por la LO 1/2015)", *AFDUAM,* nº 19, 2015; *Id* "Las falsificaciones de objetos arqueológicos. Respuesta jurídico-penal", *Revista d'Arqueologia de Ponent (RAP),* monográfico: el expolio arqueológico y el tráfico ilícito de antigüedades, Universitat de Lleida, nº 30, 2020; *Id,* "El delito doloso de daños a bienes de valor cultural (artículo 323 CP) conforme a la LO 1/2015", *LH-Bajo Fernández,* 2016; PEDREIRA GONZÁLEZ, F. M. *Problemas fundamentales del delito de prevaricación judicial. Doctrina y jurisprudencia,* Madrid, 2007; PÉREZ ALONSO, EJ, "Los delitos contra el patrimonio histórico en el Código Penal de 1995", *AP, nº 33,* 1998; PÉREZ DE ARMIÑAN Y DE LA SERNA, A. *Las competencias del Estado sobre el Patrimonio Histórico Español en la Constitución de 1978,* 1ª ed., Madrid, 1997; PÉREZ LUÑO, E. "Artículo 46", VV.AA. *Comentarios a las Leyes Políticas. Constitución Española de 1978, T. IV,* Madrid, 1984; *Id.* "Patrimonio histórico, artístico y cultural", *Comentarios a la Leyes políticas. Constitución española de 1978 (dirigidos por Óscar Alzaga Villaamil),* tomo IV; POLAINO NAVARRETE, M. "Delitos contra el Patrimonio Histórico", *LH-Casabó Ruiz,* 1997; PRIETO DE PEDRO, J. "Unidad y pluralismo cultural en el Estado autonómico", *Documentación Administrativa,* núm. 232-233, octubre 1992-marzo 1993; *Id. Cultura, Culturas y Constituciones,* Congreso de los Diputados, Centro de Estudios Constitucionales, Madrid, 1992; *Id.* "Concepto y otros aspectos del patrimonio cultural en la Constitución", *LH-García de Enterría,* II, 1994; QUINTANA LÓPEZ, T. *Declaración de ruina y protección del patrimonio histórico inmobiliario,* Madrid, 1991; RAMÍREZ SAINERO, J. M. *Conclusiones del seminario organizado por el Consejo General del Poder Judicial en marzo 2004, sobre los delitos sobre el patrimonio histórico;* RENART GARCÍA, F. Aspectos sustantivos del delito de contrabando de bienes culturales", *DLL,* nº 5427, 2001; *Id. El delito de daños al patrimonio cultural español. Análisis del art. 323 del Código Penal de 1995,* Granada, 2002; *Id.* "Aproximación a la tutela penal de los "sitios históricos", *AP,* nº 2, 2002; *Id.* "La protección indirecta del patrimonio cultural español a través de los delitos contra la religión", *AP,* nº 2, 2002; *Id.* "Patrimonio histórico y Derecho penal: las distintas valoraciones doctrinales y jurisprudenciales en torno a los elementos normativos del tipo", *LLP,* nº 29, julio— agosto, 2006; RODRÍGUEZ LEÓN, L. C. "Aspectos penales y procesales de la protección del patrimonio histórico", *Curso sobre protección del patrimonio arqueológico en Andalucía,* Sevilla, 2006; RODRÍGUEZ MORO, L. "Algunas críticas e incongruencias en la regulación penal de los delitos sobre el patrimonio histórico", *RDPC,* vol. XXXII, nº 93, julio-diciembre de 2011; *Id* "Los delitos sobre el patrimonio histórico", en FARALDO CABANA, P. (dir.) *Ordenación del territorio, Patrimonio histórico y Medio ambiente en el Código penal y en la legislación especial,* Tirant lo Blanch, Valencia, 2011; Id "Críticas, incongruencias y dudas en la regulación penal de los delitos sobre el patrimonio histórico español antes y después de la reforma del Código Penal operada por la LO 1/2015, de 30 de marzo", en *AA.VV.: IV Encuentro Profesional sobre lucha contra el tráfico ilícito de bienes culturales. Regulación penal de la protección del patrimonio histórico español,* Madrid, 2016; RODRÍGUEZ MOURULLO, G. "La protección penal del patrimonio histórico", en MARTÍN ALMAGRO-GORBEA, A. P. (dir.) *La protección jurídica del patrimonio inmobiliario histórico,* Madrid, 2005; *Id.* "El objeto de protección en los delitos contra el patrimonio histórico", *LH-Cobo del Rosal,* Madrid, 2005; RODRÍGUEZ NÚÑEZ, A. "La protección del patrimonio cultural en el Código Penal de 1995", *Patrimonio Cultural y Derecho,* nº 2, 1998; *Id.* "Algunos problemas en la protección penal del patrimonio cultural", *RDPC,* nº extraordinario 1, 2000; *Id.* "Los bienes protegidos en los delitos sobre el patrimonio cultural", *LLP,* nº 29, 2006; ROJO LÓPEZ, J. "Delitos contra el patrimonio histórico artístico", *Memoria de la Fiscalía General del Estado,* Madrid, 1992; ROMA VALDÉS, A. "Las excavaciones ilegales y la protección penal del patrimonio histórico", *Revista de Derecho ambiental,* 1996; *Id.* "La protección penal del patrimonio arqueológico", *Estudios Jurídicos. Ministerio Fiscal,* VIII, Madrid, 1998; *Id.* "Los delitos sobre el patrimonio histórico" *Delitos y cuestiones penales en el ámbito empresarial,* vol. V, Madrid, 1999; *Id.* "El expolio del patrimonio arqueológico español", *Patrimonio Cultural y Derecho,* nº 5, 2002; *Id.* "La reparación del daño causado en los delitos sobre el patrimonio histórico a la luz del art. 339 del Código penal", *SEPIN Penal,* junio, 2005; *Id.* "Por una reforma de la protección penal del patrimonio cultural", *Patrimonio Cultural y Derecho,* nº 9, 2005; *Id. La aplicación de los delitos sobre el patrimonio cultural,* Granada, 2008; *Id* "La cooperación judicial frente al tráfico ilícito de bienes culturales", *AFDUAM,* nº 19, 2015; *Id* "Mercado del arte y antigüedades y blanqueo de capitales", *Cuadernos de Prehistoria y Arqueología de la Universidad de Granada,* nº 25, 2015; *Id* "La estafa agravada por el valor cultural del objeto y la falsificación de obras de arte y antigüedades", *La Ley Penal: Revista de Derecho penal, procesal y penitenciario,* nº 116, 2015; RUFINO RUS, J. "La protección del patrimonio arqueológico en el Código penal. Deficiencias y propuestas para una reforma de las leyes sustantivas y procesales", *Revista PH. Instituto Andaluz del Patrimonio Histórico,* 82 Monográfico, mayo, 2012; *Id* "La tutela del patrimonio arqueológico en el Código penal", en YÁÑEZ VEGA, A./ RODRÍGUEZ TEMIÑO, I./ ALMANSA SÁNCHZ, J. (Dirs.) *El expoliar se va a acabar. Uso de detectores de metales y arqueología: sanciones administrativas y penales,* Valencia, 2018; SALINERO ALONSO, C. *La protección del Patrimonio Histórico en el Código penal de 1995,* Barcelona, 1997; SAN MARTÍN CALVO, M. *Bienes culturales y conflictos armados: nuevas perspectivas de Derecho Internacional,* Navarra, 2014; SÁNCHEZ GARCÍA DE PAZ, I. "De los delitos sobre el patrimonio histórico", en COBO DEL ROSAL, M. (dir.) *Comentarios al Código Penal,* 2ª Época, tomo X, vol. II, Centro de Estudios Superiores de Especialidades Jurídicas, Madrid, 2006; SIERRA LÓPEZ, M. V. "La prevaricación específica del funcionario público en el marco de los delitos recogidos en el Título XVI: su relación con la prevaricación genérica del art. 404 del Código Penal", *AP,* nº 36, octubre, 2000; SILVA SÁNCHEZ, J.M.; MONTANER FERNÁNDEZ, R. *Los delitos contra el medio ambiente. Reforma legal y aplicación judicial,* Barcelona, 2012; SORIANO SORIANO, J. R. *las agravaciones específicas comunes al robo y hurto (Legislación vigente y Proyecto de 1992),* Valencia, 1993; SUÁREZ GONZÁLEZ, C. "De los delitos relativos a la ordenación del territorio, la protección del patrimonio histórico y del medio ambiente", en RODRÍGUEZ MOURULLO, G. (dir.) *Comentarios al Código Penal,* Madrid, 1997; SUÁREZ LÓPEZ, J. M. "Los delitos sobre el patrimonio histórico", *Comentarios al Código Penal,* 2ª Época, Tomo X (vol. II), CESEJ, Madrid, 2006; *Id* "La tutela penal de los edificios singularmente protegidos (comentario a la sentencia del Tribunal Supremo de 25 de mayo de 2004)", *Revista de la Facultad de Derecho de la Universidad de Granada,* nº 10, 2007; SUÁREZ-MIRA RODRÍGUEZ, C. "El bien jurídico protegido", en FARALDO CABANA, P. (dir.) *Ordenación del territorio, Patrimonio histórico y Medio ambiente en el Código penal y en la legislación especial,* Valencia, 2011; TAMARIT SUMALLA, J. M. "Delitos sobre el patrimonio histórico", en QUINTERO OLIVARES. G. (dir.) *Comentarios a la Parte Especial del Derecho Penal,* Pamplona, 2009; TASENDE CALVO, J. J. "Los hurtos cualificados", *Delitos contra el patrimonio. Delitos de apoderamiento,* Cuadernos del CGPJ, 13, 2004; *Id.* "La protección penal del patrimonio histórico cultural", *LL,* nº 5011, 2000; TERRADILLOS BASOCO, J. "Delitos relativos a la protección del patrimonio histórico y del medio ambiente", *Derecho penal del medio ambiente,* Madrid, 1997; *Id.* "Responsabilidad del funcionario público en delitos relativos a la ordenación del territorio y a la protección penal del patrimonio histórico y del medio ambiente", *Estudios Penales y Criminológicos,* 1997; *Id.* "La protección penal de los bienes inmuebles integrantes del patrimonio histórico", *Sanción penal, sanción administrativa en materia de ordenación del territorio,* Sevilla, 1998; *Id* "Título XVI. Delitos relativos a la ordenación del territorio, patrimonio histórico y medio ambiente", en ARROYO ZAPATERO. L. et al. (Dirs.), *Comentarios al Código Penal,* Madrid, 2007; TERREROS ANDRÉU, C. "El expolio de Patrimonio Cultural: problemas de conceptualización jurídica", *Revista Electrónica de Patrimonio Histórico,* 14, junio, 2014; VAELLO ESQUERDO, E. "La defensa del patrimonio histórico-artístico y el Derecho penal", *LH-Martín Bernal,* Murcia, 1980; DE VEGA RUIZ, A. *Delitos contra el medio ambiente, ordenación del territorio, patrimonio histórico, flora y fauna en el Código Penal de 1995,* Madrid, 1996; VERCHER NOGUERA, A. "Delitos contra el patrimonio histórico", *El nuevo Código Penal y su aplicación a empresas y profesionales,* V, Madrid, 1996; *Id* "El expolio de bienes de patrimonio histórico o la descontextualización penal del entorno arqueológico", *DLL,* 9151, 5 de marzo de 2018; VERÓN BUSTILLO, E. J. "Protección del Patrimonio Histórico en la Unión Europea", *Documento de Investigación sobre Seguridad Interior Doc-ISIe,* 21, 2014; YÁÑEZ VEGA, A. "Los bienes integrantes del «Patrimonio Histórico Español». A propósito de la Sentencia 181/1998 del Tribunal Constitucional", *Revista Española de Derecho Administrativo,* nº 103, 1999; *Id.* "Actividades ilícitas contra el patrimonio arqueológico. Sistemas punitivos penal y administrativo", *Cuadernos de prehistoria y arqueología de la Universidad de Granada,* 25, 2015; Id *Patrimonio arqueológico y derecho sancionador,* Valencia, 2018; YÁÑEZ VEGA, A; RODRÍGUEZ TEMIÑO, I.; ALMANSA SÁNCHEZ, J. (Dirs.) *El expoliar se va a acabar. Uso de detectores de metales y arqueología: sanciones administrativas y penales,* Valencia, 2018.

REFERENCIAS LEGALES

- Ley 16/1985, de 25 de junio, del Patrimonio Histórico Español (*Tol 227904).*
- Ley 39/2015, de 1 de octubre, del Procedimiento Administrativo Común de las Administraciones Públicas.
- Ley 25/2009, de 22 de diciembre, de modificación de diversas Leyes para su adaptación a la Ley sobre el libre acceso a las actividades de servicios y su ejercicio.
- Ley Orgánica 12/1995, de 12 de diciembre, de Represión del Contrabando.

- Real Decreto 111/1986, de 10 de enero, de desarrollo parcial de la ley 16/1985, de 25 de junio, del Patrimonio Histórico Español.

INSTRUMENTOS JURÍDICOS INTERNACIONALES

Es preciso señalar la preocupación por parte de la Comunidad Internacional por la tutela de este tipo de bienes. Así, entre los instrumentos auspiciados por la **UNESCO** cabe destacar:

- Convención sobre la protección del patrimonio mundial, cultural y natural [París, 23 de noviembre de 1972) (*Tol 145618*)].
- Protección de los bienes culturales en caso de conflicto armado [Convención de la Haya, 14 de mayo de 1954) (*Tol 137459*)].
- Protocolo para la protección de los bienes culturales en caso de conflicto armado (La Haya, 14 de mayo de 1954).
- Second Protocol to the Hague Convention of 1954 for the Protection of Cultural Property in the Event of Armed Conflict (La Haya, 26 de marzo de 1999).
- Reglamento para la aplicación de la Convención para la protección de los bienes culturales en caso de conflicto armado.
- Convención sobre la Protección del Patrimonio Cultural Subacuático (2 de noviembre de 2001).
- Convención sobre las medidas que deben adoptarse para prohibir e impedir la importación, la exportación y la transferencia de propiedad ilícitas de bienes culturales [París, 14 de noviembre de 1970) (*Tol 145617*)].
- Mensaje del Director General de la UNESCO, Koïchiro Matsuura (21 de febrero de 2002).
- Primera Proclamación por la UNESCO de las obras maestras del patrimonio oral e inmaterial de la humanidad (164 EX/18, París, 3 de mayo de 2002).
- Protección del Patrimonio Cultural: Actos que constituyen crímenes contra el patrimonio común de la humanidad (162 EX/14 París, 12 de septiembre de 2001).
- Resolución 56/8 de la Asamblea General: "Año de las Naciones Unidas del Patrimonio Cultural, 2002".
- Convención para la Salvaguardia del Patrimonio Cultural inmaterial hecho en París el 3 de noviembre de 2003.
- Convención sobre la Protección y Promoción de la Diversidad de las Expresiones Culturales, París, 20 de octubre de 2005.

Por su parte, la **Unión Europea** ha promovido la protección de este tipo de bienes fundamentalmente a través de:

- Comunicación de la Comisión al Consejo, al Parlamento Europeo, al Comité Económico y Social Europeo y al Comité de las Regiones, de 11 de agosto de 2008 sobre biblioteca digital europea: El patrimonio cultural europeo a un clic del ratón: avances en la digitalización y el acceso en línea al material cultural y en la conservación digital en la UE [COM (2008) 513 final.
- Reglamento (CE) nº 116/2009 del Consejo, de 18 de diciembre de 2008, relativo a la exportación de bienes culturales (*Tol 756833*).
- Reglamento (CEE) nº 3911/92 del Consejo de 9 de diciembre de 1992, relativo a la exportación de bienes culturales (*Tol 756833*).

- Directiva 93/7/CEE del Consejo, de 15 de marzo de 1993, relativa a la restitución de bienes culturales que hayan salido de forma ilegal del territorio de un Estado miembro (*Tol 756835*).
- Conclusiones del Consejo y de los representantes de los Gobiernos de los Estados miembros, de 16 de diciembre de 2008, reunidos en el seno del Consejo, sobre la promoción de la diversidad cultural y el diálogo intercultural en las relaciones exteriores de la Unión Europea y de sus Estados miembros [Diario Oficial C. 320 de 16.12.2008].
- Conclusiones del Consejo y de los Representantes de los Gobiernos de los Estados miembros, reunidos en el seno del Consejo, sobre el plan de trabajo en materia de cultura (2008-2010) [Diario Oficial C. 143 de 10.6.2008].
- Resolución del Consejo, de 16 de noviembre de 2007, relativa a una Resolución del Consejo, de 16 de noviembre de 2007, relativa a una Agenda Europea para la Cultura [Diario Oficial C. 287 de 29.11.2007].
- Comunicación de la Comisión al Parlamento Europeo, al Consejo, al Comité Económico y Social Europeo y al Comité de las Regiones, de 10 de mayo de 2007, sobre una Agenda Europea para la Cultura en un Mundo en vías de Globalización [COM (2007) 242 final —no publicada en el Diario Oficial].
- White Paper on Intercultural Dialogue. Launched by the Council of Europe Ministers of Foreign Affairs at their 118th Ministerial Session (Strasbourg, 7 May 2008) Council of Europe F-67075 Strasbourg Cedex June 2008.
- Recomendación (UE) 2021/1970 de la Comisión de 10 de noviembre de 2021 relativa a un espacio común europeo de datos para el patrimonio cultural.

Los instrumentos más destacados emanados del **Consejo de Europa**:

- Convenio Europeo para la Protección del Patrimonio Arqueológico (Londres, 6 de mayo de 1969).
- Convenio para la Salvaguarda del Patrimonio Arquitectónico de Europa (Granada, 3 de octubre, 1985).
- Convenio Europeo sobre la protección del patrimonio arqueológico (revisado) (Veletta, 16 enero, 1992).
- Convenio Europeo para la protección del paisaje (Florencia, 20 octubre, 2000) (*Tol 1233266).*
- Convenio de UNIDROIT sobre bienes culturales robados o exportados ilegalmente (Roma, el 24 de junio de 1995) (*Tol 145619).*

Lección 33ª

Delitos contra los recursos naturales y el medio ambiente

ESTHER HAVA GARCÍA

SUMARIO. I. CONSIDERACIONES GENERALES. 1. Influencia de la Unión Europea en la protección penal del medio ambiente. 2. Accesoriedad administrativa de los delitos ambientales. II. BIEN JURÍDICO PROTEGIDO. III. EL DELITO DE CONTAMINACIÓN DEL ART. 325.1 CP. 1. Sujeto activo. 2. Conducta típica. 2.1. Provocación o realización de la actividad contaminante. 2.2. Infracción de una norma ambiental de carácter extrapenal. 2.3. Desvalor de resultado y resultado material. 3. Tipo subjetivo. 4. Autoría y participación. 5. *Iter criminis.* 6. Penalidad. 7. Cuestiones procesales. IV. LOS TIPOS AGRAVADOS DEL ART. 325.2 CP. 1. Creación de una situación de peligro de perjuicio grave para el equilibrio de los ecosistemas. 2. Creación de un riesgo de grave perjuicio para la salud de las personas. V. DELITOS RELACIONADOS CON EL MANEJO DE RESIDUOS (ART. 326 CP). 1. Objeto material: concepto jurídico penal de residuo. 2. Tipo básico: gestión ilegal de residuos (art. 326.1 CP). 3. Tipo subsidiario: traslado de residuos (art. 326.2 CP). VI. EXPLOTACIÓN DE INSTALACIONES DEDICADAS A ACTIVIDADES O SUSTANCIAS PELIGROSAS (ART. 326 BIS CP). 1. Conducta típica. 2. Desvalor de resultado. VII. AGRAVACIONES COMUNES DEL ART. 327 CP. 1. Clandestinidad. 2. Desobediencia. 3. Falsedad u ocultación. 4. Obstaculización de la actividad inspectora. 5. Riesgo de deterioro irreversible o catastrófico. 6. Extracción ilegal de aguas en período de restricciones. VIII. CONCURSOS (ARTS. 325, 326 Y 326 BIS CP). IX. RESPONSABILIDAD PENAL DE LAS PERSONAS JURÍDICAS POR DELITOS AMBIENTALES (ART. 328 CP). X. PREVARICACIÓN MEDIOAMBIENTAL (ART. 329 CP). 1. Sujetos activos. 2. Conductas típicas. 2.1. Informar favorablemente la concesión de licencias. 2.2. Silenciar la infracción de leyes o disposiciones normativas. 2.3. Omitir la realización de inspecciones obligatorias. 2.4. Resolver o votar a favor de la concesión de licencias manifiestamente ilegales. 3. Elemento subjetivo. 4. Penalidad. 5. Concursos. XI. DAÑOS EN UN ESPACIO NATURAL PROTEGIDO. 1. Sujeto activo. 2. Conducta típica. 3. Tipo subjetivo. 4. Concursos. XII. PENALIZACIÓN DE COMPORTAMIENTOS IMPRUDENTES. XIII. DISPOSICIONES COMUNES A LOS DELITOS CONTRA LOS RECURSOS NATURALES Y EL MEDIO AMBIENTE. 1. Afectación a un espacio natural protegido. 2. Adopción de medidas judiciales. 3. Reparación voluntaria del daño causado. XIV. BIBLIOGRAFÍA.

Artículo 325

1. Será castigado con las penas de prisión de seis meses a dos años, multa de diez a catorce meses e inhabilitación especial para profesión u oficio por tiempo de uno a dos años el que, contraviniendo las leyes u otras disposiciones de carácter general protectoras del medio ambiente, provoque o realice directa o indirectamente emisiones, vertidos, radiaciones, extracciones o excavaciones, aterramientos, ruidos, vibraciones, inyecciones o depósitos, en la atmósfera, el suelo, el subsuelo o las aguas terrestres, subterráneas o marítimas, incluido el alta mar, con incidencia incluso en los espacios transfronterizos, así como las captaciones de aguas que, por sí mismos o conjuntamente con otros, cause o pueda causar daños sustanciales a la calidad del aire, del suelo o de las aguas, o a animales o plantas.

2. Si las anteriores conductas, por sí mismas o conjuntamente con otras, pudieran perjudicar gravemente el equilibrio de los sistemas naturales, se impondrá una pena de prisión de dos a cinco años, multa de ocho a veinticuatro meses e inhabilitación especial para profesión u oficio por tiempo de uno a tres años.

Si se hubiera creado un riesgo de grave perjuicio para la salud de las personas, se impondrá la pena de prisión en su mitad superior, pudiéndose llegar hasta la superior en grado.

Artículo 326

1. Serán castigados con las penas previstas en el artículo anterior, en sus respectivos supuestos, quienes, contraviniendo las leyes u otras disposiciones de carácter general, recojan, transporten, valoricen, transformen, eliminen o aprovechen residuos, o no controlen o vigilen adecuadamente tales actividades, de modo que causen o puedan causar daños sustanciales a la calidad del aire, del suelo o de las aguas, o a animales o plantas, muerte o lesiones graves a personas, o puedan perjudicar gravemente el equilibrio de los sistemas naturales.

2. Quien, fuera del supuesto a que se refiere el apartado anterior, traslade una cantidad no desdeñable de residuos, tanto en el caso de uno como en el de varios traslados que aparezcan vinculados, en alguno de los supuestos a que se refiere el Derecho de la Unión Europea relativo a los traslados de residuos, será castigado con una pena de tres meses a un año de prisión, o multa de seis a dieciocho meses e inhabilitación especial para profesión u oficio por tiempo de tres meses a un año.

Artículo 326 bis

Serán castigados con las penas previstas en el artículo 325, en sus respectivos supuestos, quienes, contraviniendo las leyes u otras disposiciones de carácter general, lleven a cabo la explotación de instalaciones en las que se realice una actividad peligrosa o en las que se almacenen o utilicen sustancias o preparados peligrosos de modo que causen o puedan causar daños sustanciales a la calidad del aire, del suelo o de las aguas, a animales o plantas, muerte o lesiones graves a las personas, o puedan perjudicar gravemente el equilibrio de los sistemas naturales.

Artículo 327

Los hechos a los que se refieren los tres artículos anteriores serán castigados con la pena superior en grado, sin perjuicio de las que puedan corresponder con arreglo a otros preceptos de este Código, cuando en la comisión de cualquiera de los hechos descritos en el artículo anterior concurra alguna de las circunstancias siguientes:

a) Que la industria o actividad funcione clandestinamente, sin haber obtenido la preceptiva autorización o aprobación administrativa de sus instalaciones.

b) Que se hayan desobedecido las órdenes expresas de la autoridad administrativa de corrección o suspensión de las actividades tipificadas en el artículo anterior.

c) Que se haya falseado u ocultado información sobre los aspectos ambientales de la misma.

d) Que se haya obstaculizado la actividad inspectora de la Administración.

e) Que se haya producido un riesgo de deterioro irreversible o catastrófico.

f) Que se produzca una extracción ilegal de aguas en período de restricciones.

Artículo 328

Cuando de acuerdo con lo establecido en el artículo 31 bis una persona jurídica sea responsable de los delitos recogidos en este artículo, se le impondrán las siguientes penas:

a) Multa de uno a tres años, o del doble al cuádruple del perjuicio causado cuando la cantidad resultante fuese más elevada, si el delito cometido por la persona física tiene prevista una pena de más de dos años de privación de libertad.

b) Multa de seis meses a dos años, o del doble al triple del perjuicio causado si la cantidad resultante fuese más elevada, en el resto de los casos.

Atendidas las reglas establecidas en el artículo 66 bis, los jueces y tribunales podrán asimismo imponer las penas recogidas en las letras b) a g) del apartado 7 del artículo 33.

Artículo 329

1. La autoridad o funcionario público que, a sabiendas, hubiere informado favorablemente la concesión de licencias manifiestamente ilegales que autoricen el funcionamiento de las industrias o actividades contaminantes a que se refieren los artículos anteriores, o que con motivo de sus inspecciones hubiere silenciado la infracción de leyes o disposiciones normativas de carácter general que las regulen, o que hubiere omitido la realización de inspecciones de carácter obligatorio, será castigado con la pena establecida en el artículo 404 de este Código y, además, con la de prisión de seis meses a tres años y la de multa de ocho a veinticuatro meses.

2. Con las mismas penas se castigará a la autoridad o funcionario público que por sí mismo o como miembro de un organismo colegiado hubiese resuelto o votado a favor de su concesión a sabiendas de su injusticia.

Artículo 330

Quien, en un espacio natural protegido, dañare gravemente alguno de los elementos que hayan servido para calificarlo, incurrirá en la pena de prisión de uno a cuatro años y multa de doce a veinticuatro meses.

Artículo 331

Los hechos previstos en este Capítulo serán sancionados, en su caso, con la pena inferior en grado, en sus respectivos supuestos, cuando se hayan cometido por imprudencia grave.

I. CONSIDERACIONES GENERALES

En la tarde del 13 de noviembre de 2002, casi diez años después del naufragio del Mar Egeo y apenas tres y medio tras la catástrofe de Aznalcóllar, un petrolero monocasco de 26 años de antigüedad cargado con 77.000 toneladas de fuel pesado se escoraba en medio de un fuerte temporal con una importante vía de agua en el casco. Tras seis días de navegación errática, el *Prestige* se partía en dos y se hundía a 133 millas náuticas del Cabo Finisterre. La marea negra provocada por el vertido causó una de las catástrofes medioambientales más graves de la historia de la navegación: el derrame de petróleo al mar se estima oficialmente que fue de unas 63.000 toneladas que afectaron a casi 3.000 kilómetros del litoral costero, causando la contaminación de 1.137 playas, 450.000 metros cuadrados de superficie rocosa impregnada de chapapote, más de 500 toneladas de fuel en los fondos de la plataforma continental, la mortalidad de entre 115.000 y 230.000 aves marinas y altos contenidos de hidrocarburos en la biota y sedimentos, amén de los daños ocasionados por la suspensión forzosa de la actividad pesquera y marisquera en toda la zona siniestrada [SAP, La Coruña, Sección 1ª, 38/2011, 13-11-2013 (*Tol 4106960)*]. El *Prestige* era propiedad de una compañía mercantil registrada en Liberia, tenía pabellón de Bahamas, aseguradora británica, clasificadora estadounidense, fletadora suiza con sede en Londres y armador de nacionalidad griega. Pasó su última inspección en 1999, tras ser sancionado en dos ocasiones (en Nueva York y en Rotterdam) por infracciones de seguridad, y no volvió a ser revisado a fondo desde entonces. A pesar de ello, tan solo un individuo fue declarado penalmente responsable del desastre ecológico: el capitán del buque, que fue condenado por un delito imprudente contra el medio ambiente, en la modalidad agravada de deterioro catastrófico, a la pena de dos años de prisión, doce meses de multa a razón de una cuota diaria de 10 euros y un año y seis meses de inhabilitación para el ejercicio de su profesión [STS 865/2015, 14-1 (*Tol 5620985)*].

El hundimiento del *Prestige* vino a sumarse a una ya larga lista de catástrofes ecológicas que no ha dejado de engrosarse con nuevos desastres como, por ejemplo, el provocado por la explosión el 22 de abril de 2010 de la plataforma petrolífera *Deepwater Horizon* de la empresa BP en el Golfo de México (que causó el vertido de petróleo más importante de la historia, estimado en 779.000 toneladas de crudo, además de la muerte de once trabajadores) o la doble contaminación que con toda probabilidad causará en los arrecifes de coral del Mar Rojo el hundimiento del *M. V. Rubymar* entre las costas de Yemen y Eritrea el 2 de marzo de 2024 con toda su carga (los cientos de toneladas de fueloil que dejaron una mancha de petróleo de 29 kilómetros de longitud, y las miles de toneladas de fertilizante de amonio que transportaba), como consecuencia de un ataque con misiles. No es la primera vez que la guerra civil yemení provoca un grave riesgo ambiental: han sido necesarios más de ocho años de gestiones, reuniones y negociaciones al más alto nivel para conseguir la extracción de los 1.400.000 barriles de crudo que estaban almacenados en el *FSO Safer*, un superpetrolero que fue abandonado en marzo de 2015 por el bando hutí tras tomar el control del litoral cercano a su punto de amarre.

El peligro no afectaba solo al ecosistema de la zona: el derrame habría interrumpido la llegada de ayuda humanitaria, el funcionamiento de las desalinizadoras, la explotación de la industria pesquera y el desarrollo del comercio mundial que pasa por el Mar Rojo y el Canal de Suez.

A estas alturas, nadie en su sano juicio puede dudar ya de la imperiosa necesidad de evitar desastres (y riesgos) ambientales (y humanitarios) como los que se acaba de mencionar, y sin embargo parece un hecho constatado que las cumbres mundiales que periódicamente se celebran para plantear estrategias y adoptar medidas preventivas a nivel global resultan inanes en la lucha contra el deterioro de los ecosistemas. En este contexto, el escaso interés que demuestran las naciones industrializadas y las corporaciones multinacionales en poner coto a los riesgos medioambientales cuando ello les supone costes adicionales sirve para explicar, por ejemplo, el estrepitoso fracaso con el que suelen finalizar las sucesivas Conferencias de la ONU sobre Cambio Climático.

Para muestra, un botón: la última de dichas Conferencias, denominada COP28 y celebrada en Dubái (¡!) en noviembre y diciembre de 2023, tuvo que finalizar con un pacato llamamiento a "alejarse" de los combustibles fósiles, dada la férrea oposición manifestada por los representantes de países petroleros a incluir en las conclusiones una referencia clara a su eliminación progresiva. Días antes, el presidente de la COP28 y de la petrolera emiratí ADNOC, había afirmado que *"no hay ninguna ciencia, ningún escenario, que diga que eliminar gradualmente los combustibles fósiles es lo que permitirá alcanzar el 1,5 °C"*.

A la vista de la endeblez de la que hacen gala la mayoría de los instrumentos y organismos internacionales en materia medioambiental, no parece que a corto plazo tengan mucho futuro las voces que propugnan, cada vez con mayor intensidad, la tipificación del ecocidio como nuevo crimen internacional, con el fin de poner remedio a la ineficacia que parecen demostrar los diferentes sistemas penales nacionales frente a las catástrofes ecológicas provocadas, al menos, de forma imprudente (*cfr.* FERNÁNDEZ-HERNÁNDEZ). Pero ello, desde luego, no significa que nuestra regulación interna de los delitos ambientales sea completamente ajena a la influencia de determinadas organizaciones supranacionales. Antes, al contrario: puede decirse las distintas reformas que ha experimentado el mal denominado "delito ecológico" en nuestro país durante la última década han venido impuestas, directa o indirectamente y no siempre con acierto, por la Unión Europea.

Es más: la reciente Directiva (UE) 2024/1203, del Parlamento Europeo y del Consejo, de 11 de abril de 2024, relativa a la protección del medio ambiente mediante el Derecho penal, incluye una referencia expresa al ecocidio en su considerando nº 21, calificando de tal modo los comportamientos intencionados que produzcan resultados catastróficos: *"Dichos delitos cualificados pueden englobar conductas comparables al «ecocidio», que ya está recogido en el Derecho de determinados Estados miembros y se está debatiendo en foros internacionales"*.

1. Influencia de la Unión Europea en la protección penal del medio ambiente

La Unión Europea se ha venido ocupando con profusión de la protección ambiental casi desde sus orígenes, en parte para contrarrestar el fracaso de los instrumentos internacionales (que constituyen un ejemplo paradigmático del denominado "Derecho blando" o *soft law*), y en parte para evitar las distorsiones que en el mercado único puede provocar la coexistencia de Ordenamientos Jurídicos nacionales con niveles de protección ambiental de desigual severidad. De hecho, el medio ambiente constituye una de las materias más prolijamente reguladas en el ámbito europeo, a través de todo un conjunto de Reglamentos y Directivas que desde hace décadas influyen en la configuración de los delitos ambientales de los diferentes Estados miembros mediante la regulación sectorial de múltiples aspectos, como la emisión de gases a la atmósfera, control de residuos en tierra, vertidos de sustancias peligrosas al mar, protección de determinadas especies animales y vegetales, etc.

El Tratado de Funcionamiento de la Unión Europea vino a consolidar la vocación expansiva del Derecho comunitario ambiental con diversos pronunciamientos: declara el medio ambiente como uno de los ámbitos principales sujetos a competencias compartidas entre la Unión y los Estados miembros (art. 4); confirma la obligación de integrar las exigencias de la protección del medio ambiente en la definición y en la realización de las políticas y acciones de la Unión, corroborando de este modo el carácter transversal de los objetivos ambientales (art. 11); mantiene el medio ambiente como uno de los ámbitos en los que debe producirse la aproximación entre las legislaciones de los diferentes Estados miembros (art. 114); ratifica el procedimiento legislativo ordinario como mecanismo para la realización de las acciones que deba emprender la Unión conforme a sus objetivos de política ambiental (art. 192); y permite en definitiva, también en el ámbito medioambiental, el establecimiento mediante directivas de normas mínimas relativas a la definición de las infracciones penales y de las sanciones correspondientes, *"cuando la aproximación de las disposiciones legales y reglamentarias de los Estados miembros en materia penal resulte imprescindible para garantizar la ejecución eficaz de una política de la Unión en un ámbito que haya sido objeto de medidas de armonización"* (art. 83.2).

A todo ese conjunto normativo, ya de por sí enormemente complejo, vino a sumarse la Directiva 2008/99/CE del Parlamento Europeo y del Consejo, de 19 de noviembre de 2008, relativa a la protección del medio ambiente mediante el Derecho penal, que obligaba a establecer en todos los Estados miembros un marco penal riguroso aplicable a las agresiones ambientales.

La Directiva 2008/99/CE se caracterizaba fundamentalmente por las siguientes notas: a) contemplaba una serie de definiciones que deberían ser tenidas en cuenta a la hora de integrar los tipos penales ambientales, toda vez que, por ejemplo, incluía en el concepto de "ilícito" (calificativo a partir del cual eran seleccionadas las conductas con relevancia penal) la infracción de la legislación europea que especificaba en sus Anexos A y B, así como de la normativa aprobada por la autoridad competente estatal para dar cumplimiento a dicha legislación europea; b) obligaba a los Estados miembros a calificar como delictivas, *"cuando sean ilícitas y se cometan dolosamente o, al menos, por imprudencia grave"* un total de nueve conductas atentatorias contra elementos ambientales; c) exigía la penalización de la complicidad en estos delitos y de la incitación (inducción) a cometerlos; d) requería la previsión, en todo caso, de sanciones penales eficaces, proporcionadas y disuasorias para los autores y partícipes; e) obligaba a asegurar la responsabilidad de las personas jurídicas en los supuestos anteriores, *"cuando tales delitos hayan sido cometidos en su beneficio por cualquier persona, a título individual o como parte de un órgano de la persona jurídica, que tenga una posición directiva en la persona jurídica"*, o cuando su falta de supervisión o control hubiera hecho posible el delito, estableciendo además para estas entidades *"sanciones efectivas, proporcionadas y disuasorias"*.

Como antecedente inmediato de esta Directiva debe mencionarse la Decisión Marco 2003/80/JAI del Consejo, de 27 de enero de 2003, relativa a la protección del medio ambiente a través del Derecho penal, que tenía un contenido similar y cuya promulgación suscitó la presentación por parte de la Comisión ante el TJCE de un recurso de anulación, al entender que la base jurídica elegida por el Consejo para adoptar dicha Decisión era incorrecta. Los razonamientos expuestos en la STJCE [asunto C-176/03, 13-9-2005 (*Tol 709943)*], que acogió la argumentación de la Comisión, pusieron de relieve importantes consecuencias de cara a la progresiva "comunitarización" del Derecho penal en general y del Derecho penal ambiental en particular.

La LO 5/2010 pretendió dar cumplimiento a lo dispuesto en la Directiva 2008/99/CE, introduciendo determinadas modificaciones en los delitos contra los recursos naturales y el medio ambiente que, según se declaraba expresamente, trataban de materializar la armonización normativa de la Unión Europea en este ámbito.

En este contexto, las principales novedades de la reforma penal de 2010 fueron las siguientes: a) se agravaron las penas previstas para buena parte de los delitos contra los recursos naturales y el medio ambiente; b) se suprimió el núm. 2 del art. 325 CP, integrando la conducta relativa a radiaciones ionizantes en el seno de los delitos de riesgo catastrófico, castigados en el Cap. I del Título XVII (delitos contra la seguridad colectiva); c) se modificó el art. 327 CP para adecuar su contenido al nuevo régimen de responsabilidad penal de las personas jurídicas, introducido por la misma reforma de 2010, y determinar las penas aplicables a dichas entidades en los supuestos delictivos contemplados en los arts. 325 y 326 CP; d) se amplió considerablemente la regulación de los comportamientos relacionados con el establecimiento de depósitos o vertederos de desechos o residuos tóxicos o peligrosos del art. 328 CP, incluyendo en dicho precepto nuevas modalidades de conducta, recogidas en la Directiva 2008/99 y relacionadas con actividades peligrosas, extendiendo asimismo a estos supuestos la responsabilidad penal de las personas jurídicas.

A pesar de lo anterior, durante la tramitación de la reforma penal de 2015 el Grupo Parlamentario Popular planteó la necesidad de modificar nuevamente la redacción de los arts. 325, 326, 327 y 328 CP, y de introducir un nuevo precepto (el art. 326 bis CP), no solo con el fin de adaptar la regulación de los delitos ambientales a lo dispuesto en la Directiva 2009/123/CE del Parlamento Europeo y del Consejo, de 21 de octubre de 2009, por la que se modifica la Directiva 2005/35/CE relativa a la contaminación procedente de buques y la introducción de sanciones por las infracciones (en el caso del art. 325), sino también para realizar "una adecuada incorporación" de determinados preceptos de la Directiva 2008/99/CE (en el resto de casos).

La reforma del Capítulo III del Título XVI del Código Penal no se contemplaba ni en el Anteproyecto aprobado por Consejo de Ministros el 11 de octubre de 2012, ni en el Proyecto del Gobierno que fue publicado en el Boletín Oficial de las Cortes Generales casi un año después, el 4 de octubre de 2013, de modo que esta parte de la reforma no pudo ser informada ni por el Consejo General del Poder Judicial, ni por el Consejo Fiscal. A pesar de ello, parece que los argumentos expuestos por el Grupo Parlamentario Popular durante la tramitación de la reforma de 2015 fueron de suficiente peso, pues se recogió el texto incluido en sus enmiendas presentadas ante la Comisión de Justicia prácticamente sin ninguna modificación. No obstante, llama la atención el hecho de que tan importante cambio legislativo, suscitado además según se decía por la necesidad de trasponer normas comunitarias, no fuera explicado en el Preámbulo de la LO, y que tampoco se incluyera referencia expresa a las Directivas mencionadas en el listado de normas de la Unión Europea que, según se aclaraba en su disposición final sexta, eran incorporadas al Derecho español por la misma LO.

Como se ha advertido, la reforma penal de 2010 de los delitos ambientales del Capítulo III del Título XVI se justificaba, precisamente, en la necesidad de incluir lo previsto en la Directiva 2008/99/CE. El que en tan breve periodo de tiempo volviera a modificarse dicha regulación penal para transponer una norma europea que ya había sido transpuesta, conforme a unas enmiendas que no fueron objeto de discusión desde su aceptación por el Informe de la Ponencia de 13 de enero de 2015, no puede dejar de provocar extrañeza y una cierta alarma a la vista de la enorme complejidad de las conductas reguladas, que probablemente habrían merecido, tanto en 2010 como en 2015, algo más de reflexión antes de ser modificadas.

Según el parecer del legislador europeo, el régimen de sanciones establecido en la Directiva 2008/99/CE y en el Derecho sectorial de la UE en materia medioambiental *"no ha sido suficiente para lograr el cumplimiento del Derecho de la Unión en materia de protección del medio ambiente"*, razón por la cual ha entendido necesario reemplazarla por un nuevo instrumento normativo: la Directiva (UE) 2024/1203, del Parlamento Europeo y del Consejo, de 11 de abril de 2024, relativa a la protección del medio ambiente mediante el Derecho penal y por la que se sustituyen las Directivas 2008/99/CE y 2009/123/CE. Aunque esta nueva norma europea puede considerarse una versión evolucionada de la anterior, su contenido es mucho más ambicioso: no sólo amplía enormemente el catálogo de delitos y sanciones que los Estados deberán incluir en sus respectivos ordenamientos, sino que además entra a regular otros muchos aspectos —tanto de Derecho penal sustantivo como de Derecho procesal penal— no contemplados en su predecesora (punición de la tentativa, circunstancias agravantes y atenuantes, embargo y decomiso, plazos de prescripción, jurisdicción, instrumentos de investigación, protección de las personas que denuncien delitos medioambientales o colaboren en su investigación, coordinación y cooperación entre autoridades de diferentes Estados miembros, etc.). Tampoco debe descartarse la notable influencia que, siquiera por la vía de la interpretación, pueden alcanzar en los sistemas penales de los Estados miembros algunos considerandos de la Directiva, como por ejemplo los que definen el elemento típico "intención" (haciendo referencia al dolo eventual o la comisión por omisión —considerando nº 26) o el concepto de "imprudencia grave" (considerando nº 27).

Para ilustrar de modo sucinto la complejidad del texto, sumamente farragoso, de la Directiva 2024/1203, basta con señalar que contiene 30 artículos y 75 considerandos, frente a los 10 artículos y 16 considerandos de la Directiva de 2008, y que, si bien los siete primeros preceptos mantienen en términos generales la misma estructura en ambos instrumentos, su contenido se amplía considerablemente, al tiempo que el de los arts. 8 a 28 constituyen una innovación total (PIFARRÉ DE MONER). Como ya se ha mencionado, el catálogo de conductas (dolosas e imprudentes) que deben tipificarse penalmente se ha incrementado de forma muy significativa (el art. 3.2 de la Directiva de 2024 recoge dichas conductas en un total de 20 literales, frente a los nueve contemplados en la Directiva de 2008). En cuanto a las penas, la Directiva 2024/1203 ya no se contenta con prescribir que estas deben ser *"efectivas, proporcionadas y disuasorias"*, sino que obliga a los Estados a establecer determinados umbrales mínimos de pena máxima de prisión (que varían en función de la naturaleza de las conductas a las que son aplicables), además de otras sanciones o "medidas accesorias" (para personas físicas —art. 5— y jurídicas —art. 7) que también son descritas de modo taxativo y sin duda excesivamente casuístico.

Todo lo anterior, en definitiva, permite augurar que en breve el legislador penal español abordará una nueva reforma de los delitos contra los recursos naturales y el medio ambiente para adaptarlos a la nueva Directiva 2024/1203 (que debe transponerse a más tardar el 21 de mayo de 2026). Reforma que, muy posiblemente, conllevará nuevos problemas técnicos (BAUCELLS I LLADÓS), similares —o peores— a los que ya provocó la transposición de la Directiva 2008/99/CE mediante la reforma penal de 2015.

2. Accesoriedad administrativa de los delitos ambientales

La penalidad de los atentados más graves contra el medio ambiente coexiste con una ingente cantidad de normas extrapenales (europeas, estatales y autonómicas) que también tratan de prevenir los daños ambientales mediante el establecimiento de un complejo régimen de prohibiciones y autorizaciones (con sus correspondientes infracciones y sanciones), aplicables a la realización de aquellas actividades que puedan entrar en contradicción con los objetivos de tutela que se persiguen.

No es una cuestión baladí la problemática que plantea no ya la aplicación de la normativa ambiental, sino su mero conocimiento: en 2010, la página web del entonces Ministerio de Medio Ambiente y contenía, en cumplimiento de lo dispuesto en la Directiva 2003/4/CE del Parlamento Europeo y del Consejo, de 28 de enero de 2003, relativa al acceso del público a la información medioambiental, una base de datos de legislación ambiental (LEMA) La búsqueda libre por la palabra "contaminación" en LEMA arrojaba un resultado de 1503 disposiciones normativas europeas, estatales y autonómicas, todas ellas en aquel entonces vigentes y por tanto vinculantes en sus respectivos ámbitos de aplicación. Si la búsqueda se acota para una materia determinada (lo que parece altamente recomendable), como por ejemplo "contaminación atmosférica", la base de datos muestra un total de 187 disposiciones (77 comunitarias, 67 estatales y 43 autonómicas).

A la vista del enorme esfuerzo que supone recopilar y mantener permanentemente actualizada una única base de datos de legislación ambiental, no parece extraño que el actual Ministerio para la Transición Ecológica y el Reto Demográfico haya renunciado a ello, sustituyendo la antigua LEMA por un sinfín de bases de datos legislativas específicas para cada aspecto ambiental (así por ejemplo, dentro de la página web del Ministerio dedicada a la calidad y evaluación ambiental, se incluyen los enlaces a las bases de datos de legislación sobre atmósfera y calidad del aire, biotecnología, contaminación acústica, etiqueta ecológica europea, evaluación ambiental, prevención y gestión de residuos, productos químicos, responsabilidad medioambiental, etc.).

Y es que las normas referidas al medio ambiente no dejan de multiplicarse: hoy en día la misma búsqueda libre por la palabra "contaminación" en el BOE da un resultado de 7.179 disposiciones vigentes (europeas, estatales y autonómicas con rango de ley) mientras que la búsqueda acotada por la materia "contaminación atmosférica" ofrece un resultado de 1.922 disposiciones.

En todo caso, la normativa extrapenal protectora del medio ambiente que complementa el correspondiente tipo aplicable debe ser conocida y aplicada de oficio por el órgano judicial penal conforme al principio *iura novit curia*, sin que por ello resulte necesario que dicha normativa sea invocada, en el caso concreto, por el Ministerio Fiscal o la acusación particular en sus respectivos escritos de calificación [SSTS 3-4-1995 (*Tol 403237*); 90/1997, 1-2 (*Tol 226282*); 81/2008, 13-2 (*Tol 1294023*); 916/2008, 30-12 (*Tol 1448802*); SSAP, Sevilla, Sección 1ª, 656/2022 (*Tol 9214099*), y Burgos, Sección 1ª, 142/2023, 13-2 (*Tol 9696280*)].

Con el fin de procurar un funcionamiento coordinado de este disperso (y cada vez más complejo) sistema jurídico, el Legislador penal ha conectado la protección que dispensa al medio ambiente con la regulación que se le otorga en otros órdenes, empleando para ello la técnica de ley penal en blanco, lo que plantea diversas cuestiones relacionadas con la accesoriedad administrativa del Derecho penal (DE LA MATA BARRANCO).

Por lo que respecta a las remisiones a normas generales de rango inferior a ley (reglamentos), la Doctrina y Jurisprudencia mayoritarias admiten con carácter general su eficacia integradora del tipo, dado que el Legislador penal se ha reservado la decisión incriminadora básica, concretada en esencia en la exigencia de la constatación adicional de un peligro especialmente relevante para el bien jurídico. Esta técnica de remisión parece la única manera posible de mantener actualizadas las normas penales ambientales, dados los diferentes anexos de actividades, sustancias contaminantes y niveles de contaminación máxima que incluye la normativa administrativa aplicable, con el fin de determinar el límite del riesgo permitido en cada sector (así por ejemplo, el Real Decreto 9/2005, de 14 de enero, por el que se establece la relación de actividades potencialmente contaminantes del suelo y los criterios y estándares para la declaración de suelos contaminantes). La necesidad de revisar periódicamente esos niveles sin que por ello se vea afectada la vigencia de la figura delictiva correspondiente, justifica, en definitiva, la remisión a normas de rango inferior a la ley (PRATS CANUT/ MARQUÈS I BANQUÉ). De forma paralela, y por razones similares, se admite también con carácter general la eficacia de las normas autonómicas como complemento de los tipos penales, en el entendimiento de que lo contrario supondría desconocer las competencias que sobre medio ambiente poseen los órganos autonómicos, así como las peculiaridades ambientales de cada autonomía y de sus sistemas de defensa [SSTS 52/2003, 14-1 (*Tol 239223*), y 926/2016, 14-12 (*Tol 5916805*)].

Tampoco parece que pueda ser ya objeto de discusión la admisión de las normas europeas específicas como integradoras del tipo penal, aunque al respecto tradicionalmente se han realizado algunos matices. Así, se ha mantenido que aquellas normas que se aplican directamente en los Estados miembros sin necesidad de ser incorporadas al Derecho nacional (Reglamentos comunitarios) tendrían plena eficacia integradora desde su publicación, mientras que aquellas otras que implican un mandato dirigido a los Estados miembros para el cumplimiento de determinados objetivos, otorgándoles libertad respecto de la elección de la forma y los medios para conseguirlos (Directivas), deberían ser incorporadas previamente al Ordenamiento Jurídico español si suponen una mayor intervención punitiva, de modo que adquirirían su capacidad vinculante para los ciudadanos, y con ello su eficacia integradora del tipo penal, a partir de su transposición a la normativa estatal. En consecuencia, para la integración de los tipos penales habrían de tenerse en cuenta, como normas extrapenales cuya infracción integraría el tipo, los Reglamentos de la Unión Europea (en la medida en que tienen aplicación directa y primacía sobre el Derecho interno), mientras que las Directivas que no hubieran sido objeto de transposición podrían tener eficacia exclusivamente para restringir el tipo, pero no para ampliarlo [STJCE, caso Arcaro, 26-9-1996 (*Tol 230793*)].

No obstante, el desarrollo del Derecho de la Unión Europea en general, y la promulgación de Directivas sobre protección penal del medio ambiente en particular, obligan a replantearse tal conclusión (*cfr.* VERCHER NOGUERA), pues en tales normas el margen de libertad otorgado a los Estados miembros para elegir la forma y los medios de obtener los objetivos perseguidos se adelgaza sustancialmente, cuando no desaparece por completo. Buen ejemplo de ello es, precisamente, la Directiva 2024/1203, la cual entre otras cosas especifica al detalle no solo la mayoría de los elementos que han de componer las descripciones típicas de los delitos ambientales, sino también los criterios en cuya virtud han de interpretarse buena parte de esos elementos y las concretas normas europeas llamadas a integrar cada tipo penal mediante la técnica de ley penal en blanco.

En efecto, a diferencia de su precedente (la Directiva 2008/99/CE, que contiene sendos Anexos donde se recogen los listados de la legislación comunitaria —más de setenta normas, entre Directivas y Reglamentos— cuya infracción se considera expresamente un "ilícito" y, por tanto, susceptible de integrar los tipos penales aplicables), la Directiva 2024/1203 ha optado por incluir una referencia expresa a cada norma o normas europeas que deben complementar el respectivo tipo penal en la mayoría de los supuestos. Así, por ejemplo, el art. 3.2.h) de esta Directiva obliga a los Estados a garantizar que constituya delito "*el reciclado de buques que entre en el ámbito de aplicación del Reglamento (UE) nº 1257/2013, cuando dicha conducta incumpla los requisitos a que se refiere el artículo 6, apartado 2, letra a), de dicho Reglamento*".

De forma similar (aunque en este caso en términos mucho menos taxativos) a como lo hacía el art. 2 a) de la Directiva 2008/99, el art. 3.1 de la Directiva 2024/1203 establece cuándo ha de considerarse que una conducta es "ilícita", distinguiendo entre aquellas que infrinjan: "*a) el Derecho de la Unión que contribuye a alcanzar alguno de los objetivos de la política de la Unión en materia de medio ambiente tal como se establecen en el artículo 191, apartado 1, del TFUE, o b) disposición legal, reglamentaria o administrativa de un Estado miembro o alguna decisión adoptada por una autoridad competente de un Estado miembro, que dé cumplimiento al Derecho de la Unión a que se refiere la letra a)*". El último párrafo del mismo precepto detalla aún más la definición de "conducta ilícita", señalando que lo será "*incluso cuando se lleve a cabo con una autorización expedida por una autoridad competente de un Estado miembro si dicha autorización se hubiera obtenido de manera fraudulenta o mediante corrupción, extorsión o coerción, o si dicha autorización incumple de manera manifiesta requisitos jurídicos materiales pertinentes*".

Por otra parte, la mayoría de las normas sectoriales europeas que son mencionadas en las descripciones de delitos contenidas en la Directiva 2024/1203 contiene un gran número de definiciones de términos científicos o técnicos que son, a su vez, empleados en tales descripciones, lo que genera un "sistema de reenvíos en cascada" que puede redundar quizá en una mayor seguridad jurídica (PIFARRÉ DE MONER), pero que sin duda también puede provocar la consolidación del Derecho penal ambiental como un auténtico "sistema de reformas en cascada" (especialmente si el legislador español mantiene su costumbre de transponer el texto comunitario de forma literal), dado que la mera sustitución de la norma europea de complemento, o de la definición del elemento normativo en ella contenido, obligaría a modificar nuevamente el tenor de la conducta típica para evitar la aparición de lagunas de impunidad.

Los redactores de la Directiva 2024/1203 fueron conscientes de esta problemática, pero al parecer les resultó poco preocupante. Así lo demuestra el tenor de algunos de sus considerandos:

"*(23) Cuando en la presente Directiva, para definir delitos, se empleen términos definidos en el Derecho medioambiental de la Unión para describir una conducta ilícita, dichos términos deben entenderse en el sentido de las definiciones correspondientes establecidas en los actos jurídicos pertinentes de la Unión cubiertos por la presente Directiva. La presente Directiva debe cubrir también cualquier acto de la Unión que modifique disposiciones o requisitos pertinentes para describir conductas ilícitas subsumibles en los delitos definidos en la presente Directiva. Al redactar dichos actos modificativos de la Unión, sería conveniente incluir una referencia a la presente Directiva. No obstante, cuando se introduzcan en el Derecho medioambiental de la Unión nuevos tipos de conducta ilícita, que no estén aún subsumidos en los delitos definidos en la presente Directiva, esta debe modificarse para que incluya dichos nuevos tipos de conducta ilícita en su ámbito de aplicación.*

(24) Sin perjuicio de ese carácter dinámico de la presente Directiva, la Comisión debe considerar periódicamente, y cuando sea necesario, si hay alguna necesidad de modificar la descripción contenida en la presente Directiva de la conducta que puede constituir delito con arreglo a la presente Directiva. La Comisión debe considerar asimismo si hay alguna necesidad de definir otros delitos cuando en el Derecho medioambiental de la Unión se introduzcan nuevos tipos de conducta ilícita que aún no estén incluidos en el ámbito de aplicación de la presente Directiva".

II. BIEN JURÍDICO PROTEGIDO

Los primeros intentos de dar respuesta jurídico-penal a los cada vez más variados atentados que sufre el medio ambiente se centraron en dotar de protección principalmente a sus elementos constitutivos (agua, aire y suelo) frente a las actividades contaminantes "tradicionales". No obstante, las investigaciones procedentes de las ciencias naturales y la propia práctica jurídica han puesto de relieve en los últimos tiempos la influencia esencial que tienen en el mantenimiento del equilibrio ecológico otros factores ambientales (como los climáticos o los biológicos) y otras formas de agresión (como la gestión de residuos), lo que ha propiciado un notable despliegue de los tipos penales protectores del medio ambiente.

El Título XVI del CP vino a materializar así un cambio de perspectiva en la tutela del medio ambiente que había sido reivindicado en multitud de ocasiones por la Doctrina, sustituyendo el antiguo y técnicamente deficiente art. 347 bis CP1973 por todo un conjunto de preceptos penales con los que se pretendía otorgar una protección mayor y autónoma a los bienes ambientales. En cuanto a la sistemática seguida, y dados los nexos existentes entre la problemática urbanística y la ambiental, puede considerarse correcta la opción seguida por el Legislador penal de 1995 en este punto: separar estos grupos de delitos en capítulos distintos, pero mantenerlos en el mismo título. No resulta, sin embargo, tan justificada la inclusión dentro del Cap. II de los delitos relativos al patrimonio histórico, ilícitos que en esencia poca o ninguna relación guardan con la protección del medio ambiente natural (TERRADILLOS BASOCO). Tampoco parece acertada la redundante rúbrica del Cap. III, que menciona como si de realidades distintas se tratara los recursos naturales junto al medio ambiente, aunque puede entenderse que con tal expresión el Legislador pretendía marcar una doble pauta en la configuración del bien jurídico: tutelando por un lado el ambiente en sentido amplio, como equilibrio de los sistemas naturales, y por otro lado los recursos naturales, que serían objeto de tutela como parte de ese equilibrio pero también en sí mismos considerados, como bienes jurídicos autónomos.

En este sentido, la mayoría de las conductas reguladas en la redacción inicial del Cap. III del Título XVI implicaban la creación de un peligro para el medio ambiente a través de un ataque "global" al equilibrio ecológico. Posteriormente, la reforma penal de 2010 incluyó en algunos preceptos la afectación de cualquiera de los subsistemas que lo conforman (básicamente agua, aire y suelo) o incluso de algunos objetos ambientales (animales y plantas), con el fin de dar respuesta a las exigencias derivadas de la Directiva 2008/99/CE, aunque aún resultaba posible interpretar que el fin prioritario era prevenir la generación delictiva de riesgos para el medio ambiente considerado como un todo: así sucedía al menos en el caso de las actividades denominadas tradicionalmente contaminantes reguladas en los arts. 325 y 326 CP. La reforma penal de 2015, por su parte, generalizó la referencia expresa a la lesión/puesta en peligro de subsistemas y objetos ambientales en la práctica totalidad de los tipos penales, sin renunciar por ello a mencionar de forma simultánea el riesgo de grave perjuicio para el equilibrio de los sistemas naturales.

Tras la entrada en vigor de la nueva Directiva 2024/1203, es posible que el Legislador español entienda, una vez más, que es necesario volver a ampliar el catálogo de bienes ambientales que son objeto de protección penal, pues la redacción de la práctica totalidad de las conductas que deben ser tipificadas a tenor de lo ordenado en dicha Directiva incluyen una referencia expresa al daño, real o potencial, de "*un ecosistema*".

Esta ampliación del catálogo de los objetos de tutela y de las conductas que los afectan pone de manifiesto la necesidad de perfilar con nitidez el bien jurídico protegido en los delitos ambientales, entre otras razones porque las imprecisiones conceptuales pueden entorpecer no sólo la concreción de los supuestos de hecho típicos más dudosos, sino la efectiva aplicación de los preceptos penales protectores del medio ambiente.

La configuración del bien jurídico medio ambiente tras la inclusión del art. 347 bis CP73 distó mucho de ser una cuestión pacífica. En efecto, a pesar de que la mayoría de la Doctrina parecía estar de acuerdo en admitir su relevancia y en clasificarlo dentro de la categoría de los denominados bienes jurídicos colectivos o macrosociales, las discrepancias surgieron inmediatamente a la hora de deducir su contenido partiendo de estos rasgos formales (DE LA CUESTA AGUADO). En este contexto, las diversas posiciones se diferenciaban, por lo general, en el mayor o menor protagonismo que le reconocían a otros bienes jurídicos implicados en la tutela penal ambiental, lo que llevó a determinado sector doctrinal a negar, en última instancia, la posibilidad de que el medio ambiente fuera configurado como un bien jurídico autónomo, por su naturaleza difícilmente tangible y perceptible si no es en relación con otros bienes tutelados por el Derecho, como la vida y salud humanas (PAREDES CASTAÑÓN).

Tras la entrada en vigor del CP95, también se produjeron interesantes debates en sede doctrinal y judicial en torno a la conceptuación del bien jurídico protegido en el art. 325 CP. De hecho, hubo que recorrer un largo camino hasta llegar a una posición unánime en torno a este tema: el delito de contaminación tutelaba el equilibrio de los sistemas naturales, un bien jurídico colectivo, autónomo e independiente de otros bienes personales, aunque estrechamente unido a estos. En este contexto, parecía claro que el tipo básico del art. 325 CP requería la puesta en peligro del medio ambiente, sin perjuicio de que la creación adicional de un riesgo grave contra la vida o salud de las personas permitiera aplicar un tipo agravado (pluriofensivo), contenido en el último inciso de la redacción originaria del art. 325 CP. De este modo, el hecho indiscutible de que la tutela jurídico-penal del medio ambiente implica en cierta medida una protección anticipada de los bienes jurídicos individuales esenciales (vida y salud humanas) no debe llevar a sostener el carácter meramente funcional de aquél con respecto a éstos (so pena de caer en una visión simplificadora de la cuestión), ni a negar su propia existencia como objeto de protección diferenciada.

Las concepciones que circunscriben el contenido del bien jurídico al medio ambiente natural gozan de mayor aceptación por parte de la Doctrina, que ha ensayado desde esta perspectiva numerosas formulaciones, todas ellas presididas de forma más o menos directa por la noción de "equilibrio", y cuyas principales diferencias proceden de la mayor o menor enumeración de elementos ambientales que incluyen en el concepto propuesto. En esta misma línea, algunos autores apuntan a la idea de "sistema" como característica más representativa de la realidad que se pretende definir, a fin de destacar las conexiones existentes entre los distintos factores ambientales. De este modo, más importante que la naturaleza en sí misma sería el papel que cumplen determinados elementos (o determinadas características de dichos elementos), en tanto que subsistemas que hacen posible el mantenimiento del equilibrio (o sistema) ecológico. También en alguna ocasión la Jurisprudencia ha adoptado este enfoque sistémico o relacional, afirmando que un ecosistema "*constituye una totalidad organizada en la que los distintos subsistemas que lo integran —vegetal, animal, hidrológico y mineral— se hallan íntimamente relacionados, de manera que cualquier decisión que afecte a uno de los subsistemas repercute, a la larga o a la corta, sobre los restantes subsistemas, todos los cuales se encuentran en un recíproco equilibrio dinámico*" [STS 26-12-1989 (*Tol 227797)*].

Esta interpretación no resulta incoherente con la consagración constitucional del derecho de todos a disfrutar de un medio ambiente adecuado. Es más, puede afirmarse que el concepto material del medio ambiente que tácitamente recoge el art. 45 CE se identifica con la suma de todos los recursos naturales (aguas, atmósfera, suelo, flora, fauna), en tanto que elementos pertenecientes a una realidad unitaria globalmente considerada —el medio ambiente—, que se configura, en el texto constitucional, como un objeto de protección bifronte. De este modo, el apartado 1 del art. 45 CE consagra el derecho a disfrutar de un medio ambiente "*adecuado para el desarrollo de la persona*", mientras que su apartado 2 establece que son objetivos de la utilización racional de los recursos naturales "*proteger y mejorar la calidad de la vida y defender y restaurar el medio ambiente*", lo que lleva a considerar dos vertientes distintas, aunque complementarias, del concepto implícito en la CE: los recursos naturales, como elementos del sistema "medio ambiente", son objeto de protección en el texto constitucional porque cumplen determinadas funciones en el mantenimiento del equilibrio ecológico, pero también porque coadyuvan a la satisfacción de otras necesidades humanas básicas.

A modo de recapitulación, pueden extraerse las siguientes notas caracterizadoras del bien jurídico protegido con carácter general en los delitos ambientales:

1. El medio ambiente es objeto de tutela en la medida en que resulta indispensable para la vida y salud de las personas y también en la medida en que el desarrollo de éstas implica el acceso a una serie de valores paisajísticos, económicos, de calidad de vida, de solidaridad con las futuras generaciones, etc., valores estrictamente ecológicos en suma inviables sin la utilización racional de los recursos naturales (TERRADILLOS BASOCO).

2. Dado que el medio ambiente es un bien jurídico de carácter colectivo o supraindividual, normalmente el sujeto pasivo del delito vendrá constituido por una pluralidad indeterminada de personas, sin que resulte por ello necesario realizar constatación ni concreción algunas respecto de los diferentes individuos que hayan podido ser afectados por el comportamiento delictivo.

3. No obstante lo anterior, y de acuerdo con la Jurisprudencia, la tutela del bien jurídico medio ambiente alcanza también a la protección del hábitat de una o varias personas (al menos cuando de contaminación acústica se trata), en la medida en que dicho bien abarca "*el conjunto local de condiciones geofísicas en las que se desarrolla la vida de una especie o de una comunidad animal o de personas. Aunque el Diccionario de la Real Academia Española no haga referencia al domicilio de las personas, es evidente que éste es el lugar en el que se desarrolla una parte importante de la vida humana y, en este sentido, también forma parte del medio ambiente. Las personas tienen, por lo tanto, derecho a que la porción del medio ambiente en el que viven una parte considerable de su vida esté protegido de todo ruido que no pueda ser considerado socialmente adecuado, como los que están legal y reglamentariamente proscritos. Consecuentemente, el sujeto pasivo del delito contra el medio ambiente no se caracteriza por el alto número de perjudicados, sino por la pertenencia a la especie cuya base biológica se desarrolla en el mismo*" [SSTS 327/2007, 27-4 (*Tol 1072210*); 152/2012, 3-2 (*Tol 2489487*); 370/2016, 28-4 (*Tol 5731272*), y 610/2021, 7-7 (*Tol 8523860*)].

4. La naturaleza colectiva del bien jurídico medio ambiente y las graves repercusiones que su menoscabo puede acarrear han provocado que tradicionalmente se haya hecho referencia en los tipos penales solo a la puesta en peligro del equilibrio de los sistemas naturales, pero ello no impide la posibilidad de constatar también la afectación de uno de los subsistemas que lo conforman (aire, suelo, aguas, animales y plantas), la lesión de un concreto objeto ambiental (por ejemplo, un espacio natural protegido), el deterioro de elementos patrimoniales (lo que llevaría a apreciar además el correspondiente delito de daños) o la afectación simultánea de bienes jurídicos personalísimos, como la vida o la salud humanas (situación que por regla general dará lugar a la aplicación del correspondiente tipo agravado o, en su caso, del concurso ideal de delitos que resulte procedente).

III. EL DELITO DE CONTAMINACIÓN DEL ART. 325.1 CP

Los vestigios del antiguo art. 347 bis CP1973 pueden encontrarse en el primer apartado del art. 325 CP, el cual mantuvo hasta hace menos de una década la misma estructura típica, característica del delito ecológico tradicional, como un delito de resultado que exigía la confluencia de tres elementos esenciales para estimar la tipicidad objetiva del comportamiento: a) la provocación o realización directa o indirecta de alguna de las actividades contaminantes aludidas en el precepto; b) la infracción de una norma ambiental de carácter extrapenal, elemento normativo igualmente exigido en forma de contravención de alguna de las leyes o disposiciones reguladoras de aquel tipo de actividades; y b) la creación de una situación de peligro grave para el bien jurídico protegido (el equilibrio de los ecosistemas naturales), como consecuencia de la realización de la actividad contaminante ilícita. La situación, sin embargo, cambió sustancialmente a raíz de la reforma penal de 2015.

Ya se ha señalado que el Preámbulo de la reforma de 2015 no contiene ninguna referencia a los motivos que justifican las nuevas modificaciones introducidas en el Capítulo III del Título XVI del CP, de modo que hay que acudir al contenido de las enmiendas del Grupo Parlamentario Popular que provocaron la inclusión de la nueva regulación para conocer cuáles fueron esas razones. En el caso del art. 325 CP, la enmienda núm. 846 señalaba la necesidad de adaptar el precepto a lo dispuesto en la Directiva 2009/123/CE del Parlamento Europeo y del Consejo, de 21 de octubre de 2009, por la que se modificaba la Directiva 2005/35/CE, relativa a la contaminación de buques. En concreto, se hacía referencia al art. 5 bis, apartado 3, de la Directiva 2009/123/CE, el cual disponía: *"Los casos repetidos de menor importancia que produzcan, no singularmente sino conjuntamente, un deterioro de la calidad del agua se considerarán infracción penal cuando se hayan cometido dolosamente, con imprudencia temeraria o negligencia grave"*.

Fácilmente puede comprobarse que el precepto comunitario sólo se refería a aquellas conductas que causen un deterioro (esto es, un efectivo menoscabo) de la calidad de las aguas, supuestos que en su mayoría probablemente podría haberse entendido incluidos en el ámbito de aplicación de la anterior redacción del art. 325 CP, en la medida en que dicho precepto ya castigaba, entre otros comportamientos, la realización de vertidos en *"las aguas terrestres, subterráneas o marítimas, incluido el alta mar"*, siempre que pudieran *"perjudicar gravemente el equilibrio de los sistemas naturales"*, y ello con independencia de que tales vertidos se realizaran mediante un solo acto o varios.

Sin embargo, la reforma penal de 2015 fue mucho más allá, creando un nuevo delito en el apartado primero del art. 325 CP dedicado a la tipificación de agresiones ambientales supuestamente menos graves que las contempladas en el segundo apartado, en el que se recoge con sustanciales modificaciones lo que hasta aquel momento había constituido el tipo básico del denominado tradicionalmente "delito ecológico", junto a la también clásica agravación por la creación de un riesgo para la salud de las personas. La redacción del segundo apartado hace referencia a las mismas conductas descritas en el primero, de modo que las diferencias entre uno y otro radican, en esencia, en el desvalor de resultado exigido en cada supuesto y en las penas previstas en cada caso.

1. Sujeto activo

Se trata de un delito común, dado que la descripción típica no exige la concurrencia de ninguna condición, cualidad o relación especial para ser sujeto activo. A pesar de ello, con cierta frecuencia en el pasado la Jurisprudencia ha invocado incorrectamente, en el enjuiciamiento de hechos subsumibles en el art. 325 CP, las reglas de atribución de responsabilidad en los delitos especiales contenidas en el art. 31 CP (PRATS CANUT/MARQUÈS I BANQUÉ). Cuestión distinta es la posibilidad de aplicar el régimen de responsabilidad penal de las personas jurídicas, establecido por LO 5/2010 y desarrollado por LO 1/2015, al que hace referencia la redacción actual del art. 328 CP.

2. Conducta típica

2.1. Provocación o realización de la actividad contaminante

2.1.1. Los dos verbos nucleares de la conducta típica, "provocar o realizar", no deben estimarse idénticos: *"provocar puede comprender en su diferencia con realizar, la de mantener tales emisiones o vertidos, mucho más cuando la interpretación contextual da pie para ello al entender que el vertido puede hacerse directa o indirectamente y no sólo en el sentido subjetivo o personal, sino en el objetivo, finalista o direccional"*, de modo que la redacción del precepto *"pretende abarcar toda acción humana que determine o un vertido o emisión contaminante de modo directo o indirecto"* [STS 81/2008, 13-2 (*Tol 294023*)].

La amplitud de los términos mencionados permite, pues, considerar delictivas conductas *"que no constituyen un acto de vertido directo en la corriente de agua, pero que son un comportamiento previo del que necesariamente ha de derivarse ese vertido. Establecer el depósito al aire libre de los restos de fundición derivados del proceso productivo de la empresa, cuando esos restos contienen elementos contaminantes, de manera tal que la lluvia, que más pronto o más tarde necesariamente ha de llegar* [...], *los ha de arrastrar hasta el arroyo o el caudal de agua correspondiente, no es un acto de realización directa, pero sí constituye una provocación o realización indirecta de vertidos"* [STS 1914/2000, 12-12 (*Tol 117422)*].

2.1.2. Aunque de la redacción legal parece desprenderse la necesidad de una forma activa de comportamiento, también debe entenderse incluida en el tipo la comisión por omisión, comportamiento que consistirá en dejar que se ocasione la contaminación sin hacer nada para evitarla. De este modo, podrá apreciarse la comisión por omisión en aquellos casos en que *"el sujeto deja, tolera, permite en suma, que se produzca un vertido y no pone los medios para impedirlo"* [STS 105/1999, 27-1 (*Tol 272766*)], todo ello siempre que se constate la presencia de los elementos exigidos con carácter general en el art. 11 CP. En este contexto, afirma la Jurisprudencia que *"corresponde a los responsables de producción, así como a los altos responsables de la dirección de las industrias que desarrollan actividades industriales potencialmente contaminantes la adopción de las medidas necesarias para neutralizar, conforme a las exigencias legales y reglamentarias, el peligro contaminante procedente de las mismas [art. 11.b) CP]. Por ello, la falta de adopción de tales medidas (cuando se conocen la situación generadora del deber, y las circunstancias que fundamentan la posición de garante y de la capacidad de acción) y, en todo caso, la utilización de operarios subalternos para el vertido ilícito de los residuos, equivale a la producción activa del vertido"* [STS 1828/2002, 25-10 (*Tol 229864*)].

2.1.3. La redacción del art. 325.1 CP intenta incluir en su ámbito de aplicación todas las modalidades de contaminación, a través de un catálogo cerrado de formas comisivas que se pretende exhaustivo, pero que precisamente por ello no parece la alternativa tipificadora más adecuada, porque el recurso a un listado de acciones puede acabar provocando justamente lo que se pretendía evitar: que queden al abrigo de la intervención penal algunas formas de ataque al bien jurídico que, en el momento de promulgarse el precepto, no eran previsibles o imaginables (PRATS CANUT/MARQUÈS I. BANQUÉ). En cualquier caso, la conducta típica podrá venir configurada por la provocación o realización, directa o indirecta, de los siguientes resultados materiales:

a) Emisiones, vertidos y radiaciones: de acuerdo con el Diccionario de la Real Academia, emitir es "arrojar, exhalar o echar hacia fuera algo", mientras que verter es "derramar o vaciar líquidos" e irradiar consiste en "transmitir, propagar o difundir".

La LO 15/2003, de 25 de noviembre, incorporó un nuevo apartado al entonces vigente art. 325 CP, en el que se castigaba prisión de dos a cuatro años la liberación, emisión o introducción de radiaciones ionizantes u otras sustancias en el aire, tierra, aguas marítimas, continentales, superficiales o subterráneas, en cantidad que produzca en alguna persona la muerte o una enfermedad que requiriera tratamiento médico o quirúrgico, o produjera secuelas irreversibles. Tan original redacción fue incorporada al texto punitivo español, según se decía, con el fin de dar cumplimiento a lo dispuesto en la ya anulada Decisión Marco 2003/80/JAI del Consejo, de 27 de enero de 2003, relativa a la protección del medio ambiente a través del Derecho penal, que establecía la obligación de los Estados miembros de adoptar las medidas necesarias para tipificar como infracciones penales dolosas, entre otros comportamientos, *"el vertido, la emisión o la introducción de una cantidad de sustancias o de radiaciones ionizantes en la atmósfera, el suelo o las aguas, que causen la muerte o lesiones graves a las personas"*. La transposición de esta disposición comunitaria (que tampoco se merecía grandes elogios por su corrección técnica) se realizó de forma tan lineal y torpe que la redacción típica incluía una referencia específica al dolo, a pesar de que el Legislador había decidido ya, con carácter previo, sancionar todas las figuras delictivas contra el equilibrio de los ecosistemas tanto en su modalidad dolosa como en la culposa (GARCÍA RIVAS).

Poco o nada a favor de la existencia de este tipo penal podía decirse, en la medida en que: a) sólo forzando la interpretación del precepto podría haberse entendido que tutelaba el bien jurídico medio ambiente (*cfr.* PRATS CANUT/MARQUÈS I BANQUÉ, GARCÍA RIVAS), pues la redacción típica no exigía expresamente ninguna creación de peligro para el equilibrio de los ecosistemas naturales, ni recogía ningún elemento de conexión con la normativa extrapenal que regula este tipo de materias, estableciendo los límites del riesgo permitido; b) exigía la constatación de una potencialidad lesiva del comportamiento tan intensa *"que produzca en alguna persona la muerte o enfermedad que, además de una primera asistencia facultativa, requiera tratamiento médico o quirúrgico o produzca secuelas irreversibles"*, lo que hacía pensar más en la clase de emisiones o exposiciones radiactivas que castigaban por aquel entonces los arts. 341 y 343 CP con penas gravísimas (prisión de quince a veinte años en el primero, de seis a doce en el segundo, más inhabilitación especial en ambos casos), a pesar de que en estos últimos preceptos el Legislador se contentaba generalmente con exigir la creación de un peligro para la vida o salud de las personas, sin necesidad de constatar su efectiva lesión; c) su patente descoordinación respecto a lo dispuesto en los delitos de riesgo catastrófico lo hacía difícilmente aplicable, dado que en aquellos supuestos en que, como consecuencia de una liberación dolosa de energía nuclear o elementos radiactivos, se causase la muerte o enfermedad de alguna persona, deberían aplicarse las reglas del concurso entre estos delitos y el correspondiente de homicidio y/o lesiones, dejando sin efecto lo establecido en el tipo penal comentado (MARTÍNEZ-BUJÁN PÉREZ).

Atendiendo a lo anterior, fue valorada positivamente en este punto la reforma penal de 2010, en la medida en que suprimió el núm. 2 del art. 325 CP y trasladó el contenido de injusto que incorrectamente trataba de cubrir (caracterizado por la liberación de sustancias ionizantes lesivas o peligrosas) al seno de los delitos relativos a la energía nuclear y a las radiaciones ionizantes, ubicación sistemática que resultaba mucho más adecuada para dar encaje a este comportamiento típico. Las razones del cambio operado por la LO 5/2010 podían encontrarse no sólo en las numerosas críticas que recibió el art. 325.2 CP, sino también en la nuevas definiciones de los comportamientos a penalizar que recogía la Directiva 2008/99/CE del Parlamento Europeo y del Consejo, de 19 de noviembre de 2008, relativa a la protección del medio ambiente mediante el Derecho penal, entre las que se incluía en su art. 3 a) *"el vertido, la emisión o la introducción en el aire, el suelo o las aguas de una cantidad de materiales o de radiaciones ionizantes que cause o pueda causar la muerte o lesiones graves a personas o daños sustanciales a la calidad del aire, la calidad del suelo o la calidad de las aguas o a animales o plantas"*.

Parece que, con tales expresiones, de contenido similar aunque no idéntico, el Legislador ha tratado de hacer referencia al conjunto de actividades que consisten en proyectar hacia las aguas, el suelo o la atmósfera sustancias contaminantes, con independencia de cuál sea el estado de tales sustancias (sólido, líquido o gaseoso). De hecho, no resulta infrecuente encontrar pronunciamientos jurisprudenciales sobre este delito que condenan por la "emisión de vertidos".

La Jurisprudencia penal ha tomado como referencia el concepto jurídico medioambiental de vertido ofrecido por la STJCE 22301/99, 29-9 (*Tol 105015)*, que estableció como tal el contenido en el art. 1.2 de la Directiva 76/464/CEE del Consejo, de 4 de mayo de 1976, relativa a la contaminación causada por determinadas sustancias peligrosas vertidas en el medio acuático de la Comunidad: *"todo acto imputable a una persona por el cual directa o indirectamente, se introduce en las aguas a las que se aplica dicha Directiva alguna de las sustancias peligrosas enumeradas en las Listas I y II de su Anexo"*. En relación con lo anterior, la distinción de la provocación o realización de vertidos típica del art. 325 CP, frente al establecimiento de depósitos o vertederos que era penalizado hasta la reforma penal de 2015 en el art. 328 CP, se matizaba entendiendo que *"los vertidos contaminantes en depósitos o balsas insuficientes o permeables, de suerte que se produzcan filtraciones en el terreno con la subsiguiente contaminación de acuíferos, es conducta que debe llevarse a la figura básica del art. 325 y en modo alguno al art. 328"*; así por ejemplo, los vertidos de purines procedentes de una granja de 5.000 cerdos en bolsas permeables e insuficientes, donde los residuos sobresalían o filtraban, produciendo contaminación de acuíferos, integran la conducta del art. 325 CP [STS 81/2008, 13-2 (*Tol 294023)*].

b) Extracciones, excavaciones y aterramientos: dichos términos parecen hacer referencia a alteraciones ambientales (potenciales o efectivas) causadas por movimientos de tierras, en la medida en que extraer es sinónimo de "sacar" y excavar significa "quitar de una cosa sólida parte de su masa o grueso, haciendo hoyo o cavidad en ella", mientras que un aterramiento es el "aumento de un depósito de tierras, limo o arena en el fondo de un mar o de un río por acarreo natural o voluntario".

c) Ruidos y vibraciones: tanto el ruido (en cuanto que constituye un "sonido inarticulado, por lo general desagradable") como la vibración (que consiste en la "propagación de ondas elásticas produciendo deformaciones y tensiones sobre un medio continuo") hacen referencia a lo que se ha dado en denominar la contaminación acústica, que ha provocado una doctrina jurisprudencial ya extensa y consolidada en relación con este comportamiento típico del art. 325 CP.

Un resumen de esta doctrina jurisprudencial puede encontrarse en la SAP, Barcelona, Sección 21ª, 68/2008, 2-1-2009 (*Tol 1455073*): *"El ruido aparece expresamente recogido en el artículo 325 del Código Penal de 1995, a diferencia del texto derogado, como una de la fuentes o medios que pueden perjudicar gravemente el equilibrio de los sistemas naturales y consiguientemente la salud de las personas. Y el examen del artículo 325 del Código Penal revela que es la gravedad del riesgo producido la nota clave que permitirá establecer la frontera entre el ilícito meramente administrativo y el ilícito penal* [...]. *Significándose que en la sentencia de 30.01.02 y posteriores de fechas 24.02.04 y las más recientes de 27.04. y 20.06.07 se menciona que tanto el Tribunal de Derechos Humanos (S. 9.12.1994) cuanto la Jurisprudencia de nuestro Tribunal Constitucional (S. 24.05.01) e incluso la STS sala tercera de lo Contencioso Administrativo de 15.03.02, ponen de manifiesto las graves consecuencias que la exposición prolongada a un nivel elevado de ruidos tienen sobre la salud de las personas, su integridad física y moral, considerando al ruido como un factor patógeno, recordemos que se ha usado como método de tortura y hasta para conseguir el enloquecimiento de las personas. Evaluándose en la jurisprudencia mencionada los parámetros de prolongada exposición y la de niveles intensos de ruidos como de especial gravedad, vid STS 24.02.03, que menciona período de exposición continuado durante fines de semana, puentes y vísperas de fiestas a lo largo de unos nueve meses. Y también se configura como grave la exposición prolongada a valores medios de ruido cercanos a un 50% superior al establecido legalmente como límite (30db en horario nocturno). Siendo de ver que en el supuesto que se examina los citados valores alcanzaron conforme mediciones hasta 43'70 dB y lo fueron por un período tan prolongado como el de trece meses, que median entre el inicio de la actividad y su cese por última clausura y posterior traspaso del negocio, debe concluirse pues concurre la exigencia típica de ser el riesgo grave"*. Al respecto, véanse también las SSTS 708/2009, 16-6 (*Tol 1570712)*; 1307/2009, 5-11 (*Tol 1769909)*; 1112/2009, 26-11 (*Tol 1747854)*; 152/2012, 3-2 (*Tol 2489487)*; 370/2016, 28-4 (*Tol 5731272)*; 207/2021,

8-3 (*Tol 8369865*); 610/2021, 7-7 (*Tol 8523860*); 870/2021, 12-11 (*Tol 8649788*), y 129/2022, 16-2 (*Tol 8820458*).

d) Inyecciones o depósitos: ambos términos parecen hacer referencia a la inserción en la tierra de sustancias contaminantes, en la medida en que inyectar significa "introducir a presión un gas, un líquido, o una masa fluida, en el interior de un cuerpo o de una cavidad", y depositar "colocar algo en un sitio determinado y por tiempo indefinido".

Por lo que respecta a la provocación o realización de depósitos, ya se ha mencionado que la Jurisprudencia no ha encontrado excesivos obstáculos para entender que tal comportamiento es subsumible en el inciso primero del art. 325 CP, a pesar del tenor literal que mantuvo hasta la reforma penal de 2015 el art. 328 (precepto en el que se castigaba el establecimiento de depósitos o vertederos). Así por ejemplo, la STS 2187/2001, 21-12 (*Tol 130143*), condena al acusado de establecer un depósito de purines porcinos y bovinos con microorganismos patógenos conforme a lo dispuesto en el art. 325 CP, "*toda vez que, como consecuencia de la no adopción de precauciones que, caso de no haber sido ilegal el depósito que contenía los purines, le hubiera sido exigido tomar al acusado, se produjeron vertidos que, aunque no se constató produjeron nocivos efectos concretos sobre el medio ambiente, pusieron en grave riesgo de causarlos al equilibrio del sistema natural cercano*". Por su parte, la SAP, A Coruña, Sección 5ª, 10/2000, 2-5, condena en base al mismo precepto penal al titular de una empresa de lacados por inyectar en capas profundas del terreno, a través de pozos de barrena existentes en la propia factoría, parte de las aguas contaminadas como consecuencia del procesado industrial.

e) Captaciones de aguas: consisten en aquellas obras destinadas a obtener un cierto volumen de agua (normalmente subterránea) de una formación acuífera concreta, empleando para ello galerías, zanjas drenantes, pozos o sondeos.

Al respecto, debe tenerse presente que la Directiva 2024/1203 obliga a tipificar como delito la extracción de aguas superficiales o subterráneas "*en el sentido de la Directiva 2000/60/CE del Parlamento Europeo y del Consejo* [por la que se establece un marco comunitario de actuación en el ámbito de la política de aguas], *cuando dicha conducta cause o pueda causar daños sustanciales al estado ecológico o al potencial ecológico de las masas de agua superficial o al estado cuantitativo de las masas de agua subterránea*".

2.1.4. La actividad contaminante (esto es, la provocación o realización, directa o indirecta, de emisiones, vertidos, radiaciones, etc.) debe revelarse en alguno de los elementos constitutivos del ecosistema: atmósfera, suelo, subsuelo, aguas terrestres, subterráneas o marítimas, "*incluido el alta mar, con incidencia incluso en los espacios transfronterizos*".

La referencia al "alta mar" fue introducida por la reforma penal de 2010 en el art. 325 CP, a pesar de que no estaba prevista en el texto originario contenido en el Proyecto de 27 de noviembre de 2009. Su inclusión se realizó en el Dictamen de la Comisión de Justicia del Congreso, como consecuencia de una enmienda transaccional de la Ponencia y sin que ningún grupo parlamentario hubiera planteado la introducción de dicha referencia. Antes, al contrario: el grupo formado por Esquerra Republicana, Izquierda

Unida e Iniciativa Per Catalunya Verds propuso la supresión de la frase relativa a la incidencia en los espacios transfronterizos por entender que "no aporta ninguna novedad al tipo penal y sin embargo dificulta su comprensión e interpretación". Parece por ello que la modificación indicada se orientaba más a aclarar el significado de la referencia a los espacios transfronterizos que a alterar las reglas que rigen la competencia jurisdiccional en materia penal del Estado español.

No obstante, en este contexto deberá tenerse en cuenta a partir de ahora lo establecido en el art. 20 de la Directiva 2024/1203: "*Cuando se sospeche que los delitos medioambientales son de índole transfronteriza, las autoridades competentes de los Estados miembros afectados deberán considerar si remitir la información sobre tales delitos a los organismos competentes pertinentes. Sin perjuicio de las normas en materia de cooperación transfronteriza y asistencia judicial mutua en materia penal, los Estados miembros, Europol, Eurojust, la Fiscalía Europea, la Oficina Europea de Lucha contra el Fraude y la Comisión colaborarán entre sí, en el marco de sus respectivas competencias, en la lucha contra los delitos a que se refieren los artículos 3 y 4. Con este propósito, Eurojust proporcionará, cuando proceda, la asistencia técnica y operativa que puedan precisar las autoridades nacionales competentes para facilitar la coordinación de sus investigaciones. La Comisión podrá, cuando proceda, prestar asistencia*".

También deberá tenerse presente, al objeto de delimitar el concepto de "alta mar", lo previsto al respecto en los tratados internacionales suscritos tanto por España (como la Convención de las Naciones Unidades sobre el Derecho del Mar de 1982) como por la Unión Europea (como el Convenio sobre protección del medio marino del Nordeste Atlántico de 1992 —Convención OSPAR).

2.2. Infracción de una norma ambiental de carácter extrapenal

A este elemento se hace referencia en la descripción típica cuando se exige que la actividad contaminante se realice "*contraviniendo las leyes u otras disposiciones de carácter general protectoras del medio ambiente*".

El primer apartado del art. 325 CP ha sido redactado, por tanto, conforme a la técnica de tipificación denominada "accesoriedad de derecho", en la medida en que su contenido debe ser integrado con la normativa extrapenal sobre la materia, y la infracción de esta normativa, en tanto que elemento objetivo del tipo, constituye materia de prohibición penal (DE LA MATA BARRANCO). La contravención de leyes u otras disposiciones de carácter general habrá de concretarse en una verdadera infracción de dicha normativa (esto es, la realización de un comportamiento quebrantando las prohibiciones establecidas en cuanto a las circunstancias de desarrollo de la actividad, sustancias permitidas, niveles máximos de emisión, etc.), pues de admitirse la posibilidad de integrar el tipo del art. 325 CP por la mera ausencia de una autorización formalmente válida (acto administrativo) se estaría castigando como delito algo que constituye una simple desobediencia administrativa (PRATS CANUT/MARQUÉS I BANQUÉ).

Cuestión distinta es la posibilidad de aplicar el tipo básico con la agravación contenida en el art. 327 a) CP en aquellos casos en que, además de infringir materialmente la normativa ambiental de complemento, se lleve a cabo la industria o actividad contaminante de forma clandestina, esto es, "*sin haber obtenido la preceptiva autorización o aprobación administrativa de sus instalaciones*", posibilidad que debe admitirse. De este modo, ni la falta de autorización administrativa implica automáticamente la tipicidad, ni su posesión la excluye sin más, aunque puede servir para descartar la apreciación de la agravante de clandestinidad [STS 7/2002, 19-1 (*Tol 130081*)].

De forma paralela, la existencia de una autorización aparentemente válida para realizar el comportamiento ilícito podría en hipótesis avalar la aplicación de la disciplina del error; no obstante, existen algunos pronunciamientos jurisprudenciales que descartan la apreciación del error en aquellos casos en que se constate que la infracción de la normativa ambiental extrapenal era patente, a pesar de contar el sujeto activo con autorización administrativa: "*no se trata simplemente de que el que recurre se hubiera atenido a las prescripciones del director del Parque, es que actuó en plena connivencia con éste al actuar de un modo, no sólo ilícito, sino que no se ajustaba en absoluto a los términos de la autorización utilizada como pantalla, y, por tanto, de manera ostensiblemente fraudulenta y nada inocente. No otra cosa puede decirse de la actuación consistente en llevar a cabo una tala masiva de arbolado (13000 unidades) bajo la licencia para «retirar madera muerta o deteriorada previamente señalada»*)" [STS 1318/2005, 17-11 (*Tol 781304*)].

A pesar de todo lo anterior, y a la vista de experiencias pasadas, es posible que el legislador entienda que es necesaria una nueva reforma del delito de contaminación para transponer literalmente el art. 1 de la Directiva 2024/1203, el cual establece que, a efectos penales, una conducta será ilícita cuando infrinja:

"a) el Derecho de la Unión que contribuye a alcanzar alguno de los objetivos de la política de la Unión en materia de medio ambiente tal como se establecen en el artículo 191, apartado 1, del TFUE, o

b) alguna disposición legal, reglamentaria o administrativa de un Estado miembro o alguna decisión adoptada por una autoridad competente de un Estado miembro, que dé cumplimiento al Derecho de la Unión a que se refiere la letra a).

Dicha conducta será ilícita incluso cuando se lleve a cabo con una autorización expedida por una autoridad competente de un Estado miembro si dicha autorización se hubiera obtenido de manera fraudulenta o mediante corrupción, extorsión o coerción, o si dicha autorización incumple de manera manifiesta requisitos jurídicos materiales pertinentes".

2.3. Desvalor de resultado y resultado material

Al parecer, el legislador penal de 2015 entendió que había determinadas agresiones "menores" contra el medio ambiente que no se hallaban tipificadas como delito y que merecían tal consideración, razón por la cual decidió penalizar de forma autónoma en el nuevo art. 325.1 CP las mismas modalidades de conducta que ya estaban incluidas en la redacción anterior del precepto, pero exigiendo que de ellas se derive un desvalor de resultado distinto y supuestamente de menor gravedad que el ahora contemplado en el segundo apartado.

En este sentido, afirma la STS 373/2023, 18-5 (*Tol 9587133*): "*La ley orgánica 1/2015, de 30 de marzo, modifica, tal vez con menos claridad de la deseable, el esquema normativo, que se compone ahora de un tipo básico, que no exige ya la creación de un posible grave perjuicio para los sistemas naturales, conformándose con la posibilidad de que la conducta pueda provocar* "daños sustanciales a la calidad del aire, del suelo o de las aguas, animales o plantas". *Y que estos* "daños sustanciales", *cualquiera que fuese su concreto contenido, no equivalen al* "grave perjuicio del equilibrio de los sistemas naturales" *a los que se refería el anterior artículo 325, lo confirma que en el número 2 de ese mismo precepto, conforme a su nueva redacción* [...]. *La sentencia impugnada, en definitiva, considera acreditado que la conducta protagonizada por Sergio, provocó, efectivamente, un riesgo cierto, objetiva y subjetivamente imputable al mismo, de que se produjeran daños sustanciales en la calidad del aire, del suelo, de las aguas, o animales o plantas, lo que integraría la figura típica prevenida en el actual artículo 325.1 que, sin embargo, entiende no puede resultar de aplicación al no hallarse el mismo vigente al tiempo de producirse los hechos. Pero considera, sin embargo, que dicho riesgo no alcanzaba a producir un grave peligro de los sistemas naturales (tipo básico del antiguo artículo 325), ni, desde luego, el grave perjuicio para la salud de las personas (modalidad agravada entonces). Se trata, es cierto, de un juicio normativo. Sucede, sin embargo, que este Tribunal Supremo únicamente podría reconsiderar el mismo, como los recurrentes persiguen, a partir de lo expresamente consignado en el relato de hechos probados de la sentencia impugnada, rechazando para ello cualquier otro elemento fáctico, disperso en su fundamentación jurídica, en tanto perjudicial para el acusado. En el factum se describe, en la forma ya dicha, la conducta de Sergio, trasladando residuos de construcción y demolición a las parcelas vecinas, donde los depositaba sin medida preventiva alguna, contribuyendo así, junto con otras personas, a la generación de un vertedero incontrolado de muy significativa extensión. Entre los residuos depositados por Sergio se encontraba una indeterminada cantidad de sustancia combustible, como plásticos,* "neumáticos, telas asfálticas, envases o aislantes de tejados y frigoríficos". *El día 27 de junio de 2015 se produjo un incendio, que tardó en ser controlado, y que emitió al aire gases procedentes de la combustión (monóxido de carbono, ácido cianhídrico, ácido sulfhídrico y amoniaco) en* "nubes de humo que afectaron a los vecinos de Rivas Vaciamadrid". *Dicho relato de hechos probados, —inmodificable ya—, no permite concluir, frente a lo exigido por el artículo 325 del Código Penal, en su redacción vigente al tiempo de producirse los hechos, que dichos depósitos de residuos pudieran perjudicar gravemente el equilibrio de los sistemas naturales ni, menos aún, que resultaran aptos para causar un grave perjuicio a la salud de las personas*".

De este modo, se castiga ahora las emisiones, vertidos, radiaciones, extracciones, excavaciones, etc. (empleando la misma fórmula que la contenida en la redacción legal precedente), cuando la realización de tales comportamientos, "*por sí mismos o conjuntamente con otros, cause o pueda causar daños sustanciales a la calidad del aire, del suelo o de las aguas, o a animales o plantas*". De la redacción dada al nuevo precepto (que claramente aparece inspirado en la terminología empleada en la Directiva 2008/99/CE) pueden extraerse las siguientes conclusiones (HAVA GARCÍA):

A) La enumeración de los diferentes elementos que conforman la base esencial del medio ambiente (aire, suelo, aguas) llevan a concluir que lo que se protege en este nuevo tipo penal no es ya el equilibrio de los ecosistemas naturales, entendido como un único bien jurídico, sino cada uno de esos elementos aisladamente considerados, que vendrían a constituir los nuevos bienes jurídicos tutelados.

B) Junto a lo anterior, se dota asimismo de protección autónoma no ya al elemento biótico de los ecosistemas (esto es, la biodiversidad), sino a determinados objetos ambientales, como son los animales y las plantas. La equiparación de la tutela que se otorga a los factores esenciales del equilibrio de los sistemas naturales con la dispensada a concretos animales o plantas solo puede explicarse como fruto de una técnica legislativa deficiente (la misma que se emplea en la Directiva 2008/99/CE), pues desconoce la diferente importancia "ecológica" de tales factores y objetos ambientales e ignora la terminología empleada en la normativa administrativa que pudiera en principio complementar el tipo (por ejemplo, la Ley 42/2007, de 13 de diciembre, del Patrimonio Natural y de la Biodiversidad), ya que éste presenta la estructura de una ley penal en blanco, como ya es habitual en este ámbito.

C) El art. 325.1 CP equipara igualmente a efectos penales la puesta en peligro de uno de esos factores u objetos con su efectiva lesión, pues se castiga con idénticas sanciones (prisión de seis meses a dos años, multa de diez a catorce meses e inhabilitación especial para profesión u oficio por tiempo de uno a dos años) al que "*cause o pueda causar daños sustanciales*" a la calidad del aire, suelo o aguas, o bien a animales o plantas. Esta equiparación penal, además de suponer una clara infracción del principio de proporcionalidad (pues sanciona igual la lesión de un bien jurídico que su mera puesta en peligro), puede tener cierta eficacia criminógena (si la pena es idéntica, el autor de unos vertidos, por ejemplo, no tiene ningún motivo de peso para tratar de minimizar *ex ante* las consecuencias de su acción ilícita), además de poder provocar consecuencias absurdas (como, por ejemplo, sancionar los vertidos en un lago *que causan* un daño sustancial a sus aguas del mismo modo que la emisión de ruidos *que pueden causar* un daño de la misma naturaleza a una pareja de aves migratorias).

La Directiva 2024/1203 impone determinados criterios que deberán en todo caso tenerse en cuenta para valorar si son sustanciales los daños (reales o potenciales) causados a los bienes u objetos ambientales.

Así, el art. 3.6 de dicha Directiva establece:

"Los Estados miembros velarán por que, en la valoración de si los daños o posibles daños son sustanciales por lo que respecta a las conductas enumeradas en el apartado 2, letras a) a e) [delitos relacionados con sustancias contaminantes]*, letra f), inciso ii)* [delitos relacionados con la gestión de residuos]*, letras j) a m)* [delitos relacionados con actividades peligrosas o extracción de aguas] *y letra r)* [delitos relacionados con gases efecto invernadero]*, se tengan en cuenta, en su caso, uno o más de los siguientes elementos:*

a) el estado básico del medio ambiente afectado;

b) si los daños son duraderos o son daños a medio o corto plazo;
c) el alcance de los daños;
d) la reversibilidad de los daños".

Por su parte, el art. 3.7 de la misma Directiva dispone:

"Los Estados miembros velarán por que, en la valoración de si las conductas enumeradas en el apartado 2, letras a), a e), letra f), inciso ii), letras i) [descarga de contaminantes procedente de buques] *a m), y letra r), pueden causar daños a la calidad del aire o del suelo, o a la calidad o al estado de las aguas, o a un ecosistema, a los animales o a las plantas, se tengan en cuenta, en su caso, uno o varios de los siguientes elementos:*

a) que la conducta esté relacionada con una actividad considerada de riesgo o peligrosa para el medio ambiente o la salud humana y que requiera una autorización que no se haya obtenido o que no se haya cumplido;

b) la medida en que se supere un umbral o valor normativos u otro parámetro obligatorio establecido en el Derecho de la Unión o nacional a que se refiere el apartado 1, párrafo segundo, letras a) y b) [supuestos en que debe considerarse que la conducta es "ilícita"], *o en una autorización expedida para la actividad de que se trate;*

c) si el material o sustancia está clasificado como peligroso o, de alguna manera, catalogado como nocivo para el medio ambiente o la salud humana".

En todo caso, el tipo mantiene su configuración como delito de resultado material (MARTÍNEZ-BUJÁN PÉREZ), de modo que será necesario constatar la existencia de una relación de causalidad entre la acción u omisión desarrollada por el sujeto activo y el resultado físico-natural provocado por aquélla (DE LA CUESTA AGUADO), además de la generación del peligro o lesión típicos, en la medida en que las meras irregularidades administrativas no constituyen ni dan vida *sic et simpliciter* al delito medioambiental [STS 1118/2005, 26-9 (*Tol 731516)*]. No obstante, la prueba de la causalidad sólo podrá ser cuestionada si se demuestra que existían otras causas, ajenas a la comisión del hecho, que hubieran podido producir por sí mismas el resultado [STS 327/2007, 27-4 (*Tol 1072210)*].

3. *Tipo subjetivo*

El dolo del sujeto debe abarcar todos los elementos del tipo objetivo, entre los que se incluye el conocimiento de la afectación al bien jurídico originada por la conducta activa u omisiva, en una gama que alcanza desde la pura intencionalidad de causar el efecto al dolo directo o eventual, según el nivel de representación de la certeza o alta probabilidad del resultado de la conducta ejecutada y de la decisión de no desistir de ella [STS 52/2003, 24-2 (*Tol 265659)*, y SAP, Barcelona, Sección 21ª, 68/2008, 2-1 (*Tol 455073)*].

No obstante, el delito contra el medio ambiente será cometido, normalmente, con dolo eventual o de segundo grado, *"siendo improbable la apreciación del dolo directo, puesto que por lo general la conducta potencialmente lesiva del medio ambiente se comete con una finalidad inocua para el Derecho penal, como es el desarrollo de una actividad industrial* [...] *la calificación imprudente de los hechos no puede admitirse cuando se está en presencia de un profesional, conocedor, entre otros aspectos, de la carga de material contaminante y de la necesidad de autorización administrativa"* [STS 521/2015, 13-10 (*Tol 5537062)*].

En consecuencia, entiende la Jurisprudencia, por ejemplo, que obra con dolo el que conociendo el peligro generado por su acción no adopta ninguna medida para evitar la realización del tipo [STS 327/2007, 27-4 (*Tol 1072210)*]. El delito de contaminación ambiental no requiere, por tanto, una específica construcción dolosa, sino la genérica del dolo: conocimiento de los elementos típicos y la voluntad de su realización.

La constatación del dolo en el delito ambiental, como la de cualquier elemento subjetivo, deberá resultar de una prueba directa o bien ser inferida a partir de otros indicadores externos acreditados en sede judicial. Así por ejemplo, la STS 2031/2002, 4-12 (*Tol 229676)* deduce la existencia de dolo a partir de los siguientes datos: *"El acusado, y su padre, mantenían en la empresa una determinada posición, 'status', con dominio de la actuación fabril realizada y con conocimiento de la normativa específica que le obligaba a determinados comportamientos en materia de medio ambiente, pues la actividad era peligrosa para el bien jurídico y, por lo tanto, eran conocedores, o debieron serlo, de las específicas prevenciones dispuestas por el ordenamiento en prevención de los riesgos que su actividad representaba. En definitiva, infringieron el deber establecido en la normativa que, dada la actividad febril, conocían. Las negociaciones sobre el Plan de descontaminación gradual, las inspecciones realizadas e, incluso, las manifestaciones expresadas por el recurrente cuando se obtuvieron las muestras que dieron lugar al procedimiento, referidas a la próxima instalación de una depuradora, evidencian el conocimiento de la situación de ilegalidad y, no obstante, la continuación en la actuación"*.

El dolo será normalmente un dolo eventual o de segundo grado, siendo improbable la apreciación de dolo directo, "*ya que normalmente la conducta potencialmente lesiva del medio ambiente se comete con una finalidad inocua para el Derecho Penal, como es el desarrollo de una actividad industrial*" [STS 81/2008, 13-2 (*Tol 1294023)*].

4. Autoría y participación

La Jurisprudencia ha rechazado la caracterización del tipo como delito de propia mano, entendiendo que lo decisivo no son las concretas maniobras o movimientos llevados a cabo para provocar o realizar la actividad contaminante, sino "*la infracción de los deberes legales y reglamentarios que incumben al titular de una organización respecto de los bienes ajenos que puedan ser lesionados. Por lo tanto, en la medida en la que el delito tiene un autor legalmente determinado que puede valerse de otros para el cumplimiento o para el incumplimiento de sus deberes, el recurrente es autor mediato del delito del art. 325 CP, de acuerdo con lo previsto en el art. 28 CP*" [STS 327/2007, 27-4 (*Tol 1072210)*]. La imputación de la autoría mediata deberá realizarse conforme a las reglas establecidas para la comisión por omisión en el art. 11 CP.

La organización de las empresas determina que, en el delito ambiental, la conducta puramente ejecutiva del trabajador u operario subordinado sea con mucha frecuencia penalmente menos relevante que la de quienes están situados jerárquicamente por encima, especialmente si estos últimos detentan el control efectivo de la organización. En este contexto, la Jurisprudencia acude a la estructura de la comisión por omisión, *"pues normalmente el responsable del proceso contaminante, o los altos directivos que conocen la existencia del carácter contaminante de la actividad de su empresa no realizarán materialmente la acción de vertido o emisión que integra el delito medioambiental, sino que se servirán de operarios que habitualmente actuarán con al menos dolo eventual"*. De este modo, *"resulta innegable que los responsables de producción de las empresas contaminantes asumen un compromiso de control de los riesgos para bienes jurídicos que puedan proceder de las personas o cosas que se encuentran bajo su dirección. La posición de garante de aquel que «tiene un dominio efectivo sobre las personas responsables mediante el poder de imponer órdenes de obediencia obligatoria» no puede ser puesta en duda. En consecuencia, conocida la situación generadora del deber (el carácter potencialmente contaminante de los residuos tóxicos que producía la factoría no podía resultar ajeno al responsable de producción de la misma, que incluso declaró ser perfectamente consciente de la utilización de elevadas cantidades de TCE en el proceso productivo), la omisión de las medidas que fácilmente podían haber sido puestas en práctica para la correcta eliminación de los residuos, realizada con conocimiento tanto de la propia situación generadora del deber, como de las condiciones que fundamentaban su posición de garante y de la posibilidad de realizar la acción debida, determina la comisión como autor por omisión del delito medioambiental del art. 325 CP* [...]. *Por ello, la actuación de los operarios en la realización material del ilícito solamente debe excluir la imputación del mismo a los superiores en los supuestos en los que se haya producido una delegación efectiva de la posición de garante, si bien solamente debe reconocerse «valor exonerante de la posición de garante cuando tal delegación se efectúa en personas capacitadas para la función y que disponen de los medios necesarios para la ejecución de los cometidos que corresponden al deber de actuar»"* [STS 1828/2002, 25-10 (*Tol 229864)*].

Resultan asimismo perfectamente imaginables otras formas de participación en el delito, como lo demuestra la STS 521/2015, 13-10 (*Tol 5537062)*: el recurrente trata de justificar la calificación de *complicidad* en relación a su persona, exponiendo que la actividad de transporte de los aparatos contaminantes (frigoríficos) que realizó era accesoria de la de emisión de gases, de ahí que no fuera una actividad idónea para ser calificada de coautoría. El TS rechaza de plano este argumento, y califica la actividad del recurrentes de *cooperación necesaria.*

5. Iter criminis

La consumación se inicia en el momento de la producción del riesgo ("[...] *o pueda causar daños* [...]"), pero se prolonga en el tiempo y alcanza hasta la cesación efectiva de la actividad ilícita [STS 2005/2002, 3-12 (*Tol 239785)*], lo que significa que el tipo contenido en el primer apartado del art. 325 CP es un delito permanente en el que cabe la tentativa (realización de actos ejecutivos que aún no han dado lugar al riesgo típico).

Según Jurisprudencia más reciente, dada su naturaleza de delito de peligro hipotético, la consumación en el delito de contaminación "*ocurre por la mera posibilidad de la contaminación, incluso cuando no llega aún a resultados impuestos por el canon de la norma reguladora*" [STS 941/2016, 15-12 (*Tol 5916835*)].

6. Penalidad

La LO 1/2010 incrementó la pena privativa de libertad del tipo básico del art. 325 CP, sustituyendo el anterior marco penal de seis meses a cuatro años por el de prisión de dos a cinco años. La principal consecuencia de este endurecimiento de la pena radicaba en la reducción de la posibilidad de aplicar la suspensión de la ejecución a los supuestos de imposición de la pena mínima por la comisión de alguna de las conductas incluidas en el tipo básico, quedando por tanto fuera del ámbito de aplicación de este beneficio aquellos comportamientos que se realicen concurriendo una o más circunstancias agravantes. Esta reforma penológica planteaba problemas en relación con el respeto del principio de proporcionalidad, en la medida en que otros preceptos, incluidos asimismo en la reforma de 2010 como consecuencia de la Directiva 2008/99, establecían un marco penal más benigno para conductas más graves (así, la redacción dada entonces al art. 345 CP, que castigaba (y sigue castigando) con pena de prisión de uno a cinco años, entre otras conductas, la utilización de materiales nucleares que causen la muerte o lesiones graves a personas, cuando parece obvio que este último comportamiento debería haber merecido una pena mayor).

Tras la reforma penal de 2015, el nuevo tipo básico del art. 325.1 CP (que se caracteriza, como se ha dicho, por castigar del mismo modo la puesta en peligro y la lesión de objetos ambientales —"[...] *cause o pueda causar* [...]") prevé la imposición de prisión de seis meses a dos años, multa de diez a catorce meses e inhabilitación especial para profesión u oficio por tiempo de uno a dos años, reservándose un marco penológico más grave para las formas agravadas del delito de contaminación: a) prisión de dos a cinco años, multa de ocho a veinticuatro meses e inhabilitación especial de uno a tres años, en aquellos supuestos en que las conductas contaminantes "*pudieran perjudicar gravemente el equilibrio de los sistemas naturales*"; b) prisión en su mitad superior, pudiéndose llegar hasta la superior en grado (esto es, hasta siete años y seis meses de privación de libertad), si con ellas "*se hubiera creado un riesgo de grave perjuicio para la salud de las personas*".

Como puede comprobarse, la reforma penal de 2015 no solo no ha solucionado los problemas relacionados con la observancia del principio de proporcionalidad de las penas, sino que los ha agravado: en la actualidad, atendiendo a la letra de la ley, es posible castigar con la lesión de bienes u objetos ambientales con igual o incluso menor pena que su mera puesta en peligro. De forma paralela, se mantiene la insensatez que supone sancionar en el art. 345 CP la utilización de "*materiales nucleares u otras sustancias radiactivas* [...] *que causen* [...] *la muerte o lesiones graves a personas*" con unas penas que pueden ser inferiores a las establecidas para los tipos penales de contaminación.

7. Cuestiones procesales

Las pruebas más utilizadas en los procesos por delitos ambientales son la documental y la pericial, destacando esta última por su importancia decisiva a la hora de determinar la presencia del injusto penal (especialmente cuando se trata de constatar un riesgo de grave perjuicio), hasta el punto de que toda la instrucción judicial puede decaer inútil si no se realiza durante la fase de investigación una pronta recogida de las muestras que demuestren la realidad e intensidad de las emisiones o vertidos.

No obstante, en algunos casos se ha prescindido de la pericial para estimar cometido el comportamiento. Véase al respecto la STS 463/2016, 31-5 (*Tol 5739929)*]: "*La determinación de la cantidad exacta del gas contaminante emitido no es necesaria para acreditar la concurrencia del tipo objeto de acusación y condena, pues la prueba testifical practicada ya ha determinado que los acusados provocaron vertidos de gases contaminantes a lo largo de cuatro años y que estos vertidos procedían de un número muy elevado de los aparatos frigoríficos sometidos a tratamiento, por lo que dada la elevada peligrosidad de estos gases para la capa de ozono, puede estimarse que unas emisiones continuadas de gases CFC altamente contaminantes durante varios años constituyen indudablemente un peligro potencial para el equilibrio de los sistemas naturales, por lo que concurren en la conducta de los acusados los tres elementos integradores del delito ecológico tipificado en el artículo 325 CP: emisiones a la atmósfera, infracción de la normativa ambiental y grave puesta en peligro del equilibrio de los sistemas naturales*".

La recogida de muestras se produce de ordinario antes del inicio de la causa penal, y es efectuada por personal cualificado de la Administración respectiva, que posteriormente remite los resultados al Juez o Tribunal competente, con el fin de evitar que desaparezcan los vestigios de la actividad contaminante. Ello no plantea ningún problema procesal, en la medida en que "*no es obstáculo para que el imputado o imputados, una vez identificados puedan tomar razón y conocimiento de la analítica efectuada, y poder solicitar contra-informes en otros laboratorios, y contradecir las condenas de los peritos*". La realización de la toma de muestras en presencia de empleados o titulares de la empresa, la entrega de copias de la analítica efectuada, así como la obtención de otras muestras para su contra análisis, son algunas de las diligencias que pueden llevarse a cabo para asegurar la vigencia del principio de no indefensión [SAP, Valencia, Sección 2ª, 743/2009 (*Tol 863365)*].

Tampoco causa problemas, en opinión de la Jurisprudencia, el hecho de que la denuncia de la que arranca la investigación penal sea anónima: "*Que la noticia inicial partiese de un escrito no firmado no arrastra la invalidez de las investigaciones puestas en marcha al comprobarse el fundamento del contenido del escrito anónimo* [...]. *Esas constataciones ni descalifican una investigación del Fiscal ni la convierten en una* inquisitio generalis, *como no la constituyen las actividades de inspección o de control (v.gr., en aeropuertos), o de visitas o supervisión de centros de toda naturaleza sometidos al control administrativo o de otro tipo de actuaciones inspectoras. Esa genérica denuncia anónima no podría servir para abrir una causa judicial penal que ha de ser la consecuencia de unos indicios delictivos concretos. No es lo mismo, empero, una actividad extraprocesal del Fiscal cuyas facultades para dirigir a las fuerzas y cuerpos de seguridad no puede discutirse. No es asimilable a estos efectos un procedimiento judicial a unas diligencias de la Fiscalía*" [STS 521/2015, 13-10 (*Tol 5537062*)].

IV. LOS TIPOS AGRAVADOS DEL ART. 325.2 CP

La inclusión del nuevo tipo básico en el primer apartado del art. 325 CP por la reforma penal de 2015 provocó el traslado de lo que quedaba de la anterior redacción al apartado segundo del mismo precepto, si bien con las modificaciones necesarias para adaptarlo a la nueva configuración típica. A partir de entonces, el art. 325.2 CP contempla dos modalidades agravadas, que se caracterizan por el diferente desvalor de resultado (o contenido de injusto) que se deriva de las actividades contaminantes: a) el peligro de perjuicio grave para el equilibrio de los ecosistemas; y b) el riesgo de grave perjuicio para la salud de las personas.

1. *Creación de una situación de peligro de perjuicio grave para el equilibrio de los ecosistemas*

El primer párrafo del art. 325.2 CP regula ahora como tipo agravado la realización de las mismas conductas contempladas en el art. 325.1 CP, cuando dichas conductas "*por sí mismas o conjuntamente con otras, pudieran perjudicar gravemente el equilibrio de los sistemas naturales*". La determinación de los casos en que debe aplicarse este precepto y no el anterior puede suscitar dudas, habida cuenta de que, como se ha visto, el nuevo art. 325.1 CP castiga tales comportamientos con las mismas penas, con independencia de causen la lesión o la puesta en peligro de los subsistemas (aire, agua, suelo) o bienes ambientales (animales y plantas) contemplados en el precepto.

En efecto, no resulta difícil imaginar casos en los que ambos artículos pueden aplicarse al supuesto de hecho (por ejemplo, cuando se realizan vertidos a un río que, además de causar un daño sustancial a la calidad de sus aguas, pueden perjudicar gravemente el equilibrio de los ecosistemas naturales). Para solucionar tales casos, son imaginables dos soluciones posibles que tienen consecuencias penológicas diversas: el concurso aparente de normas (si se interpreta que el desvalor inherente al daño o riesgo realizado conforme a lo dispuesto en el art. 325.1 CP queda de algún modo absorbido por la creación de peligro prevista en el art. 325.2 CP) o bien el concurso de delitos (si se entiende que ambos preceptos tutelan bienes jurídicos distintos: los elementos u objetos ambientales aisladamente considerados en el primer párrafo; el equilibrio de los ecosistemas naturales entendido como un todo, en el segundo).

En todo caso, parece fuera de toda duda que la expresión "*pudieran perjudicar gravemente el equilibrio de los sistemas naturales*" caracteriza a esta modalidad típica como un delito de riesgo que no requiere la comprobación de la causación de una efectiva lesión al bien jurídico, sino únicamente la constatación del carácter peligroso del vertido [por todas, STS 289/2010, 19-4 (*Tol 849226)*].

Sin embargo, la etiqueta dogmática que ha de añadírsele a la creación de riesgo típica dista mucho de ser una cuestión pacífica. En este contexto, la configuración del delito ecológico como un tipo de peligro concreto, habitual durante la vigencia del antiguo art. 347 bis CP1973, parece haberse abandonado definitivamente. Así, ya señalaba la STS 388/2003, 1-4 (*Tol 276405)*: "*en lo que se refiere al delito ecológico, la reiterada calificación jurisprudencial como delito de peligro concreto tenía la finalidad de poner de relieve la necesaria distinción entre el tipo delictivo y las infracciones administrativas correlativas, destacando para ello que el delito ecológico no podía configurarse como delito de peligro abstracto* 'stricto sensu'. *Ha de tenerse en cuenta que cuando esta configuración jurisprudencial se inició y conformó, la categoría intermedia de los delitos de peligro hipotético no se encontraba todavía plenamente consolidada en la Doctrina penal española. Pero, como ha señalado acertadamente esta Doctrina, aunque nuestra Jurisprudencia haya calificado formalmente hasta fecha reciente esta modalidad delictiva como de peligro concreto, en realidad los criterios utilizados para determinar la concurrencia del peligro en el delito ecológico eran desde hace tiempo más propios de los delitos de peligro hipotético o potencial que de los delitos de peligro concreto, en sentido estricto*".

No obstante, aún coexisten otras diversas formas de calificar el riesgo típico del primer inciso del art. 325 CP, que probablemente tienen que ver más con la respectiva posición que mantenga el intérprete respecto de la admisibilidad de los diferentes tipos de peligro y los requisitos exigibles en cada caso, que con la configuración del delito, pero que también pueden generar cierta confusión en el lector poco familiarizado con estas categorías conceptuales. De este modo, si bien es cierto que resulta cada vez más frecuente la denominación del riesgo típico del art. 325 CP como "peligro hipotético" [DE LA CUESTA AGUADO; STS 521/2015, 13-10 (*Tol 5537062)*] o "peligro hipotético potencial" [STS 1828/2002, 25-10 (*Tol 229864)*], con lo que se quiere hacer referencia a un híbrido "*a medio camino entre el peligro concreto y abstracto*" [STS 388/2003, 1-4 (*Tol 276405)*], también se emplea a veces expresiones como "delito de aptitud" (SAP, Tarragona, Sección 2ª, 47/2008, 30-1), "peligro abstracto" [TERRADILLOS BASOCO; STS 833/2003, 2-6 (*Tol 305449)*], "peligro abstracto de aptitud" (MARTÍNEZ-BUJÁN PÉREZ) o incluso "peligro abstracto-concreto" [STS 1252/2004, 2-11 (*Tol 513616)*]. Todas estas denominaciones parecen compartir un mismo objetivo: poner el acento en la idoneidad lesiva de la conducta, que se contiene en la expresión "*puedan perjudicar*" (PRATS CANUT/MARQUÉS I BANQUÉ).

En este sentido, señala la STS 81/2008, 13-2 (*Tol 294023)* que, con independencia de cuál sea el adjetivo que se utilice para calificar el peligro típico del art. 325 CP (hipotético, abstracto, de aptitud, de idoneidad, etc.), deberá en todo caso acreditarse "*que la conducta de que se trate, en las condiciones en que se ejecuta, además de vulnerar las normas protectoras del medio ambiente, es idónea para originar un riesgo grave para el bien jurídico protegido*", esto es, el equilibrio de los sistemas naturales.

A la hora de determinar la presencia de este elemento valorativo (esto es, la gravedad del riesgo), la Jurisprudencia ha acudido a diversos criterios, tales como el semántico: "*grave es lo que produce o puede producir importantes consecuencias nocivas*" [STS 96/2002, 30-1 (*Tol 156667)*]; o el más correcto de la intensidad de la incidencia contaminante: "*es el índice de ésta, cuando sea susceptible de connotarse con el rasgo típico de gravedad, el que dará relevancia penal a la conducta*" [STS 194/2001, 14-2 (*Tol 31351)*]. Habrá de atenderse, por tanto, al potencial lesivo del riesgo en relación con el espacio en el que se desarrolla, la prolongación en el tiempo, la afectación directa o indirecta, la reiteración de los vertidos, emisiones, etc. En cualquier caso, estos criterios requerirán de una prueba pericial que los exponga y deberán ser objeto de contradicción en el proceso, con el fin de evitar que las meras percepciones del órgano juzgador se conviertan en presupuesto inseguro de la aplicación del tipo penal.

La valoración judicial de la gravedad del riesgo ha de tener en cuenta que integran el concepto de peligro dos elementos esenciales: probabilidad y carácter negativo de un eventual resultado. La gravedad se ha de deducir, pues, de ambos elementos conjuntamente, lo que significa negar la tipicidad "*en los casos de resultados sólo posibles o remotamente probables, así como de aquellos que, de llegar a producirse, afecten de manera insignificante al bien jurídico*" [STS 81/2008, 13-2 (*Tol 294023)*].

Por lo demás, el riesgo de que la idoneidad y gravedad del peligro se presuman parece descartable a la vista de los pronunciamientos judiciales, pues, como señala DE LA CUESTA AGUADO, parece existir cierta tendencia a condenar sólo cuando ya se ha producido algún daño ecológico. Habida cuenta de lo anterior, un sector de la Doctrina entiende que la configuración del peligro en el art. 325 CP es criticable, porque no consigue cumplir con la finalidad político-criminal de dichas estructuras típicas, consistente en la anticipación de la tutela penal, pues la intervención punitiva se produce por exigencia de la descripción típica con posterioridad a la realización del acto de contaminación, que *per se* puede resultar ya lesivo (PRATS CANUT/MARQUÈS I BANQUÉ).

Dado que el resultado típico en esta forma agravada del delito de contaminación no es ya la lesión constatable de elementos concretos del medio ambiente, sino la probabilidad de grave perjuicio para el equilibrio de los sistemas naturales, entiende la Jurisprudencia que los concretos vertidos, emisiones, etc., que constituyen el núcleo del comportamiento típico no pueden "*ser considerados aisladamente, sino en referencia al resultado de peligro, lo que hace, aun cuando no se dan los requisitos de homogeneidad que exige el art. 74 CP, prácticamente inviable la apreciación del delito continuado*" [por todas, véase la STS 81/2008, 13-2 (*Tol 294023)*].

2. *Creación de un riesgo de grave perjuicio para la salud de las personas*

El segundo párrafo del art. 325.2 CP contempla ahora el tipo agravado por la creación de un "*riesgo de grave perjuicio para la salud de las personas*". Tanto la ubicación como la redacción que se ha dado a este inciso parecieran dar a entender que sólo resulta aplicable a las conductas contempladas en el primer inciso del apartado 2 del art. 325 CP (lo cual podría resultar absurdo, pues parece claro que la causación de daños sustanciales a la calidad del aire, del suelo o las aguas puede poner simultáneamente en peligro la salud humana).

La Doctrina mayoritaria considera que se trata de un tipo cualificado que requiere, por tanto, la constatación de todos los elementos exigidos en el tipo básico descrito en el primer apartado del art. 325 CP (o en su caso del primer párrafo del art. 325.2 CP). No obstante, cierto sector doctrinal ha interpretado que el último inciso del art. 325.2 CP contiene un tipo autónomo, destinado a sancionar de forma independiente la creación de riesgo para la salud de las personas, en tanto que sujetos de referencia del medio, de modo que en este caso se estaría tutelando el sistema natural humano sin necesidad de constatar la incidencia del comportamiento en el equilibrio de los sistemas naturales (DE LA CUESTA ARZAMENDI, SILVA SÁNCHEZ); en opinión de esta posición doctrinal, sólo calificando de autónomo el segundo inciso del art. 325 CP podrá entenderse que es posible cometer esta modalidad delictiva imprudentemente, o en concurso con la figura del primer inciso (MARTÍNEZ-BUJÁN PÉREZ).

La Jurisprudencia penal sobre "contaminación acústica" ha acogido mayoritariamente esta última interpretación (no sin caer en ciertas contradicciones) para soslayar las dificultades interpretativas que suscitaba el castigo de esta clase de conductas como delitos ambientales, pues parece evidente que, por ejemplo, los excesivos ruidos o vibraciones causados por una discoteca en el centro de un núcleo urbano pueden resultar muy molestos e incluso peligrosos o dañinos para la salud de los vecinos, pero difícilmente podrá considerarse que causan o pueden causar daños sustanciales a la calidad del aire, del suelo, etc., y mucho menos un riesgo grave para el equilibrio de los sistemas naturales. Así, por ejemplo, la STS 207/2021, 8-3 (*Tol 8369865*), si bien reconoce que el nuevo art. 325.2 CP "*se construye mediante una metodología de remisión sistemática a las conductas definidas como tipo básico, lo que es propio de la estructura formal de los tipos agravados*", señala a la continuación que "*la generación de un riesgo grave para la salud de las personas* representa un tipo autónomo *que añade un potencial peligro a la estructura del tipo básico* que, por su propia naturaleza, agrava la respuesta penal *definida en el art. 325.1 del CP*"; no obstante, para evitar castigar con una pena de prisión muy severa (la prevista en el último párrafo del art. 325.2 CP) los supuestos más frecuentemente enjuiciados de contaminación acústica (ruidos excesivos causados por un bar o discoteca, que afectan a los vecinos) considera que el precepto puede interpretarse como una agravación del art. 325.1 CP, lo que le permite imponer un año y tres meses de prisión. La STS 870/2021, 12-11 (*Tol 8649788*) sigue la línea anterior, pero obviando la aplicación de la pena prevista en el art. 325.2 CP y condenando a seis meses de prisión. Por su parte, la STS 129/2022, 16-2 (*Tol 8820458*), se decanta por aplicar en sentido estricto lo dispuesto en el art. 325.2 CP, lo que le lleva a condenar al acusado de contaminación acústica a una pena de tres años y seis meses de prisión.

Con carácter excepcional frente a la Jurisprudencia anterior, en algunas ocasiones el TS ha absuelto del llamado "delito de contaminación acústica", precisamente por entender que sin afectación al equilibrio de los sistemas naturales no es posible subsumir la conducta en ninguno de los apartados del art. 325 CP [SSTS 916/2012, 28-11 (*Tol 2722532)*, y 566/2014, 16-6 (*Tol 4467991)*]. Más recientemente, STS 168/2024, 23-2 (*Tol 9925182)*: "*dos actos aislados de acreditado exceso en el límite del ruido permitido, aunque se sucedan con otros cuya intensidad no queda acreditada para la producción de un riesgo de grave perjuicio en la salud de las personas, no son suficientes para que el Derecho Penal entre en liza, por no rebasar el ámbito de la infracción administrativa, no estando acreditada la gravedad de la conducta, en el modo exigido por el artículo 325, con independencia de la percepción personal y subjetiva de los denunciantes*".

En cualquier caso, atendiendo tanto a la ubicación de los preceptos como a su respectiva redacción, parece más coherente estimar que la referencia a la creación de un riesgo adicional para la salud de las personas constituye una agravación específica que añade un plus de desvalor de resultado (pluriofensividad) a las formas "puras" del delito de contaminación. Desde esta perspectiva, podría entenderse cometido el tipo agravado cuando el dolo del autor abarque la creación de riesgo tanto para el equilibrio de los ecosistemas como para la salud de las personas; pero también sería posible estimar la imprudencia, de acuerdo con lo previsto en el art. 331 CP, en aquellos supuestos en que se genere ambos riesgos como consecuencia de una infracción del cuidado exigible.

A favor de esta última tesis puede argumentarse el hecho de que necesariamente ha de recurrirse a buena parte de los elementos contenidos en el primer apartado del art. 325 CP para saber exactamente qué comportamientos se castigan en el segundo (pues estos constituyen sendas normas penales incompletas que sólo especifican el resultado, o parte de él, sin hacer referencia a los otros elementos de la conducta típica cuya concurrencia es necesaria —sujeto activo, acción, etc.). De lo contrario, habría que entender que el Legislador ha querido penalizar, en el seno de los delitos contra los recursos naturales y el medio ambiente, cualquier creación de riesgo grave para la salud de las personas, sin sujeción a ningún otro requisito adicional.

No obstante también es cierto que, si se considera que la creación de riesgo para la salud de las personas constituye una referencia al desvalor de resultado (en tanto que afectación a un bien jurídico), y que dicho desvalor debe ser abarcado por el dolo del autor, parece que la única vía de evitar incongruencias penológicas en aquellos supuestos en que el sujeto activo actúe dolosamente en relación con el peligro creado para el equilibrio de los ecosistemas, pero imprudentemente respecto al riesgo grave para la salud de las personas radica, en efecto, en considerarlos tipos independientes, susceptibles de ser penalizados por separado o en concurso. De este modo, es posible que la opción por una u otra interpretación responda más a una cuestión político-criminal que a una aplicación estricta de las diferentes categorías dogmáticas.

Por lo demás, el régimen sancionador aplicable a este supuesto agravado se ha endurecido considerablemente tras la reforma de 2015: ya no sólo se prevé la imposición de la mitad superior de la pena de prisión, sino que se permite llegar hasta la superior en grado (esto es, hasta los siete años y seis meses en los casos más graves).

V. DELITOS RELACIONADOS CON EL MANEJO DE RESIDUOS (ART. 326 CP)

La reforma penal de 2015 también cambió de forma sustancial el contenido del art. 326 CP, que ahora se dedica a la tipificación de las conductas relacionadas con la gestión ilegal de residuos. El precepto actual se estructura en torno a dos modalidades típicas: una básica, recogida en su primer apartado, y otra de carácter subsidiario, contenida en el segundo.

La LO 5/2010 ya se había encargado de esta materia, con el fin de dar cumplimiento a lo dispuesto en la Directiva 2008/99/CE del Parlamento Europeo y del Consejo, de 19 de noviembre de 2008, relativa a la protección del medio ambiente mediante el Derecho penal. Pero muy mal lo tuvo que hacer el Legislador de 2010, porque el Grupo Parlamentario Popular, único promotor de esta reforma, justificó su enmienda en la necesidad de incorporar adecuadamente a nuestro derecho las conductas previstas en uno de los preceptos de la citada Directiva.

Dicha enmienda invocaba concretamente dos preceptos de la Directiva 2008/99/CE: las letra b) y c) de su art. 3, que obligaban a los Estados miembros a tipificar como delito, respectivamente, *"la recogida, el transporte, la valoración o la eliminación de residuos, incluida la vigilancia de estos procedimientos, así como la posterior reparación de instalaciones de eliminación, e incluidas las operaciones efectuadas por los comerciantes o intermediarios (aprovechamiento de residuos), que causaren o puedan causar la muerte o lesiones graves a personas o daños sustanciales a la calidad del aire, la calidad del suelo o la calidad de las aguas o a animales o plantas"*; y *"el traslado de residuos, cuando dicha actividad esté incluida en el ámbito de aplicación del artículo 2, apartado 35, del Reglamento (CE) nº 1013/2006 del Parlamento Europeo y del Consejo, de 14 de junio de 2006, relativo a los traslados de residuos y se realice en una cantidad no desdeñable, tanto si se ha efectuado en un único traslado como si se ha efectuado en varios traslados que parezcan vinculados"*. Como puede comprobarse, la reforma de 2015 supuso la transcripción casi literal del contenido de dichos preceptos en los nuevos apartados 1 y 2 del art. 326 CP. Junto a lo anterior, según se afirmaba en la justificación de la misma enmienda, se pretendía asimismo acabar con la doble regulación de los vertidos (que eran contemplados, aunque de modo diverso, tanto en el art. 325 CP —provocar o realizar directa o indirectamente vertidos— como en el art. 328 CP —establecer depósitos o vertederos— del texto punitivo vigente tras la reforma de 2010) por estimarla disfuncional, considerando que su inclusión en el primero de los preceptos mencionados resultaba por sí sola suficiente.

Tras la reforma penal de 2015, en definitiva, los vertidos han pasado a contemplarse exclusivamente como un supuesto de delito ambiental, construido conforme a la técnica de ley penal en blanco al igual que el resto de modalidades típicas contempladas en el art. 325 CP, razón por la cual les resultará aplicable el régimen de escalonamiento de penas previsto en dicho precepto (nuevos tipos básico y agravados).

El art. 326 CP guarda evidentes semejanzas con el precepto que le precede en relación con la delimitación de los posibles sujetos activos (se trata de un delito común); la necesidad de constatar, como elemento integrante del comportamiento típico, la infracción de leyes u otras disposiciones de carácter general (accesoriedad de derecho); la determinación del contenido de injusto (o desvalor de resultado), y las penas a imponer (para cuya concreción se remite al art. 325 CP). Por consiguiente, los comentarios ya realizados a propósito de estos elementos en el delito de contaminación pueden trasladarse *mutatis mutandis* al análisis de los delitos relacionados con el manejo de residuos, que tampoco presentan especificidades en el tipo subjetivo, bastando en este sentido con constatar la concurrencia de los elementos esenciales del dolo (conocimiento de los elementos típicos y la voluntad de su realización).

1. Objeto material: concepto jurídico penal de residuo

Para determinar el contenido del término "*residuo*" en la actualidad, deberá atenderse al menos en principio a lo dispuesto en la Ley 7/2022, de 8 de abril, de residuos y suelos contaminados para una economía circular, la cual incorpora al Ordenamiento Jurídico español tanto la Directiva 2008/98/CE, del Parlamento Europeo y del Consejo, de 19 de noviembre de 2008, sobre los residuos y por la que se derogan determinadas Directivas (también denominada Directiva Marco de Residuos), como la Directiva (UE) 2018/851 del Parlamento Europeo y del Consejo, de 30 de mayo de 2018, por la que se modifica la primera.

No obstante, debe tenerse en cuenta que la Directiva 2008/98/CE ha sido modificada por otros instrumentos europeos y, con posterioridad a la entrada en vigor de la Ley 7/2022, por el Reglamento (UE) 2023/1542 del Parlamento Europeo y del Consejo, de 12 de julio de 2023, relativo a las pilas y baterías y sus residuos y por el que se modifican la Directiva 2008/98/CE y el Reglamento (UE) 2019/1020 y se deroga la Directiva 2006/66/CE.

En relación a ello, parece que no tendría mucha lógica integrar el tipo atendiendo a la noción genérica de residuo que se recoge en el literal al) del art. 2 de la Ley 7/2022 ("*cualquier sustancia u objeto que su poseedor deseche o tenga la intención o la obligación de desechar*"), pues parece obvio que dicha definición, por su amplitud, ayuda poco o nada a delimitar el ámbito de lo prohibido penalmente. Desde esta perspectiva, y dado que lo que se pretende evitar son comportamientos que causen o puedan causar daños, resultaría más razonable acotar el ámbito del delito atendiendo al concepto legal de "*residuo peligroso*", que se define en el literal añ) del mismo precepto, como aquel "*residuo que presenta una o varias de las características de peligrosidad enumeradas en el anexo I y aquél que sea calificado como residuo peligroso por el Gobierno de conformidad con lo establecido en la normativa de la Unión Europea o en los convenios internacionales de los que España sea parte. También se comprenden en esta definición los recipientes y envases que contengan restos de sustancias o preparados peligrosos o estén contaminados por ellos, a no ser que se demuestre que no presentan ninguna de las características de peligrosidad enumeradas en el anexo I.*".

En su redacción actual (procedente de la nueva redacción dada al anexo correspondiente de la Directiva 2008/98 por el Reglamento (UE) 1357/2014 de la Comisión), el anexo I enumera, codifica y describe al detalle un total de quince características (o propiedades peligrosas: HP —de sus siglas en inglés: *Hazardous Properties*) que puede poseer un residuo para calificarlo como tal (HP 1 Explosivo; HP 2 Comburente; HP 3 Inflamable; HP 4 Irritante; HP 5 Toxicidad específica en determinados órganos —STOT-/ Toxicidad por aspiración; HP 6 Toxicidad aguda; HP 7 Carcinógeno; HP 8 Corrosivo; HP 9 Infeccioso; HP 10 Tóxico para la reproducción; HP 11 Mutagénico; HP 12 Liberación de un gas de toxicidad aguda; HP 13 Sensibilizante; HP 14 Ecotóxico; y HP 15, relativa a residuos que pueden presentar una de las características de peligrosidad antes mencionadas que el residuo original no presentaba directamente, o a otros residuos caracterizados como peligrosos por los Estados miembros, basándose en otros criterios aplicables, como por ejemplo la evaluación del lixiviado).

Sin embargo, debe tenerse en cuenta que el art. 3.2.f) de la Directiva (UE) 2024/1203 obliga a tipificar como delito las actividades ilícitas consistentes, entre otras, en la recogida, transporte o el tratamiento de residuos, no solo cuando dichas conductas afecten a *residuos peligrosos* de los definidos en la Directiva 2008/98/CE9, sino también cuando se trate de otra clase de residuos, aunque no estén catalogados legalmente como "peligrosos", siempre que con ellos se "*cause o pueda causar la muerte o lesiones graves a cualquier persona, o daños sustanciales a la calidad del aire, del suelo o de las aguas o a un ecosistema, a los animales o a las plantas*".

En todo caso, no constituirán residuos a estos efectos aquellas sustancias u objetos que deban ser calificadas como "subproductos", conforme a lo dispuesto en el art. 4 de la Ley 7/2022.

2. *Tipo básico: gestión ilegal de residuos (art. 326.1 CP)*

2.1. El art. 326.1 CP contempla ahora las conductas que hasta 2015 se hallaban tipificadas en el apartado 3 del antiguo art. 328 CP, castigándolas con las mismas penas previstas en el art. 325 CP, lo que supone un considerable endurecimiento del régimen sancionador (tras la reforma de 2010, tales comportamientos eran castigados con prisión de seis meses a dos años).

La redacción de las conductas típicas también ha sufrido importantes modificaciones, en sintonía con el tenor literal de la letra b) del art. 3 de la Directiva 2008/99/CE. Así, se castiga con las mismas penas previstas en el actual art. 325 CP los comportamientos consistentes en recoger, transportar, valorizar, transformar, eliminar o aprovechar residuos. Para determinar el alcance de buena parte de estos comportamientos probablemente haya que atender, igualmente, a lo dispuesto en la Directiva 2008/98/CE, cuyo contenido, como se señaló, fue incorporado al Ordenamiento español por la Ley 7/2022.

De este modo, deberá entenderse como "*recogida*" cualquier operación consistente en el acopio, la clasificación y almacenamiento iniciales de residuos de manera profesional, con el objeto de transportarlos posteriormente a una instalación de tratamiento; como "*transporte*", el movimiento de residuos por encargo de terceros llevado a cabo en el marco de una actividad profesional; como "*valorización*", toda operación cuyo resultado principal sea que el residuo sirva a una finalidad útil al sustituir a otros materiales [el anexo II de la Ley 7/2022 recoge una lista no exhaustiva de operaciones de valorización: uso como combustible, recuperación o regeneración de disolventes, compostaje, digestión anaerobia, recuperación de metales, combinación con otros residuos, etc.]; como "*eliminación*", cualquier operación que no sea la valorización, incluso cuando tenga como consecuencia secundaria el aprovechamiento de sustancias o materiales, siempre que estos no superen el 50% en peso del residuo tratado, o el aprovechamiento de energía [el anexo III recoge una lista no exhaustiva de operaciones de eliminación: depósito, vertido, biodegradación de líquidos o lodos en el suelo, inyección en profundidad, tratamiento biológico, evaporación, incineración, etc.].

En relación con estas conductas (tal y como estuvieron redactadas desde la reforma penal de 2010 y hasta la de 2015 en el art. 328 CP), la Circular de la FGE 7/2011, de 16 de noviembre, aclaraba que el término "valorizar" constituye un concepto cercano al reciclaje, pero más amplio que el mismo: *"Así, reciclar supone, por ejemplo, utilizar vidrio desechado para producir una nueva botella. No comprenderá, en cambio, la incineración de biomasa o residuos en una central térmica, lo que, sin embargo, sí es «valorizar» residuos a través de la generación de energía. A tenor de lo dicho se comprende fácilmente que los daños ambientales se pueden producir con mayor facilidad con la valorización que con el reciclaje, que en la práctica no es sino una valorización limitada a determinados productos y operaciones"*.

Hay que acudir en cambio al lenguaje común para determinar el significado que ha de otorgarse a dos de los verbos contenidos en el primer inciso del art. 326.1 CP que no son definidos en la Ley 7/2022 (aunque se mencionen a menudo en su texto). Se trata de las conductas consistentes en *transformar* (esto es, transmutar o alterar el residuo de una forma distinta a la que implica valorización o eliminación) y *aprovechar* (esto es, cualquier otro modo de obtener beneficio o sacar provecho del residuo).

La letra b) del art. 3 de la Directiva 2008/99 (ya derogada mediante la nueva Directiva 2024/1203) describía como *"aprovechamiento"* de residuos *"las operaciones efectuadas por los comerciantes o intermediarios"* que tengan por objeto la explotación u obtención de rendimiento a partir de tales residuos.

2.2. Todas las conductas anteriores (tanto las que se encuentran definidas legalmente, como las que no) deberán realizarse, para ser típicas, *"contraviniendo las leyes u otras disposiciones de carácter general"*, lo que implica aclarar de forma explícita su carácter de ley penal en blanco. En este contexto, nuevamente, resultará de especial relevancia lo dispuesto en la Ley 7/2022 (y en especial en sus arts. 108 y siguientes), si bien no puede descartarse la integración del tipo por otras normas de carácter autonómico o europeo (reglamentos).

En cambio, puede plantear dudas si la infracción de tales disposiciones extrapenales constituye un requisito necesario también cuando se trata de sujetos que "*no controlen o vigilen adecuadamente tales actividades*", comportamientos omisivos que también se recogen dentro del catálogo de conductas típicas del actual art. 326.1 CP (el cual ha incorporado tal expresión a su redacción en sustitución de la que recogía el anterior art. 328 CP, que hacía referencia a la "*omisión de los deberes de vigilancia sobre tales procedimientos*"). No obstante, dado que las obligaciones relativas al control y vigilancia de las operaciones llevadas a cabo en materia de gestión de residuos también son descritas con sumo detalle en la legislación administrativa de complemento, parece inevitable acudir a dicha legislación también para integrar estas modalidades típicas.

En relación a estas últimas conductas omisivas, deberá tenerse en cuenta también lo dispuesto en el Real Decreto Legislativo 1/2016, de 16 de diciembre, por el que se aprueba el texto refundido de la Ley de prevención y control integrados de la contaminación, al que se remite en varias ocasiones la propia Ley 7/2022.

La reforma penal de 2015 también introdujo ciertas modificaciones en la descripción del desvalor de resultado que será necesario constatar para estimar consumado este delito: se exige ahora que tales conductas "*causen o puedan causar daños sustanciales a la calidad del aire, del suelo o de las aguas, o a animales o plantas, muertes o lesiones graves a personas, o puedan perjudicar gravemente el equilibrio de los sistemas naturales*". La equiparación de tan diversos contenidos de injusto a la que llevaría una interpretación literal y estricta del precepto (y que permitiría castigar, por ejemplo, la posibilidad de causar un daño sustancial a animales con las mismas penas que se declaran aplicables a la causación efectiva de ¡muerte o lesiones graves a personas!) sólo puede atemperarse en parte atendiendo a la remisión que, a efectos de pena, se realiza al art. 325 CP. Lo cual no basta para evitar nuevos problemas suscitados por una redacción técnicamente muy defectuosa y a todas luces carente de una reflexión previa.

Así, pueden producirse aquí similares problemas interpretativos a los ya mencionados que suscita la redacción de este último precepto; por ejemplo, resulta dudoso qué pena debe aplicarse a la eliminación de residuos que afecta simultáneamente a la calidad de las aguas y al equilibrio de los sistemas naturales (concurso aparente de normas o concurso de delitos). Por lo demás, resulta extraordinariamente disfuncional que el precepto comentado no haga ya referencia a un riesgo de grave perjuicio para la salud, sino a la efectiva lesión o muerte de personas, disfuncionalidad que difícilmente puede resolverse por vía interpretativa.

3. Tipo subsidiario: traslado de residuos (art. 326.2 CP)

3.1. El art. 326.2 CP configura, como un tipo subsidiario del precedente (*"fuera del supuesto a que se refiere el apartado anterior"*), la conducta consistente en trasladar una cantidad *"no desdeñable"* de residuos, tanto en el caso de uno como en el de varios traslados que aparezcan vinculados, *"en alguno de los supuestos a que se refiere el Derecho de la Unión Europea relativo a los traslados de residuos"*.

Con esta última expresión se pretendía hacer referencia, aunque no de forma explícita, al apartado 35 del art. 2 del Reglamento (CE) nº 1013/2006, precepto que a su vez era invocado en la letra c) del art. 3 de la Directiva 2008/99/CE. De hecho, la redacción originaria del art. 326.1 presentada por el Grupo Popular contenía se refería expresamente al precepto en cuestión del Reglamento europeo al entender, según se afirmaba en la justificación de su enmienda, que esta técnica de remisión resultaba aconsejable dada la complejidad de los supuestos, razón por la cual *"es la utilizada, por ejemplo, en las transposiciones de Austria y Alemania a sus Códigos Penales"*.

A pesar de la supuesta contundencia de tales argumentos, la referencia expresa al precepto reglamentario fue sustituida por la fórmula genérica ya mencionada durante la tramitación parlamentaria; sustitución que en su momento fue acogida favorablemente, en la medida en que al menos evitaría que el precepto penal quedara completamente vacío de contenido si se produjera una nueva reforma de la materia en el ámbito europeo (HAVA GARCÍA). Gracias a ello, la reciente entrada en vigor del nuevo Reglamento (UE) 2024/1157 del Parlamento Europeo y del Consejo, de 11 de abril de 2024, relativo a los traslados de residuos —que ha derogado expresamente el Reglamento (CE) 1013/2006, con efectos de 20 de mayo de 2024— no ha provocado la caída en el absurdo del art. 326.2 CP.

3.2. A partir de ahora (y en tanto la Unión Europea no decida aprobar una nueva norma que lo derogue), para delimitar la conducta típica habrá que atender a lo dispuesto en el art. 3.26 del Reglamento (UE) 2024/1157, que considera *"traslado ilícito"* todo aquel que se efectúe sin cumplir determinados requisitos formales o legales establecidos en su texto (por ejemplo, traslados sin notificación previa a las autoridades), con una autorización inválida (por ejemplo, las obtenidas mediante fraude) o que tenga por objeto residuos no incluidos en los anexos del mismo Reglamento.

En concreto, el art. 3.26 del Reglamento (UE) 2024/1157 entiende por traslado ilícito *"todo traslado que se efectúe:*

a) sin haber sido notificado a las autoridades competentes correspondientes con arreglo al presente Reglamento;

b) sin la autorización de las autoridades competentes correspondientes con arreglo al presente Reglamento;

c) habiendo obtenido la autorización de las autoridades competentes correspondientes con arreglo al presente Reglamento mediante falsificación, tergiversación o fraude;

d) de un modo que no se ajuste a la información incluida en el documento de notificación o en el documento de movimiento o que deba proporcionarse en este último, salvo en caso de erratas en el documento de notificación o en el de movimiento;

e) de un modo que dé lugar a una valorización o una eliminación que contravenga el Derecho de la Unión o internacional;

f) contraviniendo el artículo 4, apartado 1 [relativo a los traslados destinados a la eliminación], *el artículo 4, apartado 3* [relativo a los traslados de determinados residuos municipales mezclados], *o los artículos 37, 39, 40, 45, 46, 48, 49* [exportación de residuos], *50 o 52* [importación de residuos]*;*

g) de un modo que, en relación con los traslados de residuos a que se refiere el artículo 4, apartados 4 y 5 [esto es, residuos enumerados en los anexos III y IIIB, mezclas de residuos incluidas en el anexo IIIA y residuos destinados expresamente a análisis de laboratorio o ensayos de tratamientos experimentales], *no sea conforme con los requisitos a que se refiere el artículo 18, apartados 2, 4, 6 y 10* [que regulan determinados requisitos de información general], *o con la información contenida o que deba proporcionarse en el documento del anexo VII* [que especifica la información que debe acompañar a los traslados de residuos a que se refieren los apartados 4 y 5 del art. 4], *salvo en caso de erratas en el documento del anexo VII".*

3.3. El traslado ilícito ha de ser de *"una cantidad no desdeñable"*, elemento valorativo que habrá de ser ponderado por el Juez en función de la respectiva potencialidad lesiva que presenten la concretas sustancias trasladadas, atendiendo a su naturaleza y tomando como criterio orientador la normativa extrapenal que regula su traslado —en especial, el propio Reglamento (CE) 2024/1157, el cual contiene diversas especificaciones y medidas de control aplicables al traslado de los diferentes residuos, que guardan relación con su respectiva composición y cantidad a trasladar.

3.4. El transporte de esa cantidad *"no desdeñable"* de residuos podrá realizarse tanto en uno como en *"varios traslados que aparezcan vinculados"*. La existencia de ese vínculo entre los diferentes traslados deberá igualmente ser valorada por el Tribunal, en función, por ejemplo, de la identidad del origen o destino de las mercancías, o bien de las personas o entidades que hayan ordenado o realizado el traslado.

En el mismo sentido, el literal g) del art. 3.2 de la Directiva (UE) 2024/1203 obliga a los Estados miembros a tipificar como delito *"el traslado de residuos, en el sentido del artículo 3, punto 26, del Reglamento (UE) 2024/1157 del Parlamento Europeo y del Consejo, cuando dicha conducta afecte a una cantidad que no sea insignificante, tanto si se efectúa en un único traslado como si se efectúa en varios traslados aparentemente vinculados".*

El art. 3.8 de la misma Directiva obliga a valorar si la cantidad de residuos es o no insignificante atendiendo a uno o varios de los siguientes elementos:

"a) el número de unidades de que se trate;

b) la medida en que se supere un umbral o valor normativos u otro parámetro obligatorio establecido en el Derecho de la Unión o nacional a que se refiere el apartado 1, párrafo segundo, letras a) y b);

c) [...]

d) el coste de la restauración del medio ambiente, cuando sea posible valorarlo".

3.5. Este precepto no contiene ninguna referencia expresa al desvalor de resultado ni a los bienes jurídicos que resultan protegidos. Ello, unido al carácter expresamente subsidiario del art. 326.2 CP respecto del apartado precedente (que incluye entre las conductas típicas la de "transportar" residuos, verbo en apariencia equivalente al de "trasladar") podría obligar a entender que sólo resultará aplicable este tipo en aquellos supuestos en que no se produzca ninguno de los desvalores de resultado previstos de forma alternativa en el número primero, lo que conduciría a dos posibilidades interpretativas, igualmente insatisfactorias: a) considerar que el precepto penal carece de un núcleo esencial de desvalor de injusto, que lo permita diferenciar de la mera infracción de normas extrapenales (lo que implicaría su inconstitucionalidad); o b) interpretar que sólo son típicas aquellas conductas que creen un riesgo de grave perjuicio para la salud de las personas, único desvalor de resultado previsto en el art. 325 CP que es omitido en el art. 326.1 CP (lo que sería aún peor, por llevar a consecuencias penológicas absolutamente incoherentes —castigar con prisión de tres meses a un año o multa de seis a dieciocho meses lo que en el art. 325 CP puede llegar a sancionarse con penas privativas de libertad de más de siete años.

No obstante, aún puede interpretarse que el injusto de este delito radica en el riesgo que se genera al trasladar, sin cumplir con las medidas de precaución y controles previstos en la normativa aplicable, unos residuos que, por su naturaleza y cantidad, son potencialmente lesivos. Ello equivale a exigir para estimar la tipicidad del comportamiento la creación de un peligro no permitido para los bienes jurídicos que son mencionados en el primer apartado del precepto (medio ambiente, vida o salud humanas), de modo que la conducta será atípica si, a pesar de ser ilícito el traslado de residuos (por ejemplo, por realizarse sin observar el procedimiento de notificación y autorización previas) dicho riesgo queda manifiestamente excluido.

VI. EXPLOTACIÓN DE INSTALACIONES DEDICADAS A ACTIVIDADES O SUSTANCIAS PELIGROSAS (ART. 326 BIS CP)

El nuevo art. 326 bis CP se dedica a la regulación de las conductas que, antes de la reforma de 2015 y como consecuencia de la de 2010, se tipificaban en el apartado 2 del antiguo art. 328 CP, remitiéndose ahora la determinación de la pena a imponer a lo establecido en el art. 325 CP (delitos de contaminación), lo que supone un considerable endurecimiento del régimen sancionador en comparación con su precedente (que castigaba tales comportamientos con prisión de seis meses a dos años, multa de diez a catorce meses e inhabilitación especial para profesión u oficio por tiempo de uno a dos años).

El art. 326 bis CP mantiene prácticamente inalterada la descripción de las conductas típicas incluidas en su precedente, porque al igual que éste transcribe casi literalmente el contenido de la letra d) del art. 3 de la Directiva 2008/99/CE, a renglón seguido de la expresa referencia a la contravención de leyes o disposiciones de carácter general (norma penal en blanco), las cuales, como ya sucedía en el antiguo art. 328.3 CP, no tendrán que ser necesariamente protectoras del medio ambiente.

De este modo, se castiga a quienes contraviniendo dicha normativa extrapenal general lleven a cabo la explotación de instalaciones en las que se realice una "actividad peligrosa" o en las que se almacenen o utilicen "sustancias o preparados peligrosos", elementos típicos normativos que deberán ser concretados, al igual que antes, atendiendo a lo dispuesto en la normativa comunitaria y estatal aplicable.

Al igual que en el caso del art. 326.1 CP, el precepto vuelve a hacer referencia a una serie de desvalores de resultado que, alternativamente, deben producirse a consecuencia de la realización de los comportamientos típicos para estimar consumado el delito. Así, las explotaciones ilegales de estas instalaciones sólo serán típicas en los supuestos que causen o puedan causar daños sustanciales a la calidad del aire, del suelo o de las aguas, a animales o plantas, muerte o lesiones graves a las personas, o bien puedan perjudicar gravemente el equilibrio de los sistemas naturales. Al respecto, deben recordarse todas las contradicciones y disfuncionalidades detectadas a propósito de la interpretación conjunta de los nuevos arts. 325 y 326.1 CP.

Contradicciones y disfuncionalidades que, lejos de desaparecer con la Directiva 2024/1203 (que sustituye a la 2008/99), pueden verse multiplicadas, si el legislador penal español vuelve a usar la técnica del copia y pega en su transposición. Ello se hace evidente tras una somera lectura de los literales j) y k) del art. 3.2 de la nueva Directiva, que en relación a la explotación de estas instalaciones obliga a los Estados miembros castigar como delito las siguientes conductas:

"j) la explotación o el cierre de instalaciones en las que se realice una actividad peligrosa o en las que se almacenen o utilicen sustancias o mezclas peligrosas, cuando dicha conducta y dichas actividades, sustancias o mezclas peligrosas entren en el ámbito de aplicación de la Directiva 2012/18/UE del Parlamento Europeo y del Consejo o de la Directiva 2010/75/UE del Parlamento Europeo y del Consejo y dicha conducta cause o pueda causar la muerte o lesiones graves a cualquier persona, o daños sustanciales a la calidad del aire, del suelo o de las aguas o a un ecosistema, a los animales o a las plantas;

k) la construcción, la explotación y el desmantelamiento de instalaciones cuando dicha conducta y dichas instalaciones entren en el ámbito de aplicación de la Directiva

2013/30/UE del Parlamento Europeo y del Consejo, y cuando esa conducta cause o pueda causar la muerte o lesiones graves a cualquier persona, o daños sustanciales a la calidad del aire, del suelo o de las aguas o a un ecosistema, a los animales o a las plantas".

1. Conducta típica

Consiste en explotar "instalaciones" en las que, o bien se realiza una "actividad peligrosa", o bien se almacenan o utilizan "sustancias o preparados peligrosos".

1.1. A la hora de concretar lo que debe entenderse por "*instalaciones*" a efectos de lo dispuesto en el art. 326 bis CP, puede servir de orientación los diversos conceptos que al respecto contienen las normas comunitarias que la propia Directiva 2024/1302 menciona en su articulado, conceptos que resultan aplicables al respectivo ramo de actividad regulado por la correspondiente norma comunitaria.

Así, la Directiva 2010/75/UE del Parlamento Europeo y del Consejo, de 24 de noviembre de 2010, sobre las emisiones industriales (prevención y control integrados de la contaminación) (versión refundida), define el término "instalación" como *"una unidad técnica fija dentro de la cual se lleven a cabo una o más de las actividades enumeradas en el anexo I o en la parte 1 del anexo VII, así como cualesquiera otras actividades en el mismo emplazamiento directamente relacionadas con aquellas que guarden una relación de índole técnica con las actividades enumeradas en dichos anexos y puedan tener repercusiones sobre las emisiones y la contaminación"*.

Por su parte, la Directiva 2012/18/UE del Parlamento Europeo y del Consejo, de 4 de julio de 2012, relativa al control de los riesgos inherentes a los accidentes graves en los que intervengan sustancias peligrosas y por la que se modifica y ulteriormente deroga la Directiva 96/82/CE, define el mismo término "instalación" como *"una unidad técnica en el interior de un establecimiento, independientemente de si se encuentra a nivel de suelo o bajo tierra, en la que se producen, utilizan, manipulan o almacenan sustancias peligrosas; incluye todos los equipos, estructuras, canalizaciones, maquinaria, herramientas, ramales ferroviarios particulares, dársenas, muelles de carga o descarga para uso de la instalación, espigones, depósitos o estructuras similares, estén a flote o no, necesarios para el funcionamiento de esa instalación"*.

Finalmente, la Directiva 2013/30/UE del Parlamento Europeo y del Consejo, de 12 de junio de 2013, sobre la seguridad de las operaciones relativas al petróleo y al gas mar adentro, y que modifica la Directiva 2004/35/CE, incluye también su propia definición de "instalación", como *"una estructura estacionaria fija o móvil, o una combinación de estructuras permanentemente interconectadas por puentes u otras estructuras, utilizadas para operaciones relacionadas con el petróleo y el gas mar adentro o en conexión con estas operaciones; esto solamente incluirá las unidades móviles de perforación mar adentro cuando estén estacionadas en aguas situadas mar adentro a efectos de perforación, producción u otras actividades asociadas con operaciones de petróleo y de gas efectuadas mar adentro"*.

Atendiendo a lo anterior, puede entenderse por "instalaciones" cualquier tipo de construcción, estructura, establecimiento, recinto, unidad o dispositivo técnico, susceptible de ser empleado para el desarrollo de actividades o el almacenamiento o producción de sustancias calificadas como "peligrosas".

1.2. El adjetivo "*peligrosa/os*" que califica a la actividad, sustancias y preparados objeto del delito constituye un elemento valorativo en el que, *prima facie*, podría pensarse que cabe cualquier tipo de actividad susceptible de ocasionar un daño (como un circuito de carreras de automóviles) y cualquier tipo de sustancia o preparado que pueda generarlo (como un almacén de juguetes no aptos para niños menores de tres años). Para evitar este absurdo, deberá integrarse tal elemento típico atendiendo nuevamente a lo dispuesto en la numerosa y dispersa normativa existente sobre la materia, puesta en conexión con los bienes jurídicos protegidos en el precepto.

Por lo que respecta a las sustancias y preparados peligrosos, la normativa comunitaria está en la actualidad constituida básicamente por el Reglamento (CE) nº 1272/2008 del Parlamento Europeo y del Consejo, de 16 de diciembre de 2008, sobre clasificación, etiquetado y envasado de sustancias y mezclas, así como por la Directiva 2012/18/UE del Parlamento Europeo y del Consejo, de 4 de julio de 2012, relativa al control de los riesgos inherentes a los accidentes graves en los que intervengan sustancias peligrosas, la cual las define en su art. 3.10 como "*toda sustancia o mezcla incluida en la parte 1 o enumerada en la parte 2 del anexo I., también en forma de materia prima, producto, subproducto, residuo o producto intermedio*". Dentro del Ordenamiento español, puede consultarse asimismo el *Código de Residuos y Sustancias Peligrosas* que se encuentra en la Biblioteca Jurídica Digital de la Agencia Estatal del BOE, el cual se encuentra, al menos en teoría, permanentemente actualizado con las distintas normas sectoriales, nacionales y autonómicas, que se van promulgando sobre la materia. Esta clase de disposiciones pueden servir de base para una interpretación de la expresión "sustancias o preparados peligrosos" en términos de accesoriedad conceptual, dado que suelen incluir listados de los mismos, excluyendo al mismo tiempo determinadas sustancias y preparados de su respectivo ámbito de aplicación.

Más difícil resulta en cambio la determinación de las normas aplicables a la expresión "actividad peligrosa", dado que la Administración del Estado ha transferido formalmente a la práctica totalidad de las Comunidades Autónomas las competencias relativas a la regulación de las actividades molestas, insalubres, nocivas y peligrosas.

2. Desvalor de resultado

Dada la redacción del precepto, caben dos posibilidades interpretativas a la hora de determinar el desvalor de resultado que contiene, ninguna de las cuales parece plenamente satisfactoria:

a) Entender que el art. 326 bis CP configura un delito de resultado que podrá consistir, atendiendo a la expresión "*que causen o puedan causar*", tanto en la puesta en peligro como en la efectiva lesión de los bienes jurídicos a los que alude (por un lado, vida y salud humanas; por otro, los elementos ambientales mencionados en el precepto). Al igual que sucede en otros delitos ambientales, esta interpretación no permite salvar la contradicción que supone otorgar un mismo tratamiento a contenidos de injusto que son diversos, tanto por la diferente entidad de los bienes jurídicos afectados (medio ambiente y vida y salud humanas) como por la modalidad de afectación (peligro y lesión).

b) Entender que se trata de un delito de mera actividad y de peligro abstracto puro, en el que la sola explotación ilícita de una instalación dedicada a la realización de actividades peligrosas o al almacenamiento o utilización de sustancias o preparados peligrosos equivaldría a su consumación. Desde este punto de vista, habría que interpretar que la finalidad de la expresión "*que causen o puedan causar la muerte* [...]" es seleccionar de entre todas las actividades, sustancias o productos peligrosos existentes, sólo aquéllos que, por sus cualidades especialmente peligrosas para los bienes jurídicos, serían susceptibles de integrar el tipo. Esta última interpretación, aunque parece la menos absurda de las posibles, tiene el inconveniente de admitir una configuración del núcleo del injusto contenido en el art. 326 bis CP basada en la mera infracción de la normativa extrapenal que regula la explotación de esta clase de instalaciones.

La configuración del delito como de mera actividad y de peligro abstracto puro parece la única forma posible de explicar las equiparaciones penológicas que contiene el precepto, y que de otro modo serían difícilmente comprensibles a la luz del principio de proporcionalidad. Cierto es que el juego de las reglas del concurso medial o ideal de delitos puede atemperar en cierta medida este desaguisado penológico, anulando la teórica equiparación lesión/peligro en aquellos supuestos en que el resultado lesivo producido sea constitutivo de un delito autónomo, pero también lo es que la transposición de la norma europea se podría haber llevado a cabo de forma menos automática, tras una lectura global y más sosegada del CP vigente antes de la reforma.

VII. AGRAVACIONES COMUNES DEL ART. 327 CP

La nueva ubicación sistemática dada por la reforma penal de 2015 al catálogo de agravaciones, que se ha trasladado al art. 327 CP, permite aplicarlas sin distinción a todas las conductas contempladas en los arts. 325, 326 y 326 bis CP, a diferencia de lo que sucedía con el texto posterior a la reforma penal de 2010 (que sólo permitía la aplicación de algunas de ellas —concretamente las establecidas en las letras a), b), c) o d) del anterior texto del art. 326 CP— a los delitos relacionados con la gestión ilegal de residuos y explotación de instalaciones).

El texto vigente del art. 327 CP recoge de forma casi literal el contenido de su precedente, si bien algunos ligeros cambios introducidos en su redacción, y la omisión de otros que hubieran sido necesarios, hacen que resulte en algunos pasajes contradictorio o, al menos, problemático.

Así, el primer inciso del art. 327 CP establece que "*los hechos a los que se refieren los tres artículos anteriores serán castigados con la pena superior en grado* [...] *cuando en la comisión de cualquiera de los hechos descritos en el artículo anterior* [sic] *concurra alguna de las circunstancias*" descritas en el precepto. Como puede comprobarse, tal redacción resulta en sí misma absurda, y procede sin duda de un mal hábito que caracteriza con demasiada frecuencia a nuestros legisladores: el de añadir simplemente nuevas coletillas al texto legal anterior, sin detenerse a comprobar si el resultado tiene sentido. Como en tantas otras ocasiones, la ardua tarea de dar coherencia a dicho precepto le ha tocado al intérprete, el cual se ve en serias dificultades para superar las extrañas consecuencias a las que parece llevar su tenor literal: entender que el catálogo de agravantes sólo resulta aplicable cuando se cometan los hechos descritos en el art. 326 bis CP (esto es, explotación ilegal de instalaciones dedicadas a actividades peligrosas o sustancias o preparados de la misma naturaleza).

En cualquier caso, si se da prioridad a los criterios histórico, lógico-sistemático y teleológico en detrimento del gramatical (art. 3.1 CC), podrá interpretarse que el art. 327 CP incluye una lista de circunstancias que pueden agravar la responsabilidad, imponiendo la pena superior en grado, por la realización de cualquiera de los delitos ambientales contenidos en los tres preceptos anteriores (contaminación, gestión de residuos y explotación de instalaciones dedicadas a actividades o sustancias peligrosas).

Así lo ha entendió también la STS 682/2022, 6-7 (*Tol 9140672*): *"la cláusula de agravación del artículo 327 CP contiene una fórmula de remisión con elementos de incongruencia. La misma arranca precisando su ámbito de aplicación con relación "a los hechos a los que se refieren los tres artículos anteriores" —artículos 325, 326 y 326 bis, todos ellos, CP— para, casi, sin solución de continuidad, indicar en el siguiente inciso que se restringe "a los hechos descritos en el artículo anterior" —artículo 326 bis CP. La evidente incongruencia se explica porque se superpuso la nueva regulación extensiva, consecuente también a la reordenación de numerales en el capítulo y al fraccionamiento en distintos tipos de las distintas acciones típicas contenidas en el artículo 325 CP, a la redacción originaria del artículo 326 CP, actual artículo 327 CP, manteniendo la formula "artículo anterior". La cuestión que suscita el motivo cabe formularla en los siguientes términos: ¿Puede un tribunal corregir mediante fórmulas de interpretación óbices literales que dificultan la aplicación de una norma penal en el caso sin incurrir en extensión indebida, infringiendo el mandato de taxatividad del artículo 4 CP?* [...] *Los condicionantes sustanciales y metodológicos de la interpretación judicial de la norma penal, de conformidad tanto a la jurisprudencia del Tribunal Europeo de Derechos Humanos como del Tribunal Constitucional, exigen, a modo de rápido resumen: primero, la evitación de toda analogía creadora de la norma; segundo, la coherencia del resultado interpretativo con el núcleo de la prohibición; tercero, su razonable previsibilidad; cuarto, el respeto a pautas valorativas conformes con los principios constitucionales; quinto, la utilización de un modelo de argumentación compartido, no extravagante. [...] partiendo de lo anterior, consideramos que es posible, mediante un método interpretativo respetuoso con el principio de taxatividad, superar el componente incongruente de la norma que fija el ámbito objetivo de la agravación contenida en el artículo 327 CP.* [...] *El mantenimiento, a modo de inciso, de la fórmula originaria "hechos descritos en el artículo anterior", en clara contradicción literal con el propio tenor de la norma reformada en 2015, no permite identificar una ruptura consciente del sentido final y contextual de la propia regulación. Presumir que el legislador ha querido regular una cosa y la contraria convertiría a la norma en absolutamente inaplicable por irracional. Lo que colisionaría con un principio general de la interpretación normativa que obliga a los jueces a no presumir la irracionalidad del legislador democrático, como garantía del mandato de sumisión. Lo que permite, precisamente, la corrección interpretativa del simple, manifiesto e irreductible error si ello no implica atribuir a la ley un sentido diferente al que el legislador quiso darle. Por tanto, mantener la conexión aplicativa entre los artículos 327 y 325, ambos, CP, no supone extender el ámbito de aplicación del segundo más allá de lo que el legislador racional dispuso y debe presumirse, en base a buenas razones, que sigue disponiendo. No se extiende, por tanto, el efecto agravatorio a un supuesto no previsto. No se crea otro espacio de prohibición praeter legem. Romper la conexión solo sería posible si el propio legislador hubiera adoptado una nueva decisión valorativa lo que parece evidente que no ha hecho.* [...] *Mantener la conexión entre las conductas del artículo 325 CP y las circunstancias de agravación del artículo 327 CP respeta, además, el núcleo y el sentido de la prohibición. Y no parece que pueda ser calificada de consecuencia imprevisible atendidas, precisamente, las intervenciones sucesivas del legislador"*.

En cambio, la STSJ de Madrid, Sala de lo Civil y Penal, Sección 1ª, 296/2020, 21-10 (*Tol 8262034*) considera que *"no es de aplicación la hiper agravante. El artículo 326 bis introducido en la reforma del CP introducida por Ley Orgánica 1/15 no sólo ha introducido un precepto nuevo, también ha agravado las emisiones, vertidos, radiaciones, extracciones, excavaciones, inyecciones, vibraciones o depósitos del artículo 325 y el aprovechamiento de los residuos del artículo 326 introduciendo una agravación que afecta a ambos y también al artículo 326 bis, si "se hubiera creado un grave para la salud de las personas" que pueden llegar hasta la exasperación del grado superior.* [...] *Podría resultar que las dos menciones "en el artículo anterior" se arrastran de la antigua redacción del artículo 326 que solo tenía un tipo básico, pero de otro lado, la postulación del Ministerio Fiscal resulta contra ley escrita al ser el precepto contradictorio. Además, cabe deducir que en el artículo 326 bis se castigan las conductas consistentes en desarrollar una actividad manipulando sustancias objetivamente peligrosas, o desplegar una actividad peligrosa en sí misma, lo que es per se un plus de peligrosidad y sobre el que operan las hiper agravantes y no en las otras modalidades cuyo núcleo no es peligroso, apareciendo tangencialmente la agresión contra el medio ambiente y por extensión la afectación de la salud humana"* [en sentido similar, véase la SAP, Madrid, Sección 16ª, 236/2020, de 6-7 (*Tol 8059054*)].

La razón de la agravación radica en la mayoría de estas circunstancias (las contempladas en las letras a, b, c, y d) en que suponen una burla de los mecanismos de control administrativos establecidos para prevenir este tipo de comportamientos contaminantes, mientras que en otras (las de las letras e y f) el motivo que ha inspirado la previsión de la agravante debe encontrarse en la intensidad del riesgo creado para los bienes jurídicos protegidos. No obstante, y dado que el precepto prevé la aplicación de la correspondiente agravación "*sin perjuicio de las que puedan corresponder con arreglo a otros preceptos de este Código*" (haciendo con ello referencia a las reglas generales del concurso de delitos), entiende SILVA SÁNCHEZ que el fundamento de todas las circunstancias contenidas en el 326 CP debe estar en conexión con una mayor afectación a bienes jurídicos ambientales.

Un sector de la Doctrina ha rechazado la posibilidad de apreciar estas agravantes cuando su concurrencia no sea abarcada por el dolo del autor, lo que le lleva a concluir que en los casos que se cometa el hecho base dolosamente y el hecho cualificante de forma imprudente no cabrá la imputación del tipo cualificado, debiendo quedar la responsabilidad penal circunscrita al tipo básico en virtud de lo dispuesto respecto del error vencible de tipo y la apreciación de agravantes en los arts. 14.2 y 65.2 CP (SILVA SÁNCHEZ, MARTÍNEZ-BUJÁN PÉREZ). Sí se admite, no obstante, la posibilidad de aplicar la cualificación cometida dolosamente al tipo básico imprudente (por ejemplo, en casos de error sobre la accesoriedad administrativa y dolo de clandestinidad), situación que deberá resolverse, en opinión de este sector doctrinal, aplicando la pena superior en grado a la prevista para el delito imprudente.

Las reglas generales de aplicación de agravantes previstas en el art. 66 CP no resultan directamente aplicables al presente caso, en la medida en que el art. 326 CP incluye una previsión penológica específica: pena superior en grado por la concurrencia de alguna de las circunstancias que recoge; la acumulación de otras agravantes (genéricas o específicas) podrá dar lugar, a lo sumo, a la aplicación de la pena superior en grado en su mitad superior.

El contenido de las agravantes del art. 327 CP difiere notoriamente del dispuesto al respecto en la Directiva (UE) 2024/1203, del Parlamento Europeo y del Consejo, de 11 de abril de 2024, relativa a la protección del medio ambiente mediante el Derecho Penal, lo que parece augurar una futura reforma del primer precepto. Así, el art. 8 de la Directiva 2024/1203 establece lo siguiente:

"En la medida en que las siguientes circunstancias no formen parte de los elementos constitutivos de los delitos a que se refiere el artículo 3, los Estados miembros adoptarán las medidas necesarias para garantizar que, en relación con los delitos pertinentes a que se refieren los artículos 3 y 4, pueda considerarse circunstancia agravante una o más de las siguientes, de conformidad con el Derecho nacional:

a) que el delito haya causado la destrucción de un ecosistema o daños sustanciales irreversibles o duraderos a un ecosistema;

b) que el delito se haya cometido en el marco de una organización delictiva en el sentido de la Decisión Marco 2008/841/JAI del Consejo [relativa a la lucha contra la delincuencia organizada]*;*

c) que el delito haya llevado aparejado el uso de documentos falsos o falsificados por parte de su autor;

d) que el delito lo haya cometido un funcionario público en el ejercicio de sus funciones;

e) que el autor del delito haya sido condenado anteriormente mediante sentencia firme por delitos de la misma naturaleza que los referidos en los artículos 3 o 4;

f) que el delito haya generado o se esperase que generara beneficios económicos sustanciales, o haya evitado gastos sustanciales, directa o indirectamente, en la medida en que sea posible determinar dichos beneficios o gastos;

g) que el autor del delito haya destruido pruebas o intimidado a testigos o denunciantes;

h) que el delito se haya cometido en una zona clasificada como zona de protección especial en virtud del artículo 4, apartados 1 o 2, de la Directiva 2009/147/CE [relativa a la conservación de las aves silvestres]*, o en un lugar designado como zona especial de conservación de conformidad con el artículo 4, apartado 4, de la Directiva 92/43/CEE* [relativa a la conservación de los hábitats naturales y de la fauna y flora silvestres]*, o en un lugar incluido en la lista de lugares de importancia comunitaria de conformidad con el artículo 4, apartado 2, de la Directiva 92/43/CEE.*

La circunstancia agravante a que se refiere la letra a) del presente artículo no se aplicará a los delitos subsumibles en el artículo 3, apartado 3" [delitos cualificados por la destrucción o producción de daños generalizados y sustanciales, que sean irreversibles o duraderos, a un ecosistema de considerable tamaño o valor medioambiental, un hábitat en lugar protegido, o a la calidad del aire, suelo o aguas].

1. Clandestinidad

La letra a) del art. 327 CP agrava la responsabilidad del autor en aquellos casos en que "*la industria o actividad funcione clandestinamente, sin haber obtenido la preceptiva autorización o aprobación administrativa de sus instalaciones*".

Mientras que la palabra "*industria*" hace referencia al sector secundario, el término "*actividad*" permite incluir asimismo dentro del ámbito de aplicación de la agravante a los hechos delictivos cometidos clandestinamente en relación con las actividades propias del sector primario (actividades agrícolas o ganaderas). También las industrias o actividades de titularidad pública pueden ser considerados clandestinas (SILVA SÁNCHEZ).

Por lo que se refiere estrictamente a la *clandestinidad*, la Jurisprudencia suele distinguir al respecto entre actividad ilegal y actividad clandestina, entendiendo que ésta última puede caracterizarse tanto por un funcionamiento oculto para la administración como por aquél que no cuenta con la autorización preceptiva de las instalaciones, industria o actividad [puede verse un amplio resumen de esta doctrina jurisprudencial en la STS 411/2023, 29-5 (*Tol 9607117*)].

En este sentido señala la STS 1112/2009, 16-11 (*Tol 1747854*) que "*tanto según el Diccionario de la Real Academia Española como en su acepción usual, el término clandestino denota algo que es o está oculto, en el sentido de realizado de espaldas a la ley o a la autoridad, que es lo sucedido en este caso, con la concreta actividad de discoteca, la efectivamente ejercida en el local del que recurre. Pero es que, además, el propio Legislador, al concebir el precepto del art. 326 a) CP, ha querido ofrecer una interpretación auténtica de aquel concepto, aclarando que, en el contexto normativo de referencia, clandestino es lo que se realiza sin haber obtenido la autorización o la aprobación administrativa requerida para la regular utilización de las instalaciones de que se trate. De este modo, no cabe duda, la actividad desarrollada por el recurrente está bien considerada clandestina, porque discurría bajo la apariencia de otra diversa de aquella para la que se había obtenido permiso, terciaria, sí, pero cualitativamente distinta, y, por eso, oculta bajo esa otra constitutiva de una simple apariencia, que es lo que la hizo 'clandestina' a efectos legales. Esta lectura de la norma cuya aplicación se cuestiona es la que resulta de sentencias de esta Sala como las de nº 875/2006, de 6 de septiembre y 70/2005, de 26 de enero, que ponen buen cuidado en subrayar que el sentido legal de clandestinidad es el de carencia de la autorización o la licencia exigidas para desarrollar una actividad, precisamente, con objeto de preservar el medio ambiente*".

Ahora bien, esta interpretación del art. 327.a) CP no puede convertir las exigencias del tipo en algo puramente formal, pues ello sería contrario a las razones de la agravación que se basan en la existencia de un mayor peligro para el medio ambiente, al suprimir o dificultar seriamente las posibilidades de control de la Administración sobre la actividad. De este modo, no procederá la apreciación de la agravante de clandestinidad en aquellos supuestos en que se acredite el conocimiento público de la actividad industrial e, incluso, de la actividad contaminante [STS 2031/2002, 4-12 (*Tol 229676)*], ni en los casos en que se haya concedido una licencia, aunque ésta sea manifiestamente contraria a las leyes y reglamentos protectores del medio ambiente [STS 7/2002, 19-1 (*Tol 130081)*] o su titular haya incumplido posteriormente las condiciones de su otorgamiento [STS 916/2008, 30-12 (*Tol 1448802)*].

Así, la STS 411/2023, 29-5 (*Tol 9607117)*, descarta la concurrencia de la agravante de clandestinidad en base a la creencia fundada del acusado de contar con una autorización para la explotación, lo que diluye la necesaria vertiente subjetiva del subtipo agravado, que no será apreciable aunque luego el acto administrativo sea anulado jurisdiccionalmente: *"Si a partir de marzo de 1999, un documento oficial y razonado extensamente (otra cosa es su acierto), declaraba que la empresa debía entender concedida esa licencia por silencio, no es exigible al particular que reexamine personalmente la legalidad del acuerdo y se abstenga de actuar en el caso de que tenga motivos para intuir que podría no adecuarse a la legalidad, so pena de cargar con un tipo agravado. Por tanto, al menos a partir de esa fecha no podía apreciarse el subtipo agravado por falta del elemento subjetivo. Ni siquiera podía llegarse, en esa situación, a calificar de imprudencia grave el haber actuado contando con la legitimidad de esa autorización por silencio: una autorización tácita documentada —en extraña paradoja—. No es factible, por tanto, recuperar el subtipo agravado ni siquiera acudiendo a una modalidad imprudente del art. 326 en relación con el 331"*.

2. *Desobediencia*

De acuerdo con la letra b) del art. 327 CP, se impondrá la pena superior en grado cuando "*se hayan desobedecido las órdenes expresas de la autoridad administrativa de corrección o suspensión de las actividades tipificadas en el artículo anterior*". Como puede comprobarse, el texto aprobado tras la reforma penal de 2015 nuevamente provoca problemas interpretativos en relación con el alcance que debe darse a esta circunstancia, pues de acuerdo con su tenor literal debería concluirse que quedan fuera de su ámbito agravatorio cualquier modalidad de conducta de las tipificadas en los arts. 325 y 326 CP, lo que carece de sentido.

En todo caso, la aplicación de esta agravante requiere: a) la emisión de una orden de la autoridad competente para dictarla que obligue a corregir o suspender la actividad ilícita; b) que el autor del comportamiento, a quien debe ir dirigida la orden, tenga constancia de su existencia y de su contenido; y c) que, a pesar de ello, decida incumplirla. Conforme a lo anterior, la Jurisprudencia ha entendido que debe estimarse la concurrencia de la agravante de desobediencia cuando consta al menos la emisión y recepción de un requerimiento formal al autor del comportamiento para que corrija o suspenda la actividad contaminante.

No obstante, lo cierto es que en la mayoría de los casos en que dicha agravante ha sido apreciada se había producido tal multiplicidad de denuncias, órdenes o inspecciones que más que señalar una mera desobediencia indican contumacia, sobre todo en supuestos de contaminación acústica [al respecto, véase por ejemplo las SSAP, Barcelona, Sección 21ª, 2-1-2009 (*Tol 1455073)*, y Sección 3ª, 577/2008, 22-7 (*Tol 1371694)*, así como las SSTS 540/2007, 20-6 (*Tol 1116464)*; 2005/2002, 3-12 (*Tol 239785)*, y 1538/2002, 24-9 (*Tol 213435)*]. En cambio, se ha desestimado judicialmente la aplicación de esta agravante, entre otros, en los siguientes casos: el autor contaba con una autorización temporal para realizar la actividad, aunque supeditada a otros requisitos no acometidos y que dieron lugar al efecto contaminante [STS 373/2009, 8-4 (*Tol 1509890)*]; falta de identificación de la orden o requerimiento, que da lugar a la inaplicación de la agravante para no equiparar el concepto de corrección o suspensión de actividades con el mero incumplimiento de las condiciones de autorización [STS 141/2008, 8-4 (*Tol 1303041)*]; previa sanción en vía administrativa por el incumplimiento de las órdenes, confirmada por la jurisdicción contenciosa, de modo que el nuevo enjuiciamiento violaría el principio *non bis in idem* [SAP, Jaén, Sección 3ª, 70/2006, 20-3 (*Tol 866709)*]; falta de notificación de la orden con anterioridad al vertido [STS 1500/2004, 16-12 (*Tol 528666)*]; el requerimiento para presentar en el plazo de dos meses la documentación pertinente para iniciar el expediente de autorización de vertido no constituye una orden destinada a corregir o suspender una actividad, de modo que no puede considerarse un requerimiento a los efectos del art. 326.b) CP [SAP, Barcelona, Sección 5ª, 4-2-2004 (*Tol 449929)*].

Por lo que respecta a las diferentes posibilidades que existen de calificar la concurrencia del delito ambiental agravado *ex* 327.b) CP con el delito autónomo de desobediencia (básicamente concurso normativo o de delitos), la Jurisprudencia parece decantarse generalmente por el concurso aparente de normas, condenando tan sólo por el delito contra el medio ambiente agravado [STS 856/2015, 21-12 (*Tol 5614256)*: la infracción de desobediencia del art. 556 CP "*queda absorbida, como norma especial* [sic] *por la agravante específica*"]; véase no obstante la SAP, Palma de Mallorca, 49/2005, 21-4 (*Tol 628545)*, que condena por la comisión tanto del delito de desobediencia como del ambiental, aunque calificando estos hechos conforme al art. 328 CP. También ha declarado en alguna ocasión nuestro TS que la condena por delito de desobediencia impide la apreciación simultánea de la agravante homónima, en virtud del principio *non bis in idem* [STS 875/2006, 6-9 (*Tol 1002349)*].

3. Falsedad u ocultación

La letra c) del art. 327 CP agrava la pena aplicable cuando "*se haya falseado u ocultado información sobre los aspectos ambientales de la misma*".

La referencia a "la misma" debe entenderse hecha tanto a la actividad contaminante desarrollada por el autor como, en su caso, a la industria (fábrica o instalación) que le da cobijo.

Son escasos los supuestos en que la Jurisprudencia se ha planteado la apreciación de esta agravante, y aun en estos casos ha desestimado su aplicación de concurrir simultáneamente la circunstancia de clandestinidad del apartado a) del art. 326 CP. Así la SAP, Barcelona, 20-9-2002, descarta la apreciación de este subtipo agravado entendiendo que, si la aportación de información falsa acerca de los aspectos medioambientales de la empresa se realiza para obtener la preceptiva autorización, que sin tal falseamiento de datos no se hubiera obtenido, no procede aplicar esta agravante por estar abarcada ya la ausencia total de autorización administrativa en el subtipo agravado de clandestinidad, que es por el que condena.

4. Obstaculización de la actividad inspectora

De acuerdo con lo establecido en el art. 327 d) CP, se agravará la pena a imponer al autor en aquellos casos en que "*se haya obstaculizado la actividad inspectora de la Administración*".

Para evitar las críticas que un sector de la Doctrina ha dirigido a esta agravante por su posible infracción del derecho del culpable a no declarar en su contra (SILVA SÁNCHEZ), en caso de aplicarse debe exigirse que dicha obstaculización haya sido absoluta, firme y pertinaz (DE LA CUESTA AGUADO). Por su parte, la Jurisprudencia parece entender, de forma similar a lo que sucede en el caso anterior, que la apreciación de la agravante de desobediencia impide la aplicación simultánea de la de obstaculización de la actividad inspectora. En todo caso, la obstaculización en modo alguno tiene que suponer un impedimento absoluto de las actividades de inspección [(STS 47/2011, 1-2 (*Tol 2052239*)].

5. Riesgo de deterioro irreversible o catastrófico

A tenor de lo dispuesto en el art. 327 e) CP, se aplicará la pena agravada cuando con la comisión del hecho "*se haya producido un riesgo de deterioro irreversible o catastrófico*".

La agravante mencionada contiene en realidad dos supuestos de producción de riesgo de deterioro distintos: a) aquél que es *irreversible,* esto es, que impide volver al estado o condición anterior; y b) el deterioro *catastrófico,* es decir, el que altera gravemente el orden natural de las cosas. Resulta obvio que ambos supuestos han de relacionarse a través de un juicio hipotético con el daño (real o potencial) generado por el sujeto activo con su comportamiento.

La Jurisprudencia ha interpretado en términos tan restrictivos el contenido de esta agravante que, por ejemplo, ha llegado a rechazar su apreciación a pesar de declarar probado que la restauración de las aguas afectadas por la actividad contaminante precisaría de un período mínimo de 20 años para volver a su estado natural (SAP, Barcelona, 33/2000, 22-2).

6. Extracción ilegal de aguas en período de restricciones

La letra f) del art. 327 CP agrava la responsabilidad del autor de un delito de contaminación en aquellos casos en que "*se produzca una extracción ilegal de aguas en período de restricciones*".

La aplicación de esta agravante requerirá, en primer lugar, la previa existencia de una disposición normativa que establezca, por un lado, el período de restricciones y, por otro, la determinación de las condiciones a observar para la extracción legal de aguas durante dicho periodo.

> Tales disposiciones suelen ser carácter autonómico. Al respecto, véase por ejemplo el Decreto-ley 2/2024, de 29 de enero, por el que se aprueban medidas adicionales para paliar los efectos producidos por la situación de excepcional sequía a los usuarios de las demarcaciones hidrográficas intracomunitarias de Andalucía y se adoptan medidas urgentes, administrativas y fiscales, de apoyo al sector agrario; o el Decreto Ley 4/2024, de 16 de abril, por el que se adoptan medidas urgentes para paliar los efectos de la sequía en el ámbito del distrito de cuenca fluvial de Cataluña.

En segundo lugar, de acuerdo con la Doctrina mayoritaria, deberá exigirse la constatación de que tales extracciones ilegales han supuesto un incremento relevante del riesgo para el medio ambiente.

VIII. CONCURSOS (ARTS. 325, 326 Y 326 BIS CP)

Las relaciones entre los arts. 325, 326 y 326 bis CP son de concurso aparente de normas, dada la identidad de los bienes jurídicos afectados, y deben solucionarse conforme al criterio de la alternatividad: castigando conforme al precepto que prevea las penas más graves.

Igualmente deberán aplicarse con carácter preferente los delitos de riesgo catastrófico cuando la redacción típica haya incluido en el injusto la referencia al riesgo ambiental (así por ejemplo, en aquellos supuestos previstos en el art. 343 CP, en los que el vertido, emisión, introducción o exposición a radiaciones ionizantes ponga en peligro la calidad del aire, del suelo, de las aguas o a animales o plantas; a la misma conclusión ha de llegarse en relación al art. 345 —actividades ilícitas relacionadas con materiales nucleares o sustancias radiactivas peligrosas).

Por lo demás, podrán producirse con frecuencia situaciones de concurso infraccional entre los delitos tipificados en los arts. 325, 326 y 326 bis CP y los delitos de daños patrimoniales y contra las personas.

IX. RESPONSABILIDAD PENAL DE LAS PERSONAS JURÍDICAS POR DELITOS AMBIENTALES (ART. 328 CP)

Los delitos contra los recursos naturales y el medio ambiente constituyen uno de los grupos de supuestos a los que resulta aplicable el régimen de responsabilidad penal de las personas jurídicas, que fue introducido por LO 5/2010 (lo que era de obligado cumplimiento, conforme a lo dispuesto en los arts. 6 y 7 de la Directiva 2008/99) y notablemente ampliado por LO 1/2015.

La reforma penal de 2010 cambió sustancialmente la redacción del art. 327 CP, incluyendo un nuevo catálogo de penas aplicables a las personas jurídicas que fueran responsables de delitos tipificados en los arts. 325 y 326 CP; una sistemática muy similar, aunque con marcos penológicos diferentes, recogía el antiguo art. 328.6 CP para los comportamientos en él descritos.

Por lo que respecta a los delitos tipificados en los arts. 325 y 326 CP, se preveía la imposición obligatoria a la persona jurídica de multa, cuya extensión variaría según fuera la penalidad que llevara aparejada la conducta realizada: de dos a cinco años si el delito cometido por la persona física tenía prevista una pena de prisión superior a cinco años, y de uno a tres años en el resto de los casos. Para los ilícitos descritos en el art. 328 CP se establecía igualmente la obligación de imponer una sanción pecuniaria vinculada al *quantum* de pena que correspondiera a la persona física autora del hecho, pero en estos supuestos debía optarse entre la aplicación del sistema de cuotas o la multa proporcional, en función de la cantidad que resultara más elevada: de uno a tres años o del doble al cuádruple del perjuicio causado si el delito cometido por la persona física tenía prevista una pena de más de dos años de privación de libertad, y multa de seis meses a dos años o del doble al triple del perjuicio causado en el resto de los casos. Tanto en el art. 327 como en el 328.6 CP se establecía, además, la posibilidad de imponer a la persona jurídica las penas recogidas en las letras b) a g) del art. 33.7 CP.

Las novedades introducidas en este contexto por la reforma de 2015 no se limitaron a la nueva ubicación del texto que la regula (el actual art. 328 CP), y se plasmaron en un nuevo régimen sancionador que, además de extender la posibilidad de imponer multas proporcionales a todos los supuestos contemplados en el Capítulo III del Título XVI, resulta, al mismo tiempo, más benigno y más severo (HAVA GARCÍA). Así:

- En el caso de delitos ambientales que tengan prevista para la persona física que los haya cometido una pena privativa de libertad de más de dos años, la persona jurídica responsable podrá ser castigada con multa de uno a tres años, o del doble al cuádruple del perjuicio causado cuando la cantidad resultante fuese más elevada (la anterior regulación preveía multa de dos a cinco años para delitos castigados con prisión superior a cinco años).

– En el resto de los casos (esto es, los contemplados en los arts. 325.1 CP; la gestión de ilegal de residuos del art. 326.1 CP o la explotación de instalaciones del art. 326 bis CP que causen alguno de los desvalores de resultado previstos en el precepto anterior, así como los comportamientos tipificados en el art. 326.2 CP), podrá imponerse a la persona jurídica multa de seis meses a dos años, o del doble al triple del perjuicio causado cuando la cantidad resultante fuese más elevada (la anterior regulación preveía multa de uno a tres años para los delitos castigados con prisión de menos de cinco años).

Finalmente, el nuevo art. 328 CP mantiene la posibilidad de aplicar además a la persona jurídica algunas de las penas recogidas en las letras b) a g) del apartado 7 del art. 33 CP.

Dichas penas son las siguientes: b) disolución de la persona jurídica; c) suspensión de sus actividades por un plazo no superior a cinco años; d) clausura de sus locales y establecimientos por un período que no podrá exceder de cinco años; e) prohibición, temporal (como máximo quince años) o definitiva, de realizar en el futuro las actividades en cuyo ejercicio se haya cometido, favorecido o encubierto el delito; f) inhabilitación para obtener subvenciones y ayudas públicas, para contratar con el sector público y para gozar de beneficios e incentivos fiscales o de la Seguridad Social, por un plazo máximo de quince años; y g) intervención judicial para salvaguardar los derechos de los trabajadores o de los acreedores por el tiempo que se estime necesario, que no podrá exceder de cinco años.

La imposición adicional de esas penas adicionales se reserva para los supuestos cualificados que se ajusten a las reglas fijadas en el nuevo art. 66 bis CP.

Conforme a lo establecido en dicho precepto, la decisión en torno a la imposición y extensión de tales penas deberá tener en cuenta: a) su necesidad para prevenir la continuidad delictiva o sus efectos (concretados en el riesgo o daño para bienes jurídicos ambientales); b) sus consecuencias económicas, sociales y laborales; y c) el puesto que en la estructura de la persona jurídica ocupa la persona física u órgano que, en su caso, incumpliera el deber de control (en estos supuestos, respecto del foco de peligro).

En virtud de lo dispuesto en el art. 66 bis.2ª CP, la duración de las penas temporales previstas en las letras c) a g) del art. 33.7 CP no podrán exceder el límite máximo de la pena privativa de libertad prevista para la persona física autora del delito correspondiente, lo que se traduce en los siguientes límites máximos: dos años en el supuesto del tipo básico descrito en el art. 325.1 CP; cinco años en el caso del tipo agravado del primer apartado del art. 325.2 CP, y siete años y seis meses en el supuesto del tipo agravado del segundo apartado del mismo precepto (los mismos límites son aplicables, en los diferentes casos, a las conductas de los arts. 326.1 y 326 bis CP, siendo en cambio de un año el relativo al art. 326.2 CP).

Cuando se trate de un comportamiento subsumible en uno de los tipos agravados anteriores, al que sea aplicable una o varias de las circunstancias agravantes previstas en el art. 327 CP, el límite máximo de pena podrá alcanzar los once años y tres meses.

No obstante, la imposición de estas penas por tiempo superior a dos años exigirá la observancia de las reglas adicionales establecidas para cada grupo de casos en el mismo art. 66 bis.2ª CP, reglas que, en esencia, pivotan en torno a la reincidencia e instrumentalización de la persona jurídica para la comisión de delitos. Podrá en cambio imponerse con carácter permanente las sanciones de disolución y prohibición de actividades (o por un plazo superior a cinco años la de inhabilitación para obtener subvenciones y ayudas públicas, contratar con el sector público o gozar de beneficios e incentivos fiscales o de la Seguridad Social) cuando se constate una reincidencia cualificada (en los términos del art. 66.5 CP) o bien una instrumentalización de la persona jurídica para la comisión de delitos.

De acuerdo con la nueva redacción del art. 129 CP, será posible también imponer consecuencias jurídicas con el contenido previsto en las letras c) a g) del art. 33.7 CP o la prohibición definitiva de llevar a cabo cualquier actividad, aunque sea lícita, en el caso de que los delitos previstos en los arts. 325, 326 y 326 bis CP se cometan en el seno, con la colaboración, a través o por medio de empresas, organizaciones, grupos o cualquier otra clase de entidades o agrupaciones de personas que, por carecer de personalidad jurídica, no resulten comprendidas en el art. 31 bis CP. En estos casos podrá asimismo adoptarse como medida cautelar durante la instrucción de la causa la clausura temporal de los locales o establecimientos, la suspensión de las actividades sociales y la intervención judicial, con los límites señalados en el art. 33.7 CP.

La STS 320/2022, 30-3 (*Tol 8900607)*, confirma la condena de la mercantil por la comisión de un delito contra los recursos naturales y el medio ambiente, previsto en el art. 325.2 (ambos párrafos) en relación con los arts. 325.1, 327.b) y 328 CP, (multa de un año y seis meses con una cuota diaria de 500 euros y suspensión de sus actividades por un plazo de dos años) pero compensa las sanciones administrativas impuestas con las penas pecuniarias, si bien condicionado a que en el trámite de ejecución de sentencia se acredite fehacientemente que la mercantil satisfizo las multas administrativas.

Por su parte, la SAP, Segovia, Sección 1ª, 78/2020, 14-12 (*Tol 8349371)*, condena tanto al administrador como a la propia empresa por la comisión de un delito de valoración y transformación de residuos del art. 326.1 CP, imponiendo a esta última una pena de multa de 12 meses a razón de 6 euros al día, clausura de los locales y las instalaciones por tiempo de dos años e inhabilitación por el mismo tiempo para obtener subvenciones y ayudas públicas, contratar con el sector público y para gozar de beneficios e incentivos fiscales o de la Seguridad Social.

Finalmente, la SAP, Guadalajara, Sección 1ª, 11/2023, 29-9 (*Tol 9769085)*, aplica el régimen penal de las personas jurídicas a varias empresas por la comisión, entre otros, de un delito de gestión peligrosa de residuos.

X. PREVARICACIÓN MEDIOAMBIENTAL (ART. 329 CP)

Dos son las principales novedades que incluyó la reforma de 2010 en el régimen penal específico aplicable a funcionarios y autoridades contenido en el art. 329 CP: la introducción de una nueva modalidad de conducta típica cometida por funcionario o autoridad y el endurecimiento de las penas a imponer por la comisión de este grupo de ilícitos. Ambas novedades aparecen contenidas en el primer apartado del precepto y acentúan aún más la identidad que existe entre éste y el art. 320 CP, dedicado a la prevaricación específica de funcionarios y autoridades en materia urbanística, de modo que la mayoría de los comentarios realizados a propósito del análisis de dicho precepto (y buena parte de lo expuesto respecto del 322 CP, figura similar pero aplicable al patrimonio histórico) pueden darse aquí por reproducidos.

1. Sujetos activos

Todos los comportamientos descritos en el art. 329 CP se configuran como delitos especiales propios, en los que el sujeto activo tiene que poseer la condición de "*autoridad o funcionario público*" a efectos penales, de conformidad con lo que dispone el art. 24 CP.

2. Conductas típicas

Todas las conductas descritas en el art. 329 CP se caracterizan por constituir determinadas formas de facilitar, permitir o tolerar, desde la posición de poder que representa el ejercicio de funciones públicas, la realización de agresiones ambientales. En coherencia con lo anterior, la Jurisprudencia ha admitido con carácter general la posibilidad de realizar este tipo de comportamientos en comisión por omisión.

Así la STS 449/2003, 24-5 (*Tol 286128*), casa la de instancia para condenar a uno de los acusados, Alcalde, por no inspeccionar ni ordenar que se inspeccionara las instalaciones de una granja, lo que acarreó graves repercusiones para el medio ambiente. Según declara el TS en su fundamentación jurídica respecto de la anterior redacción del art. 329 CP, "*la acción típica, viene integrada, no sólo por conductas activas (informar favorablemente), sino también omisivas (silenciar infracciones normativas de carácter general con ocasión de sus inspecciones). Nadie discute que, a pesar de la descripción utilizada, el tipo específico encierra en sí el contenido de la prevaricación genérica, lo que nos lleva a la posibilidad de admitir la comisión por omisión [...]. Como señala dicho precepto, en los delitos de resultado, cabe la comisión por omisión cuando el autor, al infringir un deber jurídico, es la causa de la lesión del bien jurídico afectado. En este caso no puede discutirse, por lo ya expuesto sobre la regulación de las actividades molestas, insalubres y peligrosas, que el [acusado] tenía la obligación legal de inspeccionar y con su inactividad creó una ocasión de riesgo, que se ha materializado en resultados dañosos de carácter concreto. En este caso no se puede argumentar que J. desconocía la instalación de la Granja, ya que el hecho probado descarta esta posibilidad. Se trata de un municipio de poco más de mil habitantes y la extensión de la granja la hacía fácilmente detectable, sin necesidad de desplegar una intensa y minuciosa inspección. Era un hecho notorio y perfectamente visible.*

La modalidad de prevaricación omisiva ha sido aceptada por la Jurisprudencia de esta Sala y adquiere todavía una mayor justificación y razonabilidad en los casos de actuaciones de los funcionarios responsables en actuaciones medioambientales. Así, la omisión del preceptivo informe de impacto ambiental, de cualquier industria que se instale en el territorio sobre el que tiene competencia en esta materia constituye, por inactividad dolosa, una decisión o actitud que equivale a la concesión de autorización o licencia, por vía de la tolerancia y permisividad y con manifiesta infracción de la normativa medioambiental [...]. *El hecho probado se nos dice que, en la fecha en que ocurrieron los hechos, la granja porcina no disponía de la preceptiva licencia municipal de actividades clasificadas y se imputa y critica al acusado porque ni él personalmente, ni ninguno de los equipos técnicos del Ayuntamiento que presidía inspeccionara las instalaciones de la Granja. Esta forma de comportarse lleva implícita la afirmación de que la instalación era conocida por el Ayuntamiento y que nadie actuó con arreglo a las exigencias legales, ocasionando con esta conducta omisiva, un daño al medio ambiente tal como ha sido descrito por la sentencia recurrida. La solicitud, «a posteriori», de la licencia no excluye la tipicidad de los actos previos, que son los que efectivamente se imputan al acusado"*.

Las principales diferencias que se aprecian en las conductas incluidas en el art. 329 CP respecto de las contenidas en el art. 320 CP hacen referencia a las especificidades propias de la regulación extrapenal del medio ambiente frente a la normativa urbanística.

El considerando (28) de la Directiva 2024/1203, de 11 de abril de 2024, relativa a la protección del medio ambiente mediante el Derecho penal y por la que se sustituyen las Directivas 2008/99/CE y 2009/123/CE, hace expresa referencia a la clase de comportamientos que pretende perseguir el art. 329 CP, cuando afirma que *"es especialmente preocupante que algunos delitos medioambientales se cometan con la tolerancia o el apoyo activo de las administraciones o los funcionarios competentes en el desempeño de su función pública. En algunos casos, dicho apoyo puede incluso adoptar la forma de corrupción. Algunos ejemplos de tales comportamientos son hacer la vista gorda o guardar silencio ante la infracción del Derecho medioambiental después de inspecciones; omitir deliberadamente inspecciones o controles, por ejemplo, con respecto a si el titular del permiso respeta las condiciones de este; apoyar resoluciones o votar a favor de la concesión de licencias ilegales o emitir informes favorables falsificados o no veraces"*. A pesar de ello, no contempla ninguna figura similar a la prevaricación ambiental en el amplísimo elenco de conductas que impone penalizar. En su lugar, se contenta con obligar a los Estados miembros a garantizar que pueda considerarse una circunstancia agravante *"que el delito lo haya cometido un funcionario público en el ejercicio de sus funciones"* (art. 8.d).

2.1. Informar favorablemente la concesión de licencias

Dichas licencias han de autorizar el funcionamiento de las industrias o actividades contaminantes y deben ser "*manifiestamente ilegales*", exigencia que no se contempla en cambio en el art. 320 CP y que debe interpretarse en el sentido de requerir que la ilegalidad pueda resultar evidente para cualquier autoridad o funcionario público que posea las competencias necesarias para informar la concesión de tales licencias. Atendiendo al bien jurídico protegido y a la descripción típica, dicha ilegalidad deberá estar referida a normas protectoras del medio ambiente que regulen el régimen de autorizaciones aplicable al funcionamiento de industrias o actividades contaminantes, entendiendo por tales cualquiera de las descritas en los arts. 325 a 326 bis CP.

2.2. Silenciar la infracción de leyes o disposiciones normativas

El sujeto debe llevar a cabo esta conducta "*con motivo de sus inspecciones*", lo que significa que entre sus funciones deben encontrarse las relativas a la labor inspectora. Dichas inspecciones, además, han de llevarse a cabo efectivamente, radicando el injusto del comportamiento en el silencio que guarda respecto de las infracciones de leyes u otras normativas (que deberán ser ambientales, atendiendo al bien jurídico protegido, y estar referidas asimismo al funcionamiento de industrias o actividades contaminantes, de gestión de residuos o relacionadas con instalaciones en las que se realicen actividades peligrosas) detectadas durante la inspección.

2.3. Omitir la realización de inspecciones obligatorias

Desde la reforma penal de 2010, el art. 329.1 CP extiende expresamente la responsabilidad penal del funcionario público o autoridad a los casos en que hubiere omitido la realización de inspecciones de carácter obligatorio, modalidad típica que fue introducida asimismo en la redacción del art. 320.1 CP. El deber de inspeccionar vincula tanto al funcionario que desempeña dichas funciones de control como a la autoridad competente para ordenar su realización.

2.4. Resolver o votar a favor de la concesión de licencias manifiestamente ilegales

El art. 329.2 CP contiene la única modalidad de comportamiento que hace referencia a un acto administrativo jurídicamente vinculante (el otorgamiento de la licencia), y en este sentido es la conducta que más se asemeja a la prevaricación genérica de funcionario tipificada en el art. 404 CP.

La inclusión de dos formas verbales distintas ("*resolver*" y "*votar a favor*") parece obedecer a la necesidad político-criminal de incluir dentro del ámbito del precepto aquellos supuestos en los que la capacidad de decidir en torno a la concesión o no de la licencia corresponde a un órgano colegiado; en este último caso, la consumación del delito exigirá que el voto a favor del sujeto activo haya contribuido a obtener la mayoría necesaria para otorgar la licencia, debiendo castigarse en cambio por tentativa en aquellos supuestos en que, a pesar de votar a favor el sujeto, la concesión no resulta finalmente aprobada (*cfr.* OCTAVIO DE TOLEDO Y UBIETO).

3. Elemento subjetivo

A diferencia de lo que sucede en el caso de los artículos 320 y 322 CP (que exigen que los hechos que tipifican se cometan "*a sabiendas de su injusticia*", igual que lo hace el art. 404 CP respecto de la prevaricación administrativa genérica), el art. 329.1 CP se conforma con que la autoridad o funcionario realice el comportamiento "*a sabiendas*".

Tal circunstancia puede interpretarse en el sentido de entender que, en el caso de las prevaricaciones específicas ambientales, se han relajado un tanto las exigencias que tradicionalmente se vienen requiriendo para la prueba del dolo en otras formas de prevaricación de funcionarios. No obstante, la inclusión de la expresión "*a sabiendas*" sigue constituyendo un obstáculo importante a la apreciación de la comisión de estos delitos con dolo eventual (PRATS CANUT/ MARQUÈS I BANQUÉ).

4. Penalidad

Tras la reforma penal de 2010, la redacción del art. 329.1 CP *in fine* endureció el régimen punitivo aplicable a estas conductas cometidas por funcionarios y autoridades, por la vía de sustituir el anterior sistema alternativo de penas por uno acumulativo, de modo que a partir de ahora resultará obligatoria la imposición tanto de la prisión (de seis meses a tres años) como de la multa (de ocho a veinticuatro meses), penas que vendrán a sumarse a la que corresponda conforme a lo dispuesto con carácter general respecto de la prevaricación genérica de funcionarios en el art. 404 CP (inhabilitación especial para empleo o cargo público y para el ejercicio del derecho de sufragio pasivo por tiempo de nueve a quince años).

5. Concursos

Las relaciones concursales entre los arts. 329 CP y 325 a 326 bis CP no han de resolverse conforme a los criterios del concurso aparente de normas, sino de acuerdo con las reglas establecidas para el concurso de delitos, en la medida en que protegen bienes jurídicos diversos (correcto funcionamiento de la Administración Pública y equilibrio de los sistemas naturales).

Así lo reconoce la STS 1073/2003, 25-9 (*Tol 312056*), que casa la de instancia y condena al acusado por la comisión de un delito de prevaricación específica en concurso ideal con un delito contra el medio ambiente: "*El autor de la autorizaciones de vertidos ilegales fue el propio Alcalde, por lo que se considera autor de un delito de prevaricación específica contra el medio ambiente.* [...] *Los terrenos sobre los que se producían los vertidos autorizados, eran de dominio público y lo que pretendía el recurrente es que, por este medio se ganase ilícitamente una superficie, que después pretendía reconvertir en suelo urbanizable, lo que le transforma también, en autor del delito contra el medio ambiente [...] nos encontramos ante un supuesto de concurso ideal heterogéneo, ya que la acción delictiva se proyecta sobre dos bienes jurídicos protegidos. Serían de aplicación, por tanto, las reglas previstas en el artículo 77 del Código Penal, que nos lleva a considerar, «a priori», la imposición, en la mitad superior, la pena correspondiente al delito que tenga fijada una sanción más elevada*". La bondad del argumento expuesto ha sido confirmada por la STC 91/2009, 20-4 (*Tol 1499770)*, al rechazar la pretensión del recurrente, condenado por el TS, de entender que la apreciación en este caso del concurso ideal de delitos haya implicado una vulneración del principio *non bis in ídem*: "*Expresado en los términos propios de nuestro criterio de enjuiciamiento constitucional, la aplicación de ambos tipos delictivos se justifica en atención a que cada uno de ellos responde a un distinto fundamento, pues son diversos los intereses que cada precepto aspira a proteger. No concurriendo la triple identidad que presupone la infracción del principio* non bis in ídem, *no podemos considerar que la Sentencia del Tribunal Supremo haya vulnerado el derecho a la legalidad penal*".

Por su parte, la STS 168/2024, 23-2 (*Tol 9925182)*, aunque considera no probada la comisión de un delito de contaminación acústica (por no constar que los ruidos emitidos, consistentes en "dos actos aislados", tuvieran la suficiente potencialidad para generar un grave peligro para la salud de las personas) condena al alcalde acusado en la causa por la comisión (en omisión) de un delito de prevaricación administrativa del art. 404 CP, por haber amparado con su inactividad el desarrollo durante más de una década de una actividad no autorizada.

XI. DAÑOS EN UN ESPACIO NATURAL PROTEGIDO

Hasta la reforma penal de 2010, el art. 330 CP aparecía como un cuerpo extraño entre los delitos de contaminación, dado que no es ya la puesta en peligro del equilibrio ecológico lo que hace a estas conductas merecedoras de pena, sino el daño infligido a determinados objetos (o elementos) ambientales que hayan servido para calificar a un espacio natural protegido. Por ello, con anterioridad se afirmaba que habría sido más adecuado que el Legislador de 1995 ubicara este precepto en el Cap. IV, junto a los delitos relativos a la protección de la flora y la fauna, figuras con las que guardaba mayor afinidad, al menos hasta la reforma operada por LO 15/2003, de 25 de noviembre.

No obstante, en la actualidad el Cap. III se ha ampliado para contener un catálogo diverso de comportamientos contra bienes y objetos ambientales de distinta entidad (ya no se protege solo el equilibrio de los sistemas naturales, sino también la calidad del aire, del suelo o de las aguas, e incluso a "animales o plantas"), y además dichos comportamientos son penalizados con independencia de que "causen o puedan causar" daños sustanciales, de modo que ya no tiene por qué causar extrañeza la ubicación sistemática del art. 330 CP.

1. *Sujeto activo*

Constituye un delito común, que no exige la constatación de ninguna cualidad especial en el sujeto activo.

A pesar de que son perfectamente imaginables supuestos en que el delito sea cometido en nombre, por cuenta y en provecho de una sociedad o corporación, el Legislador no ha previsto la posibilidad de aplicar el régimen de responsabilidad penal de las personas jurídicas a los hechos tipificados en el art. 330 CP.

2. *Conducta típica*

El art. 330 CP castiga a quien, en un espacio natural protegido, dañe gravemente alguno de los elementos que hayan servido para calificarlo.

Curiosamente, la Directiva 2024/1203 no incluye ninguna conducta de estas características dentro del amplísimo elenco de comportamientos que obliga a penalizar, si bien prevé como uno de los posibles desvalores de resultado de casi todos ellos el hecho que de cause o pueda causar daños sustanciales a *"un ecosistema"*, objeto ambiental que es definido en el art. 2.2.c) como *"un complejo dinámico de comunidades vegetales, animales, de hongos y de microorganismos y su medio no viviente que interactúan como unidad funcional que incluye tipos de hábitats, hábitats de especies y poblaciones de especies"*.

2.1. La expresión "*espacio natural protegido*" constituye un elemento normativo que actualmente viene definido en la Ley 42/2007, de 13 de diciembre, del Patrimonio Natural y de la Biodiversidad, norma que vino a establecer un nuevo sistema de declaración, catalogación y gestión de este tipo de espacios naturales, atendiendo precisamente a las peculiaridades de sus elementos naturales o bien a otro tipo de razones tuteladoras, como las derivadas de la necesidad de preservar la diversidad biológica.

Actualmente el art. 28 de la Ley 42/2007 establece:

"1. Tendrán la consideración de espacios naturales protegidos los espacios del territorio nacional, incluidas las aguas continentales, y el medio marino, junto con la zona económica exclusiva y la plataforma continental, que cumplan al menos uno de los requisitos siguientes y sean declarados como tales:

a) Contener sistemas o elementos naturales representativos, singulares, frágiles, amenazados o de especial interés ecológico, científico, paisajístico, geológico o educativo.

b) Estar dedicados especialmente a la protección y el mantenimiento de la diversidad biológica, de la geodiversidad y de los recursos naturales y culturales asociados.

2. Los espacios naturales protegidos podrán abarcar en su perímetro ámbitos terrestres exclusivamente, simultáneamente terrestres y marinos, o exclusivamente marinos".

El art. 30 de la misma Ley dispone que los espacios naturales protegidos serán clasificados, en función de los bienes y valores a proteger, así como de los objetivos de gestión a cumplir, al menos en alguna de las siguientes categorías:

"a) Parques.

b) Reservas Naturales.
c) Áreas Marinas Protegidas.
d) Monumentos Naturales.
e) Paisajes Protegidos".

Finalmente, el art. 37 de la Ley 42/2007 otorga a las comunidades autónomas la competencia de declarar y determinar la fórmula de gestión que corresponda a los espacios naturales protegidos dentro de su correspondiente ámbito territorial.

El delito descrito en el art. 330 CP ha sido configurado, por tanto, como un tipo penal en blanco (accesoriedad conceptual) para cuya integración habrá que atender básicamente al concreto instrumento normativo (de carácter estatal o autonómico) que contenga la declaración del espacio natural protegido que haya resultado afectado por el comportamiento.

En el caso concreto de los parques nacionales, la iniciativa para declararlos corresponde al Gobierno de la Nación o a la comunidad o comunidades autónomas en las que encuentre comprendido el espacio, salvo en el caso de parques nacionales sobre aguas marinas bajo soberanía o jurisdicción nacional, en cuyo caso la iniciativa corresponde únicamente al Gobierno de la Nación (*cfr.* art. 8 de la Ley 30/2014, de 3 de diciembre, de Parques Nacionales).

Aunque el instrumento normativo que contendrá la declaración del espacio natural como protegido será normalmente estatal o autonómico, no es descartable la futura existencia de normas comunitarias (reglamentos) que puedan tener influencia directa en el precepto penal, por ejemplo, si obligan a ampliar el territorio del espacio natural sometido a especial protección, o a la adopción de otras medidas de conservación más estrictas que las nacionales, en relación con la fauna o la flora presentes en dicho espacio u otros elementos.

2.2. Es un delito de resultado, en el que cabe cualquier modalidad de acción (incluida la comisión por omisión) que *dañe gravemente a alguno de los elementos* que hayan servido para calificar administrativamente al espacio natural protegido, de modo que será necesario conocer no sólo la calificación legal de la zona, sino también los concretos elementos que han fundamentado su declaración como tal espacio (elementos que, de conformidad con lo establecido en la Ley 42/2007, pueden ser de muy diversa naturaleza). La descripción de esos elementos habrá de buscarse igualmente en el instrumento normativo que declare protegido el espacio en cuestión [STS 876/2006, 6-11 (*Tol 1022895*)].

2.3. La Doctrina mayoritaria está de acuerdo en conceptuarlo como un delito de lesión. No obstante, con el fin de excluir del ámbito de lo punible conductas de bagatela y al mismo tiempo dotar de sentido al precepto (que prevé la imposición obligatoria de prisión de uno a cuatro años más multa de doce a veinticuatro meses), para estimar la comisión del injusto típico deberá constatarse que el comportamiento dañoso ha creado, al menos, un cierto riesgo para la subsistencia del espacio natural protegido con las mismas características que motivaron su declaración. Es en este sentido en el que ha de interpretarse el adverbio "*gravemente*" incluido en la descripción del tipo, gravedad que a su vez en muchos supuestos vendrá motivada por la intensidad del daño causado a una o varias especies (animales o vegetales) que hayan servido para calificar al espacio, pero que también podrá deducirse de la concurrencia de otros factores, como por ejemplo la alteración de la geodiversidad del lugar, la afectación paisajística o la neutralización de la eficacia anti erosiva del arbolado [STS 1318/2005, 17-11 (*Tol 781304*)].

3. Tipo subjetivo

El delito de daños en un espacio natural protegido no presenta especificidades en el tipo subjetivo, bastando en este aspecto con constatar la concurrencia de los elementos esenciales del dolo (conocimiento de los elementos objetivos del tipo y voluntad de su realización, siquiera en forma de dolo eventual).

En coherencia con lo anterior, el error sobre la calificación jurídica del terreno dañado como "espacio natural protegido" deberá ser tratado como un error de tipo que, de ser vencible, podrá dar lugar al castigo del comportamiento por imprudencia grave, de conformidad con lo dispuesto en el art. 331 CP.

4. Concursos

La concurrencia entre las conductas tipificadas en el art. 330 CP y los delitos de incendios deben resolverse con carácter general conforme a las reglas del concurso medial o ideal de delitos, dado el carácter pluriofensivo de los incendios y la especificidad de los elementos ambientales que resultan dañados por la comisión del art. 330 CP. Constituye una excepción a lo anterior la relación de este delito con la modalidad de incendio contenida en el art. 353.3ª CP (incendio forestal que afecte a un espacio natural protegido), que debe considerarse de concurso aparente de normas, y resolverse a favor de la aplicación preferente de este último (castigado con prisión de tres a seis años y multa de dieciocho a veinticuatro meses).

Las relaciones concursales de este delito con otros tipos ambientales son objeto de análisis más adelante, a propósito de la disposición común contenida en el art. 338 CP (afectación a un espacio natural protegido).

XII. PENALIZACIÓN DE COMPORTAMIENTOS IMPRUDENTES

En virtud de lo dispuesto en el art. 331 CP, los delitos previstos en el Cap. III del Título XVI "*serán sancionados, en su caso, con la pena inferior en grado*" cuando se cometan por imprudencia grave.

La inclusión en la redacción del precepto de la expresión "*en su caso*" permite al intérprete valorar la procedencia dogmática y político-criminal de castigar la comisión culposa en cada supuesto, de un modo análogo a como se efectuaba bajo la vigencia del CP 1973 (sistema de *crimen culpae*). Desde esta perspectiva, la Doctrina mayoritaria considera que la imprudencia debe proyectarse sobre los delitos de los arts. 325 a 326 bis y 330 CP, descartando en cambio la posibilidad de castigar por comisión culposa en los supuestos contemplados en el art. 329 CP (MARTÍNEZ-BUJÁN PÉREZ). Así lo ha entendido también la Jurisprudencia, afirmando que la prevaricación específica ambiental "*sólo admite su comisión dolosa al exigirse una intencionalidad específica, reforzada por la expresión 'a sabiendas*" [STS 449/2003, 24-5 (*Tol 286128*)].

No obstante, debe tenerse en cuenta que la regulación de la prevaricación dolosa de funcionario en el art. 358, I CP73, que también contenía la expresión "*a sabiendas*", no impedía la definición de este delito en su modalidad imprudente en el segundo párrafo del mismo precepto, sustituyendo tal expresión por la exigencia de que la resolución se dictara "*por negligencia o ignorancia inexcusable*", de modo que con la regulación vigente podría partirse de una interpretación similar para dar cabida en el art. 331 CP a formas de prevaricación ambiental específicas cometidas a título de culpa.

De la redacción del art. 331 CP pueden extraerse otras dos conclusiones: en primer lugar, la punición de los delitos contra los recursos naturales y el medio ambiente conforme a dicha cláusula requerirá que la imprudencia constatada haya sido grave (lo que habrá de deducirse de la entidad de la norma de cuidado infringida por el sujeto activo); en segundo lugar, cualquiera de las conductas abarcadas por el ámbito de aplicación del art. 331 CP (con la excepción quizá de la prevaricación ambiental) podrá también en hipótesis ser cometidas con dolo eventual.

La Jurisprudencia ha admitido en ocasiones expresamente la posibilidad de aplicar a la modalidad imprudente las circunstancias agravantes específicas (previstas actualmente en el art. 327 CP, y con anterioridad a la reforma penal de 2015 en el art. 326 CP). Así, la STS 865/2015, 14-1 (*Tol 5620985*), caso *Prestige*: "*La aplicación de la modalidad agravada expuesta resulta incuestionable, pues se generó un riesgo de contaminación que excedió del meramente grave que exige el tipo básico, cuyos contornos quedaron desbordados con una proyección de lesividad para el medio marino y el ecosistema en general, no sólo irreversible, en los términos que exige esta figura y que quedaron expuestos en el fundamento vigésimo de esta resolución, sino además catastrófica. Riesgo que, a la vista de los resultados producidos, se concretó en una de las más graves catástrofes ecológicas de los últimos tiempos por la intensidad y extensión del vertido, el número de elementos naturales destruidos, de especies marinas afectadas y de actividad económica perturbada. Riesgo que era previsible, en atención a la cantidad de fuel que transportaba, y la intensidad del vertido que manaba por la abertura producida en el casco del buque. Y además objetivamente imputable al acusado, quien por su propia experiencia necesariamente había de ser conocedor del mismo y hubo de representárselo y en cuyo ámbito de competencia se encontraba enervarlo en la medida de sus posibilidades. Con su actuación generó riesgo y no neutralizó el creado por otros, sino que lo incrementó más allá de lo permitido".*

XIII. DISPOSICIONES COMUNES A LOS DELITOS CONTRA LOS RECURSOS NATURALES Y EL MEDIO AMBIENTE

Artículo 338

Cuando las conductas definidas en este Título afecten a algún espacio natural protegido, se impondrán las penas superiores en grado a las respectivamente previstas.

Artículo 339

Los Jueces o Tribunales ordenarán la adopción, a cargo del autor del hecho, de medidas encaminadas a restaurar el equilibrio ecológico perturbado, así como de cualquier otra medida cautelar necesaria para la protección de los bienes tutelados en este Título.

Artículo 340

Si el culpable de cualquiera de los hechos tipificados en este Título hubiera procedido voluntariamente a reparar el daño causado, los Jueces y Tribunales le impondrán la pena inferior en grado a las respectivamente previstas.

Las disposiciones comunes previstas en el Cap. V resultan en principio aplicables a todos los tipos de injusto descritos en el Título XVI del CP, con independencia de su ubicación sistemática y del objeto de tutela que en ellos resulte protegido (ordenación del territorio, patrimonio histórico, fauna y flora). No obstante, dichas disposiciones parecen dirigidas fundamentalmente a reforzar la tutela penal que reciben los bienes jurídicos ambientales.

1. Afectación a un espacio natural protegido

Al igual que en el caso del art. 330 CP, la expresión "espacio natural protegido" contenida en este precepto constituye un elemento normativo que ha de integrarse atendiendo a lo dispuesto en la Ley 42/2007, de 13 de diciembre, del Patrimonio Natural y de la Biodiversidad. Por tanto, para aplicar la agravación contenida en el art. 338 CP será necesario determinar qué concreto espacio natural ha sido afectado y de qué manera (*cfr.* STS 1664/2002, 28-3). El conocimiento de que se está afectando a un espacio natural protegido debe ser abarcado por el dolo del autor, lo cual implica tratar el error sobre dicha circunstancia como un error sobre un elemento accidental del tipo, de conformidad con lo previsto en el 14.2 CP (en consecuencia, su constatación impedirá la aplicación del art. 338 CP, tanto si el error es invencible como si es vencible).

Por otro lado, las relaciones entre ambos preceptos (arts. 330 y 338 CP) deben solucionarse de acuerdo con las reglas propias de la inherencia contenidas en el art. 67 CP. De acuerdo con dicho precepto, no se aplicará la agravante descrita en el art. 338 CP a los comportamientos tipificados en el art. 330 CP, en la medida en que no parece posible cometer dicho delito, consistente en dañar gravemente alguno de los elementos que hayan servido para calificar un espacio natural protegido, sin afectar simultáneamente al mismo espacio.

De este modo, el art. 338 CP resultará aplicable a cualquier conducta típica descrita en el Título XVI que no incluya *per se* la circunstancia agravatoria, cual es afectar a un espacio natural protegido reconocido y calificado como tal por la normativa aplicable. Así por ejemplo, el precepto comentado es aplicable a los comportamientos típicos del art. 319.1 CP, en la medida en que este último precepto parte de un planteamiento protector general, mientras que el art. 338 CP otorga un plus de protección para aquellos casos en los que el lugar, además de poseer algunos de los valores referidos en el primer precepto (paisajísticos, ecológicos, artísticos, históricos o culturales) haya sido formalmente reconocido como espacio natural protegido [STS 1250/2001, 26-6 (*Tol 103283)*].

2. *Adopción de medidas judiciales*

La reforma penal de 2010 cambió el sentido potestativo que originariamente tenía el precepto, convirtiendo la adopción de las medidas que contempla en obligatorias para el juzgador, en aquellos casos que resulten necesarias para la restauración del equilibrio ecológico perturbado, o la protección de los bienes tutelados en el Título XVI.

La disposición contenida en el art. 339 CP debe ser entendida no como una sanción penal, sino como una cláusula específica de contenido reparatorio (circunscrita a la restauración del equilibrio ecológico) a la que resulta de aplicación lo dispuesto con carácter general en el sistema legal de responsabilidad civil derivada de delito.

El precepto impone asimismo al Juez o Tribunal la adopción de las medidas de restauración con carácter cautelar, esto es, durante la fase de instrucción del proceso penal, así como cualquier otra que resulte necesaria para la protección de los bienes jurídicos afectados por el respectivo delito, lo que incluye el catálogo de medidas previstas en el art. 129 CP.

El órgano judicial podrá ordenar la adopción de las medidas de restauración del equilibrio ecológico que estime adecuadas no sólo a cargo del responsable penal del delito, sino también del responsable civil subsidiario, si ello resultare necesario para asegurar la eficacia de la tarea restauradora, atendiendo a la naturaleza de los hechos cometidos y de los bienes afectados. Así por ejemplo, será la posible la condena de una Administración a la reparación total del daño causado si se entiende que es la única capacitada para adoptar las medidas reparadoras requeridas [STS 1318/2005, 17-11 (*Tol 781304*)].

3. Reparación voluntaria del daño causado

El art. 340 CP contiene una cláusula atenuatoria de la responsabilidad penal por la comisión de hechos tipificados en el Título XVI del CP, que ordena la aplicación de la respectiva pena en grado inferior cuando el autor del delito haya procedido voluntariamente a reparar el daño ocasionado, con independencia de que dicho daño haya afectado al medio ambiente o a cualquiera de los otros bienes jurídicos protegidos en dicho Título (ordenación del territorio, patrimonio histórico, diversidad biológica).

Dado que la disposición contenida en el art. 340 CP opera con posterioridad a la comisión del delito, constituye una circunstancia relativa a la punibilidad, que permite atenuar la responsabilidad penal dimanante del hecho delictivo. Pero no podrán entenderse como reparación del daño a efectos de aplicación del art. 340 CP aquellos actos tendentes a maquillar o disimular con medidas correctoras los daños irreversibles, sino sólo los que sirvan efectivamente para enmendar lo hecho [*cfr.* STS 1182/2006, 29-11 (*Tol 1018978*)].

La Jurisprudencia exige el cumplimiento de dos requisitos para aplicar este precepto: a) que se trate de un delito medioambiental de resultado (daño o lesión cuya reparación es necesaria), y b) la existencia de una conducta conscientemente dirigida a reparar el daño ambiental causado por la acción delictiva. "*No obstante, y a pesar de la caracterización del delito ecológico o medioambiental del art. 325 CP como delito de peligro hipotético (lo que alejaría cualquier posibilidad reparatoria al no producirse ningún efecto material consecuencia del delito, es posible hacer un esfuerzo dialéctico y entender que en alguna medida constituye un delito de lesión o daño, ya que en la estructura del tipo aparece una primera fase conductual en la que se describe un ataque o agresión material a la naturaleza, cual es la provocación o realización de vertidos, emisiones, radiaciones, extracciones, etc., que por sí solas no constituirían delito, pero son presupuesto del mismo, y existe un segundo momento integrado por el verdadero riesgo o peligro, necesario para el nacimiento a la vida jurídica del tipo delictivo en cuestión: el riesgo o peligro grave para el equilibrio de los sistemas naturales. Pero ni la mera cesación en las emisiones o vertidos, ni la regeneración natural del medio donde se produjeron, constituyen factores suficientes para aplicar la atenuante*" [STS 693/2003, 17-5 (*Tol 275624*)].

Asimismo, la Jurisprudencia ha afirmado que la esta atenuante específica no es comunicable, al igual que sucede con la genérica: "*La eficacia atenuadora de la reparación hecha por un coacusado de forma individual y autónoma, por su exclusiva cuenta, no alcanza a los restantes partícipes totalmente ajenos a esa reparación. Es claro el fundamento de esa incomunicabilidad. Estamos ante una causa personal de atenuación solo aplicable a quien realiza o contribuye a la atenuación*" [STS 521/2015, 13-10 (*Tol 5537062)*].

A tenor de lo previsto en la Directiva 2004/35/CE, del Parlamento Europeo y del Consejo, de 21 de abril de 2004, sobre responsabilidad medioambiental en relación con la prevención y reparación de daños medioambientales, el órgano juzgador tampoco debe aceptar la simple contratación de un seguro como medida reparadora suficiente para aplicar la atenuante del art. 340 CP, ni estimar su apreciación cuando haya habido un requerimiento previo por parte de la Administración dirigido al autor de la actividad contaminante para que tome medidas reparadoras (BAUCELLS I LLADÓS).

A diferencia de lo que sucede en el caso de la atenuante genérica prevista en el art. 21.5 CP, que condiciona su aplicación a que la reparación del daño ocasionado se lleve a cabo "*en cualquier momento del procedimiento y con anterioridad a la celebración del juicio oral*", el art. 340 CP no establece barreras temporales en función del desarrollo del proceso penal, sino que permite atenuar la pena a imponer al culpable aun cuando las medidas de reparación se lleven a cabo tras iniciarse el juicio oral; no obstante, y dado que la pena ha de determinarse en el fallo, la reparación deberá producirse en algún momento anterior a la exposición final de los informes, instante a partir del cual el caso quedará visto para sentencia. Entre ambos preceptos se produce un concurso aparente de normas que debe ser resuelto en favor de la aplicación del art. 340 CP, que constituye ley especial, aunque no existen tampoco obstáculos para que esta atenuante específica pueda ser considerada muy cualificada de conformidad con lo dispuesto en el art. 66.2 CP, permitiendo en estos casos la rebaja en dos grados de la pena a imponer (*cfr.* STS 1183/2003, 23-9).

XIV. BIBLIOGRAFÍA

ALASTUEY DOBÓN, M. C. "El ámbito de aplicación del artículo 329 CP: examen de sus conductas típicas", *RDPC*, nº 9, 2002; id. *El delito de contaminación ambiental. (artículo 325.1 del Código Penal)*, Granada, 2004; id. "Derecho penal: la nueva reforma de los delitos contra el medio ambiente", en LÓPEZ RAMÓN, E. (coord.), *Observatorio de Políticas Ambientales 2016*, Madrid, 2016; BAEZA AVALLONE, V. "Prevaricaciones especiales", en BOIX REIG, J. (dir.), LLORIA GARCÍA, P. (coord.), *Diccionario de derecho penal económico*, Madrid, 2017; BACIGALUPO SAGGESE, S. "Las sanciones del Código Penal aplicables a las personas jurídicas en los delitos contra el medio ambiente", en JORGE BARREIRO, A. y CANCIO MELIÁ, M. (coords.), *Estudios sobre la protección penal del medio ambiente en el ordenamiento jurídico español*, Granada, 2005; BAUCELLS I. LLADÓS, J. *Nuevas perspectivas de la política criminal europea en materia ambiental*, Barcelona, 2008; id. "La atenuante de reparación del daño ambiental ante la Directiva 2004/35/CE de la responsabilidad ambiental", *LH-Prats Canut*, 2008; id. "Tentativa inacabada de protección penal del medio ambiente", *Revista Catalana de Dret Ambiental*, vol. 10, nº 1, 2019; id. "¿Nuevas perspectivas para el delito ecológico en España? A propósito de la nueva Directiva relativa a la protección del medio ambiente mediante el Derecho penal", *Revista Catalana de Dret Ambiental*, vol. 15, nº 1, 2024; BLANCO LOZANO, C. "Algunas aplicaciones de la teoría jurídica del delito a casos concretos de criminalidad ambiental", *LL* 2000-5; BRANDARIZ GARCÍA, J. A. "Cuestiones derivadas de la concurrencia del Derecho penal y del Derecho administrativa en materia de tutela del medio ambiente", *AFDUC*, nº 7, 2003; CANCIO MELIÁ, M. "La responsabilidad del funcionario por delitos contra el medio ambiente en el Código Penal español", *ADPCP*, vol. LII, 1999; CARRASCO ANDRINO, M. M. "El daño a los elementos de un espacio natural protegido: un nuevo ilícito penal", *LH-Valle Muñiz*, 2001; FALCÓN CARO, M. C. "La responsabilidad penal del funcionario: artículo 329 del Código Penal", *CPC*, nº 66, 1998; COLÁS TURÉGANO, M. A. "Medio ambiente", en BOIX REIG, J. (dir.), LLORIA GARCÍA, P. (coord.), *Diccionario de derecho penal económico*, Madrid, 2017; CONDE-PUMPIDO TOURÓN, C. "Complementariedad de la tutela penal y la administrativa sobre el medio ambiente. Problemas que suscita desde la perspectiva del Derecho Penal", *CDJ*, t. XI («Las fronteras del Código Penal de 1995 y el Derecho administrativo sancionador»), 1997; CORCOY BIDASOLO, M. "Los delitos relativos a la ordenación del territorio y el medio ambiente: una perspectiva criminológica", en *Problemas criminológicos en las sociedades complejas*, Pamplona, 2000; id. "Protección penal del medio ambiente: legitimidad y alcance. Competencia penal y administrativa en materia de medio ambiente", en AA.VV. *Derecho penal de la empresa*, Pamplona, 2002; id. "Contaminación acústica. ¿Delito de lesiones o contra el medio ambiente?", *LH-Prats Canut*, Valencia, 2008; DE LA CUESTA AGUADO, P. M. *Causalidad en los delitos contra el medio ambiente*, Valencia, 1999; DE LA CUESTA ARZAMENDI, J. L. "Delitos contra los recursos naturales y el medio ambiente (Cap. III, tít. XVI, Libro II del nuevo Código Penal de 1995)", en AA.VV., *El nuevo Código Penal y la Ley del Jurado*, Sevilla, 1998; id. "Cuestiones dogmáticas relativas al delito de contaminación ambiental", *RP*, nº 4, 1999; id. "Unión Europea, derecho penal (ambiental) y derecho comunitario", *EDJ*, nº 75, 2005; DOLZ LAGO, M. J. "Ministerio Fiscal y medio ambiente. Algunas cuestiones sobre la investigación de los delitos medioambientales", *LL* 2007-2; ECHARRI CASI, F. J. "El subtipo agravado de clandestinidad en los delitos contra el medio ambiente", *LL* 2003-4; ESCAJEDO SAN EPIFANIO, L. *El medio ambiente en la crisis del Estado social: su protección penal simbólica*, Granada, 2006; FEIJOO SÁNCHEZ, B. J. "Empresa y delitos contra el medio ambiente", *LL* 2002-4; FERNÁNDEZ-HERNÁNDEZ, A. "El delito de ecocidio en el ámbito internacional, ¿un debate desenfocado?", *Revista Electrónica de Criminología* 04-09, 2024; FERNÁNDEZ VÁZQUEZ, A. "Los elementos objetivos del tipo básico del delito medioambiental contenido en el artículo 325.1 del Código Penal. La vinculación con el Derecho Administrativo", *BIMJ*, nº 2001, 2005; GARCÍA RIVAS, N. *Delito ecológico*, Barcelona, 1998; id. "Sobre la supresión del apartado 2º del artículo 325 CP", en ALVAREZ GARCÍA, J., MANJÓN-CABEZA OLMEDA, A. y VENTURA PÜSCHEL, A. (coords.), *La adecuación del Derecho penal español al ordenamiento de la Unión Europea*, Valencia, 2008; GONZÁLEZ PASTOR, C. P. "La nueva Ley del Ruido: regulación administrativa y regulación penal, como delito contra el medio ambiente. Comentario a la Sentencia del Tribunal Constitucional de 23 de febrero de 2004", *LL* 2004-2; GONZÁLEZ-CUELLAR GARCÍA, A. "La responsabilidad penal de los órganos de dirección de la empresa en delitos contra el medio ambiente", *LH-Rodríguez Mourullo*, 2005; id. "La prueba de los delitos contra el medio ambiente", *LL* 2005-4; GÓRRIZ ROYO, E. "Omisión y tolerancia administrativa en derecho penal del medio ambiente, a propósito del art. 329.1. 2º CP", *RdPP*, nº 14, 2005; id. *Delitos contra los recursos naturales y el medio ambiente*, Valencia, 2015; id. "Criminal compliance ambiental y responsabilidad de las personas jurídicas a la luz de la LO 1/2015 de 30 de marzo", *InDret*, nº 4, 2019; GRANADOS PÉREZ, C. "La contaminación acústica", *EDJ*, nº 52, 2004; HAVA GARCÍA, E. "Modificaciones en los delitos ambientales", en QUINTERO OLIVARES, G. (dir.): *Comentario a la reforma penal de 2015*, Pamplona, 2015; HORMAZÁBAL MALARÉE, H. "El principio de lesividad y el delito ecológico", *LH-Valle Muñiz*, 2001; HUERTA TOCILDO, S. "Principios básicos del Derecho penal y el art. 325 del Código Penal", *RP*, nº 8, 2001; JORGE BARREIRO, A. y CANCIO MELIÁ, M. (coords.), *Estudios sobre la protección penal del medio ambiente en el ordenamiento jurídico español*, Granada, 2005; LADRÓN PIJUÁN, L. "La posibilidad de comisión por imprudencia del artículo 326 del Código Penal", *RCCPP*, nº 1, 1998; LÓPEZ BARJA DE QUIROGA, J. "Problemas generados por la dualidad sancionadora administrativa y penal en el ámbito de la protección del medio ambiente", *EDJ*, nº 52, 2004; MANJÓN-CABEZA OLMEDA, A. "El caso Prestige: perspectiva jurídico-penal", *RGLJ*, nº 4, 2002; MARQUÉS I. BANQUÉ, M. "La aplicación del Derecho comunitario en la interpretación de los tipos penales. Especial referencia al delito ecológico", *RCCPP*, nº 1, 1998; MARTÍN PALLÍN, J. A. "Delito de prevaricación ambiental y contra el medio ambiente imputado a un alcalde", *Derecho y medio ambiente*, nº 13, 2003; MARTÍNEZ ARRIETA, A. "Prevaricación medioambiental", *EDJ*, nº 52, 2004; MARTÍNEZ CANTÓN, S. "Responsabilidad penal de los funcionarios por delitos contra el medio ambiente: la problemática concursal de los arts. 325, 329 y 404 del Código Penal", *RJCYL*, nº 3, 2004; MARTÍNEZ-BUJÁN PÉREZ, C. "Las posibles responsabilidades penales en el «caso Prestige»", en *IeZ. Ambiente y Derecho*, nº 1, 2003; id. *Crónica penal: (del "Prestige" y de otros relatos jurídico-penales)*, Valencia, 2005; DE LA MATA BARRANCO, N. J. *Protección penal del ambiente y accesoriedad administrativa*, Barcelona, 1996; id. "Configuración como ley penal en blanco de los delitos contra el ambiente", *LH-Casabó Ruiz*, 1997; id. "Derecho comunitario y Derecho estatal en la tutela penal del ambiente", *RECPC*, nº 02-04, 2000; id. "Delitos contra el medio ambiente: accesoriedad administrativa", *EDJ*, nº 75, 2005; MATELLANES RODRÍGUEZ, N. "La incidencia del Derecho comunitario en la protección del medio ambiente", *Noticias de la Unión Europea*, nº 240, 2005; MATEOS RODRÍGUEZ-ARIAS, A. *Los delitos relativos a la protección del medio ambiente*, Madrid, 1998; id. "Los delitos contra los recursos naturales y el medio ambiente", *EJMF*, nº 1, 2000; MENDO ESTRELLA, A. *El delito ecológico del artículo 325.1 del Código Penal*, Valencia, 2009; id. "Crónica de una muerte anunciada, el innecesario artículo 325.2 del Código Penal: tratamiento en el proyecto de reforma", *LL*, nº 7437, 2-4 julio 2010; id. "Los Delitos Contra los Recursos Naturales y el Medio Ambiente, la Flora, Fauna y Animales Domésticos, tras la Reforma de 2015 del Código Penal", *Ann. Fac. Der. U. Extremadura*, 2015; MENDOZA BUERGO, B. "El delito ecológico y sus técnicas de tipificación", *AP*, nº 13, 2002; MOLINA GIMENO, F. J. "Repercusiones de la transposición de la Directiva 2004/35/CE sobre la atenuante de reparación del daño ambiental", *RdPP*, nº 21, 2009; MONTESDEOCA RODRÍGUEZ, D. "Delitos contra los recursos naturales y el medio ambiente: especial referencia a la protección penal de la contaminación acústica", *Diario La Ley*, nº 9775, 2021; DEL MORAL GARCÍA, A. "Aspectos problemáticos en los delitos contra el medio ambiente", *EDJ*, nº 52, 2004; MORALES PRATS, F. "La estructura del delito de contaminación ambiental. Dos cuestiones básicas: La ley penal en blanco y concepto de peligro", en *LH-Casabó Ruiz*, 1997; MUÑOZ LORENTE, J. "El cambio de criterio jurisprudencial en relación con la calificación del peligro exigido para la consumación del tipo básico de los delitos contra el medio ambiente: el artículo 325 del Código Penal y su estructura de peligro hipotético", en *Revista interdisciplinar de gestión ambiental*, nº 54-55, 2003; id. "Juicio crítico sobre las reformas penales en materia medioambiental introducidas por la Ley orgánica 15/2003, de 25 de noviembre de reforma del Código Penal", *LL-Penal*, nº 6, 2004; NAVARRO CARDOSO, F. *El delito de contaminación acústica*, Valencia, 2021; NIETO MARTÍN, F. "Medio ambiente y Derecho: el ejemplo de Aznalcollar", *LL*, nº 5, 2002; id. "Quien contamina, paga. El caso Prestige", *LL* 2003-1; OCTAVIO DE TOLEDO Y UBIETO, E. "Un ejemplo de norma jeroglífica: el artículo 329 CP. Algunas cuestiones (y ciertas respuestas) sobre consumación, tentativa, autoría, participación y penas referidas al art. 329 CP (y figuras afines)", *RdPP*, nº 3, 2000; OLMEDO CARDENETE, M. D. "Principales novedades introducidas por la LO 1/2015, de 30 de marzo en los delitos contra el medio ambiente, flora, fauna y animales domésticos", en MORILLAS CUEVA, L. (dir.), *Estudios sobre el Código Penal reformado: leyes orgánicas 1/2015 y 2/2015*, Madrid, 2015; PADILLA ALBA, H. R. "La reforma de los delitos contra el medio ambiente en el Código Penal de 1995", en GONZÁLEZ RUS, J. J. (coord.), *El Código Penal de 1995, cinco años después,* Córdoba, 2002; PAREDES CASTAÑÓN, J. M. "Responsabilidad penal y 'nuevos riesgos': el caso de los delitos contra el medio ambiente", *AP,* nº 1, 1997; PASTOR PÉREZ, S. "La agravante de clandestinidad en el delito medioambiental", *LL-penal,* nº 48, 2008; PÉREZ FERRER, F. "Derecho penal *versus* cambio climático: los delitos contra el medio ambiente (el artículo 325 del Código Penal)", *RFDUG,* nº 12, 2009; PÉREZ DE GREGORIO CAPELLA, J. J. "La actuación del Ministerio Fiscal en la investigación y represión de los delitos contra el medio ambiente", *LL,* nº 5, 1996; PIFARRÉ DE MONER, M. J. "Medio ambiente, sostenibilidad y política criminal europea. Hacia una nueva Directiva penal de la UE", *Revista General de Derecho Penal,* nº 41, 2024; POZUELO PÉREZ, L. "La reparación del daño al medio ambiente", en *Revista de Derecho urbanístico y medio ambiente,* nº 36, 2002; PRATS CANUT, J. M. "Responsabilidad penal de autoridades y funcionarios municipales en materia ambiental", en ESTEVE PARDO, J. (coord.), *Derecho del medio ambiente y Administración local,* Madrid, 1996; PRATS CANUT, J. M., MARQUÉS I. BANQUÉ, M. y MORÁN MORA, C., *Derecho penal ambiental y derecho comunitario. La Directiva IP,* Pamplona, 2002; PUENTE ABA, L. M. "La reparación en el marco del Derecho penal medioambiental", *RGDP,* nº 3, 2005; QUINTERO OLIVARES, G. "Problemas generales del derecho ambiental y configuración jurídico-penal de la tutela del medio ambiente a partir del Código Penal de 1995", en AA.VV.: *Responsa Iurisperitorum Digesta,* Salamanca, vol. 1, 2000; RAFOLS PÉREZ, I. J. "Vertidos contaminantes y delito contra el medio ambiente. Cuestiones problemáticas y solución jurisprudencial", *RJCYL,* nº 4, 2004; RODRÍGUEZ RAMOS, L. "La nueva protección penal del medio ambiente", en *Cuadernos de la Guardia Civil,* nº 17, 1997; id. "Delitos contra el medio ambiente (evolución y futuro)", *LH-Núñez Barbero,* 2007; RUIZ RODRÍGUEZ, L. R. "Las catástrofes medioambientales y la aplicación de la ley penal en el espacio", *Eguzkilore,* nº 17, 2003; SERRANO TÁRRAGA, M. D., SERRANO MAÍLLO, A. y VÁZQUEZ GONZÁLEZ, C. *Tutela Penal Ambiental,* Madrid, 2009; SILVA SÁNCHEZ, J. M. "¿Protección penal del medio ambiente? Texto y contexto del art. 325", *LL* 1997-3; id. "Consideraciones teóricas generales sobre la reforma de los delitos contra el medio ambiente", *LH-Tiedemann,* 1997; id. *Delitos contra el medio ambiente,* Valencia, 1999; TERRADILLOS BASOCO, J. M. "Protección penal del medio ambiente en el nuevo Código Penal español. Luces y sombras", *EPC,* t. XIX, 1996; id. "Responsabilidad del funcionario público en delitos relativos a la ordenación del territorio y la protección penal del patrimonio histórico y del medio ambiente", *EPC,* t. XX, 1997; id. *Derecho penal del medio ambiente,* Madrid, 1997; id. "Artículo 325 del Código Penal: lecturas jurisprudenciales", *EDJ,* nº 75, 2005; id. "Introducción a los delitos contra el medio ambiente", en BOIX REIG, J. (dir.), LLORIA GARCÍA, P. (coord.), *Diccionario de derecho penal económico,* Madrid, 2017; URRAZA ABAD, J. *Delitos contra los recursos naturales y el medio ambiente. Análisis legal, doctrinal y jurisprudencial,* Madrid, 2001; VERCHER NOGUERA, A. "De los delitos contra los recursos naturales y contra el medio ambiente en el nuevo Código Penal", *Cuadernos de la Guardia Civil,* nº 17, 1997; id. "La incipiente regulación de los delitos contra el medio ambiente en el derecho comunitario europeo", *EDJ,* nº 67, 2004; id. "La reforma introducida por la Ley orgánica 15/2003, de 25 de noviembre, en la materia penal ambiental o la exigencia de un reajuste inevitable", *AJA,* nº 666, 2005; id. *El derecho europeo medioambiental: Estado actual de la transposición del Derecho comunitario al ordenamiento jurídico,* Madrid, 2005; id. "Algunos planteamientos y reflexiones prácticas en relación al efecto directo de las Directivas comunitarias en medio ambiente y la posibilidad de aplicar las mismas con el objeto de completar normas penales en blanco", *Revista do Ministério Público do RS,* nº 77, 2015; DE VICENTE MARTÍNEZ, R. "Funcionarios públicos y delitos contra el medio ambiente", *EJMF* 2002-II; VALLE MUÑIZ, J. (coord.), *La protección jurídica del medio ambiente,* Pamplona, 1997; AA.VV., "Problemas derivados de la delincuencia medioambiental", *EDJ,* nº 52, 2004; AA.VV., "Técnicas de investigación e infracciones medioambientales", *EDJ,* nº 75, 2005; AA.VV., *LH-Prats Canut,* 2008; WALING, C. "La criminalidad medio-ambiental en el ámbito del Derecho penal general. La responsabilidad de las personas jurídicas y sus representantes: la necesidad de definir límites", *CPC* 1997 (trad. M. Herrera Moreno); ZUGALDÍA ESPINAR, J. M. "Delitos contra el medio ambiente y responsabilidad criminal de las personas jurídicas", *CDJ*, t. II («Empresa y delito en el nuevo Código Penal»), 1997.

REFERENCIAS LEGALES

- Directiva (UE) 2024/1203, del Parlamento Europeo y del Consejo, de 11 de abril de 2024, relativa a la protección del medio ambiente mediante el Derecho penal (*Tol 10002424*).
- Reglamento (UE) 2024/1157 del Parlamento Europeo y del Consejo, de 11 de abril de 2024, relativo a los traslados de residuos (*Tol 10042042*).
- Reglamento (UE) 2024/590 del Parlamento Europeo y del Consejo, de 7 de febrero de 2024, sobre las sustancias que agotan la capa de ozono (*Tol 9955712*).
- Reglamento (UE) 2023/1542 del Parlamento Europeo y del Consejo, de 12 de julio de 2023, relativo a las pilas y baterías y sus residuos (*Tol 9686183*).
- Ley 7/2022, de 8 de abril, de residuos y suelos contaminados para una economía circular (*Tol 9832737*).
- Real Decreto Legislativo 1/2016, de 16 de diciembre, por el que se aprueba el texto refundido de la Ley de prevención y control integrados de la contaminación (*Tol 5920009*).
- Reglamento (UE) Nº 1357/2014 de la Comisión, de 18 de diciembre de 2014, por el que se sustituye el anexo III de la Directiva 2008/98/CE del Parlamento Europeo y del Consejo, sobre los residuos (*Tol 1245589*).
- Ley 30/2014, de 3 de diciembre, de Parques Nacionales (*Tol 4559313*).
- Directiva 2013/30/UE del Parlamento Europeo y del Consejo, de 12 de junio de 2013, sobre la seguridad de las operaciones relativas al petróleo y al gas mar adentro (*Tol 3811730*).
- Directiva 2012/18/UE del Parlamento Europeo y de Consejo, de 4 de julio de 2012, relativa al control de los riesgos inherentes a los accidentes graves en los que intervengan sustancias peligrosas (*Tol 2591512*).
- Directiva 2010/75/UE del Parlamento Europeo y del Consejo, de 24 de noviembre de 2010, sobre las emisiones industriales (prevención y control integrados de la contaminación) (*Tol 1994090*).
- Real Decreto 1514/2009, de 2 de octubre, por el que se regula la protección de las aguas subterráneas contra la contaminación y el deterioro (*Tol 1622008*).
- Reglamento (CE) nº 1005/2009 del Parlamento Europeo y del Consejo, de 16 de septiembre de 2009, sobre las sustancias que agotan la capa de ozono.
- Real Decreto 243/2009, de 27 de febrero, por el que se regula la vigilancia y control de traslados de residuos radioactivos y combustible nuclear gastado entre Estados miembros o procedentes o con destino al exterior de la Comunidad (*Tol 1465235*).
- Directiva 2009/123/CE del Parlamento Europeo y del Consejo, de 21 de octubre de 2009, por la que se modifica la Directiva 2005/35/CE relativa a la contaminación procedente de buques y la introducción de sanciones por las infracciones (*Tol 8964590*).
- Directiva 2008/98/CE del Parlamento Europeo y del Consejo, de 19 de noviembre de 2008, sobre los residuos y por la que se derogan determinadas Directivas (*Tol 1395048*).
- Ley 34/2007, de 15 de noviembre, de calidad del aire y protección de la atmósfera (*Tol 1173830*).
- Ley 42/2007, de 13 de diciembre, del Patrimonio Natural y de la Biodiversidad (*Tol 1210868*).

- Real Decreto 1370/2006, de 24 de noviembre, por el que se aprueba el Plan Nacional de Asignación de derechos de emisión de gases de efecto invernadero, 2008-2012 (*Tol 1210868*).
- Real Decreto 1315/2005, de 4 de noviembre, por el que se establecen las bases de los sistemas de seguimiento y verificación de emisiones de gases de efecto invernadero en las instalaciones incluidas en el ámbito de aplicación de la Ley 1/2005, de 9 de marzo, por la que se regula el régimen del comercio de derechos de emisión de gases de efecto invernadero (*Tol 721545*).
- Ley 1/2005, de 9 de marzo, por la que se regula el régimen del comercio de derechos de emisión de gases de efecto invernadero (*Tol 573291*).
- Real Decreto 9/2005, de 14 de enero, por el que se establece la relación de actividades potencialmente contaminantes del suelo y los criterios y estándares para la declaración de suelos contaminados (*Tol 524050*).
- Real Decreto 1892/2004, de 10 de septiembre, por el que se dictan normas para la ejecución del Convenio Internacional sobre la responsabilidad civil derivada de daños debidos a la contaminación de las aguas del mar por hidrocarburos (*Tol 485651*).
- Real Decreto 430/2004, de 12 de marzo, por el que se establecen nuevas normas sobre la limitación de emisiones a la atmósfera de determinados agentes contaminantes procedentes de grandes instalaciones de combustión, y se fijan ciertas condiciones para el control de las emisiones a la atmósfera de las refinerías de petróleo (*Tol 349328*).
- Real Decreto 253/2004, de 13 de febrero, por el que se establecen medidas de prevención y lucha contra la contaminación en las operaciones de carga, descarga y manipulación de hidrocarburos en el ámbito marítimo y portuario (*Tol 339692*).
- Ley 37/2003, de 17 de noviembre, del Ruido (*Tol 318686*).
- Real Decreto 117/2003, de 31 de enero, sobre limitación de emisiones de compuestos orgánicos volátiles debidas al uso de disolventes en determinadas actividades (*Tol 230756*).
- Directiva 2003/4/CE del Parlamento Europeo y del Consejo, de 28 de enero de 2003, relativa al acceso del público a la información medioambiental.
- Real Decreto 255/2003, de 28 de febrero, por el que se aprueba el Reglamento sobre clasificación, envasado y etiquetado de preparados peligrosos (*Tol 238815*).
- Reglamento (CE) nº 2099/2002 del Parlamento Europeo y del Consejo, de 5 de noviembre de 2002, por el que se crea el Comité de seguridad marítima y prevención de la contaminación por los buques (COSS) y se modifican los reglamentos relativos a la seguridad marítima y a la prevención de la contaminación por los buques (*Tol 231207*).
- Real Decreto 2102/1996, de 20 de septiembre, sobre el control de emisiones de compuestos orgánicos volátiles (COV) resultantes de almacenamiento y distribución de gasolina desde las terminales a las estaciones de servicio (*Tol 622228*).
- Real Decreto 363/1995, de 10 de marzo, por el que se aprueba el Reglamento sobre clasificación, envasado y etiquetado de sustancias peligrosas (*Tol 151540*).
- Real Decreto 646/1991, de 22 de abril, por el que se establecen nuevas normas sobre limitación a las emisiones a la atmósfera de determinados agentes contaminantes procedentes de grandes instalaciones de combustión (*Tol 622227*).
- Real Decreto 258/1989, de 10 de marzo, por el que se establece la normativa general sobre vertidos de sustancias peligrosas desde tierra al mar (*Tol 228445*).

Lección 34ª

Delitos contra la flora y fauna

ESTHER HAVA GARCÍA

SUMARIO. I. CONSIDERACIONES GENERALES. II. DELITOS RELATIVOS A ESPECIES AMENAZADAS (ARTS. 332 Y 334 CP). 1. Elementos comunes a los tipos. 1.1. Bien jurídico protegido. 1.2. Accesoriedad administrativa. 1.3. Cualificación por la situación de amenaza de la especie y agravación por la afectación a espacio natural protegido. 1.4. Punición de la imprudencia. 2. Delito contra la flora protegida (art. 332 CP). 2.1. Conductas típicas. 2.2. Tipo subjetivo. 2.3. Causas de justificación. 2.4. Concursos. 3. Delito contra la fauna protegida (art. 334 CP). 3.1. Conductas típicas. 3.2. Elemento subjetivo. 3.3. *Iter criminis*. 3.4. Concursos. III. INTRODUCCIÓN O LIBERACIÓN DE ESPECIES EXÓTICAS (ART. 333 CP). 1. Conductas típicas. 2. Tipo subjetivo. 3. Concursos. IV. DELITOS RELATIVOS A LA CAZA Y PESCA (ARTS. 335 Y 336 CP). 1. Consideraciones generales. 2. Captura ilegal de especies "comunes" (art. 335 CP). 2.1. Caza y pesca prohibidas. 2.2. Protección del patrimonio cinegético, piscatorio y marisquero. 3. Empleo para la caza o pesca de medios con eficacia destructiva o no selectiva (art. 336 CP). V. BIBLIOGRAFÍA.

Artículo 332

1. El que, contraviniendo las leyes u otras disposiciones de carácter general, corte, tale, arranque, recolecte, adquiera, posea o destruya especies protegidas de flora silvestre, o trafique con ellas, sus partes, derivados de las mismas o con sus propágulos, salvo que la conducta afecte a una cantidad insignificante de ejemplares y no tenga consecuencias relevantes para el estado de conservación de la especie, será castigado con la pena de prisión de seis meses a dos años o multa de ocho a veinticuatro meses, e inhabilitación especial para profesión u oficio por tiempo de seis meses a dos años.

La misma pena se impondrá a quien, contraviniendo las leyes u otras disposiciones de carácter general, destruya o altere gravemente su hábitat.

2. La pena se impondrá en su mitad superior si se trata de especies o subespecies catalogadas en peligro de extinción.

3. Si los hechos se hubieran cometido por imprudencia grave, se impondrá una pena de prisión de tres meses a un año o multa de cuatro a ocho meses, e inhabilitación especial para profesión u oficio por tiempo de tres meses a dos años.

Artículo 333

El que introdujera o liberara especies de flora o fauna no autóctona, de modo que perjudique el equilibrio biológico, contraviniendo las leyes o disposiciones de carácter general protectoras de las especies de flora o fauna, será castigado con la pena de prisión de cuatro meses a dos años o multa de ocho a 24 meses y, en todo caso, inhabilitación especial para profesión u oficio por tiempo de uno a tres años.

Artículo 334

1. Será castigado con la pena de prisión de seis meses a dos años o multa de ocho a veinticuatro meses y, en todo caso, inhabilitación especial para profesión u oficio e inhabilitación especial para el ejercicio del derecho de cazar o pescar por tiempo de dos a cuatro años quien, contraviniendo las leyes u otras disposiciones de carácter general:

a) cace, pesque, adquiera, posea o destruya especies protegidas de fauna silvestre;

b) trafique con ellas, sus partes o derivados de las mismas; o,

c) realice actividades que impidan o dificulten su reproducción o migración.

La misma pena se impondrá a quien, contraviniendo las leyes u otras disposiciones de carácter general, destruya o altere gravemente su hábitat.

2. La pena se impondrá en su mitad superior si se trata de especies o subespecies catalogadas en peligro de extinción.

3. Si los hechos se hubieran cometido por imprudencia grave, se impondrá una pena de prisión de tres meses a un año o multa de cuatro a ocho meses y, en todo caso, inhabilitación especial para profesión u oficio e inhabilitación especial para el ejercicio del derecho de cazar o pescar por tiempo de tres meses a dos años.

4. Se impondrá la pena de privación del derecho a la tenencia y porte de armas por un periodo de entre dos a cuatro años, cuando los hechos relativos a los apartados a) y c) del apartado 1 se hubieran cometido utilizando armas, en actividades relacionadas o no con la caza.

Artículo 335

1. El que cace o pesque especies distintas de las indicadas en el artículo anterior, cuando esté expresamente prohibido por las normas específicas sobre su caza o pesca, será castigado con la pena de multa de ocho a doce meses, inhabilitación especial para el ejercicio del derecho de cazar o pescar por tiempo de dos a cinco años y privación del derecho para la tenencia y porte de armas por el mismo periodo.

2. El que cace o pesque o realice actividades de marisqueo relevantes sobre especies distintas de las indicadas en el artículo anterior en terrenos públicos o privados ajenos, sometidos a régimen cinegético especial, sin el debido permiso de su titular o sometidos a concesión o autorización marisquera o acuícola sin el debido título administrativo habilitante, será castigado con la pena de multa de cuatro a ocho meses e inhabilitación especial para el ejercicio del derecho de cazar, pescar o realizar actividades de marisqueo por tiempo de uno a tres años y privación del derecho para la tenencia y porte de armas por el mismo periodo, además de las penas que pudieran corresponderle, en su caso, por la comisión del delito previsto en el apartado 1 de este artículo.

3. Si las conductas anteriores produjeran graves daños al patrimonio cinegético de un terreno sometido a régimen cinegético especial o a la sostenibilidad de los recursos en zonas de concesión o autorización marisquera o acuícola, se impondrá la pena de prisión de seis meses a dos años e inhabilitación especial para el ejercicio de los derechos de cazar, pescar, y realizar actividades de marisqueo por tiempo de dos a cinco años y privación del derecho para la tenencia y porte de armas por el mismo periodo.

Artículo 336

El que, sin estar legalmente autorizado, emplee para la caza o pesca veneno, medios explosivos u otros instrumentos o artes de similar eficacia destructiva o no selectiva para la fauna, será castigado con la pena de prisión de cuatro meses a dos años o multa de ocho a veinticuatro meses y, en cualquier caso, la de inhabilitación especial para profesión u oficio e inhabilitación especial para el ejercicio del derecho a cazar o pescar por tiempo de uno a tres años, con la privación del derecho para la tenencia y porte de armas por el mismo periodo. Si el daño causado fuera de notoria importancia, se impondrá la pena de prisión antes mencionada en su mitad superior.

I. CONSIDERACIONES GENERALES

Junto a los delitos de contaminación, existen otras formas graves de ataque a los ecosistemas y con ello otros componentes del sistema ambiental que resultan merecedores de una tutela penal específica: los factores bióticos del ecosistema o, lo que es lo mismo, la diversidad biológica. Para dotarlos de protección, el Legislador de 1995 se inspiró, reinterpretándolos, en antiguos ilícitos penales que en su origen poco o nada tenían que ver con la tutela del medio ambiente: los antiguos delitos relativos a la caza y pesca, relacionados más con el patrimonio que con la conservación de la naturaleza, que fueron reinventados para colmar esa laguna de protección que afectaba a la fauna, identificada ahora como un elemento del medio ambiente. Así se introdujo en nuestro país, dentro del originario Cap. IV del Título XVI del CP, una serie de delitos de carácter fundamentalmente cinegético y piscatorio, integrados por un conjunto normativo administrativo heterogéneo y aderezados con algunas aportaciones procedentes de ciertos convenios internacionales ratificados por España sobre protección de determinadas especies.

De hecho, basta con realizar un sucinto análisis de la numerosa Jurisprudencia que ha ido surgiendo desde la entrada en vigor del CP95 para comprobar cómo la inmensa mayoría de los casos enjuiciados guarda mucha más relación con las conductas que tradicionalmente han sido sancionadas en virtud de la antigua legislación penal de caza y pesca que con los comportamientos que más gravemente afectan a la fauna silvestre (relacionados en su mayoría con la alteración o destrucción de hábitats, la invasión de especies exóticas y el comercio ilegal), y cómo aun en los supuestos en que se dicta sentencia condenatoria la sanción que se decide imponer viene constituida con demasiada frecuencia por una multa risible, casi siempre inferior a la que correspondería en vía administrativa por comportamientos similares.

Mientras tanto, el delito de tráfico ilegal de especies protegidas en el Convenio de Washington (CITES), recogido en la LO 12/1995, de 12 de diciembre, de Contrabando, ha permanecido casi inaplicado desde su entrada en vigor, a pesar del importante número de ejemplares y restos de especies amenazadas que, procedentes a menudo de países del tercer mundo, se incautan a diario dentro de las fronteras españolas.

De acuerdo con el tenor actual del art. 2.2.b de la Ley Orgánica de Contrabando (reformado por LO 6/2011, de 30 de junio), cometen tal delito, "*siempre que el valor de los bienes, mercancías, géneros o efectos sea igual o superior a 50.000 euros, los que* [...] *b) Realicen operaciones de importación, exportación, comercio, tenencia, circulación de:* [...] *Especímenes de fauna y flora y silvestres y sus partes y productos, de especies recogidas en el Convenio de Washington, de 3 de marzo de 1973, o en el Reglamento (CE) nº 338/1997 del Consejo, de 9 de diciembre de 1996, sin cumplir los requisitos legalmente establecidos*".

Este delito se contenía originalmente en el art. 2.1.f de la misma Ley, con una redacción similar a la hoy vigente, pero haciendo referencia a otro Reglamento comunitario: el Reglamento (CEE) 3626/1982, que fue derogado por su sucesor apenas dos años después de la entrada en vigor de la LO 12/1995 de Contrabando. De este modo, el precepto perdió buena parte de su eficacia en 1997, cuando se produjo la sustitución del reglamento comunitario al que expresamente hacía referencia. El Legislador penal español, sin embargo, no consideró necesario reformarlo hasta pasados catorce años desde la promulgación del Reglamento (CE) nº 338/97 del Consejo, de 9 de diciembre de 1996, relativo a la protección de especies de la fauna y flora silvestres mediante el control de su comercio.

El Capítulo IV del Título XVI del CP ha sido objeto de diversas reformas por parte del Legislador penal, el cual introdujo en su seno, mediante la LO 15/2003, nuevos ilícitos que pronto desvirtuaron su contenido, al mezclar la tutela de elementos ambientales (fauna y flora silvestres) con la protección de otros intereses (relativos al patrimonio cinegético) e incluir dentro de dicho Capítulo determinadas modalidades de maltrato a los animales domésticos, mostrando con ello un paladino desprecio a la función que debería cumplir la ubicación sistemática de los preceptos como criterio orientador de la interpretación de los tipos penales.

En este sentido, resultaba obvio que son escasas, cuando no nulas, las relaciones que guarda el maltrato de animales domésticos con la tutela del medio ambiente o de la diversidad biológica, lo que parecía poner de manifiesto que la ubicación del nuevo delito dentro del Capítulo IV del Título XVI respondió a la necesidad de dar una respuesta rápida y contundente (pero también irreflexiva) a determinados casos de malos tratos a animales domésticos que, por su crueldad, hicieron mella en la opinión pública. En efecto, los delitos relativos a la protección de la fauna no guardaban mayor relación con los dedicados al maltrato de animales que el objeto sobre el que recae la acción típica: el animal; el cual, por lo demás, tampoco presentaba características homogéneas en todos estos tipos penales, pues en el caso de los arts. 334 y 335 CP se protegía a los que pertenecen a especies de fauna silvestre, en tanto que elementos de la diversidad biológica, mientras que en el art. 337 CP se circunscribía la tutela a los animales domésticos (o amansados, tras la reforma penal de 2010), en tanto que "víctimas" de malos tratos (MUÑOZ LORENTE). Por ello la ubicación de este delito en el seno del Capítulo III del Título XVI constituyó un auténtico dislate.

Por su parte, la LO 5/2010 no realizó cambios sustanciales que alteraran la estructura del Capítulo IV del Título XVI, limitándose a introducir pequeñas modificaciones en algunos de sus preceptos, encaminadas en su mayoría a mejorar la redacción típica de determinadas conductas y a ampliar el catálogo de penas a imponer en algunos supuestos. En concreto, se ha añadió en los arts. 333, 334.1 y 336 CP la de inhabilitación especial para profesión u oficio, pena que debería imponerse con carácter obligatorio en todos estos supuestos

La duración de esta pena de inhabilitación especial para profesión u oficio oscilaba, tras la reforma de 2010, entre los dos y los cuatro años para las conductas contempladas en el art. 334.1 CP, y entre uno y tres años para el resto de los casos. Con la introducción de esta modalidad de inhabilitación claramente se pretendía evitar, desde una perspectiva preventivo especial, que el culpable de esta clase de infracciones penales pudiera continuar tras la condena con el desarrollo de actividades profesionales que, por estar relacionadas con el manejo o control de especies animales, pueden facilitar la comisión futura de nuevos delitos (por ejemplo, profesiones relacionadas con el comercio de especímenes silvestres o la gestión de actividades de caza o pesca).

La reforma operada por LO 1/2015 en el Capítulo IV del Título XVI fue, en cambio, de mucho mayor calado y, en el caso de los delitos relativos a la protección de la flora y fauna tipificados en los arts. 332, 334 y 335 CP, afectó tanto a la determinación del objeto material (se sustituyó el calificativo de "amenazadas" por el de "protegidas", para hacer referencia a las especies penalmente tuteladas) como a la definición de las conductas típicas (que fueron notablemente ampliadas, incluyendo en el caso de los arts. 332 y 334 CP sendas cláusulas de punición de la imprudencia), además de a la penalidad prevista para estos comportamientos (aumentando el límite mínimo de la pena de prisión a imponer en el caso de los delitos contra la flora y fauna amenazada; añadiendo nuevas penas de inhabilitación para los supuestos contemplados en los arts. 332 y 335 CP).

Los cambios operados por la reforma penal de 2015 en los delitos relativos a la flora y fauna se introdujeron por la discutible vía de enmiendas propuestas por el propio Grupo Parlamentario Popular, ya sea en el Congreso o en el Senado: En el caso de la modificación de los arts. 332 y 334 CP, la enmienda introducida por el Grupo Popular se justificaba, al igual que la reforma de los delitos ambientales de los arts. 325 a 328 CP, en la necesidad de transponer adecuadamente la Directiva 2008/99/CE, de 19 de noviembre de 2008, relativa a la protección del medio ambiente mediante el Derecho penal. La reforma del art. 335 CP fue introducida en el trámite ante el Senado sin apenas justificación (MARQUÈS I BANQUÉ).

Estos delitos han sido objeto de una nueva reforma mediante LO 3/2023, de 28 de marzo, la cual ha añadido la imposición de la pena de privación del derecho a la tenencia y porte de armas a los arts. 334, 335 y 336 CP. La duración de esta pena varía en función del delito cometido, castigándose inexplicablemente con mayor severidad el caso de la utilización de armas para la caza de especies "comunes" (art. 335 CP: de dos a cinco años) que los casos de la caza de especies "protegidas" (art. 334 CP: de dos a cuatro años) o empleo de métodos destructivos o no selectivos (art. 336 CP: de uno a tres años).

Llama poderosamente la atención el hecho de que la reforma penal de 2023 no haya previsto la responsabilidad penal de las personas jurídicas en el caso los delitos contra la flora y fauna silvestres, y sí en cambio en los nuevos delitos contra los animales, que son regulados ahora en un Título independiente: el XVI bis (al respecto, véase MATALLÍN EVANGELIO).

II. DELITOS RELATIVOS A ESPECIES PROTEGIDAS (ARTS. 332 Y 334 CP)

1. Elementos comunes a los tipos

1.1. Bien jurídico

La progresiva toma de conciencia respecto a la problemática que plantea la pérdida de especies animales y vegetales, a partir de las numerosas evidencias que aportan las ciencias empíricas, resulta patente en la mayoría de los países de nuestro entorno cultural, que han acogido en sus sistemas jurídicos diferentes instrumentos para dotar de tutela a la diversidad biológica, que fue definida hace ya más de tres décadas en el Convenio sobre la Diversidad Biológica, promovido por Naciones Unidas y abierto a la firma en Río de Janeiro en junio de 1992, como la "*variedad de organismos vivos de cualquier fuente, incluidos, entre otras cosas, los ecosistemas terrestres y marinos y otros ecosistemas acuáticos y los complejos ecológicos de los que forman parte; comprende la diversidad dentro de cada especie, entre las especies y de los ecosistemas*".

Por lo que respecta al Ordenamiento Jurídico español, ya desde la entrada en vigor de la CE habían venido promulgándose en nuestro país una ingente cantidad de normas administrativas destinadas a proteger los elementos que son enumerados en la definición anterior, que en esencia sirve para poner de relieve las íntimas relaciones que existen entre la flora, la fauna y sus hábitats. Pero quizá la Ley 42/2007, de 13 de diciembre, del Patrimonio Natural y de la Biodiversidad, constituye el exponente más claro de cómo el Legislador ha dejado de valorar a las especies de forma individualizada para comenzar a preocuparse de su protección en tanto que elementos integrantes de un todo mucho más importante en términos ecológicos y económicos: la diversidad biológica.

La biodiversidad es concebida como un bien jurídico intermedio, instrumental respecto al medio ambiente y teleológicamente dirigido a su salvaguarda, pero dotado de su propia autonomía. En coherencia con lo anterior, los tipos penales encargados de la tutela de las especies vegetales y animales silvestres y de sus hábitats son considerados delitos de riesgo (para la biodiversidad) en la medida en que aquellas conductas consistentes en disminuir el número de ejemplares de una especie protegida, o en dañar o destruir su hábitat, pueden poner en peligro el nivel de diversidad biológica existente en un determinado ecosistema.

Tal interpretación con respecto al bien jurídico protegido en estos delitos, y a su conceptuación como tipos de peligro, no es desde luego la única posible (mantiene otra posición basada en la comprensión de esta clase de ilícito como micro-lesiones al medio ambiente, entre otros GARCÍA RIVAS). Sin embargo, existen argumentos tanto de índole formal como material a favor de la tesis que aquí se mantiene.

Por un lado, la afirmación de la biodiversidad como bien jurídico independiente, aunque subordinado a la tutela del equilibrio de los ecosistemas, puede ayudar a dotar de coherencia tanto al sistema de penas previsto en el Título XVI del CP (mucho más graves en el caso de los clásicos delitos de contaminación que en el de los tipos penales relativos a las especies amenazadas) como a los propios preceptos penales puestos en relación con la normativa administrativa que les sirve de complemento.

Por otro lado, parece claro que la biodiversidad posee entidad suficiente para constituir un bien jurídico autónomo, ya que a su importancia como elemento del ambiente se añaden otras consideraciones que no son sólo estéticas; en este sentido señala el art. 4.1 de la Ley 42/2007 que *"el patrimonio natural y la biodiversidad desempeñan una función social relevante por su estrecha vinculación con el desarrollo, la salud y el bienestar de las personas y por su aportación al desarrollo social y económico"*.

De este modo, los tipos protectores de la fauna y flora y de sus hábitats tratan de asegurar el mantenimiento de un elemento necesario para que el equilibrio de los sistemas naturales no sufra alteraciones perjudiciales, pero además tutelan una inmensa riqueza biológica que puede adquirir, sobre todo a través de su utilización por la ingeniería genética, una traducción inmediata en términos económicos. Buena prueba de ello es el Protocolo de Nagoya al Convenio sobre Diversidad Biológica, sobre acceso a los recursos genéticos y participación justa y equitativa en los beneficios que se deriven de su utilización, adoptado el 29 de octubre de 2010. En este sentido, el Reglamento (UE) nº 511/2014 del Parlamento Europeo y del Consejo, de 16 de abril de 2014, relativo a las medidas de cumplimiento de los usuarios del Protocolo de Nagoya, señala en su considerando (4): *"Los recursos genéticos constituyen el patrimonio genético de especies tanto silvestres como domesticadas o cultivadas y desempeñan un papel cada vez más importante en muchos sectores económicos, como la producción de alimentos, la silvicultura y el desarrollo de medicamentos, cosméticos y fuentes de bioenergía. Además, los recursos genéticos desempeñan un papel importante en la aplicación de estrategias diseñadas para regenerar ecosistemas degradados y proteger especies amenazadas"*.

Partiendo de la interpretación anterior, es posible además excluir del ámbito de aplicación de los tipos penales protectores de la flora y fauna silvestres las infracciones meramente formales, al tiempo que se facilita la diferenciación del ilícito penal frente al administrativo, pues en el primer caso no bastará con constatar el daño o menoscabo del objeto material del delito (esto es, los animales o las plantas) para estimar la conducta típica, sino que en sede judicial deberá constatarse que con tal comportamiento se creó un peligro relevante para la supervivencia de la especie y, con ello, para el mantenimiento de la diversidad biológica existente.

Una parte importante de la Jurisprudencia que desde la entrada en vigor del CP ha ido pronunciándose a propósito de estos delitos ha utilizado en ocasiones líneas argumentales cercanas a esta conceptuación del bien jurídico y su correlativa interpretación de los delitos relativos a la flora y fauna silvestre como tipos de peligro, a la hora de fundamentar su fallo absolutorio en la carencia de lesividad de los comportamientos analizados [véase por todas STS 829/1999, 19-5 (*Tol 5939*)].

1.2. Accesoriedad administrativa

Desde sus comienzos, la protección penal de la flora y fauna silvestre ha convivido con un nutrido y heterogéneo grupo de normas estatales y autonómicas que se han ocupado, no siempre de forma coordinada y pacífica, de la clasificación, planificación y gestión de estas especies, estableciendo además sus correspondientes sistemas sancionadores para aquéllos que infringieran lo dispuesto en sus respectivos preceptos. A fin de lograr un sistema coordinado y global, el Legislador penal de 1995 trató de conectar la tutela penal que brindaba a estos recursos naturales con la administrativa, utilizando para ello la técnica de ley penal en blanco.

En este contexto, la Ley 4/1989, de 27 de marzo, de conservación de los Espacios Naturales y de la Flora y Fauna silvestres, cumplió hasta hace pocos años tiempo el papel protagonista a la hora de dotar al jurista de definiciones válidas para interpretar los elementos clave de los tipos penales que se encargan de la tutela de las especies amenazadas; labor en la que se vio sustituida por la Ley 42/2007, de 13 de diciembre, del Patrimonio Natural y de la Biodiversidad.

La Ley 42/2007 ha sido objeto de diversas reformas a lo largo de los años, entre otras cosas para adecuar su contenido a las normas europeas que han ido promulgándose sobre la misma materia. Así, la Ley 7/2018, de 13 de diciembre, que la modificó para adaptarla a lo dispuesto en el Reglamento (CE) nº 708/2007 del Consejo, de 11 de junio de 2007, sobre el uso de las especies exóticas y las especies localmente ausentes en la acuicultura, y en el Reglamento (UE) nº 1143/2014 del Parlamento Europeo y del Consejo, de 22 de octubre de 2014, sobre la prevención y la gestión de la introducción y propagación de especies exóticas invasoras.

A partir de ahora, por tanto, la Ley 42/2007 constituirá la principal norma estatal a tener en cuenta a la hora de integrar los tipos penales relacionados con la fauna y flora protegidas incluidos en el CP, a la que habrá que seguir añadiendo la correspondiente normativa sobre la materia que, dentro de sus respectivos ámbitos, hayan promulgado no solo las diferentes Comunidades Autónomas, sino también la propia Unión Europea.

Son numerosísimas las normas, generales o sectoriales, dictadas por la Unión Europea que guardan relación con la protección de especies vegetales o animales o de sus hábitats. En este contexto, baste con recordar lo dispuesto en la Directiva (UE) 2024/1203 del Parlamento Europeo y del Consejo, de 11 de abril de 2024, relativa a la protección del medio ambiente mediante el Derecho penal, cuyo art. 3.2 obliga a los Estados miembros a castigar como delito:

"*n) el sacrificio, la destrucción, la recogida, la posesión, la venta o la oferta para la venta de especímenes de alguna de las especies de fauna o flora silvestres enumeradas en el anexo IV de la Directiva 92/43/CEE del Consejo* [relativa a la conservación de los hábitats naturales y de la fauna y flora silvestres], *o en su anexo V cuando las especies de este estén sujetas a las mismas medidas que las adoptadas para las especies del anexo IV, y de especímenes de las especies a que se refiere el artículo 1 de la Directiva 2009/147/CE del Parlamento Europeo y del Consejo* [relativa a la conservación de las aves silvestres], *excepto en los casos en que dicha conducta afecte a una cantidad insignificante de dichos especímenes;*

o) el comercio de especímenes, o de partes o derivados de ellos, de alguna de las especies de fauna o flora silvestres enumeradas en los anexos A y B del Reglamento (CE) nº 338/97 del Consejo [relativo a la protección de especies de la fauna y flora silvestres mediante el control de su comercio], *y la importación de especímenes, o de partes o derivados de ellos, de alguna de las especies de fauna o flora silvestres enumeradas en el anexo C. de dicho Reglamento, excepto en los casos en que la conducta afecte a una cantidad insignificante de dichos especímenes;* [...]

q) cualquier conducta que cause el deterioro de un hábitat en un lugar protegido, o la alteración, en un lugar protegido, de alguna de las especies animales enumeradas en el anexo II, letra a), de la Directiva 92/43/CEE, en el sentido del artículo 6, apartado 2, de dicha Directiva, cuando dicho deterioro o dicha alteración sean apreciables;

r) la introducción en el territorio de la Unión, la introducción en el mercado, el mantenimiento, la cría, el transporte, la utilización, el intercambio, la puesta en situación de poder reproducirse, criarse o cultivarse, la liberación en el medio ambiente o la propagación de especies exóticas invasoras preocupantes para la Unión, cuando dicha conducta infrinja:

i) alguna de las restricciones establecidas en el artículo 7, apartado 1, del Reglamento (UE) nº 1143/2014 del Parlamento Europeo y del Consejo y cause o pueda causar la muerte o lesiones graves a cualquier persona, o daños sustanciales a la calidad del aire, del suelo o de las aguas o a un ecosistema, a los animales o a las plantas, o

ii) una condición de un permiso expedido con arreglo al artículo 8 del Reglamento (UE) nº 1143/2014 o de una autorización concedida con arreglo al artículo 9 de dicho Reglamento y cause o pueda causar la muerte o lesiones graves a cualquier persona, o daños sustanciales a la calidad del aire, del suelo o de las aguas o a un ecosistema, a los animales o a las plantas".

La determinación de las especies, subespecies y poblaciones de animales y plantas cuya protección requiere de medidas específicas (y por tanto, pueden considerarse a efectos penales como "protegidas") se realiza mediante su inclusión en el Listado de Especies Silvestres en Régimen de Protección Especial, el cual a su vez recoge el Catálogo Español de Especies Amenazadas (antes denominado Catálogo Nacional), registro público de carácter administrativo dependiente del Ministerio con competencias en materia de medio ambiente en el que se incluyen los taxones o poblaciones de la biodiversidad amenazada, dentro de alguna de las dos categorías siguientes: a) En peligro de extinción: taxones o poblaciones cuya supervivencia es poco probable si los factores causales de su actual situación siguen actuando. b) Vulnerable: taxones o poblaciones que corren el riesgo de pasar a la categoría anterior en un futuro inmediato si los factores adversos que actúan sobre ellos no son corregidos.

Con ello, la Ley 42/2007 (que constituye la principal legislación estatal marco en materia de protección de flora y fauna silvestres) parecía simplificar la antigua categorización de las especies amenazadas (pasando de cuatro a dos categorías), pero tal simplificación fue más aparente que real, ya que la propia Ley 42/2007 permite a las Comunidades Autónomas crear en sus respectivos ámbitos territoriales sus correspondientes catálogos de especies amenazadas, estableciendo, además de las categorías ya mencionadas, otras específicas (con las correspondientes prohibiciones y actuaciones suplementarias que estimen necesarias para su preservación), al tiempo que las autoriza a incrementar el grado de protección de las especies del Catálogo estatal, incluyéndolas cuando lo estimen conveniente en una categoría superior de amenaza dentro de su respectivo catálogo.

De forma paralela, el art. 56 de la Ley 42/2007 (tras ser reformado por Ley 33/2015, de 21 de septiembre) ordena la inclusión en el Listado de Especies Silvestres en Régimen de Protección Especial de aquellos taxones o poblaciones que resulten protegidas en los anexos de las normas de la Unión Europea o en los instrumentos internacionales ratificados por España.

La Ley 42/2007 también se ocupa de forma específica de la caza y pesca de especies en aguas continentales, estableciendo en su art. 65 (reformado por Ley 7/2018, de 20 de julio) que tales actividades solo podrán realizarse "*sobre las especies que determinen las Comunidades autónomas, declaración que en ningún caso podrá afectar a las especies incluidas en el Listado de Especies en Régimen de Protección Especial, o a las prohibidas por la Unión Europea*".

Habida cuenta de lo anterior, parece claro que la identificación de la flora y fauna que debe entenderse a efectos penales como "protegida" constituye una tarea compleja. En efecto, el juzgador puede se ve obligado a acudir a una multiplicidad de catálogos (el estatal, los autonómicos y quizá alguno europeo —si se contiene en un reglamento comunitario e incluye alguna taxón o población no contemplado aún en el listado español) a la hora de dilucidar si la concreta especie vegetal o animal que protagoniza el comportamiento objeto de enjuiciamiento se encuentra clasificada como "especie protegida" en alguno de ellos y, por tanto, resulta protegida en virtud de lo dispuesto en los arts. 332 y 334 CP.

El sistema de catalogación continúa planteando otras cuestiones problemáticas relacionadas con la aplicación del precepto penal: en primer lugar, el hecho de que los órganos autonómicos mantengan su competencia para otorgar, dentro de sus respectivos territorios, marcos adicionales de protección a ciertas especies, que pueden ser las distintas a las incluidas en el listado estatal, abre la posibilidad de que, en supuestos extremos, un mismo comportamiento sea delictivo en una Comunidad Autónoma y no en la limítrofe; de este modo, la comisión o no de delito podrá depender de en qué lado de la frontera autonómica se encontraba el autor realizando la conducta típica, lo cual debe considerarse una consecuencia legítima en el marco de la opción constitucional por el "Estado de las Autonomías". En segundo lugar, la existencia de tan amplia gama de listados ha venido provocando con relativa frecuencia la alegación del error por parte del imputado, posibilidad que se ha visto notablemente incrementada tras la reforma penal de 2015, pues los tipos penales ya no exigen que la especie en cuestión se encuentre "amenazada", sino tan solo que haya sido legalmente "protegida". Así, el Listado de Especies Silvestres en Régimen de Protección recoge en su versión actual 629 taxones, a los que hay que añadir los 345 taxones incluidos en el Catálogo Español de Especies Amenazadas, lo que hace un total de 974 taxones de especies y subespecies de flora y fauna "protegida".

La catalogación de cientos de especies dentro de la categoría "de interés especial" en el originario Catálogo Nacional hacía posible durante la vigencia del anterior marco administrativo la inclusión en el ámbito del art. 334 CP de especies que ni siquiera estuvieran en una situación real de amenaza, razón por la cual fue propugnada una interpretación del tipo penal más acorde con el principio de intervención mínima, en cuya virtud se exigiera para calificar el comportamiento como delictivo una cierta entidad aflictiva en el ataque respecto del bien jurídico protegido y se excluyera del ámbito típico las conductas de bagatela. Esta interpretación no tuvo excesivo éxito en los primeros pronunciamientos jurisprudenciales sobre la materia, pero fue asumida en la STS 829/1999, 19-5 (*Tol 5939)*, primera del TS en pronunciarse sobre el contenido del art. 334 CP: "*Fácilmente se advierte que las tres primeras categorías reseñadas afectan a especies sobre las que se cierne un peligro o amenaza, bien de extinción (art. 29.a), bien de su hábitat (art. 29 b), o bien porque por su vulnerabilidad corren el riesgo de pasar a las categorías anteriores (art. 29 c). En cambio, las clasificadas de 'interés especial', por definición, no pertenecen a ninguna de aquéllas que se encuentran amenazadas, y si se encuentran catalogadas no es por razón de riesgo, sino como explícitamente aclara la norma, 'por su valor científico, ecológico, cultural o por su singularidad'. Este análisis es el que ha llevado a la Doctrina científica que se ha ocupado del estudio del artículo 334 CP a sostener que sólo cabe incluir en el tipo penal como objeto del delito a las especies que figuren en el catálogo de las amenazadas y que, además, se encuentren material y efectivamente amenazadas. Éste ha sido también el criterio asumido por el Tribunal a quo que es compartido por esta Sala Segunda*".

Tras la entrada en vigor del nuevo marco normativo administrativo y hasta la reforma penal de 2010, el ámbito de aplicación de los arts. 332 y 334 CP se redujo significativamente, al menos en relación a las especies recogidas en el Catálogo Nacional, en la medida en que permitía excluir del radio de acción de estos preceptos penales a aquellas especies animales y vegetales catalogadas dentro de la categoría "de interés especial", pues dicha categoría ya no se contemplaba legalmente como una de las posibles para las especies amenazadas.

La situación ha cambiado de nuevo a partir de la reforma penal de 2015, la cual, al referirse a especies "protegidas" de flora o fauna silvestre, ha ampliado extraordinariamente el alcance de los tipos.

En todo caso, con el fin de evitar una conceptuación meramente formal de estos preceptos, y asegurar que la materia de prohibición penal ocupe un espacio distinto al administrativo sancionador, nuevamente ha de recalcarse la necesidad de llevar a cabo una interpretación acorde con el principio de intervención mínima, que permita excluir del ámbito de lo punible aquellos comportamientos que de ningún modo supongan una amenaza para la especie en cuestión, por más que esta se encuentre catalogada como "protegida".

A pesar de que la SAP, Navarra, Sección 1ª, 282/2022, 30-11 (*Tol 9358450)*, parece acoger esta interpretación garantista, cuando afirma en relación al vigente art. 334 CP que "es necesario atender a las conclusiones del Tribunal Supremo relativas a la interpretación restrictiva del derecho penal en aras al cumplimiento del principio de intervención mínima", no tiene empacho en revocar la absolución de la primera instancia y condenar al acusado de poner a la venta en una página web un único espécimen disecado de Milano negro (*Milvus Migrans*) por una cantidad de 150 euros, por la comisión de un delito contra la fauna protegida, a la pena de ocho meses de multa, inhabilitación especial para el ejercicio del derecho de cazar o pescar durante el tiempo de dos años, inhabilitación especial para el derecho de sufragio pasivo durante el tiempo de la condena y costas procesales.

La especie en cuestión se encuentra protegida a nivel europeo en el Anexo A del Reglamento (CE) nº 338/1997 del Consejo, de 9 de diciembre de 1996, de aplicación del CITES en la UE, como "*especie cuyo estado de conservación exige regular o supervisar su comercio dentro de la Unión, con origen o destino en la Unión Europea*". Como se dijo, el tráfico ilegal de las especies CITES se persigue prioritariamente a través del art. 2.2.b) de la Ley de Contrabando, el cual exige que el valor de los especímenes objeto de dicho tráfico sea igual o superior a 50.000 euros.

1.3. Cualificación por la situación de amenaza de la especie y agravación por la afectación a espacio natural protegido

1.3.1. Los arts. 332.2 y 334.2 CP prevén que la pena correspondiente se imponga en su mitad superior cuando el objeto material del delito pertenezca a una especie o subespecie catalogada "*en peligro de extinción*", expresión que como ya se ha mencionado hace referencia a una categoría concreta incluida en los catálogos administrativos de especies amenazadas: aquellos taxones o poblaciones cuya supervivencia es poco probable si los factores causales de su actual situación siguen actuando.

Con anterioridad a la entrada en vigor de la LO 1/2015, tan solo el delito contra la fauna amenazada (art. 334 CP) recogía esta cualificación, lo cual carecía de sentido, pues igual de importante es para el mantenimiento de la diversidad biológica la supervivencia de las especies vegetales y animales. Es más: la versión actualizada del Catálogo Español de Especies Amenazadas recoge 132 taxones de flora amenazada dentro de la categoría "en peligro de extinción", frente a un total de 76 taxones de fauna amenazada en la misma categoría (20 invertebrados, 13 peces, 2 anfibios, 8 reptiles, 25 aves y 8 mamíferos).

Se configuran de este modo sendos tipos agravados en razón a la naturaleza del objeto material dañado, debido probablemente a que las conductas típicas que afectan a una especie o subespecie (de flora o fauna) en peligro de extinción contienen en principio una mayor potencialidad lesiva respecto del bien jurídico protegido (diversidad biológica).

La SAP, Barcelona, Sección 9ª, 158/2018, 2-3 (*Tol 6628331)*, aplica el tipo agravado del art. 334 CP al acusado de ofrecer a agentes rurales (encubiertos) trece crías de tortugas de las especies *Testudo hermanni* y *Testudo marginata* sin identificar y careciendo de los correspondientes certificados CITES.

Sin embargo, es perfectamente posible que el ataque resulte más grave si el comportamiento atenta contra un elevado número de ejemplares de una especie simplemente "protegida" o catalogada en otras categorías (como "vulnerable"), que si supone exclusivamente la destrucción de un solo ejemplar de una que esté clasificada como en peligro de extinción.

En cualquier caso, no bastará con la mera inclusión formal dentro del correspondiente Catálogo dentro de la categoría "en peligro de extinción" para aplicar el tipo agravado, debiéndose constatar además que el riesgo que se cierne sobre la especie en cuestión es real.

Si el autor sabe que la especie está catalogada como "protegida", pero no es consciente de que ha sido declarada "en peligro de extinción", actuará con error sobre la circunstancia agravante prevista en los arts. 332.2 y 334.2 CP, y por tanto será acreedor sólo a las correspondientes penas establecidas, respectivamente, en los arts. 332.1 y 334.1 CP.

1.3.2. Conforme a lo dispuesto en el art. 8.4 CP, deberá aplicarse el tipo contenido en el art. 330 CP si el delito contra la flora o fauna se realiza en el interior de un espacio natural protegido, y con dicho comportamiento se daña gravemente a alguno de los elementos que hayan servido para calificarlo (por ejemplo, destrucción de un número importante de ejemplares pertenecientes a una especie amenazada en un espacio dedicado de forma específica a la protección y mantenimiento de la diversidad biológica, calificado como Reserva Natural); en cambio, si los daños producidos no son de tanta entidad (no suponen un riesgo relevante para el mantenimiento del espacio natural en cuestión) resultarán de aplicación los arts. 332 y 334 CP, junto a la agravante recogida en el 338 CP (afectación a algún espacio natural protegido).

Esta última es la solución adoptada por la SAP, Cáceres, Sección 2ª, 1/2006, 10-1, que enjuicia unos hechos consistentes en destruir una colonia de cría de una especie amenazada ubicada dentro de un espacio natural protegido, dado que "*era evidente para el acusado que las labores de extracción de áridos destruían la colonia de reproducción puesto que los túneles eran perfectamente visibles desde el exterior y no puede alegar dudas sobre el carácter de especie amenazada (que no se preocupó de comprobar pese a ser consciente de que la colonia sería destruida por su maquinaria) ni desconocimiento de la calificación de 'espacio natural protegido' que ya reconoció ante la instructora a presencia de su letrado*".

1.4. Punición de la imprudencia

Hasta la reforma penal de 2015, y dada la ubicación del art. 331 CP, que deja fuera de su alcance a las conductas tipificadas en el Capítulo IV del Título XVI, todos los delitos relativos a la protección de la flora y fauna exigían, para ser sancionados penalmente, su comisión dolosa.

En la actualidad, sin embargo, tanto el art. 332.3 como el art. 334.3 CP contienen sendas cláusulas destinadas a castigar los comportamientos que regulan respectivamente también cuando se cometan por imprudencia grave. Las penas a imponer en tales casos son idénticas (prisión de tres meses a un año o multa de cuatro a ocho meses, más inhabilitación especial —de profesión u oficio, en ambos preceptos, y además para el ejercicio del derecho a cazar o pescar, en el art. 334 CP— por tiempo de tres meses a dos años).

2. Delito contra la flora protegida (art. 332 CP)

La reforma penal de 2015 alteró de forma sustancial el art. 332 CP, que pasó de contener un solo párrafo a incluir una estructura mucho más compleja, conformada ahora por un tipo básico y uno cualificado (ya analizado *supra*), a lo que se añade la inclusión de una referencia expresa a infracción de normativa extrapenal como elemento típico, y la ya mencionada cláusula de penalización de la imprudencia. Todos estos cambios hacen que la fisonomía actual del art. 332 CP sea muy semejante a la del 334 CP, salvo, claro está, en lo que respecta a las concretas modalidades de conducta típica y al objeto material del delito.

2.1. Conductas típicas

2.1.1. El primer párrafo del art. 332.1 CP castiga con prisión de seis meses a dos años o multa de ocho a veinticuatro meses, y en todo caso inhabilitación especial para profesión u oficio por tiempo de seis meses a dos años, a quien, "*contraviniendo las leyes u otras disposiciones de carácter general, corte, tale, arranque, recolecte, adquiera, posea o destruya especies protegidas de flora silvestre, o trafique con ellas, sus partes, derivados de las mismas o con sus propágulos, salvo que la conducta afecte a una cantidad insignificante de ejemplares y no tenga consecuencias relevantes para el estado de conservación de la especie".*

Aunque se ha eliminado alguna redundancia de la redacción actual (concretamente, ha desaparecido el verbo "*quemar*", que antes podía solaparse con ciertas modalidades de delitos de incendio), el precepto sigue siendo un tanto tautológico en la descripción de las conductas típicas, pues "*talar*" no es sino un modo específico de "*cortar*", y "*recolectar*" exige cortar o "*arrancar*" previamente.

En cambio, debe valorarse positivamente la inclusión del verbo "*destruir*" entre el elenco de conductas con relevancia penal, pues con ello quedan abarcadas por el ámbito del tipo otras formas de aniquilar a la flora protegida (por ejemplo, mediante veneno, pulverizado sobre las plantas o inyectado en el tronco de los árboles).

La reforma penal de 2015 también añadió otras nuevas modalidades de comportamiento más o menos relacionadas con la de "*tráfico*", como son las consistentes en "*adquirir*" (lo que constituye la materialización de una transmisión, a título oneroso o lucrativo) o "*poseer*", que parece más un estado que un comportamiento, pero que en todo caso deberá ser previo al tráfico (posesión para la transmisión), pues la posesión como resultado final de la previa adquisición (o de la recolecta, tala, etc.) típica ha de considerarse agotamiento del delito.

Por lo que respecta al tráfico, la reforma penal de 2015 suprimió el adjetivo *"ilegal"*, que había sido considerado por un sector doctrinal innecesario, ya que la normativa de complemento del tipo penal reputa ilícito todo tráfico realizado con especies amenazadas (ORTEGA MARTÍN). Sin embargo, la redacción originaria del art. 58 de la Ley 42/2007 permitía autorizar dicho tráfico en determinados supuestos (por ejemplo, *"cuando sea necesario por razón de investigación, educación, repoblación o reintroducción"*), por lo que la mención no resultaba del todo superflua.

En la actualidad, la Ley 42/2007 no parece contener ningún supuesto en el que se permita legalmente "traficar" con especies protegidas, pero sí se contempla la posibilidad de realizar conforme a derecho algunas de las conductas que tradicionalmente se identifican con el tráfico. Así, el art. 57 de dicha Ley, prohíbe con carácter general la posesión, transporte, venta, comercio, intercambio... de ejemplares de especies incluidas en el Listado de Especies Silvestres en Régimen de Protección Especial, *"salvo en los casos en los que estas actividades, de una forma controlada por la Administración, puedan resultar claramente beneficiosas para su conservación, en los casos* (sic.) *que reglamentariamente se determinen"*.

De cualquier modo, sólo será típico aquel tráfico que no haya sido válida y expresamente autorizado por la Administración competente.

Todavía pueden aparecer algunas dudas en relación al mismo concepto de tráfico, más concretamente si dicho concepto se caracteriza por la nota de "habitualidad" y si se deben excluir los actos de transmisión sin contraprestación valuable, es decir, meramente gratuitos. Mientras que a la primera cuestión se puede responder negativamente sin mayores problemas, toda vez que el tipo no exige que la conducta se realice forma reiterada, distinta podría ser la respuesta frente a la segunda, ya que "traficar" significa "comerciar" o "negociar", lo cual parece implicar la existencia de un móvil económico. En cualquier caso, dado que ahora el art. 332 CP incluye como se ha dicho el verbo "adquirir" (esto es, "hacer propio un derecho o cosa que a nadie pertenece o que se transmite a título lucrativo u oneroso, o por prescripción", según el DRAE), la disquisición puede considerarse irrelevante, al menos respecto del adquirente. Por otro lado, el que dona o regala un espécimen de flora amenazada habrá cometido previamente alguna de las otras conductas típicas, si lo cortó, recolectó o compró ilegalmente.

2.1.2. El primer párrafo del art. 332.1 CP contiene una cláusula de exclusión de comportamientos de bagatela, en cuya virtud se descarta la tipicidad cuando *"la conducta afecte a una cantidad insignificante de ejemplares y no tenga consecuencias relevantes para el estado de la especie"*, expresión con la que se hace referencia expresa a la necesidad de constatar un contenido de injusto penal material (o lo que es lo mismo: la creación de un peligro real para el bien jurídico protegido).

2.1.3. En su segundo párrafo, el art. 332.1 CP opta por prohibir directamente la producción de determinados resultados naturalísticos (*destrucción o alteración grave del hábitat* de una o varias especies de flora protegida), prescindiendo de la descripción de las concretas acciones que pueden dar lugar a esos resultados, por lo que en teoría será susceptible de integrar el tipo cualquier conducta que los cause. El hecho de que el Legislador haya utilizado una fórmula legal tan abierta se justifica en parte en atención a la entidad del ataque al bien jurídico protegido que pretende evitar, porque parece indudable que la destrucción o *alteración grave* (esto es, la modificación sustancial de sus condiciones que dificulta la persistencia del lugar con sus características originarias) de un hábitat puede dañar no sólo a un concreto espécimen, sino a todas las poblaciones de especies de flora amenazada que se encuentren en dicho hábitat, creando de este modo un riesgo para la biodiversidad de la zona más intenso que el constituido por las otras conductas típicas.

2.1.4. Las conductas descritas en el art. 332.1 CP deben afectar a "*especies protegidas de flora silvestre*" (expresión que debe entenderse referida a los ejemplares pertenecientes a una o varias especies o subespecies de flora incluida en alguno de los catálogos administrativos ya mencionados). Tras la reforma penal de 2015, parece que solo la conducta consistente en "*traficar*" puede realizarse también "con sus partes, derivados de las mismas o con sus propágulos", término este último que sirve para hacer referencia a "cualquier parte de un organismo capaz de dar lugar a otro nuevo".

La normativa administrativa describe, por su parte, lo que debe entenderse por "*hábitat*" de una especie, elemento que puede ser objeto material de los comportamientos descritos en el segundo apartado del art. 332.1 CP: "*medio definido por factores abióticos y bióticos específicos donde vive la especie en una de las fases de su ciclo biológico*" (art. 3.21 Ley 42/2007); en consecuencia, sólo serán típicos a efectos del segundo párrafo del art. 332.1 CP aquellos comportamientos que afecten al hábitat de una especie de *flora* catalogada como protegida.

2.1.5. La intervención penal regulada en el art. 332.1 CP sólo podrá recaer sobre aquellas agresiones típicas a especímenes o hábitats de flora protegida que sean realizadas "*contraviniendo las leyes u otras disposiciones de carácter general*", lo que debe interpretarse como la necesidad de constatar la previa infracción de la normativa administrativa en la materia para considerar delictivo el comportamiento (ley penal en blanco en su modalidad de accesoriedad de derecho).

Dicha expresión, incluida por LO 1/2015, sustituye a la añadida por la LO 15/2003 ("*con grave perjuicio para el medio ambiente*"), cuyo objetivo era, con toda probabilidad, excluir del ámbito típico conductas de bagatela que en alguna ocasión habían sido objeto de enjuiciamiento, aunque también podía constituir un argumento de peso para interpretar el art. 332 CP como un tipo de lesión del medio ambiente y, en su virtud, descartar su aplicación en todos aquellos casos en que no se constatara un efectivo menoscabo no ya de la flora amenazada o de la biodiversidad, sino del medio ambiente entendido como "equilibrio de los sistemas naturales", habida cuenta de que incluso la total aniquilación de una especie vegetal puede no ser suficiente para menoscabar dicho equilibrio. No obstante, la expresión "*con grave perjuicio para el medio ambiente*" iba referida sólo a las modalidades de conducta que afectaran directamente a ejemplares de flora amenazada (cortar, talar, quemar, recolectar, efectuar tráfico ilegal) y no a las que supusieran un daño o menoscabo graves de sus hábitats, lo que implicaba que dicha expresión había sido erigida por el Legislador penal de 2003 en el criterio de diferenciación entre este delito y la falta contenida en el antiguo art. 632.1 CP, que castigaba con multa de 10 a 30 días o trabajos en beneficio de la comunidad de igual duración al que "*corte, tale, queme, arranque, recolecte alguna especie o subespecie de flora amenazada o de sus propágulos, sin grave perjuicio para el medio ambiente*". De este modo, se ponderaba la gravedad del perjuicio para el medio ambiente en atención a la intensidad del ataque infligido a la flora amenazada.

2.2. Tipo subjetivo

La escasa aplicación efectiva que ha recibido el precepto puede deberse en parte a la enorme incidencia que posee en este ámbito el error de tipo cuando recae sobre el objeto material de delito, más aún si se tiene en cuenta que las especies de flora protegida contenidas en los respectivos catálogos suelen ser denominadas en ellos conforme a la nomenclatura biológica.

En este sentido, la SAP, Vizcaya, Sección 6ª, 90060/2020, 28-2, absuelve al condenado en primera instancia (con una multa de seis meses, a razón de una cuota diaria de 30 euros) por ordenar la tala masiva e indiscriminada de árboles que afectó a espinos, robles, alisos, sauces, cerezos, avellanos, abedules, perales, acebos, fresnos y laurel, entre otras cosas alegando que la norma extrapenal aplicable alude a ciertas especies concretas con su denominación científica, por lo que se desconoce si las especies taladas se corresponden o no con las protegidas.

No obstante, tras la entrada en vigor de la LO 1/2015, es posible castigar tales hechos cuando se trate de un error de tipo vencible, conforme a la cláusula de penalización de la imprudencia grave, prevista en el art. 332.3 CP.

En todo caso, al menos en el plano teórico, resulta posible la realización de estos comportamientos delictivos con cualquiera de los diferentes grados de dolo (directo, indirecto o eventual).

2.3. Causas de justificación

Podrán operar como tales algunas de las circunstancias fácticas que describe la normativa administrativa de complemento como excepciones a la aplicación del régimen tutelador de la flora y fauna protegida, cuando debido a su importancia deban ser consideradas prioritarias frente a la preservación de una especie o hábitat en particular. Así, por ejemplo, el comportamiento típico estará justificado en aquellos casos en que se realice para evitar "*efectos perjudiciales para la salud y seguridad de las personas*" o para "*prevenir perjuicios importantes a los cultivos, el ganado, los bosques, la pesca y la calidad de las aguas*" (art. 61, letras a y b, de la Ley 42/2007), aunque se haya ejecutado sin observar todas las formalidades establecidas al respecto en la normativa extrapenal aplicable. Estos supuestos podrán ser calificados, según los casos, como de estado de necesidad o cumplimiento de un deber, ejercicio legítimo de un derecho, oficio o cargo.

2.4. Concursos

La conducta relativa al "*tráfico ilegal*" en hipótesis podría entrar en algunos casos en concurso aparente de leyes con el art. 2.2.b), segundo inciso, de la Ley de Contrabando, en aquellos supuestos en que afecte a una especie catalogada conforme al Convenio de Washington, de 3 de marzo de 1973 (CITES) o el Reglamento (CE) nº 338/1997 del Consejo, de 9 de diciembre de 1996, y el valor de los especímenes objeto de dicho tráfico sea igual o superior a 50.000 euros. En tales supuestos, el concurso debería resolverse a favor de la aplicación del precepto de la Ley de Contrabando.

En el caso de las conductas consistentes en "destruir o alterar gravemente el hábitat", dado que prohíben resultados con independencia de cuáles sean las concretas acciones que los hayan producido, será posible que el comportamiento sea subsumible en varios preceptos, especialmente en los arts. 325, 326, 326 bis y 330 CP, pero también en algunos tipos de incendio específicos, como los contemplados en los arts. 352, 353 y 354 CP (en este último caso siempre que la destrucción se lleve a cabo mediante la quema y esta posea cierta capacidad devastadora).

3. Delito contra la fauna protegida (art. 334 CP)

3.1. Conductas típicas

3.1.1. El art. 334.1.a) CP castiga en primer lugar a quien "*cace, pesque, adquiera, posea o destruya especies protegidas de fauna silvestre*". Dado que el art. 332 CP recoge en los mismos términos las conductas consistentes en adquirir, poseer y destruir, las consideraciones realizadas respecto de ellas a propósito del delito contra la flora protegida pueden darse aquí por reproducidas (al igual que lo dicho respecto del tráfico ilegal —art. 334.1.b).

Baste con señalar al respecto que, tras la entrada en vigor de la reforma penal de 2015, la Jurisprudencia no ha encontrado reparos en considerar a la posesión de un único ejemplar de especie de fauna protegida como un delito consumado, en lugar de como una tentativa, posición que era la mayoritaria hasta aquel momento. Al respecto, véase por ejemplo la SAP, Barcelona, Sección 8ª, 279/2021, 19-4 (*Tol 8514986)*; en sentido similar, SSAP, Valencia, Sección 2ª, 545/2017, 13-9 (*Tol 6461796)*, y Santa Cruz de Tenerife, Sección 6ª, 368/2022, 10-10 (*Tol 9355353)*: el art. 334.1 CP "sanciona la mera posesión o tenencia de especies protegidas sin que haga mención alguna a la finalidad perseguida con la misma o, lo que es igual, cual fuese el propósito del poseedor, ni tampoco que tal posesión haya creado una situación de peligro grave para la especie poseída".

Por consiguiente, se analizarán a continuación los comportamientos típicos que afectan de forma específica a la fauna protegida, como son la caza y la pesca, así como la realización de actividades que impiden o dificultan su reproducción o migración.

De entre las diversas posibilidades que existen a la hora de definir el concepto de *caza* (atendiendo al lenguaje común, la normativa administrativa de carácter estatal o autonómico, etc.), parece que debe atenderse al menos tendencialmente a la definición incluida en el Diccionario de la Real Academia: "buscar o seguir a las aves, fieras y otras muchas clases de animales para cobrarlos o matarlos". De dicho concepto puede extraerse la conclusión de que la caza es un comportamiento dirigido a un fin determinado: capturar animales, reteniéndolos, hiriéndolos o matándolos, sin que sean en absoluto descartables los supuestos de *aberratio ictus* en aquellos casos en que la acción se dirija a un animal que puede legalmente ser cazado y pese a ello se produzca la muerte de otro legalmente protegido, siempre que no se demuestre que el cazador actuó con dolo eventual respecto a la producción de esas muertes. En todo caso, el verbo "cazar" no tiene por qué implicar necesariamente "matar"; por ello pueden ser igualmente típicas las conductas consistentes, por ejemplo, en capturar vivo o herir a animales pertenecientes a una especie protegida, si con dichas conductas se arriesga o se dificulta su supervivencia.

Las mismas consideraciones pueden realizarse en esencia respecto de la acción de *pescar* ("sacar o tratar de sacar del agua peces y otros animales", según definición del Diccionario de la Real Academia), aunque en este caso debe tenerse en cuenta que el ámbito del tipo abarca tanto la pesca fluvial como la marítima, siempre respecto de las especies que hayan sido catalogadas como protegidas.

El art. 334.1.c) CP también castiga la realización de actividades que "*impidan o dificulten su reproducción o migración*", lo que constituye una fórmula abierta delimitada exclusivamente por los resultados prohibidos (esto es, la evitación u obstaculización de la procreación de las especies protegidas o los viajes periódicos de las migratorias, resultados a los que es posible llegar con una infinita variedad de comportamientos). En concreto, el término "*dificultar*", de ser interpretado en términos estrictamente literales, podría llevar a considerar típico, por ejemplo, el comportamiento de quien provoca la dispersión momentánea de una bandada de cigüeñas negras mediante la producción de un ruido excesivo; para evitar tales excesos, debe imponerse una interpretación acorde con el principio de lesividad, que limite el ámbito típico a las conductas que resulten idóneas para afectar al bien jurídico protegido. En este contexto, las actividades consistentes en dificultar la migración deben implicar una grave alteración, con cierta permanencia en el tiempo, de las circunstancias en las que normalmente se desarrollan los movimientos migratorios de las especies afectadas por el comportamiento (normalmente aves y peces). Por su parte, la conducta de dificultar su reproducción podrá consistir, por ejemplo, en la destrucción, daño o recolección de los nidos, huevos o crías de la especie protegida en número o circunstancias que efectivamente puedan obstaculizar de manera relevante su reproducción, aunque desde luego no son descartables otras formas de comisión típicas.

Así por ejemplo, resulta especialmente interesante la SAP, Barcelona, Sección 7ª, 440/2004, 27-4 (*Tol 479839)*, que condenó en virtud de lo previsto en el art. 334 CP a los acusados, funcionarios municipales, quienes "con el pretexto de llevar a cabo la construcción de un espacio de ocio turístico [...], atendiendo a sus respectivos cargos municipales, promovieron y ejecutaron a través de la brigada municipal del Ayuntamiento la apertura de antiguos caminos rurales, utilizando para ello motosierras y desbrozadoras, acondicionándolos mediante la colocación de piedras, troncos de madera y varillas de hierro, permitiendo con ello el acceso directo hasta la misma cima de los riscos; y tal actuación la llevaron a cabo sin el correspondiente permiso del Servei de Protecció i Gestió de la Fauna de la Generalitat, y sin la autorización del Consell Comarcal del Vallés Oriental [...]. Actuaciones las llevadas a cabo que suponen una alteración y perturbación, en plena época de nidificación, del hábitat de la pareja de águila perdiguera y otras aves rapaces que habitan en los riscos".

La LO 5/2010 añadió una nueva conducta típica a la redacción del art. 334.1 CP, consistente en *destruir o alterar gravemente el hábitat* de una especie amenazada. Dicha reforma debe considerarse acertada en la medida en que esta modalidad de comportamiento, una de las más lesivas para las especies amenazadas, ya se incluía respecto de la flora en el art. 332 CP. Los comentarios ya realizados en la exposición de dicho precepto a propósito de esta conducta típica y del concepto normativo de *hábitat* pueden darse aquí por reproducidos.

3.1.2. Igualmente, la referencia que se realiza actualmente a la contravención de "*leyes u otras disposiciones de carácter general*" debe interpretarse como una exigencia típica, común a todas las modalidades de conducta previstas en el precepto, de que se constate la previa infracción de la normativa administrativa en materia de fauna protegida (no tendría sentido integrar este tipo penal con la infracción, por ejemplo, de una disposición normativa sobre emisiones a la atmósfera) para considerar delictivo el comportamiento. De este modo, si el sujeto activo actúa al amparo de una autorización administrativa otorgada por la correspondiente Comunidad Autónoma en virtud de lo establecido en el art. 61 de la Ley 42/2007, su acción no será típica.

3.1.3. El calificativo "*silvestre*" incluido en la redacción típica permite excluir del ámbito del precepto a todas aquellas especies en cuya cría intervenga directamente el ser humano (animales domésticos, de granja, etc.), mientras que el calificativo "*protegidas*" constituye, como en el caso del art. 332 CP, una remisión normativa a los diferentes catálogos administrativos que incluyen las diversas especies animales que se encuentran en esta situación. En hipótesis constituyen objeto material posible de todas las conductas típicas los "especímenes" de fauna protegida (es decir, los ejemplares adultos, crías o huevos, dado que todos ellos contienen las características esenciales que definen a una especie), mientras que las "*partes o derivados*" de dichos especímenes (esto es, componentes del cuerpo del animal tales como pieles, dientes, etc., u otros productos obtenidos de él) podrán constituir además el objeto material del tráfico.

3.1.4. En todos los supuestos contemplados en el art. 334 CP, a la hora de concretar el ámbito de aplicación del tipo penal y hacer posible su diferenciación respecto de la correspondiente infracción administrativa, deberá atenderse al bien jurídico protegido. De este modo, para asegurar la vigencia del principio de intervención mínima será necesario que, tras constatar la presencia de una infracción a la norma administrativa de complemento (antijuricidad formal) el juez realice una posterior valoración a fin de dilucidar si la conducta concreta enjuiciada afectó de manera relevante al mantenimiento de la diversidad biológica (antijuricidad material).

Siguiendo planteamientos similares, la SAP, Lérida, Sección 1ª, 107/2005, 15-3 (*Tol 613274)*, señala que de conformidad con "el principio de intervención mínima del derecho penal, y con la intención de evitar la superposición del ilícito penal y administrativo, es de exigir un plus de gravedad en atención al bien jurídico protegido, la incidencia en la conservación de los hábitats naturales y la fauna del lugar garante de la biodiversidad, y concretamente señalado por la doctrina jurisprudencial como que solo cabe incluir en el tipo penal como objeto del delito a las especies que figuren en el catálogo de las amenazadas y que, además se encuentren material y efectivamente amenazadas [...]. No obstante, la Sentencia concluye con la condena del acusado, dado que considera probada en juicio la efectiva situación de amenaza de la especie: "En el presente procedimiento, en sede de juicio oral, efectivamente, se practicó prueba dirigida a la efectiva constatación de la situación en que se halla la especie, así como lo demuestra la normativa estatal y autonómica que han propiciado su cambio de catalogación, y el desarrollo, aplicación de medios personales y materiales destinados a los planes de recuperación de la especie a través de regulaciones especiales y dotación de indemnizaciones a propietarios de terrenos afectados por la afectación de protección, la propia dinámica de los hechos que se han declarado probados, y las declaraciones como testigos de los responsables de tales planes de protección y recuperación [...]. Constando su inclusión como amenazada por la norma y reiterada ésta por el técnico, cabe sin necesidad de valorar la prueba, entender que se cumple el requisito señalado de quedar probada la efectiva y objetiva amenaza para la especie".

3.2. Elemento subjetivo

Al igual que en el caso del art. 332 CP, es en hipótesis posible la comisión del delito con cualquiera de los diferentes grados de dolo (directo, indirecto o eventual), o bien mediante imprudencia grave (art. 334.3 CP).

El error sobre la cualidad de la especie como "protegida" constituye un error de tipo (pues dicha cualidad es un hecho constitutivo de la infracción penal (art. 14.1 CP), de modo que excluirá la responsabilidad penal si es invencible, pero permitirá el castigo por la comisión del delito en su modalidad imprudente si es vencible (siempre que el sujeto hubiera podido salvar su error aplicando una mínima diligencia).

A pesar de lo anterior, la SAP, Málaga, Sección 3ª, 129/2022, 17-5 (*Tol 9247851)*, condena por la comisión de un delito contra la fauna protegida con la concurrencia de un error de prohibición vencible a la acusada, empleada de un restaurante, por adquirir en la lonja una caracola marina perteneciente a la especie *Charonia Lampas* (catalogada como vulnerable), a pesar de que "desconocía que la caracola tuviera protección por la legislación vigente, pudiendo haberse informado de tal extremo".

En aquellas Comunidades Autónomas donde se requiere la previa superación de un examen para la concesión de una licencia de caza o pesca, el ámbito del error de tipo frente a la cualidad de "protegida" de la especie puede ser notoriamente reducido, cuando el contenido de ese examen exija, como lo hace por ejemplo la regulación andaluza, especiales conocimientos sobre las especies que están amenazadas y su régimen jurídico de tutela.

3.3. *Iter criminis*

La comisión del delito en grado de tentativa resulta en teoría posible en todos los casos: así, por ejemplo, si se emprende una expedición para cazar especies protegidas y ésta es abortada por la intervención del SEPRONA antes de que los participantes en dicha expedición consigan capturar pieza alguna, o un empresario intenta desecar una laguna en la que sabe que hacen escala aves migratorias amenazadas.

3.4. Concursos

Las conductas típicas del art. 334 CP consistentes en cazar o pescar podrán entrar en concurso aparente de normas con el art. 335.1 CP (caza o pesca prohibidas de especies comunes, que deberá resolverse a favor de la aplicación del primero en virtud del criterio de la especialidad) o bien en concurso medial con el art. 336 CP si se emplean venenos, explosivos u otras sustancias de similar eficacia destructiva o no selectiva para capturar especímenes de fauna protegida, por lo que en estos supuestos deberán aplicarse las reglas contenidas en el art. 77 CP, y en su virtud castigar el comportamiento con la infracción más grave de las previstas en su mitad superior.

III. INTRODUCCIÓN O LIBERACIÓN DE ESPECIES EXÓTICAS (ART. 333 CP)

Este precepto, inédito hasta el momento por lo que respecta a su aplicación en la práctica, penaliza aquellos comportamientos que, al consistir en la introducción de especímenes exóticos ponen en peligro el mantenimiento de la diversidad biológica existente en un determinado territorio.

La introducción de especies exóticas constituye uno de los mayores peligros para la conservación de la fauna autóctona, particularmente en los ecosistemas insulares donde se encuentra el mayor número de endemismos y donde existe un frágil equilibrio ecológico fácilmente alterable. La introducción de las especies alóctonas supone una competencia directa para las especies locales, que en muchos supuestos pueden acabar siendo desplazadas por la especie foránea, llegando incluso a producirse su desaparición. En España es muy conocido el caso del cangrejo de río autóctono (*Austropotamobius pallipes*) que ha desaparecido de casi la totalidad de nuestros ríos debido a la acción de un hongo, causante de una letal enfermedad (la afanomicosis), que llegó a nuestro país transportado por una especie foránea (el cangrejo rojo americano o *Procambarus klarkii*), inmune a la enfermedad y que fue introducida ilegalmente en el territorio español; en otras ocasiones, en cambio, la introducción se produce de manera indirecta, como en el caso del mejillón cebra (*Dreissena polymorpha*) en la cuenca del Ebro, que ha llegado transportado por el casco de ciertos barcos de manera completamente fortuita.

1. Conductas típicas

1.1. La acción típica podrá consistir en "*introducir*" (normalmente mediante su transporte) o bien en "*liberar*" (esto es, dejar libres y sin control) especies de flora o fauna no autóctona en una determinada zona o medio (terrestre, acuático o aéreo).

1.2. Para delimitar qué concretas especies han de considerarse, a efectos penales, especies de flora o fauna no autóctona, debe atenderse a lo dispuesto en el art. 61.1 de la Ley 42/2007, que prevé la creación del Catálogo Español de Especies Exóticas Invasoras, en el que deberán incluirse "*todas aquellas especies y subespecies exóticas [no autóctonas] invasoras que constituyan una amenaza grave para las especies autóctonas, los hábitats o los ecosistemas, la agronomía o para los recursos económicos asociados al uso del patrimonio natural*".

Podrán en consecuencia constituir instrumentos del delito los concretos especímenes exóticos catalogados que sean introducidos o liberados.

En la actualidad, el Catálogo Español de Especies Exóticas Invasoras, regulado por Real Decreto 630/2013, de 2 de agosto, incluye un total de 199 taxones de flora y fauna, de conformidad con la última versión dada a dicho Catálogo por Orden TED/339/2023, de 30 de marzo, que incluyó una nueva especie de flora, cuatro insectos, una especie de pez continental y la familia *Herpestidae* (mangostas), con excepción de *Herpestes ichneumon*. Anteriormente, la STS, Sala de lo Contencioso, 637/2016, 2-8, había obligado a reintroducir en el Catálogo otros taxones que previamente habían sido eliminados, como consecuencia del recurso contencioso-administrativo promovido por CODA-Ecologistas en Acción, la Sociedad Española de Ornitología (SEO9 y la Asociación para el Estudio y Mejora de los Salmónidos (AEMS-Ríos con Vida).

Dentro de tal concepto podrá incluirse asimismo cualquier cría, huevo o "propágulo" de la fauna o flora exótica, siempre que reúnan el código genético completo de la especie a la que pertenezcan. Por su parte, serán objeto de la acción típica especímenes locales tanto de las especies amenazadas como de las comunes, dado que el tipo no realiza diferenciación alguna, de modo que la introducción o liberación deberá afectar negativamente a la flora o fauna autóctona, con independencia de que ésta se halle o no amenazada o especialmente protegida.

1.3. El art. 333 CP exige que el comportamiento se lleve a cabo "*de modo que perjudique el equilibrio biológico*", dado que la mera introducción o liberación de una especie exótica, aunque resulte favorable (por ejemplo, para obtener un mayor nivel de eficiencia en un determinado cultivo), evidentemente por sí sola ya supone una "alteración" del equilibrio biológico preexistente. Dicha expresión debe interpretarse, por tanto, como la necesidad de que se produzca una "alteración negativa" de las condiciones de desarrollo o en los hábitats de las especies autóctonas afectadas por la invasión de la especie exótica (por ejemplo, fenómenos de competencia biológica, hibridación o epizootias).

1.4. La Ley 42/2007 ofrece también criterios orientadores para delimitar el significado que se le debe otorgar a la exigencia de que el comportamiento se realice "*contraviniendo las leyes o disposiciones de carácter general protectoras de las especies de flora o fauna*". En concreto, el art. 61.3 de la Ley 42/2007 establece que la inclusión en el Catálogo Español de Especies Exóticas Invasoras conlleva la prohibición genérica de posesión, transporte, tráfico y comercio de ejemplares vivos o muertos, de sus restos o propágulos, incluyendo el comercio exterior. No obstante, dicha prohibición "*podrá quedar sin efecto, previa autorización administrativa, cuando sea necesario por razones de investigación, salud o seguridad de las personas*". En consecuencia, el comportamiento será atípico cuando el sujeto activo cuente con una autorización administrativa válidamente otorgada, en los términos previstos en la Ley 42/2007 o de conformidad con lo que disponga, en su caso, la Comunidad Autónoma correspondiente.

2. *Tipo subjetivo*

Son admisibles todas las formas de dolo, aunque probablemente sean estadísticamente más relevantes los comportamientos realizados con dolo eventual. Dado que el tipo no realiza distinciones en relación a las especies protegidas o comunes, el sujeto activo sólo deberá ser consciente de que la introducción o liberación puede provocar una alteración negativa del equilibrio biológico existente en la zona donde se realiza el comportamiento, además de conocer el resto de elementos típicos.

3. *Concursos*

Si la introducción o liberación afectara (dolosamente) a especies catalogadas como protegidas, se produciría un concurso aparente de normas con el art. 332 CP —flora protegida— o bien con el art. 334 CP —fauna protegida—, dado que dichas conductas pueden subsumirse igualmente en el amplio significado de la expresión "*alteración grave de un hábitat*" o "*actividad que impida o dificulte su reproducción*". En tales casos, deberá aplicarse con carácter preferente los delitos contenidos en los arts. 333 o 334 CP tanto cuando resulte afectada una especie simplemente "protegida", como cuando se afecte a especies en peligro de extinción. Tampoco es descartable el concurso ideal de delitos entre los arts. 333 y 332.2 o 334.2 CP, si el sujeto activo introduce dolosamente una especie invasora y de este modo causa (por imprudencia grave) la destrucción de una especie protegida de flora o fauna silvestre.

Si la conducta afecta a un espacio natural protegido, habrá que sancionar conforme a lo dispuesto en el art. 330 CP, si a consecuencia de la introducción o liberación se ha dañado gravemente algún elemento que haya servido para calificarlo (en este caso, una población de fauna o flora), de modo que resulte difícil la persistencia de ese espacio con las mismas características por las que fue declarado (si la introducción es dolosa y el daño causado imprudente, igualmente podrá apreciarse un concurso de delitos). Cuando la introducción o liberación no produzca ese grave daño (por ejemplo, porque el fenómeno de hibridación sólo afecte a una pequeña parte de la población que habita el espacio en cuestión), la conducta deberá sancionarse conforme a lo dispuesto en el art. 338 CP.

IV. DELITOS RELATIVOS A LA CAZA Y PESCA (ARTS. 335 Y 336 CP)

1. *Consideraciones generales*

Las diferentes zonas climáticas de nuestro país, junto a su diversa pluviometría y sus diferentes altitudes entre valles y montañas, han convertido a España en el territorio más importante de Europa en variedad de fauna y flora, en gran parte debido a su ubicación que lo convierten en paso obligado para las aves migratorias. Esta riqueza biológica, que la ha hecho acreedora a nivel nacional e internacional de normas ambientales rigurosas para protegerla, constituye al mismo tiempo la principal causa (junto probablemente a razones históricas de otra índole) de la amplia aceptación que tiene en nuestro país la práctica de la caza desde hace siglos, llegando a integrarse en nuestra propia historia, en nuestra cultura y en nuestras tradiciones.

La tradición cinegética española, unida a un supuesto descenso del rendimiento procedente de las actividades agrarias realizadas en nuestro territorio, han propiciado el redescubrimiento de la caza y pesca como factores dinamizadores de la economía relacionada con lo "rural", en la medida en que provoca un incremento sustancial de la demanda de diversos productos y servicios que proporcionan determinadas actividades económicas (explotación cinegética y piscatoria de terrenos, criaderos de perros de caza, armerías, taxidermistas, y en general las empresas especializadas en productos cinegéticos y de pesca de cualquier clase). Así, de acuerdo con la Estadística Anual de Caza, durante el año 2019 fueron más de 675.000 los animales muertos en el ejercicio de la caza mayor (entre los que se encuentran, por ejemplo, unos 386.000 jabalíes, 167.000 ciervos, 65.000 corzos, 25.000 gamos y 13.500 muflones), junto a los aproximadamente 27 millones de animales abatidos en caza menor (entre ellos, casi 6 millones de conejos y otros 13 millones de "caza volátil"). Tales actividades generan en nuestro país alrededor de 6.000 millones de euros anuales (incluyendo, entre otros, los beneficios que reporta a los fabricantes de armas y municiones —junto a las armerías y tiendas de complementos— así como a los titulares de terrenos cinegéticos que los alquilan como cotos de caza).

Parece evidente que las actividades cinegéticas y piscatorias pueden (y deben) ser desarrolladas de forma acorde con los objetivos de protección del medio ambiente en general y de la diversidad biológica en particular, y de hecho es posible que un ordenado desarrollo de la caza y pesca contribuya a la conservación de los hábitats naturales y al adecuado nivel de población de especies cazables y no cazables; pero también es cierto que el interés cultural y económico en mantener, e incluso incrementar, el ejercicio de estas actividades choca demasiado a menudo con la regulación protectora del medio ambiente y de las especies de fauna silvestres que se va promulgando en nuestro país, como consecuencia, según algunos defensores del ejercicio de la caza, de "corrientes sensibleras y ultra proteccionistas".

Buena prueba de ello es el caso del lobo, cuyas necesidades de tutela en tanto que especie vulnerable entran en conflicto de forma recurrente y periódica con otros intereses, como los de los ganaderos (que sólo ven en él una alimaña depredadora) y los de los cazadores (para los que supone un codiciado trofeo por el que están dispuestos a pagar, en las subastas que se organizan a tales efectos, grandes sumas de dinero). La importancia de la caza en relación con la conservación de esta especie no parece despreciable, si se contrastan algunos datos: así, el Ministerio de Agricultura, Alimentación y Medio ambiente incluía en el Censo 2012-2014 de lobo ibérico *(Canis lupus*, Linnaeus, 1758) en España 297 manadas de lobo (que habría desaparecido, según el mismo Censo, al menos de la Comunidad Autónoma Andaluza); mediante Orden TEC/596/2019, de 8 de abril, se incluía en el Listado de Especies Silvestres en Régimen de Protección Especial las poblaciones de lobos al sur del río Duero, para adecuarlo a los anexos II y IV de la Directiva 92/43/CEE del Consejo, de 21 de mayo de 1992, relativa a la conservación de los hábitats naturales y de la fauna y flora silvestres; poco después, la Orden/TED/980/2021, de 20 de septiembre, extendía el régimen protector a todas las poblaciones de lobos presentes en España; al día siguiente, el 21 de septiembre de 2021, la Real Federación Española de Caza anunciaba en su página web su intención de interponer un recurso contencioso-administrativo contra esta última Orden, acusando al Ministerio de hacer gala de una "simple ideología anticaza".

Quizá por ello la promulgación de la Ley 42/2007, de 13 de diciembre, del Patrimonio Natural y de la Biodiversidad, y especialmente el cumplimiento que en ella se realiza de ciertas obligaciones adoptadas a nivel europeo sobre el ejercicio de la actividad cinegética, suscitó una encendida polémica entre conservacionistas y amantes de la caza y un nuevo desencuentro entre las autonomías más interesadas en el desarrollo de las actividades cinegéticas y las autoridades nacionales (y europeas) con competencias en materia ambiental.

Los temas que protagonizaron el debate mediático son las prohibiciones que establece la Ley 42/2007 respecto de determinadas prácticas cinegéticas que algunas Comunidades Autónomas habían venido autorizando, en contradicción con lo que establecen las Directivas europeas sobre aves y hábitats (como la caza de palomas torcaces en primavera —*contrapasa*— en el País Vasco, o la caza de zorzales con liga —*parany*— en la Comunidad Valenciana).

Por lo que respecta a la *contrapasa*, la STJUE, asunto C-135, 9-6-2005, ya declaró que el Reino de España había incumplido las obligaciones que le incumben en virtud del art. 7.4 de la Directiva 79/409/CEE, de 2 de abril, de conservación de las aves silvestres, al autorizar este método de caza de la paloma torcaz en Guipúzcoa. Sin embargo, la Orden Foral 6977/2005, de 19 de diciembre, de la Diputación Foral de Bizkaia, autorizaba para la temporada 2006 la caza en contrapasa durante el trayecto de regreso de la paloma torcaz a los lugares de cría. La STSJ, País Vasco, Sala de lo Contencioso, 479/2007, 28-9, anuló dicha Orden, decisión que fue posteriormente ratificada por la STS, Sala de lo Contencioso, 930/2010, 24-2.

Similar suerte corrió la técnica del *parany*, que ya había sido prohibida como método de caza mediante STS, Sala de lo Contencioso, 4137/2005, 22-6. Pese a ello, la Ley 7/2009, de 22 de octubre, de reforma de la Ley 13/2004 de caza de la Comunitat Valenciana, introducía una modificación en el art. 10 de esta última norma en cuya virtud se otorgaba la consideración de modalidad de "caza tradicional valenciana" a la realizada por el método del *parany*. Dicha modificación fue declarada inconstitucional y, por tanto, anulada por la STC 114/2013, 9-5. A pesar de todo lo anterior, en agosto de 2024 tanto la Generalitat Valenciana como la Diputació de Castelló anunciaron su intención de promover nuevas modalidades de la técnica del *parany*.

Lo que parece claro es que, al menos a nivel de principios, el texto de la Ley 42/2007 casaba mal con lo que significó la reforma penal operada por LO 15/2003 en los delitos relativos a la caza y pesca, la cual, en lugar de reforzar la protección de las especies silvestres frente al ejercicio ilegal de estas actividades desde una perspectiva ambiental, dio cabida a la tutela de otros intereses relacionados directamente con el patrimonio cinegético como fuente de recursos económicos para un determinado sector de la población (los que explotan terrenos cinegéticos) mediante la introducción de ciertos tipos penales que recuerdan a los antiguos delitos recogidos en la legislación de caza y pesca franquista. La reforma penal de 2015 profundizó en esta línea de otorgar trato preferente a los intereses socioeconómicos frente a las necesidades ambientales en el ámbito de la caza y pesca, incluyendo en el elenco de conductas típicas del art. 335 CP las relativas al "marisqueo".

2. Captura ilegal de especies "comunes" (art. 335 CP)

Los arts. 335 y 336 CP en su redacción inicial fueron los más claros sucesores de la antigua legislación penal especial sobre caza y pesca y a este origen probablemente se debió la mayoría de los defectos que en ellos se manifestaban. En concreto, para solventar el carácter meramente formal o de desobediencia que presentaba el art. 335.1 CP, el Legislador penal de 2003 tuvo que aclarar en el precepto que su ámbito de protección se limita a las especies cuya caza o pesca esté expresamente prohibida por las normas específicas sobre la materia, con lo que al menos en apariencia se subraya la función de tutela de la diversidad biológica que cumple el primer apartado del precepto comentado.

Sin embargo, no puede mantenerse que la inclusión de los otros tres apartados del art. 335 CP, operada también por la LO 15/2003, obedeciera a las mismas razones tuteladoras. En efecto, dichos apartados están directamente destinados a reforzar la tutela penal de los derechos de determinados propietarios (ya sean estos organismos públicos o privados, ya se trate de personas físicas) como lo demuestran las referencias que en ellos se realizan al "patrimonio cinegético" y al "debido permiso de su titular".

Parecidas consideraciones pueden hacerse respecto a las modificaciones introducidas en el art. 335 por la LO 1/2015, la cual ha venido a penalizar la realización de determinadas actividades de marisqueo "*sin el debido título administrativo habilitante*", con lo que nuevamente se introduce lo que parece constituir una mera desobediencia administrativa dentro del catálogo de comportamientos prohibidos penalmente.

2.1. Caza y pesca prohibidas

El texto original del art. 335 CP castigaba a quien cazara o pescara "*especies distintas a las indicadas en el artículo anterior, no estando expresamente autorizada su caza o pesca por las normas específicas en la materia*", expresión que suscitó diversos problemas interpretativos, en la medida en que equivalía a elevar a la categoría de delito la captura de cualquier animal no contemplado de forma expresa en la regulación sobre caza y pesca. Por ello, la redacción dada por LO 15/2003 al art. 335.1 CP fue con carácter general acogida favorablemente por la Doctrina, en la medida en que la sustitución de la fórmula empleada para determinar el núcleo de la conducta típica parecía eludir los defectos originales del precepto, que habían propiciado en muchas ocasiones una aplicación del mismo contraria al principio de intervención mínima. Las reformas penales de 2015 y 2023 han mantenido la misma redacción del precepto en este punto.

2.1.1. Aunque como ha señalado un sector doctrinal la nueva redacción del art. 335.1 CP supuso un cambio de ciento ochenta grados respecto de su redacción inicial (VERCHER NOGUERA), lo cierto es que la nueva fórmula empleada para delimitar el objeto material del delito, esto es "*especies distintas de las indicadas en el artículo anterior, cuando esté expresamente prohibido por las normas específicas sobre su caza o pesca*", sigue suscitando ciertas dudas interpretativas.

En efecto, tras la reforma penal de 2015 el precepto se sigue refiriendo literalmente a "especies distintas de las indicadas en el artículo anterior", pero el art. 334 CP no habla ya de especies "amenazadas" (lo que podría proporcionar un criterio más o menos válido para delimitar el ámbito típico de cada precepto), sino de especies "protegidas de fauna silvestre"; y lo cierto es que las especies cinegéticas y piscatorias (e incluso las susceptibles de marisqueo, a las que alude expresamente el art. 335.2 CP) también podrían considerarse "especies protegidas", en la medida en que resultan tuteladas por todo un conjunto normativo que regula al detalle las concretas circunstancias en las que pueden ser objeto de tales aprovechamientos (períodos de veda, cupos máximos, restricciones en época de cría, etc.). Para evitar situaciones absurdas, parece que lo más coherente es entender que el objeto material del delito del art. 335.1 CP podrá estar constituido exclusivamente por ejemplares de aquellas especies cuya caza, pesca o marisqueo sea legalmente posible (aunque sujeta a determinadas condiciones) porque así lo haya determinado cada Comunidad Autónoma en su respectivo territorio (conforme a lo establecido en el art. 65 de la Ley 42/2007, de 13 de diciembre, del Patrimonio Natural y de la Biodiversidad), en la medida en que solo éstas disponen de una normativa propia o "específica" sobre su caza, pesca o marisqueo.

En la actualidad, las especies pueden clasificarse desde el punto de vista administrativo en tres grandes grupos: 1. las clasificadas *en régimen de protección especial* o como *amenazadas* (esto es, las incluidas, respectivamente, conforme a lo previsto en los arts. 56 y 58 de la Ley 42/2007, en el Listado de Especies Silvestres en Régimen de Protección Especial estatal o en el Catálogo Español de Especies Amenazadas, o bien en los inventarios autonómicos), que son objeto específico de protección tanto penal como administrativa; 2. las *cinegéticas*, esto es, aquéllas que no se incluyan en ninguna de las dos categorías anteriores y cuya caza o pesca haya sido regulada por cada Comunidad Autónoma en su respectivo territorio, conforme a lo dispuesto en el art. 65.1 de la Ley 42/2007; 3. finalmente, las no incluidas en ninguna de las categorías anteriores, cuya tutela en el orden administrativo se refleja principalmente en el art. 54.5 de la Ley 42/2007, que expresamente prohíbe respecto de estas especies entre otras conductas las de darles muerte, dañarlas o capturarlas en vivo (prohibiciones que no se aplicarán en los supuestos con regulación específica, en especial la legislación de montes, caza, agricultura, sanidad y salud pública, pesca continental y pesca marítima).

De acuerdo con lo anterior, el resto de especies de fauna silvestre (esto es, tanto las catalogadas dentro de cualquier categoría de qué lugar a un régimen de protección específico, como las no incluidas en ninguno de los listados anteriores —pero que resultan de todos modos protegidas por las disposiciones previstas en el art. 54.5 de la Ley 42/2007) no constituirán objeto material de este delito, sino del previsto en el art. 334 CP, toda vez que su tutela penal frente a actividades cinegéticas o piscatorias se contiene en este último precepto, que es ley penal especial frente al art. 335 CP.

En consecuencia, podrá ser típica la conducta de quien captura una especie autorizada sin respetar las épocas de veda o los cupos máximos de piezas, prohibiciones expresas que se recogen en sus normas específicas sobre su caza o pesca con el fin, precisamente, de salvaguardar el mantenimiento de la especie evitando que sea colocada en una situación de amenaza.

Será típica la conducta cuando se realice sin respetar las prohibiciones o restricciones establecidas por las normas específicas en la materia (y ello con independencia de que el sujeto activo posea o no la correspondiente licencia, puesto que el carácter autorizable de la actividad deberá determinarse a partir de la consideración global de dicha normativa). En definitiva, y como señala la STS 187/2006, 23-2 (*Tol 850007)*, en dicho apartado *"no se sanciona en realidad la falta de autorización administrativa, sino una conducta atentatoria al medio ambiente al producir efectos negativos sobre determinadas especies de flora y fauna respecto de las cuales no esté prevista la posibilidad de realizar tal conducta mediante la oportuna autorización administrativa".*

2.1.2. La referencia que realiza el art. 335.1 CP a las "*normas específicas sobre su caza o pesca*" debe entenderse que engloba a todas aquellas normas (con independencia de su rango o naturaleza) que prohíban expresamente la caza o pesca de una determinada especie en determinadas circunstancias de tiempo, lugar o modo. A la vista de la complejidad que conlleva la correcta determinación de la normativa administrativa de complemento del art. 335 CP, dado que en la mayoría de los supuestos obliga a seguir un procedimiento lento y laborioso (identificar el lugar de comisión, el día exacto y aun la hora en el que el hecho fue cometido, la especie a la que pertenecen los animales que han sido cazados o pescados y las concretas normas que regulan en la Comunidad Autónoma de que se trate el ejercicio de tales actividades cinegéticas o piscatorias), puede decirse que el precepto no ha conseguido despojarse totalmente de su condición de delito de desobediencia, aunque parece posible salvar su aparente carácter formal atendiendo al bien jurídico que pretende tutelar.

En este sentido, la infracción de las concretas disposiciones administrativas que complementan el precepto penal a efectos de determinar la tipicidad de la conducta sólo deben indicar la posible antijuricidad formal de la misma, mientras que para afirmar su antijuricidad material del comportamiento enjuiciado será necesario además que dicho comportamiento haya creado un riesgo para el bien jurídico biodiversidad o, lo que es lo mismo, que se constate objetivamente y *ex ante* su idoneidad lesiva (PRATS CANUT/MARQUÈS I BANQUÉ). De este modo, la lesividad del comportamiento procederá normalmente, dada la naturaleza del objeto material del delito (animales pertenecientes a especies no amenazadas ni protegidas de forma específica) del número de ejemplares capturados, puesto en relación con las particulares circunstancias de tiempo y lugar en que se realizó la conducta, y ello con independencia de la inobservancia de otros requisitos meramente formales.

En sentido similar, véase la STS 570/2020, 3-11 (*Tol 8197614*): "Pese a la literalidad del art. 335 del CP, la Sala entiende que no todo incumplimiento de una prohibición administrativa de caza puede ser calificado como delito. Este precepto no puede ser degradado a la condición de delito puramente formal de desobediencia a la normativa administrativa. Lo prohíbe el principio de intervención mínima, esto es, la necesidad de reservar la respuesta penal para aquellas conductas socialmente más desvaloradas. Pero la claridad de esta idea, que define un punto de partida infranqueable, no impide reconocer que en el abanico de prohibiciones coexisten, junto a incumplimientos formales, insuficientes por sí solos para colmar la antijuridicidad material, otras infracciones que van mucho más allá de una simple vulneración formal. Entre estas últimas debemos incluir la caza de especies no protegidas en tiempo de veda. En efecto, la fijación de períodos de veda no responde a una distribución puramente convencional y caprichosa del tiempo de caza. Por el contrario, responde a razones de orden biológico para facilitar la reproducción de la especie. La veda está íntimamente conectada con la conservación de las especies y el aprovechamiento sostenible de la caza, preservando los ecosistemas de los que forman parte los animales objeto de estas actividades. La definición de períodos prohibitivos de carácter cíclico tiene un valor estratégico de primer orden para la protección de la vida animal. Nada de ello, pues, es ajeno a la protección de los recursos naturales renovables. El equilibrio en la conservación de las especies, en definitiva, la biodiversidad y la propia supervivencia de la fauna no pueden considerarse bienes jurídicos de ínfimo valor axiológico. Cuestión distinta es la irrenunciable necesidad de que los Jueces y Tribunales, en el momento de ponderar el juicio de tipicidad, asuman unos criterios hermenéuticos teleológicamente vinculados al respeto y a la conservación de la biodiversidad, impidiendo así que infracciones formales con encaje en la microliteralidad del art. 335 conviertan en delito lo que puede ser adecuadamente tratado en el ámbito de la sanción administrativa. Son muchas las prohibiciones expresas impuestas por las normas específicas sobre caza. Algunas de ellas relacionadas con las licencias o habilitaciones personales de los cazadores, otras con los límites geográficos naturales que separan el territorio de cada comunidad autónoma o con el número o el peso de ejemplares capturados. Para que una infracción de esta naturaleza sea susceptible de respuesta penal será indispensable exigir un plus de ofensividad, un mayor desvalor material del resultado. Sólo las conductas que vulneren o pongan en peligro el bien jurídico biodiversidad, son merecedoras de sanción penal".

2.1.3. Cuando la caza o pesca se lleve a cabo en el interior de un espacio natural protegido deberá analizarse la posible concurrencia de los arts. 330 y 338 CP; concurrencia que, en su caso, deberá resolverse aplicando las mismas reglas que fueron expuestas en relación al art. 334 CP. Por otra parte, dado el carácter "residual" que posee el art. 335.1 CP con respecto a otros tipos penales protectores de fauna silvestre, resultarán de aplicación preferente estos últimos cuando concurran los especiales requisitos exigidos en ellos (utilización de métodos con "eficacia destructiva o no selectiva" —art. 336 CP— o caza o pesca de una especie "protegida" —art. 334 CP). Por las mismas razones resultará aplicable de forma subsidiaria lo dispuesto en el art. 335.1 CP cuando no se constate la presencia de los elementos típicos que convierten a los otros dos preceptos en leyes principales.

Así lo ha venido entendiendo en el pasado la Jurisprudencia, por ejemplo, cuando descartó la aplicación del art. 334 CP a la caza o pesca de especies "de interés especial", pero afirmó la comisión del delito contenido en el art. 335 CP. En este sentido la SAP, Sevilla, Sección 3ª, 487/2007, 25-10 (*Tol 1632520)*, niega que haya violación del principio acusatorio en aquellos supuestos en que se condene conforme a lo dispuesto en el art. 335 CP habiéndose mantenido la acusación por el 334 CP, *"pues el delito previsto en el artículo 335 está sancionado con una pena menor que la correspondiente al tipo del artículo 334 (con pena de multa de cuatro a ocho meses, el 335, y con pena de prisión de cuatro meses a dos años o multa de ocho a veinticuatro meses, el 334); ambos están encuadrados en el mismo capítulo, y protegen el mismo bien jurídico cual es la flora y la fauna y, más concretamente, el equilibrio ecológico; ambos describen conductas homogéneas como son en ambos casos la caza de determinadas especies prohibidas. Se trata, por tanto, de delitos homogéneos, estructurándose ambos tipos penales en torno a la misma acción, regulándose los distintos niveles de gravedad en torno a la especie capturada"*.

2.1.4. Por lo que respecta a las conductas típicas consistentes en cazar y pescar, las consideraciones hechas en relación al art. 334 CP pueden darse aquí por reproducidas, añadiendo al respecto que tales conceptos de caza y pesca fácilmente podrían haber servido para dar acogida a las "actividades de marisqueo", en la medida en que dichas actividades no son otra cosa que comportamientos dirigidos a la captura de animales silvestres que habitan en las orillas de mares y ríos. No obstante, y dado que esta clase de actividades son ahora expresamente mencionadas en el art. 335.2 CP, parece que ha sido intención del Legislador excluir tales conductas del ámbito típico del art. 335.1 CP.

2.2. Protección del patrimonio cinegético, piscatorio y marisquero

2.2.1. El art. 335.2 CP castiga con multa de cuatro a ocho meses, inhabilitación especial para el ejercicio del derecho a cazar, pescar o realizar actividades de marisqueo de uno a tres años, y privación del derecho para la tenencia y porte de armas por el mismo periodo (más las que pueda corresponder en su caso por la comisión del delito del art. 335.1 CP) a quien realice las conductas previstas en el apartado anterior (esto es, cazar o pescar especies distintas de las indicadas en el art. 334 CP) en "*terrenos sometidos a régimen cinegético especial*" sin el debido permiso de su titular, que puede ser público o privado.

Se configura de este modo un delito de carácter personalista y exclusivamente patrimonial, ajeno por completo a toda consideración relativa a la tutela del medio ambiente en sentido amplio, o de la biodiversidad en sentido estricto. Buena prueba de ello es el hecho de que expresamente se haga depender la existencia del tipo de injusto de la ausencia del "*debido permiso*" del titular del terreno, lo que significa que su consentimiento lo excluye.

La STS 612/2022, 22-6 (*Tol 9111611)*, intenta, sin éxito, soslayar esta indeseable conclusión, afirmando que con el art. 335.2 CP "se trata de controlar el ejercicio de la caza regulada en determinados espacios cerrados, pero en una noción dirigida a proteger el equilibrio de los espacios naturales y la exclusión de actividades de caza en claros ataques a la biodiversidad. [...] el bien jurídico protegido es más amplio y no se puede reducir a una *iusprivatización* del coto exclusivo". Dicha interpretación, sin embargo, no le impide condenar por la comisión de un delito consumado a los dos acusados que fueron hallados careciendo de permiso en el interior de un coto privado, aunque no llegaron a cazar ninguna pieza, pues según el Tribunal, "lo que se sanciona es la actividad, no la consecución de piezas de caza. Por ello, la ofensividad ya se produce con el ejercicio de la actividad de caza en terreno privado ajeno, sin que exista autorización alguna para ello por el titular".

En contra de lo anterior, se pronuncia el Voto particular del Magistrado Llarena Conde: "*lo que el tipo penal del artículo 335.2 protege no es la fauna, sino el aprovechamiento económico o cinegético* que corresponde en exclusiva a los particulares o a las entidades públicas que sean titulares de un coto de caza. Lo que se protege son los intereses económicos del titular del coto, pues si los animales son cazados por los furtivos, no podrán ser base de explotación por el titular del coto. Es precisamente esa naturaleza la que justifica que el artículo 335.2 del Código Penal únicamente sancione la caza de animales no protegidos, pues sólo sobre estos puede predicarse que los titulares del coto tienen un derecho de explotación que pueda resultar perjudicado. Y es precisamente esa diferente naturaleza del bien jurídico la que posibilita también que la punición de la conducta del artículo 335.2 no entrañe un *bis in idem* respecto a otros tipos penales, pudiendo entrar en concurso real con el artículo 335.1 del Código Penal tal y como el precepto señala. [...] Contrariamente a la conclusión de la mayoría, considero que el tipo penal se configura como delito de resultado y que cuando recoge una sanción penal para la persona que cace, está haciendo referencia a que se haya materializado de manera exitosa una actividad que la Administración, para evitar un daño efectivo a la biodiversidad, regula con detalle en todos los aspectos accesorios de su ejercicio".

En efecto, al menos en relación a la práctica de la caza, el propietario del terreno cinegético obviamente no podrá ser considerado en ningún caso sujeto activo del delito, razón por la cual surge, como señala VERCHER NOGUERA, la siguiente cuestión: "¿cómo, realizándose la misma acción, no comete el delito el titular del coto y sí lo comete, sin embargo, alguien que no lo sea? Si ello es así, es evidente que el delito lo determina la titularidad y, por ende, la relación de propiedad sobre el coto y la especie que se halla en el mismo, y no el atentado contra la especie en sí; la cual, en consecuencia, pasa ser un elemento meramente accidental o secundario".

Dicho de otro modo: si el titular del terreno no puede, por definición, ser sujeto activo de la conducta prevista en el art. 335.2 CP, ¿cómo es posible que sí pueda serlo del comportamiento previsto en el art. 335.1 CP? La única posibilidad que parece existir para dotar de coherencia a ambos preceptos radica en interpretar que, en el caso del primer apartado, se protege efectivamente la biodiversidad (al castigar conductas consistentes, por ejemplo, en cazar ejemplares en época de veda —hechos que puede cometer también el titular del terreno), mientras que en el supuesto contemplado en el segundo apartado se tutela de forma exclusiva el patrimonio cinegético (de modo que en hipótesis podría cometer este delito cualquier persona que cace en el terreno cinegético sin permiso de su titular, aunque su comportamiento objetivamente no suponga ningún riesgo para la especie —porque cace escasos ejemplares, no realice la actividad en época de veda, reproducción, etc.—). De este modo, el delito contenido en el art. 335.2 CP se configuraría como un tipo autónomo e independiente del contemplado en el art. 335.1 CP [*cfr.* SAP, Huesca, 79/2008, 19-5 (*Tol 7171341*); en contra, SSAP, Burgos, 259/2009, 20-11 (*Tol 1769526*); Madrid 841/2010, 4-10 (*Tol 2023858*), y Teruel 3/2018, 29-1 (*Tol 6539774*)].

Con la introducción de este apartado en el art. 335 CP se resucitó uno de los antiguos delitos de caza de la legislación pre-constitucional (que la Disposición derogatoria de la LO 10/1995 había relegado a la categoría de meras infracciones administrativas), endureciendo además las penas en él previstas. En efecto, art. 42.f de la Ley 1/1970 de Caza castigaba con la pena de arresto mayor (esto es, de un mes y un día a seis meses) o multa de cinco mil a cincuenta mil pesetas y privación de la licencia de caza o de la facultad de obtenerla por un plazo de dos a cinco años a *"los que, sin el debido permiso, cazaren en terrenos sometidos a régimen cinegético especial, cuando el valor cinegético de lo cazado exceda de dos mil quinientas pesetas"*, mientras que el actual 335.2 CP, amén de agravar la pena de prisión y de excluir la imposición de la multa como alternativa, afirma la existencia de delito con independencia del valor que alcancen las piezas cobradas (valor que, como se verá, sí se tiene en cuenta, aunque en términos indeterminados, en la descripción del tipo agravado del art. 335.3 CP). En esta vuelta al régimen patrimonialista de la caza hay que buscar las razones del porqué un precepto penal "moderno" hace referencia a una categoría que, en realidad, sólo tenía sentido en el marco regulador previsto por la antigua Ley de Caza de 1970, legislación que preveía dos grandes clases de terrenos cinegéticos: los de aprovechamiento común (en los cuales el ejercicio de la caza podría practicarse sin más limitaciones que las generales fijadas en la Ley y su Reglamento) y los sometidos a "régimen cinegético especial" (esto es, el 99'5 por ciento de los terrenos).

Por lo demás, la propia Ley de Caza de 1970 aclara que serán considerados terrenos sometidos a "régimen cinegético especial" (previa disposición expresa de la Administración en este sentido) los Parques Nacionales, los Refugios de Caza, las Reservas Nacionales de Caza, las Zonas de Seguridad, los Cotos de caza, los Cercados y los adscritos al Régimen de Caza Controlada (incluyendo como puede comprobarse algunos espacios que hace ya mucho tiempo que no son considerados propiamente terrenos cinegéticos, como son los parques naturales, los refugios de caza o las zonas de seguridad); clasificación a partir de la cual las Comunidades Autónomas en uso de sus competencias han ido estableciendo sus propias tipologías de terrenos cinegéticos, entre los que destacan por su importancia tanto cuantitativa como cualitativa los cotos de caza, que constituyen la forma de explotación del patrimonio cinegético más común en nuestro país, en tanto que reserva del derecho de caza a favor de su titular.

2.2.2. Tras la reforma penal de 2015, el art. 335.2 CP castiga asimismo con idénticas penas la realización de actividades de marisqueo "*relevantes*" (elemento valorativo de impreciso significado) en terrenos sometidos a concesión o autorización marisquera o acuícola, cuando dichas actividades se realicen "*sin el debido título administrativo habilitante*". Con ello se ha reforzado el carácter meramente patrimonial de esta modalidad delictiva, y se ha intensificado además su naturaleza de infracción de mera desobediencia.

Esta modificación del art. 335 CP se introdujo en la tramitación parlamentaria del Proyecto de Ley Orgánica mediante una enmienda en el Senado, coincidiendo en el tiempo con la difusión de los resultados obtenidos por la "Operación Japónica" (un operativo policial contra la extracción y comercialización ilegales de marisco de origen gallego) y el consecuente compromiso público del Partido Popular de Galicia de introducir inmediatamente la penalización del marisqueo ilegal en la reforma penal que se estaba tramitando en aquel momento (GARCÍA MOSQUERA).

Frente a lo anterior, el art. 30 de la Ley 23/1984, de 25 de junio, de cultivos marinos (aún en vigor), sigue declarando que *"no constituirá infracción: a) El faenar o realizar extracciones o ventas en época de veda"*.

La legislación extrapenal (normalmente de carácter autonómico) que deba integrar el tipo en cada caso, además de concretar los requisitos materiales exigibles para otorgar el "título administrativo habilitante" (de concurrir tales requisitos, aunque no la autorización formal, la conducta sería atípica), puede ayudar a determinar en qué casos el marisqueo debe considerarse, a efectos penales, irrelevante.

Así, la SAP, A Coruña, Sección 1ª, 261/2018, 10-5 (*Tol 6666347)*, absuelve de este delito a los acusados de extraer algo más de 11 kg. de percebes cada uno, por considerar que dicha cantidad no es penalmente "relevante", dado que no es notoriamente superior a la máxima permitida por la norma autonómica aplicable (7 kg. al día).

Por su parte, la SAP, Asturias, Sección 2ª, 85/2022, 10-3 (*Tol 8983709)*, condena al acusado de capturar una cantidad cercana a los 20 kilos de percebes en época de veda, dato este último que se supone, a juicio de la Audiencia, "un plus de reprochabilidad exigido para otorgar relevancia criminal a su conducta la que por ello excede de la mera infracción administrativa, máxime si se tiene presente que incluso existía prohibición de acceso peatonal a la zona por ser una zona ZEPA (Zona de Especial Protección para las Aves)". A pesar de ello, la Sentencia descarta la aplicación del tipo agravado del art. 335.3 CP, por no haberse practicado prueba respecto a "la gravedad de la afectación a la sostenibilidad del recurso".

2.2.3. El art. 335.3 CP contiene un tipo cualificado por el resultado, dependiente del apartado anterior, que se fundamenta en la gravedad del daño causado al objeto de tutela, esto es, al patrimonio cinegético del titular del terreno o a la sostenibilidad de los recursos de la zona de concesión o autorización marisquera o acuícola. No parece que haya otro modo para valorar la gravedad del daño, y por tanto los casos en que deberá aplicarse este tipo cualificado, que atendiendo a criterios puramente económicos, basados en el número y valor de las piezas cobradas (BAUCELLS I. LLADÓS).

En este supuesto, a diferencia de los anteriores, se prevé imperativamente la imposición de una pena de prisión (de seis meses a dos años), más la usual inhabilitación especial para la caza, pesca o marisqueo.

Hasta la entrada en vigor de la LO 3/2023, de reforma del CP, el art. 335 CP contenía un cuarto apartado en el que se preveía la imposición en su mitad superior de las penas previstas para cualquiera de las conductas castigadas en el precepto cuando se realizaran "*en grupo de tres o más personas o utilizando artes o medios prohibidos legal o reglamentariamente*". La agravación prevista en el último inciso podía provocar problemas de solapamiento con la conducta prevista en el art. 336 CP, mientras que la agravación referida a la actuación "*en grupo de tres o más personas*" (agravante que, curiosamente, no contaba con antecedentes en la legislación de caza pre-constitucional) causaba más que extrañeza en este contexto, pues no llegaba a entenderse cómo podía afectar a la biodiversidad o al patrimonio cinegético la mera actuación conjunta de un número superior a dos personas, si dicha actuación no se materializaba en ningún acto especialmente lesivo para tales bienes jurídicos (mediante la captura de un número elevado de ejemplares, por ejemplo). Habida cuenta de lo anterior, debe valorarse positivamente la eliminación del cuarto apartado del art. 335 CP.

3. *Empleo para la caza o pesca de medios con eficacia destructiva o no selectiva (art. 336 CP)*

3.1. El empleo para el ejercicio de la caza o pesca veneno, explosivos u otros métodos de similar eficacia destructiva o no selectiva debe realizarse "*sin estar legalmente autorizado*", lo que convierte al precepto en una ley penal en blanco que deberá integrarse atendiendo a lo previsto fundamentalmente en los arts. 65.3.a *in fine* y 61.1 de la Ley 42/2007. En tanto que dichos preceptos constituyen hoy por hoy normativa de carácter básico, las Comunidades Autónomas no podrán conceder autorizaciones administrativas contrarias a lo dispuesto en dichos preceptos, aunque serán sus respectivos órganos administrativos los competentes para otorgarlas y establecer los requisitos que deberán observar sus beneficiarios.

3.2. A través del art. 336 CP son tuteladas tanto las especies amenazadas como las comunes, toda vez que el tipo sólo exige que los medios empleados para la caza o pesca tengan, respecto de la fauna, una "*eficacia destructiva*" o "*no selectiva*", expresión esta última que fue introducida por la LO 5/2010 con el fin de explicitar en la descripción del tipo la interpretación que al respecto venía realizando un sector de la Doctrina y la Jurisprudencia. De este modo, se incluye ahora expresamente dentro del ámbito típico también el empleo de aquellos procedimientos que, con independencia de su potencial destructor, son susceptibles de afectar de forma indiscriminada a ejemplares de diferentes especies animales.

Por lo que respecta a los concretos métodos prohibidos de caza y pesca, debe tenerse en cuenta que el art. 65.3.a de la Ley 42/2007 prohíbe con carácter general "*la tenencia, utilización y comercialización de todos los procedimientos masivos no selectivos para la captura o muerte de animales, en particular los enumerados en el Anexo VII, así como aquellos procedimientos que puedan causar localmente la desaparición, o turbar gravemente la tranquilidad de las poblaciones de una especie*". La utilización de la técnica de remisión para determinar qué concretos medios o procedimientos de captura de animales no pueden utilizarse legalmente podría provocar la impunidad de ciertos comportamientos, en los que el sujeto emplee para la caza o pesca ciertos "métodos" de similar, cuando no mayor, eficacia destructiva o no selectiva para la fauna, si se entendiera que todo lo no expresamente prohibido está permitido en este ámbito y por tanto excluido del tipo penal. Sin embargo, parece más adecuado estimar que la referencia a "instrumentos o artes de similar eficacia destructiva o no selectiva" no constituye una fórmula normativa sino descriptiva; una cláusula abierta destinada precisamente a incluir en el ámbito del tipo aquellos métodos que, aunque no puedan calificarse como "explosivos" o "venenos" ni aparezcan expresamente recogidos en los correspondientes anexos de procedimientos prohibidos, poseen una nocividad evidente para la fauna (por su idoneidad lesiva) y por ello su utilización requiere igualmente la previa concesión de una autorización para excluirla del alcance típico. Esta interpretación es la que permitió afirmar a la SAP, Tarragona, Sección 2ª, 58/2000, 22-2 (*Tol 256035)*, la tipicidad del empleo de lazos para la caza sobre la base de que poseen una eficacia destructiva similar a la del veneno: "*si algo caracteriza al uso de veneno para la caza es la imposibilidad de discriminar la especie del animal que se ve finalmente afectado por el mismo, extremo que es plenamente compartido por el uso del lazo ya que, en tal trampa, puede caer cualquier animal de un tamaño similar o menor* [...] *convirtiéndose así el lazo en un instrumento de eficacia destructiva indiscriminada de la fauna*".

3.3. El tipo básico no exige expresamente la producción de ningún daño para considerar el delito consumado, por lo que parece configurarse como un delito de mera actividad y de peligro que se consuma plenamente con el solo empleo de métodos de caza o pesca prohibidos capaces de producir un riesgo relevante para la fauna, sin que resulte necesario que la conducta haya provocado efectivamente la muerte de animales.

Véase en idéntico sentido la STS 562/2020, 30-10 (*Tol 8197433)*, la cual reconoce que, tras la reforma penal de 2010, el primer inciso del art. 336 CP sigue configurando un delito "de mera actividad y de peligro hipotético, también denominados delitos de peligro abstracto-concreto, peligro potencial o delitos de aptitud, esto es, delitos en los que no se tipifica un resultado concreto de peligro, sino un comportamiento idóneo para producir peligro para el bien jurídico protegido. [...] Si la caza o la pesca de especies silvestres, contraviniendo leyes o disposiciones de carácter general (art. 335 del Código Penal), da lugar a una sanción de menor alcance punitivo que el que aquí contemplamos, y si es igualmente grave la sanción que se contempla para la caza o la pesca prohibida de ejemplares protegidos (art. 334 del Código Penal), no resulta aceptable que la sola puesta en riesgo de un número de ejemplares irrelevante para el crecimiento y la subsistencia de cualquier especie, integre la responsabilidad del art. 336 del Código Penal. Siendo el tipo penal que contemplamos un delito de riesgo, solo la introducción de un peligro relevante para la fauna, justifica una penalidad que puede superar la que se contempla para la efectiva muerte o aprehensión de algunos de sus ejemplares. Un plus en el riesgo de lesión al bien jurídico, que debe evaluarse en consideración a la capacidad destructiva de la biodiversidad y el ecosistema en cada caso concreto".

Por su parte, la STS 420/2022, 28-4 (*Tol 8932791)*, se adhiere a los argumentos anteriores para declarar la atipicidad de la práctica de la caza con liga o sustancias adhesivas, salvo que, "en el caso concreto, se acredite que la conducta desplegada colma, en los términos antes precisados, la antijuridicidad reclamada por el tipo. Lo que, en lógica consecuencia, traslada a la acusación la carga de acreditar el riesgo y el grado de lesividad alcanzado por la concreta conducta de caza no autorizada. En particular, el potencial alcance de capturas indiscriminadas y de los riesgos situaciones de letalidad introducidos. La tipicidad no se colma, por tanto, con el simple dato de la no selectividad del método ni tampoco porque su uso aparezca prohibido por la normativa sectorial administrativa". Para llegar a su fallo (absolutorio), esta Sentencia se apoya, a su vez, en la STJUE 2021/67, caso *ONE VOICE y Ligue pour la protection des oiseaux* contra *Ministre de la Transition écologique et solidaire*, 17-3-2021, asunto C-900/19, a pesar de que esta declara expresamente que el art. 9 de la Directiva 2009/147/CE, de 30 de noviembre, de Conservación de las Aves Silvestres, "debe interpretarse en el sentido de que el carácter tradicional de un método de captura de aves no es suficiente, por sí solo, para justificar que dicho método no pueda ser sustituido por otra solución satisfactoria, en el sentido de la referida disposición", oponiéndose a "un método de captura que supone capturas accesorias, siempre que estas, aunque sean de escaso volumen y se produzcan durante un período limitado, puedan causar a las especies capturadas accidentalmente daños que no sean insignificantes".

En cambio, la alusión hecha en el segundo inciso del art. 336 CP al "*daño causado*" lo convierte en un tipo cualificado en el que sí es exigible para estimar la conducta consumada que se produzca un determinado resultado, cual es el "*daño de notoria importancia*". La valoración de este elemento típico podrá basarse tanto en criterios cuantitativos (número elevado de animales afectados por el empleo del método en cuestión) como cualitativos (situación de amenaza de la especie objeto de caza o pesca).

3.4. La posible concurrencia de las conductas típicas contenidas en este artículo y en los dos anteriores (caza o pesca de especies amenazadas, o de otras cuya caza o pesca esté expresamente prohibida) deberán solucionarse por la vía del concurso aparente de normas (criterio de la alternatividad: art. 8.4 CP). De este modo, por ejemplo, si se capturan especies protegidas utilizando para ello medios destructivos para la fauna resultará aplicable el segundo inciso del artículo 336 CP; en estos supuestos, el mayor desvalor del comportamiento se refleja en la pena a imponer: prisión de un año y dos meses a dos años, sin que sea posible en este caso imponer en su lugar la pena de multa.

V. BIBLIOGRAFÍA

BLANCO CORDERO, I. "Los delitos relativos a la protección de la flora y fauna. Interpretación y aplicación por los Tribunales de Justicia", *AFDO*, nº 1, 2003; CABALLERO KLINK, K. "Delitos relativos a la flora y fauna", *BIMJ*, nº 1866, 2000; CABALLERO SÁNCHEZ-IZQUIERDO, J. M. "Protección del medio ambiente y principio de legalidad. El artículo 335 del Código Penal", *AP*, nº 1, 2002; CERES MONTÉS, J. F. "La regulación en el nuevo Código Penal de los delitos relativos a la protección de los recursos naturales y del medio ambiente. Los delitos contra la flora y fauna, y los delitos relativos a la energía nuclear y a las radiaciones ionizantes", *AP*, nº 1, 1999; CLIMENT DURÁN, C. "Los delitos de caza como manifestación de la delincuencia ecológica. (Comentario a la sentencia de 28 de octubre de 1988 de la Secc. 2ª de la Audiencia Provincial de Zaragoza)", *RGD*, nº 540, 1989; CONDE-PUMPIDO TOURÓN, C. "Dudas sobre la constitucionalidad del artículo 335 del Código Penal", *Derecho y medio ambiente*, nº 2 (2000); GARCÍA ÁLVAREZ, P. y LÓPEZ PEREGRÍN, C. "Los delitos contra la flora, la fauna y los animales domésticos. Análisis doctrinal y jurisprudencial, con referencia a la reforma introducida por la LO 5/2010, de 22 de junio", *RECPC*, nº 15-11, 2013; GARCÍA MOSQUERA, M. "Relevancia penal del furtivismo marino: el delito de marisqueo ilegal", *RECPC*, nº 21-18, 2019; GUTIÉRREZ ROMERO, F. M. "Delitos relativos a la protección de la flora y fauna en el nuevo Código Penal: análisis de los nuevos tipos delictivos", *LL* 2005-2; HAVA GARCÍA, E. *Protección jurídica de la fauna y flora en España*, Madrid, 2000; id. "Delitos relativos a la protección de la flora y fauna: diez años de vigencia", *LH-Prats Canut*, 2008; id. "Delitos relativos a la caza y pesca", en *Diccionario de DPE* (2008); id. "Delitos relativos a las especies amenazadas", en BOIX REIG, J. (dir.), LLORIA GARCÍA, P. (coord.), *Diccionario de Derecho penal económico*, Madrid, 2017; id. "Introducción de especies exóticas", en BOIX REIG, J. (dir.), LLORIA GARCÍA, P. (coord.), *Diccionario de Derecho penal económico*, Madrid, 2017; id. *La tutela penal de los animales*, Valencia, 2009; HAVA GARCÍA, E. y MARQUÈS I. BANQUÉ, M. "El delito de caza del artículo 335 del Código Penal. Interpretación y aplicación a propósito de un caso real: el caso ceutí", *RdPP*, nº

2, 1999; HERRERA MORENO, M. "Delitos contra la biodiversidad de las especies vegetales", *CPC*, nº 80, 2003; HIGUERA GUIMERÁ, J. F. "El tráfico ilegal de especies protegidas de fauna silvestre", *PJ*, nº 35, 1994; LAFUENTE, A. "El delito de caza furtiva en tiempo de veda. Comentario a la STS 3566/2020, de 3 de noviembre", *Revista de Derecho Penal y Criminología*, nº 24, 2020; MANTECA VALDELANDE, V. "Regulación de los delitos de caza en el Código Penal", *AP*, nº 1, 2003; MARÍN CASTÁN, F. "Caza, Pesca y delito ecológico", *CDJ*, t. XXV, 1993; MARQUÈS I. BANQUÉ, M. "Delitos relativos a la protección de la flora, fauna y animales domésticos", en QUINTERO OLIVARES, G. (dir.), *Comentario a la reforma penal de 2015*, Pamplona, 2015; MARTÍNEZ GONZÁLEZ, M. I. y MENDOZA CALDERÓN, S. "La protección penal de la flora y la fauna", *RGDP*, nº 5, 2006; MATALLÍN EVANGELIO, A. "Mapas delictivos, delitos contra la biodiversidad y responsabilidad penal de las personas jurídicas: una reforma necesaria del Código Penal", *Revista de Derecho Penal y Criminología*, nº 28, 2022; MORELLE HUNGRÍA, E. "La pesca ilegal como actividad delictiva: una aproximación a la problemática española", *Actualidad Jurídica Ambiental*, nº 74, 2017; MUÑOZ LORENTE, J. "Análisis sobre la constitucionalidad de algunos tipos penales relativos a la flora y fauna. Interpretaciones para su adecuación constitucional", *ADPCP*, t. LIV, 2001; id. "Algunos aspectos sobre la reforma de los delitos relativos a la protección de la flora, fauna y animales domésticos", en AA.VV. *La respuesta del Derecho penal ante los nuevos retos. IX Jornadas de profesores y estudiantes de Derecho Penal de las Universidades de Madrid, celebradas en la Universidad Rey Juan Carlos los días 8, 9 y 10 de marzo de 2005*, Madrid, 2006; id. "Los delitos relativos a la flora, fauna y animales domésticos: o de cómo no legislar en Derecho penal y cómo no incurrir en despropósitos jurídicos", *RDPC*, nº 19, 2007; id. "La modificación de los delitos relativos a la flora, fauna y animales domésticos operada por la Ley orgánica 15/2003, de 25 de noviembre, de reforma del Código Penal", *LH-Prats Canut*, 2008; OLMEDO CARDENETE, M. "Principales novedades introducidas por la LO 1/2015, de 30 de marzo en los delitos contra el medio ambiente, flora, fauna y animales domésticos", en MORILLAS CUEVA, L. (dir.), *Estudios sobre el Código Penal reformado: leyes orgánicas 1/2015 y 2/2015*, Madrid, 2015; PÉREZ DE GREGORIO CAPELLA, J. J. "El tráfico de especies animales protegidas y su persecución penal en España", *LL* 1992-4; REQUEJO CONDE, C. *La protección penal de la fauna. Especial consideración del delito de maltrato a los animales*, Granada, 2010; REY HUIDOBRO, L. F. "Delitos contra la fauna: problemas que suscita el objeto material en la aplicación de los artículos 334 y 335 del Código Penal", *LL* 2000-2; RODRÍGUEZ RAMOS, L. "Política criminal y reforma penal. El Anteproyecto de Código penal de 1992. De los delitos relativos a la ordenación del territorio, al medio ambiente, a la caza y a la pesca", *LH-J. del Rosal*, 1993; ROLDÁN BARBERO, H. "Los delitos contra la fauna silvestre en el nuevo Código Penal: la protección del lobo", *LL* 1998-1; RUIZ VADILLO, E. "Aspecto jurídico-penal de la caza. (Delitos de caza)", *RGD*, 1971; SUÁREZ, L. y VALLADARES, M. A. "La vida en peligro. Especies ¿protegidas?", *Cuadernos de la Guardia Civil*, nº 32, 2005; DE VEGA RUIZ, J. A. *Delitos contra el medio ambiente, ordenación del territorio, patrimonio histórico, flora y fauna en el Código Penal de 1995*, Madrid, 1996; VERCHER NOGUERA, A. "El convenio de Washington y el nuevo delito contra el medio ambiente", *JpD*, nº 12, 1991; id. "El problema relativo a los espacios naturales susceptibles de protección y no reconocidos como tales, o privados de reconocimiento por parte de la Administración pública", *LL* 2001-1; id. "La reforma introducida por la Ley Orgánica 15/2003, de 25 de noviembre, en la materia penal ambiental o la exigencia de un reajuste inevitable", *AJA*, nº 665, 2005.

REFERENCIAS LEGALES

- Directiva (UE) 2024/1203 del Parlamento Europeo y del Consejo, de 11 de abril de 2024, relativa a la protección del medio ambiente mediante el Derecho penal (*Tol 10002424*).

- Reglamento (UE) nº 1143/2014 del Parlamento Europeo y del Consejo, de 22 de octubre de 2014, sobre la prevención y la gestión de la introducción y propagación de especies exóticas invasoras (*Tol 7140760*).
- Real Decreto 630/2013, de 2 de agosto, por el que se regula el Catálogo español de especies exóticas invasoras (*Tol 3885385*).
- Directiva 2009/147/CE, de 30 de noviembre, de Conservación de las Aves Silvestres (*Tol 1944119*).
- Ley 5/2007, de 3 de abril, de la Red de Parques Nacionales (*Tol 1049807*).
- Reglamento (CE) nº 865/2006 de la Comisión, de 4 de mayo de 2006, por el que se establecen disposiciones de aplicación del Reglamento (CE) nº 338/97 del Consejo relativo a la protección de especies de la fauna y flora silvestres mediante el control de su comercio (*Tol 951810*).
- Real Decreto 581/2001, de 1 de junio, por el que en determinadas zonas húmedas se prohíbe la tenencia y el uso de municiones que contengan plomo para el ejercicio de la caza y el tiro deportivo (*Tol 709366*).
- Reglamento (CE) nº 338/97 del Consejo, de 9 de diciembre de 1996, relativo a la protección de especies de la fauna y flora silvestres mediante el control de su comercio (*Tol 424299*).
- Ley Orgánica 12/1995, de 12 de diciembre, de Contrabando (*Tol 220542*).
- Real Decreto 1118/1989, de 15 de septiembre, por el que se determinan las especies objeto de caza y de pesca comercializables y se dictan normas al respecto (*Tol 149608*).

Lección 35ª

Delitos contra los animales

ESTHER HAVA GARCÍA

SUMARIO. I. CONSIDERACIONES GENERALES. 1. Introducción. 2. Bien jurídico protegido. 3. Determinación del objeto material: animales tutelados II. CAUSACIÓN DE LESIONES O MUERTE A UN ANIMAL (ART. 340 BIS CP). 1. Tipo básico: lesión que requiera tratamiento veterinario (art. 340 bis.1 CP). 2. Tipo cualificado por la muerte del animal (art. 340 bis.3 CP). 3. Tipos atenuados del art. 340 bis CP aplicables a otros animales vertebrados. 4. Agravaciones comunes (art. 340 bis.2 CP). 5. Tipo residual: lesiones que no requieran tratamiento veterinario o maltrato grave (art. 340 bis.4 CP). III. ABANDONO DE ANIMAL VERTEBRADO (ART. 340 TER CP). IV. PENALIDAD DE LOS DELITOS CONTRA LOS ANIMALES. V. ADOPCIÓN DE MEDIDAS JUDICIALES (ART. 340 QUINQUIES CP). VI. CUESTIONES PROCESALES. VII. BIBLIOGRAFÍA.

Artículo 340 bis

1. Será castigado con la pena de prisión de tres a dieciocho meses o multa de seis a doce meses y con la pena de inhabilitación especial de uno a tres años para el ejercicio de profesión, oficio o comercio que tenga relación con los animales y para la tenencia de animales el que fuera de las actividades legalmente reguladas y por cualquier medio o procedimiento, incluyendo los actos de carácter sexual, cause a un animal doméstico, amansado, domesticado o que viva temporal o permanentemente bajo el control humano lesión que requiera tratamiento veterinario para el restablecimiento de su salud.

Si las lesiones del apartado anterior se causaren a un animal vertebrado no incluido en el apartado anterior, se impondrá la pena de prisión de tres a doce meses o multa de tres a seis meses, además de la pena de inhabilitación especial de uno a tres años para el ejercicio de la profesión, oficio o comercio que tenga relación con los animales y para la tenencia de animales.

Si el delito se hubiera cometido utilizando armas de fuego, el juez o tribunal podrá imponer motivadamente la pena de privación del derecho a tenencia y porte de armas por un tiempo de uno a cuatro años.

2. Las penas previstas en el apartado anterior se impondrán en su mitad superior cuando concurra alguna de las siguientes circunstancias agravantes:

a) Utilizar armas, instrumentos, objetos, medios, métodos o formas que pudieran resultar peligrosas para la vida o salud del animal.

b) Ejecutar el hecho con ensañamiento.

c) Causar al animal la pérdida o la inutilidad de un sentido, órgano o miembro principal.

d) Realizar el hecho por su propietario o quien tenga confiado el cuidado del animal.

e) Ejecutar el hecho en presencia de un menor de edad o de una persona especialmente vulnerable.

f) Ejecutar el hecho con ánimo de lucro.

g) Cometer el hecho para coaccionar, intimidar, acosar o producir menoscabo psíquico a quien sea o haya sido cónyuge o a persona que esté o haya estado ligada al autor por una análoga relación de afectividad, aun sin convivencia.

h) Ejecutar el hecho en un evento público o difundirlo a través de tecnologías de la información o la comunicación.

i) Utilizar veneno, medios explosivos u otros instrumentos o artes de similar eficacia destructiva o no selectiva.

3. Cuando, con ocasión de los hechos previstos en el apartado primero de este artículo, se cause la muerte de un animal doméstico, amansado, domesticado o que viva temporal o permanentemente bajo el control humano, se impondrá la pena de prisión de doce a veinticuatro meses, además de la pena de inhabilitación especial de dos a cuatro años para el ejercicio de profesión, oficio o comercio que tenga relación con los animales y para la tenencia de animales.

Cuando, con ocasión de los hechos previstos en el apartado primero de este artículo, se cause muerte de un animal vertebrado no incluido en el apartado anterior, se impondrá la pena de prisión de seis a dieciocho meses o multa de dieciocho a veinticuatro meses, además de la pena de inhabilitación especial de dos a cuatro años para el ejercicio de la profesión, oficio o comercio que tenga relación con los animales y para la tenencia de animales.

Si el delito se hubiera cometido utilizando armas de fuego, el juez o tribunal podrá imponer motivadamente la pena de privación del derecho a tenencia y porte de armas por un tiempo de dos a cinco años.

Cuando concurra alguna de las circunstancias previstas en el apartado anterior, el juez o tribunal impondrá las penas en su mitad superior.

4. Si las lesiones producidas no requiriesen tratamiento veterinario o se hubiere maltratado gravemente al animal sin causarle lesiones, se impondrá una pena de multa de uno a dos meses o trabajos en beneficio de la comunidad de uno a treinta días. Asimismo, se impondrá la pena de inhabilitación especial de tres meses a un año para el ejercicio de profesión, oficio o comercio que tenga relación con los animales y para la tenencia de animales.

Artículo 340 ter

Quien abandone a un animal vertebrado que se encuentre bajo su responsabilidad en condiciones en que pueda peligrar su vida o integridad será castigado con una pena de multa de uno a seis meses o de trabajos en beneficio de la comunidad de treinta y uno a noventa días. Asimismo, se impondrá la pena de inhabilitación especial de uno a tres años para el ejercicio de profesión, oficio o comercio que tenga relación con los animales y para la tenencia de animales.

Artículo 340 quater

1. Cuando de acuerdo con lo establecido en el artículo 31 bis una persona jurídica sea responsable de los delitos recogidos en este título, se le impondrán las siguientes penas:

a) Multa de uno a tres años, si el delito cometido por la persona física tiene prevista en la ley una pena de prisión superior a dos años.

b) Multa de seis meses a dos años, en el resto de los casos.

2. Atendidas las reglas establecidas en el artículo 66 bis, en los supuestos de responsabilidad de personas jurídicas los jueces y tribunales podrán asimismo imponer las penas recogidas en el artículo 33.7, párrafos b) a g).

Artículo 340 quinquies

Los jueces o tribunales podrán adoptar motivadamente cualquier medida cautelar necesaria para la protección de los bienes tutelados en este Título, incluyendo cambios provisionales sobre la titularidad y cuidado del animal.

Cuando la pena de inhabilitación especial para el ejercicio de profesión, oficio o comercio que tenga relación con los animales y para la tenencia de animales recaiga sobre la persona que tuviera a asignada la titularidad o cuidado del animal maltratado, el juez o tribunal, de oficio o a instancia de parte, adoptará las medidas pertinentes respecto a la titularidad y el cuidado del animal.

I. CONSIDERACIONES GENERALES

1. Introducción

Pocas dudas puede haber en la actualidad respecto de la existencia de un consenso social generalizado en torno al reconocimiento de cierto "estándar de protección" a todos los animales (MARQUÈS I BANQUÉ); consenso que se plasma en nuestro país en la legislación autonómica y en la estatal que ha venido incorporando la numerosa normativa europea sobre el "buen vivir y el bien morir" de los animales (MUÑOZ MACHADO), y que ha provocado, a lo largo de los últimos 25 años, cuatro grandes reformas penales destinadas a satisfacer la creciente demanda social de mayores cotas de protección para los seres no humanos.

Ya bien entrado el siglo XXI, el Derecho positivo ha reconocido que los animales son seres "sintientes" (cf. art. 24.1 de la Ley 7/2023, de 28 de marzo, de protección de los derechos y el bienestar de los animales). Pero tal reconocimiento (y especialmente las consecuencias que implica) se ha visto condicionada por la necesidad de satisfacer de manera simultánea los intereses de otros grupos sociales, más preocupados por los usos lucrativos que se da a los animales que por su bienestar. Por ello, si bien el CC (art. 333 bis, introducido por Ley 17/2021, de 15 de diciembre), declara que *"los animales son seres vivos dotados de sensibilidad"* (lo cual no deja de ser una obviedad), mantiene la aplicación supletoria a estos seres del régimen jurídico de los bienes y cosas, y en general los sigue considerando apropiables y objeto de comercio. En el ámbito penal, el panorama es más parecido de lo que pudiera pensarse; de hecho, las cuatro modificaciones que ha experimentado hasta el momento en el texto punitivo la regulación del maltrato animal no podrían entenderse correctamente si se desconocieran las distintas presiones a las que en esta materia se ve sometido el Legislador: por un lado, los intereses de determinados grupos (defensores de las corridas de toros, practicantes de la caza con galgo, empresarios y trabajadores de la industria ganadera, etc.) partidarios de mantener la regulación de los animales como meros objetos de comercio y explotación; por otro lado, las inquietudes de un sector de la población cada vez más numeroso, que exige de forma cada vez más contundente el reconocimiento de derechos al menos a determinados animales: aquellos que se encuentran más "familiarizados" con el ser humano.

Sin embargo, la necesidad de proteger a los animales en tanto que seres sintientes distaba mucho de estar clara a finales del siglo XX. De hecho, la tipificación originaria del maltrato animal en el CP1995 dentro del Título III del Libro III ("*Faltas contra los intereses generales*"), hizo surgir las dudas sobre qué se pretendía proteger con esta nueva infracción penal.

De hecho, esas dudas surgieron ya durante el intenso debate parlamentario que suscitó y provocaron un cambio sustancial en su redacción, de la que desapareció la necesidad de que dicho maltrato se realizara *"ofendiendo los sentimientos de los presentes"* (entre otras cosas por entender que tal circunstancia era "subjetiva y de imposible apreciación"). Esa extraña ubicación sistemática fue una de las razones esgrimidas por ciertos sectores de la doctrina para mostrarse especialmente críticos con la penalización del maltrato de animales, entre otras cosas porque, según se denunciaba, resultaba difícil (si no imposible) concretar qué se pretendía proteger con este nuevo precepto (carente de antecedentes inmediatos en el CP73) que se había incluido en un Título de imprecisa rúbrica, junto a conductas tan dispares como la expendición de moneda falsa, el abandono de jeringuillas o la suelta de animales feroces (REQUEJO CONDE).

La situación anterior cambió sustancialmente con la LO 15/2003, de 25 de noviembre, la cual elevó a la categoría de delito determinada modalidad de maltrato a los animales domésticos y lo incluyó en el Título XVI, dentro del Capítulo IV (que pasó a denominarse en ese momento "*De los delitos relativos a la protección de la flora, fauna y animales domésticos*").

Concretamente, el nuevo delito de maltrato fue trasladado al art. 337 CP (que hasta ese momento había regulado las penas de inhabilitación especial para los delitos relativos a la protección de la fauna silvestre), al tiempo que se mantenía en su antigua ubicación (esto es, el Título III del Libro III, dedicado a los intereses generales) la originaria falta de maltrato, redefinida en el art. 632.2 CP como infracción subsidiaria del nuevo delito (*"Los que maltrataren cruelmente a los animales domésticos o a cualesquiera otros en espectáculos no autorizados legalmente sin incurrir en los supuestos previstos en el artículo 337 serán castigados con la pena de multa de 20 a 60 días o trabajos en beneficio de la comunidad"*); de forma paralela, se introdujo una nueva falta en el art. 631.2 CP, destinada a sancionar a *"quienes abandonen a un animal doméstico en condiciones en que pueda peligrar su vida o su integridad"*. De este modo, la falta subsidiaria de maltrato convivía, en el texto punitivo tras la reforma de 2003, con otro tipo subsidiario de los delitos contra la flora amenazada (regulado en el art. 632.1 CP), mientras que la nueva falta de abandono animales compartía ubicación con la clásica suelta de animales feroces o dañinos (que pervivía en el primer apartado del art. 631 CP).

La reforma penal de 2010 tan solo incluyó algunas mejoras técnicas en los preceptos, pero mantuvo su ubicación, con lo que la regulación del maltrato y abandono de animales permanecía a caballo entre el delito y las faltas. Posteriormente, la aprobación de la LO 1/2015, de 30 de marzo (la cual derogó el Libro III del CP), convirtió tanto la falta subsidiaria de maltrato como la de abandono en sendos nuevos delitos dentro del Capítulo IV del Título XVI, con lo que, al menos, la regulación ganaba algo de cohesión.

La ubicación sistemática del maltrato y abandono de animales ha vuelto a cambiar de manera sustancial tras la entrada en vigor de la reforma penal operada en 2023, y con ella estos delitos parecen haber alcanzado su mayoría de edad. Así, la LO 3/2023, de 28 de marzo, ha creado para darles cobijo el nuevo Título XVI bis, denominado "*De los delitos contra los animales*", rúbrica que ahora puede servir como base más o menos sólida para concretar qué es lo que pretende tutelar el legislador a través de la penalización de estas conductas.

2. Bien jurídico protegido

2.1. La rúbrica dada al nuevo Título XVI bis parece haber despojado de un importante asidero a la tesis de los "valores ecológicos", que en el pasado fundamentó la punición del maltrato a animales como consecuencia del mandato constitucional contenido en el art. 45 CE, cuyo primer apartado proclama "*el derecho a disfrutar de un medio ambiente adecuado para el desarrollo de la persona*". En este sentido, ya desde hace tiempo parecía obvio que la salvaguarda del equilibrio de los ecosistemas naturales y de la diversidad biológica responde a necesidades político criminales muy diferentes a las que provocan la tipificación del maltrato a animales y otras normas sobre bienestar animal y que, de hecho, en algunos casos ambas necesidades pueden entrar en conflicto (así por ejemplo, cuando resulta necesario sacrificar a varios especímenes exóticos para salvaguardar la pervivencia de una especie autóctona —DOMÉNECH PASCUAL).

Es cierto que la nueva ubicación de los delitos contra los animales viene a debilitar las escasas conexiones existentes en el actual texto punitivo entre la tutela que se dispensa a los elementos medioambientales en general y a la biodiversidad en particular (delitos de contaminación, daños a espacios naturales, delitos contra la flora y fauna) y la protección que se otorga a ciertos animales frente a determinadas conductas (delitos relacionados con su maltrato o abandono), pero también lo es que tal argumento no resulta totalmente determinante para cierto sector doctrinal (TARAZONA/CEBALLOS/BROOM, MONTALVÁN ZAMBRANO), que propugnan un cambio de paradigma basado en la denominada Criminología verde, y en la necesidad de que el "perfil ecosistémico" sea tenido en cuenta en la normativa sobre bienestar animal, "virando hacia un bien jurídico integrador y con un enfoque holístico, de ahí la idea de un bienestar ecológico" (COLÁS TURÉGANO/MORELLE HUNGRÍA). De hecho, dichas tesis puede encontrar ciertos apoyos en la redacción actual de algunos preceptos penales, pues tras la reforma de 2015, los delitos ambientales más tradicionales (contaminación —art. 325 CP—, gestión ilegal de residuos —art. 326 CP—, explotación de instalaciones peligrosas —art. 326 bis CP) no solo protegen el equilibrio de los sistemas naturales como un todo frente a su puesta en peligro, sino también a los particulares "animales o plantas" cuando esas conductas causen o puedan causarles daños sustanciales; tras la reforma de 2023, la tutela penal de los animales frente al maltrato o abandono ya no se circunscribe a aquellos que resulten cercanos a la influencia humana, sino que se ha extendido a cualquier animal vertebrado, y ello con independencia de que sea doméstico, domesticado, amansado o salvaje.

Por otro lado, la rúbrica del nuevo Título XVI bis CP puede servir, quizá de forma más clara, para descartar la teoría de los "sentimientos humanos" (especialmente en su doble vertiente "pietista" y "civilizadora"), pues afirmar que los delitos "*contra* los animales" protegen intereses o sentimientos humanos resulta tan superfluo como mantener que los delitos "*sobre* la ordenación del territorio" o "*sobre* el patrimonio histórico" tutelan tales intereses o sentimientos. ¿Acaso existe alguna norma jurídica que no lo haga? Todo el Derecho, y desde luego también el Derecho penal, es una construcción humana, surgida para satisfacer intereses, sentimientos o, más exactamente, necesidades humanas (TERRADILLOS BASOCO). Todas las leyes, también las penales, son elaboradas y aprobadas por humanos, y es difícil imaginar un escenario en el que dichas leyes no estén destinadas a proteger intereses o sentimientos, al menos, de un grupo relativamente numeroso de seres humanos. Obviamente el legislador tuvo en cuenta ciertos sentimientos (de amor, compasión o piedad hacia seres no humanos) cuando decidió tipificar el maltrato animal (al igual que tomó en consideración los sentimientos de amor, compasión o piedad que suscita un enfermo con padecimientos incurables cuando decidió regular la eutanasia). Pero ello ni autoriza a erigir tales sentimientos en el objeto de la tutela penal, ni justifica el rechazo de estos delitos por considerarlos ayunos del suficiente contenido de injusto (Pues se trata de delitos *contra los animales*, no contra determinadas concepciones morales o deberes bioéticos).

Así las cosas, parece que la rúbrica del nuevo Título XVI bis CP solo puede servir como argumento de peso para apoyar una de las dos teorías que han encontrado mayor acogida doctrinal en los últimos años a la hora de conceptuar el bien jurídico protegido en los delitos relacionados con el maltrato y abandono de animales. En este sentido, caben dos posibles interpretaciones de dicha rúbrica: estimar que hace referencia a "delitos contra (el *bienestar* de) los animales", o concluir que con ella se alude a "delitos contra (ciertos *derechos* de) los animales". En todo caso, debe aclararse que ambas tesis persiguen objetivos político criminales muy similares en la práctica, aunque parten de premisas ético-filosóficas muy diferentes en sus postulados.

2.2. Para la primera de ellas, la expresión "bienestar animal" constituye un estatus de protección, conformado por normas autonómicas, estatales y europeas, que ha sido otorgado a los animales por motivos diversos (el interés humano en preservarlos, las exigencias del mercado y los consumidores, la prevención de enfermedades, etc.). Desde esta perspectiva, necesariamente antropocéntrica, se entiende que, si bien los seres humanos seguimos utilizando a los animales para acompañarnos, alimentarnos, vestirnos, etc., existe en la actualidad un amplio consenso social y generalizado en que tales actividades han de llevarse a cabo con el mínimo dolor y sufrimiento posibles para esos animales, de modo que ese estatus de protección debe ir paulatinamente ampliándose, al ritmo que marquen las evidencias científicas halladas sobre la capacidad de sufrir y de sentir dolor que poseen las diferentes especies animales no humanas. Trasladadas al ámbito estrictamente penal, tales premisas eluden el debate en torno a la hipotética necesidad de reconocer al animal como sujeto titular de derechos (con toda la problemática que ello conlleva), permitiendo al mismo tiempo deducir, a partir de ese acervo científico y jurídico, qué es lo que se pretende proteger con estos delitos, lo que a su vez proporciona una definición del bien jurídico capaz de desempeñar las funciones que tradicionalmente se encomiendan a esta institución, sin crear tensiones o distorsiones con otras ramas del Derecho (que regulan el empleo de animales desde otras perspectivas bien distintas). El bienestar animal, en definitiva, sería un bien jurídico de titularidad colectiva o difusa, lo que convierte a la sociedad en sujeto pasivo del delito, en tanto que el animal constituye su objeto material (al igual que lo es la concreta víctima en el homicidio o las lesiones); el injusto de los comportamientos relacionados con el maltrato o abandono de animales no se identifica con la infracción de deberes bioéticos ni con la lesión o puesta en peligro de sentimientos humanos, sino con la causación de sufrimiento, gratuito por injustificado, que de ese modo se les inflige, pues es precisamente ese sufrimiento lo que pretendemos evitar los seres humanos otorgándoles el estatus de protección (conformado por normas tanto penales como administrativas o de otro orden) al que denominamos bienestar animal (HAVA GARCÍA).

2.3. Por su parte, quienes entienden que estos delitos protegen determinados derechos o intereses propios del animal (su salud, vida e incluso su dignidad —sobre dichas posiciones, véase por ejemplo MONTALVÁN ZAMBRANO) fundamentan su posición, tácita o explícitamente, en aquellas tesis filosóficas biocéntricas que rechazan el enfoque antropocéntrico del bienestar animal (por su naturaleza utilitarista y especista), reivindicado en su lugar la consideración de todos los seres sensibles como agentes morales, lo que les dotaría de capacidad para ser titulares de derechos subjetivos. En esta línea, surgida ya a propósito de la reforma de 2003, se mantiene que no hay ninguna razón moral para discriminar por la pertenencia a la especie distinta a la humana (como tampoco la hay para discriminar por la pertenencia a una raza), de modo que la consagración de los derechos [fundamentales] nos comprometería a una extensión de los derechos más allá de los humanos, lo que a su vez obligaría "a abolir todas las prácticas, como las granjas industriales y el uso de los animales como sujetos de investigaciones dolorosas y letales, que rutinariamente pasan por alto los intereses básicos de los titulares de derechos no humanos" (SINGER, CAVALIERI). La traducción jurídico penal de estas tesis filosóficas, en términos estrictos, lleva a afirmar que el sujeto pasivo de los delitos relacionados con el maltrato y abandono de animales es el propio animal, erigiéndolo de este modo en el titular de los bienes jurídicos vida y salud (GUTIÉRREZ ROMERO).

2.4. El Preámbulo de la LO 3/2023 parece decantarse abierta y explícitamente por la segunda de las tesis apuntadas, cuando proclama que el "*bien jurídico a proteger en los delitos contra los animales* [...] *no es otro que su vida, salud e integridad, tanto física como psíquica*". Con la nueva reforma, continúa el Preámbulo, se trata en definitiva de mejorar estos delitos "*para adecuarlos a la realidad de las problemáticas que se plantean en el ámbito, así como al nuevo estatus jurídico de los animales como seres vivos dotados de sensibilidad reconocido por la Ley 17/2021, de 15 de diciembre*".

Con ello, el Legislador penal parece haber concretado de un modo categórico *qué es lo que ha pretendido proteger* a través de los delitos relacionados con el maltrato y abandono de animales: no sería ya su bienestar (esto es, aquello que resulta menoscabado cuando se les causa dolor o sufrimiento sin ninguna necesidad o justificación), sino directamente su vida, salud e integridad (física y emocional); valores que, presuntamente, deben ser tutelados conforme lo estipulado en su nuevo estatus jurídico como seres sensibles. No obstante, tales afirmaciones merecen algún comentario.

En primer lugar, y aunque quizá esta sea una cuestión menor, llama poderosamente la atención el uso de la expresión "bien jurídico" (en singular) para referirse a varios objetos de tutela (vida, salud e integridad —física y psíquica) que, a pesar de estar íntimamente relacionados, son claramente diferentes, y de hecho los tipos penales les otorgan un tratamiento distinto. ¿Es posible que el legislador haya querido eludir pronunciarse expresamente sobre el espinoso tema de los derechos de los animales? ¿O se trata simplemente de un error de redacción en el Preámbulo (eso sí: repetido hasta en cuatro ocasiones)?

En segundo lugar, y esto es lo más importante, es falso que la Ley 17/2021, de 15 de diciembre, otorgue un nuevo estatus jurídico a los animales que obligue a proteger su vida, salud e integridad. Ciertamente estos son ahora descritos, en el art. 333 bis CC, como "seres vivos dotados de sensibilidad" (lo cual no deja de ser una obviedad) y en algunas ocasiones se incluyen referencias a su bienestar en otros preceptos. Pero la reforma civil y procesal de 2021 no les ha otorgado "derechos" (de hecho, se les sigue aplicando supletoriamente el régimen jurídico de bienes o cosas, y en general continúan siendo apropiables y objeto de comercio). El objetivo prioritario de tales reformas ha sido modificar ciertas relaciones jurídicas (humanas) en las que pueden estar implicados animales, y ello con el fin de tutelar los intereses (humanos) que en ellas entran en juego.

Así, por ejemplo, en el CC ahora se regula el destino de los de compañía en supuestos de extinción del vínculo matrimonial (arts. 90 y ss. CC), contemplando la existencia o amenaza de malos tratos al animal solo como un motivo para denegar la guarda conjunta de los hijos si tal comportamiento se ha empleado *"como medio para controlar o victimizar"* al otro cónyuge o a los hijos convivientes (art. 92.7 CC); se establece el derecho a indemnización del daño moral que tiene el propietario de un animal al que se le haya causado la muerte o lesiones (art. 333 bis CC); o se consagra el derecho a gozar y disponer de una cosa o *de un animal*, calificando de frutos naturales *"los productos de los animales que formen parte de una empresa agropecuaria o industrial"*, y sometiendo al mismo régimen a las crías, *"desde que estén en el vientre de su madre, aunque no hayan nacido"* (arts. 348 y 357 CC). Por su parte, la reforma operada en la Ley Hipotecaria ni siquiera incluye una mención al bienestar animal, sino que se limita a excluir, salvo pacto expreso o disposición legal en contrario, del ámbito de la hipoteca a los *"animales colocados o destinados en una finca ganadera, industrial o de recreo"* (lo que implica darles el mismo tratamiento que a los objetos muebles colocados en la finca, a los frutos y a las rentas vencidas y no satisfechas), y a prohibir el pacto de extensión de la hipoteca a los animales de compañía (art. 111 LH). Finalmente, la reforma de la LEC ha declarado inembargables los animales de compañía (otorgándoles el mismo régimen que tienen los bienes y derechos accesorios inalienables o sin contenido patrimonial) y ha incluido algunas referencias a los animales de compañía entre las medidas provisionales y definitivas a adoptar en los procesos por nulidad, separación o divorcio (arts. 605, 771 y 774 LEC).

Lo que se acaba de exponer no implica negar que las reformas civil y procesal de 2021 hayan supuesto una (tímida) ampliación del régimen protector que reciben los animales. Pero dicha mejora de ningún modo se ha materializado en el reconocimiento expreso de un hipotético derecho a la vida, salud o integridad. Es más: a diferencia de la reforma penal de 2023, la Ley 17/2021 apunta en su Preámbulo hacia una dirección que parece más correcta y realista, cuando afirma que, en nuestra sociedad actual, *"la relación de la persona y el animal (sea este de compañía, doméstico, silvestre o salvaje) ha de ser modulada por la cualidad de ser dotado de sensibilidad, de modo que los derechos y facultades sobre los animales han de ser ejercitados atendiendo al bienestar y la protección del animal, evitando el maltrato, el abandono y la provocación de una muerte cruel o innecesaria"*.

En definitiva, debe reconocerse que las referencias al bien jurídico incluidas en el Preámbulo de la LO 3/2023 (unida a la rúbrica dada al Título XVI bis del Código Penal) supone un nuevo espaldarazo a la tesis favorable al reconocimiento de ciertos derechos a los animales como explicación de lo *que se pretende proteger* en estos delitos, apoyo explícito del legislador que viene a sumarse al ya otorgado por las reformas penales de 2010 y 2015. No obstante, todavía queda por determinar si esta opción político criminal (caracterizada por una progresiva "humanización" de los tipos penales de maltrato animal) es la que se ha seguido realmente en la redacción dada a las normas penales positivas, y si estas resultan adecuadas para la consecución de tal objetivo.

3. Determinación del objeto material: animales tutelados

Uno de los factores que pusieron en evidencia la insuficiencia de la falta de maltrato contenida en el originario art. 632 CP para dar respuesta a esta problemática fue la interpretación, extremadamente restrictiva, que algunos órganos judiciales hicieron del objeto material del comportamiento; interpretación que permitió, por ejemplo, absolver al acusado de disparar a un gato vagabundo por entender que no podía considerarse *animal doméstico* —"al no poseer dueño y estar fuera del ámbito del dominio y posesión de una persona que se ocupe de él" [SAP, Castellón, Sección 2ª, 231/2004, 14-9 (*Tol 520049)*] o excluir del ámbito típico el maltrato infligido a un caballo, al considerar que este no tenía la condición de "doméstico", dado que no cohabitaba "con su dueño o propietario" [SAP, Segovia, Sección 1ª, 65/1998, 15-9 (*Tol 1622778)*].

El Legislador penal de 2010 amplió el objeto material del delito de maltrato (ya tipificado en el art. 337 CP) a los *animales amansados*, con lo que además se pretendía despejar las dudas suscitadas en torno a la inclusión en el ámbito del delito de otra clase de animales, como las mascotas exóticas o los animales de renta.

La LO 5/2010 incluyó asimismo otro importante matiz en la redacción de la conducta típica, que dejaba de hacer referencia a "animales", para referirse en singular al objeto de protección: un animal. A partir de ese momento, ha sido posible estimar el concurso ideal de delitos en aquellos supuestos en los que, mediante una única conducta, se maltrata a una pluralidad de animales. Sin embargo, la mayoría de las resoluciones judiciales continuaron condenando por un solo delito, con independencia de cuál fuera el número de animales maltratados, según los hechos probados en cada caso.

Asimismo, y a pesar de la reforma penal de 2010, buena parte de la Jurisprudencia siguió absolviendo del delito regulado en el art. 337 CP por considerar atípico el maltrato de ciertos animales muy cercanos al hombre, como los cerdos. Al respecto, véase la SAP, Granada, Sección 1ª, 223/2015, 31-3, que por tal motivo absolvió al acusado que "dejó de proporcionar alimento y cuidado a los animales que se encontraban en el recinto de la explotación ganadera de su propiedad, con conocimiento pleno que dado el lugar en que se encontraban no existía modo alguno de que ellos pudieran conseguir el sustento necesario para vivir, condenándolos así a una muerte segura y cruel"; cuando los agentes de la autoridad entraron en la explotación encontraron "aproximadamente *un millar de cadáveres* de porcino con signos evidentes de haber existido canibalismo". En cambio, la SAP, Cáceres, Sección 2ª, 255/2012, 25-6 (*Tol 2600525)*, condena por hechos similares, aun habiendo constatado solo algunas muertes de las cerdas que fueron abandonadas a su suerte. Por su parte, la SAP, Zaragoza, Sección 3ª, 106/2013, 24-5 (*Tol 3869945)*, condenó por un delito del art. 337 CP a los acusados de abandonar de modo absoluto una explotación ganadera de reses bravas, causando con ello la muerte por inanición de al menos 24 animales.

La reforma penal de 2015 incluyó en el art. 337.1 CP una lista, que se pretendía exhaustiva, de los animales que podían ser objeto de la conducta de maltrato, mencionando expresamente, junto al animal doméstico y amansado, a los que habitualmente están domesticados, al que *temporal o permanentemente vive bajo control humano* y, en definitiva, a cualquier animal que no viva en estado salvaje.

Tal modificación (a pesar de su casuismo) suponía un cierto avance, pero también resultaba criticable, ya que no se encontraba razón alguna para excluir del ámbito de tutela penal dispensado en este precepto a los especímenes de fauna silvestre (muchos de los cuales tienen una capacidad de sufrimiento equivalente o incluso superior a la de los animales domésticos o de compañía). En este sentido, se afirmaba que el hecho de que algunas de esas especies pudieran ser calificadas legalmente como "cinegéticas" no constituía excusa suficiente para su exclusión, "pues también el ejercicio de la caza (como la posesión de animales de compañía) está sometida a determinadas limitaciones y prohibiciones" (HAVA GARCÍA).

Finalmente, el Legislador penal de 2023 ha suprimido de la lista anterior, aplicable a las conductas nucleares de causación de lesión constitutiva de tratamiento veterinario o muerte, la mención excluyente de los animales que viven en estado salvaje. Por tanto, en la actualidad puede ser objeto material del delito:

a) un animal doméstico, esto es, conforme a las definiciones del DRAE, aquél que "pertenece a especies acostumbradas secularmente a la convivencia con el hombre y no es susceptible de apropiación" o "que se cría en la compañía del hombre, a diferencia del que se cría salvaje";

b) un animal amansado, es decir, el que "mediante el adiestramiento, ha cambiado su condición salvaje y que puede ser reclamado por quien lo amansó" (DRAE);

c) un animal domesticado (término sinónimo a "amansado"); o

d) un animal que viva temporal o permanentemente bajo el control humano (por ejemplo, los recluidos en un zoológico).

De forma paralela, la reforma penal de 2023 ha añadido además sendas atenuaciones para aquellos casos en que los mismos comportamientos afecten a un "*animal vertebrado no incluido en el apartado anterior*".

El único caso en el que la reforma penal de 2023 no hace distinciones entre animales domésticos, amansados, etc., y el resto de animales vertebrados, es el contemplado en el cuarto apartado del art. 340 bis CP (lesiones que no requieran tratamiento veterinario o maltrato sin causar lesiones), probablemente porque habría resultado ridículo establecer penas aún más leves para los supuestos en que tales conductas afectaran a animales vertebrados no contemplados en la lista del primer apartado del mismo precepto. Por su parte, el art. 340 ter CP castiga el abandono de cualquier animal vertebrado, aunque resulta ciertamente difícil imaginar cómo se puede cometer esta conducta respecto de un animal que vive en estado salvaje, entre otras cosas porque el tipo exige que el sujeto activo lo tenga *"bajo su responsabilidad"*.

La incorporación a la tutela penal de los animales vertebrados (esto es, aquellos cordados que tienen esqueleto con columna vertebral y cráneo, y sistema nervioso central constituido por médula espinal y encéfalo —DRAE) se justifica en el Preámbulo de la LO 3/2023 como una forma de seguir "los pasos de los legisladores alemán y británico". Y en efecto, entre la "documentación extranjera" que se incluyó en el Dosier que acompañaba al Proyecto de Ley Orgánica al inicio de su tramitación parlamentaria se hallaba la normativa que regula los delitos contra los animales en estos dos países, junto a la de otros Estados (como Francia, Italia o Portugal) que ordenan la materia de forma muy distinta.

Es cierto que la Ley de Protección Animal alemana regula como delito determinadas conductas que afecten a animales vertebrados, pero también lo es que los comportamientos penalizados en dicha Ley, a diferencia de la española, incluyen referencias directas al principal objetivo que debería perseguir cualquier norma de esta naturaleza, no contentándose con castigar simplemente la causación de una lesión o muerte al animal. Así, se sanciona con prisión de hasta tres años o multa a quien mate a un vertebrado sin motivo razonable, o *le inflija un dolor o sufrimiento significativos por su crueldad, o de forma prolongada o recurrente* (§ 17 *Tierschutzgesetz —TierSchG*).

Por su parte, la Ley de Bienestar Animal británica (*Animal Welfare Act*) efectivamente aclara en su primer artículo que en ella el término "animal" se emplea como sinónimo de "un vertebrado que no sea el hombre", pero especifica a continuación que la autoridad nacional competente puede, mediante normas dictadas para todos o cualquiera de los propósitos de esta Ley, *"ampliar la definición de 'animal' para incluir los invertebrados de cualquier descripción"*. Las conductas penalizadas en la Ley de Reino Unido también difieren de forma significativa y son reguladas de forma mucho más amplia y matizada que las previstas en la legislación penal española: tales conductas se clasifican, entre otras categorías, en las relativas al *sufrimiento innecesario* (teniendo en cuenta a tal efecto, por ejemplo, si el sufrimiento podría haberse evitado o reducido razonablemente, —art. 4) y la mutilación (entendida como *"interferencia con los tejidos sensibles* o la estructura ósea del animal, excepto con el propósito de su tratamiento médico" —art. 5).

El Legislador penal español de 2023 decidió seguir la pauta marcada en las regulaciones británica y alemana exclusivamente respecto del empleo del término *"vertebrado"*, pero no en relación a las múltiples referencias que contienen al dolor o sufrimiento causado al animal con la conducta en cuestión. Y tampoco tuvo en cuenta otras medidas políticas y normativas adoptadas en esos países para ampliar progresivamente la tutela otorgada a ciertos animales invertebrados, como los pulpos, en sintonía con los hallazgos de ciencias como la Biología, la Etología y la Neurociencia, que aportan evidencias cada vez más contundentes que demuestran que estos animales (y otros cefalópodos) son mucho más inteligentes y sintientes que otros animales vertebrados, como la sardina y otro enorme número de peces (los cuales, por cierto, conforman el grupo más numeroso de vertebrados del planeta).

También la normativa comunitaria asumió la necesidad de preservar el bienestar de los cefalópodos hace más de una década, reconociendo en la Directiva 2010/63/UE del Parlamento Europeo y del Consejo, de 22 de septiembre, relativa a la protección de los animales utilizados para fines científicos, que *"existen pruebas científicas de su capacidad de experimentar dolor, sufrimiento, angustia y daño duradero"*, razón por la cual los incluyó en su ámbito de aplicación, junto a los animales vertebrados no humanos. Dicha Directiva fue incorporada al ordenamiento jurídico español mediante el Real Decreto 53/2013, de 1 de febrero, por el que se establecen las normas básicas aplicables para la protección de los animales utilizados en experimentación y otros fines científicos, incluyendo la docencia.

En todo caso, y con independencia de lo anterior, no puede entenderse de ningún modo que las referencias a los "*animales vertebrados*" comprendidas en los tipos atenuados del art. 340 bis CP permitan excluir completamente del ámbito de este precepto a todos los que son invertebrados, pues la Ley 7/2023 admite expresamente la posibilidad de que algunas de estas especies sean incluidas en el "listado positivo de *animales de compañía*", que deberá contener el catálogo de animales, domésticos o silvestres en cautividad, que pueden legalmente ser mantenidos por el ser humano "*principalmente en el hogar, en buenas condiciones de bienestar que respeten sus necesidades etológicas*" (*cfr.* arts. 3.a) y 35 de la Ley 7/2023, de 28 de marzo, de protección de los derechos y el bienestar de los animales).

II. CAUSACIÓN DE LESIONES O MUERTE A UN ANIMAL (ART. 340 BIS CP)

1. Tipo básico: lesión que requiera tratamiento veterinario (art. 340 bis.1 CP)

Tanto la originaria falta de maltrato contenida en el art. 632 CP de 1995, como la subsidiaria recogida en el segundo apartado del mismo precepto tras la reforma penal de 2003, exigían que el comportamiento consistente en maltratar animales domésticos (o a cualesquiera otros en espectáculos no autorizados legalmente) se realizara *"cruelmente"*, término que, salvo contadas excepciones, fue interpretado por la Jurisprudencia no como un elemento objetivo relativo a la lesividad de la conducta (esto es, en referencia al grado de dolor o sufrimiento causado al animal), sino como un elemento subjetivo del injusto, en cuya virtud se requería un dolo específico que implicara *"deleite en hacer el mal o complacencia en los padecimientos ajenos"* [SAP, Asturias, Sección 2ª, 36/2006, 2-3 (*Tol 7954835)*]. Atendiendo a tal interpretación, se absolvió por ejemplo al acusado de tener perros "encerrados en una nave, sin cuidados, ni higiene, sin suficiente agua y en un recinto lleno de excrementos" [SAP, Castellón, Sección 2ª, 231/2007, 18-5 (*Tol 7508835)*].

Así las cosas, podía resultar difícil distinguir la *"crueldad"*, exigida en la falta subsidiaria de maltrato (y en el tipo delictivo residual del art. 337 bis CP, a partir de la reforma de 2015), del *"ensañamiento"*, requerido en la redacción del delito del art. 337 CP tras la reforma de 2003 [de hecho, algunas resoluciones hacían referencia al primer término para fundamentar la presencia del segundo, poniendo de manifiesto, no obstante, lo inapropiado que resultaba emplear la circunstancia de ensañamiento para describir la conducta de maltrato animal, dadas sus connotaciones humanas: SAP, Granada, Sección 1ª, 230/2006, 10-4 (*Tol 4608284)*]; de este modo, la diferencia entre el delito y la falta se hacía pivotar, fundamentalmente, en el resultado típico al que aludía tipo delictivo: el maltrato con ensañamiento e injustificado de animales domésticos debía provocar su muerte o bien lesiones que produjeran "un grave menoscabo físico", resultado con el que, al menos en principio, se pretendía restringir el ámbito de lo punible abarcado por el delito.

Dadas las dificultades que parecía suscitar el término ensañamiento a la hora de aplicar el art. 337 CP a casos reales, la reforma de 2010 simplificó su redacción, que desde ese momento solo requirió que el maltrato a animales (domésticos o amansados) se realizara *"injustificadamente"*. Pero este adverbio fue interpretado por la Jurisprudencia en términos sumamente amplios, entendiendo que permitía excluir del ámbito de lo típico no solo las conductas de maltrato animal que están legalmente autorizadas (como la experimentación con animales, los festejos taurinos o las explotaciones ganaderas), sino también "cualquier otra actuación en la que concurran razones objetivas que, pese a no estar legalmente previstas, hagan que el comportamiento que se enjuicia no desencadene un significado reproche social" [STS 940/2021, 1-12 (*Tol 8704775)*].

Pese a ello, el Legislador de 2015 mantuvo el término "injustificadamente" en la redacción del tipo básico del nuevo art. 337.1 CP, pero trató de reforzar la intervención penal en este ámbito, entre otras cosas, ampliando la conducta típica original (maltratar injustificadamente a uno de los animales enumerados en el segundo apartado del art. 337 CP) con una nueva modalidad de comportamiento (someterlo a *explotación sexual*) y estableciendo un nuevo tipo cualificado por la muerte del animal, amén de un catálogo de agravantes específicas lleno de connotaciones humanas. Con ello, la tutela genérica del bienestar animal pasaba a segundo plano, en favor de una supuestamente mejor, más completa e individualizada protección de su vida, salud, "indemnidad sexual" o integridad. De este modo, la redacción dada a los tipos penales en 2015 omitía toda referencia al principal resultado que, al menos en teoría, se pretende evitar con la política criminal en materia de maltrato y abandono (esto es, el sufrimiento del animal), adquiriendo en su lugar mayor relevancia su muerte, la pérdida o inutilidad de un sentido, órgano o miembro principal, su "explotación sexual" o la puesta en peligro de su "integridad". Esta configuración típica permitía, por ejemplo, castigar la zoofilia (aunque tal práctica no conllevara ningún dolor o sufrimiento para el animal), pero no penalizaba otras formas de explotación (como la ganadería industrial, o el uso de animales para la experimentación científica) que igualmente pueden traducirse en formas graves de maltrato (*cfr.* CUERDA ARNAU, HAVA GARCÍA).

El último impulso hacia la "humanización" de estos delitos lo ha dado la reforma de 2023, la cual parece dejar claro que el sufrimiento efectivamente infligido al animal ha pasado a ser, lamentablemente, una cuestión secundaria en la regulación penal. Así, el verbo "maltratar" ha desaparecido de la redacción dada a la conducta nuclear que se recoge ahora en el tipo básico del primer apartado del nuevo art. 340 bis CP.

1.1. Dicho tipo básico se configura como un delito de resultado material o estructural en el que resulta indiferente la concreta acción (u omisión) que se realice, siempre que ésta cause al animal una "*lesión que requiera tratamiento veterinario para el restablecimiento de su salud*". Como puede comprobarse, el paralelismo con el delito de lesiones (humanas) resulta palpable, por más que se hable de tratamiento "veterinario" en lugar de "médico". Así las cosas, no parece que exista otra alternativa que la de interpretar tal expresión en sentido similar (aunque adaptado) al que se maneja para las lesiones humanas, esto es, como aquel sistema curativo prescrito por un veterinario y dirigido a superar o mitigar el quebranto causado al animal por la lesión (*cfr.* ÁLVAREZ GARCÍA).

1.2. La lesión podrá provocarse "*por cualquier medio o procedimiento, incluyendo los actos de carácter sexual*". La LO 3/2023 ha sustituido así la expresión "explotación sexual" por la de "actos de carácter sexual", si bien la redacción vigente deja ahora claro que tales actos han de ser el medio con el cual se causa la lesión al animal (despejando con ello las dudas que antes se suscitaron en torno a si la explotación sexual podía ser en sí misma considerada una forma de maltrato), lo que significa que tal expresión es del todo punto superflua, dado que el propio art. 340 bis, apartado 1, CP especifica que son típicas las lesiones causadas "por cualquier medio o procedimiento".

1.3. El ámbito de lo punible se delimita a través de la técnica de la accesoriedad administrativa, exigiendo que el resultado lesivo para el animal se cause "*fuera de las actividades legalmente reguladas*".

Ello podría interpretarse (equivocadamente) en el sentido de declarar penalmente atípica cualquier lesión (legal o ilegal) a un animal que se emplee de ordinario en una actividad regulada (industria ganadera, peletera, cosmética, farmacéutica, etc.). Pero tal interpretación carecería de toda lógica, pues a estas alturas es dudoso que exista alguna clase de animal que no sea objeto de regulación en alguna norma de carácter autonómico, estatal o europeo. Es más: si quedaba algún resquicio sin regular en el conjunto normativo aplicable al territorio español, parece que la Ley 7/2023, de 28 de marzo, de protección de los derechos y el bienestar de los animales, se ha impuesto como tarea acabar con dicha laguna. Cierto es que esta Ley excluye de su radio de acción a buena parte de los animales cuyos derechos y bienestar dice proteger, como los utilizados en los espectáculos taurinos, los de producción, los empleados en experimentación y otros fines científicos, los silvestres, y aquellos otros que son usados en ciertas actividades, como las aves de cetrería, los perros pastores y de guarda del ganado, los perros de rescate, los empleados en intervenciones asistidas, los animales de las Fuerzas y Cuerpos de Seguridad o de las Fuerzas Armadas, los perros de caza, las rehalas y demás animales auxiliares de la práctica cinegética. No obstante, como el Preámbulo de la propia Ley 7/2023 reconoce, ello no significa dejar ayunos de tutela a estos animales, pues "*todos ellos se regulan y quedarán protegidos por la normativa vigente europea, estatal y autonómica correspondiente, y que les sea de aplicación al margen de esta ley*".

Dicha expresión parece que debe interpretarse en el sentido de remitir a la específica normativa que establezca el estándar de bienestar animal que ha vulnerado el autor del hecho en cuestión (que puede ser el dueño de una mascota, el responsable de una explotación ganadera, el directivo de un laboratorio dedicado a la experimentación, etc.), atendiendo al concreto animal afectado por la conducta (que puede ser un animal doméstico, de compañía, de renta, etc.) y a las características y el contexto en el que esta se desarrolla (sacrificio de animales para consumo humano o experimentación científica, cría de mascotas, etc.). Si esta era la intención del Legislador, y es deseable que así fuera, hubiera sido más adecuado utilizar la misma fórmula que se emplea en otros preceptos penales para configurarlos como normas penales en blanco. De este modo, el sentido de la remisión normativa habría quedado mucho más claro si la descripción típica de la conducta se hubiera completado exigiendo que esta se realizara, por ejemplo, "contraviniendo las leyes u otras disposiciones de carácter general protectoras del bienestar animal".

En sentido similar, el Informe del Consejo Fiscal, de 27 de septiembre de 2022, al Anteproyecto de Ley Orgánica de modificación de la Ley Orgánica 10/1995, de 23 de noviembre, del Código Penal, en materia de maltrato animal, proponía una redacción alternativa de este elemento, "al objeto de abarcar aquellos actos objetivamente lesivos que tienen lugar en el marco de las actividades legalmente reguladas, pero con incumplimiento o al margen de las disposiciones generales".

En todo caso, no bastará con la Ley 7/2023 para integrar el nuevo elemento normativo que complementa a la norma penal en estos delitos pues, según indica la propia Ley en su art. 1, su objeto se reduce básicamente a establecer el régimen jurídico básico a nivel estatal "para la protección, garantía de los derechos y bienestar de los *animales de compañía y silvestres en cautividad*". Consecuentemente, quedan con carácter general excluidos del ámbito de esta norma administrativa, pero no por ello al margen de la intervención penal, aquellas actividades relacionadas con determinados animales que se regulan en otras normativas.

Puede citarse al respecto la Ley 32/2007, de 7 de noviembre, para el cuidado de los animales, en su explotación, transporte, experimentación y sacrificio; la Ley 42/2007, de 13 de diciembre, de Patrimonio Natural y Biodiversidad; el Real Decreto 53/2013, de 1 de febrero, por el que se establecen las normas básicas aplicables para la protección de los animales utilizados en experimentación y otros fines científicos, incluyendo la docencia, así como el Real Decreto 1157/2021, de 28 de diciembre, por el que se regulan los medicamentos veterinarios fabricados industrialmente.

A esta lista hay que añadir otras muchas normas de carácter sectorial (autonómicas, estatales o europeas) que igualmente regulan actividades relacionadas con los animales y que por tanto afectan de un modo más o menos directo a su bienestar. A título de ejemplo, y limitándonos únicamente a las de ámbito nacional, puede mencionarse la Ley 8/2003, de 24 de abril, de sanidad animal; la Ley 31/2003, de 27 de octubre, de conservación de la fauna silvestre en los parques zoológicos; el Real Decreto 692/2010, de 20 de mayo, por el que se establecen las normas mínimas para la protección de los pollos destinados a la producción de carne y se modifica el Real Decreto 1047/1994, de 20 de mayo, relativo a las normas mínimas para la protección de terneros; o el reciente Real Decreto 159/2023, de 7 de marzo, por el que se establecen disposiciones para la aplicación en España de la normativa de la Unión Europea sobre controles oficiales en materia de bienestar animal.

Toda esa profusa normativa no está, desde luego, exenta de ciertas contradicciones que ponen de manifiesto las tensiones a las que se ve sometida en España la política criminal en materia de maltrato animal. En esta línea, debe recordarse una vez más el manido caso de las corridas de toros, las cuales siguen siendo protegidas como "patrimonio cultural" (huelga decir que la principal norma estatal sobre la materia —la Ley 10/1991, de 4 de abril, sobre potestades administrativas en materia de espectáculos taurinos— no contiene ninguna referencia al bienestar animal; sí pueden encontrarse en cambio algunas menciones en determinadas normativas autonómicas, como por ejemplo el Decreto 68/2006, de 21 de marzo, por el que se aprueba el Reglamento Taurino de Andalucía, el cual, al menos, establece algunas disposiciones destinadas a asegurar el cumplimiento de las normas sobre salubridad, higiene y transporte de los animales antes de las corridas.

Sin duda son las presiones de ciertos grupos de interés las que han obligado al Legislador a dejar completamente fuera del ámbito de aplicación de la Ley 7/2023 (esto es, aquella que dice proteger los derechos y el bienestar de los animales) a los que son utilizados en los espectáculos taurinos (no solo toros, novillos y vaquillas, sino también caballos), lo que supone restringir la protección penal del bienestar de estos animales a lo que suceda fuera de la plaza, a través del resquicio que ofrecen las disposiciones normativas sobre su cría, traslado, alimentación e higiene. Parecidas consideraciones pueden realizarse respecto de los gallos de pelea, pues si bien La Ley 7/2023 prohíbe (y tipifica como infracción muy grave) el adiestramiento y uso de animales para peleas y riñas con otros animales, solo lo hace cuando tales conductas se lleven a cabo *"fuera del ámbito de actividades regladas"*.

Pero es el empleo de otra clase de animales en "actividades legalmente reguladas" lo que suscitó especial polémica durante la tramitación de las leyes (penal y administrativa) aprobadas en 2023, poniendo nuevamente en evidencia las tensiones que "sufre" el legislador cuando trata de encontrar un equilibrio entre los diferentes grupos de presión implicados en un conflicto (en este caso, el que enfrenta a cazadores y animalistas respecto del trato que puede darse a los perros de caza), lo que finalmente provocó su exclusión del régimen protector establecido en la Ley 7/2023.

En efecto, el texto originario del proyecto de la Ley administrativa recogía (amén de otras disposiciones) todo un Capítulo (el IV del Título II), destinado a establecer las condiciones del empleo en ciertas actividades específicas y profesionales (entre ellas, la caza) de determinados animales (no solo perros, sino también hurones y aves de cetrería), prohibiendo entre otras cosas "el uso de cualquier herramienta de manejo que pueda causar lesiones al animal, en particular collares eléctricos, de impulsos, de castigo o de ahogo"; collares que son calificados como "educativos" por los representantes de distintas asociaciones de cazadores, cuyo enfado por esta iniciativa legislativa provocó finalmente la supresión del mencionado Capítulo IV y la retirada del texto de la Ley 7/2023 de toda la regulación proyectada no solo para los perros de caza, sino para cualquier animal utilizado en actividades específicas, que ahora son expresamente excluidos de su ámbito en el art. 1.3.e).

Como consecuencia de lo anterior, los perros que se dediquen por sus dueños a la práctica cinegética no gozarán de la misma tutela que los que sean mantenidos en el hogar, a pesar de tener exactamente las mismas características y necesidades etológicas y pertenecer, en un buen número de casos, a la misma raza. Así, conforme al texto vigente de la Ley 7/2023, se podrá sancionar, por ejemplo, el uso de métodos agresivos o violentos en la educación de un galgo "de compañía" (art. 74.c), pero no cuando se trate de un galgo de "caza". Y la cuestión no es baladí, si se atiende al número de noticias, resoluciones judiciales y manifestaciones de protesta que aparecen publicadas en los medios de comunicación sobre casos clamorosos de maltrato que les afectan.

Lo anterior no significa, desde luego, que los perros u otros animales empleados en actividades cinegéticas queden al margen de lo establecido en el Título XVI bis CP, pero la concreta normativa administrativa llamada a integrar en tales casos el respectivo tipo penal deberá buscarse, al menos por el momento, no ya en el texto de la Ley estatal que proclama garantizar los derechos y bienestar de los animales en atención a su naturaleza de seres sintientes, sino en la legislación que dicte cada Comunidad Autónoma en uso de sus competencias (sobre protección de animales en general, o sobre su uso para la caza en particular). Y dicha legislación, con toda probabilidad, establecerá distintos niveles de protección para estos animales, en función de la relativa importancia que tenga la práctica cinegética dentro de su respectivo territorio.

2. *Tipo cualificado por la muerte del animal (art. 340 bis.3 CP)*

La muerte del animal (o de los animales) ha estado prevista como uno de los posibles resultados del delito de maltrato desde la reforma penal de 2003, aunque solo ha sido contemplada como elemento cualificador de la conducta desde la modificación introducida por la LO 1/2015, la cual previó para los casos en que se acababa con la vida del animal a través de su maltrato exactamente la misma pena de prisión que para los supuestos en los que se le produjera una lesión agravada por alguna de las circunstancias contenidas en el art. 337.2 CP: prisión de 6 a 18 meses (circunstancias agravantes que, por cierto, no eran aplicables en caso de producirse la muerte del animal).

2.1. Al menos en este aspecto, la reforma penal de 2023 es técnicamente más correcta que su precedente, y muestra una línea coherente con los valores que afirma tutelar en su Preámbulo. En efecto, si la intención del legislador es proteger la vida y la salud de los animales, lo lógico es graduar dicha protección en función de la relativa importancia de tales bienes jurídicos y, en su virtud, castigar con más pena la conducta que provoca la muerte del animal, que la que solo lo lesiona. Y así lo hace el apartado 3 del art. 340 bis CP: estableciendo en primer lugar un tipo agravado por la muerte, y en segundo lugar una hiper agravación para aquellos supuestos en que dicha muerte se produzca concurriendo alguna de las circunstancias previstas en el apartado 2 del mismo precepto.

De este modo, la causación de la muerte del animal se sanciona ahora con prisión de 12 a 24 meses e inhabilitación especial de dos a cuatro años, si se trata de un animal doméstico, amansado, domesticado o que viva bajo el control humano; o prisión de seis a 18 meses o multa de 18 a 24 meses, además de inhabilitación con idéntica duración que en el caso anterior, si se trata de cualquier otro animal vertebrado. Por su parte, el tipo hiperagravado (esto es, muerte causada con la concurrencia de las circunstancias del apartado 2 del art. 340 bis CP) se castiga con las penas previstas en cada caso para el tipo cualificado, en su mitad superior; esto es, prisión de 18 a 24 meses e inhabilitación especial de tres a cuatro años, en el primer grupo de supuestos (animales domésticos, amansados, etc.), y prisión de 12 a 18 meses o multa de 21 a 24 meses, más idéntica inhabilitación, en el segundo grupo de supuestos (resto de animales vertebrados).

Como puede comprobarse, el mayor reproche que merece, en opinión del Legislador, la muerte del animal frente a su lesión se traduce, en términos punitivos, en unos exiguos seis meses más de prisión. Pena privativa de libertad que, además, solo resultará de obligada imposición de producirse la muerte de determinados animales vertebrados (los mencionados en el primer apartado del art. 340 bis CP; no así cuando se trata de otros vertebrados, supuestos en los que siempre será posible imponer una multa como alternativa), y cuya ejecución podrá ser suspendida por el órgano judicial competente en la mayoría de los casos (pues nunca rebasará el límite general de los dos años establecido en el art. 80 CP). Como puede comprobarse, flaco favor se le hace al animal protegiendo de este modo su vida; tutela específica que, por lo demás, carece de sentido desde la perspectiva del bienestar del animal, pues causándole lesiones se le puede infligir mucho más dolor y sufrimiento que matándolo.

2.2. En otro orden de cosas, llama poderosamente la atención la forma en la que se ha redactado el tipo cualificado, al señalar: "*Cuando, con ocasión de los hechos previstos en el apartado primero… se cause la muerte de un animal…*"; expresión que sustituye a la que encabezaba el mismo tipo cualificado en su versión de 2015: "*Si se hubiera causado la muerte del animal…*". Esta segunda fórmula tenía sentido en el contexto de la anterior regulación, en la medida en que en ella el verbo "maltratar" aún constituía el elemento esencial en torno al cual se construían todos los tipos del art. 337 CP (de modo que se penalizaba a quien mediante el maltrato causaba al animal o bien lesiones, o bien la muerte). Pero la referencia al maltrato ha desaparecido de la redacción de la conducta nuclear con la reforma penal de 2023: en la actualidad, el tipo básico del primer apartado del art. 340 bis CP *ya no sanciona maltratar a un animal*, sino causarle "lesión que requiera tratamiento veterinario para el restablecimiento de su salud". Así que podría decirse que el tercer apartado del mismo precepto castiga, en términos estrictos, causar la muerte de un animal con ocasión de la causación de una lesión que requiera tratamiento veterinario.

¿Quiere esto decir que ha sido intención del Legislador establecer una especie de delito cualificado por el resultado, a modo de "animalicidio preterintencional"? Probablemente no. Pero provocan cierta inquietud las semejanzas que pueden apreciarse entre la redacción dada al tercer apartado del art. 340 bis CP y otros tipos penales añejos hace ya tiempo desterrados de nuestro ordenamiento (como el último párrafo del número 2º del art. 411 CP73: "*Cuando a consecuencia de aborto,* […] *resultare la muerte de la mujer o se le causare alguna de las lesiones* […]"; o con la misma construcción del homicidio preterintencional, en cuya virtud se castiga, como se sabe, la comisión de unas lesiones dolosas que provocan un resultado *no deseado*: la muerte. La solución que mayoritariamente se da a estos supuestos es la del concurso ideal de delitos (entre las lesiones dolosas y el homicidio culposo), pero no puede entenderse que el apartado 3 del art. 340 CP establezca una fórmula similar (penalizar la causación dolosa de una lesión al animal que imprudentemente provoca su muerte), pues en nuestro ordenamiento solo se castigan las acciones y omisiones imprudentes expresamente tipificadas (art. 12 CP).

Así las cosas, deberá exigirse para aplicar este tipo cualificado que el autor haya causado (mediante lesiones dolosas previas) la muerte del animal al menos con dolo eventual, no bastando a tales efectos la imputación de dicho resultado a una infracción de la norma de cuidado aplicable a la situación concreta; y la cuestión no es baladí, pues la progresiva ampliación que está experimentando el concepto de dolo en nuestra Jurisprudencia (y que en muchos supuestos apenas permite diferenciar el dolo eventual de la culpa consciente) fácilmente podría llevar a castigar como dolosa una conducta que, con respecto al resultado muerte, solo es imprudente.

2.3. Tampoco resulta clara la respuesta que debe darse a aquellos supuestos en que se causa la muerte del animal de modo instantáneo (esto es, sin dar lugar a una previa lesión que pueda ser objeto de tratamiento veterinario). Así, por ejemplo, si el autor corta de un único y preciso tajo la cabeza del animal, separándola del cuerpo en décimas de segundo. En casos como el anterior, difícilmente podrá mantenerse que la muerte se ha producido "con ocasión de" (con motivo de, a causa de) una "lesión que requiera tratamiento veterinario para restablecer la salud del animal", pues no existe ningún tratamiento ni intervención quirúrgica capaces de devolver a la vida (y menos de curar) a un animal que ha sido decapitado. Esta conducta y otras similares, en definitiva, podrían ser consideradas atípicas, de interpretarse de forma taxativa el nuevo art. 340 bis CP, lo que parece casar mal con el fin teóricamente perseguido por la reforma penal de 2023.

3. Tipos atenuados del art. 340 bis CP aplicables a otros animales vertebrados

Como ya se ha mencionado, el art. 340 bis CP dispone (en el segundo párrafo tanto de su primer apartado como del tercero) sendas atenuaciones que resultan aplicables, respectivamente, cuando la lesión que requiere tratamiento veterinario o la muerte se causan a "*un animal vertebrado no incluido en el apartado anterior*"; esto es, cuando dicho animal no resulte ser, al mismo tiempo, doméstico, amansado, domesticado, controlado temporal o permanentemente por humanos (pues en tales casos se aplicaría el tipo básico).

4. Agravaciones comunes (art. 340 bis.2 CP)

Una de las novedades más relevantes de la reforma penal de 2015 fue la inclusión en el art. 337.2 CP de un catálogo de agravaciones, lleno de connotaciones "humanas", aplicable al tipo de maltrato injustificado. Así, dicha conducta era castigada con las penas en su mitad superior cuando a) se hiciera uso de armas, instrumentos, objetos, medios, métodos o formas "concretamente peligrosas para la vida del animal"; b) hubiera "ensañamiento"; c) se causara "la pérdida o la inutilidad de un sentido, órgano o miembro principal", o d) se ejecutaran los hechos "en presencia de un menor de edad".

Algunos de los partidarios de las tesis a favor del reconocimiento de los derechos a los animales aplaudieron la previsión de estas circunstancias, enfatizando sus similitudes con las previstas para las lesiones causadas al ser humano y deduciendo de ello la posibilidad de entender que el bien jurídico protegido en estos preceptos es la salud física y psíquica del animal (véase al respecto RÍOS CORBACHO, entre otros autores).

Desde otra perspectiva, sin embargo, se criticaba esta nueva "humanización" de los delitos relacionados con el maltrato de animales, denunciando que con ello se perdía de vista el objetivo esencial perseguido (evitar que los seres humanos inflijan a los animales sufrimiento injustificadamente), pues algunas de esas circunstancias agravantes, en determinados contextos, podían servir para reducir el dolor ocasionado con el maltrato. Así, por ejemplo, se señalaba que hay medios concretamente peligrosos para la vida del animal que, no obstante, pueden causarle menor sufrimiento que otros que impliquen un riesgo vital menos elevado (HAVA GARCÍA).

La reforma penal de 2023 no solo ha mantenido (con unos mínimos retoques) en el segundo apartado del art. 340 bis CP las circunstancias que fueron incluidas mediante LO 1/2015, sino que ha ampliado sustancialmente el catálogo de agravantes, la mayoría de las cuales, no obstante, parecen ir destinadas no ya a tutelar de forma más eficaz a los animales, sino a proteger intereses que son de carácter absolutamente antropocéntrico.

4.1. Pueden calificarse como "humanizadoras" las tres primeras circunstancias contempladas en el art. 340 bis.2 CP. Así, la consistente en "*utilizar armas, instrumentos, objetos, medios, métodos o formas que pudieran resultar peligrosas para la vida o salud del animal*" sólo se diferencia de la contemplada en el art. 148.1° CP para las lesiones humanas en que en este último caso las armas deben ser "concretamente peligrosas para la vida o salud, física o psíquica, del lesionado", mientras que en el supuesto de lesiones o muerte al animal bastará con que "pudieran resultar peligrosas para su vida o salud", de modo que aquí se pone el acento más en la idoneidad lesiva ex ante del arma o instrumento, que en el específico riesgo para el animal generado con su empleo.

Por lo que respecta a la circunstancia consistente en "*ejecutar el hecho con ensañamiento*", resultan evidentes sus connotaciones humanas (no en vano el ensañamiento es definido en el art. 139 CP como una forma especialmente reprochable de acabar con la vida de una persona, y también su definición como agravante genérica en el art. 22.5ª CP hace referencia a esta misma naturaleza: "Aumentar deliberada e *inhumanamente* el sufrimiento de la víctima, causando a ésta padecimientos innecesarios para la ejecución del delito").

A pesar de ello, la Jurisprudencia ha descartado en ocasiones la posibilidad de interpretar el ensañamiento infligido a animales del mismo modo a como se hace en el caso de humanos. Así, la SAP, Granada, Sección 1ª, 230/2006, 10-4 (*Tol 4608284*): "no puede hacerse, sin más, una aplicación de la agravante y de la jurisprudencia que lo aplica a este supuesto puesto que no se puede aumentar inhumanamente el sufrimiento de un animal que es un ser vivo, pero no es humano". En todo caso, sería deseable alcanzar una interpretación razonable del ensañamiento en los delitos contra los animales, que permita evitar fallos lamentables como el de la SAP, Alicante, Sección 10ª, 135/2014, 15-9 (*Tol 4725208)*, que absolvió al acusado de atar a su perra con una cadena y un candado alrededor del cuello, "siendo dicha cadena tan reducida que le estrangulaba el cuello al animal lo que provocó no solo la incrustación del metal en la musculatura cervical sino que se seccionara esa musculatura y que casi contactara la cadena con la tráquea y vasos sanguíneos provocando que la zona del cuello estuviera profundamente infectada y maloliente y los tejidos en avanzado estado de putrefacción".

También parece evidente el paralelismo existente entre la circunstancia consistente en "*Causar al animal la pérdida o la inutilidad de un sentido, órgano o miembro principal*" y el tipo agravado de lesiones contenido en el art. 149.1 CP, aunque en el caso de los delitos contra los animales se excluye de la agravante las referencias tanto a la impotencia, esterilidad y grave deformidad, como a la causación de una grave enfermedad somática o psíquica (exclusión esta última que habría podido servir de argumento para descartar la tipicidad de las conductas consistentes en causar una lesión psíquica al animal, si no fuera porque el Preámbulo de la LO 3/2023 proclama, como ya se advirtió, que el "*bien jurídico a proteger en los delitos contra los animales* [...] *no es otro que su vida, salud e integridad, tanto física como psíquica*").

4.2. De forma paralela, la nueva circunstancia prevista en la letra d) del segundo apartado del art. 340 bis CP agrava las penas a imponer cuando la persona que cause al animal lesión que requiera tratamiento veterinario (o con ocasión de tales hechos le produzca la muerte) resulte ser "*su propietario o quien tenga confiado el cuidado del animal*". Desde el punto de vista del que debería ser el objetivo fundamental de la política criminal en esta materia (evitar sufrimientos injustificados al animal), no llega a comprenderse bien cuál es la razón que avala la introducción de esta nueva circunstancia agravante (que también recuerda un poco a la establecida en el apartado 5º del art. 148 CP: "*Si la víctima fuera una persona especialmente vulnerable que conviva con el autor*"), salvo la de "humanizar" un poco más estos delitos, a no ser que el objetivo sea castigar especialmente la conducta por haber infringido el sujeto activo (propietario, tutor o guardador) unos especiales deberes legales de tratar a los animales conforme a su condición de seres sintientes.

4.3. Por otro lado, la preservación de los sentimientos de amor y compasión humanos parece inspirar tanto el mantenimiento de la ya conocida agravante (incluida en 2015) por cometer los hechos *en presencia de un menor de edad* (*o de una persona especialmente vulnerable*, añade ahora la reforma de 2023), como la inclusión en el literal h) del segundo apartado del art. 340 bis CP de una nueva circunstancia, consistente en "*ejecutar el hecho en un evento público o difundirlo a través de tecnologías de la información o la comunicación*". Al menos en teoría, también podría argumentarse que con tales agravantes se trata de prevenir el aprendizaje (o difusión) de formas sádicas de tratar a los animales o, dicho en otros términos, procurar una "formación en valores" del público en general que esté alejada de tentaciones sociópatas. Pero tal afirmación, amén de resultar un tanto moralista, resultaría absolutamente cínica en el seno de un país donde los eventos de la denominada "fiesta nacional" se retransmiten con total normalidad a través de cadenas de televisión no solo privadas, sino también públicas; la caza es una de las aficiones con mayor raigambre en determinadas capas sociales (incluyendo en tiempos no muy lejanos a la propia monarquía española), y ambas actividades son financiadas con recursos del erario público nada desdeñables.

4.4. Parecidas consideraciones pueden hacerse respecto de otra circunstancia agravante incluida tras la reforma penal de 2023: la de "*ejecutar el hecho con ánimo de lucro*", contenida en la letra f) del mismo apartado del art. 340 bis CP.

> ¿Acaso se ha pretendido establecer una circunstancia con fundamento análogo al que tiene la específica de precio, recompensa o promesa que se contempla en el asesinato? Difícilmente, si se piensa en esta agravante como la propia de sicarios, que toman las medidas precisas para asegurarse el resultado mortal suprimiendo las posibilidades de defensa de la víctima. También sería inadmisible, al igual que lo es en el propio asesinato, entender que la razón de esta agravación radica en su inmoralidad, pues ello nos conduciría a un Derecho penal "de la actitud", incompatible con la esencia del principio de responsabilidad por el hecho.

No parece que quede otra opción que entender que esta agravación trata de penalizar el uso (económico) que se pretende dar al animal, por ejemplo, cobrando entradas para asistir un "combate" de animales o vendiendo su cuerpo o partes de su cuerpo. Pues bien: habrá que reconocer que resulta un tanto hipócrita incluir una agravante de este tenor en un país como España, en el que la actividad cinegética genera pingües beneficios y las peleas de gallos subsisten legalmente aún en determinadas comunidades autónomas, so pretexto de constituir un "espectáculo" tradicional o una forma de asegurar la exportación de la raza.

4.5. A satisfacer intereses humanos de naturaleza distinta se dirige otra de las nuevas circunstancias introducidas por la reforma penal de 2023, concretamente la establecida en la letra g) del segundo apartado del art. 340 bis, que obliga a imponer las penas en su mitad superior cuando el hecho se cometa "*para coaccionar, intimidar, acosar o producir menoscabo psíquico a quien sea o haya sido cónyuge o a persona que esté o haya estado ligada al autor por una análoga relación de afectividad, aun sin convivencia*". A partir del tenor literal de esta nueva agravante pocas dudas pueden quedar en torno a cuál es su objetivo, que no parece ser otro que el de castigar las lesión o muerte causada al animal cuando revista las características de una especie de "violencia vicaria".

> Dicha expresión es empleada de forma cada vez más frecuente en el ámbito de la violencia de género para hacer referencia a aquella forma de violencia que, con el propósito de causar perjuicio o daño a las mujeres, se ejerce sobre sus familiares o allegados menores de edad por parte de los hombres que son o han sido sus cónyuges o parejas, como manifestación de la discriminación, situación de desigualdad y las relaciones de poder de los hombres sobre las mujeres.

En todo caso, esta nueva circunstancia (la cual, tal y como está redactada, *ab initio* no realiza distinciones por el género del sujeto activo) añade al delito un plus de ofensividad que parece poco o nada relacionado con el bienestar, vida, salud o integridad del animal, pero que vuelve a profundizar en su "humanización", al comprenderlo dentro de la esfera familiar o sentimental de la persona que se convierte en víctima adicional del comportamiento. Precisamente por ello, cabe preguntarse cuál es la razón por la que no se prevé una agravante similar en el caso de las lesiones (o muertes) causadas a otros miembros (humanos) de la familia o allegados de quien sea o haya sido cónyuge o pareja, con el fin de intimidarla, coaccionarla o herirla (esto es, en los casos de violencia vicaria *stricto sensu*). Quizá se ha entendido que para penalizar estos supuestos basta con la agravante genérica por razones de género, o con la fórmula del concurso medial de delitos. Pero entonces cabe preguntarse por qué en el caso de la lesión o muerte del animal sí se ha considerado necesario introducir una agravante específica.

> Aún no están claras las consecuencias que la previsión de esta circunstancia puede tener en la práctica, cuando se trate de enjuiciar lesiones psíquicas, malos tratos, amenazas o coacciones infligidas a la mujer que sea o haya sido cónyuge o pareja del autor, mediante la causación de lesión o muerte del animal. Al menos en teoría, antes de la reforma penal de 2023 era posible apreciar en tales casos un concurso medial entre el delito contra los animales y la modalidad específica de violencia de género (coacciones, amenazas, malos tratos, lesiones psíquicas) cometida. En la actualidad, probablemente haya que acudir al criterio de alternatividad (art. 8.4 CP) para llegar a la misma solución y evitar resultados absurdos en términos de pena.

4.6. Mención aparte merece, finalmente, la nueva circunstancia agravante regulada en la letra j) del segundo apartado del art. 340 bis CP, en cuya virtud deberá imponerse las respectivas penas previstas en su mitad superior cuando el sujeto que mata o daña al animal causándole una lesión constitutiva de tratamiento veterinario lo hace *utilizando "veneno, medios explosivos u otros instrumentos o artes de similar eficacia destructiva o no selectiva"*. En principio podría pensarse que tal previsión está destinada a agravar los comportamientos consistentes en cazar o pescar animales cuya captura suele realizarse empleando estos medios, instrumentos o "artes" (pues, como ya se mencionó, se ha incluido en el ámbito de estos delitos a cualquier animal "vertebrado"). Pero dicha conducta ya se regula en el art. 336 CP (en términos muy similares desde 1995) no como circunstancia agravante, sino como un delito relativo a la protección de la fauna que pretende tutelar la biodiversidad; esto es, algo que poco tiene que ver con la vida, salud, integridad o bienestar del concreto animal. Y es en ese otro contexto, cinegético o piscatorio (muy diferente al del maltrato o abandono) donde tiene sentido castigar aquellos comportamientos que, mediante métodos prohibidos no selectivos o especialmente destructivos, ponen en peligro la pervivencia de toda una especie y, con ello, el mantenimiento de la diversidad biológica existente.

Lógicamente, un animal salvaje también puede ser objeto de maltratado o torturado, de forma similar o peor que un animal doméstico o uno de renta. Pero para solucionar esta clase de supuestos lo más lógico sería acudir a las reglas del concurso de delitos, en aquellos casos en que se constate la afectación de ambos bienes jurídicos (la biodiversidad, por un lado, y la salud, vida o, más exactamente, el bienestar del concreto animal, por otro).

También es posible que esta nueva agravante esté destinada a castigar de forma más severa a quien utiliza alguno de esos medios de eficacia destructiva o no selectiva para lesionar o matar no ya a un único animal, sino a varios (tal sería el caso, por ejemplo, de quien distribuye en las cercanías de su casa varias cantidades de alimento envenenado con el fin de matar a una colonia de gatos). Pero entonces nuevamente el Legislador habría entrado en contradicción con los fines que dice perseguir con la nueva regulación, pues si lo que se pretende proteger es la *vida, salud e integridad* de cada animal, lo coherente sería apreciar en tales casos un concurso real de delitos, y castigar los hechos por acumulación de las penas correspondientes a cada lesión o muerte causada.

5. *Tipo residual: lesiones que no requieran tratamiento veterinario o maltrato grave (art. 340 bis.4 CP)*

Para encontrar en la redacción actualmente vigente de los delitos contra los animales una referencia a su maltrato (esto es, precisamente aquello que se preveía evitar, al menos en los orígenes de la regulación penal de estas conductas) hay que acudir al apartado 4 del art. 340 bis CP, donde se tipifican dos conductas que también guardan evidentes semejanzas con los tipos residuales de lesiones "humanas" (previstos en los apartados 2 y 3 del art. 147 CP).

5.1. El art. 340 bis.4 CP resultará de aplicación cuando las lesiones producidas al animal *no requiriesen tratamiento veterinario*, o bien cuando este haya sido *maltratado gravemente sin causarle lesiones*. Sin duda, con la inclusión del adverbio "gravemente" en sustitución del término "cruelmente" (y la supresión de la referencia a los "espectáculos no autorizados legalmente") se pretende dar solución a algunos de los problemas interpretativos que estas figuras penales han suscitado en sede judicial.

Así, con la nueva redacción parece claro que ya no tendrá que constatarse un dolo específico en el ánimo del maltratador que implique "deleite en hacer el mal o complacencia en los padecimientos ajenos", pues el adverbio "*gravemente*" hace directa referencia al contenido objetivo del injusto. No obstante, todavía podrán surgir dudas a la hora de concretar en la práctica judicial el exacto significado de dicho término, pues se trata de un elemento valorativo social que, como se sabe, otorga un amplio margen de discrecionalidad al aplicador del Derecho.

En todo caso, el nuevo tipo residual de maltrato grave parece que será el encargado de dar respuesta a aquellos supuestos en que se causa un enorme sufrimiento al animal sin provocarle por ello lesión alguna, hechos que deberían haber merecido un mayor reproche si el enfoque de la nueva regulación hubiera sido el bienestar animal, en lugar de su vida, salud o integridad. Así, por ejemplo, parece claro que cortar por motivos estéticos las orejas o el rabo a un perro, aplicando un procedimiento y una dosis de anestesia adecuadas —lo que está expresamente prohibido por el art. 27 b) de la Ley 7/2023—, son conductas que, si bien afectan objetivamente a la salud o integridad del animal, pueden provocarle menos sufrimientos que el comportamiento consistente, por ejemplo, en encerrarlo permanentemente en una nave, sin cuidados, ni higiene, sin suficiente agua y en un recinto lleno de excrementos" [comportamiento que fue objeto de absolución por considerar no probado que tal maltrato fuera "cruel" en la SAP, Castellón, Sección 2ª, 231/2007, 18-5 (*Tol 7508835)*].

III. ABANDONO DE ANIMAL VERTEBRADO (ART. 340 TER CP)

Parecidas consideraciones pueden realizarse respecto de la nueva redacción dada al tipo de *abandono*, ahora regulado en el art. 340 ter CP. Desde el punto de vista de la protección del bienestar del animal (y desde una perspectiva político criminal que persiguiera evitarle sufrimientos gratuitos, por innecesarios e injustificados) debería merecer mayor pena, por ejemplo, la conducta consistente en abandonar en un lugar desconocido y peligroso a un gato doméstico (acostumbrado durante toda su vida a las comodidades propias de la convivencia con seres humanos), que acabar con su vida mediante un procedimiento rápido e indoloro, aunque legalmente prohibido.

Al igual que el ya derogado art. 337 bis CP, el actual art. 340 ter CP recoge un tipo de peligro que se realiza mediante el abandono del animal "*en condiciones en que pueda peligrar su vida o integridad*"; no basta por tanto con el simple abandono si por las circunstancias de modo o del lugar puede descartarse por completo la creación de dicho riesgo (GARCÍA ALBERO). El término *abandonar* ha de interpretarse como sinónimo de "desamparar", esto es, "dejar sin amparo ni favor a alguien o algo que lo pide o necesita", según la definición del DRAE.

Así lo entendió la SAP, Segovia, Sección única, 23/2007, 5-3 (*Tol 1051741)*, la primera condenatoria en virtud de la falta contenida en el art. 631.2 CP, la cual interpretaba además que *"el abandono puede entenderse tanto desde un punto de vista activo como omisivo, bastando con que la conducta cause desamparo del animal en este caso* [...] *el abandono se puede producir tanto porque se deje al animal o porque se le coloque en situación de desamparo, tanto por la acción directa de expulsarle como por la omisiva de no acogerle cuando se sabe dónde se encuentra* [...]. *Y en el presente caso ésa es la conducta que desarrolló la denunciada, que pese a que se le comunicó que habían visto a su perra, para que pudiese buscarla, manifestó de forma expresa que ya no la quería sin hacer nada por recuperarla, por lo que la dejó abandonada"*. La Sentencia mencionada considera asimismo probado que la acusada creó con su comportamiento omisivo la situación de riesgo exigida en el tipo, en la medida en que *"su negativa a recogerla, alegando que ya no la quería, situó al animal herido en riesgo de morir o ver agravadas las consecuencias de sus lesiones. Y en este sentido carece de relevancia que otros vecinos pudieran, por compasión, alimentarla o acogerla puntualmente* [...], *pues el hecho típico se comete cuando se la pone en peligro, siendo irrelevante que finalmente el riesgo existente no se materialice en un resultado por la intervención de terceros"*.

Por lo demás, se puede detectar un cierto titubeo en las innovaciones introducidas por el Legislador penal de 2023 en el art. 340 ter CP; pues, por un lado, se especifica que la conducta podrá afectar a cualquier "*vertebrado*" (lo que en teoría vendría a ampliar el ámbito de lo típico), pero al mismo tiempo se exige que el abandono del animal se lleve a cabo por quien lo tenga "*bajo su responsabilidad*" (lo que sin duda reduce el círculo de autores posibles). Así las cosas, y aun cuando pudiera entenderse que cualquier animal (incluidos los pertenecientes a la fauna salvaje) se encuentra bajo la responsabilidad de una o varias personas físicas (su dueño, su cuidador, el funcionario público encargado del espacio natural en el que vive, etc.) parece difícil imaginar supuestos en los que sea posible "abandonar" (esto es, dejar solo, sin atención y cuidado) a un animal que no es doméstico, amansado o domesticado, ni vive temporal o permanentemente bajo el control humano.

IV. PENALIDAD DE LOS DELITOS CONTRA LOS ANIMALES

La tendencia en cuanto a sanciones a imponer por la comisión de infracciones penales relacionadas con el maltrato o abandono de animales ha sido la de ir aumentando la respuesta punitiva para estas conductas con cada reforma legislativa que ha experimentado su regulación.

Así, la falta del art. 632 contenida en el texto originario del CP de 1995 preveía una simple multa de 10 a 60 días. Posteriormente, la reforma penal de 2003 dio un paso decisivo hacia una mayor severidad sancionadora, al castigar el nuevo delito de maltrato del art. 337 CP con prisión de tres meses a un año e inhabilitación especial de uno a tres años (para el ejercicio de profesión, oficio o comercio que tenga relación con los animales), reservando la pena de multa para la falta subsidiaria del art. 632.2 CP (prevista en este precepto con carácter alternativo: multa de 20 a 60 días o trabajos en beneficio de la comunidad de 20 a 30 días) y la falta de abandono del art. 631.2 CP (como única alternativa: multa de 10 a 30 días). Esta respuesta sancionadora no varió sustancialmente con la reforma de 2010, que se limitó a aumentar la establecida para la falta de abandono (multa de 15 días a dos meses), pero dio otro gran salto con la reforma de 2015: los supuestos en que se hubiera causado la muerte del animal mediante su maltrato pasaban a estar castigados con prisión de 6 a 18 meses e inhabilitación especial (incluyendo en su contenido la tenencia de animales) de dos a cuatro años (art. 337.3 CP); en el nuevo tipo subsidiario de maltrato cruel se elevaba la multa, que pasaba a tener una duración de entre uno y seis meses, con la posibilidad de imponer además la misma inhabilitación de tres meses a un año; idénticas penas se preveían para el nuevo delito de abandono de animales (art. 337 bis CP).

La reforma penal de 2023 ha seguido una opción que puede ser calificada "ambivalente" en la modificación del catálogo de penas a imponer por los delitos relacionados con el maltrato y abandono de animales; pues, por un lado, se aumenta ligeramente la duración máxima de las penas de prisión (en general seis meses más), pero, de forma paralela se incluyen otras sanciones como alternativa a la privación de libertad en casi todos los supuestos. En síntesis, estas son las principales características del nuevo y complejo sistema penológico que se ha establecido para esta clase de comportamientos:

1. El tipo básico de causación de lesión constitutiva de tratamiento veterinario (primer apartado del art. 340 bis CP) pasa estar castigado con una pena de prisión de hasta 18 meses (la duración mínima sigue siendo la misma: tres meses) o bien una multa de 6 a 12 meses, si se causa a un animal doméstico, amansado, domesticado o que viva temporal o permanentemente bajo el control humano; las penas serán prisión de 3 a 12 meses o bien multa de tres a 6 meses, cuando se trata de otro animal vertebrado. En ambos casos, se impondrá la misma pena de inhabilitación ya prevista en el texto de 2015, con idéntica duración (de 1 a 3 años), y si el delito fuera cometido utilizando armas de fuego el juez tendrá la potestad de imponer motivadamente la pena de privación del derecho a tenencia y porte de armas por un tiempo de uno a cuatro años.

2. Si se trata de las lesiones anteriores agravadas por la concurrencia de una o más de las circunstancias del segundo apartado del art. 340 bis CP, las penas previstas son las mismas que en el apartado anterior pero en su mitad superior, lo que significa que, si el animal objeto de la conducta es uno doméstico, amansado, etc., el órgano juzgador podrá elegir entre imponer prisión de 10 meses y 15 días a 18 meses, o bien multa de 9 a 12 meses; y se trata de otro animal vertebrado, la alternativa estará entre prisión de siete meses y 15 días a 12 meses, o bien multa de 4 meses y 15 días a 6 meses. En todos estos supuestos, la inhabilitación especial (pena obligatoria) pasaría a tener una duración de entre dos y tres

años, en tanto que la privación del derecho a la tenencia y porte armas (cuando proceda) parece que podrá aplicarse a criterio judicial con la misma extensión máxima de los casos anteriores: cuatro años.

3. *El tipo* cualificado por la muerte del animal (tercer apartado del art. 340 bis CP) contiene el único supuesto en el que la pena de prisión resulta obligatoria: cuando se trate de un animal doméstico, amansado, etc., supuesto en el que dicha pena tendrá una duración mínima de 12 meses y máxima de 24 meses (o de 18 a 24 meses, si concurre una o varias agravantes específicas); en cambio, cuando se trate de otro animal vertebrado, vuelve a ser posible para el órgano juzgador elegir entre prisión (de 6 a 18 meses —o de 12 a 18 meses, con una o varias agravantes) *o bien* multa (de 18 a 24 meses —o de 21 a 24 meses, si concurren una o más de esas circunstancias). En ambos supuestos, la pena de inhabilitación especial (obligatoria) será por un tiempo de dos a cuatro años (de tres a cuatro años con agravantes), y la privación del derecho a tenencia y porte de armas (cuando proceda) podrá imponerse con una duración máxima de cinco años.

4. El Legislador penal de 2023 ha decidido rebajar considerablemente la duración máxima de la pena de multa prevista para el tipo residual (*causar lesiones que no requieran de tratamiento veterinario o maltratar gravemente*) del apartado cuarto del art. 340 bis CP (probablemente con el fin de evitar las críticas recibidas en el pasado, por sancionar los malos tratos a animales de manera más severa que las lesiones no constitutivas de tratamiento médico o quirúrgico o los malos tratos infligidos a seres humanos, que son penados, respectivamente, con multa de uno a tres meses y de uno a dos meses en los apartados segundo y tercero del art. 147 CP). En tales supuestos, y ya sin distinguir en función de la naturaleza del animal objeto de la conducta, el Juez o Tribunal tendrá la opción de elegir entre imponer una multa de uno a dos meses o bien trabajos en beneficio de la comunidad de 1 a 30 días. La duración de la pena de inhabilitación especial a imponer (de forma obligatoria) en estos casos ha permanecido inalterada: de tres meses a un año.

5. El tipo de abandono de un animal vertebrado (previsto en el art. 340 ter CP) mantiene la misma pena pecuniaria que ya estaba establecida para el castigo de esta conducta (multa de uno a seis meses), pero añade como alternativa la de trabajos en beneficio de la comunidad de 31 a 90 días, y la imperativa en cualquier caso de inhabilitación especial por tiempo de uno a tres años.

6. Finalmente, el art. 340 quater CP incluye una de las novedades más importantes referentes al sistema de sanciones: la previsión de la responsabilidad penal de las personas jurídicas por cualquiera de los delitos recogidos en el Título XVI bis CP; responsabilidad que podría materializarse en multa de uno a tres años

(si el delito cometido por la persona física tuviera prevista una pena de prisión superior a dos años) o de seis meses a dos años (en el resto de los casos), amén de la posibilidad de imponer las consabidas penas del art. 33.7, párrafos b) a g), CP.

La valoración que merece este extenso y complicado sistema de penas que ha introducido la LO 3/2023 puede calificarse, al igual que la política criminal seguida en este ámbito, de ambivalente, pues en dicho catálogo pueden encontrarse algunas luces, pero también muchas sombras (quizá fruto, nuevamente, de una técnica legislativa defectuosa) que parecen poner en cuestión que el objetivo perseguido por dicha Ley (según se afirma en su Preámbulo) haya sido realmente el de *"reforzar la protección penal de los animales y posibilitar una más eficaz respuesta penal ante las diferentes formas de violencia contra ellos"*.

Así, a pesar de que se "vendió" en los medios de comunicación que la nueva reforma legal iba a suponer una subida sustancial de las penas de prisión previstas para estos delitos, lo cierto es que dicha subida se ha limitado en esencia a ampliar la duración máxima de estas penas a seis meses más, no llegando a superar los 24 meses ni siquiera en los supuestos en que se causa la muerte del animal concurriendo varias agravantes específicas. Es cierto que el Proyecto de Ley Orgánica que fue presentado ante el Congreso de los Diputados (y publicado el 12 de septiembre de 2022) contemplaba la obligación de imponer las penas superiores en grado a las respectivamente previstas en caso de concurrir dos o más de esas circunstancias (lo que habría permitido alcanzar penas de prisión superiores a los dos años en el supuesto de las lesiones constitutivas de tratamiento veterinario, y de tres años en el de causación de muerte del animal). Pero también lo es que tales hiper agravaciones, aún mantenidas en el Informe de la Ponencia de 20 de diciembre de 2022, "desaparecieron" del texto del Dictamen de la Comisión publicado el 18 de enero de 2023, a pesar de que ninguna las enmiendas presentadas proponían su supresión y de que ni siquiera fueron mencionados estos aspectos de la regulación en el escueto debate mantenido entre ambos trámites.

Por otro lado, no tendría por qué merecer una valoración negativa la previsión de penas de multa alternativas a las privativas de libertad (o de trabajos en beneficio de la comunidad como alternativa a aquellas) si no fuera por la escasa cuantía que pueden alcanzar las multas penales en general, y las previstas para estos delitos en particular. En efecto, la actual regulación posibilita, por ejemplo, que la responsabilidad penal por la causación de una lesión que requiera tratamiento veterinario a un animal de compañía, cualificada por la concurrencia de varias circunstancias agravantes específicas (entre ellas, la pérdida de un órgano o miembro principal), pueda ser satisfecha con una multa mínima de 540 euros y máxima de 144.000 euros, mientras que en la vía administrativa (mucho más ágil y eficaz que el orden penal) el hecho de "practicar al animal mutilaciones o modificaciones corporales no autorizadas" es sancionado con una multa de 10.001 a 150.000 euros —*cfr.* arts. 74.e) y 76.1.b) de la Ley 7/2023, de 28 de marzo, de protección de los derechos y el bienestar de los animales. Esta problemática, que aparece de forma habitual en los delitos construidos conforme a la técnica de la accesoriedad administrativa, puede servir por sí sola para poner en tela de juicio toda la política criminal desarrollada para hacer frente al maltrato animal.

7. La reforma penal de 2023 ha previsto la responsabilidad penal de las personas jurídicas para todas las conductas delictivas incluidas en el Título XVI bis CP, en términos muy similares a los ya contemplados en el art. 328 CP para los delitos contra los recursos naturales y el medio ambiente: modulando la pena de multa a imponer en función de la relativa gravedad que posea la de prisión establecida

para la persona física en cada supuesto delictivo. No obstante, resultará imposible aplicar a la persona jurídica la pena señalada para los casos más graves (esto es, multa de uno a tres años), pues como se ha dicho la letra a) del primer apartado del art. 340 quater CP requiere para ello *que el delito cometido por la persona física tenga prevista en la ley una pena de prisión superior a dos años.* Y no hay ningún supuesto dentro de la nueva regulación del Título XVI bis CP que contemple una pena privativa de libertad superior a los 24 meses. Dicha sanción no podrá aplicarse ni siquiera en aquellos supuestos en que el sujeto activo, actuando en beneficio de una persona jurídica, ejecute varios delitos contra los animales (en concurso ideal o medial), pues el precepto parece meridianamente claro y taxativo cuando se refiere al "*delito* [en singular] *cometido*".

V. ADOPCIÓN DE MEDIDAS JUDICIALES (ART. 340 QUINQUIES CP)

La reforma penal de 2023 ha introducido a favor del Juez o Tribunal la posibilidad de adoptar, motivadamente, *cualquier medida cautelar necesaria para la protección de los bienes tutelados* en este Título, incluyendo *cambios provisionales sobre la titularidad y cuidado del animal.*

También se prevé con carácter imperativo (de oficio o a instancia de parte) la adopción de las "*medidas pertinentes*" respecto a la titularidad y el cuidado del animal en aquellos supuestos en que la pena de inhabilitación especial para el ejercicio de profesión, oficio o comercio que tenga relación con los animales y para su tenencia, *recaiga* sobre la persona que tuviera asignada la titularidad o cuidado del "*animal maltratado*".

> La redacción dada al segundo párrafo del art. 340 quinquies CP plantea algunas incertidumbres respecto de su ámbito de aplicación, pues el tenor literal del precepto se refiere al "animal maltratado", lo que en términos taxativos llevaría a excluir los supuestos de abandono. Pero dicha interpretación debe descartarse atendiendo al sentido de la LO 3/2023, donde se deja claro que el objetivo perseguido ha sido el de reforzar los mecanismos para la salvaguarda de los animales frente a cualquiera de las conductas delictivas que los afectan.

VI. CUESTIONES PROCESALES

La condena en costas por un delito contra los animales puede incluir las de la acción popular, cuando la organización o asociación protectora de los animales ha participado activamente en el procedimiento, incluso facilitando información a la policía para la investigación de los hechos, ayudando a gestionar la intervención y asistencia a los animales, solicitando pesquisas e interponiendo recursos [STSJ, Madrid, Sala de lo Civil y Penal, Sección 1ª, 308/2023, 8-9 (*Tol 9731307)*].

VII. BIBLIOGRAFÍA

ÁLVAREZ GARCÍA, F. J. "Lesiones (I)", en *Tratado de Derecho Penal Español. Parte Especial. 1. Delitos contra las personas*, 4ª ed., Valencia, 2023; BERNUZ BENEITEZ, M. J. "¿Castigos (eficaces) para delitos contra los animales? Repensando la respuesta al maltrato animal", *InDret*, nº 1, 2020; BRAGE CENDÁN, S. B. *Los delitos de maltrato y abandono de animales*, Valencia, 2017; CAVALIERI, P. *The Animal Question. Why Nonhuman Animals Deserve Human Rights*, Oxford University Press, 2001; CERVELLÓ DONDERIS, V. "El maltrato de animales en el Código Penal español", *RGDP*, nº 10, 2008; COLAS TURÉGANO, A. y MORELLE HUNGRÍA, E. "El Derecho ambiental frente a los delitos ecológicos: la eficacia y eficiencia penal a debate", *RECPC*, nº 23-13, 2021; CUERDA ARNAU, M. L. (dir.), *De animales y normas. Protección animal y derecho sancionador*, Valencia, 2021; DELGADO GIL, A. "Los animales domésticos y el Código Penal", *LL-penal*, nº 50, 2008; GARCÍA ÁLVAREZ, P. y LÓPEZ PEREGRÍN, C. "Los delitos contra la flora, la fauna y los animales domésticos. Análisis doctrinal y jurisprudencial, con referencia a la reforma introducida por la LO 5/2010, de 22 de junio", *RECPC*, nº 15-11, 2013; GARCÍA RIVAS, N. "Sobre la reforma del art. 337 CP", en ÁLVAREZ GARCIA, FJ, MANJÓN-CABEZA OLMEDA, A. y VENTURA PÜSCHEL, A. (coords.), *La adecuación del Derecho penal español al ordenamiento de la Unión Europea*, Valencia 2008; GODOY SUÁREZ, M. "Breves apuntes sobre el maltrato de animales en el artículo 337 del Código Penal", *LH-González-Cuéllar García*, 2006; GUTIÉRREZ ROMERO, FM, "Delitos relativos a la protección de la flora y fauna en el nuevo Código Penal: análisis de los nuevos tipos delictivos", *LL*, nº 2, 2005; GUZMÁN DALBORA, J. L. "El delito de maltrato de animales", *LH-Cerezo Mir*, 2002; HAVA GARCÍA, E. "Protección penal de animales domésticos", en BOIX REIG, J. (dir.) y LLORIA GARCÍA, P. (coord.), *Diccionario de Derecho penal económico*, Madrid, 2017; id. *La tutela penal de los animales*, Valencia, 2009; id. "La protección del bienestar animal a través del Derecho Penal", *Estudios Penales y Criminológicos*, t. XXXI, 2011; id. "¿Hacia dónde va la política criminal española sobre maltrato animal? Luces y sombras tras 25 años de reformas penales", *RECPC*, nº 25-23, 2023; HIGUERA GUIMERÁ, J. F. "Los malos tratos crueles a los animales en el Código Penal de 1995", *AP*, 1998; MONTALVÁN ZAMBRANO, D. J., "Justicia ecológica", *Eunomía. Revista en Cultura de la Legalidad*, nº 18, 2020; MUÑOZ LORENTE, J. "Algunos aspectos sobre la reforma de los delitos relativos a la protección de la flora, fauna y animales domésticos", en AA.VV. *La respuesta del Derecho penal ante los nuevos retos. IX Jornadas de profesores y estudiantes de Derecho Penal de las Universidades de Madrid, celebradas en la Universidad Rey Juan Carlos los días 8, 9 y 10 de marzo de 2005*, Madrid, 2006; id. "La protección penal de los animales domésticos frente al maltrato", *LL-penal*, nº 42, 2007; id. "La modificación de los delitos relativos a la flora, fauna y animales domésticos operada por la Ley orgánica 15/2003, de 25 de noviembre, de reforma del Código Penal", *LH-Prats Canut*, 2008; MUÑOZ MACHADO, S. *Los animales y el Derecho*, Madrid, 1999; REQUEJO CONDE, C. "El delito de maltrato a los animales", *LL* 2007-2; id. *La protección penal de la fauna. Especial consideración del delito de maltrato a los animales*, Granada, 2010; RÍOS CORBACHO, J. M. "Nuevos tiempos para el delito de maltrato de animales a la luz de la reforma del Código Penal Español", *RECPC*, nº 18-17, 2016; ROCA FERNÁNDEZ-CASTANYS, M. L. "Los animales domésticos y el Derecho: en particular, el régimen jurídico de los animales de compañía", en AA.VV. *Panorama jurídico de las Administraciones públicas en el siglo XXI. Homenaje al Profesor Eduardo Roca*, Madrid, 2002; RUIZ RODRÍGUEZ, L. "Posición y tratamiento de los animales en el sistema penal", en AA.VV. *Los animales como agentes y víctimas de daños. Especial referencia a los animales que se encuentran bajo el dominio del hombre*,

Barcelona, 2008; SERRANO TÁRRAGA, M. D. "El maltrato de animales en el Código Penal", *LL* 2005-3; id. "La reforma del maltrato de animales en el Derecho penal italiano", *BFD*, nº 26, 2005; SINGER, P. *Animal Liberation: A New Ethics for Our Treatment of Animals*, New York, 1975; id. "Animal Liberation at 30", *The New York Review of Books*, 50(8), 2003; TARAZONA, AM, CEBALLOS, M. C. y BROOM, D. M., "Human Relationships with Domestic and OtherAnimals: One Health, One Welfare, One Biology", *Animals*, nº 10(1), 2020.

REFERENCIAS LEGALES

- Ley 7/2023, de 28 de marzo, de protección de los derechos y el bienestar de los animales (*Tol 9466453*).
- Real Decreto 159/2023, de 7 de marzo, por el que se establecen disposiciones para la aplicación en España de la normativa de la Unión Europea sobre controles oficiales en materia de bienestar animal (*Tol 9431943*).
- Real Decreto 1157/2021, de 28 de diciembre, por el que se regulan los medicamentos veterinarios fabricados industrialmente (*Tol 8705313*).
- Real Decreto 53/2013, de 1 de febrero, por el que se establecen las normas básicas aplicables para la protección de los animales utilizados en experimentación y otros fines científicos, incluyendo la docencia (*Tol 3004711*).
- Real Decreto 692/2010, de 20 de mayo, por el que se establecen las normas mínimas para la protección de los pollos destinados a la producción de carne y se modifica el Real Decreto 1047/1994, de 20 de mayo, relativo a las normas mínimas para la protección de terneros.
- Ley 32/2007, de 7 de noviembre, para el cuidado de los animales, en su explotación, transporte, experimentación y sacrificio (*Tol 1160532*).
- Ley 31/2003, de 27 de octubre, de conservación de la fauna silvestre en los parques zoológicos (*Tol 314028*).
- Ley 8/2003, de 24 de abril, de sanidad animal (*Tol 258052*).

Lección 36ª

Delitos relativos a la energía nuclear y radiaciones ionizantes

PAZ DE LA CUESTA AGUADO

SUMARIO. I. DELITOS CONTRA LA SEGURIDAD COLECTIVA Y BIENES JURÍDICOS INDIVIDUALES: ARTS. 341 A 344 CP. 1. Consideraciones generales. 2. Bienes jurídicos protegidos. 3. Sujetos activo y pasivo. 4. Modalidades típicas. 4.1. Art. 341 CP: delito de liberación de energía nuclear o elementos radiactivos. 4.2. Art. 342 CP: delito de perturbación de instalaciones nucleares o radiactivas. 4.3. Art. 343 CP: delito de contaminación radiactiva. 5. Elemento subjetivo. 6. Justificación. 7. *Iter criminis*. 8. Concursos. 9. Imprudencia punible. 10. Penalidad. II. DELITOS CONTRA LA SEGURIDAD NUCLEAR: ART. 345 CP. 1. Consideraciones generales. 2. Bien jurídico protegido. 3. Sujetos activo y pasivo. 4. Delito de tráfico de materiales nucleares y "otras sustancias radiactivas". 4.1. Consideraciones generales. 4.2. Sujeto activo. 4.3. Conductas típicas. 5. El delito de producción de materiales nucleares y sustancias radiactivas. 6. Elemento subjetivo. III. CONCLUSIONES DE POLÍTICA CRIMINAL. IV. BIBLIOGRAFÍA.

Artículo 341

El que libere energía nuclear o elementos radiactivos que pongan en peligro la vida o salud de las personas o sus bienes, aunque no se produzca explosión, será sancionado con la pena de prisión de quince a veinte años, e inhabilitación especial para empleo o cargo público, profesión u oficio por tiempo de diez a veinte años.

Artículo 342

El que, sin estar comprendido en el artículo anterior, perturbe el funcionamiento de una instalación nuclear o radiactiva, o altere el desarrollo de actividades en las que intervengan materiales o equipos productores de radiaciones ionizantes, creando una situación de grave peligro para la vida o la salud de las personas, será sancionado con la pena de prisión de cuatro a diez años, e inhabilitación especial para empleo o cargo público, profesión u oficio por tiempo de seis a diez años.

Artículo 343

1. El que mediante el vertido, la emisión o la introducción en el aire, el suelo o las aguas de una cantidad de materiales o de radiaciones ionizantes, o la exposición por cualquier otro medio a dichas radiaciones ponga en peligro la vida, integridad, salud o bienes de una o varias personas, será sancionado con la pena de prisión de seis a doce años e inhabilitación especial para empleo o cargo público, profesión u oficio por tiempo de seis a diez años. La misma pena se impondrá cuando mediante esta conducta se ponga en peligro la calidad del aire, del suelo o de las aguas o a animales o plantas.

2. Cuando con ocasión de la conducta descrita en el apartado anterior se produjere, además del riesgo prevenido, un resultado lesivo constitutivo de delito, cualquiera que sea su gravedad, los jueces o tribunales apreciarán tan sólo la infracción más gravemente penada, aplicando la pena en su mitad superior.

3. Cuando de acuerdo con lo establecido en el artículo 31 bis una persona jurídica sea responsable de los delitos recogidos en este artículo, se le impondrá la pena de multa de dos a cinco años.

Atendidas las reglas establecidas en el artículo 66 bis, los jueces y tribunales podrán asimismo imponer las penas recogidas en las letras b) a g) del apartado 7 del artículo 33.

Artículo 344

Los hechos previstos en los artículos anteriores serán sancionados con la pena inferior en grado, en sus respectivos supuestos, cuando se hayan cometido por imprudencia grave.

Artículo 345

1. El que, contraviniendo las leyes u otras disposiciones de carácter general, adquiera, posea, trafique, facilite, trate, transforme, utilice, almacene, transporte o elimine materiales nucleares u otras sustancias radiactivas peligrosas que causen o puedan causar la muerte o lesiones graves a personas, o daños sustanciales a la calidad del aire, la calidad del suelo o la calidad de las aguas o a animales o plantas, será castigado con la pena de prisión de uno a cinco años, multa de seis a dieciocho meses, e inhabilitación especial para profesión u oficio por tiempo de uno a tres años.

2. El que sin la debida autorización produjere tales materiales o sustancias será castigado con la pena superior en grado.

3. Si los hechos a que se refieren los apartados anteriores se hubieran cometido por imprudencia grave, se impondrá la pena inferior en grado a la señalada en los mismos.

I. DELITOS CONTRA LA SEGURIDAD COLECTIVA Y BIENES JURÍDICOS INDIVIDUALES: ARTS. 341 A 344 CP

1. Consideraciones generales

1.1. La Ley 25/1964, de 29 de abril, sobre energía nuclear (LEN) (*Tol 147492*), introdujo en nuestro ordenamiento jurídico los delitos relacionados con la utilización de energía nuclear y radiaciones ionizantes. El CP de 1995 incorpora —reformados— estos delitos a su articulado en la Sección 1ª del Capítulo I el Título XVII entre otras razones por la importancia de los bienes jurídicos en juego, la cada vez mayor sensibilidad social hacia la peligrosidad de estas conductas y la necesidad de someter al control penal los riesgos tecnológicos y de abandonar el sistema de tipificación en leyes especiales.

Aunque en los últimos años los medios de comunicación han relatado numerosos incidentes sufridos por instalaciones nucleares o radiactivas, algunos de los cuales traspasaron la frontera de la inocuidad —y las geográficas—, no se han dictado sentencias en aplicación de estos artículos. Ello es debido, por un lado, a las dificultades para perseguir a los responsables últimos de tale instalaciones, caracterizados por su alto poder económico y social (delincuencia de cuello blanco) y para identificar las personas implicadas en el concreto incidente y, por otro, porque la prueba de la peligrosidad, en la práctica, solo la realiza el Consejo de Seguridad Nuclear (CSN), aunque en algún caso se ha recurrido, con carácter complementario, a investigadores de universidades públicas —ya que las partes, de hecho, no tienen capacidad técnica ni, generalmente, económica para presentar pericial contradictoria (todo ello, sin olvidar que se trata de una materia altamente especializada tanto desde una perspectiva técnico-científica como técnico-jurídica).

Para interpretar los tipos penales contenidos en los arts. 341 a 345 CP es necesario acudir a la LEN que es la que regula y ordena la explotación pacífica de la energía nuclear y de radiaciones ionizantes y al complejo y extenso conjunto de normas administrativas que la desarrollan, así como a la normativa europea dictada por EUROATOM —entre las que se incluyen diversas directivas y reglamentos—, aunque, salvo las modalidades típicas contenidas en el art. 345 CP, estos delitos son formalmente autónomos del Derecho administrativo.

1.2. Precisamente la LEN es la que, por primera vez, tipifica en nuestro ordenamiento jurídico los delitos relacionados con el uso de energía nuclear y radiaciones ionizantes. Así, los antecedentes de los preceptos que ahora estudiamos se encuentran, efectivamente, en el Título XIII de la LEN (arts. 84 a 90). Estos artículos fueron derogados —sin que los tribunales se hubieran pronunciado sobre ellos— por la Disposición Derogatoria Única 1, letra f) de la LO 10/1995, de 23 de noviembre, del Código penal (*Tol 1867500*). El nuevo CP acabó con el sistema de ley especial e incorporó este conjunto de delitos a la sección 1ª del Capítulo primero del Título XVII de su Libro II. Desde entonces, dos han sido las modificaciones legislativas que han sufrido estos preceptos. La primera de las reformas, que afectó a los arts. 343 y 345 CP, vino de la mano de LO 5/2010, de 22 de junio (*Tol 1867500*), con la finalidad, según su propia Exposición de Motivos, de armonizar la legislación penal española en materia de tratamiento de residuos radiactivos con la normativa europea. Para ello, se incorporan a los preceptos reformados objetos ambientales, lo que ha generado algunos problemas concursales con los arts. 325 y 326 CP, así como la exigencia de responsabilidad penal de las personas jurídicas. El art. 345 volvió a ser modificado por la LO 1/2015, de 30 de marzo (*Tol 4788288*), que introduce un delito de tráfico de materiales nucleares y sustancias radiactivas en línea con otros delitos de tráfico de objetos contenidos en el CP.

1.3. La LO 5/2010, de 22 de junio, modificó los arts. 343 y 345 CP, incorporando, por primera vez en nuestro ordenamiento jurídico como objeto del delito (sobre el que ha de versar el peligro) "la calidad" de determinados objetos ambientales. La referencia típica a la calidad del suelo, las aguas o el aire recuerda el debate doctrinal sobre el resultado en los delitos de contaminación en que se embarcó la Doctrina alemana a finales del siglo pasado, y se debe, según expresamente reconoce el Legislador, a la necesidad de armonizar nuestros tipos penales a la Directiva 2008/99/CE (*Tol 1405541*). La LO 5/2010 transcribe, efectivamente, algunas partes de la Directiva, incluso literales, sin previa constatación de cómo se integrarían en nuestro CP, aunque mantiene algunas singularidades. Así, el art. 343 CP incorpora literalmente la "coletilla" que causen o pueda causar la muerte o lesiones graves a personas o daños sustanciales a la calidad del aire, la calidad del suelo o la calidad de las aguas o a animales o plantas, pero, a diferencia de los previsto en la Directiva, mantiene el delito de exposición singular a radiaciones ionizantes.

En definitiva, la evolución legislativa ha transitado de forma paralela a la evolución de la percepción sobre la energía nuclear —en menor medida sobre el uso de aparatos o elementos radiactivos. Inicialmente, la LEN responde a momentos de euforia científica sobre la bondad y seguridad de la tecnología nuclear, admitiendo, no obstante, un riesgo restante. A finales del siglo XX, tras el accidente de Chernóbil (1986), se extiende el rechazo al uso de energía nuclear para producir energía eléctrica y el paradigma de la idílica seguridad se vuelve insostenible, sobre todo tras el accidente de Fukushima I (2011).

1.4. La LEN en su versión inicial, acogía expresamente la tesis de la seguridad de las centrales nucleares, y, en su art. 36, afirmaba que "*las explotaciones de minerales radiactivos, las instalaciones nucleares y las instalaciones radiactivas deberán funcionar sin riesgo* [...]". Este precepto fue objeto de reforma en 2007, para sumarse a una concepción más realista de los riesgos derivados de la explotación de centrales nucleares. En su nueva redacción introduce la obligación de adoptar cuantas medidas de seguridad y prevención sean necesarias, así como la "obligación legal" de cumplir con los reglamentos correspondientes. Estas obligaciones expresamente previstas, ya en el ámbito de los delitos relativos a la energía nuclear y radiaciones ionizantes, servirían para fundamentar el *Principio de minimización del riesgo*, que obligaría a los sujetos responsables de estas instalaciones a adoptar todas las medidas de seguridad y prudencia necesarias y posibles para minimizar los riesgos restantes y, desde luego, a no incrementar en absoluto el riesgo permitido. Este Principio de minimización del riesgo, acorde con la peligrosidad del medio comisivo, introduciría una especial exigencia de cumplimiento del deber de cuidado, que sería superior al nivel medio requerido en el Derecho penal. Esta especial exigencia de cuidado reduciría el margen de error admisible y facilitaría que pudiera ser calificada como grave prácticamente cualquier infracción significativa del deber objetivo de cuidado, a la vez que puede serviría para fundamentar posiciones de garantía ex art. 11 CP.

El origen de estos preceptos hay que buscarlo en el proceso de implantación en Europa de centrales nucleares para producción de energía eléctrica, bajo control de EEUU, que exige a sus aliados leyes reguladoras del uso de la energía nuclear para compartir la tecnología. En España, con un cierto retraso respecto de otros Estados por las razones políticas de aislamiento imperantes durante la dictadura, se promulga la Ley de energía nuclear en 1964, que contiene, junto a normas de carácter administrativo, los ya mencionados preceptos penales.

De modo que, en el origen de estos preceptos penales, es la finalidad reguladora y también, en cierta medida, legitimadora o, al menos, tranquilizadora respecto de los riesgos derivados del uso de energía nuclear —cuando todavía se recordaba vívidamente los efectos de las bombas nucleares que pusieron fin a la II Guerra mundial. Así, la LEN regula el "ciclo del combustible nuclear", que abarca a todas las actividades (desde la extracción hasta la destrucción de desechos) relacionadas con el uranio enriquecido, con la finalidad, en la mayoría de los casos, de obtención de energía eléctrica. Todas estas actividades se desarrollan en instalaciones nucleares, entendiendo por tales cualquier instalación o industria dotada de un reactor nuclear (también los buques o aeronaves de propulsión nuclear) y las demás definidas por el art. 2.12 LEN. La distinción entre delitos relativos a la energía nuclear y delitos relativos a las radiaciones ionizantes se ha diluido en el CP, si bien los primeros (relativos a la energía nuclear) tienen como finalidad la prevención y sanción de conductas que crean riesgos potencialmente catastróficos, incuantificables y que difícilmente pueden ser reparados material o económicamente; características que son ajenas a los riesgos creados (o los perjuicios producidos) en los delitos relativos a las radiaciones ionizantes. Paralelamente, se ha ido incrementando la preocupación por los riesgos que generan los residuos radiactivos.

1.5. La peligrosidad del medio típico (energía nuclear y radiaciones ionizantes) explican el recurso a tipos de peligro vinculados, en su mayoría, a la vida, la salud de las personas o el patrimonio u objetos ambientales. Por su parte, los arts. 344 y 345.3 CP tipifican expresamente modalidades imprudentes, lo que requerirá que nos detengamos en ella brevemente por las especificidades que pueden plantear los delitos de peligro imprudentes.

Los delitos de peligro obligan al juez a realizar un juicio sobre la peligrosidad de la conducta a partir de informes periciales. Sin embargo, la prueba del peligro en estos ámbitos, en la práctica, está vinculada a los medios y expertos que proporciona el CSN, si bien, más recientemente, sus conclusiones pueden ser también sometidas a revisión por otros expertos de otros organismos públicos —véase el AAP, Tarragona, Sección 4ª, 226/2020, 13-3 (*Tol 8195305*). En cualquier caso, surgen, en relación con la práctica de la prueba y su recepción por los tribunales dos cuestiones sobre las que será necesario reflexionar: en primer lugar, la dependencia para la prueba de los informes del CSN invita a reflexionar sobre la posibilidad de tipificar expresamente la desviación de poder, la negligencia o las actuaciones dolosas del experto —generalmente funcionario o autoridad administrativa— que no cumpla con sus funciones de inspección y de control o que favorece u oculta información en el ámbito de la energía nuclear y radiaciones ionizantes; en segundo lugar, es preciso recordar que, si bien la prueba corresponde a los peritos expertos, la valoración de la prueba corresponde al juez penal. Esta afirmación cobra singular importancia en cuanto a la prueba del resultado típico peligrosos, cuya valoración (es decir, la conclusión de que de la prueba practicada se puede deducir que se ha generado el peligro que exige el tipo) solo corresponde al juez pues para ello ha de tomar en consideración criterios valorativos y normativos, además de la prueba practicada y de sus resultados fácticos.

Finalmente, es preciso hacer una lectura crítica de estos preceptos, cuya redacción adolece de términos imprecisos, reiteraciones que generan problemas concursales y en los que es fácil adivinar fines simbólicos. No ayuda el hecho de que no se exija responsabilidad penal a las personas jurídicas, más que por las conductas contenidas en el art. 343 CP, siendo el caso que la inmensa mayoría de las instalaciones serán propiedad de personas jurídicas. Por otro lado, la ausencia de previsión expresa de omisiones típicas o de la exigencia de responsabilidad penal de inspectores y garantes de la seguridad de las instalaciones genera serias dudas sobre la eficacia de estos preceptos, como ha quedado demostrado por el hecho de que no se ha dictado ni una sola sentencia en aplicación de los mismos. La reforma del art. 345 CP, efectuada en 2015, no ha abordado tampoco la totalidad del problema del tráfico de residuos nucleares y radiactivos, pero ha trasladado, también a los delitos relativos a la energía nuclear y radiaciones ionizantes, las deficiencias técnicas propias de los delitos contra el medio ambiente en nuestro CP.

2. *Bienes jurídicos protegidos*

2.1. Los delitos relativos a la energía nuclear y radiaciones ionizantes se ubican bajo el epígrafe "De los delitos contra la seguridad colectiva" (delitos de riesgo catastrófico) lo que tiende a resaltar la capacidad lesiva del medio empleado y los acerca a los delitos de estragos. Ahora bien, las sucesivas reformas no solo han consolidado la autonomía de bienes jurídicos individuales (vida, salud, patrimonio) sino que han introducido otros nuevos relacionados con valores ambientales. Todo ello exige una reflexión detenida sobre los bienes jurídicos protegidos.

Los arts. 341 y 343.1.1ª CP hacen referencia expresa a bienes jurídicos de carácter individual: vida, salud o patrimonio, lo que, según una interpretación literal y garantista de los preceptos invitaría a pensar que son los bienes jurídicos que se protegen; en el art. 342 CP el bien jurídico protegido es la seguridad nuclear (o colectiva), entendida como inmutabilidad de las condiciones imprescindibles de seguridad en el ejercicio de actividades altamente peligrosas y, finalmente, tras la nueva redacción del art. 343.1 *in fine* CP, se protegen también valores ambientales. El art. 345 CP, por su parte, se dirige a la protección tanto de valores individuales como ambientales (tal y como hemos descrito para el art. 343 CP).

2.2. Bienes jurídicos individuales: la vida, salud (ausencia de enfermedad e integridad física) y patrimonio son los bienes jurídicos protegidos en los arts. 341 y 343.1.1ª CP y en la primera parte del art. 345 CP. Esta técnica jurídica que consiste en la "acumulación" de bienes jurídicos protegidos en un mismo tipo penal merece ser revisada, en primer lugar, porque dificulta la determinación del momento de la consumación, pero, además, porque equipara la protección de bienes jurídicos protegidos de muy diferente entidad (vida y patrimonio). Esta acumulación de referencias a valores personalísimos ha de entenderse en el contexto de un delito de peligro como referencia a los objetos de la conducta típica sobre los que ha de recaer la prueba del resultado típico de peligro. En definitiva, por tanto, nos encontraremos ante tipos mixtos alternativos en los que la prueba del peligro causado a uno cualquiera de los objetos de referencia (vida, salud, etc. de una o varias personas, determinadas o no, según el peligro típico) consumará el delito.

2.3. La vida humana se protege en sentido amplio, es decir incluyendo tanto la vida dependiente como la independiente, de la misma forma que bajo el bien jurídico "salud" se protege tanto la del nacido como la del *nasciturus*, y —en el sentido de los delitos de lesiones— tanto la física como la psíquica, la ausencia de enfermedad y la integridad. El patrimonio se protege bajo la manifiestamente mejorable expresión "bienes de las personas", heredada de la LEN.

Especiales problemas plantea la puesta en peligro de la salud psíquica, pues parece difícil que estas conductas puedan directamente afectar a la salud psíquica. Ahora bien, donde a ley no distingue, interpretativamente no se debe distinguir y habrá que acudir a la prueba pericial.

2.4. El bien jurídico "seguridad colectiva" se concibe por la Doctrina como un bien jurídico colectivo cuya finalidad es adelantar las barreras de protección para evitar la lesión de bienes jurídicos individuales mediante la protección de los "estándares de seguridad". En esta línea de protección de las condiciones de seguridad, se sitúa el art. 342 CP según Doctrina unánime. También los tribunales, las escasas veces que se han pronunciado, lo hacen en esta línea. Así, el AAP,

Guadalajara, Sección 1ª, 39/2003, 16-4, considera que el bien jurídico protegido en el art. 342 CP es la seguridad colectiva. Por su parte, el AAP, Cádiz, Sección 1ª, 31-5-2004 (*Tol 462473*), afirma que el bien jurídico protegido en todos los delitos de esta sección es la seguridad colectiva en la explotación de la energía nuclear, lo que quizá sea demasiado reduccionista, pero ilustra bien esta apariencia de protección de la que adolecen estos preceptos. En este sentido podría entenderse, efectivamente, el art. 342 CP, pese a la referencia expresa en el tipo a la vida y la salud de las personas. De hecho, MORALES PRATS entiende que la referencia a la vida o salud sirve únicamente como parámetro de referencia de los juicios de peligro expresados típicamente, pero el bien jurídico protegido es la seguridad colectiva, entendida como las condiciones que permiten asegurar la indemnidad de los objetos de protección.

Ahora bien, esta posición doctrinal debería ser matizada, tras la reforma de 2010 y la extensión del concepto de seguridad nuclear (*nuclear safety and security*) utilizado por la OIEA, término más específico que se ha consolidado internacionalmente para hacer referencia a las condiciones de seguridad y sostenibilidad del uso de la tecnología nuclear o generadora de radiaciones necesarias para proteger a las personas, la sociedad y el medio ambiente.

2.5. Bien jurídico "medio ambiente": el art. 343 CP *in fine* tipifica la puesta en peligro de "*la calidad del aire, del suelo o de las aguas*" o "*animales o plantas*". También el art. 345 CP hace depender la consumación del delito de que se les causen o puedan causar daños sustanciales. Con ello, el Legislador tipifica, por primera vez en nuestro ordenamiento jurídico, la puesta en peligro de objetos ambientales. Esta expresa incorporación a estos preceptos de la concreta referencia a objetos ambientales merece una valoración positiva, por ser más respetuoso con el principio de seguridad jurídica que la vaguísima referencia a los recursos naturales u otras expresiones utilizadas para hacer referencia al medio ambiente. Cabe discutir, sin embargo, si estos objetos ambientales directamente protegidos han sido elevados a la categoría de bien jurídico (siquiera intermedio, representativo o inmediato). Sin perjuicio de que la "calidad del aire" indudablemente es un valor que bien podría (y quizá debería) ser protegido directamente por el Derecho penal, lo cierto es que dada la redacción típica no cabe sino entender que el bien jurídico protegido es el medio ambiente que se ve afectado cuando tales objetos son puestos en peligro (o dañados).

2.6. En cualquier caso, y a modo de conclusión, los distintos bienes jurídicos enumerados se enmarcan en delitos de peligro, lo que obliga a considerar, en cualquier caso, que se trata de un peligro generalizado y, por tanto, muy cercano, en todo caso, a la idea de seguridad nuclear.

3. Sujetos activo y pasivo

Los tipos penales contenidos en los arts. 341 a 345 CP se configuran como delitos comunes, de modo que sujeto activo puede ser cualquier persona, tenga o no conocimientos técnicos. Como veremos, las conductas típicas están directamente relacionadas con la explotación y uso de sustancias nucleares y materiales radiactivos. No se tipifica la conducta del funcionario que tolera, favorece o ampara la actividad realizada de forma ilegal —a diferencia de los que sucede en los art. 319 y 329 CP. La falta de incriminación de las conductas de la autoridad o funcionario encargado del control de la seguridad en el funcionamiento de las instalaciones nucleares y radiactivas es altamente criticable, especialmente en relación con la producción de energía nuclear. Téngase en cuenta que el único organismo encargado de velar por la seguridad en España es el CSN, que cuenta con un régimen orgánico singular y rinde cuentas sólo ante el Parlamento, y que las empresas propietarias de las instalaciones nucleares (especialmente las empresas eléctricas propietarias de las centrales) forman uno de los *lobbies* más poderosos internacionalmente. En estas circunstancias y habida cuenta del amplio margen de discrecionalidad con que cuenta en CSN —en parte por lo reducido del control político y de la opinión pública, en parte por la especialidad técnica de la materia y, en parte, por los amplios márgenes de discrecionalidad que la propia LEN otorga al CSN, por ejemplo, en materia de sanciones—, el control judicial penal sobre las conductas de las autoridades o funcionarios del CSN debería adquirir un papel prioritario.

De lege ferenda es preciso reclamar la tipificación expresa de la conducta de las autoridades o funcionarios públicos que, en relación con la explotación de instalaciones nucleares o de actividades relacionadas con el ciclo del combustible nuclear o con fuentes de radiaciones ionizantes, tolere el incremento del riesgo; informe favorable la concesión de licencias o autorizaciones ilegales; omita la realización de inspecciones obligatorias o necesarias; omita, falsee u oculte datos o hechos detectados en el ejercicio de la inspección; omita, falsee u oculte datos o hechos ante organismos de control nacionales, especialmente ante el Congreso de los Diputados, e internacionales cuando la vida de las personas haya sido puesta en peligro por razones ajenas a la seguridad nacional; autorice la actividad o no la detenga cuando existan razones para sospechar que con ello se puede crear un riesgo de exposición radiactiva a personas; niegue u oculte la creación de un peligro; no ponga en conocimiento judicial la creación de un riesgo para los bienes jurídicos protegidos, o no colabore activamente y con fidelidad con la investigación judicial penal. Igualmente sería conveniente agravar la realización de conductas corruptas (prevaricación, cohecho, tráfico de influencias, etc.) cuando afecten a decisiones en torno a la explotación de instalaciones nucleares.

Por otro lado, cobra especial relevancia el riesgo creado por quien, teniendo la obligación de trasladar información relevante sobre un incidente que ponga en riesgo seguridad de la central o instalación, no informe a las autoridades competentes para adoptar especiales medidas de seguridad. Así no se entiende que conductas como la explotación sin autorización (normalmente porque haya vencido) o la ocultación de datos con trascendencia para la seguridad o la falta de información a tiempo de incidentes o situaciones que hayan creado un riesgo de radiación o contaminación radiactiva por parte de las empresas al CSN, sean constitutivos, tan solo, de sanción administrativa.

> El principio sobre el que se ha desarrollado internacionalmente la normativa en materia de seguridad nuclear es la responsabilidad de los Estados respecto a la seguridad nuclear de las instalaciones nucleares (según la Directiva 2009/71/Euratom del Consejo, de 25 de junio de 2009, por la que se establece un marco comunitario para la seguridad nuclear de las instalaciones nucleares). Este principio y el de la responsabilidad primordial del titular de la licencia de la seguridad nuclear de una instalación nuclear bajo la supervisión de su autoridad nacional reguladora competente han sido olvidados en nuestro CP. Esta situación responde a la resistencia a permitir que lleguen a la opinión pública los datos reales sobre el riesgo nuclear. Históricamente el Derecho penal ha sido utilizado —la Ley de energía nuclear, pero también el CP— como un instrumento para apaciguar los recelos frente a los riesgos radiactivos por la vía de negarlos, tal y como hemos expuesto con anterioridad. De hecho, es especialmente significativo que, en relación a estas conductas, se castigue "la creación de peligros" pero no la producción de lesiones o daños derivados del riesgo nuclear, a salvo la cláusula concursal prevista en el art. 343.2 CP, sobre la que volveremos más adelante.

La exigencia de responsabilidad penal a personas jurídicas se circunscribe a las conductas típicas del art. 343 CP. También esta restricción de la responsabilidad merece ser puesta en tela de juicio, pues las conductas relacionadas en los demás preceptos de esta sección 1ª se enmarcan en procesos industriales en los que las decisiones empresariales y los protocolos de seguridad fruto de decisiones de personas jurídicas, lo que justificaría extender la responsabilidad penal a las personas jurídicas propietarias de las instalaciones.

3.1. En este caso, los tipos relativos a la energía nuclear, como manifestación específica de lo que sería el Derecho Penal en la sociedad del riesgo, se dirigen a proteger a un sujeto pasivo-masa o sujeto pasivo colectivo, en el que no siempre es posible individualizar a los individuos afectados o determinar su número más allá de la certeza de que se tratará de un número muy elevado. En la medida en que hemos advertido de que los delitos se destinan a la protección de bienes jurídicos individuales, tiene sentido designar a los sujetos pasivos. Ahora bien, si el bien jurídico fuera configurado como colectivo, no procedería técnicamente la mención al sujeto pasivo, sino que la única referencia debería ser a los perjudicados, que reunirán similares características de indeterminación y cuantía.

4. Modalidades típicas

4.1. Art. 341 CP: delito de liberación de energía nuclear o elementos radiactivos

La conducta típica del art. 341 CP consiste en liberar, ya sea energía nuclear, ya sean elementos radiactivos.

4.1.1. Liberar energía nuclear, en sentido estricto, quiere decir alterar el núcleo de los átomos para obtener la energía de enlace de las partículas subatómicas que integran los núcleos. El adjetivo "nuclear" aplicado al sustantivo "energía", en este caso, designa el origen de la obtención de energía (el núcleo de los átomos) y no una forma de manifestación de la misma.

De modo que, de una primera interpretación del precepto, se podría deducir que lo prohibido por el tipo del art. 341 CP es precisamente el proceso tecnológico que permite la fisión o fusión nuclear. De esta interpretación literal se deduciría que sería típica la producción de energía eléctrica en centrales nucleares; o la investigación que implicara la fisión o fusión nuclear o de cualquier forma de obtención de energía procedente del núcleo de los átomos. Del origen histórico de la LEN en España no es descartable que la finalidad del Legislador español, en un primer momento, pudiera haber sido precisamente prohibir la proliferación de la tecnología nuclear. De hecho, cuando —en plena guerra fría— los EEUU proporcionan a España esta tecnología, derivada y muy cercana todavía a la utilizada para fabricar la bomba atómica de plutonio, España se compromete a protegerla prácticamente como "tecnología secreta". Pero con el desarrollo político y tecnológico este sentido pronto es abandonado y el propio texto del antiguo art. 84 LEN —precedente del actual art. 341 CP— sugería que las finalidades de protección eran otras. La introducción de estos artículos en el CP aleja definitivamente el tipo del art. 341 CP del secreto industrial. En este sentido ha de entenderse también la nueva regulación del "secreto nuclear" contenida en el art. 602 CP que enmarca el secreto nuclear, por su importancia estratégica, entre los "secretos de Estado" relacionados con la defensa. En esta línea, más orientada a la prevención de la seguridad nuclear que del secreto, también se enmarcan los arts. 566 y 567 CP —delitos de tenencia, tráfico y depósito de armas nucleares y radiológicas— que prohíben expresamente cualquier actividad consistente en la investigación de carácter científico o técnico dirigido a la modificación de una arma nuclear o radiológica o a la creación de una nueva.

En un sentido más amplio, por "liberar" podemos entender la acción de producir o permitir la emanación al exterior de los circuitos autorizados de energía incontrolada en forma de radiaciones ionizantes o de ondas caloríficas, luminosas, expansivas o explosivas, etc., peligrosas para los objetos, como consecuencia de procesos atómicos de todo tipo (tanto de fisión como de fusión) destinados a la obtención de energía (cualesquiera que sean los fines a los que esta energía se vaya a dirigir). En este sentido, son típicas las conductas que incrementan el riesgo autorizado por las correspondientes autorizaciones; las que no cuentan con autorización, aunque se desarrollen en instalaciones autorizadas y las que, fuera de instalaciones o circuitos autorizados, produzcan energía de origen nuclear.

Energía nuclear es la que se obtiene mediante procesos que alteran la estructura de los átomos (mediante procedimiento de fisión o fusión nuclear). La expresión "liberar energía nuclear" puede plantear problemas interpretativos en la medida en que esta expresión ("energía nuclear") designa una forma específica de obtención de energía y no a la forma en que se manifiesta la energía (calor, luz, radiación...). Sin embargo, el tipo utiliza la expresión para referirse, precisamente, a los efectos o formas que adopta la energía obtenida mediante procesos nucleares (de fisión) que destacan por su capacidad de producir una cantidad ingente de energía en un brevísimo periodo de tiempo. De las dificultades que existen para controlar y dominar tal cantidad de energía surge el denominado "peligro nuclear".

Energía es la capacidad de un sistema para producir trabajo mecánico. La energía, en este sentido, puede adoptar diferentes formas. Entre las formas más habituales de manifestación de la energía están la energía mecánica, térmica, calorífica o eléctrica. Todas ellas tienden a transformarse en calor. En cuanto a las formas de obtención de la energía se podría distinguir entre energía eólica, solar, atómica o nuclear, etc. Energía atómica o energía nuclear es aquella que se origina como consecuencia de la interacción de partículas sub-nucleares que forman núcleos más estables cediendo (reacción exoenergética) o absorbiendo (reacción endoenergética) energía. Así, energía nuclear será la producida mediante transmutaciones en el núcleo de los átomos, cualquiera que sea el proceso utilizado al efecto, siempre que su resultado sea la obtención de energía en el sentido de fuerza implícita y desencadenada en el propio proceso que pueda ser utilizada para producir trabajo. En el lenguaje no experto las expresiones energía nuclear y energía atómica suelen utilizarse como sinónimo.

El proceso de fisión nuclear comercial para la obtención de energía eléctrica se realiza bombardeando Uranio-235 con neutrones libres. Con la absorción de un neutrón, el átomo se vuelve inestable, se fisiona y produce Cesio 140, Rubidio 93, tres neutrones y 200 millones de electrón-voltios (MeV). Es decir, se liberan tres neutrones y una energía 10 millones de veces superior a la de una reacción química típica, que se manifiesta en una gran cantidad de calor y de radiación. Los neutrones liberados por los núcleos fisionados golpean a los átomos colindantes originando nuevos procesos de fisión nuclear en una reacción en cadena. En las centrales nucleares se utiliza este calor para calentar agua cuyo vapor moverá una turbina para así producir energía eléctrica. Procesos tecnológicos muy similares han sido utilizados en armas o explosivos nucleares y para la propulsión de submarinos nucleares, de cruceros o de portaaviones (el Estado español no dispone de buques de estas características, aunque históricamente se han visto en la base naval hispano-estadounidense de Rota o, esporádicamente, en Gibraltar).

También se puede obtener energía del núcleo de los átomos mediante un proceso inverso: la fusión nuclear. Cuando dos núcleos ligeros (de hidrógeno pesado o deuterones) se fusionan producen un núcleo de Helio 3, un neutrón libre y una enorme cantidad de energía (la que antes se destinaba a mantener unidos los elementos subatómicos de los átomos preexistentes —energía de enlace). Pero los procesos de fusión aun no son rentables y están en fase experimental, si bien se espera que generen mucha menor radiactividad y prácticamente ningún residuo radiactivo (cuando consigan obtener una fusión nuclear rentable sin tener que utilizar, para generar el calor necesario para la fusión, procesos de fisión nuclear).

4.1.2. En segundo lugar, el tipo del art. 341 CP se refiere a la "liberación de elementos radiactivos", expresión que plantea aún más dificultades interpretativas. Para empezar ni la LEN ni los textos legislativos nacionales, comunitarios o internacionales definen qué es un "elemento radiactivo" —en relación con la obtención y producción de energía nuclear, se entiende—, lo que permite considerar que nos encontramos ante un elemento descriptivo del tipo. Elementos radiactivos son, en primer lugar, los elementos químicos de la tabla periódica que tienen núcleos inestables y emiten radiación. Esta propiedad de los elementos radiactivos puede ser natural o artificialmente producida, como consecuencia del bombardeo, principalmente, con partículas y neutrones sobre núcleos estables produciendo nuevos núcleos inestables que luego decaen. De ahí que también puedan ser considerados "elementos radiactivos" en un sentido amplio aquellos objetos que han sido irradiados y se han convertido en radiactivos. En definitiva, el tipo hace referencia a procesos de desintegración radiactiva fuera de las instalaciones autorizadas o infringiendo las normas de actuación, seguridad y control establecidas en la legislación aplicable o en la autorización. Con ello trata de completar el sentido de la primera modalidad de acción puesto que la desintegración radiactiva es también una forma de liberación de energía nuclear.

De los procesos de obtención de energía del núcleo de los átomos también se obtienen radiaciones ionizantes. La radiación consiste en un proceso de transmisión de ondas o partículas y puede ser mecánica (cuando las ondas solo se transmiten a través de la materia, como las ondas de sonido); o electromagnética (cuando es independiente de la materia para su propagación, aunque la velocidad, intensidad y dirección de su flujo de energía se ven influidos por la presencia de materia). La radiación electromagnética con energía suficiente para provocar cambios en los átomos sobre los que incide, se denomina radiación ionizante. Cuando una radiación ionizante actúa sobre objetos inertes los ioniza (convirtiéndolos en iones eléctricamente cargados), destruyéndolos para el uso humano; cuando actúa sobre seres vivos puede producir lesiones (de aparición rápida o tardía) o la muerte y alteraciones genéticas transmisibles a la descendencia. El peligro de la exposición a radiaciones ionizantes se ve incrementado por el hecho de que no es detectable por los sentidos y porque, salvo en dosis muy altas, los efectos no son de aparición inmediata.

En resumen, podemos concluir que "elementos radiactivos" son todos aquellos (elementos u objetos) que emiten radiaciones ionizantes.

Sin embargo, ¿cómo se pueden "liberar" elementos (o sea, objetos materiales que pueden tener peso y masa considerables) radiactivos? Por ejemplo: ¿cómo se puede "liberar" una barra de torio, que es un "elemento radiactivo" en sentido propio? Aunque no parece muy correcto, el término "liberar" podemos entenderlo aplicado a partículas subatómicas (neutrones, electrones), a "radiaciones ionizantes", incluso a objetos con mayor masa (así se pueden liberar cenizas radiactivas o gases radiactivos), pero no liberar objetos sólidos (cuerpos con mayor masa). En cualquier caso, desde una perspectiva criminológica, lo realmente peligroso de estas conductas de "liberación" relacionadas con la obtención o utilización de energía nuclear son las fugas de radiación, calor, ondas y todos aquellos efectos derivados de la fisión de núcleos pesados (u otros procesos) para la obtención de energía de origen nuclear potencialmente productoras de grandes estragos.

El art. 341 CP contiene un delito de resultado resultativo, en el que la conducta típica —liberar— puede realizarse tanto de forma activa como omisiva. Para su consumación es preciso que la energía o la radiación (los elementos radiactivos) hayan sido efectivamente detectados en el exterior de las instalaciones o circuitos autorizados y ello sea peligroso para los bienes jurídicos protegidos. Nos encontramos, por tanto, ante un delito de peligro concreto.

4.1.3. Aunque es un tipo autónomo del Derecho Administrativo, para la de— terminación del riesgo permitido será preciso acudir a lo previsto por las normas administrativas que regulan la actividad, y muy especialmente a las diversas autorizaciones necesarias: desde la autorización de puesta en marcha de la instalación, hasta las órdenes emitidas por el CSN. La infracción de los valores-límite de exposición a la radiación o de emisión u otros valores tendentes a garantizar la seguridad y la integridad de los bienes jurídicos, puede servir para fundamentar la imputación de un resultado peligroso al sujeto activo en función de las circunstancias. Cabe recordar, en este momento, que la autorización administrativa en ningún caso puede permitir la producción de lesiones o muertes.

Para la consumación del tipo no es necesario que se produzca explosión, según textualmente explica el art. 341 CP. Esta innecesaria libertad literaria recuerda al interprete las finalidades simbólicas de este tipo penal, pues si se produjera una explosión habríamos superado, con mucho, el ámbito del peligro.

Como consecuencia de todo lo anterior, sigue teniendo sentido reclamar la reforma integral de los delitos relativos a la energía nuclear y a las radiaciones ionizantes.

El art. 341 CP exige, para la consumación, que la conducta típica "ponga en peligro de la vida o salud de las personas". De esta forma, el precepto configura un delito de resultado de peligro concreto, por lo que el juez penal tiene que constatar que, efectivamente, se ha producido un peligro. Ahora bien, la redacción típica no individualiza sobre una concreta persona o bien patrimonial el peligro, sino que hace una referencia genérica a "personas o sus bienes", probablemente, como consecuencia del riesgo nuclear y radiactivo (y la potencialidad lesiva) que subyace a estas conductas. El objeto sobre el que recae la acción típica son, sin embargo, las personas o sus bienes, por lo que el juez habrá de constatar efectivamente la existencia de un peligro concreto. Ahora bien, en el supuesto en que la conducta no sea catastrófica, no genere explosión, ni grandes daños, sino tan solo peligro concreto, ha de tomarse en consideración que, generalmente, la radiactividad es más detectable en "objetos" —hierba del entorno en el que se ha producido la contaminación radiactiva o por donde se ha extendido la radiación, por ejemplo. En este supuesto, la constatación de la contaminación radiactiva de objetos puede servir de base para emitir un juicio de peligro concreto si, por ejemplo, la hierba contaminada (y a su vez radiactiva) está situada a las orillas de la carretera por la que pasó el camión que liberaba los "elementos radiactivos"; carretera por la que, a su vez, han circulado o han podido pasear peatones, que se han visto sometidos a un peligro concreto. En cualquier caso, el resultado típico ha de ser concreto —y, por tanto, inminente, cercano a la lesión y en alta probabilidad—, pero no grave, restricción valorativa que no realiza el precepto.

A este respecto es preciso señalar que la valoración del peligro concreto —es decir, el juicio normativo de probabilidad que subyace al resultado de peligro concreto— ha de ser realizado por el juez a partir, por supuesto, de la prueba pericial, pero tomando también en consideración la concreta configuración del resultado típico, los objetos sobre los que recae la conducta y el bien jurídico protegido. De ahí, por ejemplo, la importancia de determinar si el bien jurídico protegido en este precepto (y esto es aplicable a los siguientes) es de carácter individual (vida, salud, patrimonio) o, por el contrario, es la seguridad nuclear, en el sentido antedicho, pues, evidentemente, si el bien jurídico protegido fuera la seguridad nuclear, el juicio de peligro ha de estar más alejado de la lesión de los objetos de referencia que si lo protegido es la vida o la salud de tales objetos. Por ello, si se logra constatar que, como consecuencia de la exposición a radiaciones derivada de la conducta típica, objetos (la hierba en el caso anterior) ha sido contaminada y es a su vez radiactiva, con independencia de la gravedad de los posibles efectos a largo, medio o corto plazo que pueda sufrir los objetos del delito (personas, bienes) habrá que concluir que existe un peligro concreto (sobre todo si, además, personas o sus bienes se han visto afectados por la radiación, siquiera, indirecta). Pero, además, al tratarse de un delito de peligro, la lesión (contaminación) de objetos ya supera el resultado típico.

4.2. Art. 342 CP: delito de perturbación de instalaciones nucleares o radiactivas

4.2.1. Con el tipo contenido en el art. 342 CP se pretende sancionar aquellas conductas que, afectando gravemente a la seguridad de las instalaciones nucleares o radiactivas, no se lleguen a producir situaciones de peligro concreto para bienes jurídicos individuales o, habiéndose producido, no se puedan probar, de modo que, inicialmente, aparece como tipo de recogida respecto del art. 341 CP. Ahora bien, el tipo no exige expresamente que el peligro sea de origen nuclear o radiactivo, al menos en la primera modalidad de conducta, lo que dota a este artículo de su propio ámbito de actuación. Esta opción interpretativa, sin embargo, amplía el ámbito típico para incluir alteraciones de la actividad que, sin generar riesgo nuclear o radiactivo, genera otras situaciones de peligro (peligro de contaminación no radiactiva; peligro de desprendimiento de materiales; peligro de explosión por razones ajenas a la condición de instalación nuclear o radiactiva, etc.). Desde una interpretación sistemática creo preferible defender una interpretación restrictiva del tipo, entendiendo que la situación de peligro creada derivará de la creación de un riesgo radiactivo o de enorme potencial propio de la energía nuclear.

El art. 342 CP contiene, aparentemente, dos modalidades típicas distintas (y se configuraría como un tipo mixto alternativo): "perturbar el funcionamiento de una instalación nuclear o radiactiva" y "alterar el desarrollo de actividades en las que intervengan materiales o equipos productores de radiaciones ionizantes". Pero, teniendo en cuenta que perturbar y alterar son sinónimos más que dos modalidades de conducta distinta, en el art. 342 CP nos encontraremos ante una conducta típica consistente en trastornar el orden establecido para el correcto funcionamiento de instalaciones nucleares o radiactivas o de actividades en las que intervengan materiales o equipos productores de radiaciones ionizantes, rebajando los estándares de seguridad en relación con el riesgo nuclear o radiactivo. La perturbación ha de afectar directa o indirectamente al proceso relacionado con la producción de radiaciones ionizantes o con el ciclo del combustible nuclear —lo que generalmente conduce de nuevo al riesgo de la radiación— y ha de afectar específicamente a la seguridad relacionada con la producción de energía nuclear o radiaciones ionizantes.

Otras perturbaciones de la instalación que, alterando su funcionamiento, no generen situaciones de riesgo serán atípicas (huelgas, manifestaciones en torno a la central, etc.). El criterio para determinar la aplicación del tipo contenido en el art. 342 CP es el de la potencialidad lesiva de la conducta y las sustancias empleadas, así como su idoneidad para originar estragos y afectar a la generalidad de la población.

La redacción típica, sin embargo, no deja de ser criticable. En este sentido la aparente segunda modalidad típica ("o altere el desarrollo de actividades en las que intervengan materiales o equipos productores de radiaciones ionizantes, creando una situación de grave peligro para la vida o la salud de las personas") sin dejar de ser una reformulación de la "perturbación de instalaciones radiactivas" tendría el objeto de extender la intervención penal a cualquier tipo de actividad con riesgo radiactivo lo que, de hecho, dada la amplitud de la fórmula haría innecesaria la primera modalidad de conducta.

4.2.2. La conducta típica afectará a instalaciones nucleares o radiactivas, conceptos que han de ser considerados elementos descriptivos del tipo. No obstante, el art. 2° LEN define lo que serían instalaciones nucleares e instalaciones radiactivas en sus párrafos 12° y 13° respectivamente; definiciones que, sin ser vinculantes para el juez penal, pueden servir como criterio orientador.

A efectos penales, instalaciones nucleares son todas aquellas relacionadas con el ciclo del combustible nuclear, incluyendo centrales nucleares, dispositivos e instalaciones experimentales (art. 2.12 bis LEN) y cualquier instalación que contenga reactores nucleares (también submarinos, aeronaves o portaaviones nucleares, incluso militares, dado el silencio del Código penal militar); cementerios nucleares o instalaciones de almacenamiento de sustancias nucleares.

Instalaciones radiactivas son todas aquellas que contengan fuentes de radiaciones ionizantes (y no estén incluidas en la categoría anterior, es decir, no sean instalación nuclear). En general lo serán todas las calificadas administrativamente como tales (por ejemplo, en el Catálogo Nacional de Instalaciones y Actividades con Riesgo Radiológico), pero, también todas aquéllas en las que se desarrollen actividades en las que intervengan materiales o equipos productores de radiaciones ionizantes, cualesquiera que sean sus fines. En la actualidad se utilizan aparatos o equipos productores de radiaciones ionizantes para muy diversos fines, desde la esterilización de alimentos hasta la detección de fallos en embalajes. Pero donde cobran una especial relevancia es en el ámbito médico (radiodiagnóstico, radioterapia, etc.).

Las "radiaciones ionizantes" son radiaciones electromagnéticas con energía suficiente para convertir los átomos de la materia sobre la que incide en iones; es decir, en átomos cargados eléctricamente por un exceso o falta de electrones. Se considera que son radiaciones ionizantes las que tienen una longitud de onda inferior a unos 100 nanómetros o cuya energía sea superior a los 10 electrónvoltios, que es la energía necesaria para arrancar un electrón a un átomo de oxígeno. Radiaciones no ionizantes (o electromagnéticas) son aquellas de la misma naturaleza física que la luz del sol, de menos de 10 electrón-voltios. Como ya vimos, cuando las radiaciones ionizantes actúan sobre objetos, los ionizan y los convierten a su vez en radiactivos y peligrosos para la salud de las personas, con lo que pierden sus características esenciales básicas; cuando actúan sobre los seres vivos, dependiendo de la dosis, pueden producir lesiones somáticas de diverso grado, como quemaduras, caída del cabello, cáncer o muerte, pero también lesiones genéticas que pueden ser heredadas.

El art. 2.12 LEN excluye del concepto de instalación nuclear los lugares en que las sustancias relacionadas con el ciclo del combustible nuclear se almacenen incidentalmente durante su transporte. En cualquier caso, puesto que tales sustancias son altamente radiactivas, el lugar en que se encuentren, siquiera de forma transitoria, ha de ser considerado, a efectos penales, instalación radiactiva. Por su parte, el art. 2.13 LEN excluye del concepto de instalación radiactiva aquellas instalaciones, aparatos y materiales cuando la intensidad del campo de irradiación creado por ellas no entrañe riesgo. Esta cláusula quizá deba ser entendida como fruto del optimismo científico imperante en el momento en que se dictó la ley, pero no vincula al juez penal, que ha de constatar, caso por caso, si el campo de irradiación puede entrañar un riesgo para las personas.

4.2.3. En cuanto al resultado típico, el art. 342 CP lo define como "la creación de una situación de grave peligro para la vida o la salud de las personas". Nos encontramos, por tanto, ante un delito de peligro y resultado en el que éste (resultado) viene determinado por la producción de una situación peligrosa. Para considerar consumado el delito, entonces, será preciso constatar que en unas determinadas coordenadas espacio— temporales se originó un estado o situación que, de haber afectado a personas, les hubiera producido con un alto grado de probabilidad lesiones o la muerte. Para ello habrá de comprobarse la clase de sustancia y emisión, los eventuales efectos en las personas según la dosis y la exposición, así como otras circunstancias dependientes del autor (medidas de seguridad adoptadas, etc.) que sirvan para probar la creación de una situación de peligro. Será irrelevantes, sin embargo, el hecho de que hubieran concurrido accidentalmente circunstancias que hubieran podido o efectivamente impidieran la creación de la situación peligrosa desde una perspectiva ex post y que ni fueron ni pudieron ser previstas ni dominadas por el autor (v.gr., una tormenta de verano que dispersó las sustancias o una huelga de transporte que evitó que en el ámbito peligroso hubiera personas en aquel momento).

La situación peligrosa ha de estar separada espacio-temporalmente de la acción típica (resultado material) y ser gravemente peligrosa para la vida o salud de las personas.

El resultado típico puede ser producido en comisión por omisión, puesto que, también aquí los verbos típicos son resultativos. La referencia a la vida y salud de las personas ha de entenderse como criterio para determinar la gravedad del peligro derivado de la situación típica; o, dicho de otro modo, solo si se puede comprobar que la situación creada es peligrosa para las personas se puede afectar al bien jurídico colectivo que es la seguridad nuclear —cuyo fundamento es, precisamente, evitar situaciones peligrosas para las personas. No obstante, no es necesario constatar que ninguna persona se vio afectada por la situación peligrosa o padeció radiación o peligro directo derivado de la conducta típica, pues lo que ha de constatarse como resultado típico es la generación de una situación de peligro derivada de una conducta que rompe con los estándares de seguridad.

Distinta es la posición mantenida por el AAP, Guadalajara, Sección 1ª, 39/2003, 16-4, que enjuicia una manifestación ante una central nuclear en el que se plantea la aplicación del art. 342 CP. La Audiencia Provincial de Guadalajara considera que este precepto protege la seguridad colectiva y contiene un delito de peligro concreto, "*de ahí que la conducta perturbadora deba ser idónea para crear un efectivo riesgo sobre el mencionado bien jurídico protegido y que se trate de un peligro grave*". Y concluye que la prueba del peligro no se puede deducir ni del hecho de que el CSN abra un expediente sancionador por la "flagrante vulneración de la seguridad física de la planta" u otro por deficiencias de la central, ni de que, por razones preventivas, se decretara la parada de central. Tampoco se produce "perturbación", considera el Auto, si los manifestantes no accedieron al interior de la central ni a lugares donde "pudieran preservarse materias reservadas". A tales efectos —perturbación— también toma en consideración el elemento subjetivo, la intención, que fue hacer patente la protesta y no perturbar la instalación.

Así planteado y respecto del bien jurídico "seguridad colectiva" que se vería lesionado con la creación de una situación de peligro para la vida o la salud de las personas (producido en el mundo exterior y constatable por los sentidos) podríamos encontrarnos ante un delito de lesión.

4.3. Art. 343 CP: delito de contaminación radiactiva

Originariamente, el ámbito de actuación del art. 343 CP era tipificación de peligros derivados de la utilización de fuentes de radiaciones ionizantes. Tras la reforma introducida por la LO 5/2010, de 22 de junio, de reforma del Código Penal (*Tol 1867500*), el precepto gana complejidad y amplía las conductas típicas.

El art. 343 CP fue introducido en el CP reproduciendo el derogado art. 82 de la Ley 25/1964, de 29 de abril, sobre energía nuclear. Hasta la reforma del CP de 2010, el delito de exposición a radiaciones ionizantes contenido en este artículo se centraba en la protección de sujetos (u objetos) individualizados frente a los peligros derivados de la exposición a radiaciones ionizantes, lo que permitía distinguir (con mayor claridad en la LEN) entre delitos relativos a la energía nuclear —que respondían a la creación de grande riesgos propios de la Sociedad del Riesgo— y delitos relativos a las radiaciones ionizantes —que sancionaban peligros limitados sobre personas determinadas.

4.3.1. El primer párrafo del art. 343 CP contiene dos modalidades delictivas de peligro concreto, uno para la vida, integridad, salud o bienes de una o varias personas y el otro para el medio ambiente, con la creación de un peligro concreto para determinados objetos ambientales. Así, habría que distinguir entre un delito de contaminación radiactiva y un delito de exposición a radiaciones.

a) Delito de contaminación radiactiva: la primera modalidad típica contiene, como hemos dicho, un delito de contaminación radiactiva, donde la conducta típica consistirá en "el vertido, la emisión o la introducción en el aire en el suelo o las aguas de una cantidad de materiales o de radiaciones ionizantes".

Se trata de nuevo de un complejo delito mixto alternativo —en el que la realización de cualquiera de las conductas típicas ya consuma el delito— que se construye sobre dos verbos típicos: verter (en el suelo o en el agua) y emitir (porque "introducir en el aire" es emitir). Se trata de verbos resultativos que, en sí mismos, exigen la producción de un resultado (el vertido, la emisión) que se ve restringido por la ulterior exigencia de peligrosidad del mismo. Es decir, todo vertido conlleva un resultado, entendido como alteración del mundo exterior, pero este vertido puede producir efectos peligrosos para los objetos protegidos o no, de forma que solo será típico el vertido que, por sus efectos, reúna los requisitos de peligrosidad descritos en el precepto. Mayor detenimiento requiere la interpretación de la expresión "introducción en el suelo o las aguas". De nuevo, una interpretación posibilista invita a pensar que debe ser algo distinto a "verter", de modo que, por esta vía, conductas de inyección, soterramientos o, incluso, depósitos en el interior de suelo (por ejemplo, en cuevas o en huecos excavados al efecto) o de aguas (por ejemplo, inyección de líquidos a altas presiones en zonas profundas). Lo que parece que queda fuera del ámbito de la tipicidad, en cualquier caso, es el depósito en superficie.

De este primer acercamiento, puede colegirse que, en esta primera modalidad del precepto, se reproduce, de forma simplificada, el art. 325 CP, que, también en su primer párrafo, sobre todo a partir de la reforma de 2015, contiene un delito, con una modalidad de acción ("emitir radiaciones") cuyo efecto es una contaminación radiactiva. Obviando las deficiencias de estilo —parece evidente que el Legislador se "ha parado poco a pensar" estos preceptos—, así que, obviando posibles concursos de leyes y haciendo, de nuevo, una interpretación posibilista, podemos concluir que la conducta puede consistir en:

1°) Verter materiales radiactivos. A partir de una interpretación sistemática del precepto, debe interpretarse que el vertido de materiales ha de referirse a materiales radiactivos; es decir, que pueden emitir radiaciones ionizantes, de modo que el vertido de materiales no radiactivos sería objeto del art. 325 CP. Debemos interpretar la —desafortunada— expresión "una cantidad de materiales" en el sentido de objetos, líquidos o sólidos con capacidad para comportarse como semovientes —pues en caso contrario no podrían ser "vertidos" sino "depositados". El depósito de tales objetos sería, por su parte, es atípica a efectos de este precepto. El vertido se realiza sobre el suelo o las aguas.

2°) Emitir radiaciones ionizantes o sustancias (polvo, partículas, etc.) radiactivas. La emisión consiste en dispersar las radiaciones o sustancias a través del aire —emitir es, precisamente "introducir en el aire" y no se puede "verter en el aire". El mayor problema que plantea la interpretación de esta modalidad típica es, precisamente, diferenciarla de la contenida en el art. 325 CP ("el que contraviniendo las leyes u otras disposiciones de carácter general protectoras del medio ambiente, provoque o realice directa o indirectamente [...]radiaciones [...]"), al margen de que el precepto ahora analizado no hace depender la tipicidad de la conducta de la previa infracción de normas de carácter administrativo.

b) Delito consistente en exponer a radiaciones ionizantes por vías distintas a las anteriores a personas u objetos (traducción libre de la desdichada redacción típica: "o la exposición por cualquier otro medio a dichas radiaciones").

El art. 4.26 del Real Decreto 1029/2022, de 20 de diciembre, por el que se aprueba el Reglamento sobre protección de la salud contra los riesgos derivados de la exposición a las radiaciones ionizantes (*Tol 9317319*), define "exposición" como la acción y efecto de someter a las personas a las radiaciones ionizantes. Esta exposición, que, en principio, habida cuenta de la referencia individualizadora que contiene el propio precepto a "*una o varias personas*", deberá ser consecuencia de conductas no descritas anteriormente. A efectos de este delito serán típicas la exposición directa de una persona a una fuente radiactiva sin protección (por ejemplo en el ámbito médico); la exposición mediante la ingestión de sustancias o alimentos radiactivos o por contacto directo con objetos contaminados previamente; o las exposiciones en cadena, en los que los sujetos u objetos no han estado expuestos a la fuente originaria de radiación, pero sí a objetos que directa o indirectamente han sido contaminados por la fuente originaria. Esta modalidad puede servir como tipo de recogida para integrar todas las conductas en las que personas u objetos (no ambientales) han sido expuestos a radiaciones ionizantes sin que ello haya implicado contaminación ambiental (es decir, del entorno en sentido amplio).

4.3.2. Para la consumación de las diversas modalidades típicas contenidas en este precepto se precisa la puesta en peligro alternativa de la vida, la salud, incluyendo también la integridad física, o los bienes de una o varias personas (en sentido patrimonial tal y como la doctrina los configura a efectos de los delitos de daños); la calidad del aire, del suelo o de las aguas o a animales o plantas. Precisamente es la reforma de 2010 la que altera el sentido originario del precepto, destinado a sancionar la puesta en peligro dolosa de personas concretas o sus bienes mediante un medio comisivo de menor potencia destructiva a la propia de los preceptos anteriores (arts. 341 y 342 CP).

Así, también podemos encontrar dos modalidades típicas en función del resultado (a combinar con las dos modalidades en función de la conducta típica): la puesta en peligro concreto de objetos determinables (vida o salud y bienes que, aquí sí, se refieren a individuos concretos, lo que debe ser probado, y animales y plantas, también determinadas o determinables) y la puesta en peligro concreto, de la calidad del aire, del suelo o de las aguas —objetos ambientales. Cabe recordar aquí, en línea con lo advertido en relación con el precepto anterior, que la puesta en peligro es previa a la contaminación radiactiva. Es decir, no es necesario probar que se ha producido contaminación radiactiva, pues en ese caso ya se habría superado en ámbito del peligro y nos moveríamos en el de la lesión.

4.3.3. El peligro para la vida, integridad o salud y bienes ha de ir referido a una o varias personas —es decir, personas identificables o identificadas y en un número reducido— o a objetos también determinables. Quedan excluidas, por tanto, aquellas conductas en las que la radiación afecta a un gran número de personas (por ejemplo, un escape radiactivo que expone a todas las personas de una ciudad o de una zona geográfica a radiaciones ionizantes), supuesto que sería típico a efectos del art. 341 CP.

a) Aunque el precepto configura un delito autónomo del Derecho administrativo, la determinación de la peligrosidad de la conducta habrá de realizarse mediante la emisión de un juicio de peligrosidad a partir de la normativa administrativa que determina los niveles de exposición autorizados. A estos efectos, habrán de ser tenidos muy en cuenta las normas de carácter reglamentario.

En el ámbito sanitario, el art. 4.2 del ya derogado RD 783/2001, 6 de julio, por el que se aprueba el Reglamento sobre protección sanitaria contra radiaciones ionizantes (*Tol 709465)*, acogía también el Principio de minimización de riesgos al determinar que "las dosis individuales, el número de personas expuestas y la probabilidad de que se produzcan exposiciones potenciales, deberán mantenerse en el valor más bajo que sea razonablemente posible, teniendo en cuenta factores económicos y sociales"; de forma que la valoración judicial, atendiendo a criterios de la *lex artis* y de la prudencia profesional, habrá de determinar si la eventual exposición se mantuvo en el "valor más bajo razonablemente posible, teniendo en cuenta factores económicos y sociales". El nuevo Real Decreto 1029/2022, de 20 de diciembre, por el que se aprueba el Reglamento sobre protección de la salud contra los riesgos derivados de la exposición a las radiaciones ionizantes (*Tol 9317319)*, prescinde de una tan clara mención expresa, pero, a lo largo de su articulado, se reitera la necesidad del control exhaustivo y mínimo imprescindible de las dosis de radiación suministrada y que han de responder siempre a los principios de justificación, optimización y limitación de dosis (art. 6).

En todo caso y con independencia de otras cuestiones, es preciso afirmar que, en el ámbito penal, los "factores económicos" no pueden servir para exonerar de responsabilidad penal a quienes expongan a radiaciones ionizantes peligrosas a terceros.

Específicamente en el ámbito sanitario, habrán de tomarse en consideración también el RD 1085/2009, 3 de julio, sobre instalación y utilización de aparatos de rayos X con fines de diagnóstico médico (*Tol 1561633*), y la Ley 41/2002, 14 de noviembre, básica reguladora de la autonomía del paciente y de derechos y obligaciones en materia de información y documentación clínica (*Tol 215624*).

En cuanto a las dosis de radiación permitidas habrá que atender a los protocolos de actuación médica que han determinar la cuantía de las dosis máximas individuales o "valores-límite". Esto significa que, en determinados supuestos, el ordenamiento jurídico admite que la salud de las personas sea sometida a una exposición radiactiva cuando se cumplan dos requisitos: primero, que la persona sometida consienta y, segundo, que no se superen los niveles o valores de radiación previstos reglamentariamente o en protocolos técnicos de actuación, *lex artis*, etc. —salvo consentimiento expreso en los casos previstos en el art. 6 *in fine* del Real Decreto 1029/2022, de 20 de diciembre, por el que se aprueba el Reglamento sobre protección de la salud contra los riesgos derivados de la exposición a las radiaciones ionizantes (*Tol 9317319*).

De modo que, si el sujeto pasivo no consintió una exposición, incluso si ésta no supera los valores-límite, sería típica. Pero, además, el consentimiento del sujeto pasivo será relevante cuando solo y exclusivamente pone en peligro sus propios bienes jurídicos (disponibles, lo que, de hecho, significa considerar disponibles la "vida" o la "salud"). Si, en este último supuesto, como consecuencia de una exposición consentida —con consentimiento válido— que excede lo autorizado se produjeran lesiones, la lesión consumirá el peligro y nos encontraríamos ante un delito de lesiones, respecto del que habrá que analizar la validez del consentimiento, circunstancias, etc., pero habremos superado el ámbito del peligro.

El juez penal tendrá en consideración, como reglas de experiencia o conocimiento científicamente admitidas tales valores, pero decidirá de forma autónoma teniendo en cuenta el conjunto de circunstancias en que se produjo la exposición, así como la vigencia del Principio de minimización de riesgos, según el cual el funcionamiento de las instalaciones radiactivas ha de hacerse evitando, en todo caso, las lesiones a las personas y bajo los estrictos límites del riesgo permitido. Conviene recordar que, la autorización administrativa no puede superar los valores-límite prescritos legal o reglamentariamente, aunque sí podrá restringir los topes máximos de emisiones autorizadas legal o reglamentariamente. La superación de los valores-límite podrá servir para afirmar la existencia de un riesgo no permitido, lo que no implica necesariamente que se haya producido un resultado de peligro concreto.

La efectiva creación del peligro concreto, así como que ese peligro es consecuencia del riesgo creado por la infracción de los valores-límite, habrá de ser valorado y probado de forma independiente a la infracción de los valores-límite. Finalmente conviene recordar que la peligrosidad de la irradiación dependerá, entre otras circunstancias, de los sujetos que las padezcan. En este sentido los valores límites y los niveles de radiación correspondientes deberán tomar en consideración las características singulares y conocidas (o que deberían haber sido investigadas para conocer) de determinados colectivos, por ejemplo, personas embarazadas o en periodo de lactancia. Igualmente permite que las dosis sufridas por los profesionales sean mayores que las de las personas que no lo son.

Por tratarse de delitos de peligro, la conducta no debe haber producido resultados lesivos a pesar de ser inimaginables supuestos en los que se produzca una emisión radiactiva y no se origine una contaminación radiactiva, al menos, en objetos (lo que ya son daños) y, desde luego, es imposible que una emisión o un vertido radiactivo no "perjudique" la calidad del objeto que lo sufre (agua, suelo, aire).

b) La creación de un peligro para la calidad del aire, del suelo o de las aguas plantea serios problemas interpretativos y puede plantearlo también, en su caso, de prueba. La primera cuestión a delimitar es qué debe entenderse por crear un peligro para el aire, el suelo o las aguas cuando han estado sometidas a una emisión o vertido radiactivos. Por ejemplo: en el caso de que se produzca una emisión radiactiva procedente de una central nuclear ¿en qué momento la calidad del aire se ha puesto en peligro? En realidad, el peligro podrá haber existido *antes* de la emisión, porque en el momento en que esta se produce la calidad del aire ya se ha *deteriorado,* (estado que supera el mero peligro) dado que en el momento en que las radiaciones ionizantes entran en contacto con el aire, el agua o el suelo los convierte en radiactivos, con lo cual no solo se ha puesto en peligro su calidad, sino que han resultado "dañados". De modo que, en realidad, solo podría hablarse de puesta en peligro cuando se vertieran materiales radiactivos en contenedores que impidieran la emisión al exterior de la radiación. En este supuesto, puesto que no hay aún radiación que contamine el suelo, el aire o el agua podemos hablar de peligro y no de lesión. Estas precisiones son importantes, pues cualquier emisión radiactiva sobre objetos ambientales ya es contaminante —lesión.

La referencia a la calidad tiene, además, otro inconveniente y es que, para probar el peligro, será preciso conocer cuál era el estado de "calidad" del objeto ambiental previo a la conducta típica; pues, si se desconociera, no se podría probar que hubiera sido puesto en peligro. En cualquier caso, la "calidad" se refiere a la ausencia de contaminación radiactiva sin que pueda negarse la producción del resultado alegando que el aire, el suelo o las aguas que sufren el vertido o la emisión ya estaban contaminadas por metales u otro tipo de sustancias no radiactivas.

Ahora bien, el incremento de la radiactividad del objeto e, incluso, el riesgo de incrementarlo, también consumaría el tipo.

4.3.4. Se impone la misma pena cuando se pongan en peligro "animales o plantas". De una interpretación sistemática cabría colegir que se trata de proteger la vida silvestre. Debe entenderse que se refiere tanto a grupos de animales como a individuos aisladamente considerados y que el peligro afecta a su vida o su salud. El peligro puede derivar de la exposición directa, de una exposición en cadena o de la contaminación radiactiva del medio donde viven (suelo, aire o agua). Pero en este caso la previsión típica sería innecesaria, pues el tipo ya se habría consumado (pues ya se habría producido "el peligro para la calidad del aire, suelo y agua).

En cualquier caso, y en resumen, el precepto tipifica la contaminación radiactiva de objetos ambientales o la exposición a radiactividad a personas. Es sí, con un enorme margen de mejora.

5. *Elemento subjetivo*

Los delitos contenidos en los arts. 341, 342 y 343.1 CP son dolosos (pueden ser cometidos con dolo eventual). Como consecuencia del principio de minimización del riesgo y el especial deber de cuidado y conocimiento que impone, así como de que se trata de conductas realizadas en ámbitos industriales, la mayoría de las conductas se realizarán con dolo eventual respecto del peligro derivado de riesgos excesivos. En cualquier caso, por tratarse de un delito de peligro, el dolo no ha de abarcar la producción de resultados de lesión, sino tan solo que la conducta supera el riesgo permitido y puede originar una situación de peligro

El error sobre cualquiera de los elementos del tipo, incluyendo la creación de un riesgo no permitido, ha de ser tratado como error de tipo que, en caso de ser vencible, permitirá la punición por imprudencia, según lo dispuesto en el art. 344 CP. Cuando el sujeto activo sabe que la conducta está permitida por la autorización administrativa, pero que generará un riesgo excesivo o no previsto en la misma (o en la normativa legal o reglamentaria directamente aplicable) y que creará un resultado típico descrito en alguno de los preceptos que ahora estamos estudiando, debe abstenerse de actuar o, en caso contrario, le será imputada la conducta a título doloso.

6. *Justificación*

La autorización administrativa tiene la función de determinar el ámbito del riesgo permitido, por lo que surte efectos en la tipicidad. La autorización administrativa no permite justificar la conducta cuando ésta se ha realizado con respeto de las condiciones impuestas por aquélla, pero con conocimiento de que se producirán peligros no previstos en ella; y en ningún caso puede servir para justificar la producción de muertes o lesiones dolosas.

Respecto de la conducta típica a efectos del art. 342 CP no puede ampararse en la eximente del art. 20.4 CP quien perturbe típicamente la actividad de la instalación con la finalidad de acabar con la producción de energía nuclear y los riesgos presentes y futuros que genera. Pero sí cabrá la actuación en legítima defensa (cuando los bienes jurídicos protegidos sean de carácter individual y, por tanto, susceptibles de defensa) o en estado de necesidad cuando se cumplan todos los requisitos legalmente previstos para la aplicación de las mencionadas eximentes respeto de las conductas prescritas en los arts. 341 y 343 CP. Si el peligro es real, pero las lesiones (o daños) solo se producirán por acumulación y, por tanto, diferidos y distantes temporalmente del momento en que se realiza la acción y no existe otra posibilidad de evitar el riesgo, cabrá considerar la agresión como actual a efectos de la legítima defensa.

La utilización de radiaciones ionizantes e, incluso, de sustancias o medicamentos radiactivos que han de ser ingeridos o introducidos en el cuerpo humano con fines diagnósticos o preventivos es atípica siempre que no se supere el ámbito del riesgo permitido que estará determinado por la *lex artis* y la normativa específica de protección frente a radiaciones en el ámbito médico.

7. *Iter criminis*

Por tratarse de delitos de resultado todos los contenidos en los arts. 341, 342 y 343 CP pueden ser cometidos en grado de tentativa.

Concurre tentativa del art. 341 CP (y *mutatis mutandis* respecto del art. 342 CP) cuando los efectos de la liberación de la energía nuclear o de los elementos radiactivos no llegan al exterior o cuando llegan lo hacen en dosis inocuas (por causas ajenas a la voluntad del autor). Sin embargo, debe considerarse consumado el delito cuando los efectos de la liberación en el exterior sí son peligrosos en razón de la dosis y circunstancias en que se produce la liberación, pero el peligro no se concreta en ninguna lesión. Respecto del art. 343, comete tentativa acabada quien, realizando el vertido o la emisión, finalmente, por causas ajenas a su voluntad, no crea un peligro relevante. Por el contrario, ha de considerarse tentativa inacabada si el vertido o la emisión (o la exposición) no llega a producirse.

Hay que ser especialmente cuidadoso al evaluar el riesgo sobre los objetos materiales ("bienes de las personas"), pues, en caso de recibir radiación, se convertirán ellos mismos en radiactivos, lo que habrá de ser tomado en consideración a efectos consumativos, incluso, si no se puede determinar que la dosis de radiación en unas determinadas coordenadas de tiempo y lugar fue peligrosa para las personas. En este caso, si algún objeto (o varios) susceptibles de integrar un patrimonio se ha convertido en radiactivo, deberemos considerar consumado el tipo de peligro correspondiente —pues el objeto convertido en radiactivo puede servir para demostrar la radiación y su peligrosidad—, pero, además, estaremos ante un delito de daños consumado.

8. Concursos

8.1. Cuando una conducta típica en virtud de los arts. 341 y 342 CP cree un peligro para personas y cosas que, además, se materializa en daños o de estragos (véanse las lecciones correspondientes), generalmente por la conversión en la cosa irradiada en radiactiva, nos encontraremos antes un concurso ideal de delitos entre un delito de peligro consumado y tantos delitos de daños como resultados lesivos se produzcan. A la misma solución habrá que acudir cuando como consecuencia del peligro creado se produzcan lesiones o muertes, ya que el peligro creado excederá del que se materialice en las lesiones o muertes.

La diferencia entre peligro de muerte y peligro de lesiones es en muchas ocasiones una cuestión meramente cuantitativa o depende de factores externos (posibilidad de tratamiento médico adecuado temprano, etc.), por lo que no siempre será fácil distinguir entre uno u otro. Cuando sea posible el peligro de muerte consumirá el de sufrir lesiones, pese a que ambas modalidades se castigan con la misma pena.

Solo cabrá concurso de leyes cuando todo el peligro creado sea consumido por la lesión, situación poco probable por no decir imposible en relación con los arts. 341 y 342 CP.

Esta regla general no es de aplicación, sin embargo, en el art. 343 CP que, en su segundo párrafo, contiene un regla específica para resolver los concursos al disponer que "*cuando con ocasión de la conducta descrita en el apartado anterior se produjere, además del riesgo prevenido, un resultado lesivo constitutivo de delito, cualquiera que sea su gravedad, los jueces o tribunales apreciarán tan sólo la infracción más gravemente penada, aplicando la pena en su mitad superior*" lo que significa imponer la regla del concurso ideal, sin la limitación del art. 77.2 CP. Cuando además de "un resultado lesivo" —entendido como la materialización del peligro creado en uno de los sujetos pasivos afectados por la primera modalidad de conducta del art. 343.1 CP (puesta en peligro de la vida, salud, integridad o bienes de las personas)— se produzcan varios (varias muertes, varias lesiones, varios daños), los demás resultados serán tratados según las reglas del concurso real. Respecto de la segunda modalidad (puesta en peligro de la calidad del aire, del suelo o de las aguas o a animales o plantas) cabría concurso, a resolver según la regla del art. 343 CP.

Cabe concurso de delitos entre los arts. 341 o 342 CP —respecto del peligro para el medio ambiente— y el art. 325 CP (ideal o real según el caso), pero los arts. 342 CP —respecto del peligro para la salud de las personas— y 343 CP deben ser considerados ley especial (respecto del art. 325 CP) por lo que son de aplicación preferente. También cabe concurso ideal entre los arts. 341 o 342 CP y los correspondientes delitos de estragos o incendios, en la medida en que los resultados lesivos de estos tipos penales de las Secciones 2ª y 3ª del Capítulo I, así como los delitos de incendios del Capítulo II de este Título XVII no abarcan la totalidad del peligro creado por la conducta típica del art. 341 CP. En caso de concurrir con el art. 343 CP se aplicará la regla prevista en el segundo párrafo de este artículo.

8.2. La relación entre el art. 341 CP y 342 es de subsidiariedad, siendo el primero el principal.

9. Imprudencia punible

El art. 344 CP tipifica la realización imprudente de las conductas descritas en los arts. 341 a 343 CP. Esta opción político-criminal tiene como finalidad cerrar las posibles lagunas de punibilidad en ámbitos donde la prueba del dolo puede ser compleja, a pesar de las indudables dificultades para calificar como imprudente una conducta peligrosa. Con ello se garantiza la responsabilidad penal en aquellos supuestos en los que el sujeto activo actuó con error vencible de tipo —*ex* art. 14.1 CP— o cuando, cumpliéndose los requisitos de la tipicidad imprudente, con la correspondiente infracción de las normas de cuidado, no se pueda probar la concurrencia de dolo, siquiera eventual. Además, en el ámbito de la energía nuclear, la experiencia demuestra que uno de los principales factores en la producción del riesgo nuclear es el factor humano.

Los errores humanos pueden aparecer en cualquier momento del proceso. Así pueden incidir en la producción de un resultado típico errores de diseño (cálculos erróneos, materiales inadecuados, faltas de previsión…); de ejecución (defectos de construcción, utilización de materiales imperfectos o de baja calidad…); errores en la realización de la actividad (técnicas arriesgadas, asunción de riesgos excesivos, falta de respeto a las medidas de seguridad, faltas de atención, distracciones, desconocimiento técnico o inexperiencia, retraso en la adopción de una decisión en un momento de urgencia...); errores en la adopción de medidas de seguridad, etc. Fuentes de peligro pueden ser también decisiones arriesgadas adoptadas imprudentemente (culpa consciente o inconsciente) para la obtención de fines ajenos a la propia actividad (necesidad de alcanzar objetivos, de éxito personal, falta de presupuesto para medidas de seguridad o reparaciones, etc.). Y, en muchas ocasiones es difícil marcar la línea diferenciadora entre actos conscientemente arriesgados y errores. Pero todos estos supuestos pueden generar responsabilidad por imprudencia, especialmente en relación con el art. 342 CP.

La imprudencia punible *ex* art. 344 CP es la imprudencia grave. En este punto el *Principio de minimización de riesgos* permitiría calificar como graves un elenco mayor de infracciones de la norma de cuidado, dada la gravedad de los riesgos y el nivel de exigencia de respeto a las reglas de seguridad dispuesto por la normativa administrativa como condición para el ejercicio de estas actividades. Así mismo, la exigencia de altos conocimientos técnicos de los operarios y actuantes en estos ámbitos técnicos, cuando éstos sean los sujetos activos, la impericia o desconocimiento servirán para fundamentar la punición por imprudencia.

10. Penalidad

Artículo CP	Privativa de libertad	Inhabilitación
341	*15 a 20 años*	*Especial: 10 a 20* años
342	*4 a 10 años*	*Especial: 6 a 10 años.*
343	*6 a 12 años*	*Especial: 6 a 10 años*

Aunque nos encontramos ante delitos de peligro las penas privativas de libertad son altísimas, especialmente en el art. 341 CP, lo que puede entenderse por la peligrosidad general de las conductas típicas. Es, sin embargo, criticable que se sancione con la misma pena la puesta en peligro de una generalidad de personas que la puesta en peligro de objetos materiales (aunque lo cierto es que cuanto existe peligro para los objetos también lo existe para las personas, pero ello no evita la crítica que se deriva de una redacción más que mejorable).

El art. 343.3 CP prevé la responsabilidad penal de las personas jurídicas y la imposición de una pena de multa de dos a cinco años "cuando sea responsable una persona jurídica. Atendidas las reglas establecidas en el art. 66 bis CP, los jueces y tribunales podrán asimismo imponer las penas recogidas en las letras b) a g) del apartado 7 del artículo 33"; previsión que merece una valoración favorable en la medida en que la mayoría de las conductas serán realizadas en el ámbito de personas jurídicas y, en gran medida, debido a las presiones empresariales para la obtención de beneficios u ocultación de riesgos. Por eso mismo es preciso reclamar con firmeza idéntica previsión para los arts. 341 y 342 CP.

II. DELITOS CONTRA LA SEGURIDAD NUCLEAR: ART. 345 CP

1. Consideraciones generales

Con el fin del régimen soviético y la aparición de nuevos Estados surgidos de antiguas repúblicas ex-soviéticas, surgió la preocupación por la posesión y el tráfico ilícito de materiales nucleares y radiactivos, preocupación que se ha incrementado y generalizado con la expansión del terrorismo integrista. De hecho, la seguridad nuclear frente al tráfico y posesión ilícita es uno de los objetivos prioritarios de la Agencia Internacional de la Energía Atómica (AIEA), que desde 1995 mantiene la Base de Datos sobre incidentes y tráfico ilícito (ITDB por sus iniciales en inglés).

Respondiendo a esta preocupación el art. 345 CP tipifica las conductas relacionadas con la posesión, uso y tráfico ilegal de materiales nucleares y radiactivos.

2. Bien jurídico protegido

La Doctrina, siguiendo a DE LA CUESTA AGUADO, considera que el bien jurídico protegido en este precepto es la seguridad colectiva, sin embargo, en la actualidad, tras las sucesivas normativas en materia de seguridad nuclear emitidas por organismos internacionales y las sucesivas reformas del CP, parece más preciso y adecuado identificar el bien jurídico protegido como en el art. 345 CP es la "seguridad nuclear".

2.1. El concepto de "seguridad nuclear" acuñado internacionalmente y utilizado por la OIEA como nuclear *safety and security*, abarca tanto la seguridad colectiva frente a riesgos para la vida o salud de las personas, para el medio ambiente o el patrimonio como la prevención frente a riesgos de funcionamiento de las instalaciones y prevención frente a riesgos derivados de la pérdida de control sobre materiales radiactivos derivados de hurtos o robos, sabotajes, hurto de secretos militares, etc. Este concepto comprende también los riesgos estratégicos y de seguridad del Estado frente a potencias extranjeras o grupos terroristas o desestabilizadores del orden social. Es decir, se trata de un valor multifacético que se construye sobre el reconocimiento de la existencia de un riesgo restante en la explotación de la energía nuclear y se dirige a garantizar la seguridad en todos los aspectos frente a los riesgos propios de la energía nuclear y de su posible utilización como arma. Con ello no solo se protege la salud de las personas frente a escapes radiactivos, sino también a la sociedad en su conjunto frente a los excesos de las empresas explotadoras de instalaciones nucleares y radiactivas o frente a la proliferación de elementos radiactivos o materiales nucleares fuera del control de los organismos internacionales.

Se distingue, además, entre lo que se denomina seguridad nuclear tecnológica y seguridad nuclear física, La seguridad tecnológica se orienta a prevenir accidentes; la seguridad física, a prevenir actos deliberados que puedan provocar daños en las instalaciones o dar lugar al robo de materiales nucleares, aunque ambos aspectos de la seguridad nuclear comparten el objetivo de proteger la salud humana, la sociedad y el medio ambiente. El bien jurídico protegido "seguridad nuclear", en el sentido indicado y a efectos penales, es más amplio que el definido por la Directiva 009/71/Euratom del Consejo, de 25 de junio de 2009, por la que se establece un marco comunitario para la seguridad nuclear de las instalaciones nucleares, que en su art. 3. define la "seguridad nuclear" como "la consecución de condiciones de explotación adecuadas, la prevención de accidentes y la atenuación de sus consecuencias, cuyo resultado sea la protección de los trabajadores y del público en general de los riesgos producidos por las radiaciones ionizantes procedentes de instalaciones nucleares", e iría más en la línea definida por el art. 3 del Real Decreto 1400/2018, de 23 de noviembre, por el que se aprueba el Reglamento sobre seguridad nuclear en instalaciones nucleares (*Tol 6921980)*, según el cual, por "seguridad nuclear" ha de entenderse "*la consecución de condiciones de explotación adecuadas, la prevención de accidentes y la atenuación de sus consecuencias, cuyo resultado sea la protección de los trabajadores, el público y el medio ambiente de los riesgos producidos por las radiaciones ionizantes procedentes de las instalaciones nucleares*".

2.2. El precepto se construye, básicamente, como un delito de tráfico de objetos, técnica que utiliza en diversas ocasiones el Legislador para intervenir o controlar penalmente en un determinado mercado, y guarda paralelismos con otros preceptos similares del CP como, por ejemplo, los arts. 332, 362 o 566.1. 3°, entre otros. Con ello se trata de tipificar el tráfico comercial, desde la puesta en el mercado del objeto sobre el que versa la prohibición hasta su uso y posesión por el consumidor final, incluyendo la eliminación del objeto. Solo queda excluido del ciclo del comercio típico, a efectos del primer párrafo, la producción de los materiales nucleares o sustancias radiactivas, conducta que, recibe expresa tipificación en el párrafo segundo cuando se realice sin la debida autorización. Al margen de este precepto, también serán típicas las conductas de producción, comercialización e, incluso, investigación relacionadas con el tráfico de armas nucleares o radiológicas en los arts. 566 y ss. CP.

2.3. El delito de tráfico ilegal de sustancias nucleares y materiales radiactivos, por su parte, es un ejemplo paradigmático de la accesoriedad del Derecho penal respecto del Derecho administrativo.

3. Sujetos activo y pasivo

Aunque los tipos contenidos en el art. 345 CP son delitos comunes, lo cierto es que las conductas relacionadas con el tráfico ilegal y el mercado negro de sustancias nucleares y radiactivas está dirigido y controlado por grupos de delincuencia organizada que actúan a nivel internacional. Para dar respuesta a esta realidad criminológica, el art. 282 bis.4.j) LECrim considera delincuencia organizada la asociación de tres o más personas con la finalidad de realizar, de forma permanente o reiterada, conductas que tengan que ver con el delito de tráfico de material nuclear o radiactivo previsto en el art. 345 CP. Sin embargo, pese a que este precepto ha sufrido dos reformas (2010 y 2015) no se prevé responsabilidad penal para las personas jurídicas, aunque sí cuando los hechos sean cometidos con imprudencia grave.

El propietario o poseedor de los objetos sobre los que recae la acción no es el titular del bien jurídico protegido, por lo que su consentimiento es irrelevante y puede ser sujeto activo de estos delitos —de ahí la importancia de prever expresamente la responsabilidad de las personas jurídicas titulares de las instalaciones.

4. Delito de tráfico de materiales nucleares y "otras sustancias radiactivas"

4.1. Consideraciones generales

4.1.1. Con anterioridad a la reforma de 2015 del CP, el art. 345 CP se configuraba como un delito de apoderamiento, en su primera modalidad y, con carácter secundario, de un delito de tráfico de objetos. El verbo típico utilizado en la primera modalidad (apoderarse) era idéntico al utilizado en el art. 237 CP (delito de robo) y se construía, de hecho, como un delito de robo de materiales nucleares y elementos radiactivos, según el tenor literal de la redacción original del CP, de forma que, incluso, se preveía como circunstancias para cualificar la pena, el uso de violencia, intimidación o fuerza en las cosas. En consecuencia, la Doctrina lo trataba como un delito especial por razón del objeto, de robo o hurto (apoderamiento) y hacía extensivos a este precepto los criterios jurisprudencial y doctrinalmente establecidos para la consumación del delito de hurto.

> El art. 345 CP en versión anterior a la reforma de 2015 disponía:
> *"1. El que se apodere de materiales nucleares o elementos radiactivos, aun sin ánimo de lucro, será sancionado con la pena de prisión de uno a cinco años. La misma pena se impondrá al que sin la debida autorización posea, trafique, facilite, trate, transforme,*

utilice, almacene, transporte o elimine materiales nucleares u otras sustancias radiactivas peligrosas que causen o puedan causar la muerte o lesiones graves a personas, o daños sustanciales a la calidad del aire, la calidad del suelo o la calidad de las aguas o a animales o plantas.

2. Si el hecho se ejecutara empleando fuerza en las cosas, se impondrá la pena en su mitad superior.

3. Si el hecho se cometiera con violencia o intimidación en las personas, el culpable será castigado con la pena superior en grado".

Actualmente, el precepto ha abandonado la configuración como delito de apoderamiento —de hecho, ya no se tipifica en este precepto esta conducta— por lo que, en su caso, habrá que recurrir a las modalidades genéricas de hurto o robo (con una pena de prisión de 1 a 3 años, en caso de hurto, frente a la de prisión de 1 a 5 años, multa e inhabilitación especial con que este precepto sanciona las conductas de adquirir, almacenar o facilitar, por ejemplo, que, en principio, parecen de menor gravedad).

Como consecuencia de lo anterior, la visión patrimonialista del precepto ha de ser abandonada. Por el contrario, y como ya hemos avanzado, el objeto protegido es la seguridad nuclear (la seguridad física de los materiales, pero también la seguridad tecnológica, en la medida en que también se tipifica el tratamiento o transformación). Así enunciado, el bien jurídico "seguridad nuclear" es un bien jurídico colectivo y abstracto con referentes materiales en objetos como las personas afectadas (su vida y salud) u otros objetos o valores ambientales, a los que hace referencia el propio precepto.

4.1.2. Los objetos sobre los que recae la acción han de ser muebles (en el sentido del delito de hurto), de contenido corporal y ajenos, de la especie "*materiales nucleares u otras sustancias radiactivas peligrosas que causen o puedan causar la muerte o lesiones graves a personas, o daños sustanciales a la calidad del aire, la calidad del suelo o la calidad de las aguas o a animales o plantas*".

A) Lo relevante, en este precepto, es el carácter radiactivo peligroso de la sustancia; de forma que, cualquiera que sea la sustancia y el origen de su potencia radiactiva, puede ser subsumida en el tipo penal. Desde esta perspectiva, no es necesario acudir a textos internacionales o de carácter administrativo para definir los términos típicos que se caracterizan, básicamente por su capacidad radiactiva.

B) Así, la expresión "materiales nucleares" es utilizada en diversos textos internacionales y hace referencia a los combustibles y materiales utilizados en los procesos tecnológico para la explotación (industrial o armamentística) de la energía nuclear. Los "materiales nucleares" serían una especie de "materiales radiactivos" que se caracterizarían, además de por crear riesgo radiológico, por su capacidad de producir una reacción nuclear en cadena, a partir de una cantidad determinada de material (criticidad). En nuestro ordenamiento jurídico el art. 2 del Real Decreto 1308/2011, de 26 de septiembre, sobre protección física de las instalaciones y los materiales nucleares, y de las fuentes radiactivas, incorpora una serie de definiciones entre las que considera como materiales nucleares "*el Plutonio, excepto aquél cuyo contenido en el isótopo Plutonio-238 exceda el 80 por ciento, el Uranio-233, el Uranio enriquecido en los isótopos 235 y 233, el Uranio que contenga la mezcla de isótopos presentes en su estado natural pero no en forma mineral o de residuos de mineral y cualquier material que contenga uno o varios de los materiales citados*". No obstante, esta definición o cualquier otra procedente de las numerosas disposiciones reglamentarias nacionales o de normas internacionales ha de ser utilizada por el juez penal como fuente no vinculante, pues nos encontramos ante un elemento descriptivo del tipo.

C) La fórmula "*otras sustancias radiactivas peligrosas que causen o puedan causar la muerte o lesiones graves a personas o daños sustanciales a la calidad del aire, la calidad del suelo o la calidad de las aguas o a animales o planta*" hace referencia a cualquier otro objeto (material o sustancia) que tenga por sí mismo propiedades radiactivas (que están sometidos a procesos de desintegración nuclear de forma natural) y no sean susceptibles de ser utilizados como materiales nucleares en procesos automantenidos de fisión nuclear. Así como la peligrosidad de los materiales nucleares viene determinada, no solo por su capacidad radiactiva sino por su aptitud para producir una reacción en cadena, las otras sustancias radiactivas, para poder ser subsumidas en el tipo han de reunir un requisito añadido —que debe ser constatado por el juez penal— y es su especial peligrosidad o aptitud para causar la muerte o lesiones graves a personas, o daños sustanciales a la calidad del aire, la calidad del suelo o la calidad de las aguas o a animales o plantas.

La amplitud típica en cuanto al objeto debe ser limitada en función de la peligrosidad de la radiactividad de la sustancia, lo que permitiría excluir aquellas sustancias cuyos niveles de radiación no son letales, lesivos o causantes de contaminación radiactiva. Ahora bien, esto no significa que deban quedar automáticamente excluidos los residuos radiactivos de baja intensidad (aquellos cuyo periodo de semidesintegración corto o medio es inferior a 30 años y cuyo contenido en radionucleidos de vida larga es muy bajo y se encuentra limitado.

Las sustancias referidas deben "*causar o poder causar*" la muerte o lesiones o afectar sustancialmente al medio ambiente menoscabando de la calidad del aire, del suelo o de las aguas, o "dañando" a animales o plantas. "*Causar*" debe entenderse como capacidad efectiva o inmediata de producir los efectos enunciados, en tanto que "*puedan causar*" hace referencia a la idoneidad, en determinadas condiciones, para ionizar los objetos, convirtiendo en radiactivos los inertes y originando las lesiones descritas con anterioridad en los seres vivos. En este sentido y, en relación con los residuos radiactivo será necesario tomar en consideración los larguísimos periodos de semidesintegración y el riesgo futuro para personas, especies animales u objetos ambientales.

4.1.3. Como consecuencia de la distinción de objetos sobre los que recae la acción, caben dos posibles estructuras:

A) Delito de mera actividad respecto de los materiales nucleares ("al que [...] posea, trafique, facilite, trate, transforme, utilice, almacene, transporte o elimine materiales nucleares"). El tipo se consuma cuando alguna de las conductas típicas ha sido realizada, sin que sea necesario constatar la producción de un resultado de peligro para las personas, los objetos ambientales, animales o plantas cuando el objeto sea material nuclear.

B) Delito de aptitud cuando se trate de otras sustancias radiactivas (u otras sustancias radiactivas peligrosas que causen o puedan causar la muerte o lesiones graves a personas, o daños sustanciales a la calidad del aire, la calidad del suelo o la calidad de las aguas o a animales o plantas). En este supuesto será preciso constatar que el nivel de radiactividad de la sustancia es lo suficientemente elevada como para causar los resultados descritos con la mera exposición, o que puedan causarlos como consecuencia de una exposición más prolongada o de la unión de diversos factores.

Nos encontramos, por tanto, ante un delito de aptitud. Para la consumación del delito se ha de probar que el objeto de la conducta es una sustancia (objeto o material) que emita radiaciones en un grado de peligrosidad tal que cause o pueda causar los efectos típicos. Sin embargo, no será necesario probar que tales efectos se han producido; ni siquiera que ha habido riesgo de que se produzcan. Basta con probar que tales objetos reúnen las características descritas y se han realizado con ellos las conductas típicas.

En este sentido, causar o poder causar la muerte, lesiones graves, daños a la calidad de los objetos ambientales, animales o plantas no es el resultado típico, sino únicamente una característica que ha de reunir la sustancia radiactiva para ser abarcada por el tipo. Esta peligrosidad, por tanto, va referida a la sustancia, no a la conducta.

4.2. Sujeto activo

Se suele recurrir para justificar la intervención penal para reprimir el tráfico de materiales nucleares y otras sustancias radiactivas a relacionarlo con la lucha antiterrorista, si bien no se ha podido demostrar que el tráfico ilegal de estas sustancias esté mayoritariamente en mano de grupos terroristas. Sí que parece que existen evidencias que lo relacionan con el tráfico de armas desarrollado por grupos de delincuencia organizada de carácter internacional. Más allá de estas cuestiones, nos encontramos ante delitos comunes en los que el sujeto activo no presenta peculiaridad alguna.

4.3. Conductas típicas

Este tipo penal sanciona a quien "contraviniendo las leyes u otras disposiciones de carácter general, adquiera, posea, trafique, facilite, trate, transforme, utilice, almacene, transporte o elimine materiales nucleares u otras sustancias radiactivas peligrosas que causen o puedan causar la muerte o lesiones graves a personas, o daños sustanciales a la calidad del aire, la calidad del suelo o la calidad de las aguas o a animales o plantas".

4.3.1. La exhaustiva descripción de conductas típicas tiene como finalidad crear una red punitiva en torno al tráfico ilegal de materiales nucleares o sustancias radiactivas y acumula muchos de los defectos que suelen alegarse contra los delitos que tipifican el mero tráfico de sustancias. Por un lado, la "descripción por acumulación" de conductas, muchas de las cuales son sinónimos o no aportan nada a las anteriores, tiene el inconveniente de dificultar la determinación del momento consumativo del delito y de castigar con igual pena conductas que son, evidentemente, de distinta gravedad —por ejemplo, facilitar o transportar. La amplitud típica, por su parte, permite, al igual que en el delito de tráfico de drogas, equiparar las formas de autoría a las de participación y sancionar como delito consumado lo que serían meras tentativas e incluso actos preparatorios impunes.

El tipo parece estar dirigido a sancionar tres posibles actividades: el tráfico, la manipulación o uso ilícito y la eliminación de residuos radiactivos. Ahora bien, para cualquiera de ellas pueden haberse realizado varias de las conductas descritas autónomamente. Así, la tipificación del tráfico (es decir, el comercio ilícito) se hace mediante el uso de diversos verbos típicos que designas algunas de las posibles fases del mismo, de modo que cuando en un mismo plan criminal se realicen varias conductas típicas una vez realizada la acción típica de una de ellas, ya se considera el delito consumado, aunque habrá de ser tratado como delito permanente hasta que no cese la última de las conductas típicas. En este sentido nos encontramos, de nuevos, ante un tipo mixto alternativo.

Por ejemplo: A, actuando como intermediario, compra a B materiales nucleares y se los vende a C., encargándose de transportarlos. Como consecuencia A realiza las siguientes conductas típicas: posee, trafica, facilita, almacena y transporta. Sin embargo, solo ha realizado un delito de tráfico del art. 345.1 CP.

"Facilitar" es permitir el acceso a materiales nucleares o sustancias radiactivas a personas no autorizadas. Facilita quien vende, suministra o cede de alguna forma la propiedad o la posesión; pero también quien colabora permitiendo que otros realicen la cesión (literalidad amplísima que debe ser restringida mediante la exclusión de las conductas de bagatela). "Transportar" consiste en trasladar de un lugar a otro fuera de la instalación nuclear o radiactiva. La posesión también es típica cualquiera que sea el título en virtud del cual se posea o su finalidad o el tiempo que dure y puede ir acompañada de almacenamiento o no —siempre, por supuesto, que se posea contraviniendo las leyes u otras disposiciones de carácter general. "Traficar" es comerciar de forma no autorizada y fuera de los mercados oficiales. Tratar y transformar tienen un sentido similar: intervenir alterando la sustancia o la forma del objeto. Con la tipificación de la "utilización" se quiere incluir como sujeto activo de este delito al destinatario final del tráfico ilícito, si bien, también es típica la "adquisición", entendida como hacer propia una cosa, generalmente mediante precio (compra) si bien cabe cualquier forma de adquirir la propiedad. Entendemos, sin embargo, que, como ya hemos dicho, la adquisición mediante apoderamiento punible —hurto, robo— es atípica a efectos de este precepto y habría de ser subsumida en el correspondiente delito de apoderamiento patrimonial, sin perjuicio del correspondiente concurso si, además, se realiza alguna de las modalidades de conducta típicas a efectos de este precepto.

El tratamiento puede y suele ir relacionado con la eliminación de residuos radiactivos. Precisamente, el tráfico de desechos es una actividad cada vez más rentable que suele tener por objeto el Tercer Mundo o Estados cuya legislación es menos rigurosa o su opinión pública menos "anti-nuclear" y puede originar graves riesgos de seguridad. El Legislador sanciona la eliminación o el tratamiento sin autorización de residuos radiactivos, pero también la reutilización en otros procesos industriales o militares (utilizar).

4.3.2. La tipicidad de la conducta se hace depender de la infracción de leyes u otras disposiciones de carácter general. Antes de la reforma de 2015, la conducta debía infringir una autorización administrativa, técnica legislativa, en nuestra opinión, más correcta pues facilita la articulación entre la norma penal y la administrativa y limita la amplitud típica (aunque, ciertamente, no deja de tener una cierta complejidad ante la cantidad de autorizaciones que requieren algunas actividades industriales).

La remisión a las leyes o disposiciones de carácter general se enmarca en la política legislativa que tiende a homogeneizar estos preceptos con los arts. 325 y ss. CP (delitos contra el medio ambiente). Ahora bien, sin perjuicio de otras consideraciones, esta amplísima remisión normativa en los delitos contra el medio ambiente se limita mediante una restricción típica: que tales leyes y disposiciones general tengan como finalidad la protección del medio ambiente. Esta restricción no opera, sin embargo, en el art. 325 CP, pues este precepto no prevé ninguna limitación a las leyes y disposiciones generales por razón de la materia. Esta amplitud y vaguedad de la redacción típica merece una valoración negativa y debe ser restringida interpretativamente (utilizando un criterio sistemático) para limitarla a leyes y normas de carácter general (nacionales o internacionales incorporadas a nuestro ordenamiento jurídico) que tengan que ver con el fin de protección del precepto, esto es, la seguridad nuclear física y tecnológica de los materiales nucleares y sustancias radiactiva.

En la interpretación de los delitos contra el medio ambiente, la mayoría de la Doctrina y de la Jurisprudencia considera que nos encontramos ante una ley penal en blanco. Sin embargo, en nuestra opinión, la referida remisión ha de tratarse como un elemento normativo del tipo, que exige al juez penal revisar todo el ordenamiento jurídico para determinar qué normas son aplicables a la conducta típica. No nos encontraríamos, por tanto, ante la técnica de la ley penal en blanco, por la ausencia de una remisión expresa a una norma que complete el tipo y por la necesidad de que el juez penal realice un juicio normativo acerca de las leyes y disposiciones aplicables al caso concreto, con las restricciones interpretativas que hemos remarcado.

En cualquier caso, la introducción de este elemento en el tipo —que trata de excluir ya en el ámbito de la tipicidad aquellas conductas que se ajusten a lo legalmente permitido— se ajusta con dificultades al principio de taxatividad penal, por lo que sería más razonable construirlo sobre la ausencia de autorización de la conducta. De hecho, con toda probabilidad, los tribunales, cuando se encuentren en estos supuestos (aún no se ha dado el caso) finalmente acabarán constatando la ausencia de una autorización válida para afirmar la tipicidad de la conducta —tal y como está sucediendo en el ámbito de los delitos contra el medio ambiente.

4.3.3. En cuanto a la estructura típica, nos encontramos ante un delito mixto alternativo, dirigido a la protección de un bien jurídico colectivo y de aptitud. Ahora bien, según la opinión mayoritaria en relación con otros preceptos similares —tráfico de drogas, por ejemplo— se trataría de un delito de peligro abstracto (así ANDRÉS DOMÍNGUEZ) y de mera actividad y, como tal, no cabría tentativa. Sin embargo, la automática vinculación entre bien jurídico colectivo y abstracto y delito de peligro de mera actividad (peligro abstracto) debe ser puesta en tela de juicio. En nuestra opinión, desde una concepción naturalística del resultado típico, es el verbo típico el que ha de determinar si el delito es de resultado o mera actividad y, además, habrá que valorar, también en relación con esta circunstancia si el objeto es puesto en peligro o efectivamente lesionado (en sentido normativo, en este caso). Pues bien, desde esta perspectiva almacenar, tratar o transportar materiales tan peligrosos incumpliendo la normativa aplicable —que tiene, indudablemente la finalidad de garantizar la seguridad—, efectivamente, menoscaba el bien jurídico "seguridad nuclear" tal y como lo hemos configurado.

Pero, también desde esta perspectiva, el hecho de que la concreta modalidad de conducta sea de mera actividad o de resultado (es decir, haya que probar un efecto exterior separable de la acción o no) dependerá, como hemos dicho, del verbo típico, de modo que "facilitar" podría no requerir la constatación de ningún efecto exterior, pero transportar exige que se haya producido un desplazamiento material. Ciertamente esta cuestión no tendría demasiada trascendencia si no fuera por la peligrosidad de estas conductas derivada del objeto (materiales nucleares o sustancias radiactivas). En consecuencia, si las modalidades típicas transportar o eliminar se consideran de resultado, en estas dos, al menos cabría responsabilidad en grado de tentativa. Debe tenerse en cuenta, además, que no se contempla previsión expresa de actos preparatorios punibles.

Surgen dudas también sobre en qué medida cabe exigir responsabilidad en concepto de participación, habida cuenta de la amplitud de los verbos típicos y de que algunos de ellos regulan conductas propiamente de participación (por ejemplo, transportar, que puede aplicarse tanto a quien toma la decisión de que se transporte, como a quien conduce el camión que transporta). En nuestra opinión, la tipificación expresa de la conducta de "facilitar" permite enmarcar en esta modalidad cualquier forma de participación que no esté ya específicamente prevista o sea abarcada por los demás verbos típicos, por lo que, además, no debería considerarse punible, además, la participación. En cualquier caso, esta opción no debe inducir a pensar que se está defendiendo un concepto unitario de autor: al contrario, lo que se afirma es que los verbos típicos son tan poco estrictos que podrían incorporar, como autores a lo que serían meros partícipes.

5. El delito de producción de materiales nucleares y sustancias radiactivas

5.1. El segundo párrafo del art. 345.4 CP completa el círculo de conductas relacionadas con la puesta en el mercado de materiales nucleares y sustancias radiactivas contenido en el párrafo anterior al tipificar expresamente la "producción" de dichos materiales o sustancias, sin la debida autorización. "Producir" consistirá en transformar, bien materiales inicialmente no aptos para su utilización en procesos de fisión nuclear en materiales nucleares; bien sustancias no radiactivas o muy escasamente radiactivas en materiales radiactivos. Debe quedar excluida de la tipicidad la conducta de transformación de materiales nucleares de menor calidad o adecuados para determinados procesos industriales o armas, en otros de mayor calidad o para otras armas o procesos distintos. La diferencia entre las conductas típicas de "producir" de este párrafo y las de "tratar" o "transformar" del primer párrafo estriba en que los materiales objeto de la acción de este segundo párrafo no son inicialmente radiactivos de forma natural o lo son en baja intensidad o no son aptos para procesos nucleares (y solo tras la conducta típica lo serán), mientras que los materiales objeto del primer párrafo ya reúnen las características típicas y son previamente radiactivos.

Es decir, en el primer párrafo, antes de la conducta típica, los objetos sobre los que recae esta ya son idóneos para producir el peligro que el tipo trata de prevenir —aunque el peligro no sea grave o inminente—, en tanto que los objetos de este segundo párrafo antes de la conducta, no son típicamente peligrosos.

5.2. La tipicidad de la conducta se hace depender de la existencia de una autorización administrativa (elemento descriptivo del tipo, en nuestra opinión, si bien, parte importante de la Doctrina, en relación con otros preceptos, considera que se trata de un elemento normativo), aunque para la determinación de la concreta autorización sea preciso recurrir a normas jurídicas. En principio, habrá que acudir, para determinar el régimen general de autorizaciones en esta materia a la LEN y los reglamentos que la desarrollan por razón de la actividad, así como a las "Instrucciones técnicas" complementarias de las autorizaciones para cada tipo de instalación dictadas por el CSN. Cuando la autorización debida remita a otras autorizaciones (que previamente han de emitir otros organismos), éstas formarán parte de la "autorización debida". En ningún caso serán válidas las autorizaciones informales, es decir, aquellas que prescindan del procedimiento establecido para ello o hayan sido dictadas por órganos incompetentes ni ningún supuesto de tolerancia administrativa. Para que la autorización administrativa surta efectos típicos será necesario que esté directamente dirigida a autorizar la producción del concreto material nuclear o sustancia radiactiva; ha de haber sido válidamente emitida, estar vigente y que no haber sido declarada nula o anulable. La capacidad para obtener autorización no excluye la tipicidad, así como tampoco la autorización obtenida con posterioridad a la realización de la conducta surte efectos destipificadores.

5.3. Cuando la conducta típica sea realizada con imprudencia grave, será típica según lo dispuesto en el tercer párrafo de este precepto. Ahora bien, parece difícilmente imaginable realizar algunas de las conductas descritas (traficar, tratar, producir...) de forma imprudente, lo que invita a pensar que su principal función será cerrar lagunas de punición en caso de error vencible de tipo.

6. Elemento subjetivo

El dolo, además de todos los elementos del tipo, debe abarcar el conocimiento en torno a la validez, legalidad y vigencia de la autorización. El error sobre la autorización (existencia, validez, ámbito de aplicación) y sobre la cualificación de los objetos sobre los que recae la acción (materiales radiactivos; sustancias nucleares) ha de ser tratado como un error sobre elemento esencial integrante de la infracción penal, según el artículo 14.1 CP. En caso de error vencible será de aplicación el párrafo tercero de este art. 345 CP, cuando la imprudencia revista carácter grave.

III. CONCLUSIONES DE POLÍTICA CRIMINAL

Elemento definidor de la Sociedad del Riesgo es el riesgo nuclear: el riesgo democrático, incuantificable, inasumible por los medios de seguridad colectiva y destructor por antonomasia. En el ordenamiento jurídico español, el CSN asume la responsabilidad total sobre la prevención, control y sanción de tales riesgos y cuenta para ello de una poco definida y amplia capacidad de actuación y decisión. En un Estado Democrático de Derecho, sin embargo, el Derecho penal no debe permanecer ajeno al control del riesgo derivado de la explotación de la energía nuclear, entre otras razones por mera lógica democrática, por más que, en la actual crisis energética y forzando conceptos, se considere "verde" la forma de producción de energía más potencialmente catastrófica y destructiva del medio ambiente. No obstante, y hasta ahora, la respuesta penal al peligro nuclear ha sido meramente formal y simbólica.

Las sucesivas reformas del CP han incrementado la sensación de falta de capacidad democrática para someter a control a los operadores económicos de la actividad nuclear. La actual regulación penal limita la exigencia de responsabilidad penal a las personas jurídicas.

No se entiende aún, dada la responsabilidad que pesa sobre las personas responsables de la inspección y control de la actividad de instalaciones nucleares, que el CP no contemple tipos específicamente dirigidos a sancionar omisiones o incumplimiento, como sucede en otros ámbitos de actividades gravemente peligrosas para las personas o el medio ambiente —lo que no es garantía de aplicación, sin embargo. En este sentido, en el texto hemos reclamado la tipificación expresa de la tolerancia administrativa en cualquiera de sus formas; la ocultación de datos o de riesgos y la falta de colaboración en la investigación judicial, sin perjuicio, claro está, de incrementar la pena en supuestos de corrupción.

Pero, además, es preciso completar el elenco de conductas punibles con la exigencia expresa de responsabilidad a las empresas y técnicos o responsables de las mismas que oculten al propio CSN datos o los falseen, sin perjuicio de incidir en la necesidad de que el CSN traslade a la vía judicial penal el tanto de culpa cuando encuentre indicios de delito.

En definitiva, es precisa una reforma profunda de esta Sección 1ª, del Capítulo I del Título XVII del CP que, mejorando su calidad técnica, democratice la intervención penal en el ámbito de la utilización de energía nuclear y radiaciones ionizantes, permita un control efectivo por los tribunales penales.

IV. BIBLIOGRAFÍA

ANDRÉS DOMINGUEZ, C. "De los delitos contra la seguridad colectiva", en *Comentarios al Código penal*, 2ª ed., Lex Nova, Valladolid, 2011; DE LA CUESTA AGUADO, P. M. *Respuesta penal al peligro nuclear*, Barcelona, 1994; *id.* "De los delitos relativos a la energía nuclear y a las radiaciones ionizantes", en *Derecho penal del medio ambiente*, Valladolid, 1996; *id.* "Delitos relativos a la energía nuclear y radiaciones ionizantes", *Estudios Jurídicos (Ministerio Fiscal)* VIII, Madrid, 1998; *id.* "Imprudencia y energía nuclear" *LL*, 2000-2; i*d.* "Derecho penal económico y nuevas tecnologías", en RAMON RODRÍGUEZ, L. R. (dir.) *Sistema penal de protección del mercado y de los consumidores*, Valencia, 2002; *id.* "De los delitos relativos a la energía nuclear y a las radiaciones ionizantes", en COBO DEL ROSAL, M. (dir.), *Comentarios al Código Penal* Tomo X (Vol. III), Madrid, 2007; *id.* "Energía nuclear; arts. 343 y 345 CP" en MANJÓN-CABEZA OLMEDA, A., VENTURA PÜSCHEL, A., ÁLVAREZ GARCÍA, F. J. Y GONZÁLEZ CUSSAC, J. L. (dir.), *Consideraciones a propósito del proyecto de ley de 2009 de modificación del Código Penal: (conclusiones del Seminario interuniversitario sobre la reforma del Código Penal celebrado en la Universidad Carlos III de Madrid)*, Valencia, 2010; *id.* "Reforma de los delitos relativos a la energía nuclear y radiaciones ionizantes" en ÁLVAREZ GARCÍA, F. J. Y GONZÁLEZ CUSSAC, J. L. (dir.), *Comentarios a la reforma penal de 2010*, Valencia, 2010; *id.* "Propuestas para una revisión del delito de tráfico de materiales nucleares y fuentes radiactivas", en *LH - Rodríguez Ramos*, 2012; FEIJOO SÁNCHEZ, B. J. "Delitos contra la seguridad colectiva. ¿Tentativas imprudentes?", *LL* 1997-1; *id.* "Seguridad colectiva y peligro abstracto. Sobre la normativización del peligro", *LH-Rodríguez Mourullo*, Madrid, 2005; GONZÁLEZ COLLANTES, T. "Energía nuclear y radiaciones ionizantes (art. 345), en GONZÁLEZ CUSSAC, J. L. (dir.), *Comentarios a la Reforma del Código Penal de 2015*, 2ª Edición, Valencia, 2015; QUINTERO OLIVARES, G. "Delitos contra la seguridad colectiva, arts. 343, 345 y 348 CP", en QUINTERO OLIVARES, G. (dir.) *La reforma penal de 2010: análisis y comentarios*, Cizur Menor, 2010; REQUEJO CONDE, C. *El delito relativo a la energía nuclear*, Navarra, 2005; VVAA. *Protección radiológica y Derecho público*, de GARCÍA PÉREZ, O., GARCÍA MAGNA, D. y MARTÍN PARDO, A., Barcelona, 2025.

REFERENCIAS LEGALES

- Ley 25/1964, de 29 de abril, sobre energía nuclear (*Tol 147492*).
- Ley 15/1980, de 22 de abril, de creación del Consejo de Seguridad Nuclear (*Tol 1160533*).
- Ley 54/1997, de 27 noviembre, del Sector Eléctrico (*Tol 138514*).
- Directiva 2014-87-EURATOM, del Consejo, de 8 de julio de 2014, por la que se modifica la Directiva 2009-71-EURATOM del Consejo, de 25 de junio de 2009, por la que se establece un marco comunitario para la seguridad nuclear de las instalaciones nucleares.
- Directiva 2009/71/Euratom del Consejo. de 25 de junio de 2009, por la que se establece un marco comunitario para la seguridad nuclear de las instalaciones nucleares (*Tol 1565839*).
- Real Decreto 1029/2022, de 20 de diciembre, por el que se aprueba el Reglamento sobre protección de la salud contra los riesgos derivados de la exposición a las radiaciones ionizantes (*Tol 9317319*).

- Real Decreto 1400/2018, de 23 de noviembre, por el que se aprueba el Reglamento sobre seguridad nuclear en instalaciones nucleares (*Tol 6921980*).
- Real Decreto 1054/2015, de 20 de noviembre, por el que se aprueba el Plan Estatal de Protección Civil ante el Riesgo Radiológico (*Tol 5557863*).
- Real Decreto 102/2014, de 21 de febrero, para la gestión responsable y segura del combustible nuclear gastado y los residuos radiactivos (*Tol 4124245*).
- Real Decreto 97/2014, de 14 de febrero, por el que se regulan las operaciones de transporte de mercancías peligrosas por carretera en territorio español (*Tol 4114171*).
- Real Decreto 13082011, de 26 de septiembre, sobre protección física de las instalaciones y los materiales nucleares, y de las fuentes radiactivas (*Tol 2236913*).
- Real Decreto 1085/2009, de 3 de julio, por el que se aprueba el Reglamento sobre instalación y utilización de aparatos de rayos X con fines de diagnóstico médico (*Tol 1561633*).
- Real Decreto 298/2009, de 6 de marzo, que modifica el RD 39-1997, que aprueba el Reglamento de los Servicios de Prevención, para promover la mejora de la seguridad y de la salud de las trabajadoras embarazadas, que hayan dado a luz o en lactancia (*Tol 1445088*).
- Real Decreto 243/2009, de 27 de febrero, por el que se regula la vigilancia y control de traslados de residuos radioactivos y combustible nuclear gastado entre Estados miembros o procedentes o con destino al exterior de la Comunidad (*Tol 1465235*).
- Real Decreto 229/2006, de 24 de febrero, sobre el control de fuentes radiactivas encapsuladas de alta actividad y fuentes huérfanas (*Tol 817525*).
- Real Decreto 1836/1999, de 3 de diciembre, por el que se aprueba el Reglamento sobre Instalaciones Nucleares y Radiactivas (*Tol 151568*).

Lección 37ª

Estragos

ANA GUTIÉRREZ CASTAÑEDA

SUMARIO. I. CONSIDERACIONES GENERALES. II. BIEN JURÍDICO PROTEGIDO. III. SUJETOS DEL DELITO. IV. CONDUCTA TÍPICA. V. RESULTADOS TÍPICOS. 1. Los resultados de lesión. 2. El resultado de peligro para la vida o la integridad de las personas. VI. TIPO SUBJETIVO. VII. *ITER CRIMINIS*. VIII. CONCURSOS. 1. Estragos y delitos contra la vida y contra la integridad corporal y la salud. 2. Estragos y delitos de daños. 3. Estragos y delitos contra el orden público. 4. Estragos y delitos de incendio. IX. PENALIDAD. X. ESTRAGOS SIN PELIGRO CONCRETO PARA LAS PERSONAS (ART. 346.2 CP). XI. ESTRAGOS CAUSADOS POR IMPRUDENCIA GRAVE. XII. BIBLIOGRAFÍA.

Artículo 346

1. Los que, provocando explosiones o utilizando cualquier otro medio de similar potencia destructiva, causaren la destrucción de aeropuertos, puertos, estaciones, edificios, locales públicos, depósitos que contengan materiales inflamables o explosivos, vías de comunicación, medios de transporte colectivos, o la inmersión o varamiento de nave, inundación, explosión de una mina o instalación industrial, levantamiento de los carriles de una vía férrea, cambio malicioso de las señales empleadas en el servicio de ésta para la seguridad de los medios de transporte, voladura de puente, destrozo de calzada pública, perturbación grave de cualquier clase o medio de comunicación, perturbación o interrupción del suministro de agua, electricidad u otro recurso natural fundamental incurrirán en la pena de prisión de 10 a 20 años, cuando los estragos comportaran necesariamente un peligro para la vida o la integridad de las personas.

2. Cuando no concurriere tal peligro, se castigarán con la pena de cuatro a ocho años de prisión.

3. Si, además del peligro, se hubiere producido lesión para la vida, integridad física o salud de las personas, los hechos se castigarán separadamente con la pena correspondiente al delito cometido.

Artículo 347

El que por imprudencia grave provocare un delito de estragos será castigado con la pena de prisión de uno a cuatro años.

I. CONSIDERACIONES GENERALES

El CP de 1995 tipifica los estragos en la Sección 2ª del Capítulo I del Título XVII, en la que se regula tanto la modalidad dolosa (art. 346 CP) como la imprudente (art. 347 CP).

Sin embargo, los preceptos acabados de señalar no son los únicos que castigan la causación de estragos, sino que éstos aparecen también en las descripciones típicas de otras figuras delictivas. En este sentido, además de los preceptos que van a ser objeto de estas páginas, han de tenerse en cuenta los arts. 573.1 CP y 573 bis CP —referidos a los estragos terroristas— y el art. 473.2 CP —que recoge, entre las circunstancias agravantes de la rebelión, la provocación de estragos.

Además de los preceptos mencionados, en los que la provocación de estragos integra la conducta típica, existen otros tipos penales que se refieren a la causación de estragos como cualidad o característica del objeto material del delito. Se trata, en concreto, de los apartados 1 y 2 del art. 348 CP y del art. 359 CP.

El CP de 1995 introdujo importantes cambios en la regulación del delito de estragos. Prescindiendo por ahora de las referidas a elementos o aspectos concretos del tipo, que serán tratadas en los epígrafes correspondientes, interesa destacar en este momento dos modificaciones que, a nuestro juicio, modificaron sustancialmente la concepción y estructura tradicionales de los estragos. Por un lado, la nueva ubicación sistemática del delito, que pasó de regularse entre los delitos contra la propiedad a integrarse en el Título dedicado a la seguridad colectiva, y, por otro, la introducción del peligro para la vida o la integridad de las personas como elemento típico, cuya concurrencia pasó a ser exigida no para aplicar una mayor penalidad —como sucedía en el art. 554 CP73—, sino para la propia consumación delictiva. Ambos aspectos de la nueva regulación dotaron a los estragos de una nueva configuración legal caracterizada por su consideración como un delito de riesgo común (TAMARIT SUMALLA) en el que el peligro para las personas integra una parte esencial de su contenido de injusto (TRAPERO BARREALES).

Aunque no condicionara la configuración legal del delito hasta la entrada en vigor del nuevo CP, lo cierto es que la idea de peligro para las personas estaba ya presente en la interpretación del viejo art. 554 CP73. En este sentido, por más que, como hemos dicho ya, el CP73 regulara los estragos entre los delitos contra la propiedad y no exigiera la puesta en peligro de bienes jurídicos personales, tanto la Doctrina (por todos, BAJO FERNÁNDEZ) como la Jurisprudencia [por todas, SSTS 25-9-1987 y 417/1996, 14-5 (*Tol 406892)*] entendieron que, junto a su incuestionable vertiente patrimonial —materializada en la consideración de la causación de daños como resultado del delito— los estragos comportaban también una afectación a la seguridad colectiva derivada de la especial capacidad destructiva de los medios comisivos típicos. Del mismo modo, la creación de un riesgo para una generalidad de personas constituyó uno de los criterios empleados por algunos autores en la interpretación de la vieja agravante de estragos del art. 10.3ª CP 73, cuya aplicación se condicionaba a que el empleo de alguno de los medios o procedimientos enumerados en ella hubiera comportado un riesgo para otras personas o bienes distintos de los directamente afectados por el delito en cuya comisión se habían empleado (por todos, ÁLVAREZ GARCÍA).

No obstante, la nueva función atribuida por el Legislador al peligro para las personas no impide, en nuestra opinión, continuar defendiendo la importancia que el componente de daño material sigue teniendo en el delito de estragos. En este sentido, no podemos obviar que, por más que haya perdido buena parte de su tradicional protagonismo, la idea de daño o menoscabo material sigue teniendo una presencia importante en la regulación de los estragos, a través de algunos de los resultados de lesión exigidos por el tipo y, sobre todo, a través de las características que, en nuestra opinión, han de tener los medios comisivos típicos (TRAPERO BARREALES). De acuerdo con la interpretación que estimamos más correcta —que será desarrollada en el epígrafe correspondiente—, dichos medios comisivos deben limitarse a aquellos que sean aptos para causar daños materiales en las instalaciones u objetos recogidos en el art. 346.1 CP, lo que permite seguir atribuyendo a este delito un cierto componente patrimonial.

Sin embargo, ni esta interpretación restrictiva de los medios comisivos típicos ni su trascendencia de cara a la configuración del delito son compartidas por toda la Doctrina. Así, algunos autores sostienen que, con la regulación actual, los estragos han quedado prácticamente desvinculados de la idea de daño patrimonial tradicionalmente imperante, fundamentando esta interpretación en la existencia de algunas clases de estragos que no exigen daño material y en las que lo único relevante es la puesta en peligro de bienes jurídicos personales. Así sucede, en su opinión, con el cambio malicioso de la señalización utilizada en la vía férrea para mantener la seguridad de los medios de transporte y con la interrupción o perturbación grave del suministro de agua, electricidad u otras sustancias fundamentales (véase TAMARIT SUMALLA). A nuestro juicio, Independientemente de la valoración que pueda hacerse de *lege ferenda* de la actual configuración legal de los estragos, la idea de daño material continúa desempeñando un papel importante en la interpretación y aplicación del delito, sobre todo a través de la limitación de los medios comisivos típicos a las explosiones y otros medios de similar potencia destructiva. En este sentido, parece difícilmente cuestionable que las modalidades de estragos citadas más atrás pueden aparecer sin ir acompañadas de ningún menoscabo o daño material y poner igualmente en peligro la vida o la integridad de las personas (por ejemplo, el cambio o la anulación de la señalización de una vía férrea puede lograrse manipulando el sistema informático que la controla). Sin embargo, consideramos que todas las clases de estragos que aparecen recogidas en el art. 346 CP deben ponerse en relación con las características de los medios comisivos requeridos por el Legislador, entre las que se encuentra su capacidad para producir daños materiales. De acuerdo con esta interpretación, el art. 346 CP no permite castigar cualquier cambio de señalización o cualquier afectación al suministro de sustancias fundamentales que suponga un peligro para las personas, sino únicamente aquéllos que hayan sido producidos mediante la provocación de explosiones o el uso de otros medios de similar potencia destructiva; es decir, de medios comisivos caracterizados por su capacidad para destruir o menoscabar gravemente el objeto sobre el que se aplican.

La escasa trascendencia que, según un sector de la Doctrina, tiene el componente patrimonial en la regulación de los estragos introducida en 1995 solía fundamentarse también en el contenido del art. 346.2 CP que, en su redacción anterior a 2015, remitía a los delitos de daños del art. 266 CP cuando no se ponía en peligro la vida ni la integridad de las personas. Sin embargo, la LO 1/2015 sustituyó esta remisión a los daños por un marco penal autónomo aplicable a los estragos sin peligro para bienes jurídicos personales, lo que, además de complicar notablemente la delimitación entre ambos delitos, parece apuntar en favor de la interpretación defendida en este trabajo.

Las consideraciones realizadas hasta aquí deben ser tenidas en cuenta a la hora de delimitar el concepto jurídico-penal de estragos, que sigue sin contar con una definición legal. Partiendo de su acepción común, los estragos se han venido definiendo tradicionalmente como daños catastróficos o de grandes proporciones provocados a través de medios dotados de una gran capacidad de destrucción (JIMÉNEZ ASENJO); concepto al que algunos añadían la peligrosidad para las personas ínsita en el empleo de dichos medios.

Siendo válido como punto de partida, la nueva regulación dada a los estragos por el CP de 1995 invita a introducir algunas modificaciones en esta definición, conduciéndonos a un concepto penal de estragos que se aparta parcialmente (restringiéndolo) del significado común del término y que se está integrado por los siguientes elementos:

1°. Causación de daños o perturbaciones de gran magnitud en los edificios, objetos o instalaciones enumerados en el art. 346 CP, sancionándose a través de los delitos contra el patrimonio cualesquiera otros daños, aun cuando se hubieran causado empleando los mismos medios comisivos.

> A este elemento se refiere también la Jurisprudencia, que alude a la "gran magnitud de las consecuencias destructivas provocadas en elementos que se consideran de especial interés" como una de las notas características del concepto de estragos [STS 626/2012, 17-7 (*Tol 2597677*)].

2°. Utilización de un medio o procedimiento de especial capacidad destructiva para provocar los daños a los que nos acabamos de referir; o, en palabras de la Jurisprudencia, utilización de medios "de extraordinaria gravedad y peligro" (véanse, entre otras, SSTS 626/2012, 17-7).

3°. Creación de un riesgo para las personas, bien porque se ponga en concreto peligro su vida o su integridad (estragos del art. 346.1 CP), bien por las propias características inherentes a los medios comisivos típicos y a los objetos o instalaciones afectadas (estragos del art. 346.2 CP).

II. BIEN JURÍDICO PROTEGIDO

Los cambios que ha experimentado la consideración tradicional de los estragos como un delito patrimonial —que han acabado por materializarse en su regulación entre los delitos de riesgo catastrófico— determinan la postergación del patrimonio como bien jurídico protegido en favor de la seguridad colectiva, que actualmente constituye el principal objeto de protección en estos delitos. Esta posición viene avalada, a nuestro juicio, por las especiales características de los medios comisivos —a las que nos hemos referido sucintamente más atrás— y de los resultados de lesión constitutivos de las distintas clases de estragos recogidas en el art. 346 CP, que se caracterizan por sus grandes proporciones y por su capacidad para afectar a grupos amplios e indeterminados de personas. Ello, naturalmente, sin perjuicio de que a través de ella se protejan, en última instancia, bienes jurídicos individuales como la vida, la salud o la integridad de las personas.

Sin embargo, junto a la seguridad colectiva es preciso tener en cuenta la concurrencia de otros intereses relevantes para un adecuado desenvolvimiento de la vida en comunidad que, aunque no constituyen el bien jurídico protegido en un sentido estricto, pueden resultar afectados por la comisión de un delito de estragos: el mantenimiento de la normalidad en la prestación de determinados servicios (transporte, comunicación, suministro de ciertos recursos) o en el funcionamiento de ciertas instalaciones o lugares (puertos, aeropuertos, edificios y locales públicos, depósitos de sustancias peligrosas, etc.).

Finalmente, las características de los resultados lesivos constitutivos de estragos parecen sugerir la presencia del patrimonio entre los intereses implicados en estos delitos. Sin embargo, es preciso tener en cuenta que el patrimonio ha pasado a ocupar una posición secundaria que hace decaer su protección a favor de una mejor salvaguarda de la seguridad colectiva. Piénsese, en este sentido, en el propietario de un edificio que —por ejemplo, para cobrar un seguro— lo destruye provocando una explosión y poniendo en peligro la vida o la integridad de las personas. En supuestos como éste la protección del patrimonio —y, más concretamente, la libertad de la que goza el propietario respecto de sus bienes— cede ante los riesgos que la actuación del titular del bien comporta para la seguridad colectiva, cuya protección puede dar lugar a limitaciones de dicha libertad.

Este planteamiento se corresponde con la inclusión del propietario de los bienes entre los posibles sujetos activos del delito de estragos.

III. SUJETOS DEL DELITO

Por lo que se refiere a los sujetos activos nos encontramos ante un delito común que puede ser cometido por cualquier persona, incluido el propietario del objeto o instalación que resulta dañado.

Las dificultades existentes bajo la vigencia del viejo art. 554 CP73 para incluir en el ámbito de los estragos la conducta realizada sobre bienes propios, han desaparecido como consecuencia de la nueva ubicación sistemática otorgada a este delito por el Legislador penal de 1995.

IV. CONDUCTA TÍPICA

La nueva redacción dada al art. 346 CP por el CP de 1995 despeja cualquier rastro de duda sobre la determinación de las conductas típicas del delito de estragos, que quedan limitadas a la provocación de explosiones o la utilización de otros medios o procedimientos dotados de una similar capacidad destructiva. Nos encontramos, por tanto, ante un delito de medios legalmente determinados, cuya aplicación exige acreditar que todos los estragos recogidos en el tipo —incluido el cambio malicioso de la señalización empleada en las vías férreas— hayan sido causados empleando alguno de los medios comisivos a los que hace referencia el precepto.

Aunque esta nueva limitación de los medios comisivos típicos siga planteando algunas dudas interpretativas, esta regulación supuso una importante simplificación en comparación con el CP73, cuyo art. 554 castigaba a quien "causare maliciosamente daños de cualquier cuantía mediante destrucción de aeronave, inmersión o varamiento de nave, empleo de sustancias, explosivos, inundación, levantamiento de carriles o cambio de señales de una vía férrea, destrozos de hilos o postes telegráficos, de aparatos o instrumentos de transmisión por ondas, o de cualquier otro medio de destrucción semejante a los expresados". Tal y como una parte de la Doctrina puso de manifiesto (por todos, CÓRDOBA RODA), algunas de las modalidades típicas enumeradas en este precepto implicaban por sí mismas la causación de un daño material, por lo que no resultaba fácil diferenciar los medios comisivos y el resultado de estragos exigido para la aplicación del delito, que se hallaban entremezclados.

La afirmación que se acaba de realizar encierra ya una primera toma de posición importante que, junto a la interpretación restrictiva de la expresión medio de similar capacidad destructiva, va a limitar considerablemente el alcance del delito, del que van a quedar excluidas conductas que, aunque afecten a la seguridad colectiva, no han quedado recogidas en el tipo analizado.

La primera modalidad comisiva consiste en provocar una explosión que tenga la entidad suficiente como para ocasionar en determinados objetos o instalaciones daños de grandes proporciones susceptibles de poner en peligro la vida o la integridad de las personas.

Pero, junto a la provocación de explosiones, el art. 346 CP incluye una cláusula abierta en cuya virtud se otorga relevancia, como medio comisivo típico de los estragos, a cualquier otro medio de similar capacidad destructiva. Ello permite incluir otros medios o procedimientos que, aun siendo susceptibles de ocasionar consecuencias de una gravedad equiparable a las producidas por la explosión, no han sido contemplados expresamente por el Legislador. La interpretación de esta cláusula ha de llevarse a cabo, en nuestra opinión, teniendo en cuenta lo siguiente:

El necesario respeto al principio de legalidad penal exige una correcta identificación del elemento o término de comparación establecido en la norma, con el que han de compararse esos otros medios o procedimientos a los que se refiere el Legislador y que, a nuestro juicio, no es otro que la capacidad destructiva de la explosión. En este sentido, el parámetro al que se debe referir la similitud de los medios comisivos no es, como defiende un sector de la Doctrina (QUERALT JIMÉNEZ, MORILLAS FERNÁNDEZ, TRAPERO BARREALES), la entidad del peligro para las personas ni la mera aptitud genérica del medio o procedimiento empleado para ocasionar los resultados lesivos enumerados en el tipo, sino el potencial destructivo propio de una explosión. Desde esta perspectiva, solo puede integrar la conducta típica de los estragos el empleo de medios o procedimientos que tengan una capacidad para destruir similar a la de una explosión, es decir, que puedan causar en el lugar u objeto sobre el que se aplican destrozos materiales de proporciones y características similares a los que se pueden derivar de una explosión. De acuerdo con este criterio —que, además, es coherente con la noción tradicional de "estrago"—, podría incluirse, por ejemplo, la provocación por cualquier medio distinto a la explosión —que estaría expresamente contemplada de forma autónoma—, de inundaciones, incendios, temblores de tierra, o fuertes vibraciones provocadas a través del sonido.

En relación con el incendio, la doctrina mayoritaria entiende que su utilización ha de quedar excluida del ámbito de aplicación del art. 346 CP debido a su expresa tipificación como delito de incendios en el art. 551 del mismo texto (ORTS BERENGUER, SÁINZ-CANTERO CAPARRÓS, MORENO ALCÁZAR). Sin embargo, en nuestra opinión, la tipificación específica del incendio con peligro para las personas no impide la inclusión de este medio comisivo en la cláusula abierta del art. 346 CP y su consideración como uno de los medios típicos de los delitos de estragos, dando lugar únicamente a un concurso aparente de leyes que habrá de resolverse en su momento conforme a los principios que rigen esta figura.

En cambio, quedarían excluidas otras conductas que, pese a ser idóneas para causar todos o algunos de los resultados típicos del delito, no tienen en sí mismas capacidad destructiva alguna que permita asimilarlas a la explosión; piénsese, por ejemplo, en la mera liberación de una sustancia tóxica o en la manipulación de un sistema informático del que depende la señalización de una vía férrea o el funcionamiento de una refinería de petróleo. Naturalmente, la exclusión de estos medios comisivos del art. 346 CP encuentra una excepción en aquellos supuestos en los que, como consecuencia de su empleo, se llegue a producir una explosión, una inundación, etc.

Esta limitación de los medios comisivos a la que, a nuestro juicio, nos aboca el tenor literal del art. 346 CP convierte a los estragos en una figura delictiva obsoleta que no es capaz de dar respuesta a los riesgos para la seguridad colectiva provenientes de una de las más importantes fuentes de peligro a las que se enfrenta la actual sociedad de la información: los ataques informáticos. En este sentido, creemos que no puede seguir ignorándose que el acceso ilegítimo a los sistemas informáticos que, cada vez en mayor medida, controlan el funcionamiento y la seguridad de los servicios e infraestructuras de un Estado, y la manipulación de los mismos, puede poner en grave peligro no sólo su correcto funcionamiento sino también la seguridad de las personas. Así se ha puesto de manifiesto en diversos ataques sufridos en los últimos años por empresas e incluso por organismos y servicios públicos, cuyas consecuencias —que pueden alcanzar una enorme gravedad— se han convertido en una importante fuente de preocupación para los Estados, especialmente desde los ataques sufridos por Estonia en 2007. La necesidad de dar una adecuada respuesta penal a estos ataques —de los que pueden derivarse daños de grandes proporciones— invita, a nuestro juicio, a llevar a cabo un replanteamiento de los delitos de estragos, cuya regulación habría de ser modificada para propiciar una mejor adaptación de estas figuras delictivas a las necesidades de la actual sociedad de la información. Esta modificación pasa necesariamente por una remodelación de los medios comisivos que no pueden seguir teniendo en las explosiones su referente principal, debiendo ampliarse para acoger otras formas de causación de los resultados típicos del delito caracterizadas por la manipulación de los sistemas informáticos de los que depende el funcionamiento y la seguridad de servicios, instalaciones o edificios de trascendencia pública.

Al margen de la incapacidad del delito, en su actual configuración, para responder a los modernos ataques contra la seguridad colectiva, el hecho de que la conducta típica de los estragos siga girando en torno a la idea de destrucción física inherente a la explosión pone de manifiesto la incoherencia interna del tipo penal analizado. En este sentido (y probablemente esta sea una de las razones que han llevado a algunos autores a proponer una interpretación más amplia de los medios comisivos), hemos de tener en cuenta que esa idea de destrucción material no tiene la misma presencia en todas las modalidades de estragos. Mientras que en algunas el propio resultado de lesión consiste en la destrucción de ciertos objetos o instalaciones, en otras se alude a otros efectos, como la perturbación o interrupción del suministro de determinadas sustancias o, sobre todo, el cambio en la señalización empleada para mantener la seguridad de las vías férreas. Precisamente es esta última modalidad de estragos la que plantea mayores problemas y la que evidencia en mayor medida que la actual limitación de los medios comisivos carece de sentido, pues ese cambio en la señalización tiene que producirse debido al empleo de explosivos u otros medios similares y no, como será más frecuente, mediante un cambio manual o una manipulación del sistema informático que controla el funcionamiento de dicha señalización.

V. RESULTADO

También por lo que se refiere a su estructura típica, el delito de estragos experimentó una transformación importante como consecuencia de la entrada en vigor del CP de 1995, pues, junto a las distintas modalidades de estragos, se incluyó una referencia expresa al peligro para la vida o la integridad de las personas. Por tanto, nos encontramos ante un delito de resultado, cuya consumación exige la producción de dos resultados: uno de lesión, consistente en la producción de alguno de los efectos enumerados en el art. 346.1 CP, y otro de peligro concreto para la vida o la integridad de las personas. Así parece entenderlo también la Jurisprudencia que —aunque en ocasiones utiliza una terminología poco precisa— se refiere a los estragos como un "tipo mixto de resultado (daños materiales) y de peligro (de la vida o integridad física) [entre otras, véanse STS 626/2012, 17-7 (*Tol 2597677*), o SSAN 21/2017, 16-10 (*Tol 6433201*), y 65/2007, 31-10 (*Tol 2084750*)].

Algunos autores consideran, sin embargo, que el de lesión no puede considerarse el resultado típico del delito, puesto que la consumación de este exige la puesta en peligro de la vida o la integridad de las personas (DE LA CUESTA AGUADO y, en sentido similar, TAMARIT SUMALLA).

Estos tres elementos (conducta típica, resultado de lesión y resultado de peligro) han de estar causalmente unidos entre sí, de forma tal que la explosión o el procedimiento similar cause, al menos, uno de los resultados de lesión y de este se derive, a su vez, un peligro para la vida o la integridad de las personas (SÁINZ-CANTERO CAPARRÓS, GONZÁLEZ RUS). La concatenación entre estos tres elementos típicos constituye, en nuestra opinión, una de las notas más características del delito de estragos y, al mismo tiempo, uno de los factores que contribuyen a restringir —a nuestro juicio, injustificadamente— su ámbito de aplicación.

1. El resultado de lesión

La provocación de una explosión o el empleo de otros medios o procedimientos de similar capacidad destructiva debe dar lugar a un primer resultado de lesión consistente en la destrucción o menoscabo material de determinados bienes, instalaciones o servicios de interés colectivo. Para su descripción el Legislador de 1995 ha optado por un sistema de lista cerrada, incluyendo una enumeración exhaustiva de los resultados típicos que no puede ser ampliada mediante la inclusión de supuestos distintos a los expresamente mencionados, aunque de ellos pudiera derivarse también un peligro igualmente grave para la vida o la integridad de las personas. De este modo, a la restricción de los medios comisivos —a la que se ha hecho referencia en un epígrafe anterior—

viene a sumarse una descripción absolutamente casuística de los resultados de lesión que impide, por ejemplo, apreciar un delito de estragos cuando el cambio malicioso no afecta a la señalización de una vía férrea, sino a la de una carretera (en sentido crítico hacia el excesivo casuismo de esta regulación, SÁINZ-CANTERO CAPARRÓS).

> Algunos de estos resultados de lesión coinciden con los medios comisivos que el CP73 recogía en el art. 540, en el que se hacía referencia a la destrucción de aeronave, a la inmersión o varamiento de nave, al empleo de sustancias o explosivos, a la inundación, al levantamiento de carriles o cambio de señales de una vía férrea y al destrozos de hilos o postes telegráficos o de aparatos de transmisión por ondas, incluyéndose al final una cláusula abierta que permitía incluir "cualquier otro medio de destrucción semejante a los expresados".

Tanto el CP de 1995 como algunas de las posteriores leyes de reforma han introducido algunas modificaciones consistentes, bien en la supresión de algunas modalidades de estragos que habían quedado obsoletas (por ejemplo, el destrozo de hilos o postes telegráficos), bien en la inclusión de otras nuevas que no estaban expresamente contempladas (por ejemplo, la destrucción de aeropuertos). Sin embargo, la trascendencia real de estos cambios para la determinación de los concretos resultados que pueden incluirse en el ámbito de este delito es muy variable. En unos casos, las referencias suprimidas pueden considerarse incluidas en algunas de las actuales, que han sido formuladas en términos muy amplios (así sucede con la destrucción de aeronaves o de postes o hilos telegráficos, que hoy pueden entenderse incluidas, respectivamente, en la destrucción de medios de transporte colectivos y en la perturbación grave de cualquier clase o medio de comunicación); en otros casos, los nuevos resultados que se han ido incorporando podían entenderse incluidos, bajo la vigencia del CP73, en la cláusula de cierre a la que se ha aludido más atrás (por ejemplo, la destrucción de aeropuertos, puertos, estaciones, edificios, etc.).

En cualquier caso, nos encontramos ante una extensa enumeración de resultados muy heterogéneos, que parecen tener como única característica en común la de afectar a objetos, instalaciones o servicios de interés general (en similar sentido, GONZÁLEZ RUS, que alude a elementos considerados de especial significación) y que podrían clasificarse en dos grandes grupos:

1. Resultados consistentes en la destrucción o menoscabo material de determinados lugares, objetos o instalaciones, grupo en el que podemos integrar aquellas modalidades de estragos caracterizadas por la causación de daños materiales de gran envergadura. Se trata, en concreto, de la destrucción de aeropuertos, puertos, estaciones, edificios, locales públicos, depósitos que contengan materiales inflamables o explosivos, vías de comunicación y medios de transporte

colectivos; la inundación, la inmersión o varamiento de nave; la explosión de una mina o instalación industrial; el levantamiento de los carriles de una vía férrea, la voladura de puente; el destrozo de una calzada pública y el daño a oleoductos, introducido por la LO 1/2015.

El casuismo que, según hemos apuntado ya, caracteriza la regulación de los estragos tiene como consecuencia la existencia de algunas reiteraciones innecesarias. Por ejemplo, el destrozo de una calzada pública o, incluso la voladura de puente, pueden entenderse incluidas a la referencia a la destrucción de vías de comunicación (en este sentido, MORILLAS FERNÁNDEZ).

En todos los casos en los que el resultado consista en la destrucción de edificios, instalaciones u objetos ha de entenderse incluida no sólo su destrucción total, sino también la provocación de destrozos en una parte significativa de los mismos (CUGAT MAURI), de modo que quede afectado el desarrollo de las funciones que les son propias (MORILLAS FERNÁNDEZ).

La destrucción parcial de un edificio fue considerada típica por la STS 30/2001, 17-1 (*Tol 406892)*, que condenó por un delito de estragos, en la modalidad de "destrucción de edificio", a un sujeto que provocó intencionadamente una explosión de gas butano en su vivienda, causando la destrucción de dos plantas completas y destrozos de diversa entidad en otros pisos del edificio. En aplicación de este mismo criterio, la SAN, Sala de lo Penal, Sección 1ª, 24/2019, 1-10 (*Tol 7513032)*, rechazó la calificación como delito de estragos terroristas de los daños causados por la explosión de una bomba lapa colocada en los bajos de un coche estacionado en un garaje comunitario. Dichos daños consistieron en la destrucción de los vehículos estacionados en plazas cercanas a la de la persona fallecida, daños más leves en otros y daños leves en el inmueble, sin que pudiera hablarse siquiera de un menoscabo sustancial del edificio equiparable a su destrucción total. Ello, unido a que, dados el tipo y la cantidad de explosivo utilizado, así como el lugar en el que se colocó el artefacto, no se apreció peligro concreto para otras personas distintas del fallecido, condujo al Tribunal a condenar por un delito de daños terroristas.

Asimismo, tal y como ha apuntado CUGAT MAURI, la interpretación de los diversos resultados típicos ha de llevarse a cabo teniendo en cuenta el bien jurídico protegido y la consideración de los estragos como un delito contra la seguridad colectiva. Ello tiene incidencia, por ejemplo, en la interpretación de la expresión "local público", que no puede entenderse circunscrita únicamente a los locales de titularidad pública, sino que ha de extenderse a todos aquellos que estén destinados al uso de una generalidad de personas. En aplicación de este criterio, las SSTS 1541/2004, 30-12 (*Tol 550538)*, y 1767/2001, 8-10 (*Tol 4964095)*, entienden que son constitutivos de estragos —en ambos casos cometidos en el marco de una actividad terrorista— los destrozos causados en la oficina de una compañía aseguradora privada.

2. Resultados consistentes en la perturbación del funcionamiento de determinados servicios o suministros, grupo en el que se integrarían el cambio malicioso de las señales empleadas en las vías férreas para mantener la seguridad de los medios de transporte, la perturbación grave de cualquier clase o medio de comunicación o la interrupción o perturbación del suministro de agua, electricidad, hidrocarburos u otro recurso natural fundamental.

A excepción del cambio malicioso de la señalización empleada para mantener la seguridad de una vía férrea, las modalidades de estragos incluidas en este segundo grupo fueron incorporadas por el CP de 1995 —que introdujo la perturbación grave de cualquier clase o medio de comunicación— y la LO 15/2003, que incluyó expresamente la perturbación o interrupción del suministro de determinados recursos fundamentales, ampliando con ello el elenco de estragos típicos para incluir expresamente supuestos a los que no es inherente la idea de menoscabo material, bien por afectar a objetos que no son susceptibles de sufrir un daño de este tipo (por ejemplo, la electricidad), bien por exigir solo la perturbación o interrupción del adecuado funcionamiento del suministro.

De todas las modalidades mencionadas, la que más dificultades plantea es, sin duda, el cambio malicioso de las señales destinadas a mantener la seguridad en las vías férreas, que se contemplaba ya en el art. 554 ACP y que, desde entonces, no ha sufrido ninguna modificación sustancial. En este sentido, cabe afirmar que la actual descripción de esta modalidad de estragos sigue ajustándose perfectamente a la vieja idea de manipulación material de señales físicas, pero plantea importantes dificultades cuando se intenta aplicar a la realidad actual, en la que los avances tecnológicos han transformado notablemente la señalización empleada para garantizar la seguridad en los medios de transporte y vías de comunicación y, al mismo tiempo, proporcionan nuevas herramientas para alterar o anular su funcionamiento. En consecuencia, tal y como trataremos de explicar a continuación, nos encontramos ante una modalidad de estragos obsoleta, en la medida en que, tal y como se halla actualmente descrita, no se adecúa ni a la nueva regulación del delito introducida en 1995 ni a las necesidades de protección de la seguridad colectiva que se plantean en la actual sociedad tecnológica.

El primero de los aspectos determinantes de esta obsolescencia es la incomprensible limitación de este resultado a la señalización empleada en las vías férreas y la exclusión (insalvable por vía interpretativa si queremos salvaguardar el principio de legalidad) de la que se utiliza para mantener la seguridad en otros medios de transporte que actualmente tienen una enorme importancia —como, por ejemplo, el tráfico rodado o aéreo—, pese a que su manipulación puede comportar una alteración de su funcionamiento igualmente peligrosa para la vida o la integridad de las personas (QUERALT JIMÉNEZ, MORILLAS FERNÁNDEZ).

A esta inexplicable limitación de su ámbito de aplicación, se suma la expresión "cambio malicioso de la señalización", que constituye también un elemento distorsionador de la interpretación y aplicación de este delito. Con independencia del significado que quepa atribuir al adjetivo "malicioso" y de sus eventuales consecuencias en cuanto a la admisión o no del dolo eventual, esta expresión plantea, a nuestro juicio, dos problemas fundamentales:

En primer lugar, al aludir al "cambio" de la señalización el Legislador parece estar refiriéndose a la alteración de su funcionamiento, de forma que, tras la acción del sujeto activo, las señales pasen a transmitir a los usuarios de la vía un mensaje erróneo del que se derive el peligro para la vida o la integridad de las personas. Piénsese, por ejemplo, en un cambio en el funcionamiento de la señalización luminosa de una vía para dar paso a los trenes cuando la vía está ocupada por otros que circulan en sentido contrario (JIMÉNEZ ASENJO). Sin embargo, esta interpretación puede plantear dificultades en el momento actual, en el que la señalización tradicional ha sido mayoritariamente reemplazada por señales controladas electrónicamente (por ejemplo, semáforos), cuyo funcionamiento puede alterarse —de modo que los mensajes transmitidos no sean los correctos— o puede anularse completamente, dando lugar a una inexistencia total de señalización y, en con— secuencia, a una menor seguridad de la vía. De ahí que, realizando una lectura de esta modalidad de estragos acorde a la realidad actual del tráfico, en la referencia al cambio en la señalización de la vía férrea deba entenderse incluida también la anulación de la señalización de la misma.

> Hay que tener en cuenta que la supresión de la señalización, al menos en determinados supuestos, puede suponer también la transmisión de un mensaje erróneo a los usuarios del medio de transporte o vía de comunicación, a quienes puede trasladarse una imagen de ausencia de riesgo que puede resultar enormemente peligrosa para la vida o la integridad de las personas. Piénsese, por ejemplo, en la eliminación completa de la señalización luminosa de una vía férrea, que puede hacer creer al maquinista que se trata de una vía de sentido único. No obstante, de *lege ferenda*, consideramos conveniente incluir expresamente la anulación total de la señalización.

En segundo lugar, la interpretación de los medios comisivos y de la estructura típica del delito que hemos defendido en estas páginas nos conduce a afirmar que el cambio en la señalización debe producirse necesariamente como consecuencia de una explosión o del empleo de otros medios de similar capacidad destructiva, debiendo considerarse atípicos aquellos otros cambios producidos mediante procedimientos que, por mucho que sean gravemente peligrosos, no pueden menoscabar materialmente el objeto sobre el que se aplican (en este caso, la señalización). Esta interpretación dejaría fuera del ámbito de aplicación del delito los cambios de señalización realizados manualmente (por ej., cambiando de sitio una señal) o —lo que seguramente será más frecuente en la práctica— mediante la manipulación del sistema informático que controla su funcionamiento (por ej., programando el apagado de la señal o dando al sistema órdenes contrarias a las adecuadas a la vista las condiciones de seguridad realmente existentes), lo que hace que esta modalidad de estragos sea, en la práctica, inaplicable.

Junto al cambio malicioso de la señalización, se prevé la perturbación grave de cualquier clase o medio de comunicación, que ha sustituido al antiguo destrozo de postes e hilos telegráficos o de aparatos o instrumentos de transmisión por ondas y que incluye la interrupción o la alteración grave del normal funcionamiento de cualquier tipo o medio de comunicación, incluidas las telecomunicaciones.

> La compleja estructura del delito impone que de esa interrupción o perturbación de la comunicación (y no del uso del medio comisivo en sí mismo) se derive un peligro concreto para la vida o la integridad de las personas, lo que resulta ciertamente difícil de imaginar en la práctica.

Se recoge también la interrupción o perturbación del suministro de agua, electricidad, hidrocarburos u otros recursos naturales fundamentales, modalidad de estragos que fue introducida por la LO 15/2003, de 25 de noviembre, y modificada posteriormente por la LO 1/2015, de 30 de marzo, que introdujo la referencia expresa a los hidrocarburos.

> Esta última modificación era, a nuestro juicio, innecesaria, pues los hidrocarburos podían considerarse incluidos en la referencia genérica a los recursos naturales fundamentales.

Pese al casuismo que, como hemos apuntado más atrás, caracteriza la regulación actual de los estragos, esta modalidad típica prevé una cláusula abierta que permite incluir cualquier otro recurso natural fundamental, entendiendo por tal aquel que es necesario, en cualquier circunstancia y lugar, para el normal desenvolvimiento de la vida en comunidad (por ej., el gas). Por otra parte, se incluye tanto la interrupción del suministro —es decir, el cese total del mismo— como su perturbación, debiendo limitarse la consideración de estragos a la perturbación grave y no a la provocación de cualquier anomalía o molestia en el normal suministro del recurso de que se trate. Aunque, a diferencia de la que afecta a los medios de comunicación, el precepto no establece expresamente que la perturbación tenga que ser grave, entendemos que existen argumentos suficientes para mantener esta interpretación, que permite preservar la coherencia interna de un delito destinado a castigar la provocación de daños de grandes proporciones que puedan afectar a la vida de la colectividad. En primer lugar, sólo las perturbaciones graves en el suministro van a comportar un peligro para la vida o la integridad de las personas que no parece fácilmente imaginable en casos de leves alteraciones en el desarrollo normal de dicho suministro (por ejemplo, un corte de agua de escasa duración); en segundo lugar, una pena tan elevada como la prevista para los estragos dolosos —prisión de 10 a 20 años— sólo puede explicarse por razón de la gravedad de las conductas a las que ha de imponerse, conculcándose la exigencia de proporcionalidad si pudiera aplicarse a perturbaciones leves del suministro de recursos, por muy fundamentales que éstos sean.

Por su parte, la gravedad de esta perturbación habrá de determinarse atendiendo no sólo a las características abstractas y objetivas de la misma, sino a todas las circunstancias concretas del caso como, por ejemplo, las personas o el lugar afectados o la duración de la misma. Así, por ejemplo, la perturbación consistente en cortes sucesivos de escasa duración en el suministro de electricidad no tiene la misma gravedad cuando afecta a una zona residencial o a un hospital (también atiende a las concretas circunstancias del caso para valorar la gravedad de la afección al suministro de estos recursos CUGAT MAURI, que propone como ejemplos la interrupción en el suministro de electricidad de un hospital o la interrupción duradera en el suministro de agua a una población especialmente aislada).

2. *El resultado de peligro*

Tal y como se expuso al inicio de este capítulo, la principal novedad introducida por el CP de 1995 en la regulación de los estragos reside en la inclusión de una referencia expresa al peligro para la vida o la integridad de las personas, que pasa a ser un elemento típico esencial. Así, del resultado de lesión debe derivarse una situación de peligro para los bienes jurídicos personales mencionados, que constituye el segundo resultado de este delito, que adopta la estructura de un delito compuesto.

En cuanto a la naturaleza de este peligro, siguiendo la opinión mayoritaria en la Doctrina (por todos, TAMARIT SUMALLA, MUÑOZ CONDE) y en la Jurisprudencia [entre otras, SSAN, Sala de lo Penal, 33/2015, 11-12 (*Tol 5635897*), y 26/2020, 19-11 (*Tol 8209235*)], entendemos que se trata de un peligro concreto, cuya concurrencia no puede inferirse, sin más, del empleo de unos medios comisivos dotados de una especial capacidad destructiva, sino que debe ser acreditado y constatado por el Juez en cada caso concreto para poder afirmar la tipicidad de la conducta.

Aunque, como hemos afirmado, esta es la opinión mayoritaria, algunos autores entienden que nos encontramos ante un tipo de peligro abstracto, en el que el riesgo para la vida o la integridad de las personas se deriva de las modalidades de estragos enumeradas en el precepto, de modo que solo podrán considerarse atípicas cuando las circunstancias en que se hayan cometido los hechos pongan de manifiesto ex ante que no ha existido incremento alguno del riesgo para esos bienes jurídicos personales (por ej., cuando se provoca el hundimiento de una nave vacía). En este sentido se pronuncia GONZÁLEZ RUS, quien entiende que, más que un resultado de peligro para personas concretas, lo que el tipo exige es una situación de peligro general y común, interpretando el adverbio "necesariamente" como expresión de la inescindible relación existente entre las conductas destructivas tipificadas y el peligro para las personas. También un sector de la Jurisprudencia considera que estamos ante un delito de peligro abstracto, de modo que, para afirmar la tipicidad del hecho, bastaría con la existencia de un peligro general que amenazara a personas indeterminadas [entre otras, STS 532/2003, 19-5 (*Tol 275626*), y 538/2000, 25-4 (*Tol 4923527*)].

Sin embargo, no siempre resulta fácil analizar la posición de la Jurisprudencia sobre la naturaleza del peligro típico, pues en ocasiones se aprecia una cierta imprecisión en el uso de las distintas denominaciones utilizadas por la Doctrina para referirse a las distintas clases de peligro y a la función dogmática que cumple cada una de ellas. En este sentido, existen resoluciones en las que, aunque se utiliza la expresión "peligro abstracto", los criterios que se emplean para determinar si, en el caso concreto, concurrió o no dicho peligro son más propios de los delitos de idoneidad o, incluso, de peligro concreto. Así sucede, por ejemplo, en la STS 1237/1998, 24-10 (*Tol 149741*), en la que se condena a los responsables de la colocación de un artefacto fabricado con 3 kg de amonal en los locales de una empresa de confección de piel, que provocó una explosión en la sala de calderas de la que se derivaron numerosos desperfectos. El Tribunal Supremo entendió cumplida la exigencia de peligro para la vida o la integridad de las personas basándose en la situación de los locales destruidos en una zona urbana, no habiéndose producido daños personales porque en el momento de la explosión "casualmente" no había nadie por los alrededores. Una confusión similar se produce en la STS 626/2012, 17-7 (*Tol 2597677*), en la que, tras explicar que "el delito se viene interpretando como un delito de peligro concreto", afirma que "nos hallamos ante un delito de peligro abstracto" y estima las alegaciones del Ministerio Fiscal al considerar probada la existencia de peligro para las personas, pues, aunque no hubo riesgo para viandantes ni para los ocupantes de la sede del PSOE donde se colocó el explosivo por ser de noche, si hubo peligro para la vida y la integridad de los agentes que acudieron a acordonar la zona y tratar de desactivar el artefacto.

Pese a reconocer que no es la forma más habitual —ni, quizá, la más afortunada— de introducir en un tipo penal un resultado de peligro concreto (TAMARIT SUMALLA), la expresión utilizada por el Legislador permite considerar, en nuestra opinión, que nos encontramos ante un delito de peligro concreto en el que ha de comprobarse la efectiva puesta en peligro de la vida o la integridad, por más que las personas titulares de los mismos puedan no estar perfectamente individualizadas.

Esta falta de identificación de las personas concretas cuya vida o integridad fueron puestos en peligro se produjo, por ejemplo, en el supuesto enjuiciado en la SAN, Sala de lo Penal, Sección 2ª, 33/2015, 11-12 (*Tol 5635897*), en el que la detonación de un artefacto explosivo colocado junto a la pared de un edificio puso en peligro, además de a los agentes de la Ertzaintza que acudieron acordonar la zona e intentar desactivar la bomba, a quienes pernoctaban en los edificios de viviendas cercanos o pudieran transitar por la zona, teniéndose en cuenta que, pese a que la explosión se produjo a las 02:00h, era sábado y se trataba de una zona habitualmente muy transitada y con una alta densidad de población.

Algo similar sucede en el supuesto de hecho al que se refiere la STS 136/2006, 15-2 (*Tol 843448)*, que, en relación con una tentativa de estragos terroristas, afirmó la existencia de peligro para las personas, pese a que los acusados tenían intención de hacer explotar los artefactos que habían escondido previamente en el tren unos 45 minutos después de que éste llegara a la estación y, por tanto, cuando ya no hubiera pasajeros a bordo, apelando al riesgo creado para quienes pudieran encontrarse en la estación.

En este sentido, entendemos que cuando en el art. 346.1 CP se dice que los hechos serán castigados con una pena de prisión de diez a veinte años "cuando los estragos comportaran necesariamente un peligro para la vida o integridad de las personas" se está poniendo de manifiesto que existen estragos que no dan lugar a dicho peligro o, mejor dicho, que comportan un peligro cuya naturaleza y características son distintas a las del art. 346.1 CP y que son, precisamente, los tipificados en el art. 346.2 CP, que prevé una pena considerablemente inferior. Desde esta perspectiva, el adverbio "necesariamente", utilizado por el Legislador, puede interpretarse, simplemente, como expresión de la relación que debe existir entre el resultado de estragos y el de peligro para las personas, pero no en el sentido de que todo resultado de estragos encierre un riesgo personal —como parece sugerir GONZÁLEZ RUS—, sino en el sentido de que entre ambos debe existir una relación causal.

Tal y como se ha apuntado ya, el peligro debe ir referido a la vida o integridad de las personas. Aunque en el apartado 1 del art. 346 CP se omite la referencia a la salud que sí se ha incluido en el apartado 3, es indudable que se lo que se exige es la constatación de un riesgo de producción de muertes o lesiones que, de llegar a materializarse, obligarán a apreciar un concurso de delitos entre el de estragos y los delitos contra la vida, la integridad o la salud que correspondan.

VI. TIPO SUBJETIVO

Nos encontramos ante un delito doloso en el que el dolo debe abarcar todos los elementos típicos, lo que incluye tanto el resultado de lesión como el de peligro concreto para la vida o la integridad de las personas (por todos, TRAPERO BARREALES, TAMARIT SUMALLA, ANDRÉS DOMÍNGUEZ). La supresión del adverbio "maliciosamente" que aparecía en el viejo art. 554 CP73 puede ser interpretada como una manifestación de la admisión de cualquier clase de dolo, de modo que podrían plantearse supuestos en los que existiera dolo directo respecto de uno de los resultados —por ejemplo, respecto del resultado de lesión— y eventual respecto del otro —respecto del resultado de peligro concreto.

La naturaleza dolosa del delito, unida a su peculiar estructura típica, nos lleva a considerar que ambos resultados deben ser abarcados por el dolo del sujeto activo y que aquellos supuestos en los que el peligro concreto solo pueda imputarse a título de imprudencia deben considerarse atípicos a los efectos del art. 346 CP (en contra, QUERALT JIMENEZ, quien admite la combinación dolo respecto del resultado de lesión / imprudencia respecto del peligro concreto).

La mayoría de las sentencias existentes sobre este delito tienen por objeto los estragos terroristas, en los que no es infrecuente que, tras la colocación del artefacto explosivo y antes de la hora programada para su detonación, se de aviso a algún medio de comunicación y a la policía. Este aviso previo a la explosión ha sido utilizado, en ocasiones, como argumento para negar la existencia de peligro concreto para las personas o del propio dolo de los sujetos activos respecto del peligro personal y los eventuales resultados lesivos que se producirían en caso de que el artefacto no pudiera ser desactivado. Este argumento es mayoritariamente rechazado por la Jurisprudencia, que ha afirmado en reiteradas ocasiones que la existencia de un aviso previo a la explosión no excluye la tipicidad de la conducta [en este sentido, entre otras, SAN, Sala de lo Penal, Sección 2ª, 33/2015, 11-12 (*Tol 5635897*), o SSTS 626/2012, 17-7 (*Tol 2597677*), y 1541/2004, 30-12 (*Tol 550538*)].

No obstante, se mantiene la referencia al cambio "malicioso" de la señalización empleada en las vías férreas, lo que puede llevarnos a afirmar que, respecto de esta modalidad de estragos en concreto, sólo cabe dolo directo (en idéntico sentido, MORILLAS FERNÁNDEZ).

VII. *ITER CRIMINIS*

La consumación delictiva se produce cuando, además del resultado de lesión, se constata el peligro concreto para la vida o la integridad de las personas que, como hemos advertido ya, ha de derivarse del primero.

Aunque algunos autores niegan tal posibilidad (TAMARIT SUMALLA, ANDRÉS DOMÍNGUEZ), la Doctrina y la Jurisprudencia mayoritarias admiten la tentativa, a nuestro juicio acertadamente. En una primera aproximación, podría afirmarse que ésta se producirá cuando, pese a provocarse una explosión o utilizarse otro medio similar en alguno de los lugares señalados en el art. 346 CP, no llegue a producirse ninguno de los dos resultados o se produzca solo uno de ellos, siempre que el sujeto activo haya actuado con dolo de consumar el delito de estragos.

Sin embargo, tras la modificación introducida por la LO 1/2015 —a la que nos hemos referido ya al inicio de estas páginas—, el apartado 2 del art. 346 CP acoge una modalidad específica de estragos que se caracteriza, precisamente, por la ausencia del peligro para las personas al que se refiere el apartado 1 y para la que se ha establecido un marco penal autónomo. Ello, unido a la singular estructura típica del delito analizado, hace necesario distinguir dos grupos de supuestos que, aunque tienen en común la ausencia de, al menos, uno de los dos resultados requeridos por el art. 346.1 CP, deben recibir un tratamiento distinto.

a) En aquellos casos en los que, concurriendo el resultado de lesión, no se haya puesto en concreto peligro la vida o la integridad de las personas no podrá apreciarse el delito del art. 346.1 CP en grado de tentativa, entrando en aplicación la modalidad de estragos prevista en el art. 346.2 CP.

Nótese que la pena prevista para los estragos sin peligro es de prisión de 4 a 8 años, sensiblemente inferior a la que resultaría de apreciar los estragos del art. 346.1 CP en grado de tentativa (de 5 a 10 años menos un día de prisión, si partimos de la consideración de la tentativa como acabada).

b) En los supuestos en los que no se llegue a producir ninguno de los resultados de lesión recogidos en el tipo, habrá de apreciarse el delito de estragos en grado de tentativa.

Al haberse pronunciado mayoritariamente acerca de estragos terroristas —en los que es muy frecuente que entre la colocación del explosivo y su detonación o, en su caso, su desactivación, transcurra un lapso más o menos amplio de tiempo— el Tribunal Supremo ha afirmado en reiteradas ocasiones que el peligro se produce desde el mismo momento en que se coloca el artefacto explosivo, admitiendo la tentativa en aquellos supuestos en los que no llega a producirse la explosión, bien por un fallo en el mecanismo, bien por su desactivación [véanse, por todas, las SSTS 136/2006, 15-2 (*Tol 843448)*; 398/2018, 12-9 (*Tol 6796819)*, o 2616/2005, 1-12 (*Tol 795614*)]. También se han considerado actos ejecutivos —y, en consecuencia, se ha condenado por tentativa de estragos— los consistentes en preparar los explosivos y alquilar furgonetas para su transporte [SAN, Sala de lo Penal, 9/2022, 13-7 (*Tol 9153530)*].

Al margen de los estragos terroristas, son pocas las sentencias que aprecian tentativa de estragos. La SAP, Barcelona, Sección 22ª, 82/2018, 29-1 (*Tol 6619010)*, apreció tentativa inacabada en un supuesto en el que, tras amenazar con abrir el gas y hacer explotar la casa, el acusado abrió dos de los cuatro quemadores de gas de la cocina de su vivienda, cerrando las ventanas para facilitar una más rápida acumulación del gas en la vivienda, que no llegó a explotar por la intervención de agentes de policía y de bomberos. También la SAP, Guipúzcoa, Sección 1ª, 244/2015, 30-11 (*Tol 5745096)*, calificó como tentativa de estragos los hechos consistentes en colocar el extremo de una mecha en el maletero de un coche, junto con varias garrafas de combustible y una bombona de gas butano, y prender fuego al otro extremo con intención de volar el edificio del Ayuntamiento.

Al no haber previsión expresa al respecto, los actos preparatorios son impunes.

VIII. CONCURSOS

En materia concursal los estragos plantean un amplio abanico de cuestiones que van mucho más allá de las que pueda plantear el art. 346.3 CP, que recoge una cláusula concursal —introducida en nuestro CP por la LO 1/2015— dirigida a regular la relación entre los estragos y los delitos contra la vida y contra la integridad corporal y la salud. En consecuencia, se trata de una norma de alcance muy limitado, que no agota, ni muchísimo menos, las relaciones concursales que plantea el delito de estragos, muchas de las cuales han de resolverse —no sin dificultades interpretativas— acudiendo a las reglas generales sobre concursos de leyes y de delitos.

1. Estragos y delitos contra la vida y contra la integridad corporal y la salud

El primer grupo de supuestos al que debemos prestar atención se refiere a los casos en los que el peligro concreto, requerido por el delito de estragos para su consumación, se acaba materializando en un resultado de lesión para la vida, la integridad corporal o la salud de personas determinadas.

El apartado 3 del art. 346 CP dispone que si, además del peligro, se hubiere producido lesión para la vida, integridad física o salud de las personas, los hechos se castigarán separadamente con la pena correspondiente al delito cometido. Se trata de una cláusula concursal especial que, con independencia de los que se dirá posteriormente acerca de su interpretación, obliga a apreciar un concurso de delitos —y no de leyes— cuando el peligro típico de los estragos se haya materializado en uno o en varios resultados de muerte o de lesiones. Se produce, con ello, una cierta alteración de las reglas generales que rigen la relación entre delito de peligro y delito de lesión que, tal y como ha manifestado TAMARIT SUMALLA, encuentra justificación en la consideración de los estragos como un delito contra la seguridad colectiva y en la presunción de que el peligro no solo afecta a los fallecidos o lesionados, sino a un mayor número de personas.

Pese a su aparente sencillez, esta cláusula concursal plantea algunas dudas interpretativas —parecidas a las suscitadas por otras cláusulas similares que se hallan recogidas en otros lugares del CP— que no han encontrado aún una respuesta unánime en la Doctrina ni en la Jurisprudencia. En este sentido, se plantea si la regla contenida en este apartado 3 del art. 346 CP ha de interpretarse en el sentido de imponer la apreciación de un concurso real de delitos entre los estragos y los delitos contra la vida o la salud —tal y como hace un importante sector de la Doctrina (entre otros, QUERALT JIMÉNEZ, ORTS BERENGUER, MORILLAS FERNÁNDEZ) y la Jurisprudencia [entre otras, STS 136/2006, 15-2 (*Tol 843448*), o SAN 65/2007, 31-10] o si, por el contrario, la única consecuencia que se deriva de ella es la exclusión del concurso de leyes y, por tanto, del principio de consunción que normalmente rige la relación entre los delitos de peligro y los de lesión. En línea con la posición mantenida por autores como TAMARIT SUMALLA o ANDRÉS DOMÍNGUEZ, consideramos que esta última interpretación resulta preferible, por lo que entendemos que esta cláusula se limita a excluir la aplicación del referido principio de consunción y a someter estos supuestos a las reglas de los concursos de delitos, preservando así el carácter general del peligro y la autonomía de la seguridad colectiva como objeto de tutela, pero sin prejuzgar la concreta modalidad concursal a apreciar (además de los citados, véanse, en similar sentido, ACALE SÁNCHEZ/RUIZ RODRÍGUEZ).

Pese a que en este ámbito no existe una regla concursal específica, en los delitos contra la vida y la salud de los trabajadores (art. 316 CP) se plantea una situación muy similar a esta cuando, además de la puesta en peligro concreto de la vida o la salud de los trabajadores como consecuencia de la omisión de medidas de seguridad, se produce la muerte o lesiones respecto de algún trabajador determinado. Según el criterio jurisprudencial unánime, el delito de peligro del art. 316 CP entra en concurso de delitos con los eventuales delitos de lesión, siempre que el peligro hubiera alcanzado a trabajadores distintos de los que resultaron fallecidos o lesionados, optándose por apreciar un concurso ideal, y no real, de delitos.

También en el ámbito de la trata de seres humanos existe una regla concursal especial en cuya virtud las penas previstas para este delito se impondrán sin perjuicio de las que correspondan, en su caso, por el delito del art. 318 bis CP y demás delitos efectivamente cometidos, incluidos los constitutivos de la correspondiente explotación. Pues bien, partiendo de que esta regla excluye el concurso de leyes, tampoco en este caso la Jurisprudencia opta siempre por la apreciación de un concurso real de delitos, siendo frecuentes las condenas por delito de trata en concurso medial, por ejemplo, con el delito de prostitución coactiva o con delitos contra los derechos de los trabajadores (en relación con la regla concursal del art. 177 bis.9 CP; POMARES CINTAS).

Así, partiendo de la aplicación de esta regla concursal, el concurso deberá construirse con los siguientes delitos:

a) Con los delitos dolosos contra la vida o contra la integridad corporal y la salud, siempre que el resultado de muerte o de lesión producido resulte abarcado por el dolo del sujeto activo, siquiera sea en la modalidad de dolo eventual.

Por lo que se refiere a los delitos contra la vida, pese a que los medios comisivos típicos de los estragos podrían dar lugar a la apreciación de alevosía (MUÑOZ CONDE), entendemos que el concurso habría de construirse con el homicidio, y no con el asesinato, pues la opción por este último delito supondría la vulneración del principio *non bis in idem.* Esta posición no es compartida, sin embargo, por la Jurisprudencia, que, en supuestos relacionados con el uso de explosivos, condena por estragos en concurso con asesinato [por todas, STS 848/2004, 2-7 (*Tol 483622)*].

b) Si no existe dolo de matar o lesionar, los estragos entrarán, en su caso, en concurso con el homicidio o las lesiones imprudentes.

En relación con la regla concursal del art. 346.3 CP resta por plantear una última cuestión relativa a su posible aplicación cuando los delitos de lesión —homicidio o asesinato y lesiones— hayan quedado en grado de tentativa. El tenor literal del art. 346.3 CP indica claramente que solo será de aplicación cuando se haya producido la lesión efectiva de los bienes jurídicos personales y, en consecuencia, el delito de lesión se haya consumado —si, además del peligro, se hubiere producido lesión para la vida, integridad física o salud de las personas. De acuerdo con ello, si dicho delito de lesión ha quedado en grado de tentativa (lo que exigirá que el dolo abarque tanto el peligro concreto como el eventual resultado de muerte o lesiones sean abarcados por el dolo del sujeto activo) se producirá un concurso de leyes, a resolver, por aplicación del principio de consunción, a favor del delito de estragos, sea éste consumado o en grado de tentativa (en este sentido, QUERALT JIMÉNEZ).

A una solución distinta llegó la STS 136/2006, 15-2, que calificó como un delito intentado de estragos terroristas en concurso real con 185 tentativas de asesinato terrorista —una por cada uno de los pasajeros del tren— el ocultamiento de una importante cantidad de explosivos de gran capacidad destructiva en el tren que hacía el recorrido Irún-Madrid con la intención de hacerlo explotar unos 45 minutos después de su llegada a la Estación de Chamartín. La explosión no llegó a producirse.

2. *Estragos y delitos de daños*

En cuanto a los delitos de daños, los producidos en los edificios, instalaciones u objetos enumerados en el art. 346.1 CP quedan absorbidos en el delito de estragos, aunque quienes entienden que estamos ante un tipo exclusivamente de peligro acuden al concurso de delitos (TAMARIT SUMALLA).

Al margen de este concreto supuesto, la delimitación entre ambos delitos ha sido siempre una cuestión controvertida, especialmente en lo que atañe a los tipos agravados de daños previstos en el art. 266 CP, que se refiere específicamente a los daños causados mediante incendio, explosiones o medios de similar potencia destructiva y/o poniendo en peligro la vida o la integridad de las personas. Esta cuestión se ha vuelto aún más compleja debido al actual contenido del art. 346.2 CP, que, como hemos indicado más atrás, ya no contiene una remisión a los daños agravados del art. 266 CP, sino una modalidad de estragos sin peligro concreto para bienes jurídicos personales para la que se prevé una pena autónoma.

En este contexto, parece inevitable replantearse la delimitación entre ambos delitos, que hasta ahora se hacía depender mayoritariamente de la concurrencia o no de peligro concreto para las personas; criterio que, dado el actual contenido del art. 346.2 CP, no creemos que pueda seguir manteniéndose. A nuestro juicio, los daños causados en alguno de los edificios, objetos o instalaciones mencionados en el art. 346 CP empleando explosiones u otros medios de similar capacidad destructiva deben ser subsumidos en el tipo de estragos (RODRÍGUEZ MESA), aplicándose el apartado 1 o el 2 dependiendo de si se ha verificado o no el peligro concreto para las personas (RODRÍGUEZ MESA). Esta posición se sustenta, fundamentalmente, en el carácter subsidiario que presentan los delitos de daños recogidos en los arts. 263 y ss. CP, que son de aplicación solo cuando no exista otro precepto en el que tipifiquen expresamente los daños concretos ocasionados (véase QUINTERO OLIVARES). En este sentido, en el supuesto planteado estaríamos ante un concurso de leyes, que habría de resolverse en favor del art. 346 CP por aplicación del principio de subsidiariedad (a la misma solución, aunque aplicando el principio de especialidad, llega SÁINZ-CANTERO CAPARRÓS).

Algunos autores resuelven el concurso de normas acudiendo al principio de alternatividad (MUÑOZ CONDE).

3. Estragos y delitos contra el orden público

Al inicio de este Capítulo señalamos ya que entre los delitos contra el orden público se recogen algunas modalidades específicas de estragos, cometidos en el marco del terrorismo (art. 573.1 CP) o de la rebelión (art. 473.2 CP). En ambos casos se produce un concurso de leyes con el tipo general de estragos del art. 346 CP que ha de resolverse a favor de aquéllos en virtud del principio de especialidad.

4. Estragos y delitos de incendio

Partiendo de la inclusión del incendio entre los posibles medios comisivos del delito de estragos, que fue defendida en el epígrafe relativo a la conducta típica, entendemos que entre este delito y el de incendios —tipificado en el art. 351 CP— existe un concurso de leyes, cuya solución no es, sin embargo, pacífica. La Doctrina y la Jurisprudencia mayoritarias consideran que es de aplicación el principio de especialidad, siendo el art. 351 CP ley especial y, en consecuencia, de preferente aplicación (en este sentido, entre otros, GONZÁLEZ RUS y MUÑOZ CONDE). La aplicación de este mismo principio de especialidad lleva, no obstante, a algunos autores a considerar aplicable el delito de estragos, al que se atribuye la condición de ley especial atendiendo a la especificidad de sus resultados típicos (QUERALT JIMÉNEZ, MORILLAS FERNÁNDEZ, SÁINZ-CANTERO CAPARRÓS). La diversidad de soluciones a las que puede conducirnos el principio de especialidad demuestra, en nuestra opinión, que dicho principio no explica la relación existente entre los arts. 346 y 351 CP, pues no resulta descartable que cada una de estas normas pueda ser considerada ley especial respecto de la otra, dado que en ambas existe un componente de especialidad: los resultados de lesión en los estragos y el medio comisivo en los incendios.

Descartado el principio de especialidad, y teniendo en cuenta nuestra interpretación de los medios comisivos típicos, consideramos que la relación entre estos delitos debe ser resuelta, en favor de los estragos, a través del principio de consunción.

No obstante, alguna sentencia apunta a la existencia de un concurso de delitos entre los de estragos y el incendio. En este sentido —independientemente de que la calificación como delito de incendio sea, a nuestro juicio, dudosa—, cabe citar la SAP, Asturias, Sección 3ª, 122/2002, 15-2, que opta por apreciar concurso ideal de delitos entre tentativa de estragos, incendio y daños respecto de un sujeto que, tras extraer de su lugar habitual las bombonas de butano de la cocina y el calentador, abrir el regulador y cotar las conexiones de goma, prendió fuego a un montón de basura situado cerca y provocó una explosión de gas.

IX. PENALIDAD

El art. 346 CP prevé para los autores del delito de estragos una pena de prisión de 10 a 20 años, marco penal excesivamente amplio y que, en consecuencia, otorga al Juez un margen de arbitrio desmesurado a la luz de las exigencias de taxatividad de la pena que se derivan del principio de legalidad.

Por su parte, el art. 346.2 CP establece una pena de prisión de 4 a 8 años para los estragos sin peligro concreto para la vida o la integridad de las personas. Con ello, el Legislador prevé un único marco penal, que habrá de aplicarse con independencia del tipo de daños producidos.

No obstante, adviértase que dicho marco penal se identifica con el que el art. 266.3 CP prevé para los daños causados en lugares u objetos dotados de una especial relevancia.

X. ESTRAGOS SIN PELIGRO CONCRETO PARA LAS PERSONAS (ART. 346.2 CP)

El art. 346.2 CP tipifica una modalidad atenuada de estragos aplicable en aquellos supuestos en los que la destrucción o perturbación de las infraestructuras, instalaciones o servicios a que se refiere el apartado primero no da lugar a un peligro concreto para las personas. La introducción de este tipo específico de estragos por la LO 1/2015 alteró sustancialmente el tratamiento de estos supuestos, para cuya sanción se remitía expresamente a los delitos de daños del art. 266 CP, subrayando la actual configuración de todos los estragos como delito contra la seguridad colectiva, por más que el peligro pueda diferir en cada uno de ellos en cuanto a sus características y función dogmática. En este sentido, nos encontramos ante un delito de peligro abstracto, en el que el peligro para el bien jurídico viene dado tanto por la capacidad destructiva de los medios comisivos típicos como, sobre todo, por las características de las infraestructuras, instalaciones o servicios sobre las que ha de recaer el resultado de lesión (aluden al peligro abstracto TAMARIT SUMALLA, FARALDO CABANA o SÁINZ-CANTERO CAPARRÓS).

En otro orden de cosas, la reforma de 2015 trajo consigo un evidente endurecimiento de las penas aplicables a este tipo de estragos. En este sentido, se prevé una pena de prisión de cuatro a ocho años, superior a las que se podían imponer hasta entonces aplicando los tipos de daños recogidos en el art. 266 CP.

Nótese que la amplitud del marco penal es mucho menor que la existente en los estragos del art. 346.1 CP, por lo que no son trasladables las críticas que realizamos más atrás desde la perspectiva del principio de legalidad. En cambio, la pena prevista para los estragos sin peligro concreto ha sido objeto de crítica por parte de TAMARIT SUMALLA desde la perspectiva del principio de proporcionalidad, en la medida en que la pena es notablemente superior a la prevista en el art. 266 CP para los daños, incluso con puesta en peligro de la vida o integridad de las personas.

XI. ESTRAGOS CAUSADOS POR IMPRUDENCIA GRAVE

El art. 347 CP tipifica la comisión imprudente del delito de estragos, rompiendo con la impunidad que se había impuesto bajo la vigencia del CP73, en el que la exigencia de que los estragos fueran causados "maliciosamente" excluía cualquier posibilidad de sancionar la imprudencia.

Pese a la opinión contraria de algún autor (GONZÁLEZ RUS), es posible la comisión imprudente de cualquiera de los tipos de estragos enumerados en el art. 346.1 CP, incluido el mencionado en el cambio malicioso de la señalización de una vía férrea. Ello porque interpretar el término "malicioso" como exclusión de la imprudencia contradice no sólo el sistema de incriminación específica de ésta que rige en el vigente CP, sino también el tenor literal del art. 347 CP, que remite al delito de estragos en su totalidad sin realizar distinción alguna (TAMARIT SUMALLA, MUÑOZ CONDE, ANDRÉS DOMÍNGUEZ).

El art. 347 CP requiere imprudencia grave, por lo que tanto el resultado de lesión como el peligro concreto para la vida, la salud o la integridad de las personas debe producirse por una infracción grave de la norma de cuidado.

La STS 623/2022, 22-6 (*Tol 9114498*), apreció imprudencia grave en un supuesto en el que, a fin de realizar una demostración de extracción de aceite de marihuana mediante gas en el sótano de un establecimiento público situado en los bajos de un edificio de viviendas, el acusado encendió un mechero tras vaciar veinte botellas de recarga de encendedores, provocando una explosión que causó heridas de diversa consideración a cuatro personas y daños en el escaparate y en varios vehículos estacionados. También la STSJ, Castilla y León, Sala de lo Civil y Penal, 14/2022, 25-1 (*Tol 8871275*), apreció imprudencia grave respecto de quien, con la intención de suicidarse por inhalación de gas, desconectó las dos bombonas que tenía en la cocina del agua caliente y la calefacción, trasladando una de ellas con la espita abierta a su dormitorio sin percatarse que de que de la bombona que dejó en la cocina salía gas. Al cabo de un rato, se levantó al aseo y encendió un cigarrillo, provocando una explosión que causó tres fallecidos, lesiones a varias personas y daños materiales en el edificio.

Los estragos cometidos por imprudencia grave llevan aparejada prisión de uno a cuatro años, pena sensiblemente inferior a la de algunos otros delitos imprudentes de riesgo catastrófico —como, por ejemplo, los de incendios— (en sentido crítico con este esquema valorativo, QUERALT JIMÉNEZ). A diferencia de lo que sucede en los estragos dolosos, no se prevén penas diferenciadas en función de la concurrencia o no de peligro concreto para bienes jurídicos personales, lo que, en nuestra opinión, resulta criticable (FARALDO CABANA lo califica de "llamativo").

La previsión de un marco penal único para todos los estragos imprudentes contrasta con la técnica utilizada en otros delitos contra la seguridad colectiva, en los que la modalidad imprudente es castigada con la pena inferior en grado a la prevista para cada uno de los delitos dolosos, lo que permite una mejor adecuación de la pena a las distintas modalidades típicas posibles.

XII. BIBLIOGRAFÍA

ANDRÉS DOMÍNGUEZ, A. C. "Arts. 346 y 347", en GÓMEZ TOMILLO, M. (dir.), *Comentarios prácticos al Código Penal*, vol. 4, Cizur Menor, 2015; BAJO FERNÁNDEZ, M. "Art. 554", en LÓPEZ BARJA DE QUIROGA, J./RODRÍGUEZ RAMOS, L. (coords.), *Código Penal comentado*, Madrid, 1990; CUGAT MAURI, M. "Arts. 346 y 347", en CÓRDOBA RODA, J./GARCÍA ARÁN, M. (dirs.), *Comentarios al Código Penal. Parte Especial, Madrid*, 2004; DE LA CUESTA AGUADO, P. M. "Arts. 346 y 347", en AA.VV., *Comentarios al Código Penal*, Madrid, 2007; FARALDO CABANA, P. "Sección 2ª. De los estragos", en CUERDA ARNAU, MªL (dir.), *Comentarios al Código Penal*, Valencia, 2023; GONZÁLEZ GUITIÁN, L. "Título XIV. Delitos contra la seguridad colectiva. Capítulos I. y II", en *Documentación Jurídica* nº. 37/40, (Monográfico dedicado a la Propuesta de Anteproyecto de Nuevo Código Penal), vol. 2, 1983; JIMÉNEZ ASENJO, E. "Estragos", en *NEJ*, T. IX, 1985; MORILLAS FERNÁNDEZ, D. L. "Capítulo IX. El delito de estragos: especial referencia a los causados por perturbación o interrupción del suministro de agua", en PERIS RIERA, J. M. (dir.), *La tutela penal del agua*, Madrid, 2011; ORTS BERENGUER, E./MORENO ALCÁZAR, M. A. "Sección 2ª. De los estragos", en VIVES ANTÓN, T. S. (dir.), *Comentarios al Código Penal de 1995*, vol. II, Valencia, 1996; POLAINO NAVARRETE, M. "Estragos", en Luzón Peña, M. (dir.), *Enciclopedia Penal Básica*, Granada, 2002; SÁINZ-CANTERO CAPARRÓS, J. E. "Delitos contra la seguridad colectiva (I). Delitos de riesgo catastrófico. De los incendios", en MORILLAS CUEVA, L. (dir.), *Sistema de Derecho Penal. Parte Especial*, 5ª ed., Madrid, 2024; TAMARIT SUMALLA, J. M. "Sección 2ª. De los estragos", en QUINTERO OLIVARES, G. (dir.), *Comentarios al Código Penal Español.* Tomo II (Artículos 234 a D.F. 7ª), 8ª ed., Cizur Menor, 2024; TRAPERO BARREALES, M. A. *Los delitos de incendio, estragos y daños tras la reforma de la LO 7/2000 y la LO 15/2003*, Valencia, 2003; ZABALA LÓPEZ-GÓMEZ, C. "Sección 2ª. De los estragos", en COBO DEL ROSAL, M. (dir.), *Comentarios al Código Penal*, Madrid, 1996.

Lección 38ª

Otros delitos de riesgo provocados por explosivos y otros agentes

ANA GUTIÉRREZ CASTAÑEDA

SUMARIO. I. CONSIDERACIONES GENERALES. 1. Introducción. 2. Cuestiones comunes. 2.1. Bienes jurídicos protegidos. 2.2. Leyes penales en blanco. 2.3. *Iter criminis*. II. DELITOS RELACIONADOS CON LA PRODUCCIÓN, USO Y DISTRIBUCIÓN DE EXPLOSIVOS, SUSTANCIAS, APARATOS O ARTIFICIOS PELIGROSOS O SUSTANCIAS DESTRUCTORAS DEL OZONO (ART. 348 CP). 1. Consideraciones generales. 2. Modalidades delictivas. 2.1. La fabricación, tenencia, transporte y comercialización de sustancias, artificios o aparatos que puedan causar estragos (art. 348.1, inciso primero, CP). 2.1.1. Consideraciones generales. 2.1.2. Sujetos activos. 2.1.3. Objeto material. 2.1.4. Conducta típica. 2.1.5. Resultado. 2.1.6. Tipo subjetivo. 2.1.7. Penalidad. 2.1.8. Concursos. 2.2. La producción, importación, exportación, comercialización y uso ilegal de sustancias destructoras del ozono (art. 348.1, inciso segundo, CP). 2.2.1. Consideraciones generales. 2.2.2. Objeto material. 2.2.3. Conductas típicas. 2.2.4. Tipo subjetivo. 2.2.5. Penalidad. 2.3. El favorecimiento de la pérdida o sustracción de explosivos (art. 348.2 CP). 2.3.1. Consideraciones generales. 2.3.2. Estructura del delito. 2.3.3. Sujetos activos. 2.3.4. Objeto material. 2.3.5. Conducta típica. 2.3.6. Otros elementos del tipo objetivo. 2.3.7. Tipo subjetivo. 2.3.8. Penalidad. 2.4. La obstaculización de la actividad de control de la Administración Pública sobre actividades relacionadas con explosivos (art. 348.4 CP). 2.4.1. Consideraciones generales. 2.4.2. Sujetos activos. 2.4.3. Conductas típicas. 2.4.4. Tipo subjetivo. 2.4.5. *Iter criminis*. 2.4.6. Penalidad. 2.4.7. Concursos. 2.5. Agravación por la especial condición del sujeto activo (art. 348.3 CP). III. DELITOS RELACIONADOS CON LOS ORGANISMOS (ART. 349 CP). 1. Sujetos activos. 2. Objeto material. 3. Conductas típicas. 4. Resultado típico. 5. Tipo subjetivo. 6. Penalidad. 7. Concursos. IV. DELITOS DE RIESGO RELACIONADOS CON LA SEGURIDAD EN LA REALIZACIÓN DE GRANDES OBRAS (ART. 350 CP). 1. Consideraciones generales. 2. Sujetos activos. 3. Conducta típica. 4. Resultado típico. 5. Tipo subjetivo. 6. Penalidad. 7. Concursos. V. BIBLIOGRAFÍA.

Artículo 348

1. Los que en la fabricación, manipulación, transporte, tenencia o comercialización de explosivos, sustancias inflamables o corrosivas, tóxicas y asfixiantes, o cualesquiera otras materias, aparatos o artificios que puedan causar estragos, contravinieran las normas de seguridad establecidas, poniendo en concreto peligro la vida, la integridad física o la salud de las personas, o el medio ambiente, serán castigados con la pena de prisión de seis meses a tres años, multa de doce a veinticuatro meses e inhabilitación especial para empleo o cargo público, profesión u oficio por tiempo de seis a doce años. Las mismas penas se impondrán a quien, de forma ilegal, produzca, importe, exporte, comercialice o utilice sustancias destructoras del ozono.

2. Los responsables de la vigilancia, control y utilización de explosivos que puedan causar estragos que, contraviniendo la normativa en materia de explosivos, hayan facilitado su efectiva pérdida o sustracción serán castigados con las penas de prisión de seis meses a tres años, multa de doce a veinticuatro meses e inhabilitación especial para empleo o cargo público, profesión u oficio de seis a doce años.

3. En los supuestos recogidos en los apartados anteriores, cuando de los hechos fuera responsable una persona jurídica de acuerdo con lo establecido en el artículo 31 bis de este Código, se le impondrá la pena de multa de uno a tres años, salvo que, acreditado el perjuicio producido, su importe fuera mayor, en cuyo caso la multa será del doble al cuádruple del montante de dicho perjuicio.

Atendidas las reglas establecidas en el artículo 66 bis, los jueces y tribunales podrán asimismo imponer las penas recogidas en las letras b) a g) del apartado 7 del artículo 33.

Las penas establecidas en los apartados anteriores se impondrán en su mitad superior cuando se trate de los directores, administradores o encargados de la sociedad, empresa, organización o explotación.

4. Serán castigados con las penas de prisión de seis meses a un año, multa de seis a doce meses e inhabilitación especial para empleo o cargo público, profesión u oficio por tiempo de tres a seis años los responsables de las fábricas, talleres, medios de transporte, depósitos y demás establecimientos relativos a explosivos que puedan causar estragos, cuando incurran en alguna o algunas de las siguientes conductas:

a) Obstaculizar la actividad inspectora de la Administración en materia de seguridad de explosivos.

b) Falsear u ocultar a la Administración información relevante sobre el cumplimiento de las medidas de seguridad obligatorias relativas a explosivos.

c) Desobedecer las órdenes expresas de la Administración encaminadas a subsanar las anomalías graves detectadas en materia de seguridad de explosivos.

Artículo 349

Los que en la manipulación, transporte o tenencia de organismos contravinieren las normas o medidas de seguridad establecidas, poniendo en concreto peligro la vida, la integridad física o la salud de las personas, o el medio ambiente, serán castigados con las penas de prisión de seis meses a dos años, multa de seis a doce meses e inhabilitación especial para el empleo o cargo público, profesión u oficio por tiempo de tres a seis años.

Artículo 350

Sin perjuicio de lo dispuesto en el artículo 316, incurrirán en las penas previstas en el artículo anterior los que en la apertura de pozos o excavaciones, en la construcción o demolición de edificios, presas, canalizaciones u obras análogas, o, en su conservación, acondicionamiento o mantenimiento infrinjan las normas de seguridad establecidas cuya inobservancia pueda ocasionar resultados catastróficos, y pongan en concreto peligro la vida, la integridad física de las personas o el medio ambiente.

I. CONSIDERACIONES GENERALES

1. Introducción

Bajo la rúbrica "De otros delitos de riesgo provocados por explosivos y otros agentes", la Sección 3ª del Capítulo I del Título XVIII del CP de 1995 recoge varias figuras delictivas que tienen como denominador común su relación con la infracción de la normativa de seguridad en el desempeño de determinadas actividades peligrosas o en el manejo de sustancias con un elevado potencial destructor y de las que, en consecuencia, puede derivarse un grave riesgo para la seguridad colectiva.

Una de las características de la denominada sociedad del riesgo reside en la aparición de nuevas fuentes de peligro para determinados bienes jurídicos individuales (como la vida, la integridad física o la salud de las personas) o colectivos (como el medio ambiente), como consecuencia del desarrollo de actividades que, pese a su peligrosidad, son consideradas altamente beneficiosas por contribuir de un modo importante al progreso de la sociedad. Precisamente, es en este contexto en el que debe abordarse el estudio de los delitos recogidos en los arts. 348 a 350 CP, que pueden reconducirse a una idea común que ha de presidir su interpretación: el incremento del riesgo inherente al desarrollo de determinadas actividades peligrosas, ocasionado por la contravención de las normas de seguridad existentes en relación con cada una de ellas.

Sucesos como la explosión de un camión cisterna que transportaba propileno, producida en 1978 en el Camping Los Alfaques, o la explosión de un coche con cohetes y fuegos artificiales en el aparcamiento de un supermercado en Alicante en el año 1989 pusieron de manifiesto la necesidad de dar una respuesta penal adecuada a la desatención de la normativa de seguridad en la realización de actividades que, bien por sus características intrínsecas, bien por las sustancias u objetos implicados en su desarrollo, resultan especialmente peligrosas (MUÑOZ CONDE, GÓRRIZ ROYO, ANDRÉS DOMÍNGUEZ). Esa respuesta se dio inicialmente a través de la LO 3/1989, de 21 de junio, de actualización del Código Penal, que introdujo en el CP73 el art. 348 bis b), que constituye el antecedente más inmediato de los actuales arts. 348.1 y 350 CP (VILLACAMPA ESTIARTE).

Esta preocupación se vio incrementada como consecuencia de los atentados perpetrados en Madrid el 11 de marzo de 2004, cuya investigación reveló la existencia de importantísimas deficiencias en la seguridad y el control del almacenamiento y el tráfico de explosivos, a las que había que hacer frente también a través del Derecho Penal. La necesidad de reforzar la intervención estatal en este ámbito dio lugar a la LO 4/2005, que introdujo importantes reformas en el art. 348 CP dirigidas a sancionar conductas que, directa o indirectamente, favorecen la obtención de material explosivo que puede ser utilizado posteriormente en atentados terroristas (por todos, VILLACAMPA ESTIARTE, SÁINZ-CANTERO CAPARRÓS).

2. Cuestiones comunes

2.1. Bienes jurídicos protegidos

Aunque sin perder de vista la alta potencialidad lesiva de las conductas incriminadas y su capacidad para afectar a una colectividad indeterminada de personas, la Doctrina sitúa el objeto de protección de estos delitos en la vida, la integridad física y la salud de las personas, y el medio ambiente (por todos, GONZÁLEZ RUS, VILLACAMPA ESTIARTE). Sin embargo, las diferencias existentes en cuanto a su estructura típica entre los tipos penales recogidos en esta Sección y, sobre todo, la existencia de algunos delitos de peligro abstracto cuyo contenido de injusto aparece muy alejado de la lesión e, incluso, de la puesta en peligro de dichos bienes jurídicos invitan, a nuestro juicio, a matizar esta posición. En este sentido, entendemos que, por lo que se refiere al bien jurídico protegido, es preciso diferenciar dos grupos de delitos.

En primer lugar, los delitos recogidos en los arts. 348.1, inciso primero, 349 y 350 CP —todos ellos de peligro concreto— que, con carácter general, protegen la vida, la integridad física y la salud de las personas y el medio ambiente.

Aunque profundicemos en esta cuestión cuando analicemos los elementos típicos del delito, conviene avanzar aquí que en el art. 350 CP se ha omitido la referencia a la salud, limitándose la protección penal a la vida y la integridad física de las personas.

En segundo lugar, los recogidos en los apartados 1 —inciso segundo—, 2 y 4 del art. 348 CP, todos ellos delitos de peligro abstracto que incriminan la mera infracción de las normas de seguridad o de ciertos deberes de colaboración con la Administración, en los que el bien directa y especialmente protegido es la seguridad colectiva, entendida como el estándar mínimo de seguridad en la realización de actividades que comportan riesgos y de las que pueden derivarse daños graves para un colectivo indeterminado de personas o para el medio ambiente.

2.2. Leyes penales en blanco

Todos los delitos recogidos en esta Sección constituyen leyes penales en blanco. Las especiales características de las actividades a las que se vinculan los delitos analizados, que se hallan fuertemente reglamentadas y sometidas a constantes avances técnicos, justifican plenamente el recurso a la técnica de las leyes penales en blanco. De ahí que en todos los tipos penales recogidos en esta Sección se incluya una remisión expresa a las normas de seguridad que rigen en los distintos sectores de actividad implicados, a las que es necesario acudir para integrar la conducta típica con independencia de su rango (VILLACAMPA ESTIARTE, ANDRÉS DOMÍNGUEZ).

2.3. *Iter criminis*

Al tratarse de delitos de peligro, se han planteado dudas en torno a la posible concurrencia de formas imperfectas de ejecución. Aunque algún autor ha admitido la tentativa en los tipos de peligro concreto cuando no se llega a ocasionar el resultado de peligro requerido para su consumación (GONZÁLEZ RUS, FARALDO CABANA), la mayoría de la Doctrina (por todos, VILLACAMPA ESTIARTE) y la Jurisprudencia se han mostrado contrarias a admitirla, relegando a la vía administrativa las infracciones de las normas de seguridad que no hayan causado un peligro concreto para las personas o el medio ambiente [véanse, entre otras, las SSAP, León, Sección 2ª, 87/2002, 25-11, y Cuenca, 55/2001, 26-5 (*Tol 101779)*, que absuelven a los acusados del delito del art. 350 CP porque, pese a la infracción de las normas de seguridad, no se llegó a poner en concreto peligro ninguno de los bienes jurídicos mencionados en el precepto].

II. DELITOS RELACIONADOS CON LA PRODUCCIÓN, USO Y DISTRIBUCIÓN DE EXPLOSIVOS, SUSTANCIAS, APARATOS O ARTIFICIOS PELIGROSOS O SUSTANCIAS DESTRUCTORAS DEL OZONO (ART. 348 CP)

1. Consideraciones generales

En el art. 348 CP se recogen diversas figuras delictivas relacionadas con la producción, la utilización, la posesión o la distribución de determinadas sustancias, artificios o aparatos peligrosos que, en caso de no cumplirse la normativa de seguridad, pueden afectar a la seguridad colectiva, incrementando notablemente el riesgo de producción de daños graves de diversa índole.

Las reformas introducidas por las LLOO 4/2005, de 10 de octubre, y 5/2010, de 22 de junio han dotado a este precepto de una considerable heterogeneidad, en la medida en que han introducido nuevas figuras delictivas que difieren entre sí en aspectos esenciales, tales como los sujetos, el objeto material o la propia estructura típica. Por ello se ha considerado preferible realizar un estudio diferenciado que trate de analizar separadamente los problemas específicos que plantea cada una de ellas.

2. *Modalidades delictivas*

2.1. La fabricación, tenencia, transporte y comercialización de sustancias, artificios o aparatos que puedan causar estragos (art. 348.1, inciso primero, CP)

2.1.1. Consideraciones generales

En su inciso primero, el art. 348.1 CP sanciona a quien, en la fabricación, manipulación, transporte, tenencia o comercialización de explosivos, sustancias inflamables o corrosivas, tóxicas y asfixiantes, o cualesquiera otras materias, aparatos o artificios que puedan causar estragos, contravinieran las normas de seguridad establecidas, poniendo en concreto peligro la vida, la integridad física o la salud de las personas, o el medio ambiente.

Este precepto —que tiene su antecedente más inmediato en el art. 348 bis b) CP 73— acoge un delito de peligro concreto que incrimina la infracción de la normativa reguladora de la tenencia y el desarrollo de actividades relacionadas con sustancias u objetos altamente peligrosos, siempre que con ello se haya puesto en peligro la vida, la integridad o la salud de las personas o el medio ambiente. Su comisión se produce en el contexto de actividades peligrosas pero lícitas y cuyo desarrollo es objeto de regulación administrativa, pues son las únicas en las que tiene sentido exigir a quien las realiza el cumplimiento de la normativa de seguridad.

2.1.2. Sujetos activos

Por lo que se refiere a los sujetos, estamos ante un delito común que puede ser cometido por cualquier persona. Sin embargo, conviene tener en cuenta que su relación con el ejercicio de actividades regladas hace que sea frecuente su comisión por personas dedicadas profesionalmente a las mismas, lo que justifica plenamente la previsión de la inhabilitación especial para empleo o cargo público, profesión u oficio como pena principal acumulada a las de prisión y multa.

Asimismo, la LO 5/2010, de 22 de junio, introdujo en el art. 348.3 CP la responsabilidad penal de las personas jurídicas por la comisión de este delito, en aquellos supuestos en que esta responsabilidad pueda ser exigida conforme a lo dispuesto en el art. 31 bis CP.

2.1.3. Objeto material

Para la descripción del objeto material del delito el Legislador ha optado por un sistema de enumeración abierta en el que, junto a la mención expresa de los explosivos y las sustancias inflamables, corrosivas, tóxicas y asfixiantes, se ha introducido una cláusula de cierre que permite la inclusión de cualesquiera otras materias, aparatos o artificios que puedan causar estragos.

Con esta enumeración se ha pretendido abarcar todas las sustancias, materias u objetos con una alta potencialidad lesiva y cuya manipulación comporta un riesgo elevado para las personas y el medio ambiente. La interpretación de cada uno de los conceptos incluidos por el Legislador ha de realizarse teniendo en cuenta las definiciones que de estas sustancias puede ofrecernos la normativa reguladora de las mismas, cuya infracción constituye uno de los elementos esenciales del tipo.

Los explosivos aparecen definidos en el RD 130/2017, de 24 de febrero, por el que se aprueba el Reglamento de explosivos (*Tol 5977062)*, que considera "materias explosivas" las "materias sólidas o líquidas (o mezcla de materias) que, por reacción química, pueden emitir gases a temperatura, presión y velocidad tales que puedan originar efectos físicos que afecten a su entorno" (art. 9.1.a) y "objetos explosivos" aquellos "objetos que contengan una o varias materias explosivas". Por su parte, de acuerdo con el RD 363/1995, de 10 de marzo, por el que se aprueba el Reglamento sobre notificación de sustancias nuevas y clasificación, envasado y etiquetado de sustancias peligrosas (*Tol 238815)*, serán "sustancias tóxicas las que "por inhalación, ingestión o penetración cutánea, puedan provocar efectos agudos o crónicos, incluso la muerte" y "sustancias corrosivas" las que "al contacto con tejidos vivos, pueden ejercer una acción destructora de los mismos".

Por lo que concierne a la cláusula abierta con la que se cierra la enumeración de los posibles objetos materiales de este delito, se ha puesto de manifiesto que introduce en la descripción típica una cierta dosis de indeterminación que, por otro lado, resulta ineludible. En este sentido, no podemos obviar que, tratándose de ámbitos de actividad sometidos a incesantes avances técnicos, el recurso a una enumeración cerrada podría dificultar la adecuada protección de los bienes jurídicos (ANDRÉS DOMÍNGUEZ).

En cualquier caso, consideramos que esta inicial indeterminación puede mitigarse con una interpretación estricta de esta cláusula, en cuya virtud únicamente van a poder incluirse como posible objeto material del delito sustancias, artificios o aparatos que reúnan una doble característica.

En primer lugar, existencia de una normativa que regule las condiciones de seguridad que han de observarse en su producción, transporte, tenencia o comercialización, pues uno de los elementos típicos de esta figura delictiva es, precisamente, la infracción de la misma (en el mismo sentido CUGAT MAURI).

En segundo lugar, deben ser materias, aparatos o artificios capaces de causar estragos, es decir, dotados de una capacidad tal de destrucción que puedan ocasionar alguno de los resultados a los que se refiere el art. 346.1 CP (VILLACAMPA ESTIARTE, ANDRÉS DOMÍNGUEZ).

Se opta por interpretar esta referencia a los estragos en un sentido técnico, tomando como referencia el significado que el término "estrago" tiene en el art. 346 CP que, además, se encuentra ubicado en el mismo Capítulo que el delito aquí analizado y con el que, en opinión de una parte de la Doctrina, tiene una estrecha relación (sobre esta vinculación, ACALE SÁNCHEZ/RUIZ RODRÍGUEZ). Por el contrario, algunos autores han optado por una interpretación más amplia de este término construida en torno a su significado vulgar, entendiéndolo como equivalente a la causación de daños de grandes proporciones (GONZÁLEZ RUS, SÁINZ-CANTERO CAPARRÓS).

Tal y como ha sido formulada, nada impide incluir en esta cláusula abierta las sustancias radiactivas —que aparecían expresamente mencionadas en el CP73—, sin perjuicio de los problemas concursales a que ello daría lugar.

2.1.4. Conducta típica

La conducta típica consiste en fabricar, manipular, transportar, detentar, comercializar las mencionadas sustancias, artificios o aparatos contraviniendo la normativa de seguridad que afecta a cada uno de ellos. Tal y como ha apuntado VILLACAMPA ESTIARTE, los verbos empleados en su descripción indican que ha pretendido abarcarse todo el proceso de producción y distribución de estas sustancias, permitiendo la incriminación de todas las conductas que, realizadas en cualquiera de las fases o momentos de aquel proceso, infrinjan las normas de seguridad y den lugar al resultado de peligro exigido por el tipo.

CUGAT MAURI ha llamado la atención acerca de la exclusión de la conducta consistente en el depósito de sustancias en vertederos incontrolados, que parece no encajar en ninguno de los verbos empleados en la descripción de la conducta típica (véase, en este sentido, la SAP, Tarragona, Sección 2ª, 75/2001, 24-5, que consideró atípico el depósito de diversas sustancias tóxicas en un vertedero incontrolado situado en un descampado). Por el contrario, sí se incluye el almacenamiento, en tanto que es una forma de detentar las sustancias u objetos acumulados o depositados en un lugar [véanse la STS 562/2010, 9-6 (*Tol 1890876)*, que aplica el delito en un supuesto de almacenamiento de pólvora y material pirotécnico en una caseta de feria o SAP, Córdoba, Sección 2ª, 111/2013, 9-5, referida al almacenamiento en casa de ácido clorhídrico, nitrato, potasio y aluminio en polvo].

Según la interpretación jurisprudencial mayoritaria —que, siguiendo el criterio de autores como CUGAT MAURI, estimamos correcta—, la manipulación, comercialización, tenencia o transporte de las sustancias u objetos a que se refiere el tipo ha de realizarse en el contexto de una actividad lícita y que, por tanto, esté autorizada o sea susceptible de autorización, pues, tal y como hemos apuntado más atrás, solo en estos supuestos rige la normativa de seguridad cuya infracción integra la conducta típica. Así lo estableció la STS 854/1999, 16-7 (*Tol 5150966)*, que confirmó la condena por tenencia ilegal de explosivos —y no por el delito del art. 348.1 CP— al capataz de una empresa de excavaciones que había escondido en una caja enterrada en una tierra próxima a la empresa sustancias y objetos explosivos sobrantes de una voladura anterior y para cuya posesión u uso carecía de autorización administrativa. Este criterio fue aplicado de nuevo por la STS 573/2019, 25-11 (*Tol 7611548*), para confirmar la absolución de varios sujetos juzgados por extraer gasóleo de la tubería de un oleoducto que pasaba por la finca de uno de ellos y transportarlo para su posterior venta metido en bidones de plástico.

En cuanto a la Jurisprudencia de las Audiencias Provinciales, véanse SSAP, Pontevedra, 24/2006, 10-10; Madrid, 574/2009, 18-12; Palencia, 24/2017, 17-4, o Sevilla, 147/2018, 23-3 (*Tol 6852520*).

Aun desarrollándose en el contexto de una actividad lícita, es preciso que estas conductas se realicen infringiendo las normas de seguridad existentes. Como se ha expuesto al comienzo de esta Lección, ello hace de este precepto una norma penal en blanco que ha de integrarse acudiendo a la normativa administrativa que, en cada caso, establece las condiciones y exigencias que han de observarse para garantizar la seguridad en la realización de las actividades recogidas en el tipo. Al ser un delito de peligro concreto, esta infracción ha de referirse necesariamente a aquellos aspectos de la norma que tengan la entidad suficiente como para que su incumplimiento pueda elevar significativamente los riesgos inherentes a la actividad de que se trate, poniendo en concreto peligro la vida, la integridad o la salud de las personas o el medio ambiente.

A título meramente ejemplificativo, entre estas normas de seguridad pueden citarse las siguientes: Ley 25/2022, de 1 de diciembre, sobre precursores de explosivos (*Tol 9303772*); RD 130/2017, de 24 de febrero, por el que se aprueba el Reglamento de Explosivos (*Tol 5977062*); RD 840/2015, de 21 de septiembre, por el que se aprueban medidas de control de los riesgos inherentes a los accidentes graves en los que intervengan sustancias peligrosas (*Tol 5508883*); RD 97/2014, de 14 de febrero, por el que se regulan las operaciones de transporte de mercancías peligrosas por carretera en territorio español (*Tol 4114171*); Real Decreto Ley 9/2002, de 13 de diciembre, por el que se adoptan medidas para buques tanque que transporten mercancías peligrosas o contaminantes (*Tol 223578*); RD 412/2001, de 20 de abril, por el que se regulan diversos aspectos relacionados con el transporte de mercancías peligrosas por ferrocarril (*Tol 150357*); RD 1566/1999, de 8 de octubre, sobre los consejeros de seguridad para el transporte de mercancías peligrosas por carretera, por ferrocarril o por vía navegable (*Tol 151552*); RD 363/1995, de 10 de marzo, por el que se aprueba el Reglamento sobre notificación de sustancias nuevas y clasificación, envasado y etiquetado de sustancias peligrosas (*Tol 151540*); RD 145/1989, de 20 de enero, por el que se aprueba el Reglamento Nacional de admisión, manipulación y almacenamiento de mercancías peligrosas en los puertos (*Tol 368305*).

Pese a que los verbos empleados en la descripción de la conducta típica poseen un significado eminentemente activo, entendemos, en línea con la Doctrina mayoritaria, que la exigencia de infracción de la normativa de seguridad permite admitir la comisión por omisión siempre que se cumplan todos los requisitos establecidos en el art. 11 CP (por todos, GONZÁLEZ RUS, ORTS BERENGUER, FARALDO CABANA; en contra, VILLACAMPA ESTIARTE). Así, por ejemplo, cabría imputar el delito en comisión por omisión al sujeto responsable de garantizar la seguridad en la manipulación de una sustancia peligrosa necesaria en un determinado proceso productivo que no vigila el adecuado cumplimiento por parte de los operarios de las medidas de seguridad exigidas.

2.1.5. *Resultado*

El resultado típico consiste en la creación de una efectiva situación de peligro para la vida, la integridad o la salud de las personas o para el medio ambiente. En consecuencia, a diferencia de otras figuras delictivas que analizaremos a continuación, se trata de un delito de peligro concreto, con las consecuencias que ello tiene en orden a la constatación de su concurrencia efectiva y su relación con la conducta típica (SAP, Málaga, Sección 7ª, 51/2012, 29-6, que absuelve del delito al constar solo la infracción de la normativa, pero no la efectiva puesta en peligro de los bienes jurídicos mencionados). En este sentido, no solo debe acreditarse el peligro efectivo para los bienes jurídicos, sino también la relación de causalidad e imputación objetiva entre dicho peligro y la contravención de las normas de seguridad exigida por el tipo.

2.1.6. *Tipo subjetivo*

Es un delito doloso en el que el dolo ha de ir referido a todos los elementos objetivos del tipo, incluyendo las especiales características de su objeto material, la existencia e infracción de la normativa administrativa y el resultado de peligro concreto. Cabe cualquiera de las clases de dolo, incluido el eventual.

Sin embargo, a diferencia de lo que sucede en el delito de estragos, no se incrimina la imprudencia, que es únicamente constitutiva de una infracción administrativa. Ello tiene consecuencias importantes también en el tratamiento del error de tipo que, independientemente de su carácter vencible o invencible, excluye siempre la responsabilidad penal. La ausencia de tipificación expresa de la imprudencia es, en nuestra opinión, merecedora de crítica, teniendo en cuenta el elevado nivel de peligrosidad de las actividades afectadas y la incriminación de la imprudencia grave en otros delitos de características similares —por ejemplo, en los recogidos en los arts. 359 y 360 CP, cuya modalidad imprudencia se regula en el art. 367 CP.

2.1.7. Penalidad

El art. 348.1 CP prevé una pena de prisión de seis meses a tres años, marco penal que fue modificado por la LO 4/2005, de 10 de octubre, que elevó el límite máximo desde los dos a los tres años, eliminando así —al menos en algunos casos— las posibilidades de suspensión condicional de la pena.

Junto a la prisión se prevé una pena de multa de doce a veinticuatro meses y una inhabilitación especial de empleo o cargo público, profesión u oficio de seis a doce años, que habrá de recaer sobre el concreto empleo, cargo, profesión u oficio que guarde relación con el delito y que deberá ser concretado por el Juez en la sentencia, tal y como establecen los arts. 42 y 45 CP.

Su previsión como pena principal acumulada a las de prisión y multa excluye la imposición de esta misma inhabilitación como pena accesoria, pudiendo imponerse sólo la inhabilitación especial para el derecho de sufragio pasivo prevista en el art. 56.1.1ª CP.

Cuando el responsable del delito sea una persona jurídica, se impondrán las penas establecidas en el art. 348.3 CP, previéndose la obligación de imponer las penas en su mitad superior cuando el delito haya sido cometido por los directores, administradores o encargados de la sociedad, empresa, organización o explotación.

2.1.8. Concursos

En aquellos casos en los que, además del peligro concreto requerido por el tipo, se produjera algún resultado lesivo, el delito del art. 348.1 CP entrará en concurso ideal con el correspondiente delito de lesión, excepto cuando el peligro haya afectado exclusivamente a la persona sobre la que se produce la lesión, en cuyo caso el delito de lesión absorbería el peligro precedente (GONZÁLEZ RUS).

Si la conducta típica recae sobre sustancias radiactivas —que, como se ha expuesto más atrás, estarían incluidas en la cláusula abierta a la que se ha hecho referencia al analizar el objeto material del delito— se produciría un concurso de normas con el art. 341 CP, que sería de aplicación preferente en virtud del principio de especialidad.

Mayor complejidad presenta la relación entre el delito analizado y los tipificados en los arts. 359 y 360 CP, delitos contra la salud pública cuyo objeto material coincide con algunas de las sustancias a las que hace referencia el art. 348.1 CP. Aunque algún autor ha aludido al carácter subsidiario de los delitos contra la salud pública, entendemos que, al ser tipos de peligro abstracto y de mera actividad, cuando concurra un peligro concreto para la vida o la salud se producirá un concurso de leyes a resolver a favor del art. 348.1 CP, en virtud del principio de consunción (VILLACAMPA ESTIARTE).

2.2. La producción, importación, exportación, comercialización y uso ilegal de sustancias destructoras del ozono (art. 348.1, inciso segundo, CP)

2.2.1. Consideraciones generales

Esta figura delictiva fue introducida por la LO 5/2010, de 22 de junio, por la que se modifica la Ley Orgánica 10/1995, de 23 de noviembre, del Código Penal, que dio así cumplimiento a la Directiva 2008/99/CE del Parlamento Europeo y del Consejo, de 19 de noviembre de 2008, relativa a la protección del medio ambiente mediante el Derecho Penal, en cuyo art. 3.i) se establece la obligación de los Estados miembros de tipificar como delito las acciones que supongan una agresión a la capa de ozono (al respecto, QUINTERO OLIVARES).

Por lo que se refiere a su ubicación sistemática, su regulación entre los delitos de riesgo —y, más concretamente, en el mismo apartado que los referidos a sustancias u objetos susceptibles de causar estragos— es, en nuestra opinión, inadecuada, en la medida en que se trata de una figura delictiva que está más vinculada con la protección del medio ambiente que con la prevención de riesgos de grandes proporciones para la seguridad colectiva (en el mismo sentido, MUÑOZ LORENTE, SÁINZ-CANTERO CAPARRÓS). A esta conclusión apunta también el hecho de que la obligación de su tipificación en la legislación penal de los Estados Miembros se recoge en una Directiva dedicada a la protección del medio ambiente.

Coherentemente con lo que acabamos de afirmar, entendemos que, más que a la protección de bienes jurídicos personales, este delito se dirige a la preservación del medio ambiente y, más concretamente, a la protección de la capa de ozono.

En cuanto a los sujetos y la penalidad, nos remitimos al análisis realizado en relación con el delito de fabricación, transporte, tenencia, manipulación y comercialización de sustancias u objetos capaces de causar estragos del art. 348.1 inciso primero, CP, que es íntegramente aplicable al tipo que ahora analizamos.

2.2.2. Objeto material

El objeto material viene constituido por las sustancias destructoras del ozono, es decir, por sustancias cuya liberación a la atmósfera puede alterar las propiedades del ozono o destruirlo, con las consecuencias que ello tiene sobre la protección de las personas y el medio ambiente frente a los rayos ultravioleta.

La determinación concreta de estas sustancias puede variar en función de los avances en el conocimiento de los efectos adversos de las diversas sustancias o materias, debiendo atenderse a los listados que generalmente se incluyen en las normas internacionales y europeas relativas a la protección del ozono.

En 1985, con ocasión del Convenio de Viena para la protección de la capa de ozono, se elaboró el primer listado de sustancias destructoras del ozono, que fue actualizado posteriormente a través de diversos Protocolos como, por ejemplo, el Protocolo de Montreal relativo a las sustancias que agotan la capa de ozono de 1987 (QUINTERO OLIVARES). Asimismo, por lo que se refiere al Derecho de la Unión Europea, las sustancias destructoras de la capa de ozono se recogen actualmente en los Anexos I y II del Reglamento (UE) 2024/590, del Parlamento Europeo y del Consejo, de 7 de febrero de 2024, sobre las sustancias que agotan la capa de ozono, y por el que se deroga el Reglamento CE nº 1005/2009 (*Tol 9955712)*, que aluden, entre otras muchas, al bromuro de metilo —empleado como pesticida— o a los clorofluorocarbonos —sustancias actualmente prohibidas que solían utilizarse en aerosoles, extintores, aislantes térmicos o aparatos de refrigeración. En cuanto a nuestro Derecho interno, la Ley 34/2007, de 15 de noviembre, de calidad del aire y protección de la atmósfera, no contiene un listado específico de sustancias, sino que se refiere genéricamente a las sustancias que agotan la capa de ozono entre los contaminantes atmosféricos recogidos en su Anexo I.

2.2.3. *Conductas típicas*

Estamos ante un delito de mera actividad en el que la conducta consiste en producir, importar, exportar, comercializar o utilizar de forma ilegal estas sustancias. A diferencia de lo que sucede en el delito del inciso primero, no se recogen el transporte ni la tenencia o posesión de las sustancias destructoras del ozono, que quedarán impunes, al no poder ser incluidas fácilmente en ninguna de las restantes modalidades típicas. En este sentido, sería atípico, por ejemplo, el traslado de estas sustancias de un punto a otro del territorio español o su mero almacenamiento en lugares o depósitos no autorizados.

Todas estas conductas han de realizarse de forma ilegal, expresión en la que se contiene una remisión al conjunto de normas reguladoras de la producción, uso, comercialización, exportación e importación de estas sustancias —cuya infracción constituye un elemento esencial de este delito—, así como a actos administrativos (VILLACAMPA ESTIARTE). Desde este punto de vista, habrían de incluirse tanto los supuestos en los que el sujeto activo no cuenta con la preceptiva autorización administrativa como aquellos otros en los que, pese a tratarse de una actividad debidamente autorizada, la misma se realiza incumpliendo las exigencias o cautelas normativamente previstas (en este sentido, SÁINZ-CANTERO CAPARRÓS).

2.2.4. Tipo subjetivo

Se exige dolo, que ha de abarcar tanto las propiedades destructoras o alteradoras del ozono de la sustancia sobre la que recae la conducta, como la existencia y la vulneración de las normas reguladoras de la misma. Cabe el dolo eventual, pero no la imprudencia que, al no existir una tipificación expresa, queda relegada al ámbito administrativo.

El error de tipo dará lugar a la exclusión de la responsabilidad penal, con independencia de su carácter vencible o invencible.

> Pueden darse por reproducidas las consideraciones críticas que se realizaron en el epígrafe 2.1.6 en relación con la falta de incriminación de la imprudencia en el delito del primer inciso del art. 348.1 CP.

2.2.5. Penalidad

Las penas previstas para los autores de este delito son idénticas a las establecidas para el anterior, por lo que pueden darse por reproducidas todas las consideraciones realizadas en el epígrafe 2.1.7.

2.3. El favorecimiento de la pérdida o sustracción de explosivos (art. 348.2 CP)

2.3.1. Consideraciones generales

En el apartado 2 del art. 348 CP se tipifica la facilitación de la pérdida o sustracción de explosivos, como consecuencia de la infracción de la normativa sobre los mismos, por parte de los responsables de su uso, vigilancia o custodia.

Este delito fue introducido, tras los atentados terroristas cometidos en Madrid el 11 de marzo de 2004 con explosivos previamente sustraídos de una mina asturiana, por la LO 4/2005, de 10 de octubre, que introdujo en el art. 348 CP un conjunto de reformas dirigidas a reforzar la respuesta penal frente a conductas favorecedoras del tráfico ilegal de explosivos, y, en última instancia, de la utilización de éstos por parte de organizaciones y grupos terroristas. Sin embargo, la traslación de esta finalidad al CP ha dado como resultado un delito de estructura compleja, dudosamente compatible con las exigencias de proporcionalidad de la pena que rigen el Derecho penal democrático, y cuya interpretación suscita numerosas dificultades e incertidumbres.

2.3.2. Estructura del delito

Las primeras dificultades surgen ya en el momento de determinar la propia estructura del delito, aspecto esencial al que la Doctrina no siempre ha prestado la suficiente atención. A la hora de resolver esta cuestión hemos de tener en cuenta la existencia de dos posibilidades interpretativas respecto de las que existen argumentos tanto a favor como en contra, y que, en consecuencia, deben ser expuestas antes de adoptar una posición.

De acuerdo con una primera interpretación, el art. 348.2 CP acoge un delito de mera actividad y peligro abstracto que incriminaría la infracción de las normas sobre explosivos por parte de quienes son responsables de su uso, custodia o vigilancia, facilitándose con ello la efectiva pérdida o sustracción de los mismos. Según esta primera posición, la efectiva pérdida o sustracción de los explosivos constituiría una condición objetiva de punibilidad, imprescindible para imponer la pena, pero que no tendría que ser necesariamente abarcada por el dolo del sujeto activo. Con ello se dota al delito de un ámbito de aplicación muy amplio, en el que podrían incluirse casos en los que el responsable de la vigilancia, custodia o uso de los explosivos infringe dolosamente la normativa, pero desconoce que ese incumplimiento ha dado lugar a la pérdida o a la sustracción de los mismos.

Esta interpretación —que pone el acento en la infracción de la normativa reguladora de los explosivos y confiere al delito un carácter eminentemente formal— parece adecuarse al objetivo perseguido por el Legislador. En este sentido, en la Exposición de Motivos de la LO 4/2005, de 10 de octubre, se alude a la a la insuficiencia del Derecho administrativo sancionador para "atajar la conducta de quienes estando obligados a ello no observan las medidas de vigilancia y control de los explosivos" y a la pretensión de "elevar el reproche penal del tráfico indebido y el incumplimiento de los deberes relativos a la seguridad colectiva en la tenencia de tan peligrosas sustancias", para lo que se incrimina expresamente "la conducta de los sujetos obligados legal o contractualmente a la vigilancia, la custodia y el consumo de sustancias explosivas que puedan causar estragos que contravengan la normativa de explosivos", requiriéndose, en todo caso, "que dicho incumplimiento haya facilitado la efectiva pérdida o sustracción de los explosivos, lo que permite diferenciar esta conducta penalmente relevante del correspondiente ilícito administrativo".

Sin embargo, el delito analizado puede ser objeto de una lectura distinta que, en nuestra opinión, resulta preferible por adecuarse mejor a la propia estructura gramatical del precepto. De acuerdo con esta segunda interpretación, el hecho de que la contravención de las normas sobre explosivos integre una oración subordinada a la principal (contraviniendo las normas sobre explosivos) y que el único verbo que aparece conjugado en forma personal sea "facilitar", aboca a considerar a este último como verbo típico. Desde esta perspectiva, podemos afirmar que la conducta típica consiste en facilitar la pérdida o sustracción de explosivos mediante la infracción de la normativa reguladora de los mismos, con lo que, a diferencia de lo que sucedía con la interpretación anterior, se pone el acento en la efectiva pérdida o sustracción, siendo la infracción de la normativa la forma concreta de facilitarlas a la que el Legislador ha dotado de relevancia típica.

De acuerdo con lo que se acaba de exponer, el art. 348.2 CP incrimina la conducta de quien dolosamente facilita la pérdida o la sustracción de los explosivos, es decir, la propicia o la hace posible. Teniendo en cuenta que "facilitar" es un verbo transitivo —definido por la RAE como "hacer más fácil la ejecución de algo o la consecución de un fin"— la pérdida o la sustracción de los explosivos deben ser abarcadas necesariamente por el dolo del sujeto activo: quien tiene dolo respecto de la conducta de facilitar ha de tenerlo también necesariamente respecto de aquello que se facilita. Dicho de otro modo, quien sabe que facilita y quiere hacerlo, tiene que saber también necesariamente que facilita "algo" concreto. Por eso, a nuestro juicio, la pérdida o la sustracción de los explosivos no puede considerarse una mera condición objetiva de punibilidad, pues éstas se caracterizan —entre otros rasgos— por ser independientes de la conducta del autor, al que no pueden atribuirse a título de dolo ni de imprudencia.

En nuestra opinión, las consideraciones que se han realizado hasta aquí han de servir para determinar la estructura de este delito, teniendo en cuenta, además, que entre la pérdida y la sustracción de explosivos existen diferencias importantes que deben ser tenidas en cuenta. En este sentido, no puede obviarse que mientras que la pérdida de los explosivos puede producirse sin intervención de otras personas, la sustracción es una conducta realizada necesariamente por un tercero distinto del sujeto activo del delito, cuyo papel se reduce a la mera ayuda o facilitación de la misma. De ahí que, a nuestro juicio, sea conveniente distinguir dos modalidades típicas dotadas cada una de ellas de una estructura y una naturaleza distintas.

1) La facilitación de la pérdida de explosivos, que integra una modalidad delictiva de resultado.

2) La facilitación de la sustracción de explosivos, que no es sino una forma de participación elevada a la categoría de delito autónomo (aunque se refiere genéricamente a todo el precepto, alude a formas de participación tipificadas autónomamente VILLACAMPA ESTIARTE).

La sustracción de los explosivos, como tal, puede ser constitutiva de un delito de hurto (art. 234 CP) o de un delito de tenencia o depósito ilegal de explosivos (art. 568 CP). Debido a su tipificación autónoma en el art. 348.2 CP, la conducta de quien facilita esa sustracción infringiendo la normativa sobre explosivos ha quedado sustraída a la aplicación de los principios de accesoriedad y unidad de título de imputación, así como de las reglas penológicas aplicables a las distintas formas de participación reguladas en nuestro CP, que habrían permitido imponer penas bien distintas de las previstas en el art. 348.2 CP. En la comparación entre las penas previstas para el delito aquí analizado y para el hurto es, precisamente, donde la posición que hemos adoptado acerca de la estructura y naturaleza del delito del art. 348.2 CP podría recibir las mayores críticas desde la perspectiva del principio de proporcionalidad. En este sentido, no podemos ignorar que la interpretación que hemos acogido tiene consecuencias difícilmente compatibles con el principio de proporcionalidad de la pena, en la medida en que quien facilite la sustracción de explosivos va a ser castigado con una pena muy superior que quien los sustrae, a quien se le impondrá la pena prevista en el art. 234.1 o 2 dependiendo del valor de los explosivos objeto del delito. Sin embargo, a nuestro juicio, esta situación no debería llevarnos a rechazar una interpretación que, entendemos, se adecúa plenamente al tenor literal y a la estructura gramatical del art. 348.2 CP, debiendo conducir únicamente a la crítica del mismo y, en su caso, a la realización de propuestas en orden a su modificación.

2.3.3. Sujetos activos

Nos encontramos ante un delito especial propio, que sólo puede ser cometido por las personas específicamente encargadas del uso, el control y la vigilancia de los explosivos.

En todo caso, se trata de sujetos autorizados para el manejo de sustancias y material explosivo —que aparecen recogidos en el RD 130/2017, de 24 de febrero, por el que se aprueba el Reglamento de Explosivos (GÓRRIZ ROYO)—, lo que permite diferenciar este delito de la tenencia o el depósito de explosivos recogidos en el art. 568 CP.

El art. 348.3 CP prevé la responsabilidad penal de las personas jurídicas por la comisión de este delito, en aquellos supuestos en esta responsabilidad pueda ser exigida conforme a lo dispuesto en el art. 31 bis CP.

2.3.4. Objeto material

La vinculación de este delito con la lucha antiterrorista ha conducido a una limitación de su objeto material a los explosivos, quedando excluidas cualesquiera otras materias o sustancias, por muy peligrosas que estas sean. En cuanto a lo que haya de entenderse por explosivos, pueden darse por reproducidas las consideraciones realizadas al respecto en el epígrafe 2.1.3.

Durante la tramitación parlamentaria de la LO 4/2005, el Grupo Parlamentario Popular planteó una enmienda —que fue finalmente rechazada— dirigida a incluir en los apartados 1 y 2 del art. 348 CP organismos genéticamente manipulados y materiales biológicos susceptibles de causar estragos, a fin de adecuar el objeto material de estos delitos a los nuevos medios de destrucción masiva, como el ántrax o el gas sarin, que estaban siendo empleados por grupos terroristas.

2.3.5. *Conducta típica*

Tal y como se ha avanzado al exponer la estructura del delito, la conducta consiste en facilitar, mediante la infracción de la normativa sobre explosivos, la pérdida o sustracción de los mismos.

Por "facilitar" ha de entenderse favorecer o promover dicha pérdida o sustracción. Ahora bien, esta facilitación debe realizarse contraviniendo la normativa sobre explosivos, expresión en la que se contiene una remisión normativa que, pese a formularse en términos más amplios que en otras figuras delictivas en las que se alude específicamente a la normativa sobre seguridad, ha de entenderse referida a las normas dirigidas a garantizar la seguridad de los explosivos frente a su posible pérdida o sustracción. Esta infracción de la normativa debe ser causa directa de la pérdida o la sustracción de los explosivos (DE LA CUESTA AGUADO), que debe producirse efectivamente.

2.3.6. *Otros elementos del tipo objetivo*

Tal y como se afirmó al exponer la estructura del delito, la facilitación de la pérdida de explosivos integra una modalidad de resultado, consistiendo éste en la pérdida efectiva de los explosivos, que deben salir del ámbito de disponibilidad y control del sujeto activo, que ignora su paradero. Ha de acreditarse la existencia de una relación de causalidad y de imputación objetiva entre la conducta y la pérdida efectiva de los explosivos.

2.3.7. *Tipo subjetivo*

Se exige la concurrencia de dolo, al menos eventual, debiendo abarcar los siguientes elementos: a) la existencia e infracción de las normas sobre explosivos; b) la facilitación de la pérdida o la sustracción; y c) la efectiva pérdida o sustracción de los explosivos. Tal y como expusimos al referirnos a la estructura del delito, ello conduce a excluir de su ámbito de aplicación algunos supuestos que, necesariamente, han de quedar relegados al ámbito del Derecho Administrativo sancionador. Nos referimos a las infracciones imprudentes de la normativa sobre explosivos y a las dolosas realizadas por sujetos que, pese a saber que infringen las normas y querer hacerlo —por ejemplo, porque ello agiliza o facilita su trabajo— no abarcan con su dolo —ni siquiera en su modalidad eventual— la pérdida o la sustracción de los explosivos que finalmente se produce.

2.3.8. *Penalidad*

Las penas previstas para los autores de este delito son idénticas a las establecidas en el art. 348.1 CP, por lo que pueden darse por reproducidas todas las consideraciones realizadas en el epígrafe 2.1.7.

Cuando el responsable del delito fuera una persona jurídica se impondrán las penas previstas en el art. 348.3 CP.

2.4. La obstaculización de la actividad de control de la Administración Pública sobre actividades relacionadas con explosivos (art. 348.4 CP)

2.4.1. *Consideraciones generales*

El art. 348.4 CP acoge un conjunto de conductas caracterizadas por suponer un incumplimiento de los deberes de colaboración con la Administración que incumben a quienes desarrollan actividades relacionadas con explosivos para garantizar un adecuado control del cumplimiento de las condiciones de seguridad exigidas en las mismas. La tipificación como delito de estas conductas, que procede de la ya citada LO 4/2005, de 10 de octubre, parece responder a la idea de que la obstaculización de las tareas administrativas de inspección y control favorece la opacidad en su desarrollo y el incumplimiento de las normas de seguridad, incrementándose la peligrosidad inherente a estas actividades y facilitando un uso inadecuado de los explosivos.

Estamos ante un delito de peligro abstracto configurado en términos muy amplios, que incrimina la mera infracción dolosa de los deberes a los que nos acabamos de referir, sin que se exija la creación de peligro alguno (ANDRÉS DOMÍNGUEZ) o, al menos, la idoneidad de dicha infracción para incrementar el peligro inherente a la producción, tenencia y manejo de explosivos (en sentido crítico hacia este delito, VILLACAMPA ESTIARTE y, apuntando que, a la vista de la levedad de las penas, parece tratarse de una infracción administrativa criminalizada, SÁINZ-CANTERO CAPARRÓS).

2.4.2. *Sujetos activos*

Se trata, al igual que la figura anterior, de un delito especial propio que solo puede ser cometido por los "responsables de las fábricas, talleres, medios de transporte, depósitos y demás establecimientos relativos a explosivos", que, además, han de estar específicamente obligados a facilitar a la Administración Pública información relativa al cumplimiento de las normas de seguridad que rigen el desarrollo de su actividad o —cuando se trata de la última de las modalidades típicas— a cumplir órdenes de aquélla para la subsanación de las deficiencias advertidas.

2.4.3. Conductas típicas

Es un delito de mera actividad en el que se incriminan tres conductas distintas que inciden, bien sobre la posibilidad de la Administración de acceder al conocimiento del cumplimiento de la normativa de seguridad, bien sobre el cumplimiento de las órdenes de la Administración encaminadas a la subsanación de las deficiencias existentes.

a) La primera modalidad típica es la obstaculización de la actividad inspectora de la Administración en materia de seguridad de explosivos, que debe interpretarse restrictivamente para incluir sólo conductas de auténtica obstrucción a la labor inspectora de la Administración. De acuerdo con este criterio, sólo serían típicas las acciones u omisiones que impidan el desarrollo de esta labor o interfieran gravemente en su normal desarrollo, impidiendo a la Administración acceder a la información sobre el cumplimiento de la normativa de seguridad a la que se refiere el precepto. Por el contrario, serían atípicas todas aquellas conductas que supusieran meras molestias en el normal desarrollo de las tareas de inspección como, por ejemplo, la provocación de una demora en su realización

b) Falseamiento u ocultación de información relativa al cumplimiento de las medidas de seguridad. En esta segunda modalidad típica se incrimina tanto la falsificación de la información —proporcionar a la Administración una información que no se corresponde con la realidad— como su ocultación, es decir, no proporcionar información alguna, lo que, lógicamente, presupone la existencia de una obligación en tal sentido. En ambos casos la información que se falsea u oculta debe ser "relevante", lo que significa que ha de referirse a datos o aspectos de los que dependa el adecuado conocimiento por parte de la Administración del grado de cumplimiento de las condiciones de seguridad exigidas en este tipo de actividades.

c) Desobediencia a una orden expresa de la Administración dirigida a subsanar anomalías graves en materia de seguridad. Esta última modalidad típica incrimina un supuesto específico de desobediencia, en el que han de darse las siguientes condiciones: 1ª) En cuanto a las características de la orden, ésta debe ser expresa y haber sido emitida por quien tiene la competencia para ello, incluyéndose en el ámbito del delito sólo aquéllas en las que se inste a subsanar deficiencias en materia de seguridad que, lógicamente, habrán sido previamente constatadas por la Administración. 2ª) En cuanto a la conducta de desobediencia, basta con desatender la orden de una forma clara, no adoptando las medidas necesarias para subsanar las deficiencias de seguridad observadas.

De distinta opinión es, sin embargo, DE LA CUESTA AGUADO, quien sostiene que ha de tratarse de una negativa abierta, clara y pertinaz a cumplir la orden, lo que presupone la existencia de un requerimiento previo para su cumplimiento.

Cabe tanto la acción como la omisión.

2.4.4. *Tipo subjetivo*

En todas las modalidades típicas ha de concurrir dolo en el sujeto activo, que debe conocer la obligación de someterse a inspecciones, de facilitar a la Administración la información a la que se refiere la segunda de las conductas y la existencia de la orden expresa a la que alude la tercera de ellas. La interpretación realizada de las distintas conductas típicas conduce, a nuestro juicio, a la exclusión del dolo eventual (de la misma opinión, BENÍTEZ PÉREZ-FAJARDO).

2.4.5. *Iter criminis*

Se trata de un delito de mera actividad que se consuma en el momento en que se impide u obstaculiza la inspección, se proporciona a la Administración información falsa o se le oculta información o se incumple definitivamente la orden emitida por la Administración, lo que exige que haya transcurrido el plazo establecido para su cumplimiento. No cabe tentativa.

2.4.6. *Penalidad*

Se prevén como penas principales las de prisión de seis meses a un año, multa de seis a doce meses e inhabilitación especial de empleo o cargo público, profesión u oficio por tiempo de tres a seis años. Respecto de esta última pena pueden darse por reproducidas las consideraciones realizadas en el epígrafe 2.1.7.

2.4.7. *Concursos*

Este delito absorbe las posibles falsedades documentales cometidas para falsear u ocultar a la Administración información sobre el cumplimiento de las medidas de seguridad.

2.5. Agravación por la especial condición del sujeto activo (art. 348.3 CP)

El apartado 3 del art. 348 CP prevé una agravación de la pena prevista para los delitos recogidos en los apartados 1 y 2 de este mismo precepto aplicable a los "directores, administradores o encargados de la sociedad, empresa, organización o explotación". Se trata de una agravación basada en las especiales características del sujeto activo del delito, que ha de ocupar una posición relevante en el seno de la sociedad, empresa, organización o explotación en la que se desarrolla la actividad relacionada con el delito.

Al igual que sucede en otros tipos delictivos, el Legislador acude aquí a una terminología propia del Derecho de sociedades que parece presuponer la existencia de una organización jerárquica en la que se integran personas que ocupan distintas posiciones y que, en consecuencia, tienen atribuidas facultades igualmente diversas. Por esta razón, es conveniente tratar de delimitar cada una de las figuras mencionadas en este precepto, partiendo siempre de la premisa de que se trata de personas que gozan de facultades de organización, dirección, planificación o decisión en relación con las actividades de la sociedad, empresa, explotación u organización. Así, "directores" serán quienes se encuentran en la cúspide de la organización, ostentando facultades de mando y organización sobre el conjunto de sus actividades e integrantes o —como suele suceder en organizaciones de una cierta entidad— sobre una parte relevante de los mismos. Por su parte, "administradores" serán quienes tengan atribuida formal o materialmente la gestión patrimonial de la organización y, en caso de existir, los miembros del consejo de administración. Finalmente, la condición de "encargados" debe atribuirse a aquellas personas a las que los directores o los administradores hayan otorgado facultades de dirección, organización o decisión en relación con sectores o aspectos concretos de la organización.

La concurrencia de una de estas tres cualidades en el sujeto activo del delito determina la imposición preceptiva de la pena prevista para el delito de que se trate en su mitad superior; agravación que afecta a todas las penas establecidas, sean estas privativas de libertad, privativas de otros derechos o multa.

III. DELITOS RELACIONADOS CON LOS ORGANISMOS (ART. 349 CP)

Con una estructura muy similar a la del art. 348.1 CP, ya analizado, el art. 349 CP tipifica un conjunto de conductas relacionadas con organismos vivos, cuya manipulación, tenencia o transporte también constituyen una importante fuente de peligro para algunos bienes jurídicos.

Este delito, que carece de precedentes en el CP973, fue introducido por vía de enmienda durante la tramitación parlamentaria del CP de 1995 (de "figura apresurada" la califica SÁINZ-CANTERO CAPARRÓS).

1. Sujetos activos

Se trata de un delito común, pudiendo darse por reproducidas todas las consideraciones que en su momento se realizaron en relación con el art. 348.1, inciso primero, CP en el epígrafe 2.1.2.

2. Objeto material

La principal peculiaridad de este delito reside en su objeto material, constituido por los "organismos", sin que el Legislador penal haya introducido mayores precisiones (en sentido crítico, SÁINZ-CANTERO CAPARRÓS).

En un sentido muy amplio, partiendo de la definición del vocablo "organismo" como "ser viviente" que nos proporciona el Diccionario de la RAE, podría considerarse que integra el objeto material del delito cualquier ser vivo, a excepción del ser humano, que no puede ser objeto de ninguna de las conductas descritas en este precepto. Sin embargo, la remisión que el art. 349 CP hace a las normas de seguridad, cuya infracción se ha incluido como elemento típico, invita a acudir a la normativa administrativa para determinar con mayor precisión el significado de este término. Así, en el art. 2 de la Ley 9/2003, de 25 de abril (*Tol 258147*), por la que se establece el régimen jurídico de la utilización confinada, liberación voluntaria y comercialización de organismos modificados genéticamente, se define el "organismo" como "cualquier entidad biológica capaz de reproducirse o de transferir material genético, incluyéndose en este concepto a las entidades microbiológicas, sean o no celulares" [letra a)] y el "organismo modificado genéticamente" como "cualquier organismo, con excepción de los seres humanos, cuyo material genético ha sido modificado de una manera que no se produce de forma natural con el apareamiento o en la recombinación natural, siempre que se utilicen las técnicas que reglamentariamente se establezcan" [letra b)].

Dado que el ámbito de aplicación de esta Ley queda circunscrito a los organismos modificados genéticamente, es preciso determinar si el objeto material del delito viene integrado solo por estos o si, por el contrario, puede incluirse cualquier tipo de organismo. En nuestra opinión, la ausencia de limitaciones en el art. 349 CP permite considerar como objeto material cualquier entidad biológica —con la única y lógica excepción del ser humano— susceptible de poner en riesgo la vida, la integridad física o la salud de las personas, o el medio ambiente, con o sin modificación genética previa. Así, por ejemplo, son objeto material de este delito determinadas bacterias o virus (en este sentido, DE LA CUESTA AGUADO, ANDRÉS DOMÍNGUEZ).

Precisamente la amplitud con la que se describe el objeto material del delito es lo que ha dado lugar a algunas de las muchas críticas que se han vertido contra este delito, que tiene un alcance más amplio que el de las infracciones administrativas previstas en la normativa administrativa reguladora de los organismos (VILLACAMPA ESTIARTE). En este sentido, un sector de la Doctrina entiende que de esta normativa administrativa se deduce que es, precisamente, su manipulación genética lo que convierte a los organismos en peligrosos para las personas o el medio ambiente (GONZÁLEZ RUS, FEIJOO SÁNCHEZ).

3. Conductas típicas

El art. 349 CP castiga la manipulación, transporte o tenencia de los organismos a los que hemos hecho referencia en el epígrafe anterior. Aparentemente, el elenco de conductas típicas es más reducido que el del inciso primero del art. 348.1 CP, en la medida en que no se menciona ni la fabricación ni la comercialización. Con independencia de la valoración crítica que pueda merecer la ausencia de referencia expresa a estas conductas, lo cierto es que podrían considerarse incluidas en la "manipulación" o "tenencia", evitando así lagunas de punición (ANDRÉS DOMÍNGUEZ).

VILLACAMPA ESTIARTE y GONZÁLEZ RUS entienden, sin embargo, que la fabricación y comercialización de organismos deben ser reconducidas al art. 348.1 inciso primero CP, siempre que estos organismos puedan incluirse entre las sustancias "capaces de causar estragos" a las que se refiere este precepto, lo que a nuestro juicio no es posible. En este sentido, si entendemos que el término "estragos" debe interpretarse en el sentido del art. 346 CP, resulta difícil imaginar que un organismo pueda tener efectos destructivos como los descritos en este precepto.

Estas conductas han de realizarse infringiendo las normas o medidas de seguridad exigidas, lo que convierte a este delito en una norma penal en blanco que habrá de ser completada acudiendo a la normativa administrativa reguladora de la fabricación, la tenencia y el transporte de organismos. Dada la similitud existente entre ambos delitos en cuanto a este elemento típico, pueden darse por reproducidas las consideraciones realizadas sobre la infracción de la normativa de seguridad en el art. 348.1, inciso primero, CP.

4. Resultado típico

Estamos ante un delito de peligro concreto, en el que el resultado típico consiste en la efectiva puesta en peligro de la vida, la integridad o la salud de las personas o el medio ambiente, situación de peligro que debe ser acreditada en cada caso y que debe estar unida a la conducta típica por una relación de causalidad e imputación objetiva.

5. Tipo subjetivo

Es un delito doloso, en el que caben todas las clases de dolo, incluido el eventual. Se trata de un dolo de peligro, que ha de abarcar todos los elementos a los que nos hemos referido en los epígrafes anteriores. El error vencible o invencible sobre cualquiera de ellos conducirá a la impunidad de la conducta, ya que no se incrimina la modalidad imprudente. Esta omisión es merecedora de las mismas consideraciones críticas que hemos realizado respecto de otros delitos de esta Sección.

6. Penalidad

Se prevén como penas principales las de prisión de seis meses a dos años, multa de seis a doce meses e inhabilitación especial para el empleo o cargo público, profesión u oficio por tiempo de tres a seis años. Respecto de esta última pena pueden darse por reproducidas las consideraciones realizadas en el epígrafe 2.1.7.

7. Concursos

Al presentar ambos una estructura similar, buena parte de los problemas concursales que plantea el delito del art. 349 CP coinciden con los que se derivan del art. 348.1 CP, a cuyo análisis nos remitimos.

Sin embargo, es preciso hacer una referencia expresa a la relación entre el art. 349 CP y en art. 160.1 CP, en el que se incrimina la utilización de ingeniería genética para crear armas biológicas o exterminadoras de la especia humana. La mayoría de los escasos autores que se han ocupado de esta cuestión entienden que entre ambas infracciones se produce un concurso aparente de normas que habría que resolver, a favor del art. 160.1 CP, acudiendo, bien al principio de especialidad (ANDRÉS DOMÍNGUEZ, SERRANO GÓMEZ/ SERRANO MAÍLLO), bien el principio de alternatividad (VILLACAMPA ESTIARTE). Frente a esta posición, que podríamos considerar mayoritaria, DE LA CUESTA AGUADO aboga por considerar que entre ambos delitos se da un concurso real.

IV. DELITOS DE RIESGO RELACIONADOS CON LA SEGURIDAD EN LA REALIZACIÓN DE GRANDES OBRAS (ART. 350 CP)

1. Consideraciones generales

El art. 350 CP —que tiene su antecedente más inmediato en el art. 348 bis b) CP73— contiene un tipo de peligro concreto cuya conducta consiste, como expondremos posteriormente, en la infracción de las normas de seguridad en la realización de grandes obras que, por sus características, pueden suponer un riesgo grave para la vida o la integridad física de las personas o para el medio ambiente.

Su ubicación entre los delitos de riesgo catastrófico pone de manifiesto que este delito trata de hacer frente a los riesgos que se derivan de la infracción de la normativa de seguridad no tanto para los trabajadores que participan en la ejecución de las obras a las que se refiere el precepto como para la colectividad. En este sentido, además de su ubicación sistemática, cabe destacar la limitación de su ámbito de aplicación a obras de gran envergadura, de cuya ejecución pueden derivarse daños de grandes proporciones, así como la referencia expresa a la aplicación del art. 316 CP, en el que se tipifica la puesta en peligro de la vida o la salud de los trabajadores. Todo ello evidencia, a nuestro juicio, que el delito del art. 350 CP posee un ámbito de aplicación y un contenido de injusto propios, distintos de los del delito contra los derechos de los trabajadores, con el que puede entrar en concurso.

En otro orden de consideraciones, cabe destacar que estamos ante un delito de peligro concreto con una estructura muy similar a la de otros delitos de esta Sección: realización de una actividad peligrosa con infracción de la normativa de seguridad y puesta en concreto peligro de la vida o la integridad física de las personas o del medio ambiente, por lo que muchas de las consideraciones que hemos hecho en relación con ellos son plenamente aplicables al art. 350 CP.

2. Sujetos activos

El uso de la expresión "los que" para describir el círculo de posibles sujetos activos indica que se trata de un delito común (GONZÁLEZ RUS). No obstante, su relación con el desarrollo de actividades que son objeto de regulación administrativa y la exigencia de infracción de la normativa de seguridad hacen que, en la práctica, sean las personas que participan en la realización de las obras y construcciones mencionadas las que puedan realizar el tipo (en contra, MONGE FERNANDEZ, quien califica el delito como especial propio).

3. *Conducta típica*

La conducta típica consiste en infringir normas de seguridad, de cuya inobservancia se puedan derivar daños catastróficos, en la realización, mantenimiento o acondicionamiento de alguna de las obras a las que se refiere el precepto.

Por lo que se refiere a las obras que pueden dar lugar a la aplicación del delito, el Legislador ha optado, una vez más, por un sistema de enumeración abierta en el que, junto a la apertura de pozos o excavaciones, la construcción o demolición de edificios, presas y canalizaciones y su mantenimiento, se alude a "otras obras análogas".

Por pozos debe entenderse las perforaciones realizadas en la tierra en busca, por ejemplo, de agua o petróleo. Las excavaciones son los hoyos, zanjas, desmontes o galerías realizadas en la tierra. Por lo que se refiere a los edificios, y de acuerdo con el Diccionario de la RAE, se trata de construcciones fijas, realizadas con materiales resistentes y destinadas a la habitación humana o a otros usos (así, por ejemplo, construcciones destinadas a vivienda, establos, fábricas, etc.). También de conformidad con el citado Diccionario, una presa es un "muro grueso de piedra u otro material que se construye a través de un río, arroyo o canal para almacenar el agua y derivarla o regular su curso fuera del cauce". Finalmente, por canalizaciones hemos de entender obras destinadas a regularizar o encauzar aguas.

Como se ha afirmado más atrás, el Legislador cierra esta enumeración con una cláusula legal de analogía que debe ser interpretarse restrictivamente, tomando como punto de referencia las obras expresamente enunciadas, cuyas características constituyen un referente inexcusable a la hora de proceder a su integración. Así, puede incluirse cualquier otra obra de una cierta envergadura y de la que pueda derivarse un riesgo de grandes proporciones para las personas o el medio ambiente (por ejemplo, los diques —análogos a las presas— o los viaductos de gas o de petróleo —análogos a las canalizaciones).

Se incluye no sólo la realización de la obra, sino también las actuaciones de conservación, mantenimiento y acondicionamiento posterior de la misma. De este modo, tal y como advierte VILLACAMPA ESTIARTE, queda incluida toda la vida de la obra, a excepción de su desmantelamiento, que ha sido incorporado al tipo solo respecto de los edificios, presas y canalizaciones ("demolición").

Estas conductas deben realizarse con infracción de "normas de seguridad establecidas cuya inobservancia pueda ocasionar resultados catastróficos", es decir, infringiendo gravemente normas de seguridad de cuyo incumplimiento se puedan derivar daños de grandes proporciones para el medio ambiente o para una colectividad de personas.

Estos "resultados catastróficos" han sido definidos por la Jurisprudencia como "daño de extraordinaria gravedad e importancia, no por su cuantía patrimonial, sino por su afectación a un gran número, siempre indeterminado de personas" [SSAP, Madrid, Sección 5ª, 43/2006, 16-5 (*Tol 937019)*, y Cuenca, 55/2001, 26-5 (*Tol 101779)*].

Al igual que en los delitos anteriores, nos encontramos ante una norma penal en blanco que remite a la normativa sobre seguridad reguladora de las obras a las que se refiere el delito [SAP, Madrid, Sección 1ª, 269/2004, 17-6 (*Tol 7893735)*]. Teniendo en cuenta los bienes jurídicos a los que debe referirse el resultado de peligro concreto exigido para la consumación del delito, en esta remisión debe incluirse también la normativa protectora del medio ambiente —por ejemplo, las normas que impongan la elaboración de un informe de impacto ambiental [véase SAP, Madrid, Sección 5ª, 43/2006, 16-5 (*Tol 937019)*].

Entre estas normas pueden citarse, a título meramente ejemplificativo, la Ley 31/1995, de 8 de noviembre, de prevención de riesgos laborales, los RRDD 1627/1997, de 24 de octubre, por el que se establecen las disposiciones mínimas de seguridad y salud en las obras de construcción, y 863/1985, de 2 de abril, por el que se aprueba el Reglamento General de Normas Básicas de Seguridad en las Minas o la Orden de 12 de marzo de 1996, sobre Reglamento Técnico sobre Seguridad de Presas y Embalses.

4. Resultado típico

Estamos ante un delito de resultado de peligro concreto, por lo que debe acreditarse la efectiva puesta en peligro de la vida o la integridad física de las personas o el medio ambiente. A diferencia de lo que sucede en otros delitos de esta Sección, no se hace referencia a la salud de las personas, omisión que da lugar a una importante limitación del alcance del delito por lo que a la protección de las personas se refiere. En este sentido, cabe incluir únicamente el riesgo de muerte o menoscabo de la integridad física que se puede derivar de accidentes como, por ejemplo, el derrumbe de un edificio o la rotura de una presa, quedando excluidos los peligros para la salud de las personas que pueden derivarse de una inadecuada ejecución de las obras (por ejemplo, de un escape de gas durante la construcción de una determinada instalación industrial), que quedarían incluidos en el art. 348.1 CP.

En este sentido se ha pronunciado GONZÁLEZ RUS quien, sin embargo, limita en exceso los riesgos incluidos en el art. 350 CP, excluyendo los derivados de los explosivos. A nuestro juicio, esta exclusión puede conducir a una limitación excesiva del ámbito de aplicación de este delito, que también debe abarcar los supuestos en los que el "accidente" sea consecuencia de la infracción de las normas de seguridad en el manejo de los explosivos utilizados, por ejemplo, para realizar excavaciones en roca. En este sentido, entendemos que el art. 348.1 CP debe quedar reservado para aquellos supuestos en los que el inadecuado manejo de los explosivos tiene lugar en el marco de actividades distintas a la ejecución, conservación, mantenimiento y acondicionamiento de las grandes obras a las que se refiere específicamente el art. 350 CP (en contra, VILLACAMPA ESTIARTE).

5. *Tipo subjetivo*

Es un delito doloso, por lo que el dolo del sujeto activo debe abarcar las especiales características de la obra, la infracción de normas de seguridad cuyo incumplimiento pueda provocar resultados catastróficos, y la puesta en concreto peligro de los bienes jurídicos mencionados. Cabe el dolo eventual.

El error sobre cualquiera de estos elementos constituye un error de tipo que, en todo caso, conducirá a la impunidad de la conducta, al no estar prevista la modalidad imprudente.

De nuevo, sorprende que no se haya tipificado la imprudencia grave, máxime teniendo en cuenta que en el art. 317 CP se incrimina la infracción imprudente de las normas de seguridad e higiene en el trabajo. Sin embargo, como han puesto de manifiesto DE LA CUESTA AGUADO y VILLACAMPA ESTIARTE, esta deficiencia puede ser subsanada —siquiera parcialmente— a través de la aplicación del art. 317 CP acabado de citar cuando la normativa de seguridad en la realización de las obras sea imprudente y el peligro afecte a sus trabajadores.

6. *Penalidad*

Mediante la remisión a las del art. 349 CP, el art. 350 CP prevé como penas principales la prisión de seis meses a dos años, multa de seis a doce meses e inhabilitación especial para empleo o cargo público, profesión u oficio por tiempo de tres a seis meses. En relación con esta última pena, pueden darse por reproducidas las consideraciones realizadas respecto de los delitos del art. 348.1 CP.

7. *Concursos*

Si, además del peligro concreto exigido como resultado típico se produce la lesión de alguno de los bienes jurídicos mencionados, el delito del art. 350 CP entrará en concurso ideal con los correspondientes delitos de resultado, que se imputarán a título doloso o, más frecuentemente, imprudente. Este criterio encuentra una excepción en aquellos supuestos en los que los bienes jurídicos lesionados son exactamente los mismos —y los únicos— que habían sido puestos en concreto peligro, en cuyo caso se produciría un concurso de normas a resolver, a favor del delito de resultado, por el principio de consunción.

Mayor interés presenta la relación con el delito contra la vida y la salud de los trabajadores tipificado en el 316 CP. El análisis de la relación entre ambos delitos debe partir necesariamente del art. 350 CP y, más concretamente, de la expresión "sin perjuicio de lo dispuesto en el artículo 316", que, aunque en ocasiones ha sido considerada superflua (CUGAT MAURI), contiene una especie de cláusula concursal mediante la cual el Legislador parece optar por admitir el concurso de delitos (MONGE FERNÁNDEZ). Sin embargo, además de esta cláusula, es necesario tener en cuenta la configuración del art. 350 CP como un delito de riesgo catastrófico, lo que, en línea con la Doctrina mayoritaria, nos obliga a diferenciar dos grandes grupos de supuestos (por todos, DE LA CUESTA GUADO, VILLACAMPA ESTIARTE):

a) Supuestos en los que el peligro derivado de la infracción de las medidas de seguridad en la realización de la obra afecte solo a los trabajadores, en los que debe aplicarse exclusivamente el delito del art. 316 CP puesto que no se produce riesgo catastrófico alguno.

b) Supuestos en los que el peligro afecte no solo a los trabajadores sino también a otras personas distintas o al medio ambiente, en los que estaremos ante un concurso ideal de delitos, debiendo determinarse la pena conforme a las reglas establecidas en el art. 77 CP.

V. BIBLIOGRAFÍA

ANDRÉS DOMÍNGUEZ, A. C. "El principio de precaución y el art. 349 CP", en GÓMEZ TOMILLO, M. (dir.), *Principio de precaución y derecho punitivo del Estado,* Valencia, 2014; ANDRÉS DOMÍNGUEZ, A. C. "Artículos 348 a 350", en GÓMEZ TOMILLO, M. (dir.), *Comentarios prácticos al Código Penal,* vol. 4, Cizur Menor, 2015; BENÍTEZ PÉREZ-FAJARDO, F. "Delitos de riesgo catastrófico", en ORTIZ DE URBINA GIMENO, I. (coord.), *Memento Experto. Reforma Penal 2010. Ley Orgánica 5/2010,* Santiago de Compostela, 2010; BOIX REIG, J./GONZÁLEZ CUSSAC, J. L. "Riesgos catastróficos", en COBO DEL ROSAL, M. (dir.) y BAJO FERNÁNDEZ, M. (coord.), *Comentarios a la Legislación Penal.* Tomo XIV-Vol. 1º. La Ley Orgánica de 21 de junio de 1989 de actualización del Código Penal; CARDENAL MONTRAVETA, S. "Sección 3ª. De los delitos de riesgo provocados por explosivos y otros agentes", en CORCOY BIDASOLO, M./MIR PUIG, S. (dirs.), *Comentarios al Código Penal. Reformas LLOO 1/2023, 3/2023 y 4/2023,* 2ª ed., Valencia, 2024; CUGAT MAURI, M. "Arts. 348, 349 y 359", en CÓRDOBA RODA, J./GARCÍA ARÁN, M. (dirs.), *Comentarios al Código Penal. Parte Especial,* Madrid, 2004; DE LA CUESTA AGUADO, P. M. "Arts. 348, 349 y 350", en AA.VV., *Comentarios al Código Penal,* Madrid, 2007; FARALDO CABANA, P. "Sección 3ª. De otros delitos de riesgo provocados por explosivos y otros agentes", en CUERDA ARNAU, MªL (dir.), *Comentarios al Código Penal,* Valencia, 2023; GÓRRIZ ROYO, E. "Comentario a la LO 4/2005, por la que se modifica la Ley Orgánica 10/1995, de 23 de noviembre, del Código Penal", en *RGDP,* nº 4, 2005; MONGE FERNÁNDEZ, A. *La responsabilidad por riesgos en la construcción (Análisis del artículo 350 CP),* Valencia, 2013; MUÑOZ LORENTE, J. "Sustancias destructivas del ozono (art. 348.1 y 3)", en ÁLVAREZ GARCÍA, J. y GONZÁLEZ CUSSAC, J. L. (dirs.), *Comentarios a la Reforma Penal de 2010,* Valencia, 2010; ORTS BERENGUER, E. "Sección 3ª. De otros delitos de riesgo provocados por otros agentes", en VIVES ANTÓN, T. S. (dir.), *Comentarios al Código Penal de 1995,* Valencia, 1996; QUINTERO OLIVARES, G. "Delitos contra la seguridad colectiva (arts. 343, 345 y 348)", en QUINTERO OLIVARES, G. (dir.), *La*

Reforma Penal de 2010: Análisis y Comentarios, Cizur Menor, 2010; SÁINZ-CANTERO CAPARRÓS, J. E. "Delitos contra la seguridad colectiva (I). Delitos de riesgo catastrófico. De los incendios", en MORILLAS CUEVA, L. (dir.), *Sistema de Derecho Penal. Parte Especial*, 5ª ed., Madrid, 2024; VILLACAMPA ESTIARTE, C. "Sección 3ª. De otros delitos de riesgo provocados por explosivos y otros agentes", en QUINTERO OLIVARES, G. (dir.), *Comentarios al Código Penal Español*. Tomo II (Artículos 234 a DF 7ª), 8ª ed., Cizur Menor, 2024; ZABALA LÓPEZ-GÓMEZ, C. "Arts. 348, 349 y 350", en COBO DEL ROSAL, M. (dir.) *Comentarios al Código Penal*, Madrid, 1996.

Lección 39ª

Delitos de incendios

PAZ DE LA CUESTA AGUADO

SUMARIO. I. CONSIDERACIONES GENERALES. II. BIENES JURÍDICOS PROTEGIDOS. III. SUJETOS ACTIVO Y PASIVO. IV. MODALIDADES DELICTIVAS. 1. Incendio que comporte peligro para la vida o integridad física de las personas (art. 351 CP). 1.1. Conducta típica. 1.2. Resultado y estructura típica. 1.3. Elemento subjetivo. 1.4. Justificación. 1.5. *Iter criminis*. 1.6. Concursos. 1.7. Penalidad. 2. Incendios forestales. 2.1. Art. 352.1 CP: tipo básico. 2.2. Art. 353 CP: circunstancias que agravan la pena. 2.3. Art. 354.1 CP: tipo privilegiado. 2.4. Elemento subjetivo. 2.5. *Iter criminis*. 2.6. Concursos. 2.7. Art. 355 CP: consecuencias accesorias. 3. Incendios no forestales (art. 356 CP). 3.1. Conducta típica. 3.2. Concursos. 4. Incendio en bienes propios (art. 357 CP). 4.1. Consideraciones generales. 4.2. Conductas típicas. 4.3. Elemento subjetivo. 4.4. Concursos. V. IMPRUDENCIA PUNIBLE. VI. PENALIDAD. VII. BIBLIOGRAFÍA.

Artículo 351

Los que provocaren un incendio que comporte un peligro para la vida o integridad física de las personas, serán castigados con la pena de prisión de diez a veinte años. Los Jueces o Tribunales podrán imponer la pena inferior en grado atendidas la menor entidad del peligro causado y las demás circunstancias del hecho.

Cuando no concurra tal peligro para la vida o integridad física de las personas, los hechos se castigarán como daños previstos en el artículo 266 de este Código.

Artículo 352

Los que incendiaren montes o masas forestales, serán castigados con las penas de prisión de uno a cinco años y multa de doce a dieciocho meses.

Si ha existido peligro para la vida o integridad física de las personas, se castigará el hecho conforme a lo dispuesto en el artículo 351, imponiéndose, en todo caso, la pena de multa de doce a veinticuatro meses.

Artículo 353

1. Los hechos a que se refiere el artículo anterior serán castigados con una pena de prisión de tres a seis años y multa de dieciocho a veinticuatro meses cuando el incendio alcance especial gravedad, atendida la concurrencia de alguna de las circunstancias siguientes:

1ª Que afecte a una superficie de considerable importancia.

2ª Que se deriven grandes o graves efectos erosivos en los suelos.

3ª Que altere significativamente las condiciones de vida animal o vegetal, o afecte a algún espacio natural protegido.

4ª Que el incendio afecte a zonas próximas a núcleos de población o a lugares habitados.

5ª Que el incendio sea provocado en un momento en el que las condiciones climatológicas o del terreno incrementen de forma relevante el riesgo de propagación del mismo.

6ª En todo caso, cuando se ocasione grave deterioro o destrucción de los recursos afectados.

2. Se impondrá la misma pena cuando el autor actúe para obtener un beneficio económico con los efectos derivados del incendio.

Artículo 354

1. El que prendiere fuego a montes o masas forestales sin que llegue a propagarse el incendio de los mismos, será castigado con la pena de prisión de seis meses a un año y multa de seis a doce meses.

2. La conducta prevista en el apartado anterior quedará exenta de pena si el incendio no se propaga por la acción voluntaria y positiva de su autor.

Artículo 355

En todos los casos previstos en esta sección, los Jueces o Tribunales podrán acordar que la calificación del suelo en las zonas afectadas por un incendio forestal no pueda modificarse en un plazo de hasta treinta años. Igualmente podrán acordar que se limiten o supriman los usos que se vinieran llevando a cabo en las zonas afectadas por el incendio, así como la intervención administrativa de la madera quemada procedente del incendio.

Artículo 356

El que incendiare zonas de vegetación no forestales perjudicando gravemente el medio natural, será castigado con la pena de prisión de seis meses a dos años y multa de seis a veinticuatro meses.

Artículo 357

El incendiario de bienes propios será castigado con la pena de prisión de uno a cuatro años si tuviere propósito de defraudar o perjudicar a terceros, hubiere causado defraudación o perjuicio, existiere peligro de propagación a edificio, arbolado o plantío ajeno o hubiere perjudicado gravemente las condiciones de la vida silvestre, los bosques o los espacios naturales.

Artículo 358

El que por imprudencia grave provocare alguno de los delitos de incendio penados en las secciones anteriores, será castigado con la pena inferior en grado, a las respectivamente previstas para cada supuesto.

Artículo 358 bis

Lo dispuesto en los artículos 338 a 340 será también aplicable a los delitos regulados en este Capítulo.

I. CONSIDERACIONES GENERALES

El CP de 1995 en el Capítulo II del Título XVI tipifica los delitos de incendios. Estos delitos, junto a los de estragos, son, desde antiguo, ejemplo de delitos en los que el peligro se convierte en relevante para el Derecho penal. En el ACP, los delitos de incendios se ubicaban entre los delitos contra la propiedad, pero su actual posición sistemática en los delitos contra la seguridad colectiva refuerza el papel determinante del peligro como elemento dogmático y legitimador de la intervención penal.

A efectos penales, "incendio" es un fuego que se propaga sin control, de gran magnitud, producido fuera de un lugar no habilitado para quemar y sobre un objeto que no está destinado a arder y que, como consecuencia de la capacidad para extenderse sin control, genera un riesgo elevado para personas, bienes o medio ambiente —en este sentido ha de ser considerado como un elemento descriptivo del tipo correspondiente. De modo que el fuego (medio comisivo en los delitos de incendios), la magnitud del fuego, la propagación descontrolada del fuego y el peligro son elementos esenciales del incendio. La intervención penal se justifica, precisamente, por el peligro que el fuego genera. En función de la incidencia de estos elementos (ausencia de control, magnitud del fuego y entidad del peligro en relación con los bienes jurídicos protegidos) se tipifican diversas conductas designadas genéricamente como "delitos de incendios", si bien, como veremos, algún supuesto típico no requiere la producción de un incendio en sentido estricto, como sucede en el art. 354.1 CP.

Es preciso detenerse a distinguir entre "incendio" y "fuego", tal y como hace el CP Así, los términos utilizados son "incendio" en el art. 351 CP o "incendiar" en el art. 352 CP y, como algo distinto, "fuego" en el art. 354 CP.

El fuego es un fenómeno caracterizado por la emisión de calor, CO^2 y, generalmente, con llamas (RAE) que se produce por la combustión de objetos. Como medio comisivo caracterizado por su capacidad de propagación y de destrucción, así como por la dificultad que puede presentar su extinción en determinadas circunstancias. En este sentido, el peligro integra el concepto de incendio e históricamente ha fundamentado su tratamiento penal. Es este sentido, fuego sería el instrumento que genera el incendio, de modo que cabe pensar en fuego sin incendio (una hoguera), pero no incendio sin fuego. Esta distinción es crucial para poder distinguir los delitos de incendios de los daños "mediante incendio" previstos en el art. 266.1 CP —y para revisar críticamente la redacción de este último precepto.

La posición jurisprudencial mayoritaria y algún autor consideran que, a efectos de los delitos de incendios, la magnitud del fuego es indiferente (entre otros, MORENO ALCARÁZ) en tanto que lo relevante es el peligro de propagación. Así se pronuncia, entre otras, con doctrina jurisprudencial, la STSJ, La Rioja, 1/2021, 14-4 (*Tol 8463372*), según la cual "*es irrelevante la entidad real que el fuego pueda alcanzar siendo lo esencial el peligro potencial, la propagación, generado por la acción de prender fuego*". En nuestra opinión, para hablar de incendio —y distinguirlo de fuego— es necesario remarcar que la propagación descontrolada ha de deberse al hecho de que el fuego ha escapado de la "capacidad de control" de quien lo origina o es responsable del mismo. En este sentido, si bien es cierto que para que la propagación se descontrole aún no es necesario un fuego de enorme entidad, lo cierto es que para que concurra tal imposibilidad de control es necesario que tenga una entidad suficiente para no poder ser controlado por los medios disponibles. Este matiz es importante y el tribunal sentenciador debería constatar que, efectivamente, por las circunstancias concurrente y la entidad del fuego, el sujeto activo carecía de capacidad de control sobre la propagación. De hecho, si esa cierta magnitud del fuego o entidad suficiente no existiera en el caso concreto, la conducta debería ser sancionada como tentativa [STS 647/2014, 5-11 (*Tol 4738139*)].

Además, como hemos dicho, el concepto penal de incendio en sentido estricto —es decir, fuego de cierta magnitud con las características antedichas— está limitado, en sentido negativo, por la pérdida de control sobre el fuego. Este elemento, directamente relacionado con el peligro, no siempre ha sido destacado en la Doctrina y, sin embargo, es un elemento determinante en la distinción entre fuego e incendio. La pérdida de control puede ser involuntaria (y, generalmente derivaría en responsabilidad por imprudencia) o perseguida directamente por el autor cuando inicia la ejecución de los hechos (de ahí la importancia que, como veremos, otorga la Jurisprudencia al elemento subjetivo del tipo).

El incendio, además de un peligro para objetos, personas y otros seres vivos, comporta la efectiva destrucción de bienes materiales, la contaminación del aire o el deterioro de elementos ambientales. La representación, en los diversos tipos penales de este Capítulo, de la destrucción efectivamente producida (resultado lesivo) y el peligro —respecto de otros bienes o personas aún no lesionados— (resultado de peligro), obliga a construcciones típicas técnicamente complejas, en las que el plus de peligrosidad para bienes jurídicos de contenido no patrimonial es un elemento esencial para considerar típicas a efectos de algún delito de incendios conductas que, en otro caso, serían susceptibles de ser calificadas como delitos de daños.

> Entre los delitos de riesgo catastrófico clásicos, los estragos y los incendios tenían la máxima cualificación, porque unían la producción de gran destrucción material y pérdidas económicas con la creación de importantes peligros para la vida y la salud de las personas. En concreto, para una sociedad agrícola, la pérdida de las cosechas por el fuego podía dar lugar a hambrunas y sumir a la población en la pobreza. La necesidad de sancionar los delitos de incendios y recurrir a la pena para su prevención, es tan importante que, históricamente, entre las primeras conductas imprudentes merecedoras de sanción penal se encontraba el delito de incendios. Así, por ejemplo, la Ley de las VII Partidas, la Partida Séptima, Título XV, Leyes X y XI, lo consideraba como una especie de daños. Pero tal ha sido la significación de los delitos de incendios en nuestro Derecho histórico que el germen de lo que actualmente denominamos estado de necesidad se encuentra en la Ley XII del mismo Título y Partida, que permite, como una especie de legítima defensa, tirar la casa del vecino para evitar que el incendio se transmitiera al propio inmueble.

En la sociedad actual, los delitos de incendios (y también los estragos) han pasado a un segundo plano de protección frente a grandes catástrofes, siendo sustituidos por los riesgos tecnológicos (riesgos derivados de la energía nuclear; delitos alimentarios, etc.) y, como consecuencia del cambio de modelo económico y del deterioro ambiental, los delitos de incendios han sido reorientados, al menos en parte, hacia la protección del medio ambiente (masas forestales, bosques, recursos naturales) mediante la tipificación de los incendios forestales y otros que afecten al medio natural.

Desde una perspectiva criminológica, en la actualidad, la intervención penal frente a los incendios forestales se ha explicado en la necesidad de prevenir los incendios que anualmente, en épocas de estío, asolan nuestro territorio. Especialmente se han designado como factores criminógenos los intereses urbanísticos —con la finalidad de lograr la recalificación del suelo— o madereros —para sustituir especies autóctonas por otras de crecimiento rápido y mayor rentabilidad, así como para obtener madera barata. Sin embargo, el estudio pormenorizado del origen de los incendios en España pone de manifiesto la limitada incidencia de estas causas, además de poner en tela de juicio la eficacia de la intervención penal frente a ellas (salvo mediante la potestad que otorga a los Tribunales el art. 355 CP).

II. BIENES JURÍDICOS PROTEGIDOS

El Capítulo II del Título XVII incorpora varios bienes jurídicos, para cuya protección, el Legislador ha optado por diversas modalidades delictivas y estructuras típicas, entre las que destacan los arts. 351 CP —delito compuesto— y el art. 357 CP, precepto que contiene varias modalidades típicas cada una de ellas dirigida a la protección de un bien jurídico distinto.

> Delitos compuestos son aquellos en los que los distintos actos o resultados integrados en el tipo no son autónomamente considerados como delitos. Esto sucede en el art. 351 CP: la lesión contra el patrimonio, aisladamente considerada, sería constitutiva de un delito de daños, pero no así el peligro para la vida de las personas o la integridad física que no tiene expresa tipificación como delito autónomo.

1. En relación con el art. 351 CP, el TS no ha mantenido una postura inamovible y si en la reciente STS 322/2022, 30-3 (*Tol 8903464*), afirma que el bien jurídico protegido "*no lo es ya el patrimonio sino la seguridad general y solo incidentalmente la propiedad, otras sentencias previas se posicionaban en la línea de considerar que los bienes jurídicos protegidos por el tipo penal del art. 351 CP son tanto el patrimonio de las personas, como la vida e integridad física de las mismas*" [SSTS 1284/1998, 31-10 (*Tol 169185*); 1457/1999, 2-11, 1208/2000, 7-7 (*Tol 272212*), y 396/2010, 23-4 (*Tol 1878545*)]. El patrimonio, la vida e "integridad física" son bienes jurídicos protegidos de carácter individual. La configuración como delitos de peligro ha motivado que parte de la Doctrina se posicione también por considerar que el bien jurídico protegido es la seguridad colectiva (MUÑOZ CONDE). En la actualidad, sin embargo, cobra fuerza la opción por entender que los bienes jurídicos protegidos son de carácter individual, posición que nos parece más compatible con la estructura típica del precepto. La expresa referencia típica a la integridad física en el art. 351 CP parece excluir, como mínimo, la salud psíquica y es difícil que efectivamente pueda verse integrado en el tipo el bien jurídico "salud" en su aspecto de ausencia de enfermedad, aunque, como indica MORENO ALCÁZAR, no existe peligro para la salud que no lo sea, en alguna medida, también para la vida. Y una interpretación literal del precepto obliga a hacerlo así, sin perjuicio de que pueda ser objeto de crítica la restricción típica a la integridad física, pues no es descartable que se produzcan supuestos de enfermedad que no afecten a la integridad física y que no tengan entidad para poner en peligro la vida de las personas (por ejemplo, inhalar humo o quemaduras de menor entidad). En cualquier caso, todo ello tendrá más que ver con el resultado típico que con la determinación del bien jurídico protegido. De modo que, en definitiva, cabría afirmar que los bienes jurídicos protegidos en el art. 351 CP serían la vida, la salud (en su aspecto de "integridad física") y el patrimonio.

2. La perspectiva individualizadora (bienes jurídicos individuales) desaparece en las Secciones II y III del Capítulo ("incendios forestales" e "incendios en zonas no forestales") dirigidas a la protección del medio ambiente, constituyendo éste —tal y como ha sido definido a efectos de los arts. 325 y ss. CP— el bien jurídico protegido en los arts. 352 a 356 CP, sin que los objetos directamente protegidos

(montes, masas forestales, vegetación no forestal, etc.) hayan sido elevados a la categoría de bien jurídico (ni siquiera como bien jurídico intermedio).

3. Finalmente, el art. 357 CP presenta un precepto de redacción compleja en el que se contienen varios tipos delictivos distintos con la conducta de incendiar como denominador común. Los bienes jurídicos protegidos serán, según la modalidad delictiva, el patrimonio o el medio ambiente.

III. SUJETOS ACTIVO Y PASIVO

Únicamente el art. 357 CP contiene delitos especiales por razón del sujeto activo, al exigir que éste sea el propietario de la cosa incendiada.

Sujeto pasivo de cualquiera de los delitos de incendios que protegen bienes jurídicos individuales será tanto el titular del objeto destruido mediante el incendio como los titulares de los bienes jurídicos personalísimos puestos en peligro, excepto en el art. 357 CP en el que no es sujeto pasivo el titular del bien destruido (pues es el sujeto activo). Cuando el bien jurídico protegido sea el medio no hay sujeto pasivo. Por su parte, la STS 322/2022, 30-3 (*Tol 8903464*), afirma que el precepto no "*establece una limitación en los sujetos pasivos* [...] *ya que el bien jurídico se lesiona cuando cualquier persona que se hallare en el edificio incendiado o lugar al que puedan acceder las llamas o humos pueda resultar afectada en su vida y en su salud como consecuencia directa del fuego provocado*".

En cualquier caso, habida cuenta del carácter general del peligro, el consentimiento del sujeto pasivo no excluye la tipicidad de la conducta y el titular de los objetos materiales dañados por el fuego será tratado como perjudicado a efectos indemnizatorios.

IV. MODALIDADES DELICTIVAS

1. Incendio que comporte peligro para la vida o integridad física de las personas (art. 351 CP)

1.1. Conducta típica

1.1.1. La conducta típica del primer párrafo del art. 351 CP consiste en "provocar un incendio". Doctrina y Jurisprudencia tienden a interpretarlo en sentido amplio al afirmar que basta la acción de aplicar fuego a un objeto cuya ignición comporte un peligro para la vida e integridad física de las personas, para que, con independencia de la entidad real del fuego, se consume el delito [STS 396/2010, 23-4 (*Tol 1878545*)]. El elemento esencial para la constitución del incendio es, desde esta perspectiva, el riesgo de propagación. En otras palabras: para la consumación basta con que el fuego se haya iniciado [STS 449/2007, 29-5 (*Tol 1092897*)] en condiciones que supongan un peligro para la vida de las personas [SSTS 62/2008, 31-1 (Tol 1-292.775), y 647/2014, 5-11 (*Tol 4738139*)].

1.1.2. En consecuencia, el delito deberá considerarse consumado cuando el fuego se haya iniciado en condiciones que supongan ya, desde ese momento, la existencia del peligro para la vida o la integridad física de las personas, aun cuando la intervención de terceros impida su concreción y desarrollo efectivos. Sin mayores matices, esta posición tiene el inconveniente de que identifica el incendio —resultado— con la acción de incendiar o prender fuego. Ahora bien, el incendio es el resultado de un proceso en el que son distinguibles varias fases: en primer lugar, es necesario prender fuego, empezar a quemar una cosa; a continuación, el objeto prende, es decir, mantiene de forma autónoma un proceso de combustión y arde. Este segundo momento puede coincidir o no, con la tercera fase del proceso en la que el fuego, que ya ha prendido al objeto inicialmente sometido a él, se propaga de forma autónoma. Para hablar de incendio es preciso que el fuego, que ha adquirido capacidad de propagación, arda de forma autónoma y sin control —es decir, no puede ser detenido por los medios del sujeto activo. Es en este momento cuando el fuego adquiere la magnitud suficiente para ser considerado incendio. Como consecuencia, para la consumación del tipo del art. 351 CP es preciso que la conducta típica, consistente en provocar u originar un incendio, se haya materializado en un resultado de esta entidad. Ello implica que se ha prendido un fuego que mantiene la combustión de forma autónoma, y se ha extendido a otros objetos hasta adquirir una magnitud importante en cuanto a combustión y capacidad de propagación.

Como consecuencia de ello, el incendio es un resultado físico espacio-temporalmente separable de la acción y, por tanto, resultado material de la conducta. El incendio producido y la acción realizada por el sujeto activo deben poder ser relacionados por un nexo causal. El verbo típico "provocar" es sinónimo de "causar" u "originar" y, en tal sentido, puede ser realizado en comisión por omisión. Según esta interpretación para que se consume el delito no bastará que prenda el fuego en cualquier objeto, sino que es necesario que, primero, el fuego haya prendido en el objeto que pretende ser destruido por el sujeto activo —aunque aún no lo haya hecho totalmente; segundo, que la combustión se mantenga de forma autónoma; tercero, que se propague por sus propios medios y, cuarto, que no pueda ser detenido sin medios extraordinarios (pérdida de control sobre el fuego). Así, por ejemplo, si el objetivo del sujeto activo es incendiar la casa, no bastará con prender fuego a la puerta si, aunque esta esté ardiendo, el fuego no se ha propagado a otros elementos (paredes, muebles…).

1.2. Resultado y estructura típica

1.2.1. El resultado de incendio lleva, como elemento inseparable, la destrucción de los objetos materiales que son pasto de las llamas y, por tanto, un menoscabo patrimonial. Pero el art. 351 CP exige, además, un peligro para la vida de las personas, que puede materializarse en riesgos mortales o para la integridad física (por ejemplo, quemaduras). Como consecuencia, el delito del art. 351 CP es un tipo compuesto que conjuga la lesión para el patrimonio (daños) con un peligro para la vida o "integridad física" de las personas. Para ello, el resultado de incendio se ve típicamente restringido a los incendios que pongan en peligro la vida de las personas o su integridad física. Esto implica que, una vez constatada la existencia de este resultado de lesión respecto del bien patrimonial (objetos materiales que son destruidos por el fuego), será preciso probar el peligro para las personas (en esta línea SERRANO GONZÁLEZ DE MURILLO; en contra SÁINZ-CANTERO CAPARRÓS). Cuando no sea así (no se haya producido el peligro para la vida o la integridad), en aplicación del párrafo segundo de este art. 351 CP, los hechos se castigarán como daños de los previstos en el art. 266 CP, tipo que sí que se habría consumado.

El tipo exige la creación de un "*peligro para la vida o integridad física de las personas*". Esta referencia sirve, como hemos visto, para delimitar el resultado típico, de forma que de entre los incendios, solo aquellos peligroso para la vida y la integridad física serán típicos. Pero, como hemos advertido, esta referencia específica a la integridad física dificulta la interpretación del precepto, por más que la razón alegada para su introducción fue que abarcaba tanto la salud como la integridad corporal. En cualquier caso, debemos recordar que el resultado versa sobre los objetos de la acción, por lo que, desde esta perspectiva, en este concepto de "integridad física" son subsumibles los riesgos de lesiones por quemaduras y abrasiones, pero no los derivados de la intoxicación por inhalación, que sólo podrían ser considerados peligros típicos si pusieran en riesgo la vida de las personas.

De *lege ferenda* sería preferible hacer depender la tipicidad del riesgo del peligro creado para la salud de las personas, prescindiendo incluso de la referencia al riesgo para la vida, porque el concepto de "salud de las personas" está perfectamente delimitado doctrinal y jurisprudencialmente y porque el delito ya se consumaría con la puesta en peligro de la salud en la medida en que lo que es peligroso para la vida también lo es para la salud.

Por otro lado, y con independencia de las dificultades que puedan surgir en la práctica forense para determinar la existencia de un peligro para la salud psíquica, el peligro para la propia vida que deriva del miedo a morir quemado que impulsa a las personas a adoptar decisiones irracionales también es un peligro típico, especialmente si ha desembocado en muertes o lesiones físicas. Es decir, no puede negarse el peligro vital cuando el sujeto activo, tratando de evitar el peligro vital, adoptó decisiones que le condujeron a la muerte.

1.2.2. En función de las múltiples posibilidades que pueden aparecer en la realidad y valorando las circunstancias y el peligro efectivamente creado, el primer párrafo del art. 351.1 *in fine* CP permite imponer la pena inferior en grado. Este tipo privilegiado presenta diferencias en cuanto a la entidad del peligro creado, lo que incidirá en la prueba del peligro y en la graduación de la pena. El criterio esencial para aplicar esta atenuación será el de la menor gravedad o relevancia objetiva del peligro [STS 1389/2003, 24-10 (*Tol 327727*)], teniendo en cuenta las demás circunstancias. La menor gravedad del peligro puede depender de diversos factores: de la gravedad del incendio en cuanto a magnitud o capacidad de propagación, de la distancia del fuego del lugar donde se encuentren las personas, de las posibilidades de huida que estas tengan, etc. Todos estos factores deberán ser tenidos en cuenta para determinar la entidad del peligro.

En cuanto a la modalidad del peligro típico y, en consecuencia, lo que debe ser probado para considerar que el delito ha sido consumado, la Jurisprudencia ha debatido acerca de si se trata de un delito de peligro abstracto [STS 1342/2000, 18-7 (*Tol 273257)*], idóneo [STS 828/2010, 4-10 (*Tol 1973038)*] o concreto [STS 432/2010, 29-4 (*Tol 1858028)*], si bien la STSJ La Rioja, 1/2021, 14-4 (*Tol 8463372)*, considera que el peligro a que se refiere este precepto no es "el necesario y concreto" sino el "potencial o abstracto", como se deduciría de la atenuación derivada del segundo inciso en el que se exige que el peligro sea menor. Por su parte, la STS 647/2014, 5-11 (*Tol 4738139)*, considera que es un delito de aptitud, en el que lo que se tipifica es un comportamiento idóneo para poner en peligro. Por su parte, la más reciente STS 322/2022, 30-3 (*Tol 8903464)*, se posiciona por calificarlo como delito de peligro abstracto-concreto o de peligro hipotético en el que no se requiere que la acción del acusado haya originado un riesgo efectivo referido a bienes concretos. "*El peligro* —dice la sentencia— *no es tampoco el meramente abstracto presumido ex lege con imposibilidad de rechazo del tipo por prueba de que en el caso no hubiera podido llegar a realizarse*".

Más allá de las dificultades terminológicas que la falta de unanimidad doctrinal (y, como se ve, también jurisprudencial) origina, delito de aptitud es aquél que exige al Juez que pruebe la peligrosidad ínsita en la conducta, sin necesidad de que se haya producido un riesgo como efecto separado de la acción; en este sentido, el delito de aptitud sería un delito de mera actividad —como también sería delito de mera actividad el delito de peligro abstracto.

Sin embargo, la estructura típica del primer párrafo del art. 351 CP exige la producción de un resultado —efecto detectable en el mundo exterior y separable lógicamente de la acción, aunque derivado de esta— que es el incendio. A estos efectos es necesario detenerse a analizar el tenor literal del precepto, según el cual se sanciona a quienes "provocaren un incendio", siendo "provocar" sinónimo de "causar". En consecuencia, nos movemos en el ámbito de los delitos de resultado resultativo, en los que lo que se trata de tipificar es la infracción de una norma de prohibición de un resultado. En este caso, el resultado consiste en generar el incendio —con las características antedichas. Ahora bien, este resultado naturalístico solo será típico cuando "comporte un peligro para la vida o la integridad física de las personas".

En este sentido, también se pronuncia la STS 322/2022, 30-3 (*Tol 8903464*), matizando expresamente la doctrina anterior, cuando dice que "...es irrelevante la entidad real que el fuego pueda alcanzar (mejor haya alcanzado, matizamos aquí) siendo lo esencial el peligro potencial, la propagación, generado por la acción de prender fuego...".

Por tanto, nos encontramos ante un delito de resultado, en el que la exigencia típica del incendio ya excede la mera actividad. De modo que no es que el comportamiento (prender fuego) sea idóneo para producir el peligro para la vida o la integridad, sino que hay que demostrar que la conducta de prender fuego se ha convertido en un incendio peligroso.

Hemos visto que la más reciente STS 322/2022, 30-3 (*Tol 8903464*), también considera que es un delito de resultado y de peligro, que "*no requiere que la acción del acusado haya originado un riesgo efectivo referido a bienes concretos, pero [...] no es tampoco el meramente abstracto presumido ex lege: o sea, un delito de idoneidad o peligro hipotético*".

En nuestra opinión, sin embargo, el art. 351 CP en su primer párrafo distingue entre la creación de un grave peligro concreto (para la vida y la integridad física) y, en la modalidad atenuada, la creación de una situación peligrosa (también para la vida y la integridad física. De modo que las estructuras típicas serían, la primera, un delito de peligro concreto; la segunda un delito de peligro idóneo (o hipotético) respecto de las personas, aunque implica un resultado lesivo sobre los objetos materiales concretamente quemados que han de ser probados y que dará lugar a responsabilidad civil derivada de delito. Pero, en cualquier caso, ambas modalidades delictivas se consuman con la producción del resultado típico —de ahí que quepa responsabilidad en grado de tentativa. Esta postura parece haber sido también acogida en algún caso por el Tribunal Supremo, por ejemplo, en la STS 647/2014, 5-11 (*Tol 4738139*), cuando, reiterando doctrina jurisprudencial, afirma: lo que requiere el precepto aplicado (art. 351.1 CP) "*es que, contando con un fuego eficazmente producido y ya haciendo presa en determinados materiales combustibles, el desarrollo y el avance del mismo tenga como efecto posible la afectación a alguna o algunas personas, cuando menos en su integridad física. Es decir, que estas sean puestas en una situación de cierta proximidad a sufrir los efectos de aquel*".

Ambas modalidades típicas —delito de peligro concreto y delito de idoneidad—, como hemos dicho, constituyen delitos de resultado, lo que permite también exigir responsabilidad en comisión por omisión —lo que no sería posible con delitos de mera actividad (o sea, si lo catalogáramos como delito de peligro abstracto o de aptitud).

Una vez consumado el delito con la creación del peligro por la acción del fuego, la conducta posterior que aminora el peligro no puede ser considerada desistimiento, sino reparación del daño causado [STS 753/2002, 26-4 (*Tol 162366)*], sin perjuicio de valorar la gravedad o capacidad de propagación del incendio para la determinación de la pena —y aplicar, en su caso, la segunda modalidad del primer párrafo del art. 351 CP (menor entidad del peligro causado y demás circunstancias).

1.2.3. La menor entidad del peligro causado ha de interpretarse, efectivamente, como la creación de una situación peligrosa, en la que no se ha producido ningún peligro concreto para personas determinadas (objeto de la acción), en general, por la menor potencialidad lesiva del incendio (por razón de que el combustible es menor, porque no se ha podido recuperar rápidamente el control o porque la posibilidad de propagación era menor, por ejemplo). Ahora bien, no puede considerarse que se trata de un peligro de menor entidad el que causa daños escasos pero un importante riesgo para las personas [STS 840/2002, 6-5 (*Tol 162125*)]. En cambio, ha sido considerado de menor entidad prender fuego sabiendo que va a ser inmediatamente sofocado (SAP, Málaga, Sección 1ª, 31/2000, 4-11) o cuando efectivamente lo es [STS 1263/2003, 7-10 (*Tol 316505*)]. Mayores problemas pueden plantear la expresión típica "demás circunstancias del hecho" que ha de ser entendida en el sentido propio de la prueba de la producción del resultado característico de un delito de peligro idóneo donde habrán de valorarse todas las circunstancias del caso.

1.2.4. El peligro para la vida o integridad de las personas es elemento esencial del tipo de incendios personales, de forma que, cuando no concurra, los hechos serán castigados como delito de daños conforme al art. 266 CP —como ya se ha adelantado y como prevé expresamente el segundo párrafo del art. 351 CP.

1.3. Elemento subjetivo

El dolo del autor debe abarcar tanto el resultado de incendio —dolo de lesión respecto de la destrucción material producida por el fuego— como el de peligro para la vida e integridad de las personas —dolo de peligro. La entidad del dolo respecto de cada uno de ellos puede ser diferente, pudiendo ser eventual respecto del peligro o respecto de la lesión y el peligro. Solo en el párrafo segundo el dolo será exclusivamente de lesión respecto de bienes patrimoniales, lo que debe interpretarse como una llamada de atención para no presumir la concurrencia de dolo eventual de peligro.

En cuanto al contenido del dolo, según STS 432/2010, 29-4 (*Tol 1858028*), el elemento subjetivo exige "*el propósito de hacer arder la cosa o lugar de que se trate y la conciencia del peligro para la vida o integridad física de las personas, teniendo en cuenta el riesgo de propagación... La intención del agente en este delito ha de abarcar solo el hecho mismo de provocar el incendio, no el peligro resultante para las personas, aunque éste debe ser conocido por él, al menos a título de dolo eventual*". Según la SAP, Madrid, Sección 26ª, 328/18-6 (*Tol 8047726*), "*la intención del agente ha de abarcar el hecho mismo de provocar el incendio, no el peligro resultante para las personas que, sin embargo, ha de ser conocido (SSTS 932/2005 de 14 de julio, 616/2008 de 8 de octubre, 1116/2009 de 18 de noviembre, 823/2014 de 18 de noviembre)*".

Alguna sentencia considera que se trata, también, de un delito de consumación anticipada [STS 322/2022, 30-3 (*Tol 8903464*)], aunque no parece exigirse ningún elemento subjetivo o finalidad ulterior a la propia realización típica.

1.4. Justificación

Son perfectamente imaginables supuestos de estado de necesidad (quemar un edificio para evitar la propagación del fuego) aunque no podrá ser alegado por quien origina el incendio.

1.5. *Iter criminis*

Todas las modalidades típicas del art. 351 CP pueden cometerse en grado de tentativa. Así la STS 647/2014, 5-11 (*Tol 4738139*), cuando el fuego ha sido extinguido de forma inmediata, sin alcanzar una mínima dimensión, el delito debe sancionarse como mera tentativa.

Abundando en este punto, es necesario recordar que para la consumación es necesario poner en peligro (concreto en la primera modalidad típica) la vida o integridad de las personas y que cuando tal peligro no concurra, la conducta será constitutiva de un delito de daños. De modo que cabría tentativa cuando, por causas ajenas a la voluntad del sujeto activo, no se crea el peligro o cuando el fuego no adquiriera la consideración de "incendio" (no se propaga o lo hace tan lentamente que no escapa al poder de control del sujeto activo o de quienes lo detectan), aunque en la practica el problema será, en este caso, la prueba del dolo de peligro, que de no concurrir o no ser probado conduciría a la aplicación preferente del segundo párrafo de este artículo.

Se ha apreciado tentativa respecto de la primera modalidad típica del art. 351.1 CP cuando prende un foco en un edificio pero no se propaga (SAP, Murcia, Sección 5ª, 3/2006, 27-1); cuando el material incendiario choca contra la pared sin entrar en la casa y no prende el inmueble (SAP, Santa Cruz de Tenerife, Sección 2ª, 435/2007, 15-5); si no se produce la deflagración debido al mal funcionamiento de los mecanismos de ignición o a la falta de concentración de gas suficiente para la explosión (SAP, Burgos, Sección 1ª, 24/2004, 16-4); cuando el fuego es sofocado de inmediato por el sujeto pasivo [STS 62/2008, 31-1 (*Tol 1292775)*] o por terceros [STS 1263/2003, 7-10 (*Tol 316505)*, y SAP Valencia, Sección 2ª, 51/2008, 21-1 (*Tol 1309000)*] o cuando el fuego no es apto para propagarse por la vivienda al auto-extinguirse (SAP, Pontevedra, Sección 5ª, 77/2007, 5-11). También el Tribunal Supremo ha admitido la tentativa respecto del segundo inciso del párrafo primero del art. 351 CP —menor entidad— [STS 449/2007, 29-5 (*Tol 1092897)*].

De hecho, para SÁINZ-CANTERO CAPARRÓS, el segundo inciso del primer párrafo del art. 351.1 CP contendría una modalidad expresa de tentativa del primer inciso con la virtualidad de impedir la apreciación de las reglas generales de la tentativa. Esto significaría que, mientras que las reglas generales de la tentativa permiten reducir hasta dos grados, la regla del art. 351.1 CP "fija una pena única que se corresponde con la de los incendios consumados reducida en solo un grado" y, como consecuencia, no sería posible la comisión en grado de tentativa de este segundo inciso. Ahora bien, en nuestra opinión, como hemos adelantado, esta segunda modalidad típica hace referencia efectivamente a un momento más alejado de la lesión, pero que también requiere un resultado (delito de idoneidad o peligro hipotético).

Pero también se ha apreciado tentativa cuando el grado de ejecución es mínimo y aún no se ha iniciado siquiera el fuego (se intenta prender fuego a una cortina con la intención de incendiar la vivienda, pero, cuando ya tenía en su mano la cortina y en la otra el encendedor con llama, se ve sorprendido y huye) [STS 647/2014, 5-11 (*Tol 4738139)*].

1.6. Concursos

Los daños producidos por el fuego deberían considerarse absorbidos por el delito de incendios —sin perjuicio de la responsabilidad civil correspondiente.

Cuando como consecuencia de una conducta típica a efectos del art. 351 CP se originen lesiones o muertes, el tratamiento jurídico-penal será diverso en función del plan de autor:

- Será calificada como asesinato [por considerar el incendio como alevoso —así SAP, Alicante, Sección 7ª, 100/2009, 17-7 (*Tol 1240529)*] la conducta de quien, con intención de matar, produce un incendio por el que muere el sujeto pasivo sin que se haya originado un peligro para otras personas.

- No cabe, concurso entre incendio y homicidio cuando el sujeto activo no tenía “intención” de hacer arder la casa sino de acabar con la víctima (STS 596/2007, 29-6).
- Lo normal, sin embargo, será que el incendio cree un peligro general que no se materializa totalmente en el resultado lesivo efectivamente producido (lesiones o muertes), en cuyo caso existirá un concurso ideal entre el delito de incendio (quizá en su modalidad imprudente) y los delitos de homicidio o lesiones.
- Si, con intención de matar por medio del fuego se origina el incendio, pero no llega a consumarse el delito contra la vida, nos encontraremos ante un concurso medial entre la tentativa de asesinato y el delito de incendio cuando se haya creado un peligro para otras personas —aunque también son imaginables supuestos en los que existe concurso medial entre homicidio y delito de incendios, por ejemplo, cuando se origina el incendio para hacer salir a la persona y matarla de otra forma— o ideal —cuando se hace explotar una bomba para matar a una persona y originar un incendio que oculte la muerte.
- Finalmente, cuando no existe dolo de lesión (dolo de homicidio o de lesiones) y, sin embargo, se produjeran lesiones o muertes, habrá concurso medial [STS 432/2010, 29-4 (*Tol 1858028)*] o ideal, según el caso, entre delito de incendio y homicidios o lesiones imprudentes.

Es preciso resaltar que el delito de incendio contenido en el art. 351 CP también puede integrarse como acto de violencia física o psíquica a los efectos del art. 173.2 CP, aunque, en la práctica, suele ir acompañado por otros actos de violencia más que suficientes para considerar probado este precepto sin necesidad de recurrir al delito de incendio [puede verse, por ejemplo, entre otras la STS 647/2014, 5-11 (*Tol 4738139)*]. Ahora bien, cuando se haya considerado probada la “situación de agresión permanente” respecto de uno de los posibles sujetos pasivos del delito de maltrato habitual (por ejemplo, contra la pareja femenina), con independencia del delito de incendio, este mismo delito de incendio —incluso en grado de tentativa— puede servir para configurar los elementos típicos de otro delito de maltrato habitual respecto de otro sujeto pasivo de entre los mencionados en el art. 173.2 CP —por ejemplo, un hijo. En todo caso, en virtud del art. 173.2 CP (“sin perjuicio de las penas que pudieran corresponder a los delitos en que se hubieran concretado los actos de violencia física o psíquica”), cabe concurso entre el delito de incendio y el delito de maltrato habitual.

Cuando como consecuencia del incendio se produzca una explosión, cabe concurso con el delito de estragos (GARCÍA ARÁN), pero cuando el medio para cometer los estragos sea un incendio y se produzca un peligro para las personas, será de aplicación el art. 346 CP, por ser ley especial (art. 8.1 CP), según MUÑOZ CONDE.

También es posible apreciar la continuidad delictiva [STS 585/2010, 22-6 (*Tol 1888451)*], cuando el sujeto activo incendia por segunda vez una vez apagado el primer incendio.

1.7. Penalidad

Especiales críticas ha suscitado el marco punitivo previsto en el art. 351 CP que impone penas muy graves y marcos penales muy amplios, cuyo marco superior excede, incluso, el del delito de homicidio, lo que unido a la remisión al art. 266 CP impide conocer, a priori, la pena a imponer infringiendo los principios de taxatividad y de legalidad penal (ALVAREZ GARCÍA). Y es que, efectivamente, el precepto analizado permite al juez moverse desde una pena privativa de libertad de un año, si no existe peligro para la vida e integridad física de las personas (según el art. 266 CP que establece la pena de 1 a 3 años) hasta los 20 años de prisión del tipo básico (10 a 20 años), que puede rebajarse en un grado (de 5 a 10 años) en el tipo atenuado del segundo inciso del art. 351.1 CP. También ha sido cuestionada la dureza del marco punitivo que puede llegar hasta 20 años en el tipo básico del art. 351 CP y que solo tiene parangón con los delitos de estragos y los relativos a la energía nuclear.

2. Incendios forestales

2.1. Art. 352.1 CP: tipo básico

2.1.1. La protección penal del medio ambiente frente a conductas incendiarias se realiza en los arts. 352 CP y siguientes que distinguen entre incendios forestales e incendios en zonas de vegetación no forestal.

Incendios forestales son los que se producen en "montes o masas forestales". A efectos penales, "monte" es una zona de tierra inculta con árboles, en tanto que "masas forestales" serían zonas boscosas, generalmente arboladas o con vegetación que puede ser fruto de la siembra o procedente de plantación. En nuestra opinión, el término típico "monte" ha de ser tratado como un elemento descriptivo del tipo, sin perjuicio de la definición ofrecida por el art. 5 de la Ley 43/2003, de 21 de noviembre, de Montes (*Tol 319216*), que, con detalle lo define a los efectos de esta ley. O, dicho de otro modo, aunque la Ley de Montes contenga una definición de "monte", esta definición no vincula al juez penal —sin perjuicio de que, indudablemente, pueda recurrir a ella— de modo que cabría considerar "monte" algún espacio de características singulares no contemplado en dicha ley. En consecuencia, no se puede afirmar que el art. 352 CP contenga una norma penal en blanco [en este sentido: SSAP, Palencia, 571/1999, 17-9, o A Coruña, Sección 6ª, 127/2017, 12-7 (*Tol 6307253*); en contra, DE MADARIAGA Y APELLÁNIZ, y las SSAP, Málaga, Sección 2ª, 140/2003, 9-6 (*Tol 319051*), y Granada, Sección 2ª, 436/2007, 13-7 (*Tol 1624463*)], sino que "monte", pero igualmente "masas forestales" son elementos descriptivos del tipo, lo que no significa que para su interpretación no se pueda recurrir a las definiciones de la Ley de Montes o alguna de las aportadas por las leyes autonómicas destinadas a la prevención de incendios, por ejemplo, la Ley 3/2007, de 9 de abril, de prevención y defensa contra los incendios forestales de Galicia (*Tol 1050380*). Desde esta perspectiva, para que un terreno pueda considerarse masa forestal y, por tanto, integrado como objeto del delito del art. 352 CP debe reunir dos elementos definitorios: ser tierras en las que vegetan especies arbóreas, arbustivas, de matorral o herbáceas, sea espontáneamente o procedan de siembra o plantación (elemento positivo) y que no sean características de cultivo agrícola o fueren objeto del mismo (elemento negativo) —así la ya citada SAP, A Coruña, Sección 6ª, 127/2017, 12-7 (*Tol 6307253*).

Por otro lado, tienen la consideración de forestal el monte bajo o de arbustos [SAP, Cádiz, Sección 7ª, 86/2001, 19-11 (*Tol 141782*); en contra SSAP, Palencia, 571/1999, 17-9, y Huelva, Sección 2ª, 124/2006, 24-11 (*Tol 6071764*), según la cual, zonas de matorral sin árboles no son típicas a efectos de este delito. En contra, SAP, A Coruña, Sección 6ª, 127/2017, 12-7 (*Tol 6307253*)]. No tienen la consideración de "monte" o "masas forestales" los matorrales y especies arbóreas ornamentales de dominio privado en el interior de una finca delimitada y de uso ganadero [SAP, Huelva, Sección 2ª, 9/2009, 20-1 (*Tol 6840060*)].

Merecen especial atención aquellas zonas que siendo silvestres —es decir, no objeto de cultivo— no contengan arbolado o arbustos, por ejemplo, zonas de estepa o zonas de pastos y también aquellas que, siendo cultivadas, contengan grandes masas de árboles —por ejemplo, olivares o plantaciones de eucalipto— o de arbusto —por ejemplo, viñedos. En relación con estos dos últimos supuestos, será especialmente cuestionable determinar si plantaciones ecológicas —que, por tanto, son respetuosas con la vida natural— deben ser consideradas masas forestales o no. En cuanto a las primeras (zonas naturales de estepa o pastos no arbustivos) difícilmente podrán ser consideradas "monte" o "masa forestal", aunque la existencia de ejemplares de especies arbóreas o arbustivas, si aparezcan siquiera de forma diseminada pero suficiente, podrá convertirlas en zonas forestales.

En relación con las plantaciones de árboles —olivares, eucaliptales, pinares, etc.— que permanecen en el tiempo y acogen una importante vida natural, deberían ser considerados zonas forestales, sobre todo si no son objeto de intervención humana, más allá de tareas de limpieza forestal, o si su plantación y cuidado es ecológico. Más complicado parece afirmar el carácter de "monte" o "masa forestal" a los viñedos, incluso en grandes extensiones. Ahora bien, cuando las técnicas de cultivo respondan a parámetros ecológicos y por su longevidad acojan una variedad de vida silvestre similar a la de terrenos silvestres, podría plantearse tratarlo, a efectos penales, como monte o masa forestal. Piénsese, por ejemplo, en una viña de varias hectáreas de 70 años de antigüedad, aislada de zonas urbanas y que desde hace años recibe un cuidado susceptible de ser calificado, a efectos alimentarios, como ecológico —lo que significa que no recibe tratamientos químicos— en la que anidan aves o encuentran morada especies animales salvajes.

En cualquier caso, la inclusión de estos supuestos en el concepto de "monte o masa forestal" del art. 352 CP debería estar plenamente justificada probando que, efectivamente, pese a su origen humano (y cercano en el tiempo) reúne las características de riqueza ecológica propias de una masa forestal silvestre o monte bajo, intentando siempre evitar interpretaciones extensivas o analógicas.

Por otro lado, el origen humano de un bosque o monte muy distante en el tiempo o el hecho de que pueda ser explotado (de forma ambientalmente sostenible) no le hace perder su calificación de monte o masa forestal. Este sería el supuesto de pinares (piñas), alcornocales (corcho), etc. Estas precisiones son importantes porque no son escasos los supuestos en los que masas de estas características integran parques naturales o zonas especialmente protegidas por su valor ecológico. Su exclusión del concepto de "monte o masa forestal" impediría la aplicación del art. 353 CP.

2.1.2. La conducta típica del art. 352 CP consiste en "incendiar", término que, según su sentido literal, es equivalente a prender fuego con la finalidad de que se produzca un incendio en el sentido definido para el art. 351 CP. A tales efectos bastaría con que se produjera combustión autónoma en parte de la vegetación y que el fuego se haya propagado de forma independiente (puesto que, si no existiera propagación, la conducta se castigaría conforme al tipo privilegiado del art. 354 CP). De modo que en el tipo básico del delito de incendios forestales del art. 353.1 CP, el resultado es la combustión y propagación autónoma del fuego sobre elementos pertenecientes a montes y masas forestales (en contra, entre otros, GARCÍA ARÁN que lo considera de peligro abstracto).

SÁINZ-CANTERO CAPARRÓS invierte el concepto de incendio e incendiar, de forma que incendio (art. 351 CP) para este autor sería la combustión autónoma con capacidad de propagación e incendiar la acción de destruir un objeto por medio del incendio, pero esta interpretación se aparta del sentido dado a tales términos por el Diccionario de la RAE.

2.1.3. En el caso de que haya existido peligro para la vida o la integridad de las personas, será de aplicación, en virtud del segundo párrafo, el art. 351 CP —incluso en la modalidad atenuada—, manteniendo, en todo caso, una pena de multa de 12 a 24 meses. Según SERRANO GONZÁLEZ DE MURILLO, este precepto contiene un tipo mixto de daño y peligro personal concreto, que plantea problemas de prueba de la relación de causalidad similares a los expuestos en relación con el art. 351 CP.

2.2. Art. 353 CP: circunstancias que agravan la pena

2.2.1. El art. 353 CP establece una pena de prisión de 3 a 6 años y multa de 18 a 24 meses cuando concurran determinadas circunstancias que refuerzan la protección medioambiental ofrecida por el CP en los arts. 325 y ss. Las circunstancias 1ª, 2ª, 3ª y 6ª del art. 353.1 CP responden a un mayor desvalor de resultado por la mayor gravedad del resultado producido —en lo relativo a la destrucción material, pero desde una perspectiva de protección ambiental. Las circunstancias 4° y 5°, por su parte, agravan la pena por razón de las circunstancias en que se produce la conducta y, en este sentido, concurriría un mayor desvalor de acción. Finalmente, el párrafo 2 del art. 353 CP eleva la pena a quienes actúen con ánimo de obtener un beneficio económico con los efectos derivados el incendio, en una circunstancia de desvalora especialmente un determinado motivo, similar mutatis mutandis a la circunstancia genérica contenida en el art. 22.3ª CP (precio, recompensa o promesa).

Cabe destacar el amplio margen de discrecionalidad que otorga este precepto al Juez penal (especial gravedad; considerable importancia; grandes o graves efectos; alterar significativamente o grave deterioro). Ello unido a los también amplios márgenes punitivos pueden hacer pensar en una eventual quiebra del principio de taxatividad (de ahí la importancia de una interpretación restrictiva en cuanto a la determinación del momento consumativo de los tipos penales). Las circunstancias contenidas en este precepto hacen referencia a la existencia de un incendio de especial gravedad; o lo que es lo mismo, la entidad o magnitud del fuego ha de ser especialmente importante.

La utilización de conceptos jurídicos indeterminados y cláusulas excesivamente abiertas se debe a la necesidad de dejar en manos de juez la valoración de la gravedad de las conductas, con la advertencia de que tales conceptos jurídicos indeterminados —elementos normativos— deben fundamentarse en razones objetivas y no en presiones mediáticas o criterios similares —como con razón pone de manifiesto TAMARIT SUMALLA.

Las circunstancias 1ª, 2ª y 3ª, como hemos avanzado, fundamenta la cualificación de la pena en la producción de resultados especialmente lesivos para el entorno natural. La circunstancia primera exige, para su aplicación, que afecte a una superficie de considerable importancia.

2.2.2. Evidentemente, el problema fundamental ha de ser determinar qué se entiende por "considerable importancia". Para la aplicación de esta circunstancia 1ª debe constatarse que el fuego haya afectado a una extensión significativa. El criterio determinante aquí es la superficie afectada pero no el valor de lo destruido. Son consideradas superficies de considerable importancia 2.350 Ha [STS 69/1998, 27-1 (*Tol 78383*)], 580 Ha [SAP, Asturias, Sección 3ª, 541/2018, 20-12] o 180,28 Ha [STS 577/2021, 1-7 (*Tol 8503785*)].

La STS 577/2021, 1-7 (*Tol 8503785)*, trata de establecer qué criterios debe tener en consideración juzgador para considerar de aplicación esta circunstancia. A tales efectos, fija los siguientes:

1.– La extensión del radio de alcance del incendio (en este caso ardió una superficie de 180,28 hectáreas, de las cuales 128,80 hectáreas eran de arbolado).

2.– El volumen de personas y medios que han intervenido en la extinción del incendio.

3.– La duración de su extinción (en este caso las labores de extinción duraron aproximadamente 60 horas).

4.– La cuantificación del daño causado.

En nuestra opinión, sin negar que los criterios reseñados son indicativos de la importancia del incendio no todos ellos deben ser tomados en consideración para determinar la "considerable importancia" de la superficie afectada. De hecho, algunos de estos criterios vuelven a servir a la sentencia para afirmar la concurrencia de la circunstancia 6ª (cuando se ocasione grave deterioro o destrucción de los recursos afectados). Por el contrario, precisamente lo único que queda meridianamente determinado en la circunstancia 1ª es que la base de la valoración es la superficie, de modo que el tribunal lo único que ha de determinar es, primero, que la superficie quemada esté ocupada por monte o masas forestales y, segundo, los metros cuadrados o Ha. Es más, habría que interpretar que es exclusivamente este criterio el que debe ser tenido en cuenta, con independencia el daño que produzca el fuego en las masas forestales u otros objetos ambientales, pues, en cualquier caso, cabe destacar la orientación a la protección medioambiental del precepto. Además de lo anterior, es necesario resaltar la autonomía conceptual del precepto en relación con leyes autonómicas que protejan frente a incendios. Esta aclaración es importante en la medida en que tales leyes pueden contener definiciones de términos similares o idénticos —con efectos restringidos a la propia ley o a la propia comunidad autónoma— a los utilizados por el art. 353.1 CP. Pues bien, en este caso, es preciso advertir que la expresión "considerable importancia" es un elemento normativo del tipo porque requiere que el juez valore las circunstancias y los califique como tal —concepto jurídico indeterminado—, pero no contiene ninguna remisión normativa, por lo que tales definiciones solo podrán ser utilizadas cuando coincidan exactamente con el sentido del texto penal ("superficie de considerable importancia"), pero no pueden utilizarse para introducir criterios de valoración que no hayan sido previstos en esta circunstancia (o cualquiera de las otras, pues salvo en la mención a los espacios naturales protegidos que realiza la circunstancia 3ª, esta consideración es aplicable mutatis mutandis a las demás).

La finalidad de protección medioambiental debe ser tenida especialmente en cuenta en relación con las circunstancias 2ª y 3ª (el suelo en la circunstancia 2ª; las condiciones de vida animal o vegetal en la 3ª), pero la determinación de la afectación al suelo o a las condiciones de vida natural deberán ser determinada con criterios técnicos, realizando una valoración entre las condiciones previas y las resultantes, por lo que será la variación entre el punto de partida y el resultado producido por el incendio el que ha de determinar la gravedad de los efectos. En el apartado 3º, la alteración de las condiciones de vida animal y vegetal ha de ser "significativa", es decir, importante en el sentido de que dificulte la existencia de la vida animal y vegetal tal y como se entendía en esa zona hasta el incendio o que afecte a un espacio natural protegido.

2.2.3. La cláusula 3ª, *in fine*, determina la aplicación de la circunstancia cuando el incendio de especial gravedad afecte a algún espacio natural protegido. Un espacio natural protegido es aquel que ha sido calificado por la autoridad competente como tal, en aplicación de los criterios establecidos en la Ley 42/2007, de 13 de diciembre, del Patrimonio Natural y de la Biodiversidad (*Tol 1210868*). Se trata, por tanto, de un elemento normativo del tipo, para cuya interpretación habrá que acudir al art. 28 de la Ley 42/2007, de 13 de diciembre, y normas complementarias. Según el art. 30 de la misma ley, son espacios naturales protegidos los parques, las reservas naturales, las áreas marinas protegidas, los monumentos naturales y los paisajes protegidos.

En relación con los espacios naturales protegidos no se ha de probar ninguna alteración o perjuicio en concreto, salvo la especial gravedad del incendio y que afecta al espacio protegido. A tales efectos, la especial gravedad vendrá determinada por la extensión en relación con el espacio protegido, la ausencia de control y el riesgo de propagación, así como el peligro para los recursos naturales que sirvieron para calificar el espacio o los objetos ambientales que se integran en él.

La referencia expresa a los espacios naturales protegidos en la circunstancia tercera del art. 353.1 CP hace preciso delimitar el ámbito de aplicación de este precepto del propio del art. 330 CP. TAMARIT SUMALLA considera que es de aplicación preferente el art. 353.1. 3ª por su mayor penalidad. Sin embargo, ha de tenerse en cuenta que el art. 330 CP contiene un delito de resultado resultativo (no establece el medio comisivo) de forma que es típico el daño grave de los elementos esenciales que han servido para calificar a un espacio natural. El art.

353.1 CP, por su parte, tipifica los efectos de daños para zonas forestales (montes y masas forestales) producidos por un determinado medio comisivo: el fuego. De modo que, en nuestra opinión, cabe concurso entre ambos cuando, por medio de la conducta típica a efectos del art. 353.1.3ª CP —modalidad "espacio natural protegido"— se hayan dañado gravemente elementos que hayan servido para calificar el espacio natural si estos son distintos a "montes y masas forestales". Solo cuando el único elemento utilizado para calificar dicho espacio natural sea, precisamente, el monte o la masa forestal, el art. 353.1.3º CP será de aplicación preferente y exclusiva en virtud de lo previsto en el art. 8.4ª CP.

2.2.4. Las circunstancias 4ª y 5ª toman en consideración la ubicación del lugar incendiado —cercano a núcleos de población o habitados— y climatológicas u orográficas, que faciliten la propagación. Con ello se está haciendo referencia a una mayor peligrosidad para las personas u objetos ambientales. Finalmente, la circunstancia 6ª introduce una cláusula de cierre que permite incluir el menoscabo o destrucción de recursos naturales medioambientales cualesquiera que sean. Esta cláusula, por su amplitud, podría incluir a los supuestos anteriores, aunque solo será de aplicación subsidiaria, por lo que no deberá aplicarse si ya se ha determinado la gravedad en base a alguna de las anteriores [en contra, STS 577/2021, 1-7 (*Tol 8503785*)].

Dada la amplitud típica se hace necesario restringir la aplicación de las circunstancias prevista en el art. 353.1 CP a los supuestos en los que el resultado más grave efectivamente producido había sido previsto o debido prever por el autor, sin que se le pueda imputar (el resultado más grave) si no ha existido respecto al mismo, al menos, responsabilidad por imprudencia (art. 358 CP).

2.2.5. La misma pena se impondrá cuando el autor actúe con la finalidad de obtener un beneficio económico con los efectos derivados del incendio. Se trata de un delito mutilado de dos actos en los que se exige que el sujeto activo persiga una finalidad posterior a la realización del delito; en este caso, la obtención de beneficio económico de los efectos derivados del incendio —elemento subjetivo del injusto distinto del dolo— para sí mismo o para terceros.

Concurre este elemento subjetivo específico cuando se persiguen los beneficios económicos derivados de la recalificación del suelo quemado o de la venta de la madera quemada. También actúa con ánimo específico de obtener beneficio económico, el ganadero que consigue nuevos pastos o el cazador que hace salir a la pieza con el incendio (o que consigue que se abra el coto, antes cerrado, gracias al incendio). No puede apreciarse, sin embargo, cuando el autor material actúa a sueldo de otro, pues el beneficio económico que pretende obtener no deriva de los efectos del incendio. La cualificación de la pena responde al mayor desvalor que merece la conducta de quien destruye bienes comunes medioambientales para lucrarse con los efectos del mismo. Para la aplicación de esta modalidad del art. 353.2 CP es preciso que la conducta reúna los requisitos del tipo básico del art. 352.1 CP y, especialmente, que el fuego se haya propagado.

2.3. Art. 354.1 CP: tipo privilegiado

El art. 354.1 CP contiene un tipo privilegiado que impone una pena de prisión de seis meses y un año y multa de seis a doce meses al que prendiere fuego en montes o masas forestales sin que el incendio llegue a propagarse. La conducta típica consiste en prender fuego, es decir, causar una combustión autónoma en un objeto individualizado o en parte (reducida) del monte o masa forestal, sin que, por razones ajenas a la voluntad del sujeto activo —puesto que de otra forma nos encontraríamos en el supuesto previsto en el número 2 de este artículo—, el fuego se extienda a otras zonas —lo que no significa que no exista riesgo de propagación o que efectivamente el fuego se propague, elemento esencial de estas conductas (en este sentido también MUÑOZ CONDE).

La redacción típica merece alguna consideración crítica. En primer lugar, en realidad lo que "se propaga o no" es el fuego, no el incendio que aún no se ha producido, si nos conformamos con el concepto que de tal se ha proporcionado más arriba. El Legislador utiliza "incendio" en este precepto como sinónimo de "fuego". También utiliza inadecuadamente el verbo "propagarse". En contra de lo que pudiera parecer —con una interpretación estricta y meramente gramatical del precepto—, la conducta típica consiste en prender fuego en (no "a") masas forestales o montes —a algún o algunos objetos que integran el monte, como puede ser un grupo de arbustos, el pasto, etc.— con la finalidad de que, una vez prendido el fuego en estos objetos, éste (el fuego) se extienda y se origine un incendio. Sin embargo, el autor no logra su propósito; no consigue que se produzca el incendio porque el fuego no se extiende al resto de la masa boscosa, aun cuando el fuego "sí que se propague". Por ejemplo: comete el tipo del art. 354.1 CP quien prende fuego en un corro de arbustos situados en el límite de un bosque, y aunque el fuego se extiende a algún arbusto colindante e incluso llega a prender un árbol, la masa boscosa no se ve afectada porque el fuego no se extiende. Obsérvese, por tanto, que propagarse ha de entenderse en este sentido de extenderse por el monte o masa forestal.

La consumación se produce en un momento ejecutivo anterior al del tipo básico párrafo primero del art. 352 CP; y aunque la conducta típica del propio tipo privilegiado constituiría, de no gozar de tipificación autónoma, una tentativa respecto de aquel, aún podría caber algún caso de tentativa respecto del art. 354 CP por la propia complejidad del proceso.

SÁINZ-CANTERO CAPARRÓS afirma que el art. 354 CP contiene "la expresa punición de la tentativa acabada" del art. 352 CP; sin embargo, GARCÍA ARÁN niega la posibilidad de tentativa respecto de este último precepto, porque entiende que si el delito se consuma en el momento en que se prende fuego no queda espacio para encajar la ejecución imperfecta. Ahora bien, "prender fuego" implica un mínimo de combustión autónoma lo que ya conlleva la destrucción o menoscabo de un elemento medioambiental (e implica al bien jurídico protegido), por lo que aún cabe pensar en supuestos en los que, por razones ajenas a la voluntad del sujeto, el fuego no llega a "prender" en el objeto material sobre el que se aplica (porque es detenido en ese momento; porque no es capaz de prender la mecha, porque la llama es escasa, porque la leña está verde, etc.).

Habría que distinguir, en nuestra opinión, aquellos supuestos en los que el fuego no se propaga por las circunstancias concurrentes (no hay suficiente mecha, la hierba está mojada, etc.), en las que sería de aplicación este supuesto, de aquellos otros en los que el incendio se ha llegado a producir, se ha empezado a propagar y se ha llegado a perder el control y puede extenderse, pero por causas sobrevenidas ajenas a la voluntad del autor, finalmente, se detiene (por ejemplo, llegan los bomberos y lo apagan). En este segundo supuesto podría tratarse de una tentativa del art. 352 CP.

Pese a lo anterior, el art. 354.1 CP se configura como un delito de peligro abstracto respecto del medio ambiente que entraña la destrucción de objetos materiales en concreto (daños), lo que nos sitúa de nuevo ante un delito compuesto donde vuelven a coincidir un resultado material lesivo (daños respecto de objetos singulares valorables económicamente) y un resultado de peligro abstracto respecto del medio ambiente.

El art. 354.2 CP contiene una excusa absolutoria (MUÑOZ CONDE), por lo que, si el incendio no se propaga por la acción voluntaria y positiva de su autor, la conducta quedará exenta de pena. "Evitar la propagación" no significa lo mismo, según la SAP, Huelva, Sección 2ª, 9/2009, 20-1 (*Tol 6840060)*, "que apagarlo totalmente y con las garantías propias de un especialista", por lo que, bastaría que la acción del sujeto activo permita tener bajo control y evitar la expansión del fuego hasta que, con ayuda externa, sea apagado.

2.4. Elemento subjetivo

El dolo del autor ha de abarcar todos los elementos del tipo objetivo de las diversas modalidades delictivas. En general, el dolo debe abarcar la producción de la lesión sobre bienes materiales (daños) y la creación del peligro típico previsto. El art. 353.2 CP eleva la pena (en su mitad superior, respecto del art. 352 CP) cuando concurra un especial elemento subjetivo del injusto consistente en actuar con la finalidad de obtener un beneficio económico con los efectos derivados del incendio, sin que sea necesario, para la consumación del tipo, la obtención efectiva del fin propuesto.

Para apreciar las circunstancias del art. 353.1 CP, por tratarse de circunstancias objetivas que dependen de factores ajenos al incendio en sí o a circunstancias de difícil previsión aún desde el conocimiento de expertos, bastaría con dolo eventual (según SÁINZ-CANTERO CAPARRÓS sería suficiente con que el sujeto las prevea y las acepte lo que obedece a la aceptación de un determinado concepto de dolo eventual).

2.5. *Iter criminis*

A estos efectos nos remitimos a lo expuesto en relación con el art. 351 CP y 354 CP. Conviene resaltar, no obstante, cómo en el art. 352 CP el Legislador ha creado un complejo conjunto de modalidades típicas que tienen como finalidad adecuar la respuesta punitiva a la diversa gravedad de la conducta, y ello en función de la fase del *iter criminis* en que aquélla se encuentra y la gravedad del resultado producido. De esta forma el tipo básico del art. 352 CP tipifica un momento anterior en el proceso incendiario al del art. 351 CP.

Una vez extinguido el fuego, si vuelve a arder no puede ser imputado al sujeto activo [STS 69/1998, 27-1 (*Tol 78383)*]. En cualquier caso, es posible tanto la tentativa acabada como la inacabada.

> Según SÁINZ-CANTERO CAPARRÓS, se produce tentativa acabada cuando "se inicia la combustión autónoma con capacidad de propagación en el monte o masas forestal, pero el fuego no llega a afectar al objeto material produciendo la lesión de los recursos", y tentativa inacabada abarcaría "cualquiera de los estadios previos hasta el momento de la combustión autónoma sin capacidad de propagación".

2.6. Concursos

El tipo básico contenido en el art. 352 I CP consume al tipo privilegiado del art. 354 CP, de la misma forma que es de aplicación preferente (por el idéntico motivo) el 352 II CP. El concurso de leyes entre el art. 352 y siguientes CP y los arts. 330 y 332 CP, será resuelto a través de la regla del art. 8.4 CP que aplica con carácter preferente el precepto penal más grave. Cabe apreciar continuidad delictiva, aunque, como hemos visto, solo cuando el único elemento utilizado para calificar dicho espacio natural sea, precisamente, el monte o la masa forestal, el art. 353.1.3º CP será de aplicación preferente y exclusiva en virtud de lo previsto en el art. 8.4ª CP. En cuanto a posibles concursos con los delitos de estragos, nos remitimos a lo allí expuesto.

2.7. Art. 355 CP: consecuencias accesorias

El art. 355 CP contiene tres consecuencias accesorias del delito que tienen como finalidad la protección futura de los bosques afectados (PRATS CANUT) y evitar el enriquecimiento injusto (GÓMEZ TOMILLO): la prohibición del cambio de la calificación del suelo en las zonas afectadas en un plazo de hasta treinta años; la limitación o supresión de los usos que se vinieran llevando a cabo en las mismas zonas afectadas y la intervención administrativa de la madera quemada. Sin embargo, tras la aparente utilidad preventiva, se ocultan deficiencias de técnica jurídica y una aplastante falta de virtualidad práctica, lo que nos hace sospechar que el precepto responde más a finalidades simbólicas que útiles. Por un lado, los incendios forestales con fines urbanísticos o para la obtención de madera son porcentualmente poco significativos; por otro, la Ley 43/2003, de 21 de noviembre, de Montes (*Tol 319216)*, y algunas de las leyes autonómicas destinadas a la protección de montes y bosques contienen medidas más eficaces, más extensas y, sobre todo, que pueden ser adoptadas de manera cautelar, lo que hace que sean más eficaces, y, finalmente, no suelen ser impuestas por los Tribunales penales, entre otras razones porque para imponer alguna de las medidas del art. 355 CP ha de haberse solicitado por las partes [así, SAP, Cantabria, Sección 2ª, 26/2010, 14-5 (*Tol 1965938)*].

Las consecuencias accesorias del delito contenidas en el art. 355 CP tienen carácter potestativo y pueden ser impuestas en la sentencia respecto de delitos de incendios forestales dolosos consumados (críticamente, SÁINZ-CANTERO CAPARRÓS). GÓMEZ TOMILLO, por su parte, considera que, a pesar de no ser penas ni medidas de seguridad, las medidas previstas en el art. 355 CP tienen carácter aflictivo, en la medida en que implican la pérdida o limitación de derechos. Ahora bien, si se entiende que los derechos derivados de la calificación o clasificación de los suelos no son previos al Plan de Ordenación, sino que es precisamente el Plan quien otorga los derechos (de urbanización, de determinados usos, etc.) no puede atribuirse carácter aflictivo a la interdicción de cambio de calificación del suelo. Sólo desde esta perspectiva preventiva de protección del territorio en función del interés general puede entenderse el art. 355 CP y su carácter potestativo.

En cuanto que medidas accesorias, pueden imponerse aun cuando el titular de los terrenos incendiados no haya sido autor ni partícipe, lo que ha sido criticado en cuanto que, con ello, al perjuicio para el propietario del suelo derivado del incendio se le añadiría el derivado de las consecuencias previstas en este precepto, lo que ha de evitarse, según sugiere GÓMEZ TOMILLO, limitando la adopción de tales medidas para aquellos supuestos en los que el titular del suelo haya tomado parte en la comisión del delito, lo que habrá de ser analizado caso por caso sin olvidar la necesidad de protección de los intereses generales que subyace a este precepto y que es el Plan quien otorga derechos inexistentes previamente.

2.7.1. La primera de las consecuencias accesorias del art. 355 CP es la prohibición de modificación de la calificación del suelo en un plazo de hasta 30 años. Su fundamento hay que buscarlo no tanto en la prevención de delitos, cuanto en la protección del monte y las masas forestales en el futuro y en la necesidad de evitar que, una vez producido el incendio (con cualquier fin o por cualquier causa), el terreno sea recalificado —cuando el incendio tenga esa finalidad o pueda surgir posteriormente. Como consecuencia, el Juez podrá determinar, en sentencia, que durante el periodo que fije no pueda alterarse la calificación del suelo (los usos asignados al suelo) y, por tanto, tampoco su clasificación (urbano, urbanizable, no urbanizable) o situación básica (urbanizado o rural) ya que los usos posibles en un terreno forestal no encajan dentro de los típicos —residencial, terciario e industrial— del suelo urbano y urbanizable.

En cualquier caso, la Ley 43/2003, de 21 de noviembre, de Montes (*Tol 319216)*, en su art. 50 establece que las Comunidades Autónomas deberán prohibir el cambio de uso forestal de los terrenos forestales incendiados al menos durante 30 años; prohibición que ha sido ya acogida por algunas leyes autonómicas y que se aplicará con independencia del carácter doloso, imprudente o fortuito del incendio. Esta medida de carácter administrativo, más intensa y extensa que la penal, de hecho, ha convertido en inútil la interdicción penal del cambio de calificación.

2.7.2. El Tribunal, igualmente, podrá limitar o suprimir determinados usos que se vinieran llevando a cabo en las zonas afectadas por el incendio, en aquellos supuestos en los que este uso haya favorecido la causación del incendio. Así, por ejemplo, podrá limitar el uso agrícola o incluso suprimirlo si el incendio se hubiera debido a negligencia en la realización de labores agrícolas.

2.7.3. Finalmente, el art. 355 CP permite la intervención administrativa de la madera quemada procedente del incendio. GÓMEZ TOMILLO considera que se trata de una forma de comiso análoga a la prevista en los arts. 127 y ss. CP, por lo que serían aplicables las mismas reglas que para este, y, específicamente, una sentencia condenatoria que imponga una pena. Desde esta perspectiva, la intervención administrativa de la madera implicaría que la Administración se convierte en propietaria de la madera quemada sin tener que abonar justiprecio o indemnización, lo que significaría incrementar el perjuicio sufrido por quien ha padecido en bienes de su propiedad un incendio sin haber tomado parte en el delito. Por el contrario, la intervención administrativa, como consecuencia accesoria debe configurarse desde una perspectiva diversa teniendo en cuenta las finalidades del precepto (protección de los intereses generales y evitar el enriquecimiento injusto de quien ha cometido o participado en la comisión del delito). Desde esta perspectiva, la intervención administrativa ha de entenderse como la cesión a la administración de la gestión de la madera quemada, lo que puede implicar su venta o procesamiento teniendo en cuenta los intereses legítimos en juego. Esto permitiría, por ejemplo, que la madera pudiera ser vendida, pero no a quienes estuvieran implicados en el incendio; que el dinero obtenido de la gestión de la madera quemada pudiera ser dedicados a la reforestación o, incluso, a los propietarios perjudicados por el incendio.

En cualquier caso, hay que recordar que la adopción de las medidas previstas en el art. 355 CP son potestativa, pero otorga al tribunal penal la posibilidad de, en sentencia, adoptar estas medidas en caso de necesidad.

3. Incendios no forestales (art. 356 CP)

3.1. Conducta típica

El art. 356 CP se destina a la protección medioambiental respecto de zonas que no pueden ser incluidas en el art. 352 CP y que son ahora designadas como "zonas de vegetación no forestal", lo que lo convierte en un tipo residual y supletorio.

La distinción entre zona forestal y zonas de vegetación no forestal no está claramente definida en la Jurisprudencia. Así, como hemos visto, algunas sentencias consideran que no son forestales las zonas de matorral sin árboles [SSAP, Palencia, 571/1999, 17-9, y Huelva, Sección 2ª, 124/2006, 24-11 (*Tol 6071764)*], o las 33 hectáreas de monte bajo y arbolado (encinas, alcornoques acebuches, coscojas y olivos) de una finca particular [SAP, Sevilla, Sección 7ª, 116/2005, 15-3 (*Tol 661342)*], criterio más que dudoso. Aunque los límites entre montes-masas forestales forestal y zonas de vegetación no forestal puedan parecer difusos, a la vista de las dudas que plantean en la práctica forense, habría que fijar el criterio delimitados precisamente en un criterio negativo: que no sean características de cultivo agrícola o fueren objeto del mismo (elemento negativo) —así la ya citada SAP, A Coruña, Sección 6ª, 127/2017, 12-7 (*Tol 6307253*).

En principio, todas las consideradas masas forestales o monte quedarían excluidas —por lo que a la definición dada de estos conceptos me remito— y se integrarían en este concepto, por tanto, zonas de pastos, sembrados, plantaciones reducidas de especies arbustivas o arbóreas, pero también zonas de uso recreativo situadas en espacios abiertos y todas aquellas, que, por su ubicación, el incendio de las mismas pueda perjudicar el "medio natural" —cualquiera que sea su titularidad—, pero no espacios urbanos o edificados con jardines que se integrarían, en su caso, en el art. 351 CP.

La conducta solo será típica, a efectos de este delito, cuando perjudique gravemente el medio natural (resultado típico). Por "medio natural" debemos entender el medio ambiente en su estado salvaje y aún no totalmente "civilizado" por el hombre. El medio natural, como hábitat de especies y medio para el desarrollo de la vida animal y vegetal en estado salvaje es un elemento esencial del medio ambiente, por lo que la destrucción efectiva de aquél, en sí mismo considerado o como hábitat, lo menoscaba efectivamente; razón por la que afirmamos que nos encontramos ante un delito de lesión (en este mismo sentido MUÑOZ CONDE). El perjuicio se puede producir porque la conducta ha afectado a zonas no forestales que son hábitat de especies (por ejemplo, el incendio de zonas cerealistas donde habitan especies protegidas como la avutarda).

El perjuicio, que se refiere al menoscabo del medio natural y no a la entidad del incendio o su extensión, ha de ser grave, lo que permite excluir la tipicidad de las conductas mínimamente lesivas que, no obstante, podrán ser constitutivas de otros delitos. En este sentido, la SAP, Granada, Sección 1ª, 13/2015, 26-3 (*Tol 5005739*), considera que para constatar que el incendio en la zona de vegetación no forestal perjudica gravemente el medio natural, ha de hacerse una ponderación, "*en cada caso, en relación, tanto con la extensión de la zona afectada, como con la cualidad de las especies vegetales abarcadas por el incendio, pues de ello dependerá que el perjuicio al mismo (medio natural) alcance o no el nivel de gravedad que justifica la reacción penal*" —bien es cierto que el juicio sobre si la reacción penal está justificada o no, no corresponde efectuarla a los tribunales ordinarios.

3.2. Concursos

Cuando el incendio afecte a zonas forestales y de vegetación no forestal —y según la SAP, Cádiz, Sección 7ª, 186/2001, 19-11 (*Tol 141782*)— será de aplicación preferente y exclusiva el art. 352 CP en aplicación de la regla contenida en el art. 8.4 CP. Esta solución parte de considerar que el bien jurídico protegido en ambos preceptos es el mismo y pone el acento en la presunción de mayor valor ecológico de los montes o masas forestales.

Cuando una conducta típica a efectos del art. 356 CP destruya un elemento esencial de un espacio protegido y, en tal sentido, sea también subsumible en el tipo del art. 330 CP, nos encontraremos ante un concurso de leyes a resolver en aplicación del art. 8.4 CP sancionando únicamente por la conducta más gravemente penada. Esta solución, que es poco satisfactoria, deriva de considerar que el bien jurídico protegido en ambos preceptos es el medio ambiente. Sólo si se considerara —algo que no sucede en la Doctrina española— que los elementos afectados (árboles, montes, objetos específicos de espacios naturales, etc.) han sido elevados a la categoría de objetos especialmente protegidos, cabría acudir a un concurso de delitos.

4. Incendio en bienes propios (art. 357 CP)

4.1. Consideraciones generales

El art. 357 CP tipifica cuatro modalidades delictivas que tienen en común el medio comisivo (el fuego) y el objeto sobre el que éste recae (bienes propios). Son, por tanto, delitos especiales en los que el sujeto activo ha de ser el propietario (poseedor o no) de los bienes afectados. Resulta difícil determinar el contenido de la conducta, pues la única referencia a ella viene determinada por el calificativo con que le designa el precepto: "el incendiario", que la Jurisprudencia ha interpretado como la persona que realiza acciones tendentes a producir un incendio, si bien es imprescindible que efectivamente llegue a arder el bien descrito en el tipo penal cuya aplicación se pretende (así SAP, Sevilla, Sección 1ª, 508/2000, 19-9).

Son susceptibles de ser típicas a efectos del art. 357 CP cualquiera de las modalidades que prevén otros tipos del mismo capítulo: "el que prenda, el que provoque un incendio en sus propios bienes, o el que haya materialmente incendiado la cosa, con su consiguiente destrucción o grave deterioro" [SAP, A Coruña, Sección 6ª, 162/2001, 2-11 (*Tol 6307253*)].

4.2. Conductas típicas

La conducta, por tanto, consiste en hacer prender el fuego sobre la cosa propia. Ahora bien, según las diversas modalidades delictivas, para la consumación será preciso, además, la producción de distintos resultados o de otros requisitos que se enumeran a continuación:

4.2.1. La primera y segunda modalidades típicas guardan estrecha relación con los delitos patrimoniales, y consisten en realizar la conducta incendiaria sobre bien propio con el propósito de defraudar o perjudicar a terceros —elemento subjetivo del injusto distinto del dolo—, o cuando efectivamente hubiere defraudado o producido un perjuicio a terceras personas. La primera modalidad típica contiene un delito mutilado de dos actos que exige la concurrencia de un específico elemento subjetivo del injusto (propósito de defraudar o perjudicar a tercero). En este supuesto es preciso que se haya prendido fuego, aunque no llegue a propagarse de forma autónoma y fuera de control, siempre que la finalidad del sujeto activo sea la de defraudar (generalmente a una compañía de seguros) o la de perjudicar a una persona (en sentido económico). Si el fuego produce un efectivo perjuicio, será de aplicación la modalidad segunda.

4.2.2. La segunda modalidad típica se presenta como un delito de lesión patrimonial en el que se exige que la conducta haya efectivamente causado defraudación o perjuicio. En este supuesto, es preciso que el fuego haya destruido o dañado el objeto, aunque no se haya propagado a otros. El tipo se habrá consumado incluso aunque el fuego no se haya propagado a otras partes del propio objeto, siempre que resulte un daño (por ejemplo, el fuego destruye una habitación de la primera planta, pero no la totalidad del inmueble).

En cuanto a su estructura típica, ambas modalidades contienen delitos de lesión y resultado, que en la segunda debe implicar un perjuicio para terceros derivado de la destrucción o menoscabo del objeto, bien directamente por la combustión (el fuego destruye materialmente el objeto) bien por el humo producido (SAP, Sevilla, Sección 1ª, 508/2000, 19-9). En la relación entre ellas, es la segunda modalidad (creación efectiva de perjuicio o defraudación) la que consume a la primera.

Sorprende que dos conductas de gravedad distinta sean equiparadas en el precepto en cuanto a la respuesta punitiva. Por otro lado, como veremos, la Jurisprudencia ha apreciado concurso ideal entre estas conductas y delitos patrimoniales como estafas o alzamiento de bienes.

4.2.3. La tercera modalidad se presenta como un delito de peligro concreto respecto del patrimonio ajeno derivado del riesgo de propagación, lo que implica la combustión autónoma, la ausencia de control sobre el fuego y el riesgo de propagación (es decir, propiamente un incendio en los términos expresados a efectos del art. 351 CP). Si en las modalidades anteriores el "incendio" quedaba circunscrito a la cosa —generalmente inmueble, si bien el art. 357 CP no distingue—, la tercera modalidad delictiva ha de crear un peligro concreto respecto de edificios, arbolado o plantío ajeno. Se trata de una modalidad cercana a los daños, por lo que cuando el peligro efectivamente produzca un perjuicio será de aplicación la correspondiente figura delictiva de daños, siempre que el peligro quede totalmente consumido por el delito de daños. Mas si sólo una parte del peligro creado se materializa en el perjuicio, será necesario acudir a un concurso ideal entre el delito de peligro (art. 357 CP) y el delito de daños (pero, según afirma MUÑOZ CONDE, "*no puede ser el tipo cualificado de daños mediante incendio del art. 288, porque habría bis in ídem*"). Cuando el peligro concreto lo fuere para la vida de las personas, será de aplicación preferente el art. 351 CP. La conducta incendiaria sobre bien propio (exclusivamente) que no crea peligro de propagación ni es subsumible en alguna de las otras modalidades típicas de este precepto, es impune.

4.2.4. Y, finalmente, la última modalidad se dirige a la protección del medio ambiente con un delito de lesión de objetos ambientales (vida silvestre, bosques o espacios naturales). Este precepto es de aplicación preferente por ser ley especial (y, subsidiariamente, por imponer una mayor pena) respecto del art. 356 CP. La referencia al perjuicio a los bosques (como resultado típico) distorsiona la aplicación del precepto. Una interpretación sistemática conduce a deslindar el ámbito de aplicación de los delitos de incendios forestales del presente art. 357 CP, en el siguiente sentido: cuando la conducta incendiaria se realice, directamente, sobre montes o masas forestales (el concepto de "bosque" es subsumible en estos conceptos) aunque estos sean propios, serán de aplicación preferente los arts. 352 y ss. CP. Solo entrará en acción el art. 357 CP cuando se incendia un bien propio no susceptible de ser calificado como "bosque" (o monte o masa forestal) y sin que el fuego se extienda a aquel (bosque) u origine un perjuicio (por ejemplo, porque la contaminación ambiental o el calor afecta al propio bosque potenciando la aparición de plagas).

Todas las modalidades típicas de este precepto pueden ser realizadas mediante la autoría mediata y la participación, pues lo relevante es el consentimiento del titular del objeto [así SAP, Islas Baleares, Sección 2ª, 11/2001, 16-1 (*Tol 68400)*].

El art. 357 CP en su última modalidad típica puede, también, entrar en concurso de leyes con el art. 332 CP (a resolver por el principio de alternatividad a favor del art. 357 CP) o en concurso de delitos ideal (o medial en su caso) con el art. 330 CP, cuando mediante un incendio se lesionan los elementos protegidos en este último precepto. Debe tenerse en cuenta que, en cualquier caso, el incendio debe ser realizado en cosa propia.

Según Doctrina jurisprudencial asentada —que tiene su origen en el antiguo art. 556 ACP de redacción similar al actual art. 357 CP— el objeto ha de ser, exclusivamente y en su totalidad, propiedad del sujeto activo ya que, en caso contrario o si el fuego afectare a bienes propios y ajenos, se aplicarán exclusivamente los delitos más graves contra los bienes ajenos [STS 2071/2002, 9-12 (*Tol 240836)*]. En este sentido, el concepto de ajenidad ha de ser idéntico al de los delitos patrimoniales, por lo que a lo allí dicho nos remitimos. Esta, sin embargo, no ha sido la tesis mantenida por alguna Jurisprudencia, según la cual el objeto ha de ser considerado "propio" del sujeto activo, cuando siendo el sujeto activo copropietario del mismo, si fuera considerado "ajeno" (el objeto) la conducta quedaría impune. Así, la SAP, A Coruña, Sección 6ª, 162/2001, 2-11 (*Tol 6307253)*, afirma que el requisito de la exclusiva y total propiedad del sujeto activo solo es aplicable cuando sirva para "aplicar otro tipo más grave", pero no cuando tenga como consecuencia la menor pena. Se trata ésta de una argumentación difícilmente defendible desde una perspectiva limitadora del Ius puniendi. La sentencia enjuicia un supuesto en el que dos hermanos son copropietarios del bien y uno de ellos lo incendia con ánimo de perjudicar al otro. El Tribunal se encuentra con que si aplica la doctrina jurisprudencial que exige la exclusiva y total propiedad, la conducta en lugar de ser calificada como delito de incendio pasaría a ser un delito de daños y quedaría impune en aplicación de la excusa del art. 268.1 CP al ser delito patrimonial entre hermanos. Por su parte, la STS 244/2010, 22-3 (*Tol 1854604*), considera que este precepto es de aplicación a quien materialmente ejerce como propietario, aunque la titularidad haya sido formalmente atribuida por éste a otra persona.

Cuando el cotitular incendia la cosa común y pone en peligro la vida de las personas será de aplicación el art. 351 CP, pero no porque la cosa no sea de su propiedad exclusiva, sino porque el art. 351 CP es ley especial respecto del art. 357 CP (pues describe de forma más completa el hecho) y, por tanto, de aplicación preferente. Carece de la condición de bien propio el inmueble inicialmente compartido con otras personas, pero adjudicado a los copropietarios mediante subasta judicial [STS 1799/2002, 31-10 (*Tol 229916*)]. Si el objeto es propiedad de una persona jurídica tras la cual se oculta un único titular —el sujeto activo—, el bien debe ser considerado propio [STS 991/2002, 31-5 (*Tol 173755*)]. Finalmente, cabe señalar que es de aplicación el art. 351 CP cuando el sujeto activo incendia la vivienda cuya titularidad comparte con su cónyuge o ex-cónyuge, sabiendo que hay personas dentro (por la existencia del peligro personal).

4.3. Elemento subjetivo

El tipo admite dolo eventual, salvo en las dos primeras modalidades que requieren dolo directo y específicos elementos subjetivos del injusto (la primera modalidad exige ánimo de defraudar o perjudicar y en la segunda modalidad, respecto de la conducta defraudatoria, también un especial ánimo defraudatorio, aunque expresamente no lo contemple el tipo).

4.4. Concursos

Cabe concurso ideal entre incendio en bienes propios y estafa consumada [STS 634/2006, 2-6 (*Tol 961878*)] o en grado de tentativa —cuando no se cobra el seguro— (así SAP, Jaén, Sección 1ª, 25/2000, 4-2).

Cuando los bienes incendiados sean montes o masas forestales será de aplicación preferente el art. 352 CP en virtud de la regla contenida en el art. 8.4 CP

V. IMPRUDENCIA PUNIBLE

La comisión imprudente de estos delitos se encuentra tipificada expresamente en el art. 358 CP. Recordemos que la punición de la imprudencia tiene la virtualidad de evitar la impunidad en supuestos de error vencible de tipo, pero no deja de sorprender la posible concurrencia de delitos de peligro imprudentes. Esto sólo sería posible si el sujeto activo que infringe una norma de cuidado en la creación o cuidado de un fuego actúa sin dolo (siquiera eventual) respecto del resultado de peligro típico, y éste, sin embargo, se produce. Menores problemas dogmáticos plantean la posibilidad de comisión imprudente respecto de los delitos de lesión (art. 356 CP). Sin embargo, no cabe la sanción imprudente de las modalidades típicas que contienen algún elemento subjetivo del injusto específico. En cualquier caso, la causa de exención penal del art. 354.2 CP también es aplicable cuando el incendio sofocado no es de origen doloso sino causado por imprudencia [así SAP, Huelva, Sección 2ª, 9/2009, 20-1 (*Tol 6840060*)].

Cabe la imputación en comisión por omisión imprudente.

VI. PENALIDAD

Finalmente, la LO 1/2015, de 30 de marzo, introdujo el art. 358 bis CP, que extiende a los delitos de incendios lo dispuesto en los arts. 338 a 340 CP. No será de aplicación el art. 338 CP a los delitos de incendios forestales, en cuanto que esta agravación ya se contempla en el art. 353.3 CP, pero sí lo será respeto de las demás modalidades típicas. Como consecuencia de la citada reforma y de la aplicación de estos preceptos del art. 340, que prevé pena atenuada en caso de reparación del daño, no será de aplicación la circunstancia atenuante del art. 21.5 CP cuando el incendiario acude como voluntario a participar en las tareas de extinción —con anterioridad a la reforma la SAP, Barcelona, Sección 5ª, 16/2001, 12-5, sí la había apreciado.

VII. BIBLIOGRAFÍA

DE MADARIAGA Y APELLÁNIZ, J. L. *La protección del medio ambiente frente al delito de incendios forestales*, Logroño-Madrid, 2001; GÓMEZ TOMILLO, M. "Restricciones a la clasificación y uso del suelo e intervención administrativa de la madera quemada como consecuencia del delito de incendio forestal", *Revista de Derecho Urbanístico y Medio Ambiente*, nº 237, 2007; MARTÍNEZ VELA, J. A., RUEDA GUIZÁN, J. "El delito de incendio su evolución desde el Derecho Romano hasta nuestro vigente Código Penal", *Revista jurídica de Castilla-La Mancha*, nº 48, 2010; MORENO ALCÁZAR, M. A. *El concepto penal de incendio desde la Teoría del Caos (Una perspectiva sistémica de los bienes jurídicos colectivos, del peligro y de su causalidad)*, Valencia, 2002; *id* "Relevancia del análisis jurisprudencial del concepto penal de incendio en la nueva regulación de estos delitos", *LH-Casabó Ruiz*, vol. 2, Valencia, 1997; MUÑOZ CUESTA, J. "Incendio sin peligro para la vida o la integridad física de las personas causando daños que no superan los 400 euros. ¿Delito de incendio o falta de daños?", *Repertorio de Jurisprudencia Aranzadi*, nº 5, 2008; MUÑOZ SABATE, L. "La "*probatio diabólica*" del incendio doloso del asegurado", *LL*, nº 6, 1996; PASTOR PÉREZ, S. "El delito de incendio forestal por imprudencia grave", *LL-penal* nº 70, 2010; POLAINO

NAVARRETE, M. *Delitos de incendios en el Ordenamiento Penal español,* Barcelona, 1992; RUIZ RODRÍGUEZ, L. "Los incendios forestales y la protección del medio ambiente", en TERRADILLOS BASOCO, J. (dir.), *Derecho penal del medio ambiente,* Madrid, 1997; RODRÍGUEZ PONTEVEDRA, J. M. "Los delitos de incendio", *Revista electrónica de derecho ambiental* nº 33, 2018; SAINZ-CANTERO CAPARRÓS, J. E. *Los delitos de incendio,* Granada, 2000; SERRANO GONZÁLEZ DE MURILLO, J. L. *Los delitos de incendio. Técnicas de tipificación del peligro en el nuevo Código Penal,* Madrid, 1999; *id.* "Consideraciones generales sobre los delitos de incendios", *CPC,* nº 54, 1993; "Las modalidades típicas de incendios "comunes" en el Código Penal español", *CPC,* nº 54, 1995; TRAPERO BARREALES, M. A. *Los delitos de incendio, estragos y daños tras la reforma de la LO 7/2000 y la LO 15/2003,* Valencia, 2006.

REFERENCIAS LEGALES

- Ley 43/2003, de 21 de noviembre, de Montes (*Tol 319216*).
- Ley 3/2007, de 9 de abril, de prevención y defensa contra los incendios forestales de Galicia (*Tol 1050380*).

Lección 40ª

Delitos contra la salud pública

PAZ DE LA CUESTA AGUADO

SUMARIO. I. CONSIDERACIONES GENERALES AL CAPÍTULO. II. DELITOS RELATIVOS A SUSTANCIAS NOCIVAS PARA LA SALUD O PRODUCTOS QUÍMICOS QUE PUEDAN CAUSAR ESTRAGOS: ARTS. 359 Y 360 CP. 1. Consideraciones generales. 2. Bienes jurídicos protegidos. 3. Conductas típicas. 4. Concursos. 5. *Iter criminis*. III. PROVOCACIÓN AL CONSUMO MEDIANTE TICS. 1. Consideraciones generales. 2. Bien jurídico protegido. 3. Conducta típica. 4. Concursos. IV. DELITOS RELATIVOS A MEDICAMENTOS (DELITOS FARMACOLÓGICOS). 1. Consideraciones previas y objeto material. 1.1. El concepto jurídico penal de medicamento. 1.1.1. Clases de medicamentos. 1.2. Productos sanitarios. 2. Bienes jurídicos protegidos. 3. Sujetos activo y pasivo. 4. El art. 361 CP: la intervención penal en el mercado de los medicamentos y productos sanitarios. 4.1. Conductas típicas. 4.1.1. Fabricación. 4.1.2. Participación en el mercado. 4.1.3. Depósito o almacenamiento. 4.2. Requisitos limitadores de la tipicidad. 4.2.1. Requisitos para el tráfico típico de medicamentos. 4.2.2. Requisitos para el tráfico típico de productos sanitarios. 4.3. La remisión normativa para la interpretación de los requisitos típicos. 4.4. Resultado típico. 4.5. Elemento subjetivo. 4.6. *Iter criminis*. 4.7. Autoría y participación. 5. El art. 362 CP: elaboración de medicamento y productos sanitarios con alteraciones típicas. 5.1. El art. 362.1 CP. 5.2. El art. 362.2 CP. 5.3. Elemento subjetivo y concursos de delitos. 6. Conductas relacionadas con el comercio de medicamentos alterados (art. 362 bis CP). 6.1. El tráfico de medicamentos y productos sanitarios con alteraciones típicas según el art. 362 CP. 6.2. La compra y depósito para destinarlos al consumo. 7. Falsificación documental sobre objetos destinados al uso sanitario (art. 362 ter CP). 8. Penalidad y circunstancias agravantes. V. DELITO DE DOPAJE. 1. Consideraciones generales. 2. Bien jurídico protegido. 3. Sujetos activo y pasivo. 4. Conductas típicas. 4.1. Tipo básico. 4.2. Resultado típico, consumación e *iter criminis*. 5. Tipo subjetivo. 6. Circunstancias y penalidad. 7. Concursos. VI. DELITO ALIMENTARIO. 1. Consideraciones generales. 2. Bienes jurídicos protegidos. 3. Sujetos activos. 4. Conductas típicas. 4.1. Fraude alimentario (art. 363 CP). 4.1.1. Ofreciendo en el mercado productos alimentarios con omisión o alteración de los requisitos establecidos en las leyes o reglamentos sobre caducidad o composición. 4.1.2. Fabricando o vendiendo bebidas o comestibles destinados al consumo público y nocivos para la salud. 4.1.3. Traficando con géneros corrompidos. 4.1.4. Elaborando o comerciando productos cuyo uso no se halle autorizado y sea perjudicial para la salud. 4.1.5. Ocultando o sustrayendo efectos destinados a ser inutilizados o desinfectados, para comerciar con ellos. 4.1.6. Elemento subjetivo. 4.2. Adulteración de alimentos (art. 364.1 CP). 4.3. Delitos relacionados con animales de abasto (art. 364.2 CP). VII. DELITO DE ENVENENAMIENTO. 1. Consideraciones generales y bien jurídico protegido. 2. Conductas típicas. 3. Concursos. VIII. PENALIDAD. IX. BIBLIOGRAFÍA.

Artículo 359

El que, sin hallarse debidamente autorizado, elabore sustancias nocivas para la salud o productos químicos que puedan causar estragos, o los despache o suministre, o comercie con ellos, será castigado con la pena de prisión de seis meses a tres años y multa de seis a doce meses, e inhabilitación especial para profesión o industria por tiempo de seis meses a dos años.

Artículo 360

El que, hallándose autorizado para el tráfico de las sustancias o productos a que se refiere el artículo anterior, los despache o suministre sin cumplir con las formalidades previstas en las Leyes y Reglamentos respectivos, será castigado con la pena de multa de seis a doce meses e inhabilitación para la profesión u oficio de seis meses a dos años.

Artículo 361

El que fabrique, importe, exporte, suministre, intermedie, comercialice, ofrezca o ponga en el mercado, o almacene con estas finalidades, medicamentos, incluidos los de uso humano y veterinario, así como los medicamentos en investigación, que carezcan de la necesaria autorización exigida por la ley, o productos sanitarios que no dispongan de los documentos de conformidad exigidos por las disposiciones de carácter general, o que estuvieran deteriorados, caducados o incumplieran las exigencias técnicas relativas a su composición, estabilidad y eficacia, y con ello se genere un riesgo para la vida o la salud de las personas, será castigado con una pena de prisión de seis meses a tres años, multa de seis a doce meses e inhabilitación especial para profesión u oficio de seis meses a tres años.

Artículo 361 bis

La distribución o difusión pública a través de Internet, del teléfono o de cualquier otra tecnología de la información o de la comunicación de contenidos específicamente destinados a promover o facilitar, entre personas menores de edad o personas con discapacidad necesitadas de especial protección, el consumo de productos, preparados o sustancias o la utilización de técnicas de ingestión o eliminación de productos alimenticios cuyo uso sea susceptible de generar riesgo para la salud de las personas será castigado con la pena de multa de seis a doce meses o pena de prisión de uno a tres años.

Las autoridades judiciales ordenarán la adopción de las medidas necesarias para la retirada de los contenidos a los que se refiere el párrafo anterior, para la interrupción de los servicios que ofrezcan predominantemente dichos contenidos o para el bloqueo de unos y otros cuando radiquen en el extranjero.

Artículo 362

1. Será castigado con una pena de prisión de seis meses a cuatro años, multa de seis a dieciocho meses e inhabilitación especial para profesión u oficio de uno a tres años, el que elabore o produzca,

a) un medicamento, incluidos los de uso humano y veterinario, así como los medicamentos en investigación; o una sustancia activa o un excipiente de dicho medicamento;

b) un producto sanitario, así como los accesorios, elementos o materiales que sean esenciales para su integridad; de modo que se presente engañosamente: su identidad, incluidos, en su caso, el envase y etiquetado, la fecha de caducidad, el nombre o composición de cualquiera de sus componentes, o, en su caso, la dosificación de los mismos; su origen, incluidos el fabricante, el país de fabricación, el país de origen y el titular de la autorización de comercialización o de los documentos de conformidad; datos relativos al cumplimiento de requisitos o exigencias legales, licencias, documentos de conformidad o autorizaciones; o su historial, incluidos los registros y documentos relativos a los canales de distribución empleados, siempre que estuvieran destinados al consumo público o al uso por terceras personas, y generen un riesgo para la vida o la salud de las personas.

2. Las mismas penas se impondrán a quien altere, al fabricarlo o elaborarlo o en un momento posterior, la cantidad, la dosis, la caducidad o la composición genuina, según lo autorizado o declarado, de cualquiera de los medicamentos, sustancias, excipientes, productos sanitarios, accesorios, elementos o materiales mencionados en el apartado anterior, de un modo que reduzca su seguridad, eficacia o calidad, generando un riesgo para la vida o la salud de las personas.

Artículo 362 bis

Será castigado con una pena de prisión de seis meses a cuatro años, multa de seis a dieciocho meses e inhabilitación especial para profesión u oficio de uno a tres años, el que, con conocimiento de su falsificación o alteración, importe, exporte, anuncie o haga publicidad, ofrezca, exhiba, venda, facilite, expenda, despache, envase, suministre, incluyendo la intermediación, trafique, distribuya o ponga en el mercado, cualquiera de los medicamentos, sustancias activas, excipientes, productos sanitarios, accesorios, elementos o materiales a que se refiere el artículo anterior, y con ello genere un riesgo para la vida o la salud de las personas.

Las mismas penas se impondrán a quien los adquiera o tenga en depósito con la finalidad de destinarlos al consumo público, al uso por terceras personas o a cualquier otro uso que pueda afectar a la salud pública.

Artículo 362 ter

El que elabore cualquier documento falso o de contenido mendaz referido a cualquiera de los medicamentos, sustancias activas, excipientes, productos sanitarios, accesorios, elementos o materiales a que se refiere el apartado 1 del artículo 362, incluidos su envase, etiquetado y modo de empleo, para cometer o facilitar la comisión de uno de los delitos del artículo 362, será castigado con la pena de seis meses a dos años de prisión, multa de seis a doce meses e inhabilitación especial para profesión u oficio de seis meses a dos años.

Artículo 362 quater

Se impondrán las penas superiores en grado a las señaladas en los artículos 361, 362, 362 bis o 362 ter, cuando el delito se perpetre concurriendo alguna de las circunstancias siguientes:

1ª Que el culpable fuere autoridad, funcionario público, facultativo, profesional sanitario, docente, educador, entrenador físico o deportivo, y obrase en el ejercicio de su cargo, profesión u oficio.

2ª Que los medicamentos, sustancias activas, excipientes, productos sanitarios, accesorios, elementos o materiales referidos en el artículo 362:

a) se hubieran ofrecido a través de medios de difusión a gran escala; o

b) se hubieran ofrecido o facilitado a menores de edad, personas con discapacidad necesitadas de especial protección, o personas especialmente vulnerables en relación con el producto facilitado.

3ª Que el culpable perteneciera a una organización o grupo criminal que tuviera como finalidad la comisión de este tipo de delitos.

4ª Que los hechos fuesen realizados en establecimientos abiertos al público por los responsables o empleados de los mismos.

Artículo 362 quinquies

1. Los que, sin justificación terapéutica, prescriban, proporcionen, dispensen, suministren, administren, ofrezcan o faciliten a deportistas federados no competitivos, deportistas no federados que practiquen el deporte por recreo, o deportistas que participen en competiciones organizadas en España por entidades deportivas, sustancias o grupos farmacológicos prohibidos, así como métodos no reglamentarios, destinados a aumentar sus capacidades físicas o a modificar los resultados de las competiciones, que por su contenido, reiteración de la ingesta u otras circunstancias concurrentes, pongan en peligro la vida o la salud de los mismos, serán castigados con las penas de prisión de seis meses a dos años, multa de seis a dieciocho meses e inhabilitación especial para empleo o cargo público, profesión u oficio, de dos a cinco años.

2. Se impondrán las penas previstas en el apartado anterior en su mitad superior cuando el delito se perpetre concurriendo alguna de las circunstancias siguientes:

1ª Que la víctima sea menor de edad.

2ª Que se haya empleado engaño o intimidación.

3ª Que el responsable se haya prevalido de una relación de superioridad laboral o profesional.

Artículo 362 sexies

En los delitos previstos en los artículos anteriores de este Capítulo serán objeto de decomiso las sustancias y productos a que se refieren los artículos 359 y siguientes, así como los bienes, medios, instrumentos y ganancias con sujeción a lo dispuesto en los artículos 127 a 128.

Artículo 363

Serán castigados con la pena de prisión de uno a cuatro años, multa de seis a doce meses e inhabilitación especial para profesión, oficio, industria o comercio por tiempo de tres a seis años los productores, distribuidores o comerciantes que pongan en peligro la salud de los consumidores:

1. Ofreciendo en el mercado productos alimentarios con omisión o alteración de los requisitos establecidos en las leyes o reglamentos sobre caducidad o composición.

2. Fabricando o vendiendo bebidas o comestibles destinados al consumo público y nocivos para la salud.

3. Traficando con géneros corrompidos.

4. Elaborando productos cuyo uso no se halle autorizado y sea perjudicial para la salud, o comerciando con ellos.

5. Ocultando o sustrayendo efectos destinados a ser inutilizados o desinfectados, para comerciar con ellos.

Artículo 364

1. El que adulterare con aditivos u otros agentes no autorizados susceptibles de causar daños a la salud de las personas los alimentos, sustancias o bebidas destinadas al comercio alimentario, será castigado con las penas del artículo anterior. Si el reo fuera el propietario o el responsable de producción de una fábrica de productos alimenticios, se le impondrá, además, la pena de inhabilitación especial para profesión, oficio, industria o comercio de seis a 10 años.

2. Se impondrá la misma pena al que realice cualquiera de las siguientes conductas:

1º. Administrar a los animales cuyas carnes o productos se destinen al consumo humano sustancias no permitidas que generen riesgo para la salud de las personas, o en dosis superiores o para fines distintos a los autorizados.

2º. Sacrificar animales de abasto o destinar sus productos al consumo humano, sabiendo que se les ha administrado las sustancias mencionadas en el número anterior.

3º. Sacrificar animales de abasto a los que se hayan aplicado tratamientos terapéuticos mediante sustancias de las referidas en el apartado 1º.

4º. Despachar al consumo público las carnes o productos de los animales de abasto sin respetar los períodos de espera en su caso reglamentariamente previstos.

Artículo 365

Será castigado con la pena de prisión de dos a seis años el que envenenare o adulterare con sustancias infecciosas, u otras que puedan ser gravemente nocivas para la salud, las aguas potables o las sustancias alimenticias destinadas al uso público o al consumo de una colectividad de personas.

Artículo 366

Cuando de acuerdo con lo establecido en el artículo 31 bis una persona jurídica sea responsable de los delitos recogidos en los artículos anteriores de este Capítulo, se le impondrá una pena de multa de uno a tres años, o del doble al quíntuplo del valor de las sustancias y productos a que se refieren los artículos 359 y siguientes, o del beneficio que se hubiera obtenido o podido obtener, aplicándose la cantidad que resulte más elevada.

Atendidas las reglas establecidas en el artículo 66 bis, los jueces y tribunales podrán asimismo imponer las penas recogidas en las letras b) a g) del apartado 7 del artículo 33.

Artículo 367

Si los hechos previstos en todos los artículos anteriores fueran realizados por imprudencia grave, se impondrán, respectivamente, las penas inferiores en grado.

I. CONSIDERACIONES GENERALES AL CAPÍTULO

1. El Capítulo III del Título XVII del Libro II del CP bajo el epígrafe "*de los delitos contra la salud pública*" contiene un complejo conjunto de conductas que tienen como finalidad preservar las condiciones de seguridad en que se ponen en el mercado productos destinados al consumo humano. Nos encontramos, de nuevo, en el ámbito propio de la sociedad del riesgo, donde la vida y la salud de las personas dependen del estricto cumplimiento de las medidas de seguridad necesarias en el desarrollo de las actividades correspondientes. Como consecuencia, el precepto sanciona la realización de conductas previas a la lesión y, en concreto, conductas que rebajan los estándares de seguridad y ponen en peligro la vida y salud de las personas. Para ello se recurre a delitos de peligro que tipifican la infracción dolosa o gravemente imprudente de normas de cuidado, poniendo de manifiesto el origen y función de esta categoría. Se trata de adelantar la intervención penal por un doble motivo: por el amplio número de personas eventualmente afectadas y por las dificultades que surgen en numerosos supuestos para probar la relación de causalidad respecto de resultados lesivos. Sin embargo, pese a que la intervención penal respetando el principio de *ultima ratio*, está plenamente justificada, dada la peligrosidad de las conductas tipificadas y la relevancia de los bienes jurídicos protegidos, no se puede olvidar que el correcto control administrativo de la actividad puede tener una importante eficacia preventiva y que sus posibilidades de intervención son más rápidas.

En el mismo sentido que para los delitos relativos a la energía nuclear y radiaciones ionizantes, también rige para los delitos contra la salud pública (con las particularidades y excepciones específicas que presentan los delitos relativos al tráfico de drogas, estupefacientes y sustancias psicotrópicas del art. 368 CP) el Principio de minimización de riesgos, según el cual en determinados ámbitos técnicos no está permitido incrementar el riesgo, ni siquiera en grado mínimo, y es obligatorio adoptar todas las medidas necesarias para ello. Su fundamento se encuentra en el art. 3.1 de la Directiva 2001/95/CE del Parlamento Europeo y del Consejo, de 3 de diciembre de 2001, relativa a la seguridad general de los productos (*Tol 345173*), según el cual "los productores tienen la obligación de poner en el mercado únicamente productos seguros" (DE LA CUESTA AGUADO).

En la Sección Tercera del Capítulo XI del Título XIII CP ("De los delitos relativos al mercado y a los consumidores", arts. 281, 282 y 283 CP) se protegen los intereses económicos de los consumidores. Los delitos que ahora nos ocupan, por el contrario, se centran en la protección de la vida y salud de las personas en cuanto que consumidores).

2. El Capítulo III del Título XVII del Libro II del CP ha sido objeto de importantes reformas, sobre todo, como consecuencia de la entrada en vigor de la LO 1/2015, de 30 de marzo, de reforma del Código penal y, en menor medida, por la LO 8/2021, de 4 de julio, de protección integral a la infancia y la adolescencia frente a la violencia. La LO 1/2015, de 30 de marzo, modificó los arts. 361, 362 y 366 CP e introdujo los nuevos 362 bis, ter, quater, quinquies y sexies CP, en tanto que la LO 8/2021, de 4 de julio, ha introducido un nuevo art. 361 bis CP.

Con la LO 1/2015, de 30 de marzo, según hace constar expresamente el Preámbulo del texto legal, "*se incorporan en nuestra normativa penal las conductas descritas en el Convenio del Consejo de Europa de 28 de abril de 2014, sobre falsificación de productos médicos y otros delitos similares que suponen una amenaza para la salud pública*". Además, entre 2011 y 2015 se han sucedido en España importantes reformas legislativas en materia de salud pública relacionada con medicamentos. Así, cabe que recordar la Ley 10/2013, de 24 de julio, por la que se incorporan al ordenamiento jurídico español las Directivas 2010/84/UE del Parlamento Europeo y del Consejo, de 15 de diciembre de 2010, sobre fármaco-vigilancia, y 2011/62/UE del Parlamento Europeo y del Consejo, de 8 de junio de 2011, sobre prevención de la entrada de medicamentos falsificados en la cadena de suministro legal y el Real Decreto Legislativo 1/2015, de 24 de julio, por el que se aprueba el texto refundido de la Ley de garantías y uso racional de los medicamentos y productos sanitarios, que responde a un mandato de la anteriormente citada Ley 10/2013, de 24 de julio, y que deroga la Ley 29/2006, de 26 de julio, de garantías y uso racional de los medicamentos y productos sanitarios (a excepción de sus disposiciones finales segunda, tercera y cuarta).

Entre todas ellas, sin embargo, a efectos penales ocuparía un lugar central el Convenio del Consejo de Europa sobre falsificación de productos médicos y otros delitos similares que suponen una amenaza para la salud pública.

El Preámbulo de la LO 1/2015, de 30 de marzo, atribuye al Convenio del Consejo de Europa sobre la falsificación de productos médicos y otros delitos similares que suponen una amenaza para la salud pública como fecha de firma el 28 de abril de 2014, cuando en realidad tal Convenio fue hecho en Moscú el 28 de octubre de 2011 (instrumento de ratificación publicado el 30 de noviembre de 2015). Se trata del convenio generalmente denominado MEDICRIME que, efectivamente, tiene por objeto, según su primer artículo, prevenir y combatir las amenazas que gravitan sobre la salud pública, penalizando determinados actos y protegiendo los derechos de las víctimas, además de promover la cooperación internacional. El convenio MEDICRIME define los productos afectados y los términos que tienen trascendencia en los tipos penales y, además, describe y enumera conductas que deben ser tipificadas como delito e impone —entre otras cuestiones— que los Estados exijan responsabilidad penal a las personas jurídicas por estos delitos y que se consideren, a efectos de la circunstancia agravante de reincidencia, las condenas firmes dictadas por tribunales de Estados firmantes por delitos de la misma naturaleza. Las exigencias de tipificación del Convenio afectan a la falsificación o uso más allá de lo autorizado de medicamentos o instrumental relacionado con la sanidad, en sentido amplio, así como el uso con fines distintos a los previstos. Además, prevé el comiso, la sanción de la complicidad, de la tentativa y de la posesión con los fines típicos.

Por su parte, la LO 8/2021, de 4 de julio, de protección integral a la infancia y la adolescencia frente a la violencia introduce un novedoso art. 361 bis CP, que tipifica el uso de modernas tecnologías de la información para la difusión entre menores o personas con discapacidad de sustancias o productos peligrosos para la salud.

Todo ello incide de forma importante en el Capítulo, que se ve incrementado con nuevas modalidades delictivas, pero que, en cuanto a su redacción y contenido, tiene aún margen de mejora.

3. Unánimemente se suele considerar que el bien jurídico protegido en estos delitos es la salud pública, bien jurídico de carácter colectivo que ha sido definido como "el conjunto de condiciones positivas y negativas que posibilitan el bienestar de las personas" (así STS 1210/2001, 11-6). Desde esta perspectiva, el engarce constitucional de la salud pública como bien jurídico se sitúa en el art. 43 CE que establece, como principio rector de la política social, que "*compete a los poderes públicos organizar y tutelar la salud pública a través de medidas preventivas y de las prestaciones y servicios necesarios*". Así concebido, el bien jurídico "salud pública" tiene un valor instrumental (GARCÍA ALBERO) y complementario (ANDRÉS DOMÍNGUEZ) respecto de la protección de la salud individual, pero goza de autonomía conceptual y una larga tradición jurídica, puesto que el CP 1822 ya tipificaba bajo el epígrafe de "delitos contra la salud pública" conductas de elaboración y tráfico de sustancias farmacéuticas y alimenticias.

El carácter colectivo del bien jurídico protegido —que hace referencia a la sociedad en su conjunto [STS 1207/2004, 11-10 (*Tol 514592)*] o a la salud humana en general (CUELLO CALÓN)— ha sido resaltado por Doctrina y Jurisprudencia, que advierten que no nos encontramos ante bienes jurídicos individuales ni ante la suma de ellos. Pero, pese a lo que pudiera parecer, el Capítulo III del Título XVII no tipifica todos los posibles atentados contra la salud pública y no todos los tipos de este Capítulo protegen solo y directamente la salud pública. En este sentido la protección de este bien jurídico (salud pública) realizada en esta sede es parcial en cuando que, aunque afecta a la puesta en circulación de productos destinados al consumo humano, no abarca otros posibles atentados contra la salud pública relacionados con epidemias o transmisión de enfermedades entre personas. En este sentido, tan solo el art. 349 CP sanciona comportamientos relacionados con la transmisión de enfermedades —desde la perspectiva de la salud individual o el medio ambiente, y entre los delitos de riesgo— aunque, indirectamente, también podría citarse el art. 365 CP. En la actualidad —tras la pandemia de COVID y otras declaraciones de Emergencia de Salud Pública de Importancia Internacional por la OMS— se ha planteado abiertamente la necesidad de intervenir penalmente en situaciones de emergencia (VARELA) para evitar la propagación de brotes epidémicos de enfermedades y se ha recordado que el CP de 1995 —a diferencia de lo sucedido en otros ordenamientos jurídicos— suprimió el delito de propagación maliciosa de enfermedades (NIETO MARTÍN). Este debate merece ser tomado en consideración. Tras la experiencia acumulada, los riesgos actuales y las perspectivas de futuro no estaría de más abrir un reposado debate sobre la conveniencia de incorporar al CP delitos relacionados con la transmisión de enfermedades, distinguiendo si se trata de situación de epidemia o no, de modo que se pueda contar con instrumentos jurídicos adecuados en supuestos de riesgo y urgencia —sin tener que recurrir, en su caso, a leyes temporales o dictadas con premura por la presión de los acontecimientos.

Por otro lado, las recientes reformas de 2015 y 2021 del CP han reforzado la orientación hacia la protección de la salud pública y ha renunciado a tipos de peligro concreto contra la vida o salud de las personas, lo que incide en adelantar la intervención penal a momentos cada vez más alejados de la lesión.

La referencia expresa en algunos tipos penales a la salud o a la vida de la anterior redacción (arts. 361 y 362 CP) permitía a numerosos autores afirmar que se trataba de bienes jurídicos intermedios con función representativa. Desde esta perspectiva, la salud pública y la salud individual se encontrarían en una misma línea de defensa, de forma que la lesión del bien jurídico colectivo "salud pública" pondría en peligro la vida y salud individuales de las personas. Para algunos autores la salud pública es un bien jurídico difuso en el sentido utilizado por SGUBBI, esto es, como propio de sectores sociales que ostentan intereses que pueden contraponerse a los de otros grupos sociales. En nuestra opinión, los delitos contra la salud pública, pese a incorporar bienes jurídicos colectivos, pierden ese carácter difuso o sectorial para perseguir la protección de bienes jurídicos de interés general, incluso en el art. 363 CP, por más que alguna de sus conductas se realice expresamente en el ámbito del mercado. Así, el bien jurídico "salud pública" se configura como un bien jurídico colectivo, autónomo y de interés general, que adelanta las barreras de protección a fases previas a la lesión de bienes jurídicos individuales como serían la vida o la salud de las personas.

4. En este capítulo se muestra un completo elenco de tipos de peligro junto a complejas remisiones normativas. Ello hace que el estudio y la catalogación de estos preceptos penales no sea tarea fácil. Ambas opciones —delitos de peligro y remisiones normativas— están justificadas, en la mayoría de los supuestos, por la propia naturaleza del bien jurídico protegido y porque compete a la Administración la regulación y control de los productos a los que hacen referencia estos tipos penales. Desde esta perspectiva podemos realizar la siguiente clasificación a efectos didácticos:

1º) Delitos de peligro y mera actividad serían los contenidos en los arts. 359, 360, 364.1, 364.2.1º (en dosis superiores o para fines distintos), 364.2.2ª, 364.2.3º y 364.2.4º CP. También de mera actividad, pero con la exigencia añadida de la infracción de determinados requisitos impuestos administrativamente para el control del riesgo, sería el art. 364.2.1º CP, segunda y tercera modalidad ("a*dministrar a los animales cuyas carnes o productos se destinen al consumo humano sustancias* [...] *en dosis superiores o para fines distintos a los autorizados*").

2º) Delitos de peligro y resultado no concreto (delitos de idoneidad o peligro hipotético) serían los contenidos en los arts. 361 bis, 364.2.1º CP, primera modalidad ("*administrar a los animales cuyas carnes o productos se destinen al consumo humano sustancias no permitidas que generen riesgo para la salud*") y art. 365 CP, segunda modalidad (adulterar).

3º) Delitos de peligro concreto serían los contenidos en los arts. 361, 362, 362 bis, 362 quinquies y 363 CP.

4º) Delito de lesión y resultado sería el art. 365 CP (primera modalidad típica).

La protección de bienes jurídicos colectivos mediante tipos de peligro permite adelantar las barreras de protección penal en estadios previos a la efectiva lesión, sobre todo, cuando se utilizan delitos de peligro abstracto. Por ello, cuando estas conductas formalmente típicas no representen una afectación al bien jurídico protegido o sea mínima, deben ser excluidas de la tipicidad en aplicación del principio de insignificancia.

5. La responsabilidad penal por el producto: en el ámbito del consumo y de la puesta en circulación de productos que pueden originar lesiones, es difícil describir con carácter general qué conductas atentan contra la salud; por eso la intervención penal ha de articularse a partir del reconocimiento de ciertos ámbitos de riesgo permitido. Junto a ello es preciso tener en cuenta que, en ocasiones, esperar a la aparición de la lesión individual podría dar lugar a graves lagunas de impunidad, pues la aparición de enfermedades o lesiones depende, en muchos casos, de la acumulación de dosis o de la concurrencia de efectos (sinergias) y pueden tardar mucho tiempo en presentarse. En esta situación Doctrina y Jurisprudencia han tratado de determinar la responsabilidad por las lesiones o muertes que se originen como consecuencia de la puesta en circulación de un producto nocivo o peligroso para los consumidores.

En España esta cuestión se planteó en relación con el denominado Caso de la Colza (STS 6783/1992, 23-4), que enjuiciaba a varias empresas por la elaboración y venta como aceite de oliva para consumo humano de aceite de colza que había sido desnaturalizado previamente para uso industrial, para lo cual se le había añadido, entre otros productos, anilina que lo convertía en tóxico. El aceite de colza desnaturalizado así tratado provocó 330 muertes y 15.000 afectados (RODRÍGUEZ MONTAÑÉS) sin que se pudiera constatar cuál fue el concreto mecanismo causal por el que se produjeron las muertes o enfermedades.

Existe responsabilidad por el resultado cuando un producto crea un riesgo para la salud del consumidor que se materializa en un resultado lesivo (enfermedad o muerte). La delimitación de la responsabilidad penal de las personas que intervienen en la creación del riesgo plantea serios problemas; entre otros, los relacionados con la prueba de la relación de causalidad entre el riesgo creado y el resultado lesivo producido. Ello se debe a que en numerosas ocasiones no se puede aislar una única causa que actúe en un único momento, sino que serán causas diversas concurrentes las que determinarán la modalidad del resultado producido en función de factores, no siempre individualizables, como la dosis, circunstancias previas de la persona u otros coadyuvantes que generan efectos sinérgicos y que dificultan la comprobación del proceso causal o de si el resultado efectivamente producido es consecuencia del riesgo creado. Para facilitar la exigencia de responsabilidad penal será preciso admitir como causa todo componente necesario de una condición suficiente (PUPPE) y aceptar la explicación causal ofrecida por leyes estadísticas para fundamentar la relación de causalidad. En estos supuestos, cuando el riesgo típico a efectos de alguno de los delitos de peligro de este capítulo se materialice en una lesión, nos encontraremos ante un concurso de ideal delitos entre el delito de peligro y uno o varios delitos de lesión (homicidios o lesiones) —así SJP, Arrecife, 150/2017, 20-11. Junto a lo anterior, se podría exigir responsabilidad penal en comisión por omisión, *ex* art. 11 CP, cuando las conductas sean realizadas por profesionales (productores, técnicos...) que tienen deberes de control sobre el producto —en este sentido también la citada SJP, Arrecife, 150/2017, 20-11.

Para que se pueda atribuir responsabilidad penal a quien pone el producto en el mercado, es preciso que con su conducta esté generando un riesgo y que ese riesgo se materialice en un resultado típico como delito de lesiones u homicidio. En todo caso, es preciso recordar, muy brevemente, con la Doctrina dominante, que quien pone un producto en el mercado se coloca en una posición de garantía respecto de la salud y vida de los consumidores, lo que conlleva que, en caso de sospecha o conocimiento de que el producto genera riesgos imprevistos, está obligado a la retirada de las mercancías ya servidas, así como vinculado por los siguientes deberes:

a) Deber de advertencia individual a quienes adquirieron el producto.

b) Deber de advertencia en medios de comunicación, para que la información llegue a terceros que pudieron adquirir por vía indirecta (segunda mano, por ejemplo) el producto y a quienes no se podrá advertir personalmente.

c) Ofrecimiento refuerzo de la pieza afectada o subsanación del producto, si es posible.

d) Ofrecimiento de sustitución de la pieza o del producto, en caso de que no se pueda subsanar el riesgo creado.

6. En este capítulo encontraremos numerosas remisiones a la normativa administrativa, con abundantes tipos penales accesorios del Derecho Administrativo. Las referidas remisiones normativas pueden adoptar diversas fórmulas tales como: 1°) doble remisión a leyes y reglamentos (arts. 360 y 363.1° CP), o 2°) remisión a autorizaciones o actos administrativos de carácter singular (arts. 359, 360 —"hallándose autorizado"—, 362.1.b, 364.2.1°, etc., CP).

La primera modalidad, la de la doble remisión, plantea problemas interpretativos, puede dar lugar a errores sobre la existencia de una infracción de ley o reglamento y no favorece la seguridad jurídica (dada la complejidad del entramado administrativo). En la segunda modalidad —tipos accesorios que remiten a autorizaciones— podemos encontrar aún dos supuestos distintos:

1°) Tipos penales en los que la condición de "autorizado" o "permitido" hace referencia no a la conducta, sino a la sustancia (así en los arts. 363.4, 364.1 o 364.2.1°, primera modalidad, CP) y deben ser tratados como elementos normativos del tipo, por lo que se ha de analizar la normativa administrativa de carácter general para determinar si la sustancias en cuestión está "autorizada" para esos fines o en esa cantidad.

2º) Tipos penales que se construyen sobre la existencia de un acto administrativo previo (o "autorización") que se integra como elemento descriptivo del tipo (aunque no hay unanimidad doctrinal a este respecto). Esto sucede en los arts. 359 o 362.2.1º CP. Un supuesto especial encontramos en el art. 360 CP que sanciona al que "*hallándose autorizado para el tráfico de las sustancias o productos* [...] *los despache o suministre sin cumplir con las formalidades previstas en las Leyes o Reglamentos respectivos* [...]". En este caso, es preciso realizar un doble juicio, primero sobre la existencia y vigencia de la autorización (elemento descriptivo) y, segundo, sobre la adecuación de la conducta —que cuenta con autorización previa— a Leyes y Reglamentos (juicio normativo).

En estos casos, para que la autorización surta efectos penales de exclusión de la tipicidad será preciso averiguar, en primer lugar, "cuál" es la autorización a la que se refiere el tipo, lo que exige revisar la normativa administrativa para, a continuación, determinar si estaba vigente en el momento de la realización del hecho. La autorización posterior no producirá efectos retroactivos que impliquen la atipicidad sobrevenida. El error sobre la validez de la autorización o sobre la capacidad de exclusión de la tipicidad por parte de la autorización que se posee habrá de ser tratado como error de tipo. A estos efectos conviene recordar que un acto administrativo puede imponer nuevos límites o restricciones sobre las condiciones (o límites) impuestas por leyes y reglamentos, pero no puede exonerar de ellos al administrado.

7. En cuanto a las posibles penas a imponer, junto a las penas de prisión o multa, destaca la previsión de diversas modalidades de inhabilitación especial para profesión, industria, oficio o empleo y cargo público, aunque cualquier persona puede ser sujeto activo de estos delitos —o, dicho de otro modo, no se construyen como delitos especiales. En numerosas ocasiones las conductas serán realizadas en el seno de entidades societarias en cuyo caso será de aplicación el art. 366 CP que extiende la responsabilidad a las personas jurídicas, subsanando el error de la LO 5/2010, de 22 de junio.

La LO 5/2010, de 22 de junio, de reforma del CP preveía la exigencia de responsabilidad penal a empresas u organizaciones que carecieren de personalidad jurídica, pero no extendía la responsabilidad penal a las personas jurídicas lo que, en su momento, interpretamos como un olvido del Legislador.

8. Cuando las conductas típicas a efectos de los arts. 359 a 365 CP fueran realizadas por imprudencia grave, serán sancionadas con la pena inferior en grado según lo dispuesto en el art. 367 CP. Esta previsión genérica de la imprudencia, que trata de garantizar la punición en caso de error de tipo vencible, amplía excesivamente la intervención penal al permitir la comisión imprudente de tipos de peligro referidos a bienes jurídicos colectivos cuando no existe un referente material cercano u objeto de la acción puesto en peligro. Parte de la Doctrina

considera, además, que no pueden cometerse de forma imprudente los tipos penales que contienen elementos subjetivos del injusto distintos del dolo, como sucedería, por ejemplo, con el delito de dopaje del art. 362 quinquies (antes 361 bis) CP (MUÑOZ CONDE). Tampoco se podrá exigir responsabilidad por imprudencia en aquellos delitos que exigen un especial conocimiento o intención —véase la SAP, Girona, Sección 3ª, 75/2004, 30-1 (*Tol 422815)*, que considera que los tipos del art. 364.2 CP no admiten la comisión imprudente.

II. DELITOS RELATIVOS A SUSTANCIAS NOCIVAS PARA LA SALUD O PRODUCTOS QUÍMICOS QUE PUEDAN CAUSAR ESTRAGOS: ARTS. 359 Y 360 CP

1. Consideraciones generales

El art. 359 CP ha sido considerado como el tipo básico de los delitos contra la salud pública (GUINARTE CABADA) y, de hecho, la progresiva expansión de estos delitos y la aparición de nuevas modalidades típicas específicas ha ido reduciendo su ámbito de aplicación convirtiéndolo en un tipo de recogida, donde, sin embargo, aún puede jugar un importante papel. No obstante, tanto el art. 359 CP como, sobre todo, el 360 CP han sido criticados porque es difícil diferenciarlos de una infracción administrativa, así como por las dificultades para encontrar un ámbito propio de actuación.

2. Bienes jurídicos protegidos

El bien jurídico protegido es la salud pública. Estos preceptos entran de lleno en la protección del cumplimiento de las reglas y medidas de seguridad que necesariamente han de cumplir los productos nocivos o peligrosos para la salud de las personas que son puestos en el mercado.

3. Conductas típicas

3.1. Como en otros preceptos de este Título, estos tipos penales son accesorios del Derecho Administrativo dado que la competencia para la reglamentación, autorización y control de estas actividades corresponde a la Administración Pública, si bien el contenido de la remisión normativa es diverso en uno y otro tipo. Según la Doctrina mayoritaria, nos encontramos ante normas penales en blanco. En nuestra opinión, sin embargo, la remisión a la autorización administrativa, como hemos expuesto con anterioridad, ha de ser tratada como un elemento descriptivo del tipo, que obliga a juez a determinar cuál es la autorización a que se refiere el tipo penal con la finalidad de comprobar su existencia, su vigencia, su validez y sus límites y requisitos en el momento en el que realizó la conducta. Junto a la autorización, el art. 360 CP remite, además, a Leyes y Reglamentos. En ambos supuestos, el Juez penal habrá de determinar, en primer lugar, cuál es la autorización a la que remite el correspondiente tipo penal, con la finalidad de comprobar su existencia, su vigencia, su validez, sus límites y requisitos.

Según lo expuesto, el art. 359 CP tipifica conductas que han sido realizadas sin autorización. Se actúa "sin autorización" cuando la actividad no cuenta con la correspondiente autorización administrativa. A estos efectos, la autorización administrativa es un acto administrativo al que remite el tipo y que ha de surtir sus efectos y ajustarse a las normas sectoriales. Actúa también sin autorización quien, aun estando en posesión de una autorización administrativa para el ejercicio de la actividad, esta no reúne los requisitos legal o reglamentariamente previstos para el caso concreto o cuenta con una autorización administrativa que ha sido dictada infringiendo el procedimiento establecido.

Solo excluye la tipicidad la autorización administrativa a la que remite el tipo penal, por lo que será preciso analizar la normativa sectorial para determinar qué requisitos debe reunir —razón por la que una parte minoritaria de la Doctrina considera que no es una norma penal en blanco, pues no reúne los requisitos impuestos por el Tribunal Constitucional, sino un elemento descriptivo del tipo. La autorización informal —la que no reúne los requisitos mínimos legalmente establecidos o se hace mediante un procedimiento *ad hoc*— o la tolerancia administrativa no excluyen la tipicidad de la conducta. Además, la autorización administrativa debe haber entrado en vigor y no haber cesado en sus efectos. También será típica la conducta que, contando con autorización administrativa, se aparta de lo autorizado, excede los límites de lo autorizado o se incumplen los requisitos previstos en la autorización vigente.

El art. 360 CP también exige contar con una autorización vigente y válida (que excluye la tipicidad del art. 359 CP) y que la conducta, que se realiza dentro de los límites de la autorización, incumpla las formalidades legal o reglamentariamente previstas. Cuando sea la propia autorización la que permita incumplir las formalidades o los límites impuestos legal o reglamentariamente, la conducta deberá ser considerada típica a los efectos del art. 359 CP, puesto que, si bien la autorización puede ser más restrictiva e imponer nuevos requisitos o límites más allá de los previstos por la ley o el reglamento, nunca puede derogar o infringir normas de carácter general. Como consecuencia, la conducta que infringe las formalidades legales o reglamentarias de acuerdo con una autorización administrativa previa y vigente, debe considerarse "sin autorización" en aplicación de la doctrina impuesta por el Tribunal Supremo en materia de delitos contra el medio ambiente [SSTS 30-11-1990 (*Tol 457899*), y 7/2002, 19-1 (*Tol 130081*)].

La conducta típica del art. 360 CP consiste en despachar o suministrar los productos descritos en el tipo "*sin cumplir con las formalidades previstas en las Leyes y Reglamentos respectivos*". Esta remisión exige al juez revisar la normativa sectorial para identificar las formalidades a las que se refiere el tipo. En principio y generalmente, tales formalidades vendrán recogidas también en la autorización administrativa, sin embargo, habrá que comprobar las normas de carácter general que rigen la actividad. En cualquier caso, las formalidades a las que se refiere precepto han de ser aquellas cuya infracción puede significar un riesgo para la salud pública. Como consecuencia de esta interpretación restrictiva y realizada desde la perspectiva del bien jurídico protegido, han de quedar interpretativamente excluidas del tipo las meras infracciones formales o las de bagatela, en base al principio de insignificancia. Estas pequeñas infracciones —desde la perspectiva del bien jurídico protegido— que, o bien no lo ponen en peligro o bien el riesgo que generan es muy reducido —insignificante—, serían objeto de sanción administrativa. Sí será típica, sin embargo, la inobservancia de formalidades relevantes desde la perspectiva de la seguridad; por ejemplo, las relativas al registro que permite el control del riesgo por parte de la Administración, aquellas que tienen por objeto las reglas sobre utilización y riesgos derivados del uso del producto o las referidas a la información sobre las medidas de seguridad necesarias para el uso.

Esta estructura típica propia del art. 360 CP, con una doble "remisión", primero a la autorización administrativa y, después, a las Leyes y Reglamentos sectoriales (normas de carácter general) ha sido puesta en tela de juicio por la Doctrina, que considera que tiene el efecto de adelantar excesivamente la intervención penal, hasta el punto de que, desde una interpretación meramente formal, parecería que la tipicidad consiste, precisamente, en la infracción de la autorización o de la norma administrativa —*mutatis mutandis*, el art. 359 CP también ha sido objeto de similares objeciones. Estas críticas se evitan con una interpretación restrictiva desde la perspectiva del bien jurídico "salud pública", que —como hemos dicho— obliga a excluir del tipo todas aquellas conductas que incumplan meras formalidades de orden burocrático que no afecten al bien jurídico protegido (salud pública).

3.2. Ambos preceptos —arts. 359 y 360 CP— contienen delitos de peligro abstracto y mera actividad; donde la mera realización de la conducta típica basta para que el delito se consume, y sin que sea necesario probar que efectivamente se ha puesto en peligro el bien jurídico protegido o el objeto de la acción [en este sentido también STS 1207/2004, 11-10 (*Tol 514592*)]. La lesividad material de la conducta viene determinada tanto por la infracción de la autorización administrativa como por el carácter nocivo o peligroso de las sustancias o productos —en contra, parte de la Doctrina los reinterpreta como delitos de peligro hipotético. En consecuencia, nos encontramos ante delitos de aptitud, donde la peligrosidad típica que legitima la intervención penal es la propia de los productos o sustancias objeto de la conducta. A tales efectos, para la consumación será preciso constatar que las sustancias son efectivamente nocivas para la salud y que los productos químicos pueden causar estragos.

3.3. Las conductas típicas vienen definidas por varios verbos típicos y han de realizarse sin autorización.

A efectos del art. 359 CP, la primera de las modalidades de conducta es elaborar. "Elaborar" consiste fabricar la sustancia o producto, pero también manipular para adaptar tales *sustancias* o productos. Por "despachar" ha de entenderse expender o poner a disposición de terceros para que los adquieran los objetos típicos; "suministrar" es proporcionar a terceros para el consumo o para el comercio los mismos y "comerciar" es poner en circulación e introducir en el comercio los objetos a cambio de dinero, otros productos o contraprestación de cualquier clase.

Los términos típicos "despachar" y "suministrar" hacen referencia al hecho de destinar a terceros la sustancia o producto. Tal y como indica la SAP, Navarra, Sección 2ª, 93/2005, 14-4, dicho destino a terceros, tanto si es con afán de lucro como si no, integraría las acciones de despachar o suministrar. Esta última, es, en cualquier caso, la más genérica, según el Diccionario de la Real Academia de la Lengua, y consiste en «proveer a uno de algo que necesita».

Cuando la conducta típica se realiza con autorización, pero sin cumplir con las formalidades legal o reglamentariamente previstas para despacharlas o suministrarlas, será de aplicación el art. 360 CP. Este precepto, en relación con el anterior, limita la intervención penal, al excluir el art. 360 CP tanto la elaboración como la comercialización. Esta redacción diversa, entre los arts. 359 CP y 360 CP no puede conducir a interpretar que, *ex* art. 360 CP, es típica la conducta de despachar o suministrar, pero no la de comerciar. Por el contrario, comerciar es sinónimo en algunas acepciones de despachar y de suministrar, por lo que toda actividad que implique la puesta en circulación del producto será típica también a efectos del art. 360 CP si reúne los demás requisitos legalmente exigidos. Únicamente, por tanto, quedarán excluidas de la tipicidad del art. 360 CP las conductas que consistan en elaborar (en el sentido indicado a efectos del art. 359 CP).

Nos encontramos, entonces, ante tipos mixtos alternativos, propios de los delitos de tráfico de objetos (DE LA CUESTA AGUADO). Para la consumación será suficiente haber realizado cualquiera de las conductas típicas descritas, sin que quepa concursos entre ellas, aun cuando sean realizadas por el mismo sujeto activo. Son, además, delitos comunes.

3.4. Objeto del delito son, alternativamente, "*sustancias nocivas o productos químicos que puedan causar estragos*". Por su amplitud, es susceptible de ser incluida en el tipo cualquier sustancia o producto, cualquiera que sea su origen, cuyo consumo o utilización pueda producir efectos lesivos en la salud de las personas. El concepto de nocividad es un concepto normativo, según RODRÍGUEZ MONTAÑÉS, que exige realizar una valoración acerca de la potencialidad lesiva de la conducta. A tales efectos hay que recordar el art. 2.h) Real Decreto 255/2003, de 28 de febrero, por el que se aprueba el Reglamento sobre clasificación, envasado y etiquetado de preparados peligrosos, que define como nocivas a las sustancias y preparados que, por inhalación, ingestión o penetración cutánea, pueden provocar la muerte o efectos agudos o crónicos para la salud. Para realizar el juicio acerca de la nocividad de la conducta habrá que atender a los conocimientos científicos existentes (MUÑOZ CONDE). No serán nocivas, a efectos de este precepto, aquellas sustancias que no siéndolo para la generalidad de las personas, si lo son en casos concretos (por ejemplo, azúcar o cacahuetes para personas alérgicas a estos frutos secos). Además, debe entenderse como nociva cualquier sustancia que origine daños para la salud de las personas, directamente, por su abuso, por su uso inadecuado o por sus efectos secundarios.

La capacidad para producir estragos ha de entenderse en el sentido de peligro de grandes males y no en el sentido "típico de estragos a efectos del art. 346 CP" [STS 1207/2004, 11-10 (*Tol 514592)*].

Cuando las sustancias se encuentren contempladas en los arts. 368 CP y ss. (drogas tóxicas, sustancias psicotrópicas y estupefacientes), arts. 361 CP y ss. (medicamentos) y arts. 363 y 364 CP (alimentos y productos alimenticios), quedarán fuera del ámbito objetivo de los arts. 359 y 360 CP, lo mismo que las sustancias nucleares y radiactivas (SAP, Navarra, Sección 2ª, 93/2005, 14-4). Sí son objeto de este precepto los principios activos que no constituyen por sí mismos medicamentos (y no se utilicen en la composición de medicamentos, pues, en este caso, será de aplicación el art. 362 CP) siempre que no se puedan calificar, a efectos del art. 368 CP, como estupefaciente, psicotrópico o precursor y se use o tome al margen de su uso terapéutico. Productos químicos que puedan causar estragos serían los materiales inflamables y explosivos, pero también otros que, sin serlo, puedan originar grandes males si se utilizan de forma masiva o si de otra forma se distribuyen (por ejemplo: gas sarín u otros productos químicos gaseosos que puedan afectar gravemente a la salud de las personas).

Tanto el carácter nocivo de la sustancia como su capacidad para causar estragos han de ser abarcados por el dolo, sin que se requiera tener conocimientos técnicos exactos de la peligrosidad de la conducta, bastando la valoración paralela en la esfera del profano. Tampoco es necesario que se conozca el concreto proceso causal por el que la sustancia actúa. El error sobre la nocividad o peligrosidad dará lugar a error de tipo, y, en su caso, responsabilidad por imprudencia en virtud del art. 367 CP.

4. Concursos

Como ya hemos adelantado, cuando los arts. 359 y 360 CP concurran con otros preceptos de este Título (especialmente con el art. 368 CP) o con los arts. 341 CP y siguientes, estos últimos serán de aplicación preferente por ser ley especial. Es posible, sin embargo, la existencia de un concurso ideal con un delito de estragos, aunque lo más normal será el concurso real (alguien suministra las sustancias susceptibles de causar estragos y, además, se provoca el resultado de estragos). Sin embargo, MUÑOZ CONDE considera que, en estos supuestos, cuando el resultado producido fuera el propio del art. 348 CP, habría de apreciarse un concurso de leyes, en el que el art. 348 CP absorbería el peligro creado por las conductas típicas a efectos de los arts. 359 y 360 CP. En nuestra opinión, sin embargo, cualquiera de las tres posibilidades es imaginable en función de cómo se desarrolle la conducta típica que da lugar al resultado de estragos. La intensidad y duración de las actuaciones deberán ser tenidos en cuenta, sin embargo, para determinar la gravedad de la pena [STS 1207/2004, 11-10 (*Tol 514592)*].

5. *Iter criminis*

Nos encontramos ante tipos mixtos alternativos y delitos de mera actividad (delitos de aptitud), que tratan de abarcar todo el ámbito del tráfico de sustancias o productos, por lo que, en principio, es difícil imaginar la punición en grado de tentativa, incluso en la modalidad de elaborar, que, dada la redacción típica, se refiere más al proceso de elaboración que a la efectiva obtención final del producto elaborado.

III. PROVOCACIÓN AL CONSUMO MEDIANTE TICS

1. Consideraciones generales

La LO 8/2021, de 4 de junio, de protección integral a la infancia y la adolescencia frente a la violencia, introduce el nuevo art. 361 bis CP; un nuevo delito cuya finalidad es intervenir penalmente frente a algunos de los riegos derivados de la utilización de tecnologías de la información o de la comunicación. La Exposición de Motivos de la ley justifica la intervención penal en la alarma social y preocupación que generan estas conductas en entornos médicos. Ciertamente, en los últimos años, numerosos estudios han puesto de manifiesto la relación entre trastornos de la alimentación y el uso de Internet, especialmente de redes sociales, entre personas vulnerables, por su juventud o por otras razones. Este precepto pretende abordar este problema tipificando la utilización de nuevas tecnologías para difundir información relacionada con la alimentación y la imagen corporal que pueda resultar peligrosa o, lo que denomina el precepto como "técnicas de ingestión o eliminación de productos alimenticios", es decir, relacionadas con trastornos de la conducta alimentaria (dietas alimenticias, anorexia, bulimia o el trastorno por atracón, entre otras).

En este punto y de cara a futuras revisiones del CP, conviene tener en cuenta las prohibiciones del art. 5 del Reglamento (UE) 2024/1689 del Parlamento Europeo y del Consejo, de 13 de junio de 2024, por el que se establecen normas armonizadas en materia de inteligencia artificial y por el que se modifican los Reglamentos (CE) nº 300/2008, (UE) nº 167/2013, (UE) nº 168/2013, (UE) 2018/858, (UE) 2018/1139 y (UE) 2019/2144 y las Directivas 2014/90/UE, (UE) 2016/797 y (UE) 2020/1828 (Reglamento de Inteligencia Artificial). Este precepto prohíbe ciertas prácticas de sistemas de Inteligencia Artificial —amplísimo concepto en el que pueden entrar redes sociales que uses sistemas informáticos calificables como tales—, entre otras, aquellas que se sirvan de técnicas subliminales o deliberadamente manipuladoras o engañosas con el objetivo o el efecto de alterar de manera sustancial el comportamiento de una persona o un colectivo de personas, lo que, muy bien podría tener incidencia en las "conductas-diana" del precepto.

2. Bien jurídico protegido

La inclusión del precepto en este capítulo invita a considerar que el bien jurídico protegido sea la salud pública, aunque, el precepto expresamente se refiere a la "salud de las personas", lo que, en nuestra opinión obliga a considerar que el bien jurídico protegido tiene un carácter personalísimo.

3. Conducta típica

En relación con la conducta típica, sorprende al intérprete que se haya prescindido de formas verbales —como ya hiciera en relación con el delito de suposición de parto contenido en el art. 220.1 CP— para configurarla mediante sustantivos (distribución o difusión). Según el diccionario de la RAE, por distribución y difusión ha de entenderse la acción y efecto de distribuir y difundir. Con independencia del significado concreto de cada verbo —que analizaremos a continuación— esto significa que nos encontramos ante delitos de resultado, en los que, además de emitir o poner en circulación la información (o "contenidos") se ha debido producir el efecto de estar a disposición o ser susceptible de ser recibida por sus destinatarios. Esto no significa que haya sido efectivamente recibida por el (o los) sujeto pasivo, sino que ha estado a su disposición. Es decir, hay que constatar que la información o los contenidos son públicos o han sido recibidos —en caso de ser privados— en el correspondiente aparato receptor de información del sujeto pasivo, de modo que el mero acto de "enviar" la información (u objeto de la conducta) no será típica.

Distribuir significa "entregar la mercancía" —según el Diccionario de la RAE, en este caso, "los contenidos" o la información a vendedores o consumidores y por difundir debemos entender propagar o divulgar conocimientos, noticias, actitudes, costumbres, modas, etc. Así planteado, parece que nos encontramos ante una reiteración de "modalidades de conducta" (distribución y difusión), lo que exige interpretar que la distribución se realizará a otros operadores de contenido para que sean estos quienes difundan, o directamente, a los consumidores, sin que se produzca la publicación (o difusión) generalizada (o más general) de los contenidos. Por su parte, la difusión hará referencia al hecho de haber procedido a propagar o divulgar los contenidos entre una generalidad indeterminada de personas —de modo que queden a su disposición.

Ahora bien, dicho esto, quizá fuera mejor técnica legislativa de la recurrir a la más habitual fórmula típica de enunciación del sujeto activo y del verbo típico, por lo que, *de lege ferenda*, podría sugerirse que se cambiara la redacción, en su caso, por "*quien distribuyere o difundiere* [...]". Aunque, ciertamente, para evitar dudas interpretativas, el tipo debería indicar si la información difundida ha de estar a disposición del destinatario (identificado o indeterminado) o no.

El objeto de la conducta típica son los "contenidos específicamente destinados a promover o facilitar el consumo de productos, preparados o sustancias o la utilización de técnicas de ingestión o eliminación de productos alimenticios cuyo uso sea susceptible de generar riesgo para la salud de las personas". El término "contenidos" suele ir asociado a la expresión "contenidos digitales" y se usa para hacer referencia al conjunto de datos suministrados en formato digital y, por tanto, apta para ser incluida en un medio digital, que transmite una determinada información. El término "contenido" no parece el más idóneo a los fines del Principio de taxatividad, pues, por un lado, el precepto no precisa si han de ser digitales y, por otro, puede ir referido a aspectos formales —la forma en que se recibe la información por la persona receptora (imagen o audio); el formato en que tales modos de transmisión de la información se presenta (vídeo, foto, audio) o a la forma en que se presentan el conjunto de los contenidos (página web tradicional, blog, *newsletter*, etc.). Sin embargo, el término "contenidos" también puede hacer referencia a la propia información (o al contenido de la información) difundida; todo ello, en un ámbito y contexto realmente cambiante y donde los términos lingüísticos no están completamente consolidados en lengua castellana.

En este sentido, habrá que realizar una interpretación restrictiva para entender el término típico "contenidos" como "mensaje comunicativo que contiene información", cualquiera que se la forma en que se presente, si bien con algunas características o requisitos:

3.1. Por el medio que se utiliza para transmitir el mensaje comunicativo: la transmisión ha de realizarse por alguno de los siguientes medios: Internet, teléfono o de cualquier otra tecnología de la información o de la comunicación. Se entiende por tecnología de la información o de la comunicación (TIC) toda aquella que permita la integración de telecomunicaciones y ordenadores (o aparatos que cumplan funciones similares, por ejemplo, teléfonos móviles) con *software* para difundir información e interactuar. Este es también un concepto expansivo que ha de irse adaptando al concreto momento histórico.

3.2. Por el "contenido" del mensaje comunicativo transmitido: el mensaje comunicativo debe ir dirigido específicamente destinado a promover o facilitar el consumo de productos, preparados o sustancias o la utilización de técnicas de ingestión o eliminación de productos alimenticios cuyo uso sea susceptible de generar riesgo para la salud de las personas. En definitiva, por tanto, llegados a este punto, la conducta típica sería difundir mensajes destinados a impulsar un determinado consumo o forma de consumo.

La utilización de los verbos "promover" y "facilitar" nos sitúa en momentos alejados de la concreta afectación inmediata a la salud de la persona (destinatario de la información). Son, además, verbos típicos que permiten una interpretación también muy extensa y que han sido criticados por la Doctrina, en relación con otros preceptos penales, por la indefinición de sus límites y porque permitiría también expandir el concepto de autor (concepto unitario de autor). Entre las conductas de promover se pueden incluir las que inciten, pero también las que anuncien, las que traten de convencer e, incluso, las que informen limitando o excluyendo la referencia a los efectos lesivos. El mensaje comunicativo puede consistir también en la difusión de imágenes sin mayor información sobre el producto que la inclusión de una perspectiva positiva o con valoraciones positivas (por ejemplo, utilizando "emoticonos"). Para que la conducta sea típica bastaría con que el que hemos denominado "mensaje comunicativo" ofrezca información con valoración positiva de estas técnicas, productos, etc., pero no es necesario que oculte información sustancial, contenga información falsa o manipulada, bulos, etc.

Facilitar, por su parte y habida cuenta de la concreta redacción típica, ha de interpretarse en el sentido favorecer o remover obstáculos para el acceso al mensaje comunicativo.

3.3. En cuanto al objeto de la conducta, se trata de mensajes que promuevan o faciliten, cualquiera de estas conductas alternativas —que serán, en su caso, realizadas, *motu proprio*, por parte del destinatario:

1) el consumo de productos, preparados o sustancias

2) la utilización de técnicas de ingestión

3) la eliminación de productos alimenticios

Entre estas posibles conductas promocionadas o facilitadas pueden incluirse, la anorexia, la bulimia, técnicas agresivas de adelgazamiento, consumo de alimentos o productos (supuestamente) alimenticios con determinados fines, etc. De este modo, la denominada "apología de la anorexia y la bulimia" sería una conducta que quedaría integrada en este tipo penal, con lo que se da respuesta a la demanda de numerosos expertos y asociaciones.

Quizá, desde la perspectiva de la interpretación del precepto, lo que más dudas genera es la expresión "eliminación de productos alimenticios". Podría parecer que se está refiriendo al método de compensación para eliminar los alimentos ingeridos —o sea, provocarse el vómito. Sin embargo, la expresión "eliminación de productos alimenticios" no es, ni de lejos, adecuada para describir esta estrategia para el control de peso, por lo que hay que interpretar que se está refiriendo a dietas alimenticias que excluyen el consumo de alimentos necesarios. En todo caso, esta expresión ha de interpretarse en sentido muy estricto a partir del bien jurídico protegido, como hemos dicho, salud (individual) que integra tanto la física como la psíquica. Este, además, es otro argumento en contra de configurar el bien jurídico protegido en este precepto como la "salud pública", pues, así configurado como colectivo, no permite una correcta interpretación de los términos típicos y, además, no surtiría efectos para determinar el ámbito del riesgo permitido.

3.4. Sujetos a quienes va dirigida la información: la conducta solo será típica cuando se difunda entre personas menores de edad o personas con discapacidad necesitadas de especial protección. MUÑOZ CONDE considera que la información ha de ir difundida o dirigida específicamente a estas personas, sin embargo, esta restricción interpretativa no puede deducirse del precepto penal. Por el contrario, una restricción de este tipo convertiría el precepto prácticamente en inaplicable, porque no podría determinarse cuando una información publicada en medios de distribución de información masiva va dirigida a estas personas. Más bien hay que entender que es el consumo (o las técnicas de ingestión o de eliminación) las que han de ir dirigidos específicamente a menores o personas con discapacidad necesitadas de especial protección, con independencia del medio tecnológico por el que se les haga llegar. O, dicho de otro modo, la restricción típica por razón del sujeto destinatario no afecta al medio de difusión sino al objeto de la comunicación (o del contenido).

El objeto de la información difundida son productos, preparados, sustancias, técnicas de ingestión o eliminación de productos alimenticios; cuyo uso sea susceptible de generar riesgo para la salud de las personas, lo que significa que el juez tiene que constatar la aptitud lesiva del concreto producto, preparado, etc., para la salud de las personas, con carácter general o para grupos de personas perfectamente definidos (por ejemplo, personas con diabetes; personas con determinadas carencias o determinadas enfermedades) sin que puedan tomarse en consideración características individuales no generalizables (por ejemplo, alergia a un componente del producto).

Ahora bien, deberán considerarse también incluidas aquellos mensajes comunicativos típicos que, sin referencia expresa o tácita a personas menores de edad o con discapacidad relevante a estos efectos, sean sometidos a procesos de selección en el envío o la difusión que los dirija especialmente a personas que se encuentran en esa situación. O, dicho de otro modo, cuando un mensaje con los contenidos descritos sea distribuido en una red social o por cualquier medio de difusión digital utilizando un *software* que permita seleccionar al destinatario por sus características personales y se incluyan estas —obtenidas gracias al enorme control al que las personas estamos sometidas en el uso de RRSS o cualquier tipo de buscador o aplicación.

Pero más aún, podría entenderse que frente a estas personas (personas menores o con una discapacidad relevante a estos efectos) surge un deber de protección derivado de la puesta en el mercado —RRSS, Apps, anuncios en medios de comunicación digitales, etc.— del contenido —mensaje comunicativo— entendido como un producto, del que derivaría la obligación de excluir del *software* (¿inteligente?) que selecciona a la persona destinataria a aquellas personas que reúnan estas características.

En este punto surge un problema en relación con el concepto típico de "persona con discapacidad necesitada de especial protección". Ciertamente, el art. 25 CP ofrece una definición de este concepto a efectos penales, sin embargo, en este precepto, puede no ser muy acertado. Por un lado, porque no toda persona respecto de la que se puede afirmar que padece una discapacidad padece una vulnerabilidad —derivada de dicha discapacidad— frente a este tipo de información o contenidos, lo que privarles del acceso a ella podría ser discriminatorio.

Por otro lado, y en sentido opuesto, las personas mayores de edad más vulnerables a estas conductas se encontrarían personas que no padecen una discapacidad, pero sí, en ocasiones, una enfermedad o, incluso sin ella, se encuentran en situación de vulnerabilidad por la presión social (también en RRSS) que las hace propensas a ser víctimas de tales conductas.

Y, en cualquier caso, sería imprescindible, para poder aplicar el precepto en estos supuestos (menores, personas con discapacidad) tener acceso al *software* que difunde la información o contenido para precisar si se adoptaron las medidas de cuidado, si se dirigió la información específicamente hacia algún colectivo o si no hubo nada de ello, sino tan solo casualidad (lo que, dicho sea de paso, parece francamente difícil). Mucho habrá que avanzar, sin embargo, hacia la protección de los consumidores frente a grandes distribuidores de sistemas de *software* "inteligentes" para poder romper con las "cajas negras" del *software.*

Este es, sin duda, uno de los grandes retos a los que se enfrenta la sociedad actual y, por ende, el Derecho penal.

4. Concursos

Cuando la conducta se dirija, directamente, a incitar la autolesión o el suicidio, serán de aplicación los arts. 156 ter y 143 bis CP, respectivamente. Ahora bien, cuando el medio para el suicidio (promovido) sea la conducta típica a efectos de este precepto podría caber un concurso medial.

Del mismo modo, podríamos encontrarnos ante los correspondientes concursos de delitos de lesiones u homicidio imprudente.

El precepto prevé expresamente que las autoridades judiciales ordenarán la adopción de las medidas necesarias para la retirada de los contenidos a los que se refiere el párrafo anterior, para la interrupción de los servicios que ofrezcan predominantemente dichos contenidos o para el bloqueo de unos y otros cuando radiquen en el extranjero, que podrán adoptarse como medida cautelar o definitiva.

IV. DELITOS RELATIVOS A MEDICAMENTOS (DELITOS FARMACOLÓGICOS)

1. Consideraciones previas y objeto material

Hasta la LO 1/2015, de 30 de marzo, que modificó de forma significativa los arts. 361 y 362 CP, el objeto de los delitos contenidos en dichos preceptos era el "medicamento". A efectos penales —y ante la ausencia explícita de otras definiciones— se consideraba medicamento toda sustancia o conjunto de ellas que reunieran dos características: 1) que tuvieran propiedades curativas, de prevención de enfermedades o paliativas de los efectos de una enfermedad o que pudieran servir para establecer un diagnóstico médico o para restablecer, corregir o modificar las funciones orgánicas (criterio funcional), y 2) que se presentare como tal y cumpliere para ello con los requisitos y autorizaciones preceptivos (criterio formal) —sobre el concepto de medicamento pueden verse, por ejemplo, las SSTS 9-7-1982 y 18-11-1991.

La reforma del CP de 2015 amplía el posible objeto de ambos preceptos para distinguir entre "medicamento de uso humano"; "medicamento de uso veterinario" y "medicamento en investigación" y, además, añadir a la lista los que denomina "productos sanitarios", "sustancia activa" y "excipiente". Surge, por tanto, el problema de la delimitación terminológica de tales conceptos, en la medida en que algunos de ellos se solapan —como sucede con "medicamento de uso humano" y "medicamento en investigación"— o, incluso, alguno es "parte intrínseca" de otro —como sucede entre medicamento y sustancia activa.

1.1. El concepto jurídico penal de medicamento

El primer problema que ha de responderse para abordar este conjunto de delitos es la caracterización del concepto jurídico penal de medicamento. Doctrina y Jurisprudencia han debatido largamente sobre el tema (puede verse en SJP, nº 21, Madrid, 144/2013, 29-4), pero, en resumidas cuentas, nos encontraríamos ante un elemento descriptivo del tipo que ha de ser interpretado conforme al significado común del término, sin que contenga remisión a otras normas —por lo que no puede considerarse que contenga una ley penal en blanco (con argumentos que compartimos puede verse STS, Sala 2ª, 849/1995, 7-7). Ahora bien, ello no significa que, en la concreción del significado del término y, sobre todo, en la delimitación de su ámbito de aplicación y del de otros términos concurrentes, como excipiente o sustancia activa, no sea conveniente tomar en consideración otras normas jurídicas que utilizan los mismos términos.

En este sentido, para poder delimitar el significado de estos términos y distinguirlos unos de otros, es necesario partir del art. 2 del Real Decreto Legislativo 1/2015, de 24 de julio, por el que se aprueba el texto refundido de la Ley de garantías y uso racional de los medicamentos y productos sanitarios que, precisamente, los define —junto a otros.

> Así, según el art. 2 del Real Decreto Legislativo 1/2015, de 24 de julio, "[a] *los efectos de esta ley se entenderá por*:
>
> *a) «Medicamento de uso humano»: toda sustancia o combinación de sustancias que se presente como poseedora de propiedades para el tratamiento o prevención de enfermedades en seres humanos o que pueda usarse en seres humanos o administrarse a seres humanos con el fin de restaurar, corregir o modificar las funciones fisiológicas ejerciendo una acción farmacológica, inmunológica o metabólica, o de establecer un diagnóstico médico.*
>
> *b) «Medicamento veterinario»: toda sustancia o combinación de sustancias que se presente como poseedora de propiedades curativas o preventivas con respecto a las enfermedades animales o que pueda administrarse al animal con el fin de restablecer,*

corregir o modificar sus funciones fisiológicas ejerciendo una acción farmacológica, inmunológica o metabólica, o de establecer un diagnóstico veterinario. También se considerarán «medicamentos veterinarios» las «premezclas para piensos medicamentosos» elaboradas para ser incorporadas a un pienso.

c) «Principio activo» o «sustancia activa»: toda sustancia o mezcla de sustancias destinadas a la fabricación de un medicamento y que, al ser utilizadas en su producción, se convierten en un componente activo de dicho medicamento destinado a ejercer una acción farmacológica, inmunológica o metabólica con el fin de restaurar, corregir o modificar las funciones fisiológicas, o de establecer un diagnóstico.

d) «Excipiente»: todo componente de un medicamento distinto del principio activo y del material de acondicionamiento.

[...]

k) «Medicamento en investigación»: forma farmacéutica de un principio activo o placebo que se investiga o se utiliza como referencia en un ensayo clínico, incluidos los productos con autorización cuando se utilicen o combinen, en la formulación o en el envase, de forma diferente a la autorizada, o cuando se utilicen para tratar una indicación no autorizada o para obtener más información sobre un uso autorizado.

l) «Producto sanitario»: cualquier instrumento, dispositivo, equipo, programa informático, material u otro artículo, utilizado solo o en combinación, incluidos los programas informáticos destinados por su fabricante a finalidades específicas de diagnóstico y/o terapia y que intervengan en su buen funcionamiento, destinado por el fabricante a ser utilizado en seres humanos con fines de:

1.º diagnóstico, prevención, control, tratamiento o alivio de una enfermedad;

2.º diagnóstico, control, tratamiento, alivio o compensación de una lesión o de una deficiencia;

3.º investigación, sustitución o modificación de la anatomía o de un proceso fisiológico;

4.º regulación de la concepción,

y que no ejerza la acción principal que se desee obtener en el interior o en la superficie del cuerpo humano por medios farmacológicos, inmunológicos ni metabólicos, pero a cuya función puedan contribuir tales medios".

El art. 2 de la Ley de garantías y uso racional de los medicamentos y productos sanitarios resuelve, además, otras cuestiones que se había planteado la Doctrina. Así, considera "medicamento" también a preparados oficinales o fórmulas magistrales, coincidiendo con la opinión de la Doctrina penal en la interpretación de los preceptos en su redacción previa a la reforma de 2015. Ahora bien, aunque la interpretación del concepto jurídico penal de medicamento ha de hacerse con ayuda de la Ley de garantías y uso racional de los medicamentos y productos sanitarios, a efectos penales y ante la ausencia de remisión normativa expresa, debemos propugnar un concepto autónomo de medicamento, para referirnos a toda sustancia que cumpla los criterios funcionales y formales antedichos.

En consecuencia, deben ser considerados también medicamentos a efectos penales, junto a las fórmulas magistrales, especialidades farmacológicas o preparados oficinales, las vacunas, los derivados de la sangre y plasma humanos o construidos a base de constituyentes sanguíneos preparados industrialmente por centros públicos o privados, incluyendo la albúmina, los factores de coagulación y las inmunoglobulinas de origen humano (en este sentido también los arts. 8 y 45 ss. del RD Legislativo 1/2015) —sobre esta cuestión ya se había pronunciado la SJP, nº 21, Madrid, 144/2013, 29-4. No serán consideradas, sin embargo, *medicamento* a efectos de art. 361 CP, otras sustancias naturales (manzanilla) u otros productos como el algodón, los productos cosméticos, los implantes de silicona o los desinfectantes que pudieran utilizarse con fines curativos.

Especiales problemas había planteado con la anterior redacción la sangre, los derivados sanguíneos que no necesitan tratamiento industrial ni autorización y los derivados sanguíneos lábiles, pero que actualmente también han de ser considerados también medicamento (de origen humano, según el art. 46 de la Ley de garantías y uso racional de los medicamentos y productos sanitarios). Tratamiento similar merecen genes y células con los requisitos que impone el art. 47 del mismo texto legal a los que denomina medicamentos de terapias avanzadas.

La Ley de garantías y uso racional de los medicamentos y productos sanitarios también define "producto sanitario", concepto extraordinariamente amplio donde pueden entrar desde implantes y prótesis hasta lentillas o ciertos aparatos o accesorios fungibles o perecederos (filtros para diálisis, etc.) o preservativos (MUÑOZ CONDE), incluyendo, programas informáticos destinados por su fabricante a finalidades específicas de diagnóstico y/o terapia. En sentido negativo, sería todo aquel producto o instrumento que se utilice para abordar el diagnóstico, tratamiento o terapia de una enfermedad, minusvalía o deterioro de la salud o sus efectos sin que pueda ser considerado medicamento (BORJA JIMÉNEZ).

Por su parte, la venta en farmacia no es imprescindible para calificar a un producto o sustancia como medicamento o producto sanitario por dos órdenes de razones: por exceso, pues existen productos de venta exclusiva en farmacias que de ninguna forma pueden ser considerados medicamentos (por ej., productos cosméticos que solo se venden en farmacias por razones comerciales) y, por defecto, porque quedan fuera de él medicamentos o productos sanitarios que no se venden en farmacias (porque su venta está prohibida fuera de hospitales o porque solo son suministrados a los particulares a través del sistema de salud, etc.) —en contra, MUÑOZ CONDE. Para interpretar los términos de "sustancia activa" y "excipiente" habrá que acudir a la definición que de ellos ofrece el art. 2 de la Ley de garantías y uso racional de los medicamentos y productos sanitarios.

1.1.1. *Clases de medicamentos*

Objeto de la conducta típica pueden ser tanto medicamentos destinado a uso humano como veterinarios (destinado a uso animal) o en fase experimental o usado en procesos de investigación, ahora bien, en la medida en que ambos preceptos exigen que la conducta típica genere un riesgo para la vida o la salud de las personas y el art. 362 CP, además, que estén destinados al consumo público o al uso por personas hay que entender que, todos ellos, en el caso concreto, han de ser utilizados de forma que se vean afectadas personas, probablemente consumidores.

En relación con los medicamentos en investigación, han de integrarse en este concepto aquellos que aún no han sido autorizados para su uso comercial generalizado o que, ya estando comercializados, son objeto de nuevas investigaciones para su mejora, con alteración de la fórmula comercializada. Cuando, sin alterar la fórmula inicial, se investiga para nuevos posibles usos deberá ser tratado como medicamento (no en investigación).

1.2. Productos sanitarios

Más difícil de delimitar es el significado del concepto de producto sanitario. También aquí nos encontramos ante un concepto autónomo del Derecho administrativo, que habrá de ser definido en sentido negativo por contraposición a medicamento (BORJA JIMÉNEZ). Producto sanitario será todo aquel que se emplee en ciencias de la salud para diagnosticar, tratar, prevenir o paliar los efectos de enfermedades, lesiones, minusvalías, etc., y que no puedan ser considerados medicamento. Sin embargo, lo cierto es que el propio texto legal nos indica que el producto sanitario ha de contar con documentos de conformidad, lo que parece referirse a los documentos de la evaluación de conformidad a que hace referencia el Real Decreto 192/2023, de 21 de marzo, por el que se regulan los productos sanitarios.

Surge, por tanto, la duda de si dicho concepto remite o no la normativa administrativa.

En nuestra opinión, se trata de un objeto que, para ser susceptible de ser subsumible en el art. 361 y ss. CP, ha de requerir un acto administrativo autorizante, consistente en contar con la conformidad derivada de la evaluación y control administrativo. No se trataría, sin embargo, de una ley penal en blanco (en contra BORJA JIMÉNEZ), en la medida en que el juez habrá de revisar la normativa de carácter administrativo en su conjunto (y, por tanto, no se incorpora en el tipo una remisión expresa a una ley o norma reglamentaria) para determinar a qué documento de conformidad se refiere el tipo penal. A estos efectos, serán de aplicación las exigencias que la Doctrina ha enunciado para considerar válida una autorización administrativa a efectos de excluir la tipicidad, según lo enunciado anteriormente.

2. Bienes jurídicos protegidos

Aunque la opinión mayoritaria considera que el bien jurídico protegido es la salud pública [STS 1207/2004, 11-10 (*Tol 514592)*], la expresa referencia que hacen los arts. 361 y 362 CP, en todas sus modalidades típicas, a la vida o salud de las personas invita a abandonar el ámbito de los bienes jurídicos colectivos. Con las peculiaridades que presenta la estructura típica de delitos de peligro, los bienes jurídicos protegidos serán, por tanto, la vida y salud humanas. Por ello, los bienes jurídicos colectivos son de carácter individual —habida cuenta de la especial referencia a ellos, a diferencia de lo que sucede, por ejemplo, en el segundo párrafo del art. 362 bis CP, que hace referencia expresa a la salud pública.

3. Sujetos activo y pasivo

Pese a la previsión típica de penas de inhabilitación especial para profesión, oficio o comercio o cargo público, no se requieren requisitos especiales para ser sujeto activo. Si el bien jurídico protegido fuera la salud pública, en tanto que bien jurídico colectivo, no serían identificables sujetos pasivos del delito (sí víctimas o perjudicados). Por el contrario, si, como se defiende aquí, el bien jurídico protegido es la salud y la vida individual de las personas concretamente afectadas, podremos considerar sujetos pasivos a éstos —sin perjuicio, evidentemente, de que al tratarse de modalidades de peligro y conductas no directamente dirigidas a personas individualizadas en el plan del autor, el sujeto pasivo es, *a priori*, indeterminable e indeterminado, aunque, lo cierto es que, en un alto porcentaje de sentencias condenatorias, habría un sujeto pasivo perfectamente determinado —aunque no se le haya localizado (así, SAP, Zamora, Sección 1ª, 7/2021, 23-3, de conformidad)— que, incluso, podría haber sido efectivamente lesionado (así, SAP, Barcelona, Sección 5ª, 406/2019, 11-6).

4. El art. 361 CP: la intervención penal en el mercado de los medicamentos y productos sanitarios

La nueva redacción del art. 361 CP tras la reforma operada por la LO 1/2015, de 30 de marzo, es, como mínimo, compleja. El precepto tipifica un delito de tráfico de objetos (o emprendimiento, según la terminología preferida) que abarca todo el proceso de comercialización de los medicamentos y productos sanitarios definidos en los apartados anteriores. Nos encontramos ante un tipo mixto alternativo, en el que la realización de cualquiera de las posibles conductas típicas bastará para consumar el tipo penal (si se cumplen los demás requisitos) sin que sea relevante, a estos efectos, cuántas veces se cometa o cuántas conductas alternativas se sumen a la inicial.

Con ello, se ha querido intervenir en el mercado de medicamentos y productos sanitarios con evidentes —y necesarios— fines de garantizar y preservar la salud pública, como conjunto de condiciones que garanticen que el riesgo derivado de estos medicamento y productos no derive en lesiones para las personas. Ahora bien, la redacción típica es francamente mejorable y es cuestionable la utilización de amplísimos tipos mixtos alternativos que tipifican conductas, a su vez, difíciles de delimitar en su afán de convertir en típico *todo* (DE LA CUESTA AGUADO), lo que quiebra el Principio de taxatividad, así como porque, de hecho, utilizan un concepto unitario de autor.

Se trata de evitar las posibles críticas derivadas de la dependencia del acto administrativo —lo que podría convertirlo en un delito meramente formal— exigiendo para su consumación la puesta en peligro de bienes jurídicos individuales (vida y salud de las personas) o, mejor quizá, la puesta en peligro de personas. En consecuencia, cuando no lograra demostrarse que la conducta formalmente típica no hubiera generado el peligro, el tipo no se podría considerar consumado y, en consecuencia, solo cabría, en su caso, sancionarlo en la vía administrativa. Ahora bien, no existe unanimidad hacia la configuración del delito como de resultado, ni siquiera, sobre el bien jurídico protegido (como veremos más adelante).

En cualquier caso, es preciso recordar que la autorización administrativa no puede autorizar lesiones o muertes de personas.

4.1. Conductas típicas

El abanico de conductas típicas abarca desde la fabricación del medicamente o producto hasta su puesta a disposición del consumidor, incluyendo la posesión con los fines de comercialización (almacenamiento). Ahora bien, en este caso, no toda comercialización o tráfico es típica, sino tan solo aquella que reúna ciertos requisitos, que, muy simplificadamente, sería la contravención de los requisitos impuestos administrativamente por las autoridades sanitarias. Además, y como ulterior restricción típica, el precepto exige para la consumación que la conducta "genere un riesgo para la vida o la salud de las personas".

De modo que el precepto se presenta como una carrera de obstáculos en la que es necesario, en primer lugar, detenerse en los verbos típicos; a continuación, analizar los requisitos para que las conductas puedan integrar la tipicidad, entre otros, la ausencia de una autorización administrativa válida para, finalmente, detenerse a definir el peligro creado como resultado típico.

Como trataremos de explicar a continuación, el posible margen de mejora en la redacción típica es amplio y merece ser destacado. Además, la defectuosa redacción, con una cascada de opciones y disyuntivos generan serias dudas acerca de las características de las conductas típicas. Así, por ejemplo, surge la duda de si la opción "*o estuvieren deteriorados o caducados* [...]" se refiere exclusivamente a los productos sanitarios o, por el contrario, es extensible a los medicamentos. Igualmente, se plantea la cuestión de la posibilidad de que una conducta de almacenamiento pueda ser efectivamente típica, habida cuenta del bien jurídico protegido (en nuestra opinión, bienes jurídicos individuales) y de la exigencia de que "*con ello se genere un riesgo para la vida o la salud*".

La intervención penal se centra en tres sectores de la comercialización de un producto.

4.1.1. Fabricación

Se debe entender por fabricar la creación *ex novo* del producto a partir de sus componentes, pero también, deberá entenderse la preparación del producto ya fabricado para su comercialización, incluyendo su introducción en las cajas para su venta; la división en unidades de comercialización, y, en definitiva, todas las actuaciones posteriores que necesita un producto para su presentación comercial.

4.1.2. Participación en el mercado

El segundo grupo de modalidades de conducta hacen referencia a la participación en el mercado, lo que convierte este delito, abiertamente, en un delito de tráfico de objetos y, aunque con finalidades de protección de la salud de los consumidores, en un delito económico. Entre las modalidades típicas se encuentran la distribución del producto, que incluye la importación (adquisición del producto en el exterior y su traída a España); la exportación —actividad inversa; el suministro; la intermediación, comercialización, así como "ofrecerlo" o ponerlo en el mercado.

Algunos de estos verbos típicos, para su completa realización exigen, a su vez, un conjunto complejo de actividades. Por ejemplo, para importar será preciso realizar una búsqueda y negociación previa del producto, pagarlo, transportarlo hasta España y, finalmente, el producto entrará en España. En ese momento, el producto habrá sido, efectivamente, importado y podremos decir que el sujeto activo "ha importado". Esta descripción del proceso de importación tan evidente no tiene otro objetivo que poner de manifiesto que la conducta exige la producción de un resultado, es decir, que exige un efecto separable de la acción en el mundo exterior; o, dicho de otro modo, el medicamento no se habrá importado hasta que no esté en España. Desde esta perspectiva, las equivalencias con cualquier otro verbo resultativo —propio de los delitos de resultado resultativo— son evidentes, por ejemplo, con el verbo "matar" propio del delito de homicidio.

Algo similar sucede con el verbo "exportar". Exportar significa enviar un producto de un Estado a otro para su comercialización en el este. En general, la exportación se produce en ámbitos mayoristas, pero también cabe una exportación (y también una importación) realizada fuera del comercio mayorista y realizada por particulares en pequeñas cantidades de producto.

Suministrar hace referencia a poner a disposición de terceros para su propio uso o para su posterior venta —generalmente al por menor, pero no solo— del producto, algo bastante similar a comercializar, verbo de difícil concreción y delimitación respecto de cualquiera de los otros verbos típicos. Finalmente, el mero ofrecimiento del producto o "puesta en el mercado" también son típicos. El ofrecimiento parece ser una especie de inducción al consumo o a la comercialización y la puesta en el mercado un amplísimo cajón de sastre, probablemente innecesario habida cuenta de la enorme amplitud del verbo "comercializar".

4.1.3. Depósito o almacenamiento

También será típico almacenar con la finalidad de realizar cualquiera de los verbos anteriores, lo cual, por cierto, es innecesario, porque todos ellos ya implican la posesión y, consecuente almacenamiento; salvo que lo que se pretenda sea sancionar también la conducta de quien guarda, por orden de tercero que pretende comercializar, el producto. Ahora bien, este almacenamiento de mero guardador o depositario no puede considerarse típica a efectos del art. 361 CP, pues, en relación con esta concreta modalidad típica, el tipo exige un elemento subjetivo del injusto distinto del dolo que sería "almacenar con la finalidad" de realizar las demás conductas típicas y este elemento subjetivo del injusto solo lo tendría quien pretendiera realizarlas (o sea, quien pretendiera fabricar, importar, exportar, intermediar, suministrar, comercializar, ofrecer o poner en el mercado), pero no quien meramente lo guarda. De modo que solo podrá ser típico el almacenamiento (posesión) con esta finalidad si la intervención policial o judicial se produce cuando el concreto poseedor *aún* no ha distribuido el producto, de forma que, con ello el precepto estaría elevando a delito consumado lo que, de otra forma, serían actos ejecutivos o preparatorios.

4.2. Requisitos limitadores de la tipicidad

Ahora bien, una vez que se ha realizado alguna de las conductas descritas en el tipo, además, ha de constatarse que concurren otros requisitos típicos en función del objeto sobre el que verse. Así hemos de distinguir los requisitos exigidos según el objeto sea medicamente o producto sanitario.

4.2.1. Requisitos para el tráfico típico de medicamentos

4.2.1.1. La autorización exigida por la ley. En este caso, y en relación con los medicamentos, en cualquiera de sus modalidades típicas, el tipo se construye sobre la ausencia de una autorización administrativa. En este supuesto incluye la Jurisprudencia tanto el tráfico de medicamentos prohibidos o no legalizados en España (así, SAP, Barcelona, Sección 5ª, 406/2019, 11-6) como el de medicamentos legalizados respecto de los que quien realiza la conducta (o trafica con ellos) no cuenta con autorización para la comercialización (así, entre otras, SAP, Zamora, Sección 1ª, 7/2021, 23-3).

4.2.1.2. Que los medicamentos estén deteriorados, caducados o incumplan las exigencias técnicas. De una lectura detenida, surgen dudas acerca de si también es típico, a efectos de este precepto, el tráfico de medicamentos deteriorados, caducados o que incumplieran las exigencias técnicas relativas a su composición estabilidad o eficacia, como consecuencia de la confusa redacción típica y el uso de signos de puntuación junto a oraciones disyuntivas. Si como consecuencia de una interpretación gramatical se concluyera que estos requisitos no son aplicables a los medicamentos habría que recurrir, en su caso, a los arts. 362.2 o 362 bis I CP. En su defecto, podría también recurrirse al art. 360 CP (en contra, MUÑOZ CONDE).

En cualquier caso, medicamentos deteriorados son aquéllos que han perdido sus funciones terapéuticas por su defectuosa conservación o por otras cuestiones ajenas al propio producto o han adquirido algunos elementos que alteran su composición (STS 18-11-1991). El medicamento se habrá deteriorado, cualquiera que sea la causa, cuando haya perdido las cualidades que le eran propias en el momento de la elaboración y que de él se esperaban o cuando pueda, como consecuencia de la alteración de su sustancia, ser perjudicial para la salud del consumidor.

Medicamento caducado es aquel que ha superado la fecha para la que sus efectos son seguros. A efectos penales lo significativo es la superación del término temporal con independencia de que se haya deteriorado o no.

En cualquier caso, como ya hemos advertido, sería necesario para la consumación del tipo que, además, se produjera el peligro típico.

En relación con los medicamentos, estos requisitos típicos podrían ser innecesarios, porque cuando se comercialice un medicamento deteriorado o caducado o que no cumpla las exigencias técnicas relativas a la composición, estabilidad o eficacia se estará excediendo lo autorizado, por lo que carecerá de la "necesaria autorización exigida por la ley" y, en consecuencia, la conducta será típica precisamente por ello: se tratará de una conducta que carece de autorización válida.

En cuanto al incumplimiento de las exigencias técnicas relativas a la composición, estabilidad o eficacia, téngase en cuenta, entre otros, pues la normativa administrativa es compleja, el Real Decreto 1345/2007, de 11 de octubre, por el que se regula el procedimiento de autorización, registro y condiciones de dispensación de los medicamentos de uso humano fabricados industrialmente, así como al Real Decreto 824/2010, de 25 de junio, que regula los laboratorios farmacéuticos, los fabricantes de principios activos de uso farmacéutica y el comercio exterior de medicamentos y medicamentos en investigación.

4.2.2. Requisitos para el tráfico típico de productos sanitarios

La fabricación y tráfico de productos sanitarios será típica cuando concurran alguno de los siguientes requisitos:

1) que el producto sanitario carezca (no disponga) de los documentos de conformidad exigidos por las disposiciones de carácter general. A diferencia de lo que sucedía en relación con la autorización relativa a los medicamentos, ahora, el tipo no se limita a remitir a la ley, sino que amplía a todo tipo de disposiciones de carácter general (o sea, leyes, reglamentos u órdenes).

2) que estuvieran deteriorados, caducados o incumplieran las exigencias técnicas relativas a su composición, estabilidad y eficacia. A los efectos de interpretación de este requisito nos remitimos a lo ya dicho en relación con los medicamentos y, aunque la caducidad y las exigencias técnicas relativas a composición, estabilidad y eficacia hacen pensar más bien en productos que han de ser ingeridos, no es exclusivo de ellos. Ahora bien, también aquí será de aplicación este requisito, siempre y cuando los productos sanitarios dispongan de documentos de conformidad y el deterioro, caducidad o incumplimiento de exigencias técnicas no implique ya que se haya sobrepasado lo dispuesto en dicho documento de conformidad —que, a estos efectos es una autorización administrativa. En todo caso, habrá de tomarse en consideración el Reglamento (UE) 2017/745 del Parlamento Europeo y del Consejo, de 5 de abril de 2017, y Real Decreto 192/2023, de 21 de marzo, por el que se regulan los productos sanitarios.

4.3. La remisión normativa para la interpretación de los requisitos típicos

La determinación de la naturaleza jurídica de la autorización administrativa o del requisito típico consistente en incumplir las "exigencias técnicas relativas a su composición, estabilidad y eficacia" es controvertida. En cuanto a la autorización administrativa nos remitimos a lo ya expuesto. La SJP, nº 21, Madrid, 144/2013, 29-4 considera que la referencia a las exigencias técnicas ha de considerarse una ley penal en blanco. En nuestra opinión, sin embargo, es un elemento normativo que remite, pues no hay una remisión expresa a una ley o norma concreta y porque, habida cuenta de la amplitud de la remisión, el tribunal sentenciador habrá de revisar en su conjunto el ordenamiento jurídico para determinar qué normas se aplican al caso concreto. Como consecuencia, el error sobre este elemento habrá de ser tratado como un error de tipo y posteriores modificaciones de las normas objeto de remisión no se aplicarán retroactivamente.

4.4. Resultado típico

Para que la conducta, con los requisitos analizados, sea típica, será necesario que, finalmente, además, "genere un riesgo para la vida o la salud de las personas", lo que ha de ser considerado como el resultado típico. Con anterioridad a la reforma, el resultado se describía como "y con ello pongan en peligro la vida y la salud de las personas" y era interpretado por la Jurisprudencia como un resultado de peligro concreto para la vida o la salud de las personas [STS 517/2000, 22-3 (*Tol 117645)*], lo que era avalado por la Doctrina que afirmaba que, por tanto, nos encontraríamos ante delitos de peligro concreto referidos a la salud pública en los que "no sería necesario" poner en peligro personas concretas (MUÑOZ CONDE) o que las personas hubieran "consumido" los medicamentos (GARCÍA ARÁN). Ahora bien, tras la nueva redacción de 2015 estas afirmaciones han de ser revisadas. Por un lado, no solo ha cambiado la definición típica del riesgo que han de generar las conductas, que también han sido redefinidas y, por otro, la descripción del resultado típico es menos evidente. Sin embargo, creo que sería necesario considerar que nos encontramos también ante un delito de resultado de peligro en el que, más allá de la peligrosidad de la sustancia o del producto sanitario, será necesario constatar que se ha generado un riesgo en unas coordenadas determinadas de tiempo y lugar. Se trataría, en este sentido, de un delito de peligro de idoneidad o de peligro hipotético en el que la prueba del resultado de peligro sería necesaria para la consumación del tipo.

Ahora bien, las dificultades para deslindar el riesgo creado por la conducta de comercialización o fabricación o tráfico del riesgo propio de la sustancia han conducido a que alguna sentencia considere que "basta que el medicamento sea idóneo para generar un riesgo para la vida o la salud de las personas. Y dicho riesgo deriva de las características del propio medicamento" (SAP, Barcelona, Sección 5ª, 406/2019, 11-6). En nuestra opinión, sin embargo, hay que distinguir la peligrosidad del medicamento de la peligrosidad de la conducta (es decir, hay que distinguir entre delito de aptitud y delitos de idoneidad). Para que el delito contenido en el art. 361 CP se consume es necesario, primero que como consecuencia de la conducta de tráfico del medicamento se genere un riesgo para las personas (que habrá que probar) y dicho riesgo derivará de la suma de dos factores —como mínimo—, primero, el riesgo que deriva de las características del propio medicamento (por utilizar la expresión de la sentencia citada en último lugar) y, segundo, de la puesta en circulación y las posibilidades de acceso a dicho medicamento de terceras personas —consumidores— sin respetar las medidas control de calidad y seguridad previstas legalmente.

Son ambos factores los que deberá constatar el tribunal sentenciador para considerar consumado el delito, si bien es cierto que, habida cuenta de la vaguedad de la redacción típica y su complejidad, la restricción derivada de la exigencia de un resultado típico previsiblemente será muy limitada (o, incluso, habrá riesgo de que el peligro sea presumido).

En aquellos supuestos en los que no pueda constatarse la existencia del resultado típico, la conducta solo podrá ser sancionada en vía administrativa.

4.5. Elemento subjetivo

El tipo subjetivo se integra con el dolo, que ha de abarcar, en su caso, el resultado de peligro típico (cabe dolo eventual). La modalidad de almacenar medicamentos exige, además, un elemento subjetivo del injusto distinto del dolo cual sería la finalidad de traficar con el medicamento. Ahora bien, como hemos visto, solo quien posee el medicamento para traficar con él cuenta con dicho elemento subjetivo, no así quien lo posea o guarde por cuenta de otro.

4.6. Iter criminis

En principio, no serían posibles formas de tentativa de las conductas puesto que la intermediación, el ofrecimiento, puesta en el mercado o almacenamiento ya podrían incorporar al tipo actos ejecutivos e incluso preparatorios de todas las demás conductas típicas.

4.7. Autoría y participación

Argumentos similares pueden alegarse en cuanto a la posibilidad de sancionar la participación, por cuanto la amplitud de la redacción típica podría estar convirtiendo a los partícipes en autores (por ejemplo, intermediación u ofrecimiento), lo que nos llevaría a sancionar de forma amplísima "la participación de la participación".

5. El art. 362 CP: elaboración de medicamento y productos sanitarios con alteraciones típicas

El art. 362 CP también fue reformado por la LO 1/2015, de 30 de marzo, que introdujo en este precepto un nuevo primer párrafo y modificó el que ahora es el segundo, si bien en este caso de forma mínima. La referencia a la reforma operada en 2015 no tiene, desde luego, mayor utilidad que la de atribuir la técnica jurídica utilizada, que rompe con la habitual forma de redacción de nuestro legislador penal y que, en el primer párrafo introduce una nueva modalidad delictiva que, pese a su apariencia, genera serias cuestiones interpretativas. Este precepto continúa con la intervención penal en el mercado de los medicamentos y productos sanitarios, si bien ahora se destina a la prohibición de presentarlos al mercado con datos falsos —en resumen. En este sentido, nos encontramos ante un delito que trata de evitar la publicidad engañosa, así como la falsificación de las características, funciones y efectos de medicamentos y productos sanitarios lo que, además de atentar contra los intereses (económicos) de quienes los consumen o contra los intereses (económicos) de los competidores, pone en riesgo la salud y la vida de eventuales consumidores.

El precepto, como hemos dicho, tiene como objeto garantizar que los medicamentos y productos sanitarios puestos en el mercado cumplen con las expectativas derivadas de la información que ofrecen (primer párrafo) o de lo que deberían ofrecer, según lo autorizado o declarado ante la Administración sanitaria autorizante o encargada del control de la seguridad del producto (medicamento o producto sanitario).

5.1. El art. 362.1 CP

El primer párrafo sanciona con pena de prisión —de 6 meses a 4 años—, multa e inhabilitación especial, a quien "elabore o produzca de modo que se presente engañosamente" alguno de los aspectos que a continuación enunciaremos y que, básicamente, son: identidad, origen, cumplimento de requisitos normativamente establecidos o historial. Antes de entrar en análisis de tales aspectos, es preciso detenerse en la conducta típica "*elaborar o producir*" —que son sinónimos, lo que resulta reiterativo y, por tanto, uno de los dos, innecesario— "*de modo que se presente engañosamente*" el producto.

Las conductas típicas, elaborar o producir, hacen referencia al proceso de fabricación del medicamento o producto sanitario, sustancia activa o excipiente. La amplitud del objeto de elaboración o producción debe ser restringida interpretativamente para limitarla, no a cualquier componente de un componente del producto final, sino o bien al producto final o bien a un elemento esencial (totalmente constituido) para la elaboración del producto final.

El tipo restringe o define qué procesos de producción serán típicos: aquellos que ofrezcan al consumidor un producto final en el que se "*presenten engañosamente*" una serie de elementos característicos de dicho producto. Este propio elemento típico —presentar engañosamente— no es tampoco fácil de interpretar y, para entenderlo, es preciso analizar previamente el objeto o datos que han de ser "engañosamente presentados" y que son enumerados por el precepto de una forma excesivamente casuística.

El objeto que ha de presentarse engañosamente es un medicamento —nos remitimos a lo dicho con anterioridad— pero también puede serlo "*una sustancia activa*" o un "*excipiente de dicho medicamento*"; es decir, el medicamento —humano, veterinario o en investigación— o una parte del mismo. Aunque, ciertamente, si se miente sobre una parte, en realidad también se está mintiendo sobre el todo, por lo que tanta precisión quizá no sea realmente útil. No son objeto del tipo, sin embargo, aquellas sustancias que "*podrían ser*" sustancias activas o excipientes en medicamentos; tan solo aquellas que ya están incluidas en un medicamento como parte del mismo, según se desprende de la propia redacción típica. O, dicho de otro modo, la falsificación de "precursores" o de sustancias que podrían ser utilizadas como excipiente o sustancia activa en medicamentos —pero que no lo han sido— no es típica.

También son objeto del delito los productos sanitarios, en el sentido definido en relación con el precepto anterior, incluyendo aquí accesorios y elementos o materiales que sean esenciales para su integridad (por ejemplo, funda donde se guarda el producto sanitario) o partes del mismo (elementos o materiales esenciales para su integridad), como sería la rueda de una silla de ruedas. Pero aquí también es preciso detenerse críticamente recordando que el todo es la suma de las partes y que si se falsifica una parte también se está falsificando el todo.

"Accesorio" es todo utensilio auxiliar para el funcionamiento del producto sanitario. Esta amplísima interpretación debe ser restringida para considerar incluidos en el tipo únicamente repuestos o recambios y no otros accesorios que no son "*esenciales*" para "*la integridad del producto*".

A pesar de la complejidad del precepto, podría interpretarse que lo que el tipo trata de impedir y sancionar sería una especie de falsificación de medicamentos o productos sanitarios, bien porque se engaña en relación con el contenido, bien porque el engaño afecta a su presentación externa suplantando a otros productos o medicamentos o creando una falsa realidad en torno a su composición o autorización. En definitiva, se está creando una apariencia falsa en torno a la autenticidad de un medicamento o producto y sus propiedades, lo que convertiría al delito en una especie de "timo del medicamento".

El producto o medicamento que se fabrica o elabora no es lo que debe presentarse engañosamente, sino aquellos aspectos que enuncia este primer párrafo, a saber:

1) su **identidad** (o sea, se presenta como "aspirina" un medicamento que no es "aspirina"). En la identidad, según el propio precepto, se incluye, la falsificación del envase, etiquetado, fecha de caducidad, nombre o composición de los

componentes —o sea, no la no la composición del medicamento o producto sanitario, sino la composición de los componentes— o la dosificación de los mismos —lo que ha de entenderse en el sentido de alterar la dosis concreta de un componente en el medicamento o producto;

2) **origen** (por ejemplo, se presenta como hecho en España un medicamento hecho en Portugal). Debe entenderse por "origen", tanto el país de fabricación, como el del fabricante. En este punto también puede ser objeto de falsificación el titular de la autorización de comercialización o de los documentos de conformidad. Entendemos que a "el país de fabricación" se refiere al Estado donde se elabora o fabrica el objeto, y "el país de origen" se refiere al Estado que emite la autorización de comercialización o documentos de conformidad, aunque ello, sin duda, exige un esfuerzo exegético.

3) **documentación** sobre el objeto: se habrán de falsificar los datos "relativos al cumplimiento de requisitos o exigencias legales" —por ejemplo, se afirma que ha sido aprobado por la autoridad sanitaria y no es cierto; licencias, documentos de conformidad o autorizaciones. Más allá de que la licencia es una forma de autorización administrativa, el tipo incluye también todos los documentos que acreditan que el objeto ha sido sometido al control administrativo correspondiente. Lo típico será crear la falsa impresión de que se han cumplido con todos los trámites administrativos legalmente exigibles para la puesta en circulación del producto y para la elaboración.

4) **historial**. Podría interpretarse que el legislador se está refiriendo a que se falsifica la trazabilidad del objeto.

Llegados a este punto, cuando se ha elaborado un medicamento o producto, al que se reviste de estos datos falsos, para que la conducta sea típica es necesario que se cumplan aún dos requisitos:

1) que esté destinado al consumo público o al uso por terceras personas. Con ello se pretende excluir la elaboración de medicamentos o productos para consumo o uso propio, aunque, en ese caso, si no se va a comercializar o vender no parece probable que quien lo fabrica para sí se dedique a falsificar la identidad, origen, documentación o historial.

2) que la "*elaboración de modo que se presente engañosamente*" "*genere un riesgo para la vida o la salud de las personas*", que sería el resultado típico. Y es, precisamente, en este punto, a la hora de interpretar el resultado típico, donde el precepto —complejo, reiterativo y confuso— acaba de confundir al intérprete. Este último requisito constituye el resultado típico, que ha de ser constatado para la consumación del tipo.

Especiales problemas de concursos normativos se plantean entre los arts. 361, 362.1 y 362.2 CP, porque algunas de las conductas son subsumibles en cualquiera de los tres preceptos indistintamente. Así, por ejemplo, la elaboración de un medicamento en el que se presenta fraudulentamente una autorización inexistente (art. 362.1 CP), también podría ser subsumida como conducta típica en el art. 361 CP, que tipifica, como vimos, fabricar medicamentos sin autorización (o sea, lo mismo) solo que en este caso con una pena inferior (véase a continuación "Penalidad"). En estos casos, habría que acudir al art. 8.4 CP, sería de aplicación el art. 362.1 o 2 del CP. La comercialización de los medicamentos o productos típicos a efectos de este art. 362.1 CP sería típica en aplicación del art. 362 bis que, en caso de concurrencia con el art. 361 CP, sería de aplicación preferente también en base al principio de alternatividad.

Especiales cuestiones se plantean en torno a la utilización de magia, supercherías o prácticas derivadas de una determinada ideología, religión o creencia, cuando se usa un producto inocuo, pero puede crear un riesgo para la vida o la salud al propiciar que se abandone otro tratamiento médico que es efectivo. Entendemos que estas conductas no serían típicas, salvo que la sustancia alternativa inocua (o producto inocuo) se presentare como medicamento, falsificando, por ejemplo, la composición, sin perjuicio de las posibles responsabilidades por delito de estafa.

5.2. El art. 362.2 CP

El art. 362.2 CP sanciona con la misma pena que el apartado anterior la alteración, al fabricarlo o elaborarlo o en un momento posterior, de elementos esenciales del producto, que son la cantidad, la dosis, la caducidad o la composición genuina, del contenido de un medicamento, producto sanitario, excipientes, accesorios, elemento o materiales mencionados en el apartado anterior, según lo declarado o autorizado siempre que se cumplan dos requisitos:

1) se reduzca su seguridad, eficacia o calidad
2) genere un riesgo para la vida o la salud de las personas

Así construido, el precepto parece querer dar un paso más en la intervención penal en el mercado de los productos sanitarios, en sentido amplio. De este modo, el primer apartado tipificaría la elaboración o producción y este segundo, la alteración, en el momento de la fabricación o en un momento posterior.

Sin embargo —como ya hemos advertido—, lo cierto es que resulta realmente difícil delimitar los ámbitos de actuación de ambos preceptos, ardua tarea a la que la redacción típica no ayuda en absoluto. Para empezar, ambos comparten la conducta típica elaborar; ambos implican alterar la sustancia o producto y ambos comparten objeto (de la alteración). Así, al intérprete se le plantea la duda de cuál es la diferencia entre elaborar un producto de modo que se "*presente engañosamente la fecha de caducidad*" (primer apartado) o "*alterar la fecha de caducidad según lo declarado*" (segundo apartado). Aparte del indiscutible margen de mejora de la redacción del primer apartado, ambos exigen falsear la fecha de caducidad. De modo que cuando esta alteración fraudulenta (expresión más reducida y fácilmente perceptible que bien podría sustituir a la exhaustiva descripción típica) de la caducidad (pero también de la cantidad, la dosis o la composición genuina) se produzca en el momento de la elaboración, será susceptible de integrar ambos tipos penales y es difícil encontrar argumento para optar entre uno u otro apartado. Cuando la alteración se produzca en un momento posterior al de la producción (fabricación o elaboración; verbos típicos sinónimos que hacen referencia al mismo momento y cuya utilización en un mismo precepto, probablemente tenga por finalidad mostrar la riqueza de nuestra lengua), entonces sí será de aplicación, sin lugar a dudas, el apartado segundo.

Igualmente plantea serias dificultades la diferenciación entre "*composición de cualquiera de sus competentes*" (primer apartado) y "*composición genuina*" (segundo apartado). La composición genuina incluye a los principios activos y los excipientes (segundo apartado) y dejará de ser genuina si se ve alterada la "*composición de cualquiera de sus componentes*" (primer apartado). En resumen, que, en relación con el momento de la fabricación, se podría afirmar que el primer apartado ya contiene las conductas tipificadas en el segundo, de modo que, la función de este último sería extender la sanción penal a un momento posterior a la fabricación de la alteración de la cantidad, dosis, caducidad o composición genuina.

Por cantidad hay que entender la cantidad de medicamento que se incluye en cada medicamento o producto comercial (entendido como un todo según su forma de presentación), por ejemplo, una caja de aspirinas o una caja con recambios para una sonda) y se hace difícil aplicarlo a productos sanitarios que se presenten como un único objeto sin partes.

Por dosis habrá que entender la cantidad o porción individualizada. Para diferenciarlo de la "*composición genuina*", la dosis hace referencia a la cantidad década porción, pero no a su composición. La alteración de la composición de la dosis total o de cada uno de los elementos que lo componen se considerará alteración de la composición genuina. En cualquier caso, estos términos típicos compadecen mal con los "*productos sanitarios*".

Ahora bien, el primer apartado no exige que la conducta engañosa "*reduzca la seguridad, eficacia o calidad*", aunque sí que genere un riesgo para la vida o salud; aunque lo cierto es que, el riesgo deberá producirse, indudablemente, por alguna de estas razones.

El mayor problema, por tanto, es el de la delimitación de los ámbitos de aplicación de ambas modalidades delictivas, si bien queda claro que ambos se refieren a la manipulación fraudulenta o bien de la sustancia o producto, o bien de los elementos que informan sobre el mismo.

5.3. Elemento subjetivo y concursos de delitos

Ambas modalidades delictivas, exigen dolo, sin que sea necesaria la concurrencia de ningún otro elemento subjetivo del injusto. El dolo debe abarcar la puesta en peligro de la vida y salud de las personas, pero no la producción de lesiones o muertes, pues, en este caso, nos encontraríamos, también, ante delitos de lesiones o tentativas de homicidio. En este último caso, en general, cabría concurso entre el delito de peligro (art. 362 CP) y las tentativas o delitos consumados de lesiones o muertes, habida cuenta de la general previsión del peligro de este precepto, salvo en el supuesto de que el peligro solo se hubiera creado y, además, *solo se hubiera podido crear*, para las personas que efectivamente sufrieron lesiones o muertes, donde solo se sancionaría, entonces por estos delitos.

6. *Conductas relacionadas con el comercio de medicamentos alterados (art. 362 bis CP)*

6.1. El tráfico de medicamentos y productos sanitarios con alteraciones típicas según el art. 362 CP

Si el art. 362 CP tipificaba la elaboración de medicamentos y productos sanitarios —y partes de los mismos— con alteraciones prohibidas, es decir, la primera fase del tráfico de sustancias y productos, el art. 362 bis CP se destina a la represión de la comercialización de los medicamentos y productos típicos a efectos de art. 362 CP.

Nos encontramos, pues, ante un elenco de conductas, todas ellas tendentes a poner en el mercado y a hacer llegar al consumidor medicamentos alterados y falsificados. Algunas de las conductas serían actos preparatorios cuya tipificación se realiza expresamente (como, por otro lado, es habitual en los delitos de tráfico de sustancias prohibidas). Las conductas típicas son importar, exportar, anunciar o hacer publicidad, ofrecer, exhibir, facilitar, expender, despachar, envasar, suministrar, intermediar, traficar, distribuir o poner en el mercado. Especial detenimiento merece la venta, concepto normativo que refiere a un acto jurídico con contraprestación económica por el que se transmite el dominio sobre un medicamento o producto sanitario (etc.), pues habría que distinguir, cosa que el precepto no hace, entre la venta con la finalidad de hacerlo llegar al consumidor final, pero sin haberlo entregado aún a este y la venta a otro intermediario, distribuidor o minorista. Habida cuenta de la reiteración innecesarias de verbos típicos, expender incluiría la venta al consumidor.

Quizá convenga detenerse en la diferenciación entre los términos "expender" y "despachar" que ha suscitado cierto debate jurisprudencial, no tanto en relación a que ambos son sinónimos —cuestión en la que hay unanimidad y, por tanto, convendría suprimir uno de los dos, y, en cualquier caso, revisar la redacción típica que incluye el amplísimo "*poner en el mercado*"—, cuanto en relación a si se trata de conductas que requieren contraprestación económica (a favor, STS 18-11-1991). La cuestión tiene trascendencia en la medida en que si la conducta atribuida lleva implícita la contraprestación económica no sería posible la aplicación de la agravante del art. 22.3 CP, puesto que el precio ya sería un elemento estructural de la conducta. Esta cuestión es relevante en la medida en que si bien algunas conductas parece que llevan implícita la idea de precio (importar, traficar, distribuir, etc.) lo cierto es que otras como facilitar no lo llevarían incorporado, lo que conduciría a que en unos supuestos no fuera posible la aplicación de la agravante y en otros sí. En la medida, sin embargo, en que, como ya hemos expuesto, nos encontramos ante delitos que tienen como finalidad la intervención en los mercados, la contraprestación va implícita, aunque en algún caso no se actúe o el verbo típico, en abstracto, no exija una contraprestación. En consecuencia, no es de aplicación a los tipos penales contenidos en este capítulo la agravante contenida en el art. 22.3 CP.

Del mismo modo que en los preceptos anteriores, la conducta típica tiene que generar un riesgo para la vida o la salud de las personas, pero, debe tenerse en cuenta que el propio producto por su forma de elaboración o presentación (típica a efectos del art. 362 CP) ya genera ese peligro.

Se trata de una modalidad dolosa, que no requiere otros elementos del injusto distintos del dolo de peligro.

6.2. La compra y depósito para destinarlos al consumo

La intervención penal en el tráfico de medicamentos y productos sanitarios se completa, en el segundo párrafo de este art. 362 bis CP, con la tipificación expresa de la adquisición y el depósito de los objetos de referencia. Ahora, para que el delito se consume, no es necesario que se constate la creación de un (nuevo) peligro, sino que el peligro típico es el que acompaña al objeto como consecuencia de la forma en que ha sido elaborado.

Las modalidades típicas son dos: adquirir y tener en depósito o poseer con la finalidad de destinarlos a fines de consumo o uso. Es, precisamente, el elemento subjetivo el que condiciona la tipicidad de la conducta. Ahora bien, adquirir para destinarlos al uso público es lo propio de las conductas de intermediar (se compra a uno y se vende a otro) o de expender (vender al por menor, pero antes, lógicamente, se ha tenido que adquirir). O, incluso, despachar o suministrar exige haber adquirido previamente y, desde luego, todas ellas pueden ir acompañadas de la posesión. Luego, la tipificación independiente de estas dos nuevas modalidades de conducta no aporta nada, habida cuenta de que son subsumibles en los verbos típicos del primer párrafo que ya tipifican toda conducta de participación en el mercado incluyendo actos de participación (facilitar).

Estas modalidades típicas exigen un elemento subjetivo distinto del dolo caracterizado por una específica finalidad que puede revestir, a su vez, tres modalidades:

a) finalidad de destinarlos al consumo público

b) finalidad de destinarlo al uso de terceras personas, que podría hacer referencia a productos sanitarios

c) finalidad de destinarlos a cualquier otro uso que pueda afectar a la salud pública, que podría hacer referencia a las sustancias activas y excipientes.

7. Falsificación documental sobre objetos destinados al uso sanitario (art. 362 ter CP)

Este precepto tipifica la conducta de quien falsifica un documento referido a cualquiera de los objetos sanitarios a los que nos estamos refiriendo en el art. 362 CP. Con ello, el precepto eleva a la categoría de autor a quien, en realidad, es un partícipe en el delito del art. 362 CP.

8. Penalidad y circunstancias agravantes

Precepto	*Pena prisión*	*Pena de multa*	*Penas de prisión y multa alternativas*	*Otras penas principales*
Art. 361	6 meses a 3 años	6 a 12 meses		Inhabilitación especial para profesión u oficio de 6 meses a 3 años
Art. 361 bis	1 a 3 años	6 a 12 meses	SI	Inhabilitación especial para profesión u oficio de 6 meses a 18 meses
Art. 362	6 meses a 4 años	6 a 18 meses		
Art. 362 bis	6 meses a 4 años	6 a 18 meses		Inhabilitación especial para profesión u oficio de 6 meses a 3 años
Art. 362 ter	6 meses a 2 años	6 a 12 meses		Inhabilitación especial para profesión u oficio de 6 meses a 2 años
Art. 362 quáter	Penas superiores en grado a las señaladas en los arts. anteriores			

Las penas previstas en los arts. 361, 362, 362 bis y 362 ter CP —queda excluido el art. 361 bis CP— pueden alcanzar la pena superior en grado cuando, según el art. 362 quáter CP, concurra alguna de las circunstancias siguientes:

1) por razón del sujeto, se agravará la pena cuando el sujeto activo sea:

1.1. autoridad, funcionario público, facultativo, profesional sanitario, docente, educador, entrenador físico o deportivo, siempre y cuando tales autores obraren en el ejercicio de su cargo (art. 362 ter 1ª CP)

1.2. responsable o empleado en establecimientos abiertos al público (art. 362 ter 4ª CP)

2) por razón de la pertenencia a organización o grupo criminal que tuviera como finalidad la comisión de este tipo de delitos (art. 362 ter 3ª CP)

3) por razón del sujeto pasivo o víctima: se incrementará la penal cuando las sustancias o productos se hubieran ofrecido a:

3.1. menores de edad,

3.2. personas con discapacidad necesitadas de especial protección

3.3. o personas especialmente vulnerables en relación con el producto facilitado, entre las que se incluirían personas que padecieran una enfermedad a la que vaya dirigido especialmente el medicamento o producto sanitario o personas que padezcan de alguna dependencia del mismo.

Finalmente, el art. 366 CP prevé expresamente la responsabilidad de las personas jurídicas por la comisión de estos delitos.

V. DELITO DE DOPAJE

1. Consideraciones generales

La LO 7/2006, de 21 de noviembre, de protección de la salud y de lucha contra el dopaje en el deporte introdujo el denominado "delito de dopaje" en el art. 361 bis CP con la finalidad de "castigar el entorno del deportista y preservar la salud pública", según su Exposición de Motivos; precepto que, posteriormente, se renumera como art. 362 quinquies CP (LO 1/2015, de 30 de marzo) manteniendo el mismo contenido.

La introducción de este precepto fue acompañada, en su momento, de numerosas críticas doctrinales acerca de la necesidad de intervención penal en esta materia y sobre si, en su caso, era preciso un tipo específico (BENÍTEZ ORTÚZAR). Con algunas opiniones en contra (CORTÉS BECHIARELLI), la Doctrina, finalmente, parece haberse decantarse por considerar innecesaria la intervención penal en todo caso (ROLDÁN BARBERO) o mediante un tipo específico (DÍAZ Y GARCÍA-CONLLEDO). Por su parte, ROCA DE AGAPITO considera que el antiguo art. 361 bis CP y actual 362 quinquies CP cumplen meramente funciones simbólicas, en tanto que GARCÍA ARÁN considera que, además, es innecesario. La Doctrina considera que el bien jurídico protegido es la salud pública y, desde esta perspectiva, ciertamente, el precepto es innecesario. Ahora bien, si como defenderemos en estas páginas, lo que se protege es la salud de los "deportistas" —esto es, bien jurídico de carácter individual—, la introducción de este precepto cobra sentido en tanto que, como delito de peligro, trata de prevenir y sancionar conductas que aún no han originado una lesión o que aún no se puede detectar si la ha generado y que no afectarían a la salud pública —en caso contrario habría que construir los consiguientes concursos de delitos. Pero, además, desde una perspectiva político criminal, la intervención penal mediante un tipo específico frente al dopaje solo se puede explicar por la necesidad de proteger al deportista de las presiones a que su entorno (en el sentido más amplio del término) le somete para que se supere. Otra cosa es la corrección técnica del precepto.

Por otro lado, sólo si el bien jurídico protegido tuviera carácter individual sería posible la identificación de los sujetos pasivos del delito, tal y como hace el precepto, incluso definiendo sus características y requisitos (determinados grupos de deportistas).

El dopaje consiste en someter a una persona a tratamientos con sustancias que potencian de forma artificial las capacidades naturales o aumentan un rendimiento específico en la práctica de actividades deportivas, sometiendo la salud a una situación de estrés y a riesgos derivados de los posibles efectos secundarios del uso de sustancias y que, normalmente, tienen como finalidad y efecto alterar la igualdad de concurrencia en las competiciones deportivas, si bien existe acuerdo en que esta circunstancia es ajena al tipo. El precepto, como veremos, tipifica conductas que no se ajustan perfectamente a este concepto de dopaje, pero que tienen idéntica finalidad.

2. Bien jurídico protegido

El art. 362 quinquies CP exige de forma explícita la puesta en peligro de la vida o salud de los propios deportistas, por lo que el bien jurídico protegido ha de analizarse en clave individual —la vida y la salud de las personas (o de los deportistas)—, aunque, como pone de manifiesto BENÍTEZ ORTÚZAR, la referencia a bienes jurídicos individuales bajo el epígrafe de "delitos contra la salud pública", dificulta la calificación, lo que le invita a concluir que el bien jurídico sería la integridad deportiva, entendida como el derecho fundamental de los jugadores a participar en actividades libres de dopaje. En similar sentido se pronuncia RUIZ

RODRÍGUEZ, para quien, además, se tutela de forma mediata la libre competencia en el deporte, siguiendo una línea doctrinal alemana y fundamentándose en la finalidad típica de "modificar los resultados de las competiciones". Ahora bien, la configuración de bienes jurídicos basándose en derechos, por más que sea práctica habitual, no deja de ser una contradicción, porque hay consenso en considerar que el bien jurídico es un valor y, por lo tanto, mejor no definirlo como un derecho. Por otro lado, el resultado típico remite a vida y salud, por lo que otras consideraciones de política criminal que hayan podido motivar al legislador, no alcanzan la categoría dogmática de bien jurídico protegido penalmente. En cualquier caso, conviene sumarse a la mayoritaria postura doctrinal que reclama la revisión *de lege ferenda* del precepto.

Como hemos visto, parte importante de la Doctrina y la Jurisprudencia optan por considerar que el bien jurídico protegido es de carácter colectivo (la salud pública). Así las SSAP, Cádiz, 194/2017, 4-9 (*Tol 6451230)*, o Madrid, 112/2022, 3-3 (*Tol 8967528)*. Por su parte, la SJP, nº 21, Madrid, 144/2013, 29-4, considera que protege un bien jurídico intermedio de carácter indisponible. Ciertamente, la opción por la consideración del bien jurídico "salud de las personas" podría plantear la cuestión de la posible disponibilidad del bien jurídico por parte de los sujetos pasivos —lo que nos llevaría al problema del debate sobre la validez del consentimiento— y las razones de política-criminal por las que se interviene penalmente en este ámbito. En este punto, la existencia de razones que justifiquen la intervención penal para proteger a los deportistas, incluso aunque hayan emitido un consentimiento formalmente válido, no significa que estas razones de política criminal se conviertan en bienes jurídicos o requieran recurrir a la construcción dogmática de los bienes jurídicos intermedios o de los bienes jurídicos mediatos. Efectivamente, existen razones de política criminal que impulsan la intervención penal —la situación de competencia que puede forzar a las y los deportistas y a su entorno a recurrir a productos o técnicas peligrosas para su salud, aunque también, otras razones para garantizar la igualdad y el juego limpio en el deporte. Ahora bien y, en cualquier caso, se rechaza doctrinalmente que el juego limpio sea objeto de protección en este precepto.

En definitiva, por tanto, los bienes jurídicos protegidos en el precepto son de carácter individual (vida y salud de las personas) —en este sentido también SÁNCHEZ-MORALEDA VILCHES— y tiene la finalidad de elevar a la categoría de delito la inducción y la cooperación en la práctica del dopaje. O, dicho de otra forma, de modo similar a lo que sucede, por ejemplo, en relación con el delito de inducción y participación en el suicidio ajeno, el ordenamiento jurídico reconoce la capacidad de disponer sobre el propio cuerpo del individuo, pero prohíbe y sanciona a los terceros partícipes.

3. Sujetos activo y pasivo

Nos encontramos ante un delito común en el que sujeto activo puede serlo cualquiera, ya tenga relación en el ámbito deportivo con el sujeto pasivo (entrenador, masajista, directivo del club, etc.) o no (familiar, amigo, etc.), y con independencia de su formación técnica, excepto el propio deportista respecto de sí mismo. Incluso puede ser sujeto activo un deportista cuando realiza las conductas típicas respecto de otros o los padres o responsables legales del menor de edad, en este caso, incluso en comisión por omisión (DOMÍNGUEZ IZQUIERDO).

No puede ser objeto de alabanza la redacción típica del art. 362 quinquies CP en la enunciación del sujeto pasivo del delito (y objeto de la conducta típica). Serían, según el propio tipo penal, sujetos pasivos los "(1) deportistas federados no competitivos, (2) deportistas no federados que practiquen el deporte por recreo o (3) deportistas que practiquen en competiciones organizadas en España por entidades deportivas". En cualquier caso, el sujeto pasivo es un deportista, entendiendo por tal toda persona que practique un deporte; es decir, cualquiera de las actividades físicas o intelectuales (ajedrez) reguladas que son susceptibles de federación o son organizadas por "entidades deportivas". Esta delimitación del sujeto pasivo supera el concepto normativo de "deportista" ofrecido por el art. 4 de la LO 11/2021, de 28 de diciembre, de lucha contra el dopaje en el deporte, ni del art. 21 de la Ley 39/2022, de 30 de diciembre, del deporte —que hace depender, a los efectos del Derecho administrativo, la condición de deportista de la pertenencia o realización de la actividad dentro del ámbito de una entidad deportiva. En consecuencia, el concepto de deportista manejado por este precepto es autónomo de la normativa administrativa. Así, a efectos del delito de dopaje, deportista será quien practique un deporte, concepto también extraordinariamente amplio, que se ha de interpretar, conforme a su significado gramatical, como actividad física, ejercida como juego o competición, cuya práctica supone entrenamiento y sujeción a normas (RAE).

Ahora bien, no toda persona que practica cualquier deporte (deportista) puede ser sujeto pasivo del precepto. Solo podrán ser sujetos pasivos del delito aquellos deportistas que reúnan los requisitos típicos, es decir: federados no competitivos; no federados que practiquen el deporte por recreo; o federados o no que participen en competiciones organizadas en España por entidades deportivas.

A tales efectos ha de entenderse por "entidades deportivas" (elemento normativo del tipo), las reconocidas como tales por la ley correspondiente (actualmente Ley 39/2022, de 30 de diciembre) y que pueden ser inscritas en Registro Estatal de Entidades Deportivas.

La mención expresa de deportistas no federados que practiquen el deporte por recreo permite considerar sujetos pasivos —y, en consecuencia, ser susceptibles de padecer el "dopaje típico"— a las víctimas del denominado "narcotráfico de gimnasio", es decir, personas que practican deportes de gimnasia (musculación, halterofilia, kárate o similares) de forma ocasional o de recreo (DE VICENTE MARTÍNEZ). Desde una perspectiva político-criminal no existen razones para excluir estos supuestos, lo que obligaría a acudir a un concepto amplio de "deportista" —elemento descriptivo del tipo— como hemos dicho, que incluyera a toda persona que, profesionalmente o por recreo, periódicamente o de forma esporádica, ejercita algún deporte o actividad física reglada. A efectos de este precepto, la nacionalidad de la persona sometida a dopaje —y, en general, calificada como deportista— es indiferente.

Ahora bien, la casuística enunciación de requisitos para ser sujeto pasivo obliga también a excluir a:

1°) Las actividades deportivas que no cuentan con federación cuando no se practiquen en competiciones organizadas en España por entidades deportivas —por ejemplo, quienes practiquen *airsoft* (actividad deportiva no federable, pese a la existencia de una asociación que se autodenomina federación) no competitivo o en competiciones no organizadas por entidades deportivas.

2°) Las actividades físicas que no pueden ser calificadas como deporte porque no se rigen por reglas que lo identifican. Por ejemplo, los grupos esporádicos de paseantes montañeros de fin de semana.

3°) Las actividades físicas similares a las anteriores que tengan como finalidad la preparación física para acceder a determinados trabajos o propias de determinados trabajos.

4°) A los deportistas federados competitivos (profesionales del deporte) que compiten fuera de España. Según el tenor literal del art. 362 quinquies CP quedarán excluidos del tipo los deportistas federados competitivos, salvo que "participen en competiciones organizadas en España por entidades deportivas". O, dicho de otra forma, no es punible el dopaje respecto de estas personas salvo que estén participando en dichas competiciones en España. Si no participan en España, la conducta será impune (en contra DOMÍNGUEZ IZQUIERDO). Ciertamente se hace difícil entender la finalidad del precepto, salvo no juzgar a deportistas internacionales que vivan o se encuentren en España sin realizar actividades deportivas excluyendo para este caso concreto las reglas de competencia de los tribunales españoles y de aplicación de la ley penal. En cualquier caso, lo cierto es que pone de manifiesto las limitaciones del precepto y su amplio margen de mejora.

5°) A los deportistas federados competitivos que practiquen en competiciones organizadas en España por personas o entidades no deportivas (por ejemplo, el deportista federado competitivo que participa en España únicamente en competiciones organizada por una ONG sin ánimo de lucro). No deja de ser un contrasentido que los deportistas federados no competitivos o los no federados que practiquen deporte vean protegida su salud frente al dopaje más allá de nuestras fronteras en tanto que si el deportista federado es "competitivo" su salud solo se proteja si compite en España en competiciones organizadas por entidades deportivas.

La expresión "competiciones organizadas en España" parece que debe entenderse como que se desarrollan y ejecutan en territorio español. Ahora bien, con la finalidad de permitir un ámbito mayor de aplicación del precepto, quizá pudieran incluirse aquellas organizadas por entidades deportivas españolas y que organizan el evento deportivo en España, aunque no se desarrollen en su totalidad (o, incluso, en absoluto) en España. Ahora bien, estos esfuerzos interpretativos no vienen más que a poner de manifiesto la defectuosa redacción del precepto —que, además, impediría perseguir penalmente y, por supuesto, denegar la extradición— a quienes hubieren realizado las conductas típicas sobre deportistas federados que compiten exclusivamente fuera de España; lo que, si no fuera por la oscuridad del precepto, podría, incluso *generar una tenue sombra de duda sobre la limpieza del deporte internacional.*

4. Conductas típicas

4.1. Tipo básico

El Legislador sanciona hasta siete conductas diferentes —prescribir, proporcionar, dispensar, suministrar, ofrecer y facilitar— todas ellas relacionadas con el suministro de sustancias dopantes lo que ha sido seriamente criticado por contener reiteraciones innecesarias (SUÁREZ LÓPEZ); porque equipara la sanción penal de conductas de distinta gravedad —como prescribir o facilitar— y porque amplía exageradamente la tipicidad incluyendo auténticos actos preparatorios de otra forma probablemente impunes. De ahí que la restricción deba venir de la mano del resultado típico que consiste en la puesta en peligro de la vida o salud de los sujetos pasivos (delito de peligro concreto). El principio de insignificancia permitirá considerar atípicas las conductas de bagatela o mínimamente lesivas que generen un peligro mínimo incluso a largo plazo.

Se trata de un tipo mixto alternativo (DE VICENTE MARTÍNEZ), por lo que quien realice varias conductas de modo sucesivo respecto de un mismo sujeto pasivo o un grupo de ellos en una misma situación típica —médico de un club respecto de todos o varios de los deportistas a su cargo en la ejecución de un mismo plan criminal— no comete varios delitos (los perjuicios causados, así como la responsabilidad civil se valoraran penalmente de forma independiente para cada deportista).

Según la SAP, Oviedo, Sección 3ª, 40/2017, 18-11, las conductas de prescribir y dispensar solo pueden ser cometidas por determinados profesionales de la salud; cuestión, por cierto, escasamente significativa, porque cuando quien proporcionare la sustancia no lo fuera, su conducta sería subsumible en cualquiera de las otras modalidades típicas.

Para que la conducta sea típica deben reunirse cuatro requisitos:

1º) que se trate de sustancias prohibidas o métodos antirreglamentarios,

2º) que no exista una justificación terapéutica,

3º) que estén destinadas a aumentar las capacidades físicas o a modificar los resultados de las competiciones,

4º) y, finalmente, que pongan en peligro (concreto) la vida o salud del sujeto pasivo.

Objeto de la conducta son las sustancias prohibidas o métodos no reglamentarios. La expresa referencia al carácter prohibido o no reglamentario indica que se trata de elementos normativos del tipo que han de ser interpretados conforme a la normativa deportiva. Para la identificación de las sustancias prohibidas o métodos no reglamentarios habrá que acudir a la lista publicada periódicamente por el Consejo Superior de Deportes que reproduce el Anexo I de la Convención contra el Dopaje en el deporte que actualiza anualmente la Agencia Mundial Antidopaje ("Lista de prohibiciones"). Ahora bien, la ausencia de una remisión expresa a dicha lista impide considerar al precepto una ley penal en blanco y considerar que ambos conceptos (sustancias prohibidas y métodos no reglamentarios) son elementos normativos del tipo (en contra, opinión mayoritaria y, expresamente, entre otros DOMÍNGUEZ IZQUIERDO). De hecho, la Lista de prohibiciones de año 2024 no contempla métodos no reglamentarios, sino que tan solo se refiere a métodos prohibidos. Como consecuencia, también podrán ser consideradas típicas las conductas que utilicen sustancias que están prohibidas con carácter general por ser nocivas para la salud de las personas, aunque no estén incluidas en la Lista de prohibiciones de la Agencia Mundial Antidopaje. Un criterio interpretativo más estricto será necesario utilizar en relación con la expresión típica "métodos no reglamentarios" que, aunque no están enunciados como tal en la Lista de prohibiciones, serán aquellos prohibidos por el Consejo Superior de Deportes, sin que puedan incluirse por analogía otros similares.

> DOMÍNGUEZ IZQUIERDO pone de manifiesto los inconvenientes de considerar que el tipo contiene una ley penal en blanco que remita a la Lista de prohibiciones, pues esta puede contener prohibiciones de sustancias mediante fórmulas abiertas que quiebren la exigencia de *lex certa* propia de los principios de legalidad y taxatividad.

Como elemento normativo del tipo —de valoración global del hecho, que adelanta el juicio sobre la antijuridicidad de la conducta— se exige que la conducta haya sido realizada "sin justificación terapéutica". El error sobre la ausencia de justificación terapéutica debe ser tratado como error de tipo. Los deportistas profesionales o que compiten pueden tener restringido el uso de algunos medicamentos en el ámbito deportivo, incluso cuando es con justificación terapéutica. Cuando antirreglamentariamente se está suministrando a un deportista una sustancia o medicamento por razones terapéuticas, la conducta no será típica, aunque sea constitutiva de una infracción administrativa.

Por otro lado, el consentimiento del deportista no excluye la tipicidad ni sirve como causa de justificación porque de la circunstancia 2ª del párrafo siguiente ("*que se haya empleado engaño o intimidación*" o "*que la víctima sea menor de edad*") cabe deducir que la conducta se ha realizado con el consentimiento del sujeto pasivo —aunque pudiera estar invalidado por una situación de vulnerabilidad o dependencia. En este sentido ya hemos advertido que el precepto tipifica la participación en un acto impune, lo que lo asimila al delito de inducción o cooperación al suicidio ajeno.

Cuando el sometimiento a tratamiento tenga una justificación médica, la conducta será atípica y así ha de considerarse el tratamiento que deben seguir personas por razón de su identidad sexual o de género u otros motivos relacionados con la salud física o psíquica. GARCÍA ALBERO considera que esta exclusión de la tipicidad beneficia exclusivamente a profesionales de la salud y no "a otros colectivos de potenciales sujetos activos, pues adolecen de capacitación profesional para efectuar una valoración terapéutica de los productos y de sus efectos". No compartimos, sin embargo, esta restricción, pues habida cuenta de la amplitud de las modalidades típicas de conducta, es posible que, con finalidad y justificación terapéutica, la sustancia prohibida sea suministrada por un familiar, el entrenador, etc., bajo supervisión o prescripción médica, sin necesidad de que quien suministra o administra tenga tal cualificación.

4.2. Resultado típico, consumación e iter criminis

Nos encontramos ante un delito de peligro concreto (también así MORILLAS CUEVAS) que exige la puesta en concreto peligro de la vida o la salud de las personas, sin perjuicio de que mediante alguna de las modalidades típicas sea realmente difícil producir dicho resultado.

Como delito de peligro concreto, la consumación exige la puesta en peligro concreto de la vida o salud de una persona (al menos) con independencia de que se hayan producido o no resultados lesivos. Una vez se constate la puesta en peligro concreto, el delito se entenderá consumado. Dicho resultado típico de peligro se puede producir también en comisión por omisión (ROCA DE AGAPITO, CORTÉS BECHIARELLI). Se ha debatido si, habida cuenta de que nos hallamos ante un delito de resultado, la tentativa sería punible (MORILLAS CUEVA). Formalmente sería posible (GARCÍA ALBERO), pero, dada la amplitud de las conductas típicas que, como hemos advertido, elevan a la categoría de delito consumado conductas que serían simples tentativas e, incluso, actos preparatorios, aquellas conductas que no se materialicen realmente en un peligro, entrarán fácilmente en las modalidades de ofrecer y facilitar, que, por cierto, y como ya hemos advertido, difícilmente pondrán en peligro concreto a los deportistas.

Por tanto y, en resumen, la tentativa no es punible, pues lo contrario significaría una extensión extraordinaria del ámbito de lo punible.

Distinto es el supuesto en el que, con ánimo de beneficiar a otro deportista y desconociéndolo del sujeto pasivo, se le suministren las sustancias. En este caso, aunque por cuestión de dosis no se hubiera llegado a producir una lesión, se podría hablar de una tentativa de lesiones dolosas.

5. Tipo subjetivo

La conducta, que puede ser realizada con dolo eventual, debe ir acompañada de un específico elemento subjetivo del injusto consistente a la finalidad o intención (alternativa) de "aumentar sus capacidades físicas" o de "modificar los resultados de las competiciones". Se trata, por tanto, de un delito de resultado cortado y no es posible su comisión de forma imprudente.

Por capacidades físicas deben entenderse aquellas que hacen referencia a la aptitud para el ejercicio del deporte (fuerza, resistencia, velocidad, pulsaciones por segundo, capacidad pulmonar, etc.). Las sustancias que únicamente mejoran o potencian las capacidades psicológicas deben quedar fuera del tipo. Alternativamente, las sustancias o métodos pueden perseguir la "alteración del resultado de las competiciones", lo que permitiría incluir aquellos supuestos de dopaje que tienen como finalidad favorecer a otro competidor —siempre que cumpliera los demás elementos del tipo. En ninguno de los dos supuestos en necesario para la consumación del tipo que efectivamente se logre el fin propuesto.

6. Circunstancias y penalidad

El segundo párrafo del art. 361 bis CP impone la pena en su mitad superior cuando el delito se perpetre concurriendo alguna de las circunstancias siguientes:

1ª. Que la víctima sea menor de edad, cualificación que se fundamenta en la minoría de edad y mayor vulnerabilidad de la víctima (entendiendo por tal el sujeto pasivo). Para construir este tipo agravado el Legislador ha tenido en cuenta la mayor vulnerabilidad del menor, por su edad y por los mayores efectos que pueden producir las sustancias y métodos prohibidos.

2ª. Que se haya empleado engaño o intimidación. El fundamento de la agravación es el mayor desvalor de acción que acompaña a la conducta que anula la voluntad del sujeto pasivo. De la existencia de esta circunstancia cabe deducir que las conductas del tipo básico se realizan con el consentimiento del sujeto pasivo. No puede entenderse por intimidación la presión psicológica ambiental del entorno del deportista, sino que es preciso que se ejerza directamente sobre el mismo y que sea determinante para la ingesta. Cuando la conducta no implique intimidación (*vis psíquica*) sino directamente violencia, habrá que acudir a un concurso del tipo básico en el delito de coacciones.

3ª. Que el responsable se haya prevalido de una relación de superioridad laboral o profesional. El mayor desvalor de acción de esta modalidad agravada viene determinado por la capacidad para mermar o eliminar el consentimiento válido del sujeto pasivo.

Se echa en falta una circunstancia que permita agravar la pena cuando, sin concurrir ninguna de las anteriores, los sujetos pasivos afectados sean muy numerosos o las conductas se dilaten en el tiempo o sean variadas y persistentes.

El art. 362 sexies CP permite el decomiso de las sustancias y productos a que se refieren los arts. 359 y ss. CP y el art. 366 CP permite extender la responsabilidad a las personas jurídicas.

7. Concursos

Cuando el peligro creado se materialice en un resultado lesivo contra la vida o la salud de las personas, habrá que distinguir dos supuestos: si el peligro se circunscribe a quienes padecieron la lesión, será de aplicación el art. 8.3 CP. Ahora bien, cuando el peligro haya sido padecido por varios sujetos pasivos y solo uno o alguno haya sufrido la lesión, entonces, habrá que acudir a un concurso de delitos entre las lesiones producidas y el delito de peligro del art. 362 quinquies CP.

El precepto ahora analizado debe ser considerado ley especial respecto de otros preceptos contenidos en el mismo capítulo.

VI. DELITO ALIMENTARIO

1. Consideraciones generales

Algunos ejemplos de graves fraudes alimentarios ocurridos en España (caso del aceite de colza desnaturalizado) o en otros estados (caso de las vacas locas en Reino Unido; el de la leche para lactantes en China, etc.) han puesto de manifiesto la necesidad de intervenir penalmente para reforzar el control sobre la seguridad alimentaria. La realidad muestra, sin embargo, que surte mayores efectos preventivos un buen control administrativo, consideración que no debe olvidarse desde una perspectiva político-criminal. La intervención penal se verá condicionada, una vez más en este capítulo, por la previa normativa administrativa que regula y controla el mercado alimentario.

Objeto de las conductas típicas de los arts. 363 y 364.1 CP son los alimentos; por tal hay que entender toda sustancia susceptible de ser utilizada como nutriente, fruitivo, producto dietético o componente de otros alimentos complejos (por ejemplo, la harina en el pan).

Esta definición se fundamenta en una interpretación teleológica a partir del Código Alimentario aprobado por Decreto 2484/1967, de 21 de septiembre, por el que se aprueba el texto del Código Alimentario Español. Nos encontramos, por tanto, con un concepto amplísimo que incluye sustancias no meramente nutritivas. Estos preceptos recurren a diversos términos para hacer referencia al mismo concepto o a determinados grupos integrables en el mismo: *"productos alimentarios"* (art. 363.1 CP); *"bebidas o comestibles"* (art. 363.2 CP); *"géneros corrompidos"* (art. 363.3 CP); alimentos o *"productos alimenticios"* (art. 364.1 CP). Por su parte, el art. 365 CP opta por *"sustancias alimenticias"*.

2. Bienes jurídicos protegidos

El bien jurídico protegido es la salud pública, aunque el art. 363 CP introduce una significativa novedad en el conjunto de este Título en relación con el bien jurídico protegido como es la referencia explícita a los consumidores.

Nuestro CP articula la protección directa de los consumidores desde una doble perspectiva: protegiendo su salud, en el art. 363 CP (delitos contra la salud pública) y protegiendo sus intereses económicos en la Sección Tercera del Capítulo XI del Título XIII CP ("De los delitos relativos al mercado y a los consumidores") arts. 281, 282 y 283 CP. En realidad, gran parte de los preceptos del Capítulo III Título XVII se dirigen a la protección de la salud de las personas respecto del "consumo" de productos, es decir, en cuanto que consumidores, pero la referencia explícita al consumidor tan solo se realiza en este precepto. Sin embargo, el consumidor en el art. 363 CP, al igual que en todo el capítulo, es la persona en cuanto sujeto que consume y, por tanto, su vida y salud pueden verse afectadas por el producto consumido. Puesto que consumidores somos todos cuando ejercemos de particulares y que es la salud lo que está en juego (y no intereses económicos), también en este caso el bien jurídico protegido es de carácter general (y no sectorial —de un agente económico, el consumidor, frente a otros). En este precepto, el concepto de "consumidor", aunque mantiene su relación con el mercado, se presenta despojado del contenido patrimonial y económico de los arts. 281 a 283 CP.

3. Sujetos activos

El art. 363 CP contiene un delito especial, en el que solo pueden ser sujeto activo "los productores, distribuidores o comerciantes". La Doctrina ha criticado la restricción del círculo de posibles sujetos activos en el delito porque ello significa dejar fuera del tipo conductas realizadas por terceros que utilizan como instrumento a productores, distribuidores o comerciantes, o cuando las conductas sean realizadas por manipuladores de alimentos o trabajadores por cuenta ajena en fábricas de alimentos —en este caso, el empresario podría quedar amparado por el principio de confianza—, por lo que, *de lege ferenda,* la Doctrina considera preferible convertir el tipo del art. 363 CP en un delito común con una cualificación para determinados sujetos.

Sin embargo, es preciso poner de manifiesto que, aunque los sujetos activos deben encontrarse en una especial posición jurídica (productor, distribuidor o comerciante) ello no exige que deban reunir cualificación profesional o cumplir requisito formal alguno para ello: basta con que realicen las actividades propias de un productor, un distribuidor o un comerciante. En este sentido, "productor" es la persona que ha obtenido o creado el alimento o sustancia objeto de la concreta modalidad delictiva y "distribuidores o comerciantes" son personas —físicas o jurídicas— que participan en la puesta a disposición del producto a los consumidores, sean o no profesionales.

El art. 364 CP opta, por el contrario, por un delito común con la posibilidad de agravar la pena cuando el reo fuere el propietario o el responsable de producción de una fábrica de productos alimenticios. Los posibles sujetos activos, singularmente los productores, tienen una especial responsabilidad en relación con los productos que colocan en el mercado; responsabilidad suficiente para afirmar su posición de garantía sobre la calidad del producto de forma que, cuando no se alcancen los parámetros de seguridad y calidad declarados o autorizados, tienen la obligación de retirarlos del mercado (CUADRADO RUIZ).

Aunque esta decisión legislativa (delito común con cualificación por razón del sujeto activo) ha sido alabada por la Doctrina, lo cierto es que la redacción típica deja bastante que desear. En cuanto a la imposición de la pena, el tipo básico del primer inciso del art. 364.1 CP remite a las penas del artículo anterior —esto es: prisión de 1 a 4 años, multa de seis a doce meses e inhabilitación especial para profesión, oficio, industria o comercio por tiempo de tres a seis años—, pena que, además, se verá incrementada por razón del sujeto activo, en el segundo inciso de este mismo primer párrafo, con la de inhabilitación especial para profesión, oficio industria o comercio de 6 a 10 años.

4. Conductas típicas

4.1. Fraude alimentario (art. 363 CP)

Con la finalidad de luchar contra el fraude alimentario, el art. 363 CP tipifica diversas conductas relacionadas con la puesta en circulación de productos alimentarios fraudulentos. Todas las conductas deben producir, además, un peligro para la salud de los consumidores (peligro concreto) que exige que los productos hayan estado a disposición o en posición de ser utilizados por éstos, aunque no es preciso que se hayan consumido. Cuando el peligro creado es insignificante, la Jurisprudencia ha negado la tipicidad de la conducta por ausencia de lesividad [SSTS de 6-11-1999 (*Tol 51633*), y 15-12-2000 (*Tol 117460*)]. En cualquier caso, esta referencia al peligro no debe entenderse como referida a concretos sujetos. Se trata del peligro dirigido, en abstracto a los consumidores, bastando, por tanto, que el alimento haya estado a su disposición. Para ello será preciso demostrar la peligrosidad del alimento para la salud de quienes lo consuman, a corto, medio o largo plazo (GARCÍA ALBERO), tomando en consideración también la posibilidad de efectos acumulados o sinérgicos junto a las circunstancias que, en concreto, generaron un riesgo inminente para una o varias personas. En caso de que, como consecuencia del contacto o ingesta, la salud de algún consumidor se vea comprometida habrá que acudir a los correspondientes concursos de delitos, sin que el delito de lesión pueda consumir el delito ahora analizado.

Dada la amplitud de las diversas modalidades típicas, numerosas conductas serán susceptibles de integrarse en varias de ellas, lo que permitirá a los tribunales elegir la que más se ajusta al caso en concreto, pese a que, como técnica jurídica, no es la más recomendable. En cualquier caso, todas las modalidades de conducta constituyen un tipo mixto alternativo, de modo que no hay tantos delitos como modalidades típicas y la gravedad de la pena vendrá determinada por el volumen, cantidad y características de las conductas y riesgos creados.

En cuanto a las modalidades delictivas, el art. 363 CP enumera en sus distintos apartados las siguientes:

4.1.1. Ofreciendo en el mercado productos alimentarios con omisión o alteración de los requisitos establecidos en las leyes o reglamentos sobre caducidad o composición

A efectos de este precepto, el "mercado" hace referencia a la puesta en disposición de posibles adquirentes o consumidores del producto, incluyendo todas las fases de comercialización. Habrá que acudir a la legislación administrativa para determinar los requisitos sobre caducidad o composición. Para la consumación, será necesario constatar la existencia del peligro, lo que diferencia la sanción penal de la administrativa. La conducta se puede realizar tanto de forma activa como omisiva (*ex* art. 11 CP) cuando el sujeto activo se encuentre en una posición de garante, lo que normalmente sucede respecto de los productores sobre los productos que colocan en el mercado. La designación del objeto de la conducta como "productos alimentarios" permite incluir objetos que no son propiamente alimentos (sustancias nutritivas o fruitivas) o útiles alimentarios, cuando se ofrezcan unidos necesariamente al alimento y se pueda incumplir sobre ellos los requisitos de caducidad o composición (por ejemplo, cuando acompaña al producto alimenticio una bandeja que contiene una sustancia que puede ser peligrosa para la salud de las personas y no se advierte en la etiqueta). Se incumplen los requisitos sobre caducidad cuando se conculca la obligación de poner la fecha de caducidad en el envase o se falsea.

4.1.2. Fabricando o vendiendo bebidas o comestibles destinados al consumo público y nocivos para la salud

La amplitud típica —todas las demás conductas de este mismo precepto podrían ser subsumidas en esta modalidad de conducta— viene restringida por el objeto: bebidas y comestibles (lo que no impedirá que se incluyan en el tipo conductas en las que el objeto nocivo no sea el comestible o la bebida si, finalmente, éstos se ven afectados —así, por ejemplo: utilización de envases nocivos que contaminan la bebida). El concepto de nocividad es un concepto relativo que depende de la dosis, los ingredientes, condiciones de fabricación y comercialización, e, incluso, características de las personas que lo reciben, etc. En cualquier caso, será nocivo aquel comestible o bebida que así haya sido catalogado conforme al Derecho administrativo. La mera declaración administrativa de nocividad del producto, sin embargo, no es ni necesario ni suficiente para integrar el tipo.

A efectos penales, lo significativo es que el comestible o bebida sea "materialmente nocivo", es decir, surta efectos perjudiciales en la salud de las personas; pudiendo incluirse en el tipo supuestos de nocividad muy alta o nocividad menor o a largo plazo, como consecuencia de la acumulación de dosis o efectos. Cuando el comestible o bebida cuente con autorización administrativa y, posteriormente a su concesión, como consecuencia de investigaciones posteriores, se conozca su nocividad, si se crea el peligro típico, la conducta podrá ser integrada en el tipo, sin perjuicio de posibles errores de tipo. Ahora bien, en el momento en que sospecha que un producto puede estar afectando a la vida o salud de las personas, la persona responsable debe ponerlo inmediatamente en conocimiento de las autoridades y abstenerse de comercializarlo.

Interpretativamente será preciso excluir la imputación de aquellas sustancias alimentaria nocivas y autorizadas, de cuya nocividad conoce el consumidor y voluntariamente y con consentimiento válido, consume. Este sería el ejemplo del alcohol. Especiales problemas surgen cuando el alcohol se vende a menores.

GARCÍA ARÁN considera que los casos aislados de venta de alcohol a menores seguirán siendo un ilícito administrativo atípico a efectos del art. 363 CP, no así los supuestos de venta masiva o especialmente destinada a menores o colectivos vulnerables en relación con la bebida o comestible.

En cualquier caso, el supuesto paradigmático será el de fabricación y venta de comestibles y bebidas cuya nocividad se oculta al consumidor. Esto es especialmente relevante en relación con la fabricación, pues si la nocividad es conocida, la venta a determinados colectivos vulnerables, en principio, puede ser cuestión ajena al fabricante y quedar fuera de su responsabilidad.

Las bebidas o comestibles deben estar destinados al consumo público, lo que implica un especial ánimo del sujeto activo (elemento subjetivo del injusto). De esta forma, si se fabrican productos sobre los que ha surgido la duda de su nocividad, pero con la intención de destruirlos si finalmente se comprueban las sospechas y no ponerlos en circulación hasta que no se haya confirmado su seguridad, la conducta será atípica. O lo que es lo mismo: no basta la mera fabricación de la bebida o alimento, sino que es necesario que en el plan del autor esté destinado al consumo humano.

4.1.3. *Traficando con géneros corrompidos*

El tráfico hace referencia a cualquier forma de comercio y circulación de alimentos. En tal sentido debe entenderse el término "géneros", que incluye tanto las que requieren una contraprestación (venta, permuta…) como las realizadas a título gratuito (donaciones). No será necesario que, efectivamente, el producto corrompido haya sido adquirido o consumido por el consumidor, bastando que esté en el mercado con esos fines (por ejemplo, el envío del producto, el almacenamiento para la venta, etc.). El término "género", en este contexto, ha de ser entendido como alimento o bebida susceptible de deterioro con efectos nocivos para la salud (alimentos podridos, rancios, contaminados con bacterias, etc.). Según la STS 10-4-1992, basta con que los productos o géneros estén en disposición de ser vendidos y para su consumación no se precisa que los géneros corrompidos han producido lesiones o trastornos en las personas, pero, para la consumación del tipo será necesario constatar que, efectivamente, el producto estaba en condiciones de deterioro que podría causar daños a la salud de las personas que lo ingirieran.

4.1.4. *Elaborando o comerciando productos cuyo uso no se halle autorizado y sea perjudicial para la salud*

Hay que considerar incluidos tanto productos alimentarios (aditivos, edulcorantes, colorantes, etc.) como otros productos que sin ser considerados alimentos o productos alimentarios tienen incidencia en la calidad de éstos (envases, bolsas con productos químicos para la conservación, elementos radiactivos, etc.) e, incluso, productos no alimentarios o que no tienen que ver con la alimentación, como productos detergentes, cremas, filtros para diálisis, juguetes para bebés o menores, etc. Un producto es perjudicial cuando su uso es nocivo (SAP, Asturias, Sección 2ª, 17/2017, 20-1). Se ha criticado la referencia al "uso no autorizado" en el sentido en que normalmente no se prohíbe el "uso" sino la elaboración o venta, aunque, por ejemplo, existen juguetes cuyo uso no se recomienda a determinados menores, etc. Ahora bien, la referencia inicial a "*productos alimentarios*" contenida en el primer párrafo del precepto, obliga a excluir productos no alimentarios que pueden perjudicar la salud si se ingieren (por ejemplo, bebé que traga un elemento de un juguete cuyo uso para bebés no está autorizado).

Dada la amplitud típica, se ha considerado que esta modalidad tiene la función de servir como tipo de recogida para aquellos supuestos que no tengan cabida en otros preceptos del CP (GARCÍA ALBERO), sin embargo, la restricción típica derivada de la exigencia de autorización para su uso limita la aplicación del precepto.

4.1.5. Ocultando o sustrayendo efectos destinados a ser inutilizados o desinfectados, para comerciar con ellos

También aquí se han de incluir otro tipo de objetos no estrictamente calificables como alimentos. Para que la conducta sea típica no es necesario que exista una resolución administrativa que acuerde la inutilización o desinfección (concepto subjetivo de inutilización o desinfección) (en contra, STS 10-4-1989). La modalidad de sustracción puede entrar en concurso con el delito de robo o hurto.

4.1.6. Elemento subjetivo

En todo caso, la conducta debe ser dolosa y el sujeto activo debe conocer el carácter nocivo del producto. El error sobre la nocividad debe ser tratado como error de tipo, que, en caso de ser invencible, generará responsabilidad por imprudencia *ex* art. 367 CP. En el apartado 5° del art. 363 CP se exige, además, un especial elemento subjetivo del injusto ("*para comerciar*").

4.2. Adulteración de alimentos (art. 364.1 CP)

El art. 364.1 CP tipifica un delito de peligro en el que la conducta típica consiste en adulterar alimentos, sustancias o bebidas destinados al comercio alimentario. Adulterar consiste en alterar la composición genuina o declarada o mezclar los ingredientes declarados con otros de calidad inferior o nocivos. Como consecuencia de la adulteración, el producto alimenticio pierde alguna de sus características o cualidades o adquiere otras nuevas, no declaradas.

La adulteración ha de realizarse adicionando aditivos u otros agentes no autorizados que pueden causar daños a la salud de las personas. Aditivos son sustancias que se agregan a los alimentos, bebidas u otras sustancias alimenticias para darles cualidades de las que carecen o para mejorar las que ya poseen. Como agentes no autorizados debemos considerar cualquier otra sustancia que sin ser aditivo se puede añadir al objeto para adulterarlo con finalidades diversas. En cualquier caso, la sustancia añadida debe ser nociva para la salud humana (capaz de causar daños a la salud de las personas). Esta nocividad puede deberse a las características o efectos de la propia sustancia, a la dosis o a la producción de nuevos efectos como consecuencia de reacciones químicas con otras sustancias preexistentes en el producto. Además, es preciso que no esté autorizada; esto es, que en tal dosis o en tal producto no esté permitida su utilización, o adición o, cuando lo esté, la utilización se haga de forma no autorizada. Nos encontramos, por tanto, con un elemento normativo que remite a la regulación administrativa.

Objeto de la acción son tanto los alimentos como las bebidas destinadas al comercio alimentario. Como consecuencia quedarán excluidas de la tipicidad la adulteración de agua potable no envasada, por ejemplo, y todas aquellas sustancias o alimentos que, aunque destinadas a consumo o uso humano, no estén dirigidos al comercio alimentario (así., por ejemplo, alimentos realizados en el seno familiar). Esta restricción tiene sentido en la medida en que el bien jurídico protegido es la salud pública. Será típica también la adulteración de otras posibles sustancias (no alimentos ni bebidas), pero destinadas al comercio alimentario. Por tales deben entenderse cualquier componente que pueda ser utilizado en tal comercio. La amplitud típica permite incluir aditivos cuya comercialización se realice por separado, productos conservadores de alimentos o en contacto con los mismos o tabaco.

El resultado consiste en alterar la composición del alimento, sustancia o bebida sin que sea necesario constatar que el propio alimento se ha convertido en nocivo para la salud o que alguna persona ha sido puesta en efectivo peligro. En contra, parte de la Doctrina considera que la referencia típica a la nocividad de aditivos o agentes no autorizados es inadecuada y que debería referirse al alimento final (PÉREZ ÁLVAREZ). En nuestra opinión, sin embargo —y sin perjuicio de una valoración crítica— el juez habrá de constatar que la sustancia añadida, por su composición y dosis o efectos sinérgicos con otras sustancias del propio alimento o bebida, es susceptible de causar daños a la salud de las personas (nociva) y, como consecuencia de su incorporación al producto alimentario, este ha resultado alterado negativamente en su composición [SAP, Castellón, 1/2020, 2-1 (*Tol 7755010*)], aunque no será necesario constatar que tal alteración ha convertido el alimento en gravemente lesiva, pues, en este caso, será de aplicación el art. 365 CP. De este modo, en ocasiones, será necesario acudir a concursos de leyes con el tipo del art. 365 CP en su segunda modalidad delictiva (adulterar) e, incluso con alguna de las modalidades del art. 363 CP. A falta de otro criterio, habrá que acudir a la regla del art. 8.4 CP que determina la aplicación preferente del art. 365 CP por tener prevista una pena más grave.

4.3. Delitos relacionados con animales de abasto (art. 364.2 CP)

El art. 364.2 CP regula la alimentación y sacrificio de animales destinados a consumo humano (y en tal sentido ha de entenderse también la referencia de los números 2º y 3º a "animales de abasto") entendiendo por tal, en sentido amplio, cualquier animal cuyas carnes o productos se destinen al consumo humano y en cuya alimentación intervenga la mano del hombre (ANDRÉS DOMÍNGUEZ). Se trata de un elemento descriptivo del tipo (en contra la autora citada) en el que se incluirán tanto animales terrestres, de pelo o pluma, como acuáticos siempre que hayan sido criados y alimentados por el hombre. Quedarán fuera del ámbito de la tipicidad los criados de forma salvaje en su medio natural y sin intervención humana en su alimentación (por ejemplo, peces y crustáceos pescados en su entorno natural). Los que están en viveros, siquiera temporalmente, pero son alimentados por el hombre, pueden ser objeto del tipo.

Con excepción de la primera modalidad típica del número 1º —que se considera como un delito de idoneidad o hipotético [STS 1210/2001, 20-1 (*Tol 27702*)]— los restantes tipos contenidos en este complejo segundo párrafo del art. 364 CP son delitos de mera actividad, en los que la peligrosidad de la conducta viene determinada por la nocividad de las sustancias administradas (delitos de aptitud) (SAP, Vizcaya, Sección 6ª, 90157/2014, 31-3). Elemento común a todos los números de este segundo párrafo excepto el 4º son las "sustancias no permitidas".

Específicamente, el art. 364.2 CP tipifica las siguientes figuras delictivas:

a) "*Administrar a los animales cuyas carnes o productos se destinen al consumo humano sustancias*" en alguno de los siguientes supuestos:

a.1) Que no estén permitidas y que generen riesgo para la salud de las personas; es decir, que sean nocivas en sí mismas consideradas cualquiera que sea la dosis. Para determinar el carácter permitido o no de la sustancia el intérprete debe acudir a un complejo entramado de normas administrativas. Muchas de las sustancias no permitidas lo son por razones comerciales para evitar fraudes económicos, pero no por razones de nocividad, lo que obligará a acudir a informes periciales [STS 1210/2001, 11-6; SJP, Pamplona, 218/2014, 20-6].

a.2) Que se suministren en dosis superiores a las permitidas. En este supuesto la sustancia puede ser suministrada, pero en dosis inferiores. Cabe comisión imprudente (SAP, Vizcaya, Sección 6ª, 90157/2014, 31-3).

a.3) Que se suministren las sustancias permitidas para fines distintos a los autorizados. En este supuesto entrarían las sustancias permitidas exclusivamente con fines terapéuticos, pero que se suministran exclusivamente con fines de engorde.

Según la SAP, Cantabria, Sección 1ª, 19/2002, 7-10 (*Tol 264640*) —entre otras muchas— para que se consume el tipo basta con constatar: 1°) que se haya administrado la sustancia prohibida, y 2°) que dicha prohibición obedece precisamente al riesgo potencial que la utilización del producto genera para la salud, resultando irrelevante que la muestra analizada corresponda a una víscera que no se comercializa o el desconocimiento del dato relativo a la concentración de la sustancia.

La SAP, Castellón, Sección 2ª 1/2020, 2-1, considera no típico a efectos de este precepto introducir ratones en una planta de procesados de productos cárnicos.

b) "*Sacrificar animales de abasto o destinar sus productos al consumo humano, sabiendo que se les ha administrado las sustancias mencionadas en el número anterior*". Tanto en este supuesto como en el siguiente, se está tipificando el tráfico de animales que han sido objeto de alguna de las conductas descritas en el número anterior. Nos encontramos ante un tráfico ilícito que pone en riesgo la salud pública y, como en otros tráficos ilícitos penalmente relevantes, se elevan a la categoría de autor meros partícipes.

c) "*Sacrificar animales de abasto a los que se hayan aplicado tratamientos terapéuticos mediante sustancias de las referidas en el apartado 1º*". La SAP, Toledo, Sección 1ª, 54/2001, 3-9, aplica este precepto en relación con el art. 367 CP (imprudencia) cuando se ha suministrado a los animales sustancias permitidas, pero sin las formalidades legales y, posteriormente, no se respetan los plazos de espera reglamentariamente previstos.

d) "*Despachar al consumo público las carnes o productos de los animales de abasto sin respetar los períodos de espera en su caso reglamentariamente previstos*". Delito de peligro abstracto y mera actividad que se perfecciona por el mero acto de despachar al consumo público la carne o producto del animal sin respetar el tiempo fijado por la normativa reglamentaria [STS 4-10-1999 (*Tol 51523*)].

VII. DELITO DE ENVENENAMIENTO

1. Consideraciones generales y bien jurídico protegido

El art. 365 CP traspasa la frontera del peligro para la salud pública (bien jurídico protegido en este precepto) para convertirse en un delito de lesión y resultado (en contra parte significativa de la Doctrina considera que nos encontramos ante un delito de peligro abstracto). La conducta típica tiene que producir un resultado consistente en convertir una sustancia alimenticia o aguas potables destinadas a uso público o al consumo de una colectividad, en venenosas y perjudiciales. Esta destrucción para el uso humano de las sustancias y el agua potable lesionan —no solo ponen en peligro— la salud pública.

2. Conductas típicas

El art. 365 CP contiene dos tipos penales: el primero, consistente en "*envenenar las aguas potables o las sustancias alimenticias destinadas al uso público o al consumo de una colectividad de personas*", es un delito de lesión y resultado; el segundo, "*adulterar con sustancias infecciosas u otras que puedan ser gravemente nocivas para la salud las aguas potables o las sustancias alimenticias destinadas al uso público o al consumo de una colectividad de personas*", es un tipo de peligro (idoneidad) y resultado sin que sea necesario constatar la existencia de un peligro concreto para las personas o la salud pública. Pero esta fórmula típica tiene el inconveniente de que, desde la perspectiva de la respuesta punitiva, se impone la misma pena a conductas que, en cuanto a gravedad se refiere, son muy distintas.

Envenenar consiste en convertir una sustancia apta para consumo humano en gravemente perjudicial para la salud o mortal. Adulterar consiste en alterar de forma perjudicial la composición de la sustancia o del agua añadiéndole sustancias infecciosas, entendiendo por tales aquellas que pueden propagar enfermedades como pueden ser virus, bacterias o parásitos; o sustancias que pueden ser gravemente nocivas (cajón de sastre donde incluir otras sustancias que puedan originar enfermedades o la muerte a las personas). Esta segunda modalidad típica, por su amplitud, puede servir de tipo de recogida respecto de aquellas conductas que no lleguen a conseguir el resultado de "envenenar". A estos efectos, es necesario recordar que el "veneno es cuestión de dosis"; o lo que es lo mismo, que, en función de la dosis, una misma sustancia puede ser venenosa, inocua o, incluso, beneficiosa para la salud. La primera modalidad típica del art. 365 CP exige que en dosis pequeñas (por ejemplo, las dosis de agua que normalmente bebe una persona) el agua o la sustancia envenenada sea gravemente lesiva o mortal. Cuando en tales dosis el agua o la sustancia no adquieren ese grado de nocividad, podemos todavía considerar típica la conducta como "adulteración", en la medida en que esta segunda modalidad solo exige la constatación de que se ha producido una alteración de la composición del agua o la sustancia alimenticia, mediante la adicción de nuevas sustancias infecciosas u otras que puedan ser gravemente nocivas para la salud. O lo que es lo mismo: basta con demostrar la nocividad de la sustancia añadida y que ésta permanece en el objeto de la acción para que el tipo se consume, sin que sea preciso demostrar que, como consecuencia de la conducta, el agua potable o la sustancia alimenticia se ha convertido en infecciosa o gravemente perjudicial para la salud.

Si la dosis de la sustancia nociva que se adiciona al agua o a las sustancias alimenticias no logra efectos nocivos, aunque la sustancia sea mortal, no se habrá realizado la primera modalidad típica (envenenar) sino la segunda. En cualquier caso, para que se consume esta segunda modalidad (adulterar) es preciso que la sustancia añadida permanezca (disuelta o no, con transformación química o no) en la sustancia receptora alterando su composición. Si la sustancia añadida fuera volátil o no pudiera mezclarse con la sustancia receptora y pese a la adicción ésta no viera alterada su composición (por desaparición de la sustancia añadida), no se habrá consumado el delito.

Objeto de la conducta son las aguas potables o las sustancias alimenticias destinadas al uso público o al consumo de una colectividad de personas. Aguas potables son aquellas que son aptas para el consumo —elemento descriptivo del tipo. No es preciso que el agua se destine exclusivamente a bebida, sino que también se incluyen en el tipo las aguas destinadas a otros usos (higiénico, etc.). Las aguas o sustancias alimenticias afectadas han de estar destinadas al uso público (de cualquier persona sin restricciones) o de una colectividad de personas (por ejemplo, los alumnos de un colegio, los habitantes de una zona o pueblo, etc.).

La imputación del resultado de envenenamiento o alteración puede plantear problemas cuando el resultado típico se obtiene mediante acumulación, sumación o efectos sinérgicos, o cuando se desconoce (o no se puede probar) el estado en que se encontraba previamente el agua "potable".

Ambas modalidades típicas pueden ser realizadas también en comisión por omisión.

3. Concursos

Cuando como consecuencia de la alteración perjudicial producida por la conducta típica de cualquiera de las modalidades del art. 365 CP, se produzcan, además, resultados de lesiones o muerte de personas habrá que acudir al concurso ideal de delitos, sin que la lesión o muerte pueda consumir el peligro —general para la salud pública— producido. Si el agua objeto de la conducta típica a efectos del art. 365 CP formara parte del medio natural, cabría concurso ideal con los arts. 325 o 330 CP. Son imaginables, así mismo, supuestos de concurso medial entre la conducta típica del art. 328 CP y la del art. 365 CP.

Como ya hemos indicado, no es de aplicación la agravante del art. 22.3 CP puesto que los delitos contenidos en este capítulo tienen como finalidad la intervención en los mercados, de modo que la contraprestación va implícita, aunque en algún caso no se actúe con dicha finalidad o mediando precio o el verbo típico, en abstracto, no exija una contraprestación.

VIII. PENALIDAD

Tipo penal	Pena de prisión	Multa	Inhabilitación
Art. 359	6 meses a 3 años	6 a 12 meses	Profesión o industria de 6 meses a 2 años
Art. 360		6 a 12 meses	Profesión u oficio de 6 meses a 2 años
Art. 361	6 meses a 3 años	6 a 12 meses	Profesión u oficio de 6 meses a 3 años
Art. 361 bis	1 a 3 años	6 a 12 meses	
Art. 362. 1	6 meses a 4 años	6 a 18 meses	Profesión u oficio de 1 a 3 años
Art. 362. 2	6 meses a 4 años	6 a 18 meses	Profesión u oficio de 1 a 3 años
Art. 362 bis	6 meses a 4 años	6 a 18 meses	Profesión u oficio de 1 a 3 años
Art, 362 ter	6 meses a 4 años	6 a 12 meses	Profesión u oficio de 1 a 2 años
Art. 362 quinquies	6 meses a 2 años	6 a 18 meses	Profesión u oficio de 2 a 5 años
Art. 363 y 364.1 y 2	1 a 4 años	6 a 12 meses	Profesión, oficio, industria o comercio de 3 a 6 años (según el sujeto activo)
Art. 365	2 a 6 años		

El art. 366 CP prevé la responsabilidad de las personas jurídicas por los delitos recogidos en este capítulo, lo que viene a satisfacer la demanda recogida en versiones anteriores de este Tratado. El citado precepto prevé pena de multa que puede revestir la forma de días multa (uno a tres años) o multa proporcional (del doble al quíntuplo del valor de las sustancias o productos o del beneficio que se hubiera obtenido o podido obtener, aplicándose la cantidad que resulte más elevada). Habida cuenta de la insólita práctica por la cual algunos tribunales optan por permitir el pago único de las penas de días multa, sin duda será preferible la modalidad de multa proporcional, cuando fuere posible.

Igualmente, se podrán imponer, en su caso, las penas recogidas en el art. 33.7, b) a g) CP.

IX. BIBLIOGRAFÍA

ÁLVAREZ VIZCAYA, M. "Salud o deporte: ¿qué pretende tutelar el Derecho penal?", *LL-penal* nº 47, 2008; AGUADO LÓPEZ, S. "Consecuencias jurídicas en el ámbito de la responsabilidad penal por el producto, en especial en los delitos de fraude alimentario", *ADPCP* nº 58, 2005; ÁLVAREZ VIZCAYA, M. "Salud o deporte: ¿qué pretende tutelar el Derecho penal?", *LL-penal,* nº 47, 2008; ANDRÉS DOMÍNGUEZ, A. C. *Los delitos contra la salud pública: especial referencia al delito de adulteración y tráfico de animales (art. 364.2),* Valencia, 2002; ARENAS RODRIGAÑEZ, M. P. *Protección penal de la salud pública y fraudes alimentarios,* Madrid, 1992; BELESTÁ SEGURA, L. "La persecución penal del dopaje en el deporte: el artículo 361 bis del Código Penal", *AJA* nº 758, 2008; BENITEZ ORTUZAR, I. "El dopaje deportivo en el ordenamiento jurídico español", en BENÍTEZ ORTÚZAR, I. (coord.), *Tratamiento jurídico penal y procesal del dopaje en el deporte,* Madrid, 2015; CÁMARA ARROYO, S. "El medicamento como instrumento del delito: análisis del delito farmacológico y las intoxicaciones medicamentosas desde la Medicina legal, el derecho penal y su jurisprudencia", *ADPCP,* 2020; *id.* Más allá del deporte: el dopaje interpretado como delito contra la salud pública. Análisis penal, criminológico y jurisprudencial del art. 362 quinquies CP", *LL-penal,* 2020; CASTRO MORENO, A. *El delito farmacológico,* Valencia, 2020; CORCOY BIDASOLO, M. "Resultados de muerte y lesiones como consecuencia de un delito contra la salud pública. (Comentario a la sentencia del Tribunal Supremo de 22 de abril de 1987, ponente Marino Barbero Santos)", *ADPCP,* 1989; *id.* "Delitos contra la salud de los consumidores", *EDJ* nº 72, 2005; CÓRDOBA RODA, J. "La producción de un resultado de muerte en los delitos contra la salud pública", *LH-Antón Oneca,* 1982; CORTES BECHIARELLI, E. *El delito de dopaje,* Valencia, 2007; "Sobreseimiento libre y principio de legalidad: a propósito de la reapertura del caso de la operación Puerto", *AJA* nº 772, 2009; CUADRADO RUIZ, M. A. *La responsabilidad por omisión de los deberes del empresario: análisis críticos del artículo 363 CP,* Barcelona, 1998; DE LA CUESTA AGUADO, P. M. "Protección penal de los consumidores", *AP* 2001; DE VICENTE MARTÍNEZ, R. *Derecho penal del deporte,* Barcelona, 2010; DÍAZ-MAROTO VILLAREJO, J. "Los llamados fraudes alimentarios y el Código Penal", *LL-penal* 69, 2010; DÍAZ PITA, M. M., DÍAZ PITA, P. y NÚÑEZ CASTAÑO, E. "La transmisión del SIDA: problemas penales, procesales y perspectivas político criminales", en MARTOS NÚÑEZ, J. A. (dir.), *Protección penal y tutela jurisdiccional de las salud pública y del medio ambiente,* Sevilla, 1997; DÍAZ Y GARCÍA CONLLEDO, M. "Dopaje y Derecho penal (otra vez). Reflexiones generales y valoración del delito de dopaje, *LH Rodríguez Ramos,* 2013; DOVAL PAIS, A. "Estructura de las conductas típicas con especial referencia a los fraudes alimentarios", en BOIX. REIG, J. (dir.), *Intereses difusos y Derecho penal— CDJ,* Madrid, 1994; *id. Delitos de Fraude Alimentario,* Pamplona, 1996; *id.* "Notas históricas relacionadas con los delitos de fraude alimentario nocivo", *LH - Casabó Ruiz,* 1997; *id.* "Los delitos de fraude alimentario nocivo en el contexto de los delitos contra la seguridad colectiva", en ZÚÑIGA RODRÍGUEZ L., MÉNDEZ RODRÍGUEZ, C., y DIEGO DÍAZ-SANTOS. M. R. (coord.), *Derecho Penal, Sociedad y Nuevas tecnologías,* Madrid, 2001; *id.* "Problemas aplicativos de los delitos de fraude alimentario masivo", en BOIX REIG, FJ, CAMPOS CRISTÓBAL, R., y BERNARDI, A. (coord.), *Responsabilidad penal por defectos en productos destinados a los consumidores,* Madrid, 2005; DOMINGUEZ IZQUIERDO, E. M. "Sujetos y objeto material del art. 362 quinquies", en BENÍTEZ ORTÚZAR, I. (coord.), *Tratamiento jurídico penal y procesal del dopaje en el deporte,* Madrid, 2015; ESCAJEDO SAN EPIFANIO, L. "Derecho penal y bioseguridad: los riesgos derivados de organismos modificados genéticamente", en ROMEO CASABONA, C. (coord.), *Genética y Derecho penal,* 2001; FERNÁNDEZ PANTOJA, P. "La responsabilidad penal de las personas jurídicas en la actividad deportiva: estudio comparativo de los sistemas jurídico-penales italiano y español", en BENÍTEZ ORTÚZAR, I. (coord.), *Estudios sobre Derecho y Deporte,* 2008; GARCÍA ALBERO, R. "La tutela penal y administrativa de la salud de los consumidores en materia alimentaria. Consideraciones críticas en torno a su regulación jurídica", *RJC* nº 4, 1990; GARCÍA ALFARAZ, A. I. *Principio de precaución. Seguridad alimentaria y delito,* Valencia, 2022; GARCÍA ARÁN, M. "El

Derecho penal simbólico. (A propósito del nuevo delito de dopaje deportivo y su tratamiento mediático)", en GARCÍA ARÁN, M. (dir.), *Malas Noticias. Medios de comunicación, política criminal y garantías penales en España,* Valencia, 2009; GARCÍA RIVAS, N. "Influencia del principio de precaución sobre los delitos contra la seguridad alimentaria", *LH-Rodríguez Mourullo,* 2005; GUINARTE CABADA, G. "El delito de elaboración y tráfico ilícitos de sustancias nocivas o productos peligrosos (art. 31 CP)", *LH - Fernández Albor,* 1989; IBARS VELASCO, D. *El delito de dopaje en el deporte,* Pamplona, 2017; ÍÑIGO CORROZA, E. "El caso del "producto protector de la madera" (*Holzschutzmittel*). Síntesis y breve cometario de la Sentencia del Tribunal Supremo alemán", *AP* 1997-1; LUZÓN PEÑA, D. M. "Ocultación y sustracción de efectos destinados a la inutilización o desinfección (Comentario a la sentencia T. S. de 12 de abril de 1989), *LL* 1989-3; MENDOZA CALDERÓN, S. *La responsabilidad penal por medicamentos defectuosos,* Valencia 2011; *id. Derecho penal sanitario,* Valencia, 2018; MORILLA CUEVAS, L. "Naturaleza jurídica del delito de dopaje en el deporte", *Tratamiento jurídico penal y procesal del dopaje en el deporte,* de Benítez Ortúzar (coord.), Madrid, 2015; OCTAVIO DE TOLEDO Y UBIETO, E. "Notas para un estudio de los fraudes alimentarios en el CP", *RFDUC* nº 53, 1979; PAREDES CASTAÑÓN, J. M./RODRÍGUEZ MONTAÑÉS, T. *El caso de la colza: responsabilidad penal por productos adulterados o defectuosos,* Valencia, 1995; PÉREZ ÁLVAREZ, F. *Protección penal del consumidor. Salud pública y alimentación,* Barcelona, 1991; "Alimentos transgénicos y Derecho penal. Apuntes para una reflexión", *L.-H Barbero Santos,* 2001; QUINTANO RIPOLLÉS, A. "El delito sanitario: despacho ilegal de medicamentos", *RJC,* 1948; QUINTERO OLIVARES, G. "Los delitos contra los intereses generales", *RFDUC,* 1983; ROCA AGAPITO, L. "La política criminal frente al Dopaje", *LL* 2007-1; *id.* "Los nuevos delitos relacionados con el dopaje. (Comentario a la reforma del Código penal llevada a cabo por LO 7/2006, de 21 de noviembre", *RECPC,* 2007; ROLDÁN BARBERO, H. "La creación política de una nueva delincuencia: el uso del *dopping* en el deporte, *LH Barbero Santos,* 2001; ROMEO CASABONA, C. M. "Los delitos contra la salud pública: ¿ofrecen una protección?", *LH-Barbero Santos,* 2001; ROXIN, C. "Derecho penal y doping", *CPC, nº* 97, 2009; RUIZ RODRÍGUEZ, L. "La reforma penal de los delitos contra la salud pública como respuesta a las innovaciones científicas y tecnológicas", *REDPC,* 2016; SÁNCHEZ-MORALEDA VILCHES, N. "Argumentos para una concreción del bien jurídico en el delito de dopaje (art. 362 quinquies CP)", *Revista General de Derecho Penal* nº 26 (2016); SIERRA LÓPEZ, M. V. "Los criterios de agravación del injusto en relación con el delito de venta de medicamentos deteriorado", *LL,* 1996-4; SUAREZ MONTES, J. M. "Los principios limitadores del *ius puniendi* en un Estado social y democrático de Derecho y su incidencia en la represión penal del dopaje en el deporte", en BENÍTEZ ORTÚZAR, I. (coord.), *Tratamiento jurídico penal y procesal del dopaje en el deporte,* Madrid, 2015; SZWARC, A. "¿Se debe criminalizar el dopaje en el deporte?", *LH Luzón Peña,* 2020; TERRADILLOS BASOCO, J. "Responsabilidad por el producto una lectura jurisprudencial", en *Cuestiones actuales del Derecho penal empresarial,* Madrid, 2010; VALLS PRIETO, J. "Responsabilidad penal por la utilización de medicamentos transgénicos", *LH-Ferrando Mantovani,* 2006; VALVERDE LÓPEZ, J. L., RISQUEZ MADRIDEJOS, J. P., y CABEZAS LÓPEZ, M. D. "El concepto jurídico de la sangre y sus derivados desde la perspectiva del Derecho comunitario y español", *Ars Pharmaceutica,* nº 40-3, 1999; VENTAS SASTRE, R. "Eventual delito contra la salud pública: comentario al Auto de la Audiencia Provincial de Madrid (sección 5ª), de 12 de enero de 2009, por el que se reabre la "Operación Puerto", *Revista Aranzadi de Derecho de Deporte y entretenimiento,* 2009-2.

REFERENCIAS LEGALES

- Ley Orgánica 11/2021, de 28 de diciembre, de lucha contra el dopaje en el deporte.

- Ley 39/2022, de 30 de diciembre del deporte LO 7/2006, de 21 de noviembre, de protección de la salud y de lucha contra el dopaje en el deporte (*Tol 1003730*).
- Ley 29/2006, de 26 de julio, de Garantías y uso racional de los Medicamentos y productos sanitarios (*Tol 963004*) derogada, excepto las disposiciones finales 2, 3 y 4, por la disposición derogatoria única del Real Decreto Legislativo 1/2015, de 24 de julio.
- Directiva 2001/81 del Parlamento y el Consejo europeo sobre productos medicinales para uso humano.
- Directiva 2004/27/CE del Parlamento Europeo y del Consejo, de 31 de marzo.
- RD 1345/2007, de 11 de octubre, por el que se regula el procedimiento de autorización, registro y condiciones de dispensación de los medicamentos de uso humano fabricados industrialmente (*Tol 1743031*).
- Decreto de 18 de agosto de 1967 (Código alimentario).

Lección 41ª

Tráfico de drogas (I)

M. ALEJANDRA PASTRANA SÁNCHEZ

SUMARIO. I. INTRODUCCIÓN. 1. El prohibicionismo y la guerra contra las drogas. 2. Problemas actuales en España. 3. Una pequeña historia de las drogas. II. EL ORDENAMIENTO INTERNACIONAL. 1. La situación mundial y las Convenciones de Naciones Unidas. 2. La Unión Europea y el Consejo de Europa. III. BIEN JURÍDICO PROTEGIDO Y UBICACIÓN SISTEMÁTICA. IV. TIPO BÁSICO. 1. Estructura del delito de tráfico de drogas. 2. Objeto material. 2.1. Drogas tóxicas, estupefacientes o sustancias psicotrópicas. 2.1.1. Ausencia de tipicidad: crítica a la dosis mínima psicoactiva. 2.1.2. ¿Concepto penal autónomo de droga o vinculación a las Listas de los Convenios Internacionales? 2.2. Drogas que causen grave daño a la salud y aquellas que no lo originen. 3. Conducta típica. 3.1. Cultivo, elaboración y tráfico. 3.2. Promoción, favorecimiento o facilitación del consumo ilegal. 3.3. Posesión. 4. Autoría y participación. 4.1. Agente encubierto y agente provocador. 5. *Iter criminis*. 6. Tipo subjetivo. 7. Supuestos de atipicidad. 7.1. Entregas compasivas. 7.2. Consumo compartido. 7.3. Especial referencia a las asociaciones cannábicas. 8. Estado de necesidad y miedo insuperable. V. TIPO ATENUADO. VI. BIBLIOGRAFÍA.

Artículo 368

Los que ejecuten actos de cultivo, elaboración o tráfico, o de otro modo promuevan, favorezcan o faciliten el consumo ilegal de drogas tóxicas, estupefacientes o sustancias psicotrópicas, o las posean con aquellos fines, serán castigados con las penas de prisión de tres a seis años y multa del tanto al triplo del valor de la droga objeto del delito si se tratare de sustancias o productos que causen grave daño a la salud, y de prisión de uno a tres años y multa del tanto al duplo en los demás casos.

No obstante lo dispuesto en el párrafo anterior, los tribunales podrán imponer la pena inferior en grado a las señaladas en atención a la escasa entidad del hecho y a las circunstancias personales del culpable. No se podrá hacer uso de esta facultad si concurriere alguna de las circunstancias a que se hace referencia en los artículos 369 bis y 370.

I. INTRODUCCIÓN

1. El prohibicionismo y la guerra contra las drogas

En la edición anterior de este volumen del Tratado (2011) se daban las cifras de los procesos incoados en España por tráfico de drogas del año 1988 (12.214) y 2008 (22.070), así como también algunas cifras de incautaciones; de heroína, en 1988 (480 kg.) y 2008 (226 kg.), de cocaína, en 1988 (3.461 kg) y 2008 (33.783 kg.), y hachís, en 1998 (90.940 kg.) y 2008 (682.671). Pues bien, siguiendo las cifras de la Memoria de la Fiscalía General del Estado, en el año 2024 se incoaron en España 23.949 procesos por tráfico de drogas (procedimientos por fiscalías provinciales), en una tendencia que el mismo documento tilda de creciente. En 2023 se decomisaron 315 kg. de heroína, 117.713 kg. de cocaína, 357.906 kg. de hachís, y 53.751 kg. de marihuana (Estadística Anual sobre Drogas, Centro de Inteligencia contra el Terrorismo y el Crimen Organizado, Ministerio del Interior). Asimismo, en el año 2021 se alcanzaron las cifras de 551.177,62 kg. de droga destruida (solo superada entonces por el año 2018), y la cifra récord de 222.303,18 kg. /l. de precursores. En la Memoria de la Fiscalía General del Estado del año 2022 (última que recoge estos datos), la droga destruida ascendía a 2.277.342 de kilos de droga.

Con respecto a las personas privadas de libertad por estas causas, en el año 2022 se encontraban en las cárceles españolas 8.543 personas cumpliendo penas de prisión por delitos contra la salud pública (datos del Informe General de Instituciones Penitenciarias 2023). Esa cifra suponía casi el 20% de la población reclusa española en 2022, dejando patente la realidad criminológica que subyace, y es que el perfil de los sujetos a los que se consigue aprehender con esta legislación penal no es al gran narcotraficante (GIL NOBAJAS). El panorama no es mejor en otros países europeos: cifras similares se presentan en Chipre o Portugal y superando el 30% se encuentran Grecia, Italia o Malta (BRANDARIZ GARCÍA).

Basta echar un vistazo a estos datos para comprobar que se trata de una tendencia, no de algo coyuntural. Y es que desde hace décadas se viene insistiendo en la idea del gran fracaso del prohibicionismo en materia de drogas, pues no hay ninguna prueba palpable que permita concluir que estas políticas disminuyen la oferta o demanda de estas sustancias. También es un hecho constatado que el prohibicionismo genera, además, altos costes para la sociedad, que se traducen por ejemplo en mayores niveles de corrupción, circulación descontrolada de drogas cortadas con sustancias venenosas (o dosis con unos niveles de pureza que pueden resultar mortales para el consumidor), marginalización de los sujetos consumidores, etc. (GEPC, 1991). Las cifras actuales avalan que poco o nada ha cambiado desde entonces.

> "La guerra contra las drogas ha fracasado, total y absolutamente". Estas son las palabras que, en diciembre de 2024, pronunciaba Volker Türk, Alto Comisionado de las Naciones Unidas para los Derechos Humanos. De esta manera, Türk señalaba que el centro de las políticas sobre drogas debería centrarse en la reducción de los daños, frente a la tradicional estrategia prohibicionista.

No es solo que el sistema prohibicionista no haya servido para reducir significativamente la oferta y la demanda de estupefacientes. Es que además son sus altos costos sociales los que verdaderamente acaban afectando negativamente a quienes los consumen. En este sentido, señalaba BARATTA que "la mayor parte de los efectos más graves de la droga sobre la salud y el estatus social del drogadicto dependen de las condiciones en las que el consumo de la droga ilícita se realiza en un régimen de prohibición; la calidad de las sustancias que llegan a la calle, no controladas, por el hecho de ser una mercancía ilícita; las condiciones higiénicas y de vida en las que el consumo se realiza. Y que añaden muchos nuevos riesgos a los efectos primarios; los precios elevados de la droga, que tienden a colocar a los adictos en los ámbitos criminales del comercio para procurársela, o a determinar otros comportamientos ilícitos con la misma finalidad". Habida cuenta de lo anterior, en la actualidad es necesario replantearse en términos generales hasta qué punto resulta legítima una política criminal en materia de drogas basada en la adopción de medidas penales, que perjudican en la práctica seriamente a quienes las consumen, con el fin teórico de proteger la "salud pública".

Se trata, además, de una política criminal que parte de varias premisas equivocadas: la equiparación del consumo de estupefacientes con la drogadicción; la concepción del drogadicto como delincuente; la presunción de que el consumo de drogas ilegales en público incrementa el número de sus consumidores. Con todo ello, las políticas prohibicionistas fácilmente pueden convertirse en una forma de reprimir un determinado modo de vida o una particular elección personal, alejándose de la concepción de individuo en la que se basa el sistema democrático y la propia noción de Derechos Humanos: un sujeto caracterizado por su libre determinación y autonomía personal, notas que solo deberían restringirse en caso de daño a terceros (SILVA FORNÉ).

Al respecto, desde las instituciones públicas a menudo se hace referencia al *problema de inseguridad general* que proviene de la drogadicción, cuando lo cierto resulta ser, más bien, que dicha inseguridad radica antes en la propia prohibición que en el consumo.

Por lo demás, si cualquier intervención para el tratamiento de la drogadicción (como cualquier otro tratamiento de salud) que pretende ser efectivo se basa, como pilar fundamental, en el previo consentimiento de quien la padece, no parece de recibo imponer a la fuerza la abstinencia de determinadas drogas (las declaradas ilegales) a toda la población en general. En este contexto, la posición del Estado debería ser prioritariamente educativa, de naturaleza similar a la que mantiene en relación con ciertas drogas legales (tabaco, alcohol), cuyos efectos pueden ser a menudo más graves para la salud de los ciudadanos, o ciertos hábitos (obesidad, sedentarismo) capaces asimismo de afectar muy negativamente al bienestar de los ciudadanos. No parece que exista un fundamento sólido que justifique la quiebra, cuando se trata de determinadas drogas declaradas ilegales, del principio de que la salud solo puede ser protegida con el consentimiento de la persona afectada (GEPC). Es cierto que en España no es delictivo el consumo de estas sustancias ni su tenencia para el autoconsumo, pero sería hipócrita desconocer hasta qué punto la penalización de todo acto de cultivo, compraventa o intercambio de drogas coarta la libertad de los ciudadanos en general, y margina al ciudadano consumidor en particular.

Urge, en definitiva, la legalización.

En este sentido, el panorama de los últimos años parece halagüeño: en 2025 ya es legal el consumo de cannabis para su uso recreativo en 24 estados de los Estados Unidos (y también en el Distrito de Columbia), así como en Canadá, Uruguay, Luxemburgo, Alemania, Malta, Georgia, Suiza, Tailandia y Sudáfrica. Los Países Bajos y Jamaica se encuentran en una posición intermedia, donde el consumo y la venta están despenalizadas y tolerada pero la sustancia no tiene un régimen claro de legalidad.

Por otro lado, el consumo terapéutico (esto es, uso medicinal con mayores o menores restricciones) del cannabis está legalmente asistido en 39 estados de los Estados Unidos, y en otros países como Costa Rica, Puerto Rico, Argentina, Brasil, Colombia, Chile, Ecuador, México, Perú, Panamá, Paraguay, República Checa, Croacia, Dinamarca, Reino Unido, Irlanda, Alemania, Italia, Portugal, Sri Lanka, Tailandia, Nueva Zelanda y Australia. En España, tras la aprobación de un dictamen en este sentido por la Comisión de Sanidad del Congreso a finales de julio de 2022, era de suponer que las medidas para permitir tal consumo terapéutico se tomarían en breve. Al cierre de estas líneas (mayo 2025), el Ministerio de Sanidad está en trámite para regularlo, encontrándose el borrador del Real Decreto en manos de la Comisión Europea. Es de esperar que al texto se le dé luz verde por parte de Europa, pues los usos permitidos son más restringidos que los que ya existen en otros países europeos (tan solo para algunos dolores crónicos y frente a los efectos adversos de la quimioterapia). Es probable que en los próximos meses se apruebe el texto final.

En el verano de 2022 se reunieron representantes de Luxemburgo, Malta, Países Bajos y Alemania para poner en común las oportunidades y retos que representa la legalización del cannabis para uso recreativo. Alemania, por su parte, emprendió en el año 2022 los trámites necesarios para sacar adelante una propuesta de legalización del cannabis, que ha entrado en vigor, por partes, en abril y julio de 2024. El informe de la Agencia Europea sobre las Drogas de 2024 ya ha puesto en sobre aviso de los cambios recientes de algunos Estados miembros sobre sus *aproximaciones* a esta droga (entre los que menciona a Alemania, Luxemburgo, Malta y próximamente la República Checa), así como una tendencia global que parece va a continuar.

Uno de los argumentos más recurrentes en contra de la legalización del cannabis radica en el presunto riesgo de que con ello su consumo se vuelva masivo y, por tanto, problemático. Pero frente a tal argumento, basta a estas alturas con recordar los datos registrados en aquellos países donde las políticas más permisivas son un hecho: en los Países Bajos, la cifra de prevalencia entre adultos es prácticamente inferior al resto de países europeos (EUDA 2024); en Uruguay (donde el consumo recreativo y medicinal está legalizado desde finales de 2013, acompañado de canales legales de suministro), la prevalencia de consumo no ha variado significativamente y, por contra, se ha elevado la percepción del riesgo derivado de su consumo frecuente u ocasional, además de descender la comisión de delitos para obtener la sustancia y de aquellas conductas que conllevan involucrarse en el narcotráfico (Observatorio Uruguayo de Drogas).

Desde luego, excede de las pretensiones de estas páginas determinar cómo debe llevarse a cabo esa legalización. Pero sin duda las bases esenciales de este posible cambio radical en la política en materia de drogas ya se incluían en las precisiones que hizo al respecto el Grupo de Estudios de Política Criminal en 1991: destipificar el tráfico entre adultos (siempre que se haga por los cauces legales que deberían ser habilitados), dejando indemne el castigo para el suministro a menores de edad y estableciendo aquellas precauciones y procedimientos que resulten oportunos.

En febrero de 2023, Esquerra Republicana de Catalunya (con apoyo de Ciudadanos, el Partido Nacionalista Vasco y Unidas Podemos) propuso al Congreso de los Diputados la regulación del cannabis —tanto para su uso terapéutico como recreativo; propuesta que fue rechazada. Posteriormente, el Grupo Parlamentario Plurinacional SUMAR cuestionó al Gobierno al respecto de su posición sobre el cannabis, dirigiendo a la Mesa del Congreso una pregunta parlamentaria en marzo de 2024. El contexto de dicha pregunta se encuentra en las reclamaciones de los Mossos d'Esquadra al respecto de endurecer la respuesta penal contra el tráfico de cannabis y la comentada legalización de la sustancia en Alemania. Lamentablemente la respuesta del Gobierno ha sido esquiva, limitándose a recordar la obligación internacional de su persecución y la existencia de un "Plan Nacional de Actuación contra la Criminalidad asociada a la producción y tráfico de marihuana" para la reducción de su oferta mediante la persecución policial.

El barómetro del Centro de Investigaciones Sociológicas ha preguntado en dos ocasiones por el posicionamiento ante la legalización de la venta de marihuana recreativa (en determinados establecimientos y en determinadas condiciones), en 2018 y 2021. En ambas ocasiones ha resultado mayoritario el resultado "a favor" (47,2% en 2018; 49,7% en 2019. Siendo las posturas en contra del 41,6% y 40,9%, respectivamente).

Mientras tanto, el contexto internacional, y una lógica elemental, parecen obligar a realizar una interpretación restrictiva de las disposiciones vigentes en materia de drogas ilegales que resulte acorde con la Constitución y los límites al *ius puniendi* que de ella derivan, para, en definitiva, garantizar también este ámbito, la observancia de garantías elementales como son los principios de proporcionalidad de las penas y exclusiva protección de bienes jurídicos. Junto a ello, en la aplicación de estos tipos, como en la de cualquier otro, debe también prestarse atención a las reglas de parte general que contempla nuestro CP: aquéllas que obligan, por ejemplo, a distinguir entre delito consumado y tentativa, o entre autores y partícipes. Algo que, por lo demás, puede resultar especialmente complejo en algunos supuestos, dado el empeño que ha puesto el Legislador en penalizarlo todo sin incluir demasiados matices, cuando se trata de drogas ilegales y de sus precursores.

2. *Problemas actuales en España*

Entre otros problemas actuales, las Memorias de la Fiscalía General del Estado han hecho referencia a varias cuestiones esenciales que están llamando la atención de los tribunales en los últimos años. La primera de ellas radica en las sorprendentes cifras de incautación de *cannabis*, que en 2023 superó los tres millones de plantas.

Ello concuerda con el dato que se muestra en el informe "Estadísticas 2024. Alcohol, tabaco y drogas ilegales en España" (Observatorio español de las drogas y las adicciones: Ministerio de Sanidad), donde se señala que el 59% de la población afirma poder conseguir en 24 horas, de manera fácil o muy fácil, cannabis, percibiéndose como la droga más disponible. También coincide con el perfil de las infracciones, tanto en el caso español como europeo: el cannabis es la droga que más sanciones genera, seguida de lejos por la cocaína (BRANDARIZ GARCÍA). Así lo hace notar también el Observatorio Europeo de las Drogas y las Toxicomanías (renombrado en julio de 2024 como Agencia de la Unión Europea sobre Drogas —EUDA) en su informe de 2024, donde se indica que el cannabis es la droga ilícita más usada en la Unión Europea, hasta cinco veces más que la siguiente por orden de uso.

Por otra parte, no es la única droga cuya disponibilidad ha alcanzado cifras de récord: las incautaciones de cocaína de 2023 triplicaron a las del año 2022, haciendo que su precio haya disminuido.

La segunda cuestión a la que hace referencia la Fiscalía General del Estado es la enorme proliferación, observada en los últimos tiempos, de organizaciones y grupos criminales dedicados no ya a cultivar cannabis, sino a sustraer las cosechas de terceros, utilizando para ello altas cotas de violencia, incluido el uso de armas de fuego. En estas mismas organizaciones, constituidas por personas de diversas nacionalidades, se reproducen comportamientos propios de la trata de personas para su explotación laboral, dedicada en estos casos al cultivo y producción de drogas que son destinadas a la exportación a terceros países.

También se apunta a un recrudecimiento, en general, de la violencia utilizada por las organizaciones (recuérdese, p. ej., el suceso de febrero de 2024 en Barbate, que se saldó con la muerte de dos jóvenes agentes de la Guardia Civil, embestidos por una narcolancha). Debe hacerse referencia a que las organizaciones de narcotráfico cuentan cada vez con personas más jóvenes, sobre todo en la zona del Campo de Gibraltar, donde las oportunidades laborales, sobre todo entre los jóvenes, son escasas (así, pueden encontrarse varios municipios de la zona como aquellos con las tasas más altas de paro en España, p. ej., la Línea de la Concepción o Algeciras). Las asociaciones antidroga de la zona unidas en la Coordinadora Antidroga del Campo de Gibraltar han señalado que la exclusión social y la pobreza de la zona, con tasas de paro juvenil que, en algunas barriadas, superan el 60%, han llevado a que el narco sustituya al Estado del Bienestar (que les habría dejado de lado), y sería la causa por la cual, en determinadas zonas de la provincia, los clanes de la droga cuenten con el apoyo de parte de la población. Ello, si no es revertido, conducirá a la constitución de una base social criminal, que incentivará, únicamente, a la creación de más organizaciones criminales.

La Agencia Europea sobre Drogas (EUDA) también señaló con preocupación al auge de violencia de las organizaciones criminales dedicadas al narcotráfico. De hecho, en noviembre de 2024, llevaron a cabo —junto a la Comisión Europea— una conferencia en Bruselas (*European Conference on Drug-Related Violence)*, que tenía por objeto profundizar en la comprensión de la violencia vinculada al tráfico de drogas en la Unión Europea y establecer un marco integral para su monitoreo e investigación, así como promover la cooperación intersectorial.

En tercer lugar, es necesario a mencionar una problemática sobre la que la FGE lleva varios años reflejando en sus memorias: la necesidad, según plantean, de reformar el CP para tipificar de forma autónoma lo que se conoce vulgarmente como "petaqueo", esto es, la actividad dedicada a surtir de grandes cantidades de gasolina a las embarcaciones del narco (y también las dedicadas al tráfico de migrantes). Ello conlleva a que existan numerosas personas que, colaborando con las organizaciones a cambio de precio, almacenan —con los riesgos que ello conlleva— grandes cantidades de combustibles en garajes y domicilios. Posteriormente, y después de acercarlas hasta la costa por carretera, se acercan con embarcaciones más pequeñas a la nave nodriza que transporta la droga, para el abastecimiento de la misma. En este sentido, la Fiscalía apuesta por su tipificación como delito autónomo (tal y como hizo Gibraltar en 2021 —*Petroleum Act 2021*), pues apuntan a las dificultades probatorias de enlazar estas conductas al delito del art. 368, CP, por más que estos actos promuevan, favorezcan o faciliten el consumo ilegal de drogas tóxicas.

La Fiscalía propuso así la creación de un delito de peligro abstracto, que incluyera las locuciones "con temeridad manifiesta", y "contraviniendo de las leyes u otras disposiciones de carácter general". Asimismo, apostaba por la incorporación de un apartado en el mismo delito, que marcara que "a los efectos del precepto, se repute manifiestamente temerario un solo transporte o el depósito en un único lugar de carburantes líquidos que superen el límite reglamentariamente impuesto en las veces que se considerase oportuno".

No obstante, lo anterior, el AAP, Cádiz, Sección Algeciras nº 7, 240/2025, 27-5, ha reinterpretado recientemente el art. 568, CP entendiendo que el comportamiento de los *petaqueros* puede encajar en el mismo, al tratarse de la tenencia de sustancias inflamables no autorizada por las Leyes o la autoridad competentes: "entiende esta Sala que la conducta (indiciaria) del investigado (junto con otros) consistente en el transporte y almacenamiento de material altamente inflamable como son 164 garrafas de gasolina (que exceden notoriamente de los 5.000 litros) para el abastecimiento de embarcaciones dedicadas al narcotráfico, sin las autorizaciones y precauciones legales que impone la normativa sectorial en vigor, es perfectamente incardinable en el art. 568 CP. [...] En el mismo sentido, la Sentencia de 17 de julio de 2008, anteriormente citada, se refiere a la única exigencia de un dolo que abarque la situación de tenencia de determinadas sustancias o elementos fuera de los cauces legalmente autorizados, y por tanto, con evidente riesgo para la seguridad colectiva. Es evidente que en este caso no se imputa al investigado el almacenar sustancias inflamables con la finalidad de utilizarlas en la comisión de actos delictivos, pero si se le ha de imputar el poner en riesgo de forma consciente y voluntaria la seguridad colectiva al almacenar y transportar la sustancia inflamable incumpliendo los requerimientos legales y autorizaciones, omitiendo todos los requisitos, cautelas y condiciones que precisamente por su peligrosidad exige y exigía al tiempo de los hechos la normativa vigente en materia de hidrocarburos y tenencia de sustancias inflamables. En este sentido, el artículo 568, al castigar la tenencia o depósito de determinadas sustancias o aparatos, protege el mismo bien jurídico que el artículo 561 del Código Penal, que como señaló la Sentencia del Pleno del Tribunal Constitucional de 24 de febrero de 2004, no es otro que la seguridad ciudadana, y de forma mediata la vida y la integridad física de las personas, ante el peligro que entraña la tenencia incontrolada, tanto de las sustancias a las que se refiere el primer precepto, como de las armas a las que expresamente se refería el Tribunal Constitucional en su resolución" (FJ 8º).

Por último, otra de las cuestiones que han llamado la atención de la Fiscalía es la utilización de las nuevas tecnologías por parte de las organizaciones criminales. En concreto, la Memoria del año 2024 hace referencia al uso de plataformas como *EncroChat* y, su sucesor, *SKY ECC*, proveedores de servicios y telecomunicaciones que permiten el encriptado de los mensajes, entre otras funcionalidades atractivas para la comunicación entre aquellos que planean actividades criminales organizadas. La Fiscalía señaló hasta 60 plataformas distintas que ofrecen servicios similares y que presentan un reto no solo para la investigación policial sino también desde el plano netamente jurídico, por el cuestionamiento de la licitud del acceso a dichos servicios para la obtención de pruebas. Por otra parte, y en este mismo contexto del uso de nuevas tecnologías, se presenta el reto que supone la incautación de criptoactivos a los narcotraficantes, sobre todo por las grandes fluctuaciones del mercado que los mismos experimentan.

3. Una pequeña historia de las drogas

Cuando a día de hoy los hispanohablantes utilizamos el término "droga" solemos hacerlo como sinónimo de "droga tóxica" o "droga de abuso", pero en general droga es cualquier sustancia con aplicaciones en la industria (de ahí la palabra "droguería"), el arte o la medicina. Otro uso menos común, el utilizado para referirse a los medicamentos, proviene del inglés *drugs*, que efectivamente comparte esa doble acepción de medicamento y droga tóxica. La droga entendida como medicamento es aquella sustancia, o combinación de sustancias, con propiedades para el tratamiento o prevención de enfermedades, mientras que lo que se considera droga tóxica es una sustancia con capacidad psicoactiva estimulante, depresiva o alucinógena, que produce dependencia física o psíquica, con daño para el individuo y la sociedad, siendo sinónimo de narcótico y estupefaciente (Real Academia Nacional de Medicina de España). En este sentido, el medicamento o fármaco —la droga— puede tener consecuencias favorables o desfavorables. Y es que la palabra "droga" es de esos términos cuyo único uso que se mantiene con claridad es el peyorativo, como consecuencia de un relato culturalmente impuesto (con razón o sin ella) por los países más influyentes en el panorama internacional. Al respecto, sirva como muestra un botón: es común encontrar en textos legales, nacionales e internacionales, y en la Jurisprudencia española, la simple remisión a las sustancias que aparecen en las convenciones de Naciones Unidas a la hora de determinar qué se entiende por "droga".

De hecho, algunas "drogas tóxicas" no pueden desprenderse de esa dualidad medicamentosa: no solo por las consabidas propiedades medicinales de algunas sustancias (*v.gr.* el cannabis, cuyo reconocimiento medicinal —tardío— fue adoptado por la Comisión de Estupefacientes de la ONU en 2020), sino porque también muchas de ellas son dispensadas en las farmacias con receta médica. En cualquier caso, la distinción entre tóxico y medicamento dependerá de la dosis y la oportunidad (ÁLVAREZ GARCÍA; en similar sentido, MANJÓN-CABEZA OLMEDA).

No siempre la respuesta de la sociedad frente a las drogas ha sido la misma. Hasta comienzos del siglo XX, la situación de las instituciones en relación a estas sustancias era, en general, de tolerancia o indiferencia hacia ellas y sus consumidores. Estados Unidos cambiaría esa tendencia, más que por razones de salud pública o individual por otros intereses económicos y políticos, y acabaría, con el paso de los años, por movilizar a todos los países del globo en su guerra contra las drogas. En Europa, la motivación propia por la existencia de un problema real relacionado con el consumo no comenzaría hasta la década de los años 60 del siglo pasado, retrasándose en España hasta la década siguiente (en estas páginas se sigue, para la cuestión histórica, fundamentalmente las obras de ESCOHOTADO, MANJÓN-CABEZA OLMEDA y SILVA FORNÉ; junto con MARTÍNEZ ORÓ y MOLINA MANSILLA para la historia española).

La posición de las sociedades frente a las drogas ha ido oscilando, parejo a como lo ha hecho la reflexión sobre si la moral es algo en lo que debe inmiscuirse el poder estatal. De esta manera, cuando la unidad entre Iglesia y Estado desapareció, o al menos se hizo más tenue, la idea de gobernar el comportamiento del ciudadano adulto en cuestiones morales por su bien se tornó más difícil de defender. No obstante, hacia 1900 comenzaría una nueva tendencia en Estados Unidos, que se hallaban por aquel entonces embebidos de una ola de puritanismo (ESCOHOTADO), donde el uso de ciertas drogas se empezó a relacionar con el crimen y ciertas clases y razas —marginales e inmigrantes—, convirtiendo a su usuario en el enemigo-criminal (DEL OLMO). En este contexto, el sector de los profesionales "terapéuticos" quiso asumir parte del poder que ya no ostentaban los grupos religiosos. De esta manera, la asociación médica y farmacéutica norteamericana creyó tener la posibilidad de obtener mayores cotas de influencia uniéndose a la ola de puritanismo. La consecuencia de ambos envites será la famosa Ley Seca (1919), que convirtió de la noche a la mañana a miles de personas en criminales, y que sin embargo no consiguió condenar a los grandes traficantes de alcohol. Esta Ley resultó ser un completo fracaso, generó un mercado negro con poderosas bandas criminales —pasando de esta manera de una etapa que podríamos llamar "artesanal" en el mundo de las asociaciones ilícitas, a una "industrial" de la criminalidad— y suscitó graves problemas de salud pública entre la población estadounidense, dadas, entre otras circunstancias, las enormes cantidades de alcohol casero que se produjeron y consumieron clandestinamente durante la prohibición, sin ningún tipo de control administrativo o sanitario. Todo ello provocó, en definitiva, su derogación en 1932 (MANJÓN-CABEZA OLMEDA).

La Ley Seca no fue la primera norma moderna en EE.UU. contra las drogas: en 1914 la *Harrison Narcotic Act* ya restringió los opiáceos y, posteriormente, otros estupefacientes.

Sería en 1950 cuando las normas sobre tráfico y consumo de drogas se endureciera. Muestra de ello es la Ley para el Control de Narcóticos (1956), que incluía la pena capital por la venta de heroína a menores (LÓPEZ-MUÑOZ y otros). Posteriormente, el presidente Nixon declararía la guerra a las drogas en 1969. La situación excepcional que plantean todas las "guerras", serviría como justificación para el intervencionismo norteamericano (ÁLVAREZ GARCÍA). En los años ochenta del s. XX, Reagan convertirá esa guerra contra las drogas en el nuevo enemigo para la seguridad nacional (SILVA FORNÉ). Los costes a pagar como consecuencia de esa guerra contra las drogas fueron (y son) muy altos: corrupción generalizada, violencia social, e inestabilidad institucional en América Latina, donde además se produjo la militarización del conflicto, agregando aún más violencia.

Como ejemplos ilustrativos, basta con recordar la situación de Colombia en el siglo XX o de México en el siglo XXI, o pararse a observar la coyuntura en la que permanecen anclados los países de tránsito de drogas de Centroamérica, que experimentan por esta causa los niveles más altos de criminalidad a nivel mundial). Sobre este particular, véase muy especialmente ÁLVAREZ GARCÍA.

Como una de las vertientes de su guerra contra las drogas, Estados Unidos implantó una política de "certificación", en cuya virtud son objeto de evaluación y, en su caso, certificación los esfuerzos realizados por terceros países para alcanzar los objetivos norteamericanos antidroga, condicionando a la obtención de tales certificaciones el otorgamiento de financiación (Ley de Ayuda Exterior, 1961), y demostrando con ello —una vez más— un total desprecio por la soberanía —y culturas— de esos países (ÁLVAREZ GARCÍA/VENTURA PÜSCHEL). Este tratamiento no lo ha dispensado el gigante norteamericano solo a aquellos estados que consideraba involucrados en el tráfico de drogas (productores o de tránsito), sino que lo ha hecho extensivo, aunque un modo más sutil, al resto del mundo.

De hecho, el régimen internacional del prohibicionismo ha estado marcado desde siempre por los ritmos impuestos por Estados Unidos. Así, las primeras conferencias celebradas en La Haya sobre la materia a principios del siglo XX estuvieron auspiciadas por Estados Unidos, y a ellas le seguirían las Convenciones de Ginebra de 1925, 1931 y 1936, que constituyen el origen del actual sistema vigente a nivel internacional: las Convención Única de Nueva York sobre Estupefacientes de 1961, el Convenio de Viena sobre Sustancias Psicotrópicas de 1971, y la Convención de Viena contra el Tráfico Ilícito de Estupefacientes y Sustancias Psicotrópicas de 1988.

A pesar de que las consecuencias de esta guerra contra las drogas ya han sido muchísimo más nefastas de las que se produjeron como efecto de la promulgación de la Ley Seca; de la dramática situación en la que ha puesto a buena parte de los estados latinoamericanos; y de las numerosas evidencias que demuestran su completa ineficacia para conseguir los propósitos que teóricamente persigue (la erradicación del consumo de las drogas declaradas ilegales), Naciones Unidas sigue abanderando el prohibicionismo, aunque cada vez quieran darle más peso a las políticas de reparación del daño. Parece claro que los "principios" sobre la política de drogas responden más a intereses económicos, que terminan siendo geopolíticos, que a preocupaciones sobre salud pública o, incluso, sobre moral pública (concepto que utiliza la Convención UN 1961). Ejemplo paradigmático de ello puede encontrarse en las Guerras del Opio.

El panorama estadounidense en torno a las drogas sigue siendo problemático. En la nueva era Trump que iniciara en 2025, las drogas —y, más en concreto, los opiáceos— han servido de excusa para las agresivas decisiones de política exterior. Véanse, por ejemplo, los aranceles del 25% que se han impuesto a Canadá, China y México, bajo las afirmaciones de que estos países no controlan el flujo de narcóticos y sus precursores hacia EE.UU.

Por su parte, la evolución histórica de la regulación penal del tráfico de drogas en España, si bien parecida, se ha producido más lentamente que en otros países. No obstante, existía en nuestro país, incluso antes de los primeros Códigos Penales, una regulación administrativa sobre el tráfico de drogas. En este sentido, las primeras normas españolas de tal carácter fueron las Ordenanzas de Farmacia de 1800, que servían para determinar las sustancias prohibidas con carácter general y el protocolo de actuación establecido respecto del personal autorizado para su venta. Esta norma fue sustituida por las Ordenanzas para el Ejercicio de la Profesión de Farmacia, Comercio de Drogas y Venta de Plantas Medicinales, de 18 de abril de 1860 (que estuvieron vigentes hasta finales del siglo XX, cuando fueron derogadas por la Ley 25/1990, de 20 de diciembre, del Medicamento —MOLINA MANSILLA).

Para ver un detallado recorrido histórico de la protección de la salud pública por los códigos penales del siglo XIX, véase la obra de MOLINA MANSILLA (2006). En cualquier caso, puede comprobarse que, aunque la salud pública ya era un bien jurídico protegido de forma parecida por esos textos legales, ninguna de las disposiciones recoge comportamientos semejantes a los del art. 368, CP.

En todo caso, al comienzo del siglo pasado, en nuestro país las drogas disponibles se vendían en farmacia y herbolario, sin necesidad de receta médica (MARTÍNEZ ORÓ). No obstante, a partir de las primeras limitaciones normativas, impuestas tras la ratificación en 1918 del Convenio Internacional de la Haya de 1912, hicieron necesaria la prescripción médica para la adquisición de fármacos con opio, morfina o cocaína. La prohibición de la heroína se establecería en 1932 con la Ley de Vagos y Maleantes (aunque la legislación ya había comenzado a endurecerse en 1928, con la aprobación de las "Bases para la Restricción del Estado en la distribución y venta de estupefacientes"), pero en 1955 las farmacias seguían vendiendo anfetaminas (de hecho, determinados compuestos con derivados anfetamínicos continuaron a la venta hasta el año 2001: el *Katovit,* tan famoso entre los entonces estudiantes). Durante los primeros años del franquismo, el adicto no fue más que un enfermo, sin que representara entonces un peligro social, pero la irrupción en los 60 de ciertos movimientos contraculturales hizo que la Dictadura señalara al consumidor de droga como disidente político (MARTÍNEZ ORÓ, PLAZA GÓMEZ). Ello, unido a la firma de la Convención Única sobre estupefacientes de Naciones Unidas en el año 1967 y a la ilegalización del opio para cualquier fin en 1978, empujó a los toxicómanos al mercado negro. No es de extrañar el gran éxito del mercado ilegal de heroína en la década de los 70, produciendo que en las últimas tres décadas del siglo pasado hubiera en torno a entre 20.000 y 25.000 muertes por sobredosis, en más del 90% de los casos con implicación de heroína (DE LA FUENTE y otros). Sin embargo, hasta 1985 no se creó el primer Plan Nacional sobre Drogas.

No es preciso hacer demasiadas cábalas para valorar las trágicas consecuencias que tuvo *la prohibición* en un país en el que, entre 1920 y 1930, se dispensaba con y sin receta opio, morfina y cocaína, produciéndose solo seis muertes registradas por sobredosis, de las cuales cinco fueron suicidios (ESCOHOTADO).

II. EL ORDENAMIENTO INTERNACIONAL

Una de las características del sistema de prohibición de las drogas es su marcado carácter internacional. De manera que, para realizar un análisis de nuestra legislación interna, es imprescindible el previo estudio de los textos internacionales suscritos por el Estado español.

1. La situación mundial y las Convenciones de Naciones Unidas

Según el Informe Mundial de Drogas de la Oficina de Naciones Unidas contra la Droga y el Delito de 2023, 296 millones de personas consumieron drogas en 2022, de las cuales 39,5 millones sufrieron trastornos por su consumo. Entre los años 2010 y 2019, el número de personas consumidoras aumentó en un 22%, crecimiento que es debido, en parte, a que la población mundial aumentó en ese mismo período en un 10%. Se estima que los principales mercados de drogas de la *dark web* ya ingresan en ventas anuales, al menos, 315 millones de dólares (UNODC, 2021). La cocaína experimenta un aumento de la oferta y demanda (en máximos históricos), pero continúan siendo los opioides quienes ostentan la categoría de ganadores en tasa de morbilidad. El cannabis, por su parte, ostenta el récord de la sustancia más consumida, alcanzando el 4,3% de la población mundial en 2021, droga que además ha incrementado su potencia, multiplicando los niveles de tetrahidrocannabinol (THC) presentes en las plantas incautadas. Sobre los opioides en general (lo que incluye a los medicamentos "legales" —esto es, que pueden ser prescritos con receta médica— basados en esta sustancia), el Informe afirma que, en 2021, 60 millones de personas los utilizaron sin razones médicas (siendo Norteamérica la región con mayor tasa de uso) frente a los 22 millones de usuarios de cocaína (UNODC, 2023).

Un buen debate público deberá prestar atención a los estudios que se están realizando tras la aprobación del cannabis recreativo en diversas regiones de Estados Unidos y Canadá. SABIA y otros, por ejemplo, ya apuntan a la existencia de cierta evidencia sobre la sustitución de los opioides por el *cannabis,* influyendo en las cifras de mortalidad por sobredosis de opiáceos en aquellas áreas donde el cannabis está siendo legalmente distribuido. Resultados similares se observan en GANESH y otros.

Asimismo, el Informe de 2024 de la UNODC también acomete un estudio preliminar sobre la evolución del consumo y otras cuestiones tras la legalización del cannabis en varios países (aunque no deja de recordar que los datos deben ser interpretados con precaución, debido a las diferencias entre estados: porque los regímenes legalizadores no son iguales, ni las tendencias de consumo previas a la legalización, ni el sistema social o de atención al consumidor problemático, etc.). En general, parece que en aquellos países donde se ha legalizado el *cannabis* se ha experimentado un aumento del consumo durante los primeros años, pero luego se ha estabilizado e incluso decaído (*v.gr.* Canadá o Uruguay). Por su parte, el consumo entre adolescentes parece mantenerse relativamente estable. Para terminar, en Canadá en el año 2023, poco más de un cuarto de los consumidores seguía acudiendo al mercado ilícito de cannabis, y esa cifra ha ido disminuyendo. Sin embargo, ese número de consumidores del mercado ilícito se mantiene más alto en otros estados, pues el mercado lícito no cubre la demanda del estupefaciente.

Por otra parte, el mismo Informe de la UNODC en 2024 apunta a que el consumo de cannabis con niveles elevados de THC (y bajo contenido en CBD) sea asociado al desarrollo de trastornos por consumo de drogas, especialmente los trastornos psicóticos. El estudio en hospitales españoles de IBRAHIM-ACHI y otros de 2023 apunta al cannabis como "la droga que se relaciona en mayor medida con los casos de psicosis atendidas en urgencias hospitalarias". Ello debe verse como una cuestión a valorar en un proceso de legalización: aunque la disponibilidad de la sustancia puede ser mayor, también es cierto que los canales legales de acceso a la droga permiten mayor seguridad, pues no solo puede controlarse el tanto por ciento de THC y CBD presente en el "cannabis legal", sino que también las sustancias pueden pasar controles de calidad, que aseguren la naturaleza de la sustancia que se está consumiendo.

El sistema establecido por Naciones Unidas en relación al tráfico de drogas ilegales parte de un planteamiento claramente prohibicionista, y está compuesto fundamentalmente por tres tratados de la Organización de Naciones Unidas, que buscan eliminar el consumo general de las drogas incluidas en su ámbito, limitando su uso en función de sus utilidades médicas o científicas. El resto de las finalidades del consumo se consideran ilícitas y son, mayoritariamente, criminalizadas en la Convención Única de 1961 sobre Estupefacientes enmendada por el Protocolo de 1972; el Convenio sobre Sustancias Psicotrópicas de 1971, y la Convención de las Naciones Unidas contra el Tráfico Ilícito de Estupefacientes y Sustancias Psicotrópicas de 1988.

Estos tratados, desde luego, no fueron los primeros textos internacionales destinados a regular el comercio de las drogas. Versan sobre la misma materia otros instrumentos internacionales anteriores, como el Convenio de La Haya de 1912 (ratificado por España en 1918) y el posterior Convenio Internacional de Ginebra de 1925 (que fue ratificado en 1928). En cualquier caso, la tendencia ha sido claramente la de establecer prohibiciones cada vez más duras.

La Convención Única de 1961 estuvo inspirada supuestamente por la preocupación por la salud física y moral de la humanidad, teniendo como meta sustituir los múltiples tratados hasta entonces existentes sobre drogas por una convención de aplicación general que fiscalizara el uso de los estupefacientes a nivel global, articulando una cooperación y fiscalización conjunta para todos los países.

La Convención creó a su vez la Junta Internacional de Fiscalización de Estupefacientes (JIFE) y la Comisión de Estupefacientes del Consejo Económico y Social de las Naciones Unidas. La Junta es un órgano independiente constituido por expertos, integrada por 13 miembros que son elegidos por el Consejo Económico y Social de Naciones Unidas, y que, en colaboración con los gobiernos, trata de reducir los cultivos y la producción de estupefacientes, limitándolos a la cantidad necesaria para los fines médicos y científicos.

De esta manera, articula un sistema de previsiones —destinado a regular cuánto puede producir cada país para los fines científicos y médicos—, y un sistema de información estadística, para controlar el nivel de seguimiento o la aplicación de las medidas impuestas en los diferentes países. Si la Junta observa desviaciones de lo pactado con los Estados, puede solicitar a los gobiernos que tomen medidas correctivas, e incluso requerir la intervención del Consejo o de la Asamblea General, si entiende que el Estado no está tomando medidas eficaces. La Comisión de Estupefacientes, por su parte, es el órgano rector de las Convenciones en materia de drogas y tiene varios objetivos, entre ellos el de realizar peticiones a la Junta para que elabore los análisis y estudios pertinentes, estudiar las cuestiones relativas a la modificación de las listas de drogas prohibidas, hacer sugerencias para la mejor aplicación de las Convenciones o recomendar programas científicos.

Tanto la Junta Internacional de Fiscalización de Estupefacientes (JIFE) como la Comisión de Estupefacientes han manifestado recientemente preocupaciones coincidentes en torno a diversos desafíos vinculados al control de drogas. En sus pronunciamientos más recientes, ambas entidades subrayan la necesidad de desarrollar estrategias más sostenibles para el control de cultivos ilícitos, así como de fortalecer los programas de desarrollo alternativo. Estas medidas buscan mejorar y proteger los medios de subsistencia de las comunidades afectadas, promoviendo alternativas económicas viables y evitando al mismo tiempo la deforestación y la contaminación del suelo y del agua. Asimismo, advierten sobre la importancia de reforzar la cooperación internacional frente a los vínculos entre el tráfico de drogas y el comercio ilícito de armas de fuego, así como frente a la desviación de sustancias químicas no fiscalizadas que son empleadas en la fabricación ilegal de drogas y precursores de diseño. En este sentido, se alienta a los Estados a extender las medidas de fiscalización a sustancias químicas conexas que puedan transformarse o ser utilizadas como sustitutos de sustancias prohibidas. Por otra parte, ambas instituciones hacen un llamado a ampliar la capacidad y disponibilidad de programas de prevención temprana dirigidos a personas en situación de vulnerabilidad, ya sea como consecuencia de la pandemia de COVID-19 o de contextos de conflicto armado.

El Informe de la JIFE de 2024 destaca también los efectos derivados de la prohibición impuesta por los talibanes al cultivo de adormidera en Afganistán. Aunque en ese año la superficie cultivada fue un 19% superior a la de 2023, aún se mantiene por debajo de los niveles registrados antes de la prohibición. El informe también señala la preocupación por la incautación récord de cocaína en la Unión Europea por sexto año consecutivo, así como por la decisión de varios países europeos de permitir el acceso al cannabis con fines no médicos, lo cual contravendría las disposiciones de la Convención Única sobre Estupefacientes de 1961.

La Convención de 1961 impone limitaciones para la fabricación y la importación de las sustancias reguladas por la misma, además de un sistema de licencias para su fabricación, comercio y distribución, que dependerá del tipo de sustancia al que se haga referencia. La Convención no dispone de una definición de "droga" o "estupefaciente", sino que simplemente se remite a las sustancias que aparecen en sus listas anexas (*schedules* o *scheduling decisions*), ya sean naturales o sintéticas. Con ello, la Convención de 1961 instauraba el sistema de listas de estupefacientes y psicotrópicos y cuadros de sustancias utilizadas frecuentemente en su fabricación ilícita (también conocidas como precursores), que son sometidas a distintos tratamientos y medidas establecidas en la Convención.

Las listas se articulan en función del mayor o menor carácter restrictivo que posean las medidas a adoptar (prohibición absoluta-permisión restringida para determinados usos). Así, en la Lista I aparecen aquellas sustancias altamente adictivas y que conllevan altas posibilidades de acabar en abuso, junto a aquellas otras que producen efectos parecidos a las anteriores o que son susceptibles de ser convertidas en las anteriores. La Lista IV sería, en realidad, una sub-lista de la primera, donde encajarían aquellas sustancias que además de tener las características anteriores, rara o escasamente poseen utilidad médica. Por su parte, la Lista II contiene sustancias menos adictivas y menos tendentes a su abuso, mientras que la Lista III incluye aquellos preparados que contienen narcóticos con fines médicos y que es menos probable su uso abusivo. De esta manera, la Lista I enumera sustancias cuyo uso se declara prohibido en todo caso, salvo para fines científicos y médicos muy limitados, mientras que el empleo de las incluidas en las Listas II y III es sometido a ciertas licencias y a la prescripción de recetas médicas, en el caso de que se destinen al uso de particulares.

Además de lo anterior, los Estados también tendrán que hacer todo lo posible por aplicar las mismas medidas a aquellas sustancias que no aparecen en las listas, pero que pueden ser también utilizadas para la fabricación de estupefacientes. La Convención articula su propio sistema de modificación de las listas de sustancias, a través de la proposición de las Partes o de la Organización Mundial de la Salud.

> Uno de los problemas que sin duda suscita el sistema de listas es que no hay un criterio determinante por el cual unas sustancias deban aparecer en una de ellas, y no en otras, pues, aunque sobre el papel existen algunas precisiones al respecto, estas no se corresponden con criterios médicos reales, los cuales en muchas ocasiones además son obviados. Así, por ejemplo, la Lista I del Convenio de 1961 contiene sustancias como la cocaína, la heroína o la morfina, pero también el cannabis, su resina, extractos y tinturas, a pesar de la diversidad de sus efectos y posibles daños para salud humana. Esta equiparación parece aún más anómala si se tiene en cuenta que, en la lista IV, se incluye asimismo el cannabis y su resina, por considerarse que no desempeña ningún uso médico. Además de lo poco que estas sustancias tienen en común desde el punto de vista adictivo o de las consecuencias para la salud (que se supone son los criterios que deciden dónde se clasifican las mismas), debe mencionarse que el cannabis fue introducido en las listas sin la previa recomendación de la OMS (DEL CARPIO DELGADO), y desde 2020, permanecieron en ellas en contra de su criterio. En efecto, tras una revisión crítica realizada por el Comité de Expertos en Farmacodependencia, la OMS presentó en enero de 2019 a la Comisión ocho recomendaciones sobre el cannabis sus derivados. El 2 de diciembre de 2020, la Comisión tomó medidas sobre estas recomendaciones, eliminando a estos de la Lista IV de la Convención de 1961, por 27 votos contra 25 y una abstención, pero rechazó el resto de las recomendaciones, permaneciendo por ello estas sustancias en la Lista I de la Convención de 1961 y, por lo tanto, quedando sujetas a todos los niveles de control que prevé dicho Tratado. Es más: en relación con el cannabis, la JIFE ya desde 2021 continúa reiterando su "preocupación" por el hecho de que ciertas regiones lo hubieran legalizado para fines recreativos, y recordaba (o advertía) que "la Convención de 1961 en su forma enmendada, el Convenio de 1971 y la Convención de 1988 limitan el consumo de todas las sustancias sujetas a fiscalización exclusivamente a fines médicos y científicos".
>
> Por lo demás, parece que la entrada, permanencia o salida de sustancias de una determinada lista del Convenio de 1961 obedece, más que a su relativa toxicidad, a los usos sociales imperantes en los estados con más poder en el panorama internacional, a la cabeza de los cuales se encuentran los países occidentales y, sobre todo, los Estados Unidos, que muestran un notorio desprecio hacia los usos rituales o tradicionales que se hace de ciertas sustancias en algunas regiones de países mucho menos influyentes a nivel mundial. Ello explica la falta de asideros científicos o médicos para la clasificación de las mismas, y la preterición del ámbito del Convenio de sustancias que son igualmente nocivas para la salud y que poseen una enorme capacidad de crear adeptos, como el alcohol o los productos derivados del tabaco.

La Convención de 1961 también incluye disposiciones penales. Así, su artículo 36 establece que, a reserva de lo dispuesto por las Constituciones de los respectivos estados, las partes deben adoptar las medidas necesarias para que "*el cultivo, la producción, la fabricación, la extracción, la preparación, la posesión, la oferta, distribución, compra, venta, despacho, corretaje, expedición, transporte, importación y ex-*

portación de estupefacientes", fuera de los cauces legales que marca la Convención, y siempre que sean intencionales, se tipifiquen como delito. Las respuestas penales para estos comportamientos no están predeterminadas, pero sí se añade que aquellos que sean graves deberán estar castigados de forma adecuada con penas de prisión o, al menos, de privación de libertad. En el caso de que personas "que hagan un uso indebido de estupefacientes" sean las autoras de los delitos, los estados podrán decidir en lugar de declararlas culpables o sancionarlas, someterlas a medidas de "tratamiento, educación, o rehabilitación". El texto internacional también remarca la necesidad de castigar la participación, los actos preparatorios y la tentativa de los mismos delitos. De la misma manera, la Convención dispone, para todos los delitos que se contienen en la misma, la posibilidad de decomisar tanto los estupefacientes como las sustancias y los utensilios empleados en la comisión de los mismos.

En los últimos años, la JIFE ha "matizado" estas precisiones, recordando la posibilidad de "descriminalizar", en el sentido de retirar el control penal, o al menos no aplicar sanciones privativas de libertad, en aquellos casos de uso y posesión para consumo personal de pequeñas cantidades de drogas. Pero no así otro tipo de medidas, sancionadoras administrativas o civiles (denominadas por la JIFE como despenalización o legalización).

El Convenio sobre Sustancias Psicotrópicas (Viena, 21 de febrero de 1971) pormenorizó el proceso que debe seguir la Organización Mundial de la Salud a la hora de elaborar los informes para la fiscalización de nuevas sustancias. Así, dentro de los parámetros establecidos a tal efecto, el Convenio de 1971 establece que la OMS deberá comprobar si la sustancia en cuestión puede producir (1) un estado de dependencia y la estimulación o depresión del sistema nervioso central o (2) un "*uso indebido análogo y efectos nocivos parecidos*" a las sustancias que ya se encuentran en las listas; o bien que la sustancia puede ser objeto de un uso indebido que constituya un problema sanitario y social. El Convenio determina que estos dictámenes de la OMS serán determinantes para la Comisión, al menos en lo que concierte a los aspectos médicos y científicos.

Con respecto a las disposiciones penales, su artículo 22 ordenaba la tipificación de cualquier acto intencional contrario a las reyes o reglamentos que se adoptaran por los Estados en cumplimiento del Convenio, pero a la vez permitía que, si la persona en cuestión era consumidora (o en la terminología de la Convención: las personas que "*hicieran uso indebido de sustancias sicotrópicas*"), cada Estado podía decidir no declararla culpable o no sancionarla penalmente. También se exigía la tipificación de la participación, la conspiración, los actos preparatorios, las operaciones financieras relativas a los delitos, así como el reconocimiento de las sentencias condenatorias extranjeras.

El último texto que conforma junto a los anteriores el sistema internacional de fiscalización de drogas es la Convención de Naciones Unidas contra el Tráfico

Ilícito de Estupefacientes y Sustancias Psicotrópicas (Viena, 20 de diciembre de 1988), donde se expone que los gobiernos continúan "*profundamente preocupados por la magnitud y la tendencia creciente de la producción, la demanda y el tráfico ilícito de estupefacientes y sustancias psicotrópicas*", *ante la "sostenida y creciente penetración del tráfico ilícito*". Y es que, aunque para entonces habían transcurrido casi tres décadas desde que comenzaran a utilizarse medidas de fiscalización y represión a nivel mundial y en un mismo sentido, las tendencias no solo no se habían detenido, sino que se habían intensificado: la población penitenciaria condenada delitos relacionados con drogas continuaba creciendo y comenzaba a ser, tanto en los Estados Unidos como en los países de Europa del Sur, un porcentaje muy significativo del total de reclusos, lo que parecía demostrar que tales medidas habían sido inanes, al menos en este ámbito. En este sentido, la Convención también afirma que "*el tráfico ilícito genera considerables rendimientos financieros y grandes fortunas que permiten a las organizaciones delictivas trasnacionales invadir, contaminar y corromper las estructuras de la administración pública*", admitiendo de este modo el gran poder que el prohibicionismo ha brindado a la criminalidad organizada.

A pesar del reconocimiento del fracaso de las políticas emprendidas hasta ese momento en el escenario internacional, la Convención de 1988 continuaría en la misma senda prohibicionista y centrada es las mismas estrategias, aunque redoblando los esfuerzos de cooperación y el punitivismo. De esta manera, se añade a la lista de delitos que los países firmantes deben perseguir la conversión o transferencia de bienes, a sabiendas de estos provienen de alguna de las conductas relacionadas con drogas ya tipificadas, o con objeto de ocultar o encubrir su origen ilícito. Asimismo, esta Convención exigió la penalización de la instigación o inducción, dirigida ya no solo a la comisión de delitos sino también al uso ilícito de las sustancias; esto es, a su consumo. Y lo que es más importante: también impuso el castigo, por primera vez, de la posesión, adquisición, cultivo de estupefacientes o sustancias psicotrópicas para el consumo personal.

> No obstante, de la Convención no surge obligación directa de tipificar el consumo personal para todos los estados parte, pues esta prohibición estaría sujeta a lo que permitieran sus respectivos ordenamientos jurídicos, según sus principios constitucionales y los conceptos fundamentales de su marco legal general. Eso sí: para aquellos países que decidieran solo castigar la posesión para tráfico, el texto internacional se encargaba de dejar bien atada la cuestión de determinar cuándo las sustancias están orientadas al tráfico o al consumo personal, decantándose por la primera opción a través de inferencias: *"El conocimiento, la intención o la finalidad requeridos como elementos de cualquiera de los delitos enunciados en el párrafo 1 del presente artículo podrán inferirse de las circunstancias objetivas del caso"* (art. 3.3 de la Convención de 1988).

En el ámbito de las penas, la Convención de 1988 abre la posibilidad a que, en los casos de infracciones de carácter leve, las partes puedan aplicar otras medidas no sancionadoras, como las de educación o rehabilitación, además de contemplar otras peculiaridades que deberán tenerse en cuenta en a la hora de imponer la pena: la pertenencia del autor a un grupo delictivo organizado u otras actividades delictivas internacionales organizadas, o la participación del delincuente en otras actividades ilícitas cuya ejecución se vea facilitada por la comisión del delito (por ejemplo, narcotráfico para financiar terrorismo); el recurso del autor a la violencia o empleo de armas; que el autor ostente un cargo público; la victimización o utilización de menores de edad, y su comisión en establecimientos penitenciarios, instituciones educativas o centros asistenciales y la reincidencia.

Con respecto al decomiso, en la Convención de 1988 se determina mucho más pormenorizadamente el procedimiento a seguir para la incautación y, además, se permite que las Partes puedan invertir la carga de la prueba respecto del supuesto origen ilícito del producto u otros bienes sujetos a decomiso. En relación a ello, esta Convención sería el primer instrumento internacional que respaldaría el uso de las entregas vigiladas, que tiene como principal ventaja el permitir, en ocasiones, la investigación de los principales responsables de la comisión de los delitos, en lugar de quedarse en los eslabones más bajos de la cadena delictiva.

Las tendencias actuales de la comunidad internacional frente al tráfico de drogas quedaron plasmadas en el Documento final del período extraordinario de sesiones de la Asamblea General de las Naciones Unidas sobre el problema mundial de las drogas celebrado en 2016 y en la Declaración Ministerial de 2019 de la Comisión de Estupefacientes de Viena donde puede comprobarse que los compromisos continúan siendo los mismos cuarenta años más tarde.

Así puede comprobarse en la "Declaración de alto nivel de la Comisión de Estupefacientes sobre el examen de mitad de período de 2024, como seguimiento de la Declaración Ministerial de 2019".

De esta manera, se reafirman las metas y objetivos de los tres tratados de fiscalización internacional de drogas, pero asumiendo el gran problema que supone la falta de disponibilidad para fines médicos de algunas de las drogas sometidas a dicha fiscalización, pues escasean en muchas partes del mundo debido a las prohibiciones. Como novedad, se incluye el compromiso de acoger los objetivos de la Agenda 2030 para el Desarrollo Sostenible y someterse a la perspectiva de género a la hora de formular la política internacional sobre drogas.

Aunque el Informe de Drogas del año 2023 ha mostrado una disminución de la brecha de género con respecto al consumo en algunas regiones, la tónica general es la que muestra el Informe del año 2021: el consumo general de estupefacientes y psicotrópicos sigue siendo más bajo entre mujeres (siendo hombres el 70% de los consumidores en el año 2023). A nivel mundial, las mujeres tienen tres veces menos probabilidades que los hombres de consumir cannabis, cocaína o anfetaminas, y solo una de cada cinco personas que se inyectan sustancias tóxicas son mujeres. Sin embargo, abusan de los fármacos con mayor frecuencia, en particular de los opioides y tranquilizantes farmacéuticos. Por otro lado, solo una de cada seis personas en tratamiento son mujeres, entre otras razones porque encuentran numerosas barreras para acceder a tales servicios, debido sobre todo al estigma social que representa para la mujer el uso de estupefacientes ante su papel impuesto de "cuidadora".

Aunque las nuevas recomendaciones continúan con el mismo espíritu (prevención del uso indebido de drogas y el tratamiento de trastornos relacionados con su consumo; reducción de la oferta mediante respuestas sancionadoras frente a la delincuencia; lucha contra el blanqueo de dinero y la corrupción…) también incluyen, aunque tímidamente, algunas preocupaciones relacionadas con los Derechos Humanos, por ejemplo a la hora de garantizar que las medidas que se adopten para prevenir el cultivo ilícito y erradicar las plantas utilizadas para la producción de estupefacientes y sustancias psicotrópicas los respeten, teniendo debidamente en cuenta los usos lícitos tradicionales y la protección del medio ambiente, con especial énfasis en la Declaración de las Naciones Unidas sobre los Derechos de los Pueblos Indígenas.

2. La Unión Europea

La Unión Europea se convirtió en una firme defensora de los mandatos procedentes de la ONU. En el año 1992, el Tratado de Maastricht, al sentar las bases del llamado tercer pilar para la construcción europea, proclamó el interés comunitario en la cooperación policial en ciertos ámbitos de la delincuencia, entre ellos, el tráfico de drogas. En la actualidad, es el art. 83 del Tratado de Funcionamiento de la Unión Europea (TFUE) el encargado de establecer la capacidad de la UE de dictar normas mínimas sobre ciertos ámbitos del Derecho penal —aquellos que se ocupan de los comportamientos más graves con trascendencia trasnacional—, entre los que se encuentra igualmente el tráfico de drogas. Otras tantas manifestaciones delictivas que son concurrentes o consecuencia del tráfico de drogas también aparecen dentro de los campos de interés de la Unión Europea. Así, la corrupción, el blanqueo de capitales y, en general, la delincuencia organizada. Por otra parte, la protección de la salud pública es otra de las preocupaciones de la Unión, como bien se plasma en el Título XIV del TFUE, encaminándose en este contexto la política en materia de estupefacientes hacia la reducción de daños y la prevención de su consumo.

La situación actual en torno a las drogas en la Unión Europea es objeto de análisis detallado en el "Informe Europeo sobre Drogas. Tendencias y novedades", que es publicado anualmente por la Agencia Europea para las Drogas. Especialmente interesantes son los datos relativos a la situación durante y tras la pandemia de la COVID-19: aunque en un primer momento disminuyeron las cifras de consumo y cambiaron los hábitos (tal fue el caso, por ejemplo, de la cocaína y otras sustancias que son preferentemente consumidas en determinados entornos sociales y lugares de encuentro, que estuvieron vedados durante el tiempo de confinamiento), los números habituales no solo han vuelto a restablecerse con la llegada de la nueva normalidad, sino que en el caso de algunas sustancias se han incrementado (el consumo de crack, también llamado "cocaína de los pobres", ha aumentado entre la población marginal; la cocaína ha llegado a cifras récord de incautación en 2023, siendo la segunda droga más consumida después del cannabis —4 millones de europeos la usaron durante el 2023—; la legalización del cannabis en muchos Estados está llevando a la presencia de diversos productos cannábicos —por ejemplo, comestibles— en el mercado ilegal europeo. 22,8 millones de europeos consumieron cannabis en el 2023).

La restricción de movimientos decretada como consecuencia de la pandemia de la COVID-19 provocó asimismo que disminuyera la entrada de cannabis por los Balcanes y Marruecos, dando prioridad al producto español, que parece estarse convirtiendo, según los datos de incautaciones, en el máximo proveedor de la UE (representado el 66% de las incautaciones en la UE en el 2023).

Ha de señalarse la caída del 52% de estas incautaciones españolas, según señala el Informe europeo de 2024. Algunos medios de comunicación españoles señalan que esta caída de las incautaciones puede tener como origen el desmantelamiento de la unidad especial de la Guardia Civil OCON-SUR en 2022; aunque el Ministro del Interior afirmaba en abril de 2024 que las cifras de detenido e incautaciones han seguido aumentando.

Otra de las circunstancias que pueden estar incidiendo en estos flujos son los recientes cambios sociopolíticos acontecidos en Afganistán, el mayor productor mundial de opio y heroína ilegales y la principal fuente de esta sustancia presente en Europa; o la crisis provocada por la guerra de Ucrania, que puede generar nuevos retos para los servicios europeos antidroga, dadas las alteraciones de las rutas de contrabando. En todo caso, las cifras apuntan a la existencia de un procesamiento a gran escala de la cocaína en Europa, lo que permitió decomisar 323 toneladas en el año 2022.

Las cantidades de todas las drogas aumentaron en el periodo 2012-2022, dándose las mayores cifras entre la cocaína (+376%), la metanfetamina (+293%), la hierba de cannabis (+184%), la heroína (+91%), el MDMA (+71%) y la anfetamina (+74%).

Con respecto al consumo y la disponibilidad de estas sustancias ilegales dentro de las fronteras europeas, estas mantienen una presencia notable en todos los países. Así, tres cuartas partes de las sobredosis mortales que se notificaron en la UE durante 2022 lo fueron a causa de los opioides, a menudo combinados con otras sustancias. Este consumo estaría relacionado, según Agencia Europea para las Drogas, con la amplia gama de problemas sanitarios y sociales que resultan más acuciantes en la actualidad (dificultades a la hora de tratar adecuadamente las enfermedades mentales, falta de viviendas dignas, delincuencia juvenil, explotación de personas, vulnerabilidad de determinados grupos de población). Por otra parte, la heroína estuvo involucrada en 1.800 muertes en la Unión Europea en el año 2022.

> No obstante, y frente a la alarma creada por algunos medios de comunicación, el informe europeo de 2023 afirmaba que el problema existente con los opioides sintéticos (principalmente los derivados del fentanilo) en Estados Unidos y Canadá nada tiene que ver —al menos de momento— con la situación europea. En 2022, solo 163 muertes estuvieron relacionadas con estos, y la cifra incluye muertes provocadas por fármacos recetados y no de la existencia del mercado ilegal. Las cifras de mortalidad por sobredosis en 2022 se estiman en 22,5 muertes por millón de habitantes. Tres cuartas partes de estas muertes son por opiáceos (incluyendo heroína, con frecuencia en combinación con otras sustancias).
>
> En general, la mortalidad debida a sobredosis en la Unión Europea en el año 2022 era de 22,5 muertes por millón de habitantes.

La composición de las sustancias ilegales ha ido variando, para adaptarse a las prohibiciones y al surgimiento de nuevos químicos. Así, por ejemplo, en el caso del cannabis, actualmente el contenido de THC de la resina es casi el doble que el contenido en la hierba, al contrario de lo que sucedía antes. Por otro lado, desde que en 2020 el Tribunal de Justicia de la Unión Europea declarara que el cannabidiol (CBD) no podía considerarse una droga ilegal, por la ausencia de propiedades psicoactivas o efectos nocivos para la salud humana (STJUE, Sala Cuarta, asunto C-663/18, 19-11-2020), los traficantes han descubierto nuevas posibilidades de negocio: dado que el cáñamo industrial es físicamente muy parecido al cannabis ilícito pero con un precio muy inferior, el primero puede ser adulterado con cannabinoides sintéticos que permiten con muy poca cantidad producir efectos muy intensos. Ello puede suscitar un nuevo problema de salud pública, si el consumidor desconoce lo que está consumiendo: lógicamente, la droga ilegal no es analizada en un laboratorio, de modo que no puede saberse si su contenido es natural o si se trata de esta mezcla sintética. Esta es la razón por la que la Directiva Delegada (UE) 2021/802 ha introducido estos productos sintéticos dentro de las sustancias prohibidas.

Por lo que respecta a las infracciones de la legislación sobre drogas detectadas, estas han aumentado un 26% desde 2012. Con aproximadamente 609.000 delitos denunciados en 2022, el cannabis representó más de las tres cuartas partes de los delitos de uso o posesión (75%), y la mitad de los delitos de suministro de drogas (56%). El informe europeo del año 2023 muestra que más de la mitad de las incautaciones de droga en 2022 hacen referencia al cannabis, ya sea en resina, hierba o directamente plantas. BRANDARIZ GARCÍA remarca la existencia de una clara divergencia entre el número creciente de delitos relacionados con drogas ilegales y la tendencia a la baja en el número de condenados por estas conductas, lo que apuntaría a una disminución en las últimas décadas de la punitividad, pero no de la criminalidad.

Frente a esta realidad, algunos Estados Miembros han comenzado a desarrollar políticas de tolerancia hacia el consumo recreativo del cannabis. Concretamente, Alemania apostó por la legalización en 2024, decidiéndose por un régimen de cultivo y distribución legal entre los propios consumidores, además de la posibilidad de comenzar proyectos estatales de distribución comercializada. El Ministro Federal de Salud insistió en que la reforma contribuiría a una mejor protección de los menores y la salud de los consumidores en general, además de frenar el mercado negro, sin olvidar el sostenimiento de las medidas prohibicionistas a nivel internacional. Así, se presentó a la Comisión Europea (siguiendo la Directiva de Transparencia RL [UE] 2015/1535) la propuesta de ley y un documento donde se ofrecía una interpretación del bloque internacional. La Doctrina alemana se está encargando de buscar las alternativas que al respecto ofrece del marco legal europeo. De este modo, se ha producido una relectura del artículo 2 de la Decisión Marco 2004/757/JAI del Consejo, de 25 de octubre de 2004, que incluye la cláusula *"contrariamente a Derecho"*, interpretándolo como que los Estados Miembros pueden acordar la legalización de ciertas sustancias dentro de su territorio, de manera que su tráfico —a través de los canales organizados y regulados estatalmente— dejaría de ser contrario a su Derecho interno (KHAN/LANDWEHR).

La *Cannabisgesetz* (conocida por su acrónimo CanG) fue aprobada por el *Bundestag* el 23 de febrero de 2024, entrando en vigor la mayor parte del texto en abril de 2024 (el reglamento para el cultivo en asociaciones entró en vigor en julio de 2024 y las normas sobre el Registro Central Federal entrarán en vigor en enero de 2025). La nueva regulación alemana permite la posesión de hasta 25 gramos de cannabis a las personas mayores de 18 años y hasta 50 gramos y tres plantas vivas a los mayores de 21 (§ 3) pero se prohíbe el consumo frente a menores de edad, así como en determinados espacios públicos (§ 5: en las escuelas y en cualquier zona que quede a la vista desde éstas; en parques infantiles y a la vista de éstos; en centros infantiles y juveniles y a la vista de ellos; en instalaciones deportivas de acceso público y dentro de su visibilidad, en cualquier zona peatonal entre las 7 y las 20 horas; y dentro de las asociaciones de cultivo y a la vista de éstas). Las personas consumidoras están obligadas *"a tomar medidas y precauciones de seguridad"* para impedir que terceros, y en especial los menores de edad, tengan acceso a la droga (§ 10). Por su parte, las asociaciones cannábicas tienen prohibido realizar cualquier actividad de patrocinio o publicidad y deben solicitar autorización estatal para realizar su actividad. Esta autorización se concederá siempre que la asociación demuestre tener capacidad de proteger el cannabis y el cultivo del acceso de terceros, y de ser fiables en su manejo (§ 11). Además, aquellos que soliciten la autorización no pueden haber cometido ciertos delitos en el período de los últimos cinco años, entre los que se incluyen los de tráfico de drogas (§ 12). El número de personas que pueden componer una asociación cannábica no podrá ser superior a 500 y los socios deberán tener residencia habitual en Alemania (§ 12). Con respecto al cannabis que se produzca en las asociaciones de cultivo, deberán tomarse muestras de forma periódica del producto, para analizarlas y comprobar que se cumplen las especificaciones debidas (§ 18). Para los socios entre 18 y 21 años, los clubes solo podrá ceder entre 25 y 30 gramos de cannabis al mes. La cantidad aumenta hasta los 50 gramos por mes para el caso de los mayores de 21 años de edad. Además, el THC no podrá ser superior al 10% en el caso de los más jóvenes (§ 19), ni podrá estar mezclado con otros productos como comestibles, nicotina u otro tipo de aditivos. El cannabis deberá entregarse acompañado de una hoja informativa, con las especificaciones de lo entregado, así como una advertencia del posible daño neurológico en menores de 25 (§ 21). El funcionamiento económico de la asociación dependerá del modelo escogido por los socios: si son asociaciones se determinarán por cuotas de membresía; si son cooperativas por aportes para el cumplimiento del objetivo (§ 24).

La misma norma establece que se realizará su evaluación por terceros, que culminará con un informe completo en abril de 2028. Como subinformes, para 2026 se entregará uno provisional sobre el impacto de la norma en el crimen organizado relacionado con el cannabis y para octubre de 2025 será redactado un informe sobre el impacto de la prohibición en niños y jóvenes (§ 43).

En comparación con otras materias, el abordaje jurídico penal de las conductas relacionadas con drogas ilegales por parte de la Unión Europea ha sido escaso. En este contexto, el principal instrumento normativo es la Decisión Marco 2004/757/JAI del Consejo, de 25 de octubre de 2004, relativa al establecimiento de disposiciones mínimas de los elementos constitutivos de delitos y las penas aplicables en el ámbito del trágico ilícito de drogas. Esta Decisión Marco ha sufrido varias modificaciones (en concreto en los años 2017, 2019, 2020, 2021 y 2022), pero únicamente en el sentido de introducir nuevas sustancias prohibidas.

Así, la Decisión Marco del año 2004, en su redacción original, solo contemplaba como drogas y precursores ilegales a aquellas sustancias declaradas como tales por las Convenciones de las Naciones Unidas (*vid.* Art. 1, 1) y 2) de la D. M. 2004 redacción original). Sin embargo, tan solo un año más tarde, se aprobó la Decisión 2005/387 JAI del Consejo, de 10 de mayo de 2005, relativa al intercambio de información, la evaluación del riesgo y el control de las nuevas sustancias psicotrópicas, destinada a aquellas no recogidas en el sistema internacional, como forma de hacer frente a la rapidez con la que se desarrollan nuevas sustancias adictivas. Habría que esperar hasta el año 2017 para que la Directiva (UE) 2017/2103 del Parlamento Europeo y del Consejo, de 15 de noviembre de 2017, declarara aplicables las disposiciones de la D. M. 2004 a las nuevas sustancias que van apareciendo y a las que hace referencia la Decisión de 2005. Además de lo anterior, esta Directiva de 2017 venía a acompañar al nuevo Reglamento (UE) 2017/2101 del Parlamento Europeo y el Consejo, de 15 de noviembre de 2017, que estableció el actual marco de intercambio de información y evaluación de nuevas sustancias, reemplazando a la Decisión de 2005. De esta manera, todos los estupefacientes, psicotrópicos y precursores que vayan identificándose conforme al procedimiento y criterios establecidos por el Reglamento de 2017 van conformando dinámicamente los conceptos de "droga", "precursores", "nueva sustancia psicoactiva" y "preparado" que aparecen en el texto vigente del renovado artículo 1 de la D. M. 2004. Además, a partir de 2017 y, siguiendo lo dispuesto en el Considerando 7, se delega en la Comisión "*los poderes para adoptar actos con arreglo a lo dispuesto en el artículo 290 del Tratado de Funcionamiento de la Unión Europea por lo que respecta a la modificación de dicho anexo para incluir nuevas sustancias psicotrópicas en la definición de droga*", lo que conforma un procedimiento mucho más rápido que el necesario para la aprobación de las directivas del Parlamento y del Consejo.

Conforme a lo anterior, las siguientes modificaciones de la D. M. 2004 se llevaron a cabo a través de las Directivas Delegadas (UE) 2019/369 de la Comisión de 13 de diciembre de 2018; la 2020/1687 de 2 de septiembre de 2020; la 2021/802 de 12 de marzo de 2021; la 2022/1326 de 18 de marzo de 2022; y la 2022/1326 de 18 de marzo de 2022, que introdujeron las siguientes sustancias entre las prohibidas: furanilfentanilo, ADB-CHMINICA, CUMIL-4CN-BINACA, ciclopropilfentanilo y metoxiacetilfentanilo (2018); el analgésico opioide sintético isotonitaceno (2020), los agonistas sintéticos de los receptores cannabinoides MDMB-4en-PINACA y 4F-MDMB-BICA (2021), 2-(metilamino)-1-(3-metilfenil)propan-1-ona (3-MMC) y 1-(3-clorofenil)-2-(metilamino) propan-1-ona (3-CMC) (2022), y 2-(metilamino)-1-(3-metilfenil)propan-1-ona (3-MMC) y 1-(3-clorofenil)-2-(metilamino)propan-1-ona (3-CMC) (2022).

A estas sustancias hay que sumar, además de todas las que se incluyen en los Convenios de Naciones Unidas, las que aparecen en el Anexo de la Directiva (UE) 2017/20103 del Parlamento Europeo y del Consejo de 15 de noviembre de 2017.

En general, la Decisión Marco de 2004 se dedica, como no puede ser de otro modo, al establecimiento de unas normas comunes mínimas con respecto a los delitos y penas aplicables por los Estados Miembros al tráfico ilícito de drogas y precursores, de manera que además de los esfuerzos aunados en el ámbito de investigación, también se eviten problemas de cooperación entre las autoridades judiciales y otros organismos con funciones coercitivas de los diferentes países de la UE. En los aspectos de fondo, la Decisión Marco no prohíbe el consumo personal de estupefacientes, pero aclara en su Considerando (4) que ello no es una "*orientación*" sobre cómo deben abordar este asunto los Estados Miembros, a pesar de que podría considerarse que se trata de una cuestión que atañe a los derechos a la intimidad y al libre desarrollo de los ciudadanos y que, por tanto, resulta amparada por el Convenio Europeo de Derechos Fundamentales. Por lo que respecta a los comportamientos sancionados, estos no difieren sustancialmente de los que recoge el Ordenamiento español, ni tampoco lo relativo al castigo de los actos preparatorios, la autoría y participación o el *iter criminis*.

Con respecto a las sanciones, la Decisión Marco dispone la ya consabida cláusula sobre proporcionalidad, efectividad y efecto disuasorio que deben tener las mismas. De manera más concreta, la disposición, recogida en el art. 4, establece que los textos nacionales deberán concretar las sanciones teniendo en cuenta las cantidades y la naturaleza de las drogas, además de si el delito fue cometido en el marco de una organización delictiva. En lo referente a las atenuaciones, estas podrán resultar aplicables si el autor colabora con las autoridades proporcionándoles información útil, siempre y cuando el mismo renuncie a sus actividades delictivas. Por otro lado, y en el marco de la responsabilidad de las personas jurídicas, ya en el año 2004 se destacaba la necesidad de contar con una respuesta penal para estas entidades. El texto europeo tampoco olvida las disposiciones relacionadas con la confiscación del producto de estos delitos, lo que incluye el decomiso de las sustancias, los instrumentos utilizados y los productos de los comportamientos delictivos o, en su caso, el embargo de bienes cuyo valor corresponda al de dichos productos, sustancias o instrumentos.

Fuera ya del marco normativo comunitario, pero dentro de esta misma preocupación por el tráfico de drogas, el Consejo de la Unión Europea viene aprobando periódicamente desde el año 2000 la Estrategia en materia de lucha contra la Droga, que sirve como base a su Plan de Acción. Los últimos en vigor hacen referencia al período 2021-2025, y tienen como sustrato además de las Convenciones de la ONU, el Documento Final del Período Extraordinario de Sesiones de la Asamblea General de las Naciones Unidas sobre el problema mundial de las drogas celebrado en 2016: "Nuestro compromiso conjunto de abordar y contrarrestar eficazmente el problema mundial de la droga" (UNGASS 2016), y la Declaración Ministerial de 2019: "Fortalecer nuestras acciones a nivel nacional, regional e internacional para acelerar la implementación de nuestros compromisos conjuntos para abordar y contrarrestar el problema mundial de las drogas"; y los objetivos de la Agenda 2030 para el Desarrollo Sostenible.

En la Estrategia prevista para el período 2021-2025, aparece una especial preocupación por la lucha contra la violencia que emerge de estos delitos, así como por limitar la corrupción y la explotación de grupos vulnerables, poniendo el foco en la persecución de la gran cantidad de activos que se obtienen del tráfico de drogas, sobre todo por parte de los grupos organizados. Por otra parte, a pesar de la realidad tozuda que se empeña en demostrar la imposibilidad de disminuir la oferta y la demanda a través del prohibicionismo, la Estrategia sigue apuntando a los mismos tres ámbitos de actuación: I. Reducción de la oferta de la droga a través de la mejora de la seguridad (sobre todo centrada en aumentar la detección del tráfico ilícito en los puntos de entrada y salida de la UE, y la explotación de canales digitales —redes sociales, aplicaciones, *deep web* o compraventa con criptomonedas—, así como el aumento de los controles en los puertos marítimos, fluviales o aeropuertos pequeños o locales); II. Reducción de la demanda de droga a través de servicios de prevención, tratamiento y asistencia (especialmente en el interior de las prisiones —la Estrategia estima que el consumo afecta al 70% de los presos europeos—, e incidiendo en la falta de acceso a medicamentos en el tercer mundo); y III. El abordaje de los daños (incluidos los medioambientales).

Otra de las cuestiones sobre las que se hace hincapié es en ofrecer alternativas a las sanciones para aquellas personas detenidas por poseer drogas para consumo propio. Así, la Unión Europea subraya que existen Estados donde la posesión para el consumo o la tenencia de pequeñas cantidades de drogas no conlleva responsabilidad penal o, al menos, es posible en ocasiones abstenerse de imponer sanciones de esta naturaleza (no perseguir, no presentar cargos, suspender la condena a cambio de someterse a tratamientos de deshabituación…), y se compromete a obtener más información sobre estas formas de responder a tales comportamientos.

III. BIEN JURÍDICO PROTEGIDO Y UBICACIÓN SISTEMÁTICA

En nuestro Ordenamiento, los delitos relativos al tráfico de drogas se encuentran recogidos en el Título XVII "*De los delitos contra la seguridad colectiva*", en su

Capítulo III "*De los delitos contra la salud pública*", junto a otros delitos de muy diversa naturaleza, como puede ser la venta de género corrompido, la elaboración de medicamentos falsificados, la alteración de sustancias y bebidas destinadas al comercio alimentario, o el envenenamiento de aguas potables.

A partir de lo anterior, la Doctrina ha llegado a dos conclusiones: la primera de ellas es que la amplitud de los delitos contenidos en este Capítulo, así como la cantidad de preceptos que afectan exclusivamente al tráfico de drogas, debería haber constituido un argumento más que suficiente para otorgar a esta regulación un capítulo específico y separado del resto de conductas delictivas que se recogen en la misma ubicación (ACALE SÁNCHEZ). En segundo lugar, pone de manifiesto la existencia de sutiles —pero importantes— diferencias a la hora de abordar la protección de la salud pública cuando se trata de delitos de tráfico de drogas que los distinguen del resto de delitos contenidos en el Capítulo III: así, junto a ciertas conductas típicas que protegen a los consumidores frente a sustancias que se encuentran en condiciones que no son las apropiadas para el consumo y que pueden tener consecuencias nocivas para su salud, en el caso de tráfico de drogas se pretende proteger, entre otras cosas, la salud de aquellos consumidores que quieren utilizar esas sustancias aun a sabiendas del daño que pueden provocarles, de modo que en el primer grupo de delitos se pretende asegurar que los ciudadanos puedan confiar en los productos que consumen, porque normalmente llegan al mercado a través de procedimientos regulados y otro tipo de controles, circunstancia que no puede darse en el caso de las drogas ilegales.

En relación a ello, cabe preguntarse qué justificación tiene castigar ciertas conductas relacionadas con las drogas, esto es, su legitimidad externa, en el sentido propuesto por FERRAJOLI. En muchas ocasiones su penalización se ha considerado legítima conforme a dos factores: por un lado, la comunicabilidad de la drogadicción (produciendo el "contagio" del uso y abuso de la droga) y, por otro, la "existencia de un nexo entre drogas y criminalidad", dado que el consumo no solo genera daños individuales sino también sociales. De esta manera, su prohibición iría destinada también a evitar la delincuencia inducida (por la desinhibición o por los efectos psicóticos que puede generar el consumo de drogas ilegales), la delincuencia funcional (aquella que es utilizada para poder consumir), y la relacional o sistémica (la que es, paradójicamente, producto del mismo prohibicionismo, como la producción y tráfico de sustancias, o la violencia generada en el mercado ilegal). Pues bien: lo cierto es que la prohibición por sí sola genera grandes dosis de violencia relacional o sistémica (frente a unas residuales tasas de delincuencia inducida y funcional), además de acrecentar el problema de sobrepoblación en las prisiones y provocar altos costes también para la democracia, que a veces puede verse afectada por la corrupción que procede de los grandes beneficios del negocio del narcotráfico. Por otro lado, tampoco puede considerarse de ningún modo irrefutable la premisa de que el uso de drogas es igual a delincuencia. En este sentido, la Criminología, mediante la teoría del autocontrol, ha apuntado hacia una relación espuria entre delincuencia y consumo de drogas, dada la existencia de una variable previa, esto es, la ausencia de autocontrol, que sería la verdadera causa del delito y también del consumo desmedido de drogas (SERRANO MAÍLLO).

En efecto, los productos o bienes de consumo que encajan en los distintos tipos anteriores tienen un mercado lícito, con controles estatales sobre la calidad de las sustancias y productos, pero cuando se trata de las drogas a que se hace referencia en los arts. 368 y ss., CP, el consumidor no se encuentra amparado por el mismo régimen. Lo anterior provoca que los usuarios de drogas ilegales no puedan tener ninguna certeza sobre qué es lo que están consumiendo, quedando con ello a merced de una eventual dosis venenosa o letal (por su adulteración con productos tóxicos, o por la extrema pureza de la sustancia) que puede no solo lesionar su salud —yendo mucho más allá del riesgo aceptado—, sino también su vida.

A pesar de lo anterior, tanto en la Doctrina como en la Jurisprudencia actuales parece existir consenso sobre que el bien jurídico protegido en los delitos de tráfico de drogas es la salud pública.

Por todos, PEDREIRA GONZÁLEZ, ORTS BERENGER, SÁNCHEZ LÁZARO, MOLINA MANSILLA. En la Jurisprudencia, véanse SSTS 598/2022, 15-6 (*Tol 9045462*), y 671/2018, 19-12 (*Tol 6977339*).

En cualquier caso, continúa resultando problemático concretar una definición exacta de este bien jurídico y, aún más, delimitar su contorno, esto es, determinar qué comportamientos lesionan o al menos ponen en peligro a la salud pública. Se trataría de este modo de un bien jurídico colectivo que carece de una definición penal concreta, pero que encuentra su fundamento en el art. 43 CE, que obliga a los poderes públicos a tutelarlo.

No obstante, la anterior no es la única interpretación posible: también se ha considerado por parte de un sector jurisprudencial minoritario que es la protección de la seguridad colectiva la finalidad perseguida por la regulación penal de las drogas ilegales, dado el Título donde se encuentra, justificándolo en la prevención de la delincuencia que tiene origen en el uso de las drogas o en la que se deriva del propio tráfico ilícito [así STS 609/2008, 10-10 (*Tol 1401647*)]. Otros se refieren a la libertad del individuo como el objeto de tutela penal, que quedaría mermada o anulada cuando el consumidor de la sustancia se vuelve adicto, perdiendo la capacidad de autodeterminarse (DÍEZ RIPOLLÉS).

El problema principal de esta consideración es que, en un Estado Social y Democrático de Derecho, cabe la discusión sobre si uno puede decidir, con base en su propia dignidad e individualidad, "degradarse" si es lo que desea.

El consenso en torno a la salud pública como bien jurídico protegido en los delitos relacionados con las drogas ilegales no ha sido siempre pacífico. Ello se debe, como bien señala MANJÓN-CABEZA OLMEDA, a que junto al bien jurídico "salud pública" aparecen una serie de intereses político-criminales que auspician, con más o menos acierto, la prohibición de las drogas. Así, junto a la preocupación por la salud, individual o colectiva, aparece también el desasosiego social que generan o podrían generar los problemas derivados de la drogadicción y del mercado ilícito de drogas: esto es, la anteriormente mencionada delincuencia por y para la droga. Pero ello no debe confundirse con el bien jurídico protegido (en este sentido MANJÓN-CABEZA OLMEDA, NÚÑEZ PAZ/ GUILLÉN LÓPEZ, BRETONES ALCARAZ).

Por otra parte, es necesario señalar las especialidades que en torno a la salud pública se plasman en los delitos relacionados con drogas ilegales, frente a otros delitos del mismo Capítulo. Así, debería quedar claro que, si bien la salud pública es un concepto distinto a la mera suma de "saludes" individuales, ha de mantener como referencia ineludible la salud de cada ciudadano, pues parece obvio que, si algo no tiene capacidad para dañar la salud de una persona, carecerá de lesividad para perjudicar la salud pública, cualquiera que sea el significado de esta.

Véase, en la Jurisprudencia, SAP, Cádiz 325/2017, 27-11 (*Tol 6659655)*: "La salud pública como bien jurídico protegido no coincide con la salud individual de quienes pueden verse directamente afectados por el hecho, de modo que este último bien jurídico no es el objeto de protección de esta figura delictiva, sino de otras. Pero ha de referirse a una valoración sobre la salud del conjunto de los miembros de la sociedad de que se trate".

Lo anterior no quiere decir que la regulación penal entienda dañada la salud pública en la medida en que resulte menoscabada la salud "privada" de alguno de los individuos que componen la comunidad. Justo al contrario: los delitos de tráfico de drogas y estupefacientes se configuran como delitos de peligro abstracto (por todos, NÚÑEZ PAZ/GUILLÉN LÓPEZ, SUÁREZ-MIRA RODRÍGUEZ, RAMÓN RIBAS, ACALE SÁNCHEZ, SÁNCHEZ LÁZARO; en la Jurisprudencia véase la SAP, Cádiz, 325/2017, 27-12), lo que supone un adelantamiento de la barrera de punición a momentos muy anteriores a que se produzca la efectiva lesión e incluso puesta en peligro concreto del bien jurídico protegido. Se trata, por tanto, de un delito que protege los llamados bienes jurídicos supraindividuales con referente individual (GÓMEZ MARTÍN).

Si, además, se daña de forma directa la salud individual, se estará ante un concurso de delitos. Piénsese por ejemplo en la expendición de una cantidad de droga de inusitada pureza que lleva a la muerte inmediata por sobredosis del consumidor, aunque no haya superado la dosis habitual de uso, o la venta de una droga adulterada con una sustancia letal.

Aun así, lo que no puede hacerse es vaciar de contenido material la norma penal, contradiciendo de lleno el principio de lesividad. Esto es, el peligro que conforma el injusto penal, aunque sea abstracto, debe representar *algo* contra el bien jurídico. De lo contrario solo cabría una interpretación de estos delitos como de mera desobediencia a la norma, prohibidos en un Estado Social y Democrático de Derecho. Lo anterior deberá tenerse en cuenta cuando, por ejemplo, el contenido de la sustancia coincida con el *nomen* de una conocida droga, pero esté tan adulterada con otros compuestos inocuos para la salud que no pueda ni tan siquiera considerarse que estamos ante una droga tóxica (SEQUEROS SAZATORNIL). En tales casos, no habrá antijuricidad material en la conducta de tráfico de semejante sustancia.

Mención aparte merece la cuestión de la venta de una pequeña cantidad mínima de droga y el principio de insignificancia, cuestión que guarda relación directa con el concepto de dosis mínima psicoactiva acuñado a iniciativa del propio Tribunal Supremo. En efecto, a principios del siglo XXI, la Sala de lo Penal de este órgano judicial requirió al Instituto Nacional de Toxicología para que expresara unos criterios firmes que permitieran determinar cuál es la dosis mínima de cada sustancia ilegal que produce efectos psicoactivos. Estos criterios se plasmaron en el Pleno de la Sala Segunda del Tribunal Supremo celebrado el 3 de febrero de 2005, basado en el Informe elaborado por el Instituto Nacional de Toxicología a tal efecto (Informe del Servicio de Información Toxicológico del Instituto Nacional de Toxicología 12691/03, de 22 de diciembre del 2003).

Tomando como base las resoluciones anteriores, algunos pronunciamientos jurisprudenciales excluyeron la aplicación del tipo penal en supuestos de venta de cantidades mínimas de droga, aunque estuvieran por encima de la dosis mínima psicoactiva, por aplicación del principio de insignificancia y la escasa capacidad de difusión del hecho. Pero la situación cambió tras la reforma del art. 368, CP operada por LO 5/2010, de 22 de junio, por la que se modifica la Ley Orgánica 10/1995, de 23 de noviembre, del Código Penal, la cual incluyó una atenuación en el apartado 2º del precepto, cuya aplicación depende de la escasa entidad del hecho y las circunstancias personales del autor. A partir de esa modificación legal, se utilizaría esta modalidad atenuada para castigar el menudeo o microtráfico, la delincuencia de bagatela, el tan mencionado "último eslabón" de la cadena de la droga. Y, bajo un criterio errado, se continúa acudiendo al principio de insignificancia cuando la cantidad de sustancia está por debajo de la dosis mínima psicoactiva.

Vid., por ejemplo, SSTS 916/2016, 2-12 (*Tol 5912784)*; 380/2020, 8-7 (*Tol 8080179)*, y 812/2021, 26-10 (*Tol 8643083)*.

Tal proceder es incorrecto, porque el criterio de insignificancia debe aplicarse allí donde existe tipicidad o antijuridicidad formal, pero el ataque al bien jurídico protegido es tan nimio que debe descartarse la aplicación del Derecho penal. Sin embargo, en aquellos casos en que la cantidad de sustancia objeto del comportamiento resulte, por exigua, inidónea para causar efectos en el sistema nervioso central, no tendrá sentido considerarla "droga tóxica" conforme a lo establecido en el art. 368, CP, de modo que la actuación carecería de objeto material típico. Y sin objeto no cabe hablar de principio de insignificancia.

En este mismo sentido apuntado, la STS 199/2020, 20-5 (*Tol 7960878)*, afirma que el término "insignificancia" debería sustituirse por el de "toxicidad" en estos delitos, ya que "lo que caería fuera del tipo penal serían las transmisiones de sustancias que por su falta de lesividad no entrañaran el riesgo (abstracto) de su transmisión a personas (riesgo concreto). Este criterio de lesividad lo proporcionará, evidentemente, la prueba pericial que determine la dosis activa de la correspondiente sustancia tóxica [...] esta doctrina ha de aplicarse de forma excepcional y restrictiva y concretamente en casos de tráfico de absoluta insignificancia que determinan la atipicidad por falta de objeto, en supuestos en que la desnaturalización cualitativa o la extrema nimiedad cuantitativa de la sustancia entregada determina que ésta carezca absolutamente de los efectos potencialmente dañinos que sirven de fundamento a la prohibición penal". En este mismo sentido también se pronuncia la STS 877/2016, 22-11 (*Tol 5892505)*.

La Doctrina está de acuerdo en considerar que para afectar de forma penalmente relevante a la salud pública deben ponerse en peligro los presupuestos que necesitan los individuos de una sociedad para encontrar un estado óptimo de salud (NÚÑEZ PAZ/ GUILLÉN LÓPEZ, MUÑOZ CONDE, GARCÍA ALBERO). Lo que significa que los delitos tipificados en los arts. 368 y ss., CP, deberían estar encaminados indirectamente a impedir (o al menos a dificultar) el consumo "ilegal" de drogas tóxicas, esto es, a remover la generación de un hábito insalubre. Ahora bien, estos tipos penales no castigan el consumo individual, sino aquellos comportamientos que lo promueven. Y esto es importante porque hay que escindir las conductas de consumo (atípicas) de las conductas de oferta, que llevan implícita la difusión de drogas a terceros indeterminados.

No se castiga, en el modelo español, ni el consumo propio, ni la tenencia para dicho consumo. El Derecho penal tiene que observar ciertos límites y entre ellos está, sin duda, el principio del daño. No se entendería otra forma de comprender la salud pública dentro del marco constitucional. De manera que el *ius puniendi* tendrá que evitar castigar actitudes desde la moral o el paternalismo, que se reservarán, en su caso, para otras actividades estatales como la educación o las campañas de sensibilización, que pretenden orientar a los ciudadanos hacia una serie de actitudes, pero no las imponen. Lo anterior, como es lógico, depende del modelo de Estado del que emerja el concreto Ordenamiento penal, razón por la cual no es difícil encontrar en otras partes del globo modelos prohibicionistas que prevén penas para el mero consumidor. No obstante, es evidente que con el castigo del llamado "ciclo de la droga" se pretende evitar, también en nuestro Ordenamiento, que los individuos se acerquen al consumo de drogas.

En cualquier caso, y por lo que respecta al Ordenamiento penal español, quedan al margen del ámbito de la tipicidad los actos de consumo ilegal de psicotrópicos o estupefacientes y todos aquellos que permanecen dentro de ese rango, esto es, fuera de lo que se considera "oferta y distribución" en el mercado de la droga: el consumo compartido —en convivencia o pareja—, la invitación en el momento del consumo, los supuestos de compra compartida o con bolsa común, las donaciones compasivas o altruistas, y aquellas actividades de cultivo o posesión destinadas al consumo propio y no a su distribución indiscriminada.

Así, DOPICO GÓMEZ-ALLER expone al respecto: "Quien adquiere droga con un "fondo común" para luego consumirla con los que aportaron el dinero, no participa en la distribución criminalizada de drogas, sino que se organiza del lado de los consumidores. Lo mismo ha de decirse de invitaciones atípicas, donaciones altruistas o compasivas por parte de allegados, etc. Este parece ser el modo más sencillo de integrar el elemento de lesividad supraindividual que define el bien jurídico "salud pública". [...] No trafica con géneros corrompidos (art. 363.3, CP) quien le sirve a unos amigos una cena elaborada con carne en mal estado [...]".

Como se ha comentado anteriormente, cuestión ligeramente distinta es la relativa a los comportamientos de venta de pequeñas cantidades de droga (entendida como una única o escasas dosis de uso), donde sí puede existir un peligro (nimio y abstracto) para la salud pública en cuanto promueven la difusión del producto. Aunque ello no impide que la conducta pueda considerarse como cuantitativamente insignificante.

Por otra parte, DÍEZ RIPOLLÉS y MUÑOZ SÁNCHEZ ensayan otra elaboración teórica del fundamento de estas causas de atipicidad. De esta manera, entienden que el "consumo ilegal" (expresión utilizada por el mismo precepto) capaz de afectar al bien jurídico protegido "salud pública", son determinados consumos, fomentados por una oferta pública de drogas, y que terminan en el consumo abusivo de las mismas que son, efectivamente, los consumos que pueden producir un daño en la salud pública como interés colectivo (además de un daño a la salud individual que permanece también como bien de referencia protegido en el art. 368, CP), además de otros bienes como pueden ser la seguridad ciudadana (de ahí la prohibición de consumo en lugares públicos que permanece en la LO 4/2015, de 30 de marzo, de protección de la seguridad ciudadana.

En nada debe incidir la contraprestación monetaria o de otro tipo que se dé a cambio de la obtención de las drogas, pues el precio no es requisito de tipicidad (NÚÑEZ PAZ/GUILLÉN LÓPEZ, ACALE SÁNCHEZ). Así lo confirman numerosas sentencias, como la STS 380/2020, 8-7 (*Tol 8080179*): "En principio el riesgo para la salud pública generado, si es que se produce, no varía por razón del móvil que anima al autor [...]. El objeto de protección no es el patrimonio o la capacidad económica del consumidor de estupefacientes".

En el mismo sentido la STS 188/1991, 16-10 (*Tol 2427996*), que especifica que ese bien jurídico se lesiona o se pone en peligro "por la transmisión de la droga tóxica a otra persona, siendo indiferente que se haga a título oneroso o lucrativo, habida cuenta de que en estos casos el desvalor de acción nada tiene que ver con el ánimo de lucro de su autor".

Lo mismo ocurre con la existencia de un destinatario de la droga dependiente o consumidor: no son requisitos de tipicidad, y en principio es irrelevante para la existencia de peligro para el bien jurídico "salud pública" (aunque existen precedentes aislados [*cfr.* STS 1483/2003, 13-11 (*Tol 352300*)] que si consideran atípicas las entregas a personas ya dependientes o consumidoras).

Ahora bien, ambas cuestiones pueden ser analizadas a la hora de valorar la existencia de causas de atipicidad en determinados supuestos como, por ejemplo, las donaciones compasivas.

En todo caso, cuando el art. 68, CP menciona el "consumo ilegal" está haciendo referencia a un consumo no autorizado. En este sentido, y siguiendo las consideraciones de MANJÓN-CABEZA OLMEDA, hay que estar a lo dispuesto en la Ley de Estupefacientes (Ley 17/1967, de 8 de abril, por la que se actualizan las normas vigentes sobre estupefacientes y adaptándolas a lo establecido en el convenio de 1961 de las Naciones Unidas) y el Real Decreto 2829/1977, de 6 de octubre, por el que se regulan las sustancias y preparados medicinales psicotrópicos, así como la fiscalización e inspección de su fabricación, distribución, prescripción y dispensación.

Distinto es el castigo que se establece en la LO 4/2015, de 30 de marzo, de Protección de la Seguridad Ciudadana, la cual, como heredera de la anterior del mismo nombre, sigue recogiendo entre sus infracciones aquellos comportamientos relacionados con las drogas tóxicas que se hagan públicamente, entendiendo que tienen la capacidad de "difundir" o "promover" el consumo de drogas tóxicas.

Al respecto, véase el art. 36, numerales 16 a 19, de la LO 4/2015, donde se castiga como infracciones graves el consumo o la tenencia en lugares públicos (resulta difícil de comprender cómo la tenencia de droga no destinada al tráfico puede promover al uso de drogas más allá del propio consumidor); el abandono de los instrumentos en aquellos lugares; el transporte de personas para el acceso a drogas tóxicas (los conocidos como "kundas") siempre que no sean constitutivos de delito; los actos de plantación y cultivo en lugares visibles al público (no delictivos, esto es, que no sean para tráfico), o la tolerancia del consumo ilegal en locales o establecimientos públicos, incluso cuando sean producto de la falta de diligencia de los propietarios, administradores o encargados.

El número de infracciones detectadas por consumo o tenencia en lugares públicos en el año 2021 fue de 168.525; por transporte, 85; por plantaciones, 285; y por tolerancia al consumo, 66. Hay que tener en cuenta que los datos reales de infracciones cometidas serán superiores: Los datos proceden de los expedientes tramitados en las Delegaciones y Subdelegaciones de Gobierno. En algunas comunidades autónomas (Cataluña, Navarra y País Vasco), al tener competencias las autoridades autonómicas en esta materia, sólo se poseen datos de los expedientes tramitados por la Administración Central del Estado). Datos del Ministerio del Interior, Sistema Estadístico de Criminalidad.

Por último, es necesario recordar que la droga debe estar destinada, de forma más o menos cercana, al consumo humano, de modo que, si el fin del comportamiento es, por ejemplo, destinar la sustancia a un uso científico, la conducta no quedará abarcada dentro de la tipicidad de los arts. 368 y ss., CP, aunque dicho uso no esté autorizado.

IV. TIPO BÁSICO

1. Estructura del delito de tráfico de drogas

Cuando se hace referencia al tipo básico del art. 368, CP, este suele denominarse "tráfico de drogas", pero lo cierto es que dicho precepto no solo contiene previsiones aplicables a la venta de drogas ilegales; como se ha mencionado anteriormente, también incluye aquellas entregas que no se producen a cambio de precio o contraprestación, así como el cultivo, la elaboración, la posesión (siempre que sea para tráfico), y cualesquiera otros comportamientos que promuevan, favorezcan o faciliten el consumo ilegal.

La anterior redacción otorga una gran amplitud al tipo penal, con el objetivo final de impedir, de forma más o menos directa, la difusión del uso de determinadas sustancias tóxicas. De esta forma, el Legislador penal aspira a castigar cualquier acercamiento a estos usos, ordenando la represión de todos los comportamientos que integran el llamado "ciclo de la droga" (esto es, desde el cultivo que necesitan algunas de ellas, hasta su fabricación o transformación para el consumo e, incluso, la posesión de la misma para su entrega a terceros), pero también cualquier otra forma que "promueva", "favorezca" o "facilite" su consumo ilegal. Es evidente que casi cualquier comportamiento que se dirija a acercar la droga a los consumidores puede ser calificado como promoción, favorecimiento o facilitación del consumo [así, STS 887/2021, 11-3 (*Tol 8630553)*], configurándose el art. 368, CP, por tanto, como un tipo abierto. Estos últimos comportamientos no tienen por qué estar dentro de ese ciclo de producción, sino que más bien constituirán actividades auxiliares.

Se trata, por tanto, de un tipo "atrapalotodo", que complica la tarea de distinguir las conductas de autoría de las de participación (pues tanto el que trafica como el que "favorece" el tráfico reciben la misma respuesta sancionadora por parte del art. 368, CP), así como aquellos comportamientos que, de tener el tipo una redacción distinta, quedarían en tentativas de un ulterior tráfico (por ejemplo, tenencia para la difusión, cultivo para la venta...). A este respecto, son muchas las sentencias que indican la presencia de un concepto extensivo de autor en este delito, relegando la complicidad a supuestos de contribuciones mínimas, que se entienden como el "favorecimiento del favorecedor".

> Así por ejemplo SSTS 337/2024, 19-4; 2216/2022, 26-5 (*Tol 9002511)*, o 887/2021, 11-3 (*Tol 8630553)*. La dificultad de que este delito se cometa en grado de tentativa ha hecho que sea denominado como un tipo de progresión delictiva (utiliza este término JOSHI JUBERT), por contener todas las fases de afectación del bien jurídico: en cualquiera de las acciones típicas descritas en el artículo 368, CP, el momento consumativo se anticipa, adelantando la barrera penal hasta comportamientos previos a los que propiamente serían actos de tráfico [*vid.* STS 1339/2022, 31-3 (*Tol 8909018)*]. A pesar de ello, el Legislador también ha decidido castigar los actos preparatorios (art. 373, CP). Tanto parte de la Doctrina como de la Jurisprudencia han entendido que debe hacerse una interpretación restrictiva del tipo, que permita que ciertos comportamientos que podrían formalmente cumplir los requisitos típicos del art. 368, CP a título de autoría y como delito consumado, se califiquen como comportamientos auxiliares y anteriores al momento consumativo. Véase *infra*, apartados "autoría y participación" e "*iter criminis*".

Estos aspectos del delito ya resultan contradictorios con el principio de proporcionalidad de las penas, pero esta no es la única máxima del Derecho penal constitucional que el Legislador olvida en la redacción del precepto, puesto que los comportamientos que pueden promover o facilitar el consumo son tan complejos de limitar que se trata de conceptos que proporcionan altas cotas de inseguridad jurídica.

Desde el punto de vista de la afectación al bien jurídico, se trata de un delito que no requiere resultado lesivo para el bien jurídico, configurándose como un delito de peligro abstracto, pues tampoco se necesita de sujetos determinados sobre los que se haya proyectado el peligro en el caso concreto.

Ello ha sido ratificado por numerosas sentencias [por todas, SSTS 337/2024, 19-4; 373/2018, 19-7 (*Tol 6677654)*, y 353/2007, 7-5 (*Tol 1075992)*]; también existe acuerdo en la Doctrina (por todos, SILVA CASTAÑO, RAMÓN RIBAS, SUÁREZ-MIRA RODRÍGUEZ, ACALE SÁNCHEZ, PEDREIRA GONZÁLEZ).

En principio, y por exigencia del principio de exclusiva protección de bienes jurídicos, deberían quedar excluidos de castigo aquellos casos en los que, aun cuando aparentemente se realice la conducta típica (presencia de antijuricidad formal), por las circunstancias que concurren en el supuesto concreto, puede descartarse totalmente la generación de riesgo alguno para el bien jurídico protegido (ausencia de antijuricidad material). Como se apuntaba anteriormente, el Legislador exige la toxicidad de la sustancia por lo que, si en el caso concreto la cantidad de sustancia es tan insignificante que no puede producir resultado negativo alguno en la salud, habría que descartar la tipicidad, por ausencia de objeto material. También cabría apreciar la ausencia de peligro en aquellas ocasiones en que las sucesivas adulteraciones de la sustancia hagan a esta desprenderse completamente de su toxicidad. En definitiva, debe recordarse que, sin que ello suponga convertirlos en tipos de peligro concreto, los delitos de peligro abstracto también requieren la prueba de la peligrosidad de la conducta.

Como delito de peligro abstracto, el art. 368, CP sanciona conductas capaces de crear un riesgo no permitido para el bien jurídico protegido, adelantando las barreras de protección, sin exigir la producción de un resultado lesivo ni la concreción de ese peligro como proximidad de lesión. Por ello se trata, a su vez, de un delito de resultado cortado o de consumación anticipada: no es necesario que se produzca el efectivo consumo por parte de un sujeto o sujetos concretos, poniendo en riesgo la salud pública o tan siquiera la salud individual, sino que basta con la mera aptitud de la sustancia para ello.

Por otra parte, desde el punto de vista de la estructura de la conducta típica, se trata de un delito de mera actividad, pues no requiere ningún resultado ulterior espacio-temporalmente separable de la mera acción del sujeto activo. Así se ha pronunciado la Jurisprudencia [*vid.* SSTS 854/2022, 3-3 (*Tol 8871902)*, y 778/2016, 19-10)] y la Doctrina (MUÑOZ CONDE, PEDREIRA GONZÁLEZ).

Aunque las resoluciones judiciales no han incidido en este punto, también puede decirse que el art. 368, CP es el paradigma de los llamados delitos de emprendimiento o preparación, que son aquellos que se caracterizan precisamente por la presencia de un *iter criminis* "global", lo que significa que cualquier contribución representa una aportación total que se reputará finalmente como consumación, pues cualquiera de los comportamientos que pueden afectar al bien jurídico se han equiparado a nivel típico (GÓMEZ MARTÍN).

Por otro lado, la referencia del tipo a la comisión de "actos" en plural, lo configura como un delito de tracto sucesivo: por su descripción típica, varios comportamientos, en la mayoría de las ocasiones, no integrarán varias infracciones delictivas, y por tanto tampoco daría lugar a la aplicación de la regla penológica del delito continuado.

Aunque se admite a veces. Véase por ejemplo la STS 112/2014, 3-2 (*Tol 4122919)*. En contra, entre otras muchas, las SSTS 730/2012, 26-9 (*Tol 2659936)*, o 491/2019, 10-10.

Al respecto, señala la STS 854/2022, 3-3 (*Tol 8871902)*: "Se razonaba en la STS 556/2015 de 2 de octubre, con cita de la STS 974/2012 de 5 de diciembre, que [...] en la construcción de los correspondientes tipos penales el legislador a veces utiliza conceptos globales, es decir, expresiones que abarcan tanto una sola acción prohibida como varias del mismo tenor, de modo que con una sola de ellas ya queda perfeccionado el delito y su repetición no implica otro delito a añadir. [...] Así ocurre con el delito del artículo 368 CP cuando nos habla de *actos de cultivo, elaboración o tráfico* en relación con las sustancias estupefacientes [...]. En definitiva, actividades plurales que nos obligan a que tengamos forzosamente que considerar integrados en esta figura criminal, como delito único, la pluralidad de conductas homogéneas que, de otro modo, habrían de constituir un delito continuado, insistiendo la STS 595/2005, 9 de mayo, en que una pluralidad de actos realizados por el mismo sujeto que favorece el tráfico o el consumo ilegal por otras personas constituye un solo delito aunque esté integrado por varias acciones, en cuanto sirven para conformar la descripción típica de *los que ejecuten actos de cultivo, elaboración, tráfico* [...]".

Por el contrario, la STS 112/2014, 3-2 (*Tol 4122919)*, expone que: "[...] la utilización en el art. 368 del Código Penal del término 'actos' en plural no debe conducir a un equívoco en relación con la unidad de acción exigida por el tipo penal, pues no se trata de un supuesto de unidad típica de acción, dado que tal entendimiento implica que el legislador aglutina diversos actos y los conforma como un objeto único de valoración, considerando esencial la realización de esa diversidad de acciones para que las conductas se subsuman en el tipo penal. Esta inteligencia —se dice— llevaría al absurdo de considerar que la realización de un solo acto puede no ser típica. Por el contrario, el tipo penal del art. 368 debe ser considerado como un tipo que se cumple con la ejecución de un solo acto (por ejemplo, basta un solo acto de tráfico) para que la conducta sea subsumible en él. La utilización del plural no es indicativo de una unidad jurídica prevista por el legislador sino que es un recurso (o una necesidad lingüística) derivado (o impuesto) por la diversidad de verbos típicos que el legislador establece en la redacción de la oración. De acuerdo con lo anterior, entiende esta segunda opción jurisprudencial que en aquellos casos en los que puede observarse entre los distintos actos la existencia de una conexión espacio-temporal y una sustancial coincidencia en la actuación en la que el hecho se configura como una unidad, han de ser considerados bajo la idea de la unidad de acción. Esto significa que el tipo penal del art. 368 puede llevarse a cabo mediante un solo acto que configura una acción o, mediante una diversidad de actos, siempre que en tales casos pueda considerarse que concurre una sola acción en sentido natural. Por lo cual, cabrían tres posibilidades jurídicas: una primera, cuando una persona realiza diversos actos que puedan considerarse como una única acción natural que configure un único delito; una segunda, cuando una persona realiza diversas acciones que dan lugar a varias subsunciones en el mismo tipo penal; y, por último, cuando los casos en que se dan una pluralidad de acciones que infringen el mismo precepto son considerados una unidad jurídica de acción por continuación, siempre que exista un nexo de continuidad [...]".

La entrega de droga continuada a varios sujetos no constituirá, en la mayoría de las ocasiones, varios delitos, sino uno solo que puede dar lugar, por la cantidad de droga total, a la aplicación del subtipo agravado de notoria importancia [en este sentido, STS 854/2022, 3-3 (*Tol 8871902)*]. Aunque las drogas objeto de tráfico sean distintas, tampoco constituirán varios delitos, y si estas son de distinta gravedad, se aplicará el precepto en su modalidad de droga que causa grave daño a la salud, conforme a la regla de la alternatividad (así STS 361/2017, 19-5; en el mismo sentido, STSJ, Comunidad Valenciana, Sección 1ª, 9/2020, 14-1).

Pero lo anterior no quiere decir que, si se produce una clara interrupción de la acción que permita afirmar que la conducta ha finalizado y se ha iniciado una nueva, no pueda considerarse que se esté ante la comisión de varios delitos. Ello ocurre, por ejemplo, cuando el sujeto es detenido o imputado por la comisión de estos delitos y, una vez en libertad, continúa con su actividad delictiva.

Así, por ejemplo, analiza un caso de estas características la STS 854/2022, 3-3 (*Tol 8871902)*: "A estos efectos se ha admitido la interrupción provocada por el cese de la actividad determinada por la detención o imputación por parte de las autoridades. El dato clave (precisaba la STS 297/2016 de 11 de abril con cita de la 730/2012 de 26 de septiembre) 'estriba en el momento en que el sujeto activo es objeto de detención o de una imputación o citación para defenderse en la investigación seguida por unos hechos. En ese instante se produce la ruptura desde el punto de vista jurídico; la solución de continuidad. Ya no habrá un punto y seguido; sino un punto y aparte. Quien vende droga todos los días y es sorprendido, detenido e ingresado en prisión solo habrá cometido un único delito contra la salud pública. Sin embargo si quien ha sido sorprendido vendiendo una dosis de cocaína, es detenido y al ser puesto en libertad vuelve a vender otra papelina, habrá cometido dos delitos contra la salud pública. Otra tesis llevaría a la paradoja de que quien ya conoce que contra él se sigue causa penal vea en ella una licencia para seguir la actividad delictiva, al menos hasta que recaiga sentencia'... la jurisprudencia de esta Sala ha concluido que existe solución de continuidad no solo cuando se ha dictado una sentencia sobre los hechos anteriores, sino también hasta cuando el sujeto activo es objeto de detención o de una imputación o citación para defenderse en la investigación seguida por unos hechos [...]". En el mismo sentido se han pronunciado las SSTS 773/2017, 30-11 (*Tol 6454970)*; 355/2018, 16-7 (*Tol 6677079)*; 376/2018, 23-7 (*Tol 6793443)*; 87/2019, 19-2 (*Tol 7083450)*; 491/2019, 16-10 (*Tol 7564536)*, o 205/2020, 21-5 (*Tol 7952878)*.

Por último, y con respecto a la comisión de "actos", el art. 368, CP también se configura como un tipo mixto alternativo, pues basta con la ejecución de alguno de los verbos típicos (cultivar, poseer, facilitar...) para entender que el delito está consumado (NÚÑEZ PAZ/GUILLÉN LÓPEZ). Como se afirmaba anteriormente, el CP castiga todo el ciclo de la droga, desde el cultivo a la venta pasando por todas las acciones intermedias: si el sujeto cultiva y posteriormente vende, la venta consume las acciones anteriores, ya sean cultivo, fabricación o posesión.

Con respecto al sujeto activo del delito, el art. 368, CP se configura como un delito común: ninguna de las conductas típicas contempladas requiere que concurra alguna cualidad especial en el sujeto activo. No obstante, se aplican penas agravadas para aquellos culpables que, ejecutando los hechos en el ejercicio de su cargo, fueren autoridad, funcionario público, facultativo, trabajador social, docentes o educadores, responsables de un establecimiento abierto al público o sus empleados; y también se contemplan penas accesorias de inhabilitación especial para empleo o cargo público, profesión u oficio, en el caso de sujetos que sean empresarios, intermediarios en el sector financiero, facultativos, funcionarios públicos, trabajadores sociales, docentes o educadores (art. 372, CP). El mismo artículo hace una interpretación auténtica de lo que considera facultativos, entendiendo por tales a los médicos, psicólogos, personas en posesión del título sanitario, los veterinarios, farmacéuticos y sus dependientes. Por otro lado, también se establece la pena de inhabilitación absoluta de entre diez y veinte años cuando el sujeto activo fuera autoridad o agente de la misma.

En el caso del sujeto pasivo, hay que recordar que no es una persona concreta, sino "el colectivo social cuyo bienestar sanitario es el objeto de protección de la norma" [*vid.* STS 723/2017, 7-11 (*Tol 6436360)*], quedando fuera del tipo penal aquellos daños a la salud que se produzcan en individuos concretos (SUÁREZ-MIRA RODRÍGUEZ).

No obstante, cuando la acción recae sobre determinados sujetos, esta circunstancia también tiene consecuencias agravatorias para la pena. Es el caso del artículo 369.4ª, CP, que se refiere a aquellos casos en los que las sustancias se facilitan a menores de 18 años, a "disminuidos psíquicos" (*sic*) o a personas sometidas a tratamiento de deshabituación o rehabilitación.

2. *Objeto material*

2.1. Drogas tóxicas, estupefacientes o sustancias psicotrópicas

El art. 368, CP hace referencia a conductas que tienen como objeto las "drogas tóxicas", los "estupefacientes" y las "sustancias psicotrópicas", y dependiendo de ciertas características que presenten estos objetos pueden producirse atenuaciones o agravaciones de la responsabilidad penal. Así, se producen efectos agravatorios en los casos en los que la cantidad de sustancia sea de "notoria importancia" (art. 369.5ª, CP), y también cuando haya sido mezclada con otras sustancias, o adulterada o manipulada, pudiendo provocar por ello un mayor daño a la salud (art. 369.6ª, CP), o en aquellas ocasiones en que la cantidad supera, por mucho, las de notoria importancia (segundo párrafo del art. 370.3º, CP). Por otra parte, y conforme a lo dispuesto en el art. 377, CP, el precio final que se atribuya al objeto material del delito (esto es, la concreta cantidad de droga ilegal) va a ser determinante para calcular la cuantía de las multas a imponer, dado que constituye un bien valorable en el mercado, aunque sea ilícito.

En cambio, cuando la cantidad de droga que es objeto del comportamiento es reducida, *podrá* tener carácter atenuante (si otras circunstancias también avalan la aplicación del párrafo segundo del art. 368, CP), o, incluso, provocar la atipicidad del comportamiento por estar dicha cantidad por debajo de la denominada *dosis mínima psicoactiva,* lo que implicaría la ausencia de un verdadero objeto material, por su incapacidad para producir efectos negativos sobre la salud. También, y ello se tratará más adelante, la penalidad dependerá del daño a la salud que pueda provocar cada sustancia.

2.1.1. Ausencia de tipicidad: crítica a la dosis mínima psicoactiva

La cuestión de la *dosis mínima psicoactiva* como límite de la tipicidad es un punto verdaderamente discutido. Como se afirmaba anteriormente, se aboga por una interpretación restrictiva, considerando que no existe el término "droga" en general a efectos del Código Penal, pues este lleva el apellido de tóxica, y esa toxicidad es a todas luces todas inexistente por debajo de la dosis mínima psicoactiva, pues en tales casos ni tan siquiera puede producir efectos en la psique o cuerpo humanos (se sigue en esta cuestión, por entero, a MANJÓN-CABEZA OLMEDA y SEQUEROS SAZATORNIL). Existe Doctrina contraria a esta concepción, *v.gr.* FRIEYRO ELÍCEGUI, por entender que se trata de un concepto que, en definitiva, rema a favor de la seguridad jurídica).

Sin ánimo de ahondar en cuestiones ya tratadas, en relación con el concepto que se maneja por el Instituto Nacional de Toxicología, se considera dosis mínima psicoactiva aquella cantidad necesaria para afectar a las funciones físicas o psíquicas. Pero ese efecto, mínimo, no es el que el sujeto consumidor de droga busca. De hecho, la dosis habitual o de consumo medio de una sustancia (que evidentemente cambia de una persona a otra, e incluso tratándose de la misma persona evolucionará con el tiempo y consumo) está muy por encima de la misma (así puede verse en el Cuadro de dosis mínimas psicoactivas de las principales sustancias tóxicas objeto de tráfico de drogas, elaborado por el Instituto Nacional de Toxicología; que ofrece la dosis media de un consumo).

Siguiendo la misma doctrina restrictiva, y en relación con una cantidad superior, como es una única *dosis de uso*, puede sostenerse que tampoco existiría un comportamiento desvalorado por el Ordenamiento penal: en los casos de venta de una sola dosis indivisible, no hay posibilidad de difusión, por lo que tal comportamiento, en abstracto, no podría causar mella en el bien jurídico protegido "salud pública". No obstante, la Jurisprudencia mayoritaria no ha aceptado esta interpretación, ofreciendo argumentos bastante cuestionables, como la necesidad de mantener la vigencia de la norma, la inaplicabilidad del principio de insignificancia a los delitos graves, o el desprecio a la antijuricidad material frente a la formal, pues de lo contrario, "se estaría vaciando la capacidad del poder legislativo".

> En este sentido, véase la STS 409/2013, 21-5 (*Tol 3752972*): "Es por tal que conductas cuya peligrosidad individual solo tienen carácter marginal, son también peligrosas para la vigencia de la norma, cuando se permite su generalización y acumulación [...]. E igualmente se ha recordado que la antigua teoría que distinguía entre la antijuricidad formal y la material previó expresamente la posibilidad de conflicto entre ambas formas de la contrariedad al derecho y postuló, basándose en la división de poderes, la primacía de la primera. Por lo tanto, se dijo, en tales supuestos el juez debe aplicar la ley formal contradicha por el hecho, dado que dar carácter excluyente a la antijuricidad material comportaría una reforma de la Ley, que solo corresponde al Legislador, señalando al mismo tiempo que el principio de insignificancia, en el derecho comparado y en la teoría, no tiene aplicación respecto de delitos en sí mismo graves. Por ello, la última corriente jurisprudencial afirma que en el caso de los delitos graves, como los delitos de tráfico de drogas, no cabe invocar, ni siquiera de lege ferenda, un 'principio de insignificancia que podría excluir la tipicidad, cuando ésta, formalmente, ha sido constatada u opera como causa supralegal de justificación, o bien, en todo caso, excluir de alguna manera la punibilidad. La necesidad preventiva de ratificación de la norma no desaparece, en los delitos graves, sólo por el reducido alcance de la acción'. Esta Sentencia también afirma que, aunque se trate de cantidades por debajo de la dosis mínima psicoactiva, siempre existirá injusto cuando la droga se suministra a menores "teniendo en cuenta la especial protección que conllevan (...). Y que ese suministro si genera un favorecimiento de las mismas, ciertamente a no inmediata toxicidad pero si entraña ese potencial riesgo para la salud pública".

En todo caso, hay que recordar que la teoría de la dosis mínima psicoactiva es una creación jurisprudencial (con origen en el Acuerdo del Pleno no Jurisdiccional de la Sala Segunda del Tribunal Supremo, de 3-2-2005) que serviría, en principio, nada más que para evitar la aplicación del principio de insignificancia cuando la cantidad de droga es superior a esa dosis mínima, pero aun así escasa (acabando con aquella línea jurisprudencial absolutoria por la venta de una sola dosis), manteniendo la confusión de lo que es psicoactividad con lo que significa toxicidad [en este sentido, afirmando que toda cantidad por encima de la dosis mínima psicoactiva es típica y antijurídica, se pronuncia, por ejemplo, las SSTS 294/2025, 28-3; 177/2024, 28-2; 409/2013, 21-5 (*Tol 3752972*), y 812/2021, 26-10 (*Tol 8643083*)].

Cuadro de dosis mínimas psicoactivas de las principales sustancias tóxicas objeto de tráfico de drogas

SUSTANCIA TÓXICA	HEROÍNA	COCAINA	HASCHÍS	LSD	MDMA	MORFINA
Dosis mínima psicoactiva	0,66 mg.	50 mg.	5 grs.	20 mg.	20 mg.	2 mg.

SUSTANCIA TÓXICA	MARIHUA.	ANFETAMI.	KETAMINA	METANFE.	MDEA/MDA	FENTANILO
Dosis mínima psicoactiva	15-20 grs.	180 mgs.	10 mg.	20 mg.	20 mg.	2 mg.

Fuente: Instituto Nacional de Toxicología (Revisado a 1 de agosto de 2021).

Pese a lo afirmado sobre la necesidad de superar la dosis mínima psicoactiva para poder exigir responsabilidad penal, estas cantidades pueden modularse: es el caso de la administración de sustancias a niños de corta edad.

Así, la STS 409/2013, 21-5 (*Tol 3752972*), condena a unos sujetos que administraron benzodiazepina (alprazolam) a niños menores de un año en una guardería, aunque fueron cantidades menores de la dosis mínima psicoactiva, pues dicha dosis está calculada para adultos. Ver más sobre esta cuestión *infra*.

2.1.2. *¿Concepto penal autónomo de droga o vinculación a las Listas de los Convenios Internacionales?*

1. A efectos de lo dispuesto en los arts. 368 y ss., CP, resulta necesario definir los conceptos de droga tóxica, estupefaciente o sustancia psicotrópica, pues el texto punitivo no los ofrece, y no es esta tampoco una cuestión ajena al debate en el seno de la Doctrina y en la Jurisprudencia. De hecho, son muchas las posibles nociones de droga que pueden ofrecerse, con base en variados criterios médicos y científicos.

La Organización Mundial de la Salud describe las *drogas psicoactivas* como "aquellas sustancias que, una vez ingeridas o administradas en el organismo, afectan a los procesos mentales, por ejemplo, la percepción, la conciencia, las capacidades cognitivas, o el estado de ánimo o las emociones", diferenciándolas de otras sustancias que asimismo generan psicoactividad, pero que, a su criterio, no son drogas: "las drogas psicoactivas pertenecen a una categoría más amplia de sustancias psicoactivas que incluyen también al alcohol y la nicotina". Sobre las características afirma: "la psicoactividad no implica necesariamente que produzca dependencia". En su Informe Técnico nº 407/1969, define las drogas como: "toda sustancia que, introducida en un organismo vivo, puede modificar una o varias funciones de este".

2. En realidad, y por lo que aquí interesa, las distintas definiciones formuladas (ya sean médicas o científicas) quizá no son del todo relevantes para determinar exactamente qué sustancias van a ser perseguidas conforme a lo establecido en el art. 368, CP. Pues, en el contexto jurídico penal, hay una cuestión previa a dilucidar que parte de la siguiente disyuntiva: ¿es necesaria la creación de un concepto autónomo de droga (creado doctrinal o jurisprudencialmente, atendiendo a la posibilidad de lesión del bien jurídico) o, simplemente, los operadores deben remitirse a los Convenios internacionales y a las disposiciones europeas sobre la materia, que obligan a perseguir aquellas sustancias que incluyen en sus anexos?

A la hora de responder a tal disyuntiva, la Doctrina se divide entre los partidarios de entender que los conceptos de droga tóxica, estupefacientes y sustancias psicotrópicas son elementos del tipo que deben interpretarse en relación con el bien jurídico protegido (teniendo las Listas de los Convenios de Naciones Unidas o los provenientes de la Unión Europea como mera referencia), y aquellos que consideran que el art. 368, CP es una norma penal en blanco que debe completarse con otros textos legales para determinar qué sustancias pueden constituir el objeto material del delito, esto es, cuáles son las drogas, las sustancias psicotrópicas o los estupefacientes que protagonizan las conductas típicas (han existido multitud de argumentos a favor de unas y otras, además de otras tantas posiciones intermedias. Pueden encontrarse todas estas posturas de forma pormenorizada en análisis recientes de MOLINA MANSILLA y BRETONES ALCARAZ).

3. En relación con esta problemática, hay que reconocer que el art. 368, CP no contiene una remisión expresa a las listas de los Convenios de Naciones Unidas ni a ningún otro texto legal (cosa que sí ocurre, en contraposición, en el art. 371, CP, sobre el tráfico de precursores). Pero la concepción del tipo como norma penal en blanco (redactado conforme a la técnica de la accesoriedad conceptual) adquiere sentido si se tiene en cuenta que el art. 368, CP gira teleológicamente en torno a la noción de *consumo ilegal*, y el consumo solo puede ser declarado ilegal por otras normas ajenas al propio CP, pues este no lo tipifica ni describe. Es por tanto a esas otras normas extrapenales a las que deberemos acudir para comprobar cuáles son las sustancias prohibidas a estos efectos.

En este sentido, resulta relevante lo dispuesto en la Ley 17/1967, de 8 de abril, por la que se actualizan las normas vigentes sobre estupefacientes y adaptándolas a lo establecido en el convenio de 1961 de las Naciones Unidas, que deroga el Real Decreto-ley de 30 de abril de 1928, y que en su art. 22 establece: "[...] considerándose prohibidos cualquier cambio o consumo [...]" que no sean para el permitido (y dicta el mismo precepto: usos industriales, terapéuticos, científicos y docentes (en este sentido, véase SILVA FORNÉ). Esta norma no hace otra cosa que no sea remitirse a las listas I y II del Convenio Único de 1961 de las Naciones Unidas. Años más tarde, se aprueba el Real Decreto 1194/2011, de 19 de agosto, por el que se establece el procedimiento para que una sustancia sea considerada estupefaciente en el ámbito nacional, y que, según su artículo uno, tiene como objeto: "establecer el procedimiento mediante el cual una sustancia natural o sintética, no incluida en las listas I y II de las anexas al Convenio Único de 1961 de las Naciones Unidas o que no haya adquirido tal consideración en el ámbito internacional, sea considerada estupefaciente en el ámbito nacional [...]". Con ello, además de prever la posibilidad de dar el mismo trato a otras sustancias cuyo consumo el Estado español considere oportuno prohibir, se sanciona, a través de un procedimiento interno, el uso de aquellas sustancias que la Unión Europea vaya incorporando a sus listados. Así, la disposición adicional única del Real Decreto otorga la consideración del estupefaciente a la sustancia tapentadol, en tanto que la disposición final segunda de la misma norma habilita a la persona titular del Ministerio de Sanidad para modificar el contenido de la disposición adicional anterior. En relación a dicho procedimiento, y sobre todo al tipo de instrumento legal necesario para la incorporación de nuevas sustancias, parte de la Doctrina ha señalado, no sin razón, el problema de legalidad que ello suscita.

4. En sentido contrario, de entender que el objeto debe delimitarse apartándose de lo anterior y basándose únicamente en la necesidad de protección del bien jurídico, debería considerarse incluidas dentro del ámbito de lo típico sustancias tales como el alcohol, la cafeína, el tabaco o el azúcar, pudiendo salvarse únicamente la tipicidad por mor del volátil principio de adecuación social.

El consumo de alcohol produjo anualmente 15.489 muertes durante el periodo 2010-2017. (Observatorio español de las drogas y las adicciones, 2021), y aproximadamente 63000 personas mueren al año en España como consecuencia del consumo de tabaco (Grupo de Trabajo de Tabaquismo de la Sociedad Española de Epidemiología, 2023).

Y si este fuera el caso, debería al menos plantearse la adecuación social del consumo de cannabis en una Europa donde casi el 30% de los adultos ha consumido esta sustancia a lo largo de su vida (Observatorio Europeo de las Drogas y las Toxicomanías, 2020), máxime en España, donde el 40,9% de la población reconoce haber consumido cannabis alguna vez en la vida y el 56,9% afirma que puede conseguirla con facilidad en menos de 24 horas (Ministerio de Sanidad, 2022). En ese mismo entendimiento de la concepción de droga, también deberían considerarse atípicas, por ejemplo, aquellas conductas relacionadas con la hoja de coca, que cuenta con unos efectos psicoactivos muy parecidos a la cafeína, y cuyos usos tradicionales (infusión de hierbas, mascado de la hoja), no inciden negativamente en la salud. Sin embargo, tanto la ONU como la Unión Europea obligan a su persecución, por lo que España queda conminada a tipificar su tráfico. Aquellos que optan por esta última vertiente afirman que las listas de los Convenios o instrumentos normativos provenientes de Naciones Unidas o de la Unión Europea tendrían un valor referencial pero no exclusivo, pues de lo contrario quedarían fuera del ámbito de lo punible aquellas drogas tóxicas que van surgiendo rápidamente, y que aún no han sido incluidas en dichos listados.

Cierto es que los anexos se actualizan con mucha frecuencia, y que dada la celeridad con la que el mercado de la droga actúa, se han propuesto procedimientos de actualización más o menos ágiles. De este modo, en aras de salvaguardar el principio de seguridad jurídica, y habida cuenta de lo anterior, no parece que sea un sacrificio demasiado elevado el no poder perseguir nuevas sustancias en el escaso margen temporal entre una actualización y la siguiente. Además, es menester recordar que el Real Decreto 1194/2011, de 19 de agosto, por el que se establece el procedimiento para que una sustancia sea considerada estupefaciente en el ámbito nacional, permite añadir cualquier sustancia mediante una simple orden ministerial, otorgándole el mismo rango que al resto de las drogas de los listados internacionales.

Por su parte, la Jurisprudencia se ha pronunciado escasamente sobre qué hacer en esta clase de casos, en los que se procede penalmente contra sustancias que no están recogidas en los listados internacionales. Puede observarse esto, por ejemplo, en los pronunciamientos sobre la ketamina, antes de que esta fuera introducida en dichos listados. Así, en la STS 1071/2011, 11-10 (*Tol 2269638)*, el Tribunal Supremo elude la cuestión al afirmar que la condena por el art. 368, CP se fundamenta en el tráfico de las otras sustancias que se mencionaban en el relato fáctico, pero a la vez añade: "que el consumo de la sustancia ketamina pueda causar daño a la salud no resulta desvirtuado [...]. Lo cierto es que el perito competente, en el acto del juicio oral, hace expresa mención de las graves consecuencias que puede ocasionar el consumo de ketamina, anestésico que produce depresión en el sistema nervioso central y que en casos excepcionales puede llegar a causar la muerte". Con similar criterio ante la misma sustancia se pronuncia la STS 713/2013, 24-9 (*Tol 3963527)*.

En otras resoluciones [como la STS 29/2020, 4-2 (*Tol 7734572)*], el Tribunal Supremo se ha pronunciado afirmando la existencia de un concurso de normas entre el art. 359, CP (aplicable a aquellas drogas de diseño novedoso, con efectos parecidos a otras que aparecen recogidas en los Convenios) y el 368, CP (para aquellas drogas que sí se encontraban en los Convenios), en el supuesto de un alijo de sustancias de varios tipos. En este caso, el razonamiento parte de entender que dentro del art. 359, CP encajarían todas aquellas conductas que se encuentran castigadas por el art. 368, CP (pues todas son sustancias nocivas para la salud), pero, sin embargo, no podría aplicarse el primer precepto en el supuesto de sustancias que se encuentren dentro de las listas internacionales, pues conforme al principio de especialidad el art. 368, CP sería norma preferente. No obstante, el Tribunal no deja claro si aplica el principio de especialidad o el de subsidiariedad, pues afirma que: "el tipo penal recogido en el artículo 359.1 del Código Penal, al referirse a todas las sustancias nocivas para la salud humana, abarcaría también a aquellas conductas delictivas que se materializan sobre las drogas tóxicas, estupefacientes o sustancias psicotrópicas a las que se refiere el artículo 368 del Código Penal, superponiéndose este precepto como una previsión especial que engloba a aquel —y con una penalidad agravada—, en atención precisamente al riesgo específico que respecto al bien objeto de protección introducen las drogas, tanto por los efectos secundarios inherentes a su consumo, como por la fuerza adictiva que arrastran [...] el principio de absorción entraña que el injusto material de una infracción, acoge en sí injustos menores cuando estos se sitúan en una relación cuantitativa de inferioridad o subordinación respecto de aquella; lo que puede contemplarse —entre otros supuestos— cuando se aborda la elaboración o comercialización de una pluralidad de sustancias lesivas para la salud pero que, por su heterogeneidad, no todas ellas pueden quedar integradas en la previsión penológica del artículo 368 del Código Penal". En cualquier caso, la solución del concurso de normas parece coherente, pues el Tribunal Supremo interpreta que debe castigarse por un solo delito cuando se encuentra un alijo con varias sustancias del art. 368, CP. Por tanto, no tendría consistencia lógica castigar por separado en aquellos casos de alijos de sustancias del art. 368 y del 359, CP, ya que daría lugar a una penalidad mayor ante hechos que podrían considerarse de una gravedad, en principio, materialmente inferior.

En el caso concreto se hacía referencia a sustancias nuevas con efectos muy parecidos a aquellas fiscalizadas, de manera que el TS hace referencia a que las mismas tenían "actividad cannabimimética" o que tenían "relación estructural" con el diazepam. De igual forma se ha aplicado el art. 359 a la venta de óxido nitroso o "gas de la risa" (ATS 375/2020, 27-2; SAP, Baleares, Sección 1ª, 155/2021, 4-10; condenando por 364, CP: SAP, Asturias, Sección 2ª, 17/2017, 20-1).

5. En todo caso, ha de afirmarse que son mayoritarias las posiciones Doctrinales y Jurisprudenciales que abogan por entender el art. 368, CP como una norma penal en blanco con remisión a las listas de los Convenios internacionales y los textos de la Unión Europea.

Vid., en la Doctrina, por todos, SILVA CASTAÑO, PEDREIRA GONZÁLEZ, GERMÁN MANCEBO, MUÑOZ CONDE, QUINTERO OLIVARES, SUÁREZ-MIRA RODRÍGUEZ. En la Jurisprudencia, véase STS 713/2013, 24-9 (*Tol 3963527)*. Existen algunos pronunciamientos aislados que defienden el concepto autónomo de droga: así, SSTS 474/2000, 24-3 (*Tol 4923770)*, y 321/2011, 26-4: "Como hemos dicho en diversas ocasiones, (Sentencias de 7 de julio de 1995 y 18 de marzo de 1997) el artículo 368 del Código Penal (entonces 344) no constituye una norma penal en blanco que remita a normas extrapenales en lo que afecta a la definición del objeto de las conductas tipificadas. La técnica legislativa empleada se circunscribe al recurso a un concepto normativo que, en cuanto tal, no plantea problemas diversos de los que suscita dicha técnica en referencia a otros muchos tipos penales".

6. Así que, en síntesis, el objeto del delito del art. 368, CP vendría conformado por los listados de la Convención única de 1961 sobre estupefacientes (enmendada por el Protocolo que modifica la Convención única de 1961 sobre estupefacientes), y del Convenio sobre sustancias sicotrópicas de 1971; las sustancias que se recogen en el Anexo de la Directiva (UE) 2017/20103 del Parlamento Europeo y del Consejo de 15 de noviembre de 2017; las sustancias que aparecen en el anexo dinámico de la Decisión Marco 2004/757 del Consejo, de 25 de octubre de 2004, que se va nutriendo del contenido de las Directivas Delegadas de la Comisión; y, por último, aquellas sustancias que España considere mediante el procedimiento del Real Decreto 1194/2011, de 19 de agosto, por el que se establece el procedimiento para que una sustancia sea considerada estupefaciente en el ámbito nacional.

7. Desde hace años la Doctrina viene considerando que este proceder provoca ciertos problemas de legalidad penal (SÁNCHEZ TOMÁS), dado que la incorporación de las sustancias señaladas por normativa internacional se hace mediante órdenes ministeriales, lo que implica un incumplimiento de la reserva legal para la materia penal. No obstante, este problema fue abordado hace ya tiempo por la Jurisprudencia, y desde entonces ha repetido en muchas ocasiones que los Tratados Internacionales, una vez celebrados y publicados oficialmente, son parte del Ordenamiento interno español, y que la utilización de las órdenes ministeriales

no infringe cuestiones de legalidad penal, dado que no son "más que la norma por la que se ordena su publicación" (véase, extensamente sobre esta problemática y en contra de esta interpretación MANJÓN-CABEZA OLMEDA).

8. Con respecto a la diferenciación entre drogas, estupefacientes y sustancias psicotrópicas, parte de la Doctrina (ACALE SÁNCHEZ, MARTÍNEZ PARDO, MANJÓN-CABEZA OLMEDA) considera, con acierto, que los tres términos son igualmente drogas, estimándolos sinónimos a efectos legales, porque aunque existen diferencias científicas entre estos conceptos (por ejemplo, los estupefacientes causan sueño/ narcosis y, mayoritariamente, los psicotrópicos causan efectos contrarios, como activadores del sistema nervioso), las Convenciones mezclan tales sustancias en sus listados sin tener en cuenta estas peculiaridades. Así, la Convención de 1961 declaraba estupefacientes ciertas sustancias que, al adoptarse la Convención de 1971 se consideró que debían trasladarse a las listas de psicotrópicos (por ejemplo, la cocaína), aunque finalmente dichos cambios no se llevaron a cabo. Por ello, habrá de entenderse que todas se consideran drogas que deben ser perseguidas, con independencia del *nomen* bajo el que se las clasifique. Es más: el Código no hace diferencias entre unas y otras, sino entre los conceptos de *drogas que causan grave daño a la salud* y *los demás casos.*

2.2. Drogas que causen grave daño a la salud y aquellas que no lo originen

1. Otra de las cuestiones importantes en torno al objeto de delito es la categorización del mismo, de la que dependerá la respuesta penológica del CP. Así, el art. 368, CP contempla dos penalidades distintas: prisión de tres a seis años y multa del tanto al triplo del valor de la droga objeto del delito si se tratare de sustancias o productos que causen grave daño a la salud, y prisión de uno a tres años y multa del tanto al duplo en los demás casos.

2. El CP no esclarece qué sustancias son las que causan grave daño a la salud y cuáles no, y tampoco se encuentra esta división en los textos internacionales sobre la materia. Es la Jurisprudencia la que ha ido construyendo y delimitando, con base en las pruebas periciales sobre las sustancias, el concepto de droga que causa grave daño a la salud (también conocida por la expresión "droga dura", en contraposición a lo que se identifica como "droga blanda"). Así, la STS 1462/2000, 23-10, aclaraba que esos informes técnicos son los instrumentos adecuados para acreditar tanto la naturaleza de la sustancia como el grado de afectación que la misma provoca sobre la salud.

Aunque los informes podrán ser impugnados. Sobre esto véase el art. 788.3 LECrim y el Acuerdo de Pleno no jurisdiccional de la Sala Segunda del Tribunal Supremo, de 25-5-2005: "La manifestación de la defensa consistente en la mera impugnación de los análisis sobre drogas elaborados por centros oficiales, no impide la valoración del resultado de aquellos como prueba de cargo, cuando haya sido introducido en el juicio oral como prueba documental, siempre que se cumplan las condiciones previstas en el art. 788.2 LECrim. La proposición de pruebas periciales se sujetará a las reglas generales sobre pertinencia y necesidad. Las previsiones del art. 788.2 de la LECrim. son aplicables exclusivamente a los casos expresamente contemplados en el mismo. La aplicación de este art. no es extensible a otros procesos o pruebas, por lo que sus previsiones son aplicables exclusivamente a los casos expresamente contemplados en el mismo".

Estos informes son innecesarios cuando el consumo de la sustancia es ya común, y los pronunciamientos judiciales sobre la misma han sido numerosos (es por ejemplo el caso del hachís, la cocaína o el LSD), pero tienen indudable relevancia cuando se trata de sustancias o preparados nuevos que van emergiendo. En algunas ocasiones, a través de pronunciamientos no jurisdiccionales o circulares de la Fiscalía, se ha determinado la relativa gravedad de una sustancia. Así, se ha decidido que la heroína, la cocaína y el LSD constituyen sustancias que causan grave daño, mientras que el hachís, el aceite de hachís, las semillas o plantas de cannabis serían todas ellas sustancias que no causan grave daño. En el mismo sentido el Tribunal Supremo decidió en Acuerdo de pleno no jurisdiccional que el GHB causa grave daño (12 de diciembre de 2004).

3. Conforme a lo anterior, deberán considerarse como sustancias que causan grave daño a la salud, la cocaína, el éxtasis, la heroína, el LSD, el *speed*, la ketamina, la morfina, la metadona y la mescalina, así como las anfetaminas y sus derivados, como el MDMA. De forma paralela, habrá que considerar que son sustancias que no causan grave daño el cannabis [recientemente, sobre la marihuana, STS 617/2020, 18-11 (*Tol 8217357*)], y sus derivados, las benzodiazepinas (como el Rohipnol, el Tranxilium, o el Tranquimazín-flunitrazepam) y la hoja de coca [STS 104/2015, 25-2 (*Tol 4777040)*].

4. Para evaluar si la droga causa mayor o menor daño a la salud, la Jurisprudencia emplea varios criterios. Así, aquellas sustancias que se consideran más dañinas se corresponderían con las que generan mayor tolerancia y dependencia física y psíquica [STS 1214/2005, 6-10 (*Tol 731556)*], aunque también se tiene en cuenta si provocan deterioro grave en el organismo humano, si producen síndrome de abstinencia, si se consumen por vía parenteral, si poseen la capacidad de producir la muerte en pequeñas dosis (STS 360/2004, del 18 de marzo) (MUÑOZ CONDE), y las secuelas que ocasiona su consumo continuado (STS 719/2020, 30-12).

Al respecto de esta cuestión no debe obviarse la aportación de SÁNCHEZ TOMÁS: si la diferenciación de las drogas entre sustancias que causan grave daño a la salud y las que no (drogas blandas y duras) se hiciera realmente en relación al bien jurídico protegido, esto es, sobre la salud pública y no sobre la salud individual, la valoración sobre si la droga afecta de una manera u otra debería hacerse priorizando las "consideraciones epidemiológicas sobre las estrictamente orgánicas", pues la Jurisprudencia es unánime en considerar que la "salud pública" es algo más que la mera suma de la salud individual de cada sujeto. Ello nos llevaría a estimar que las drogas que afectan gravemente a la salud deberían ser aquellas que ocasionaran una gran transmisibilidad por su capacidad de generar adicción, pero también aquellas cuyo uso las lleva a alcanzar la consideración de epidémicas/pandémicas, por su afectación al sistema sociosanitario. Lo anterior tendría como consecuencia que las benzodiacepinas —por su uso intensivo— deberían reintroducirse entre aquellas que causan grave daño a la salud pública, y al contrario, deberían calificarse como sustancias menos gravosas ciertos psicofármacos y a las llamadas drogas de diseño.

5. Diferentes cuestiones pueden surgir de los casos concretos. La Jurisprudencia, prolija, ha resuelto la mayoría de ellas. Así, en el caso de existencia de alijo con los dos tipos de sustancias, como se vio anteriormente, la Jurisprudencia castiga por un solo delito del art. 368, CP en su modalidad de sustancias que causan grave daño a la salud; la Doctrina considera que esa solución parte de entender que se trataría de un concurso de normas a resolver por el art. 8.4ª, CP, que aplica el precepto más grave y excluye aquellos castigados con pena menor. Por otra parte, en aquellos casos donde no conste la pureza o la cantidad concreta, o dicha pureza sea muy escasa, este dato no implicará que la naturaleza de la droga pase a ser de dura a blanda, bastando con la presencia del principio activo [SSTS 154/2004, 13-2 (*Tol 4970582*), y 210/2005, 22-2 (*Tol 603663*)]. No ocurre así en el caso del tipo agravado por la notoria importancia, donde es necesario constatar no solo la cantidad de droga, sino también la pureza.

Al respecto, la STS 328/2014, 28-4 (*Tol 4280978*), aclara que, dependiendo de las circunstancias del caso, sí puede ser necesario determinar el porcentaje de pureza, por ejemplo, en el caso de autos, donde se encontraron 27 comprimidos sin que fuera posible saber qué cantidad de principio activo contenían. Esto es así porque en muchas ocasiones estos comprimidos presentan solamente trazas del mismo. En relación a ello, el Tribunal Supremo afirma en esta misma sentencia que "estas apreciaciones resaltan la importancia que, en algunas ocasiones, en función de las circunstancias de cada caso, reviste la precisión analítica referida, no solo a la naturaleza de la sustancia, sino también a la proporción del principio activo contenido en la sustancia intervenida. Es un aspecto —dice la STS. 1478/2004 de 10.12, que debe ser resuelto en la instancia, cuando las circunstancias del caso, entre ellas la cantidad de sustancia, puedan introducir dudas acerca de la naturaleza de lo incautado o acerca de su destino al tráfico o al consumo del poseedor o poseedores".

6. En el caso que no conste la concreta naturaleza, debe presumirse que la droga no causa grave daño a la salud [SSTS 1184/1999, 16-7 (*Tol 5134240*), y 474/2000 (*Tol 4923770*)].

3. Conducta típica

1. Las conductas típicas que se recogen en el art. 368, CP pueden clasificarse en dos grandes grupos: en el primero se encontrarían aquellos comportamientos

—amplísimos— que promueven, favorecen o facilitan el consumo ilegal (lo que incluye el cultivo, la elaboración o el tráfico, que son verbos típicos que aparecen no solo a título ejemplificativo, sino también para marcar el punto temporal en el que comienza la tipicidad del ciclo de la droga), mientras que el segundo núcleo se identificaría con la posesión de drogas para aquellos fines (esto es, para promover, favorecer o facilitar el consumo ilegal). Esta es la interpretación gramatical del precepto, si se tiene en cuenta que el Legislador ha utilizado la expresión "*o de otro modo* promueven, favorezcan o faciliten", que sigue en el texto a la ejecución de actos de cultivo, elaboración o tráfico (ACALE SÁNCHEZ).

Una vez más debe destacarse la gran amplitud con la que se describe el tipo conocido como tráfico de drogas, no solo por abarcar todo el ciclo de la droga —elevando a categoría de delito autónomo lo que en realidad podrían considerarse como actos preparatorios de un verdadero delito de tráfico (el cultivo, la elaboración de las sustancias o su mera posesión)—, sino también por su falta de determinación, al incluir verbos como promover, favorecer o facilitar, que posibilitan la inclusión en el mismo de numerosos comportamientos capaces de alcanzar esas finalidades.

2. Si se toma como referencia una línea temporal, los límites de lo punible del art. 368, CP se encuentran al inicio en el cultivo (pues los actos anteriores solo podrían considerarse actos preparatorios o, en su caso, como un delito de tráfico de precursores del art. 371, CP) y, hacia el final (más difícil de determinar por la amplitud de los verbos), en la posesión de las drogas tóxicas destinadas al tráfico, o la transmisión de esas sustancias a otras personas; de este modo, el consumo de las drogas tóxicas por terceros sería la finalidad última que el art. 368, CP está llamado a evitar, pero sin constituir, en ningún caso, un requisito típico para la aplicación del mismo. Conforme a ello, las acciones típicas que encajan en el delito del 368, CP deben estar encaminadas al consumo, pero este no tiene porqué producirse. Cabe recordar que ese consumo ilegal último que menciona el artículo es siempre el de terceros, en la medida en que el consumo propio (y sus actos previos: así, por ejemplo, el cultivo si se trata de autoabastecimiento) resulta atípico, pues sin riesgo de difusión no puede alterarse la salud pública.

3.1. Cultivo, elaboración y tráfico

1. El cultivo y la elaboración son los primeros pasos del ciclo de la droga. En el caso de aquellas sustancias que tienen origen vegetal, su cultivo (en términos generales, la preparación de la tierra, la siembra, los cuidados pertinentes y la posterior recogida de la cosecha) será el origen de la producción de la misma. No es el caso de algunas sustancias sintéticas, que tendrán su origen directo en la elaboración química. En la mayoría de ocasiones serán necesarios ambos pasos,

como sucede con la "cocaína", que necesita el cultivo del arbusto de coca, pero también el sometimiento de sus hojas a varios procesos químicos, en orden a obtener el clorhidrato de cocaína. Con el término "elaboración" también pueden entenderse incluidos en el ámbito del tipo aquellos tratamientos químicos destinados a la "recuperación" de las drogas, que en ocasiones son mezcladas con otros productos para hacerlas pasar inadvertidas a la inspección de las autoridades.

2. La Convención Única de 1961 y la Convención de las Naciones Unidas contra el tráfico ilícito de estupefacientes y sustancias psicotrópicas de 1988 refieren el cultivo únicamente para los casos de plantaciones de adormidera, arbusto de coca y planta de cannabis. Por su parte, el término "elaboración" no se utiliza en los textos internacionales, aunque en la Convención Única de 1961 sí puede encontrarse la expresión "producción", que es definida como "*la separación del opio, de las hojas de coca, de la cannabis y de la resina de cannabis de las plantas de que se obtienen*". También utiliza el término "fabricación" (de estupefacientes o preparados), aplicándolo al tratamiento de la paja de adormidera. La Ley 17/1967, de 8 de abril, por la que se actualizan las normas vigentes sobre estupefacientes y adaptándolas a lo establecido en el convenio de 1961 de las Naciones Unidas, no ofrece una definición de cultivo (utilizando sin más aclaración la expresión "cultivo de plantas destinadas a la producción de sustancias estupefacientes"), pero sí describe la "fabricación" como el "conjunto de operaciones de obtención de los mismos a partir de la materia prima bruta, su purificación y la transformación de unos productos en otros, así como la obtención de dichos productos mediante síntesis química".

3. Con relación al cultivo de drogas, la Doctrina y la Jurisprudencia se han mostrado dubitativas al respecto del alcance típico del verbo "cultivar". Así, algunos apuntan a que la consumación se alcanza con la simple plantación o semillado (BRETONES ALCARAZ, PEDREIRA GONZÁLEZ), mientras que otros consideran que el cultivo es algo más que la mera plantación, pues si después de esta el sujeto activo se desentiende de lo plantado y no se produce lo esperado (por ejemplo, no germina) no hay consumación del cultivo, sino tan solo su tentativa (JOSHI JUBERT, ACALE SÁNCHEZ, MARTÍNEZ PARDO). Lo mismo ocurrirá en aquellos casos en que lo plantado no genere calidad suficiente para elaborar droga tóxica.

Véase así la STS 2054/2022, 9-12 (*Tol 8905660)*: "la tipicidad que se predica de todo cultivo, en tanto que pone en peligro el bien jurídico protegido, no significa sin más que el delito alcance el grado de consumación por la sola acción de su plantación o semillado: se requiere que tal cultivo se encuentre en condiciones de servir a la finalidad que se persigue con el mismo, cual es la extracción de los productos naturales necesarios para obtener su fruto".

Con la misma opinión, *vid*. STS 306/2022, 25-3 (*Tol 8905660*). Sobre el requerimiento de acciones posteriores al mero semillado o plantado, véase también la misma STS 306/2022, 25-3 (*Tol 8905660*): "En suma, el proceso de cultivo no es un acto momentáneo, sino progresivo, que obedece a la elaboración de un vegetal, necesita tiempo, de manera que cuando el art. 368 del Código Penal incluye en su tipicidad actos de cultivo, está contemplando un proceso natural de las características del señalado en los hechos probados de la sentencia recurrida".

En los casos de falta de idoneidad de lo cultivado, es necesario que la calidad sea tan ínfima que no pueda desarrollarse posteriormente droga tóxica, no siendo suficiente para declarar la atipicidad que la droga obtenida tuviera poca concentración o fuera de baja calidad (p. ej., STS 306/2022, 25-3 (*Tol 8905660*): "hemos considerado en múltiples resoluciones que el cultivo de la marihuana (aunque su nivel de THC no llegue al 0,40 por 100), es revelador de forma unívoca y de manera clara de la voluntad de cometer el delito contra la salud pública objeto de acusación, incluso en casos de THC 0,3%, de las plantas de marihuana intervenidas existe una proximidad espacio-temporal respecto de lo que, en el plan del autor supone la consumación del delito contra la salud pública". En el mismo sentido, *vid*. STS 306/2022, 25-3 (*Tol 8905660*).

Sin embargo, entiende con razón ACALE SÁNCHEZ que la detención del sujeto previa a la recolección de lo sembrado no puede considerarse tentativa de cultivo, sino que se trataría ya de un delito consumado, considerando que la recogida de la cosecha es un acto posterior impune (a efectos de considerarlo cultivo). El delito se consumará sin necesidad de la recogida de la cosecha, de modo que será suficiente con que la fase de cultivo esté ya avanzada, pudiendo observarse la presencia de la sustancia primigenia buscada.

En orden a valorar la cantidad de droga incautada en los cultivos, el pesado deberá llevarse a cabo siguiendo algunas precisiones. Así, es necesario separar de todo el cultivo aquella parte de la planta válida para la elaboración de la sustancia tóxica, y calcular qué peso final podría tener la droga final lista para consumo. Por ejemplo, en el caso del cannabis, debe procederse al pesado de las sumidades ya secas, pues el resto de la planta no tiene capacidad psicotrópica (MONTERO LA RUBIA).

En la Jurisprudencia véase la STS 306/2022, 25-3 (*Tol 8905660*): "De ahí que el peso de la droga incautada solo se refiera a las hojas secas, que contienen sustancia activa, evidenciándose así que se ha procedido con corrección en el pesaje de la marihuana". En el mismo sentido *vid*. SAP, Guipúzcoa, Sección 3ª, 229/2019, 8-11 (*Tol 7791467*): "raíces, tallos y hojas y semillas no pueden catalogase como cannabis apto para su consumo como sustancia estupefaciente. Estamos en disposición de afirmar que el pesaje realizado por parte de la Dependencia de Sanidad se ha realizado sobre las partes aptas (cogollos) y partes no aptas para el consumo (restos) por lo que el pesaje no se llevó a cabo conforme a criterios jurisprudenciales". Por otra parte, y en relación a los cálculos sobre el cannabis, la STS 177/2024, 28-2, recuerda que "en los derivados del cannabis, como recuerda entre otras muchas, la STS 378/2020, de 8 de julio, el porcentaje del principio activo, tetrahidrocannabinol (THC) no indica que solo en ese porcentaje sea hachís y el resto proveniente de mezcla o adulteración; íntegramente se trata de marihuana o hachís, al margen del porcentaje de THC, que únicamente determina su potencia (véase STS 393/2015, de 12 de junio); de forma que todo es sustancia estupefaciente, pues como precisa la STS 732/2012, de 1 de octubre, a diferencia de lo que ocurre con la heroína y cocaína, que son sustancias que se obtienen en estado de pureza por procedimientos químicos, alterándose su composición inicial al ser mezclada con otros aditivos, los derivados del cannabis, en sus diversas presentaciones, son productos vegetales que se obtienen de la misma planta sin necesidad de proceso químico (se obtiene por el secado y prensado del cannabis), por lo que la sustancia activa, THC, nunca se presenta en estado puro, siendo por ello indiferente su grado de concentración una vez constatada su toxicidad".

Por otra parte, también se han planteado dudas al respecto de si la mera tenencia de semillas o de otros materiales necesarios para el cultivo (bombillas de calor, maceteros...) pueden considerarse ya como tentativa de cultivo. La respuesta de la Jurisprudencia se ha inclinado por considerarlos actos preparatorios impunes.

Así la STS 306/2022, 25-3 (*Tol 8905660*): "Incautándose, además, dos aparatos de aire acondicionado marcas Babe y Home, dos regletas de luz, dos ventiladores, 14 equipos Horti Light, dos consolas de aire acondicionado Climatic, una consola de aire Samsung, un cuadro eléctrico, un saco de cableado, una lámpara, 112 macetas con tierra, 233 maceteros de plástico vacíos, tres filtros grandes y una caja de herramientas, objetos todo ellos aptos para el cultivo de las plantas (...) tales instrumentos incautados al acusado constituyen un acto preparatorio impune".

Sin embargo, algún autor se ha mostrado favorable a interpretar la tenencia de semillas como tentativa inacabada (MOLINA MANSILLA). Mientras que otros, por el contrario, consideran acertadamente que solo después del cultivo o el tratamiento necesario las plantas contendrán el principio activo que constituirá el objeto material del delito y, en este sentido, las semillas no podrían lesionar el bien jurídico protegido [JOSHI JUBERT; STS 1886/2001, 9-12 (*Tol 3309519*)]. En similar sentido, resuelve la Doctrina aquellos actos de abonado o preparación del terreno, considerándolos también actos preparatorios impunes (BRETONES ALCARAZ, NÚÑEZ PAZ/GUILLÉN LÓPEZ, PEDREIRA GONZÁLEZ, MOLINA MANSILLA).

Como fruto de la interpretación teleológica del precepto, quedarán fuera de la tipicidad los cultivos autorizados; aquellos que no estén destinados a consumo (coleccionismo, investigación...) aunque no estuvieran autorizados (a salvo quedan las posibles sanciones por su cultivo o elaboración sin permiso administrativo); los cultivos que sean de calidad insuficiente para utilizarse como droga tóxica, y los cultivos destinados al autoabastecimiento del propio consumidor.

En este sentido, la STS 373/2018, 19-7 (*Tol 6677654*), señala: "*El cultivo es una de las acciones expresamente mencionadas. Cuando su objetivo final es ese consumo contrario a la legalidad, se convierte en conducta típica. Aunque hay que apresurarse a recortar la excesiva consecuencia —el cultivo no autorizado siempre es delictivo— que de forma precipitada podría extraerse de esa aseveración. No es así: al igual que todas las actuaciones personales que van destinadas al propio consumo (ilegal, pero no penalmente prohibido) son atípicas en nuestro Ordenamiento, aunque supongan facilitar o promover un consumo ilegal (la adquisición, la solicitud, incluso la producción...), también el cultivo es atípico cuando no se detecte alteridad presupuesto de la intervención penal: facilitar o favorecer el consumo de otros. El cultivo para el exclusivo consumo personal es contrario a la legalidad, pero carece de relieve penal"*. En el mismo sentido, véase ATS 496/2021, 3-6.

Por último, es lógico entender que también incurrirán en responsabilidad por un delito de cultivo típico, aquellos que, facultados administrativamente para cultivar, lo hagan para su tráfico ilegal (NÚÑEZ PAZ/GUILLÉN LÓPEZ).

4. La elaboración puede referirse a procesos complejos o basados en reacciones químicas (*v.gr.*, la extracción de componentes del cannabis para elaborar hachís; añadir cal a las hojas de coca fermentadas como primer paso para obtener pasta base de cocaína). En cualquier caso, la finalidad ha de ser adaptar o crear las sustancias para el consumo humano, haciendo que la misma produzca los efectos narcóticos deseados por el consumidor.

Una vez la sustancia ha sido elaborada y está lista para el consumo, en ocasiones también se somete a procesos diversos para su "camuflaje" en distintos objetos y presentaciones, con el fin de transportarla escondida y eludir a las autoridades. Este proceso es muy común para la cocaína. Por ejemplo, en estado líquido, se puede impregnar en distintos objetos (sobre todo telas), para hacerla pasar por equipaje al uso. Luego, tras un proceso de decantación y filtrado vuelve a estar lista para su consumo. Esta segunda preparación también podrá entenderse como "elaboración" (véanse SSTS 161/2023, 8-3, y 521/2016, 16-6, entre otras numerosas resoluciones).

Deben trasladarse aquí las precisiones que se han realizado sobre el cultivo para el propio consumo y los cultivos autorizados: tanto la elaboración para el autoabastecimiento como aquellas elaboraciones autorizadas serán atípicas.

5. Como ya se afirmó con anterioridad, el tipo contenido en el art. 368, CP es un delito de tracto sucesivo, por lo que, si aquel que cultiva o elabora, posteriormente posee las sustancias para traficar y, finalmente, lleva a cabo acciones efectivas de tráfico, será castigado por un solo delito, respecto del cual los plazos de prescripción se iniciarían desde la consumación de la última de las modalidades típicas.

Aunque las convenciones internacionales sobre drogas coinciden en la necesidad de perseguir el tráfico de drogas, ninguna ofrece una definición útil que deslinde esta modalidad delictiva permitiendo separarla de los demás comportamientos prohibidos. Así, mientras que la Convención Única de Estupefacientes (1961) y el Convenio sobre Sustancias Psicotrópicas (1971) se limitan a mencionar el término tráfico, la Convención de las Naciones Unidas contra el Tráfico ilícito de estupefacientes y sustancias psicotrópicas (1988) define como tráfico ilícito casi la totalidad de los delitos que recoge en su art. 3, por lo que no solo considera "tráfico" comportamientos tales como el cultivo o la fabricación, sino también delitos que, aunque tienen relación con el narcotráfico, en nada inciden sobre la salud pública, como puede ser el blanqueo de capitales.

La mayoría de la Doctrina está de acuerdo en que el concepto de tráfico a efectos penales debe ir más allá de lo que puede entenderse en una concepción meramente mercantil, siendo innecesarias cuestiones como que medie precio o sea una actividad habitual (por todos, BRETONEZ ALCARAZ, NÚÑEZ PAZ/ GUILLÉN LÓPEZ, PEDREIRA GONZÁLEZ). De esta forma, dentro de esta modalidad delictiva cabrían comportamientos tan dispares como la donación, la permuta o el transporte; es decir, todo aquello que traslade el dominio o posesión de la droga. Por el contrario, otras voces doctrinales ciñen, no sin razón, el tráfico a aquellas conductas de difusión de droga a cambio de algo que puede ser precio, otras drogas o cualquier otra prestación (por todos, ACALE SÁNCHEZ). Sea como fuere, esta discusión es inane desde el punto de vista de sus consecuencias, puesto que los comportamientos de difusión sin contraprestación, aunque puedan no ser considerados actos de tráfico, sin duda serán calificados como favorecimiento o facilitación del consumo ilegal. Discusiones aparte, lo que parece claro es que en ningún caso la tipicidad del art. 368, CP se condiciona a la existencia de precio.

En cualquier caso, el mero acuerdo de compraventa podría considerarse tentativa de la modalidad delictiva de tráfico, pero la Jurisprudencia suele estimarlo como un delito consumado de favorecimiento o facilitación del consumo ilegal. Así puede observarse de nuevo cómo las diferencias punitivas en el recorrido natural del delito o *iter criminis* se diluyen, pues se castiga lo que podría considerarse un intento de transmisión con la misma pena que el tráfico consumado.

Existen diferencias entre la modalidad de tráfico y las modalidades de cultivo, elaboración o posesión por lo que respecta a la parte subjetiva del tipo. Mientras estas últimas presentan un elemento teleológico, como elemento subjetivo adicional al dolo (esto es, no basta con que el elemento volitivo y el cognoscitivo recaigan exclusivamente sobre el hecho de que se están elaborando, cultivando o poseyendo drogas tóxicas, sino que, además, se requiere que se haga con una finalidad ulterior, que es la difusión de éstas para su consumo ilegal por terceros), en la modalidad de tráfico se prescinde, como es lógico, de referencias a elementos adicionales, pues en este caso el riesgo típico de difusión conforma simplemente su elemento subjetivo (saber y querer que se están difundiendo drogas tóxicas para su consumo ilícito).

Al igual que ocurre con el cultivo o elaboración, no se requiere la profesionalización o industrialización. Bastará así con una única distribución de droga (aún de una sola dosis, como indica la Jurisprudencia) para considerarse un comportamiento típico (ACALE SÁNCHEZ, MOLINA MANSILLA).

Por último, cabe recordar que los comportamientos penados son aquellos que realizan los distribuidores o vendedores, y no los consumidores de la misma. La compra de drogas es un acto impune si quien la compra la destina a su propio consumo, pero lógicamente será típica si dicha compra se lleva a cabo para lucrarse con su posterior reventa.

3.2. Promoción, favorecimiento o facilitación del consumo ilegal

1. Como se adelantaba en páginas precedentes, el tipo básico queda abierto con la fórmula "*o de otro modo promuevan, favorezcan o faciliten el consumo ilegal de drogas tóxicas*", la cual, despreciando los principios de seguridad jurídica y *lex certa* (ABEL SOUTO), deja al albur del juzgador el posible castigo de un sinfín de comportamientos que de otra manera hubieran sido castigados como tentativa de otras modalidades delictivas, como complicidad en el delito de otro, o simplemente hubieran devenido atípicas (ORTS BERENGUER).

Del texto legislativo podría deducirse la necesidad de castigar, independientemente de la desproporción en términos de pena resultante, cualquier tipo de contribución al ciclo de la droga. La Jurisprudencia no se ha mostrado partidaria de elaborar ninguna interpretación distinta a la gramatical, considerando típico a efectos de esta modalidad, cualquiera de los actos, que de forma más o menos directa, posibiliten acercar la droga al consumidor final. Así, son múltiples las sentencias que afirman que es difícil que "cualquier acción dirigida a acercar el estupefaciente al consumidor no pueda subsumirse en alguno de los verbos generales de 'promover', 'facilitar' o 'favorecer' el consumo de sustancias tóxicas previstos en el tipo penal" [SSTS 887/2021, 11-3 (*Tol 8630553*), o 2588/2022, 22-6].

En este sentido, y a título ejemplificativo, la Jurisprudencia ha considerado la comisión de un delito del art. 368, CP en su modalidad de promoción, facilitación o favorecimiento, cuando se han observado las siguientes conductas: alquilar un local para guardar un cargamento de cocaína que provenía de Costa Rica, para su posterior remisión a terceros STS 1339/2022, 31-3 (*Tol 8909018*); el transporte de drogas de un lugar a otro, ya sea por territorio nacional, ya internacional, ya sea como paso intermedio para la distribución al por mayor o al por menor: recoger en coche un cargamento de MDMA, haciendo un trayecto Madrid-Rotterdam y vuelta STS 635/2019, 20-12 (*Tol 7673748*); también cuando el transporte se hace dentro del cuerpo humano (los conocidos como mulas o burros) mediante su ingesta o introducción por otras cavidades [SAP, Madrid, 522/2018, 10-7 (*Tol 6777147*), y STS 631/2016, 14-7 (*Tol 5784327*)]; la recepción o envío por paquetería postal [SAP, Guipúzcoa, 245/2018, 24-10 (*Tol 7068403*)]; la importación o exportación de mercancía con droga disimulada en el envío [STS 904/2016, 30-11 (*Tol 5904712*), o SAN 13/2021, 21-6 (*Tol 8501526*)]; ser capitán o tripulación de embarcación pesquera cargada con estupefacientes [STS 931/2022, 30-11 (*Tol 9307128*)]; servir de intermediario, por ejemplo, ofreciendo señas de dónde comprar droga a los viandantes [ATS 930/2019, 12-9 (*Tol 7571561*)]; ofrecer "protección" y suministrar información confidencial a organizaciones de narcotraficantes [SAN 10/2019, 5-4 (*Tol 7167636*)];

realizar labores de vigilancia en las inmediaciones de una nave donde se va a receptar un cargamento de droga, a fin de detectar y avisar de la posible presencia policial [STS 3990/2022, 27-10 (*Tol 9291632)*]; la invitación a consumir drogas o su donación [STS 2987/2020, 23-9 (*Tol 8096526)*]; indicar a los que deben descargar la droga dónde hacerlo, dar apoyo a los clientes para desplazarse a España a efectuar compras o recogidas de drogas, y otras cuestiones de logística de una organización dedicada a la venta de estupefacientes [STS 692/2019, 11-3 (*Tol 7995941)*]. La Jurisprudencia más reciente al respecto de las llamadas asociaciones cannábicas es asimismo partidaria de condenar a sus responsables por un delito de facilitación del consumo ilegal.

La Doctrina también ha considerado otras modalidades, como la facilitación de dinero o préstamos para adquisición de drogas (ACALE SÁNCHEZ) e, incluso, la posibilidad de favorecer por omisión, cuando el titular de un local o establecimiento abierto al público, o de un domicilio privado, no impide la venta de droga en el mismo (PEDREIRA GONZÁLEZ). Véase, la STS 1877/2000, 7-12 (*Tol 4922445)*, donde se condena a un padre que no impidió que su hija traficara con drogas en el domicilio familiar, condenándose a ambos como autores de un delito del art. 368, CP, a ella por la modalidad de tráfico y a él por facilitar el consumo ilegal, al no impedir el uso de su domicilio a estos fines. Con razón, ACALE SÁNCHEZ señala que, en esos casos, "no existe ningún deber específico respecto de la realización de la acción esperada del que pudiera derivarse la posición de garante necesaria para que tal omisión pudiera ser considerada como normativamente equivalente a la paralela acción prohibida por el legislador penal. Es más, la ley prevé que en estos casos no hay deber de denunciar y el art. 18, CP exime de pena en ciertos casos de encubrimiento precisamente por razón del parentesco". Jurisprudencia posterior asume esta opinión como la correcta: "residir en la misma vivienda donde se ubicaba el laboratorio de extracción y adulteración secundaria de "cocaína" no permite inculpar a una persona por las operaciones de tráfico que probadamente realizan otras, pues aunque la convivencia permite afirmar el conocimiento acerca de esas actividades, en ese ámbito no es obligatorio denuncia, ni es punible el encubrimiento (art. 454, CP), ni la mera omisión puede valorarse tampoco como coautoría omisiva ya que no se acredita la condición de garante" [SSTS 25/2008, 29-1 (*Tol 1292773)*, y 631/2013, 7-6 (*Tol 3887953)*]. En el mismo sentido SAP, Castellón, Sección 1ª, 274/2021, 1-10 (*Tol 9139640)*. Véase más en el apartado dedicado a la autoría y participación en este delito.

Las posibilidades son, en definitiva, prácticamente infinitas: casi cualquier contribución al ciclo de la droga puede considerarse dentro de esta modalidad delictiva.

A salvo quedan, como en el resto de modalidades, aquellas acciones que no están destinadas al consumo ilegal: así por ejemplo, las que recaigan del lado de los consumidores para su autoabastecimiento (*v.gr.*, la entrega de dinero para compra mediante una bolsa común para su posterior consumo compartido, *vid. infra* cuestiones de atipicidad).

Aquí por ejemplo podrían encuadrarse, si no se consideran tráfico, todas aquellas actividades que transfieren la posesión de droga, ya sea la donación (salvo lo referente a las entregas compasivas) o la entrega a cambio de cualquier bien, servicio o prestación. También serían subsumibles en esta modalidad todas aquellas actuaciones que sirven como paso previo y necesario para la comercialización: guarda, custodia o transporte (aunque la mera guarda y custodia puede encajar mejor en la modalidad de posesión), así como las gestiones pertinentes para llevarlas a cabo (alquiler de locales o vehículos, por ejemplo).

Una buena definición de gran parte de los comportamientos que encajan en esta modalidad la elabora MOLINA MANSILLA, que afirma que, como cualquier otra empresa, la distribución de drogas conlleva numerosas actividades, algunas de ellas difíciles de incluir en las nociones de "cultivo", "elaboración" y "tráfico", pero que, en cualquier caso, sí encajan dentro de los verbos típicos "favorecer", "facilitar" o "promover". Menciona, así, aquellas actividades que supondrían la "planificación estratégica del negocio" y su "logística": "También hay que tener en cuenta los procesos de gestión de recursos humanos, en cuanto a reclutamiento de empleados, encargados de realizar la actividad productiva, logística o comercial, así como los procesos de compras, para adquirir la materia prima o productos intermedios, que servirán para disponer del producto terminado".

2. El transporte de drogas entre intermediarios, o del intermediario al vendedor final, también se ha considerado por gran parte de la Jurisprudencia como actos de facilitación del consumo ilegal. Aunque los Convenios internacionales mencionan expresamente el transporte como una de las modalidades que deben castigarse (*v.gr.*, art. 36 de la Convención Única de 1961, o el 3 de la Convención contra el Tráfico Ilícito de Estupefacientes y Sustancias Sicotrópicas de 1988), no ocurre así en el Ordenamiento penal español, en el que se ha decidido penalizarlo bajo el amplio paraguas de los "actos que de otro modo promuevan, favorezcan o faciliten el consumo ilegal". En todo caso, se trata de una modalidad que tiene notable presencia en pronunciamientos judiciales, pues España no es solo país de destino, sino que también se configura, por su posición geográfica, como un importante punto de paso de la droga hacia Europa, proveniente tanto de África como de América (BRETONES ALCARAZ).

Las modalidades de transporte pueden ser de distinto calado. Así, pueden consistir simplemente en el desplazamiento de la posesión de la droga desde el "fabricante" al vendedor que lo distribuye al por menor, o tratarse de una interceptación para la posterior puesta a disposición de otro que la distribuye o la adquiere finalmente (por ejemplo, B recoge el cargamento que ha remitido A, y lo lleva a una nave industrial donde lo recoge C., comprador). Se incluyen dentro de esta modalidad los envíos postales de drogas, la importación y exportación "industrial" (normalmente camuflada entre mercaderías legales), así como la introducción en el territorio o su distribución por él, mediante embarcaciones o con vehículos que cuentan con receptáculos creados para esconder las drogas.

3. Uno de los fenómenos criminales peculiares que presenta el tráfico de drogas frente a otros comportamientos delictivos está representado por aquellos traslados de drogas que se hacen utilizando como "recipiente" el propio cuerpo

humano (aquellos realizados por sujetos que son conocidos como mulas o *body packers).* En la mayoría de los supuestos, estas personas reciben una cantidad de dinero (bastante menor al valor de mercado de lo transportado), por introducir en otro país, normalmente en avión, determinadas cantidades de droga envuelta en envases de plástico (preservativos, guantes de látex) que previamente han ingerido o introducido en su cuerpo por otras cavidades. Estos hechos son muy riesgosos para la vida humana, pues la rotura de uno o varios de los envases (o la filtración de su contenido) puede llevar fácilmente a la muerte por intoxicación aguda o sobredosis.

Cuando se trata de juzgar casos de esta naturaleza, parte de la Jurisprudencia ha considerado tener en cuenta el riesgo que conlleva tal actividad para el propio sujeto que la realiza a la hora de individualizar la pena a imponer. Así, la SAP, Madrid 522/2018, 10-7 (*Tol 6777147),* que juzgó los hechos cometidos por una persona que portaba en su cuerpo 91 cilindros llenos de heroína, afirmó, en sede de determinación de la pena, que "en este caso se ha de valorar el riesgo que para la salud del acusado supuso el transporte de la sustancia intervenida". En otros casos, cuando se produjo la temida apertura de los envoltorios dentro del cuerpo, la Jurisprudencia también lo ha tenido en consideración, entendiendo que debía valorarse la "pena natural" que el sujeto activo ya había sufrido (*v.gr.* SAP, Santa Cruz de Tenerife, Sección 5ª, 456/2009, 22-5; aunque estos pronunciamientos suelen ser revocados por el TS; véase sobre esta cuestión BENÍTEZ SÁNCHEZ).

4. El principal problema dogmático que plantean estas modalidades es determinar cuándo se produce la consumación del delito. Desde luego no es necesario, a efectos típicos, la detentación material de la droga, pues de lo contrario quedarían impunes los grandes narcotraficantes que nunca suelen tener en su poder las sustancias, sino que dirigen u organizan en la distancia las operaciones de trasiego de las mismas: desde su elaboración a la distribución final por los vendedores minoristas. Bastará únicamente con ostentar el *dominio fáctico* (aunque no necesariamente físico) de la sustancia, quedando su destino sujeto a la voluntad del traficante.

Cuestión distinta es si el mero acto de disposición pactado, sin que se haya procedido a la ejecución de la entrega, ya puede considerarse un delito de facilitación consumado, o tan solo una tentativa. Desde el punto de vista de la redacción típica del art. 368, CP podría considerarse que, aunque sean actos preparatorios de una posterior venta, estos son delitos autónomos consumados bajo la modalidad de facilitación. Así lo ha considerado la mayoría de la Jurisprudencia, estimando, por ejemplo, que quedaría consumado el delito con el mero pacto de voluntades, sin que tan siquiera hayan comenzado los actos ejecutivos de la transmisión de la posesión y con ello, al menos, la disponibilidad que es necesaria para poder, tan siquiera, poner en riesgo la salud pública. Máxime cuando desde el pacto hasta la posterior entrega, todos los actos se han sucedido ante presencial policial mediante las denominadas "entregas vigiladas".

Véase en este sentido la STS 1339/2022, 31-3 (*Tol 8909018*): "cuando la conducta imputada consiste en actos de favorecimiento del tráfico, que resultan típicos conforme al art. 368, CP y que, por sus propias características no suponen ni precisa de la posesión material de la droga el delito se consuma para el favorecedor con la aportación al plan de los mismos actos relevantes que integran tal favorecimiento. [...] Por ello, tratándose de envíos de droga por correo o por otro sistema de transporte es doctrina consolidada que si el acusado hubiese participado en la solicitud u operación de importación, o bien figurase como destinatario de la misma, debe estimársele autor de un delito consumado, por tener la posesión mediata de la droga remitida y por constituir un cooperador necesario en una operación de tráfico [...]. Resumiendo esta doctrina la sentencia de esta Sala 2354/2001 de 12.12, señala que en los supuestos de envío de droga desde el extranjero la tentativa es admisible cuando se estime acreditado por la Sala sentenciadora que la intervención del acusado no tuvo lugar hasta después de que la droga se encontrase ya en nuestro país, habiéndose solicitado por un tercero la colaboración del acusado para que participase, de un modo accesorio y secundario, en los pasos previos a la recepción de la mercancía por sus originales destinatarios, pero: 1°) sin haber intervenido en la operación previa destinada a traer la droga desde el extranjero; 2°) sin ser el destinatario de la mercancía; 3°) sin que llegue a tener disponibilidad efectiva de la droga intervenida, por ser detenido antes de hacerse cargo efectivo de la misma [...]. Con claridad la STS. 205/2008 de 24.4, resume la anterior doctrina: "...se deben distinguir dos posiciones distintas: a) Si el acusado ha participado en la solicitud o en la operación de importación, o figura como destinatario de la sustancia, es autor del delito en grado de consumación, por tener la posesión mediata de la droga y ser un cooperador necesario y voluntario en una operación de tráfico; b) Si la intervención del acusado tiene lugar después de que la sustancia se encuentre en nuestro país, habiéndose solicitado su colaboración por un tercero, sin haber intervenido en la operación previa, sin ser destinatario de la mercancía y sin llegar a tener la disponibilidad de la droga intervenida, se trata de un delito intentado".

Como puede comprobarse, la Jurisprudencia mezcla los planos de autoría y participación con el *iter criminis*, conjugando criterios de ambas para restringir la aplicación de la tentativa. En este contexto, debe recordarse que la prueba de la antijuricidad material es en todo caso necesaria, y en su virtud debe exigirse, al menos, que se ponga en peligro un bien jurídico para afirmar la consumación delictiva.

Aunque es cierto que en los delitos de peligro abstracto "no es necesario comprobar la puesta en peligro de una parcela o manifestación concreta del bien jurídico", también es cierto que "el peligro, también el abstracto, supone remoción o aminoración de la situación de seguridad previamente existente". En ningún caso puede admitirse la comisión de un injusto donde no se haya generado, al menos, un peligro para algún bien jurídico (TERRADILLOS BASOCO).

Y no parece que esto suceda en aquellos supuestos en los que miembros de los cuerpos y fuerzas de seguridad vigilan la operación desde la entrada en escena del sujeto activo, por mucho que esperen a que tal sujeto detente físicamente la droga para detenerle. Ello deberá tenerse en cuenta para la consideración de estos hechos como mera tentativa, independientemente de si la actuación del sujeto ha sido a título de autor o de un mero partícipe.

> En sentido contrario, la Jurisprudencia afirma que "no se puede escudar en un hecho ajeno a la conducta del autor para introducir un factor externo como interruptivo de la comisión", refiriéndose a la operación policial en torno a la entrega de los estupefacientes [STS 1339/2022, 31-3 (*Tol 8909018)*]; o "es inaceptable la idea de que "la intervención de los agentes de policía degrade la acción favorecedora del consumo ilegal de drogas tóxicas al grado de tentativa. La singular configuración del delito previsto [...] determina que de ordinario, los actos de favorecimiento habrán quedado ya consumados en el momento en el que se acuerda la autorización de circulación y entrega contralada" [*cfr.* STS 1103/2005, 29-9 (*Tol 725609)*].

Debe insistirse en que la tentativa, sobre todo la acabada, puede castigarse con una pena prácticamente equivalente a la del delito consumado (en su límite inferior), si así lo aconseja "*el peligro inherente al intento y al grado de ejecución alcanzado*" (art. 62, CP), de modo que optar por la calificación de tentativa en los supuestos de vigilancia policial no equivale ni mucho menos a dejar impunes tales hechos. Tan solo se trata de poner de relieve que dicha vigilancia impediría que el delito llegara a consumarse, por mucho que este sea de peligro y se refiera a una modalidad adelantada de ejecución. De este modo, si recibir un envío que contiene droga ya es una modalidad que se castiga como un delito autónomo de favorecimiento o facilitación (recuérdese, con la misma pena que el que suministra directamente la droga al consumidor final, o el que la fabrica, distribuye a gran escala, o se dedica al menudeo...), al menos deberá exigirse la efectiva recepción para estimar su consumación.

En definitiva: ni la conceptualización del tipo penal como un delito de peligro, ni la previsión en el precepto de modalidades autónomas previas al verdadero tráfico, permiten castigar como delito consumado aquellos comportamientos que de ningún modo lo son.

Distinta será en cambio la calificación del comportamiento del sujeto que envía, pues en tal supuesto la consumación del delito se producirá cuando culmine toda la preparación para el envío y lo entregue para su transporte, momento en el que pierde la disponibilidad real de la droga (salvo en aquellos casos donde, de nuevo, se trate desde el inicio de una entrega vigilada, por absoluta incapacidad para la lesión del bien jurídico).

> En este texto se sostiene una concepción dualista del injusto (también en el intentado), por lo que se considera que lo relevante en la tentativa es la peligrosidad objetiva *ex ante* de la acción para el bien jurídico protegido.

Por lo demás, el CP ha establecido modalidades específicas de comportamientos que suponen el adelantamiento de la barrera penal (la mera posesión, el cultivo, la fabricación), pero nada ha expresado sobre el acuerdo de voluntades para cualquiera de los comportamientos posteriores, cuando ni tan siquiera han dado inicio. Ello permite, por tanto y a lo sumo, su castigo como meras tentativas.

Sea cual fuere la opinión jurídica respecto de lo anterior, lo cierto es que la Jurisprudencia mayoritaria viene condenando como delito consumado siempre que "el acusado hubiera participado en la solicitud u operación de importación, o bien figurase como destinatario de la misma [...] por tener la posesión mediata de la droga remitida. En los envíos de droga el delito se consuma siempre que existe un pacto o convenio entre los implicados para llevar a efecto la operación, puesto que, en virtud del acuerdo, la droga queda sujeta a la solicitud de los destinatarios, siendo indiferente que no se hubiese materializado la detentación física de la sustancia prohibida. El haber proporcionado un domicilio y un destinatario del envío de la droga implica una colaboración que facilita la comisión del delito". La tentativa solo podrá ser aplicable si no se ha participado en las operaciones previas al transporte, ni se llega a tener la disponibilidad efectiva de la droga: "se trata, pues, del supuesto de quien o quienes, totalmente ajenos al concierto inicial para el transporte, intervienen después mediante una actividad netamente diferenciada" [en este sentido y remarcándolo como Jurisprudencia consolidada: SSTS 3508/2022, 22-9; 2588/2022, 22-6; 887/2021, 11-3 (*Tol 8630553*); 635/2019, 20-12 (*Tol 7673748*, y SAN 13/2021, 21-6 (*Tol 8501526*)]. Sería el caso, por ejemplo, en el que, tras el concierto entre el remitente (A) y el destinatario (B), envían a un tercero (C) a recoger el paquete a Correos. Pero el mismo (C) no llega a recoger la mercancía porque la intervención policial lo detiene antes de que pongan la caja en sus manos. Según la Jurisprudencia, tanto (A) como (B) habrían consumado el delito.

Aunque también se encuentran pronunciamientos en otro sentido: la STS 689/2014, 21-10 (*Tol 4567291)*, declaró que "[...] si ya hubiera comenzado la ejecución por medio de actos dirigidos a la adquisición de la sustancia, a través de una actividad unívoca y próxima que habría de conducir a la tenencia de la droga de continuar hasta su final sin interrupción, nos hallaríamos ante una tentativa inacabada; por ejemplo, cuando ya se ha iniciado el traslado de los adquirentes al lugar donde la droga habría de entregarse y ello no se consuma porque la policía detiene antes a los vendedores de la mercancía que así queda ocupada [...]". O la STS 635/2019, 20-12 (*Tol 7673748*): "en el presente caso se ha declarado probado que el día 23 de marzo de 2015 el agente encubierto "Corsario" recibió una llamada de Aurelio, persona que dirigía la operación, en el que le decía que "habían surgido problemas en Holanda, pues al parecer la policía había detenido a un socio suyo de allí y había desmantelado un laboratorio, por lo que era mejor regresar a Madrid y esperar a que todo se tranquilizase para evitar correr riesgos en la recepción y traslado de la sustancia estupefaciente". Esa fue la razón por la que el hoy recurrente y el agente encubierto regresaron a Madrid y dieron poner fin al viaje y a la ilícita operación. A partir de estos datos no cabe sino concluir que los autores iniciaron la ejecución del hecho y lo dieron por concluido sin desarrollar el plan previsto, sin llegar al lugar en que estaba la droga y sin tomar contacto con la misma. La operación se concluyó en una fase embrionaria y, como señala la sentencia impugnada acogiendo las tesis del Ministerio Público, en el momento en que se dio por finalizada la operación no hubo contacto o disponibilidad de la droga ya que, por causas ajenas a su voluntad y por medidas de seguridad, decidieron dar por concluida la operación. En este caso puede calificarse la tentativa de inacabada ya que no se llegaron a ejecutar todos los actos planeados y que deberían dar lugar a la consumación del delito antes de su forzada interrupción [...]". La sentencia decide mantener el pronunciamiento de instancia, que rebaja la condena sólo en un grado, pues: "no se rebaja la pena en dos grados en atención a la relevancia y multiplicidad de las acciones ejecutadas por el condenado, quien no sólo asumió el papel de transportista de la droga sino también el de supervisor en la adquisición del vehículo que se pretendía conducir hasta Holanda. Los diversos y relevantes actos ejecutados para el desarrollo del plan así como la proximidad con la consumación, que se habría producido en los días subsiguientes, con la ocupación de la droga y el inicio del transporte propiamente dicho, justifican la penalidad impuesta". También se encuentra algún pronunciamiento minoritario que castiga por tentativa (delito frustrado) cuando hay recogida de un paquete mediando una entrega controlada [*cfr.* STS 1321/1997, 4-11 (*Tol 5136791)*].

Por otra parte, la Jurisprudencia ha considerado que en aquellos casos donde terceros acuden a la costa al desembarque de la droga para su traslado por tierra podrán apreciarse la tentativa cuando son interceptados bajo una operación controlada [así STS 241/2009, 13-3 (*Tol 1486844)*]. Similar pronunciamiento se produjo en la STS 7385/1995, 27-2 (*Tol 5103798)*, en la que la operación de desembarque también controlada, produjo la condena como delito consumado para los conductores de la lancha cargada con droga, pero en tentativa para aquellos que esperaban en costa para el desembarque.

5. Un último grupo de supuestos que la Jurisprudencia ha considerado delictivos a efectos del art. 368, CP, como favorecimiento o facilitación del consumo de drogas, son aquellos casos en los que un sujeto hace a otro consumir drogas, sin su conocimiento o con su oposición directa: 1) caso guardería: suministra benzodiazepinas (alprazolam) a niños menores de un año en una guardería [STS 409/2013, 21-5 (*Tol 3752972)*]; 2) Caso del secuestro: se suministran benzodiazepinas (clonazepam) a un secuestrado para mantenerlo sedado [STS 469/2015, 30-6 (*Tol 539108)*]; 3) Caso trabajadoras del sexo (I): pese a sus negativas expresas al consumo de drogas, el cliente decide echar en sus copas, de manera subrepticia, cocaína y éxtasis [SAP, A Coruña, 110/2018, 28-9 (*Tol 6917331*)]; 4) caso trabajadoras del sexo (II): el sujeto acaba con la vida de varias víctimas después de proceder a introducirles por vía vaginal y anal grandes cantidades de cocaína de extraordinaria pureza, sin el consentimiento de las mismas para estas prácticas concretas y en esas dosis [SAP, Valencia, 440/2022, 1-9 (*Tol 9223100)*].

Todos estos casos tienen en común el suministro de drogas a terceros, pero no con la intención de difundir la práctica del consumo de drogas, sino para otros fines que nada tienen que ver con la persecución internacional del tráfico de drogas en la que tiene causa el art. 368, CP. En este sentido, el hecho de utilizar sustancias psicotrópicas como "arma" contra una víctima concreta parece difícilmente encajable en las expresiones de promoción, favorecimiento o facilitación del consumo ilegal. Los anteriores comportamientos relatan agresiones a bienes jurídicos individuales, no colectivos, y si el Legislador quisiera castigar este tipo de comportamientos debería tipificar un nuevo delito de peligro contra la salud individual. Por el momento, estas actuaciones encajarían mejor en las coacciones (en el caso de administrar la droga con violencia), las lesiones, o directamente, el asesinato u homicidio; quedarían por tanto impunes los comportamientos de suministro involuntario de droga que no fueran violentos y no tuvieran capacidad para producir lesión en la salud individual, salvo que pudieran considerarse dentro de los delitos contra la integridad moral.

De esta opinión (minoritaria en la Jurisprudencia) es la sentencia del caso del secuestro (2): "el delito de tráfico de drogas allí tipificado exige que las conductas subsumibles en los múltiples verbos típicos (cultivar, elaborar, traficar, promover, favorecer o facilitar el consumo ilegal) tiene un indudable componente de aliorrelatividad, en el sentido de que la acción del sujeto se dirige, de manera más o menos directa, a un comportamiento de recepción, gratuita u onerosa, por parte de otro sujeto, cuyo consumo se fomenta, cuando no se provoca, de modo tal que es la salud pública el bien jurídico protegido conjurándose su daño, no tanto en cuanto originado por el comportamiento de aquel que puede ver padecer la suya, sino por la promoción del daño que supone la actuación del sujeto autor. Como esa relación al otro, en cuanto activo partícipe en el desencadenamiento, más o menos inmediato, del riesgo para su salud no existe por el mero hecho de llevar a cabo una administración de determinadas sustancias, a pesar de que éstas contienen principios activos tóxicos (incluidos en los listados de drogas tóxicas de internacional confección) no se tipifica en el artículo 368 sino, a falta de toda previsión de recepción voluntaria de un tercero, en el correspondiente delito que proteja la salud individual o la integridad física de aquel al que, compeliéndole para conjurar su resistencia, se le suministra. Acto que no es de tráfico sino de agresión, pudiendo constituir figuras delictivas no incluidas en la acusación".

Sin embargo, el resto de las sentencias mencionadas apuntan en el sentido contrario, considerando completamente aplicable el art. 368, CP, en su modalidad de "facilitar". Así en el caso (3) trabajadoras del sexo (I), la sentencia afirma que "la acción supone la difusión de una práctica social peligrosa para la comunidad por el deterioro que puede causar en la población (suministro clandestino de drogas a dos personas con los problemas que ello puede suponer para las mismas en cuanto a su salud y en relación creación, recaída y refuerzo de posibles adiciones). Y no solo ha tenido una aptitud generadora de peligro, sino que ha causado daño físico a dos personas". En el caso (3) trabajadoras del sexo (II), se indica que la petición de "fiestas blancas" promueve el consumo de estupefacientes.

Por lo que respecta al caso (1) de la guardería, se afirma que "se trata de una conducta que constituye una forma de difusión del consumo de drogas tóxicas, que la norma quiere evitar atacando, precisamente, toda manifestación individual de comportamiento que acumulativamente llegarían a poner en peligro real la salud de muchas personas. [...] Es por tal que conductas cuya peligrosidad individual solo tienen carácter marginal, son también peligrosas para la vigencia de la norma, cuando se permite su generalización y acumulación". En el caso se administraron, por cierto, cantidades por debajo de la dosis mínima psicoactiva, pues se trataba de niños menores de un año y el fin perseguido no era provocar la muerte de los sujetos sino solo su aturdimiento. De esta manera, la Sentencia decide aplicar el art. 368, CP, pero no el art. 369.1.4ª, CP, subtipo agravado por suministro a menores, porque entiende que, si esta acción es típica a pesar de no superar los mínimos psicoactivos, es precisamente, porque son menores de corta edad. Por ello estima que aplicar la agravación sería un supuesto de *bis in ídem*: "es claro que la tipicidad tiene lugar por la especial consideraron como menores de los destinatarios del fármaco, luego si además se aplicare el subtipo agravado, el mismo hecho sería objeto de una doble consideración penológica". Mismo argumentario se encuentra en la STS 1426/2004, 13-12 (*Tol 564829)*, por suministrar golosinas que contenían THC (en cantidades por debajo de la dosis mínima psicoactiva) a menores de edad.

Por otra parte, también podrían citarse aquí aquellos casos que, sin promover, favorecer o facilitar directamente el consumo ilegal, auxilian a quien ejecuta los verdaderos actos típicos conforme al citado art. 368 [*vid.* p. ej., STS 3990/2022, 27-10 (*Tol 9291632)*]. Así ocurre en ocasiones con aquellos que acompañan o indican a otros dónde pueden obtener estupefacientes. Se estudiarán en epígrafes posteriores como actos considerados como complicidad por la Jurisprudencia. En algunos de ellos puede observarse cierta dualidad: en unas ocasiones, ciertos comportamientos son considerados participación en el delito de otro, y en otras, esos mismos comportamientos se castigan a título de autoría (de un delito autónomo de facilitación). La Jurisprudencia ha utilizado el término "favorecimiento del favorecedor" para hacer referencia a aquellos favorecimientos secundarios que pueden ser considerados como complicidad.

3.3. Posesión

1. La amplísima tipificación de comportamientos punibles se cierra con la mera tenencia de drogas, estupefacientes o psicotrópicos cuando la finalidad sea su transmisión a terceros. Es en esta modalidad donde se observa con mayor claridad la existencia de un elemento subjetivo adicional al dolo: el tipo penal expresa "*las posean con aquellos fines*", esto es, se responde penalmente por la posesión de drogas tóxicas, estupefacientes o sustancias psicotrópicas siempre que su fin sea promover, favorecer o facilitar el consumo ilegal. Son estos fines que aparecen específicamente redactados en el tipo los que han dado lugar a una aplicación "restrictiva" (que en realidad no es restrictiva sino gramatical) de la modalidad de posesión, que resulta únicamente típica si puede probarse que la posesión era paso previo (aunque no tenga porqué producirse) a promover, facilitar o favorecer el consumo ilegal de terceros. Ello quiere decir que la posesión puede tener como destino el tráfico, pero no solo.

Véase, por ejemplo, la STS 723/2017, 7-11 (*Tol 6436360)*, donde se condena a dos consumidores habituales que guardaban en su domicilio parte de las drogas (y también dinero resultante de las ventas) de un distribuidor, a cambio de recibir un trato de favor a la hora de comprar para su consumo.

Por tanto, en esta modalidad se observa un elemento objetivo —que exige la tenencia o posesión de la droga—, y uno subjetivo o tendencial —que es la preordenación al tráfico o su transmisión a terceros—, lo que claramente permite considerarlo un delito de tendencia. Este elemento subjetivo o tendencial plantea problemas de prueba, pues no es susceptible de constatación física; no obstante, no se trata de un problema exclusivo de los delitos contra la salud pública, sino de los elementos subjetivos en general, pues como señala PEDREIRA GONZÁLEZ: "no podemos introducirnos en la mente de los demás, sino que [su prueba] ha de obtenerse de circunstancias exteriores y verificables, (...) y no por ello se relajan tanto las exigencias probatorias como en materia de drogas".

2. Dadas las dificultades que entraña la prueba de este elemento subjetivo, la Jurisprudencia ha creado toda una batería de presunciones en relación con la denominada "posesión para tráfico".

De esta manera, la STS 724/2014, 13-11 (*Tol 4550872)*, afirma: "Debemos recordar que el propósito con que se posee una determinada cantidad de droga, en los supuestos normales en que el mismo no es explicitado por el poseedor, es un hecho de conciencia, que no puede ser puesto de manifiesto por una prueba directa sino sólo deducido de la constelación de circunstancias que rodean la tenencia, de manera que es una deducción o inferencia del juzgador, lo que permite afirmar, en orden a la consideración del hecho como típico o atípico, que él presunto culpable se proponía traficar con la droga, o por el contrario consumirla".

En este mismo sentido, véase la STS 724/2014, 13-11 (*Tol 4550872)*: "El propósito [...] solo deducido de la constelación de circunstancias que rodean la tenencia"; o la STS 328/2014, 28-4 (*Tol 4280978)*: "con respecto a la concurrencia del elemento subjetivo del tipo de la finalidad de facilitar a terceros las sustancias estupefacientes, este animo tendencial que en la posesión de droga se exige para considerarla delictiva es un elemento subjetivo, cuya probanza puede venir de la mano de una prueba directa, como sucede en los casos de confesión del propio sujeto, o testigos que compraron la sustancia prohibida o la vieron ofrecer en venta o de cómo conocieron tal intención de entrega a terceros y así lo declaran. Sin embargo, lo más frecuente es que tales pruebas no existan y se acuda al mecanismo de la prueba indirecta o de indicios, por medio de la cual, a través de ciertos hechos básicos plenamente acreditados, por vía de un razonamiento lógico se llega a deducir dicha intención".

En cualquier caso, la finalidad o el destino de la droga poseída nunca puede presumirse en contra del acusado, pues de no haber en la causa prueba suficiente (aunque esta tenga que ser indiciaria) para desvirtualizar la presunción de inocencia, deberá considerarse que la droga se poseía para el consumo propio. No obstante, aunque el Tribunal Supremo es constante en repetir la necesidad de obrar en este sentido, no son pocos los pronunciamientos en los que parece recaer sobre el acusado la carga de demostrar que la droga tenía como finalidad satisfacer su consumo propio, o cualquiera de los otros fines atípicos.

3. Los indicios que la Jurisprudencia maneja para considerar que la tenencia estaba destinada a su distribución a terceros parecen repetirse frecuentemente en diversos pronunciamientos judiciales, lo que permite considerarlos criterios ya consolidados.

Así, las SSTS 891/2010, 28-9, y STS 609/2008, 10-10 (*Tol 1401647)*, señalan como criterios que permiten deducir que la tenencia es para ulterior facilitación: la cantidad, pureza y variedad de las sustancias, las modalidades de la posesión o forma de presentarse la droga, el lugar en que se encuentra la droga, la tenencia de útiles, materiales o instrumentos para la propagación, elaboración o comercialización, la capacidad adquisitiva del acusado en relación con el valor de droga, la ocupación de dinero en moneda fraccionada, la forma de reaccionar ante la presencia policial, el intento disimulado de deshacerse de ella o de ocultarla.

Por su parte, la STS 328/2014, 28-4 (*Tol 4280978)*, añade también "la falta de acreditamiento de la previa dependencia [del acusado], entendiendo de lo más significativo la no constancia de la adicción al consumo de drogas [...] e incluso se ha aludido en alguna ocasión a las circunstancias o características personales del acusado, capacidad adquisitiva y forma de vida en relación a los ingresos acreditados".

En efecto, muchas sentencias afirman la necesidad de constatar que el sujeto sea consumidor a la hora de plantear que la tenencia pueda ser para su consumo, pero ello no basta para presumir que todas las sustancias que se hallan en su poder están destinadas únicamente a tal fin, pues es frecuente que los consumidores trafiquen para financiarse su propia adicción.

Véase, en este sentido, la SSTS 384/2005, 11-3 (*Tol 622926)*, o 288/2017, 20-4 (*Tol 6067132)*: "Ahora bien, la cuestión del destino de la sustancia sólo puede ser objeto de controversia si el tenedor de la misma es consumidor, debiendo inferirse de ella su destino o no al autoconsumo, mientras que cuando se trata de no consumidores en principio debe deducirse su destino al tráfico (SSTS 1003/2002 de 1 de junio, 1240/2002 de 3 julio) [...]".

En efecto la tenencia de droga por un no consumidor resulta típica, dado que la misma no puede estar destinada al autoconsumo y es, en sí misma generadora del peligro abstracto de difusión de la droga que la norma quiere evitar [STS 129/2003 8-2; 207/2003, 10-7 (*Tol 4921202)*; también la STS 328/2014, 28-4 (*Tol 4280978)*: "la jurisprudencia tiene declarado que el ser consumidor no excluye de manera absoluta el propósito de traficar y aun en los casos de que el tenedor de la sustancia estupefaciente sea consumidor, debe ponderarse en la medida en que la droga aprehendida exceda de las previsiones de un consumo normal y así ha venido considerando que la droga está destinada al tráfico, cuando la cuantía de la misma exceda del acopio medio durante 5 días"].

La cantidad de droga poseída es otro de los indicios a los que la Jurisprudencia le da un peso, en muchas ocasiones, determinante, a la hora de deducir cuál era la finalidad de su tenencia. Así, parece claro que grandes cantidades de producto pueden ser inferencia suficiente para considerar que el único destino viable debe ser la distribución (por ejemplo, una cifra desmesurada de kilos de estupefacientes, hallazgo que no resulta inusual en algunas intervenciones policiales). Pero, dejando a un lado estos supuestos, la cantidad no debería ser el único indicio del que desprender de forma automática el objetivo final de la posesión de la sustancia.

A pesar de lo anterior, la Jurisprudencia ha formulado *presunciones dentro de las presunciones* para determinar cuándo la cantidad de droga incautada al sujeto puede ser compatible con el consumo periódico de un usuario, utilizando para ello lo que se ha venido a denominar como *días de acopio* o dosis media de consumo.

Podrá tenerse en consideración también la pauta de consumo del poseedor, pues no manejan las mismas cantidades el consumidor esporádico que el consumidor diario o gran consumidor. La STS 328/2014, 28-4 (*Tol 4280978)*, menciona "la pauta de consumo del detentador" como uno de los datos a valorar.

De esta manera, se multiplica la cantidad media que se presume que un consumidor necesitaría a diario por un número de días próximo (de tres a cinco, dependiendo de las circunstancias del caso). La cantidad media diaria de cada estupefaciente aparece ya calculada por el Instituto Nacional de Toxicología, y fueron incorporadas por el Pleno no jurisdiccional del Tribunal Supremo de 19 de octubre de 2001.

Cuadro de previsión de consumo de las principales sustancias tóxicas objeto de tráfico de drogas

SUSTANCIA TÓXICA	HEROÍNA	COCAÍNA	HASCHÍS	LSD	MDMA
Previsión (3-5 días de consumo)	3 grs.	7,5 grs.	25 grs.	0,003 grs.	2, 4 grs.

SUSTANCIA TÓXICA	MARIHUANA	ANFETAMINA	METANFET.	MDEA/MDA
Previsión (3-5 días de consumo)	100 grs.	0, 9 grs.	0,3 grs.	2,4 grs.

Fuente: Instituto Nacional de Toxicología (Revisado a 1 de agosto de 2021).

Estas estimaciones relativas a las cantidades que se consideran "normales" para un autoconsumo medio no son, obviamente, vinculantes para los tribunales, que pueden y deben combinar ese indicio con tantos otros que puedan aparecer en el caso concreto.

Cfr. STS 288/2017, 20-4 (*Tol 6067132)*: "este criterio, el del exceso de las necesidades del autoconsumo, es meramente orientativo y muy discutible y de dudosa eficacia si se quiere implantar de modo genérico. No cabe, consecuentemente, considerar que la detentación de una determinada cantidad de sustancia tóxica, evidencia, sin más su destino al tráfico, pues se hace preciso comprobar en cada caso concreto las circunstancias concurrentes. Entre ellas, el lugar de la detención, la distribución de la sustancia, las pautas de consumo del detentador, etc. a través de las cuales declarar razonable su destino al tráfico basado en la mera ocupación de la sustancia. Como decíamos en la STS. 1262/2000 de 14.7: 'La cantidad de droga poseída es un elemento para la prueba del elemento subjetivo del delito, esto es el ánimo de destinarla al tráfico, pero no el elemento subjetivo del delito, pues si fuera así bastaría con la comprobación de que la cantidad detentada superaba el baremo legal que permite su acreditación' [...]. Consecuentemente puede concluirse en relación a la cantidad de droga ocupada, que debe excluirse que pueda apreciarse de un modo automático su destino al tráfico cada vez que se comprueba la tenencia de una cantidad más o menos similar a la fijada por la jurisprudencia, por cuanto tal entendimiento supondría, en realidad una modificación del tipo objetivo del delito extendiendo a supuestos de tenencia de determinadas cantidades, lo que en realidad implicaría una verdadera extensión analógica del tipo penal, ya que lo que la Ley incrimina es la tenencia para el tráfico, no la tenencia de una determinada cantidad, aunque sea para el propio consumo. Por ello, siendo el fin de tráfico un elemento del tipo debe quedar tan acreditado como cualquier otro, sin que pueda deducirse mecánicamente de una cantidad que aparentemente excede del propio consumo".

En este mismo sentido *cfr*. STS 328/2014, 28-4 (*Tol 4280978)*.

En todo caso, presumir que lo que excede de la cantidad de cinco días de consumo "ordinario" está destinado al tráfico promueve un contacto continuo del consumidor con el mercado ilegal, obligándole a comunicarse con su distribuidor entre cuatro y cinco veces al mes si quiere evitar problemas con la justicia penal. Ello parece, desde luego, contrario no solo al sentido común, sino también a los fines que las normas antidrogas debieran estar llamadas a cumplir.

Estas presunciones parecen aún menos aceptables cuando se dan determinadas circunstancias en el caso concreto: por ejemplo, si el consumidor está de viaje o se ha desplazado por otro motivo, perdiendo los contactos habituales de la distribución; o si se trata de consumo en un centro penitenciario, donde la posibilidad de acceder a las drogas es menor y, habitualmente, no se sabe cuándo van a producirse de nuevo las condiciones que permitan obtener nuevas cantidades de estupefacientes (un vis a vis, un permiso de salida...).

Sin embargo, la STS 288/2017, 20-4 (*Tol 6067132)*, condena a un interno en un centro penitenciario por poseer heroína para aproximadamente 25 días (según las cantidades que ofrece el Instituto de Toxicología).

4. Dado el tenor literal y la ubicación sistemática del precepto, debe considerarse atípica a tenor de lo dispuesto en el art. 368, CP la posesión de precursores u otros elementos que no sean drogas (p. ej., semillas o acetona para la elaboración de cocaína), pudiendo remitirse su sanción a los delitos del art. 371, CP, o bien a los actos preparatorios o tentativas de las modalidades de cultivo o elaboración.

5. Con respecto al conocimiento del sujeto, éste debe saber que posee drogas: en caso contrario habrá de aplicarse el error de tipo, que dará como resultado, en cualquier supuesto (vencible o invencible), la ausencia de responsabilidad penal, pues no se ha tipificado el tráfico de drogas imprudente. No obstante, la Jurisprudencia es reacia a la aplicación del error de tipo. En los casos donde existen dudas sobre el conocimiento del autor, los Tribunales suelen recurrir a la construcción de la ignorancia deliberada [véase ATS 30-1-2025 (Ponente Ferrer García); también STS 529/2024, 15-6, entre otras muchas]. Ello no es, *per se*, contrario a la presunción de inocencia, siempre que esta sea una verdadera inferencia lógica de los hechos del caso. El problema se presenta cuando la no

apreciación del posible error se convierte en una cuestión casi automática, haciendo recaer sobre el acusado la carga de probar fehacientemente su inocencia.

6. Cabe recordar una vez más las dificultades de aplicar el art. 368, CP en grado de tentativa: la posesión es una muestra más de ello, pues convierte lo que es un acto previo a la distribución en un delito autónomo. Tanto la Doctrina como la Jurisprudencia se preguntan si es posible apreciar esta modalidad de posesión en tentativa: MUÑOZ CONDE acepta esta posibilidad excepcionalmente, como hace la STS 362/2011, 6-5 (*Tol 2124044)*, en aquellos casos en que se intenta adquirir la tenencia para el tráfico, pero no se logra por razones ajenas a la voluntad del autor. Estos comportamientos, en realidad, encajan mejor en la modalidad de facilitación, tratándose, en ese caso, de delitos consumados (siempre y cuando, como se apreciaba en el apartado anterior, haya —al menos— disponibilidad potencial de la droga).

Vid. sobre la posesión de armas, pero trasladable a este campo, *cfr.* HAVA GARCÍA: "además de la necesaria voluntad de poseer y un mínimo de conciencia en relación con la cosa poseída (como estándar subjetivo mínimo), 'el ejercicio de control personal del poseedor sobre el objeto' debe considerarse elemento constitutivo de todo delito de posesión, lo que requerirá la constatación de un control real, no bastando a tales efectos uno meramente potencial". Ya específicamente sobre posesión para tráfico, *cfr.* RAMÓN RIBAS: "en los supuestos de tenencia para el tráfico únicamente es apreciable la tentativa cuando el acusado no ha llegado ni a tener la disponibilidad potencial de la droga; cuando no ha estado ni en su posesión mediata, ni inmediata".

La tipicidad se conforma, por tanto, con la posesión mediata: de lo contrario podrían quedar impunes los destinatarios finales (los distribuidores para el consumidor final) mientras no las poseyeran efectivamente. En cualquier caso, esos destinatarios o distribuidores finales podrían ser castigados como autores de otras modalidades (así esos distribuidores finales, que aún no poseen la droga, pero lo harán próximamente, encajarían con mayor fidelidad en la modalidad consumada de favorecimiento que en una tentativa de posesión).

7. En el caso del servidor de la posesión en los supuestos de "bolsa común" (grupo de consumidores que constituyen un fondo común para la adquisición de drogas, designando a uno de ellos como encargado de la compra) resultará atípica esa posesión, pues los demás son poseedores mediatos de sus cantidades para propio consumo, que utilizan al comprador como mero instrumento del ejercicio de la posesión. No así cuando se trata de servidores de la posesión para tráfico.

Véase, por ejemplo, la STS 723/2017, 7-11 (*Tol 6436360)*, que condenó a dos consumidores habituales que guardaban sustancias estupefacientes a cambio de un trato de favor en la venta para su consumo.

8. Por lo demás, cabe apreciar la coposesión, pero siempre que esté acreditada. Así, no se considera de este modo la mera convivencia, cuando no existen más datos que permitan atribuir responsabilidad penal a todos los convivientes [STS 199/2011, 30-3 (*Tol 087983*)].

4. Autoría y participación

1. El art. 368, CP, al ampliar el círculo de comportamientos punibles con la expresión "[*los que*] *de otro modo promuevan, favorezcan o faciliten*", logra que cualquier conducta de asistencia al narcotráfico deba ser penalizada a título de autoría, cercenando —en principio— las posibilidades de actuar como partícipe en el delito de otro y, por tanto, de aplicar la pena inferior en grado, tal y como permite el art. 63, CP.

2. La Jurisprudencia ha tomado nota de la senda marcada por el Legislador, afirmando en numerosas sentencias que en el delito de tráfico de drogas "al ser un delito de mera actividad, de resultado cortado, o de consumación anticipada, además de un delito de peligro abstracto, rige una descripción extensiva del concepto de autor que abarca a todos los que realizan actos de favorecimiento para el tráfico y que, en principio, excluiría las formas accesorias de la participación" [STS 692/2019, 11-3 (*Tol 7995941*)].

Sin embargo, ello no ha resultado en una completa inoperatividad del art. 29, CP en este delito contra la salud pública. Más bien al contrario, los tribunales han afirmado que nada obsta para la posible apreciación de la complicidad, que aplican, eso sí, de forma excepcional. De este modo, la norma general lleva a que cualquier comportamiento que auxilie al tráfico de drogas o que, en definitiva, ayude a la difusión del consumo ilegal de estupefacientes, sea castigado a título de autor en la modalidad de facilitación, favorecimiento o promoción. La excepción se dará, por tanto, en aquellos auxilios mínimos o de segundo orden, que no están dirigidos directamente a "facilitar el consumo" sino a facilitar la comisión delictiva de un tercero que sí está "promoviendo, favoreciendo o facilitando el consumo". Es lo que la Jurisprudencia ha tenido a bien llamar la doctrina del "favorecimiento del favorecedor".

> *Cfr.* STS 692/2019, 11-3 (*Tol 7995941*): "La jurisprudencia de esta Sala ha identificado que el favorecimiento o facilitación del tráfico prohibido determina la responsabilidad por este delito, si bien, de manera excepcional, hemos reconocido formas accesorias de participación en supuestos de colaboración mínima, esto es, cuando se realizan conductas auxiliares de segundo orden en beneficio del verdadero traficante. El favorecimiento al favorecedor del tráfico, mediante la aportación de conductas complementarias, subordinadas y de poca entidad respecto de la acción principal, cuando el partícipe conoce el destino de su colaboración pero no se encuentra vinculado al negocio de la droga, permite contemplar una participación en grado de complicidad".

No obstante esta doctrina resulta inaplicable a aquellos que estén integrados como miembros de una organización delictiva.

Así continúa la misma sentencia STS 692/2019, 11-3 (*Tol 7995941*): "No obstante, una cosa es que alguien pueda actuar cumpliendo encargos y al servicio de otros, sin ocupar un escalón directivo sino auxiliar o de mero peón, y otra muy distinta es que en las actuaciones conjuntas y concertadas con pluralidad de partícipes se esté obligado a separar a los principales (para considerarles autores) de los subalternos, considerándose a estos cómplices pese a que su contribución objetivamente implique actos que el artículo 368 considera de autoría por facilitar o favorecer el tráfico y el consumo ilegal de drogas".

La doctrina del "favorecimiento del favorecedor" está ampliamente consolidada en la Jurisprudencia.

Véanse así: SSTS 369/2025, 10-4; 337/2024, 19-4; 1170/2024, 19-12; 3990/2022, 27-10 (*Tol 9291632*); 635/2019, 20-12 (*Tol 7673748*); 520/2022, 26-5 (*Tol 9002511*), o 887/2021, 11-3 (*Tol 8630553*).

No obstante, en muchas ocasiones resulta difícil distinguir aquellas actuaciones que son secundarias o accesorias a una facilitación, de las que constituyen ya propiamente una facilitación, lo que provoca resultados diferentes ante comportamientos iguales o de entidad semejante. No sin razón, ello ha sido criticado por la Doctrina (así, por ejemplo, MONTERO LA RUBIA).

Como ya se vio en el apartado relativo a los comportamientos de facilitación, promoción y favorecimiento, aquellos que llevan a cabo actos de vigilancia suelen ser castigados como autores de un delito del art. 368, CP en su modalidad de facilitación. Sin embargo, algunas resoluciones condenan por complicidad: es el caso de la STS 1276/2009, 21-12 (*Tol 1762105*), en el que un sujeto ejercía funciones de vigilancia en una plaza donde otro se dedicaba a la venta al menudeo, para avisarle si se acercaba alguna patrulla policial. Normalmente, los casos de vigilancia que se castigan como autoría suelen ser aquellos donde un sujeto vigila un cargamento de droga alojado en algún lugar, o hace de "escolta" de quienes que están transportando drogas. En realidad, ambos tipos de comportamientos facilitan, promueven o favorecen el consumo ilegal y podrían ser castigados a título de autoría sin mayor problema, dada la redacción del art. 368, CP, a pesar de ser actuaciones de auxilio en la comisión delictiva de otro/s, que en la mayoría de los casos no debieran siquiera calificarse como cooperaciones necesarias.

Pero como indica MUÑOZ CONDE, "la jurisprudencia se mueve aquí más por principios de proporcionalidad y de necesidad de pena, que por consideraciones estrictamente dogmáticas". Esto es, se permite aplicar la complicidad basándose en cuestiones de justicia material, "en los supuestos de mínima importancia o relevancia de la aportación de un partícipe a la aplicación analógica *in bonam partem* del art. 29 del C. Penal" [STS 468/2020, 23-9 (*Tol 8096526*)]. Es por ello que RAMÓN RIBAS considera que "todos los actos calificados como complicidad por nuestros jueces son actos de favorecimiento, facilitación o promoción [...] por lo que ha sido una doctrina absolutamente voluntarista y excepcional [...] la que ha permitido atenuar, en determinados casos, las graves penas". SÁNCHEZ TOMÁS, sin embargo, afirma que son verdaderos actos de complicidad, pues "el mero acompañamiento, facilitar dinero o información donde puede obtenerse la sustancia, etc., son conductas que favorecen el consumo ilegal, pero no constituyen el núcleo de la prohibición, pues son tan solo meras aportaciones relevantes para la conducta del autor".

En definitiva, en los casos de asistencia al menudeo, la Jurisprudencia estima, por lo general, que la respuesta penal es demasiado exacerbada. Pero no así cuando la asistencia se realiza a escalas intermedias del narcotráfico. Confrontar, por ejemplo, con la STS 851/2022, 27-10 (*Tol 9291632)*, que condena como autores de un delito del art. 368, CP en la modalidad de facilitación con los siguientes hechos probados: "En este caso se declara que el recurrente realizó labores de vigilancia en la operación de recepción del cargamento de droga. La sentencia describe la conducta en los siguientes términos: 'A lo largo de esa noche, los también acusados Millán conduciendo el Renault Megane matricula GYD e Justiniano, conduciendo el Renault Megane matrícula FWC, desplazados a las inmediaciones de la nave, realizaron labores de vigilancia a fin de detectar y avisar de la posible presencia policial'". Sigue la sentencia: "Partiendo de estos criterios, las labores de vigilancia han sido consideradas actos de 'tráfico', en cuanto centrales y necesarios en el caso concreto para la materialización de la operación de comercio ilegal que estaba en curso de realización (STS 37/2008, de 25 de enero). La vigilancia para evitar el control y presencia policial no puede considerarse una contribución de segundo orden, accesoria o periférica, sino una contribución necesaria para la culminación de la operación desarrollada por los distintos coautores".

Para salvar las dificultades que suscita la apreciación de otras formas de participación distintas a la de autoría en el delito de tráfico de drogas, la Jurisprudencia ha intentado establecer un listado de las conductas que pueden dar lugar a responsabilidad a título de cómplice; listado que se repite en todos los pronunciamientos donde se discute la posibilidad de aplicación de la complicidad, bien sea para negar o para confirmar su apreciación.

Esta lista puede verse, por ejemplo, en la STS 3990/2022, 27-10 (*Tol 9291632)*: "A modo simplemente enunciativo se han considerado como supuestos de complicidad los siguientes: a) el mero acompañamiento a los compradores con indicación del lugar donde puedan hallar a los vendedores; b) la ocultación ocasional y de poca duración de una pequeña cantidad de droga que otro poseía; c) la simple cesión del domicilio a los autores por pura amistad para reunirse sin levantar sospechas; d) la labor de recepción y desciframiento de los mensajes en clave sobre el curso de la operación; e) facilitar el teléfono del suministrador y precio de la droga; f) realizar llamadas telefónicas para convencer y acordar con tercero el transporte de la droga; g) acompañar y trasladar en su vehículo a un hermano en sus contactos para adquisición y tráfico; h) la colaboración de un tercero en los pasos previos para la recepción de la droga enviada desde el extranjero, sin ser destinatario ni tener disponibilidad efectiva de la misma (SSTS 312/2007, de 20 de abril; 960/2009, de 16-10; 656/2015, de 10-11; y 292/2016, de 7-4) [...]".

Así, puede verse recientemente también en las SSTS 887/2021, 11-3 (*Tol 8630553)*; 812/2021, 26-10 (*Tol 8643083)*; 1001/2021, 16-12 (*Tol 8713069)*; 375/2021, 5-5 (*Tol 8422142)*; 111/2010, 24-2 (*Tol 1798229)*; o la 782/2022, 22-9 (*Tol 9251986)*, que añade dos supuestos más: "A ellas podemos añadir la sustitución puntual en alguna entrega a quien realiza de manera periódica la actividad de venta y mantiene el control sobre la misma, que es el caso apreciado en la STS 2001/2021 antes citada; o a quien tuvo como única misión vigilar el inmueble donde se iba a hospedar la persona que transportaba la cocaína con el fin de avisar telefónicamente de su llegada al destinatario, que es el supuesto apreciado en la STS 473/2010, de 7 de mayo".

Al igual que la anterior, la STS 468/2020, 23-11, añade al listado dos supuestos más, que ya se han comentado en este epígrafe, y sobre los que no hay consenso: "También se ha aplicado la complicidad delictiva en el tráfico de drogas recientemente a dos acusados que acompañaban con un vehículo "a modo de escolta" a aquel en el que se transportaba la droga, descripción que, por sí sola, indica —dice la STS 1230/2009, de 23-11— ya la realización de un papel secundario, sin dominio alguno del hecho y plenamente sustituible o fungible, incluso hasta prescindible. Actuar "de escolta" —matiza la referida sentencia— es descripción de una acción que incorpora, por ende, todos los requisitos propios de la accesoriedad que caracteriza la intervención del cómplice. Y también se le aplicó la condición de cómplice a quien se limitó a vigilar para avisar al vendedor de la sustancia cuando viera aparecer por allí a la policía y así pudo ayudarle en dos ocasiones concretas (STS 1276/2009, de 21-12)".

Con respecto al inductor y al cooperador necesario, la Doctrina no encuentra generalmente problemas para su aplicación, en cuanto la respuesta penológica es la misma que para la autoría, aunque desde luego ello no quiere decir que en términos estrictos el art. 368, CP admita estas otras formas de participación en el delito. De hecho, la Jurisprudencia ha afirmado que "todas las formas de favorecimiento o de facilitación del consumo de sustancias estupefacientes constituyen indiferenciadamente supuestos de autoría, excluyendo así para esta clase de delitos contra la salud pública la distinción entre coautoría, participación necesaria y complicidad" [STS 55/2010, 26-1 (*Tol 1808655*)].

En el mismo sentido, entre otras muchas, ATS 1554/2016, 20-10, recordando la STS 292/2016, 7-4.

3. La coautoría, por su parte, sí observa las reglas generales. La Jurisprudencia se ha limitado en estos casos a recordar algunas normas que facilitan la comprensión de los requisitos mínimos para entender aplicable esta figura, sobre todo en dos grupos de casos: 1) imputación de tráfico o posesión a varias personas por el mero hecho de la convivencia en el lugar donde se producen los hechos; y 2) supuestos en los que varios sujetos trasladan drogas de forma separada, pero formando parte de una sola operación de transporte orquestada por la misma organización.

La respuesta general al primer grupo de supuestos es que la mera convivencia no puede, *per se*, dar lugar a coautoría, por lo que deberá haber material probatorio suficiente, más allá del conocimiento de las circunstancias dada la convivencia, para considerar que los convivientes han realizado conjuntamente el tipo del art. 368, CP.

Véase, por ejemplo, la SAP, Castellón, 274/2021, 1-10: "pues aunque la convivencia permite afirmar el conocimiento acerca de esas actividades, en ese ámbito no es obligatorio denunciar, ni es punible el encubrimiento (art. 454 CP), ni la mera omisión puede valorarse tampoco como coautoría omisiva ya que no se acredita la condición de garante". Las mismas consideraciones ha planteado la Doctrina (así SUÁREZ-MIRA RODRÍGUEZ, MARTÍNEZ PARDO, SILVA CASTAÑO).

La Jurisprudencia mantiene idéntica postura, aunque se trate de personas sobre las cuales no existen exenciones frente al encubrimiento o los deberes de denunciar o testificar. Es el caso, por ejemplo, de la STS 1001/2021, 16-12 (*Tol 8713069)*, donde los convivientes eran primos: "El recurrente es primo de Maximiliano, quien según el relato de hechos probados pilotaba la actividad de distribución de droga que se realizaba desde el domicilio que ambos compartían. Se trata de un parentesco que excede al ámbito de exclusión del deber de denunciar y testificar que respectivamente establecen los artículos 261 y 416 LECRIM para los familiares. También del círculo para el que se excluye la aplicación del delito de encubrimiento del artículo 454 CP. Ahora bien, aunque ello pudiera establecer respecto al mismo ciertas responsabilidades, que ahora no es caso de analizar, por respaldar con su silencio la actividad delictiva que se desarrollaba en su entorno, no es suficiente para conformar una participación en la misma. Conocer no es actuar y el conocimiento de la acción realizada por otros no constituye una 'activa participación' en el delito".

Tampoco la convivencia basta para afirmar la coautoría en la posesión de la droga. Véase así la STS 465/2011, 31-5 (*Tol 2151628*): "En el supuesto de la tenencia de drogas con propósito de tráfico, previsto en el art. 368, CP el acceso a la droga que tiene el cónyuge, el padre, hijo o persona que convive con otra de manera análoga no puede comportar por si sola la realización del tipo penal. Naturalmente que en este delito es posible compartir la tenencia y que esto es posible también cuando se la comparte entre cónyuge o entre padres e hijos, o demás moradores de la vivienda. Pero en la medida en que es preciso excluir la responsabilidad penal por hechos ajenos, se requerirán que en estos casos se acrediten circunstancias adicionales que vayan más allá de la mera convivencia familiar y que permitan deducir la coautoría en el sentido de real coposesión de las drogas. Estas circunstancias pueden ser muy diversas, en cada caso y difícilmente se podrían reducir a un catálogo cerrado, no obstante lo cual exigirán una comprobación positiva de los elementos que diferencian la convivencia familiar con el autor respecto de la coautoría misma, pues la sola relación familiar no puede ser fundamento válido de la coautoría de la tenencia. En efecto la posesión ilícita no puede deducirse del solo hecho de la convivencia bajo el mismo techo, aunque en el domicilio se ocupen drogas y determinados útiles para su manipulación, si no aparecen otras pruebas o indicios. En el Derecho Penal instaurado y basado en el principio de culpabilidad, art. 1 CP, no puede admitirse ningún tipo de presunción de participación por aquella vida en común, incluso por el conocimiento que uno de los convivientes tenga del tráfico que el otro realiza". Continúa la STS: "De otra manera en dichos delitos se burlaría por esta vía de exclusión de la obligación de denunciar a los allegados o de declarar contra el pariente, art. 416 LECrim, o incluso de la prohibición de encubrir, art. 454 CP, que ha dispuesto el legislador, reemplazándola por una autoría fundada en la mera convivencia familiar (SSTS. 4.12.91, 4.4.2000, 4.2.2002), que dice textualmente: "el conocimiento de la futura comisión del delito por quien según la jurisprudencia de esta Sala citada en la sentencia recurrida, no es garante de impedir su realización es completamente insuficiente para justificar su condena por el delito de tráfico de drogas. En efecto, el conocimiento de la acción realizada por otros no constituye una "activa participación" en el delito, como lo entendió la Audiencia, dado que conocer no es actuar y que el conocimiento, sin la realización de la acción da lugar a una omisión de actuar, que solo sería relevante en el caso que el omitente fuera garante. En relación con este extremo hemos dicho en STS. 443/2010 de 19.5, que el derecho vigente establece, naturalmente, deberes de solidaridad entre los cónyuges que pueden ser fundamento de una posición de garante. Pero es también indudable, que a tales deberes de solidaridad, precisamente por su naturaleza, no pueden proporcionar ninguna base al establecimiento de una posición de garante respecto de bienes jurídicos ajenos. Estos deberes de solidaridad, por el contrario, se refieren solo a los bienes jurídicos propios del otro cónyuge, pero no determinan una especial coautoría. Con razón ha señalado la doctrina que ello implicaría una forma de "responsabilidad familiar", que contradice el carácter personal de la pena en el derecho moderno. La realización del tipo penal, posibilita compartir la tenencia, pero se requerirá que se acrediten circunstancias que vayan más allá de la convivencia familiar para acreditar el ánimo de tráfico, "el simple conocimiento de esta actividad, aunque racionalmente presumible e incluso reconocido, no es fundamento por sí solo para fundar la autoría", insistiéndose en la STS. 94/2006 de 10.2, en que no puede fundarse la responsabilidad en la comisión por omisión del delito ya que los cónyuges no son garantes de que el otro no cometa el delito".

En el mismo sentido *cfr.* STS 285/2014, 8-4 (*Tol 4270166*).

En el segundo grupo de casos, aquellos en los que varias personas deciden realizar un transporte de sustancias llevando cada una de ellas una porción del total, la Jurisprudencia ha emitido pronunciamientos en diversos sentidos: algunos condenan en coautoría, estimando por tanto un monto total de sustancia aplicable a todos [véase así la STS 873/2003, 13-6 (*Tol 4926586)*]; otros, sin embargo, estiman que, aunque conozcan de la actividad ilícita del resto de individuos implicados, ello no significa que tengan la posibilidad de disponer del objeto del delito transportado por los demás [STS 747/2003, 21-5 (*Tol 4926560)*].

Afirma esta última sentencia que: "No se trata, por lo tanto, de un supuesto en el que varias personas simplemente coinciden en la ejecución de un transporte de unas cantidades de droga ocultas, en el interior de sus respectivos organismos, sin conciencia de su participación en una sola operación a la que aportan su actuación personal, en cuyo caso podría plantearse si responden únicamente por aquello que transportan, al cuestionar la existencia de dominio del hecho respecto de lo transportado por los demás. Por el contrario, en el caso actual, según se desprende de la sentencia impugnada, las dos recurrentes y Lucio actuaban conjuntamente de modo consciente en una sola operación, que alcanzaba al total de droga transportada, que los tres conocían de antemano, prestándose a colaborar, cada uno con su aportación personal, en un plan previamente establecido. El dominio del hecho en este caso es un dominio conjunto y la participación de cada uno constituye coautoría de un solo hecho criminal".

Por otra parte, y en teoría, son posibles los casos de autoría mediata, tanto mediante la utilización de un instrumento no doloso (por ejemplo, escoger a alguien que va a realizar un viaje para que porte drogas sin su conocimiento) como a través de un instrumento doloso no culpable (ya sea inimputable, ya actúe con miedo insuperable o error de prohibición provocado por el autor mediato).

4. La amplitud de redacción del art. 368, CP también repercute en algunas actuaciones posteriores a la comisión delictiva: en los casos en los que el encubrimiento de un tercero consista en ocultar la droga, normalmente se niega la posibilidad de aplicar el tipo del art. 451, CP (encubrimiento), utilizando en su lugar la tipicidad del art. 368, CP a título de autor, por la mera posesión de la droga.

En este sentido, ACALE SÁNCHEZ apunta a la posibilidad de admitir el encubrimiento cuando de lo que se trata es de la ocultación del dinero obtenido de la venta de estupefacientes u otros utensilios dedicados al tráfico, aunque en el primero de estos supuestos quizá pueda ser más correctamente encuadrable en el delito de blanqueo de capitales del art. 301, CP. En cualquier caso, hay que recordar que el blanqueo llevado a cabo por el propio traficante es un acto de encubrimiento impune (en este sentido, ORTS BERENGUER).

Por otra parte, podría considerarse aplicable el delito de encubrimiento (en lugar de un delito de tráfico) si el tercero lo único que hace es entrar en contacto momentáneamente con la droga para deshacerse de ella, pues hay que recordar que la posesión típica es aquella que se dirige a su posterior difusión.

> Un caso así puede observarse en la STS 1001/2021, 16-12 (*Tol 8713069)*: "La única prueba que queda es el testimonio de los funcionarios de policía que observaron, cuando se dirigían al domicilio de este recurrente para practicar la diligencia de entrada y registro, cómo D. Maximiliano arrojó por la ventana una bolsa que contenía otras tres en cuyo interior se hallaron porciones de cocaína con el siguiente peso y pureza (...); conducta que entiende debe calificarse de encubrimiento, delito por el que no puede resultar condenado, al no haberse formulado acusación respecto al mismo".

4.1. Agente encubierto y agente provocador

Otra de las cuestiones espinosas en el enjuiciamiento del delito del art. 368, CP es la utilización del agente encubierto, figura recogida en el art. 282 bis, LECrim, y muy utilizada en el caso de los delitos de tráfico de drogas, por su evidente utilidad en la investigación criminal. Sin excederse del objeto de estudio de estas páginas, es necesario realizar algunas precisiones respecto de la posible comisión delictiva por parte de estos agentes y tantos otros, que, sin estar formalmente actuando en un caso autorizado de investigador encubierto, pueden llegar a provocar la comisión de delitos para obtener pruebas concluyentes sobre las actividades ilícitas de ciertas personas.

La Jurisprudencia ha diferenciado variados grupos de supuestos. En primer lugar, aquellos en los que el sujeto se limita a tener una actitud pasiva ante el delito que se está cometiendo y que iba a producirse igualmente, aun sin su "cooperación", puesto que la resolución delictiva ya había sido tomada por los sujetos en cuestión. En esos casos, también llamados de "delito comprobado", donde el agente de la autoridad puede que haya participado en la comisión delictiva (no sólo a título de partícipe, sino también posiblemente —dada la amplitud del 368, CP— como autor), su comportamiento quedará impune (en el caso de los agentes encubiertos por así marcarlo específicamente el texto legal de la LECrim: art. 282 bis 5 LECrim). Quienes responderán por el delito cometido serán, sin duda, aquellas otras personas que han organizado, efectuado o colaborado en la comisión delictiva.

Distinta respuesta obtienen los llamados "delitos provocados", en los que el agente provocador hace surgir la resolución delictiva en un tercero, induciéndolo a delinquir. En esos casos, el inducido por el agente debe ser absuelto.

En este sentido: STS 171/2019, 28-3 (*Tol 7239204*): "La Sentencia de esta Sala nº 690/2010, de 1 de julio, señala que 'en el delito provocado resulta ante todo imprescindible el hecho de la inexistencia previa de cualquier actividad delictiva en trance de comisión del concreto delito de que se trate, de modo que si la ejecución del mismo da comienzo sólo a partir de la intervención del funcionario o agente provocador, pudiendo llegar a afirmarse con seguridad que de no haberse producido tal intervención provocativa el delito no se hubiera llegado a cometer, al menos en las circunstancias concretas en las que el mismo se produjo, sí que deviene procedente la calificación, como 'delito provocado', de esa conducta ilícita y, por consiguiente, con fundamento en lo inadmisible de dicha provocación por parte de las Autoridades entendida como contribución eficaz y determinante a la comisión de un delito, la procedencia de su carácter impune. Pero cuando, como aquí, no es que se hubiese iniciado la ejecución del ilícito sino que los actos realizados por los diferentes partícipes, poseyendo y trasladando la sustancia prohibida, ya podían considerarse integrantes de la consumación de semejante infracción, el que uno de los funcionarios, en concreto un guardia civil, objeto de ofrecimientos constitutivos de delito de cohecho activo, simulase, siguiendo instrucciones de sus superiores, atender a dichos requerimientos delictivos, a fin de colaborar en el completo conocimiento, y posterior acreditación, de las actividades de quienes pretendían corromperle, en modo alguno puede significar "provocación" para la comisión de un delito que, como decíamos, ya se había cometido antes de la intervención, por otro lado no buscada por él, del referido guardia que tan ejemplarmente actuó'. Señala la doctrina que en el delito provocado, la intervención se realiza generalmente por un agente policial o un colaborador de los Cuerpos y Fuerzas de Seguridad —el agente provocador— antes de que los posibles autores hayan comenzado la preparación del hecho punible [...] y se realiza en virtud de la inducción engañosa que, con el objetivo de conocer la propensión al delito de una persona sospechosa y con la finalidad de constituir pruebas de un hecho criminal, convence al presunto delincuente para que lleve a cabo la conducta delictiva que se espera [...], incitándole a perpetrar una acción, que previamente no tenía propósito de cometer, de forma que, de no existir ésta, el delito no se habría producido [...], pues la voluntad de delinquir no surge por su propia y libre decisión [...], sino a través de una especie de instigación o inducción [...], en los términos del art. 28 [...]".

Es más: la exención de pena deberá alcanzar a todos aquellos que hayan participado en el delito, pues "si el delito es provocado y unos intervinientes han sido mera correa de transmisión de la intención delictiva provocada, extendida a su vez a otros, a todos alcanza la impunidad" [STS 253/2015, 24-4 (*Tol 5000682)*].

En el mismo sentido, afirma la STS 395/2014, 13-5 (*Tol 4358170)*, que "en síntesis, el agente provocador (es) quien injerta el dolo de delinquir en la otra persona, por lo que el delito cometido por éste, sería delito provocado. Diferente es la actuación del agente encubierto que con conocimiento de la intención de delinquir ya existente en la persona concernida, trata con su actuación de obtener pruebas del delito que se quiere cometer (...). El delito provocado se integra por tres elementos: a) Un elemento subjetivo constituido por una incitación engañosa a delinquir por parte del agente a quien no está decidido a delinquir. b) Un elemento objetivo teleológico consistente en la detención del sujeto provocado que comete el delito inducido. c) Un elemento material que consiste en la inexistencia de riesgo alguno para el bien jurídico protegido, y como consecuencia la atipicidad de tal acción".

En este mismo sentido, véase la STS 782/2022, 22-9.

En los casos de delito provocado, la Jurisprudencia tiende también a imponer una responsabilidad limitada al agente provocador, a pesar de que se produzca la inducción efectiva del tercero, y ello porque "estaríamos de cualquier forma ante una tentativa inidónea con la necesidad de rebajar la pena uno o dos grados: siempre la fuerza pública mantuvo un control absoluto sobre la operación" [STS 253/2015, 24-4 (*Tol 5000682)*]. Sin embargo, si efectivamente mantuvo el control absoluto sobre la operación, se considera más adecuada la respuesta que ofrece CASTELLVÍ MONTSERRAT: "Las contribuciones al delito propias de un agente provocador resultarán atípicas cuando no favorezcan la lesión o puesta en peligro del bien jurídico protegido. Fundamentar la participación en la protección del bien jurídico atacado por el autor (teoría del favorecimiento) obliga a exigir que las conductas típicas de inducción, cooperación necesaria y complicidad, además de favorecer efectivamente la ejecución de un delito, contribuyan a lesionar o poner en peligro dicho objeto de protección. [...] El favorecimiento de un delito de peligro abstracto será atípico cuando la conducta del sujeto provocado, pese a resultar peligrosa desde su punto de vista *ex ante*, no puede ser calificada como tal desde la perspectiva propia del agente provocador. En estas infracciones el pronóstico de peligrosidad de la conducta del autor debe ser compartido por el partícipe y, por tanto, las contribuciones del agente provocador a que el sujeto provocado realice un delito (consumado) de peligro abstracto serán atípicas cuando este sea "peligroso" para el segundo y "no peligroso" para el primero. Esto último resulta especialmente relevante en las compras simuladas de drogas, pues niega la responsabilidad penal de quien, aparentando ser un mero comprador, contribuye a que alguien le venda estupefacientes para, inmediatamente, detenerlo por ello. En tanto que los actos de venta realizados por el sujeto provocado "promuevan, favorezcan o faciliten el consumo ilegal de drogas tóxicas (art. 368, CP) desde su perspectiva-requisito imprescindible para que su conducta sea delictiva-pero no desde la posición del agente provocador, su favorecimiento deberá estimarse atípico".

5. *Iter criminis*

1. Las características del delito, esto es, su configuración como delito de mera actividad, de peligro abstracto y de emprendimiento, sumado a la amplitud de su redacción típica, no dejan apenas espacio para apreciar formas imperfectas de ejecución. Así, se considera que la configuración del tipo ha adelantado las barreras de punición, colocando el efectivo tráfico o transacción con drogas más allá de la consumación.

La Doctrina es prolija al respecto: "la configuración del tráfico de drogas como delito de mera actividad que no necesita para su consumación la consecución material de un resultado que rebase el simple comportamiento típico, dificulta la posibilidad de apreciar en él formas imperfectas de ejecución. Lo anterior se debe a que con la sola realización de los actos con los que se debería sobrevenir el delito, queda éste consumado [...] la tentativa —en caso de ser admitida— acabaría siendo una redundancia: el peligro de un peligro" (NÚÑEZ PAZ/GUILLÉN LÓPEZ); "la consumación se produce tan pronto como se lleva a cabo cualquiera de las conductas tipificadas por tanto antes de que el bien jurídico sea efectivamente lesionado (...) hechos que, en puridad no merecen otro calificativo que el de simples actos preparatorios o el de tentativa (...) integran la consumación. De ahí la dificultad de apreciar la ejecución imperfecta" (ORTS BERENGER); "su configuración como delito de peligro abstracto, no de resultado, dificulte sobremanera la apreciación del delito en grado de tentativa, en la medida en que constituye un delito de mera actividad" (RAMÓN RIBAS); "la propia Jurisprudencia acepta la calificación de los delitos de tráfico de estupefacientes como de peligro abstracto, lo que pone de manifiesto cómo la admisión de formas imperfectas en la ejecución del tipo penal no tiene fácil encaje en la teoría general del delito" (MONTERO LA RUBIA).

2. No obstante, se ha mantenido en páginas precedentes la posibilidad de apreciar la tentativa de forma excepcional, allí donde no llegue a existir disponibilidad real sobre el objeto material. Ello no significa ignorar que se trata de un delito de mera actividad —por lo que el mero actuar que implique comienzo de la ejecución dará lugar a la consumación—, que es además de peligro abstracto —que no requiere de una efectiva lesión del bien jurídico, ni tan siquiera constatar un peligro concreto—, sino comprender que esa actividad recae sobre un objeto material que tiene que estar disponible para el sujeto activo en aras de hacer posible el mero riesgo para el bien jurídico protegido. De lo contrario, lo que se estaría castigando sería el riesgo del riesgo o, lo que es lo mismo: la mera probabilidad de llegar a disponer de un objeto que pondría en peligro el bien jurídico.

En todo caso, la Jurisprudencia ha aplicado la tentativa en algunos casos, sobre todo en supuestos de transporte mediante envíos internacionales.

Véase un resumen de la doctrina Jurisprudencial mayoritaria en la STS 635/2019, 20-12 (*Tol 7673748*): "[...] Este Tribunal se ha pronunciado en numerosas ocasiones sobre las cuestiones que suscita la apreciación de la tentativa en los delitos de tráfico de drogas, pudiendo sintetizarse los criterios y pautas de la jurisprudencia (SSTS 335/2008, de 10-6; 598/2008, de 3-10; 895/2008, de 16-12; 5/2009, de 8-1; 954/2009, de 30-9;

960/2009, de 16-10; 1047/2009, de 4-11; 1155/2009, de 19-11; 191/2010, de 23-2; 565/2011, de 6-6; 303/2014, de 4-4; y 554/2014, de 16 de junio, entre otras) en los siguientes apartados: a) La posibilidad de concurrencia de formas imperfectas de ejecución en el delito de tráfico de drogas ha sido admitida por esta Sala con criterio restrictivo, por entender que constituye un delito de peligro abstracto y de mera actividad, en el que es difícil admitir la inejecución del resultado propuesto. Y es que en el tipo básico de tráfico de drogas establecido en el art. 368 del CP, la mera posesión de la sustancia tóxica implica comisión del delito, y además es difícil que cualquier acción dirigida a acercar el estupefaciente al consumidor no pueda subsumirse en alguno de los verbos generales de "promover", "facilitar" o "favorecer" el consumo de sustancias tóxicas previstos en el tipo penal. b) De forma excepcional se ha admitido la imperfección delictiva en los supuestos de actos de tráfico atribuidos al adquirente, si este no llegó a alcanzar la posesión inmediata o mediata o una cierta disponibilidad sobre la sustancia estupefaciente, entendiéndose el delito intentado cuando la compraventa de la droga se perfecciona pero no llega a ejecutarse. c) Tratándose de envío de droga por correo u otro sistema de transporte (se incluyen aquí los supuestos de entrega controlada), es doctrina consolidada que si el acusado hubiera participado en la solicitud u operación de importación, o bien figurase como destinatario de la misma, debe considerársele autor de un delito consumado, por tener la posesión mediata de la droga remitida. En los envíos de droga el delito se consuma siempre que existe un pacto o convenio entre los implicados para llevar a efecto la operación, puesto que, en virtud del acuerdo, la droga queda sujeta a la solicitud de los destinatarios, siendo indiferente que no se hubiese materializado la detentación física de la sustancia prohibida. El haber proporcionado un domicilio y un destinatario del envío de la droga implica una colaboración que facilita la comisión del delito. d) El delito existe desde que uno de los autores pone en marcha el mecanismo de transporte de la droga que el receptor había previamente convenido. Comienza, pues, la ejecución del delito con la materialización o realización del plan por uno de los coautores (generalmente desconocido); es decir, con la adquisición de la posesión de la droga con miras a ejecutar el plan común. e) La apreciación de la tentativa requiere, con arreglo a la doctrina jurisprudencial, no haber participado en las operaciones previas al transporte ni llegar a tener la disponibilidad efectiva de la droga. Se trata, pues, del supuesto de quien o quienes, totalmente ajenos al concierto inicial para el transporte, intervienen después mediante una actividad netamente diferenciada [...]".

Dado que la apreciación de la tentativa es excepcional en estos delitos, resulta más importante determinar cuáles son las circunstancias que dan lugar a su apreciación, que concretar cuándo se produce la consumación, que será, por regla general, en el momento en que comiencen los actos ejecutivos destinados al favorecimiento, facilitación o promoción del consumo ilegal de las drogas tóxicas. Para ello habrá que atenerse a las especialidades de cada modalidad típica, según ha ido marcando la Jurisprudencia. En páginas anteriores ya se ha ido desgranando el régimen de cada una de ellas, por lo que aquí sólo se hará un breve resumen de las posturas jurisprudenciales más relevantes, que atañen sobre todo a las modalidades de cultivo y transporte de drogas.

Así, con respecto al cultivo, la consumación va más allá de la mera plantación, pues si después de esta el sujeto activo se desentiende de lo plantado y no se produce lo esperado (por ejemplo, no germina) no hay consumación del cultivo, sino tan solo su tentativa. Lo mismo ocurre en los casos donde lo plantado no tenga calidad suficiente para elaborar sustancias estupefacientes. Sin embargo, los actos de recogida de la cosecha ya serían, a efectos del cultivo, pertenecientes a la fase de agotamiento. Por su parte, la tenencia de semillas, los actos de abonado o preparación del terreno serán actos preparatorios impunes de un posterior delito del art. 368, CP en su modalidad de cultivo.

Con respecto al envío y recepción de drogas, y obviando la postura ya indicada (por ser más respetuosa con los principios de un Derecho penal moderno y garantista), la Jurisprudencia mayoritaria viene condenando como delito consumado siempre que el acusado hubiera participado en la solicitud u operación de importación, o bien figurase como destinatario de la misma por considerar que, esos casos, ya tiene la posesión mediata de la droga remitida. Así, se considera que, en virtud del acuerdo, la droga queda sujeta a la solicitud de los destinatarios, siendo indiferente que no se llegue a materializar la detentación física, pues el simple hecho de proporcionar un domicilio y un destinatario del envío de la droga implica ya el favorecimiento del consumo ilegal. Por tanto, la tentativa solo podrá ser aplicable si no se ha participado en las operaciones previas al transporte y no se llega a tener la disponibilidad efectiva de la droga.

Véase STS 133/2025, 19-2; con mayor claridad SSTS 822/2022, 18-10, y 632/2020, 23-11, entre otras.

3. Por otra parte, el agotamiento de los efectos del delito, como en la mayoría de las figuras delictivas, no produce consecuencias penales. La particularidad emerge en este tipo penal a la hora de diferenciar qué actos se refieren ya a una fase posterior a la consumación: es el supuesto de los actos posteriores a la posesión, que en muchas ocasiones podrán ser constitutivos de un delito de tráfico consumado, pero que habrán resultado ya anteriormente típicos (y consumados) por la sola tenencia destinada a ese tráfico y, en cualquier caso, todos esos actos conformarán un solo delito del art. 368, CP.

4. Por lo demás, hay que recordar que el tipo del art. 368, CP se configura como un delito de tracto sucesivo o un tipo que incluye conceptos globales, de modo que, en la mayoría de los casos, varios comportamientos (por ejemplo, varias ventas de estupefacientes por un sujeto) no darán lugar a la comisión de varias infracciones delictivas (sino que se considerará cometido un solo delito de tráfico de drogas del art. 368, CP).

Los tipos que incluyen conceptos globales se caracterizan por ser "hechos plurales incluidos en una única figura delictiva, lo que obliga a considerar que una variedad de acciones punibles de contenido semejante constituyan, no un delito continuado, sino una sola infracción penal" (*cfr.* STS 934/2020, 3-3).

Siguiendo el ejemplo anterior (varias ventas de estupefacientes por un sujeto), pudiera ocurrir que esa multiplicidad de comportamientos sí de lugar a la aplicación del tipo agravado por la cantidad de notoria importancia, dada la suma final del volumen total de la droga vendida. Lo anterior también se traduce en la imposibilidad, de forma general, de aplicar el delito continuado.

Como excepción, la Jurisprudencia ha estimado, sin embargo, que podría haber lugar a la apreciación de varios delitos cuando existe un corte temporal lo suficientemente marcado (no desde el punto de vista naturalístico, sino jurídico: mediante la privación de libertad, policial o judicial) como para considerar que se ha iniciado una nueva comisión delictiva distinta a la anterior.

Las SSTS 730/2012, 26-9 (*Tol 2659936)*, y 491/2019, 16-10 (*Tol 7564536)*, son buenas muestras de la regla general de inadmitir la aplicación del delito continuado. Para el caso contrario, *vid*. STS 112/2014, 3-2 (*Tol 4122919)*: "el núcleo del problema que se suscitó en la instancia y en el que se fundamenta la sentencia recurrida, que no es otro que el planteado por la relevante circunstancia de que la acusada, en los 25 días transcurridos entre la primera secuencia de los hechos (14 y 15 de abril de 2010) y la segunda (10 de mayo), fue detenida el 21 de abril en relación con los hechos relativos al primer episodio y puesta a disposición judicial, acordándose en resolución de 23 de abril su puesta en libertad. Y fue después de hallarse de nuevo en libertad cuando incurrió en el segundo episodio de tráfico de sustancias estupefacientes. Es esa intervención judicial la que determina que la Audiencia, aunque no la considere suficiente para condenar por dos delitos autónomos (concurso real de delitos del art. 368, párrafo penúltimo, del C. Penal), sí entienda, en cambio, que debe catalogarse como un factor desencadenante de la fragmentación o ruptura de la conducta de la acusada desde un punto de vista normativo; de modo que se estima que concurren dos acciones típicas diferentes, aunque termina acoplándolas en la sentencia mediante la modalidad del delito continuado (art. 74 del C. Penal). Con lo cual, se condena a la acusada solo por un delito contra la salud pública con una pena en su mitad superior y no como autora de dos delitos con un arco punitivo cada uno de ellos comprendido entre tres y seis años de prisión". En el mismo sentido: STS 773/2017, 30-11 (*Tol 6454970)*.

5. El art. 373, CP dispone que la provocación, la conspiración y la proposición para cometer los delitos previstos en los arts. 368 al 372, CP, se sancionarán con la pena inferior en uno a dos grados a la del delito que le corresponda. Su castigo ya aparecía recogido en el Convenio Único sobre Estupefacientes de 1961 (art. 36.2), y posteriormente en la Convención de las Naciones Unidas contra el Tráfico Ilícito de Estupefacientes y Sustancias Psicotrópicas de 1988 (artículo 3.1.C.iii).

Como es fácil imaginar, dada la redacción del art. 368, CP, con los actos preparatorios ocurre igual que con la tentativa: les corresponde un espacio exiguo, si no inexistente. No obstante, según señala ACALE SÁNCHEZ, la conspiración se ha aplicado en aquellos casos donde ha existido concierto para la comisión delictiva (de actos de tráfico o difusión) pero ha habido un incumplimiento voluntario de lo pactado por una de las partes (pudiendo plantearse, para quien que se retira, el desistimiento) o en aquellos casos donde no ha podido desarrollarse el concierto por una intervención policial (siempre que no hayan comenzado los actos ejecutivos).

Si se efectúa un repaso a la Jurisprudencia reciente, pueden encontrarse varias condenas por conspiración y, también, aunque muy poco frecuentes, algunas relativas a la proposición y la provocación. Estas últimas suelen hacer siempre referencia a los casos de "delito provocado" por parte de miembros de los Cuerpos y Fuerzas de Seguridad del Estado.

Así, sobre conspiración: STS 823/2012, 30-10 (*Tol 2689503)*: sujetos que se ponen de acuerdo para dedicarse a la recogida de estupefacientes en alta mar. Construyen un submarino que posteriormente abandonan en una ría por no considerarlo seguro para esa operación, que nunca llega a iniciarse. "De acuerdo con ello, surge la conspiración cuando hay una puesta en común de la ideación criminal. En el presente caso, incluso se superó la fase interna de la mera ideación y resolución en la medida que se adoptaron medidas externas como adquisiciones de medios de transporte, y pagos hechos por los financiadores de la operación, actos todos de naturaleza preparatoria, previos a la ejecución [...]. Por lo que se refiere al caso de autos, la construcción de un sumergible no puede ser calificado como acto neutral pues no es actividad socialmente adecuada para ningún fin lícito, y por el contrario, sí lo es para el tráfico de drogas); STS 676/2012, 26-7 (*Tol 2651604)*: sujetos que se ponen de acuerdo para viajar a Marruecos para hacerse con un alijo de droga para su posterior venta. Finalmente, no hacen el viaje porque un agente de la Guardia Civil les avisa de la existencia de control policial en el día de la operación; STS 812/2016, 28-10 (*Tol 5860840)*: sujetos pactan comprar droga en Madrid, para su posterior venta en Almería. Uno de ellos hace el viaje hasta la capital con 35.000€, que le roban nada más llegar. No llega, claro, a efectuar la compra. "Esa intención de compra (en definitiva, de tráfico) no llegó ni siquiera iniciarse, con lo que no cabe hablar de tentativa sino de conspiración"; sin embargo, la STS 454/2020, 17-9 (*Tol 8091084)*, condena por delito consumado de tráfico a aquel que realiza viajes a Marruecos para concretar los envíos de hachís y estar a disposición para el pilotaje de embarcación, "independientemente que finalmente el envío no se llevara a cabo o la barca no se pilotara". Para casos de proposición *vid.* STS 824/2004, 2-7 (*Tol 490112)*, que condena a un interno de un centro penitenciario por las cartas que el mismo dirige a un traficante para que le proporcione drogas para traficar dentro del centro, proponiéndole llevarse parte de las ganancias que se generaran.

Por lo que respecta al desistimiento, véase la STS 823/2012 30-10 (*Tol 2689503)*, que plantea la posibilidad del desistimiento en la conspiración; o la STS 369/2011, 11-5, en el caso de un sujeto que desiste de recoger una mercancía solicitada.

6. *Tipo subjetivo*

1. El tráfico de drogas se castiga solo en su modalidad dolosa. En cualquier caso, resultaría contrario a la lógica admitir la posibilidad de conformar un injusto imprudente, dado que el art. 368, CP recoge un especial elemento tendencial: que la conducta se lleve a cabo con los fines de promover, favorecer o facilitar el consumo ilegal. El tipo se configura, por tanto, como un delito que contiene ele-

mentos subjetivos adicionales al dolo (delito incongruente por exceso subjetivo), imposibilitando su comisión culposa.

Así, junto al dolo, que debe abarcar la conducta en sentido estricto (saber y querer llevar a cabo determinados actos, por ejemplo, poseyendo ilegalmente drogas tóxicas) ha de constatarse que el sujeto actuó con determinada finalidad (esto es, con el objetivo de difundir el consumo ilegal de drogas tóxicas).

A pesar de lo anterior, el Tribunal Supremo parece renegar de la existencia de un elemento subjetivo adicional en este precepto, entendiendo que los fines representan en sí mismos el dolo básico. ATS 930/2019, 12-9 (*Tol 7571561*): "se integra por dos elementos: uno objetivo, constituido por la detentación material de la droga, o también por el cultivo, elaboración o fabricación de la droga; y el subjetivo, integrado por la intención o dolo básico de favorecer, promover o facilitar el ilícito consumo".

Lo admite, sin embargo, cuando construye el fundamento de las conductas atípicas. *Vid.*, por ejemplo, STS 1441/2000, 22-9 (*Tol 4920360)*: "Entendiendo, desde una perspectiva subjetiva, que el delito del art. 368 CP, aunque ello no aparezca en su texto, exige, además del dolo necesario en toda infracción dolosa, un especial elemento subjetivo del injusto consistente en la intención del autor relativa al favorecimiento o expansión del consumo ilícito de la sustancia tóxica". En el mismo sentido ATS 390/2005, 3-3. Menciona el elemento intencional la SAP, Valencia, Sección 4ª, 110/2016, 23-3.

2. El tipo subjetivo del art. 368, CP permite su comisión mediante dolo eventual. De hecho, la Jurisprudencia lo ha admitido con cierta frecuencia, en aquellos casos en que el sujeto desconoce la sustancia en concreto sobre la que recae la acción típica, pero se muestra decidido a cometer el delito del art. 368, CP. Así ocurre, por ejemplo, en los supuestos en los que un individuo realiza un transporte de drogas transfronterizo, desconociendo el peso exacto o la composición de la sustancia, pero en cualquier caso habiendo aceptado el hecho de que transporta una sustancia tóxica e ilegal.

Cfr., entre otras, SAN 13/2021, 21-6 (*Tol 8501526)*: "En este sentido la propia jurisprudencia [...] viene entendiendo que concurre dolo eventual cuando 'el autor decide la realización de la acción, no obstante haber tenido consistentes y claras sospechas de que se dan en el hecho los elementos del tipo objetivo, manifestando indiferencia respecto de la concurrencia o no de estos'". O SAP, Madrid, 522/2018, 10-7 (*Tol 6777147)*: "Se sostiene que no sabía qué tipo de droga y en qué cantidad. Sin embargo, cuando se acepta transportar sustancia estupefaciente, se acepta tanto el tipo de sustancia como la cantidad que le es entregada para ser transportada, sin que se pueda apreciar ningún tipo de error en esos elementos, pues la aceptación del transporte incluye la aceptación de la sustancia y la cantidad, máxime cuando se es consciente de haber ingerido un número indeterminado, pero elevado, de cilindros, que llegaron a alcanzar los 91, y aceptando que todos ellos contenían sustancia estupefaciente". En el mismo sentido, STS 946/2024, 6-11, con cita de otras muchas resoluciones.

3. En muchas ocasiones los sujetos alegan desconocer el porte de droga, afirmando en cambio haber creído que lo que transportaban era alguna sustancia de curso legal (o incluso ilegal, como otros bienes de contrabando, pero no dro-

gas tóxicas del art. 368, CP). Al respecto, es necesario recordar que el error debe ser probado por la parte alegante, de modo que no es suficiente con su mero relato, menos aun cuando de las circunstancias del caso parece ilógico deducir que una persona de nivel medio habría incurrido en dicho error sobre lo acontecido. Por otro lado, la Jurisprudencia se muestra muy reacia, en general, a admitir la posibilidad del error sobre las circunstancias del hecho, recurriendo en muchas ocasiones, a la doctrina de la ignorancia deliberada, conforme a la cual, actuará con dolo quien no quiere "saber aquello que puede y debe conocerse, y sin embargo se beneficia de esta situación" [STS 1637/1999, 10-1 (*Tol 4924826*)].

Algunas cuestiones que se utilizan para considerar el relato fáctico como la de escenario claro de tráfico de drogas, desbaratando la posibilidad de atender a la existencia de un error, es la presencia de ciertas precauciones durante el transporte, que evitarían el ser descubiertos (cosa que no cabría de tratarse de sustancias legales o mercancías inocuas), haber recibido una generosa cantidad de dinero por la realización del porte o viaje, e incluso la existencia de gran nerviosismo en el sujeto al pasar por los controles de seguridad.

Vid. STS 660/2022, 30-6 (*Tol 9140684*), que versa sobre una operación de importación de cocaína camuflada en palés. El sujeto alega que creía que lo que transportaban eran esmeraldas: "La pretensión del recurrente no solo no encuentra base alguna en los hechos probados, sino tampoco en las pruebas practicadas. Se trata, simplemente, de una manifestación realizada a través de su defensa, carente de cualquier apoyo probatorio. En cualquier caso, de los hechos probados se desprende sin dificultad que el recurrente sabía desde el primer momento que participaba en una operación ilícita, con altísima probabilidad de que fuera delictiva, dadas las precauciones adoptadas, y decidió aportar su concurso, asumiendo las consecuencias, sin adoptar ninguna medida tendente a verificar la identidad de lo ocultado en la operación de transporte. Por otro lado, todo indicaba que se trataba de tráfico de drogas y no de esmeraldas, conclusión que se alcanza sin dificultad por la complejidad de la operación, la organización de la misma, el lugar de procedencia, los gastos que originaba y el volumen necesario para manejar la sustancia transportada, impropios de un envío de esmeraldas. No hay, por lo tanto, rastro alguno de un error de tipo por desconocimiento de la sustancia transportada, por lo que ambos motivos se desestiman".

Vid. sobre dolo eventual, ignorancia deliberada, e indicios sobre el conocimiento del autor, el ATS 349/2022, 3-3 (*Tol 8908578*), donde la acusada afirma que un tercero utilizó su dirección, sin su consentimiento, para enviar un paquete con drogas: "El Tribunal Superior de Justicia considera que el error de tipo debe ser descartado, ya que se ha tenido por probado que la recurrente actuó al menos con dolo eventual, es decir, en el conocimiento de la sustancia que transportaba el envío remitido a su nombre, y que ella recogió. En concreto, el Tribunal Superior de Justicia consideró, ratificando a la Audiencia Provincial, que la recurrente sí tenía conocimiento de que el paquete contenía cocaína, y que actuó, al menos, con dolo eventual. Y ello como consecuencia de que, por un lado, ella misma reconoció que acudió en dos ocasiones a la empresa depositaria Geomil para recoger el paquete enviado por Justo a su nombre, al que, según dijo, desconocía; y, por otro, de que ningún sentido habría de tener que el coacusado Marco Antonio la hubiese escogido a ella de forma aleatoria para recoger dicho paquete, sin informarle, sin comprobar su destino, y sin tomar medidas para controlar el paquete y a la persona que lo transportaba. [...] El Tribunal Superior de Justicia añade que ningún elemento probatorio ha sido aportado por la recurrente para acreditar que, efectivamente, Marco Antonio empleó sus datos sin su consentimiento. [...] Esta Sala estima que no es dable pensar que una sustancia que en el mercado puede llegar a alcanzar, en la venta al por menor, un valor muy elevado, se ponga en poder de una persona que desconoce lo que porta. [...] En este sentido, hemos dicho que "existen datos sobrados para entender que el desarrollo de los hechos permitieron conocer a la recurrente el contenido del paquete o en el mejor de los casos, acudir al dolo eventual, en su modalidad de "ignorancia deliberada", según la cual, si se desconocía el contenido del paquete, debió negarse a realizar la gestión, hasta que no conociera su contenido, ya que si se prestó a ello lo hizo fuera cual fuera el contenido del envío, admitiendo indirectamente que pudiera ser droga. Como bien apunta el Fiscal, "nadie implicado en una operación con mercancía ilícita, cuyo tráfico o mera posesión en esa cantidad constituye delito y con un elevado precio en el mercado, deja al albur de un desconocido la suerte del envío" [...]. La jurisprudencia viene sosteniendo que para excluir el error resulta suficiente con que pueda racionalmente inferirse que el sujeto agente tenía conciencia de una alta probabilidad de que concurriese el elemento típico. De modo que, para excluir el error de tipo, no se requiere la plena seguridad sobre la concurrencia de un hecho constitutivo de la infracción, sino que basta con que se tenga conciencia de la alta probabilidad de que dicho elemento concurra y pese a todo se opte consciente y voluntariamente por realizar la acción típica".

Vid. SAP, Barcelona, 276/2021, 21-4 (*Tol 8513753)*: "Sr. Iván reconoció en el acto de Juicio, sin género de dudas, ni ambigüedades, el transporte del equipaje intervenido en cuyo interior fue hallada la sustancia estupefaciente, negó, sin embargo, que conociera el contenido de la misma y en concreto que se tratara de sustancia estupefaciente, concretamente, cocaína [...] tampoco afirmó conocer el contenido de la maleta, sino únicamente su transporte a cambio de un precio, afirmación de desconocimiento que no resulta creíble al Tribunal atendiendo a las circunstancias concomitantes al propio transporte del equipaje, por cuanto se afirma que se realiza a cambio de una cantidad de dinero, circunstancia indicativa cuanto menos que algo oculto porta en su interior, pues nadie pagaría por el transporte de una maleta vacía [...] la Jurisprudencia tiene afirmado que si bien es cierto que el error sobre un elemento esencial integrante de la infracción o que agrave la pena excluye la responsabilidad criminal o la agravación en su caso, para que ello suceda es, absolutamente, imprescindible que tal extremo se halle demostrado y fundado mediante afirmaciones que lo contengan o evidencien, sin que en ningún modo sean bastante para estimarlo las subjetivas e interesadas declaraciones del acusado, si los hechos probados acreditan lo contrario [...] debe destacarse el alto valor de la droga (181.936 euros), pues las reglas de la lógica y las máximas de la experiencia obligan a inferir que el transporte de droga por un valor tan elevado no se deje en manos de quien desconoce su existencia, pues no adoptaría las precauciones necesarias para evitar su descubrimiento y se haría difícil que la droga llegara a su destino al introducirse en el ámbito de decisión de una persona que pudiera desconocer cuál fuera ese destino (...) En suma, el acusado, Sr. Iván, conocía o se debió representar, con un elevado grado de probabilidad que lo que debía transportar, no era una sustancia legal, a cambio de la cual recibió una suma de dinero que no ha especificado, pero que sin duda, le tuvo que llevar a considerar que lo que hacía era algo ilícito, así como la gravedad de tal proceder. Pues la duda sobre la posible realización del tipo, cuando se sabe que el objeto transportado es de tenencia prohibida, no es equivalente a error de tipo, sino que el autor obró con dolo eventual, siendo su conducta igualmente punible".

Más reciente, *vid*. STS 931/2022, 30-11 (*Tol 9307128)*, donde se niega la posibilidad del error, toda vez que el alijo de más de 20 toneladas de hachís no puedo pasar desapercibido por los tres tripulantes del navío, que tuvieron que embarcarlas: "De manera que

> su culpabilidad es evidente, y no puede alegarse desconocimiento alguno, sin chocar frontalmente con la teoría de la ignorancia deliberada, pues esta Sala ya consideró, en un supuesto análogo, que no puede alegarse la ignorancia de la droga en el interior de la embarcación ante la relevante cantidad dela misma que hacía imposible su manipulación por una sola persona (STS 52/2017, de 3 de febrero) [...]. De modo que los tres tripulantes obraron, al menos, con ignorancia deliberada, sin querer saber aquello que podían y debían saber, asumiendo y aceptando las consecuencias de su ilícito proceder, en el que participaron voluntariamente, por lo que obraron con dolo eventual, según afirma la STS 395/2019, del 24 de julio. O, como dice la STS 633/2009, de 10 de junio, quien se encuentra en una situación que se conoce como ceguera voluntaria (*willfull blindness*), no está excluido de responsabilidad criminal por la acción ejecutada".

En todo caso, los errores más comunes que pueden suscitarse en este delito recaerán sobre el objeto material (esto es, sobre las propias drogas, estupefacientes o sustancias psicotrópicas) consistiendo por lo general en el desconocimiento de la existencia misma de la droga; desconocimiento que, si verdaderamente el sujeto puede probarlo, daría lugar a su impunidad. No obstante, el error puede recaer también sobre otros aspectos relacionados con la dinámica comisiva, como la cantidad concreta de sustancia que es objeto de la acción, o el nivel de afectación a la salud que la misma provoca (esto es, si son drogas que causen grave daño a la salud o no, lo que configuraría un error sobre elemento accidental agravatorio).

En el caso de la cantidad, en principio el peso exacto resulta irrelevante para la aplicación del tipo del art. 368, CP, salvo que quede por debajo de la dosis mínima psicoactiva, lo que debería dar lugar a la absolución conforme al principio de insignificancia.

Habrá en cambio un supuesto de error de tipo inverso cuando el sujeto crea estar llevando a cabo el tipo del art. 368, CP, pero realmente no sea así, por ausencia de objeto material idóneo (ya sea porque la sustancia no afecte a la salud, ya sea porque la cantidad sea insuficiente para producir dicha afectación). En tales supuestos, lo más adecuado (y lo más usual en la Jurisprudencia) será declarar la absolución del encausado, por ausencia de antijuricidad material. La otra opción sería aplicar la tentativa, si es que *ex ante* la conducta pudiera ser considerada por el observador externo como peligrosa.

> Esta última solución se recoge en el voto particular de la STS 1110/2007, 19-12 (*Tol 1245313)*, que absolvía a la acusada por la venta de una sola papelina con una combinación de peso y pureza menor a la dosis mínima psicoactiva. El magistrado disidente consideraba más correcto la aplicación de la tentativa, toda vez que el sujeto activo quería cometer el delito del art. 368, CP y pensaba estar vendiendo una dosis útil al efecto. Propone, por tanto, la imposición de la pena inferior en dos grados, dado lo escaso del peligro inherente al intento. El cuerpo de la sentencia, sin embargo, afirma —de manera más acorde con la solución aquí sostenida— que "no hay delito y, por tanto, no es posible la fragmentación de alguno de sus elementos para llegar a formas imperfectas de consumación cuando no se alcanza a integrar la lesión del bien jurídico protegido. La

dogmática no es un bien jurídico en sí mismo, sino que está al servicio de la función social que cumple el derecho penal. En casos como el presente, el Derecho penal se aparta para dejar paso a soluciones más racionales que permitan y eviten la sanción como reproche moral o social. La función social del derecho penal nada tiene que aportar a las conductas que no lesionan el bien jurídico protegido".

Similar resolución debería tener la STS 524/2017, 7-7 (*Tol 6206744*), donde la sustancia, intervenida en una entrega vigilada, es sustituida por las Fuerzas y Cuerpos de Seguridad del Estado por una sustancia inocua, provocando un error de tipo inverso. Se sostiene aquí que, a lo sumo, podría castigarse por una tentativa inidónea, dada la intervención de la operación desde su comienzo, que provoca la inexistencia de objeto material que pueda dañar el bien jurídico protegido. La sentencia, sin embargo, asegura que "el cambio de la sustancia objeto del tráfico no afecta a la tipicidad de la conducta, sino apartar del mercado la peligrosidad del objeto, pero la conducta sigue siendo la misma con la peligrosidad de su intervención respecto al favorecimiento en el consumo de sustancias tóxicas. El hecho de la sustitución de la sustancia para asegurar que no llega al mercado, no supone la desaparición del objeto sobre el que se actúa sino solamente el aseguramiento en la evitación del peligro", obviando la posibilidad del error y condenando por el tipo consumado.

Cabe mencionar la SAN 6/2023, 11-4, que absuelve al acusado que trató de vender una "sustancia inocua" (en la resolución no se aclara de que se trataba) como cocaína: "Cuando la sustancia suministrada no es droga, no es un producto tóxico, sino una sustancia inocua, nos encontramos ante una conducta que no puede poner en riesgo la salud pública. [...] Se trata por tanto de un delito imposible".

En los casos en los que el error recae sobre la relativa dañosidad de la sustancia, si el sujeto puede probar que verdaderamente incurrió en dicho error y no en el mero desconocimiento por indiferencia (por ejemplo, el sujeto sabe que transporta drogas, pues ha negociado para realizar un porte, pero le es indiferente qué concreta sustancia tóxica traslada), cabrá aplicar el apartado segundo del art. 14, CP, pues se trataría de un hecho que cualifica la infracción criminal (de esta opinión MAGRO SERVET, NÚÑEZ PAZ/GUILLÉN LÓPEZ).

La Jurisprudencia sin embargo, considera en ocasiones que se trata de un mero error de subsunción. Véase, así, la muy citada por los tribunales, STS 379/2012, 21-5 (*Tol 2546738*): "los supuestos de alegación de error sobre un elemento que agrave la infracción, concretamente el supuesto desconocimiento de que la sustancia con la que se trafica es susceptible de causar grave daño a la salud, que en realidad constituyen errores de subsunción penalmente irrelevantes. Los supuestos de error sobre la subsunción no afectan a la responsabilidad criminal pues ésta no requiere el conocimiento de una subsunción técnico-jurídica correcta, por lo que dicha responsabilidad solo se ve afectada cuando el autor cree que la acción que subsume erróneamente no se encuentra penalmente prohibida por norma alguna".

Con igual pronunciamiento: STS 302/2019, 7-6 (*Tol 7278727*), entre otras.

Durante la década de 1990 el Tribunal Supremo fue más favorable a admitir la posibilidad del error sobre la gravedad de la sustancia, si el conocimiento del sujeto estaba errado por su propia experiencia del consumo y las sustancias eran de "reciente" aparición (SÁNCHEZ TOMÁS). Así, por ejemplo, se aplicó al consumidor esporádico de éxtasis, pues los tribunales consideraron que la experiencia del uso de la droga por el vendedor, sumado a que aún los estudios sobre el mismo no estaban tan avanzados, daban lugar a considerar el error de tipo. *Vid.* así la STS 849/1995, 7-7: "De cualquier manera, es evidente que la gravedad del daño a la salud constituye —como lo dice acertadamente la Defensa— un error relevante pues recae sobre un elemento «que agrava la pena» en el sentido del artículo 6 bis.a), primer párrafo CP y, por lo tanto, sobre un elemento del tipo (agravado). En efecto, una circunstancia de la cual depende la gravedad de la pena (por el mayor disvalor del resultado de peligro), en principio, debe formar parte del tipo penal (agravado), dado que implica una mayor gravedad de la ilicitud y el tipo penal es una ilicitud tipificada. Por lo tanto, en la medida en la que la gravedad del efecto de la sustancia sobre la salud es un presupuesto típico de la agravación de la pena, no es correcto considerar el error que recae sobre el mismo como meramente «accidental», es decir, sobre una circunstancia que no forma parte del tipo penal. Es claro que este error de tipo no se ve afectado por el conocimiento genérico de la antijuricidad que el autor pueda tener del comportamiento del tipo básico, que la Defensa no discute. Se trata, como se dijo, del desconocimiento de una circunstancia típica que agrava la pena en relación al tipo básico y, por ello, que requiere ser alcanzada por el dolo. En caso contrario, no podría ser imputada al autor". En el mismo sentido, STS 2133/1994, 9-12: "Afirmada, en estos términos, la posibilidad de que el error pueda recaer sobre el elemento normativo indicado, la sentencia de instancia sienta en el relato judicial que el acusado «no conocía» que las pastillas de la droga denominada «éxtasis» pudieran ser gravemente dañosas para la salud, lo que no impide cuestionar, en el recurso de fondo interpuesto, si esta inferencia venía avalada por una razonable actitud mental; y no lo es, por sí sola, la apreciación subjetiva del acusado montada sobre el hecho de que él y sus compañeros la vinieran consumiendo desde hace casi un año sin otros efectos que la simple y temporal euforia, pero si a ello se une, como circunstancia añadida, la inexistencia —en el momento de los hechos— de un criterio decidido y perfectamente caracterizado sobre la nocividad de dicho psicotrópico que había trascendido a las resoluciones judiciales, y al que puso término —en favor del grave daño— la Sentencia de este Tribunal de 1 de junio último (RJ 1994\4509), hay base razonable para mantener el error sobre dicha calificación agravatoria (...) El criterio expuesto, que admite la posibilidad de error respecto del susodicho elemento normativo, como exigencia ineludible del principio de culpabilidad que impide dejar parcelas exentas dentro del tipo penal, no debe abrir un portillo a la impunidad en la represión del tráfico de drogas, porque la invocación del error será de todo punto inane cuando, abstracción de opiniones o apreciaciones subjetivas, se trate de sustancias o productos que tienen acreditada y reconocida nocividad en la experiencia clínica, y tal consideración en las resoluciones de los Tribunales, con notoriedad en la comunidad social".

En la Doctrina, se muestra crítica con esta Jurisprudencia JOSHI JUBERT: "posición que merece ser criticada por cuanto contradice frontalmente lo previsto en el art. 14.2".

No se aplica, en principio, la doctrina del error de tipo en aquellos supuestos en que la equivocación no recae sobre el objeto mismo (error sobre un hecho constitutivo de la infracción criminal), sino sobre la antijuricidad del comportamiento (lo que se correspondería, en su caso, con un error de prohibición). Esta separación, que resulta meridianamente clara en otros delitos, se vuelve más compleja en el art. 368, CP, pues su redacción contempla la *ilegalidad del consumo* como uno de los elementos típicos (elemento normativo del tipo). Por este motivo, la Jurisprudencia en aquellos casos en los que se "trafica" creyendo que el comportamiento es atípico, ha vacilado sobre si se trataba de un error de tipo (puesto que recae sobre el elemento "consumo ilegal") o un error de prohibición directo (es el caso de los clubes cannábicos, donde los sujetos actúan creyendo que su comportamiento es lícito, pues lo creen subsumible dentro de los supuestos atípicos de consumo compartido).

4. Finalmente, resulta evidente que no se requiere que el sujeto activo realice un juicio exacto o técnico sobre la cantidad, pureza, naturaleza o incidencia en la salud de las personas. Bastará con el conocimiento básico de la *esfera del profano.*

> STS 379/2012, 21-5 (*Tol 2546738*): "En lo que se refiere a la conciencia de los efectos nocivos de la sustancia objeto del tráfico, resulta suficiente el conocimiento propio de la esfera del profano, ya que nos encontramos ante un delito común, que puede ser cometido por cualquiera, y en consecuencia la responsabilidad como autor no precisa específicos conocimientos médicos".

7. *Supuestos de atipicidad*

La Jurisprudencia, consciente de la amplia extensión típica que posee el delito contenido en el art. 368, CP, indicó desde bien pronto toda una serie de supuestos en los que niega la tipicidad de los comportamientos, basándose en la inexistencia de un riesgo penalmente relevante para el bien jurídico protegido. Así, por un lado, tendríamos aquellos comportamientos en los que, por inidoneidad del objeto material, no es posible poner en riesgo el bien jurídico, supuestos que ya han sido analizados en páginas precedentes. Se abordará, entonces, el estudio de los otros dos grupos de casos: en primer lugar, el de ciertas conductas donde —según Jurisprudencia y Doctrina— el fin perseguido no concuerda con el exigido por el tipo penal, esto es, el favorecimiento del consumo ilegal, sino con el de lograr la deshabituación u otro fin pietista, como es el de evitar el síndrome de abstinencia de una persona concreta: son las llamadas "entregas compasivas". En segundo lugar, y dado que el consumo propio de las sustancias es penalmente atípico, se encuentran una serie de supuestos que no serían más que una suma de consumos individuales (esto es, varias personas ejecutando de forma simultánea comportamientos para procurarse su respectivo *autoconsumo*): son los llamados casos de "consumo compartido" (también llamados de "bolsa común"), donde se incluyen los supuestos de invitación en el momento de consumo). Este epígrafe estudia los dos últimos grupos de casos, de los que se analizan los requisitos jurisprudenciales para su aplicación: (1) entregas compasivas y (2) los de consumo/compra compartida (con especial referencia a las asociaciones cannábicas).

GIL GIL afirma que muchos de estos comportamientos afectan al bien jurídico protegido, al menos con la misma intensidad que aquellos de venta al menudeo hacia el consumidor final, tan difíciles de entender fuera del rango del art. 368, CP una vez consolidada la doctrina de la dosis mínima psicoactiva. Puede ser por ello por lo que la Jurisprudencia, temerosa de que otros comportamientos que sí quiere castigar se entiendan dentro del mismo razonamiento, construye toda una serie de requisitos para cada supuesto de atipicidad, que muchas veces nada tienen que ver con los fundamentos que deben ser el germen de la atipicidad de estos casos. DOPICO GÓMEZ-ALLER, sin embargo, sí considera que todo aquello que no pueda considerarse oferta criminalizada (considerando que la venta al menudeo sí forma parte de esta) serían conductas de escasa relevancia para el bien jurídico protegido, careciendo de capacidad difusora y de trascendencia social (a salvo quedan, en su opinión, los clubes cannábicos pues sería difícil sostener que los mismos carecen de dicha trascendencia social).

7.1. Entregas compasivas

1. Las llamadas "entregas compasivas" o "donaciones altruistas" componen un escenario de casos donde un sujeto entrega a otro una cantidad de droga, sin mediar precio, para su consumo (esto es, el destinatario ya es el consumidor final de la sustancia). Esa entrega se realiza para evitar el síndrome de abstinencia o para ayudar a deshabituar a quien recibe la sustancia (ofreciendo cada vez cantidades más pequeñas de producto).

Cfr. STS 1441/2000, 22-9 (*Tol 4920360*): "El suministro de droga a una persona allegada para aliviar de inmediato un síndrome de abstinencia, para evitar los riesgos de un consumo clandestino en malas condiciones de salubridad, para procurar su gradual deshabituación, o en supuestos similares".

2. El fundamento de la atipicidad en esta serie de casos sería la falta de concurrencia del elemento teleológico que caracteriza al tipo penal del art. 368, CP: la finalidad de promover, favorecer o facilitar el consumo de drogas, entendiéndola como la intención de difundir el consumo entre terceros indiscriminados. Suelen ser casos donde alguien suministra a otro una cantidad de droga para evitar el síndrome de abstinencia de una persona que no puede procurarse por sí mismo la sustancia (por ejemplo, las personas internas en centros penitenciarios), o para conseguir la deshabituación de una persona querida, entregando cada vez dosis más pequeñas, a la vez que se evita su relación con determinados lugares o personas.

Véase en la Jurisprudencia, por ejemplo, la STS 462/2015, 6-7 (*Tol 5390927)*, donde la acusada entrega a un interno en vis a vis familiar 0,85 gramos de heroína; o la STS 1471/1991, 29-5 (*Tol 400873)*, donde una mujer entregaba a su hija dosis decrecientes de heroína con el fin de deshabituarla de su consumo.

3. Podría considerarse que en estos casos existe un fundamento de inexigibilidad de otra conducta o de estado de necesidad. Pero ello significaría, como bien

expone DOPICO GÓMEZ-ALLER, que se admite que la compra de la sustancia para autoconsumo, aunque la realice un tercero, es típica a efectos del art. 368, CP, cuando en realidad el tercero actuaría simplemente como servidor de la posesión (en ocasiones, del que "no puede moverse").

4. La Jurisprudencia ha establecido una serie de requisitos para considerar atípicas estas entregas de drogas. De esta manera se exige: 1) una cantidad de droga que no sea elevada (una o varias dosis); 2) la dependencia del consumidor, pues la entrega se hace con la finalidad de alivio de esa dependencia; 3) el parentesco o relación existente entre la persona que entrega y quien recibe; 4) que no haya riesgo de difusión (por la escasa cantidad o porque sea consumida en el momento); 5) que no haya contraprestación, esto es, que se trate de una donación.

Cfr. por ejemplo, la STS 462/2015, 6-7 (*Tol 5390927*): "El propio Fiscal, con cita de nuestra Sentencia de 28 de junio de 2004, enumera tales requisitos que echa en falta si bien, contra esa tesis, con la lectura del relato de hechos probados se advierte la concurrencia de los mismos. En efecto: a) la cantidad de droga entregada no era en absoluto elevada pues, a pesar de que nos hallemos ante la entrega de heroína, la entidad de la misma, 0.33 grs., en modo alguno puede considerarse excesiva, en especial para justificar por sí misma un destino diferente del propio consumo del destinatario. b) En cuanto a la finalidad de perseguir el alivio de la necesidad de consumo de quien recibe la droga, los propios hechos probados, cuya veracidad no puede aquí discutirse, afirman que ese era precisamente el objetivo perseguido en esta ocasión, dando por supuesto con ello la condición de drogodependiente del receptor. c) A su vez, la vinculación de parentesco próximo entre donante y donatario de la substancia es obvia, al hacer referencia el "factum" a que se trataba de unos esposos. d) Y en cuanto a que el consumo de esa heroína iba a realizarlo, en exclusiva, el propio receptor, no sólo la narración fáctica así lo afirma, sino que se apoya para hacerlo en las declaraciones que prestaron en el acto del Juicio oral los funcionarios de prisiones que denunciaron los hechos, a quienes el interno les hizo esa manifestación sin que ellos la pusieran en duda ni existan, según refiere la Sentencia, razones para suscitarla. Estamos, por consiguiente ante un supuesto de entrega altruista y compasiva de substancias estupefacientes, sin contraprestación económica alguna, por parte de quien es la esposa del destinatario, en reducida cantidad de substancia y sin evidencia de que pudiera llegar a ser consumida por terceras personas distintas de quien la recibió".

Con respecto al primer requisito, muy relacionado con el cuarto, se exige que no haya riesgo de que la sustancia se difunda y para ello se requiere que la cantidad sea pequeña o que sea consumida en el momento. En el mismo sentido que se comenta para el requisito anterior, la Jurisprudencia está realizando con ello una especie de presunción *iuris et de iure*: si la cantidad de sustancia es elevada, ello significa que su fin es la distribución a terceros y por tanto es típica a efectos del art. 368, CP. Tal modo de razonar puede ser válido cuando la cantidad es tan elevada que sea absurdo pretender que su fin es exclusivamente facilitar, por motivos piadosos, el consumo de quien la recibe, pero no en otros casos.

Véase la STS 665/2014, 16-10 (*Tol 4530265)*, donde el acusado proporciona a su hijo elevadas dosis de cocaína, sustancia a la que era adicto. El Tribunal Supremo decide condenar al padre, aun haciendo constar que no existe prueba de que las entregas fueran más allá que para el propio consumo de su descendiente, adicto. Así se hace constar en el relato de hechos probados "sin que se haya demostrado que el acusado adquiriese tales sustancias para destinarlas al tráfico con terceras personas"; "sin que se haya demostrado que tales sustancias fuesen suministradas a Rosendo, con ánimo de obtener un ilícito beneficio económico, por el acusado Matías". Sin embargo el Tribunal considera que no pueden comprenderse los hechos como atípicos, basándose únicamente en la cantidad: "si bien es cierto que esta misma Sala, en las Sentencias mencionada en la Resolución de instancia y en otras anteriores y posteriores a esas, ha venido acogiendo, en efecto, la tesis de la ausencia de antijuridicidad, en ciertos supuestos de entrega de drogas a parientes o allegados, no debe olvidarse que siempre se ha tratado de casos de facilitación de pequeñas cantidades destinadas a aliviar los padecimientos propios del síndrome de abstinencia que sufre el destinatario de la misma y no, como en el propio "factum" de la recurrida se refiere, de un suministro continuado en el tiempo, de una elevada cantidad de droga (105 grs.), lo que no puede en modo alguno aceptarse, en el caso que nos ocupa, ya que ello supone facilitar el mantenimiento de la situación de consumidor del destinatario, existiendo, como existen, otras opciones o alternativas terapéuticas tendentes, a medio o largo plazo, a la superación del trastorno por consumo abusivo de substancias tóxicas de ilícito tráfico que el hijo de Antonio sufría".

El segundo, relativo a la adicción previa del destinatario parece una demanda lógica para estos supuestos, pues si el fin es aliviar al adicto o logar la deshabituación del mismo, no cabría que las sustancias se entregaran a personas que no las consumen con asiduidad.

Por su parte, el tercer requisito, relacionado con la persona que hace la entrega de la droga, parece que viene a establecer una cierta sospecha respecto de aquellos que entregan estupefacientes sin que exista una relación previa de parentesco o amistad con el consumidor: la Jurisprudencia ha decidido que solo esa preexistente relación puede dar lugar a la atipicidad, pues lo contrario se contempla como un indicio de tráfico de drogas. En cualquier caso, no es disparatado argumentar que estos fines pietistas pueden alcanzar a cualquier persona, sin necesidad de relación previa (piénsese, por ejemplo, en el caso de visitas realizadas a un establecimiento penitenciario, donde se conoce que el compañero de celda de la persona allegada sufre del mismo problema y está pasando por momentos difíciles. En la siguiente visita se decide traer también una pequeña cantidad para el compañero).

5. No obstante, parece imposible (salvo que se dé el consumo de la dosis en el momento de la entrega y frente al que la suministra) esquivar completamente el riesgo de difusión. Pero el hecho de que el sujeto que teóricamente va a ser el consumidor decida finalmente dársela (o vendérsela) a un tercero, no puede repercutir en la finalidad con la que el tercero se la entrega. Que exista el producto, aunque sea una sola dosis, significa que también existe el riesgo de que se

difunda, de modo que pasa aquí algo parecido a lo que ocurre con respecto a la cantidad: tal criterio podrá operar como un mero indicio de que la finalidad del sujeto no era *paliar* o deshabituar a un consumidor necesitado de ayuda, sino la difusión de la sustancia entre terceros.

Al respecto de las entregas a personas privadas de libertad habrá que tener también en consideración las pocas ocasiones donde los sujetos pueden contactar, lo que indica que las cantidades entregadas deben ser mayores que si el sujeto estuviera en libertad.

El problema, como puede comprobarse, radica en que estos indicios suelen utilizarse como verdaderos requisitos que cuya ausencia conlleva directamente la tipicidad de la conducta. Ello provoca, en palabras de DOPICO GÓMEZ-ALLER, un "manejo cuestionable de la carga de la prueba" y la "estandarización de la prueba de descargo", pues existiendo una duda a la hora de decidir entre la hipótesis de cargo y la absolutoria, se condena siempre que el sujeto no puede probar con total certeza la de descargo, teniendo en cuenta, además, que la única manera de probarlo son los requisitos que la Jurisprudencia ha determinado, con o sin asidero legal.

Este modo de proceder parece aún más injusto en relación con el último de los requisitos, el de la ausencia de precio, pues ello nada tienen que ver con los elementos típicos del art. 368, CP (tanto es así que, en otra serie de supuestos, la Jurisprudencia afirma abiertamente la indiferencia de la presencia de ánimo de lucro). En efecto, si la existencia de precio o contraprestación —o el ánimo de lucro— no es un elemento típico, no se entiende por qué debe necesariamente estar ausente para considerar la atipicidad de la conducta. El mismo razonamiento realizado respecto a los criterios anteriores puede hacerse sobre este requisito: la contraprestación puede jugar como indicio de la existencia de tráfico y, conjugada con otras circunstancias, podrá dar lugar a un pronunciamiento condenatorio. Pero en otras ocasiones, su existencia, lejos de ser un indicio determinante de criminalidad, puede aparecer como una necesidad del tercero (carente de recursos) que tiene que adquirir la droga (de valor económico elevado, en muchos casos) para poder luego entregarla.

6. Finalmente, cuando se trata de entregas piadosas a internos recluidos en prisión, debe advertirse que, desde luego, es importante el mantenimiento del régimen dentro de los centros penitenciarios, y el incumplimiento de tal régimen podrá dar lugar a la aplicación de sanciones administrativas para el interno, pero penalmente no debe provocar la conversión de lo atípico en típico, porque el daño para la salud pública es el mismo ya esté el sujeto destinatario privado o no de libertad (DOPICO GÓMEZ-ALLER, MANJÓN-CABEZA OLMEDA).

7.2. Consumo compartido

1. Este segundo grupo de casos, más nutrido jurisprudencialmente, incluye aquellas situaciones donde se producen actos de provisión y consumo de drogas, penalmente atípicas, con la particularidad de que se producen en el seno de un grupo de sujetos y no por una única persona. Su fundamentación se basa en la lógica de que si el consumo (y las actividades destinadas a proveerlo) es penalmente atípico, debe serlo también el consumo compartido.

> Véase la STS 596/2015, 5-10 (*Tol 5579452)*: "En realidad la doctrina de la atipicidad del consumo compartido, desarrollada por el espíritu innovador de esta Sala hace dos décadas, viene a mitigar la desmesurada amplitud que alcanzaría el tipo penal en caso de no ser interpretado en función de las necesidades estrictas de tutela del bien jurídico protegido, la salud pública. Los comportamientos típicos deben ser los idóneos para perjudicar la salud pública porque promuevan, favorezcan o faciliten el consumo ilegal de drogas tóxicas o estupefacientes, objetivo o finalidad que debe estar presente en todas las acciones que se incluyen en el tipo, incluida la posesión, el cultivo e incluso la elaboración o el tráfico, pues ni el tráfico legal, en el ámbito farmacéutico por ejemplo, ni el cultivo con fines de investigación o consumo propio, constituyen conductas idóneas para promover, favorecer o facilitar el consumo ilegal por terceros, y en consecuencia no están abarcados por el amplio espectro de conductas que entran en el radio de acción del precepto".

También se denominan supuestos de bolsa común o de servidor de la posesión, pues suele ser una persona la que realiza determinados actos (normalmente la adquisición de la droga) para el posterior reparto entre el grupo de consumidores.

Dentro de este grupo de casos también suelen considerarse los de "invitación socialmente adecuada" o de "invitación al consumo entre convivientes", en los que la persona no ha adquirido la droga como mandatario de otros, pero en el momento del consumo la ofrece a sus allegados presentes o a sus convivientes. Por cuestiones de adecuación social estas últimas también se reputarían como atípicas, a pesar de poder ser formalmente subsumidas en el art. 368, CP.

> Así SSTS 715/1993, 25-3 (*Tol 5155921)*, o 72/1996, 29-1. Se vuelve difícil encontrar Jurisprudencia reciente sobre este particular, siendo más común que se absuelva por cantidad insignificante de la que no hay prueba de la pureza (pudiendo considerarse que dadas las circunstancias —una sola dosis-sin prueba de la pureza, la conducta puede quedar por debajo de la dosis mínima psicoactiva. Así STS 165/2006, 22-2 (*Tol 846371)*.

2. Como en los supuestos de entrega compasiva, también en los de consumo compartido la Jurisprudencia ha marcado una serie de requisitos para considerar si las conductas son o no típicas en el caso concreto. Así, el primero de ellos hace referencia a que (1) los sujetos deberán ser consumidores habituales o adictos de la sustancia en concreto; el segundo está relacionado con el lugar de consumo, pues éste debe (2) llevarse a cabo en lugar cerrado; el tercero vuelve a hacer re-

ferencia a los sujetos, indicando que (3) tiene que tratarse de un grupo reducido, con individuos identificables o determinados. (4) Con respecto a la cantidad, esta debe ser reducida, limitada al consumo diario, para su consumo inmediato.

> Véase en este sentido el ATS 2356/2024, 8-2, o las SSTS 816/2021, 27-10 (*Tol 8644780)*; 87/2019, 19-2 (*Tol 7083450)*; 360/2015, 10-6 (*Tol 5185902)*, y 484/2013, 7-9 (*Tol 3988460)*: "1º) Los concernidos deben ser consumidores habituales de la sustancia prohibida o adictos que se agrupen para consumirla. Limitación que pretende evitar supuestos de favorecimiento del consumo ilegal por terceros, que es precisamente la conducta que sanciona expresamente el tipo, salvo los que ya fuesen consumidores habituales de la sustancia en cuestión. 2º) El consumo de la sustancia debe llevarse a cabo "en lugar cerrado". La finalidad de esta exigencia es evitar la promoción pública del consumo y la difusión de la sustancia a quienes no forman parte de los inicialmente agrupados. 3º) Deberá circunscribirse el acto a un grupo reducido de adictos o drogodependientes y ser éstos identificables y determinados. 4º) No se incluyen en estos supuestos las cantidades que rebasen la droga necesaria para el consumo inmediato. En consecuencia, solo se aplica a cantidades reducidas, limitadas al consumo diario".

3. Similares críticas a las vistas en el apartado anterior pueden realizarse respecto de estos requisitos jurisprudenciales. Con relación al primero de ellos, la consideración de que los consumidores deban ser habituales o adictos, la Doctrina se ha mostrado muy crítica: el autoconsumo es penalmente atípico para todos, incluso para quien no ha probado aun la sustancia, y ello a pesar de que el fin del tipo del art. 368, CP pueda ser evitar la expansión del consumo: este es atípico, aunque sea el del no iniciado. Sin duda, que los sujetos sean consumidores esporádicos, habituales o grandes consumidores puede servir a efectos de determinar la cantidad que necesitarán para satisfacerse; pero nada más allá de eso.

Con respecto a la determinación del lugar donde se produce el consumo, tampoco se entiende por qué éste debe desarrollarse en lugar cerrado: el consumo en público puede dar lugar a la sanción administrativa del consumidor, pero el comportamiento deberá continuar reputándose como penalmente atípico. De este modo, no puede entenderse que, a estos efectos, si el consumo es plural, este deba tener lugar alejado de la mirada de terceros.

Parecidas consideraciones deben hacerse respecto de la tenencia en cantidades "que rebasen la droga necesaria para el consumo inmediato". Si para el consumidor individual cabe la posibilidad de establecer una cantidad superior a una dosis, para los llamados "días de acopio", ello también debe ser posible en el caso de varios consumidores. La Jurisprudencia suele tener en cuenta las circunstancias del caso, relajando el requisito de la cantidad si de las circunstancias del caso enjuiciado se desprende que la misma iba a ser consumida por varios individuos en un determinado tiempo.

> Véase así la STS 382/2022, 20-4, donde la acusada fue descubierta con 2,66 gramos de MDMA y de 20,3 grs. de hachís, en las inmediaciones de acceso a un festival de música: "es también razonable la argumentación desarrollada en el recurso, sobre la de-

tención en la puerta del festival, sin dinero que evidenciara actos de venta, sin compartimentar la sustancia, que permitiría conjeturar sobre la disposición a su comercialización en dosis mínimas de consumo y la expresión de estancia con amigos (4) en un ambiente lúdico". El Tribunal absuelve a la acusada con base en que dadas las circunstancias del caso era posible considerar el relato fáctico de la acusada, siendo el comportamiento, por tanto, atípico.

De destacar es el caso de la STS 1152/2011, 7-11. En ella el acusado había sido condenado por facilitar el consumo ilegal, a tenor de los siguientes hechos: un tercero, desconocido que pasaba en vehículo por la zona, le pidió que adquiriera unas dosis de rebujito (mezcla de heroína y cocaína), ofreciéndole a cambio, compartir las dosis con él. El sujeto del vehículo le explicó que tenía problemas con los vendedores, por lo que él no podía ir personalmente a comprarla. El sujeto fue detenido cuando estaba a punto de entregar las dosis compradas al hombre del vehículo. El TS absuelve argumentando que no se trata más que de un acto de (adquisición y) consumo compartido: "ambos sujetos intervinientes en la consecución de la droga son consumidores y no le falta razón, si bien entre ellos se establece una relación muy singular. Para obtener la droga ambas personas, el mandante del encargo y el mandatario, con el fin de satisfacer su adicción, uno contribuye con dinero y otro despliega la actividad dirigida a la obtención de la sustancia tóxica deseada, participando en un objetivo común. Ambos se conciertan para obtener la droga y la consiguen porque ambos son consumidores, y por ende su conducta es impune. De no entenderlo así, el que encomendó la gestión al acusado recurrente también debió ser imputado, juzgado y condenado, porque en última instancia facilitó el consumo a un drogadicto, entregándole parte de la droga comprada, es decir, como pago de la gestión le facilitó una porción de droga para que la consumiera (favorecimiento del consumo). Esta insólita interpretación del suceso nos permite concluir, que sin apartarse del tenor de los hechos probados, ambos obtuvieron la droga para consumirla, dada su condición de drogodependientes con mayor o menor adicción, y por tanto no merece ninguno de ellos la consideración de traficantes o facilitadores de la droga, cuando ambos, de acuerdo con sus medios, la obtuvieron para el propio consumo (autoconsumo), como lo indica la cantidad escasa o poco relevante de la misma".

7.3. Especial referencia a las asociaciones cannábicas

1. Es en el marco de la Jurisprudencia sobre consumo compartido donde surge idea de crear asociaciones en las que los consumidores puedan, de común acuerdo, plantar cannabis para su posterior consumo, aportando unas cuotas para la producción que luego, una vez recogida la cosecha, podrán retirar para su consumo.

Según MUÑOZ SÁNCHEZ, la idea surge "en el contexto de la política de reducción de daños y riesgos asociados al consumo en el marco de un modelo prohibicionista, que no castiga el consumo ni la posesión para el consumo", y tiene como germen un informe jurídico del año 2000 "un Informe jurídico sobre la viabilidad legal del uso terapéutico del cannabis y del establecimiento de centros donde se pueda adquirir y consumir tal sustancia, encargado por la Consejería de Asuntos Sociales de la Junta de Andalucía a la Sección de Málaga del Instituto Andaluz Interuniversitario de Criminología. El citado informe concluyó que tales iniciativas no debían tropezar con problemas legales. A tal conclusión se llegó a partir de la doctrina jurisprudencial de la impunidad del consumo compartido". En cualquier caso, ese informe pudo servir de base para las actuaciones a partir del nuevo siglo, pero asociaciones de este tipo ya habían sido estudiadas por la Jurisprudencia a finales de la década de 1990.

Así, de manera general, la plantación de cannabis (ilícita, pues no cuenta con autorización administrativa) se consideraría penalmente atípica, siempre que el fin sea el consumo propio. Y ello podría extenderse también a un grupo de consumidores constituidos en lo que se conoce como asociaciones cannábicas. De hecho, durante más de una década, algunos tribunales estimaron que, cuando los requisitos vistos anteriormente para el consumo compartido se observaran (algunos de manera relajada), estas actuaciones podían formar parte de los actos para obtención de las sustancias que recaen del lado de los consumidores (y, por tanto, serían atípicas).

2. No obstante, llegó un momento en el que estas asociaciones o clubes dejaron de ser vías rudimentarias para posibilitar el consumo compartido, convirtiéndose en entidades con miles de socios, en las que se plantaba cannabis de forma extensiva (casi industrial), y donde sus numerosos miembros podían retirar cantidades notables a cambio del pago de una cantidad. Los costes en energía eléctrica eran, en muchas ocasiones, tan elevados que las asociaciones "enganchaban" la luz a postes públicos, cometiendo delitos de defraudación de fluido eléctrico, con el fin de hacer frente a los altos costes que requiere un gran invernadero. En ocasiones fue precisamente ese disparatado consumo de energía lo que hizo que las autoridades se personaran en el lugar. Este modo de actuar (obtención de energía para mantener la plantación mediante fraude) es común también en el caso de plantaciones de estupefacientes que nada tienen que ver con las denominadas asociaciones cannábicas.

En la Jurisprudencia, sobre asociación cannábica y defraudación de fluido eléctrico, por ejemplo, STS 695/2022, 8-7 (*Tol 9124094)*.

Estas asociaciones estuvieron operativas y fueron creciendo desde finales de la década de 1990 hasta aproximadamente el año 2015 funcionando con regularidad, lo que les permitió incluso constar en de los registros autonómicos oficiales de asociaciones (según SILVA FORNÉ, hasta 2015, en España llegaron a existir más de mil clubes con un total cerca de 150.000 usuarios). Muchas de estas entidades afirmaban abiertamente en la documentación necesaria para el registro que su finalidad u objeto social era la promoción del consumo de cannabis mediante el cultivo y la distribución de esta sustancia entre sus socios, lo que podía causar un conflicto, pues el Reglamento del Registro Nacional de Asociaciones recoge en su artículo 30 el deber del órgano competente de dar traslado al Ministerio Fiscal cuando se encuentren indicios racionales de ilicitud penal.

Ello provocó que la Fiscalía General del Estado emitiera la Instrucción 2/2013, sobre algunas cuestiones relativas a asociaciones promotoras del consumo de cannabis, en la que se afirmaba: "Dichas actividades de cultivo de la sustancia estupefaciente podrán tener relevancia penal cuando estén pre-ordenadas a su distribución entre terceras personas, incluyendo en este concepto la difusión entre los integrantes de la asociación investigada" y que "en todo caso, el cultivo de cannabis, así como la posesión de esta planta o de sus derivados, aunque sean para uso privado, constituyen actividades ilícitas, salvo que se cuente con las correspondientes autorizaciones administrativas. En su virtud, cuando los Sres. Fiscales no aprecien relevancia penal en el ámbito de sus propias diligencias o en el de las realizadas por los órganos jurisdiccionales respecto de dichas actividades, deberán acordar o, en su caso, instar la deducción de testimonio para su remisión a la correspondiente Subdelegación del Gobierno a los efectos procedentes en el ámbito administrativo".

De forma paralela, las Comunidades Autónomas comenzaron a trabajar en textos legales que regularan el funcionamiento de estas asociaciones. La primera en ver la luz fue la Ley Foral 24/2014, de 2 de diciembre, reguladora de los colectivos de usuarios de cannabis en Navarra. Ello fue contestado por el ejecutivo, que interpuso el recurso de inconstitucionalidad nº 1534-2015, que culminaría en la STC 144/2017, 14-12 (*Tol 6988018*). No sería la única región que tratara de regular estas actividades: posteriormente se aprobaría Ley 1/2016 del Parlamento Vasco, de 7 de abril, de Atención Integral de Adicciones y Drogodependencias, que desembocaría en la STC 29/2018, de 8 de marzo; y la Ley 13/2017, de 6 de julio, de las asociaciones de consumidores de cannabis, de la Comunidad Autónoma de Cataluña, que daría lugar a la STC 100/2018, 19-9 (*Tol 6816187*). Las tres sentencias del máximo intérprete de la Constitución declararían la inconstitucionalidad de los textos completos de Navarra y Cataluña y del art. 68 de la norma vasca, por cuestiones relacionadas con las competencias exclusivas del Estado.

3. La Jurisprudencia hasta 2015 había ido resolviendo los asuntos sobre asociaciones cannábicas en tres sentidos distintos, que consistían a grandes rasgos en:

1) Negar la posibilidad de considerar estas actuaciones dentro del consumo compartido, pues el riesgo de difusión que estas suponían era típico.

Véase así la STS 1377/1997, 17-11. DÍEZ RIPOLLÉS y MUÑOZ SÁNCHEZ consideran atípicas, generalmente, las actuaciones de las asociaciones cannábicas, en tanto no las consideran comportamientos que encajen en el favorecimiento del "consumo ilegal" que menciona el tipo del art. 368, CP, en tanto que se trataría de "una difusión limitada de la droga, destinada a un círculo de consumidores acotado, y asegurando unas pautas de consumo responsable. Tales prácticas difícilmente pueden considerarse creadoras de un riesgo relevante para la salud pública". Ello siempre y cuando en la asociación o círculo de consumidores se den los requisitos estimados para ello, esto es, a) que los usuarios sean consumidores estables no abusivos; b) una estructura asociativa de autoorganización; c) una organización que permita permanecer alejado del mercado ilegal de la droga; d) el control por la asociación de la difusión y el consumo. Como se verá a continuación, se trata de cuestiones que resultan indiferentes a la Jurisprudencia a la hora de asumir como típicas las actividades de estas asociaciones.

2) Entender que estas actuaciones estarían amparadas por la doctrina del consumo compartido y serían, por tanto, atípicas [esta interpretación fue muy frecuente en las Audiencias Provinciales: así SSAP, Vizcaya 42/2014, 16-6 (*Tol 4479280)*, o Barcelona, 86/2015, 10-3 (*Tol 4853640)*]; y

3) La posición —llamémosle intermedia—, que consideraba que dichas conductas eran típicas pero sus autores actuaban con error de prohibición —ya fuera vencible o invencible— (véase *infra*, sobre esta posición).

Dado el panorama judicial anterior, el crecimiento exponencial de los clubes en el territorio, y la promulgación de leyes autonómicas que venían a regular el funcionamiento de estas asociaciones, el TS decidió emitir una resolución de Pleno a propósito de la STS 484/2015, 7-9 (*Tol 5496760)*, que juzgó los hechos cometidos por los responsables de la Asociación de Estudios y Usuarios del Cáñamo EBERS, constituida en el año 2010 y registrada en el Registro General de Asociaciones del País Vasco (en adelante, "sentencia caso EBERS"). Previamente la AP de Bizkaia había absuelto a los acusados, por entender que su comportamiento era atípico, en tanto que "cultivo compartido". Siguiendo sus estatutos, los socios firmaban un "contrato de provisión de consumo"-donde especificaban que eran consumidores y hacían una estimación de cuánto podían llegar a consumir en períodos de tiempo de seis meses— y un "acuerdo de cultivo colectivo". De este modo, EBERS puso en funcionamiento un sistema de cultivo para satisfacer las necesidades expresadas de sus socios, contando con un jardinero para el mantenimiento de las plantas, y preparando posteriormente la sustancia para el consumo, que se envasaba y era entregada a los socios según la previsión del consumo presentada (con un límite de dos gramos diarios, al precio de dos euros/ gramo). La Asociación contaba con un reglamento de régimen interno que los socios se comprometían a cumplir (bajo sanción de expulsión), en el que, entre otras normas, se prohibía exhibir en la calle lo adquirido en la asociación, salir del local fumando cannabis, traficar con la sustancia adquirida (a cambio de precio o gratuitamente) o que terceros desconocidos esperaran a los socios en los alrededores del local. En el momento de la intervención policial, la asociación contaba con 290 miembros.

En el momento de su enjuiciamiento, los hechos probados declararon: "No ha quedado acreditado que la asociación tuviera como finalidad, y esa fuera su actividad real, pura y simplemente, la distribución a terceras personas de marihuana o cannabis en cualquiera de sus formas, ni la participación de ninguno de los acusados en dicha actividad. No ha quedado acreditado ningún caso en el que la droga se hubiere entregado, por ninguno de los acusados, a ninguna persona que no tuviera la condición de socio. No ha quedado acreditado que las cantidades obtenidas por las cuotas de inscripción o al adquirirse las cantidades de droga por los socios tuvieran otro destino que el de sufragar la mencionada actividad de abastecimiento por parte de la asociación, en particular no ha sido demostrado ningún enriquecimiento ilícito por parte de ninguno de los acusados en su participación diversa en las actividades de la asociación, ni tampoco por parte de la asociación. No ha quedado acreditado que en ningún caso se hubiera entregado a un socio una cantidad mayor de marihuana que la que le correspondiera en virtud del contrato de previsión de consumo mencionado. Tampoco ha quedado acreditado que ninguno de los acusados tuviera la intención de que la droga fuera difundida entre quienes no fueran socios ni que consintieran o aceptaran la entrega de droga por parte de ningún socio a terceros a título oneroso o gratuito" (sentencia caso EBERS).

Al respecto, en la misma sentencia, el Tribunal Supremo recuerda que el art. 368, CP "no sanciona el consumo, pero si toda actividad que lo promueve" y que el cultivo es, además, una de las conductas típicas especialmente mencionadas en el tipo. También reconoce que "todas las actuaciones personales que van destinadas al propio consumo (ilegal, pero no penalmente prohibido) son atípicas en nuestro Ordenamiento, aunque supongan facilitar o promover un consumo ilegal (la adquisición, la solicitud, incluso la producción...), también el cultivo es atípico cuando no se detecte alteridad presupuesto de la intervención penal: facilitar o favorecer el consumo de otros". Y es precisamente esa alteridad la que concurre, según el Tribunal, en el caso concreto de las asociaciones cannábicas (o al menos en aquellas con características similares a las del caso). Así, en su fundamento jurídico sexto afirma que no puede aplicarse la doctrina del consumo compartido a "iniciativas asociativas como la ahora analizada", porque la Sala de instancia la ha "estirado hasta llegar a romper sus costuras". Y ello porque el riesgo de difusión de la sustancia y la incapacidad de controlarlo es patente en la situación creada por los responsables de la misma. Así, insiste el Tribunal en que el salto entre una situación de consumo compartido entre conocidos-supuesto clásico de bolsa común— y estas asociaciones no es únicamente cuantitativo sino cualitativo: se trata de una estructura "metódica, institucionalizada, con vocación de permanencia y abierta a la integración sucesiva y escalonada de un número elevado de persona" que no puede asimilarse a una "reunión entre amigos".

Cfr. FJ 10ª de la sentencia del caso EBERS: "La magnitud de las cantidades manejadas, el riesgo real y patente de difusión del consumo, la imposibilidad de constatar con plena certidumbre la condición de consumidores o usuarios de la sustancia, así como de controlar el destino que pudieran dar al cannabis sus receptores desbordan no solo los términos más literales en que se desarrolla esa doctrina (que no es lo fundamental como recuerda la sentencia de instancia atinadamente), sino sobre todo su filosofía inspiradora. No se trata de imputar a los responsables de la Asociación el mal uso por parte de algunos socios o el incumplimiento de sus compromisos; es que precisamente esa incapacidad de controlar inherente a la estructura creada comporta el riesgo de difusión que quiere combatir el legislador penal. Por supuesto que a los directivos de la Asociación no se les puede atribuir responsabilidad por el hecho de que un socio haya hecho entrega a persona no consumidora de parte de la sustancia; o si la vende traicionando sus obligaciones asociativas. Pero sí son responsables de crear la fuente de esos riesgos incontrolables y reales cuando se manejan esas cantidades de sustancia que se distribuyen a doscientas noventa personas cuyas actitudes o motivaciones no pueden fiscalizarse. [...] Hay un salto cualitativo y no meramente cuantitativo, como pretende el Tribunal a quo, entre el consumo compartido entre amigos o conocidos, —uno se encarga de conseguir la droga con la aportación de todos para consumirla de manera inmediata juntos, sin ostentación ni publicidad—; y la organización de una estructura metódica, institucionalizada, con vocación de permanencia y abierta a la integración sucesiva y escalonada de un número elevado de personas. Esto segundo —se capta intuitivamente— es muy diferente. Aquello es asimilable al consumo personal. Esta segunda fórmula, en absoluto. Se aproxima más a una cooperativa que a una reunión de amigos que comparte una afición perjudicial para la salud, pero tolerada. Estamos ante una actividad nada espontánea, sino preconcebida y diseñada para ponerse al servicio de un grupo que no puede considerarse "reducido" y que permanece abierto a nuevas y sucesivas incorporaciones. [...] Uno de los requisitos exigidos para considerar la atipicidad del consumo compartido, es la exclusión de actividades de almacenamiento masivo, germen, entre otros, de ese "peligro" que quiere desterrar el legislador. [...] La filosofía que late tras la doctrina jurisprudencial que sostiene la atipicidad del consumo compartido de sustancias estupefacientes también puede alcanzar, en otro orden de cosas, a la decisión compartida de cultivo de la conocida como marihuana para suministro en exclusiva a ese grupo de consumidores en condiciones congruentes con sus principios rectores que hacen asimilable esa actividad no estrictamente individual al cultivo para el autoconsumo. Se distancia así esa conducta tolerable penalmente de una punible producción por estar puesta al servicio del consumo de un número de personas indeterminado ab initio y abierta a incorporaciones sucesivas de manera más o menos indiscriminada y espaciada, mediante la captación de nuevos socios a los que solo se exige la manifestación de ser usuarios para hacerlos partícipes de ese reparto para un consumo no necesariamente compartido, inmediato o simultáneo. [...] No se trata tanto de definir unos requisitos estrictos más o menos razonables, como de examinar cada supuesto concreto para indagar si estamos ante una acción más o menos oficializada o institucionalizada al servicio del consumo de terceros (aunque se la presente como modelo autogestionario), o más bien ante un supuesto de real cultivo o consumo compartido, más o menos informal pero sin pretensión alguna de convertirse en estructura estable abierta a terceros".

En el FJ 5º, la sentencia afirmaba: "A nivel europeo es digna de mención alguna reciente iniciativa en Alemania (aunque el grupo que la promueve y el marco normativo europeo imperante hacen presagiar fundadamente que no llegará a puerto) destinada a regular el consumo de Marihuana mediante una Ley específica (*Cannabiskontrollgesetz*)". Quizá los nuevos vientos en diversos países europeos, con Alemania a la cabeza, terminen en una reinterpretación del consumo compartido y los clubes cannábicos, más cerca de la Jurisprudencia ahora ya minoritaria o desaparecida.

Se trataría, por tanto, de una "acción más o menos oficializada o institucionalizada al servicio del consumo de terceros (aunque se la presente como modelo autogestionario)" (sentencia del caso EBERS).

DOPICO GÓMEZ-ALLER, al respecto de la fina línea que separa la doctrina del consumo compartido y la oferta de drogas tóxicas: "siguen siendo un acto colectivo del lado de los consumidores, pero que ya contemplan una 'vertiente social o comunitaria', 'un aspecto de lesividad supraindividual, un componente colectivo socialmente relevante'". De la opinión contraria, y en concreto sobre el caso analizado, MUÑOZ SÁNCHEZ: "Efectivamente el cultivo o almacenamiento de una gran cantidad de droga supone un riesgo de su difusión, pero tal riesgo por sí solo no es un riesgo típico. [...] La jurisprudencia de forma unánime ha sostenido que la posesión de una pequeña cantidad de droga que no sobrepase la provisión de la cantidad necesaria para el consumo de 5 o 10 días por parte de un consumidor no supone un riesgo de transmisión a terceros y presume que la posesión de la droga es para consumo personal. En el caso que analizamos cada socio solo puede sacar de la asociación 2 gramos diarios. Salvo que sea de peor condición el poseer droga procedente del autocultivo que cuando proviene del mercado ilegal, no se entiende por qué en estos casos se alude a un riesgo típico, y no cuando la droga procede del mercado ilegal".

Una vez declarado la situación como plenamente típica a efectos del art. 368, CP, la sentencia del caso EBERS analiza lo relativo al error de hecho o de derecho en que podían haber incurrido los acusados en el caso (FFJJ 4º y ss. de la segunda sentencia), zanjando con ello el debate abierto sobre la posibilidad de considerar las situaciones en las que el sujeto cree estar ante un supuesto de atipicidad cuando en el plano fáctico no es así, como un caso de error de tipo (al estimar que se trata de un error que recae sobre el elemento del tipo "consumo ilegal"). Para el Tribunal Supremo el caso EBERS se trata, sin duda, de un error de prohibición, pues dicho error versa sobre "el conocimiento equivocado sobre el ámbito y alcance de la prohibición": "no se trataría solo de la creencia de estar ante un consumo legal en contraste con un consumo ilegal, que es la base de la que parte el Fiscal para reconducir el debate al error de tipo. Es otro el enfoque: creer que la notoria prohibición legal de cultivar y distribuir sustancias estupefacientes no abarca en virtud de ciertas interpretaciones judiciales las actividades de esas asociaciones si se atienen a ciertos requisitos, es estar confundido no sobre un elemento fáctico configurador de la conducta típica; ni siquiera sobre una especie de excusa absolutoria o sobre los requisitos de una "anómala" eximente. Versa el conocimiento equivocado sobre el ámbito y alcance de la prohibición [...]".

En contra de este punto de vista MUÑOZ SÁNCHEZ: "los acusados no ignoran el Derecho, sino que no tiene conciencia de estar realizando los elementos del tipo del artículo 368 del Código penal".

En cualquier caso, el Tribunal del caso EBERS consideró que un error tal podría, a lo sumo, considerarse vencible (en ningún caso invencible), pues el prohibicionismo en materia de drogas forma parte, según el órgano juzgador, del saber común. En este sentido, la posibilidad de error vencible se admite en el caso enjuiciado, pero se deja patente que ello es porque puede desprenderse del relato fáctico, no siendo aplicable directamente a cualquier caso similar, pues dependerá de las circunstancias concretas y siempre que los hechos sean anteriores a esta resolución. Admite, por tanto, que las circunstancias sociales vigentes hasta entonces permitían fundamentar la posibilidad del error en los responsables de estos clubes.

> "Era exigible mayor cautela y un mínimo esfuerzo sincero de indagación. Porque, y esto es determinante, lo que resulta patente como se explicó en la anterior sentencia es la contradicción con la legalidad de la actividad desplegada. La conciencia de que sopesaban y se representaron como posible la antijuricidad de su actividad queda evidenciada por la forma en que se redactan los Estatutos de la Asociación. Demuestran conocer mediante cita expresa de algunas sentencias (que, leídas, distan mucho de proporcionar marco legal a la actividad asociativa) los angostos márgenes de la doctrina del consumo compartido. [...] Se suele razonar que una duda, incluso tenue, sobre la licitud de la conducta es suficiente para integrar la primera vertiente. Es más, ese estándar se mitiga con criterios normativos: basta con ser conscientes de circunstancias que aconsejarían verificar la licitud de la conducta. Con esta matización se quiere evitar primar a quien por su actitud de indiferencia hacia el Derecho ni siquiera se plantea si su conducta es o no lícita (el sujeto no duda nada porque el derecho le resulta indiferente). Se estimará en consecuencia que estamos ante un error vencible de prohibición. Esta no es sin más doctrina generalizable. Es una cuestión de caso concreto, aunque existen unos parámetros sociológicos, políticos y judiciales que, al menos hasta esta sentencia, sí conforman un denominador común de asuntos similares. Pero ello no obsta a que en cada supuesto a la vista de las circunstancias personales y casuística específica se pueda llegar a una respuesta singularizada que no tiene por qué coincidir con la aquí acogida" (sentencia del caso EBERS).

5. No obstante, posteriormente la STC 146/2017, 14-12, declararía que esa sentencia del Tribunal Supremo había vulnerado los derechos de los demandantes a un proceso con todas las garantías y la defensa, por infracción concretamente de la garantía de audiencia personal en segunda instancia. La STS 91/2018, 21-2 (*Tol 6517660)*, que sustituiría a la aquí estudiada, consideró que el error fue invencible para los sujetos acusados, que resultaron por tanto absueltos.

6. Las recientes SSTS 534/2021, 17-6 (*Tol 8493843*); 722/2020, 30-12 (*Tol 8280489)*, y 508/2021, 10-6 (*Tol 8485099)*, reconocen asimismo la invencibilidad del error de los responsables de una asociación de esa naturaleza. No obstante, los hechos probados datan de fechas anteriores a la sentencia ahora analizada.

Por su parte, consideró el error de prohibición de carácter vencible las SSTS 219/2022, 9-3 (*Tol 8871716)* (en la que cabe destacar que "dispusieron de una resolución dictada por la Agencia española de medicamentos y productos sanitarios que 'sin ambages estableció que no era posible conceder la autorización que se pedía para el cultivo del cannabis' por tratarse de un producto incluido en la lista IV de la CV de 1961"); 200/2022, 3-3 (*Tol 8871902)* (también de hechos anteriores a la sentencia de pleno de 2015, cuestión que la misma sentencia tiene en cuenta para considerar el error: "La ilegalidad no era notoria y evidente, sino que permitía albergar con cierto fundamente otras alternativas. Cualquier duda al respecto, lo admite el propio recurso, quedó disipada con la STS (Pleno) 484/2015, 7-9 (*Tol 5496760)*, tras la que, según ha acreditado documentalmente, LA MACA cesó su actividad"); y la STS 855/2021, 10-11 (*Tol 8649712)*. Por su parte, considera no haber lugar a error —ni vencible ni invencible— la STS

695/2022, 8-7 (*Tol 9124094)*, pues aun siendo los hechos anteriores a 2015, el Tribunal considera que de ningún punto de los hechos probados puede extraerse la existencia de un error y que los principales responsables de la asociación no eran legos en Derecho (uno abogado en ejercicio, del otro solo se afirma que tenía una gestoría).

En el caso de revisión de pronunciamientos de instancia absolutorios por aplicación de error invencible, *vid.* STS 508/2021, 10-6 (*Tol 8485099)*, que mantiene la absolución; y, por contra, *vid.* STS 722/2020, 30-12 (*Tol 8280489)*, que reenvía el caso al Tribunal de instancia para que dicte nueva sentencia ("a fin de que dicte otra en la que se recojan en el hecho probado todas las apreciaciones fácticas sobre las circunstancias del hipotético desconocimiento de la ilicitud de la conducta por parte de los acusados (especificando expresamente si las considera probadas, o solo posibles o probables), extrayendo con libertad de criterio las conclusiones jurídicas procedentes, ratificando o variando el anterior pronunciamiento en los términos que considere oportuno").

La admisión de la presencia del error de prohibición impedía a su vez la aplicación del delito de asociación ilícita o grupo criminal, pues estas conductas necesitan la constatación en el sujeto activo de la conciencia de que las acciones promovidas por la asociación o grupo son constitutivas de delito. De este modo, el error de prohibición apreciado en el caso del art. 368, CP se tornaba error de tipo en el supuesto de los artículos 515-517, CP y 570 ter y 570 quater, CP, pues estas dos figuras penales incorporaban un elemento normativo ("*delitos o faltas*"); error de tipo que, incluso aunque fuera vencible, no daría lugar a responsabilidad penal, dada la atipicidad de las asociaciones ilícitas o grupos criminales imprudentes [este mismo razonamiento puede observarse en la STS 597/2023, 13-7 (*Tol 9647921)*]. Conforme a ello, el Tribunal Supremo desestimó la pretensión condenatoria del Ministerio Fiscal, que solicitaba la aplicación, en régimen de alternatividad, de estos delitos de organización.

En el mismo sentido y más reciente la STS 695/2022, 8-7 (*Tol 9124094)*. Por otra parte, y aunque no existe casuística en la materia, sería posible atribuir responsabilidad penal directamente a la asociación, vía art. 31 bis, CP.

7. La Doctrina emanada de la sentencia del caso EBERS se considera ya consolidada.

Véase la STS 695/2022, 8-7 (*Tol 9124094)*: "la STS, Pleno, 484/2015, de 7 de septiembre, la primera que en época reciente, tras la precedente STS 1377/1997, de 17 de noviembre, ha pronunciado este Tribunal respecto al cultivo a gran escala de cannabis destinado a abastecer a consumidores reunidos en asociaciones constituidas al efecto, y que proclamó la tipicidad de los comportamientos concretados en organizar un sistema de cultivo, acopio, o adquisición de sustancias tóxicas con la finalidad de repartirla o entregarla a terceras personas, aunque a los adquirentes se les imponga el requisito de haberse incorporado previamente a una lista, a un club o a una asociación o grupo similar, y aun cuando no concurra ánimo de lucro". Doctrina que, aunque en su inicio no condensó el parecer unánime de todos los Magistrados integrantes de aquel Pleno, dada la finalidad unificadora que como fuente de certeza en la interpretación de las normas incumbe a la jurisprudencia, hoy se encuentra consolidada a través de un importante número de resoluciones que la sentencia recurrida evoca. Listado de resoluciones a las que hay que añadir, para incorporar las más recientes, las SSTS 87/2019, 19 de febrero; 261/2019, de 24 de mayo; 521/2019, de 30 de octubre; 205/2020, de 21 de mayo; 378/2020 y 380/2020, ambas de 8 de julio; 564/2020, de 30 de octubre; 722/2020, 30 de diciembre; STS 508/2021, de 10 de junio; o STS 534/2021, de 17 de junio". Así también las recientes SSTS 583/2024, 12-6; 632/2024, 19-6; 511/2024, 31-5, 597/2023, 13-7 (*Tol 9647921*); 573/2023, 10-7, o 497/2023, 22-6.

Para un análisis exhaustivo del viraje en torno al asociacionismo para el autobastecimiento de cannabis véase SILVA FORNÉ.

A modo de resumen: para el Tribunal Supremo, la actividad de las asociaciones cannábicas crea riesgos típicos. La posibilidad de apreciar error se reduce al error de prohibición pues afecta al ámbito y alcance de la prohibición. A lo sumo podrá apreciarse el error de tipo vencible, pues el prohibicionismo de las drogas se trata de un saber común. En cualquier caso, se error deberá desprenderse de los hechos y no aplicarse de modo automático. La aplicabilidad de ese error desaparece —o se reduce considerablemente— cuando los hechos del caso daten de actividad posterior a la sentencia del año 2015 (Caso asociación EBERS), pues la misma zanjó el "clima social", en parte provocado por alguna Jurisprudencia, que podía confundir sobre los límites de la prohibición.

Hubiera resultado especialmente útil que el Tribunal Supremo hubiera emitido (y aún podría hacerlo, aprovechando la resolución de algunos casos que continúan llegando a día de hoy) una nueva sentencia de pleno, en la que explicitara los requisitos en los que el consumo compartido podría amparar a estas asociaciones, como ya se ensayara en el voto particular del magistrado Conde Pumpido (con la adhesión además de varios de los magistrados) en la sentencia del caso EBERS (STS 484/2015, 7-9). El magistrado proponía una serie de requisitos que hicieran compatibles estas asociaciones con la doctrina del consumo compartido. Así, por una parte, que todos los socios debieran ser previamente consumidores habituales; habría también un período de carencia entre la inscripción y la entrega de sustancias; que el consumo se llevara a cabo en lugar cerrado, exigiendo que debe ser en el interior de la propia asociación. Todo ello, sumado a que las agrupaciones no podrían suministrar cantidades mayores a la dosis necesaria para el consumo inmediato y nunca más del consumo diario máximo, las posibilidades de difusión indiscriminadas son realmente mínimas. El último requisito es que estas asociaciones deberían moverse en grupos muy reducidos donde los sujetos fueran plenamente identificables, sin superar la treintena. Sin embargo, no le falta razón a FERNÁNDEZ BAUTISTA cuando indica que, en cualquier caso, no puede ser la Jurisprudencia la que plantee un cambio de paradigma, cuando es —sin duda— algo que le corresponde al Legislador.

8. Estado de necesidad y miedo insuperable

1. El tráfico de drogas es una de las materias donde se hace más patente la capacidad del Derecho penal para atacar con contundencia al menesteroso. En efecto, en la aplicación Jurisprudencial de estos delitos, los Tribunales han de-

cidido que tanto el estado de necesidad como el miedo insuperable que tengan como sustrato la penuria económica del sujeto activo son, simple y llanamente, inaplicables, admitiéndose únicamente en algunos casos extremos (riesgo de muerte inminente o peligro grave para la salud del autor del delito de tráfico de drogas o alguno de sus allegados; o amenazas directas y graves contra la vida) y solo como medio para atemperar la pena, nunca con carácter eximente de la responsabilidad penal.

Véanse, como muestra, las SSTS 132/2019, 12-3 (*Tol 7227592*); 265/2015, 29-4 (*Tol 4988931*); 945/2013, 16-12 (*Tol 4075432*); 649/2013, 11-6; 129/2011, 10-3 (*Tol 2066921*); 853/2010, 15-10 (*Tol 1975055*); 340/2005, 8-3 (*Tol 622959*), y 231/2002, 15-2 (*Tol 4921869*). En la Doctrina véase, especialmente, GIL NOBAJAS.

El principal fundamento que la Jurisprudencia esgrime para no aplicar las mencionadas eximentes es que el mal o los males que producen los delitos de tráfico de drogas son siempre muy superiores a los que el sujeto necesitado trata de evitar consiguiendo dinero a través de estos ilícitos, y que, por lo demás, de admitirse estas exculpaciones o justificaciones se daría lugar a "impunidades inadmisibles".

En este sentido, *vid*. STS 265/2015, 29-4 (*Tol 4988931*): "Ahora bien, la jurisprudencia de esta Sala ha sido desde siempre contraria a admitir la eximente de estado de necesidad de tipo económico al tráfico de drogas, declarando que tal conducta entraña una gravedad muchísimo mayor que cualquier problema económico que pueda afectar al agente, de forma que este delito en principio y como regla general, sin que puedan excluirse supuestos excepcionales, no pueda ser compensado, ni de manera completa e incompleta, con la necesidad de tal remedio económico [...]"; STS 132/2019, 12-3 (*Tol 7227592*): "difícilmente puede apreciarse esta circunstancia en el delito de tráfico de drogas, teniendo en cuenta los gravísimos perjuicios que al conjunto de la sociedad se irrogan a la sociedad"; STS 649/2013, 11-6: "Ahora bien, la jurisprudencia de esta Sala ha sido desde siempre contraria a admitir la eximente de estado de necesidad de tipo económico al tráfico de drogas, declarando que tal conducta entraña una gravedad muchísimo mayor que cualquier problema económico que pueda afectar al agente, de forma que este delito en principio y como regla general, sin que puedan excluirse supuestos excepcionales, no pueda ser compensado, ni de manera completa e incompleta, con la necesidad de tal remedio económico (SS 23-1 y 13-2-1998, 30-10-1998, 26-1, 4-3-1999 y últimamente, 231/2002, de 15 de febrero)"; STS 636/2016, 14-7: "la apreciación por esta Sala de la eximente completa o incompleta de estado de necesidad en supuestos de tráfico de estupefacientes se limita a supuestos muy extremos, dada la elevada peligrosidad del referido tráfico. En efecto, como recuerda la STS 945/2013, de 16 de diciembre, este Tribunal de casación en innumerables sentencias, de las que pueden citarse como muestra las SSTS. 231/2000 de 15 de febrero, 1629/2002 de 2 de octubre, 924/2003 de 23 de junio, 359/2008 de 19 de junio, 468/2009 de 30 de abril, 1216/2009 de 3 de diciembre, 13/2010 de 21 de enero, 853/2010 de 15 de octubre y 129/2011 de 10 de marzo, entre otras, mantiene una línea establecida de forma constante sobre la inaplicación del estado de necesidad en delitos de tráfico de estupefacientes. [...] En aplicación de los referidos requisitos, la doctrina jurisprudencial resalta una serie de prevenciones, que hacen prácticamente inviable el estado de necesidad en supuestos de tráfico de estupefacientes, específicamente la consideración de los gravísimos perjuicios que al conjunto de la sociedad se le irrogan con el tráfico de estupefacientes (Sentencia de 14 de octubre de 1996, que impiden apreciar que el mal causado sea igual o inferior al que se quiere evitar"; STS 945/2013, 16-12 (*Tol 4075432)*: "Mas en cualquier caso, frente a unos hipotéticos males físicos o frente a una grave situación económica, no se pueden contraponer, como excusa, los gravísimos perjuicios que a la masa social se le irrogan con el tráfico de estupefacientes (ver la Sentencia de 14 de octubre de 1996), tales son la ruina personal, económica y social que con el tráfico se ocasiona a tantas personas. No cabe pues hablar de que el mal causado es igual o inferior al que se quiere evitar. De ahí que la jurisprudencia haya sido desde siempre proclive a entender que este delito no cabe ser compensado, ni de manera completa, ni incompleta, con la necesidad de tal remedio económico —Sentencia del Tribunal Supremo 292/1998, de 27 de marzo—. En consecuencia, no puede estimarse como circunstancia atenuatoria ni eximente de estado de necesidad para efectuar un viaje con la finalidad de transportar droga, el mero hecho de encontrarse en una situación económica deficiente, circunstancia que, lamentablemente, puede afectar a una generalidad de personas, que trate, sin embargo, de subsanarla por otros medios de carácter más lícitos —*cfr.* Sentencia del Tribunal Supremo de 6 julio 1999— [...]. La legitimación, total o parcial, de la conducta enjuiciada supondría la generalización de una tesis con imprevisibles consecuencias"; STS 1002/2011, 4-10 (*Tol 2268293)*: "Ha de recordarse que el delito contra la salud pública es un delito que afecta a bienes de naturaleza colectiva, es un delito de peligro abstracto-concreto, en el que los bienes jurídicos afectados son supraindividuales, en la medida en que no resulta afectada una salud individual sino las condiciones de salud que la normativa considera necesaria para una adecuada convivencia social. Desde esa perspectiva es, ciertamente, difícil que pueda afirmarse que la situación de comparación de bienes que el estado de necesidad supone, el bien sacrificado para el mantenimiento de un bien que se considera superior, pueda producirse, y el Ordenamiento considere factible sacrificar, las condiciones de salud, pública, y las potenciales individuales, por las necesidades económicas de una persona".

Es cierto que la aplicación tanto del estado de necesidad como del miedo insuperable pueden considerarse de aplicación excepcional, pues *lo normal* será que la acción típica sea también antijurídica, y que no concurran en el sujeto circunstancias que permitan apreciarlas, aparte de que, en cualquier caso, la causa de justificación (*ex* art. 20. 5ª, CP: estado de necesidad) o de exculpación (por inexigibilidad de otra conducta, *ex* art. 20.6ª, CP: miedo insuperable) deberán ser probadas por quien las alega.

Vid. ATS 289/2018, 1-2 (*Tol 6538359)*: "La apreciación de una circunstancia modificativa de la responsabilidad criminal exige, en todo caso, la acreditación del supuesto fáctico, sobre el que se asiente (*vid.* STS 139/2012, de 2 de marzo y 720/2016, de 27 de septiembre)".

Al respecto, resulta evidente que no puede bastar con la mera declaración del acusado, pero una vez constatadas en el relato fáctico las circunstancias que dan lugar a la apreciación de tales eximentes, parece claro que su posible concurrencia han de merecer una valoración seria por parte del Tribunal que juzga tales hechos.

La reciente STS 75/2024, 25-1, aunque reproduce los consabidos argumentos sobre la ausencia de proporcionalidad de los intereses en conflictos dada la presunta prevalencia de la salud pública, sí que realiza un esfuerzo de ponderación de las situaciones: "no puede ocultarse que el mantenimiento de dicha doctrina, con independencia de las concretas circunstancias del caso de que se trate, supone una suerte de virtual derogación por vía jurisprudencial del instituto del estado de necesidad en relación con el delito de tráfico de drogas que no parece del todo compatible con los fines de protección político-criminal a los que responde la causa de justificación. No puede cuestionarse la relevancia del bien jurídico de la salud pública, pero ello comporta que siempre, en todo caso y circunstancia, deba reconocérsele prevalencia frente a otros bienes jurídicos individuales conectados con los artículos 10 y 15, ambos, CE hasta el punto de decantar una regla de imponderabilidad ontológica. Insistimos. No siempre resultará proporcional atribuir al individuo de manera indiferenciada el total daño social ocasionado por la existencia de un mercado ilegal de drogas hasta el punto de ocluir cualquier expectativa de justificación de la conducta típica realizada con la finalidad de proteger bienes jurídicos individuales tan relevantes como, por ejemplo, la vida, la libertad o la dignidad personal cuando se identifique un alto riego de lesión próxima o inmediata [...]. Los informes de los Servicios Sociales del Ayuntamiento de DIRECCION002 apuntan a que los tres menores estaban, al tiempo de los hechos justiciables, en una situación de riesgo socio-personal, activándose por ello tanto su seguimiento como la concesión de distintas ayudas económicas y alimentarias por parte del Municipio. Es obvio, por tanto, que el interés de los menores adquiría, por sí, una destacada prioridad de protección, tanto para los progenitores como para los poderes públicos. Debemos analizar, también, si la comisión del delito contra la salud pública se presentaba como el medio idóneo para evitar o paliar el riesgo de lesión del bien protegido. Esto es, si solo mediante el sacrificio del bien jurídico lesionado podía evitarse la lesión del bien jurídico amenazado. Idoneidad que debe valorarse desde una doble perspectiva: primera, a la luz de las alternativas lícitas de protección de las que disponía el infractor; segunda, de la eficacia protectora que sobre el bien preponderante cabría esperar de la acción delictiva".

No obstante, en el caso se niega la posibilidad de apreciar el estado de necesidad, por falta de prueba suficiente, no solo sobre si se habían utilizado todos los medios para evitar el mal, sino también sobre si esa comisión delictiva del art. 368, CP, hubiera sido capaz de zanjar la situación de necesidad: "identificamos un amplio margen para un mayor esfuerzo probatorio que permitiera acreditar suficientemente —en este supuesto no es exigible el estándar más allá de toda duda razonable— que, dadas las circunstancias, el recurrente no podía acceder a más prestaciones o a prestaciones periódicas o de otro tipo de la Comunidad Autónoma o del Estado. Nada se acredita sobre su historial de empleo, de cotización en la Seguridad Social, de si consta, o no, inscrito en el INEM. Como tampoco se identifica despreocupación de la Administración por la propia situación de los niños que permitiera identificar que el riesgo derivaría de manera inmediata en un efectivo daño sobre su adecuado desarrollo. Esta sombra de incerteza sobre las condiciones de evitabilidad del mal debilita la justificación de la conducta delictiva. Pero no solo. Tampoco se identifica que la comisión del delito reúna, en el caso, el grado de aptitud necesaria para neutralizar eficazmente el peligro que se cierne sobre el bien jurídico que se afirma se buscaba proteger".

Sentado lo anterior, no se entiende por qué la eventual presencia de causas de justificación o supuestos de inexigibilidad de otra conducta debe descartarse *a priori* cuando se trata de hechos subsumibles en el art. 368, CP. Ni por qué se rechaza de plano la posibilidad de hacer una verdadera ponderación entre las circunstancias del sujeto, el mal que quiere evitar y el que realmente se va a producir con su conducta. Si, por norma general, el sistema penal ya produce un tratamiento desigual (pues parece innegable, a la vista de las estadísticas oficiales, que el aparato punitivo afecta más a quienes menos posibilidades económico-sociales tienen), esta irrazonable interpretación apriorística de los Tribunales viene a agravar aún más las situaciones de vulnerabilidad más penosas, al exigir pruebas inalcanzables para demostrar la miseria (TERRADILLOS BASOCO), y requerir, en situaciones que son claramente desiguales tanto desde el punto de vista social como económico, la misma adhesión al Ordenamiento para todos los individuos. Y todo ello porque, de otra manera, según el razonamiento de los magistrados, la legislación prohibicionista sobre drogas se convertiría en papel mojado. Así pues, la vigencia de la norma penal en materia de drogas bien merece, en opinión la Jurisprudencia, la revictimización del socialmente excluido.

> *Cfr.* STS 945/2013, 16-12 (*Tol 4075432*): "La situación descrita en el «factum» recurrido es lamentable como se ha indicado, pero también es genérica, porque puede ser apreciada en otros muchos casos. La legitimación, total o parcial, de la conducta enjuiciada supondría la generalización de una tesis con imprevisibles consecuencias. [...] Además, entender lo contrario, ha dicho reiteradamente esta Sala, sería tanto como abrir una puerta muy peligrosa a favor de la impunidad o semiimpunidad de los que realizan estas detestables acciones, entre cuyas resoluciones destacan, las de 23 de enero y 27 de abril de 1998. En igual sentido la de 10 de marzo de 1998. Y la de 22 de septiembre de 1999, ha insistido en subrayar que, en el caso de tráfico ilícito de drogas, la situación de penuria y dificultad económica del agente no es mal equiparable al que con el tráfico se produce en la sociedad (Sentencias de 15 de septiembre, 3 y 30 de octubre y 14 de diciembre de 1998, por lo que ha rechazado su apreciación con efectos incluso de atenuación, aun meramente analógica".

2. El tráfico *ilegal* de estupefacientes (que, quizá, podría ser drásticamente reducido de disponer el Estado de cauces para la venta regulada de estas sustancias) se nutre, en gran parte, de personas que necesitan salir de una espiral de pobreza grave de la que es muy difícil escapar, sobre todo en determinados países donde la estructura de intervención social prestada por el Estado es muy escasa o directamente inexistente, y donde ciertos derechos básicos como la atención sanitaria no están cubiertos bajo el paraguas estatal. La penuria económica es, en estas sociedades, sinónimo de inseguridad grave, enfermedad o muerte. Estas situaciones de escasez llevan aparejada la lesión grave de derechos fundamentales incluso en los países occidentales con coberturas asistenciales más amplias, pero en los países en vías de desarrollo (entre los que se encuentran la mayoría de los países productores de la materia prima empleada para fabricar los estupefacientes) las situaciones económicas deprimidas resultan en condiciones extremas, en muchas ocasiones incompatibles con la vida. Por las mismas razones, el riesgo de vulnerabilidad social se dispara cuando la persona se trata de un migrante en situación administrativa irregular.

Es en esas condiciones donde los grandes traficantes encuentran una multitud de personas dispuestas a arriesgar no solo su libertad, sino incluso su propia vida (es el caso de los *boleros* o las *mulas*, que ingieren grandes cantidades de droga para transportarlas dentro de su propio cuerpo), por cantidades pírricas de dinero en comparación con el gran valor económico que alcanza en el mercado las sustancias que estos se deciden a trasportar, en orden a paliar la penuria económica en la que se encuentran. Desde luego, no cualquier situación de estrechez económica puede tratar de arreglarse acudiendo al delito, y una vez cometido este, esperar estar exento de responsabilidad criminal. Pero las situaciones de extrema privación material deberían ser, al menos, estudiadas como circunstancias que, o bien justifican la conducta por tratarse de una situación de necesidad, o bien excluyen la culpabilidad del sujeto porque le era inexigible que actuara de otra manera. Y en los casos en los que no se no den todos los requisitos que el CP impone para su consideración como eximentes completas, deberá analizarse su posible valoración como eximentes incompletas o como atenuantes analógicas.

3. En cualquier caso, la posibilidad de apreciar estado de necesidad en el enjuiciamiento de un delito del art. 368, CP ha sido estudiada pormenorizadamente tanto por la Jurisprudencia.

La Jurisprudencia en materia de tráfico de drogas cuando discute la posible valoración de un estado de necesidad no entra a valorar si este afecta a las categorías dogmáticas de la antijuricidad o de la culpabilidad. Excede del objeto de estas páginas abordar esa interesante discusión, pero en líneas generales, aquí se seguirá la teoría unitaria considerándose, por tanto, que el estado de necesidad será justificante al hallarse un conflicto entre bienes jurídicos iguales (o males homogéneos). Se recurrirá al "estado de necesidad exculpante"-si quiere denominarse así— únicamente en determinados casos dónde el bien jurídico que se pretende salvar es "menor" que el que se va a sacrificar, cuando de las circunstancias del caso se desprenda que al sujeto le era inexigible actuar de otra manera (ex art. 20.6ª; *vid. infra* sobre miedo insuperable).

En la Jurisprudencia, y de modo general sobre el estado de necesidad, *cfr.* STS 722/2003, 12-5 (*Tol 275623*) (pronunciamiento repetidamente mencionado para pormenorizar los requisitos del estado de necesidad en sentencias posteriores). Así: "[...] Que el "estado de necesidad" exige como mínimo presupuesto de su apreciación la presencia de un conflicto de bienes o colisión de deberes que la doctrina define como una situación de peligro objetivo para un bien jurídico propio o ajeno, en que aparece como inminente la producción de un mal grave que deviene inevitable si no se lesionan bienes jurídicos de terceros o si no se infringe un deber. Por tanto los requisitos esenciales o fundamentadores de la eximente, que deben en todo caso concurrir para apreciarla como incompleta son: 1.) la amenaza de un mal que ha de ser actual y absoluto; real y efectivo, imperioso, grave e inminente; injusto e ilegítimo (Sentencias de 24 de noviembre de 1997, 1 de octubre de 1999 y 24 de enero de 2000). 2.) la imposibilidad de poner remedio a la situación de necesidad recurriendo a vías lícitas, siendo preciso que el necesitado no tenga otro medio de salvaguardar el peligro que le amenaza que el de infligir un mal al bien jurídico ajeno (Sentencias de 19 de octubre de 1998; 26 de enero y 6 de julio de 1999 y 24 de enero de 2000)."

Más reciente, *vid.* la STS 649/2013, 11-6: "Desde el plano de la eximente postulada de estado de necesidad, reiterados y numerosos precedentes de esta Sala Segunda han establecido que la esencia de la eximente de estado de necesidad, completa o incompleta, radica en la existencia de un conflicto entre distintos bienes o intereses jurídicos, de modo que sea necesario llevar a cabo la realización del mal que el delito supone —dañando el bien jurídico protegido por esa figura delictiva— con la finalidad de librarse del mal que amenaza al agente, siendo preciso, además, que no exista otro remedio razonable y asequible para evitar este último, que ha de ser grave, real y actual".

Más detallada la STS 265/2015, 29-4 (*Tol 4988931*): "merecen destacarse dos conceptos fundamentales que informan el núcleo de esta circunstancia: la proporcionalidad y la necesidad. Respecto de la proporcionalidad del mal causado se ha establecido (STS de 8 de octubre de 1996) que si el mal que se pretende evitar es de superior o igual entidad que la gravedad que entraña el delito cometido para evitarlo, y no hay otro remedio humanamente aceptable, la eximente debe ser aplicada de modo completo; si esa balanza comparativa se inclina mínimamente en favor de la acción delictiva y se aprecian en el agente poderosas necesidades, la circunstancia modificativa debe aceptarse con carácter parcial (eximente incompleta); pero si ese escalón comparativo revela una diferencia muy apreciable, no puede ser aplicable en ninguna de sus modalidades. Por lo que al elemento de la «necesidad» se refiere, ya hemos apuntado antes que la apreciación de esta circunstancia exige que el mal que se pretende evitar sea real, grave y actual o inminente, y también la comprobación de que el agente haya agotado todos los medios alternativos lícitos para soslayar ese mal antes de acudir a la vía delictiva, de tal manera que, fracasados aquéllos, no quepa otra posibilidad humanamente razonable que el delito, pues a nadie se le puede exigir la heroicidad o el martirio en este ámbito".

Especial mención cabe a la insistencia de la Jurisprudencia en el siguiente requisito, sobre todo cuando se trata de aplicar el estado de necesidad en los supuestos de tráfico de drogas: "en la esfera personal, profesional, familiar y social, es preciso que se hayan agotado todos los recursos o remedios existentes para solucionar el conflicto antes de proceder antijurídicamente" [STS 945/2013, 16-12 (*Tol 4075432)*].

El núcleo de la cuestión en este ámbito reside en la ya mencionada resistencia judicial a apreciar el estado de necesidad, basado en la comprensión de que no es posible realizar ningún sacrificio del bien jurídico "salud pública", con lo que parece convertir el requisito accidental de proporcionalidad en un requisito esencial: es tan nimio, el "mal" que la penuria económica provoca frente al ataque a la salud pública, que se niega (por absoluta desproporción) el elemento básico de esta eximente: la existencia misma de una situación de necesidad. Con ello se obvia el esquema propio de esta causa de justificación (en cuya virtud, debería aplicarse en tales casos de grave penuria económica, al menos, como eximente incompleta, por ausencia de un requisito accidental), para fundamentar la concurrencia de un comportamiento plenamente antijurídico, culpable y punible.

No obstante, como se comentaba al inicio de este epígrafe, no es cierto que los Tribunales no valoren estas circunstancias *nunca:* a veces las tienen en cuenta para atemperar la pena, como eximente incompleta o más frecuentemente como circunstancia atenuante de análoga significación, en aquellos casos en los que existe un riesgo grave e inminente para la vida (o grave padecimiento de la salud) del acusado o de un familiar cercano, que requieren recursos económicos de forma urgente para aliviar los severos padecimientos o salvar la vida, pues solo así se cumpliría el criterio de *gravedad e inminencia del mal.* El riesgo directo para la vida o salud es, de este modo, la única circunstancia en la que parece admisible entrar a valorar la posibilidad, únicamente, de atenuar la pena.

Véase, como ejemplo de lo que se afirma, la STS 1576/2001, 29-11 (*Tol 4976103*): ciudadano colombiano, padre de tres hijos, uno de ellos gravemente enfermo y sin seguro médico. Debía ya una gran suma de dinero por ello. Se decide a pagar parte de la misma con un porte de drogas, ingiriendo 95 bolas que contenían cocaína con un peso total de casi un kilo. La defensa planteaba, con razón, que "*considerando que los males ocasionados por el tráfico de la droga porteada por el acusado serían mayores que el mal que al niño se trataba de evitar, se destaca que difícilmente se le podría exigir al recurrido una conducta diferente en la situación que vive*". El Tribunal Supremo resuelve que "*no concurre, al menos plenamente es la situación de necesidad, porque no se pudo determinar 'ex ante' que el resultado que se quería evitar se hubiera producido necesariamente en caso de no ser cometido el delito. En realidad, el acusado, al alegar como circunstancias exculpantes del hecho delictivo cometido elementos del estado de necesidad, pone de manifiesto que ha incurrido en un error sobre el alcance de esta causa de justificación*". Como consecuencia impone la pena inferior en un grado (vía art. 14.3, CP). No se entiende que probada la enfermedad que requiere de hospitalizaciones médicas recurrentes, la deuda, la falta de otros medios para pagar los tratamientos... el tribunal afirme sin más, que el dinero no aseguraría la pervivencia del niño, y por tanto había un error (que no aclara de qué tipo, pero parece que es sobre la existencia misma de la situación de necesidad). Debería haberse sostenido el estado de necesidad como justificación completa. De admitirse la posición de que el sacrificio de poner en riesgo el bien jurídico "salud pública" es imponderable en proporción a la penuria económica y a los graves padecimientos del menor y sus familiares, debería haberse apreciado miedo insuperable como causa de exculpación completa: ello hubiera respondido mejor a la situación y a la (no) necesidad de pena.

Otra posibilidad sería la que afirma la misma sentencia: aunque se sostenga la imponderabilidad de los males, por entrar en juego la salud pública, sí podría considerarse la existencia de un error, bien sobre la existencia misma de una situación de necesidad o bien sobre la ponderación entre males, en la que el autor *creería* que el mal que se va a provocar es menor o igual que el que se va a producir si no se comete el delito. Ello daría lugar a la exención o disminución de la culpabilidad vía artículo 14.3, CP, (error de prohibición), y que, aunque no sean dogmáticamente equivalentes (lo que tiene repercusiones en el proceso), puede llegar a similares soluciones penológicas (ausencia de responsabilidad penal o responsabilidad atenuada en uno o dos grados).

En parecido sentido a la anterior, la STS 806/2002, 30-4: ciudadana colombiana que se decide a hacer un porte de droga en el interior del estómago (Bogotá-Milán), en aras a conseguir dinero para responder a las deudas de alquiler, luz y agua, a las que no puede hacer frente dada la grave enfermedad de su hijo que necesita cuidados que le impiden trabajar al mismo tiempo. Presumiendo el próximo desahucio se decide a conseguir el dinero mediante el delito. El embalaje de la droga se abrió en el interior del organismo, teniendo que ser intervenida en el Hospital Gregorio Marañón para paliar una intoxicación que podía ser letal, a la que le siguió una peritonitis fecaloidea y la extirpación de la zona final del intestino grueso, teniendo que portar un estoma (cabe reflexionar que en aquellos casos en los que el sujeto decide poner en riesgo de forma grave su vida —caso de las mulas— la amenaza del castigo no va a disuadir, no puede hacerlo). El Tribunal valoró las circunstancias únicamente como valedoras de una atenuante analógica. Huelga decir que el razonamiento debió ser parecido al propuesto en el párrafo anterior.

Confróntese también, la STS 273/1994, 8-6 (*Tol 403869*), en la que la hija de la persona que se decide a realizar el porte de drogas necesita una operación quirúrgica sin la cual no puede vivir. El Tribunal aplica la eximente incompleta. Aún en esos casos, de riesgo vital, solo se admite como eximente incompleta pues, siguiendo el razonamiento de la sentencia, el sujeto podía haber dado respuesta a sus necesidades económicas de otra manera (sin especificar cómo): "*que evidentemente concurre en el mal amenazante de autos (enfermedad seguida de muerte de una hija: el acusado vino a Madrid con la cocaína el 1 de mayo de 1993 y su hija moría, ya detenido en esta capital, el 28 de mayo del mismo año, tras cinco meses de hospitalización de aquélla), mal en todo caso de extrema gravedad, puesto que afecta a la vida, bien constitucionalmente protegido como de máxima prioridad valorativa (art. 15 de la Constitución Española), que, cotejada con el mal que pudo causarle con el tráfico de drogas clandestinamente importada, no parece que éste sea de superior rango, puesto que el cotejo se realiza entre un delito de lesión de la vida, de superior protección en la escala valorativa, con el daño potencial (riesgo corrido) que sólo excepcionalmente afecta a la vida misma* [...]. *El acusado replica que el argumento del Fiscal se basa en parámetros de normalidad de la sanidad y economía públicas que están muy lejos de existir en Bolivia, donde reside el acusado, como es notorio para cualquier conocedor, aun con mínima experiencia de la realidad iberoamericana y, en particular, de la boliviana* [...]. *En todo caso, el estado de necesidad (como ayuda necesaria) ha de ser inevitable en su actuación («para evitar un mal propio o ajeno» hemos visto qué dice el Código)* [...] *eximentes completas o incompletas, estima que esta última se dará en la falta de proporción o exceso en el mal causado por parte del necesitado (o del que proporciona el auxilio). Y ya hemos visto que en el caso pudo existir ese exceso compulsando el mal causado (delito sanitario) con el impulso dado por la situación de necesidad sufrida. Y en este punto intermedio en el que se sitúa la sentencia recurrida creemos admisible la existencia de la eximente incompleta*".

En cualquier caso, no puede compartirse el desprecio de la Jurisprudencia a la ponderación real de la situación de pobreza del acusado a la hora de analizar la existencia de una situación de necesidad que merece el sacrificio de un bien jurídico (que puede ser igual o menos importante, en términos valorativos, al que se sacrifica). Afirma la Jurisprudencia que el drama que ocasionan las drogas en la sociedad moderna resulta, siguiendo el razonamiento, imponderable frente al drama personal del menesteroso.

Vid. STS 641/2002, 18-4: "La Jurisprudencia de la Sala Segunda se ha ocupado en numerosas ocasiones de la posible aplicación del estado de necesidad, ya se considere causa de justificación o de inculpabilidad, según que el conflicto sea entre bienes desiguales con sacrificio del menor o iguales cuando se trata de equivalentes, al delito de tráfico de sustancias estupefacientes, manteniendo una línea constante, sobre todo cuando se trata de las llamadas "drogas duras", como es el caso de la cocaína intervenida, en el sentido de rechazar la eximente completa o incompleta por entender que este delito constituye actualmente uno de los más graves males sociales por las fatales consecuencias que desencadena, con un amplio espectro negativo en las personas afectadas y en sus familias, representando, como señala la Convención de Viena de 20/12/88, suscrita por España, "una grave amenaza para la salud y bienestar de los seres humanos libres y menoscabando las bases económicas, culturales y políticas de la sociedad" (ver por todas STS 278/01, de 22/2), y ello en relación con la exigencia normativa del artículo 20.5.1 CP según el cual el mal causado no debe ser mayor que el que se trate de evitar. Así, aun cuando en algún caso excepcional puede reconocerse la estimación de la circunstancia referida, la regla es que el mal causado por el tráfico de sustancias como la intervenida en este proceso es de mayor rango que el que se trata de evitar".

En la Jurisprudencia posterior a la entrada en vigor del tipo atenuado puede encontrarse alguna sentencia que considera que este es aplicable, en aquellos casos donde la extrema pobreza da lugar a que se considere que las *circunstancias personales del autor* lo permiten. En cualquier caso, la mayor parte de la Jurisprudencia considera que el porte en interior del cuerpo, por la forma (vía aérea y bien oculta) y cantidad de sustancia no permiten su aplicación.

Vid. el caso de la STS 450/2013, 29-5 (*Tol 3773876)* donde se revierte la aplicación de la eximente incompleta por estado de necesidad que había apreciado la sentencia de instancia, imponiendo en su lugar el art. 368, CP, en su párrafo segundo (el tipo atenuado). Se elevó así la condena en un mes más de prisión. Esta sentencia es un buen ejemplo del razonamiento aporófobo de los tribunales: "El argumento es que, por más que Gervasio, como se razona en los fundamentos de derecho, no tuviera trabajo, consumiera alcohol, llevase una vida muy precaria e incluso durmiera en la calle, no habría razón para valorar su situación en los términos que se hace en la sentencia, por la existencia de servicios sociales a los que podría haber acudido; porque el consumo de alcohol es sugestivo de que tenía medios para adquirirlo [...]. Ahora bien, tampoco puede dejar de tenerse en cuenta que en los hechos consta que este acusado "era consumidor de alcohol y se hallaba en una situación de extrema penuria"; circunstancias personales ambas que, si no pueden llevar aparejado el efecto que les ha asociado la Audiencia, sí deben ser relevantes [...]. Máxime si se ponen en relación con la conclusión de la misma de que la colaboración de este inculpado con el otro implicado en la causa se redujo a participar, en algunos supuestos, en la distribución de pequeñas cantidades de lo que él creía una droga blanda... Así las cosas, se estaría en presencia de un hecho criminal calificable como de escasa entidad (por la naturaleza de la actividad prestada y por la de la droga que hay que considerar), cometido por una persona en la situación de acusada marginalidad que se ha dicho y con el deterioro que cabe inducir de este dato y del constituido por el regular consumo de alcohol. Y, de este modo, se darían las dos exigencias a las que el art. 368,2º Cpenal condiciona la aplicación del subtipo atenuado".

4. El miedo insuperable recibe un tratamiento similar por la Jurisprudencia cuando se trata de aplicarlo en situaciones en que el delito cometido es tráfico de drogas. En este contexto, parece que el Tribunal Supremo presenta una cierta resistencia a abandonar posicionamientos previos, pues en algunas sentencias continúa exigiendo requisitos más propios de la regulación contenida a tal efecto en el CP73, el cual requería la constatación de ciertos requisitos, tales como que el miedo lo fuera de un mal igual o mayor al provocado con el delito, que se tratara de un hecho real y acreditado, o que se hubieran agotado otras vías (parece que *todas las posibles*, en singular seguimiento de la doctrina del estado de necesidad) antes de recurrir a la delictiva.

Véase en la Doctrina, sobre miedo insuperable y tráfico de drogas, MARTÍN LORENZO.

Como consecuencia de lo anterior, en definitiva, la Jurisprudencia acaba convirtiendo la institución del miedo insuperable en un calco extraño del estado de necesidad, al exigir la ponderación de los "males" en juego o que no existan otras posibilidades de actuación por el sujeto. De este modo, lo que es una causa de inexigibilidad de otra conducta ha sufrido una trasfiguración, en la que ya no se pondera lo que era "exigible" al sujeto soportar como ciudadano medio, sino lo que "podía" hacer. Finalmente, el miedo insuperable acaba sirviendo máxime como atenuante analógica o, en el mejor de los casos, como eximente incompleta.

Puede observarse como muestra de los requisitos exigibles por la Jurisprudencia la STS 265/2015, 29-4 (*Tol 4988931*): "Esta Sala ha reiterado que la aplicación del miedo insuperable como circunstancia modificativa de la responsabilidad criminal, en sus distintas variantes y dependiendo de su intensidad y de su capacidad de afectación al sujeto que lo sufre, precisa los siguientes presupuestos: a) la presencia de un temor que coloque al sujeto en una situación de temor invencible determinante de la anulación de la voluntad del sujeto; b) que dicho miedo esté inspirado en un hecho efectivo, real y acreditado; c) que el miedo sea insuperable, esto es, invencible, en el sentido de que no sea controlable o dominable por el común de las personas con pautas generales de los hombres, huyendo de concepciones externas de los casos de hombres valerosos o temerarios y de personas miedosas o pusilánimes; y d) que el miedo ha de ser el único móvil de la acción STS 114/2015, de 12 de marzo, por todas). El fundamento de esta circunstancia lo encontramos en la inexigibilidad de otra conducta, ya que quien actúa en ese estado, subjetivo, de temor mantiene sus condiciones de imputabilidad, pues el miedo no requiere una perturbación angustiosa sino un temor a que ocurra algo no deseado. El sujeto que actúa típicamente se halla sometido a una situación derivada de una amenaza de un mal tenido como insuperable. De esta exigencia resultan las características que debe reunir la situación, esto es, ha de tratarse de una amenaza real, seria e inminente, y que su valoración ha de realizarse desde la perspectiva del hombre medio, el común de los hombres, que se utiliza de baremo para comprobar la capacidad de superación de ese miedo". Iguales requisitos se plasman en la STS 754/2011, 26-5 (*Tol 2239652)*.

Como ejemplo de la desvaloración del miedo insuperable, véanse:

STS 1911/2002, 18-11 (*Tol 4922171)*: mujer recibe amenazas de su marido en prisión, que le conmina a traer drogas en los encuentros familiares si quería seguir viendo a la hija que tenían en común. Necesidad de entender la compleja situación que se da cuando existen, además, patrones de violencia de género que sitúan a la pareja, o incluso a la madre, en una posición de sumisión en la que ellas deben ponerse en riesgo para introducir las drogas en prisión.

SAP, Madrid, 16/2003, 15-1 (*Tol 304984)*: el condenado recibe carta con amenazas de las FARC, hacia su familia e hijos, que se cumplirán si no realiza un porte de drogas. Se relata todo ello en hechos probados, mostrándose que las amenazas eran reales y que la organización criminal tenía datos de su familia. Aplica únicamente miedo insuperable como eximente incompleta. Razona la sentencia: "el acusado entre la amenaza del daño y la ejecución del delito tuvo un lapso suficiente de tiempo en el que pudo, de algún modo, haberse zafado del estado psíquico que el temor le producía y aunque siempre preso del mismo, no lo fue de modo absoluto". (Afirma MARTÍN LORENZO: "No se trata de si el sujeto actúo realmente con un temor anulatorio de su capacidad, ni siquiera de si un hombre medio hubiera dominado o vencido el miedo, sino de que debió escapar del miedo. El rechazo de la eximente completa se asienta en el requisito normativo de la subsidiariedad, entendida en concreto aquí como imposibilidad de eludir el mal de forma distinta y más benigna que la realización de la acción típica demandada por la amenaza").

STS 778/2004, 17-6 (*Tol 483677):* la condenada estaba amenazada por sus proveedores de drogas, pues les debía altas sumas que no había podido pagar para sostener su propio consumo. Había llegado a realizar servicios sexuales a sus acreedores para reducir el monto de deuda. Empieza a recibir amenazas por parte de los mismos, hacia ella y hacia sus hijas, que cumplirán, dicen, si no salda sus deudas. El hermano de su amigo, que tenía el mismo problema y también había sido amenazado, desapareció sin dejar huellas meses antes de los hechos, por lo que la acusada cree que han sido los narcotraficantes, que han cumplido sus amenazas. Le ofrecen realizar un porte de droga a cambio de saldar las deudas. Todo ello obra en hechos probados. Se aprecia únicamente como eximente incompleta. La sentencia de instancia (que el TS no corrige) simplemente afirma que el miedo no concurre con plenitud, pero es suficiente para mermar la capacidad, e insiste en la graduación del miedo con base en una proporcionalidad de males: "la acción a realizar por la procesada estaba encaminada a introducir en el mercado un kilo y medio de heroína, con una riqueza próxima al 50%, lo que dada su grave nocividad para la salud, exigía una resistencia extrema".

En definitiva, el Ordenamiento penal no puede ser ajeno a todo este conjunto de circunstancias vitales relatadas y, de hecho, no lo es: por eso ha contemplado el estado de necesidad y el miedo insuperable como supuestos de exención de responsabilidad penal.

V. TIPO ATENUADO

1. La reforma penal operada por la LO 5/2010, de 22 de junio, introdujo el segundo párrafo del art. 368, CP, que permite a los tribunales imponer la pena

inferior en grado en aquellos casos en los que las circunstancias personales del culpable y la escasa entidad del hecho así lo aconsejen, salvo que concurra alguna de las agravaciones de los arts. 369 bis o 370, CP, pues así lo prohíbe taxativamente este apartado segundo.

El origen de esta modificación legal debe buscarse en el Acuerdo del Pleno no jurisdiccional de la Sala Segunda del Tribunal Supremo, de 25-10-2005, que no solo instaba al Legislador a introducir esta atenuación de la pena (inferior en un grado) en un nuevo párrafo segundo, sino que también señalaba la conveniencia de modificar el primer párrafo para introducir un supuesto de tráfico de "cantidad módica", castigado con una pena de dos a cinco años si la sustancia causare grave daño a la salud y de seis meses a dos años en los demás casos. Si bien esta última modalidad de venta de pequeñas cantidades no fue transformada en ley, sí que se redujo el tope máximo de pena dispuesto para el tráfico de drogas que causan grave daño a la salud, disminuyendo de un máximo de 9 a 6 años de prisión.

Aunque el numeral XXIV del preámbulo de la LO 5/2010, por la que se modifica la Ley Orgánica 10/1995, de 23 de noviembre, del Código Penal, apunta como razón de esta disminución del tope máximo a la Decisión Marco 2004/757/JAI del Consejo, de 25 de octubre de 2004, relativa al establecimiento de disposiciones mínimas de los elementos constitutivos de delitos y las penas aplicables en el ámbito del tráfico ilícito de drogas, por la que se hacía necesario el refuerzo del *"principio de proporcionalidad de la pena reconfigurando la relación entre el tipo básico y los tipos agravados de delito de tráfico de drogas"*. Con relación al segundo párrafo, atenuado, el preámbulo si apunta directamente al Pleno no Jurisdiccional: *"Asimismo, se acoge la previsión contenida en el Acuerdo del Pleno No Jurisdiccional de la Sala 2ª del Tribunal Supremo, de 25 de octubre de 2005, en relación con la posibilidad de reducir la pena respecto de supuestos de escasa entidad, siempre que no concurra ninguna de las circunstancias recogidas en los artículos 369 bis, 370 y siguientes"*.

La introducción de esas atenuaciones, propuestas por los propios magistrados, llevaba implícita la intención de zanjar las discusiones sobre la tipicidad de las ventas al menudeo, introduciendo una modalidad que las hiciera expresamente típicas, pero con una pena menos grave que la prevista en el art. 368, CP. Con respecto a la propuesta relativa al segundo párrafo (esto es, la modalidad atenuada en un grado por las circunstancias del autor y el hecho), esta fue admitida con el único añadido (aunque hubo algunos vaivenes en la tramitación) de hacerla inaplicable si en el caso concurrieran las agravantes establecidas en los arts. 369 bis y 370, CP.

Por su parte, la FGE afirmó en su Circular 3/2011, de 11 de octubre, sobre la reforma del Código Penal efectuada por la Ley Orgánica 5/2010, de 22 de junio, en relación con los delitos de tráfico ilegal de drogas y precursores, que dicha reforma proviene de la "excesiva rigidez" que impedía una correcta individualización judicial, lo que resultaba en una elevada cifra de indultos a propuesta o con informe favorable del Tribunal sentenciador y del Ministerio Fiscal.

2. Del texto literal del párrafo segundo del art. 368, CP se desprenden varias consecuencias. La primera de ellas es que su aplicación queda a potestad del tribunal, pues el precepto utiliza la fórmula "*los tribunales podrán imponer* [...]". La discusión sobre la naturaleza de este precepto, que oscilaba entre su apreciación como un verdadero tipo atenuado o una simple regla de determinación de la pena, tiene relevancia en orden a valorar si su aplicación por el tribunal de instancia puede ser objeto de revisión vía recurso de apelación o de casación penal. La Jurisprudencia es ya uniforme en considerar que, como verdadero tipo atenuado, puede ser objeto de casación por infracción de ley.

Vid. sobre este particular la STS 851/2011, 22-7 (*Tol 2235534)*, o más recientemente, la STS 200/2017, 27-3 (*Tol 6010231)*: "Se trata, además, de un ejercicio de discrecionalidad reglada, que debe ser fundamentadamente explicado en la propia resolución judicial, y que resulta controlable en casación, por la vía de la pura infracción de ley (art. 849-1° de la Ley de Enjuiciamiento Criminal)".

La FGE, en la mencionada Circular 3/2011, lo considera asimismo una decisión discrecional del Tribunal, pero recuerda que ello no quiere decir que esté exenta de estar fundamentada en datos fácticos, de modo que, en caso contrario, no deberá ser aplicado este tipo atenuado.

Aunque el debate ya ha perdido buena parte de su vigencia, la aclaración del fundamento de este párrafo segundo también era relevante en orden a interpretar la disposición transitoria segunda de la LO 5/2010, pues un gran número de sentencias fueron recurridas para aplicar los nuevos mínimos penológicos disponibles tras la entrada en vigor de la reforma. Esa DT 2ª establecía que "[los] jueces o tribunales procederán a revisar las sentencias firmes y en las que el penado esté cumpliendo efectivamente la pena, aplicando la disposición más favorable considerada taxativamente y no por el ejercicio del arbitrio judicial". En cualquier caso, la cuestión aparece jurisprudencialmente resuelta desde la misma entrada en vigor de la norma, en el sentido de entender que el hecho de "referirse a la reducción en grado como mera posibilidad no significa que el juez pueda libérrimamente rebajar o no la pena, sino apreciar discrecionalmente, es decir mediante valoración razonable y razonada, la concurrencia de los factores condicionantes de la reducción; pero si los aprecia como concurrentes la rebaja debe entenderse como obligada" [STS 354/2011, 6-5 (*Tol 2181644)*].

La segunda consecuencia que se desprende de la redacción literal del precepto provendría del uso de la conjunción copulativa "y", que une las dos condiciones para la aplicación del supuesto atenuado: "*en atención a la escasa entidad del hecho y a las circunstancias personales del culpable*". No obstante, desde bien temprano los tribunales en su aplicación del precepto han matizado que basta con que concurra una de las dos, siempre que la otra no desaconseje su utilización; esto es, mientras una de las condiciones se mantenga "neutra" y la otra concurra, podrá afirmarse que cabe la aplicación del tipo atenuado.

Cfr., por ejemplo, STS 200/2017, 27-3 (*Tol 6010231)*: "Otra de las características del subtipo de atenuación facultativa es la utilización de la conjunción copulativa y, en lugar de la disyuntiva o. Desde luego, la utilización de la conjunción copulativa permite afirmar que cuando cualquiera de los dos parámetros desaconseje a apreciación del precepto, por no ser menor la culpabilidad o la antijuridicidad, el párrafo segundo del artículo 368 CP no podría aplicarse. Por ejemplo, en el caso de un adicto que se costease su adicción cometiendo un delito contra la salud pública en cantidad de notoria importancia, no podría aplicarse el precepto estudiado, pues la culpabilidad podría ser menor, pero no la antijuridicidad del hecho. Ahora bien, el problema se suscita en aquellos casos en que simplemente es menor la culpabilidad o la antijuridicidad, pero no ambas a la vez, y además el parámetro no concurrente se revelase como inespecífico. Serían supuestos en que concurre claramente uno de los parámetros, pero el otro, sin ser negativa, resulta simplemente neutro. Entendemos que, en este caso, el Tribunal podría apreciar la atenuación, pues el precepto sólo exige que atienda a la "escasa entidad del hecho y a las circunstancias personales del autor", realizando una ponderación completa y conjunta de ambos parámetros, pero sin exigir que concurran ambos, bastando con la concurrencia de uno de ellos y la inoperatividad del otro por resultar inexpresivo".

La Fiscalía General del Estado ha admitido esta interpretación de los tribunales, afirmando que, aunque las condiciones deben ser cumulativas, "la apreciación conjunta de ambas circunstancias puede ponderarse en el sentido expresado en la STS 764/2011, de 19 de julio, en aquellos casos en los que concurriendo claramente una de ellas, la otra, sin ser negativa, resulte simplemente neutra" (*vid.* Circular 3/2011).

3. Ya con relación a las circunstancias que deben valorarse, la Jurisprudencia hace referencia a una circunstancia objetiva (la escasa entidad del hecho) y otra subjetiva (las circunstancias personales del autor). Otras resoluciones prefieren hablar de una menor antijuricidad —por la escasa entidad del hecho— y una menor culpabilidad —dadas las circunstancias del autor— [así, por ejemplo, la STS 200/2017, 27-3 (*Tol 6010231)*]. En cualquier caso, deben traducirse en fundamentos fácticos que deben quedar acreditados.

4. Por otro lado, tanto la Jurisprudencia como la Doctrina se han pronunciado sobre qué debe entenderse por "escasa entidad del hecho". En este sentido, MANJÓN-CABEZA OLMEDA aboga por entender que aquellos casos de cantidades cercanas a la dosis mínima psicoactiva (incluso menudeo de unas pocas dosis) deben entenderse siempre como de escasa entidad, pues lo siguiente a la atipicidad (por debajo de la dosis mínima) debe ser la escasa entidad del hecho [acogen esta interpretación las SSTS 769/2017, 28-11 (*Tol 6449458*), y 228/2022, 10-3 (*Tol 8897360)*]. No obstante, la Jurisprudencia de forma general ha considerado que, si las ventas son continuadas en el tiempo (o parecen serlo a la vista de las pruebas obtenidas en el caso concreto: *v.gr.*, existencia de báscula u otros útiles de pesaje, posesión de varias sustancias, altas cantidades de dinero en efectivo en billetes pequeños [así STS 371/2011, 13-5 (*Tol 2124745)*] … aunque se trate de pequeñas dosis, hay profesionalización en la venta, y que, por tanto, no cabe hablar de escasa entidad del hecho.

Vid. SSTS 156/2024, 22-2; 916/2016, 2-12 (*Tol 5912784*), y 228/2022, 10-3 (*Tol 8897360*): "sobre todo, que la venta sea expresiva de una conducta puntual que por tanto no revele un modo usual de vida".

Además de por la reiteración de las operaciones en distintos días, tampoco suele considerarse la aplicación del tipo atenuado cuando se utiliza un domicilio para la realización de las ventas [STS 292/2011, 12-4 (*Tol 2094031*)]. En definitiva: la habitualidad y profesionalidad en el tráfico (aunque este fuera de escasa importancia por las cantidades) serían condiciones incompatibles con los presupuestos de aplicación del subtipo atenuado.

Vid. SSTS 156/2024, 22-2, o 200/2017, 27-3 (*Tol 6010231*). Con un tenor semejante, el ATS 237/2023, 23-2 (*Tol 9460679*), o la STS 724/2014, 13-11 (*Tol 4550872*).

En general sobre la cantidad de sustancia, la Jurisprudencia ha establecido que no puede ser el único hecho a valorar, pues esta atenuación no supone una contrapartida a la agravante de "cantidad de notoria importancia" (art. 369.5ª, CP), habida cuenta de que el texto legal utiliza la expresión "escasa entidad" y no "escasa cantidad". Lo que, no obstante, no impide que la cantidad sea tenida en cuenta en la valoración del hecho.

Así las SSTS 156/2024, 22-2; 782/2015, 14-12 (*Tol 5596256*); 664/2022, 30-6 (*Tol 9114556*), y 723/2017, 7-11 (*Tol 6436360*).

Además, nada obsta a la utilización de esta atenuación a pesar de que la cantidad fuera de notoria importancia, pues legalmente cabe su aplicación cuando se dan las agravantes del art. 369, CP, dado que solo queda fuera de su posible aplicación aquellos hechos en que concurran las agravantes de los arts. 369 bis y 370, CP (art. 368 II *in fine*, CP: "*no se podrá hacer uso de esta facultad si concurriere alguna de las circunstancias a que se hace referencia en los artículos 369 bis y 370*").

La Jurisprudencia es bastante ilustrativa al respecto de no ceñir la escasa entidad del hecho únicamente a la cantidad. *Vid.* STS 506/2012, 11-6 (*Tol 2581372*): "No se alude a la cantidad de droga, sino a la entidad del hecho. No estamos ante la contrapartida del subtipo agravado de "notoria importancia" (art. 369.1.5ª, CP). Hay que evitar la tentación de crear una especie de escala de menos a más: a.– cantidad por debajo de la dosis mínima psicoactiva (atipicidad); b.– escasa cuantía (368.2º); c.– supuestos ordinarios (tipo básico: art. 368.1º); d.– notoria importancia (art. 369.1.5ª); y e.– cantidad superlativa (art. 370). El art. 368.2º se mueve en otra escala no coincidente con esa especie de gradación. Así viene a demostrarlo la posibilidad legal, introducida durante la tramitación parlamentaria del proyecto de ley, de aplicarlo a los casos del art. 369 y entre ellos, al menos por vía de principio, a supuestos en que la cantidad sea de notoria importancia. No se está hablando de "escasa cantidad", sino de "escasa entidad". Hay razones diferentes al peso reducido que pueden atraer para el hecho la consideración de "escasa entidad" (sin afán de sentar conclusión alguna, se puede pensar en labores secundarias; facilitación del consumo a través sencillamente de informaciones sobre lugares de venta; tareas de simple vigilancia realizadas por alguien externo al negocio de comercialización; suministro de droga por unas mal entendidas motivaciones compasivas; actuación puntual y esporádica que no supone dedicación y ajena a móviles lucrativos...) [...]. Siendo conveniente la aclaración anterior, también lo es que la cuantía es uno de los criterios —no el único-que la ley toma en consideración para medir la gravedad de los delitos de tráfico de drogas. Lo evidencia la gradación que se acaba de hacer *supra* al dictado de los subtipos agravados de los arts. 369 bis y 370. No es el único parámetro para evaluar la gravedad (se maneja también la naturaleza de la sustancia —mayor o menor afectación de la salud—, los medios utilizados, la intervención plural organizada o puramente individual, las condiciones del destinatario de la droga...). Pero indudablemente la cantidad es un punto de referencia nítido para la ley".

Estos apartados pueden verse citados en numerosos pronunciamientos posteriores, como las recientes SSTS 156/2024, 22-2, y 228/2022, 10-3 (*Tol 8897360*), y ATS 237/2023, 23-2 (*Tol 9460679*).

La Jurisprudencia también aclara que la escasa entidad del hecho puede hacer referencia al rol desempeñado por el partícipe en el tráfico, por ejemplo, cuando se trata del llamado "último eslabón" de la cadena, o cuando se trata de una persona que realiza una colaboración de segundo orden en el delito de un tercero.

Vid. STS 506/2012, 11-6 (*Tol 2581372*), transcrita en el párrafo anterior, y la STS 724/2014, 13-11 (*Tol 4550872*): "razones diferentes al peso reducido de la sustancia objeto de tráfico que puedan atraer para el hecho la consideración de escasa entidad [...] consistente en una participación de muy escasa entidad, en una actividad de tráfico más amplia realizada por un tercero, aun cuando a esta última actividad no le sea aplicable la calificación de escasa entidad".

Por su parte, la STS 484/2015, 7-9 (*Tol 5496760*), admite que dentro de un mismo plan criminal, a algunos, por su modo de participación, pueda aplicárseles el tipo atenuado y a otros no.

5. Sobre las circunstancias personales del autor también ha sido prolija la Jurisprudencia en su análisis. Parece que este segundo requisito, más cercano a la culpabilidad del sujeto, es el que menos cuesta "sacrificar" a la Jurisprudencia, siempre que el otro requisito, la escasa entidad del hecho, esté presente.

Cfr. STS 769/2017, 28-11 (*Tol 6449458*): "no faltaran ocasiones en las que la menor entidad del hecho se evidencia con tal nitidez que el presupuesto subjetivo que exige el precepto, ligado a las circunstancias personales del autor, pase a un segundo plano". O la STS 38/2012, 2-2 (*Tol 2438697*): "en relación a la culpabilidad proyectada sobre las circunstancias personales del recurrente es cierto que nada se dice en la sentencia pero como ya se ha dicho en el anterior párrafo se trata de un dato que tiene menor entidad y consistencia que el de la escasa gravedad, por lo que en los supuestos en los que nada se dice al respecto de las circunstancias personales, ello no impide la aplicación del tipo privilegiado porque también en este caso la pena aparece proporcionada a su grado de culpabilidad". De la misma manera STS 188/2012, 16-3 (*Tol 2498832*): "siendo determinante el criterio objetivo basta que el subjetivo no lo obstaculice negativamente", o la STS 916/2016, 2-12 (*Tol 5912784*): "Cuando la gravedad del injusto presenta una entidad tan nimia que lo acerca al límite de la tipicidad, la aplicación del subtipo atenuado no está condicionada a la concurrencia expresa de circunstancias personales favorables del culpable, bastando en estos supuestos con que no conste circunstancia alguna desfavorable". *Cfr.* el ATS 237/2023, 23-2 (*Tol 9460679*): "Por otra parte, por lo que a las circunstancias subjetivas se refiere, hemos señalado que la clave principal de la que debe arrancarse es, la entidad del hecho, su nimiedad. Si la conducta no admite de ninguna forma esa catalogación el debate ha de darse por zanjado. Se cierra la posibilidad de aplicar el art. 368.2º".

Entre las circunstancias personales más mencionadas por la Jurisprudencia se encuentran la edad, el grado de formación intelectual y cultural, las experiencias vitales, la extracción social, la madurez psicológica, el entorno familiar y social, las actividades laborales, o el comportamiento posterior al delito. Esta lista suele repetirse en numerosas sentencias.

Así las SSTS 228/2022, 10-3 (*Tol 8897360*); 947/2022, 13-12 (*Tol 9334687*); 619/2022, 22-6 (*Tol 9111722*), o 1001/2021, 16-12 (*Tol 8713069*). El ATS 237/2023, 23-2 (*Tol 9460679*), menciona asimismo situaciones, datos o elementos que configuran su entorno social e individual, sus antecedentes, su condición o no de toxicómano [...] y sus posibilidades de integración en el cuerpo social".

6. Por su parte, LORENZO SALGADO apunta a una interpretación necesaria: si la escasa entidad del hecho permite aplicar el tipo atenuado con unas circunstancias personales neutras, cualesquiera circunstancias personales que concurran y puedan dar lugar a la atemperación de la pena como atenuantes genéricas o eximentes deberían aplicarse, de forma que únicamente sería la escasa entidad del hecho lo que daría lugar a la aplicación del párrafo segundo del art. 368, CP. De lo contrario, se estarían despreciando circunstancias que podrían dar lugar a penas menores de no existir el tipo atenuado. Parecido razonamiento lleva a cabo el Tribunal Supremo en su sentencia 947/2022, 13-12 (*Tol 9334687*): "Las circunstancias personales del delincuente se corresponden con aquellos rasgos de la personalidad de éste que configuran unos elementos diferenciales, y permitir una mejor individualización de la pena. No se trata de circunstancias modificativas de responsabilidad criminal, pues en ese supuesto habría de acudirse a las circunstancias modificativas de la responsabilidad criminal y a las reglas penológicas del artículo 66 del Código Penal, sino de otras circunstancias que evidencien unas especiales circunstancias que permitan singularizar su situación, por lo episódico de la acción, etc., o por las circunstancias derivadas del entorno social, o el componente individual de cada sujeto, su edad, su grado de formación intelectual y cultural, su madurez psicológica, su entorno familiar y social, sus actividades laborales, etc.".

En similar sentido se pronuncia la STS 200/2017, 27-3 (*Tol 6010231*), recordando igualmente que no cabe la doble valoración, por lo que aquello que debe conformar la valoración de las circunstancias personales del tipo atenuado deben ser cuestiones distintas a las que ya se tienen en cuenta en las atenuantes genéricas: "las circunstancias personales del autor, nos obligan a ponderar todas las circunstancias subjetivas del culpable que permitan limitar su reprochabilidad personal por haber cometido el hecho antijurídico, en el bien entendido supuesto de que, dada la prohibición de doble valoración o desvalorización del art. 67, CP, las circunstancias que sean valoradas en el ámbito del subtipo atenuado no podrán contemplarse como circunstancias independientes. También parece que las circunstancias personales del subtipo atenuado deben ser distintas de aquellas que se configuren como atenuantes o agravantes en el CP. En el informe del CGPJ al Anteproyecto de 2006, que presentaba una redacción semejante al subtipo actual se llamaba la atención como prototípica a la situación subjetiva de quien siendo adicto vende al menudeo para sufragarse su adicción. Ésta en efecto podía ser una circunstancia valorable en el ámbito del subtipo, como el hecho de que se tratase de la primera actuación delictiva sin poseer antecedentes por el delito contra la salud pública ni por cualquier otro y en general otras situaciones en que la exigibilidad del comportamiento de respeto a la ley fuese menos intensa, aunque no concurriesen propiamente los presupuestos de las causas de inimputabilidad o de inculpabilidad".

De la misma forma, también menciona que deben ser distintas a las atenuaciones ordinarias el ATS 237/2023, 23-2 (*Tol 9460679)*.

7. Otra de las cuestiones que la Jurisprudencia ha debatido es si debe tomarse en cuenta, dentro de las circunstancias personales que harían decantarse por la no aplicación del tipo atenuado, la existencia de reincidencia en el sujeto activo. Como conclusión, parece que los tribunales se han decantado por que la mera concurrencia de esta circunstancia no impide no aplicar el párrafo segundo del art. 368, CP.

SSTS 156/2024, 22-2; 619/2022, 22-6 (*Tol 9111722)*; 1001/2021, 16-12 (*Tol 8713069)*; 873/2012, 5-11, y 712/2007, 30-10.

Los argumentos para ello son varios: Doctrina y Jurisprudencia consideran que podría haber una doble valoración de los hechos si se utiliza para imponer la agravante genérica del 22.8, CP y simultáneamente para excluir la aplicación del tipo atenuado. Por otro lado, las circunstancias cuya concurrencia impiden aplicar el párrafo atenuado ya han sido marcadas por el Legislador, y son únicamente aquellas que menciona el tipo, esto es, las agravantes descritas en los arts. 369 bis y 370, CP. Sin embargo, SUÁREZ-MIRA RODRÍGUEZ considera que, aunque la mera agravante de reincidencia no es óbice para la aplicación del tipo atenuado, cuando concurran varias condenas por tráfico de drogas habrá de estimarse que existe una actividad ilícita prolongada en el tiempo, de modo que ya no cabrá acudir a esta atenuación.

Ello parece tenerse en cuenta por algunas sentencias. Así véanse las SSTS 1001/2021, 16-12 (*Tol 8713069)*, o 619/2022, 22-6 (*Tol 9111722)*: "Cuando, además de la condena que determina la aplicación de la reincidencia, concurren otras condenas por la misma actividad delictiva de tráfico de estupefacientes, la acusada peligrosidad del culpable desde la perspectiva de la tutela del bien jurídico protegido por los delitos contra la salud pública, con una dedicación prolongada a dicha actividad, no justifica la aplicación del subtipo desde la perspectiva del sentido y finalidad de la norma".

En la Jurisprudencia se esgrimen argumentos similares, *vid.* la aclaratoria STS 916/2016, 2-12 (*Tol 5912784)*: "en cuanto a las circunstancias personales del recurrente, destaca la Sala de instancia que el mismo era reincidente al tiempo de los hechos, al haber sido condenado como autor de un delito contra la salud pública, en su modalidad de sustancias que causan grave daño a la salud, en sentencia firme de fecha 24 de abril de 2009 [...] apenas 1 año y 6 meses antes de la fecha de los hechos enjuiciados. Es cierto que esta Sala, en numerosos precedentes, ha llamado la atención acerca de la necesidad de no convertir la agravante de reincidencia en un obstáculo insalvable para la apreciación del tipo atenuado previsto en el párrafo segundo del art. 368 (*cfr.* STS 873/2012, 5 de noviembre). De lo contrario, se corre el riesgo de una doble ponderación negativa de la hoja histórico penal. De una parte, para imponer la pena en su mitad superior y, de otra, para impedir la aplicación del subtipo atenuado. Sin embargo, esa prevención está relacionada con supuestos de distinta naturaleza al que ahora es objeto de recurso. En el presente caso, Eulogio no realizó un acto aislado de transmisión de estupefacientes en una dosis de escasa potencialidad para la afectación del bien jurídico (...) La existencia de una condena previa por un delito contra la salud pública, extinguida poco tiempo antes de la detención por estos hechos, no es, desde luego, determinante. Pero resulta bien expresiva de una tendencia a la profesionalización en la ofensa al bien jurídico salud pública que tampoco tiene por qué resultar indiferente en el proceso de individualización".

En otros pronunciamientos puede verse cómo se ha tenido en cuenta, pero siempre con la presencia de otras circunstancias (relativas al sujeto o al hecho): ATS 237/2023, 23-2 (*Tol 9460679*): "el recurrente fue condenado por la venta de una papelina, que resultó ser heroína; sustancia de la que no consta su condición de consumidor, lo que, unido a la ausencia de toda actividad laboral y a la constancia de hasta cuatro antecedentes penales por idéntica conducta de tráfico de sustancias estupefacientes, permite concluir que, pese a la escasa cantidad de sustancia transmitida, éste ha hecho de tal ilícita actividad su medio de vida".

8. Con respecto a las penas previstas para este tipo atenuado, deberán ser las inferiores en grado a las que corresponderían de aplicarse el tipo básico del art. 368, CP, por lo que serían de prisión de seis meses a 11 meses y 29 días, en el caso de que el delito se refiera a sustancias que no causen grave daño a la salud, y de un año y seis meses a dos años, once meses y veintinueve días si las sustancias son causantes de grave daño a la salud (y en ambos casos multa de la mitad del tanto al tanto del valor de la sustancia o producto, siguiendo la interpretación de la FGE, Circular 3/2011, de 11 de octubre). Ello significa que casi todo el marco penológico permitiría en principio la aplicación de la suspensión (art. 80, CP): siempre, en el caso de las sustancias que no causen grave daño a la salud, y también en el caso de las que causen grave daño si se decide imponer el rango que va desde la más baja de las previstas (un año y seis meses) hasta los dos años.

Como ya se ha afirmado, el segundo párrafo del art. 368, CP veta la aplicación del tipo atenuado cuando concurran las modalidades agravadas previstas en el 369 bis o 370. CP, pero nada impide su aplicación cuando lo que concurren son las agravaciones del art. 369, CP (salvo que se aprecien tres o más circunstancias de las que se recogen en el art. 369, dado que el art. 370.3ª, CP considera esas situaciones como "de extrema gravedad" y, por tanto, a las mismas les resultará aplicable la pena contemplada en este último precepto).

La determinación de la pena cuando concurre en el hecho una de las agravaciones del artículo 369, CP (pena superior en grado al art. 368, CP) y alguna de las condiciones que permiten la aplicación del tipo atenuado (pena inferior en grado a la recogida en el art. 368 I., CP), debe hacerse en el orden correcto, pues las operaciones, aunque en apariencia iguales, dan lugar a resultados distintos dependiendo de si primero se reduce la pena en un grado (*ex* art. 368 II, CP) y luego partiendo de esta se eleva en un grado (*ex* art. 369, CP), o si los cálculos se efectúan en el orden contrario. Si se sigue lo marcado por la FGE (Circular 3/2011), la reducción debe realizarse después de aplicar la pena que corresponde al tipo agravado. Sin embargo, la STS 664/2022, 30-6 (*Tol 9114556*), afirma que el orden correcto es justo el contrario, corrigiendo el cálculo realizado por las sentencias de instancia y apelación.

> "En lo que discrepamos con las sentencias de instancia y apelación es en la mecánica seguida para esa individualización, porque parten del subtipo agravado, al que luego aplican la reducción del privilegiado, lo que no consideramos correcto, por cuanto que, si lo que ha de ser objeto de agravación son las penas del art. 368, y entre ellas se encuentran las del privilegiado de su párrafo II, habrá de ser de estas de las que se parta, para, desde ellas, llegar a sus superiores de la agravación, lo que es importante tener en cuenta porque el resultado penológico puede ser distinto, como pasamos a ver, mínimamente más favorable en el caso de la recurrente, y bastante más en el del recurrente" [STS 664/2022, 30-6 (*Tol 9114556*)].

Parece que esta última es la solución correcta, en la medida en que resulta más fiel a la literalidad del texto punitivo, dado que el art. 369, CP, establece que hay que imponer la pena superior en grado "a las señaladas en el artículo anterior", entendiéndose, por tanto, que debe partirse, en su caso, de las establecidas para el tipo atenuado.

Más problemático es, sin duda, el fundamento que permite aplicar un tipo atenuado cuando en el caso concurre una circunstancia que el propio Legislador ha señalado como de mayor desvalor, el suficiente para crear un tipo agravado. En cualquier caso, el texto legal lo permite y la Jurisprudencia mayoritaria lo ha aplicado, aunque no sin reticencias.

> Reconoce esta problemática la STS 664/2022, 30-6 (*Tol 9114556*): "En el caso, ciertamente los actos de tráfico se efectuaron, ya se ha dejado sentado, en establecimiento abierto al público por el responsable del mismo, circunstancia que incrementa, con buenas razones, el reproche que merecen las conductas reguladas en el artículo 368 del Código Penal. No puede ocultarse, además, que es posible hallar en los repertorios resoluciones de este mismo Tribunal en las que se proclamaba la incompatibilidad de la aplicación conjunta de ambos preceptos (artículo 368, párrafo segundo, y artículo 369.1.3ª). Mal puede sostenerse, venía a explicarse en aquellas resoluciones, que concurre la "escasa entidad del hecho" que el primero demanda, cuando la conducta se realiza a la vez en condiciones que han merecido la decisión del legislador de reforzar la respuesta punitiva dispensada, conforme lo establece el segundo. Dicha doctrina relativa a la absoluta incompatibilidad de ambos preceptos debe considerarse hoy superada".
>
> Entre las minoritarias puede verse el razonamiento de la STS 669/2016, 21-7: "Ciertamente, la única exclusión legal prevista en el Código Penal es la dispuesta en el segundo inciso de dicho precepto, en tanto que se afirma taxativamente en él que «no se podrá hacer uso de esta facultad si concurriere alguna de las circunstancias a que se hace referencia en los artículos 369 bis y 370». En efecto, el meritado art. 369 del Código Penal,

no se encuentra entre los excluidos. Pero existen razones de orden interpretativo para considerar que, en línea de principio, no es posible tal resorte atenuatorio. En primer lugar, por razones sistemáticas. Así, el denominado subtipo atenuado se encuentra incluido por el legislador en el párrafo segundo del art. 368, esto es, a continuación de la descripción y punición del tipo básico del delito que contemplamos. De modo que este alojamiento sugiere que tal resorte atenuatorio está referido a la descripción y penas dispuestas en el referido tipo básico y no en los supuestos agravados. En segundo lugar, tal ejercicio de individualización penológica atenuada, comienza señalando: «no obstante lo dispuesto en el párrafo anterior...». Es decir, la excepción se corresponde con lo generalmente dispuesto para los autores que cometan el tipo descrito en el párrafo primero del citado art. 368 del Código Penal y no para los autores del art. 369. En tercer lugar, desde un estricto plano penológico, las sanciones imponibles son las inferiores a las «señaladas» en el párrafo primero del citado art. 368, y no otras. En cuarto lugar, desde un aspecto teleológico, el subtipo está basado en consideraciones de menor gravedad de la infracción, que son precisadas tanto en elementos objetivos (la escasa entidad del hecho), como en elementos subjetivos (las circunstancias personales del culpable). Esto es, la delincuencia que podemos denominar marginal, es decir, aquellos sujetos que conducen su comportamiento por mera funcionalidad delictiva o individuos en los escalones finales de la distribución de la droga. Y las referencias agravatorias que se describen en los distintos apartados del art. 369 del Código Penal difícilmente pueden considerarse ni apartados que justifiquen una menor antijuridicidad del hecho, ni una menor culpabilidad del autor. En quinto lugar, evidentes razones históricas. Así, en la primera Sentencia que dictó esta Sala doctrina sobre este tipo atenuando, que es la 32/2011, de 25 de enero, ya expusimos que en un Pleno no jurisdiccional celebrado el día 25 de octubre de 2005, acatando el mandato del artículo 117 de la Constitución, tomó como Acuerdo la conveniencia de que por el legislador se modificara la redacción del artículo 368 del Código Penal en el sentido de reducir la pena cuando se trate de cantidades módicas de drogas tóxicas, estupefacientes o sustancias psicotrópicas y como alternativa se proponía añadir un segundo párrafo a dicho precepto con el siguiente texto: "No obstante lo dispuesto en el párrafo anterior, los Tribunales podrán imponer la pena inferior en grado atendiendo a la gravedad del hecho y a las circunstancias personales del culpable". Esta propuesta alternativa fue acogida en el Proyecto de Código Penal publicado en el Boletín Oficial de las Cortes Generales el día 15 de enero de 2007 y definitivamente ha sido incorporada por la reforma del Código Penal llevada a cabo por la Ley Orgánica 5/2010, de 22 de junio, en cuyo Preámbulo se dice que en materia de tráfico de drogas se producen algunos reajustes en materia de penas y, entre ellos, se acoge la previsión contenida en el Acuerdo del pleno no jurisdiccional de la Sala 2ª del Tribunal Supremo, de 25 de octubre de 2005, en relación con la posibilidad de reducir la pena respecto de supuestos de escasa entidad, siempre que no concurra ninguna de las circunstancias recogidas en los artículos 369 bis, 370 y siguientes. Por todas estas razones, entendemos que la determinación punitiva atenuatoria que se describe en el párrafo segundo del art. 368 del Código Penal, solamente es predicable respecto de las penas dispuestas en el párrafo primero, pero no respecto a las conductas agravadas del art. 369 del Código Penal".

Las circunstancias que más dudas han suscitado han sido las que se prevén en los apartados 3º ("los hechos fueren realizados en establecimientos abiertos al público por los responsables o empleados de los mismos") y 5º ("fuere de notoria importancia la cantidad de las citadas sustancias [...]"), en razón de que, respecto a la primera, suelen tratarse de comportamientos que se repiten en el tiempo, pues normalmente los establecimientos se utilizan como forma de asegurarse la impunidad y facilitarse la actividad de tráfico y, respecto a la segunda, porque de la propia naturaleza de la agravación parece siempre desprenderse que, por la cantidad, no va a ser posible considerar que el hecho sea de "escasa entidad". Con respecto a estas últimas apreciaciones ya se han hecho las aclaraciones pertinentes en párrafos anteriores, aunque cabe volver a recordar que la cantidad de la droga no es el único aspecto sobre el que valorar "la entidad del hecho". Con relación a la utilización de locales, habrá que estar al caso concreto, pero cabe imaginar supuestos en que el empleo de tales establecimientos o bien sean esporádico, o bien se trate de una colaboración secundaria en el delito de otro, y será sobre ese "otro" sobre quien verdaderamente no quepa la aplicación del tipo atenuado.

Sobre aplicación de tipo atenuado a la par que agravación del art. 369, CP con causa en notoria importancia: SSTS 664/2022, 30-6 (*Tol 9114556*); 782/2015, 14-12 (*Tol 5596256*), y 40/2014, 24-1 (*Tol 4103076*). Por el contrario, la STS 637/2015, 29-10 (*Tol 5558052*), indica que la venta habitual de cocaína al amparo de la impunidad lograda en local abierto al público no puede ser nunca considerado como de "escasa entidad".

Vid. la doctrina mayoritaria plasmada en la STS 664/2022, 30-6 (*Tol 9114556*): "Es cierto que no existe una incompatibilidad objetiva entre todos y cada uno de los tipos agravados previstos en el art. 369 del CP y la atenuación prevista en el párrafo 2° del art. 368. Así lo recuerda el Fiscal y así lo ha proclamado esta Sala en numerosos precedentes, de los que las SSTS 33/2011, 26 de enero; 574/2011, 3 de junio; 833/2011, 15 de julio; [...] Una interpretación sistemática, ligada también a los antecedentes de la reforma y a su tramitación parlamentaria, autoriza la idea de que el párrafo segundo del art. 368 del CP no sería excluible, con carácter general, en todos y cada uno de los supuestos agravados a que se refiere el art. 369 del CP. Conviene reparar en que el nuevo apartado establece su propia regla de exclusión. Y de acuerdo con ésta, sólo la pertenencia a una organización delictiva —art. 369 bis—, la utilización de menores de 18 años o disminuidos psíquicos, la condición de jefe, administrador o encargado de las organizaciones encaminadas a favorecer la comisión del delito o los supuestos de extrema gravedad —art. 370— determinarían la exclusión del precepto. Sin embargo, la ausencia de obstáculos aplicativos a los supuestos agravados no mencionados en la regla excluyente, no debe hacer perder de vista la idea de excepcionalidad que ha de presidir la determinación del alcance del art. 368 párrafo segundo. [...] Nos movemos, por tanto, en el campo de tensión constituido por la dialéctica de la regla/excepción. Proclama la primera que cuando resulte aplicable alguno de los supuestos de agravación contemplados por el artículo 369, con carácter general, no lo será el subtipo atenuado que se contiene en el segundo párrafo del artículo 368. Ello sin perjuicio de que autorice la segunda, la excepción, en atención a las particularidades que presente el caso, en singulares supuestos en los que pueda identificarse una menor intensidad del injusto (escasa entidad del hecho) y/o de la culpabilidad del autor (circunstancias personales), la aplicación simultánea del subtipo atenuado".

VI. BIBLIOGRAFÍA

ABEL SOUTO, M. "Luces y sombras en la reforma penal española sobre drogas de 2010", *Revista Penal México*, nº 2, 2011; ACALE SÁNCHEZ, M. *Salud pública y drogas tóxicas*, Valencia, 2002;

ÁLVAREZ GARCÍA, J. "Comentario al artículo 10.3", en LÓPEZ BARJA DE QUIROGA, J. y RODRÍGUEZ RAMOS, L. (coords.), *Código Penal Comentado*, Madrid, 1990; id., "La necesidad de un cambio de paradigmas en el tráfico de drogas la urgencia de su legalización", *Cuadernos de política criminal*, nº 105, 2011; ÁLVAREZ GARCÍA, F. J. y VENTURA PÜSCHEL, A. "Violencia e impunidad: examen al Estado", en DE LA CUESTA AGUADO, P. y otros (coords.), *LH-Terradillos Basoco*, 2018; BARATTA, A. "Introducción a la criminología de la droga", *Nuevo Foro Penal*, nº 41, 1988; BARDAVÍO ANTÓN, C. "Fundamento de punibilidad de la tentativa: A la vez consideraciones sobre la punibilidad de la tentativa inidónea", *ADPCP*, vol. LXXV, 2022; BENITEZ SÁNCHEZ, C. "La pena natural o poena naturalis en el Derecho penal español", *Estudios Penales y Criminológicos*, nº 46, 2025; BRANDARIZ, J. Á. "El lento declive del populismo penal en materia de drogas", en ABEL SOUTO, M. y otros (coords.), *LH-Lorenzo Salgado*, 2021; BRETONES ALCARAZ, F. J. *El delito de tráfico de drogas cometido por personas que pertenecen a una organización delictiva*, Madrid, 2020; CANTILLO ARCÓN, J. C. "Mirada retrospectiva a la aportación de Diego-Manuel Luzón Peña en el debate de los años 80 sobre el tráfico de drogas" en DE VICENTE REMESAL, J. y otros (dirs.), *LH - Luzón Peña*, vol. II, 2020; CASTELLVÍ MONTSERRAT, C. *Provocar y castigar: el agente provocador y la impunidad del sujeto provocado*, Valencia, 2020; *id. El delito provocado, el agente provocador y la impunidad del sujeto provocado*, Tesis doctoral, Barcelona, 2019; CENTRO DE INTELIGENCIA CONTRA EL TERRORISMO Y EL CRIMEN ORGANIZADO, *Estadística Anual sobre Drogas*, Ministerio del Interior, 2020; COMISIÓN DE ESTUPEFACIENTES, *Aplicación de los tratados de fiscalización internacional de drogas*, 2020; CONSEJO DE LA UNIÓN EUROPEA, *Plan de acción de la UE sobre drogas 2021-2025*, Secretaría General del Consejo, Oficina de Publicaciones de la Unión Europea, 2022; DE LA FUENTE, L., BRUGAL, M. T., DOMINGO-SALVANY, A., BRAVO, M. J., NEIRA-LEÓN, M., BARRIO, G. Más de treinta años de drogas ilegales en España: una amarga historia con algunos consejos para el futuro, *Revista Española de Salud Pública*, nº 5, 2006; DEL CARPIO DELGADO, J. "Las consecuencias de la reclasificación del cánnabis en los tratados internacionales" en PÉREZ MACHÍO, A. I. y DE LA CUESTA ARZAMENDI, J. L. (dirs.), *LH - Muñagorri Laguía*, 2021; *DEL OLMO, R.* "Drogas: distorsiones y realidades", *Nueva sociedad*, nº 102, 1989; DEPARTAMENTO DE SEGURIDAD NACIONAL DEL GABINETE DE LA PRESIDENCIA DEL GOBIERNO, *Informe Anual de Seguridad Nacional 2022*, Ministerio de la Presidencia, Relaciones con las Cortes y Memoria Democrática, 2023; DÍAZ CORTÉS, L. M. "Las razones de la legitimidad de las políticas criminales frente a las drogas ilícitas: análisis a partir de los modelos de control jurídico" en ZÚÑIGA RODRÍGUEZ, L. y BALLESTEROS SÁNCHEZ, J. *Criminalidad organizada trasnacional: una amenaza a la seguridad de los Estados democráticos*, Valencia, 2017; DÍEZ RIPOLLÉS, J. L. "El bien jurídico protegido en un Derecho penal garantista", *Jueces para la democracia*, nº 30, 1997; id. *Los delitos relativos a drogas tóxicas, estupefacientes y sustancias psicotrópicas. Estudio de las modificaciones introducidas por la Ley Orgánica 1/1988, de 24 de marzo*, Madrid, 1989; DÍEZ RIPOLLÉS, J. L. y MUÑOZ SÁNCHEZ, J. "Licitud de la autoorganización para el consumo de drogas", *Jueces para la Democracia*, nº 75, 2012; DOPICO GÓMEZ-ALLER, J. *Transmisiones atípicas de drogas. Crítica a la jurisprudencia de la excepcionalidad*, Valencia, 2013; id. "1.9. Los supuestos de atipicidad" en ÁLVAREZ GARCÍA, F. J. (dir.), *El delito de tráfico de drogas*, Valencia, 2009; ESCOHOTADO, A. *Historia elemental de las drogas*, Madrid, 2018; FERNÁNDEZ BAUTISTA, S. *Los clubes sociales del cannabis. Antijuricidad e imputación personal*, Valencia, 2021; FERNÁNDEZ PANTOJA, P. "Artículo 368", en COBO DEL ROSAL, M. (dir.), *Comentarios al Código Penal. Segunda época*, Tomo XI, 2008; FERRAJOLI, L. *Derecho y Razón. Teoría del garantismo penal*, Madrid, 2000; FISCALÍA GENERAL DEL ESTADO, *Circular 2/2005*, de 31 de marzo; FISCALÍA GENERAL DEL ESTADO, *Circular 3/2011*, de 11 de octubre; FLÁVIO GOMES, L. "Infracciones de bagatela y principio de insignificancia" en RODRÍGUEZ RAMOS, L. y BUENO ARÚS, F. *Derecho penal y criminología como fundamento de la política criminal*, Madrid, 2008; FRIEYRO ELÍCEGUI, S. *El delito de tráfico de drogas*, Valencia, 2017; GANESH, SS, GOULD, EE, CONNER, BT, HUH, J., CEASAR, RC, BLUTHENTHAL, R. N. "'Smoking weed it gets you over the hump': Cannabis co-use as a facilitator of decreased opioid use among people who inject drugs in Los Angeles, California, *Drug and Alcohol Dependence Reports*, vol. 12, 2024; GARCÍA ALBERO, R. "De los delitos contra la salud pública" en QUINTERO OLIVARES, G. (dir.), *Comentarios al Código Penal Español. Tomo II*, Navarra, 2016; GERMÁN MANCEBO, I., "La realización del tipo penal del artículo 368 CP por las asociaciones de cannabis: expectativas sociales versus aplicación del Derecho", en PÉREZ MACHÍO, A. I. y DE LA CUESTA ARZAMENDI, J. L. (dirs.), *LH - Muñagorri Laguía*, 2021; GIL GIL, A., "El tratamiento jurisprudencial de los clubes cannábicos en España: contadicciones y problemas", en AMBOS, K., MALARINO, E. y FUCHS, M. C. (eds.), *Drogas ilícitas y narcotráfico. Nuevos desarrollos en América Latina*, Madrid, 2017; GIL NOBAJAS, M. S. "Tráfico de drogas y estado de necesidad: análisis y revisión de la doctrina jurisprudencial en relación con los correos de la droga", en BENITO SÁNCHEZ, D. y GIL NOBAJAS, M. S. (coord.), *Alternativas político-criminales frente al Derecho Penal de la aporofobia*, vol. 14, Valencia, 2022; id. "La interpretación jurisprudencial de los requisitos de la aplicación del estado de necesidad a los correos de la droga", en BENITO SÁNCHEZ, D. y PÉREZ CEPEDA, A. I. (coords.), *Propuestas al legislador y a los operadores de la justicia para el diseño y la aplicación del Derecho penal en clave anti-aporófoba*, Salamanca, 2022; GÓMEZ MARTÍN, V. "El delito de fabricación, puesta en circulación y tenencia de medios destinados a la neutralización de dispositivos protectores de programas informáticos (art. 270, párr. 3º CP). A la vez, un estudio sobre los delitos de emprendimiento o preparación en el CP de 1995", *Revista Electrónica de Ciencia Penal y Criminología*, nº 4-16, 2002; GRUPO DE ESTUDIOS DE POLÍTICA CRIMINAL, *Una alternativa a la actual política criminal sobre drogas*, Valencia, 1991; HAVA GARCÍA, E. *El control penal de las armas. Análisis del Capítulo V del Título XXII del Código Penal*, Valencia, 2019; HEIN VAN KEMPEN, P., FEDOROVA, M. "Cannabis regulation thorough the 'without right' clause in article 2(1) of EU Framework Decision 2004/757/JHA on illicit drug trafficking", *European Journal of Crime, Criminal Law and Criminal Justice*, nº 31, 2023; IBRAHIM-ACHI, D., BURILLO-PUTZE, G., GALICIA, M., SUPERVÍA, A., ORTEGA PÉREZ, J., EXPÓSITO RODRÍGUEZ, M., MATOS CASTRO, S., MIRÓ, Ò. "Consultas a Urgencias hospitalarias por psicosis aguda asociada al consumo de drogas ilegales en España (Registro REDUrHE)" *Revista Española de Salud Pública*, nº 97, 2023; JOSHI JUBERT, U. *Los delitos de tráfico de drogas I.: un estudio analítico del art. 368 CP: (grupos de casos y tratamientos jurisprudenciales)*, Barcelona, 1999; *íd.* "Artículo 368" en CORCOY BIDASOLO, M. y MIR PUIG, S. (dirs.), *Comentarios al Código Penal. Reformas LLOO 1/2023, 3/2023 y 4/2023*, 2ª ed., Valencia, 2024; KHAN, DE, LANDWEHR, O. "'Legalize It!?' - Opportunities and Challenges for the Regulation of Cannabis under European Law. Is legalization legal?", *EUCRIM*, nº 1, 2023; LASCURAÍN SÁNCHEZ, J. A. "¿Pennabis? (Sobre la despenalización del cannabis) (y III)", *Blog Almacén de Derecho*, 21 julio de 2017; LÓPEZ-MUÑOZ, F., GONZÁLEZ, E., SERRANO, M. D., ANTEQUERA, R., ALAMO, C. "Una visión histórica de las drogas de abuso desde la perspectiva criminológica (Parte I)" *Cuadernos de Medicina Forense*, nº 17(1), 2011; LORENZO SALGADO, J. M. "El tipo atenuado 'en atención a la escasa entidad del hecho y a las circunstancias personales del culpable' previsto en el párr. 2º; del art. 368 del Código penal", en SUÁREZ LÓPEZ J. M. y otros (coords.), *LH-Morillas Cueva*, vol. II, 2018; MAGRO SERVET, V. *Guía práctica de la casuística existente en los delitos contra la salud pública*, Madrid, 2004; MANJÓN-CABEZA OLMEDA, A. *El tráfico de precursores: fiscalización internacional y delito del artículo 371 del Código Penal español*, Valencia, 2022; id. *La solución. La legalización de las drogas*, Barcelona, 2012; id. "Tráfico de drogas: (I)" en ÁLVAREZ GARCÍA, F. J. (dir.), *Derecho Penal español. Parte Especial. Parte Especial (II)*, 2011; id. "11. 1. La venta de una pequeña cantidad de droga. La dosis mínima psicoactiva", ÁLVAREZ GARCÍA, F. J. (dir.), *El delito de tráfico de drogas*, Valencia, 2009; MARAVER GÓMEZ, M. "La doctrina del consumo compartido en el delito de tráfico de drogas. Análisis crítico de la jurisprudencia del Tribunal Supremo", *InDret. Revista para el análisis del Derecho*, nº 2, 2019; MARTÍN LOREZO, M. "Sobre la perpetuación de una interpretación jurisprudencial insostenible del miedo insuperable. Análisis de su aplicación por la Audiencia Provincial de Madrid en los delitos de tráfico de drogas", *Revista de Derecho Penal y Criminología*, 2ª época, nº 16, 2005; MARTÍNEZ ORÓ, D. P. *Opioides en España. Ni repunte de heroína ni crisis de opioides a la americana,* Barcelona, 2019; MARTÍNEZ PARDO, V. J. *Los delitos de tráfico de drogas: estudio jurisprudencial,* Madrid, 2013; MINISTERIO DE SANIDAD, Encuesta sobre alcohol y otras drogas en España (EDADES) 1995-2022. Delegación del Gobierno para el Plan Nacional sobre Drogas, 2022; MOLINA MANSILLA, M. C. *El delito de tráfico de drogas: análisis detallado y nueva perspectiva. Adaptado a las últimas reformas legislativas y resoluciones del Tribunal Supremo y de la Fiscalía General del Estado,* 1ª ed., Madrid, 2021; íd. "Evolución histórica del consumo de drogas. Concepto, clasificación e implicaciones del consumo prolongado", *International e-Journal of Criminal Sciences,* nº 2, 2008; id. Evolución de la normativa española en materia de tráfico de drogas durante el siglo XIX, *AFDUA,* 2006; MONTERO LA RUBIA, F. J. *Delitos contra la salud pública, Estudio práctico de la jurisprudencia del T. S. sobre el tráfico de drogas tóxicas,* Barcelona, 2007; MUÑOZ CONDE, F. *Derecho penal. Parte especial,* 23ª ed., Valencia, 2021; MUÑOZ SÁNCHEZ, J. "La relevancia penal de los clubes sociales de cannabis. Reflexiones sobre la política de cannabis y análisis jurisprudencial", *Revista electrónica de Ciencia Penal y Criminología,* nº 17-22, 2015; MUÑOZ SÁNCHEZ, J. y SOTO NAVARRO, S. "Uso terapéutico del cannabis y creación de establecimientos para su adquisición y consumo: viabilidad legal", *Boletín Criminológico,* nº 1, 2000; NÚÑEZ PAZ, M. A. y GUILLÉN LÓPEZ, G. "Moderna revisión del delito de tráfico de drogas: estudio actual del art. 368 del Código Penal", *Revista penal,* nº 22, 2008; OBSERVATORIO ESPAÑOL DE LAS DROGAS Y LAS ADICCIONES, *Monografía Cannabis 2022. Consumo y consecuencias,* Madrid, 2022; OBSERVATORIO EUROPEO DE LAS DROGAS Y TOXICOMANÍAS, *Informe Europeo sobre Drogas. Tendencias y novedades,* Luxemburgo, 2022; OBSERVATORIO URUGUAYO DE DROGAS, *VII Encuesta Nacional sobre Consumo de Drogas en Población General, Informe de Investigación,* Junta Nacional de Drogas, 2019; ORTS BERENGER, E. "Delitos relativos a las drogas tóxicas, estupefacientes y sustancias psicotrópicas", en GONZÁLEZ CUSSAC, J. L. (coord.), *Derecho penal. Parte especial,* 6ª ed., Valencia, 2019; PASTRANA SÁNCHEZ, M. A. *El control penal de las drogas,* Valencia, 2024; PEDREIRA GONZÁLEZ, F. "Capítulo I" en ÁLVAREZ GARCÍA, F. J. (dir.), *El delito de tráfico de drogas,* Valencia, 2009; PENA GONZÁLEZ, W. "La problemática de los clubes de cannabis: ¿error de tipo o error de prohibición?", *Revista Aranzadi Doctrinal,* nº 3, 2019; PÉREZ-SAUQUILLO MUÑOZ, C. "Una teoría sobre los bienes jurídicos colectivos: reflexiones al hilo del ejemplo de la salud pública", *Revista de la Fundación Internacional de Ciencias Penales,* nº 11, 2022; *PLAZA GÓMEZ, N.* "Influencia de la ideología en las actitudes hacia la legalización del cannabis en España", *RIPS: Revista de Investigaciones Políticas y Sociológicas,* nº 23(2), 2024; QUINTERO OLIVARES, G. *Compendio de la Parte Especial del Derecho Penal,* Cizur Menor, 2016; RAMÓN RIBAS, E. "Artículo 368" en QUINTERO OLIVARES, G. (dir.) *Comentarios al Código Penal Español. Tomo II,* Navarra, 2016; REAL ACADEMIA NACIONAL DE MEDICINA DE ESPAÑA, *Diccionario de Términos Médicos,* Madrid, 2012; ROSSI F. "Un'introduzione al problema dell' 'ignoranza deliberata' nella teoria dell'elemento soggettivo del reato", *La legislazione penale,* 27 de septiembre 2022; SABIA, J. J., DAVE, D., ALOTAIBI, F., REES, D. I. "The effects of recreational marijuana laws on drug use and crime", *Journal of Publics Economics,* nº 234, 2024; SÁNCHEZ LÁZARO, F. G. "Deconstruyendo el riesgo permitido. Delitos contra la salud pública, principio de precaución, delitos contra la seguridad vial", *Revista penal,* nº 25, 2010; SÁNCHEZ TOMÁS, J. M. "Análisis crítico de la transposición al Derecho español de las actualizaciones de los listados de estupefacientes y psicotrópicos a efectos penales", en CONDE PÉREZ, E. (coord.), *Ensayos para un nuevo paradigma en la política de drogas,* Madrid, 2020; id. *Derecho de las drogas y las drogodependencias,* Fundación de Ayuda contra la Drogadicción (FAD), 2002; SEGARRA MONFERRER, J. y NÚÑEZ MIRÓ, A. "Los clubes cannábicos: eventual responsabilidad penal de la persona jurídica y de las personas físicas responsables o gestoras de su actividad", *Revista Aranzadi Doctrinal,* nº 4, 2020; SEQUEROS SAZATORNIL, F. *El tráfico de drogas ante el ordenamiento jurídico: (evolución normativa, doctrinal y jurisprudencial),* Madrid, 2000; id., "En torno a la conveniencia de reconsiderar la idoneidad de la denominada 'dosis mínima psicoactiva' como presupuesto objetivo para la configuración del delito de tráfico de drogas", *La Ley: Revista jurídica española de doctrina, jurisprudencia y bibliografía,* nº 6271, 2005; SERRANO

MAÍLLO, A. *Teoría criminológica. La explicación del delito en la sociedad contemporánea,* 2ª ed., Madrid, 2021; SILVA CASTAÑO, M. L. "Artículo 368" en CUERDA ARNAU, M. L. (dir.), *Comentarios al Código Penal,* Tomo II, Valencia, 2023; SILVA FORNÉ, D. *Regulación de la marihuana. Drogas y Estado de Derecho. El modelo regulatorio de Uruguay. La situación en España,* Madrid, 2018; SUÁREZ-MIRA RODRÍGUEZ, C. (dir./coord.), *Manual de Derecho penal. Tomo II. Parte especial,* Navarra, 2020; TERRADILLOS BASOCO, J. M. "Protección penal de Derechos Humanos: pobreza, vulnerabilidad, exclusión", en BENITO SÁNCHEZ, D. y PÉREZ CEPEDA, A. I. (coords.), *Propuestas al legislador y a los operadores de la justicia para el diseño y la aplicación del Derecho penal en clave anti-aporófoba,* Salamanca, 2022; id. "La satisfacción de necesidades como criterio de determinación del objeto de tutela jurídico-penal", *Revista de Derecho penal,* nº 25, 2017; id. "Peligro abstracto y garantías penales", *Nuevo Foro Penal,* nº 62, 1999; UNODC, *Declaración Ministerial de 2019,* Viena, Comisión de estupefacientes de Viena, 2019; UNODC, *Documento final del período extraordinario de sesiones de la Asamblea General de las Naciones Unidas sobre el problema mundial de las drogas celebrado en 2016,* Nueva York, 19-21 de abril de 2016. Resolución S-30/1 de la Asamblea General, anexo. Aprobada el 19 de abril de 2016; UNODC, *World Drug Report,* 2021; UNODC, *World Drug Report,* 2022; UNODC, *World Drug Report,* 2023; UNODC, *World Drug Report,* 2024; VALLE MUÑIZ, J. M. y FERNÁNDEZ PALMA, M. R. "Tráfico de drogas" en QUINTERO OLIVARES, G. y VALLE MUÑIZ, J. M. (coords.), *Comentarios a la Parte Especial del Derecho Penal,* Barcelona, 1996; VIDALES RODRÍGUEZ, C. "Tipo atenuado del delito de tráfico de drogas y pertenencia al grupo criminal" en ABEL SOUTO, M. y otros (coords.), *LH - Lorenzo Salgado,* 2021.

REFERENCIAS LEGALES

- Convención Única de Nueva York sobre Estupefacientes de 1961 (enmendada por Protocolo de Ginebra de 1972) (*Tol 227958).*
- Convenio de Viena sobre Sustancias Psicotrópicas de 1971 (*Tol 153805).*
- Convención de Viena contra el Tráfico Ilícito de Estupefacientes y Sustancias Psicotrópicas de 1988
- Directiva Delegada (UE) 2021/802 de la Comisión de 12 de marzo de 2021.
- Directiva (UE) 2015/1535 del Parlamento Europeo y del Consejo, de 9 de septiembre de 2015, por la que se establece un procedimiento de información en materia de reglamentaciones técnicas y de reglas relativas a los servicios de la sociedad de la información (*Tol 5506061).*
- Decisión 2005/387 JAI del Consejo, de 10 de mayo de 2005, relativa al intercambio de información, la evaluación del riesgo y el control de las nuevas sustancias psicotrópicas.

–Directiva (UE) 2017/2103 del Parlamento Europeo y del Consejo, de 15 de noviembre de 2017.

- Directivas Delegadas (UE) 2019/369 de la Comisión de 13 de diciembre de 2018.
- Directivas Delegadas (UE) 2020/1687 de la Comisión de 2 de septiembre de 2020.
- Directivas Delegadas (UE) 2021/802 de la Comisión de 12 de marzo de 2021.
- Decisión Marco 2004/757/JAI del Consejo, 25-10-2004, relativa al establecimiento de disposiciones mínimas de los elementos constitutivos de delitos y las penas aplicables en el ámbito del tráfico ilícito de drogas.
- Ley Orgánica 4/2015, de 30 de marzo, de Protección de la Seguridad Ciudadana (*Tol 4788339).*
- Ley 1/2016 del Parlamento Vasco, de 7 de abril, de Atención Integral de Adicciones y Drogodependencias (*Tol 568413).*

- Ley 1/1992, 21-2, de Protección de la Seguridad Ciudadana (*Tol 153223*),
- Ley 17/1967, 8-4, de Estupefacientes (*Tol 893365*).
- Orden SCO/190/2004, 28-1, del Ministerio de Sanidad y Consumo (*Tol 730717*).
- Orden SND/1248/2021, de 5 de noviembre, por la que se modifica el Real Decreto 2829/1977, de 6 de octubre, por el que se regulan las sustancias y preparados medicinales psicotrópicos, así como la fiscalización e inspección de su fabricación, distribución, prescripción y dispensación, para incluir nuevas sustancias (*Tol 8639678*).
- RD 2829/1977, 6-10, por el que se regula la fabricación, distribución, prescripción y dispensación de sustancias y preparados psicotrópicos y Orden de desarrollo de 14-1-1981 (*Tol 923224*).
- RD 1194/2011, de 19 de agosto, por el que se establece el procedimiento para que una sustancia sea considerada estupefaciente en el ámbito nacional (*Tol 2193840*).
- Tratado de Funcionamiento de la Unión Europea (TFUE) (*Tol 3711558*).

Lección 42ª

Tráfico de drogas (II)

M. ALEJANDRA PASTRANA SÁNCHEZ

SUMARIO. I. TIPOS AGRAVADOS. II. ART. 369, CP. 1. El culpable fuere autoridad, funcionario público, facultativo, trabajador social, docente o educador y obrase en el ejercicio de su cargo, profesión u oficio. 2. El culpable participare en otras actividades organizadas o cuya ejecución se vea facilitada por la comisión del delito. 3. Los hechos fueren realizados en establecimientos abiertos al público por los responsables o empleados de los mismos. 4. Las sustancias se faciliten a menores de 18 años, a disminuidos psíquicos o a personas sometidas a tratamiento de deshabituación o rehabilitación. 5. Fuere de notoria importancia la cantidad de las sustancias. 6. Las sustancias se adulteren, manipulen o mezclen entre sí o con otras, incrementando el posible daño a la salud. 7. Las conductas tengan lugar en centros docentes, en centros, establecimientos o unidades militares, en establecimientos penitenciarios o en centros de deshabituación o rehabilitación, o en sus proximidades. 8. El culpable empleare violencia o exhibiere o hiciese uso de armas para cometer el hecho. III. ART. 370, CP. 1. Utilización de menores de 18 años o disminuidos psíquicos. 2. Jefes, administradores o encargados de las organizaciones. 3. La extrema gravedad. 3.1. Exceso notable de la cantidad considerada como de notoria importancia. 3.2. Utilización de buques, embarcaciones o aeronaves como medio de transporte específico. 3.3. Simulación de operaciones de comercio internacional entre empresas. 3.4. Redes internacionales. 3.5. Concurrencia de tres o más circunstancias del art. 369.1, CP. IV. ART. 369 BIS, CP. 1. Organización criminal. 2. Personas jurídicas. V. CONCURSOS. VI. BIBLIOGRAFÍA.

Artículo 369

1. Se impondrán las penas superiores en grado a las señaladas en el artículo anterior y multa del tanto al cuádruplo cuando concurran alguna de las siguientes circunstancias:

1ª El culpable fuere autoridad, funcionario público, facultativo, trabajador social, docente o educador y obrase en el ejercicio de su cargo, profesión u oficio.

2ª El culpable participare en otras actividades organizadas o cuya ejecución se vea facilitada por la comisión del delito.

3ª Los hechos fueren realizados en establecimientos abiertos al público por los responsables o empleados de los mismos.

4ª Las sustancias a que se refiere el artículo anterior se faciliten a menores de 18 años, a disminuidos psíquicos o a personas sometidas a tratamiento de deshabituación o rehabilitación.

5ª Fuere de notoria importancia la cantidad de las citadas sustancias objeto de las conductas a que se refiere el artículo anterior.

6ª Las referidas sustancias se adulteren, manipulen o mezclen entre sí o con otras, incrementando el posible daño a la salud.

7ª Las conductas descritas en el artículo anterior tengan lugar en centros docentes, en centros, establecimientos o unidades militares, en establecimientos penitenciarios o en centros de deshabituación o rehabilitación, o en sus proximidades.

8ª El culpable empleare violencia o exhibiere o hiciese uso de armas para cometer el hecho.

Artículo 369 bis

Cuando los hechos descritos en el artículo 368 se hayan realizado por quienes pertenecieren a una organización delictiva, se impondrán las penas de prisión de nueve a doce años y multa del tanto al cuádruplo del valor de la droga si se tratara de sustancias y productos que causen grave daño a la salud y de prisión de cuatro años y seis meses a diez años y la misma multa en los demás casos.

A los jefes, encargados o administradores de la organización se les impondrán las penas superiores en grado a las señaladas en el párrafo primero.

Cuando de acuerdo con lo establecido en el artículo 31 bis una persona jurídica sea responsable de los delitos recogidos en los dos artículos anteriores, se le impondrán las siguientes penas:

a) Multa de dos a cinco años, o del triple al quíntuple del valor de la droga cuando la cantidad resultante fuese más elevada, si el delito cometido por la persona física tiene prevista una pena de prisión de más de cinco años.

b) Multa de uno a tres años, o del doble al cuádruple del valor de la droga cuando la cantidad resultante fuese más elevada, si el delito cometido por la persona física tiene prevista una pena de prisión de más de dos años no incluida en el anterior inciso.

Atendidas las reglas establecidas en el artículo 66 bis, los jueces y tribunales podrán asimismo imponer las penas recogidas en las letras b) a g) del apartado 7 del artículo 33.

Artículo 370

Se impondrá la pena superior en uno o dos grados a la señalada en el artículo 368 cuando:

1.º Se utilice a menores de 18 años o a disminuidos psíquicos para cometer estos delitos.

2.º Se trate de los jefes, administradores o encargados de las organizaciones a que se refiere la circunstancia 2ª del apartado 1 del artículo 369.

3.º Las conductas descritas en el artículo 368 fuesen de extrema gravedad.

Se consideran de extrema gravedad los casos en que la cantidad de las sustancias a que se refiere el artículo 368 excediere notablemente de la considerada como de notoria importancia, o se hayan utilizado buques, embarcaciones o aeronaves como medio de transporte específico, o se hayan llevado a cabo las conductas indicadas simulando operaciones de comercio internacional entre empresas, o se trate de redes internacionales dedicadas a este tipo de actividades, o cuando concurrieren tres o más de las circunstancias previstas en el artículo 369.1.

En los supuestos de los anteriores números 2.º y 3.º se impondrá a los culpables, además, una multa del tanto al triplo del valor de la droga objeto del delito.

I. TIPOS AGRAVADOS

1. Desde la entrada en vigor del CP de 1995, el sistema de agravaciones articulado para el tráfico de drogas ha sido modificado en dos ocasiones: la primera por la LO 7/2003, de 30 de junio, de medidas de reforma para el cumplimiento íntegro y efectivo de las penas; y una segunda por la LO 5/2010, de 22 de junio, por la que se modifica la Ley Orgánica 10/1995, de 23 de noviembre, del Código Penal. Estas reformas han provocado el desdibujamiento del sistema de agravaciones creado en el origen del Código, y han dejado un esquema asistemático, plagado de incoherencias, y con errores técnicos que dificultan enormemente la aplicación jurídica. Es difícil de comprender el porqué, tras más de una década desde la última modificación en la materia, aún no se han introducido reformas con el fin de eliminar, al menos, los defectos técnicos más graves que han tenido que ser parcheados por la Jurisprudencia y Doctrina a través de sus correspondientes propuestas interpretativas.

En este sentido, la FGE también ha tenido que ensayar complicadas interpretaciones para poder revestir de lógica el galimatías legislativo producido por las sucesivas reformas. Véanse en este sentido las Circulares FGE 2/2005, de 31 de marzo, y 3/2011, de 11 de octubre.

2. Para comprender los problemas que derivan del actual marco penológico previsto para el tráfico de drogas, es necesario remontarse a ese sistema originario que ha quedado desfigurado, pero del que el Legislador parece no querer desprenderse del todo. Al respecto, es menester recordar que el texto inicial del CP de 1995 confiaba el régimen agravatorio a los arts. 369 y 370, CP, articulando con ello un sistema escalonado: en el primer peldaño se encontraban las modalidades agravadas del art. 369, CP, que imponía las penas superiores en grado del tipo básico; y en un segundo peldaño, se establecían las modalidades hiperagravadas, que elevaba en un grado más las penas del anterior escalón. Este sistema original no estaba exento de críticas (pues la exasperación punitiva daba como resultado penas de hasta 20 años y tres meses de prisión si era de aplicación el tipo hiperagravado), pero al menos podía afirmarse que la estructura mantenía una coherencia interna.

La redacción actual también permite llegar hasta los 18 años de prisión si se trata de los jefes, encargados o administradores de una organización delictiva (vía art. 369 bis, CP). Por lo demás, exceptuando el anterior caso, el tope actual del sistema agravatorio estaría en 13 años y seis meses (*ex* art. 370, CP). Obviamente la magnitud de la pena obliga a hacer comparación con las sanciones previstas para las asociaciones ilícitas (art.

515, CP), grupos (art. 570 ter, CP), organizaciones criminales (570 bis, CP) y organizaciones y grupos terroristas (art. 571, CP): la conclusión no puede ser sino la de incoherencia y desproporción en las sanciones entre estos distintos tipos de asociaciones ilícitas.

3. Frente al anterior, el actual marco punitivo agravatorio parece contener, en términos generales, una serie de formas de comisión delictiva que el Legislador ha hecho acreedoras de un mayor reproche penal. Y ello porque de las circunstancias establecidas tras la reforma penal de 2010 se desprende que el desvalor —ya de acción, ya de resultado— del art. 368, CP, concurre con mayor intensidad en todas ellas. Eso sucede, siguiendo al Legislador, por las cualificaciones del sujeto activo, por las características del individuo al que se le entrega el objeto material del delito, por ciertas cualidades que hacen referencia a dicho objeto, (haciéndolo más dañoso para la salud); o bien porque, simplemente, la comisión delictiva se realiza aprovechando las circunstancias de lugar o tiempo, o valiéndose de determinados medios, modos o formas que facilitan ya la ejecución del delito, ya la impunidad del delincuente.

Estos mayores reproches se articulan en tres preceptos distintos: así, el art. 369, CP, que se relaciona con el tipo básico estableciendo la pena superior en grado (y una pena de multa del tanto al cuádruplo del valor de la droga); el art. 370, CP, que recoge otras circunstancias agravatorias, remitiendo en algunos casos a circunstancias que ya aparecen en el art. 369, CP, pero ahora con un plus de gravedad (p. ej., que concurran tres o más de las circunstancias que recoge el art. 369, CP), supuestos en los que se establece una pena de prisión que debe ser superior en uno o dos grados a la del tipo básico del art. 368, CP, por lo que puede resultar igual que la que se prevé para los comportamientos del art. 369, CP.

Es necesario también hacer referencia a la pena de multa prevista en el art. 370, CP. De una interpretación literal del precepto debe deducirse que no existe previsión de multa en el caso del párrafo 1°. Y ello porque el tipo no lo recoge (como sí hacen los arts. 368, 369 y 369 bis, CP). El texto del Código solo contempla una multa, del tanto al triplo, para los casos del 2° y 3er párrafo, lo que daría como resultado que la pena de multa podría ser igual o inferior a los casos del art. 369, CP, pero nunca superior. Tanto la FGE como la Jurisprudencia han interpretado que deben aplicarse las penas de multa del art. 368, CP, al entender que el "además" que aparece en el último párrafo no hace referencia a "además de las penas de prisión ya señaladas en el tipo" sino a "además de la multa del tipo básico" pero eso no parece la interpretación lógica del literal del texto, ni seguiría la estructura de redacción del art. 369, CP. Lo cierto es que tampoco tiene lógica —más allá del olvido del Legislador— que este artículo no incluya una pena de multa para el primer numeral y que, para las restantes, establezca una pena igual o inferior a la del art. 369, CP. *Cfr.* arts. 369 y 370, CP.

Al extraño marco anterior se suma el art. 369 bis, CP, vigente tras la reforma de 2010, que desgajó la agravación por la pertenencia a organizaciones criminales para el narcotráfico del art. 369, CP, construyéndose ahora como un tipo autónomo con una pena específica y no calculada sobre el tipo básico. Este nuevo precepto distorsiona y complica la determinación de la pena cuando, además de la pertenencia a la organización, concurren otras circunstancias agravantes (lo que, por lo demás, es bastante común, pues suelen ser estas mismas organizaciones las que trafican con cantidades de notoria importancia, utilizan buques o aeronaves, etc.).

Cuadro penológico para personas físicas*

<table>
<tr><th></th><th colspan="2">Grave daño</th><th colspan="2">No grave daño</th></tr>
<tr><td rowspan="2">368 CP
368 CP atenuado</td><td colspan="2">– Prisión 3 a 6 años
– Multa de X a 3X</td><td colspan="2">– Prisión 1 a 3 años
– Multa de X a 2X</td></tr>
<tr><td colspan="2">– Prisión de un año y 6 meses a 2 años, 6 meses y 29 días.
– Multa de 1/2 X a X</td><td colspan="2">– Prisión 6 a 11 meses y 29 días.
– Multa de 1/2 X a X</td></tr>
<tr><td rowspan="2">369 CP (superior en grado a 368 CP)
369 CP partiendo del 368 CP atenuado</td><td colspan="2">– Prisión de 6 años y un día a 9 años
– Multa de X a 4X</td><td colspan="2">– Prisión de 3 años y un día a 4 años y seis meses
– Multa de X a 4X</td></tr>
<tr><td colspan="2">– Prisión de 2 años, 6 meses y 30 días a 3 años, 10 meses y 15 días
– Multa de 1/2 X a X</td><td colspan="2">– Prisión de 11 meses y un día a 1 año, 4 meses y 15 días.
– Multa de 1/2 X a X</td></tr>
<tr><td>369 bis CP</td><td>– Prisión de 9 a 12 años
– Multa de X a 4X</td><td>Jefes, encargados o administradores: prisión de 12 años y un día a 18 años.
– Multa de X a 4X</td><td>– Prisión de 4 años y 6 meses a 10 años.
– Multa de X a 4X</td><td>Jefes, encargados o administradores: prisión de 10 años y un día a 15 años.
– Multa de X a 4X</td></tr>
<tr><td rowspan="2">370 CP (superior en grado a 368 CP)
370 CP (superior en dos grados a 368 CP)</td><td colspan="2">-Prisión de 6 años y un día a 9 años
–Multa de X a 3X
–Multa adicional de X a 3X para las circunstancias 2º y 3º.</td><td colspan="2">-Prisión de 3 años y un día a 4 años y seis meses
–Multa de X a 2X.
–Multa adicional de X a 3X para las circunstancias 2º y 3º.</td></tr>
<tr><td colspan="2">–Prisión de 9 años y un día a 13 años y 6 meses
–Multa de X a 3X
–Multa adicional de X a 3X para las circunstancias 2º y 3º.</td><td colspan="2">–Prisión de 4 años, 6 meses y un día a 6 años y 9 meses.
–Multa de X a 2X.
–Multa adicional de X a 3X para las circunstancias 2º y 3º.</td></tr>
</table>

* Las penas del art. 369, CP, partiendo del tipo atenuado se han calculado en el orden expuesto en el epígrafe sobre tipo atenuado: primero rebajando la pena del art. 368, CP, en un grado para después elevarla en grado. Con respecto a las penas de multa superiores e inferiores en grado se han calculado según lo establecido por el Acuerdo de Pleno no jurisdiccioanl de la Sala Segunda del Tribunal Supremo, de 22-7-2008.

4. Por lo que se refiere a los elementos objetivos y subjetivos, y al tratarse de tipos cualificados, deberán estar presentes todos los del tipo básico (art. 368, CP)

más los referentes a la propia circunstancia agravatoria. Al igual que para el elemento subjetivo del tipo básico, la Jurisprudencia aquí también ha afirmado que bastará con que los elementos objetivos que conforman cada circunstancia sean abarcados por dolo eventual [en este sentido, véase la STS 86/2018, 19-2 (*Tol 6525968)*]. Por lo demás, el error sobre una de estas circunstancias tendrá como consecuencia la inaplicación de la modalidad agravada, castigando tan solo por el tipo básico (*ex* art. 14.2, CP).

II. ART. 369, CP

1. El art. 369, CP, eleva en un grado las penas de prisión establecidas en el tipo básico del tráfico de drogas, y recoge (indistintamente de si se trata de una sustancia que cause mayor daño a la salud o no) una pena de multa del tanto al cuádruplo del valor de la droga objeto del delito.

2. Ocho modalidades distintas de comportamientos se recogen en este precepto, expresadas de forma alternativa, de modo que la concurrencia de cualquiera de ellas dará lugar a la aplicación de las penas agravadas. No obstante, si se dan tres o más de ellas se considerará una *conducta de extrema gravedad* vía art. 370, CP, y será de aplicación la pena dispuesta en el mismo. Ahora bien, no existe regla penológica específica para el caso en que se den dos de las circunstancias del art. 369, CP, por lo que deberá entenderse que, de resultar aplicable dicho precepto, la segunda circunstancia solo podrá tenerse en cuenta, en su caso, para la individualización judicial de la pena dentro del mismo marco que el art. 369, CP prevé.

1. *El culpable fuere autoridad, funcionario público, facultativo, trabajador social, docente o educador y obrase en el ejercicio de su cargo, profesión u oficio*

Esta agravación tendría como fundamento la mayor facilidad bien para la comisión delictiva, bien para dificultar el descubrimiento o la persecución de los hechos. Así debe entenderse, dado que no basta con ostentar una de estas profesiones, sino que el comportamiento debe realizarse en el ejercicio del cargo. En apoyo de esta misma argumentación, la Jurisprudencia, además, ha indicado la necesidad de que en el caso concreto esas funciones favorezcan la comisión (o dificulten su persecución). Si ello no ocurre, no será aplicable la agravación.

La reforma penal de 2003 (vía LO 15/2003, de 25 de noviembre, por la que se modifica la Ley Orgánica 10/1995, de 23 de noviembre, del Código Penal), cambió la redacción originaria de esta modalidad agravada, que hacía referencia al "*abuso de* su profesión, oficio o cargo". A pesar de desaparecer dicha referencia, la FGE interpretó en

2003 que "la innovación no se hace acreedora de una nueva interpretación del precepto, en la medida en que cualquier actividad delictiva relacionada con el tráfico de drogas realizada en el ejercicio de una profesión, oficio o cargo, supone, de hecho, abuso del mismo, y lo que en definitiva se sanciona es el aprovechamiento de esa circunstancia para la ejecución del delito".

Así, se aplica el tipo agravado en la STS 454/2020, 17-9: Guardia Civil que avisaba de los posibles vigilancias policiales a los que desembarcaban las sustancias; STS 553/2019, 12-11: Guardia Civil que proporcionaba cobertura de seguridad a la organización; STS 305/2005, 8-3 (*Tol 619622*): funcionario del CNP que disponía de las drogas intervenidas, dedicándose a la venta de parte de las mismas; STS 1837/2000, 28-11 (*Tol 4924934*): guarda de la Estación Biológica del Parque de Doñana, lugar donde el hachís se desembarcó, que quebranta el específico papel de quien tiene a su cargo y cuidado funciones de vigilancia, protección y custodia del parque; o STS 139/1998, 18-5 (*Tol 5134059*): médico que dispensa recetas de psicótropos a cambio de compensación económica.

Algunas sentencias consideran también la "trascendencia comunitaria" que tienen algunas de estas actividades [*vid.* así STS 945/1997, 30-6 (*Tol 5140405*), y SAP, Pontevedra, 208/2012, 11-6]. ÁLVAREZ GARCÍA, por su parte, las entiende como *funciones públicas* en un sentido amplio. También menciona MONTERO LA RUBIA la "trascendencia que para la difusión pública de las drogas en el entorno social tiene el desempeño de una actividad pública, docente o comunitaria".

Por otro lado, resulta necesario delimitar el contenido que debe darse a los cargos, profesiones y oficios que son enumerados en el precepto. De esta manera, para la autoridad y funcionario público, el CP cuenta con interpretaciones auténticas en su art. 24, y en el caso de los facultativos, el art. 372 II, CP, define a estos como los "*médicos, psicólogos, las personas en posesión de título sanitario, los veterinarios, los farmacéuticos y sus dependientes*".

El TS ha entendido que funcionario público a efectos penales será también aquel que ejerce funciones públicas, sin necesidad de que se tenga, en términos administrativo-laborales, la consideración de funcionario público, lo que quiere decir que en el concepto penal se incluye a quienes desarrollan las funciones de los mismos siendo interinos o sustitutos.

En este sentido véase p. ej., STS 538/2017, 19-2 (*Tol 6525968*): "Por tanto, el concepto penal de funcionario abarca también a los internos y sustitutos (STS 26 octubre 2012). La jurisprudencia de esta Sala no ofrece dudas al respecto, aceptando una equiparación funcional entre el funcionario titular y el funcionario sustituto, interino y, por tanto, carente de la estabilidad que proporciona la pertenencia a la carrera administrativa. Lo que define la condición de funcionario público es la participación en funciones públicas, siendo irrelevante que sea interino o de plantilla (STS 1544/2004, 23 de diciembre), pues los llamados funcionarios de hecho que desempeñan una función pública, aunque no reúnan las calificaciones o legitimaciones requerida, así como los interinos, sustitutos o funcionarios de empleo, en contraposición a los funcionarios de carrera, tienen similar cuadro de derechos y obligaciones que los recogidos en el propio Estatuto de los funcionarios de propiedad (STS 663/2005, 23 de mayo)".

En este sentido, por ejemplo, la STS 86/2018, 19-2 (*Tol 6525968*), aclara que la policía local es también funcionariado público, siendo indiferente "los requisitos de selección para el ingreso, ni la categoría por modesta que fuera, ni el sistema de retribución, ni el estatuto legal y reglamentario, ni el sistema de provisión, ni aún la estabilidad o temporalidad [...]. Si el recurrente, como los otros delincuentes, portaba pistola, uniforme y placa expedida por el Ayuntamiento de Mijas es patente que desempeñaba una función pública y por tanto era funcionario público".

Por otro lado, y con relación a los facultativos, MARTÍNEZ PARDO aporta razones por las que se debe seguir debatiendo sobre el alcance esta circunstancia, pues o bien solo debería considerarse a aquellos que pueden extender recetas, o bien debería considerarse que el artículo debió incluir a todos los que prestan actividades sanitarias o sociosanitarias. De reformular el artículo, la posición que aquí se mantiene es que debería incluirse a todos aquellos que, o bien pueden prescribir medicamentos, o bien poseen fácil acceso a ellos por su ocupación.

Nada dice el Código respecto de los trabajadores sociales, docentes o educadores. En relación con ello, propone ÁLVAREZ GARCÍA comprender a aquellos que realicen las actividades propias de la profesión, ostenten o no titulación académica. Ello tiene sentido, pues es el ejercicio de la profesión y no el título profesional lo que otorga mayores facilidades para la comisión delictiva. En sentido contrario lo entiende MOLINA MANSILLA: "quedan fuera de la agravación los que desarrollen actividades laborales sin titulación ni los voluntarios".

En este contexto, y como indica MANJÓN-CABEZA OLMEDA, la Convención de las Naciones Unidas contra el tráfico ilícito de estupefacientes y sustancias sicotrópicas de 1988 menciona como circunstancia que puede dar lugar a agravación: "*el hecho de que el delincuente ocupe un cargo público y de que el delito guarde relación con ese cargo*". Esta redacción despejaría algunos de los problemas que la Doctrina ha achacado a la redacción española: por ejemplo, que no se le pueda atribuir a quien se halla en excedencia o de baja laboral, en cuanto no se puede afirmar que el delito lo cometa en "ejercicio de sus funciones", a pesar de que aun estando en esas situaciones, el delito se cometa aprovechándose del cargo (*vid.* MARTÍNEZ PARDO, ÁLVAREZ GARCÍA). El texto internacional hace recaer la agravación, sin lugar a duda, en aprovecharse o prevalerse del ejercicio del cargo, que sería la redacción más correcta (de esta opinión, nuevamente, MANJÓN-CABEZA OLMEDA). Por lo demás, ÁLVAREZ GARCÍA entiende acertadamente que, si no se obra en el ejercicio del cargo y, por tanto, no es aplicable el art. 369.1°, CP, pero se ha prevalido del mismo para la comisión delictiva, sí sería aplicable la agravante genérica de prevalimiento (*v.gr.* tiene contactos por razón de su profesión, que utiliza para delinquir, aunque está de baja laboral).

En cualquier caso, la Jurisprudencia parece aplicarlo (desoyendo el principio de legalidad) a esa serie de casos, que parecen estar fuera del ejercicio del cargo, siempre que de este hayan obtenido ventaja: véase así la STS 86/2018, 19-2 (*Tol 6525968*), que lo aplica a un funcionario de policía de baja: "policía local que se encontraba de baja, que con asiduidad ofrecía información a sus compañeros sobre la existencia de posibles alijos dada su relación con delincuentes dedicados a este tipo de tráfico "obtenida a lo largo de su actividad profesional". Consecuentemente no ofrece duda aquel que puso su condición de policía local, al igual que los otros acusados, al servicio de su propósito criminal, aprovechando las ventajas que el cargo le ofrecía para ejecutar el hecho delictivo con mayor facilidad y menor riesgo". En similar sentido, la STS 561/2010, 14-6 (*Tol 1893393*), afirma que es indiferente que el sujeto estuviera de baja (aunque en este caso no se aplicó, pero porque los hechos fueron cometidos cuando el precepto rezaba "en abuso de su ejercicio" y no en el uso del mismo. Abuso que, según los magistrados, no se daba en el caso (funcionario del servicio de vigilancia aduanera). Sin embargo, y en sentido contrario, la STS 376/2010, 27-4 (*Tol 1860784*), que no aplica la agravación al tratarse de un Guardia Civil en la reserva, porque —siguiendo al Tribunal— aunque se mantiene la condición de funcionario público, no se ejerce tal función (ni tampoco considerarlo autor de un delito de cohecho del art. 419, CP).

En otro orden de cosas, la Jurisprudencia niega la posibilidad de castigar por un delito de cohecho y, además, por el tipo agravado del art. 369.1°, CP; siendo de aplicación en estos casos, en aras a respetar el principio *ne bis in ídem*, el art. 419, CP, en concurso con el art. 368, CP (entendiendo, claro está, que en el caso concreto no concurren otras circunstancias distintas que permitan aplicar el art. 369, CP (en este sentido, *cfr.* SSTS 865/2016, 16-11, y 376/2010, 27-4). Sobre cohecho y tráfico de drogas es muy prolija la Jurisprudencia de la Audiencia Nacional (véase por ejemplo la SAN, 10/2019, 5-4). Entre los funcionarios de policía que cometen este tipo de hechos es bastante común que además del cohecho, los delitos referentes al narcotráfico, y la organización criminal, se apliquen también el delitos de revelación de secretos o informaciones del art. 417, CP, pues no son pocos los casos en los que la participación en la organización dedicada al narcotráfico de los policías consiste, entre otras cosas, en la divulgación a la organización de información que obtienen por su profesión y que permite el tráfico de drogas (por ejemplo, lugares y fechas de controles policiales en frontera).

2. *El culpable participare en otras actividades organizadas o cuya ejecución se vea facilitada por la comisión del delito*

La que actualmente se recoge como circunstancia segunda en el art. 369, CP, tiene su origen en el art. 3.5 de la Convención de las Naciones Unidas contra el tráfico ilícito de estupefacientes y sustancias sicotrópicas de 1988. Dicho texto internacional recoge la necesidad de agravar las condenas cuando concurra "*b)*

La participación del delincuente en otras actividades delictivas internacionales organizadas", o "*c) La participación del delincuente en otras actividades ilícitas cuya ejecución se vea facilitada por la comisión del delito*". No obstante, si se observa la redacción española y se contrapone con la de Naciones Unidas, puede comprobarse que su trascripción ha producido ligeras pero importantes diferencias: se han omitido los adjetivos "delictivas" e "ilícitas", de manera que, si se hace una interpretación literal del art. 369.2ª, CP, la pena por tráfico de drogas resultaría agravada cuando el sujeto llevara a cabo otras actividades organizadas, incluidas las lícitas.

La redacción de 1995 sí conservó el atributo "delictivas" con respecto a las otras actividades. Fue la reforma de 2003 la que eliminaría esa precisión, lo que parece un claro indicativo de que no se trata de un mero olvido sino de una decisión consciente del Legislador. ÁLVAREZ GARCÍA recuerda que, cuando en 2003 se propuso la nueva redacción en ese sentido, varios grupos parlamentarios abogaron por mantener la que hacía mención de las actividades delictivas, y, aun así, dicho adjetivo fue eliminado. La FGE en su Circular de 2005 tildaba el precepto, de entenderse literalmente, de desproporcionado y absurdo.

Esto no solo carece de sentido, sino que también suscitaría serios problemas de constitucionalidad, al exigir una responsabilidad penal mayor por llevar a cabo actividades legales que, incluso, pueden ser desarrollo legítimo de derechos fundamentales. Es por ello por lo que la FGE ya advirtió en el año 2005 que la interpretación correcta sería la que indica el texto de la Convención de 1988 (Circular FGE 2/2005, 31-3), opinión que es compartida por la Doctrina (MARTÍNEZ PARDO, MONTERO LA RUBIA, MUÑOZ CONDE, RAMÓN RIBAS, SUÁREZ-MIRA RODRÍGUEZ, ÁLVAREZ GARCÍA).

De forma paralela, la redacción penal española conserva la palabra "*otras*", justo antes de la expresión "*actividades organizadas*", lo que quizá podía tener más sentido en las versiones de los textos de 1995 y 2003, en los que esta circunstancia estaba precedida por la que agravaba la responsabilidad si "*el culpable perteneciere a una organización o asociación* [...]". En la actualidad, la responsabilidad por criminalidad organizada para el tráfico de drogas se encuentra en el art. 369 bis, CP, la redacción de la segunda circunstancia del art. 369, CP, resulta un tanto extraña, pues menciona "otras" cuando aún no se ha hecho referencia a ninguna actividad organizada.

De hecho, la STS 750/2011, 11-7 (*Tol 2205541)*, afirmaba que una mejor redacción pasaría por la eliminación del determinante "otras": "Técnicamente, mejor sería suprimir del primer inciso la mención "en otras actividades" (organizadas), para dejarlo simplemente, en "actividades organizadas", pues ya no va a continuación de la pertenencia a organización [...]". En el mismo tenor: STSJ, Comunidad Valenciana, 346/2021, 22-12, o SAP, Zaragoza, 13/2015, 10-3.

En cualquier caso, el fundamento para agravar la responsabilidad cuando el sujeto participa de varias actividades organizadas ilícitas radicaría, según la

Doctrina, en el mayor reproche que merecen los individuos que diversifican ese tipo de actividades, pues el tráfico de drogas constituye uno de los campos que mayores beneficios económicos delictivos devenga, pero no es el único (*cfr.* ACALE SÁNCHEZ, MARTÍNEZ PARDO, MOLINA MANSILLA). De hecho, no es inusual que las organizaciones que se dedican al narcotráfico lo hagan como medio de financiación de otras actividades ilícitas, como puede ser el terrorismo (ÁLVAREZ GARCÍA), o la corrupción. También puede buscarse su explicación en la mayor peligrosidad de la conducta de quienes articulan varias actividades delictivas dentro de una organización, consiguiendo de este modo "mayor operatividad delictual al poder aprovecharse de grandes infraestructuras" (MAGRO SERVET).

Para que las circunstancias del caso den lugar a la aplicación de esta agravante, será necesario que "el culpable" (por utilizar la misma terminología que emplea el precepto), además de realizar actividades organizadas principales de narcotráfico (lo que podría dar lugar a la aplicación del art. 369 bis, CP si se tratara de pertenencia a organización criminal, pero no si se tratara de un grupo criminal), "participe" en otras actividades organizadas delictivas. También será posible aplicar la segunda circunstancia del art. 369, CP, cuando la ejecución de esas otras actividades ilegales se haya visto facilitada por el narcotráfico (se trataría del ejemplo anterior de las actividades ilícitas financiadas a través de la venta de drogas).

Esta ha sido hasta ahora la interpretación jurisprudencial. Así, por ejemplo, la STS 389/2018, 25-7 (*Tol 6718698)*, declara que "este precepto tipifica los supuestos en que el culpable participa en otras actividades organizadas o cuya ejecución se vea facilitada por la comisión del delito de tráfico de drogas. [...] Éste contempla los supuestos relativos a otras actividades organizadas delictivas distintas al tráfico de drogas cuya ejecución se vea facilitada por el delito contra la salud pública, y no al supuesto específico que contempla el art. 369 bis, limitado a las organizaciones que tienen como objetivo el tráfico de drogas (SSTS 750/2011, 997/2012, 187/2013 y 695/2013)". El caso en cuestión observa a un sujeto que participa en dos grupos de criminalidad organizada distintos, pero los dos dedicados al narcotráfico. El TS entiende que no es aplicable el art. 369.2ª, CP, pues las otras actividades deben ser distintas a la venta de estupefacientes.

La STS 750/2011, 11-7 (*Tol 2205541)*, por su parte, realizaba la misma interpretación: "se trata de otras organizaciones que no se dedican habitualmente al tráfico de drogas". Sentado esto, en los casos en los que el sujeto pertenezca a una organización criminal dedicada al narcotráfico y siendo aplicable el art. 369 bis, CP, si se sigue la interpretación de la FGE (Circular 2011) que entiende que las penas del art. 369 bis, CP, absorben las agravantes tanto del art. 369 como del art. 370, CP, sería penológicamente indiferente la concurrencia de la situación de la agravante del art. 369.2°, CP. Por ende, también la del art. 370. 2ª, CP, que hace referencia a los jefes de las organizaciones del art. 369.2ª, CP.

De similar consideración la SAP, Santa Cruz de Tenerife, 11/2013, 9-1 (*Tol 3947162)*: "se refiere a los casos de esas otras organizaciones que tienen por finalidad facilitar el delito, pero no responden a su objetivo primordial la realización de tales conductas en el marco de los delitos contra la salud pública [...] solamente puede aplicarse a quien pertenezca a dos organizaciones criminales: por un lado la que está dedicada al tráfico de drogas; en segundo lugar, otra organización que realice diferentes actividades delictivas".

El problema principal a la hora de aplicar esta circunstancia segunda es que, si ambas actividades (la actividad de narcotráfico y la otra actividad organizada) deben ser delictivas no parece posible aplicar la agravación sin incurrir en un doble reproche penal (MARTÍNEZ PARDO), pues lo normal en tales casos será que se castigue al sujeto por unos delitos y por otros, bien en concurso real, bien en concurso medial (si uno constituye *medio necesario* para la comisión del otro, y no "facilitación", que es a lo que hace referencia el art. 369.1.2°, CP). Por lo demás, no parece que tenga mucho sentido agravar la pena por la diversificación delictiva cuando ya esos otros delitos y el injusto de organización son acreedores de sus propias penas. De hecho, resulta difícil imaginar un supuesto donde pueda aplicarse esta agravación, dado el marco penal de los delitos relacionados con drogas y el sistema general punitivo establecido en el Código. Es más: parece una agravación inaplicable, que puede por ello provocar la consecuente desactivación de la agravante prevista en el art. 370.2°, CP, (dado que en esta última se hace referencia a "los jefes, administradores o encargados *de las organizaciones a que se refiere la circunstancia 2ª del apartado 1 del artículo 369*").

MANJÓN-CABEZA OLMEDA ensaya posibles casos donde una actividad lícita pudiera tener relevancia penal en relación con el tráfico de drogas: pudiera ser cuando actividades legales se utilizan para el blanqueo de capitales o para cubrir de una infraestructura a la organización criminal (p. ej., una flota de camiones para el transporte): actividades que ya tendrían respuesta por otros preceptos del CP. Llega la autora, por tanto, a la misma conclusión de inaplicabilidad.

Quizá por ello la Jurisprudencia suele evitar la aplicación de esta circunstancia, ya sea haciendo referencia a que su aplicación no es posible o simplemente no considerándola.

Así, véase, p. ej., la SAP, Santa Cruz de Tenerife, 11/2013, 9-1 (*Tol 3947162)*, que no la aplica pues, aunque la organización criminal no solo se dedica al tráfico de drogas (sino también a robo con violencia o intimidación; robo en casa habitada): "no configura por sí sola el subtipo agravado estudiado, sin perjuicio de que tales conductas, además de su punición expresa independiente como en el supuesto del delito de robo con violencia en casa habitada— sean valorables tanto en cuanto a la conformación de la estructura organizativa del grupo criminal como en cuanto a la entidad y gravedad de la trayectoria delictiva". Así también la STS 468/2020, 23-9 (*Tol 8096526)*, que trata de organización del art. 369 bis CP, que se dedica a varias actividades ilícitas: moneda falsa, blanqueamiento de capitales, y, principalmente, narcotráfico. La misma no se pronuncia sobre la posibilidad de aplicar el art. 369.2ª, CP.

3. Los hechos fueren realizados en establecimientos abiertos al público por los responsables o empleados de los mismos

El fundamento de esta agravación estriba en la mayor capacidad lesiva para el bien jurídico de los comportamientos realizados con estas características, pues el aprovechamiento de un establecimiento abierto al público, del que se es responsable o empleado, crea un lugar permanente y accesible a los consumidores para la adquisición de las sustancias, ampliándose así la capacidad de difusión de las mismas. Con ello también se dificultaría la persecución del delito, toda vez que se actúa al abrigo de un espacio cerrado y se disimula el trasiego de personas gracias a la actividad aparentemente lícita del local.

La Doctrina utiliza variados argumentos reconducibles todos a este fundamento. Así: un mayor riesgo de difusión (MANJÓN-CABEZA OLMEDA, 2011); la mayor facilidad y el plus de injusto en la mayor difusión de la droga (MARTÍNEZ PARDO); mayor facilidad de venta y, por tanto, de difusión (MAGRO SERVET); intensificación del peligro para el bien jurídico (RAMÓN RIBAS, SUÁREZ-MIRA RODRÍGUEZ, CASTRO MORENO); mayor facilidad que tiene el sujeto para realizar las conductas de tráfico, amparándose en la aparente legalidad que le ofrece el local o establecimiento abierto al público y mayor difusión de la droga (ACALE SÁNCHEZ); mayor riesgo de difusión, mayor facilidad de acceso a los compradores, y la perversión del fin de la licencia de apertura al público (MOLINA MANSILLA). Sobre ese abuso de la licencia de apertura al público se pronuncia también la Jurisprudencia más antigua, p. ej., la STS 2215/2001, 23-11 (*Tol 4976330*).

La STS 352/2017, 17-5 (*Tol 6113439*), contiene una exposición muy detallada sobre el fundamento de esta agravación: "En nuestra jurisprudencia hemos señalado, como requisito de la agravación, que los actos de tráfico se realicen en un establecimiento, por sus responsables o encargados y con la finalidad de realizar en el mismo el tráfico de sustancias tóxicas con evidente aprovechamiento de la cobertura proporcionada por un establecimiento abierto al público que proporciona un libre acceso a su interior. En todo caso hemos señalado una interpretación restrictiva, excluyendo su aplicación cuando el establecimiento sea un mero depósito de la sustancia y no resulte un aprovechamiento del mismo para la comisión del delito (STS 211/2000, de 17 de julio, STS 1201/2005, 27-10 (*Tol 765924*) y 1238/2009, de 11 de diciembre. Es preciso que el relato fáctico precise que el autor se ha beneficiado de las facilidades que resultan del establecimiento público y que ese aprovechamiento ha supuesto un incremento en el peligro prohibido por la norma (STS 801/2013, de 5 de octubre). El fundamento radica en la intensificación del peligro que resulta de la realización de los actos de tráfico en un local respecto al que el autor se aprovecha de la pantalla de licitud que proporciona un establecimiento abierto al público del que no cabe sospechar una utilización distinta de la propia para la que tiene la licencia de funcionamiento como establecimiento abierto al público, de manera que la autorización sirva de cobertura a la ilícita actividad que en su interior se realiza. En definitiva que un local destinado a una concreta finalidad sea aprovechado por el autor para la cobertura de una finalidad ilícita que no cabe sospechar".

De similar tenor, la STS 945/2021, 1-12 (*Tol 8690167*): "el fundamento de la agravación se encuentra en la intensificación del peligro para el bien jurídico protegido que representan aquellos actos que parapetados en la apariencia de la normal explotación de un establecimiento, y merced a las oportunidades que ello reporta, incrementan el riesgo a la salud pública, que el Legislador entiende de mayor entidad, construyendo un subtipo agravado, al que anuda la penalidad que ha considerado oportuna, y que aquí se traduce en su mínima extensión posible". O la STS 1201/2005, 27-10 (*Tol 765924*): "El fundamento de esta agravación se encuentra, como hemos dicho, en el incremento del peligro para el bien jurídico, en cuanto que pone al alcance del consumidor una mayor facilidad de acceso a la droga y permite al vendedor aprovecharse de las condiciones del establecimiento, en cuanto responsable o empleado del mismo, y de la presencia indiscriminada de clientes en aquél para proceder a la ejecución de los actos de tráfico". En los Tribunales Superiores de Justicia, véase la muy ilustrativa STSJ, Madrid, Sala de lo Civil y Penal, Sección 1ª, 65/2021, 2-3.

A partir de la fundamentación anterior, la Jurisprudencia se inclina por una interpretación restrictiva de esta agravante, huyendo de consideraciones formales y aplicándola solo cuando efectivamente se ha incrementado el riesgo de difusión gracias a la utilización del lugar abierto al público; esto es, cuando se utiliza *el lugar* al servicio del delito. Por ello, ha rechazado la agravación cuando en los hechos probados no se ha dejado constancia del "aprovechamiento" del local, representando un mayor peligro la venta en el mismo. Así, la misma STS 352/2017, 17-5 (*Tol 6113439*), censura a la de instancia señalando que "no refiere nada sobre el aprovechamiento del establecimiento para la realización de los actos de tráfico. El relato fáctico tan solo refiere que el acusado, y su mujer, realizaban las entregas de la sustancia 'en la nave en la que este acusado tenía instalado su negocio público de compraventa de coches', añadiendo en la fundamentación de la sentencia la jurisprudencia de esta Sala sobre el alcance y finalidad de la agravación, derivada de la mayor facilidad para la comisión del delito y el mayor peligro para el bien jurídico. El tribunal de instancia no concreta en qué medida la utilización de una nave destinada a la compraventa de vehículos facilita la comisión del delito y en qué medida supone un mayor peligro, para el bien jurídico y en qué medida facilita su realización [...] El relato fáctico nada refiere de ese aprovechamiento y la fundamentación de la sentencia nada explica sobre la concurrencia de la agravación por lo que el motivo se estima, suprimiendo del fallo la específica agravación".

Expresa el mismo sentido la STS 1201/2005, 27-10 (*Tol 765924*): "es reiterada la jurisprudencia de esta Sala que entiende que el subtipo agravado no permite una interpretación extensiva (STS de 18 de diciembre de 1997 y STS núm. 211/2000, de 17 de julio, entre otras), y exige que las circunstancias sobre las que se edifica la agravación consten adecuadamente descritas en el hecho probado (STS núm. 1090/2003, de 21 de julio)". Sobre la interpretación restrictiva, *vid.* también la STS 664/2022, 30-6 (*Tol 9114556*): "conforme ha proclamado reiterada jurisprudencia, la aplicación del subtipo agravado que se contempla en el meritado artículo 369.1.3ª del Código Penal, debe realizarse a partir de una interpretación restrictiva, no atenta tanto al lugar en el que trasmisión de la droga se produjo (aspecto meramente locativo), cuanto a la utilización del establecimiento abierto al público para facilitar la impunidad del delito (desarrollado en el marco aparente de una actividad lícita) y para incrementar más cómoda y establemente la captación de clientela, con una potencialmente mayor capacidad de difusión de la droga entre el público".

También, *cfr.* la STSJ, Madrid, Sala de lo Civil y Penal, Sección 1ª, 65/2021, 2-3.

Dada la interpretación anterior, la mejor Jurisprudencia no aplica la agravación cuando se trata de un solo acto de venta esporádico [*vid.* así STS 664/2022, 30-6 (*Tol 9114556*); 238/2022, 14-6; 589/2007, 29-6 (*Tol 1113057*), y 211/2000, 17-7 (*Tol 4922592*)], y del que no se desprende que el establecimiento sirva como lugar asentado de comercio de droga, pues sería esto lo que daría lugar a la mayor capacidad de difusión. Ello no quiere decir que deba acreditarse mediante prueba de cargo una asiduidad en el tráfico o una multiplicidad de actos de venta [*cfr.* STS 528/2021, 17-6 (*Tol 8484966*)], pues bastará con la acreditación de un solo acto de venta cuando se aporten otras pruebas circunstanciales que indiquen que el lugar se utilizaba para el tráfico o, al menos, que la posesión de la sustancia en el establecimiento estaba claramente destinada a su venta en el local [así, STS 528/2021, 17-6 (*Tol 8484966*)]. En todo caso, no bastará con constatar que el local se utilizaba como depósito transitorio de la sustancia.

Cfr. STS 664/2022, 30-6 (*Tol 9114556*): "Este Tribunal Supremo, por ejemplo en nuestra sentencia número 528/2021, de 17 de junio, recordaba, efectivamente, que la agravación contenida en el artículo 369.1.3ª del Código Penal opera cuando los actos de tráfico de drogas realizados en el establecimiento abierto al público por el regente o empleado del mismo "revelen una cierta dedicación y pluralidad, por lo que no deberá apreciarse la agravante específica cuando solo conste un acto aislado de tráfico de poco entidad, en cuanto en tal supuesto no concurre la razón justificativa de la agravante, consistente en el aumento de peligro contra la salud pública, por el incremento de las transmisiones que facilita la apertura al público del bar (STS. 211/2000 de 17.7, 840/2006 de 20.7)". Deben quedar excluidos así los actos puramente esporádicos, aislados, meramente circunstanciales, al no revelarse en ellos un mayor peligro para el bien jurídico, pese al lugar en el que episódicamente se produjeron (SSTS 783/2008 de 20.11, 1153/2009 de 12.11 [...]. En cualquier caso, el hecho, cierto, de que solo resultase directamente acreditada la realización de una concreta trasmisión o entrega de droga (la recibida por Juan Ignacio de manos del acusado), en absoluto permite considerar que la actividad a la que este último se venía dedicando desde el establecimiento se redujese a esa sola entrega. Lo cierto es que el acusado mantenía en su poder una cantidad, no especialmente significativa pero tampoco despreciable, de cocaína, oculta en un lugar difícilmente accesible del almacén de su negocio, precisamente junto a una báscula de precisión, lo que con facilidad evoca la idea de aparecer dispuesta para su posterior distribución a terceros por partidas o dosis. Además, llevaba consigo, en el bolsillo del pantalón, una papelina más, también de semejante grado de pureza, con un peso de 0.419 gramos. Pero es que, junto a todo lo anterior, lo cierto es que el propio acusado manifestó que a Juan Ignacio solo lo conocía de vista. Si ello es así, y si éste, a las tres de la madrugada, acudió al local del acusado con el propósito, después concretado, de adquirir cocaína, razonablemente hubo de ser porque conocía que en dicho establecimiento la referida compra resultaba regularmente factible. No estamos ante una trasmisión esporádica o circunstancial realizada en un establecimiento abierto al público".

STS 528/2021, 17-6 (*Tol 8484966*): "al ser el delito contra la salud pública un delito de resultado cortado o consumación anticipada es obvio que carecen de relieve las alegaciones del recurso en orden a la no constancia concreta de operaciones de tráfico realizadas dentro del establecimiento, ya que para la existencia del tipo complementado basta con la tenencia de la sustancia preordenada al tráfico ulterior; por lo que procede la íntegra desestimación del recurso" [...]. Se trataba de un asunto en el que no se llegó a constatar dentro del establecimiento ninguna transacción de sustancia estupefaciente, y donde pone el acento el tribunal es en los términos en que se tiene preparada la disponibilidad de la sustancia que se interviene para considerar correcta la aplicación del subtipo. En concordancia con lo expuesto esta agravación debe operar cuando los actos de tráfico de drogas realizados en el establecimiento abierto al público por el regente o empleado del mismo revelen una cierta dedicación y pluralidad, por lo que no deberá apreciarse la agravante específica cuando solo conste un acto aislado de tráfico de poco entidad, en cuanto en tal supuesto no concurre la razón justificativa de la agravante, consistente en el aumento de peligro contra la salud pública, por el incremento de las transmisiones que facilita la apertura al público del bar (STS 211/2000 de 17.7, 840/2006 de 20.7) Deben quedar excluidos los actos puramente esporádicos y aislados, porque en ellos no se aprecian las razones agravatorias que fundamentan este subtipo agravado, al no revelarse en ellos un mayor peligro para el bien jurídico (SSTS. 783/2008 de 20.11, 1153/2009 de 12.11)". En el mismo sentido otras SSTS, como la 808/2017, de 11 de diciembre de 2017, que vuelve a incidir en que los actos esporádicos y aislados no son suficientes para la cualificación, lo que no sucede en el caso que nos ocupa, pues la circunstancia de que solo se haya dado como probado la transmisión de la papelina que la funcionaria observa que hace la acusada a un tercero, no se puede considerar como un acto aislado, sino que es una muestra del negocio ilícito que había montado en el bar, con proyección de habitual dedicación, como precisa la jurisprudencia para acudir al subtipo agravado, lo que tiene reflejo en los hechos probados, avalado por la prueba practicada. En efecto, el hecho de tener escondida en la cámara frigorífica la lata de Coca-Cola, acondicionada para guardar papelinas de cocaína de dos tamaños y preparadas para ser suministradas en el mismo establecimiento, solo se entiende por la dedicación a ese ilícito negocio que se había montado dentro del bar, que, por lo tanto, se aprovechaba para ello; esto es, se ocultaba la actividad ilícita bajo el normal funcionamiento del bar, por lo que decimos que esa concreta transmisión de la papelina no se puede considerar como un acto aislado o esporádico, sino una muestra de la vocación de continuidad con que estaba montado el ilícito negocio, lo que nos lleva a considerar correcta la subsunción de los hechos declarados probados en el subtipo agravado contemplado en el art. 369.1. 3º CP".

Muy similar a esta última, la STS 945/2021, 1-12 (*Tol 8690167*): "el hecho de tener las papelinas dispuestas para la venta en el propio establecimiento significa que allí iban a ser vendidas, como declaró la Sala de instancia, llevando a cabo una inferencia totalmente razonable".

No aplican por no haber prueba suficiente de la distribución a terceros en el local: STS 183/2019, 2-4; STSJ, Santa Cruz de Tenerife, Sección 2ª, 309/2020, 29-10.

Por lo demás, debe tenerse en cuenta que la circunstancia tercera del art. 369.1, CP, alude a una doble exigencia. Por un lado, de lugar: debe ser en establecimientos abiertos al público. Por otro, la condición de quién realiza el hecho: debe ser realizado por los responsables del establecimiento o los empleados. Ambas consideraciones merecen un estudio pormenorizado.

En relación a lo que debe considerarse como un "establecimiento abierto al público", merece una lectura detallada la STS 1905/2002, 14-11 (*Tol 4922154*), que lo define como "el local en el que exista una posibilidad indiscriminada de acceso y entrada al mismo por cualquier persona, contando con una cierta infraestructura y acondicionamiento" [recoge el mismo criterio la STS 364/2015, 23-6; el mismo también ha sido acogido por alguna Jurisprudencia menor, *v.gr.* SSAP, Alicante, Sección 3ª, 105/2018, 28-3, y Madrid, 17ª, 577/2011, 18-5, aunque son mucho más ilustrativas las sentencias que tallan el concepto a base de excepciones]. Así, la Jurisprudencia rechaza la aplicación de esta agravante cuando los hechos tienen lugar fuera del recinto al que tienen acceso los clientes (los almacenes o las cocinas, pero no así detrás de la barra del bar); también suele rechazar su concurrencia cuando los hechos se producen fuera del horario de apertura del local y en aquellos casos en los que se ha establecido algún tipo de exclusión a la admisión; por ejemplo, solo socios o invitados: así, STS 589/2010, 24-6 (*Tol 1898921*), y Cádiz, 40/2005, 8-2 (*Tol 6127650*).

Respecto a la cualidad de los sujetos, estos tendrán que ostentar los puestos de empleados o responsables del establecimiento. Ello quiere decir que si alguien ajeno al establecimiento aprovecha el lugar para la comisión delictiva no le será de aplicación la agravante. Así ocurre, por ejemplo, en la STS 343/2015, 9-6 (*Tol 5185891*), donde responden por el tipo agravado el regente del club y su esposa, que hacía las veces de regente en las ausencias del marido; pero no un tercero, amigo del regente, que frecuentaba el establecimiento y también se dedicaba a la venta al menudeo en el local.

Lo anterior no significa que sea necesario tener un vínculo jurídico formal (laboral) con la estructura del establecimiento [así las SSTS 920/2013, 11-12; 1153/2009, 12-11 (*Tol 1747822*), u 817/2008, 11-12 (*Tol 1432517*)], pero sí debe quedar acreditado que el sujeto actuaba (al menos *de facto*) como encargado o empleado del mismo [SAP, Albacete, 153/2020, 9-6; STS 594/2010, 18-6 (*Tol 1898959*)].

Es discutido por la Doctrina y Jurisprudencia si la circunstancia tercera del art. 369.1, CP, puede aplicarse a aquellos responsables que solo toleran o consienten el tráfico en su establecimiento.

En el orden administrativo, la LO 4/2015, de 30 de marzo, de Protección de la Seguridad Ciudadana castiga como infracción grave a los propietarios, administradores o encargados de establecimientos públicos si toleran en los mismos el tráfico de drogas o éste ocurre por *"falta de diligencia en orden a impedirlos"* (art. 36.19 LOPSC).

La Jurisprudencia suele admitirlo [*vid.* por ejemplo, SSTS 2341/2001, 11-2 (*Tol 4921899*); 1153/2009, 12-11 (*Tol 1747822*), o SAP, Albacete, 153/2020, 9-6] como una forma de responsabilidad en comisión por omisión, mientras que un sector doctrinal (MANJÓN-CABEZA OLMEDA, ÁLVAREZ GARCÍA, ACALE SÁNCHEZ) niega tal posibilidad al entender, por un lado, que la agravación hace referencia a "realizar los hechos" y no meramente tolerarlos, a la par que el art. 11, CP, exige la producción un resultado objetivamente imputable al comportamiento omisivo (tolerancia) y equivalente, según el sentido del texto de la ley, a su causación.

> *Cfr.* STS 1153/2009, 12-11 (*Tol 1747822*): "En la sentencia de este Tribunal 888/2009, de 16 de septiembre, en un supuesto muy similar al ahora enjuiciado, se afirma que el hecho de que, mientras un sujeto lleva a cabo los actos de venta en el interior del bar, el encargado permanezca detrás de la barra presenciando y consintiendo los numerosos actos de venta de papelinas de cocaína implica que el segundo posee el dominio funcional del hecho, ya que como propietario del bar podía impedir al distribuidor la realización de actos de venta en el mismo. Contribuyó pues —dice la sentencia— de forma esencial a la comisión del delito, proporcionando al coacusado un medio, cual es un establecimiento abierto al público, que le iba a facilitar la multiplicación de ventas de papelinas. Y si ello se ha argumentado con respecto a la modalidad estrictamente activa, también ha admitido este Tribunal para estos supuestos la punición de la modalidad omisiva de comisión por omisión u omisión impropia".

Por último, es necesario recordar que, aunque en principio se mostró vacilante la Jurisprudencia, parece haber ahora cierto acuerdo en que esta agravación puede aplicarse conjuntamente con el tipo atenuado del segundo párrafo del art. 368, CP.

> *Cfr.* STS 1153/2009, 12-11 (*Tol 1747822*): "En la sentencia de este Tribunal 888/2009, de 16 de septiembre, en un supuesto muy similar al ahora enjuiciado, se afirma que el hecho de que, mientras un sujeto lleva a cabo los actos de venta en el interior del bar, el encargado permanezca detrás de la barra presenciando y consintiendo los numerosos actos de venta de papelinas de cocaína implica que el segundo posee el dominio funcional del hecho, ya que como propietario del bar podía impedir al distribuidor la realización de actos de venta en el mismo. Contribuyó pues —dice la sentencia— de forma esencial a la comisión del delito, proporcionando al coacusado un medio, cual es un establecimiento abierto al público, que le iba a facilitar la multiplicación de ventas de papelinas. Y si ello se ha argumentado con respecto a la modalidad estrictamente activa, también ha admitido este Tribunal para estos supuestos la punición de la modalidad omisiva de comisión por omisión u omisión impropia. Y así, en la sentencia 2341/2001, de 11 de febrero de 2002, se estimó que la autoría de la recurrente podía también fundamentarse en el art. 11 del C. Penal, dado que era conocedora del tráfico ilegal, pues estaba presente en el local con asiduidad. Bajo tales condiciones, la recurrente, propietaria del establecimiento, era garante de que en el mismo no se cometieran delitos de esta gravedad, pues la obligación de impedir la comisión de tales hechos surge del amplio concepto de favorecimiento del tráfico de drogas que prevé como alternativa típica el art. 368 del C. Penal. Por consiguiente, es claro que la conducta del acusado sí ha de subsumirse en el subtipo agravado del art. 369.1.4ª del C. Penal, al poner las dependencias del bar a disposición del coacusado para que, a su presencia y con su asentimiento,

vendiera de forma reiterada papelinas de cocaína, cuyos restos fueron hallados después en diferentes zonas del establecimiento". De igual tenor, la STS 637/2015, 29-10.

Sin embargo, lo rechaza —al menos, en principio— la STS 664/2022, 30-6 (*Tol 9114556*): "la escasa entidad a que se refiere el art. 368 párrafo 2°, parece frontalmente incompatible, por ejemplo, con la notoria importancia sancionada como tipo agravado en el artículo 369.5 del CP. Carecería de sentido construir un tipo agravado a partir de la notoria afectación del bien jurídico para autorizar, al mismo tiempo, la degradación de la pena en atención a la escasa entidad del hecho".

4. Las sustancias se faciliten a menores de 18 años, a disminuidos psíquicos o a personas sometidas a tratamiento de deshabituación o rehabilitación

La circunstancia cuarta del art. 369.1, CP, alude a la entrega o facilitación de drogas tóxicas, estupefacientes o sustancias psicotrópicas a individuos concretos, que son objeto de especial tutela por tener una capacidad de autodeterminación con respecto al consumo de drogas menor que otros sujetos: se trata de los menores de edad, los disminuidos (*sic*) psíquicos y aquellas personas que estén siguiendo un tratamiento de deshabituación o rehabilitación. Es en esta lógica donde la Doctrina encuentra el fundamento de esta circunstancia (así ÁLVAREZ GARCÍA, ACALE SÁNCHEZ, MANJÓN-CABEZA OLMEDA, MOLINA MANSILLA).

En la Jurisprudencia, entre muchas otras, véase la STS 164/2010, 5-3: "el legislador agrava la iniciación de menores en el consumo de drogas deliberadamente buscado por los autores, que de modo activo y directo se la facilitan. [...] La agravación se justifica por el mayor daño al bien jurídico protegido, ya que con estas conductas no sólo se lesiona el bien público de la salud general, sino que se causa un daño físico y psíquico a personas con una especial indefensión o desvalimiento". En el mismo sentido, STSJ, Comunidad Valenciana, 346/2021, 22-12, o SAP, Zaragoza, 13/2015, 10-3.

El primer problema que surge tras la lectura de esta circunstancia es la diferencia existente entre la redacción dada a los comportamientos que en ella se recogen, en contraposición a los previstos en el tipo básico: en el art. 369.1.4ª, CP, no se alude a la *facilitación del consumo ilegal,* que es la expresión utilizada por el tipo básico, sino a la *facilitación de las sustancias,* por lo que no todos los casos típicos según el art. 368 CP van a recibir la sanción agravada (a pesar de que tuvieran como destino el consumo final por menores, personas con discapacidad psíquica o sometidas a tratamiento de deshabituación rehabilitación). En el caso de la agravante del art. 369.1.4ª, CP, será necesario que el sujeto activo directamente entregue (facilite) la sustancia a estos individuos.

De esta opinión en la Doctrina: DÍEZ RIPOLLÉS, MANJÓN-CABEZA OLMEDA, RAMÓN RIBAS, ÁLVAREZ GARCÍA. De este último: "considero preferible esta última interpretación, ya no porque suponga una reducción del ámbito típico, sino porque es más coherente, como se ha visto, con la descripción de la agravación y con la constitución del mismo tipo agravado, pues tal incremento de la pena únicamente puede verse justificado con una gran proximidad en la lesión del bien jurídico".

También la Jurisprudencia ha indicado que es necesario que esas sustancias se "faciliten" a estos sujetos para su consumo y no para otros fines (transportarlas, esconderlas...). Si se utiliza a menores o a "disminuidos" (*sic*) psíquicos para esos otros comportamientos típicos a los efectos del art. 368, CP, será de aplicación la circunstancia agravante del 370.1ª, pero no la de este art. 369.4ª, CP.

En este sentido, *vid.* STSJ, Comunidad Valenciana, 346/2021, 22-12 (*Tol 8822027*): "no podemos admitir que baste la mera presencia objetiva de un menor para afirmar la procedencia de esta circunstancia, dado que por la propia redacción del precepto hemos de entender que sería preciso que este se presente como destinatario final de la sustancia, ya que no puede desvincularse de la finalidad y justificación de esta circunstancia [...]". En el caso un sujeto entrega a dos menores de 15 y 12 años paquetes con drogas para lo que parece su ocultación o transporte; sin quedar probado que la entrega se realizara con ánimo de facilitar su consumo por los menores.

Dado lo anterior es lógico que, con respecto a los —denominados por el precepto— "disminuidos" psíquicos, se requiera que la concreta anomalía que les afecta incida en su capacidad para comprender y entender lo que conlleva el consumo de drogas, pues de lo contrario no tendría sentido exigir una mayor responsabilidad al sujeto que se las entrega.

Es necesario hacer notar el reciente cambio constitucional, aprobado por la Reforma del art. 49 de la Constitución, de 15 de febrero de 2024, por la que se ha cambiado, entre otros, la terminología utilizada para estas personas. La expresión actual hace referencia a "*personas con discapacidad*".

Por lo tanto, no cualquier alteración de la salud mental del individuo receptor de las drogas podrá dar lugar a agravar la responsabilidad penal, sino solo aquellas que efectivamente reduzcan su capacidad de entender la trascendencia del hecho de consumir drogas que han sido declaradas ilegales.

Así ocurre en la SAP, Albacete, 78/2020, 14-2 (*Tol 7956062*), donde un vendedor de drogas entrega este tipo de sustancias a una mujer con una minusvalía psíquica del 66%, por trastorno distímico y de la personalidad: "no toda enfermedad mental puede integrar el tipo penal, sino solo las que realmente suponen una disminución de su capacidad de conocer y de querer, esto es, que limite o, al menos, altere su capacidad de saber lo que está haciendo y de actuar conforme a esa comprensión, de tal suerte que, por lo menos, su capacidad volitiva esté alterada convirtiéndola en una persona más fácilmente influenciable y con restricciones para autolimitarse. Pues bien, en el presente caso, tal disminución psíquica en los términos que anteceden ni se aprecia a simple vista, ni existe informe médico alguno que acredite limitación de su capacidad mental, ni tampoco puede colegirse de los trastornos mentales que padece: trastorno distímico, que es un trastorno afectivo o del estado del ánimo, y trastorno de la personalidad que afecta a su capacidad de relación".

Por otra parte, y con respecto al elemento "tratamiento de deshabituación o rehabilitación", habrá que entender este como un tratamiento "oficial", que debe ser además certificado de alguna manera en el proceso. No basta, por tanto, con aquellos casos en los que simplemente el consumidor ha decidido abandonar las drogas por sí mismo, o cuando la familia somete al enfermo a vigilancia para evitar que las consuma.

Así, sobre "tratamiento" familiar, STS 935/1999, 12-6 (*Tol 5151016*): "no hay en el caso prueba suficiente de que el acusado conociera que la mujer estuviera siguiendo un tratamiento de deshabituación pues, de certificación obrante en autos, consta que interrumpió su tratamiento la interesada en enero de 1993 reanudándolo sólo en febrero de 1994, después de ocurrir los hechos aquí enjuiciados, aunque sí es patente que le constaba al acusado que era estrechamente vigilada, para que no tomara drogas, por sus padres, con quienes convivía".

Por otra parte, es necesaria la certificación sobre el sometimiento a tratamiento, no bastando con recibir metadona, así SAP, Barcelona, 97/2001, 6-3: "Desde la perspectiva probatoria, lo que podemos afirmar es que la entrega se realizó a la puerta de un centro donde se expende metadona, e incluso el acusado la tomaba, y del que salía el comprador. De esa prueba no puede deducirse, fuera de duda razonable, que aquél también era destinatario de un tratamiento deshabituador. [...] Lo que ha hecho la juzgadora de la instancia es una presunción, que se sustenta solamente en un dato: que salía del establecimiento. No podemos negar la sospecha intensa que asalta, pero la prueba es otra cosa, y además era una prueba extremadamente sencilla, pues se podía haber solicitado el informe del propio centro". La sentencia sigue con un razonamiento un poco más extraño, en el que afirma que si la compradora estaba siendo tratada con metadona debía ser adicta a la heroína y, por tanto, la compra de una droga blanda, en realidad no es una "recaída", sino que sería una droga semejante a la metadona, por lo que tampoco sería de aplicación la circunstancia agravante: "En la hipótesis de que recibiera un tratamiento de deshabituación, debemos presumir que si lo administrado era metadona, su adicción era a la heroína. Pues bien, la razón última de esta agravante es que si un drogodependiente está en vía de recuperación y se le incita de nuevo al consumo, la acción criminal es más reprochable. Pero para que esto se produzca es preciso que se le incite a recaer de nuevo, lo que no se produce si se le proporciona una droga de naturaleza blanda, semejante a las utilizadas bajo control médico— para complementar la Deshabituación a la heroína".

Tampoco considera suficiente el hecho de recibir metadona en una unidad asistencial la SAP, Lugo, 52/2014, 26-3 (*Tol 4689434*), al estimar que los compradores no estaban haciendo un "verdadero esfuerzo rehabilitador": "lo cierto es que se trata de personas que acuden a la unidad asistencial de drogodependencias en busca de metadona, como ocurre con un gran número de compradores de sustancias que están intentando desengancharse o que de tal modo consiguen metadona para paliar los efectos de carencia de tales sustancias, pero la Sala estima que no se ha acreditado que los acusados hubiesen favorecido el consumo entre personas que realmente estuviesen llevando a cabo un programa de rehabilitación con quiebra de la abstinencia que se persigue, sino que moviéndose en el mismo círculo de drogodependientes facilitan las sustancias a quienes, pese acudir al centro, no estaban llevando a cabo un verdadero esfuerzo rehabilitador. A mayor abundamiento queda constancia de las llamadas efectuadas por quienes se dice sometidos a tratamiento en busca de diversas dosis de heroína. No puede aplicarse la agravación en supuestos como el presenta donde no se está llevando a cabo un verdadero esfuerzo rehabilitador por parte de los compradores".

Otra de las cuestiones a resolver es si esta agravación puede aplicarse en aquellos casos en que el menor o disminuido era consumidor ya antes de recibir la entrega de droga que el sujeto activo le facilita. En este contexto la Jurisprudencia es unánime, al considerar tal extremo indiferente, y ello, aunque el menor o el discapacitado fueran consumidores habituales antes de producirse esta concreta entrega de sustancias.

Así, STSJ, Asturias, Sección 1ª, 5/2018, 9-3; STS 1312/2005, 7-11 (*Tol 765938)*; STS 12/2004, 20-1 (*Tol 341555)*, o SAP Barcelona 462/2016, 30-6 (*Tol 5814776)*.

Con respecto al elemento subjetivo exigible para aplicar la agravante, evidentemente no puede tratarse de un supuesto de responsabilidad objetiva, sino que el dolo tendrá que abarcar todos los elementos de la agravación, lo que incluye las especiales características del sujeto pasivo (su minoría de edad, su discapacidad, etc.). Ello no significa que la aplicación de esta circunstancia requiera dolo directo respecto de su concurrencia, pues también aquí la Jurisprudencia suele darse por satisfecha con el dolo eventual, entendiendo que este acontece cuando el sujeto activo duda en torno a su existencia y a pesar de ello realiza la entrega (véase así, STS 531/2020, 22-10; STSJ, Madrid, 242/2022, 21-7; negando la existencia siquiera de dolo eventual STSJ, Cataluña, 107/2022, 29-3).

En particular, y con respecto a los menores de edad, la Jurisprudencia aplica la agravante sin más cuando la minoría de edad es notoria, lo que puede deducirse del lugar (cercano a un instituto o colegio) o de los rasgos físicos del menor.

P.ej., STS 12/2004, 20-1 (*Tol 341555)*. Véase también en este sentido la STS 1610/2003, 29-12 (*Tol 345085)*: "El conocimiento de dicha circunstancia forma parte naturalmente del tipo subjetivo de la figura agravada en cuestión, puesto que se trata de un tipo doloso en que el sujeto activo del delito debe abarcar con su conocimiento todos los elementos del tipo objetivo. Otra cosa es que sea suficiente que el aspecto externo del adquirente de la droga revele claramente la minoría de edad del adquirente de la misma. En tal caso podrá ser afirmado el dolo del autor, que será directo o eventual según sea cierto o meramente probable el conocimiento de la edad que proporciona el aspecto externo del adquirente. Pero entonces la apreciación de ese elemento subjetivo del tipo tendrá que descansar en la valoración que haga el Tribunal, a la vista de la persona a la que fue suministrada la droga, de la mayor o menor facilidad de poder conocer su minoría de edad, lo que será especialmente necesario cuando se trate, como acontece en el caso enjuiciado, de un individuo de diecisiete años. No es bastante, como se dice en el fundamento jurídico cuarto de la Sentencia recurrida, que el vendedor de la droga pueda advertir que el comprador es menor porque se trata de un asiduo adquirente. Es preciso que el Tribunal expresa su personal apreciación sobre el particular y funde sobre ella el juicio que considere procedente sobre la concurrencia del dolo. No apareciendo en la Sentencia recurrida —ni en la declaración de hechos probados ni en la fundamentación jurídica— valoración alguna sobre el aspecto físico de Jesús María y sobre la posibilidad de saber de esa forma —o al menos de sospechar vehementemente— que era menor de dieciocho años, debemos entender que no se ha razonado debidamente el juicio de inferencia en cuya virtud ha sido apreciado el dolo al acusado en la comisión del tipo agravado de tráfico de estupefacientes previsto en el art. 369.1° CP norma que, en consecuencia, declaramos indebidamente aplicada". Más reciente, y en el mismo sentido, la STSJ, Canarias, Sección 1ª, 2/2019, 22-1.

O la STS 783/2006, 29-6 (*Tol 979516)*: "La queja se efectúa, en primer lugar, sobre que se hubiera admitido el dolo eventual en relación con la edad de los menores compradores del hachís, añadiendo que la presencia física de los compradores en el plenario como testigos permitió comprobar la dificultad de reconocer por los acusados su minoría de edad. Realmente la suficiencia de la concurrencia del dolo eventual en los sujetos agentes del delito ha sido admitida por esta sala en numerosas sentencias como las STS de 28-2-2005, núm. 255/2005; 29-12-2003, núm. 1610/2003; 15-11-1997, núm. 1368/1997; 5-4-1993, núm. 819/1993; y de 5-11-1986. En segundo lugar, en cuanto a la apreciación por el aspecto físico de la edad, el Tribunal de instancia ante el que comparecieron los menores, gozando de la inmediación y teniendo sin duda en cuenta los cambios de apariencia impuestos por el transcurso de dos años desde el acaecimiento de los hechos, llegó a unas conclusiones que no pueden ser sustituidas en la casación donde se carece de tal contacto directo con los testigos".

Sobre dolo eventual e indiferencia, *vid.* STS 669/2002, 15-4 (*Tol 4921935)*: "que el juicio de valor sobre la concurrencia del elemento cognoscitivo cuestionado lo cimenta el Tribunal sobre la realidad de datos fácticos debidamente probados que figuran en la sentencia, como el hecho objetivado de que los jóvenes compradores eran menores de dieciocho años en el momento de la compraventa, así como que el lugar donde ésta tuvo lugar se encuentra en las inmediaciones de varios centros docentes al que acuden los estudiantes a adquirir hachís, tal y como consta en la sentencia y que no han sido impugnados por el recurrente. Y, junto a éstos, la observación directa e inmediata en el acto del juicio oral de la fisonomía de los compradores por parte del Tribunal «...que revelaba la juventud de los mismos...» (fundamento de derecho Primero), son en su individualidad y en su conjunto datos indiciarios suficientes en los que se fundamenta de modo racional la inferencia o hecho-consecuencia, a la que de ninguna manera puede tildarse de absurda, arbitraria o ilógica [...] esa indiferencia o despreocupación no excluye el dolo, pues, en estos casos, el autor, a lo sumo, tiene una duda, pero no obra por error o ignorancia ya que, consciente de la alta probabilidad del hecho real, nada hace para despejar tal duda y acepta realizar la acción delictiva, con lo que, en definitiva, concurre al menos el dolo eventual respecto del delito agravado (y directo respecto al tipo básico), por lo que en ningún caso podría ser aplicado el error de tipo del art. 14.2 CP". *Cfr.* también la STS 255/2005, 28-2 (*Tol 614377)*: "La verdad es que aunque no se diga concretamente se viene a alegar la existencia del error que establece el artículo 14.2 del Código Penal sobre un hecho que cualifica la aplicación de una agravante. Sin embargo, esta pretensión es rechazable por estas razones: 1ª. En los hechos probados, a cuya narración nos hemos de ceñir, no se plasma de modo alguno la existencia de ese error, ni existen datos que pueden deducirlo con lógica, pues entre la mayoría de edad que impediría la agravación y la de 16 años que a la sazón contaba el comprador, existe una apariencia suficiente para no inducir a equivocación al vendedor de la droga. 2ª. En todo caso, para apreciar la cualificación no es necesario que el autor tenga conocimiento exacto de la edad del comprador, bastando con la existencia de un dolo eventual, dolo eventual que, como mínimo, consta aquí acreditado por la «indiferencia» que mostró la acusada sobre la edad del menor, al no ocuparse en comprobar la mayor o menor madurez del tan repetido comprador, aunque pudo suponer y representarse, que era menor de 18 años".

Podrá apreciarse error de tipo, descartando, por tanto, la aplicación del tipo agravado. *Vid.* en este sentido, STS 811/1994, 21-4 (*Tol 5012915)*. Aunque, al igual que ocurre con el tipo básico, la Jurisprudencia se muestra reacia a su aplicación.

En sentido contrario, no aplica agravación por no obrar prueba suficiente de que el acusado conocía la minoría de edad, y sí haber otras circunstancias que podrían haberle hecho pensar que era mayor de 18 años: STSJ, Cataluña, 1ª, 59/2019, 6-5.

Por último, es necesario aclarar que, pese al tratamiento de la Jurisprudencia, no podrá aplicarse esta circunstancia (ni, claro está, ninguna de las otras agravaciones) en el caso de que no concurran los elementos configuradores del tipo básico contenido en el art. 368, CP. Aunque ello debería parecer algo evidente, la Jurisprudencia no obstante ha querido aplicar el art. 369.1.4ª, CP, en algunos supuestos en los que, conforme a su propia doctrina, los hechos deberían haber devenido atípicos. Así ocurre en el caso del suministro a bebés de una guardería de cantidades de droga inferiores a la dosis mínima psicoactiva, o en los casos de consumo compartido cuando intervienen menores.

Es el caso de la STS 512/2013, 13-6 (*Tol 3842280)*, donde los menores fueron los que aprovisionaron de sustancias a la persona mayor de edad para el consumo conjunto; a pesar de ello, la STS afirma que "ha de entenderse que implica un plus de reprobabilidad a la conducta de la misma, y no el supuesto pretendido de exclusión de su responsabilidad". En sentido similar, la STSJ, Asturias, Sección 1ª, 5/2018, 9-3, que a pesar de considerar todos los requisitos del consumo compartido, afirma que no es aplicable a menores.

La interpretación jurisprudencial anterior es difícilmente sostenible, de modo que tiene razón MANJÓN-CABEZA OLMEDA cuando, en relación al caso de los bebés, afirma que el CP deja desprotegidos a estos menores, propugnando a tal efecto la creación de un tipo específico para tales supuestos, separado de la protección de la salud pública. En relación a ello, podría resultar político criminalmente adecuado retomar la idea de un nuevo precepto que castigue la administración de drogas a un sujeto sin su conocimiento o su consentimiento; precepto que podría contener un tipo agravado para menores de cierta edad, en el que se podría, si así lo deseará el Legislador, negar su capacidad de consentir a estos efectos.

5. Fuere de notoria importancia la cantidad de las sustancias

El fundamento de la circunstancia recogida en el número quinto del primer apartado del art. 369, CP, se encuentra, según la Doctrina mayoritaria, en la mayor capacidad de difusión que procura la cantidad elevada de sustancia (MARTÍNEZ PARDO, MANJÓN-CABEZA OLMEDA, CASTRO MORENO). Otro sector doctrinal también menciona, aunque en menor medida, el mayor reproche penal que el Legislador considera que deben recibir aquellos que trafican con grandes cantidades de sustancia y que, gracias a ello, obtienen enormes beneficios (MARTÍNEZ PARDO, MOLINA MANSILLA).

Con respecto a la definición precisa de lo que significa una cantidad "*de notoria importancia*", hay que aclarar que, si bien se trata en principio de un concepto jurídico indeterminado, la Jurisprudencia ha tratado de precisarlo mediante dos decisiones no jurisdiccionales, en concreto los Acuerdos de Pleno no Jurisdiccional de la Sala Segunda del Tribunal Supremo de 19-10-2001 y de 13-12-2004. En ellos, el Tribunal fija la "notoria importancia" de la cantidad a partir de las quinientas dosis de consumo diario, lo que difiere, como es lógico, de una sustancia a otra, razón por la cual, para concretar la notoria importancia referida a cada una de ellas, parte de las cantidades medias de consumo diario que se establecen el Informe del Instituto Nacional de Toxicología de 18 de octubre de 2001. Posteriormente se han añadido los cálculos de otras sustancias, como es el caso del GBL y el GHB (más conocido como éxtasis líquido), cuya cantidad se precisó en 10500 gr. en el Acuerdo de Pleno no Jurisdiccional de la Sala Segunda del Tribunal Supremo del 13-12-2004.

Cuadro de cantidades de notoria importancia de las principales sustancias tóxicas objeto de tráfico de drogas

SUSTANCIA TÓXICA	HEROÍNA	COCAÍNA	HASCHÍS	LSD	MDMA	MORFINA
Cantidad notoria importancia	+300 gr.	+750 gr.	+2,5 kg.	+300 mg.	+240 gr.	+1 kg.
SUSTANCIA TÓXICA	**MARIHUA.**	**ANFETA.**	**KETAMINA**	**METANFE.**	**MDEA/ MDA**	**FENTANILO**
Cantidad notoria importancia	+10 kg.	+90 gr.	+100 grs.	+30 grs.	+20 mg.	+50 mg.

Extracto del listado que aparece en el Acuerdo del Pleno no Jurisdiccional de la Sala Segunda del TS de 19-10-2001. En el Acuerdo no aparecía la ketamina, cuya cantidad de notoria importancia aparece, p. ej., en la STS 719/2020, 30-12.

Al respecto, no faltan voces críticas que recuerdan la necesidad de que el Legislador cumpla el mandato de *lex certa* que se le impone en el orden penal; mandato que resultaría infringido al zanjar la cuestión de un plumazo con una simple referencia a la "notoria importancia" de la cantidad de droga (en este sentido, CASTRO MORENO). Ante este panorama, el Tribunal Supremo ha optado, quizá en aras de la seguridad jurídica (o quizá para uniformizar toda la Jurisprudencia conforme a sus criterios), por imponer unas cantidades fijas que no ha querido marcar el Legislador, lo que implica suplantarlo en su papel de creador de la única fuente del Derecho penal: la ley.

Además de las cantidades precisas para estimar que concurre la "*notoria importancia*", estos Acuerdos de Pleno no Jurisdiccional recogen otro aspecto que resulta determinante a la hora de aplicar la agravante del art. 369.1.5ª, CP: para el cálculo de dichas cantidades, deberá partirse únicamente de la sustancia tóxica o principio activo psicotrópico, pues es eso lo que daña el bien jurídico en el sentido del art. 368 CP.

En estos términos lo dibuja el Tribunal Supremo: "La jurisprudencia viene manteniendo que el concepto legal de notoria importancia debe ser interpretado tanto con un criterio cuantitativo como en el cualitativo que se deduce de la riqueza de los principios activos. Por ello para fijar la cantidad de notoria importancia por el Pleno de la Sala Segunda de 19.10.2001, se partió de las cifras que cuantifican el consumo diario estimado de un consumidor medio y, a partir de ahí fijada en atención a la cantidad de droga que permite abastecer un mercado importante —50 consumidores— durante un periodo relevante de tiempo —10 días—, se obtiene así la cifra de 500 dosis de consumo diario aplicable a todas las drogas, que equivale para la cocaína el límite de los 750 gramos (SSTS. 10.11.2011, 2036/2002 de 5.12, 17.2.2003), pero tomando el criterio de tener exclusivamente en cuenta la sustancia base o tóxica, esto es reducida a pureza" (STS 362/2011, 6-5).

Habrá que eliminar del cómputo, por tanto, cualesquiera otras sustancias que acompañen al estupefaciente, siendo en estos casos especialmente relevante la determinación de la pureza (de modo que, si esta no consta, no podrá aplicarse la agravación [véanse las SSTS 806/2024, 26-9, y 711/2003, 16-5 (*Tol 275698)*].

El desarrollo jurisprudencial posterior ha determinado que debe valorarse también el margen de error (±5%) que puede existir en las pruebas realizadas a las sustancias para determinar su pureza. Ello cobra especial relevancia cuando la cantidad está muy cercana al límite de las 500 dosis, pues si esta, una vez restado el 5% de incertidumbre, cae por debajo de dicho límite, no resultará de aplicación la agravante en consideración al principio *in dubio pro reo* (en este sentido, CASTRO MORENO).

Cfr. SSTS 587/2022, 15-6; 254/2014, 25-3 (*Tol 4224380)*; 357/2007, 3-5 (*Tol 1075986)*; 9/2007, 18-1 (*Tol 1040260)*, y 413/2007, 9-5 (*Tol 1081771)*: "lo cierto es que en el análisis de su pesaje y determinación de su pureza existe un margen de error de un 5%, tal y como han manifestado en varias ocasiones los técnicos de la Agencia Española del Medicamento, y ese margen de error ha de ser interpretado en favor del reo [...] hay tres sentencias de esta sala que sí utilizan este margen de error para, en unión del principio "in dubio pro reo", eliminar tal circunstancia de agravación en casos próximos a esos límites de la notoria importancia establecidos para cada una de las drogas tóxicas por la doctrina de esta sala; y ello lo consideramos suficiente para justificar la postura adoptada por la Audiencia Provincial, aunque ninguna de estas tres resoluciones aparecen citadas en la sentencia recurrida (tampoco las cita el Ministerio Fiscal). Son las sentencias 217/2003 de 18 de febrero, 911/2003 de 23 de junio y 570/2005 de 4 de mayo [...]. Estimamos que fue correcto, en esas cantidades tan próximas al límite mínimo, aplicar un margen de error por las diferencias en más o menos que pudieran existir, tanto en el pesaje de la heroína aprehendida, como en la medición de su grado de pureza. Ante tales posibilidades de margen de error, es claro que debe aplicarse el referido principio "in dubio pro reo", tan arraigado en los Derechos penales de los países modernos que algún autor lo ha denominado principio consuetudinario, es decir, algo no reconocido legalmente pero utilizado en la práctica de los tribunales siguiendo la doctrina de los jurisconsultos modernos; principio usado en todos los ordenamientos existentes en los sistemas políticos democráticos, cuya aplicación es obligada en esta rama del derecho precisamente por beneficiar al acusado: el principio de legalidad penal (art. 25.1 CE) es solo una garantía en favor del reo".

Estas precisiones sobre la pureza de la sustancia se excepcionan en el caso del *cannabis* y sus derivados, para los que bastará su pesaje en bruto [recuérdese que el porcentaje del principio activo —THC— no es manipulable: son productos vegetales que no necesitan de la intervención de un proceso químico (así, STS 183/2019, 2-4); no es así en el caso de los modernos cannabinoides sintéticos]. No obstante, cuando se trata de hachís, si la cantidad es próxima al límite marcado por el Acuerdo del Pleno, y su pureza es inferior al 4% (lo habitual es que la concentración sea de entre el 4% y el 8%), la Jurisprudencia considera que se trata de una "sustancia desnaturalizada", asimilable a estos efectos a la marihuana, de modo que la cantidad solo podría calificarse de "notoria importancia" si fuera superior a los 10 kg.

Es decir: la notoria importancia del hachís comienza en los 2,5 kg., mientras que la marihuana comienza en los 10 kg.; no obstante, en el caso de hachís con muy poca concentración de pureza, la cantidad de notoria importancia se situará a partir de los 10 kg. Véase así en las SSTS 1140/2011, 14-6 (*Tol 2296669)*, y 831/2003, 9-6 (*Tol 4926542)*: "La Jurisprudencia del Tribunal Supremo ha declarado con reiteración que como regla general no es indispensable la determinación de la concentración de THC en las sustancias derivadas del cáñamo índico o cannabis sátiva por ser ordinariamente irrelevante al tratarse de drogas cuya pureza o concentración del principio activo no depende de mezclas o adulteraciones, como sucede con la heroína y la cocaína, sino de causas naturales como la calidad de la planta. Igualmente la Jurisprudencia ha precisado que para aplicar el subtipo de notoria importancia, cuando se trata de cantidades moderadas de hachís (entre uno y cinco kilos o entre dos y medio y diez después del Acuerdo de Sala General de 19/10/01), es necesario conocer la concentración de principio activo pues si ésta fuese muy reducida, por debajo del cuatro por ciento, nos encontraríamos frente a una sustancia desnaturalizada que más que al hachís debe considerarse asimilada, en cuanto a su nocividad para la salud, a la griffa o marihuana. En tal caso el subtipo agravado no resulta aplicable en cantidades inferiores a los cinco kilos o diez tras el Acuerdo del Pleno señalado más arriba (STS, entre otras, de 22/06/02)".

Más reciente, *vid*. SAP, Granada, 119/2019, 14-3 (*Tol 7366467)*, o SAP, Toledo, Sección 2ª, 98/2015, 14-7. También hace mención de ello la STS 288/2023, 25-4.

En cualquier caso, también hay sentencias que, siempre que se trate de cannabis y sus derivados, afirman que no es necesario presentar informe de pureza, aun sin constar el peso exacto de la sustancia, cuando han sido incautadas toneladas de la misma.

Así la STS 1850/2002, 3-12 (*Tol 1551735*): "En conclusión, si no estamos en condiciones de afirmar, como lo hizo la sentencia recurrida, que la cuantía de la droga fue de 9.270 kilogramos, sí podemos decir que el cargamento de hachís a que nos estamos refiriendo lo era de varias toneladas [...]. Varios de los recurrentes alegan que, al no haberse aprehendido la carga que fue arrojada al mar y nunca apareció, no pudo precisarse la pureza de la droga, y ello impide aplicar esta agravación específica del núm. 3° del art. 369, CP. Esta Sala viene reiteradamente diciendo que los derivados de cáñamo índico, como lo son la marihuana, el hachís y el aceite de hachís, son unos productos extraídos del vegetal mediante unos mecanismos más o menos simples o manuales, a diferencia de otros estupefacientes en que por procedimientos químicos se obtiene el principio activo de la sustancia de que se trate y luego se mezcla con otros elementos ajenos, bien para mejor conservarlos o comercializarlos, bien para adulterarlos y así obtener una mayor ganancia económica. Como hemos dicho, para el hachís tiene fijada esta Sala la cuantía de dos kilos y medio a partir de los cuales ha de aplicarse esta agravación de cantidad de notoria importancia. Y es evidente que un alijo en alta mar hecho de una embarcación a otra consistente en un gran número de fardos supera con mucho esa cantidad mínima. El criterio de la pureza o concentración del principio activo no se utiliza en nuestros Tribunales para los productos derivados del cáñamo índico".

Más reciente, SAP, Zaragoza, Sección 6ª, 304/2021, 15-7.

Por otro lado, y con respecto a la medición de la pureza en el caso de que se presenten diversos paquetes, envoltorios o comprimidos, la Jurisprudencia establece que no será necesario que se analicen todos y cada uno de ellos, sino que bastará con tomas aleatorias.

Así: SSTS 960/2009, 16-10; 836/2004, 5-7 (*Tol 483621*), y 652/2021, 22-7; SSAP, Granada, Sección 1ª, 99/2021, 18-3, y 119/2019, 14-3 (*Tol 7366467*): "Conforme a reiterada jurisprudencia emanada de la Sala Segunda del Tribunal Supremo, resulta plenamente válida la utilización del procedimiento de muestreo en el análisis pericial de las sustancias estupefacientes y psicotrópicas, asumiendo la metodología que se viene aplicando en los laboratorios oficiales a tales efectos, no correspondiendo al tribunal sentenciador analizar los métodos utilizados por los especialistas que comparecen al juicio sino únicamente sus conclusiones. Bastará con que se haya realizado de forma que no genere dudas razonables sobre el resultado final, que, trasladado a un mayor número de unidades, nunca podrá ser exacto, pero sí lo suficientemente aproximado. La toma de muestras en forma significativa, y de manera aleatoria, cuando de un total o conjunto homogéneo en apariencia se trata, resulta ser un método apto y homologado internacionalmente para el análisis cuantitativo del total de la sustancia estupefaciente intervenida de la misma clase, sin que resulte necesario ni razonable analizar el total de lo aprehendido, debiendo tomarse una muestra a analizar de cada grupo de sustancia que presente especiales características que lo hagan diferenciable de otro grupo, sea por el tipo de envoltorio, color, u otras características. En la Sentencia 798/2013, de 5 de noviembre se recuerda que la toma de muestras significativa, adoptada de forma aleatoria, es un método apto para el estudio del aspecto cualitativo de las sustancias intervenidas, sin que sea necesario el análisis de la totalidad de la droga ocupada (TS Sala II SS 261/2006, de 14 de marzo, 846/2007, de 19 de octubre, 960/2009, de 16 de octubre, 111/2010, de 24 de febrero y 104/2011, de 1 de marzo). [...] En el acto de juicio oral se practicó prueba pericial, fue escuchada la perito miembro del laboratorio oficial que practicó el análisis de la sustancia estupefaciente aprehendida y que emitió el informe que consta en las actuaciones (folios 78 y 79), ratificándose en el mismo y siendo sometida la pericia a pleno debate contradictorio, sin que existan motivos para dudar, que el procedimiento seguido por los peritos oficiales se adecuó a la normativa reguladora y a los métodos y formas autorizados en el ámbito de la Unión Europea, sin que existan dudas razonables ni en cuanto a lo que constituyó objeto de la pericia, ni en cuanto a los resultados de los análisis. Ese Acuerdo Marco de Colaboración de 3 de octubre de 2012 seguido y al que se ha hecho referencia define en su Anexo I el muestreo, o técnica que se aplica para la selección de la muestra, y la toma de muestras, o recogida de un determinado número de unidades a partir de un conjunto homogéneo. La muestra obtenida será representativa del total del alijo y sus propiedades serán extrapolables a la totalidad del mismo".

En aquellos supuestos en que son incautadas diversas sustancias, todas ellas pueden sumarse a afectos de apreciar, en su caso, la "notoria importancia", de manera que si entre las mismas superan las 500 dosis diarias (cada una según su proporción) podrá aplicarse el tipo agravado. No obstante, dada la diferencia penológica entre unas y otras, lo que no se permite es la suma de drogas blandas y drogas duras (así como tampoco el cálculo sumatorio entre drogas y precursores).

Cfr. SSTS 763/2003, 30-5 (*Tol 293914*), y 464/2008, 2-7 (*Tol 1353120*): "con arreglo a dicha notoria importancia, hemos declarado (STS 763/2003, de 30 de mayo) que, en casos como el actual, en que se intervienen dos sustancias de las que causan grave daño a la salud, ello no impide la acumulación de las sumas intervenidas, previa la corrección proporcional correspondiente, puesto que la notoria importancia se refiere a la calificación así establecida por el legislador, de forma que no es posible considerar fragmentariamente las distintas sustancias subsumibles en la misma, sino que deberán acumularse previa la operación aritmética oportuna, pues el bien jurídico protegido no se compadece con una alternativa distinta (SSTS de 04/04 o 04/07/2002). Igualmente es pacífico que el subtipo agravado se obtiene a partir de las 500 dosis de la sustancia, como se trató en la Sesión Plenaria de 19 de octubre de 2001. Por lo que, en el supuesto enjuiciado, si reducimos a pureza la cocaína transportada (996,200 gramos al 74.3 por 100, hacen 740,17 gramos), 493 dosis, y el psicotrópico (MDMA), en 231 dosis (163,310 gramos al 68 por 100), arrojan 724 dosis en total de sustancias que causan grave daño a la salud".
Más reciente, *vid.* SAP, Baleares, 8/2020, 19-2.

En los cálculos para valorar la "notoria importancia", si el sujeto activo es consumidor, será necesario asimismo restar la cantidad que se entiende destinada para el consumo propio (en este sentido CASTRO MORENO).

Cfr. STS 427/2005, 6-4 (*Tol 633176*): "Parece razonable que si el autoconsumo de esta clase de sustancias es una conducta atípica y el poseedor de la droga es consumidor, haya de deducirse de la cantidad poseída aquella que pudiera estimarse destinada a tal autoconsumo, a los efectos de precisar si ha de aplicarse tal art. 369. Véanse, entre otras, las sentencias de esta sala 890/97, 461/97 y 762/2000 que acogen esta doctrina. En el caso presente, hay sólo 107,23 gramos de exceso respecto de ese límite de los 2.500 gramos. Parece razonable entender que, si se hizo un viaje a Marruecos para traer hachís por parte de alguien que es consumidor de esta droga, al menos esa cantidad de tales 107,23 gramos habría de destinarla a su propio consumo. Razón por la cual entendemos que han de estimarse estos dos motivos: la cantidad destinada a la venta no superó este límite".

Cfr., del mismo tenor, ATS 927/2022, 27-10, y STSJ, Madrid, Sección 1ª, 157/2022, 26-4.

Por último, también es necesario analizar qué ocurre cuando se dan en el mismo caso diversos sujetos que portan o se hacen responsables tan solo de una parte del total de la droga en una operación de narcotráfico. Como norma general, la Jurisprudencia no permite la división de los estupefacientes entre el total de personas implicadas, de manera que pudiera esquivarse la aplicación del tipo agravado.

Así, *cfr.* STSJ, Madrid, Sección 1ª, 157/2022, 26-4: "Ni en los delitos contra la propiedad puede dividirse la cantidad total entre los diversos partícipes para convertir en tantas faltas como autores lo que era un delito de hurto, *v.gr.*, ni en los delitos contra la salud pública la cantidad de droga ha de redistribuirse entre los diversos autores cuando actúan coordinadamente". Véanse también: SSTS 381/1996, 3-5 (*Tol 406671*); 524/2005, 27-4 (*Tol 648772*); 925/2008, 26-12 (*Tol 1432505*), y 915/2009, 19-10 (*Tol 1649724*).

Ello no quiere decir que en cualquier caso deba siempre hacerse responsable un sujeto de lo que porta el otro, sino que deberá demostrarse que se trataba de una coautoría (mediando al menos el dolo eventual de todos los intervinientes) respecto de la integridad de la droga (*cfr.* CASTRO MORENO).

Vid. STS 925/2008, 26-12 (*Tol 1432505*): "A este respecto tiene esta Sala una doctrina reiterada según la cual la coautoría en un determinado delito se integra tanto por el dato subjetivo de la decisión conjunta para su comisión como por el objetivo de la ejecución coordinada, con distribución de funciones, con un dominio funcional respectivo del hecho típico, sin que exista, por otra parte, aquella relación de subordinación que pudiera conducir a la aplicación de la complicidad (*vid.* SSTS de 7 de octubre de 2002, 8 de marzo de 2005, por ejemplo). Lo que, para el caso de ilícitos relativos al transporte de drogas semejantes al que nos ocupa, significa que la cantidad de substancia poseída conjuntamente y en acción conscientemente coordinada, por mucho que la concreta posesión se distribuya de forma transitoria, ha de atribuirse, como un supuesto de verdadera coautoría respecto de la integridad de la droga, a todos los intervinientes, de acuerdo con lo que ya decía la STS de 3 de mayo de 1996, en los siguientes términos (y en sentido semejante también la de 29 de diciembre de 1997 "...es menester añadir que —según ha declarado reiteradamente esta Sala— cuando varios sujetos se conciertan para la ejecución del delito ha de atenderse a la cantidad total de drogas o estupefacientes intervenidos, sin que proceda, a efectos de la posible aplicación de la circunstancia agravatoria de «notoria importancia» fraccionar dicha cantidad dividiéndola por el número de intervinientes. Cuando la acción es unitaria por el concierto previo es a la cantidad de droga intervenida a la que ha de estarse para cualificar la notoria importancia de la misma (v. SS. 15 noviembre 1985 y 24 septiembre 1988)".

Véase también, para aquellos casos de organización criminal, la STS 468/2020, 23-9 (*Tol 8096526*): "En los delitos de tráfico de drogas llevados a cabo por miembros de una organización en donde se aprecia por la droga incautada la notoria importancia la comunicabilidad de la notoria importancia a los partícipes no quiere que todos tuvieran un conocimiento exacto de la cantidad de droga, pero es evidente que lo asumen como responsables y partícipes integrantes del entorno del operativo desplegado. Existe una corresponsabilidad de su integración, no en hechos aislados, sino en una estructura propia de la organización en donde el reparto de tareas les hace responsables, no solo de los actos aislados, sino de la totalidad de los llevados a cabo. Con ello, cada sujeto integrante de la organización se representa la posibilidad de que está prestando su cooperación al tráfico de sustancias estupefacientes en su modalidad de notoria importancia por el volumen que se mueve, y acepte a pesar de ello actuar a su servicio en la ejecución del plan común. Así, la comunicabilidad de la notoria importancia se extiende a quienes están puestos de común acuerdo y ejecutan un plan común. En la STS del 17 de febrero de 2012 analizando el problema de la comunicabilidad de los elementos integrantes de un subtipo agravado, aun cuando sean de carácter subjetivo, entiende que no debe estarse a la aplicación analógica de lo dispuesto en el art. 65, CP, respecto de las circunstancias modificativas (agravantes o atenuantes) genéricas, que, por ejemplo, admiten la compensación vía art. 66, CP, sino que teniendo en cuenta que los subtipos agravados pueden construirse sobre la base de la concurrencia de elementos que determinan una mayor cantidad de injusto, constituyéndose en un elemento del tipo, aun de naturaleza subjetiva, resultará comunicable a todos los que, conociéndolo, participaron en la ejecución. En este caso, al tratarse la circunstancia de notoria importancia de naturaleza objetiva al formar parte del subtipo agravado, es aplicable a todos los partícipes que intervengan en la ejecución, siempre que la conozcan y de una u otra forma la acepten, y ello resulta evidente en este caso con el entramado organizativo reseñado en los hechos probados y las conversaciones intervenidas".

En contra, por no quedar demostrado el conocimiento de un sujeto sobre la cantidad que portaba el otro y reputarse, por tanto, como hechos diferenciados: SAP, Madrid, 747/2011, 13-7 (*Tol 2225292)*: "Radica el argumento para resolver tal cuestión en la forma de llevar a cabo el hecho: habida cuenta de la forma a través de la cual se cometió el delito, cada uno de los procesados sólo tenía disponibilidad de lo ingerido por él pero carecía de la disponibilidad para actuar sobre el otro y de lo hecho por el otro. Por tal motivo, sólo puede responsabilizarse a cada uno de los procesados por la sustancia llevada por él exonerándose respecto de la transportada por el otro. Dicho con otras palabras: la responsabilidad criminal de cada uno por la sustancia que lleva en su organismo había de integrar el tipo por ser un acto de tráfico —el porte en sí mismo— o por ser una posesión preordenada al tráfico —por la cantidad—. Pues bien, sólo podría exigírsele a cada uno de los acusados la responsabilidad criminal por la parte de sustancia que, individualizadamente, portaba cada uno de ellos en el interior de su organismo porque, respecto de lo que el otro llevaba en su organismo —en el organismo del otro, recuérdese— ni se transportaba ni se poseía. Pero no sólo eso, examinado el análisis de la sustancia, se podría llegar, acaso, a la tesis que mantiene el Ministerio Fiscal si hubiera sido idéntica la pureza de la cocaína que uno y otro acusado transportaban, cosa que no es así porque la pureza de la sustancia que transportaba Lucas era del 68,2% y la que transportaba Carlos Miguel era del 67,2%. Pero es más. Analizando sus diferentes declaraciones habría de entrar dentro de lo razonable que, llevando a cabo la misma actividad, hubieran de recibir la misma contraprestación, cosa que tampoco viene a ocurrir porque uno habría de recibir el precio de 2000 € y el otro, por llevar algo más de cantidad de sustancia, pero sin que se viniera a mantener en la proporción, 5000 dólares".

6. *Las sustancias se adulteren, manipulen o mezclen entre sí o con otras, incrementando el posible daño a la salud*

En algunas ocasiones la droga —entendida como la base tóxica de la sustancia— se mezcla con productos en principio inocuos para la salud (*v.gr.* glucosa, paracetamol), pero en otras muchas esta mixtura se lleva a cabo con otro tipo de productos que la vuelven aún más lesiva (p. ej., estricnina, sosa cáustica), más adictiva (es el caso de muchas drogas mezcladas entre sí, como puede ser el *speedball* —cocaína con heroína—) o incluso letal para el sujeto que la consume, y es ese mayor daño que se puede producir a la salud lo que fundamenta la aplicación de una mayor pena conforme a lo establecido en el art. 369.1.6ª, CP.

Así STS 709/2015, 16-10 (*Tol 5579436*): "se declara probado que las sustancias estupefacientes, fueron adulteradas, manipuladas y mezcladas de modo tal que se incrementó el daño a la salud, finalidad de adulteración y mezcla para la que el recurrente poseía el laboratorio y las sustancias que detalladamente se describen. (...) el aumento del riesgo para la salud es incuestionablemente el elemento típico de donde deducir la concurrencia de meritado subtipo agravado, pues tales mezclas adulteran las sustancias estupefacientes, incrementando su potencial daño y lesionando, en consecuencia, más intensamente el bien jurídico protegido". En el caso concreto: "se constató la existencia de los siguientes agentes adulterantes de la sustancia, con el consiguiente posible incremento de daño a la salud de los consumidores: - Ácido bórico, producto habitualmente utilizado para la adulteración final de la cocaína. - Tetramisol, principio activo con actividad antihelmíntica. - Lidocaína y procaína, anestésicos locales de síntesis. - Prednisolona, utilizada en farmacología como antiinflamatorio. - Cafeína, que incrementa la actividad estimulante del sistema nervioso. - Fenacetina, principio activo con actividad analgésica y antipirética, utilizado habitualmente como adulterante de la cocaína y que, como medicamento, se ha retirado del mercado debido a sus efectos nocivos para la salud [...] se declara probada la detección en la droga de una serie de "agentes adulterantes de la sustancia, con el consiguiente posible incremento de daño a la salud de los consumidores". Se especifican cada una de esas sustancias expresando en diversas ocasiones que son de las habitualmente utilizadas para la adulteración final de la cocaína e incluso, cuando se trata de FENACETINA se precisa no solo que habitualmente se utiliza como adulterante, sino que ha sido retirada del mercado "debido a sus efectos nocivos para la salud".

Por ello, y dado que el fundamento es el incremento del daño, esta circunstancia no podrá aplicarse cuando la droga se adultere con sustancias no dañinas para la salud. En muchas ocasiones ello se hace para obtener una cantidad mayor de producto vendible; pero en otras, la mezcla se elabora simplemente para conseguir una sustancia que se absorba más fácilmente por el organismo, o para potenciar los efectos psicotrópicos de la misma.

Véase la STS 501/2020, 9-10 (*Tol 8142572*), que considera inaplicable la circunstancia agravante: "se consideró que la mezcla de la cocaína respondió a la finalidad de aumentar la cantidad disponible y el margen de ganancia. Solo eso. Ninguna referencia a un aumento de su toxicidad y consecuente potencial dañino para la salud del consumidor, presupuesto de tipicidad de la mencionada modalidad gravada. Ni tampoco se incorporó elemento alguno que permita atribuir una especial toxicidad a las sustancias de corte que en ambos casos se les incautaron. Se rechazó la aplicación del nº 6 del artículo 369.1, CP, como la sentencia recurrida argumentó, con el aval de la jurisprudencia de esta Sala que la misma citó". En el mismo sentido, STS 91/2019, 19-2.

En sentido similar, la FGE, en su Circular 2/2005, de 31 de marzo, expresa: "La apreciación de este subtipo exige que la mezcla aumente el riesgo de daño a la salud, por lo que no será de aplicación cuando, por el contrario, la adulteración disminuya o atenúe los principales efectos nocivos sobre el organismo de la sustancia resultante".

No obstante lo anterior, parte de la Doctrina (MARTÍNEZ PARDO, MANJÓN-CABEZA OLMEDA) considera que no sería aplicable esta agravante a determinadas mezclas de drogas (p. ej. el *speedball*), o de drogas con otros productos tóxicos no estupefacientes (es el caso del crack, conformado por pasta base de cocaína con acetona) que ya se consideran un *producto específico,* con su propia oferta y demanda.

En cualquier caso, el hecho de que la sustancia con la que se altere la droga haga que la mezcla provoca un daño mayor en la salud deberá ser probado en el juicio penal mediante la correspondiente pericial.

Vid. así, SAP, Barcelona 241/2008, 21-4 (*Tol 1321399)*: "la aplicación de la circunstancia agravante 7ª del artículo 369.1 del Código Penal exige dos elementos, uno objetivo, consistente en que el producto con el que se adultere, manipule o mezcle la sustancia estupefaciente incremente el posible daño a la salud, pues dicha circunstancia reza que "las referidas sustancias se adulteren, manipulen o mezclen entre sí o con otras, incrementando el posible daño a la salud". En el presente caso, únicamente se ha acreditado la presencia de sustancia FENATECINA en las sustancias estupefaciente cocaína que el acusado portaba oculta en sus zapatos".

SAP, Valencia, 535/2005, 23-9 (*Tol 791256)*: "Del informe emitido por la Médico Forense Dª Silvia, de fecha 23 de octubre de 2001, se desprende que, de las sustancias anteriormente descritas, el lactofilus, no se han descrito ningún cuadro de intoxicación o toxicidad asociada a este producto, ni tampoco de la Ciclofalina o piracetam, ni siquiera a dosis muy superiores a las recomendadas, ni se han descrito interacciones con otras sustancias; y en cuanto a la acetona, no se han descrito intoxicaciones mortales, los síntomas de una exposición a altos niveles de acetona son muy semejantes a los de la intoxicación alcohólica aguda, aunque se puede observar una mayor capacidad anestésica. Por lo que esta sería la única sustancia capaz de producir daño a la salud, dependiendo de la cantidad añadida. Teniendo en cuenta que de la pericial farmacológica practicada en el acto de juicio oral, se desprende que las sustancias adulterantes intervenidas a los acusados, utilizadas en dosis farmacológicas, no dan mayor toxicidad al producto, sino que facilitan la absorción del mismo, y que en general se utilizan en dosis mucho menores, por lo que no son susceptibles de causar daño a la salud. En cuanto a la acetona, única sustancia capaz de producir daño a la salud, utilizada en dosis importantes, no lo produce con una sola gota. Pero no se ha practicado pericial alguna que acredite no ya la toxicidad de dicha sustancia sino si la misma incrementa el posible daño a la salud".

SAP, Vizcaya, 65/2010, 17-9 (*Tol 2004491)*: "en el presente caso aunque sí existe un informe de sanidad que analiza el peso y pureza de la cocaína y ketamina decomisadas y dos peritos de sanidad se han ratificado en su contenido, folios 112 y 184, trayéndose a la vista como prueba constituida, no obstante dichos peritos no han sido traídos a Juicio, por lo que no han podido aclarar si la nocividad para la salud humana de dicha sustancia tenía un grado mínimo de principio psicoactivo expresado en ketamina base que era rebasado en la sustancia ocupada en autos, o si la circunstancia de encontrarse mezclada con la cocaína tenía un efecto multiplicador de peligro para la salud humana y en qué grado. Tampoco dicha carencia ha sido suplida por otro tipo de informe pericial o documental aportado por la acusación pública. En base a lo expuesto, no habiéndose aportado prueba de cargo suficiente respecto que la droga ocupada, por la cantidad, mezcla con la cocaína y pureza de ambas sustancias combinadas, hubiera supuesto un incremento potencial en un posible daño a la salud, no procede aplicar la figura agravada del art. 369.7°, CP".

De la interpretación literal del precepto debe desprenderse que esta circunstancia agravante es únicamente aplicable a aquellos que efectivamente adulteran, manipulan o mezclan las sustancias, pero no a aquellos que se dedican a su posterior tráfico (así MANJÓN-CABEZA OLMEDA). Ello, sumado a la necesidad —evidente— de que el sujeto activo conozca que está vendiendo una sustancia adulterada que produce un daño mayor, y dado el volumen de individuos que intervienen en el tráfico —desde la fabricación a la venta al por menor—, puede explicar la baja aplicación jurisprudencial de esta circunstancia que denuncia la Doctrina. En todo caso, si el sujeto que se dedica al posterior tráfico desconoce la adulteración de la sustancia, será de aplicación la regla prevista para el error que recae sobre una circunstancia agravante (art. 14.2, CP), dejando inaplicable la misma.

Vid. así SAP, Barcelona, 241/2008, 21-4 (*Tol 1321399*): "no existe prueba de que el acusado pudiera conocer, ni siquiera sospechar fundadamente, que la sustancia estupefaciente cocaína que portaba oculta en sus zapatos hubiera sido manipulada con mezcla de la sustancia FENACETINA. Es por ello que nos hallamos ante un supuesto de error invencible del artículo 14.2 del Código Penal sobre un hecho que cualifica la infracción que, conforme dispone el mismo precepto, impide su apreciación. Recordemos asimismo que, conforme al artículo 65.2 del Código Penal, las circunstancias agravantes que consisten en la ejecución material del hecho o en los medios empleados para realizarla, sirven únicamente para agravar o atenuar la responsabilidad de los que hayan tenido conocimiento de ellas en el momento de la acción o de su cooperación para el delito".

En otro orden de cosas, el precepto agravado no requiere la provocación efectiva de un daño, sino tan solo la posibilidad del mismo, por lo que si el consumo de la sustancia adulterada acaba desembocando en un desenlace lesivo o fatal habrá que recurrir al concurso ideal de delitos (entre las lesiones o el homicidio y el art. 368, CP —si el sujeto desconocía la adulteración— o el art. 369.1.6ª, CP —si el sujeto lo sabía o, al menos, aceptó el riesgo).

Por lo demás, esta circunstancia no resultará aplicable a aquellas partidas de droga con extrema pureza que, aunque resultan especialmente dañinas para la salud (e incluso pueden ser incompatibles con la vida), no constituyen adulteraciones o mezclas (de esta opinión, JOSHI JUBERT). En estos casos de extrema pureza lo habitual es que el resultado dañoso se cometa de forma imprudente: cuando el producto presenta una calidad tal que puede ser mezclada para obtener más dosis o bien ser vendida a un precio más alto, es probable que si se vende al comprador sin hacérselo constar sea por el desconocimiento sobre la composición de la sustancia. En tales supuestos, así planteados, tan solo cabría la aplicación del tipo básico del art. 368, CP, en concurso ideal con el delito de lesiones u homicidio imprudente (ACALE SÁNCHEZ). No así, claro está, cuando el resultado sea completamente imprevisible para el vendedor, o el desenlace sea consecuencia de un consumidor que, avisado previamente de las características extraordinarias del producto, proceda a su autopuesta en peligro.

7. Las conductas tengan lugar en centros docentes, en centros, establecimientos o unidades militares, en establecimientos penitenciarios o en centros de deshabituación o rehabilitación, o en sus proximidades

El fundamento de esta agravación es discutido. Con respecto a los centros docentes y los de deshabituación o rehabilitación, el sustrato podría ser el mismo que en el caso de la agravación del apartado 4º del art. 369.1, CP, dado que tales establecimientos se destinan, en principio, a personas necesitadas de una especial protección (menores en el caso de los centros docentes; individuos que tratan de quitarse su adicción, en el otro caso). No obstante, con dicha interpretación estos incisos del apartado 7º se volverían superfluos, y tampoco podría explicarse el mayor reproche en aquellos centros docentes donde los alumnos son mayores de edad, ni en los establecimientos penitenciarios o militares. Así las cosas, parece que esta circunstancia remite a la necesidad de mantener el orden y la disciplina en estos lugares, lo que difícilmente puede constituir un fundamento suficiente para la agravación penal.

Se muestran críticas al respecto ACALE SÁNCHEZ y MANJÓN-CABEZA OLMEDA. Así, afirma ACALE SÁNCHEZ que las infracciones establecidas en el Reglamento Penitenciario serían el ámbito natural de sanción de este tipo de infracciones contra el orden del establecimiento y no el penal.

Por su parte, la STS 784/2007, 2-10 (*Tol 1177295*), esboza una suerte de fundamento basado en la aproximación —poco convincente— anterior: "De acuerdo con lo dicho se comprende que realmente los lugares en sí se protegen porque allí residen o desarrollan actividades determinados colectivos de personas, resultando especialmente dañino y perturbador que sus integrantes accedan a la droga. Son grupos de personas extremadamente sensibles, que constituyen mercados atractivos para los desaprensivos traficantes o vendedores de drogas al por menor, que pueden afectar no sólo a su salud, bien jurídico genéricamente protegido, sino indirectamente al funcionamiento de la institución en que están integrados esos colectivos o a la frustración del cumplimiento de los fines propios de esos centros". La STS 231/2023, 30-3 (*Tol 9513427*) remite, sin embargo, a la especial capacidad de difusión de la droga en esos centros.

CASTRO MORENO, por su parte, ofrece una solución interpretativa para el solapamiento entre esta circunstancia y la del apartado cuarto: en el caso de producirse la entrega a menores o a personas en proceso de deshabituación, deberá aplique la circunstancia cuarta sobre esta, por principio de especialidad (art. 8.1ª, CP). Esta interpretación no es baladí, dado que, aunque es cierto que la apreciación de dos circunstancias del art. 369, CP, no determina mayor pena, si podría hacerlo de aparecer una tercera, que permitiría imponer una pena superior en dos grados, vía art. 370.3º, CP. Tratándose, en esos casos, del mismo fundamento, parece la única interpretación plausible. Sin embargo, la STS 871/2013, 22-11, aplica ambas agravaciones (art. 369.4 y 7, CP), dado que los acusados realizaban ventas a menores en centros docentes.

La FGE en su Circular 2/2005, de 31 de marzo, sobre la reforma del CP en relación con los delitos de tráfico ilegal de drogas, plantea —sin más crítica— los fundamentos antes expuestos, sumando el pretexto de la numerosa cantidad de personas que se hallan en estos establecimientos: "se pretende reforzar la protección de los lugares que el precepto menciona y de las áreas exteriores colindantes con los mismos, por las mayores facilidades que dichos centros o establecimientos ofrecen para la difusión de las drogas, dadas sus características y su estructura organizativa interna, por la perturbación que ello puede provocar en el proceso educativo, rehabilitador o de formación militar y porque concentran de modo regular a un elevado número de personas que, en alguno de los lugares citados, son en sí mismas objeto de una especial protección".

Pero como bien plantea MANJÓN-CABEZA OLMEDA, si este fuera su verdadero fundamento, la agravación debería hacerse extensible a otros lugares con aglomeración de personas: estaciones de metro, macroconciertos... En este mismo contexto, TERRADILLOS BASOCO señala que el hacinamiento de los consumidores en los contextos penitenciarios incrementa el peligro generado por la droga.

Una de las cuestiones más relevantes y estudiadas por la Jurisprudencia aparece al tratar de determinar si basta con la mera introducción de las sustancias en estos lugares, o si es necesaria la posibilidad de difusión dentro de aquellos sitios a los que el art. 369.1.7ª, CP, hace referencia. La FGE (Circular 2/2005, de 31 de marzo) afirma que es suficiente con la mera introducción, máxime cuando la redacción dada por la reforma de 2003 se contenta con que los hechos se lleven a cabo en las "proximidades". A pesar de que es cierto que la reforma al incluir esa expresión indeterminada de las proximidades apunta en ese sentido, la Jurisprudencia mayoritaria se ha inclinado por la necesidad de constatar la existencia de un peligro concreto de difusión para poder agravar la pena conforme a esta circunstancia.

También la Doctrina se decanta por esta interpretación (por todos, MAGRO SERVET, RAMÓN RIBAS, SUÁREZ-MIRA RODRÍGUEZ).

En la Jurisprudencia, véase la STS 288/2017, 20-4 (*Tol 6067132)*, para la que: "Dado que la droga fue aprehendida en el control posterior al vis a vis, no hubo posibilidad de que la droga traspasara al interior de los módulos de convivencia, no surgió, por tanto, el peligro real y concreto de que pudiera llegar a los internos. En estas circunstancias, conforme la jurisprudencia de esta Sala que transcribe, no procede la aplicación del subtipo agravado del artículo 369.1.7. el subtipo agravado del núm. 8 del art. 369 no puede construirse sobre la estructura de otro delito de riesgo abstracto porque se lesionaría el principio de lesividad y merecimiento de pena (máxime teniendo en cuenta el enorme salto cuantitativo que prevé el Código —mínimo nueve años de prisión—, con lo que se lesionaría el principio de proporcionalidad y de culpabilidad como medida de la pena. Por ello, la jurisprudencia de esta Sala ha estimado que el subtipo agravado debe construirse sobre la estructura de un delito de riesgo concreto y ello desemboca en una interpretación muy restrictiva de dicho tipo".

O la STS 336/2018, 4-7 (*Tol 6672252*): "La más reciente jurisprudencia ha delimitado los perfiles de esta modalidad agravada como delito de riesgo concreto, que se superpone sobre el meramente abstracto bastante para integrar el del tipo básico. De esta manera es necesario una amenaza específica de difusión o propagación de las sustancias entre los internos en la prisión. Y así se ha rechazado su aplicación, en los supuestos en los que no ha existido un peligro cierto de distribución entre los presos (SSTS 784/2007 de 2 de octubre, 53/2009 de 26 de enero, 668/2009 de 5 de junio, 142/2010 de 25 de febrero o 257/2015 de 6 de mayo)".

Por tanto, no resultará de aplicación esta agravación, por ejemplo, en aquellos casos en los que las sustancias se intervienen antes de que el sujeto pueda ingresar en la zona restringida del establecimiento penitenciario, tras una comunicación íntima o familiar [*cfr.* STS 231/2023, 30-3 (*Tol 9513427*)], ni tampoco cuando se lanzan paquetes por encima de los muros carcelarios que son inmediatamente interceptados por los funcionarios.

Así SSTS 279/2015, 11-5 (*Tol 5003649*), y 81/2014, 13-2 (*Tol 4129202*). Véase también la STS 669/2012, 25-7 (*Tol 2641543*) (que cita la anterior), tampoco considera una única venta dentro del acuartelamiento: "El fundamento de la agravación, redacción dada LO 15/2003 pretende reforzar la protección de los lugares que el precepto menciona y de las áreas exteriores con los mismos ("o en sus proximidades") por las mayores facilidades que dichos criterios ofrecen para difusión de las drogas, dadas sus características y su estructura organizativa interna, por la perturbación que estas conductas pueden provocar en el proceso de formación militar y porque concentran de forma regular un número elevado de personas. Por ello, lo que realmente se protege es el mantenimiento del orden y la disciplina en estos recintos, es decir, lo que se protege es la propia institución militar, por cuanto en dichos lugares, resulta especialmente dañino y perturbador que sus integrantes acceden a la droga, no sólo por la repercusión en su salud, sino también, indirectamente porque afecta al funcionamiento de la institución en que están integrados esos colectivos o pueden provocar la frustración del cumplimiento de los fines propios de esos centros. La sentencia de instancia, como los actos típicos se realizan dentro del acuartelamiento en "Santa Bárbara", Brigada de Infantería Ligera del Ejército a tierra ubicado en Jabalí Viejo (Murcia) justifica, sin más fundamentación y según la calificación del Ministerio fiscal, la aplicación del referido tipo agravado. Sin embargo, conforme precisó la STS 523/93, de 3-5: "...no se desprende del factum que la facilitación de la droga se hiciera en forma generalizada sino a los tres sujetos designados en el relato por sus nombres, no sucesivamente, sino en grupo —en el caso presente a uno sólo— y dada la exigua cantidad ofrecida, 9,94 gramos— en este caso 3 gramos— no aparecen razones evidentes para suponer que la acción concreta de tráfico llevara consigo un riesgo adicional de difusión y de perturbación del orden y disciplina del establecimiento militar, que es donde reside la razón inspiradora de la agravación. Ya la sentencia de esta Sala de 28-3-94 referida al tráfico en un cuartel, aplicaba los criterios establecidos para los establecimientos penitenciarios que ponían el acento en la introducción de la droga "en condiciones potenciales de difusión", y la difusión que es, a estos efectos, el riesgo generalizado de extensión o propagación del consumo, no debe apreciarse en el caso sub iudica, dada la pequeña cantidad de droga y haberse limitado el ofrecimiento a un grupo de tres personas perfectamente identificadas —en este caso, se insiste, una sola— sin que conste en la relación indicación alguna sobre la dedicación del acusado a este menester u ofrecimiento en ocasiones distintas".

No falta algún pronunciamiento contrario, p.ej., véase STSJ, Canarias, Sección. 1ª, 24/2021, 7-4, que considera la agravación a pesar de ser intervenida la sustancia justo en el *vis a vis*; estimando que el elemento central de la agravación es la "difusión potencial" en esos lugares.

Con respecto al término "proximidades", la propia Fiscalía llama la atención sobre la imprecisión del concepto, decantándose por conjugar un criterio geográfico aunado con uno tendencial, de promover o facilitar el consumo en tales centros o establecimientos (Circular FGE 3/2011, 11-10). Por su parte, MANJÓN-CABEZA OLMEDA propone interpretación del término "proximidad" como equivalente a "zona de influencia", entendiendo así que valdría un parque cercano a un centro docente, donde los estudiantes acudieran al terminar la jornada escolar, por mucho que el mismo no sea colindante a aquel. Sin embargo, no lo sería un terreno adyacente al colegio, si a este no tienen acceso los alumnos. En cualquier caso, debe recordarse que el art. 369.1.7ª, CP, utiliza la expresión próximo, lo que no puede identificarse con colindante, ni con aquello que no es cercano.

Es interesante la SAP, Barcelona, 868/2015, 20-11 (*Tol 5618541*), que se niega a aplicar la agravación, pues, aunque la compraventa se realiza a 230 metros de un colegio, se afirma que "no se ha practicado prueba en el acto del juicio que permita sostener que esta ubicación hubiera sido buscada con el propósito de facilitar el acceso a las sustancias. También se aplica el subtipo agravado previsto en el art. 369, párrafo 1, ordinal 7º, fundada, exclusivamente, en la distancia existente entre el domicilio del acusado, en cuyo portal de entrada se realizaron los hechos, y un instituto, situado a unos 230 metros, así como en la existencia de otros centros escolares e institutos en un radio mayor de distancia de la vivienda del apelante. El fundamento del subtipo es la necesidad de proteger apersonas extremadamente sensibles, debiendo interpretarse de forma restrictiva (ver STS de 13-02-14) la cláusula final del subtipo "en sus proximidades", sin que se haya practicado en el acto del juicio prueba alguna que permita sostener que la ubicación del domicilio del acusado hubiera sido buscada de propósito para facilitar el acceso a las sustancias estupefacientes de compradores menores edad que pudieran ser alumnos de esos centros".

8. *El culpable empleare violencia o exhibiere o hiciese uso de armas para cometer el hecho*

Esta circunstancia se introdujo a través de la LO 15/2003, de 25 de noviembre, por la que se modifica la Ley Orgánica 10/1995, de 23 de noviembre, del Código

Penal, presumiblemente como reflejo del art. 3.6 de la Convención de Viena de 20 de diciembre de 1988 (tal y como apunta MANJÓN-CABEZA OLMEDA). De su tenor literal llama la atención que el mismo se circunscriba a la violencia, sin hacer referencia a la intimidación, más allá de la que pueda desprenderse de la exhibición de armas (en la Doctrina, MARTÍNEZ PARDO y SERRANO TÁRREGA, sin embargo, consideran que la intimidación estaría contenida en este apartado). Por otra parte, el precepto menciona el uso para la comisión del delito de armas, pero no el empleo de otros medios peligrosos, como ocurre en otros artículos del CP (*vid.* de nuevo, MANJÓN-CABEZA OLMEDA). En cualquier caso, con respecto a la definición de armas "armas", según la interpretación de la FGE (Circular 2005), debe estarse a la contenida en el Reglamento de Armas (RD 173/1993, de 29 de enero).

No obstante, también recuerda que el contenido del Reglamento de Armas fue matizado por la STC 24/2004, 24-2 (*Tol 351791*), que aclaró que no podían ser consideradas tales aquellos instrumentos u objetos que no sean armas, a pesar de que estén reglamentariamente prohibidos. Por otro lado, cabe añadir, como indica HAVA GARCÍA, que no es este Reglamento el único que determina lo que son armas a efectos legales. Así, p.ej., la Ley 33/1988, de 5 de octubre, de prohibición total de minas antipersonal, municiones en racimo y armas de efecto similar.

Por lo demás, el Consejo General del Poder Judicial ya indicaba en su Informe sobre el Anteproyecto de Ley Orgánica de reforma de la LO 10/1995, de 23 de noviembre, del Código Penal, que una agravación de estas características resultaba innecesaria, pues la lesión extra que produce el uso de estos medios no recae sobre la salud pública sino sobre otros bienes jurídicos, y en tales casos lo que procede es apreciar un concurso de delitos.

Asimismo, denunciaba su escasa aplicabilidad, pues dada la redacción del precepto, el CGPJ consideraba necesario que el medio (la violencia o exhibición de armas) tenga como fin la comisión delictiva del art. 368, CP, por lo que la violencia, uso o exhibición de armas debe ser previa al inicio de la ejecución del art. 368, CP. Eco de todo lo anterior se hacía la Fiscalía en el año 2005, añadiendo también que, dado que el uso de violencia o armas debe estar orientada a la comisión delictiva (esto es, aseguramiento o protección de los actos de cultivo, elaboración, promoción/favorecimiento del consumo ilegal…) no bastará con que su finalidad sea impedir el descubrimiento del delito o la detención de los autores. Una interpretación más acorde al uso de estos medios aconseja considerar típico, a efectos de esta agravación, no solo el uso o exhibición previas a la ejecución, sino también su uso/exhibición durante la misma.

Denuncia, asimismo, la falta de justificación al respecto de por qué, estos medios suponen un mayor contenido de injusto para el delito de tráfico de drogas, JOSHI JUBERT.

Es cierto que esta circunstancia resulta peculiar si se compara con otros delitos del CP que la recogen. Y ello porque en el delito del art. 368, CP, lo usual no es que se doblegue o venza la voluntad del sujeto pasivo mediante la violencia (como puede ocurrir, por ejemplo, en la libertad sexual), sino que los distintos sujetos intervinientes en las diversas modalidades de facilitación del consumo, ajeno o propio, suelen hacerlo voluntariamente. No obstante, sí puede ocurrir en ciertos casos que algunas personas sean obligadas mediante la violencia o la intimidación a realizar determinados portes de droga, pero en esos casos tan solo podrá aplicarse esta agravación si se hubiera empleado la fuerza bruta o la exhibición o uso de armas.

Donde sí ha desplegado esta agravante una cierta aplicabilidad ha sido en una serie de casos concretos, en los que determinados grupos de individuos portando armas deciden hacerse con un alijo ajeno (normalmente de un narcotraficante) para venderlo a un tercero o terceros [véanse así SSTS 720/2021, 24-9 (*Tol 8624715*), o 4/2020, 16-1 (*Tol 7805379*)]. Ello no está, no obstante, ausente de polémica, dado que en este tipo de casos tiende a castigarse por robo con violencia/intimidación y, a su vez, por un delito de tráfico de drogas agravado por el uso de violencia/armas.

Ello se discute, con acierto, p. ej., en la STS 87/2012, 17-2 (*Tol 2480833)*: "Sin embargo el hecho probado lo que describe es que la violencia permitió el acceso a la droga tóxica. Hasta ahí el delito contra salud pública no se había cometido. La consumación de éste empieza con la posesión, una vez obtenida, y con destino al tráfico ilegal. Pero esa posesión, y más aún los eventuales actos posteriores, no tiene a la violencia como medio, ya que la funcionalidad instrumental de ésta se agota en el delito de robo. En definitiva no cabe decir, como exige el subtipo agravado, que la violencia fue empleada para cometer el hecho delictivo contra la salud. A ello cabría añadir, conforme expone en su bien articulada impugnación el Ministerio Fiscal, que la sanción también como agravado de este delito contra la salud, supone una doble valoración de la violencia ya apreciada para cualificar el delito de robo".

Tampoco aplica la agravación a la par que el robo con violencia la STS 109/2015, 3-3 (*Tol 4788822)*: en el caso se describe un asalto con armas a camión cargado de estupefacientes.

III. ART. 370, CP

El art. 370, CP, contempla otra serie de circunstancias agravantes que permiten al juzgador imponer una pena superior en uno o dos grados a la que se señala en el artículo 368, CP, lo quiere decir que estos comportamientos pueden revestir la misma gravedad —al menos desde el punto de vista penológico— que los previstos en el art. 369, CP. En todo caso, las circunstancias previstas en el art. 370, CP, que permiten la imposición de la correspondiente pena elevada en uno o dos grados son las siguientes: cuando se utilice a menores de 18 años o "disminuidos" (*sic*) psíquicos para la comisión delictiva; cuando se trate de los jefes, administradores o encargados de las actividades organizadas que se mencionan en el art. 369.1.2ª, CP; o cuando se trate de un caso de extrema gravedad, atributo que se halla legalmente tasado en el propio art. 370, CP: se tratará de aquellos supuestos en los que las cantidades de estupefacientes *exceden notablemente* de la cantidad de notoria importancia; se utilicen buques, embarcaciones o aeronaves como medio de transporte; se simulen operaciones de comercio internacional; se trate de redes internacionales que se dediquen al narcotráfico; o concurran tres o más de las circunstancias del art. 369, CP.

Al igual que ocurre en el art. 369, CP, varias modalidades distintas de comportamientos se recogen en el mismo artículo, expresadas de forma alternativa. Así, cualquiera de ellas dará lugar a la aplicación de penas agravadas, sin que exista regla penológica específica para el caso de que se den dos o más de las circunstancias del art. 370, CP. No obstante, y dado el marco penológico que se recoge (superior en uno o dos grados a las penas del tipo básico), la individualización judicial de la pena puede jugar ampliamente con el *quantum* de reproche. En cualquier caso, y dado que algunas de las circunstancias se construyen sobre la existencia previa de una agravación (o varias) del art. 369, CP, el principio de proporcionalidad reclama que en esos casos la pena deba ser mayor que la que se recoge para aquellos otros de una única agravación del art. 369, CP (pena superior —únicamente— en un grado).

La Jurisprudencia se ha detenido a estudiar si las agravaciones del art. 370, CP, son aplicables a todos los intervinientes, aunque su participación sea secundaria. La mayoría de las resoluciones entienden que nada obsta para ello, aunque sí se ha señalado que la pena deberá modularse en atención a la relevancia de la respectiva intervención, lo que resultará más sencillo en este caso, dado que el Legislador ha otorgado un amplio margen para ello.

Debe recordarse que, si concurre cualquiera de las circunstancias del art. 370, CP, no podrá ser de aplicación la atenuación del segundo párrafo del art. 368, CP, por establecerlo así este último precepto.

Vid. STS 77/2016, 10-2 (*Tol 5645361*): "La perspectiva es diferente desde la óptica de la penalidad aplicable. En efecto, en el delito del art. 368 del Código Penal al penalizar dentro del mismo marco penal todos los comportamientos que suponen aportación causal a la actividad de los autores en sentido estricto, ha definido un concepto extensivo de autor SSTS 10.3.1997 y 6.3.1998). Por ello la doctrina de esta Sala (STS 1069/2006, de 2 de noviembre), ha establecido el criterio según el cual, y como regla general, en el tipo delictivo del art. 368 CP y por expresa voluntad del legislador, toda forma de participación que implique una colaboración en actividades de tráfico de drogas, es una forma de autoría al haber sido equiparada con ésta las formas imperfectas de participación por la propia Ley. Pero la misma doctrina no excluye la existencia de excepciones en supuestos concretos de mínima colaboración mediante actos fácilmente reemplazables, accesorios y de escasa o exigua eficacia para el tráfico ilegal efectuado por el autor genuino, y siempre en operaciones de escasa entidad cuantitativa (en este caso, dada la droga transportada, no puede considerarse así). Como dice la STS 544/2011, de 7 de junio, en un supuesto de tripulación de barco, como mero peón en tal transporte de droga, su conducta no puede excluirse de las constitutivas de favorecimiento y, por lo tanto, de las típicas de autor. Aquí sucede lo propio. La actividad desarrollada por los recurrentes como descargadores de la embarcación en la playa de "Los Toros", no puede ser considerada un mero acto de complicidad, sino de autoría, al tomar la jurisprudencia ese concepto extensivo de autor en los delitos contra la salud pública, que deriva precisamente de la tipología del art. 368 del Código Penal. De manera que tal integración en el grupo, y el conocimiento de su misión en el desembarco, impide la estimación de este motivo, sin perjuicio de que en la función de individualización de la pena se tendrá en cuenta la entidad de su colaboración en relación con la de otros intervinientes en los hechos. Es por ello que el motivo será estimado desde la perspectiva de la penalidad (el invocado art. 72 del Código Penal en el motivo séptimo de estos recurrentes), junto a la falta de datos de donde pueda extraerse que los acusados, fuera de Benedicto y Gines, tuvieran otra participación que la mera colaboración en la descarga de una embarcación que llegaba cargada con 42 fardos de hachís, lo que, si bien se ha de incardinar en la autoría y no en la simple complicidad, es lo cierto que la penalidad puede comprender la elevación en uno o dos grados más que la pena básica de referencia, que es el 368 del Código Penal. Por lo que la penalidad en concreto tiene que tomar en consideración, primeramente, la utilización de una embarcación, lo que nos lleva al art. 370.3 del Código Penal, y en segundo lugar, la cantidad de droga transportada, más de una tonelada de hachís. La Sala sentenciadora de instancia no ha justificado en modo alguno la elevación por encima del umbral mínimo, al establecerla para todos esos acusados, meros peones, en cuantía de 5 años de prisión e inhabilitación especial para el derecho de sufragio pasivo, cuando podía elevarla en un solo grado, dada la menor participación que reconocen los juzgadores de instancia a todos ellos, a excepción de a los dos citados. En suma, eleva en dos grados la penalidad aplicable, sin una justificación que determine esa exasperación penológica. El dato de la embarcación, que es tomado en cuenta por la Audiencia, en el FJ 5º-I.—, es el que sirve para incardinar los hechos enjuiciados en el art. 370.3º del Código Penal, y no puede servir, a la vez, para elevar dos grados la pena, fuera de los supuestos de una mayor relevancia en los hechos, como es el caso de Benedicto y Gines, a quienes correctamente se les individualiza la pena. En consecuencia, en este sentido, el motivo será estimado, e individualizada la pena en la segunda sentencia que hemos de dictar al efecto a continuación de ésta".

Sin embargo, la STS 990/2016, 12-1 (*Tol 5939255)*, por el contrario, rechaza esta posibilidad, pero cierto es que en la misma se ha reducido ya la pena en un grado pues se logró considerar al sujeto como cómplice: "En este caso la Sala sentenciadora moduló la pena que impuso, y desde la que operó la degradación que impone el artículo 63 CP en relación a los cómplices, a partir de las circunstancias de los hechos y la cuantía de la droga intervenida. En atención a estos datos, y al comportamiento desarrollado por el recurrente, no puede tacharse de arbitraria la opción de equiparar la penalidad de origen con la del autor principal, Estanislao Ismael, sin perjuicio de la matización que haremos de la mano del último motivo de los planteados".

1. Utilización de menores de 18 años o disminuidos psíquicos

Según la Jurisprudencia, la agravación por la utilización de menores de 18 años o personas con discapacidad psíquica tiene su fundamento no solo en la protección de estos, sino también en la mayor facilidad que su empleo proporciona para ocultar a las autoridades la actividad delictiva realizada.

Así, *cfr.* STS 459/2021, 27-5 (*Tol 8454601)*: "la agravación "ha sido justificada por esta Sala, no sólo por la necesidad de dispensar adecuada tutela a los menores, sino también por otros factores, tales como la mayor facilidad para la comisión del delito, eludiendo responsabilidades penales y dificultado la administración de justicia. Al incorporarse al menor a la mecánica delictiva es indudable la potencialidad de afección de otros bienes jurídicos y, desde luego, lesionada queda su dignidad al servirse de él y hacerlo objeto de tan repudiables maniobras". De igual razonamiento, la Circular FGE del año 2005.

Por otro lado, la Jurisprudencia se mostraba favorable a aplicar esta circunstancia agravatoria incluso en aquellos supuestos en los que el menor o discapacitado no eran de ningún modo conscientes de estar participando en los hechos (p. ej., utilizar su ropa para esconder drogas), porque, aunque en esos casos no podía hablarse de "corrupción" de éstos, sí que se puede poner en riesgo su vida o integridad física [así SSTS 18/1997, 15-1 (*Tol 408535*), y 1039/2004, 27-9 (*Tol 506937*), y SAP, Alicante, 56/2007, 31-1; en sentido contrario, STS 1318/2002, 15-7 (*Tol 4922381*), entendiendo a la menor como ya imbuida del ambiente dedicado al narcotráfico), o la STS 70/2011, 9-2, que declaró que no procedía aplicar este subtipo agravado porque no constaba acreditado que el menor tuviese conocimiento de que el paquete que transportaba contuviese droga].

Otra de las cuestiones relevantes en este contexto, y relacionado con lo justo anterior, es qué debe entenderse por "utilización" del menor o discapacitado, aunque la polémica planteada al respecto parece haber quedado zanjada con el Acuerdo de Pleno no jurisdiccional de la Sala Segunda del Tribunal Supremo, de 26-2-2009, que exige probar el prevalimiento del adulto sobre el menor o disminuido (*sic*), presumiendo que en tales casos no existe voluntariedad de éstos, y construyendo, por tanto, una especie de autoría mediata. Ello elimina la posibilidad de aplicar dicha agravación cuando exista una relación horizontal entre el sujeto activo y el menor o incapaz, lo que tiene sentido, pues en esos casos no podrá hablarse realmente de "utilización".

Cfr. Acuerdo del Pleno no jurisdiccional de la Sala Segunda del Tribunal Supremo, 26-2-2009: "el tipo agravado previsto en el art. 370.1 del CP resulta de aplicación cuando el autor se sirve de un menor de edad o disminuido psíquico de modo abusivo y en provecho propio o de un grupo, prevaliéndose de su situación de ascendencia o de cualquier forma de autoría mediata".

Así las SSTS 1013/2022, 12-1; 176/2009, 12-3 (*Tol 1490797*), y 4/2010, 28-1 (*Tol 1790701*). Véase la Circular FGE de 2011: "deberá aplicarse únicamente cuando el sujeto activo del delito se sirva de una de estas personas-menores o disminuidos psíquicos— para la comisión del hecho delictivo, prevaliéndose de su situación de ascendencia sobre ellos o captando su voluntad, quedando circunscrito el subtipo agravado al supuesto fáctico en los que el menor es mero instrumento sin autonomía, de una voluntad ajena, que le controla y se vale de su penalmente irresponsable comportamiento para la ejecución del delito que solamente a aquel es imputable".

En contra de esta interpretación, y considerando que la autoría mediata es uno de los supuestos, pero no el único en el que se puede "utilizar" a un menor: GUTIÉRREZ CASTAÑEDA, MANJÓN-CABEZA OLMEDA, FAKHOURI GÓMEZ/CORREA FLÓREZ.

La consecuencia clara de lo anterior es que el art. 370.1º, CP, construye una excepción penológica que resulta más gravosa que la regla general prevista para los supuestos de autoría mediata, que resulta aplicable en aquellos casos en que el "instrumento" sea un menor o un disminuido (*sic*) psíquico.

Véase la STS 459/2021, 27-5 (*Tol 8454601)*, donde se indica en qué situaciones no debe apreciarse la circunstancia: "Situaciones muy distintas de aquellas en la que los menores aceptan voluntariamente su intervención, propiciando relaciones que quedarían englobadas en la coautoría o en la participación de un menor en el delito de un mayor. La razón del acuerdo, aclararía posteriormente la STS 296/2016 de 11 de abril "desde un punto de vista negativo es excluir la utilización de menores de edad en los hechos ex artículo 370.1 CP cuando actúan como socios, colaboradores o cooperadores de los autores mayores de edad en virtud no de relaciones de ascendencia o prevalencia de éstos sino como consecuencia de un concierto previo o situaciones en pie de igualdad [...]. Todo ello sin olvidar que la agravación se justifica en la necesidad de preservar a las personas menores de edad de su implicación en delitos de tráfico de drogas. En la búsqueda de un equilibrio entre ese fundamento agravatorio y la necesidad de evitar una rígida aplicación del supuesto agravado, la STS 70/2011, antes citada, focalizó la atención en la relevancia de la aportación. Extractamos el siguiente fragmento "es cierto que este precepto agravado justifica su existencia por la necesidad de preservar la formación integral del menor, apartándole del submundo de la droga y de las implicaciones negativas que éste conlleva para su adecuado desarrollo. La utilización interesada de un niño, además, no es ajena a la búsqueda de una facilidad comisiva que se derivaría de las menores sospechas que la presencia de un menor puede suscitar a los agentes encargados de la averiguación de los hechos relacionados con la distribución clandestina de drogas. Precisamente por ello, esta Sala ha estimado, en la búsqueda de un equilibrio entre el fundamento de la agravación y la necesidad de evitar una rígida aplicación del supuesto agravado, que no basta cualquier aportación. Es indispensable que ésta sea relevante [...]. En ese sentido ha quedado conformada la más reciente interpretación de este subtipo agravado en las SSTS 147/2019, de 18 de marzo o la 313/2021, de 14 de abril" [...]. "Utilizando los restantes parámetros que ha barajado la jurisprudencia, no existen datos que avalen que la participación de los chicos no fuera libremente aceptada por estos. Solo su edad no es suficiente a tal fin. Los 14 y 16 años con los que contaban a la fecha de los hechos, les colocan en una franja etaria en la que el ordenamiento jurídico reclama su consentimiento para la realización de ciertos actos con eficacia jurídica, como ser oídos en los procedimientos de separación y divorcio de sus progenitores, consentir su adopción, testar, o incluso emanciparse y contraer matrimonio en el caso del mayor. Y especialmente los considera aptos para soportar las consecuencias de su involucración en actividades delictivas con el alcance que marca la Ley de Responsabilidad Penal de los Menores (LO 5/2000. Por los que, a falta de datos que impliquen lo contrario, resulta razonable reconocerles aptitud para decidir libremente involucrarse en la actividad delictiva. La obtención de una cierta remuneración por sus servicios sin duda alentaría la decisión, pero no es suficiente para reconducir su actuación a la de mero instrumento. No lo consideró así la jurisdicción de menores, que los condenó".

La STS 313/2021, 14-4 (*Tol 8408805)*, también rechaza la aplicación de la agravación en aquellos casos en los que no se utiliza al menor para la comisión delictiva sino posteriormente para encubrir al delincuente: "Argumenta que la conducta atribuida a la recurrente en los hechos probados no supone pedir la colaboración de su hijo Juan Francisco en actos de tráfico, sino que constituye un intento de impedir la actuación policial mediante la destrucción de las sustancias que constituyen el objeto de aquella actividad delictiva, esto es, pretendía exclusivamente destruir las pruebas de un delito ya cometido. [...] El menor no realizó ningún acto de venta, ni fue utilizado en modo alguno por su madre para facilitar el tráfico de drogas. Del citado menor no se indica que se encontrara en el domicilio, ni participara en modo alguno en ningún acto de venta o posesión de sustancia, la mera presencia de menores en los hechos ocurridos dentro de su ámbito familiar no justifica la aplicación del subtipo agravado. [...] La controversia se centra en la utilización del hijo menor con el alcance previsto en el precepto y conforme a nuestra jurisprudencia. Por ello la recurrente trae a colación nuestro Acuerdo del Pleno no Jurisdiccional de 26-2-2009 con cita de la STS de 12-3-2009. En el mencionado Acuerdo se sienta como doctrina de la Sala que "el tipo agravado previsto en el art. 370.1 CP resulta de aplicación cuando el autor se sirve de un menor de edad o disminuido psíquico de modo abusivo y en provecho propio o de un grupo, prevaliéndose de su situación de ascendencia o de cualquier forma de autoría mediata". [...] Siendo así, el motivo debería ser estimado, la conducta atribuida a la recurrente, no supone pedir la colaboración de su hijo en actos de tráfico, ni estaba encaminada a salvar la sustancia estupefaciente, ocultándola para seguir negociando con la misma, sino que constituye, mediante la destrucción de pruebas de un delito ya cometido, un intento de impedir o dificultar la actuación policial. Actuación, en relación al menor, contraria al interés de la Administración de Justicia de esclarecer hechos relativos al tráfico de drogas, que sería subsumible en el delito de encubrimiento del art. 451.2 CP. Así, en SSTS 611/2014, de 22-9; 394/2015, de 17-6; 968/2016, de 21-12; 418/2017, de 8-6, se admite la posibilidad de encubrimiento respecto de eta clase de delitos en aquellos casos en los que la conducta de auxilio tiene como único contenido la destrucción de la droga, poniendo así término a la posesión y frustrando de este modo cualquier otro tráfico (STS 198/2006, de 27-2). Actuación del menor que estaría amparada por la excusa absolutoria del art. 454 CP [...]. Por tanto, la aplicación del subtipo agravado por la realización por el menor de un único acto —catalogable de encubrimiento— en un ambiente familiar en el que ha crecido, en el que de la venta de droga, según destaca la propia sentencia de instancia (ver fundamento derecho quinto) han hecho los padres su forma de vida, supondría una interpretación extensiva inaceptable en el derecho penal".

La STS 1013/2022, 12-1 (*Tol 9391060)*, no aplica la circunstancia agravatoria, en tanto no ha quedado probado que el menor no actuara voluntariamente: "la resolución recurrida no refleja una cumplida ponderación de las circunstancias concurrentes que pudiesen justificar que la implicación en los hechos del menor (a la que meramente se alude) viene motivada por un aprovechamiento o prevalencia de su condición tal de manera que, como exige la jurisprudencia expuestas, se convierta en un mero instrumento en la mecánica comisiva (...) En este sentido, la descripción concreta de la implicación del menor en las actividades delictivas no presenta ningún matiz diferencial respecto de las que se atribuyen al hijo mayor de edad; y la deducción de que el primero, por su minoría de edad, no colaboraba de modo voluntario en la actividad delictiva contradice abiertamente su condena en la jurisdicción de menores [...]. Asimismo, debemos subrayar que, al acudir a los restantes parámetros que ha barajado la jurisprudencia, tampoco advertimos datos que avalen que la participación del hijo menor no fuera libremente aceptada por éste. Sólo su edad no es suficiente, máxime si, como advertimos al examinar la sentencia dictada en la jurisdicción de menores, éste contaba con 17 años a la fecha de comisión de los hecho [...]. Todo lo cual resulta de entera aplicación al caso aquí analizado; sin perjuicio de incidir en que, desde el punto de vista de las actividades que el menor desarrollaba (contacto con clientes y preparación de la sustancia estupefaciente), tampoco su edad suponía para los adultos, ni una especial facilidad comisiva, ni tampoco un parapeto de cara a una eventual investigación policial".

Tanto los conceptos de menor como de disminuido (*sic*) deben seguir las mismas pautas de interpretación que las ya ofrecidas para el art. 369.1.4ª, CP. Y lo mismo debe mantenerse para la interpretación del elemento subjetivo de esta circunstancia.

2. *Jefes, administradores o encargados de las organizaciones*

Caben aquí todas las críticas antes expresadas respecto del análisis de la circunstancia segunda del art. 369, CP. Su inoperatividad ya venía siendo destacada por la FGE en el año 2011, que se mostraba también sorprendida de las numerosas críticas que podían hacerse al precepto: "Ya antes de la reforma esta agravación resultaba de compleja aplicación, pero al suprimirse la referencia a la pertenencia del sujeto a organizaciones o asociaciones dedicadas a la difusión de drogas, la referencia a otras actividades organizadas —que a falta de especificación incluso podrían ser lícitas— queda descolgada en el vacío, siendo, por otro lado, de difícil explicación el fundamento de configurar una circunstancia de especial agravación sobre la conducta básica de tráfico de drogas, incluso de escasa entidad, por el hecho de que el infractor participe en otras actividades organizadas. Además, esta circunstancia plantea conflictos concursales con la regulación de las organizaciones y grupo criminales regulados en los arts. 570 bis y 570 ter, CP, cuya discutible resolución además de desproporcionada tendrá muy improbables aplicaciones prácticas, por lo que con más motivos que antes de la reforma se puede vaticinar la inoperancia e inaplicabilidad del precepto, debiendo ser la prudencia de los Sres. Fiscales la guía en su actuación en el ámbito de esta circunstancia de agravación" (Circular FGE 3/2011, 11-10).

De hecho, no parece que exista ninguna sentencia que haga referencia a la circunstancia prevista en el art. 370.2º, CP (tampoco ninguna que considere aplicable la del art. 369.1.2º, CP). En todo caso, si surgiera algún escenario que posibilitara su apreciación, a él podrían trasladarse las consideraciones sobre los conceptos de "jefes", "administradores", o "encargados" que la Jurisprudencia realizó con anterioridad a la reforma de 2010.

Véanse las SSTS 340/2001, 30-7 (*Tol 4914112)*; 1106/2004, 22-10 (*Tol 525676)*; 808/2005, 23-6 (*Tol 738285)*, y 312/2011, 29-4 (*Tol 2132883)*: "Según la doctrina por "jefe" debe entenderse a la persona que da órdenes a los otros miembros de la organización; "administrador" es el sujeto al que se le confía la gestión económica de la organización; y "encargado" es la persona que tiene a su cuidado cierta cosa o la persona que dirige un negocio en representación del dueño del mismo. Ciertamente se destacan los problemas de prueba con los que se van a encontrar los tribunales para comprobar y acreditar si una persona tiene o no verdadera capacidad de ordenar a otros dentro de la organización a efectos de la aplicación de esta agravante. Ello llevará en muchos casos a afirmar la importancia de la prueba indiciaria ya que normalmente no será posible acreditar a través de prueba directa cuál es la estructura interna de la banda, los medios concretos con los que cuenta, las conexiones entre sus miembros, el cometido de cada sujeto o la jerarquización del grupo. La STS 340/2001 de 30.7, al tratar de la aplicación de esta circunstancia señala: "que si bien es cierto que el tipo penal no requiere que la jefatura esté constituida por una sola persona, sino puede serlo por varias en distribución horizontal de cometidos, no todos los partícipes deben ser incluidos en tal agravación, sino únicamente aquellos que por su superior posición en el entramado de la organización delictiva tengan capacidad de decisión sobre los restantes, impartiendo las instrucciones necesarias que serán sucesivamente ampliadas y cumplidas por los distintos niveles de atribución en las tareas organizativas. Naturalmente, una interpretación lógica y coherente de la norma impedirá que todos los citados niveles adquieran a efectos de punibilidad la condición de "jefatura" en la organización, sino únicamente aquellas personas que estén ocupando los niveles más altos en el entramado criminal"".

El art. 370.2°, CP, constituye uno de los supuestos que plantean dudas en torno a si, atendiendo al principio de proporcionalidad, debería agravarse la pena en dos grados, y no solo en uno, aunque el tenor del art. 370, CP, permita esta última posibilidad. Y ello porque, cuando se trate de sujetos a los que se les pueda aplicar esta agravación (jefes, administradores o encargados de las organizaciones) será porque, de hecho, el comportamiento ya podría ser agravado por la vía del art. 369.1.2°, CP, al que hace referencia expresa el mismo precepto.

De ello se hacía eco la STS 312/2011, 29-4 (*Tol 2132883)*, aunque sus hechos son anteriores a la reforma de 2010, por lo que el planteamiento se hace en torno a los jefes de una organización dedicada al tráfico de drogas: "En cuanto a sus efectos, en estos casos no se puede olvidar que los jefes, administradores o encargados de la organización o asociación ya tendrán elevada la pena un grado, dado que necesariamente concurrirá la agravante del art. 369.1.2, ya que difícilmente podrá hablarse de jefes... si previamente no existe la organización dedicada a la ilícita actividad, por tanto el arbitrio judicial debe jugar un papel muy importante a la hora de individualizar la pena".

3. La extrema gravedad

Al igual que las dos circunstancias anteriores, los casos que puedan clasificarse como de "extrema gravedad" llevan aparejados pena superior en uno o dos grados a la señalada para el tipo básico. La determinación de esa condición de "extrema gravedad" aparece ya —desde 2003— legalmente determinada, haciendo referencia el CP a cinco tipos de casos distintos, a saber: que la cantidad de estupefacientes exceda notablemente de la cantidad de notoria importancia; que se hayan utilizado como medio de transporte de las sustancias buques, embarcaciones o aeronaves; que se hayan simulado operaciones de comercio internacional entre empresas; que se trate de redes internacionales dedicadas a actividades de narcotráfico; o que concurran tres o más de las circunstancias en el art. 369.1, CP. La concurrencia de cualquiera de estos supuestos dará lugar a la aplicación del apartado 3° del art. 370, CP, pues se recogen de forma alternativa mediante la disyuntiva "o".

3.1. Exceso notable de la cantidad considerada como de notoria importancia

El Acuerdo del Pleno no jurisdiccional de la Sala Segunda del Tribunal Supremo, de 25-11-2008, declaró que "la aplicación de la agravación del art. 370.3 del CP referida a la extrema gravedad de la cuantía de sustancia estupefaciente, procederá en todos aquellos casos en que el objeto del delito esté representado por una cantidad que exceda de la resultante de multiplicar por mil la cuantía aceptada por esta Sala como módulo para la apreciación de la agravación de notoria importancia". Con ello, una vez más, la Jurisprudencia se vestía con los ropajes de Legislador para determinar a partir de qué cantidades podría considerarse de manera directa que se está ante un caso de "exceso notable".

Cuadro de exceso notable de cantidades de notoria importancia de las principales sustancias tóxicas objeto de tráfico de drogas

SUSTANCIA TÓXICA	HEROÍNA	COCAÍNA	HASCHÍS	LSD	MDMA	MORFINA
Cantidad exceso notable sobre notoria importancia	+300 kg.	+750 kg.	+2.500 kg.	+300 grs.	+240 kg.	+1.000 kg.
SUSTANCIA TÓXICA	**MARIHUA.**	**ANFETA.**	**KETAMINA**	**METANFE.**	**MDEA/ MDA**	**FENTANILO**
Cantidad exceso notable sobre notoria importancia	+10.000 kg.	+90 kg.	+100 kg.	+30 kg.	+20 grs.	+50 grs.

De nuevo este precepto plantea la necesidad de agravar la pena en dos grados, en aras a respetar el principio de proporcionalidad, dado que la cantidad de "notoria importancia" ya ordena la aplicación de la pena superior en grado vía art. 369, CP.

Es habitual que junto con esta circunstancia agravante concurran otras, bien del art. 369, CP, bien del 370, CP. En cualquier caso, ello no será necesario, pues el Código utiliza esa configuración alternativa. *Cfr.* SSTS 264/2023, 19-4 (*Tol 9524238*); 931/2022, 30-11 (*Tol 9307128*), 30-11; 906/2021, 24-11, y 495/2015, 29-6 (*Tol 5391333*).

Por lo demás, las mismas precisiones que deben tenerse en cuenta para la circunstancia de *notoria importancia* pueden ser trasladadas aquí, pues lo único que distingue a ambas agravantes es el dato —matemático, numérico o físico— de la respectiva cantidad de droga incautada en cada caso.

3.2. Utilización de buques, embarcaciones o aeronaves como medio de transporte específico

El fundamento de dicha agravación se encuentra en la utilización de medios que aportan mayores facilidades al narcotráfico, en ocasiones porque los buques o aeronaves permiten trasladar grandes cargamentos de droga en un único viaje, y en otras, porque se trata de pequeñas embarcaciones de alta velocidad difíciles de detectar y perseguir por las fuerzas y cuerpos de seguridad del Estado. En este mismo sentido, la FGE en su Circular de 2011 afirmaba que se "colmatará la agravación mediante la utilización de una embarcación que determine una mayor intensidad criminógena y contribuya de manera decisiva al éxito de la consumación del delito y al intento potencialmente eficiente de facilitar o asegurar su impunidad [...]".

Ese es también el fundamento de la agravación de los arts. 570 bis 2.c) y 570 ter 2.c), CP, cuando se trata de organizaciones o grupos con medios tecnológicos de transporte. Y por ello, en el caso de que coincidan ambas, habrá que aplicar el concurso de normas a resolver por alternatividad (siendo más gravosas aquellas contempladas por el art. 370, CP, en el caso de tratarse de un grupo criminal). La respuesta es, sin embargo, cambiante para el caso de la organización criminal. Véase con esta interpretación FGE, Circular de 2011.

La reforma penal del año 2010 introdujo, junto a los buques y las aeronaves, el término "embarcaciones". Y ello porque el Tribunal Supremo había venido considerando que para que los medios de transporte fueran considerados "buques" o "aeronaves" tenían que cumplir una serie de características (p. ej., que fueran aptos para realizar viajes de cierta entidad o tuvieran una mínima capacidad de transporte) que excluían a las lanchas motoras, muy utilizadas en el transporte de estupefacientes. Es necesario ser crítico con esa introducción en el CP. La redacción abre paso a castigar a casi cualquier embarcación, aunque no suponga una mayor facilidad en la comisión o impunidad para el delincuente. Ello lleva a preguntarse si eso merecería ser calificado como un supuesto de "extrema gravedad".

Esa doctrina del Tribunal Supremo cristalizó en el Acuerdo del Pleno no jurisdiccional de la Sala Segunda del Tribunal Supremo, de 25-11-2008: "a los efectos del art. 370.3 del CP, no cabe considerar que toda embarcación integra el concepto de "buque". La agravación está reservada para aquellas embarcaciones con propulsión propia o eólica y, al menos, una cubierta, con cierta capacidad de carga e idónea para realizar travesías de entidad. Por tanto, quedan excluidas de ese concepto, con carácter general, las lanchas motoras, planeadoras para efectuar travesías de cierta entidad".

Frente a lo anterior, el deseo del Legislador penal de abarcar en el ámbito de la agravación a todo tipo de embarcaciones se plasmaba en la Exposición de Motivos de la Ley Orgánica 5/2010: "*Del mismo modo, se precisa más adecuadamente la agravante de buque, en la que venían detectándose algunos problemas de interpretación, añadiéndose el término «embarcación» a fin de permitir la inclusión de otros tipos de embarcaciones habitualmente utilizadas en estos delitos, como, por ejemplo, las semirrígidas*".

La preocupación por las facilidades que el uso de este tipo de embarcaciones procura al narcotráfico ha permanecido vigente, pues en los últimos años siguen siendo frecuentes las noticias publicadas en los medios sobre persecuciones en el mar entre la Guardia Civil y los narcotraficantes. En muchas de estas ocasiones, la Guardia Civil ha sido incapaz de atrapar a estos cuando emplean las denominadas "narcolanchas", embarcaciones ilegalmente modificadas que pueden alcanzar velocidades superiores a cualquiera de las lanchas disponibles en el mercado. Con motivo de lo anterior, en el año 2018 se aprobó el Real Decreto-ley 16/2018, de 26 de octubre, por el que se adoptan determinadas medidas de lucha contra el tráfico ilícito de personas y mercancías en relación con las embarcaciones utilizadas; de este modo se creó el Registro de Operadores de Embarcaciones Neumáticas y Semirrígidas de Alta Velocidad, y se reguló el procedimiento de autorización e inscripción en el mismo, así como las consecuencias en caso de incumplimiento y el procedimiento de inspección y control. Con ello se permite que este tipo de embarcaciones puedan considerarse "género prohibido" a efectos de la Ley de Represión del Contrabando, siempre que se puedan acreditar indicios racionales de que el destino de la embarcación era realizar actos de contrabando.

En el artículo único se disponen una serie de "indicios racionales" *iuris tantum,* entre las que figuran, por ejemplo, el incumplimiento de la obligación de registro y matrícula, la manipulación de los sistemas de posicionamiento o la modificación de las partes integrantes de la embarcación.

En este sentido *vid.* la STS 906/2021, 24-11, que aclara que, en aquellos casos donde aparezca una embarcación que pueda ser denominada como género prohibido según la Ley de Represión del Contrabando como vehículo para el transporte de drogas debe castigarse por ambos delitos (pues protegen bienes jurídicos distintos) en concurso medial: "Que los tipos penales previstos en los art. 368 y siguientes del Código Penal, tienen perfecta autonomía y significación jurídica separada de la Ley Orgánica de Represión del Contrabando. Los bienes jurídicos que protegen una y otra norma son distintos; la primera la protección de la salud pública frente a sustancias que objetivamente perjudican a quien las consume y causa problemas sanitarios, económicos y sociales y en el caso de la segunda según su Exposición de Motivos es la defensa del territorio aduanero español integrado a su vez en la zona de mercado único de la Unión Europea y de forma secundaria la hacienda pública española. Además, la reciente regulación del RD Ley 16/2018 refuerza la separabilidad [...]. Se trataría de un concurso medial de delitos cuando nos encontramos con la tenencia para el contrabando con la embarcación y, luego, y, además, la tenencia de la droga para el destino del tráfico. La admisión del concurso medial por el TSJ ha sido correcta. Lo uno facilita lo otro en su utilidad medial". Lo que la sentencia no deja tan claro es si es posible aplicar a la vez el delito de contrabando por la embarcación y el delito de tráfico agravado por el uso de embarcación: "No existe vulneración del non bis in ídem por sancionar el delito de contrabando por el empleo de embarcación y la extrema gravedad del art. 370.3 CP. Nótese que la extrema gravedad del artículo 370.3 CP se aplica ya a la cantidad de droga aprehendida que transportaban los recurrentes y consta en los hechos probados: "La droga intervenida, que tras ser analizada se confirmó que era hachís, arrojó un peso neto de 3.874.969 gramos, de los cuales 1.597.028 gramos de polvo prensado tenían el 30,9% de T1-1C y 2.277.941 gramos de polvo prensado tenía el 21,3% de THC. Dicha droga tiene un valor de 6.141.875 euros e iba a ser destinada finalmente a la venta a consumidores". La cantidad de droga aprehendida que permite la aplicación de la extrema gravedad excede en 1.300 kg la cifra para aplicar ya la extrema gravedad. [...] Pero el uso de la embarcación para el transporte de la droga es un plus de antijuridicidad. Es un mayor desvalor de la acción desplegada, y que no se constata solo que se disponga de una embarcación de las características que cita el RDL 16/2018, sino que se usa en una actividad ilícita de tráfico de drogas. No se está sancionando dos veces el mismo hecho. Se trata de compartimentos distintos, no obstante lo cual la extrema gravedad ya permite aplicarla en este caso por el quantum de la droga aprehendida".

La descripción de las embarcaciones que se declaran prohibidas por la normativa mencionada está siendo igualmente utilizada para interpretar el concepto penal de embarcación del 370, CP.

Cfr. así la STS 942/2021, 1-12: "Con respecto a si concurre en el presente caso la agravación de "embarcación", en el factum se hace constar que se trata de "una embarcación de fibra semirrígida con tres motores y de gran potencia" y, si bien la jurisprudencia de la Sala ha ido fijando el concepto de buque y embarcación a estos efectos, en la actualidad, existe un concepto normativo de ésta última, al que se refiere el Real Decreto Ley 16/2018, de 26 de octubre, por el que se adoptan determinadas medidas de lucha contra el tráfico ilícito de personas y mercancías en relación con las embarcaciones utilizadas, en cuya Exposición de Motivos se dice que [...] En consecuencia, la descripción que consta en el relato fáctico coincide con el concepto normativo de embarcación por lo que sí es procedente la aplicación de la agravación del art. 370.3° del CP".

En 2020 el Ministerio del Interior firmó un convenio con el Centro para el Desarrollo Tecnológica Industrial, con el fin de obtener una embarcación más rápida (más segura y menos contaminante) que las "narcolanchas". En febrero de 2023, estas patrulleras ya estaban en manos de la Guardia Civil, con un precio de 1,87 millones de euros por embarcación.

A pesar de ello, las quejas de las Fuerzas y Cuerpos de Seguridad del Estado siguen siendo frecuentes en este ámbito, así como incluso las de algunas fiscalías antidroga cercanas al Estrecho de Gibraltar. De la misma manera, existe un gran auge de criminalidad (*lato sensu*) en torno al fenómeno del *petaqueo*, en la misma zona geográfica, práctica consistente en alimentar de gasolina a las organizaciones de tráfico de drogas, necesitadas de abundantes cantidades de carburante para sus operaciones en el mar.

Personas ajenas a las organizaciones son utilizadas por estas, convencidas por las altas retribuciones proporcionadas por los delincuentes, en zonas especialmente deprimidas.

En otro orden de cosas, hay que advertir que la agravante por el empleo de buques, embarcaciones o aeronaves no será de aplicación para aquellas personas que viajan a bordo de dichos vehículos transportando droga dentro de su cuerpo, pues el segundo párrafo del art. 370.3°, CP, indica que las embarcaciones deben ser usadas como medio de transporte *específico* de la sustancia (también en este sentido MANJÓN-CABEZA OLMEDA, MARTÍNEZ PARDO, FAKHOURI GÓMEZ/CORREA FLÓREZ).

En todo caso, y dado que la finalidad del precepto es incluir en su ámbito cualquier tipo de embarcación, no será necesario que las características específicas de esta aparezcan delimitadas en la sentencia [*vid.* STS 942/2021, 1-12, o ATS 838/2021, 23-9 (*Tol 8623956)*].

Tampoco resultará necesario que el sujeto utilice materialmente la embarcación, pues según la Jurisprudencia también pueden responder por esta agravante aquellos que solo recepcionan la mercancía, sin haber participado en su transporte. En este sentido se expresa, por ejemplo, la STS 942/2021, 1-12: "Está probado el empleo de embarcación conforme exige el art. 370.3° del Código Penal y, desde luego, su punición no requiere que el sujeto haya utilizado directamente la nave ni que se haya desplazado en la misma, bastando con que conozca y asuma su empleo para el transporte de la droga que recepciona, conocimiento del que obviamente disponía el acusado".

Ello incluso aunque los sujetos no tengan capacidad decisiva, por tratarse de meros peones [STS 207/2012, 12-3 (*Tol 2507802)*]. Lo que sí será necesario es que, tratándose de sujetos que desempeñan funciones secundarias, los mismos conozcan los medios que se van a utilizar.

Así STS 115/2022, 10-2 (*Tol 8810288)*: "el tipo hiperagravado no tendrá aplicación en aquellas personas que, por desempeñar una función plenamente secundaria en la mecánica delictiva, desconocen las circunstancias específicas de la operación a la que deciden aportar su apoyo y concretamente de aquellas que ha fijado el legislación para maximizar el reproche, con independencia de que el partícipe actúe en cooperación necesaria o complicidad (SSTS 224/2007, de 19 de marzo; 503/2012, de 5 de junio; 193/2013, de 4 de marzo; 990/2016, de 12 de enero)".

3.3. Simulación de operaciones de comercio internacional entre empresas

El fundamento de esta circunstancia agravatoria no se encuentra solo en la capacidad de enmascarar la operación como legal, sino también en las posibilidades de facilitar las operaciones subsiguientes de blanqueo de los beneficios económicos obtenidos con el tráfico de drogas.

En este sentido, véase MANJÓN-CABEZA OLMEDA; y en la Jurisprudencia, STS 201/2022, 3-3, en la que un sujeto adquiere la totalidad de participaciones sociales de una empresa, quedando a continuación como consignataria de un material importado a través de otra empresa argentina (piedras decorativas con droga en su interior); STS 760/2018, 28-5 (*Tol 7263556)*, donde los sujetos simularon actuar para la empresa importadora Ahorra Más, sin tener ninguna vinculación laboral con ella; y STS 274/2018, 7-6, de operaciones de transporte de flores con cocaína oculta.

Como se planteó al inicio de este epígrafe, será habitual que junto a esta circunstancia agravante se presenten otras, como la relativas a las redes internacionales o a la pertenencia a organización criminal dedicada al tráfico de drogas (art. 369 bis, CP).

3.4. Redes internacionales

El fundamento de la agravación por la utilización de estas redes internacionales es la mayor expansividad que pueden obtener este tipo de comportamientos más allá del propio territorio del Estado español, además, sin duda de lo que se desprende *per se* del injusto de organización. Si el precepto menciona el término "redes" es de suponer que exige la existencia al menos de dos grupos u organizaciones comunicados entre sí, con cierta estructura, bastando no obstante que el sujeto se aproveche de su existencia, sin necesidad de pertenecer a los mismos (de esta opinión, MARTÍNEZ PARDO).

Si estas redes conforman una "organización criminal", podrán entrar en juego los arts. 369 bis y 570 bis, CP; si se tratara de un "grupo criminal", tan solo resultaría de aplicación el 570 ter, CP. Dichos concursos de normas deberán ser solventados conforme al criterio establecido en el artículo 8.4ª, CP.

Vid. así la STS 746/2022, 21-7: "Con respecto a la agravación de "red internacional", la sentencia de instancia indica que aparecen e intervienen sendas organizaciones —las que denomina facción colombiana y facción española, aunque la segunda está conformada mayoritariamente por albaneses— que cooperan entre sí y que enlazan relaciones comerciales delictivas transnacionales planeando una operación de tráfico de grandes cantidades de cocaína, en la que interviene más de una organización diferente asentada en diversos países, como son en este caso Colombia y España, que se asocian entre sí, para llevar a cabo la operación y que mantenían lazos y controles entre ellas, la hispano albanesa tenía su enlace en Colombia, que era Cirilo y la colombina otro en España, que era Jose Luis. Compartimos con el tribunal a quo la interpretación, basada en la Circular 3/2011, de 11 de octubre, de la FGE, sobre que es diferente y compatible la agravación de red internacional dedicada al tráfico de drogas con la mera organización criminal del Art. 369 bis CP, ya que la arriba analizada se refiere a organizaciones que actúan en más de un Estado, para que estemos ante una red internacional más allá de una organización criminal debe estar "enraizada en ámbitos geográficos supranacionales y ser apta para planificar y desarrollar las distintas fases del proyecto criminal en el territorio de más de un Estado". Ello supone que se puede producir concurso de normas entre el Art. 370 (red internacional) y los Arts. 570 bis (organización criminal) y 570 ter (grupo criminal), y aquí, el Art. 369 bis CP, arriba apreciado. Siendo de aplicación para la imposición de la pena en concreto el Art. 8.4 CP en favor del subtipo más penado, careciendo en este caso de efecto práctico alguno". *Cfr.* también, la SAN, 15/2021, 26-5.

3.5. Concurrencia de tres o más circunstancias del art. 369.1, CP

La última circunstancia prevista en el art. 370.3°, CP, que cualifica los hechos como de extrema gravedad es la concurrencia de tres o más circunstancias de las recogidas en el art. 369.1, CP. Aunque el principio de proporcionalidad señalaría a la elevación de la pena en dos grados (pues cualquier circunstancia aislada del art. 369, CP, ya implica aplicar la pena superior en un grado), la FGE (Circular 2011 y Circular 2005) exhorta a los fiscales a valorar en cada caso la relativa importancia de las agravaciones que concurran y las circunstancias personales del autor. No obstante, la Fiscalía sí señala la necesidad de solicitar la pena superior en dos grados cuando concurran varias agravaciones del art. 370, CP. En cualquier caso, el CP no recoge ninguna norma de determinación de la pena específica para estos supuestos, ni para el caso de concurrencia de una o varias agravaciones del art. 369, CP y una o varias del art. 370, CP.

No sin razón parte de la Doctrina señala que este apartado no sería una modalidad de extrema gravedad sino una regla de determinación de la pena (así, FAKHOURI GÓMEZ/CORREA FLÓREZ, MANJÓN-CABEZA OLMEDA).

IV. ART. 369 BIS, CP

El art. 369 bis, CP, se introduce en el texto punitivo por la aprobación de la LO 5/2010, de 22 de junio. Se trata en realidad de un precepto doble: por un lado, contempla penas específicas para aquellos que cometan los hechos del art. 368, CP, perteneciendo a una organización criminal, y, por otro, establece la posibilidad de exigir responsabilidad penal a las personas jurídicas por delitos de tráfico de drogas recogidos en los arts. 368 y 369, CP.

Por de pronto, parece cuando menos curioso que el inciso legal sobre responsabilidad penal de las personas jurídicas haga referencia a las agravaciones del artículo 369 y no a las del 370, CP, cuando es en este último precepto donde se recogen circunstancias como "*simular operaciones de comercio internacional entre empresas*". Otro defecto grave de la regulación de este tipo de responsabilidad radica en el "olvido" —transversal a todo el art. 369 bis, CP— de cualquier referencia al tráfico de precursores (art. 371, CP).

Finalmente, debe recordarse que, en caso de resultar aplicable el art. 369 bis, CP (esto es, comisión de un delito del art. 368 por una persona física que pertenece a una organización delictiva, o concurriendo responsabilidad de una persona jurídica), no resultará posible aplicar la atenuación prevista en el segundo párrafo del art. 368, CP, porque así lo establece expresamente este último precepto.

1. Organización criminal

El art. 369 bis, CP se introdujo en el año 2010, pero ello no significa que con anterioridad a esta reforma no se castigara especialmente la pertenencia a organizaciones criminales que se dedicaban al narcotráfico: ese era el contenido de la agravación del art. 369.2°, CP, en la redacción del CP entre 2003 y 2010, y del apartado 6ª del art. 369, CP, entre 1995 y 2003. La redacción de 2010 no se ha limitado a desgajar en un precepto diferente esta modalidad, sino que presenta diferencias sustanciales respecto de las anteriores.

En efecto, las penas previstas actualmente son sustancialmente mayores, sobre todo cuando se trata de jefes, encargados o administradores de las organizaciones (párrafo segundo del art. 369 bis, CP), circunstancia que permite llegar hasta los 18 años de prisión (es necesario apuntar que esta pena es superior a la señalada por cualquier obligación marcada por la D. M. 2004/757/JAI). Por otro lado, la redacción anterior hacía referencia no solo a las organizaciones criminales sino también a organizaciones o asociaciones transitorias. Con la redacción actual, las organizaciones que no tengan vocación de permanencia, y que puedan encajar en el concepto de grupo criminal, no encuentran especial reproche en el articulado específico de drogas, de modo que, en su caso, será necesario aplicar el concurso con el delito relativo a grupos criminales del art. 570 ter, CP (como se indica *infra*, el caso del concurso de normas entre el art. 570 bis y el 369 bis, CP, tendrá que resolverse por alternatividad, cuya solución no es única sino que dependerá de las circunstancias del caso).

Véanse, condenas de grupos criminales (art. 570 ter, CP) dedicados al narcotráfico: STS 828/2022, 20-10; SAN 23/2021, 13-7, y SAP, Zaragoza, Sección 6ª, 366/2020, 23-12.

Finalmente, la regulación anterior a 2010 exigía que la organización o asociación tuviera como objetivo la difusión de las drogas, mientras que el precepto actual se contenta con que el sujeto que comete los hechos del art. 369, CP, pertenezca a una organización delictiva, siendo indiferente la finalidad de la misma.

El art. 369 bis, CP, no ofrece una definición con perfiles propios de lo que deba entenderse, a efectos del tráfico de drogas, por una organización delictiva, de modo que habrá que estar a lo que dispone el art. 570 bis, CP, respecto de las organizaciones criminales.

Vid. así, p. ej., la STS 668/2012, 23-7 (*Tol 2603744)*: "se describe una actuación realizada por un número plural de personas, entre las que existe jerarquía y distribución de funciones, que se valen de medios importantes, como embarcaciones de cierto tamaño, para, con su utilización conjunta, cometer el delito. Y, lo que es aún más importante, con una clara vocación de durabilidad pues, incluso en el hecho objeto de enjuiciamiento, se realizaron al menos dos intentos serios de transporte de sustancias prohibidas, aunque fueran ambos abortados por circunstancias ajenas a los autores, en forma de averías o de condiciones atmosféricas adversas".

En este sentido, la misma sentencia aclaraba así las características generales del "nuevo" precepto: "La reforma introducida por la LO 5/2010, si bien ha suprimido la circunstancia 2ª del art. 369.1, no ha eliminado la agravación específica, en cuanto ha incorporado un nuevo art. 369 bis, castigando con penas de nueve a doce años y multa a "quienes realizaren los hechos descritos en el art. 368, respecto de sustancias o productos que causen grave daño a la salud y pertenecieren a una organización delictiva...", aunque ya no se habla del carácter transitorio o del modo ocasional de la actividad de distribución. La reforma obliga a tener en cuenta las siguientes consideraciones: a) La agravación se produce exclusivamente cuando quienes ejecutan las conductas descritas en el art. 368 pertenecen a una organización criminal. b) Ha de operarse con la definición legal de organización que ahora se plasma en el nuevo art. 570 bis: "A los efectos de este Código, se entiende por organización criminal la agrupación formada por más de dos personas con carácter estable por tiempo indefinido, que de manera concertada y coordinada se repartan diversas tareas o funciones con el fin de cometer delitos, así como..." c) La organización ha de estar integrada, en consecuencia, por un mínimo de tres personas, no siendo suficiente con dos (art. 570 bis del C. Penal). d) Se ha suprimido de la agravación para la ejecución del delito el consorcio meramente transitorio u ocasional, ajustándose así el subtipo a la exigencia de estabilidad que impone el nuevo art. 570 bis del C. Penal al definir la organización. e) La agravación no comprende a quienes simplemente formen parte de un grupo criminal, tal como aparece definido en el art. 570 ter f) Se amplían las conductas que se especificaban en el antiguo 369.1.2°, pues allí se exigía la pertenencia del culpable a una organización que tuviera como finalidad difundir tales sustancias y productos, mientras que la actual redacción de la agravación del art. 369 bis cubre la totalidad de las conductas previstas en el art. 368 (actos de cultivo, elaboración o tráfico, así como promover, favorecer o facilitar su consumo ilegal), que van más allá de la simple distribución material. Se recogen, pues, sustancialmente en la definición legal los caracteres que asumía la jurisprudencia *supra* citada, en cuanto que se requiere una pluralidad de personas (tres o más), estabilidad en el tiempo, y una actuación concertada y coordinada con distribución de tareas y reparto de roles o funciones entre sus distintos componentes. g) Ha de sopesarse también que el nuevo art. 570 bis 1 del C. Penal equipara punitivamente a quienes participan activamente en la organización con los que forman parte de ella o cooperaran económicamente o de cualquier otro modo [...]".

Más reciente la SAN, 23/2022, 10-11: "En el mismo sentido la sentencia de esta misma sección Segunda de la Sala de lo Penal de fecha 17 de enero de 2020, que, al apreciar en el supuesto allí sometido a examen, considera que: 'No se trata de la mera reunión ocasional de personas con diferentes papeles y actividades para llevar a cabo un proyecto de importación de droga y su transporte a un determinado lugar para su entrega a una tercera persona, sino de, establecimiento de una estructura de organización estable con vocación de continuar en el futuro en la misma o semejante actividad delictiva, únicamente paralizada como consecuencia de la intervención policial y de la detención de sus miembros. Ello integra las exigencias para apreciar la actividad organizada u organización a que se refiere el art. 369 bis del CP'". Del mismo tenor, STS 593/2022, 15-6.

Por otra parte, el precepto exige que los hechos del art. 368, CP, se realicen por una persona integrada en una organización, pero lo que no se castiga es la mera pertenencia a la organización criminal previa a la comisión delictiva, ni tampoco se recoge una modalidad específica de "colaboración" con la organización, como ocurre por ejemplo en los delitos de terrorismo (art. 577, CP). Conforme a ello, la Jurisprudencia no aplica la agravación cuando se trata de meros colaboradores puntuales, que no pueden considerarse como miembros de la organización.

Vid. STS 55/2010, 26-1 *(Tol 1808655)*; caso prototípico de colaborador ajeno a la organización, dedicado a realizar portes mínimos o a descargar fardos a cambio de precio, en un momento puntual.

Cfr. también la STS 760/2018, 28-5 (*Tol 7263556*): "Hemos destacado que la organización imprime mayor gravedad en la ejecución de unos hechos delictivos porque implica la concepción de la estructuración, orientación, funcionamiento del conjunto de las aportaciones; un elemento que no se da en quien adopta solo un papel subordinado, cuando es definido y coordinado por la organización, pues (como dice la STS de 20 de julio de 2006, y recuerda la STS 16/2009, de 27 de enero) los que solo cooperan en un aspecto puntual y preparatorio, aunque sea importante, estos elementos no concurren, contemplándose así una analogía estructural entre la organización delictiva y la empresa, de modo que no forman parte de la empresa los que solo hacen aportaciones puntuales".

O la STS 732/2012, 1-10 (*Tol 2670784*): "Y prosigue diciendo la sentencia 544/2011 que "en el caso solo se declara probado que el recurrente era miembro de la tripulación del barco en el que se transportaba la droga. Nada se dice respecto de sus previas relaciones con los demás acusados; ni de la forma en la que fueron contratados; ni sobre su eventual disponibilidad anterior o de futuro para otras operaciones similares; ni de su retribución; ni de ningún aspecto que pudiera resultar relevante a los efectos de afirmar que pertenecían a un grupo distinto del formado simplemente para integrar la tripulación del barco en esta operación. Por lo tanto, no puede considerarse que el recurrente perteneciera a una organización, de manera que el motivo se estima en ese aspecto". La proyección de la anterior línea jurisprudencial al supuesto enjuiciado impide subsumir la conducta del recurrente en el subtipo de organización, toda vez que no consta dato alguno que permita constatar su intervención en la organización más allá de la intervención en esa descarga de un alijo de hachís el día 24 de enero de 2008, actuación con la que se comprometió ante el imponderable que surgió cuando uno de los sujetos que habría de participar en esa labor se indispuso por una dolencia del aparato digestivo que le impidió sumarse a la acción planificada. Esa colaboración puntual del recurrente en el transporte de la droga, si bien resulta suficiente para subsumir su conducta en la autoría del delito de los arts. 368 y 369.1.6ª del C. Penal, no permite en cambio incardinarla en el subtipo agravado de organización al no quedar probada su pertenencia a la misma".

Si la aplica, en cambio, cuando se trata, por ejemplo, de un intermediario "permanente" entre organizaciones criminales y miembros corruptos de la Guardia Civil e "inversor" de las actividades criminales, cuya función era encontrar agentes dispuestos a colaborar con las organizaciones criminales.

Cfr. STS 171/2019, 28-3 (*Tol 7239204*): "En consecuencia, concurren todos los elementos necesarios para apreciar la agravación de organización, tal y como analiza la sentencia de instancia, ya que no estamos ante un caso de agrupaciones o uniones de más de dos personas, que han se formado fortuitamente para la comisión inmediata de un delito, el relato de hechos probados es concluyente al respecto, ya en la primera reunión mantenida con el Agente Encubierto el día 19 de febrero de 2015, Patricio se identifica como intermediario de un individuo conocido como "Anselmo" —Raimundo— interesado en introducir importantes cantidades de cocaína a través del puerto de Algeciras, en la reunión del día del día 16 de marzo le explican que Quico era el contacto con los suministradores—"la oficina"—, Patricio el intermediario, y el que disponía de la infraestructura empresarial para dar cobertura legítima al envío; el día 21 de abril de 2015 Raimundo (el jefe), le informa de un envío preparado en plátanos entregándole datos del exportador y del importador, le entregan 3000€ al agente, así como un móvil encriptado; el día 21 de mayo le informa el recurrente junto con Saturnino de que va a llegar un contenedor a Algeciras con 150 kilos de cocaína, con datos concretos de la embarcación —alijo que fue aprehendido el 27 de mayo—; en la reunión de 15 de junio le informa el recurrente al Agente que tiene interés en traer envíos desde Tánger, así como que "Cristal o Picarona" quiere traer 250 kilos de Colombia; en la reunión del 30 de septiembre con Mariola y Manuel, el acusado les informa de un nuevo envío de 150 kilos de coca; el 8 de octubre le entregaron listas y documentación de exportadores e importadores. Todo ello no implica una participación plural de personas, sino que de varias personas coordinadas, grupo que no se forma fortuitamente para la comisión de un solo delito, sino que actúan conjuntamente con labores repartidas y de forma organizada para la comisión de varios delitos contra la salud pública. [...] En el caso presente existe una unión de más de dos personas realizada no para la comisión inmediata de un delito, sino con la finalidad de cometer delitos contra la salud pública de forma persistente, tal y como se recoge en los hechos probados, cuyo tenor literal hemos de respetar dado el cauce casacional elegido, además, el recurrente tenía unas funciones totalmente perfiladas, en concreto el mismo, tal y como analiza la sentencia en el Fundamento de Derecho Segundo 2.1., actuaba como intermediario entre el resto de los miembros de las dos organizaciones criminales y el Agente encubierto. En relación con la droga aprehendida en la reunión de 27 de mayo de 2015 admite que habían perdido un millón trescientos mil (1.350.000) euros, de los que doscientos cinco mil (205.000) euros los habían puesto entre Raimundo y él, de lo que se deduce que la función de este acusado no consiste únicamente en actuar como intermediario buscando "Agentes corruptos", sino que también ejerce el rol de inversor económico para hacer posible los envíos de droga".

Cfr. otras sentencias que también aplican el 369 bis, CP: STS 119/2020, 12-3; SAN 12/2021, 17-6, o STSJ, Madrid, Sala de lo Civil y Penal, 293/2022, 26-7.

También se aprecia en el caso de un agente de la Guardia Civil que suministraba la información necesaria a la organización para el trasporte de cocaína en un puerto marítimo.

Véase la STS 199/2022, 21-3: "En el caso analizado la sentencia recurrida ha declarado probado que el acusado formaba parte de una organización, de al menos 8 personas, con reparto de funciones, cuyo cometido desde su puesto de trabajo —Guardia Civil destinado en la sección fiscal del puerto de Valencia— era suministrar información logística para organizar el transporte de cocaína oculta en los buques, navieras, contenedores, itineración, horas de arriba y dársena del puerto, donde atracarían y cuadrantes de servicio de los agentes destinados en el puerto. Y además tenía la función de informar acerca de la intervención de los servicios de Guardia Civil y de Vigilancia Aduanera sobre los contenedores. Siendo así, los hechos son constitutivos de un delito de una

> organización criminal respecto de sustancias que causan grave daño a la salud (...) pues no puede entenderse que su intervención fuese esporádica y sin participación en el reparto de papeles, cuando su colaboración con la organización empezó en septiembre de 2015 y duró hasta enero de 2017, lo que implica, a su vez, la inaplicación del subtipo atenuado del art. 368.2".

No se apreciará tampoco en aquellos casos donde solo se realice una tarea preparatoria sin que luego se actúe en la ejecución delictiva, siempre que no se participe del plan delictivo. *Vid.* STS 760/2018, 28-5 (*Tol 7263556*): "Respecto de la aplicación de la agravación específica de pertenencia a organización delictiva, ya hemos dicho en nuestro fundamento segundo que la organización implica una estructuración y orientación común del conjunto de las aportaciones, de manera que no es preciso que todos los implicados participen directamente en los actos de comercio o difusión de la droga. En todo caso, en lo que hace referencia a si quienes solo realizan una tarea preparatoria del delito (en este caso contra la salud pública), sin haber tenido ninguna actuación en la ejecución del mismo y sin que conste que hayan participado del plan delictivo, deben también responder como miembros de la organización, la Sala Segunda del Tribunal Supremo ha entendido que no. Como indicamos en la STS 16/2009, de 27 de enero (con cita de la de 26[sic] de julio de 2006), en los que solo cooperan en un aspecto puntual y preparatorio, aunque sea importante (lo que aquí ni siquiera acontece), estos elementos de coordinación, estructuración y funcionamiento conjunto, no concurren. Es preciso considerar la analogía estructural que existe entre la organización delictiva y la empresa, de manera que no formando parte de la empresa criminal los que solo hacen aportaciones puntuales, no se justifica la extensión de una agravación que se configura por la permanencia de un dolo y una voluntad coordinada y duradera de colaboración. Lo expuesto muestra también la indebida aplicación del artículo 369 bis respecto del recurrente, a quien solo se atribuye la compra de unos teléfonos utilizados en las gestiones administrativas para la introducción en España de un contenedor que había sido exportado desde Ecuador con la droga en su interior".

En otro orden de cosas, no parece necesario buscar un fundamento específico para esta agravación, pues no es otro que el mismo genérico del injusto de organización: la aseguración de la realización de las conductas típicas a través de los medios y la capacidad de reparto de funciones que las organizaciones poseen, es decir, la especial idoneidad lesiva que estas representan para el bien jurídico que es puesto en riesgo o afectado por el concreto comportamiento delictivo que se planifica y ejecuta por la estructura criminal (FARALDO CABANA, CASTRO MORENO).

Desde luego, no resulta extraña la preocupación del Legislador por la criminalidad organizada en torno al tráfico de drogas: según el Informe Anual de Seguridad Nacional de 2022, "el tráfico de drogas continúa siendo la manifestación más importante del crimen organizado en España, junto a otros tráficos ilícitos" (Informe Anual de Seguridad Nacional 2022, Ministerio de la Presidencia, 2023); por su parte, el Informe de situación en la Lucha contra el Crimen Organizado y la Corrupción de 2017 señalaba que el 64% de las asociaciones detectadas se dedicaban al tráfico de drogas (VIDALES RODRÍGUEZ).

El informe de Seguridad Nacional del año 2024 señalaba también al tráfico de drogas como la principal actividad del crimen organizado, así como una tendencia hacia la especialización en el sector, hacia esa única actividad ilícita.

Por último, es necesario mencionar que, conforme a lo dispuesto en el segundo párrafo del art. 369 bis, CP, a los sujetos que ocupan la cúspide de la organización —los jefes, encargados y administradores— se les impondrá las penas superiores en grado a las previstas en el párrafo primero (esto es, prisión de 12 a 18 años, si se trata de sustancias que causan grave daño; prisión de 10 a 15 años, si se trata de otras sustancias ilegales; multa del cuádruplo al séxtuplo del valor de la droga, en ambos supuestos), consecuencias nada desdeñables para quienes desempeñan unos determinados roles que, en muchas ocasiones, serán difíciles de probar. En cualquier caso, aunque es loable esa especial punición a los principales responsables del narcotráfico delictiva [pues son estos quienes verdaderamente reciben enormes beneficios económicos (BRETONES ALCARAZ)], no puede dejar de señalarse la exacerbación punitiva a la que lleva este párrafo segundo del art. 369 bis CP, pues las penas de prisión previstas pueden ser, en su límite mínimo, equivalentes a las que corresponde al homicidio doloso, y en su límite máximo, igual de aflictivas que las aplicables a determinados casos de asesinato (véase al respecto MANJÓN-CABEZA OLMEDA).

Cfr. STS 746/2022, 21-7: "se valoran los testimonios de los agentes encubiertos policiales que declararon en el juicio, que responsabilizan al recurrente de ser el jefe de la organización en España, que iba a cambiar la droga por el dinero que él aportaba, financiando la operación, dirigiendo las reuniones. Y, en especial, la testifical de cinco de los policías nacionales intervinientes y del agente encubierto [...]". *Vid.* STS 311/2021, 13-4, que no considera la existencia de organización por no haber prueba de su permanencia en el tiempo.

2. Personas jurídicas

El art. 369 bis, CP recoge penas de multa para los casos de responsabilidad penal de las personas jurídicas. El precepto acoge tanto el sistema de multa por cuotas como el de multa proporcional basada en el valor resultante de la droga, y la decisión por cuál de dichos sistemas sea finalmente el aplicado se hace depender de aquello que origine una cuantía superior. Se ofrecen, además, dos penalidades distintas, que guardan relación con la gravedad de la sanción que pudiera recaer en la persona física en el respectivo caso. Además de lo anterior, también podrán imponerse las penas recogidas en las letras b) a g) del apartado 7 del art. 33, CP.

En nuestro Ordenamiento, la primera sentencia en la que recayó responsabilidad penal para una persona jurídica lo fue, precisamente, por tráfico de drogas. Así, la STS 145/2016, 29-2, la cual enjuició los siguientes hechos: "Estas entidades, en cuanto a las dos primeras realizaban actividades comerciales diversas, no así la tercera citada a la que no se le conoce actividad, y eran utilizadas por Avelino Javier para articular actividades de importación y exportación de máquinas en cuyo interior se encontró sustancia estupefaciente como en el presente caso, actividades por las que se han seguido procesos penales aparte en 2006 y 2007. En los primeros meses del año 2011, Avelino Javier y las personas que formaban su organización, Remigio Gumersindo, Landelino Valeriano y Ignacio Valentin, comenzaron los trámites para el envío de máquinas a Venezuela, las que serían posteriormente reimportadas a España conteniendo droga en su interior". Las distintas sociedades fueron condenadas a casi 800 millones de euros cada una y la disolución de dos de las tres. La empresa que no fue disuelta fue condenada a la prohibición de realizar actividades comerciales en España por tiempo de 5 años (decisión que fue tomada, en realidad, por el interés de los trabajadores de la misma).

V. CONCURSOS

La complejidad del sistema de agravaciones parece residir en las distintas relaciones que existen entre los arts. 368 a 370, CP, y en la respuesta que ha de darse a su concurrencia. En este sentido, y con relación a los arts. 369 y 370, CP, la Fiscalía General del Estado afirma que se trataría de un concurso de normas a resolver mediante el criterio de la especialidad (siendo el art. 370 preferente al art. 369, CP) (Circular FGE 3/2011, 11-10), pero no puede compartirse esta afirmación sin realizar importantes matices.

Es cierto que existe una *norma general* que es el art. 368, CP, y que tanto el art. 369 como el art. 370, CP, se relacionan con ella mediante la especialidad, pero esa no es la relación que existe actualmente entre el art. 369 y el art. 370, CP, en todos los casos. Así, todavía se desprende dicha relación entre el art. 369, CP (norma general) y el art. 370, CP (norma especial) cuando se trata de su circunstancia segunda ("se trate de los jefes, administradores o encargados de las organizaciones a que se refiere la circunstancia 2ª del apartado del artículo 369") y tercera, primera e *in fine* ("los casos en los que la cantidad de las sustancias a que se refiere el artículo 368 excediere notablemente de la considerada como de notoria importancia [...] cuando concurrieren tres o más de las circunstancias previstas en el artículo 369.1"), pero no en las demás, que de hecho no tienen por qué guardar ninguna relación con las del art. 369, CP.

Así, por ejemplo, ninguna relación de especialidad existe entre los arts. 369 y 370, CP, si en el caso sucede una operación de narcotráfico cuyo autor es un funcionario (art. 369, CP), que utiliza menores de edad para la comisión delictiva (art. 370, CP). Piénsese en el director de un instituto de educación secundaria que utiliza a unos estudiantes de 16 años para la distribución de estupefacientes entre los alumnos.

Por lo que, desde esta perspectiva, si concurre una o dos circunstancias del art. 369 CP y otra del 370, CP (que no sean de las que guardan relación de especialidad), debería aplicarse el art. 370, CP por alternatividad, pues es el único aplicable en defecto de los otros criterios según el art. 8 CP, al no existir una relación de especialidad, ni de subsidiariedad ni de consunción entre las restantes modalidades agravatorias.

Existirá en esos casos un "concurso de circunstancias" y no un concurso de delitos. En el ejemplo anterior no existen varios delitos de tráfico de drogas sino uno solo, en el que concurren varias modalidades de los tipos agravados. Considerar la concurrencia delictiva llevaría a vulnerar el principio *ne bis in idem*. *Cfr.* BORJA JIMÉNEZ.

Como conclusión de lo anterior, deberá, dado ese caso, aplicarse el precepto castigado con pena mayor, que será el art. 370, CP.

La Jurisprudencia también se ha decantado por esta solución, aunque sin utilizar su *nomen iuris*. *Vid.* así, las SSTS 296/2016, 11-4 (*Tol 5691593)*, y 859/2015, 28-12 (*Tol 5641271)*. La STS 296/2016, 11-4, condena por la agravante de utilización de menores (art. 370 CP) junto con la de notoria importancia (art. 369.5 CP): "Decíamos que esta cuestión de la notoria importancia por lo que hace al ahora recurrente carece de eficacia práctica en relación con la penalidad impuesta puesto que ha sido condenado conforme a la agravación prevista en el artículo 370.1 CP en relación con el artículo 368 en su modalidad de sustancias que causan grave daño a la salud en concurso de normas con el delito del artículo 369.1 y 5, siendo más grave el primero, que autoriza a imponer la pena superior en uno o dos grados a la señalada en el 368, mientras que el 369 autoriza la imposición de la pena superior en grado, por lo que debe aplicarse la regla del artículo 8.4 según la cual el precepto penal más grave excluirá los que castiguen el hecho con pena menor [...]. Que debemos condenar y condenamos a: Fidela Crescencia, como autor responsable de un delito contra la salud pública previsto y penado en el artículo 370.1 del Código Penal en relación con el artículo 368 del CP, de sustancias que causan grave daño a la salud, en concurso de normas de acuerdo con lo establecido en el artículo 8.4 del CP, con un delito contra la salud pública del artículo 369.1.5º del CP, en relación el artículo 368 del CP, en la modalidad de sustancias que causan grave daño a la salud [...]". Por su parte, la STS 859/2015, 28-12, condenaba por uso de embarcación (art. 370, CP) junto a cantidad de notoria importancia (art. 369.5ª, CP): "En efecto, el art. 370 CP establece una penalidad en relación con la prevista en el art. 368 y no con respecto del 369 ("pena superior en uno o dos grados a la señalada en el artículo 368..."), de forma que concurriendo alguna de las circunstancias previstas, en este caso en el 370.3, la cantidad de notoria importancia del art. 369, podemos decir que no entra en juego pues, o bien se trata de una cantidad que conlleva por sí misma la aplicación del art. 370.3 (extrema gravedad), en cuyo caso no es preciso acudir al 369.1.5°, o como aquí sucede, al entrar en juego la penalidad del art. 370 en relación siempre con el art. 368, no se tiene en cuenta la penalidad del art. 369 CP. Cuestión distinta es que una vez en el Art. 370.3 CP, y fijado el arco penológico aplicable por relación con el Art. 368 CP, la Sala tenga en cuenta, no el art. 369 CP, sino la cantidad de droga incautada como hecho objetivo y a fin de individualizar la pena. [...] Aplicándose la extrema gravedad por el empleo de embarcación, lo que no exige cita alguna del art. 369.1.5 CP, cuya aplicación en su caso, cedería ante la del art. 370.3 CP, sea cual fuera la circunstancia por la que éste último se aplica".

Al determinar la pena, el juez deberá tener en cuenta la concurrencia de varias de las circunstancias, para concretar dentro del amplísimo marco penológico que ofrece el art. 370, CP.

Distinta es la respuesta que debe darse a propósito de lo previsto en el art. 369 bis, CP. Sin duda se trata de un tipo (norma especial) que establece una pena autónoma e independiente del art. 368, CP (norma general). Pero mucho menos claro resulta determinar qué relación guarda el art. 369 bis, CP, con las agravantes de los arts. 369 y 370, CP. Aunque la Doctrina ofrece varias formas de solucionar este conflicto aparente de leyes, la que se sostiene en estas páginas es la siguiente: si concurren agravantes de los arts. 369 o 370, CP, además de los hechos descritos en el art. 369 bis, CP [p. ej., se utiliza a menores de 18 años para distribuir drogas (art. 370.1°, CP) o en un establecimiento abierto al público (art. 369. 3°, CP), por quienes pertenecieren a una organización delictiva (art. 369 bis, CP)], dicho supuesto deberá resolverse mediante el concurso ideal de delitos (y ello porque el art. 369 bis, CP, tiene sustantividad propia, la del injusto de organización). Para ello, deberá determinarse cuál es el precepto que prevé la pena más grave e imponerla en su mitad superior, lo que a su vez dependerá de las circunstancias concretas del caso: si concurren circunstancias del art. 369 con el 369 bis, CP (precepto con pena más grave), deberá aplicarse la pena del 369 bis, CP, en su mitad superior. Sin embargo, si concurren agravantes del art. 370 con el 369 bis, CP, será de aplicación: (1) si el juez decide aplicar la agravación en un solo grado del art. 370, CP; siempre las del art. 369 bis en su mitad superior; (2) si el juez decide aplicar la agravación en dos grados del art. 370, CP: (a) si tan solo hay pertenencia a la organización; cuando se trate de sustancia que cause grave daño a la salud, hay que aplicar la pena del art. 370 en su mitad superior, pero no en el caso de menor daño a la salud, que sería aplicable la del art. 369 bis, CP, en su mitad superior; (b) si se trata de jefes, encargados o administradores de las organizaciones, siempre es superior la del art. 369 bis, CP, por lo que deben aplicarse estas en su mitad superior.

La FGE (Circular 3/2011, 11-10) sin embargo, aunque menciona esta posible interpretación se decanta por entender que las penas del art. 369 bis, CP, tan elevadas, consumen otras posibles agravaciones, tanto del art. 369 como del art. 370, CP.

Seguidamente, la FGE (Circular 3/2011, 11-10) se encarga de precisar la relación del art. 369 bis con los delitos de los arts. 570 bis y ter, CP. Como puede comprobarse, esta cuestión dista de ser sencilla: antes de la reforma de 2010 (tanto en la versión originaria como en la vigente de 2003 al 2010), las agravaciones del art. 369, CP, contemplaban que "*el culpable perteneciere a una organización o asociación, incluso de carácter transitorio, que tuviese como finalidad difundir tales sustancias o productos de modo ocasional*". La reforma de 2010 acometió una modificación integral de los injustos de organización, que también tuvo sus consecuencias para el resto de los tipos penales que contemplaban modalidades que hacían referencia a la comisión de esos delitos a través de organizaciones (*v.gr.*, terrorismo). Ello tuvo, claro está, también su repercusión en las drogas: la desaparición de ese literal del art. 369, CP, para conformarse en un nuevo art. 369 bis, CP, ya no daba cabida a los grupos o asociaciones transitorias, mencionando tan solo a las organizaciones delictivas, que en la terminología utilizada por el CP desde 2010 se refiere solo a "la agrupación formada por más de dos personas con carácter estable o por tiempo indefinido, que de manera concertada y coordinada se repartan diversas tareas o funciones con el fin de cometer delitos" (art. 570 bis, CP). Por lo que todo lo que supere la mera coautoría encajaría en los criterios del grupo criminal (*ex.* art. 570 ter, CP). Como consecuencia de todo lo anterior, parece que ya no hay espacio específico para la agravación de la responsabilidad penal por tráfico de drogas cuando opere un grupo criminal.

La solución de la FGE (Circular 3/2011, 11-10) pasa por entender que existen dos posibilidades cuando una organización criminal comete los delitos del art. 368, CP: aplicar tan solo el art. 369 bis, CP, o aplicar un concurso de normas entre el art. 369 bis, CP, por un lado, y el art. 368, CP, en concurso ideal con el art. 570 bis, CP, por otro.

Ese concurso de normas entre el binomio art. 369 bis, CP, de un lado, y 368, 369 ó 370 +570 bis, CP, de otro, lo resuelve por alternatividad, dada la cláusula del art. 570 quáter, CP: "*En todo caso, cuando las conductas previstas en dichos artículos estuvieren comprendidas en otro precepto de este Código, será de aplicación lo dispuesto en la regla 4ª del artículo 8*". Ello da lugar a que la fiscalía ofrezca hasta 48 resultados distintos dependiendo de las circunstancias del caso concreto, subordinándose a si la pena resultante es mayor de aplicar el 369 bis o el 370+570 bis, CP.

Lo que es más difícil de entender es por qué, en la visión de la FGE, el art. 369 bis, CP absorbe las agravantes de los arts. 369 y 370, CP, pero no la aplicación en concurso con el art. 570 bis, CP. Si el injusto de organización recogido en el art. 369 bis, CP ya absorbe esas agravantes debe hacerlo también en caso de aplicar el concurso con el art. 570 bis o ter, CP. Por lo que, de seguir el razonamiento de la Fiscalía, la dualidad debería estribar en escoger la pena más grave entre el 368+570 bis, CP, de un lado, o el art. 579 bis, CP, de otro.

Aquí se ha sostenido que el concurso ideal entre las modalidades agravadas del art. 369 ó 370, CP con el art. 369 bis, CP, es una solución más correcta, y de seguir este razonamiento, solo cabría aplicar la opción "más grave" por alternatividad entre el resultado de ese concurso ideal y el 569 ó 570 + 570 bis, CP.

En el caso de la comisión de delitos de narcotráfico por un grupo criminal, la única posibilidad es la del concurso real de delitos entre el 368, CP (o, en su caso, el 369 o el 370, CP) y el 570 ter, CP, pues ya no cabe ningún otro encaje en el sistema agravatorio.

Similar problemática a la anterior aborda la fiscalía en el caso de la agravación del art. 370.3°, CP: "*se trate de redes internacionales dedicadas a este tipo de actividades*", dado el gran parecido de esa circunstancia a la de la organización delictiva del art. 369 bis, CP, siempre que el radio de actuación de la organización traspase las fronteras de un Estado. También es imaginable que un grupo criminal (recuérdese, no incardinable en el art. 369 bis, CP, que solo menciona las organizaciones) funcione en varios países. Soluciones plausibles serían: si se trata de organización internacional, el art. 570, CP, en concurso ideal con el art. 369 bis, CP; si se trata de grupo internacional, el art. 570 ter, CP, en concurso real con art. 370, CP. En el caso de la organización criminal será de nuevo necesario recurrir a la cláusula del art. 570 quáter, CP, y observar cuál es la penalidad más alta aplicable, si el art. 370, CP, con art. 570 bis o tan solo 369 bis, CP.

Cuadro penológico comparativo (art. 570 bis —art. 369 bis, CP) del delito de tráfico ilícito de drogas realizado a través de una organización criminal según Circular FGE 3/2011, de 11 de octubre, sobre la reforma del Código Penal efectuada por la Ley Orgánica 5/2010, de 22 de junio, en relación con los delitos de tráfico ilegal de drogas y precursores

TRÁFICO DE DROGAS (TIPO BÁSICO) ART. 368 EJECUTADO A TRAVÉS DE ORGANIZACIÓN							
DELITO DE ORGANIZACIÓN CRIMINAL (Art. 570 bis) + DELITO DE TRÁFICO DE DROGAS (Art. 368)				**DELITO DE TRÁFICO DE DROGAS A TRAVÉS DE ORGANIZACIÓN (Art. 369 bis)**			
ARTÍCULO		**PRISIÓN Y MULTA**	**PRISIÓN MÁXIMA**	**ARTÍCULO**	**NOCIVIDAD**	**PRISIÓN Y MULTA**	**PRISIÓN MÁXIMA**
ORGANIZACIÓN DELITO GRAVE Art. 570 bis.1 + TRÁFICO DROGAS (grave daño) Art. 368	Promovieren, constituyeren organizaren, coordinaren o dirigieren. (JEFES)	04.00.00 08.00.00 + 03.00.00 06.00.00 y multa tanto al 3	14.00.00	ORGANIZACIÓN CRIMINAL 369 bis pfo 24 (jefes, encargados o administradores)	GRAVE DAÑO	12.00.01 18.00.00 y multa del 4 al 6	18.00.00 (*)
	Participación activa, cooperación económica, etc.	02.00.00 05.00.00 + 03.00.00 06.00.00 y multa tanto al 3	11.00.00	ORGANIZACIÓN CRIMINAL 369 bis pfo 14 (pertenencia)	GRAVE DAÑO	09.00.00 12.00.00 y multa tanto al 4	12.00.00 (*)
ORGANIZACIÓN DELITO NO GRAVE 570 bis.1 + TRÁFICO DROGAS (no grave daño) 368	Promovieren, constituyeren organizaren, coordinaren o dirigieren. (JEFES)	03.00.00 06.00.00 + 01.00.00 03.00.00 y multa tanto al 2	09.00.00	ORGANIZACIÓN CRIMINAL 369 bis pfo 24 (jefes, encargados o administradores)	NO GRAVE DAÑO	10.00.01 15.00.00 y multa del 4 al 6	15.00.00 (*)
	Participación activa, cooperación económica, etc.	01.00.00 03.00.00 + 01.00.00 03.00.00 y multa tanto al 2	06.00.00	ORGANIZACIÓN CRIMINAL 369 bis pfo 14 (pertenencia)	NO GRAVE DAÑO	04.06.00 10.00.00 y multa tanto al 4	10.00.00 (*)
TRÁFICO DE DROGAS CONCURRIENDO UNA O DOS AGRAVACIONES DEL ART. 369 EJECUTADO A TRAVÉS DE ORGANIZACIÓN							
DELITO DE ORGANIZACIÓN CRIMINAL (Art. 570 bis) + DELITO DE TRAFICO DE DROGAS (Art. 369)				DELITO DE TRÁFICO DE DROGAS A TRAVÉS DE ORGANIZACIÓN (Art. 369 bis)			
ARTÍCULO		PRISIÓN Y MULTA	PRISIÓN MÁXIMA	ARTÍCULO	NOCIVIDAD	PRISIÓN Y MULTA	PRISIÓN MÁXIMA
ORGANIZACIÓN DELITO GRAVE Art. 570 bis.1 + TRÁFICO DROGAS (grave daño salud) Art. 369	Promovieren, constituyeren organizaren, coordinaren o dirigieren. (JEFES)	04.00.00 08.00.00 + 06.00.01 09.00.00 y multa de 3 al 4½	17.00.00	ORGANIZACIÓN CRIMINAL 369 bis pfo 2º (jefes, encargados o administradores)	GRAVE DAÑO	12.00.01 18.00.00 y multa del 4 al 6	18.00.00 (*)
	Participación activa, cooperación económica, etc.	02.00.00 05.00.00 + 06.00.01 09.00.00 y multa de 3 al 4½	14.00.00 (*)	ORGANIZACIÓN CRIMINAL 369 bis pfo 1º (pertenencia)	GRAVE DAÑO	09.00.00 12.00.00 y multa tanto al 4	12.00.00
ORGANIZACIÓN (DELITO NO GRAVE) 570 bis.1 + TRÁFICO DROGAS (no grave daño salud) 369	Promovieren, constituyeren organizaren, coordinaren o dirigieren. (JEFES)	03.00.00 06.00.00 + 03.00.01 04.06.00 y multa de 2 a 3	10.06.00	ORGANIZACIÓN CRIMINAL 369 bis pfo 2º (jefes, encargados o administradores)	NO GRAVE DAÑO	10.00.01 15.00.00 y multa del 4 al 6	15.00.00 (*)
	Participación activa, cooperación económica, etc.	01.00.00 03.00.00 + 03.01.00 04.06.00 y multa de 2 a 3	07.06.00	ORGANIZACIÓN CRIMINAL 369 bis pfo 1º (pertenencia)	NO GRAVE DAÑO	04.06.00 10.00.00 y multa tanto al 4	10.00.00 (*)

TRÁFICO DE DROGAS (TIPO BÁSICO) ART. 368, EJECUTADO A TRAVÉS DE ORGANIZACIÓN (CONCURRIENDO UNA CIRCUNSTANCIA DEL ART. 570 BIS. 2): FORMADA POR UN ELEVADO NÚMERO DE PERSONAS, CON ARMAS, MEDIOS AVANZADOS DE COMUNICACIÓN O TRANSPORTE...							
DELITO DE ORGANIZACIÓN CRIMINAL (Art. 570 bis.2) + DELITO DE TRAFICO DE DROGAS (Art. 368)				**DELITO DE TRÁFICO DE DROGAS A TRAVÉS DE ORGANIZACIÓN (Art. 369 bis)**			
ARTÍCULO		**PRISIÓN Y MULTA**	**PRISIÓN MÁXIMA**	**ARTÍCULO**	**NOCIVIDAD**	**PRISIÓN Y MULTA**	**PRISIÓN MÁXIMA**
ORGANIZACIÓN 570 bis.2 DELITO GRAVE nº elevado personas, armas, medios avanzados, etc. + TRÁFICO DROGAS (grave daño) Art. 368	Promovieren, constituyeren organizaren, coordinaren o dirigieren. (JEFES)	06.00.01 08.00.00 + 03.00.00 06.00.00 y multa tanto al 3	14.00.00	ORGANIZACIÓN CRIMINAL 369 bis pfo 2º (jefes, encargados o administradores)	GRAVE DAÑO	12.00.01 18.00.00 y multa del 4 al 6	18.00.00 (*)
	Participación activa, cooperación económica, etc.	03.06.01 05.00.00 + 03.00.00 06.00.00 y multa tanto al 3	11.00.00	ORGANIZACIÓN CRIMINAL 369 bis pfo 1º (pertenencia)	GRAVE DAÑO	09.00.00 12.00.00 y multa tanto al 4	12.00.00 (*)
ORGANIZACIÓN 570 bis.2 DELITO NO GRAVE nº elevado personas, armas, medios avanzados, etc. + TRÁFICO DROGAS (no grave daño) Art. 368	Promovieren, constituyeren organizaren, coordinaren o dirigieren. (JEFES)	04.06.01 06.00.00 + 01.00.00 03.00.00 y multa tanto al 2	09.00.00	ORGANIZACIÓN CRIMINAL 369 bis pfo 2º (jefes, encargados o administradores)	NO GRAVE DAÑO	10.00.01 15.00.00 y multa del 4 al 6	15.00.00 (*)
	Participación activa, cooperación económica, etc.	02.00.01 03.00.00 + 01.00.00 03.00.00 y multa tanto al 2	06.00.00	ORGANIZACIÓN CRIMINAL 369 bis pfo 1º (pertenencia)	NO GRAVE DAÑO	04.06.00 10.00.00 y multa tanto al 4	10.00.00 (*)

TRÁFICO DE DROGAS (TIPO BÁSICO) ART. 368, EJECUTADO A TRAVÉS DE ORGANIZACIÓN (CON DOS O MAS CIRCUNSTANCIAS DEL ART. 570 BIS. 2): FORMADA POR UN ELEVADO NUMERO DE PERSONAS, CON ARMAS, MEDIOS AVANZADOS DE COMUNICACIÓN O TRANSPORTE...							
DELITO DE ORGANIZACIÓN CRIMINAL (Art. 570 bis.2) + DELITO DE TRÁFICO DE DROGAS (Art. 368)				DELITO DE TRÁFICO DE DROGAS A TRAVÉS DE ORGANIZACIÓN (Art. 369 bis)			
ARTÍCULO		PRISIÓN Y MULTA	PRISIÓN MÁXIMA	ARTÍCULO	NOCIVIDAD	PRISIÓN Y MULTA	PRISIÓN MÁXIMA
ORGANIZACIÓN 570 bis.2 DELITO GRAVE DOS O MAS CIRCUNST.: nº elevado personas, armas, medios avanzados, etc. + TRÁFICO DROGAS (grave daño) Art. 368	Promovieren, constituyeren organizaren, coordinaren o dirigieren. (JEFES)	08.00.01 12.00.00 + 03.00.00 06.00.00 y multa de tanto al 3	18.00.00	ORGANIZACIÓN CRIMINAL 369 bis pfo 2º (jefes, encargados o administradores)	GRAVE DAÑO	12.00.01 18.00.00 y multa del 4 al 6	18.00.00 (*)
	Participación activa, cooperación económica, etc.	05.00.01 07.06.00 + 03.00.00 06.00.00 y multa tanto al 3	13.06.00 (*)	ORGANIZACIÓN CRIMINAL 369 bis pfo 1º (pertenencia)	GRAVE DAÑO	09.00.00 12.00.00 y multa tanto al 4	12.00.00
ORGANIZACIÓN 570 bis.2 DELITO NO GRAVE DOS O MAS CIRCUNST.: nº elevado personas, armas, medios avanzados, etc. + TRÁFICO DROGAS (no grave daño) Art. 368	Promovieren, constituyeren organizaren, coordinaren o dirigieren. (JEFES)	06.00.01 09.00.00 + 01.00.00 03.00.00 y multa tanto al 2	12.00.00	ORGANIZACIÓN CRIMINAL 369 bis pfo 2º (jefes, encargados o administradores)	NO GRAVE DAÑO	10.00.01 15.00.00 y multa del 4 al 6	15.00.00 (*)
	Participación activa, cooperación económica, etc.	03.00.01 04.06.00 + 01.00.00 03.00.00 y multa tanto al 2	07.06.00	ORGANIZACIÓN CRIMINAL 369 bis pfo 1º (pertenencia)	NO GRAVE DAÑO	04.06.00 10.00.00 y multa tanto al 4	10.00.00 (*)

TRÁFICO DE DROGAS CONCURRIENDO UNA O DOS AGRAVACIONES DEL ART. 369 A TRAVÉS DE ORGANIZACIÓN (CON UNA CIRCUNSTANCIA DEL ART. 570 BIS. 2): FORMADA POR UN ELEVADO NÚMERO DE PERSONAS, CON ARMAS, MEDIOS AVANZADOS DE COMUNICACIÓN O TRANSPORTE...							
DELITO DE ORGANIZACIÓN CRIMINAL (Art. 570 bis.2) + DELITO DE TRÁFICO DE DROGAS (Art. 369)				**DELITO DE TRÁFICO DE DROGAS A TRAVÉS DE ORGANIZACIÓN (Art. 369 bis)**			
ARTÍCULO		**PRISIÓN Y MULTA**	**PRISIÓN MÁXIMA**	**ARTÍCULO**	**NOCIVIDAD**	**PRISIÓN Y MULTA**	**PRISIÓN MÁXIMA**
ORGANIZACIÓN 570 bis.2 DELITO GRAVE nº elevado personas, armas, medios avanzados, etc. + TRÁFICO DROGAS (grave daño salud) Art. 369	Promovieren, constituyeren organizaren, coordinaren o dirigieren. (JEFES)	06.00.01 08.00.00 + 06.00.01 09.00.00 y multa de 3 al 4½	17.00.00	ORGANIZACIÓN CRIMINAL 369 bis pfo 2º (jefes, encargados o administradores)	GRAVE DAÑO	12.00.01 18.00.00 y multa del 4 al 6	18.00.00 (*)
	Participación activa, cooperación económica, etc.	03.06.01 05.00.00 + 06.00.01 09.00.00 y multa de 3 al 4½	14.00.00 (*)	ORGANIZACIÓN CRIMINAL 369 bis pfo 1º (pertenencia)	GRAVE DAÑO	09.00.00 12.00.00 y multa tanto al 4	12.00.00
ORGANIZACIÓN 570 bis.2 DELITO NO GRAVE nº elevado personas, armas, medios avanzados, etc. + TRÁFICO DROGAS (grave no daño salud) Art. 369	Promovieren, constituyeren organizaren, coordinaren o dirigieren. (JEFES)	04.06.01 06.00.00 + 03.00.01 04.06.00 y multa de 2 a 3	10.06.00	ORGANIZACIÓN CRIMINAL 369 bis pfo 2º (jefes, encargados o administradores)	NO GRAVE DAÑO	10.00.01 15.00.00 y multa del 4 al 6	15.00.00 (*)
	Participación activa, cooperación económica, etc.	02.00.01 03.00.00 + 03.00.01 04.06.00 y multa de 2 a 3	07.06.00	ORGANIZACIÓN CRIMINAL 369 bis pfo 1º (pertenencia)	NO GRAVE DAÑO	04.06.00 10.00.00 y multa tanto al 4	10.00.00 (*)
TRÁFICO DE DROGAS CONCURRIENDO UNA O DOS AGRAVACIONES DEL ART. 369 A TRAVÉS DE ORGANIZACIÓN (CON DOS O MAS CIRCUNSTANCIAS DEL ART. 570 BIS. 2): FORMADA POR UN ELEVADO NUMERO DE PERSONAS, CON ARMAS, MEDIOS AVANZADOS DE COMUNICACIÓN O TRANSPORTE...							
DELITO DE ORGANIZACIÓN CRIMINAL (Art. 570 bis.2) + DELITO DE TRÁFICO DE DROGAS (Art. 369)				DELITO DE TRÁFICO DE DROGAS A TRAVÉS DE ORGANIZACIÓN (Art. 369 bis)			
ARTÍCULO		PRISIÓN Y MULTA	PRISIÓN MÁXIMA	ARTÍCULO	NOCIVIDAD	PRISIÓN Y MULTA	PRISIÓN MÁXIMA
ORGANIZACIÓN 570 bis.2 DELITO GRAVE DOS O MAS CIRCUNST.: nº elevado personas, armas, medios avanzados, etc. + TRÁFICO DROGAS (grave daño salud) Art. 369	Promovieren, constituyeren organizaren, coordinaren o dirigieren. (JEFES)	08.00.01 12.00.00 + 06.00.01 09.00.00 y multa de 3 al 4½	21.00.00 (*)	ORGANIZACIÓN CRIMINAL 369 bis pfo 2º (jefes, encargados o administradores)	GRAVE DAÑO	12.00.01 18.00.00 y multa del 4 al 6	18.00.00
	Participación activa, cooperación económica, etc.	05.00.01 07.06.00 + 06.00.01 09.00.00 y multa de 3 al 4½	16.06.00 (*)	ORGANIZACIÓN CRIMINAL 369 bis pfo 1º (pertenencia)	GRAVE DAÑO	09.00.00 12.00.00 y multa tanto al 4	12.00.00
ORGANIZACIÓN 570 bis.2 DELITO NO GRAVE DOS O MAS CIRCUNST.: nº elevado personas, armas, medios avanzados, etc. + TRAFICO DROGAS (grave no daño salud) Art. 369	Promovieren, constituyeren organizaren, coordinaren o dirigieren. (JEFES)	06.00.01 09.00.00 + 03.00.01 04.06.00 y multa de 2 a 3	13.06.00	ORGANIZACIÓN CRIMINAL 369 bis pfo 2º (jefes, encargados o administradores)	NO GRAVE DAÑO	10.00.01 15.00.00 y multa del 4 al 6	15.00.00 (*)
	Participación activa, cooperación económica, etc.	03.06.01 04.06.00 + 03.00.01 04.06.00 y multa de 2 a 3	09.00.00	ORGANIZACIÓN CRIMINAL 369 bis pfo 14 (pertenencia)	NO GRAVE DAÑO	04.06.00 10.00.00 y multa tanto al 4	10.00.00 (*)

VI. BIBLIOGRAFÍA

Más allá de la bibliografía general ya invocada sobre tráfico de drogas, puede verse:

ÁLVAREZ GARCÍA, F. J. "Epígrafe 2.2 (2.2.1., 2.2.3, 2.2.4 y 2.2.5)" en ÁLVAREZ GARCÍA, F. J. (dir.), *El delito de tráfico de drogas,* Valencia, 2009; BORJA JIMÉNEZ, E. *La aplicación de las circunstancias del delito,* Valencia, 2015; BRETONES ALCARAZ, F. J. *El narcotráfico organizado: análisis del art. 369 bis del Código Penal,* Tesis doctoral, Madrid, 2016; CASTRO MORENO, A. "Epígrafe 2.2 (2.2.2, 2.2.6, 2.2.7, 2.2.8, 2.2.9 y 2.2.10)" en ÁLVAREZ GARCÍA, F. J. (dir.), *El delito de tráfico de drogas,* Valencia, 2009; íd. "Epígrafe 2.3" en ÁLVAREZ GARCÍA, F. J. (dir.), *El delito de tráfico de drogas,* Valencia, 2009; DEPARTAMENTO DE SEGURIDAD NACIONAL DEL GABINETE DE LA PRESIDENCIA DEL GOBIERNO, Informe Anual de Seguridad Nacional 2022, Ministerio de la Presidencia, Relaciones con las Cortes y Memoria Democrática, 2023; FARALDO CABANA, P. *Asociaciones ilícitas y organizaciones criminales en el código penal español,* Valencia, 2012; FAKHOURI GÓMEZ Y. y CORREA FLÓREZ C. "Sección 4. Tráfico de drogas", en MOLINA

FERNÁNDEZ, F. (coord.), *Memento práctico Francis Lefebvre: Penal*, Madrid, 2023; GUTIÉRREZ CASTAÑEDA, A. "Epígrafes 3.1, 3.2 y 3.3" en ÁLVAREZ GARCÍA, F. J. (dir.), *El delito de tráfico de drogas*, Valencia, 2009; íd. "Epígrafe 3.5" en ÁLVAREZ GARCÍA, F. J. (dir.), *El delito de tráfico de drogas*, Valencia, 2009; MANJÓN-CABEZA OLMEDA, A. "Tráfico de drogas: (II)" en ÁLVAREZ GARCÍA, F. J. (dir.), *Derecho Penal español. Parte Especial. Parte Especial (II)*, Valencia, 2011; íd. "Capítulo II. Epígrafe 2.1" en ÁLVAREZ GARCÍA, F. J. (dir.), *El delito de tráfico de drogas*, Valencia, 2009; íd. "Epígrafe 3.4" en ÁLVAREZ GARCÍA, F. J. (dir.), *El delito de tráfico de drogas*, Valencia, 2009; MORALES PRATS, F. y GARCÍA SOLÉ, M. "Título XVII: de los delitos contra la seguridad colectiva", en QUINTERO OLIVARES, G. (dir.), *Comentarios al Código Penal Español. Tomo II*, Navarra, 2016; SILVA CASTAÑO, M. L. "Artículo 369" en CUERDA ARNAU, M. L. (dir.), *Comentarios al Código Penal*, Tomo II, Valencia, 2023; íd. "Artículo 370" en CUERDA ARNAU, M. L. (dir.), *Comentarios al Código Penal*, Tomo II, Valencia, 2023; SUÁREZ-MIRA RODRÍGUEZ, C. (dir./coord.), *Manual de Derecho penal. Tomo II. Parte especial*, Navarra, 2020; TERRADILLOS BASOCO J. M. "AIDS in Prisons in Spain", en THOMAS, P. H. y MOERINGS, M. (edit.), *AIDS in Prison*, Aldershot, 1994; VIDALES RODRÍGUEZ, C. "Tipo atenuado del delito de tráfico de drogas y pertenencia al grupo criminal" en ABEL SOUTO, M., *et al.* (coords.), *LH-Lorenzo Salgado*, 2021.

REFERENCIAS LEGALES

- Convención Única de Nueva York sobre Estupefacientes de 1961 (enmendada por Protocolo de Ginebra de 1972) (*Tol 227958*).
- Convenio de Viena sobre Sustancias Psicotrópicas de 1971 (*Tol 153805*).
- Convención de Viena contra el Tráfico Ilícito de Estupefacientes y Sustancias Psicotrópicas de 1988.
- Directiva Delegada (UE) 2021/802 de la Comisión de 12 de marzo de 2021.
- Directiva (UE) 2015/1535 del Parlamento Europeo y del Consejo, de 9 de septiembre de 2015, por la que se establece un procedimiento de información en materia de reglamentaciones técnicas y de reglas relativas a los servicios de la sociedad de la información (*Tol 5506061*).
- Decisión 2005/387 JAI del Consejo, de 10 de mayo de 2005, relativa al intercambio de información, la evaluación del riesgo y el control de las nuevas sustancias psicotrópicas.
- Directiva (UE) 2017/2103 del Parlamento Europeo y del Consejo, de 15 de noviembre de 2017.
- Directivas Delegadas (UE) 2019/369 de la Comisión de 13 de diciembre de 2018.
- Directivas Delegadas (UE) 2020/1687 de la Comisión de 2 de septiembre de 2020.
- Directivas Delegadas (UE) 2021/802 de la Comisión de 12 de marzo de 2021.
- Decisión Marco 2004/757/JAI del Consejo, 25-10-2004, relativa al establecimiento de disposiciones mínimas de los elementos constitutivos de delitos y las penas aplicables en el ámbito del tráfico ilícito de drogas.
- LO 4/2015, de 30 de marzo, de Protección de la Seguridad Ciudadana (*Tol 4788339*).
- Ley 1/1992, 21-2, de Protección de la Seguridad Ciudadana (*Tol 153223*).
- Ley 17/1967, 8 de abril, de Estupefacientes (*Tol 893365*).
- Orden SCO/190/2004, 28-1, del Ministerio de Sanidad y Consumo (*Tol 730717*).
- Orden SND/1248/2021, de 5 de noviembre, por la que se modifica el Real Decreto 2829/1977, de 6 de octubre, por el que se regulan las sustancias y preparados medicinales psicotrópicos, así

como la fiscalización e inspección de su fabricación, distribución, prescripción y dispensación, para incluir nuevas sustancias (*Tol 8639678*).

- RD 2829/1977, 6-10, por el que se regula la fabricación, distribución, prescripción y dispensación de sustancias y preparados psicotrópicos y Orden de desarrollo de 14-1-1981 (*Tol 923224*).
- RD 1194/2011, de 19 de agosto, por el que se establece el procedimiento para que una sustancia sea considerada estupefaciente en el ámbito nacional (*Tol 2193840*).
- Tratado de Funcionamiento de la Unión Europea (TFUE) (*Tol 3711558*).

Lección 43ª

Tráfico de drogas (III)

M. ALEJANDRA PASTRANA SÁNCHEZ

SUMARIO. I. EL TRÁFICO DE PRECURSORES. 1. Introducción. 2. Tipo básico. 2.1. Objeto material. 2.2. Conducta típica. 2.3. Elemento subjetivo. 3. La agravación. II. OTRAS DISPOSICIONES. 1. Inhabilitaciones. 2. Actos preparatorios. 3. Comiso. 4. Reincidencia internacional. 5. Circunstancias de especial atenuación. 5.1. Tipo privilegiado de colaboración. 5.2. La figura del consumidor-traficante. 6. Multas. 7. Imputación de pagos. III. BIBLIOGRAFÍA.

Artículo 371

1. El que fabrique, transporte, distribuya, comercie o tenga en su poder equipos, materiales o sustancias enumeradas en el cuadro I y cuadro II de la Convención de Naciones Unidas, hecha en Viena el 20 de diciembre de 1988, sobre el tráfico ilícito de estupefacientes y sustancias psicotrópicas, y cualesquiera otros productos adicionados al mismo Convenio o que se incluyan en otros futuros Convenios de la misma naturaleza, ratificados por España, a sabiendas de que van a utilizarse en el cultivo, la producción o la fabricación ilícitas de drogas tóxicas, estupefacientes o sustancias psicotrópicas, o para estos fines, será castigado con la pena de prisión de tres a seis años y multa del tanto al triplo del valor de los géneros o efectos. 2. Se impondrá la pena señalada en su mitad superior cuando las personas que realicen los hechos descritos en el apartado anterior pertenezcan a una organización dedicada a los fines en él señalados, y la pena superior en grado cuando se trate de los jefes, administradores o encargados de las referidas organizaciones o asociaciones. En tales casos, los jueces o tribunales impondrán, además de las penas correspondientes, la de inhabilitación especial del reo para el ejercicio de su profesión o industria por tiempo de tres a seis años, y las demás medidas previstas en el artículo 369.2.

Artículo 372

Si los hechos previstos en este capítulo fueran realizados por empresario, intermediario en el sector financiero, facultativo, funcionario público, trabajador social, docente o educador, en el ejercicio de su cargo, profesión u oficio, se le impondrá, además de la pena correspondiente, la de inhabilitación especial para empleo o cargo público, profesión u oficio, industria o comercio, de tres a diez años. Se impondrá la pena de inhabilitación absoluta de diez a veinte años cuando los referidos hechos fueren realizados por autoridad o agente de la misma, en el ejercicio de su cargo. A tal efecto, se entiende que son facultativos los médicos, psicólogos, las personas en posesión de título sanitario, los veterinarios, los farmacéuticos y sus dependientes.

Artículo 373

La provocación, la conspiración y la proposición para cometer los delitos previstos en los artículos 368 al 372, se castigarán con la pena inferior en uno a dos grados a la que corresponde, respectivamente, a los hechos previstos en los preceptos anteriores.

Artículo 374

En los delitos previstos en el párrafo segundo del apartado 1 del artículo 301 y en los artículos 368 a 372, además de las penas que corresponda imponer por el delito cometido, serán objeto de decomiso las drogas tóxicas, estupefacientes o sustancias psicotrópicas, los equipos, materiales y sustancias a que se refiere el artículo 371, así como los bienes, medios, instrumentos y ganancias con sujeción a lo dispuesto en los artículos 127 a 128 y a las siguientes normas especiales: 1ª Una vez firme la sentencia, se procederá a la destrucción de las muestras que se hubieran apartado, o a la destrucción de la totalidad de lo incautado, en el caso de que el órgano judicial competente hubiera ordenado su conservación. 2ª Los bienes, medios, instrumentos y ganancias definitivamente decomisados por sentencia, que no podrán ser aplicados a la satisfacción de las responsabilidades civiles derivadas del delito ni de las costas procesales, serán adjudicados íntegramente al Estado.

Artículo 375

Las condenas de jueces o tribunales extranjeros por delitos de la misma naturaleza que los previstos en los artículos 361 al 372 de este Capítulo producirán los efectos de reincidencia, salvo que el antecedente penal haya sido cancelado o pueda serlo con arreglo al Derecho español.

Artículo 376

En los casos previstos en los artículos 361 a 372, los jueces o tribunales, razonándolo en la sentencia, podrán imponer la pena inferior en uno o dos grados a la señalada por la ley para el delito de que se trate, siempre que el sujeto haya abandonado voluntariamente sus actividades delictivas y haya colaborado activamente con las autoridades o sus agentes bien para impedir la producción del delito, bien para obtener pruebas decisivas para la identificación o captura de otros responsables o para impedir la actuación o el desarrollo de las organizaciones o asociaciones a las que haya pertenecido o con las que haya colaborado. Igualmente, en los casos previstos en los artículos 368 a 372, los jueces o tribunales podrán imponer la pena inferior en uno o dos grados al reo que, siendo drogodependiente en el momento de comisión de los hechos, acredite suficientemente que ha finalizado con éxito un tratamiento de deshabituación, siempre que la cantidad de drogas tóxicas, estupefacientes o sustancias psicotrópicas no fuese de notoria importancia o de extrema gravedad.

Artículo 377

Para la determinación de la cuantía de las multas que se impongan en aplicación de los artículos 368 al 372, el valor de la droga objeto del delito o de los géneros o efectos intervenidos será el precio final del producto o, en su caso, la recompensa o ganancia obtenida por el reo, o que hubiera podido obtener.

Artículo 378

Los pagos que se efectúen por el penado por uno o varios de los delitos a que se refieren los artículos 361 al 372 se imputarán por el orden siguiente: 1.º A la reparación del daño causado e indemnización de perjuicios. 2.º A la indemnización del Estado por el importe de los gastos que se hayan hecho por su cuenta en la causa. 3.º A la multa. 4.º A las costas del acusador particular o privado cuando se imponga en la sentencia su pago. 5.º A las demás costas procesales, incluso las de la defensa del procesado, sin preferencia entre los interesados.

I. EL TRÁFICO DE PRECURSORES

1. Introducción

1. La lucha contra el tráfico de precursores ha seguido un camino paralelo al del sistema prohibicionista establecido para el tráfico de drogas. El sistema regulatorio de la Convención de las Naciones Unidas contra el tráfico ilícito de estupefacientes y sustancias sicotrópicas, hecha en Viena el 20 de diciembre de 1988, estaba ideado para un único escenario, en el que las sustancias que se utilizaban para producir los estupefacientes eran de curso legal para múltiples usos (industrial, farmacéutico...) y eran desviadas para la producción de drogas (véanse, en este sentido, los artículos 12 y 13 de la Convención de 1988). Por ejemplo, parte del comercio lícito de efedrina, sustancia que se utiliza en medicamentos antitusivos y antigripales, es distraída de una empresa farmacéutica al uso para ser utilizada como precursor de metanfetamina. El escenario actual es, en muchas ocasiones, distinto: bien se trata de una de esas sustancias de curso legal, como la efedrina, pero que en el caso concreto son creadas únicamente para la producción de drogas (procedimiento que en no pocas ocasiones es más rentable económicamente que la desviación de los usos lícitos), o bien las drogas se fabrican con sustancias que son útiles únicamente para la creación de drogas, sin tener ningún otro uso lícito. Estos últimos son los conocidos como *precursores de diseño*.

Véase el informe anual de la JIFE de 2025, que los define como: "pariente químico cercano de un precursor sometido a fiscalización, que ha sido sintetizado expresamente para eludir los controles y que normalmente no tiene usos legítimos reconocidos". Por su parte, la Comisión Europea los definió como "parientes químicos cercanos de los precursores de drogas tradicionales. Están hechos para eludir los controles aduaneros y no tienen ningún uso legítimo conocido" (Comisión Europea, 2023).

La capacidad de constante innovación en el ámbito químico ha generado una dinámica de carrera entre la prohibición y la aparición de nuevas sustancias. Las cifras recientes dan cuenta de la magnitud del desafío: de acuerdo con el informe anual de la JIFE de 2025, de las 147 sustancias notificadas en más de 500 incidentes comunicados, menos del 15% estaban sujetas a fiscalización internacional. Paralelamente, el sistema *PEN Online Light*, impulsado por la JIFE, ha permitido el intercambio voluntario de información sobre envíos relacionados con sustancias no fiscalizadas pero implicadas en la producción ilícita de drogas, reflejando una voluntad de fortalecer la vigilancia (JIFE, 2025).

Esta problemática fue abordada por la Comisión Europea en 2023, que lo expresaba de la siguiente forma: "Cada vez que se identifica una nueva sustancia como precursora de la droga y posteriormente se programa para el control y el monitoreo, los grupos del crimen organizado responden alterando ligeramente la estructura molecular y creando un nuevo precursor de diseño. Esto se puede hacer mucho más rápido que el tiempo que se tarda en programar (controlar) una sustancia" (COMISIÓN EUROPEA, 2023).

El informe europeo de 2024, por su parte, apunta a un incremento globalizado de la producción de drogas, presumiblemente producido por el efecto rebote causado tras el descenso de producción y consumo durante la pandemia de la COVID-19. En este sentido, Europa ya no es solo un país consumidor sino también productor a gran escala de cientos de sustancias: las drogas sintéticas, como el MDMA y las anfetaminas, metanfetaminas, catinonas sintéticas; así como heroína o cocaína —en 2023, un único laboratorio español producía cada día 200 kilos de droga. El mismo informe señala a España y los Países Bajos como los principales productores de MDMA (EUDA, 2024; EUDA, 2025). La JIFE, por su parte, ya en su informe del año 2022 recomendaba a los Estados adoptar medidas de fiscalización nacional de todas aquellas sustancias químicas *conexas* (esto es, aquellas que puedan convertirse fácilmente en una sustancia precursora o sustituirla), de manera que se haga más ágil la persecución de las nuevas sustancias.

En general, durante el año 2023, se observaron señales claras de un aumento en la producción de drogas sintéticas en Europa, evidenciado por un récord de 178 toneladas de productos químicos precursores incautados, frente a un promedio anual de 54 toneladas durante la década anterior (EUDA, 2025). Este incremento fue impulsado principalmente por grandes decomisos de precursores alternativos utilizados en la fabricación de anfetamina, metanfetamina y MDMA, especialmente en los Países Bajos, Hungría y Polonia. La incautación de derivados glicídicos de BMK y PMK, junto con otras sustancias alternativas, pone de relieve la capacidad de adaptación de las redes criminales para sintetizar nuevos compuestos que eluden los marcos regulatorios actuales. En este contexto, también cabe destacar que las incautaciones de ácido tartárico, clave para recuperar la forma más potente de metanfetamina (d-metanfetamina), casi alcanzaron las 11 toneladas en 2023, lo que sugiere una producción a gran escala en Europa. Al mismo tiempo, aunque las incautaciones de anhídrido acético cayeron a solo dos casos reportados por los Países Bajos (740 litros), lo cual está en línea con una disminución global desde 2019, el procesamiento de cocaína en la UE se mantiene activo, como lo demuestra la incautación de 2.082 kg. de permanganato de potasio en 2023. Además, los países europeos continuaron notificando incautaciones de este precursor, destacando el caso de España con dos toneladas, lo que confirma la extracción de cocaína a gran escala en la región. En relación con los opioides sintéticos, aunque la Agencia Europea señala que la producción en el territorio es mínima, en 2024 España y los Países Bajos notificaron varias incautaciones del precursor de fentanilo N.-boc-4-piperidona (EUDA, 2025). Por otra parte, la JIFE ha alertado en 2025 sobre la aparición de los primeros precursores de cannabinoides sintéticos.

La Comisión Europea ha reconocido la necesidad urgente de adaptar el marco legislativo vigente. Actualmente, este se basa en un enfoque de "programación sustancia por sustancia", que resulta ineficaz ante la velocidad de innovación del crimen organizado (Comisión Europea, 2023). En respuesta, a partir de 2024, la Comisión planea establecer mecanismos innovadores para acelerar la inclusión de nuevas sustancias y ampliar la cobertura a derivados químicos claramente relacionados. Un ejemplo reciente de este avance legislativo es la entrada en vigor del Reglamento Delegado (UE) 2024/1331 el 3 de junio de 2024, que añadió varias sustancias a la categoría 1 del Reglamento (CE) nº 273/2004 y del Reglamento (CE) nº 111/2005. Entre ellas se encuentran el *IMDPAM*, siete ésteres del ácido P-2-P. metilglicídico y seis ésteres del ácido 3,4-MDP-2-P. metilglicídico. Estas acciones se alinean con las decisiones adoptadas por la Comisión de Estupefacientes de la ONU el 19 de marzo de 2024, que también incluyeron dos precursores del fentanilo (4-piperidona y 1-boc-4-piperidona) y dos series de precursores de diseño de estimulantes de tipo anfetamínico, sumando un total de 16 sustancias; siendo añadidas al Cuadro I de la Convención de 1988.

En el ámbito internacional, la JIFE está llevando a cabo iniciativas operacionales mediante los *proyectos Prisma y Cohesión*, centrados en los precursores de estimulantes sintéticos, cocaína y heroína. Estos proyectos sirven como plataformas para la recopilación de datos, la identificación de brechas en la fiscalización internacional y la detección de nuevas tendencias en el tráfico. Además, la UE sigue contribuyendo activamente a estos esfuerzos multilaterales, incluyendo la cooperación con la Junta Internacional de Control de Estupefacientes.

2. En España el régimen administrativo de las sustancias precursoras fiscalizadas viene marcado no solo por los Cuadros de la Convención de Naciones Unidas, hecha en Viena el 20 de diciembre de 1988, sino también por la intensa

regulación europea en la materia. Así, en el marco de esta debe contarse con el Reglamento (CE) nº 273/2004 del Parlamento Europeo y del Consejo, de 11 de febrero de 2004, sobre precursores de drogas, modificado hasta en siete ocasiones para añadir nuevas sustancias, la última ocasión mediante el Reglamento Delegado (UE) 2023/196 de la Comisión, de 25 de noviembre de 2022. El entramado se cierra con el Reglamento (CE) nº 111/2005 del Consejo, de 22 de diciembre de 2004, por el que establecen normas para la vigilancia del comercio de precursores de drogas entre la Unión y terceros países; y el Reglamento Delegado (UE) 2015/1011 de la Comisión, de 24 de abril de 2015, que completa el Reglamento (CE) 273/2004 del Parlamento Europeo y del Consejo sobre precursores de drogas y el Reglamento (CE) nº 111/2005 del Consejo, por el que se establecen normas para la vigilancia del comercio de precursores de drogas entre la Unión y terceros países y por el que se deroga el Reglamento (CE) 1277/2005 de la Comisión.

España ha recepcionado progresivamente estas normas en su Ordenamiento interno a través de la Ley 4/2009, de 15 de junio, de control de precursores de drogas y el más reciente Real Decreto 129/2017, de 24 de febrero, por el que se aprueba el Reglamento de control de precursores de drogas. Estos textos son los que articulan el sistema especial de control y vigilancia destinado a los operadores y usuarios que realizan actividades que tengan por objeto el uso de sustancias químicas catalogadas como precursores de drogas. De esta forma se articula un sistema de licencias, así como un régimen sancionador en caso de infracción de las disposiciones del Reglamento 273/2004 del Parlamento Europeo y del Consejo, de 11 de febrero, sobre precursores de drogas; el Reglamento 111/2005 del Consejo, de 22 de diciembre de 2004, por el que se establecen normas para la vigilancia del comercio de precursores de drogas entre la comunidad y terceros países, y el Reglamento 1277/2005, de la Comisión de 27 de julio, por el que se establecen normas de aplicación de las dos anteriores.

3. Es el art. 371 CP el que castiga el llamado tráfico ilícito de precursores, aunque al igual que ocurre con el precepto dedicado a las drogas (art. 368, CP), no es solo el tráfico entendido como compraventa lo que efectivamente se persigue. Así, el comercio es uno de los comportamientos recogidos en el tipo, pero también se menciona la fabricación, el transporte, la distribución, y la posesión, siempre que los mismos vayan a utilizarse en el cultivo, la producción o la fabricación ilícitas de drogas tóxicas, estupefacientes o sustancias psicotrópicas, o a sabiendas de que van a ser utilizados para ello. Tiene, por tanto, una estructura paralela y muy similar al tráfico de drogas. Es el elemento subjetivo —que el tráfico de precursores se efectúe a sabiendas de que va a ser usado para la fabricación de drogas tóxicas— el llamado a diferenciar el delito de la mera infracción administrativa.

4. Si durante las lecciones anteriores dedicadas al tráfico de drogas ha sido objeto de crítica lo alejado de los comportamientos típicos de la efectiva lesión del bien jurídico, ello se hace aún más latente en este precepto. Si, además, se quiere buscar algún rastro de proporcionalidad acorde a unas conductas que se encuentran en un estadio anterior a los supuestos de los arts. 368 a 370, CP, pronto se halla que la respuesta no solo puede ser igual sino también más gravosa que la recogida para el efectivo tráfico de estupefacientes. De esta forma, el tipo básico del tráfico de precursores contempla una pena de tres a seis años de prisión y multa del tanto al triplo del valor de los efectos, que resultan ser las mismas penas que el art. 368, CP, dispone para el tráfico de drogas que afecte gravemente a la salud. Sin embargo, el art. 371, CP, no hace distinciones entre sustancias que sirvan a la producción de drogas que afecten de forma más o menos grave al bien jurídico, por lo que se produce el efecto paradójico de que resulta más gravemente castigada la conducta de tráfico de precursores para producir drogas blandas que el efectivo tráfico de drogas blandas. El despropósito no termina ahí: el encuadre normativo sobre tráfico de drogas permite también la atenuación de las penas por la escasa entidad del hecho y las circunstancias del culpable (*ex* art. 368 II, CP), cosa que no ocurre con el tráfico de precursores. Y tampoco existe la posibilidad de jugar con la pena en relación con la cantidad de precursores que se hallen: mientras que el régimen de las drogas permite oscilar entre varios escalones —dosis mínima psicoactiva, notoria importancia, extrema gravedad—, ello no ocurre así con las sustancias precursoras. Los rasgos lógicos y sistemáticos que se esperan de un código hubieran aconsejado que la regulación del tráfico de precursores tuviera, también en estos extremos, una estructura normativa similar al utilizado en el tráfico de drogas.

2. Tipo básico

2.1. Objeto material

Aunque tanto Doctrina como Jurisprudencia conozcan el precepto como tráfico de precursores, el precepto no define —ni tan siquiera utiliza— la palabra "precursor"; por el contrario, el artículo menciona tres posibles objetos: (1) *equipos,* (2) *materiales* y (3) las *sustancias* enumeradas en el Cuadro I y Cuadro II de la Convención de Naciones Unidas, hecha en Viena el 20 de diciembre de 1988, sobre el tráfico ilícito de estupefacientes y sustancias psicotrópicas, y cualesquiera otros productos adicionados al mismo Convenio o que se incluyan en otros futuros Convenios de la misma naturaleza, ratificados por España. Mientras que los últimos son fácilmente comprobables (véase el cuadro adjunto), los dos primeros necesitan una actividad de exégesis para poder aprehender su alcance. Cuestión parecida ocurre con la precisión última "o que se incluyan en otros futuros Convenios de la misma naturaleza", que deja sin aclarar que se entiende por "la misma naturaleza", a la par que hace una curiosa remisión: el tipo se refiere, también, a "*cualesquiera otros productos* [...] *que se incluyan en otros futuros Convenios de la misma naturaleza, ratificados por España* [...]".

Obviamente, la inclusión típica se producirá a partir del momento en que tales "convenios de la misma naturaleza" sean ratificados y publicados, e incorporados de esa forma a nuestro Ordenamiento interno. Cabe preguntarse, por tanto, qué sucederá en los casos en que se trate de productos que se poseyeran desde antes de que sean incorporados, de la forma señalada, al Ordenamiento. Entendemos que si no se origina una modificación en el ejercicio de la posesión del producto (o un incremento del mismo), la conducta será atípica. De otra forma entendido los mínimos de seguridad jurídica desaparecerían.

Reproducción del Cuadro I y Cuadro II de la Convención de Naciones Unidas, hecha en Viena el 20 de diciembre de 1988, sobre el tráfico ilícito de estupefacientes y sustancias psicotrópicas, a 3 de diciembre de 2024

Cuadro I	Cuadro II
Ácido N.-acetilantranílico Ácido fenilacético Ácido lisérgico Ácido 3,4-MDP-2-P. metilglicídico ("ácido PMK glicídico") y determinados ésteres Ácido P-2-P. metilglicídico ("ácido BMK glicídico") y determinados ésteres Anhídrido acético 4-Anilino-N.-fenetilpiperidina (ANPP) 4-oxopiperidina-1-carboxilato de tert-butilo (1-boc-4-piperidona) Efedrina Ergometrina Ergotamina N.-Fenetil-4-piperidona (NPP) *alfa*-Fenilacetoacetamida (APAA) *alfa*-Fenilacetoacetato de metilo (MAPA) *alfa*-Fenilacetoacetonitrilo (APAAN) 4-(Fenilamino)piperidina-1-carboxilato de tert-butilo (1-boc-4-AP) N.-Fenil-4-piperidinamina (4-AP) 1-Fenil-2-propanona (P-2-P) Isosafrol 3,4-MDP-2-P. glicidato de metilo ("PMK glicidato") 3,4-Metilendioxifenil-2-propanona (3,4 MDP 2-P) Norefedrina Norfentanilo Permanganato potásico 4-Piperidona Piperonal Safrol	Acetona Ácido antranílico Ácido clorhídrico Ácido sulfúrico Éter etílico Metiletilcetona Piperidina Tolueno Las sales de las sustancias enumeradas en este cuadro cuando sea posible su existencia. Las sales de ácido clorhídrico y de ácido sulfúrico están expresamente excluidas de este Cuadro II.
Las sales de las sustancias enumeradas en este cuadro cuando sea posible su existencia	

Tampoco la Convención de Naciones Unidas, hecha en Viena el 20 de diciembre de 1988, define lo que son precursores, sino que simplemente los menciona como sustancias que serán utilizadas para la elaboración de drogas. En cualquier caso, la palabra precursor remite a cualquier sustancia que *posibilite* la creación de la droga o cualquier otra sustancia *necesaria* para hacerla apta para el consumo humano. Pero no así aquellas sustancias que se utilizan para mezclar o "cortar" —esto es, rebajar su potencial como estupefaciente obteniendo una mayor cantidad de producto vendible.

La LO 12/1995, de 12 de diciembre, de Represión del Contrabando si contiene una "definición" de precursor, pero basada en la Convención de Naciones Unidas de 1988, por lo que aporta poco en aras a definirlo. Alguna sentencia ha utilizado su dictado para entender el objeto del artículo 371, CP. *Vid.*, por ejemplo, la STS 940/2011, 27-9: "el art. 1.10.1 de la ley de contrabando define como "precursor" las sustancias y productos susceptibles de ser utilizados en el cultivo, la producción o la fabricación de drogas tóxicas, estupefacientes o sustancias psicotrópicas enumeradas en los cuadros I y II de las Convención de Naciones Unidas hecha en Viena el 20-12-1988 y cualquiera otras adicionales al mismo convenio o en otros futuros convenios ratificados por España".

La Jurisprudencia se ha limitado a recordar que, con respecto a las sustancias, la tipicidad debe limitarse a las que aparecen explícitamente en los Cuadros I y II, no así los materiales y equipos, dada la redacción literal del precepto. *Cfr.* SAN, Sección 4ª, 13/2023, 10-5: "Por otro lado, la exigencia de que el objeto de la acción esté enumerado en los cuadros I y II del Convenio de Naciones Unidas de 1988, se refiere solamente a las sustancias, y no a los equipos y a los materiales. No solo por la construcción de la frase, en la que el plural femenino solo puede referirse a aquellas, sino porque en el referido Convenio no se enumeran equipos ni materiales, sino solamente unas determinadas sustancias. [...] En cualquier caso, las sustancias que constituyen el objeto del delito deben estar incluidas en los cuadros I y II de la citada Convención, quedando excluidas del tipo penal todas aquellas que no figuren en los mismos. El principio de legalidad penal impide considerar objeto del delito otras sustancias distintas a aquellas. Tampoco puede extenderse a otros compuestos químicos distintos, sustancias en definitiva, de los que aquellas, mencionadas en la Convención, formen parte".

En cualquier caso, mientras que para las sustancias recogidas en los Cuadros I y II de la mencionada Convención no es necesaria la prueba de su *utilidad* para la elaboración de drogas, no será así cuando se trate de "materiales" o "equipos", objetos sobre los que deberá aportarse pericial sobre su utilidad para la fabricación de estupefacientes.

Existen, desde luego, recomendaciones e informes de la JIFE en torno a los equipos que suelen ser utilizados para la creación de estas sustancias. Véase así, por ejemplo, el informe de 2022: "El equipo utilizado para la fabricación ilícita de drogas y el art. 13 de la Convención de las Naciones Unidas contra el Tráfico Ilícito de Estupefacientes y Sustancias Sicotrópicas de 1988", que menciona, entre otros, máquinas de comprimir, encapsuladoras, matraces de fondo redondo o bombas de vacío.

Cabe constatar que el objeto del delito es, por tanto, más amplio que lo abarcado por la regulación administrativa, que se conforma únicamente con las sustancias, sin mencionar materiales ni equipos. Estos últimos necesitarán ser interpretados en clave restrictiva pues casi cualquier objeto de utilización cotidiana (agua, precinto, recipientes...) pueden utilizarse en el proceso de elaboración de estupefacientes. Propone con acierto MANJÓN-CABEZA OLMEDA comprender dentro del tipo solo aquellos *idóneos específicamente* para la elaboración de drogas tóxicas (por ejemplo, no así el fertilizante, que es un material idóneo para cualquier tipo de cultivo; tampoco una empaquetadora, muy utilizada en el comercio de cocaína). En cualquier caso, todas las sustancias, materiales o equipos que se encuentren en un determinado lugar, aunque no puedan ser considerados objeto material a efectos del art. 371, CP, sí pueden ser útiles para inferir el uso que las "sustancias, materiales o equipos" iban a recibir: pueden ser prueba del elemento subjetivo, esto es, que las sustancias serían efectivamente utilizadas para la creación de estupefacientes (véase en este sentido la STS 109/2015, 3-3). La Jurisprudencia no es muy prolija a la hora de diferenciar materiales, equipos y sustancias, sino que normalmente elabora una lista de lo incautado y aplica el art. 371, CP, sin detenerse a hacer diferenciaciones.

En esta carrera de prohibición de nuevas sustancias, el Derecho Penal se ha convertido en un instrumento mucho más ágil que las disposiciones administrativas o los Convenios, puesto que el CP alcanza a casi cualquier sustancia útil para la elaboración de drogas: los materiales y equipos pueden utilizarse para perseguir todos aquellos precursores que la regulación internacional aún no ha llegado a fiscalizar, o determinadas sustancias que no aparecen recogidas en los Cuadros de la Convención de 1988, pero sí en la regulación estatal o europea.

Véase la STS 534/2018, 7-11 (*Tol 6920047)* que —en sentido contrario al literal de la norma— considera que únicamente puede ser objeto del art. 371 CP, las sustancias de los Cuadros I y II de la Convención de 1988, después —sorprendentemente— de afirmar justo lo contrario: "Por otro lado, la exigencia de que el objeto de la acción esté enumerado en los cuadros I y II del Convenio de Naciones Unidas de 1988, se refiere solamente a las sustancias, y no a los equipos y a los materiales. No solo por la construcción de la frase, en la que el plural femenino solo puede referirse a aquellas, sino porque en el referido Convenio no se enumeran equipos ni materiales, sino solamente unas determinadas sustancias. En cualquier caso, las sustancias que constituyen el objeto del delito deben estar incluidas en los cuadros I y II de la citada Convención, quedando excluidas del tipo penal todas aquellas que no figuren en los mismos. El principio de legalidad penal impide considerar objeto del delito otras sustancias distintas a aquellas. Tampoco puede extenderse a otros compuestos químicos distintos, sustancias en definitiva, de los que aquellas, mencionadas en la Convención, formen parte. Pues, en realidad, constituyen sustancias diferentes, con composición molecular diversa. En este sentido, la Convención solo añade con carácter general a las sustancias expresamente mencionadas las sales de las mismas, cuando su existencia sea posible. Pero no cualquier otra sustancia no mencionada en los cuadros que contenga en su composición alguna de las que aparecen expresamente contempladas en ellos".

De similar calado es la STS 711/2010, 23-6 (*Tol 1918724)*, que absuelve al acusado, pero no porque las sustancias que portaba eran de "corte", y por tanto, no se trataba de precursores, sino porque las sustancias no se contienen en los Cuadros de la Convención de 1988. La sentencia de instancia había condenado por un delito de tráfico de drogas en tentativa: "La Sentencia declara probado que este acusado fue detenido en las inmediaciones de su domicilio portando en una mochila 5 kilogramos de sustancia de "corte", destinada a preparar para su posterior distribución y consumo sustancias estupefacientes de las que no causan grave daño a la salud. Y califica esa tenencia de sustancias y de las que fueron ocupadas en el registro de su domicilio identificadas en el Fundamento Tercero de la Sentencia como "fenacetina", "lidocaina", "levamisol" y "ácido bórico", es decir la posesión de adulterantes de drogas como una tentativa inacabada de tráfico de estupefacientes; respecto al tipo relativo a sustancias no gravemente dañosas para la salud en cantidad de notoria importancia (arts. 16, 368 y 369 3º del Código Penal). La calificación es incorrecta: no siendo ninguna de esas sustancias drogas tóxicas ni estupefacientes abarcados por el tipo penal del art. 368 del Código Penal, los actos de su tenencia, en cuanto dirigidos a posteriores acciones típicas no iniciadas todavía, no son ejecución imperfecta de un acto típico, sino menos actos preparatorios que resultan en principio impunes, si no fuera porque han sido tipificados como un delito autónomo en el art. 371 del Código Penal que recoge el llamado "tráfico de precursores", adelantando la respuesta penal a actos meramente preparatorios como declaró esta Sala en Sentencia de 26 de marzo de 2001. Pero para su apreciación es necesario: a) que la acción sea de fabricar, transportar, distribuir, comerciar o tener el sujeto en su poder; b) que el objeto de la acción sea una sustancia destinada a su utilización en el cultivo, la producción o la fabricación ilícita de drogas tóxicas, estupefacientes o sustancias psicotrópicas o para estos fines; c) que el sujeto actúe a sabiendas de esa finalidad; y d) que además sea una de las sustancias enumeradas en el Cuadro I y Cuadro II de la Convención de Naciones Unidas hecha en Viena el 20 de diciembre de 1988 (RCL 1990, 2309) o se trate de cualquier otro producto adicionado al mismo Convenio o que se incluyan en otros futuros Convenios de la misma naturaleza ratificados en España. En este caso ni consta la naturaleza química de lo que transportaba en la mochila, ni las cuatro sustancias ocupadas en su domicilio al acusado pertenecen a ese listado, por lo cual su tenencia con fin de ser usadas para el futuro corte de drogas en acciones no iniciadas del art. 368, queda fuera del tipo del art. 371, y en cuanto acto meramente preparatorio se trata de un comportamiento impune".

2.2. Conducta típica

El art. 371, CP, castiga la fabricación, el transporte, la distribución, el comercio o la posesión de los equipos, materiales o sustancias anteriormente mencionados (para un análisis pormenorizado de cada uno de los verbos típicos, *cfr.* lección *Tráfico de Drogas I*). Esa estructura permite castigar los actos preparatorios de otros actos preparatorios que se contienen en los arts. 368 y ss. CP: así, podría castigarse la tenencia de útiles que van a ser vendidos para proceder al cultivo de la planta de cannabis de la que posteriormente se extraerá hachís que será distribuido a terceros. Es un adelanto tal a la verdadera lesión del bien jurídico "salud pública" que no puede hablarse sino de *excepcionalidad* de la legislación penal en materia de drogas.

Vid. SAN, Sección, 4ª, 13/2023, 10-5: "La respuesta penal se anticipa así al momento de la realización de los actos meramente preparatorios, adelantando las barreras de intervención penal; de modo que así como la posesión de drogas es punible cuando va acompañada del propósito de difundirlas, la posesión de los precursores solo lo es cuando se tiene conciencia de que van a ser ilícitamente utilizados en el cultivo, la producción o fabricación de drogas".

En el mismo sentido véanse: STS 477/2001, 26-3 (*Tol 31573)*: "La ratio del precepto no puede ser más clara: el Legislador ha tipificado en este caso actos preparatorios, en relación con el cultivo y la fabricación de productos tóxicos o estupefacientes o sustancias psicotrópicas, porque ha querido concertar con la comunidad internacional los instrumentos jurídicos orientados a la represión de determinadas actividades definidas como singularmente amenazadoras y perjudiciales para el bienestar de los pueblos. El adelantamiento de la protección penal ha supuesto, en este caso, considerar como objeto del delito no sólo las drogas ya elaboradas sino los productos que se denominan sus 'precursores'"; STS 534/2018, 7-11 (*Tol 6920047)*: "El adelantamiento de la protección penal ha supuesto considerar como objeto del delito no solo las drogas ya elaboradas sino los productos que se denominan sus "precursores". La respuesta penal se anticipa así al momento de la realización de los actos meramente preparatorios, adelantando las barreras de intervención penal". O la STS 940/2011, 27-9 (*Tol 2248846)*: "El tipo básico del articulo 371 CP 1995 [...] por lo que constituye realmente un acto preparatorio punible del delito del art. 368, en cuyo ámbito, podrían encontrar acomodo dichas actividades".

Si el adelantamiento de la barrera punitiva anteriormente expresado no fuera suficiente, el art. 373, CP, permite además punir la provocación, conspiración y la proposición en relación con el delito de tráfico de precursores. Es decir: estaríamos ante la punición de los actos preparatorios de los actos preparatorios de los actos preparatorios. En estas condiciones, o se prescinde del principio de lesividad en su aplicación al Derecho Penal, o este precepto colisiona burdamente con el texto constitucional. En este sentido, la STC 24/2004, 24-2, asevera: "la imposición de sanciones penales sólo puede considerarse proporcionada y constitucionalmente legítima, si resulta necesaria para proteger bienes jurídicos esenciales frente a conductas lesivas o peligrosas para los mismos (principio de lesividad o exigencia de antijuridicidad material)". Cabe preguntarse cuál es la peligrosidad en la provocación a "tener en su poder sustancias" en el sentido del art. 371 CP. Desde luego está tan alejado de toda posible lesión al bien jurídico, que ni siquiera una sanción administrativa estaría justificada. Así pues, debe concluirse que el citado precepto conculca los cánones constitucionales.

El tipo se configura, al igual que el delito de tráfico de drogas, como un delito de mera actividad y de peligro abstracto.

Así SAN, Secc. 4ª, 13/2023, 10-5: "se trata de un tipo delictivo de mera actividad, toda vez que el elemento objetivo se realiza por el mero hecho de tener en su poder los equipos, materiales y sustancias referidas"; o STSJ, Galicia, Sala de lo Civil y Penal, 101/2022, 8-11. Véase también la STS 534/2018, 7-11 (*Tol 6920047)*: "La Jurisprudencia ha entendido que se trata de un tipo delictivo de mera actividad, toda vez que el elemento objetivo se realiza por el mero hecho de tener en su poder los equipos, materiales y sustancias referidas, en el que el dolo no solo cubre la acción típica, sino otras a las que sirve de antesala o propósito"; y la STS 711/2010, 23-6 (*Tol 1918724)*: "los actos de su tenencia, en cuanto dirigidos a posteriores acciones típicas no iniciadas todavía, no son ejecución imperfecta de un acto típico, sino menos actos preparatorios que resultan en principio impunes, si no fuera porque han sido tipificados como un delito autónomo en el art. 371 del Código Penal que recoge el llamado "tráfico de precursores", adelantando la respuesta penal a actos meramente preparatorios como declaró esta Sala en Sentencia de 26 de marzo de 2001. Pero para su apreciación es necesario: a) que la acción sea de fabricar, transportar, distribuir, comerciar o tener el sujeto en su poder; b) que el objeto de la acción sea una sustancia destinada a su utilización en el cultivo, la producción o la fabricación ilícita de drogas tóxicas, estupefacientes o sustancias psicotrópicas o para estos fines; c) que el sujeto actúe a sabiendas de esa finalidad; y d) que además sea una de las sustancias enumeradas en el Cuadro I y Cuadro II de la Convención de Naciones Unidas hecha en Viena el 20 de diciembre de 1988 o se trate de cualquier otro producto adicionado al mismo Convenio o que se incluyan en otros futuros Convenios de la misma naturaleza ratificados en España".

Dado lo anterior, en caso de concurrencia en el mismo sujeto de comportamientos calificables como tráfico de drogas y tráfico de precursores, el segundo quedará absorbido por el primero.

Vid. SAN, Sección 4ª, 50/2005, 3-11. En sentido contrario, castigando por tráfico de precursores, véase la STS 973/2016, 23-12 (*Tol 5930938)*, a pesar de enumerar las siguientes sustancias: "El ácido clorhídrico, ácido sulfúrico y la metileticetona intervenidas están clasificadas como precursores, en tanto que la cocaína es considerada sustancia que causa grave daño a la salud".

2.3. Elemento subjetivo

El tipo del art. 371, CP contiene un elemento subjetivo adicional al dolo. Así, la distribución, el transporte, la fabricación, el comercio o la posesión de precursores deben tener como destino su utilización para el cultivo, la producción o la fabricación ilícita de drogas tóxicas. Ese destino podrá ejecutarse por la misma persona que realiza los verbos típicos del art. 371, CP (*v.gr.*, la misma persona que posee ácido sulfúrico lo destina a la elaboración de cocaína) o por un tercero (una persona se dedica únicamente a la distribución de ácido sulfúrico, con conocimiento de que los terceros lo usarán para la fabricación de cocaína). Bastará con que el ejecutor lo haga "a sabiendas" de que ese será su uso.

Vid. en este sentido la STS 159/2020, 18-5 (*Tol 7992528)*: toda vez que el elemento objetivo se realiza por el mero hecho de tener en su poder los equipos, materiales y sustancias referidas, en el que el dolo no solo cubre la acción típica, sino otras a las que sirve de antesala o propósito; a esto se refiere el precepto cuando exige para la integración del tipo que el poseedor actúe a "sabiendas". O la SAN, Sección 4ª, 13/2023, 10-5: "toda vez que el elemento objetivo se realiza por el mero hecho de tener en su poder los equipos, materiales y sustancias referidas, en el que el dolo no solo cubre la acción típica, sino otras a las que sirve de antesala o propósito; a esto se refiere el precepto cuando exige para la integración del tipo que el poseedor actúe a "sabiendas". [...] De modo que así como la posesión de drogas es punible cuando va acompañada del propósito de difundirlas, la posesión de los precursores solo lo es cuando se tiene conciencia de que van a ser ilícitamente utilizados en el cultivo, la producción o fabricación de drogas".

En el mismo sentido, la STS 940/2011, 27-9 (*Tol 2248846*): "No estamos ante un delito de sospecha porque la mera posesión, aun no autorizada, no es suficiente para la incriminación, es un tipo en el que la respuesta penal se adelanta al momento de la realización de los actos meramente preparatorios, adelantando las barreras de intervención penal, así como la posesión de drogas es punible cuando va acompañada del propósito de difundirlas, la posesión de los precursores solo lo es cuando se tiene conciencia de que van a ser ilícitamente utilizados en el cultivo, la producción o fabricación de drogas". También la STS 534/2018, 7-11 (*Tol 6920047*): "el elemento objetivo se realiza por el mero hecho de tener en su poder los equipos, materiales y sustancias referidas, en el que el dolo no solo cubre la acción típica, sino otras a las que sirve de antesala o propósito; a esto se refiere el precepto cuando exige para la integración del tipo que el poseedor actúe a "sabiendas". El adelantamiento de la protección penal ha supuesto considerar como objeto del delito no solo las drogas ya elaboradas sino los productos que se denominan sus "precursores". La respuesta penal se anticipa así al momento de la realización de los actos meramente preparatorios, adelantando las barreras de intervención penal; de modo que así como la posesión de drogas es punible cuando va acompañada del propósito de difundirlas, la posesión de los precursores solo lo es cuando se tiene conciencia de que van a ser ilícitamente utilizados en el cultivo, la producción o fabricación de drogas (STS nº 34/2013, de 18 de enero)".

GALLEGO SALER/VERA SÁNCHEZ lo definen como un elemento tendencial normativo.

En caso de que el elemento subjetivo no esté presente, podrán aplicarse bien sanciones administrativas, bien los delitos de los arts. 359 y ss., CP, siempre que las sustancias puedan ser objeto de esos delitos (por ejemplo, medicamentos fabricados sin autorización). Si las sustancias pueden tener cabida tanto en los delitos de los arts. 359 y ss., CP, como en el art. 371, CP, el concurso de normas deberá resolverse a través de la alternatividad (vía art. 8.4, CP. De esta opinión, SILVA CASTAÑO).

Vid. STSJ, Galicia, 973/2016, 23-12: "Para terminar, hemos de hacer referencia a la aplicación del artículo 8, 4ª CP tal como se menciona en el fundamento de derecho tercero de la resolución recurrida. El precepto de referencia, en relación con los hechos que puedan sr calificados con arreglo a uno o más preceptos del Código penal, otorga condición excluyente a los preceptos que castiguen el hecho con pena mayor, como es en el presente caso el artículo 371 CP en relación con el 361".

La prueba de la finalidad, al igual que ocurre con el ánimo de distribución entre terceros del tráfico de drogas, podrá realizarse mediante inferencia. SÁNCHEZ TOMÁS determina algunos puntos que pueden resultar relevantes para la demostración de ese ánimo: por ejemplo, la dedicación real a la industria del sujeto, los canales por los que se han obtenido las sustancias, o el cumplimiento o no de la normativa administrativa de fiscalización de sustancias.

Véase la utilización de estas inferencias y similares, por ejemplo, en la STSJ, Galicia, 973/2016, 23-12: "Para el análisis de este motivo de recurso debemos de partir que, ciertamente, el incumplimiento de normas reglamentarias no conduce, por sí mismo, a la presencia de un tipo delictivo. La cuestión esencial es, dentro de los límites en que el recurso se mueve, en lo que podríamos denominar normalidad del tráfico mercantil. Es decir, la puesta a disposición tanto de autoridades administrativas como judiciales de una cartera de clientes arraigados en el sector químico que utilicen, también normalmente en su tráfico jurídico, las sustancias halladas en la nave de los recurrentes. Y, por supuesto, teniendo en cuenta que alguna de esas sustancias tiene una naturaleza que le permite servir, tanto como sustancia precursora, como de medicamento para tratamiento de patologías, pero esta duplicidad no excluye la locución "a sabiendas" en cuanto relevante del conocimiento de cual será el fin último de la mercancía siempre que se tenga la certeza o sospecha relevante de que no será lícito. En definitiva, y como la sentencia subraya, que las sustancias halladas tenían una doble condición, no solo la de precursoras en términos del cuadro II de la Convención, sino también otras necesarias para la fabricación, extracción y purificación de drogas ilícitas. Esto no cabe sostener que era desconocido para los apelantes, cuya tesis es que se trata de productos propios del tráfico del sector químico, pero esta cuestión enlaza con lo ya afirmado sobre la carencia de unas relaciones mercantiles habituales (hemos dicho normales) del sector, sustituyéndose por lo que la sentencia denomina "opacidad" en el tráfico, al reconocerse que los destinatarios de las mercancías eran identificados por el DNI o el CIF. A todo lo anterior, se añade que con tal situación son compatibles los listados de clientes, que no se conoce el alcance de la actividad comercial de los acusados para justificar la inversión y que, en efecto, la formalización de documentos societarios, tanto mercantiles como fiscales, no impide el desarrollo de actividades ilícitas. En cuanto al error de prohibición, debemos ratificar lo señalado por la sentencia pues tanto las previas actuaciones judiciales en el juzgado de Arganda del Rey, como la necesidad de acudir a un proveedor de China que se ofrece a falsificar los documentos de registro acreditan sobradamente el conocimiento de las infracciones administrativas y la naturaleza y destino de las sustancias poseídas, no digamos ya el conocimiento de que la fenacetina carecía de registro y signos de identificación".

En este sentido, véase también la STS 38/2004, 16-1: "Antes de exportar el permanganato potásico a Colombia, los acusados Gaspar y Jose Ignacio, puestos de acuerdo con el otro antes dicho, decidieron camuflar la mercancía y a este fin adquirieron seis mil kilos de dióxido de manganeso a la empresa R. Orts Simo, SA de Aldaya (Valencia), también ajena a estos hechos, así como 365 etiquetas y 144 bidones de plástico opaco con sus correspondiente precintos comprados a la empresa Rey de S.A de Sant Boi de Llobregat (Barcelona), ajena a estos hechos, recibiéndose estas mercancías el día 26 de febrero de 1999 en la misma nave antes dicha en la que seguía almacenado el permanganato potásico. Y a los mismos fines de camuflaje, Gaspar y Jose Ignacio encargaron al hijo de éste, el también acusado Miguel Ángel, que trasvasara 40 kilos de permanganato potásico en bolsas de basura, a cada uno de los nuevos bidones recibidos, completando el peso de 50 kilos por unidad con 10 kilos de dióxido de manganeso, y que tras precintar cada bidón le pusiera la nueva etiqueta referida a esta última mercancía, destruyendo las etiquetas originales del permanganato potásico. Para ser ayudado en estas tareas, Miguel Ángel contrató a su amigo Rubén. El tipo delictivo cuya indebida aplicación aquí se denuncia —el art. 371 del Código Penal— castiga con las correspondientes penas, entre otras conductas, una serie de actividades (fabricación, transporte, distribución, comercio, etc.) relacionadas con «materiales o sustancias enumeradas en el cuadro I y cuadro II de la Convención de Naciones Unidas, hecha en Viena el 20 de diciembre de 1988 (RCL 1990, 2309) [...] y cualesquiera otros productos adicionados al mismo Convenio o que se incluyan en futuros Convenios de la misma naturaleza ratificados por España, a sabiendas de que van a utilizarse en el cultivo, la producción o la fabricación ilícitas de drogas tóxicas, estupefacientes o sustancias psicotrópicas, o para estos fines,...», de modo que constituye, por una parte, una norma penal en blanco, que ha de ser integrada con las correspondientes normas extrapenales, y, por otra, es un delito de mera actividad. Para la estimación del tipo penal cuestionado, es menester, por consiguiente, la concurrencia de un elemento objetivo que, en cuanto aquí interesa, lo constituyen las sustancias enumeradas en alguno de los cuadros del Convenio de Viena de 1988; un elemento tendencial normativo, consistente en que las anteriores sustancias vayan a utilizarse en el cultivo, producción o fabricación ilícita de drogas tóxicas, estupefacientes o sustancias psicotrópicas; y un elemento subjetivo: la actuación «a sabiendas» del anterior destino".

En la SAN 48/2013, 3-7, puede verse también el razonamiento mediante inferencia del destino de las sustancias, en este caso para descartar el uso como precursor de drogas: "importación de grandes cantidades de efedrina por empresa farmacéutica que posteriormente la manda a otra empresa sita en Tánger relacionada también con el sector farmacéutico, no constando que se diera un uso ilegal a dicha sustancia. De todo lo anterior, partiendo de que la efedrina se encuentra catalogada como precursor, pero que originariamente se trata de una sustancia destinada a la elaboración de medicamentos, de cómo la adquisición se concluye a través de un laboratorio, no constando que se sustrajera al cumplimiento de las exigencias legales, habiendo importado previamente la misma sustancia, en cantidades igualmente importantes, partiendo de la tesis formalizada por la acusación, habiendo sido depositada en todo momento en zonas francas de aduanas, con conocimiento público, siendo su destino, en parte, otro laboratorio ubicado en Marruecos, no constando ninguna remisión extraña a cualquier otro país, no podemos concluir con la suficiente certeza jurídica sobre cual iba a ser su utilización final. Es cierto que la cantidad de efedrina aprehendida era importante, difícilmente compatible con un uso farmacéutico normalizado, pero igualmente lo fue meses antes sin que saltaran las alarmas, y ante un vacío complementario sobre el destino final, no podemos concluir con la necesaria certeza jurídica que fuera el de concurrir a la elaboración de drogas y/o sustancias estupefacientes. Y en tal sentido, no en base a la ausencia de prueba, sino a que la existente no permite concluir un juicio en grado de certeza jurídica, conformándose dudas razonables, y en aplicación del principio *in dubio pro reo*, procede dictar un pronunciamiento absolutorio".

3. *La agravación*

El apartado 2 del art. 371, CP, eleva las penas del tipo básico para aquellos tráficos de precursores que se producen en el marco de la criminalidad organizada. De esta manera, se impondrá la pena señalada para el tipo básico en su mitad superior, cuando los sujetos pertenezcan a una organización criminal (cuatro años y seis meses a seis años de prisión) y se reserva la pena superior en grado para los jefes, administradores o encargados de las organizaciones (seis años y un día a nueve años de prisión).

Por su parte, el párrafo segundo de este apartado añade la pena de inhabilitación especial para el ejercicio de profesión o industria por tiempo de tres a seis años, a la par que hace una remisión a las demás medidas previstas en el art. 369.2, CP, remisión que quedó vacía desde la reforma penal del año 2010. Llama poderosamente la atención no sólo el olvido del Legislador, sino su más absoluta pasividad por corregir un error que, al tiempo de este escrito, ya puede celebrar su decimoquinto aniversario.

Como ya ocurriera en el caso del delito de tráfico de drogas, la FGE en su Circular 3/2011, de 11 de octubre, sobre la reforma del Código Penal efectuada por la Ley Orgánica 5/2010, de 22 de junio, en relación con los delitos de tráfico ilegal de drogas y precursores indica que para determinar el precepto adecuado en el caso de tráfico de precursores en una situación de crimen organizado es necesario remitirse a la regla de la alternatividad (art. 8.4, CP), escogiendo la opción con pena más alta entre este párrafo segundo del art. 371, CP, o el tipo básico de tráfico de precursores en concurso con el delito del art. 570 bis, CP.

En el caso de distribución de funciones dentro de una organización criminal, por la cual unos sujetos se dedican únicamente a obtener precursores para que otros fabriquen y distribuyan los estupefacientes, la solución correcta será la condena de todos ellos por tráfico de drogas.

Véase así la SAN 17/2025, 2-4: "La tenencia de precursores queda absorbida por el delito de tráfico de drogas, pues en este caso supuso una forma de participar en el tráfico de drogas. Juan Ignacio no es que tenga los precursores a sabiendas de que se van a utilizar en la fabricación de cocaína, sino que participa en la fabricación de cocaína a gran escala, y lo hace adquiriendo y guardando en su nave un gran volumen de los precursores necesarios para la elaboración, lo que constituye un comportamiento esencial para llevar a cabo extracción de la cocaína y su preparación para el consumo"; o la STS 940/2011, 27-9 (*Tol 2248846)*: "Contrario con lo expuesto es que si el poseedor de sustancias o productos considerados como "precursores" está a su vez, integrado en un grupo organizado dedicado a la elaboración y distribución de la sustancia estupefaciente, siendo su papel dentro del grupo, precisamente el suministro de aquellos productos, el delito del art. 371, como acto preparatorio, queda absorbido. por el delito absorbido del art. 368 Código Penal, en virtud del artículo 8, CP como aconteció en el caso presente a la que fueron intervenidos más de 14 kg. de cocaína". En contra, sin embargo, la STS 305/2021, 9-4 (*Tol 8403458)*.

II. OTRAS DISPOSICIONES

1. Inhabilitaciones

El art. 372, CP es una disposición no solo aplicable a los delitos relacionados con las drogas y sus precursores, sino que afecta a todo el Capítulo III ("*De los delitos contra la salud pública*") del Título XVII ("*De los delitos contra la seguridad colectiva*"), esto es, de los delitos de los arts. 359 a 371, CP.

Pudiera entenderse que se trate de una redacción defectuosa, dado que la mayoría de esos preceptos, que no son los relativos al tráfico de drogas, ya contemplan sus propias penas de inhabilitación, lo que también sucede con el tráfico de precursores del art. 371, CP. En ese sentido, MANJÓN-CABEZA OLMEDA propone considerar que los preceptos que ya recogen inhabilitación especial deben ser interpretados como ley especial sobre esta disposición común, existiendo pronunciamientos en la Jurisprudencia que avalan esta solución [*cfr.* STS 1207/2004, 11-10 (*Tol 514592)*]. No nos parece, sin embargo, aceptable el planteamiento, y ello por una potísima razón: el art. 372, CP únicamente afecta a sujetos especiales, empresario, intermediario en el sector financiero, etc. Por lo tanto, en realidad, ni se trata de una redacción defectuosa ni los preceptos de los tipos en particular pueden "imponerse" por especialidad al del artículo 372 CP: pues este último es, siempre, ley especial frente a los otros tipos, por razón de los sujetos activos. Así, la ausencia de especialidad en el sujeto activo conduce a la aplicación de las penas de inhabilitación previstas en cada tipo; en el caso de que se trate de un empresario, etc., se aplicará lo previsto en el artículo 372, CP. No surge ningún conflicto interpretativo, en cambio, con la pena de inhabilitación absoluta, pues esta no aparece en el articulado de los delitos contra la salud pública.

Así, el precepto señala a determinados sujetos que, por ostentar ciertos oficios o cargos, serán objeto de inhabilitaciones, ya especiales, ya absolutas, si cometieren algunos de los delitos de los preceptos anteriores. De esta manera, el empresario, el intermediario del sector financiero, el facultativo, el funcionario público, el trabajador social, y el docente o educador, siempre que los delitos se hayan cometido en el ejercicio de su cargo, profesión u oficio, deberán afrontar la pena de inhabilitación especial para empleo o cargo público, profesión u oficio, industria, o comercio de tres a diez años. Se reserva la pena de inhabilitación absoluta de diez a 20 años para el caso de autoridades o agentes de la misma. Se eleva, así, la inhabilitación a la categoría de pena principal. Al igual que ocurre con el art. 369.1.1ª, CP (cuya única diferencia en los sujetos es que en este art. 372, CP, se añade a los empresarios e intermediarios financieros), también se exige que el delito se haya cometido en el ejercicio del cargo, resultando que la inhabilitación no podrá imponerse si el oficio no ha tenido ningún papel en la comisión delictiva.

El art. 372, CP también incluye, en su párrafo segundo, una interpretación auténtica del concepto "facultativo". Las mismas advertencias que sobre esta interpretación se hicieron a propósito de la agravación recogida en el art. 369.1.1ª, CP, pueden trasladarse aquí, así como para el resto de los sujetos activos.

Por lo demás, y con respecto a la inclusión los intermediarios financieros, apunta MOLINA MANSILLA que tiene una "clara orientación hacia la lucha contra el blanqueo institucionalizado". La expresión intermediario financiero aparece, efectivamente, también en el art. 303, CP, en relación con la receptación y blanqueo de capitales. Esta dinámica conexa entre el tráfico de estupefacientes y el posterior blanqueo a través de intermediadores, puede verse, por ejemplo, en la STS 302/2024, 10-4, que condena a intermediadores financieros panameños (sin autorización para ejercer estas funciones en España) por blanqueo de capitales en un entramado de narcotráfico.

Parte de la doctrina ha considerado que dada la dicción literal del precepto ("fueran realizados por") y el principio de intervención mínima, la inhabilitación debería imponerse únicamente a aquellos condenados a título de autores (MANJÓN-CABEZA OLMEDA, MAGALDI PATERNOSTRO, ANDRÉS DOMÍNGUEZ). No podemos, sin embargo, mostrar nuestro acuerdo con esta interpretación dado que los delitos los realizan tanto los autores como los cómplices, y no hay ningún argumento en la redacción para restringir la interpretación —y la "horquilla" del marco penal es lo suficientemente amplia para que en la determinación de la pena sea posible distinguir entre autoría y participación.

También es importante destacar la STS 491/2019, 16-10 (*Tol 7564536*), que aclaró que la inhabilitación puede imponerse a pesar de que el Ministerio Fiscal no la haya interesado, dado que se trata en este caso de una pena principal y preceptiva.

> "Recuerda el recurso que el Fiscal, en sus conclusiones elevadas a definitivas en el juicio oral, omitió por error interesar la pena de inhabilitación absoluta prevista en el art. 372 del Código Penal para todos los casos en los que el autor fuera agente de la autoridad en el ejercicio de su cargo, de aplicación, por tanto, a cada uno de los delitos contra la salud pública por los que se ha condenado a Maximino. Resalta que el Tribunal de instancia se abstuvo de imponer las penas de inhabilitación absoluta, lo que motivó que el Fiscal solicitara aclaración de la sentencia. [...] La pena de inhabilitación absoluta se determina así como obligatoriamente imponible al agente de la autoridad que perpetre el delito contra la salud pública en el ejercicio de su cargo, configurándose por ello como pena principal. [...] En aplicación de esta doctrina cabe citar las SSTS 11/2008, de 11 de enero, y la 8/2015, de 22 de enero, para las que no se produce infracción del principio acusatorio si el Fiscal, por error, solicita una pena inferior a la mínima legal y el Tribunal impone la pena correcta, conforme al CP. [...] En igual sentido, la STS 733/2016, de 5 de octubre, repite que la omisión en la pretensión acusatoria de una pena obligada legalmente, no impide su imposición por el Tribunal sentenciador, si bien en su extensión mínima".

2. *Actos preparatorios*

El art. 373, CP —y más allá de las tachas de inconstitucionalidad que hemos referido más atrás— tipifica los actos preparatorios de los delitos recogidos en los arts. 368 a 372, CP (en realidad, el precepto debería haber recogido los arts. 368 a 371, CP, pues el art. 372, CP no recoge ningún delito, sino como acaba de verse *supra*, las penas de inhabilitación especial y absoluta para determinados casos). De esta manera, puede ser castigada tanto la provocación, como la conspiración y la proposición a cometer delitos de tráfico de drogas (y sus precursores) con las penas inferiores en uno o dos grados a la que corresponderían por el delito consumado. Huelga repetir las consideraciones sobre el adelanto de la barrera punitiva que supone la tipificación de los actos preparatorios de cualquier modalidad del art. 368, CP, que ya hace referencia a comportamientos muy anteriores a la mera puesta en peligro de la salud pública.

Ello supone una vuelta de tuerca más cuando se trata de los actos preparatorios del art. 371, CP (tráfico de precursores), pues se trata de un acto preparatorio (tipificado como delito autónomo) del art. 368, CP, y que, a su vez, contiene actos preparatorios del propio tráfico de precursores (así, la posesión de precursores para el fin de utilizarse en la fabricación de drogas ilícitas). De aplicar el art. 373, CP al art. 371 (actos preparatorios del tráfico de precursores), se estará castigando —como ya hemos significado— el acto preparatorio (provocación, proposición o conspiración) del acto preparatorio (posesión de precursores) del acto preparatorio (elaboración de drogas) de un comportamiento que pondría en peligro un bien jurídico.

En cualquier caso, e igual que ocurre con el tráfico de drogas, la extensión de los comportamientos que se castigan en el art. 371, CP deja poco espacio a la consideración de la tentativa y complica también encontrar margen de aplicación para esos actos preparatorios.

Véase sin embargo la STS 77/2007, 7-2 (*Tol 1038004*): "En efecto la STS 9.3.98, expresó que en los delito de tendencia y tacto sucesivo —cual es el tráfico de drogas— está asumida doctrinal y Jurisprudencialmente, la dificultad de estimación de formas imperfectas de ejecución, pero no existen obstáculos para apreciar la conspiración: Han de concurrir una serie de circunstancias para su apreciación, la de estar relacionada necesariamente con alguna de las infracciones definidas como delito en el texto legal y, subjetivamente, requiere la concurrencia de una pluralidad de personas, dos al menos, que pueda cada una de ellas ser sujeto activo del delito que proyectan, que acuerdan sus voluntades mediante un. y aparezcan animados de una resolución firme de ser coautores de un concreto delito".

Tanto es así, que las sentencias condenatorias por actos preparatorios son muy semejantes a otras que condenan por tentativa e incluso por delito consumado (véase así lecciones anteriores sobre tráfico de drogas).

Véase, por ejemplo, las SSTS 468/2020, 23-9, y 977/2004, 24-7 (*Tol 483701)*, que condenan por conspiración por un acuerdo para entrega de drogas; o la anteriormente mencionada STS 77/2007, 7-2 (*Tol 1038004)*, que condena por conspiración a un policía local que se comprometió a desviar a las patrullas y alertar de su presencia para que una operación de narcotráfico culminara con éxito. La operación no llegó a realizarse. "La operación de desembarco se refería a hachís y en cantidad de notoria importancia, pero no porqué causas tal operación no llevó a cabo y ni siquiera si se inició, y en qué lugar habría de producirse el desembarco, y por tanto si la conducta del recurrente, que sería de favorecimiento del tráfico, se efectuó o no, esto es, si llegó a dar aquellas instrucciones a que se refieran los hechos probados. Siendo así, y partiendo de que en relación a los otros cuatro acusados a que se refiere este apartado de los hechos probados, la sentencia impugnada no hace referencia alguna por su actuación en este frustrado desembarco, limitándose su condena al que tuvo lugar el 7.2.2004, no hay constancia de que su conducta excediese de esos actos preparatorios que quedarían fuera del ámbito señalado al delito intentado".

Confrontar la STS 334/2012, 25-4 (*Tol 2540105)*, que condena por conspiración a un sujeto que había llegado a un acuerdo con los poseedores de la droga, frustrándose la operación por la intervención policial: "La subsunción de la conducta del acusado en el tipo penal de la conspiración y no en la tentativa queda justificada en el presente caso porque la entrega de la droga al acusado no era inminente, y además todavía quedaban algunos pasos intermedios de cierta relevancia para el inicio de la ejecución del delito, cuales eran fijar el precio concreto de la droga cuya compra había convenido y también la cuantía que finalmente adquiría, cuantía que aunque era elevada se hallaba sin especificar". También por conspiración puede confrontarse la STS 823/2012, 30-10 (*Tol 2689503)*.

3. Comiso

El art. 374, CP recoge el decomiso de los drogas tóxicas, estupefacientes o sustancias psicotrópicas, así como de los equipos materiales y sustancias del art. 371, CP, y los bienes, medios, instrumentos y ganancias que provengan de los delitos de los arts. 368 a 372, CP, y también, del párrafo segundo del apartado 1 del art. 301, CP (esto es, el blanqueo de capitales cuando los bienes tengan su origen en un delito de tráfico de drogas). Se trata de una consecuencia accesoria del delito, de imposición obligada [en este sentido, STS 405/2022, 25-4 (*Tol 8933002*)]. El precepto, además de remitirse a las normas generales de los arts. 127 y 128, CP, recoge sus propias normas especiales, cuyo contenido ha quedado bastante mermado después de la macro reforma penal de 2015, pues gran parte de las precisiones especiales que se hacían para el tráfico de drogas se convirtieron, tras la modificación legal, en las reglas generales de esta consecuencia accesoria del delito.

La reforma en esta materia venía a adaptar la normativa española a la Directiva 2014/42/EU, de 3 de abril, sobre el Embargo y el Decomiso de los Instrumentos y del Producto del Delito en la Unión Europea. Además, se creó la Oficina de Recuperación y Gestión de Activos (Real Decreto 948/2015, de 23 de octubre, por el que se regula la Oficina de Recuperación y Gestión de Activos, posteriormente modificado por el RD 93/2018, de 2 de marzo).

Dado el objeto de la presente lección, solo se recogen aquí las particularidades que han quedado al respecto del comiso para estupefacientes.

El precepto actual recoge que el comiso se efectuará *"con sujeción a lo dispuesto en los artículos 127 y 128"*. Esa referencia al art. 128, CP apareció tras la reforma de 2015 pues anteriormente el precepto solo citaba el art. 127, CP. A pesar de ello, la Doctrina ya aclaró con anterioridad que la preterición del art. 128 CP no tenía consecuencias materiales, pues la norma de proporcionalidad también debía regir en el caso del comiso con origen en el tráfico de drogas (véase AGUADO CORREA, MOLINA MANSILLA). En este sentido, advertía AGUADO CORREA que ya antes de la reforma esta precisión era superflua, pues la Ley 17/2003, de 29 de mayo, por la que se regula el Fondo de bienes decomisados por tráfico de drogas y otros delitos relacionados ya recogía el destino de esos bienes decomisados.

De esta manera, el art. 374, CP recoge dos normas especiales para los casos de los delitos anteriormente mencionados. La primera de estas reglas hace referencia a la destrucción de las muestras (o, en su caso, a la totalidad de lo incautado) que se hubieran aportado al procedimiento. La segunda regla estipula que aquello decomisado será adjudicado íntegramente al Estado pues no podrán ser utilizados para la satisfacción de responsabilidad civil o costas procesales (contrariamente a lo que dispone el régimen general del art. 127 octies, apartado tercero, CP).

Por otra parte, es necesario recordar que, en relación con los medios o instrumentos, solo podrán decomisarse aquellos que sean necesarios para la comisión delictiva. No así por ejemplo cuando los medios se hayan utilizado por mera comodidad: un vehículo puede ser medio necesario para el transporte de drogas, pero también puede haberse utilizado cuando no era necesario, por mera comodidad del delincuente [*vid.* STS 1154/2009, 11-11 (*Tol 1747817*), que declara el comiso porque el coche servía de manera funcional para realizar los contactos con los vendedores de drogas; pero no así en las SSTS 397/2008, 1-7 (*Tol 1343763*), o 1274/2009, 18-12 (*Tol 1762120*), que no decretan el comiso pues los vehículos se utilizaban por cuestiones prácticas)].

> *Vid.* STS 181/2014, 11-3 (*Tol 4151386*): "Por ello cuando el vehículo no es utilizado de forma insustituible como instrumento para la ejecución del delito y no se trata de una operación de transporte lo que es imputado, no usándose aquel como lugar de ocultación de la droga sino como medio normal de transporte y desplazamiento, y la droga, por su volumen y peso es llevada encima por el acusado, sin necesitar el auxilio del vehículo, que no tiene habitáculo alguno preparado para su ocultación, lo razonable es entender que el uso del vehículo para el transporte de la droga es un elemento accesorio en el modo de comisión del delito. La posesión física de la droga no convierte sin más en instrumento del delito el uso que del vehículo pueda hacer en cualquier momento el acusado, pues la droga puedo haberse transportado de cualquier otro modo, incluso sin ningún vehículo".

Es necesario recordar que pueden decomisarse bienes que se poseían con anterioridad al acto objeto de condena "siempre que se tenga por probada su procedencia y se respete el principio acusatorio [STS 209/2014, 12-7 (*Tol 4177365*)]), sin que sea preciso identificar las concretas operaciones de tráfico ilegal de drogas [STS 1049/2011, 18-10 (*Tol 2269322*)], y que basta a tales efectos que quede suficientemente acreditada la actividad delictiva de modo genérico [STS 600/2012, 12-7 (*Tol 2603202*)]; pero ello no exime al Tribunal de exteriorizar la motivación que le lleva a afirma la realidad de esa actividad delictiva previa y su conexión con los bienes decomisados".

> *Cfr.* SSTS 1013/2022, 12-1 (*Tol 9391060*), o 907/21, 24-11. Véase también sobre el decomiso ampliado la STS 599/2020, 12-11 (*Tol 8213888*): "[...] en definitiva, que si bien es cierto que la suma de dinero incautada es significativamente superior a la que habría generado la concreta actividad ilícita que es objeto de enjuiciamiento en, las presentes, lo que realmente no se puede considerar acreditado, pues escapa a las máximas de experiencia, es que el dinero hallado escondido entre los muebles ubicados en el domicilio del Sr. Jose Augusto, sea el resultado de una vida asceta dedicada en exclusiva al ahorro, lo que justifica, en conclusión, el decomiso ampliado ex art. 127 bis del Código Penal".

4. Reincidencia internacional

El actual art. 375, CP reconoce las condenas de los jueces o tribunales extranjeros para construir la agravante de reincidencia, siempre que se trate de delitos de la misma naturaleza que los previstos en los arts. 361 a 372, CP, y que los antecedentes no hayan sido cancelados o pudieran serlo con arreglo al Derecho español.

En cualquier caso, la condena extranjera deberá hacer referencia a comportamientos tipificados en nuestro Ordenamiento y no a cuestiones atípicas en el mismo: así por ejemplo la posesión destinada al consumo propio. De la misma forma, tampoco podrán tenerse en cuenta las condenas por actos preparatorios, pues el precepto hace referencia a los delitos de los arts. 261 a 372, CP, encontrándose los actos preparatorios tipificados en el art. 373, CP.

Por otra parte, deberá tenerse en cuenta la doctrina derivada de la STJUE, Sala Segunda, caso Van Esbroeck, 9-3-2006, que aclaró que el art. 54 del Convenio de aplicación del Acuerdo de Schengen (14 de junio de 1985) debe interpretarse en el sentido de que los hechos consistentes en la exportación/importación de estupefacientes que sean perseguidos por diversos Estados deben considerarse en principio como "los mismos hechos" a efectos de *bis in idem*.

> "El artículo 54 del CAAS debe interpretarse en el sentido de que: - El criterio pertinente a efectos de la aplicación del citado artículo del CAAS está constituido por el de la identidad de los hechos materiales, entendido como la existencia de un conjunto de hechos indisolublemente ligados entre sí, con independencia de su calificación jurídica o del interés jurídico protegido; - Los hechos punibles consistentes en la exportación y la importación de los mismos estupefacientes y perseguidos en diferentes Estados contratantes del CAAS deben considerarse, en principio, como «los mismos hechos» en el sentido del referido artículo 54, si bien la apreciación definitiva a este respecto corresponde a las instancias nacionales competentes" (*cfr.* STJUE, Sala Segunda, caso Van Esbroeck, 9-3-2006).
>
> Por otra parte, es necesario confrontar la STS/2018, 29-1 (*Tol 6526211*), que recuerda que las condenas de otros países no pueden refundirse con condenas nacionales (ex art. 76, CP).

Para terminar, es necesario que conste en la sentencia que quiere reconocerse la firmeza de la sentencia condenatoria, el delito por el que se dictó sentencia, la pena impuesta y la fecha en la que se extinguió la misma [*cfr.* STS 145/2007, 28-2 (*Tol 104990*)]. De faltar estos no podrá aplicarse la reincidencia internacional [*vid.* así la STS 632/2004, 13-5 (*Tol 449332*)].

5. Circunstancias de especial atenuación

El art. 576, CP recoge dos escenarios distintos: el párrafo primero acoge un tipo privilegiado de colaboración con la justicia y, el segundo, la atenuación de pena para el caso del consumidor-traficante. Se trata de medidas del llamado Derecho Penal premial, ambas consistentes en la posibilidad de disminuir la pena en uno o dos grados si concurren los requisitos que el precepto exige.

Ambos párrafos recogen una *potestad* de los Tribunales. *Vid.* así la STS 104/2011, 1-3 (*Tol 2065578*): "El tipo privilegiado, aplicable únicamente a los delitos de tráfico de drogas comprendidos en los arts. 368 a 372 tiene como primera característica de que su aplicación queda al libre arbitrio de jueces y Tribunales, en cuanto en él se emplea la palabra "podrán", en perjuicio de que cuando lo acepten han de motivarlo debidamente en la sentencia". Es por ello que se vuelve difícil su revisión en casación [véase la STS 500/2000, 15-3 (*Tol 48608*)], pero no imposible. Así, por ejemplo, la STS 848/2022, 27-10 (*Tol 9284247*), resuelve una mala interpretación de la prueba por la sentencia de instancia, que consideró que el reo no había finalizado el tratamiento de deshabituación.

La reforma de 2015 permitió extender estas medidas a todos los delitos contra la salud pública (arts. 361 a 372, CP) y no solo para aquellos delitos de tráfico de drogas. El Legislador tampoco aprovechó esta modificación para eliminar la referencia inútil al art. 372, CP.

Si el Legislador ha decidido dar un trato diferente a estas circunstancias es, decididamente, por razones de política criminal: en un caso, para favorecer las investigaciones en un ámbito complejo de la delincuencia, sobre todo cuando se trata de crimen organizado; y en el otro, como medida preventivo-especial, que busca recompensar a aquellos que abandonan hábitos insalubres que, en su caso, pueden haberle llevado a la comisión delictiva.

5.1. Tipo privilegiado de colaboración

El primer párrafo del art. 376, CP establece la posibilidad de disminuir la pena en uno o dos grados siempre que se cumplan las tres exigencias que el precepto marca: dos fijas y una alternativa [utiliza esta terminología la STS 4/2020, 16-1 (*Tol 7805379*); en el mismo sentido, STS 851/22, 27-10]. Así, la primera sería el abandono voluntario de las actividades delictivas; la segunda, la colaboración activa con las autoridades o sus agentes; y la tercera, la alternativa, que esa colaboración pueda materializarse en una de las tres siguientes finalidades: a) impedir la producción del delito; b) obtener pruebas decisivas para la identificación y captura de los responsables; c) impedir la actuación o desarrollo de las organizaciones o asociaciones a las que haya pertenecido o con las que haya colaborado.

Con respecto al primer requisito, el abandono voluntario de las actividades delictivas, no se exige que el abandono ocurra por motivos éticos, como exige la lógica de nuestro modelo de Derecho, sino que bastaría cualquiera de las circunstancias que puedan motivar al colaborador. Hay posiciones encontradas en la Doctrina al respecto de si puede tildarse de "voluntario" el abandono que se produce después de la detención del sujeto. Y ello está vinculado también a lo que se interprete qué se debe "abandonar". Así, parte de la Doctrina considera que lo que debe abandonarse es la organización o grupo criminal, siendo esta atenuación solo posible para aquellos que pertenezcan a la criminalidad organizada (MANJÓN-CABEZA OLMEDA, MOLINA MANSILLA, MARTÍNEZ PARDO, LAMARCA PÉREZ).

La Jurisprudencia, aunque no lo exige taxativamente, si afirma en algún pronunciamiento que esta circunstancia está "orientada para delincuentes organizados mediante esa especie de arrepentimiento activo que comenzando por el abandono voluntario de la actividad delictiva [...]". *Cfr.* STS 4/2020, 16-1 (*Tol 7805379*); o que esta atenuación está "orientado a favorecer la lucha contra el tráfico de drogas, especialmente el ejecutado por delincuentes organizados" [STS 104/2011, 1-3 (*Tol 2065578*)]; "constituye un tipo privilegiado, que refleja una medida de política criminal tendente a favorecer la investigación de estos delitos contra la salud pública, en muchas ocasiones producida en el seno de organizaciones criminales que vertebran su actividad sobre dos notas: opacidad y destrucción de pruebas, por lo que el sistema de justicia criminal no debe ser insensible a las informaciones que partan desde dentro de la propia organización, sino que positivamente los incentiva con una rebaja de la pena en los términos previstos en este tipo privilegiado [...] la razón de ser de estas medidas premiales es la misma: facilitar el avance de la investigación y romper la cohesión del grupo criminal desde dentro, valorando el efectivo desmarque de la persona concernida que con su colaboración activa consigue alguno de los fines previstos en el tipo" [STS 851/2022, 27-10 (*Tol 9291632*)]. No obstante, ese mismo pronunciamiento advierte que esta circunstancia es de aplicación preferente a la delincuencia organizada, dejando la puerta abierta a su apreciación en otros casos: "Debe acreditarse que el sujeto concernido haya abandonado voluntariamente sus actividades delictivas, lo que intensifica el campo propio de la aplicación del tipo que se dirige preferentemente a supuestos de delincuencia organizada. 3. Se exige una colaboración activa en un triple abanico de actividades: o bien para impedir la producción del delito, o bien para facilitar pruebas decisivas para identificar y capturar a otros o bien impedir la continuación o el desarrollo de las organizaciones criminales a las que haya pertenecido o colaborado, lo que vuelve a situar, propiamente, el ámbito de aplicación de este tipo privilegiado dentro de las redes clandestinas de tráfico de drogas".

Sin embargo, lo único que exige el literal del precepto es el abandono de la actividad delictiva, que no tiene por qué ser organizada. Esta interpretación de la Doctrina parece provenir de extrapolar la misma medida premial presente en el terrorismo, que hasta 2015 solo podía pertenecer a la criminalidad organizada. Cierto es que la delación de otros sujetos e incluso la mención expresa que se hace en el precepto a estas ("*o para impedir la actuación o el desarrollo de las organizaciones o asociaciones en las que haya pertenecido o colaborado*") será más fácil para aquel que está integrado en actuaciones grupales, pero dado que la criminalidad relativa a las drogas suele requerir una serie de contactos, aunque sean esporádicos o cambiantes, la delación de otras personas que también se dedican al tráfico de estupefacientes puede ser sencillo incluso para aquel que se dedica a la venta al menudeo: el pequeño traficante deberá normalmente relacionarse con otras personas que o bien importan o distribuyen estupefacientes o bien los producen o cultivan, sin necesidad de verse inmerso en el control o estar bajo las órdenes de una organización.

Pues bien, aquellos que consideran que el abandono es a la organización o grupo admiten la posibilidad de que el abandono pueda ser "voluntario" a pesar de ser posterior a la detención (LAMARCA PÉREZ, MANJÓN-CABEZA OLMEDA, MOLINA MANSILLA, MARTÍNEZ PARDO), pues después de la detención podrían seguir perteneciendo a la organización o grupo. Por el contrario, otra parte de la Doctrina y la mayoría de la Jurisprudencia entienden que el abandono no es "voluntario" tras la detención del sujeto, sino forzoso.

Vid. en la Jurisprudencia, por ejemplo, la STS 464/2009, 28-4 (*Tol 1525332)*: "esta Sala ya ha declarado en otras ocasiones que el primer requisito, es decir, el abandono previo de actividades delictivas, dificulta en grado sumo la operatividad de esta atenuación, fundada en razones de política criminal que debería dejar algún margen más al intérprete para su aplicación en supuestos de colaboración espontáneas, una vez producida la detención del dispuesto a prestar una valiosa aportación a la desarticulación de este tipo de redes organizadas del narcotráfico"; o la STS 104/2011, 1-3 (*Tol 2065578)*: "En el caso presente el recurrente fue detenido en virtud de las investigaciones policiales y la actuación del agente encubierto, por ello no procede sostenerse que hubiera abandonado voluntariamente sus actividades policiales y sí forzado por la actuación policial, que es el caso de la STS. 23.3.2007 y de la STS. 687/2006 de 7.6, que precisa que no hubo abandono voluntario de la actividad delictiva, al existir una actuación de la Guardia Civil en la aduana del aeropuerto que fue seguida de la detención de los autores, aunque uno de ellos ayudara a la identificación del otro imputado, pues como dice la STS. 1264/2009 de 20.1, esta exigencia no se cumple cuando el sujeto es detenido contra su voluntad y es en esa situación cuando decide colaborar, por lo que no puede aplicarse el tipo privilegiado del art. 376, lo cual no es óbice para conceder una relevación penal a la actuación posterior del recurrente pues qué duda cabe que quien, en ese ejercicio de autocrítica reconoce, en parte, su implicación y colabora y facilita la investigación de los hechos está patentizando una actitud que debe ser valorada como la sentencia impugnada ha hecho con la atenuante analógica de colaboración".

MARTÍNEZ PARDO y GALLEGO SOLER/VERA SÁNCHEZ recuerdan que, bajo esa interpretación, aún es posible aplicar la atenuante analógica (art. 21.7, CP) en relación con la atenuante de confesión (art. 21.4, CP). De hecho, MAGRO SERVET consideraba esta atenuación como inútil e ineficaz pues similares condiciones puede obtenerse de aplicar el artículo 21.4, CP, como muy cualificada.

Sin embargo, la lectura más correcta, dado no solo el literal del precepto sino también una interpretación histórica, sería entender que el abandono voluntario (bien de la delincuencia —como dicta el literal del precepto—, bien de la organización o grupo) pudiera ser posterior a la detención, dado que la redacción del precepto hasta la reforma del año 2003 contemplaba un requisito adicional al abandono voluntario: "y se haya presentado a las autoridades confesando los hechos en que hubiera participado". Si precisamente se retiró la necesidad de confesión fue para facilitar la colaboración, y de ninguna otra manera puede uno colaborar sin confesar si es que no ha sido ya descubierto por las autoridades.

Cfr. STS 104/2011, 1-3 (*Tol 2065578)*: "Nótese que la modificación de dicho precepto operada por LO. 15/2003 de 25.11, buscando una interpretación más flexible de este tipo privilegiado, se ha suprimido los requisitos de la presentación ante las Autoridades y de la confesión de los hechos en los que hubiera participado el colaborador, que exigía el precepto en su originaria redacción".

La FGE (Circular 2005) afirmaba que "no está supeditada a ninguna condición temporal, de lo que se desprende que la colaboración con las autoridades puede producirse también durante la tramitación de la causa criminal".

Por otra parte, y con respecto a la colaboración activa, esta puede consistir en cualquier forma que permita las finalidades alternativas [STS 4/2020, 16-1 (*Tol 7805379*): "No es necesario que se conjuguen todas bastando solo una de ellas"] que el precepto recoge, y la Jurisprudencia parece de acuerdo en que puede consistir en una confesión siempre que sea necesaria para la condena, aunque el artículo no lo precise.

De hecho, la FGE así lo afirmaba en su Circular de 2005: "debemos convenir que la confesión de un acusado, en atención a su contenido y circunstancias [...] ningún obstáculo legal existe para considerarla una forma de colaboración activa".

Además, las finalidades de *impedir la producción del delito, obtener pruebas decisivas para la identificación o captura de otros responsables o para impedir la actuación o el desarrollo de las organizaciones o asociaciones*, son instrucciones al respecto del tipo o calidad de la colaboración, pero no es necesario que esas finalidades efectivamente se produzcan, pues ello dependerá de los operativos policiales y no del acusado. De esta manera, no se entenderán válidas informaciones superfluas o imprecisas que nada o poco aporten a las posibles investigaciones.

Véase STS 954/2009, 30-9: "Como puede apreciarse, la colaboración ofrecida por el recurrente —por cierto, condicionada su efectividad a que el propio recurrente fuera puesto en libertad— no cumple ninguno de los requisitos que exige el art. 376 de la LECrim para aspirar al efecto atenuatorio. Este precepto exige, además de un abandono voluntario de las actividades delictivas —dato no concurrente en el presente caso—, una colaboración activa y eficaz para impedir la comisión de nuevos delitos o la captura de otros responsables. Y como apunta el Ministerio Fiscal, en esa actitud colaboradora primaba el deseo de eludir la medida cautelar que le afectaba, antes que el verdadero propósito de colaboración. Sólo así puede entenderse la ambigüedad e imprecisión de los datos ofrecidos a la Policía".

Para terminar, puede estudiarse la posibilidad de apreciar junto al art. 376, CP, la atenuación genérica de confesión (art. 21.4, CP). Son atenuaciones que contemplan requisitos distintos, pues el art. 21.4, CP requiere la efectiva confesión, que como ya se ha afirmado, no es necesaria en el caso de esta atenuante específica. Por otro lado, la circunstancia genérica también exige que esa confesión se produzca antes de que el procedimiento se dirija contra la persona concreta, límite temporal que no exige el art. 378 CP.

Vid. STS 145/2007, 28-2 (*Tol 1049909*): "no está condicionada por ningún límite temporal y no precisa que la colaboración se materialice a modo de confesión, pudiendo revestir otras modalidades diferentes". Estas mismas diferencias resalta la FGE (*cfr.* FGE, Circular 2/2005, de 31 de marzo).

La FGE, en su Circular del año 2005, considera que ambas instituciones tienen el mismo fundamento por lo que no podrían apreciarse simultáneamente, dictaminando que sería de aplicación el tipo privilegiado del 376, CP, pues tendría un ámbito de aplicación más amplio que la circunstancia genérica del art. 21.4°, CP, en tanto que no observa el requisito temporal, ni es aplicable solo a la colaboración mediante confesión. Ello impide, a su vez, su apreciación conjunta.

La Jurisprudencia ha bebido del razonamiento de la FGE en su mencionada Circular de 2005. *Vid.*, por ejemplo, STS 104/2011, 1-3 (*Tol 2065578*): "las dos instituciones obedecen a un mismo fundamento y no pueden apreciarse simultáneamente, ya que el tipo privilegiado del art. 376, con un ámbito de aplicación más amplio abarca los supuestos hasta ahora incardinables en la circunstancia genérica de arrepentimiento del art. 21.4. En similar dirección la STS 234/2007 de 23.3, entendió que el principio *non bis in idem,* que impide apreciar unos mismos datos de hecho para computarlos en dos agravaciones o atenuaciones diferentes, principio que inspira el art. 67 CP, se violaría cuando en base a una colaboración eficaz para la investigación se aplicara el art. 376 y la atenuante 4 del art. 21 de forma conjunta". También STS 851/2022, 27-10 (*Tol 9291632*): "Es evidente la proximidad que este tipo penal mantiene con la atenuante ordinaria del art. 21-4° CP, por lo que no es posible la aplicación simultánea de ambos en un mismo caso [...]".

5.2. La figura del consumidor-traficante

El párrafo segundo del art. 376, CP, permite también la reducción de la pena en uno o dos grados siempre que se den dos requisitos positivos y uno negativo: el primero de ellos es que el reo debía ser drogodependiente en el momento de comisión de los hechos; el segundo, acreditar que, posteriormente, ha finalizado con éxito un tratamiento de deshabituación; y el tercero, negativo, que recae sobre el objeto del tráfico: la cantidad de estupefacientes no puede alcanzar la notoria importancia o extrema gravedad [utiliza esta terminología la STS 848/2022, 27-10 (*Tol 9284247*)].

La primera duda que surge de la lectura de este parágrafo viene impuesta por el concepto de drogodependiente. Habrá que descartar, en principio, al consumidor de drogas que no tiene un problema de dependencia de los mismos. Por otra parte, cabe cuestionarse al respecto de si la exigencia de drogodependencia viene unida a que el delito tenga que ser producto de esa dependencia, esto es, si debe tratarse de delincuencia funcional para el consumo.

Así la STS 362/2022, 7-4 (*Tol 8916618*): este precepto, concebido para lo que se ha llamado el delincuente funcional, esto es, aquél que trafica para consumir, no es ajeno a numerosas dificultades interpretativas.

Otra parte de la Doctrina también se plantea si el reo debía tener su imputabilidad mermada o anulada (OTERO GONZÁLEZ). En cualquier caso, aunque sin duda ambas dos puedan ser el origen y fundamento de la introducción de las mismas, la discusión puede zanjarse con el literal del precepto, que ninguna de las dos cosas requiere, más que la prueba de drogodependencia del sujeto en el momento de los hechos.

De hecho, la Fiscalía General del Estado en su Circular de 2005 afirmaba que "aun cuando el precepto no exige la vinculación antes mencionada entre la drogodependencia y la actividad delictiva, los sres. Fiscales valorarán especialmente la concurrencia de dicha circunstancia [...] sin perjuicio de su apreciación en cualquier otro supuesto en que se considere oportuno".

Por lo demás, si las facultades del sujeto se encontraran mermadas o anuladas en el momento de comisión delictiva podría ser de aplicación la eximente del art. 20.2ª, CP o la eximente incompleta del art. 21.1ª, CP.

Otra de las cuestiones que ha de tratarse es la posibilidad de aplicarla junto con la atenuante genérica de drogadicción del art. 21.2ª, CP. Ese precepto genérico sí exige que el delito se haya cometido con causa en la grave adicción del sujeto, pero, sin embargo, no exige el posterior deshabituamiento. Parecería, por tanto, compatible aplicar ambas, siempre que se den los requisitos de las dos atenuaciones. Cuestión parecida es la posibilidad de aplicar esta conjuntamente con la atenuación del párrafo segundo del artículo 368, CP. Pero debe tenerse en cuenta en este sentido que se trata de una disminución tan excepcional de la pena que la exigencia típica debe ir referida a un juicio global sobre las completas circunstancias personales del sujeto activo, todas ellas, y en este sentido no cabe una artificiosa separación de algunas de las mismas para tratar de encajarlas en otros preceptos a efectos, también atenuatorios: si tal cosa se hiciere se estaría traicionando el sentido del precepto del art. 368, CP: lo que el art. 368 II, CP, hace es remitir a las "circunstancias personales del culpable", a todas ellas.

En la Doctrina, tampoco lo consideran aplicable en conjunto: OTERO GONZÁLEZ, GALLEGO SOLER/VEGA SÁNCHEZ.

Para terminar, la Jurisprudencia ha señalado la escasa aplicabilidad de esta atenuación, toda vez que desde la reforma de los juicios rápidos operada por la LO 38/2002, 24 de octubre, es común que los tratamientos de deshabituación aún no estén terminados cuando los hechos son objeto de enjuiciamiento.

La propia Jurisprudencia apunta en sus sentencias a la necesidad de reformar el precepto para que baste con la promesa de deshabituación, como ocurre en el art. 801.3 LECrim. *Cfr.* STS 362/2022, 7-4 (*Tol 8916618*): "De hecho, ha sido considerado por algunos inaplicable en la práctica, no ya por el relativo fracaso estadístico asociado a ese tipo de tratamientos, sino por la celeridad imprimida al enjuiciamiento de hechos delictivos relacionados con el tráfico de drogas a pequeña escala, sobre todo, a raíz de la reforma de los juicios rápidos operada por la LO 38/2002, 24 de octubre (*cfr.* art. 795.2.g de la LECrim). Incluso no faltan autores que censuran el criterio legislativo, por no considerar bastante la promesa de deshabituación, en línea con lo establecido en el art. 801.3 de la LECrim. La lectura del art. 376 CP, sin embargo, no deja espacio para opciones interpretativas alternativas: el acusado ha de acreditar suficientemente que ha finalizado con éxito un tratamiento de deshabituación (*cfr.* STS 603/2007, 25 de junio)". Del mismo tenor, STS 848/2022, 27-10 (*Tol 9284247).*

En todo caso, no estimamos que una simple promesa de deshabituación en el sentido del mentado art. 801.3, LECrim. fuera aplicable al caso que contemplamos. En efecto, en el caso de la ley rituaria la institución de la suspensión nos sitúa en el momento de la ejecución de la pena; y en ese contexto, se muestra —dados los restantes requisitos exigidos por la institución de la suspensión— primordial la confianza en el sujeto, en su actuación futura. Sin embargo, en el ámbito de la tipicidad del delito nos encontramos valorando la mayor o menor gravedad de un injusto ya cometido.

Alguna Jurisprudencia, minoritaria, recoge la posibilidad de apreciarla cuando el tratamiento no está aún finalizado, por entender que "finalizado" a efectos penales, es distinto a lo que clínicamente se da por terminado.

Vid. STS 68/2017, 8-2 (*Tol 5963547)*: "Es decir el Tribunal pone de manifiesto, con independencia de que quienes dirigen el tratamiento no hayan dado por totalmente finalizado el mismo, la triple consideración de: no excesiva previa adicción, persistencia en el tratamiento con resultados favorables durante largo tiempo, y ausencia de controles que revelen recidiva de consumo en ese tiempo. Tales datos permiten calificar jurídicamente el tratamiento como terminado con éxito a los efectos penales, por más que de hecho el penado haya continuado con aquel tratamiento. De tal suerte que todos los requisitos del artículo 376 del Código Penal se tienen por cumplidos satisfactoriamente y de manera total y conclusa". Se trata, éste, de un ejemplo claro de lo que no pocas veces se ha denunciado: el Tribunal "reinterpreta" el artículo 376, II, CP, apartándose del principio de legalidad pues este precepto exige que el sujeto "acredite suficientemente que ha finalizado con éxito un tratamiento de deshabituación". El Tribunal, sin embargo, estima que lo que continúa ha sido finalizado, lo que es incurrir en una contradicción insuperable. Es lógico, además, que se exija típicamente ese "punto final" exitoso al tratamiento, porque, insistimos, nos hallamos ante una atenuación extraordinaria a un injusto ya cometido.

6. Multas

El art. 377, CP conserva la redacción original, y abarca solo los delitos relativos a las drogas y no a todos los tipos relativos a la salud pública. Este se encarga de establecer la pauta que determina la cuantía de las multas en los casos de delitos relacionados con los estupefacientes, dado que las mismas se rigen por el sistema de multa proporcional, en relación con el valor del objeto del delito o el beneficio reportado por el mismo (art. 52, CP. Precepto del que deben tenerse en cuenta el resto de las precisiones que realiza: así, por ejemplo, el art. 52.2, CP establece que los jueces y tribunales deberán considerar "*para determinar en cada caso su cuantía, no sólo las circunstancias atenuantes y agravantes del hecho, sino principalmente la situación económica del culpable*").

Vid. STS 812/2021, 26-10 (*Tol 8643083)*: "En materia de tráfico de drogas, la multa prevista se rige, precisamente, por el sistema secundario de multa proporcional, y así en el art. 368 y ss. se establece que la multa viene impuesta en relación "al valor de la droga" en una proporción variable que puede llegar del tanto del séxtuplo. Se contiene, además una norma específica en el art. 377 para la determinación del valor de la multa o imponer en relación a estos delitos, según la cual, para la determinación del valor de la droga, que actúa como presupuesto indispensable para la imposición de la multa "sería el precio final del producto o, en su caso, la recompensa o ganancia obtenida por el reo, o que hubiera podido obtener [...]".

El literal del art. 377, CP solo especifica en base a qué va a calcularse lo anterior: el tanto corresponderá al precio final del producto, o a la recompensa o ganancia obtenida por el reo, o que hubiera podido obtener, dependiendo del caso.

En todos los casos se plantean penas proporcionales al valor de la droga o beneficios obtenidos (el doble, el cuádruple...) salvo para el caso de las personas jurídicas, para las que se recogen los sistemas de multa por cuotas y proporcional disyuntivamente. Para la imposición de las mismas será necesario tener en cuenta lo establecido por el Acuerdo de Pleno no jurisdiccional de la Sala Segunda del Tribunal Supremo, de 24-5-2017, que reafirmó que el valor de la droga es elemento indispensable para la fijación de la consecuencia jurídica del delito contra la salud pública y, por lo tanto, debe declararse en el relato fáctico de la sentencia. De lo contrario no podrá imponerse la pena de multa.

El mismo Acuerdo también establecía que "para su acreditación deberán valorarse los informes periciales o cualesquiera otros medios que reflejen el valor de la droga o el beneficio que con las mismas se ha obtenido o se pretendía obtener". Asimismo *cfr.* la STS 812/2021, 26-10 (*Tol 8643083*): "Debe recordarse la consolidada doctrina de esta Sala que tiene declarado presupuesto indispensable para la imposición de la pena de multa, la determinación del valor de la droga, de suerte que si no consta tal dato en los hechos probados, no procederá la imposición de la pena de multa, al no existir en el vigente Código Penal, un precepto como el art. 74 del Código derogado de 1973, que fijaba un límite mínimo a la multa como sanción pecuniaria por el delito, SSTS. 26.10.2000, 461/2002, de 11.3, 92/2003, de 29.1, 394/2004, de 22.3, 1463/2004, de 2.12, que expresamente señalan que "la determinación del valor de la droga como hecho declarado probado en la sentencia, es un elemento imprescindible para la cuantificación de la pena de multa, hasta el extremo de que debe prescindirse de esta pena en el caso de que tal valor no haya sido determinado y tampoco se hayan hecho constar los elementos fácticos que permitirían acudir a las previsiones del artículo 377 del Código Penal"".

Por otra parte, el Tribunal Supremo también ha recordado en sus pronunciamientos que las disminuciones de las penas que declaran algunos tipos privilegiados se hacen con referencia a todas las penas, lo que debe incluir a la de multa.

Véase así la STS 90/2021, 3-2 (*Tol 8310559*): "procederemos a reducir la pena de multa que viene impuesta desde la sentencia de instancia, por no haber sido aplicado a la misma la reducción contemplada en el pf. II del art. 368 CP". En cualquier caso, basta con que las "dosis de pena" sean parejas. *Cfr.* la STS 140/2021, 17-2: "Y en aplicación de dicho precepto se considera procedente imponer, a todos ellos, la pena de prisión de tres años y cuatro meses (la pena abstracta prevista para el delito cometido se extiende entre los tres y los seis años de prisión). Sin embargo, con respecto a la pena de multa (del tanto al triplo del valor de la droga objeto del delito), se fija en 70.000 euros (algo menos del doble del valor de aquella, tasada en 38.334,60 euros) [...] "está dentro del límite legal, que no existe ninguna norma que obligue a una correspondencia exacta con la individualización de la pena privativa de libertad y porque consideraciones de obvia trascendencia de cada pena obligan a moderar de manera acentuada la más grave y a ser más estricta la aplicación de una pena pecuniaria vinculada al lucro ilícito derivado del tráfico por el que se han impuesto las condenas". De similar tenor, las SSTS 22/2020, 28-1 (*Tol 7736624)*, y 98/2021, 4-2 (*Tol 8326134)*.

Con respecto al precio, la Jurisprudencia ha remarcado que cuando no pueda probarse el precio al que se vendió el producto puede utilizarse el precio habitual del mismo [*vid.*, por ejemplo, SSTS 448/2018, 10-10; 279/2018, 20/12, y 797/2006, 20-7 (*Tol 1019330)*]. En este sentido pueden utilizarse los precios que marca la Oficina Central Nacional de Estupefacientes (OCNE). En cualquier caso, el precio podrá ser impugnado por la defensa [*cfr.* STS 378/2020, 8-7 (*Tol 8013361)*].

Vid. así las SSTS 33/2021, 20-1 (*Tol 8301553)*, y 349/2021, 28-4 (*Tol 8422183)*.

7. Imputación de pagos

El art. 378, CP impone un orden de prelación de pagos específico para los delitos de los arts. 361 a 372, CP. El orden que se establece es igual al genérico del art. 126 CP, con la única salvedad que el art. 378, CP antepone el pago de la multa al de las costas (este art. 378, CP ha sido únicamente modificado por la LO 1/2015, para extender su aplicación al resto de los delitos contra la salud pública, pues antes de dicha reforma el precepto solo hacía referencia a los delitos relacionados con drogas y precursores). MOLINA MANSILLA ofrece como explicación que el Legislador ha pretendido evitar que se eleven artificialmente los honorarios de la defensa para eludir el pago de la multa. Por otra parte, la Doctrina, no sin razón, ha puesto de manifiesto la carencia de sentido de referirse a la acusación particular y privada, no viable en estos delitos, y el olvido de la acusación popular (MANJÓN-CABEZA OLMEDA, MARTÍNEZ PARDO). También resulta cuestionable el hecho de haber dejado en primer lugar la reparación del daño, prácticamente impracticable en estos delitos que protegen bienes jurídicos colectivos.

III. BIBLIOGRAFÍA

Más allá de la bibliografía general ya invocada sobre tráfico de drogas, puede verse:

AGUADO CORREA, T. "Embargo preventivo y comiso en los delitos de tráfico de drogas y otros delitos relacionados: presente y ¿futuro?", *Estudios Penales y Criminológicos*, vol. XXXIII, 2013;

ANDRÉS DOMÍNGUEZ, A. C. "Penas de inhabilitación especial y absoluta (artículo 372 CP)", en ÁLVAREZ GARCÍA, F. J. (dir.), *El delito de tráfico de drogas*, Valencia, 2009; CARDENAL MONTRAVETA, S. "La Pena de multa prevista para los delitos relacionados con el consumo ilegal de drogas", *InDret*, nº 1, 2020; COMISIÓN EUROPEA, *Comunicación de la Comisión al Parlamento Europeo y al Consejo sobre la hoja de ruta de la UE para luchar contra el tráfico de drogas y el crimen organizado*, Bruselas, 18-10-2023, EUDA, *Informe Europeo sobre Drogas. Tendencias y novedades*, 2025; FRIEYRO ELÍCEGUI, S. *Actos preparatorios y tráfico de drogas*, Valencia, 2021; GALLEGO SOLER J. I. y VERA SÁNCHEZ, J. S. "Arts. 368-378", en CORCOY BIDASOLO, M. y MIR PUIG, S. (dirs.), *Comentarios al Código Penal. Reformas LLOO 1/2023, 3/2023 y 4/2023*, 1ª ed., Valencia, 2015; JOSHI JUBERT, U. "Artículo 371", en CORCOY BIDASOLO, M. y MIR PUIG, S. (dirs.), *Comentarios al Código Penal. Reformas LLOO 1/2023, 3/2023 y 4/2023*, 2ª ed., Valencia, 2024; JUNTA INTERNACIONAL DE FISCALIZACIÓN DE ESTUPEFACIENTES, *Informe de la Junta Internacional de Fiscalización de Estupefacientes correspondiente a 2022 sobre la aplicación del artículo 12 de la Convención de las Naciones Unidas contra el Tráfico Ilícito de Estupefacientes y Sustancias Sicotrópicas de 1988;* JUNTA INTERNACIONAL DE FISCALIZACIÓN DE ESTUPEFACIENTES, *Precursores sustancias químicas y equipo frecuentemente utilizados para la fabricación ilícita de estupefacientes y sustancias sicotrópicas 2024*, febrero de 2025; MANJÓN-CABEZA OLMEDA, A. "Tráfico de drogas: (I)", en ÁLVAREZ GARCÍA, F. J. (dir.), *Derecho Penal español. Parte Especial. Parte Especial (II)*, 2011; MENDOZA BUERGO, B. "Los delitos contra la salud pública: especial consideración sobre el tráfico de drogas", en BAJO FERNÁNDEZ, M. (dir.), *Compendio De Derecho Penal. Parte Especial*, Madrid, 1998; OBSERVATORIO EUROPEO DE LAS DROGAS Y TOXICOMANÍAS, *Informe Europeo sobre Drogas. Tendencias y novedades*, Luxemburgo, 2024; RÍOS MONTERREY, A. *El tráfico de precursores de drogas tóxicas, estupefacientes y sustancias psicotrópicas*, Tesis Doctoral, Universidad de Salamanca, 2017; SILVA CASTAÑO, M. L. "Arts. 371-378", en CUERDA ARNAU, M. L. (dir.), *Comentarios al Código Penal*, Tomo II, Valencia, 2023; SUÁREZ LÓPEZ, J. M. "El tráfico de precursores", *Revista Electrónica de Ciencia Penal y Criminología*, nº 05-02, 2003.

REFERENCIAS LEGALES

- Decisión Marco 2004/757/JAI del Consejo, 25-10-2004, relativa al establecimiento de disposiciones mínimas de los elementos constitutivos de delitos y las penas aplicables en el ámbito del tráfico ilícito de drogas.
- Ley 17/1967, 8-4, de Estupefacientes (*Tol 893365).*
- Ley Orgánica 12/1995, de 12 de diciembre, de Represión del Contrabando (*Tol 220542).*
- Convención de Viena contra el Tráfico Ilícito de Estupefacientes y Sustancias Psicotrópicas de 1988 (*Tol 137458).*
- Ley 17/2003, 29-5, del Fondo de bienes decomisados por tráfico de drogas y otros delitos (*Tol 267996*).
- Ley 4/2009, 15-7, de control de precursores de drogas (*Tol 1526495).*
- Real Decreto 129/2017, de 24 de febrero, por el que se aprueba el Reglamento de control de precursores de drogas (*Tol 5979518).*
- Reglamento (CE) 273/2004 del Parlamento Europeo y del Consejo de 11 de febrero de 2004, sobre precursores de drogas (*Tol 756822).*
- Reglamento (CE) 111/2005 del Consejo, de 22 de diciembre de 2004, por el que establecen normas para la vigilancia del comercio de precursores de drogas entre la Unión y terceros países (*Tol 756832).*

- Reglamento 1277/2005, de la Comisión de 27 de julio, por el que se establecen normas de aplicación de los anteriores.
- Reglamento de Ejecución (UE) 2015/1013 de la Comisión, de 25 de junio de 2015, que establece normas respecto del Reglamento (CE) 273/2004 del Parlamento Europeo y del Consejo, sobre precursores de drogas, y del Reglamento (CE) 111/2005 del Consejo, por el que se establecen normas para la vigilancia del comercio de precursores de drogas entre la Unión y terceros países.
- Reglamento Delegado (UE) 2015/1011 de la Comisión de 24 de abril de 2015 que completa el Reglamento (CE) 273/2004 del Parlamento Europeo y del Consejo sobre precursores de drogas y el Reglamento (CE) n o 111/2005 del Consejo por el que se establecen normas para la vigilancia del comercio de precursores de drogas entre la Unión y terceros países y por el que se deroga el Reglamento (CE) 1277/2005 de la Comisión (*Tol 6107311*).
- Reglamento Delegado (UE) 2023/196 de la Comisión de 25 de noviembre de 2022 que modifica el Reglamento (CE) nº 273/2004 del Parlamento Europeo y del Consejo y el Reglamento (CE) nº 111/2005 del Consejo por lo que respecta a la inclusión de determinados precursores de drogas en la lista de sustancias catalogadas.

Lección 44ª

Delitos contra la seguridad del tráfico

PILAR GÓMEZ PAVÓN

SUMARIO. I. CONSIDERACIONES GENERALES. II. ELEMENTOS COMUNES A TODOS LOS DELITOS CONTRA LA SEGURIDAD DEL TRÁFICO. 1. El bien jurídico protegido. 2. El lugar de comisión del delito. III. CLASIFICACIÓN DE LOS DELITOS RELATIVOS A LA SEGURIDAD DEL TRÁFICO EN FUNCIÓN DE LA CONDUCTA TÍPICA. 1. Delitos cuyo comportamiento típico consiste en conducir. 1.1. Elementos comunes. 1.1.1. El comportamiento típico. 1.1.2. El instrumento comisivo. 1.1.3. El sujeto activo. Problemas de autoría. 1.2. Los diferentes tipos penales. 1.2.1. El delito de conducción con velocidad excesiva. 1.2.1.1. La superación de los límites de velocidad como elemento de la tipicidad: naturaleza de ley penal en blanco. 1.2.1.2. Delito de peligro abstracto. 1.2.1.3. El elemento subjetivo. 1.2.1.4. Problemas específicos en relación con la autoría. 1.2.1.5. Conocimiento, culpabilidad y error. 1.2.2. El delito de conducción bajo la influencia de bebidas alcohólicas, drogas tóxicas, estupefacientes o sustancias psicotrópicas 1.2.2.1 La influencia del alcohol, drogas tóxicas, estupefacientes o sustancias psicotrópicas sobre las capacidades para conducir. 1.2.2.2. Las pruebas de detección de las sustancias típicas: su valor como prueba de cargo en la sentencia condenatoria 1.2.2.3. Delito de peligro abstracto. 1.2.2.4. El *iter criminis*. 1.2.2.5. El elemento subjetivo. 1.2.2.6. Posibilidad de apreciar la circunstancia eximente del número 2º del art. 20 CP o la 2ª del art. 21 CP. 1.2.3. El delito de conducción con tasas de alcohol superiores a las establecidas. 1.2.3.1. El valor de las pruebas de detección alcohólica en este delito. 1.2.3.2. El elemento subjetivo. 1.2.4. El delito de conducción temeraria. 1.2.4.1. Concepto de conducción con temeridad manifiesta. 1.2.4.2. Su naturaleza de delito de peligro concreto. 1.2.4.3. Especial consideración del sujeto pasivo. 1.2.4.4. El *iter criminis*. 1.2.4.5. El elemento subjetivo. 1.2.4.6. La presunción de temeridad manifiesta. 1.2.5. La conducción con manifiesto desprecio de la vida o salud de los demás. 1.2.5.1. El manifiesto desprecio como elemento diferenciador de la conducción temeraria. 1.2.5.2. Modalidades típicas. 1.2.5.3. El *iter criminis*. 1.2.5.4. El elemento subjetivo. 1.2.6. La conducción sin tener el correspondiente permiso o licencia o por haber sido privado del mismo. 1.2.6.1. Modalidades típicas. 1.2.6.2. El *iter criminis*. 1.2.6.3. El elemento subjetivo. 1.2.6.4. Conocimiento, culpabilidad y error. 1.2.6.5. Problemas concursales. 2. Delitos en los que la conducta típica no es conducir. 2.1. La colocación de obstáculos o alteración por cualquier medio de la seguridad del tráfico. 2.1.1. Comportamiento típico. 2.1.2. Delito de peligro. 2.1.3. El *iter criminis*. 2.1.4. Autoría y participación. 2.1.5. El elemento subjetivo. 2.1.6. Problemas concursales. 2.2. El no restablecimiento de la seguridad del tráfico. IV. LA NEGATIVA A SOMETERSE A LAS PRUEBAS DE DETECCIÓN ALCOHÓLICA. 1. Delimitación entre el ilícito penal y el administrativo. 2. Comportamiento típico. 3. Las pruebas legalmente establecidas. 4. El sujeto activo. La autoría. 5. El *iter criminis*. 6. El elemento subjetivo 7. Aplicación de la circunstancia eximente del número 2º del art. 20 o la 1ª o 2ª del art. 21 CP. 8. Problemas concursales. V. ESPECIAL CONSIDERACIÓN DEL DELITO DE ABANDONO DEL LUGAR DEL ACCIDENTE. 1. El bien jurídico protegido. 2. Comportamiento típico. 3. La exigencia de un previo resultado lesivo. 4. Instrumento típico y lugar de comisión. 5. El *iter criminis*. 6. Autoría y participación. 7. El elemento subjetivo. 8. Problemas concursales. VI. LA NORMA CONCURSAL ESPECÍFICA DE ESTOS DELITOS: SUPUESTOS INCLUIDOS. VII. EL COMISO DEL VEHÍCULO DE MOTOR O CICLOMOTOR. VIII. EL ART. 385 TER CP. IX. BIBLIOGRAFÍA.

Artículo 379

1. El que condujere un vehículo de motor o un ciclomotor a velocidad superior en sesenta kilómetros por hora en vía urbana o en ochenta kilómetros por hora en vía interurbana a la permitida reglamentariamente, será castigado con la pena de prisión de tres a seis meses o con la de multa de seis a doce meses o con la de trabajos en beneficio de la comunidad de treinta y uno a noventa días, y, en cualquier caso, con la de privación del derecho a conducir vehículos a motor y ciclomotores por tiempo superior a uno y hasta cuatro años.

2. Con las mismas penas será castigado el que condujere un vehículo de motor o ciclomotor bajo la influencia de drogas tóxicas, estupefacientes, sustancias psicotrópicas o de bebidas alcohólicas. En todo caso será condenado con dichas penas el que condujere con una tasa de alcohol en aire espirado superior a 0,60 miligramos por litro o con una tasa de alcohol en sangre superior a 1,2 gramos por litro.

Artículo 379 (texto vigente hasta el 22-12-2010)

1. El que condujere un vehículo de motor o un ciclomotor a velocidad superior en sesenta kilómetros por hora en vía urbana o en ochenta kilómetros por hora en vía interurbana a la permitida reglamentariamente, será castigado con la pena de prisión de tres a seis meses o a la de multa de seis a doce meses y trabajos en beneficio de la comunidad de treinta y uno a noventa días, y, en cualquier caso, a la privación del derecho a conducir vehículos a motor y ciclomotor por tiempo superior a uno y hasta cuatro años.

2. Con las mismas penas será castigado el que condujere un vehículo de motor o ciclomotor bajo la influencia de drogas tóxicas, estupefacientes, sustancias psicotrópicas o de bebidas alcohólicas. En todo caso será condenado con dichas penas el que condujere con una tasa de alcohol en aire espirado superior a 0,60 miligramos por litro o con una tasa de alcohol en sangre superior a 1,2 gramos por litro.

Artículo 380

1. El que condujere un vehículo a motor o un ciclomotor con temeridad manifiesta y pusiere en concreto peligro la vida o la integridad de las personas será castigado con las penas de prisión de seis meses a dos años y privación del derecho a conducir vehículos a motor y ciclomotores por tiempo superior a uno y hasta seis años.

2. A los efectos del presente precepto se reputará manifiestamente temeraria la conducción en la que concurrieren las circunstancias previstas en el apartado primero y en el inciso segundo del apartado artículo anterior.

Artículo 381

1. Será castigado con las penas de prisión de dos a cinco años, multa de doce a veinticuatro meses y privación del derecho a conducir vehículos a motor y ciclomotores durante un período de seis a diez años el que, con manifiesto desprecio por la vida de los demás, realizare la conducta descrita en el artículo anterior.

2. Cuando no se hubiere puesto en concreto peligro la vida o la integridad de las personas, las penas serán de prisión de uno a dos años, multa de seis a doce meses y privación del derecho a conducir vehículos a motor y ciclomotores por el tiempo previsto en el párrafo anterior.

Artículo 382

Cuando con los actos sancionados en los artículos 379, 380 y 381 se ocasionare, además del riesgo prevenido, un resultado lesivo constitutivo de delito, cualquiera que sea su gravedad, los Jueces o Tribunales apreciarán tan sólo la infracción más gravemente penada, aplicando la pena en su mitad superior y condenando, en todo caso, al resarcimiento de la responsabilidad civil que se hubiera originado.

Cuando el resultado lesivo concurra con un delito del artículo 381, se impondrá en todo caso la pena de privación del derecho a conducir vehículos de motor y ciclomotores prevista en este precepto en su mitad superior.

Artículo 382 (texto vigente hasta el 2-3-2019)

Cuando con los actos sancionados en los artículos 379, 380 y 381 se ocasionare, además del riesgo prevenido, un resultado lesivo constitutivo de delito, cualquiera que sea su gravedad, los Jueces y Tribunales apreciarán tan sólo la infracción más gravemente penada, aplicando la pena en su mitad superior y condenando, en todo caso, al resarcimiento de la responsabilidad civil que se hubiere ocasionado.

Artículo 382 bis

1. El conductor de un vehículo a motor o de un ciclomotor que, fuera de los casos contemplados en el artículo 195, voluntariamente y sin que concurra riesgo propio o de terceros, abandone el lugar de los hechos tras causar un accidente en el que fallecieren una o varias personas o en el que se les causare alguna de las lesiones a que se refieren los artículos 147.1, 149 y 150, será castigado como autor de un delito de abandono del lugar del accidente.

2. Los hechos contemplados en este artículo que tuvieran su origen en una acción imprudente del conductor, serán castigados con la pena de prisión de seis meses a cuatro años y privación del derecho a conducir vehículos a motor y ciclomotores de uno a cuatro años.

3. Si el origen de los hechos que dan lugar al abandono fuera fortuito le corresponderá una pena de tres a seis meses de prisión y privación del derecho a conducir vehículos a motor y ciclomotores de seis meses a dos años.

Artículo 382 bis (texto vigente hasta el 14-9-2022)

1. El conductor de un vehículo a motor o de un ciclomotor que, fuera de los casos contemplados en el artículo 195, voluntariamente y sin que concurra riesgo propio o de terceros, abandone el lugar de los hechos tras causar un accidente en el que fallecieran una o varias personas o en el que se le causare lesión constitutiva de un delito del artículo 152.2, será castigado como autor de un delito de abandono del lugar del accidente.

2. Los hechos contemplados en este artículo que tuvieran su origen en una acción imprudente del conductor, serán castigados con la pena de prisión de seis meses a cuatro años y privación del derecho a conducir vehículos a motor y ciclomotores de uno a cuatro años.

3. Si el origen de los hechos que dan lugar al abandono fuera fortuito le corresponderá una pena de tres a seis meses de prisión y privación del derecho a conducir vehículos a motor y ciclomotores de seis meses a dos años.

Artículo 383

El conductor que, requerido por un agente de la autoridad, se negare a someterse a las pruebas legalmente establecidas para la comprobación de las tasas de alcoholemia y la presencia de las drogas tóxicas, estupefacientes y sustancias psicotrópicas a que se refieren los artículos anteriores, será castigado con las penas de prisión de seis meses a un año y privación del derecho a conducir vehículos a motor y ciclomotores por tiempo superior a uno y hasta cuatro años.

Artículo 384

El que condujere un vehículo de motor o ciclomotor en los casos de pérdida de vigencia del permiso o licencia por pérdida total de los puntos asignados legalmente, será castigado con la pena de prisión de tres a seis meses o con la de multa de doce a veinticuatro meses o con la de trabajos en beneficio de la comunidad de treinta y uno a noventa días.

La misma pena se impondrá al que realizare la conducción tras haber sido privado cautelar o definitivamente del permiso o licencia por decisión judicial y al que condujere un vehículo de motor o ciclomotor sin haber obtenido nunca permiso o licencia de conducción.

Artículo 385

Será castigado con la pena de prisión de seis meses a dos años o a las de multa de doce a veinticuatro meses y trabajos en beneficio de la comunidad de diez a cuarenta días, el que originare un grave riesgo para la circulación de alguna de las siguientes formas:

1ª. Colocando en la vía obstáculos imprevisibles, derramando sustancias deslizantes o inflamables o mutando, sustrayendo o anulando la señalización o por cualquier otro medio.

2ª. No restableciendo la seguridad de la vía, cuando haya obligación de hacerlo.

Artículo 385 bis

El vehículo a motor o ciclomotor utilizado en los hechos previstos en este Capítulo se considerará instrumento del delito a los efectos de los artículos 127 y 128.

Artículo 385 ter

En los delitos previstos en los artículos 379, 383, 384 y 385, el Juez o Tribunal, razonándolo en sentencia, podrá rebajar en un grado la pena de prisión en atención a la menor entidad del riesgo causado y a las demás circunstancias del hecho.

I. CONSIDERACIONES GENERALES

El Título XVII del Código Penal bajo la rúbrica "*De los delitos contra la seguridad colectiva*" regula, en sus diversos Capítulos, hechos atentatorios contra intereses que se configuran como colectivos, es decir: que afectan o importan a toda la colectividad como tal. Pero posiblemente esa sea la única característica común a los cuatro Capítulos que componen este Título, pues en él se recogen los delitos denominados de riesgo catastrófico, de incendios, contra la salud pública y, por último, los atentatorios contra la seguridad del tráfico. Hechos que pocos puntos en común tienen, excepto el acabado de señalar, ya que escasa relación guarda un delito de tráfico de drogas con una conducción con exceso de velocidad, a no ser que con ambos se afecta un interés colectivo que tampoco es común, puesto que en el primer caso sería, para la mayoría de Doctrina y Jurisprudencia, la salud pública y en los segundos la seguridad en el tráfico vial. Es cierto que en ambos casos se puede poner en riesgo y lesionar la vida o salud individual de las personas, pero ello se puede predicar de otros delitos contemplados en el CP, lo que no hace que deban regularse en igual Título. Se podría, por último, apuntar que nos encontramos ante delitos de peligro, donde el bien jurídico protegido es uno de naturaleza colectiva, con carácter instrumental para la salvaguarda de otro de carácter personal, pero eso también puede decirse de otros preceptos del texto penal.

La conclusión no puede ser otra que la poca fortuna de la regulación conjunta.

Centrándonos en los delitos contra la seguridad del tráfico, estos aparecen en la Legislación penal española con la Ley del Automóvil, de 9 de mayo de 1950, que regulaba una serie de hechos relativos al tráfico rodado de vehículos de motor, otorgándoles la categoría de delitos y que, en gran medida, son los que tradicionalmente se han venido recogiendo en los distintos textos penales, hasta las últimas reformas que acentúan la tendencia objetivadora en la tipificación de estos hechos. Posteriormente, la Ley de 24 de diciembre de 1962 pretendió conseguir una regulación completa del sector, incluyendo en su texto tanto cuestiones penales como de derecho privado o pertenecientes al ámbito administrativo; ley que tardo años en entrar en vigor y cuya vigencia fue, además, corta, ya que en 1967 se incorporan al Código Penal sus preceptos y en ese cuerpo legislativo han permanecido estos delitos hasta el momento.

La importancia en la praxis de estos delitos es evidente: basta leer las estadísticas publicadas por los diferentes organismos oficiales para comprobarlo. E igualmente resulta importante atender a los medios de comunicación que, de forma constante, proporcionan cifras de muertos, lesionados y accidentes, sin olvidar la repercusión económica que tienen tanto en orden a lo relativo a los seguros como a la sanidad pública, dada la alta ocupación de camas que comportan estos accidentes, con independencia de ser o no calificados como delito en cada caso.

No es el lugar para extendernos en esto, pero a modo de ejemplo, de acuerdo con los datos suministrados por la Jefatura Central de Tráfico, el número de muertos para los años 1992 a 2008, fue:

1992	5.035
1993	4.653
1994	4.026
1995	4.220
1996	3.998
1997	4.034
1998	4.289
1999	4.280
2000	4.295
2001	-------
2002	4.026
2003	4.029
2004	3.511
2005	3.332
2006	3.071
2007	2.742
2008	2.181

Para 2009, según la misma fuente, la cifra de accidentes mortales fue de 1.695, con 1.902 muertos. Estos números han de ser matizados en atención a que, según la Dirección General de Tráfico: "*Los accidentes que se tienen en cuenta* [...] *son exclusivamente los accidentes mortales que tienen lugar en la carretera —no se incluyen por tanto los de la zona urbana ni aquellos que tienen como resultado exclusivamente heridos—, considerándose víctima mortal aquella que fallece dentro de las 24 horas siguientes al accidente*". La cifra de muertes ha seguido bajando, hasta llegar en 2020 a la cifra de 1.370 víctimas, aunque no debe olvidarse el efecto de las medidas para combatir la pandemia al analizar esta cifra, observándose un ligero ascenso en 2021 (1.508 muertos). En 2022 la cifra de fallecidos fue de 1.746. Y para el periodo de 1 de enero de 2023 a 8 de octubre de 2024, el número es de 1.515.

Pues bien, a la vista de los números anteriores podría decirse, que el número de muertes producidas por hechos relativos a la circulación de vehículos de motor desciende desde el año 2004. Al respecto no deben olvidarse las campañas preventivas realizadas desde la Administración Pública, así como el efecto que sobre estos hechos hayan podido tener las últimas modificaciones de las Leyes administrativas sobre seguridad vial; en concreto: todo aquello relativo al permiso para conducir vehículos de motor o las licencias o autorizaciones para hacerlo de ciclomotores.

La lectura de las cifras aportadas debe hacerse tomando en consideración que número de muertos no es igual a cifra de delitos, ni siquiera de ilícitos administrativos.

En todo caso debe considerarse que en la causación de accidentes de tráfico el factor humano es especialmente importante, posiblemente el de mayor relevancia; pero junto a él no debe ignorarse el papel que juegan las condiciones de la vía —en concreto los denominados "puntos negros"—, así como el estado del vehículo. Se pone lo anterior de manifiesto porque hasta ahora parece que la prevención se encamina fundamentalmente en un solo sentido —la actuación sobre el conductor—, pero debería atenderse igualmente a esos otros aspectos.

Conviene también advertir que cuando se habla del alto porcentaje que representan estos delitos en el total de la criminalidad, se suele olvidar que realmente de todos ellos solo supone una cifra importante la conducción bajo la influencia de bebidas alcohólicas o habiendo sobrepasado las tasas fijadas en el CP, y desde la entrada en vigor del actual texto penal la negativa a someterse a las pruebas de detección alcohólica. Por el contrario son escasas las sentencias relativas a los supuestos de conducción temeraria poniendo en concreto peligro la vida o salud de las personas, al igual que de la denominada conducción suicida. En cuanto a la colocación de obstáculos o alteración por cualquier medio de la seguridad de la vía y no restablecimiento de ésta cuando haya obligación de hacerlo, las resoluciones judiciales son todavía más escasas. Con todo, no puede obviarse la importancia cuantitativa en la cifra de delitos de la conducción tras la ingesta de bebidas alcohólicas.

Estos delitos han sido objeto de sucesivas modificaciones, la última por LO 2/2019, de 1 de marzo, de 23 de noviembre. En primer lugar, la LO 5/2010, de 22 de junio, de reforma del Código Penal. Modificación que, según el propio Preámbulo de la Ley, tiene en este punto como finalidad adecuar la respuesta penal al principio de proporcionalidad, ya que estamos ante delitos de peligro no de lesión. Por ello, como ya veremos en su correspondiente apartado, la penalidad se contempla con un sistema alternativo y conjunto en relación con la pena de privación del permiso para conducir vehículos de motor o ciclomotores. Al mismo tiempo se modifica lo relativo al comiso de los instrumentos del delito haciéndolo extensivo a todos los del Capítulo.

La LO 2/2019, de 1 de marzo, modificó el art. 382 CP, añadiendo el segundo párrafo que obliga a imponer la mitad superior de la pena de privación del derecho a conducir vehículos de motor y ciclomotores, cuando el resultado lesivo es consecuencia de la comisión del delito previsto en el art. 381 CP. Se incluye también un art. 382 bis CP, el denominado delito de abandono del lugar del accidente.

En cualquier caso no puede olvidarse que, ya desde hace años, en las sucesivas y frecuentes reformas del texto penal, se ha ido acentuando la tendencia objetivadora en la tipificación de estos delitos, de forma, al menos en algunos casos, que hace cuestionable su conformidad con los principios que se dice deben regir el Derecho Penal y Procesal actual, en un Estado como el nuestro.

Como acabamos de decir, los delitos contra la seguridad del tráfico han sido objeto de reforma por la última de las leyes que modifican el Código Penal, por ello incluiremos junto al artículo vigente, el que lo estuvo hasta la entrada en vigor de la LO 2/2019, señalando en el desarrollo de la exposición de cada uno de ellos en qué afecta la reforma a la interpretación y aplicación de la ley en ese punto concreto.

La reforma de 2019 modifica también los delitos de homicidio (arts. 140 y 142 bis CP) y lesiones imprudentes (arts. 152 y 152 bis CP). Sin perjuicio de volver sobre ello, estas modificaciones en realidad no hacen más que recoger en el texto legal lo que desde casi el inicio de la tipificación de estos delitos, se ha venido considerando imprudencia grave, cuando el resultado —muerte o lesiones—, sean causados por la conducción de un vehículo de motor en las condiciones previstas en el art. 379 CP. Calificando como imprudencia menos grave, (arts. 142.2 II y 152.2 II CP), cuando sea causado por una infracción grave de la Legislación administrativa del sector.

Los arts. 142 bis y 152 bis CP permiten imponer la pena superior en grado en la extensión que se considere conveniente cuando los hechos revistan notoria gravedad, en atención a la entidad y relevancia del riesgo creado, del deber normativo de cuidado infringido y hubiera provocado la muerte de dos o más personas o la muerte de una y lesiones constitutivas de delito del art. 152.1.2º o 3º CP en los demás lesionados, y en dos grados si el número de fallecidos fuere muy elevado.

Esta posibilidad de elevación de la pena se hace depender de elementos o requisitos que comportan un grado de subjetividad elevado en su interpretación y aplicación, lo que no favorece en ningún caso la seguridad jurídica que deben perseguir y procurar las Leyes penales. No puede además dejar de tomarse en consideración en el análisis de estos preceptos que, caso de acudirse a esa superagravación del último inciso del art. 142 bis CP, la pena sería similar a la del homicidio doloso. En esta línea de progresivo agravamiento de las consecuencias penales, en la reforma por LO 2/2019, se añade un nuevo párrafo para agravar la pena de privación del permiso para conducir, que se impondrá en todo caso, según ordena el precepto citado, en su mitad superior, siempre que el resultado lesivo concurra con un delito del art. 381 CP.

II. ELEMENTOS COMUNES A TODOS LOS DELITOS CONTRA LA SEGURIDAD DEL TRÁFICO

En este apartado vamos a exponer los elementos o características que se pueden considerar comunes a todos los delitos contra la seguridad del tráfico, aun cuando adelantamos que, en relación con el bien jurídico protegido, no deja de ser discutible ese carácter común, que dependerá de la interpretación que se haga de la denominada conducción suicida y de la negativa a someterse a las pruebas de alcoholemia o del nuevo delito del art. 382 bis CP.

De la misma manera, la otra característica que señalamos como común, el lugar de comisión del hecho, ha sido cuestionada por un sector de la Doctrina que considera que la protección alcanza a cualquier lugar o vía, con independencia del uso que de la misma se haga. Con estas salvedades vamos a proceder al examen del bien jurídico protegido y del lugar de ejecución del delito.

1. El bien jurídico protegido

A pesar de lo mantenido por algunos sectores de la Doctrina, el interés jurídico protegido en los diferentes tipos penales sigue teniendo un papel relevante en orden a establecer el ámbito de lo prohibido por la norma.

En estos delitos se protege la seguridad del tráfico como una parcela dentro de la seguridad colectiva (MUÑOZ CONDE), que se constituye en un bien jurídico colectivo, desvinculado de los individuales que puedan verse afectados (GÓMEZ PAVÓN), sin que ello signifique negar el carácter instrumental de este interés jurídico en la protección de lo que es la verdadera finalidad de la norma: la protección de la vida y salud de las personas que de una u otra forma intervienen en el tráfico rodado, lo que hace que para algunos autores deban ser consideradas objetos jurídicos mediatamente protegidos por estos delitos (CARMONA SALGADO).

Mantener que la seguridad del tráfico es el interés jurídico protegido no significa, como acabamos de decir, negar el carácter instrumental de este bien jurídico. Cualquier bien jurídico de carácter colectivo o supraindividual merece la protección de este sector del Ordenamiento Jurídico, en cuanto sea preciso para conseguir la salvaguarda de los individuales que pueden verse afectados por la alteración de las condiciones del primero; así, la seguridad del tráfico —en los términos que luego diremos— debe ser objeto de protección penal, en tanto que es necesario el mantenimiento de unas condiciones que garanticen que el riesgo inherente a la circulación de vehículos de motor y ciclomotores no se va a incrementar más allá de lo que es socialmente asumible, es decir: cuando el riesgo no supera al beneficio que comporta.

Por algunos autores se mantiene que la seguridad del tráfico es un concepto formal, carente de contenido propio y que convierte a estos tipos en puros delitos formales (MORENO ALCÁZAR); prescindir, según estos autores, de toda referencia a intereses individuales, haría imposible distinguir los ilícitos administrativos de los penales. Se añade que, además, supone olvidar que algunos tipos exigen un riesgo concreto para la vida o salud de las personas, lo que es una clara referencia a bienes jurídicos individuales, confundiendo el mecanismo de protección (la seguridad vial), con el objeto de ésta (los intereses jurídicos individuales) (FEIJOO SÁNCHEZ, MOLINA FERNÁNDEZ). Para otro sector doctrinal, la finalidad última es la protección de los bienes jurídicos individuales, auténtico valor o interés protegido, cumpliendo la seguridad del tráfico la función de delimitar la modalidad de riesgo frente a la que se protegen estos bienes (GUTIÉRREZ RODRÍGUEZ, GARCÍA DEL BLANCO, MARTÍN LORENZO, SANZ-DÍEZ DE ULZURRUN LLUCH).

Que la finalidad última de la norma sea la protección de esos intereses individuales es algo que nunca hemos negado, por el contrario: sólo eso puede legitimar el empleo del Derecho Penal en esta clase de intereses; que delimita el ámbito en que se protegen dichos intereses individuales es también cierto, pero no solo lo delimita por cuanto la vida y la salud de las personas se protege en cualquier ámbito y no solo en el tráfico rodado, tan es así que caso de no existir estas figuras delictivas no habría inconveniente alguno, legal o dogmático, para considerar las lesiones y muertes como delitos de lesiones y homicidios imprudentes. Conviene, así, diferenciar entre el riesgo —concreto o abstracto— para la vida y la salud humanas, de la lesión que la realización de esos delitos supone para el interés colectivo, pues la conducción en cualquiera de las circunstancias a las que se refieren los diversos tipos penales implica la lesión de ese interés colectivo, puesto que, como veremos, se produce la alteración de las condiciones de seguridad del tráfico viario. En todo caso, el que en algunos tipos penales se exija la concreción del riesgo para los bienes jurídicos individuales, no significa que no se proteja la seguridad del tráfico.

Señalar la seguridad del tráfico como bien jurídico protegido obliga a explicar qué se entiende por tal. El riesgo que supone el tráfico rodado —para que, como se apuntó más atrás, pueda ser asumido socialmente— debe ser inferior a los beneficios que esta actividad comporta, lo que implica mantenerlo dentro de unas condiciones de seguridad; pues bien, partiendo de este dato podemos definir la seguridad del tráfico como el conjunto de condiciones garantizadas por el Ordenamiento Jurídico en su totalidad, que permiten que la circulación de vehículos de motor y ciclomotores por los lugares para ello destinados, no presente riesgos superiores a los permitidos. "Conjunto de condiciones" que pueden resumirse en dos: el principio de confianza y el de conducción dirigida [SAP, Burgos, Sección 1ª, 258/2009, 10-11 (*Tol 1750492)*], recogidos desde fechas tempranas por la Jurisprudencia (SSTS 20-11-1962, 17-1-1977, 30-9-1981 y 20-1-1987). En este ámbito el principio de confianza supone la expectativa de cumplimiento de las normas de seguridad por parte de todos los intervinientes en el tráfico. En cuanto a la conducción dirigida es, como se ha dicho, una "super norma", en la medida que supone, al ser dueño en todo momento el conductor de las evoluciones del vehículo, el manejo de éste de acuerdo con normas de seguridad. En la pugna entre los principios de seguridad y confianza debe primar el primero, ya que no es aceptable confiar en que los demás cumplirán las normas "*sino que es preciso asegurarse en cada momento que se estará en condiciones de superar las emergencias* […]" [SAP, Castellón, Sección 2ª, 222/2007, 17-5 (*Tol 1258281*), citando la STS 14-3-1980].

Por supuesto que el requerimiento de control del vehículo será exigible en el ámbito penal y, de acuerdo con normas generales, hasta el límite de lo que sea posible.

La lesión de la seguridad del tráfico tiene lugar cuando dichas condiciones se alteran por la realización de una conducción no controlada, que será penalmente relevante cuando se cumpla con el resto de los elementos típicos de cada uno de los respectivos delitos; y siempre teniendo en cuenta que el riesgo lo debe ser para uno de los intereses jurídicos que se intentan salvaguardar preservando la seguridad del tráfico, como son la vida y la salud individual de las personas [SAP, Gerona, Sección 3ª, 250/2004, 26-3 (*Tol 422826*)]; conclusión obligada a la luz de la redacción del vigente art. 381 del CP (excluyendo el riesgo que pueda derivarse para los bienes que en su caso se tomará en consideración en la fijación de la responsabilidad civil derivada del delito, ya que normalmente su cuantía excluye la posibilidad de apreciar un concurso de delitos entre el doloso de peligro —cualquiera de los tipos previstos en el Capítulo— o imprudente de lesión —cuando la realización del delito doloso de peligro da lugar a la muerte o lesión imprudente— y el imprudente de daños).

No vamos a discutir que así definido el bien jurídico protegido en estos delitos es común con el propio del Ordenamiento administrativo regulador de este sector, pero ello no necesariamente va a tener significado; la diferencia entre lo ilícito penal y administrativo puede ser cuantitativo y no cualitativo, sólo los ataques más graves a la seguridad del tráfico tendrán cabida en el Derecho Penal, gravedad que deberá medirse por el riesgo que suponen para los intereses jurídicos individuales.

Así definido, cuando se realice cualquiera de los comportamientos típicos pero en forma tal que no puedan suponer una alteración de esas condiciones de seguridad del tráfico, no será posible considerar típico el hecho. Por ejemplo, y en contra de lo mantenido por algún sector de la Doctrina, cuando la conducción se realiza por lugares no destinados al tráfico, tal como se define en la regulación administrativa. La razón no es otra que la vida y salud, en estos delitos, solo se protegen en cuanto pueden ser lesionadas por la circulación de vehículos de motor o ciclomotores.

Mantener la seguridad del tráfico como bien jurídico protegido no significa que se trate del único a contemplar en relación a todos los delitos recogidos en este Capítulo del CP. Así, a pesar de lo que se sostiene por un sector de la Doctrina y por la Jurisprudencia, el delito previsto en el art. 383 CP no atenta contra la seguridad del tráfico, por más que su comisión deba tener lugar en sitios donde éste existe. Tampoco el actual art. 381 CP puede considerarse atentatorio contra la seguridad del tráfico, o al menos no de forma única. Y lo mismo puede decirse del art. 383 bis CP introducido en la última reforma de estos delitos.

2. *El lugar de comisión del delito*

El lugar de comisión de lo injusto tiene que ser la vía pública, entendiendo por tal, como se define en las Leyes administrativas del sector, cualquiera destinada al tráfico de vehículos a motor y personas, con independencia de su titularidad.

La razón de esta interpretación no es otra que la postura que aquí se mantiene en relación con el bien jurídico protegido; si decimos que es la seguridad del tráfico como interés instrumental en la defensa de los individuales que subyacen, estamos obligados a limitar el ámbito de aplicación de estas normas a los lugares por donde es posible, de acuerdo con la Legislación administrativa, el tráfico de vehículos de motor y ciclomotores.

El art. 1 del Reglamento General de Circulación establece que sus preceptos serán aplicables, al igual que los de la Ley sobre Tráfico, Circulación de Vehículos de Motor y Seguridad Vial, en todo el territorio nacional, y obligaran a los titulares y usuarios de las vías y terrenos públicos aptos para la circulación, urbanos o interurbanos, a los que sin tener esa aptitud sean de uso común y en defecto de otras normas a los de vías y terrenos privados utilizados por una comunidad indeterminada de usuarios.

Por tanto, lo determinante para establecer el carácter público de la vía o terreno, no es quien sea su titular (público o privado), sino el uso al que esté destinada y su utilización por un número indeterminado de personas; es decir, todos aquellos lugares por los que se puede circular sin más limitaciones que las establecidas en las leyes y reglamentos del sector.

De acuerdo con el apartado c) del art. 1 del Reglamento General de la Circulación, se deben considerar vías públicas a efectos de circulación: "c. *A las autopistas, autovías, vías rápidas, carreteras convencionales, a las áreas y zonas de descanso y de servicio, sitas y afectas a dichas vías, calzadas de servicio y a las zonas de parada o estacionamiento de cualquier clase de vehículos; a las travesías, a las plazas, calles o vías urbanas, a los caminos de dominio público; a las pistas y terrenos públicos aptos para la circulación; a los caminos de servicio construidos como elementos auxiliares o complementarios de las actividades de sus titulares y a los construidos con finalidades análogas, siempre que estén abiertos al uso público y, en general, a todas las vías de uso común, públicas o privadas. No serán aplicables los preceptos mencionados a los caminos, terrenos, garajes, cocheras u otros locales de similar naturaleza, construidos dentro de fincas privadas, sustraídos al uso público y destinados al uso exclusivo de los propietarios y sus dependientes*".

Para algunos autores limitar la aplicación de estos preceptos a las vías públicas, en el sentido acabado de definir, no resulta obligado por la Ley, ya que no se menciona esta exigencia más que en el de alteración o no restablecimiento de la seguridad del tráfico; sólo en el caso de la conducción con velocidad excesiva del número 1 del vigente art. 379 CP, sería preciso que la conducción se realizara por este tipo de vías ya que son las únicas en las que existe una limitación de la velocidad (GUTIÉRREZ RODRÍGUEZ, GARCÍA DEL BLANCO, MARTÍN LORENZO, SANZ-DÍEZ DE ULZURRUN LLUCH).

Consideramos que, como ya hemos dicho, dado que el bien jurídico protegido lo es en cuanto resulta preciso para conseguir la salvaguarda de los intereses individuales en esta parcela, es obligado mantener que sólo pueden ser cometidos estos delitos cuando se realice el tránsito por vía pública.

Se ha dicho por este sector de la Doctrina que la protección debe alcanzar a cualquier lugar siempre que se realice alguna de las conductas típicas, puesto que, con independencia del lugar, ese tipo de conducción sigue representado un riesgo, como por ejemplo cuando se realiza por lugares en que está prohibida la circulación (CARMONA SALGADO, RODRÍGUEZ FERNÁNDEZ, ORTS BERENGUER, QUERALT JIMÉNEZ), ya que precisamente la invasión de estos lugares pondría de manifiesto la temeridad de la conducción. No puede negarse que este tipo de hechos supone la creación de un riesgo para intereses individuales —como pueden ser la vida y salud individual de las personas— e incluso para los bienes, pero ello no significa que dicha creación de riesgo deba constituir un delito contra la seguridad del tráfico; si hemos dicho en líneas anteriores que la seguridad del tráfico está integrada por el mantenimiento de las condiciones que garantizan que el peligro inherente al comportamiento no se incrementa más allá de lo que es posible asumir, y que ello genera una expectativa de cumplimiento para la colectividad, es indudable que en lugares donde no existe tráfico dicha expectativa no es posible. Lo que no significa que el hecho no sea en caso alguno típico, ya que es indudable que nos podemos encontrar en vías no públicas con comportamientos tremendamente peligrosos que pudieran acabar causando un resultado lesivo —y que pudiera dar lugar a la correspondiente calificación como homicidio o lesiones imprudente o, incluso doloso eventuales—, pero esas conductas no pueden constituir un delito contra la seguridad del tráfico dada su falta de idoneidad en relación al bien jurídico protegido; en todo caso hay que anotar que no faltan resoluciones en las que se afirma que alguno de estos delitos son de aplicación a las maniobras realizadas en garajes de fincas comunitarias, aunque su uso esté reservado a los vecinos [en este sentido SAP, Madrid, Sección 15ª, 475/2005, 27-10 (*Tol 749455)*]. Como veremos más adelante el art. 382 bis CP, el de abandono del lugar del accidente, aunque solo pueda ser cometido por el conductor, el injusto no es conducir, sino la omisión de algo a lo que se viene obligado jurídicamente, en virtud de este propio precepto.

III. CLASIFICACIÓN DE LOS DELITOS RELATIVOS A LA SEGURIDAD DEL TRÁFICO EN FUNCIÓN DE LA CONDUCTA TÍPICA

En aras a evitar repeticiones innecesarias y para una mayor claridad narrativa, vamos a dividir o clasificar la exposición de estos delitos en dos grandes grupos: en primer lugar aquellos en que el comportamiento típico debe consistir necesariamente en conducir un ciclomotor o vehículo de motor, y en segundo lugar los que consisten en realizar cualquier otro tipo de comportamiento que no sea conducir, aunque, como es lógico, con incidencia en la seguridad del tráfico.

Los primeros son los denominados de conducción temeraria (excediendo los límites de velocidad marcados en el CP en relación con la Legislación administrativa, poniendo en concreto peligro la vida o salud de las personas por una conducción temeraria), por realizar esa conducción bajo la influencia del alcohol, drogas tóxicas, estupefacientes o sustancias psicotrópicas, o bien superando las tasas fijadas en el texto penal, la denominada conducción suicida (con consciente desprecio de la vida de los demás) y, por último, por realizar la conducción careciendo o estando privado del correspondiente permiso para hacerlo.

Como veremos más adelante el art. 382 bis CP, el de abandono del lugar del accidente, aunque solo pueda ser cometido por el conductor, el injusto no es conducir, sino la omisión de algo a lo que se viene obligado jurídicamente, en virtud de este propio precepto.

Entre aquellos cuyo comportamiento típico no es conducir, se encuentran la negativa a someterse a las pruebas legalmente establecidas para la detección de alcohol, drogas tóxicas, estupefacientes o psicotrópicos, las alteraciones de la circulación y el no restablecimiento de su seguridad cuando existe la obligación de hacerlo y el denominado delito de abandono del lugar del accidente, introducido por la hasta ahora, última reforma de estos delitos. Por su peculiaridad, tanto la negativa a someterse a las pruebas a las que se refiere el art. 383 CP, como el recogido en el art. 382 bis CP, serán objeto de apartado independiente.

1. Delitos cuyo comportamiento típico consiste en conducir

Como acabamos de decir, estos delitos son los previstos en los arts. 379, 380, 381 y 384 CP; preceptos que con la reforma operada por la LO 5/2010 únicamente han sufrido modificaciones en lo que importa a la penalidad.

1.1. Elementos comunes

1.1.1. El comportamiento típico

En los delitos contemplados en los artículos acabados de citar la conducta descrita es siempre conducir, que gramaticalmente significa llevar, transportar, trasladar de un lugar a otro, guiar o dirigir hacia un sitio o lugar, por lo que implica movimiento. A los efectos de estos delitos "conducir" es dirigir un vehículo de motor o ciclomotor hacia algún sitio, lo que requiere del transcurso del tiempo y cambio de espacio (GÓMEZ PAVÓN). Para la STS 893/2023, 29-11 (*Tol 9803974*), empujar el vehículo no es conducir, sería una "*interpretación extensiva en perjuicio del reo*".

De acuerdo con esto dos son las características de "conducir" como comportamiento típico de estos delitos: a) desplazamiento en el espacio y en el tiempo y, b) que dicho desplazamiento se produzca con los medios de dirección e impulsión del vehículo de motor o ciclomotor.

a) En relación con el primero de ellos —el desplazamiento en el espacio y en el tiempo— un sector mayoritario de la Jurisprudencia ha considerado que basta con que sea mínimo.

b) En cuanto al segundo, la necesidad de que el desplazamiento tenga lugar mediante los propios mecanismos del vehículo, supone, para algunos autores y resoluciones judiciales, que debe apreciarse incluso cuando se mueve en "punto muerto", por inercia, aunque exigiendo siempre que se haya alcanzado una cierta velocidad, que es lo que provoca que el comportamiento pueda calificarse como peligroso. En el sentido del texto la STS 436/2017, 15-6 (*Tol 6185691*), y la más reciente 893/2023, 29-11 (*Tol 9803974*).

La conducción se iniciará con la puesta en marcha y el movimiento del vehículo o ciclomotor y se prolongará hasta que se apague el mismo, dejando de circular. Por tanto, el inicio de la ejecución debe fijarse en el encendido y comienzo del movimiento, extendiéndose la ejecución hasta que el vehículo deja de circular. Estas características han hecho que se considere un delito permanente.

Como veremos en su momento lo acabado de decir tiene consecuencias tanto para la posible apreciación de una tentativa, acabada o inacabada, como para la determinación de la autoría.

1.1.2. El instrumento comisivo

Una de las características de estos delitos contra la seguridad del tráfico es la de que su comisión sólo puede ser llevada a cabo mediante un peculiar instrumento: los vehículos de motor y los ciclomotores.

Los ciclomotores se incluyeron expresamente por la LO 17/1994, de 23 de diciembre, de reforma del Código Penal de 1973, zanjando así una antigua discusión de Doctrina y Jurisprudencia sobre la posibilidad de considerar vehículo de motor, y por tanto instrumento típico de estos delitos, a los ciclomotores.

La determinación de qué deba entenderse por vehículo de motor o ciclomotor deberá realizarse de acuerdo con lo dispuesto en la Legislación administrativa del sector. Nos encontramos, por tanto, ante una remisión normativa.

La vigencia del principio de legalidad no se ve comprometida por cuanto el CP describe el núcleo esencial de la prohibición.

El Real Decreto Legislativo 6/2015, de 30 de octubre, por el que se aprueba el texto refundido de la Ley sobre Tráfico, Circulación de Vehículos a Motor y Seguridad Vial (LTCVMSV), establece en su Anexo I número 6 que a los efectos de esa disposición "vehículo" es todo "*artefacto o aparato apto para circular por las vías o terrenos a que se refiere el artículo 2º*". Por su parte el número 12 considera vehículo de motor todo aquel "*provisto de motor para su propulsión*". Definición de la que se excluyen expresamente el ciclomotor, los tranvías y los vehículos para personas de movilidad reducida. En el mismo Anexo se definen, a continuación, diferentes clases de vehículos a motor, como pueden ser los tractores, turismos, camiones, autobuses, etc.

Podríamos decir que vehículo de motor a efectos legales, y por supuesto penales, es todo aquel dotado de motor para su propulsión que le permite desplazarse por cualquiera de los terrenos o vías en que es aplicable la Legislación relativa a la seguridad del tráfico, y que requiere para su circulación por tales lugares del correspondiente permiso o autorización para ello por parte del conductor.

Aunque en un primer momento, con la publicación de la denominada Ley Penal del Automóvil de 9 de mayo de 1950, se mantuvo por un sector doctrinal la equiparación de vehículo de motor a automóvil, de acuerdo con lo acabado de señalar más arriba deben excluirse a efectos típicos todos aquellos vehículos que, aunque dotados de un motor que les permiten propulsarse, no pueden circular por las vías dichas, como pueden ser aviones o trenes. Vincular el concepto de vehículo de motor a la exigencia de permiso para conducirlo, ha sido también mantenido por la doctrina (RODRÍGUEZ RAMOS, GÓMEZ PAVÓN), ya que la privación del mismo ha sido siempre parte de la respuesta jurídica a la comisión de estos delitos. Con la Legislación vigente, y ya desde la Ley Orgánica 17/1994, debe extenderse a la autorización para conducir ciclomotores.

El ciclomotor, según el número 9 del Anexo I del Real Decreto Legislativo acabado de citar, es un "*a) Vehículo de dos ruedas, con una velocidad máxima por construcción no superior a 45 km/h y con un motor de cilindrada inferior o igual a 50 cm³, si es de combustión interna, o bien con una potencia continua nominal máxima inferior o igual a 4 kW si es de motor eléctrico; b) Vehículo de tres ruedas, con una velocidad máxima por construcción no superior a 45 km/h y con un motor cuya cilindrada sea inferior o igual a 50 cm³ para los motores de encendido por chispa (positiva), o bien cuya potencia máxima neta sea inferior o igual a 4 kW para los demás motores de combustión interna, o bien cuya potencia continua nominal máxima sea inferior o igual a 4 kW para los motores eléctricos; y c) Vehículos de cuatro ruedas, cuya masa en vacío sea inferior o igual a 350 kilogramos no incluida la masa de baterías para los vehículos eléctricos, cuya velocidad máxima por construcción sea inferior o igual a 45 km/h, y cuya cilindrada del motor sea inferior o igual a 50 cm³ para los motores de encendido por chispa (positiva), o cuya potencia máxima neta sea inferior o igual a 4 kW para los demás motores de combustión interna, o cuya potencia continua nominal máxima sea inferior o igual a 4 kW para los motores eléctricos*".

Si, como hemos dicho antes, nos encontramos ante remisiones normativas en las que el Código Penal acude a la Legislación administrativa para definir qué debe entenderse por vehículo de motor y ciclomotor, consideramos que no es admisible extender la aplicación de los preceptos penales a otros vehículos diferentes a los así definidos como pueden ser las "mini-motos", y ello a pesar de que algunas resoluciones de las Audiencias Provinciales hayan aplicado estos tipos penales en esos casos; así, por ejemplo, SAP, Madrid, 893/2007, 3-9 (*Tol 1179522*). *Idem* para el caso de los llamados "patinetes eléctricos".

1.1.3. *El sujeto activo. Problemas de autoría*

Si, como hemos venido diciendo en apartados anteriores, la conducta consiste en conducir alguno de los instrumentos típicos, autor sólo puede ser quien realiza la misma, es decir: el conductor del vehículo o ciclomotor.

Según lo establecido en el número 1 del Anexo I de la LTCVMSV, conductor es la persona que maneja el mecanismo de dirección o va al mando de un vehículo.

Según este mismo precepto en los casos en que el vehículo tenga mandos adicionales, como ocurre en los de aprendizaje, el conductor será quien esté a cargo de los mandos. Pero esta calificación consideramos que no puede extenderse al ámbito penal, ya que no puede atribuirse la realización del hecho a quien controla los mandos adicionales cuando la otra persona que maneja el vehículo lo hace, por ejemplo, bajo la influencia de bebidas alcohólicas.

Esta exigencia ha llevado a calificar estos delitos como de propia mano, en cuanto solo pueden ejecutarse por quien realiza la conducta materialmente [STS 1209/2009, 4-12 (*Tol 1762087)*]. Calificación discutida por otro sector de la Doctrina al considerar que no nos encontramos ante deberes altamente personales.

Con independencia de su calificación como delitos de propia mano —categoría ésta que, en sí misma, está cada día más cuestionada—, sí debemos entender que nos hallamos ante delitos especiales, en los que únicamente quien realice la conducción puede ser considerado autor, ya que a él le incumbe el deber de realizar dicha conducción de forma que no incremente el riesgo que supone la actividad.

Tanto en la Doctrina como en la práctica ha merecido especial atención el caso de los vehículos de aprendizaje, con mandos adicionales, en la determinación de quién debe ser considerado autor. Establecer en estos casos la coautoría no depende solo de la existencia de doble mando en el vehículo, sino de que ambos conductores realicen el supuesto descrito en la Ley. Así, en el caso de la conducción bajo la influencia del alcohol, drogas tóxicas, estupefacientes o psicotrópicos, deberán encontrarse ambos en dicha situación, o bien superar las tasas establecidas para el alcohol.

Para un sector de la Doctrina sería posible admitir la coautoría en los casos de una conducción conjunta, cuando se manejan los mandos por dos personas, ya que ambos realizarían una parte del tipo, al igual que la autoría mediata, cuando se utiliza al conductor como un instrumento, bien porque se encuentre amparado por una causa de justificación o por ser inimputable (GUTIÉRREZ RODRÍGUEZ). A pesar de lo que se acaba de indicar, debe señalarse que los casos que se llaman coloquialmente de "conducción conjunta" sólo lo son relativamente; es decir: los vehículos de las Auto Escuelas dotan al copiloto-profesor de mandos para permitir la frenada o el embrague del vehículo, pero no para la conducción (dirección) del mismo. En ese sentido no hay conducción (a efectos de los delitos de tráfico), lo que, sin embargo, no impide el posible planteamiento de coautoría en comisión por omisión (situación de garante) del profesor, en ciertas situaciones respecto a posibles resultados imprudentes.

En cuanto a la participación, no existe problema alguno para admitir cualquiera de sus modalidades; cooperación necesaria, inducción o complicidad.

Sí debe tenerse en cuenta que lo dicho hasta ahora lo es para el delito doloso de peligro, no para el de resultado lesivo que pueda derivarse del primero. Estos casos deberán ser resueltos, en orden a la autoría y participación, de acuerdo con las normas generales sobre la autoría y participación de los delitos imprudentes de homicidio o lesiones. Así, lo relevante será la infracción del deber de cuidado que pueda imputarse a cada uno de los intervinientes en el hecho.

1.2. Los diferentes tipos penales

Los delitos contra la seguridad del tráfico cuyo comportamiento típico consiste en conducir son, como ha quedado dicho más atrás, los regulados en los actuales arts. 379.1 y 2, 380.1 y 2, 381.1 y 2, y 384 CP. En todos ellos a la conducción, definida en los términos dichos en apartados anteriores, se añaden el resto de los elementos que conforman la tipicidad de los diferentes preceptos; se trata de formas de conducir que estadísticamente se ha demostrado incrementan el riesgo para la seguridad del tráfico, con independencia de su naturaleza de delitos de peligro abstracto o concreto.

Nos referiremos ahora a estos delitos, limitando la exposición a los elementos propios de cada uno de ellos, dando por reproducido lo dicho sobre los comunes, tanto de los ahora estudiados como del resto de los comprendidos en el Capítulo IV, del Título XVII CP.

1.2.1. El delito de conducción con velocidad excesiva

Tras la entrada en vigor de la LO 5/2010, de 22 de junio, se podrán imponer en régimen alternativo las penas de prisión, multa o trabajos en beneficio de la comunidad —hasta la citada reforma la prisión era alternativa a las otras dos penas—, y en cualquier caso se impondrá, siempre, la pena de privación del derecho a conducir vehículos de motor o ciclomotores.

La finalidad de la reforma en este punto es, según su propio Preámbulo, adecuar la regulación de estos delitos a las exigencias del principio de proporcionalidad, ya que se trata de delitos de peligro que, se sobrentiende, deben tener una pena menor que los de lesión. Por ello, también, se introduce un nuevo artículo que permite la rebaja de la pena atendiendo a las circunstancias del hecho, ampliando así el margen de discrecionalidad concedido al juzgador en la individualización judicial de la pena.

En la práctica, la pena habitualmente impuesta por la comisión de estos delitos suele ser la de multa y privación del permiso para conducir vehículos de motor y ciclomotores.

Lo acabado de decir es válido para los delitos de conducción con velocidad excesiva, bajo la influencia de bebidas alcohólicas, drogas tóxicas, estupefaciente o psicotrópicos, superando las tasas fijadas, la realizada con consciente desprecio de la vida o salud individual, y la conducción sin tener o habiendo sido privado del permiso de conducir vehículos de motor o ciclomotores. Por ello lo dicho aquí debe darse por reproducido en todos ellos.

1.2.1.1. La superación de los límites de velocidad como elemento de la tipicidad: naturaleza de ley penal en blanco

El CP, tras la reforma efectuada por LO 15/2007, de 30 de noviembre, establece lo que debe considerarse "velocidad excesiva", fijando así los límites para la aplicación del número 1 del art. 379 CP.

La introducción de este precepto responde a las solicitudes que se venían efectuando desde diferentes instancias, como la Dirección General de Tráfico y el Defensor del Pueblo, para que se introdujera en el Código Penal como delito la conducción superando en determinado límite la velocidad máxima fijada por la Legislación administrativa. Durante la tramitación parlamentaria de la Ley se presentaron diversas enmiendas para que se exigiera, además del exceso de velocidad, la creación de un riesgo para la seguridad del tráfico, o que la conducción fuera de forma manifiesta desproporcionada con la permitida en el tramo de la vía y a la vista de las circunstancias concurrentes, o bien que se suprimiera la pena de prisión para este delito.

Finalmente se optó por la redacción que continúa en vigor y que, en cuanto a elementos típicos, no ha sido objeto de reforma en las últimas Leyes que han modificado estos delitos. Nos encontramos ante una Ley penal en blanco, por cuanto la delimitación del supuesto recogido en este precepto no puede hacerse sino es en remisión a la Legislación administrativa. El delito consiste, sin más, en circular con un determinado exceso sobre la velocidad máxima que, para cada tramo de vía, se establezca en esa Legislación. No es precisa la puesta en peligro en cada caso concreto de la seguridad del tráfico, ni mucho menos de intereses jurídicos individuales. Tal y como se señala por la Doctrina (GUTIÉRREZ RODRÍGUEZ, GARCÍA DEL BLANCO, MARTÍN LORENZO Y SANZ-DÍEZ DE ULZURRUN LLUCH), es cuestionable que esta tipificación respete las exigencias del Tribunal Constitucional en orden a la constitucionalidad de las Leyes penales en blanco, ya que la remisión no afecta a un elemento interpretativo sino al esencial del hecho prohibido, como es la velocidad (QUERALT JIMÉNEZ).

El Tribunal Constitucional señala tres requisitos para que las Leyes penales en blanco puedan considerarse acordes con la Constitución: 1) Que el reenvío normativo esté justificado por razón del interés jurídico protegido en la norma penal y sea expreso; 2) Que en la ley penal se contenga el núcleo esencial de la prohibición, además de la pena; 3) Que no se vulnere la exigencia de certeza.

Aun cuando pueda parecer que el núcleo de prohibición está expresado en la Ley penal no es así, dado que el CP lo único que hace es señalar la velocidad en que debe sobrepasarse la establecida por la Legislación administrativa, que es la que indicará en cada caso de cuál se debe partir para establecer la velocidad excesiva a efectos penales. De esta forma la diferencia entre el ilícito administrativo y el penal es cuantitativo: en tanto no se superen los sesenta kilómetros hora el límite reglamentariamente fijado en vía urbana o en ochenta en interurbana, estaremos ante una infracción administrativa, si se exceden dichos límites el hecho se calificará como delito.

La redacción legal nos obliga a acudir a la Legislación administrativa, primero para establecer cuándo nos encontramos ante una vía urbana o interurbana, y posteriormente para fijar los correspondientes límites de velocidad. Pues bien, según el Anexo I de la LTCVMSV se considera urbana toda vía pública situada dentro de una población (número 73), excepto las travesías que serán aquellos tramos de carretera que discurren por poblado; no se estimarán, en cambio, travesía los tramos que dispongan de una alternativa viaria o variante a la cual se tenga acceso (número 71). Por vía interurbana se entenderá toda vía pública que esté situada fuera de poblado (número 72).

Así pues, no podrá excederse en sesenta kilómetros a la velocidad fijada siempre que se circule por población, ni de ochenta cuando se circula por una vía situada fuera de ella.

Pero estas dos grandes clasificaciones se subclasifican, a su vez, en la Legislación administrativa, en lo que aquí importa, a efectos de fijar velocidades máximas permitidas. Remisión que deberá tener en cuenta, también, las limitaciones específicas que puedan establecerse en algunos tramos o bien por determinadas circunstancias.

El art. 50 del Reglamento General de la Circulación establece la velocidad máxima en vías urbanas en a) 20 km/h en vías que dispongan de plataforma única de calzada y acera; b) 30 km/h en vías de un único carril por sentido de circulación; y c) 50 km/h en vías de dos o más carriles por sentido de circulación, excepto para los transportes de mercancías peligrosas que será de 40 kilómetros hora. En autopistas y autovías que atraviesen centros de población, la velocidad máxima será de 80 kilómetros hora. Y, en todo caso, siempre podrán existir limitaciones específicas en determinados tramos, con la correspondiente señalización.

El art. 48 del Reglamento General de la Circulación establece las distintas velocidades en función de la clase de vía interurbana y tipo de vehículo. En turismos y motocicletas será de 120 Km/h en autovías y autopistas (por RD 303/2011, de 4 de marzo, se redujo temporalmente —desde las 6:00 horas del 7 de marzo de 2011 hasta el 30 de junio de 2011— la velocidad máxima permitida en autopistas y autovías a 110 Km hora),

100 Km/h en carreteras convencionales con separación física de los dos sentidos y 90 Km/h en el resto de este tipo de vías. Para autobuses, vehículos derivados de turismos, y mixtos adaptables, de 100 en autovías y autopistas y 90 en el resto (80 si el autobús está autorizado a que viajen pasajeros de pie o no tengan cinturón de seguridad). Los camiones, tractocamiones, furgonetas, autocaravanas y automóviles con remolques hasta 750 Kg, de 90 y 80, respectivamente. Otros automóviles con remolque tendrán limitada la velocidad a 90 y 80, por último, los vehículos de tres ruedas y cuadraciclos, no podrán superar los 70 Km/h, con independencia del tipo de vía sin que estén autorizados para circular por autopistas ni autovías. Los transportes escolares tendrán limitada la velocidad en 10 Km/h menos en los respectivos casos, existiendo además otras limitaciones específicas, como en el caso de transporte de pie de personas o determinados vehículos. Por Ley 18/2021, de 20 de diciembre, se derogó la posibilidad prevista en el art. 51 RGC de exceder esos límites genéricos en adelantamientos no prohibidos por carreteras convencionales que circulen fuera de poblaciones.

Por último, debe tomarse en consideración el contenido del art. 52 del Reglamento General de la Circulación en cuanto a la prevalencia sobre las velocidades máximas generales, de las establecidas: a) en las correspondientes señales; b) para ciertos conductores por sus circunstancias personales; c) para conductores noveles; d) para determinados vehículos especiales.

1.2.1.2. Delito de peligro abstracto

El número 1 del art. 379 CP tipifica un delito de peligro abstracto en el que no es preciso que el riesgo se concrete [entre otras SAP, Huelva, Sección 1ª, 5-10-2009 (*Tol 1788527)*]. Se considera que la conducción superando los límites fijados es peligrosa para los bienes jurídicos individuales por la rebaja de las condiciones de la seguridad del tráfico, sin que sea preciso, como acabamos de decir, que en cada caso se pruebe que efectivamente se ha producido dicha rebaja y se ha puesto en peligro la vida o salud individual de las personas. Es más, dado el contenido del número 2 del actual art. 380 CP, la presencia de un riesgo concreto para la vida o salud individual de las personas haría que el hecho no pudiera ser calificado por el número 1 del art. 379 CP.

Lo anterior no significa que toda conducción que supere los límites fijados deba considerarse constitutiva de delito; en efecto, si se prueba que en el caso de que se trate era imposible alterar esas condiciones de seguridad, bien por ausencia del interés protegido o por cualquier otra causa, el hecho no debe ser calificado como delito. Por el contrario, la especial pericia del conductor no puede variar la calificación del hecho.

Consecuencia de esta configuración como delito de peligro abstracto y de mera actividad, es que debe entenderse consumado desde el momento en que se realiza la conducción superando los límites fijados; por tanto, no estará consumado hasta en tanto se alcance esa velocidad. De acuerdo con la tesis mayoritaria, este delito, al igual que el contemplado en el número segundo del mismo artículo, es permanente, lo que significa que se prolongará en el tiempo en tanto no cese ese estilo de conducción, es decir: se mantenga el exceso de velocidad. Por lo tanto, se apreciará un solo delito con independencia del tiempo que dure la conducción en esas circunstancias, y siempre que la conducta pueda ser calificada como una única acción de conducir; por ejemplo, mantener la velocidad durante un cierto tiempo y espacio, sin solución de continuidad. Por el contrario, se debería calificar como un concurso de delitos cuando el vehículo se detiene y se reanuda la marcha volviendo a alcanzar igual velocidad.

Fijado el momento de la consumación en la circulación sobrepasando los límites fijados en el CP, resulta imposible —tanto conceptual como legalmente— apreciar formas imperfectas de ejecución, aunque éstas puedan ser posibles en un delito de peligro abstracto. Lo relevante en el orden penal no es conducir, sino hacerlo superando determinada velocidad, lo que se consigue o no; hasta ese momento, con independencia de la finalidad del autor, el hecho no es típico. Pero una vez que se alcanza la velocidad fijada en el art. 379.1 CP se produce la consumación, sin que sea posible establecer estadios previos a ella, a diferencia de lo que puede ocurrir en el delito de conducción bajo la influencia de bebidas alcohólicas.

La redacción de este precepto hace determinante, como prueba de cargo, la medición de la velocidad del vehículo o ciclomotor, puesto que en ausencia de determinación de ésta será imposible calificar el hecho como delito. La SAP, Barcelona, Sección 2ª, 848/2008, 12-11 (*Tol 1439642)*, señala que debe tenerse en cuenta en esta determinación las variaciones significativas entre el cuentakilómetros y la velocidad real.

Normalmente esa medición se encontrará en el Atestado levantado por la Guardia Civil o Policía Local, dependiendo del lugar de comisión de los hechos. El establecimiento de la velocidad se puede hacer por diversos medios, bien por huellas de frenada dejadas sobre el pavimento en caso de accidentes, bien por la declaración de testigos (aunque en este caso la fiabilidad de la prueba deja bastante que desear), bien por el cálculo que los propios policías hagan en relación con la velocidad a la que ellos mismos circulan. En todos estos casos, consideramos que la poca fiabilidad de la prueba debe, en la mayoría de los supuestos, conducir a la absolución en función del principio *in dubio pro reo*.

En España, el Anexo XII de la Orden del Ministerio de Industria, Turismo y Comercio 155/2020, de 7 de febrero, regula las condiciones que deben cumplir los cinemómetros destinados a medir la velocidad de los vehículos, así como las verificaciones que deben pasar periódicamente o tras una reparación; comprobaciones que deben constar documentalmente.

Debe tenerse en cuenta que el elemento fundamental que permite calificar la conducción como constitutiva de delito es la superación de los límites de velocidad fijados en el Código Penal, por tanto la conformidad de los aparatos destinados a medirla con lo exigido en la Legislación administrativa, es básica para poder fundamentar una sentencia condenatoria en esa prueba; y no hay que olvidar que el resto de las posibilidades de probar la concreta velocidad, en la mayoría de los casos resultarán poco fiables. En consecuencia: si esos aparatos no cumplen con lo establecido en la normativa propia del sector no podrán dar lugar a una sentencia condenatoria, en cuanto no pueden ser considerados como prueba de cargo suficiente.

Por último, como ya hemos apuntado en líneas anteriores, la medición de la velocidad, al igual que ocurre con las pruebas de detección alcohólica, figura en el Atestado de la Policía, por lo que tendrán, en principio, el valor de mera denuncia, como el resto del Atestado. Su incorporación como prueba en juicio deberá ser a través de la denominada prueba documental y, al igual que ocurre con las pruebas de alcoholemia, deberá ser ratificada en el acto del Juicio Oral por los agentes que la realizaron. Como prueba documental deberá incorporarse también la documentación relativa al cumplimiento por el cinemómetro de las exigencias legales.

Para la SAP, Álava, 21/2009, 27-1 (*Tol 1521348*), será preciso que el cinemómetro esté verificado, al igual que la instalación que le sirve de base, debiendo acompañar esta documentación al aparato (ver art. 9 del Real Decreto 889/2006, de 21 de julio sobre control metrológico del Estado sobre Instrumentos de Medida, Anexo 1 y art. 13, Orden ITC 3699/2006, 22 de noviembre), debiendo conocer el acusado antes de la celebración del Juicio Oral las características, colocación, inspección y demás características del aparato (SAP, Santa Cruz de Tenerife, Sección 2ª, 459/2008, 13-6). Sobrepasar de forma insignificante la velocidad no es constitutivo de delito según la sentencia acabada de citar.

"[...] *no constando en el atestado documentación específica sobre el aparato, y por tanto su concreto margen de error en las mediciones, deberá estarse a lo dispuesto en el apartado 4 del anexo III de la Orden ITC/3699/2006, de 22 de noviembre, por la que se regula el control metrológico del Estado de los instrumentos destinados a medir la velocidad de circulación de vehículos a motor, en el que, para los cinemómetros destinados a medir la velocidad instantánea de circulación de los vehículos a motor desde instalaciones a bordo de vehículos, se establece, para ensayos en carretera (tráfico real) y velocidades superiores a 100 km/h, un error máximo permitido de 7% arriba o abajo en las verificaciones periódicas. Si aplicamos este porcentaje a la velocidad de 136 km/h a que fue detectado el acusado por el cinemómetro utilizado en el caso que nos ocupa, nos da como resultado que iba a entre 126'48 y 145'52 km/h, de forma que no puede darse por acreditado que circulara a al menos 130 km/h, velocidad a partir de la cual existiría delito si, como se señala en el escrito de acusación, hubiera limitación a 50 km/h*" [SJP, Pamplona/Iruña, 26/2008, 28-1 (*Tol 1390905*)]. Hoy los márgenes de error permitidos de los cinemómetros están regulados en la citada OM ITC/155/2020, de 7 de febrero.

1.2.1.3. El elemento subjetivo

El delito previsto en el actual art. 379.1 CP es doloso y no está prevista la modalidad imprudente, por lo que en virtud de lo dispuesto en el art. 12 CP solo será típica la comisión dolosa.

El dolo requiere del conocimiento de los elementos del tipo, y con ese saber actuar. Conocimiento que debe comprender que se circula por una vía pública, con una velocidad que excede en los límites fijados en este artículo, y que ello supone un incremento del riesgo para la seguridad del tráfico. Elemento subjetivo que, en la mayoría de los casos, no planteará mayores dificultades, por cuanto en el momento actual todos los vehículos de motor y ciclomotores disponen de mecanismos que marcan la velocidad a la que se circula, y generalmente depende de la voluntad del autor alcanzarla y mantenerla o, por el contrario, impedirlo. Caso de producirse un error en relación con el exceso de velocidad, debería tratarse como un error de tipo del art. 14.1 CP.

Debe tenerse en cuenta que el conocimiento exigido por el dolo típico en este precepto implica, de forma necesaria, saber las velocidades máximas permitidas en cada clase y tramo de la vía, lo que no debe producir problemas puesto que las genéricas deben ser conocidas para obtener el correspondiente permiso, y el resto, las que puedan imponerse en casos concretos, deben estar convenientemente señalizadas.

1.2.1.4. Problemas específicos en relación con la autoría

Como ya hemos dicho al hablar de los elementos comunes a todos estos delitos cuyo comportamiento típico consiste en conducir, autor solo podrá serlo quien realice la acción típica, es decir: el conductor.

En este delito de conducción con velocidad por encima de los límites fijados en el CP, la determinación del conductor y, por tanto, del autor, puede ser en algunos casos problemática. En efecto, cuando el vehículo de motor o ciclomotor sea detenido por los agentes de la autoridad, no habrá mayor problema puesto que los propios agentes pueden determinar quién manejaba los mandos. Pero no ocurre lo mismo cuando no se detiene el vehículo, puesto que en este caso se podrá identificar a este pero no a su conductor, al menos con la certeza que exige la atribución de la autoría en Derecho Penal.

En el ámbito administrativo el problema se ha resuelto conforme a lo dispuesto en el art. 11 LTCVMSV, que obliga al propietario o arrendatario del vehículo a identificar al conductor, incurriendo —caso de no hacerlo— en una infracción muy grave del art. 77 de la citada Ley. Consideramos, junto con la mayoría de la Doctrina, que esa obligación no puede trasladarse al orden penal, entre otras cuestiones por la vulneración que puede suponer del derecho a no declararse culpable reconocido en el art. 24.2 CE, e igualmente del que se tiene a no declarar contra algunos familiares recogido en los arts. 416 y 418 LECrim.

La STC 63/2007, 27-3, considera que aun no siendo el mero dato de la titularidad del vehículo suficiente para fundamentar una sentencia condenatoria, el propietario solo se descarga de responsabilidad si identifica de forma convincente al conductor; en los supuestos en que dicha identificación no sea verosímil o completa es posible, mediante la prueba de indicios, dictar una sentencia condenatoria, considerando autor del delito al propietario del vehículo siempre que, según el Tribunal Constitucional, se valore esa declaración en conjunto con el resto del material probatorio. La SAP, Ciudad Real, Sección 1ª, 81/2007, 25-6 (*Tol 1176878*), considera que es posible la condena aun cuando por el acusado se niegue ser el conductor, si "*la alegación del acusado está huérfana de toda corroboración puesto que es incapaz de dar ningún dato sobre la persona que dice que conducía* [...] *el propio acusado podía haber aportado prueba de cargo suficiente con sólo señalar quien según él conducía* [...]".

En contra de lo mantenido por algunos autores (GUTIÉRREZ RODRÍGUEZ), con ello no se está invirtiendo la carga de la prueba, obligando al propietario o arrendatario del vehículo a demostrar que él no conducía; el Tribunal Constitucional lo único que dice es que la declaración del acusado —en este caso el propietario o arrendatario— deberá ser valorada en conjunto con el resto de las pruebas practicadas en juicio. Que no se aprecien en el plano teórico y general cuáles pueden ser los otros indicios, no significa que no los haya; no puede olvidarse que el juez debe formar su decisión sobre todas las pruebas practicadas, adquiriendo la convicción de la culpabilidad o inocencia y, en caso de duda dictar una sentencia absolutoria y que, de acuerdo con la doctrina del Tribunal Constitucional, la declaración del acusado o imputado, no es más que una prueba que tendrá en unos casos valor exculpatorio y en otros incriminatorio, con independencia de lo que se diga. En similar sentido la SAP, Madrid, 16ª, 33/2010, 25-1 (*Tol 1806347*).

1.2.1.5. Conocimiento, culpabilidad y error

Dado que el delito previsto en el art. 379.1 CP requiere que la conducción se efectúe con una velocidad que exceda de los límites fijados por este artículo, es preciso que el autor —y los posibles partícipes— sepan no sólo que se excede de la velocidad señalada en dicha normativa, sino de la marcada y en los límites señalados en el CP.

En general, la realidad de este conocimiento no debería plantear problemas por cuanto se trata de un saber exigido como condición para poder obtener el correspondiente permiso o autorización para circular con este tipo de vehículos. Pero no es descartable la ignorancia o equivocación en relación con la calificación como típico penalmente del hecho, lo que, en su caso, daría lugar a la apreciación de un error de prohibición a tratar según lo previsto en el art. 14.3 CP.

1.2.2. El delito de conducción bajo la influencia de bebidas alcohólicas, drogas tóxicas, estupefacientes o sustancias psicotrópicas

Según el primer inciso del art. 379.2 CP: "*Con las mismas penas será castiga— do el que condujere un vehículo de motor o ciclomotor bajo la influencia de drogas tóxicas, estupefacientes, sustancias psicotrópicas o de bebidas alcohólicas* [...]".

La LO 5/2010, de 22 de junio, de reforma del Código Penal, no introduce variación en la redacción de este precepto, pero debe tomarse en cuenta lo dicho en relación con el número primero de este mismo artículo, ya que la modificación con respecto al régimen en que se imponen las penas le es aplicable, al ser las mismas en los dos números del precepto. En todo caso damos aquí por reiterado lo dicho en anteriores apartados en cuanto a los elementos comunes a estos delitos, en los que la conducta típica consiste en conducir.

1.2.2.1. La influencia del alcohol, drogas tóxicas, estupefacientes o sustancias psicotrópicas

El elemento que caracteriza este tipo de conducción es su realización bajo los efectos de bebidas alcohólicas, drogas tóxicas, estupefacientes o sustancias psicotrópicas.

Se introdujo en la legislación penal española por la Ley de 9 de mayo de 1950 —como Legislación penal especial— hasta su incorporación en 1967 al CP, donde ha permanecido desde entonces. Los cambios en su tipificación han ido subrayando su naturaleza de delito de peligro abstracto, ya que siempre se ha considerado que el mero hecho de la conducción de un vehículo de motor bajo la influencia de cualquiera de las sustancias típicas supone un riesgo importante para la seguridad del tráfico, hasta el punto de que semejante presupuesto se encuentra en la causa u origen de muchos accidentes. En la mayoría de las legislaciones, con una u otra técnica, se recoge esta modalidad delictiva.

En España hasta la LO 15/2007, de 30 de noviembre, este tipo de conducción requería de forma ineludible la prueba de la influencia de las sustancias típicas sobre las capacidades para conducir; sin embargo, y a partir de la Ley acabada de citar el delito previsto en el primer inciso del art. 379.2 CP coexiste, como veremos a continuación, con la mera conducción sobrepasando la tasa de alcohol fijada en el inciso segundo del mismo artículo.

La Legislación española contempla dos modalidades delictivas relacionadas con la ingesta del alcohol, drogas tóxicas, estupefacientes o sustancias psicotrópicas: la ahora estudiada que requiere la influencia de las mismas sobre la conducción, y la regulada en el inciso segundo de este artículo que sólo exige, como acabamos de señalar, que se conduzca con tasas de alcohol superiores a las allí fijadas.

El delito previsto en el inciso primero del art. 379.2 CP, requiere, además de los elementos comunes a otros delitos cuya conducta consiste en conducir, dos requisitos más. El primero consistente en la ingesta de cualquiera de las sustancias enumeradas en el precepto legal, y el segundo conformado por la influencia que las mismas ocasionen sobre las capacidades para conducir con seguridad. La Jurisprudencia es constante en la exigencia de la influencia de las sustancias típicas sobre el conductor y sus capacidades para conducir con seguridad [SSTS 436/2017, 15-6 (*Tol 6185691*), y 794/2017, 1-12 (*Tol 6461960*)]. Para la STS 789/2023, 25-10 (*Tol 9763953)* este primer inciso sería el tipo básico.

En relación con la ingesta se debe establecer qué sustancias se consideran incluidas. En cuanto al alcohol no parece existir problema alguno ya que a pesar de que el etílico no es el único, tanto desde un punto de vista social como legal su significado es común.

Las clasificaciones que se efectúan de los diferentes tipos de alcohol etílico, por ejemplo en diluidas y concentradas, son indiferentes desde la óptica penal y administrativa, ya que lo importante es la ingestión de alcohol y, en el caso del delito estudiado, su influencia sobre la capacidad para conducir.

Se ha planteado por la Doctrina si la introducción en el cuerpo del alcohol debe ser necesariamente a través de la bebida o, por el contrario, es admisible cualquier otra forma de ingesta. Consideramos que puesto que el CP habla de "bebidas alcohólicas" para considerar típica la ingesta debe tratarse, precisamente, de "bebidas", es decir: la sustancia debe encontrarse en estado líquido y tener la potencialidad de ser bebida, con independencia de la forma de entrar en el organismo. Así, bebida alcohólica, a los efectos del art. 379.2, inciso primero, CP, es una sustancia líquida que contenga alcohol (GÓMEZ PAVÓN, GUTIÉRREZ RODRÍGUEZ).

La interpretación de la expresión legal no ha sido unánime en la Doctrina. Así, para CÓRDOBA RODA, solo sería típica la ingesta del alcohol bebido; sería preciso determinar el estado y la materia de la sustancia.

Las otras sustancias típicas son las drogas tóxicas, estupefacientes y psicotrópicos. Su determinación ha planteado mayores problemas por más que en la praxis su incidencia sea mucho menor.

En efecto, la primera de las cuestiones que se plantean es establecer si la Ley al hablar de drogas tóxicas, estupefacientes y sustancias psicotrópicas, se está refiriendo a lo mismo o a realidades diferentes. Pues bien, dada la finalidad del precepto así como el uso de estos términos que se hace en otros lugares del Código Penal, consideramos que se trata de lo mismo; es decir, de unidades equivalentes (GÓMEZ PAVÓN). Postura que encuentra, además, apoyo en la definición que sobre "droga" proporciona la Organización Mundial de la Salud: "*cualquier sustancia natural o sintética cuyo consumo continuado provoca en las personas dependencia psico-física y tolerancia*".

Teniendo en cuenta lo anterior, puede concluirse, en primer lugar, que las tres sustancias a las que se refiere el inciso primero del número 2 del art. 379 CP, son equivalentes, siendo inútil intentar establecer diferencias entre ellas. En segundo término, que deben interpretarse a los efectos de este artículo como "*cualquier sustancia que sea capaz de influir de tal modo sobre las condiciones del conductor que pueda poner en peligro el bien jurídico protegido*" (GÓMEZ PAVÓN, y en igual sentido, MOLINA FERNÁNDEZ, CARMONA SALGADO).

Con esta definición sería posible incluir entre estas sustancias cuya ingesta está prohibida si se va a conducir, los medicamentos que puedan producir somnolencia, trastornos visuales, disminuir la concentración, reflejos, afectar al equilibrio, etc., como pueden ser los ansiolíticos, analgésicos, antidepresivos, relajantes musculares o antihistamínicos. Efectos que, además, vienen expresados en los diferentes prospectos en todos los medicamentos de estas clases comercializados en la Unión Europea.

Aun cuando podamos considerar que la postura acabada de exponer es la mayoritaria, no es unánime. Así, GUTIÉRREZ RODRÍGUEZ considera que sólo podrán ser incluidos estos medicamentos cuando contengan un principio activo que este comprendido en los Anexos de los Convenios Internacionales sobre estupefacientes y sustancias psicotrópicas, en caso contrario se estaría sobrepasando el tenor literal del precepto que solo hace referencia a drogas tóxicas, estupefacientes o sustancias psicotrópicas, ya que caso de haber querido la Ley ampliar su ámbito de aplicación a esas otras sustancias podría haber empleado una expresión diferente como: *"cualquier otra sustancia de efectos análogos y no lo ha hecho"*. En contra de esta opinión puede argumentarse que no todas las drogas están comprendidas en esos Anexos, sino solo las prohibidas y, por otra parte, que "droga" es cualquier sustancia que actúa sobre el sistema nervioso central, produciendo efectos narcóticos o estimulantes y que, como acabamos de decir, no siempre debe estar prohibida para ser así considerada, por ejemplo, el alcohol o tabaco. Con esta interpretación estimamos que no se fuerza la redacción legal, tal y como, por el contrario, expresa la autora acabada de citar (véase en este sentido SAP, Madrid, Sección 3ª, 409/2000, 15-12).

Podría objetarse también que incluir en el texto legal sustancias diferentes a las que se enumeran en los Anexos a los Convenios Internacionales reduce la seguridad jurídica, ya que, ciertamente, estas listas proporcionan la certeza de que el uso de cualquier otra sustancia no incluida en ellas no está prohibido, en este caso para conducir. Pero consideramos que dicha objeción no tiene sentido, ya que, como hemos manifestado en líneas anteriores, en los prospectos de las medicinas cuyo uso puede afectar a la conducción, vienen expresados los efectos de las mismas.

Tampoco con esta interpretación se vulnera el principio de legalidad, convirtiendo el precepto en una norma en blanco tal como hemos dicho del número 1 de este artículo, ya que se trata meramente de una remisión normativa, estando descrito en su integridad el núcleo de la prohibición en la Ley penal.

En todo caso distintas resoluciones judiciales han incluido algunas de las sustancias referidas en la descripción típica, así: los sedantes (SAP, Las Palmas de Gran Canaria, Sección 6ª, 9-3-2007), o los ansiolíticos (SAP, La Coruña, Sección 2ª, 34/2007, 19-1); sin embargo, no falta alguna resolución que entiende que los medicamentos no entran en la tipicidad del art. 379 CP (por ejemplo, SAP, La Coruña, Sección 6ª, 135/2001, 4-9).

Pero esta ingesta, que puede ser acreditada por cualquier medio de prueba lícito en Derecho, debe influir sobre el organismo alterando o disminuyendo las capacidades para realizar una conducción "segura".

Dada la progresiva simplificación de la redacción legal —que en la ley de 24 de diciembre de 1962 exigía que la influencia fuera manifiesta, requerimiento que desapareció con la incorporación de la figura al CP por Ley de 8 de abril de 1967—, parece claro que no es preciso que dicha influencia sea patente y notoria tal y como se venía exigiendo con la anterior regulación. Así, debemos entender que existe la influencia del alcohol sobre las capacidades para conducir con seguridad, cuando el conductor se encuentre en unas condiciones tales que, caso de producirse un imprevisto u obstáculo, no pueda dominar el vehículo; es decir: cuando no sea capaz de realizar una conducción dirigida.

Es indudable, y somos conscientes de ello, que lo anterior hace surgir la duda en relación a la prueba de esa influencia, elemento esencial y diferenciador de este delito. Con respecto a ello debemos reiterar que la misma puede probarse por cualquier medio lícito en Derecho; por ejemplo: las declaraciones de testigos, de la propia Policía actuante en los hechos, el contenido del Atestado... e indudablemente no podemos desconocer el valor de las pruebas de detección del consumo de estas sustancias.

En cuanto al resto de las sustancias enumeradas en el texto, su ingesta debe haber producido sobre el organismo unos efectos iguales al alcohol en relación con la capacidad para conducir con seguridad.

Los efectos sobre las capacidades para realizar una conducción segura, son de sobra conocidas: retardo en el tiempo de respuesta ante un imprevisto u obstáculo, lentitud de reflejos, alteraciones visuales, somnolencia, y lo que es fundamental y puesto de manifiesto por todos los especialistas: una inadecuada percepción del riesgo que, junto con una sobrevaloración de las propias capacidades, hacen que el peligro para la seguridad del tráfico se incremente de forma relevante (entre otras muchas véase SAP, Madrid, Sección 23ª, 1030/2010, 30-9).

1.2.2.2. Las pruebas de detección de las sustancias típicas: su valor como prueba de cargo en la sentencia condenatoria

Dada la importancia que las pruebas de alcoholemia tienen para la calificación del delito comprendido en el inciso segundo del número 2 del art. 379 CP, dejaremos para ese lugar el análisis de las mismas. Sí haremos, en cambio, referencia al valor que las pruebas de alcoholemia tienen para fundamentar una sentencia condenatoria por la comisión de un delito del inciso primero del número 2 del art. 379 CP.

La realización de las pruebas para la detección de estas sustancias, tanto drogas como alcohol, se regula en el Reglamento General de la Circulación, en los arts. 22 y 23 lo relativo a las segundas y en el 28 lo concerniente a las drogas, estupefacientes y sustancias psicotrópicas.

El mayor problema que se ha planteado con las pruebas de detección de cualquiera de las sustancias enumeradas en el art. 379.2 CP, es su valor, en el inciso primero, como prueba de cargo capaz de fundamentar una sentencia condenatoria, es decir: la posibilidad de condenar por el resultado de la prueba; y, al tiempo, las garantías de las que debe rodearse su realización para no vulnerar derechos fundamentales, como son la presunción de inocencia y el derecho a la defensa del art. 24.2 CE.

En cuanto a la primera de las cuestiones, la Jurisprudencia, tanto del Tribunal Supremo como de las Audiencias Provinciales, es unánime al afirmar que la mera determinación de la tasa de alcohol en aire espirado o en sangre, o el establecimiento de la ingesta del resto de las sustancias típicas, no puede dar lugar a condena por la comisión del delito previsto en el inciso primero del art. 379.1 CP, ya que el tipo no consiste en conducir tras la ingesta de estas sustancias o superando determinadas tasas, sino en condiciones tales que pueda decirse que la influencia de las mismas ha restado capacidad para hacerlo con seguridad, siendo necesaria siempre la prueba de esta influencia; prueba que, como hemos venido diciendo, puede consistir en la llevada a cabo con cualquier medio o método lícito en Derecho. En este sentido la STS 214/2010, 12-3 (*Tol 1832993*), señala dos elementos en este delito: uno objetivo consistente en el grado de impregnación alcohólica, y otro subjetivo integrado por la influencia sobre la conducción.

Habitualmente, en la praxis, en el Atestado levantado por la Guardia Civil o Policía Local consta la realización de la prueba, así como sus resultados, junto con una serie de síntomas observados en el conductor, tales como la forma de andar, hablar, estado de los ojos, si se encuentra nervioso, excitado, olor a alcohol…; caso de haberse producido lesiones, bien a las personas o en los bienes, se hace constar igualmente. Este Atestado tiene el valor de una denuncia y se incorpora al Juicio Oral como prueba documental, citándose a sus autores a declarar en dicho acto como testigos. El contenido del Atestado, la ratificación de los agentes de la autoridad y, si las hubiere, el resto de las pruebas, será el material sobre el que se deba establecer la existencia o no de influencia en el conductor de las sustancias enumeradas en el artículo citado.

La segunda cuestión en relación con estas pruebas es la relativa a la posible lesión que pueden suponer del derecho a la presunción de inocencia y a no declararse culpable, que como hemos dicho se recogen como derechos fundamentales en el art. 24.2 del texto constitucional. Pues bien, para el Tribunal Constitucional la realización en concreto de las pruebas de detección alcohólica, ya que no se ha pronunciado en relación con las otras sustancias, no vulneran derecho fundamental alguno.

En lo que importa al derecho a la defensa, en concreto con el derecho a no declararse culpable, desde un primer momento ha venido manteniendo el Tribunal Constitucional que no lo vulnera, ya que la realización de las pruebas de detección no constituye declaración, por lo que no pueden hacerse equivalentes a una autoincriminación; siendo las dichas pruebas, en palabras del Tribunal Constitucional, una pericia técnica de carácter incierto. De forma unánime este Tribunal ha exigido, para considerar a estas pruebas acordes con la Constitución, que su realización sea voluntaria.

Mayor atención ha merecido por parte del Tribunal Constitucional la alegación de que estas pruebas vulneran el derecho a la presunción de inocencia. Pues bien, al decir de aquél el resultado de estas pruebas no constituye, en sentido estricto, una prueba procesalmente hablando, siendo precisa su ratificación en el acto del Juicio Oral. Por lo tanto, una sentencia condenatoria basada en la mera realización de la prueba y en el resultado positivo que pueda arrojar, vulneraría, según este Tribunal, la presunción de inocencia. Para la STC 111/1999, 14-6 (*Tol 81170)*, las pruebas de detección alcohólica constituyen una pericial técnica de resultado incierto "*al que puede atribuirse el carácter de prueba pericial* lato sensu"; continúa la sentencia diciendo que si bien no puede reproducirse en el acto del juicio oral, puede llegar a producir los efectos de una prueba preconstituida, para lo cual deberá estar supeditada a la observancia de las exigencias precisadas por constante doctrina constitucional. En primer lugar, el cumplimiento de las garantías formales para preservar el derecho de defensa en condiciones similares a las que se ofrecen dentro del proceso judicial, en este caso el conocimiento del interesado a través de la oportuna información del derecho que tiene a un segundo examen alcoholométrico y a la práctica médica de un análisis de sangre. En segundo lugar, es preciso que la incorporación de estas pruebas al proceso se realice de forma tal que se respeten "*en la medida de lo posible*" los principios de inmediación, oralidad y contradicción que rigen la prueba; sin que baste para desvirtuar la presunción de inocencia la mera lectura o reproducción en el juicio oral del atestado; el juzgador deberá tener la posibilidad de examinar por sí mismo la realidad de las circunstancias que determinaron la realización de la prueba y el acusado la de rebatir la versión de la acusación sobre tales extremos. En igual sentido se pronuncian las SSTC 22/1988, 18-2 (*Tol 80133)*; 24/1992, 14-2 (*Tol 80639)*, y 252/1994, 19-9 (*Tol 82657)*.

Al consistir el delito en la conducción bajo la influencia del alcohol, es precisa la acreditación de la influencia, lo que puede lograrse —tal y como más arriba se ha expuesto— sin que conste realizada la prueba de detección alcohólica, siempre que a través de otro medio resulte probada la merma en las capacidades necesarias para conducir con seguridad [véanse SSTS 867/2006, 15-9 (*Tol 995521)*, y 3/1999, 9-12 (*Tol 51367)*; también SSAP, Pontevedra, Sección 2ª, 132/2009, 2-6, y Gerona, Sección 3ª, 394/2009, 2-6 (*Tol 1589816)*; véase asimismo SAP, Burgos, Sección 1ª, 62/2010, 18-3 (*Tol 1863749)*, que afronta el problema de los estudios médicos sobre metabolización del alcohol].

Parcialmente diferentes son las SSAP, León, Sección 3ª, 216/2009, 2-12; 217/2009, 2-12 (*Tol 1773409)*, y 224/2009, 4-12 (*Tol 1773404)*, que mantienen la necesidad de acreditar la influencia, pero consideran que entre 0,40 y 0,80 mg de alcohol por litro de aire espirado es cuestionable su existencia, mientras que a partir de 0,80 mg por litro "*puede decirse con seguridad* [...] *que salvo excepciones* [...] *que deberán acreditarse*" existirá influencia del alcohol en la conducción, con cita para el anterior art. 379 CP de la STS 1133/2001, 11-6 (*Tol 31321)*.

Es frecuente la alegación por las defensas de la interacción entre el alcohol y ansiolíticos que pudiera estar ingiriendo el sujeto activo como antidepresivo; a ese respecto existe una Jurisprudencia muy consolidada en el sentido de que *"debe indicarse que la prueba pericial practicada en el plenario puso de manifiesto que el tomar antidepresivos no influye en la tasa, sino, en su caso en la eliminación del alcohol"* (SAP, Burgos, Sección 1ª, 237/2007, 10-10).

1.2.2.3. Delito de peligro abstracto

El delito previsto en este primer inciso del número 2 del art. 379 del CP es de peligro abstracto, y por tanto el riesgo no se incorpora al tipo como uno de sus elementos; el Ordenamiento presume, *iuris et de iure*, y de acuerdo con máximas de experiencia a las que más arriba se ha aludido, la peligrosidad inherente a la conducción bajo la influencia de las sustancias aludidas [STS 214/2010, 12-3 (*Tol 1832993*)].

Lo acabado de decir no empece para negar la relevancia de conductas realizadas en ausencia de una mínima peligrosidad potencial —pues de otra forma padecería el principio de exclusiva protección de bienes jurídicos; pero ello se puede hacer —y dada la naturaleza *iuris et de iure* de la presunción— únicamente acudiendo a principios generales de la hermenéutica penal, y especialmente los de falta de lesividad e insignificancia.

1.2.2.4. El *iter criminis*

Aun cuando estamos ante un delito de peligro abstracto y de mera actividad, en cuanto no requiere de resultado (de peligro o lesión), es posible apreciar la tentativa en este tipo, dada la configuración del comportamiento.

En efecto, tal y como hemos señalado al inicio de este tema al tratar los aspectos comunes a este tipo de delitos, la conducta consiste en conducir, en este caso, bajo la influencia de las sustancias enumeradas en el art. 379.2, inciso primero, CP; conducir, de acuerdo con la definición dada en ese apartado, implica desplazarse en el espacio y el tiempo con los mecanismos de propulsión del vehículo de motor o ciclomotor, incorporándose al tráfico rodado y circulando, transitando, de un lugar a otro. La consumación, así, se producirá cuando tenga lugar esa incorporación y desplazamiento mínimamente relevante, y, como en el delito anterior (conducir sobrepasando los límites de velocidad), se prolongará todo el tiempo que dure la conducción sin solución de continuidad, ya que durante todo ese lapso de tiempo el ataque al interés jurídico se mantiene y también la situación antijurídica. Si cesa la conducción y vuelve a reanudarse en iguales condiciones, deberá apreciarse —como en el caso al que nos acabamos de referir— un concurso de delitos, ya que el hecho no puede ser objeto de una única valoración y siempre que esa detención no sea de una duración irrelevante por su brevedad.

Pues bien, en tanto no se produzca esa circulación —el desplazamiento en el espacio y en el tiempo— será posible apreciar tentativa, siempre que hayan comenzado los actos ejecutivos; así, cuando se enciende el motor y se inician las maniobras para incorporarse al tráfico y circular, pero el sujeto es detenido antes de conseguirlo o no puede hacerlo por cualquier otra razón que no dependa de su voluntad, habrá tentativa.

En todo caso al estar ante un delito de mera actividad la tentativa será siempre inacabada, supondrá la no realización de todos los actos ejecutivos que deberían producir la consumación del delito, ya que la ejecución completa de ellos supone la consumación. A pesar de la posibilidad conceptual de apreciar la tentativa, en la praxis, salvo error u omisión, no ha sido aplicada en caso alguno.

1.2.2.5. El elemento subjetivo

Al igual que el delito antes estudiado, nos encontramos ante un injusto exclusivamente doloso al no estar prevista la tipificación imprudente (art. 12 CP).

El dolo de este delito, como el de la práctica totalidad de los comprendidos en el Capítulo, va referido sólo al riesgo que supone la consciente conducción bajo los efectos de las sustancias nominadas en el tipo, no abarcando el resultado lesivo que pudiera producirse, y estaría integrado, como en todos los casos, por el conocimiento de los elementos de la tipicidad; es decir: que se conduce un vehículo de motor o ciclomotor, por vía destinada al uso público, al tráfico, y que el sujeto activo se encuentra bajo la influencia del alcohol, drogas tóxicas, estupefacientes o sustancias psicotrópicas.

En cuanto al conocimiento exigible, consideramos que quien sabe que se halla bajo los efectos de esas sustancias, o que las ha consumido en cantidad tal que pueden influirle sobre sus capacidades para conducir, no puede pretender que no conocía el riesgo; y ello porque nos encontramos ante una conducción respecto de la que se ha difundido *ad nauseam* en todos los medios de comunicación su peligrosidad, así como la influencia que tienen pequeñas ingestas alcohólicas sobre ella. Quien bebe o consume cualquiera otra de las sustancias típicas y después conduce un vehículo de motor, sabe también que puede estar, o está, bajo la influencia de las mismas, y mantenerse en ese comportamiento no puede ser calificado más que como doloso. Es decir: en este caso al conocimiento de encontrarse bajo los efectos del alcohol o de las otras sustancias va necesariamente unido el del riesgo de la conducción en semejantes circunstancias.

Si el conocimiento que se exige en el dolo es el paralelo en la esfera del profano, consideramos que no puede alegarse desconocimiento sobre los elementos del tipo en este delito, y en concreto sobre la influencia y efectos que sobre la conducción tiene la ingesta de estas sustancias, fundamentalmente del alcohol.

1.2.2.6. Posibilidad de apreciar la circunstancia eximente del número 2º del art. 20 CP o la 2ª del art. 21 CP

La estructura de este tipo —uno de cuyos elementos es, precisamente, la ingesta de bebidas alcohólicas, drogas tóxicas, estupefacientes o sustancias psicotrópicas— hace difícil la apreciación de la circunstancia del número 2 del art. 20 CP o la atenuante 2ª del art. 21 CP.

La apreciación de una u otra de estas circunstancias debe partir de la idea de que las dosis que permiten la apreciación del delito del art. 379.2 del CP, suelen ser bajas y que, en la mayoría de los casos, si las tratáramos de aplicar a otros delitos, no tendrían capacidad para modificar la imputabilidad y, por tanto, la responsabilidad penal.

Para la Jurisprudencia mayoritaria, no es posible apreciar ninguna de estas dos circunstancias [STS 1489/2005, 12-12 (*Tol 795484)*]. A esta negativa se le da un doble fundamento: por una parte la aplicación de la teoría de la *actio libera in causa* (VIEIRA MORANTE), ya que el sujeto se coloca dolosa o imprudentemente en esa situación si sabía que tenía que conducir y había ingerido las sustancias referidas en el art. 379.2 CP (DE VICENTE MARTÍNEZ, RODRÍGUEZ FERNÁNDEZ, junto con la Jurisprudencia mayoritaria); de otro se argumenta que la aplicación del art. 67 CP impide dotar de efectos modificativos de la responsabilidad penal a los elementos inherentes o utilizados en la descripción legal del delito.

Excepcionalmente se ha admitido la posibilidad de apreciar las circunstancias dichas en los supuestos de conducción por drogodependientes, o la realizada bajo síndrome de abstinencia, así la SAP, Madrid, Sección 17ª, 321/2001, 14-5.

1.2.3. El delito de conducción con tasas de alcohol superiores a las establecidas

El art. 379.2, inciso segundo, CP establece: "[…] *En todo caso será condenado con dichas penas el que condujere con una tasa de alcohol en aire espirado superior a 0,60 miligramos por litro o con una tasa de alcohol en sangre superior a 1,2 gramos por litro*".

El precepto, introducido por LO 15/2007, de 30 de noviembre, de modificación del Código Penal, se mantiene inalterable tras la aprobación de la LLOO 5/2010, de 22 de junio, y 2/2019, de 1 de marzo. Sólo se modifica lo relativo a la penalidad, en el sentido ya dicho en anteriores apartados; penalidad que es única para los tres supuestos recogidos en el art. 379 CP, por lo que nos remitimos a lo expresado en su momento.

Los extremos referidos al comportamiento típico, autor, interés jurídico protegido, lugar de comisión, instrumento comisivo y su naturaleza de delito de peligro abstracto, son comunes con los dos anteriormente estudiados.

El elemento que caracteriza este tipo penal es no ya el encontrarse bajo la influencia de la ingesta del alcohol u otras determinadas sustancias, sino el hecho de superar ciertas tasas de alcohol en aire espirado o en sangre; tasas éstas que se hallan acabadamente determinadas en el texto legal. Se da con ello un nuevo paso en la tendencia objetivadora en la tipificación de estos hechos, que se contemplan por primera vez en la legislación española tras la reforma operada por la LO 15/2007, de 30 de noviembre. La STS 788/2023, 25-10 (*Tol 9772390)*, reiterando que el inciso primero del número 2 de este artículo constituye un tipo básico, mientras que este segundo inciso es una objetivación desconectado de la influencia del alcohol, admitiendo el "redondeo" de la tasa, en beneficio del reo; tasa que debe ser superior a 0.60 mg./l., en el que no es preciso que conste la influencia de estas sustancias, ni, en consecuencia la realización de maniobras irregulares o signos externos de embriaguez.

Para la STS (Pleno), 436/2017, 15-6, la "*nueva formulación típica complementa la modalidad clásica objetivando el peligro inherente a la conducción tras la ingesta de bebidas alcohólicas cuando de ella se deriva una tasa de alcohol en aire espirado superior a un determinado nivel. Esta segunda conducta es considerada como accesoria a la anterior; pero goza de alguna autonomía*". Objetivación que se fundamenta, según la resolución citada, en un juicio de peligrosidad ex ante, en el que se ha ponderado la influencia estadística de esta fuente de peligro.

La Ley solo contempla esta modalidad delictiva en relación con el alcohol, posiblemente por su mayor frecuencia comisiva y, sobre todo, por la ausencia de pruebas fiables y susceptibles de rápida realización que permitan medir la concentración de las otras sustancias en el organismo.

El tipo se consuma cuando se realiza la conducción, en los términos ya definidos, superando esas tasas fijadas en la Ley penal; es, al igual que ocurría en la conducción bajo la influencia de bebidas alcohólicas, drogas tóxicas, estupefacientes y sustancias psicotrópicas, un delito permanente, manteniéndose la situación antijurídica hasta que cesa la conducción. Damos, pues, en lo que se refiere a este aspecto, por reiterado lo dicho para aquel delito; y de la misma forma nos remitimos en lo que importa al *iter criminis*, autoría y participación.

1.2.3.1. El valor de las pruebas de detección alcohólica en este delito

La presencia del inciso segundo del art. 379.2 CP ha hecho que las pruebas de detección alcohólica, y la problemática que plantean, cobren nueva importancia.

En el tradicional delito de conducción bajo la influencia de las sustancias enumeradas en el primer inciso del número 2 de este artículo, la prueba de determinación de la tasa de alcoholemia no es relevante por sí sola, como ya hemos dicho, para fundamentar una sentencia condenatoria, aunque es indudable que valorada en conjunto con las demás pruebas practicadas en juicio puede dar lugar a la condena.

Por el contrario, en el delito ahora estudiado la prueba que se realice para determinar la tasa de alcohol en aire espirado o en sangre, es el elemento determinante de la sentencia condenatoria; en ausencia de esta determinación no es posible condenar, ya que el elemento del tipo (STS 788/2023, 25-10, considerando la tasa elemento del tipo y no medio de prueba) no es la influencia que sobre el organismo pueda haber ocasionado el alcohol, sino la concentración del mismo; en este sentido la SAP, Gerona, Sección 3ª, 462/2009, 2-7 (*Tol 1602848*), considera que el delito contiene una presunción iuris et de iure, constituyendo la tasa de alcohol fijada en el texto penal un elemento del tipo, "siendo la expresión 'en todo caso será condenado' lo suficientemente explícita de la rotundidad con la que se concibe el nuevo tipo". En igual sentido las SSAP, Cáceres, Sección 2ª, 81/2009, 22-4, y Burgos, Sección 1ª, 290/2009, 22-12 (*Tol 1790882*). La SAP, Burgos, Sección 1ª, 278/2009, 11-12 (*Tol 1777034*), advierte de la necesidad de tener en cuenta los errores de los etilómetros; según el Anexo XIII de la OM ICT/155/2020, de 7 de febrero, por la que se regula el control metrológico del Estado de determinados instrumentos de medida esos errores máximos son: 0,030 mg/L. para concentraciones iguales o superiores a 0,400 mg/L.; 7,5% del valor de referencia de la concentración mayor de 0,400 mg/L. y menor o igual a 2 mg/L., y ¾ del valor de referencia menos 1,35 mg/L. para una concentración mayor de 2 mg/L. (Recomendación OIML R. 126 edición 2021, punto 6.6, sobre los errores máximos permitidos). Ver por todas la STS (Pleno) 436/2017, 15-6.

Por ello hemos dejado para el estudio de este delito la exposición de los métodos de detección alcohólica, junto con los elementos que deben reunir para adquirir la naturaleza de prueba de cargo bastante para fundamentar la condena.

La realización de estas pruebas debe cumplir con todos los requisitos establecidos legalmente, lo que significa, en primer lugar, que la determinación de la tasa de alcohol en sangre o aire espirado, por un método diferente al contemplado en la regulación administrativa, no podrá adquirir naturaleza de prueba y, por tanto, no podrá dictarse una sentencia condenatoria basada en ella.

Por otra parte, la infracción de los requisitos establecidos por vía reglamentaria supone la invalidez de la prueba, por vulneración del derecho a la presunción de inocencia o a un proceso con todas las garantías, (art. 24.1 y 2 CE); este respeto a las exigencias contenidas en la Legislación administrativa, debe ser guardado desde el inicio, en el Atestado, y no solo en el acto del Juicio Oral. Para la SAP, La Coruña, Sección 6ª, 1/2010, 27-1 (*Tol 1808909*), no informar de los derechos inherentes a la práctica de la prueba de alcoholemia antes de hacerla, no conlleva su falta de validez "*toda vez que su práctica es obligatoria*" y sólo se podrá considerar nula cuando se han infringido las normas esenciales a tenor del art. 238 LOPJ.

El sistema para establecer la tasa de alcohol en el organismo se recoge en el art. 14.3 LTCVMSV, y consiste en la verificación del aire espirado mediante alcoholímetros autorizados, siendo practicada por los agentes encargados de la vigilancia del tráfico. A petición del interesado, o por orden judicial, se podrá realizar una prueba de contraste, que puede consistir en análisis de sangre, orina u otros análogos, aunque normalmente el análisis será de sangre.

El etilómetro —aparato con el que se recoge muestras del aire alveolar espirado— debe cumplir con las prescripciones establecidas en la OM ICT/155/2020, de 7 de febrero, por la que se regula el control metrológico del Estado de determinados instrumentos de medida. De acuerdo con la Jurisprudencia, deberá ser de precisión, no siendo válidas las pruebas realizadas con etilómetros digitales [así la SAP, Barcelona, Sección 8ª, 278/2007, 14-5 (*Tol 1137536)*]. Deben además incorporarse al procedimiento los documentos en los que se acredite la homologación y verificaciones realizadas; caso de no constar esta documentación, entiende la Jurisprudencia que es posible negar la validez a la prueba de detección alcohólica, siendo imposible, en consecuencia, la condena por este delito.

La realización de esta prueba se regula en el art. 23 del Reglamento General de la Circulación, y consiste en una primera toma que se repite en un plazo mínimo de diez minutos. Las características del aparato utilizado, así como el procedimiento seguido, deben constar en el Atestado en el caso de que el resultado de las dos pruebas fuera positivo. Igualmente deberá constar que se ha informado al conductor de los derechos que le asisten: realización de las alegaciones que considere oportunas y de contrastar los resultados de las pruebas mediante un análisis de sangre, orina u otro similar en Centro Sanitario, siendo obligación de los agentes de la autoridad intervinientes el traslado del conductor a dicho Centro.

Dada la imposibilidad de repetición de esta prueba en el acto del Juicio Oral, el Tribunal Constitucional ha resaltado la importancia que tiene todo lo antes dicho, fundamentalmente de la posibilidad de repetición de la prueba y de la realización de análisis clínicos de contraste, lo que ha venido siendo puesto de manifiesto por el Tribunal Constitucional ya desde la lejana STC 145/1985, 28-10 (*Tol 79535)*, y también por el Tribunal Supremo en su STS 636/2002, 15-4 (*Tol 162228)*. A pesar de ello, la SAP, La Coruña, Sección 6ª, 1/2010, 27-1 (*Tol 1808909)*, ya citada, otorga validez a las pruebas realizadas sin haberse informado previamente de estos derechos al sometido a ellas, siempre que no se hayan infringido las normas esenciales del procedimiento.

Aunque las resoluciones de unos u otros tribunales lo son en relación con el delito de conducción bajo la influencia del alcohol (inciso primero de este número 2 del art. 379 CP), son plenamente aplicables, y si cabe con mayor razón, al artículo ahora estudiado.

1.2.3.2. El elemento subjetivo

Al igual que en los delitos anteriormente analizados nos encontramos ante un tipo descrito únicamente en su modalidad dolosa. Dolo que debe abarcar, como en cualquier otro tipo penal, el conocimiento de los elementos típicos.

Pues bien, así como en los delitos *ut supra* considerados entendíamos que dicho conocimiento no tenía por qué plantear mayores problemas, en este caso debemos afirmar lo contrario. El dolo debe comprender no sólo que se conduce un vehículo de motor o ciclomotor por vía pública, en los términos ya definidos, tras haber ingerido alcohol, sino que debe alcanzar al otro elemento característico de este tipo, como es la tasa de alcohol en el organismo; es decir, de acuerdo con principios generales el autor (el conductor) debe saber que supera los 0,60 miligramos por litro en aire espirado o los 1,2 gramos por litro en sangre. Conocimiento que es difícil tenga el conductor, pues él podrá tener una idea aproximada por la cantidad de alcohol consumida pero difícilmente conocerá la referencia con exactitud (por más que en los últimos tiempos están a disposición de los conductores alcoholímetros a muy bajo precio que les proporcionan ese conocimiento, incluso que no pocos locales nocturnos cuentan con ellos en sus instalaciones, y por si fuera poco hay vehículos de última generación que los incorporan entre su equipamiento).

En contra de lo mantenido por algunos autores (GUTIÉRREZ RODRÍGUEZ), no basta con que el conductor sepa que se encuentra bajo la influencia del alcohol, puesto que la misma no depende exclusivamente de la tasa de alcohol, sino de una serie de circunstancias, una de las cuales es indudablemente la tasa de alcohol. Pero además, la fijación de estas tasas se fundamenta en el mayor peligro que representan y que debe captar el dolo del autor.

La cuestión problemática se presenta, así, en los siguientes términos: en relación a los elementos típicos —y fuera de supuestos excepcionales como los de absoluta intolerancia al alcohol o los de la ingesta inadvertida del mismo, caso este último que puede concurrir cuando habiendo solicitado el sujeto una bebida sin alcohol se la proporcionan con él— el sujeto conoce que ha bebido pero no puede, generalmente, determinar con exactitud su tasa de alcohol; pues bien, debiendo estar cubierto ese elemento por el dolo del autor, no existirá problema para componer el elemento intencional sobre las estructuras del dolo eventual, bien por la vía de la indiferencia o de la probabilidad, e incluso de la mano de la teoría del consentimiento, rechazando creencias irracionales acerca de la ausencia de impregnación alcohólica suficiente después de una ingesta generalmente considerada suficiente a aquéllos efectos. Por otra parte en alguna Jurisprudencia se entiende que habiendo el sujeto bebido alcohol, sobre él pende la obligación, el deber, si va a ponerse a los mandos de un vehículo, de comprobar que no supera la tasa referida en el tipo: "*No se trata con ello de decir que cada conductor debe ir provisto con un etilómetro para comprobar su nivel de alcoholemia, sino que cuando se bebe en exceso, es lógico y razonable pensar que se pueden llegar a superar los niveles máximos permitidos, y si ello es así y se bebe sin tener en cuenta tal circunstancia, se acepta la posibilidad de que efectivamente puedan superarse ese nivel máximo, siendo, en consecuencia, imputable tal elemento a título de dolo eventual*" (SAP, Girona, Sección 3ª, 663/2008, 22-10).

La cuestión pudiera parecer, a simple vista, irrelevante, ya que en cualquier caso si el autor conoce que se encuentra bajo la influencia del alcohol siempre podría calificarse por el tipo del art. 379.1 CP, dado que la pena es la misma; sin embargo, aunque ello pudiera ser así en unos casos no lo sería forzosamente en otros —recuérdese que en el supuesto del art. 379.2, primer inciso, CP se exige la influencia, y bien puede ocurrir con algunos sujetos que arrojando la tasa a la que se refiere el inciso segundo de este núm. 2 del art. 379 CP, sin embargo su conducción no se encuentre, o no se pueda probar que se encuentra, bajo la influencia del alcohol. Por otra parte, además, no puede olvidarse el contenido del art. 380.2 CP, en el que se presume la conducción manifiestamente temeraria cuando se conduce con tasas superiores a las señaladas en el inciso segundo del art. 379.2 CP, y siempre que se haya concretado el peligro.

A pesar de la caracterización del dolo efectuada, son imaginables supuestos de error como los siguientes: cuando el sujeto ignora que padece una intolerancia al alcohol que provoca que con niveles mínimos de ingesta —que no serían suficientes a una persona normal para alcanzar las tasas referidas en el tipo— realice la parte objetiva del tipo; o supuestos en los que el sujeto sabiendo que ha bebido en exceso, descansa durante ocho horas creyendo erróneamente que un período tan dilatado de tiempo sería bastante para eliminar el alcohol digerido en exceso (y el sujeto se siente en perfectas condiciones y en nada afectado por la pasada ingesta, lo que le hace concluir que ya se encuentra "limpio" de alcohol).

La Jurisprudencia ha examinado, también, algunos casos en los que se ha alegado ya no error de tipo sino sobre la prohibición; es el caso, por ejemplo, contemplado en la SAP, Palencia, Sección 1ª, 64/2007, 27-12: sujeto que, por orden de un agente de policía, sale del bar en el que estaba consumiendo alcohol a retirar el vehículo que tenía aparcado en doble fila y estorbaba la circulación; tras haber el sujeto retirado el vehículo el agente reclamó a la Policía de Atestados para realizar una prueba de alcoholemia que resultó positiva; el sujeto alegó creencia de estar obrando debidamente ante orden directa de la autoridad, quien debió percatarse ante los síntomas presentados por el acusado —que fueron los que le llevaron a solicitar las pruebas de impregnación alcohólica— que el sujeto no estaba en condiciones de conducir. En este caso la Audiencia aplicó error indirecto de prohibición por entender que el sujeto creyó equivocadamente que le cubría, excepcionalmente, una autorización derivada de la orden del agente de policía.

1.2.4. El delito de conducción temeraria

El delito de conducción con temeridad manifiesta es, al igual que la realizada bajo la influencia de bebidas alcohólicas, drogas tóxicas, estupefacientes o sustancias psicotrópicas, una de las modalidades de conducción que desde la Ley de 9 de mayo de 1950 se tipifico como delito.

Mientras la regulación del delito de conducción bajo la influencia de ciertas sustancias ha mantenido a lo largo del tiempo una redacción, aunque cada vez más abierta, esencialmente idéntica, el de conducción con temeridad manifiesta ha ido cambiando en las sucesivas leyes reguladoras de estos delitos. El primer antecedente lo encontramos en el art. 2 de la Ley de 9 de mayo de 1950 que consideraba delito la conducción de "*un vehículo de motor a velocidad excesiva o de otro modo peligroso para el público, dada la intensidad del tráfico, condiciones de la vía pública u otras circunstancias que aumenten el riesgo"*. La expresión "conducción temeraria" aparece en la Ley de 24 de diciembre de 1962: art. 2: *"El que condujera un vehículo de motor con temeridad manifiesta y pusiere en concreto peligro la seguridad de la circulación y la vida de las personas, su integridad o sus bienes será castigado con la pena de multa de 5.000 a 50.000 pesetas y privación del permiso de conducir por tiempo de dos meses a un año"*. La Ley de reforma del Código Penal de 8 de abril de 1967, introduce los delitos contra la seguridad del tráfico en el Código Penal, regulando el que nos ocupa en el art. 340 bis.a.2º: *"que condujera un vehículo de motor con temeridad manifiesta y pusiera en concreto peligro la vida de las personas, su integridad o sus bienes"*. La LO 3/1989, de 21 de junio, modificó el precepto excluyendo de su ámbito de protección el riesgo para los bienes; exclusión que se ha mantenido hasta el momento. La LO 15/2003, de 25 de noviembre, introdujo un segundo párrafo en el entonces art. 381 (hoy 380) CP, según el cual: *"En todo caso, se considerará que existe temeridad manifiesta y concreto peligro para la vida o integridad de las personas en los casos de conducción bajo los efectos de bebidas alcohólicas con altas tasas de alcohol en sangre y con un exceso desproporcionado de velocidad"*. Finalmente la LO 15/2007, de 30 de noviembre, modifica este último párrafo para darle la redacción que se mantiene en el texto vigente.

Son elementos comunes con los otros delitos de este apartado, la conducta —consistente en conducir el instrumento típico, que debe ser un vehículo de motor o ciclomotor— y el lugar de comisión —que tendrá que ser en vía pública. Tampoco el tratamiento de la autoría y participación ofrecen características especiales en relación con esos otros delitos.

Por lo que se refiere a la denominada conducción con temeridad manifiesta, debe tenerse en cuenta que se encuentra también tipificada en la Legislación administrativa, como infracción muy grave, en el art. 77 de la LTCVMSV. La diferencia en este caso entre el ilícito penal y el administrativo, es el resultado de peligro que califica el hecho como delito, tal y como veremos a continuación.

1.2.4.1. Concepto de conducción con temeridad manifiesta

Desde un inicio el empleo del término "temeridad" ha hecho cuestionarse a un sector de la Doctrina la naturaleza dolosa o imprudente de este delito, aunque en la actualidad está admitido por la práctica unanimidad de aquélla su carácter doloso.

La temeridad es algo que se predica del comportamiento, de la conducción, y significa que se realiza infringiendo las más elementales normas de la circulación (MORENO ALCÁZAR). Es pues una característica objetiva del delito; para MIR PUIG es manifiestamente temeraria la conducción que, caso de producirse el resultado lesivo, pudiera ser considerada como imprudencia grave. La STS 1209/2009, 4-12 (*Tol 1762087*), afirma que la temeridad manifiesta, que debe ser acreditada, significa lo contrario a la prudencia o sensatez.

En la calificación de una conducción como temeraria la infracción de la regulación administrativa actúa como indicio, pero por sí sola no puede calificar el hecho como penalmente relevante, para ello habrá que tomar en consideración la totalidad de las circunstancias concurrentes, tanto las relativas a la vía como al conductor, la presencia de otras personas, factores atmosféricos y cuantos otros pudieran concurrir (TAMARIT SUMALLA); tampoco cabe excluir como elemento integrante de la temeridad manifiesta una infracción que en el orden administrativo sea calificada como leve (LASCURAÍN SÁNCHEZ). Algún autor sostiene que en todo caso la temeridad manifiesta penal implica siempre la infracción administrativa (SANZ-DÍEZ DE ULZURRUN LLUCH), lo que fundamenta en el contenido del art. 13.1 LTCVMSV que consagra, tal y como se indicó más atrás, los principios de confianza y conducción dirigida, por cuanto toda conducción realizada con temeridad manifiesta lesionaría esos principios.

Para la Jurisprudencia el concepto de conducción temeraria se ha vinculado a la imprudencia temeraria del CP 1973, hoy imprudencia grave, requiriéndose: a) la violación de una norma socio-cultural exigida en la actuación correcta y previsora; b) que la probabilidad de producción del resultado sea notoria y vaya acompañada de la omisión de las elementales precauciones (véase la STS 181/2009, 23-2 (*Tol 1466677*). En la consulta de la Jurisprudencia, tanto del Tribunal Supremo como de las Audiencias Provinciales, debe tenerse en cuenta que, en su mayoría, resuelven sobre delitos de homicidio o lesiones imprudentes, al haber dado lugar la conducción a un resultado lesivo.

Pero la conducción temeraria, en el ámbito penal, para poder ser considerada típica debe, además, ser manifiesta. Por la mayoría de la Doctrina se considera que la conducción temeraria es manifiesta cuando resulta patente, clara y notoria (MORENO ALCÁZAR, DE VICENTE MARTÍNEZ, SANZ-DÍEZ DE ULZURRUN LLUCH).

Por algunos autores se ha mantenido que "manifiesta" hace relación a la necesidad que resulte plenamente probada; otro sector doctrinal ha argumentado que con el empleo de este adjetivo se alude a una especial gravedad de la temeridad. En cuanto a la primera postura, como se ha objetado, entre otros por los autores acabados de citar, la exigencia de prueba plena es extensible a cualquier elemento del delito, por lo que no es preciso que se diga de forma expresa en el precepto en cuestión; condenar cuando un elemento no está acreditado más allá de toda duda, vulneraría el derecho a la presunción de inocencia. Tampoco debe entenderse que el calificativo de manifiesta haga referencia a una especial temeridad en la conducción, más cuando Doctrina y Jurisprudencia vienen afirmando que conducción temeraria es aquella que vulnera las normas más elementales de cuidado en el tráfico viario: sería una precisión innecesaria añadir a la temeridad la precisión de que fuera manifiesta.

La exigencia de que la temeridad sea manifiesta se ha vinculado con los criterios a emplear en la interpretación de la expresión "*temeridad manifiesta*" que usa el Código Penal; es decir, los que deben emplearse para afirmar la peligrosidad real que exige este tipo. Es una referencia a quién, cómo y cuándo debe emitirse y realizarse el juicio de peligro, para establecer si esa forma de conducción constituye un peligro objetivo idóneo para la seguridad del tráfico (SANZ-DÍEZ DE ULZURRUN LLUCH, MORENO ALCÁZAR, TAMARIT SUMALLA, DE VICENTE MARTÍNEZ).

La Doctrina mayoritaria considera que dicho juicio de valor sobre la existencia del peligro debe formularse desde la perspectiva del "espectador ideal". Estaríamos ante un elemento normativo, no fáctico, en el que lo importante es la calificación que merezca esa conducción de acuerdo con criterios normativos, no lo que perciban o valoren bien los espectadores del hecho o el propio Juez. Para ello deben tomarse en consideración no solo las circunstancias conocidas en el momento del hecho por cualquier espectador, sino también las que se conozcan posteriormente, así como los conocimientos especiales que pudiera tener el autor en el momento del hecho.

MORENO ALCÁZAR expone un ejemplo que consideramos ilustrativo de lo acabado de decir y por ello lo reproducimos: *"Piénsese, por ejemplo, en el sujeto que circulando a 50 Km/h recorre una gran avenida, con tráfico relativamente denso, y multitud de cruces y pasos peatonales regulados por semáforos, los cuales pasa todos con el disco verde. Nada de temerario apreciaría cualquiera que viera tal conducción; no obstante, si posteriormente quedara probado que circulaba sin frenos, muy pocos dudarían en calificar esa conducción como temeraria"*.

1.2.4.2. Su naturaleza de delito de peligro concreto

El art. 380 CP, en sus dos números, se configura como un delito de peligro concreto, en el que, por tanto, el riesgo se constituye en un elemento típico, en el resultado —de peligro— del comportamiento consistente en una conducción con temeridad manifiesta. Al ser un elemento del tipo es precisa su prueba en el caso concreto.

Existe acuerdo doctrinal para requerir la presencia de una o varias personas en el lugar donde se desarrolla la conducción con temeridad manifiesta, y que la lesión se presente como cercana o cierta. No existirá peligro concreto cuando, pese a la presencia de una o varias personas en el lugar de los hechos, las circunstancias concurrentes no hacen posible o probable la lesión (FEIJOO SÁNCHEZ, CARMONA SALGADO, ALCÁCER GUIRAO). Junto a la presencia de una o varias personas y la cercanía de la lesión se exige, por un sector doctrinal, que el riesgo sea de producción de un mal grave (además de los acabados de citar, MOLINA FERNÁNDEZ, MUÑOZ CONDE). Postura compartida por la STS 1209/2009, 4-12 (*Tol 1762087*), que establece como elemento típico tanto en este artículo como en el actual art. 381 (antes 384, párrafo primero) CP, el peligro concreto: "*ha de acreditarse que existieron personas respecto de las cuales hubo un riesgo para su integridad física, incluso para su vida*".

En relación con la exigencia de que el peligro sea de un mal grave, debe tenerse en cuenta el contenido del art. 382 CP, que obliga en los casos de producción de la lesión que se intentaba evitar a calificar por el delito que contenga la pena más grave, lo que significa que el riesgo que se exige en este art. 380.1 CP es cualquiera siempre que lo sea para la vida o salud de las personas. La tendencia jurisprudencial es considerar que en estos casos, dada la temeridad manifiesta de la conducción, nos encontraremos ante delitos de homicidio o lesiones por imprudencia grave, lo que hace que sean estos los delitos aplicables. Sobre la doctrina jurisprudencial, véanse las SSTS 2251/2001, 29-11 (*Tol 130255*), y 1461/2000, 27-9 (*Tol 117582*). La reforma de los arts. 142, 142 bis, 152 y 152 bis CP responde a esta postura jurisprudencial.

Al encontrarnos ante un delito de resultado de peligro es necesario, de acuerdo con normas generales, poder imputar ese resultado al comportamiento: el riesgo concreto a la conducción con temeridad manifiesta. La opinión mayoritaria considera que será imputable el resultado de riesgo al comportamiento del autor, siempre que la no producción del resultado lesivo sea debida a causas ajenas a él; por el contrario, cuando la no causación del resultado se deba a la especial pericia del conductor o a que éste haya adoptado cualquier otro medio de protección, no podrá imputarse el resultado al comportamiento (SANZ-DÍEZ DE ULZURRUN LLUCH, CORCOY BIDASOLO, FEIJOO SÁNCHEZ).

Las características del resultado de peligro, para ALCÁCER GUIRAO, son: a) existencia de una o varias personas en el ámbito de eficacia causal del comportamiento; b) ausencia de control sobre el riesgo por parte del autor, ya que ha salido de su esfera de dominio; c) inminencia de producción del resultado lesivo, cuya ausencia solo puede explicarse por el azar.

MORILLAS CUEVAS mantiene una concepción más amplia en relación con la imputación del resultado de peligro a esta forma de conducir, considerando que será posible siempre que se crea una situación en la que exista una gran probabilidad de producción del resultado lesivo para la vida o integridad de las personas, con independencia de que la lesión se evite por la intervención del propio autor, de un tercero, la víctima o cualquier otra causa.

Para SANZ-DÍEZ DE ULZURRUN LLUCH no será posible la imputación del resultado a la acción, siempre que la maniobra de evitación del mismo pueda considerarse "normal".

Uno de los problemas que se han planteado es la relevancia que deba dársele a la actuación imprudente de la víctima. Debemos advertir, como en general en todo lo relativo a este delito, que la mayoría de las decisiones judiciales tratan de casos en los que se ha producido el resultado lesivo.

Para la Doctrina mayoritaria, en la actualidad, el problema debe ser resuelto con criterios de imputación objetiva atendiendo, en concreto, al fin de protección de la norma. Así, las normas de cautela o cuidado no se establecen con carácter general para evitar la lesión de cualquier bien jurídico en cualquier situación, sino para un determinado tipo de riesgos. Por tanto, y en este ámbito, habrá que atender al fin de protección de la norma, a qué quiere prevenir o evitar. Al respecto debe tenerse en cuenta el contenido del art. 13.1 LTCVMSV, al que ya hemos hecho mención, y que impone la obligación al conductor de control del vehículo en cualquier condición. Ahora bien, este precepto no debe ser interpretado de tal manera que conduzca a una especie de responsabilidad objetiva por riesgos generados por terceros; por ello se dice que podrán imputarse los resultados de riesgo a la conducción con temeridad manifiesta, siempre que el comportamiento imprudente de la víctima no sea imprevisible objetivamente en el caso. En relación con la concurrencia de culpas en este ámbito, véase SAP, Burgos, Sección 1ª, 210/2009, 21-9 (*Tol 1723316*); y en cuanto a criterios de imputación objetiva la STS 860/2009, 16-7 (*Tol 1577857*).

1.2.4.3. Especial consideración del sujeto pasivo

En los delitos estudiados en los subapartados anteriores el sujeto pasivo no planteaba problemas, ya que al protegerse un interés colectivo como es la seguridad del tráfico, sin que fuera precisa la puesta en peligro de intereses individuales, por tal debía entenderse la colectividad. Pero en este delito de conducción con temeridad manifiesta, es precisa la puesta en concreto peligro de alguno de los intereses individuales cuya protección es la finalidad de estos preceptos: la vida o salud individual de una o varias personas. De acuerdo con esto, sujeto pasivo de este delito, además de la colectividad por lo que supone de alteración de la seguridad del tráfico, es la persona o personas puestas en concreto peligro; y ello plantea un primer problema: si es posible considerar sujeto pasivo al acompañante que consiente en la conducción con temeridad manifiesta.

En general se mantiene que cuando el CP, en este artículo, habla de personas, se refiere no a la necesidad de que sean varias las puestas en concreto peligro, sino que deben ser una o varias indeterminadas en general, aunque luego se debe concretar en una o más personas aunque no sea precisa siquiera su identificación para considerar cometido el delito. Esta indeterminación del sujeto pasivo hace que cuando el vehículo de motor o ciclomotor se emplea para poner en riesgo a una persona determinada y concreta, no pueda calificarse el hecho como delito contra la seguridad del tráfico ni, por tanto, subsumirse en el actual art. 380 CP (véase SAP, Islas Baleares, Sección 1ª, 59/2000, 14-3). En este caso estaríamos ante un delito intentado o consumado de lesiones u homicidio doloso, dependiendo de la producción o no del resultado.

En cuanto al concreto problema del acompañante debe distinguirse si acepta la conducción con temeridad manifiesta o se opone a ella; la resignación a este tipo de conducción debe considerarse equivalente, con carácter general, a la oposición. Cuando se consiente en ese tipo de conducción no puede apreciarse el delito del art. 380.1 CP, pues es el propio acompañante quien ha consentido la puesta en riesgo (en el mismo sentido DE VICENTE MARTÍNEZ, ALCÁCER GUIRAO, FEIJOO SÁNCHEZ, entre otros), ya que con una u otra fundamentación estaríamos ante una autopuesta en peligro.

Que el consentimiento en la situación de riesgo haga desaparecer la tipicidad del hecho, no significa que tenga el mismo efecto en relación con un posible resultado lesivo. En orden a la relevancia que en los delitos contra la vida o salud pueda tener el consentimiento del sujeto pasivo, nos remitimos a lo dicho para estos delitos.

1.2.4.4. El *iter criminis*

Aunque nos encontramos ante un delito de resultado de peligro y, por tanto, de acuerdo con los criterios generales, debería ser posible apreciar formas imperfectas de ejecución, tanto la tentativa acabada como la inacabada, la existencia de supuestos de conducción temeraria en la Legislación administrativa hace que, aun siendo conceptualmente y legalmente viables, en la práctica sea difícil apreciarlas.

El delito se consuma cuando se produce la puesta en peligro concreto de una o varias personas, hasta ese momento la conducción se puede calificar como temeraria, incluso de forma manifiesta. Como acabamos de decir, nada impediría, caso de ser detenido el conductor antes de que alguien haya visto su vida o salud puesta en concreto peligro por este estilo de conducción, que se calificarán los hechos como una tentativa de comisión del delito del art. 380 CP. Pero, normalmente, en estos casos se aplicará el precepto correspondiente de la regulación administrativa (arts. 76 y 77 LTCVMSV), en la que, entre otros supuestos, se contemplan como infracciones graves la conducción negligente y la temeraria. Recordemos que, como hemos dicho en apartados anteriores, al tratar de los elementos de este delito, lo que diferencia el ilícito administrativo del penal es el resultado de peligro concreto para la vida o salud de las personas; lo que a su vez impide la apreciación, en la práctica, de formas imperfectas de ejecución.

Debe tenerse en cuenta que en este delito la cifra negra es muy alta, ya que, tal y como se ha indicado más atrás, en la mayoría de los casos estas conducciones llegan a conocimiento de los jueces y tribunales sólo cuando se ha producido el resultado lesivo que se intentaba evitar; con mayor razón, entonces, será difícil apreciar una tentativa de este delito.

1.2.4.5. El elemento subjetivo

En el art. 380 del CP se tipifica, al igual que en el resto del Capítulo, un delito doloso de peligro, en el que es preciso que el conocimiento del sujeto abarque: la peligrosidad de la conducción que realiza, que ésta se lleva a cabo por una vía pública, al mando de un vehículo de motor o ciclomotor, así como la previsión del eventual riesgo concreto junto con la confianza en poder controlar el riesgo y evitar un posible resultado lesivo [SILVA SÁNCHEZ, SANZ-DÍEZ DE ULZURRUN LLUCH; véanse también las SSTS 1461/2000, 27-9 (*Tol 117582*); 135/2007, 7-2, y 1209/2009, de 4-12 (*Tol 1762087*)]. En cuanto a la previsión de la posible lesión o el conocimiento del eventual riesgo, es alternativo para la vida o la salud individual.

En sentido contrario la STS 1135/2010, 29-12 (*Tol 1888792*), que considera que el anterior art. 381 CP (hoy 380, que mantiene igual redacción que el anterior) "*no es ni mucho menos un delito doloso, aunque redujéramos la voluntad dolosa a la conciencia del resultado. Basta que el resultado se produzca (poner en concreto peligro la vida y la integridad de las personas) y que ello sea consecuencia o efecto de una acción voluntaria, en el sentido de proveniente de la voluntad no condicionada por el sujeto, para que tal comportamiento o conducta generadora del riesgo pueda ser calificada de absolutamente inadecuada por la inobservancia de los más elementales deberes de cuidado, y por tanto integradora del delito culposo del artículo 381 CP*".

Es posible apreciar error de tipo, bien por desconocimiento de la norma de cuidado establecida reglamentariamente (a este respecto, como dice SANZ-DÍEZ DE ULZURRUN LLUCH, la exigencia de conocimiento de la normativa administrativa para la obtención del correspondiente permiso, no puede suponer una presunción de dolo en la vía penal), por ignorancia de las circunstancias concurrentes o por falta de conocimiento del riesgo, como dice la autora acabada de citar.

La consecuencia de apreciar un error de tipo conduciría a la absolución por falta de tipicidad del hecho, al no estar prevista en este delito la modalidad imprudente.

1.2.4.6. La presunción de temeridad manifiesta

El párrafo 2 del art. 380 CP recoge dos supuestos en los que se presume la manifiesta temeridad de la conducción, y que consisten o bien en circular sobrepasando los límites de velocidad fijados en el art. 379.1 CP, o bien superando las tasas de alcohol establecidas en el número 2 de ese mismo artículo.

Este número 2 se introdujo por la LO 15/2007, de 30 de noviembre, sustituyendo a un precepto anterior muy criticado por la Doctrina, que consideraba que existía temeridad manifiesta y concreto peligro para la vida o integridad de las personas cuando se conducía con altas tasas de alcohol en sangre y bajo los efectos de bebidas alcohólicas, o bien con un exceso desproporcionado de velocidad respecto de los límites establecidos. Criticas fundamentadas tanto en la infracción del principio de taxatividad, derivado del de legalidad, como por la presunción que establecía no sólo de conducción con temeridad manifiesta, sino de la creación de un riesgo concreto.

La remisión al número 1 y 2, inciso último, del art. 379 CP, obliga a afirmar que el delito sólo podrá cometerse cuando se circule por vías públicas, por aquellas que tengan limitada la velocidad, o en las que esté prohibido circular con tasas de alcohol superiores a las previstas en ese artículo.

En el precepto se contemplan dos posibilidades: conducir sobrepasando los límites de velocidad fijados en el número 1 del art. 379 CP, y hacerlo con tasas de alcohol en sangre superiores a las del número 2 de este artículo acabado de citar. El uso de la conjunción "y" obliga, para algún autor, a mantener que la presunción de temeridad manifiesta de la conducción solo será posible por la concurrencia de los dos supuestos (fundamentando esta interpretación en la tramitación parlamentaria, ver SANZ-DÍEZ DE ULZURRUN LLUCH).

Dos cuestiones más se plantean en relación con este precepto: la primera de ella es la interpretación que se hace por algún autor según la cual este número 2 del art. 380 CP, contiene una definición legal de conducción con temeridad manifiesta (DEL CARPIO BRIZ), lo que significaría que no pueden calificarse de esta manera formas diferentes de conducción que las previstas en el art. 379.1 y 2, último inciso, CP. Con la opinión mayoritaria de la Doctrina hay que afirmar, sin embargo, que en el número 2 del art. 380 CP nos encontramos ante una presunción legal de temeridad manifiesta, *iuris et de iure* en todos los casos en que se den las circunstancias previstas en los números 1 y 2, inciso último, del art. 379 CP, lo que no impide considerar de igual forma otras maneras de conducir (Circular de la FGE 10/2011, de 17 de noviembre, sobre criterios para la unidad de actuación especializada del Ministerio Fiscal en materia de Seguridad Vial). El art. 380 CP contempla dos modalidades de conducción con temeridad manifiesta, la primera de ellas admite múltiples formas siempre que se cumplan los requisitos típicos, y la segunda estará integrada por la remisión al artículo anterior. En este sentido la STS 744/2018, 7-2 (*Tol 7059198*). La función de este número 2 del art. 380 CP es establecer una "*hipótesis en que tal temeridad se presume siempre*"; presunción *iuris et de iure*, pero no se pretende una interpretación del término temeridad del número 1.

Ahora bien, la presunción solo alcanza a la temeridad manifiesta, pero para poder aplicar el art. 380 CP es preciso que comparezca el riesgo, que no puede ser presumido, sino que deberá ser probado.

El establecimiento de esta presunción en el CP ha llevado a algunos autores a plantearse la constitucionalidad del precepto. Es cierto que con esta presunción, como con cualquier otra, se facilitan los problemas de prueba, pero ello no convierte necesariamente en legítimo el sistema. Algunos autores consideran que la presunción no vulnera el derecho a la presunción de inocencia del art. 24.2 del texto constitucional, ya que *"materialmente la nueva disposición se limita a afirmar algo que es absolutamente evi-*

dente" (SANZ-DÍEZ DE ULZURRUN LLUCH) y, además, la presunción de este elemento no excluye la necesidad de probar la concreción del riesgo. Con todo no parece que sea la mejor técnica el establecimiento de esta o cualquier otro tipo de presunción en la Ley, y si es tan evidente la manifiesta temeridad de estas formas de conducir no debería presentar problema alguno la prueba de la misma, por lo que ni siquiera en ello se podría amparar el precepto.

En cuanto al elemento subjetivo damos por reproducido lo ya dicho para este precepto, pero igualmente lo argumentado en relación con el número 2 del art. 379 CP.

1.2.5. La conducción con manifiesto desprecio de la vida o salud de los demás

Aunque es lugar común estudiar este delito conjuntamente con la conducción con temeridad manifiesta, consideramos preferible hacerlo de forma separada, ya que con independencia del requisito de la concurrencia de una conducción altamente peligrosa, pocos elementos más tienen en común los dos tipos. Sin embargo, lo dicho no significa que lo relativo al lugar de comisión, instrumento típico y comportamiento, no sea igual que en el resto de los delitos de este apartado en los que la conducta consiste en conducir.

Conviene recordar los orígenes de esta figura delictiva, ya que es uno de esos casos en los que la modificación penal responde a un hecho anecdótico: a mediados/finales de los años 80, en la autopista A-6 (Madrid/La Coruña), se produce un fenómeno denominado de "conductores suicidas", que consistía en circular, normalmente en dirección a Madrid, en el sentido contrario de la marcha. Esta conducción tenía en la mayoría de los casos su origen en una apuesta que se completaba con el compromiso de no desviarse si venía otro vehículo de frente, y sus protagonistas eran jóvenes normalmente "desinhibidos" por el alcohol u otras drogas. Lógicamente estos comportamientos crearon una gran inquietud, más porque normalmente tenían lugar en verano cuando esa carretera era más utilizada. Por ello se introdujo el antiguo art. 384 CP (LO 3/1989, de 21 de junio). Curiosamente, cuando entra en vigor la reforma "la moda" de los llamados conductores suicidas había prácticamente desaparecido, muy probablemente como consecuencia del aumento de la vigilancia de la Guardia Civil en esa zona de la A-6. De todas formas no fueron pocas las voces que se alzaron diciendo que no era preciso introducir una nueva tipicidad, ya que la tentativa de homicidio con dolo eventual era suficiente para cubrir las exigencias de punición; no obstante esta opinión, la perversa tendencia del Legislador, nunca periclitada, a preferir las normas casuísticas a las más generales, le llevó a legislar la nueva tipicidad; pero fue la referida controversia la que explica lo que se expresa en el Preámbulo de la Ley de reforma acerca de la naturaleza del entonces nuevo delito: "*ocupa una posición intermedia entre el delito de riesgo y la tentativa de homicidio*". El precepto permaneció con idéntica redacción hasta la reforma producida por la LO 15/2007, de 30 de noviembre, que sustituyó la referencia al "consciente desprecio" (que tantos problemas plantearía a la hermenéutica) por "manifiesto desprecio".

1.2.5.1. El manifiesto desprecio como elemento diferenciador de la conducción temeraria

El consciente desprecio en la anterior redacción del precepto y el manifiesto desprecio en la actual, es el elemento diferenciador de este delito con el de conducción temeraria del art. 380 del CP. Manifiesto desprecio que debe ser para la vida o salud individual de cualquiera otra persona interviniente, de una u otra manera, en el tráfico de vehículos de motor.

La remisión al art. 380 CP supone que el comportamiento típico —la conducción— sea el mismo en ambos preceptos, al igual que el lugar de comisión —la vía pública— y el instrumento típico —vehículo de motor o ciclomotor; además esa forma de conducir tiene que ser calificada como manifiestamente temeraria, y es esta exigencia la que ha planteado mayores problemas interpretativos a Doctrina y Jurisprudencia para delimitar el ámbito de aplicación de cada uno de estos preceptos.

Antes de seguir adelante con el razonamiento iniciado debe ponerse de relieve que la remisión no puede llevar a la exigencia de la concreción del riesgo en los dos casos comprendidos en este precepto, puesto que en el art. 381 CP se tipifica tanto un delito de peligro concreto (número 1), como otro de peligro abstracto (número 2).

Las diferencias entre ambas figuras radican tanto en el elemento objetivo como en el subjetivo (GÓMEZ PAVÓN, MOLINA FERNÁNDEZ). El hecho tipificado en el art. 381 CP, en cualquiera de sus dos números, supone, desde la óptica objetiva, una conducción altamente peligrosa, y desde el elemento subjetivo un reconocimiento de la entidad del riesgo que representa esa forma de conducir, que permitiría calificarlo como una tentativa con dolo eventual de un delito de homicidio o lesiones.

Esa conducción, ya no con manifiesta temeridad, sino altamente peligrosa, hace que aumente de forma considerable la probabilidad de producción del resultado; conocimiento que debe ser abarcado por el dolo del autor (el de la elevación del riesgo), y que permite afirmar la "aceptación" del resultado en cuanto ya no es posible confiar razonablemente en la evitación del mismo. En este sentido en la STS 1019/2010, 2-11, se afirma (*Tol 2018420*): *"el manifiesto desprecio supone una objetivación del dolo basada en el alto nivel de riesgo que genera la conducta, de tal modo que no se puede alegar que se esperaba o confiaba de forma racional en que no se produjera el resultado"*. La STS 69/2010, 30-1 (*Tol 1792944*) explica que la tesis jurisprudencial —de la que es ejemplo ella misma así como la sentencia antes citada— no excluye el elemento volitivo del dolo, sino que *"habiéndose acreditado que un sujeto ha ejecutado una acción que genera un peligro concreto elevado para el bien jurídico con conocimiento de que es probable que se produzca un resultado lesivo, se acuda a máximas elementales de experiencia para colegir que está asumiendo, aceptando o conformándose con ese resultado, o cuando menos le resulta indiferente el resultado que probablemente va a generar con su conducta"*; el elemento volitivo se obtiene por inferencia.

Para algunos autores (MORILLAS CUEVAS, TAMARIT SUMALLA), la diferencia entre los arts. 380 y 381, radica en el elemento subjetivo, en la exigencia de desprecio. Para la STS 1135/2010, 21-12 (*Tol 2017923)*, la conciencia del resultado sería la diferencia con el art. 380 CP. Otro sector de la doctrina (MIR PUIG), considera que la diferencia se encuentra en el elemento objetivo, en la extremada peligrosidad de la forma de conducir, debiéndose aplicar el 381 CP en un espacio intermedio entre la tentativa de homicidio con dolo eventual y la conducción temeraria del art. 380 CP: *"Ese espacio intermedio será ocupado por los casos de especial temeridad que no lleguen a suponer dolo eventual"*.

La STS 629/2022, 23-6 (*Tol 9123996)*, analiza el dolo eventual en relación con el resultado de muerte, causado por una conducción subsumible en este precepto. Para la jurisprudencia, caso de producirse el resultado que se pretendía evitar (muerte o lesiones), se está ante un concurso de delitos entre el art. 381 CP y el de homicidio o lesiones, apreciando dolo eventual en relación con el resultado [STS 4/2019, 14-1 (*Tol 6999041*)].

1.2.5.2. Modalidades típicas

El art. 381 CP regula en sus dos números el mismo tipo de comportamiento, pero en el primero exigiendo que como consecuencia de la conducción se produzca un resultado de peligro concreto, y en el segundo tipificando el comportamiento y forma de conducir como delito sin necesidad que origine resultado alguno. Se establecen, pues, dos tipos de delitos de peligro, el primero de peligro concreto y el previsto en el número dos del precepto, de peligro abstracto.

En cuanto al número 1, la remisión al artículo anterior (380) exige que el riesgo se concrete para la vida o salud individual de una o varias personas, no bastando con el que, de forma general, supone esta forma de conducir. Es, por otra parte, al igual que en el artículo al que este (art. 381 CP) se remite, un riesgo general, en el sentido que debe afectar a una pluralidad de personas indeterminadas [STS 1209/2009, 4-12 (*Tol 1762087)*].

Esta exigencia de afectación de una pluralidad indeterminada de personas, aunque luego deba concretarse en una o varias de ellas, para algunos autores constituye una diferencia con la tentativa de homicidio con dolo eventual, en la que la acción iría dirigida contra una persona concreta y determinada (RAMOS TAPIA); no creemos, sin embargo y como expondremos más adelante, que la diferencia entre este art. 381 CP y la tentativa de homicidio con dolo eventual, radique sólo en la determinación o no a priori del sujeto pasivo.

En todo caso, y tal como se dijo cuando se realizó el análisis del art. 380 CP, será preciso poder imputar objetivamente el resultado de peligro al comportamiento. Es también aplicable al delito recogido en el art. 381 CP todo lo dicho en relación con el sujeto pasivo en el art. 380 CP. Igualmente hay que señalar que se trata de un delito permanente, que mantendrá la situación antijurídica durante el tiempo que dure la conducción en estas circunstancias.

La tipificación de este delito como de peligro común hace que, con independencia del número de personas puestas en concreto delito, se califique por un solo delito; lo que no ocurrirá en todos los casos cuando tiene lugar la lesión que se intenta evitar. La STS 1464/2005, 17-11 (*Tol 809304*) califica por un solo delito de conducción con manifiesto desprecio de la vida o salud de los demás aun cuando se pongan en peligro a más de una persona. Por el contrario, tal como dice la STS 1019/2010, 2-11 (*Tol 2018420*), considera que caso de producirse la muerte de una persona a consecuencia de esta forma de conducir, será aplicable el art. 138 CP y de producirse varios resultados, deberá optarse por un concurso ideal pluriofensivo, no medial o instrumental.

En el número 2 se tipifica el mismo comportamiento realizado con idéntico manifiesto desprecio por la vida o integridad de las personas, pero sin la exigencia de un resultado de peligro para una o varias personas.

Para la doctrina mayoritaria se trata de un delito de peligro abstracto, que exige una posibilidad real de creación de riesgo para alguna persona. Se ha asimilado también a una tentativa inidónea, lo que a nivel práctico significa que no basta con una peligrosidad estadística, siendo necesario probar la peligrosidad ex ante, desde la perspectiva de un espectador objetivo, tomando en cuenta los conocimientos o su carencia por el autor, así como cualquier circunstancia fácilmente cognoscible para cualquiera. Como dice SANZ-DÍEZ DE ULZURRUN LLUCH, si el autor debe realizar la conducción con manifiesto desprecio de la vida de las personas, "*hay que entender que actúa con la representación de que su conducta puede generar un riesgo para la vida o integridad de las personas, lo que presupone la creencia errónea sobre la posible presencia de alguna persona en el radio de eficacia de la conducta peligrosa*".

En la Consulta 1/2006, de 21 de abril, de la FGE se preguntaba si conducir a 245 km/h es constitutivo del delito del párr. 2° del art. 384 [hoy 381] CP. Y dice que depende. Depende de la presencia de un dolo eventual de lesión, el cual se puede deducir de algunas circunstancias de la conducción temeraria (*v.gr.*, zonas urbanas, proximidad de otros vehículos o terceras personas, densidad del tráfico, características de la vía, falta de visibilidad, climatología adversa, nocturnidad) son vía, falta de visibilidad, climatología adversa, nocturnidad) son datos que cita que pueden permitir apreciar que la conducción altamente peligrosa no sólo lo era con conocimiento del riesgo para la vida de otros, sino que necesariamente tuvo que aceptar, consentir o representarse las consecuencias lesivas derivadas de la misma, y por tanto se puede concluir que actuó con dolo eventual.

1.2.5.3. El *iter criminis*

El art. 381 CP regula en sus dos números un mismo hecho: en el primero como delito de peligro concreto para la vida y salud individual, y en el segundo como de peligro abstracto para los mismos bienes jurídicos. Esta técnica legislativa provoca que aunque conceptualmente sea posible la tentativa en el número 1 del precepto citado, en la práctica no sea factible puesto que caso de no llegarse a la concreción del riesgo se aplicaría el número 2, ya que la forma de conducir sería peligrosa en abstracto.

Tampoco parece posible apreciar formas imperfectas de ejecución en el número 2 de este artículo, por cuanto la extremada y manifiesta temeridad que exige el tipo, junto con el manifiesto desprecio por los intereses ajenos, hace inviable su apreciación, puesto que a esas modalidades de conducir no se llega con el simple intento de incorporarse a la circulación.

1.2.5.4. El elemento subjetivo

El delito del art. 381 CP es doloso en cualquiera de sus dos modalidades. Lo dicho para los anteriores delitos debe hacerse extensivo a éste en cuanto se trata de un dolo de peligro, es decir: el autor debe conocer que conduce de forma manifiestamente temeraria y, de acuerdo con lo dicho en líneas anteriores, de manera extremadamente peligrosa, y que con ello pone o puede poner en peligro la vida o salud individual de las personas.

Pero el problema en la interpretación de este delito se plantea a la hora de otorgar significado a la expresión "manifiesto desprecio", utilizada por el CP.

> Con la anterior regulación, el consciente desprecio para intereses individuales que debía significar este tipo de conducción, dio lugar a diferentes interpretaciones: desde las que sostenían que se trataba de un supuesto de tentativa de homicidio en régimen de dolo, incluso directo, a las que mantenían el dolo solo para la creación del riesgo o, incluso, que esa expresión hacía referencia a elementos anímicos del autor.

Tras la reforma del Código Penal por LO 15/2007, de 30 de noviembre, el "*consciente desprecio*" se sustituye por "*manifiesto desprecio por la vida de los demás*". Pero este cambio no ha evitado que se sigan manteniendo las dos tesis que se podrían considerar principales en la Doctrina: nos encontramos ante una tentativa de homicidio en régimen de dolo eventual o, por el contrario, ante un dolo que sólo va referido al riesgo que se crea para cualquier usuario del tráfico, un supuesto en el que el autor "*ha deseado*" ese riesgo (en este último sentido QUERALT JIMÉNEZ).

Como se ha señalado por un sector de la Doctrina la expresión del vigente Código Penal objetiva la valoración de este elemento subjetivo (ORTS BERENGUER); el criterio para valorar la presencia de ese desprecio debe ser el criterio del hombre medio y, según el autor citado, si para ese hombre medio resulta manifiesto el grave y evidente peligro para la vida de los demás, también lo será para el autor. En igual sentido la STS, ya citada, 1019/2010, 2-11 (*Tol 2018420).*

De acuerdo con esa evidencia del riesgo para un espectador medio ideal, ya no sería posible confiar de forma razonable en evitar el resultado lesivo, que por imperativo legal debe ser la muerte de una persona; no puede olvidarse que el Código Penal une el manifiesto desprecio a determinados bienes jurídicos, que en el caso del número 1 del art. 381 CP es la vida de las personas y en el 2, además, su integridad.

Se trata, por tanto, de una tentativa dolosa, con dolo eventual, de homicidio o lesiones. El autor debe saber de la alta peligrosidad de su forma de conducir, y debe ser reconocible por cualquiera la alta probabilidad de producción de la muerte o lesión de alguno de los intervinientes en el tráfico. La STS acabada de citar dice, en cuanto a la necesidad de dolo eventual en relación con el resultado lesivo: "*debe entenderse que se representa y admite la posibilidad de su lesión, puesto que los pone en peligro precisamente porque no los aprecia, representación y conocimiento que obliga a atribuirle al menos, el dolo que la doctrina y la jurisprudencia denominan eventual*" [con cita de la Sentencia del mismo Tribunal 561/2002, 1-4 (*Tol 162085*)]. También la STS 69/2010, 30-1 (*Tol 1792944*), para la que caso de producirse la muerte de una persona se aplicará el art. 138 CP.

Pero, por razones sistemáticas y valorativas, deben excluirse del ámbito de aplicación de este precepto los supuestos de dolo directo en relación con el resultado lesivo, ya que en caso de ser así la pena de este delito sería inferior a la de una tentativa de delito de homicidio del art. 138 CP.

> La pena prevista en el art. 381.1 CP es de prisión de dos a cinco años, además de la pecuniaria y privativa del derecho a conducir vehículos de motor o ciclomotores. La señalada en el art. 138 CP es de prisión de 10 a 15 años. En la tentativa, según el art. 62 CP, la rebaja de la pena podrá ser en uno o dos grados; por tanto, la tentativa de homicidio del art. 138 CP se penaría con prisión de 5 a 10 años si se rebaja en un grado y de 2 años y seis meses a cinco años, si se hace en dos (en igual sentido SANZ-DÍEZ DE ULZURRUN LLUCH).

Esta interpretación que se considera correcta, no puede ignorar una de sus consecuencias en alguna medida paradójicas, como es que la puesta en riesgo de varias personas, dada la existencia de este delito, deba ser calificada como un solo delito del art. 381 CP, cuando de no existir este tipo se calificarían por tantas tentativas de homicidio como personas hayan sido puestas en peligro.

Distinta solución debe tener la cuestión cuando se crea el riesgo para una persona individual y concreta, que deberá ser calificado como una tentativa de homicidio del art. 138 CP, ya que en estos casos, además, existirá un dolo directo en relación con el resultado lesivo; (en apoyo de esta interpretación debe tenerse en cuenta que el empleo de un vehículo de motor se considera utilización de instrumento peligroso, por ejemplo en los delitos de lesiones) sin que eso signifique que eventuales puestas en peligro de personas indeterminadas con igual comportamiento, no puedan dar lugar a la apreciación de este delito del art. 381 CP, en cualquiera de sus números, en concurso ideal con el anterior.

Para algunos autores (SANZ-DÍEZ ULZURRUN LLUCH para la actual redacción, y MIR PUIG para la anterior), estamos ante una figura de imputación subjetiva intermedia entre el dolo directo y la imprudencia consciente, a la que según la autora primeramente citada, *"se asigna también una penalidad intermedia, al estilo del* reckless disregard *del derecho anglosajón, figura que en nuestro derecho está ocupada por el dolo eventual"*.

1.2.6. La conducción sin tener el correspondiente permiso o licencia o por haber sido privado del mismo

Limitándose la reforma llevada a cabo por la LO 5/2010, a la penalidad, nos remitimos a ese respecto a lo ya dicho con ocasión del comentario al art. 379 CP.

La LO 15/2007, de 30 de noviembre, supuso la vuelta al catálogo de hechos delictivos de una figura no del todo nueva en nuestras leyes penales. La Ley de reforma del Código Penal 3/1967, de 8 de abril, incorporó al CP, junto con otros delitos contra la seguridad del tráfico, el entonces numerado como art. 340 bis.c) CP, donde se contemplaba la denominada conducción sin permiso, otrora sólo limitado a los casos en los que no se había obtenido dicho permiso, y sin hacer extensiva expresamente la redacción típica a la carencia de licencia o autorización para la conducción de ciclomotores.

El delito desapareció en una de las múltiples reformas efectuadas al CP de 1973, hasta que se volvió a incorporar al texto punitivo por la LO 15/2007, de 30 de noviembre. Desaparición que, al menos en parte, estuvo originada por las constantes críticas de que era objeto, al considerarse que, tal como estaba tipificado, no cumplía con las exigencias propias de un Derecho Penal actual, por cuanto se consideraba un "delito formal" en el sentido de no proteger interés jurídico alguno digno de tutela penal, ya que no era posible, ni siquiera, demostrar la peligrosidad de la conducción por ausencia de pericia del conductor que actuaba sin la oportuna licencia.

Las críticas hechas en su momento a aquel precepto proveniente de la Ley de 1967 son parcialmente reproducibles ahora, puesto que la última modalidad típica contemplada en el precepto es, sin más, la conducción de un vehículo a motor o ciclomotor sin haber obtenido el correspondiente permiso o licencia para ello.

Para GARCÍA BLANCO, este precepto responde al *"esfuerzo institucional dirigido a la concienciación social y a la lucha contra la siniestralidad vial y viene a reforzar la efectiva aplicación de la nueva normativa de Tráfico que ha incorporado, también recientemente, el sistema de carné por puntos"*. No dudamos que ello sea así, pero sí es cuestionable que el sistema escogido sea el correcto.

La vigente normativa reproduce, como hemos indicado, los problemas ya planteados con el antiguo art. 340 bis c) del anterior CP; y el primero de ellos, como ya se ha adelantado, es el referido al interés jurídico protegido, que en una primera lectura podría decirse es la seguridad del tráfico dada la ubicación del precepto en el texto penal. Ahora bien, el art. 384 CP no requiere que la conducción represente un peligro para la seguridad del tráfico, ni por supuesto para intereses individuales como pueden ser la vida y la salud.

Tampoco puede decirse que toda conducción sin haber obtenido el correspondiente permiso sea peligrosa, o que el autor desconozca las reglas del tráfico o el manejo seguro del vehículo; y lo mismo cabe decir de los supuestos en que se ha privado de dicho permiso o licencia, bien en vía administrativa o judicial: que se haya realizado una vez o varias una conducción peligrosa, no significa que se haga siempre, ni siquiera cuando la privación del permiso lo es por la reiteración de infracciones administrativas.

Tanto en los casos de no obtención del permiso como en los de privación del mismo, si se quiere mantener como bien jurídico protegido la seguridad del tráfico eso sólo sería posible a base de una presunción de peligro *iuris et de iure* que no es admisible por dos causas: primera, porque ese tipo de presunciones deben estar fundamentadas en reglas de experiencia, lo que falta en este caso por lo que no es posible acudir a una presunción —ya que más que presunción es arbitrariedad; y en segundo término porque el uso de semejantes presunciones plantea problemas evidentes de constitucionalidad.

Se ha mantenido también que se trata de un delito de desobediencia. Pero, a la vista de la regulación de la desobediencia de particulares en el art. 556 CP ("*Los que, sin estar comprendidos en el artículo 550, resistieren a la autoridad o sus agentes, o los desobedecieren gravemente, en el ejercicio de sus funciones, serán castigados con la pena de prisión de seis meses a un año*"), no parece posible; y ello con independencia, como dice GARCÍA DEL BLANCO, de no cumplir con los requisitos fijados jurisprudencialmente para este delito, lo cierto, pues, es que no es fácil concluir que se trata de una desobediencia similar a la genérica prevista en el artículo acabado de transcribir. El art. 384 CP recoge tres supuestos que no pueden en caso alguno considerarse iguales —lo que será objeto de ulterior estudio—, pero que sí tienen una nota en común: en caso alguno se trata de la desobediencia a orden de la autoridad, ya que no es lo mismo desobedecer una orden —de autoridad gubernativa o judicial— que no respetar la ejecución de una sanción (no es igual quebrantar una pena que desobedecer un mandato judicial; en realidad en este tipo nos hallamos ante una especie de castigo penal por quebrantamiento de sanciones administrativas —pérdida de puntos—, o de medidas cautelares o penas, al que se añade el último inciso que se refiere a una mera infracción de normas administrativas en el desarrollo de una actividad sujeta a licencia).

Por último, y volviendo a las críticas formuladas contra el antiguo art. 340 bis.c) CP, se ha dicho que los preceptos (tanto el anterior como el actual) no responden más que a un reforzamiento de la disciplina administrativa, y ese es el objetivo que parece fijar el Preámbulo de la LO 15/2007, de 30 de noviembre: un reforzamiento del carné por puntos; postura que no deja de ser criticable por más que algunos autores la consideren inevitable (PRIETO GONZÁLEZ). A la vista, pues, de lo dicho la conclusión no puede ser más que la siguiente: nos hallamos ante un supuesto de reforzamiento del Ordenamiento administrativo en materia de tráfico rodado, donde el Derecho Penal no incluye intereses propios, con lo que estamos otorgando al Derecho Penal una naturaleza meramente secundaria (presta sus sanciones al Derecho administrativo), lo que lleva a cuestionar, incluso, la constitucionalidad del precepto por ausencia de bien jurídico.

1.2.6.1. Modalidades típicas

El art. 384 CP en sus dos párrafos enumera tres supuestos diferentes, que corresponden con tres modalidades típicas. Supuestos que no tienen las mismas características ni igual gravedad, por lo que no deberían padecer idéntico tratamiento.

Antes de seguir adelante conviene advertir que el comportamiento es siempre el mismo: conducir un vehículo de motor o ciclomotor en los términos dichos al analizar los elementos comunes a este grupo de delitos. Es también común con los otros delitos de este apartado el lugar de comisión, que debe ser la vía pública, el instrumento comisivo, que será un vehículo de motor o ciclomotor, y el autor, que será el conductor. Con respecto a esto último debe tenerse en cuenta que, aunque en los otros delitos era posible plantearse problemas de coautoría, por ejemplo en los vehículos de aprendizaje con doble mando, en éste resulta difícil por cuanto quien maneja esos dobles mandos tendrá el correspondiente permiso, no solo para conducir sino para enseñar.

Es indudable que, como en casi todos los temas, se pueden plantear problemas y casos de laboratorio, pero que difícilmente se van a dar en la realidad por lo que se obvia su examen.

Las tres modalidades típicas referidas son:

a) Conducir habiendo perdido su vigencia el permiso o licencia por pérdida de todos los puntos asignados legalmente.

b) Conducir habiendo sido privado del permiso o licencia, cautelar o definitivamente, por decisión judicial.

c) No haber obtenido en momento alguno el permiso o licencia correspondiente.

Son supuestos que, como se ha dicho en líneas anteriores, tienen en común la ausencia del derecho a conducir vehículos de motor o ciclomotores, bien por no haberse obtenido, bien por haber sido privados del mismo. Pero fuera de esto revisten diferente gravedad pues en unos casos se trata de privación de la licencia por la comisión de infracciones administrativas, en el segundo por haber cometido un delito que lleve aparejada esa pena o por existir indicios de su comisión en el seno de un procedimiento judicial, y en el último cuando se ha omitido una obligación administrativa.

a) Conducir habiendo perdido vigencia el permiso o licencia por pérdida de todos los puntos asignados legalmente. En contra de lo mantenido por GARCÍA DEL BLANCO, no se trata de una Ley penal en blanco. El Juez o Tribunal penal no tiene que acudir a una norma de remisión para integrar el núcleo de lo prohibido, pues no se trata de retirar el permiso cuando se han perdido los puntos: el permiso está retirado ya por la autoridad administrativa, y el supuesto típico consiste en conducir cuando se ha producido la sanción en esa vía, lo que refuerza la tesis mantenida líneas más arriba en cuanto a tratarse de un mero reforzamiento de la normativa administrativa. Por tanto, comprobada la retirada por esta causa (la pérdida de todos los puntos), debe dictarse la sentencia condenatoria si además concurren el resto de los elementos de la tipicidad objetiva y subjetiva (conducción de un vehículo de motor o ciclomotor, por vía pública y actuando dolosamente).

b) Privación cautelar o definitiva del permiso de conducir o licencia por decisión judicial.

El Preámbulo de la LO 15/2007, de 30 de noviembre, señala que no siendo posible recoger todos los supuestos de privación del permiso o licencia por resolución judicial en los delitos de desobediencia (art. 556 CP) o quebrantamiento de condena (art. 468.1 CP), "*se ha considerado más ágil y preciso reunir todas estas situaciones posibles en un solo precepto sancionador*". De esta forma se contempla como delito no solo lo que puede considerarse un quebrantamiento de condena, cuando la privación está impuesta por la jurisdicción penal.

Esta equiparación supone una quiebra del principio de proporcionalidad al sancionar con igual pena la privación derivada de la comisión o de los indicios de la comisión de un delito, que la que tiene su causa en un ilícito administrativo que debe ser de menor gravedad que el penal.

De otra parte se puede producir la paradoja, denunciada por GARCÍA DEL BLANCO, de que dado que en el primer párrafo del art. 384 CP sólo se contempla como delito la conducción cuando la privación del permiso o licencia que tenga su causa provenga de una pérdida total de puntos decidida por una resolución administrativa, si el ciudadano decide —en ejercicio de su derecho— recurrir en la vía contencioso administrativa la resolución administrativa y ésta resulta confirmada por la Jurisdicción, el comportamiento sería subsumible no ya en el párrafo primero del precepto sino en el segundo, lo que no parece excesivamente razonable. Ciertamente que esta incoherencia no adquiere excesiva gravedad por ser la pena idéntica en ambos supuestos.

Será también delito cuando la privación del permiso o licencia lo sea por decisión de la jurisdicción penal. Aunque no se diga de forma expresa, tanto la pena como la medida cautelar deberán ser acordadas en el curso de un procedimiento judicial dirigido contra aquél a quien se priva de este derecho. Pues bien, debe decirse que la previsión que se efectúa en este art. 384 CP es innecesaria, ya que en cualquier caso constituiría un delito de quebrantamiento de condena o medida cautelar o de seguridad del art. 468.1 CP.

De nuevo vuelve a quebrase el principio de proporcionalidad, ya que es difícil entender el motivo de considerar más grave el quebrantamiento de la privación del permiso o licencia para conducir, que el de otra pena no privativa de libertad. El art. 468.1 CP solo prevé la pena privativa de libertad cuando el sujeto estuviere privado de libertad, mientras el art. 384 CP aunque sea en régimen alternativo, la establece para todos los casos; y todavía supone una mayor vulneración que el quebrantamiento de una decisión administrativa o judicial pero no en el enjuiciamiento de un delito, se sancione más gravemente que el de la pena —aunque fuere no privativa— impuesta por un delito.

c) El tercer y último supuesto se refiere a cuando no se ha obtenido el permiso o licencia para conducir.

La STS 314/2021, de 15 de abril (*Tol 8405886)*, condena como cooperador necesario al padre que deja conducir a su hijo de ocho años mientras lo graba.

En una interpretación restrictiva del tipo, se deben considerar incluidos sólo aquellos casos en los que el conductor del vehículo de motor o ciclomotor no ha obtenido, nunca, un permiso de conducir vehículos de motor o una licencia para los ciclomotores.

Para GARCÍA DEL BLANCO, la interpretación restrictiva viene impuesta por la propia redacción legal, puesto que el Código dice *"sin haber obtenido nunca permiso o licencia de conducción"*, sin diferenciar entre las diferentes clases o tipos de licencia, autorización o permiso.

De acuerdo con lo acabado de decir quedarían excluidos del tipo todos aquellos supuestos en los que el conductor tiene un permiso o licencia para conducir, aunque no sea el correspondiente al tipo de vehículo o para el hecho de que se trate. Así, por ejemplo, en el caso de los permisos para conducir vehículos militares expedidos por la autoridad militar; especial relevancia tiene, también, la posesión de un permiso o autorización emitida por un Estado de la Unión Europea, sin validez en España a tenor del art. 15 del Reglamento General de Conductores (RD 818/2009, de 8 de mayo, o bien de un país no perteneciente a la Unión Europea en los términos del art. 21 del citado Reglamento. Es interesante lo resuelto por STS (Pleno) 120/2022, 10-10 (*Tol 8810203*), sobre la calificación a efectos de este delito de los vehículos VMP (vehículo de movilidad personal), considerando que una Ordenanza Municipal no puede construir la tipicidad penal; vehículos que deben ser considerados ciclomotores, tanto acudiendo al Reglamento UE 168/13, como a la LTCVMSV, pero que las definiciones proporcionadas por estas normas, no solucionan el problema de la necesidad de permiso para circular con estos vehículos, por lo que en una interpretación pro reo y a falta de un informe pericial debe concluirse la no necesidad de permiso (ver al respecto el Dictamen 2/2021, de 21 de junio, del Fiscal de Sala Coordinador de Seguridad Vial). El Real Decreto 970/2020, que modifica el Reglamento General de Vehículos, incluye en sus definiciones, junto al ciclomotor y ciclo de motor, los VMP, lo que no significa que esta clase de vehículos puedan ser considerados instrumentos típicos de los delitos contra la seguridad vial con carácter general.

La también Sentencia del Pleno STS 635/2022, 23-6 (*Tol 9100140*), sobre la necesidad de obtener el correspondiente permiso para la circulación de patinetes eléctricos; la exigencia del permiso dependerá de las características de cada uno de estos vehículos.

Sobre la validez de los permisos para conducir extranjeros ver la STS 511/2022, 26-5 (*Tol 8992438*), entre otras.

Para GARCÍA BLANCO debería excepcionarse esta interpretación cuando el conductor tiene licencia, pero no permiso, y conduce un vehículo que requiere de este último.

1.2.6.2. El *iter criminis*

La consumación, al igual que en los anteriores delitos, se produce con la in—corporación al tráfico y el desplazamiento del vehículo o ciclomotor en el espacio y en el tiempo, concurriendo el resto de los elementos típicos, y permaneciendo la situación antijurídica todo el tiempo que se prolongue la conducción.

Al igual que en el delito de conducción bajo los efectos del alcohol, drogas tóxicas, estupefacientes o sustancias psicotrópicas o habiendo superado las tasas señaladas en el número 2 del art. 379 CP, es posible apreciar formas imperfectas de ejecución, limitadas a la tentativa inacabada, ya que al estar ante un delito de mera actividad la realización de todos los actos ejecutivos acarrea la consumación. En todo caso, y en relación con la tentativa, damos por reproducido lo dicho al analizar el art. 379.2 CP.

1.2.6.3. El elemento subjetivo

El delito del art. 384 CP, como el resto del Capítulo, recoge un delito exclusivamente doloso al no estar prevista de forma expresa la modalidad imprudente.

El conocimiento de los elementos típicos en este delito abarca el saber que se conduce un vehículo de motor o ciclomotor, por vía pública, no teniendo permiso o licencia para ello, bien porque ha sido privado de ellos por decisión judicial o por la pérdida completa de puntos, bien por no haberlos obtenido nunca.

Aunque es posible alegar la existencia de un error de tipo sobre la ausencia de permiso o licencia por cualquiera de las causas enumeradas en el CP, en la práctica será difícil apreciarlo ya que cualquier persona —conductor o no— conoce de la necesidad de obtenerlo para circular por vías públicas, y más difícil todavía en los casos de retirada del permiso. Con todo, legal y dogmáticamente no existen inconvenientes para su estimación, caso de probarse; estimación que daría lugar a la impunidad penal al no estar prevista la forma imprudente del delito, y ello con independencia de la vencibilidad o no del error de tipo.

1.2.6.4. Conocimiento, culpabilidad y error

Se exige el conocimiento por parte del autor no solo del carácter prohibido del hecho sino de su antijuridicidad penal, es decir: de ser constitutivo de delito el circular, por los motivos típicos, sin estar en posesión del permiso o licencia.

La entrada en vigor del art. 384 del CP se retrasó seis meses en relación con el resto de la LO 15/2007, de 30 de noviembre, aunque los motivos no fueron dar a conocer la prohibición penal sino posibilitar la obtención del permiso a aquellas personas que no lo tenían.

La ignorancia de la naturaleza penal de la infracción (desconocimiento de la antijuricidad), daría lugar, en su caso, a un error de prohibición esencial, invencible o vencible, a tratar de acuerdo con lo establecido en el art. 14.3 CP, por más que no faltan opiniones según las cuales lo relevante es conocer que la conducta es antijurídica no necesariamente antijurídica penal, es decir: que basta con la conciencia de la contrariedad a Derecho, siendo indiferente la clase de norma que se haya podido conculcar o las consecuencias que llevará consigo la infracción, lo que se fundamenta en que ese conocimiento general de la prohibición resultaría suficiente a efectos del proceso motivador, aunque podría contemplarse la aplicación de una atenuación (en este último sentido LUZÓN PEÑA).

1.2.6.5. Problemas concursales

La norma concursal específica prevista para algunos de estos delitos en el art. 382 CP no es aplicable a la materia contenida en el art. 384 CP, por lo que los casos de concurrencia delictiva deberán solucionarse de acuerdo con las normas establecidas con carácter general para el concurso de delitos o leyes en los arts. 73 y siguientes y 8, todos del CP.

Las posibilidades concursales son de dos diversas clases: a) concurso con otros delitos contra la seguridad del tráfico, y b) concurso con otros delitos no atentatorios contra la seguridad del tráfico.

a) Concurso con otros delitos contra la seguridad del tráfico: la conducción sin haber obtenido permiso o licencia para ello o por haber sido privado de los mismos por pérdida total de puntos o resolución judicial, no requiere más que el dictado de la consiguiente resolución o la ausencia de ella —además de los otros elementos típicos consistentes en conducir, por una vía pública, etc.

Si, además de no tener el permiso o licencia, se conduce concurriendo cualquiera de las circunstancias previstas en los arts. 379 o 380 CP, nos encontraremos ante un concurso de delitos. Concurso de delitos que deberá ser calificado como ideal si la conducción no ha sido interrumpida; en caso contrario, deberá ser calificado como concurso real.

En relación con estos últimos supuestos la Jurisprudencia ha negado la posibilidad de aplicar un delito continuado, ya que considera que se trata de dos conducciones diferentes en momentos espacio-temporales distintos; véase en ese sentido STS 29-1-1983, citada por GARCÍA DEL BLANCO.

b) Concursos con otros delitos no atentatorios contra la seguridad del tráfico: estaremos ante un concurso real cuando se circula con un documento falso (permiso o licencia), entre este delito y los de falsedad documental de los arts. 390 y siguientes CP.

Cuando se da lugar a la muerte o lesión de alguno de los intervinientes en el tráfico estaremos, en principio, ante un concurso ideal de delitos, si puede imputarse objetiva y subjetivamente el resultado lesivo a la conducción; para efectuar la correspondiente imputación no bastará el hecho de que el sujeto estuviera participando en el tráfico sin habilitación legal para ello, sino que es preciso que concurran los elementos estructurales del correspondiente delito imprudente o doloso eventual.

Es cierto que la causa natural de la muerte o lesión puede ser la falta de capacidad y habilidad del autor para conducir, pero como dicha ausencia no es elemento del tipo del art. 384 CP sigue siendo posible la aplicación de un concurso ideal de delitos en lugar de un concurso de leyes a solucionar según las reglas del art. 8 del texto penal.

2. *Delitos en los que la conducta típica no es conducir*

Dentro de este apartado se analizarán modalidades delictivas sin puntos de contactos, agrupadas por no consistir el comportamiento típico en conducir. En una de ellas, la más conocida, la negativa a someterse a las pruebas de detección alcohólica, es incluso cuestionable que nos encontremos ante un delito contra la seguridad del tráfico, mientras que en las otras, la alteración o no restablecimiento de la seguridad del tráfico, es claramente un delito atentatorio contra este interés jurídico (aunque como dijimos al inicio del tema, la negativa a someterse a las pruebas de detección de las sustancias del art. 379.2 CP, será objeto de estudio en apartado independiente).

La LO 2/2019, de 1 de marzo introdujo un nuevo artículo, el 382 bis CP, tipificando el denominado delito de abandono del lugar del accidente, objeto de críticas por la Doctrina. En este tipo el comportamiento típico no consiste en conducir, sino en omitir un deber jurídico, en los términos que luego diremos, por la que consideramos que su colocación debe ser entre los delitos en los que la conducta típica no es conducir.

2.1. La colocación de obstáculos o alteración por cualquier medio de la seguridad del tráfico

Tanto este delito, como el no restablecimiento de la circulación, se han incluido en el catálogo de delitos contra la seguridad del tráfico desde la primera Ley reguladora de estos delitos (Ley de 9 de mayo de 1950).

El delito ha sido escasamente aplicado en la práctica y tampoco ha sido objeto de una especial atención por la Doctrina, es más: se podría decir que se le ha prestado poca, salvo las referencias en manuales y obras sobre la totalidad de estos delitos.

2.1.1. Comportamiento típico

La enumeración contenida en esta primera modalidad delictiva del art. 385 CP es meramente ejemplificativa, ya que realmente son posibles cualesquiera clases de comportamientos siempre que originen un grave riesgo para la circulación, siendo indiferente que se actúe sobre la señalización o sobre la propia vía. La SAP, Palencia, Sección 1ª, 4/2010, 11-2 (*Tol 1832732*), condenando como delito del art. 385.1 CP el arrojar piedras a la carretera desde un puente.

Para GUTIÉRREZ RODRÍGUEZ el cambio de la previsión legal de que los comportamientos típicos se ejecutaren alterando la seguridad del tráfico, (hasta la LO 15/2007, de 30 de noviembre, el número 1 del anterior art. 384, hoy 385 CP, exigía que la colocación, sustracción, anulación o cualquier otra forma de creación del grave riesgo supusiera una alteración de las condiciones de seguridad de la vía pública) acarrea una extensión del ámbito de aplicación del precepto, ya que no es necesario un cambio para producir el grave riesgo, pudiéndose incluir los denominados "puntos negros" en que la responsabilidad sería de la Administración correspondiente (estatal, auto— nómica o local, dependiendo del tipo de vía). Si las conductas comprendidas en este número primero del art. 385 CP son siempre activas, es difícil subsumir los comportamientos a los que se refiere la citada autora, aunque nada impide hacerlo en el número segundo, como se verá a continuación. Los ejemplos a los que se refiere son en su mayoría comportamientos omisivos, donde el grave riesgo se origina por no restablecer la seguridad del tráfico; la colocación de piedras para calzar un vehículo, en principio no origina riesgo alguno relevante penalmente en tanto este controlado, sí lo hace no retirarlas, y caso de estar obligado el hecho debería subsumirse en el número segundo de este artículo. Por otra parte, la supresión expresa a que el grave riesgo para la circulación se origine por la alteración de la seguridad del tráfico, no supone, como dice GUTIÉRREZ RODRÍGUEZ, ampliar el ámbito de aplicación del precepto, en tanto que las modalidades enumeradas (además en régimen de *numerus apertus*) solo podrán considerarse típicas a los efectos del art. 385.1 CP cuando alteren la seguridad del tráfico, además de cumplir con el resto de los elementos típicos.

La redacción legal obliga a considerar típica solo el comportamiento activo, sin que eso signifique impunidad de las omisiones cuando alguien está obligado a restablecer la seguridad de la circulación (no debe, en todo caso, olvidarse que en muchas ocasiones no podremos definir, indubitadamente, la conducta como sólo activa o sólo omisiva, sino que un escenario no inhabitual sería el de una acumulación de conductas activas y pasivas, entre las cuales habrá de singularizar la más relevante para la alteración de las condiciones de seguridad del tráfico).

En conclusión: podrá considerarse típica cualquier acción que suponga un grave riesgo para la seguridad del tráfico por la modificación de sus condiciones de seguridad.

2.1.2. Delito de peligro

Existe un acuerdo en la escasa doctrina existente acerca de la naturaleza de delito de peligro de esta figura. En cualquiera de sus modalidades, supone la modificación de las condiciones de seguridad del tráfico, al igual que en los arts. 379 y 380 CP, y, como en ellos, ese interés jurídico se concibe como instrumental para la defensa de los individuales constituidos por la vida y salud de las personas que intervienen, de una u otra forma, en el tráfico. Por tanto, configurarlo como delito de peligro abstracto o concreto pasa por establecer si el riesgo debe o no concretarse en relación con esos bienes jurídicos individuales, no el colectivo, cuya mera puesta en peligro equivale a su lesión, al alterar sus condiciones de seguridad.

Por ello, el grave riesgo del que habla el art. 385 del CP lo es para la circulación, como allí se dice, lo que no debe ser interpretado como la creación de un riesgo para la seguridad —pues la creación de esas condiciones ya supone la alteración de la seguridad—, sino como un riesgo que, por su gravedad, puede ocasionar un peligro de lesión de intereses jurídicos individuales (vida y salud). De acuerdo con lo acabado de decir, se trata de un delito de peligro abstracto para esos bienes jurídicos individuales (al respecto véase SPÍNOLA TÁRTALO, GUTIÉRREZ RODRÍGUEZ, GONZÁLEZ RUS).

Al ser elemento del tipo el grave riesgo para la circulación, tanto en una como en otra modalidad (alterar y no restablecer), deberá ser probada su producción.

2.1.3. El iter criminis

El delito se consuma cuando se produce la modificación de las condiciones de seguridad del tráfico de tal forma que supongan un grave riesgo para la circulación, y se prolonga la consumación en tanto no se cesa en la situación antijurídica.

Debe distinguirse entre la modificación de las condiciones de seguridad del tráfico y el no restablecimiento; si alguien derrama una sustancia deslizante, inflamable o de cualquier otra manera peligrosa para dicha seguridad, el delito se consumará en el momento en que se realiza el vertido y permanecerá la situación antijurídica hasta que no se restablezca la seguridad, por el autor o cualquier otra persona, obligada o no a ello. Pero si una persona obligada a velar por la seguridad del tráfico (en general el encargado por la Administración competente) no la restablece una vez conocida su alteración, cometerá el delito previsto en la segunda modalidad de este artículo, sin que ello afecte al grado de ejecución del anterior injusto.

Son posibles las formas imperfectas de ejecución siempre que el comportamiento, que no olvidemos puede ser cualquiera, sea fraccionable.

2.1.4. Autoría y participación

Al contrario de otros delitos de este mismo Capítulo, se trata de un delito común, por lo que no existe restricción alguna en relación con el autor que podrá ser cualquier persona. Son también posibles todas las formas de autoría y participación.

Si, como mantienen algunos autores, fuera posible la comisión por omisión, habría en estos casos que aplicar las reglas generales formuladas para esta modalidad (GUTIÉRREZ RODRÍGUEZ).

2.1.5. El elemento subjetivo

Se trata, como en todos estos delitos, de uno exclusivamente doloso, debiendo abarcar el dolo del autor el conocimiento de originar con su actuar una disminución de las condiciones de seguridad del tráfico, junto con un grave riesgo para la vida o salud de los intervinientes en el mismo, así como el de estar actuando en una vía pública en los términos ya descritos anteriormente.

2.1.6. Problemas concursales

Al no consistir el delito en conducir un vehículo de motor o ciclomotor, es posible apreciar un concurso de delitos, normalmente real, entre éste y cualquiera otro de los comprendidos en el Capítulo.

Caso de producirse un resultado lesivo para la vida o salud de las personas, la responsabilidad por éste dependerá de la posibilidad de poderse imputar los mismos objetiva y subjetivamente. Si deriva jurídicamente del grave riesgo para la circulación, y de acuerdo con lo establecido en el art. 8 del CP, se aplicaría un concurso de leyes de los números 2 ó 3 de ese artículo (relaciones de subsidiariedad o de consunción), calificando el hecho como un homicidio o lesiones imprudentes (o doloso eventuales), siempre que se aprecien los elementos estructurales de estos delitos.

2.2. El no restablecimiento de la seguridad del tráfico

Se contempla una modalidad omisiva referida al no restablecimiento de las condiciones de seguridad de la vía, siempre que quien omita hacerlo venga obligado a ello. Dos son las cuestiones principales que se plantean con esta segunda forma de creación de un grave riesgo para la seguridad del tráfico: a) Establecer si nos encontramos ante un delito de comisión por omisión en relación con el grave riesgo; b) Quiénes son las personas obligadas a actuar.

a) Para un sector mayoritario de la Doctrina se trata de un delito de comisión por omisión fundamentado en el deber jurídico de restablecer la seguridad del tráfico cuando se haya alterado. Para DE VICENTE MARTÍNEZ, "*el sujeto está obligado a efectuar una acción positiva (restablecer) en aquellos supuestos en los que, alterada la seguridad del tráfico, el no restablecimiento de dicha seguridad genere un grave riesgo para la circulación*" (véase también SAP, Alicante, Sección 3ª, 369/1999, 22-5). Se trataría del establecimiento de un deber jurídico de salvar, originado por una previa actuación peligrosa (injerencia) o derivado de la ley o contrato.

Para la opinión minoritaria se trata de un delito de omisión propia, sin que la limitación del círculo de personas obligadas impida dicha calificación (SPÍNOLA TÁRTALO, CARMONA SALGADO, GONZÁLEZ RUS). Sería una de las denominadas omisiones propias de garante en las que el deber de actuar no está dirigido a la colectividad sino a las personas que se encuentran en posición de garante, pero en las que el contenido del deber se agota en actuar.

Posiblemente el entendimiento de este delito como de comisión por omisión proviene de la exigencia de la creación de un grave riesgo. Pero este requisito no debe entenderse, en esta segunda modalidad, como la necesidad de originar un grave riesgo por la omisión de actuar, sino como la preexistencia de ese riesgo; lo que hace la Ley penal es limitar el número de posibles autores a aquellos que tengan la obligación de actuar, de restaurar la seguridad alterada. El deber abarca sólo, por lo tanto, a reconducir un riesgo ya existente al ámbito de lo permitido jurídicamente (GUTIÉRREZ RODRÍGUEZ).

b) La segunda cuestión es establecer quiénes sean los obligados legalmente al restablecimiento de la seguridad de la circulación, lo que determinará el ámbito de los posibles sujetos activos.

Obligados están, en primer lugar, todos aquellos que por ley o contrato están encargados del mantenimiento de la seguridad de la circulación.

La explotación de las carreteras comprende su mantenimiento, defensa de la vía y mejor uso, incluyendo todo lo relativo a señalización, accesos, uso de las zonas de dominio público, de servidumbre y afección, y está encomendada a la Dirección General de Carreteras, dependiente del Ministerio de Fomento, por Ley 37/2015, de 29 de septiembre, de carreteras, y los arts. 48 y siguientes del Reglamento General de Carreteras. La explotación se puede ceder a terceros, estableciéndose las obligaciones de la Administración y la concesionaria en la Ley 8/1972, de 10 de mayo, de Construcción, Conservación y Explotación de Autopistas en régimen de concesión. En lo que aquí importa, el Estado mantiene siempre sus funciones y competencias de inspección y autorización.

Por otra parte, la vigilancia del tráfico está encomendada a las Fuerzas de Seguridad del Estado y a la Policía Local, dependiendo de la vía, a tenor de lo dispuesto en la LO 2/1986, de 13 de marzo, de Cuerpos y Fuerzas de Seguridad del Estado.

En relación con los obligados legalmente por la Legislación administrativa, debe recordarse que, a pesar de la entrada en vigor de la reforma introducida por la LO 5/2010, de 22 de junio, la responsabilidad penal en este caso es exclusivamente individual, por lo tanto será preciso determinar la persona a la que le incumbe el deber de actuar dentro del organismo administrativo, lo que en la práctica supone una casi segura impunidad.

Se ha discutido en la Doctrina si quien ha creado el riesgo es uno de los sujetos obligados al restablecimiento, ya que los arts. 12.3 y 51.1 LTCVMSV y 5.1, 5.3 y 129 del Reglamento General de Circulación, imponen ese deber. A favor se ha argumentado que la Ley penal no distingue y, por tanto, se deben considerar incluidos; en contra se asevera que la obligación afecta solo al conductor o en caso de accidente. La discusión, a la vista del contenido del art. 385.1ª CP puede resultar inútil, ya que, siendo o no el conductor, si se han colocado obstáculos en la vía y se cumplen el resto de los elementos típicos, se habrá cometido el delito comprendido en la primera modalidad y que está sancionado con igual pena, y no parece que se le pueda condenar por las dos modalidades.

Al igual que en cualquier delito omisivo, además de la existencia del deber y la situación típica, será precisa la capacidad de actuar del obligado, que caso de no existir convertiría el hecho en atípico.

En cuanto al *iter criminis* nos remitimos a las normas generales en relación con los delitos omisivos, y a la dificultad que tiene la apreciación de formas imperfectas de ejecución.

En relación con el aspecto subjetivo hay que decir que se trata de un delito doloso, donde el dolo del autor, además de abarcar el resto de los elementos típicos, debe abrazar la existencia del deber que le incumbe y la obligación de actuar.

Los problemas concursales, al no entrar este delito en el ámbito de aplicación del art. 382 CP, deberán ser resueltos conforme a las normas generales previstas en los arts. 73 y siguientes CP.

IV. LA NEGATIVA A SOMETERSE A LAS PRUEBAS DE DETECCIÓN ALCOHÓLICA

La figura actualmente tipificada en el art. 383 CP proviene del Código Penal de 1995, donde se incorporó por primera vez en la legislación penal española; posteriormente fue modificada por la LO 15/2007, de 30 de noviembre, donde se eliminó la referencia que en el mismo se hacía al delito de desobediencia del art. 556 CP, ampliándose la obligación al sometimiento a las pruebas de detección de drogas tóxicas, estupefacientes o sustancias psicotrópicas; es decir: a todas las sustancias enumeradas en el art. 379 del texto penal.

La supresión de la referencia al delito de desobediencia ha hecho que para algunos autores resulte reforzada su naturaleza de delito contra la seguridad del tráfico, o al menos su carácter pluriofensivo (MARTÍN LORENZO), criterio también mantenido en algunas resoluciones judiciales, como en la STS 214/2010, 12-3 (*Tol 1832993*). A pesar de la modificación, la vinculación con el delito de desobediencia persiste, sobre todo si no atendemos exclusivamente a criterios gramaticales; la pena del delito del art. 383 CP sigue siendo la misma que la del delito de desobediencia del art. 556 CP, y no se puede olvidar que con anterioridad a la LO 15/2007, de 30 de noviembre, la remisión a este último tipo lo era solo a efectos de pena.

El delito de negativa a someterse a las pruebas de detección de las sustancias típicas del art. 379 CP, ha sido desde un inicio cuestionado. La constitucionalidad del precepto fue declarada por las SSTC 161/1997, 2-10 (*Tol 80785*), y 234/1997, 18-12 (*Tol 80856*), que afirman la no vulneración del principio de proporcionalidad, de la presunción de inocencia y del derecho a no declarar contra sí mismo.

Vinculado a su naturaleza aparece el problema de determinar el interés jurídico protegido, lo que ha sido ampliamente discutido en la Doctrina. A pesar de lo que se pueda mantener en relación con la modificación efectuada por la LO 15/2007, de 30 de noviembre, no parece posible afirmar que el bien jurídico protegido es la seguridad del tráfico; más bien parece quererse garantizar el cumplimiento de órdenes administrativas, por lo que se acerca más al delito de desobediencia, siendo el interés jurídico protegido en ambos preceptos el mismo (GÓMEZ PAVÓN).

Lo que no supone olvidar que la finalidad de la Ley es garantizar mediatamente la seguridad del tráfico, poniendo obstáculos a conductas consistentes en negarse a la realización de estas pruebas que, posiblemente, tengan un importante efecto preventivo, lo que no legitima sin más el empleo del Derecho Penal.

El art. 383 CP posibilita, además, salvar los problemas que podrían plantearse para calificar los hechos como un delito de desobediencia genérica; la Jurisprudencia en este momento no considera precisa la reiteración de la orden para poder calificar un hecho como delito de desobediencia genérica.

1. Delimitación entre el ilícito penal y el administrativo

La negativa a someterse a las pruebas de detección de alcohol, drogas tóxicas, estupefacientes o sustancias psicotrópicas, está recogida también en la Legislación administrativa y ya con anterioridad al CP 1995. Así uno de los problemas sobre los que con frecuencia han debido pronunciarse las resoluciones judiciales, ha sido la delimitación entre los ilícitos penal y administrativo.

Debe tenerse en cuenta que nos encontramos ante una remisión a los preceptos del Reglamento General de la Circulación, por cuanto el tipo exige que la negativa sea a someterse a las pruebas legalmente previstas, por tanto es preciso que nos encontremos ante una de esas obligaciones en el ámbito administrativo. Así planteada la cuestión, el campo de aplicación de ambas normativas es idéntico, y ha sido la Jurisprudencia la que ha ido acotando la aplicación de los preceptos penales y administrativos.

El Reglamento General de la Circulación, en el art. 21 establece en qué casos es obligatorio el sometimiento a estas pruebas: a) por estar implicado en un accidente como posible responsable; b) por conducir con síntomas evidentes de la influencia de bebidas alcohólicas; c) por haber sido denunciado por la comisión de infracciones contenidas en el Reglamento; d) en el curso de un control preventivo de tráfico. En el art. 28.1.b) del mismo Reglamento se regula la obligación en relación con drogas tóxicas, estupefacientes o sustancias psicotrópicas.

A partir de la STS 3/1999, 9-12 (*Tol 51367)*, se consideran negativas constitutivas de delito aquellas a las que se viene obligado para la comprobación de los hechos descritos en el actual art. 379.2 CP. De acuerdo con esta tesis, de los cuatro supuestos enumerados en el art. 21 del Reglamento General de la Circulación serán típicas las negativas en relación con los dos primeros (estar involucrado en un accidente como presunto responsable, o evidenciarse síntomas de conducción bajo la influencia del alcohol o cualquiera de las otras sustancias); en cuanto a los otros dos (denuncia por un infracción administrativa y control preventivo), es preciso que aparezcan, además, síntomas de dicha influencia, en caso contrario la negativa constituiría un ilícito administrativo.

Esta postura jurisprudencial se vio reforzada por el Acuerdo de Pleno no jurisdiccional de la Sala Segunda del TS, 22-6-2002.

A pesar de lo acabado de decir, la redacción dada por la LO 15/2007, de 30 de noviembre, junto con el cambio legislativo en relación con la conducción tras la ingesta de bebidas alcohólicas, obliga a replantearse esta interpretación restrictiva del vigente art. 383 del CP. En este momento las pruebas son, según la dicción legal, "*para la comprobación de las tasas de alcoholemia y la presencia de las drogas tóxicas, estupefacientes y sustancias psicotrópicas a que se refieren los artículos anteriores*". A la vista de la redacción del inciso segundo del art. 379.2 CP, parece claro que no puede mantenerse el anterior criterio jurisprudencial; es indiferente la presencia o no de síntomas de influencia de bebidas alcohólicas ya que el hecho será delito con independencia de ello si se sobrepasan las tasas fijadas en el último precepto citado (en este sentido MARTÍN LORENZO). Por el contrario, en el caso de las drogas tóxicas, estupefacientes o sustancias psicotrópicas, la regulación se mantiene igual que antes de la reforma a la que se ha hecho mención, lo que posibilita continuar con igual interpretación.

Por tanto, la negativa será constitutiva de delito, si concurren el resto de los elementos típicos, en cualquiera de los casos previstos en el Reglamento General de la Circulación, en el supuesto de las bebidas alcohólicas; y solo en los dos primeros casos tratándose de drogas tóxicas, estupefacientes o sustancias psicotrópicas. La restricción que se venía haciendo hasta la LO 15/2007, de 30 de noviembre, tenía sentido en cuanto era preciso para la comisión del delito que se acreditará la influencia del alcohol, lo que avalaba la exclusión del carácter delictivo cuando la negativa se producía en el curso de un control preventivo de alcoholemia, sin que se evidenciarán síntomas de encontrarse bajo la influencia del alcohol.

2. Comportamiento típico

La conducta típica viene dada por la negativa a la realización de las pruebas, por la adopción de una actitud contraria a obedecer la orden dada por los agentes de la autoridad. Para la Jurisprudencia [STS 620/2023, 17-7 (*Tol 9662459*)], es típica tanto la negativa como obstaculizar su práctica, haciéndola imposible.

Los elementos típicos son:

a) Un mandato expreso y legal de la autoridad o sus agentes impartido en el ejercicio de sus funciones y, por tanto, dentro de los límites de su competencia. Dado el contenido del mandato, este debe ser realizado por los agentes de la autoridad encargados de la realización de estas pruebas y en los casos antes dichos, contemplados en los arts. 21 y ss. del Reglamento General de la Circulación.

b) La orden debe ser expresa, terminante y clara, de forma que se haga conocer a su destinatario por medio de requerimiento formal, personal y directo, ya que no se trata de desobedecer una norma, sino una orden dada en cumplimiento de ésta; y aunque el art. 23 del Reglamento General de la Circulación no lo diga expresamente, deberá advertirse al conductor que la negativa puede ser constitutiva de delito.

c) El tercer y último requisito es que se trate de una verdadera negativa, no de una mera renuencia (GÓMEZ PAVÓN).

Para la Jurisprudencia, negarse a la realización de la segunda prueba es también constitutiva de este delito [STSS (Pleno) 210/2017, 28-3; 291/2022 23-3, y 356/2024, 7-5 (*Tol 10030908*)].

3. Las pruebas legalmente establecidas

Las pruebas legalmente establecidas son las únicas a las que es obligatorio someterse y están reguladas en los arts. 22, 23 y 28 del Reglamento General de la Circulación.

Los dos primeros artículos establecen las de detección alcohólica y la forma de practicarse. La prueba es la de verificación en aire espirado mediante etilómetros oficialmente autorizados. Bien a petición del interesado o por orden judicial se puede contrastar con otra clase de pruebas, habitualmente con un análisis de sangre, aunque se viene exigiendo que se informe por los agentes de la autoridad de dicha posibilidad, pero esto tendría efectos únicamente en orden a la validez de la prueba mas no podría influir en la comisión de este delito. Cuando por enfermedad o lesión sea imposible la práctica de ellas, el personal médico del centro al que sea evacuado el accidentado decidirá cuál realizar.

La práctica de estas pruebas se regula en el art. 23; normalmente se realiza una primera y, con diez minutos de diferencia, la segunda como contraste.

En cuanto a las pruebas para la detección de drogas tóxicas, estupefacientes o sustancias psicotrópicas, están reguladas en el art. 28 del Reglamento y consistirán "*normalmente*" en el reconocimiento médico y los análisis clínicos que el médico forense u otro titulado experimentado, o el personal facultativo del centro sanitario o instituto médico, estimen más adecuados.

4. El sujeto activo. La autoría

Autor de este delito no puede ser más que el conductor de un vehículo de motor o ciclomotor, ya que es el único obligado a la realización de las pruebas. Por tanto, es, como gran parte de estos delitos, especial en cuanto el círculo de posibles autores está limitado en la Ley. Ello no impide, desde luego, apreciar cualquier forma de participación.

5. El iter criminis

Al estar ante un delito de omisión propia la consumación se produce en el último instante en que es posible cumplir con el deber, que en este caso es cuando el conductor manifiesta de forma clara y rotunda su negativa a realizar las pruebas a las que viene obligado. Si tras esa inicial negativa desiste de su actitud y accede a la realización de la prueba, habría que atender a las circunstancias de cada caso concreto para establecer si el delito se ha consumado o, por el contrario, el hecho no es constitutivo de delito. La SAP, Jaén, Sección 1ª, 194/2000, 22-12, sostuvo que en estos casos la desobediencia debía ser degradada a falta, ya que faltaba una oposición patente calificable de desobediencia grave y no se han frustrado los fines de las órdenes, solución imposible con la legislación vigente.

La apreciación de formas imperfectas de ejecución reviste los mismos problemas que en cualquier delito omisivo y, en principio, no parece posible.

6. El elemento subjetivo

Se trata de un delito doloso en el que se exige el conocimiento del autor sobre su deber de someterse a las pruebas de detección de las sustancias enumeradas en el art. 379.2 del CP, y con ese conocimiento negarse a la realización de las mismas, o lo que es lo mismo: negarse al cumplimiento de la obligación.

7. Aplicación de la circunstancia eximente del número 2º del art. 20 o la 1ª o 2ª del art. 21 CP

La obligación de someterse a estas pruebas, tras la reforma operada por LO 15/2007, de 30 de noviembre, lo es para cualquier conductor que sea requerido para ello, incluyendo los controles preventivos de tráfico.

Mientras la apreciación de las circunstancias citadas —encontrarse bajo la influencia de alguna de esas sustancias— ha sido negada en la generalidad de los casos del art. 379.2 CP, es admitida y aplicada con igual generalidad en los supuestos de este art. 383 CP, siempre que haya alcanzado una intensidad que posibilite su aplicación, es decir: haya actuado para alterar o disminuir la imputabilidad del sujeto.

8. Problemas concursales

Uno de los problemas que con mayor frecuencia se plantean en la práctica es el relativo a la relación entre los delitos recogidos en los arts. 379.2 y 383 CP.

> Como señala MARTÍN LORENZO será difícil, por no decir imposible, que este delito del art. 383 CP concurra con el del inciso segundo del art. 379.2 CP, ya que la negativa a someterse a las pruebas impedirá la calificación del hecho como un delito de este último precepto, puesto que no podrá acreditarse uno de sus elementos típicos como es la tasa de alcohol en aire espirado o en sangre en ausencia de estas pruebas.

Ya desde la vigencia del anterior art. 380 CP —precedente del vigente 383 CP—, se planteaban en la Jurisprudencia y en la Doctrina dos posibles soluciones: a) apreciar un concurso de delitos, y b) considerar que se trata de un concurso de leyes.

a) La tesis que lo califica como un concurso de delitos es la que se podría considerar mayoritaria en la Jurisprudencia. Según esta tesis se trataría de un concurso real de delitos, por tratarse de dos comportamientos que afectan a diferentes intereses jurídicos. Se parte de la consideración del delito del art. 383 CP, como atentatorio contra el principio de autoridad o pluriofensivo, mientras el 379 CP, lo sería contra la seguridad del tráfico.

La Jurisprudencia en este sentido es muy numerosa. La STS 3/1999, 9-12 (*Tol 51367)*, consideró que la seguridad del tráfico no era el interés jurídico protegido y que el anterior art. 380 CP 1995 no debería haber figurado entre los delitos contra ella; se trataba de un delito de desobediencia y, en todo caso pluriofensivo, por lo que no era aplicable el concurso de leyes entre él y el art. 379 CP. Las diversas posiciones jurisprudenciales se contemplan en la SAP, Barcelona, Sección 6ª, de 18 de diciembre de 2001, que aplica el concurso real de delitos. Postura que se sigue manteniendo en las SSTS 214/2010, 12-3 (*Tol 1832993)*; 867/2006, 15-9 (*Tol 995521)*, y 1464/2005, 17-11 (*Tol 809304)*. También la SAP, Castellón, Sección 2ª, 273/2009, 5-10, considera que no puede haber concurso de normas, ni se vulnera el *non bis in idem* por la condena por los delitos de los arts. 379, 2 y 383 CP, ya que protegen distintos bienes jurídicos; el primero la seguridad del tráfico y el segundo a pesar de haber desaparecido la remisión al art. 556 CP, el principio de autoridad y la seguridad del tráfico.

b) Una segunda tesis califica el concurso como de leyes al estimar que los dos preceptos protegen igual interés jurídico y, eventualmente, la vida y salud individuales, por lo que sancionar ambos hechos supondría una vulneración del *non bis in idem*; para esta tesis, aun discutiéndose cuál de los supuestos comprendidos en el art. 8 del CP es el aplicable, debe sancionarse por el actual art. 383 CP al estar más gravemente penado. Esta segunda postura tiene un menor seguimiento jurisprudencial, realmente con anterioridad a la reforma del CP por LO 5/2010, de 22 de mayo, sólo era seguida por la Sección 17ª de la Audiencia Provincial de Madrid —por todas la Sentencia de esta Sección y Audiencia 224/2003, 4-4—, razonando que el bien jurídico protegido es el mismo en el anterior art. 380 y en el 379 CP: la seguridad del tráfico, por lo que apreciar un concurso de delitos supondría una vulneración del *non bis in idem* y del art. 25 de la Constitución; y ello aunque se admita, como dice la resolución citada, que en el anterior art. 380 CP se protegía también el principio de autoridad.

Optar por una o por otra dependerá de cuál se considere el bien jurídico protegido en cada uno de los delitos (conducción bajo la influencia de determinadas sustancias y negativa a someterse a las pruebas para la detección de las mismas). Pero en cualquier caso el comportamiento no puede ser el mismo en ambos supuestos, en uno es conducir y en el otro negarse a algo; que por parte de un sector doctrinal se mantenga que el interés jurídico protegido en ambos preceptos es el mismo, no puede obviar que nos encontramos ante hechos diferentes, al igual que si se conduce con una tasa de alcohol superior a la permitida y además a velocidad excesiva o sin tener permiso o licencia para conducir.

V. ESPECIAL CONSIDERACIÓN DEL DELITO DE ABANDONO DEL LUGAR DEL ACCIDENTE

La LO 2/2019, de 1 de marzo, introduce el actual art. 382 bis CP, tipificando el abandono del lugar del accidente, siempre que los hechos no sean subsumibles en el art. 195 CP y no exista riesgo para el autor o terceros, distinguiendo según la causación del accidente haya sido por imprudencia del conductor o fortuita. La LO 11/2022, de 13 de septiembre, modifica el número 1 de este artículo, sustituyendo la referencia al art. 152.2 CP por la hecha a los arts. 147.1, 149 y 150 CP.

Según el Preámbulo de la Ley la inclusión de este precepto se fundamenta en "la maldad intrínseca" de quien abandonó el lugar del accidente y a las víctimas originadas, tanto haya sido ocasionado de forma imprudente o fortuita. Expresión que no puede considerarse afortunada, ni adecuada como razón para justificar la incriminación del hecho. La inclusión del precepto ha sido objeto de críticas por parte de la Doctrina (BUSTOS RUBIO, señalando su inconstitucionalidad). Para TAMARIT SUMALLA, el art. 382 bis CP puede tener a su favor la existencia de preceptos similares; en el Código Penal alemán, en el parágrafo 142, aunque no puede obviarse la posición doctrinal en esta país que cuestiona la constitucionalidad por vulnerar el derecho a la defensa, así como la exigencia de elementos no contenidos en la Legislación española (alejarse del lugar del accidente antes de poder ser identificado o su participación en el accidente o que haya pasado un lapsus de tiempo que impida llevar a cabo esas identificaciones). Para la SAP, Toledo, Sección 1ª, 150/2021, 13-7, la inclusión de este delito responde *"a una importante demanda social ante el incremento de accidentes* [...]".

1. El bien jurídico protegido

El Preámbulo de la LO 2/2019, de 1 de marzo, señala el bien jurídico protegido en este precepto: "*la falta de solidaridad con las víctimas, penalmente relevante por la implicación directa en el accidente previo al abandono, y las legítimas expectativas de los peatones, ciclistas o conductores de cualquier vehículo a motor o ciclomotor, de ser atendidos en caso de accidente de tráfico*". El objeto de protección es, de acuerdo con lo acabado de transcribir, la solidaridad; el deber que todos tenemos de prestar ayuda o socorrer a quien se encuentre en situación de peligro.

Pero así concebida, de acuerdo con la literalidad del art. 382 bis CP, es imposible mantener la solidaridad como bien jurídico protegido; a diferencia del art. 195 CP, no es preciso que el autor preste auxilio, el delito consiste en no quedarse en el lugar del accidente. La solidaridad se corresponde mejor con valores éticos y morales de difícil concreción y en consecuencia de protección penal; para CARBONELL MATEU/GONZÁLEZ CUSSAC, la solidaridad, en el ámbito penal, solo puede exigirse mediante el establecimiento de un deber jurídico de actuar de una determinada forma, solo previsto para determinados bienes que se encuentren en una situación de riesgo y, en ese caso, se actuaría para cumplir con ese deber, no por solidaridad.

Siempre en relación con el art. 195 CP, se ha señalado por otros autores (BUSTOS RUBIO, LAMARCA PÉREZ), la vida y salud individual como objeto de protección en este nuevo precepto. Pero la propia redacción de este art. 382 bis CP impide considerar la vida y salud individual como objeto de protección jurídica; la obligación de permanecer en el lugar del accidente subsiste incluso en el caso de muerte de la persona accidentada y, en cuanto a la salud individual, además de no protegerse ante cualquier tipo de lesión, el precepto solo exige que se permanezca en el lugar del accidente, no que preste ayuda o la requiera. Para TAMARIT SUMALLA, el bien jurídico protegido sería la propia Administración de Justicia y el derecho a la reparación de la víctima, ya que el abandono del lugar del accidente dificulta por un lado la identificación del autor y el hecho, y de otro la indemnización a favor de la víctima o los perjudicados en el caso de fallecimiento, en el mismo sentido la SAP, Zaragoza, Sección 6ª, 355/2022, 3-10 (*Tol 9302844*), para la que la conexión con la seguridad del tráfico vial es el fortalecimiento de esa expectativa de las víctimas, fundándose la obligación que supone el precepto en la "*común solidaridad de dar una respuesta asistencial y de colaboración a que se conozca lo ocurrido para evitar que se produzca en el futuro, desde la perspectiva de que a todos los usuarios de las vías les puede suceder y desearían que los demás actuaran de la misma manera*".

La STS 1/2023, 18-1, partiendo del art. 51 LTCVMSV, considera como bienes jurídicos protegidos la solidaridad, elevada a la categoría de deber jurídico, además de la misma seguridad vial que puede resultar afectada por el accidente y "*al aseguramiento de la efectividad de las facultades de la Administración para investigar y esclarecer los accidentes de tráfico, en cuanto afectan directamente a la seguridad vial*". La Sentencia acabada de citar es consciente del riesgo que para el derecho a no declararse culpable supone este bien jurídico, problema que solventa diciendo "*que la obligación de identificarse como implicado en un accidente no supone la asunción de culpabilidad ni la aportación de pruebas*".

Afirmación cuando menos cuestionable.

La finalidad del precepto es para la Jurisprudencia cubrir los supuestos imposibles de incluir en el delito de omisión de socorro del art. 195 CP, al no haber una persona desamparada y en peligro manifiesto y grave (STS 167/2022, 24-2, y 761/2022, 15-9).

Como hemos dicho en líneas anteriores, mantener que la solidaridad, entendida de una u otra manera, constituya el bien jurídico protegido en este delito entendemos que no es posible; la solidaridad puede ser un deber ético, pero difícilmente puede constituir objeto de protección penal. Las expectativas indemnizatorias de las víctimas son atendibles, pero no pueden fundamentar la inclusión de este artículo en el CP; cualquier víctima de cualquier delito puede y tiene igual expectativa, lo que no implica tipificar la "frustración" de la misma.

En cuanto al otro bien jurídico, la propia Administración de Justicia, debería matizarse, lo que se pretende proteger en realidad es el correcto funcionamiento de esta, no la propia Administración de Justicia; resulta cuestionable la necesidad de establecer de forma expresa la punición de estas conductas, no en todos los delitos de peligro dolosos o de resultado lesivo imprudente se impone este deber jurídico. Como tampoco puede obviarse que el autoencubrimiento es impune en la Legislación española, bien porque se considere así, bien porque se entienda que es un acto copenado con el principal.

Entender que el art. 382 bis CP establece un derecho a colaborar con la Administración de Justicia, puede colisionar con el derecho a la defensa del art. 24, 2 de la Constitución.

LANZAROTE MARTÍNEZ considera que el delito de abandono del lugar del accidente no se había incluido hasta la reforma de 2019 del CP, al haber estado esta rama del Derecho más atenta a los derechos del autor que a los de las víctimas.

2. Comportamiento típico

La conducta o comportamiento típico en este artículo consiste en abandonar, a diferencia del art. 195 CP donde lo es el omitir o no prestar auxilio en las circunstancias típicas de ese precepto. Se trata, por tanto, en el abandono del lugar del accidente de un delito de mera actividad (en este sentido la STS 1/2023, 18-1 (*Tol 9379320)*, sin que sea precisa la causación de un resultado lesivo, la referencia que se hace en el texto al fallecimiento o determinadas lesiones de la víctima, lo son en relación con el anterior delito o accidente, pero no ocasionadas o agravadas por el abandono del lugar del accidente; en el que no es posible la omisión, el deber jurídico que dimana de la norma consiste en quedarse, en no realizar el abandono (GÓMEZ PAVÓN, TAMARIT SUMALLA). Para este último autor por abandonar debe entenderse dejar a alguien desamparado, interpretación que considera acorde con el contexto del precepto y la finalidad de protección de las legítimas expectativas de las víctimas. El empleo del verbo abandonar en este artículo hace que para algunos autores presente dudas la subsunción en el precepto de quien ni siquiera se detiene a comprobar si hay víctimas, aunque finalmente se decanten por la tipicidad de estos hechos (TAMARIT SUMALLA).

Exigir el desamparo de la víctima en este delito llevaría a considerar atípico al conductor del vehículo que ocasiona el accidente que abandona el lugar porque la o las víctimas están siendo atendidas. Parece claro que si el bien jurídico protegido son las legítimas expectativas de la víctima a su reparación, junto con el correcto funcionamiento de la Administración de Justicia, el hecho de abandonar el lugar porque la víctima está siendo atendida, mantiene la lesión del bien jurídico protegido si el autor abandona el lugar (en sentido similar la sentencia acabada de citar).

La referencia al art. 195 CP, de preferente aplicación frente a este art. 382 bis CP, hace cuestionable que sea exigible el desamparo de la víctima, que si es un elemento típico del primero.

El art. 382 bis CP contempla dos supuestos diferentes, en los que el comportamiento es el mismo (abandono del lugar del accidente). La pena dependerá del origen del accidente, si ha sido causado por un comportamiento negligente del autor o es fortuito, que como acabamos de decir solo es relevante para la pena fijada en el precepto; los elementos de los números 2 y 3 de este artículo son siempre los contenidos en su número 1.

Hay que señalar que los bienes jurídicos protegidos en este delito son la salvaguarda de las expectativas de la víctima y el funcionamiento de la Administración de Justicia, permite afirmar la tipicidad del hecho aun cuando a consecuencia del accidente se produzca un fallecimiento, a diferencia del delito de omisión del deber de socorro del art. 195 CP, en el que no se omitiría el deber de socorrer cuando la víctima ha fallecido, ya que no hay persona desamparada en peligro grave y manifiesto.

En este delito, al igual que en el art. 195 CP, se recoge un elemento negativo del tipo: la ausencia de riesgo propio o de tercero, que caso de existir excluiría la tipicidad del delito. A diferencia del delito de omisión de socorro no se recoge la obligación de pedir auxilio cuando no se pueda prestar el socorro, diferencia lógica puesto que en este art. 382 bis CP no se contempla la prestación de auxilio, por lo que no tendría sentido tipificar esta figura.

3. La exigencia de un previo resultado lesivo

Como acabamos de decir, para que el abandono sea típico ex art. 328 bis del texto penal es necesario que previamente hayan tenido lugar alguno de los resultados lesivo que se describen en el número 1 del precepto: fallecimiento de una o varias personas o lesiones de los arts. 147.1, 149 y 150 CP.

> En su redacción originaria la remisión en cuanto a los resultados lesivos era al art. 152.2 CP, lo que daba lugar a disfunciones en la práctica, al excluir la redacción legal la posibilidad de aplicar este precepto a los supuestos de imprudencia grave (BUSTOS RUBIO, GÓMEZ PAVÓN).

En el Preámbulo de la LO 11/2022, de 13 de septiembre, se dice que a pesar de la reforma de 2019, la Ley no ha dado respuesta adecuada y esperada "*en opinión de determinados colectivos como la Mesa Española de la Bicicleta, que han concluido la necesidad de proceder a una nueva reforma del Código Penal para evitar los resquicios de la ley que posibilitan que se archiven imprudencias menos graves cuando se produzcan lesiones o muertes tras la comisión de una infracción catalogada como "grave" por el Real*

Decreto 6/2015, de 30 de octubre, por que se aprueba el Texto Refundido de la Ley sobre Tráfico, Circulación de Vehículos a Motor y Seguridad Vial, y que, por rutina, los tribunales consideran "leves" y por tanto no generadoras de responsabilidad penal, en uso de la facultad que les da la norma en esta redacción, "apreciada la gravedad de ésta por el juez o el tribunal (referida a la imprudencia menos grave"".

De acuerdo con el Preámbulo de la citada LO, la finalidad de la reforma no es recortar o restringir la facultad de interpretación y aplicación de jueces y tribunales, sino reforzar el espíritu de la reforma de 2019, estableciéndose *ope legis* que, si se determina por juez o tribunal que hubo una imprudencia en la conducción de un vehículo de motor o ciclomotor, concurriendo una infracción grave de las normas de circulación y, como consecuencia se produce la muerte o lesiones de los arts. 147.1, 149 y 150 CP, esa imprudencia deberá ser calificada en todo caso como menos grave, en ningún caso leve.

La LO 11/2022, de 13 de septiembre, modifica también los arts. 142.2 II y V, y 152.2 I y II CP, extendiendo la aplicación del precepto a la producción de lesiones de los arts. 147.1, 149 y 150 CP e imponiendo en todo caso la pena de privación del permiso para conducir vehículos de motor y ciclomotores. Con independencia de lo expresado en el Preámbulo de esta Ley, no deja de ser demostrativo del sistema seguido por las sucesivas, reiteradas y continuadas reformas penales. En 2015 se despenalizan las faltas, pasando los accidentes causados por imprudencia leve a la competencia de la jurisdicción civil, para al poco tiempo volver en la praxis al anterior sistema.

4. *Instrumento típico y lugar de comisión*

Dada la estructura del delito, debe distinguirse en cuanto a medio comisivo entre el hecho anterior, que constituye el presupuesto del delito, del propio comportamiento subsumible en el art. 382 bis CP. En cuanto al hecho previo aun cuando no se contemple de forma expresa el instrumento típico de estos delitos, su tipicidad obliga a considerar que solo pueden ser los vehículos de motor y ciclomotores, en los términos ya dichos en apartados anteriores. Pero esta limitación lo es en cuanto al hecho anterior que sirve o es presupuesto de este delito (accidente causado por imprudencia o fortuito), el abandono del lugar puede ser en el propio vehículo que ocasiona el accidente, en otro o bien a pie.

La determinación del lugar de comisión, dado uno de los bienes jurídicos que se protegen según la mayoría de la Doctrina y Jurisprudencia, solo puede ser aquel por donde pueda haber tráfico, es decir, por las vías públicas, por aquellas que se puede circular sin más limitaciones que las establecidas en las leyes. Los preámbulos de las LLOO 2/2019, de 1 de marzo y 11/2022, de 13 de diciembre, obligan a limitar el lugar de comisión en el sentido acabado de decir; si la protección a las víctimas y salvaguarda de sus intereses lo es en relación con el tráfico rodado de vehículos de motor y ciclomotores, solo donde pueda haber tráfico se podrá cometer el delito.

5. El iter criminis

El delito se consuma en el momento de realizar la acción típica, cuando se abandona el lugar del accidente, sin que sea posible la tentativa. Para TAMARIT SUMALLA, se deben excluir los casos en que el autor es detenido por la policía cuando intenta iniciar el abandono; la consumación se producirá para este autor cuando hay un alejamiento del lugar de los hechos que permitan decir que se han frustrado las expectativas de la víctima, de poder ser identificado por la policía o terceras personas "*a los efectos de recoger pruebas de los hechos cara al proceso judicial y a que haga frente a sus responsabilidades*". Aun cuando se mantenga que uno de los bienes jurídicos protegidos es la Administración de Justicia, no puede fijarse la consumación en el momento en que resulta imposible la obtención de pruebas a utilizar en un proceso penal; no es posible, de acuerdo con el texto constitucional (art. 24), afirmar la existencia de ese deber jurídico en el presunto autor de un delito. El delito se consuma cuando el autor —no el vehículo—, se aleja del lugar del accidente, siempre que pueda interpretarse como un abandono real.

Para la jurisprudencia la consumación exige un alejamiento físico del autor del lugar del accidente. La STS 1/2023, 18-1 (*Tol 9379320*), considera que debería dar lugar a la aplicación del precepto la ocultación o supresión de la presencia del causante del accidente, de forma que no pueda cumplir con los deberes impuestos por el art. 51 LTCVMSV.

6. Autoría y participación

Autor del delito solo puede ser el conductor; el número 1 del art. 382 CP se refiere expresamente al conductor, siendo posible cualquier tipo de participación en el hecho.

7. El elemento subjetivo

El delito del art. 382 bis CP solo admite la comisión a título de dolo, al no estar prevista expresamente la comisión imprudente. Debe distinguirse en este punto entre el hecho previo (presupuesto) y el abandono del lugar.

El hecho previo puede haber sido causado por imprudencia, grave o menos grave o de forma fortuita; el delito objeto de estudio tiene que ser siempre doloso. Dolo que debe comprender el conocimiento del deber (permanencia en el lugar del accidente) y la producción de alguno de los resultados lesivos comprendidos en este artículo. Los principales problemas, interpretativos y en la práctica forense, radican en el conocimiento exigible sobre el resultado; cuando el texto penal señala los resultados que pueden dar lugar a este delito, ese conocimiento en principio debe abarcar el causado, imprudente o fortuitamente, pero que el conocimiento llegue a ser efectivo sobre este extremo es difícil, incluso en los casos de fallecimiento y más si el conductor ni siquiera detiene el vehículo. Por ello, en relación con estos resultados es suficiente el dolo eventual, mientras que debe ser directo en cuanto al deber jurídico de permanecer en el lugar.

El art. 382 bis exige que el abandono se produzca "voluntariamente", precisión innecesaria, ya que un comportamiento no voluntario no tiene cabida en el ámbito penal (GÓMEZ PAVÓN).

Para TAMARIT SUMALLA, la inclusión no es superflua ni inútil, ya que indica *"una actitud renuente a colaborar con la víctima y con la administración de justicia"*. Si los bienes jurídicos protegidos en este delito son la propia Administración de Justicia y las legítimas expectativas de las víctimas, el dolo típico ya implica esa renuencia.

8. *Problemas concursales*

El texto penal excluye la aplicación de este precepto cuando se dan los elementos típicos del art. 195 CP. Lo que a primera vista puede parecer una solución razonable y lógica, dando preferencia al delito más grave, cuando no se presta auxilio a la persona desamparada y en peligro manifiesto y grave, deja de serlo cuando se comparan las penas de este artículo, en sus números 2 y 3 con las previstas en el art. 195 CP, de menor gravedad; se sanciona más gravemente el abandono de una persona en las condiciones contempladas en este último artículo que el mero abandono del lugar del accidente. En cualquier caso, la redacción del art. 382 bis CP impide otra solución que la de aplicar el art. 195 CP cuando se omite el auxilio a una persona desamparada en peligro grave y manifiesto, resultando más grave la infracción de un deber jurídico de actuar que el contenido en el art. 382 bis CP.

VI. LA NORMA CONCURSAL ESPECÍFICA DE ESTOS DELITOS: SUPUESTOS INCLUIDOS

La previsión concursal contenida en el art. 382 CP no es nueva en la regulación penal española; por el contrario, está presente desde la inicial regulación de estos delitos, aunque su redacción haya ido variando. En la vigente se ha suprimido el párrafo último que otorgaba un mayor margen de discrecionalidad al juzgador en relación con la imposición de la pena, no sujetándole a las reglas previstas en el art. 66 del CP; en este momento, la producción de un resultado lesivo, siempre que sea constitutivo de delito, obliga a imponer la pena del delito más grave en su mitad superior. Se produce, pues, un agravamiento, en este punto, de la respuesta penal. Debe tenerse en cuenta la regulación introducida en los delitos de homicidio y lesiones imprudentes (arts. 142, 142 bis, 152 y

152 bis CP), obliga a calificar estos hechos, cuando dan lugar al resultado que se intenta evitar, como imprudencias graves; reforma que como ya hemos dicho antes, no hace más que recoger una interpretación jurisprudencial prácticamente unánime y mantenida en el tiempo.

Esta norma concursal, con una u otra redacción, tradicional en la regulación de los delitos contra la seguridad del tráfico, supone una previsión específica de concurso de leyes (DE VICENTE MARTÍNEZ), optándose por la relación de alternatividad. En el mismo sentido se pronuncia la STS 1135/2010, 29-12 (*Tol 2017923*).

La razón de esta previsión específica sería impedir que por las reglas generales del concurso de leyes o normas, se llegara a aplicar el correspondiente delito o falta imprudente que podría estar menos penado que el tipo doloso de peligro (DE VICENTE MARTÍNEZ, MOLINA FERNÁNDEZ).

La aplicación de este precepto requiere:

a) Que provenga de la comisión de uno de los delitos previstos en los arts. 379, 380 o 381 CP.

b) Que el resultado agote el riesgo creado por el anterior delito de peligro doloso; cuando algún resultado no pueda imputarse a dicho delito, se aplicarán las reglas generales sobre concursos, que para la mayoría de la doctrina sería ideal de delitos.

c) Que el resultado lesivo producido sea constitutivo de delito. El concurso de normas o leyes sólo sería aplicable en estos casos cuando el desvalor del delito de resultado lesivo pudiera absorber el correspondiente al tipo de peligro, si no fuera esto así se aplicaría un concurso ideal de delitos, sancionando de acuerdo a lo dispuesto en el art. 77 CP.

d) Que el resultado lesivo no sea el contenido directo de la voluntad del autor. Tradicionalmente se ha mantenido que la norma concursal específica para los delitos contra la seguridad del tráfico, no podría aplicarse cuando el resultado lesivo (muerte o lesión), haya sido perseguido dolosamente por el autor. La inclusión dentro del ámbito de aplicación del art. 381 CP (conducción con temeridad manifiesta y temerario desprecio por la vida o salud de las personas), y dado lo dicho en el apartado dedicado al estudio de este artículo, obliga a afirmar que en los casos de dolo eventual con relación al resultado lesivo, será igualmente aplicable el precepto.

Lo que no deja de resultar paradójico puesto que, caso de estimar, como aquí se ha dicho, que en el citado precepto se contempla una tentativa de homicidio en dolo eventual, la aplicación del art. 382 CP supone un trato más grave para estos supuestos que para aquellos en que, con vehículo de motor o sin él, se intente conseguir directamente el resultado (dolo directo), ya que en estos último se podrá rebajar la pena en uno o dos grados y, dentro del seleccionado, proceder a la última fase de la individualización judicial de la pena a tenor de lo dispuesto en el art. 66 del CP. Por el contrario, cuando la lesión o muerte se produzca como consecuencia de los hechos tipificados en el art. 381 CP, la pena será la inferior en uno o dos grados, pero impuesta en su mitad superior. Problema que no se plantea si se considera el homicidio imprudente.

La aplicación del art. 382 CP plantea un último problema, como es el tratamiento de los casos de pluralidad de resultados. Para DE VICENTE MARTÍNEZ, una aplicación literal del precepto obligaría a la observancia del art. 77.2 CP relativo al concurso ideal. Para la STS antes citada, la regla concursal no se vería alterada por la producción de una pluralidad de resultados lesivos, "*pues la absorción se producirá siempre en la infracción más gravemente penada*".

En los casos de pluralidad de resultados lesivos deberá tenerse en cuenta en la calificación si, con relación a estos resultados, era de nuevo exigible la observancia del deber de cuidado, y de acuerdo con ello resolver el posible concurso.

El inciso último de este artículo obliga a Jueces y Tribunales a condenar "*en todo caso*", al resarcimiento de la responsabilidad civil que se hubiere originado.

Su origen viene dado por las divergencias, fundamentalmente jurisprudenciales, en relación con la posibilidad de condenar por vía de responsabilidad civil en el procedimiento penal, por los daños causados en la esfera privada, ya que de los delitos de peligro, en principio, no se deriva daño alguno en los términos del art. 109 CP, por lo que en aplicación del CP 1973 por algunos órganos jurisdiccionales se excluía la condena por vía de responsabilidad civil de los daños causados por estos delitos.

Tras la inclusión de este inciso en el CP 1995, parece fuera de toda duda, al menos para la Jurisprudencia, que los daños en la esfera privada deben ser indemnizados según los preceptos del texto penal que regulan esta responsabilidad civil (arts. 109 y siguientes CP). Indemnización que comprendería también los daños causados en los bienes, excluidos del ámbito de protección de estos delitos.

En la práctica forense no puede olvidarse el contenido del art. 107 CP, que establece la responsabilidad civil directa de las compañías aseguradores en el ámbito de cobertura del seguro, sin perjuicio y con independencia del derecho de repetición contra su asegurado.

VII. EL COMISO DEL VEHÍCULO DE MOTOR O CICLOMOTOR

Con la entrada en vigor de la LO 5/2010, de 22 de junio, se extiende el ámbito de aplicación del comiso del vehículo de motor o ciclomotor a cualquiera de los delitos comprendidos en este Capítulo y, de otra parte, la referencia ya no es sólo a los efectos del art. 127 CP, ampliándose al 128 del CP.

A pesar de lo acabado de decir es posible establecer limitaciones a su aplicación:

a) No se podrá acordar el comiso en los casos previstos en el art. 385 CP, puesto que ninguna de sus dos modalidades típicas requiere del empleo de vehículo de motor o ciclomotor para su comisión. El CP supedita la consideración de instrumento a los efectos del comiso a la utilización para la comisión del delito.

b) No parece posible aplicarlo automáticamente a los casos en que el autor no sea el propietario del vehículo de motor o ciclomotor. Aunque el art. 127 CP parece limitar la posibilidad del comiso a los supuestos en que los bienes son adquiridos de buena fe por terceros, el número 2 de este precepto establece: "*Si por cualquier circunstancia no fuera posible el comiso de los bienes señalados en el apartado anterior, se acordará el comiso por un valor equivalente de otros bienes que pertenezcan a los criminalmente responsables del hecho*", valor que será el de mercado que en ese momento tenga el vehículo a motor o ciclomotor.

La remisión a los arts. 127 y 128 CP hace que la aplicación del nuevo art. 385 bis CP deba hacerse de acuerdo con lo en ellos establecido, y en concreto:

a) No es precisa la declaración de la responsabilidad penal de persona alguna —en este caso el conductor—, bien por resultar exento de la misma o por haberse extinguido.

b) Al tratarse de objetos de lícito comercio se venderán y aplicarán al pago de las responsabilidades civiles.

Al respecto debe tenerse en cuenta que el art. 127 CP destina el importe de la venta de estos objetos al pago de las responsabilidades civiles. En los delitos contra la seguridad del tráfico, sólo cuando se produce un resultado lesivo para la vida o salud de las personas podrá hablarse de daño indemnizable derivado de la comisión del delito; en el resto de los casos al tratarse de delitos de peligro —concreto o abstracto— no habrá daño en la esfera privada que provenga de la comisión de ese delito.

Al hablar el art. 117 CP de responsabilidades civiles y no pecuniarias, debe entenderse por tales las comprendidas en los arts. 109 y 110 del texto penal; pero en caso alguno la pena pecuniaria que pudiera ser impuesta. Por tanto, y a pesar del contenido de este artículo, no debería ser posible su aplicación más que en los casos de producción de un resultado lesivo para la vida o salud individuales.

c) A tenor de lo dispuesto en el art. 128 CP, será posible no decretar el comiso o hacerlo parcialmente cuando los efectos sean de lícito comercio y su valor no sea proporcional a la naturaleza o gravedad de la infracción penal, o se haya satisfecho por completo la responsabilidad civil.

Dado que el Seguro es obligatorio en el ámbito de la circulación tanto de vehículos a motor como de ciclomotores, lo normal en la práctica es que incluso antes de llegar al Juicio Oral, se haya hecho frente a la indemnización por la compañía aseguradora (responsable civil directa en el ámbito de cobertura del seguro).

Lo habitual en la práctica es que con anterioridad a la fecha del Juicio Oral la aseguradora consigne la indemnización en el Juzgado para evitar los efectos del art. 20 de la Ley de Contrato de Seguro en relación con los intereses.

Si a lo anterior se añade el contenido del Preámbulo de la LO 5/2010, de 22 de junio, en relación a la menor gravedad de estos hechos, podrá no acordarse el comiso del vehículo o ciclomotor.

VIII. EL ART. 385 TER CP

El precepto que se introduce por la reforma del CP por LO 5/2010, de 22 de junio, concede a Jueces y Tribunales la facultad de rebajar la pena privativa de libertad en algunos de los delitos de éste Capítulo, posiblemente en aplicación del respeto al principio de proporcionalidad del que se habla en el Preámbulo de la Ley de reforma.

Quedan excluidos del ámbito de aplicación de este artículo la conducción con temeridad manifiesta poniendo en concreto peligro la vida o salud de las personas, la conducción sobrepasando los límites de velocidad fijados en el Código Penal o las tasas de alcohol típicamente señaladas, siempre que se haya producido un concreto peligro para la vida o salud de las personas (art. 380.1 y 2 CP), y la conducción con temeridad manifiesta y manifiesto desprecio por la vida o salud de las personas (art. 381.1 y 2 CP).

En todos los delitos en los que es posible la aplicación de este precepto y que son los comprendidos en los artículos enumerados en él, la pena es alternativa de prisión, multa o trabajos en beneficio de la comunidad, además de la privativa del permiso o licencia, con la excepción del art. 383 CP, por lo que la aplicación vendrá limitada por la selección que se haga de la pena privativa de libertad en el resto.

Los requisitos, por tanto, para su aplicación son:

a) Que se haya seleccionado de entre las posibles para cada delito, la pena privativa de libertad.

b) La menor entidad del riesgo, que debe entenderse para la vida y salud de las personas. Dada la redacción de los preceptos sobre los que puede aplicarse, esta menor entidad habrá de ser relacionada con el bien jurídico puesto en riesgo —vida o salud— y si lo es para una o varias personas. El riesgo para los bienes no debe ser tomado en consideración, al estar excluidos del ámbito de estos delitos: se protege la seguridad del tráfico como instrumento para la salvaguarda de la vida y salud individual, no de los bienes.

c) Cualquier otra circunstancia del hecho. Frente a lo que pudiera parecer en una primera lectura, circunstancias del hecho son tanto las de naturaleza objetiva, como subjetiva, y entre estas últimas las referidas a las personales del autor.

Requisitos todos ellos que deben concurrir de forma conjunta para proceder a la rebaja de la pena privativa de libertad. Esta posibilidad prevista en el art. 385 ter CP se limita a la pena de prisión impuesta por cualquiera de los delitos regulados en este Capítulo, sin que sea extensible a la privación del permiso para conducir vehículos de motor o ciclomotores, multa o trabajos en beneficio de la comunidad. En relación con la pena de privación del permiso para conducir vehículos de motor y licencia para ciclomotores, la SAP, Alicante, Sección 1ª, 415/2004, 6-9 (*Tol 535948*) considera que no puede imponerse conjuntamente ambas suspensiones de estos derechos, debiendo optarse por la retirada del permiso o de la licencia.

IX. BIBLIOGRAFÍA

Monografías: ALCÁCER GUIRAO, R. Actio libera in causa *dolosa e imprudente. La estructura temporal de la responsabilidad penal*, Madrid, 2005; DE VICENTE MARTINEZ, R. *Derecho Penal de la circulación*, Barcelona, 2006; GÓMEZ PAVÓN, P. *El delito de conducción bajo la influencia de bebidas alcohólicas, drogas tóxicas o estupefacientes. Análisis del artículo 383 del Código Penal*, 4ª ed., Barcelona, 2010; MORENO ÁLCAZAR, E. *Los delitos de conducción temeraria*, Valencia, 2003 MORENO ÁLCAZAR, E. *Los delitos de conducción temeraria*, Valencia, 2003; RODRÍGUEZ FERNÁNDEZ, J. *La conducción bajo la influencia de bebidas alcohólicas, drogas tóxicas, estupefacientes y sustancias psicotrópicas*, Granada, 2006; TAMARIT SUMALLA, J., *Automóviles, delitos y penas. Estudio de la criminalidad y de las sanciones penales relacionadas con vehículos a motor*, Valencia, 2007

Artículos de revistas: ALCÁCER GUIRAO, R. "Embriaguez, temeridad y peligro para la seguridad del tráfico. Consideraciones en torno a la reforma de los delitos contra la seguridad del tráfico", *LLP*, nº 10, 2004; ANDRÉS DOMÍNGUEZ, A. C. "Una cuestión controvertida: los Vehículos de Movilidad Personal, ¿Instrumento típico de un delito contra la seguridad vial?", *EPC*, nº 40, 2020; BUSTOS RUBIO, M. "Aproximación al nuevo delito de abandono del lugar del accidente (art. 382 bis del Código Penal), *LLP*, nº 138, 2019; CARMONA SALGADO, C. y MARTÍNEZ RUIZ, J. "De nuevo sobre la constitucionalidad del artículo 380 del Código Penal, al hilo de la sentencia del Tribunal Constitucional 161/1997, de 2 de octubre", *LL*, 1998-4; CORCOY BIDASOLO, M. "Homicidio y lesiones imprudentes cometidos con vehículo de motor", *EDJ*, nº 114, 2007; DE VICENTE MARTÍNEZ, R. "La reforma penal en curso", *EDJ*, nº 114, 2007; FEIJOO SÁNCHEZ, B. "Seguridad del tráfico y resultado de peligro concreto (Comentario a las Sentencias del Tribunal Supremo de 5 de marzo de 1998 y 2 de junio de 1999), *LL*, nº 3, 1999; GÓMEZ PAVÓN, P. "Comentario a la Sentencia del Tribunal Constitucional de 2 de octubre de 1997, sobre la cuestión de inconstitucionalidad en relación con el artículo 380 del Código Penal", *CPC*, nº 64, 1998; *id.* "Algunas reflexiones sobre el nuevo artículo 340 bis d) del Código Penal", *CPC*, nº 39, 1989; *id.* "La jurisprudencia constitucional sobre la prueba de alcoholemia", *ADPCP*, 1986; GONZÁLEZ RUS, J. J. "El delito de conducción bajo la influencia del alcohol y la jurisprudencia del Tribunal Constitucional", *RFDUG*, nº 15, 1988; *id.* "El artículo 340 bis b) del Código Penal. Especial consideración de las personas obligadas a mantener la seguridad de la vía", *Cuadernos de la Guardia Civil. Revista de la Seguridad Pública*, nº 9, 1993; MIR PUIG, S. "Conducción temeraria y el nuevo art. 340 bis d) del Código Penal", *CDJ*, Madrid, 1993; ORTS BERENGUER, E. "La conducción con consciente desprecio de la vida de los demás", *EDJ*, nº 114, 2007; RAMOS TAPIA, "El delito de conducción temeraria con consciente desprecio por la vida de los demás (a propósito de la Sentencia del Tribunal Supremo de 25 de octubre de 1999)", *RECPC*, 2000; RODRÍGUEZ RAMOS, L. "El vehículo de motor en el Código Penal", *Revista de la Circulación*, 1973; SILVA SÁNCHEZ, J. Mª "Consideraciones dogmáticas y de política legislativa sobre el fenómeno de la conducción suicida", *LL*, nº 3, 1998; *id.* "Consideraciones sobre el delito del artículo 340 bis a), 1º (Conducción bajo la influenciade bebidas alcohólicas, drogas tóxicas, estupefacientes o sustancias psicotrópicas)", *CEJ*, 1993; *id.* "La embriaguez atenuante o eximente en el delito del artículo 340 bis a) 1º (algunas observaciones sobre la doctrina de la actio libera in causa)", *Revista de la Circulación*, nº 4, Madrid, 1998; SPÍNOLA TARTALO, B., "Conductas no consistentes en circular con un vehículo a motor, creadoras de un grave riesgo para la seguridad del tráfico: el artículo 382 del Código Penal", *CPC*, nº 66, 1998.

Obras colectivas: CARMONA SALGADO, C. "La responsabilidad penal en la conducción temeraria", en AA.VV. *III Jornadas Nacionales de Derecho y Tráfico*, Granada, 1998; CARPIO BRIZ, D. "Creación de grave riesgo para la seguridad en el tráfico", en CORCOY BIDASOLO, M. y MIR PUIG, S. (dirs.) *Seguridad vial y Derecho Penal (Análisis de la LO 15/2007, que modifica el Código Penal en materia de seguridad vial*, Valencia, 2008; *id.* "Homicidio y lesiones en el ámbito del tráfico viario. Problemática concursal entre los delitos contra la seguridad del tráfico y los resultados lesivos a ella imputables", en CORCOY BIDASOLO, M. y MIR PUIG, S. (dirs.) *Seguridad vial y Derecho penal (Análisis de la LO 15/2007, que modifica el Código Penal en materia de seguridad vial)*, Valencia, 2008; GÓMEZ PAVÓN, P. "La reforma de los delitos contra la seguridad del tráfico (arts. 379, 381, 385 bis y 385 ter)", en ÁLVAREZ GARCÍA, F. J. y GONZÁLEZ CUSSAC, J. L. (dirs.) *Comentarios a la reforma penal de 2010*, Valencia, 2010; *id.* "La reforma de los delitos contra la seguridad vial", en BUSTOS RUBIO, M. y ABADÍAS SELMA, A. (dirs.) *Una década de reformas penales, Análisis de diez años de cambios en el Código Penal (2010-2020)*, Barcelona, 2020; GONZÁLEZ RUS, J. J. "Seguridad del tráfico y mantenimiento de la red viaria. Responsabilidad penal (art. 382 CP)", en MORILLAS CUEVAS, L. (coord.) *Delincuencia en materia de tráfico y seguridad vial: aspectos penales, civiles y procesales*, Madrid, 2007; GUTIÉRREZ RODRÍGUEZ, M. (coord.), *Protección penal de la Seguridad Vial*, Valencia, 2009; LASCURAÍN SÁNCHEZ, J. A., en RODRÍGUEZ MOURULLO (ed.), *Comentarios al Código Penal*, Madrid, 1997; MOLINA FERNÁNDEZ, F., en BAJO FERNÁNDEZ, M. (dir.) *Compendio de Derecho Penal. Parte Especial, vol. II*, Madrid, 1998; MORILLAS CUEVA, L. "La responsabilidad penal del que conduce vehículos de motor bajo la influencia de bebidas alcohólicas", en AA.VV. *III Jornadas Nacionales de Derecho y Tráfico*, Granada, 1988; *id.* "Conducción temeraria con consciente desprecio por la vida de los demás" y "Conducción bajo la influencia de bebidas alcohólicas, drogas tóxicas, estupefacientes o sustancias psicotrópicas y conducción temeraria", en COBO DEL ROSAL, M. (dir.) *Comentarios a la legislación penal" T. XIV, vol. 1*, Madrid, 1992; *id.* "Tratamiento penal de la conducción temeraria" y "Delitos contra la seguridad del tráfico. Una preocupada reflexión global", en MORILLAS CUEVA, L. (coord.) *Delincuencia en materia de tráfico y seguridad vial*, Madrid, 2007; ORTS BERENGUER, E. "La reforma del tratamiento penal de la Seguridad Vial", en AA.VV. *La reforma del código penal tras 10 años de vigencia*, Cizur Menor, 2006; PRIETO GONZÁLEZ, H. M. "El delito de conducción sin permiso en la reforma de los delitos contra la Seguridad Vial", en CORCOY BIDASOLO, M. y MIR PUIG, S. (dirs.) *Seguridad vial y Derecho penal (Análisis de la LO 15/2007, que modifica el Código Penal en materia de seguridad vial)*, Valencia, 2008; SILVA SÁNCHEZ, J. Mª "Consideraciones dogmáticas y de política legislativa sobre el fenómeno de la conducción suicida", *LL*, nº 3, 1998; *id.* "Consideraciones sobre el delito del artículo 340 bis a) 1ª del Código Penal (Conducción bajo la influencia de bebidas alcohólicas, drogas tóxicas, estupefacientes o sustancias psicotrópicas", en AA.VV. *Derecho de la Circulación (aspectos civiles y penales)*, Madrid, 1993; TAMARIT SUMALLA, J. en QUINTERO OLIVARES (dir.) *Comentarios a la Parte Especial del Derecho Penal*, Pamplona, 2007; VIEIRA MORANTE, F. en CONDE-PUMPIDO TOURÓN (dir.) *Comentarios al Código Penal*, Barcelona, 2007.

REFERENCIAS LEGALES

- Real Decreto 1428/2003, de 21 de noviembre, por el que se aprueba el Reglamento General de Circulación para aplicación y desarrollo del texto articulado de la Ley sobre tráfico, circulación de vehículos a motor y seguridad vial, aprobado por Real Decreto Legislativo 339/1990, de 2 de marzo, en su redacción dada por el Real Decreto 956/2006, de 1 de septiembre (*Tol 328757*).
- Real Decreto 2822/1998, de 23 de diciembre, por el que se aprueba el Reglamento General de Vehículos, modificado por Real Decreto 866/2010, de 2 de julio (*Tol 10921*).
- Real Decreto 818/2009, de 8 de mayo, por el que se aprueba el Reglamento General de Conductores (*Tol 1519090*).
- Real Decreto Legislativo 8/2004, de 29 de octubre, que aprueba el texto refundido de la Ley sobre responsabilidad civil y seguro en la circulación de vehículos a motor (*Tol 500719*), en su redacción dada por Ley 21/2007, de 11 de julio (*Tol 1090515*) y Ley 18/2009, de 23 de noviembre (*Tol 1642811*). Contiene tablas con las cuantías de las indemnizaciones en caso de accidente que se actualizarán con efecto primero de enero, automáticamente de acuerdo con el Índice de Precios al Consumo, publicado por el Instituto Nacional de Estadística.
- Real Decreto 1507/2008, de 12 de septiembre, por el que se aprueba el Reglamento del seguro obligatorio de responsabilidad civil (*Tol 1358387*).
- Real Decreto Legislativo 6/2015, de 30 de octubre por el que se aprueba el Texto Refundido de la Ley sobre Tráfico, Circulación de Vehículos a Motor y Seguridad Vial.

Lección 45ª

Delitos de falsificación de moneda y efectos timbrados

JOSÉ MIGUEL SÁNCHEZ TOMÁS

SUMARIO. I. CONSIDERACIONES GENERALES SOBRE LAS FALSEDADES. II. LA FALSIFICACIÓN DE MONEDA. 1. Consideraciones generales. 2. Bien jurídico protegido. 3. Objeto material: los conceptos de moneda y moneda falsa. 4. Conductas típicas. 4.1. Tipos principales. 4.1.1. La falsificación o alteración de moneda. 4.1.2. La exportación e importación de moneda falsa o alterada. 4.1.3. El transporte, expendición y distribución de moneda falsa o alterada. 4.1.4. La agravación de su puesta en circulación. 4.2. Tipos accesorios. 4.2.1. La tenencia y adquisición de moneda falsa. 4.2.2. El uso de moneda falsa recibida de buena fe. 4.2.3. La fabricación y tenencia de útiles para cometer delitos relativos a la falsificación de moneda. 5. Elemento subjetivo. 6. *Iter criminis* y participación. 7. Concursos. 8. Penalidad. III. LA FALSIFICACIÓN DE EFECTOS TIMBRADOS. 1. Consideraciones generales: Bien jurídico y objeto material. 2. Conductas típicas. IV. LA REINCIDENCIA INTERNACIONAL (ART. 388 CP). V. CUESTIONES PROCESALES. VI. BIBLIOGRAFÍA.

Artículo 386

1. Será castigado con la pena de prisión de ocho a 12 años y multa del tanto al décuplo del valor aparente de la moneda:

1º El que altere la moneda o fabrique moneda falsa.

2º El que exporte moneda falsa o alterada o la importe a España o a cualquier otro Estado miembro de la Unión Europea.

3º El que transporte, expenda o distribuya moneda falsa o alterada con conocimiento de su falsedad.

2. Si la moneda falsa fuera puesta en circulación se impondrá la pena en su mitad superior.

La tenencia, recepción u obtención de moneda falsa para su expedición o distribución o puesta en circulación será castigada con la pena inferior en uno o dos grados, atendiendo al valor de aquélla y al grado de connivencia con el falsificador, alterador, introductor o exportador.

3. El que habiendo recibido de buena fe moneda falsa la expenda o distribuya después de constarle su falsedad será castigado con la pena de prisión de tres a seis meses o multa de seis a veinticuatro meses. No obstante, si el valor aparente de la moneda no excediera de 400 euros, se impondrá la pena de multa de uno a tres meses.

4. Si el culpable perteneciere a una sociedad, organización o asociación, incluso de carácter transitorio, que se dedicare a la realización de estas actividades, el juez o tribunal podrá imponer alguna o algunas de las consecuencias previstas en el artículo 129 de este Código.

5. Cuando, de acuerdo con lo establecido en el artículo 31 bis, una persona jurídica sea responsable de los anteriores delitos, se le impondrá la pena de multa del triple al décuplo del valor aparente de la moneda. Atendidas las reglas establecidas en el artículo 66 bis, los jueces y tribunales podrán asimismo imponer las penas recogidas en las letras b) a g) del apartado 7 del artículo 33.

Artículo 387

A los efectos del artículo anterior, se entiende por moneda la metálica y el papel moneda de curso legal y aquella que no ha sido todavía emitida o puesta en circulación oficialmente pero que está destinada a su circulación como moneda de curso legal. Se equipararán a la moneda nacional las de otros países de la Unión Europea y las extranjeras.

Se tendrá igualmente por moneda falsa aquella que, pese a ser realizada en las instalaciones y con los materiales legales, se realiza incumpliendo, a sabiendas, las condiciones de emisión que hubiere puesto la autoridad competente o cuando se emita no existiendo orden de emisión alguna.

Artículo 388

La condena de un Tribunal extranjero, impuesta por delito de la misma naturaleza de los comprendidos en este capítulo, será equiparada a las sentencias de los Jueces o Tribunales españoles a los efectos de reincidencia, salvo que el antecedente penal haya sido cancelado o pudiese serlo con arreglo al Derecho español.

Artículo 389

El que falsificare o expendiere, en connivencia con el falsificador, sellos de correos o efectos timbrados, o los introdujera en España conociendo su falsedad, será castigado con la pena de prisión de seis meses a tres años.

El adquirente de buena fe de sellos de correos o efectos timbrados que, conociendo su falsedad, los distribuyera o utilizara será castigado con la pena de prisión de tres a seis meses o multa de seis a veinticuatro meses. No obstante, si el valor aparente de los sellos o efectos timbrados no excediera de 400 euros, se impondrá la pena de multa de uno a tres meses

Artículo 400

La fabricación, recepción, obtención, tenencia, distribución, puesta a disposición o comercialización de útiles, materiales, instrumentos, sustancias, datos y programas informáticos, aparatos, elementos de seguridad o cualquier otro medio diseñado o adaptado específicamente para la comisión de los delitos descritos en los capítulos anteriores, se castigarán con la pena señalada en cada caso para los autores.

I. CONSIDERACIONES GENERALES SOBRE LAS FALSEDADES

1. El Título XVIII del Libro II del CP está dedicado a las falsedades. Su nota más característica es la falta de sistemática tanto en el contexto de la ordenación general de la Parte Especial como en su propia división interna. La pretensión del CP de clasificar los delitos según el bien jurídico protegido y hacerlo con una cierta prelación axiológica no ha sido respetada en este caso, ya que no resulta posible identificar o reconducir a un bien jurídico común las conductas englobadas para este título. El esfuerzo codificador posibilita acudir a diversos criterios de sistematización, pero, seleccionado uno de ellos, parece razonable que se desarrolle de una manera coherente. En el presente caso, la decisión de conformar un título independiente con un grupo de delitos dedicado a las falsedades cuyo único elemento común es la conducta falsaria ha provocado no sólo una amplia y estéril discusión sobre la posibilidad de reconducirlos a un común bien jurídico, sino también, distorsiones sistemáticas.

El debate en torno a la identificación de un bien jurídico común para estos delitos está dificultado por la heterogeneidad de las conductas que se agrupan actualmente bajo el título de las falsedades y por las sucesivas alteraciones que ha sufrido su contenido en la historia codificadora. Más allá de elaboraciones doctrinales clásicas, que vinculan estos delitos con la lesión de un verdadero *"derecho a la verdad"* (PACHECO, GROIZARD), la tesis que fue asentándose es que el bien jurídico protegido era la fe pública (CUELLO CALÓN, BUSTOS RAMÍREZ, RODRÍGUEZ DEVESA), entendiéndose por tal el sentimiento público de confianza que se vería frustrado a partir de la conducta mendaz del sujeto activo. Esta concepción llegó a tener una temprana consagración legislativa en el CP de 1822, abandonada en el CP de 1848, que ha emergido recurrentemente en ciertos textos prelegislativos como el PCP 1980. La propia evanescencia de la idea de fe pública y, sobre todo, su nula capacidad delimitadora por resultar aplicable a cualquier conducta falsaria ajena a este título precipitó la búsqueda de otros intereses de tutela que no corrieron mejor suerte por su vaguedad. De ese modo, con origen en la doctrina alemana, se viene defendiendo como objeto de tutela la seguridad del tráfico jurídico (ORTS BERENGUER, QUINTANO RIPOLLÉS), definida como las condiciones objetivas necesarias para garantizar las relaciones jurídicas. En la medida en que esta conceptuación supone únicamente una objetivación de la idea de la fe pública, debe compartir las mismas críticas que se realizaron a aquélla. Una tercera corriente doctrinal defiende como bien jurídico de estos delitos la capacidad probatoria de los distintos objetos materiales sobre los que recae la falsificación (QUERALT JIMÉNEZ, QUINTERO OLIVARES), en el bien entendido de que se usa la idea de prueba en sentido amplio y no reducido a la de carácter procesal. Nuevamente, esta teorización es difícilmente reconducible a identificar un bien jurídico delimitador en exclusiva de los concretos delitos de falsedades incluidos en este título del CP que no sea compartida por el resto de las conductas falsarias. Por último, también han sido defendidas posturas eclécticas de que este tipo de delitos son pluriofensivos (CÓRDOBA RODA, MORILLAS CUEVA, MUÑOZ CONDE), en las que, asumiendo ideas presentes en cada una de las anteriores teorías, se destaca la necesidad de conjugar la conducta mendaz del sujeto con la aptitud suficiente para provocar un error en el marco del tráfico jurídico. Más allá de ello, incluso se incide en que, si bien la lesión de la fe pública o de la seguridad del tráfico aparecen lesionadas en estos delitos, las falsedades también suponen una puesta en peligro concreto de singulares bienes jurídicos, sean estos individuales o colectivos (COBO DEL ROSAL). En definitiva, los esfuerzos que desde antiguo se han realizado para identificar un bien jurídico común en los delitos de falsedad han resultado de gran utilidad como reflexión para justificar, definir y establecer los límites de punición del medio comisivo falsario como forma de ataque a diversos intereses tutelados. Sin embargo, no han mostrado un mayor éxito en el objetivo último de justificar sistemáticamente la autonomía de estos delitos en el marco de una codificación penal regida por la idea rectora del bien jurídico.

2. La configuración de este título a partir del único elemento común del medio comisivo falsario provoca, además, una distorsión sistemática dentro del CP. Esta distorsión queda evidenciada, en primer lugar, con el desperdigamiento a lo largo de todo el CP de conductas falsarias, que han sido agrupadas, junto con otros medios comisivos, atendiendo a bienes jurídicos concretos. A título de ejemplo, el delito de calumnias (art. 205 CP), definido como la imputación falsa de un delito, se encuentra en el título de los delitos contra el honor. El delito de presentación de datos falsos en procedimiento concursal (art. 261 CP), que se califica como insolvencia punible, o los delitos de falsedad en la publicidad (art. 282 CP) o en la información económico-financiera contenida en los folletos de emisión de instrumentos financieros (art. 282 *bis* CP), que son ilícito contra el mercado y los consumidores, se enmarcan en los delitos contra el patrimonio y el orden socioeconómico. El delito de falsificación de la contabilidad (art. 310 CP) está entre las infracciones contra la Hacienda Pública. Los delitos de acusación y denuncia falsa (arts. 456 y 457 CP) o de falso testimonio (arts. 458 a 462 CP) se incluyen entre los delitos contra la Administración de Justicia. Esto es, a pesar de la extensión del título dedicado a las falsedades, hay una infinidad de conductas falsarias tipificadas extramuros del Título XVIII.

También se pone de manifiesto la distorsión sistemática con la inclusión de conductas directamente emparentadas con bienes jurídicos que tienen un título propio y autónomo dentro del CP, donde hubieran tenido un mejor encaje. Así, por ejemplo, la falsificación de dinero, de efectos timbrados o de tarjetas bancarias y otros medios de pago diferentes del efectivo, tiene una evidente connotación de protección de intereses socioeconómicos, siendo la falsificación de efectos timbrados una defraudación tributaria. Muchas de las falsedades documentales y, desde luego, las cometidas por funcionario público quedarían perfectamente encuadradas entre los delitos contra la Administración Pública. Otras, como el uso de documento falso en juicio, podrían calificarse entre los delitos contra la Administración de Justicia. Esto es, todas las conductas tipificadas en este capítulo, más allá del común denominador de la conducta falsaria, evidencian intereses tutelados que les permitirían una correcta sistematización atendiendo al bien jurídico protegido. Por último, esta distorsión sistemática también se evidencia con una ubicación de este Título XVIII, inmediatamente a continuación de los delitos contra la seguridad colectiva y antes de los delitos contra la Administración Pública, que tampoco permite reconocer una mínima sistematicidad axiológica en su ubicación en el Libro II del CP.

3. La falta de sistemática de este título es igualmente predicable de su estructura interna. El criterio tradicionalmente adoptado en la legislación penal española para su

subdivisión en capítulos ha sido el del objeto material sobre el que recae la conducta falsaria. Este criterio se ha mantenido en el CP de 1995, si bien con una severa simplificación frente a la exasperante casuística de la legislación penal histórica. Así, este título está actualmente dividido en capítulos dedicados, respectivamente, a la falsificación de moneda y efectos timbrados (Capítulo I), falsedades documentales (Capítulo II), una serie de disposiciones comunes a los anteriores (Capítulo III), usurpación de estado civil (Capítulo IV) y usurpación de funciones públicas e intrusismo (Capítulo V). La posibilidad de reducir esta amplia categorización a una única subdivisión entre las llamadas falsedades reales o materiales, definidas como aquéllas que recaen sobre documentos de toda naturaleza, y las falsedades personales, que recaen sobre las personas o determinadas cualidades de las mismas, tampoco permite identificar un interés común de tutela en cada uno de sus capítulos. En ese sentido, se remite cualquier análisis sobre el bien jurídico protegido al estudio de cada uno de los delitos.

Los preceptos del título de las falsedades han sido objeto de modificaciones diversas en las sucesivas reformas del CP vigente. Desde su entrada en vigor han permanecido sin modificación hasta la LO 15/2003, de 25 de noviembre, en la que, por necesidades de trasposición de la normativa comunitaria, se retocaron determinados aspectos de la regulación de la falsificación de moneda y efectos timbrados. Las reformas operadas por la LO 5/2010, de 22 de junio, la LO 7/2012, de 27 de diciembre, la LO 1/2015, de 30 de marzo, la LO 1/2019, de 20 de febrero, y la LO 14/2022, de 22 de diciembre, volvieron a incidir en el contenido de este título de forma amplia y en aspectos de singular relevancia, que serán tratados más adelante.

4. Los datos estadísticos sobre criminalidad elaborados por la fiscalía general del Estado muestran que en el año 2023, del total de 1.605.193 de diligencias previas que se incoaron en España, 17.339 se referían a delitos de falsedades, lo que representa el 1,08% del total de delitos. En el año 2024 las diligencias previas incoadas ascendieron a 18.285.

En cuanto a la población reclusa por esta tipología delictiva, y conforme a los datos de la estadística mensual aportados por la Secretaría de Estado de Instituciones Penitenciarias a fecha de diciembre de 2023, de un total de 45.475 reclusos penados, 467 los eran por delitos de falsedades —394 hombres y 73 mujeres—, lo que representa el 1,03% del total de la población penada.

II. LA FALSIFICACIÓN DE MONEDA

1. Consideraciones generales

1. El Capítulo I del Título XVIII se dedica a la regulación de las conductas de falsificación de moneda y de efectos timbrados. Al igual que ya se afirmó respecto de los delitos de falsedades, tampoco resulta sencillo encontrar un elemento común que permita deducir las razones para aglutinar estos ilícitos en un capítulo conjunto. El propio devenir histórico de su sistematización es demostrativo de que esta agrupación es aleatoria y no responde a ningún criterio racional y,

mucho menos, a la existencia de un posible interés jurídico de tutela común. Sin necesidad de remontarse demasiado en el tiempo, se puede comprobar que en el CP derogado, la falsificación de moneda y la de efectos timbrados ocupaban capítulos independientes. La unión de ambos se produjo en el CP 1995 si bien incluyendo, en virtud de la ampliación del concepto legal de moneda, la falsificación de tarjetas bancarias y cheques de viaje. La falsificación de estos últimos objetos se volvió a independizar con la reforma operada por la LO 5/2010, conformando una sección autónoma, pero esta vez dentro del capítulo de las falsedades documentales. Por su parte, las LLOO 1/2015 y 1/2019 inciden en la definición del concepto de moneda para delimitar el objeto material de este delito. Este trasiego de contenidos parece evidenciar que la conformación de este capítulo en su actual redacción no está inspirada por la idea del bien jurídico. A pesar de ello han sido diferentes los esfuerzos doctrinales por apuntar algún interés común a tutelar, que, en la mayoría de las ocasiones, vienen a coincidir con los referidos a la globalidad de los delitos de falsedades. Por ello, habida cuenta de la muy diferente naturaleza y función que en el tráfico jurídico cumplen la moneda y los efectos timbrados, se hará un análisis independiente del interés de tutela en cada uno de estos ilícitos.

2. La regulación del delito de falsificación de moneda —estructura, descripción de conductas típicas e incluso la penalidad impuesta— ha permanecido casi constante en la legislación española desde que por la Ley de 27 de diciembre de 1947 se adaptó a las exigencias derivadas del Convenio de Ginebra de 20 de abril de 1929, de represión de la falsificación de moneda. La implantación del euro, en sustitución de la peseta, como moneda nacional y, por tanto, la incidencia normativa europea en la protección contra su falsificación también ha tenido influencia en la regulación de estos delitos. La inicial protección penal se dispensó mediante la Decisión Marco 2000/383/JAI, de 29 de mayo, del Consejo de la Unión Europea, sobre el fortalecimiento de la protección, por medio de sanciones penales y de otro tipo, contra la falsificación de moneda con miras a la introducción del euro, que asumió como objeto expreso completar las disposiciones del Convenio de 1929 y facilitar su aplicación por los estados miembros (art. 2.1). Esta decisión marco fue sustituida por la vigente Directiva 2014/62/UE del Parlamento Europeo y del Consejo, de 15 de mayo de 2014, relativa a la protección penal del euro y otras monedas frente a la falsificación. Por su parte, el también vigente Reglamento 2001/1338/CE, de 28 de junio, sobre protección del euro contra la falsificación, reiteradamente modificado, si bien aporta en su art. 1 una definición de actividad de falsificación a los efectos de su aplicación, tiene como objetivo establecer una cooperación estructurada para prevenir y dificultar estas conductas y no tanto la armonización de su régimen sancionador.

3. Los datos oficiales del Banco Central Europeo ponen de manifiesto que el número de billetes en euros que se encontraban en circulación a finales de 2024 era de unos 30.500 millones de unidades. En ese mismo año la cantidad de billetes de euro falsificados que se detectó y fueron retirados de la circulación por la autoridad monetaria europea se elevó a 554.000 unidades, lo que representa 18 billetes falsos por cada millón de billetes auténticos. Esta cifra, en términos históricos, aunque es superior a la de los años 2020 a 2023, que fue de 17, 12, 13 y 16 billetes falsos por millón de verdaderos, respectivamente, está alejada de las cifras de los años 2014 a 2019, que fue de 48, 48, 34, 32, 25, y 23 billetes falsos por millón de verdaderos, respectivamente. No obstante, en términos absolutos y desde una perspectiva criminológica estos datos evidencian la magnitud del problema y lo lucrativa que es esta actividad delictiva.

A pesar de estas cifras y de que el euro es una moneda compartida por diversos estados, la actividad judicial en España en relación con este tipo de delincuencia sigue siendo muy baja y, frecuentemente, se refiere a conductas de una magnitud cuantitativa reducida. Según los últimos datos que anualmente aporta la fiscalía general del Estado, en 2023 y 2024 se incoaron 646 diligencias por delitos de falsificación de moneda con un ligero aumento respecto de las de 2022, que fueron 569.

En cuanto a las técnicas de falsificación, el Banco Central Europeo pone de manifiesto que en los primeros tiempos de la circulación del euro una elevada proporción se llevaba a cabo mediante técnicas informáticas, utilizando impresoras y fotocopiadoras en color. Por el contrario, esta técnica ha descendido notablemente en la actualidad, volviéndose a las técnicas tradicionales de impresión. A este fenómeno ha contribuido que en 2004 el Grupo de Bancos Centrales para la Disuasión de Falsificaciones desarrolló un sistema de disuasión que impide a los ordenadores personales y software de tratamiento de imagen procesar y reproducir imágenes de billetes protegidos, que fue incorporado voluntariamente por fabricantes de equipos y aplicaciones informáticas.

2. *Bien jurídico protegido*

El debate, ya expuesto, sobre la viabilidad de un bien jurídico común para los delitos de falsedades ha sido reproducido a la hora de identificar el interés jurídico tutelado en el delito de falsificación de moneda. Sin embargo, la delimitación de la conducta de falsificación a un objeto material tan específico y de una naturaleza tan especial como es la moneda ha permitido que la discusión sobre el particular haya podido centrarse, más allá del medio comisivo falsario, en la propia función socioeconómica que cumple este peculiar objeto material. En cualquier caso, esta discusión se ha visto distorsionada por la inicial opción del CP 1995 de incluir dentro del concepto penal de moneda a las tarjetas de crédito, las de débito y los cheques de viaje, e incluso a partir del año 2003, cualquier tarjeta que pudiera ser utilizada como medio de pago. La exclusión de estos objetos del concepto de moneda, operada por la LO 5/2010, permitió reconducir el debate a los estrictos términos de la función del dinero.

La construcción de la teoría del bien jurídico en este delito se ha vinculado al propio concepto de dinero y, especialmente, con su evolución desde una concepción como mercancía, cuando aparecía acuñada en metales preciosos, hasta su más moderna concepción como mero signo inmaterial de valor. Centrando la cuestión en la actual configuración de las monedas y billetes como un mero símbolo que cumple las funciones de actuar como depósito de valor, representar la unidad de cuenta y, sobre todo, servir como elemento liberatorio del pago de deudas, el debate sobre la identificación del interés jurídico protegido en estos delitos incide sobre las diversas dimensiones o características del dinero. Tradicionalmente, se destacó que la falsificación suponía una lesión del monopolio o prerrogativa del Estado en la emisión de monedas, poniendo de manifiesto su carácter de acto de soberanía. Más modernamente, por el tratamiento conjunto que tuvo la falsedad de dinero con el de otros medios de pago como tarjetas o cheques de viajes, y, por tanto, restringiendo excesivamente la función del dinero a su carácter liberatorio de pago de deudas, se concretó el bien jurídico protegido en el sistema de pagos (ARÁNGUEZ SÁNCHEZ, ECHANO BASALDÚA) o en la función de garantía que desempeña la moneda (VILLACAMPA ESTIARTE).

No obstante, una vez liberado este delito de cualquier otro objeto material, la íntima relación que tiene el dinero con la política económica y por ser el eje central del sistema monetario, definido como el conjunto de instituciones, instrumentos y reglas que regulan el mercado monetario, cabe concluir, conforme ha sido defendido de manera mayoritaria, que el interés de protección tutelado es, de manera inmediata, el correcto funcionamiento del sistema monetario (CUELLO CALÓN, CASAS BARQUERO, MESTRE DELGADO, MORILLAS CUEVA, MUÑOZ CONDE, QUERALT JIMÉNEZ). Ello no ha impedido que también se defienda, considerándolo un delito pluriofensivo, que es objeto de tutela el patrimonio privado de las personas que reciben moneda falsificada en sus transacciones económicas (CASTRO MORENO, GARCÍA SÁNCHEZ, ORTS BERENGUER, SERRANO GÓMEZ), lo que no ha dejado de ser, con razón, objeto de crítica en tanto que es un daño o perjuicio potencial e incluso hipotético al poder circular moneda falsa sin ser detectada y, por tanto, sin perjuicio patrimonial directo (ARÁNGUEZ SÁNCHEZ).

3. Objeto material: los conceptos de moneda y moneda falsa

1. El art. 387 CP, en la redacción dada por la LO 1/2019, delimita, en su primer párrafo, el objeto material de este delito, estableciendo que "*a los efectos del artículo anterior, se entiende por moneda la metálica y el papel moneda de curso legal y aquella que no ha sido todavía emitida o puesta en circulación oficialmente pero que está destinada a su circulación como moneda de curso legal. Se equipararán a la moneda nacional las de otros países de la Unión Europea y las extranjeras*". Por su parte, el párrafo segundo, de manera asistemática, ya que no se corresponde con una delimitación del objeto material, sino con la descripción de una de las modalidades falsarias, establece que "*se tendrá igualmente por moneda falsa aquella que, pese a ser realizada en las instalaciones y con los materiales legales, se realiza incumpliendo, a sabiendas, las*

condiciones de emisión que hubiere puesto la autoridad competente o cuando se emita no existiendo orden de emisión alguna".

En su redacción originaria, este precepto disponía que las tarjetas de crédito, las de débito y los cheques de viaje también se consideraban monedas. La LO 15/2003 incluyó en la delimitación de este objeto material también las demás tarjetas que puedan utilizarse como medios de pago. Fue la LO 5/2010, la que, con la segregación de las conductas de falsificación de tarjetas bancarias y cheques de viaje, a las que se dotó de una sección propia entre los delitos de falsedades documentales del Capítulo II, retornó a una definición estricta de moneda cercana a la del CP 1944-1973. A esos efectos, la exclusión de las tarjetas bancarias y los cheques de viaje había sido expresamente solicitada, conforme al art. 4.3 CP, por el Pleno no jurisdiccional de la Sala Segunda del Tribunal Supremo en su reunión de 28-6-2002 [STS 948/2002, 8-7 (*Tol 202512)*]. La LO 5/2010 impuso, por tanto, una simplificación del concepto de moneda caracterizada por tres notas fundamentales: (i) la equiparación de los diversos soportes en que se documenta el dinero —billetes y monedas—, con exclusión de otros medios de pago; (ii) la equiparación entre dinero nacional y extranjero; y (iii) que tuviera curso legal. En aquel momento, la limitación del objeto material de este delito a billetes y monedas vino a coincidir, por un lado, con la regulación aportada por el art. 2 del Convenio de 1929, que sólo establece la equivalencia del concepto moneda con papel moneda y moneda metálica; y, por otro, con el entonces vigente art. 1 de la Decisión Marco 2000/383/JAI, que también lo define como *"el papel moneda (incluidos los billetes de banco) y el dinero metálico (...)"*. En aquel momento, sin embargo, se obviaron los mandatos de los arts. 4 y 5 de la citada decisión marco de que se sancionaran las conductas de utilización de instalaciones o materiales legales, en violación de los derechos o condiciones que facultan a las autoridades competentes a emitir moneda, sin el acuerdo de dichas autoridades; y las que recayeran sobre los billetes y monedas que todavía no hubieran sido emitidos, pero que se destinen a la circulación y sean una moneda de curso legal. Por su parte, la LO 1/2015 supuso una reforma importante del art. 387 CP en un doble sentido: (i) Incluyó como objeto de este delito, junto con la moneda de curso legal, *"aquella que previsiblemente será puesta en curso legal"*; e (ii) incluyó en el párrafo segundo de este precepto, mediante una definición de moneda falsa, la conducta falsaria de elaboración de moneda incumpliendo las condiciones de emisión o en ausencia de una orden de emisión, que se mantiene vigente con aquella redacción. Por último, la LO 1/2019 volvió a incidir en la redacción del primer párrafo del art. 387 CP, para dotar de un nuevo tenor literal a la extensión del objeto material más allá de la moneda de curso legal, que se concreta, en la actualmente vigente, *"aquella que no ha sido todavía emitida o puesta en circulación oficialmente pero que está destinada a su circulación como moneda de curso legal"*. De ese modo se atendió, ahora sí, a la reiteración del mandato de penalización contenida en el art. 3.2 y 3 de la Directiva 2014/62/UE. Aunque lo usual es la falsificación de papel monda por su superior valor facial aparente, todavía cabe encontrar supuestos de falsedad de moneda mediante acuñación como sucede en el asunto resuelto por el ATS 18-4-2024 (*Tol 10032524*).

2. El art. 387, I CP delimita la moneda —metálica o en papel— como objeto material de este delito en dos grandes grupos como son (i) la de curso legal y (ii) la que no ha sido todavía emitida o puesta en circulación oficialmente, pero que está destinada a su circulación como moneda de curso legal. A ello añade,

la equiparación a la moneda nacional la de otros países de la Unión Europea y las extranjeras.

La moneda nacional española, más allá de la peculiaridad de que sea común con la de otros países europeos, es el euro desde el 1 de enero de 1999, conforme a lo establecido en el art. 3.1 de la Ley 46/1998, de 17 de diciembre, sobre introducción del euro, cuyo art. 3.2 establece, por un lado, que *"sucede sin solución de continuidad y de modo íntegro a la peseta como moneda del sistema monetario nacional"*; y, por otro, que *"los billetes y monedas denominados en euros serán los únicos de curso legal en el territorio nacional"*. El art. 12 de esta Ley dispuso un periodo transitorio entre el 1 de enero de 1999 y el 31 de diciembre de 2001 de coexistencia del euro y la peseta como unidades de cuenta y medios de pago. Esta previsión transitoria era especialmente necesaria teniendo en cuenta que, conforme a los arts. 10 y 11 del Reglamento 1998/974/CE, de 3 de mayo, de introducción del euro, la puesta en circulación efectiva de los billetes y monedas de euro no se produciría hasta el 1 de enero de 2002. En atención a ello, el art. 4.2 de la Ley 46/1998, en la redacción dada por la Ley 14/2000, de 20 de diciembre, estableció que los billetes y monedas denominados en pesetas continuaban siendo válidos como medio de pago de curso legal con pleno poder liberatorio hasta el 28 de febrero de 2002, momento en el que perderían su curso legal conservando un mero valor de canje.

La complejidad de este régimen transitorio para la implantación del euro determinó que debieran convivir durante un tiempo como objeto material de este delito la peseta y el euro, siendo expresamente regulada esta protección por la LO 10/1998, de 17 de diciembre, complementaria de la Ley sobre introducción del euro. Así, su art. 2.3 dispuso que, a efectos penales, la peseta mantendría la consideración de moneda nacional hasta la finalización del período de canje al que se refería el art. 24 de la Ley 46/1998. Esa fecha era el 30 de junio de 2002, en la que finalizaba el periodo de canje ordinario en entidades de crédito. No obstante, el art. 25 de la Ley 46/1998, establecía un periodo de canje extendido a desarrollar exclusivamente en el Banco de España, que fue fijado, en la redacción dada por la Ley 14/2000, con una fecha límite del 31 de diciembre de 2020 y, por el Real Decreto-ley 34/2020, de 17 de noviembre, el 30 de junio de 2021. Por su parte, el art. 2.4 de la LO 10/1998 también estableció la protección penal de euro desde el 1 de enero de 1999, cuando sus billetes y monedas todavía no se habían puesto en circulación. Por tanto, los billetes y monedas de euro son objeto material de estos delitos desde el 1 de enero de 1999 y los de la peseta dejaron de serlo el 30 de junio de 2002. La circunstancia de que el art. 25 de la Ley 46/1998 haya mantenido la posibilidad de canjear los billetes y monedas de pesetas por euros en el Banco de España a partir del 1 de julio de 2002 y hasta el 31 de diciembre de 2020 no permite sostener su aptitud para ser objeto material de este delito, al ser una moneda que a partir del 1 de julio de 2002 carecía ya de curso legal (FGE, ROCA AGAPITO).

3. En relación con el primer grupo de objetos materiales aptos para la comisión de este delito —moneda de curso legal nacional, de países de la UE o extranjera—, el término "*curso legal*" debe interpretarse en el sentido de que la moneda cuenta con el respaldo de una disposición normativa. Se trata, por tanto, de un concepto de carácter normativo, de modo que para su determinación resulta necesario remitirse a la legislación en materia monetaria del país de referencia.

La exigencia de que la moneda solo pueda ser considerada de *"curso legal"* a partir de un respaldo normativo venía ya establecida en el art. 2 del Convenio de 1929, al referir que la moneda ha de tener *"curso en virtud de una ley"*; y en el art. 1 de la ya derogada Decisión Marco 2000/383/JAI, de 29 de mayo, al utilizar la expresión *"puestos en circulación en virtud de una disposición legal"*, que se reproduce en el art. 2.a) de la vigente Directiva 2014/62/UE, al establecer como definición de moneda *"los billetes y monedas cuya circulación está legalmente autorizada, incluidos los billetes y las monedas de euro cuya circulación está legalmente autorizada en virtud del Reglamento (CE) no 974/98"*. Por lo que se refiere al euro, su respaldo normativo aparece representado en el derecho originario de la UE, en el art. 3.1.c) del Tratado de Funcionamiento de la Unión Europea (TFUE), que dispone que la Unión dispone de competencia exclusiva en la política monetaria de los Estados miembros cuya moneda es el euro, y el art. 28 TFUE, que, dentro del capítulo sobre la política monetaria, establece que los billetes en euros son los únicos de curso legal. El derecho derivado aborda su regulación en el Reglamento (CE) nº 974/98 del Consejo de 3 de mayo de 1998 sobre la introducción del euro, cuyo art. 11 reitera que el euro es la única moneda de curso legal en los Estados miembros participantes, y dedica su parte IV a regula los billetes y monedas denominados en euro. Ahora bien, ni en el derecho primario —los tratados— ni en el derivado, hay una regulación del concepto de curso legal, que queda solo referenciado en una normativa no vinculante como es la Recomendación de la Comisión, de 22 de marzo de 2010, sobre el alcance y los efectos del curso legal de los billetes y monedas en euros. Su apartado primero, reservado para la *"definición común de curso legal"*, establece que *"cuando exista una obligación de pago, el curso legal de los billetes y monedas en euros debe implicar lo siguiente: a) La aceptación obligatoria: El beneficiario de una obligación de pago no puede rechazar billetes de banco y monedas en euros a menos que las partes hayan acordado otros medios de pago. b) Aceptación al valor nominal: El valor monetario de los billetes y monedas en euros es igual a la cantidad indicada en estos billetes y monedas. c) Capacidad de liberar de obligaciones de pago: Los deudores pueden liberarse de obligaciones de pago ofreciendo billetes y monedas en euros a sus acreedores"*. En este contexto, la STJUE 26-1-2021, C.-422/19 y C.-423/19 (*Tol 8275942)*, ha establecido los aspectos fundamentales del concepto de curso legal aplicado al euro. También se han desarrollado trabajos prelegislativos para una regulación en la materia concretado en una Propuesta de Reglamento del Parlamento Europeo y del Consejo relativo al curso legal de los billetes y monedas en euros [COM(2023) 364 final].

La moneda, como objeto de protección penal, queda ampliada a las monedas de otros países de la UE —que no sea el euro— y las extranjeras. Su conceptuación como de curso legal, con independencia de las peculiaridades de cada uno de los sistemas monetarios nacionales, depende exclusivamente de la normativa del país del que sea originaria, debiendo ser objeto de prueba, cuya carga corresponderá a la acusación. En ese sentido, por ejemplo, en un contexto de sucesivas incorporaciones de nuevos países al euro, en las que se establecen periodos transitorios de canje de sus antiguas monedas, una vez que estas han dejado de tener curso legal, el hecho de que, como ocurrió en España, se disponga su protección ampliada durante esa fase de canje no implica que sea un objeto material apto del delito de falsificación en España. En última instancia, la tipicidad de este delito está vinculada en el art. 387 CP al concepto *"curso legal"* y no a la idea de moneda como objeto de protección penal en el país de origen. Esto es, el juez penal, para valorar la concurrencia de carácter de curso legal de la moneda, debe acudir a la normativa que disciplina la regulación monetaria del país y no a una eventual protección penal vinculada a su valor de canje.

Un aspecto relacionado con el carácter normativo del concepto *"curso legal"* es la influencia que para la tipicidad de la conducta puede tener una modificación legislativa sobre la validez de la moneda. A esos efectos, lo determinante es que la moneda tuviera curso legal en el momento de ejecutarse la conducta típica que se imputa al sujeto, siendo irrelevante que en el momento de enjuiciamiento la moneda ya no sea de curso legal [STS 1610/2005, 5-12 (*Tol 809357)*]. Así, en el caso de falsificación o alteración, lo determinante es que cuando se desarrolla esa conducta la moneda a imitar o alterar sea de curso legal, al igual que en los casos de cualquiera de las conductas de puesta en circulación de moneda falsa o alterada lo relevante es que en ese momento la moneda imitada sea de curso legal.

4. La ampliación que propicia el art. 387 CP a las monedas que no hayan sido emitidas o puestas en circulación oficialmente, pero que están destinada a su circulación como moneda de curso legal, tiene su origen en la LO 1/2015, aunque con una redacción diferente a la vigente dada por la LO 1/2019, y responde a exigencias de la normativa comunitaria para la protección de aquellas emisiones de monedas que todavía no hayan sido puestas en circulación.

Este objeto material no aparece específicamente reseñado en el Convenio de 1929, cuyo art. 2 se limitaba a exponer que *"en el presente Convenio, la palabra 'moneda' equivale a papel moneda, incluso los billetes de banco y la moneda metálica, que tengan curso en virtud de una ley"*. Sin embargo, el art. 3.3 de la Directiva 2014/62/UE establece la obligación de extender el mandato de protección penal frente a la falsificación del euro a los *"billetes y monedas no emitidos todavía pero que están destinados a la circulación como moneda de curso legal"*. Este mandato ya aparecía el art. 5.b) de la Decisión Marco 2000/383/JAI, en el que se regulaba la *"moneda no emitida cuya circulación esté prevista"*, al establecer la protección penal *"de billetes y monedas que todavía no hayan sido emitidos pero que se destinen a la circulación y sean una moneda de curso legal"*. La circunstancia de que esta decisión marco ya dispusiera este objeto material ampliado para estos delitos, pero que no se modificara el art. 387, I CP hasta la LO 1/2015, para su inclusión formal, no debe entenderse como que en ese periodo hubo un incumplimiento de transposición por parte de España. La inclusión de este objeto en el ámbito de protección penal de la moneda podía solventarse interpretativamente. A esos efectos, como ya se sostuvo en la primera edición de este trabajo, resulta preciso distinguir entre el concepto de moneda en abstracto y moneda como objeto físico. El concepto abstracto se refiere a la moneda como unidad monetaria, que no necesita estar respaldada por un objeto físico —ese fue el caso, como ya se ha visto, del euro entre el 1 de enero de 1999 y el 31 de diciembre de 2001. Como objeto, se refiere a la materialización simbólica de esa unidad de cuenta a la que se otorga valor liberatorio. Pues bien, el concepto de *"curso legal"* aplicado a la moneda se refiere tanto a que la moneda como unidad monetaria cuente con su debido respaldo legal, como a que cada objeto físico que la representa esté y se mantenga en circulación de acuerdo con la ley y, por tanto, que todos y cada uno de los momentos o pasos en los que puede subdividirse el circuito de la circulación de la moneda física se hayan ajustado a lo previsto en su normativa reguladora. En ese sentido, no debe confundirse el concepto de *"curso legal"* con el hecho de que dicha moneda haya sido emitida ni, desde luego, que haya sido puesta en circulación. La decisión normativa de establecer una moneda como de curso legal, la emisión de la moneda y su puesta en circulación son tres momentos perfectamente diferenciados. Por ello, es perfectamente posible que, con carácter previo a la propia existencia física de la moneda y a su puesta en circulación, ya sea objeto material de este delito. En este contexto interpretativo, aunque no sería necesaria la especificación de este objeto material ampliado, como si fuera diferente al de moneda, no cabe duda de que contribuye a dotar de seguridad jurídica la delimitación típica de esta conducta.

5. El último inciso del art. 387, I CP establece la equiparación a la moneda nacional las de otros países de la Unión y las extranjeras. En la medida en que esa protección, en el caso de la moneda nacional, lo es tanto para las monedas de curso legal como las que no hubieran sido emitidas o puestas en circulación oficialmente, pero que estuvieran destinadas a ello, ese mismo ámbito se extiende a las monedas de otros países de la Unión y las extranjeras.

Esta equiparación proviene de exigencias del Convenio de 1929. A esos efectos, su art. 5 no solo señala que no debe establecerse distinción en el tratamiento penal según se trate de moneda nacional o extranjera, sino que, además, impone que dicha equiparación no sea sometida a ninguna condición de reciprocidad legal o convencional. Lo categórico de esta equiparación impide excluir como objeto material de este delito a cualquier moneda con independencia de que exista cambio oficial, toda vez que esta equiparación no parece responder a la necesidad de protección frente a su uso de medio de pago en España, sino, más bien, a un principio de solidaridad entre países (CUELLO CALÓN). Por el contrario, esta equiparación no es exigida por la normativa comunitaria, cuyo único y estricto objeto material de protección es el euro; sin incluir siquiera a otras monedas de países de la UE distintas del euro.

4. Conductas típicas

1. Las diversas conductas típicas sancionadas en relación con la falsificación de moneda aparecen establecidas en los arts. 386, 387 y 400 CP. El art. 386.1 CP, cuya redacción vigente viene dada por la LO 1/2019, dispone, equiparándolas en gravedad, el castigo de: "*1º El que altere moneda o fabrique moneda falsa. 2º El que exporte moneda falsa o alterada o la importe a España o a cualquier otro Estado miembro de la Unión Europea. 3º El que transporte, expenda o distribuya moneda falsa o alterada con conocimiento de su falsedad*". Junto a estas conductas cabe mencionar la referencia establecida en el art. 387, II CP, incluida por la LO 1/2015, a que "*se tendrá igualmente por moneda falsa aquella que, pese a ser realizada en las instalaciones y con los materiales legales, se realiza incumpliendo, a sabiendas, las condiciones de emisión que hubiere puesto la autoridad competente o cuando se emita no existiendo orden de emisión alguna*", que, bajo la aparente definición de "*moneda falsa*", en realidad viene a describir una modalidad típica de conducta falsaria.

Por su parte, el art. 386.2 CP, cuya redacción vigente ha sido dada por la LO 1/2015, establece, en su párrafo primero, como circunstancia agravatoria de las conductas del art. 386.1 CP, que "*si la moneda falsa fuera puesta en circulación se impondrá la pena en su mitad superior*"; y en su párrafo segundo, a modo de un pretendido subtipo atenuado, que "*la tenencia, recepción u obtención de moneda falsa para su expedición o distribución o puesta en circulación será castigada con la pena inferior en uno o dos grados, atendiendo al valor de aquélla y al grado de connivencia con el falsificador, alterador, introductor o exportador*". El art. 386.3 CP, por su parte, considera delito, con una pena más reducida que las anteriores, la expendición o distribución de moneda falsa, con conocimiento de su falsedad, tras haberla recibido de buena fe, con una pena diferenciada según el valor aparente de la moneda excediera o no de los 400 euros.

Por último, el art. 400 CP, en la redacción vigente dada por la LO 14/2022, que se incluye como una de las disposiciones generales en el Capítulo III de este Título XVIII, aplicable también a los delitos de falsificación de moneda y efectos timbrados, sanciona la conducta de fabricación, recepción, obtención, tenencia, distribución, puesta a disposición o comercialización de útiles o medios diseñados o adaptados específicamente para la comisión de estos delitos.

La concreta descripción de estas conductas típicas se deriva en la actualidad principalmente de los deberes de penalización comunitarios previstos en la Directiva 2014/62/UE, que ya se establecían en el art. 3.1 de la derogada Decisión Marco 2000/383/JAI. El art. 3.1 de la citada directiva dispone que *"los Estados miembros adoptarán las medidas necesarias para asegurarse de que constituyan un delito, cuando se cometan intencionadamente, las siguientes conductas: a) la fabricación o alteración fraudulentas de moneda, independientemente del medio empleado al efecto; b) la puesta en circulación fraudulenta de moneda falsa; c) la importación, exportación, transporte, recepción u obtención de moneda falsa con el objeto de ponerla en circulación, sabiéndola falsa; d) la fabricación, recepción, obtención o posesión fraudulentas de: i) instrumentos, objetos, programas y datos informáticos y otros medios especialmente adaptados para la falsificación o alteración de moneda, o ii) elementos de seguridad como hologramas, marcas de agua u otros componentes de la moneda que sirvan para protegerla contra la falsificación"*. Por su parte, su art. 3.2 dispone que *"los Estados miembros adoptarán las medidas necesarias para garantizar que las conductas mencionadas en las letras a), b) y c) del apartado 1 también sean castigadas en el caso de billetes o monedas que se fabriquen o se hayan fabricado utilizando instalaciones o materiales legales infringiendo los derechos o condiciones con arreglo a los cuales las autoridades competentes pueden emitir billetes o monedas"*; y su art. 3.3 que *"los Estados miembros adoptarán las medidas necesarias para garantizar que también sean castigadas las conductas mencionadas en los apartados 1 y 2 en el caso de billetes y monedas no emitidos todavía pero que están destinados a la circulación como moneda de curso legal"*. No obstante, estas conductas también responden a los compromisos internacionales adquiridos por España en la materia mediante la firma del Convenio de 1929, cuyo art. 3 obliga a la sanción de los siguientes grupos de conductas: a) el hecho material de la fabricación o alteración de moneda; b) su puesta en circulación; c) el desarrollo de actividades —importar, exportar, transportar, recibir o procurarse— tendentes a posibilitar la puesta en circulación de la moneda falsa, sabiendo que lo es; d) fabricar, recibir o procurarse instrumentos destinados por su naturaleza para la fabricación o alteración de la moneda; y d) la tentativa y participación dolosa en las mismas.

2. Al margen del criterio legal para clasificar estas conductas, vinculado a la gravedad de la pena a imponer, se ha distinguido, conforme a la naturaleza de la conducta, entre los delitos de falsificación de moneda y los de puesta en el mercado de moneda falsa (de primer y segundo grado las denomina JIMÉNEZ ASENJO, seguido por CASAS BARQUERO, MORILLAS CUEVA o VILLACAMPA ESTIARTE). Estos dos momentos suponen las dos fases representativas de la

dinámica criminal bien se ponga el énfasis en que la conducta que representa la voluntad delictiva original es la acción falsificadora, siendo las conductas de distribución complementarias de ésta (JIMÉNEZ ASENJO), bien se enfatice que la conducta de puesta en circulación de la moneda es la que supone el momento central de lesión del bien jurídico, por lo que la previa falsificación es sólo un adelanto de la intervención penal (ECHANO BASALDÚA). Esta clasificación es la que mejor responde a la lógica de los textos internacionales en la materia que se supone debían inspirar la redacción de estos tipos penales. Sin embargo, atendiendo a la objetivación de las conductas típicas plasmadas en el CP, que es lo determinante para poder establecer el criterio de la clasificación legal, resulta preciso tomar también en consideración la propia gravedad de las conductas y las interrelaciones establecidas entre ellas.

De ese modo, la estructura de los delitos de falsificación de moneda que se vislumbra en el CP es la siguiente: (i) tres tipos principales —fabricación y alteración de moneda (art. 386.1.1° CP); exportación o importación de la moneda falsa (art. 386.1.2° CP); y distribución de la misma (art. 386.1.3° CP)—, que son independientes entre sí, se sancionan con la misma pena y se caracterizan por ser utilizados como referencia para determinar otras responsabilidades penales, estableciéndose respecto de las mismas la agravación de la puesta en circulación de la moneda falsa, imponiéndose la pena en su mitad superior (art. 386.1, I CP); y (ii) tres tipos accesorios a estos —tenencia o adquisición de moneda preordenada al tráfico (art. 386.2, II CP); uso de moneda falsa recibida de buena fe con conocimiento de la falsedad (arts. 386.3 CP) y fabricación o tenencia de útiles o medios para la comisión de los delitos de falsificación de moneda (art. 400 CP).

Esta estructura, en cualquier caso, no responde a la reflejada en el art. 3 de la Directiva 2014/62/UE. Dicho precepto opta por una estructura que toma como fundamento la dinámica comisiva general de este tipo de delincuencia en la que distingue las conductas de elaboración —actos de falsedad material del objeto—, las conductas de distribución —actos de tráfico de la moneda falsa preordenadas a su puesta en circulación, y el hecho mismo de la puesta en circulación—; y las conductas preparatorias —actos relativos a los instrumentos y elementos de seguridad destinados a la falsificación. Además, también opta por establecer una prelación de gravedad entre ellas, ya que en su art. 5 dispone el mandato de una mayor penalidad para las conductas de fabricación o alteración de la moneda respecto de las restantes. Por el contrario, el CP, arrastrado por ciertas reminiscencias de la codificación española, ha optado, por un lado, por segregar las conductas de tráfico de la moneda falsa entre las conductas de (i) falsificación material (art. 386.1.1° CP); (ii) exportación e importación (art. 386.1.2° CP); (iii) las de transporte, expendición o distribución (art. 386.1.3° CP) —sancionadas todas ellas con la misma pena—; convirtiendo la puesta en circulación de la moneda, que ya está sancionada autónomamente en el art. 386.1.2° CP bajo la conducta de expender, en una agravación de las conductas del art. 386.1 CP (art. 386.2, I CP); (iv) las de tenencia, recepción u obtención para su expedición o distribución o puesta en circulación (art. 386.2, II CP), como un tipo penal de inferior gravedad; y (v) las de fabricación o tenencia de útiles o medios para la comisión de los delitos de falsificación de moneda sancionada con la misma pena que los autores respectivos (art. 400 CP).

4.1. Tipos principales

Las conductas de alteración de moneda y de fabricación de moneda falsa (art. 386.1.1° CP), de exportación o importación de la moneda falsa o alterada (art. 386.1.2° CP) y de su transporte, expendición o distribución (art. 386.1.3° CP) se configuran como las conductas centrales a partir de las cuales el CP construye la responsabilidad penal en este tipo de delincuencia. Se caracterizan por ser conductas absolutamente independientes entre sí, no exigiéndose ningún tipo de concierto de voluntades o connivencia entre el falsificador, el exportador/ importador (MORILLAS CUEVA, VILLACAMPA ESTIARTE; en contra, QUERALT JIMÉNEZ), ni, tras la reforma operada en el art. 386.1.3° CP por la LO 1/2015, con el transportista, expendedor o distribuidor, sin perjuicio de que, en cualquier caso, los autores de las conductas de los arts. 386.1.2° y 3° CP, deban ser conocedores de la falsedad de la moneda.

4.1.1. La falsificación o alteración de moneda

1. El art. 386.1.1° CP establece la pena de prisión de ocho a doce años y multa del tanto al décuplo del valor aparente de la moneda para "*el que altere la moneda o fabrique moneda falsa*". En la redacción originaria del CP la única conducta citada en este precepto era la de fabricación de moneda falsa. La LO 15/2003 incluyó la conducta de alteración de moneda, retomando así una modalidad presente, junto con el cercenamiento, en el CP derogado, que se ha mantenido en la redacción dada a este precepto por las LLOO 1/2015 y 1/2019.

La definición conjunta de la conducta de ese delito como alteración de moneda y fabricación de una moneda falsa propiciada por la LO 15/2003 implicó una armonización completa de la legislación penal española con su compromisos internacionales y comunitarios en la materia, ya que la conjunción de la fabricación con la alteración como conductas delimitadoras de la conducta de falsificación propia de moneda está presente en el art. 3.1° del Convenio de 1929, en el art. 3.1.a) de la entonces vigente Decisión Marco 2000/383/JAI, en el art. 1.2.a) del Reglamento 2001/1338/ CE y en el art. 5.1.b) de la Directiva 2014/62/UE.

2. El concepto de "*alteración*" aparece definido en el diccionario de la RAE, en su primer significado, como la acción de cambiar la esencia o forma de algo, aunque también se usa con la idea de estropear o dañar. En el contexto lingüístico de este tipo penal, se utiliza como objeto directo de esta proposición el sustantivo "*moneda*", frente al concepto de "*moneda falsa*", que aparece vinculado con la conducta de fabricación. Ello supone que la conducta de alteración ha de recaer sobre una moneda verdadera y, por tanto, que para tener esa condición ha de cumplir los requisitos establecidos en el art. 387, I CP. Así, parece haber un consenso generalizado para considerar que la frontera que delimita las conductas de

alteración y fabricación es que la primera recae sobre una moneda de curso legal y la segunda supone generar *ex novo* una moneda que imita a la de curso legal (CÓRDOBA RODA, MORILLAS CUEVA). A esta conclusión también conduce que el art. 283 del CP derogado, al tipificar las conductas de cercenamiento y alteración, se refería a "*moneda legítima*".

Un supuesto singular intermedio entre la alteración y la fabricación de moneda falsa es el enjuiciado por la STS 868/2023, 23-11 (*Tol 9802798)*, en el que se declara probado la confección de *"billetes de 20 euros mediante una fotocopia impresa de calidad de un billete original, recortando el holograma tanto del billete auténtico como el de la fotocopia impresa en papel timbrado e intercambiándolos de tal manera que se obtenían dos billetes de uno auténtico en el que ambos tienen partes originales y fotocopiadas con objeto de inducir a error en las máquinas de cambio o a terceras personas"*; así como *"adhiriendo mediante tira adhesiva a la mitad de un billete auténtico otra mitad de billete fotocopiado en papel timbrado del Estado, consiguiendo obtener de esta forma dos billetes no auténticos o manipulados, cada uno de los cuales tenía una parte auténtica y otra fotocopiada"*.

La exigencia de que la moneda alterada cumpla las exigencias del art. 387, CP, esto es, sea de curso legal, plantea problemas interpretativos respecto de la subsunción del supuesto jurisprudencial clásico de limpiar con lejía el sello de anulación de billetes legítimos excluidos de la circulación (STS, 7-3-1989) —o, en general, la modificación de los símbolos externos de anulación de moneda, previos a su destrucción (CÓRDOBA RODA)—, ya que no parece que pueda considerarse una conducta de alteración típica. A pesar de que es uno de los supuestos a partir del que se ha pretendido justificar la necesidad de incluir la alteración en el tipo penal, por entender que no tendría fácil encaje en el concepto de fabricación de moneda falsa (ECHANO BASALDÚA, VILLACAMPA ESTIARTE), esta es una alteración que no recae sobre una moneda de curso legal. Ello no obsta para que pudiera considerarse una conducta típica vinculada a que se fabrique una moneda falsa. En efecto, como ya se señaló al tratar el objeto material de este delito, el concepto de curso legal aparece referido, en lo atinente a la moneda física, a la legalidad del ciclo completo de su circulación. Por tanto, cuando un billete o moneda concreta ya ha sido excluida de la circulación por la autoridad competente para ello, con independencia incluso de que esa decisión aparezca exteriorizada sobre el propio objeto físico con determinado símbolo o señal, deja de cumplirse esa exigencia legal. Es una moneda que fue fabricada y puesta en circulación conforme a la ley, pero ya carece de la condición de ser de *"curso legal"*, pues con su retirada ha dejado legalmente de cumplir la función de medio de pago. En ese sentido, este tipo de manipulaciones deberían subsumirse en el concepto de fabricación de moneda falsa.

Desde una interpretación literal, si se define la alteración de moneda como toda intervención sobre la esencia o forma de una moneda de curso legal podría quedar incluida dentro del tipo, por ejemplo, cualquier afectación física sobre un billete, como sería recortar sus bordes, extraer el hilo de seguridad o escribir sobre él. Sin embargo, atendiendo al interés jurídico tutelado en estos delitos, debe concluirse que cualquier alteración de una moneda de curso legal, como mero objeto físico, no es típica, sino sólo aquélla que pretenda imitar a otra moneda de curso legal. Los supuestos clásicos de manipular un billete o moneda incidiendo únicamente sobre la estampación de su valor son apenas imaginables. Quizá se podrían plantear dudas con la manipulación —añadiendo anillas u otros suplementos— de monedas de curso legal para usar en máquinas expendedoras como monedas de superior valor o utilizar monedas de curso legal de otros países de diseño compatible. Sin embargo, estas conductas, en la medida en que no alteran la función ni la representación de valor de la moneda, podrían, en su caso, considerarse ilícitos patrimoniales, pero no conductas de falsificación. En esa línea del escaso ámbito de aplicación posible de la conducta de alteración, ha sido defendida su desaparición (MESTRE DELGADO).

3. La fabricación de moneda falsa es la segunda de las conductas típicas del art. 386.1.1° CP. El término fabricar, en su primera acepción en el diccionario de la RAE, significa "*producir objetos en serie, generalmente por medios mecánicos*", si bien también se señala que es sinónimo de elaborar, que aparece definido como "*transformar una cosa u obtener un producto por medio de un trabajo adecuado*". En la primera acepción destaca la característica de producción en serie. Esta connotación, unida a la gravedad de la pena impuesta, ha servido para defender que la tipicidad de esta conducta debería restringirse a los supuestos de elaboración de monedas falsas en una cantidad significativa (CÓRDOBA RODA, ORTS BERENGUER). Esta conclusión parece que permitiría evitar la exasperación penal en la sanción de conductas que, por la insignificancia del número de unidades falsas elaboradas, no son susceptibles de lesionar el bien jurídico y que, en cualquier caso, no tendrían que resultar impunes, al ser desvaloradas por el delito principal del que la falsificación sea instrumental —normalmente la estafa.

A pesar de lo sugerente de la propuesta no parece que sea una conclusión fácilmente derivable de la objetividad de la regulación legal. Desde la perspectiva del bien jurídico protegido, al igual que ocurre, por ejemplo, con el delito de tráfico de drogas, la potencialidad lesiva de la conducta típica no se predica de cada acto aislado, sino del hecho de coadyuvar a la circulación de efectivo monetario falso y, por tanto, de afectar al correcto funcionamiento del sistema monetario. Desde una perspectiva histórica y comparada, parece que la vinculación de la tipificación de esta conducta con el cumplimiento de obligaciones internacionales no permite derivar una limitación que es ajena a la finalidad expresada por los textos internacional. Por último, tampoco una interpretación sistemática abonaría dicha conclusión. La sanción de la conducta de uso de moneda falsa recibida de buena fe (art. 386.3 CP), que por su propia dinámica suele aparecer referida a un acto único de distribución, se compadecería mal con el hecho de considerar ajeno al tipo penal de fabricación de moneda falsa, la elaboración, aunque fuera única, de esa misma moneda. En definitiva, la fabricación, al igual que el resto de las conductas típicas relativas a falsificación de moneda, basta que recaiga sobre un sólo objeto material (CASTRO MORENO, GARCÍA SÁNCHEZ, MORILLAS CUEVA, ORTS BERENGUER, VILLACAMPA ESTIARTE). Por tanto, la más correcta identificación del concepto fabricar con el de elaborar, permite concluir que por fabricación de moneda falsa debe entenderse la obtención de un objeto que imite una moneda de curso legal. A partir de ello la elaboración seriada o en un mismo acto de una pluralidad de monedas falsas, implica la comisión de un único delito al que, en algunos casos, podría dársele el tratamiento de delito continuado, con independencia de circunstancias accesorias como la variedad de cuños o planchas utilizadas (en sentido contrario, MUÑOZ CONDE).

En relación con la eventual exigencia de la falsedad de un determinado volumen de moneda para la tipicidad de esta conducta, el Informe de la Comisión de 9 de julio de 2019 sobre la aplicación de la Directiva 2014/62/UE [COM(2019) 311 final] señalaba como un problema de transposición que *"un Estado miembro solo penalizó los valores de gran magnitud de moneda falsa (un valor diez veces mayor que el salario mínimo mensual en ese Estado miembro)"*, poniendo con ello de manifiesto que la voluntad del legislador comunitario es no condicionar la sanción penal de esta conducta a este requisito.

4. El art. 387, II CP, incluido por la LO 1/2015, considera como moneda falsa —por tanto, sancionada su elaboración o fabricación— *"(…) aquella que, pese a ser realizada en las instalaciones y con los materiales legales, se realiza incumpliendo, a sabiendas, las condiciones de emisión que hubiere puesto la autoridad competente o cuando se emita no existiendo orden de emisión alguna"*. La descripción de esta conducta falsaria viene a posibilitar la sanción de la elaboración de monedas auténticas en cuanto a su confección, en el sentido del cumplimiento de todas las especificaciones técnicas, pero no legítimas, en el sentido de que se realicen sin cobertura legal suficiente por incumplir la orden de emisión o al margen de una orden de emisión.

El art. 4 de la ya derogada Decisión Marco 2000/383/JAI disponía que debían tipificarse como delito las conductas relativas a *"billetes de banco o monedas que se fabriquen o hayan fabricado utilizando instalaciones o materiales legales, en violación de los derechos o condiciones que facultan a las autoridades competentes a emitir moneda, sin acuerdo de dichas autoridades"*. La Comisión de las Comunidades Europeas en su tercer informe de 17 de septiembre de 2007 sobre cumplimiento de la citada decisión marco [COM(2007) 524 final] señaló que, más allá de la sanción genérica de la fabricación fraudulenta de moneda, era deseable que se adoptaran disposiciones explícitas que penalizaran esta forma de fabricación fraudulenta mediante el uso de instalaciones legales, concluyendo de manera específica que España debía tipificar esta conducta. Esta recomendación no fue seguida por España en la reforma del CP operada por la LO 5/2010. En relación con ello, en la primera edición de este trabajo, ya se señaló que no parecía que pudiera dudarse de la subsunción de esta conducta dentro del tipo de fabricación de moneda falsa, bajo la interpretación, destacada anteriormente, de que el dinero físico —billete o moneda— sólo tiene la consideración de curso legal cuando está en circulación conforme a una disposición legal. Ello supone que, desde la decisión de emisión, pasando por las diferentes fases de elaboración (impresionado, estampado, tipografiado de números de serie, control de calidad, etc.), hasta su efectiva puesta en circulación y su mantenimiento en ella debe procederse conforme a su normativa reguladora. En ese contexto, la utilización de la maquinaria de impresión para la elaboración de monedas fuera del proceso legalmente autorizado bien sea por los propios operarios bien sea por personal ajeno, daría como resultado un objeto material carente de curso legal y, por tanto, falso. Esto es, se habría elaborado un objeto material absolutamente idéntico a una moneda de curso legal, pero, a pesar de que el soporte sea el mismo, la tinta, los elementos de seguridad, etc., será una *"moneda falsa"*, al carecer de la connotación normativa de estar dotada de curso legal. No obstante, como también se ha destacado, el art. 3.2 de la Directiva 2014/62/UE incluyó de nuevo el mandato de sanción específico de esta conducta, dándose un estricto cumplimento al deber de transposición por la LO 1/2015 mediante la inclusión del art. 387, II CP. A esos efectos, el considerando (11) de la directiva afirma que *"también debería constituir delito la utilización abusiva de instalaciones o materiales legales de imprentas o cecas autorizadas para la fabricación de billetes y monedas no autorizados con fines fraudulentos. Se incluye aquí el supuesto de que un banco central o ceca u otra industria autorizada nacionales fabriquen billetes o monedas por encima de la cuota fijada por el Banco Central Europeo (BCE). Abarca, asimismo, el supuesto de que un empleado de una imprenta o ceca autorizadas haga un uso abusivo de las instalaciones para sus propios fines. Ese comportamiento debería ser castigado como delito, aunque no se hayan superado las cantidades autorizadas, dado que los billetes y monedas fabricados serían, una vez en circulación, indistinguibles de la moneda autorizada"*; y el (12) que *"los billetes y monedas que el BCE o los bancos centrales y cecas nacionales todavía no hayan emitido oficialmente deberían asimismo beneficiarse de la protección de la presente Directiva. Así, por ejemplo, las monedas de euro con nuevas caras nacionales o las nuevas series de billetes de euro deberían recibir protección antes incluso de ser puestas oficialmente en circulación"*.

5. La moneda alterada y la moneda falsa debe ser apta para inducir a error sobre su naturaleza; siendo el parámetro de control el hombre medio.

La mayoría de la Doctrina y la Jurisprudencia sostienen que siendo el bien jurídico protegido el correcto funcionamiento del sistema monetario, resulta necesario que forme parte de las exigencias típicas de este delito la aptitud objetiva de la moneda falsa para poder sustituir a la legítima como medio de pago. Ello lleva a sostener que las falsificaciones burdas o groseras no son típicas (ARÁNGUEZ SÁNCHEZ, CASAS BARQUERO, GARCÍA SÁNCHEZ, MORILLAS CUEVA, MUÑOZ CONDE). La Jurisprudencia también ha sustentado esa atipicidad en la STS 1041/2006, 25-10 (*Tol 1014183)*, respecto de unas fotocopias descoloridas, con diferente tacto y conformación de dibujos y medidas de seguridad; la SAN 35/2003, 17-10 (*Tol 496103)*, en relación con billetes impresos con la leyenda *"facsímil"*. En sentido contrario, se ha pronunciado la SAN, Sección 1ª, 55/2001, 1-12 (*Tol 5223088)*, condenando por delito intentado a pesar de declarar probado que estaba *"tan mal imitado por el reverso que, en ese lado, las imágenes estaban desencuadradas y además aparecía junto a una cabeza adecuada otra que correspondía, en los billetes auténticos, al anverso"*; e, igualmente, la STS 112/2019, 5-3 (*Tol 7106059)*, en relación con 1338 billetes falsificados, incidiendo en que, si bien al tacto se apreciaba la falta de rugosidad característica de los de cuero legal, careciendo también de las tintas que generan fluorescencia bajo la luz ultravioleta, visualmente sí podían generar error, lo que lleva a entender que, aun no tratándose de una falsificación de alta calidad, tampoco puede ser calificada de deficiente.

El parámetro de control sobre la aptitud de la moneda alterada o falsa para inducir a error es el hombre medio [CÓRDOBA RODA, ECHANO BASALDÚA, MUÑOZ CONDE, VILLACAMPA ESTIARTE; SSTS 544/2012, 2-7 (*Tol 2583902)*; 991/2016, 12-1 (*Tol 5937637)*], a pesar de que la falsedad pueda ser fácilmente dictaminada por los peritos [STS 115/2009, 12-2 (*Tol 1459592)*]. A esos efectos, se ha destacado la relevancia que tendría el hecho comprobado de que la moneda falsificada haya sido utilizada en transacciones económicas [ARÁNGUEZ SÁNCHEZ; SAN, Sección 4ª, 11/1998, 30-6 (*Tol 5265101)*]. Sin embargo, el parámetro de control no puede ser la mera constatación de que la moneda falsificada haya servido para consumar algún acto propio del tráfico jurídico. En muchos casos puede alterarse o falsificar una moneda a los únicos efectos de desarrollar una singular transacción, adaptando esa falsificación a las muy especiales características de la dinámica comisiva que quiera desarrollarse o del sujeto pasivo. Por ejemplo, puede intentarse alterar o falsificar una moneda o un billete a los únicos efectos de ser usada en una máquina expendedora, incidiendo para ello no en el diseño estético del billete sino en otras características que permitan superar los mecanismos de seguridad de dicha máquina. Igualmente puede intentarse alterar o falsificar una moneda o billete para realizar una transacción comercial con una persona con capacidades intelectivas que no le permitan adoptar los mínimos mecanismos de autoprotección y hacer una burda y descuidada copia. En cualquiera de estos casos, el mero hecho de que se haya realizado con éxito el plan del sujeto puede suponer la consumación de un ilícito patrimonial, pero no permite afirmar que la moneda falsificada sea apta para inducir a error y, por tanto, que sea un delito de falsificación de moneda. En última instancia, el análisis sobre la aptitud de la moneda falsa o alterada debe realizarse desde una perspectiva *ex ante* tomando como criterio referencial el hombre medio. En relación con ello, debe incidirse en que existe una amplia regulación sobre la reproducción de billetes y monedas con fines legítimos para evitar la posible inducción a error o su uso fraudulento. Ahora bien, teniendo en cuenta que este es un aspecto más vinculado con la exigencia, que se desarrollará más adelante, de un específico elemento subjetivo del tipo, como es la finalidad de que la moneda alterada o falsificada sea puesta en circulación, se volverá sobre ello más adelante.

4.1.2. La exportación e importación de moneda falsa o alterada

1. El art. 386.1.2° CP establece la pena de prisión de ocho a doce años y multa del tanto al décuplo del valor aparente de la moneda para "*el que exporte moneda falsa o alterada o la importe a España o a cualquier otro Estado miembro de la Unión Europea*". En la redacción originaria del CP, siguiendo en ello la tradicional regulación del Código, la única conducta citada en este precepto era la de introducir en el país. La LO 15/2003 fue la que incluyó la conducta de exportación de moneda, en cumplimiento del mandato del art. 3.1.c) de la Decisión Marco 2000/383/JAI, que se mantiene en el art. 3.1.c) de la Directiva 2014/62/UE; recibiendo una nueva redacción por la LO 1/2019 para sustituir la conducta de introducción por la de importación y la referencia a "*en el país*" por la de "*a España o cualquier otro Estado miembro de la Unión Europea*".

La exportación e importación de moneda falsa no son conductas que, en sí mismas consideradas y desde la perspectiva de la dinámica comisiva de estos delitos y el bien jurídico protegido, merezcan la significación y relevancia otorgada en el CP como para dedicarles un apartado autónomo. La protección del correcto funcionamiento del sistema monetario sólo se ve directamente lesionada con la puesta en circulación de la moneda falsa, respecto de la que las conductas de importación y exportación no dejarían de ser meramente instrumentales y accesorias. De hecho, los textos internacionales en la materia no otorgan a estas conductas el mismo protagonismo autónomo que les ha dado el art. 386.1.2° CP. El Convenio de 1929 en su art. 3.3°, si bien menciona expresamente la introducción en el país como conducta a sancionar, lo hace juntamente con las de recibir o procurarse moneda, subordinándolas a la finalidad de poner en circulación la moneda falsa. Esto es, lo determinante para el Convenio son las conductas de falsificar y las de poner en circulación lo falsificado y sólo en un tercer nivel aparecería, como conducta accesoria a esta última, la introducción, junto con la recepción y la adquisición, con la finalidad de hacerla circular. La exportación ni siquiera es mencionada expresamente. Por su parte, tanto la derogada Decisión Marco 2000/383/JAI como la vigente Directiva 2014/62/UE siguen muy de cerca el modelo del Convenio de 1929. Nuevamente, las conductas principales son la falsificación [art. 3.1.a)] y la puesta en circulación [art. 3.1.b)] y solo en un tercer nivel [art. 3.1.c)] citan las conductas de importar y exportar, junto con las de trasportar, recibir u obtener, vinculadas a la finalidad de poner en circulación la moneda falsa. Por tanto, la singularidad con la que se destacan la exportación e importación de moneda en el art. 386.1.2º CP no deja de ser una peculiaridad carente de justificación que, además, provoca ciertas distorsiones que han de ser corregidas por vía interpretativa. También es significativo que, desde su redacción originaria, el art. 386 CP delimitó la conducta típica, como introducir en el país, no siendo hasta la reforma por LO 1/2019 cuando se sustituye introducir por importar y país por España o cualquier otro Estado miembro de la Unión Europea.

2. Las conductas de exportar e importar deben entenderse en un sentido común descriptivo de salida —exportar— o entrada —importar— el dinero falso o alterado de un determinado territorio, sin atender a un sentido jurídico vinculado a su regulación técnica en el Código Aduanero de la Unión (CAU), establecido por el Reglamento (UE) núm. 952/2013 del Parlamento Europeo y del Consejo de 9 de octubre de 2013. Por otra parte, la mención territorial en el art. 386.1.2º CP "*a España o a cualquier otro miembro de la Unión Europea*", en atención a su propio sentido literal, solo aparece referida a la conducta de importar, pero no a la de exportar. De ese modo, su delimitación típica es, por un lado, la de exportación, en el sentido de la salida del objeto material del ámbito de control aduanero español con independencia de que el país al que se dirija sea extracomunitario o miembro de la UE y, en este caso, que lo sea como destino final o de tránsito o a un área exenta intracomunitaria. Y, por otro, la de importación a España u otro país miembro de la Unión, en el sentido de la entrada del objeto material dentro del ámbito de control aduanero específicamente español o de cualquier otro país de la Unión, bien sea procedente de un país extracomunitario o resultado de movimientos intracomunitarios transfronterizos.

La conducta de exportación aparece por primera vez como conducta típica expresa con la reforma operada por la LO 15/2003 vinculada a su mención específica en el art. 3.1.c) de la Decisión Marco 2000/383/JAI para dar cumplimiento a su mandato de transposición. Hasta ese momento solo aparecía mencionada la conducta de introducir moneda en el país, que era la expresamente referida en el art. 3.3 del Convenio de 1929, para dar cumplimiento a ese compromiso internacional de tipificación.

La posibilidad de considerar que los conceptos exportar e importar, utilizados en el art. 386.1.2º CP, son de carácter normativo encuentra serios obstáculos. El primero es que, a pesar de haberse establecido la Unión como un territorio aduanero único (TAU), regido por la libre circulación de capitales y bienes, la moneda falsa o alterada no tiene la consideración jurídica ni de capital —no es una moneda de curso legal— ni de bien comercial —es un bien extracomercial, que tampoco cabe ser considerado como mercancía a los efectos del art. 1.1 de LO 12/1995, de 12 de diciembre, de Represión del Contrabando. A esos efectos, si bien el art. 83.1 del CAU establece que *"la deuda aduanera de importación o de exportación nacerá incluso cuando se refiera a mercan-*

cías sujetas a medidas de prohibición o restricción de importación o de exportación de cualquier tipo"; sin embargo, el art. 83.2.a) CAU establece que no nacerá ninguna deuda tributaria, entre otros, en el caso de *"la introducción ilegal en el territorio aduanero de la Unión de moneda falsa"*. Por tanto, difícilmente puede pretenderse proyectar una comprensión normativa a un concepto respecto de un objeto material que la propia normativa excluye de las conductas propias de exportación o importación. El segundo es que no todo el territorio español forma parte del TAU, ya que el art. 4.1 CAU, al establecer que *"el territorio aduanero de la Unión comprenderá los territorios siguientes, incluidos su mar territorial, sus aguas interiores y su espacio aéreo"*, cuando menciona al territorio de España, salva Ceuta y Melilla. Por tanto, atendiendo que la ley penal española se extiende a la totalidad del ámbito espacial de soberanía española d (arts. 4 y 23.1 LOPJ), tampoco parece asumible una decisión interpretativa contradictoria con ella. El tercero, vinculado a consideraciones de evolución legislativa, es que, bajo la vigencia de la redacción dada al art. 386, I.2º CP por la LO 15/2003, la dupla de conductas sancionadas era exportar o introducir en el país. De ese modo, la opción por mantener en aquel momento, junto con el concepto exportar, el de introducir, de carácter manifiestamente descriptivo, frente al de importar, que era el concretamente utilizado en el art. 3.1.c) de la entonces vigente Decisión Marco 2000/383/JAI, dificultaba también una comprensión, más conforme con la realidad comunitaria, de que sólo la introducción de moneda falsa desde territorio extracomunitario pudiera resultar típica. La circunstancia de que, finalmente, la LO 1/2019 optara por sustituir la conducta introducir en el país por la de importar a España o a cualquier otro Estado miembro de la Unión no puede alterar la anterior conclusión. Al contrario, la potencia. Si se pretendiera considerar que la sustitución del verbo introducir por importar lo que intentaba era poner de relevancia que se optaba por un concepto normativo a interpretar vinculado a la normativa comunitaria de que importar es la entrada dentro del TAU; entonces carecería de sentido, por redundante, que se mencione a cualquier otro país de la UE junto con España, ya que iría de suyo con la mera referencia a la acción de importación. En esa línea, la STSJ, Madrid, 396/2022, 27-10 (*Tol 9307099)*, confirma la condena por importación a España de una conducta consistente en el envío de moneda falsificada desde Holanda a España.

La sanción de la importación de la moneda falsa o alterada, además de a España, *"a cualquier otro Estado miembro de la Unión Europea"* es un elemento de extensión territorial de la jurisdicción penal española en tanto que implica considerar delito la introducción de este objeto material dentro de la Unión sin ninguna conexión necesaria de territorialidad con España. Implica, por tanto, su inclusión dentro del principio de justicia universal que, en la medida en que el art. 23.3 LOPJ establece que *"conocerá la jurisdicción española de los hechos cometidos por españoles o extranjeros fuera del territorio nacional cuando sean susceptibles de tipificarse, según la ley penal española, como alguno de los siguientes delitos: (...) e) Falsificación de moneda española y su expedición"*, resultaba innecesaria su especificación. Esta extensión, en cualquier caso, no aparece exigida en esos mismos términos por el Derecho de la Unión, ya que el art. 8.2 de la Directiva 2014/62/UE, lo único que exige a cada Estado miembro cuya moneda sea el euro, es adoptar *"las medidas necesarias para determinar su jurisdicción para conocer de los delitos mencionados en los artículos 3 y 4 cometidos fuera de su territorio, al menos cuando se refieran al euro y: a) el responsable criminal del delito se halle en el territorio del Estado miembro y no sea extraditado, o b) los billetes o monedas de euros falsos relacionados con el delito hayan sido detectados en el territorio de dicho Estado miembro"*.

3. El tenor literal de este precepto parece indicar que el mero hecho objetivo de exportar o importar a España u otro miembro de la Unión Europea moneda falsa o alterada bastaría para cumplir el tipo, con independencia de cualquier otro tipo de consideraciones. Sin embargo, la comisión de este delito exige específicos elementos subjetivos del tipo como son, por un lado, la finalidad de poner en circulación el dinero falso exportado o importado y, por otro, que el exportador o importador de la moneda sea consciente de su falsedad o alteración.

El tenor literal del art. 386.1.2° CP delimita la conducta sancionada solo a partir de la descripción de unas acciones —exportar e importar—, de un objeto material —moneda falsa o alterada— y de un ámbito territorial que, como se destacará más adelante, solo aparece referida a la conducta de importación —España o cualquier otro Estado miembro de la Unión Europea. No se incluye ningún elemento subjetivo delimitador para la comisión de este ilícito, como tampoco se hacía con las redacciones que ha tenido desde su inclusión en el CP 1995. No obstante, una interpretación teleológica y sistemática de este precepto, conjunta con su origen en el cumplimiento de compromisos internacionales, impone la exigencia de dos elementos subjetivos para la comisión de este ilícito. La necesidad del conocimiento de la falsedad de la moneda exportada e importada responde no solo a exigencias propias de una conducta dolosa sino a que, además, así aparece expresamente destacado tanto en el Convenio de 1929 como en la normativa comunitaria de protección penal del euro contra la falsificación. El art. 3.3 del Convenio de 1929 refiere respecto de la conducta de introducir en el país moneda falsa *"sabiendo que lo es"*. Del mismo modo, en el art. 3.1.c) tanto de la derogada Decisión Marco 2000/383/JAI como de la vigente Directiva 2014/62/UE se describen las conductas, entre otras, de importación y exportación de moneda falsa, asociada a la idea de *"sabiéndola falsa"*. Por otra parte, también es relevante que, estando previsto de manera conjunta el mandato de penalización de las conductas de exportar e importar, de transportar, recibir u obtener moneda falsa en el art. 3.1.c) de la Directiva 2014/62/UE vinculado a *"sabiéndola falsa"*, la transposición de las conducta de transportar en el art. 386.1.3° CP y de recepción u obtención en el art. 386.2, II CP se ha producido exigiendo expresamente en dichos preceptos y respecto de esas conductas, en el primero, directamente el conocimiento de su falsedad; y, en el segundo, indirectamente, al hacer mención como uno de los elementos a ponderar para determinar la consecuencia jurídica a aplicar a la connivencia con el falsificador, alterador, introductor o exportador.

También se exige, como elemento tendencial, además de que se conozca la falsedad o alteración de la moneda exportada o importada, que esa conducta se realice con la finalidad de ponerla en circulación. De nuevo, a pesar de la inexistencia de una referencia expresa a ese elemento en el art. 386.1.2° CP, su exigencia se deriva de la necesidad de la lesividad material de la conducta, aunque lo sea en términos de riesgo, que solo resulta posible cuando estas conductas estén preordenadas a la introducción de la moneda falsificada o alterada en el circulante monetario. También cabe reseñar que es una exigencia prevista en el art. 3.3 del Convenio de 1929, que refiere respecto de la conducta de introducir en el país moneda falsa que debe serlo *"con objeto de poner[la] en circulación"* y en el art. 3.1.c) tanto de la derogada Decisión Marco 2000/383/JAI como de la vigente Directiva 2014/62/UE, que describen las conductas, entre otras, de importación y exportación de moneda falsa, asociada a la idea de *"con el objeto de ponerla en circulación"*. Por otra parte, estando previsto de manera conjunta el mandato de penalización de las conductas de exportar e importar, de transportar, recibir u obtener moneda falsa en el art. 3.1.c) de la Directiva 2014/62/UE vinculado a esa finalidad, la transposición de la conducta de recepción u obtención en el art. 386.2, II CP se hace exigiendo expresamente que esas conductas lo sean *"para su expedición o distribución o puesta en circulación"*.

4.1.3. El transporte, expendición y distribución de moneda falsa o alterada

1. El art. 386.1.3° CP, cuya redacción vigente viene dada por la LO 1/2019, pero es idéntica a la ya establecida por la LO 1/2015, prevé la pena de prisión de ocho a doce años y multa del tanto al décuplo del valor aparente de la moneda para "*el que transporte, expenda o distribuya moneda falsa o alterada con conocimiento de su falsedad*". La conducta de transportar —que se refiere a cualquier medio de transporte— está asociada a la de distribuir, pero aparece recogida expresamente en este precepto por su especial relevancia como acto de distribución y por aparecer mencionada directamente en el mandato de penalización del art. 3.1.c) de la Directiva 2014/62/UE.

La conducta de expender, en atención a su acepción gramatical en el Diccionario de la RAE —"*gastar, hacer expensas*"; definiendo "*expensas*" como "*gastos, costas*"— hay que interpretarla en el sentido más común de hacer uso de la moneda conforme a su función de medio de pago para el intercambio por un bien o servicio, esto es, su puesta en circulación; lo que vendría a implicar la transposición del art. 3.1.b) de la Directiva 2014/62/UE, en el que se recoge el mandato de penalización de la conducta de "*la puesta en circulación fraudulenta de moneda falsa*". La conducta de distribución, por el contrario, se identifica más con la entrega de una mercancía y hay que interpretarla en el sentido de hacer uso de la moneda conforme si fuera una mercancía más (ECHANO BASALDÚA, ORTS BERENGUER). De ese modo, la expendición sería un acto directo de puesta en circulación de la moneda y la distribución es un acto de intermediación al suponer el reparto del dinero falso, bien gratuitamente bien a cambio de precio, para que sea usado como medio de pago por terceros.

En la redacción originara del CP 1995 esta conducta aparecía descrita como *"el que la expenda o distribuya en connivencia con los falsificadores o introductores"*. La LO 15/2003 modificó su redacción, que quedó concretada en *"el que transporte, expenda o distribuya, en connivencia con el falsificador, alterador, introductor o exportador, moneda falsa o alterada"*. La inclusión en aquel momento de la conducta de trasportar y de las menciones a alterador o exportador era una adaptación a las exigencias de la Directiva Marco 2000/383/JAI. En la primera edición de este trabajo ya se destacó que la inclusión de la conducta de transporte junto a la de expendición y la de distribución suponía una quiebra estructural en relación con el contenido de los textos internacionales, pues tanto el Convenio de 1929 como la entonces vigente Decisión Marco 2000/383/JAI —lo que se mantiene en la vigente Directiva 2014/62/UE— establecen tres niveles de responsabilidad: falsificación, puesta en circulación de lo falsificado y conductas coadyuvantes para la puesta en circulación. El transporte, que no es citado expresamente en el Convenio, sí se incluye en la normativa comunitaria, pero lo hace junto a importar, exportar, recibir u obtener y, por tanto, como conducta accesoria a la puesta en circulación. Por el contrario, en la normativa nacional lo que se hace es incluir el trasporte, junto con las conductas de expendición y distribución, que son, propiamente, la primera, la conducta de puesta en circulación y, la segunda, una conducta coadyuvante para esa puesta en circulación. Esto es, se produce una sorprendente conjunción de tratamiento en conductas con una diferente naturaleza e incidencia en el bien jurídico.

La conducta de expendición como concreción en el derecho interno de la exigencia de penalización comunitaria de la conducta de puesta en circulación fraudulenta de moneda falsa del art. 3.1.b) de la Directiva 2014/62/UE se deriva no solo de una interpretación gramatical sino también sistemática. El art. 386.3 CP, al describir la conducta de uso de moneda falsa recibida de buena fe, utiliza también el verbo expender junto con distribuir. Este precepto supone una transposición del art. 5.5 de la Directiva 2014/62/UE, en la que el mandato de penalización se concreta en recibir moneda falsa sin conocimiento de que lo fuera, *"pero se puso en circulación a sabiendas de ello"*. De ese modo, hay que entender que expender y poner en circulación se pretende por el legislador nacional que sean sinónimos. No obstante, también resulta una cierta distorsión sistemática que la conducta de expender la moneda falsa o alterada, que, como ya se ha señalado, es la concreción en el derecho interno de la exigencia de penalización comunitaria de la conducta de puesta en circulación fraudulenta de moneda falsa del art. 3.1.b) de la Directiva 2014/62/UE, se haya conjuntado con las conductas de trasporte y distribución, que aparecen referenciadas en el art. 3.1.c) de ese directiva.

Por su parte, la conducta de distribución no aparece expresamente mencionada en la Directiva 2014/62/UE, que se limita a utilizar los verbos puesta en circulación fraudulenta, en su art. 3.1.b), e importación, exportación, transporte, recepción u obtención, en su art. 3.1.c). Curiosamente, en el ya citado informe de la Comisión de 9 de julio de 2019 sobre la aplicación de esta directiva, se utiliza el concepto genérico de delitos de distribución referidos a las conductas del art. 3.1.b) y c). En ese contexto, quizá también podría haberse considerado que la conducta de distribuir fuera también sinónima, al igual que expender, con la idea de poner en circulación. Así, en ese informe se señala, en relación con la transposición del art. 3.1.b) de la Directiva 2014/62/UE, que *"la gran mayoría de los Estados miembros han transpuesto esta disposición de la Directiva. En muchos Estados miembros, la terminología utilizada en las leyes de transposición difiere ligeramente de la Directiva: en lugar de 'emitir', con frecuencia se utiliza el término 'poner en circulación'. Otros Estados miembros utilizaron los términos 'trata' y 'distribuye', 'transferir', 'distribuir' o 'utilizar'"* (apartado 3.2.2). No obstante, tomando en consideración la decisión del legislador español de segregar del mandato de penalización del art. 3.1.c) de la Directiva 2014/62/UE, las conductas de importación y exportación, para llevarlas al art. 386.1.2º CP; la de transporte, para llevarla al art. 386.1.3º CP; y las de recepción u obtención, para configurar con ellas la conducta típica más leve del art. 386.2, II CP; parece más adecuado entender que, ante la unión de la conducta de distribución con la de transporte, por distribución debe entenderse algo más que la mera puesta en circulación. Distribución sería entrega al por mayor para su posterior expendición, de modo que sería una acción identificada desvalorativamente con la de transporte.

2. El art. 386.1.3º CP exige en la actualidad como elemento expreso delimitador de este delito el "conocimiento de su falsedad", frente a la exigencia histórica española, que se mantuvo hasta la LO 1/2015, de que estas conductas se desarrollaran, "*en connivencia con el falsificador, alterador, introductor o exportador*". Del mismo modo, si bien no se menciona expresamente que las conductas de transporte o distribución se desarrollen con la finalidad de la puesta en circulación, debe entenderse que es una exigencia implícita para su tipicidad.

El conocimiento de la falsedad asociado a las conductas de transporte y distribución se vincula al mandato de penalización comunitario, que en el art. 3.1.c) de la Directiva 2014/62/UE lo exige expresamente mediante la expresión "sabiéndola falsa". También lo es respecto de la conducta de expendición ya que, interpretada como puesta en circulación de la moneda falsa, la exigencia del art. 3.1.b) de la Directiva 2014/62/UE de que la puesta en circulación sea "fraudulenta" solo puede ser interpretada en el sentido de que el autor conozca la falsedad o alteración de la moneda. La exigencia de connivencia establecida hasta la reforma de la LO 1/2015 no respondía a la lógica del diseño internacional en la materia en el que, como se ha expuesto, partiendo de las conductas principales de falsificar y poner en circulación, el resto de las conductas accesorias a la puesta en circulación de la moneda falsa se delimitan únicamente a partir del hecho del conocimiento de la falsedad de la moneda. Por otro lado, la exigencia de connivencia, como había sido destacado por cierta Doctrina, convertía a este tipo penal en una especie de tipo de participación o de coautoría (ARÁNGUEZ SÁNCHEZ, MORILLAS CUEVA), pero que no respondía a una realidad criminológica en la que puede haber una división de funciones sin connivencia directa entre cada uno de los sujetos. Al margen de su escasa lógica desde la perspectiva del Derecho material, en muchas ocasiones ésta fue una exigencia que planteaba difíciles problemas de prueba y, en el caso en el que no quedaba acreditada la connivencia, debían ser castigadas como delito de tenencia de moneda falsa (ECHANO BASALDÚA, MORILLAS CUEVA, SERRANO GÓMEZ, VILLACAMPA ESTIARTE). En ese sentido, como ya se defendió en la primera edición de este trabajo, la exigencia de connivencia implicaba, en todo caso, el conocimiento actual de la falsedad de la moneda que se trasporta, expenda o distribuye.

La puesta en circulación de la moneda, como finalidad de estas conductas, no aparece recogida en el art. 386.1.3° CP. Lógicamente, esa finalidad carece de sentido respecto de la expendición, ya que, tal como se ha expuesto, tiene un significado sinónimo al de puesta en circulación. No obstante, debe entenderse que es una exigencia implícita para las conductas de transportar y distribuir, no solo por su vinculación con el mandato comunitario de penalización establecido en el art. 3.1.c) de la Directiva 2014/62/UE, en que expresamente se asocian estas conductas a la idea de *"con el objeto de ponerla en circulación"*; sino también por una interpretación teleológica que impone conectar estas conductas con la lesividad, aunque sea potencial, para el bien jurídico protegido, que solo se verifica con la introducción en el circulante de la moneda falsificada. No es precisa, sin embargo, la efectiva puesta en circulación, que, en su caso, constituye una agravante de estas conductas (art. 386.2, I CP). A esos efectos, en el ya citado informe de la Comisión sobre la transposición de esta directiva se señala que *"se producen problemas de transposición en dos Estados miembros: un Estado miembro limita la penalización a los casos en que la moneda falsa se pone en circulación y el autor sabe que obtuvo moneda falsa antes de ponerla en circulación. Se trata de una condición adicional que limita el ámbito de la disposición que tampoco puede justificarse como cubierta por la opción establecida en el artículo 5, apartado 5"* (apartado 3.2.2, tercer párrafo).

4.1.4. La agravación de su puesta en circulación

El art. 386.2, I CP establece que "*Si la moneda falsa fuera puesta en circulación se impondrá la pena en su mitad superior*", configurando de ese modo la puesta en circulación también como una circunstancia agravatoria con la pretensión de que sea aplicable a todas las conductas del art. 386.1 CP. El ámbito de aplicación de esta agravación queda restringida a los supuestos en que son los propios autores de las conductas del art. 386.1 CP a los que se puede imputar la puesta en circulación a título de autoría por lo que no basta con que se pueda acreditar que esa concreta moneda falsa o alterada haya sido puesta efectivamente en el mercado.

La inclusión de esta agravación tuvo lugar por la LO 1/2015, que fue la que decidió ubicarla como párrafo primero del art. 386.2 CP, compartiendo numeral con el delito de tenencia, recepción u obtención de moneda falsa, que es el párrafo segundo del art. 386.2 CP. No deja de llamar la atención la asistematicidad de la unión de esta agravante con dicho delito. La circunstancia de que el delito de tenencia, recepción u obtención de moneda falsa esté castigado con uno o dos grados inferior a las conductas del art. 386.1 CP no implica que su naturaleza sea la de una circunstancia atenuante de ellas ni siquiera que se trate propiamente de un subtipo atenuando. Es, más bien, una simple forma de determinar la consecuencia jurídica a aplicar a un tipo penal que se considera de una inferior gravedad. En ese sentido, parece que sistemáticamente hubiera sido más adecuado bien ubicar esta agravante como un segundo párrafo del art. 386.1 CP bien, si se hubiera decidido mantener en el art. 386.2 CP, haber autonomizado la conducta de tenencia, recepción u obtención de moneda falsa en un apartado independiente del art. 386 CP.

El CP ha otorgado con esta agravación un protagonismo innecesario a la puesta en circulación de la moneda falsa en la sanción penal de estas conductas, que va más allá del pretendido en la normativa comunitaria. La normativa comunitaria, como ya se ha reiterado, otorga una doble relevancia a la puesta en circulación: en primer lugar, la establece como una conducta autónoma sancionada en el art. 3.1.b) de la Directiva 2014/62/UE; y, en segundo lugar, le sirve para configurar un elemento subjetivo tendencial para la sanción de las conductas de importación, exportación, transporte, recepción u obtención de moneda falsa, al exigir en el art. 3.1.c) de esa directiva que estas conductas se ejecuten *"con el objeto de ponerla en* circulación". A partir de ello, la consideración como un elemento agravatorio de todas las conductas de falsedad de moneda es una decisión político-criminal española desvinculada del mandato de penalización comunitario.

La decisión patria de configurar la puesta en circulación de la moneda como agravante no deja de plantear problemas aplicativos. El primero es el relativo a determinar las concretas conductas del art. 386.1 CP a las que resulta de aplicación. En principio, parece que debe ser a todas ellas con excepción de la de expendición, que, en sí mismo considerada, supone la puesta en circulación de la moneda falsa, evitando con ello concurrir en un *bis in idem*. De ese modo, la sanción penal de todas las conductas del art. 386.1 CP —con excepción, como se ha dicho, de la expendición— exige el elemento subjetivo tendencial de que se ejecuten con la finalidad de la puesta en circulación de la moneda. Solo si, además, se acaba concretando la conducta en la puesta en circulación de la moneda falsa, se aplicará la agravación del art. 386.2, I CP. Esta agravación no resulta aplicable, sin embargo, a la conducta de tenencia, recepción u obtención de moneda falsa para su puesta en circulación del art. 386.2, II CP, ya que, ese delito, aunque su pena se establece referenciada a la del art. 386.1 CP, es plenamente autónomo e independiente de este. El segundo problema aplicativo es, en atención a la forma tan objetiva como está enunciada esta agravación, si basta con la mera constatación objetiva de la efectiva puesta en circulación de esa moneda falsa, con independencia de quien la haya puesto en circulación, o es necesario alguna otra vinculación con el autor al que se va a aplicar la agravación. La exasperación que implica la pena de prisión a imponer con esta agravante, que tendría un límite mínimo de diez años y un día, parece que debe determinar que la aplicación de esta agravación quede limitada a los supuestos en que sea el propio falsificador, exportador, importador, transportista o distribuidor quien la ponga en circulación a título de autor con el desarrollo de cualquiera de las conductas establecidas en el art. 28 CP, de modo que, respecto de la puesta en circulación, pueda ser considerado autor material directo o mediato, coautor, inductor o cooperador necesario.

4.2. Tipos accesorios

Hay un último grupo de delitos relacionados con la falsificación de moneda, que sancionan conductas accesorias con los tipos principales como son (i) la tenencia, recepción u obtención de la moneda falsa preordenada a su puesta en circulación (art. 386.2, II CP); (ii) el uso de moneda falsa recibida de buena fe (art. 386.3 CP); y (iii) la fabricación o tenencia de útiles para la comisión de los delitos de falsificación de moneda (art. 400 CP).

La referencia directa en los arts. 386.2, II CP y 386.3 CP a moneda falsa, con omisión de la expresión "*alterada*", que sí aparece en las conductas de los arts. 386.1 CP, no determina que no sean tipos accesorios respecto de la conducta de alteración de moneda (en contra, MESTRE DELGADO), ya que toda moneda alterada es, en sus estrictos términos, moneda falsa, en el sentido de carente de curso legal, en atención a las alteraciones de las que ha sido objeto.

4.2.1. La tenencia y adquisición de moneda falsa

1. El art. 386.2, II CP establece, en su vigente redacción dada por la LO 1/2015, que se sancionará con la pena inferior en uno o dos grados a la del art. 386.1 CP, "*La tenencia, recepción u obtención de moneda falsa para su expedición o distribución o puesta en circulación (...)*". La tenencia es un concepto material que no debe identificarse a los efectos de este delito con ningún tipo de titularidad jurídica. De ese modo, por tenencia no debe entenderse el mero contacto o la posesión sino la disponibilidad, aunque sea potencial, de la moneda falsa. Esa disponibilidad, sin embargo, no tiene que resultar duradera (en sentido contrario, CÓRDOBA RODA). Por tanto, no es obstáculo para considerar concurrente la conducta de tenencia, el mantener dinero falso escondido, incluso en un lugar público, con el que no se tiene contacto y del que no se puede disponer inmediatamente.

Las conductas de recepción u obtención resultan sinónimas a las de adquisición, que era la expresión utilizada en la redacción originaria del CP para este ilícito. Normalmente lo será a cambio de un precio —se compra moneda falsa a un precio inferior al valor aparente, para hacer uso por ese valor—, pero no hay ningún obstáculo interpretativo para aplicarlo a la recepción gratuita o incluso como elemento de pago. De ese modo, si bien el sentido propio de la recepción u obtención podría ponerse en relación directa con la conducta de distribución, no puede descartarse su conexión con la conducta de expendición. Así, por ejemplo, quien vende droga y está dispuesto a cobrar en dinero falso una cantidad superior al precio de mercado, recibe u obtiene, en el sentido del tipo penal, moneda falsa, a pesar de que, en este caso, quien le entregó el dinero realizara la conducta típica de expender y no la de distribuir ese dinero.

La conducta de mera tenencia de moneda falsa para la circulación no aparece específicamente mencionada en los textos internacionales en la materia. No obstante, se trata de una conducta inherente a las de recepción u obtención, cuya sanción sí aparece exigida en el art. 3.1.c) de la Directiva 2014/62/UE, y que también pueden considerarse incluidas en la expresión "procurarse" moneda falsa utilizada en el art. 3.3 del Convenio de 1929. La STS 112/2019, 5-3 (*Tol 7106059)*, confirmó la condena por este tipo penal en un supuesto en que fueron hallados 1338 billetes de 50 euros divididos en diversos fajos cogidos con gomas elásticas y clics en el interior de un vehículo. Por su parte, en el ATS 992/2022, 10-11 (*Tol 9305514)*, se consideró conducta de recepción la recogida de un paquete de correo que contenía la moneda falsa. Por su parte, aun no existiendo disponibilidad inmediata, no se controvirtió la condena por este delito en supuestos en los que el dinero estaba escondido en un contenedor [ATS 407/2021, 20-5 (*Tol 8455031)*] o en una mochila en la consigna de una estación [ATS 217/2023, 16-2 (*Tol 9437792*)]. La STS 105/2014, 19-2 (*Tol 4136177*), establece que la adquisición de moneda falsa es la *"acción comprensiva de cualquier actividad que lleve a alcanzar su posesión, sea a título oneroso o lucrativo, o incluso por medio de conducta delictiva como la receptación"*.

2. La tipicidad de estas conductas exige expresamente que estén preordenadas a "*su expendición o distribución o puesta en circulación*", lo que podría plantear dudas respecto de su tipicidad cuando están preordenadas a su exportación, importación o transporte, que son el resto de las conductas sancionadas en el art. 386.1.2º y 3º CP, que se solventan al entender que la distribución puede abarcar todas esas conductas. Aunque la sanción de estas conductas no lo exige expresamente, la tenencia, recepción u obtención de la moneda falsa lo ha de ser a sabiendas de su falsedad, pero, desde la redacción dada a este tipo penal por la LO 1/2015, ya no es exigible la connivencia con el falsificador, alterador, introductor o exportador.

Expresamente este precepto vincula la sanción de estas conductas únicamente con la finalidad de expendición, distribución o puesta en circulación, pero se omite referencia alguna a las conductas de exportar, importar o trasportar moneda falsa. En la primera edición de este trabajo, en análisis de la redacción entonces vigente del art. 386, III CP, que era la originalmente dada al CP 1995, en la que solo aparecía la finalidad de expendición o distribución, respecto de la conducta de tenencia, y de la finalidad de ponerla en circulación, respecto de la conducta de adquisición, se concluyó la atipicidad de estas conductas cuando la finalidad era la de exportar, importar o transportar (mantiene en la actualidad esa posición MESTRE DELGADO). Con la nueva redacción dada a este precepto, en la que la conducta de adquisición se sustituye por las de recepción u obtención y se amplían las finalidades de expendición o distribución a la de puesta en circulación, se impone una interpretación sistemática y de coordinación con la normativa comunitaria en el sentido de entender que, si bien las conductas de recepción u obtención se ha decido sancionarlas con una penalidad inferior a la de exportar, importar o transportar, al menos su elemento tendencial debe quedar también ampliado a estas, ya que el art. 3.1.c) de la Directiva 2014/62/UE equipara las conductas de recepción u obtención con las de importación, exportación y trasporte, para su sanción solo cuando tienen por objeto la puesta en circulación de la moneda falsa. Sin perjuicio de que, además, el concepto de distribución, que no es utilizado en la normativa comunitaria, pueda ser entendido, en coordinación con ella, con las conductas de exportación, importación y transporte. La concurrencia del ánimo de expender o distribuir, en paralelo a lo que sucede, por ejemplo, con la Jurisprudencia sobre los delitos contra la salud pública, también cabe derivarla, entre otras circunstancias, de la cantidad de moneda falsa incautada [SSTS 961/2009, 24-9 (*Tol 1635072)*; 275/2004, 5-3 (*Tol 365592)*, aunque en la STS 710/2002, 22-4 (*Tol 4920716)*, no se entendió acreditada esa finalidad a pesar de haberse encontrado 591 billetes de mil pesetas falsificados distribuidos en cuatro paquetes en el interior de una maleta].

El tipo penal no hace mención expresa a que la tenencia, obtención o adquisición de la moneda falsa deba serlo a sabiendas de su falsedad. Sin embargo, esta es una conclusión que se deriva no solo de que es una exigencia prevista en el art. 3.1.c) de la Directiva 2014/62/UE en relación con las conductas de recepción y obtención; sino también de una interpretación sistemática con el art. 386.3 CP, en el que lo sancionado es el uso de moneda falsa, pero recibida de buena fe y, por tanto, sin conocer su falsedad. La Jurisprudencia viene exigiendo este conocimiento como el dolo específico de este delito. Así, la STS 77/2018, 14-2 (*Tol 6516545)*, afirma que *"es indudable que exige el dolo de conocimiento de la falsedad desde el momento de la adquisición, sobre la base de los siguientes presupuestos: a) Argumento histórico. En relación con la tenencia de moneda falsa, el CP anterior, distinguía entre la tenencia originaria de buena fe y su posterior expendición por valor determinado, tras saber que la moneda era falsa —art. 286 CP— y la tenencia de moneda falsa con intención de expenderla, del art. 287 CP, comportamiento sancionado con pena mucho más elevada, exigiendo la jurisprudencia en este tipo de conocimiento de la falsedad desde el origen de la adquisición. Tales tipos se corresponden hoy, con matices, con el párrafo tercero y el segundo, inciso primero, del art. 386 CP, respectivamente. b) Argumento sistemático. Si la tenencia de moneda falsa, sabiendo que lo es, aunque se hubiese adquirido ignorando tal falsedad, se castiga con pena de tres a seis meses o multa, si se hubiese expedido la moneda falsa en cantidad superior a 400 euros, la simple tenencia de la misma moneda con voluntad de expenderla, pero sin haberla distribuido todavía, del párrafo segundo del art. 386 CP, inciso primero, sólo puede sancionarse con la pena mucho más grave de dos a ocho años, si es que exige el conocimiento de la falsedad desde el momento de la adquisición, además de connivencia con los falsificadores, introductores o manipuladores del párrafo primero del precepto. c) El propio inciso primero del párrafo segundo del art. 386 CP gradúa la pena en función del valor de la moneda y del grado de connivencia con los autores cualificados del párrafo primero, por lo que de tal connivencia con falsificadores o introductores debe extraerse la exigencia del conocimiento de la falsedad desde el momento mismo en que el autor adquiere la moneda falsa"*.

El art. 386.2, II CP, al establecer la penalidad de esas conductas, dispone el castigo con una pena inferior en uno o dos grados a las previstas en el art. 386.1 CP, atendiendo, además del valor de la moneda, *"al grado de connivencia con el falsificador, alterador, introductor o exportador"*. Esta disposición obedece, de nuevo, a problemas de desatención del legislador español en la coordinación de conductas tras las diversas reformas penales. La mención tanto a la connivencia como al falsificador, alterador, introductor o exportador es un vestigio de las sucesivas modificaciones de esta conducta. En la redacción originaria del art. 386, I.3° CP, se exigía para la tipicidad de las conductas de expendición y distribución la *"connivencia con los falsificadores e introductores"*. Tras la reforma de la LO 15/2003, se amplió, por un lado, a la conducta de transportar y, por otro, a que la connivencia lo fuera también con el alterador o exportador. En ese contexto normativo, la LO 15/2003 dio redacción al art. 386, II CP disponiendo que *"La tenencia de moneda falsa para su expendición o distribución será castigada con la pena inferior en uno o dos grados, atendiendo al valor de aquélla y al grado de connivencia con los autores mencionados en los números anteriores. La misma pena se impondrá al que, sabiéndola falsa, adquiera moneda con el fin de ponerla en circulación"*. Con posterioridad, la LO 1/2015 eliminó del art. 386.1.3º CP la exigencia de connivencia, siendo sustituida por la del conocimiento de su falsedad. El problema radicó en que dicha ley orgánica, si bien reformó el art. 386.2, II CP, mantuvo, para ponderar si la pena debía imponerse en uno o dos grados inferior, la referencia al grado de connivencia y hacerlo de nuevo con mención expresa del falsificador, alterador, introductor o exportador, sin incluir siquiera al transportista y distribuidor. La descoordinación se agravó con la LO 1/2019, ya que, si bien modificó el art. 386.1.2º CP para sustituir la referencia a introducir moneda en el país por la de importar, mantuvo de nuevo el tenor literal del art. 386.2, II CP sin modificar siquiera la mención de *"introductor"* por la de *"importador"* ni incluir tampoco la referencia al transportista y distribuidor. En cualquier caso, el mantener como elemento referencial para la pena el grado de connivencia no puede ser interpretado como una exigencia típica para estas conductas no solo en atención a la evolución histórica expuesta sino porque se incluye en la determinación de las consecuencias jurídicas y no en la formulación del presupuesto de hecho [MORILLAS CUEVA, STS 961/2009, 24-9 (*Tol 1635072)*; en sentido contrario, CASTRO MORENO, CÓRDOBA RODA, QUERALT JIMÉNEZ, STS 1154/2002, 17-6 (*Tol 173679)*]. En todo caso, la mención que se hace a la connivencia a esos efectos de determinación de la pena debe entenderse que también incluye a los transportistas y distribuidores.

La sanción de las conductas de recepción u obtención de moneda falsa en el contexto del art. 386.2, II CP, en vez de en el del art. 386.1 CP, puede implicar una defectuosa transposición de la Directiva 2014/62/UE, ya que, tratándose de conductas incluidas en su art. 3.1.c), que, según el art. 5.5 de esa directiva, deben ser castigadas con una pena máxima de prisión de, al menos, cinco años, solo se cumpliría esa exigencia en el caso de rebaja de la pena en un grado —prisión de cuatro a ocho años— pero no en el de dos grados —prisión de dos a cuatro años—. Por tanto, el cumplimiento de la directiva queda condicionado a que en los casos de conductas de recepción u obtención se imponga siempre la pena inferior en un solo grado. La Jurisprudencia viene aplicando la rebaja en uno o dos grados atendiendo principalmente a la cantidad de moneda falsa intervenida [STS 112/2019, 5-3 (*Tol 7106059)*]; lo que determinó que la STS 64/2015, 13-2 (*Tol 4761339)*, casara la sentencia impugnada y rebajara en dos grados la pena al considerar solo acreditado el uso de un único billete falso de 50 euros. No obstante, la SAN, Sección 1ª, 13/2020, 28-7 (*Tol 8049048)*, rebajó la pena por el delito de expendición en un grado para uno de los acusados por apreciar connivencia con el falsificador y en dos grados para otro de los acusados por no apreciar dicha connivencia.

4.2.2. El uso de moneda falsa recibida de buena fe

1. El art. 386.3 CP establece, en la redacción vigente dada por la LO 1/2015, la conducta típica de *"El que habiendo recibido de buena fe moneda falsa la expenda o distribuya después de constarle su falsedad"*, sancionándola con una pena de prisión de tres a seis meses o multa de seis a veinticuatro meses, si el valor aparente de la moneda excede de 400 euros, y de multa de uno a tres meses, si no excediere de ese valor.

Los textos internacionales en la materia tradicionalmente han venido estableciendo la obligación de sancionar la puesta en circulación fraudulenta de moneda falsa sin hacer ningún distingo. De ese modo, han centrado el injusto en el hecho del carácter fraudulento de uso, sin dar relevancia a la circunstancia de cómo se alcanzó la tenencia de esa moneda falsa. Esta circunstancia no impedía defender la decisión político-criminal de dotar de efectos privilegiados al hecho de la recepción de buena fe de la moneda falsa por el menor injusto que representa (ARÁNGUEZ SÁNCHEZ), y no por la concurrencia de una especie de estado de necesidad derivado de la previa condición de víctima del sujeto activo (MUÑOZ CONDE). No obstante, la Directiva 2014/62/UE, a diferencia de lo que había sucedido con la Decisión Marco 2000/383/JAI, estableció en su art. 5.4 la posibilidad, que no la obligación, de tipificación de estas conductas al prever que "*en relación con el delito a que se refiere el artículo 3, apartado 1, letra b), los Estados miembros podrán contemplar sanciones penales eficaces, proporcionadas y disuasorias distintas de las mencionadas en el apartado 4 del presente artículo, entre ellas multas y penas de prisión, si la moneda falsa se recibió sin conocimiento de que fuera falsa pero se puso en circulación a sabiendas de ello*". En relación con ello, en el considerando (17) se afirma que "*la graduación de las sanciones debe ser efectiva y disuasoria, pero no debe ir más allá de lo que es proporcional a los delitos. Aunque en el Derecho nacional de los Estados miembros la transmisión intencionada de moneda falsa que se ha recibido de buena fe pueda ser sancionada con otro tipo de pena, incluida la de multa, los citados Derechos nacionales deben contemplar la prisión como pena máxima*".

Esta conducta típica se ha mantenido idéntica desde la redacción originaria del CP de 1995, incluyendo la diferente penalidad dependiendo del valor aparente de la moneda falsificada. Lo único que se ha modificado es que hasta la LO 1/2015, en la que desaparecieron las faltas del sistema penal español, en el art. 386 CP solo se sancionaba esta conducta cuando el valor era superior a cincuenta mil pesetas —desde la redacción original hasta la LO 15/2003— o a cuatrocientos euros —desde la LO 15/2003 hasta LO 1/2015—, tipificándose por debajo de esa cantidad como falta en el art. 629 CP. A partir de la LO 1/2015, se mantiene la diferenciación por la cuantía dando la consideración de delito leve a esta conducta cuando el valor es inferior a cuatrocientos euros. La principal cuestión que afecta a la determinación de este valor es si para su cómputo puede tenerse en cuenta la suma del valor aparente en los casos de expendiciones diversas inferiores a 400 euros como si se tratara de una unidad de acción. No puede hacerse una aplicación directa del art. 74.2 CP —delito masa—, en tanto que queda limitado a los delitos contra el patrimonio, y tampoco existe un precepto semejante al art. 2.2 de la LO 12/1995, de 12 de diciembre, de represión del contrabando, que habilite esta construcción para este delito. Por tanto, al tratarse de una aplicación perjudicial para el reo, parece que debe descartarse la posibilidad de considerar una unidad de acción y castigar como un delito menos grave y no como varios delitos leves. Ello puede llevar a resultados paradójicos si, como suele suceder, concurre con una estafa. Así, por ejemplo, en el supuesto en que se realicen tres compras consecutivas con moneda falsa por valor de 150 euros cada una de ellas, se llegaría a la calificación de un único delito de estafa, por la suma de los perjuicios causados en cada una de las compras, y tres delitos leves de uso de moneda falsa —o un delito leve continuado—, al no poder hacerse el cómputo conjunto.

2. La dinámica comisiva consiste, secuencialmente, en primer lugar, en recibir moneda falsa de buena fe; en segundo, en tomar conciencia de la falsedad de la moneda y, por último, el posterior uso de dicha moneda falsa o alterada bien expendiéndola bien distribuyéndola.

El uso del concepto *"buena fe"* para caracterizar la recepción de la moneda resulta peculiar. Este es un concepto que, a pesar de ser ampliamente utilizado en el Ordenamiento Jurídico, no es de uso común en el Derecho Penal, en el que su utilización suele vincularse, como es el caso, con la descripción de un negocio jurídico. En este contexto, la idea de buena fe hay que identificarla únicamente con el desconocimiento de la falsedad de la moneda [CÓRDOBA RODA, ECHANO BASALDÚA, STS 1154/2002, 17-6 (*Tol 173679*)], cuando se recibió en virtud del negocio jurídico realizado, con independencia de que ese negocio jurídico fuera lícito o ilícito (ORTS BERENGUER). No se comparte, por tanto, la idea de que el concepto de buena fe pueda identificarse con ausencia de voluntad de hacer uso de la moneda recibida que se sabe falsa (BUSTOS RAMÍREZ), toda vez que la propia selección de este concepto evidencia su intención de vincularlo, con el sentido que le es propio dentro del Ordenamiento Jurídico, con la relación negocial que trae causa a la recepción del dinero. Además, la redacción del precepto, con la referencia que hace al posterior conocimiento de la falsedad, también es indicativa de que ha de partirse de una situación de desconocimiento de esa circunstancia (CÓRDOBA RODA).

La exigencia del ulterior conocimiento de la falsedad de la moneda no debe entenderse como un conocimiento fehaciente y comprobado, bastando el dolo eventual respecto de esta. A esos efectos, debe tenerse en cuenta que las entidades de crédito y otros proveedores de servicios están obligados, conforme a lo establecido en el art. 6.1 del Reglamento 2001/1338/CE, a retener y remitir al Centro Nacional de Análisis *"(...) todos billetes y monedas de euros que hayan recibido y cuya falsedad les conste o puedan suponer fundadamente"*.

La conducta de uso de la moneda falsa está delineada en este delito con las acciones típicas de expender y distribuir, después de constar la falsedad, sin hacerse referencia alguna a las otras acciones típicas como son las de exportación, importación o transporte. No obstante, al considerarse que la conducta de expendición queda identificada con la de puesta en circulación de la moneda en el tráfico jurídico, haciendo utilización de esta conforme a su pretendida naturaleza de medio de pago, y la de distribución con la puesta en tráfico jurídico, haciendo utilización de esta como una mercancía más y no como medio de pago; entonces, no hay mayor problema en subsumir las conductas de exportar, importar y transportar en el concepto de distribución.

4.2.3. La fabricación y tenencia de útiles para cometer delitos relativos a la falsificación de moneda

1. El Capítulo III del Título XVIII establece, como una de las disposiciones generales para los delitos de falsedades de moneda, efectos timbrados y documentos, que "*la fabricación, recepción, obtención, tenencia, distribución, puesta a disposición o comercialización de útiles, materiales, instrumentos, sustancias, datos y programas informáticos, aparatos, elementos de seguridad o cualquier otro medio diseñado o adaptado específicamente para la comisión de los delitos descritos en los capítulos anteriores, se castigarán con la pena señalada en cada caso para los autores*" (art. 400 CP). Ello supone la tipificación expresa de conductas de participación y actos preparatorios que anticipan el control penal a fases previas a la tentativa (BORJA JIMÉNEZ, CRUZ PALMERA, GARCÍA SÁNCHEZ, MESTRE DELGADO).

En la legislación histórica estuvo sancionada la conducta de la posesión de útiles específicamente destinados al robo con fuerza en las cosas. En relación con dicho delito, la STC 105/1988, 8-6 (*Tol 109337)*, concluyó que vulneraba el derecho a la presunción de inocencia (art. 24.2 CE) la interpretación de este tipo penal si se consideraba que *"la sola tenencia de instrumentos idóneos para ejecutar un delito de robo hace presumir el especial destino a tal ejecución, a menos que el acusado facilite mediante el correspondiente descargo la prueba en contrario"* (FJ 9). Por el contrario, sostuvo que era plenamente constitucional si se entendía que tanto *"la posesión de los instrumentos, como la idoneidad de éstos para un delito de robo con fuerza en las cosas, y la especial destinación o destino por su poseedor a la ejecución de delitos de tal tipo, corresponde siempre probarlas, como cualquier otro elemento inculpatorio, a la parte acusadora, sin que por exigencia de la Ley tenga el acusado que realizar prueba alguna"* (FJ 9).

El art. 400 CP, en su redacción original, con los precedentes históricos en los arts. 314 a 318 CP 1944-1973, ya establecía este delito para todas las conductas de falsificación de moneda y documentales, disponiendo que *"la fabricación o tenencia de útiles, materiales, instrumentos, sustancias, máquinas, programas de ordenador o aparatos, específicamente destinados a la comisión de los delitos descritos en los capítulos anteriores, se castigarán con la pena señalada en cada caso para los autores"*. La LO 1/2015 dio una nueva redacción al art. 400 CP tanto para ampliar la conducta típica a las de *"recepción"* y *"obtención"* como para modificar la descripción del objeto material, que se concretó en *"útiles, materiales, instrumentos, sustancias, datos y programas informáticos, aparatos, elementos de seguridad, u otros medios específicamente destinados a la comisión de los delitos descritos en los Capítulos anteriores"*. Finalmente, la LO 14/2022 volvió a modificar la redacción del art. 400 CP tanto para ampliar de nuevo las conductas típicas a las de *"distribución, puesta a disposición o comercialización"* como para describir la cláusula final abierta de los objetos materiales, que se concreta en *"cualquier otro medio diseñado o adaptado específicamente para la comisión de los delitos descritos en los capítulos anteriores"*.

La tipificación de estas conductas, en lo que se refiere estrictamente al delito de falsificación de moneda, responde a mandatos de tipificación internacionales y comunitarios. Así, el art. 3.5º del Convenio de 1929 establece la obligatoriedad de sancionar *"los hechos fraudulentos de fabricar, recibir o procurarse instrumentos u otros objetos destinados por su naturaleza a la fabricación de moneda o a la alteración de monedas"*. Por su parte, el art. 3.1.d) de la derogada Decisión Marco 2000/383/JAI, mencionaba también la obligación de tipificar como delitos *"los hechos fraudulentos de fabricar, recibir, procurarse o almacenar: instrumentos, objetos, programas informáticos u otros medios destinados por su naturaleza a la falsificación o alteración de moneda; hologramas u otras medidas de seguridad incorporadas en la moneda para su protección contra la falsificación"*. En la actualidad, el art. 3.1.d) de la Directiva 2014/62/UE reitera ese mandato en relación con las conductas de *"la fabricación, recepción, obtención o posesión fraudulentas de: i) instrumentos, objetos, programas y datos informáticos y otros medios especialmente adaptados para la falsificación o alteración de moneda, o ii) elementos de seguridad como hologramas, marcas de agua u otros componentes de la moneda que sirvan para protegerla contra la falsificación"*.

La Directiva 2014/62/UE reconoce en su considerando (10) la condición de actos preparatorios de estas conductas al afirmar que *"los actos preparatorios de tales delitos que revistan importancia, como por ejemplo la producción de instrumentos y componentes para la falsificación, deberían castigarse con carácter independiente"*. Este carácter de acto preparatorio elevado a la categoría de delito independiente determina que sea un elemento subjetivo necesario para este tipo penal la finalidad de su uso para la comisión de la conducta falsaria que corresponda (BORJA JIMÉNEZ).

2. El art. 400 CP establece como conductas a sancionar "*la fabricación, recepción, obtención, tenencia, distribución, puesta a disposición o comercialización*", haciendo con ello una descripción que supera la establecida en la normativa comunitaria en la materia, que, de manera más contenida, se refiere a "*la fabricación, recepción, obtención o posesión fraudulentas*". En ese sentido, se aprecia en el art. 400 CP la vocación de sancionar no solo las meras conductas de fabricación o tenencia de esos objetos sino también el hacerlos objeto de comercialización en una pretensión de impedir cualquier laguna punitiva. Además, hace extensiva su aplicación en relación con cualquiera de los delitos de falsificación de moneda sin limitarlos a los de falsificación propia del art. 386.1.1º CP.

La descripción de las conductas típicas del art. 400 CP se ve lastrada, en tanto que ilícito aplicable a todo tipo de delitos de falsedad, por la necesidad de realizar una tipificación que no solo responde a las exigencias derivadas de los mandatos de tipificación comunitarios respecto de la falsificación de moneda, sino también los de falsificación de otros medios de pago diferentes del efectivo. Así, si bien la citada Directiva 2014/62/UE solo hace referencia a fabricar, recibir, obtener o poseer; sin embargo, el art. 7 de la Directiva (UE) 2019/713, del Parlamento Europeo y del Consejo, de 17 de abril de 2019, sobre la lucha contra el fraude y la falsificación de medios de pago distintos del efectivo, establece que *"los Estados miembros adoptarán las medidas necesarias para garantizar que la producción, obtención para uno mismo o para otra persona, incluida la importación, exportación, venta, transporte o distribución, o la puesta a disposición de terceros, de un dispositivo o instrumento, datos informáticos o cualquier otro medio diseñado principalmente, o adaptado específicamente, para cometer cualquiera de las infracciones a que se refieren el artículo 4, letras a) y b), el artículo 5, letras a) y b), o el artículo 6, al menos cuando se cometan con la intención de que se utilicen dichos medios sean punibles como infracción penal"*. Por tanto, es de apreciar que ha sido la conjunción de ambos mandatos la que ha provocado la tan casuística descripción de las conductas sancionadas en el art. 400 CP. Ello contrasta con la forma tan contenida de la delimitación de conductas dada al art. 400 CP en su redacción originara, que solo hacía mención a la fabricación y tenencia.

3. El art. 400 CP establece como objetos materiales de estos delitos a los "*útiles, materiales, instrumentos, sustancias, datos y programas informáticos, aparatos, elementos de seguridad o cualquier otro medio diseñado o adaptado específicamente para la comisión de los delitos (…)*". Nuevamente, se hace una descripción que supera la establecida en la normativa comunitaria en la materia, que, de manera más contenida, se refiere, por un lado, a "*instrumentos, objetos, programas y datos informáticos y otros medios especialmente adaptados*", cuya aplicación solo se hace extensiva a las conductas de falsificación o alteración de la moneda; y, por otro, a los "*elementos de seguridad como hologramas, marcas de agua u otros componentes de la moneda que sirvan para protegerla contra la falsificación*". La exigencia de que estos útiles estén diseñados o adaptados específicamente para la comisión de estos delitos impone no identificar ninguna otra utilidad normal justificativa de su posesión.

Al igual que se ha hecho referencia anteriormente, la tan heterogénea y extensa descripción de los objetos materiales contenida en el art. 400 CP está condicionada por la pretensión de fusionar en este precepto los mandatos comunitarios de tipificación tanto de la falsificación de moneda como de la de otros medios de pago, que incluye en este último caso no solo medios materiales sino también inmateriales o virtuales, lo que hace más compleja la descripción de los útiles para su falsificación. Así, se constata que la mención de datos y programas informáticos proviene del ya citado art. 7 de la Directiva (UE) 2019/713.

Por otro lado, se aprecia en este precepto una falta de contención en cuanto a los delitos de falsificación de moneda a los que debe aplicarse. El art. 3.1.d) de la Directiva 2014/62/UE limita el mandato la tipificación penal de estas conductas, en cuanto a los *"instrumentos, objetos, programas y datos informáticos y otros medios especialmente adaptados"* a la fabricación y alteración de moneda. Por el contrario, el art. 400 CP, en virtud de la referencia genérica a *"la comisión de los delitos descritos en los capítulos anteriores"*, resulta aplicable a todas las conductas descritas en el art. 386 CP. De ese modo, la fabricación, tenencia o distribución de útiles o instrumentos destinados, por ejemplo, a la exportación, importación o transporte de moneda falsa, también sería subsumible en el art. 400 CP, como sucedería, por ejemplo, con la posesión de una maleta con doble fondo o de un medio de trasporte alterado para la ocultación de la moneda falsa. Interpretativamente, no existen muchas posibilidades de restricción de este desmedido ámbito de aplicación. Aunque la obligación internacional queda limitada a las conductas de fabricación y alteración ello no es razón suficiente, ya que, como es evidente, impone unos mínimos, pero el legislador nacional es soberano para establecer, como es el caso, una sobreprotección. La contención interpretativa del precepto parece, entonces, que debe residir en la idea, aplicada a todos estos objetos, de que estén diseñados o adaptados específicamente para la comisión de estos delitos. De ese modo, si se le dota de una comprensión muy estricta, vinculándolo con único destino posible (ARÁNGUEZ SÁNCHEZ, ORTS BERENGUER; en contra BORJA JIMÉNEZ), puede resultar más viable que el art. 400 CP se restringa, por sus muy concretas características, a las conductas de fabricación o alteración de moneda.

El resto de las conductas típicas, al referirse a acciones comunes de puesta en circulación de la moneda, son compartidas con las de cualquier otra mercancía y, por tanto, resultaría más complejo poder considerar su tenencia o fabricación como de destino único para la comisión de ese delito. El doble fondo de una maleta o un espacio camuflado en un vehículo puede incluso ser considerado específico para la comisión de ilícitos, pero no para la comisión del concreto delito de trasporte de moneda falsa, que es lo tipificado en este delito. En relación con estas objeciones, hay que destacar, además, la severidad de la consecuencia jurídica prevista. Se establece para estas conductas de participación y actos preparatorios idéntica pena que, para los autores del hecho consumado, con lo que, disfuncionalmente, se sancionan de la misma manera conductas con una diferente carga de injusto (ARÁNGUEZ SÁNCHEZ), llegándose a sancionar la posesión de material para falsificar moneda con una pena superior a la posesión de la propia moneda falsa (CASTRO MORENO). Es más, en muchas ocasiones, este tipo penal, que es un mero acto preparatorio, desplazará al delito intentado de falsificación, al tener superior pena.

Jurisprudencialmente, la STS 988/2011, 30-9 (*Tol 2257673)*, establece, en relación con la aplicación del art. 400 CP, por un lado, citando la STS 279/2008, 9-5 (*Tol 1330991)*, que *"se consuma con la disponibilidad sobre los instrumentos destinados a dicha falsificación. La tenencia del instrumental no requiere conocer la técnica del funcionamiento; en consecuencia, el delito se consuma con la disposición sobre dichos instrumentos, puesto que ella fundamenta la posibilidad que el legislador ha querido prevenir de que sean puestos a disposición de quien disponga de los conocimientos técnicos necesarios para su utilización o de que sean utilizados valiéndose de quienes los puedan manejar"*; y, por otro, citando la STS 226/2008, 9-5 (*Tol 1370009)*, que *"aunque pudiera llevarse a cabo una doble tipificación entre la tentativa y la consumación de un delito de tenencia de útiles para la falsificación, operaría en tal operación un concurso de normas, a resolver bajo el principio de alternatividad, y en consecuencia, con la aplicación del delito que contenga la pena más grave, como es lo que ha ocurrido en el caso sometido a nuestra revisión casacional. Añade esta última Sentencia que no tendría sentido alguno que, estando prevista expresamente en la ley la figura de la mera tenencia de útiles, cuando se inicia la efectiva utilización de éstos para falsificar, la pena hubiera de rebajarse, al vincularse a un grado imperfecto de ejecución del delito de referencia"*. Por su parte, la STS 178/2023, 13-3 (*Tol 9490831*), con reproducción de la STS 734/2009, 25-6 (*Tol 1577935)*, establece que *"el art. 400 requiere que los útiles, como tales, estén destinados a la falsificación, pero no requiere que el autor tenga un plan concreto de falsificación. Esto último es ajeno a la estructura del tipo penal"* (críticamente, CRUZ PALMERA); e incide, con reproducción de la STS 567/2006, 9-5 (*Tol 952899)*, en que *"la expresión 'específicamente destinado a la falsificación' hace referencia a la aptitud y cualidad del objeto para servir específicamente a la falsificación, esto es, cuando no se encuentra otra normal utilidad en el mismo"*. En el ATS 217/2023, 16-2 (*Tol 9437792)*, no se controvierte, por falta de impugnación, la condena por mera tenencia de moneda falsa del art. 386.2 CP y no por tenencia de útiles para la falsificación del art. 400 CP, a pesar de que también fue hallado en poder del condenado sellos holográficos *"que denotaban cierta vinculación con la actividad falsaria más allá de la tenencia de moneda falsa"*. En el mismo sentido, la SAN, Sección 3ª, 17/2021, 9-6 (*Tol 8489105)*, condena de conformidad por falsificación intentada a pesar de haber quedado acreditado que se habían encontrado *"elementos para la realización de todas las fases de ese proceso de fabricación; y se han realizado actividades (pruebas) hasta fases avanzadas del proceso, desde la adquisición de sustrato y obtención de imágenes digitales, hasta la realización de actuaciones propias de la fase de acabado o maquillaje"*.

5. Elemento subjetivo

1. Uno de los aspectos más debatidos, tal como se ha ido exponiendo al analizar cada una de las conductas típicas, es la necesidad de la eventual concurrencia de elementos subjetivos del injusto referidos tanto a la intención de poner en circulación la moneda falsa o alterada como al conocimiento de la falsedad o alteración de la moneda objeto de la conducta a sancionar.

En relación con el elemento subjetivo consistente en la intención de poner en circulación la moneda falsa o alterada, algunos de los tipos penales exigen expresamente, con una u otra redacción, este elemento subjetivo, como son las conductas de tenencia, recepción u obtención de moneda falsa del art. 386.2, II CP. En otros tipos, en tanto que la conducta que sancionan es, precisamente, la puesta en circulación de la moneda basta con el propio dolo de la conducta. Esto es lo que sucede con los delitos de expendición o distribución de moneda falsa (art. 386.1.3º CP) y el de uso de moneda falsa recibida de buena fe (art. 386.3 CP). Ahora bien, hay un grupo de conductas en las que ni el tenor literal del tipo ni el propio contenido semántico de verbo rector del tipo permiten derivar la exigencia de este elemento subjetivo del injusto, como son los tipos principales de alterar o fabricar moneda (art. 386.1.1º CP), de exportar o importar esa moneda (art. 386.1.2º CP) o su trasporte (art. 386.1.3º CP). Dentro de este grupo, en las conductas coadyuvantes a la puesta en circulación —exportar, importar o trasportar— resulta más sencillo derivar esa exigencia del propio contexto de la dinámica comisiva, reforzándose esa conclusión por tratarse de conductas con claras connotaciones mercantiles y porque ese elementos aparece también exigido respecto de ellas en el art. 3.1.c) de la Directiva 2014/62/UE.

El problema, de ese modo, queda centrado en las conductas de alteración y fabricación de la moneda, siendo mayoritaria la Doctrina que viene a exigir la concurrencia de este elemento subjetivo, derivándola, especialmente, de una interpretación teleológica vinculada al correcto funcionamiento del sistema monetario como interés a tutelar (ARÁNGUEZ SÁNCHEZ, BUSTOS RAMÍREZ, MORILLAS CUEVA, VILLACAMPA ESTIARTE). No han faltado posiciones en defensa de que la protección de este bien jurídico no exige la intención de la puesta en circulación de la moneda, sino, simplemente, la conciencia de que la alteración o falsificación puede inducir a error sobre la legitimidad de la moneda (ECHANO BASALDÚA) o, en el otro extremo, sosteniendo que no basta con que la conducta esté dirigida al engaño a una sola persona (CÓRDOBA RODA).

La interpretación teleológica señalada resulta categórica en la defensa de la exigencia de este específico elemento subjetivo del injusto para las conductas de falsificación material del art. 386.1.1º CP. Cabe abundar en esa argumentación, destacando que, en los textos internacionales en la materia, frente a la mera descripción típica de alterar o fabricar a que se refiere la legislación penal española, se acompañan esas conductas del adverbio *"fraudulentamente"*. Ello denota que no toda fabricación o alteración de monedas debe ser considerada delictiva por lo que es necesario algún elemento delimitador. Cabe destacar que en el Informe de la Comisión de 9 de julio de 2019 sobre la aplicación de la Directiva 2014/62/UE [COM(2019) 311 final], previsto en su art. 12, se afirma que *"algunos Estados miembros agregaron un elemento de intención directa de llevar cabo una acción adicional a los elementos constitutivos de la infracción penal nacional. Estos Estados miembros exigen, además de la falsificación de moneda, la intención de «poner en circulación la moneda falsa como real y sin alteraciones», «poner en circulación (la moneda falsa) como auténtica o válida», «ponerla en circulación como moneda de curso legal», «emitir (la moneda falsa)», «utilizarla como aparentemente legítima y auténtica», «ponerla en circulación» y «poner en circulación»"* (apartado 3.2.1, tercer párrafo), pero no lo señala como un problema de transposición a los que dedica el párrafo cuarto. Por otra parte, también puede ser un argumento adicional el hecho de que en el art. 386.1, I CP se incluya la agravante de la puesta en circulación, entre otras, respecto de las conductas de falsificación o alteración de moneda. Por su parte, la STS 991/2016, 12-1 (*Tol 5937637*), no controvierte la exigencia de que la falsificación material de moneda exige el ánimo de su introducción en el tráfico monetario.

En relación con lo anterior, además, existe una específica regulación comunitaria sobre reproducción lícita de billetes y de medallas y fichas similares a las monedas de euro. Así, el Banco Central Europeo, como organismo que tiene el derecho exclusivo de autorizar la emisión de billetes de banco en la Unión Europea, aprobó la Decisión de 19 de abril de 2013, sobre las denominaciones, especificaciones, reproducción, canje y retirada de los billetes en euros (versión refundida) (BCE/2013/10), regulando, entre otros aspectos, la reproducción de billetes de euros, estableciendo en su art. 2.3 las concretas condiciones que deben de cumplirse para considerar lícitas dichas reproducciones. Las medidas administrativas contra la reproducción irregular aparecen previstas en la Orientación 2003/5/BCE, de 20 de marzo. Igualmente, en relación con las monedas de euro, el Consejo de la Unión Europea aprobó el Reglamento 2182/2004, de 6 de diciembre, sobre medallas y fichas similares a monedas de euro, estableciendo un régimen administrativo de protección.

2. El conocimiento de la falsedad o alteración de la moneda conforma el dolo genérico del delito de falsificación material del art. 386.1.1º CP. Por su parte, el art. 386.1.3º CP, en relación con las conductas de transporte, expendición o distribución, tampoco plantea problema la exigencia de este elemento, al aparecer expreso que deben ser conductas desarrolladas con conocimiento de la falsedad de la moneda. Tampoco los hay en relación con el uso de moneda falsa recibida de buena fe, al exigir el art. 386.3 CP que la sucesiva expendición o distribución se produzca "*después de constarle su falsedad*". Las conductas de exportación e importación (art. 386.1.2º CP) y las de tenencia, recepción u obtención de moneda (art. 386.2, II CP) no incluyen referencia alguna al respecto. No obstante, como ya se ha analizado al abordar estos delitos, en ambos es exigible también el conocimiento de la falsedad como elemento subjetivo a partir de una interpretación sistemática.

La STS 868/2023, 23-11 (*Tol 9802798)*, incide en que *"El conocimiento de la falsedad de los billetes es un dato interno y subjetivo que, a salvo de reconocimiento expreso, ha de acreditarse de forma indirecta, mediante indicios"*.

6. *Iter criminis y participación*

1. Los textos internacionales en la materia determinan la necesidad de que se sancionen la participación y la tentativa en la comisión de estos delitos (art. 3.4 del Convenio de 1929 y art. 4 de la Directiva 2014/62/UE). En la legislación española no existe una sanción específica de la tentativa y la participación en estos delitos, pero se sancionan aplicando las cláusulas generales.

Estos delitos no plantean específicos problemas en relación con la punición de la participación y coautoría, más allá de las circunstancias de que: (i) existe la tipificación expresa de algunas formas de participación en el art. 400 CP —fabricación y tenencia de útiles para la comisión de estos delitos—, que desplazarán la responsabilidad por el tipo de participación, y (ii) la exhaustividad en la tipificación de las actividades de los sujetos que interviene en la dinámica comisiva, incluyendo las conductas accesorias a la puesta en circulación de la moneda falsa y la construcción de la responsabilidad penal sobre el conocimiento de la falsedad de la moneda justificarían limitar la sanción de las formas genéricas de participación. Sin embargo, la Jurisprudencia, incluso en relación con el art. 400

CP, no rechaza la posibilidad de la sanción del partícipe [STS 397/2010, 3-5 *(Tol 1856297)*].

La STS 991/2016, 12-1 (*Tol 5937637)*, confirma la condena por complicidad en un delito de falsificación material de moneda en un supuesto en el que se consideró acreditado que *"se encargó de la colocación en los billetes de materiales que simulaban los hologramas que existen en los billetes auténticos; adquiriendo algunos materiales empleados en la impresión y elaboración de los billetes. También le fueron entregados varios pliegos de billetes ya impresos, pero sin cortar para que los cortase y colocase directamente los hologramas y así poder distribuirlos o 'colocarlos' a terceras personas"*.

2. La heterogeneidad de conductas sancionadas en relación con la falsificación de moneda exige que la determinación del momento de consumación y, en su caso, la posibilidad de tentativa, deba analizarse por grupos de casos. Por lo que se refiere a las conductas de falsificación material de moneda, la consumación se producirá, sin necesidad de su efectiva puesta en circulación —que se configura como una circunstancia agravatoria en el art. 386.2, I CP— cuando el objeto resulte apto para suplantar la función de la moneda legítima [ARÁNGUEZ SÁNCHEZ, CÓRDOBA RODA, ECHANO BASALDÚA, GARCÍA SÁNCHEZ, MORILLAS CUEVA, MUÑOZ CONDE, SSTS 1610/2005, 5-12 (*Tol 809357)*; 904/2003, 15-12 (*Tol 345084)*, que, además, lo califica como delito de peligro abstracto; 991/2016, 12-1 (*Tol 5937637)*]. Hasta ese momento la conducta deberá ser considerada intentada.

La exigencia de la introducción en el tráfico jurídico o puesta en circulación de la moneda falsa o alterada a los efectos de consumación de la conducta (QUERALT JIMÉNEZ, VILLACAMPA ESTIARTE) no parece asumible tras la LO 1/2015, al considerarse la puesta en circulación de la moneda como una agravante en el art. 386.2, I CP. Además, es clara la estructura de responsabilidad penal en estos delitos de diferenciar los momentos de falsificación de la moneda, de su puesta en circulación y de las conductas coadyuvantes, dotándolos de autonomía. En ese contexto, si bien la exigencia de la finalidad de su puesta en circulación permite dar una coherencia global al tratamiento penal, sin embargo, la concreta exigencia de que efectivamente haya sido puesta en circulación generaría disfunciones penológicas, ya que permitiría, por ejemplo, considerar intentada la conducta del falsificador que ya ha hecho entrega de la moneda a quien va a introducirla en un país para su posterior puesta en circulación, a pesar de que ya no depende de su conducta el devenir de los acontecimientos y, sin embargo, entender consumada la conducta del importador en cuanto ingresa en el territorio del país o del transportista en el momento en que está desarrollando esa actividad.

La circunstancia de que el art. 400 CP sancione la conducta de tenencia de útiles para la falsificación con la misma pena que a los autores de la falsificación, implica que la tentativa de falsificación quedará en muchas ocasiones sin un ámbito de aplicación en detrimento del art. 400 CP, que tendría una pena superior. La STS 533/2002, 26-3 (*Tol 156118)*, sin embargo, condenó por tentativa de falsificación de moneda y no por tenencia de útiles para la falsificación, en un supuesto en que, antes de comenzar el proceso de elaboración, se detuvo a los participantes con la maquinaria de impresión y los fotolitos. En el mismo sentido, la SAN, Sección 3ª, 17/2021, 9-6 (*Tol 8489105)*.

3. Las conductas de exportación e importación de dinero falso pueden plantear dudas sobre si su consumación se produce en el momento en el que se entra o sale de la zona de delimitación territorial sobre la que se ejerce soberanía o sobre la que se ejerce la función de control aduanero. Parece preferible la primera opción, de modo que los supuestos más frecuentes en que se intercepta al importador en el control de aduanas aeroportuario no caben ser calificados de tentativa (en sentido contrario, ARÁNGUEZ SÁNCHEZ, PAREDES CASTAÑÓN), sino de delito consumado [no lo controvierte la STS 254/2020, 28-5 (*Tol 8000250)*]. Incluso, conectando la consumación con la lesión del bien jurídico, el efectivo paso del control aduanero no añade nada nuevo al hecho indubitado de que se puede hacer ya disposición de la moneda falsa en zona de ejercicio de soberanía, como es la aeronave o buque en los que se trasporte la moneda falsa o las zonas internacionales en las instalaciones aeroportuarias [STS 26-01-1983, en relación con adquisición de bienes en zona de tránsito de un aeropuerto, o 26-10-1982, con la llegada a un puerto].

La consumación, en los supuestos de transporte, expendición o distribución de moneda falsa, en la medida en que son conductas referidas a un proceso de traslado de la tenencia de la moneda, queda vinculada con su disponibilidad potencial. Si bien se ha venido exigiendo el traspaso de la posesión (VILLACAMPA ESTIARTE), el problema se plantea en supuestos de traspaso ficticio en que no hay una entrega material directa de la posesión, pero existe disponibilidad potencial. En estos casos parece que basta con esa disponibilidad para considerar consumado el delito.

> En el ejemplo en que la entrega se verifica dando la llave de la consigna en la que previamente se ha guardado el dinero falso, parece más adecuado considerar que la conducta está consumada y no haría falta deferirla a que se hiciera efectiva una recogida material, que, por otro lado, puede demorarse en el tiempo. La conclusión contraria generaría ciertas disfunciones, ya que supondría que, mientras el dinero no es recogido el sujeto que lo entregó, que ya no puede usarlo, no sólo no habría consumado el delito de distribución, sino que podría ser considerado el tenedor y, por el contrario, el sujeto que lo recibió tampoco podría ser considerado autor de un delito consumado de recepción u obtención, a pesar de que tiene la disposición exclusiva. Incluso, podría llegarse a la situación absurda de ser considerado tenedor por tener esa disponibilidad, pero sin que hubiera consumado la recepción u obtención. También se ha sostenido la posibilidad de tentativa en los supuestos de expendición y distribución cuando hay un rechazo de la moneda falsa entregada (ARÁNGUEZ SÁNCHEZ).

4. Las conductas de recepción u obtención de moneda falsa del art. 386.2, II CP, caben se cometidas en grado de tentativa. Sin embargo, la conducta de tenencia de moneda falsa no admite la tentativa (MORILLAS CUEVA), habiendo sido justificada esta conclusión en que materialmente es una tentativa de expendición o distribución (ARÁNGUEZ SÁNCHEZ); no siendo tampoco necesario para su consumación la efectiva puesta en circulación de los billetes o que

aun intentándolo fueran rechazados por los receptores [STS 105/2014, 19-2 (*Tol 4136177)*]. A esa misma conclusión debería llegarse en relación con la fabricación y tenencia de útiles para la falsificación, máxime teniendo en cuenta que en el art. 4.2 de la Directiva 2014/62/UE, no se incluye la obligación de sancionar la tentativa de este delito.

7. Concursos

1. La casuística con que están descritas estas conductas y la circunstancia de que al uso de la moneda falsa le resulta inherente la defraudación patrimonial, implica que se planteen numerosos problemas concursales tanto entre las diversas conductas típicas como con los delitos patrimoniales.

La estructura con la que está diseñada la responsabilidad penal de estos delitos denota una secuenciación abstracta para sancionar la totalidad de la dinámica comisiva posible. Ello propicia que si un único sujeto desarrolla al completo la actividad criminal desde la fabricación hasta la puesta en circulación su conducta pueda quedar subsumida en muchos de los tipos del art. 386 CP. Así, quien manipula un programa de reconocimiento de imagen para poder escanear un billete y retocarlo, posteriormente lo imprime, eventualmente lo importa a España, y realiza una compra con él, comete sucesivamente los delitos de fabricación de útiles para la fabricación de moneda falta, fabricación de moneda falsa, su importación a España, trasporte, expendición e incluso tenencia. Son múltiples las combinaciones posibles, máxime si se incluyen otras variables como son los tipos de participación y la tentativa. En todos estos casos se plantearán complejos concursos de normas en los que habrá que acudir incluso al principio de alternatividad (art. 8.4 CP).

La STS 254/2020, 28-5 (*Tol 8000250)*, no controvirtió la condena a una misma persona a sendas penas de ocho años de prisión por sendos delitos de introducción de moneda falsa y su posterior distribución. Por el contrario, la STS 868/2023, 23-11 (*Tol 9802798)*, tampoco controvirtió la condena del acusado por un único delito de falsificación del art. 386.1.1ª CP, a pesar de que se declaró probado tanto actos materiales de falsificación como repetidas actuaciones de uso de los billetes falsificados para la adquisición de diversos bienes. En el mismo sentido, la STS 991/2016, 12-1 (*Tol 5937637)*, respecto de una única condena por la comisión del art. 386.1.1º CP, a pesar de ser hallados en posesión de los acusados abundantes útiles y medios informáticos y técnicos específicamente destinados a la falsificación de la moneda.

2. La finalidad de que la moneda falsa sea puesta en circulación a través de actos de comercio hace inherente a esta conducta su concurrencia con el delito de estafa. En el supuesto de quien adquiere un bien o servicio entregando como pago moneda falsa, además de la expendición de moneda falsa comete un delito de estafa. Esta concurrencia se resuelve de manera mayoritaria en la Doc-

trina y en la Jurisprudencia [STS 232/2003, 13-2 (*Tol 265575*); 1137/2005, 6-10 (*Tol 725654*), o AATS 39/2023, 15-12-2022 (*Tol 9372774*), y 142/2023, 2-2 (*Tol 9397685*)] tratándola como un concurso ideal de delitos. El argumento es que habría una lesión de dos bienes jurídicos distintos, que no podrían reconducirse a ninguno de los concretos delitos.

Algún sector doctrinal considera que en estos casos existe un concurso de normas al ser inherente a la expendición de moneda falsa la defraudación (CÓRDOBA RODA, MUÑOZ CONDE), lo que ha sido replicado señalando la existencia de conductas de expendición o distribución que, por no concretarse en la entrega del dinero falso a cambio de un bien o servicio, no tienen que repercutir en el patrimonio ajeno (ARÁNGUEZ SÁNCHEZ). También se ha destacado que considerar estos supuestos un concurso de normas, llevaría a privilegiar las estafas cometidas con dinero falso recibido de buena fe, toda vez que la pena sería inferior a la que correspondería por el delito de estafa (ARÁNGUEZ SÁNCHEZ, CASTRO MORENO). Por su parte, las SSAN, Sección 1ª, 4/2022, 9-3 (*Tol 8878602*), y Sección 3ª, 6/2024, 18-3, condenaron aplicando un concurso real entre el delito de expendición de moneda y el delito continuado de estafa.

8. Penalidad

1. Las distintas conductas típicas relativas a los delitos de falsificación de moneda se agrupan en tres niveles de gravedad. Los delitos más graves, que están sancionados con la pena de prisión de ocho a doce años y multa del tanto al décuplo del valor aparente de la moneda, son los previstos en el art. 386.1 CP —alteración y falsificación; exportación e importación; y trasporte, expendición y distribución—, a los que, además, resulta aplicable la agravante de puesta en circulación con la imposición de la pena en su mitad superior (art. 386.2, I CP); y la fabricación y tenencia de útiles específicos para cometerlos (art. 400 CP). En un segundo nivel se encuentran los tipos accesorios de tenencia, recepción u obtención de moneda falsa preordenada al tráfico (art. 386.2, II CP), castigados con una pena inferior en uno o dos grados a las anteriores —esto es, de cuatro a ocho años si se rebaja un grado o de dos a cuatro si se rebaja en un grado. Por último, está el delito de uso de moneda falsa recibida de buena fe, sancionado, según sea el valor aparente de la moneda falsa superior o no a los 400 euros, con una pena de prisión de tres a seis meses o multa de seis a veinticuatro meses, en el primer caso, y con una pena de multa de uno a tres meses, en el segundo caso (art. 386.3 CP).

2. En cuanto a la sanción de los delitos más graves, hay que señalar que, para establecer la pena de multa, a pesar de que en el CP la regla general es el sistema días multa, se ha optado por el criterio de la multa proporcional. Con carácter general, puede ser una opción adecuada a la naturaleza del delito, sin embargo, plantea problemas aplicativos, hasta llegar a la posibilidad de inaplicación en aquellos concretos supuestos en los que la conducta típica no permita determi-

nar el valor de aparente de la moneda falsa implicada, como sucedería con la fabricación y tenencia de útiles para falsificar. Por su parte, respecto de la pena de prisión, se ha criticado unánimemente su falta de proporcionalidad (ARÁNGUEZ SÁNCHEZ, CASTRO MORENO, ECHANO BASALDÚA, GARCÍA SÁNCHEZ, VILLACAMPA ESTIARTE), ya que coincide en parte con la del delito de homicidio, siendo también superior a la establecida para delitos en que se protegen bienes jurídicos individuales de gran importancia como, por ejemplo, la tortura o el secuestro. Igualmente, ha sido objetado que se sancione de la misma forma a quien falsifica que a quien hace uso de lo falsificado (VILLACAMPA ESTIARTE). Esa disfunción habría que hacerla extensiva a otorgar el mismo tratamiento penológico a la autoría que a las formas de participación del art. 400 CP.

La severidad de estas sanciones no hay que derivarla necesariamente de una vieja concepción de los delitos de falsificación de moneda como delitos de lesa majestad. Su causa es más cercana y está vinculada con la tendencia político-criminal europea en esta materia hacia un endurecimiento del tratamiento penal. Así, en el considerando (15) de la Directiva 2014/62/UE, se incide en que "*tradicionalmente la falsificación de moneda es un delito severamente penado en los Estados miembros. Esto se debe a su gravedad y a su fuerte impacto en los ciudadanos y empresas, así como a la necesidad de garantizar la confianza de ciudadanos y empresas en la autenticidad del euro y de otras monedas. Hecho particularmente cierto en el caso del euro, que es la moneda común de alrededor de 330 millones de personas de la zona del euro y la segunda moneda internacional más importante*". En esa línea, en su momento, el art. 6.2 de la derogada Decisión Marco 2000/383/JAI establecía que los hechos de fabricación de moneda falsa y la alteración de moneda "*serán castigados con penas privativas de libertad cuya duración máxima no será inferior a 8 años*" y, para el resto de las conductas, lo que se exigía eran penas efectivas, proporcionadas y disuasorias. En la actualidad, la Directiva 2014/62/UE establece como sanciones aplicables a las personas físicas por las diferentes conductas las siguientes: (i) pena máxima de prisión de al menos ocho años para la fabricación y alteración de moneda (art. 5.3); (ii) pena máxima de prisión de al menos cinco años para la puesta en circulación de moneda falsa y la importación, exportación, transporte y recepción de moneda falsa preordenada a su puesta en circulación (art. 5.4); (iii) pena de prisión para la fabricación y tenencia de útiles para la falsificación (art. 5.2); y (iv) pena de prisión o multa para el uso de moneda falsa recibida de buena fe (art. 5.5). En relación con ello, caben destacar los siguientes extremos: (i) El CP establece una severidad idéntica para los delitos de falsedad del art. 386.1 CP con independencia de que las conductas sean las de falsedad material o las de puesta en circulación o transporte o distribución, a pesar de que la legislación comunitaria las considera de una gravedad dispar. (ii) El CP establece la pena del delito de fabricación y tenencia de útiles para la comisión de estos delitos vinculados a la autoría de los delitos con los que está relacionados (que ha de recordarse son todos los relativos a las falsedades); sin embargo, la normativa comunitaria en ningún caso exige dicha vinculación y, de hecho, dispone una penalidad de prisión sin límite máximo para esa conducta a diferencia de lo que se dispone para las conductas de falsificación.

La crítica a la severidad de estas penas se ve acrecentada al no dar ninguna relevancia al valor aparente de la moneda falsificada (VILLACAMPA ESTIARTE). Así, la sanción mínima de ocho años se aplica tanto al que fotocopia un solo billete como al que dentro de una organización criminal fabrica grandes cantidades de moneda falsa. A estos efectos, la Comisión Europea en su tercer informe sobre el cumplimiento de la trasposición de la entonces vigente Decisión Marco 2000/383/JAI, al valorar la legislación lituana, en la que se limitaba la posibilidad de aplicar la pena máxima de ocho años solo en el supuesto de infracciones de gran cantidad o de gran valor, concluye que, si bien esa previsión es excepcional, no se constata una transposición incorrecta. Ello evidencia que la legislación penal española todavía tiene un amplio margen de rebaja de las penas y de adaptación a la concreta lesividad de las conductas típicas, contando incluso con la posibilidad de restringir la penalidad más alta de ocho años a los supuestos en que la falsificación de moneda lo sea en gran cantidad. En esa línea de posibilitar la atemperación de las penas para estos delitos, no es infrecuente que en los casos de menor lesividad los propios órganos judiciales soliciten, en aplicación del art. 4.3 CP, el indulto parcial [así, STS 115/2009, 12-2 (*Tol 1459592)*, en un supuesto de fotocopia de 41 billetes de 20 €, que no llegaron a circularse; o SAN, Sección 1ª, 65/2000, 27-12, en relación con fotocopias de 19 billetes de 5000 pesetas; o STSJ Madrid 396/2022 27-10 (*Tol 9307099)*, en un supuesto de importación a España de 26 billetes de 50 euros adquiridos en la *darkweb*]. También se ha admitido en algunos casos la aplicación de una atenuante analógica vinculada a la escasa entidad del hecho [SAN, Sección 3ª, 32/2001, 13-12 (*Tol 5223045)*; en contra de esa posibilidad, STS 1137/2005, 6-10 (*Tol 725654)*].

En los términos ya expuestos, la sanción de las conductas de recepción u obtención de moneda falsa del art. 386.2, II CP, con uno o dos grados inferior a las previstas en el art. 386.1 CP, puede implicar una defectuosa transposición de la Directiva 2014/62/UE, ya que, tratándose de conductas incluidas en su art. 3.1.c), que, según el art. 5.5 de esa directiva, debe ser castigado con una pena máxima de prisión de al menos cinco años, solo se cumpliría esa exigencia en el caso de rebaja de la pena en un grado —prisión de cuatro a ocho años— pero no en el de dos grados —prisión de dos a cuatro años. Ello impone al aplicador del derecho que, para dar un debido cumplimiento a la obligación de transposición, en los casos de conductas de recepción u obtención se limite a imponer la pena inferior en un solo grado.

La diferencia de sanción en las conductas del art. 386.3 CP dependiendo del valor superior o no a los 400 euros es un vestigio de la desaparición de las faltas a partir de la reforma operada por la LO 1/2015, ya que hasta ese momento el uso de moneda falsa recibida de buena fe por valor no superior a los 400 euros tenía la consideración de falta castigada con una pena de localización permanente de dos a ocho días o multa de veinte a sesenta días (art. 629 CP).

3. El art. 386.5 CP establece como sanción en el caso de que el responsable penal de los delitos de falsificación de moneda sea una persona jurídica, de manera obligatoria, la pena de multa del triple al décuplo del valor aparente de la moneda, y, de forma potestativa, cualquiera de las penas recogidas en el art. 33.7.b) a g) CP.

La responsabilidad penal de las personas jurídicas por la comisión de este delito también responde en la actualidad, como ya se hiciera en los arts. 8 y 9 de la Decisión Marco 2000/383/JAI, a lo dispuesto en el art. 6 de la Directiva 2014/62/UE, en el que se establece que "*1. Los Estados miembros adoptarán las medidas necesarias para garantizar que las personas jurídicas puedan ser consideradas responsables de los delitos contemplados en los artículos 3 y 4 cuando se hayan cometido en su beneficio por cualquier persona que, actuando a título individual o como parte de un órgano de la persona jurídica, ostente un cargo directivo en su seno, basado en: a) un poder de representación de dicha persona jurídica; b) una autoridad para adoptar decisiones en su nombre, o c) una autoridad para ejercer el control en su seno. 2. Los Estados miembros adoptarán las medidas necesarias para garantizar que una persona jurídica pueda ser considerada responsable cuando la falta de supervisión o control por parte de una de las personas a que se refiere el apartado 1 del presente artículo haya hecho posible la comisión de uno de los delitos contemplados en los artículos 3 y 4, en beneficio de esa persona jurídica por una persona bajo su autoridad"*. A los efectos de la sanción de estas conductas, el art. 7 de esa misma directiva establece que las penas a incluir son, además de las multas, otras tales como la exclusión del disfrute de ventajas o ayudas públicas; inhabilitación temporal o permanente para el ejercicio de actividades comerciales; intervención judicial; liquidación judicial; o clausura temporal o definitiva de los establecimientos utilizado para la comisión del delito.

La LO 5/2010, que es la que introdujo en el CP la responsabilidad penal de las personas jurídicas, si bien estableció en el art. 399 *bis*.1, II y III CP la posibilidad de esta responsabilidad penal de los delitos de falsificación de tarjetas bancaras y cheques de viaje, no hizo lo propio con los de falsificación de moneda. Fue la LO 1/2015 la que, en transposición de la Directiva 2014/62 /UE, incluyó la responsabilidad penal de las personas jurídicas por estos delitos.

4. El art. 386.4 CP, que fue incluido por la LO 15/2003, establece que "*si el culpable perteneciere a una sociedad, organización o asociación, incluso de carácter transitorio, que se dedicare a la realización de estas actividades, el juez o tribunal podrá imponer alguna o algunas de las consecuencias previstas en el artículo 129 de este Código"*. La inclusión de esta cláusula se ha señalado que podría responder a razones de política-criminal vinculados con que la complejidad de estos ilícitos viene exigiendo la actuación de grupos organizados (VILLACAMPA ESTIARTE).

El art. 129 CP, en la redacción originaria del CP 1995, establecía la posibilidad de adoptar determinadas consecuencias accesorias en relación con la utilización de entidades jurídicas por parte de los autores en la comisión de determinados delitos, que debían estar expresamente especificados, a forma de un sucedáneo de responsabilidad penal de las personas jurídicas. La regulación de la responsabilidad penal de las personas jurídicas por la LO 5/2010 determinó que la función a cumplir por este precepto era la de posibilitar aplicar sanciones penales a las entidades que, por carecer de personalidad jurídica no estuvieran comprendidas en el art. 31 *bis* CP. De ese modo, esta previsión se vincula también, en cierto modo, a la obligación establecida en los arts. 6 y 7 de la Directiva 2014/62/UE de adopción de medidas para garantizar la imposición de sanciones a las personas jurídicas implicadas en este tipo de delincuencia.

III. LA FALSIFICACIÓN DE EFECTOS TIMBRADOS

1. *Consideraciones generales: bien jurídico y objeto material*

1. La falsificación de sellos de correos y efectos timbrados había constituido un capítulo independiente dentro de los delitos de falsedades hasta el CP 1995. La racionalización que dentro de estos delitos se propuso abordar el vigente CP propició su regulación conjunta con la falsificación de moneda y, en virtud de un concepto ampliado de moneda, de las tarjetas bancarias y cheques de viaje.

La reforma operada por LO 5/2010 permitió que, al excluirse de este capítulo las falsificaciones de tarjetas y cheques de viaje, se mantenga solo junto a la falsificación moneda.

Esta regulación conjunta de la falsificación de la moneda y los efectos timbrados ha sido defendida argumentando que estos, en puridad, representan un determinado valor en moneda (VILLACAMPA ESTIARTE). No obstante, la función de los efectos timbrados es diversa a la del dinero, toda vez que, a lo sumo, se puede predicar de ellos que tienen un impropio valor liberatorio en relación con el pago de las deudas con el Estado en que está normativamente autorizado su uso. Ni se puede decir que tengan un efecto liberatorio en relación con cualquier acto del tráfico jurídico ni curso legal, teniendo una limitada posibilidad de canje ante la propia expendeduría. Ello implica una correlativa diversidad de intereses jurídicos a tutelar que no justifica, desde la perspectiva del bien jurídico, su tratamiento conjunto. Es más, atendiendo al hecho de que, como se expondrá a continuación, a lo sumo el bien jurídico protegido es el funcionamiento del peculiar sistema de recaudación tributaria a través de efectos timbrados, el ejercicio del *ius puniendi* en estos supuestos debería verificarse mediante el derecho administrativo sancionador.

2. La determinación del bien jurídico protegido no es una cuestión pacífica. Se ha defendido que es la función de autenticidad que tienen estos instrumentos, en tanto que son emitidos en exclusiva por el Estado [VILLACAMPA ESTIARTE; SAP, Barcelona, Sección 2ª, 720/2007, 18-9 (*Tol 1231461*)], o su valor funcional como medio de pago dentro de la parcela del tráfico jurídico en la que tienen eficacia (ECHANO BASALDÚA). También se ha sostenido que la esencia de este ilícito radicaría en la defraudación tributaria bien como interés tutelado directo (JIMÉNEZ ASENJO) o mediato (ECHANO BASALDÚA). En atención a la muy especial naturaleza de este objeto material y teniendo en cuenta la función que tiene legalmente asignada parece lógico sustentar su cercanía con los delitos contra la Hacienda Pública.

Una de las funciones principales de los efectos timbrados es el pago de deudas tributarias. Así lo establece con carácter general el art. 60.1, I de la Ley 58/2003, de 17 de diciembre, General Tributaria, al establecer que "*El pago de la deuda tributaria se efectuará en efectivo. Podrá efectuarse mediante efectos timbrados cuando así se disponga reglamentariamente*". Más específicamente, por ejemplo, se permiten gravar determinados documentos para la exacción del Impuesto sobre Transmisiones Patrimoniales y Actos Jurídicos Documentados. A esos efectos, la disposición adicional primera del Real Decreto Legislativo 1/1993, de 24 de septiembre, por el que se aprueba el Texto refundido de la Ley del Impuesto sobre Transmisiones Patrimoniales y Actos Jurídicos Documentados, establece que "*El Ministro de Economía y Hacienda podrá acordar el empleo obligatorio de efectos timbrados como forma de exacción del Impuesto sobre Transmisiones Patrimoniales y Actos Jurídicos Documentados, exigible a los actos y contratos sujetos al mismo, excepto en aquellos casos en que la presente Ley imponga el pago a metálico*". Concretamente, esta ley posibilita ese medio de exacción para los contratos de arrendamientos de fincas urbanas (art. 12), documentos notariales (art. 27.3) o letras de cambio (art. 37.1). Igualmente, se permite acreditar el pago de determinados impuestos especiales como son los relativos a la fabricación sobre el alcohol y bebidas derivadas y sobre las labores del tabaco, mediante la incorporación de marcas fiscales o precintas (así, art. 26 del Real Decreto 1165/1995, de 7 de julio, por el que se aprueba el Reglamento de los Impuestos Especiales). También los efectos timbrados cumplen la función de realizar el pago de precios públicos; siendo paradigmático los sellos de correos para, en los términos del art. 3.7 de la Ley 43/2010, de 30 de diciembre, del servicio postal universal, de los derechos de los usuarios y del mercado postal, cumplir como medios de franqueo para *"acreditar el pago de los servicios postales a los operadores postales que presten servicios incluidos en el servicio postal universal"*. De ese modo, su fin exclusivo de acreditación de pago ante deudas públicas determina que su falsificación sólo tiene relevancia en cuanto menoscabo de los ingresos públicos. Ahora bien, teniendo en cuenta que los delitos contra la Hacienda Pública se sancionan penalmente a partir de los 120.000 euros defraudados, la tipificación de esta conducta debe vincularse con un interés a tutelar superior y diferente al tributario, que sólo puede ser el correcto funcionamiento de este específico sistema de pagos. Cuestión distinta es que ese interés tutelado justifique el tratamiento penal que se le dispensa, máxime teniendo en cuenta que es un delito con una ínfima incidencia criminológica, ya que, por ejemplo, los procedimientos incoados por su comisión son 36 en 2022, 5 en 2023 y 19 en 2024.

La circunstancia de que, en muchos casos, los efectos timbrados sirvan para documentar actos jurídicos y obligaciones no debe hacer perder la perspectiva de que el timbre, en sí mismo considerado, también implica la liquidación del impuesto correspondiente a ese acto jurídico documentado. En efecto, una letra de cambio, por ejemplo, tiene la doble naturaleza de documento público, al acreditar la liquidación de un impuesto, y de documento mercantil, al acreditar la asunción de una obligación de pago. De ese modo la falsificación material del efecto —esto es, que no sea el elaborado por la Fábrica Nacional de Moneda y Timbre—, cuando sea concurrente con la falsedad respecto del acto jurídico u obligación que documenta, supondrá, al margen de delito de falsedad de documento mercantil, una falsificación de efectos timbrados.

3. El art. 389 CP, al delimitar el objeto material de este delito, se refiere a sellos de correos y efectos timbrados. El sello de correos tiene la consideración legal de documento timbrado especial, según lo dispuesto en el art. 15.2.15 del Decreto de 22 de junio de 1956, que aprueba el texto definitivo del Reglamento del Timbre del Estado, por lo que su mención expresa no resultaba necesaria. El concepto de efecto timbrado es de carácter normativo y, por tanto, habrá que estar a lo que determine la normativa tributaria en la materia, debiendo tener presente que el elenco de efectos timbrados no está cerrado, sino que, de acuerdo con lo previsto en el art. 39.1.e) del Reglamento General de Recaudación, aprobado por RD 939/2005, de 29 de julio (RGR), tienen también esa consideración los que puedan ser aprobados por orden del Ministerio de Hacienda. En este caso, y frente a lo establecido para la falsificación de moneda, los efectos timbrados a proteger son únicamente los nacionales (en sentido contrario, JIMÉNEZ ASENJO y VILLACAMPA ESTIARTE), al no existir ninguna previsión expresa para la protección de los extranjeros. Los efectos timbrados ya retirados de la circulación no son objeto material apto de este delito, aunque conserven su valor de canje por otros en vigor (CÓRDOBA RODA, CUELLO CALÓN, MORILLAS CUEVA, VILLACAMPA ESTIARTE).

El citado art. 39.1.e) RGR establece, de manera genérica, que tendrán la condición de efectos timbrados: el papel timbrado común; el papel timbrado de pagos al Estado; los documentos timbrados especiales; y los timbres móviles; además de los aprobados por orden del Ministerio de Hacienda. De una manera más descriptiva el ya citado art. 15 del Reglamento para aplicación de la Ley de Timbre del Estado hace una larga relación de los efectos timbrados especiales, pudiendo destacarse las letras de cambio, contratos de arrendamiento de fincas rústicas y urbanas, guías de propiedad de semoviente, licencias y guías de propiedad de armas, documentos especiales de aduanas o los sellos de correo. En todo caso, debe tomarse en consideración que este reglamento ha sido derogado por la disposición derogatoria única del ya citado Reglamento del Impuesto sobre Transmisiones Patrimoniales y Actos Jurídicos Documentados, pero solo *"en su aplicación al Impuesto sobre Transmisiones Patrimoniales y Actos Jurídicos Documentados"*. A los efectos de la elaboración y especificaciones técnicas de los efectos timbrados, el art. 39.3 RGR establece que *"La creación y modificación de efectos timbrados se hará por orden del Ministro de Economía y Hacienda, que se publicará en el «Boletín Oficial del Estado»"* y el art. 39.4 RGR que *"El grabado, estampación y elaboración, tanto de los propios efectos como de troqueles, matrices y demás elementos sustanciales para el empleo de aquellos se realizarán por la Fábrica Nacional de Moneda y Timbre-Real Casa de la Moneda, salvo que el Ministro de Economía y Hacienda autorice su realización por otras entidades"*. Por su parte, en lo que respecta a los efectos timbrados vinculados al impuesto sobre transmisiones patrimoniales y actos jurídicos documentados, el art. 116 del reglamento de estos impuestos también regula la elaboración de estos efectos timbrados en términos muy semejantes al RGR. Específicamente, la Orden del Ministerio de Hacienda de 11 de octubre de 2001, por la que se aprueban los modelos de Timbres del Estado con sus valores en euros, estableció los textos, modelos y especificaciones técnicas de la letra de cambio, del contrato de arrendamiento de fincas urbanas, del papel timbrado de uso exclusivo notarial, de timbres móviles y papel de pagos del Estado. Por su parte, la Orden HAC/305/2025, de 27 de marzo, por la que se aprueban los documentos notariales electrónicos timbrados, ha establecido las especificaciones técnicas de dichos documentos timbrados.

La regulación de la emisión de sellos de correos y otros signos de franqueo está regulada por el Real Decreto 1637/2011, de 14 de noviembre, cuyo art. 17.1 establece que sus emisiones *"serán autorizadas mediante resolución conjunta de los Subsecretarios de Fomento y de Economía y Hacienda"*, incidiendo el apartado 2 en que *"Únicamente tendrán la consideración de sellos de correo y demás signos de franqueo, aquellos que hayan sido emitidos en cumplimiento de la resolución conjunta de los Subsecretarios de Fomento y de Economía y Hacienda que apruebe su emisión"*. Al contrario que el resto de efectos timbrados, el art. 18.1, al regular el diseño y fabricación de emisiones, establece que *"Corresponde al operador que tenga encomendada la prestación del servicio postal universal proponer el diseño, tamaño, procedimiento de impresión, tipo de papel, dentado en su caso, formato tipo de adhesividad, valor facial, colores, número de efectos en pliego, y demás características generales, así como la tirada de los sellos y demás signos de franqueo y encargar la fabricación de las emisiones correspondientes"*; y el art. 18.2 que *"el citado operador podrá llegar a acuerdos con entidades públicas o privadas para la fabricación de los sellos de correo y demás signos de franqueo (...). Para ello este operador atenderá a criterios de capacidad técnica, de seguridad en la fabricación, depósito y custodia de los efectos, de calidad artística de los diseños así como a las condiciones económicas de la fabricación y de los servicios complementarios que deban prestarse En dichos acuerdos constarán las condiciones y el procedimiento para la inutilización o destrucción del material utilizado para la impresión"*.

2. *Conductas típicas*

1. Una de las consecuencias —o quizá una de las razones— del tratamiento conjunto de la falsificación de moneda y de los efectos timbrados es una cierta identidad en las conductas típicas sancionadas. No obstante, la regulación penal de la falsificación de efectos timbrados muestra una significativa simplificación tanto en la estructura como en la gradación de la gravedad de las conductas típicas. Desde esta última perspectiva, se establecen dos niveles de gravedad: (i) El relativo a las conductas de falsificación, expendición e introducción en España (art. 389, I CP) y de tenencia de útiles para su falsificación (art. 400 CP), que se sancionan con la pena de prisión de seis meses a tres años. Y (ii) el relativo al uso de efectos timbrados falsos recibidos de buena fe, que se sanciona con pena de prisión de tres a seis meses o multa de seis a veinticuatro meses, si el valor es superior a 400 euros, y con la pena de multa de uno a tres meses, cuando no se supere dicha cantidad (art. 389, II CP). Se excluye, por tanto, el nivel de responsabilidad penal atenuada que en el delito de falsificación de moneda se reserva para la tenencia y adquisición. Igualmente, desde una perspectiva estructural, los niveles de responsabilidad penal en relación con estos objetos materiales sufren una notable reducción, ya que se aporta un tratamiento unitario, equiparadas en gravedad, de las conductas de falsificación, expendición connivente, e introducción en España, pero excluyendo como típicas las conductas de exportación, trasporte y distribución. Igualmente, son atípicas las conductas de tenencia y adquisición conociendo la falsedad (ECHANO BASALDÚA, VILLACAMPA ESTIARTE). Se aprecian severas disfunciones y distorsiones tanto típicas como penológicas en la comparación de la delimitación de la responsabilidad penal de los delitos relativos a la falsificación de moneda y de efectos timbrados, que se irán analizando según se avance en la descripción de las distintas conductas típicas.

El art. 389, I CP establece la sanción, con la misma pena, de tres conductas: la falsificación, la expendición connivente con el falsificador y la introducción en España. No cabe sorprender el tratamiento unitario de estas conductas y su parificación en gravedad, toda vez que todas ellas ya aparecían unidas por su gravedad en la regulación tradicional de los delitos de falsificación de moneda hasta su reforma por la LO 1/2015, para su adaptación a las exigencias de la Directiva 2014/62/UE. Lo que llama la atención es que, sin motivo aparente, se hubieran excluido otras conductas que también tenían la misma consideración típica en aquel momento: la exportación y el trasporte y la distribución connivente. E, igualmente, que se hubiera limitado la responsabilidad por expendición a la connivencia con el falsificador, excluyendo al introductor. El mantenimiento de la introducción como única conducta coadyuvante de la puesta en circulación, quizá puede tener su sentido en la consideración de que esta conducta supone un plus de injusto respecto del exportador o el trasportista, pero mantenida la responsabilidad del introductor, no alcanza a comprenderse por qué la conducta típica del expendedor debe quedar limitada a los supuestos de connivencia con el falsificador. Por otra parte, la descoordinación de las conductas típicas falsarias de los sellos y efectos timbrados con respecto de la moneda se ha acrecentado tras las diversas reformas que han afectado a los delitos de falsedad de moneda por las LLOO 1/2015 y 1/2019 en las que, por ejemplo, ya ha desaparecido la exigencia de connivencia para la tipicidad de la conducta de expendición y la conducta de introducir en el país ha sido sustituida por la de importación.

2. La sanción de la conducta de "*falsificar*" establecida en el art. 389, I CP es una simplificación de la utilización de los términos "*alterar*" y "*fabricar*" por los que se optó en la tipificación de la falsificación de moneda. De ese modo, todo lo que se señaló en relación con ambas conductas es de aplicación al presente tipo penal, incluyendo la aptitud de la falsificación para inducir a error, que ha de tomar como referencia al concreto destinatario de la verificación de la validez del sello o efecto timbrado, y la exigencia del elemento subjetivo del tipo relativo a la intención de su utilización en el tráfico jurídico. No obstante, no pueden considerarse típicas la simple reutilización de sellos o efectos timbrados cuando no exista manipulación para enmascarar su uso previo.

La reutilización de efectos timbrados originales sin señas de uso no puede considerarse falsificación [SAP, Barcelona, Sección 2ª, 720/2007, 18-9 (*Tol 1231461)*, aunque reclamando su tipificación de *lege ferenda*]. Sin necesidad de debatir sobre si un efecto ya utilizado tiene "*curso legal*" y, por tanto, si, en su caso, y en términos del delito de falsificación de moneda, sería objeto apto para una alteración o para una fabricación, lo cierto es que su reutilización, en el caso de que no haya que manipularlo para borrar señales de su uso, ni es producto de una alteración del efecto ni supone su creación *ex novo*. Por tanto, los supuestos clásicos de reutilización de precintos de botellas de bebidas alcohólicas no son subsumibles en este tipo penal. Cuestión distinta es que el efecto haya debido ser manipulado para borrar signos de su previo uso. En tal caso, al igual que ya se señaló en relación con la falsificación de moneda, estamos ante una conducta típica de falsificación (MUÑOZ CONDE, VILLACAMPA ESTIARTE), ya que se ha elaborado un efecto timbrado falso. No obstante, debe tomarse en consideración que el art. 19.7 de la Ley 38/1992, de 28 de diciembre, de Impuestos Especiales, en el que se incluyen los impuestos sobre bebidas alcohólicas y sobre las labores del tabaco, establece que "*Tendrá la calificación de infracción tributaria leve la tenencia de marcas fiscales falsas, regeneradas o recuperadas. Esta infracción se sancionará con multa pecuniaria fija de 10 euros por cada marca fiscal falsa, regenerada o recuperada*".

Por su parte, habida cuenta de que normalmente el efecto timbrado tiene como objeto la acreditación de la exacción del pago ante la propia Administración Pública, el parámetro de control sobre la aptitud para inducir a engaño ya no será, como se defendió para la moneda, el hombre o sujeto económico medio, sino, en su caso, el funcionario que, a esos efectos, goza de un conocimiento especializado superior. La multiplicidad de efectos timbrados, su inferior utilización por la media de la ciudadanía y su nula publicitación implica que apenas exista familiaridad con su diseño, características y medidas de seguridad —en algunos casos inexistentes. Así, prácticamente, cualquier alteración o fabricación de un efecto timbrado, hasta la más burda y grosera, seria apta para inducir a error a cualquier ciudadano. Sin embargo, la función de acreditación de exacción tributaria o pago de deudas públicas provoca que sea la Administración Pública la que deba ser inducida a error sobre su legitimidad y, por tanto, la familiaridad de sus funcionarios la que deba ser tomada en consideración [SAP, Barcelona, Sección 8ª, 546/2004, 3-6; en sentido contrario, SAP, Almería, Sección 3ª, 240/2009, de 13-7 (*Tol 1753856)*, quien ante una burda alteración de un sello de correos y a pesar de que el funcionario reconoció que la manipulación en el precio era apreciable, toma en consideración la veloz dinámica de trabajo de los funcionarios de correos y la hipótesis de su enmascaramiento por el matasellos].

3. El art. 389, I CP también tipifica la expendición de efectos timbrados falsificados siempre que haya connivencia con el falsificador. Por expendición, en los términos ya señalados al analizar esa conducta en el contexto de los delitos de falsedad de moneda, debe entenderse su puesta en circulación en el tráfico jurídico conforme a la utilidad respectiva del sello o el efecto timbrado del que se trate. Por su parte, la exigencia de connivencia se vincula con un acuerdo previo, a modo de coautoría, entre el expendedor y el falsificador. La exclusión de cualquier referencia a conductas de distribución en este precepto genera una laguna de punibilidad y un agravio comparativo en relación con el mantenimiento de la sanción del uso de efectos timbrados falsos recibidos de buena fe.

El art. 389, II CP sanciona expresamente la distribución, junto con la utilización —sinónimo de expendición—, de los efectos timbrados cuando han sido recibidos de buena fe. A partir de ello no se entiende cuál es el fundamento político-criminal para excluir de la tipicidad no sólo la conducta de distribución connivente —que podría quedar en parte mitigada con una interpretación más generosa del concepto expendición—, sino, más allá de ello, la de las conductas de expendición o distribución no connivente conociendo la falsedad —que, al menos en la regulación de los delitos de falsificación de moneda, cabían ser sancionadas como tenencia. Es difícil de justificar que se sancione, y nada menos que con la misma pena que si se tratara de moneda falsa, al que distribuye o usa un efecto timbrado falso que recibió de buena fe, y que no exista reacción penal frente a quien expendió o distribuyó ese mismo efecto tras recibirlo conociendo su carácter falso y, menos aún, frente a quien lo distribuyó en connivencia con el falsificador, a pesar de que todas estas conductas están severamente sancionadas en relación con la moneda falsa.

La exigencia de connivencia del expendedor con el falsificador era compartida antes de la reforma operada por la LO 1/2015 con la falsificación de moneda. En la actualidad, sin embargo, solo se mantiene en este precepto, lo que, siguiendo lo ya señalado por la Doctrina respecto de las entonces vigentes conductas de falsedad de moneda connivente, este tipo penal en una especie de tipo de participación o de coautoría (ARÁNGUEZ SÁNCHEZ, MORILLAS CUEVA). No obstante, esta exigencia no responde a la realidad criminológica de que puede existir una división de funciones sin connivencia directa entre cada uno de los sujetos y, además, plantea difíciles problemas de prueba que pueden conllevar a la impunidad. La exigencia de connivencia materialmente debe identificarse con un concierto de voluntades. Ello implica, en todo caso, el conocimiento actual de la falsedad del efecto que se expende.

4. La tipificación de la introducción de efectos timbrados falsificados en España y la fabricación y tenencia de útiles para la comisión de los delitos relativos a la falsificación de efectos timbrados, no tiene ninguna especificidad respecto de lo afirmado al tratar los delitos de falsificación de moneda. Cabe destacar, no obstante, que frente a lo considerado por la Jurisprudencia [SSAP Granada, Sección 1ª, 205/2005, 20-4 (*Tol 666693*), y Valencia, Sección 4ª, 442/2016, 23-6 (*Tol 5840227*)], la conducta de introducción en España de efectos timbrados

falsificados se refiere a efectos sin usar, de modo que, por ejemplo, importar a España unas botellas de bebidas alcohólicas o cajetillas de tabaco con precintas falsificadas, al igual que portar una carta que se ha recibido con un sello falso no es subsumible en este tipo penal; sin perjuicio de que pudiera subsumirse, en su caso, en la conducta de utilización de los mismos del art. 389, II CP. En todo caso, el adelantamiento de la intervención penal que suponen estas conductas, puesto en relación con la menor gravedad del delito, no justifica su sanción.

5. El art. 389, II CP tipifica las conductas de los adquirentes de buena fe que, conociendo la falsedad de los efectos, los "*distribuyera o utilizara*", diferenciando la pena según que el valor sea superior a 400 euros —prisión de tres a seis meses o multa de seis a veinticuatro meses— o no —multa de uno a tres meses. Esta regulación resulta mimética con la de moneda falsa, alcanzando a la diferente penalidad según el valor aparente del objeto falsificado e incluso al nivel de gravedad.

La actual redacción de este precepto proviene de la LO 15/2003. Con anterioridad, la redacción originaria del CP vigente establecía un tratamiento diferenciado entre la distribución y la utilización, sancionando más gravemente la primera. No es necesario insistir en la paradoja penológica que supone la parificación de la gravedad de esta conducta con la referida a la moneda falsa. Pero no puede dejar de señalarse, como evidencia de la urgente necesidad de una reforma técnica de estos delitos —cuando no de su despenalización—, que mientras el límite mínimo de la pena de falsificación de moneda es de prisión de ocho años y el límite máximo de la pena de uso de moneda falsa recibida de buena fe es de prisión de seis meses; la pena mínima del delito de falsificación de efecto timbrado y la máxima del delito de uso de dichos efectos recibidos de buena fe es la misma: seis meses. En ese sentido, la SAP, Gipuzkoa, Sección 1ª, 301/2012, 2-7, condenó de conformidad por delito de utilización de efectos timbrados a una pena de tres meses de prisión a quien tenía depositadas en un local para su posterior venta 213 cajetillas de tabaco con precintos fiscales no auténticos por un valor de 480,53 euros.

6. La propia dinámica de la falsificación de efectos timbrados posibilita situaciones de concurso con delitos contra el patrimonio como la estafa [STS de 20 de diciembre de 1991 (*Tol 454753)*] e incluso con otras falsedades documentales atendiendo al hecho de la peculiar naturaleza de algunos efectos timbrados que sirven de soporte para documentar negocios jurídicos (ECHANO BASALDÚA, MUÑOZ CONDE, VILLACAMPA ESTIARTE). De ese modo, si además de falsificar el efecto timbrado se falsifica el contenido del documento resulta posible la concurrencia de delitos.

IV. LA REINCIDENCIA INTERNACIONAL (ART. 388 CP)

1. El art. 388 CP, desde la redacción originaria del CP, regula de manera específica la equiparación, a efectos de reincidencia del art. 22.8 CP, de las condenas

por las diversas conductas tipificadas en el Capítulo I impuestas por un tribunal extranjero a las impuestas en España.

La apreciación, a efectos de reincidencia, de las condenas impuestas por tribunales extranjeros no es frecuente en el CP y suele estar vinculadas al cumplimiento de compromisos internacionales. Así, aparece limitada, además de a estas falsedades, a los delitos de tráfico de órganos humanos (art. 156 *bis*.10 CP) y de trata de seres humanos (art. 177 *bis*.10 CP); los relativos a la prostitución y la corrupción de menores (art. 190 CP), determinados tipos penales contra la salud pública (art. 375 CP) y los delitos relacionados con la actividad de las bandas armadas, organizaciones o grupos terroristas (art. 580 CP). A estos efectos, cabe recordar que la STC 199/1987, 16-12 (*Tol 79938)*, rechazó la inconstitucionalidad de aplicar la reincidencia internacional en los delitos de terrorismo. Ahora bien, en relación con la validez de la condena en el extranjero se recuerda que no hay obligación de tomarla en consideración cuando se hubieran vulnerado garantías constitucionales en dicho procedimiento (FJ 5). Por su parte, la STC 150/1991, 4-7 (*Tol 80562)*, rechazó considerar inconstitucional la agravante genérica de reincidencia.

El fundamento de la apreciación de la reincidencia internacional es, exclusivamente, dar cumplimiento a las obligaciones contraídas por España en los diferentes Convenios y Tratados internacionales sobre esas concretas materias. El art. 6 del ya citado Convenio de Ginebra de 1929 establece que se reconoce como generador de la reincidencia las condenas extranjeras pronunciadas con ocasión de conductas relativas a la falsificación de moneda. Este origen, la ubicación de este precepto y su tenor literal han provocado una cierta polémica doctrinal sobre el alcance de la reincidencia internacional para estos delitos. El art. 388 CP dispone la aplicación de la reincidencia a todos los delitos de ese capítulo. Ahora bien, deben tenerse en cuenta dos circunstancias, en primer lugar, que dentro de ese capítulo se incluye la falsificación de efectos timbrados, que es una conducta ajena al objeto del Convenio. Y, en segundo lugar, que la conducta de fabricar, recibir o procurarse instrumentos u otros objetos destinados por su naturaleza a la falsificación de moneda, que sí es objeto del Convenio y a la que alcanza el compromiso de aplicación de la reincidencia internacional, se sanciona en el art. 400 CP como una disposición general que conforma un capítulo independiente. De ese modo, algunos autores, atendiendo al tenor literal de precepto, han defendido su aplicación tanto a los delitos de falsificación de moneda como a los de efectos timbrados (SERRANO GÓMEZ). Por el contrario, otros han hecho especial incidencia en que, al no ser la falsificación de efectos timbrados objeto del Convenio y regularse en el art. 389 CP, con posterioridad a la reincidencia internacional, no podría entenderse aplicable a estos delitos la reincidencia internacional (ECHANO BASALDÚA, VILLACAMPA ESTIARTE). La solución más adecuada, ante lo inequívoco del tenor literal del precepto, es no excluir la falsificación de efectos timbrados. Por un lado, la existencia de un compromiso internacional para regular este tipo de reincidencia en relación con la falsificación de moneda no excluye la posibilidad de establecerla en relación con cualquier otro tipo delictivo. Por otro lado, si bien la ordenación lógica hubiera sido incluir el art. 388 CP como última previsión de este capítulo, ello no posibilita derivar de esa única circunstancia una interpretación en contra de su tenor expreso.

Igualmente, se ha considerado por algunos autores, atendiendo al mismo criterio literal, que la reincidencia internacional no resultaría aplicable a los supuestos de fabricación o tenencia de útiles para la falsificación de moneda, al ser una conducta prevista en un capítulo distinto (CUELLO CALÓN). La solución más razonable es la inclusión dentro del ámbito de la reincidencia internacional del delito de fabricación o tenencia de útiles para la falsificación (ECHANO BASALDÚA), ya que, si bien conforma un capítulo independiente, lo es a modo de disposición general, haciéndose referencia expresa a que las conductas típicas —todas ellas actos preparatorios— lo son referidas a la *"comisión de los delitos descritos en los capítulos anteriores"*, sancionándolas con las mismas penas que a los autores. De ese modo, al igual que no existe polémica alguna con la aplicación de la reincidencia internacional al delito intentado de falsificación de moneda, no cabría discutir su aplicabilidad a los supuestos del art. 400 CP, que están configurados como actos preparatorios punibles.

2. El art. 388 CP no hace una remisión expresa a la regulación de la reincidencia en el art. 22.8 CP, pero establece tanto su equiparación a efectos penológicos como la salvedad de que el antecedente penal no haya sido cancelado o pudiera serlo. Por tanto, el único requisito del art. 22.8 CP que parece omitirse es que la condena sea ejecutoria. Sin embargo, no parece existir mayor obstáculo para que, en aplicación de una interpretación sistemática, deba entenderse que la condena de un tribunal extranjero a la que se refiere el art. 388 CP sea ejecutoria —esto es, firme— en concordancia con lo exigido en la regulación genérica de esta agravante (CÓRDOBA RODA). Igualmente, el tenor del precepto permite sostener que no será de aplicación esta circunstancia cuando el antecedente esté efectivamente cancelado conforme a la legislación del país en el que se produjo la condena o pudiera serlo tanto conforme a dicha legislación como a la española.

Como ya ha sido destacado por diversos autores, las posibilidades de aplicación efectiva de la reincidencia internacional resultan muy escasas, al no existir un Registro u órgano al que puedan dirigirse los tribunales para verificar la existencia de condenas ejecutorias (CASAS BARQUERO, VILLACAMPA ESTIARTE). En defecto de ese registro internacional, el Convenio de 1929 establece un régimen de oficinas centrales para coordinar los esfuerzos en materia de prevención y represión de estas conductas (art. 12), disponiendo que cada una de estas oficinas deben notificar a las extranjeras, entre otros, las condenas habidas en cada país (art. 14). Por tanto, en la medida en que tanto INTERPOL, a nivel internacional, como EUROPOL, a nivel europeo, cumplan funciones de referencia de las oficinas nacionales y se cumplimente debidamente por cada país la obligación de notificación de condenas, los archivos de estas instituciones podrían resultar útiles en la indagación de la existencia de condenas en otros países, aunque no pueden suplir la fuerza probatoria de un registro internacional de penados. Cuestión distinta es que los órganos judiciales españoles que estén conociendo de estos delitos y el Ministerio Fiscal en su función acusatoria no hayan sistematizado ni protocolizado dirigirse a estas oficinas centrales nacionales para tomar conocimiento de cualquier eventual condena en esta materia en otros países.

V. CUESTIONES PROCESALES

1. Las diversas conductas tipificadas en el Capítulo I, en lo que se refiere a la moneda nacional, son delitos para los que rige el principio de justicia universal en su persecución jurisdiccional en España [art. 23.3.e) LOPJ]. Sin embargo, a pesar de que el art. 387 CP establece la equiparación a la moneda nacional la de otros países de la Unión Europea y las extranjeras, las conductas falsarias que recaigan sobre estas monedas no nacionales no quedan sometidas a este principio de justicia universal, si bien respecto de estas rige su persecución conforme al principio de personalidad (art. 23.2 LOPJ).

El art. 23.3.e) LOPJ establece que *"conocerá la jurisdicción española de los hechos cometidos por españoles o extranjeros fuera del territorio nacional cuando sean susceptibles de tipificarse, según la ley penal española, como alguno de los siguientes delitos: (...) e) Falsificación de moneda española y su expendición"*. Esta previsión supone la exclusión del conocimiento de los tribunales españoles de las conductas cometidas en el extranjero que tengan como objeto moneda que no sea la española. Esta conclusión aparece reforzada por el hecho de que la LO 1/2009, de 3 de noviembre, ha derogado la previsión del entonces art. 23.4.d) LOPJ, en la que se disponía la competencia de la jurisdicción española para los casos de falsificación de moneda extranjera. De ese modo, desde la entrada en vigor de la citada LO 1/2009, el principio de justicia universal de la jurisdicción española queda limitado a la falsificación y expendición de moneda española en el extranjero. En todo caso, habida cuenta de que el art. 387, I CP, equipara la moneda nacional con las extranjeras, el art. 23.2 LOPJ, en la medida en que otorga competencia a la jurisdicción española para conocer de los delitos cometidos fuera del territorio nacional por los españoles, permitiría el enjuiciamiento por los tribunales españoles de los delitos de falsificación de moneda extranjera cometidos por españoles en el extranjero. Por tanto, en última instancia, la única conducta que queda excluida del ámbito jurisdiccional español es la falsificación de moneda extranjera cometida por un extranjero fuera de España.

Esta exclusión, sin embargo, supone un incumplimiento del Convenio de 1929. Su art. 9 establece una suerte de previsión de justicia universal en relación con estos delitos, al disponer que los extranjeros que hayan cometido estos hechos en el exterior *"deberían ser castigados de la misma manera que si el hecho hubiere sido cometido en el territorio de dicho país"*. Tomando en consideración que el art. 5 del Convenio impone la equiparación del tratamiento legal de la moneda nacional y la extranjera, el art. 9 sólo cabe interpretarse en el sentido de que debe aplicarse frente a cualquier tipo de conducta de falsificación cometida por el extranjero en el exterior con independencia del carácter nacional o extranjero de la moneda. Pues bien, así interpretado, el art. 23.3.e) LOPJ sólo permite dar cumplimiento parcial a este precepto, toda vez que sirve de base legal para el enjuiciamiento del delito de falsificación de moneda española cometida por extranjeros fuera del territorio nacional, pero no el de moneda extranjera que, como se ha expuesto, queda condicionado al cumplimiento de la aplicabilidad del principio de personalidad (art. 23.2 LOPJ). Los órganos judiciales españoles a pesar de este incumplimiento del legislador deben hacer aplicación directa el art. 9 del Convenio de 1929 en virtud de su obligación de desarrollar un control de convencionalidad en los términos impuestos en el FJ 6 de la STC 140/2018, 20-12 (*Tol 6978681*).

Por otra parte, la referencia del art. 23.3.e) LOPJ a la tipificación del hecho como falsificación de moneda y su expendición para establecer la competencia de la jurisdicción española, no deja de plantear ciertas dudas a la hora de identificar qué concretas conductas deben calificarse como tal. La expresión *"falsificación de moneda y su expendición"* no coincide exactamente con el nombre dado al capítulo del CP, ni tampoco supone una descripción concreta de todas las conductas previstas en el art. 386 CP. A pesar de ello, tomando en consideración que el Capítulo se intitula de manera genérica *"de la falsificación de monedas y efectos timbrados"*, cabe concluir que los tribunales españoles serán competentes para el enjuiciamiento de todas las conductas típicas del citado art. 386 CP cometidas en el extranjero cuando recaigan sobre moneda española (en sentido contrario, VILLACAMPA ESTIARTE). A la misma conclusión debe llegarse, por su carácter de disposición general, por la remisión expresa contenida en la misma y por ser una de las conductas incluidas dentro del ámbito de aplicación del Convenio de 1929, en relación con el delito de fabricación o tenencia de útiles destinados a la falsificación de monedas (art. 400 CP).

2. La competencia para el conocimiento de las diversas conductas tipificadas en el Capítulo I corresponde a la Audiencia Nacional, pero solo cuando han sido cometidas por organizaciones o grupos criminales [art. 65.1.b) LOPJ]; habiéndose también regulado específicamente la coordinación operativa en la persecución de estos delitos.

El art. 65.1.b) LOPJ, en la vigente redacción dada por la LO 1/2025, de 2 de enero, establece que *"la Sala de lo Penal de la Audiencia Nacional conocerá: 1º Del enjuiciamiento, salvo que corresponda en primera instancia a la Sección de lo Penal del Tribunal Central de Instancia, de las causas por los siguientes delitos: (...) b) Falsificación de moneda y fabricación de tarjetas de crédito y débito falsas y cheques de viajero falsos o cualquier otro instrumento de pago distinto del efectivo, siempre que sean cometidos por organizaciones o grupos criminales"*. La vigente atribución de la competencia a la Audiencia Nacional para conocer de los delitos de falsificación de moneda, limitada a que sean cometidas por organizaciones o grupos criminales, que tiene su origen en la LO 5/2010, supone una restricción en relación con la anterior regulación. La redacción originaria de este precepto, que se había mantenido sin modificación desde la aprobación de la LOPJ, era la de atribución de competencia para conocer de los delitos de *"falsificación de moneda, delitos monetarios y relativos al control de cambios"*. Ello implicaba una delimitación competencial exclusivamente a partir de la calificación de la conducta —lo que no había dejado de plantear problemas competenciales en algunos casos derivados de la eventual consideración como falta de las conductas de distribución de moneda falsa recibida de buena fe [ATS 18-5-2001 (*Tol 3461716)*]. La Jurisprudencia también es favorable a remitir la competencia a la AN en supuestos de concurrencia con otros delitos, siempre que el delito de falsificación de moneda sea independiente y no se rompa la continencia de la causa [STS 457/2007, 29-5 (*Tol 1081774)*].

La actual regulación, por el contrario, establece una delimitación de la competencia de la Audiencia Nacional sobre estos delitos restringiéndola a los casos en que sean cometidos por organizaciones o grupos criminales. A esos efectos el nuevo art. 570 *bis*.1, II CP, introducido por LO 5/2010 y con la vigente redacción dada por la LO 1/2015, da una definición legal de organización criminal, entendiendo por tal *"la agrupación formada por más de dos personas con carácter estable o por tiempo indefinido, que de manera concertada y coordinada se reparten diversas tareas o funciones con el fin de cometer delitos"*. Igualmente, será competente la Audiencia Nacional para el enjuiciamiento de los delitos de falsificación de moneda cometidos en el extranjero cuyo conocimiento, conforme al ya comentado art. 23.3.d) LOPJ, corresponda a la jurisdicción española.

El hecho de que en la delimitación competencial se utilice el concepto *"falsificación de moneda"* permite concluir, por la identificación que supone con parte de título de este capítulo del Código Penal, que se extiende a todas las conductas del art. 386 CP y también, por las razones señaladas anteriormente, a las del art. 400 CP, en lo que se refiere a útiles destinados a la falsificación de moneda.

La investigación y persecución de los delitos de falsificación de moneda también presentan singularidades. El Real Decreto 857/2003, de 4 de julio, sobre coordinación de actuaciones entre las Fuerzas y Cuerpos de Seguridad y la Brigada de Investigación del Banco de España en la lucha contra la falsificación de billetes y monedas, establece los mecanismos de coordinación operativa en la materia. A esos efectos, existe dentro de la Dirección General de la Policía una Brigada de Investigación del Banco de España, que asume la de los delitos relacionados con la falsificación de moneda nacional y extranjera, funcionando como Oficina Central Nacional, a la que se debe comunicar toda la información sobre las investigaciones desarrolladas en esta materia y a la que se debe remitir físicamente toda la moneda falsa intervenida y los instrumentos y útiles empleados en la falsificación, sin perjuicio de que éstos se hallen a disposición judicial. En todo caso, el destino último de los efectos intervenidos y a quien corresponde realizar los análisis periciales pertinentes son el Centro Nacional de Análisis (CNA) o, en su caso, al Centro Nacional de Análisis de Moneda (CNAM) del Banco de España, según se trate de billetes o monedas, respectivamente. Por otra parte, el art. 11 del Convenio de 1929 establece una singular previsión respecto de este particular, ya que tras disponer la obligación de embargo y confiscación de las monedas falsas y los útiles para su falsificación, señala, en relación con las monedas extranjeras, que deberán ser entregados *"a petición suya, bien al Gobierno, bien al Banco de emisión de cuya moneda se trata"*, excepcionando la posibilidad de conservación en archivos criminales impuestas por ley o muestras que pudieran parecer útiles.

3. El art. 9 de la Directiva 2014/62/UE, con el fin de posibilitar la más eficaz persecución de este tipo de delincuencia, dispone que *"los Estados miembros adoptarán las medidas necesarias para garantizar que las personas, unidades o servicios responsables de la investigación o enjuiciamiento de los delitos contemplados en los artículos 3 y 4 dispongan de instrumentos de investigación eficaces, como los que se utilizan en los casos relacionados con la delincuencia organizada u otros delitos graves"*. Se justifica esa previsión en el considerando (21) señalando que *"Para garantizar el éxito de las investigaciones y del procesamiento por delitos de falsificación de moneda, los responsables de investigar y procesar por tales delitos deberían tener la posibilidad de utilizar herramientas de investigación eficaces como las que se utilizan para combatir la delincuencia organizada u otros delitos graves. Si procede, entre esas herramientas podrían figurar, por ejemplo, la interceptación de las comunicaciones, la vigilancia encubierta (incluida la electrónica), el control de las cuentas bancarias y otras investigaciones financieras. Teniendo en cuenta, entre otras cosas, el principio de proporcionalidad, el uso de dichas herramientas de conformidad con el Derecho nacional debería ser acorde con la naturaleza y gravedad de los delitos investigados. Debería respetarse el derecho a la protección de los datos personales"*.

Internacionalmente hay una preocupación por posibilitar la más amplia cooperación internacional en la represión de estas conductas, lo que ha determinado que el art. 3 del Convenio de 1929 estableciera su condición de delitos extraditables, incidiendo el Protocolo Facultativo en que se considerarían a esos efectos delitos comunes. Por su parte, la falsificación de moneda es uno de los delitos que queda excluido del control de doble tipificación, conforme a lo establecido en el art. 20 de la Ley 23/2014, de 20 de noviembre, de reconocimiento mutuo de resoluciones penales en la Unión Europea.

VI. BIBLIOGRAFÍA

ARÁNGUEZ SÁNCHEZ, C. *Falsificación de moneda*, Barcelona, 2000; BOLDOVA PASAMAR, M. A. *Estudio del bien jurídico protegido en las falsedades documentales*, Granada, 2000; BONÉ PINA, J. F./ SOTERAS ESCARTÍN, R. *De las falsedades*, Barcelona, 2000; BRANDÁRIZ GARCÍA, J. A. "Falsificación de moneda", en ÁLVAREZ GARCÍA, F. J./GONZÁLEZ CUSSAC, J. L. (dirs.) *Comentarios a la Reforma Penal de 2010*, Valencia, 2010; BRAVO GARCÍA, J. L. "Falsificación de moneda y tarjetas de pago: el art. 387 del Código Penal", *Cuadernos de derecho judicial*, nº 6, 2002; BURGOS PAVÓN, F. "Falsificación del euro y medios de pago", *Boletín del Ministerio de Justicia*, nº extra 2015, 2006; CASAS BARQUERO, J. J. "Reflexiones técnico-jurídicas sobre los delitos de falsedad del Título III, del Libro II del Código Penal", en *D. J.*, núms. 37/40, vol. 2, 1983; CASTRO MORENO, A. "Consideraciones para una posible reforma de los delitos de falsificación de moneda, sellos y efectos timbrados", *AP*, nº 22, 2002; COCA VILA, I. "Las falsedades", en VV.AA. *El nuevo Código Penal: comentarios a la reforma*, Madrid, 2012; COBO DEL ROSAL, M. "Esquema de la teoría general de los delitos de falsedades", *CPC*, nº 56, 1995; CRUZ PALMERA, R. "El 'delito de preparación de falsedades', art. 400 del código penal: una propuesta de interpretación para los delitos instrumentales", *RGDP*, nº 34, 2020; CUELLO CALÓN, E. "La reforma penal española en materia de falsificación de moneda", en *ADPCP*, nº 2, 1948; DE LA MATA BARRANCO, N. J. "Falsificación de moneda y otros medios de pago", en VV.AA. *Adaptación del derecho penal español a la política criminal de la Unión Europea*, Madrid, 2017; GARCÍA SÁNCHEZ, B. "Falsificación de moneda y de otros medios de pago", en PÉREZ CEPEDA, A. I. (dir.) *Política criminal ante el reto de la delincuencia transnacional*, Valencia, 2016; GÓMEZ MARTÍN, V. "Delitos de falsedades", en *Memento Reforma Penal*, Madrid, 2024; JIMÉNEZ ASENJO, E. "Falsificación de efectos timbrados" y "Falsificación de moneda", en *NEJ*, t. IX; MARÍN DE ESPINOSA CEBALLOS, E. B. "La adaptación del Código Penal ante la introducción del euro como moneda oficial española: repercusiones en el delito de falsificación de moneda", en *LH-Bacigalupo Zapater*, 2004; MORILLAS CUEVAS, L. "falsedades", en VV.AA. *Estudios sobre el Código Penal reformado (Leyes Orgánicas 1/2015 y 2/2015)*, Madrid, 2015; ORTS BERENGUER, E. "Falsificación de moneda y uso público indebido de determinados atributos", en VV.AA. *Comentarios a la reforma del Código Penal de 2015*, Valencia, 2015; PAREDES CASTAÑÓN, J. M. "Tentativa imprudente de introducción de moneda falsa", *PJ*, nº 23, 1991; QUINTERO OLIVARES, G. "Clonación de tarjetas y el uso de documentos falsos", *BIMJ*, suplemento al nº 2015, 2006; QUINTERO OLIVARES, G. "Las reformas en falsedades de moneda, documentos de identidad y certificados, arts. 387, 392, 399 y 400", en ÁLVAREZ GARCÍA, F. J./GONZÁLEZ CUSSAC, J. L. (dirs.) *Comentarios a la Reforma Penal de 2010*, Valencia, 2010; ROCA AGAPITO, L. "¿Bienvenida al euro? Algunos problemas que plantea en el Derecho penal la llegada del euro", *LL*, t. 2, 2002; VERVAELE, J. "Falsificación del euro ¿hacia una federalización del Derecho en la Unión Europea?", *AP*, nº 20, 2002.

REFERENCIAS LEGALES

- Convenio de Ginebra, de 20 de abril de 1929, de represión de la falsificación de moneda (*Tol 210945*).
- Reglamento (CE) núm. 974/98 del Consejo de 3 de mayo de 1998 sobre la introducción del euro (*Tol 719700*).
- Decisión Marco 2000/383/JAI, de 29 de mayo, del Consejo, sobre el fortalecimiento de la protección, por medio de sanciones penales y de otro tipo, contra la falsificación de moneda con miras a la introducción del euro.
- Reglamento 2001/1338/CE, de 28 de junio, del Consejo, sobre protección del euro contra la falsificación (modificado por los Reglamentos 2009/44/CE y 2009/45/CE, de 18 de diciembre) (*Tol 145580*).
- Orientación del Banco Central Europeo 2003/5, de 20 de marzo, sobre la aplicación de medidas contra la reproducción irregular de billetes en euros y sobre el canje y la retirada de billetes en euros.
- Reglamento (CE) 2182/2004, de 6 de diciembre, del Consejo, sobre medallas y fichas similares a monedas de euro.
- Recomendación de la Comisión, de 22 de marzo de 2010, sobre el alcance y los efectos del curso legal de los billetes y monedas en euros.

- Reglamento (UE) núm. 952/2013 del Parlamento Europeo y del Consejo de 9 de octubre de 2013, por el que se establece el código aduanero de la Unión (refundición) (*Tol 3961371*).
- Decisión del Banco Central Europeo de 19 de abril de 2013, sobre las denominaciones, especificaciones, reproducción, canje y retirada de los billetes en euros (versión refundida) (BCE/2013/10).
- Directiva 2014/62/UE del Parlamento Europeo y del Consejo, de 15 de mayo de 2014, relativa a la protección penal del euro y otras monedas frente a la falsificación (*Tol 4310162*).
- Directiva (UE) 2019/713 del Parlamento Europeo y del Consejo de 17 de abril de 2019, sobre la lucha contra el fraude y la falsificación de medios de pago distintos del efectivo (*Tol 7205919*).
- Ley Orgánica 12/1995, de 12 de diciembre, de represión del contrabando (*Tol 220542*).
- Ley Orgánica 10/1998, de 17 de diciembre, complementaria de la Ley sobre introducción del euro (*Tol 146445*).
- Ley Orgánica 15/2003, de 25 de noviembre, por la que se modifica la Ley Orgánica 10/1995, de 23 de noviembre, del Código Penal (*Tol 228956*).
- Ley Orgánica 1/2009, de 3 de noviembre, complementaria de la Ley de reforma de la legislación procesal para la implantación de la nueva Oficina judicial, por la que se modifica la Ley Orgánica 6/1985, de 1 de julio, del Poder Judicial (*Tol 1631667*).
- Ley de 27 de diciembre de 1947 sobre modificación de determinados artículos del Código Penal relativos a la falsificación de moneda y billetes del Estado y de Banco.
- Ley 38/1992, de 28 de diciembre, de Impuestos Especiales (*Tol 330067*).
- Real Decreto Legislativo 1/1993, de 24 de septiembre, por el que se aprueba el Texto refundido de la Ley del Impuesto sobre Transmisiones Patrimoniales y Actos Jurídicos Documentados (*Tol 224742*).
- Ley 46/1998, de 17 de diciembre, sobre introducción del euro (modificada por Leyes 14/2000, de 19 de diciembre; 9/2001, de 4 de junio; 24/2001, de 27 de diciembre y 44/2002, de 22 de noviembre) (*Tol 147654*).
- Ley 58/2003, de 17 de diciembre, General Tributaria (*Tol 327278*).
- Ley 43/2010, de 30 de diciembre, del servicio postal universal, de los derechos de los usuarios y del mercado postal (*Tol 2000424*).
- Ley 23/2014, de 20 de noviembre, de reconocimiento mutuo de resoluciones penales en la Unión Europea (*Tol 4549387*).
- Decreto de 22 de junio de 1956 por el que se aprueba el texto definitivo del Reglamento del Timbre del Estado y se dictan normas complementarias para la ejecución de la Ley de 14 de abril de 1955.
- Real Decreto 1165/1995, de 7 de julio, por el que se aprueba el Reglamento de los Impuestos Especiales (*Tol 447979*).
- Real Decreto 857/2003, de 4 de julio, sobre coordinación de actuaciones entre las Fuerzas y Cuerpos de Seguridad y la Brigada de Investigación del Banco de España en la lucha contra la falsificación de billetes y monedas (*Tol 292270*).
- Real Decreto 939/2005, de 29 de julio, por el que se aprueba el Reglamento General de Recaudación (*Tol 675844*).
- Instrucción FGE 5/2001, de 13 de diciembre, sobre los efectos de la introducción del euro en el ámbito penal (*Tol 118387*).

Lección 46ª

Delitos de falsedad documental

JOSÉ MIGUEL SÁNCHEZ TOMÁS

SUMARIO. I. CONSIDERACIONES GENERALES. II. BIEN JURÍDICO PROTEGIDO. III. OBJETO MATERIAL: EL CONCEPTO DE DOCUMENTO. IV. LA CONDUCTA FALSARIA. 1. Consideraciones generales. 2. Las conductas de falsificación propia. 2.1. La alteración de elemento esencial. 2.2. La simulación de autenticidad. 2.3. La atribución falsa de intervención o declaración. 2.4. La narración inveraz de hechos. 3. Las conductas de falsificación impropia. 3.1. El tráfico y la tenencia para el tráfico. 3.2. Las falsificaciones de uso. V. LA FALSIFICACIÓN DE DOCUMENTOS PÚBLICOS, OFICIALES, MERCANTILES Y DESPACHOS DE TELECOMUNICACIONES. 1. Consideraciones generales. 2. Objeto material. 3. La falsificación cometida por autoridad o funcionario público. 3.1. Tipo doloso. 3.2. Tipo imprudente. 3.3. Tipo asimilado: la falsificación por responsable de confesión religiosa. 3.4. Tipo privilegiado: la falsificación de despachos de telecomunicaciones. 4. La falsificación cometida por particular. 5. El tráfico y el uso de documentos falsos. VI. LA FALSIFICACIÓN DE DOCUMENTOS PRIVADOS. 1. Consideraciones generales. 2. La falsificación de documentos privados. 3. El uso de documentos privados falsos. VII. LA FALSIFICACIÓN DE CERTIFICADOS. 1. Consideraciones generales. 2. Sujetos activos. 3. Objeto material: el concepto de certificado. 4. La falsificación de certificados. 5. El tráfico y uso de certificado falso. VIII. LA FALSIFICACIÓN DE INSTRUMENTOS DE PAGO DISTINTOS DEL EFECTIVO. 1. Consideraciones generales. 2. La falsificación de estos instrumentos de pago. 3. La tenencia para el tráfico y el uso de estos instrumentos de pago. IX. LA POSESIÓN O TRÁFICO DE ÚTILES PARA LA FALSIFICACIÓN. X. *ITER CRIMINIS* Y PARTICIPACIÓN. XI. CONCURSOS. XII. BIBLIOGRAFÍA.

I. CONSIDERACIONES GENERALES

1. El Capítulo II del Título XVIII está dedicado a las falsedades documentales. El tratamiento penal de estas conductas en el CP de 1995 supuso una profunda revisión de la tradicional regulación dispensada a estos delitos en la legislación penal española. Históricamente, la tipificación de los delitos de falsedad documental, como en general de todas las falsedades, estaba presidida por un casuismo exasperante. El CP redujo ese casuismo y en la actualidad este Capítulo está subdividido en cuatro secciones en función de la naturaleza del documento en que recaen. La Sección 1ª (arts. 390 a 394 CP), la más extensa, se reserva para la falsificación de documentos públicos, oficiales y mercantiles y de los despachos trasmitidos por servicios de telecomunicaciones. La Sección 2ª (arts. 395 y 396 CP) se dedica a la falsificación de documentos privados. La Sección 3ª (arts. 397 a 399 CP) aborda la falsificación de certificados. La Sección 4ª (arts. 399 *bis* y *ter* CP) tipifica la falsificación de tarjetas de crédito y débito, cheques de viaje y demás instrumentos de pago distintos del efectivo. Por su parte, el Capítulo III, a modo de disposiciones generales, incluye en el art. 400 CP la sanción de la posesión o tráfico de útiles para la comisión de, entre otros, los delitos de falsificación documental y en el art. 400 *bis* CP una extensión del concepto de uso de documentos falsos.

El CP 1995, en su redacción original, subdividió el Capítulo II solo en las tres primeras secciones descritas, quedando afectada la redacción de los arts. 392 y 399 CP por la LO 5/2010, de 22 de junio, y la del art. 398 CP por la LO 7/2012, de 27 de diciembre. La Sección 4ª fue añadida por la LO 5/2010, dedica entonces solo a la falsificación de tarjetas de crédito y débito y cheques de viaje, y ampliada por la LO 14/2022, de 22 de diciembre, a los demás instrumentos de pago distintos al efectivo, que da una nueva redacción completa a este delito en el art. 399 *bis* CP y una definición autentica del concepto de instrumentos de pago distintos al efectivo en el art. 399 *ter* CP. Por su parte, el Capítulo III, dedicado a las disposiciones generales, incluye el art. 400 CP, que ha sufrido sucesivas modificaciones por las LLOO 1/2015, de 30 de marzo, y 14/2022; y el art. 400 *bis* CP, añadido por la LO 5/2010.

Las sucesivas actualizaciones de este Capítulo no han llegado hasta el límite de aportar un concepto legal de falsificación o conducta falsaria aplicable a todas las secciones. Ese déficit se ve en parte paliado por la circunstancia de que el art. 390.1 CP aporta en cuatro numerales otras tantas conductas que cabe definir como de falsedad y que, en defecto de una cláusula general, pueden servir de criterio referencial para la interpretación de otros tipos penales en los que se usa únicamente el concepto *"falsificar"* para delimitar la conducta típica. Del mismo modo, la inclusión de un concepto legal de documento en el art. 26 CP permite resolver algunas de las dificultades en relación con el objeto material de estos delitos. Sin embargo, por los múltiples problemas interpretativos que generan, todavía hubiera sido necesario un mayor esfuerzo por definir legalmente conceptos como documento mercantil, documento de identidad, certificado o facultativo. La LO 14/2022, con buena técnica, al ampliar el objeto material de los documentos falsificados del art. 399 *bis* CP a otros instrumentos de pago distintos del efectivo, ha incluido en el art. 399 *ter* CP un concepto legal auténtico de los mismos.

Resulta complejo realizar una sistematización de todos los tipos penales y conductas típicas incluidas en este Capítulo, más allá de la realizada por el CP en virtud del objeto material. Sin embargo, cabe aventurar, al menos, otros dos criterios de clasificación que pueden facilitar su análisis. El primero sería atendiendo al sujeto activo, ya que en el tratamiento penal de estas conductas cabe diferenciar delitos especiales, propios e impropios, y delitos comunes. Ese es el criterio adoptado por el CP en las secciones 1ª y 3ª de este Capítulo. El segundo sería atendiendo a la conducta típica falsaria, diferenciando entre conductas de falsificación material o propia y conductas de falsificación impropia o de uso, en que se incluirían el tráfico, tenencia y uso de documentos falsos. Sin embargo, para facilitar el estudio de las muchas conductas típicas recogidas en este Capítulo se ha optado por mantener la división por secciones efectuada en el CP y, por tanto, el criterio del objeto material.

2. Desde una perspectiva criminológica, conforme a los datos estadísticos de 2023 y 2024 aportados por la FGE, los delitos de falsedad documental dieron lugar a la apertura de 11.307 y 11.533 diligencias previas, de ellas corresponde a la falsificación, de documentos públicos 6878 y 6688, de documentos públicos en su modalidad imprudente 151 y 255, de despachos telegráficos 1 y 3, de documentos privados 1493 y 1679, de certificados 172 y 256, a falsificación por particular 2352 y 2420, a fabricación o tenencia de útiles para la falsificación 6 y 12, a uso de documentos falsos 225 y 194 y a la falsificación de tarjetas de crédito y cheques de viaje 29 y 25.

II. BIEN JURÍDICO PROTEGIDO

Las consideraciones vertidas sobre la imposibilidad de concretar un común interés a tutelar en los ilícitos agrupados en el Título correspondiente a las falsedades pueden, en muchos aspectos, ser reproducidas en la determinación del bien jurídico protegidos en los delitos de falsedad documental. La complejidad y carencia de una sistemática coherente en la regulación de estos ilícitos en el devenir codificador, no sólo no favoreció la formación de un consenso para definir el bien jurídico protegido sino que, además, propició que los diversos intentos desarrollados debieran conformarse con señalar vagas ideas sobre un eventual interés de tutela común que los caracterizara frente a otras conductas falsarias.

A dichas épocas pertenecen las propuestas de que lo protegido era un pretendido *"derecho a la verdad"* y, en su concreción jurídica, la fe pública, entendida bien como atributo otorgado por el Estado ante la intervención de determinadas personas en su confección —que lo dejaba limitado a la falsedad de documentos públicos con exclusión de los privados—, bien como la confianza pública que se hace recaer sobre determinados objetos, lo que, a pesar de continuar siendo una formulación en exceso genérica y de referencias subjetivas y personalistas, acabó concretándose en la propuesta de que el interés a tutelar era la seguridad del tráfico jurídico. El punto culminante de esta evolución se produce con la caracterización del documento como medio de prueba y, por tanto, la conceptuación de las falsedades documentales como delitos contra su eficacia probatoria. Ello supuso un cambio de paradigma al alejarse el análisis del bien jurídico de la conducta falsaria y centrarse en la función del documento como objeto material sobre el que recae la conducta. Así se anticipan las actuales teorías que consideran que el interés de tutela es la propia funcionalidad del documento, concretada no sólo en la función probatoria, sino también en la de perpetuación, al gozar de una perdurabilidad en el tráfico jurídico de la que carecen otras manifestaciones de voluntad, y en la de garantía, al constituir una determinada forma de acreditación de la autoría. A partir de ello la esencia de las conductas falsarias es que podrían lesionar sólo algunas o todas estas funciones del documento (GARCÍA CANTIZANO, JIMÉNEZ VILLAREJO, ECHANO BASALDUA, LÓPEZ BARJA DE QUIROGA, QUERALT JIMÉNEZ, QUINTERO OLIVARES, SANZ MORÁN, SILVA SÁNCHEZ, VILLACAMPA ESTIARTE; críticamente, BOLDOVA PASAMAR). Esa misma posición es la defendida jurisprudencialmente [SSTS 120/2021, 11-02 (*Tol 8318002)*; STS 290/2022, 23-3 (*Tol 8900457)*; 760/2022, 15-9 (*Tol 9221795)*, o 811/2023, 3-11 (*Tol 9777496)*]. Así, en la primera de las sentencias citadas se destaca que *"el bien jurídico protegido no es otro que la garantía de la seguridad del tráfico jurídico y la veracidad de los instrumentos probatorios"*; y en la segunda que *"de ahí que esta Sala haya tenido ocasión de afirmar que, en última instancia, lo que se protege con la punición de las falsedades no es tanto la verdad como la función que los documentos están llamados a desempeñar en la vida jurídica (STS 352/2016, de 26-4). En este sentido, hemos dicho en STS 73/2010, de 10-2, que mediante el delito de falsedad se protegen las funciones atribuidas a los documentos en el tráfico jurídico, incluidas por tanto, las relativas a la efectividad de aquellas. Estas funciones son: probatoria del negocio jurídico que el documento refleja; de garantía relacionada con la seguridad que brinda el documento respecto a la identidad del emisor de la declaración que contiene; y de perpetuación de la declaración documentada, para que pueda ser conocida por terceros"*. No obstante, también es de destacar la posición doctrinal incipiente que considera las falsedades como delitos instrumentales y, por tanto, una anticipación en la intervención del Derecho penal (COCA VILA, SILVA SÁNCHEZ), lo que, en última instancia, permitiría sustentar la lógica de que son delitos que carecen de un interés de tutela penal independiente y autónomo al de los delitos que sirven como instrumento.

La actual inclusión de un concepto legal de documento en los términos previstos en el art. 26 CP ha facilitado que se haya impuesto mayoritariamente la idea de que el bien tutelado no sólo es la función probatoria del documento, sino, más ampliamente, la seguridad del tráfico jurídico (ARMENTEROS LEÓN, BACIGALUPO ZAPATER, BORJA JIMÉNEZ, COBO DEL ROSAL, COCA VILA, FERNÁNDEZ PANTOJA, JAÉN VALLEJO, MESTRE DELGADO, MORILLAS CUEVA, MUÑOZ CONDE, NAVARRO FRÍAS, PABLO SERRANO, RODRÍGUEZ RAMOS, SILVA SÁNCHEZ), toda vez que el documento queda legalmente definido, además de por su eficacia probatoria, por "*cualquier otro tipo de relevancia jurídica*". Ahora bien, atendiendo a que la actual regulación penal de estas conductas, su heterogeneidad y la dispersión de otras conductas de falsificación documental fuera de este Capítulo impiden poder identificar un bien jurídico único y común que otorgue coherencia a estas conductas, y las permita diferenciarse de otras situadas fuera de este Capítulo, también destacan las posiciones doctrinales que han renunciado a este esfuerzo de identificación de un bien jurídico protegido (ROJAS AGUIRRE).

III. OBJETO MATERIAL: EL CONCEPTO DE DOCUMENTO

1. El art. 26 CP establece que "*a los efectos de este Código se considera documento todo soporte material que exprese o incorpore datos, hechos o narraciones con eficacia probatoria o cualquier otro tipo de relevancia jurídica*". En atención a ello, habiéndose aportado un concepto legal de documento a efectos penales, el objeto material de los delitos de falsedad documental es el reflejado en este precepto.

Es en este artículo, con el precedente del Proyecto de CP 1992, donde por primera vez se aporta una definición legal a efectos penales de documento. La ausencia de esta definición había llevado a una viva discusión doctrinal y jurisprudencial sobre la cuestión, pugnándose entre una corriente de influencia latina, más formalista y estricta, que lo identificaba con documento escrito, y otra de influencia germánica, de carácter material y más amplia, que lo conceptúa como todo aquello que pueda contener una declaración con relevancia jurídica (ampliamente, FERNÁNDEZ PANTOJA). Como se puede comprobar el concepto aportado por el art. 26 CP se adhiere, como ya había hecho con anterioridad el propio CP francés, a las corrientes materiales. En todo caso, debe destacarse que es una conceptuación de alcance general para todo el CP y no limitada únicamente a la delimitación del objeto material de estos delitos. En ese sentido, la STS 828/1998, 18-11 (*Tol 2047595*) recordaba que "*en el debate tradicional entre la concepción latina de documento, que lo reduce a la forma escrita, y la concepción germánica que admite cualquier base material susceptible de incorporar una declaración jurídicamente relevante, escrita o no, la norma se inclina por la concepción germánica, más amplia, como ya lo había efectuado antes un sector de la doctrina española, y la jurisprudencia de esta Sala (Sentencias de 19 de abril de 1991, 20 de marzo de 1992 y 15 de marzo de 1994, entre otras)"*; concluyendo que *"cabe, en consecuencia, cualquier soporte hábil (papel, piedra, madera, cinta magnetofónica, película cinematográfica, disco de ordenador, etc.) para fijar datos jurídicamente relevantes, tanto a través de la escritura como de otros medios (fotográficos, cinematográficos, sonoros, informáticos, etc.)"*.

2. Las características esenciales que cabe derivar del enunciado del art. 26 CP —y, por tanto, del documento como objeto material de estos delitos— son: a) la libertad de soporte, b) la incorporación de información y c) la relevancia probatoria o jurídica de la información incorporada. En relación con la libertad de soporte, la vieja concepción que identificaba documento con representación gráfica, principalmente escrita, fue ampliamente superada por los avances tecnológicos y la incorporación de nuevos soportes a las relaciones desarrolladas en el tráfico jurídico. La desprotección ante las falsedades en el mundo de la informática fue una de la circunstancia que precipitó, antes de que se incorporara una definición de documento como la que se está analizando, un giro jurisprudencial para la asunción de una definición material de documento [STS 19 de abril 1991 (*Tol 454406)*], que fue consolidado tras la entrada en vigor del CP vigente [STS 828/1998, 18-11 (*Tol 2047595)*]. De ese modo, las representaciones fonográficas [STS 361/2001, 26-03 (*Tol 4925755)*], las visuales [STS 1449/2000, 26-09 (*Tol 4924713)*], las electrónicas o digitales [SSTS 626/2002, 11-04 (*Tol 162180)*; 426/2016, 19-5 (*Tol 5733222)*; 373/2017, 24-5 (*Tol 6206241)*; 672/2019, 15-1-2020 (*Tol 7701429)*, o 529/2020, 21-10 (*Tol 8165803)*], etc. y los soportes en que se recogen quedan incorporadas al concepto de documento. En última instancia lo determinante no es el soporte —de ahí el uso de la expresión "*todo*"—, sino la información que incorpora [STS 524/1996, 10-07 (*Tol 406781)*] y, más allá de ello, la función de garantía y probatoria que implica esa incorporación de información. Así, ya no es definitorio del documento la circunstancia de que el soporte permita una visualización de la información incorporada, siendo posible otro tipo de percepción como puede ser la auditiva o la táctil (lenguaje braille). Ahora bien, la vocación de perdurabilidad del documento queda reflejada en esta definición mediante la exigencia de que el soporte sea "*material*". Ello no quiere decir que sea obligatorio que el soporte se constituya en un objeto material tangible, móvil y determinado, sino que, teniendo en cuenta la función que está destinado a cumplir, lo definitorio sería que permita fijar de forma perdurable, controlable y comprobable la información. De ese modo, es posible predicar el carácter material, por ejemplo, de un sistema de información, definido como aparato o grupo de aparatos interconectados entre sí.

La STS 828/1998, 18-11 (*Tol 2047595)* incide en que para que un soporte material constituya documento a efectos penales deben cumplir una triple condición: *"1°) ser atribuibles a una o varias personas, aun cuando no estén firmados; 2°) tener capacidad para producir efectos en el tráfico jurídico; 3°) estar destinados a dicho tráfico, bien desde su creación (documentos intencionales), bien con posterioridad (documentos ocasionales)"* y, además, con reiteración en otras posteriores [SSTS 835/2003, 10-6 (*Tol 295936*); 84/2024, 26-1 (*Tol 9873719*); 261 y 262/2024, 18-3 (*Tols 9.955.861* y *9.955.860*), una de estas tres funciones: *"a) función de perpetuación (refleja la manifestación de voluntad o de conocimiento de alguien); b) función probatoria (permite acreditar dicha declaración, no necesariamente su veracidad pero si el que se haya realizado) y c) función de garantía (permite identificar al autor o autores de la declaración en él reflejada). Cuando se altera un documento de forma irrelevante, es decir sin afectar a ninguna de dichas funciones, la alteración carece de significación penal"*.

La expansión del concepto *"documento"* a partir de la libertad de soporte tiene una importancia fundamental en relación con los documentos electrónicos y, desde luego, en relación con los datos informáticos incorporados a los sistemas de información. A esos efectos, es de destacar que el art. 3.1 de la Ley 6/2020, de 11 de noviembre, reguladora de determinados aspectos de los servicios electrónicos de confianza, establece que *"Los documentos electrónicos públicos, administrativos y privados, tienen el valor y la eficacia jurídica que corresponda a su respectiva naturaleza, de conformidad con la legislación que les resulte aplicable"*. Por otra parte, las bases de datos y sistemas de información no sólo son objeto de una regulación, la más conocida, tendente a la protección de la intimidad, sino como objeto en sí mismo susceptible de falsificación [STS 381/2007, 24-04 (*Tol 1073451*), 426/2016, 19-5 (*Tol 5733222*); 373/2017, 24-5 (*Tol 6206241*)]. Así, el art. 4 de la ya derogada Decisión Marco 2005/222/JAI, de 24 de febrero, relativa a los ataques contra los sistemas de la información, establecía la obligación, entre otras, de sancionar penalmente la alteración de datos informáticos establecidos en un sistema de información. Obligación que se mantiene en el art. 4 de la Directiva 2013/40/UE del Parlamento Europeo y del Consejo, de 12 de agosto, relativa a los ataques contra los sistemas de información. Del mismo modo, el art. 7 de la Convención de Budapest sobre Ciberdelincuencia de 27 de noviembre de 2001 —cuya entrada en vigor se produce el 1 de octubre de 2010 tras su publicación en el BOE de 17 de septiembre de 2010— establece la obligación de sancionar penalmente, entre otras, la introducción o alteración de datos informáticos o *"la generación de datos no auténticos, con la intención de que ellos sean tenidos en cuenta o utilizados para fines legales como si fueran auténticos (...)"*. Esa protección penal, a falta de una regulación más específica en el CP, se dispensa a través de los delitos de falsedad documental (ampliamente, BACIGALUPO ZAPATER, ROVIRA DEL CANTO).

Las SSTS 426/2016, 19-5 (*Tol 5733222*) y 373/2017, 24-5 (*Tol 6206241*), de manera muy desarrollada, establece que *"la definición contenida en el artículo 26 del Código penal (...) no puede ceñirse solo al papel porque las nuevas técnicas han multiplicado las ofertas de soportes físicos capaces de corporeizar y dotar de perpetuación al pensamiento y a la declaración de voluntad como grabaciones de vídeo, o cinematográfica, cinta magnetofónica, los disquetes informáticos. La incorporación de estos instrumentos documentales a nuestro sistema procesal se inició de forma expresa por la Ley Enjuiciamiento Civil 7 enero 2000. Así su artículo 135.5 establece que: cuando los tribunales y los sujetos intervinientes en un proceso dispongan de medios técnicos se pueden utilizar siempre que quede garantizada la autenticidad. El artículo 130 LOPJ, establece que cuando los tribunales y los sujetos intervinientes en un proceso dispongan de medios técnicos, se pueden utilizar siempre que quede garantizada su autenticidad. El art. 230 LOPJ, ratifica esta tendencia al establecer que 'los documentos emitidos por los medios técnicos, electrónicos, informáticos y telemáticos, cualquiera que sea su soporte, gozaran de la validez y eficacia de un documento original', añadiendo 'siempre que quede garantizada su autenticidad, integridad y el cumplimiento de los requisitos exigidos por las leyes procesales'"*. A partir de ello, señala que *"en definitiva —como se dice en STS. 1066/2009 de*

4.11, el soporte papel ha sido superado por las nuevas tecnologías de la documentación e incorporación. Cualquier sistema que permita incorporar ideas, declaraciones, informes o datos susceptibles de ser reproducidos en su momento, suple con ventajas al tradicional documento escrito, siempre que existan instrumentos técnicos que permitan acreditar la fiabilidad y seguridad de los impresos en el soporte magnético. Se trata de una realidad social que el derecho no puede desconocer. El documento electrónico imprime en las 'neuronas tecnológicas', de forma indeleble, aquello que se ha querido transmitir por el que maneja los hilos que transmiten las ideas, pensamientos o realidades de los que se quiere que quede constancia. Su autenticidad es tan firme que supera la realidad que puede visualizarse en un documento escrito. El documento electrónico adquiere, según sus formas de materializarse, la posibilidad de adquirir las categorías tradicionales de documentos privados, oficiales o públicos, según los elementos técnicos que se incorporen para su uso y materialización. La Ley 34/2002, de 11 de julio, de servicios de la sociedad de la información consagra la validez del contacto electrónico lo que dota a los resortes informáticos de la misma validez que los soportes electrónicos"; concluyendo que "*por tanto la manipulación falsaria de ordenadores u otros instrumentos semejantes se halla actualmente tipificada dado el tenor del art. 26 (STS 619/1997 de 30.10.98). Los datos confeccionados por un funcionario que maneja y tiene el control y la responsabilidad de realizar o poner en marcha los mecanismos magnéticos o informáticos que se pasan a un soporte magnético o informático constituyen un documento susceptible de ser falsificado STS. 885/2007 de 6.11)*".

También se ha extendido esta protección a la autenticidad de los correos electrónicos [STS 529/2020, 21-10 (*Tol 8165803)*]. Otro ejemplo que aporta la versatilidad interpretativa de la libertad de soporte lo representan las placas de matrícula de los vehículos. Tras la aprobación del CP 1995, en que no se incorporó un tipo penal como el del art. 279 *bis* CP 1973, que sancionaba expresamente la falsificación o sustitución de la placa de matrícula legítima, sólo la amplitud del concepto de documento propiciada por la libertad de soporte del art. 26 CP ha permitido sostener su aptitud como objeto del delito de falsedad documental [Consulta FGE 3/1997, de 19 de febrero, Acuerdo del Pleno no jurisdiccional de la Sala Segunda del TS de 27-3-1998; y SSTS 668/2014, 7-10 (*Tol 4529917)*; 226/2020, 26-5 (*Tol 7952882)*, o 1099/2024, 28-11 (*Tol 10303782)*; Ampliamente, MUÑOZ CLARES].

3. Mayores problemas interpretativos suscita la característica de la incorporación de información, que aparece definida en el art. 26 CP como la expresión o incorporación de datos, hechos o narraciones. Existe un amplio consenso en la necesidad de que lo incorporado tenga una comprensión intersubjetiva y, por tanto, inteligible, aunque sea a través de signos. Sin embargo, ese consenso se quiebra al tratar dos cuestiones: la primera referida a la incorporación de marcas u objetos, y la segunda a la necesidad de identificación personal del autor en el propio documento. En cuanto a la primera cuestión, el debate ha quedado abierto, por la extensión que se daría a la falsedad documental, respecto de los soportes que contengan simples marcas de identificación o reconocimiento que no implican necesariamente una declaración de voluntad como, por ejemplo, números de serie, nombres o marcas industriales (ECHANO BASALDUA). La amplitud de la descripción contenida en el art. 26 CP —que no hay que olvidar es un concepto genérico de documento no sólo aplicable a los delitos de falsedad

documental—, impide hacer restricciones conceptuales que sólo son aptas desde la perspectiva político-criminal de este grupo de delitos.

Sin perjuicio de ello, hay que destacar, por un lado, que en muchos supuestos el simple troquelado de un número de serie o datos de trazabilidad no son excluyentes de una declaración de voluntad y, por otro, la singular relevancia jurídica que adquieren determinadas incorporaciones de marcas, como son los supuestos de matrículas de vehículos o números de serie de bastidor. Así, la Jurisprudencia ha considerado documento, por ejemplo, las etiquetas de las corbatas al incorporar datos como el NIF y la marca [STS 159/2004, 13-2 (*Tol 352517)*], o etiquetas de garantía de calidad [STS 1345/2005, 14-10 (*Tol 781357)*]; los troqueles que contienen los números de motor y de serie del bastidor [STS 1563/1999, 8-11 (*Tol 51452)*]; un trasponedor auricular para identificación de ganado [STS 190/2022, 1-3 (*Tol 8830280)*]; o el distintivo de haber pasado favorablemente la ITV que ha de colocarse en lugar visible del vehículo [STS 343/2020, 25-6 (*Tol 8007540)*; o 417/2021, 14-5 (*Tol 8441869)*]. En todo caso, en la medida en que diversos objetos que pueden subsumirse en el concepto de documento gozan de una protección específica en el CP, quedarían excluidos del ámbito de aplicación de las falsedades a partir de una interpretación sistemática, que es lo que sucede, por ejemplo, con las marcas industriales (MUÑOZ CONDE). Del mismo modo, la incorporación de meros objetos en los denominados documentos mixtos —fotografías y/o huellas dactilares en los documentos de identidad, planos o figuras descriptivas— tampoco debe generar mayores problemas al ser una parte inescindible de la declaración de voluntad incorporada al documento (FERNÁNDEZ PANTOJA, GARCÍA CANTIZANO). La segunda cuestión relevante es, partiendo de la función de garantía que se predica del documento, la eventual exigencia de que la incorporación de la información tiene que ser realizada por una persona que quede identificada en el propio documento (GARCÍA CANTIZANO, ECHANO BASALDUA, QUERALT JIMÉNEZ, SILVA SÁNCHEZ, VILLACAMPA ESTIARTE; en contra ORTS BERENGUER). La cuestión no es menor ya que, dependiendo de la posición que se adopte y en defecto de una tipificación expresa, resultarían atípicas las conductas falsarias sobre documentos de gran relevancia probatoria como son los registros generados por aparatos técnicos de control: pruebas alcoholimétricas, resultados de espectrógrafos, de tacógrafos, de radares, cámaras, etc. En atención a la propia literalidad del art. 26 CP, en que no se menciona ni se da protagonismo alguno a la autoría del documento, sino al hecho de la incorporación de información con relevancia probatoria, y a que esta incorporación se describe de manera impersonal, no cabe excluir como objeto material de estos delitos la conducta falsaria que recaiga, por ejemplo, sobre el resultado del tacógrafo (en contra, COCA VILA, ECHANO BASALDUA, VILLACAMPA ESTIARTE) o de un encefalograma y ello sin perjuicio de que puedan ser considerados objetos anejos a verdaderas manifestaciones de voluntad o declaraciones de conocimiento como, por ejemplo, sucede con las pruebas del alcoholímetro o resultados de pruebas clínicas médicas respecto de atestados policiales e históricas clínicas, respectivamente.

La STS 672/2019, 15-1-2020 (*Tol 7701429)*, dando solución a la controversia existente en la jurisprudencia menor en la materia, consideró que el ticket de un tacógrafo alterado con un imán para simular horas de descanso se trataba de un documento electrónico de carácter oficial, incidiendo en que *"los registros generados por un tacógrafo son documentos oficiales a los efectos jurídico-penales. Y la manipulación fraudulenta de un tacógrafo que dé como resultado la alteración de los registros del instrumento, realizada con la finalidad de sortear los controles policiales y administrativos, constituye un delito de falsedad documental, sancionable penalmente conforme al artículo 392 del Código Penal, en relación con el artículo 390,1, 2º del mismo texto legal"* (ampliamente, BUSTOS RUBIO/VÁZQUEZ ZALDÍVAR, MANGAS CAMPOS).

4. La última característica es que la información incorporada al soporte tenga eficacia probatoria o relevancia jurídica. Ello no quiere decir que el documento haya sido creado con fines específicamente probatorios, sino que sea apto para adquirir relevancia jurídica de cualquier tipo, pues lo determinante no es la intención del sujeto sino la información incorporada. Por tanto, la eficacia probatoria o relevancia jurídica puede adquirirse desde el mismo nacimiento del documento por ser esa la intención directa para su creación o también puede adquirirse de manera sobrevenida, que es lo que alguna jurisprudencia ha denominado documentos intencionales y documentos ocasionales [así, STS 828/1998, 18-11 (*Tol 2047595)*].

A modo de ejemplo se suelen citar las cartas personales, que pueden adquirir relevancia probatoria en procesos matrimoniales o testamentarios. A ello pueden sumarse una multiplicidad de supuestos como es la captación de imágenes y sonido con fines de ocio o recreo en que lo grabado acaba teniendo relevancia jurídica. Del mismo modo debe concluirse que la eficacia probatoria en relación con el nacimiento, modificación o extinción de una obligación (CÓRDOBA RODA) no es la única que tiene cabida en el concepto penal de documento, ya que no se puede limitar la eficacia probatoria a términos civiles [STS 32/2006, 23-01 (*Tol 827071)*]. Además, la mención contenida en el art. 26 CP a la *"relevancia jurídica"*, junto con la eficacia probatoria, permite una interpretación amplia referida a cualquier otro tipo de relación a desarrollar en el tráfico jurídico.

Una cuestión conectada con este tema es el de la adecuación objetiva para adquirir la relevancia probatoria o jurídica exigida por el concepto de documento. Ello ha llevado a un debate sobre la necesidad de diferenciar entra documentos nulos y anulables, con el fin de excluir a los primeros e incluir a los segundos (FERNÁNDEZ PANTOJA). Sin embargo, no parece procedente la aplicación de estas categorías, ya que la nulidad específica de un documento a determinados efectos, no excluye que el documento pueda tener otros efectos jurídicos (CÓRDOBA RODA, MUÑOZ CONDE). En ese sentido, determinadas alteraciones en los títulos valores pueden hacerlos nulos a los efectos de dispensarles una especial protección jurisdiccional, pero no excluye su eventual validez para acreditar la existencia de una obligación.

5. Los documentos objeto material de los delitos de este Capítulo no se exige que sean españoles [SSTS 530/2009, 13-5 (*Tol 1564640)*; 84/2024, 26-1 (*Tol 9873719)*, o 258/2025, 21-3 (*Tol 10478814)*]. La existencia de una regulación expresa para ampliar la tipicidad de determinadas conductas a los supuestos de documentos extranjeros no es suficiente para llegar a una conclusión contraria. En efecto, el art. 392.2, II CP establece que el delito de tráfico o uso de documento de identidad falso es aplicable aun cuando el documento aparezca perteneciente a un tercer Estado. Lo mismo sucede en relación con el delito de tráfico y uso de certificados falsos (art. 399.3 CP). Sin embargo, no puede imponerse una interpretación de estos preceptos a *sensu contrario* para negar relevancia penal a la falsificación de documentos extranjeros. Desde una perspectiva literal, el concepto de documento del art. 26 CP no hace referencia alguna a la nacionalidad del documento. Desde una perspectiva teleológica, si lo determinante a los efectos de la lesión del bien jurídico es la relevancia jurídica del documento, la eventual

nacionalidad del documento carece de interés en la medida en que sea susceptible de desplegar efectos jurídicos en territorio español. Por último, desde una perspectiva político-criminal, la exclusión de los documentos extranjero llevaría a resultados paradójicos, ya que si bien habría que subsumir en el tipo del art. 392.2 CP el uso de un documento de identidad extranjero falso, por hacerlo así expreso el párrafo segundo de ese artículo, sin embargo, no podría sancionarse conforme al art. 392.1 CP al que ha falsificado ese mismo documento extranjero en territorio español.

IV. LA CONDUCTA FALSARIA

1. Consideraciones generales

Contrariamente a lo que sucede con el concepto de documento, el CP no aporta una definición de falsificación que pueda resultar de aplicación general a todos los tipos penales del Capítulo. Además, mientras en algunos tipos penales la conducta falsaria queda delimitada a una relación de conductas determinadas (art. 390.1 CP y los que se remiten al mismo: arts. 390.2, 391, 392, 395 CP); en otros tipos simplemente se utiliza el verbo falsificar sin ninguna otra consideración (arts. 394 y 399 CP) o se hace una relación abierta de conductas (art. 399 *bis*.1 CP). Por último, también hay supuestos en los que se describe la conducta de falsificación utilizando la referencia al resultado de la conducta (arts. 397 y 398 CP, al utilizar el concepto de librar certificado falso o certificación falsa). Junto a las conductas de falsificación propia, con independencia de las eventuales limitaciones a aplicar en cada caso, también aparecen sancionados en diversos delitos, a modo de conducta falsaria impropia, el tráfico, la tenencia y el uso de documentos falsos. La reforma operada en el CP por la LO 5/2010 es la responsable de la tipificación de la mayoría de estas falsedades impropias: ha sancionado las conductas de tráfico y tenencia respecto de algunos, ha ampliado los supuestos de mero uso de documentos falsos y ha incluido una Disposición Común para los delitos de falsificación, en el que se aporta una definición ampliatoria del concepto de uso de documentos falsos, al considerar como tal el uso de documentos verdaderos por quien no esté legitimado para ello (art. 400 *bis* CP).

2. Las conductas de falsificación propia

1. La relación de conductas de falsificación propia definidas en el art. 390.1 CP son: a) la alteración de un elemento o requisito esencial del documento; b) la simulación en todo o en parte de un documento, induciendo a error sobre su autenticidad; c) la suposición de intervención de una persona en un acto o la atri-

bución de una declaración o manifestación diferente y d) la narración inveraz de hechos. Estas conductas falsarias pueden ser clasificadas, desde la perspectiva del objeto material, entre las que suponen la alteración de un documento que ya existe y fue emitido por el legitimado (documento falsificado) y las que implican la creación de uno *ex novo* (documento falso o íntegramente falso) (GUILLÉN PÉREZ, MARTÍN RAMOS). Igualmente, desde la perspectiva de la conducta, cabría diferenciar entre actuaciones materiales, que supone una intervención física sobre el documento, y formales o ideológicas, que consisten en la elaboración de un documento con discordancias entre lo plasmado y la realidad. Un último criterio de clasificación, que atiende a la función documental lesionada, reconduce estas conductas a dos grandes categorías: las que afectan a la autenticidad del documento y las que atentan contra su veracidad.

La autenticidad de un documento se predica de la correspondencia entre la autoría aparente y la real. De ese modo, las conductas falsarias que inciden sobre la autenticidad del documento se caracterizan por suponer una manipulación de su autoría, atentando, por tanto, contra la función de garantía atribuida a los documentos. A ese respecto debe tenerse en cuenta que la autoría de un documento no está vinculada con la idea de la confección del mismo, sino que, desde una concepción material, es autor el que tiene la voluntad de documentar asumiendo como suyo el contenido [SSTS 35/2010, 04-02 (*Tol 1788423)*, o 295/2020, 10-6 (*Tol 7980150)*]. Por tanto, no supone un atentado contra la autenticidad de un documento la imitación de una firma consentida por su titular [SSTS 651/2007, 13-7 (*Tol 1124010)*; 602/2021, 7-7 (*Tol 8511327)*; 769/2021, 14-10 (*Tol 8627935)*, o 194/2023, 17-3 (*Tol 9487897)*]. En ese sentido, la última sentencia mencionada, con cita de las SSTS 425/2021, 19-5 (*Tol 8446840)*, y 769/2021, 14-10 (*Tol 8627935)*, afirma que "*quien conscientemente, autoriza a otro a firmar donde él debía hacerlo, sea con su propia firma, con una imitada o con una de realización arbitraria y, en consecuencia, reconoce el documento así extendido como si fuera propia, está excluyendo la afectación de cualquiera de las funciones del documento —probatoria del negocio jurídico que el documento refleja; de garantía, relacionada con la seguridad que brinda el documento respecto de la identidad del emisor de la declaración que contiene; y de perpetuación de la declaración documentada para que pueda ser conocida por terceros— ya que por su propia decisión está asumiendo los efectos de la intervención del otro como si fuera el mismo. Tal ausencia de afectación de las funciones del documento, sin perjuicio para tercero, excluye la falsedad documental, pues en estos casos, la sanción penal carece de justificación (SSTS 1704/2003, de 11-12; 651/2007, de 13-7; 73/2010, de 10-2; 354/2014, de 9-5)*". Más problemático es el supuesto en el que el autor desfigura su propia firma —la autofalsificación. En tal caso, la STS 1125/1997, 22-09 (*Tol 407928)*, con voto particular, afirma que "*la realización por el recurrente en unas letras de cambio de firmas distintas a las suyas habituales, que le sirvió de base para, posteriormente, negar su autenticidad y, por lo tanto, la validez de los documentos mercantiles en los que las firmas aparecían, reunió todos los requisitos que para la existencia de falsedad documental se vienen reiteradamente exigiendo por la doctrina de la Sala*"; *incidiendo en que "el objetivo material de mutación de la verdad por uno de los medios expresamente configurados en el texto legal, alteración que afectó a un elemento esencial del documento con repercusión negativa en los normales efectos de las relaciones jurídicas para cuya efectividad el documento se creaba y que determinó en este caso una sentencia adversa en juicio ejecutivo y, en fin, el elemento subjetivo del dolo falsario que consistió en el conocimiento por el agente del hecho de la idoneidad de su acción de estampar deliberadamente una firma distinta a la suya habitual con el propósito de alterar la autenticidad, genuinidad y eficacia del documento en cuya elaboración participó, como lo permite comprobar el que, posteriormente, negara que fuera la propia"* (en contra de esta jurisprudencia, COCA VILA, FERNÁNDEZ PANTOJA, PEÑARANDA RAMOS, QUINTANO RIPOLLÉS).

Por su parte, la veracidad de un documento se predica de la correspondencia entre la realidad y el contenido que incorpora. De ese modo, las conductas falsarias que inciden sobre la veracidad del documento se caracterizan por suponer una manipulación de su contenido, atentando, por tanto, contra la función probatoria atribuida a los documentos. Así, no cabe calificar como conducta falsaria típica cualquier falta de correspondencia entre la realidad y lo documentado, sino, únicamente, la que afecte a un contenido relevante a los efectos de la eficacia jurídica, especialmente probatoria, de la que se pretenda dotar al documento. A estos efectos, como señalan las SSTS 417/2010, 07-05 (*Tol 1863907)*; 463/2019, 14-10 (*Tol 7531438)*, o 343/2020, 25-6 (*Tol 8007540)*, *"la existencia de una falsedad punible depende, precisamente, de que afecte a elementos trascendentes* ad ultra, *para probar hechos relevantes en el tráfico jurídico o susceptibles de producir una prueba mendaz. Es decir, que quedan excluidas del ámbito del Derecho Penal las alteraciones de verdades que no sean significativas para la prueba jurídica de algún hecho relevante"*. Por su parte, la STS 843/2015, 22-12 (*Tol 5626411)*, incide en que *"es también numerosa la jurisprudencia que exige que la 'mutatio veritatis' o alteración de la verdad afecte a elementos esenciales del documento y tenga suficiente entidad para afectar a su normal eficacia en las relaciones jurídicas, de modo que no puede apreciarse la existencia de falsedad documental cuando la finalidad perseguida por el agente sea inocua o carezca de toda potencialidad lesiva (SSTS 165/2010, de 18-2; 880/2010, de 27-10; y 312/2011, de 29-4)"*.

Cuestión distinta es la relevancia penal que otorga la legislación penal a estas conductas falsarias. Así, por ejemplo, las conductas atentatorias a la autenticidad del documento aparecen sancionadas con independencia de la cualidad del autor al que se pretenda suplantar, en tanto que la falsificación redunda en perjuicio de la responsabilidad del autor aparente. Cuando esa alteración de la autenticidad se pone en relación con un autor que, tratándose de una autoridad o funcionario público, además, tiene atribuidas especiales funciones de fedatario, ese perjuicio es trascendente a la propia responsabilidad subjetiva del autor, al alcanzar a la función pública que tiene encomendada, por lo que la respuesta penal se agrava. Por el contrario, las conductas atentatorias a la veracidad del documento, normalmente identificadas con las falsedades ideológicas, al afectar al contenido del documento sólo aparecen sancionadas en relación con concretos documentos a los que se otorga una especial eficacia probatoria o en relación con sujetos activos en los que se depositan funciones fedatarias. De ese modo, se excluye la relevancia penal de estas conductas cuando son cometidas por particulares en relación con documentos públicos o cuando afectan a documentos privados.

2. El resultado de la conducta falsaria ha de ser un documento que tenga la aptitud suficiente para inducir a error sobre su autenticidad o su veracidad. Al igual que ya se mencionó en los delitos de falsificación de moneda, existe unanimidad en considerar que el carácter burdo de una falsificación documental determina la irrelevancia penal de la conducta [SSTS 41/2008, 25-01 (*Tol 1294047)*; 843/2015, 22-12 (*Tol 5626411)*; 1074/2024, 26-11 (*Tol 10303844)*]. En última instancia, atendiendo a la conexión de estos delitos con la lesión de la relevancia probatoria o jurídica que supondría la falsificación del documento,

resulta inherente a esta conducta la capacidad de engaño o de inducir a error al resto de partícipes en el tráfico jurídico (CALLE RODRÍGUEZ, COCA VILA, CÓRDOBA RODA, GARCÍA CANTIZANO, MESTRE DELGADO, NAVARRO FRÍAS). Por tanto, cualquier falsedad documental obvia para los participantes en el tráfico jurídico a los que está destinado es atípica al no ser susceptible de generar un riesgo jurídico-penalmente relevante. El parámetro de control sobre la aptitud para inducir a error debe ser el hombre medio y la perspectiva *ex ante*. Por último, también debe destacarse que no basta con la aptitud abstracta de inducir a engaño, sino que es preciso, además, que esa aptitud sea susceptible de provocar un comportamiento de relevancia jurídica.

A estos efectos, la STS 843/2015, 22-12 (*Tol 5626411*), destaca que *"la jurisprudencia de esta Sala tiene establecido de forma consolidada que la falsedad documental requiere la concurrencia de dos elementos: una imitación de la verdad y además, que la falsificación se efectúe de tal modo que sea capaz de engañar, porque una alteración de la verdad que lo sea de modo manifiesto y evidente, de forma tal que cualquiera que se acerca al objeto falsificado pueda percatarse de ello sin esfuerzo alguno, carece de aptitud para incidir en el tráfico jurídico al que ese objeto se refiere, de manera que cuando se trata de falsedad documental si la alteración la puede conocer la persona a la que va dirigida por tratarse de algo burdo y ostensible, no existirá el delito (STS 2-11-2011). Es decir, que no sean necesarios ningún otro tipo de examen, reconocimiento o verificación porque la falsedad aparece por sí misma de manera evidente (STS 509/2012, de 27-6; y 974/2012, de 5-12). En el mismo sentido afirman las SSTS 687/2006, de 7-6; 1224/2006, de 7-12; y 398/2009, de 11-4, que una alteración de un documento formalmente típica puede no resultar antijurídica si es claramente perceptible por su carácter burdo, en cuanto no supone ningún riesgo ni daño efectivo para el bien jurídico protegido. Para ello es preciso que se trate de una falsificación fácilmente perceptible por cualquiera"*. La STS 60/2023, 7-2 (*Tol 9397898*), en relación con el carácter burdo de la falsificación, precisa que *"en lo que respecta a las falsedades, por groseras que fuesen, resulta patente que sirvieron para que se efectuasen los pagos y quedasen registrados bancariamente y en la contabilidad y archivos del Ayuntamiento. Tuvieron capacidad para provocar un conocimiento no acorde con la realidad en el tráfico jurídico. Una cosa es que alguien familiarizado con ese tipo de documentación pueda captar enseguida su inautenticidad o las manipulaciones; y otra que las personas que inmediatamente han de examinar esos documentos de forma rutinaria y sin que estén obligados a una sistemática sospecha, se fíen de la autenticidad de esos documentos oficiales en un marco de confianza y actúen conforme a lo que resulta de los mismos. Hay falsedad en cuanto había idoneidad para confundir a los primeros destinatarios en el trafico jurídico de tal documentación, que efectivamente tuvieron por auténtica"*. Por su parte, la STS 290/2022, 23-3 (*Tol 8900457*), en análisis de una tarjeta de estacionamiento para personas con movilidad reducida, destaca que *"es cierto que a la tarjeta le faltaban datos, presentaba deficiencias y su configuración con adhesivos en los campos era irregular, pero, tal como precisó el Ministerio Fiscal en su informe, 'deficiente' o 'irregular' no es equivalente a 'burdo' o 'grosero', pues el soporte era auténtico, los sellos del Ayuntamiento también, y se consignaron datos completos, identificando el vehículo y la persona beneficiaria. No puede sostenerse que referida tarjeta fuera por completo incapaz de inducir a error a cualquier persona. Por el contrario, era apta para el 'engaño' y producir efectos en las circunstancias en que se utilizó"*. Igualmente, la STS 1074/2024, 26-11 (*Tol 10303844*), argumenta, en relación con la inclusión por un particular de dos hijos en un libro de familia, *"la falsificación*

—efectuada materialmente por la recurrente— es detectable con relativa sencillez por un observador alertado (no aparecen las referencias al folio y libro, no se ha simulado el sello oficial...), pero es idónea para llamar a engaño al tercero no avisado. Por eso no podemos hablar de una falsificación tan burda que no constituya propiamente tal, o que carezca de cualquier capacidad para poner en peligro el bien jurídico protegido".

Más compleja es la cuestión de la aptitud para producir engaño en los supuestos de falsificación de documentos que no tienen ninguna correspondencia con los auténticos, pero el destinatario de la falsedad no tiene criterio de comparación posible (los llamados documentos ficticios o de fantasía). Casos arquetípicos fueron los enjuiciados por las SSTS 32/2006, 23-1 (*Tol 827071*) y 849/2022, 27-10 (*Tol 9284249*), relativos a la falsificación de supuestos carnets de identificación de policías y miembros del Centro Nacional de Inteligencia, respectivamente, que, aun teniendo relevantes diferencias con los auténticos, se consideró que tenían la aptitud suficiente para engañar a los particulares. En tales casos no se negó la existencia de una conducta de falsedad propia pero se hace recaer sobre un documento privado y no sobre uno oficial. En cuanto a los documentos de fantasía, la STS 330/2014, 23-4 (*Tol 4232446*), en un supuesto en que se pretendía simular una tarjeta de identidad griega sin correspondencia con la legítima, no se negó su aptitud con el argumento de que *"no es fácil que los empleados de los establecimientos que deben identificar a los compradores con tarjeta de crédito conozcan a la perfección el formato de los documentos de identidad de todos los países de la Unión Europea, cuyos ciudadanos no necesitan utilizar pasaporte dentro de la Unión, por lo que un documento que simula ser una tarjeta de identidad oficial, en el que consta la fotografía de la interesada, con un nombre falso, y con la idoneidad suficiente para engañar a un ciudadano medio, cumple perfectamente el tipo objeto de acusación"*.

2.1. La alteración de elemento esencial

El art. 390.1.1° CP tipifica como una de las modalidades de conducta falsaria propia la alteración de un documento en alguno de sus elementos o requisitos esenciales. El verbo alterar, que es el mismo que se utiliza en relación con la falsificación de moneda en el art. 386.1.1° CP y con la falsificación de tarjetas bancarias, cheques de viaje o cualquier otro instrumento de pago distinto del efectivo del art. 399 *bis*.1 CP, hace referencia a la acción de cambiar la esencia o forma de algo. Ese cambio puede consistir tanto en incluir nuevas referencias, como en suprimirlas o modificarlas, siempre que el resultado sea una mutación con relevancia jurídica en aspectos esenciales del contenido o forma del documento, debatiéndose, incluso, la posibilidad de subsumir la destrucción del documento. La alteración debe tener como objeto un documento auténtico. El hecho de que la actual redacción del precepto haya suprimido la mención que en el derogado CP se realizaba a que el documento fuera verdadero no impide llegar a una conclusión diferente si se atiende a la propia descripción de esta conducta falsaria. En ese sentido, cualquier manipulación de un documento falso no puede ser subsumida en esta modalidad falsaria. Habida cuenta de la propia descripción típica y la dinámica comisiva debe descartarse la posibilidad de una alteración omisiva [FERNÁNDEZ PANTOJA, MORILLAS CUEVA; en contra, CASAS BARQUERO y SSTS 388/2007, 9-4 (*Tol 1079755*), o 359/2019, 15-7 (*Tol 7410813*) que la admite cuando en un documento verdadero se han omitido datos necesarios y de obligatoria anotación].

La STS 192/2019, 9-4 (*Tol 7189787)*, como actuaciones arquetípicas, mantuvo la consideración de delito de falsedad por alteración de elementos esenciales el conjunto de conductas relativas a (i) modificación después de firmadas las órdenes mensuales para el pago de las nóminas, en donde se introducían, a posteriori de la firma, cantidades en la partida retirada en efectivo; (ii) alteración de los extractos bancarios mediante la elaboración de un documento en el que se modificaban los conceptos por otros no existentes, logrando así un documento inveraz que aparentaba un estado de la cuenta bancaria que no se correspondía con la realidad; y (iii) introducir en cheques ya firmados cantidades no autorizadas (abuso de firma en blanco).

2. El requisito de que la conducta falsaria recaiga sobre un elemento esencial también ha planteado problemas interpretativos. A pesar de que se ha hecho radicar toda la eficacia delimitadora de esta conducta en la idea de la esencialidad, estableciendo una relación de elementos esenciales como son lugar, fecha, intervinientes y contenido relevante para la función propia del documento (MORILLAS CUEVA, QUINTERO OLIVARES), resulta más adecuado acudir a una interpretación teleológica. Conforme a ella lo determinante para establecer la esencialidad del elemento es que, como dato incorporado al documento, se pretenda que tenga relevancia jurídica o eficacia probatoria en el tráfico jurídico.

En ese sentido, la STS 541/2009, 27-04 (*Tol 1547668)*, entendió atípica la falsificación de una factura presentada a juicio en el que se debatía la autoría de una obra, ya que en la misma no recaía sobre esa circunstancia que se intentaba probar, sino sobre la realidad de su ejecución y coste. La STS 279/2010, 22-03 (*Tol 1818398)* (caso Yak-42), por el contrario, acude a un criterio formal de elemento esencial derivándolo de las fuentes normativas reguladoras de la actividad que disciplina la elaboración de dicho documento. Así, en relación con la documentación de autopsias, acude a la Recomendación (99) 3 del Consejo de Ministros de la Unión Europea para la armonización metodológica de las autopsias médico legales, de 2 de febrero de 1999; la Ley 29/1980, de 21 de junio, sobre autopsias clínicas, su Reglamento de desarrollo, aprobado por el Real Decreto 2230/1982, de 18 de junio, y el Real Decreto 32/2009, de 16 de enero, por el que se aprueba el protocolo nacional de actuación médico forense y de policía científica en sucesos con víctimas múltiples, para concluir la falta de esencialidad de la concreta identificación de las víctimas por no ser la finalidad propia de la actuación médica de la autopsia (ampliamente, SERRANO GÓMEZ). Por su parte, también la STS 529/2020, 21-10 (*Tol 8165803)* confirmó que se trataba de un elemento esencial los destinatarios de un correo electrónico, *"en la medida en que el documento podría acreditar a quienes iba dirigido y podría constituir un principio de prueba de que lo habían recibido"*.

2.2. La simulación de autenticidad

1. El art. 390.1.2° CP establece como segunda de las conductas falsarias simular un documento en todo o en parte, de manera que induzca a error sobre su autenticidad. El verbo simular, conforme a la definición de la RAE, significa

"*representar algo, fingiendo o imitando lo que no es*". Esta definición no permite restringir la conducta típica únicamente a los supuestos en que se crea *ex novo* un documento para hacerlo pasar por verdadero, toda vez que su tenor literal no excluye el resultado de imitación documental a partir de la alteración de un documento verdadero. Esta interpretación se ve reforzada por el hecho de que se establece que la simulación del documento puede serlo de su totalidad, lo que sí abonaría una interpretación a favor de la creación *ex novo* de un documento, y en una parte, lo que sólo puede concebirse si, al menos, otra parte es un documento auténtico preexistente. De ese modo, no cabe hacer una delimitación conceptual estricta entre el ámbito de significado de las conductas descritas en los numerales 1 y 2 del art. 390.1 CP, sino que tienen ámbitos de significado parcialmente compartidos.

La STS 417/2010, 7-5 (*Tol 1863907)*, también ha destacado la necesidad de dotar de un contenido autónomo a este numeral, señalando que no puede referirse únicamente a supuestos en los que se supone en un acto la intervención de personas que no la han tenido, es decir que se hace figurar como firmante del documento a otra persona diferente de su autor real, pues en tal caso la conducta típica ya está cubierta por la modalidad falsaria del art. 390.1.3º CP. En todo caso, la amplitud de significado que cabe predicar de esta conducta falsaria es la que ha propiciado su utilización para subsumir en ella conductas de dudoso encaje en otras modalidades falsarias. Así, por ejemplo, este ha sido el precepto en el que se ha sustentado la tipicidad del abuso de firma en blanco [STS 114/2009, 11-02 (*Tol 1459584)*] o de la conducta de sustitución de placas de matrícula de vehículos tras la derogación del art. 279 *bis* CP 1973, argumentándose que mediante la colocación de la placa sustituta se está simulando la placa propia (Consulta FGE 3/1997, de 19 de febrero). Por el contrario la Jurisprudencia ha considerado que esta conducta tendría mejor encaje en el art. 390.1.1º CP [Acuerdo del Pleno no jurisdiccional de la Sala Segunda del TS de 27-3-1998 —y, por ejemplo, las SSTS 84/2010, 18-02 (*Tol 1798201)*, o 1099/2024, 28-11 (*Tol 10303782)*].

2. El principal problema que plantea esta modalidad falsaria es determinar si sanciona sólo falsedades materiales, que afecten a la autenticidad del documento (CASAS BARQUERO, RODRÍGUEZ RAMOS, SEGRELLES DE ARENAZA, SILVA SÁNCHEZ, VILLACAMPA ESTIARTE) o incluye también a las ideológicas, que afectarían a la veracidad del documento (COBO DEL ROSAL, FERNÁNDEZ PANTOJA). La mención expresa que se hace en este precepto a que el error se induzca sobre la "*autenticidad*" del documento parece que debe inclinar la balanza a favor de la primera opción y excluir las falsedades ideológicas.

Este debate es de gran relevancia práctica. Si se considera que, al amparo de este precepto, puede ser considerada típica la conducta de simulación de un documento que afecte a su narración de hechos y, por tanto, a la función de veracidad, quedaría abarcada por este precepto la modalidad falsaria del art. 390.1.4º CP de narración inveraz de hechos. De ser eso así, no tendría eficacia la previsión expresa de excluir de la tipicidad de los delitos de falsificación en documento privado y en documento público, oficial o mercantil cometidos por privados la conducta del art. 390.1.4º CP, ya que, en todo caso, la narración inveraz de hechos en estos supuestos tendría encaje en la conducta del art.

390.1.2º CP. La Jurisprudencia también se mantuvo dubitativa en cuanto a si la autenticidad debe aparecer sólo referida a la autoría del documento o a la preexistencia del negocio jurídico. La polémica estuvo servida con la confrontación entre la STS 1/1997, 28-10 (*Tol 407979)* (caso Filesa), en la que se consideró típica la confección de facturas falsas simulando prestaciones de servicios técnicos y estudios por referirse a negocios jurídicos ficticios que inducen error sobre su autenticidad, y la STS 224/1998, 26-2 (*Tol 3673670)* (caso Argentia Trust), en la que se consideró atípica la facturación de unos inexistentes informes de carácter jurídico y financiero (ampliamente, HAVA GARCÍA). El Pleno no jurisdiccional de la Sala Segunda del TS, en su reunión de 26-2-1999, zanjó la cuestión señalando que *"la confección completa de un documento mendaz que induzca a error sobre su autenticidad e incorpore toda una secuencia simulada o inveraz de afirmaciones con trascendencia jurídica, a modo de completa simulación del documento, que no tiene ni puede tener sustrato alguno en la realidad, elaborado con dolo falsario, debe ser considerada la falsedad que se disciplina en el art. 390.1.2 CP"*. Esta interpretación, en análisis directo de la citada sentencia del caso Filesa, no fue considerada contraria al art. 25.1 CE en la STC 123/2001, de 4 de junio (*Tol 12984)*. Este criterio ha sido ratificado a lo largo del tiempo [así, SSTS 377/2009, 24-02 (*Tol 1514438)*, o 417/2010, 07-05 (*Tol 1863907)*], y se mantiene en la actualidad por el Pleno de la Sala de lo Penal en la STS 232/2022, 14-3 (*Tol 8881213)*. Así, en la STS 1177/2024, 30-12 (*Tol 10348920)*, se incide en que *"ha entendido la jurisprudencia de esta Sala con respecto al apartado 2º del artículo 390.1 CP, que resulta razonable incardinar en ese precepto aquellos casos en que la falsedad no se refiere exclusivamente a alteraciones de la verdad de algunos de los extremos consignados en el documento, sino al documento en sí mismo, en el sentido de que se confeccione deliberadamente con la finalidad de acreditar en el tráfico una relación o situación jurídica inexistente. Así debe considerarse delictiva la confección de un documento que recoja un acto inexistente, con relevancia jurídica para terceros, que induce a error sobre su autenticidad —interpretada en sentido amplio— (SSTS 278/2010, de 15 de marzo; 309/2012, de 12 de abril; 476/2016, de 2 de junio; 402/2019, de 12 de septiembre; 439/2020, de 10 de septiembre; y más recientemente la STS 241/2023 de 30 marzo)"*.

Por su parte, también son reiterados los pronunciamientos en los que se establece que los supuestos a subsumir en el art. 390.1.2º CP, entre aquellos que afecten a la autenticidad del documento, son *"a) la formación de un documento que parezca provenir de un autor diferente del efectivo (autenticidad subjetiva o genuinidad); b) la formación de un documento con falsa expresión de la fecha, cuando ésta sea esencialmente relevante, c) la formación de un documento enteramente falso, que recoja un acto o relación jurídica inexistente, es decir, de un documento que no obedece en verdad al origen objetivo en cuyo seno aparentemente se creó (falta de autenticidad objetiva)"* [SSTS 145/2005, 07-02 (*Tol 648738)*; 483/2019, 14-10 (*Tol 7544490)*; 89/2023, 10-2 (*Tol 9416297)*, o 321/2025, 3-4 (*Tol 10493928)*. De ese modo, se han considerado típicas, por ejemplo, desfigurar la propia firma para negarla [STS 1125/1997, 22-9 (*Tol 407928)*], simular la de un tercero sin su autorización [SSTS 1898/2002, 15-11 (*Tol 229768)*, o 813/2023, 6-11 (*Tol 9783978)*] o realizar asientos de operaciones no realizadas en una libreta bancaria [STS 145/2005, 07-02 *(Tol 648738)*]; y la confección de facturas *ex novo* por prestaciones de servicios no realizados creadas con finalidad defraudadora [SSTS 483/2019, 14-10 (*Tol 7544490)*; 633/2023, 20-7 (*Tol 9662802)*, o 321/2025, 3-4 (*Tol 10-493.928*). Por el contrario, la STS 89/2023, 10-2 (*Tol 9416297)*, en el llamado caso Pescanova, no consideró típica la confección de contratos de compraventa en los créditos documentarios o de facturas en las líneas de descuento que no estaban soportada por operaciones comerciales reales presentadas a las bancos financiadores en tanto que estos documentos *"expresaban una plena identidad entre sus autores formales y materiales (no había suplantación o simulación de firma), apareciendo suscritos por los representantes legales de las mercantiles que intervenían en el negocio, sin que se hubiera alterado tampoco ningún otro de los elementos esenciales del documento, ni se atribuyera en el mismo a quienes intervinieron en su confección declaraciones o manifestaciones diferentes de las que realmente hicieron".*

En cualquier caso, el Pleno de la Sala de lo Penal en la STS 84/2024, 26-1 (*Tol 9873719)*, confirmó la absolución acordada en la apelación [SAP, Barcelona, Sección 3, 248/2021, 5-5 (*Tol 8600337)*], en un supuesto de falsificación de un permiso de conducir de Colombia con la foto y a nombre del acusado, pero cuyo contenido era auténtico, en tanto que tenía permiso de conducir vigente en ese país. A esos efectos, se argumentó en la sentencia de apelación que *"Si el acusado posee licencia de conducción emitida por su país de origen, Colombia, en idénticos términos que los reflejados en el documento falso, no existe alteración de la verdad y los hechos son atípicos ya que no hay real afectación al tráfico jurídico. Debe pues existir un daño real, o meramente potencial, en la vida del derecho a la que está destinado el documento, con cambio cierto de la eficacia que estaba llamado a cumplir en el tráfico jurídico"*. Por su parte, la sentencia de casación insiste en que *"no es un documento falso en sí mismo en el sentido de que afirme falazmente algo discordante con la realidad. No se está fingiendo que el acusado respondiera a unos datos de identidad distintos a los suyos propios, ni se creaba la apariencia de que se hallara en posesión de una licencia para conducir vehículos de la que careciera. En definitiva, la falsedad del soporte material del documento no incide en la veracidad de los datos e información que este incorpora"*; añadiendo que *"todo ello denota, pues, que nos encontramos ante una falsedad meramente formal sin trascendencia para el tráfico jurídico"* (ampliamente, HERNÁNDEZ MANZANARES). Por el contrario, la STS 1074/2024, 26-11 (*Tol 10303844)*, confirmó la condena por un delito de falsificación, aunque lo fuera al amparo de los apartados 1 o 3 del art. 390.1 CP, en un supuesto en que por un particular se rellenaron las paginas correspondientes a dos hijos en un libro de familia, aunque respondieran a una filiación real, argumentando que *"se aduce que los datos consignados no eran falsos: hacían concordar lo reflejado en el documento (libro de familia) con la realidad (cuatro hijos y no solo dos). Eso ni aleja la maniobra del ámbito penal; ni deja de ser una falsedad. No es una falsedad ideológica, sino material. Las falsedades materiales —las que consisten en la manipulación del documento— pueden ser a su vez ideológicas, (se hace constar algo que no se ajusta a la realidad) o no. Pero siguen constituyendo una acción punible que encaja en los números 1 o 3 del art. 390 CP, aunque no encierren a su vez una falsedad ideológica, una afirmación inveraz"*.

2.3. La atribución falsa de intervención o declaración

1. El art. 390.1.3º CP prevé dos conductas falsarias: por un lado, suponer en un acto la intervención de personas que no la ha tenido y, por otro, atribuir a las que han intervenido en un acto declaraciones o manifestaciones diferentes a las que hubieran hecho. Ambas conductas constituyen falsedades ideológicas, en tanto que el autor de un documento auténtico falsea su contenido haciendo constar circunstancias que no se compadecen con la realidad. La suposición de intervención consiste en un fingimiento, documentando la intervención de una persona que no ha concurrido al acto, siendo de aplicación jurisprudencial frecuente en los casos de firma de resguardo en la utilización de tarjetas bancarias [STS 764/2008, 20-11 (*Tol 1413554)*] o endosos de títulos valores [STS 813/2023,

6-11 (*Tol 9783978)*]. La literalidad del texto impide considerar típica la conducta de omitir la intervención de una persona que sí ha concurrido al acto (CASAS BARQUERO, COBO DEL ROSAL, en contra, QUINTANO RIPOLLÉS).

Un problema peculiar lo plantea la simulación de la intervención de una persona irreal o inexistente. Parte de la Doctrina considera que estos supuestos no son falsedades documentales sino, en su caso, engaños, susceptibles de subsumirse en el delito de estafa (CÓRDOBA RODA). Sin embargo, ni la literalidad del precepto justifica esta conclusión, al no exigir la realidad de la persona, ni tampoco un criterio teleológico, en tanto que la veracidad del documento queda lesionada con independencia de la existencia de la persona cuya intervención se supone [QUINTANO RIPOLLÉS; SSTS 1783/2001, 3-10 (*Tol 66671)*, o 1185/2004, 22-10 (*Tol 538296)*]. Por su parte, es reiterada la Jurisprudencia que sostiene que la imitación de una firma con autorización del otro no implica una suplantación punible. Así, se señala que *"la imitación de la firma de otro con autorización de éste para surtir efectos en un contrato del imitado no constituye una suplantación punible (art. 390.1.3 CP) y por tanto no implica la comisión de un delito de falsedad documental, al existir sólo una falsedad formal, pero no una falsedad material"* [SSTS 698/2008, 6-11 (*Tol 1401648)*; 725/2011, 30-6 (*Tol 2229035)*; 602/2021, 7-7 (*Tol 8511327)*, o 194/2023, 17-3 (*Tol 9487897)*. También desde la perspectiva de esta conducta falsaria se viene considerando típica la certificación de acuerdos societarios atribuyendo la participación de socios en juntas inexistentes [SSTS 280/2013, 2-4 (*Tol 3706542)*], aunque recientes pronunciamientos vienen a considerar que no se trata de conductas falsarias de los arts. 390.1.2º o 3º CP en la medida en que, al ser una certificación expedida por quien lo firma, aunque no se ajuste a la realidad, se trata de una falsedad ideológica atípica del art. 390.1.4º CP [STS 259/2020, 28-5 (*Tol 7960765)*] o, en su caso, por ser una práctica habitual consentida [STS 425/2021, 19-5 (*Tol 8446840)*] (ampliamente, ALCÁCER GUIRAO, GIMÉNEZ-SALINAS FRAMIS). Por su parte, la STS 317/2018, 28-6 (*Tol 6660501)* sí consideró delito por entender incardinado en el apartado 3 y no en el apartado 4 del art. 390.1 CP, casando con ello la sentencia de instancia [SAP, Madrid, Sección 2, 273/2017, 25-4 (*Tol 6171974)*], afirmar la existencia de testigos falsos en la redacción de un boletín de denuncia por parte de un agente de la Guardia Civil.

2. La atribución de declaraciones o manifestaciones diferentes a las realmente realizadas, implica la alteración por parte del que está encargado de la redacción del documento del contenido real de las declaraciones efectuadas por cualquiera de los intervinientes. Toda vez que la descripción típica se realiza con el verbo atribuir, la conducta de omitir o no reflejar una determinada declaración, a pesar de constituir también una afectación a la veracidad del documento, no tendría encaje en esta concreta modalidad falsaria (CÓRDOBA RODA, FER— NÁNDEZ PANTOJA; en contra GOYENA HUERTA). En atención a la dicción literal del precepto, las rectificaciones de errores en documentos para hacerlas coincidir con la realidad de lo acontecido no pueden ser consideradas típicas, toda vez que, si bien son una alteración del documento, no lo son para atribuir a los que intervinieron declaración diferente a la que realmente hicieron, que es el núcleo de la conducta prohibida (COBO DEL ROSAL, FERNÁNDEZ PANTOJA). Nuevamente, como sucede con el resto de conductas falsarias, la atribución

lo tiene que ser en relación al contenido esencial de la declaración de voluntad en el sentido de que alcance relevancia jurídica o probatoria.

2.4. La narración inveraz de hechos

El art. 390.1.4º CP establece el faltar a la verdad en la narración de los hechos como conducta falsaria propia. Esta conducta también constituye una falsedad ideológica que afecta a la veracidad del documento, afirmación que se ve reforzada por el uso del concepto "*verdad*" en la descripción típica (FERNÁNDEZ PANTOJA). La conducta, de gran amplitud, aparece referida a cualquier discordancia con la realidad. En ese sentido, esta es la única de las conductas falsarias del art. 390.1 CP que admitiría la conducta omisiva, toda vez que puede alterarse la verdad de los hecho omitiendo información relevante del acto a documentar [FERNÁNDEZ PANTOJA, VILLACAMPA ESTIARTE; SSTS 647/1999, 1-9 (*Tol 272095*); 17/2005, 3-2 (*Tol 646484*); 990/2013, 30-12 (*Tol 4181589*), o 752/2016, 11-10 (*Tol 5849444*)]. Los problemas de delimitación de esta conducta con la de simulación del art. 390.1.2º CP ya han sido abordados. Ahora bien, su caracterización como falsedad ideológica, junto a su amplio ámbito de significado, también ha provocado que entre en conflicto con las falsedades ideológicas recogidas en el art. 390.1.3º CP. A esos efectos, en la medida en que la conducta descrita en el art. 390.1.3º CP —suponer en un acto la intervención de personas que no la han tenido y atribuir a las que han intervenido en el acto declaración diferentes a las realizadas— implica también una narración inveraz de hechos, debe concluirse que de los supuestos a subsumir en el art. 390.1.4º CP deben excluirse los descritos en el art. 390.1.3º CP.

Esta conclusión podría haber sido irrelevante si el único efecto es determinar la concreta subsunción de una conducta en uno u otro precepto. Sin embargo, adquiere gran trascendencia toda vez que, como novedad en el tratamiento de estas conductas en el CP 1995, su tipicidad queda expresamente excluida en relación con la falsificación de documentos públicos, oficiales o mercantiles cometidos por particulares (art. 392.1 CP) y la falsificación de documentos privados (art. 395 CP). De ese modo, sólo la narración inveraz de hechos que no recaiga sobre ninguna de las circunstancias previstas en el art. 390.1.3º CP —intervención de personas y atribución de distintas declaraciones a las realizadas— es atípica en el contexto de los arts. 392.1 y 395 CP. Por tanto, no puede asumirse la afirmación de que todas las falsedades ideológicas cometidas por particulares o en documentos privados sean atípicas.

La justificación para restringir la tipicidad de esta conducta a las falsedades cometidas en los documentos públicos, oficiales y mercantiles por autoridad o funcionarios públicos en el ejercicio de sus funciones se deriva de consideraciones político-criminales vinculadas al bien jurídico protegido. Como ya se señaló anteriormente, uno de los intereses a proteger con los delitos de falsedad documental es la función de veracidad que cumplen los documentos en las relaciones jurídicas. Ello determina que esa protección sea más estricta respecto de aquellos documentos dotados o necesitados de una mayor eficacia probatoria, como son los documentos públicos, oficiales o mercantiles, y respecto de aquellos sujetos activos para los que se exige un más escrupuloso deber de veracidad, como son las autoridades y funcionarios públicos en el ejercicio de sus cargos. De ese modo, determinadas conductas falsarias realizadas en documentos privados o cometidas por particulares no alcanzan la lesividad suficiente como para ser objeto de tratamiento penal autónomo, sin perjuicio de su relevancia instrumental para la comisión de delitos patrimoniales como la estafa para subsumir el elemento de engaño bastante o incluso formas agravadas de ese tipo penal.

Por otra parte, la Jurisprudencia se ha encargado de destacar que la falsedad prevista en el art. 390.1.4 CP exige que lo que se reputa falso sea la consignación de un determinado hecho en el documento, lo que excluye las opiniones y las valoraciones jurídicas, ya que *"si bien de las opiniones cabe predicar corrección y acierto, o por el contrario incorrección o desacierto, nunca puede atribuírseles la condición de falsas ni de verdaderas. Esta cualidad solamente cabe predicarla de aquellos enunciados que constituyen asertos o negaciones de hechos, siendo verdaderos cuando lo dicho y lo existente en la realidad coinciden y falsos en caso contrario"* [SSTS 371/2016, 3-5 (*Tol 5718277)*; 752/2016, 11-10 (*Tol 5849444)*, o 245/2020, 27-5 (*Tol 8387232)*]. En atención a ello, la última sentencia citada casó y anulo la resolución impugnada al considerar que la emisión de certificados por parte de una alcalde haciendo constar la condición de suelo urbano de determinados inmuebles, no correspondiendo esa circunstancia con lo establecido en la normativa urbanística, implica la existencia de una falsedad con el argumento de que *"en los documentos no se hacían constar opiniones, sino que se hacía constar un cambio en la naturaleza del terreno para conseguir el fin pretendido en virtud de una alegación mendaz a sabiendas de que lo era"*. Del mismo modo, la STS 752/2016, 11-10 (*Tol 5849444)*, confirmó la calificación como falsedad un supuesto en el que un alcalde certificó mendazmente la existencia de un informe técnico sobre compatibilidad de usos urbanísticos permitidos, argumentando que dicho certificado *"permite comprobar que el recurrente afirmaba en él, según el informe de los servicios técnicos, que la actividad pretendida era compatible con los usos permitidos, cuando, en realidad, el informe que consta en las actuaciones, único cuya existencia ha sido acreditada, decía exactamente lo contrario. Falta a la verdad al certificar falsamente que los servicios técnicos han informado en un sentido determinado, cuando lo han hecho en el contrario. Con independencia de cómo se deban interpretar las normas relativas al contenido del certificado de compatibilidad urbanística lo cierto es que en el caso, el recurrente no informó que existiera compatibilidad, sino que certificó falsamente que el informe del técnico la afirmaba"*. Por el contrario, la STS 371/2016, 3-5 (*Tol 5718277)*, casó y anuló la sentencia impugnada, considerando que el supuesto de la elaboración de un informe por un alcalde en el que ponía de manifiesto que el Ayuntamiento no tenía inconveniente en la prestación de suministros de agua y electricidad, a pesar de ser conocedor de que carecía de licencia de ocupación por estar radicada en un terreno de uso agrícola, no era constitutivo de un delito de falsedad, con el argumento de que se trata de *"una opinión acerca de la situación en que se encuentra su cuñada respecto a la norma que releva de la exigencia de previa licencia el suministro de agua y electricidad. Opinión o dictamen según el cual 'no existe inconveniente administrativo al efecto'. El documento no describe nada que pueda considerarse un hecho. En consecuencia la emisión del documento puede ser fruto de un error, o su emisión puede ser plenamente consciente de la incorrección. Pero en ningún caso su contenido es verdadero ni falso"*.

En cuanto a la posibilidad de la comisión omisiva de esta conductas, las SSTS 990/2013, 30-12 (*Tol 4181589)*, y 752/2016, 11-10 (*Tol 5849444)*, afirman que *"el delito de falsedad documental previsto en el nº 4 del apartado 1 del artículo 390 del Código Penal de 1995 exige como elementos típicos objetivos, a) una narración mendaz. La mendacidad puede proceder de que lo que se expresa como correspondiente a la realidad, no lo sea. Y también de que lo que se omite, de haberse expresado, acarrearía una versión distinta de la situación respecto de la que el texto expreso sugiere por sí solo".*

3. Las conductas de falsificación impropia

El CP no se limita a sancionar las conductas de falsificación propia sino que, atendiendo a la propia dinámica comisiva y al interés jurídico a tutelar en estos delitos, también sanciona otro grupo de conductas que tiene como objeto los documentos falsificados, en tanto que son aptas para lesionar o poner en peligro la seguridad del tráfico jurídico. Estas conductas son el tráfico, la tenencia y el uso de documentos falsos. Una característica común de todas estas conductas es que no debe existir identidad subjetiva con el autor de la falsificación material. En los supuestos de la conducta de tráfico de documento esta conclusión deriva del propio tenor literal de los preceptos que exige, como elemento negativo, que no se haya intervenido en la falsificación (arts. 392.2 y 399.2 CP). En el caso de las conductas de uso en perjuicio de terceros, si bien no se hace referencia expresa a ello en la mayoría de los casos (arts. 393, 394.2 o 396 CP), sin embargo, en el art. 399 *bis*.3 CP también se destaca la exigencia negativa de que no se haya intervenido en la falsificación en los casos de tarjetas bancarias, cheques de viajes y demás instrumentos de pago distintos del efectivo. En cualquier caso, los argumentos en defensa de esta conclusión con alcance general a todas las conductas de falsificación impropia son, por un lado, la existencia de un tratamiento penal diferenciado entre las conductas de falsificación propia e impropia y, por otro, que en muchos casos las conductas de falsificación impropias, configuradas como un delito común, se vinculan con delitos de falsificación material, configurados como delitos especiales. Del mismo modo, tampoco es precisa la connivencia con el falsificador que, normalmente daría lugar a responsabilidad por coautoría. Esta exigencia no aparece recogida en estos tipos penales y resultaría contradictoria con el requisito de que se actúe "*a sabiendas*" de la falsedad del documento, tal como aparece establecido en la mayoría de los tipos.

En la redacción originaria del CP vigente la única conducta de falsificación impropia con relevancia penal era el uso de documentos falsos. Ha sido la reforma operada por la LO 5/2010 la que ha tipificado las conductas de tráfico y tenencia de documentos falsos y, además, como veremos posteriormente, ha ampliado las modalidades de la conducta de uso de esos documentos.

3.1. El tráfico y la tenencia para el tráfico

La conducta de tráfico aparece sancionada en relación con los documentos de identidad (art. 392.2 CP) y certificados falsos (art. 399.2 CP). Por tráfico debe entenderse, en concordancia con la multiplicidad de tipos penales que establecen esta conducta, cualquier acto de disposición del documento falso, mediando contraprestación o no. Esta amplitud de significado viene reforzada por el uso del complemento "*de cualquier modo*" asociado al verbo traficar en los arts. 392.2 y 399.2 CP. A esos efectos, que el art. 399 *bis*.2 CP contraponga los conceptos de distribución y tráfico no implica que deban tener necesariamente ámbitos de significado excluyentes. Por su parte, la conducta de tenencia preordenada al tráfico implica la disponibilidad del documento falso, aunque no sea actual e inmediata, y la finalidad de distribuir el documento falso. Esta finalidad debe poder inferirse racionalmente a partir de circunstancias objetivas suficientemente acreditadas [por ejemplo, la STS 961/2009, 24-09 (*Tol 1635072*), la deriva del número elevado de tarjetas falsificadas intervenidas].

La pena prevista para la conducta de tráfico es la misma que la de los falsificadores. Este tratamiento resulta lógico atendiendo al hecho, también destacado en los delitos de falsificación de moneda, de que la falsificación y la puesta en circulación de lo falsificado son conductas interdependientes para la consecución última del objetivo de la falsificación que es el surtir efectos en el tráfico jurídico. Ahora bien, atendiendo a la parificación del tratamiento penal de estas conductas, sorprende que no se haya establecido la tipicidad de la conducta de tráfico respecto de un mayor número de supuestos. En el caso de falsificación de tarjetas bancarias, cheques de viaje y demás instrumentos de pago distintos del efectivo, la conducta de tráfico queda suplida por la tipificación de la conducta de tenencia destinada a la distribución o tráfico (art. 399 *bis*.2 CP), optándose, de ese modo, por un adelantamiento de la protección penal configurando un delito de resultado cortado. Parece que un cierto respeto a la sistemática seguida con el resto de delitos de falsificación debiera haber llevado a una unificación de criterio.

3.2. Las falsificaciones de uso

1. La tipificación del uso de documento falso ha venido concretándose de tres modos diferentes en los delitos de falsedad: la presentación en juicio del documento falso, el uso del documento en perjuicio de terceros y el mero uso del documento falso sin que sea precisa la intención de perjudicar a terceros. La LO 5/2010 amplió los supuestos a los que se aplica el mero uso de documentos y ha equiparado el uso de documento auténtico por quien no está legitimado para ello con el uso de documento falso (art. 400 *bis* CP).

En la actualidad, por tanto, son cuatro las modalidades de falsificación de uso sancionadas: (i) la presentación en juicio de documento falso, que está prevista en relación con documentos públicos, oficiales y mercantiles (arts. 393 CP) y privados (art. 396 CP); (ii) el uso de documento falso en perjuicio de terceros, que está previsto en relación con documentos públicos, oficiales y mercantiles (arts. 393 CP), despachos telegráficos (art. 394 CP), documentos privados (art. 396 CP) y tarjetas bancarias, cheques de viaje y demás instrumentos de pago distintos del efectivo (art. 399 *bis*.3 CP); (iii) el mero uso de documento falso, que está previsto en relación con documentos de identidad (art. 392.2 CP) y con certificados (art. 399.2 CP); y (iv) el uso de documento auténtico por no legitimado, que está prevista en relación con el uso de documentos falsos tipificados en los arts. 392, 393, 394, 396 y 399 CP (art. 400 *bis* CP). El tratamiento penológico de estas conductas es muy desigual. Así, por ejemplo, el mero uso de una certificación falsa se sanciona con la misma pena que su falsificación o tráfico (art. 399.2 CP). Por el contrario, el mero uso de un documento de identidad falso se sanciona con una pena inferior en grado a la de falsificación y tráfico (art. 392.2 CP). Del mismo modo, el uso de documento falso en perjuicio de terceros se sanciona en algunos casos con la imposición de una pena inferior en un grado a la de falsificación propia o tráfico (arts. 393, 394.2, 396 CP) y en otros simplemente una pena inferior sin referencia expresa a la de la falsificación propia (art. 399 *bis*.3 CP). Ello evidencia una seria descoordinación y falta de reflexión sobre el grado de relevancia penal de la conducta de uso de documento falso.

2. La presentación en juicio de un documento y su uso en perjuicio de terceros son conductas equiparadas en penalidad, lo que contrasta con la circunstancia de que no se tipifican de manera conjunta en relación con todas las situaciones en que se sanciona la falsificación de uso. En efecto, si bien se prevén ambas posibilidades en relación con documentos públicos, oficiales y mercantiles (art. 393 CP) y privados (art. 396 CP), sin embargo, no se menciona expresamente la conducta de presentación en juicio del documento falso en relación con despachos telegráficos (art. 394 CP).

Esta modalidad de uso consiste en la entrega del documento falso en el marco de un procedimiento judicial —con independencia del orden jurisdiccional y de que sea voluntario o contencioso— a efectos probatorios, lo que determina la necesidad de que la falsedad incida sobre el aspecto a probar [SSTS 541/2009, 27-04 (*Tol 1547668*), o 1074/2024, 26-11 (*Tol 10303844*)]. Aunque no sea un elemento expresamente exigido en relación con esta conducta típica, la necesidad de que el documento falso sea apto para inducir a error determina que la finalidad propia de esta conducta sea la de producir un engaño con relevancia jurídica dentro del procedimiento, lo que, en algunos casos, puede plantear problemas concursales con la estafa procesal. La tipicidad de esta conducta exige, en todos los casos en que está expresamente prevista, el conocimiento de la falsedad del documento. La utilización de la expresión "*a sabiendas*", además, parece indicar que no basta con un conocimiento eventual de la falsedad.

Comúnmente, como quien valora la prueba es el órgano judicial, éste será el sujeto pasivo al que se quiera inducir a error. Ello no excluye, sin embargo, que en determinadas circunstancias también lo pueda ser la contraparte que puede adoptar decisiones, por ejemplo, de allanamiento. En cualquiera de los casos, de manera mediata —a través de la decisión judicial para resolver la controversia— o inmediata —provocando una decisión directa de la contraparte—, la presentación en juicio tendrá como finalidad perjudicar los intereses del tercero. Esta circunstancia es la que determina que se haya considerado la presentación en juicio como una modalidad de uso abarcada por la conducta de uso de documento falso en perjuicio de terceros (GARCÍA CANTIZANO).

La conducta de presentación en juicio de documento falso está prevista en relación con documentos públicos, oficiales y mercantiles (arts. 393 CP) y privados (art. 396 CP). No aparece tipificada, sin embargo, ni en relación con despachos telegráficos ni certificados. Ninguna de dichas omisiones resulta relevante, toda vez que tanto unos como otros pueden tener perfecto encaje en los conceptos de documento público o privado. Además, sería una conducta que podría subsumirse tanto en la modalidad de uso en perjuicio de terceros establecida para los despachos telegráficos (art. 394.2 CP) como en la modalidad de mero uso de certificado falso prevista para estos últimos (art. 399.2 CP). A estos efectos, la STS 1074/2024, 26-11 (*Tol 10303844)*, aplicó este tipo penal en un supuesto de aportación de un libro de familia alterado en un proceso de divorcio sin controvertir la naturaleza de documento oficial y no de certificado del libro de familia, a pesar de que se había incidido en la sentencia impugnada y asumido en la de casación que *"certifica las inscripciones registrales del matrimonio, régimen económico matrimonial, la filiación común —matrimonial o no matrimonial— ya de los hijos naturales comunes, ya de los adoptados, en los términos de los arts. 8 y 36 y siguientes del Reglamento del Registro Civil"*.

3. El uso de documento falso en perjuicio de terceros está expresamente previsto en relación con todos los diversos objetos materiales regulados en este Capítulo. Esto es, con documentos públicos, oficiales y mercantiles (art. 393 CP), despachos telegráficos (art. 394 CP), documentos privados (art. 396 CP) y tarjetas bancarias, cheques de viaje y demás instrumentos de pago distintos del efectivo (art. 399 *bis*.3). El uso puede realizarse en cualquier contexto en el que el documento falso pueda inducir a error para adoptar una decisión con relevancia jurídica. Sólo en el art. 399 *bis*.3 CP aparece expresa la exigencia para esta concreta conducta de que se conozca la falsedad. Ello no impide que este requisito tenga un alcance general para el resto de tipos que, por otra parte, es inherente a la exigencia de actuar en perjuicio de tercero.

La exigencia de que sea en perjuicio de terceros no implica que el uso del documento esté específicamente destinado a perjudicar los intereses de una concreta persona. Bastará con la aptitud objetiva del uso realizado para perjudicar a un tercero para que se verifique esta conducta típica. De ese modo, por ejemplo, el uso de un documento falso en el marco de un concurso administrativo en concurrencia competitiva colmaría las exigencias típicas, ya que, aunque no esté determinado el eventual tercero perjudicado, la conducta es objetivamente apta para lesionar los intereses del resto de concursantes participantes en el proceso. Igualmente, tampoco cabe limitar los perjuicios a los de carácter económico.

4. El mero uso de determinados documentos falsos, sin necesidad de que exista intención de generar un perjuicio a terceros, está tipificado como conducta típica en relación con documentos de identidad (art. 392.2 CP) y con certificados (art. 399.2 CP). El concepto "*uso*" dota de una gran amplitud de significado a esta conducta, de modo que quedaría equiparada a cualquier utilización que se haga del concreto objeto material conforme a los fines que le son propios, dándolo a conocer a terceros en cualquier contexto.

En ese sentido, por ejemplo, podría considerarse uso de documento de identidad falso la conducta de exhibir al propietario de un establecimiento un DNI con la fecha de nacimiento alterada para posibilitar la compra de tabaco o alcohol o la entrega al jefe de recursos humanos de una empresa de un certificado académico falso adjunto al curriculum para la consecución de un trabajo. En ambos casos, más allá de que no se concrete una intención de perjuicio, el sólo uso del documento falso y su aptitud para la consecución de conductas ajenas con relevancia jurídica colman las exigencias del tipo.

Por el contrario, no pueden ser catalogadas como uso ni la mera tenencia del documento ni la sola referencia a su existencia (CASAS BARQUERO, GARCÍA CANTIZANO).

5. La última de las modalidades de uso incorporadas a la legislación penal española ha sido la prevista en el art. 400 *bis* CP. Esta modalidad es la utilización de documento autentico por quien no está legitimado para ello. Su ámbito de aplicación es, cuando existe la intención de perjudicar a terceros, tanto el uso de documentos públicos, oficiales y mercantiles (art. 393 CP), como los despachos telegráficos (art. 394 CP) y documentos privados (art. 396 CP). Aun cuando no exista intención de perjudicar a terceros, se sanciona esta modalidad de uso en relación con documentos de identidad (art. 392 CP) y certificados (art. 399 CP).

La finalidad político-criminal de este precepto no resulta muy nítida ni, desde luego, su encaje entre los delitos de falsedad documental. Parece que el interés a tutelar sería evitar la inducción a error a partir de la exhibición de un documento que, aun siendo auténtico, no acredita lo que el sujeto activo pretende. En ese sentido, su dinámica comisiva acercaría esta conducta típica más a las llamadas falsedades personales (VILLACAMPA ESTIARTE) que a las documentales, toda vez que lo relevante no es la lesión de las funciones propias del documento, sino la simulación o usurpación de la personalidad. Igualmente, la propia descripción de la conducta aleja esta modalidad comisiva de la que es característica de las falsedades documentales. En estas, lo determinante es que la inducción a error del sujeto pasivo se intente producir a partir de incidir sobre la veracidad o autenticidad de un objeto material, en el que se hacen recaer unas funciones probatorias o de garantía. En el uso de documento autentico por no legitimado, sin embargo, lo determinante es que la inducción a error del sujeto pasivo se intente producir a partir de su propia acción descuidada de no verificar que el real contenido del documento que se exhibe no coincide con lo alegado por el sujeto activo. Por tanto, siendo una conducta de una inferior peligrosidad y no siendo lesiva de las funciones probatorias o de garantía del documento, no resulta adecuada ni su equiparación con el uso de documento falso ni tampoco el amplio alcance que se le ha dado en el art. 400 *bis* CP. Quizá la sanción de esta conducta pueda tener sentido en relación con situaciones muy limitadas como es el intento de inducir a error en autoridades o fedatarios públicos haciendo presentar como propios documentos auténticos ajenos. Sin embargo, en muchas ocasiones, esa simulación no debería pasar de formar parte del elemento de engaño del delito de estafa, como sería el caso de la utilización de títulos de viaje nominados.

En relación con la exigencia de que existe la intención de perjudicar a terceros, las SSTS 396/2021, 6-5 (*Tol 8431969)* y 174/2022, 24-2 (*Tol 8830468)* casaron y anularon las condenas respectivas impuestas por un delito del art. 400 *bis* CP, en supuestos de utilización de tarjetas de estacionamiento para personas de movilidad reducida expedidas a nombres de terceros, con el argumento de que, si bien se trata de un documento oficial, no se colma la exigencia del elemento intencional cuando no hay presencia de la titular de la tarjeta, ya que el eventual perjuicio a un tercero titular de esas tarjetas, que se viera impedido de usar la plaza de aparcamiento, no resulta suficiente; siendo preciso un perjuicio concreto e identificable y no meramente hipotético. Por el contrario, la STS 290/2022, 23-3 (*Tol 8900457)*, en circunstancias semejantes de uso de dicha tarjeta falsificada a nombre de una tercera persona, confirmó la condena por falsedad de uso del art. 393 CP, a pesar de la exigencia legal de *"para perjudicar u otro"*, afirmando que *"el perjuicio existe ya que la conducta de la acusada fue en detrimento del derecho que tienen a estacionar en esos lugares reservados aquellas otras personas que sí padecen una movilidad reducida en el correspondiente expediente administrativo en virtud del cual se les expide la tarjeta. Con su proceder, la acusada impide que el espacio reservado lo utilicen quienes tienen derecho a ello"*. A esos efectos, con remisión a lo establecido por el Pleno de la Sala de lo Penal en la STS 577/2020, 4-11 (*Tol 8209102)*, se afirma que *"con ello se produjo un perjuicio para terceros ya que los estacionamientos reservados para personas con discapacidad son un beneficio legal para quienes padecen tal situación, beneficio que no corresponde a quienes no cumplen los requisitos. De este modo el uso indebido del estacionamiento reservado perjudica a quienes realmente lo necesitan. En suma, el acusado realizó un acto al que no tenía derecho perjudicando con su acción a potenciales usuarios mediante alteración de la realidad que tiene efectos en las relaciones jurídicas"*.

Un problema interpretativo adicional que plantea esta previsión es el uso del término *"legitimado"*. Si se hace una interpretación estricta de carácter jurídico de este término, poniéndolo en relación con la idea de legitimación, parece que el único uso sancionado sería el realizado en el contexto de un procedimiento judicial. De modo que solo cabría sancionar esta conducta en los supuestos de quien utiliza un documento auténtico para simular la existencia de un interés legítimo que le posibilite ser parte en un procedimiento judicial. Por el contrario, una interpretación más común del término legitimado, puesta en relación con la idea de legitimidad, permitiría un más amplio ámbito de aplicación, toda vez que la conducta típica se referiría al uso del documento auténtico por quien no estando afectado por el mismo, simula ostentar un interés derivado de la declaración o la información que incorpora. No parece asumible la propuesta de limitar este concepto a la exigencia de una concreta disposición de carácter normativo que habilite el uso del documento (VILLACAMPA ESTIARTE), toda vez que ello dejaría restringida esta conducta típica a los supuestos de documentos nacionales de identidad a los que se refiere el art. 392.2 CP o, como mucho, a determinados documentos públicos u oficiales, lo que entra en abierta contradicción con el tenor literal de art. 400 *bis* CP que hace aplicación de esta modalidad también respecto de documentos privados (art. 396 CP) o despachos telegráficos (art. 394 CP).

V. LA FALSIFICACIÓN DE DOCUMENTOS PÚBLICOS, OFICIALES, MERCANTILES Y DESPACHOS DE TELECOMUNICACIONES

Artículo 390

1. Será castigado con las penas de prisión de tres a seis años, multa de seis a veinticuatro meses e inhabilitación especial por tiempo de dos a seis años, la autoridad o funcionario público que, en el ejercicio de sus funciones, cometa falsedad:

1º Alterando un documento en alguno de sus elementos o requisitos de carácter esencial.

2º Simulando un documento en todo o en parte, de manera que induzca a error sobre su autenticidad.

3º Suponiendo en un acto la intervención de personas que no la han tenido, o atribuyendo a las que han intervenido en él declaraciones o manifestaciones diferentes de las que hubieran hecho.

4º Faltando a la verdad en la narración de los hechos.

2. Será castigado con las mismas penas a las señaladas en el apartado anterior el responsable de cualquier confesión religiosa que incurra en alguna de las conductas descritas en los números anteriores, respecto de actos y documentos que puedan producir efecto en el estado de las personas o en el orden civil.

Artículo 391

La autoridad o funcionario público que por imprudencia grave incurriere en alguna de las falsedades previstas en el artículo anterior o diere lugar a que otro las cometa, será castigado con la pena de multa de seis a doce meses y suspensión de empleo o cargo público por tiempo de seis meses a un año.

Artículo 392

1. El particular que cometiere en documento público, oficial o mercantil, alguna de las falsedades descritas en los tres primeros números del apartado 1 del artículo 390, será castigado con las penas de prisión de seis meses a tres años y multa de seis a doce meses.

2. Las mismas penas se impondrán al que, sin haber intervenido en la falsificación, traficare de cualquier modo con un documento de identidad falso. Se impondrá la pena de prisión de seis meses a un año y multa de tres a seis meses al que hiciere uso, a sabiendas, de un documento de identidad falso.

Esta disposición es aplicable aun cuando el documento de identidad falso aparezca como perteneciente a otro Estado de la Unión Europea o a un tercer Estado o haya sido falsificado o adquirido en otro Estado de la Unión Europea o en un tercer Estado si es utilizado o se trafica con él en España.

Artículo 393

El que, a sabiendas de su falsedad, presentare en juicio o, para perjudicar a otro, hiciere uso de un documento falso de los comprendidos en los artículos precedentes, será castigado con la pena inferior en grado a la señalada a los falsificadores.

Artículo 394

1. La autoridad o funcionario público encargado de los servicios de telecomunicación que supusiere o falsificare un despacho telegráfico u otro propio de dichos servicios, incurrirá en la pena de prisión de seis meses a tres años e inhabilitación especial por tiempo de dos a seis años.

2. El que, a sabiendas de su falsedad, hiciere uso del despacho falso para perjudicar a otro, será castigado con la pena inferior en grado a la señalada a los falsificadores.

Artículo 400 *bis*

En los supuestos descritos en los artículos 392, 393, 394, 396 y 399 de este Código también se entenderá por uso de documento, despacho, certificación o documento de identidad falsos el uso de los correspondientes documentos, despachos, certificaciones o documentos de identidad auténticos realizado por quien no esté legitimado para ello.

1. Consideraciones generales

La Sección 1ª de este Capítulo está dedicada a la falsificación de documentos públicos, oficiales, mercantiles y despachos trasmitidos por servicios de telecomunicaciones. La naturaleza de estos documentos, en contraposición con los documentos privados y los certificados, determina un tratamiento penal más severo, vinculado a la necesidad de una mayor protección, en un caso, por su superior eficacia probatoria, atendido el órgano del que emanan —documentos públicos y oficiales— y, en otro, por la relevancia de los actos que incorpora —documentos mercantiles.

Su protección penal se realiza tomando como eje principal al sujeto activo, si bien al intercalarse la protección especial de determinados documentos se ha producido un resultado algo caótico. De ese modo, atendiendo a una estructuración por sujetos activos, que es la sistemática que va a seguirse en su análisis, los delitos de esta Sección 1ª podrían subdividirse de la siguiente manera: (i) el delito de falsificación cometido por autoridad o funcionario público, doloso (art. 390.1 CP) e imprudente (art. 391 CP), incluyendo el tipo asimilado de falsedad cometida por el responsable de una confesión religiosa en actos relativos al estado de las personas (art. 390.2 CP) y el tipo privilegiado de falsificación cometida por autoridad o funcionario público encargado de servicio de telecomunicaciones en relación con despachos telegráficos (art. 394.1 CP); (ii) el delito de falsificación cometido por particular (art. 392.1 CP); y (iii) el delito de tráfico y uso de documentos falsos (arts. 392.2, 393 y 394.2 CP).

2. Objeto material

1. Los documentos públicos, oficiales y mercantiles son el objeto material de estos delitos. Este objeto material sólo aparece descrito como tal en el art. 392 CP —falsificación cometida por particular—, pero no en los restantes tipos penales. Ello no impide, sin embargo, restringir las conductas falsarias a estos concretos objetos materiales. La delimitación de cada una de estas categorías de documentos, ante la falta de una definición legal, implica un esfuerzo interpretativo que debe contextualizarse debidamente. En ese sentido, si bien no tiene mayor trascendencia intentar diferenciar entre documento público, oficial y mercantil, ya

que todos ellos reciben un tratamiento penal conjunto, es esencial determinar qué caracteriza un documento mercantil, en contraprestación a un documento privado, y un documento público u oficial en contraposición a los documentos privados y los certificados, en tanto que son objeto material de los delitos de las Secciones 2ª y 3ª. Igualmente resulta de interés establecer qué ha de entenderse por despachos trasmitidos por servicios de telecomunicaciones o documento de identidad en tanto que tienen una regulación especial que desplaza, conforme al principio de especialidad (art. 8.1 CP), la aplicación de los tipos genéricos de falsedad documental.

2. El concepto de documento público se ha puesto en relación directa con la definición que de este tipo de documentos se aporta en otros sectores del Ordenamiento. En concreto, el art. 1216 CC, que, de manera muy sintética y a los efectos de prueba de las obligaciones, define por documento público "*los autorizados por un Notario o empleado público competente, con las solemnidades requeridas por la ley*", y el art. 317 LEC, que, a efectos de prueba en el proceso, opta por hacer una enumeración, refiriéndose, además de a los autorizados por Notarios, a las resoluciones judiciales, certificaciones expedidas por Registradores y funcionarios públicos en lo que se refiere al ejercicio de sus funciones. A ello habría que añadir el art. 26.1 de la Ley 39/2015, de 1 de octubre, del Procedimiento Administrativo Común de las Administraciones Públicas, que establece que "*se entiende por documentos públicos administrativos los válidamente emitidos por los órganos de las Administraciones Públicas (…)*". Más allá de que estos preceptos incluyen una definición o enumeración de documentos públicos a unos concretos efectos legales y, por tanto, que no cabe hacer una traslación directa al ámbito del Derecho penal, pueden servir de orientación para extraer las notas definitorias de este tipo de documentos, puestos en relación con el bien jurídico protegido y con la decisión de dotarlos de un tratamiento penal autónomo más grave que al del resto de las falsedades documentales [en contra, SSTS 417/2010, 7-5 (*Tol 1863907*), o 674/2020, 11-12 (*Tol 8246439*); que establecen una relación directa entre el concepto penal y estos preceptos]. Así, por documento público debe entenderse aquel que reúna la doble característica de que sea emitido por cualquier Administración pública, en sentido amplio, y de que lo sea en el ejercicio de las funciones que tiene legalmente encomendadas.

Algunos autores sostienen que el documento oficial vendría a ser una especie del público, pero sin que haya un acuerdo sobre el particular. Así, CÓRDOBA RODA considera que documento oficial agrupa los definidos en el art. 317.3 LEC, esto es, los expedidos por funcionarios públicos legalmente facultados para dar fe en lo que se refiere al ejercicio de sus funciones. Por el contrario, GOYENA HUERTA, siguiendo diversos pronunciamientos jurisprudenciales [STS 1443/2003, 6-11 (*Tol 4977740*)], estima que los oficiales englobarían todos aquellos que no son notariales ni judiciales. En cualquier caso, el concepto de documento oficial no podría variar mucho del concepto de documento público siendo, en realidad, sinónimos [la STS 417/2010, 07-05 (*Tol 1863907*), los define como aquellos *"que provienen de las Administraciones Públicas, para satisfacer las necesidades del servicio o función pública, y de los demás entes o personas jurídico-públicas, para cumplir sus fines institucionales"*; o la STS 674/2020, 11-12 (*Tol 8246439*) como los *"emitidos o puestos en circulación por entidades públicas del Estado de las Comunidades Autonómicas, Provinciales o del Municipio, con la finalidad de satisfacer las necesidades del servicio público, dentro del ámbito de sus funciones"*]. Más allá de ello, la inclusión del documento oficial ha servido para considerar como objeto material apto de estos delitos documentos como los emitidos por las Corporaciones de Derecho Público —Colegios profesionales, principalmente— [SSTS 789/2001, 10-5 (*Tol 4926280*), o 1174/2006, 30-11 (*Tol 1022922*)]; recetas médicas de la Seguridad Social [SSTS 1356/2009, 12-11 (*Tol 1781408*); 984/2022, 21-12 (*Tol 9356663*); o 847/2024, 10-10 (*Tol 10235410*); ampliamente VIDAL CASERO]; billetes de lotería [STS 1019/2001, 25-05 (*Tol 31558*)]; y, desde luego, resoluciones judiciales [STS 380/2025, 30-4 (*Tol 10519649*)]. En todo caso, el principal problema que se plantea es la delimitación, por un lado, con el documento de identidad, los despachos telegráficos y los certificados, y por otro, con los documentos privados destinados a su incorporación a expedientes públicos. Dichas delimitaciones se analizarán al tratar los concretos delitos que recaen sobre esos concretos objetos materiales.

La circunstancia de que las conductas falsarias recaigan sobre supuestos documentos oficiales, pero que no tienen ninguna correspondencia con los auténticos emitidos por la administración o autoridad competente (documentos de fantasía), es lo que ha determinado que se niegue la existencia de un objeto material apto del delito de falsedad en documento oficial, remitiéndose al que recae en documento privado, en los casos enjuiciados por las SSTS 32/2006, 23-1 (*Tol 827071*), y 849/2022, 27-10 (*Tol 9284249*), relativos a la falsificación de supuestos carnets de identificación de policías y miembros del Centro Nacional de Inteligencia que no tenían correlación con los auténticos.

3. La conceptuación de documento mercantil hasta momentos recientes ha mostrado posiciones enfrentadas entre la Doctrina y la Jurisprudencia, que en la actualidad han convergido en defensa de un concepto restrictivo. La Doctrina viene defendido una conceptuación restrictiva que oscila desde su limitación a los documentos que contengan un contrato que ostente validez según la legislación mercantil (CÓRDOBA RODA), pasando por los revestidos de ciertas solemnidades y con carga de ejecutividad (ARMENTEROS LEÓN, GARCÍA CANTIZANO, LASCURAÍN SÁNCHEZ, MORILLAS CUEVA, PEÑARANDA RAMOS, QUERALT JIMÉNEZ, VILLACAMPA ESTIARTE), hasta los que la reservan para los títulos valores (CALLE RODRÍGUEZ, HAVA GARCÍA, LÓPEZ BARJA DE QUIROGA, RODRÍGUEZ RAMOS, SILVA SÁNCHEZ); en estos últimos casos, argumentando que la equiparación del tratamiento penal de la falsedad de documento mercantil con los públicos y oficiales sólo aparece justificada en los casos de documentos que acreditan la existencia de un derecho y su titularidad por parte del poseedor.

Por su parte, la Jurisprudencia, tradicionalmente, venía sustentando un concepto amplio y extensivo, considerando mercantiles todos aquellos documentos que "*expresan o recogen una operación de comercio*" [SSTS 417/2010, 07-05 (*Tol 1863907*), o 245/2020, 27-5 (*Tol 8387232*)]; destacando que lo son todos aquéllos destinados "*a surtir efectos en el tráfico jurídico y que se refieran a contratos u obligaciones de naturaleza comercial*" [SSTS 1394/2009, 25-01 (*Tol 1788428*), o 30/2022, 19-1 (*Tol 8774950*)]. Con esta conceptuación extensiva convivía una corriente minoritaria más restrictiva que incidía en que la protección penal dispensada por el art. 392 CP quedaba limitada a los "*documentos mercantiles merecedores de una especial protección, porque su materialidad incorpora una presunción de veracidad y autenticidad equivalente a un documento público, lo que es la 'ratio legis' de la asimilación*" [así, SSTS 786/2006, 6-6 (*Tol 979514*), o 281/2012, 3-4 (*Tol 2535456*)], o a aquellos que "*tengan una eficacia jurídica superior a la de simple documento privado que justifique precisamente la agravación de su falsedad respecto a la de aquel*" [SSTS 571/2005, 4-5 (*Tol 656802*); 159/2018, 5-4 (*Tol 6562486*); 755/2018, 12-3-2019 (*Tol 7118824*), o 695/2019, 19-5-2020 (*Tol 7947561*)]. El Pleno de la Sala de lo Penal en la STS 232/2022, 14-3 (*Tol 8881213*), reconociendo la coexistencia de ambas corrientes, toma partido definitivo por la conceptuación restrictiva, que solo considera como mercantiles "*aquellos que, además de estar expresamente previstos en una norma de carácter mercantil, gocen de una proyección cualificada en el tráfico jurídico*" (FD 22).

Gráficamente, las SSTS 764/2008, 20-10 (*Tol 1413554*); 135/2015-17-2 (*Tol 4836851*); 370/2017, 23-5 (*Tol 6143547*); 755/2018, 12-3-2019 (*Tol 7118824*); 695/2019, 19-5-2020 (*Tol 7947561*), o 30/2022, 19-1 (*Tol 8774950*), en relación con la corriente extensiva entonces mayoritaria, afirmaban que "*se trata de un concepto amplio, equivalente a todo documento que sea expresión de una operación comercial, plasmado en la creación, alteración o extinción de obligaciones de naturaleza mercantil, ya sirva para cancelarlas, ya para acreditar derechos u obligaciones de tal carácter, siendo tales no sólo los expresamente regulados en el Código de Comercio o en las Leyes mercantiles, sino también todos aquéllos que recojan una operación de comercio o tengan validez o eficacia para hacer constar derechos u obligaciones de tal carácter o sirvan para demostrarlas, criterio éste acompañado, además, por un concepto extensivo de lo que sea aquella particular actividad*". La Doctrina se mostró muy crítica con esta posición jurisprudencial y, por ejemplo, en la primera edición de este volumen, ya se señalaba que "*la amplitud jurisprudencial, vinculada a una simple interpretación literal, resulta desmesurada y exige una relectura a partir de una interpretación teleológica que atienda a las razones por las que el tratamiento de los documentos mercantiles, a pesar de ser una subespecie de los privados, se equipara a los públicos*".

Los argumentos utilizados en la citada STS 232/2022, 14-3 (*Tol 8881213*) para imponer una conceptuación más restrictiva, cercana a la sustentada por la Doctrina mayoritaria, son los siguientes: "*En este sentido, la jurisprudencia de esta Sala de lo Penal es constante en afirmar, ya sea desde posiciones extensivas o restrictivas del espacio de protección del artículo 392 CP, que lo que se pretende proteger con dicho tipo es la seguridad del tráfico mercantil. Lo que sugiere con claridad que el bien jurídico protegido no es solo individual, sino que adquiere una proyección colectiva y social mucho más acentuada que con relación al protegido mediante el delito de falsedad en documento privado. Residiendo aquí, precisamente, la razón que justifica las necesidades de protección penal intensificada, anudando a su lesión un mayor reproche punitivo. La anterior conclusión se refuerza si atendemos a un argumento sistemático. La conducta falsaria sobre el documento mercantil aparece mencionada en el artículo 392 CP junto a los comportamientos falsarios que recaen sobre documentos públicos y oficiales, equiparándose en sus consecuencias penológicas. Lo que sugiere, también con claridad, que las tres conductas comparten bien jurídico público y colectivo. No parece discutible que mediante la sanción de la falsedad de documentos públicos u oficiales se pretende proteger el interés general, la confianza de la ciudadanía, en el buen uso de las facultades o potestades reconocidas a determinadas autoridades o funcionarios para confeccionar documentos. Condiciones de confección presuntivas que son las que otorgan al documento falseado público u oficial la idoneidad para lesionar el bien jurídico protegido y afectar a las funciones documentales con mayor intensidad. Dicha equiparación acentúa la necesidad de que el documento mercantil falseado incorpore también una especial intensidad lesiva de dichas funciones documentales, equiparable a la de los documentos públicos u oficiales. Nivel especial de lesividad que cabe predicar de aquellos que, además de estar expresamente previstos en una norma de carácter mercantil, gocen de una proyección cualificada en el tráfico jurídico. Como argumento de interpretación histórica que refuerza dicha conclusión cabe referirse a la anterior redacción del artículo 303 CP, texto de 1973, precedente del actual artículo 392, en la que se precisaban las clases de documentos mercantiles en relación de analogía o similitud con las letras de cambio. Dicha referencia patentizaba, de forma concluyente, la ratio protectora en cuanto tales documentos por su potencialidad fijadora del crédito y su intrínseca operatividad abstracta, sí incorporan evidentes marcadores de lesividad del bien jurídico de la seguridad del tráfico en su dimensión colectiva o general. El hecho de que la nueva definición típica no incorpore dicha precisa referencia no permite interpretar de contrario la ruptura contextual de significados, pues sigue situándose al documento mercantil en una posición de aventajada protección punitiva que continúa reclamando explicación sistemática"* (FD 22). En relación con ello, esta sentencia, incide en que, "*entre los documentos cuya falseamiento sí podría comprometer el bien jurídico protegido por el artículo 392 CP cabe encontrar, con fines meramente enunciativos, los que tienen el carácter legal de título-valor; los que obedezcan al cumplimiento de una obligación normativa de documentación mercantil que funcionalmente les acerca a los documentos emitidos por ciertos funcionarios con capacidad documentadora —por ejemplo, libros y documentos contables, actas de juntas de sociedades de capital, certificaciones con potencial acceso al Registro Mercantil, etc.—; los que documentan contratos-tipo, clausulados generales o particulares en relaciones de consumo —por ejemplo, contratos de seguro, bancarios, de financiación, transporte etc.—; aquellos contratos sometidos a condiciones normativas de forma o de supervisión o a algún tipo de intervención pública —por ejemplo, contratos de gestión financiera, de correduría de seguros, de inversión, etc.— y documentos que, bajo la apariencia de corresponder al giro mercantil de una empresa, tengan como finalidad la comisión de delitos contra la Hacienda Pública, la Seguridad Social, fraude de subvenciones o la obtención de financiación por entidades bancarias o de crédito, etc."* (FD 23). De ello concluye que "*La simulación del clausulado de un contrato otorgado entre particulares, aunque estos puedan ostentar la condición de comerciantes y fijen una regla negocial de naturaleza mercantil, carece de eficacia más allá de la relación negocial entre aquellos y de potencialidad significativa para lesionar la seguridad del tráfico mercantil en un sentido colectivo*" (FD 24). A esos efectos, también hace referencia expresa a que "*resultará suficiente la protección penal mediante el tipo del artículo 395CP frente a la falsedad de otros tipos de documentos que, si bien plasman operaciones mercantiles o han sido confeccionados por empresarios o comerciantes, carecen de dicha especial idoneidad lesiva colectiva —por ejemplo, contratos, presupuestos, tiques, albaranes, recibos y otros justificantes de pago que recaen sobre actos, negocios o relaciones jurídicas sin relevancia para terceros*" (FD 22).

La importancia de esta nueva posición jurisprudencial es indudable y se está en plena proyección sobre los diferentes documentos presentes en el mundo mercantil para determinar su calificación jurídico-penal como mercantil o como privado, más allá de los que ya expresamente son citados. Así, cabe mencionar las SSTS 283/2022, 23-3 (*Tol 8893241*); 241/2023, 30-3 (*Tol 9501475*); 422/2023, 31-5 (*Tol 9607003*); 687/2023, 25-9 (*Tol 9724172*); 749/2024, 18-7 (*Tol 10117380*), y 1177/2024, 30-12 (*Tol 10348920*), que han considerado documentos privados, respectivamente, la alteración de las cifras de los arqueos diarios de caja de cobro para ocultar las cuantías que se sustraían por falta de su incidencia en terceros; la emisión de facturas alterando el concepto o para la comisión de una estafa; la confección de contratos de arrendamiento de vehículos simulados para la obtención de financiación; fotocomposición a partir de documentos auténticos; un recibo falso aportándolo a un proceso civil como prueba de pago; y la simulación de las cartas a través de las que supuestamente una empresa informaba del estado de una inversión y garantizaba el buen fin de la misma. Por el contrario, las SSTS 642/2022, 24-6 (*Tol 9111828*); 715/2022, 13-7 (*Tol 9149220*); 728/2022, 14-7 (*Tol 9153182*); 737/2022, 19-7 (*Tol 9213264*), y 904/2022, 17-11 (*Tol 9296728*), consideran mercantiles, respectivamente, un contrato de compraventa de un vehículo, por su finalidad de inscripción en un registro público; un aval bancario; la confección de albaranes y cartas de porte con el fin de defraudar a Hacienda; recibos de dinero para inversión en productos financieros; y sucesivos recibos falsos de proveedores con pluralidad de perjudicados. Asimismo, consideran mercantiles las SSTS 1023/2022, 26-4-2023 (*Tol 9530337*); 89/2023, 10-2 (*Tol 9416297*), y 269/2023, 19-4 (*Tol 9519638*), respectivamente, talones de viaje; contratos de compraventa y facturas para conseguir financiación; y factura falsa como medio para la comisión de un delito contra la Hacienda Pública.

En todo caso la Doctrina, a pesar de haberse pronunciado reiteradamente en favor de esta variación jurisprudencial, se ha mostrado crítica por su formulación genérica y abstracta y, por tanto, con la falta de seguridad jurídica en relación con la subsunción que se vaya a realizar dentro de este concepto de los distintos documentos que surgen en la vida mercantil y por apreciar, con buenos fundamentos, que en ese proceso de subsunción se está dando toda la relevancia a la capacidad lesiva del documento para el patrimonio de terceros y su utilización instrumental para la comisión de otros delitos, lo que redunda en contra del potencial restrictivo de la jurisprudencia que se pretendía establecer (ampliamente, ALCÁCER GUIRAO, COCA VILA, RODRÍGUEZ RAMOS).

3. La falsificación cometida por autoridad o funcionario público

Los arts. 390.1 y 391 CP tipifican las conductas de falsificación propia —dolosa e imprudente, respectivamente— de documentos públicos, oficiales y mercantiles cometidas por autoridad o funcionario público. El art. 390.2 CP equipara a este tipo de falsificación los supuestos de falsedad cometida por los responsables de una confesión religiosa en actos relativos al estado de las personas. El art. 394.1 CP, por último, establece el tipo privilegiado de falsificación cometida por autoridad o funcionario público encargado de servicio de telecomunicaciones en relación con despachos telegráficos. Como puede comprobarse, un aspecto común a estos delitos, excepto el asimilado del art. 390.2 CP, es la condición de autoridad o funcionario del sujeto activo. Habida cuenta de que el art. 24 CP establece una definición auténtica de ambos conceptos bastará con una remisión a dicho artículo para poder identificar el ámbito de sujetos activos de estos delitos, sin que quepa apreciar ninguna particularidad. A esos efectos será autoridad el que, individualmente o como miembro de un órgano colegiado, tenga mando o ejerza jurisdicción propia, y funcionario público quien con el debido respaldo legal participe del ejercicio de funciones públicas.

El art. 24.1 CP establece, de conformidad con la redacción dada por la LO 9/2021, de 1 de julio, que "*1. A los efectos penales se reputará autoridad al que por sí solo o como miembro de alguna corporación, tribunal u órgano colegiado tenga mando o ejerza jurisdicción propia. En todo caso, tendrán la consideración de autoridad los miembros del Congreso de los Diputados, del Senado, de las Asambleas Legislativas de las Comunidades Autónomas y del Parlamento Europeo. Tendrán también la consideración de autoridad los funcionarios del Ministerio Fiscal y los Fiscales de la Fiscalía Europea*". Por su parte, el art. 24.2 CP, desde su redacción original, establece que "*2. Se considerará funcionario público todo el que por disposición inmediata de la Ley o por elección o por nombramiento de autoridad competente participe en el ejercicio de funciones públicas*". La STS 1023/2022, 26-4-2023 (*Tol 9530337)*, analiza ampliamente el concepto de funcionario público a efectos penales, destacando que "*es más amplio que el que se utiliza en otras ramas del ordenamiento jurídico y más concretamente en el ámbito del Derecho administrativo, pues mientras que para éste los funcionarios son personas incorporadas a la Administración Pública por una relación de servicios profesionales y retribuidos, regulada por el Derecho administrativo, por el contrario, el concepto penal de funcionario público no exige las notas de incorporación ni permanencia, sino fundamentalmente 'la participación en la función pública*'".

3.1. Tipo doloso

El art. 390.1 CP sanciona con las penas de tres a seis años, multa de seis a veinticuatro meses e inhabilitación especial de dos a seis años al funcionario público que "*en el ejercicio de sus funciones*" cometa una falsedad, se sobrentiende que en un documento público, oficial o mercantil, (i) alterando alguno de sus elementos esenciales; (ii) simulándolo en todo o en parte, induciendo a error sobre su autenticidad; (iii) suponiendo la intervención de quien no la ha tenido o atribuyendo declaraciones diferentes a los que hubieran hecho los que intervinieron; y (iv) faltando a la veracidad en la narración de los hechos.

Las cuestiones relativas al sujeto activo, objeto material y conductas falsarias de este delito ya han sido analizadas. Por tanto, solo queda por analizar un aspecto de este tipo penal, que es el referente a que la conducta sea cometida en el ejercicio de las funciones públicas. A ese respecto, es importante destacar que este elemento impide hacer una subsunción automática de cualquiera de las conductas falsarias cometidas por autoridad o funcionario en documento público, oficial o mercantil, siendo preciso que la conducta falsaria desarrollada se desenvuelva dentro del marco del ejercicio de la función encomendada al sujeto activo. En los casos en los que no quede acreditada dicha conexión, el tratamiento penal de la conducta deberá ser, en su caso, el previsto para la falsificación cometida por un particular con la agravante del prevalimiento del carácter público (art. 22.7 CP) [STS 380/2025, 30-4 (*Tol 10519649)*] y sin perjuicio de su eventual subsunción en cualquier otro delito contra la Administración Pública.

La STS 552/2006, 16-5 (*Tol 942259)*, destaca este aspecto de la conexión de la conducta falsaria con el concreto ejercicio de la función pública desempeñada por el sujeto activo, señalando que la ejecución de este tipo penal exige que la autoridad o funcionario realice la conducta falsaria precisamente en el área de sus funciones específicas, por lo que *"debe vulnerar el deber especifico ínsito al cargo o función desempeñados de hacer que los documentos que de él emanen o hayan de ser por él utilizados o manipulados o cuya veracidad e integridad viene obligada a custodiar, acomoden su contenido a la verdad que deben reflejar o ya reflejaban"*. De ese modo, parece que el criterio jurisprudencial se hace descansar en la diferenciación entre abuso de oficio, que es el específicamente sancionado en el art. 390 CP, y el abuso de carácter público, que permitiría la aplicación del tipo básico con la agravante del art. 22.7 CP, toda vez que en este caso la falsedad no se produce en el ejercicio del cargo, sino aprovechando sus ventajas (COCA VILA, GOYENA HUERTA, NAVARRO FRÍAS, PEÑARANDA RAMOS). De manera más nítida y amplia, la STS 380/2025, 30-4 (*Tol 10519649)*, casó y anuló la sentencia de instancia, que había condenado por un delito de falsedad en documento oficial por funcionario público, y consideró un delito de falsedad por particular con la agravante del art. 22.7 CP, el supuesto de una letrada de la Administración de Justicia que confeccionó un auto judicial, haciendo aplicación de lo establecido en la ya citada STS 552/2006, 16-5 (*Tol 942259)*, y en las SSTS 280/2020, 4-6 (*Tol 7969707)*; y 793/2021, 20-10 (*Tol 8630943)*; argumentando que *"la recurrente intervino aprovechándose de su condición de funcionario público, pero no como funcionario público que podía cometer esa falsedad por falta de competencia para ello, porque comete la falsedad aprovechando su condición de LAJ, no en su condición de tal, lo que hace aplicable el art. 392 CP y la agravante del art. 22.7 CP"*.

Parte de la Doctrina y la Jurisprudencia consideran que las conductas del art. 390.1.1° a 3° CP constituyen un delito especial propio [BUSTOS RAMÍREZ, GARCÍA CANTIZANO, VILLACAMPA ESTIARTE, STS 499/2004, 23-04 (*Tol 420824)*], argumentando que, frente a la pretensión de constituir como tipo básico la falsificación cometida por un particular, también se ve afectado el buen funcionamiento de la Administración Pública. Sin negar esto último, parece más adecuado mantener la consideración de delito especial impropio en relación con la falsedad por particular de este tipo de documentos del art. 392 CP (FERNÁNDEZ PANTOJA, NAVARRO FRÍAS). La exigencia típica de que el sujeto activo autoridad o funcionario público deba actuar en el ejercicio de su función sólo determina que este delito sea especial incluso en relación con los hechos cometidos por funcionarios públicos cuando no se produzcan en el ejercicio de su cargo —que quedarían subsumidos también en el art. 392 CP— pero no permite negar que este último precepto es un tipo básico subsidiario respecto del art. 390 CP y, por tanto, que sea un delito especial impropio. Sobre lo que hay acuerdo es en conceptuar la modalidad falsaria del art. 390.1.4° CP, como delito especial propio, toda vez que el art. 392.1 CP al tipificar la falsificación por particular excluye expresamente la sanción de esa modalidad falsaria.

3.2. Tipo imprudente

1. El art. 391 CP establece la responsabilidad penal de la autoridad o funcionario público cuando por impudencia grave bien cometa una de las conductas falsarias del art. 390.1 CP, bien diera lugar a que otros las cometieran, sancionán-

dolo con una pena de multa de seis a doce meses y suspensión de empleo o cargo público por tiempo de seis meses a un año. Dentro del sistema de *crimina culposa* establecido en el CP vigente, este es el único delito de falsificación imprudente tipificado en este Título. Un primer elemento típico de esta conducta es, desde la perspectiva del sujeto activo, la condición de autoridad o funcionario público, por lo que al no existir una sanción paralela para los particulares, se configura como un delito especial propio. La referencia expresa a ese concreto ámbito de sujetos activos impide que, a pesar de la remisión a las "*falsedades previstas en el artículo anterior*", pueda hacerse aplicación a los supuestos de falsedad cometidos por responsables de confesión religiosa a los que se refiere el art. 390.2 CP. Del mismo modo, aunque no se haga mención concreta a ello, es exigible que la conducta imprudente se desenvuelva en el marco del ejercicio de sus funciones.

2. Un segundo elemento de esta conducta falsaria es que la imprudencia ha de ser calificada como grave, entendiendo por tal la ostensible infracción de una norma de cuidado que le era exigible en el ejercicio de su función profesional bien en atención a la *lex artis* que disciplina dicha función, bien en atención a la existencia de una normativa que reglamente su actividad o protocolos o instrucciones internas para su desarrollo.

La STS 22/2023, 20-1 (*Tol 9379553)*, destaca que *"en el artículo 391 del CP se castigan aquellas falsedades cometidas por imprudencia grave, es decir con omisión de las precauciones más elementales. La falsedad imprudente se comete, en consecuencia, cuando el funcionario emite un documento que acredita algo que no se corresponde con la realidad obrando con una ligereza inexcusable en relación con la función que tiene encomendada"*. En esa línea, las SSTS 2018/2001, 3-4 (*Tol 1877441)*, y 2250/2001, 13-3 (*Tol 162195)*, consideraron imprudencia grave las conductas cometidas por un Notario y un Corredor de Comercio, respectivamente, de legitimación de firmas con la cláusula *"por reconocerlas como suyas"* que resultaron falsas, al no haber estado presente cuando se firmaron los documentos. De mismo modo, la STS 555/2020, 28-10 (*Tol 8217425)*, también confirmó la falsedad imprudente en un supuesto en que la notaria autorizó diversos actos, incluido un testamento, a pesar de la demencia avanzada que presentaba el otorgante, argumentando que *"no se trató de un simple error de apreciación, sino que respondió a la más absoluta omisión de la comprobación de la capacidad del otorgante. La recurrente omitió las más elementales precauciones, obrando con inexcusable ligereza pues siendo el Sr. Augusto persona desconocida para la Notaria, y teniendo en cuenta la trascendencia de los negocios jurídicos que iba a celebrar en su presencia, alguno de los cuales implicaba incluso una considerable disposición de bienes como el testamento que iba a otorgar, que incluía como heredero en sustitución de su esposa a la persona que le acompañaba como cuidador, debió observar un deber especial de diligencia como su profesión le exigía, cumpliendo la obligación que le impone el artículo 685 del Código Civil de asegurarse de que, a su juicio, tenía el testador la capacidad legal necesaria para testar. Al efecto, era básico tratar de mantener una conversación con el Sr. Augusto sin conformarse con los meros asentimientos gesticulares del mismo ante lo que su cuidador le decía y del parecer de su esposa sobre la conformidad de su marido con lo que iba a firmar, máxime cuando, como se ha expresado, ni siquiera estaba en condiciones de firmar"*.

Por el contrario, la STS 37/2003, 22-01 (*Tol 265643)*, niega la concurrencia de imprudencia grave en un supuesto de emisión de informe erróneo en que se consultaron archivos municipales y se realizaron consultas verbales, al entender que el funcionario no actuó con una ligereza inexcusable en relación con la función que tiene encomendada, con una abierta negligencia incompatible con el deber de veracidad que exige la intervención del funcionario o fedatario público. Igualmente, la STS 22/2023, 20-1 (*Tol 9379553)*, casó y anuló la condena que había sido impuesta a un notario en relación con su conducta ante la falta de correspondencia de un NIE en los diferentes documentos para la firma de un contrato, incidiendo en que "*el recurrente, en su intervención como Notario, era consciente de la falta de coincidencia entre los diferentes NIE que aparecían en la documentación disponible y el que aportaba la persona que comparecía como vendedora. Consecuentemente, y partiendo de la base de que estaba correctamente comprobado que la persona compareciente se llamaba Adoracion, lo cual nadie discute, procedió a realizar consulta telemática al Censo de la AEAT, obteniendo como respuesta que solo existía una persona con ese nombre, cuyo NIE coincidía íntegramente con el que aportaba la vendedora. Asimismo, de las consultas realizadas resultaba razonable concluir que los otros NIE que figuraban en la documentación eran inexistentes y que, por lo tanto, su consignación en los citados documentos solo podía obedecer a un error*"; con la conclusión de que "*las dudas que se pudieron plantear, fueron resueltas por el recurrente de forma razonable, por lo que, identificada la persona compareciente como vendedora, no era necesario advertir a los demás comparecientes*".

3. La obligación del ejercicio profesional diligente se proyecta no sólo en relación a no cometer directamente la falsificación —lo que podría tener lugar por dejación de las funciones que le competen de control de los datos que incorpora al documento— sino también a evitar que otros los cometan, lo que en realidad supone la tipificación de una participación imprudente en un delito doloso (NAVARRO FRÍAS, SILVA SÁNCHEZ). En esa situación, la responsabilidad por imprudencia del funcionario queda condicionada por la relevancia penal de la conducta de falsificación dolosa cometida por el no funcionario, por lo que hay que negar que se subsuma en el art. 391 CP aquella conducta imprudente que da lugar a la comisión de una conducta falsaria del art. 390.1.4º CP por un particular [GARCÍA CANTIZANO, GOYENA HUERTA, STS 1036/2003, 2-9 (*Tol 452884)*]. Otra cuestión que ha sido objeto de discusión es la relativa a cuál de las concretas conductas falsarias descritas en el art. 390.1 CP resultaría aplicable una responsabilidad imprudente. Se ha defendido que tanto la alteración de un elemento esencial como la simulación de documento serían incompatibles con un título de imputación imprudente, por lo que sólo cabría predicar estar responsabilidad culposa respecto de la suposición de intervención, atribución de declaración y narración inveraz de hechos (GARCÍA CANTIZANO, VILLACAMPA ESTIARTE).

La STS 920/2023, 14-12 (*Tol 9807181)*, casó y anuló la condena impuesta por falsedad documental cometido por funcionario público por imprudencia grave en la sentencia de instancia [SAP, Madrid, Sección 7ª, 254/2021, 2-6 (*Tol 8466243)*], en un supuesto en el que una funcionaria de la Oficina de Tramitación de DNI y Pasaporte expidió un DNI a partir de una foto entregada por el solicitante, que correspondía a una tercera persona. La condena en la instancia traía causa de considerar que el solicitante de la expedición era un autor mediato en un delito de falsificación en documento oficial, en el que la funcionaria era un instrumento imprudente, de modo que el autor mediato lo era de un delito común del art. 392 CP —particular que falsifica un documento público— y la funcionaria de un delito imprudente del art. 391 CP. La sentencia de casación absolvió a la funcionaria al considerar vulnerado el principio acusatorio. Sin embargo, no controvierte la calificación de la instancia con el doble argumento de que sustentar la posición dogmática de que no cabe la autoría mediata en el contexto de una ejecución material en la que se incurre en un error vencible implica (i) una injustificada laguna de punición frente a las situaciones en las que el instrumento fuera doloso o hubiera actuado en error invencible y (ii) lo relevante en estos casos no es la calificación de error como vencible o invencible sino el deber de diligencia del ejecutor de sobreponerse a dicho error [críticamente con esta calificación PEÑARANDA EZPONDABURU, tanto a partir de una concepción de los delitos especiales de funcionarios como delitos de infracción de deber en los que no cabe apreciar autoría del *extraneus* como de la necesidad de mantener la unidad de imputación entre el *extraneus* y el *intraneus* en los delitos especiales impropios].

3.3. Tipo asimilado: la falsificación por responsable de confesión religiosa

1. El art. 390.2 CP sanciona con la misma pena que la dispuesta para la autoridad o funcionario público —esto es, penas de tres a seis años, multa de seis a veinticuatro meses e inhabilitación especial de dos a seis años—, al responsable de cualquier confesión religiosa que incurra en cualquiera de las conductas falsarias relacionadas en el art. 390.1 CP respecto de los actos y documentos que puedan producir efecto en el estado de las personas o en el orden civil. Esta equiparación sólo aparece justificada en la medida en que se refiere a documentos relativos a actos religiosos a los que se reconocen efectos civiles directos. De ese modo, desde la perspectiva del objeto material, a pesar del amplio tenor del precepto, referido a actos que puedan producir efecto en el estado de las personas o en el orden civil, queda limitado a la documentación de aquellos actos que versando sobre estas cuestiones se les otorga efectos civiles por parte del Estado. Ello implica que haya que acudir a normas extrapenales para determinar los concretos actos y confesiones que se verían afectados, en función de las normas estatales que disciplinen las relaciones con cada una de esas confesiones, que en la actualidad quedan restringidos a la celebración del matrimonio por las Iglesias Católica, Evangélicas, Judía e Islámica, con las que existen acuerdos específicos, y las celebrada en la forma religiosa prevista por las iglesias, confesiones, comunidades religiosas o federaciones de las mismas que, inscritas en el Registro de Entidades Religiosas, hayan obtenido el reconocimiento de notorio arraigo en España.

El art. 60 CC, en la vigente redacción dada por el Ley 15/2015, de 2 de julio, establece, en su apartado 1, que "*el matrimonio celebrado según las normas del Derecho canónico o en cualquiera de otras formas religiosas previstas en los acuerdos de cooperación entre el Estado y las confesiones religiosas produce efectos civiles"*; y, en su apartado 2, párrafo primero, que *"igualmente, se reconocen efectos civiles al matrimonio celebrado en la forma religiosa prevista por las iglesias, confesiones, comunidades religiosas o federaciones de las mismas que, inscritas en el Registro de Entidades Religiosas, hayan obtenido el reconocimiento de notorio arraigo en España"*. No obstante, en este último supuesto, el art. 60.2, II CC, establece que *"(...) el reconocimiento de efectos civiles requerirá el cumplimiento de los siguientes requisitos: a) La tramitación de un acta o expediente previo de capacidad matrimonial con arreglo a la normativa del Registro Civil. b) La libre manifestación del consentimiento ante un ministro de culto debidamente acreditado y dos testigos mayores de edad"*. En relación con ello, el art. 61, II CC establece en cuanto a los matrimonios que *"para el pleno reconocimiento de los mismos será necesaria su inscripción en el Registro Civil"* y el art. 63, I CC, en la redacción vigente dada por la Ley 15/2015, que *"la inscripción del matrimonio celebrado en España en forma religiosa se practicará con la simple presentación de la certificación de la iglesia, o confesión, comunidad religiosa o federación respectiva, que habrá de expresar las circunstancias exigidas por la legislación del Registro Civil"*. Por su parte, la normativa reguladora de los Acuerdos del Estado con las confesiones citadas para el reconocimiento de efectos civiles al matrimonio es el Acuerdo entre el Estado Español y la Santa Sede de 3 de enero de 1979, sobre asuntos jurídicos (art. VI.1), y las Leyes 24, 25 y 26/1992, de 10 de noviembre, por las que se aprueban sendos Acuerdos de cooperación del Estado con las Federaciones de Entidades Religiosas Evangélicas, Comunidades Israelitas y la Comisión Islámica de España (art. 7). Para el resto de comunidades religiosas o federaciones de las mismas que, inscritas en el Registro de Entidades Religiosas, hayan obtenido el reconocimiento de notorio arraigo en España —Iglesia de Jesucristo de los Santos de los Últimos Días (2003), Iglesia de los Testigos de Jehová (2006), Comunidades Budistas que forman parte de la Federación de Comunidades Budistas de España (2007), Iglesia Ortodoxa (2010) y la Comunidad Bahá'í de España (2023)— es de aplicación directa la Orden JUS/577/2016, de 19 de abril, sobre inscripción en el Registro Civil de determinados matrimonios celebrados en forma religiosa y aprobación del modelo de certificado de capacidad matrimonial y de celebración de matrimonio religioso. Ciertamente, el nivel de la extensión de efectos no es el mismo para todas ellas, siendo más amplio en el caso de la Iglesia Católica, lo que también influye en las posibilidades de comisión del delito. Así, para las Iglesias Evangélicas, Judía e Islámica, aunque con ciertas peculiaridades en el caso islámico y para las inscritas en el Registro de Entidades Religiosas, que hayan obtenido el reconocimiento de notorio arraigo en España, el único acto al que se otorga efecto civil es el del otorgamiento del consentimiento, siendo obligatorio que se desarrolle previamente un expediente ante el encargado del Registro Civil sobre la capacidad de los contrayentes. De ese modo, las posibilidades de comisión de la conducta falsaria quedan limitadas a la documentación de ese acto. Por el contrario, para la Iglesia Católica, el reconocimiento de efectos civiles lo es para el matrimonio celebrado según las normas del Derecho Canónico (cánones 1055 a 1165 del Código de Derecho Canónico de 25 de enero de 1983), que tiene una regulación propia, entre otras, en la cuestión de la capacidad de los contrayentes. De ese modo, las posibilidades alcanzaran también a la comprobación de estos extremos.

La STS 430/2023, 1-6 (*Tol 9615759)*, confirmó la condena por este delito en un supuesto en que el oficiante firmó un acta de matrimonio no celebrado para facilitar acceder a derechos sucesorios, argumentando que, a pesar de que lo falsificado no es la certificación eclesiástica del matrimonio, que es lo normativamente exigido para la inscripción en el Registro Civil del matrimonio, *"la descripción típica de la norma no limita su ámbito objetivo a un documento concreto, sino que lo extiende a todo tipo de 'actos y documentos' que puedan producir efectos en el estado civil o en el orden civil y la importancia de esa clase de documentos es lo que justifica su equiparación a efectos penales con los documentos públicos. Ciertamente no todo documento que figure en el expediente registral tiene cabida en el ámbito objetivo del precepto citado, pero sí ha de tenerla los documentos singulares en cuya virtud se practique la inscripción del matrimonio en el Registro Civil porque ésta, de conformidad con lo dispuesto en el artículo 61 del Código Civil, es el acto jurídico que posibilita que un matrimonio tenga plenos efectos civiles. Normalmente ese documento será la certificación extendida por el ministro de culto, pero tiene la misma consideración el acta matrimonial que, en este caso, sirvió de soporte a la inscripción de acuerdo con las disposiciones legales aplicables".*

2. Desde la perspectiva del sujeto activo, la determinación de quién tiene la cualidad de responsable de confesión religiosa también se configura como un elemento normativo en que hay que acudir a la legislación estatal sobre el particular. Así, en relación con las confesiones con las que hay acuerdo de cooperación con el Estado, el art. 3 de las citadas Leyes 24, 25 y 26/1992 conceptúa como tales a aquellas personas físicas que cuenten con una certificación expedida por su iglesia respectiva de que están dedicadas, con carácter estable, a las funciones de culto o asistencia religiosa. Por su parte, en relación con las confesiones inscritas en el Registro de Entidades Religiosas, que hayan obtenido el reconocimiento de notorio arraigo en España, el art. 60.2, III, CC, establece que "*la condición de ministro de culto será acreditada mediante certificación expedida por la iglesia, confesión o comunidad religiosa que haya obtenido el reconocimiento de notorio arraigo en España, con la conformidad de la federación que, en su caso, hubiere solicitado dicho reconocimiento*". En cuanto a la Iglesia Católica será preciso acudir a normas extraestatales como es el ya citado Código de Derecho Canónico. Por último, en cuanto a las conductas falsarias, toda vez que existe una remisión expresa al art. 390.1 CP, las únicas falsedades típicas será las previstas en dicha relación, incluyendo la narración inveraz de hechos (art. 390.1.4º CP).

Por una interpretación sistemática con el art. 390.1 CP debe ser aplicada también a este delito la exigencia de que el responsable de la confesión cometa la falsedad en el ejercicio de sus funciones, de forma que la falsificación de un acta de celebración de matrimonio por quien no resultara competente para ello no se subsumiría en este tipo penal, sino que debería ser tratada como una falsedad cometida por un particular.

3.4. Tipo privilegiado: la falsificación de despacho de telecomunicaciones

El art. 394.1 CP sanciona con una pena de prisión de seis meses a tres años e inhabilitación especial de dos a seis años a la autoridad o funcionario público encargado de los servicios de telecomunicaciones que supusiere o falsificare un despacho telegráfico u otro propio de dichos servicios. Las cuestiones relevantes que plantea este delito son, por tanto, las referidas a la identificación del sujeto activo, la delimitación del objeto material y la determinación de las conductas típicas falsarias. En cuanto a lo primero, la exigencia de que se ostente la cualidad de autoridad o funcionario público excluye cualquier posibilidad de aplicación del precepto a los servicios de telecomunicaciones que no sean prestados por la Administración, sino por empresas privadas. Por su parte, el concepto de "*encargado de servicio de telecomunicaciones*" también resulta de carácter normativo y será preciso acudir al Ordenamiento administrativo sobre el particular. Es de reseñar, por un lado, que el concepto de telecomunicaciones es mucho más amplio que el de servicio postal, por lo que no debe quedar limitado a este medio, y, por otro, que no cabe restringirlo a los eventuales organismos públicos especializados en la prestación de este servicio, sino que resulta aplicable a cualquier funcionario cuya función específica sea la prestación de este servicio para posibilitar, por ejemplo, la comunicación interna dentro de la Administración.

Por lo que se refiere al objeto material, se hace mención directa al despacho telegráfico, pero se extiende a cualquiera propio de los servicios de telecomunicaciones. Ello implica, en relación con el concepto de documento del art. 26 CP y con su carácter de subespecie de un documento público u oficial, que deba sustentarse como objeto material apto de este delito cualquier soporte que incorpore datos o información —escrita, sonora, visual, etc.— en el ejercicio de trasmisión de mensajes propio de la función pública del servicio de telecomunicaciones. De esa manera, quedan excluidos otros documentos emitidos por los sujetos activos, propios de su función administrativa, que no implique la trasmisión de comunicaciones.

En cuanto a la conducta típica falsaria se utilizan los verbos suponer y falsificar, apartándose con ello de la descripción utilizada en el resto de delitos de esta Sección en los que se utiliza como elemento referencial la relación de conductas descritas en el art. 390.1 CP. De ese modo, no cabe hacer una interpretación exclusivamente vinculadas a aquéllas. En ese sentido, por "*suponer*" debe entenderse la conducta de trasmisión de un mensaje que nunca existió y por falsificar la alteración de uno que sí existió, abarcando con ello todas las posibilidades de falsedad que pueden cometerse, si bien no dejan de plantearse problemas con la posibilidad de su comisión omitiendo la entrega del despacho de comunicación.

Las razones político-criminales para dispensar un tratamiento autónomo y privilegiado a estas conductas no son fáciles de descubrir. Su eventual menor trascendencia probatoria (GOYENA HUERTA) puede ser también fácilmente predicable de otros muchos documentos públicos y oficiales en otros contextos, sin perjuicio de que, además, en este caso, aparece afectado el ejercicio de un derecho fundamental como es el derecho al secreto de las comunicaciones (art. 18.3 CE), que no abonaría, precisamente, un tratamiento privilegiado. Ahora bien, una vez dispensado este tratamiento privilegiado, también debe proyectarse para resolver las dudas sobre si la conducta de falsificación de estos despachos por quien no ostente la condición de empleado público encargado del servicio es atípica o cabe remitirla al régimen general de las falsedades de documentos públicos u oficiales por particular (art. 392.1 CP). A favor de la primera tesis abunda este tratamiento privilegiado y la circunstancia de que, en caso contrario, se castigaría con pena superior al particular —por incluir una pena de multa acumulada— que al empleado público.

4. La falsificación cometida por particular

El art. 392.1 CP sanciona con una pena de prisión de seis meses a tres años y multa de seis a doce meses, al particular que cometiere en documento público, oficial o mercantil, cualquiera de las falsedades a las que se refiere el art. 390.1.1° a 3° CP. Esto es, todas las que pudieran cometer las autoridades o funcionarios públicos, excepto la de faltar a la verdad en la narración de los hechos prevista en el art. 390.1.4° CP. Esta tipificación, a pesar de delimitarse el ámbito de sujetos activos con el concepto *particular*, supone la tipificación de un delito común, básico en relación al cometido por autoridad o funcionario en el ejercicio de sus funciones, con la excepción ya señalada de la conducta de narración inveraz de hechos.

La única cuestión relevante que quedaría por analizar en este ilícito es la relativa a la exclusión de la sanción de la conducta falsaria del art. 390.1.4° CP. Sobre este particular, debe reseñarse que la construcción dogmática del concepto de falsedad ideológica, su identificación en exclusiva con la conducta del art. 390.1.4° CP y la imposibilidad de establecer un mínimo consenso sobre las conductas a subsumir en cada una de las modalidades falsarias del art. 390.1 CP, ha causado un amplio debate sobre el ámbito de aplicación del art. 392.1 CP que ha estado teñido de ciertas confusiones terminológicas y prejuicios dogmáticos. Así, en primer lugar, debe hacerse una radical distinción entre documentos públicos u oficiales y los mercantiles. Respecto de los primeros, habida cuenta de que, por definición, su origen ha de estar en un empleado público en el ejercicio de sus funciones, no resulta posible imputar la conducta de narración inveraz de hechos, como en general ninguna otra conducta de falsedad ideológica, a un particular. Si un particular o un funcionario que no esté en el ejercicio de sus funciones intenta falsificar un documento público en cuanto a la narración de hechos que contiene, necesariamente ha de afectar también a su autenticidad, al tener que imputarlo a alguien que no sea su autor real. Por tanto, el debate sobre el real alcance de la destipificación contenida en este precepto sólo puede hacerse en relación con la falsificación de documentos mercantiles. A partir de ello, desde el punto de vista de la literalidad del precepto, es claro que lo destipificado no es la falsedad ideológica en el documento mercantil —con independencia de lo que se entienda por ello— sino la conducta de la narración inveraz de hechos, y siempre y cuando esa narración inveraz de hechos no consista en la conducta típica falsaria de los aparatos 1° a 3° del art. 390.1 CP. Esto es, por ejemplo, una narración inveraz que consista en la simulación induciendo error sobre la autenticidad del documento mercantil o suponer la intervención de una persona en un acto o en la atribución de una declaración diferente al que haya intervenido en un acto, no son conductas que queden fuera del ámbito del art. 392.1 CP, al ser perfectamente subsumibles en dicho precepto, en relación con el art. 390.1.2º y 3º CP, respectivamente.

A ese respecto, resulta de interés lo señalado por las SSTS 1256/2004, 10-12 *(Tol 556689)*, 519/2015, 23-9 (*Tol 5500771)*, y 823/2023, 10-11 (*Tol 9789107)*, al afirmar que la despenalización llevada a cabo no determina que resulte atípica cualquier modalidad de falsedad que pueda ser calificada doctrinalmente como de naturaleza ideológica, ya que ésta será sancionable siempre que deba subsumirse en los demás supuestos típicos del art. 390. A esos efectos, la STS 823/2023, 10-11 (*Tol 9789107)*, como ya hiciera la STS 1649/2000, 28-10 (*Tol 9409)*, afirma que *"nuestro sistema penal no ha acogido el modelo italiano de distinguir expresamente entre falsedades ideológicas y materiales, sino que describe una serie de conductas típicas de falsedad, que pueden ser, según los casos, materiales o ideológicas, concepto, este último, que por no tener expresa definición legal, tampoco es pacífico en la doctrina penal (...). La afirmación de que cualquier falsedad cometida por particular es atípica siempre que se pueda calificar doctrinalmente como ideológica no resulta, en consecuencia, asumible, pues se construye mediante un argumento que no responde a las reglas de la lógica y que podría sintetizarse así: a) El Código Penal de 1995 ha despenalizado la modalidad de falsedad prevenida en el art. 390.1.4; b) La falsedad despenalizada es ideológica; c) El Código Penal ha despenalizado cualquier falsedad ideológica"*. Por otra parte, tampoco debe olvidarse la existencia de conductas falsarias de particulares en documentos públicos o mercantiles consistentes en la narración inveraz de hechos que están expresamente tipificadas, como son, por ejemplo, el falseamiento de cuentas societarias (art. 290 CP) o el delito contable (art. 310 CP).

Las razones político-criminales para privilegiar estas conductas falsarias cuando son cometidas por particulares e incluso destipificar algunas de ellas se suelen vincular al hecho de que el particular, frente a la autoridad o funcionario público que actúa en el ejercicio de sus funciones, no le alcanza un deber de veracidad como el que es exigible en el marco de la función pública [STS 1647/1998, 28-01-1999 (*Tol 5134750)*]. Esta conclusión sólo resulta asumible si se considera estos delitos, cuando son cometidos por funcionarios, como ofensivos, además de a las funciones propias de los documentos de esta naturaleza, al propio interés de la función pública, ya que, en última instancia y desde la estricta lectura de la protección de las funciones del documento, para el delito de falsedad lo único relevante es la naturaleza del documento falsificado.

5. El tráfico y el uso de documentos falsos

1. La Sección 1ª de este Capítulo también establece diversos delitos relativos a documentos públicos, oficiales, mercantiles y despachos de servicios de telecomunicaciones en los que se sanciona su tráfico o su uso. Conforme a la subdivisión establecida al tratar las conductas falsarias, los delitos de falsificación impropia sancionados en esta Sección son los siguientes: (i) el delito de tráfico de documento de identidad falso (art. 392.2, I CP); (ii) el delito de presentación en juicio de documento público, oficial o mercantil falso (art. 393 CP); (iii) el delito de uso en perjuicio de terceros de documento público, oficial o mercantil

(art. 393 CP) o de despacho de servicio de telecomunicación (art. 394.2 CP); y (iv) el delito de mero uso de un documento de identidad falso (art. 392.2, I *in fine* CP). Todos ellos son delitos comunes, en el sentido de que no se restringe el ámbito de sujetos activos.

2. Los delitos de presentación en juicio de documento público, oficial o mercantil falso (art. 393 CP) y de uso en perjuicio de terceros de documento público, oficial o mercantil (art. 393 CP) o de despacho de servicio de telecomunicación (art. 394.2 CP), no plantean problemas distintos a los ya abordados al tratar las cuestiones relativas a sus objetos materiales y conductas típicas respectivas, incluyendo la circunstancia de la ampliación del concepto de "*uso de documento falso*" establecida en el art. 400 *bis* CP a los auténticos realizado por quien no esté legitimado para ello. En todo caso, debe incidirse en que el art. 393 CP, al referirse a "*documento falso comprendidos en los artículos precedentes*", incluye la conducta de falsedad de uso de los actos o documentos que, siendo elaborados por los responsables de una confesión religiosa, puedan producir efectos en el estado de las personas o el orden civil, con independencia de la posición que se mantenga respecto de su calificación como documento oficial por destino o privado.

En la determinación de las consecuencias jurídicas de estos delitos —la inferior en grado a la señalada para los falsificadores— se plantea un problema interpretativo. Respecto de las conductas tipificadas en el art. 393 CP porque, teniendo en cuenta que la sanción del falsificador es diferente si es cometida por funcionario público o por el responsable de una confesión (art. 390 CP), o por un particular (art. 392.1 CP), no queda claro respecto de cuál de las penas previstas para estos distintos sujetos activos debe establecerse el grado inferior. Quizá la respuesta debe vincularse con la persona que realmente falsificó el documento del que se hace uso. Sin embargo, habrá supuestos en que no será posible determinar si el documento falso usado fue falsificado por un funcionario o por un particular y, en tal caso, parece que debería aplicarse el principio *pro reo*. Respecto del delito del art. 394 CP, la situación puede agravarse, ya que si se sostiene la atipicidad de la falsificación de los despachos de servicio de telecomunicaciones cometida por un particular, habría también que concluir la atipicidad de su uso por un particular por imposibilidad de determinar la consecuencia jurídica. En este caso, el problema se solventaría sosteniendo que la remisión se hace a la pena en abstracto de los falsificadores y no a la que correspondería en concreto al falsificador de ese documento.

3. Por lo que respecta a los dos delitos de falsedad impropia incluidos en la reforma operada por LO 5/2010 —el tráfico y uso de documento de identidad falso (art. 392.2 CP)— la descripción de las conductas típicas tampoco plantea problemas distintos a los ya tratados, debiendo recordarse tanto la aplicación de la ampliación del concepto de uso prevista en el art. 400 *bis* CP a los auténticos realizado por quien no esté legitimado para ello, como la circunstancia de que lo sancionado es el mero uso sin que sea precisa la intención de perjudicar a terceros. Sin embargo, hay que detenerse en la peculiaridad de su objeto material: el documento de identidad. Nuevamente, la ausencia de una definición legal

dificulta las labores del intérprete para determinar el objeto material de este delito. En cualquier caso, la Sección en la que está ubicado determina que deba tratarse de documentos de identidad de carácter oficial, y la propia descripción del documento indica que debe tener como fin específico la de identificar a su portador. En ese sentido, más allá del Documento Nacional de Identidad, la Tarjeta de Identidad de Extranjero, el Pasaporte y los específicos documentos establecidos como sustitutivos de estos en su legislación reguladora, no pueden admitirse otros documentos, ni siquiera el permiso de conducción (en sentido contrario, VILLACAMPA ESTIARTE, PEÑARANDA RAMOS), aunque sean aceptados a efectos identificativos en determinados contextos.

La ausencia de una definición auténtica a efectos penales de documento de identidad no puede ser fácilmente suplida acudiendo a la normativa extraprocesal, en la que no se aporta una definición genérica de documento de identidad aplicable para todos los supuestos, debiendo procederse a una determinación casuística. Ciertamente, el art. 8 de la LO 4/2015, de 30 de marzo, de protección de la seguridad ciudadana, reconoce el derecho de todos los españoles a que se les expida el Documento Nacional de Identidad, al que se atribuye el valor suficiente para acreditar, por sí solo, la identidad de las personas. En desarrollo de esa previsión legal, se ha aprobado el Real Decreto 255/2025, de 1 de abril, por el que se regula el Documento Nacional de Identidad. Por tanto, es indubitado que el DNI es un documento de identidad a incluir dentro del objeto material de este delito. Tampoco cabe dudar de la inclusión del pasaporte tanto sea expedido por las autoridades españolas como las extranjeras, toda vez que, conforme a lo previsto en el art. 11.1 de la citada LO 4/2015, es un documento que *"(...) acredita la identidad y nacionalidad de los ciudadanos españoles fuera de España, y dentro del territorio nacional, las mismas circunstancias de los españoles no residentes"* y, conforme al art. 13.1 LO 4/2015, *"los extranjeros que se encuentren en territorio español tienen el derecho y la obligación de conservar y portar consigo la documentación que acredite su identidad expedida por las autoridades competentes del país de origen o de procedencia (...)"*. No obstante, sin perjuicio de esta normativa extrapenal, ya el art. 392,2, II CP establece la aplicación de estas conductas *"cuando el documento de identidad falso aparezca como perteneciente a otro Estado de la Unión Europea o a un tercer Estado"*. También hay que incluir en este concepto las tarjetas de extranjeros reguladas por la Orden de 7 de febrero de 1997, modificada por la Orden INT/2058/2008, de 14 de julio, toda vez que dicho documento, de acuerdo con el art. 1.2 de esta orden tiene como finalidad no solo la de acreditar la permanencia legal en España de sus titulares, sino también *"su identificación"*. Por tanto, todos estos documentos con carácter general son objetos materiales aptos de los delitos del art. 392.2, I CP.

Mayores dudas plantean el permiso de conducir y el carnet consular, toda vez que, si bien en su normativa reguladora no tienen una función genuina de identificación de su titular; sin embargo, existe normativa sectorial en la que, a determinados efectos, se le reconoce su eficacia identificativa. Así sucede, por ejemplo, en la normativa electoral, ya que el art. 85 de la Ley Orgánica 5/1985, de 19 de junio, del Régimen Electoral General, en la redacción dada por la LO 1/1997, de 30 de mayo, establece que la identificación del elector para hacer efectivo su derecho al voto *"se realiza mediante documento nacional de identidad, pasaporte o permiso de conducir en que aparezca la fotografía del titular (...)"*. Y, en relación con el ejercicio del derecho de sufragio activo por parte de los ciudadanos españoles inscritos en el Censo de Residentes Ausentes, la Instrucción 1/2023, de 30 de marzo, de la Junta Electoral Central, sobre procedimiento de votación de los electores inscritos en el Censo Electoral de Residentes Ausentes (CERA), tras la modificación llevada a cabo por la Ley Orgánica 12/2022, establece en sus arts. 2 y 3 que la certificación de inscripción en el Registro de Matrícula Consular es un documento equivalente al DNI o al pasaporte. Además, el art. 32.1, III del Real Decreto 1829/1999, de 3 de diciembre, por el que se aprueba el Reglamento por el que se regula la prestación de los servicios postales, establece la posibilidad de identificar la personalidad ante el empleado del operador postal que efectúe la entrega, mediante la exhibición, entre otros, del permiso de conducción; que es la misma funcionalidad identificativa que se le otorga en los arts. 32.2 y 31.1 de las Órdenes de 9 de enero de 1979 por las que se aprueba el Reglamento de casinos de juego y el Reglamento del juego del bingo, respectivamente. Un problema añadido lo plantea el permiso de conducir internacional expedido por la Autoridad competente de un Estado o por una sociedad habilitada por esa autoridad, regulado en el Convenio de Naciones Unidas sobre Circulación por Carreteras acordado en Ginebra el 19 de septiembre de 1949. En ese Convenio la única funcionalidad que se da a este documento es la de habilitar a su titular para conducir en un tercer país, lo que se ratifica en el art. 31.1 del Real Decreto 818/2009, de 8 de mayo, por el que se aprueba el Reglamento General de Conductores.

La existencia de esta normativa sectorial, al menos en lo que se refiere al carnet de conducir, ha llevado al Pleno de la Sala de lo Penal en la STS 573/2020, 4-11 (*Tol 8213870)*, aunque sea *obiter dicta*, a defender su aptitud general para ser objeto material del art. 392.2, I CP. En ese sentido, a pesar de que lo afirmado en dicha resolución es que sí es un objeto material apto del art. 392.1 CP, lo que es compartido pues se trata de una conducta de falsificación propia que no se limita a los documentos de identidad; sin embargo, también se desliza el carácter generalizado de la función identificativa del permiso de conducción español, que hace extensivo a los internacionales, al establecer que *"el permiso de conducir es un documento oficial que habilita para el ejercicio de la conducción de vehículos de motor con la consiguiente incidencia de su falsificación en la seguridad viaria; pero también posibilita, al margen de su concreta eficacia en diversos ámbitos administrativos, la identificación de su titular"* y, a partir de ello, concluir que, además de un documento oficial, es un documento de identidad. Esta interpretación extensiva del concepto de documento de identidad resulta contraria al art. 25.1 CE, toda vez que, reconocido jurisprudencialmente que un carnet de conducir —nacional o internacional— no es un especifico documento de identidad sino solo acreditativo de la habilitación del derecho a la conducción de vehículos, no resulta siquiera razonable que, por la mera circunstancia de que determinada normativa sectorial reconozca a un documento eficacia identificativa a esos efectos sectoriales, se pueda sancionar como delito su eventual uso con pretensiones identificativas en ámbitos en los que no exista una normativa sectorial que le reconoce esa eficacia. Cuestión distinta es que a partir de su intento de uso, en la medida en que se trata de un documento oficial que incorpora una fotografía y datos personales del que pretende identificarse con él, se le considere, al menos, cooperador necesario en su falsificación, pero entonces lo ha de ser como autor de un delito de falsificación propia del art. 392.1 CP, no del art. 392.2, I CP.

Por tanto, en estos supuestos de normativas sectoriales que reconozca a determinados documentos efectos identificativos en ese concreto ámbito sectorial, parece que la aptitud de dichos documentos para ser objetos materiales aptos del delito del art. 392.2, I CP debe quedar limitada a cuando se haga uso —o se pretenda hacer uso específico del mismo en caso de traficar con él— en el exclusivo contexto en el que esa normativa sectorial le otorgue funciones identificativas.

Por otro lado, el hecho de que esta concreta previsión del art. 392.2 CP aparezca ubicada en el art. 392 CP, en cuyo apartado 1 se tipifica la falsificación de documentos públicos, oficiales o mercantiles cometidos por un particular, podría llevar a concluir que estas conductas sólo están sancionadas en relación con los documentos de identidad falsificados por particulares (VILLACAMPA ESTIARTE). Esta interpretación no resulta adecuada no sólo por las severas distorsiones penológicas que produciría, sino porque, más allá de que su ubicación correcta hubiera sido el art. 393 CP y el evidente desinterés que el legislador pone en la redacción de los tipos penales, tampoco el tenor literal del precepto impone esa interpretación. Además, la circunstancia de que se haya utilizado la expresión *"las mismas penas se impondrán"*, remitiéndose, por tanto, a la falsificación cometida por particular, tampoco puede ser un argumento definitivo, toda vez que lo único que contiene es una remisión para la determinación de la consecuencia jurídica.

4. El art. 392.2, II CP establece una previsión que, en una parte, supone una ampliación conceptual del objeto material. Así, cuando este precepto se refiere a que la disposición es aplicable "*aun cuando el documento de identidad falso aparezca como perteneciente a otro Estado de la Unión Europea o a un tercer Estado*" viene a incidir en que, al igual que sucede en el caso de la definición de moneda a efectos de falsificación, es objeto material de protección de este delito todos los documentos de identidad pertenecientes a terceros países. A esos efectos, habrá que estar a la normativa de cada país para determinar a qué concretos documentos se puede aplicar dicho carácter. Por el contrario, la previsión referida a que esta disposición es aplicable cuando "*haya sido falsificado o adquirido en otro Estado de la Unión Europea o en un tercer país si es utilizado o se trafica con él en España*", a pesar de que podría parecer una regla para la determinación de la competencia judicial española (VILLACAMPA ESTIARTE), en realidad es una norma que, una vez determinada, en su caso, la competencia judicial española conforme al art. 23 LOPJ, se limita a disponer que los supuestos de tráfico o uso de documentos de identidad extranjeros falsos en España serán también sancionados conforme a estas normas con independencia de que hubieran sido falsificados o adquiridos en el exterior, lo cual, por otra parte, es una previsión superflua.

Antes de la inclusión de estas conductas en el art. 392.2, I CP por la LO 5/2010, el tráfico y el mero uso de un documento de identificación falso eran conductas atípicas, toda vez que el art. 393 CP exigía bien que se usara en perjuicio de terceros, bien que se presentara a juicio. De ese modo, cuando se hacía uso del documento en un procedimiento administrativo o se exhibía a un agente de la autoridad a los efectos de identificación la conducta era atípica y solo podía tener relevancia penal si el sujeto había participado de alguna forma en su falsificación. Ello suponía la existencia de problemas de determinación de la competencia judicial española en los casos en que no se pudiera determinar que la falsificación hubiera sido cometida en España, lo que llevó a una Jurisprudencia vacilante. Así, por ejemplo, si bien en un principio se negó la competencia de los tribunales españoles en estos casos [STS 1954/2000, 1-3-2001 (*Tol 4925825)*], en otros pronunciamientos se defendió la competencia a partir de la existencia de un elemento indiciario de su falsificación en territorio nacional por la participación del tenedor del documento en su falsificación al incorporar una fotografía suya [STS 963/2003, 24-6 (*Tol 305499)*]. Así, se venía sosteniendo la competencia de los tribunales españoles para enjuiciar esa falsificación en el extranjero, en los términos del art. 23.3.f), por evidenciar su utilización en España una capacidad de perjuicio al crédito o los intereses del Estado [por todas, STS 1338/2009, 21-12 (*Tol 1768805)*]. Este problema de competencia no ha sido solventado por el art. 392.2, II CP y ha persistido en los mismos términos en cuanto a la conducta de falsificación en el extranjero, pero el Pleno de la Sala de lo Penal en la STS 573/2020, 4-11 (*Tol 8213870)*, ha ratificado que cuando el documento *"es utilizado en España por quien ha participado en su falsificación, se cumplimenta generalmente el nexo de atribución sea cual fuere el lugar de falsificación, pues conlleva cuando menos que ha sido 'introducido' bajo su dominio funcional"*.

4. La determinación de las consecuencias jurídicas de este delito no está exentas de problemas. El delito de mero uso del documento de identidad falsificado se sanciona con una pena de prisión de seis meses a un año y multa de tres a seis meses y el delito de tráfico de documentos falsos con una pena de prisión seis meses a tres años y multa de seis a doce meses (al establecer el art. 392.2 CP que "*las mismas penas se impondrán*", hay que ponerla en relación con la pena establecida en el art. 392.1 CP, en que se sanciona la falsificación de documento público, oficial o mercantil cometida por un particular con dicha pena). Pues bien, estas sanciones, al haberse establecido sin vinculación con la pena correspondiente al falsificador, comparadas con las que recaen respecto del resto de documentos públicos, en que sí existe esa vinculación, dan lugar a resultados paradójicos y desproporcionados. Sólo comparando las penas de prisión, el uso de un documento de identidad falsificado por un particular es más grave que el uso en perjuicio de terceros de cualquier otro documento público falsificado por un particular (seis meses a un año *vs* tres meses a seis meses), pero si lo usado es un documentos de identidad falsificado por un funcionario resulta más leve que el uso en perjuicio de terceros de cualquier otro documento público falsificado por un funcionario (seis meses a un año *vs* un año y seis meses a tres años). Igualmente, mientras el traficante de un documento de identidad falsificado por particular recibe la misma pena que los falsificadores de dichos documentos, el traficante de un documento de identidad falsificados por un funcionario tiene una pena ostensiblemente menor que la del falsificador (seis meses a tres años *vs* tres a seis años).

VI. LA FALSIFICACIÓN DE DOCUMENTOS PRIVADOS

Artículo 395

El que, para perjudicar a otro, cometiere en documento privado alguna de las falsedades previstas en los tres primeros números del apartado 1 del artículo 390, será castigado con la pena de prisión de seis meses a dos años.

Artículo 396

El que, a sabiendas de su falsedad, presentare en juicio o, para perjudicar a otro, hiciere uso de un documento falso de los comprendidos en el artículo anterior, incurrirá en la pena inferior en grado a la señalada a los falsificadores.

Artículo 400 *bis*

En los supuestos descritos en los artículos 392, 393, 394, 396 y 399 de este Código también se entenderá por uso de documento, despacho, certificación o documento de identidad falsos el uso de los correspondientes documentos, despachos, certificaciones o documentos de identidad auténticos realizado por quien no esté legitimado para ello.

1. Consideraciones generales

La Sección 2ª de este Capítulo II regula los delitos de falsificación de documentos privados con una tipificación y sistemática muy semejante a la de los delitos de falsificación de documentos públicos, oficiales y mercantiles. Así, sistemáticamente, también se prevé un tipo penal de falsificación propia (art. 395 CP), utilizándose para la descripción de su conducta típica una remisión parcial al art. 390.1 CP, y un tipo penal de falsificación dc uso (art. 396 CP), con el mismo tenor literal que el del art. 393 CP.

La conceptuación del objeto material de este delito plantea problemas de delimitación tanto con los documentos mercantiles como con los documentos públicos y oficiales. La delimitación con los primeros ya ha sido abordada anteriormente y respecto de los segundos el principal problema que se plantea es el de los llamados documentos oficiales por destino, entendiendo por tales los elaborados por un particular con la finalidad de ser incorporados a un expediente administrativo —solicitudes para la apertura de procedimientos— o proceso judicial —una denuncia o una demanda. La Doctrina es prácticamente unánime en considerar que son documentos privados. Por el contrario, la Jurisprudencia ha sufrido significativas variaciones, defendiendo en la actualidad de forma matizada su carácter de documentos públicos.

> Jurisprudencialmente, en un primer momento, se sostuvo su conceptuación como documentos oficiales [por ejemplo, STS 9-2-1990, siempre que, además de su incorporación al expediente público, tuviera la aptitud para poner en marcha una actividad estatal. Posteriormente, con las SSTS 11 y 25-10-1990 (*Tol 457763 y 457.090*) se abandonó esta construcción, en aras del respeto al principio de legalidad, concluyendo que lo determinante era la naturaleza del documento en el momento de ser objeto de falsificación. Sin embargo, todavía hubo una vuelta matizada a la doctrina sobre el documento público por destino al considerarse como tal un grupo especial de documentos privados creados con el específico y único propósito de producir efectos en la Administración Pública [SSTS 522/1996, 19-09 (*Tol 405946*), o 32/2006, 23-1 (*Tol 827071*)]. Ello determinó, por ejemplo, la consideración de documento oficial de la aceptación firmada por un particular de su incorporación a una lista electoral [STS 1720/2002, 16-10 (*Tol 229780*)]. En la actualidad parece que se ha consolidado este criterio en la Jurisprudencia, habiéndose también considerado falsedad en documento oficial, por ejemplo, la falsificación de un contrato de subarriendo de habitación con el único fin de conseguir una inscripción padronal [STS 120/2016, 22-2 (*Tol 5655220*)]; el de un contrato de personal doméstico para conseguir una regularización administrativa en materia de extranjería [STS

188/2016, 4-3 (*Tol 5662066)*]; o el de un contrato de trabajo falso para la obtención de una prestación de desempleo [SSTS 256/2023, 17-4 (*Tol 9514583)*; 635/2023, 20-7 (*Tol 9662883)*, o 181/2024, 28-2 (*Tol 9904159)*]. En este última sentencia se destaca que *"la calificación del documento falsificado como documento oficial por destino o incorporación a un expediente administrativo público, requiere, siguiendo entre otras muchas la STS 188/2016, de 4 de marzo, por un lado, que la falsedad no se refiera exclusivamente a alteraciones de la verdad en algunos de los extremos consignados, sino a los documentos en sí mismos considerados elaborados con la finalidad de acreditar en el tráfico una relación jurídica absolutamente inexistente, lo que integra la modalidad falsaria del artículo 390.1. 2º CP (SSTS 900/2006 de 22 de septiembre; 894/2008 de 17 de diciembre; 784/2009 de 14 de julio; 278/2010 de 15 de marzo; 1100/2011 de 27 de octubre; 211/2014 de 18 de marzo; 327/2014 de 24 de abril; entre otras). Por otro, que la confección de estos documentos privados simulados tenga como única razón de ser la de su inmediata incorporación a un expediente público, y por tanto la de producir efectos en el orden oficial, provocando una resolución con incidencia o trascendencia en el tráfico jurídico, que puede calificarse de falsedad mediata en documento oficial, pues al funcionario competente se le ha engañado con un documento falso para que altere un registro o expediente oficial (SSTS 262/2014 de 26 de marzo; 2018/2001 de 3 de abril de 2002; 458/2008 de 30 de junio; 835/2003 de 10 de junio, etc.)"*. Por el contrario, la STS 274/2023, 19-4 (*Tol 9519760)*, también es igualmente categórica en negar la consideración de documento oficial por destino aquel documento privado confeccionado exclusivamente para su incorporación a un expediente de fiscalización, argumentando que *"no es aplicable aquí la tan controvertida doctrina que ha sido objeto de una profunda revisión en los últimos años. Lo que hay que examinar es la cualidad del documento en abstracto; no el destino que se le quiera dar en concreto. Y las actas de un órgano de esa asociación que, pese a asumir alguna función pública colaborando con la Administración, sigue siendo una asociación privada, se extienden para dejar constancia formal de lo que se discute y aprueba en cada sesión: su destino no es la incorporación a un expediente oficial. Cosa distinta es que en razón de sus facultades supervisoras la Administración pueda recabar su examen y requerir para que se le facilite copia, incluso de forma pautada o protocolizada. Pero eso es algo accesorio, sobrevenido. No modifica la naturaleza del documento. Lo mismo que, por ilustrar con un ejemplo extremo, una carta privada no se convierte en documento oficial por incorporarse a un expediente judicial. Ni siquiera aunque la carta haya sido simulada o falsificada con el específico propósito de hacerla valer como prueba en un proceso judicial. Continúa siendo documento privado. Es tan obvio eso, que presentar en juicio documentos privados falsos (art. 396 CP) está expresamente tipificado"*.

Un segundo problema que plantea la delimitación con los documentos públicos es la conceptuación de las fotocopias de éstos como documentos privados. La Jurisprudencia viene sosteniendo que no resulta posible negar a la fotocopia la consideración de documento y, por tanto, su aptitud para ser objeto material de estos delitos, pero se debate el carácter público o privado de la fotocopia de un documento público. A esos efectos, se distingue entre las fotocopias autenticadas o compulsadas por un funcionario público, que adquieren el carácter de públicas, y las que no son compulsadas, que se califican como documento privado [así, SSTS 939/2009, 18-9 (*Tol 1627865)*; 386/2014, 22-5 (*Tol 4365108)*; 11/2015, 29-1 (*Tol 4719728)*; 500/2015, 24-7 (*Tol 5391175)*; 577/2020, 4-11 (*Tol 8209102)*; 428/2021, 20-5 (*Tol 8454857)*; 325/2023, 10-5 (*Tol 9556553)*; 535/2023, 3-7 (*Tol 9648058)*, y 602/2023, 13-7 (*Tol 9657780)*; ampliamente, HERRERO GIMÉNEZ, VILLEGAS GARCÍA/ENCINAR DEL POZO].

La STS 325/2023, 10-5 (*Tol 9556553)*, con cita de la STS 386/2014, 22-5 (*Tol 4365108)*, resume la más reciente jurisprudencia respecto del valor de las fotocopias en relación con el delito de falsedad documental haciendo las siguientes consideraciones: (i) *"1º Las fotocopias de documentos son sin duda documentos en cuanto escritos que reflejan una idea que plasma en el documento original, si bien la naturaleza oficial del documento original no se transmite a la fotocopia, salvo en el caso de que la misma fuese autenticada. Aunque no quepa descartar en abstracto que la fotocopia pueda ser usada en algún caso para cometer delito de falsedad, lo cierto es que tratándose de documentos oficiales esta caracterización no se transmite a aquélla de forma mecánica. Y, por tanto, textos reproducidos carecen en principio y por sí solos de aptitud para acreditar la existencia de una manipulación en el original, que podría existir o no como tal (STS 25 de junio de 2004)"*. (ii) *"2º Por ello una falsedad, en cuanto alteración de la verdad del documento, realizada sobre una fotocopia no autenticada de un documento oficial, público o mercantil, no puede homologarse analógicamente a la falsedad de un documento de la naturaleza que tenga el original, por lo que sólo podrá considerarse como una falsedad en un documento privado (sentencia núm. 939/2009, de 18 de septiembre)"*. (iii) *"3º La doctrina anteriormente expuesta es aplicable a los supuestos de falsedad material, es decir cuando la falsedad se lleva a efecto alterando el documento en alguno de sus elementos o requisitos de carácter esencial (artículo 390.1.1º del Código Penal)"*. (iv) *"4º En el caso de que la falsedad consista en simular un documento en todo o en parte, de manera que induzca a error sobre su autenticidad (artículo 390.1.2º del Código Penal), lo relevante a efectos de tipificación es la naturaleza del documento que se pretende simular, no la del medio utilizado para ello. Así cuando se utiliza una fotocopia o reproducción fotográfica para simular la autenticidad de un documento, y disimular la falsedad, la naturaleza a efectos de la tipificación es la del documento que se pretende simular —en este caso documento mercantil u oficial— no la del medio empleado, pues lo que se falsifica no es la fotocopia —mero instrumento sino el propio documento que se pretende simular (sentencia núm. 1126/2011, de 2 de noviembre)"*. (v) *"Igualmente en los casos en que partiendo de un modelo original, se confecciona otro con propósito y finalidad de hacerlo pasar como si del verdadero documento oficial o mercantil se tratase. No se trata de una fotocopia que se quiere hacer como que responde al original, sino de crear un documento íntegramente falso para hacerlo pasar por uno original. Como hemos dicho en las sentencias núm. 183/2005, de 18 de febrero; 1126/2011, de 2 de noviembre, la confección del documento falso, con vocación de pasar por auténtico, puede efectuarse mediante técnicas diversas, como puede ser, a título meramente enunciativo, no taxativo o cerrado, partiendo de soportes documentales auténticos, mediante confección por imprenta de soportes semejantes o mediante escaneado o digitalización. Medios que resultan indiferentes a los fines de apreciación de la falsedad, ninguna que el resultado induzca a error sobre autenticidad."*

2. *La falsificación de documentos privados*

El art. 395 CP tipifica el delito de falsificación de documentos privados, sancionándolo con una pena de prisión de seis meses a dos años. La descripción de la conducta típica falsaria se realiza, al igual que se hace en el delito de falsificación de documentos públicos, oficiales y mercantiles cometidos por particulares (art. 392.1 CP), remitiéndose a los apartados 1º a 3º del art. 390.1 CP, excluyendo, por tanto, la tipicidad de la narración inveraz de hechos en los documentos privados. Los problemas que se derivan de esta forma de delimitar la conducta típica ya han sido objeto de análisis.

En el ámbito subjetivo se incluye la exigencia de un elemento subjetivo del tipo complementario al dolo falsario: el ánimo de perjudicar a un tercero. Esta exigencia se configura como un elemento diferencial respecto de la conducta de falsificación de documentos públicos, que sirve para acotar la relevancia jurídico-penal de este tipo de falsedades a los supuestos en que van a ser utilizadas como medio para la lesión de intereses individuales, normalmente de carácter patrimonial. En ese sentido, la exigencia de este concreto elemento subjetivo y la inclusión de los intereses del tercero como objeto de protección han determinado que en muchos casos, como se desarrollará más detenidamente al tratar los concursos, se planteen problemas de concurrencia con el delito de estafa, en los que la falsedad, al ser un mero instrumento de aquélla, quede absorbida. En todo caso, el concepto de "*perjudicar a otro*" no debe entenderse limitado a perjuicios económicos, pues el tenor del precepto no permite excluir los de carácter moral o de otro tipo y, siendo un elemento tendencial, tampoco se exige que el perjuicio llegue a materializarse [STS 687/2023, 25-9 (*Tol 9724172)*].

La Jurisprudencia ha negado la existencia de perjuicios a tercero en los supuestos de uso de documentos falsificados para obtenciones de créditos hipotecarios simulando una garantía personal, adicional a la real exigida, al entender que sólo representa la búsqueda de una ventaja en la contratación que no conlleva un detrimento patrimonial para el Banco si hay un propósito inicial de cumplir la obligación [STS 1039/2002, 04-06 (*Tol 202461)*]. También en un supuesto de imitación por el administrador de un concesionario de vehículos de la firma del otro administrador mancomunado, para solicitar la rescisión de la concesión al ser ruinosa la situación del negocio [STS 689/2007, 28-06 (*Tol 1124007)*]. E, igualmente, en los supuestos en los que la falsificación tiene como finalidad un autoencubrimiento posterior a que se haya producido el perjuicio [STS 225/2001, 21-03 (*Tol 27734)*]. No obstante, esa posibilidad es negada en la STS 274/2023, 19-4 (*Tol 9519760),* afirmando que en ese caso *"el elemento típico consistente en su capacidad de causar un perjuicio a terceros (ausente en la tipicidad de los arts. 390 y 392 CP) no viene constituido por los pagos fraudulentos ya producidos antes de la falsedad; sino por la finalidad de ocultarlos impidiendo su descubrimiento y buscando perpetuar el perjuicio causado. Queda cubierto, así pues, ese elemento de la tipicidad (...)"*. Por lo que respecta a la naturaleza de los perjuicios, la STS 1185/2004, 22-11 (*Tol 538296)* los apreció en un supuesto de imitación de firmas en solicitudes de voto por correo en las elecciones a vocales de Cámara de Comercio, argumentando los perjuicios en la contienda electoral; o, como acaba de exponerse, en la STC 274/2023, 19-4 (*Tol 9519760*), con la mera intención de autoencubrimiento.

2. El uso de documentos privados falsos

1. El art. 396 CP tipifica el delito de falsificación de uso, concretado en las conductas de presentación en juicio o uso en perjuicio de terceros de un documento privado falso, sancionándolo con la pena inferior a la señalada a los falsificadores —esto es, recibirían una pena de prisión de tres a seis meses. Estas conductas no plantean ninguna peculiaridad y ya han sido ampliamente comentadas al tratar las conductas falsarias de uso. En todo caso, debe incidirse, por lo que respecta al

delito de presentación en juicio de un documento privado falso, que la conducta típica consiste en el uso del documento falso en cualquier tipo de procedimiento judicial, bien sea en la fase preliminar o en la probatoria, con la intención de que produzca efectos probatorios en relación con el concreto aspecto falsificado [STS 541/2009, 27-04 (*Tol 1547668)*]. En cuanto al delito de uso en perjuicio de terceros de un documento privado falso, la conducta típica consiste en su utilización en cualquier contexto en el que dicho documento pueda inducir a error para que se adopte una decisión con relevancia jurídica. Eso determina que no sea suficiente con que se mencione la existencia de un documento con un contenido falsificado sino que efectivamente se intente dar cualquier eficacia al mismo a través, al menos, de su exhibición. De ese modo, tampoco sería típica la conducta de uso de un documento del que se afirma que acredita un contenido distinto del que realmente tiene para conseguir una determinada decisión, toda vez que tampoco en este caso existe una falsedad material del documento como instrumento probatorio. En el aspecto subjetivo, tanto para la conducta de presentación en juicio como de uso en perjuicio de terceros, resulta preciso el conocimiento de la falsedad del documento, tal como se exige con la expresión "*a sabiendas*" que, además, parece indicar que no basta con un conocimiento eventual de la falsedad.

Es debatido en la Jurisprudencia si para la comisión este delito se exige que el autor no sea el mismo que el de la falsificación [STS 166/2018, 11-4 (*Tol 6573957)*]. Así, por ejemplo, se afirma la posibilidad de que sea cometido este delito por el autor de la falsificación en la STS 122/2016, 22-2 (*Tol 5655347)*; mientras se niega en las SSTS 860/2013, 26-11 (*Tol 4035150)*, o 418/2016, 18-5 (*Tol 5733247)*, argumentando, la primera, que *"si el falsificador luego lo usa, al que se equipara como forma específica del uso, su presentación en juicio, no comete un nuevo delito de uso de documento falso, sino que desarrolla con su conducta el simple agotamiento del delito de falsedad anteriormente consumado"*; y la segunda que *"su relación con la falsedad del documento presentado por él no se cifra en el dato de que supiera de ella (del "a sabiendas" de la dicción legal), sino, más precisamente, de la implicación directa en su elaboración. Porque pues no lo aportó al juicio simplemente conociendo, sino luego de haberlo fabricado ad hoc. Por eso, no es que hubiera llegado a saber (que es lo que se predica del que tiene noticia de lo realizado por otro), sino que él mismo hizo, es decir, cometió falsedad, que es lo penado en el art. 390 Cpenal"*.

La exigencia de conocimiento actual de la falsedad del documento es lo que llevó a negar la comisión de este delito en la SAP, Murcia, Sección 1ª, 10/2005, 28-03 (*Tol 728577)*, en un supuesto en el que el acusado, al desconfiar de que la firma del documento fuera real, la presentó a juicio tras someterla a un informe pericial sobre su autenticidad, a pesar de lo cual resultó ser un documento falsificado.

2. El art. 400 *bis* CP dispone expresamente en relación con estas conductas que también se entenderá por uso de documento privado falso el uso de un documento privado auténtico por quien no esté legitimado para ello. Esta concreta previsión ya ha sido ampliamente analizada, pero conviene incidir ahora en que esta ampliación de la tipicidad sólo aparece referida a la presentación en juicio y

uso en perjuicio de terceros y no a cualquier otro uso que se haga del documento privado auténtico por persona no legitimada.

VII. LA FALSIFICACIÓN DE CERTIFICADOS

Artículo 397

El facultativo que librare certificado falso será castigado con la pena de multa de tres a doce meses.

Artículo 398

La autoridad o funcionario público que librare certificación falsa con escasa trascendencia en el tráfico jurídico será castigado con la pena de suspensión de seis meses a dos años.

Este precepto no será aplicable a los certificados relativos a la Seguridad Social y a la Hacienda Pública.

Artículo 399

1. El particular que falsificare una certificación de las designadas en los artículos anteriores será castigado con la pena de multa de tres a seis meses.

2. La misma pena se impondrá al que hiciere uso, a sabiendas, de la certificación, así como al que, sin haber intervenido en su falsificación, traficare con ella de cualquier modo.

3. Esta disposición es aplicable aun cuando el certificado aparezca como perteneciente a otro Esta— do de la Unión Europea o a un tercer Estado o haya sido falsificado o adquirido en otro Estado de la Unión Europea o en un tercer Estado si es utilizado en España.

Artículo 400 *bis*

En los supuestos descritos en los artículos 392, 393, 394, 396 y 399 de este Código también se entenderá por uso de documento, despacho, certificación o documento de identidad falsos el uso de los correspondientes documentos, despachos, certificaciones o documentos de identidad auténticos realizado por quien no esté legitimado para ello.

1. Consideraciones generales

1. La Sección 3ª de este Capítulo II establece los delitos relativos a la falsificación de certificados. En este caso, la sistemática seguida para la protección

penal de este específico objeto material tiene como eje el sujeto activo del delito, distinguiéndose las falsedades dependiendo de si el autor es un facultativo (art. 397 CP), una autoridad o funcionario pública (art. 398 CP) o un particular (art. 399.1 CP). A ello hay que añadir la tipificación, como delito común, de las conductas de falsificación impropia consistentes en el tráfico y uso de certificados falsos (arts. 399.2 CP).

La redacción vigente del art. 397 CP es la dada a este precepto originariamente por el CP 1995; la del art. 398 CP por la LO 7/2012, de 27 de diciembre, y la del art. 399 CP por la LO 5/2010. El tratamiento penal autónomo dispensado a la falsificación de certificados es de carácter muy privilegiado. Esta decisión político-criminal, sin embargo, no cabe vincularla con su debatida naturaleza entre documentos públicos o privados, ya que, si bien ello hubiera justificado el establecimiento de una pena intermedia entre ambos, lo cierto es que recibe una sanción sensiblemente inferior a cualquier otro tipo de falsificación. Da la sensación de que el CP vigente, anclado en el tradicional tratamiento de este tipo de falsedades, ha perdido la conciencia de que la inferior gravedad de estas conductas derivaba de que los certificados cuya falsedad se sancionaba eran sólo los referidos, en caso de facultativo, a los de enfermedad o lesión y siempre que fuera con el fin de eximirse de un servicio público (art. 311 CP1973) y, en caso de funcionarios, certificados de méritos o servicios, de buena conducta, de pobreza o de otras circunstancias análogas (art. 312 CP1973) y, desde luego, en caso de particulares, también limitados a estos concretos tipos de certificados (art. 313 CP1973). En todo caso, la STS 120/2021, 11-2 (*Tol 8318002)*, con cita de la STS 417/2010, 7-5 (*Tol 1863907)*, afirma que *"el legislador ha querido rebajar el reproche antijurídico del hecho, sancionando con penas notablemente inferiores, la expendición de certificados falsos para lo que ha tomado en consideración la menor gravedad o trascendencia de los efectos del documento"*.

2. La LO 5/2010, de 22 de junio, ha incluido el art. 399.3 CP, conforme al cual, y de manera idéntica a como se hace con los documentos de identidad, se dispone, por un lado, que se equiparan los certificados nacionales con los pertenecientes a terceros países y, por otro, que a los efectos de la sanción del tráfico o uso de los certificados falsos es indiferente que hayan sido falsificados o adquiridos en el extranjero.

Esta previsión ya ha sido objeto de análisis en relación con el documento de identidad falso. Sin embargo, hay que destacar que la inclusión de este precepto en un artículo cuyo apartado primero establece la sanción de falsificación de certificado por un particular, no permite concluir que sólo quepa aplicar la equiparación a los delitos cometidos por particular, ya que, también en el párrafo segundo de este artículo se sanciona el delito común de uso y tráfico de certificados falsos en que resulta irrelevante quién fuera el autor de la falsificación.

2. *Sujetos activos*

La interpretación del concepto "*autoridad*" o "*funcionario público*" como sujeto activo en el art. 398 CP no plantea problemas diferentes a la comprensión que quepa otorgarlos conforme a la definición legal del art. 24 CP. Mayores dificultades se presentan con la determinación del concepto de "*facultativo*" como sujeto activo en el art. 397 CP. Los arts. 303, II y 372, II CP establecen una definición legal de facultativo, entendiendo por tales "*los médicos, psicólogos, las personas en posesión de títulos sanitarios, los veterinarios, los farmacéuticos y sus dependientes*". Esta definición, sin embargo, por su propio tenor literal, carece de alcance general y está limitada a los concretos efectos de los delitos en que aparece. En el CP derogado, en la medida en que sólo los certificados de salud eran objeto del delito cometido por facultativo (art. 311 CP 1973), resultaba sencillo deducir que se refería únicamente a los de carácter sanitario. En el CP actual, por el contrario, ante la ausencia de acotación de la materia sobre la que verse el certificado debe atenderse al significado en el lenguaje común del término facultativo A esos efectos, el Diccionario RAE, además de identificarlo con la persona titulada en medicina, lo refiere a cualquier persona experta o entendida. En ese sentido, a los efectos de este tipo penal, es facultativo la persona que, siendo experta en una materia, puede acreditar la certeza de un hecho a partir de las evidencias técnicas o científica propias de su rama del saber. Por tanto, no es preciso estar en posesión de título universitario alguno (en contra, MORILLAS CUEVA).

La STS 120/2021, 11-2 (*Tol 8318002*), con cita de la STS 963/2016, 20-12 (*Tol 5960162*), afirma que "*es indudable que el arquitecto técnico que tiene como función certificar la unidad de obra realizada en una construcción es un facultativo conforme al lenguaje común al que debemos remitirnos a falta de una definición legal en el propio Código Penal, pues no podemos considerar que los artículos 303.2 o 372.2 CP agoten el contenido del término sino que su alcance debe predicarse solo en relación con los delitos tipificados en los Capítulos del Código Penal donde aparecen insertados (...). Luego si se trata de un titulado universitario que en un documento hace constar una declaración de conocimiento acerca de una realidad propia de su titulación, estaremos ante un certificado librado por un facultativo*". En ese sentido para que por facultativo ha de entenderse aquella persona con una titulación reconocida por el Estado que le capacite para certificar con relevancia jurídica ciertos extremos.

Por otra parte, la eventual concurrencia de las condiciones de facultativo y funcionario público en el sujeto activo —por ejemplo, médico de la seguridad social que ha de certificar sobre la inexistencia de enfermedades infecto-contagiosas para posibilitar acceder a la condición de funcionario— daría lugar a un concurso de normas a resolver por el principio de alternatividad (art. 8.4ª CP) y, por tanto, debe aplicarse el tipo con sanción más grave que, a pesar de la heterogeneidad de penas, sería el art. 398 CP.

3. *Objeto material: el concepto de certificado*

1. La determinación del objeto material de estos delitos tampoco resulta pacífica. La ausencia de una definición legal de certificado, los precedentes de su limitación a concretos certificados en la legislación penal tradicional española

y el tratamiento penal privilegiado que reciben las conductas relativas a su falsificación, han provocado un intenso debate protagonizado, especialmente, por el poco ortodoxo criterio interpretativo jurisprudencial usado para delimitar el concepto de certificado antes de la reforma de la LO 7/2012. En principio, parece haber una unanimidad tanto doctrinal como jurisprudencial en considerar que un certificado es un documento en que su autor acredita la certeza de un hecho, bien sea a partir de una evidencia científica o de un conocimiento directo [por todas, STS 629/2019, 18-12 (*Tol 7663953*)]. En ese sentido, si el autor es una autoridad o funcionario en el ejercicio de su función, el certificado no sería sino una subespecie de los documentos públicos u oficiales, y, en caso contrario, una subespecie de los documentos privados, que podrían ser, en su caso, mercantiles.

La STS 629/2019, 18-12 (*Tol 7663953)*, con reproducción de la STS 608/2018, 29-11 (*Tol 6940659)*, afirma que *"una certificación es un documento oficial expedido para la constancia de la realidad de su contenido en un ámbito distinto de aquel al que se refiere dicho contenido. Son certificados aquellos en los que se hace constar una verdad, que se conoce y aprecia por haber sucedido y existir efectivamente, si bien se precisa también que 'el criterio diferenciador' entre las falsedades en los certificados y los documentos oficiales no es tajante, y 'sólo la gravedad y trascendencia de la alteración del instrumento documental puede ser un criterio determinante para señalar si se está ante una falsedad documental o de certificados'"*.

El Pleno de la Sala de lo Penal en la STS 554/2022, 6-6 (*Tol 9010003)*, confirmó la condena por un delito de falsedad en documento público un supuesto de falsificación de una tarjeta de autorización de control de acceso a locales, establecimientos y recintos de espectáculos públicos y actividades recreativas de la Comunidad de Madrid expedidos por esta Comunidad Autónoma, negando la posibilidad de su consideración como delito de falsificación de certificado, incidiendo en que *"el certificado es un documento que acredita algún extremo de interés extraído de un expediente o documentación que obra a cargo de quien emite la certificación. Dicho de otra forma, el certificado se limita a acreditar una realidad existente en otro documento o expediente, que se encuentra bajo la autoridad o el control de quien emite la certificación. No tiene otra finalidad"*; concluyendo, tras hacer un análisis de que normativa reguladora autonómica en la materia, que *"en realidad, el documento falsificado es una tarjeta de identidad que permite identificar a una persona como titular de los derechos y obligaciones que se derivan de la condición de controlador de acceso a locales y recintos de espectáculos públicos y actividades recreativas en la Comunidad de Madrid"* y no un mero certificado, expedido por la Academia de Policía Local, que acredita haber superado las pruebas para acceder a esa condición. Por su parte, también dicho Pleno en la STS 343/2020, 25-6 (*Tol 8007540)* ha distinguido entre el *"distintivo"* de haber pasado favorablemente la ITV, que ha de colocarse en un lugar visible del vehículo para facilitar el control policial, y el *"informe de inspección"*, del que se entrega una copia a la persona que haya presentado el vehículo a la inspección; de tal modo que mientras al informe le otorga la cualidad de documento oficial al distintivo la de certificado, incidiendo en que confluyen en él las siguientes notas: *"1) Una previsión normativa que identifique un conjunto de productos, de servicios o de situaciones, a los que se exige cumplir unas cláusulas específicas para poder ser merecedores de una consecuencia también prevista; 2) El establecimiento de un sistema cerrado para el control de los condicionamientos impuestos; 3) La previsión normativa de un sello, o de un distintivo, al que se atribuye el significado de acreditar que concurren esas previsiones específicas en el objeto al que se incorporen y 4) Que corresponda a la administración pública vigilar la satisfacción de las exigencias de ese proceso"*. A esos efectos, la STS 417/2021, 14-5 (*Tol 8441869)*, destaca que este distintivo *"forma parte de un nutrido grupo de documentos de similar valor, cuya función esencial es adverar o acreditar hechos específicamente previstos en normas de control administrativo muy diversas (distinción de productos sobre su calidad, seguridad o sobre la superación de determinados controles administrativos, sostenibilidad, naturaleza biológica, afectación al medio ambiente, etc.) y tienen el valor de una certificación"*.

2. La reforma operada por la LO 7/2012 modificó el original tenor literal del art. 398 CP, en el que la descripción del objeto material del delito, en el caso de certificación falsa cometida por autoridad o funcionario público, solo hacía referencia a "*certificación falsa*". De ese modo, en estos casos, se exige que la certificación tenga "*escasa trascendencia en el tráfico jurídico*" y, además, se excluyen "*los certificados relativos a la Seguridad Social y a la Hacienda Pública*". La primera limitación a que la certificación sea de escasa trascendencia en el tráfico jurídico, sin embargo, no ha sido trasladada a las falsificaciones de certificados cometida por facultativo (art. 397 CP) o por particular (art. 399 CP).

El consenso jurisprudencial sobre el concepto de certificado se rompió, antes de la reforma operada por la LO 7/2012, cuando se buscó una restricción del concepto de certificado por el carácter privilegiado de su tratamiento, propiciando, por tanto, una interpretación restrictiva *in malam partem*, al sostener que el criterio determinante era la gravedad y trascendencia de la certificación [SSTS 417/2010, 7-5 (*Tol 1863907)*, o 432/2013, 20-5 (*Tol 3753079)*]. La Jurisprudencia, como en otras muchas ocasiones, se había mostrado vacilante en la interpretación de este precepto. Así, por ejemplo, si bien en la STS 2001/2000, 27-12 (*Tol 117688)*, ya se hacía incidencia en que *"el criterio diferenciador de las falsedades en documentos oficiales no es tajante y sólo la gravedad y trascendencia de la alteración del instrumento documental puede ser un criterio determinante para señalar, si nos encontramos ante una falsedad documental o de certificados"*, concluyendo que no es un certificado a efectos penales el documento en que un Alcalde hace constar la suspensión de un evento por motivos climatológicos para cobrar una indemnización del seguro. Sin embargo, la STS 677/2001, 19-04 (*Tol 27688)*, atendiendo a una interpretación histórica, destacaba la evidencia de que estos delitos en el CP vigente, al no limitarse el contenido del certificado, tenían un ámbito de aplicación más amplio que en el CP derogado, concluyendo que no podía negarse la condición de certificado a un documento falsificado por un particular en el que el Director de un Centro Penitenciario hacía constar la estancia de dos personas en prisión para recibir una prestación por desempleo. Posteriormente, por el contrario, se impuso una tendencia muy restrictiva que, además, asumía el carácter de analogía *in malam partem* y no ocultaba que estaba vinculado a consideraciones valorativas del carácter privilegiado de la pena que se establecía. Así, la STS 417/2010, 07-05 (*Tol 1863907)*, tomando como fundamento la inconcreción de este concepto, señalaba que *"si a ello unimos la consideración de que, por su menor penalidad, la falsedad de certificados constituye un tipo de falsedad de carácter privilegiado, y de que, sin el cuestionado tipo penal, estas conductas serían incardinables en la falsedad de documentos oficiales, hemos de llegar a la conclusión de que la aplicación del tipo privilegiado ha de hacerse con criterios restrictivos, atendiendo —como enseña la jurisprudencia— a la gravedad y transcendencia objetiva de la falsedad de que se trate"*; concluyendo, en relación con la certificación falsa de un arquitecto sobre la existencia de una construcción de más de 4 años de antigüedad en una parcela, que con la aplicación del art. 397 CP *"no se satisface (...) el principio de mínima respuesta del Derecho Penal en proporción al desvalor de la conducta y el daño que causa"*. En ese mismo sentido, la STS 279/2010, 22-03 (*Tol 1818398)* (caso Yak-42), considera que *"el certificado de defunción, que da lugar a la inscripción del fallecimiento de una persona (art. 85 LRCivil) y su declaración como tal, generador de múltiples efectos jurídicos, resulta patente que por la trascendencia del mismo su falsificación se subsume en el art. 390 y no en la de los certificados"*. Como es de apreciar, el legislador vino en parte a respaldar esta jurisprudencia con la LO 7/2012, al condicionar la aplicación de este precepto, en el caso de certificación falsa cometida por autoridad o funcionario público, a que tenga *"escasa trascendencia en el tráfico jurídico"*, con exclusión, en cualquier caso, de *"los certificados relativos a la Seguridad Social y a la Hacienda Pública"*. A esos efectos, en las SSTS 237/2016, 29-3 (*Tol 5677030)*; 608/2018, 29-11 (*Tol 6940659)*, y 626/2019, 18-12 (*Tol 7663953)* se pone de manifiesto que *"en relación a la falsificación de certificados, hemos de distinguir dos etapas: a) Con anterioridad a la vigencia de la LO 7/2012, en la que cualquier clase de falsificación de certificados, incluidos los relativos a la Seguridad Social y a la Hacienda Pública, efectuada por particular, serán castigados con la pena prevista en los artículos concernidos, es decir, multa de tres a seis meses. b) Tras la vigencia de la LO 7/2012, la falsificación de certificaciones de la Seguridad Social o Hacienda Pública debe ser sancionada cuando sea cometida por particular como constitutiva de un delito de falsedad en documento oficial, y por tanto con aplicación de los arts. 390.1-2° en relación con el art. 392 Cpenal que prevé penas más graves y proporcionadas a la gravedad y trascendencia de tales falsificaciones"*. En el contexto de esta nueva redacción propiciada por la LO 7/2012, el Pleno de la Sala de lo Penal en la STS 290/2023, 26-4 (*Tol 9547165)*, casó y anuló la condena impuesta a un secretario de Ayuntamiento que, a los efectos de certificar la nacionalidad de quien iban a ser nombrados jueces de paz titular y sustituto, hizo costar la nacionalidad catalana, con fundamento en que, más allá de su escasa transcendencia, aun siendo una circunstancia incierta *"dicha falta evidente de correspondencia entre lo certificado y la realidad resultaba, ya en ese momento, enteramente inofensiva, incapaz, por sí misma, de provocar efecto jurídico alguno por poca trascendencia que tuviera"* (ampliamente, FUENTE HONRUBIA/AMIGO RODRÍGUEZ).

4. La falsificación de certificados

1. Los tipos penales regulados en esta sección pueden diferenciarse, desde la perspectiva de la conducta típica, entre: (i) los delitos de falsificación propia cometidos por facultativo (art. 397 CP), autoridad o funcionario público (art. 398 CP) o particular (art. 399.1 CP), que están sancionados, respectivamente, con las penas de multa de tres a doce meses, suspensión de seis meses a dos años y multa de tres a seis meses, y (ii) los delitos de falsificación impropia, consistentes en el tráfico y uso de certificados falsos (art. 392.2 CP), que están sancionados con la pena de multa de tres a seis meses.

Por lo que se refiere a las conductas de falsificación propia, hay que destacar dos aspectos. El primero es el relativo a la descripción de la conducta típica. Los arts. 397 y 398 CP delimitan la conducta típica referida a facultativo y autoridad o funcionario público, con el concepto librar certificado falso o certificación falsa. Por su parte, el art. 399.1 CP opta por usar directamente el verbo *"falsifi-*

car". Así, se separan de la técnica utilizada para la descripción típica de las conductas falsarias en relación con el resto de documentos, al no remitirse a todas o alguna de las conductas relacionadas en el art. 390.1 CP. Ello determina que impere para estos tipos penales un concepto más amplio de falsificación del que no cabe excluir la modalidad falsaria de narración inveraz de hechos del art. 390.1.4º CP, que, además, es la inherente a estos documentos más caracterizados por incorporar una declaración de conocimiento que de voluntad. Además, el propio significado del verbo "*librar*" —dar o expedir algo—, al contrario de lo que se defendió en relación con las conductas falsarias del resto de documentos, implica la necesidad de que, además de su confección, se haga entrega del certificado falso (CÓRDOBA RODA, ECHANO BASALDUA; en contra, QUINTERO OLIVARES).

Cabe apreciar entre la conducta típica de los arts. 397 y 398 CP y la del art. 399 CP una clara manifestación de la diferencia fundamental entre conductas falsarias que afectan a la veracidad del documento —su contenido— y las que afectan a su autenticidad —su autoría. En efecto, la conducta de librar certificado falso o certificación falsa, que se asocia a los sujetos activos facultativo y autoridad o funcionario público, es indicativa de que su mecánica comisiva es la de faltar a la verdad en la aplicación de los conocimientos en que es experto o en el cumplimiento de la función de adverar determinados extremos, lo que da como resultado un certificado o certificación auténtica de contenido inveraz. Por el contrario, la conducta de falsificar una de dichas certificaciones, que es la que se considera típica para el particular, lo que pone de manifiesto es una dinámica comisiva en la que bien porque se altere el contenido de una certificación auténtica o porque se confecciona una *ex novo*, lo que se obtiene es una certificación inauténtica. En ese sentido, la STS 120/2021, 11-2 (*Tol 8318002)*, con reproducción de la STS 963/2016, 20-12 (*Tol 5960162)*, afirma que "*los conceptos certificar, certificado o certificación, que también carecen de definición legal, y la misma no puede ser otra que la común en el entendimiento de la lengua española cuya autoridad corresponde al DRAE, y la primera acepción del verbo es asegurar, afirmar o dar por cierta alguna cosa. Luego si se trata de un titulado universitario que en un documento hace constar una declaración de conocimiento acerca de una realidad propia de su titulación, estaremos ante un certificado librado por un facultativo, lo que constituye precisamente el soporte del tipo objetivo al que debe añadirse la falsedad de su contenido o narración, es decir, una cosa es que la certificación sea auténtica y otra distinta que el delito exija el contenido inveraz de la misma, como sucede en el presente caso*"; incidiendo, con cita de la STS 417/2010, 7-5 (*Tol 1863907*), en que "*desde un punto de vista gramatical la acción típica de certificar en falso o falsear el contenido de un documento puede ser semánticamente diferenciada. Certificar es, según el diccionario de la Real Academia asegurar, afirmar, dar por cierta una cosa, pero más específicamente, desde un punto de vista jurídico, es declarar cierta una cosa por un funcionario con autoridad para ello, en un documento oficial. Certificar es, también, garantizar la autenticidad de una cosa por lo que el funcionario que certifica compromete su responsabilidad asegurando que el certificado responde a una realidad que él conoce y que refleja en el certificado*". En relación con ello, la descripción de la conducta típica de los arts. 397 y 398 CP también evidencia que, a pesar de no exigirse expresamente, es necesario que la certificación falsa haya sido librada en el ejercicio de las funciones propias que competen al facultativo y a la autoridad o funcionario público.

2. El segundo aspecto a destacar es la ausencia de una previsión expresa que exija la intención de perjudicar a terceros. Ello ha propiciado la defensa de que no puede configurarse como un elemento subjetivo típico de estos delitos. Esta conclusión es adecuada pero solo en los casos de autoridad o funcionario público que libren un certificado falso (art. 398 CP) o de un particular que falsifique uno de los certificados emitidos por autoridad o funcionario público (art. 399.1, en relación con el 398 CP). Por el contrario, los supuestos en que el certificado falso sea librado por facultativo (art. 397 CP) o un particular falsifique uno de los certificados librados por un facultativo (art. 399.1, en relación con el 397 CP), sí que resulta exigible la intención de perjudicar a terceros por una interpretación sistemática.

Como se ha expuesto, las falsedades de certificados son tipos privilegiados respecto de las falsificaciones de documentos públicos o privados. Esa circunstancia provoca la necesidad de hacer coordinar estas conductas para evitar distorsiones sistemáticas. En la medida en que la falsificación de documento privado exige como requisito típico el ánimo de perjudicar a terceros, esa misma conclusión debe derivarse a las falsedades de certificados que sean una subespecie de los documentos privado. En caso contrario, se llegaría a la paradoja de que sólo tendría efectos privilegiados la falsificación de certificados si existe ese perjuicio, pero tendría efectos agravatorios si no existe. Así, el facultativo que falsifica un certificado con ánimo de perjudicar a terceros ve privilegiada su conducta respecto de la falsificación de documentos privados, toda vez que su conducta no se subsumiría en el art. 395 CP sino en el 397 CP por razones de especialidad. Sin embargo, si no cuenta con ese ánimo, aun siendo su conducta atípica conforme al art. 395 CP, por ser necesario el perjuicio, habría que sancionarle por la falsedad de certificado.

5. El tráfico y uso de certificado falso

El art. 399.2 CP tipifica, como delito común, las conductas de tráfico y mero uso de certificados falsos. La descripción de estas conductas típicas tampoco plantea problemas distintos a los ya tratados cuando se abordaron estas conductas falsarias, debiendo recordarse tanto la aplicación de la ampliación del concepto de uso prevista en el art. 400 *bis* CP, como la circunstancia de que lo sancionado es el mero uso sin que sea precisa la intención de perjudicar a terceros. Por otra parte, el alcance y significado del art. 399.3 CP, al establecer la aplicabilidad de estos preceptos a certificados extranjeros o que hayan sido falsificados o adquiridos en el extranjero, también ha sido ya objeto de tratamiento al exponer los aspectos generales de estos delitos y al tratar esta misma cláusula en relación con los documentos de identidad falsos.

Quizá por un error, en la cláusula del art. 399.3 CP, a pesar de que la intención es ponerla en relación con las conductas de tráfico y uso, sólo se hace mención a certificado falsificado o adquirido en el extranjero *"si es utilizado en España"* y no como en el art. 392.2, II CP, que para esas mismas conductas de tráfico y uso de documento de identidad se emplea la expresión *"si es utilizado o se traficara con él en España"*. En puridad, toda vez que se está ante la descripción de una condición para la aplicación de la ley española, parece que con el tenor literal del art. 399.3 CP, no queda otro remedio que no aplicarla si la conducta es de tráfico y no de uso. La única solución interpretativa es entender que traficar con el certificado es también utilizarlo, pero, desde luego, no sólo es una interpretación débil ante el argumento sistemático de su comparación con el art. 392.2, II CP sino que, además, es contraria al reo.

VIII. LA FALSIFICACIÓN DE INSTRUMENTOS DE PAGO DISTINTOS DEL EFECTIVO

Artículo 399 *bis*

1. El que altere, copie, reproduzca o de cualquier otro modo falsifique tarjetas de crédito o débito, cheques de viaje o cualquier otro instrumento de pago distinto del efectivo, será castigado con la pena de prisión de cuatro a ocho años.

Se impondrá la pena en su mitad superior cuando los efectos falsificados afecten a una generalidad de personas o cuando los hechos se cometan en el marco de una organización criminal dedicada a estas actividades.

Cuando de acuerdo con lo establecido en el artículo 31 bis una persona jurídica sea responsable de los anteriores delitos, se le impondrá la pena de multa de dos a cinco años. Atendidas las reglas establecidas en el artículo 66 bis, los jueces y tribunales podrán asimismo imponer las penas recogidas en las letras b) a g) del apartado 7 del artículo 33.

2. La tenencia de tarjetas de crédito o débito, cheques de viaje o cualesquiera otros instrumentos de pago distintos del efectivo falsificados, destinados a la distribución o tráfico será castigada con la pena señalada a la falsificación.

3. El que sin haber intervenido en la falsificación usare, en perjuicio de otro y a sabiendas de la falsedad, tarjetas de crédito o débito, cheques de viaje o cualesquiera otros instrumentos de pago distintos del efectivo falsificados, será castigado con la pena de prisión de dos a cinco años.

4. El que, para su utilización fraudulenta y a sabiendas de su falsedad, posea u obtenga, para sí o para un tercero, tarjetas de crédito o débito, cheques de viaje o cualquier otro instrumento de pago distinto del efectivo será castigado con pena de prisión de uno a dos años.

Artículo 399 *ter*

A los efectos de este Código, se entiende por instrumento de pago distinto del efectivo cualquier dispositivo, objeto o registro protegido, material o inmaterial, o una combinación de estos, exceptuada la moneda de curso legal, que, por sí solo o en combinación con un procedimiento o conjunto de procedimientos, permite al titular o usuario transferir dinero o valor monetario incluso a través de medios digitales de intercambio.

1. Consideraciones generales

1. La Sección 4ª del Capítulo II, dedicado a las falsedades documentales, establece la protección penal de las tarjetas de crédito y débito, cheques de viaje y demás instrumentos de pago distintos del efectivo como objetos materiales singulares y diferenciados tanto de la moneda de curso legal como de los documentos mercantiles. Históricamente, su especial función de servir de medios de pago provocó que el CP vigente, en su redacción originaria, incluyera algunos de esos medios de pago —tarjetas de crédito y débito y cheques de viaje— como objetos materiales del delito de falsificación de moneda (art. 387 CP). Esa ubicación no dejó de plantear problemas tanto sistemáticos como estructurales. Sistemáticamente, la característica compartida con la moneda de servir de medio de pago no podía ocultar ni la existencia de otros instrumentos de pago que quedaban al margen de esa protección, como los cheques bancarios o letras de cambio, ni la circunstancia de quc la moneda, frente a tarjetas, cheques y otros medios de pago distintos del efectivo, cumplen una función trascendente vinculada a su carácter de ser la unidad de cuenta nacional y el único medio de pago con efecto liberatorio, además de no ser un documento mercantil sino público. Estructuralmente, la configuración de las conductas típicas relativas a la falsificación de moneda viene muy condicionada por su singularidad criminológica y por los compromisos internacionales en la materia. Ello ha provocado que en la actualidad, a partir de la reforma operada por la Ley Orgánica 14/2022, de 22 de diciembre, todos los medios de pago distintos del efectivo reciban un tratamiento penal conjunto y que este sea diferenciado del dispensado a la falsificación de moneda y a los documentos mercantiles.

El art. 387 CP, en su redacción originaria, estableció que *"(...) se considerarán moneda las tarjetas de crédito, las de débito y los cheques de viaje"*. La LO 15/2003, de 25 de noviembre, amplió esa conceptuación estableciendo que *"(...) se considerarán moneda las tarjetas de crédito, las de débito y las demás tarjetas que puedan utilizarse como medio de pago, así como los cheques de viaje"*. La LO 5/2010 rompe con esa tradición de tratamiento penal conjunto, segregando la protección de esos medios de pago distintos del efectivo y dispensando un tratamiento penal autónomo e independiente como delito de falsedad documental con la creación de una Sección cuarta dentro del Capítulo II dedicado a la falsificación de tarjetas de crédito y débito y cheques de viaje, integrado solo por el art. 399 *bis* CP. A esta modificación no fue ajeno que, conforme al art. 4.3 CP, el Pleno no jurisdiccional de la Sala Segunda del Tribunal Supremo, en su reunión de 28 de junio de 2002 [STS 948/2002, 8-7 (*Tol 202512*)], solicitara un tratamiento diferenciado de la falsedad de las tarjetas bancarias y cheques de viaje. Ha sido con ocasión de la reforma operada en el art. 399 *bis* CP por la LO 14/2022, de 22 de diciembre, cuando se ha incluido junto a esos concretos instrumentos de pago la de *"cualquier otro instrumento de pago distinto del efectivo"*.

La preocupación internacional por la específica protección de los instrumentos de pago distintos del efectivo tiene ya un largo recorrido. En el ámbito europeo, el Plan de Acción de lucha contra la delincuencia organizada aprobado en el Consejo Europeo de Ámsterdam de 28 de abril de 1997 incluyó la falsificación de todos los medios de pago, con especial preocupación hacia los de carácter electrónico. En respuesta a ello la Comisión hizo pública una propuesta de marco general para luchar contra la utilización abusiva de los medios de pago distintos del efectivo en julio de 1998. Este proceso culminó con la aprobación de la Decisión Marco 2001/413/JAI, de 28 de mayo, sobre la lucha contra el fraude y la falsificación de los medios de pago distintos del efectivo. La definición dada por el art. 1 de esa Decisión Marco de los instrumentos de pago era mucho más amplia que la de tarjetas de crédito y débito y los cheques de viaje, extendiéndose incluso a las letras de cambio y abarcando instrumentos que no son estrictamente de pago como los que permiten la trasferencia de dinero (ampliamente, VILLACAMPA ESTIARTE). En aquel contexto normativo comunitario, el deber de penalización de las conductas de falsificación de estos instrumentos de pagos se cumplió con un tratamiento penal que no era conjunto. Mientras algunos de ellos —las tarjetas de crédito, las de débito y las demás tarjetas que puedan utilizarse como medio de pago, así como los cheques de viaje— recibían una protección penal conjunta con el dinero en efectivo, otros medios de pago distintos del efectivo —cheques o letras de cambio— tenían la protección penal dispensada por su naturaleza de documentos mercantiles. La citada decisión marco fue sustituida por la Directiva (UE) 2019/713 del Parlamento Europeo y del Consejo de 17 de abril de 2019, sobre la lucha contra el fraude y la falsificación de medios de pago distintos del efectivo, que amplió el concepto de instrumento de pago distinto al efectivo en su art. 2.a) al de *"un dispositivo, objeto o registro protegido, material o inmaterial, o una combinación de estos, exceptuada la moneda de curso legal, que, por sí solo o en combinación con un procedimiento o conjunto de procedimientos, permite al titular o usuario transferir dinero o valor monetario incluso a través de medios digitales de intercambio"*, que es el reproducido en el art. 399 *ter* CP añadido por la LO 14/2022, que, a su vez, en transposición de esta normativa comunitaria amplió el objeto material de este delito en el art. 399 *bis* CP, en la redacción actualmente vigente, a las *"tarjetas de crédito o débito, cheques de viaje o cualquier otro instrumento de pago distinto del efectivo"*. Esa transposición se produjo superado el plazo establecido en el art. 20 de la Directiva (UE) 2019/713 —31 de mayo de 2021— dando lugar a que la Comisión de la UE incoara el procedimiento de infracción 2021/0222, de 26 de julio de 2021.

En el contexto del análisis de esta conducta se seguirá denominando a la totalidad de los instrumentos de pago distintos de efectivo como *"objeto material"* del delito en el sentido estrictamente técnico que se da a ese concepto en la dogmática penal. Ello no debe confundirse con la circunstancia, como se desarrollará más adelante, de que, desde una perspectiva puramente descriptiva y siguiendo la diferenciación utilizada por la Directiva (UE) 2019/713, algunos de estos instrumentos tengan un sustrato material y otros sean inmateriales o virtuales.

2. En cuanto a la determinación del objeto material de esta conducta falsaria, las tarjetas de crédito y débito son documentos de carácter mercantil que emiten las entidades bancarias o de crédito. Su finalidad inicial era servir de medio de pago del titular de la tarjeta frente a terceros a través de su presentación y su dinámica en la relación entre el emisor de la tarjeta y el titular implica, en el caso de las de débito, un adeudo en cuenta, y en caso de las de crédito, el pago a cargo de un crédito otorgado por la entidad al titular. Con posterioridad, las funcionalidades de estas tarjetas se han ampliado notablemente permitiendo la obtención de dinero y la ejecución de una multitud de operaciones. Sin embargo, es su condición de medio de pago la que caracteriza el objeto material del art. 399 *bis* CP,

lo que permite excluir de su ámbito de aplicación, por ejemplo, las libretas bancarias que permiten una operatoria bilateral con el banco a través de los cajeros automáticos —incluida la obtención de efectivo—, pero no el ser utilizadas para el pago de bienes y servicios a terceros. Físicamente, estos documentos tienen unas marcadas peculiaridades, ya que suelen ser de soporte plástico e incorporar algún tipo de mecanismo, bien sea chip o banda magnética, que contiene datos personales y crediticios y, frecuentemente, se les dota de mecanismo de seguridad, como pueden ser fotografía del titular, hologramas y firma. Estas especiales características, si bien condicionan la delimitación de las conductas típicas, tampoco son las determinantes de su tratamiento penal diferenciado, toda vez que existe una multiplicidad de documentos tanto públicos como mercantiles que las comparten. Todo ello sin perjuicio de la existencia de tarjetas bancarias puramente virtuales que carecen de un soporte material o físico.

Los cheques de viaje son, al igual que los cheques tradicionales, títulos valor que emiten determinadas entidades de crédito, para hacerse efectivos en otra entidad o servir de medio de pago directo en los establecimientos que los permitan. La singularidad de estos cheques es que se libran de manera nominal con firma del receptor y deben ser cobrados también con firma del titular o previo cotejo con la existente en la tarjeta de garantía, incorporando también mecanismos de seguridad muy característicos.

Por su parte, los otros instrumentos de pago distintos del efectivo son, según la definición dada por el art. 399 *ter* CP, "*(…) cualquier dispositivo, objeto o registro protegido, material o inmaterial, o una combinación de estos, exceptuada la moneda de curso legal, que, por sí solo o en combinación con un procedimiento o conjunto de procedimientos, permite al titular o usuario transferir dinero o valor monetario incluso a través de medios digitales de intercambio*". Entre ellos cabe incluir, por ejemplo, las monedas virtuales o criptomonedas y los monederos electrónicos, las tarjetas de regalo, las tarjetas prepago, las transferencias o domiciliaciones bancarias o los programas para pagos móviles (e-wallets, como Apple pay o Google pay; pagos P2P, como PayPal o Bizum; pagos *contactless* mediante tecnología NFC, pagos con código QR, etc.). Es importante destacar, como ya se señaló en relación con las tarjetas bancarias, que, con independencia de otras funciones adicionales o suplementarias que puedan cumplir, la protección penal que se le dispensa por este precepto a estos instrumentos es solo la que atañe a su función de pago.

Como ya se ha señalado, la reforma operada por la LO 15/2003 en el art. 387 CP y hasta la entrada en vigor de la LO 5/2010, se dispensaba un tratamiento común de la falsificación de las tarjetas bancarias con *"las demás tarjetas que puedan utilizarse como medios de pago"*, en referencia a tarjetas emitidas por entidades comerciales con un alcance limitado a su propio grupo empresarial o asociados, tarjetas telefónicas, tarjetas de prepago, etc. En relación con las tarjetas de prepago telefónicas ya la Consulta FGE 3/2001, de 10 de mayo, había propiciado su exclusión del concepto de tarjeta de crédito o débito. La falsificación de este tipo de tarjetas, al igual que ocurre con los cheques tradicionales u otros títulos valor, tras la reforma de la LO 5/2010 siguió siendo típica y recibiendo un tratamiento penal conforme a su naturaleza de documento mercantil, por no caber incluirlas dentro del entonces tenor literal del art. 399 *bis* CP [BRANDARIZ GARCÍA, GUTIÉRREZ CASTAÑEDA; la STS 71/2016, 9-2 (*Tol 5645407*) también niega la inclusión en este precepto a los pagarés]. No obstante, con la reforma operada por la LO 14/2022 y la nueva conceptuación dada por el art. 399 *ter* CP a los instrumentos de pago distintos del efectivo, más amplia, las demás tarjetas que puedan utilizarse como medios de pago distintas de las bancarias sí parece que quedarían también incluidos en el ámbito de protección del art. 399 *bis* CP (limitada a las tarjetas prepago y monederos electrónicos, BORJA JIMÉNEZ).

El concepto dado a los medios de pago distinto del efectivo en el art. 399 *ter* CP por la LO 14/2022 es una reproducción literal del establecido en el art. 2.a) de la Directiva (UE) 2019/713. Se trata de un concepto de gran abstracción en concordancia con la complejidad y amplitud actual de los nuevos instrumentos de pago distintos de la moneda. A esos efectos, tomando en consideración que el art. 2 de la citada directiva también define muchos de los conceptos utilizados en la propia definición de instrumentos de pago distinto del efectivo, quizá hubiera sido técnicamente más adecuado dar al art. 399 *ter* CP una redacción más omnicomprensiva. En ese sentido, tomando en consideración todas las definiciones auténticas establecidas en el art. 2 de la Directiva (UE) 2019/713, una definición más omnicomprensiva de *"instrumento de pago distinto del efectivo"* podría ser la siguiente: un dispositivo, objeto o registro dotado de una medida de seguridad contra la imitación, por ejemplo mediante el diseño, un código o una firma, material o inmaterial, o una combinación de estos, exceptuada la moneda de curso legal, que, por sí solo o en combinación con un procedimiento o conjunto de procedimientos, permite al titular o usuario transferir dinero o valor monetario incluso a través de medios digitales de intercambio, entendiendo por tales (i) las monedas virtuales, definidas como la presentación digital de valor que no ha sido emitida ni está garantizada por un banco central ni por una autoridad pública, no está necesariamente asociada a una moneda de curso legal ni posee la condición jurídica de moneda o dinero, pero que es aceptada por personas físicas o jurídicas como medio de cambio y que puede transferirse, almacenarse y negociarse por medios electrónicos; y (ii) el dinero electrónico, definido como todo valor monetario almacenado por medios electrónicos o magnéticos que representa un crédito sobre el emisor, se emite al recibo de fondos con el propósito de efectuar operaciones de pago y que es aceptado por una persona física o jurídica distinta del emisor de dinero electrónico.

Curiosamente, la Directiva (UE) 2019/713, a pesar de que en la definición de instrumento de pago se refiere al carácter material o inmaterial, y de que incluso impone deberes de penalización en los arts. 4 y 5 diferenciando el carácter material e inmaterial de estos instrumentos, no aporta una definición autentica de lo que debe considerarse como material e inmaterial. No obstante, en el considerando (15) se identifica como instrumentos inmateriales a los de carácter digital.

3. La histórica consideración jurídico-penal de las tarjetas bancarias y cheques de viaje como moneda implicaba la tipicidad de una serie de conductas falsarias diseñadas en instrumentos internacionales, exclusivamente en atención a la dinámica comisiva de la falsificación de moneda. El tratamiento penal autónomo que tras la reforma operada por la LO 5/2010 se dispensa a la falsificación de estas tarjetas y cheques en el art. 399 *bis* CP y su ampliación a otros instrumentos de pago distinto del efectivo por la LO 14/2022 ha repercutido de una manera

muy relevante en la delimitación de las conductas típicas, apreciándose una notable simplificación y reducción de los delitos relativos a la falsificación de estos instrumentos de pago. Ahora bien, tampoco puede afirmarse que la determinación de las conductas típicas falsarias respecto de estos objetos materiales se haya equiparado a la del resto de falsedades documentales, sino que, vinculado a ese originario tratamiento penal común con la moneda, se aprecia una cierta mixtura de conductas sancionadas. Así, los diversos tipos penales relacionados con la falsificación de las tarjetas de crédito y débito, cheques de viaje y demás instrumentos de pago distinto del efectivo son: (i) el delito de falsificación propia (art. 399 *bis*.1 CP); (ii) el delito de tenencia para la distribución o tráfico (art. 399 *bis*.2 CP); (iii) el delito de uso de esto documentos falsos en perjuicio de terceros (art. 399 *bis*.3 CP); y (iv) el delito de posesión para su uso (art. 399 *bis*.4 CP), que es una novedad introducida por la LO 14/2022. A ellas hay que añadirle el delito de fabricación, posesión o tráfico de útiles para su falsificación (art. 400 CP).

La delimitación de las conductas típicas de falsificación de estos instrumentos de pago responde más a la tradición legislativa española que a una transposición mimética del mandato de penalización establecido en la Directiva (UE) 2019/713, sin perjuicio de que todas ellas quedan abarcadas en la actual redacción del art. 399 *bis* CP. Así, el art. 4 de la Directiva (UE) 2019/713, por lo que se refiere a los instrumentos materiales, y su art. 5, por lo que se refiere a los instrumentos inmateriales, establece como mandato de tipificación penal en materia de su falsificación los siguientes actos, cuando hayan sido cometidos intencionadamente: (i) la falsificación o alteración fraudulenta de un instrumento de pago distinto del efectivo; (ii) la posesión, para su utilización fraudulenta, de un instrumento de pago inmaterial distinto del efectivo que haya sido objeto de falsificación o alteración; y (iii) la obtención, para uno mismo o para otra persona, incluida la recepción o la puesta a disposición de terceros, de un instrumento de pago distinto del efectivo que haya sido falsificado o alterado para su utilización fraudulenta.

4. La nueva independencia de la que gozan estas conductas falsarias respecto de la falsificación de moneda determina que no resulte de aplicación el art. 23.3.e) LOPJ, que otorga competencia a la jurisdicción española por la comisión de delitos en el extranjero con independencia de cualquier otra exigencia, toda vez que queda limitado a las conductas de falsificación de moneda; calificación que ya no cabe otorgar a la falsificación de tarjetas bancarias, cheques de viaje y otros instrumentos de pago distinto del efectivo. Esto no implica un incumplimiento del deber de transposición del art. 12.1 de la Directiva (UE) 2019/713, en la medida en que solo exige establecer la jurisdicción de cada Estado miembro *"(...) cuando se cumplan una o más de las siguientes condiciones: a) la infracción haya sido cometida total o parcialmente dentro de su territorio; b) el infractor sea uno de sus nacionales"*. A esas exigencias se da debido cumplimiento con lo establecido en el art. 23.1 y 2 LOPJ, respectivamente. Por su parte, desde la redacción dada al art. 65.1.b) LOPJ por la LO 5/2010, la competencia para el enjuiciamiento de estos delitos en relación con tarjetas bancarias y cheques de viaje corresponde a la Audiencia Nacional *"siempre que sean cometidos por organizaciones o grupos criminales"*; previsión que se ha ampliado por la LO 14/2022 a los demás medios de pago distintos del efectivo y que se mantiene tras la nueva redacción completa dada al art. 65.1 LOPJ por la LO 1/2025, de 2 de enero.

2. *La falsificación de estos instrumentos de pago*

1. El art. 399 *bis*.1 CP sanciona las conductas de alterar, copiar, reproducir o de cualquier otro modo falsificar tarjetas bancarias, cheques de viaje u otros instrumentos de pago distinto del efectivo. Ya se destacó anteriormente que éste es uno de los supuestos en los que la conducta falsaria no aparece descrita limitada a una relación de concretas actividades consideradas de falsificación, tal como se hace en el art. 390.1 CP, sino que, de modo abierto, se enumeran algunas conductas —alterar, copiar o reproducir—, aportando una cláusula de cierre en la que se determina la tipicidad de cualquier tipo de falsificación del objeto material. De ese modo, no resulta relevante desde una perspectiva interpretativa identificar concretamente que debe entenderse por los conceptos de alteración, copia o reproducción, bastará con señalar que el resultado de la conducta desarrollada, con independencia de cuál sea, ha de ser la consecución de un instrumento de pago no auténtico. A esos efectos, por instrumento de pago distinto del efectivo falso debe entenderse todo aquel que sea elaborado por cualquiera que no sea el legitimado para la emisión de ese instrumento con la intención de cumplir las funciones de los legítimos. Por tanto, la falsificación puede ser el resultado tanto de la manipulación de un instrumento auténtico como de la creación *ex novo* de uno por emisor no legítimo [SSTS 836/2016, 4-11 (*Tol 5871303*), o 515/2019, 29-10 (*Tol 7564969*)].

En los términos ya expuestos, la Directiva (UE) 2019/713 ha delimitado el mandato comunitario de penalización en su art. 4.b) —para los instrumentos de pago materiales— y en su art. 5.b) —para los instrumentos de pago inmateriales o virtuales— a las conductas de falsificación o alteración fraudulenta. Esa misma delimitación ya aparecía en el mandato de penalización del art. 2.b) de la Decisión Marco 2001/413 con referencia expresa a la falsificación o manipulación. La diferencia entre el uso del concepto *"manipulación"*, en la decisión marco, y el de *"alteración fraudulenta"*, en la directiva, no responde a ninguna intención concreta sino a una mera cuestión de traducción, siendo expresiones sinónimas. Así, cabe apreciar, por ejemplo en las versiones inglesa, francesa e italiana, que tanto la decisión marco como la directiva usan la misma expresión en esos idiomas —*counterfeiting, contrefaçon/contrefaire* y *contraffazione*—.

En la redacción originaria del art. 386 CP, cuando estos instrumentos de pago tenían un tratamiento penal conjunto con la moneda, la única conducta típica era la de *"fabricar"*. Ello provocó, en relación con las tarjetas bancarias, en cuya dinámica comisiva tenía gran importancia la manipulación de la banda magnética, una amplia discusión sobre el encaje típico de esta conducta. Con cierto sacrificio del principio de legalidad (art. 25.1 CE) el Pleno no jurisdiccional de la Sala Segunda del TS acordó en su reunión de 28-6-2002 que dicha manipulación sí podía ser considerada fabricación. La reforma operada en ese precepto por la LO 15/2003, todavía con el citado tratamiento conjunto, ya alteró el verbo típico estableciendo las conductas típicas de *"alterar"* o *"fabricar moneda falsa"*. Esa reforma vino condicionada por la doble consideración de la aprobación de la Decisión Marco 2000/383/JAI del Consejo, de 29 de mayo de 2000, sobre el fortalecimiento de la protección, por medio de sanciones penales y de otro tipo, contra la falsificación de moneda con miras a la introducción del euro, cuyo art. 3.1 introdujo el mandato de penalización de *"todo hecho fraudulento de fabricación o alteración de moneda, cualquiera que sea el medio empleado a tal efecto*"; y la ya citada Decisión Marco 2001/413, cuyo art. 2.b) introdujo el mandato de penalización de "*falsificación o manipulación de instrumentos de pago, para su utilización fraudulenta*". A pesar de la identidad en los mandatos de penalización comunitarios para la moneda y el resto de instrumentos de pago distintos del efectivo, la LO 5/2010, que fue la que segregó el tratamiento penal de la falsificación del efectivo y de otros instrumentos de pago, si bien no reformó para la falsificación de efectivo la conducta típica de alteración o fabricación de moneda falsa en el art. 386 CP, lo que ha seguido hasta la actualidad; sin embargo, optó, sin que se sepan las razones últimas de esa decisión, por dar una redacción novedosa de la conducta típica de falsificación de tarjetas bancarias y cheques de viaje en el art. 399 *bis* CP, refiriéndose al que "*altere, copie, reproduzca o de cualquier otro modo falsifique*", lo que se mantiene en la actualidad tras la reforma de la LO 14/2022 con la introducción como objeto material de todos los instrumentos de pago distinto del efectivo.

En relación con la conducta de falsificación de tarjetas bancarias, la STS 260/2025, 21-3 (*Tol 10479252)*, confirma en casación la condena por un delito del art. 399 *bis*.1 CP por la conducta de una empleada de banca consistente en, sin autorización de su titular, asociar la tarjeta de uno de los clientes a una cuenta de otro, activando el número PIN y haciendo uso de misma para efectuar diversos reintegros. A esos efectos, cita los precedentes de las SSTS 560/2013, 17-6 (*Tol 3845352)*; 450/2014, 27-5 (*Tol 4387585)*, y 771/2014, 19-11 (*Tol 4576253)*, en los que ya se establecía que el método del "*skimming*", al que debe reconducirse la conducta de la acusada, en cuanto alteración de la información contenida en la banda magnética, es considerada una forma de falsificación de las tarjetas. No obstante, concreta que la relación concursal de este delito con el de estafa del art. 248 CP no es la de normas en favor del más gravemente penado, sino la de un concurso medial de delitos del art. 77.1 CP.

2. Este delito no aparece delimitado por ningún elemento subjetivo expresamente previsto en el tipo. Sin embargo, como ya se afirmara en relación con los delitos de falsificación de moneda, es preciso que la falsificación de estos medios de pago esté destinada a poder ser usados fraudulentamente. Esta conclusión se deriva de una exigencia teleológica, ya que sólo en la medida en que la falsificación esté dirigida a adquirir relevancia jurídica en el tráfico mercantil se puede afirmar la lesión o puesta en peligro de la función propia de estos medios de pago. Esta era una exigencia expresa en la conducta de falsificación prevista en el art. 2.b) de la derogada Decisión Marco 2001/413/JAI que requería que la falsificación fuera "*para su utilización fraudulenta*". La desaparición de esa exigencia expresa en los arts. 4.b) y 5.b) de la Directiva (UE) 2019/713 no invalida la conclusión expuesta. El resultado de esta conducta falsaria ha de ser la confección de un instrumento apto para imitar al auténtico y cumplir sus funciones. Ahora bien, teniendo en cuenta la polivalencia de estos instrumentos, la aptitud de su falsedad no puede establecerse *a priori* sino que debe hacerse depender de la funcionalidad que se pretenda imitar.

En ese sentido, si la intención del sujeto es su utilización como medio de pago en transacciones personales, la aptitud de la falsedad se vinculará tanto al hecho de la apariencia externa como a su operativa electrónica al estar destinado a su exhibición. Por el contrario, si lo que se pretende es su utilización para realizar otro tipo de operaciones como pueden ser reintegros o transferencias a través de terminales automáticos no operados por una persona, en la valoración de la aptitud del documento falso decae la circunstancia de la apariencia externa y adquieren mayor relevancia otros elementos de seguridad. De ese modo, la utilización de los datos de una banda magnética clonada sobre un soporte plástico sin ningún tipo de identificación externa, si bien no puede ser considerada una falsificación apta para inducir a error a una persona sobre su autenticidad, sin embargo, sí puede serlo para la operativa en un cajero automático. Por tanto, en la medida en que la lesión del bien jurídico protegido se produce con la afectación a la función de autenticidad del documento, la aptitud de la falsificación debe ponerse en relación directa con el concreto acto que se pretenda desarrollar en el tráfico jurídico.

3. Esta conducta falsaria está sancionada para la comisión por personas físicas con una pena de prisión de cuatro a ocho años. El art. 399 *bis*.1, II CP establece la sanción en su mitad superior —prisión de seis años y un día a ocho años— en los supuestos en que "*los efectos falsificados afecten a una generalidad de personas o cuando los hechos se cometan en el marco de una organización criminal dedicada a estas actividades*". La agravación de esta conducta vinculada a la afectación a una generalidad de personas no debe entenderse en el sentido de perjuicio patrimonial, cuya lesión será sancionada por medio del delito patrimonial que resulte de aplicación, sino en el sentido directo de que sean una pluralidad las personas que se vean afectadas directamente por la falsificación de estos instrumentos de pago. Por tanto, es una previsión que queda emparentada con el denominado delito masa (art. 74.2 CP) (BRANDARIZ GARCÍA), y vendría a suplir la inaplicabilidad de éste por no tener la consideración de delito contra el patrimonio. Para determinar el concepto de "*organización criminal*" debe estarse a lo previsto en el art. 570 *bis*.1, II CP, que la define como "*la agrupación formada por más de dos personas con carácter estable o por tiempo indefinido, que de manera concertada y coordinada se reparten diversas tareas o funciones con el fin de cometer delitos*".

Por su parte, el art. 399 *bis*.1, III CP establece como sanción en el caso de que el responsable penal sea una persona jurídica, de manera obligatoria, la pena de multa de dos a cinco años y, de forma potestativa, cualquiera de las penas recogidas en el art. 33.7.b) a g) CP.

La pena establecida para el tipo básico de falsificación de estos instrumentos de pago distinto del efectivo, tomando en consideración que en muchos casos implica la falsificación de un especifico documento mercantil (tarjetas bancaria o cheques de viaje), es notablemente más elevada que la correspondiente al tipo básico de falsedad en documento mercantil por un particular —seis meses a tres años y multa de seis a doce meses— (art. 392.1 CP). Sin embargo, resulta más leve que la prevista para la falsificación de moneda —prisión de ocho a doce años— (art. 386, I.1° CP), que era el tratamiento que se le dispensaba antes de la reforma de la LO 5/2010. En cualquier caso es el doble de la establecida en el mandato comunitario de penalización de estas conductas, ya que, conforme a lo previsto en el art. 9.2 de la Directiva (UE) 2019/713, estas conductas de falsificación o alteración fraudulenta deben ser castigadas en caso de su comisión por una persona física con una pena de privación de libertad cuya duración máxima no sea inferior a dos años.

La previsión de la agravación cuando el delito es cometido por organización criminal responde a una exigencia de transposición de la Directiva (UE) 2019/713, ya que su art. 9. 6 establece que *"los Estados miembros adoptarán las medidas necesarias para garantizar que las infracciones contempladas en los artículos 3, a 6 se castiguen con una pena de privación de libertad cuya duración máxima no sea inferior a cinco años en caso de que se hayan cometido en el marco de una organización delictiva con arreglo a la Decisión Marco 2008/841/JAI del Consejo, con independencia de la pena que se establezca en dicha Decisión"*. La STS 60/2019, 6-2 (*Tol 7059516*), con cita de la STS 334/2012, 25-4 (*Tol 2540105*), no vincula la aplicación de la agravación por organización criminal con la definición de art. 570 *bis*.1, II CP, sino que se remite a su propia jurisprudencia sobre "*el concepto de organización como tipo de agravación*", que viene a exigir que *"los autores hayan actuado dentro de una estructura caracterizada por un centro de decisiones y diversos niveles jerárquicos, con posibilidades de sustitución de unos a otros mediante una red de reemplazos que asegura la supervivencia del proyecto criminal con cierta independencia de las personas integrantes de la organización, y que dificultan de manera extraordinaria la persecución de los delitos cometidos, aumentando al mismo tiempo el daño posible causado. La existencia de la organización no depende del número de personas que la integren, pues ello estará condicionado, naturalmente, por las características del plan delictivo; lo decisivo es, precisamente, esta posibilidad de desarrollo del plan delictivo de manera independiente de las personas individuales, pues ello es lo que permite hablar de una empresa criminal"*. Incide, además, (i) en que *"los elementos que integran la nota de organización se sintetizan en los siguientes términos: a) existencia de una estructura más o menos normalizada; b) empleo de medios de comunicación no habituales; c) pluralidad de personas previamente concertadas; d) distribución diferenciada de tareas o reparto de funciones; e) existencia de una coordinación; f) debe tener, finalmente, la estabilidad temporal suficiente para la efectividad del resultado jurídico apetecido"*; (ii) en que *"lo que se trata de perseguir, en realidad, sancionando con una pena de mayor intensidad, es la comisión del delito mediante redes estructuradas en cuanto que, por los medios de que disponen, por la posibilidad de desarrollar un plan delictivo con independencia de las vicisitudes que afecten individualmente a sus integrantes, su aprovechamiento supone una mayor facilidad para los autores, y también una eventual gravedad de superior intensidad en el ataque al bien jurídico que se protege, debido especialmente a su capacidad de lesión. Son estas consideraciones las que justifican la exacerbación de la pena"*; y (iii) en que *"la jurisprudencia, al interpretar esta agravación, ha distinguido entre participación plural de personas, encuadrable en el ámbito de la coautoría, y aquélla otra que se integra en la modalidad agravada. En su virtud ha afirmado que la mera presencia de varias personas con decisión común en la ejecución de unos hechos típicos indica una pluralidad de personas que son autores o partícipes en el hecho delictivo, pero no tiene por qué suponer la aplicación de la agravación específica derivada de la organización. La pertenencia a una organización no puede confundirse con la situación de coautoría o coparticipación; la intervención de personas, aun coordinadas, no supone la existencia de una organización en cuanto un aliud y un plus, frente a la mera codelincuencia"*.

La ubicación sistemática de la agravación de que los efectos falsificados afecten a una generalidad de personas o cuando los hechos se cometan en el marco de una organización criminal dedicada a estas actividades y de la responsabilidad penal de las personas jurídicas por como párrafos segundo y tercero, respectivamente, del art. 399 *bis*.1 CP, dedicado exclusivamente a la tipificación de la conducta de falsificación propia, determina que no resulten aplicables a las conductas de tenencia para el tráfico y el uso de estos instrumentos de pago del art. 399 *bis*.2, 3 y 4 CP. Ello supone el incumplimiento del mandado de penalización en la materia de la Directiva (UE) 2019/713 que, en los términos expuestos, exige en sus arts. 9.6 y 10, tanto la agravación como la responsabilidad penal de las personas jurídicas también respecto de estas conductas.

Por su parte, la responsabilidad penal de las personas jurídicas por la comisión de este delito también responde en la actualidad, como ya se hiciera en el art. 7 de la Decisión Marco 2001/413/JAI, a lo dispuesto en el art. 10 Directiva (UE) 2019/713, en el que se establece que "*1. Los Estados miembros adoptarán las medidas necesarias para garantizar que las personas jurídicas puedan ser consideradas responsables de las infracciones contempladas en los artículos 3 a 8 cometidas en su provecho por cualquier persona, actuando a título Individual o como parte integrante de un órgano de la persona jurídica, que tenga una posición directiva dentro de la persona jurídica basada en: (a) un poder de representación de la persona jurídica; (b)la facultad para adoptar decisiones en nombre de la persona jurídica; (c) la facultad para ejercer el control en el seno de la persona jurídica. 2. Los Estados miembros adoptarán las medidas necesarias para garantizar que las personas jurídicas puedan ser consideradas responsables cuando la falta de vigilancia o control por parte de alguna de las personas a que se refiere el apartado 1 haya hecho posible la comisión, por parte de una persona sometida a su autoridad, de cualquiera de las infracciones a que se refieren los artículos 3 a 8 en provecho de dicha persona jurídica*". A los efectos de la sanción de estas conductas, el art. 11 de esa misma directiva establece que las penas a incluir son, además de las multas, otras tales como la exclusión del disfrute de ventajas o ayudas públicas, exclusión temporal del acceso a la financiación pública, incluidas las licitaciones, subvenciones y concesiones; inhabilitación temporal o permanente del desempeño de actividades comerciales, sometimiento a intervención judicial; disolución judicial; o clausura temporal o definitiva de los establecimientos que se hayan utilizado para la comisión del delito.

3. La tenencia para el tráfico y el uso de estos instrumentos de pago

1. El art. 399 *bis*.2 CP establece que la tenencia de tarjetas de crédito o débito, cheques de viaje o demás instrumentos de pago distinto del efectivo falsificados destinados a su distribución o tráfico será castigada con la misma pena que su falsificación —prisión de cuatro a ocho años. Este es el único delito de falsedad documental en el que se sanciona expresamente la mera tenencia para el tráfico, toda vez que en relación con los documentos de identidad y certificados falsos (arts. 392.2 y 399.2 CP) la opción fue sancionar directamente la conducta de tráfico. El adelantamiento de esta protección penal a los supuestos de mera posesión para el tráfico puede tener relación directa con la circunstancia de que, tras la moneda, la falsificación de estos medios de pago es la conducta falsaria más gravemente sancionada. No obstante, incluso en el caso de la tenencia de moneda falsa para su puesta en circulación, la pena prevista en el art. 386.2, II CP, es la inferior en uno o dos grados a la de la falsificación. En cualquier caso, parece que hubiera sido conveniente mantener un criterio uniforme para establecer la gravedad de la conducta de posesión para el tráfico de documentos en todos los delitos de este Capítulo.

Este ilícito, al contrario de lo que sucede con el delito de uso de tarjetas del art. 399 *bis*.3 CP, no establece el requisito negativo de no haber intervenido en la falsificación. La equiparación de la sanción de las conductas de falsificación y tenencia para su tráfico resta relevancia a esta cuestión. Parte de la Doctrina viene a exigir la existencia de connivencia con el falsificador, derivándolo de que tal requisito está presente respecto de esta conducta en los delitos de falsificación de moneda, sancionada con una pena inferior en uno o dos grados a la del falsificador (BRANDARIZ GARCÍA). Sin embargo, no parece adecuado incluir esta exigencia en el tipo. Al margen de que, al contrario que en los delitos de falsificación de moneda, no aparece su exigencia expresa, la connivencia es un requisito desconocido en la estructura de todos los delitos de falsedad documental entre los que ahora se incluye la falsificación de estos instrumentos de pago. Incluso en relación con el delito de falsificación de moneda, ya se señaló que era un elemento distorsionador y ajeno a la lógica del diseño de la sanción internacional de estas conductas.

La tipificación de la tenencia para el tráfico del art. 399 *bis*.2 CP engloba el mandato comunitario de sancionar las conductas previstas en los arts. 4.d) y 5.d) de la Directiva (UE) 2019/713 referidas, por un lado, a *"la obtención, para uno mismo o para otra persona, incluida la recepción, apropiación, compra, transferencia, importación, exportación, venta, transporte o distribución, de un instrumento de pago material distinto del efectivo que haya sido robado, falsificado o alterado para su utilización fraudulenta"*; y, por otro, a *"la obtención, para uno mismo o para otra persona, incluida la venta, transferencia y distribución, o la puesta a disposición de terceros, de un instrumento de pago inmaterial distinto del efectivo que haya sido obtenido de manera ilícita, falsificado o alterado, para su utilización fraudulenta"*. Es de destacar que, a pesar de la parificación de la pena establecida en el CP para las conductas de falsificación de estos instrumentos y de su posesión con fines de traficar con ellos; sin embargo, el art. 9 de la Directiva (UE) 2019/713 dispone que las penas a disponer para esta conducta debe ser *"una pena de privación de libertad cuya duración máxima no sea inferior a un año"*, que es sensiblemente inferior a la pena de privación de libertad reservada para la conducta de falsificación, cuya duración máxima no debe ser inferior a dos años.

2. El art. 399 *bis*.3 CP sanciona con una pena de prisión de dos a cinco años a quien "*sin haber intervenido en la falsificación usare, en perjuicio de otro y a sabiendas de la falsedad*" estos instrumentos de pago falsificados. La tipificación de esta modalidad falsaria de uso sigue el esquema tradicional en los delitos de este Capítulo, al exigir el perjuicio de terceros. En ese sentido, se aparta de la tipificación de las conductas de mero uso, que también habían sido introducidas por la LO 5/2010 en relación con los documentos de identidad (art. 392.2 CP) y los certificados falsos (art. 399.2 CP), en las que no se exige el perjuicio de terceros. La conducta típica de uso de estos instrumentos de pago distinto del efectivo, por tanto, está delimitada, en sentido negativo, por no haber intervenido en la falsificación —lo que queda restringido a las conductas equiparadas a las de autoría del art. 28 CP (autoría, coautoría, inducción y cooperación necesaria), pero no a las de complicidad del art. 29 CP— y, en sentido positivo, porque concurran el elemento objetivo de que exista el efectivo perjuicio patrimonial de un tercero —que puede

ser el propio emisor del instrumento de pago, a quien se haya pretendido hacer pago con ese instrumento o incluso una eventual aseguradora frente al uso del medio de pago falso—, y el elemento subjetivo de que se conozca la falsedad o carácter alterado del instrumento de pago.

La tipificación del uso del instrumento de pago distinto del efectivo en perjuicio de terceros del art. 399 *bis*.3 CP engloba, junto con la conducta de mera posesión u obtención con finalidad de uso, el mandato comunitario de sancionar las conductas previstas en los arts. 4.c) y 5.c) de la Directiva (UE) 2019/713 de la posesión, para su utilización fraudulenta, de los instrumentos de pago, materiales e inmateriales, distinto del efectivo que hubieran sido objeto de falsificación o alteración, toda vez que el uso presupone la posesión del instrumento de pago. La sanción prevista para esta conducta —prisión de dos a cinco años— excede notablemente del mínimo exigido por la normativa comunitaria, ya que el art. 9 de la Directiva (UE) 2019/713 dispone que las penas a disponer para las conductas de los arts. 4.c) y 5.c) debe ser *"una pena de privación de libertad cuya duración máxima no sea inferior a un año"*.

Este ilícito, a pesar de haber seguido el esquema tradicional de tipificación de estas conductas de uso en perjuicio de terceros de documentos falsos, sin embargo, se ha quebrado esa unidad de criterio en tres aspectos: El primero es que se hace expresa la exigencia de que se conozca la falsedad del instrumento de pago, pero no se haya intervenido en su falsificación. Ello no implica que sean requisitos típicos limitados a este precepto, sino que, en atención a una interpretación sistemática y teleológica, se configuran como elementos inherentes a la sanción de toda conducta falsaria de uso en perjuicio de terceros. El segundo radica en la determinación de la consecuencia jurídica, ya que, si bien esta modalidad comisiva es sancionada en relación con el resto de documentos falsos con una pena inferior en grado a la de los falsificadores (arts. 394.2 y 396 CP), en este caso se posibilita una sanción que supera el mínimo previsto para el autor de la falsificación. El tercer y último aspecto es que la ampliación del concepto de uso de documento falso al uso de documento autentico por quien no está legitimado establecida en el art. 400 *bis* CP no resulta de aplicación a estos medios de pago.

La exigencia de que no se hubiera intervenido en la falsificación solo puede entenderse en relación con una intervención a título de autoría del art. 28 CP [así, en relación con la cooperación necesaria, STS 836/2016, 4-11 (*Tol 5871303*)], pero no de complicidad del art. 29 CP. Esta es la única interpretación coherente con las reglas concursales, ya que sería injustificado que quien ha sido participe en la falsificación del instrumento de pago a título de complicidad y, por tanto, le correspondería una pena inferior en un grado a la del autor —esto es, de dos a cuatro años de prisión— si, además, hace uso del medio de pago, que está sancionado con una pena de prisión de dos a cinco años, pudiera verse favorecido en su responsabilidad penal al quedar desplazado por la pena de la complicidad.

La exigencia de que la conducta sea en perjuicio de otro, aunque no se especifique, debe ser referida a un perjuicio patrimonial y, ante la complejidad de las relaciones económicas y mercantiles subyacentes a los instrumentos de pago distinto del efectivo, a cualquier tercero sin que quede limitado a la persona que recibe el pago a través de ese instrumento. Así, por ejemplo, la STS 450/2014, 27-5 (*Tol 4387585*) identificó como posible perjudicada a la empresa titular de las tarjetas en supuesto en que el uso de tarjeta falsificada se hace en connivencia con los comerciantes.

Por último, el requisito de *"a sabiendas de la falsedad"* está en línea de coherencia con el mandato comunitario de penalización de esta conducta solo cuando *"hayan sido cometidos intencionalmente"* [art. 4, I y 5, I de la Directiva (UE) 2019/713]. El uso del concepto *"a sabiendas"* parece indicativo de un dolo directo que excluiría la posibilidad de un dolo eventual en relación con el carácter falso del concreto instrumento de pago usado por el sujeto.

La STS 193/2018, 24-4 (*Tol 6592130)* consideró un delito del art. 399 *bis*.3 CP y no de apartado 2, un supuesto en el que se intervinieron al acusado diversas tarjetas bancarias a nombre de una persona coincidente con el de un documento de identidad también falsificado, que le fue igualmente intervenido, en tanto que lo probado era su preordenación al uso y no a traficar con las mismas [en el mismo sentido, ya la STS 68/2015, 9-2 (*Tol 4763984)*].

3. El art. 399 *bis*.4 CP sanciona con una pena de prisión de uno a dos años a quien "*para su utilización fraudulenta y a sabiendas de su falsedad, posea u obtenga, para sí o para un tercero*" estos instrumentos de pago falsificados. La tipificación de esta conducta es una novedad incluida por la LO 14/2022, que parece apuntar a la necesidad de dar una exacta y completa transposición de las conductas previstas en los arts. 4.c) y 5.c) de la Directiva (UE) 2019/713, referida a la posesión, para su utilización fraudulenta de estos instrumentos que haya sido objeto de obtención o apropiación ilícita, falsificación o alteración. En ese sentido, frente a la situación legislativa en la materia derivada de la LO 5/2010, este precepto supone ampliar la intervención penal no ya al uso efectivo de estos instrumentos de pago, que estaba ya previsto en el art. 399 *bis*.3 CP, sino la mera posesión u obtención para una ulterior utilización fraudulenta, si bien lo hace con una penalidad inferior. La tipicidad de la conducta exige no solo la mera posesión u obtención del instrumento de pago falso sino, como elementos subjetivos, que lo sea con la intención de su uso fraudulento por sí mismos o por terceros, y a conociendo de manera efectiva que es falso; pero no para su tráfico, que es la conducta sancionada en el art. 399 *bis*.2 CP.

La sanción prevista para esta conducta —prisión de uno a dos— parece que resulta más proporcionada a lo exigido por la normativa comunitaria, ya que el art. 9 de la Directiva (UE) 2019/713 dispone que las penas a disponer para las conductas de los arts. 4.c) y 5.c) debe ser *"una pena de privación de libertad cuya duración máxima no sea inferior a un año"*.

IX. LA FABRICACIÓN, POSESIÓN O TRÁFICO DE ÚTILES PARA LA FALSIFICACIÓN

Artículo 400

La fabricación, recepción, obtención, tenencia, distribución, puesta a disposición o comercialización de útiles, materiales, instrumentos, sustancias, datos y programas informáticos, aparatos, elementos de seguridad o cualquier otro medio diseñado o adaptado específicamente para la comisión de los delitos descritos en los capítulos anteriores, se castigarán con la pena señalada en cada caso para los autores.

El Capítulo III del Título XVIII dedicado a las falsedades establece, como una de las disposiciones generales en el art. 400 CP para todos los delitos de falsedades —de moneda y efectos timbrados (Capítulo I) y documentales (Capítulo II)—, la misma sanción que a los autores de los delitos respectivos de falsificación de las conductas típicas de: "*fabricación, recepción, obtención, tenencia, distribución, puesta a disposición o comercialización*", que recaigan sobre los siguientes objetos materiales: "*útiles, materiales, instrumentos, sustancias, datos y programas informáticos, aparatos, elementos de seguridad o cualquier otro medio diseñado o adaptado específicamente para la comisión de los delitos descritos en los capítulos anteriores*". La referencia que se incluye a "*los delitos descritos en los capítulos anteriores*" implica su aplicación a la totalidad de los delitos de falsificación. En todo caso su ámbito de aplicación preferente para los delitos de falsedad documental del Capítulo II será, por la singularidad del objeto material y la mayor incorporación de mecanismos de seguridad, las tarjetas bancarias, cheques de viaje y demás instrumentos de pago distinto del efectivo [por ejemplo, SSTS 567/2006, 9-5 (*Tol 952899*), y 845/2011, 15-6 (*Tol 2197942*), respecto de programas de ordenador para clonar tarjetas; SSTS 1076/2007, 20-12 (*Tol 1229879*); 172/2013, 8-2 (*Tol 3412757*), y 771/2014, 19-11 (*Tol 4576253*), respecto de un frontal de cajero para superponer sobre uno real; STS 279/2008, 09-05 (*Tol 1330991*), respecto de soportes oficiales de documentos de identidad y pasaportes en blanco; o STS 178/2023, 13-3 (*Tol 9490831*), respecto de papeles con los logotipos de organismos oficiales]; máxime si tenemos en cuenta que el art. 400 CP exige que estos útiles estén "*diseñado o adaptado específicamente*" a dicha falsificación, lo que, identificado como único destino posible, no resulta fácilmente aplicable respecto de los instrumentos necesarios para la falsificación de otro tipo de documentos que no incluyan medidas de seguridad sofisticadas.

Como ya se expuso más ampliamente al tratar esta conducta en relación con los delitos de falsificación de moneda, este artículo implica la tipificación expresa de conductas de participación y actos preparatorios que anticipan el control penal a fases previas a la tentativa. Con los precedentes históricos en los arts. 314 a 318 CP 1944-1973, el art. 400 CP, en su redacción original, ya establecía este delito para todas las conductas de falsificación de moneda y documentales. Esta tipificación, con motivo de la adición por la LO 5/2010 de la Sección cuarta en el Capítulo II de las falsedades de tarjetas bancarias y cheques de viajes, para sancionarlas de manera autónoma a la falsificación de moneda, se mantuvo también en relación con estos medios de pago distintos del efectivo sin necesidad de modificar la redacción del art. 400 CP, cuyo tenor literal era *"la fabricación o tenencia de útiles, materiales, instrumentos, sustancias, máquinas, programas de ordenador o aparatos, específicamente destinados a la comisión de los delitos descritos en los capítulos anteriores, se castigarán con la pena señalada en cada caso para los autores"*. Por tanto, con ello se seguía dando cumplimiento al deber comunitario de tipificación en la materia respecto de tarjetas bancarias y de cheques de viaje previsto en el art. 4 de la Decisión Marco 2001/413/ JAI, que establecía la obligación de tipificar como delito la fabricación, el recibo, la obtención, la venta y la transferencia fraudulenta a un tercero o la posesión de: instrumentos, objetos, programas informáticos y cualquier otro medio destinado por su naturaleza a la comisión de alguno de los delitos de falsificación o manipulación de instrumentos de pago, para su utilización fraudulenta. La LO 1/2015 dio una nueva redacción al art. 400 CP tanto para ampliar la conducta típica a las conductas de *"recepción"* y *"obtención"* como para modificar la redacción del objeto material que se concretó en *"útiles, materiales, instrumentos, sustancias, datos y programas informáticos, aparatos, elementos de seguridad, u otros medios específicamente destinados a la comisión de los delitos descritos en los Capítulos anteriores"*. Finalmente, la LO 14/2022 volvió a modificar la redacción del art. 400 CP tanto para ampliar de nuevo las conductas típicas a las de *"distribución, puesta a disposición o comercialización"* como para describir la cláusula final abierta de los objetos materiales, que se concreta en *"cualquier otro medio diseñado o adaptado específicamente para la comisión de los delitos descritos en los capítulos anteriores"*. Con ello pretende darse el más estricto cumplimiento al deber de trasposición en la materia respecto de los instrumentos de pago distinto del efectivo previsto en el art. 7 de la Directiva (UE) 2019/713, que establece que *"los Estados miembros adoptarán las medidas necesarias para garantizar que la producción, obtención para uno mismo o para otra persona, incluida la importación, exportación, venta, transporte o distribución, o la puesta a disposición de terceros, de un dispositivo o instrumento, datos informáticos o cualquier otro medio diseñado principalmente, o adaptado específicamente, para cometer cualquiera de las infracciones a que se refieren el artículo 4, letras a) y b), el artículo 5, letras a) y b), o el artículo 6, al menos cuando se cometan con la intención de que se utilicen dichos medios sean punibles como infracción penal"*. En definitiva, si bien la sanción de esta conducta es una imposición comunitaria en lo que se refiere a los instrumentos de pago distinto del efectivo, su aplicación al resto de falsedades documentales es una decisión político-criminal del legislador nacional que ya aparecía prevista en la redacción originaria del CP 1995, heredada del CP 1944-1973.

La STS 988/2011, 30-9 (*Tol 2257673)* establece, en relación con este ilícito, por un lado, citando la STS 279/2008, 9-5 (*Tol 1330991)*, que *"se consuma con la disponibilidad sobre los instrumentos destinados a dicha falsificación. La tenencia del instrumental no requiere conocer la técnica del funcionamiento; en consecuencia, el delito se consuma con la disposición sobre dichos instrumentos, puesto que ella fundamenta la posibilidad que el legislador ha querido prevenir de que sean puestos a disposición de quien disponga de los conocimientos técnicos necesarios para su utilización o de que sean utilizados valiéndose de quienes los puedan manejar"*; y, por otro, citando la STS 226/2008, 9-5 (*Tol 1370009)* que *"aunque pudiera llevarse a cabo una doble tipificación entre la tentativa y la consumación de un delito de tenencia de útiles para la falsificación, operaría en tal operación un concurso de normas, a resolver bajo el principio de alternatividad, y en consecuencia, con la aplicación del delito que contenga la pena más grave, como es lo que ha ocurrido en el caso sometido a nuestra revisión casacional. Añade esta última Sentencia que no tendría sentido alguno que, estando prevista expresamente en la ley la figura de la mera tenencia de útiles, cuando se inicia la efectiva utilización de éstos para falsificar, la pena hubiera de rebajarse, al vincularse a un grado imperfecto de ejecución del delito de referencia"*.

Por su parte, la STS 178/2023, 13-3 (*Tol 9490831)*, con reproducción de la STS 734/2009, 25-6 (*Tol 1577935)*, establece que *"el art. 400 requiere que los útiles, como tales, estén destinados a la falsificación, pero no requiere que el autor tenga un plan concreto de falsificación. Esto último es ajeno a la estructura del tipo penal"* (críticamente, CRUZ PALMERA); e incide, con reproducción de la STS 567/2006, 9-5 (*Tol 952899)*, en que *"la expresión 'específicamente destinado a la falsificación' hace referencia a la aptitud y cualidad del objeto para servir específicamente a la falsificación, esto es, cuando no se encuentra otra normal utilidad en el mismo"*.

X. *ITER CRIMINIS* Y PARTICIPACIÓN

1. Las conductas falsarias son heterogéneas. Por tanto, la determinación del momento de consumación y, en su caso, la posibilidad de tentativa, debe analizarse por grupos de casos, diferenciando entre las conductas de falsificación propia, el tráfico, la tenencia y el uso. Por lo que se refiere a las conductas de falsificación propia, y de una manera semejante a lo que se expuso en relación con la falsificación de moneda, desde una perspectiva teleológica, se viene defendiendo que la consumación se produce, sin necesidad del efectivo uso del documento falso o de su introducción en el tráfico jurídico, cuando el objeto resulte apto para inducir a error sobre su autenticidad o veracidad [CÓRDOBA RODA, ECHANO BASALDUA, FERNÁNDEZ PANTOJA, GARCÍA CANTIZANO, NAVARRO FRÍAS; STS 158/2024, 22-2 (*Tol 9911958*); en sentido contrario exigiendo su introducción en el tráfico jurídico, COCA VILA].

La sanción de las conductas falsarias de uso, incluida la tenencia para el tráfico respecto de algunos documentos, determina la necesidad de diferenciar y dar un tratamiento autónomo a los momentos de falsificación y los de introducción en el tráfico jurídico. En ese contexto, la exigencia, como elemento subjetivo de la finalidad de que el documento falso adquiera relevancia jurídica, da una coherencia global a estos tipos penales desde la perspectiva del bien jurídico, sin embargo, la concreta exigencia de que efectivamente el documento entre en el tráfico jurídico para desplegar sus efectos podría resultar disfuncional al compararse con las conductas de tráfico y uso de documentos falsos.

Por su parte, la conducta de tráfico de documentos falsos, al estar referida a un proceso de traslado de la tenencia del objeto material, queda vinculada, al igual que sucede con el resto de delitos que tipifican esta conducta, con su disponibilidad potencial, sin necesidad de traspaso efectivo de la posesión. La conducta de tenencia para el tráfico, sólo sancionada en relación con los instrumentos de pago distinto del efectivo, exige la disponibilidad potencial, y al constituir un adelantamiento de la protección penal en relación con la conducta de tráfico no parece que admita la tentativa. Por último, el uso de documento falso con o sin intención de perjudicar a terceros es un delito instantáneo en que no se exige un perjuicio efectivo.

La Jurisprudencia, en relación con la consumación de las conductas de falsedad propia, recuerda que *"no es preciso que se introduzca el documento en el tráfico jurídico o que sea admitido dentro del mismo para que se considere ejecutado y consumado el delito de falsedad. Pues la jurisprudencia de esta Sala tiene afirmado que no se requiere un perjuicio concreto en el tráfico jurídico para que concurra el tipo penal, sino que es suficiente un perjuicio meramente potencial en la vida del derecho a la que está destinado el documento (SSTS 279/2010, de 22-3; 888/2010, de 27-10; y 312/2011, de 29-4, entre otras). Y también se tiene dicho que la voluntad de alteración se manifiesta en el dolo falsario, se logren o no los fines perseguidos en cada caso concreto, convirtiendo en veraz lo que no es y resultando irrelevante que el daño se llegue o no a causarse (SSTS*

1235/2004, de 25-10; 900/2006, de 22-9; 1015/2009 de 28-10; y 309/2012, de 12-4)" [SSTS 843/2015, 22-12 (*Tol 5626411*); 227/2019, 29-4 (*Tol 7210888*); 909/2022, 22-11 (*Tol 9305499*), o 158/2024, 22-2 (*Tol 9911958*)].

2. Por lo que se refiere a los problemas de autoría y participación deben tomarse en consideración tanto la distinta naturaleza de las conductas falsarias como la existencia entre estos ilícitos de delitos especiales. Así, en relación con la falsificación propia, no cabe afirmar que sea un delito de propia mano [MESTRE DELGADO, MORILLAS CUEVAS, QUINTERO OLIVARES; SSTS 29/2025, 22-1 (*Tol 10371084*), o 403/2025, 6-5 (*Tol 10548721*)], especialmente si se atiende, como se expuso anteriormente, a la circunstancia de que la autoría de la falsedad documental responde no tanto a criterios formales de confección del documento como a criterios materiales sobre quien tiene la voluntad de asumir como propia la elaboración, esto es, quien ostente el dominio funcional. En ese sentido, cabe la autoría mediata [STS 403/2025, 6-5 (*Tol 10548721*)], la coautoría [STS 811/2021, 25-10 (*Tol 8634576*)], la inducción [STC 749/2024, 18-7 (*Tol 10117380*)] y la participación, tanto a título de cooperación necesaria [SSTS 494/2024, 30-5 (*Tol 10047081*), o 250/2025, 20-3 (*Tol 10482770*)] como de complicidad [STS 29/2025, 22-1 (*Tol 10371084*)]. A esa misma conclusión debe llegarse en relación con las conductas de tráfico, tenencia y uso de documentos falsos.

La jurisprudencia, en relación con la autoría en las conductas de falsedad propia, ha consolidado que la tenencia de un documento falsificado que incorpora una foto del que lo porta o de sus datos personales resulta bastante para su consideración como, al menos, cooperador necesario. Así, de manera amplia, la STS 494/2024, 30-5 (*Tol 10047081*), afirma que *"la jurisprudencia de esta Sala es conteste en afirmar que el delito de falsedad en documento oficial no es un delito de propia mano, lo que comporta que la autoría no exige la propia confección del documento, sino el aprovechamiento intencionado de los efectos del documento falsificado. No es preciso que se declare probado que el acusado haya confeccionado por sí mismo el documento, pues la entrega de una fotografía, que le identifica como titular del documento supone una aportación necesaria a la confección del documento falso. Siendo el titular de la fotografía el beneficiado por la identidad falsa que propicia el documento entregado. La Sentencia 418/ 2022, de 28 de abril, señalamos, en un supuesto similar al que es objeto de esta de esta casación, portar un documento de identidad falso extendido a nombre de otra persona, inexistente o real, pero con su propia fotografía, debe ser considerado como coautor, o si se prefiere como cooperador necesario, en la medida en que, habiendo aportado su propia fotografía a la falsificación, fluye con naturalidad que mantenía el dominio funcional sobre la misma, que no habría sido posible en esos términos sin su resuelta participación en ella, aun cuando después no hubiera procedido por sí a la elaboración material y definitiva del documento falso. También lo expresa, por todas y con citas de otras muchas, la Sentencia 590/2015 de 13 de octubre, cuando señala que el condenado recurrente, no niega que el documento sea falso, ni que fuera intervenido a su poderdante, lo que niega es que se haya puesto los medios para realizar el mismo. La Sentencia de 266/2008, de 7 de mayo, que esta conducta de no reputarse como de estricta autoría, ha de serlo como necesaria cooperación, incluida en el artículo 28 del Código Penal en relación con el artículo 392, pues la colaboración del acusado ha de ser considerada como un bien escaso para determinar el hecho desde la perspectiva del acto de colaboración a la confección falsa de los documentos*"; de ello concluye que "*en definitiva, es un delito que no es de propia mano, en la que el recurrente al facilitar la fotografía efectúa la composición falaz en un documento con apariencia de legitimidad, perteneciente a un tercero. Tal comportamiento, esto es, la facilitación de la fotografía, con la conciencia de cuál era la finalidad de la entrega, convierte en cooperador necesario al acusado, asignándole de ahí la misma pena que a los autores materiales, siendo irrelevante quién fue el autor material de la confección del documento falso*".

3. Más problemas se derivan de la configuración de algunos de los ilícitos de este Capítulo como delitos especiales. La mayoría de ellos son delitos especiales impropios, ya que junto con la específica sanción prevista para un ámbito delimitado de sujetos activos se prevé también una responsabilidad penal, aunque más atenuada, para el resto de personas que no quepa incluir dentro de ese ámbito. Ese es el caso, por ejemplo, de la falsificación de certificados, en que junto a los tipos cometidos por facultativo (art. 397 CP) o por autoridad o funcionario público (art. 398 CP) se tipifica también la responsabilidad del particular (art. 399.1 CP). En estos casos, se opta por una aplicación ordinaria de las reglas de la coautoría y la participación sin posibilidad de romper el título de imputación (CÓRDOBA RODA, FERNÁDEZ PANTOJA, MUÑOZ CONDE). Sin embargo, también cabe apreciar supuestos concretos de delitos especiales propios en los que la responsabilidad del específico sujeto activo no tiene un correlato con un delito común. Así, el delito de falsificación de documentos públicos, oficiales o mercantiles cometido por autoridad o funcionario tiene un correlato para las concretas conductas falsarias del art. 390.1.1° a 3° CP en el delito cometido por particular (art. 392.1 CP) y, en ese sentido, es un delito especial impropio. Por el contrario, la conducta falsaria del art. 390.1.4° CP —narración inveraz de hechos— no tiene ese correlato por lo que, a estos efectos, es un delito especial propio. Pues bien, en este caso, se ha defendido que al ser clara la voluntad de excluir de responsabilidad penal a los particulares en relación con estos documentos no cabría hacerlos responder como coautores o partícipes de este delito (CÓRDOBA RODA, FERNÁNDEZ PANTOJA).

La Jurisprudencia no aprecia objeción para sancionar la intervención del *extraneus* por estos delitos de falsedad que tienen la consideración de delitos especiales propios. Así, la STS 250/2025, 20-3 (*Tol 10482770*), con reproducción de la STS 1531/2003, 19-11 (*Tol 352251*), afirma que "*por lo que se refiere a la falsificación en documento público u oficial, cometida dolosamente por autoridad o funcionario público, delito de los denominados propios, no cabe duda alguna de que los particulares responderán como autores del delito del art. 390.1 CP y deberán ser sancionados con la pena correspondiente al mismo, no siendo de aplicación el art. 392 (falsedad del particular en documento público, oficial o mercantil) cuando exista concierto de voluntades entre el particular y la autoridad o funcionario público para la comisión del delito, concierto de voluntades que puede ser expreso o tácito y producirse con anterioridad a la ejecución del hecho o en el momento mismo de su comisión, puesto que la responsabilidad en concepto de autor no exige la intervención corporal en la dinámica material de la falsificación, bastando el concierto de voluntades y el reparto previo de papeles para la realización y el aprovechamiento de la documentación falseada, siendo suficiente con que le particular partícipe tenga el dominio funcional sobre la falsificación (STS. 6.11.2003). (...) Por tanto, cuando el particular se concierta con la autoridad o funcionario público para la comisión del delito de falsificación de documento público, oficial o mercantil y lo ejecuta, total o parcialmente, no cabe duda alguna de que los sujetos activos del delito realizan el mismo hecho 'conjuntamente', ajustando sus conductas a las exigencias típicas. La diferencia estriba únicamente en el hecho de que en tales supuestos el dolo del particular debe abarcar los elementos del tipo realizado por la autoridad o funcionario público, pero a diferencia de lo que sucede con éstos, debe alcanzar tanto a los elementos objetivos como a los subjetivos del referido tipo penal, es decir, el conocimiento de la cualidad especifica de autoridad o funcionario exigida por la Ley a los sujetos del delito"*. No obstante, es de destacar que la STS 350/2005, 17-3 (*Tol 619670)* aplicó al *extraneus*, al que se hizo responder como inductor, la atenuación del art. 65.3 (ampliamente, GÓMEZ MARTÍN); consideró también aplicable esta atenuación, aunque fuera *obiter dicta*, la STS 661/2007, 13-07 (*Tol 1177310)*. En todo caso debe tenerse en cuenta la jurisprudencia reiterada en relación con el carácter potestativo, pero no imperativo, de esta atenuación [STS 495/2023, 22-6 (*Tol 9636082)*].

En relación con las conductas de falsificación de instrumentos de pago distinto del efectivo, el art. 8 de la Directiva (UE) 2019/713 dispone, en su apartado primero, que "*los Estados miembros adoptarán las medidas necesarias para garantizar que la inducción o la complicidad relacionadas con las infracciones a que se refieren los artículos 3 a 7 sean punibles como infracción penal*"; y, en si apartado segundo, que "*los Estados miembros adoptarán las medidas necesarias para garantizar que la tentativa de cometer alguna de las infracciones contempladas en el artículo 3, el artículo 4, letras a), b) o d), el artículo 5, letras a) y b), y el artículo 6 sean punibles como infracción penal. Respecto al artículo 5, letra d), los Estados miembros tomarán las medidas necesarias como mínimo para garantizar que el intento de obtención fraudulenta de un instrumento de pago inmaterial distinto del efectivo que haya sido obtenido de manera ilícita, falsificado o alterado, para su utilización fraudulenta, para uno mismo o para otra persona, sea punible como infracción penal*".

XI. CONCURSOS

1. Las falsedades documentales, al tipificar un medio comisivo falsario, plantean múltiples problemas concursales, tanto de normas como de delitos. La sucesión por un mismo sujeto de diferentes conductas falsarias en relación de progresión entre ellas, como pueden ser, por ejemplo, la falsificación propia, seguida del tráfico del documento o de su uso, constituyen un concurso normativo a resolver por los principios de subsidiariedad (art. 8.2 CP) o consunción (art. 8.3 CP) [SSTS 122/2016, 22-2 (*Tol 5655347)*, o 60/2019, 6-2 (*Tol 7059516)*]. Sin embargo, el delito de fabricación y tenencia de útiles para la falsificación desplaza a la tentativa de falsificación por criterios de especialidad (art. 8.1 CP) [STS 279/2008, 09-05 (*Tol 1330991)*] o de alternatividad (art. 8.4) [STS 178/2023, 13-3 (*Tol 9490831)*]. Por su parte, en los casos de concurrencia de múltiples con-

ductas falsarias no cabe excluir la aplicación de la forma continuada (art. 74 CP), siempre que se den los requisitos legales precisos [STS 377/2025, 24-04 (*Tol 10544507)*].

La concreción de la idea de unidad natural de acción aplicable a las conductas falsarias para delimitar la calificación de un único delito de falsedad de la continuidad delictiva, ha sido tradicionalmente debatida en la Jurisprudencia. Así. Por ejemplo, mientras la STS 813/2009, 7-7 (*Tol 1577824*), concluye que concurre dicha unidad en las conductas falsarias que, persiguiendo un único designio dirigido a un solo objetivo, se concrete en varios actos falsarios, la STS 365/2009, 16-4 (*Tol 1499124*), defiende un concepto normativo sosteniendo que la acción se consuma cuando se produce el resultado previsto en la norma, con independencia de la unidad o pluralidad de hechos naturales que requiere tal infracción. Esa dualidad se mantiene en la actualidad. Así, la STS 377/2025, 24-04 (*Tol 10544507*), incide, por un lado, en que "*la jurisprudencia de esta Sala ha tomado en consideración en numerosos precedentes el concepto de unidad natural de acción, tal como se remarca en la Sentencia 486/2012, de 4 de junio, para apreciar un único delito de falsedad documental en los casos en que se elaboran varios documentos falsos en un mismo acto, esto es, con unidad espacial y una estrecha inmediatez temporal, y actuando además con un mismo objetivo (SSTS 1024/2004, de 24-9; 521/2006, de 11-5; 1266/2006, de 20-12; 171/2009, de 24-2; 813/2009, de 7-7; 279/2010, de 22-3; y 671/2011, de 20-6). En esas resoluciones se afirma que concurre una 'unidad natural de acción' en las conductas falsarias que, persiguiendo un único designio dirigido a un solo objetivo, se lleva a cabo en 'unidad de acto' (concepto normativo de acción). Aunque la acción falsaria se concrete en varios documentos es tan solo porque se da la circunstancia de que los diferentes efectos objeto de valoración vienen incorporados a varios instrumentos documentales, pero siendo una conducta del todo equivalente a la que se hubiera producido alterando las diferentes cifras si las mismas estuvieran contenidas en una sola relación. Lo determinante —dice esa jurisprudencia— es discernir si los actos falsarios se realizaron en una sola ocasión o en fechas o momentos y lugares diversos. La realización de la conducta delictiva en un momento o fase criminal determinada no interrumpida constituye un solo delito*"; y, por otro, en que "*los criterios expuestos coexisten igualmente con una segunda línea jurisprudencial en la que se da prioridad al criterio normativo de acción del art. 74 del C. Penal sobre el naturalístico, según la cual el hecho de que se confeccionen en un mismo contexto espacio-temporal varios documentos falsos obliga a subsumir los hechos en la figura del delito continuado. Para ello se tiene en cuenta fundamentalmente el precepto infringido y el bien jurídico protegido, de modo que la acción se consuma cuando se produce el resultado previsto por la norma, cualesquiera que sean los hechos naturales (únicos o plurales) que requiera tal infracción para que se produzca en el mundo real*". Esta sentencia concluye afirmando que "*para clarificar la cuestión quizá convenga advertir que tanto en la unidad natural de acción como en el delito continuado concurren una pluralidad de hechos desde una perspectiva ontológica o fenomenológica. Lo que sucede es que en el primer caso los hechos albergan una unidad espacial y una estrechez o inmediatez temporal que, desde una perspectiva normativa, permiten apreciar un único supuesto fáctico subsumible en un solo tipo penal. En cambio, en los casos en que no se da esa estrecha vinculación espaciotemporal propia de las conductas que se ejecutan en un solo momento u ocasión, sino que se aprecia cierto distanciamiento espacial y temporal, no puede hablarse de una unidad natural de acción sino de distintos episodios tácticos insertables en la figura del delito continuado. De modo que cuando los diferentes actos naturales no presentan la inmediatez y proximidad propias de la unidad natural de acción subsumible en un solo tipo penal, pero tampoco alcanzan la autonomía táctica propia del concurso de delitos, ha de acudirse a la figura intermedia del delito continuado"*; destacando que *"tanto en la unidad natural de acción como en el delito continuado se opera con criterios normativos, toda vez que ontológica o naturalísticamente se da en ambos casos una pluralidad de actos en sentido natural. Lo que sucede es que en el primer supuesto la densidad de la normativización es menor al operar los distintos actos con una mayor estrechez y vinculación espacio-temporal, circunstancia que propicia la aplicación de un solo tipo penal más liviano, excluyéndose la modalidad más grave del delito continuado, en la que se incrementa el grado de ilicitud de la conducta y la punición de la norma debido a la menor unicidad naturalística de los actos ejecutados por el autor y a la intensificación del dolo"*. A esos efectos, la STS 621/2019, 12-12 (*Tol 7658594)* casó y anuló la consideración de un delito continuado de falsedad de tarjetas de crédito en la sentencia de instancia [SAP, Barcelona, Sección 21, 128/2018, 27-4 (*Tol 7831583)*], en un supuesto de detención en el que se intervinieron hasta diez tarjetas falsificadas, en aplicación del denominado *"concepto global de acción"*, que afirma puede ser predicado a la comisión de este delito, igual que otros, como el delito de tráfico de sustancias estupefacientes [STS 354/2015, 9-6 (*Tol 5198133)*] o el delito de blanqueo de capitales [STS 350/2014, 29-4 (*Tol 4372643)*], en tanto que se tipifican hechos plurales en una única figura delictiva, *"lo que obliga a considerar que una variedad de acciones punibles de contenido semejante constituyen, no un delito continuado, sino una sola infracción penal"*.

Por su parte, la STS 193/2018, 24-4 (*Tol 6592130)* consideró aplicable el delito continuado entre conductas de falsificación heterogéneas como son la falsedad de un documento de identidad (art. 392.1 CP) y la de tenencia de tarjetas bancarias para su uso (art. 399 *bis*.3 CP) con el argumento de que *"pueden ser consideradas infracciones semejantes a los efectos del art. 74 (aunque no necesariamente); especialmente en un caso como el ahora examinado en que se intuye de forma clara la vinculación de una y otra actividad falsaria: la falsificación de unos y otros documentos parece obedecer a un único y mismo designio criminal: defraudaciones valiéndose combinadamente de ambos tipos de documentos (identidad y mercantiles*)". A igual conclusión se llega en la STS 1099/2024, 28-11 (*Tol 10303782)*, al aplicar la continuidad delictiva, en vez del concurso real aplicado en la sentencia impugnada, a un complejo de conductas falsarias consistentes en la falsificación de dos placas de matrícula y en el uso de un documento de identidad falsificado.

2. Desde la perspectiva de los concursos normativos, debe destacarse que los delitos de falsificación documental previstos en este Capítulo, al tipificar las conductas falsarias en referencia a categorías generales de documentos, pueden concurrir con otros tipos penales recogidos en distintos Títulos del CP en los que se prevén tipos penales de falsificación de concretos documentos o su uso en determinados contextos. Estos concursos deben resolverse acudiendo a las reglas establecidas en el art. 8 CP, principalmente el principio de especialidad (art. 8.1 CP). En todo caso, también hay que prestar una especial atención a aquellos supuestos en los que lo sancionado son falsificaciones de documentos cometidas por particulares consistentes en una narración inveraz de hechos, ya que, en virtud de la atipicidad de esta conducta de falsedad ideológica, su tipificación expresa en relación con específicos documentos no constituye un concurso normativo sino, al contrario, una situación de excepción a su atipicidad.

Son múltiples los supuestos que se pueden citar de concursos de normas. Por ejemplo, el delito contra la intimidad previsto en el art. 197.2 CP, consistente en la modificación de datos reservados de carácter personal en perjuicio de terceros registrados en ficheros públicos o privados; el delito societario del art. 290 CP, consistente en la falsificación de cuentas y otros documentos realizados por los administradores en perjuicio de la sociedad, los socios o terceros (sobre el particular, Consulta FGE 15/1997, de 16 de diciembre); el delito contra la Hacienda Pública del art. 310 CP, consistente en llevar contabilidades distintas que oculten la verdadera situación de la empresa, omisión en los libros obligatorios de transacciones económicas o su anotación con cifras distintas de las verdaderas, o anotaciones contables ficticias; el delito contra la Administración de Justicia del art. 459 CP, consistente en faltar a la verdad en dictamen o traducción presentada a juicio por perito o intérprete. También pueden referirse supuestos de concurso normativo en relación con conductas falsarias de uso, como son la presentación de datos falsos relativos al estado contable para lograr una declaración concursal (art. 261 CP).

3. El carácter instrumental de los delitos de falsedad documental también provoca frecuentes problemas concursales. Son clásicos los concursos de la falsificación documental cometida por autoridad o funcionario público con los delitos de malversación o cohecho y, en general, los delitos de falsificación con los delitos patrimoniales como la apropiación y la estafa. Con carácter general, la Jurisprudencia ha venido defendiendo que los supuestos de falsificación de documentos privados con la finalidad de inducir al error típico del delito de estafa o para proceder a la apropiación indebida, debe establecerse un concurso normativo a resolver por el principio de consunción (art. 8.3 CP), habida cuenta de que se exige en la conducta falsaria la intención de perjudicar a terceros [SSTS 1196/2009, 23-11 (*Tol 1762117*); 126/2016, 23-2 (*Tol 5655291*); 140/2017, 6-3 (*Tol 5988922*); 192/2019, 9-4 (*Tol 7189787*), o 529/2020, 21-10 (*Tol 8165803*)]. Sin embargo, doctrinalmente, atendiendo al hecho de la diversidad de bienes jurídicos protegidos, se ha criticado esta solución (GARCÍA CANTIZANO, QUINTERO OLIVARES, VILLACAMPA ESTIARTE), señalando la necesidad de analizar el grado de vinculación, restringiendo los supuestos de concurso normativo cuando la modalidad de estafa consista, precisamente, en la presentación del documento falso (GARCÍA CANTIZANO). Fuera de estos supuestos y para los casos de falsificación de documentos públicos, oficiales y mercantiles, ya no resulta posible la consunción de desvalores y es necesario acudir al concurso de delitos. En ese sentido, en la medida en que la falsificación de documentos sea uno de los medios a partir del cual se intente inducir a error a la víctima de la estafa o para la comisión de otros delitos existirá un concurso ideal [ECHANO BASALDUA, GARCÍA CANTIZANO; SSTS 23/2012, 25-1 (*Tol 2409445*); 498/2017, 29-6 (*Tol 6201974*); 216/2024, 7-3 (*Tol 9944332*), o 260/2025, 21-3 (*Tol 10479252*)].

La STS 529/2020, 21-10 (*Tol 8165803*), en lo que se refiere al concurso de normas entre la falsedad en documento privado y el delito de estafa, en la medida en que el primero requiere actuar en perjuicio de otro y ese perjuicio se concreta en la estafa, con cita de las SSTS 540/2017, 12-7 (*Tol 6210420*) y 353/2020, 25-6 (*Tol 8001015*), recuerda que se ha venido apreciando un concurso aparente de normas entre la estafa y la falsedad en documento privado, que se resuelve aplicando solamente el tipo de la estafa, incidiendo en que *"la falsedad concurrente en un delito del art. 395 del Código Penal (falsedad en documento privado que consiste en cometer en un documento privado alguna de las falsedades previstas en los tres primeros números del apartado 1 del art. 390), en tanto que dicho tipo penal requiere que se haga con la intención de perjudicar a otro, tal aserto concursa de forma normativa con el delito de estafa, siendo aplicable exclusivamente éste, según jurisprudencia reiterada de esta Sala Casacional (por todas, STS 287/2016, de 7 de abril). Con mayor amplitud, la STS 126/2016, de 23 de febrero, en un caso idéntico, que incluso contó con el apoyo del Ministerio Fiscal, razonaba que de manera reiterada ha considerado la jurisprudencia de esta Sala que la relación medial entre el delito de falsedad en documento privado del artículo 395 y el delito de estafa debe reconducirse al concurso de normas del artículo 8 CP. La expresión 'en perjuicio de otro' del artículo 395 CP supone que éste requiere algo más que la mera alteración mendaz de uno de los elementos del documento. Exige además que se produzca un perjuicio —o el ánimo de causarlo— en un tercero, perjuicio que normalmente será económicamente evaluable y que precisamente coincide con el de la estafa. Lo contrario supondría una duplicidad o superposición tipológica a la hora de contemplar el perjuicio y en definitiva de doble sanción"*. En el caso concreto, no obstante, al tratarse de un delito intentado de estafa se optó por la aplicación del art. 395 CP como delito más gravemente penado, en aplicación del art. 8.4 CP.

La STS 216/2024, 7-3 (*Tol 9944332*), por lo que se refiere a la solución del concurso medial cuando lo falsificado es un documento público, oficial o mercantil —en aquel caso un contrato de préstamo y diversos pagarés—, afirma que *"ha sido correcto el tratamiento que, como concurso medial entre la falsedad y la estafa, ha dado la sentencia de instancia, por ser doctrina de la Sala que, cuando la estafa se realiza por medio de alguno de los documentos del art. 392, la estafa no consume la falsedad, porque, en definitiva, como explica, son dos acciones, cada una de las cuales infringe un bien jurídico distinto, y así lo hemos dicho en distintas ocasiones, como en STS 320/2018, de 29 de junio"*. De manera más desarrollada, la STS 23/2012, 25-1 (*Tol 2409445*), incide en que *"en cuanto al reproche de fondo de que la falsificación de las letras de cambio deben quedar absorbidas por el delito de estafa, dado que fue el medio utilizado para la comisión de éste, la censura no puede ser estimada en ningún caso, de acuerdo con la doctrina jurisprudencial de esta Sala que afirma reiterada y pacíficamente la compatibilidad entre ambos tipos delictivos, como puede verse, entre otras muchas, en las SSTS 2015/2001, de 29 de octubre, 746/2002, de 19 de abril y 640/2007, de 6 de julio, en las que se establece que la estafa realizada a través de un documento público, oficial o de comercio, utilizado como medio necesario para su comisión, no consume la falsedad, sino que los dos tipos son compatibles, produciéndose un concurso real de delitos sin perjuicio de que en orden a su punición, sea aplicable lo dispuesto en el art. 77 CP, y solo cuando se trata de documentos privados no procede estimar el concurso de delitos y sí el de normas del art. 8 CP, por lo que en aplicación del principio de especialidad, la estafa queda absorbida por la falsedad, que solo cedería ante el mayor rango punitivo de la estafa. Es decir, en casos como el presente debe aplicarse una sanción independiente de los delitos de falsedad y de estafa cuando el primero de ellos se refiere a la falsedad producida en un documento mercantil, como lo es obviamente la letra de cambio, ya que el mismo, contemplado desde una perspectiva de política criminal, más allá de su finalidad de mero instrumento engañoso para la comisión de la estafa, constituye un auténtico atentado contra la seguridad del tráfico mercantil. Porque, en estos casos, una cosa es la agresión al patrimonio de terceros, integrada por los requisitos propios de la defraudación constitutiva de la estafa, y otra, muy distinta, el ataque a la confianza que merece un instrumento de pago, distinto del dinero metálico, de tan amplia difusión como utilidad social y económica, cual es el cheque. De manera que esa distinta protección de bien jurídico, justifica la calificación por separado de ambos ilícitos, que entre ellos se relacionan mediante la figura del concurso medial del art. 77 del CP. (Véanse SSTS de 3 de junio de 2002, 11 de mayo de 2003, 15 de enero de 2004, 25 de diciembre de 2005 y 21 de junio de 2006)".*

La Jurisprudencia viene aplicando también esta solución del concurso ideal, considero que de manera errónea, a los supuestos de falsedad de documentos privados, considerados como documentos públicos por destino o incorporación a expedientes administrativos o judiciales, cuando concurre con un delito contra la Administración, singularmente delitos contra la Hacienda Pública o contra la Seguridad Social. En efecto, tomando como ejemplo los supuestos de falsificación de contratos de trabajo para la obtención de una prestación por desempleo, la actual jurisprudencia resulta unánime tanto en la consideración de que, a pesar de que el contrato de trabajo tiene la naturaleza de documento privado, es un documento oficial por destino cuando se incorpora al expediente de solicitud de la prestación por desempleo, como en calificar esa conducta como un concurso medial de delitos entre la falsedad en documento oficial y el delito contra la Seguridad Social [así, SSTS 811/2021, 25-10 (*Tol 8634576)*; 256/2023, 17-4 (*Tol 9514583)*; 635/2023, 20-7 (*Tol 9662883)*, o 181/2024, 28-2 (*Tol 9904159)*]. Esta solución no parece adecuada. Si la justificación del concurso ideal se fundamenta en la lesión de dos bienes jurídicos diferentes por las respectivas conductas de falsedad y de la defraudación pretendida, entonces la circunstancia de que la falsedad recaiga sobre un documento que, por su naturaleza original, es meramente privado, pero se establece su consideración de oficial exclusivamente por su incorporación a un expediente administrativo, implicaría que se está desvalorando esa incorporación doblemente de manera contraria a la prohibición del *bis in ídem*: una primera para constituir la ficción de una falsedad en documento oficial, que lleva a la sanción por ese concreto delito en vez de, en su caso, la falsedad en documento privado; y la segunda como conducta mendaz propia de la defraudación. En estos casos, a semejanza de lo que sucede con el concurso entre falsedad en documento privado y el delito patrimonial defraudatorio, se está en presencia de un concurso de normas a resolver por el principio de consunción en favor del delito defraudatorio contra la Administración Pública que corresponda.

5. Las conductas de falsificación documental cometidas con posterioridad a la comisión de un delito con el fin de ocultación no serían un acto de autoencubrimiento impune sino un delito en concurso real [ECHANO BASALDUA, FERNÁNDEZ PANTOJA, MESTRE DELGADO, NAVARRO FRÍAS; SSTS 1394/2009, 25-01-2010 (*Tol 1788428)*, o 274/2023, 19-4 (*Tol 9519760)*; en contra STS 1196/2009, 23-11 (*Tol 1762117)*, que lo considera un concurso de normas]. Los supuestos específicamente previstos de agravación de la apropiación indebida y la estafa cuando se ejecuten empelando fraude procesal; abusando de firma en blanco; o sustrayendo, ocultando o inutilizando, en todo o en parte algún proceso, expediente, protocolo o documento público u oficial (art. 250.1 CP), en evitación de incurrir en un *bis in idem,* prohibido por el art. 25.1 CE, han de resolverse con la aplicación única de la modalidad agravada de la estafa o la apropiación y, por tanto, a partir de las reglas del concurso de normas (GARCÍA CANTIZANO, GONZÁLEZ RUS).

En este caso de supuestos de delitos de estafa y apropiación agravados, la Jurisprudencia, sin embargo, había mantenido posiciones divergentes. Tras la convivencia simultánea de tres corrientes distintas, en que se defendía tanto la solución del concurso normativo a resolver por el criterio de la consunción [STS 1235/2001, 20-6 (*Tol 103161)*]; concurso ideal con el subtipo agravado de estafa [STS 1140/2000, 26-7 (*Tol 272757)*] o con el tipo básico [STS 748/2001, 4-5 (*Tol 27261)*]; finalmente por Acuerdo del Pleno no jurisdiccional de la Sala Segunda del TS de 8-3-2002 (*Tol 306118)* se decidió que *"la falsificación de un cheque y su utilización posterior por el autor de la falsificación para cometer una estafa, debe sancionarse como concurso de delitos entre estafa agravada del art. 250.1.3º y falsedad en documento mercantil del art. 392 del mismo cuerpo legal"*, siendo aplicado, por ejemplo, en la STS 805/2014, 11-11 (*Tol 4578271*) (ampliamente, GOYENA HUERTA). Ahora bien, esta doctrina resulta sólo de aplicación a los supuestos de uso de título valor por el falsificador. En los casos de utilización por quien no es el falsificador, la estafa consume la conducta de uso de documento falsificado [SSTS 236/2009, 17-3 (*Tol 1475663)*, o 336/2023, 10-5 (*Tol 9556526)*]. La problemática concursal en este ámbito ha provocado otro Acuerdo del Pleno no jurisdiccional de la Sala Segunda del TS de 18-7-2007 (*Tol 1254739)* en el que se establece que *"la firma del ticket de compra, simulando la firma del verdadero titular de una tarjeta de crédito, no está absorbida por el delito de estafa"* [así, STS 590/2010, 2-6 (*Tol 1920490)*].

6. Un problema concursal singular lo plantea el supuesto de concurso de los delitos de falsedad de los instrumentos de pago del art. 399 *bis* CP con el delito de estafa agravada del 249.1.b) CP —realización de operaciones de cualquier clase, utilizando de forma fraudulenta estos instrumentos de pago en perjuicio de su titular o de un tercero. La solución jurisprudencial dada a los casos de conductas de falsedad propia de estos instrumentos del art. 399 *bis*.1 CP es la de un concurso ideal de delitos (art. 77 CP) [SSTS 366/2013, 24-4 (*Tol 3747238)*; 560/2013, 17-6 (*Tol 3845352)*; 330/2014, 23-4 (*Tol 4232446)*, o 264/2017, 17-4 (*Tol 6057588)*]. Por el contrario, en los casos de conductas de falsedad de uso de estos instrumentos del art. 399 *bis*.3 CP —y, por tanto, quienes no hayan intervenido en su falsificación—, se defiende, en atención a la exigencia como elemento típico del art. 399 *bis*.3 CP de que el uso lo sea en perjuicio de un tercero, que se trata de un concurso de leyes a resolver por la regla de alternatividad (art. 8.4 CP) en favor del art. 399 *bis*.3 CP [DOVAL PAIS/JUANATEY DORADO, NUÑEZ CASTAÑO, PEÑARANDA RAMOS; SSTS 254/2011, 29-3 (*Tol 2088621)*; 971/2011, 21-9 (*Tol 2247269)*; 711/2012, 26-9 (*Tol 2662403)*; 330/2014, 23-4 (*Tol 4232446)*, y 450/2014, 27-5 (*Tol 4387585)*].

En relación con la solución del concurso ideal entre el art. 399 *bis*.1 CP y el art. 249.1.b) CP —la estafa la comete quien ha falsificado un medio de pago distinto del efectivo—, la STS 264/2017, 17-4 (*Tol 6057588)* afirma que *"la proximidad gramatical entre la falsedad de las tarjetas o cheques de viajes para realizar operaciones fraudulentas, no hace que nos hallemos ante un concurso de normas a resolver conforme al art. 8.4 CP pues ya la Audiencia Nacional explicó en su día que se hallaban en concurso medial o instrumental (no importaría reputarse concurso ideal), idéntica situación a la actual, ya que el tratamiento como concurso de delitos medial (art. 77 CP) resulta de la lesión del bien jurídico de cada uno de ellos (art. 399 bis y 248.2 c)) en nuestro caso perfectamente diferenciados. En la falsedad documental se protege la fe pública y la seguridad en el tráfico jurídico, evitando que tengan acceso a la vida civil y mercantil documentos probatorios falsos que puedan alterar la realidad jurídica de forma perjudicial para las partes afectadas. Por su parte en la estafa el bien jurídico protegido es el patrimonio ajeno a través de un engaño, que en ocasiones para instrumentarlo se utilizan documentos falsificados, entre ellos, las tarjetas de crédito o débito y los cheques de viaje".*

Por su parte, en relación con la solución del concurso de leyes entre el art. 399 *bis*.3 CP y el art. 249.1.b) CP —la estafa la comete quien usa un medio de pago distinto del efectivo en cuya falsificación no ha intervenido—, la STS 330/2014, 23-4 (*Tol 4232446*), con reproducción de la STS 971/2011, 21-9 (*Tol 2247269*), afirma que *"la solución impuesta por la reforma de la LO 5/2010, 22 de junio, con la consiguiente aplicación del art. 399 bis, apartado 3°, conduce de forma obligada a un concurso entre el delito de falsedad y el delito de estafa. Y es que la misma reforma ha introducido en el art. 248.2.c) del CP una nueva modalidad de estafa, castigando con la pena de prisión de 6 meses a 3 años, a 'los que utilizando tarjetas de crédito o débito o cheques de viaje, o los datos obrantes en cualquiera de ellos, realicen operaciones de cualquier clase en perjuicio de su titular o de un tercero'. Y el concurso presenta todas las características de un concurso aparente de normas, no un concurso de delitos, tal y como ha entendido la Audiencia Nacional. En efecto, el concurso aparente de normas implica, por definición, una unidad valorativa frente al hecho cometido, de suerte que la aplicación de uno solo de los tipos que convergen en la definición del concurso, es más que suficiente para agotar todo el desvalor jurídico-penal que puede predicarse de la infracción. Forma, pues, parte de su fundamento la suficiencia de uno de los preceptos para la correcta y plena valoración jurídico-penal de la conducta. De no acoger las normas concebidas por el legislador para la solución de esos casos de colisión de preceptos penales, se correría el riesgo de incurrir en una doble incriminación del hecho, con la consiguiente quiebra del principio de proporcionalidad (cfr. STS 254/2011, 29 de marzo). La relación entre el art. 399 bis, apartado 3 y el art. 248.2 c) del CP no es sino la propia de una relación de alternatividad que ha de resolverse mediante la aplicación del precepto que prevea pena más grave, en este caso, el primero de los tipos mencionados, que castiga la acción con la pena de prisión de 2 a 5 años"*. No se comparten esta solución, ya que la relación entre los arts. 399 *bis*.3 y el 248.2.c) CP es de exclusión formal. Como de forma aislada ya se defendió antes de la reforma de la LO 14/2022, en la STS 971/2011, 21-9 (*Tol 2247269*), *"mientras el artículo 399 bis, apartado 3, tipificaría aquellas acciones en las que el sujeto activo, a sabiendas de su falsedad, utiliza la tarjeta de crédito o débito en perjuicio de un tercero, el artículo 248.2.c) sancionaría aquellos otros casos en los que la utilización de esa tarjeta de crédito o débito se produciría al margen de cualquier falsificación, es decir, en los supuestos en los que el autor ha sustraído o se ha encontrado con un instrumento de pago auténtico pero que no le pertenece"*. Esta misma interpretación puede sustentarse tras la LO 14/2022, toda vez que la exigencia del art. 249.1.a) CP de que se trate de un uso fraudulento del medio de pago no tiene que identificarse necesariamente con el uso de esos medios de pago conociendo su falsedad, que es lo que exige el art. 399 *bis*.3 CP, si se considera que la exigencia de la condición de *"fraudulento"* se predica exclusivamente del uso, pero no del medio de pago que, en todo caso, debe ser legítimo.

XII. BIBLIOGRAFÍA

ABADÍAS SELMA, A. "la nueva regulación del delito de uso fraudulento de medios de pago distintos del efectivo al albur de la reforma de 22 de diciembre de 2022: un análisis del art. 249.1 b) y 249.2 b) del CP", *Estudios de Deusto. Revista de Derecho Público*, vol. 71/1, 2023; ALCÁCER GUI-

RAO, R. "Falsedad documental y certificaciones de juntas societarias ficticias", *LLP*, nº 166, 2024; ALEJANDRE GARCÍA, J. A. *Falsedad documental y falsedad testimonial: estudio histórico-jurídico de dos tipos delictivos*, Madrid 2012; ALONSO GONZÁLEZ, A. I. "La falsedad imprudente en el instrumento público notarial", en VV.AA, *La responsabilidad de los notarios: cuestiones penales y civiles*, Navarra, 2022; ANTÓN ONECA, J. "Las formas de culpabilidad en las falsedades documentales", *Anales de la Academia Matritense del Notariado*, t. IV, 1948; ARMENTEROS LEÓN, M. *Los delitos de falsedad documental: comentarios y jurisprudencia*, Granada, 2011; BACIGALUPO ZAPATER, E. "La reforma de las falsedades documentales", *LL*, nº 3966, 1996; BACIGALUPO ZAPATER, E. *El delito de falsedad documental*, Madrid, 1999; BACIGALUPO ZAPATER, E. "Documentos electrónicos y delitos de falsedad documental", *RECPC*, nº 04-12, 2002; BACIGALUPO ZAPATER, E. "Falsedad imprudente en documentos públicos", en VV.AA. *Judicatura y Notariado ante los delitos económicos*, Madrid, 2006; BOLDOVA PASAMAR, M. A. *Estudio del bien jurídico protegido en las falsedades documentales*, Granada, 2000; BONÉ PINA, J. F./SOTERAS ESCARTÍN, R. *De las falsedades*, Barcelona, 2000; BORJA JIMÉNEZ, E. "Delitos de posesión: una perspectiva desde la justicia penal preventiva", *RGDP*, nº 30, 2018; BORJA JIMÉNEZ, E. "La reforma de los delitos de falsificación de tarjetas de crédito y débito, cheques de viaje y demás instrumentos de pago distintos del efectivo. La modificación de la disposición común del art. 400 CP", en GONZÁLEZ CUSSAC, J. L. (coord.), *Comentarios a la LO 14/2022, de reforma del Código Penal*, Valencia, 2023; BRANDARIZ GARCÍA, J. A. "Falsificación de tarjetas de crédito y débito y cheques de viaje", en ÁLVAREZ GARCÍA, F. J./GONZÁLEZ CUSSAC, J. L. (dirs.) *Comentarios a la Reforma Penal de 2010*, Valencia, 2010; BRAVO GARCÍA, J. L. "Falsificación de moneda y tarjetas de pago: el art. 387 del Código Penal", *Cuadernos de derecho judicial*, nº 6, 2002; BURGOS PAVÓN, F. "Falsificación del euro y medios de pago", *Boletín del Ministerio de Justicia*, nº extra 2015, 2006; BUSTOS RUBIO, M./VÁZQUEZ ZALDÍVAR, M. A. "Nuevas formas de manipulación del tacógrafo digital y su posible encuadre como delito de falsedad documental", *Tráfico y Seguridad Vial*, nº 281, 2023; CADENA SERRANO, F. A. "Los delitos de falsificación de documentos extranjeros" *Estudios jurídicos*, 2006; CADENA SERRANO, F. A. "El artículo 390 del Código Penal: delito de falsedad en documento oficial", *LL*, nº 10406, 2023; CALLE RODRÍGUEZ, M. V. "Teoría general sobre la falsedad documental y selección de jurisprudencia sobre la falsedad documental y selección de jurisprudencia sobre la falsedad documental con especial referencia al documento mercantil, I. y II", *CPC*, nº 53, 1994; CALLE RODRÍGUEZ, M. V. *Falsedades documentales no punibles*, Madrid, 1998; CAMARGO HERNÁNDEZ, C. "Falsificación de documentos públicos", *ADPCP*, t. 10-3, 1957; CAMPOY GÓMEZ, R. "El delito de falsificación y de uso de tarjetas bancarias de crédito o débito del art. 399 *bis* del código penal (CP): análisis jurisprudencial de las situaciones concursales. Impacto de la estrategia de mercado digital de la Unión Europea", en VV.AA. *El mercado digital en la Unión Europea*, Madrid, 2019; CARRASCO ANDRINO, M. M. "La falsedad en el dictamen pericial o en la traducción del intérprete en causa judicial", *CPC*, nº 110, 2013; CASAS BARQUERO, J. J. "Reflexiones técnico-jurídicas sobre los delitos de falsedad del Título III, del Libro II del Código Penal", *D. J.*, nº 37/40, vol. 2, 1983; CASAS BARQUERO, J. J. "Reflexiones técnico-jurídicas sobre los delitos de falsedades del Título III del II del CP", *D. J.*, nº monográfico 37/40, 1983; CASAS BARQUERO, J. J. *El delito de falsedad en documento privado*, Barcelona, 1984; COBO DEL ROSAL, M. "Esquema de la teoría general de los delitos de falsedades", *CPC*, nº 56, 1995; COCA VILA, I. "Las falsedades", en VV.AA. *El nuevo Código Penal: comentarios a la reforma*, Madrid, 2012; CÓRDOBA RODA, J., "Falsedades documentales", *RJC*, nº 4, 2011; CRUZ PALMERA, R. "El 'delito de preparación de falsedades', art. 400 del código penal: una propuesta de interpretación para los delitos instrumentales", *RGDP*, nº 34, 2020; DELGADO SANCHO, C. D. "La falsedad documental: clases de documentos y tipos de falsedad", *Revista Aranzadi Doctrinal*, n. 5, 2018; DÍAZ PALOS, F. "El delito de falsedad documental", *RJC*, nº 1, 1962; DÍAZ Y GARCÍA-CONLLEDO, M. "¿Son punibles las falsedades imprudentes en documento público u oficial?", *PJ*, nº 1, 1986; DÍAZ Y GARCÍA-CONLLEDO, M. "Falsedad imprudente en certificado médico de defunción", *LL*, nº 2, 1986; DOLZ LAGO, M. J.

"Supresión del subtipo agravado del núm. 3 del art. 250.1 CP, retroactividad de la norma penal más favorable: penalidad conforme al tipo básico de estafa, concurso medial con la falsificación de documento mercantil", *LL*, nº 7679, 2011; DOLZ LAGO, M. J. "Caso del Puerto de Málaga: malversación de fondos públicos en concurso con falsedad", *LL*, nº 10339, 2023; DOVAL PAIS, A/JUANATEY DORADO, C. "Uso de tarjetas de crédito o débito falsas o sin autorización de su titular. Especial referencia al concurso entre falsedades y estafa", *LH-Quintero Olivares*, 2018; ECHANO BASALDUA, J. I. "¿Falsedad ideológica de particular en escritura pública? (revisión de la doctrina jurisprudencial)", *LH-Fernández-Albor*, 1989; ECHANO BASALDUA, J. I. "Falsedades documentales", en ASÚA BATARRITA (edc.): *Delitos contra la Administración Pública*, Bilbao, 1997; ECHANO BASALDUA, J. I., "La falsedad en documentos sociales del art. 290 CP: ¿delito de falsedad documental?", *RVAP*, nº 87-88, 2010; ECHANO BASALDUA, J. I. "Sobre el concepto de documento mercantil (art. 392.1 CP)", *LH-Bajo Fernández*, 2016; ECHANO BASALDUA, J. I. y GIL NOBAJAS, M. S. "Falsificación de medios de pago distintos del efectivo: necesidad y tensiones de una respuesta normativa global", en VV.AA. *Retos del Derecho ante una economía sin fronteras*, Vizcaya, 2012; ECHANO BASALDUA, J. I./GIL NOBAJAS, M. S. "Transposición de la Decisión Marco sobre fraude y falsificación de medios de pago no dinerarios al Derecho penal español: ¿una vía idónea para la homogeinización del Derecho penal en el ámbito europeo?", en VV.AA. *Globalización y Derecho: desafíos y tendencias*, 2013; ECHANO BASALDUA, J. I./GIL NOBAJAS, M. S. "Falsificación de medios de pago distintos del efectivo: adecuación a la normativa europea y estudio comparado", *RDPP*, nº 34, 2014; FARALDO CABANA, P. *Las nuevas tecnologías en los delitos contra el patrimonio y el orden socioeconómico*, Valencia, 2009; FERNÁNDEZ CARBALLO-CALERO, R. "Modalidades falsarias en el Código Penal de 1995: incidencias en una teoría de vasos comunicantes", *LL*, nº 6618, 2006; FERNÁNDEZ PANTOJA, P. *Delitos de falsedad en documento público, oficial y mercantil*, Madrid, 1996; FERNÁNDEZ ENTRALGO, J. "Falsificación y utilización fraudulenta de tarjetas electrónicas", *Cuadernos de derecho judicial*, nº 6, 2002; FERNÁNDEZ PERALES, F. "La salvaguarda del principio de legalidad en la aplicación de las reglas del concurso de leyes: El caso del concurso entre la estafa y la falsedad documental", *LL*, nº 9275, 2018; FUENTE HONRUBIA, F./AMIGO RODRÍGUEZ, A. "Falsificación de certificados por autoridad o funcionario público. Comentario de la STS 290/2023, de 26 de abril", *LH-De Vicente Remesal*, 2024; FUNGAIRIÑO BRINGAS, E. "La competencia de la Audiencia Nacional en relación con la falsificación de las tarjetas bancarias y el fraude cometido mediante ellas", *Cuadernos de derecho judicial*, nº 6, 2002; GARCÍA CANTIZANO, M. C. *Falsedades documentales*, Valencia, 1994; GARCÍA CANTIZANO, M. C. "De la relación concursal entre los delitos de estafa y falsedad documental (nuevas soluciones a un viejo problema)", *CDJ*, t. XI, 1995; GARCÍA CANTIZANO, M. C. *Falsedades documentales (en el Código Penal de 1995)*, Valencia, 1997; GARCÍA NOGUERA, I. "La reforma penal de la falsificación, tráfico y uso ilícito de tarjetas bancarias", *Revista de internet, derecho y política*, nº 5, 2007; GARCÍA PLANAS, G. "Relaciones concursales entre los delitos de estafa y falsedad", en BOIX REIG, J. (dir.) *Estafas y falsedades*, Madrid, 2005; GARCÍA VARELA, R. "El truncamiento y la falsificación de cheques", *LL*, nº 2, 1998; GIMÉNEZ-SALINAS FRAMIS, J. C. "Las consecuencias penales del falseamiento de la certificación del acta de junta general en una sociedad mercantil", *LL*, nº 9766, 2021; GÓMEZ BENÍTEZ, J. "Facturas y documentos mercantiles o societarios de contenido falso", en *LL*, t. 4, 1997; GÓMEZ MARTÍN, V. "Delitos de falsedades", en *Memento Reforma Penal 2010*, Madrid, 2010; GÓMEZ MARTÍN, V. "Participación de *extranei* en delitos especiales. Análisis del problema a partir del caso de la falsificación del boletín de denuncia (Sentencia del Tribunal Supremo de 17 de marzo de 2005)", en VV.AA, *¿Casos difíciles o irresolubles?: problemas esenciales de la Teoría del delito desde el análisis de paradigmáticos casos jurisprudenciales*, Madrid, 2010; GONZÁLEZ CUSSAC, J. L. "Falsedad documental e imprudencia", en *PJ*, nº 22, 1991; GONZÁLEZ RUS, J. J. "Falsificación de sellos y marcas y falsedades documentales", *LH-Casabó Ruiz*, 1998; GONZÁLEZ-CUÉLLAR GARCÍA, A. "La falsedad en el documento público", *Anales de la Academia Matritense del Notariado*, t. 29, 1990; GOYENA HUERTA, J. *Las falsedades documentales. Jurisprudencia* *comentada.* Navarra, 2007; GUILLÉN PÉREZ, V. "Los documentos ficticios, especial referencia a los documentos de viaje: Problemática y respuestas dadas por la jurisprudencia", *CPC*, nº 125, 2018; GUTIÉRREZ CASTAÑEDA, A. "Falsificación de tarjetas de crédito, de débito y de cheques de viaje", en ÁLVAREZ GARCÍA, F. J. (dir.) *La adecuación del Derecho penal español al Ordenamiento de la Unión Europea. La política criminal europea,* Valencia, 2009; HAVA GARCÍA, E. "Comentario a las Sentencias 1/1997 y 224/1998 (Filesa y Argentia Trust), Falsedad mercantil cometida por particular; apropiación indebida y administración desleal", *RCCPP*, nº 2, 1998; HERNÁNDEZ FRADEJAS, F. "Los delitos de falsedad en la Codificación penal española decimonónica: tradición, influencias extranjeras y proceso de humanización", en VV.AA. *Tradición e influencias extranjeras en la codificación penal española. Parte especial,* Navarra, 2020; HERNÁNDEZ MANZANARES, A. "El delito de falsedad documental a raíz de la STS de Pleno 84/2024, de 26 de enero", *LL*, nº 10496, 2024; HERNÁNDEZ-ROMO VALENCIA, P. "Repensando el delito de falsificación documental a la luz del principio de *ne bis in ídem*", *Teoría & Derecho*, nº 34, 2023; HERRERO GIMÉNEZ, R. "Documento, fotocopia y falsedad", *RP*, nº 46, 2020; JAÉN VALLEJO, M. "Falsificación de tarjetas de crédito o débito: la alteración de los datos contenidos en la banda magnética constituye falsificación de moneda (art. 386 CP). Nota sobre el acuerdo del pleno no jurisdiccional de la Sala Segunda del Tribunal Supremo de 28 de junio de 2002", *RECPyCr*, nº 04-10, 2002; JAÉN VALLEJO, M. "Las falsedades documentales", *LH-Bacigalupo Zapater*, 2004; JAREÑO LEAL, A. "Las falsedades ideológicas después del Código Penal de 1995. Análisis de la Jurisprudencia", en BOIX REIG, J. (dir.) *Estafas y falsedades,* Madrid, 2005; JAVATO MARTÍN, A. M. "La falsificación de las tarjetas de crédito y débito. Análisis del artículo 399 *bis* del Código Penal", *LLP*, nº 101, 2013; JIMÉNEZ SEGADO, C. "El documento mercantil en los delitos de falsedad, *LLP*, nº 156, 2022; JIMÉNEZ VILLAREJO, J. "La descriminalización de la falsedad ideológica cometida por particulares. Un debate en la Jurisprudencia", *PJ*, nº 59, 2000; MAGRO SERVET, V. "Consideración de concurso medial de falsedad documental y estafa en la utilización de tarjetas de crédito falsas", *LL*, nº 6822, 2007; MAGRO SERVET, V. "Consecuencias penales de la falsificación y uso del certificado falso de vacunación COVID", *LL*, nº 9993, 2022; MANGAS CAMPOS, A., "Relevancia penal de la falsedad en tacógrafo: fin de la controversia", *LL*, nº 9590, 2020; MARTELL PÉREZ-ALCALDE, C. "La función notarial y la falsedad en documento público", en VV.AA: *La responsabilidad de los notarios: cuestiones penales y civiles,* Navarra, 2022; MARTÍN RAMOS, R. *Documentoscopia: Método para el peritaje científico de documentos,* Madrid, 2010; MIR PUIG, S./GONZÁLEZ FRANCO "Facturas falsas para defraudar a Hacienda", *LLP*, nº 62, 2009; MONER MUÑOZ, E. "Falsificación de documentos oficiales.: Doctrina del Tribunal Supremo. Cambio de orientación en la jurisprudencia reciente", *RGD*, nº 606, 1995; MORENO-TORRES HERRERA, M. R. "Las falsedades documentales en el Código Penal de 1995. A propósito de las SSTS de 28 de octubre de 1997 (caso Filesa) y 26 de febrero de 1998 (caso Argentia Trust)", *LL*, t. 2, 1999; MUÑOZ CLARES, J. "falsedades documentales. El supuesto de sustitución de placas de vehículo de motor", *RGDP*, nº 1, 2004; MUÑOZ CONDE, F., "Falsedad y estafa mediante abuso de crédito e instrumentos crediticios", *CDJ*, t. XI, 1995; MUÑOZ CUESTA, J. "Estafa a pluralidad de personas", *LL*, nº 1, 1991; MUÑOZ PALMA, J. "Falsedad ideológica cometida por particular", *Revista Aranzadi Doctrinal*, nº 9, 2018; ORTEGA CALDERÓN, J. L. "La falsedad del certificado de empresa al servicio del delito del fraude de prestaciones por desempleo: una propuesta de revisión", *LL*, nº 10234, 2023; ORTEGA LORENTE, J. M. "Las falsedades ideológicas cometidas por particulares a través de negocios jurídicos simulados. Un análisis crítico de la Jurisprudencia del Tribunal Supremo", en BOIX REIG, J. (dir.) *Estafas y falsedades,* Madrid, 2005; PABLO SERRANO, A. "La jurisprudencia del Tribunal Supremo en materia de falsedad ideológica cometida por particular: una revisión a la luz del bien jurídico y del deber de veracidad", *RDPP*, nº 41, 2016; PEÑARANDA RAMOS, E. "La reforma de los delitos de falsedades documentales", en DÍAZ-MAROTO Y VILLAREJO, J. (dir.) *Estudios sobre las reformas del Código Penal: (operadas por las LO 5/2010, de 22 de junio, y 3/2011, de 28 de enero),* Madrid, 2011; PEÑARANDA RAMOS, E./GÓMEZ MARTÍN, V. "Falsedades", en MOLINA FERNÁNDEZ, F. (coord.) *Memento práctico Francis Lefebvre: Penal 2021,* Madrid, 2020; PEÑARANDA EZPONDABURU, A. "La instrumentalización de los *intranei* en delitos especiales impropios: especial referencia al delito de falsedad en documento público", *LL,* nº 10445, 2024; PÉREZ FERRER, F. "La falsificación en el ámbito médico: especial referencia a los certificados en el Código Penal", en VV.AA. *Estudios jurídicos sobre responsabilidad penal, civil y administrativa del médico y otros agentes sanitarios,* Madrid, 2009; QUERALT JIMÉNEZ, J. J. "La crisis jurisprudencial de la falsedad documental", en CORCOY BIDASOLO, M. (dir.), *Derecho penal de la empresa,* Navarra, 2002; QUERALT JIMÉNEZ, J. J. "La falsedad documental: una aporía casacional", *LH-Bacigalupo Zapater,* 2004; QUINTANO RIPOLLÉS, A. *La falsedad documental,* Madrid, 1952; QUINTANO RIPOLLÉS, A. "La humanización del delito de falsedad y su posible incriminación culposa", *Anales de la Academia Matritense del Notariado,* t. 9, 1957; QUINTERO OLIVARES, G. "Sobre la falsedad en documento privado", *RJC,* vol. 75, 1976; QUINTERO OLIVARES, G. "Las falsedades documentales y la evolución del derecho positivo español", *CDJ,* t. XI, 1995; QUINTERO OLIVARES, G. "Límites problemáticos: apropiación indebida, administración fraudulenta y falsedad documental", *RDPP,* nº 1, 1999; QUINTERO OLIVARES, G. "Clonación de tarjetas y el uso de documentos falsos", *BIMJ,* suplemento al nº 2015, 2006; QUINTERO OLIVARES, G. "La falsedad documental, su autonomía y su relación con otros delitos", *Estudios jurídicos,* 2006; RAMÓN RUIZ, L. "Uso ilícito y falsificación de tarjetas bancarias", *Revista de internet, derecho y política,* nº 3, 2006; RODRÍGUEZ DE MIGUEL, J. y RODRÍGUEZ RAMOS, L. "Falsificación de tarjetas de crédito y uso fraudulento de las mismas", *Revista de derecho bancario y bursátil,* nº 91, 2003; RODRÍGUEZ RAMOS, L. "El documento mercantil como objeto material del delito de falsedad", *LL,* t. 3, 1998; RODRÍGUEZ RAMOS, L. "Falsedades documentales de particulares: dos interpretaciones del Tribunal Supremo", *LL,* t. 2, 1999; RODRÍGUEZ RAMOS, L. "¿Cuándo deben considerarse penalmente mercantiles los documentos privados?", *LL,* nº 9090, 2017; RODRÍGUEZ RAMOS, L. "Actualización de las falsedades documentales. Una propuesta de lege ferenda", *LL,* nº 10159, 2022; RODRÍGUEZ RAMOS, L. "Propuesta de reforma de los delitos de falsedad documental", *LL,* nº 10519, 2024; ROJAS AGUIRRE, L. E. "Falsedad documental como delito contra el derecho a la verdad", *LH-Bajo Fernández,* 2016; ROJAS AGUIRRE, LE, *Teoría funcionalista de la falsedad documental,* Madrid, 2017; ROLDÁN BARBERO, H. "Exposición y análisis de la jurisprudencia del Tribunal Supremo sobre las relaciones de la estafa con la falsedad documental cometida por particular" *LL,* t. 5, 1999; ROVIRA DEL CANTO, E. "Tratamiento penal sustantivo de la falsificación informática", *CDJ,* nº 10, 2001; RUIZ DE LA IGLESIA, A. "¿Es delito falsificar una prueba PCR o un certificado Covid?", *LL,* nº 9997, 2022; SALVADOR CODERCH, P. y SILVA SÁNCHEZ, J. M. *Simulación y deberes de veracidad,* Madrid, 1999; SÁNCHEZ MELGAR, J. "Una novedosa construcción delictiva: la falsedad de documento oficial por progresión (a vueltas con la teoría de la falsedad en documento oficial por destino o incorporación de los documentos inicialmente privados)", *LL,* nº 8731, 2016; SANTANA VEGA, D. "Comentario a la Directiva (UE) 2019/713 del Parlamento Europeo y del Consejo, de 17 de abril de 2019, sobre la lucha contra el fraude y la falsificación de medios de pago distintos del efectivo y por la que se sustituye la Decisión Marco 2001/413/JAI del Consejo", *RGDE,* nº 49, 2019; SANZ MORÁN, A. J. "Los delitos de falsedad documental: reflexiones político legislativas", *InDret,* nº 4, 2021; SANZ MORÁN, A. J. "Paso adelante del Tribunal Supremo en relación a la falsedad en documento mercantil", *RDPP,* nº 68, 2022; SEGRELLES DE ARENAZA, I. "Documentos mercantiles: ¿falsedad ideológica atípica o simulación típica?: estado de la cuestión y vías de solución" *LLP,* nº 165, 2023; SERRANO GÓMEZ, A. "Falsedad en documentos oficial: comentario a la Sentencia de la Audiencia Nacional de 16 de mayo de 2009 sobre el accidente aéreo de un YAK-42 2I 26 de mayo de 2003 en Turquía, fallecieron 63 militares españoles, de los que 30 fueron mal identificados", *RDPCr,* nº 3, 2010; SERRANO REDDAWAY, E. "La jurisdicción de los tribunales españoles para conocer de los delitos de falsificación cometidos en el extranjero: análisis de la STS, Sala 2ª Pleno, 573/2020 de 4 de noviembre del 2020", *Revista del Centro de estudios jurídicos y de posgrado,* nº 2, 2022; SIE-

RRA CARO, J. A. "La falsificación de tarjetas de crédito o débito en la última reforma del Código Penal", *Ciencia policial: revista del Instituto de Estudios de Policía*, nº 107, 2011; SOLARI MERLO, M. "Del dinero de plástico al dinero intangible. Interpretación penal de las tarjetas de pago con especial consideración de la Directiva (UE) 2019/713", *RECPyCr*, nº 23-21, 2021; SOLAZ SOLAZ, E. "Relaciones entre los delitos de estafa y falsedad en el ámbito económico", en VV.AA: *Delincuencia económica, EDJ*, nº 93, 2006; SUÁREZ GONZÁLEZ, C. J. "Falsedad ideológica y tipicidad penal", *CDJ*, nº 5, 1998; TORRALBA GARCÍA, I. "La falsedad en documento público, oficial o mercantil cometida por particulares: entre la falsedad material y la falsedad ideológica", *LL*, nº 9480, 2019; URBANO CASTRILLO, E. "Falsedad documental impune", *Revista Aranzadi Doctrinal*, nº 11, 2018; VERA VEGA, J. "Las falsedades documentales ¿delitos de lesión o de peligro?", *LH-Corcoy Bidasolo*, 2022; VIDAL CASERO, M. C. "Las recetas médicas y la falsificación documental. Evolución legislativa y jurisprudencial", *AP*, nº 8, 2002; VIDAL CASERO, M. C. "La incidencia en sanidad de la falsedad en documento oficial. Análisis doctrinal y jurisprudencial (1980-2003)", *LL*, t. 2, 2003; VIDAL CASERO, M. C. "La falsificación en documentos privados: Aspectos generales. La falsificación en las recetas libradas por los facultativos", *Revista General Informática de Derecho*, nº 1, 2004; VILLACAMPA ESTIARTE, C. *La falsedad documental: análisis jurídico-penal*, Barcelona, 1999; VILLACAMPA ESTIARTE, C. "La falsificación de medios de pago distintos del efectivo en el Proyecto de Ley Orgánica de Reforma del CP de 2007: ¿respetamos las demandas armonizadoras de la Unión Europea?", *LL*, nº 6994, 2008; VILLACAMPA ESTIARTE, C. "Tráfico de documentos falsificados y uso indebido de documentos auténticos en el Proyecto de Ley Orgánica de modificación del Código Penal de 2007", en ÁLVAREZ GARCÍA, F. J. (dir.) *La adecuación del Derecho penal español al Ordenamiento de la Unión Europea. La política criminal europea*, Valencia, 2009; VILLACAMPA ESTIARTE, C. "Falsedades documentales y de certificados", en ÁLVAREZ GARCÍA, F. J./GONZÁLEZ CUSSAC, J. L. (dirs.) *Comentarios a la Reforma Penal de 2010*, Valencia, 2010; VILLEGAS GARCÍA, M. A./ENCINAR DEL POZO, M. A. "Delito de falsedad documental y alteración de fotocopias", *LL*, nº 9907, 2021; VV.AA. *Las falsedades documentales (Libro homenaje a Enrique Ruiz Vadillo)*, Granada, 1994; VV.AA. *Tarjetas bancarias y derecho penal, CDJ*, nº 6, 2002.

REFERENCIAS LEGALES

- Convenio de Naciones Unidas sobre Circulación por Carreteras acordado en Ginebra el 19 de septiembre de 1949.
- Acuerdos entre el Estado Español y la Santa Sede de 3 de enero de 1979, sobre asuntos jurídicos *(Tol 1036787)*.
- Convención de Budapest sobre Ciberdelincuencia de 27 de noviembre de 2001 *(Tol 1930527)*.
- Decisión Marco 2001/413/JAI, de 28 de mayo, sobre la lucha contra el fraude y la falsificación de los medios de pago distintos del efectivo.
- Decisión Marco 2005/222/JAI, de 24 de febrero, relativa a los ataques contra los sistemas de la información.
- Directiva 2013/40/UE del Parlamento Europeo y del Consejo, de 12 de agosto de 2013, relativa a los ataques contra los sistemas de información y por la que se sustituye la Decisión marco 2005/222/JAI del Consejo (*Tol 3895646*).
- Directiva (UE) 2019/713 del Parlamento Europeo y del Consejo de 17 de abril de 2019, sobre la lucha contra el fraude y la falsificación de medios de pago distintos del efectivo (*Tol 7-205.919*).
- Ley Orgánica 5/1985, de 19 de junio, del Régimen Electoral General *(Tol 254575)*.

- Ley Orgánica 4/2015, de 30 de marzo, de protección de la seguridad ciudadana (*Tol 10495000*).
- Ley 29/1980, de 21 de junio, de autopsias clínicas (*Tol 6195*).
- Ley 24/1992, de 10 de noviembre, por la que se aprueba el Acuerdo de cooperación del Estado con la Federación de Entidades Religiosas Evangélicas de España (*Tol 6189*).
- Ley 25/1992, de 10 de noviembre, por la que se aprueba el Acuerdo de cooperación del Estado con la Federación de Comunidades Israelitas (*Tol 6190*).
- Ley 26/1992, de 10 de noviembre, por la que se aprueba el Acuerdo de cooperación del Estado con la Comisión Islámica de España (*Tol 12789*).
- Ley 39/2015, de 1 de octubre, del Procedimiento Administrativo Común de las Administraciones Públicas (*Tol 5494102*).
- Ley 6/2020, de 11 de noviembre, reguladora de determinados aspectos de los servicios electrónicos de confianza.
- Real Decreto 2230/1982, de 18 de junio, sobre autopsias clínicas.
- Real Decreto 1829/1999, de 3 de diciembre, por el que se aprueba el Reglamento por el que se regula la prestación de los servicios postales, en desarrollo de lo establecido en la Ley 24/1998, de 13 de julio, del Servicio Postal Universal y de Liberalización de los Servicios Postales (*Tol 149098*).
- Real Decreto 32/2009, de 16 de enero, por el que se aprueba el protocolo nacional de actuación médico forense y de policía científica en sucesos con víctimas múltiples (*Tol 1426745*).
- Real Decreto 818/2009, de 8 de mayo, por el que se aprueba el Reglamento General de Conductores (*Tol 1519090*).
- Real Decreto 255/2025, de 1 de abril, por el que se regula el Documento Nacional de Identidad (*Tol 10464054*).
- Orden de 9 de enero de 1979 por la que se aprueba el Reglamento de casinos de juego.
- Orden de 9 de enero de 1979 por la que se aprueba el Reglamento del juego del bingo.
- Orden de 7 de febrero de 1997, por la que se regula la tarjeta de extranjero, modificada por la Orden INT/2058/2008, de 14 de julio (*Tol 307543*).
- Orden JUS/577/2016, de 19 de abril, sobre inscripción en el Registro Civil de determinados matrimonios celebrados en forma religiosa y aprobación del modelo de certificado de capacidad matrimonial y de celebración de matrimonio religioso.
- Consulta FGE 3/1997, de 19 de febrero, sobre la falsificación, sustitución, alteración u omisión de la placa de matrícula de un vehículo a motor (*Tol 118956*).
- Consulta FGE 15/1997, de 16 de diciembre, sobre el alcance de la conducta falsaria en el delito societario del art. 290 CP.
- Consulta FGE 3/2001, de 10 de mayo, sobre la calificación jurídico-penal de la utilización, en las cabinas públicas de teléfonos, de instrumentos electrónicos que imitan el funciona— miento de las legítimas tarjetas prepago (*Tol 117829*).
- Instrucción 1/2023, de 30 de marzo, de la Junta Electoral Central, sobre procedimiento de votación de los electores inscritos en el Censo Electoral de Residentes Ausentes (CERA), tras la modificación llevada a cabo por la Ley Orgánica 12/2022.

Lección 47ª

Usurpación del estado civil. Usurpación de funciones públicas e intrusismo

PILAR OTERO GONZÁLEZ

SUMARIO. I. INTRODUCCIÓN. CAPÍTULOS IV Y V: LAS LLAMADAS FALSEDADES PERSONALES. II. DE LA USURPACIÓN DEL ESTADO CIVIL. 1. Consideraciones generales. Ubicación sistemática y bien jurídico protegido. 2. Sujetos activo y pasivo. 3. Conducta típica. 4. El objeto de la usurpación: el estado civil. 5. Tipo subjetivo. 6. Consumación. Autoría y participación. 7. Causas de justificación. 8. Concursos. 9. Breve referencia a las suplantaciones de identidad realizadas a través de internet. III. DE LA USURPACIÓN DE FUNCIONES PÚBLICAS. 1. Bien jurídico protegido. 2. Sujetos activo y pasivo. 3. Conducta típica del art. 402 CP. 4. Conducta típica del art. 402 bis CP. 5. Tipo subjetivo. 6. Consumación. 7. Concursos. IV. DEL INTRUSISMO. 1. Ubicación sistemática y bien jurídico protegido. 2. Sujetos activo y pasivo. Objeto material. 3. Conductas del tipo básico y privilegiado. 3.1 Interpretación de "título académico". 3.2 Interpretación de "título oficial". 3.3 Interpretación de "actos propios". 3.4. Interpretación de "habilite legalmente" y "de acuerdo con la legislación vigente". 3.5. Interpretación de "no estar en posesión del correspondiente título académico". 4. Tipo agravado. 5. Tipo subjetivo. 6. Autoría y participación. 7. Consumación y tentativa. (Remisión a la interpretación de la expresión "actos propios"). 8. Causas de justificación. 9. Problemas concursales. 10. Responsabilidad civil. 11. Consideración final respecto del delito de intrusismo. V. CUESTIONES PROCESALES. VI. BIBLIOGRAFÍA.

Artículo 401

El que usurpare el estado civil de otro será castigado con la pena de prisión de seis meses a tres años.

Artículo 402

El que ilegítimamente ejerciere actos propios de una autoridad o funcionario público atribuyéndose carácter oficial, será castigado con la pena de prisión de uno a tres años.

Artículo 402 bis

El que sin estar autorizado usare pública e indebidamente uniforme, traje o insignia que le atribuyan carácter oficial será castigado con la pena de multa de uno a tres meses.

Artículo 403

El que ejerciere actos propios de una profesión sin poseer el correspondiente título académico expedido o reconocido en España de acuerdo con la legislación vigente, incurrirá en la pena de multa de doce a veinticuatro meses. Si la actividad profesional desarrollada exigiere un título oficial que acredite la capacitación necesaria y habilite legalmente para su ejercicio, y no se estuviere en posesión de dicho título, se impondrá la pena de multa de seis a doce meses.

2. Se impondrá la pena de prisión de seis meses a dos años si concurriese alguna de las siguientes circunstancias:

a) Si el culpable, además, se atribuyese públicamente la cualidad de profesional amparada por el título referido.

b) Si el culpable ejerciere los actos a los que se refiere el apartado anterior en un local o establecimiento abierto al público en el que se anunciare la prestación de servicios propios de aquella profesión.

I. INTRODUCCIÓN. CAPÍTULOS IV Y V: LAS LLAMADAS FALSEDADES PERSONALES

El Título XVIII se rubrica *De las falsedades*, expresión que no hace referencia al bien jurídico protegido sino al medio comisivo, esto es, a la alteración o mutación de la verdad creando una apariencia que no corresponde a la realidad. Se comprende así un heterogéneo conjunto de delitos que responden de forma directa o mediata a la idea de falsedad y que son agrupados en los distintos capítulos en función de su objeto material. Dentro de él los capítulos IV y V, que ahora analizamos, contienen las denominadas falsedades personales, en las que el sujeto activo se atribuye una cualidad o condición que no posee manifestada mediante la realización de determinados actos que corresponden al atributo usurpado. Esta condición o cualidad puede hacer referencia a extremos tan heterogéneos como el estado civil, las funciones públicas o la actividad profesional —intrusismo— (ECHANO BASALDÚA), lo que corrobora la idea latente en todo el Título XVIII de que los distintos delitos están ubicados sistemáticamente en función únicamente de la referencia genérica a la *falsedad.*

Estos capítulos están ciertamente aligerados en relación con el CP anterior al haberse destipificado algunas conductas como el uso de nombre falso, la usurpación de carácter de ministro de culto o el uso de hábito eclesiástico. Por otro lado, atrae al Capítulo IV de este Título dedicado a las falsedades la usurpación del estado civil, antes incluida dentro del TÍTULO XI "De los delitos contra el estado civil de las personas", en concreto, del Capítulo I "De la suposición de parto y de la usurpación de estado civil".

Adicionalmente, mediante la LO 1/2015 de modificación del CP, se retocan estos tipos penales: en primer lugar, se suprime la antigua falta del art. 637 CP, transformándose en delito leve —en el art. 402 bis CP— el uso indebido de uniforme, traje o insignia, y expulsándose del ámbito penal el uso público e indebido de las condecoraciones; en segundo lugar, se amplía la conducta típica cuando se ejercen actos de intrusismo en un local o establecimiento abierto al público; y, por último, se elevan las penas del delito de intrusismo. Finalmente, debe señalarse que la citada reforma recupera en parte el desaparecido uso público de nombre supuesto del art. 322 ACP al tipificar en el art. 400 bis CP el usar un documento de identidad auténtico por quien no esté legitimado para ello. Las falsedades, en la mayoría de las ocasiones, son instrumentales para la comisión de otros delitos: las estafas, los matrimonios ilegales, etc., lo que dará lugar al correspondiente concurso en función de la lesión al o los bienes jurídicos protegidos, tal como se analizará posteriormente.

II. DE LA USURPACIÓN DEL ESTADO CIVIL

1. Consideraciones generales. Ubicación sistemática y bien jurídico protegido

Aunque parte de la Doctrina (MUÑOZ CONDE y RODRÍGUEZ DEVESA) considere más apropiado relacionar este precepto con los delitos contra las relaciones familiares, estimo, por el contrario, que está bien ubicado entre las falsedades, cuyos Capítulo IV y V, tal como se ha adelantado, contienen unos delitos con un medio comisivo común, a saber, las falsedades personales, aunque incidan, como ocurre en el Capítulo IV, en el estado civil familiar. De hecho, el CP 1995 ha querido desvincularlo del ámbito de las relaciones familiares donde se encontraba en el CP anterior, para ubicarlo entre las falsedades "de la persona", demostrando así que el bien jurídico protegido es, como en los demás delitos de falsedades, *la seguridad del tráfico jurídico* (sector doctrinal mayoritario en Alemania, acogido en España por algunos autores como QUINTANO RIPOLLÉS) o bien *la fe pública* [STS 351/2006, 28-2 (*Tol 928557*), y Doctrina mayoritaria en Italia y en España, así MUÑOZ CONDE; RODRÍGUEZ DEVESA y SERRANO GÓMEZ] y no el estado civil familiar.

La *fe pública* se entiende como la confianza que el público deposita en que la apariencia de determinados objetos, signos o formas —en este caso, determinadas cualidades o condiciones que poseen las personas y que sirven de acreditación— responde a la verdad. La *seguridad del tráfico*, por el contrario, significa la certeza de las relaciones jurídicas, que depende de que lo representado por tales cualidades o condiciones de la persona responda a la realidad (críticamente ECHANO BASALDÚA, aunque toma como referencia ambas orientaciones para profundizar en la concreción del bien jurídico lesionado por estas conductas).

Independientemente de las posibles diferencias de matiz que puedan existir entre los conceptos de "fe pública" y "seguridad del tráfico jurídico", lo cierto es que el bien jurídico protegido en el art. 401 CP no es otro que la seguridad en las relaciones jurídicas [STS 6-12-1985 (*Tol 25240*)], sin que ello impida que se vea afectado el estado civil del usurpado [esta dimensión de ofensa al estado civil del usurpado es destacada por QUINTERO OLIVARES y DÍAZ LÓPEZ; también STS 635/2009, 15-6 (*Tol 1560689)*]. Algunos autores, como DE LA FUENTE HONRUBIA o ROSSO PÉREZ, van más allá al considerar que nos encontramos ante un delito pluriofensivo. Sin embargo, coincidimos con QUINTERO OLIVARES y DÍAZ LÓPEZ en que con este delito se vulnera la seguridad en las relaciones jurídicas no atentándose de forma directa contra ese estado civil, aunque se perjudique la facultad del suplantado para relacionarse jurídicamente, por lo que, lógicamente, se concreta en un perjuicio para el titular del estado civil usurpado.

Lo relevante en esta falsedad personal, al igual que en el resto de ellas, es la trascendencia para generar un valor jurídicamente reconocible; por eso no tiene relevancia para el Derecho Penal el hecho, por ejemplo, de que alguien use un nombre o título imaginario en las relaciones sociales, pues estos casos no son más que mentiras, que no se corresponden con el concepto de falsedad jurídico-penal (QUINTERO OLIVARES).

2. *Sujetos activo y pasivo*

El sujeto activo puede ser cualquiera: se trata, pues, de un delito común (STS 23-5-1986).

El sujeto pasivo es el Estado o la Sociedad al estar el delito ubicado entre las falsedades. Aunque la seguridad del tráfico jurídico es el bien jurídico protegido [STS 6-12-1985 (*Tol 25240)*], sin embargo, en la conservación de este estado civil tiene especial interés su titular, es decir, la persona física a la que se usurpa el estado civil, que es, además, como venimos destacando, el perjudicado, que es quien soporta las consecuencias dañosas más o menos directas del delito.

3. *Conducta típica*

La acción consiste en *usurpar*, esto es, en utilizar el estado civil de otra persona, fingir su personalidad para usar los derechos que le pertenecen [STS 15-12-1982; SSAP, Madrid, Sección 6ª, 324/2004, 15-6 (*Tol 491507)*, y Asturias, Sección 3ª, 115/2023, 29-3]. En otras palabras, es la acción de atribuirse algo que no es propio (SAP, Barcelona, Sección 8ª, 10-5-2001).

Es indiferente que la persona a quien se usurpa el estado civil esté viva o fallecida (MUÑOZ CONDE, BUSTOS RAMÍREZ, BOIX REIG, QUINTERO OLIVARES, DE LA FUENTE HONRUBIA, RODRÍGUEZ DEVESA; en contra, esto es, exigiendo que la persona esté viva, QUINTANO RIPOLLÉS, CUELLO CALÓN, PUIG PEÑA, DIEGO DÍAZ-SANTOS, ORTS BERENGUER; SERRANO GÓMEZ). Para la Jurisprudencia, de acuerdo a nuestro criterio, también es indiferente que el sujeto haya o no fallecido [SSTS 23-5-1986; 669/2009, 1-6 (*Tol 1560674*), y 331/2012, 4-5] puesto que el CP no exige este requisito, teniendo en cuenta además que el usurpador puede no saber si la persona a la que suplanta está viva o no.

En todo caso, esta usurpación ha de manifestarse en su uso público, es decir, ejercitando los derechos y acciones de la persona cuyo estado civil se suplanta. Desde este punto de vista, la Jurisprudencia viene exigiendo que esta usurpación tenga cierta continuidad o permanencia en el tiempo [SSTS 23-5-1986; 26-3-1991 (*Tol 457304*); 669/2009, 1-6 (*Tol 1560674*), y 1045/2011, 14-10; SSAP, Almería, 3ª, 318/2019, 24-9, y Jaén, 3ª, 251/2020, 23-10].

SAP, Cádiz, Sección 7ª, 2/2002, 9-1 (*Tol 161506*): *"sólo en el caso de una verdadera suplantación de identidad, que no se limite al nombre sino a todas las características o datos que integran la identidad de una persona, nos hallaremos ante un delito de usurpación del estado civil"*, no bastando, pues, *"con arrogarse una personalidad ajena, asumiendo el nombre de otro para un acto concreto; es condición precisa que la suplantación se lleve a cabo para usar de los derechos y acciones de la personalidad sustituida"* [STS 26-3-1991 (*Tol 457304*)]. También, SAP, Cádiz, Sección 2ª, 96/2005, 21-7 (*Tol 731086*), equiparando el estado civil a la identidad o a la personalidad. En este sentido, SAP, Madrid, Sección 1ª, 114/2006, 23-3 (*Tol 929954*): el uso sólo y exclusivo de la filiación de otra persona *"de manera puntual y con la finalidad inicial de eludir la acción de la justicia, al estar ausentes las notas de permanencia en el tiempo y de asunción global de la personalidad de un tercero para ejercitar sus derechos, la conducta no puede subsumirse en este precepto"*. STS 669/2009, 1-6 (*Tol 1560674*): *"es claro que no basta una suplantación momentánea y parcial, sino que es preciso continuidad y persistencia, y asunción de la total personalidad ajena con ejercicio de sus derechos y acciones dentro de su «status» familiar y social"*. Siguiendo este mismo argumento, comete este delito el que usando documentación de otro realiza múltiples negocios jurídicos, *"lo que supone ejercitar derechos del suplantado sobre el que hacía recaer todas las obligaciones que los negocios generaban"* [SAP, Cádiz, Sección 2ª, 96/2005, 21-7 (*Tol 731086*)]. Igualmente se declara la existencia cuando se utiliza el nombre y título de otro médico ante diversas pacientes con entregas de tarjetas de visitas, se expiden recetas, se solicitan pruebas y se diagnostica con el nombre, número de colegiado y especialidad de otro médico: STS 1045/2011, 14-10, y SAP, Segovia, 1ª, 14/2012, 28-3.

Coherentemente, se declara la inexistencia del delito cuando el uso del nombre de otro es ocasional: SSAP, León, 3, 28/2019, 18-1, y A Coruña. 6ª, 141/2018, 30-11.

Asimismo, la usurpación ha de ser real y verosímil. *Real* en el sentido de que no sea fruto de la imaginación de la persona, sino que es necesario que la persona cuyo estado civil se usurpa exista o haya existido, pues claramente el precepto reza *usurpar el estado civil de* "*otro*". En este sentido, la SAP, Tarragona, Sección 2ª, 431/2008, 6-10 (*Tol 1428011*), absolvió por este delito a una persona porque no constaba de forma suficientemente acreditada que el sujeto suplantado existiera realmente (ampliamente DÍAZ LÓPEZ). En consecuencia, el uso público de un nombre supuesto es atípico a los efectos de este precepto [STS 635/2009, 15-6 (*Tol 1560689*), y SAP, Cádiz, Sección 7ª, 2/2002, 9-1 (*Tol 161506*)], puesto que en este último caso, el autor se limita a enmascarar o disfrazar su propia identidad pero sin suplantar o atribuirse otra ajena, ni subrogarse o intentarlo, en la posición jurídico familiar de otra persona (SAP, Barcelona, 8ª, 10-5-2001), mientras que en el delito del art. 401 CP exige, como decimos, una suplantación que se lleve a cabo para usar los derechos y obligaciones de la persona sustituida [SSTS 6-12-1985; 23-5-1986; 635/2009, 15-6 (*Tol 1560689*); 1581/2005, 26-12 (*Tol 809696*), y SAP, Madrid, Sección 1ª, 114/2006, 23-3 (*Tol 929954*); SAP, Jaén, Sección 3ª, 121/2017, 22-3]. En coherencia con este criterio, la SAP, Islas Baleares, Sección 1ª 2/2014, 7-1 declaró la inexistencia de este delito porque no constaba la intención de ejercer los derechos de la persona suplantada (en el mismo sentido, SAP, Asturias, Sección 3ª, 115/2023, 29-3).

Como adelantábamos, es necesario también que la utilización sea *verosímil*, esto es, *creíble* (QUINTERO OLIVARES y MUÑOZ CONDE), como en cualquier otra conducta de falsedad. En otros términos, que sea una alteración apta para producir un daño o perjuicio, es decir, que sea capaz de lesionar intereses ajenos en el tráfico jurídico.

4. El objeto de la usurpación: el estado civil

El objeto de la usurpación es *el estado civil de otra persona*. La referencia al *estado civil* constituye un elemento normativo que la Doctrina Civilista define como "el conjunto de atributos, cualidades y circunstancias de la persona, que la identifican jurídicamente y que determinan su capacidad con cierto carácter de generalidad o permanencia" (PERE RALUY). Estos atributos y cualidades tienen su origen en distintas situaciones especialmente indicadas en la Ley de Registro Civil (filiación, matrimonio, nacionalidad, vecindad, mayoría o minoría de edad, incapacitación, etc.) y que conforman la identidad jurídica de la persona en la sociedad.

Precisamente porque el concepto de estado civil debe interpretarse como la identidad jurídica de la persona, este precepto permite contemplar particulares formas de suplantación de identidad adaptándose a los desafíos de la sociedad postindustrial; por ejemplo, pudiendo castigarse conforme a este precepto las conductas catalogables como *identity thefts* informáticos o el fenómeno frecuente de la suplantación de identidad relacionado con la inmigración irregular (SAP, Madrid, Sección 17ª, 502/2014, 2-4; DÍAZ LÓPEZ).

Algunos autores, con los que coincidimos, reducen esta apropiación del estado civil ajeno, a efectos de su relevancia penal, exclusivamente al nombre y la filiación que tiene otra persona (regulados en el art. 44 de la Ley de Ley 20/2011, de 21 de julio, del Registro Civil, y desarrollados por el Reglamento de Registro Civil de 14 de noviembre de 1958, que se mantiene en vigor), esto es, lo que se conoce como estado civil absoluto o inmodificable (MUÑOZ CONDE, QUINTERO OLIVARES, QUINTANO RIPOLLÉS, RODRÍGUEZ DEVESA), excluyéndose del delito aquellos supuestos en los que sin alterar ni el nombre ni la filiación se usa una vecindad o nacionalidad que no se posee, puesto que en este último caso se trata de aspectos modificables del estado civil, siendo así que la intangibilidad y la permanencia son, a nuestro juicio, las dos características necesarias para fundamentar la intervención penal. Por el contrario, otros aceptan la suplantación de cualquier tipo de simulación de la personalidad ajena y, por tanto, no sólo de la filiación sino de cualquier situación derivada de la misma (BAJO FERNÁNDEZ, BOIX REIG, ECHANO BASALDÚA).

Así pues, lo verdaderamente relevante a estos efectos es que esa usurpación, recaiga sobre el aspecto que recaiga, suponga una verdadera suplantación de identidad, y ello viene determinado fundamentalmente, como señalábamos en el epígrafe anterior, además de por la intangibilidad, por la nota de permanencia en el tiempo.

5. *Tipo subjetivo*

Nos encontramos ante una conducta eminentemente dolosa, pues el dolo está implícito en el propio verbo "usurpar" que, además, según su propia significación semántica conlleva el uso de los derechos y acciones de la persona suplantada, aunque sólo sea momentáneamente. Por tanto, no se requiere, como elemento subjetivo específico del injusto, el ánimo de ejercitar los derechos y acciones de la persona suplantada, sino que tal propósito es inherente a la acción de usurpar [ECHANO BASALDÚA, MUÑOZ CONDE, GONZÁLEZ RUS, ARROYO ZAPATERO, DÍAZ LÓPEZ; en contra, RODRÍGUEZ RAMOS, GORDILLO ÁLVAREZ VALDÉS; SSTS 6-12-1985 (*Tol 25240*); 26-3-1991 (*Tol 457304*); 1509/1992, 24-6; 1581/2005, 26-12, y SAP, Sevilla, Sección 1ª 336/2000, 23-5, que exigen este elemento específico subjetivo del injusto].

> La SAP, Sevilla, 1ª, 336/2000, 23-5, determina que debe probarse la clara intención de causar un daño u obtener un beneficio. Se absuelve en un supuesto en que el usurpador actúa con conocimiento y en beneficio del suplantado. Quedaría así fuera del tipo penal la suplantación hecha con fines meramente lúdicos, o para alardear, pero que, sin embargo, carece de efectos más allá de la simple anécdota.

Si el autor utiliza un nombre que cree supuesto y pertenece en realidad a otra persona la conducta normalmente será impune, pues, en la mayoría de los casos, se tratará de un error de tipo invencible.

Por el contrario, se suele negar el error de tipo en el caso de suscripción de contrato de trabajo por una ciudadana extranjera carente de permiso de residencia y de trabajo aportando los datos de identidad de su hermana, que sí contaba con dicha documentación y prestando sus servicios en estas condiciones durante varios meses (así, SAP, Madrid, Sección 17ª, 519/2015, 9-7).

Cuestión diferente se plantea si una persona utiliza un estado civil —que no le corresponde legalmente pero que podría llegar a corresponderle en el supuesto de que una sentencia resolviera positivamente sobre una filiación que ha sido negada por el progenitor— sin esperar a que llegue esa sentencia. Como mantiene QUINTERO OLIVARES, es una conducta no incluida en el tipo pues está utilizando una filiación que legalmente no pertenece a nadie y sólo podría llegar a pertenecer a él mismo.

6. *Consumación. Autoría y participación*

Se trata de un delito de mera actividad [STS 6-12-1985 (*Tol 25240)*] siempre que esa usurpación suponga el ejercicio de alguno de los derechos o acciones inherentes al hecho fingido [SSTS 23-5-1986, y 41/1993, 20-1; MUÑOZ CONDE, QUERALT JIMÉNEZ; en contra, RODRÍGUEZ DEVESA, SERRANO GÓMEZ, BOIX REIG, GONZÁLEZ RUS, DÍAZ LÓPEZ, y SSTS 6-12-1985 (*Tol 25240)* y 26-3-1991 (*Tol 457304)*, considerando que no requiere el ejercicio de esos derechos o acciones bastando para la consumación que la suplantación sea tal que permita su ejercicio].

Es decir, aunque es un delito de simple actividad que no exige un resultado dañoso, comporta la arrogación de las cualidades de otra persona. Por ello, en nuestra opinión, para usurpar no basta con usar un nombre y apellidos de otra persona, sino que es necesario hacer algo que solo puede hacer esa persona por las facultades, derechos u obligaciones que a ella corresponde (STS 1045/2011, 14-10).

Es imaginable la tentativa, aunque difícil que se dé en la práctica.

El delito tiene carácter permanente (QUINTERO OLIVARES, DE LA FUENTE HONRUBA, DÍAZ LÓPEZ) por lo que se prolonga tanto como se mantenga el estado antijurídico, esto es, subsistirá el tiempo que se esté haciendo uso del estado, función o profesión usurpados, lo que deber tenerse en cuenta a efectos del cómputo de la prescripción y de la participación.

Son perfectamente admisibles las conductas de participación en estos delitos sin ninguna peculiaridad al respecto.

7. *Causas de justificación*

Sin abundar en la naturaleza jurídica que deba otorgarse al consentimiento del sujeto pasivo (como causa de atipicidad o de justificación), el consentimiento del titular del estado civil usurpado a estos efectos es irrelevante en la medida en que el bien jurídico es colectivo y el sujeto pasivo es la sociedad en su conjunto y no el usurpado.

Podría plantearse un estado de necesidad justificante, si se adoptara, como propugna DÍAZ LÓPEZ, un modelo más flexible de ponderación, en los supuestos de suplantaciones de identidad que realizan inmigrantes ilegales para simular una estancia regular, aunque la Jurisprudencia suele ser muy reacia a apreciar esta causa de justificación en bienes jurídicos colectivos.

8. *Concursos*

Es frecuente que puedan plantearse problemas concursales entre el delito de usurpación del estado civil y el de falsedad documental, resolviéndose, por regla general, de acuerdo al concurso aparente de normas y castigándose, así, conforme al principio de alternatividad, por el precepto penal que conlleva pena más grave (ORTS BERENGUER, MORILLAS CUEVA).

Se muestran en contra, BOIX REIG y DÍAZ LÓPEZ, al considerar que entre ambos delitos lo normal es apreciar un concurso medial, salvo en supuestos excepcionales que, conforme al principio de insignificancia (DÍAZ LÓPEZ), deben ser resueltos por la regla 4ª del concurso de leyes.

En nuestra opinión, en todo caso para establecer la adecuada relación concursal, deberá determinarse la naturaleza del documento falsificado (así, lo habitual es que la falsedad en documento público entre en concurso medial con la usurpación del estado civil, mientras que la falsedad en documento privado se resuelva por concurso de leyes con la usurpación del estado civil conforme al principio de alternatividad —regla 8.4ª CP).

> Así, la STS 669/2009, 1-6 (*Tol 1560674*), donde se manifiesta que la condena por el delito de falsedad documental (art. 392 CP) impide, en virtud del principio de la proscripción de la doble valoración que, a su vez, se castigue por el delito de usurpación de estado civil.

No obstante, lógicamente cuando se trata de engaños y suplantaciones puntuales, no habrá posibilidad concursal con la falsificación del documento de que se trate, dado que no se cumple el requisito de permanencia del delito de usurpación del estado civil, por lo que se castigará solo por el delito concreto de falsedad (SSAP, A Coruña, Sección 6ª, 114/2018, 30-11; La Rioja, Sección 1ª, 87/2017, 17-7; Madrid, Sección 2ª, 404/2019, 22-5; Sevilla, Sección 4ª, 432/2015, 30-7, y SJP, nº 2, Cartagena, 15/2019, 11-2).

Así, el que suplanta a otra persona, con su conocimiento y en su beneficio, en la realización de un examen, sólo comete el delito de falsedad documental (SAP, Sevilla, Sección 1ª, 336/2000, 23-5).

Si la usurpación del estado civil conlleva a su vez el intrusismo, procede apreciar concurso ideal o real —según las circunstancias— de delitos por vulnerarse, como veremos, distintos bienes jurídicos en cada una de las figuras.

DE LA FUENTE HONRUBIA, llega a esta misma conclusión partiendo de la estructura del tipo pluriofensivo tal como ha caracterizado el delito de usurpación del estado civil.

DÍAZ LÓPEZ, por su parte, se desvincula de la excesiva dependencia del bien jurídico protegido para la resolución de concursos. En este conflicto y aplicando el principio de insignificancia, como el intrusismo conlleva riesgo elevado de una lesión relevante para el Ordenamiento, llega a la conclusión de que no supone vulneración alguna de este principio de insignificancia entender que se produce concurso de delitos entre ambas infracciones, aunque admite, en casos concretos, que esta misma regla de insignificancia pueda conducir a un concurso de leyes —aplicándose en estos casos el principio de alternatividad, esto es, la regla 4ª del art. 8 CP.

Con respecto a las conductas de suposición de parto, alteración de la paternidad, estado o condición del menor, previstas en el art. 220 CP, debemos concluir, como afirman LASCURAÍN SÁNCHEZ y DÍAZ LÓPEZ, que la usurpación de la filiación no es usurpación del estado civil *de otro* (que requiere la usurpación de su nombre) y viceversa: la usurpación del estado civil de otro no conlleva en modo alguno el propósito de privar a ningún recién nacido de su filiación. Las conductas previstas en el citado art. 220 CP son, pues, casos de alteración del estado civil del menor, no de usurpación o de suplantación de su personalidad.

Si la usurpación del estado civil entra en concurso con la estafa, se aplicará un concurso de delitos (ATS 150/2005, 30-12: real; SJP, nº 4, Sevilla, 390/2013, 24-10: real), y, frecuentemente, medial en la medida en que la usurpación suele ser medio necesario para la comisión de la estafa [ATSJ, Andalucía, Sala de lo Civil y Penal, Sección 1ª, 67/2003, 17-11 (*Tol 343081*)].

Siguiendo a DÍAZ LÓPEZ, conviene insistir en no confundir un concurso de delitos entre una usurpación del estado civil y una estafa, y de otro lado, una estafa (especialmente en estafas cometidas a través de internet) en la cual el engaño consista en suplantar la identidad de otra persona, en el que no hay delito de usurpación del estado civil.

9. *Breve referencia a las suplantaciones de identidad realizadas a través de internet*

Como se ha especificado anteriormente, el delito de usurpación del estado civil requiere continuidad y permanencia en el tiempo. Por ello, los supuestos de *spoofing* o suplantación de identidad mediante manipulación informática, esto es, el uso de la ingeniería social utilizando la identidad personal de otro mediante la falsificación de sitios web, para conducir a los consumidores a que confíen en la veracidad del mensaje y divulguen los datos, no cumple los requisitos del tipo de usurpación del estado civil, pues esa suplantación se mantiene solamente mientras se intenta captar los datos necesarios de la posible víctima del fraude informático (phishing), para conseguir una transferencia no consentida de cualquier activo patrimonial. En consecuencia, el *spoofing* es un acto preparatorio del *phishing* expresamente tipificado en el art. 249.2.a) CP (véase, SAP, Guipúzcoa, Sección 1ª, 176/2011, 15-4). La suplantación de identidad (sin prueba de ánimo de defraudar), puede constituir delito de falsedad en documento electrónico (subsumible en el art. 395 CP): AAP, Madrid, Sección 1ª, 461/2017, 25-5.

Por otro lado, la transposición de la Directiva 2013/40/UE del Parlamento europeo y del Consejo relativa a los ataques contra los sistemas de información ha conllevado la introducción por LO 1/2015 de tres nuevos subtipos agravados relacionados con suplantaciones de identidad, en la medida en que los respectivos delitos se realizan mediante la utilización no autorizada de datos personales —integrando los arts. 197.4 b, 264.3 y 264 bis.3 CP— y que tampoco suponen delito de usurpación del estado civil por los mismos motivos aducidos.

Finalmente, el nuevo delito de "funa", esto es, la utilización de la imagen de una persona para crear perfiles falsos fundamentalmente en redes sociales ocasionando a la víctima una situación de hostigamiento o humillación, tipificado en el art. 172 ter.5 CP por virtud de la LO 10/2022 y modificado por LO 1/2023, también es delimitable del delito de usurpación del estado civil. Al igual que los casos anteriores, se trata de acciones puntuales, a diferencia de la persistencia de la suplantación de identidad que exige el delito de usurpación del art. 401 CP. Adicionalmente, el autor del delito del art. 172 ter CP no suplanta la identidad de la víctima relacionada con el estado civil de una persona sino que en la mayoría de las veces se trata de un nombre supuesto, puesto que la única exigencia del tipo es utilizar la imagen de la víctima, que podría incluso estar manipulada (DÍAZ LÓPEZ Y MARTÍNEZ DE ABREU). Tampoco es la intención del autor suplantarla sino causar a la víctima una situación de acoso, hostigamiento o humillación. No olvidemos que este tipo penal está ubicado dentro de los delitos contra la libertad.

III. DE LA USURPACIÓN DE FUNCIONES PÚBLICAS

1. Bien jurídico protegido

La mayoría de la Doctrina (*vid.*, por todos CÓRDOBA RODA) considera que el bien jurídico protegido es el ejercicio de las funciones que corresponden a las autoridades o funcionarios, tratándose, por tanto, de un delito contra la Administración Pública por atentar contra el correcto funcionamiento de la función pública. Otros autores, como ORTS BERENGUER, ven el bien jurídico en la fe pública. Finalmente, un tercer grupo de autores (así, ORTS GONZÁLEZ) al que nos adherimos, considera que es un delito pluriofensivo en cuanto agrede a la fe pública y al correcto ejercicio de la función pública. En esta línea, ECHANO BASALDÚA, siguiendo a MAIWALD, entiende que el bien jurídico protegido es la capacidad funcional de los órganos de la Administración Pública, que, en todo caso, también depende de que los ciudadanos puedan confiar en que quien se presenta y actúa como autoridad o funcionario efectivamente lo sea.

La Jurisprudencia considera que el bien jurídico está constituido "por la autenticidad y verdad en el contexto de la función pública" (así, la SAP, La Coruña, Sección 1ª, 180/1999, 22-11). El delito de usurpación de funciones públicas se orienta, así, a la protección de un bien de interés colectivo, cual es la confianza en el funcionamiento y en la actuación de los representantes y servidores públicos (STS 590/2016, 5-7).

2. *Sujetos activo y pasivo*

Sujeto activo puede ser cualquiera incluso la autoridad o funcionario cuando realicen actos que no sean propios de su función. No obstante, si la usurpación realizada por la autoridad o funcionario público consiste en invadir atribuciones, puede ser aplicable lo previsto en los arts. 506 y ss. CP. En estos casos el autor no se hace pasar por quien no es (no es una falsedad personal) sino que se arroga competencias que no tiene. De igual modo, si la persona ha sido nombrada de forma ilegal, actuando, en consecuencia, como funcionario de hecho, no cumple el delito de usurpación de funciones sino, por el contrario, su conducta será subsumible en el art. 406 CP.

El sujeto pasivo es el Estado como garante del buen funcionamiento de la Administración pública.

3. *Conducta típica del art. 402 CP*

Consiste en realizar:

1º: *actos propios de una autoridad o funcionario público*, esto es, actos para los cuales únicamente está habilitado la autoridad o funcionario público. Habrá de tratarse, así, de un acto que no corresponde a la competencia de esa persona, ni siquiera compartida con otros (QUINTERO OLIVARES). Para concretar esos actos debe acudirse al art. 24 CP, que acoge el concepto penal de autoridad y funcionario público (en este sentido ECHANO BASALDÚA; en sentido contrario, SERRANO GÓMEZ, al considerar que hay que utilizar los conceptos civil o administrativo de la autoridad o funcionario). En cualquier caso, debe tratarse de actos *concretos* en el ejercicio de su potestad administrativa o gubernativa (CÓRDOBA RODA, LUZÓN PEÑA, ECHANO BASALDÚA). Esto es, los actos que se ejecuten deben ser los atribuidos a una autoridad o funcionario por una disposición legal o reglamentaria o, "aún sin estar definidos normativamente como propios, sean de los comúnmente ejecutados por la Autoridad o funcionario público cuya condición se atribuye y que no se tiene, de manera tal que el engaño que sufre el que se relaciona con el falso funcionario está sustentado sobre la actividad 'funcionarial' que efectivamente realiza el sujeto activo del delito" (SSTS 898/2012, 11-11, y 590/2016, 5-7).

Sin esta realización de actos propios no puede haber delito (STS 849/2022, 27-10).

2º: Deben ser *actos* con los cuales el sujeto se atribuye *carácter oficial*, es decir, se arroga la condición de la autoridad o funcionario público para la realización de los actos ejecutados por medio de cualquier simulación capaz de inducir a error [ECHANO BASALDÚA, CÓRDOBA RODA, ORTS GONZÁLEZ; asimismo, las SSTS 149/1994, 20-7; 608/1995, 27-4 (*Tol 405224*), y 305/2014, 7-4, y SAP, Almería, Sección 3ª, 296/2023, 29-6], o, como afirma la SAP, Barcelona, Sección 3ª, 20-1-2000, los actos deben realizarse de forma *idónea* para aparentar la titularidad de la función usurpada.

Ha de ser, en definitiva, *creíble*, por lo que dirigirse a un grupo de jóvenes portando una placa con la inscripción falsa de vigilante de seguridad, requiriéndoles su documentación, así como preguntándoles sobre sus antecedentes penales no puede subsumirse en el tipo (SAP, Madrid, Sección 16ª, 774/2017, 11-12). De igual modo, según la SAP, Málaga, Sección 1ª, 110/2001, 21-4 (*Tol 143002*), no comete este delito quien "*se jacta de una manera un tanto ilusa de pertenecer a la Benemérita, pero la realidad es que no ha quedado acreditado que realizara actos propios de los funcionarios de tal institución, toda vez que el mero hecho de exhibir una placa falsa, burda imitación de la original, o exhibir jactanciosamente una pistola de fogueo (la llega a entregar a un camarero para que se la guarde mientras cena —qué funcionario haría eso—, y le entrega dos cartuchos de fogueo), o llega a pegar una bofetada a un individuo que al parecer se mete con él. De estos hechos, desde luego ajenos a la función pública, no puede derivarse la responsabilidad penal interesada*".

> *"Esa asunción por el agente de esa función pública puede manifestarse oralmente o dándolo a conocer por actos con capacidad bastante para engañar a una persona o a una colectividad, con conocimiento de la antijuridicidad de su conducta y con voluntad de realizar su irregular actuación"* (STS 898/2012, 11-11). *Vid.*, igualmente, STS 677/1998, 18-5, y SAP, Barcelona, Sección 7ª, 142/2019, 7-2.

El comportamiento delictivo exige además que el autor realice los actos adecuados a una autoridad o funcionario público con una cierta *persistencia o vocación de permanencia* como para poder ser tenida como *real* la calidad que se atribuye (STS 590/2016, 5-7), con auténtica y global arrogación de las funciones a aquellos asignada y auténtica suplantación de su condición (SAP, Sevilla, Sección 4ª, 273/2016, 1-6).

Así, se subsume en el tipo: simular ser agentes secretos de la Policía Local solicitando exhibición del permiso de conducir y DNI y llevar a la víctima en su vehículo para fingir realizar comprobaciones (SAP, Barcelona, Sección 7ª, 606/2019, 27-9); manifestarle al perjudicado que son agentes de la Guardia Civil secretos, y que se encuentran en el curso de una investigación teniendo que proceder al registro de su vivienda con la correspondiente orden judicial, accediendo aquél ante la creencia de que efectivamente se trata de agentes policiales (SAP, Granada, Sección 2ª, 178/2019, 15-4; interceptar la trayectoria del vehículo identificándose como policía, y diciendo a la víctima que debía multarla y que perdería el permiso de conducción, haciendo gestos de que anotaba los datos del turismo (SAP, Barcelona, Sección 7ª, 142/2019, 7-2); identificarse como policía nacional, de la "secreta", mostrando incluso una placa, aprovechando esa condición, de la que carece (SJP, nº 3, Palma de Mallorca, 298/2019, 1-10); comparecer en el domicilio de la víctima portando distintivos policiales e identificarla aparentando ser funcionario policial (STS 305/2014, 7-4; en el mismo sentido, SAP, Zaragoza, Sección 6ª, 20/2022, 18-1), o identificarse como mosso, procediendo a la identificación y cacheo de las víctimas (STS 206/2022, 8-3).

Y 3º: los actos, obviamente, han de *ejercerse ilegítimamente*, esto es, sin título que habilite para realizarlos (ORTS BERENGUER, ECHANO BASALDÚA; STS 590/2016, 5-7; SSAP, Barcelona, Sección 7ª, 606/2019, 27-9, y Granada, Sección 2ª, 178/2019, 15-4).

4. Conducta típica del art. 402 bis CP

La LO 1/2015, de modificación del CP traslada parcialmente la falta del antiguo art. 637 CP ("*El que usare pública e indebidamente uniforme, traje, insignia o condecoración oficiales, o se atribuyere públicamente la cualidad de profesional amparada por un título académico que no posea, será castigado con la pena de localización permanente de dos a 10 días o multa de 10 a 30 días*"), al art. 402 bis actual como delito leve ("*El que sin estar autorizado usare pública e indebidamente uniforme, traje o insignia que le atribuyan carácter oficial será castigado con la pena de multa de uno a tres meses*").

Nótese que se destipifica acertadamente el uso público e indebido de una condecoración oficial —en nuestra opinión, no añadía nada nuevo a la insignia en tanto que constituye una especie de esta— y, de otro lado, el tipo anterior se escinde en dos conductas separadas. Una, actualmente ubicada en el art. 402 bis CP, cual es atribuirse carácter oficial mediante el uso público e indebido de uniforme, traje o insignia, esto es, usar pública e indebidamente esos revestimientos oficiales respecto de aquellas profesiones que lo tienen y que lo utilizan para su ejercicio —por tanto, no constituye delito (MUÑOZ CONDE) el uso de la bata por psicólogos, o el de la toga por economistas. Y la otra, atribuirse públicamente la cualidad de profesional amparada por un título académico que no se posea, ahora destipificada, salvo que esa atribución pública vaya acompañada del ejercicio de actos propios de esa profesión, en cuyo caso constituye delito menos grave en el art. 403.2.a) CP conformando un subtipo agravado de intrusismo. Conforme a esta última conducta cometía la falta el que se atribuyese públicamente la condición de Ingeniero, Abogado, Arquitecto, sin estar graduado en ninguna de esas titulaciones.

La conducta consiste, pues, en la simple atribución pública e indebida de esa cualidad oficial mediante los revestimientos expresados en el tipo, sin que se exija la realización de los actos propios de la profesión en cuestión. Ahí radica la diferencia entre el delito menos grave (art. 402 CP) y el leve (art. 402 bis CP). *Vid.*, al respecto, SAP, Madrid, Sección 17ª, 91/2018, 6-2, y STS 206/2022, 8-3. Esto es, el delito del art. 402 bis CP consiste en aparentar con signos externos ostentar esa condición, mientras que la conducta castigada en el 402 CP, como hemos señalado, exige atribuirse carácter oficial (sea de palabra, por actos concluyentes, o —también es posible— mediante el porte de signos distintivos), desplegando actos propios de esa condición de forma ilegítima.

En cualquier caso, la conducta típica del art. 402 bis CP guarda una estrecha relación con los delitos anteriormente examinados en la medida en que el sujeto crea también una falsa apariencia sobre la cualidad personal.

5. Tipo subjetivo

Sólo es posible la comisión dolosa pues el sujeto ha de ser consciente del ejercicio ilegítimo de los actos que realiza, ya que su intención es atribuirse el carácter de funcionario [STS 677/1998, 18-5 (*Tol 226222)*]. Esto es, el agente ha de actuar con el propósito de obrar suplantando o falseando la realidad administrativa que se deriva de la exigencia de un nombramiento ajustado a la normativa funcionarial para poder desarrollar unas determinadas funciones públicas (SSTS 911/1999, 9-6, y 898/2012, 11-11), siendo consciente de que se "atribuye" una calidad y de que no la ostenta, es decir, que actúa con conciencia y causando engaño a los demás (SSTS 590/2016, 5-7; 897/2012, 14-11, y 898/2012, 15-11; SAP, Almería, Sección 2ª, 369/2019, 24-9, y STS 138/2024, 14-28).

El error sobre la cualidad del funcionario o sobre la ilegitimidad del ejercicio de los actos determina la apreciación de error de tipo conforme a las reglas del art. 14.1 CP.

6. Consumación

Se produce con el ejercicio del acto propio de la autoridad o funcionario sin que sea necesario para consumarse otros resultados lesivos [SSTS

877/1998, 24-6 (*Tol 217915*); 752/1996, 24-10 (*Tol 6455*), y 758/1992, 31-3 (*Tol 400444*)]. En efecto, se trata de un delito de mera actividad que no requiere para su consumación un resultado concreto, ni exige siquiera que la persona o personas sobre las que se proyecta la acción típica tome a los autores como auténticos funcionarios públicos, extremo que solo se integra en la fase de perfeccionamiento del delito o de su agotamiento (SSTS 590/2016, 5-7, y 685/2012, 20-9).

Según la SAP, Valladolid, 2ª, 196/2000, 8-3 (*Tol 1538209*), comete este delito quien se hace pasar por Encargado del Registro Civil y en tal concepto autoriza una boda.

Si no se llega a realizar ese acto, es decir, si el sujeto se atribuye carácter oficial diciendo, por ejemplo, que es policía, pero se le detiene antes de realizar los actos propios de la función atribuida, la conducta debe quedar impune (en contra MUÑOZ CONDE y SERRANO GÓMEZ admitiendo la posibilidad de tentativa) como así suele considerar la Jurisprudencia ante la ausencia de ejercicio de los actos.

STS 19-12-1988: *"no son constitutivos del delito de usurpación de funciones al faltar en ellos el elemento objetivo de la infracción, cual es el de ejecutar actos propios de la función que se usurpa, y si bien es cierto que el procesado invocó ser policía, no llegó a realizar ningún acto propio de la función policial, lo cual por sí solo no integra el delito imputado al recurrente"*. STS 7-3-1986: quien se limita a decir a un compañero de viaje que era inspector de policía de servicio en el tren, sin llegar a realizar ningún acto como tal no comete delito. En coherencia, la STS 772/2007, 4-10 (*Tol 1156509*), afirma que cometen delito los que se hacen pasar por policías y actúan como tales: *"se identificó de palabra como policía a la vez que mostraba un documento o placa, diciendo si tenían droga o dinero falso y pidiéndoles que le enseñaran la documentación"*.

7. Concursos

Si la usurpación de funciones es el medio de que se vale el sujeto para cometer una estafa [SSAP, Castellón, Sección 2ª, 327/2003, 11-12 (*Tol 343414*), y Sevilla, Sección 4ª, 8/2001, 7-2], un hurto [STS 20-5-1991 (*Tol 454217*)], etc., nos encontraremos ante un concurso, bien ideal, bien medial, según las circunstancias.

Se aplica concurso ideal de delitos con el delito contra la libertad sexual cuando el sujeto activo se hace pasar por policía ante una niña de corta edad con el objeto de atraerla a un vehículo (SAP, Barcelona, Sección 6ª, 5-7-2000). Se admite concurso medial entre la falsedad (art. 392 CP) y el delito de usurpación de funciones públicas en la SAP, Almería, Sección 2ª, 369/2019, 24-9.

Se aplica concurso medial entre la usurpación de funciones públicas y la estafa al que se hace pasar por brigada jefe del ejército, en concreto, de compras y aprovisionamiento del regimiento donde prestaba sus servicios cuando no tenía asignada esa función, y que aparenta comprar carne para el regimiento donde presta sus funciones cuando en realidad lo hacía en beneficio propio sin ánimo de abonar la totalidad de su precio, siendo irrelevante que engañase al intermediario de la venta como al apoderado de la sociedad defraudada: STS 620/2012, 9-7.

La conclusión de concurrir el, más habitual en este ámbito, delito de estafa y el de falsedad de funciones públicas en concurso ideal resulta adecuada, teniendo en cuenta que el bien jurídico protegido en el delito de estafa es el patrimonio individual de quien resulta perjudicado por el acto dispositivo, mientras que el delito de usurpación de funciones públicas, que contemplamos, se orienta a la protección de un bien de interés colectivo, cual es la confianza en el funcionamiento y en la actuación de los representantes y servidores públicos. "Nos encontramos así ante un hecho —el engaño— que lesiona más de un bien jurídico, cada uno de los cuales es tutelado por un precepto penal diferente; de modo que para responder al diverso contenido del injusto del hecho, deben ser aplicadas las diversas normas que los tutelan, máxime cuando la aplicación del tipo penal de la estafa no agota el desvalor jurídico-penal inherente a la atribución real y efectiva de funciones policiales que no correspondían al recurrente y cuando se observa —además— que la estafa deriva de un engaño complejo en el que la intervención concreta del recurrente sólo fue uno de los elementos de escenificación desplegados para equivocar la voluntad del sujeto pasivo" (STS 590/2016, 5-7).

En el caso de la detención ilegal, correctamente, sin embargo, el delito de usurpación de funciones debe quedar absorbido por el delito previsto en el art. 165 CP [SSTS 32/2006, 23-1 (*Tol 827071*); 281/2010, 22-3 (*Tol 1828864*); SSAP, Valencia, Sección 5ª, 272/2003, 18-11 (*Tol 435800*), y Burgos, Sección 1ª, 30-10-2000].

Finalmente, cabe apreciar delito continuado de usurpación de funciones públicas (SAP, Valencia, Sección 3ª, 127/2017, 27-2), que, a su vez, puede concurrir en concurso ideal con estafa también continuada (SAP, Asturias, Sección 2ª, 7/2016, 14-1).

IV. DEL INTRUSISMO

La reforma del CP por LO 1/2015, de un lado, ha elevado las penas de multa de los tipos básico —antes conllevaba multa de seis a doce meses y ahora, de doce a veinticuatro meses— y atenuado —antes constituía pena de multa de tres a cinco meses y ahora, de seis a doce meses— de intrusismo y, de otro, ha añadido una modalidad en el subtipo agravado: ejercer los actos de intrusismo en un local o establecimiento abierto al público en el que se anuncie esa prestación de servicios.

1. Ubicación sistemática y bien jurídico protegido

No existe consenso doctrinal ni jurisprudencial sobre cuál sea el bien o bienes jurídicos protegidos en el delito de intrusismo. Las posiciones pueden agruparse en seis grandes bloques:

Un grupo de autores (RODRÍGUEZ MOURULLO, CÓRDOBA RODA, ÁLVAREZ GARCÍA, MANZANARES SAMANIEGO) entiende que tanto en el tipo básico como en el agravado de intrusismo —interpretado en relación con el art. 321 ACP—, el único bien jurídico es la exclusiva potestad estatal en la expedición de títulos; se trata, para ellos, por tanto, de proteger ese poder de policía del Estado aunque también pueden verse afectados otros intereses, como los del grupo profesional o los de la persona que recibe los servicios del intruso, pero estos dos últimos se dañarán sólo cuando el intruso preste el servicio sin pericia (RODRÍGUEZ MOURULLO). Sin embargo, como el delito queda consumado, aunque estos intereses secundarios no resulten afectados, no puede considerarse, según este último autor, que constituyan el bien jurídico tutelado.

De ser éste el único bien jurídico protegido, estaría erróneamente ubicado pues debería incluirse dentro de los delitos contra la Administración Pública (ÁLVAREZ GARCÍA, COBO DEL ROSAL, QUINTANAR DÍEZ).

Esta incorrecta ubicación, a juicio de estos autores, se explica tras un somero repaso a los antecedentes legislativos de este tipo penal (SERRANO TÁRRAGA, LLORIA GARCÍA, COBO DEL ROSAL, QUINTANAR DÍEZ) que tradicionalmente requería la atribución falsa de la cualidad de profesional, de modo que el ejercicio de actos propios de una profesión sin título, pero sin falsa atribución constituía una simple falta. En la revisión legislativa efectuada en 1963, en virtud del mandato de la Ley de Bases de 23-12-1961, se centró el tipo básico en el ejercicio de actos propios de una profesión, cambiándose así la naturaleza del intrusismo, sin que sistemáticamente se trasladara esta figura a otra ubicación.

Otro grupo de autores (ESCOBAR MARULANDA, COBO DEL ROSAL, QUINTANAR DÍEZ), siguiendo la Doctrina Constitucional, fundamentalmente representada por la STC 111/1993, 25-3 (*Tol 82134*), admiten que se protege la potestad del Estado para regular el funcionamiento correcto y ordenado del ejercicio de las profesiones, como bien jurídico instrumental ya que su protección está condicionada a que con ella se logre el fin último buscado, que sería la protección material de bienes jurídicos individuales.

En efecto, la STC 111/1993, 25-3 (*Tol 82134*), en relación con el tipo penal concordante del CP anterior —art. 321— vinculaba el bien jurídico protegido con los valores de máxima relevancia constitucional: vida, integridad, libertad y seguridad, mientras que para las profesiones que incidieran en intereses sociales de menor entidad, bastaría una simple sanción administrativa para quienes ejercieren actos propios de esa profesión sin poseer la capacitación correspondiente. Actualmente, entre otras, STS 2066/2001, 12-11 (*Tol 103026*); SAP, Madrid, Sección 15ª, 242/2005, 18-5, y STS 324/2019, 20-6, siguen vinculando la tipicidad del intrusismo a profesiones de las que dependan bienes jurídicos de la máxima relevancia, tales como la vida, la integridad corporal, la libertad o la seguridad.

Sin embargo, del estudio de la Jurisprudencia sobre el tipo del CP actual se desprende que los actos de intrusismo pueden darse sin resultado lesivo alguno y con el consentimiento de la persona que demanda los servicios del intruso (SERRANO TÁRRAGA). Este consentimiento es irrelevante porque el que recibe la prestación no es sujeto pasivo del delito y, por tanto, no tiene la disponibilidad sobre el bien jurídico protegido. Así, pues, en la actualidad, el bien jurídico de carácter colectivo protegido no puede vincularse con la tutela, a su vez, de los bienes jurídicos individuales referidos.

Otros autores (GORDILLO ÁLVAREZ-VALDÉS, SERRANO GÓMEZ, SERRANO MAÍLLO), admiten, en un plano híbrido, que el bien jurídico protegido en el delito de intrusismo tiene una doble vertiente: por un lado, el derecho de la Administración a expedir títulos que garanticen la competencia profesional y de otro lado, proteger el interés de los ciudadanos en que el ejercicio de determinadas profesiones sólo pueda ser desarrollada por determinadas personas, que se encuentran capacitadas para ello por haber superado las pruebas de aptitud pertinentes.

LUZÓN PEÑA, por su parte, cataloga el intrusismo como un delito pluriofensivo en la medida en que la profesión invadida es también sujeto pasivo del delito en cuanto titular del interés en la exigencia de ejercicio exclusivo por quien ofrezca la garantía de la titulación, junto con el que, a su juicio, es el principal sujeto pasivo: la sociedad como titular de ese mismo interés y de la fe pública (y seguridad del tráfico jurídico) afectada por la usurpación de funciones.

La STS 30-9-1991 (*Tol 455610)*, recoge esta doble vertiente: *"de un lado, proteger a la sociedad en su conjunto, evitando el posible peligro que supone el ejercicio por personas desaprensivas e incompetentes de tareas delicadas y trascendentes que exigen conocimientos y capacidades especiales y la consiguiente exigencia de responsabilidad a las actuaciones clandestinas en las correspondientes materias; de otro, se pretende tutelar y proteger de forma concreta a quienes han obtenido un título oficial frente a competidores presuntamente ignorantes e inhábiles"*.

Las SSTS 1191/2005, 10-10 (*Tol 738493)*; 407/2005, 23-3 (*Tol 633171)*, y 41/2002, 22-1 (*Tol 130156*), consideran que es pluriofensivo añadiendo como sujeto pasivo también al perjudicado, junto con la corporación profesional y la sociedad.

La STS 2066/2001, 12-11 entiende, sin embargo, que la lesión afecta sólo a la sociedad: *"bien jurídico de carácter colectivo y no individual, cuya lesión afecta a la sociedad y no a particulares intereses patrimoniales individuales o de grupo, como pueden ser los miembros de un colectivo profesional. Es el interés público el único que puede fundamentar y legitimar cualquier restricción penal al acceso a una profesión mediante la exigencia de un título oficial, académico o no"*.

Siguiendo con su argumento, este autor parte de que, aunque la fe pública no sea el más importante de los bienes jurídicos afectados por el intrusismo, como los otros posibles títulos en que podría pensarse su inclusión (orden público, intereses generales, riesgo en general) tampoco expresan de modo exacto el bien o bienes jurídicos afectados, puede defenderse tanto el cambio de ubicación sistemática como su permanencia dentro de las falsedades.

En opinión de QUINTERO OLIVARES esa intervención punitiva del Estado queda centrada en la estricta tutela de las profesiones en atención a la confianza en los específicos conocimientos y pericias que necesariamente deben tener los ciudadanos. Por tanto, la tutela se aleja de intereses estrictamente corporativos o colegiales, puesto que estos intereses no fundamentan la intervención criminalizadora. (CHOCLÁN MONTALVO, en parecido sentido, considera que es el interés público en la exigencia del título como objeto de protección).

Finalmente, otro grupo de autores afirma que es la fe pública el único objeto de protección tutelado en el tipo de intrusismo. Sin embargo, coincidimos con la opinión de LLORIA GARCÍA cuando mantiene que la seguridad del tráfico jurídico fiduciario del Título XVIII sólo se lesiona en el tipo agravado del art. 403. 2 CP (*cfr.*, *infra*).

A nuestro entender, la opción más correcta es la de considerar que en el art. 403.1 CP se tutela la exclusiva potestad estatal en la expedición de títulos que se corresponden con las cualidades que la profesión exija, en la medida en que ese control del Estado en la expedición de títulos garantiza que los que lo poseen tienen las aptitudes necesarias para el correcto ejercicio de la profesión, lo que genera al mismo tiempo la confianza de los ciudadanos en la misma.

> En palabras de LLORIA GARCÍA y también en relación con el párrafo primero, se protege *"el poder de policía del Estado y los intereses económicos de los profesionales"*. A nuestro entender no son los intereses económicos de los profesionales lo que se tutela sino la confianza en la profesión por parte de los ciudadanos derivada de la obtención de un título expedido y, por tanto, controlado por el Estado, lo que acredita la cualificación necesaria para ejercer la correspondiente profesión.

En este mismo sentido, sentencias más recientes corroboran nuestra opinión. Así, las SSTS 324/2019, 20-6, y 167/2020, 19-5, indican que "*el delito de intrusismo tipifica una conducta de naturaleza falsaria que justifica la inclusión del delito dentro del título XVIII dedicado a las falsedades; aunque el bien jurídico protegido más que atender a la protección de tráfico fiduciario, procura la protección del cumplimiento de los requisitos y presupuestos exigidos por la Administración Pública para ejercer una determinada profesión, de modo que también resultan salvaguardados con su tipificación otros intereses, como la garantía del ciudadano de la condición de profesional de quien ejerce una profesión". Incide y destaca, que "se trata de proteger a la ciudadanía de aquellas personas que, sin título habilitante, ni cualificación suficiente, ejercen una actividad profesional para la que no están habilitados*".

De modo que asegura tres tipos de intereses: "*i) el privado de quien recibe la prestación profesional del intruso; ii) el del grupo profesional, tanto en defensa de sus competencias y derechos morales sobre el prestigio y buen hacer de la profesión, como en los patrimoniales que pudieran quedar afectados por una competencia desleal y la invasión en su esfera económica por terceros no pertenecientes al colectivo profesional afectado; y iii) el público de que ciertas profesiones sólo la ejerzan aquellas personas que están debidamente capacitadas por la Administración Pública en atención a la superior naturaleza de los bienes jurídicos que pueden quedar afectados por los actos propios de tales profesiones* [...]. *Si bien, la jurisprudencia, ya desde la STS de 5 de febrero de 1993, entiende este último el prevalente desde la configuración típica del intrusismo*".

Tutela, en definitiva, "*la exigencia de que el ejercicio de ciertas profesiones sólo pueda ser desarrollada por personas idóneas para ello. Y esa idoneidad es asegurada por el Estado, que es el único que puede otorgar los títulos necesarios para el ejercicio de las mismas, con lo que la idoneidad conformada por el título académico y oficial constituye y contribuye a la presunción de la idoneidad, aunque, como es lógico, no al aseguramiento de la misma. La impericia, o falta de formación, en función del resultado lesivo, da lugar a otras tipicidades*".

Creemos que esta interpretación fundamenta la incriminación de estas conductas que no deben ser calificadas como meras infracciones administrativas, tal como se ha propugnado por algunos autores, en la medida en que el delito de intrusismo es un tipo instrumental para la comisión de otros delitos: lesiones, estafas, etc., lo que implica que ese exclusivo control por parte del Estado en la expedición o reconocimiento de títulos, aunque sea una mera función administrativa, protege de forma inmediata esa confianza del ciudadano en el correcto ejercicio de la profesión acreditada a través del título y, de forma mediata (configurado así como delito de peligro o tipo *barrera* en la medida en que prevé una protección anticipada), los eventuales delitos que puedan cometerse por los intrusos.

Por otro lado, y en la medida en que la seguridad del tráfico jurídico es uno de los bienes jurídicos también protegidos en el tipo agravado, como veremos en el epígrafe correspondiente, consideramos que el tipo de intrusismo está correctamente ubicado dentro de las falsedades.

2. *Sujetos activo y pasivo. Objeto material*

Sujeto activo puede ser cualquiera (se trata de un delito común), excepto, naturalmente, el que posee el título académico.

La determinación del sujeto pasivo depende, lógicamente, de la concreción del bien jurídico protegido. A nuestro juicio, los sujetos pasivos del tipo básico son el Estado como garante de la exigencia del título que acredita el correcto ejercicio profesional y, por tanto, garante del buen funcionamiento de la Administración pública en este ámbito, junto con la sociedad cuya confianza en que ese control del Estado garantiza la aptitud necesaria para el ejercicio de la profesión, se quiebra por el intruso. En el tipo agravado, el sujeto pasivo es asimismo la sociedad en la medida en que el bien jurídico fundamentalmente protegido en este tipo agravado es la seguridad del tráfico jurídico, al igual que los demás delitos de falsedades. No olvidemos en este sentido que el segundo párrafo reza: *atribuirse públicamente* una cualidad profesional que no se posee.

En parecido sentido, LUZÓN PEÑA considera que el interés en exigir el título, como garantía para el ejercicio profesional, corresponde a la sociedad que es, por ello, el sujeto pasivo.

El objeto material del delito está constituido por los clientes del intruso, que, asimismo, pueden resultar perjudicados por el delito o, por el contrario, beneficiados por él.

3. Conductas del tipo básico y privilegiado

Los elementos que conforman la conducta típica son los siguientes: realización de *actos propios* de una *profesión* para la que se requiere el correspondiente *título académico* (elemento positivo) y *no poseer* el mencionado *título habilitante* (elemento negativo) [SSTS 18-11-1991 (*Tol 459535*); 2-7-1992 (*Tol 397768*); 29-10-1992 (*Tol 397695*); 21-1-1993; 20-7-1994 (*Tol 403691*); 454/2003, 28-3 (*Tol 375531*); 167/2020, 19-5, y 407/2005, 23-3; SSAP, León, Sección 3ª, 72/2023, 15-2; Vizcaya, Sección 1ª, 76/2022, 15-12, y Cáceres, Sección 2ª, 21/2023, 24-1); asimismo, SALOM ESCRIVÁ, SERRANO TÁRRAGA, DE LA ASUNCIÓN RODRÍGUEZ/ZARZUELO DESCALZO].

Ello significa que se ha despenalizado el segundo inciso de la antigua falta del art. 637 CP que castigaba el atribuirse públicamente la cualidad profesional amparada por un título académico que no se posea. Con lo cual, actualmente para consumar el tipo penal no basta con atribuirse públicamente la cualidad profesional, sino que es necesario la realización de los actos propios de esa profesión. (No es intrusismo hacer creer al perjudicado que era abogada colegiada ejerciente, que le iba a llevar su defensa legal en un procedimiento de familia y que iba a presentar una querella contra su exmujer, pero sin que haya quedado acreditado que llegara a efectuar ninguna de esos actos: SAP, Santa Cruz de Tenerife, Sección 6ª 231/2022, 2-6).

Debe dejarse claro que no es relevante desde la perspectiva supraindividual con que se configura el delito de intrusismo, que quien presta el servicio sin título académico sea un experto, da igual que esté en posesión de esos conocimientos científicos que, formalmente, acredita el título concreto. Se sanciona como intrusismo, aunque ejerza la actividad sin título un profesional, incluso cualificado que ha obtenido una titulación extranjera no homologada, tanto más si ha sido denegada la homologación o ni siquiera resulta homologable. Inversamente, quien está en posesión del título correspondiente, aunque realmente no tenga la experiencia necesaria, para el desarrollo de la profesión, no comete delito de intrusismo (STS 167/2020, 19-5).

3.1. Interpretación de "título académico"

El elemento que permite identificar el sentido del concepto "profesión" a los efectos del delito de intrusismo es la exigencia típica del *título académico* (RODRÍGUEZ MOURULLO, CHOCLÁN MONTALVO, LLORIA GARCÍA), sobre cuya interpretación también existen discrepancias doctrinales dado que la LOU 6/2001 en su art. 34 no resuelve la cuestión, pues no hace referencia a títulos *académicos* sino a títulos *universitarios*. Tampoco lo resuelve el Real Decreto 640/2021, de 27 de julio, *de creación, reconocimiento y autorización de universidades y centros universitarios, y acreditación institucional de centros universitarios,* que desarrolla la mencionada LO, el cual que sigue hablando de *títulos universitarios.*

Parte de la Doctrina y de la Jurisprudencia, con la que coincidimos [CÓRDOBA RODA, BOIX REIG, ORTS BERENGUER, QUERALT JIMÉNEZ, GORDILLO ÁLVAREZ VALDÉS, SERRANO GÓMEZ, SERRANO MAÍLLO, ECHANO BASALDÚA, ÁLVAREZ GARCÍA, LUZÓN PEÑA; STC 111/1993, 25-3 (*Tol 82134*), y STS 324/2019, 20-6] interpreta de forma restrictiva este término equiparándolo a *título universitario.*

Las SSTC 142/1999, 22-7 (*Tol 81193*), y 174/2000, 26-6 (*Tol 81339*), aluden a "estudios superiores específicos".

En efecto, a nuestro juicio la expresión *título académico* debe ser interpretada como *título universitario,* esto es aquél expedido por la autoridad académica que acredita haber superado una formación universitaria que habilita para el ejercicio de una concreta profesión, excluyéndose, por tanto, todo título que no reúna estos requisitos —así, por ejemplo, los de formación profesional.

La STS 407/2005, 23-3 (*Tol 633171*), refiere expresamente: *"se trata de una novedad del actual texto, ya que antes no se diferenciaba entre título académico y título oficial pudiéndose entender por título académico el que se exige tras cursar estudios conforme a la legislación del Estado en centros oficiales o reconocidos, sea de diplomatura, licenciatura o doctorado, y por título oficial el expedido también por el Estado en virtud de norma interna o por Convenio Internacional ratificado por España (...), que debe acreditar la capacitación necesaria del titular y habilitar para el ejercicio de una profesión".*

De forma más inconcreta, la STS 17-10-1985 establece que la diferencia entre ambos tipos de títulos radica en que en el tipo básico del delito de intrusismo se protegen intereses generales de la sociedad, limitándose su protección a las profesiones que requieren una capacitación *superior* por la trascendencia de los bienes jurídicos a que afectan, mientras que en el tipo privilegiado se protegen los intereses de ciertas actividades que conforman las profesiones reglamentadas, que son aquellas que necesitan para su ejercicio título *oficial* (*vid.*, ampliamente, SERRANO TÁRRAGA).

Otro grupo de autores, en cambio [MUÑOZ CONDE, CONDE-PUMPIDO TOURÓN, QUINTERO OLIVARES, DÍAZ VALCÁRCEL, RODRÍGUEZ MOURULLO, SALOM ESCRIVÁ, SERRANO GÓMEZ, SERRANO MAÍLLO, LLORIA GARCÍA; también SSTS 13-5-1989 y 30-3-1990 (*Tol 456740*): "*el título, aunque no proceda de una «facultad», ni siquiera merezca la calificación formal de universitario, debe reputarse académico*"] lo equiparan a acreditación de estudios.

Desde esta perspectiva, LLORIA GARCÍA, entiende que *título académico* es aquel que, siendo expedido bien por la autoridad académica bien por la Administración educativa, acredita haber superado una concreta formación que habilita para el ejercicio de una profesión, incluyéndose los títulos universitarios, los de especialista, los de formación profesional y cualquier otro que cumpla estos requisitos, por ej., un agente de la propiedad inmobiliaria. Por su parte, SERRANO GÓMEZ y SERRANO MAÍLLO consideran que hay títulos que aun siendo oficiales no son académicos porque se expiden fuera de la Universidad. A veces —añaden— se exige para la obtención de un título oficial estar en posesión de un título académico, como sucede con los gestores administrativos, pues, para conseguir este título oficial, se requiere estar en posesión de una determinada licenciatura universitaria y superar posteriormente unas pruebas de aptitud. En otros supuestos —defienden— para la obtención de un título oficial no es necesario tener previamente la condición de licenciado universitario, ni otro título académico.

Finalmente, una vez obtenido el correspondiente título académico, la falta del requisito de la colegiación exigido para ejercer algunas profesiones, carece de trascendencia jurídico penal, cometiendo en su caso una infracción disciplinaria a ventilar en el ámbito corporativo.

3.2. Interpretación de "título oficial"

Interpretado, a nuestro modo de ver correctamente, el título *académico* como título *universitario*, en consecuencia, *título oficial* debe comprender los títulos académicos de rango inferior al universitario y las autorizaciones administrativas que se exigen para el ejercicio de algunas profesiones (en este sentido SERRANO TÁRRAGA). Esto es, cualquier otro título otorgado o reconocido por el Estado que habilite para el ejercicio de una profesión (ej., agente de la propiedad inmobiliaria).

Los autores que, por el contrario, defienden la interpretación amplia de título *académico*, entienden que "oficial" es el emitido por un organismo público no académico, incluyéndose, por tanto, únicamente las autorizaciones administrativas que se exigen para el ejercicio de algunas profesiones.

Así, para LLORIA GARCÍA debe ser considerado título oficial aquel que, expedido por cualquier sector de la Administración, habilita para el ejercicio de una profesión, independientemente de que para su obtención se exija o no haber adquirido una formación académica previa.

Peculiar opinión sostienen QUINTERO OLIVARES y MORALES PRATS, quienes siguiendo la Doctrina del TC —véase STC 277/1993, 20-9 (*Tol 82298)*; en igual sentido STC 111/1993, de 25-3 (*Tol 82134)*—, mantienen que por título oficial, en el delito de intrusismo, debe entenderse *título académico* (en esta sentencia se sostuvo que el ejercicio de actos propios de la profesión de agentes de la propiedad inmobiliaria sin poseer título para ello, no constituye intrusismo porque como quiera que la titulación exigida para ejercer la profesión de agente de la propiedad inmobiliaria no es "académica", la conducta de quien realiza actos propios de dicha profesión sin poseer la capacitación oficial que para ello se requiere no puede ser incluida dentro del delito de intrusismo; la aplicación judicial de la norma punitiva realizada en este caso constituye una interpretación extensiva *in malam partem* del término "título" contenido en dicho precepto. Dicha aplicación extensiva excede de los estrictos límites de la legalidad ordinaria para incidir sobre principios y valores constitucionales protegidos por el art. 25.1 CE). Para ello interpretan que el inciso segundo del párrafo primero del art. 403 CP no hace referencia a un título distinto del *académico* (avalado por la redacción en singular del precepto porque el tipo básico a su entender se está refiriendo en todo momento a un título único: el académico-universitario). Se trata de supuestos en los que, contando con el correspondiente título académico, es preciso además un título oficial que exprese la capacitación específica de esa tarea, como en el caso de las especialidades médicas. Esta interpretación ciertamente acorde con la Doctrina Constitucional referida al antiguo art. 321 ACP, sin embargo, es incoherente con la discusión parlamentaria previa al actual art. 403 CP que se centró en la inclusión o no del *título oficial* en la redacción del tipo —evidentemente, como una categoría diferente de la de *título académico* (véase ampliamente LASCURAÍN SÁNCHEZ, LLORIA GARCÍA).

Las SSTC 174/2000, 26-6 (*Tol 81339)*, y 219/1997, 4-12 (*Tol 80842)*; y los AATC 296/2000, 12-12; 293/2000, 12-12, y 648/2013, 18-7 ya en relación con el vigente tipo penal, siguen excluyendo la aplicación del delito de intrusismo a las profesiones referidas por la mencionada Doctrina Constitucional: los agentes de la propiedad inmobiliaria y los gestores administrativos.

A mayor abundamiento, sustenta nuestra opinión la redacción actual del art. 403 CP, pues, dado el rango normativo y el origen directamente parlamentario de este nuevo texto, el legislador ha podido, con plena libertad, extender la protección penal del delito de intrusismo más allá de la injerencia en profesiones cuyo ejercicio requiere titulación académica, al no encontrarse ya limitado por el texto de la referida Ley de Bases. No habría, pues, vulneración del principio de legalidad por la aplicación del art. 403.1, 2º inciso, CP a la sanción penal de actividades desarrolladas con injerencia en el ámbito propio de una profesión por quienes no estuvieren en posesión del título oficial que acredite la capacitación necesaria y habilite legalmente para su ejercicio, aun cuando dicho título no fuese académico.

Corrobora la interpretación estricta de "título oficial" la STS 324/2019, 20-6: "Título oficial o profesional es el que se exige para el desempeño de una profesión, sin que se requiera para su obtención, necesariamente, la realización de estudios superiores específicos, aunque sí se establecen unas condiciones entre las que suelen aparecer la superación de unas pruebas de aptitud". También SAP, Soria, Sección 1ª, 115/2022, 7-11.

Para concretar el *título* oficial (art. 403.1, 2º inciso, CP) hay que recurrir a preceptos extrapenales de naturaleza administrativa que describirán los presupuestos o exigencias para la obtención de ese título y los actos que están permitidos realizar. Hay que incidir en que el propio precepto exige en este punto que el título oficial acredite la capacitación necesaria y habilite legalmente para el ejercicio de la profesión. Por ejemplo, que la Ley exija la concesión del título y ello conlleve a sus tenedores la exclusividad para realizar la actividad de que se trata, y, al mismo tiempo, que esa actividad, por su importancia y trascendencia, exija tal grado de especialidad y conocimientos que su ejercicio por no titulado suponga, en consonancia con el bien jurídico, un peligro para los componentes de la colectividad. (Por ejemplo, en el caso de odontólogos: SSTS 13-6-1990, 5-2-1993, y 1612/2002, 1-4).

3.3. Interpretación de "actos propios"

Si por profesión, a efectos del delito de intrusismo, entendemos la profesión *regulada* (véase LLORIA GARCÍA, SERRANO TÁRRAGA), es decir, aquélla cuyo ámbito de competencia "viene definido por una norma" —íntimamente vinculado, a su vez, con la concreción del término *título*—, por *actos propios* hay que interpretar, en consecuencia, aquellos que el Ordenamiento Jurídico positivo vincula a una titulación (la de la profesión invadida) por lo que nos encontramos ante una norma penal en blanco [BOIX REIG, ORTS BERENGUER, DE LA ASUNCIÓN RODRÍGUEZ/ZARZUELO DESCALZO, SERRANO GÓMEZ; también SSTS 1612/2002, 1-4, y 41/2002, 22-1; SSAP, Cuenca, Sección 1ª, 14/2005, de 17-2 (*Tol 604535*), y Sevilla, Sección 3ª, 442/2023, 16-10].

> Las SSTS 167/2020, 19-5, y 324/2019, 20-6, subrayan esta definición: "Acto propio" es aquel o aquellos que forman parte de la actividad profesional amparado por el título y que por eso mismo exigen una *lex artis* o específica capacitación. Se trata de un precepto en blanco que debe ser completado con normas extrapenales, generalmente pertenecientes al orden administrativo y que están directamente relacionados con la esencia del quehacer profesional de la actividad concernida.

Es irrelevante que el intruso no se arrogue el título académico, pues de hacerlo, conlleva una agravación específica; de igual modo, tampoco resulta necesario que los pacientes —en el caso de la medicina— conozcan el alcance exacto de su titulación; lo relevante a los efectos del tipo básico de este delito, es la actuación de una praxis propia de un profesional —un médico, por ejemplo— aunque el autor no se hubiere atribuido tal condición ni mediara engaño al respecto entre los pacientes.

De otro lado, la interpretación del elemento "actos" propios debe vincularse (LLORIA GARCÍA) al verbo típico "ejercer una profesión" y a la propia naturaleza del intrusismo como delito permanente, en la medida en que su realización se hará efectiva normalmente a través de la práctica de varios actos que se extienden en el tiempo, sin apreciarse concurso real de delitos por la reiteración de esos "actos" (RODRÍGUEZ MOURULLO, MANZANARES SAMANIEGO, SALOM ESCRIVÁ). En otros términos, la ley exige una pluralidad ("actos", en plural: SAP, Santa Cruz de Tenerife, Sección 5ª, 157/2022, 12-5: colocó prótesis al menos a dos pacientes) pero no habitualidad (STS 324/2019, 20-6).

Siguiendo con este argumento, RODRÍGUEZ MOURULLO ha calificado este delito de *eventualmente habitual*, porque cuando la normativa que regula la profesión caracteriza a la misma por medio de la habitualidad debe exigirse ésta.

La repetición del acto tampoco da lugar al delito continuado porque el delito de intrusismo (LLORIA GARCÍA) "*es un supuesto de unidad típica en sentido estricto*", en el que los distintos actos constituyen un todo (MUÑOZ CONDE), que es el ejercicio profesional o el ejercicio de actos de una profesión (RODRÍGUEZ MOURULLO, BOIX REIG, CÓRDOBA RODA). O, en palabras de QUINTERO OLIVARES, "*el ejercicio de la profesión pasa por la oferta pública de servicios que se prestan tantas veces como son contratados*" [en este sentido STC 204/1996, 16-12 (*Tol 83133*)].

En definitiva, normalmente la ausencia de habitualidad origina la atipicidad (en este sentido, LLORIA GARCÍA, CHOCLÁN MONTALVO, DE LA ASUNCIÓN RODRÍGUEZ/ZARZUELO DESCALZO), porque la habitualidad es lo que determina, en la mayoría de los casos, que nos hallemos ante una actividad *profesional*. Y ello dependerá del tipo de profesión titulada que estemos examinando. En algunas, la *profesionalidad* vendrá vinculada a la dedicación habitual (administración de fincas) por lo que, en estos casos, una actuación aislada debe considerarse atípica; mientras que en otras no estará condicionada por esta habitualidad (una intervención quirúrgica), por lo que este único acto es suficiente para que el delito se entienda consumado, al admitirse que el mismo ya constituye "ejercicio de una profesión" (BAJO FERNÁNDEZ, COBO DEL ROSAL, RODRÍGUEZ MOURULLO, SERRANO TÁRRAGA, CHOCLÁN MONTALVO).

La Jurisprudencia se muestra vacilante al respecto. Así, STS 407/2005, 23-3 (*Tol 633171*): *"no se necesita la reiteración de actos, basta uno solo, pero si son varios los actos, no existe una continuidad delictiva sino un solo delito de ejercicio de actos propios de una profesión, se está en presencia de un plural descriptivo que se reconduce a la unidad delictiva como ocurre con el art. 368 CP "los que ejecuten actos"*. En el mismo sentido, STS 167/2020, 19-5. En sentido contrario, por ej. STS 4-3-1988: *"para la perfección del delito no basta la comisión de un acto aislado, sino que es menester una conducta persistente, continuada y porfiada"*. O STS 23-1-1984: *"no cabe estimar delitos diferentes los actos de la continuidad efectuados a través del tiempo"*.

Del mismo modo, la retribución por sí sola no es elemento suficiente para atribuir al acto la nota de *profesionalidad*. Es decir, como mantiene CHOCLÁN MONTALVO, un acto aislado retribuido puede no ser suficiente a los efectos del tipo penal si la profesión en cuestión requiere una dedicación habitual.

En todo caso, las actividades realizadas fuera del ámbito profesional (por un vecino, un amigo, de forma esporádica y sin retribución), no son constitutivas de intrusismo al igual que tampoco lo son los actos de curanderismo con imposición de manos, prácticas supersticiosas, los actos de los magos, etc., pues no pueden considerarse "actos propios" de la profesión médica ya que en ningún momento estos sujetos se hacen pasar por médicos. A lo sumo, sus actos podrán ser constitutivos de estafa si se cumplen los requisitos típicos de esta figura (RODRÍGUEZ MOURULLO, HERNÁNDEZ TRIVIÑO/ZUGALDÍA ESPINAR, MUÑOZ CONDE, LLORIA GACÍA, ECHANO BASALDÚA).

> En este sentido la STS 407/2005, 23-3 (*Tol 633171*): *"en relación al ejercicio por quien no tenga la condición de médico, de la acupuntura, la medicina naturista, la reflexoterapia o rayos láser en tanto y en cuanto pertenecen a la gama que pudiera calificarse de "medicina alternativa"* [...] *no puede constituir ni dar vida al delito de intrusismo por falta del elemento de ejercer los "actos propios" de la profesión médica; pero si el que ejecuta cualquiera de estas técnicas* [...] *practica exploraciones o reconocimientos clínicos* [...] *incurre en el delito de intrusismo"*.

Debe insistirse en esta última idea, es decir, no toda medicina alternativa está exenta de constituir delito de intrusismo. Significativa al respecto es la STS 167/2020, 19-5, al diferenciar acto médico de medicina alternativa del modo siguiente: "*Acto médico* es la prescripción de medicamentos, la confección de diagnósticos y la prescripción de tratamientos son actos inequívocamente propios de la profesión médica, que exige para su ejercicio la correspondiente titulación académica. Así, el acto médico se integra por la profilaxis, el diagnóstico o el tratamiento de las enfermedades mediante la utilización del método científico-experimental propio del arte médico oficial que se imparte en las Facultades de medicina. La práctica de la medicina alternativa no excluye necesariamente la conducta típica de intrusismo; en el ejercicio de actos no propios de la medicina, pueden invadirse funciones reservadas a los profesionales cuando se aplican técnicas como la práctica de exploraciones, o se realizan reconocimientos clínicos o diagnóstico y pronóstico de una terapia determinada". Y añade que, aunque la medicina naturista, la acupuntura, la reflexoterapia o los rayos láser por no estar fundadas en el método científico, no constituyen delito de intrusismo por la falta del elemento de los actos propios... "*Si el que ejecuta cualquiera de estas técnicas, antes de aplicarlas, practica exploraciones o reconocimientos clínicos, diagnóstico, pronóstico y decide una terapia determinada está incidiendo las funciones de la medicina* [...]", puede incurrir en este delito.

Igualmente, la STS 30-4-1994 considera que cuando lo que se hace es pronunciar diagnósticos se está entrando ya en el terreno de la medicina propiamente dicha, ya que la diagnosis es una técnica que pertenece a la actividad médica, pues lleva a la determinación de las enfermedades por el conocimiento científico que proporcionan los estudios médicos, a través de sus síntomas, para cuya valoración es también preciso un conocimiento técnico.

Tampoco se consideran actos propios los que pueden ser realizados por cualquier ciudadano (QUINTERO OLIVARES, SERRANO TÁRRAGA), aunque habitualmente estos actos se realicen por ciertos profesionales, por ejemplo, un contrato de arrendamiento urbano, o los actos que realiza una gestoría, que no se consideran "actos propios" de un abogado a los efectos del art. 403 CP, en la medida en que su intervención no es necesaria, ni imprescindible. O en palabras de MORALES PRATS, al no tratarse de actos insustituibles.

"No constituyen actos propios de la profesión de abogado el asesoramiento o inducción para la inversión de dinero en la compra de pisos y para el consiguiente depósito de relevantes cantidades (...) por medio de acta notarial" [STS 454/2003, 28-3 (*Tol 375531*)]. Tampoco constituyen actos propios del abogado la realización de trámites de extranjería puramente administrativos, al no invadir las *funciones propias* de este ejercicio profesional [STS 315/2010, 12-4 (*Tol 1851973*)].

En efecto, en el plano jurídico, la implicación o la proyección de la persona y de sus múltiples facetas en el mundo del Derecho le hace susceptible de recibir consejos de tal orden en muy diversos planos (mercantil, bancario, bursátil; tributario, laboral y relacionado con la Seguridad Social), sin que se tenga que llegar a la tipicidad penal que debe quedar reservada para cuando lo que se ejecuta pertenece en exclusiva a una determinada profesión.

"Hay intrusismo cuando se actúa como abogado: no estamos ante un simple asesoramiento administrativo, sino ante un verdadero asesoramiento vinculado a un proceso judicial concreto" (SAP, Barcelona, Sección 21ª, 157/2022, 28-4).

Por tanto, *actos propios* es un elemento normativo referido al círculo de atribuciones que corresponde al ejercicio de una determinada profesión reglamentada de manera *exclusiva* (RODRÍGUEZ MOURULLO, ECHANO BASALDÚA, CÓRDOBA RODA, CHOCLÁN MONTALVO, SERRANO TÁRRAGA), que deberá ser valorado por el juez al aplicar el caso concreto examinando la reglamentación de la profesión en cuestión; es decir, tal determinación de funciones debe realizarse desde una perspectiva objetiva de valoración social [STS 41/2002, 22-1 (*Tol 130156*)]. De esta forma (como indica la STS 324/2019, 20-6), se hace necesario, en primer lugar, atender a la normativa administrativa, nacional e internacional, donde se determinan los actos propios de cada profesión y, en segundo lugar, a la reglamentación de los Colegios profesionales.

Solo las personas que por haber adquirido los conocimientos y superado ciertas pruebas obtuvieron un título de la clase exigida están autorizados por el ordenamiento jurídico para la realización de *actos* de esa profesión.

La nota de *exclusividad* no debe interpretarse estrictamente, es decir, está vinculada a que los actos se encomiendan no a todos los miembros de la sociedad sino a individuos que integran una o varias profesiones (CÓRDOBA RODA, SERRANO TÁRRAGA), ya que pueden ser actos comunes a dos o más de ellas (actos compartidos). En otras palabras, la mencionada exclusividad no tiene que predicarse siempre de cada clase de titulación, por ejemplo, en el parentesco en algunas ciencias (STS 324/2019, 20-6).

En los casos de competencias compartidas en los que en una actividad intervienen profesionales de distintas categorías, como ocurre en el ámbito sanitario o en el de la construcción, debe entenderse (así SERRANO TÁRRAGA) que el titulado superior está facultado para realizar los actos propios de la categoría inferior, pero no al revés. En los casos en los que se realiza una actividad bajo la dirección del titulado puede aplicarse el delito de intrusismo si el que realiza esa actividad lo hace sin la supervisión de aquél y haciéndose pasar por él (CHOCLÁN MONTALVO). Cuando, por el contrario, dos profesionales del mismo nivel académico comparten tareas propias de sus respectivas profesiones: ingenieros y arquitectos o biólogos y farmacéuticos, esas tareas no son actos propios *privativos* de una profesión. Pero, en todo caso, hay que considerarlos *propios* y por tanto *excluyentes* con respecto a las personas que no posean tal cualificación compartida entre varias profesiones.

De cualquier modo, es indiferente que tales actos sean onerosos o gratuitos.

En los casos de especialidades dentro de una profesión como ocurre con la Medicina, el Tribunal Supremo (así, SSTS 18-10-1969, 19-3-1990, o 5-2-1993), tradicionalmente había considerado la prohibición de ejercer una especialidad médica con carácter profesional y habitual por los médicos que ostentan simplemente el título de licenciado/graduado en medicina, puesto que carecen de ese título especial requerido para ello (SERRANO GÓMEZ, SERRANO TÁRRAGA, DE LA ASUNCIÓN RODRÍGUEZ/ZARZUELO DESCALZO). En la misma línea, el Tribunal Constitucional sostuvo en la STC 24/1996, 13-2, que el título de médico especialista es obligatorio para el ejercicio habitual de la especialidad, según se desprende del artículo 1 del Real Decreto 127/1984, de 11 de enero, por el que se regula la formación médica especializada y la obtención del título de Médico especialista. Por ello, la Sentencia concluye que los Licenciados en Medicina y Cirugía solo podrán actuar en el ámbito de las especialidades en casos justificados, como son los de urgencias, no presencia de especialistas, levedad de la primera intervención, etc.

Sin embargo, posteriormente (así, la STS 1612/2002, 1-4, a propósito de un médico que trabajaba en oncología sin ser especialista), determina que no comete intrusismo el médico no especialista que actúa como tal, "*puesto que en nuestro sistema jurídico no existe una profesión de especialista médico legalmente establecida y regulada, con definición de actos propios y específicos, diferenciada de la actividad profesional del médico. Existe, sí, una regulación oficial de las especialidades médicas* [...] *pero carente de rango legal*". Por tanto, "*para determinar la comisión de este delito no basta con apreciar la carencia del título, oficial o académico, sino que es necesario constatar que se realizan actos propios de una profesión (o, si se quiere, que se ejerce una actividad profesional), distinta a aquella para la que el agente se encuentra habilitado*"

En efecto, la norma que regula las especialidades médicas, el Real Decreto 127/1984, de 11 de enero, no recoge un conjunto de actividades médicas que habrían de corresponder a cada una de las especialidades, limitándose a formular con carácter genérico la obligatoriedad de obtener el título de médico especialista para ejercer la profesión con dicho carácter.

La situación no ha cambiado por la entrada en vigor de la Ley 44/2013, de 21-11, de Ordenación de las Profesiones Sanitarias, pues en su art. 16.3 dispone que "*la posesión del título de especialista será necesaria para utilizar de modo expreso la denominación de especialista, para ejercer la profesión con tal carácter y para ocupar puestos de trabajo con tal denominación en centros y establecimientos públicos y privados*", exigiendo la normativa citada la presencia en la unidad asistencial de un médico de la especialidad requerida, por lo que sigue sin tener un catálogo de actos propios de cada especialidad médica. En consecuencia, se sigue considerando (así, STS 1045/2011, 14-10), que no es intrusismo la conducta del médico que ejerce la especialidad de medicina sin poseer el título de especialista, teniendo en cuenta, además, que el art. 36 de la Constitución contempla una reserva de ley para las profesiones tituladas, por lo que sería insuficiente la regulación de la profesión de médico y la de los especialistas por un Real Decreto.

En la misma línea, el Tribunal Constitucional en sentencias más recientes (así, STC 283/2006, 9-10, recurso de amparo 3614/2003) aclara que para imponer pena por intrusismo entre especialidades médicas "*es preciso que la conducta calificada de delictiva quede suficientemente precisada con el complemento indispensable de la norma a la que la ley penal se remite*", por lo que "*no puede considerarse a tal fin una ley que debe complementarse por remisión a un real decreto que, a su vez, tampoco determina el conjunto de conductas prohibidas, sino que es preciso acudir a otra disposición administrativa que tiene por objeto el programa de formación académica*". E, igualmente, STS, Sala Primera, 719/2018, 19-12 (se hacen pasar por cirujanos plásticos sin poseer el título de especialista).

Por tanto, ante la falta de concreción de la normativa a la que se remite el CP para completar la ley penal en blanco, debemos concluir que el médico no especialista que realiza actos de una especialidad aun estando prohibido por la normativa administrativa, no es típico, entre otros motivos, ya señalados, por falta de determinación de cuáles sean los actos propios de esa especialidad. En tales circunstancias, el médico no carece de título, pero podrá ser incompetente, en cuyo caso, su actuación irregular podrá dar lugar a un delito de resultado doloso o imprudente o a un delito de riesgo, según los casos, pero no de intrusismo.

En contra LLORIA GARCÍA, afirmando que puede subsumirse en el tipo de intrusismo —aun cuando considera deseable una revisión de la normativa reguladora—, en la medida en que el título de especialista médico es un título que habilita para el ejercicio profesional en todo el territorio nacional, exigido normativamente en el RD 127/1984 para centros públicos y privados.

Este problema se ha planteado especialmente en el caso de la Odontología respecto de la Medicina; aunque hay que recordar que hoy es una carrera autónoma de ésta.

"El protésico dental no está capacitado legalmente para fabricar la prótesis sin prescripción facultativa ni para colocar dentaduras, porque esa función corresponde a los odontólogos" [SAP, Sevilla, Sección 4ª, 199/2005, 25-4 (*Tol 651539)*]. En consecuencia, el protésico dental que, pese a carecer de titulación oficial necesaria para ejercer como médico odontólogo, realiza empastes, implantes y extracciones de piezas dentarias realiza la conducta típica: STS 125/2022, 14-2, y SAP, Santa Cruz de Tenerife, Sección 5ª, 157/2022, 12-5.

Finalmente, cuando los profesionales realizan actos que exceden de su competencia, pero sin pretender aparentar la preparación técnica que no se posee, tampoco pueden ser considerados casos de intrusismo (QUINTERO OLIVARES).

3.4. Interpretación de "habilite legalmente" y "de acuerdo con la legislación vigente"

En la conducta típica es preciso valorar además dos elementos normativos: "habilite legalmente" y "de acuerdo con la legislación vigente", que deben interpretarse de acuerdo con la normativa reguladora del sistema educativo. Desde esta perspectiva, *habilitación* o *capacitación oficial* es "*todo testimonio o instrumento (distinto del título académico), expedido por un ente público, que faculta para el ejercicio de una profesión*" (RODRÍGUEZ MOURULLO). O en palabras de LLORIA GARCÍA: "*el título que acredita la capacitación necesaria sería el instrumento demostrativo de que el sujeto que lo ostenta ha adquirido, al menos formalmente, determinados conocimientos, mientras que la habilitación constituiría una autorización que se concede para el ejercicio profesional, habiendo sido acreditada previamente la capacitación mediante otro instrumento*" (en este sentido, SAP, Granada, Sección 2ª, 7/1997, 10-1). La habilitación constituye, así, "*la valuación de la idoneidad técnica*" (SERRANO TÁRRAGA).

3.5. Interpretación de "no estar en posesión del correspondiente título académico"

Para consumarse el delito el tipo penal exige, además, como se ha adelantado, el requisito negativo de "no estar en posesión del correspondiente título académico". Por tanto, el *acto propio* ha de estar en relación directa con el *título académico* que, a su vez, debe atribuir la exclusividad de su realización. Por ello, queda extramuros del derecho penal con respecto a actos para cuya ejecución no se requiere expresamente de título académico (STS 324/2019, 20-6; SSTC 130/97, 15-7, y 219/97, 4-12).

Si lo que se está vulnerando (LLORIA GARCÍA, CHOCLÁN MONTALVO, ECHANO BASALDÚA, RODRÍGUEZ MOURULLO, ORTS BERENGUER) es el poder de policía del Estado en la ordenación del ejercicio de determinadas profesiones tituladas, será atípica la conducta cuando el sujeto ha cumplimentado los trámites administrativos correspondientes (pago de tasas, etc.) para la obtención del título. Si, por el contrario, lo que se lesiona en el intrusismo (LUZÓN PEÑA), es el interés de la sociedad en que los profesionales estén debidamente capacitados para el ejercicio de su profesión, basta con que el sujeto cumpla las condiciones que permitan su obtención, esto es, haber superado los requisitos de formación. En esta línea, CHOCLÁN MONTALVO mantiene que, cumpliendo los presupuestos materiales para tener derecho al título, la circunstancia de no haber iniciado la vía administrativa puede hacer difícil la legitimación de la pena, en la medida en que los bienes individuales de los usuarios no se verán comprometidos.

Partiendo de que la opción correcta, a nuestro juicio, es la tutela de la exclusiva potestad estatal en la expedición de títulos para proteger al mismo tiempo la confianza de los ciudadanos en que ese control por parte del Estado acredita que el profesional ejerce con la aptitud requerida, es necesario, para no incurrir en el delito de intrusismo, que el sujeto haya cumplimentado los trámites administrativos exigidos para la obtención del título. Es, además, el medio de prueba que otorga seguridad jurídica. Este argumento coincide con la tesis de que los títulos oficiales surten efectos plenos desde la fecha de certificación del pago de los derechos de expedición de los mismos (RD 1002/2010, de 5 de agosto).

Si el sujeto está inhabilitado, independientemente de la naturaleza de la inhabilitación (penal, administrativa o colegial), el ejercicio profesional en este período no constituye una acción de intrusismo (en contra CONDE-PUMPIDO TOURÓN) pues no vulnera el bien jurídico protegido. Si la inhabilitación tiene la naturaleza de pena privativa de derechos, el inhabilitado que ejerce los actos de la profesión cometerá delito de quebrantamiento de condena (RODRÍGUEZ MOURULLO, SERRANO TÁRRAGA).

La expresión genérica "título reconocido en España" permite incluir la homologación de títulos extranjeros (*vid.*, RD 889/2022, de 18 de octubre, por el que se regulan las condiciones y los procedimientos de homologación, declaración de equivalencia y convalidación de enseñanzas universitarias de sistemas educativos extranjeros y por el que se regula el procedimiento para establecer la correspondencia al nivel del Marco Español de Cualificaciones para la Educación Superior de los títulos universitarios oficiales pertenecientes a ordenaciones académicas anteriores) así como cualquier otro acto de verificación realizado por la Administración para dotar de eficacia habilitadora a los títulos obtenidos fuera de España (LLORIA GARCÍA). Hasta que la Administración no reconozca esta validez no se posee título reconocido a los efectos del art. 403 CP. Véase STS 167/2020, 19-5.

4. Tipo agravado

El tipo agravado exige además de la concurrencia del tipo básico, una conducta alternativa: a) atribuirse públicamente la cualidad de profesional amparada por el título referido, o b) realizar los actos a los que se refiere el art. 403.1 CP en local o establecimiento abierto al público en el que se anunciare la prestación de servicios propios de aquella profesión.

Comenzando por el análisis del art. 403.2.a) CP, el fundamento de su agravación radica en el incremento de injusto que supone el realizar la acción intrusa falseando la realidad, es decir, presentándose ante el colectivo social como un profesional que no es. Este incremento de pena avala el hecho de que nos encontramos ante una falsedad personal. En consecuencia, mediante esta conducta se vulnera el poder de policía del Estado, la confianza de los ciudadanos y la seguridad del tráfico jurídico fiduciario.

La conducta típica agravada de este inciso a) está conformada, pues, por el tipo básico atribuyéndose públicamente, además, el sujeto la cualidad de profesional amparada por el título referido. Con respecto a esta "atribución" hay que apuntar que "atribuirse la cualidad de profesional" equivale a arrogarse tal cualidad en virtud de una actuación positiva capaz de determinar un error en la sociedad.

La pregunta siguiente es si este *título referido* se vincula a *título académico*, a *título oficial* o a ambos.

En coherencia con la interpretación sobre los conceptos de *título académico* y *título oficial* mantenida en el tipo básico y de acuerdo con parte de la Doctrina (MORILLAS CUEVA, LLORIA GARCÍA), entendemos que la expresión "título referido" ha de relacionarse tanto con los títulos académicos como con los títulos oficiales, porque interpretamos que lo importante en este caso para el Legislador, a juzgar por la notable diferencia penológica entre los tipos básico y privilegiado y el agravado, es la conducta falsaria resultándole, en consecuencia, indiferente que la misma se proyecte sobre una profesión que requiera título académico o título oficial. No obstante, de *lege ferenda* debería diferenciarse también a efectos de pena en este tipo agravado, según que la falsa atribución pública recaiga sobre una profesión que exige título académico o bien título oficial.

MORALES PRATS considera, en cambio, que la expresión en singular, "título referido", es adecuada dado que el párrafo primero, a su juicio, se refiere a un único título, el académico, puesto que de ser distintos también debería diferenciarse en el tipo agravado dos penalidades distintas según la clase de título que se usurpa.

Por su parte, QUERALT JIMÉNEZ y DE LA FUENTE HONRUBIA entienden que se refiere exclusivamente a título académico por constituir la acción más grave, apoyada su argumentación en el hecho de que la antigua falta del art. 637 CP —antes de la reforma de 2015— se refería exclusivamente a la atribución de título académico, interpretación que, entienden, debe seguirse también en el caso de la figura delictiva.

En cuanto a la expresión "atribuirse una cualidad profesional" hay que entender cualquier denominación empleada por el sujeto concretada en una actuación positiva y expresa (CÓRDOBA RODA; en sentido contrario, LLORÍA GARCÍA, que incluye en el tipo agravado también la atribución implícita). En consecuencia, —como admite LUZÓN PEÑA— debe reconducirse a los tipos básico y privilegiado las atribuciones tácitas e implícitas. Así, si un tercero atribuye públicamente esa titulación al sujeto activo y él no lo desmiente, no se le aplicará el tipo agravado puesto que debe ser una conducta activa —*atribuirse*— y este ejemplo se refiere a una conducta omisiva. En todo caso, ha de ser una atribución susceptible de inducir a error al ciudadano medio sobre la profesión que dice ejercer el sujeto (BOIX REIG, ORTS BERENGUER, LLORIA GARCÍA).

El intruso debe atribuirse la cualidad profesional además "públicamente". Que la atribución sea *pública* significa que sea notoria, manifiesta (RODRÍGUEZ MOURULLO), esto es, que se haga de forma que pueda ser conocida por el público en general, y, en particular, por los potenciales usuarios del servicio profesional que usurpa el intruso. No es preciso que dicho anuncio consista en una referencia personal al sujeto activo, bastando con que contenga la indicación genérica de la profesión, si es conocida por el común de la sociedad lo que aquella significa u ofrece, o la asistencia que se presta.

En definitiva, este requisito de *publicidad* implica realizar manifestaciones que lleguen a una pluralidad de personas (CONDE-PUMPIDO TOURÓN), tales como anunciarse en medios de comunicación, en guías de teléfono, en páginas de internet, distribución de tarjetas, etc. Lo relevante (como mantiene LLORIA GARCÍA) es la aptitud para llegar a una pluralidad de personas, lo que normalmente ocurrirá en la reiteración de la actuación del sujeto, aunque no siempre la repetición alcanza esa resonancia social y viceversa, a veces, una única acción —

la colocación de una placa, de un rótulo—, por su trascendencia, puede cumplir ya el requisito de publicidad.

Interpretada así esta exigencia de publicidad, pierde sentido el párrafo añadido por LO 1/2015, pues no deja de ser una manifestación de publicidad el realizar los actos a los que se refiere el art. 403.1 CP en local o establecimiento abierto al público en el que se anunciare la prestación de servicios propios de aquella profesión.

De hecho, la casi inexistente Jurisprudencia que examina la posible apreciación del tipo agravado de la letra b) del art. 403.2 CP lo hace conjuntamente con la letra a) aplicando el tipo agravado por la concurrencia genérica de la exigencia de publicidad. Así, se considera que se cumple el requisito del ejercicio de la profesión en local o establecimiento abierto al público en el que se anunciare la prestación de servicios propios de la profesión por el hecho de llevar a cabo actos propios de la profesión de enfermera, careciendo de titulación para ello y actos propios de la profesión de técnico de imagen para el diagnóstico, también sin titulación, con el consentimiento y conocimiento de los otros dos acusados (médico y enfermera), en un centro dirigido y explotado por ellos durante un lapso de tiempo prolongado, de al menos cinco años y que dicho centro estaba publicitado con oferta sanitaria en la que estaban comprendidas las actividades de enfermería y rayos (SAP, Baleares, Sección 2ª, 314/2021, 30-7: "*Por lo tanto, es procedente la aplicación, tal y como ya se ha dicho, de la agravación prevista en el artículo 403.2 en sus letras a y b*").

LLORIA GARCÍA admite, sin embargo, que este párrafo sí supone una ampliación específica del tipo donde podría subsumirse la atribución implícita de la condición de profesional.

En cualquier caso, ambos párrafos a) y b) se relacionan con la apariencia de veracidad y, por tanto, con la lesión de la fe pública, lo que motiva la agravación del tipo.

5. Tipo subjetivo

El dolo se conforma por la conciencia y voluntad de la violación de las disposiciones por las que se rige la profesión usurpada. Comprende, pues, la intención de arrogarse la profesión de la cual se realizan actos propios (SSTS 2283/1992, 29-10; 87/1993, 22-1, y 1518/1994, 20-7). Por tanto, el sujeto activo debe saber que carece de título y que no puede realizar los actos de la profesión.

STS 324/2019, 20-6: El elemento subjetivo consiste en la conciencia y voluntad de la realización indebida de actos para los que no se tiene el título necesario.

Partiendo del hecho de que el tratamiento del error es complicado en supuestos en los que, como en el delito de intrusismo, el tipo penal está conformado por varios elementos normativos, cabe apreciar error de tipo si el sujeto realiza actos creyendo que no eran exclusivos de una profesión o cuando el sujeto cree erróneamente que el título que ostenta es suficiente para realizar un determinado acto profesional, que, aun siendo vencible, darán lugar a la impunidad al no estar prevista esta infracción como imprudente.

Si, por el contrario, el sujeto cree fundadamente que puede ejercer determinados actos propios de una profesión, sin título, incurrirá en error de prohibición, debiendo resolverse conforme a las reglas generales (art. 14.3 CP).

Así, la STS 13-6-1990 (*Tol 456896)*: absolvió por error de prohibición a un médico que ejercía como odontólogo creyendo que su título de licenciado le autorizaba para ello: *"el procesado actuaba en la errónea convicción de estar facultado para ello* [...] *se está, pues, en presencia de un supuesto de error de prohibición teniendo en cuenta que el autor se equivoca sobre la significación jurídica/antijurídica de su acción"*.

6. Autoría y participación

Cabe apreciar cualquier forma de participación incluida la del que posee el título académico si permite, ayuda o induce a un no titulado a ejercer los actos constitutivos de intrusismo.

Asimismo, es posible la participación por omisión del garante que favorece la conducta del intruso, por ejemplo, en el caso de quien facilita el centro al intruso —el director de la clínica— para que en él ejerza los actos típicos previstos en el precepto.

Cabe preguntarse si los clientes del intruso son partícipes necesarios en aquellas profesiones en las que, como la medicina, se requiere la concurrencia de dos sujetos para la perfección del delito. Estos clientes, aun conociendo la falta de titulación del sujeto activo, no pueden ser considerados partícipes, en la medida en que la protección del tipo alcanza, aunque sea de modo indirecto, al que recibe la prestación (RODRÍGUEZ MOURULLO, SERRANO TÁRRAGA; en contra, SALOM ESCRIVÁ al considerar al cliente técnicamente un cooperador necesario, e igualmente CÓRDOBA RODA, que admite la posibilidad de la cooperación necesaria o la complicidad en estos casos). Es de advertir que no hay sentencias que hayan castigado estos supuestos.

7. Consumación y tentativa. (Remisión a la interpretación de la expresión "actos propios")

Es un delito de mera actividad que se consuma por el cumplimiento de los elementos del tipo sin que sea necesario que se produzca ningún resultado [STC

201/1996, 9-12 (*Tol 83130*); SSTS 1191/2005, 10-10 (*Tol 738493*); 41/2002, 22-1 (*Tol 130156*), y 167/2020, 19-5].

Las SSTS 324/2019, 20-6, y 167/2020, 19-5, señalan al respecto: *"la presunción de aptitud e idoneidad lo da la titulación, que se erige como requisito administrativo, sin el cual, si se ejerce una actividad profesional sin el título resulta un ilícito penal con independencia del resultado, o de la aptitud y actitud para la actividad, ya que ello entra en otro terreno distinto, al no tratarse de una buena o mala praxis profesional, sino del ejercicio profesional "sin habilitación" como presupuesto administrativo cuyo incumplimiento es un ilícito penal"*.

Como hemos mantenido anteriormente, la acción típica viene descrita por la realización de varios actos ("actos propios") que constituirán un solo delito. En consecuencia, si son varios los actos, no existe una continuidad delictiva (SSTS 167/2020, 19-5; 29-9-2000; 2066/2001, 12-11, y 41/2002, 22-1).

La tentativa inacabada resulta posible cuando el intruso que se hace pasar por odontólogo teniendo en su poder el instrumental necesario para la manipulación de piezas dentarias, se dispone a extraer una de ellas cuando fue detenido por la policía. O en aquellos casos en los que el sujeto ha realizado algún acto esporádico de la profesión, aún no considerado como dedicación habitual —sobre el concepto de "actos propios" *cfr. supra*— pero según su representación la acción debía continuar más allá de lo efectivamente realizado (CHOCLÁN MONTALVO).

8. Causas de justificación

El delito de intrusismo no presenta ninguna especificidad al respecto. Por tanto, puede aplicarse la teoría general de las causas de justificación. Así, puede apreciarse estado de necesidad cuando un estudiante de medicina interviene quirúrgicamente en una situación de emergencia ante la ausencia de titulado para actuar. O quien, con ciertos conocimientos, pero sin ser enfermero/a o A.T.S. pone una inyección en caso de urgencia en un pueblo donde no hay practicante.

9. Problemas concursales

Cabe apreciar concurso de leyes con la legislación penal especial que haya previsto pena por conductas constitutivas de intrusismo a favor de ésta (Ley 209/1964, de 24 de diciembre, Penal y Procesal de la Navegación Aérea).

Cuando el intruso, además de cumplir los requisitos típicos del art. 403 CP, se hace pasar por una persona concreta, que sí se encuentra en posesión de ese título, comete asimismo el delito de usurpación del estado civil del art. 401 CP. Estos caso deben resolverse por concurso de leyes aplicando el principio de alternatividad conforme a la regla 8.4ª CP, de modo que queda desplazado el art. 403 CP en favor del art. 401 CP que prevé una mayor pena, aunque se cumplan los presupuestos del tipo cualificado del art. 403.2 CP (SSTS 1045/2011, 14-10, y 1182/2005, 29-11).

Si se producen resultados lesivos, debe estimarse concurso ideal entre el delito doloso de intrusismo y los delitos de homicidio, lesiones o daños —normalmente por imprudencia grave profesional—, siempre que esos daños materiales o personales sean producto de la impericia del intruso, lo que habrá que probar, sin estimarlo automáticamente por el hecho de que lo realizó alguien carente de titulación, pues sería contrario al principio de culpabilidad y a las reglas de la imputación del resultado (QUINTERO OLIVARES, ECHANO BASALDÚA). Debe dejarse claro, pues, que el intrusismo no castiga la impericia por lo que hay que acudir a las normas concursales (STS 324/2019, 20-6).

Podrá existir concurso medial entre el delito de intrusismo y el de falsedad documental cuando se falsifique el título, si esta falsificación es necesaria para cometer el delito de intrusismo (CÓRDOBA RODA, MANZANARES SAMANIEGO, SALOM ESCRIVÁ, SERRANO TÁRRAGA) lo que ocurrirá en aquellos casos en los que, para ser contratado por una empresa, por ejemplo, se exija la presentación del título correspondiente (plantea este problema el recurrente en la STS 693/2010, 19-7, y SAP, Madrid, Sección 29ª, 561/2022, 15-12). Si la presentación del título no es necesaria, dará lugar a un concurso real, cuando, por ejemplo, el intruso falsifica el título para enmarcarlo y colocarlo en la sala de espera de una consulta médica. Asimismo, existirá concurso real con la falsedad en documento público si el intruso falsifica recetas de la seguridad social.

La Doctrina y la Jurisprudencia se encuentran divididas sobre la clase de concurso que debe aplicarse entre el delito de intrusismo y el de estafa. Para parte de la Doctrina y cierta Jurisprudencia, como lo habitual será que la percepción de honorarios sea consustancial al intrusismo porque también es inherente a la profesión por la que el intruso se hace pasar (ECHANO BASALDÚA, QUINTERO OLIVARES), este absorberá normalmente, aunque no siempre, al delito de estafa.

En este sentido, la STS 3-3-1997: "*Todos y cada uno de los actos imputados al acusado y especialmente el cobro de honorarios, constituyen una única y sola infracción, que se concreta alrededor de la acción típica que viene constituida por realizar los actos propios de una profesión. Por ello, estas acciones no pueden constituir, al mismo tiempo, un delito de estafa, ya que el elemento esencial del engaño, que también está presente en las falsedades, queda subsumido en la descripción típica de la conducta de usurpación de funciones*".

No obstante, esta misma sentencia reconoce que puede plantearse el concurso con el delito de estafa en los supuestos en los que el intruso cobre cantidades muy superiores a las que corresponden por el servicio prestado. Continúa la sentencia: "Situación distinta sería la que se presentase en el caso de que el acusado hubiese obtenido un lucro adicional y al margen del cobro de los honorarios debidos por los actos médicos que realizó" (en el mismo sentido MANZANARES SAMANIEGO, que además de asumir esta Doctrina Jurisprudencial, sigue la teoría de la "utilidad del servicio" que anula el quebranto económico, como ya planteó RODRÍGUEZ MOURULLO).

No cabe duda de que, si el intrusismo se realiza con la finalidad de conseguir un desplazamiento patrimonial, debe apreciarse un concurso medial entre ambos tipos delictivos cuando el cobro de honorarios hubiera sido abusivo [STS 407/2005, 23-3 (*Tol 633171*)] en relación con lo que habitualmente se cobra en la profesión de que se trate, causándose un perjuicio patrimonial (MANZANARES SAMANIEGO, CÓRDOBA RODA, SERRANO TÁRRAGA).

Pero más allá del supuesto concreto de honorarios abusivos, otra parte de la Jurisprudencia —lo que entendemos adecuado—, admite el concurso con la estafa aun tratándose de una percepción de honorarios propia de la profesión invadida, y, por tanto, no abusiva, alegándose que el intrusismo no exige engaño, ni tampoco que sea remunerado, de ahí que no exista incompatibilidad previa al concurso de los delitos de intrusismo y de estafa (ATS 170/2014, 20-2; SSTS 18-5-1991 y 67/2020, 19-5). En efecto, en nuestra opinión, el delito de intrusismo no protege el patrimonio, y, por lo tanto, no puede incluir en sí mismo la lesión de este bien jurídico de la estafa.

Así, en el caso del abono de las cuotas del Colegio de Abogados y de la Mutualidad de la Abogacía: "*no hay inconveniente en admitir que, el acusado no orientó, directamente, toda esa actividad de falseamiento de su perfil profesional a obtener el pago de las cuotas aludidas, pero es claro que supo y aceptó que su modo de operar implicaba, como consecuencia necesaria, el abono de las mismas por parte de su contratante. Por tanto, no hay duda, existió el engaño, que fue causal y bastante para producir ese efecto económico en perjuicio de la entidad afectada*" (STS 693/2010, 19-7).

De hecho, como señala la STS 167/2020, 19-5: "*a) Si el intruso no engaña sobre su condición ni sobre la prestación que determina el abono de sus honorarios, no cabe afirmar estafa alguna. b) Si media engaño, pero la prestación no implica frustración del motivo que mueve a solicitar sus servicios y abonar la contraprestación, tampoco hay estafa. c) Pero si media engaño y la prestación del intruso, aunque tenga un valor objetivo, implica la frustración de la finalidad que la víctima otorgaba al desplazamiento patrimonial sucesivo al engaño, también concurre el delito de estafa*".

En definitiva, de acuerdo con CHOCLÁN MONTALVO, la apreciación del posible concurso ideal entre el tipo de intrusismo y el de estafa dependerá del caso concreto sin que pueda negarse de antemano tal concurso por la sola circunstancia de que el percibo de honorarios se mantenga dentro de los márgenes del lucro profesional. "*La subsunción del hecho en el tipo de estafa requerirá determinar el daño patrimonial, siendo insuficiente a tal efecto la circunstancia de que la cualidad profesional que debía acompañar a la contraprestación pactada por el pago de honorarios no concurra en el servicio prestado, afirmándose el perjuicio cuando la contraprestación efectivamente recibida, aunque no sea de menor valor objetivo, implique una frustración de la finalidad pretendida por el titular del patrimonio, esto es, no permita atribuirle el valor de utilidad*".

Si el cliente acude a los servicios del intruso sabiendo que carece de titulación, no puede esgrimirse por este motivo la existencia de estafa al no existir el engaño, (SALOM ESCRIVÁ) y tampoco existirá si los actos constitutivos de intrusismo han reportado al cliente una utilidad (RODRÍGUEZ MOURULLO, SERRANO TÁRRAGA).

Naturalmente, si no se cumplen los requisitos de la conducta típica del intrusismo, subsistiendo el engaño consustancial a la estafa, la conducta se subsumirá en este tipo penal.

Así, la STS 315/2010, 12-4 (*Tol 1851973)*, declara la existencia de estafa a quien simula ser abogado para realizar trámites de extranjería que cobra siendo gratuitos aprovechándose así de la ignorancia de sus clientes y, con buen criterio, en cambio, niega el intrusismo porque los trámites de extranjería son puramente administrativos, argumentando que la actividad de asesoramiento puramente administrativo no invade las *funciones propias* del ejercicio profesional de la abogacía.

10. Responsabilidad civil

En principio, la responsabilidad civil por este delito podrá reclamarla todo perjudicado por el mismo. El perjudicado material es el sujeto que recibe la prestación del intruso siempre que le haya causado efectivamente un daño o perjuicio. Si el perjuicio se ha materializado en las lesiones de bienes individuales derivadas de la actividad intrusa la responsabilidad civil deviene del delito de lesión correspondiente (CHOCLÁN MONTALVO).

Efectivamente, las SSTS 11-12-1989 y 921/2004, 15-7 (*Tol 514537)*, limitan los perjuicios reclamables en vía penal a los daños inmediatos y actuales que directamente se hayan derivado del delito. Reza esta última: *"el delito de intrusismo aisladamente considerado no protege el patrimonio de personas singulares, de modo que las lesiones de bienes individuales por la actividad intrusa no podrían considerarse responsabilidad derivada del delito de intrusismo sino sólo del delito de estafa acompañante"*. Igualmente, SAP, Cádiz, Sección 1ª, 165/2011, 24-6: *"Al derivar tales daños de actos médicos inadecuados, además de constitutivos de intrusismo, no hay inconveniente en considerarlos como responsabilidad civil derivada del propio delito de intrusismo, sin que a su otorgamiento sea óbice la inexistencia de condena por delito/falta de lesiones y en aplicación de los arts. 109 y ss. del CP"*.

Si el cliente se ha sentido engañado, aunque no se le haya ocasionado un perjuicio material podrá reclamar indemnización por perjuicios morales, con la consiguiente dificultad de su cuantificación.

Pueden considerarse asimismo perjudicados el Estado o la Administración, los profesionales titulados y los colegios profesionales, aunque la Jurisprudencia suele negar la indemnización de estos últimos, bien por considerar que no han sufrido daño alguno, bien por no considerar el daño económicamente reparable mediante compensación económica aun reconociendo la realidad de un perjuicio al prestigio de la profesión.

> STS 2370/1993, 28-10 (*Tol 401545*): *"Conviene precisar aquí qué perjuicios se derivan en esta clase de delitos. En una perspectiva de daño, perjudicado es el particular atendido por el usurpador, siempre que realmente alguno se le haya producido. En una perspectiva de riesgo, lo es la colectividad, pues cualquier ciudadano corre el peligro de quedar afectado en su salud por la actuación de quien se inmiscuye en una profesión académica de esta clase sin el título correspondiente. Asimismo, en cierto modo, puede reputarse perjudicado el Estado en cuanto que es el único habilitado para conferir los títulos respectivos y con estas actuaciones delictivas se atenta, en definitiva, contra esa exclusividad legalmente ordenada.* ***También pueden considerarse tales aquellos que se dedican al oficio usurpado, en este caso los odontólogos y médicos estomatólogos, pero no en una perspectiva económica, sino sólo en cuanto a la necesidad de preservar el prestigio de su profesión****, prestigio que puede quedar afectado, cuando alguien, titulado o no titulado torpemente la ejerce.* ***Se trata de un perjuicio de orden moral que, por su naturaleza, no puede ser reparado mediante una compensación económica****, a diferencia de otros daños morales que sí lo permiten, como ocurre con el fallecimiento de alguna persona. La realidad de ese perjuicio al prestigio de la profesión permite eximir al correspondiente Colegio del deber de prestar fianza si actúa como querellante en concepto de ofendido por el delito, por lo dispuesto en el núm. 1.º del art. 281 de la LECrim, aunque por su naturaleza no económica entendemos que no existe el derecho a una indemnización".*

11. Consideración final respecto del delito de intrusismo

Parte de la Doctrina (LLORIA GARCÍA, COBO DEL ROSAL, QUINTANAR DÍEZ, SERRANO TÁRRAGA) con el respaldo de las resoluciones del TC —fundamentalmente STC 111/1993, 25-3 (*Tol 82134*)—, considera que la tipificación de la conducta de intrusismo vulnera el carácter de *ultima ratio* del Derecho Penal al proteger bienes que no justifican la intervención punitiva del Estado, dado que el Ordenamiento Jurídico cuenta con suficientes instrumentos para evitar el intrusismo sin necesidad de acudir al *ius puniendi* estatal, debiendo quedar relegada la sanción de estos hechos, según estos autores, al ámbito del derecho administrativo sancionador. Desde esta perspectiva y en aras del respeto al principio de ofensividad, se exige que pueda permitirse la prueba en contrario de la no peligrosidad concreta de la acción convirtiéndose la presunción legal *iuris et de iure* en presunción *iuris tantum* (COBO DEL ROSAL, QUINTANAR DÍEZ) o, en fin, se aboga por limitar por vía interpretativa el tipo de intrusismo a conductas concretas, referidas a determinadas profesiones, que requieran para su ejercicio estar en posesión de un título, académico u oficial, atendiendo a la mayor consideración social e importancia de los bienes jurídicos a los que van referidas [STS 30-3-1990 (*Tol 456740)*], por el riesgo de que mediante esas conductas pueda ocasionarse un grave daño debido a la falta de cualificación profesional (SERRANO TÁRRAGA), lo que implica (CHOCLÁN MONTALVO, MORALES PRATS) un replanteamiento del delito de intrusismo orientado de forma clara a la tutela de bienes jurídicos esenciales para el ciudadano (vida, integridad física, seguridad, etc.).

Desde luego, esta no es la orientación del Legislador de 2015 que, lejos de relegar esta conducta al derecho administrativo sancionador, eleva las penas de este delito.

A nuestro modo de ver y siguiendo igualmente esta Doctrina Constitucional, STC 111/1993, 25-3 (*Tol 82134)*, estimamos que el intrusismo, en la medida en que es un delito instrumental para la realización de otros delitos, tales como la estafa o las lesiones, la tipificación de aquél encuentra su justificación en los delitos cuya realización impide. Mediante este tipo de intrusismo se protege así la potestad del Estado para regular el funcionamiento correcto y ordenado del ejercicio de las profesiones, como bien jurídico instrumental ya que su protección está condicionada a que con ella se logre el fin último buscado, que sería, en definitiva, la protección material de bienes jurídicos individuales.

V. CUESTIONES PROCESALES

En algunas ocasiones, de forma incorrecta, se tiene por probada la comisión del delito fin (piénsese en una estafa, o en un delito de homicidio o de lesiones imprudentes) por el hecho de haberse probado la usurpación o el intrusismo, constituyendo, así, la propia usurpación el engaño determinante de la estafa o el propio intrusismo la vulneración de la norma de cuidado, cuando el propio engaño de la estafa o la infracción de la norma de cuidado de la hipotética negligencia del "no profesional", esto es, del intruso, exigen su propia actividad probatoria (QUINTERO OLIVARES).

Con relación al delito de intrusismo, la determinación del título extranjero que debe ser reconocido en España puede plantear la presencia de cuestión prejudicial —devolutiva, si el objeto del proceso contencioso-administrativo constituye un elemento esencial para la integración de la conducta, o incidental, si no es determinante de la existencia o no del delito—, ante la resolución de la cuestión controvertida [*vid.* STC 50/1996, 26-3 (*Tol 82984)*; 91/1996, 27-5 (*Tol 83025)*; 102/1996, 11-6 (*Tol 83036)*, y 201/1996, 9-12 (*Tol 83130)*; *vid.*, ampliamente, LLORIA GARCÍA, CHOCLÁN MONTALVO]. En consecuencia, no puede entrar en juego el procedimiento penal mientras no se resuelva previamente la cuestión prejudicial esencial para la calificación de la conducta típica.

> STC 102/1996, 11-6 (*Tol 83036*): *"Tratándose de una cuestión prejudicial devolutiva* [...] *es claro que (...) el Tribunal no podía extender a este elemento del tipo su competencia (cual si de una mera cuestión incidental no devolutiva del art. 3 LECR se tratara). Debió, pues, suspender el procedimiento hasta que recayera sentencia firme en el proceso administrativo, vulnerando, al no hacerlo así, el art. 24.1 CE"*.

V. BIBLIOGRAFÍA

ALAMILLO DOMINGO, I. y otros, *Robo de identidad y protección de datos,* Navarra, 2009; ÁLVAREZ GARCÍA, F. J. "Del intrusismo", *LL, 1983-2;* ARUMÍ DELGAR, J./MARTÍNEZ DE CARDEÑOSO, J. M. "El intrusismo profesional en la Abogacía", *RJCat,* nº 71, 1954; BOIX REIG, F. J. *El delito de usurpación de estado civil,* Valencia, 1980; id. "Ocultación o exposición de hijo", *CLP,* t. V, vol. 2; BOIX REIG, FJ/ORTS BERENGUER, E. "Sobre algunos aspectos del delito de intrusismo", *EPC,* t. XXI (1998); CASAS BARQUERO, E. "Reflexiones técnico-jurídicas sobre los delitos de falsedades del Título III, del Libro II del Código Penal", *D. J.* 37-40, vol. 2, 1983; CERVELLÓ DONDERIS, V. "La presencia de habitualidad en el delito de intrusismo", *RGD,* 1992; COBO DEL ROSAL, M./QUINTANAR DÍEZ, M. *El delito de intrusismo; (estudio doctrinal, legislativo y jurisprudencial, especialmente en las profesiones de abogado, procurador, médico, farmacéutico, ingeniero y arquitecto),* Madrid, 2005; CUELLO CALÓN, E. "La Ley de 9 de mayo de 1950 relativa al uso indebido de títulos nobiliarios", *ADPCP,* 1950; CHAVES RAMÍREZ, A. E. "El estado civil en el proceso penal", *Revista Ciencias Penales,* nº 10, año 7, septiembre, 1995; CHOCLÁN MONTALVO, J. A. "Intrusismo con ánimo de lucro y estafa", *AP,* nº 17, 1996; *Id. El delito de intrusismo. Usurpación de profesiones tituladas,* Barcelona, 1998; id. "¿Hay intrusismo en las especialidades médicas?", *LL,* 1999-2; DE CASTRO FERNÁNDEZ, J. "El delito de intrusismo y las actividades de mediación en el tráfico inmobiliario", *RJCat,* nº 3, 1991; DE LA ASUNCIÓN RODRÍGUEZ, M. T./ZARZUELO DESCALZO, J. "Usurpación de funciones médicas", *LL,* 1996-3; DE LA FUENTE HONRUBIA, F. "Ejercicio de actos propios de una profesión sin el correspondiente título oficial (art. 403 inciso segundo CP)", *RC— CPP,* vol. 2, nº 1, 1999; *Id.* "La usurpación de estado civil", *Actualidad Penal,* VII, tomo I., 2000; DE LORENZO, R. "Delito de intrusismo entre especialistas", *Madrid Médico. Revista del Ilustre Colegio Oficial de Médicos de Madrid,* nº 3; DEL ROSAL, J. "Del intrusismo (S. 10 de febrero de 1961)", *ADPCP,* 1962; DÍAZ LÓPEZ, J. A. *El delito de usurpación del estado civil,* Madrid, 2010; DÍAZ LÓPEZ, J. A./MARTÍNEZ DE ABREU, D. "Nuevo delito de "funa" y suplantación de identidad (172 ter 5)", *Legal Today,* 27 de junio de 2023 (https://www.legaltoday.com/practica-juridica/derecho-penal/penal/nuevo-delito-de-funa-y-suplantacion-de-identidad-online-2023-06-27); DÍAZ VALCÁRCEL, L. M. *La revisión del Código penal y otras le— yes penales, decretos de 24 de enero y 28 de marzo de 1963,* Barcelona, 1964; DIEGO DÍAZ SANTOS, M. R. *Los delitos contra la familia,* Madrid, 1974; ESCOBAR MARULANDA, J. G. "El delito de intrusismo y el principio de exclusiva protección de bienes jurídicos", *ADPCP,* 1994-1; ESPINOZA ELO, D. *Delitos contra el Estado civil de las personas. Análisis en la Doctrina y la Jurisprudencia,* Tesis inédita de la Universidad de Talca, Talca, Chile, 2001; FARALDO CABANA, P. "Algunos aspectos del delito de intrusismo", en AA.VV., *Lecciones de Derecho sanitario,* La Coruña, 1999; GARCÍA RIVAS, N. "El derecho fundamental a una interpretación no extensiva en el ámbito penal. Comentario a la Sentencia del Tribunal Constitucional 111/1993, de 25 de marzo", *RJCLM,* nº 17, 1993; GARCÍA VÁZQUEZ, A/LASTRA PÉREZ, M. P. "Sobre el intrusismo y la profesión y los servicios del odontólogo", *REDT,* nº 85, 1997; GÓMEZ GUILLA-

MÓN, R. "Intrusismo en la intermediación inmobiliaria. Sentencia del Tribunal Constitucional de 25 de marzo de 1993", *Estudios de Jurisprudencia,* nº 6, 1993; GONZÁLEZ BIEDMA, R. "El acceso al ejercicio profesional de la abogacía en relación con otras profesiones e intrusismo profesional", en AA.VV., *VI Congreso de la abogacía española. Acceso a la profesión. Ponencia definitiva y comunicaciones,* Pamplona, 1995; GOYENA HUERTA, J. "El delito de intrusismo y las titulaciones profesionales obtenidas fuera de España", *AJA,* nº 295 (22 mayo 1997); GRAU HERNÁNDEZ, C. "Intrusismo: mediación inmobiliaria. Sentencia de 20 de febrero de 1998 del Juzgado de lo Penal, nº 4 de Alicante", *Revista del Ilustre Colegio Provincial de Abogados de Alicante,* nº 26, noviembre, 1998; HERNÁNDEZ TRIVIÑO/ZUGALDÍA ESPINAR, J. M. "La «medicina popular» y la «medicina alternativa» ante el Derecho penal: especial consideración del delito de intrusismo", *CPC,* 1994; JAÉN VALLEJO, M. "Sentencia del Tribunal Constitucional 142/1999. (De nuevo sobre el principio de legalidad a propósito del delito de intrusismo)", *Revista de Ciencias Jurídicas (Universidad de Las Palmas de Gran Canaria),* nº 5, 2000; JUFRESA PATAU, F./ MARTELL PÉREZ-ALCALDE, C. "Hacia una nueva formulación del delito de intrusismo", *La Llei,* 1992-1; LLORIA GARCÍA, P. "El concepto de título oficial en el delito de intrusismo: comentario a la STC 111/1993, de 25 de marzo", *Cuadernos Jurídicos,* nº 23, octubre 1994; id. *El delito de intrusismo profesional: (bien jurídico y configuración del injusto),* Valencia, 2001; id. "La intrusión delictiva en las especialidades médicas y la Ley 44/2003: a propósito de la Sentencia del Tribunal Supremo de 1 de abril de 2003", *LLP,* nº 31 (2006); id. "El delito de intrusismo, unos años después", *LH-Quintero Olivares,* 2018; LUZÓN PEÑA, D. M. "Problemas del intrusismo en el Derecho penal, *ADPCP,* 1985 [= *LL* 1985-4; *Profesiones técnicas y Derecho,* Oviedo, 1985; *Estudios penales,* 1991]; id. "El título académico oficial en el delito de intrusismo". Comentario a las STS (Sala 2ª) de 13 de mayo y 6 de junio de 1989", *LL,* 1989-4 [= *Estudios penales,* 1991]; LUZÓN PEÑA, D. M./PAREDES CASTAÑÓN, J. M. "Intrusismo y usurpaciones", *EJB,* T. III, 1995; MAGRO SERVET, V. "El grave peligro del intrusismo para la correcta prestación de las actividades profesionales y la debida atención a los ciudadanos (Análisis de la Sentencia del Tribunal Supremo 26/2025, de 20 de enero y el art. 403 que sanciona el intrusismo)", *DLL* nº 10796, 2025; MANZANARES SAMANIEGO, J. L. "El delito de intrusismo", *AP,* nº 21, 1995; id. "Intrusismo médico", en AA.VV., *Jornadas de Derecho y Medicina. Sindicato profesional de médicos de Las Palmas de Gran Canaria;* MARTÍN CALZADA, M. "El delito de usurpación de funciones militares", *LL,* 1984-3; MARTÍNEZ-PEREDA RODRÍGUEZ, J. M. "Intrusismo punible y conflictos en las distintas especialidades médicas", *D.S.,* vol. 5, nº 1, enero-junio, 1997; MATELLANES RODRÍGUEZ, N. "El intrusismo informático como delito autónomo", *RGDP,* nº 2, 2004; MIR PUIG, S. "Intrusismo profesional. Comentario a las sentencias de la AP de Barcelona de 19 de noviembre de 1988 y del Tribunal Supremo de 19 de noviembre de 1990", *La Llei,* Tomo II, 1991; MORALES PRATS, F. "Contenido y límites del delito de intrusismo en el CP de 1995", *RdPP,* nº 4, 2001; MUSCO, E. "Los delitos en contra de la personalidad individual en Italia", *RP,* nº 23, 2009; ORTS BERENGUER, E., *Intrusismo profesional,* 1994; ORTS GONZÁLEZ, MDS *El delito de usurpación típica de funciones públicas,* Córdoba, 1987; POLAINO NAVARRETE, M. "Intrusismo profesional por falta de colegiación (art. 572)", *CLP,* t. XIV vol. 2 (1992); PUJOL CÁRDENAS, C. "Agentes de la propiedad inmobiliaria. Intrusismo profesional. Comentario a la Sentencia 111/1993 de 25 de marzo", *Autonomies, Revista Catalana de Derecho Público,* nº 17, diciembre, 1993; QUINTANAR DÍEZ, M. "Prescripción, homogeneidad de bienes jurídicos penalmente protegidos y principio acusatorio", *CPC,* 1997; id. "La despenalización del intrusismo", *CPC,* nº 85, 2005; REQUEIJO PASCUA, A. "Una aproximación al principio de legalidad en relación con el delito de intrusismo en materia de Agencia Inmobiliaria", en AA.VV., *Los derechos fundamentales y libertades públicas (II),* Madrid, 1993; REQUEIJO PASCUA, A/CERVELLÓ GRANDE, J. M. "Una aproximación administrativa al delito de intrusismo en materia de agencia inmobiliaria", *PJ,* nº 32, 1993; REQUERO IBÁÑEZ, J. L. "Reconocimiento y homologación de titulaciones extranjeras. Análisis jurisprudencial", en AA.VV., *Aspectos Jurídicos del Sistema Educativo, C.D.Jud.,* Madrid, 1993; RODRÍGUEZ DE LA PRESA, A. "Intrusismo o todos somos uno", *Delitos que no se penan,* Madrid, 1916; RODRÍGUEZ MORO, L. “El delito de intrusismo aeronáutico de la Ley 209/1964 penal y procesal de la navegación aérea y su relación con el genérico delito de intrusismo del Código penal”, *Revista de Derecho del transporte: terrestre, marítimo, aéreo y multimodal,* nº 12, 2013; RODRÍGUEZ MOURULLO, G. “El delito de intrusismo”, *RGLJ,* nº 226 (1969); id. “Algunas consideraciones sobre el delito de intrusismo”, *LH-Cerezo Mir,* 2002; id. “Título académico y título oficial en el delito de intrusismo. Comentario a la Sentencia del T. S. de 1 de abril de 2003”, *Anales de la Real Academia de Jurisprudencia y Legislación,* nº 34, 2004; id. “Informe sobre el posible intrusismo de los Técnicos Superiores en Desarrollo de Proyectos Urbanísticos y Operaciones Topográficas”, *Topografía y Cartografía: Revista del Ilustre Colegio Oficial de Ingenieros Técnicos en Topografía,* nº 114, 2003; ROSSO PÉREZ, M. E. “El delito de usurpación del estado civil”, *DLL,* nº 10090, 15 de junio, 2022; ROYO-VILLANOVA Y MORALES, R. “El delito de usurpación de funciones en el ejercicio profesional de la medicina”, *REP,* 1946; SALMERÓN SALTO, M./PERNAS MARTÍNEZ, M. “La libre elección de profesión u oficio y la exigencia de titulación para el ejercicio de una profesión. El ejercicio profesional en el Derecho Comunitario”, *Manual jurídico de la profesión médica,* Madrid, 1998; SALOM ESCRIVÁ, J. S. “El delito de intrusismo profesional”, *RJCat,* nº 1, 1983; id. “Las faltas de intrusismo del artículo 572 del Código Penal”, *BOMJ,* nº 1292, 1982; SERRANO GÓMEZ, A. “El intrusismo en la odontología”, *AP,* nº 21 (1988); id. “Intrusismo y especialidades médicas”, *AP,* 1998 [= *RDPC,* nº extr. 1, 2000]; *id.* “Delito de intrusismo y médicos no especialistas”, *AP,* 1999; SERRANO TÁRRAGA, M. D. *El delito de intrusismo profesional,* Madrid, 1997; id. “Título oficial y delito de intrusismo”, *BFD,* nº 15, 2000; SOTO NIETO, F. *El delito de intrusismo profesional: singular ilícito penal,* Navarra, 2012; TERUEL CARRALERO, D. “Intrusismo”, *NEJ* XIII (1968); VARELA RIBADULLA, M. “El delito de usurpación del estado civil”, *LL,* nº 10219, 1 de febrero, 2023; ZUMEL, M. F. “Magos y curanderos en la historia de la cirugía”, *Congreso Nacional de Brujología,* I., San Sebastián, 1972.

REFERENCIAS LEGALES

- Ley 20/2011, de 21 de julio, del Registro Civil.
- Decreto de 14 de noviembre de 1958 por el que se aprueba el Reglamento de la Ley del Registro Civil.
- Ley 44/2003, de 21 de noviembre, de ordenación de las profesiones sanitarias.
- Real Decreto 127/1984, de 11 de enero, por el que se regula la formación médica especializada y la obtención del título Médico Especialista.
- Ley Orgánica 6/2001, de 21 de diciembre, de Universidades.
- Ley 209/1964, de 24 de diciembre, Penal y Procesal de la Navegación Aérea.
- Real Decreto 640/2021, de 27 de julio, de creación, reconocimiento y autorización de universidades y centros universitarios, y acreditación institucional de centros universitarios.
- Real Decreto 1002/2010, de 5 de agosto, sobre expedición de títulos universitarios oficiales.
- Real Decreto 889/2022, de 18 de octubre, por el que se por el que se regulan las condiciones y los procedimientos de homologación, declaración de equivalencia y convalidación de enseñanzas universitarias de sistemas educativos extranjeros y por el que se regula el procedimiento para establecer la correspondencia al nivel del Marco Español de Cualificaciones para la Educación Superior de los títulos universitarios oficiales pertenecientes a ordenaciones académicas anteriores.